国家AAAAA级旅游景区
National AAAAA-Level Tourist Attraction
■海峡两岸交流基地 ■中国非物质文化遗产博览园 ■国家文化遗产公园
■国家文化产业试验园区 ■齐鲁文化新地标
U0881931
中华古水城 英雄台儿庄
TAIERZHUANG ANCIENT TOWN
台儿庄古城
一个寻梦的地方
官方微信
官方微博
看世界文化遗产/看京杭大运河/看运河古城台儿庄
寻梦旅游热线 0632-6679038 旺铺招商专线 0632-6673888

国家旅游名片
UNESCO
GLOBAL GEOPARKS NETWORK
AAAAA
世界自然遗产 世界地质公园 国家风景名胜区 国家AAAAA级旅游景区
云南石林风景名胜区 旅游咨询电话：0871—67710137 67719006
WWW.chinastoneforest.com
石林
STONE FOREST
石林

著名旅游目的地

欢庆
15周年
澳门特别行政区成立
Celebrations of 15th Anniversary of Macau SAR
澳門商務旅遊中心

感受澳门动容时刻

澳门位于中国东南沿海的珠江三角洲，与香港相离60公里。澳门总面积30.3平方公里，由澳门半岛以及氹仔和路环三部分组成，是世界上人口最稠密的地方之一。

澳门以前是个小渔村，她的本名为“濠镜”或者“濠镜澳”，因为当时泊口可称为“澳”。澳门及其附近生产蚝（即牡蛎），蚝壳内壁光亮如镜，澳门因此被称为“蚝镜”或“濠镜”。十六世纪中叶，第一批葡萄牙人抵达澳门时，询问居民当地的名称，居民误以为在问庙宇的名称，便答称“妈阁”，因此成为澳门葡文名称“MACAU”的由来。

自1999年12月20日起，澳门成为中华人民共和国澳门特别行政区。今天的澳门在“一国两制”政策的指引下，社会和经济方面的特色得以保留和延续。澳门是一个国际化的都市，历史上，一直是中西文化融合共存的地方。作为近代中西文化交流的一个最重要的桥头堡，几百年来各种文化在澳门这块土地上互相碰撞、交流，形成了今天澳门独特的文化氛围。2005年7月15日，“澳门历史城区”被列入《世界遗产名录》，成为中国第31处世界遗产。

澳门是一个适宜徒步游览的城市，除了造访热门的大三巴牌坊和妈阁庙等澳门地标性景点之外，在引导游客感受澳门多元旅游文化和资源方面，澳门特别行政区政府旅游局设计了“论区行赏”步行线路，让旅客深入社区，在走走停停之中感受不一样的多元化的澳门。

澳门也是一个需要慢慢用心体验的地方。无论是领略中西合璧的老城区和令人眼前一亮的文创小店，还是品尝中葡特色风情餐里的独特风味美食澳门“土生菜”；无论是造访中式庙宇上香祈福，还是到米其林餐厅品尝美食美酒；无论是登上澳门旅游塔勇敢挑战蹦极跳，还是到街头巷尾寻觅澳门特色小吃夜宵，无不体现了澳门所具有的独特魅力。

来到澳门，小至一件澳门风情的T-shirt或创意装饰品、一块可口的杏仁饼或一块美味的葡式蛋挞、或是一杯来自葡萄牙北部的醇香葡萄酒或一杯沁人心脾的下午茶，大到路氹城的特色酒店设计、《水舞间》震撼人心的演出、或是澳门街头鳞次栉比的购物场所中琳琅满目的国际品牌，甚至是澳门格兰披治大赛车或国际烟花比赛汇演等众多精彩纷呈的节庆活动，游客只要从中细细品味，就能感受到澳门这座文化历史名城所具有的深刻内涵和底蕴，以及现代化国际旅游城市的别样风采。

近年来，随着澳门的旅游业的快速发展，世界一流的酒店设施的落成提升了澳门旅游资源的整体服务品质，这也吸引了更多的高质量的海外以及中国内地的旅客到访澳门，在澳门找到适合自己的优质旅游产品和元素。世界知名的旅游系列书籍《孤独星球》（Lonely Planet）早前公布2015年“至佳旅游”的十个国家、十个地区及十个城市名单。澳门以新旧建筑及融合不同文化魅力，成功入选2015年“十大至佳旅游地区”之一。

雁荡山

国家重点风景名胜区

国家AAAAA级旅游景区

国家文明风景名胜区

全国文明风景旅游区示范点

世界地质公园

峰　嶂　柱　墩　岩　洞

雁荡山位于浙江省温州市东北部海滨，山水奇秀，天开图画，是中国十大名山之一。1982年被列为首批国家重点风景名胜区。近年来，相继荣获国家“卫生山、安全山、文明山”“国家文明风景名胜区”“全国文明风景旅游区示范点”“国家5A级旅游景区”“世界地质公园”等称号。

雁荡山，开山凿胜始于南北朝，兴于唐，盛于宋。梁昭明太子在芙蓉峰下建寺造塔，为雁荡山开山之始；唐西域高僧诺讵那因慕雁荡山“花村鸟山”之美名，率弟子三百来雁荡山弘扬佛教，被奉为雁荡山开山鼻祖；至宋，雁荡山开发规模逐渐增大，共建有十八寺、十院、十六亭，为雁荡山发展鼎盛时期。历代文人墨客，纷至沓来。谢灵运、贯休、沈括、徐霞客、康有为、张大千、沙孟海、潘天寿、郁达夫、郭沫若、邓拓、舒婷等都留下了不朽的诗篇和墨迹。

和谐·宁静·健康·快乐

丽江古城

世界文化遗产

国家历史文化名城

全国文明风景旅游区

国家5A级旅游景区

全国文明单位

古色古香　醉美古城

在中国的滇西北群山环抱中，直到今天仍然以“平民生态空间”完整地保留着一座和谐、宁静、古朴犹如红尘牧歌般的古老城池——世界文化遗产丽江古城。丽江古城建于宋末元初，盛于明清，迄今已有800余年历史，总面积为7.279平方公里，包括大研古城、白沙民居建筑群、束河民居建筑群，古城内居住着原著居民6200多户，25000多人，其中纳西族占73%以上。整个古城以道路为络、以水系为脉、以院落为肌，充分利用自然地貌，沿河而筑、依山而居，四季气候宜人，空气质量绝佳，人与自然和谐共融、天人合一。丽江古城的自然环境布局非常符合中国传统倡导的“藏风聚气、山环水绕、四兽朝迎”的地理美学选址观。整个古城依着玉龙雪山，睡在长江的臂弯里。长江从“世界屋脊”青藏高原奔腾而下，一路进入云南，与澜沧江、怒江一起在横断山脉的高山深谷中穿行。到丽江石鼓镇，突然来了个100多度的急转弯，转向东北，形成了罕见的“V”字形大弯，“江流到此成逆转，奔入中原壮大观”。伴随着长江的奔流不息，源远流长着古城的灿烂文化，由此成就了华夏民族的长江文明。

独具匠心　唯美建筑

丽江古城的生命力和魅力，与它的有形建筑物密切相关。古城藏巧于拙的民居建筑，叠加了宋元明清代汉、白、藏等民族建筑的精华，凝练成纳西族自称一格的建筑经典，是中国民居建筑中杰出的范例，具有极高的建筑学、民族学等经济和人文科研价值。其唯美建筑起源于古代村落，兴盛于茶马贸易，城址取背风向阳之势，道路图出人便捷之利，居家求用水方便之惠，故城市以广场为中心，多条驿道放射而出，通向四面八方，无城墙，无城门，来者不拒。房子的平面布局有“四合五天井”“三坊一照壁”。古城建筑就地取材，自然组合，房屋是土木结构，铆榫结构，很少用钉子；土瓦用石灰粘结，黑白分明；木制门面讲究线条的变化与图框的对称；道路是五花石块铺筑，打凿粗糙；河堤用毛石垒砌，石上青苔斑驳，石缝间长满青草；庭院铺地多用卵石与碎石瓦片，既有透水性，吸热性，又具装饰性，还能使庭院花草不绝，唯美极致。故有“古城日日皆春色，纳西户户有奇花”的美称！

丽江古城

世界文化遗产

绝美古城 好梦成真

云南丽江

博大精深 大美文化

民族文化是丽江古城的血脉、根基、灵魂。作为纳西族古代文化的重要内容之一的东巴文化，主要包括东巴文字、东巴经、东巴绘画、东巴音乐、东巴舞蹈、东巴法器和各种祭祀仪式等，其历史悠久，博大精深，已有1000多年的历史。除此之外，丽江古城的饮食文化、服饰文化、婚丧文化、节庆文化、宗教文化、集市与民族器具文化、民族语言和汉文书画艺术等等，也颇受人瞩目。名人故居点缀寻常巷陌，乐宫画室招摇艺术品味，纳西书斋展示灵气古城。这些，无不为你加深“历史文化名城”的印象。为了强化文化遗产保护体系建设，丽江古城保护管理局每年安排1000万元作为民族文化保护发展基金，用于古城传统民族文化的挖掘、整理、传承和展示等；每年安排300万元用于古城居民生活补助发放，有计划地实施留住古城居民；实施了文化名人回落古城、地方民族特色店铺保护、名人故居修复等项目。目前在古城内已有“纳西古乐”“东巴宫”“东巴文化传承院”“东巴纸坊”“纳西喜院”“雪山书院”等一大批有代表性的东巴文化展示窗口。

小桥流水 静美灵魂

水是古城的灵魂，水是古城的血管，水是古城的骨架，水是古城的命脉，水是古城最重要的元素和符号。丽江古城的水是天然河流，先是作为农田灌溉之用，北高南低，自然引流，后来城市建设加以利用，引水入城，一分为三，三分成九，九九归一，穿街过巷，一幅“小桥映流水，藻随流水柔，草木舞风姿，白云绕蓝天，市井人和和，古城别样天”的精美画卷展颜露色。如果说丽江古城的玉河水系象一条腰带，那么飞架在其上的354座桥梁就是镶嵌的玉佩，设计精巧，造型各异，功能不一，有些高耸于河面，有些迂折回转，不仅方便人们出行，还呈现出“小巷小桥多，户户尽枕河”的景色，也成为丽江的一道独特景观。

茶马古道 醉美时空

用五千年群山隆起智慧，用三千年的流水洗净灵魂，将这份智慧和灵魂揉进清香的茶叶，这便是一千年的茶马古道，那嘀嗒蹄声的起源。从远古氐羌部落的迁徙、民族的分化融合、秦汉开疆、元征大理、明清兴衰到入遗发展等都印上了历史足迹，是一座茶马古道上迄今保存较为完好并古貌依旧的文化名城。追溯丽江古城八百多年的发展史，我们发现，丽江古城的生动之处，不仅仅在于它以完整的形式保存下来，更在于它在这段悠长的岁月中以缓慢的速度生长着，是一座“活着的古城”。

守护古城 传承美丽

旅游人数的增多，给丽江古城游客承载量、环境、建筑、文化、安全等都带来了考验。为了更好地保护好丽江古城，保存好古城独特的民族文化、延续历史文脉，留住这个人类共同的精神家园，世界文化遗产丽江古城保护管理局始终如一地守护着这片圣地。把加强古城的保护管理工作作为自己神圣的职责和义不容辞的历史使命，不断更新保护理念、优化管理思路、创新利用模式、破解发展难题，严格按照《保护世界文化和自然遗产公约》的要求，深入贯彻“保护为主、抢救第一、合理利用、加强管理”的方针，通过狠抓“五实五新”，世界文化遗产丽江古城保护管理局先后投入24亿多元，实施了以改善旅游、卫生、通信、供电、供水、交通等基础设施为重点的一系列保护性建设工程，极大地改善和提高古城居民的生产生活条件，为丽江居民和游客创造了原生态、宁静、和谐、健康的生活和旅游环境。认真履行了中国政府向联合国教科文组织所作出的郑重承诺，实现了文化遗产保护与发展的共赢。

这就是丽江古城，一个给过许多人祝福，同时也让许多人为她祝福的地方。无论你来自何方，只要你用灵魂仔细地品味丽江古城，那么，丽江古城将会永远地刻进你的记忆里，让你的灵魂安家，让你的梦想成真。

SHANGHAI 上海 NATURAL HISTORY MUSEUM 自然博物馆

上海自然博物馆（上海科技馆分馆）位于静安区雕塑公园内，建筑总面积45,086m²，展示教育总面积32,200 m²，总投资13亿元。上海自然博物馆以"自然·人·和谐"为主题，设有起源之谜、生命长河、大地探珍、演化之道、缤纷生命、生态万象、生存智慧、人地之缘、上海故事、未来之路等十个常设展区。配套活体养殖、探索中心、4D影院、临展厅、多功能厅、游客餐厅、咖啡馆、纪念品商店等，是一座融展示与教育、收藏与研究、文化与休闲、科学与艺术于一体的现代化、综合性自然博物馆。

国家旅游名片
中国美丽休闲乡村
全国生态文化村
中国历史文化名村
江苏太湖三山岛国家湿地公园
中国传统村落
国家 AAAAA 级旅游景区
全国农业旅游示范点
中国低碳旅游示范地
国家特色景观旅游名村
江苏苏州太湖国家地质公园
苏州太湖
三山岛
——鸟儿向往，人类圆梦的地方
三山岛正月初五“喜迎财神”民俗文化活动
网址：www.ssdly.com.cn 新浪微博：苏州太湖三山岛景区 http://weibo.com/suzhoussd

国家旅游名片

黄山

在长三角腹地、安徽省黄山市境内，有一处举世闻名的中国山水的经典代表、中华民族的重要象征、名录遗产保护的重地、旅游休闲度假的胜地——中国黄山。

黄山方圆1200平方千米，规划区面积160.6平方千米。三大主峰（莲花峰/天都峰/光明顶）中，最高峰莲花峰海拔1864.8米。因传说中华民族的人文初祖——轩辕黄帝在此“修炼而仙”，公元747年，唐玄宗敕改“黟山”（黛色大山）为“黄山”（黄帝之山）。

境内峰峦叠嶂，巧石林立，青松争奇，烟云万象，构成了万千幻化的壮丽景观，素以奇松、怪石、云海、温泉、冬雪“五绝”著称；异彩纷呈的1019处景点景观，为黄山赢得了“天下奇山”的美誉。

千百年来的人文活动，映射出“各美其美、美美与共”的审美体验；遗留下弥足珍贵的遗迹遗存；催生了丰富多彩的山水文化作品；孕育了在中国画坛上独树一帜的奇葩——“黄山画派”。

先后入选中国“十大风景名胜”、国家5A级旅游景区；世界文化与自然遗产、世界地质公园；联合国世界旅游组织全球观测区、全球可持续旅游目的地、世界优秀景区目的地。

景区官网：www.chinahuangshan.gov.cn

途马游网：www.tumayou.com

国家旅游名片

黄鹤楼

YELLOW CRANE TOWER

天下绝景

冲决巴山群峰，接纳潇湘云水，浩荡长江在三楚腹地与其支流汉水交汇，造就了武汉隔两江而三镇互峙的伟姿。这里地处江汉平原东缘，鄂东南丘陵余脉起伏于平野湖沼之间，龟蛇两山相夹，江上舟楫如织，黄鹤楼天造地设于斯。

黄鹤楼是古典与现代熔铸、诗化与美意构筑的精品。她处在山川灵气动荡吐纳的交点，正好映和中华民族喜好登高的民风民俗、亲近自然的空间意识、崇尚宇宙的哲学观念。登黄鹤楼，不仅仅获得愉快，更能使心灵与宇宙意象互渗互融，从而使心灵净化。这大约就是黄鹤楼美的魅力经风雨而不衰，与日月共长存原因之所在。

巍峨耸立于武昌蛇山的黄鹤楼，享有“天下绝景”的盛誉，与湖南岳阳楼，江西滕王阁并称为“江南三大名楼”。黄鹤楼始建于三国时期吴黄武二年（223年），传说是为了军事目的而建，孙权为实现“以武治国而昌”（“武昌”的名称由来于此），筑城为守，建楼以嘹望。

至唐朝，其由军事性质逐渐演变为名胜景点，历代文人墨客到此游览，留下不少脍炙人口的诗篇。唐代诗人崔颢一首“昔人已乘黄鹤去，此地空余黄鹤楼。黄鹤一去不复返，白云千载空悠悠。晴川历历汉阳树，芳草萋萋鹦鹉洲。日暮乡关何处是，烟波江上使人愁。”已成为千古绝唱，更使黄鹤楼名声大噪。至唐永泰元年（765年）黄鹤楼已具规模，使不少江夏名士“游必于是，宴必于是”。然而兵火频繁，黄鹤楼屡建屡废。最后一座“清楼”建于同治七年（1868年），毁于光绪十年（1884年），此后近百年未曾重修。

1981年10月，黄鹤楼重修工程破土开工，1985年6月落成，主楼以清同治楼为蓝本，但更高大雄伟。运用现代建筑技术施工，钢筋混凝土框架仿木结构。飞檐5层，攒尖楼顶，金色琉璃瓦屋面，通高51.4米，底层边宽30米，顶层边宽18米，全楼各层布置有大型壁画、楹联、文物等。楼外铸铜黄鹤造型、胜像宝塔、牌坊、轩廊、亭阁等一批辅助建筑，将主楼烘托得更加壮丽。登楼远眺，“极目楚天舒”，不尽长江滚滚来，三镇风光尽收眼底。

黄鹤楼的形制自创建以来，各朝皆不相同，但都显得高古雄浑，极富个性。与岳阳楼、滕王阁相比，黄鹤楼的平面设计为四边套八边形，谓之“四面八方”。这些数字透露出古建筑文化中数目的象征和伦理表意功能。从楼的纵向看各层排檐与楼名直接有关，形如黄鹤，展翅欲飞。整座楼的雄浑之中又不失精巧，富于变化的韵味和美感。

昔人已乘黄鹤去，此地空余黄鹤楼。

黄鹤一去不複返，白雲千載空悠悠。

微信公众账号“黄鹤楼”　腾讯官方微博“黄鹤楼”　http://e.t.qq.com/cnhhlwb

国家旅游名片

北川羌城

国家AAAAA级旅游景区

北川羌城旅游区是四川省第7家、绵阳市第1家AAAAA级旅游景区，位于绵阳市北川羌族自治县境内，由地震纪念地、大爱文化观赏区和禹羌文化体验区三大部分组成，主要景点有北川新县城中轴线景观带、北川老县城地震遗址、5·12汶川特大地震纪念馆、地震科普体验馆、北川羌族民俗博物馆、吉娜羌寨等，总面积6.01平方公里。

北川羌城旅游区是一个开放性景区，集纪念缅怀、感恩大爱、禹羌风情和生态文化休闲于一体，留存有“5·12”特大灾难记忆、传承着羌民族悠久的人文历史与灿烂的民族文化、记载了伟大的抗震救灾精神和无疆大爱文化，是回顾风雨同舟的患难历程、见证浴火重生的北川新貌、领略禹羌文化的独特魅力、欣赏秀美壮丽的旖旎风光的理想旅游目的地。

北川羌城旅游区距离绵阳20分钟车程，距成都1.5小时车程，距重庆2.5小时车程；距绵阳机场40分钟车程，距成都双流国际机场2小时车程。

2014年，北川羌城旅游区管委会、运营管理有限公司按照现代企业管理制度完善公司内部管理制度，建立健全工会、党支部等基层组织，通过各种形式提升队伍服务质量。拓展成都、西安、重庆等客源市场，推出“北川两日游、三日游”和“北川羌城一日游、两日游”旅游产品，开通成都、西安直通车，开展“2014周末到北川——聆听春天的故事”、“大爱北川”等主题自驾游活动8次，举办“为爱走一趟　丹青绘羌城”书画展，组织中国旅游同业国际合作联盟(大九寨环线)和“川黔总动员，川北大体验”近300个大型旅行社北川踩线活动，发行“畅游北川”旅游年票，制作北川羌城旅游区手机APP软件，狠抓旅游运输安全，全年无一例重大投诉事件，无一例安全事故，整个开放接待安全有序、文明和谐。全年累计接待社会公众223万人次，交通运载工具服务费、讲解费、停车费、票务代理收入共计453万元。

羌城旅游区咨询电话：0816-4822999　网址：www.bcqclyq.com

国家旅游名片

湘湖

历史文化　自然生态　休闲度假

浙江湘湖旅游度假区位于杭州市萧山区城西，距杭州市中心20公里，以历史文化、自然生态、休闲度假为总体定位，集湖光山色于一体，历史积淀深厚，人文景观丰富，自2006年开放以来已接待游客逾3000万人次。

湘湖，以风景秀丽而被誉为杭州西湖的“姊妹湖”。这里发掘的跨湖桥文化遗址，出土了世界上较早的独木舟；湘湖城山之颠的越王城遗址，是当年勾践屯兵抗吴的重要军事城堡；北宋政和二年（1112年），萧山县令杨时率百姓“依山为湖，筑土为堤”，建成湘湖，九乡县民由此告别旱苦。湘湖是唐代诗人贺知章的故乡，李白、陆游、文天祥、刘基等历代名人在湘湖留有不朽诗文。

度假区规划面积35平方公里，已建成开放18平方公里，其中湖面面积3.2平方公里。区内拥有四家国家4A级旅游景区（湘湖景区、杭州乐园、极地海洋公园、东方文化园），形成了城山、老虎洞、跨湖桥遗址博物馆、下孙文化村、金沙戏水、音乐喷泉等五十个景点。越风楼、跨湖楼、湘湖渔村、湖滨楼、茗醉园等富有地方特色的餐饮茶楼掩映在碧水山林间，第一世界大酒店、世外桃源皇冠假日大酒店、太虚湖度假酒店等多规格酒店住宿一应俱全。

目前，湘湖正着力创建国家旅游度假区和5A级旅游景区，围绕“一湖一城新格局，依湖沿江建新城”的总体发展目标，这里将成为一个以旅游休闲、度假为重点，集商贸、研发、文化、居住为一体的宜游宜居宜业的国际化休闲新城。

地址：浙江省杭州市萧山区湘湖路132号

电话：0571-82360666 / 82360128 / 82361777（传真）

网站：www.xhly.xs.zj.cn

楠溪江，位于“中国长寿之乡”温州永嘉县境内，与雁荡山风景区毗邻，是世界地质公园、国家风景名胜区、国家AAAA级旅游景区，是中国作家协会、摄影协会等多个国家协会艺术创作基地。楠溪江风景名胜区总面积671平方公里，分为大楠溪、大若岩、石桅岩、太平岩、四海山、珍溪、岩坦溪、源头八大景区，景点四百多个。悠悠三百里楠溪江融天然风光与人文景观于一体，以水美、岩奇、瀑多、林秀、村古而闻名遐迩，是国家风景区当中鲜有的以田园山水风光见长的景区。

近年来，基于楠溪江独特的生态环境，永嘉县提出了“大生态旅游区”战略。两年多来，全县上下大力实施“大生态旅游区”战略，旅游基础和配套设施不断完善，楠溪江旅游知名度和美誉度与日俱增。实施风景旅游管理体制改革，加强统筹协调，加大财政投入和政策扶持力度。2012年起县财政每年安排旅游专项资金不少于3000万元，整合推出了《全县旅游业发展扶持办法（试行）》《全县风景旅游项目招商选资优惠政策（试行）》等政策措施，出台了《全县品牌酒店扶持奖励办法》、《楠溪江团队游客招徕奖励办法》，全方位加大了对旅游业的政策扶持力度。两年来签约红岩湖休闲度假中心、楠溪江国际养生保健中心等旅游重点项目18个，投资总额150亿元，加快完善了楠溪江旅游的基础设施。楠溪山居大酒店、芙蓉山庄等“四宾馆三中心”及其他旅游在建项目加快推进。与央企合作开发的楠溪江流域时尚旅游创意示范区以及楠溪慢城等重点项目的前期工作全面展开。大力支持乡村民宿发展。深入推进品牌发展战略。以石桅岩景区为重点，融合楠溪江古村落和漂流，加速推进国家5A级旅游景区创建。我们将坚持把旅游业作为“一号服务业”来抓，集各方智慧，聚各方之力，全力打造全国知名的旅游休闲养生度假胜地。

世界地质公园　国家风景名胜区　国家AAAA级旅游景区

网址：www.nxj.cn　新浪微博：@楠溪江微旅游　免费服务热线：400-016-6188

客家古镇

清溪湖

东莞第一瀑

大王山·花海世界

禾雀花

广东·东莞 清溪

全国重点镇
全国文明镇
国家卫生镇
中国美丽小镇
中国宜居城镇
中国休闲小城

【清溪概况】

清溪镇位于东莞市东南部，毗邻港澳，与深圳、惠州两市接壤。全镇辖区面积140平方公里，下辖21个村、社区，户籍人口3.63万，常住人口约31万。改革开放以来，清溪镇发挥优势，抢抓机遇，开拓创新。近年来，前后荣膺“全国文明镇”“国家卫生镇”“中国美丽小镇”“中国宜居城镇”“中国休闲小城”等系列荣誉称号，最近被国家确定为“全国重点镇”。

清溪镇区位交通优势明显，地处深莞惠三市几何中心。省、市重点工程博深高速、从莞高速主线及清溪支线、深圳外环高速相继投入建设。目前正在实施10条外联道路和20条镇内道路工程，建成后，清溪将形成“内畅外联、四通八达、便利快捷”的立体交通体系。不久的将来，清溪境内任意地点10分钟内可上高速，30分钟可达东莞、深圳、惠州主城区，1小时内可达深圳机场、盐田港、虎门港以及珠三角主要城市，实现“连深港，通莞穗，全面融入深莞惠半小时生活圈”的目标。

【客家古镇】

清溪镇文化底蕴深厚，客家文化源远流长，800年前便是客家人聚居地。境内拥有一处省级保护的古碗窑遗址，多处完整的客家围屋、宗祠和碉楼，保留了明清时期客家人农林作业的梯田遗址、茶田遗址，以及东江纵队路东干部训练班（广缘庵）旧址、中共东宝联合县委机关旧址（苦草洞）、著名雕塑艺术家张松鹤故居等红色文化资源。清溪镇客家山歌、麒麟舞、客家风情舞在全国、省级大赛中屡获殊荣，先后被授予“中国麒麟文化传承基地”“广东省民族民间艺术之乡”“广东省客家新民歌创作基地”等称号。

【大王山·花海世界】

大王山位于清溪镇南部6.7公里处，山中古树参天，藤萝密布，置身其中恍如走进了原始森林。山上有禾雀花以及大面积的树龄超百年的古芒果树、古杨桃树等珍稀植被。禾雀花在大王山分布非常广泛，面积约有200亩左右。每年三四月份禾雀花开时，一簇簇白色花瓣犹如万鸟翔集，栩栩如生，令人目不暇接。“花海世界”是大王山森林公园罗坑水库景区其中一个景点，该景点与禾雀花景点遥相呼应，成为广大市民观光、健身、休闲、吸氧的绝佳去处。

【清溪银瓶山森林公园】

清溪镇银瓶山森林公园是国家AAAA级旅游景区，总体规划面积123.5平方公里，是东莞市面积最大的森林公园，主峰银瓶嘴海拔898米，为“东莞第一峰”。这里层峦叠嶂，碧水萦绕，溪谷幽深，竹木苍翠，鸟语花香，山上终年云雾缭绕、云雨变幻万千，素有“小九寨沟”之美誉。

森林公园内动植物资源丰富，是名副其实的“植物王国，雀鸟天堂”。除有穗花杉、三尖杉、华南五针松、短萼仪花、禾雀花等特色各异的植物群落以外，还有穿山甲、琴蛇、猫头鹰、野猪等各种野生保护动物。到目前为止，共发现植物1500多种、鸟类90多种。

交通指南

公路：从深圳龙岗进入博深高速可直达清溪镇，从位于惠州市惠阳区新圩镇红卫管理区的约场收费站进入博深高速，至清溪镇仅需半小时。

铁路：清溪镇西距广州100公里，南至香港90公里，北离京九铁路东莞站30公里，每天有多班直通巴士到达香港。在深圳罗湖客运站有直通车到清溪汽车站以及镇中心，每20分钟一班，票价30元。

航空：深圳宝安国际机场汽车站有直通车到达清溪汽车站，发车时间为每天08:15至10:15，每隔40分钟一班，票价40元。

吐鲁番统一旅游
TURPAN UNITED TOURISM
西游第一站◎神遇吐鲁番
The first station west God in Turpan
旅游咨询电话：0995-8687885 / 8687666
RIVERBANK MANOR
河岸庄园
国家旅游名片

纵是山城，不少读书之族。虽非泽国，犹为鱼米之乡

梵天净土·桃源铜仁

铜仁位于贵州省东北部，东邻湖南，北接重庆，素有“黔东门户”之称。全市辖两区八县，国土面积1.8万平方公里，总人口430余万，有29个民族，其中以土家、苗、侗、仡佬为主的少数民族占总人口的70.45%。

“黔中各郡邑，独美于铜仁。”地处武陵山区腹地的铜仁市，文化旅游资源富集而独特，生态文化、佛教文化、民族文化、红色文化交相辉映，特色鲜明、异彩纷呈，形成了以梵净山为龙头的“一山两江四文化”的文化旅游资源及产品体系。目前，铜仁市境内拥有梵净山1个联合国“人与生物圈”保护区网成员，梵净山、麻阳河2个国家自然保护区，九龙洞、乌江山峡百里画廊、石阡温泉群3个国家风景名胜区，国家矿山公园1个，国家喀斯特地质公园1个，国家A级旅游景区13个，其中4A级景区7个，3A级景区6个，省级风景名胜区9个，省级森林公园3处。被授予“中国民族民间文化艺术之乡”8个。有红色旅游景点69处，历史文化名城1处、历史文化名镇2个，历史文化街区1处、民族保护村寨4处。

【乌江】

“除却扬子三峡美，更有乌江多奇观”。乌江两岸险峰壁立、岩壑幽深、银泉飞瀑、古树多姿，历史遗存的纤夫栈道、美丽传说吸引着人们追溯求源，沿江览胜。

【锦江】

锦江由源自梵净山东、南两侧的两条河流在铜仁城区汇集而成，呈“S”状环城逶迤，将铜仁市区装扮成秀美绝伦的山水园林城市。

国家AAAA级旅游景区

【大明边城景区】

景区以“明”史为据，以“明”文化为内涵，以“明”军事为主脉，以地方特色为背景，致力于明朝以来贵州600年历史文化的挖掘。

【思南九天温泉】

以九天温泉酒店为主的思南温泉旅游综合体，是集温泉沐浴、养生保健、生态旅游、休闲娱乐、餐饮、住宿、地产于一体的新型综合性温泉度假酒店。

【九龙洞景区】

国家风景名胜区，位于铜仁市区城东，探神奇龙洞，登观音险峰，膜拜莲池观音，惊叹大自然奥妙是游九龙洞景区的乐趣所在。

【苗王城】

被誉为“千里苗疆第一寨”。是著名的苗歌之乡，苗鼓之乡，民间绝技之乡，影视拍摄基地。是西南地区苗族留存至今的一座保存得较好的集政治、经济、文化、军事和建筑为一体的古城堡。

【石阡城南温泉】

全国较古老的温泉之一，恒温45℃，“此泉颇奇，冬浴之则身暖而寒退，夏浴之则体轻而凉生，夜浴则睡眠安稳，疲浴则精神复振。”

【思南石林景区】

地球同纬度发育较好、生态保持较佳、保存完整、出露面积大的极具观赏性和科普教育价值的连片喀斯特石林。

【中国汞都·万山国家矿山公园】

以万山城区的汞矿矿业遗迹为核心景区，汞都博物馆、古代采矿遗址、地下坑道奇观，展现出汞工业文明的宏大历史叙事。

梵净山文化旅游网　铜仁市旅游发展委员会　铜仁市旅游网站　微铜仁二维码

生态文化 | 佛教文化 | 民族文化 | 红色文化

丰收大地

大丰港海洋世界

国家4A级旅游景区大丰港海洋世界是以海洋为主题的情景式互动体验馆，带您探秘海底神韵，游玩神奇的海洋迪士尼，穿越神秘的海底观光隧道。 电话：0515-68853088

地址：江苏大丰盐土大地海洋生物产业科技园内

大丰港动物园

大丰港动物园位于美丽的大丰港日月湖畔。动物园主要分三个区域，北区为麋鹿苑，中区为珍禽园，南区有大熊猫乐园、虎狮熊豹猛兽馆、动物表演场和亲子动物区等景点。大熊猫乐园已于2014年9月6日正式对外开放。

地址：大丰港青岛港路6号 电话：0515-83288012

大丰旅游

Dafeng Tourism

恒北梨园风光

江苏省美丽乡村、江苏省四星级乡村旅游点恒北梨园风光，深挖特色文化内涵，打造“恒北恒美，梨缘天下”旅游品牌，这里满园春归梨花竞放，落英胜雪彩蝶飞舞，恍若世外仙境，这里绿叶挨挤酥梨满枝，尽显写意乡村。

地址：大丰市大中镇恒北村恒北大道 电话：0515-83814327

东方湿地公园·东方1号创意产业园

国家3A级旅游景区东方湿地公园以“泽都水韵”为主题，为市民提供领略湿地野趣、感悟城市文化、体验生态活力的绝佳场所，充分体现了人与自然和谐共处，是一张独具匠心、活泼灵动的巨幅山水画。东方1号创意产业园是苏北地区首个创意产业园，有效开拓了周边地区的市场并塑造了“东方1号”自主品牌，进一步推动创意设计与文化、科技、旅游、展销、市民生活和城市建设的融合发展。

地址：大丰市城东新区新都路 电话：0515-83378080

东阳旅游
DONGYANGTOURISM

文化和影视名城

世界木雕之都

中国优秀旅游城市

浙江省旅游经济强市

游美丽东阳 享美好生活

东阳旅游资源丰富。有国家AAAAA级旅游景区横店影视城、国家AAAA级旅游景区东阳中国木雕城和中国十大名村花园村、全国重点文保单位卢宅明清古建筑群，还有东白山、三都•屏岩、落鹤山、社姆山等30多处风景名胜区、旅游度假区。

2013年，全市共接待国内外游客1356.16万人次，实现旅游收入95.71亿元。

游 影视名城

横店影视城位于东阳市横店镇，是全球规模较大的影视实景拍摄基地，是国家影视产业实验区。

自1996年以来，横店集团投入巨资兴建横店影视城，现已建成广州街•香港街、明清宫苑、秦王宫、清明上河图、梦幻谷、华夏文化园、国防科技园、红军长征博览城、屏岩洞府、大智禅寺、明清民居博览城等近20个旅游景区。同时，“梦上海”“万花园”、横店通用机场也在动工建设中，将进一步稳固横店的影视旅游优势。

从影视基地向影视主题公园转变，旅游产品由观光型向观光休闲复合型转变，通过转型升级，横店影视城成功打造了中国影视旅游品牌。

逛 木雕之都

歌山画水百工城，木雕竹编姐妹花；自古至今千秋史，誉满中华数百年。东阳是世界木雕之都、中国民间艺术之乡、中国木雕之乡、全球木雕产业合作基地。

国家AAAA级旅游景区东阳中国木雕城已成为全国木、竹制工艺品集散中心，内设10万余种特色木雕竹制工艺精品、木雕红木家具。同时，东阳市工艺精品馆、中国工艺美术学会木雕艺术专业委员会、浙江省木雕红木家具产品质量检验中心等行业权威机构也设于此。2014年10月，工艺精品馆升格为中国木雕博物馆，成为二期核心区域，与一期共同升级为东阳中国木雕文化博览城。建成后的东阳中国木雕文化博览城将成为一个大型木雕、木文化产业综合体。

新创建的国家AAA级旅游景区东阳市红栋红木家具珍藏馆和浙江省工业旅游示范基地紫檀博物馆，又为木雕之都增添了新的亮点。

品 明清古宅

东阳以“建筑之乡”闻名遐迩，东阳民居更是名列中国十二大古民居之林。

目前，全市境内保存着各类明清民居建筑1000多处，其中有2处全国重点文物保护单位——卢宅和马上桥花厅，8处浙江省重点文物保护单位以及66处东阳市重点文物保护单位。

卢宅古建筑群是江南现存规模大、保存完整的明清古建筑群，沿肃雍堂、树德堂两条轴线，纵深300余米，有“民间故宫”之称，还被国内外专家誉为“具有国际水平的文化遗产”。

此外，坐落于城东街道李宅社区的李宅古建筑群、虎鹿镇蔡宅村的蔡宅古建筑群等功能齐全、规模宏大的明清民居建筑群落，也是浙中地区传统民居的经典杰作。

赏 歌山画水

“东阳本是佳山水，何况曾经沈隐侯。”唐代诗人刘禹锡如此赞美东阳。

有“歌山画水”美誉的东阳山势奇美，水色诱人。“爱情圣山”东白山是会稽山脉主峰，海拔1194.6米，是浙江地理上的“屋脊”，还是道教三十六小洞天之第二十七洞天。

三都•屏岩景区是典型的丹霞地貌，于1996年被批准为省级风景名胜区。其中，三都胜境有“人在山中行，如在画中游”之美誉；被称为“江南洞府”的屏岩洞府奇峰凸起，是一处著名的道教场所。

落鹤山、社姆山、八面山和巍山屏等山势奇秀，东阳江、南江像两条彩带贯穿全境，再加上正在开发建设的横锦山水小镇，构成了歌画东阳的一道道靓丽风景线。

著名旅游目的地

山西

大同

城墙

云冈石窟

大同市位于山西省北部，居晋、冀、蒙交界处。曾为两汉名郡、北魏都城、辽金陪都、两朝重镇。

大同集古都、煤都、夏都于一身，宜游、宜业亦宜居。

大同的文物古迹，以古老、雄伟、气势恢弘著称于世，是鲜卑、契丹、女真等北方少数民族与汉族文化融合的珍品。被列入《世界遗产名录》的云冈石窟、华夏五岳之首的北岳恒山，以奇、巧、险著称的悬空寺、辽金寺庙华严寺、唐代古刹善化寺、建造年代较早较大的九龙壁、原址复建的大同城墙等著名景点坐落在大同境内。大同的自然景观有山川、河流、草原、溶洞、火山群、土林等；晋华宫国家矿山地质公园是新近获批的国家AAAA级景区，煤炭博物馆、煤炭井下探秘游是景区的两大亮点项目。

大同称为“夏都”，舒适凉爽的气候条件已成为国内游客必选的消夏避暑目的地之一。

大同欢迎您！

恒山

悬空寺

华严寺

著名旅游目的地

美丽中国十佳旅游县　全国旅游标准化试点县

晋善晋美　阳城醉美

阳城位于山西省东南部，地处太行、太岳、中条三山之腹地，地理位置优越，交通便利发达。全县人口约40万，总面积1968平方公里。阳城古称濩泽，春秋属晋，战国迭属韩魏，汉时置县。唐天宝元年（742年），改濩泽为阳城县。阳城历史悠久，堪称华夏摇篮之地。史书中就有“舜渔于濩泽”“汤祷于桑林”“王休于濩泽”等记载。这里地灵人杰，英才辈出。自隋唐科举以来，曾有123名进士，其中明清两代63名，为全省之冠。清顺治三年，有十人同时中进士；顺治九年，又有十人同时中举，留下了“十凤齐鸣”和“十凤重鸣”的美谈，及至“康雍盛世，名列三城；嘉道之时，凤高五属”。

阳城县旅游资源数量多、种类齐、品位高、开发潜力大，被专家考察认定，旅游资源综合实力排在山西省前茅。根据国家《旅游资源分类、调查与评价》标准，阳城县旅游景资源共分为7个主类，26个亚类，61个基本类型。其中：皇城相府、蟒河和析城山达到国家一级旅游资源的质量要求。截至2013年，全县以5 A级旅游景区皇城相府为龙头，共完成旅游投资30多亿元，旅游企业发展到50多家。旅游直接从业人员达到5000余人，全县旅游规模基本形成。2013年全县接待游客599.02万人次，创门票收入2.09亿元，旅游总收入达到38.86亿元。进入“十二五”，阳城县站在科学发展的高度，提出了实施以皇城相府、蟒河、析城山三大景区为支撑、以县城为支点的“3+1”大旅游战略，以旅游开发为引领，全力加快三产活县步伐，努力把旅游业培育成为继煤炭之后最具活力的支柱产业。按照“主攻西南（析城山片区）、完善东南（蟒河片区）、提升东北（皇城相府片区）”的发展理念，努力把旅游业培育成为阳城县的战略性支柱产业和现代服务业的龙头，成为全县人民更加满意的富民产业、幸福产业，把阳城县打造成为全国重要的旅游目的地，建成全国旅游强县。

地址：山西省阳城县凤凰东街161号　电话：0356—4220149　传真：0356—3290149　邮箱：yclyj99@163.com

【云南·红河州】

弥勒

中国民间文化艺术之乡　红烟之乡　蔗糖之乡　高原葡萄之乡

弥勒，世界罕有的一与佛同名的城市，位于云南省东南部，是红河州的北大门，市域面积4004平方公里，总人口约55万，主要有汉、彝、傣、苗、回、壮等21个民族，少数民族人口占全县总人口的43.74%。以其悠久历史、优越区位、丰富资源和璀璨民族文化，赢得“中国民间文化艺术之乡”“红烟之乡”“蔗糖之乡”“高原葡萄之乡”的美誉，先后荣膺“中国至佳休闲旅游县、中国至佳文化生态旅游目的地、中国至佳旅游度假胜地、中国生态旅游百强县、中国著名文化旅游县、国际旅游名县”等殊荣。正因为有历史的垂爱、自然的禀赋、人文的积淀，加上福地弥勒紧紧抓住云南省“旅游二次创业”等重大机遇，加快推进旅游服务产业化和城镇化建设，以康体、休闲、度假、商务会展等为代表的现代旅游服务业呈现出了蓬勃的发展态势，得到了省、州的肯定和关注。省、州各级领导对弥勒城市建设的高度重视和支持，为弥勒的旅游发展带来了空前难得的机遇。

中国弥勒旅游网：www.mile.gov.cn　　**旅游咨询电话：0873-6135133**

石嘴山

观景沙湖 休闲星海

石嘴山旅游
Shizuishan Tourism

石嘴山市位于宁夏回族自治区北部，东、北、西三面与内蒙古毗邻，南与银川市接壤。东屏滔滔黄河水，西依巍巍贺兰山，因贺兰山与黄河交汇处“山石突出如嘴”而得名。这里是游牧文明和农耕文明的交融之处，是丝绸之路的必经之地，被称为“贺兰山阙”和“大漠咽喉”。包兰铁路和京藏高速横穿全境，是全国179个公路交通枢纽城市之一；是煤之珍品“太西乌金”的故乡，也是宁夏重要的中心灌区，素有“塞上水乡”的美誉。1960年设市，下辖大武口区、惠农区和平罗县，总面积5310平方公里，总人口75.93万，城镇人口70.25%，回族人口21.13%。经过50余年的发展，石嘴山市从典型的煤炭工业城市转型为独具特色的山水园林新型工业城市。

这里有融江南水乡与大漠风光于一体的全国首批5A级旅游景区——沙湖；有国家水利风景区、国家湿地公园、国家水上运动训练基地和全国首批中国文化旅游新地标之称的星海湖休闲度假区；有获得“中国人居环境范例奖”的国家3A级旅游景区贺兰山北武当生态旅游景区；有怀旧知心、记载历史的五七干校原址；有自治区级文明景区、国家重点文物保护单位、国家3A级旅游景区平罗玉皇阁景区。这里森林公园、汇泽公园、舍予园等园林景观媲美竞秀，城市绿化覆盖率36%，人均公共绿地面积14平方米。这里是基础雄厚、开放包容的西北工业重镇。2013年1月，石嘴山市被人民网评选为“首批中国文化旅游示范基地”。如今的石嘴山市，正以它开放、和谐、富裕、美丽的新型工业城市形象，迈向新的发展，迎接着五湖四海的朋友！

旅游网网址：http://szstour.nxszs.gov.cn

成都·青羊区

“天府之国”成都——四川省省会，位于川西平原腹地，总面积1.24万平方公里，户籍人口1112万，辖9区、4市、6县，是中国西南地区重要的中心城市和著名的历史文化名城，是国务院规划确定的西南地区科技、商贸、金融中心和交通、通信枢纽，也是闻名遐迩的“人居之都”“美食之都”和“休闲之都”。

青羊区地处成都市核心区域，是成都市的政治、经济、文化、金融、科技中心。宋代诗人陆游“当年走马锦城西，曾为梅花醉似泥；二十里中香不断，青羊宫到浣花溪”这首脍炙人口的诗句，就是对青羊这片美丽土地的赞美。全区幅员面积66平方公里，户籍人口60.11万，城市化率达到99.9%以上。2013年，青羊区实现地区生产总值752.4亿元，实现全口径税收152.1亿元，实现地方公共财政收入45.76亿元，完成固定资产投资293.2亿元，引进省外资金232亿元，实际到位外资12.8亿美元；城镇居民人均可支配收入达到30934元，农民人均纯收入达到19640元，区域经济质量和效益位居全市前茅。近年来，青羊区先后荣获“全国商业名区”“中国金融生态区”“中国现代服务业发展能力十强区”“辉煌十一五.中国极具特色经济发展潜力区”等荣誉称号，已经发展成为目前全市现代服务业发达、城市配套设施完善、生态环境优美的城区。

【优越的区位条件】

青羊区地处成都市政治、经济、文化中心区域，在获取资讯、争取上级支持上有着得天独厚的优势。

【深厚的文化底蕴】

青羊区文化旅游资源丰富，历史文化底蕴深厚，拥有闻名中外的杜甫草堂、佛教禅林文殊院、道观青羊宫和古蜀金沙遗址等众多名胜古迹，辖区文化旅游资源总量占全市总量的三分之二，形成了以“天府上下五千年”为品牌的文化旅游资源优势。

【优美的人居环境】

青羊区位于贯穿成都市区的府河和南河之间，呈“二江抱城”之势，景城相融，风水相济，是成都空气质量好、公园面积多、绿化率高的区域。

【雄厚的产业基础】

青羊区是成都近代商业的发祥地，引领着成都乃至四川的消费时尚，是成都繁荣繁华的集中体现，二、三产业占国民经济的比重达99.9%以上。现代服务业快速发展，金融、现代商业、科技服务、信息服务等产业大量集聚，中西部区域性金融中心、商务和商贸中心逐步形成，服务业占国民经济总量的比重达79.9%。工业经济具有鲜明的都市型工业特色，是成都市航空产业基地、模具产业基地和总部基地，聚集了全市70%的航空产业、48%的模具产业。

【良好的发展环境】

投资硬环境在中西部堪称一流，区内交通四通八达，铁路、航空运输便利；水、电等城市基础设施完善，通信极为便利，配套服务良好。正在建设的成都地铁一、二、四号线均贯穿青羊区。规范化服务型政府建设成效显著，推行规范服务、快捷服务、优质服务，创造公开透明的政策环境、高效便捷的服务环境、公开公正的法制环境、安全稳定的治安环境。连续四年，青羊区投资软环境建设在成都市都名列前茅。

旅游名城名镇

佛顶山

桓仁

避暑 养生 度假

高句丽发祥圣地 | 清王朝肇兴之地 | 中国易学标本地 | 国歌原创素材地

望天洞

大雅河

枫林谷

虎谷峡

世界文化遗产
——五女山山城

桓仁县位于辽宁东部山区，西北与新宾满族自治县交接，西和本溪满族自治县相连，南与宽甸满族自治县为邻，东北部和通化县、集安市交界。境内总面积3547平方公里。其中山林面积2900多平方公里、耕地面积270多平方公里、水域面积260多平方公里，形成了“八山一水一分田”的自然地貌。全县总人口31.9万，辖1个省级开发区、12个乡镇、1个街道办事处、1个国有农场、103个行政村、21个社区。桓仁于1877年（清光绪三年）建县，1989年经国务院批准，成立满族自治县。全县有满、汉、朝、蒙、回等14个民族，少数民族占全县总人口的55.7%，其中满族人口占53.17%。

桓仁山清水秀、景色宜人，自然和人文资源十分丰富。这里有超好的水质，地表水和地下水均达到二类水质标准；极佳的空气质量，每立方厘米负氧离子含量达到5000个；森林覆盖率达到78.4%。境内山、水、林、泉、洞景观齐备，风景旅游资源总面积达675平方公里，拥有世界文化遗产——五女山山城；辽宁屋脊、国家自然保护区——佛顶山国家森林公园；辽宁较大的淡水湖——桓龙湖；中国黄河以北较长的旱洞——望天洞；东北第一漂——大雅河漂流；辽宁较大的枫叶观赏群落——枫林谷；世界罕见的地质精品——地温异常带等景观近百处。已经开发了避暑、养生、度假等多种高端旅游产品，明确旅游产业的发展定位、产业布局和发展思路，即以全力打造“世界冰酒之都”和“北方国际养生城”。

桓仁6000年人类文明历史积淀了深厚的文化底蕴，形成了以关东文化为主体，以满族、高句丽文化为显著特色，融合抗联文化、宗教文化、周易文化等多元化体系，独具鲜明的地域特征。被专家誉为“高句丽发祥圣地、清王朝肇兴之地、中国易学标本地、国歌原创素材地”。2004年五女山被评为世界文化遗产，桓仁也先后荣获中国旅游强县、中国生态旅游大县、国家森林公园、国家卫生县城、中国美丽休闲小城等众多称誉。

辽宁最大的淡水湖——桓龙湖

在峰峦叠嶂的辽宁东部山区、清澈蜿蜒的太子河上游，镶嵌着一颗璀璨的明珠——本溪满族自治县。大自然的鬼斧神工打造了这里的奇山秀水，源远流长的中华文明在这里镌刻深深的印迹。素有“东北人文祖源”“东北道教发祥地”“中国枫叶之乡”之美誉。

全县境内现有国家AAAA级旅游景区3个（本溪水洞、关门山国家森林公园、关门山水库风景区），AAA级旅游景区1个（汤沟国家森林公园），AA级旅游景区2个（铁刹山风景区、天龙洞风景区）。四季佳景交相辉映、美不胜收。尤其是金秋时节，枫叶流丹，万山红遍，层林尽染，是赏枫绝美之地。“山水、洞穴、温泉、枫叶、民俗、宗教”六大品牌声名鹊起，灿烂的太子河文明焕发蓬勃生机。从庙后山人燃起的东北第一缕炊烟，到铁刹山东北道教的发祥兴起;从燕太子丹刺秦的壮怀史诗,到清太祖努尔哈赤温泉疗伤的历史传奇;从中日甲午战争摩天岭大捷到东北抗联的英雄壮举；从多姿多彩的满族民俗到原汁原味的田园之趣。史脉悠长的文化记录着“辽宁省旅游强县”厚重的根基。

（图片摄影：侯少刚 李巍）

精武镇

崇德·尚武

实干·自强

天津市西青区精武镇毗邻天津高铁南站、西青郊野公园等地，是“全国环境优美乡镇之一”，也是近代著名爱国武术家——霍元甲的故乡。全镇总面积57平方公里，辖18个自然村、2个居委会，现常住人口约有13万。

由霍元甲创办的精武体育会已成立104年，遍布世界24个国家，共有56个精武体育会。为弘扬“爱国，修身，正义，助人”的精武文化，精武镇高标准规划了占地3880亩的集国内外武术文化交流、爱国主义教育、观光体验、休闲度假于一体的文化产业高地——精武门·中华武林园。该项目是国家4A级旅游景区，被列为天津市“十二五”文化产业发展规划重点项目、天津市文化旅游产业重点项目，也是西青区保护和挖掘历史文化，以民俗文化为龙头，以“崇文”“尚武”为两翼，积极打造五大旅游板块的重大举措之一。

精武镇于1992年、2010年和2012年先后承办了“世界精武武术文化交流大会”“霍元甲百年英雄会”，成功举办了“雪花之夜”啤酒节、“首届精武冰雪嘉年华”、“中国天津首届轻型飞机低空飞行嘉年华”、俄罗斯大马戏团等活动，武林园景区的国内、国际影响力日渐提升，每年接待国内外游客55万人次以上，是天津市青少年爱国主义教育基地。

霍元甲文武学校现有学生2300余名，建校以来培养世界冠军9个、全国冠军200个，获得奖牌2000余枚，被国家授予“外国武术学员来华培训基地”和“教学实践基地”。

水乡明珠·美丽双凤
【中国·太仓·双凤】
旅游名城名镇

「神仙居住的地方」仙居 XIANJU

中国山水画城市

仙人居住的地方

仙居县位于浙江省东南部，台州西北部，东晋永和三年（347年）立县，原名乐安、永安。北宋景德四年（1007年），宋真宗赵恒以其“洞天名山，屏蔽周卫，而多神仙之宅”下诏改县名为仙居，意为“仙人居住的地方”。全县地域面积2000平方公里，森林覆盖率达77.9%，空气和水质均达一类标准，生态指数名列浙江省前列，是国家生态县，首批国家公园试点县、全省旅游综合改革试点县、全省首批旅游标准化试点县。县内有国家风景名胜区、国家AAAA级旅游景区158平方公里，初步形成了以神仙居景区、永安溪漂流景区、淡竹休闲谷景区、皤滩古镇和景星岩景区为主的“山、水、林、古、月”特色景区框架。其中被称为“浙江一绝”的神仙居景区，是世界上规模较大的火山流纹岩地貌典型，独特的生态环境和地质构造形成奇峰险崖、绝壁天坑、流泉飞瀑、云海雾涛、丛林百态的奇特景观。永安溪是仙居的母亲河，是目前华东地区保持较好的原生态溪流之一，沿永安溪建的生态绿道，被誉为“中国至美绿道”。

咨询电话：0576—87796877 87796878　网址：www.zjxianju.com　官方微信平台：仙居旅游（xianjulvyou）

江油

诗意中国　李白故里　美丽江油

www.libaiguju.com

李白故居旅游景区是国家AAAA级旅游景区。它位于四川省江油市青莲镇，面积约10平方公里，是伟大诗人李白的出生地。这里『涪江中泻而左旋、盘江迂回而右抱』，文化厚重，风景秀美。有太白祠、陇西院、粉竹楼、名贤祠（李白衣冠墓）、月圆墓、洗墨池、磨针溪、德政坊、漫坡渡、罗汉洞等众多文物景点，及以园林、书法、石刻艺术高度融合的太白碑林和独具特色的诗乡古镇，是人们探源李白文化、领略诗仙神韵的旅游胜地。

美食天堂 欢乐金牛

成都市金牛区

金牛区位于成都市中心城区西北部，处于城市上风上水位置，是成都市生态、水资源保护区。全区面积108平方千米，户籍人口74.08万，人均公园绿地面积11.19平方米。金牛区历史文化积淀深厚，都市旅游兴旺。区境内有商州蜀文化中心金沙遗址、前蜀皇帝王建墓永陵、三国老将黄忠墓、安史之乱期间唐玄宗驻地天回镇、九里堤遗址、西部地区最大的4A级旅游主题公园成都华侨城欢乐谷主题公园。

2014年，金牛区经济社会平稳发展，地区生产总值815.5亿元，全口径财政收入135.74亿元。完成固定资产投资337.2亿元，成功引进重大项目18个，全年实际到位内资206.2亿元，实际利用外资8.3亿美元。全区旅游总收入141.78亿，其中国内旅游收入141.1亿元，外汇收入1098.2万美元，共接待国内外游客877.73万人次，其中国内游客871.68万人次，入境游客6.05万人次。2014年，金牛区荣获四川省首批旅游十强区（市）县称号。

金牛区地理优越、交通便利，人才丰富、科技雄厚，商贾云集、商业繁荣，辖区内火车北站、城北客运中心站、茶店子旅游集散中心等交通枢纽，西南交通大学、中国电子科技集团公司第二十九研究所，中国电子科技集团公司第十研究所等著名科研究院所，国际商贸城、荷花池、五块石等专业大市场群在西南乃至全国闻名遐迩。

金牛区深入推进旅游基础设施建设，科学开发旅游资源，不断完善旅游管理体系，全面提高旅游服务质量和产业水平，创建和谐旅游环境，合理布局吃、住、行、游、购、娱旅游产业链；金牛区大力推进旅游业跨越式科学发展，努力把金牛建设成为特色鲜明、文明和谐、环境优美、秩序井然、服务周到、深受国内外游客青睐的优秀旅游目的地。

西藏饭店

国际商贸城

永陵

Suzhou Eco-Town
苏州西部生态城

苏州西部

生态旅游度假区

太湖沿岸养生·休闲·旅游·度假的理想之地

苏州西部生态旅游度假区，位于高新区西部的太湖之滨，规划总面积19平方公里，坐拥苏绣之乡——镇湖，自然环境优美，人文底蕴深厚，区内绿化覆盖率达70%，是太湖沿岸养生、休闲、旅游、度假的理想之地。

作为高新区首个省级旅游度假区，苏州西部生态旅游度假区旅游资源丰富。区内有融原生态人文自然保护、休闲观光旅游、科普教育及吴文化展示于一体的国家4A级旅游景区——苏州太湖国家湿地公园，有国家4A级旅游景区——中国刺绣艺术馆景区，集苏绣生产、展示、销售、观光、交流于一体。沿太湖25公里岸线有自然岛屿——大、小贡山，马山游客咨询服务中心，太湖大堤创意文化闸站，省级自驾游基地——太湖一号房车露营公园，太湖垂钓中心等时尚、生态、休闲旅游景点。西京湾生态农场、马山生态园、石帆生态菜园等生态农业项目也在快速推进。此外，原始村落——三洋村、国家文保单位——千年古寺万佛寺等人文古迹和苏绣、玉雕、缂丝、仿明清家具、雕件、仿古青铜器、香山古建、檀香宫扇、织绣类服装服饰等民间传统工艺，均独具匠心，蜚声海内外。

湿地公园熊猫馆

湿地公园世博馆

苏州西部生态城　中国刺绣艺术馆　苏州太湖国家湿地公园　太湖一号房车露营公园

赏湖光山色，品锦绣人生。

欢迎您来到苏州西部生态旅游度假区，享受触手可及的惬意！

太湖一号房车露营公园

万佛寺

马山游客中心

中国刺绣艺术馆

魅力 化景区

东方佛都

莲心山

金佛

东方佛都，国家4A级旅游景区，与乐山大佛同在乐山市凌云九峰，世界“双遗产”核心范围内。辖林地面积千余亩。

乐山大佛所在的凌云九峰，唐代时“峰各有寺”（《大象阁记》），后毁于元明。东方佛都寻古人遗迹，以恢复唐代风貌为宗旨，荟萃了世间石刻佛像精品，为四川美院老教授们雕塑，中国雕塑大师刘开渠先生是顾问。

东方佛都，大小佛像三千余尊，其中包括世界超大睡佛（170米），以摩崖石刻雕像为主。依山取势，林隐千佛，洞中百窟，既展示了佛文化千年的神韵，又留下了现代人传承古人石刻雕塑艺术的足迹。

东方佛都，森林覆盖，野趣横生，有原始自然的古朴。

东方佛都，再现了唐代时的凌云九峰，是当今乐山大佛佛文化的延伸。

东方佛都每年接待中外游客80万至90万人次。

Oriental Capital of Buddhism, a national 4A scenic area, is situated with Leshan Giant Buddha together in the core confines of the world “dual heritages” : Lingyun Nine Peaks of Leshan City, administering forest land over thousand mu in area.

Lingyun Nine Peaks, where is Leshan Giant Buddha located, had “temple in each peak” in Tang Dynasty (according to the book《Daxianggeji》), and the temples were ruined later in Yuan and Ming Dynasties. Oriental Capital of Buddhism traces the historical remains of the ancients, and aims at restoring the styles and features of Tang Dynasty. It assembles the exquisite carved stone Buddha figures of the world, which were carved and mould by the senior professors of Sichuan Fine Art College with China sculpture master Liu Kaiqu as advisor.

Oriental Capital of Buddhism owns more than three thousand big and small Buddha figures, mainly carved out of a cliff, including the global biggest 170 meter Sleeping Buddha. It adopts the position according to the hills, with thousands Buddha hidden in forests, and hundreds dens in cave, exhibiting the charms of thousand year Buddhism culture, as well as leaving behind the footprints of modernists inheriting the stone sculpture arts of the ancients.

Oriental Capital of Buddhism is covered with forests, and full of the interests of wilderness, overwhelmed with natural and primitive simplicity.

Oriental Capital of Buddhism reproduces the Lingyun Nine Peaks in Tang Dynasty, and is the extension of the Buddhism culture of Leshan Giant Buddha nowadays.

Oriental Capital of Buddhism receives domestic and foreign visitors 800~900 thousand person-times each year.

降妖池

千手观音

印度音乐湿婆

桃源仙谷

北京市桃源仙谷风景名胜区，距北京90公里。景区东起密云水库，西至观峰台之巅，总面积16平方公里。一湖六瀑十三潭，冬天冰雪有奇观，天画八峰神仙界，远望云海碧水天，80余个景观镶嵌其中，构成了世外桃源的天然风景画廊。整个景区，山峦起伏，峡谷纵深，森林茂密，集湖、瀑、潭、洞、峰、林、石、水于一体。桃源仙谷在近年来依靠独特的地理环境先后修建了慈母洞、忠孝图、中国五十六个民族图腾集锦、八仙过海和观音大佛等人文景观。现在的桃源仙谷景区不仅拥有独特的自然环境，更创造了让人瞩目的人文环境，供游人品味、观赏。

桃源仙谷四季景致均让人赏心悦目。每年1~2月冰雪活动，3~4月杏花观赏活动，5~6月山花观赏活动，7~8月保护水源活动，9~10月金秋采摘活动，11~12月红叶观赏活动。

桃源仙谷交通便利，食宿方便。景区有桃源仙谷度假山庄和民俗农家院可供吃住和娱乐。

桃源仙谷，热诚欢迎新老朋友光临。

【观音大佛】

观音菩萨，又作观世音菩萨、光世音菩萨，相貌端庄慈祥，经常手持净瓶杨柳，具有无量智慧和神通，大慈大悲，普度人间疾苦。当人们遇到灾难时，常常念其名号，盼其前往救度。

【八仙过海】

唐朝末年,东海一带，瘟疫肆虐，民不聊生。为解救苍生困厄，汉钟离和铁拐李两仙不约而遇。为拯救苍生，两仙遂决定往东海之东的药岛采药。观音菩萨慨言，一切都是千百年来种下的因果，只有八仙俱全，方能安然过海，玉帝遂遣汉钟离和铁拐李两仙下凡，找寻尚未成仙的其余六仙。人海茫茫，两仙历经磨难，找到了其余六仙。八仙各显神通，渡过东海，采药成功以济苍生。

【公交车】由东直门汽车站→乘坐980、987→密云大剧院乘面的→桃源仙谷

密云大剧院60路以上公交车均可→桃源仙谷

【自驾车】京顺路→京密路→密关路→桃源仙谷

京承高速→密云收费站出口→密关路→桃源仙谷

魅力文化景区

辽宁·丹东

中国凤凰山

国家风景名胜区

国家AAAA级旅游景区

凤凰山位于辽宁省凤城市南郊，隔鸭绿江与朝鲜的妙香山相望。最高峰“攒云峰”海拔836米，面积为182平方公里。被誉为“国门名山”“万里长城一名山”“华夏历险一名山”是国家风景名胜区、国家AAAA级旅游景区。

凤凰山历史悠久，景色旖旎，是驰名中外的旅游避暑胜地。南北朝时期凤凰山称“乌骨山”，隋末唐初称“熊山”。唐贞观年间唐太宗李世民御驾东巡，游览此山时，有“凤凰拜祖”的传说，遂赐此山名为“凤凰山”。后“平辽王”薛仁贵为了威慑各附属国，使其永不背叛大唐，在距凤凰山四十里处的发箭岭，开震天弓，搭穿云箭，对准凤凰山方向震臂一射，神箭穿凤凰山而过，落入鸭绿江中，自此便有“神弓射箭眼，一箭定辽东”之说，迄今已有一千三百多年的历史。

凤凰山以雄险的山岳型自然景观为主。融历史文化古迹、边塞田园风光和民俗风情于一体，险中含奇，秀里蕴幽，游览凤凰山可谓是步步高、步步险、步步难、步步奇。山中著名的自然景观有：凤凰洞、烽火台、罗汉峰、将军峰、老牛背、天下绝、箭眼峰等，令人望而生畏、走而怯步、过而叫绝。凤凰山的四季美景，令人心弛神往，千姿百态的风光给人以五步一处景，十步一重天的感觉，有首诗曾经是这样赞美凤凰山的：“春山吐翠杜鹃红，夏赏云海听瀑声。秋风尽染胜锦绣，冬雪冰凌掩青松。”古语有云：“早知凤凰山色好，何必千里去江南。”

早知凤凰山色好，何必千里去江南！

旅游咨询电话：0415-8126042　　网址：www.cnfhs.com

魅力文化景区
三河古镇
Sanhe Ancient town
三河镇位于合肥市西南部，地处肥西、庐江、舒城三县交界处，全镇面积72平方公里，辖14个社区、12个村，人口近8万，其中，镇区面积4.71平方公里，人口3万。
三河古镇距今已有2500多年历史，素有『千年水镇、风云战场、名人故地、民俗画廊』之美誉。据《左传》等史书记载，春秋时期吴楚相争的『鹊岸之战』、1858年太平军大败清军的『三河大捷』均发生于此。这里以水乡古镇为特色，形成了古河、古桥、古街、古圩、古庙宇、古战场、古民居、古茶楼等『八古』独特景观。古镇内保存有著名物理学家杨振宁旧居，淮军领袖李鸿章仓房，两广总督张树声，四川总督刘秉璋，著名爱国将领孙立人故居和爱国侨领董寅初生平事迹展览馆，原样保留刘同兴隆庄及鹤庐等古迹，游客畅游其间，流连忘返。三河菜肴，色泽浓郁，醇香可口，深受南北食客所青睐，『玩在黄山，吃在三河』已成为广大游客的共识。三河民俗文化丰富，是国家非物质文化遗产、合肥市地方剧种——庐剧的发源地。
近年来，三河镇先后荣获全国文明镇、全国卫生镇、中国历史文化名镇、国家特色旅游景观名镇、全国环境优美乡镇、全国平安农机乡镇、全国发展改革试点镇、全国小城镇建设重点镇、国家4A级旅游景区、全国第一批绿色低碳试点示范重点小城镇、全国生态文化示范基地、中国美食文化古镇、中国美丽乡村100佳、亚洲金旅奖——独具魅力乡村旅游名镇、全国首批美丽宜居小镇等15项国家荣誉称号。
【交通路线】合肥长途汽车站或南门换乘中心乘坐合肥至三河汽车到三河客运中心
【自驾游路线】公路：从合安公路转至合铜公路到肥西三河 高速：合安高速从严店或舒城、三河道口下到肥西三河
【咨询电话】0551-68757113 【景区地址】合肥市肥西县三河镇
【景区网址】中文域名：www.三河古镇.com 英文域名：www.shgzlyjq.com
千年水镇 风云战场 名人故地 民俗画廊

汤峪温泉旅游度假区

TangYu Tourism Resort

汤峪温泉旅游度假区地处秦岭北麓终南山中央部位，秦岭七十二峪中有温热的山谷之地。秦岭是中国著名的南北气候分水岭，这里是秦岭北麓华夏母亲河“黄河”源头地之一浐河的发祥地，由西安市蓝田县汤峪镇管辖。塘子村是汤峪镇政府所在地，是终南山汤峪河石门关外汤峪温泉（原石门汤泉）所在地，距离西安市大雁塔38公里。秦汉时期这里是著名的皇家圣地“上林苑”，有著名的“皇室御汤院”，汉代“鼎湖延寿宫”沐浴行宫。隋末唐初秦王李世民在汤峪挖塘建池赐名“塘子村”，唐玄宗李隆基携杨玉环休闲沐浴，大兴土木建设唐代皇家浴场“大兴汤院”。地处石门关外塘子村南的石门汤泉（今汤峪温泉）是中国皇家温泉之源，是大唐三汤之首。据史料记载，大兴汤院兴建有“融雪汤”“玉女汤”“涟珠汤”“漱玉汤”“濯缨汤”五池。据有关史料记载，这里为亿万年前秦岭造山运动形成的古泉圣汤，是西安十三朝古都和中国历朝历代皇室沐浴的休闲胜地。汤峪温泉旅游度假区以汤泉沐浴文化和温泉旅游为主题，以休闲文化古镇为依托，景区东南方为东峰道观，西南方为西峰佛院，这里又是全国极具中国传统文化（儒、释、道和朱子百家和谐文化交融）的终南山文化聚集区，整个度假区面积两平方公里，共分为三区三馆：大兴汤院温泉遗址区，汤峪温泉历史文化展览区，塘子古镇文化感受区，汤峪温泉碧水湾体验馆，汤峪温泉月亮湾度假馆，汤峪温泉养生湾温泉养生馆。景区游览项目有汤峪龙泉寺，天、地、人、事沐浴四柱文化街，唐祠堂，唐圣堂，民间九路财神，天亭晨钟，地亭暮鼓，观音塘，民俗小吃汤峪九大碗，开元堂美食城，每天有大型实景剧《古泉颂》演出和游客参与性皇帝游园及各类传统沐浴文化活动和民俗文化表演。2010年汤峪温泉荣获“中国温泉旅游度假胜地”“中国美丽温泉小镇”“中国温泉古镇”等荣誉，汤峪镇因温泉旅游产业化发展成为陕西省重点示范镇，国家首批“全国特色景观旅游名镇”。汤峪温泉有沐德为天、沐地为生、沐和为道、沐道为人；沐人为心、沐心为真、沐真为性、沐性为水等古老的传统泡汤文化，成为世界沐浴文化发祥地，汤峪温泉由于特殊的地理位置，无色无味独特的天然水质，被誉为“天下名汤”，又以奇特的医疗养生保健功效，千百年来受到各界人士好评，被人们誉为“功德水”“桃花水”和“神水”，年沐浴泡汤休闲度假人数达300万人次以上，成为西安古都接待世界宾朋的休闲养生度假旅游胜地。

www.zgtywq.com

巴/音/布/鲁/克

巴音布鲁克景区位于新疆天山山脉南麓腹地，新疆巴音郭楞蒙古自治州和静县西北部，是全国第二大高山草原所在地。景区是以天山高位大型山间盆地、高山草甸草原和高寒沼泽湿地生态系统为背景，以开都河上游河曲、沼泽湿地为主体的自然景观旅游区。总面积约1118.4平方公里，主要由“新疆•天山”世界自然遗产地、全国驰名的国家天鹅自然保护区——天鹅湖，中国精品景点开都河九曲十八湾；中国首批特色景观旅游名镇、中国美丽村镇——巴音布鲁克镇区组成。

景区现已开发草原之恋、天鹅家园、扎克斯台观鸟台、巴润库热、巴西里克观景台、土尔扈特民俗文化村、草原圣山塔格楞山、胡参库热等景点，因独具特色的自然生态和人文景观，被称为“绿色净土”。2005年被《国家人文地理》杂志誉为中国美丽的六大沼泽湿地之一；2013年入选中国美丽十大魅力湿地。

作为“新疆•天山”世界自然遗产之一，巴音布鲁克景区天鹅湖景点是天山大型山间盆地的典型代表；温带干旱区高寒湿地生态系统的典型代表；天山河曲沼泽景观美的典型代表；中国较大的天鹅繁殖地，也是全球野生天鹅繁殖的南限。

草原开阔、河湖纵横，绿草如茵、飞鸟翱翔，开都河从盆地中部穿过，曲流迂回，四周雪山形成的无数大小河流汇入开都河，在九曲十八弯的河道沿岸，形成了大约1000平方公里的沼泽草地和湖泊。开都河九曲十八弯在大地勾勒出优美的曲线，辽阔的大草原和远处雄伟的雪山风光构成了山间盆地的优美画卷。

巴音布鲁克还是西蒙古土尔扈特部落的东归之地，孕育了浓厚的地域文化、草原游牧文化。每到仲夏季节，草原上鲜花盛开，争奇斗艳，羊群像白云游荡，雪莲花般的座座蒙古包坐落其间。每年举办聚集东归文化和时代气息的“那达慕大会”“东归旅游文化艺术节”“国际马术耐力赛”“冰雪旅游节”等节庆活动。

在这里，您可以欣赏到新疆首部大型历史和文化实景剧《东归•印象》，该剧采取户外、室内相结合的形式，还原1771年蒙古族土尔扈特首领渥巴锡率部回归祖国沿途历经千难万阻的过程，以及定居后土尔扈特部后裔们的生产生活状况，整个剧情翔实、感人，生动地展现东归历史，规模巨大，场面壮观，引人入胜。

景区开放时间：5月–10月

天鹅湖景点门票（成人）：48元/人次

区间车票（成人）：90元/人次（往返）

巴西里克观光车票：20元/人次（往返）

联系地址：新疆巴州和静县东归大道东归科技文化中心B座3楼

邮编：841300

咨询电话：0996–5022875(机关)　0996–5350199（景区）

网址：www.byblk.cn

全力创建国家5A级旅游景区

——打造土乡旅游升级版——

2014年11月份，互助土族故土园正式通过国家5A级旅游景区景观资源价值评定，标志着互助5A级旅游景区创建工作进入冲刺阶段。

2013年3月底以来，互助启动了以创建5A级旅游景区和国家高原旅游度假区为主要内容的“双创”工作，先后投资12亿元，邀请北京江山多娇规划院编制了《互助旅游发展总体规划》，并按照5A级创建标准要求，编制了《互助土族故土园国家5A级旅游景区提升方案》；实施了梦幻谷游乐城养生度假区、古城度假村、纳顿庄园改扩建、彩虹休闲度假中心等项目。目前，全县上下正在做最后的创建工作，计划在1年内全部完成5A提升任务。

随着5A级旅游景区的创建，在大力发展旅游的风潮下，互助县的经济发展会更加迅速，从而为国家旅游度假区的创建奠定基础，“旅游活县”的信念更加坚定。

文翰樵最岭南
Nanhai China
中国·南海
广东·西樵山
“不上西樵山，不算到岭南”。
西樵山是国家风景名胜区、国家森林公园、国家地质公园、国家AAAAA级旅游区，有着“理学名山”“南狮发源地、黄飞鸿故里”和“岭南山水明珠”等美誉，被称为是“珠江文明的灯塔”“南方文明的起源”“中国人睁眼看世界的地方”。
西樵山的自然风光清幽秀丽，旅游文化源远流长，民俗风情古朴自然。山上南海观音宝峰寺、白云洞、天湖公园、碧玉洞、翠岩、石燕岩、九龙岩、四方竹园 茶花园、桃花园 桂花园、黄飞鸿狮艺武术馆等景区各具特色，交相辉映；山下万多亩的桑基鱼塘生态农业景观，被联合国教科文组织列为保护单位，被誉为“世间少有的美景”“良性生态循环的典范”。
扫一扫官方微信二维码或搜索
wenhanqiaoshan
＋我关注
@文翰樵山最岭南 @西樵山风景名胜区
@西樵山宝峰寺 @黄飞鸿狮艺武术馆
官方微信：文翰樵山最岭南 樵翰团QQ群：107738334 咨询电话：400−111−9288
http://www.xiqiaoshantour.com http://whqs.nfdaily.cn/ http://www.xiqiaolvyou.com

常州
淹城春秋乐园
让历史活起来
让心情飞起来
春秋淹城
Chunqiu Yancheng
淹城 春秋乐园
YanCheng ChunQiu Amusement Land
中国·常州
咨询电话 400-188-0005
地址：江苏省常州市武进区湖塘镇武宜中路197号
官方网站：www.cn-yc.com.cn
扫描二维码 +关注
常州淹城春秋乐园 官方微信
买票上天猫 淹城春秋乐园

宜兴·云湖——心之旅

翠竹、花香、鸟鸣、湖光、山色、梵音、晨钟，这里是山水宜兴充满诗情画意的灵魂净化地。这里，既有温情婉约之美，又不乏波澜壮阔之气；这里，美得活泼、美得真实、美得脱俗。由此，你不得不惊叹当年星云大师选址大觉寺的独特慧眼：阅尽天下无限山水，独独选中这片神奇的土地，一个集茶文化、禅文化、紫砂文化为一体的风水宝地——云湖。云湖景区位于江南历史名城宜兴市境内，距市区仅28公里，景区面积约2.8平方公里。云湖、佛光祖庭大觉寺、茶文化博物馆等均坐落于这里，构成了山水相连的整体画面布局，尤其是云湖远处的山峦常见一层薄薄的云霭，湖面天空交相辉映，令人叫绝，因而得名为“云湖”，景区故名为云湖风景区。她是中国江南丘陵地区保护生物多样性极其重要的基地之一，这里山清水秀，风光旖旎，水质清冽，野生动物栖息繁衍，白鹭纷飞，绿树扶疏，建筑雄伟，体系完整，历史悠久，文化深厚，具有极高的历史、科教和文化价值。

江苏沛县微山湖千岛湿地景区

WEISHAN LAKE THOUSAND ISLAND WETLANDS

五星级水上休闲度假区

AAAA

江苏省徐州市沛县龙湖大道1号

0516-86879900

江苏沛县微山湖千岛湿地景区

微山湖千岛湿地景区坐落于沛县微山湖西畔，6.5平方公里辽阔水域，京杭大运河穿湖而过，形成独特的“湖上运河”景观。湖区内岛屿、沙洲星罗棋布，芦滩广袤；湖面或开阔如漾、或狭窄如巷，呈现出“千岛芦荡”的原生态湿地景象，蔚为大观。

安庄渔村

安庄渔村以带景、园景一体的村庄绿化格局，打造出“苏北旅游第一村”——南部景观区、森林氧吧观赏区、渔家乐体验区、农村民俗体验区。

东源度假村

东园会所是苏北一流的高级商务休闲娱乐中心，内设有餐饮楼、宾馆楼、商务楼、游泳池、网球场、高尔夫练习场等休闲运动设施，满足各界人士商务休闲需求。

龙湖码头

湿地景区的唯一入口、上岛的必经之路。游客于“龙湖码头”乘船，将穿越800米宽“湖上运河”的独特景观。

文化生态园

微山湖文化生态园拥有六大功能区，为游客提供影视体验、演艺观赏、培训拓展、客户接待等综合性服务。

水上会都

淮海经济区首个五星级水上休闲度假综合体，融极具湿地特色的餐饮、休闲、娱乐、住宿、会务多功能度假于一体。

河套湿地景区

蒙元文化 都市文化 黄河文化 农耕文明 生态渔业 生态休闲 水上活动

河套湿地景区位于巴彦淖尔市临河区与新规划的双河区之间，东起朔方路段西至二闸，是巴彦淖尔市倾力打造的20公里黄金水道，规划面积603万平方米。景区以二黄河为中央水轴（河道宽120米），两岸为园林绿化区。以生态保护、文化传播、休闲游览和自然野趣为主要内容，共分为蒙元文化展示区、都市文化休闲区、黄河文化展示区、农耕文明观赏区、生态渔业体验区、生态休闲娱乐区、水上活动娱乐区7个功能区。

项目区现有游乐项目包括：豪华游轮、羊皮筏子、竹排、小型游船、橡皮艇、摩托艇、滑索、海盗船、碰碰车、惊呼狂叫、蹦极、摩天轮、飞椅、迪斯科转盘、5D、7D电影、电动观光车、水上自行车、水上脚踏车等。

悠游石象湖畔 慢享闲暇时光

户外生态花园 成都的天然氧吧

这是一片花的海洋，四季更迭，山花烂漫；这里山林叠翠，湖水幽幽，犹如一颗翡翠，让人迷恋向往——这里就是亚洲规模罕有的大型户外生态花园，成都的天然氧吧——成都市蒲江县石象湖旅游区。

石象湖春天是可爱的。山林掩映，草坡延绵，郁金香舞动，你会着迷它的透彻明丽，着迷它的多彩妩媚，这里有着梦境的憧憬，有着孩提般的纯真。自2002年景区建成以来，石象湖已连续成功举办十三届郁金香旅游节，石象湖郁金香花节成为了四川生态赏花游的一张闪亮名片。

石象湖是特别的。原始的山林、自然的坡地、缓缓的溪流、静静的湖水、千年的古刹、亿年的桫椤，这一切原生态的资源早已铸就石象湖特殊的禀赋。

沿着景区山林小道而行，顿觉来到了另一个世界，葱茏的森林筛去了一切喧嚣和浮躁，只留有飞鸟低鸣和孱孱的水声。苍劲的古树矗立两旁，一旁深渊，一旁青山，常青藤绕着枝叶高高低低，或垂落，或缠绕，空气中弥漫着树叶、泥土的清香。脚行之路，时而高低起伏，时而迂回婉转，一路之行妙趣横生。

幽幽八百亩的湖面，似老树盘根一般，缠绕着这里的三山九岭。到底是怎样的痴恋才让这湖水宁愿化成九沟十岔模样，也要和这里紧紧地缠绕，舍不得一丁点遗漏。

放舟荡去，即便不识归途，却也没有一点慌乱。船桨轻击，水波涌起，哗哗似钟乐，静人心扉。沿途树木青郁，水草丰沛，就连那山都清新素雅，似水中沐浴而出一般。行至深处，心中有一股大声高呼的畅快，兴奋地要把每一个字都用惊叹号来喊出来："寻梦！撑一支长篙，向青草更青处漫溯！满载一船星辉，在星辉斑斓里放歌！"

历时两年的升级扩容，石象湖景区二期花博园拟将在2015年3月开园迎客。二期花博园新增花卉观赏面积约25000平方米，风情商业街、新游客中心、主题餐饮同步开放。

此外，石象湖度假配套项目：雅乐轩商务酒店、茶艺博览园、生态花果农庄、免费开放的儿童游乐区等均将在2015年陆续开放。同时，景区年卡全面发售，200元/人/年。欢迎新老游客莅临指导！

地址：成雅高速86公里处　电话：028-88591888　传真：028-88591999

主题特色景区

皇家牧场 天堂草原

回归自然 避暑度假 休闲养生

国家AAAA级景区

关山草原旅游风景区地处陇山东坂，是古丝绸之路的重要驿站，是我国内陆地区以高山草甸为主景，具有欧陆风光的国家AAAA级旅游景区，是人们回归自然、避暑度假、休闲养生的绝佳胜地。

景区内有天然森林104万亩，草地35万亩。这里广袤草原与天然森林融为一体，高山草甸与欧陆风貌集于一身，素有“皇家牧场”“世外桃园”之美誉。春游关山，芳草吐香，群马长啸；夏游关山，清风扑面，滋润心田； 秋游关山，明月浩瀚，层林尽染；冬游关山，银装素裹，分外妖娆。漫步景区揽胜，领略草原风光， 无不给人以清静心田、回归自然的美好享受。

华严寺

全国重点文物保护单位　国家AAAA级旅游景区

【山西·大同】

华严寺位于大同古城内西南隅，始建于辽重熙七年（1038年）。寺院坐西向东，30余座单体建筑分别排列在南北两条主轴线上，布局严谨，规模宏大，是我国现存年代较早、保存较完整的一座辽金寺庙建筑群，1961年被国务院公布为第一批全国重点文物保护单位。

这座隆盛于辽金两朝西京重地的北国梵宫，寺内的建筑、塑像、壁藏、壁画、平綦、藻井等，以历史之悠久，规模之浩大，技艺之高超，堪称辽金艺术博物馆。主殿大雄宝殿始建于辽清宁八年（1062年），面阔九间，单体建筑面积达1559平方米，是我国现存辽金时期较大的佛殿；薄伽教藏殿建于辽重熙七年（1038年），面阔五间，殿内依墙排列重楼式小木作藏经阁38间及“天宫楼阁”五间，巧夺天工，玲珑之致，被著名建筑学家梁思成先生誉为“海内孤品”，大殿中央佛坛上供奉的31尊辽代泥塑堪称辽塑精品，尤以合掌露齿菩萨为最，惟妙惟肖，史学家郑振铎先生赞其为“东方维纳斯”；华严宝塔是继应县木塔之后全国第二大纯木榫卯结构的方形木塔，通高43米，上景金盘，下承莲池，特别是塔下近500平方米的千佛地宫，采用100吨纯铜打造而成，内供高僧舍利及千尊佛像，金碧辉煌，全国罕见，是传统与现实完美结合的典范之作。

云中古刹华严寺，是历史之珍品，是文物之精华，更是中华文化之结晶，它将继续以其珍贵的历史价值和独特的艺术魅力流传百世。

地址：山西省大同市城区下寺坡街459号　咨询电话：0352-2042025　网址：www.dthys.com.cn

善化寺

佛教文化和雕塑艺术的综合宝库

全国重点文物保护单位

善化寺位于大同古城内永泰街西侧，俗称南寺。寺院始建于唐开元年间（713年—741年），座北朝南，占地3万多平方米。沿中轴线依次布置着山门、三圣殿、大雄宝殿，大雄宝殿前东西两侧有文殊阁和普贤阁，之间以廊连接，形成左右对称、错落有致的完整格局。山门内有明代塑造的四大天王像，三圣殿内有华严三圣像，大雄宝殿内有辽金时代的五方佛以及二十四护法诸天像；寺内还保存有碑刻、匾额以及壁画等。善化寺是我国保存辽金建筑较多、布局较为完整的辽金寺院，也是我国辽金时期佛教文化和雕塑艺术的综合宝库。1961年被列为首批全国重点文物保护单位。

近年来，大同市对善化寺周边环境进行了大规模的整治，并完善旅游配套设施。这座千年古刹以优美的环境和优质的服务，引起越来越多中外游客的向往。

景区网址：www.dtshs.com　旅游咨询电话：0352—2539537

天津五大道文化旅游区

国家AAAA级旅游景区

五大道文化旅游区位于天津市和平区，是指由马场道、西康路、贵州路、成都道、南京路相接合围成的长方形区域，纵横23条道路，总面积1.28平方公里,各式建筑2000多所，大部分为体现欧洲不同历史时期建筑风格的花园式和公寓式楼房，其中被市政府列为不同等级历史风貌建筑的小洋楼423所，各种建筑风格汇集一处，堪称“万国建筑博览会”。其中39处名人旧居被列为国家文物保护单位，包括不可移动文物在内的各级文物保护单位共计347处。2003年五大道被评为“津门新十景”，2005年五大道被天津市列为“近代中国看天津”十二大旅游板块之一，2010年被命名为“中国历史文化名街”，2013年五大道近代建筑群整体被命名为国家文物保护单位，2014年被评为国家AAAA级旅游景区。

游客服务中心(民园广场内)：022-23307222　022-23307333

看天津小洋楼就到天津五大道，那是一道不可替代的风景……

印象南塘 NANTANG

国家AAAA级旅游景区

温州南塘文化旅游区

温州南塘文化旅游区（印象南塘）位于温州市鹿城区，景区由南塘河、南塘风貌街、白鹿洲公园、文化村和庄头滨水公园等组成，总占地面积为51.6公顷，整体功能定位为休闲、时尚、购物、餐饮、娱乐、文化为一体的综合性旅游文化商业区，被称为“温州城市客厅”。

景区主要打造六个“南塘”：做足水文章，利用河埠头、码头、划龙舟、游船等元素，打造“水上南塘”；推进智慧旅游发展，免费覆盖景区内的wifi，建立门户网站、微信平台，打造“智慧南塘”；发扬温州历史文化、民俗文化、百工文化等，打造“文化南塘”；丰富业态，建立文娱演艺体系，美化灯光设置，打造“月下南塘”；整合资源，完善功能，美化环境，打造“时尚南塘”；规范旅游经济的商业运作，提高区域内的游客满意度，加强温州旅游的知名度，最终实现真正意义上的“活力南塘”。

温州南塘文化旅游区（印象南塘），承载着千年城市根脉，展示了百里塘河风韵，它正在历史与现实的脉络交织中焕发出崭新的活力，成为温州城市的文化金名片和旅游新地标！

管理单位：温州市名城资产营运有限公司
地　　址：浙江省温州市鹿城区南塘五组团商办楼501、502室
网　　址：www.wzyxnt.com　旅游咨询电话：0577-88381585

海昌控股
HAICHANG HOLDINGS
成都极地海洋世界
新浪微博：@成都海昌极地海洋世界
成都海昌极地海洋世界
在这里，海洋和极地融为一体
在这里，梦想与欢乐一同汇集
微信扫码 惊喜到手
官方网站：www.cd-polar.com
地址：成都市华阳镇天府大道南段2039号
客服热线：028-66588888
团队热线：028-67070888
国家AAAA级旅游景区、国家极地科普教育基地——成都海昌极地海洋世界，是由中国较大的海洋主题公园运营商海昌控股实力打造，与大连、青岛、天津、烟台、武汉五地极地海洋世界一脉相承，涵盖旅游、休闲、度假等多种娱乐方式，以南北极动物展示、表演、科普为主题，致力于打造亲近自然、亲子互动的欢乐海洋主题公园。

问道楼观台 养心终南山
中国·西安·楼观
游客服务热线：029-68075078/新浪微博：@楼观道文化展示区
www.qujianglouguan.com
曲江新区
曲江楼观

区域热点

水高莊園
SHUIGAOZHUANG MANOR

电话：022-23847888
邮箱：sgzy2010@126.com
网址：www.shuigaozhuang.com
地址：天津市西青区辛口镇水高庄村

水高庄园坐落于天津市西青区东淀都市型现代农业核心区内，位于全国优美乡镇辛口镇，交通便利，四通八达，京沪高速公路、104国道在区域内穿过，距天津市区仅15公里，与亚洲较大的玉佛禅寺相邻。庄园占地面积1500亩，分五个特色园区，即农业风情园区、子牙河风情园区、欢乐谷采摘园区、温室区、温泉区。庄园以生态农业景观为内涵，集观光旅游、现代农业示范、科普教育、住宿餐饮、商务会议、休闲娱乐于一体，同时也是学习农耕文化、游览田园风光、体验农家生活、放松疲惫身心的理想场所。

北京市紫竹院公园

千年风景 百年竹韵
皇家禅院 人间福地

春 风暖筱百花舒 夏 霭轻舟翠盖浮 秋 雨润芦枫叶艳 冬 云瑞雪映松竹

紫竹院公园始建于1953年，位于北京西直门外白石桥迤西。因园内西北部有明清时期庙宇“福荫紫竹院”而名。全园占地45.73公顷，水面约占三分之一，南长河、双紫渠穿园而过，有三湖两岛一堤，它是一座幽篁百品、翠竿累万、以竹为景、以竹取胜的自然式山水园。具有“千年风景，百年竹韵，皇家禅院，人间福地”的美誉。

本园造景模山范水求其自然，掇石嶙峋精心安置，亭、廊、轩、馆错落有致，修竹花木巧布其间，举目皆如画，四时景宜人。春风暖筱百花舒，夏霭轻舟翠盖浮，秋雨润芦枫叶艳，冬云瑞雪映松竹。公园中部青莲岛上有“八宜轩”“竹韵景石”；明月岛上有“问月楼”“箫声醉月”；西部有“跨海东征”“紫竹垂钓”；南部有“澄碧山房”及儿童乐园；长河北部是独具江南园林特色的“筠石苑”，那里山势蜿蜒高低，水体聚散潆洄，植物配置精细，构筑轻巧，淡雅、清秀、幽静而别致。筠石苑有“清凉罨秀”“江南竹韵”“竹深荷静”“友贤山馆”“绿云轩”“斑竹麓”“知弈庐”诸景。

公园定期举办竹荷文化展。2014年，经过修缮后的福荫紫竹院正式向游客开放，进行各类文化展示。

地址：北京市海淀区中关村南大街35号 邮编：100048 电话：010-68425851 传真：010-68425880

中央电视塔 ——国家AAAA旅游景区

AAAA
国家旅游景区
CRT

国家4A级旅游景区——中央电视塔高405米，是北京极为独特的高空观景旅游胜地，是集广播电视发射和旅游观光、餐饮、娱乐于一体的高科技综合性景区，也是北京的地标性建筑。

位于238米高的观景台是目前世界上较大的露天环形观景台，乘坐北京最高、最快的电梯，50秒从地面0米飞到238米的高空，漂亮的空姐式导游小姐中英文讲解，让你免费过把飞机瘾。塔内221米高的空中观景旋转餐厅是京城独具特色、海拔最高的中西自助餐厅。在星光璀璨的12星座图的穹顶下，体味温馨、浪漫、时尚、优雅，已经成为京城情侣、友人聚集的首选之地，被网民评为“北京十大浪漫之地”。

全程观光门票：RMB70元
登塔参观营业时间：8：30—22：00 停止售票时间：21：30
地址：北京海淀区西三环中路11号 邮编：100142
电话：010-68450715

Sheraton Beijing
DONGCHENG HOTEL
北京金隅喜来登酒店

北京金隅喜来登酒店坐落于北京市交通网络中心地带的北三环路上，地理位置绝佳。可轻松前往奥林匹克体育场、雍和宫、故宫、后海、长城等主要景点。我们酒店共设有441间装潢精美的客房，其中包括70间套房。住宿期间，您可来到我们的4家美味餐厅中分享美食，其中包括中餐厅、日餐厅、意大利餐厅和全日餐厅，或在大堂吧中浅斟啜饮、放松休闲。我们总面积超过2400平方米的13间多功能厅可供您举行规模盛大的会议或精彩纷呈的社交活动。而先进一流的视听设备以及经验丰富的活动与餐饮专家还将随时为您保驾护航。

北京金隅喜来登酒店
SHERATON BEIJING DONGCHENG HOTEL
北京市东城区北三环东路36号　电话：5798 8888
邮箱：mice.dongcheng@sheraton.com
www.sheraton.com/beijingdongcheng

晋江寶輝大酒店
JINJIANG BAOHUI HOTEL

酒店简介
HOTEL INTRODUCTION

晋江宝辉大酒店有限责任公司是澳门恒和企业集团独资兴建，由恒和酒店管理有限公司经营管理的五星级豪华酒店。酒店位于中国“海峡西岸经济区”极具活力的区域——晋江市，紧临五里高新工业园区。距晋江机场25分钟，厦门高崎机场45分钟。

酒店总建筑面积58000平方米，拥有以总统套房、行政套房为代表的各类豪华客房278间/套，精美华贵的宴会设施可供十数人至千人欢宴，特色火锅城、桑拿健身中心、网球运动中心、空中恒温游泳池、水疗中心、多媒体会议中心等服务设施一应俱全。

中国福建省晋江市安海镇海八北路 邮编:362261
电话/Tel: (86) 0595-85818888 传真/Fax: (86) 0595-85818999
电子邮箱/E-mail: grandlinkhotel@163.com
网址/Website: www.grandlinkhotel.com.cn
新浪官方微博/Official Micro-blog: 宝辉大酒店

西藏賓館 TIBET HOTEL

西藏宾馆 TIBET HOTEL

——西藏自治区财政和拉萨市财政定点采购接待单位！

西藏宾馆毗邻于世界文化遗产罗布林卡北侧，是一座集客房、餐饮、会议、休闲为一体的园林式四星级宾馆，距布达拉宫10分钟车程，环境优美、交通极为便利。馆内绿树成荫，花草飘香，亭台山石，曲径通幽。有近千平方米的湖泊位于宾馆中央，自然形成富氧加湿的环境。宾馆总体设计将湖泊、树木、花草与酒店建筑融为一体，让您品味“推窗绿映目，出门踏景行”的自然气息，在亲近自然、拥抱自然、融入自然中与苍翠绿荫、芬芳花香同行！子公司西藏世纪国际旅行社可为您在藏提供旅游观光便利。

西藏宾馆拥有各类客房335间/套。房间配置互联网接入，公共区域无线网覆盖，密码保险柜、制氧机、加湿器等。拥有大小会议室7个、大小餐厅6个，能满足1000余人同时就餐，提供西式、川、粤、淮扬菜、新派藏菜等各种菜肴。是您举办大型宴会、商旅、会议的理想之地。

宾馆始终奉行“客人第一、服务第一”的经营理念，真诚欢迎您的光临！

中国西藏拉萨市北京西路12号　网址：www.tibethotel.com.cn
总机：0891-6834966 / 6839999　传真：0891-6831039

开拓进取·再铸辉煌

云南绿洲大酒店引领未来希望

云南绿洲大酒店是全球企业和世界品牌双500强——中国人寿保险（集团）公司下属的五星级酒店，位于昆明现存的古建筑群——真庆广场，和清代状元楼旧址仅一街之隔，紧靠金格购物中心，距市博物馆、南屏步行街等地仅咫尺之遥，距离机场25公里，距离火车站5公里，交通极为便利。

酒店主楼共有30层，拥有各式豪华客房317间套，各类餐饮、娱乐设施设备齐全。云南绿洲大酒店拥有一支年轻、充满活力的管理团队，并能为客人提供钻石金钥匙服务，酒店已成功接待过53个国家贵宾。优质的服务及良好的接待能力得到了国内外贵宾的充分肯定，取得了良好的社会效益和较高的美誉度。

地址：云南省昆明市拓东路80号　网址：www.yngreenlandhotel.com
电话：0871-63189999　传真：0871-63195888

大理

中国历史文化名城
中国优秀旅游城市
中国十佳魅力城市
中国十佳宜居城市

大理有着深厚的历史底蕴和灿烂的民族文化，是全国首批历史文化名城，并获得国家风景名胜区、中国优秀旅游城市、中国十佳魅力城市、中国十佳宜居城市等多项荣誉称号。大理古城东与碧波荡漾的洱海相望，西与挺拔苍翠的苍山十九峰相连。南城楼厚重庄严，红龙井温婉柔情，人民路文艺而多样，洋人街自由浪漫，非物质文化遗产博物馆（蒋公祠）灿烂多彩，双廊让生活变成别样的享受……

大理十二县市各有风情，水果之乡宾川有享誉东南亚的佛教圣地鸡足山；南诏发祥地巍山有千年古韵和美食长廊；彝族自治县南涧有热情的飨宴礼仪“跳菜”表演；剑川沙溪让时光变慢，云龙天然太极图犹如神话开端，诺邓火腿让人在唇齿生香中流连忘返……

这就是大理，每一天都有惊喜，我们等你，在大理。

大理州导游服务有限责任公司

大理州导游服务有限责任公司成立于2009年6月，是经大理州旅游发展管理委员会批准设立的大理州唯一一家专业提供导游接待服务的旅游企业。本着服务于大理旅游企业及游客的宗旨，公司一直致力于为游客、旅行社、各大企业提供优质规范的导游接待服务，现有注册导游2000多名，除普通话导游外，还有英、日、韩等语种导游120名。

公司目前经营范围为：导游服务、翻译服务、商务接待服务、旅游咨询及接待业务；旅行社业务；景区景点开发及经营管理；广告设计制作及发布。

大理古城旅游服务有限公司

大理古城旅游服务有限公司是一家立足古城、服务古城的旅游综合性服务企业。2009年，为了弘扬和宣传大理的历史文化，提升大理旅游形象，大理州、市决定打造一支以传播大理文化、古城保护、提升大理古城旅游形象为工作目标的古城旅游服务队伍，大理古城旅游服务有限公司应运而生。

公司成立以后，设计了科学合理的游览线路，并以旅游电瓶车为载体，景区导游为灵魂，乘车与步行游览相结合的方式运营，得到了游客和社会的一致好评；进一步整合大理古城旅游资源，做好文化旅游项目开发及经营，引导大理文化旅游和休闲度假游不断向前发展；积极配合大理古城创建国家4A级旅游景区，严格按照国家5A级旅游景区服务标准为游客提供景区综合服务。

大理古城既是风景区又是生活区，公司开通自助游览车1、2号线，为古城居民及游客解决出行问题，同时提供免费货运服务。五年来，优质便捷的旅游服务、便利的惠民政策受到广大游客和居民的好评。

公司目前经营范围为：景区经营及开发、电动车运营（大理古城范围内）、旅游咨询服务、旅游产品开发及经营、票务代理服务、旅游设备及设施租赁服务、导游服务等。

地址：大理市大理镇一塔路双鹤停车场　电话：400-872-1699　传真：0872-2671898

乘电动游览车游大理

【大理古城团队游览线路】大理古城客运站停车场—游客中心→南城楼→复兴路→杜文秀帅府→洋人街→大理非物质文化遗产博物馆→大理农村电影历史博物馆→大理古城客运站停车场

【大理古城自助游览车线路】风花雪月酒店↔果子园↔青石桥↔叶榆路口↔新民路口↔玉洱公园↔博爱路口↔苍山门↔博爱路口↔洋人街↔人民路口↔武庙会↔红龙井↔苍屏街↔博爱门（运营时间：8:00—20:30，其中博爱路段8:00—20:00）

【双廊古镇观光游览车线路】双廊镇民族文化街南口↔南诏风情岛入口↔双廊镇卫生院↔玉矶岛入口↔双廊派出所↔魁星阁↔双廊镇政府↔邮政局↔古戏台菜场↔双廊中学↔双廊镇民族文化街北口。（运营时间：10:00—17:30）

智慧游大理

【景区畅游卡】购买景区畅游卡，可在IC卡激活24小时内，持卡不限次数乘坐大理古城景区自助游览车，免费游览大理非物质文化遗产博物馆（蒋公祠），登南城楼免费使用高倍望远镜观苍洱美景。同时，手机APP随身导游，通过文字、语音功能为您介绍大理古城历史文化民族风情，更有美食、住宿、娱乐、出行等旅游综合信息。

【智慧大理】智慧游大理产品包含自助查询平台、随身导景区专属APP、大理智慧3D导览图、微信地图服务，您可通过手机、ipad等移动智能终端设备扫描导览图，点击获取信息，也可借助微信“点播”方式发送代码，获取“吃住行游购”信息，轻松实现自助导游导览。

大理非物质文化遗产博物馆

大理非物质文化遗产富集，是国家文化生态保护试验区。全州列入国家、省、州、县四级非物质文化遗产名录的项目共有242项，代表性传承人425人。

大理非物质文化遗产博物馆位于大理市重点文物保护单位蒋公祠内，这里是大理古城内保存最为完好、最具白族建筑艺术代表性的清代祠堂建筑群，也是云南省首家非物质文化遗产专题博物馆。

大理非遗博物馆以大理州境内具有代表性的国家、省、州、县四级非物质文化遗产保护名录及传承人展示为主题；集展览、收藏、研究、文化体验和非物质文化遗产特色工艺品展销为一体，共收集非物质文化遗产展品546件，生动地展现了大理各族人民千百年来历史发展的轨迹。

博物馆设有一展厅（神话故事、传统技艺、白族本主文化）；二展厅（白族刺绣、白族剪纸、白族面塑、白族甲马）；三展厅（白族绕三灵、白族扎染、传统节庆）；四展厅（下关沱茶技艺）；五展厅（传统音乐、舞蹈、非遗保护名录和传承人）共五个固定陈列厅，以及非物质文化遗产活态展演台、非物质文化遗产工艺品和大理土特产展销区。

地址：大理古城玉洱路123号

开馆时间：8:30—17:30（每天）

咨询电话：0872—2517128

大理任你游旅游有限公司

大理任你游旅游有限公司以“诚信、优质”为服务宗旨，以传播大理之美为己任，整合大理及周边地区旅游文化资源，建立旅游信息咨询体系、旅游交通体系、旅游公共设施与产品体系等城市旅游公共服务项目，为广大市民和游客提供安全、优质、便捷的旅游服务。

公司坚持将游客感受和体验放在第一位，以优质、专业、经济、便捷的产品和服务为广大游客提供个性化旅游服务，量身定制专属旅游线路，让旅游者真正体验到旅行的乐趣。

公司目前经营范围为：旅游咨询、各大景区门票预订及销售、火车票预订及销售、大理古城景区畅游卡销售、大理古城景区旅游综合服务及游览车观光服务、双廊古镇景区游览观光车服务、大理及周边旅游路线个性化定制服务。

大理任你游，与您相约游大理！

地址：大理古城玉局路44号

咨询电话：0872—2699991 / 2699969

TOURISM INFORMATION IN CHINA

中国旅游

资讯大全

2014~2015

中国旅游出版社
CHINA TRAVEL & TOURISM PRESS

《中国旅游资讯大全》

目　录
Contents

地方旅游企业发展综述

旅游行业发展综述

旅游企业基本资讯

宣传版

封　面　大理古城旅游服务有限公司
封　二　江苏・武进太湖湾旅游度假区
封　三　江苏・苏州阳澄湖半岛旅游度假区
封　底　广东・广州番禺区

封二对页　山东・台儿庄古城

国家旅游名片
云南石林风景名胜区

著名旅游目的地
澳门

国家旅游名片
浙江・温州雁荡山
云南・丽江古城
上海自然博物馆
江苏・苏州太湖三山岛
安徽・黄山
湖北・黄鹤楼
四川・北川羌城旅游区
山东・台儿庄古城
浙江・杭州湘湖旅游度假区
浙江・永嘉楠溪江
广东・东莞清溪镇
新疆・吐鲁番统一旅游

著名旅游目的地
贵州・铜仁
江苏・大丰
浙江・东阳
山西・大同
山西・阳城县
上海・金山区
云南・弥勒市

旅游名城名镇
宁夏・石嘴山
四川・成都青羊区

地方旅游企业发展综述

北京市旅游企业发展综述

北京市旅游发展委员会

一、北京市旅游业综合情况

2013 年，北京市旅游总收入 3963.2 亿元人民币，同比增长 9.3%。旅游总人数 2.52 亿人次，同比增长 9%。旅游购物和餐饮零售额 2044.1 亿元，同比增长 8.7%，占全市社会消费品零售额比重 24.4%。旅游特征产业完成投资额 607.9 亿元，同比减少 10.7%，占全市社会固定资产投资比重 8.6%。旅游增加值 1448.7 亿元，同比增长 8.4%，占全市 GDP 比重 7.43%。

二、北京市旅游市场情况

北京市旅游客源市场分为入境旅游、国内来京旅游和市民在京旅游三个板块。

（一）入境旅游

2013 年，全市共接待入境旅游者 450.1 万人次，同比减少 10.1%。其中接待外国人 387.6 万人次，同比减少 10.8%；香港同胞 35.4 万人次，同比减少 5.8%；澳门同胞 1.8 万人次，同比增长 24.9%；台湾同胞 25.3 万人次，同比减少 7.8%。

按洲际区域分，亚洲游客（含港澳台地区）201.5 万人次，占入境来京旅游总人数 44.8%，同比减少 15.3%；欧洲游客 117.9 万人次，占总人数 26.2%，同比减少 9.7%；美洲游客 102 万人次，占总人数 22.7%，同比增长 0.4%；大洋洲游客 18.4 万人次，占总人数 4.1%，同比减少 7.1%；非洲游客 9.4 万人次，占总人数 2.1%，同比增长 9.4%。

2013 年，旅游外汇收入 47.95 亿美元（约合人民币 296.9 亿元），同比下降 6.9%。入境旅游者在京旅游人均花费 1065 美元，同比增长 3.6%，人均天花费 252.4 美元，平均停留 4.22 天。花费构成中，长途交通占 26.9%，购物占 27.6%，住宿占 16.9%，餐饮占 7.3%，娱乐占 3.8%，景区游览占 4.2%，邮电通信占 1.7%，市内交通占 2.5%，其他占 9.1%。

（二）国内来京旅游

2013 年，接待国内其他省市来京旅游者 14755 万人次，同比增长 8.3%，旅游收入 3332.3 亿元，同比增长 10.4%，人均花费 2258 元/人次，比上年同期增长 1.9%，平均停留时间 4.82 天。人均天花费 468 元/人天．比上年增长 5.9%。

花费构成中，长途交通占 17%，购物占 30.9%，住宿占 19.5%，餐饮占 21.4%，娱乐占 0.5%，景区游览占 6.6%，邮电通信占 0.2%，市内交通占 3.8%，其他占 0.1%。

（三）市民在京旅游

2013 年，本市居民在京旅游人数 9983 万人次，同比增长 10.8%，旅游消费 334 亿元，同比增长 18.6%，人均花费 335 元/人次，同比增长 7.1%。

国内旅游总人数 24739 万人次，同比增长 9.3%；国内旅游总收入 3666.3 亿元，同比增长 11.1%。

三、北京市旅游企业与旅游资源基本情况

（一）星级饭店

截至 2013 年年底，全市共有星级饭店 591 家，其中五星级 65 家，四星级 134 家，三星级 206 家，二星级 175 家，一星级 11 家。全市星级饭店平均出租率 58.4%，平均房价 529.8 元/间天。

2013 年，全市星级饭店营业收入 277.7 亿元，

比上年同期减少 7.2%。

（二）旅行社和导游员

截至2013年年底，北京市共有旅行社1492家。其中，有特许经营中国公民出境业务的旅行社379家，外商投资旅行社28家。全市有导游证（IC卡）的人员37884人，其中：普通话导游25777人、英语导游8080人；特级导游2人、高级导游220人、中级导游2122人、初级导游35540人。出境领队13557人。

2013年，全市旅行社接待入境旅游者122.1万人次，同比减少27.5%；接待国内旅游人数319.5万人次，同比减少8.9%。

北京市特许经营中国公民出境旅游业务的旅行社组织出境旅游（首站）人数331万人次，同比增长21.5%。

（三）旅游景区（点）

截至2013年年底，北京市共有A级旅游景区（点）213个，其中5A级8个、4A级67个、3A级86个、2A级42个、1A级10个。

2013年，全市A级景区（点）及其他重点景区（点）共接待游客2.7亿人次（含年月票人次），同比增长10.1%；营业收入62.6亿元，同比增长6%。接待量（含年月票人次）前五位的是天坛公园、故宫、颐和园、紫竹院公园和北海公园。

（四）乡村民俗旅游接待村（户）

据北京市统计局、国家统计局北京调查总队统计：截至2013年年底，乡村旅游接待户1.6万户，同比增加708户，从业人员7万人，同比增长3.5%。接待乡村旅游人数3750.9万人次，同比增长3.2%；乡村旅游收入37.6亿元，同比增长4.5%。

北京市旅游发展委员会认定市级民俗村227个，共9970户。

（五）北京旅游咨询中心

截至2013年年底，北京共有旅游咨询中心（站）351家，当年接待旅游咨询人数1158万人次，与上年持平。

（六）旅游直接从业人员

2013年，全市住宿业、旅行社、旅游景点和乡村旅游接待等四大行业直接从业人员36.2万人，同比减少5.3%。

四、北京市假日旅游基本情况

2013年全国公休假期北京旅游接待情况

假期名称	接待总人数（万人次）	比上年增长（%）	旅游总收入（亿元）	比上年增长（%）
元旦	153.3	-5.3	9.2	19.2
春节	868.1	7.5	38.8	14.7
清明	252.5	-2.7	11.4	15.4
五一	497.3	5.1	19.9	10.6
端午	335.7	8.9	13.4	13.3
中秋（注：上年中秋节无短假）	304.4	—	13.2	—
国庆	1153.0	2.6	79.1	3.2

五、北京市区县旅游业基本情况

2013年北京区县旅游业综合收入情况

单位：亿元

	2013年	2012年	增长（%）
区县合计	2909.3	2680.6	8.5
东城	624.3	582.3	7.2
西城	403.3	376.3	7.2
朝阳	802.8	728.8	10.2
丰台	157.3	144.0	9.2
石景山	38.7	34.5	12.3
海淀	443.3	409.6	8.2
门头沟	19.2	16.8	14.1
房山	38.3	34.8	10.0
通州	25.9	24.0	8.1
顺义	53.5	47.7	12.2
昌平	93.5	89.0	5.1
大兴	47.4	42.8	10.7
怀柔	45.7	41.5	10.0
平谷	26.8	24.4	10.0
密云	38.6	36.5	5.6
延庆	50.7	47.4	7.0

（张雪梅）

天津市旅游企业发展综述

天津市旅游局

一、2013年天津市旅游业发展总体情况

2013年天津市接待入境游客264.54万人次，比上年增长13%；外汇收入25.91亿美元，比上年增长16.4%；接待国内游客1.36亿人次，比上年增长13.1%；国内旅游收入1984.23亿元，比上年增长19.3%。各项旅游经济指标再创历史最好水平。

截至2013年年底，天津市共有国家A级旅游景区94家，其中5A级2家、4A级25家、3A级45家、2A级22家。全国农业旅游示范点8个，全国休闲农业与乡村旅游示范县2个、示范点13个，市级旅游特色村（点）200个。国家工业旅游示范点6个，市级工业旅游示范点45家。

天津市共有星级饭店106家，其中五星级饭店15家，四星级饭店37家，三星级饭店44家，一、二星级饭店10家，客房总数1.9万间，床位总数3万张。共有旅行社390家，其中A级旅行社29家（5A级13家、4A级12家、3A级3家、2A级1家），经营出境旅游业务的旅行社36家，经营入境、国内旅游业务的旅行社354家，经营赴台旅游组团社9家。另外，共有持证导游8937人，领队人员1146人。

（一）加快了旅游项目建设

截至2013年年底，萨马兰奇纪念馆、七里海国家湿地公园扩建项目、北运河休闲驿站（房车营地）、华侨城欢乐谷、欢乐海魔方、米立方水世界等项目已建成开放；平津战役纪念馆大修改造工程全面竣工，以全新面貌迎接游客；其他重点旅游项目按照建设进度稳步推进。A级景区创建工作取得新进展，目前天津市A级景区已达94家。中国旅游产业园建设稳步推进，滨旅科技园、贝壳堤湿地保护公园、妈祖经贸文化园、明远文化艺术馆等项目进展顺利。国家旅游局批复的“天津滨海新区设立中国邮轮旅游发展实验区”已制订了三年行动方案。2013年，天津市共接待邮轮70艘次、游客25万人次，比上年增长近100%。国内首艘豪华邮轮——“海娜”号，把天津市作为中国北方母港，于2013年5月1日成功首航。直升机低空旅游于2013年4月启动。

（二）加大了旅游品牌宣传

着力打造“近代中国看天津”文化游和都市博览游、海河风光游、滨海休闲游、山野名胜游五大特色旅游品牌，对吸引游客、聚集人气起到了重要作用。制作了天津城市形象广告，在中央电视台和天津电视台黄金时段播出后，引起社会广泛关注和普遍好评，“天天乐道，津津有味——天津欢迎您”的旅游形象深入人心，并被评为中国十佳旅游口号之一。天津城市调查总队对本市“五一”、端午、中秋小长假和国庆黄金周期间的旅游市场调查显示，在天津城市形象广告中涉及的景区游客量和旅游收入增幅明显。通过组团参加国际、国内旅游博览会、交易会，举办天津旅游推介会等，宣传了天津的新景新貌和特色旅游品牌。邀请了京津冀旅行社、媒体来天津市踩线，重点考察了天津市推出旅游新产品，促使天津市的新景点在建成当年就成为旅游新热点。为了方便外地游客，新设立了110处旅游服务咨询点，投放了新设计制作的天津市六大旅游品牌宣传折页和经典旅游线路导览图，编辑出版了第四期《天津旅游》画册，受到游客的欢迎。

（三）举办了系列旅游活动

以筹办“2013中国旅游产业博览会”为重点，把旅游节庆活动贯穿全年，做到月月有节庆、周周有活动。经过五年的精心培育，中国旅游产业博览会已经形成了旅游产业、旅游产品、旅游企业、旅游服务聚集的经济类旅游知名展会。中国非物质文

化遗产“汉沽飞镲”表演队参加了在香港举行的“香港新春大巡游活动”，受到中外游客欢迎。会同河北省、山东省、辽宁省旅游局，成功举办了“首届环渤海房车巡游活动”，推动了房车旅游和房车露营地的建设。2013 年天津市还成功举办了古文化街民俗文化旅游庙会、杨柳青民俗文化旅游节、温泉康体旅游节、曹庄花卉旅游节、运河桃花旅游节、“5·19”中国旅游日暨中国天津黄崖关长城国际马拉松旅游活动、中国·海河龙舟节、渔阳金秋旅游节等六十多项各具特色的旅游活动，既为旅行社招徕客源搭建了平台，又丰富了广大市民和海内外游客的旅游活动，促进了旅游市场繁荣兴旺。精心组织元旦、春节、清明、“五一”、端午、中秋、国庆假日旅游，取得了经济效益和社会效益双丰收。

（四）提升了旅游服务质量

以学习宣传贯彻《旅游法》为契机，以提升游客满意度为目标，坚持“一切为了游客”的服务宗旨，深入开展“品质旅游伴您行”活动。结合《旅游法》的学习贯彻，狠抓旅行社基础管理工作，建立了大型旅游团队备案、旅行社季报年报统计调查、旅行社责任保险、旅游服务网点检查等监督管理机制，积极开展旅行社 A 级评定工作，进一步规范了旅游企业的经营行为，保障了游客和旅游经营者的合法权益。采取有效措施推动星级饭店加强软件和硬件建设，并对天津市高星级饭店进行了两轮检查，取得了良好效果。召开了天津市星级饭店星评员工作会议，加强对星级饭店评定和复核工作的组织实施。组织召开了由高星级酒店和高级商务酒店主要负责人参加的服务质量点评活动，对服务质量下滑、游客投诉率居高不下的酒店给予通报批评并限期整改。举办了由天津市近万名星级饭店企业员工参赛的“天津市第五届旅游饭店服务技能大赛”，提升了饭店员工的业务技能和服务水平。

（五）提高了旅游教育培训

注重做好旅游教育培训工作，在提升旅游队伍素质上下功夫。聘请了资深的旅游专家学者，定期对市和区县两级旅游管理部门干部开展旅游前沿理论和旅游业务知识讲座。举办了区县旅游局长培训班，全面系统学习《旅游法》，提高了区县旅游管理部门依法治旅的能力和水平；先后举办了饭店中高级管理人员培训班、旅行社经理、领队人员培训班、景区景点导游员上岗培训班，通过教育培训，提高了旅游企业管理人员和一线工作人员的综合素质。实施了旅游特色村农民素质提升工程，组织了乡村旅游从业人员培训。目前，天津市乡村旅游特色村的从业人员素质不断提高，已基本适应农村旅游市场发展需要。按照国家旅游局的要求，及时选派了思想好、业务精、能吃苦的导游员赴西藏工作，受到国家旅游局和西藏有关部门的肯定。

（六）加强了旅游市场监管

以深入学习贯彻《旅游法》为契机，加大了旅游市场监管力度，形成了依法治旅、依法兴旅的新局面。制定了《天津市旅游局关于宣传贯彻〈旅游法〉的实施方案》，召开了由天津市各相关部门、各区县旅游局、旅游企事业单位及新闻媒体参加的全市宣传贯彻《旅游法》推动大会，邀请了国家旅游局政策法规司司长对《旅游法》进行了全面、深入、系统的解读。市和区县旅游部门以《旅游法》为依据，狠抓旅游行风建设，加大市场检查力度，在春节、“3·15”、清明、“5·19 中国旅游日”“五一”、暑期及端午小长假和黄金周期间，持续开展旅游市场检查，在古文化街、食品街、鼓楼、海河观光线、意风区、天津站、五大道、周邓纪念馆等市内主要旅游景区点、交通节点和旅行社门市等游客集中的地区，对旅游团队和散客的游览情况以及旅行社的经营秩序和旅游景区整体市场秩序等进行了检查，发放旅游消费维权提示卡 3000 多张，宣传品近万份。截至年底，共出动检查员 400 人次，检查旅游团队 500 多个、导游员 600 多人次。对检查中发现的导游员带团不举打社旗、出团任务单填写不规范等违规行为，现场予以纠正。对涉嫌违规开展赴台游业务、刊登赴台游广告、低价旅游产品的旅行社进行警示性约谈，并及时提出整改意见。对严重违规的旅行社依法吊销营业执照，对复核检查不达标的部分高星级饭店给予摘牌处罚，通过这些举措进一步规范了天津市旅游市场秩序。

（七）强化了旅游安全

坚持“一岗双责”，强化底线思维，认真做好旅游安全工作。天津市旅游局与各区县和重点旅游企业签订了安全责任书，明确安全责任，强化安全意识，形成了一级抓一级、层层抓落实的安全工作机制。天津市旅游局多次召开区县旅游管理部门和重点旅游企业参加的安全工作会议，深入开展“安全生产隐患排查专项整治”活动，会同安监、质监等职能部门开展联合检查，及时排查安全事故隐患，确保了天津市旅游业的安全、稳定。注重做好旅游安全宣传及提示工作。2013 年天津市旅游局干部多次参加“公仆走进直播间”“行风坐标”和“应急之声”等广播栏目，对《旅游法》的实施、文明出境旅游、旅游安全出行和旅游维权等事项进行提示，并现场回答听众提出的有关问题，收到良好效果。

（八）加大了旅游产业融合

积极开展了“促进文商旅融合、发展大旅游产业”课题调研，并把研究成果不断深化。积极推进文旅、商旅、体旅、交旅、工旅和农旅等产业融合发展。与市经信委联手推动天津市工业旅游示范点创建工作，目前天津市工业旅游示范点已达 51 家；与市农委大力推进乡村旅游，郭家沟旅游特色村实现了改造提升；与天津机场签订了战略合作协议，增加了重点客源城市的航班和旅游包机数量；与城投集团合作，在交通枢纽、商业中心、公共服务设施设置旅游信息触摸屏 1200 台，方便了中外游客自助查询旅游信息。旅游与其他行业的融合不断向更深层次、更广领域推进。按照市委市政府“借重首都资源”的总体部署，主动加强与国家旅游局、北京市旅游委和驻京机构的对接合作，建立了京津两市旅游合作协调机制，确定了十个方面的战略合作内容。积极落实天津市与北京、河北、山西、宁夏、内蒙古等省市区签订的战略合作协议，推动区域旅游实现了优势互补、市场互动、客源互换、合作共赢，旅游区域合作迈出了新步伐。

二、2014 年天津市旅游业发展目标和重点工作

2014 年天津市旅游业发展的预期目标是：接待入境游客 296 万人次，比上年增长 12%；外汇收入 29.8 亿美元，比上年增长 15%；接待国内游客 1.52 亿人次，比上年增长 12%；国内旅游收入 2302 亿元，比上年增长 16%。

围绕上述目标，2014 年要重点抓好以下工作：

（一）切实转变天津市旅游业发展方式，提质增效。从做大做强旅游产业、加快旅游产业转型升级、推动旅游产业扩大开放、提高旅游公共服务能力、完善旅游管理体制机制等方面入手，全面深化天津市旅游业改革。提早谋划天津市旅游业发展“十三五”规划。

（二）以客源市场为导向，开展形式多样的旅游宣传促销。相继在中央电视台、《中国旅游报》、天津电视台等主流媒体宣传推广“天天乐道、津津有味”旅游品牌，加大在互联网和移动通信终端等新兴媒体的宣传力度，大力宣传天津市旅游的新景观、新产品、新线路。

（三）协调推动旅游重点项目建设，提升天津市旅游载体水平。推动民园体育场改扩建项目、盘山大型实景文化广场、滨海航母主题公园俄罗斯风情街等 12 个旅游重点项目建成开业。推动梅江南皇冠假日酒店、帝旺凯悦酒店等 6 家按照五星级标准建设的酒店建成纳客。

（四）加强部门合作，推动旅游与相关产业融合发展。进一步加强旅游与文化、商贸、体育、交通、工业、农业等相关部门的密切协作，开发旅游新产品，丰富旅游新业态，形成旅游新优势。整合工业旅游资源，打造一批富有天津特色的工业旅游产品。壮大乡村旅游规模，提升服务水平，发挥乡村旅游在带动农民就业和扶贫开发方面的重要作用。开发特色旅游纪念品，推动形成产业规模。

（五）认真贯彻《旅游法》，进一步提高服务质量。加强对旅游标准的宣传贯彻，提升旅游产业的质量和效益。深入开展“旅游市场秩序专项整治”活动，推动天津市旅游公共服务平台的建设，制定和完善旅游公共服务标准，提高在旅游信息咨询、旅游安全保障、旅游交通集散、旅游便民惠民、旅游行政监督等方面的服务能力，推动旅游服务和管理水平再上新台阶。

（六）以中国旅游产业博览会为龙头，策划组织一系列旅游活动。精心举办好第六届中国旅游产业博览会，推动旅游产业特别是旅游装备制造业发展，突出实际效果，扩大旅游专业人员的参展和参会规模。配合有关单位，办好第九届中国邮轮产业发展大会。支持各区县办好特色旅游节庆活动，促进旅游市场繁荣兴旺。把扩大旅游消费作为发挥旅游业经济功能的重要内容，营造良好的旅游消费环境。

（七）加强旅游教育培训，为天津市旅游产业发展提供人才保障和智力支持。建立天津市旅游人才库，引导旅游从业人员合理有序流动；研究提出相关对策，制订天津市旅游人才队伍建设规划。按照2014年天津市人力资源和社会保障工作会议提出的关于职业人才培训目标，制订天津市旅游从业人员培训计划，为旅游产业发展提供人才保障。

（八）加强区域旅游合作，实现互利共赢。深入落实天津市与北京、河北、山西、宁夏、内蒙古等省（市、区）政府签订的战略合作协议，深入推进旅游合作。借重首都的境外机构办事处、旅游大企业、旅游院校等资源优势，加强京津两地客源互动，推动天津市旅游发展，打造京津旅游繁荣发展的“双城记”。

（九）提高旅游信息化水平，推动智慧旅游建设再上新台阶。进一步丰富和完善天津市旅游政务网、天津市旅游咨询网的内容。围绕天津市智慧旅游建设“1369 工程”的目标，制订全市智慧旅游的实施方案，建立智慧旅游管理、智慧旅游服务、智慧旅游营销体系。充分发挥信息化在天津市旅游监督和管理、突发事件处置、紧急救援、游客咨询等方面的作用。

（刘健群）

河北省旅游企业发展综述

河北省旅游局

一、2013 年度河北省旅游企业总体发展情况

2013 年，河北省旅游业以学习贯彻党的十八大精神为动力，紧密围绕建成国民经济的战略性支柱产业和人民群众更加满意的现代服务业两大目标，按照“整体抓提升、重点求突破”的发展思路，突出抓好景区整改提升、旅行社综合整治、旅游形象品牌塑造、重点客源市场开拓、《旅游法》宣传贯彻等重点工作，推动全省旅游业实现了平稳较快发展。全年共接待海内外游客 2.71 亿人次，旅游总收入达到 2010.1 亿元，分别比 2012 年增长 17.7% 和 26.6%，提前两年完成“十二五”预定目标，为稳增长、调结构、扩内需、惠民生做出积极贡献。

截至 2013 年年底，河北省共有星级饭店 479 家，其中五星级 22 家，四星级 140 家，三星级 231 家，二星级 84 家，一星级 2 家。旅行社 1372 家，其中出境游组团社 81 家。A 级景区 306 处，其中 5A 级景区 5 处，4A 级景区 116 处，3A 级景区 75 处，2A 级景区 108 处，1A 级景区 2 处。全国工农业旅游示范点 40 处。中国优秀旅游城市 10 座，旅游强县 10 个。旅游直接从业人员 60 余万人，间接从业人数约 200 万人。

一是旅游企业产品结构不断优化升级。大力推进战略性、结构性重点旅游项目建设，全年全省实际完成旅游投资 410 亿元，比 2012 年增长 7.9%。全省旅游项目总规模投资额超 6000 亿元，在建项目平均单体项目投资额超 13 亿元，项目总规模和单体规模创历史新高。北戴河新区、唐山湾国际旅游岛、野三坡、崇礼滑雪、广府古城等项目建设成效明显，项目结构不断优化。按照“突出重点、培育龙头”的原则，对 4A 级以上景区和省级重点旅游项目进行支持，以奖代补资金拉动投资 40 亿元，贷款贴息资金撬动金融机构贷款 5.4 亿元，财政资金的引导带动作用显著。

二是旅游景区整改提升效果显著。围绕整改目标，强化督查推动、典型带动、资金撬动，以大投入、大建设，促大整改、大提升，全年全省投入整改资金 22 亿元，是上年的 2 倍，其中景区自筹 21 亿元，专项资金的引导撬动作用明显。全年全省 4A 级以上景区新建、改建停车场 113 个（新增面

积110万平方米），改扩建游客中心面积20余万平方米，新增换游客服务设施1230余项，新改建旅游厕所306座，新增换标牌1.5万块，景区基础服务设施得到明显改善。全省通过验收景区51家，给予内部和行业警告景区60家，摘牌1家。

三是旅游公共服务体系建设不断完善。围绕环省会、承秦唐、石保张等精品旅游线路重要节点，加快推动建设了一批集旅游咨询、餐饮服务、票务预订、酒店住宿、旅游购物等于一体的大型旅游服务综合体项目。邯郸、保定、唐山南湖、承德木兰围场以及张家口沽源和张北草沿天路等多个旅游集散中心，西柏坡旅游综合服务区、灵寿太行山区旅游综合服务体加快建设，部分即将竣工并投入使用。

四是旅游市场秩序日渐规范。2013年重点对全省旅行社、分社、服务网点进行全方位、拉网式检查，累计检查执法6700多人次，检查旅行社1228家，占总数的90.8%。针对检查中发现的问题，下发整改通知书528份，占检查旅行社总数的43%。积极推进旅游标准化建设，颁布实施了《旅行社等级划分与评定》地方标准，研究制定了旅行社等级评定管理办法和实施方案。推进旅行社责任保险统保示范工作，全省参加责任保险统保示范项目的旅行社854家，投保率为64%。

五是旅游企业对外开放不断扩大。目前已有马来西亚卓越集团、印度尼西亚力宝集团、瑞典可持续发展公司、港中旅集团等境内外战略投资商在河北省开发建设大型旅游项目。成功举办“5·18”廊坊国际经贸洽谈会旅游文化产业推介会，省旅游局推动13个旅游项目现场签约，协议引进资金475.6亿元；在秦皇岛、唐山、衡水、邯郸等地举办专场推介会，签约旅游项目11个，协议引进资金667亿元。全年全省旅游项目协议引进资金1100亿元。借助河北省—美国艾奥瓦州结好30周年机遇，推动赵州桥与罗斯曼廊桥缔结姊妹桥关系，推动河北锦华国旅与美国多家旅行社合作建立“河北省旅游美国市场营销联盟”。

六是企业间产业融合不断加大。2013年编制完成《河北省休闲农业与乡村旅游总体规划》，开展工农业旅游示范点评定，申报全国休闲农业与乡村旅游示范县2家、示范点7家，新评藁城市青岛啤酒（石家庄）有限公司、平山县河北敬业集团、鹿泉市君乐宝乳业等省级工业旅游示范点3家，其中君乐宝乳业全年接待游客量突破10万人次。建立健全红色旅游产品营销体系，组织30多家旅行社组建成立红色旅游精品线路推广联盟。助推河北省特色旅游商品研发展示基地建设。助推河北省特色旅游商品企业发展，积极推动河北特色旅游商品参展参赛，河北美术学院作品《羲娲娃》、良盛达丝镶嵌特艺公司“银烧瓷镶翠酒具”在“2013中原旅游商品博览会”上分别获得银、铜奖，提高了旅游商品知名度。

七是旅游企业智能化水平不断提升。加快建设智慧旅游景区，研发智慧景区试点电子导游应用系统，在全省13家试点景区完成推行应用。秦皇岛乐岛景区开创二维码和二代身份证双向智能验证系统，建设系统网络销售平台，全年网上销售电子票超过10万张。推进智慧旅游城市建设，秦皇岛智慧旅游指挥中心建成并投入使用，北戴河重要交通节点和重点景区实现Wi-Fi覆盖。

八是企业跨区域合作加速发展。河北省与京津两市签署了《旅游合作协议》，加强“9+10区域”旅游合作交流，共同推动建立旅游合作机制。廊坊、唐山等地联合京津推出了涵盖百家景区的“京津冀旅游一卡通”；邢台、邯郸联合中原十一市发行“中原旅游卡”；邯郸市与外省周边城市联合推出二日游、三日游和五日游线路；保定市组织13家景区拿出200万元门票，开展“百万旅游门票馈赠京津市民”活动。组织省内9个联盟城市主要旅游企业到广州、武汉、郑州开展“2013美丽中国·燕赵行”高铁旅游推广活动，促成双方旅游企业签署游客互送合作协议40余份。河北海外国旅、河北航空天鹅国旅等省内重点旅行社与京广高铁沿线50多家重点旅行社共同成立了“京港澳高铁旅行社联盟”，河北省旅行社已累计接待联盟成员输送的旅游团队235个。

九是旅游企业从业人员素质不断提升。开展大规模、多层次、多形式行业培训，省旅游局成功举办优秀导游员培训班、旅游咨询服务中心导游员业务培训班和旅游企业中高级管理人员岗位职务培训班，全省旅游从业人员培训覆盖面达80%以上。强化全省旅游行业精神文明建设，全年共计发放宣传贴画5000余张、宣传折页6万余张、文明出行光盘3600余张，景区新增换标示标牌1.7万块，增设宣传显示屏200余处，为旅游业发展创造了良好的社会环境。

二、各类企业发展状况

（一）星级饭店

截至2013年年底，全省共有星级饭店479家。

——按照星级划分：五星级22家，四星级140家，三星级231家，二星级84家，一星级2家。

——按照地域划分：石家庄市67家，承德市41家，张家口市42家，秦皇岛市61家，唐山市60家，廊坊市43家，保定市60家，沧州市34家，衡水市19家，邢台市25家，邯郸市27家。

根据2013年星级饭店统计调查，全省星级饭店资产合计148.97亿元，固定资产原值121.87亿元，累计折旧36.29亿元，流动资产总额60.64亿元，营业收入41.04亿元，实缴税金8.71亿元；从业人员3.87万人，其中大专以上学历0.96万人，占24.81%。

（二）A级景区

截至2013年年底，全省有A级景区306家。

——按照A级划分，5A级景区5处，4A级景区116处，3A级景区75处，2A级景区108处，1A级景区2处。

——按照地域划分，石家庄市31家，承德市25家，张家口市33家，秦皇岛市32家，唐山市38家，廊坊市28家，保定市40家，沧州市17家，衡水市13家，邢台市23家，邯郸市26家。

从全国旅游景区统计信息系统的景区数据来看，2013年全省A级旅游景区接待总人数1.12亿人次，营业收入210.54亿元，从业人员约6.91万人。

（三）旅行社

截至2014年4月，全省旅行社总数1372家，

——按照经营范围划分，经国家旅游局批准设立的经营出境业务旅行社81家，一般旅行社1291家。

——按照地域划分，石家庄市250家，承德市123家，张家口市70家，秦皇岛市201家，唐山市176家，廊坊市84家，保定市187家，沧州市99家，衡水市53家，邢台市49家，邯郸市80家。

截至2014年4月，旅行社固定资产原值20.44亿元，累计折旧2.54亿元，营业收入153.31亿元，从业人员9142人。

三、企业基本财务情况

在2013年度全省旅游行业财务信息汇编工作中，应上报1122家，成功上报财务信息的旅游企业一共有1119家，成功上报率为99.73%。

按各市、州、直辖市有效上报旅游企业数量排名，依次为石家庄市174家，占15.55%；秦皇岛市168家，占15.01%；唐山市124家，占11.08%；承德市111家，占9.92%；张家口市104家，占9.29%；保定市100家，占8.94%；沧州市89家，占7.95%；廊坊市85家，占7.60%；邯郸市61家，占5.45%；邢台市60家，占5.36%；衡水市43家，占3.84%。

（一）财务效益状况主要指标

1. 净资产收益率

净资产收益率指企业一定时期内的净利润同平均净资产的比率，充分体现了投资者投入企业的自有资本获取净收益的能力，突出反映了投资与报酬的关系，是评价企业资本经营效益的核心指标。2013年度全省旅游企业净资产收益率为－34.31%，其中：

——旅行社净资产收益率为－3.32%，经营出境游旅行社为3.46%，经营非出境游旅行社为－10.58%。

——旅游饭店净资产收益率为－19.20%，其中五星级旅游饭店为48.51%，四星级旅游饭店为－5.03%、三星级旅游为－9.13%、二星级旅游饭店为－16.27%、一星级旅游饭店为0、未评星级旅游饭店为－13.77%。

——旅游景区（点）净资产收益率为－303.83%，其中自然类旅游景区（点）为－1.72%、文物类旅游景区（点）为52.32%、主题类旅游景区（点）为－57.73%。

其他旅游企业净资产收益率为10.42%。

2. 总资产报酬率

总资产报酬率指企业一定时期内获得的报酬总额与平均资产总额的比率，其中报酬总额由利润总额和利息支出两部分组成。总资产报酬率表示企业包括净资产和负债在内的全部资产的总体获利能力，是评价企业资产运营效益的重要指标。2013年度全省旅游企业总资产报酬率为－4.86%。其中：

——旅行社总资产报酬率为-0.92%。其中，经营出境游旅行社为0.74%，经营非出境游旅行社为-4.31%。

——旅游饭店总资产报酬率为-4.81%。其中，五星级旅游饭店为-7.33%，四星级旅游饭店为-2.31%，三星级旅游饭店为-5.53%，二星级旅游饭店为-5.63%，一星级旅游饭店为0，未评星级旅游饭店为-6.07%。

——旅游景区总资产报酬率为-5.86%，其中，自然类旅游景区为-1.23%，文物类旅游景区为-6.74%，主题类旅游景区为-5.45%。

——其他旅游企业总资产报酬率为5.74%。

3. 主营业务利润率

主营业务利润率指企业一定时期主营业务利润同主营业务收入净额的比率。它表明企业每单位销售（营业）收入能带来多少销售（营业）利润，反映了企业主营业务的获利能力，是评价企业经营效益的主要指标。2013年度全省旅游企业主营业务利润率为-18.00%，其中：

——旅行社主营业务利润率为-0.13%，其中，经营出境游旅行社为-0.06%，经营非出境游旅行社为0.65%。

——旅游饭店主营业务利润率为-17.48%，其中，五星级旅游饭店为-57.37%，四星级旅游饭店为-9.24%，三星级旅游饭店为-12.27%，二星级旅游饭店为-9.09%，一星级旅游饭店为0，未评星级饭店为-4.48%。

——旅游景区主营业务利润率为-84.86%，其中，自然类旅游景区为-5.31%，文物类旅游景区为-252.51%，主题类旅游景区为-60.12%。

——其他旅游企业主营业务利润率为9.32%。

综合以上分析，河北省2013年旅行社、旅游景区、旅游集团、旅游饭店效益均不乐观，而旅游饭店中的高星级酒店发展较快、竞争激烈，亏损经营。

（二）资产营运状况主要指标

1. 总资产周转率

总资产周转率指企业一定时期主营业务收入净额同平均资产总额的比值，是综合评价企业全部资产经营质量和利用效率的重要指标。2013年度全省旅游企业总资产周转率为28.41次，其中：

——旅行社总资产周转率为990.32次。

——旅游饭店总资产周转率为31.28次。

——旅游景区总资产周转率为7.00次。

——其他旅游企业总资产周转率为76.26次。

2. 应收账款周转率

应收账款周转率指企业一定时期内销售（营业）收入净额与平均应收账款余额的比率，2013年度全省旅游企业平均存货周转率为7.87次。

——旅行社流动资产周转率为99.25次。

——旅游饭店流动资产周转率为7.73次。

——旅游景区（点）流动资产周转率为3.85次。

——其他旅游企业流动资产周转率为3.91次。

分析：以上指标可以看出，旅行社企业占用固定资产少、流动资金周转快，资产营运效率高。旅游景区因资产规模较大，资产营运效率要弱于其他旅游企业。

（三）偿债能力状况主要指标

1. 资产负债率

资产负债率指企业一定时期负债总额同资产总额的比率，是评价企业负债水平的综合指标。2013年度全省旅游企业资产负债率为88.71%，其中：

——旅行社资产负债率为76.72%，经营出境游旅行社为82.63%，经营非出境游旅行社为60.51%。

——旅游饭店资产负债率为75.48%。

——旅游景区资产负债率为102.81%。（自然类旅游景区资产负债率为31.74%、文物类旅游景区资产负债率119.91%、主题类旅游景区资产负债率93.45%）

——其他旅游企业资产负债率为43.62%。

2. 流动比率

流动比率指企业一定时期流动资产同流动负债的比率，用以衡量企业短期债务偿还能力，评价企业偿债能力强弱。2013年度全省旅游企业流动比率为27.49%，其中：

——旅行社流动比率为121.05%，经营非出境游旅行社流动比率为155.77%，经营出境游旅行社的流动比率111.78%。

——旅游饭店流动比率为34.34%。

——旅游景区流动比率为18.15%。（自然类景区流动比率为38.15%、文物类景区流动比率为4.05%、主题类旅游景区流动比率为32.73%）

——其他旅游企业流动比率为 155.46%。

3. 速动比率

速动比率指企业一定时期的速动资产同流动负债的比率，用以衡量企业的短期偿债能力，评价企业流动资产变现能力的强弱。2013 年度全省旅游企业速动比率为 22.43%，其中：

——旅行社速动比率为 120.70%，经营非出境旅游业务旅行社速动比率为 154.43%、经营出境旅游业务旅行社速动比率为 111.69%。经营非出境旅游业务高于经营出境旅游业务。

——旅游饭店速动比率为 32.05%。

——旅游景区速动比率为 13.66%。（自然类景区速动比率为 37.40%、文物类景区速动比率为 2.39%、主题类旅游景区速动比率为 25.18%）

——其他旅游企业速动比率为 91.26%。

4. 长期资产适合率

长期资产适合率指企业所有者权益与长期负债之和同固定资产与长期投资之和的比率，从企业资源配置结构方面反映了企业财务结构的稳定程度及财务风险大小。2013 年度全省旅游企业长期资产适合率为 26.35%。

5. 销售增长率

销售增长率指企业本年主营业务收入增长额同上年主营业务收入总额的比率，是评价企业成长状况和发展能力的重要指标。

2013 年度，全省旅游企业销售增长率为 14.08%。

分析：以上偿债能力状况指标反映旅游集团、旅行社总体偿债能力较强，旅游饭店偿债能力适中，而旅游景区偿债能力较弱，主要原因是 2013 年新增文物类旅游景区负债较大、变现能力差。

（孙　丽）

山西省旅游企业发展综述

山西省旅游局

一、2013 年全省旅游行业规模

截至 2013 年 12 月 31 日，全省旅游企业 8949 家，旅游直接从业人员 43.9 万人，间接从业人员 188 万人，新增旅游直接从业人员 5.8 万人，新增间接从业人员 14.5 万人。据统计，到 2013 年，全省已有 215 家资源型企业投资开发旅游景区、星级饭店、休闲度假区和娱乐设施等，总投资高达 320 亿元。其中超过 5 亿元的项目有 14 个，超过 10 亿元的项目有 9 个；建设的星级饭店 76 家，其中四、五星级饭店 42 家，占全省四星级以上饭店的 45%，煤炭企业投资的太原凯宾斯基大酒店正式开业。25 家省级休闲度假区，几乎都是资源型企业开发建设的。资源性企业转型投资旅游业，使山西省的旅游产业很快摆脱了长期投入不足的困境，呈现出投资规模大、建设标准高的喜人局面，大大提高了山西省旅游的接待能力和水平。最早以民营资本投入旅游开发的绵山景区不仅成为山西省民营企业的样板，还成为了民企转型的标杆，绵山也随之成为山西省旅游业的新秀。

主要旅游企业数量：

（一）旅游景区（点）

旅游景区（点）628 处，其中 A 级景区（点）共 122 家。2013 年共完成 9 处国家 A 级旅游景区（点）创建工作，其中 5A 级景区 1 家，4A 级景区 1 家，3A 级景区 6 家，2A 级景区 1 家。

全省新增 12 家省级休闲旅游度假区，省级休闲旅游度假区已达 25 家。平遥作为全国旅游标准化 10 个试点县之一，通过了终期评估验收，被确定为第二批全国旅游标准化示范县。

（二）旅行社

共866家，其中出境游旅行社59家，赴台游旅行社6家。2013年度新批设旅行社37家，增加出境游旅行社8家，增加赴台游旅行社1家，注销旅行社30家，吊销旅行社5家。注册导游19585人。

（三）星级饭店

共315家，其中五星级饭店22家，四星级饭店70家，三星级饭店151家，二星级饭店72家，全省客房总数35553间，床位总数65311张。2013年增加星级饭店12家，其中五星级饭店4家，四星级饭店1家，三星级饭店7家。

（四）乡村（红色）旅游点

到目前为止，乡村旅游点200余家，2013年新增乡村旅游点50余个，新增乡村旅游客栈达100余个，床位上千张；可供游览参观的红色旅游景点有62个，其中5个红色旅游景区创建成国家A级旅游景区：大同煤矿展览馆（2A级）、孙文龙纪念馆（3A级）、武乡八路军文化（4A级）、左权麻田八路军总部纪念馆（4A级）、黄崖洞景区（4A级）。

（五）文化创意旅游产业

截至2013年，全省各地相继建立的各种文化旅游产业园区40个，分布高科技与动漫影视游戏体验类、传统工艺美术产品创新类、传统历史文化类、工业遗产与文化遗址类、休闲体验类等方面。其中工艺美术类文化产业园区有7个，发展比较好的是山西宇达青铜文化产业园（夏县）、山西红海霹雳文化产业园（祁县）、大同广灵剪纸文化产业园区、中国刻花瓷文化旅游园区（阳泉平定）。文化演艺方面对山西省旅游业产生影响最大的首推情景剧，代表作品如《又见平遥》、大同云冈石窟“北魏皇家礼佛巡礼”和“昙愮颂歌”情景表演、皇城相府迎圣驾仪式表演、大型实景剧《太行山》等。

传统历史文化类如绵山景区把春秋风格的游客换乘中心与“清明寒食文化展厅”高度融合，内设华北超大投影天幕、3D环幕及声光电表现的仿真自然、养生修行、寒食制作、帝王朝山、商业再现、活动转播和古代祭祀还原等极为珍贵的工艺展览和民俗博物，在保护和传承山西省民族文化方面起到积极作用。

二、主要旅游企业经济发展状况

2013年，全省共接待旅游者2.48亿人次，同比增长26.47%，实现旅游总收入2305.44亿元，同比增长27.16%，完成年度目标的105.97%。旅游业作为综合性产业，它的平稳较快发展，也为全省经济社会的平稳较快发展做出了贡献。一是推动了经济增长。根据测算，2013年度全省共实现旅游增加值1174.3亿元，占全省GDP的比重为7.8%，占全省第三产业增加值的比重为22.6%，为全省增加财政收入194亿元，占全省财政总收入的12.8%。旅游业已经成为全省现代服务业中重要的产业之一。二是新兴的旅游业态为当地老百姓提供了大量就业机会，如前所述，旅游直接从业人员43.9万人，间接从业人员188万人，又例如《又见平遥》旅游演艺节目共吸纳演职人员320人，85%在当地消化，带动周边居民上千人从事相关旅游服务。绵山的开发直接带动了介休市劳动就业，累计安排农村剩余劳动力和职工6000余人。2013年在岗职工1400余人，人均工资2500元以上，其中专门负责绿化环境就有300人，极大地解决了当地人群的就业。三是带动了社会相关消费。绵山风景区开发以来，拉动了良好的社会效益，仅周边村民收入就由开发前年均800元增长到2013年的5000元。2000年以来，介休市用于旅游服务业的直接投资已达20多亿元，全市旅游服务业从业人员6000多人，对外开放景点4个，旅游专线5条，宾馆酒店93家，旅行社14家，产业规模得到了快速扩张，有力地带动了交通、餐饮、娱乐等第三产业的蓬勃发展。据测算，2013年全省因旅游业所带动的餐饮消费总额为350亿元、住宿业消费总额为305.2亿元；带动社会消费品零售总额324.9亿元。

（一）旅游景区（点）

据统计，2013年，省旅游局监测的38家旅游景区（点）共计接待游客3838.141万人次，同比增长13.57%；实现门票收入105136.2万元，同比下降9.1%；实现经营性收入606718.9万元，同比增长1.04%，扣除连续几年门票涨价等因素，主要景区的总体经营收入实质实现了20%左右的增长。

电子导游已覆盖34个A级景区，4个A级景区实现手机订票，并有折扣优惠。在这38个旅游景区（点）中，经营收入、接待人数前十名的景区煤炭企业开发经营的分别占4席、3席；4个5A级景区中，2个是由煤焦企业开发经营的，4A级景区64个，有18个为资源型企业开发经营。壶关太行山大峡谷景区进行了资源整合和体制机制改革创新，壶关县旅游发展有限公司、山西常平集团联合组建了太行山旅游发展有限公司，对太行山大峡谷景区统一规划、统一管理、统一开发、统一品牌、统一经营，形成了“一个品牌、一个公司、一张门票”的发展模式。从2013年5月1日至12月底，太行山大峡谷景区累计接待游客超过30万人次，同比增长40%，同期门票收入由2012年的1200万元提高到2013年的2100多万元，同比增长75%。山西绵山景区从2000年对外开放至今，一直以旅游开发公司模式统一运作管理，景区品质和格局逐年升级，现为集观光旅游、休闲养生、活动购物和文化教育为主的综合性5A级景区，平均每年接待旅游人数达200万人次，年平均门票收入过亿元。这些数据表明，资源型企业投资开发的旅游景区在山西旅游平稳较快发展中发挥着非常重要的作用。

（二）旅行社

1. 入境旅游市场：全省累计接待入境旅游者212.64万人次，同比增长12.4%，其中接待外国人135.04万人次，同比增长12.14%，香港同胞31.34万人次，同比增长12.5%；澳门同胞16.64万人次，同比增长12.66%；台湾同胞29.62万人次，同比增长13.33%。2013年全省入境旅游创汇达到了8.23亿美元，同比增长14.39%。

2. 国内旅游市场：全省累计接待国内旅游者2.46亿人次，同比增长26.61%；实现国内旅游收入2253.65亿元，同比增长27.59%。

3. 出境旅游市场：全省旅行社共组织出境游客53.28万人次，比上年增长159.1%，其中以新加坡、泰国、越南和中国台湾等国家和地区为代表的亚洲地区增长最快，涨幅均超过一倍，占到整个出境人次的90%。组织赴台游客7.37万人次，比2012年度的3.5万人次同比增长110.57%。

（三）星级饭店

山西省旅游局《2013年全省国内旅游抽样调查报告》显示，山西省旅游接待市场，过夜游客占64.8%，其中24.5%的游客会选择星级饭店，根据历年统计数据显示，40%的入境过夜旅游者倾向于选择中档酒店，从而对中档饭店的发展具有很强的推动作用。受国家政策和大环境影响，来自公款的会议、住宿、餐饮消费大幅减少，导致相关收入锐减。与上年相比，2013年全省星级饭店客房出租率普遍下降，三星级以上降幅尤为明显。高档酒店的餐饮客源结构和消费方式发生改变，原来的熟客、常客渐渐成为稀客，高档菜肴和酒水被大众化菜品替代。

（四）乡村（红色）旅游点

2013年，山西省旅游局加大了对乡村旅游的扶持力度，与山西省发改委达成协议，省发改委从2014—2016年每年专列1500万元用于全省乡村旅游公共服务设施配套建设，目前2014年的资金已经下拨计划。全省组织评选出了65个山西省最美旅游村，填报了390个美丽乡村旅游扶贫工程重点村，使乡村旅游点逐渐由自发式、初级化向有组织的集约化发展，并在质上有了明显提高。据统计，2013年全省乡村旅游点接待2400万余人次，旅游收入近130亿元。例如晋中市的许村，农家乐休闲旅游带动农户263家，从业人员398人，年营业收入600余万元，从业者人均净收入5000多元，至少是当地农民人均收入的2倍。

红色旅游景区依托当地独特的自然风光和乡村旅游资源将红色旅游与乡村旅游有机结合，推动了城镇化和社会主义新农村建设。2013年，涌现出了一批以砖壁村为代表的红色旅游加乡村旅游的典型，吸引了大批游客，使旅游成为当地农民脱贫致富的新途径。2013年全年红色旅游游客接待900万人次，同比增长20%；综合收入17.52亿元，同比增长32.83%。红色旅游直接从业人员达到2.4万人，间接从业人员达到12万人。2013年培训5次，参训人员达到1500人次。

（五）文化创意旅游产业

2013年，《又见平遥》的平均上座率是58%，促进了平遥旅游从“一日游”到“二日游”，从“二日游”到“深度游”的转变，成功地找到了山西文化和旅游的契合点，大同云冈石窟“北魏皇家礼佛巡礼”和“昙愮颂歌”情景表演、皇城相府迎圣驾仪式表演深受游客欢迎。红海玻璃文化产业园区通过和乔家大院的巧妙组合营销，吸引了大批游客，是山西省文化产业与工业旅游相融合的一个成功案例，2013年销售额达204亿元。大同广灵剪纸文化产业园区是全国首家国家级非物质文化遗产、国家文化产业示范基地，产品8000多种，远销20多个国家和地区，带动了周边12个村、2400户农民家庭，形成了带动浑源县、灵丘县、广灵县，辐射晋、冀、蒙的剪纸专业乡、村、户生产基地集群。

山西省旅游业之所以能保持比较高的增长速度，从市场的角度分析，以下这几个因素是基础性的。一是全国旅游市场持续快速发展的基本面没有变，旅游业进入大发展黄金期的条件没有变，旅游市场景气度在逐步回升。二是在全国旅游市场的大格局中，山西省的旅游资源突出，旅游产品齐全，特别是山西省的旅游市场属于新兴市场，总体上处于一个快速上升阶段，成为全省旅游业较快发展的基础动力和发展机遇。三是交通条件的根本改善，为旅游业大发展创造了条件。高速公路5000公里，4个机场投入运行，连接京广线的高铁开通，太中银铁路开通，大西高铁即将开通，山西省已成为一个全国旅客的一个重要目的地和交通枢纽。四是旅游消费结构不断优化，产业发展内生动力不断增强。2013年，国内游客在山西省境内的人均花费为1006元，比上年提高103元，同比增加11.4%。各项花费中，景区游览费比上年下降1.73%，娱乐和购物花费同比增加2.28%。国内游客在山西省平均停留时间为2.12天，比上年延长0.23天，同比增加12.2%。游客消费构成的变化和在山西省停留时间的延长提升了旅游业发展质量，优化了旅游消费结构，增强了产业发展的内生动力。

三、2014年旅游行业发展趋势与重点工作

2014年，旅游市场一些新的发展特点、发展趋势越来越明显，正在深刻地影响着整个旅游业的发展，成为旅游业持续快速发展的新的推动力量。一是大众化的旅游发展趋势更加明显。在城乡居民出游率不断增长的同时，旅游的消费结构和消费特征正在发生明显变化。与公务旅游消费下降相对应的是，居民的观光、度假旅游持续增长，老年旅游、青少年旅游、家庭出游快速增长。旅游市场散客化正在引发市场结构的深度调整，出境旅游继续保持快速增长态势。二是旅游业新产品、新业态层出不穷。度假旅游、红色旅游、乡村旅游、文化旅游、自驾车旅游、房车旅游等新业态正在成为引领旅游消费增长的重要领域。三是综改试验不仅为山西省旅游业带来难得的发展机遇，也为实现转型跨越提供了政策支撑。铁路、公路、机场等基础设施的完善，为拓展旅游业发展半径，扩大开放、招商引资提供了更加充分的条件。四是社会资金投入旅游业的热潮持续升温，产业融合领域越来越宽。2014年，已经和即将投入的旅游开发项目总值超过200亿元。且文化、农业、体育、林业、工业等领域与旅游业融合发展的势头越来越明显。这些都为进一步提升全省旅游业内在竞争力，丰富旅游产品提供了良好条件。为此，2014年全省旅游经济发展总体目标预计为：接待游客总人数2.8亿人次，同比增长14%；实现旅游总收入2720.42亿元，同比增长18%。

围绕工作目标，2014年全省旅游行业将重点做好以下五个方面的工作：

一是努力提高公共服务能力，实现旅游服务便利化，注重自驾游、自助游的公共服务建设。以智慧旅游为抓手，集中力量抓好提高公共服务水平和便利化水平的6件实事：①列专项资金，与全国知名旅游网站合作，完成全省智慧旅游服务平台建设。以4A、5A级景区为重点，推进智慧景区建设速度，为游客提供旅游网络营销、网上预订、网上支付等在线服务。②列专项资金，完善全省高铁车站、高速公路、国道省道通往景区路段的旅游交通标志设施。③运用市场化机制，按照市场需求，逐步完善高铁车站、机场、中心城市旅游集散中心，实现高铁、机场、城市和景区景点的“无缝对接”。④联合交通部门加快解决旅游景区断头路问题。⑤依托各地资源特色，适应游客消费需求，支持自驾游基地、房车营地等旅游新业态培育、建设。

二是加强行业融合发展，促进旅游业与第一、二、三产业融合发展。与住建部门联手合作，推动旅游与新型城镇化发展的融合，联合推出一批旅游“全域化”名县、旅游休闲小镇，全力推动特色景观名镇名村和历史文化名镇名村发展。与经信委等部门联手合作，创建一批工业旅游示范点、示范区。与体育部门联手合作，推动建设一批运动休闲旅游示范基地。推动与文化、文物、新闻、出版、广播、影视等各类文化资源相融合，发挥具有地方

特色的文化旅游品牌效应，建设文化旅游产品体系。引导景区景点、宾馆饭店、主题公园成为运用中国文化、三晋文化进行建设和经营的典范，推广一批具有山西特色的餐厅、主题酒店，推出一批艺术水准高、市场潜力大的旅游演艺项目，扶持一批群众参与性强、传统气息浓的文化旅游活动。

三是全力推动资源型企业转型发展旅游业。大力吸纳社会资本进行投资建设，特别是大力支持资源型企业转型发展旅游业，让融合发展产业化、市场化。进一步落实政策，坚持谁投资、谁开发、谁经营、谁受益；推动水、电、路、气等基础设施的配套建设。协调有关部门，帮助投资企业解决规划、土地、林地、水域等项目建设方面的问题，为资源型企业和各类社会资本进入旅游业创造条件，搭建平台。

四是大力发展乡村旅游，提高乡村旅游水平，主要着力抓好 4 项工作：①改善住宿条件，解决乡村旅馆、乡村客栈里面的水冲式厕所、空调、有线电视、网线接口、宾馆式床铺等问题。②提高服务水平，使农户和直接服务游客的从业人员懂得基本的服务礼仪、服务标准、服务规范。③完善基础设施，解决好停车场问题、下水道问题、气化问题、空调问题、垃圾处理问题。④突出乡村旅游的建设特色，在保持乡村特色的同时，乡村旅游生活设施实现现代化。还要尽快制定乡村旅馆的评定标准，抓出一批乡村旅游示范村、特色旅游小镇，全力推动山西省的乡村旅游健康快速发展。

五是加强横向联合，与旅游热点地区共享客源。充分利用交通条件改善的有利时机，开展“高铁旅游”，争取在客源方面有所突破。

（王海叶）

内蒙古自治区旅游企业发展综述

内蒙古自治区旅游局

一、2013 年度内蒙古自治区旅游企业总体发展情况

2013 年，全区旅游系统在自治区党委、政府正确领导下，坚持以党的十八大精神为指导，认真贯彻“8337”发展思路，全区旅游总收入、接待旅游人数、入境游客、旅游创汇等主要指标平稳增长，旅游业总收入突破 1400 亿元，增速超过全国平均水平，高于全区 GDP 增速 15.4 个百分点，使我区旅游经济总量增加、旅游接待规模扩大、旅游服务质量提高、旅游发展环境改善，旅游经济效益提升，为推动自治区经济社会发展和建设体现草原文化、独具北疆特色的旅游观光、休闲度假基地发挥了积极作用。

截至 2013 年年底，全区注册旅行社 901 家，其中组团社 48 家，边境社 19 家；星级饭店 328 家，其中五星级 8 家，四星级 35 家；A 级旅游景区 276 家，其中 5A 级 2 家，4A 级 65 家；五星级、四星级乡村旅游接待户已发展到 70 多家；全国休闲农业与乡村旅游示范县 8 家，全区的全国休闲农业与乡村旅游示范点 37 家，全年评定五星级乡村旅游接待户 15 家、四星级乡村旅游接待户 29 家。全区旅游业直接就业人数约 25 万人，间接就业人数约 125 万人，旅游就业人数达到 150 万人，占全区服务业就业总人数的 20% 左右。

二、全区旅游企业发展状况

旅游经济带动能力趋强，近年来，自治区党委、政府十分重视旅游开发在带动农牧区脱贫、林区产业转型方面的重要作用，积极鼓励生态旅游目

的地建设，发展生态旅游，在政策、资金、人才等方面支持力度不断加大，使得旅游的带动力日渐增强，成为社会主义新农村、新牧区、新林区建设的重要途径。按照王君书记对呼伦贝尔市建设国家旅游综合改革试验区的批示精神，修编了《呼伦贝尔国家生态旅游目的地发展规划》，推进了呼伦贝尔市的国家生态旅游目的地建设。

旅游企业发展环境不断优化，自治区旅游局积极开展针对旅行社"零负团费"、挂靠承包和超范围经营的专项整治行动，加大了对旅游市场执法监督力度。强化准入退出机制，2013 年，全区共对 41 家旅行社做出限期整改的处罚，注销了 23 家旅行社。对 5 家饭店提出限期整改，对 15 家星级饭店做出取消星级的决定，并收回星级标牌。全面推进了旅游标准化建设，内蒙古饭店有限责任公司进入首批"全国旅游标准化示范单位"名单。举办了全区旅游饭店、旅游景区标准化管理培训班，部署全区旅游标准化试点工作。完成了国家旅游发展基金项目的材料汇总和上报工作，共上报项目 13 个，申请补助 3300 万元，整理和审核重大旅游项目 30 个，总投资 504.43 亿元，对全区民间资本投资旅游项目情况进行了调研，收集、整理了 212 个非公有制投资旅游项目，进一步强化了精品旅游区的建设。

三、全区旅游企业基本财务情况

旅行社

2013 年年底，全区共有旅行社 901 家，按照国家旅游局统计调查办法的要求，应参加年度统计调查的 881 家旅行社，全部参加了统计调查工作。

（一）旅行社基本情况

1. 行业规模

截至 2013 年年底，全区共有旅行社 901 家，同比增长 7.90%。其中经营出境旅游业务的旅行社 48 家，同比增长 26.32%；中俄、中蒙边境旅行社 20 家，同比增长 17.65%；经营入境、国内旅游业务的一般旅行社 836 家，同比增长 7.60%。

截至 2013 年年底，全区旅行社总资产 9.84 亿元，同比增长 13.76%；负债总额 4.43 亿元，同比增长 8.31%；所有者权益 5.41 亿元，同比增长 18.64%。旅行社直接从业人员 5356 人，同比下降 23.41%，其中大专以上学历人数 4326 人，同比下降 15.33%，旅行社平均直接从业人员 6 人。

2. 经营规模和效益

（1）营业收入

2013 年，全区旅行社营业总收入 16.57 亿元，同比下降 19.68%。旅行社平均收入 183.91 万元，同比下降 30.73%，其中，达到平均水平的有 162 家，占旅行社总数的 17.98%。

（2）利润

2013 年，全区旅行社利润总额 1201.29 万元，同比下降 56.24%。旅行社平均利润总额 1.33 万元，同比下降 62.64%，其中，达到平均水平的有 200 家，占旅行社总数的 22.20%。目前，仍有 390 家旅行社亏损，占旅行社总数的 43.29%。

（3）税金

2013 年，全区旅行社实缴税金 2282.21 万元，同比下降 14.49%。旅行社平均实缴税金 2.53 万元，同比下降 26.67%。其中，达到平均水平的有 115 家，占旅行社总数的 12.76%。有 631 家旅行社实缴税金不足 1 万元，占旅行社总数的 70.03%。

3. 旅游业务指标

（1）入境旅游业务

2013 年，全区入境旅游业务营业收入 0.81 亿元，同比下降 40%，占全区旅行社营业收入的 4.89%，同比增加 1.65 个百分点。入境旅游外联 23.14 万人次，同比下降 23.68%，入境旅游外联人天 52.90 万人天，同比下降 24.26%；入境旅游接待 25.17 万人次，同比下降 22.03%，入境旅游接待 62.92 万人天，同比下降 19.45%。

（2）国内旅游业务

2013 年，全区国内旅游业务营业收入 12.34 亿元，同比下降 26.15%，占全区旅行社营业收入的 74.47%，同比减少 5.63 个百分点。全区国内旅游组织 47.36 万人次，同比下降 19.32%，共 245.63 万人天，同比下降 25.96%；国内旅游接待 74.75 万人次，同比下降 7.6%，共接待 242.77 万人天，同比下降 8.33%。

（3）出境旅游业务

2013 年，全区出境旅游业务营业收入 3.27 亿元，同比增长 29.76%，占全区旅行社营业收入的 19.72%，同比增加 7.51 个百分点。共组织出境游 7.47 万人次，同比增长 38.08%，共 47.81 万人天，同比增长26.99%。

（二）经营情况分析

1. 旅行社营业收入、利润、税收及旅游人数显著下降

受中央“八项规定”和自治区党委“28项具体规定”，以及各级政府部门大幅压缩“三公消费”等政策的影响，会议旅游、团队旅游数量大幅减少，过去依赖机关单位、企业团体旅游为主的旅行社受到较大影响。2013年《旅游法》出台，大大减少依靠购物、自费项目低价揽客的旅行社客源，直接导致部分旅行社组织和接待人数的锐减。

2. 出境旅游异军突起，平稳较快发展

国内旅游价格的上扬，黄金周国内景点爆满，人们生活质量的提高等原因使得人们将目光投向了出境游。全区港澳台地区、普吉岛、济州岛直航的开通，免去了中转、等待的麻烦，节约了时间，大大方便了我区居民的出境旅游。台湾游成了人们出境游的新热点，尤其受到中老年人的青睐，在2013年又新增了两家有赴台游资质的旅行社，整个冬季，尤其是寒假和春节黄金周期间，赴台游市场异常火热。

3. 旅行社转变常规经营模式，打造多元化旅游，发展智慧旅游

受国内政策的影响，过去对公务旅游市场过度依赖的旅行社受到重创，必须积极转变经营方式，加快拓展散客市场；发展旅游“私人定制”化的高端市场，提供个性化的服务；鼓励内蒙古人游内蒙古，全区东西部横跨4200公里，自然风光、民俗风情迥异，通过东西部互游，可以带动区内地接市场的发展。

（三）旅行社总体结构

1. 旅行社区域分布

截至2013年年底，全区共有旅行社901家（见附件1），排在前5位的盟市依次为：呼和浩特市（213家）、呼伦贝尔市（175家）、鄂尔多斯市（97家）、包头市（90家）、赤峰市（68家）。这5个地区共有旅行社643家，占全区旅行社总数的71.37%。

截至2013年年底，全区出境游组团社48家，分布在呼和浩特市（21家）、包头市（7家）、鄂尔多斯市（6家）、兴安盟（2家）、巴彦淖尔市（3家）、满洲里市（2家）、呼伦贝尔市（2家）、赤峰市（2家）、通辽市（2家）、阿拉善盟（1家），其中，阿拉善盟为本年度新增出境社的地区。其他4个盟市没有出境游组团社，其中，乌海市已申请出境社。没有出境游组团社的锡林郭勒盟、乌兰察布市、二连浩特市应加强旅游市场检查，坚决查处超范围经营出境旅游业务，同时鼓励申办出境游组团社，完善旅行社类型，更好地为当地居民提供出境旅游服务。

2. 旅行社分社区域分布

截至2013年年底，全区共有旅行社分社163家，同比增长15.6%，其中，北京、海南、浙江、云南、江苏、西安、黑龙江等外省市的旅行社在全区设立的分社有58家，占总数的35.58%，同比增长0.12%；其余为全区旅行社设立的分社。旅行社分社主要分布在呼和浩特市（45家）、呼伦贝尔市（26家）、鄂尔多斯市（21家）、巴彦淖尔市（20家）、乌兰察布市（14家）、乌海市（9家）等地区。阿拉善盟、满洲里市、二连浩特市没有分社。

全区旅行社及分社分布情况表

项目 / 地区	旅行社			旅行社分社
	总数	组团社	边境社	
呼和浩特市	213	21	—	45
包头市	90	7	—	4
呼伦贝尔市	175	2	2+1	26
兴安盟	51	2	—	6
通辽市	38	3	—	6
赤峰市	68	2	—	2
锡林郭勒盟	39	—	—	10
乌兰察布市	28	—	—	14
鄂尔多斯市	97	6	—	21
巴彦淖尔市	23	3	—	20
乌海市	15	—	—	9
阿拉善盟	16	1	—	0
满洲里市	43	2	11+2	0
二连浩特市	5	—	4	0
合计	901	48	20	163

注：呼伦贝尔市1家、满洲里市2家旅行社同时为出境游、边境游旅行社。

星级饭店

（一）数量情况

截至2013年年底，全区共有星级饭店344家，同比增长7%（年内新评定星级饭店26家）。其中，五星级饭店8家，四星级饭店36家，三星级饭店124家，二星级饭店171家，一星级饭店5家。应

当参加年度复核的一至四星级饭店312家，全部参加复核，复核率达到100%。自治区星评委、盟市星评委共派出星评员52人，总计624人次完成了复核工作。

按照《复核通知》必须给出结论的要求，有297家星级饭店通过复核，通过率93.5%；对5家饭店提出限期整改，占复核总数的1.6%；对15家星级饭店做出取消星级的决定，并收回星级标牌，占复核总数的4.8 %。经过复核处理，我区目前实有星级饭店328家（具体见附表）。

（二）经营及人员情况

截至2013年年底，全区星级饭店资产总额102.52亿元，同比增长10.79%。全区星级饭店客房总数27792间，同比增长13.67%，总床位数48333张，同比增长13.07%。年内全区客房平均出租率为46%，同比下降9.61%；全区星级饭店营业总额29.49亿元，同比下降8.18%。其中客房收入11.78亿元，同比下降3.36%，餐饮收入14.66亿元，同比下降17.24%，其他收入2.23亿元，全区实现利税总额2.63亿元。全区星级饭店资产规模、接待能力均有新的增加。

截至2013年，全区星级饭店员工总人数25697人，其中管理人员3876人，技术人员3407人，服务人员18414人。从人员的结构比例看，管理人员、技术人员和服务人员的比例为16:14:70，与上年相比都略有减少。去年以来，受经济下行压力影响，餐饮业采取各种措施应对新的形势变化。很多饭店采取合并岗位、开源节流，一人双岗或多岗，精简了用人成本，提高劳动效率，这在一定程度上缓解了饭店遇到的窘境。

（三）复核工作的开展情况

1. 划分6个小组，对30家四星级饭店进行年度复核。对三星级以下饭店，采取盟市星评委自查或相邻盟市互查的方法，完成三星级以下饭店的年度复核工作。加大复核的处罚力度，呼和浩特市、包头市等6个城市的星评委都分别对不达标的饭店做出限期整改和取消星级的处理。

2. 积极组织赛事培训等活动，提高星级饭店服务意识和技能。2013年，自治区旅游局先后分东、西两个区片举办了全区星级饭店服务技能大赛。呼和浩特市、包头市、赤峰市、满洲里市等地也各自举办了服务技能大赛，这对提高各星级饭店的服务技能和质量收到了积极效果，增加了同行“比学赶帮”的交流过程，益于凝心聚力。

3. 星级饭店各显身手，积极应对形势变化。去年以来，各星级饭店受到整体经济下行压力的影响，以及中央“八项规定”禁止官方高档消费的禁令，高星级饭店收入下降明显，尤其体现在餐饮方面。比如五星级饭店下降30.95%，四星级饭店下降10.07%，三星级饭店下降14.42%，全区中高星级饭店总体下降18.48%。

内蒙古自治区星级饭店分布表

地区＼星级	五星	四星	三星	二星	一星	总数
全区	8	35	121	162	2	328
呼和浩特市	5	8	11	9	0	33
包头市	2	4	16	9	0	31
呼伦贝尔市	0	1	17	12	0	30
兴安盟	0	1	2	19	0	22
通辽市	0	2	12	20	0	34
赤峰市	0	5	11	19	0	35
锡林郭勒盟	0	1	9	14	0	24
乌兰察布市	0	1	2	15	0	18
鄂尔多斯市	1	6	15	6	1	29
巴彦淖尔市	0	1	7	19	1	28
乌海市	0	1	3	7	0	11
阿拉善盟	0	2	6	9	0	17
满洲里市	0	2	10	4	0	16
二连浩特市	0	0	0	0	0	0

2013 年度内蒙古自治区星级饭店财务状况汇总表

序号	项目	单位	合计	五星级	四星级	三星级	二星级	一星级
1	资产总额	千元	10252321.30	2594818.56	2945407.53	2933242.42	1773741.79	5111
2	固定资产原值	千元	9325427.31	3178039.76	2613141.13	2170237.878	1357768.54	6240
3	累计折旧	千元	2841367.73	1029742.47	853025.09	695525.99	261604.18	1470
4	流动资产总额	千元	3488376. 59	828785.25	752600.44	1386502.28	520097.62	391
5	负债总额	千元	5974948.56	1242810	1991106.34	1959042.11	781990.109	0
6	所有者权益	千元	4212298.58	1352008.56	954301.91	1041805.31	859071.80	5111
7	营业收入总额	千元	2949266.27	723903.94	775343.59	1023439.58	424559.16	2020
8	利润总额	千元	－185291.11	－40298.12	－143839.10	－26579.48	25166.59	259
9	客房收入	千元	1178130.57	309517.93	331800.65	359247.85	176086.14	1478
	占营业收入比重	%	39.95	42.76	42.79	35.10	41.48	73.17
10	餐饮收入	千元	1466047.73	355275.76	397105.60	503382.77	209741.60	542
	占营业收入比重	%	49.71	49.08	51.22	49.19	49.40	26.83
11	实缴税金	千元	262916.77	46261.84	64457.91	124385.03	27596.99	215
12	营业利润	千元	－176343.55	－39773.12	－142410.89	－16069	21646.46	263
13	从业人员年均数	人	25697	3751	6167	9911	5815	53
14	大专以上学历人数	人	7135	1928	1804	2365	1037	1
15	客房数	间/套	27792	3261	5406	11009	8025	91
16	平均房价	元	254	605.67	357.10	199.43	131.50	108.20
17	平均出租率	%	46	48	48	46	45	42
18	全员劳动生产率	千元/人	116.95	192.99	126.46	105.12	76.54	38.11
19	人均占用固定资产原值	千元/人	369.79	847.25	426.22	222.91	244.77	369.79
20	百元固定资产创营业收入	元	31.62	22.78	29.67	47.16	31.27	31.62

A 级景区

（一）积极推进精品旅游景区建设，进一步打造高 A 级旅游区，为进一步贯彻落实自治区“8337”发展思路，2013 年，进一步强化了精品旅游区的建设，大力推进高 A 级旅游景区的创建工作。15 家旅游基础设施完善，服务水平突出的景点景区晋升为国家 4A 级旅游景区，截至 2013 年年底，全区共有 A 级旅游景区 276 家，其中 5A 级 2 家，4A 级 65 家。

1. 2013 年，按照各盟市申报 3A 级以上旅游景区和乡村旅游星级接待户的要求，及时制订了工作方案并对全区各个盟市的实际情况，分成两组进行评定复核工作。全年评定五星级乡村旅游接待户 15 家、四星级乡村旅游接待户 29 家。目前全区五星级、四星级乡村旅游接待户已发展到 70 多家。

2. 积极开展申报国家生态旅游示范区工作。按照国家旅游局申报的要求，首先对自治区范围内的生态旅游区进行了认真筛选，最终确定恩格贝旅游区、阿尔山国家森林公园申报国家生态旅游示范区。随之按照《国家生态旅游示范区建设与运营规范》标注，对恩格贝旅游区进行了初审，下发了整改意见，认真审核了两家单位的上报材料，并与自治区环保厅联合行文将恩格贝旅游区和阿尔山国家森林公园的材料上报了国家旅游局和国家环保部。

（二）进一步推进乡村旅游发展和休闲农业的创建

1. 认真做好休闲农业与乡村旅游示范县和示范点创建工作。在认真总结 2011 年、2012 年创建全国和自治区休闲农业与乡村旅游示范县和示范点工作经验的基础上，继续与自治区农牧业厅合作，进一步做好 2013 年全国和全区休闲农业与乡村旅游示范县和示范点创建工作，培育我区休闲农牧业品牌。截至 2013 年年底，共有全国休闲农业与乡村旅游示范县 8 家，全区的全国休闲农业与乡村旅游示范点 37 家。

2. 为更好地贯彻落实自治区“8337”的发展思路，借鉴北京市发展休闲农业乡村旅游的成功经验，推动我区休闲农业乡村旅游的持续健康发展，在北京市举办了“2013 年全区休闲农业乡村旅游培训班”。自治区四、五星级乡村旅游接待户，全国、自治区休闲农业与乡村旅游示范点负责人等共 154 人参加了培训。系统地了解北京市休闲农业乡村旅游发展的现状和特点，学习了北京市休闲农业乡村旅游先进经验，更好地促进了我区休闲农业乡村旅游的发展。

3. 与自治区农牧业厅联合召开休闲农牧业和乡村旅游经验交流会。总结了开展休闲农业与乡村旅游示范点、示范县三年的经验，对今后此项工作的开展进行了部署。综合全年旅游企业情况来看，我区旅游业发展中存在的突出问题主要是：一是产品结构性矛盾依然突出。传统观光型景区仍然占绝对主流，休闲度假型景区仍处成长阶段。近年来，5A级、4A级景区（点）数量增长较快，但与发达地区相比，旅游集聚区、旅游度假区建设仍然滞后，目前还没有一个国家级旅游度假区。二是旅游市场还不够平衡。国内旅游是短途周边游等大众观光产品占比较高，深度休闲游等高端旅游产品占比低；入境旅游以接待俄蒙游客的边境游为主，常规入境游占比仍然偏低。三是旅游企业主体作用还未充分发挥。旅游企业的体制机制还不够活，创新发展的步伐还不够快，小散弱的局面还未得到根本改变，企业经营中的恶性竞争现象仍然存在。四是旅游公共服务体系还不够完善。航空、铁路、公路与景区的对接还不够充分。城镇旅游功能有待进一步强化。先进的科学技术特别是信息技术在旅游业应用不广，大部分盟市、旗县的旅游信息化水平较低。五是旅游从业人员素质与旅游业发展需要还不够适应。高层次、创新型人才严重不足，旅游专业毕业生流失问题突出，导游队伍的整体职业素养和业务素质有待进一步提高。

（穆　伟）

辽宁省旅游企业发展综述

辽宁省旅游局

一、2013年度辽宁省旅游企业总体发展情况

截至2013年年底，全省已有各类旅游住宿设施1200多家，星级以上宾馆535家，其中五星级28家、四星级87家；全省旅行社1243家，出境社116家，有5家出境社进入“全国百强旅行社”行列；旅游纪念品经营单位达到600多家；旅游院校（系、培训中心）86所。

旅游景区超过700家，包括国家A级旅游景区258家（5A级景区3家，4A级景区69家，3A级景区127家），沈阳故宫、棋盘山旅游区、老虎滩海洋公园、金石滩国家旅游度假区、鞍山千山风景区、本溪水洞风景区等成为年接待游客过百万人次的热点旅游景区。

全省14个城市全部进入“中国优秀旅游城市”行列，大连市荣膺“中国最佳旅游城市”称号；全国旅游强县1个，省级旅游强县28个，全国休闲农业与乡村旅游示范县4个、示范点10个，全国特色旅游名镇1个，全国特色旅游乡镇148个、旅游专业村743个、农（渔）家乐4338个。

企业行为更加规范。2013年，旅行社团队管理服务系统在全省推广，旅行社团队国内旅游、出境旅游和大陆居民赴台旅游3个规范合同得到全面推行，组团赴台旅游业务规范运行，绿色旅游饭店创建工作有序进行，导游执业行为更加规范。加强对各市处理旅游投诉和市场检查工作的业务指导，在日常工作中对于各市的业务咨询及时给予解答，帮助各市研究、分析、解决工作中遇到的难题，促进业务能力水平的提高。编辑印制《旅游实用法律法规汇编》，方便各级旅游监管部门在工作中学习、查找、使用法律法规。

旅游市场环境进一步优化。近年来，依法下放了旅行社审批等四项行政审批权限，制定了《辽宁省旅游行政处罚自由裁量权的指导标准》，加强与公安、工商、物价、质监等有关部门协作，加大了对旅游市场监管力度，对不公平竞争行为和“黑导”、“黑社”、“黑店”进行了严厉查处，强化旅游市场监察工作；发挥旅游质监部门作用，及时对

"虚假广告"、"零负团费"、"强迫购物" 及随意违反合同、减少或取消旅游景点的违规行为进行了治理整顿，切实维护了广大消费者的利益，有效规范了旅游市场秩序。针对辽宁省旅游市场季节特点，组织全省旅游质监执法部门开展了 3 次旅游市场专项检查工作。对全省的滑雪场、温泉场所的服务质量、旅行社门市规范经营、旅行社规范带团等方面进行检查，强化全省旅游企业的规范经营意识优质服务意识，促进了旅游企业提升服务质量。开展全省赴台旅游市场的品质保障专项检查工作。对全省特许经营赴台湾旅游业务的旅行社进行重点检查，强化自律规范经营赴台湾旅游业务和遵守自律协议，有效遏制了辽宁省赴台湾旅游市场低价竞争的发展态势。强化全省各级旅游质监管理机构的信息交流和政务信息公开工作，每月通报全省各市旅游投诉情况和旅游市场服务质量现场检查情况，每季度在辽宁省旅游局网站发布全省旅游投诉情况通报。

二、各类企业发展状况

（一）全省星级饭店发展情况

截至 2013 年年底，全省共有星级饭店 535 家，其中：五星级饭店 28 家（待批、待评、推荐各 3 家）；四星级饭店 87 家；三星级饭店 276 家；二星级饭店 136 家；一星级饭店 8 家。2013 年，评定四星级饭店 5 家（海城市宗骏开元名都大酒店、丹东凤凰山国际酒店、大连发现王国度假酒店、盘锦银龙国宴大酒店、葫芦岛维景酒店）；已评待批饭店 6 家。

（二）全省旅行社业发展情况

截至 2013 年年底，全省共有旅行社 1243 家，比上年末增加 48 家，增长 4.02%。其中：具有出境旅游资质的旅行社 116 家，比上年年末增加 27 家，增长 30.34%；具有赴台旅游资质的旅行社 9 家，比上年年末增加 2 家（分别为大连中国青年旅行社、中国国旅（辽宁）国际旅行社有限公司）。已备案旅行社分支机构 872 个。其中，分社 221 个，服务网点 651 个。从地区分布情况看，沈阳、大连两市集中了全省旅行社总数的 47.14%，分别为 189 家和 397 家。2013 年，旅行社资产总额 16.8 亿元，比上年增长 18.3%；营业收入总额 86.7 亿元，比上年增长 10.2%；旅游业务营业收入 81.2 亿元，比上年增长 4.8%。其中：国内旅游业务收入 37.4 亿元，出境旅游业务收入 33.7 亿元，入境旅游业务收入 10.1 亿元。

（三）全省 A 级景区发展情况

截至 2013 年年底，全省有 A 级景区 246 家，其中 5A 级景区 3 家，4A 级景区 66 家，3A 级景区 118 家，2A 级景区 51 家，1A 级景区 8 家。2013 年全省 A 级景区接待总人数 2.63 亿人次，营业收入 696.4 亿元，门票收入 17.7 亿元。

（辽宁省旅游局）

吉林省旅游企业发展综述

吉林省旅游局

一、旅游企业经济运行总体情况

2013 年，全省旅游企业接待旅游总人数 10369.28 万人次，同比增长 15.57%。接待入境旅游者 127.35 万人次，同比增长 7.68%（其中，外国人 110.45 万人次，同比增长 9.46%，占全省接待入境旅游者的 86.73%；港澳同胞 9.34 万人次，同比减少 3.71%，占全省接待入境旅游者的 7.33%。台湾同胞 7.57 万人次，同比减少 1.30%，占全省接待入境旅游者的 5.94%）；接待国内旅游者 10241.93 万人次，同比增长 15.67%，国内旅游市场在短线游、自助游、自驾游、乡村游、民俗游作用下，总体保持快速健康发展格局。

2013 年，全省旅游企业旅游总收入达到 1477.08 亿元，同比增长 25.38%，相当于全省地区生产总值的 11.37%。其中，外汇收入 5.70 亿美元，同比增长 15.31%，国内旅游收入 1441.64 亿元，同比增长 25.70%。

2013 年，全省出境人数达 85.81 万人次，同比增长 12.10%。

表 1－1　2006—2013 年旅游发展主要指标

年份	旅游总人数（万人次）	旅游总收入（亿元）	入境旅游人数（人次）	外汇收入（万美元）	国内旅游人数（万人次）	国内旅游收入（亿元）
2006	3236.24	275.40	434875	14424.29	3192.75	264.00
2007	3757.95	350.16	543602	17931.42	3703.59	336.51
2008	4558.65	450.80	617303	21144.14	4496.92	436.10
2009	5501.08	580.69	680528	24293.65	5433.03	564.10
2010	6490.90	732.83	820062	30491.69	6408.89	712.39
2011	7641.30	929.33	993204	38527.75	7541.98	904.29
2012	8972.55	1178.06	1182689	49477.07	8854.28	1146.89
2013	10369.28	1477.08	1273559	57052.70	10241.93	1441.64

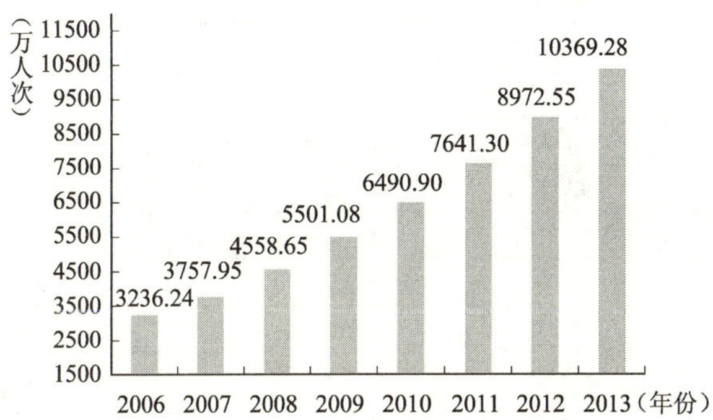

图 1－1　2006—2013 年旅游总人数

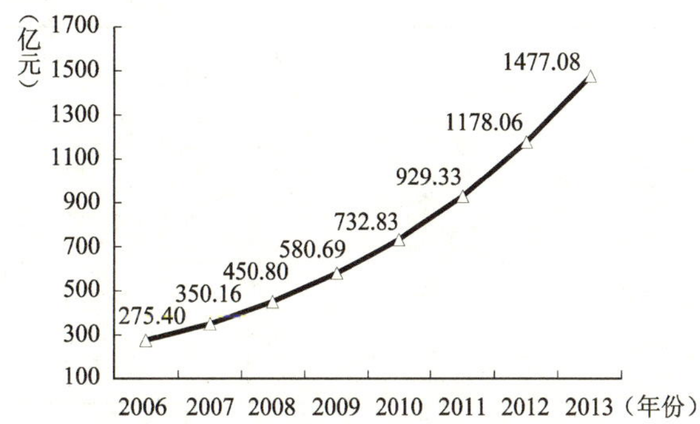

图 1－2　2006—2013 年旅游总收入

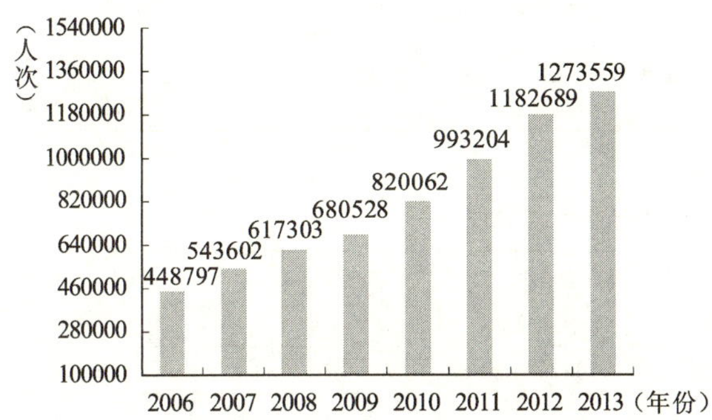

图 1－3　2006—2013 年入境旅游人数

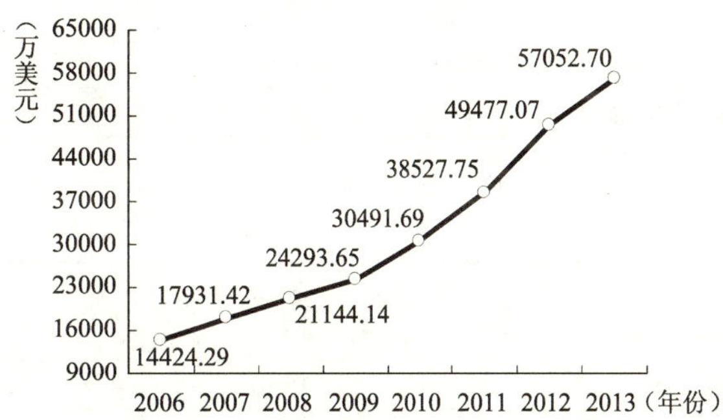

图 1－4　2006—2013 年旅游外汇收入

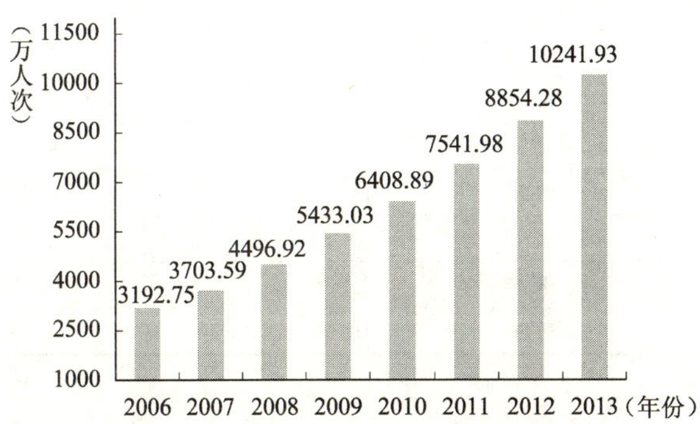

图 1－5　2006—2013 年国内旅游人数

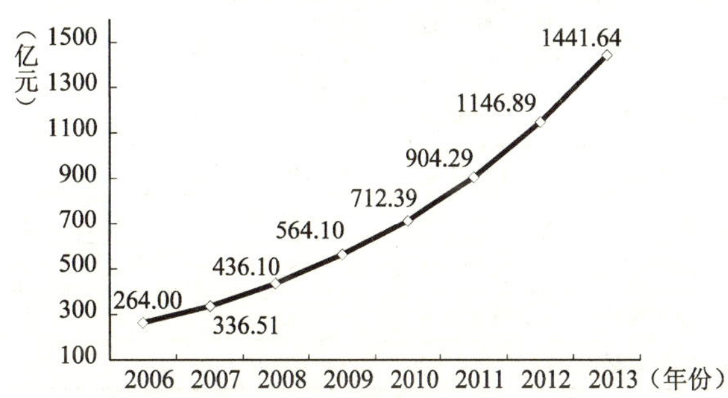

图 1－6　2006—2013 年国内旅游收入

表 1－2 2013 年全省旅游接待及收入情况

地区	总人数（万人次）	同比（%）	排序	占全省（%）	旅游总收入（亿元）	同比（%）	排序	占全省（%）
全省	10369.28	15.57			1477.08	25.38		
长春市	4229.50	15.69	1	40.79	685.79	25.08	1	46.43
吉林市	2771.19	15.53	2	26.72	343.16	25.67	2	23.23
四平市	195.30	15.59	8	1.88	24.78	25.76	8	1.68
辽源市	159.42	15.73	9	1.54	20.31	25.94	9	1.38
通化市	644.38	15.38	4	6.21	77.93	26.18	4	5.28
白山市	565.45	15.97	5	5.45	63.80	26.70	5	4.32
松原市	400.21	15.92	6	3.86	57.63	25.64	6	3.90
白城市	236.13	15.44	7	2.28	30.86	25.05	7	2.09
延边州	1167.70	15.00	3	11.26	172.82	25.03	3	11.70
长白山管委会	245.60	15.51		2.37	22.01	20.01		1.49

表 1－3 2013 年全省入境旅游情况

地区	人数（人次）	同比（%）	排序	占全省（%）	旅游外汇收入（万美元）	同比（%）	排序	占全省（%）
全省	1273559	7.68			57052.70	15.31		
长春市	378261	6.07	2	29.70	24305.89	8.61	1	42.60
吉林市	95962	6.18	4	7.53	3557.52	16.52	3	6.24
四平市	2816	4.96	8	0.22	92.93	9.95	8	0.16
辽源市	407	10.00	9	0.03	15.33	14.06	9	0.03
通化市	134391	16.24	3	10.55	3034.65	23.11	4	5.32
白山市	42275	5.00	5	3.32	1711.37	8.20	5	3.00
松原市	22760	4.64	6	1.79	1144.42	11.27	6	2.01
白城市	14254	6.39	7	1.12	304.59	14.37	7	0.53
延边州	582433	7.54	1	45.73	22886	23.01	2	40.11
长白山管委会	137010	11.69		10.76	4532.88	22.78		7.95

表 1－4 2013 年全省国内旅游接待及收入情况

地区	人数（万人次）	同比（%）	排序	占全省（%）	国内旅游收入（亿元）	同比（%）	排序	占全省（%）
全省	10241.93	15.67			1441.64	25.70		
长春市	4191.67	15.79	1	40.93	670.72	25.56	1	46.52
吉林市	2761.59	15.56	2	26.96	340.95	25.75	2	23.65
四平市	195.02	15.61	8	1.90	24.72	25.80	8	1.71
辽源市	159.38	15.73	9	1.56	20.30	25.93	9	1.41
通化市	630.95	15.37	4	6.16	76.05	26.31	4	5.28
白山市	561.22	16.06	5	5.48	62.74	27.11	5	4.35
松原市	397.93	15.99	6	3.89	56.92	25.87	6	3.95
白城市	234.71	15.50	7	2.29	30.67	25.13	7	2.13
延边州	1109.46	15.42	3	10.83	158.57	25.35	3	11.00
长白山管委会	231.90	15.20		2.26	19.20	19.96		1.33

二、旅游企业接待规模

截至2013年，全省已建成旅游景区、景点324个。拥有国家A级旅游景区147家；国家级自然保护区16个、省级自然保护区31个；国家历史文化名城2座。1家景区被列入世界遗产名录（集安市高句丽王城、王陵及贵族墓葬）；国家森林公园33个、国家级森林旅游区1个；国际重要湿地1处（向海湿地）、国家级重要湿地8处；国家级重点文物保护单位33处、省级文物保护单位217处；国家级地质公园6处；国家水利风景区16处、省级水利风景区36处；全国科普教育基地25处；全国爱国主义教育基地25个；中国优秀旅游城市6座；大中型滑雪场近30座；国家级工农业旅游示范点19家；国家级特色景观旅游名镇（村）9个，省级特色景观旅游名镇（村）45个；基本达到相应规模、质量标准的农家乐旅游点近300家；星级乡村旅游经营单位126家；全省旅行社总数643家；旅游星级饭店总数223家；其他标准宾馆、旅社、招待所500余家；各类旅游集团公司5家；旅游院校28所，师资队伍1156人，导游员19575人；旅游企业9450家，旅游直接、间接从业人员90余万人。

三、“黄金周”假日旅游经济运行情况

2013年假日期间，全省中短线游、自驾游、自助游、农家乐、温泉度假、生态休闲游增长态势明显，旅游消费进一步提高，旅游收入大幅度提升，推动了假日旅游经济持续增长。春节及十一期间，全省共接待旅游者人数1275.32万人次，同比增长20.54%；旅游总收入77.23亿元，同比增长31.97%。

（一）历年“黄金周”旅游情况

表3－1　2006—2013年“黄金周”旅游接待情况比较表

年　份		接待人数（万人次）	同比（%）	旅游收入（亿元）	同比（%）
2006	春节	156.10	7.50	7.35	11.20
	五一	185.86	9.30	6.05	11.20
	十一	168.50	15.30	5.54	16.63
2007	春节	167.96	7.60	8.23	11.97
	五一	205.11	10.40	6.96	15.10
	十一	198.50	17.80	6.90	24.50

续表

年　份		接待人数（万人次）	同比（%）	旅游收入（亿元）	同比（%）
2008	春节	201.23	19.80	10.26	24.70
	十一	258.80	30.40	9.54	38.30
2009	春节	254.15	26.30	13.98	36.30
	十一	339.80	31.30	13.31	39.52
2010	春节	316.41	24.50	18.18	30.04
	十一	391.16	15.11	16.03	20.44
2011	春节	388.95	22.93	23.83	31.07
	十一	488.95	25.00	21.23	32.44
2012	春节	467.13	20.10	30.73	28.96
	十一	590.85	20.80	27.79	30.90
2013	春节	590.85	20.80	27.79	30.90
	十一	710.79	20.30	36.18	30.19

（二）“黄金周”旅游抽样调查

1. “春节”黄金周

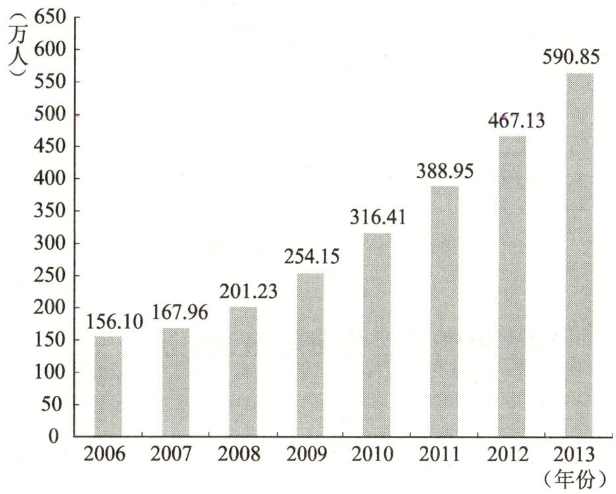

图3－1　“春节”黄金周旅游人数

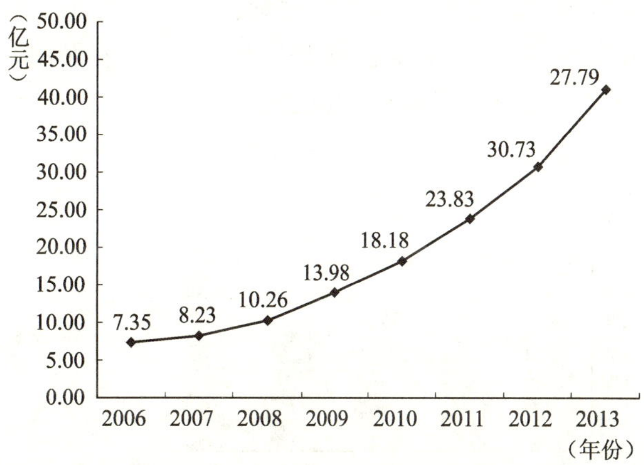

图3－2　“春节”黄金周旅游收入

2. “十一”黄金周

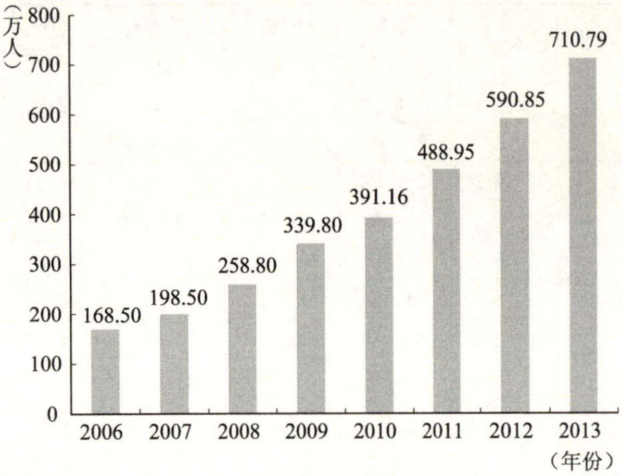

图3－3　“十一”旅游接待人数

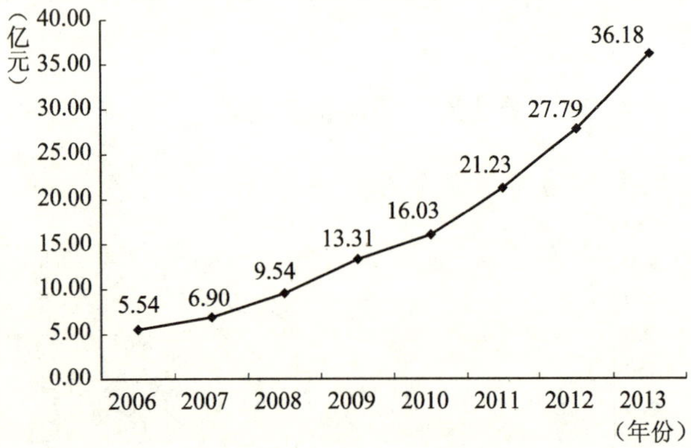

图3－4　“十一”旅游收入

四、旅游项目投资与建设情况

2013年，全省在建旅游项目221个，总投资金额2243.1亿元，同比增长7.3%，其中，百亿元以上项目6个，十亿元以上项目47个，亿元以上项目151个。项目实际到位资金278.3亿元，同比增长30%。新建项目62个，完成投资71.6亿元；续建项目145个，完成投资191.7亿元；拟新开项目14个，总投资规模361.8亿元。

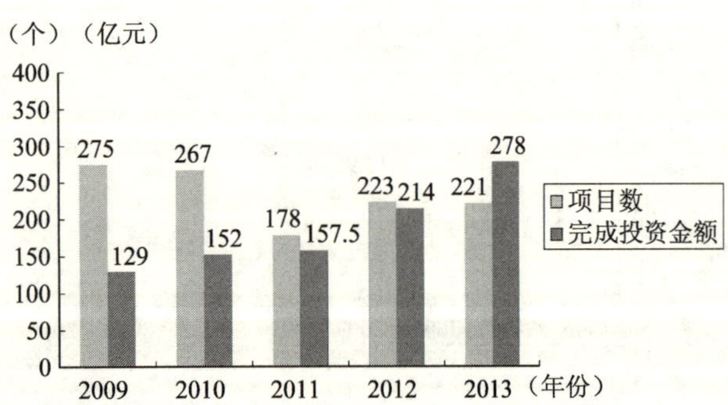

图4－1　吉林省近五年旅游项目投资情况

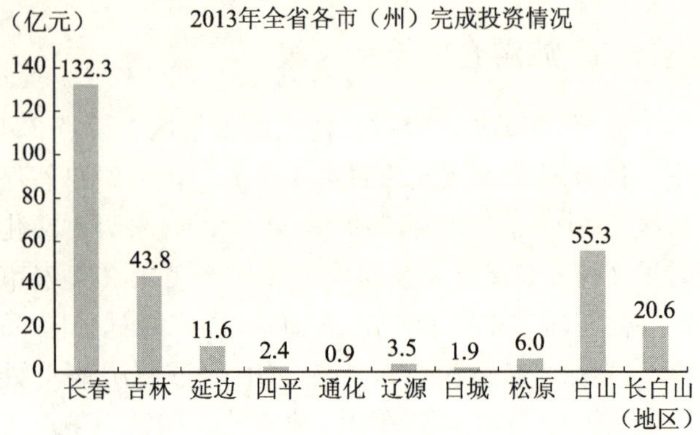

图4－2　2013年吉林省近五年旅游项目投资情况

五、国家A级旅游景区

（一）总体情况及变化情况

截至2013年12月31日，全省共有国家A级旅游景区总数147家，其中5A级3家，4A级24家，3A级56家，2A级41家，1A级23家。

2013年新评、晋升A级旅游景区22家，其中4A级旅游景区4家（通化云霞洞景区、白山市露水河国家森林公园、延边州龙顺雪山飞狐旅游景区、延边州珲春防川景区）；3A级旅游景区14家（吉林圣鑫葡萄酒庄园、江源区奇石城景区、和龙市金达莱民俗村、图们市口岸景区、图们市日光山公园、吉林市神农温泉度假村、松原市规划展览馆、桦甸红石国家森林公园、辽源市龙首山（魁星楼）景区、东辽县鸶鹭湖旅游度假区、东辽县聚龙潭生态旅游度假区、九台市八台岭古驿村落景区、九台市石头口门国家水利风景区、安图长白山大关东文化旅游景区）；2A级旅游景区4家（九台市绿叶湖畔度假村、九台市龙福缘度假村、九台市金穗山庄、榆树市湛江寺景区）。

（二）2013年全省国家A级旅游景区地区分布及数量情况

表5－1　2013年全省国家A级旅游景区地区分布及数量情况统计表

单位	5A级	4A级	3A级	2A级	1A级	小计
长春市	2	3	10	5	4	24
吉林市	0	4	4	10	0	20
四平市	0	2	2	6	0	10
辽源市	0	0	3	0	1	4
通化市	0	6	4	4	0	14

续表

单位	5A级	4A级	3A级	2A级	1A级	小计
白山市	0	1	11	10	0	22
松原市	0	1	6	1	15	23
白城市	0	2	1	4	0	7
延边州	0	5	15	1	1	22
长白山管委会	1	0	0	0	0	1

（三）2013年全省国家A级旅游景区

表5-2　2013年全省国家A级旅游景区名录汇总表

A级	旅游景区名称	A级	旅游景区名称
5A		3A	白山市龙山湖景区
5A	长白山旅游景区	3A	白山市长白山迷宫
5A	长春伪满皇宫博物院	3A	四平市叶赫那拉城
5A	长春净月潭国家森林公园	3A	集安市云峰湖景区
4A		3A	靖宇县杨靖宇将军殉国地
4A	吉林松花湖风景名胜区	3A	靖宇县白山湖景区
4A	吉林北大湖滑雪场	3A	长春市动植物公园
4A	长春世界雕塑公园	3A	伊通县南山风景区
4A	辉南县龙湾群国家森林公园	3A	长白县望天鹅旅游风景区
4A	镇赉县莫莫格国家级自然保护区	3A	梅河口市五奎山风景名胜区
4A	通榆县向海国家级自然保护区	3A	吉林省自然村旅游风景区
4A	集安市高句丽文化古迹旅游景区	3A	和龙市仙景台风景名胜区
4A	长春市长影世纪城	3A	桦甸市南楼山景区
4A	长春莲花山滑雪场	3A	汪清县满天星国家森林公园
4A	通化杨靖宇烈士陵园	3A	梅河口市四季生态园
4A	蛟河拉法山国家森林公园	3A	梅河口市鸡冠山风景区
4A	松原查干湖旅游度假区	3A	敦化市雁鸣湖旅游度假区
4A	伊通县满族博物馆	3A	敦化市老白山原始生态风景区
4A	伊通县牧情谷景区（整改警告处理）	3A	敦化市森林体育公园
4A	吉林北山景区	3A	安图县福满生态沟
4A	安图长白山峡谷浮石林景区	3A	安图县长白山文化博览城
4A	延边海兰湖风景区	3A	安图县长白山和平滑雪场
4A	集安五女峰国家森林公园	3A	白城市查干浩特旅游度假区
4A	敦化六鼎山文化旅游区晋升4A	3A	松原市龙华寺景区
4A	延边州吉林龙顺雪山飞湖旅游景区	3A	安图县红旗朝鲜族民俗村

续表

A级	旅游景区名称	A级	旅游景区名称
4A	白山市吉林露水河国家森林公园	3A	延边国贸农业科技文化园
4A	通化市云霞洞景区	3A	长春卡伦湖度假区
4A	延边州珲春市防川国家级风景名胜区	3A	临江市苇沙河风景区
4A	通化白鸡峰国家森林公园	3A	前郭县赛罕塔拉蒙古部落
3A		3A	长春（九台）庙香山风景区
3A	长白县长白朝鲜族民俗村	3A	吉林双阳冰溶洞风景旅游区
3A	江源县干饭盆景区	3A	九台碧水庄园度假村
3A	松原市天天乐工农业旅游景区	2A	四平山门镇二郎山庄
3A	前郭县孝庄祖陵旅游风景区		
3A	长岭县龙凤山旅游风景区	2A	四平山门水库风景区
3A	抚松县北山生态森林植物园	2A	伊通县大孤山旅游风景区
3A	抚松中国人参博物馆	2A	公主岭二十家子度假区
3A	长春御龙温泉度假村	2A	通化玉皇山公园
3A	安图延边大戏台河原生态景区	2A	舒兰亮甲山生态旅游风景区
3A	农安县农安辽塔游园景区	2A	白山青山湖风景区
3A	吉林圣鑫葡萄酒庄园	2A	白山临江花山国家森林公园
3A	江源区奇石城景区	2A	白山临江北山公园
3A	和龙市金达莱民俗村	2A	白山长白塔山公园
3A	图们市口岸景区	2A	白山鸭绿江旅游区
3A	图们市日光山公园	2A	通化千叶湖风景区
3A	吉林市神农温泉度假村	2A	大安五间房水岛乐园
3A	松原市规划展览馆	2A	大安嫩江旅游度假区
3A	桦甸市红石国家森林公园	2A	镇赉哈尔淖风景区
3A	辽源龙首山（魁星楼）景区	2A	通榆兴隆山黄榆风景区
3A	东辽县鹭鹭湖旅游度假区	2A	柳河三仙夹景区
3A	东辽县聚龙潭生态旅游度假区	2A	扶余县江山度假村
3A	九台市八台岭古驿村落	2A	白山市向阳山度假村
3A	九台市石头口门国家水利风景区	2A	抚松县长白山仙人洞旅游风景区
3A	安图县长白山大关东文化旅游景区	2A	抚松县白龙湾三仙岛风景区
2A		2A	抚松县长白山温泉旅游景区
2A	金日成读书纪念室	2A	通化大泉源酒业历史文化景区
2A	龙潭山鹿场	2A	临江市七道沟景区
2A	龙潭山公园	2A	延吉市石海旅游风景区
2A	吉林文庙博物馆	2A	九台市金穗山庄
2A	舒兰市森林公园	2A	九台市绿岛生存旅游岛

续表

A级	旅游景区名称	A级	旅游景区名称
2A	磐石市黄河水库	2A	九台市绿野湖畔度假村
2A	吉林大学博物馆	2A	榆树市五棵树镇湛江寺
2A	舒兰凤凰山旅游区	1A	
2A	磐石官马溶洞	1A	扶余县珠尔山旅游度假区
2A	吉林丰满磨盘山景区	1A	抚余县翁泉山旅游区
2A	四平二龙湖风景区	1A	抚余县沙洲森林公园
2A	四平战役纪念馆	1A	抚余县烈士陵园
1A	松原市农业科技园区		
1A	扶余县鳇鱼圈旅游度假区		
1A	扶余县大金碑旅游区		
1A	延吉市小河龙千年松景区		
1A	辽源市碧玉山庄		
1A	通化县茂山公园		
1A	九台市名达生态园		
1A	九台市青云寺		
1A	九台市浴泉庵		
1A	前郭县王爷府生态旅游景区		
1A	前郭县塔虎城旅游景区		
1A	长岭县三青山马铃薯生态园		
1A	长岭县柳嵩山庄农家乐旅游景区		
1A	长岭县南城子古城遗址		
1A	长岭县黑泉眼垂钓园农家乐旅游景区		
1A	长岭县利发盛天主教堂旅游风景区		
1A	长岭县天合玻璃工艺观光园		
1A	舒兰市大秃顶子景区		
1A	桦甸市苏密枫雪谷景区		

六、旅行社

截至2013年，全省旅行社总数643家。其中，经营国内、入境、出境旅游业务的旅行社61家，旅行社网点311家，经营国内、入境旅行业务的旅行社582家。

表6－1　2013年全省旅行社数量及分类统计表

地区	国内、入境、出境旅游业务旅行社数量	国内、入境旅游业务旅行社数量	合计
长春市	29	171	200
吉林市	7	92	99
四平市		22	22
辽源市		14	14
通化市		34	34
白山市	1	51	52
松原市	1	32	33
白城市		18	18
延边州	23	120	143
长白山管委会		18	18
公主岭市		5	5
梅河口市		5	5
合计	61	582	643

七、旅游星级饭店

截至2013年，全省拥有旅游星级饭店总数223家，其中五星级6家，四星级52家，三星级108家，二星级57家；客房数量22407间，年均出租率为50%。

表7－1　2013年旅游星级饭店数量及等级统计表

星级/有关情况	二星	三星	四星	五星	合计
饭店数量（个）	57	108	52	6	223
客房数量（间）	2709	10348	7343	2007	22407
本年度新评饭店数（个）	2	12	5	0	19
平均出租率（%）	48	51	59	44	
平均房价（元）	148	205	343	523	
每间可出租房平均房价（元）	129	189	341	289	

表7－2　旅游星级饭店评定情况统计表

单位：个

星级	2006年	2007年	2008年	2009年	2010年	2011年	2012年	2013年
五星	4	5	5	7	7	6	6	6
四星	31	35	38	37	42	42	47	52
三星	71	77	86	85	91	86	106	108
二星	95	104	99	98	83	74	69	57
合计	210	230	236	231	223	208	228	223

表7-3 2013年全省旅游星级饭店地区分布情况统计表

单位：个

地区	五星级	四星级	三星级	二星级
长春市		5	22	31
吉林市	0	4	14	6
延边州	1	7	21	13
通化市	0	7	9	11
白山市	0	3	10	13
四平市	0	1	1	0
辽源市	0	1	0	2
松原市	0	2	11	2
白城市	0	1	3	3
长白山管委会	0	4	8	3
合计	6	52	108	57

表7-4 2013年各市州旅游星级饭店经营情况表

长春市

星级	五星	四星	三星	二星
营业总收入（万元）	227126	609567	215074	12858
营业税（万元）	11356	30478	10753	643
客房出租率（%）	48.03	60.25	49.2	38.87
平均房价（元/间天）	619.79	355.63	209.28	203.33

吉林市

星级	五星	四星	三星	二星
营业总收入（万元）	0	7359.8	4257.9	2106.4
营业税（万元）	0	618.2	227.97	105.78
客房出租率（%）	0	33	37	45
平均房价（元/间天）	0	348.7	163.8	139.5

四平市

星级	五星	四星	三星	二星
营业总收入（万元）	0	1287	1211	0
营业税（万元）	0	71	66	0
客房出租率（%）	0	52	42	0
平均房价（元/间天）	0	150	225	0

辽源市

星级	五星	四星	三星	二星
营业总收入（万元）	0	1600	0	412
营业税（万元）	0	89	0	20.6
客房出租率（%）	0	60	0	47
平均房价（元/间天）	0	258	0	123

通化市

星级	五星	四星	三星	二星
营业总收入（万元）	0	10970	8320	2407
营业税（万元）	0	567	419	130
客房出租率（%）	0	63	59	53
平均房价（元/间天）	0	300	220	120

白山市

星级	五星	四星	三星	二星
营业总收入（万元）	0	4760	3153	2597
营业税（万元）	0	300	249	180
客房出租率（%）	0	33	33	53
平均房价（元/间天）	0	411	233	130

松原市

星级	五星	四星	三星	二星
营业总收入（万元）	0	5808.5	10209.5	194.3
营业税（万元）	0	290.43	510.48	9.71
客房出租率（%）	0	41	43	38
平均房价（元/间天）	0	325	200	166

白城市

星级	五星	四星	三星	二星
营业总收入（万元）	0	996	2436	1752.7
营业税（万元）	0	53.64	129.77	83.4
客房出租率（%）	0	64	62	58
平均房价（元/间天）	0	316.15	221.33	161.29

延边州

星级	五星	四星	三星	二星
营业总收入（万元）	3068	7508	4485	1080
营业税（万元）	155	412	237	74
客房出租率（%）	40	43	51	57
平均房价（元/间天）	387	277	180	120

长白山管委会

星级	五星	四星	三星	二星
营业总收入（万元）	0	2580	2560	375
营业税（万元）	0	156	150	20
客房出租率（%）	0	56	61	46
平均房价（元/间天）	0	410	220	160

八、工农业与乡村旅游情况

截至 2013 年，全省有国家级工农业旅游示范点 19 家，其中，工业旅游示范点 13 家，农业旅游示范点 6 家；国家级特色景观旅游名镇（村）9 个，省级特色景观旅游名镇（村）45 个；基本符合质量等级标准要求的农家乐旅游接待单位近 300 家，其中星级乡村旅游经营单位 126 家（四星级 3 家，三星级 17 家，二星级 45 家，一星级 61 家）。为规范乡村旅游发展，制定出台了《吉林省乡村旅游经营单位等级评定暂行办法》。

（王跃进）

上海市旅游企业发展综述

上海市旅游局

一、旅游企业总体状况

截至 2013 年年底，全市共有旅游饭店 638 家、客房 120045 间。其中旅游星级饭店 271 家、客房 64725 间；非星级饭店 367 家、客房 55320 间。全市旅游饭店全年营业收入总计 258.13 亿元，比上年增长 4.6%；其中旅游星级饭店的营业收入总计 183.94 亿元，比上年增长 1.7%。

全市共有旅行社 1318 家，其中可经营出境旅游业务的旅行社 63 家。全市旅行社全年实现营业收入 612.43 亿元，比上年增长 6.6%；营业收入净额 47.73 亿元，比上年增长 43.0%；利税总额 14.82 亿元，比上年增长 42.0%。

全市共有各类景区（点）600 余家，其中国家 A 级旅游景区 88 家。全市 A 级旅游景区全年营业收入总计 30.82 亿元，比上年增长 9.7%。

上述旅行社、星级饭店、A 级旅游景区全年共实现营业收入 827.19 亿元，比上年增长 5.7%。

二、旅游饭店发展状况

（一）旅游星级饭店评定与复核

2013 年上海新评定旅游星级饭店 12 家，其中五星级 5 家、四星级 5 家（1 家为三星级升四星级）、三星级 2 家。同时经年度复核有 18 家饭店因必备项目、设施设备、营运质量未达标或关、停、转等原因被取消星级饭店资质，其中四星级 1 家、三星级 10 家、二星级 7 家。至 2013 年年底，全市共有星级饭店 271 家，其中五星级 60 家、四星级 70 家、三星级 99 家、二星级 41 家、一星级 1 家。

2013 年上海星级饭店数量一览

	总　数	五星级	四星级	三星级	二星级	一星级
饭店数（家）	271	60	70	99	41	1
比上年增减（家）	-7	5	4	-9	-7	0

（二）节能减排建设绿色饭店

2013 年，上海市旅游局明确当年全市旅游饭店节能减排目标为单位建筑面积能耗下降 1.4%，并强化目标主体责任。上海市发展和改革委员会、上海市旅游局在上半年先后举办 6 期“《星级饭店建筑合理用能指南》培训”，全市各区县旅游部门和锦江、东湖、衡山、绿地集团及星级饭店相关负责人 500 余人参加培训，培训内容包括“国内外建筑节能形势”“《星级饭店建筑合理用能指南》解读”“旅游饭店适用节能技术介绍”和“旅游饭店节能改造案例分享”四部分。市旅游局、市旅游行业协会还在旅游饭店业内开展“反对铺张浪费、倡导文明节俭就餐”的专项行动，订立“履行社会责任，厉行节约，反对浪费公约”。2013 年，全市新增绿色饭店27家，总数达到249家。

百年老饭店浦江饭店在上海饭店中首次使用二氧化碳热泵机组，比以往使用燃油热水锅炉能耗降幅达90.49%；百元能耗从2012年的5.9降为4.6。外滩茂悦大酒店积极应用在线冷凝器自动清洗系统、高效生活热水系统、雨水回收系统等新节能技术，并安装冷却塔变频设备、电梯能量回收装置等进行电力分项计量，取得良好的节能效果。

（三）最便捷登机豪华酒店开业

4月22日，按照五星级标准建造的中航泊悦酒店开门迎客。酒店坐落于上海虹桥国际机场2号航站楼内出发大厅4号门旁，是目前国内唯一一家在酒店大堂设有专属登机安检通道的高档酒店。大堂内有值机柜台服务，宾客可通过大堂连廊步行至候机楼内，使提前值机缩短为30分钟以内。酒店拥有456间客房，客房内的4套航班显示频道可让客人有效安排差旅时间。酒店的12间不同类型会议室以及6间餐厅和酒吧、健身中心、水疗中心等休闲娱乐设施，可满足各种服务需求。

（四）首家锦江都城酒店问世

12月，原达华宾馆在历经一年的改造后，更名为“达华酒店”，以第一家锦江都城酒店的身份亮相上海滩。锦江都城是锦江国际集团新推出的有限服务酒店品牌，定位于中端商务市场。除达华酒店外，锦江国际集团还将所属的新城饭店、新亚大酒店、南华亭酒店、金沙江大酒店、白玉兰宾馆以及2013年6月收购的21家时尚之旅酒店，一起纳入改造计划，翻牌为锦江都城酒店。按照计划，在未来3~5年全国的锦江都城酒店将发展至100家。

三、旅行社发展状况

（一）入境旅游业务

2013年，全市旅行社接待入境过夜游客67.94万人次，比上年下降17.1%；全市旅行社自主外联入境游客62.51万人次，比上年增长2.3%。

（二）国内旅游业务

2013年，全市旅行社组织出游的国内旅游游客1152.36万人次，比上年下降5.6%；接待国内来沪游客784.82万人次，比上年下降15.2%；其中过夜游客357.08万人次，比上年下降25.7%，一日游游客427.74万人次，比上年下降3.8%。

（三）出境旅游业务

2013年，全市有出境旅游资质的旅行社组织出境游客233.44万人次，比上年增长33.1%。

2013年上海旅行社业务一览

业务类别		数量（万人次）	与上年相比（%）
入境旅游	接待	67.94	-17.1
	外联	62.51	2.3
国内旅游	组织出游	1152.36	-5.6
	接待来沪	784.82	-15.2
出境旅游		233.44	33.1

（四）全国旅行社排强

国家旅游局依据2013年度全国旅行社统计调查指标和经营情况，按照2013年度全国旅行社统计调查排序标准，排出2013年度全国百强旅行社、2013年度全国旅行社集团十强和2013年度全国旅行社税收十强。上海有10家旅行社进入全国百强旅行社之列，2家名列全国旅行社集团十强，2家名列全国旅行社税收十强。

上海市名列2013年度全国百强旅行社一览表

名次	旅行社名称	经营许可证编号
1	上海春秋国际旅行社（集团）有限公司	L-SH-CJ00009
9	上海携程国际旅行社有限公司	L-SH-CJ00025
20	上海锦江旅游有限公司	L-SH-CJ00005
33	上海中国青年旅行社	L-SH-CJ00004
36	上海驴妈妈兴旅国际旅行社有限公司	L-SH-CJ00056
37	中青旅（上海）国际会议展览有限公司	L-SH-CJ00057
40	国旅集团上海有限公司	L-SH-CJ00007
51	上海航空国际旅游（集团）有限公司	L-SH-CJ00011
55	上海中旅国际旅行社有限公司	L-SH-CJ00003
74	中国旅行社总社（上海）有限公司	L-SH-CJ00045

上海市名列2013年度全国旅行社集团十强一览表

名次	旅行社名称	经营许可证编号
1	上海春秋国际旅行社（集团）有限公司	L-SH-CJ00009
7	上海锦江国际旅游股份有限公司	L-SH-CJ00002

上海市名列 2013 年度全国旅行社税收十强一览表

名次	旅行社名称	经营许可证编号
1	上海携程国际旅行社有限公司	L－SH－CJ00025
7	上海春秋国际旅行社（集团）有限公司	L－SH－CJ00009

（五）旅行社等级评定

年内，上海市继续组织开展旅行社等级评定、复核工作，新增 A 级旅行社 41 家，其中 4A 级旅行社 8 家、3A 级旅行社 33 家。至 2013 年年底，全市共有 A 级旅行社 238 家，其中 5A 级旅行社 8 家、4A 级旅行社 47 家、3A 级旅行社 183 家。

2013 年评定的 A 级旅行社一览表

评定等级	旅行社名称	经营许可证编号
4A	上海铁路国际旅游（集团）有限公司	L－SH－CJ00014
4A	中国旅行社总社（上海）有限公司	L－SH－CJ00045
4A	上海驴妈妈兴旅国际旅行社有限公司	L－SH－CJ00056
4A	上海吉途国际旅行社有限公司	L－SH－00476
4A	上海万里国际旅行社有限公司	L－SH－00478
4A	上海恒顺国际旅行社有限公司	L－SH－00636
4A	上海盛源时代航空旅行社有限公司	L－SH－00693
4A	上海建发国际旅行社有限公司	L－SH－01009
3A	上海新大陆国际旅行社有限公司	L－SH－00223
3A	上海田野旅行社	L－SH－00253
3A	上海希望旅行社有限公司	L－SH－00263
3A	上海旅悟空国际旅行社有限公司	L－SH－00283
3A	上海海湾国际旅行社有限公司	L－SH－00319
3A	上海商旅国际旅行社有限公司	L－SH－00375
3A	上海敏航商务国际旅行社有限公司	L－SH－00383
3A	上海桃苑旅行社	L－SH－00390
3A	上海九星旅行社有限公司	L－SH－00504
3A	上海海景旅行社	L－SH－00582
3A	上海易飞国际旅行社有限公司	L－SH－00587
3A	上海宝俊国际旅行社有限公司	L－SH－00599
3A	上海顺联旅行社有限公司	L－SH－00602
3A	上海安易国际旅行社有限公司	L－SH－00632
3A	上海前程旅行社有限公司	L－SH－00634
3A	上海君开国际旅行社有限公司	L－SH－00668
3A	上海梦境旅行社有限公司	L－SH－00706
3A	上海好友国际旅行社有限公司	L－SH－00724
3A	上海众兴国际旅行社有限公司	L－SH－00725
3A	上海锦洋旅行社有限公司	L－SH－00746
3A	上海金山假日国际旅行社有限公司	L－SH－00777
3A	上海淳阳旅行社有限公司	L－SH－00836

续表

评定等级	旅行社名称	经营许可证编号
3A	上海万得芙国际商务旅行社有限公司	L－SH－00844
3A	上海城程旅行社有限公司	L－SH－01031
3A	上海悠趣国际旅行社有限公司	L－SH－01033
3A	上海广源国际旅行社有限公司	L－SH－01035
3A	上海久程国际旅行社有限公司	L－SH－01090
3A	上海龙舟途逸国际旅行社有限公司	L－SH－01104
3A	上海毅博国际旅行社有限公司	L－SH－01110
3A	上海一番国际旅行社有限公司	L－SH－01112
3A	上海文鑫国际旅行社有限公司	L－SH－01138
3A	上海今呈国际旅行社有限公司	L－SH－01177
3A	上海招恩国际旅行社有限公司	L－SH－01240

（六）学习贯彻《旅游法》

8 月 29 日，上海市旅游行业协会旅行社分会发出“严格执行《旅游法》，切实规范经营行为”的倡议书。倡议全市旅行社企业认真组织学习《旅游法》，严格执行《旅游法》的规定，努力净化旅游市场竞争环境，切实维护旅游者的合法权益，主动承担旅游团队文明旅游宣传引导责任。上海市旅游局、上海市文化市场行政执法总队组成联合检查组，对《旅游法》实施后的旅行社市场经营情况进行专项检查，加大对旅游经营违法行为的查办和惩处力度，促进市场健康有序发展。

（七）发布新版旅游合同

11 月 6 日，上海市工商行政管理局和上海市旅游局发出《关于推行使用〈上海市境内旅游合同示范文本（2013 版）〉、〈上海市出境旅游合同示范文本（2013 版）〉的通知》。这两个新版旅游合同从维护旅游者与旅行社的合法权益、促进旅游市场健康发展出发，以《旅游法》等相关法律法规为依据，增加了拒绝零负团费、拒绝强制交易、拒绝拼团、旅游行程单、安全告知书、最低成团人数、逾期支付旅游费用的违约金、旅游者申请质监所调解的期限以及遵守旅游文明行为规范等新内容。新版旅游合同特别规定：“旅行社制订补充条款对本合同示范文本有关条款的内容进行补充、细化的，补充条款的内容不得减轻或者免除应当由旅行社承担的责任。”

四、景区（点）发展状况

（一）创建国家 A 级旅游景区

2013 年，上海市新增国家 A 级旅游景区 7 家，其中上海宝山国际民间艺术博览馆、上海金罗店美兰湖景区、上海汽车博览公园 3 家为 4A 级，上海葵园景区、上海金山嘴渔村景区、上海多利农庄生态园、上海宏泰园 4 家为 3A 级。至年底，上海共有国家 A 级旅游景区 88 家，其中 5A 级 3 家、4A 级 44 家、3A 级 41 家。

（二）上海迪士尼奇幻童话城堡动工

5 月 24 日，上海迪士尼乐园的奇幻童话城堡正式动工，成为上海迪士尼度假区开发过程中的一个重要里程碑。上海迪士尼奇幻童话城堡是迄今全球最高最大的一座迪士尼城堡。按照设计，城堡内设有娱乐、餐饮和表演等活动空间，中心是一座令人叹为观止的旋转阶梯，引领旅游者开启一段“漫游童话时光”的旅程，所有的迪士尼童话人物将在此与旅游者见面，给旅游者带来一段独特的难忘体验。在城堡底部的密室里，五光十色的喷泉将在水池中舞动，使旅游者沉浸在音乐和缤纷色彩之中。

（三）一批新景区开门迎客

2013 年，上海市又有一批新建景区先后开门迎客，其中有：巧克力开心乐园，2 月 5 日正式开园，乐园位于原上海世博园区 C 片区，由原南非馆、埃及馆等 8 个国家馆改建而成，占地面积 3 万多平方米，设有巧克力王国、甜蜜伊甸园、魔法商店街区、面包音乐剧场、时尚主题馆、美的烘焙体验馆、咖啡体验馆、中华五千年馆等八大景区。中国人民志愿军纪念馆，3 月 24 日开馆，位于奉贤区永福园内，是目前上海唯一一座全面反映抗美援朝历史的专题纪念馆，整个设计以上甘岭战役坑道风格为主，包括军史馆、英雄馆、专题馆、影视厅、展示厅三馆二厅，展出历史照片 500 余幅，文物 200 多件。松江新浜牡丹园，4 月 8 日开园，占地面积 220 余亩，有 9 大系列 160 多个品种、共计 4 万多株的牡丹花，是华东地区最大规模的牡丹园。上海电影博物馆，6 月 17 日开馆，展示面积 1.5 万平方米，由荣誉殿堂、电影工厂、光影长河、光影记忆四大主题展区和一座 4D 艺术影院组成，首轮展出的展品约 3000 件。上海玛雅海滩水公园，7 月 5 日开园，该园为上海欢乐谷的姐妹园，园内有近 40 项观赏及体验性项目，包括近 2 万平方米的造波池——“加勒比海滩”、世界水上竞速之王“大章鱼滑道”、首次运用水磁动力技术的双轨水上过山车“大黄蜂”等。飞行家主题园，8 月 1 日在原上海世博园区 C 片区落成开放，这是全国首个以飞行家为主题的旅游园区，以互动体验为核心，集航空科普、互动娱乐、艺术文化、通航服务、试验类飞行器工厂化体验、会务会展等多种旅游元素于一体。

（寇云凤）

江苏省旅游企业发展综述

江苏省旅游局

一、企业总体发展情况

截至 2013 年年底，全省新增国家 5A 级景区 3 家，总量达到 17 家，全国第一；新增五星级饭店 18 家，总量达到 84 家，全国第二；旅行社总数达到 2206 家，全国第一，其中 10 家旅行社进入全国百强，与上海、山东并列全国第二；持证导游 7 万人，全国第一。金陵饭店集团、同程网络科技公司进入全国旅游集团 20 强。

（一）重点项目建设提速

截至 2012 年年末，全省两年间共有 1890 亿元资金投入超过 2400 个旅游项目建设，投资总额已与“十一五”期间总额基本持平，旅游项目投资占全社会固定资产投资额比重达到 3.3%，旅游业的发展建设已成为推动江苏省经济发展的重要力量。《规划》中所确立的 9 大系列工程、17 个重大项目和 27 个重点项目大多进展顺利，近半数项目投资额已经过半，徐州乐园一期等新建设项目已开始运营。随着“十二五”中后期更多项目建成开放，将大幅提升江苏省旅游核心竞争力。

（二）产业发展转型升级态势明显

休闲度假旅游发展势头良好，城市休闲旅游集聚区的培育得到各市高度重视，历史文化街区、商贸购物综合体结合休闲娱乐的发展模式已成为江苏省城市旅游的新亮点；旅游度假区发展势头迅猛，已初步形成国家、省、市三级比较合理化的度假区发展体系。乡村游精品不断涌现，特色景观旅游名镇（村）、工业旅游、自驾游等现代旅游产品发展迅速。温泉旅游成为近两年来游客、市民追捧的热点，炒热了江苏省淡季旅游市场。住宿业业态更为丰富，民居客栈、度假酒店得到较好发展，一批国际顶尖度假酒店品牌入驻江苏省，以苏州书香世家、扬州长乐客栈为代表的主题文化型精品酒店得到游客追捧，汽车旅馆、木屋客栈等住宿业态开始在江苏省出现，盲目求大求星的趋势得到控制。

（三）领军企业进一步壮大

以同程网、途牛旅游网为代表的在线旅游商务运营商快速发展壮大，平均每年以 300% 的速度递增，在国内旅游电子商务界均处于领先地位。领军企业多元化态势显著，角色开始由运营商向投资商转变。金陵饭店集团投资数十亿打造盱眙天泉湖旅游度假区项目，常州环球恐龙城控股集团于金坛茅山投资打造东方盐湖城，苏州高新集团于徐州市投资的徐州乐园项目已正式营业。此外，天目湖旅游集团、常州环球恐龙城控股集团、镇江茅山旅游股份公司，正在积极谋求上市，以现代化的资本运营方式进一步壮大企业实力。

（四）旅游集聚区建设初见成效

“十二五”开局以来，江苏省旅游度假区发展取得了重大突破，新批了 27 家省级旅游度假区，国家级、省级旅游度假区批复面积已占江苏省国土面积的千分之五，成为江苏省旅游业最重要的发展平台。生态旅游示范区稳步发展，“十二五”以来申报了两家国家级生态旅游示范区，共发展了 9 家省级生态旅游示范区，江苏省标《生态旅游示范区评定规范》正式发布实施。苏州平江路、虎丘山塘、无锡清名桥、镇江西津古渡、扬州双东等主题文化街区均在“十二五”期间形成了比较成熟的旅游景区。苏州金鸡湖、镇江金山湖、南通濠河等城市滨水空间充分体现了江苏省旅游独有神韵，成功晋升为国家 5A 级旅游景区。高淳桠溪、无锡惠山、徐州窑湾、淮安河下、宿迁皂河等古镇建设进展顺利，已成为江苏省旅游的新亮点。无锡国家数字电影产业园、常州创意产业基地、常州环球动漫嬉戏谷等极具现代动感的创意旅游基地丰富了江苏省旅游产品体系。

二、各类旅游企业发展状况

（一）旅行社发展状况

1. 基本情况

（1）数量：截至 2012 年年底，江苏省旅行社企业总数为 1996 家。比 2011 年增加了 130 家。占全国旅行社企业总数的 6.5%。从地区数量分布看，旅行社数量排名依次为南京市、苏州市、徐州市、无锡市、扬州市、盐城市、连云港市、常州市、南通市、泰州市、镇江市、淮安市、宿迁市。

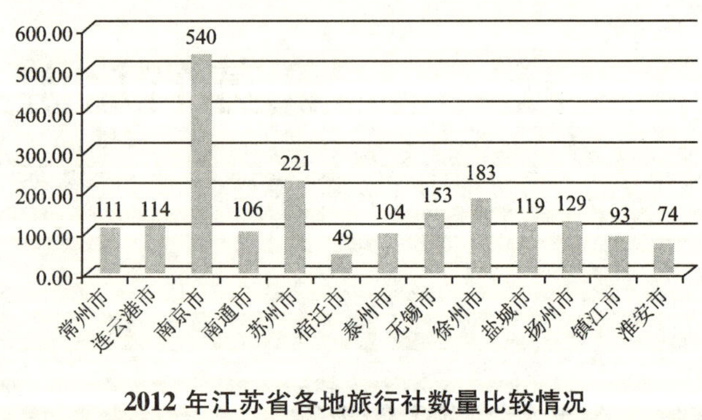

2012 年江苏省各地旅行社数量比较情况

（2）资产：2012 年度江苏省旅行社总资产为 62.22 亿元，比 2011 年增加了 13.37 亿元。其中，负债为40.92亿元，比2011年增长了8.88亿元。所有者权益为21.34亿元，比2011年增加了4.47亿元。

（3）人员：2012年度江苏省旅行社全部从业人员年平均人数为19330人，比2011年减少了311人，大专以上学历人数为14304人。比2011年增加了690人。

2. 经营情况

（1）营业收入：2012年度江苏省旅行社营业收入248.73亿元，比2011年增长了25.71亿元。营业成本231.09亿元，比2011年增长了24.55亿元，营业利润2.54亿元，比2011年降低了0.21亿元。

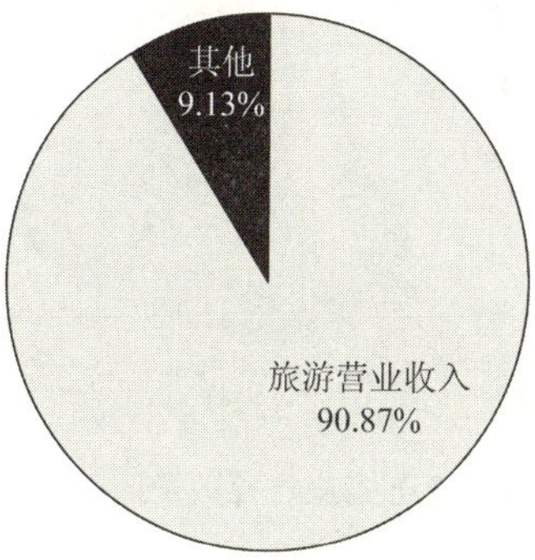

2012年度江苏省营业收入构成

（2）旅游业务营业收入：2012年度江苏省旅行社旅游业务营业收入226.01亿元。比2011年增长了20.17亿元。2012年度江苏省旅行社旅游业务营业收入占营业收入的90.87%。比2011年下降了1.43%。

（3）旅游业务毛利润：2012年度江苏省旅行社毛利润为8.74亿元。比2011年降低了0.92亿元。

（4）旅游业务毛利率：2012年度江苏省旅行社旅游业务毛利率为3.86%。比2011年下降了0.83%。

（5）税金：2012年度江苏省旅行社缴纳营业税金及附加1.17亿元，比2011年增长了0.19亿元。所得税0.77亿元，比2011年降低了0.01亿元。两项之和为1.94亿元，比2011年增长了0.18亿元。

3. 三大市场状况

（1）三大市场营业收入：2012年度江苏省旅行社国内旅游业务营业收入为154.44亿元，比2011年降低了2.21亿元，占旅游业务营业收入总量的68.33%；入境旅游业务营业收入8.54为亿元，比2011年降低了1.22亿元，占旅游业务营业收入总量的3.78%；出境旅游业务营业收入为27.87亿元，比2011年降低了15.98亿元，占旅游业务营业收入总量的27.89%。

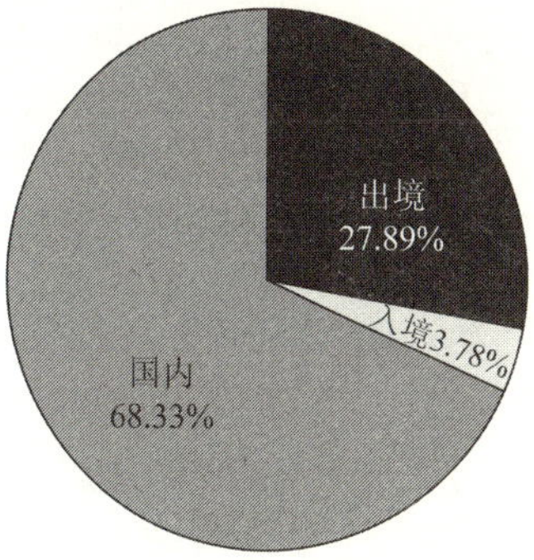

2012年度江苏省旅行社三大市场营业收入分布情况

（2）三大市场毛利润：2012年度江苏省旅行社国内旅游业务毛利润为6.64亿元，比2011年降低了1.01亿元。占旅游业务毛利润总额的76.04%；入境旅游业务毛利润为0.33亿元，比2011年降低了0.07亿元。占旅游业务毛利润总额的3.82%；出境旅游业务毛利润为1.76亿元，比2011年增加了0.15，占旅游业务毛利润总额的20.14%。

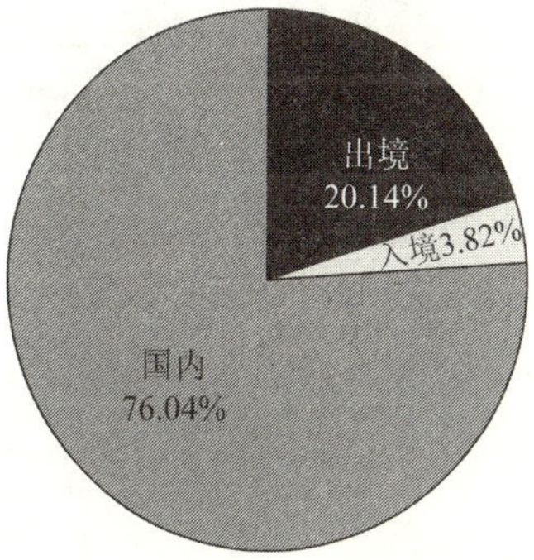

2012年度江苏省旅行社三大市场毛利润分布情况

（3）三大市场毛利率：2012年度江苏省旅行社国内旅游业务毛利率为4.30%，入境旅游业务毛利率为3.90%，出境旅游业务毛利率为2.79%。

（4）三大市场组织接待：2012年度江苏省旅行社组织国内旅游1424.17万人次、3507.60万人天，比2011年增加227.41万人次、832.83万人天；接待2144.01万人次、3236.63万人天，比2011年增加119.3万人次、494.04万人天；入境旅

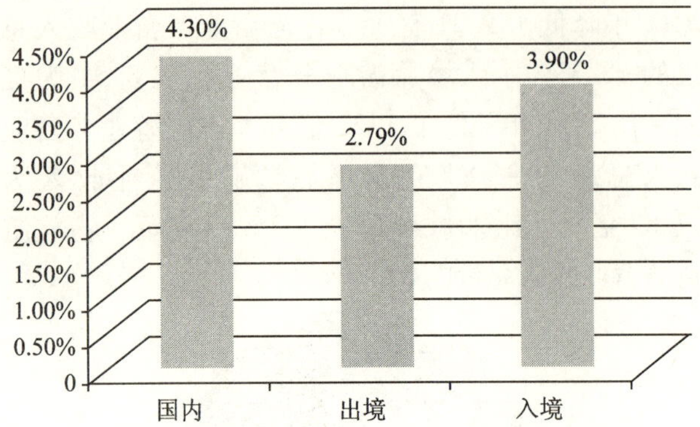

2012 年度江苏省旅行社三大市场毛利润比较情况

游外联 47.34 万人次、212.92 万人天，比 2011 年增加 10.91 万人次、75.11 万人天；接待 236.62 万人次、368.43 万人天，比 2011 年增加 39.96 万人次、78.17 万人天；出境旅游组织 138.71 万人次、648.34 万人天，比 2011 年增加 35.45 万人次、382.45 万人天。

按三大市场组织（外联）接待人次算，国内旅游也远远领先入境和出境旅游。

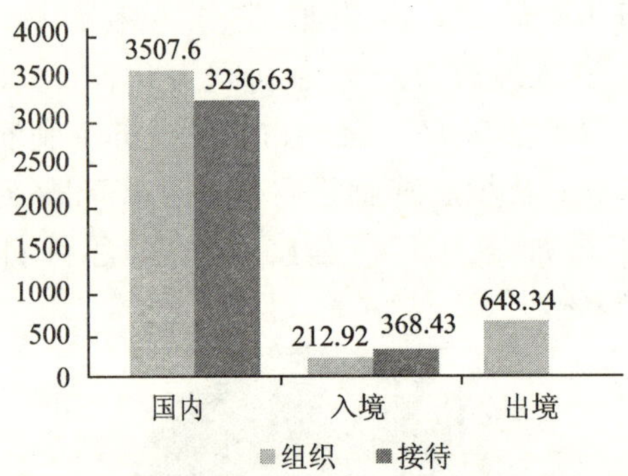

2012 年度江苏省旅行社三大市场组织（接待）人天比较（单位：人天）

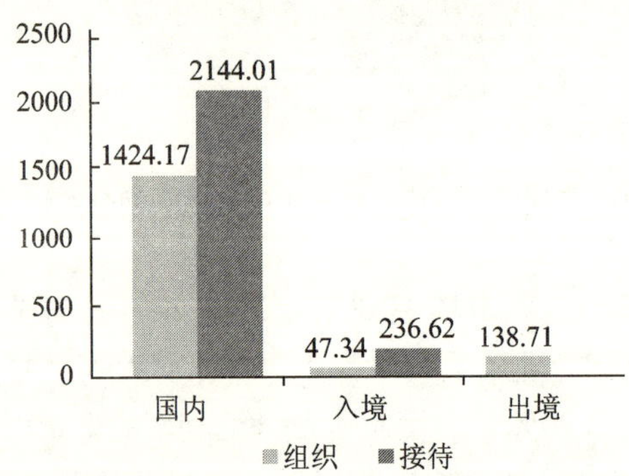

2012 年度江苏省旅行社三大市场组织（接待）人次比较（单位：人次）

按三大市场组织（外联）接待人天算，国内市场也远远领先入境和出境市场。

4. 区域状况

（1）区域行业规模。从旅行社数量看，南京市、苏州市、徐州市近几年来一直保持江苏省旅行社数量的前三甲，三地旅行社总数就占至全省旅行社总数的 47.29%。比 2011 年增加了 0.93%。

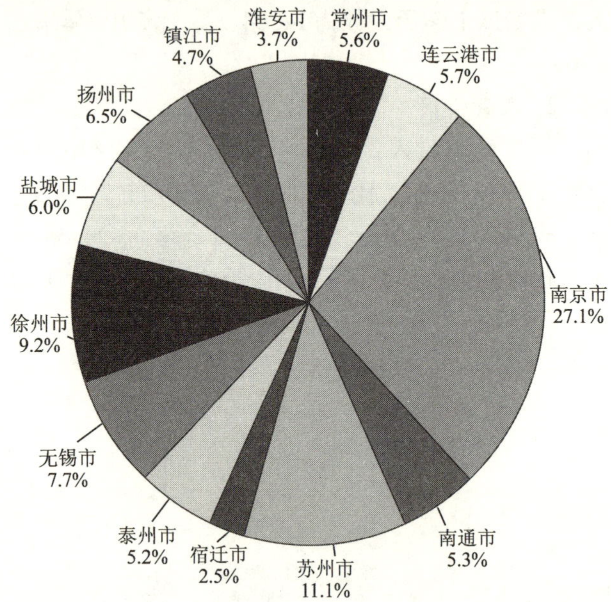

2012 年度江苏省旅行社数量地区分布情况

（2）区域经济效益。2012 年度旅行社旅游业务营业收入一项排名前五的地区分别为：南京、无锡、苏州、常州、扬州，上述地区旅游业务营业收入占全省的 88.72%。

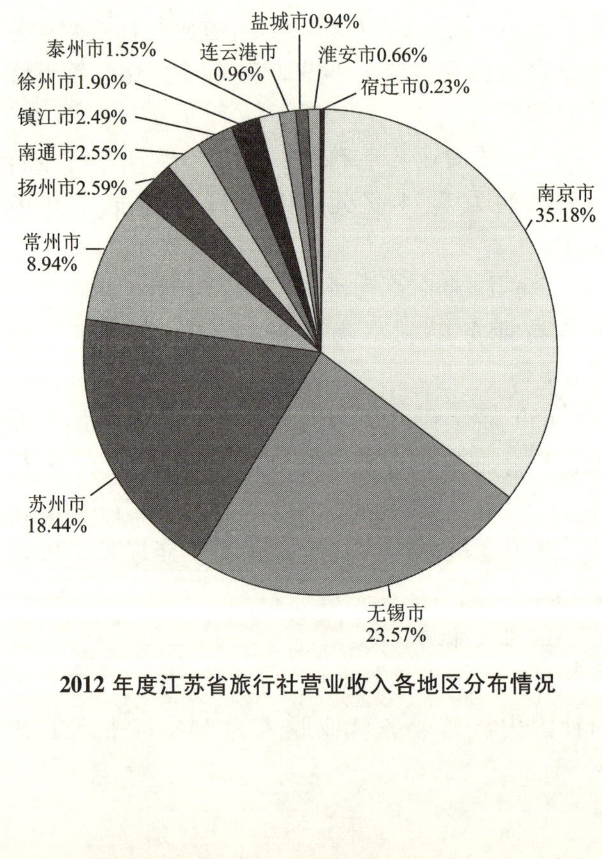

2012 年度江苏省旅行社营业收入各地区分布情况

2012 年度旅行社旅游业务毛利润一项排名前五的地区分别为：南京市、无锡市、苏州市、常州市、扬州市、镇江市，上述地区旅游业务毛利润占全省的 88. 56%。

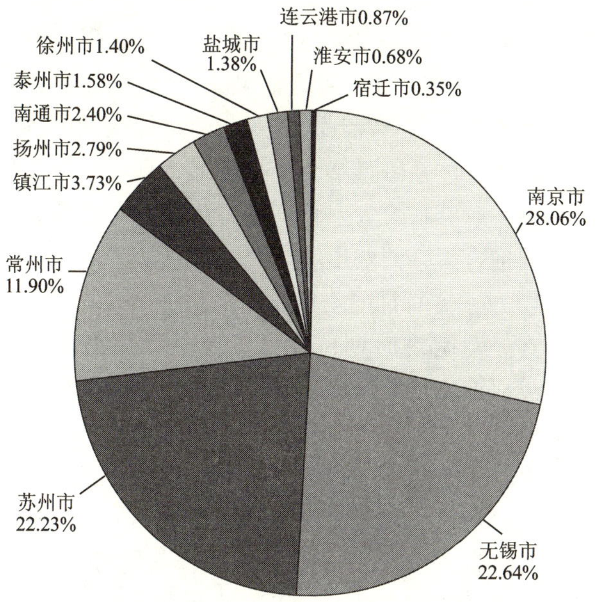

2012 年度江苏省旅行社旅游业务毛利润各地分布情况

（二）旅游饭店发展状况

高星级酒店是指按照国家标准审批的四星和五星级酒店。截至 2013 年 7 月，江苏省全省共有四星级酒店 192 家，五星级酒店 72 家，经过国家评定待批的五星级酒店 13 家。在这 277 家酒店里，共有员工 70347 人，每年创造 138. 72 亿元的营业收入，上缴国家税收 7. 61 亿元。在全省 2012 年服务业总收入中，高星级酒店占 3. 88%，是国家经济建设和吸纳社会就业的重要力量。

中央“八项规定”颁布以来，高星级酒店遭遇突发困境，餐饮收入急剧下滑，相当比例的酒店亏损经营，2013 年 3 月份禽流感爆发，更使酒店经营雪上加霜。客房和餐饮全线下跌，百分之九十多的高星级酒店进入业绩的谷底，仅有百分之十不到的酒店盈亏平衡，或者略有盈利。

1. *主要表现*

（1）作为反映酒店经营形势的主要指标，全省高星级酒店的客房出租率、餐饮包间上座率、营业收入全线下跌，利润大多为负。特别是以党政机关为市场主体的酒店，餐饮收入占大头的酒店影响更大。在经济形势好的时候，江苏省五星级酒店的平均房价在 650 元/间，出租率在 61. 9%，最高的酒店达 1100 元/间，出租率在 90%。2013 年 1 ~ 5 月，平均房价 563. 78 元，出租率只有 53. 09%。

（2）以酒店为中心的上下游经济链条开始断裂。在社会经济生活的分工中，高星级酒店处于链条的中段，上下游分别与人才供应、设备供应、建材供应、农副产品的供应等紧密相连。

（3）地方政府和酒店升五星的热情骤降。江苏省全省原计划 2013 年开工建设的五星级酒店 39 家，已经规划并征地的 53 家，参评的 19 家，现各地的投资热情和参评愿望也大大降温。据最新统计，全省退评五星和四星的酒店有 34 家，本来 2013 年想开工最终决定缓建的酒店有 10 家。常州市原计划投资建设 5 家五星级酒店，其中 3 家停建，2 家已经竣工的掉头转向改作商务办公楼。

（4）高星级酒店数量偏多，整体供大于求。到目前，江苏全省共有 72 家五星级酒店，占全国总数的 10. 3%。五星级酒店供大于求的矛盾主要体现在苏南地区。到 2013 年 5 月，南京市共有五星级酒店 18 家，苏州市 24 家，无锡市 11 家，常州市 6 家。苏南一个县级市，总人口 100 多万，却有 6 家五星级酒店，平均房价只有 400 元不到，出租率仅有 30%，有的酒店 280 元一夜的白菜价就卖了。这是供大于求的恶性结果。

（5）新增高星级酒店基本都与投资方进行房地产开发的热潮有关。特别是在县一级的市、区，政府明确要求投资商给当地建一家五星级酒店，作为回报就是政府无偿划出一块土地给开发商建商品房。这样的优厚待遇和刺激手段，使开发商建设五星级酒店的劲头高涨。江苏省 72 家五星级酒店，45% 是近三五年建成开业的。

2. *原因分析*

高星级酒店处境艰难，表面看是国家政策的变化，其深层次原因是经济危机的影响尚未完全消除，管理和经营人才缺乏，酒店经营理念和机制僵化，鲜有危机意识，更没有在危机意识基础上产生的未雨绸缪的一揽子方案。

3. *应变措施*

大家认为，“国八条”颁布之后，公务活动并没有停止，经济活动还要加强，仅仅是从反对铺张浪费、反对公款吃喝的高度对活动进行规范、缩减而已，表现到具体公务活动上就是规模小、次数少、单价低。

（1）强力促销。一是政府旅游部门通过举办旅游节庆活动、组团参加国内外旅游交易会、在电视台和网络媒体做广告等多种方式，开展立体化的旅游促销和区域合作，吸引海内外游客前来旅游，做大游客住店消费的蛋糕。二是酒店本身与景区和旅行社实行业内合作，产品打包销售，抱团取暖。宜兴宾馆与张公洞、善卷洞、竹海等景区合作，推出住五星级酒店送 4A 级景区游和免费早餐等产品，吸引了上海市、南京市、杭州市等本地和外地的旅游团队和散客。三是通过微博、微信等新媒体进行新产品的宣传和促销。南京状元楼酒店把 788 元的房价包含两份早餐、两份秦淮小吃、两份下午茶，以及其他免费的附属设施在微博上一公布，立即吸引了大量客人。对 1000 多位消费积分的客户，酒店以真诚的态度和丰富多样的产品予以兑换。比如兑换一道菜肴、西式小点、小时客房、小时棋牌室、小时洽谈室等，通过这种细致入微的方式让客户有更多的体验酒店产品的机会，来刺激消费需求。四是向邻近的上海、杭州等消费能力强的大城市派出办事处，专门推出针对普通百姓的住店产品。溧阳涵田度假村在上海高档楼宇的电梯广告屏做户外广告，推出溧阳美食旅游和度假游。酒店 100 个客人中有 60 个是上海人，每到周末，客房爆满。五是产品进社区。张家港国贸酒店实行销售方式创新，在饭店门口竖起了一个 LED 点菜墙，各种菜谱和价格滚动播出，一目了然。他们将现有的厨房变成大卖场，直供社会，实行区域包干到组，产品包干到人，销售按点击率提取奖金。规定两个星期必须出新菜，把过去 2000 元的桌餐改变成和社会餐饮一样的点菜销售。

（2）面向大众，转型发展，一心一意走平民化的路子。转型发展首先是产品设计，其次是价格制定，最后是服务品质，这三个方面都应该朝着社会、市民、家庭、一般消费者这个方向转变。这个方向就是今后高星级酒店的市场主体，也是酒店之间竞争的主战场。一是实行一店一品，以特色抓住大众，赢得市场。二是价格走亲民路线，让普通民众消费得起。价格是高星级酒店转型发展的核心要素。全省四星级酒店研发人均消费 100 元，五星级酒店研发人均消费 200 元的菜肴，与平民市场全面对接。常州金陵明都大酒店调整压缩宴会包间的设置，开辟了平价菜肴区，把大厅、宴会厅充分运用起来，扩大大众市场。张家港国贸酒店提出做“张家港市民的酒店”的口号，重新定位市场目标，通过做家常菜、低价菜，放下身段，吸引市民进店消费。以前，酒店人均餐标是 300 元以上，现在则在 180～200 元。三是灵活调整菜品，以中低档为主，高档也不丢，完全看客人需要。南京绿地洲际酒店以前的菜肴体系以粤菜为主打产品，现在对厨师做了调整，以淮扬菜为主打产品，更适合本地客人的口味，迎合大众消费市场。

（3）千方百计降本增效。一是降低人力资源成本。在经营困难时期，人力资源是酒店最大的成本。反对浪费从控制成本开始。常州市金陵明都大饭店创造了“345”的用工方式，即 5 个人的活儿由 3 个员工干拿 4 个人的工资，前提条件是员工自愿，签订协议，降低了饭店的用工成本。该酒店还实行工程部与安全部合并，采供部与财务部合并，年度营业收入在 500 万元以下的西餐厅和中餐厅合并，通过机构的重新整合，控制工资性费用的开支。目前，江苏全省高星级酒店除了特别优秀急需的人才，一般只出不进。二是降低水、电、气等能耗成本。常州香树湾花园酒店通过太阳能设施提供热水。一些酒店改用天然气为用电，把天然气与电之间的差价省下来。三是节约原材料成本。金陵饭店、常州维景大酒店等专门开辟大米、猪肉、水产等绿色农副产品生产和供应基地，省去了到农贸市场采购的中间成本。

（4）全力做好婚宴、宝宝宴等喜宴产品。“国八条”颁布之后，开发并经营好喜宴产品，是酒店人一致的共识。如今部分高星酒店在酒店餐饮的营收构成中，喜宴消费占 70%。

（5）走出酒店，多种经营，拓展市场空间。一是管理政府机关食堂。常州明都酒店集团针对党政机关纷纷开办食堂的契机，输出管理，培育新的生长点。他们派出专门力量为武进财政局、工商局、机关事务管理局、常州第二人民医院开办食堂，每年收取丰厚的管理费。二是与社会餐饮合作。扬州扬子江酒店管理集团发现靠近大运河边的一家社会餐饮市口好，客流多，但餐饮方面缺乏做中高档菜肴的厨师，且管理粗放。双方一拍即合，由扬子江酒店集团派出大厨和总经理，把这家餐饮承包下来重新装修，命名为“运河会馆”，每桌餐标在2000元以上，经营形势超过了集团内部的迎宾馆、西园饭店等五星级酒店，全年毛利可达200万元。三是成立物业管理公司。常州华怡明都酒店认为，物业管理和酒店管理其业务和理念都是相通的。高星级酒店的队伍素质完全能胜任这一新兴的领域。前不久，他们刚刚成立物业管理公司，管理了8家在常州有一定知名度的高端楼宇。

（三）旅游景区（点）发展状况

2013年，全省安排国家和省级旅游专项引导资金16660万元。其中安排江苏省旅游业发展专项引导资金15420万元，争取国家旅游发展基金1240万元，支持150个旅游景区、度假区、公共服务体系、规划奖励项目和乡村旅游等项目建设。此外，2013年省旅游局和省财政厅首次设立了江苏省旅游产业发展基金，探索政府引导资金的有偿使用，当年度安排4400万元，支持10个旅游景区和部分乡村旅游项目建设。南通探险王国、徐州乐园一期、宿迁骆马湖运河乐园、嬉戏谷动漫王国等项目建成营业。常州金坛茅山宝盛园项目基本完工。苏州阳澄湖半岛旅游度假区华谊兄弟电影世界、奥特莱斯购物村，扬州枣林湾青马车寨等一批重点项目建设进展顺利。总投资达360亿元的万达文化旅游城项目成功签约，落地无锡市。

1. 旅游景区

全年A级旅游景区接待游客规模达到5.33亿人次，营业收入207.28亿元，其中门票收入47.53亿元，旅游商品收入59.48亿元，四项指标均保持了持续、快速增长。全年新批各级景区71家，A级景区总数达到549家，比上年增长7.2%。其中苏州吴中太湖旅游区、苏州常熟沙家浜·虞山尚湖旅游区、常州溧阳天目湖旅游区3家景区被批准为国家5A级旅游景区，全省5A级景区达17家，总量居全国第一。扬州市东关历史文化旅游区等14家景区被新批为国家4A级景区（见附表），全省4A级景区总数达126家。新批3A级景区39家，2A级景区15家。依据国家旅游局《旅游景区质量等级管理办法》，加强对全省A级旅游景区质量管理和复核，取消不符合旅游景区质量等级标准要求的3A级景区1家，2A级景区6家。

2013年新批5A和4A级景区

A级	市别	单位名称
5A	苏州市	苏州吴中太湖旅游区
		苏州常熟沙家浜·虞山尚湖旅游区
	常州市	常州溧阳天目湖旅游区
4A	南京市	高淳老街历史文化景区
		南京红山森林动物园
		南京珍珠泉风景区
	无锡市	宜兴张公洞旅游景区
		无锡中华赏石园景区
	徐州市	徐州龟山景区
	苏州市	苏州天平山景区
		苏州石湖景区
		苏州中国刺绣艺术馆
	连云港市	连云港革命历史纪念馆
	盐城市	阜宁金沙湖旅游区
	淮安市	中国漕运博物馆景区
	扬州市	扬州东关历史文化旅游区
	宿迁市	宿迁市湖滨公园景区

2. 旅游度假区

全年完成省级旅游度假区旅游投资110.2亿元，同比增长25.3%。向国家旅游局申请将江宁汤山温泉旅游度假区列入国家级旅游度假区试点单位。新批南通开沙岛旅游度假区、盐城沿海湿地旅游度假区、镇江丹阳水晶山旅游度假区、常州金坛茅山旅游度假区、苏州相城阳澄湖生态旅游度假区、南京高淳国际慢城旅游度假区、盐城大丰麋鹿生态旅游度假区等7家省级旅游度假区，全省省级旅游度假区数量达到31家。南京、徐州、苏州、南通、连云港、淮安等市设立市级旅游度假区。1月5日，省政府召开了全省旅游度假区工作会议。6月18日，江苏省旅游度假区协会成立，第一届理事会会议在溧阳天目湖旅游度假区召开。7月29日，省政府发布实施《关于推进旅游度假区发展的意见》。

3. 生态旅游示范区

2013年，姜堰溱湖旅游景区、溧阳天目湖旅游景被评为首批国家生态旅游示范区。依据《生态旅游示范区评定规范》，与省环保厅联合评选出连云港市花果山景区、苏州市吴中穹窿山景区、苏州市高新区大阳山国家森林公园、无锡市鸿山生态旅游区、徐州市邳州艾山风景名胜区、徐州市沛县微山湖千岛湿地景区、苏州市阳澄湖莲花岛生态旅游区等7家单位为省级生态旅游示范区。

4. *自驾游基地*

2013 年，先后与法国房车生产商和房车营地投资商开展房车旅游调研工作。联络台湾大视界房车经营商与江苏房车营地商合作推进房车旅游市场。6 月，与美国房车旅游协会在南京汤山举办了“中美房车旅游交流研讨会”，同时举行了“美好江苏”房车巡游活动。7 月，与神州租车公司和江苏国旅公司合作在徐州市推开了落地自驾游试点工作。全年新评省级自驾游基地 9 家：苏州市吴江区东太湖生态园、徐州市贾旺区茱萸养生谷和铜山区月亮湾骑骥马会、泰州市海陵区麒麟湾生态园、镇江市丹徒区新颖农业生态园、扬州市邗江区金泓生态园、南通市狼山风景区、南通市海安县蓉和怡心园和如东县洋口港景区生态园。全省自驾游基地数量达 59 家。建成房车营地 2 家：苏州市太湖 1 号房车露营公园、南通市狼山房车营地。

5. *乡村旅游与工业旅游区（点）*

2013 年，省级乡村旅游点评定工作进一步深入，共评出省级四星级乡村旅游区（点）50 家，三星级乡村旅游点 53 家。与省文明办等 10 个部门联合评选出 20 个“江苏最美乡村”。与省农委联合开展“全国休闲农业与乡村旅游示范县和示范点”评选工作，南京市高淳县、徐州市铜山区被认定为示范县、宜兴市兴望农业休闲文化园、大丰市丰收大地生态园、金坛市久红农业生态观光园、句容市九龙山庄被认定为示范点。与省农委联合评选出 100 条“江苏休闲农业与乡村旅游精品线路”，并编制了精品线路信息表。8 月初组织各市旅游局管理人员和乡村旅游（区）点负责人赴台湾省开展了乡村旅游专题考察和招商引资。依据《工业旅游区（点）规范与评定》，首批 22 家单位被评为省级工业旅游区（点）。

（王　初）

浙江省旅游企业发展综述

浙江省旅游局

2013 年旅游行业的经营环境发生较大变化，经营难度整体增加，有机遇更有挑战。浙江省旅游行业积极应对市场环境的不利变化，更新观念，努力适应，积极调整经营策略，经营下行的态势得到有效控制，新型业态表现可圈可点。

一、旅游住宿

在行业面临客源市场结构剧变的背景下，旅游住宿企业积极调整产品结构，完善内部管理，努力根据企业实际实施战略和战术转型。星级饭店经营业绩整体下行的态势得到有效控制，民宿等非星级住宿设施和乡村旅游经营户继续快速发展，经营绩效表现优异。

（一）星级饭店基本情况

1. *星级饭店数量*

截至 2013 年年底，浙江省共有星级饭店 935 家，2004~2013 年，全省星级饭店数量呈现先增后减趋势，2007 年达到峰值，为 1114 家。从 2008 年开始，星级饭店总数开始下降，2009 年略有回升外，2012 年、2013 年趋于平稳。

2. *星级结构*

2004~2013 年，浙江省星级饭店结构呈现持续高档化趋势，三星级及以上饭店占比逐年上升，二星级及以下饭店占比日趋下降。与 2012 年相比，2013 年全省星级饭店总量减少了 6 家，但四、五星级饭店增加了 16 家；五星级饭店所占比重为

7.49%，高出全国平均水平超过6个百分点（2012年全国五星级饭店占比为1.25%）；三星级及以上饭店占比达到68.8%，比2012年增加了11个百分点；二星级及以下饭店数量减少了24家，除少数几家升格外，绝大部分低星级饭店转为经济型连锁酒店的门店。

3. 各市分布

从区域分布看，2013年杭州市星级饭店208家，比2012年减少9家；宁波市160家，比2012年增加2家；温州市102家，比2012年减少1家；绍兴市90家，比2012年减少2家；丽水市62家，比2012年增加6家；嘉兴市60家，比2012年增加4家；金华市59家，比2012年减少1家；台州市54家，与2012年相比没有变化；舟山市48家，比2012年减少3家；湖州市46家，与2012年相比没有变化；衢州市35家，比2012年减少1家；义乌市11家，比2012年减少1家。

从星级分布看，五星级饭店集中在杭州市和宁波市，分别有23家和20家，2013年新增加的16家四、五星级饭店中，杭州市有5家，宁波市有4家，高星级饭店集中趋势比较明显；2013年高星级饭店发展的另一个亮点是丽水市，一年内新增五星级饭店1家，四星级饭店2家。一、二星级饭店除义乌维持不变、绍兴增加2家，嘉兴增加1家外，其他各市均有减少，其中杭州市减少了7家，宁波市减少了6家，舟山市减少了4家。各市星级饭店在发展上更注重质量保证而不仅是数量，符合消费者对星级饭店在舒适性和服务品质上更高要求的趋势。

（二）旅游住宿设施运营特点

2013年全省旅游住宿设施总量扩张和品质提升并行，在市场环境发生较大变化的情况下，经过努力，基本控制了经营业绩整体下滑的态势，逐渐趋于平稳。与上年同期相比，全省旅游住宿设施的客房出租率、平均房价均有所下降，床位出租率出现逆势增长。其中，星级饭店的营业收入总额、客房营业收入、餐饮营业收入、客房出租率、平均房价均出现不同程度下滑，餐饮营业收入下降尤其明显；而一星级饭店、非星级住宿设施的床位出租率增长明显。

1. 营业收入

根据“浙江旅游统计系统”的监测数据，2013年浙江省旅游住宿设施的规模继续扩大，纳入统计的旅游住宿设施营业收入总额比2012年增长了11.8%。虽然星级饭店的营业收入下降幅度较大，但非星级住宿设施和乡村旅游经营户营业收入大幅增长，不仅弥补了星级饭店减少的营业收入，并且进一步满足了旅游消费市场的多样化需求。从2013年非星级旅游住宿设施的市场表现看，旅游住宿的市场潜力仍然很大。

纳入统计的旅游住宿设施营业收入中，客房收入所占比重为33.92%，餐饮收入所占比重为47.29%，其他收入所占比重为18.79%。与2012年相比，客房收入占比增加了0.5个百分点，餐饮收入占比增加了1.5个百分点。在星级饭店整体业绩下行的背景下，有一个值得关注的现象，一星级饭店的营业收入增长显著，尤其是餐饮部分。这也进一步印证了旅游住宿消费市场结构快速转向以大众消费为主导的变化趋势。

2. 客房平均出租率

2013年全省各类住宿设施客房平均出租率为55.35%，同比下降2.01个百分点。其中，星级饭店客房平均出租率为54.09%，同比下降4.02个百分点；非星级住宿设施客房平均出租率为57.79%，同比下降1.69个百分点；乡村旅游经营户客房平均出租率为53.19%，同比上升22.85个百分点。商务消费、公务消费减少是2013年星级饭店营业收入减少的主要原因之一，但居民消费依然强劲，支撑了休闲度假旅游市场的持续升温，推动乡村旅游经营户住宿设施经营业绩快速增长。

2013年全省旅游住宿设施分月平均客房出租率情况来看，前11个月，旅游住宿设施分月的平均客房出租率与2012年同期相比都有不同程度下降，降幅最大的是1月份，下降了10.70个百分点，其次是4月份，下降了8.34个百分点；降幅最小的是11月份，下降了1.71个百分点。12月份，虽然星级饭店的平均客房出租率仍然有所下滑，但全省旅游住宿设施的平均客房出租率开始回升，比上年同期上升了9.06个百分点。

3. 床位平均出租率

2013年全省各类旅游住宿设施的床位平均出租率为56.47%，同比上升4.44百分点。其中，星级饭店床位平均出租率为51.96%，同比上升0.48个百分点；非星级饭店床位平均出租率为72.31%，同比上升 27.99 个百分点；乡村旅游经营户的平均客房出租率上升，但床位平均出租率为 32.63%，同比下降 19.42 个百分点。这是一个非常值得关注的信息，从数据上看，是入住星级饭店、城市饭店的游客比以往更愿意与人合住，而入住乡村旅游住宿设施的游客更愿意单独住一个房间。分析原因，可能与星级饭店、城市饭店的房价相对较高，而乡村旅游住宿设施房价相对偏低有关；另一个可能的原因是，星级饭店、城市饭店的客源中公务、商务游客占比较高，而乡村旅游多是休闲度假游客，隐私保护需求更加强烈。这一现象值得持续关注，是旅游住宿设施客房结构设计的重要依据。

4. 平均房价

2013 年全省各类旅游住宿设施平均房价为 295.98 元/间・夜，同比下降 8.4%。其中，星级饭店平均房价 335.09 元/间・夜，同比下降 0.1%；非星级住宿设施平均房价 307.36 元/间・夜，同比下降 1.88%；乡村旅游经营户平均房价 118.37 元/间・夜，同比下降 32.18%。价格下降一直是刺激消费增长的重要因素。对经营企业来讲，为保证利润水平，在激烈的市场竞争环境下，加强内部管理、控制成本无疑是经营旅游住宿设施的企业非常重要的竞争能力。

2013 年全省住宿设施分月平均房价情况来看，除农历新年所在的 2 月份上升 2% 以外，其他月份各类住宿设施平均房价与上年同期相比均有所下降，下降幅度在 2.7% ~10.7%。相比上年同期，星级饭店平均房价下降幅度较小，2 ~5 月份有 0.6% ~8.9% 的涨幅，其他月份跌幅在 1.2% ~4.9%。与平均房价涨跌对应的是，星级饭店的平均客房出租率在房价上涨时快速下降，房价下跌时降幅明显回落，说明当前星级饭店客源市场的价格敏感度较高。

二、旅行社

（一）基本情况

截至 2013 年年底，浙江省共有旅行社 2102 家，比上年增加 90 家，其中具有组织出境游资格的旅行社 119 家，比上年增加 20 家，旅行社总数、具备组织出境游的旅行社数量均继续位居全国前列。从地域分布来看，具有组织出境资格的旅行社主要集中在杭州市、宁波市和温州市。

2012 年下半年以来，浙江省旅行社业面临的外围发展环境并不理想，加之自身转型升级还需时日，旅行社经营面临较大压力。总的来看，入境业务持续低迷，国内组客和地接业务均有所下滑，出境组客业务也呈现增速放缓的态势。

1. 旅行社入境业务持续低迷

2013 年，全省旅行社外联入境游客 70 万人次，同比下降 30%，接待入境游客 81.7 万人次，同比下降 22.5%。从月度数据来看，除了 2、3 月份两项指标增幅为正，其他月份均呈现较大幅度下降。旅行社入境业务持续低迷有着深刻的背景原因：全省主要入境客源国是亚洲一些比较发达的国家（地区），例如中国港澳台，以及日本、韩国等，这些国家（地区）由于经济发展水平较高，游客旅游需求正在由观光向度假转变，入境游客的观光旅游需求正在减弱。另外，随着自助旅游发展，入境旅游自助化趋势非常显著，而旅行社外联和接待入境业务是以入境观光团队游客为主。在这种背景下，旅行社入境业务下滑在情理之中，业务量下滑致使旅行社入境旅游收入下降、利润减少，旅行社更不愿意对入境业务开拓进行投入，这都导致旅行社入境业务逐渐被边缘化。

2. 国内组客和地接业务均有所下降

2013 年全省旅行社接待国内游客 1298 万人次，同比下降 14.3%，组织国内游客 1388 万人次，同比下降 11.1%。在全省国内旅游市场稳步增长的背景下，旅行社国内组客和地接业务双双下降，原因主要有两个方面：一是旅行社的经营模式还不能很好地适应国内旅游市场散客化趋势；二是商务消费和公务消费市场缩减对全省旅行社国内业务产生了较大影响。

3. 出境组团业务增幅放缓

从 2013 年全年数据看，全省旅行社组织出境游客 178.6 万人次，同比增长 11.2%。其中出国游人数 112.4 万人次，同比增长 22.2%，港澳台游人数 64.4 万人次，同比下降 6.1%。全省旅行社组织赴台旅游 12.8 万人次，同比下降 32.4%。从月度数据来看，1 月旅行社组织出境游客人次同比下降主要是由于季节性、时间性以及被 2 月春节假期挤占所致；2 ~9 月，全省出境旅游市场保持了很高增速，这说明了全省出境旅游市场需求旺盛；10 月，本应是出境旅游旺季，加之国庆长假，但是却出现大幅下滑，这主要是由于《旅游法》10 月 1 日颁布实施，出境旅游市场得到规范，部分出境旅游产品价格出现了较大幅度上升。

（三）运营特点

1. 中央“八项规定”和《旅游法》短期冲击较大

2013 年，“中央八项”规定贯彻落实和 10 月 1 日《旅游法》颁布实施对全省旅行社业短期冲击较大。中央“八项规定”切断了旅行社公务公款组团和地接业务，《旅游法》颁布实施后，旅游市场得到规范，部分旅游价格较原来有较大幅度提升，价格上涨对旅游需求产生抑制。

但是从长远来看，中央“八项规定”可以挤掉不可持续的公务公款旅游需求，对于培育居民真实旅游需求具有正向导向作用；《旅游法》致使旅游价格上涨，短期抑制旅游需求，长期来看，《旅游法》对于规范旅游市场、提升居民旅游意识、形成良性发展环境具有积极作用。

因此，中央“八项规定”和《旅游法》对于旅行社业来说是短期阵痛，长期利好。

2. 行业面临重新洗牌，产业集中度继续提升

外围环境变化使得全省旅行社业面临重新洗牌。客源单一、惯于低价竞争以及以公务公款组团和地接业务为主的旅行社负面影响巨大，若不转型，面临洗牌出局压力，据走访调研，有针对某一特定单位开展定向业务的小型旅行社业关门歇业；客源多元、产品链丰富的大型旅行社以及善于经营的中小型旅行社虽然面临短期压力，但是短期压力会倒逼其转型升级，提升经营水平，有利于其长远发展。总的来看，外围环境变化将会改变全省旅行社业务结构、增强竞争能力，进而进一步提升全省旅行社行业的产业集中度。

3. 国内长线和出境近程组团业务较国内短线和出境远程组团业务影响较大

《旅游法》明确规定：不得诱导、欺骗、强迫或者变相强迫旅游者购物或者参加另行付费旅游项目。而《旅游法》颁布实施之前，国内长线组团（例如“昆大丽”）和出境近程组团（如港澳、东南亚）之所以价格便宜到低于往返机票价格，是因为旅游行程中充斥着大量购物和另行付费旅游项目，《旅游法》颁布实施之后，这些行为被禁，致使这类旅游产品价格大幅度上涨，以港澳游为例，港澳游价格由原来的千元左右全面上涨至 4000 元左右，这类旅游产品价格翻倍，有这种旅游需求的游客短时间难以接受，旅行社国内长线组团和出境近程组团业务影响很大。

而国内短线组团基础价格低，即便价格上涨，总价也不高，游客并不敏感；出境远程组团（例如欧、美等）基础价格高，即便价格上涨几千元，也不会显得很离谱，而且这类游客对价格的敏感度相对较小。因此，《旅游法》对旅行社国内长线和出境近程组团业务较国内短线和出境远程组团业务影响较大。

4. 旅行社经营面临导游、领队流失带来的经营压力

《旅游法》的颁布实施切断了全省旅行社惯于通过购物、加点的导游、领队获利渠道，部分旅行社面临导游、领队流失带来的经营压力。据悉，全省部分旅行社已经出现这种现象，尤其是部分老导游、老领队。

从另外角度来看，导游员提供的主要服务应该是讲解和生活服务等，而非导购服务，但这批老导游、老领队提供的却主要是导购服务，顺带讲解服务。这种现象存在是旅行社业长期发展中形成的顽疾，很不利于旅行社业规范发展。《旅游法》颁布实施短期使得旅行社经营面临人员流失压力，长期来看是有利于规范导游、领队人员的服务、有利于旅行社经营、有利于旅游业发展。

当然，国家层面和政策层面，要切实积极关注导游、领队人员的社会保障、薪酬待遇和福利水平等。

三、旅游景区

旅游景区是旅游产业的基础要素，也是整个产业链中的核心环节，它直接关系到浙江省旅游业的国际、国内竞争力，也关系到人民群众对旅游消费是否满意。旅游景区的发展为浙江省旅游经济创收、旅游富民惠民、助推区域经济社会转型发展和促进生态环境改善等方面都发挥了极其重要的作用。

（一）基本情况

截至 2013 年年底，浙江省共有 A 级旅游景区

337 个。通过对 2004－2013 年全省 A 级旅游景区的分析发现：首先，浙江省 A 级旅游景区的行业规模总量扩张较为稳定；2004 年，全省拥有 A 级景区为 127 个，2013 年达 337 个，年均增长 A 级景区 23.33 个。其次，景区等级规模扩张差异较为明显，1A 级旅游景区因市场需求的结构性转变较大，基本没有增长，2A 级旅游景区由 2004 年的 59 个增长至 2013 年的 89 个，3A 级旅游景区由 23 个增长至 85 个，4A 级旅游景区由 38 个增长至 133 个，5A 级旅游景区由 2007 年首批的 3 个增长至 11 个。因此，浙江省 A 级旅游景区在总数持续扩张的基础上，中高级旅游景区的增长速度尤为明显。

（二）发展特点

1. 高等级旅游景区创建快速升温

由于人民群众对高等级景区的认可度非常高，创建高等级景区对地方形象建设有显著的提升效应，也促使各级政府越来越重视高等级景区创建。仅 2013 年，就有缙云仙都、临海古城等十余个景区正式提出创建 5A 级景区的目标。同时，党的“十八大”正式将生态文明建设纳入落实科学发展观的“五位一体”总体布局，提出“美丽中国”建设计划。“美丽乡村”建设全面深化，“三改一拆”三年行动计划全面实施，A 级景区的建设内容涵盖了“美丽乡村”、“三改一拆”、“四边三化”、“五水共治”等多项政府主导的环境建设工程要求，因此 A 级景区创建又成为政府推动城乡环境建设的重要抓手。如杭州市正以“三江两岸”生态景观保护与建设工作为契机，积极推进大杭州全域化旅游建设；宁波市镇海区明确将“治水”与旅游作为区委区政府的首要工作来抓；洞头县正以 5A 级旅游景区标准推进全县旅游产业的发展。

2. 产业要素加速向高等级景区及周边地区集聚

高等级景区的集聚带动效应不断显现，各地纷纷依托高等级景区创建省级旅游度假区，开工大型综合性旅游项目，呈现产业要素以高等级知名景区为核心加速汇集的趋势。如千岛湖 5A 级景区周边，汇集了酒店集群、景区集群、休闲业态集群、省级旅游度假区等一大批旅游核心要素，形成了一条完整的旅游产业链；绍兴市柯桥区也形成了集柯岩—鲁镇景区、乔波冰雪世界旅游区、鉴湖—柯岩旅游度假区、大香林乡村旅游区等一批景区集群，并在此基础上发展起来业态更为丰富的省级旅游度假区；大明山万松岭滑雪场的成功运营，临安市委市政府结合湍口众安温泉旅游度假区，积极推进大明山东线滑雪场、浙西大峡谷九龙高山滑雪场等项目的前期论证和项目规划，力争将其打造成具有较强市场效应的华东最大滑雪基地与山地运动养生基地。

3. 增长速度逐步放缓

A 级旅游景区的数量增速逐步放缓。2007 年与 2011 年出现了两个 A 级景区数量增长的高峰年，但年增长 A 级景区的数量总体呈现出下降趋势。相反，伴随着部分 2A 级景区升 3A 级景区、3A 级景区升 4A 级景区、4A 级景区升 5A 级景区，使得中高级旅游景区的增速要略高于总体的增速水平。同时，旅游景区收入的增速也呈现逐步放缓趋势。截至 2013 年 12 月底，全省景区游客接待总量同比负增长的景区达到景区总数的 29.12%。与酒店业、旅行社业一样，受中央八项禁令等因素影响，宋城景区等政务考察型团队占比较大的景区接待量受影响明显，其年游客接待量为 530.03 万人次，同比下降 13.64%。

4. 新型景区持续涌现

虽然全省旅游景区依然以自然风景类和历史文化类景区为主，但是以休闲度假为核心功能的新兴、新型旅游景区呈现出快速发展态势。工业体验型旅游景区、乡村农庄型旅游景区、中医养生型旅游景区、运动休闲型旅游景区、科教文化型旅游景区等新型景区不断涌现，不仅丰富了景区的发展业态，而且引领了旅游景区的转型升级、加速了与相关产业的融合。如浙江旅游职业学院以其丰富多样的高品质旅游教育资源，以东西方文化交融、互动体验为核心功能，以浙江省旅游博物馆与美食文化体验、非物质文化传承体验、茶文化体验、运动休闲体验等为核心载体，成功创建了国家 4A 级旅游景区；全省第 11 个国家 5A 级景区——开化县根宫佛国旅游区，则以根雕艺术、盆景艺术、赏石文化与园林古建为载体，融华夏五千年历史的璀璨文化于奇根异木，在国内外旅游旅游区中具有唯一性和独特性，也开创了从小作坊到世界级大旅游区的发展模式。

5. 区域发展差距有所扩大

通过对旅游景区区域发展均衡指数（分别是浙

江省各地市所辖县（市、区）旅游景区的平均拥有数标准差、景区拥有数最高值与最低值的比值）的分析发现：虽然浙江省各地旅游景区发展均取得了较大进步，但其两个均衡指数均呈扩大趋势，即各地旅游景区发展的差距日益扩大。根据2013年浙江省各地旅游景区的发展实际，可将全省11个地市的旅游景区划分为三个层次：第一个层次是综合创新型，包括杭州、宁波、绍兴三座城市，其代表性景区包括杭州西湖风景区、绍兴鲁迅故居等5A级旅游景区；第二个层次是经济推进型，包括嘉兴、湖州、丽水、金华、衢州五座城市，其代表性景区包括桐乡乌镇、东阳横店影视城、开化根宫佛国旅游区等；第三个层次是资源发展型，包括温州、台州和舟山三座城市。

6. 高等级景区规模优势进一步巩固

截至2013年年底，全省共有A级旅游景（点）337家，其中4A级及以上景区（点）共152家，累计接待游客2.25亿人次，占A级景区接待游客总量的80.2%；实现门票收入50.9亿元，占A级景区门票收入的91.9%，比2012年年底高0.5个百分点。高等级旅游景区在游客接待量、门票收入等主要经营指标方面继续保持了80%以上的绝对优势份额，规模优势显著，也更加增强了其他地方创建高等级旅游景区的信心。浙江省旅游景区游客接待量的规模结构渐趋合理，高等级景区的经营优势明显。

（程　钢）

安徽省旅游企业发展综述

安徽省旅游局

2013年，安徽省共接待入境游客385.50万人次，比上年增长16%；旅游外汇收入17.31亿美元（含旅游商品创汇0.71亿美元），增长16%；接待国内游客3.36亿人次，增长15%；国内旅游收入2903.22亿元，增长15%；旅游总收入3010.44亿元，增长15%。

一是旅游行业规模继续壮大。当年阜阳市八里河景区获批国家5A级景区，实现了皖北5A级景区零的突破，全省5A级景区达到7家；新创A级景区23家，其中4A级以上景区6家，全省A级景区总数461家，其中4A级以上景区达138家，继续处于全国领先水平；新增四星级以上饭店14家，其中五星级3家，全省四星级以上饭店总数达到142家，全省星级饭店总数474家，其中五星级22家；新增旅行社74家，新增4A等级旅行社23家，全省旅行社总数达到1198家，其中出境游组团社46家，新增5家，赴台游组团社6家，新增2家，合肥市成为赴台湾旅游自由行城市；全省星级农家乐总数达1096家，其中四星级138家，五星级101家；省级旅游商品生产示范企业50家。

二是项目建设举措更加务实。坚持经济工作项目化，项目工作责任化，扎实推进“5233”行动计划。全年在建项目1792个（其中5亿元以上项目372个），完成投资1577.6亿元，比上年增长10.8%（其中5亿元以上项目完成投资1062.4亿元，增长8.1%）。省旅游工作指导委员会选定了19个重大旅游项目作为联系调度项目，召开全省（池州）重点项目推进现场会和调度会，印发《省旅指委成员单位定点联系旅游重大项目暂行办法》，全年19个重大旅游项目完成投资57.8亿元，超额完成年度计划投资。黄山自驾游营地、奇瑞房车营地、亳州旅游服务中心等一批旅游公共服务类项目加快建设；合肥滨湖万达旅游城、太平湖旅游度假区综合开发、霍山华强旅游度假区项目等综合类项目，蚌埠湖上升明月、池州杏花村、亳州南京巷钱庄、铜陵青铜帝国、安庆五千年文博园二期、岳西国际文化养生园等文化类项目，“天下徽州”、“德懋堂”等文化生态旅游等新业态项目，岱山湖开发、八公山风景区开发等景区类项目，潜山茶庄高星级养生酒店、淮南奥体高星级酒店等酒店类项目建设进展顺利。

三是产业融合领域继续拓展。省旅游局与农委共同推进乡村旅游发展，与省体育局联合印发推进体育旅游发展意见，与省气象局签订合作协议，“山岳型景区旅游气象服务系统”建设取得了初步成果，气象旅游项目成为山岳型景区的一个新业态，黄山旅游气象防灾预警服务项目位列中国旅游公共服务项目前 10 名；由安徽省牵头的四省旅游部门在全国先行先试北斗卫星导航系统应用工程；与省教育厅、人社厅联合举办“安徽高校服务旅游产业发展成果推介暨校企合作研讨会”；与新华社安徽分社新签合作框架协议。

四是旅游市场环境明显优化。全年深入学习贯彻《旅游法》，召开旅游企业调研座谈会 11 批次，围绕旅游行业管理、旅游企业经营、旅游安全等，制定系列制度和措施，完成了 442 家 A 级旅游景区容量核定和主要收费景区门票价格等信息汇总工作，促进了与《旅游法》的有效衔接；加强对出境游、赴台游的监管工作，省旅游局会同省台办、省公安厅、省安全厅举办全省赴台游监管工作座谈会及赴台旅游培训班，召开全省出境游监督管理工作会议。黄山市在全国 60 个城市游客满意度调查中名列第二，其中第三季度位居第一。在黄金周、小长假和重点时段统一部署开展旅游安全生产检查督查和旅游市场集中整治工作，全省共计开展检查行动 773 次，其中，联合检查 295 次，检查企业 3760 家，取得了阶段性成果。全年共受理有效旅游投诉 169 件，其中旅行社 92 件，饭店 23 件，景区（点）40 件，其他类投诉 14 件，结案率 100%，案件的处理满意度 100%。

表 1　2013 年安徽省旅游业发展情况

	计算单位	2013 年	2012 年	同期对比增减（%）
接待入境旅游者人数	人次	3855000	3314679	16
接待入境过夜旅游者人数	人次	3585266	3314679	8
其中：台湾同胞	人次	748967	721535	4
澳门同胞	人次	232864	167183	39
香港同胞	人次	598203	521909	15
外国人	人次	2005232	1904052	5

续表

	计算单位	2013 年	2012 年	同期对比增减（%）
接待入境过夜旅游者人天数	人天	8634017	8443530	2
其中：台湾同胞	人天	1719110	1785678	-4
澳门同胞	人天	659306	511650	29
香港同胞	人天	1506112	1370423	10
外国人	人天	4749489	4775779	-1
旅游外汇收入	万美元	173141.58	149489.67	16
其中：旅游商品创汇数	万美元	7100	6800	4
国内旅游人数	万人次	33601.09	29229.09	15
国内旅游收入	亿元	2903.22	2519.08	15
旅游接待总人数	万人次	33986.59	29560.56	15
旅游总收入	亿元	3010.44	2611.7	15

注：此处数据为 16 个地市累计数，2013 年汇率 6.1927，2012 年汇率 6.3179 为国家旅游局公布。

一、旅行社经营发展情况

2013 年度，以《旅游法》出台为契机，全省旅行社积极开展普法教育，开拓市场，研发新产品，提升服务质量，大力宣传促销，注重人才培养，推动了全省旅行社行业健康发展。一是落实产业政策，扶持旅游企业。根据国务院《关于加快旅游业发展意见》和《旅游法》精神，2013 年，奖励全国“百强社”3 家，共计 60 万元；按照相关规定，省旅游局退还出境游组团社旅行社质量保证金 630 万元。二是积极做好赴台旅游相关工作，确保赴台旅游组团业务的有序开展。截至 2013 年年底，安徽省赴台旅游人数近 4.3 万人，无一例投诉，无一起滞留事件，无一起安全事故；年度两次召开赴台旅游组团社相关人员座谈会，通报近期发生的赴台滞留事件及安全事故，提醒各旅行社在注重经济效益的同时，严把安全关和质量关。三是开展全省《旅游法》实施情况调研活动，深入了解旅游行业的新变化、新问题，研究如何贯彻落实《旅游法》。四是研究制定《关于进一步规范全省旅游市场秩序建立旅游监管长效机制的工作意见》，推动政府建立健全旅游综合协调机制，探索建立旅游市场联合监管机制，依法集中开展全省旅游市场秩序专项整治工作，扩大旅游市场秩序专项整治成果，引导旅游企业诚信经营和优质服务，规范旅游市场秩序。五是建立健全导游人员劳动用工和劳动报酬的保障机制，规范旅行社经营和导游人员执业行为，提升游客满意度，促进旅游业健康、持续、快速发展。六是按照国家旅游局要求，全省推广旅行社责任险统保示范项目。七是按照国家旅游局的统一部署，进一步推进旅行社团队服务管理系统建设工作，选取合肥市、黄山市作为旅游团队管理系统全面推广试点，推行电子行程单业务。

截至2013年年底，安徽省共有旅行社1198家，新增旅行社74家；出境游组团社46家，新增5家；赴台游资质旅行社6家，新增2家；33家分社参加总社统计调查。全省旅行社全年旅游收入总额53.3亿元，比上年下降15.1%；主营业务利润2.9亿元，下降17.4%；实缴税金2230万元。下降11.4%；入境旅游营业收入3.5亿元，增长2.3%；入境旅游利润2810万元，增长5.6%；入境旅游外联5.5万人次、28万人天，分别增长3.6%、2.1%；入境旅游接待19万人次、58万人天，分别增长2.5%、3.3%。出境旅游营业收入6.5亿元，增长11.6%；出境旅游经营利润3700万元，增长9.2%；组织出境游25万人次、128万人天，分别增长38.4%、43.2%；国内旅游营业收入40亿元，下降32%；国内旅游利润1.7亿元，下降28.3%；国内旅游组织342万人次、1050万人天，分别下降38%、40.2%；国内旅游接待433万人次、938万人天，分别下降35.4%、33.2%。

二、旅游星级饭店经营发展情况

2013年，安徽禾泉农庄假日酒店管理有限公司、安徽逸顿国际大酒店有限公司、安徽金环大酒店有限公司、淮北矿业（集团）有限责任公司相王府宾馆等旅游企业商品或产品商标被评为“安徽省著名商标”；安徽禾泉农庄假日酒店管理有限公司、安徽省梦都餐饮发展有限责任公司被评为“服务业安徽名牌”。召开了2013年全省星级饭店、旅行社统计调查工作会议，全省高星级饭店座谈会和全省星评员换届培训会议，开展了标准前置服务，对全省10个市的饭店项目进行了建设前的前置指导。当年新增饭店28家，其中五星级3家，四星级11家，三星级12家，二星级2家。全省星级饭店总数474家，其中五星级22家，四星级120家，三星级212家，二星级119家，一星级1家。取消星级饭店资格1家，退出星级饭店21家，限期整改6家，因改制、装修等停业延期复核20家。纳入饭店统计系统416家（其中停业酒店35家）。共有客房45647间、床位80278张，从业人员总数达41045人。全年星级饭店营业收入54.17亿元，其中餐饮收入25.13亿元，占营业收入的46.39%；客房收入为22.22亿元，占营业收入的41.02%。营收总额比上年减少4.76亿元，下降8.08%；上缴营业税总额3.96亿元，同比下降8.73%；利润总额－1.69亿元，同比下降206.06%。平均客房出租率为52%，同比下降8.77%，其中：五星级饭店的客房出租率为48%；四星级饭店的客房出租率为50%；三星级饭店的客房出租率为55%；二星级饭店的客房出租率为53%；一星级饭店的客房出租率为86%。五星级饭店平均房价为442元，同比下降0.37%；四星级饭店平均房价为323元，同比增长3.25%；三星级饭店平均房价为195元，同比增长3.55%；二星级饭店平均房价为137元，同比增长4.04%；一星级饭店平均房价为116元，同比下降1.15%。

表2　2013年安徽省星级饭店区域分布情况

市别	一星级（家）	二星级（家）	三星级（家）	四星级（家）	五星级（家）	总计（家）
合肥	0	14	32	19	9	74
淮北	0	2	1	0	1	4
亳州	0	5	4	4	0	13
宿州	0	1	2	1	0	4
蚌埠	0	4	8	4	1	17
阜阳	0	4	5	3	0	12
淮南	0	8	10	6	0	24
滁州	0	9	6	4	1	20
六安	0	10	20	10	1	41
马鞍山	0	4	8	5	2	19
芜湖	0	7	18	8	1	34
宣城	0	7	20	10	0	37
铜陵	1	8	3	4	1	17
池州	0	3	23	8	1	34
安庆	0	24	21	10	0	55
黄山	0	9	31	24	4	68
全省	1	119	212	120	22	474

表3　2013年安徽省中高档星级旅游饭店主要经济指标汇总表

项目	单位							
固定资产原值	千元	2811513.48	-3.142255	5050215.346	-1.16821	2598891.227	-2.126291	11278772.51
累计折旧	千元	776127.64	15.05794	1701465.759	0.7465923	914150.991	1.052097	3674589.66
流动资产总额	千元	818149.23	31.72668	2015435.784	1.457028	1640120.296	21.37508	4855941.418
负债总额	千元	2760977.67	27.2059	4507402.98	13.1703	2078901.442	4.030549	10173591.44
所有者权益	千元	1435133.16	59.49937	2372633.977	-7.180144	1693127.865	7.424857	5784287.792
营业收入总额	千元	1133543.35	7.112871	2312999.474	-2.155933	1552945.102	-20.56996	5416507.038
利润总额	千元	-71158.75	-306.8298	-64822.606	-220.1694	-8304.392	-111.6105	-168966.804
客房收入	千元	517793.53	8.029797	926394.803	-5.182599	617603.678	-7.693665	2221751.84
占营业收入比重	%	45.679199	0.856034	40.051665	-3.093354	39.769833	16.21086	41.018165
餐饮收入	千元	534161.18	6.575843	994810.628	-11.57772	760181.076	-17.52209	2513168.797
占营业收入比重	%	47.123136	-0.5013655	43.009548	-9.629398	48.95093	3.837176	46.398329
实缴税金	千元	88643.22	17.14693	166489.044	-9.440236	108106.282	-18.17515	395616.623
营业利润	千元	-90043.66	-317.1506	-52737.847	-175.6095	-4121.161	-106.2537	-170633.905
从业人员年均数	人	6571	-0.6951791	15879	-8.54691	13515	-10.60325	41045
大专以上学历人数	人	2411	-0.4130525	4040	-4.604486	2616	-12.42049	10004
客房数	间/套	6359	11.42457	92776	492.2881	74445	341.6528	179479
床位数	张	10247	8.871654	169993	522.2747	116413	266.6205	307578
可供出租间夜数	间夜	2402141	16.82844	5684250	3.952718	5706501	-4.862142	15940225
实际出租间夜数	间夜	1170189	8.431655	2872201	-8.163595	3166266	-10.85601	8366067
平均房价	千元	0.442487	-0.3706124	0.322538	3.246185	0.195057	3.547733	0.265567
平均出租率	%	48	-7.692307	50	-12.2807	55	-6.779661	52
每间可供出租客房收入	千元/间夜	0.215555	-7.531175	0.162975	-8.787922	0.108228	-2.976298	0.13938
每间客房平摊营业收入	千元/间	178.258114	-3.869606	24.93101	-83.48032	20.8603	-82.01527	30.179057
全员劳动生产率	千元/人	172.506977	7.862706	145.664051	6.988256	114.905297	-11.14884	131.965088
人均利税	千元/人	13.490065	17.96701	10.484856	-0.9768145	7.998984	-8.469994	9.638606
人均实现利润	千元/人	-10.829211	-308.2777	-4.082285	-231.4	-0.614457	-112.9876	-4.116623
人均占用固定资产原值	千元/人	427.866912	-2.464207	318.043664	8.068288	192.296798	9.482405	274.790413
百元固定资产创营业收入	元	40.317905	10.58782	45.800016	-0.9993981	59.754139	-18.84435	48.023905
资产总额	千元	4196110.83	36.66989	6880036.957	5.215101	3772029.307	5.527211	15957879.23

三、A级旅游景区经营发展情况

2013年，阜阳市八里河景区获批国家5A级景区，实现了皖北5A级景区零的突破，全省5A级景区达到7家；新创A级景区23家，其中4A级以上景区6家，全省A级景区总数达到461家，其中4A级以上景区达138家，继续处于全国领先水平。全省68家重点监测的旅游景区（点）共接待游客1.05亿人次，比上年增长13.67%，累计门票收入27.56亿元，增长0.41%。接待人数超过百万人次的有九华山、黄山、天柱山、方特欢乐世界等31个景区，其中，九华山、方特主题公园、天柱山、八里河、黄山、黟县宏村、天堂寨、龙川景区、黟县西递9个景区全年接待游客分别为801.59万人次、398.99万人次、388.2万人次、369.28万人次、274.65万人次、152.03万人次、126.53万人次、91.2万人次、81.21万人次，与上年同比分别增长24.8%、10.7%、22.3%、12.53%、-8.68%、5.85%、1.2%、-1.3%、-1.31%，9个旅游景区累计接待游客2683.68万人次，占68个重点监测景区的比重25.6%。门票收入超过两千万元的有黄山、九华山、天柱山、方特欢乐世界等27个景区，其中方特主题公园、黄山、九华山、天柱山、黟县宏村、八里河、龙川景区、天堂寨、黟县西递等9个景区全年门票收入分别为5.12亿元、4.96亿元、3.99亿元、1.31亿元、0.89亿元、0.86亿元、0.47亿元、0.47亿元和0.4亿元，与上年同比分别增长4%、-16.32%、12.65%、14.6%、9.73%、15.19%、11%、-18.7%和0.26%，9个景区累计门票收入18.47亿元，占68个重点监测景区门票收入的比重达67.02%。

表4　2013年度安徽省重点监测旅游景区（点）接待情况表

序号	旅游区（点）名　称	1~12月累计指标				
		同比增长（%）	接待人数（万人次）	同比增长（%）	门票收入（万元）	同比增长（%）
1	合肥市徽园	-4.30	118.85	-20.00	748.80	2.20
2	合肥市包公园	25.58	50.25	0.78	1036.50	-2.21
3	合肥市野生动物园	81.17	124.64	8.72	2394.74	8.86
4	合肥市三河古镇	18.50	243.80	21.80	500.20	33.10
5	李府	11.00	25.50	6.00	430.00	3.00
6	黄山市黄山风景区	-9.88	274.65	-8.68	49626.33	-16.32
7	黄山市花山谜窟—渐江景区	46.71	27.20	-19.30	1265.58	-11.18
8	黄山市翡翠谷景区	65.10	121.59	4.41	5558.79	0.76
9	黄山市太平湖景区	1.55	110.86	9.37	1865.45	8.29
10	黄山市芙蓉谷	-60.33	70.26	-10.27	1678.65	-8.59
11	黄山市黟县西递	6.51	81.21	-1.31	3982.00	0.26
12	黄山市黟县宏村	38.03	152.03	5.85	8981.29	9.73
13	黄山市棠樾牌坊群·鲍家花园	1.36	117.81	-1.20	3228.75	0.94
14	黄山市徽州古城景区	53.38	74.24	12.32	772.48	21.77
15	黄山市祁门牯牛降景区	15.90	65.48	23.37	2260.00	24.99
16	黄山市齐云山景区	264.80	66.51	8.02	3455.34	54.15
17	黄山市唐模景区	7.99	37.22	10.03	835.53	9.97
18	黄山市呈坎景区	2.61	52.95	15.28	2651.56	15.69
19	黄山市潜口民宅景区		42.47	2.21		
20	黄山市九龙瀑景区	-6.65	53.61	-2.50	1562.68	-2.61
21	黄山市赛金花故居-归园景区	-48.71	5.23	-13.93	109.15	-7.86
22	黄山市新安江山水画廊	-48.05	23.75	5.85	854.06	4.78
23	黄山市南屏景区	14.70	8.69	2.38	181.15	4.16
24	黄山市东黄山度假区	0.00	28.93	5.44	0.00	0.00
25	黄山市雄村景区	13.51	7.15	7.44	130.43	21.90
26	蚌埠市龙子湖	0.00	310.72	7.90	0.00	0.00
27	蚌埠市禾泉		79.53	7.20		
28	池州市九华山风景区	-36.50	801.59	24.80	39879.77	12.65
29	池州市九子岩风景区	3.00	249.10	7.00	1989.80	5.50
30	安庆市花亭湖景区	7.00	118.50	18.00	2130.00	12.00
31	安庆市天柱山风景区	4.00	388.20	22.30	13060.31	14.60
32	宣城市恩龙山庄生态旅游区	15.00	113.45	2.60	5163.00	-4.00
33	宣城市泾县新四军军部旧址		99.07	30.27		
34	宣城市绩溪龙川景区	48.00	91.20	-1.30	4728.00	11.00
35	宣城市太极洞景区	6.00	77.27	7.00	3464.80	8.00
36	宣城市旌德县江村	28.00	90.03	45.60	5604.39	48.30
37	宣城市水西景区		124.03	23.85		
38	宣城市桃花潭景区	23.07	39.47	25.02	1584.48	28.25
39	宣城市郭山大峡谷	58.00	62.30	11.00	2445.00	21.00

续表

序号	旅游区（点）名 称	1-12 月累计指标				
		同比增长（%）	接待人数（万人次）	同比增长（%）	门票收入（万元）	同比增长（%）
40	宣城市湖村	43.00	42.80	12.00	1629.00	27.00
41	宣城市查济	22.97	47.31	24.43	1735.88	22.08
42	宣城市白马山庄		106.69	30.40		
43	阜阳市生态乐园	14.10	167.89	10.80	3692.00	17.10
44	阜阳市颍上迪沟景区	-12.40	147.00	10.50	1280.80	-15.00
45	阜阳市八里河景区	7.89	369.28	12.53	8579.93	15.19
46	巢湖市金孔雀度假村	33.00	22.11	-10.00	3108.95	-9.00
47	马鞍山市采石景区	4.30	49.73	13.30	775.23	14.00
48	滁州市凤阳县小岗村景区	-45.24	49.15	-44.31	49.46	-44.60
49	滁州市琅琊山景区	-10.00	103.90	4.00	1879.90	0.40
50	滁州市凤阳县狼巷迷谷风景区	-30.10	38.38	27.13	674.27	2.07
51	芜湖市方特主题公园	-11.40	398.99	10.70	51168.80	4.00
52	芜湖市赭山景区	21.30	607.80	35.40	1061.40	36.80
53	芜湖市马仁奇峰景区	29.00	68.54	20.00	2163.74	19.00
54	芜湖市丫山花海石林	34.80	44.78	21.40	2686.80	21.40
55	芜湖市鸠兹风景区	0.00	1264.20	38.80	0.00	0.00
56	芜湖南陵大浦乡村世界	15.80	81.85	36.70	6525.40	17.40
57	铜陵市天井湖景区		447.19	6.50		
58	淮北市相山风景区		719.50	9.66		
59	亳州花戏楼景区	35.36	13.30	29.13	480.89	56.39
60	淮南市八公山旅游区	2.88	108.61	5.02	840.35	3.00
61	六安市天堂寨风景区	-93.30	126.53	1.20	4717.36	-18.70
62	六安市万佛湖景区	-74.40	186.00	43.00	8384.70	-0.61
63	六安市独山革命旧址群景区	0.00	102.68	-30.20	0.00	0.00
64	六安市红军广场景区		106.92	-6.00		
65	六安市佛子岭景区	57.70	94.50	-8.00	699.90	-45.00
66	六安市大别山主峰景区	-80.00	66.50	-33.50	930.40	-78.00
67	六安市寿县八公山	95.00	224.20	53.20	2548.60	66.00
68	六安市寿县博物馆		48.05	21.00		
	合 计	-9.41	10483.72	13.67	275593.87	0.41

注：以上数据由各市旅游局或旅游景区（点）提供。

四、旅游商品企业经营发展情况

2013 年，安徽省旅游局首次联合省经信委、商务厅、工商局、质监局联合签署了《推动全省旅游商品业发展战略合作协议书》。组团参加了“2013 中国国际旅游商品博览会和中国旅游商品大赛”，荣获最佳组织奖和交易成果奖，3 件（项）商品分获金、银、铜奖；组织皖北五市参加了中原旅游商品展及旅游商品大赛；推动安徽省旅游商品 LOGO 标志在全省范围内的规范使用；与省商务厅、财政厅、交通厅及相关市县联合开展了安徽知名品牌旅游商品进商场超市、进宾馆酒店、进高速服务区、进机场车站、进旅游景区“五进”活动，“皖货网上行”工作取得实质性进展；举办了第二届中国（安徽）旅游商品展销总汇暨旅游商品创意大赛，实现交易总额 6480 万元，征集创意设计参赛作品 1100 件，评选推出获奖作品 126 件，其中有 50 件获奖作品已转化成产品投放市场。全省 49 家旅游商品生产示范企业销售收入 34.86 亿元，增长 14.03%。

表5　2013年安徽省旅游商品示生产范企业经营信息表

序号	市	企业名称	2013年营收（万元）	同比增长（%）	同比增长（%）	2012年营收（万元）
1	合肥	安徽徽班工艺美术发展有限公司	1388.32	6.40	7.00	1304.81
2		安徽省华派雕塑景观艺术有限公司	720.00	-44.00	-50.00	1285.71
3		安徽时代旅游礼品有限公司	2005.50	32.40	39.21	1514.73
4		长丰县吴山智能源铁字画工艺品开发研究中心	80.00	-20.00	-16.00	100.00
5		安徽中设国礼文化有限公司	920.00	28.00	26.92	718.75
6	淮北	淮北市隋唐文化旅游纪念品开发有限公司	110.00	-21.00	-21.00	139.24
7	蚌埠	蚌埠市卫食园食品有限公司	20500.00	21.00	23.00	16942.15
8	阜阳	界首市卢氏刻花彩陶有限公司	30.00	-73.00		111.11
9	淮南	淮南市东锦旅游文化用品有限公司	480.00	-12.70	-13.00	549.83
10		淮南市碗碗香豆业有限公司	8285.20	6.00	2.10	7816.23
11		淮南市文景天宝工艺品有限责任公司	1265.00	15.00	18.00	1100.00
12	滁州	安徽鞠泰滁菊草本科技有限公司	12118.00	3.20	1.00	11742.25
13	六安	安徽跃飞天然食品有限公司	3200.00	30.00	35.00	2461.54
14		六安市安徽远发工艺品有限公司	18000.00	22.00	22.00	14754.10
15		六安市寿县八公山旅游开发有限公司	52.80	-5.70	-5.10	55.99
16		舒城县万佛湖渔业总公司	5000.00	25.00	20.00	4000.00
17		安徽舒城县翰文运动用品有限责任公司	16000.00	7.00	7.00	14953.27
18		安徽霍山玉石分公司	3000.00	10.00	10.00	2727.27
19	马鞍山	马鞍山市洪斌丝画手工艺术品有限公司	450.00	-28.08	-35.13	625.70
20	芜湖	芜湖工艺美术厂（飞龙铁画）	580.00	19.00	5.00	487.39
21	宣城	中国宣纸集团公司	22000.00	16.00	21.00	18965.52
22		绩溪县良才墨业有限公司	1000.00	25.00	50.00	800.00
23		宣城市立大禽业有限公司	15401.00	-10.10	-24.50	17131.26
24	铜陵	铜陵市远程工艺制品有限公司	3580.00	3.50	4.00	3458.94
25		铜陵月亮食品有限责任公司	2851.60	25.00	14.00	2281.28
26		铜陵新九鼎铜文化产业有限公司	4300.00	10.30	10.10	3898.46
27	池州	池州市九华大愿旅游纪念品有限公司	650.00	10.00	8.00	590.91
28		安徽国润茶业有限公司	10700.00	5.00	2.10	10190.48
29		池州市大九华山圣武雕塑有限公司	243.00	23.40	13.00	196.92
30		安徽九华红丝绸发展有限公司	3332.00	-5.70	-2.20	3533.40
31		池州美帝雅旅游制品有限公司	650.00	30.00	20.00	500.00
32	安庆	安庆市五千年工艺美术公司	8520.00	12.00	10.00	7607.14
33		安徽霞珍羽绒股份有限公司	65000.00	22.60	23.90	53017.94
34		安庆市潜山县天柱山茶庄酿酒厂	850.00	10.00	10.00	772.73
35		安徽传文特色农业科技有限公司	6175.43	6.00	6.00	5825.88
36		安庆市久久红木业有限公司	15683.00	15.20	20.00	13613.72
37		岳西养生布鞋有限公司	2867.00	16.00	12.00	2471.55
38		安徽花亭湖生态农林科技开发有限公司	1800.00	27.80	21.00	1408.45
39		安徽省望江惠龙挑花工艺品有限公司	867.00	8.50	3.00	799.08
40		安庆帝雅艺术品有限公司	6282.74	62.70	59.30	3861.55
41		安徽皖山食品公司	15900.00	34.00	26.00	11865.67

续表

序号	市	企业名称	2013 年营收（万元）	同比增长（%）	同比增长（%）	2012 年营收（万元）
42	黄山	黄山市金星工艺有限公司	311.38	15.50	8.00	269.59
43		休宁县状元旅游开发有限公司	23.80	8.18	6.80	22.00
44		黄山徽州竹艺轩雕刻有限公司	4800.00	14.30	10.00	4199.48
45		黄山一品有机茶叶有限公司	11200.00	10.00	6.00	10181.82
46		黄山市古徽风家具有限公司	2590.00	11.00	8.00	2333.33
47		黄山市松萝有机茶叶开发有限公司	40000.00	10.00	7.00	36363.64
48		黄山旅游集团佳龙绿色食品有限公司	1480.00	13.00	8.00	1309.73
49		安徽省庆元堂徽菊有限公司	5300.00	10.50		4796.38
合　计			348542.77	14.03		305656.91

（夏珍珍）

福建省旅游企业发展综述

福建省旅游局

2013 年，全省旅游行业紧紧围绕建设我国重要的自然文化旅游中心和国际知名旅游目的地的战略目标，持续扩大“清新福建”品牌影响力，积极推进产业转型升级，全省旅游经济保持平稳较快发展，较好地完成了年初确定的目标任务。全年全省累计接待游客 20054 万人次，首次突破 2 亿人次，比增 16.9%；旅游总收入首次突破 2000 亿元达到 2286 亿元，比增 16.1%；其中国内游客 19542 万人次，比增 17.3%；国内旅游收入 2003 亿元，比增 17.7%；入境游客 512.13 万人次，比增 3.7%；外汇收入 45 亿美元，比增 8.2%。各项主要旅游经济指标增幅均高于全国水平，旅游综合带动效应进一步凸显。

一、旅游经济运行主要特点

（一）国内旅游市场

2013 年，《国民旅游休闲纲要》和《旅游法》相继颁布实施，国民旅游在旅游市场中的比重和支撑作用愈加明显，福建省国内旅游市场保持较快增长势头；随着全省交通条件的进一步优化，江西省、湖北省、湖南省等中部地区以及北方的客源大幅增加，旅游客源市场持续扩大，旅游市场结构不断优化，人均旅游消费不断提高，国内旅游收入增长高于人数增长，呈现效益型发展态势。

1. 立体交通网络日臻完善，高铁旅游效应凸显

连接重点景区的高速公路网络覆盖全省，航空航线也较为便捷，高铁与公交、客运、出租车的站内衔接、订购车票等网络平台发展迅速，旅游信息渠道畅通。尤其是向莆、厦深铁路的开通，使全省立体旅游交通网络进一步完善，增强了旅游的可进入性，提升了游客出行的便捷程度，同时也激活周边旅游市场，在全省构建起 3～5 小时的“高铁旅游圈”，使高铁旅游成为亮点，福建省由此进入“高铁旅游”发展的快车道。

高铁旅游促进全省旅游客源市场有效拓展。据抽样调查，向莆铁路开通后，江西省、湖南省、湖北省等华中地区客源市场占比不断扩大，从 2012 年的 11.8% 提高至 16.9%，提升 5.1 个百分点。其中湖北客源市场比重上升 1.5 个百分点，湖南省、江西

省客源市场比重均上升0.4个百分点，河南省客源市场比重上升3.1个百分点。“坐动车，看美景”、“快旅慢游”成为人们新的出游方式。截至12月11日，向莆铁路共计发送旅客280万人次，日均客座率达80%，最高客座率达112%。动车沿线地区游客接待量大幅增长，其中福州市全年接待游客同比增长17.4%，莆田市增长20.4%，三明市增长17.7%，龙岩市增长21.9%，宁德市增长21.4%。

2. 创新旅游营销模式，新兴景区游客量大幅增长

2013年，福建省着力创新旅游营销模式，旅游品牌知名度和影响力进一步提升。营销事件亮点纷呈，绘就了一幅精彩的福建旅游“营销画卷”：“清新福建”成为福建旅游主题营销金字招牌，海洋旅游主题年活动展示千里钻石海岸风情，高铁系列营销活动掀起福建省旅游热潮，全球10亿QQ用户共赏福建美景，福建中秋博饼民俗走向全球五洲十国，福建文化旅游引起美国业界精英高度关注，首届“海峡两岸微电影大赛”微动两岸，福建旅游官方新媒体跃居全国先进行列，“福建旅游官方旗舰店”开辟“网淘福建”新天地，“市长带你游”品牌营销活动打造升级版，“安安圆梦”开创全国旅游公益活动先河等。

一系列的创新营销举措取得显著成效。“清新空气游”和“最美向莆线”备受热捧，客源新市场开拓取得明显成效，新兴景区游客量大幅增长。福州三坊七巷全年接待游客925.49万人次，同比增长12.1%；福州青云山27.06万人次，同比增长136.4%；福鼎太姥山97.06万人次，同比增长14.6%；永安桃源洞41.55万人次，同比增长16.1%；东山风动石67.06万人次，同比增长109.1%；仙游九鲤湖25.96万人次，同比增长68.5%；厦门北辰山50.54万人次，同比增长169.9%。

3. 产业融合不断深化，新型业态蓬勃发展

生态旅游魅力凸显。武夷山、龙岩梅花山成功创建首批国家生态旅游示范区，厦门天竺山、平和三平寺、邵武瀑布林、连城冠豸山成为首批省级生态旅游示范区。加之福州市、厦门市连续进入全国主要城市空气质量排行榜前十的正面宣传造势，“福建空气游、生态游”赢得市场热烈反响，众多北方游客慕名前来福建省领略生态旅游魅力。据抽样调查显示，2013年北方客源市场占省外客源的份额比2012年提高3.4个百分点，达30.1%。生态旅游景区游客量较快增长，永泰云顶景区全年接待游客26.73万人次，比上年增长70.5%；连城冠豸山78.52万人次，增长34.7%；三平风景区78.65万人次，增长11.6%。

乡村旅游持续升温。全省新增4家省级工农业旅游示范点，48家星级乡村旅游经营单位，全省星级乡村旅游经营单位达到116家。集休闲农业、农家乐、森林人家、水乡渔村、特色旅游景观名镇名村等多种类型产品规范化发展的乡村旅游产品体系不断完善。以上杭五龙村、宁德上金贝、莆田九龙谷、长泰山重村、漳平永福高山农业旅游区等为代表的一批乡村景区游客接待量保持稳定增长，分别为82.54万人次、33.30万人次、79.77万人次、35.1万人次和25.44万人次，增长12.7%、135.1%、6.1%、130.9%和120.4%。

海洋旅游受到热捧。2013年是“中国海洋旅游主题年”，福建省旅游企业紧抓市场热点，发布了十条海洋旅游精品路线，推出向莆铁路“梦幻滨海”线路等，滨海景区游客量持续增长。漳州滨海火山地质公园全年接待游客78.89万人次，同比增长10.1%；湄洲岛267.03万人次，增长17.9%；平潭石牌洋41.73万人次，增长12.5%，宁德三都澳14.05万人次，增长139.3%。

文化旅游备受青睐。传统文化景点人气不减，福建土楼永定景区和南靖景区分别接待游客313.25万人次和171.55万人次，比增10.6%和21.5%；新兴文化景点人气火爆，龙岩志高神州欢乐园接待游客突破百万人次，达161.51万人次。厦门方特2013年5月开业截至年底已接待71.61万人次。各地举办多种文化节庆活动，吸引大量人潮，以节促游成效显著，如泉州第五届海峡论坛·台湾特色庙会，5天人流量超过20万人次。

红色旅游人气旺盛。2013年，大力培育以红色旅游为主题、形式多样的复合型旅游产品和线路，进一步加大省际旅游区域合作力度，与江西省、湖南省、广东省联合举办了“红色文化之旅”自驾游活动，还先后启动5条红色旅游线路，不断增强红色旅游的吸引力、感染力和影响力。上杭古田会议旧址接待游客168.87万人次，增长17.0%，马尾船政文化博物馆59.64万人次，增长60.4%，长汀博物馆20.11万人次，增长101.7%。

温泉休闲游渐成时尚。福州市贵安温泉和青云山御温泉分别接待游客 78.45 万人次和 41.21 万人次，同比增长 203.5% 和 113.5%；云霄金汤湾温泉 39.05 万人次，增长 23.4%。其他如登山和马拉松等休闲活动也越来越多人参与，2013 年元旦的全国新年登高活动和年初的厦门马拉松均吸引上万人潮，全民健身体育与旅游融合的活动深入人心，成为一种时尚追求。

（二）入境旅游市场

2013 年，全国入境旅游市场呈下滑态势，而福建省逆势上扬，全年接待入境游客首次突破五百万人次大关，达 512.13 万人次，比上年增长 3.7%。增速虽有所回落，但整体依旧呈现相对平稳态势，市场结构进一步优化。入境游客中，过夜游客 457.75 万人次，同比增长 5.4%，占所有入境游客比重 89.4%，比上年扩大 1.4 个百分点；“一日游”游客 54.38 万人次，同比下降 8.2%；人均消费比上年有所提高，入境旅游市场效益提升。入境过夜游客在厦门、漳州、泉州和武夷山等地的人均逗留时间也有 0.3～0.7 天不同幅度的增加。

按入境旅游客源市场分：外国人为 178.28 万人次，增长 6.7%；台湾同胞为 213.63 万人次，增长 1.2%；港澳同胞为 120.22 万人次，增长 4.1%。

1. 外国人市场增长稳健，所占份额继续攀升

2013 年，全省外国人占入境市场份额连续第三年呈现提高态势，从 2010 年的 31.3% 上升到 2013 年的 34.8%，比上年上升 1 个百分点。全年接待外国人 178.28 万人次，同比增长 6.7%。欧洲、非洲、大洋洲等远程市场增长显著。其中大洋洲与非洲市场增长强劲，增幅达 32.6% 和 29.9%；欧洲游客增长 15.4%；美洲市场及传统的亚洲市场增长平稳。美洲游客 45.04 万人次，同比增长 4.8%，其中美国游客 37.94 万人次，依然是福建省最大的入境客源国；亚洲游客 94.53 万人次，增长 3.1%。

2. 台胞市场稳中有升，结构更趋优化

2013 年，平潭至台北、厦门至高雄和台南客滚航线开通，闽台乡村旅游深入合作，泉州赴台“个人游”启动等一系列举措，推动了台胞旅游市场的增长，使台胞市场成为福建省最大的入境客源市场，台胞接待量占全省入境游客总量的比重高达 41.7%。台胞客源市场结构更趋优化，全年接待台湾同胞 213.63 万人次，同比增幅稳中有升，达 1.2%，其中过夜台胞 161.34 万人次，增长 4.3%，占来闽台胞总数的 75.5%，比上年扩大 2.2 个百分点，“一日游”台胞 52.29 万人次，下降 7.3%。

3. 互推政策日趋完善，港澳市场平稳增长

2013 年上半年，香港航空加密“香港—福州”航班，并在开航初期的 4～6 月份推出低价促销票价吸引客源，第二季度福州市接待香港同胞增幅高达 18.4%；澳门航空首次开通“澳门—泉州”往返直航航班，福建省旅游企业组团参加“第 27 届香港国际旅展”等活动，各种互推方式和促销手段对拉动港澳市场的增长均起到了推动作用。2013 年，全省接待港澳同胞 120.22 万人次，同比增长 4.1%。其中接待香港同胞 109.14 万人次，增长 3.9%；接待澳门同胞 11.08 万人次，增长 6.3%。

4. 外汇收入增长显著，入境旅游效益提高

国家旅游局 2013 年入境游客抽样调查结果显示，入境在闽人均每天花费水平有所上升，达 205.21 美元/人天，比上年同期每人每天增加 9.51 美元，同比增长 4.9%。其中入境接待量在全省排名较靠前的泉州、福州两市的人均天花费，分别比上年同期增加 26.76 美元和 19.19 美元，增长 15.0% 和 9.0%。旅游外汇收入增幅 8.2%，高于入境游客接待量增幅 4.5 个百分点，入境旅游市场效益逐步提高。

二、各类企业发展状况

（一）全省星级饭店发展情况

截至 2013 年年底，全省共有星级饭店 443 家，客房总数为 59965 间（套），床位数为 100336 个。其中，五星级饭店 45 家，四星级饭店 141 家，三星级及以下饭店 257 家。全省“绿色旅游饭店”达 95 家，其中金叶级 59 家、银叶级 36 家。

（二）全省旅行社业发展情况

截至 2013 年年底，全省共有旅行社 799 家，经国家旅游局批准设立的经营出境业务旅行社 64 家（其中赴台游组团社 12 家），其中福州市 20 家（赴台游组团社 7 家）、厦门市 23 家（赴台游组团社 4 家），泉州市 6 家（赴台游组团社 1 家），龙岩市 5 家，南平市 2 家，漳州市 3 家，三明市 1 家，

宁德市2家，莆田市1家。全年新批旅行社62家，注销旅行社8家，旅行社总数较上年增加54家，同比增加了2.17%。

（三）全省A级景区发展情况

截至2013年年底，全省有A级景区120家，其中5A级景区7家、4A级60家，3A级景区34家，2A级景区19家。从全国旅游景区统计信息系统的景区数据来看，2013年，全省累计接待游客20054万人次，比增16.9%，旅游总收入达2286亿元，比增16.1%，其中国内旅游人数19542万人次，比增17.3%；国内旅游收入2003亿元，比增17.7%。入境游客512.13万人次，比增3.7%；外汇收入45亿美元，比增8.2%。

三、企业基本财务情况

纳入2013年度全省旅游行业会计报表编报范围的旅游企业共1109户，比上年度纳入编报范围的企业增长0.64%，其中旅行社618户，饭店373户，旅游景区94户，旅游集团2户，其他旅游企业22户（注：以下所称企业均为纳入编报范围的企业）。

按经济类型划分，国有及国有控股企业254户，占纳入编报范围的22.90%；集体企业33户，占2.98%；联营企业15户，占1.35%；私营企业745户，占67.18%；外商及港澳台投资企业62户，占5.59%。

（一）资产情况

截至2013年12月31日，纳入编报范围的旅游企业资产总额433.64亿元，资产总额中：

——流动资产184.72亿元，占资产总额的42.60%，同比增长13.59%。

——非流动资产248.92亿元，占资产总额的57.40%，同比增长9.97%。

（二）负债情况

截至2013年12月31日，纳入编报范围的旅游企业负债总额243.91亿元。负债总额中：

——流动负债163.12亿元，占负债总额的66.88%。

——长期负债80.79亿元，占负债总额的33.12%。

（三）所有者权益情况

截至2013年12月31日，纳入编报范围的旅游企业所有者权益总额189.61亿元。同比增长了14.36%。

（四）收入情况

2013年度纳入编报范围的旅游企业收入总额283.99亿元。

（五）成本费用情况

2013年度纳入编报范围的旅游企业成本费用总额281.53亿元。

四、企业发展能力状况主要指标

（一）销售增长率

2013年度全省旅游企业平均销售增长率达到3.75%，其中：

——旅行社平均销售增长率为6.77%。其中经营出境旅游业务企业为10.35%，经营非出境旅游业务企业为-3.53%。

——饭店平均销售增长率为-5.38%。其中五星级饭店为-4.31%，四星级饭店为-9.21%，三星级饭店为-4.63%，二星级饭店为-3.71%，一星级饭店为15.16%，未评星级饭店为6.75%。

——旅游景区销售增长率为15.74%；其中自然类景区为10.94%，文物类景区为9.03%，主题类景区为37.79%。

——旅游集团销售增长率为10.6%。

——其他旅游企业销售增长率为78.18%。

（二）资本积累率

2013年度福建省旅游企业资本积累率为11.29%。其中：

——旅行社资本积累率为3.61%；其中经营出境旅游业务企业为3.21%，经营非出境旅游业务企业为4.42%。

——旅游饭店资本积累率为3.73%；其中五星级饭店为-1.56%，四星级饭店为4.71%，三星级饭店为13.24%，二星级饭店为0.98%，一星级饭店为5.9%，未评星级饭店为2.14%。

——旅游景区资本积累率为12.63%；其中自然类景区为12.02%，文物类景区为15.87%，主题类景区为7.65%。

——旅游集团资本积累率为7.56%。

——其他旅游企业资本积累率为179.76%。

（三）总资产增长率

2013年度福建省旅游企业总资产增长率为11.13%。其中：

——旅行社总资产增长率为6.75%；其中经营出境旅游业务企业为1.83%，经营非出境旅游业务企业为16.7%。

——旅游饭店总资产增长率为2.67%；其中五星级饭店为3.08%，四星级饭店为0.37%，三星级饭店为13.57%，二星级饭店为-1.33%，一星级饭店为-0.02%，未评星级饭店为-10.91%。

——旅游景区总资产增长率为21.37%；其中自然类景区为19.54%，文物类景区为43.22%，主题类景区为2.23%。

——旅游集团总资产增长率为14.06%。

——其他旅游企业总资产增长率为144.03%。

以上发展能力状况指标综合反映说明：旅游景区发展能力强于其他旅游企业，主要原因在于旅游景区作为旅游目的地，历年不断加大配套基础设施的投入，接待能力加强，有12.63%的资本积累率和21.37%的总资产增长率，另外，每个景区都有其独特的自然和文化资源，发展能力强于其他旅游企业。

五、2014年度旅游行业发展方向

充分发挥福建省旅游生态和对台两大优势，全面贯彻实施《旅游法》，打响“清新福建”品牌，着力深化改革开放，着力转变旅游发展方式，着力激发市场活力，着力扩大旅游消费，着力推进旅游公共服务体系建设，打造福建省旅游产业升级版，努力实现“百姓富·生态美”的有机统一。

2014年全省旅游经济预期目标为：全省旅游总人数增长15%，旅游总收入增长16%。其中，接待国内游客增长15%，国内旅游收入增长17%；接待入境游客增长8%，外汇收入增长10%。

旅游产业发展思路：概括为“1135”，即“深化一大主题，围绕一条主线，突出三大重点，建设五大体系”。

（一）深化一大主题：发挥生态优势，建设全国生态旅游先行区

认真贯彻落实创建全国生态文明先行示范区的战略部署，以生态文明引领全省旅游产业发展，打造绿色和蓝色生态旅游带，加快建设全国生态旅游先行区。

打响清新福建品牌。以“清新福建”为福建旅游主题形象，深入挖掘生态旅游内涵，运用多元化宣传营销手段，通过省、市、县三级联动，加快形成系统化的“清新福建”旅游品牌形象推广体系，让“清新福建”的独特内涵深入人心，提升“清新福建”品牌的知名度和影响力。

制定生态旅游标准。制定清新系列旅游标准体系，并在全国率先推广。联合省环保、气象等部门在全国率先发布50个生态景区涵盖PM2.5指数、负氧离子指数等的生态旅游指数，让“清新福建”以权威的数据享誉全国。

建设生态旅游项目。大力发展生态旅游，积极参与生态文明建设。探索福建特色的“国家公园”建设，继续推动平潭岛、鼓浪屿、湄洲岛、东山岛、嵛山岛等5个岛屿创建生态旅游岛。推出一批国家级、省级生态旅游示范区。各级旅游部门要站在全局和战略高度去发展生态旅游，着力打造一批生态旅游项目，推动旅游由观光向生态休闲度假转变。

（二）围绕一条主线：发挥对台优势，构建“环海峡旅游圈”

充分发挥闽台合作“五缘”优势，以产业合作为基础，以政策先行为支撑，加快构建资源共享、产品互补、市场共推、品牌共打的“环海峡旅游圈”。

深化闽台旅游产业合作。着力推动闽台旅游合作从人员往来向产业深度合作转变，重点推动“四大合作”：一是闽台乡村旅游产业合作。重点推进乡村旅游“月亮工程”、“繁星工程”和“提升工程”建设，持续推进“闽台乡村旅游试验基地”建设。二是闽台邮轮旅游产业合作。培育打造两岸邮轮旅游产业，支持厦门国际邮轮母港建设，积极构建“环海峡邮轮旅游圈”。三是闽台文化旅游产业

合作。加强闽台文化旅游交流，促进闽台文化旅游结合，打造闽台文化旅游精品，发展闽台文化旅游品牌。四是闽台温泉旅游产业合作。借鉴台湾温泉旅游开发模式，注重各地温泉资源与自然特色、民俗文化相结合，提升福建特色温泉旅游品牌影响力。

打造两岸水上旅游“黄金通道”。进一步发挥闽台空中直航、海上直航、“小三通”海空联运的立体交通优势，持续拓宽游客往返两岸便捷通道，重点开拓“三大通道”：一是拓宽海上直航旅游线路。大力培育“海峡号”、“中远之星”航线，支持开辟更多直通台湾的水上航线，推动两岸海上直接往来和交流日益密切。二是发展环海峡邮轮旅游。不断推出“高铁+邮轮”、“高速+邮轮”等系列旅游产品，做热厦门—台湾—厦门邮轮航线，推动“环海峡邮轮旅游”常态化。三是提升“小三通”功能。完善“小三通”的相关交通服务设施，推出“高铁+小三通”旅游产品，提高闽港澳台海陆空的联运效率和便利性。

拓宽闽台旅游协作领域。不断开拓两地旅游合作新领域，重点拓宽“五大领域”：一是闽台修学旅游协作。持续举办“万名台湾学子来闽修学旅游”活动，让两岸青年加深彼此的了解，成为两岸旅游交流的使者。二是闽台自驾游协作。推动成立闽台自驾游联盟，探索闽台互认驾照，适时推出闽台自驾游连线旅游产品。三是闽台智慧旅游协作。加强闽台旅游信息化合作，努力构建闽台智慧旅游协作大平台。四是闽台旅游标准协作。建立与台湾地区旅游标准化合作机制，共同开拓两岸旅游服务标准研究，借鉴提升全省旅游标准化水平。五是闽台旅游人才协作。支持办好福建海峡旅游学院，充分发挥“海峡旅游教育联盟”的作用，继续开展“百名乡村旅游人才赴台湾培训计划”。

（三）突出三大重点

加快旅游产品转型升级，推进旅游公共服务建设，推动旅游改革开放，构建要素完善、满足不同层次需求的旅游产品体系和服务体系。

推动旅游产品的转型升级。落实《福建省旅游产业创新提升规划暨2014年行动计划》，打造一批具有国际水平和竞争力的品牌，加快构建“233”旅游产业发展格局，打造绿色和蓝色“两条生态旅游带”，构建以福州市、厦门市、武夷山市为核心的“三大旅游产业发展中心”，建设闽东北山海画廊旅游区、闽西南滨海文化度假区和闽西北文化生态旅游区“三大旅游板块”。通过打造“两带”，培育“三核”，推动“三区”发展，形成一批旅游产业集群。一是培育产业龙头。以福州市、厦门市、武夷山市为核心，加快培育区域旅游产业龙头。通过福州“闽都文化城”项目、厦门“全城5A”项目、南平“武夷新区”项目建设，将三核打造成为旅游城市特色突出的国际性旅游综合服务中心和集散枢纽，形成对两带三区的全面带动。同时，培育企业龙头，支持省内有条件的旅游企业整合重组，加快培育跨区域、跨行业的龙头旅游企业集团。积极推动一批有竞争力的旅游企业在境内外上市。加大招商引资力度，积极引进一批国内外知名旅游企业集团。各地要结合实际加快培育一批龙头企业。二是延伸产业链条。围绕旅游要素，打造若干特色旅游产业链。大力提升观光产业链，提升优化一批核心景区和旅游吸引物，完善吃、住、行、购、娱等配套要素。联合住建、林业、海洋渔业等相关部门推动创建一批A级景区。着力打造休闲度假链，打造一批特色旅游休闲街、美食街、购物街、旅游小镇、主题公园、度假区，发展特色体验、购物旅游，做大旅游商品体系，形成多元化、适应不同层次需求的休闲度假类旅游项目群。积极发展生态体验链，积极推进生态公园、生态休闲农业、生态庄园、福建茶庄、美丽乡村、温泉等建设。各地要不断丰富旅游内涵，延长产业链条，扩大旅游消费。三是建立产业集群。以福州为核心，联动莆田、宁德、平潭，打造以闽都文化、妈祖朝圣、温泉休闲、蓝色滨海为主的闽东北山海画廊旅游产业集群。以厦门为核心，依托厦、漳、泉同城化，重点打造以滨海度假、闽南文化、客家文化为主要特色的闽西南滨海文化度假旅游产业集群。以武夷山为核心，联动泰宁世界遗产地，重点打造以自然山水、朱子文化、客家祖地、茶文化为主要特色的闽西北文化生态旅游产业集群。在中心城市、大景区周边，利用动车线、高速路、主干道的交通优势，依托森林公园、湿地公园、地质公园、郊野公园、水利风景区、海上牧场和各类农业园区，规划建设一批具有鲜明特色的乡村旅游项目集群。

推动旅游公共服务建设。重点推进“四大工

程”：一是旅游通达工程。联合交通部门推动“旅游景区最后一公里”景观道路建设；推动交通要道至主要旅游景区之间的旅游公共交通逐步完善；推动建设全省高铁车站、高速公路、国道通往景区路段的旅游交通引导标志。二是自驾游营地工程。制订福建省自驾游营地规划，推动建设一批包括住宿、餐饮、购物、医疗救援、汽车维修站、加油站等综合配套服务设施的自驾车营地。三是旅游集散中心工程。在高铁沿线的中心城市以及沿线市（县）建设14个旅游集散中心，实现高铁、城市和景区“无缝对接”。四是旅游休闲工程。合理布局，推动建设一批特色休闲街区、休闲广场、旅游购物街区、特色餐饮街区、城市公园绿地、公共海滩等免费游憩场所，满足游客需求。大力推进景区内公共服务设施建设，提升服务品质，为游客提供安全、便利、优质的旅游软环境；完善旅游服务质量引导、监管、评价和改善机制，保护游客合法权益；引导游客文明、理性、绿色出游，提升福建省旅游的影响力和美誉度。

推进旅游综合改革。重点理清政府与市场的关系，切实发挥政府在战略研究、政策制定、发展环境营造、旅游市场监管、公共服务提供、旅游形象推广等方面的作用，重点推进“五大改革”。一是完善旅游管理体制机制。从传统的行业管理向统筹协调、共建共治转变，探索创新适应旅游业综合性产业特征的旅游业发展管理体制机制。有条件的市（县）推动成立旅游发展委员会。探索景区管理体制创新，选择1～2个重点景区开展股权多元化改革试点，发展混合所有制经济。二是创新旅游行政监管方式。从注重“事前审批”向加强“事中监管”、“事后问责”转变。进一步推进省级旅游审批权力下放。健全行业协会组织，构建政会分开、机构健全、职能完善的协会运作体系。三是激发市场主体活力。要推动建立公开透明的市场准入标准和运行规则，破除旅游业发展中的壁垒，促进旅游要素的自由流动，推动旅游要素向社会资本全面开放，培育一批有竞争力的市场主体。四是拓宽旅游投融资领域。充分发挥市场在资源配置中的决定性作用，建立市场化的旅游投融资平台，探索建立旅游投资发展基金和旅游银行，在厦门市探索成立旅游产权交易中心。改革旅游专项资金使用模式，引进竞争机制，实行省级旅游发展专项资金集中扶持、重点扶持。五是改革旅游发展评价体系。不简单以经济数量论英雄，要从数量规模型转向质量效益型，形成以规模数据为基础、以住宿过夜人天数和人均消费为核心指标的评价体系。

（四）建设五大体系

大力发展智慧旅游，创新全媒体营销，加快推动旅游与相关产业融合发展，强化旅游市场监管，优化旅游发展环境，推动旅游业从传统服务业向现代服务业转变。

建设智慧旅游体系。围绕“2014年中国智慧旅游年”主题，全面推进落实智慧旅游工作。一要科学规划。加强旅游信息化顶层设计，制定适度超前的《福建“智慧旅游”建设总体规划》和《智慧旅游大平台建设方案》，明确全省智慧旅游发展的思路和重点，实现省、市、县、景区四级有效联动，全面提升旅游信息化水平。二要试点示范。推动福州市、厦门市、龙岩市和武夷山市建设“国家智慧旅游试点城市”。推动鼓浪屿、武夷山、福建土楼、泰宁等品牌景区建设智慧旅游景区试点。继续推进智慧旅游企业建设，以试点示范带动全省智慧旅游发展。三要抓好建设。成立智慧旅游促进专家委员会，加强对智慧旅游的指导，推动旅游信息化往基层延伸。以智慧旅游服务体系、智慧旅游营销体系和智慧旅游管理体系等三大体系为基础，构建智慧旅游大平台。

建设旅游营销体系。将2014年作为“福建省旅游品牌深化主题年”，推动旅游宣传营销从政府主导向市场引导、从笼统营销向细分营销、从分散营销向整合营销“三大转变”，打响清新福建旅游品牌。一是拓展三大旅游市场。开拓境外市场。巩固和提升台港澳、东南亚等传统市场，加大欧美市场开发力度。在国际旅游营销中凸显“福建6T元素”（土楼、茶、台湾、华侨纽带、气候、森林），探索在国外设立“福建旅游海外体验中心”，培育一批境外福建旅游营销代理商。拓展省外市场。借助向莆、厦深等新开通的高铁，持续加大在京津冀、长三角、珠三角、华中地区福建旅游形象的推广力度，不断做大全省旅游客源总量。做热省内市场。推动“福建人游福建”优惠政策，落实国民休闲带薪休假制度，推出福建旅游年卡，引导全省旅游消费热点。二是主推三大旅游线路。高铁旅游线。延续向莆、厦深高铁营销前期良好宣传效应，主推蓝色滨海、欢乐闽台等特色产品，全面拓展华中市场，深挖珠三角、长三角市场。海峡邮轮旅游线。根据邮轮旅游的特点，深度挖掘两岸邮轮旅游资源，推出高端商务邮轮之旅、休闲度假邮轮之旅、两岸青年修学邮轮之旅等环海峡邮轮旅游线路，让游客们感受一脉相承的文化历史，领略博大精深的中华文明。自驾游旅游线。顺应大众旅游的趋势，满足自驾游客急剧增长的需求，推出世遗山水、钻石海岸、千里客家、红色寻踪等自驾游精品线路，让游客体验清新福建的自驾乐趣。三是创新三大营销方式。在央视的主流频道、黄金时段播放清新福建形象宣传片，提升“清新福建”品牌影响力和招徕力。创新网络营销。与国内外著名网站合作，建立网络营销平台，壮大福建旅游微博矩阵，提高旅游营销实效。创新事件营销。策划能引起轰动效应的旅游营销事件，吸引国内外游客关注，提升福建省旅游品牌影响力。创新活动营销。按照“月月有活动·季季有高潮”的总体要求，充分发挥旅游市场主体的作用，采取“联合推介、捆绑营销”方式，统筹各方面力量开展全省营销活动。

建设旅游产业融合发展体系。把旅游业放在加快推进新型工业化、信息化、城镇化、农业现代化的大格局中谋划，推动旅游与相关行业、部门互动融合。一是旅游与新型城镇化融合。加强旅游规划与城乡建设规划的衔接，与住建厅联合推出厦门等一批旅游“全域化”试点市、县，打造十个历史文化名镇名村。与交通部门联手把一批高速公路加油站、服务区打造成为“旅游休闲驿站”。二是旅游与一、二、三产融合。联合农业、住建等部门启动实施乡村旅游“百镇千村”三年行动计划，三年力争打造100个旅游休闲集镇，培育1000个乡村旅游经营单位。联合经信委等部门，加强工业旅游创意设计和时尚品牌塑造，形成一批创新型工业旅游示范区。指导和推动富有福建地方特色的旅游商品研发，形成“百种福建必购”旅游商品体系；在巩固大众旅游产品的同时，重点引进海上休闲旅游、康体养生旅游、运动休闲旅游、邮轮游艇旅游等新业态，发展野外拓展、户外露营、山地运动等健身产品。联合体育部门发展以运动体验、运动休闲度假和重大赛事为主要内容的运动休闲旅游，推动建设一批运动休闲旅游示范基地。联手海洋渔业部门编制全省游艇码头规划，建设一批游艇码头休闲驿站和俱乐部，推动一批无居民海岛旅游开发。三是旅游与文化融合。联合宣传、文化部门共同推进文化和旅游融合发展八大示范工程建设，深度挖掘福建多元文化内涵，建设一批文化旅游项目，打造一批文化旅游演艺精品，延伸旅游产业链。联合宣传、文化、海洋渔业等部门共同推动泉州打造“海上丝绸之路”起始点的旅游品牌。

建设旅游监管体系。以服务提升为核心，着力优化旅游市场环境。一是完善“大行管”体系建设。依托行业管理、质量监督、行风建设和精神文明建设齐抓共管的工作平台，推动完善部门联动、省市县互动工作机制，促进旅游行业监管水平的整体提升。加强旅游安全管理，健全旅游安全风险应急预案，提升风险防范和应急处置能力。要加强旅游诚信体系建设，加快完善旅游相关企业和从业人员诚信记录，引导旅游企业诚信经营。二是提升旅游综合执法水平。进一步贯彻《旅游法》，启动《福建省旅游条例》修订工作。建立健全旅游市场联合执法检查工作机制，协调相关部门组织开展旅游市场联合执法，着力解决旅游市场长期存在的突出问题。集中开展旅游市场秩序专项整治，依法严厉打击诱导、欺骗、强迫和变相强迫游客消费的行为，加大违法行为曝光力度。三是推进旅游标准化体系建设。制定旅游标准化体系，加快旅游新业态、旅游公共服务和生态旅游等福建特色标准制定。强化标准规范对提高服务质量的引领作用，继续推进全省旅游标准化试点单位创建，推动更多企业实施标准化管理。

建设旅游保障体系。以人才强旅为目标，构建旅游人才建设体系，为福建旅游繁荣发展提供支撑。一是组织保障。用现代理念引领福建旅游产业发展，积极构建政府引导、部门联动、行业促进、市场推动的旅游产业发展格局。充分发挥统筹协调、指导推动旅游产业发展的职能，引导各级政府重视旅游产业发展，主动与各部门对接，形成旅游产业发展合力。二是政策保障。进一步加大对旅游产业发展的资金扶持，落实税费优惠政策、金融支持政策、优先保障用地用海等政策，突破政策瓶颈，发挥政策激励作用，支持旅游产业发展。三是人才保障。完善旅游从业人员普查工作，继续实施“百千万旅游人才培训工程”，加强各类旅游人才培训力度，引进一批急需的高端旅游人才，推动导游管理体制改革，不断提高旅游从业人员队伍素质，形成“高级为龙头、中级为骨干、初级为基础”的旅游人才队伍建设体系。

（薛从霖）

江西省旅游企业发展综述

2013年，《中华人民共和国旅游法》（以下简称《旅游法》）正式实施，为旅游管理提供法律依据，江西省《关于推进旅游强省建设的意见》，为旅游发展提供政策指导，江西省旅游发展整体良好。2013年，江西省旅游接待总人数25009.83万人次，同比增长22%；旅游总收入1896.06亿元，同比增长35.18%。其中，接待国内旅游人数24846.22万人次，同比增长22.11%，国内旅游收入1863.55亿元，同比增长35.83%；接待入境旅游人数163.61万人次，同比增长4.76%，旅游外汇收入52508.38万美元，同比增长8.33%。江西省国内旅游市场的快速发展和入境旅游市场的稳步提升，得益于旅游企业整体水平的发展进步。

一、旅游景区

加快建设基础设施。道路体系的建设，增强旅游景区的可进入性，如庐山西海云居山景区云百登山公路成功通过省公路局验收；箕峰景区开工建设玉皇殿区块旅游环线工程，以实现宫殿各遗迹有机串联；此外，瑶里寺前至婺源大彰山公路、程家山至盛莲塘等公路相继开工。设施场所的提升，改善旅游景区的公众形象，明月山景区、石钟山景区等对星级厕所进行改造升级，树立星级服务标准。标识系统的完善，提高旅游者出游效率，梅岭风景区投入资金42.8万元，对全区道路标志标牌进行完善和改造升级，便捷旅游者出游。此外，上堡梯田等景区对观景台、游步道、防护栏等设施的建设，健全和完善了景区硬件设施。

稳步提升服务质量。一方面，强化服务平台建设，景德镇古窑线上产品进入智慧旅游信息平台，通过景区官网电子商务系统、合作网站和分销平台为不同游客提供多种选择的自由行、个性化服务；武功山景区开通旅游门户网站，便捷旅游者查询各类信息。另一方面，注重提升现实服务，庐山西海风景区从礼貌礼仪、业务技能等方面对景区讲解员进行培训教育；箕峰景区通过增设救助箱、解说牌等内容，突显景区特色服务和人文关怀。

有序推动经营管理。安全生产常抓不懈，靖安县旅游局在全县范围内启动平安景区创建工作，旨在强化景区安全生产观念、排除安全隐患；古窑民俗博览区组织员工、导游、游客参与“生命通道体验活动”，加大应急避险和火场逃生知识的宣传力度；在清明、端午、中秋、国庆等节假日期间，各市县旅游行政管理部门联合交通、安监、消防、卫生、工商等部门对旅游景区设施设备、道路交通、消防、食品、应急准备等进行重点检查，排除各类安全隐患。运营维护时刻跟进，丰城市白马寨和厚板塘景区旅游标志、介绍牌更新换代，使古村面貌焕然一新；奉新县对张勋庄园保护维修，成效显著。技术手段创新应用，武功山风景名胜区投资10多万元，利用视频监控系统对人流、车流等要素进行科学管理。

不断提高景区等级。2013年，国务院核定公布第七批全国重点文物保护单位（共计1943处），江西省有76处（详见表1），其中古遗址14处、古墓葬8处、古建筑35处、石窟寺及石刻2处、近现代重要史迹及代表性建筑17处，湘赣边界秋收起义前敌委员会旧址为铜鼓县目前唯一的全国重点文物保护单位，南岩石窟为弋阳县第一个国家级的重点文物保护单位，也是江西省唯一的佛窟寺，“国保单位”的持续增加，对江西省发展文化旅游具有重要意义。2013年，国务院办公厅先后公布两批共

44处新建国家级自然保护区名单，江西省有2处，分别是赣江源国家级自然保护区和庐山国家级自然保护区。2013年，都昌县的鄱阳湖湿地被列入国家重要湿地，婺源县的饶河源国家湿地公园通过评审；2007~2013年的7年间，江西省共建立湿地公园65处，总面积13.9万公顷，占全省国土总面积的0.83%，其中，国家湿地公园18处，总面积11.4万公顷，湿地面积9.1万公顷，省级湿地公园47处，总面积2.5万公顷，湿地面积1.82万公顷，湿地公园成为江西省对外展示的窗口和名片。在旅游景区质量等级方面，2013年，景德镇古窑民俗博览区和上饶市婺源江湾景区荣膺国家5A级旅游景区，至此江西省共有6个5A级旅游景区（详见表2）；江西凤凰沟景区等11个景区（详见表3）获评国家4A级旅游景区，全省4A级旅游景区增至55个；万载县竹山洞景区等13个景区被评为国家3A级旅游景区；武功山、明月山创5A级旅游景区，云碧峰国家森林公园、杨岐山风景名胜区、“山水武宁”西海湾等创4A级旅游景区，景区创A升级工作加快推进中。乡村旅游点发展建设较快，乐安县小蓬莱风景旅游区等35个乡村旅游点被评为江西省4A级乡村旅游点（详见表4），铜鼓县百果园和谐农庄等乡村旅游点被评为江西省3A级乡村旅游点。江西省各市县及旅游景区还获得了其他各类荣誉（详见表5），如靖安县、石城县被农业部和国家旅游局认定为全国休闲农业与乡村旅游示范县，莲花县琴亭镇莲花村、进贤县前坊镇西湖李家村、吉安县横江镇公塘古村葡萄观光园被农业部和国家旅游局认定为全国休闲农业与乡村旅游示范点，各项殊荣将促进市县及旅游景区发展建设。

表1　江西省第七批全国重点文物保护单位名单

序号	名称	地址	类别
1	拾年山遗址	新余市渝水区	古遗址
2	社山头遗址	上饶市广丰县	古遗址
3	角山板栗山遗址	鹰潭市月湖区	古遗址
4	界埠粮仓遗址	吉安市新干县	古遗址
5	鄡阳城遗址	九江市都昌县	古遗址
6	宝山金银矿冶遗址	抚州市金溪县	古遗址
7	银山银矿遗址	上饶市德兴市	古遗址
8	七里镇窑址	赣州市章贡区	古遗址
9	包家金矿遗址	上饶市上饶县	古遗址
10	凤凰山铁矿遗址	新余市分宜县	古遗址
11	白舍窑遗址	抚州市南丰县	古遗址
12	蒙山银矿遗址	宜春市上高县	古遗址
13	华林造纸作坊遗址	宜春市高安市	古遗址
14	丽阳窑址	景德镇市昌江区	古遗址
15	李洲坳东周墓葬	宜春市靖安县	古墓葬
16	吴平墓群	宜春市樟树市	古墓葬
17	紫金城城址与铁河古墓群	南昌市新建县	古墓葬
18	吉水东吴墓	吉安市吉水县	古墓葬
19	文天祥墓	吉安市青原区	古墓葬
20	谭纶墓	抚州市宜黄县	古墓葬
21	朱权墓与乐安王墓	南昌市新建县	古墓葬
22	明益藩王墓地	抚州市南城县	古墓葬
23	乘广禅师塔和甄叔禅师塔	萍乡市上栗县	古建筑
24	石钟山古建筑及石刻	九江市湖口县	古建筑
25	槎滩陂	吉安市泰和县	古建筑
26	永福寺塔	上饶市鄱阳县	古建筑
27	逢渠桥	宜春市宜丰县	古建筑
28	马祖塔亭	宜春市靖安县	古建筑
29	大胜塔	九江市浔阳区	古建筑

续表

序号	名称	地址	类别
30	万安城墙	吉安市万安县	古建筑
31	紫阳堤	九江市星子县	古建筑
32	龙虎山古建筑群	鹰潭市贵溪市	古建筑
33	明园	景德镇市昌江区	古建筑
34	锁江楼塔	九江市浔阳区	古建筑
35	庐山赐经亭	九江市庐山区	古建筑
36	景贤贾氏宗祠	宜春市高安市	古建筑
37	三清山古建筑群	上饶市玉山县、德兴市	古建筑
38	龙图学士和刺史传芳牌楼门	抚州市乐安县	古建筑
39	白鹭洲书院	吉安市吉州区	古建筑
40	万年桥和聚星塔	抚州市南城县	古建筑
41	羊角水堡	赣州市会昌县	古建筑
42	龙溪祝氏宗祠	上饶市广丰县	古建筑
43	庐山御碑亭	九江市庐山区	古建筑
44	安福孔庙	吉安市安福县	古建筑
45	太平桥	赣州市龙南县	古建筑
46	羽琌山馆和云亭别墅	南昌市进贤县	古建筑
47	永镇桥	赣州市安远县	古建筑
48	玉带桥	赣州市信丰县	古建筑
49	龚氏宗祠两牌楼及浣纱记石雕	上饶市上饶县	古建筑
50	抚州玉隆万寿宫	抚州市临川区	古建筑
51	驿前石屋里民宅	抚州市广昌县	古建筑
52	赣州文庙	赣州市章贡区	古建筑
53	凤山查氏宗祠	上饶市婺源县	古建筑
54	新源俞氏宗祠	上饶市婺源县	古建筑
55	浒崦名分堂戏台	景德镇市乐平市	古建筑
56	镇窑	景德镇市昌江区	古建筑
57	东生围	赣州市安远县	古建筑
58	罗田岩石刻	赣州市于都县	石窟寺及石刻
59	南岩石窟	上饶市弋阳县	石窟寺及石刻
60	同文书院	九江市浔阳区	近现代重要史迹及代表性建筑
61	陈宝箴、陈三立故居	九江市修水县	近现代重要史迹及代表性建筑
62	盛公祠	萍乡市安源区	近现代重要史迹及代表性建筑
63	总平巷矿井口	萍乡市安源区	近现代重要史迹及代表性建筑
64	湘赣边界秋收起义前敌委员会旧址	宜春市铜鼓县	近现代重要史迹及代表性建筑
65	东固平民银行旧址	吉安市青原区	近现代重要史迹及代表性建筑
66	君埠红一方面军总司令部旧址	吉安市永丰县	近现代重要史迹及代表性建筑
67	富田村诚敬堂	吉安市青原区	近现代重要史迹及代表性建筑
68	渼陂红四军总部旧址	吉安市青原区	近现代重要史迹及代表性建筑
69	“二七”陂头会议旧址	吉安市青原区	近现代重要史迹及代表性建筑
70	寻乌调查旧址	赣州市寻乌县	近现代重要史迹及代表性建筑
71	中共苏区中央局旧址	赣州市宁都县	近现代重要史迹及代表性建筑
72	中华苏维埃共和国中央革命军事委员会旧址	赣州市瑞金市	近现代重要史迹及代表性建筑
73	瑞金中央工农红军学校旧址	赣州市瑞金市	近现代重要史迹及代表性建筑
74	瑶里改编旧址	景德镇市浮梁县	近现代重要史迹及代表性建筑
75	上高会战遗址	宜春市上高县	近现代重要史迹及代表性建筑
76	邓小平旧居与劳动车间	南昌市新建县	近现代重要史迹及代表性建筑

注：资料来源于中华人民共和国中央人民政府官方网站

表 2　2007～2013 年江西省 5A 级旅游景区一览表

景区名称	所属地区	A 级	评定年度
景德镇古窑民俗博览区	景德镇	5A	2013
上饶市婺源江湾景区	上饶	5A	2013
江西省鹰潭市龙虎山旅游景区	鹰潭	5A	2012
江西省上饶市三清山旅游景区	上饶	5A	2011
吉安市井冈山风景旅游区	吉安	5A	2007
江西省庐山风景名胜区	九江	5A	2007

注：资料来源于中华人民共和国国家旅游局官方网站

表 3　2013 年江西省新增 4A 和 3A 级旅游景区一览表

序号	景区名称	所属行政区	A 级
1	南昌市梅岭狮子峰景区	南昌	4A
2	南昌市江西凤凰沟景区	南昌	4A
3	九江市湖口石钟山景区	九江	4A
4	九江市共青城富华山景区	九江	4A
5	吉安市庐陵文化生态园景区	吉安	4A
6	吉安市天祥景区	吉安	4A
7	宜春市中部梦幻生态旅游区	宜春	4A
8	抚州市名人雕塑园景区	抚州	4A
9	上饶市鄱阳湖鄱阳湿地旅游区	上饶	4A
10	上饶市婺源汪口景区	上饶	4A
11	上饶市三清山田园牧歌景区	上饶	4A
12	南昌市新建县怪石岭生态景区	南昌	3A
13	南昌市新建县象山森林公园景区	南昌	3A
14	南昌市新建县厚田沙漠景区	南昌	3A
15	南昌市安义县清晨田园度假村景区	南昌	3A
16	南昌市进贤县西湖李村景区	南昌	3A
17	九江市武宁县武陵岩风景区	九江	3A
18	九江市武宁县西海湾湿地景区	九江	3A
19	萍乡市湘东区麻山幸福村景区	萍乡	3A
20	萍乡市明月湖景区	萍乡	3A
21	萍乡市毛家湾文化村景区	萍乡	3A
22	上饶市横峰县闽浙皖赣根据地旧址景区	上饶	3A
23	宜春市万载县仙源湘鄂赣红色旅游景区	宜春	3A
24	宜春市万载县竹山洞景区	宜春	3A

注：资料来源于中华人民共和国国家旅游局官方网站和江西旅游政务网

表 4　2013 年新增江西省 4A 级乡村旅游点一览表

序号	名称	所属地区
1	新建县溪霞怪石岭景区	南昌
2	安义古村群	南昌
3	进贤县前坊镇西湖李村	南昌
4	南昌市湖光山舍田园农庄	南昌
5	安义县世外驿站生态休闲观光园	南昌
6	武宁县新光山庄	九江
7	永修县柘林镇易家河村	九江
8	乐平市怪石林风景区	景德镇
9	芦溪县芦溪镇东阳村	萍乡

续表

序号	名称	所属地区
10	萍乡市湘东区麻山镇幸福村	萍乡
11	新余市昌坊度假村	新余
12	新余市鑫海百果园休闲农庄	新余
13	新余市芦茅沟山庄	新余
14	新余市八石坡农庄	新余
15	宜春市袁州区白马农庄	宜春
16	靖安县中源乡	宜春
17	高安市新街镇贾家古村	宜春
18	靖安县双溪镇泥埚新村	宜春
19	婺源县金山生态茶叶观光园	上饶
20	上犹县梅水乡园村	赣州
21	瑞金市沙洲坝乡沙洲坝村	赣州
22	石城县大畲旅游新村	赣州
23	龙南县里仁镇栗园围	赣州
24	龙南县里仁镇客家酒堡	赣州
25	瑞金市云石山乡松山坪村	赣州
26	赣县白鹭乡白鹭古村	赣州
27	井冈山市厦坪镇菖蒲古村	吉安
28	吉安市青原区陂下古村	吉安
29	吉安市吉州区钓源古村	吉安
30	吉安县横江镇公塘村	吉安
31	井冈山市茅坪乡茅坪村	吉安
32	泰和县桃源度假村	吉安
33	南丰县罗俚石蜜橘生态园	抚州
34	资溪县新月畲族民俗文化村	抚州
35	乐安县小蓬莱风景旅游区	抚州
36	南昌象山森林公园	南昌
37	新建县中盛山庄	南昌
38	安义县鼎湖家园	南昌
39	南昌县凤凰山庄	南昌
40	修水县杭口镇双井村	九江
41	芦溪县武功山梦蝶山庄	萍乡
42	萍乡市毛家湾文化村	萍乡
43	芦溪县银河隆盛生态庄园	萍乡
44	安源区略下仙峰岩乡村旅游度假区	萍乡
45	新余市岩宏山庄	新余
46	新余市仙来山庄	新余
47	高安市八百洞天风景区	宜春
48	靖安县蓝孔雀休闲生态园	宜春
49	靖安县高湖镇西头村	宜春
50	婺源县赋春镇源头古村	上饶
51	上饶县三鼎寻根园	上饶
52	金溪县徐坊生态村	抚州
53	南丰县前湖庄园	抚州
54	乐安县大码头生态度假区	抚州
55	宜黄县江背村	抚州
56	广昌县姚西村	抚州

注：资料来源于江西旅游政务网

表5　2013年江西省各市县及旅游景区所获主要荣誉概览

序号	（景区）名称	所获荣誉	评定单位或信息来源
1	靖安县	全国休闲农业与乡村旅游示范县	农业部和国家旅游局
2	石城县		
3	莲花县琴亭镇莲花村	全国休闲农业与乡村旅游示范点	
4	进贤县前坊镇西湖李家村		
5	吉安县横江镇公塘古村葡萄观光园		
6	婺源国家生态旅游示范区	国家生态旅游示范区	国家旅游局和环境保护部
7	井冈山国家生态旅游示范区		
8	安福武功山风景名胜区	江西省省级现代服务业集聚区	江西省发改委
9	鄱阳湖国家湿地公园	首批长江湿地保护网络试点自然学校	世界自然基金会和国家林业局
10	井冈山	2013年度中国旅游竞争力百强县	北京世纪唐人旅游规划设计院、中国城市经济学会等
11	婺源		
12	景德镇	中国自驾游首选目的地	中国广播电视协会
13	庐山西海	国家水利风景区	国家水利部
14	萍乡市	中国最佳休闲旅游城市	第十一届中国区域（旅游）经济可持续发展高峰论坛
15	武宁县新光山庄	全国十佳休闲农庄	国家农业部和中国旅游协会休闲农业及乡村旅游分会
16	九江庐山	“美丽中国”十佳旅游景区	2013年中国旅游风云榜
17	星子县	“美丽中国”十佳旅游县	
18	上饶婺源县江湾镇	“美丽中国”十佳旅游镇	
19	宜春	中国养生休闲之都	2013中国休闲城市发展综合评价活动

注：1. 万安县百嘉镇下源村等村落入选“中国传统村落”，由于数量较多，这里不一一列出；

2. 新干县溧江乡等省级生态乡（镇）、省级生态村等数量较多的省级荣誉，也未详细列出

借力交通促进发展。（1）公交线路串联旅游景点。靖安县开通县城至梦幻城、东周古墓博物馆、雷家古村和周边乡镇的农宿文化点公交线路，极大改善旅游交通，便捷游客出行。（2）动车线路缩短时空距离。“中国最美铁路线”——向莆铁路正式通车，打通赣闽两省的旅游高速通道，使得九江到福州从过去的11小时缩短至4.5小时，九江到厦门从过去的16小时缩短至6.5小时，“跨省游”成为“周边游”，江西旅游迎来新机遇。（3）高铁包列带旺旅游市场。自5月份以来，广东方向旅游市场异常繁荣，已有十余趟高铁包列开进明月山，高铁旅游成效显著。（4）航空旅游安排起步良好。“北京—宜春—深圳”航线开通，首个北京航空旅游团、首个日本航空旅游团成功接游，景区航空旅游奖励政策的实施，均为做大做强航空旅游市场奠定基础。

营销推广丰富多元。各市县及旅游景区开展了丰富多彩、形式多样的营销活动，具体分类如下：竞赛，如鄱阳湖国家湿地公园举办中华龙舟大赛；特色活动，如仙女湖景区举办集体婚礼、大型歌舞剧《汉唐盛典》、新人走星光大道等七夕情人节活动；影视拍摄，如电影《三清山的儿女们》开拍、《走进中国》受邀到铜鼓拍摄专题片；旅游推介会，如“魅力瓷都”旅游推介会走进江苏无锡，井冈山、三清山、鄱阳湖等七大景区在山东济南联合举行大型“江西风景独好”旅游营销推介会；借力相关媒体，如“全国记者采风行”走进明月山、“全国网络媒体江西游”走进星子县。同时，境外营销逐步展开，如古窑登陆纽约时报广场和拉斯维加斯，美国《游在中国》栏目摄制组走进井冈山进行专题拍摄。各类营销活动的开展，提高了江西省旅游景区的知名度和美誉度。

创新开发新型产品。九江浔阳信华文化旅游股份有限公司倾力打造大型音舞诗画剧《春江花月夜》（第二季），成为九江文化产业的耀眼品牌；大余丫山安国书院建设落成，拟打造成为艺术品展览交易、诗书画创作、国学研究交流等的神圣之地；江西省首个自驾屋露营地——井冈山望美自驾屋露营地在井冈山开业运营；安福县"古樟奇樟一日游""百里香樟画廊一日游"两条旅游线路吸引了八方游客，成为井冈山旅游圈特色名片；庐山旅游直升机正式运营，开创江西省内重要景区空中旅游观光的先河；杨岐山景区启动天绿自行车绿道建设旅游项目；三爪仑白水洞景区对外盛大试营业。新景区的开发运营、新项目的落地实施、新路线的创新设计，对提升各市县及旅游景区整体形象、促进旅游经济发展具有重要意义。

门票减免落地实施。2013 年 1 月 5 日 ~2 月 5 日，江西省开展"江西风景独好"旅游景区免票月活动，参与的景区多达 76 个（详见表 6），庐山、井冈山、三清山、龙虎山等四个 5A 级景区大门票实行五折优惠。许多旅游景区在节假日期间实施门票优惠政策，如龟峰景区开展"美丽有约，龟峰有你"三八妇女节优惠活动，在 3 月 7 日至 3 月 9 日对女性游客实施门票五折优惠；庐山西海在 9 月 18 日 ~9 月 20 日推出中秋露营赏月套餐；景德镇 6 家旅游景区在"中国旅游日"推出门票优惠活动；明月山景区、天柱峰景区、竹山洞景区、观音岩景区等在"十一"黄金周期间实施不同程度的优惠政策。井冈山景区则在 6 月 15 日 ~12 月 31 日，对 60 岁以上的老人实施免票政策。不同类型门票减免政策的落地实施，较好地改善了江西省旅游景区的整体形象。

表 6　2013 年年初江西省旅游景区减免门票月优惠活动情况一览表

（免票时间：2013 年 1 月 5 日 ~2013 年 2 月 5 日）

序号	行政区	景区名称	减免情况
1	南昌	黄马凤凰沟景区	免票
2		西湖李家	门票五折
3		厚田沙漠	免大门票
4		金山寺	免票
5		八一起义纪念馆	
6		八大山人梅湖景区	
7		梦山景区	

续表

序号	行政区	景区名称	减免情况
8	九江	庐山风景名胜区	门票五折
9		都昌县南山风景区	免票
10		老爷庙	
11		鹤舍古村	
12		李洞林村候鸟观赏点	
13		达子咀苍鹭聚集地	
14		大港（张岭）水库	
15		三尖源森林公园	
16		多宝沙山沙漠乐园	
17		都昌马鞍岛、棠荫岛	
18		九江市共青城市富华山景区	
19		彭泽县马当炮台	
20		永修凤凰山桃花园	
21		永修吴城古镇	
22		修水百茶园景区	
23		秋收起义修水景区	
24		修水南崖 - 清水岩景区	
25		瑞昌秦山风景区	
26		武宁西海湾景区	
27		西海湖区	
28	景德镇	古窑民俗博览区	门票五折
29		明清园景区	免票
30		冷水尖景区	
31		中国瓷园景区	
32	萍乡	武功山风景名胜区	免票
33	新余	昌坊度假村	免票
34		罗坊会议纪念地	
35	鹰潭	龙虎山景区	门票五折
36	赣州	瑞金叶坪景区	免票
37		沙洲坝红井景区	
38		沙洲坝大礼堂景区	
39		瑞金苏维埃纪念园景区	
40		瑞金中央苏区军事文化博览园景区	
41		瑞金市革命烈士纪念馆	
42		瑞金长征第一山 - 云石山景区	
43		大余丫山景区	
44		赣县客家文化城（江西客家博物院）	
45		赣州五龙客家风情园	
46	宜春	宜春明月山	门票五折
47		宜春天工开物园	免票
48		丰城市厚板塘古村	
49		高安市贾家古村	
50		上高县白云峰根据地 CS 野战俱乐部	
51		宜丰县官山景区	
52		宜丰县天宝古村	
53		铜鼓县毛泽东化险福地景区	
54		万载县湘鄂赣革命旧址群	

续表

序号	行政区	景区名称	减免情况
55	上饶	龟峰景区	免票
56		三清山风景名胜区	门票五折
57		婺源	
58	吉安	井冈山风景名胜区	门票五折
59		渼陂古村景区	
60		吉州区钓源古村景区	
61		庐陵文化生态园	免票
62		永丰县欧阳修纪念馆	
63		吉安县文天祥纪念馆	
64		吉安县天祥景区	
65		永新县三湾改编景区	
66		泰和县蜀口洲风景区	
67		遂川县泉江工农兵政府旧址	
68		吉水县江南第一墓	
69		安福县孔庙	
70		吉安县梅塘资国禅寺	
71		新干县青铜博物馆	
72		遂川县南风面景区	
73		万安县康克清纪念馆	
74		吉州区卢家洲景区	
75	抚州	大觉山景区	免票
76		黎川东华山水景区	

投资项目持续增加。德安县筹集1亿元资金着力打造九仙岭省级森林公园，拟建成德安生态休闲与科普教育基地和昌九一体化重要支点上的生态功能服务区；总投资10亿元的石钟山风景区扩建项目落户，将按照5A级景区标准建设一个高规格游客中心、按照明清风格建设特色小吃一条街、按照五星级标准建设一个宾馆、按照明清建筑建设购物一条街等；江西华强旅业发展有限公司与武宁县政府正式签约，总投资50亿元的华夏国际旅游度假休闲区项目落户该县；以东晋诗人陶渊明的诗句“采菊东篱下，悠然见南山”命名的南山公园规划建设面积1433亩，总投资3.5亿元；明月山风景区总投资分别约760万元、300万元的游客服务中心升级改造工程和景区停车场升级改造工程开工建设；总投资140亿元的庐山西海国际养生度假区和泰国风情度假村两个重特大项目开工建设；南昌县对前后万古村的基础设施建设进行改造，共投资827.91万元；总投资达5000万元的“民俗风情园”正式签约落户上栗县福田镇中国红鱼文化村；“双龙湾生态园”等其他旅游景区投资项目也均已开发建设；此外，投资意向也逐步增多，如安福县人民政府和安福县山水实业发展有限公司签订共同合作开发杨思慕景区协议，标志着杨思慕景区进入全面开发建设阶段。投资项目的增加，将在基础设施建设、特色资源整合、旅游产品开发、文化遗产保护等方面，促进旅游景区发展提升。

二、旅游饭店

总体规模逐渐壮大。截至2013年2月，江西省共有星级饭店437家（详见表7），其中五星级12家、四星级105家、三星级247家、二星级73家。省直机关所属的星级饭店均在南昌，将其并入南昌市星级饭店来算，南昌市共有星级饭店47家，其中五星级8家、四星级22家、三星级14家、二星级3家，五星级和四星级饭店数量在地市排名中均位列第一；九江市三星级（含）以上的饭店数量最多，为69家，排在第二、三位的是赣州市和上饶市，其数量分别是55家和50家，最少的是新余市，为5家。2013年，江西省新增3家五星级饭店，分别为力高皇冠假日酒店、紫晶宾馆和抚州荣誉国际酒店，五星级饭店总数达到13家（详见表8），其中南昌市8家，九江市2家，赣州市、景德镇市和抚州市各1家；南昌市军山湖国际大酒店等被评定为四星级饭店。不同星级旅游饭店规模数量的增加，有效地改善了江西省旅游接待环境。

表7　2013年2月江西省星级饭店统计

单位：家

属地	五星级	四星级	三星级	二星级	总计
省直	4	13	0	0	17
南昌	4	9	14	3	30
九江	2	15	52	11	80
景德镇	1	5	12	10	28
赣州	1	13	41	5	60
吉安	0	13	25	17	55
宜春	0	8	26	5	39
萍乡	0	2	7	3	12
新余	0	1	4	4	9
鹰潭	0	2	10	5	17
上饶	0	18	32	3	53
抚州	0	6	15	4	25
总计	12	105	238	70	425

注：1. 资料来源于江西旅游政务网；

2. 全省星级饭店名单公布三星级饭店247家、二星级饭店73家，分别与统计数据的238家、70家不相符，原因不明

表8　2013年江西省五星级旅游饭店

序号	饭店名称	评定年份	所在行政区
1	江西宾馆	2003	南昌
2	南昌凯莱大饭店	2003	南昌
3	九江远洲国际大酒店	2007	九江
4	江西锦峰大酒店	2007	南昌
5	江西嘉莱特和平国际酒店	2007	南昌
6	泰耐克国际大酒店	2009	南昌
7	南昌园中源大酒店	2009	南昌
8	东方豪景花园酒店	2011	南昌
9	九江信华建国酒店	2012	九江
10	赣州锦江国际酒店	2012	赣州
11	力高皇冠假日酒店	2013	南昌
12	紫晶宾馆	2013	景德镇
13	抚州荣誉国际酒店	2013	抚州

注：资料来源于江西旅游政务网和中国国家旅游局官方网站

均衡协调有待提升。根据国家旅游局星级饭店统计管理调查系统2013年度财务年报数据和《江西省二十强旅游星级饭店评选办法》，按照年营业收入和利润总额两项指标名次合计，评选出“2013年度江西省经营业绩二十佳旅游星级饭店”（详见表9），江西省13家五星级饭店中有6家入围，江西嘉莱特和平国际酒店、力高实业（江西）有限公司南昌力高皇冠假日酒店、南昌市东方豪景花园酒店、九江远洲国际大酒店和南昌园中源大酒店分列前五名，景德镇紫晶宾馆则位列第12名；从饭店星级来看，五星级6家、四星级12家、三星级2家；从所属行政区来看，南昌市8家，九江市、景德镇市和上饶市各3家、萍乡市2家、新余市1家，鹰潭市、吉安市、赣州市、宜春市和抚州市则没有酒店入选，因此，旅游饭店与区域旅游均衡协调、合理布局、可持续发展有待提升。

表9　2013年度江西省经营业绩二十佳旅游星级饭店

排序	名称	星级	所在行政区
1	江西嘉莱特和平国际酒店	五星级	南昌
2	力高实业（江西）有限公司南昌力高皇冠假日酒店	五星级	南昌
3	南昌市东方豪景花园酒店	五星级	南昌
4	九江远洲国际大酒店	五星级	九江
5	南昌园中源大酒店	五星级	南昌
6	江西饭店	四星级	南昌
7	九江山水国际大酒店	四星级	九江
8	广丰永利国际大酒店	四星级	上饶
9	江西赣江宾馆	四星级	南昌
10	修水县珠江大酒店有限责任公司	四星级	九江
11	萍乡鑫海岸商务酒店	三星级	萍乡
12	景德镇紫晶宾馆	五星级	景德镇
13	昌河飞机工业（集团）有限责任公司昌飞宾馆	四星级	景德镇
14	新余市北湖宾馆	四星级	新余
15	三清山金沙湾假日酒店	四星级	上饶
16	景德镇市开门子大酒店集团有限责任公司	四星级	景德镇
17	进贤军山湖国际大酒店	四星级	南昌
18	上饶市欣凯皇冠大酒店	四星级	上饶
19	萍乡市君悦豪门大酒店	三星级	萍乡
20	江西锦都皇冠酒店	四星级	南昌

成长进步空间广阔。国家旅游局《2013年度全国星级饭店统计公报》对星级饭店统计管理系统中通过省级旅游行政管理部门审核的12517家星级饭店经营情况数据进行统计分析，江西省完成星级饭店财务状况统计的饭店有341家，其中五星级12家、四星级92家、三星级185家、二星级52家，其分别占全国同等星级饭店总量的1.6%、3.9%、3.3%、1.8%，总体上低于全国平均水平。就全国星级饭店主要指标排名而言，包括平均房价、平均出租率、每间可供出租客房收入、每间客房平摊营业收入、全员劳动生产率和人均实现利润等，江西省均位于前十名以外，重点旅游城市星级饭店上述指标的前十名排序也无江西省旅游城市。将全国、江西省和南昌市星级饭店经济指标统计数据进行比较分析发现，江西省在平均出租率、每间可供出租客房收入、每间客房平摊营业收入等方面低于全国平均水平，因此，江西省星级饭店的发展、壮大和提升具有广阔空间（详见表10）。

表10　2013年江西省星级饭店经济指标与全国水平比较分析

指标		全国	江西	南昌
基本指标	营业收入总额（亿元）	2292.93	34.28	11.13
	客房收入占比重（%）	43.31	54.06	54.20
	餐饮收入占比重（%）	42.33	37.27	36.33
	固定资产原值（亿元）	5017.70	79.24	26.32
	利润总额（亿元）	-20.88	-0.56	0.19
	实缴税金（亿元）	189.65	2.29	0.71
	从业人员年平均人数（万人）	150.24	3.01	0.77
	大专以上学历人数（万人）	32.38	0.72	0.26

续表

	指标	全国	江西	南昌
主要指标	全员劳动生产率（千元/人）	152.62	113.71	144.28
	人均实现利润（千元/人）	-1.39	-1.84	2.48
	人均实现税收（千元/人）	12.62	7.59	9.22
	人均占用固定资产原值（千元/人）	333.98	262.85	341.14
	百元固定资产创营业收入（元）	45.70	43.26	42.29
	平均房价（元/间夜）	333.08	232.40	318.18
	平均出租率（%）	55.97	54.21	61.49
	每间可供出租客房收入（元/间夜）	186.42	125.98	195.65
	每间客房平摊营业收入（千元/间）	148.98	80.42	124.42

注：1. 资料来源于国家旅游局《2013 年度全国星级饭店统计公报》；

2. 表中“全国”指的是中国大陆地区，不包括港、澳、台地区，“全国”用于表述数据统计范围，不涉及非法政治含义

三、旅行社

行业管理常抓不懈。旅行社行业及企业自身主要在以下方面强化管理：（1）常态化监督检查，如大余县旅游局配合赣州市旅游局在全县范围内开展旅游市场秩序集中检查工作，对旅行社及其服务网点的经营范围、宣传推介广告、旅游合同的签订等旅游业务进行检查；（2）特殊时期强化管理，如为确保“春节”期间旅游安全，景德镇市旅游局联合市发改委、市公安局、市工商局、市交通局等部门，开展集中整治行动，重点查处打击“黑车”、“黑社”、“黑导”等行为，以净化旅游市场环境；（3）严肃对导游的管理，如省旅游质量监督管理所在执法检查中发现导游将游客带至非法购物场所进行参观购物，依据《旅游法》对违法导游予以严厉处罚；（4）利用政策、法规、标准等实现自主管理，如峡江县出台旅行社诚信经营规范，要求全县旅行社加强行业自律，规范自身经营行为，切实保障游客利益。通过采取不同措施，对旅行社行业人员、经营行为进行全面管理，优化了江西省旅行社总体品质。

培训活动有序进行。对管理人员的培训，为提升全省旅行社管理人员业务素质和经营管理水平，促进江西省旅行社行业健康有序发展，举办多期全省旅行社管理人员岗位职务培训班；对计调人员的培训，为提高全省旅行社计调岗位从业人员的业务素质和服务水平，规范旅行社计调人员的从业资质，满足日益增长的旅行社计调业务的需要，江西省旅游信息和培训中心主办多期旅行社部门经理（计调师）培训班的培训和考试工作；对导游人员的培训，如靖安县等举办旅游从业人员导游知识培训班，邀请旅游行业的知名教授从导游员职业素养和礼仪、导游带团需注意法律法规常识问题、旅游安全投诉、导游员带团讲解技巧及现场模拟导游等方面进行授课，参加培训的主要为导游员和讲解员。各类培训活动的连续举办，有效地提升了江西省旅行社工作人员的综合素质和业务技能。

市场竞争较为激烈。根据《江西省经营业绩二十佳旅游星级饭店和旅行社评选办法》，江西省旅游局对全省近 800 家旅行社的经营业绩统计与审核，评选出“2013 年度江西省经营业绩二十佳旅行社”（详见表 11），南昌铁路国际旅行社有限责任公司经营业绩排名第一。经营业绩二十佳旅行社中，南昌 15 家，九江 2 家，上饶、宜春、吉安各 1 家。与 2012 年相比，2013 年度经营业绩二十佳旅行社地理集中度更加明显，主要集中于南昌，值得注意的是，2013 年度有 7 家旅行社新晋经营业绩二十佳旅行社，分别为江西长青国际旅行社有限公司（排名第 5）、江西远达国际旅行社有限公司（排名第 6）、九江中国国际旅行社（排名第 7）、江西万达亚细亚国际旅行社有限公司（排名第 10）、江西百事通国际旅行社有限公司（排名第 11）、江西省中青旅国际旅行社有限公司（排名第 15）、江西省赣中旅国际旅行社有限公司（排名第 19），江西省旅行社市场竞争激烈。

表 11　2013 年度江西省经营业绩二十佳旅行社

排序	名　称	所属行政区
1	南昌铁路国际旅行社有限责任公司	南昌
2	江西光大国际旅行社有限公司	南昌
3	江西省海外旅游总公司	南昌
4	南昌旅游集散中心有限公司	南昌
5	江西长青国际旅行社有限公司	南昌
6	江西远达国际旅行社有限公司	南昌
7	九江中国国际旅行社	九江
8	九江天马国际旅行社有限公司	九江
9	江西省中国国际旅行社有限公司	南昌
10	江西万达亚细亚国际旅行社有限公司	南昌
11	江西百事通国际旅行社有限公司	南昌
12	上饶国际旅行社有限责任公司	上饶
13	江西省宜春华夏国际旅行社有限责任公司	宜春
14	江西康辉国际旅行社有限责任公司	南昌
15	江西省中青旅国际旅行社有限公司	南昌
16	南昌运通旅行社有限公司	南昌
17	中国旅行社总社江西有限公司	南昌

续表

排序	名称	所属行政区
18	江西省井冈山康辉旅行社有限公司	吉安
19	江西省赣中旅国际旅行社有限公司	南昌
20	江西省东南国际旅行社有限公司	南昌

整体水平有待提高。《国家旅游局关于2013年度全国旅行社统计调查情况的公报》对全国旅行社经营情况数据进行统计分析，江西省旅行社财务数据和平均填报率分别为91.98%和94.79%，能够代表江西省整体水平。截至2013年年底，全国旅行社总数为26054家（按填报2013年第四季度组织接待数据的旅行社数量计算），同比增长4.45%；江西省旅行社总数768家，同比增长1.05%。2013年，江西省旅行社组织国内游客1482745人次，在全国排第20名；接待国内游客1924368人次，排第19名；组织出境游客人次排第23名；外联入境游客人次排第28名，接待入境游客人次排第24名；江西省旅行社组织和接待规模在全国排名中处于中下水平。2013年，江西省旅行社旅游业务营业收入3819220.6千元，在全国排第17名；旅游业务利润113142.7，排第24名；江西省旅行社营业收入和利润水平在全国排名中处于中下水平（详见表12）。2013年度全国百强旅行社，江西省仅有1家（南昌铁路国际旅行社有限责任公司），位列第93名。由上可知，江西省旅行社在国内竞争力有待提高。

表12 2013年江西省旅行社经济指标与全国水平比较分析

指标		全国	江西	排名
旅行社数量（家）		26054	768	16
国内游客	组织（人次）	128557161	1482745	20
	接待（人次）	145194951	1924368	19
	组织（人天）	408429501	4548701	19
	接待（人天）	338292946	5466217	17
出境游客	组织（人次）	33557091	—	23
	组织（人天）	167636212	—	23
入境游客	外联（人次）	14475202	—	28
	接待（人次）	20471543	—	24
	外联（人天）	60632224	—	28
	接待（人天）	66677456	—	24
旅游业务营业收入（千元）		359914258.5	3819220.6	17
旅游业务利润（千元）		19732316.4	113142.7	24

注：1. 资料来源于《国家旅游局关于2013年度全国旅行社统计调查情况的公报》；

2. 表中“全国”指的是中国大陆地区，不包括港、澳、台地区，“全国”用于表述数据统计范围，不涉及非法政治含义

四、发展述评

多层次开发旅游产品。组合旅游产品，仙女湖依托自然资源和文化特色，确立“休闲度假胜地，生态魅力新城”发展定位，努力打造文化、运动、养生、生态四大旅游精品。节庆旅游产品，如博阳河风景区举办首届葵花节，推出全新旅游产品——千亩葵花观赏基地；明月山温泉风景名胜区举办“硒泉养生”万人泡脚活动，创下“规模最大的温泉泡脚”大世界基尼斯纪录。线路旅游产品，为充分发挥教材景观基地的独特资源优势，九江市开发形成“跟着课本游九江”主题线路产品，并提供相应的优惠政策。景区特色项目，武功山金顶景区的福星谷高空滑索调试运营，为游客提供全新的互动旅游方式。

全方位提升旅游服务。培训教育，为全面提升国家4A级旅游景区及星级旅游饭店服务质量，大余县章源旅游生态有限公司围绕“展章源风采，提服务水平，树企业形象”主题开展为期半个月的员工培训活动，培训内容包括住宿、餐饮、前台接待、导游服务等技能技巧；为提升江西省旅游饭店高级管理人员业务能力，江西省多次举办旅游饭店高级管理人员岗位职务培训班。平台建设，南昌市旅游局在“携程”开设的“认证官网”上线运营，“认证官网”是一个聚合型的平台，融合官方微博、微信实时互动，依托覆盖全球60000多个目的地和景点的信息内容、180000篇游记的积累、300个专业制作的PDF攻略，直接为用户提供旅游资讯，实现跨平台多平台联动功能。等级评价，靖安县通过开展农宿文化乡村旅游示范点星级评定，改善接待服务设施条件，优化乡村旅游接待环境。

大视角构建旅游品牌。省域旅游品牌，通过2013“江西风景独好”旅游推介会、“Show美江西，风景独好”全球旅游体验师海选活动和“免票月”活动，对江西省旅游企业进行宣传推广，提升江西旅游的知名度和美誉度，打造江西旅游品牌。地市旅游品牌，景德镇充分发挥“世界瓷都”品牌优势，利用陶瓷文化特色资源大力发展旅游产业。旅游景区品牌，江西吉安武功山旅游开发有限公司注册成立，成为武功山景区打造旅游品牌的重要战略。旅游饭店品牌，通过评星升级等活动，树立品牌形象。旅行社品牌，萍乡市安源区诚兴国际旅行

社有限公司“诚兴”旅游商标荣获江西省著名商标，成为萍乡市首家旅行社行业省级著名商标。

严要求实施旅游管理。常态化执法检查，景德镇市旅游局联合市发改委、市公安局、市工商局、市交通局等部门，开展全市整顿规范旅游市场常态化执法活动，重点是打击“黑车”、“黑社”、“黑导”围、追、拦、截外地车辆及社会闲散人员私揽旅游业务等行为，有效遏制欺客宰客、沿路揽客现象。特殊时期强化管理，如浔阳区旅游局在“五一”小长假前对辖区星级旅游饭店娱乐设施、消防设备、压力容器等的安全使用情况、应急救援演练、应急预案方案的落实情况进行安全检查。重点内容专项管理，如在夏季高温天气时，对旅游饭店消防设施进行全面检查。注重“文明旅游”管理，萍乡市通过发放《旅游法》、《中国公民出境旅游文明行为指南》、《中国公民国内旅游公约》、《旅游者主要权利和义务指南》等法律法规及其相关材料，倡导文明旅游。标准化管理，井冈山启动国家级旅游服务业标准化工作，利用标准化体系实现科学管理。

宽领域推进智慧建设。《明月山风景区数字化建设总体规划》通过评审，景区相关部门前往武夷山风景区，重点考察景区智能化建设情况，将参照借鉴武夷山经验，快速高效建设景区智能化管理中心，安装配置一流的服务器，制定智能管理系统技术规范等相关规制；武功山管委会计划用 1～2 年的时间致力于将萍乡武功山打造成智慧景区，拟利用信息化、物联网技术手段，建成自动门禁系统、智能讲解系统、智能门户网站、网络营销系统及可视化数字平台；通天岩景区完成景区通信联络基础设施建设，对景区票务系统进行升级换代，初步建成景区视频监控系统，在票务中心醒目位置安装 LED 显示屏，投入使用景区智能广播系统，加快景区智慧化建设。智慧旅游在不同企业的发展建设，将逐步实现智慧服务、智慧管理、智慧体验、智慧商务等功能。

（黄晓波）

河南省旅游企业发展综述

河南省旅游局

2013 年，全省年内接待海内外游客 4.1 亿人次，同比增长 13.2%，旅游总收入 3875.5 亿元，同比增长 15.2%，其中接待入境游客 207.33 万人次，同比增长 8.68%，旅游创汇 6.6 亿美元，同比增长 7.94%。在推进全省经济发展和中原经济区建设中发挥了生力军作用。

一、产品结构调整进一步加快

2013 年，随着交通时速的变化以及人们对生活品质的追求，现代旅游产业的发展也在面临升级换代，河南省各级政府和旅游企业不断加大对基础设施的投入，进一步提升旅游水平和档次，推动产业结构调整和转型升级，结合当下“快旅慢游”的潮流，加快改变过去旅游项目单一、旅游内容分割的局面，抓好景区的旅游畅通，形成便捷的交通网络，提高各景点之间快速通达的能力，同时以优越的旅游配套设施、丰富的人文生态内涵留住游客，延长游客驻足时间。全省共有转型升级的在建项目 483 个，全年完成旅游投资 321.66 亿元、旅游招商引资签约 760.87 亿元，各种业态的新项目陆续建成。除了原有的栾川伏牛山滑雪度假乐园、万仙山郭亮滑雪场、嵩山滑雪场等 10 个滑雪景区外，王屋山滑雪场、桦树盘滑雪乐园、嘉禾高尔夫滑雪场、当阳峪滑雪场、百尺潭滑雪场等也都陆续开业，仅仅鲁山县目前已经建好和在建的滑雪场就达 3 个。林州太行大峡谷也在积极拓展经营思路，在冬季游方面大做文章，除了目前的冬季观冰旅游外，下大力打造太行山山地滑雪，并密切与这里浓郁成熟的滑翔文化相结合，从中寻找亮点和突破点，做与众不同的滑雪，开创新的冬季游模式。各地的温泉产品开发风起云涌，高潮不断，并初具规模渐成气候，形成了河南省旅游产品的又一经济增长点，据不完全统计，在原有的南召莲花、鄢陵花都、郑州江南春等十大温泉的基础上，2013 年又有御景湾温泉度假村、天之瑶温泉度假村、九龙山温泉旅游度假区等 9 家温泉旅游区建成并投入使用。郑州方特欢乐世界、清明上河园等二十大主题游乐园的功能也在不断完善。白云山升级换代的大幕已经拉开，嵩县与河南瑞贝卡控股公司、许昌花都温泉文化旅游公司签订协议，投资 120 亿元深度开发白云山。镇平县立足当地资源，以玉文化为核心，激活玉文化，做好做足玉文化特色购物游，投资 7. 8 亿元，把镇平玉雕大世界、石佛寺玉器市场、镇平石雕城、国际玉城、天下玉源等玉器市场的经营管理规范起来，连接周边旅游资源，使吃、住、行、游、购、娱等各个环节都彰显着玉文化。全省有百余家旅行社将玉雕湾景区纳入特色购物游线路，玉雕湾已成为豫西南旅游的一颗明珠。玉雕大师创意园、国际玉城、天下玉源等建筑，一处一特色，一街一景观，处处尽显诗意，游、购、玩、赏融为一体，打造了一个国内外展示玉文化、了解玉知识、欣赏玉工艺、购买玉产品及观光、朝拜、休闲的旅游胜地，形成大南阳玉文化旅游产业。青天河致力于构建“春赏花、夏玩水、秋观红叶、冬赏雪景”的旅游格局，做到四季常游，大力开发冬季旅游，购置了豪华游艇 6 艘，紧紧围绕冰雪旅游做文章。景区专门聘请哈尔滨红雪冰雕有限公司设计制作了一系列冰挂、冰瀑、冰雕景观。冰挂景观晶莹剔透、冰清玉洁；冰瀑景观一泻千里、波澜壮阔；企鹅雄狮等冰雕景观形象逼真、栩栩如生；龙腾四海、山海雄关等景观匠心独运、形神兼备，各种冰雕作品千姿百态、妙趣横生，构成了冰雕玉砌的冰雪大世界，广大游客乘坐豪华游艇就可以欣赏别开生面的冰雪盛宴。灵宝燕子山原始生态旅游风景区则是围绕森林找卖点，景区原始森林覆盖率极高，因此在漂流项目中全程森林覆盖、无阳光紫外线辐射，再也不存在“上身晒焦了，下身泡糟了”这一尴尬。景区内无阳光森林穿越步游道长达 2. 5 千米。野兔、松鼠、山鸡等小动物，随时给游客惊喜。为最大限度地给游客提供便利，景区投资 2700 万元建成五星商务旅游大厦，设立游客服务中心，投入 1000 多万元，定制了 100 台豪华旅游环保观光车，游客可凭门票免费乘车到景区核心腹地。建造原生态度假木屋别墅，让游客在大森林中彻底放松。被业界权威人士魏小安先生称为“中国农家宾馆第一村”的重渡沟景区，杏花园、竹竿院、环翠居、故人庄等清雅质朴的名字点缀于窗含翠岭、竹环水绕的农家门楣上，这些充满田园气息的 318 家农家宾馆星散于十里兰溪之旁，万亩竹海之中，床位已达 1 万余张。近年来，重渡沟风景区凭借独一无二的水乡竹韵，独具匠心的开发风格，独辟蹊径的促销谋略，独树一帜的经营理念，使“养在深闺人未识”的重渡沟一举唱红中原，成为豫西南最具活力的金牌景区。2013 年 5 月 19 日，中共中央政治局委员、国务院副总理汪洋专程赴重渡沟景区调研，对河南省乡村旅游工作给予充分肯定，重渡沟已成为河南省乃至全国乡村旅游发展的样板。目前，全省共有国家级休闲农业与乡村旅游示范县 6 个，国家级休闲农业与乡村旅游示范点 13 个。其中 2013 年新增示范县 1 个（确山县），示范点 3 个（巩义市汇馨芳香世界、固始县九华山茶叶生态农业观光园、濮阳县绿园果品种植农场）。全省规模以上休闲农庄 672 家，农家乐 12874 家，带动 51. 4 万农民就业。

二、市场宣传促销进一步给力

2013 年，全省各级政府和旅游企业继续加大宣传促销力度，与往年相比，投入增加、规模扩大、形式多样、范围广泛、方法灵活、对接性强，政府宣传形象与企业推介产品相结合，业界推广与公众宣传相结合，加大与旅行社、主流媒体合作，强力开拓旅游市场。宣传推介以国内旅游为重点，各市县和企业有针对性地参与各种旅游推介活动，并结合当地的旅游资源组织了丰富多彩的宣传活动，收到了令人满意的效果。由省旅游局统一组织，采取网络、电视、电台、报刊等方式全方位宣传，充分发挥新媒体传播速度快、传播范围广等优势，多层次、全方位展示、推广河南省旅游。通过整体形象和市场捆绑营销联合宣传，全新打造了“心灵故乡・老家河南”的旅游整体品牌。整合十市宣传资源，以“老家河南”为主题，在中央电视台集中投放 1 分钟的河南省整体旅游形象宣传，深切诠释河南省作为“黄河文明的摇篮、炎黄子孙的记忆、华夏儿女的梦乡”所拥有的独特魅力。向网络投放了“让心回家”为主题的十二星座微电影，串联河南各地精华形成十二条“星”路线，用“星”视角，融河南灿烂深厚的历史文化、旖旎秀美的山水风光、缤纷璀璨的民俗风情和精彩各异的美食美景于一体，引起广泛关注和强烈反响。省内旅游企业除了参加省统一组织的“流动的河南”高铁旅游推广及签约活动、第二届中原旅游博览会、2013 中国北方旅交会、2013 中国国内旅游交易会等大型活动外，市县和景区结合当地特点，普遍举行了具有一定规模和较强影响力的宣传促销活动。平顶山市旅游局一贯重视整体旅游环境和品牌形象的推广，并站在整合营销的高度去运营，利用多媒体、多层面、多角度展现平顶山的旅游资源，立体宣传平顶山市形象，同时抓住以节会活动为载体的宣传推介培育市场、引导消费。连年举办郏县世界三苏楹联大赛、鲁山温泉节、武钢水灯节、申办全国休闲旅游节、全国音文化节等突出宣传平顶山“山、佛、汤”特色产品。南阳市加大引客入宛力度，以“拜诸葛、看渠首、观恐龙、赏伏牛”等精品线路为重点，赴西安、武汉、北京等大型城市和周边城市举办推介活动，常态化引进旅游团队。邀请省内外 500 家旅行社和新闻媒体实地踩线采风，巩固和扩大旅游客源市场。完善引客入宛奖励办法，推动南阳市由游客输出大市向游客输入大市转变。其次是加大媒体宣传力度，发挥网络媒体传播速度快、覆盖面广、点击率高的优势，利用微电影、微博、博客等形式，开辟网络宣传阵地，炒热叫火南阳旅游。三门峡在武汉市举行了旅游推介会暨“十万游客畅游三门峡活动启动仪式”。来自神州行武汉旅游联盟 120 多家旅行社负责人、30 余家新闻媒体出席推介会。通过现场推介、图片演示、视频播放等多种形式对三门峡市的旅游产品进行了全方位的推介。图文并茂、精彩纷呈的推介展示将与会人员带进美丽的黄河明珠、天鹅之城三门峡。推介环节结束后，双方旅游企业进行了业务对接洽谈，在客源组织、线路设计、产品推广、地接安排诸多方面达成了共识。郑州北上石家庄炫少林功夫。在石家庄市举办“天地之中，功夫之都”旅游推介会。与以往不同的是，本次旅游推介采取了业界推介与微营销相结合的方式。推介会上，主持人围绕“真好玩、真休闲、真方便、真实惠”四个话题，通过对话问答互动，辅以视频、音频、图片等方式，引导参会人员深度体验郑州市悠久的历史、灿烂的文化、深厚的艺术、精湛的少林功夫以及宜游宜闲的城市环境，引导参会人员深度体验郑州之旅。推介会上，郑州黄河风景区、康百万庄园、杜甫故里、黄帝故里等旅游企业还针对石家庄游客制定了优惠措施。当年，还组织辖区内旅游企业参加了“第十七届重庆都市旅游节暨第五届中国重庆城际旅游交易会”，重点推出了嵩山少林功夫游、黄河文化游、寻根拜祖游三大经典主题产品，为重庆开启了“郑州之旅”。栾川县分别在武汉、西安、济南三地举办“全景栾川，21℃的夏天”旅游推介会。这是一场别开生面的旅游推介会。国家 5A 级旅游景区老君山是道祖老子的归隐之地；重渡沟景区是光武帝刘秀摆脱王莽追杀，重整旗鼓，成就霸业的地方；名相伊尹则是地地道道的栾川人。老君山、重渡沟、鸡冠洞三景区的负责人分别扮演成了老子、刘秀、伊尹三位历史人物，用诙谐幽默的语言，推介栾川的养生、避暑、休闲特色。云台山组织了“中国云台山旅游韩国宣传推广周”活动，同时，在首尔设立了云台山驻外办事处，开通了旅游服务热线，为韩国游客提供云台山旅游资讯服务，利用地域优势，深挖韩国市场潜力，有效地把韩国纳入云台山的客源市场，整合韩国各城市旅游资源，共享旅游信息，共同筑起云台山旅游发展的“高速公路”。还将在首尔推出风光图片展；参加国家旅游局在韩国举办的“美丽中国——山岳之旅”推广活动；与韩中文化友好协会在首尔联合举办“云台山之夜——大型交响音乐会”等，以此提升景区的知名度和市场影响力。新乡万仙山景区特邀中央电视台军事·农业频道工作人员到景区拍摄《美丽中国乡村行》宣传片，让世人领略到这颗太行明珠的独特魅力。西峡县携老界岭滑雪场、恐龙遗迹园、伏牛地下河、蝙蝠洞等景区，在郑州举办“水墨龙乡、生态西峡”冬季旅游推介会，向省会人民通报创建老界岭·恐龙遗迹园 5A 级旅游区取得的阶段成果，并以其独具特色的冬季旅游产品和优惠政策，吸引更多的游客到西峡旅游观光。

三、节会活动影响进一步扩大

2013年，全省各地普遍注重发挥旅游节庆活动的轰动效应和影响力，从当地实际出发，组织了一系列有地方特色的节、会活动，给客源市场的拓展和河南省影响力的提高注入了活力，从而也催熟了河南省的旅游市场。省旅游局成功举办了第八届中博会（三门峡旅游分会场）——第十九届三门峡国际黄河旅游节暨投资贸易洽谈会，在这次中博会和旅游节上，旅游依然是为节会增光添彩的重头戏。借助这一平台，沿黄的青、川、甘、宁、蒙、陕、晋、豫、鲁九省（区）“合纵连横”，精心打造中国最大的区域旅游合作体，“大黄河旅游”品牌效应凸现，三门峡作为黄河之旅核心节点城市的地位得到充分体现。期间，沿黄九省（区）黄河之旅旅游联盟年会召开、沿黄九省（区）旅行社合作联盟、自驾车旅游联盟同时成立，区域联动效应开始谱写新的篇章。三门峡国际黄河旅游节也正成为一个知名品牌展现给世人。依托第十三届中原花木交易博览会，许昌市于9~10月举办了以“突出生态特色、体验三国文化”为主题的“许昌生态文化游”活动。突出“花卉观赏、生态休闲、养生度假、乡村体验”特色，打造了系列健康休闲品牌。在10万亩名优花木科技园区举办了“畅游花都——单车嘉年华”活动；花都温泉度假区，举办了“花香茶韵”茶艺大赛活动，充分展示“花丛中的香温泉”的独特魅力；曹丞相府、春秋楼、灞陵桥等景区，举办了华美壮观的《汉魏宫廷迎宾仪式》、《忠义千秋》等古装情景剧主题活动，让广大游客在穿越历史时空中尽享生态文化游的情趣和欢乐。焦作“2013云台山旅游节”内容丰富多彩，中韩百强旅行商河南旅游合作交流对接会、焦作旅游商品全国创新设计大奖赛优秀作品展览及颁奖仪式、2013焦作市旅游转型项目签约暨重点项目竣工观摩现场会、第一届“青天河景区帐篷音乐节”、“黄河文化与妙乐寺”高端论坛、“美丽沁阳·巅峰神农”2013年全省农民登山健身大会、国际太极拳摄影大展等七项旅游活动集中亮相，吸引了众多海内外游客齐聚焦作。第七届淮阳荷花节以“荷花·和谐·合作”为主题，强力推介“万亩龙湖生态游”、“羲皇故都寻根游”等旅游产品，打造淮阳文化旅游强势品牌。节会期间，生态游、寻根游、龙舟龙狮公开赛等活动，将使众多游客尽醉花香、畅享淮阳。此外还举办了多项精彩纷呈的活动，包括“第七届淮阳荷花节开幕式”暨“再战龙湖”2013中原龙舟公开赛、“荷香墨韵、魅力淮阳”书画展活动、“龙湖聚焦”摄影采风活动、名家看淮阳暨“周口作家群”崛起现象研讨、“激情龙湖”水上自行车娱乐赛、“大美龙湖”万人自驾游活动、“梦淮阳”文化旅游项目签约仪式、“望台烟雨”建设项目和数字淮阳文化旅游项目签约仪式等系列活动，全面充分展示淮阳的厚重文化与秀美风光。目前，荷花和庙会已成为周口旅游的亮丽风景。针对节日旅游市场的特点，各景区都会推出丰富多彩的活动，如春节期间的“猜谜游园”、“祈福钟声迎新春”、“新春祈福庙会”、“春节拜典”，通过这些活动，将年味儿推向了高潮。欢快的盘鼓、高跷、秧歌、扇子舞等民俗表演活动在各大景区悉数登场，民间小游戏、土特产品展销、民间小吃品尝、民族风情体验、工艺品展示引得游客流连忘返。具有较大影响力的洛阳牡丹文化节、开封菊花文化节都以其巨大的影响力和文化辐射力吸引了数以万计的国内外游客，成为旅游宣传推介的巨大舞台。

四、服务水平质量进一步提高

2013年，全省旅游企业以宣传贯彻《旅游法》为抓手，全面提升旅游服务质量，加速管理规范化、服务标准化、旅游信息化进程。把优质服务作为提高企业信誉和巩固市场的一项重要任务，无论是硬件建设和软件提升都迈上了一个新台阶。一是服务理念深入人心。“一切为了游客，不让一个游客受委屈”、“把委屈留给自己，把快乐带给游客”、“服务游客要用心加真心”……已经成为全省“旅游人”的座右铭，时时处处体现在语言和行动中。清明上河园提出，旅游不是单纯的物质消费，更重要的是一种高品质的精神消费。游客精神的愉悦程度，是衡量旅游质量的一个重要标准。“怎么样才能让游客感到精神愉悦和身心快乐？人文关怀应该是放在第一位的。人文关怀不是说在口头上，而是要落实到景区整个的策划、运营、服务里面”。如果一个景区没有一个好的人文关怀的环境，没有一个严格的人文关怀的制度，那么，就不会让游客有高质量的旅游消费，满足不了游客高层次的精神需求，从而也大大降低了景区的吸引力。根据长期观察和游客需求，提出了“三快一慢”服务理念，即：游客来清明上河园，能够尽快地泊车，尽快地购票，尽快地入园。把园区里的旅游线路设计好，旅游内容策划好，表演剧目运作好，让游客能够放松身心，放慢脚步，徜徉于园区之间，细细地品味大宋文化，深深地感知中国历史文化的辉煌。云台山风景名胜区树立了“不让一位游客在云台山受委屈”、“人人都是旅游形象”、“突出人性化”、“注重精细化”四个服务理念，要求规范着装，佩证上岗，说普通话，讲文明语，从一言一行做起，从点滴小事做起。同时，建立 24 小时投诉处理机制，在每个景点均设置有投诉电话、投诉信箱和意见簿，定期进行游客满意度调查，征询游客意见，确保游客投诉处理率 100%，游客满意度 96% 以上。郑州黄河生态旅游风景区始终坚持“以游客为本”的服务理念，以文明的用语，规范的服务，将优质服务覆盖到整个景区的每一个角落，每一个工作岗位，为广大游客呈现了一个环境优美、花团锦簇、绿树成荫、干净整洁、空气清新、心情舒畅的旅游环境。二是服务设施不断完善。各个企业都把改善服务设施作为提升服务水平的切入点，从方便游客、服务大众出发，加大投入，新增、完善人性化的服务设施，尽最大可能创造优良环境。2013 年，龙门石窟景区新建了 18 万平方米的大型生态停车场、6050 平方米仿古风格的游客服务中心、6500 平方米的商品店铺，给游客带来了全新的体验。同时，对伊河东岸河堤加固改造，对 2300 米的伊东渠进行综合治理，新装沿河护栏 1000 米，新增木登、长椅等游客休息设施、修建步行道及石窟文化景观小品等。为创造一流的旅游环境，青天河景区大力实施美化绿化工程，加大景草坪、景观树、游园、观光车、游客服务中心等精品服务设施建设，积极实施景区内外环境综合整治，时刻保持整洁、干净、清新怡人的服务环境，并努力做到各种标志标牌与周围环境的和谐统一。为了创造良好的服务条件，郑州黄河生态旅游风景区在硬件设施上的投入不断加大，尤其在景区的生态、绿化、园林、旅游环境的营造上，实施了“十大提升工程”，主要包括“环境、垃圾箱、指示系统、服务网点、园林绿化、信息化服务、员工服务、品牌宣传、环卫工作、公厕管理”。通过这十大提升工程，使景区的软件服务和硬件设施迈上一个新高度。西峡县投资 30 亿元建设的西峡旅游服务综合体项目将成为展示西峡旅游服务形象的“会客厅”，成为西峡新的城市地标性建筑群。占地面积 86 万平方米，设计总建筑面积为 130 万平方米，建成后将成为集旅游接待、休闲观光、养生度假、娱乐科普、餐饮购物、商业居住为一体的综合旅游服务项目。三是专题活动激发活力。很多企业把庆典、比赛、纪念、培训等活动当作提升服务水平的良机，组织开展一系列的有益活动。焦作青天河风景区开展的来有问声、问有答声、去有送声——“优质服务年”活动就是一个缩影。2013 年以来，青天河深入开展“优质服务年”活动，并把这一庞大系统工程细化为学习培训、讨论谈心、查摆问题、整改提高、检查评比等 11 个具体环节，使其更具针对性、操作性。“服务礼仪培训”、“旅游标准化知识培训”……这是景区为提高员工基本素质和应急服务能力开展的一系列活动，全面激发了员工的文明意识，统一着工装、佩工牌、说普通话，使文明之花绽放在景区的每一个角落。为进一步提高员工的责任意识、服务意识和执行能力，景区开展了“责任心教育”活动、举办了“岗位练兵，技术比武”、“争创优质服务红旗岗”、“争创优质服务标兵”等创先争优活动，发现、培育、树立了一批优质服务标兵，充分发挥典型示范作用，全方位提升服务质量。为广泛听取游客的意见与建议，景区在门岗、游船检票口、上船码头等游客聚集处，开展“问卷调查、征求意见”活动，做好投诉记录，并归类建立台账，按照“找准游客反映较多的问题，从游客最需要的地方做起，从游客最不满意的地方改起”的思路，努力打造“零缺陷”服务。来有问声，问有答声，去有送声……青天河景区用每一个细微的行动践行着“不让一位游客在青天河受委屈”的诺言，使游客在这里深切感受到更加细微化、标准化、人性化的旅游服务。“优质服务年”活动的扎实有效开展，使青天河景区的服务工作，受到国内外游客的广泛赞誉。景区旅游业突飞猛进，仅上半年，景区旅游收入较上年同期增长 25%，创下景区历年来最高纪录。云台山风景区举办了以“爱岗敬业奉献云台”为主题的道德讲堂，用“身边人讲述身边事，身边事感召身边人”的形式，为景区近 300 名干部职工带来了一节内容丰富、感人至深的道德教育课堂。活动的开展，进一步激发了广大职工的道德感悟和工作热情，纷纷表示要从现在做起，从点滴做起，学习身边道德模范，践行社会主义核心道德价值观念，提升工作服务水平，以实际行动为景区和谐健康发展贡献自己的力量。5 月 1 日中央电视台《东方时空》栏目，云台山的服务口碑榜上有名。该栏目在网络上对全国各大景区的大数据的统计中，根据全网网友对于景区相关评论的语义分析所得出的正面评价中，云台山景区以第二名的好成绩位列口碑排行榜中。

附件：2013 年河南省各省辖市旅游企业发展情况一览表

2013 年河南省各省辖市旅游企业发展情况一览表

城市名称	辖区内企业总数	星级宾馆饭店						旅行社			旅游景区（点）					
		总计	五星	四星	三星	二星	一星	总计	出境游组团社	国内和入境游旅行社	总计	5A	4A	3A	2A	1A
郑州市	368	104	5	24	60	15		232	29	203	32	1	9	20	2	
开封市	79	20	2	3	9	6		44	1	43	15	1	7	2	5	
洛阳市	192	65	2	13	36	14		93	5	88	34	4	12	16	2	
平顶山市	111	35	1	6	10	17	1	59	0	59	17	1	4	10	2	
新乡市	98	18		3	11	4		64	2	62	16		5	10	1	
焦作市	159	33	1	3	20	7	2	115	1	114	11	3	3	3	2	
安阳市	110	19		4	8	7		71	1	70	20	1	6	4	9	
鹤壁市	37	14	1		9	4		15	0	15	8		3	4	1	
濮阳市	72	12		1	6	5		49	0	49	11		2	4	5	
三门峡市	87	24		3	15	6		49	1	48	14		6	3	5	
许昌市	84	20	1	6	9	4		48	0	48	16		3	5	8	
漯河市	55	9		1	3	5		40	0	40	6		2	3	1	
南阳市	217	84		11	51	22		98	1	97	35		13	14	8	
商丘市	58	14		2	6	6		34	0	34	10		2	6	2	
信阳市	104	33		7	23	3		47	1	46	24		5	17	1	1
驻马店市	79	38		2	26	10		23	0	23	18		3	5	10	
周口市	98	29		4	18	6	1	47	0	47	22		2	5	15	
济源市	28	4		2	2			20	0	20	4		3		1	
总计	2036	575	13	95	322	141	4	1148	42	1106	313	11	90	131	80	1

（杨万山）

湖北省旅游企业发展综述

湖北省旅游局

2013 年全省接待旅游者 4.09 亿人次，实现旅游收入 3206 亿元，同比分别增长 18.5% 和 21.9%。其中国内旅游接待人次和收入分别增长 18.67% 和 22.58%。出境旅游强势增长。全年出境游客达到

105 万人次，同比增长 37.2%。入境旅游逆势增长。全年接待入境游客 267.96 万人次，收入 12.19 亿美元，同比分别增长 1.23% 和 1.33%。假日旅游逆势走高，保持强劲增长势头，呈现出旅游产品丰富多彩，节日氛围十分浓郁，旅游接待持续火爆，假日市场井然有序，旅游效益明显增长的良好局面，实现了兴旺度、满意度、安全度的统一。

一、大力培育大众旅游新消费，激活旅游市场新热点

针对公务消费锐减的新情况，引导旅行社采取“团队不足散客补，观光不足专项补，政务不足商务补，国际不足国内补”的应对策略。在产品转型上，推出高铁游、自助游、亲子游、乡村旅游等产品，实现了供需两旺。同时，适时推出四季不同的旅游产品。在春季，开展了“赏乡村田园花景，品荆楚民俗风情”乡村旅游系列主题活动，向游客推出了省内 33 条赏花乡村旅游线路。在夏季，开展“灵秀湖北清凉一夏暑期欢乐惠游”活动，推出高山避暑纳凉、峡谷漂流探险等十大特色产品。在秋季，又适时推出了“灵秀湖北寻找金秋”六大主题产品，其中“船进神农架”之旅获评 2013“美丽中国”十佳旅游主题线路。在冬季，将冬季滑雪、温泉、乡村旅游以及各地的独特人文历史与温泉产品巧妙组合，推出 8 条“灵秀湖北 温泉有约”精品线路。神农架通过举办滑雪节，搅动冬季市场。特别是在湖北省“一江两山”精品线路合作推广上，先后组织召开 3 次联席会，出台了《关于营销推广灵秀湖北旅游精品的奖励办法》，以此进一步撬动各方面的信心和激情。再比如，在景区为门票提价而引起社会激烈争议之际，湖北省在假日期间实行景区门票降价优惠，让利于民。仅 2013 年的“五一”、“十一”等长假期间，省内 300 多家实行政府定价或政府指导价的景点，纷纷推出门票优惠措施，为游客省钱上亿元，门票降了，但综合经济效益和社会效益不降反升。

二、一批工业资本、商业资本和房地产资本积极涉足旅游业

如万达集团开展旅游综合体建设并收购了湖北新航线国旅，正式进军旅行社行业。碧桂园和智汇投资集团在咸宁投资建设旅游社区，武当太极湖集团在景区打造的亚洲最大水上悬浮式音乐喷泉、水幕电影，武汉木兰天池与湖北来日方长影视传媒公司联手打造微电影体验基地、湖北太子山投资集团和北京约瑟公司（原主营石化产业）联合在荆门中国农谷建设农业、森林、科技和旅游综合体。还有鄂西圈投公司在恩施、宜昌、荆州、襄阳等地投资建设的旅游项目也进展顺利，如恩施大峡谷索道和旅游公路改造等一批重点项目建成投入营运。全年竣工旅游项目 100 多个，累计投资 300 多亿元；在建项目 400 多个，总投资 2800 多亿元；新签约旅游项目 160 多个，总投资 1800 多亿元。通过旅游项目建设，一批旅游景区提档升级，武汉东湖风景区被评为全国 5A 级景区，湖北省 5A 级景区达到 8 个。全年新增 4A 级景区 8 个。

三、坚持贯彻实施《旅游法》

坚持贯彻实施《旅游法》不走样、加强监管执法不变通、依法打击不手软，切实加强市场监管，促进旅游企业依法经营、旅游者理性消费。一方面切实加强《旅游法》的学习宣传和培训，共培训达 12 万多人次，使旅游行政管理部门和从业人员依法兴旅、依法治旅意识普遍增强。另一方面把群众反映强烈的突出问题作为监管治理的重点，推行“监控旅游广告、约定合理价格、畅通投诉举报、开展明察暗访、实行约谈警告、查处违法案件”的市场监管“六步法”，探索建立了“联合执法制、专群结合制、公开通报制、基层帮扶制”的旅游市场监管的“四制”，全面提升了旅游执法规范化水平。其次是以推进旅游标准化建设为重点，全面提升旅游服务质量，收到了明显成效。在旅游饭店，通过“双十”（灵秀湖北十大标杆旅游饭店、十大满意旅游饭店）评选活动，促进整体服务水平的提升，为全省旅游业转型升级树立了榜样。另外，切实抓好公民文明出游工作，深入开展“文明与旅游同行”、“文明旅游大讨论”、“奖文明旅游”等活动，制定了行前教育告知、行中提醒制止、行后总结奖惩制度，组织各旅游协会通过定制度、定规则、发倡议等方式，加强行业引导和自律，全省旅游文明风尚逐步形成，旅游市场秩序保持良好。

2014 年是全面贯彻落实党的十八届三中全会精神的开局之年，是深入推进《旅游法》贯彻实施的关键之年，是加快完成“十二五”规划目标的攻坚

之年。2014 年旅游工作的总体要求是：全面贯彻落实十八届三中全会、中央和全省经济工作会议以及全国旅游工作会议精神，以习近平总书记等领导关于旅游业发展的一系列讲话精神为指导，坚持依法兴旅、依法治旅的总要求，围绕两大战略目标，赢取改革红利，推进产业融合，彰显精品名牌，优化行业环境，提升服务本领，推动湖北省旅游业转型升级，实现旅游竞进提质、效速兼取，为“建成支点、走在前列”做出贡献。围绕这个要求，2014 年的预期目标是：全年接待旅游人次增长 15%，达到 4.7 亿人次，旅游综合收入增长 17%，达到 3752 亿元。

（许　辉）

湖南省旅游企业发展综述

湖南省旅游局

2013 年是湖南省全面推进旅游强省建设的第一年，也是《旅游法》颁布实施的第一年。一年来，在省委、省政府的正确领导和国家旅游局的精心指导下，湖南省旅游业取得了持续健康较快发展。全省实现旅游总收入 2681.86 亿元，同比增长 20.04%。旅游总收入相当于全省 GDP 的 11%，同比提高近 1 个百分点，为促进“三量齐升”做出了积极贡献。截至 2013 年年底，全省共有等级旅游区（点）230 家，其中 5A 级旅游区（点）7 家、4A 级 74 家；有星级饭店 587 家，其中五星级 19 家、四星级 71 家；有旅行社 830 家，其中出境游组团社 36 家、五星级旅行社 9 家。

一、景区创建取得新进展

一是 5A 级景区创建。在完成《湖南省“十二五”旅游发展规划纲要》中确定的 6 家 5A 级景区培育对象的摸底调研后，确定 2013 年重点辅导和支持宁乡花明楼刘少奇故居、郴州资兴东江湖创建国家 5A 级旅游景区。一年以来，由分管副局长多次率领专家赴宁乡、资兴进行创建的检查与指导，指导景区编制申报资料，并积极到国家旅游局进行工作对接，强势推进了此项工作。宁乡花明楼刘少奇故居已正式获得国家旅游局批复，被评为国家 5A 级旅游景区，郴州资兴东江湖也已通过 5A 级景区景观质量评审。二是 4A 级及以下景区创建。长沙关山景区、洋湖湿地、湘西矮寨奇观等 10 家景区顺利通过国检，被评为国家 4A 级景区。同时，常德石门夹山景区、郴州宝山工矿旅游区、岳阳平江石牛寨景区三家景区已完成省检。全年评定 2 家 3A 级景区，3 家 2A 级景区和 5 家省级工业旅游示范点。

二、景区管理取得新突破

一是实现了景区动态管理。根据 2012 年等级景区复核情况，下发了《关于 2012 年湖南省等级旅游景区复核情况通报》，取消了 1 家 4A 级景区、2 家 3A 级景区，责令 5 家 3A 级景区限期整改。二是开展了漂流景区检查。为加强全省漂流旅游景区管理，提升漂流旅游景区标准化管理服务水平，切实保障广大游客生命财产安全，对永州金洞金沙滩、岳阳平江连云山等评定为等级旅游景区的漂流旅游景区或含漂流旅游项目的等级旅游景区开展了检查，并针对景区存在的问题下发了整改通知书。三是与中国红十字基金会、省红十字会联合下发了《关于在湖南省旅游景区设置“幸福天使红十字救护站”的通知》（湘红函〔2013〕18 号），争取了在全省 6 家 5A 级旅游景区设置“幸福天使红十字救护站”，中国红十字基金会给予每家 5A 级景区 30 万元资金支持，并在技术、服务标准方面进行指导，进一步提升了全省 5A 级旅游景区的医疗急救服务水平，保障了游客安全。

三、旅游企业日常管理规范有序

对全省35家出境游组团社进行了信誉等级评估。完成了全省旅行社和旅游饭店的网上调查统计工作。新颁发旅行社业务经营许可证60家，全省旅行社总数达830家，办理全省旅行社经营许可证变更登记97家，办理省内外旅行社委托代理备案登记113家，办理省内外旅行社分公司备案登记46家，注销旅行社16家，注销旅行社分社9家。新评定四星级旅行社17家，三星级旅行社6家。举办了一期赴台游领队法规及业务培训班。积极推进旅行社责任保险统保工作，召开了全省旅行社责任保险示范项目共保单位第一次联席工作会议，加大推进统保工作，截至2013年11月13日，参保2013年统保示范产品旅行社621家，比上年同期增长8.8%，统保率为87.1%，比2012年提高3.4个百分点，其中续保旅行社517家，新增投保旅行社104家，排名全国靠前。宣贯《旅游饭店星级的评定与划分》标准取得新成效，全省新评星级旅游饭店24家，其中五星级1家，四星级6家，三星级12家，全省旅游星级饭店总数605家。完成了1家五星级旅游饭店的初评及推荐工作，指导5家五星级旅游饭店做好迎接全国星评委评定性复核的准备工作。对全省旅游饭店进行了经营状况摸底和水电气同价政策落实情况调查，办理了省人大代表肖公平《关于落实对旅游宾馆饭店扶持政策的建议》，为上级管理部门制定行业发展政策提供了基础参考资料。

四、标准化建设扎实推进

加强了对新宁县创建全国旅游标准化示范县工作的业务指导，先后三次派出指导组到新宁县帮助解决相关问题。6月，召开了新宁县创建标准化示范县工作推进会，新宁县的创建工作扎实有效开展。10月，省旅游局组成专门评估验收组对新宁县的创标工作进行了全面检查验收和评分。新宁县全国旅游标准化试点工作得分为885分，达到了向国家旅游局申报审核的条件，并专门赴国家旅游局汇报了创标情况。《旅游饭店节能减排要求及考核评价》地方标准于2013年3月正式颁布实施。该标准对旅游饭店做好节能减排工作提出了12个大项、45个分项、150多个小项的技术及管理要求，并制定了科学的考核评价办法。填补了目前饭店行业还没有同类技术标准的空白，对于提升旅游饭店的管理水平和综合效益，推进旅游饭店转型升级具有重要促进作用。配合省质监局制定了旅游服务湖南名牌评选标准，开展了首批旅游服务湖南名牌的评选工作，对提升全省旅游企业品牌形象具有积极促进作用。

五、科学指导生态旅游示范景区创建

为进一步发挥全省生态资源优势，推动专项旅游产品建设，在成功评定9家省级生态旅游示范景区的基础上，继续开展了两个层面的生态旅游示范区创建工作。一是指导开展国家级生态旅游示范区创建。按照国家级生态旅游示范区标准要求，结合全省不同景区生态资源品质、旅游发展定位和产业发展基础潜力，指导推荐浏阳大围山旅游区和资兴东江湖景区申报国家级生态旅游示范区。上半年，主要开展对两家单位的明察暗访，8月以后，指导两家单位对明察暗访意见进行整改落实。10月份，会同省环保厅召开了推荐评审会，并形成了一致推荐意见，向国家旅游局和环保部正式推荐申报。二是开展了省级生态旅游示范区创建工作全年共7家单位申报，并向社会公示。

六、积极指导旅游商品协会工作

指导协会开展《湖南省旅游商品发展战略及政策研究》编撰工作，为下一步争取省政府出台支持全省旅游商品行业发展相关政策做好准备。指导协会制定和实施了《湖南省旅游商品协会五年发展规划（2012～2016）》，进一步理清全省旅游商品发展定位、方向和步骤。同时，指导协会通过建章立制，不断完善和提升自身管理，提高服务会员单位的水平和能力。

七、强化旅游购物场所评定

《旅游法》出台实施后，旅游购物备受行业内外关注。为顺应旅游市场新形势，进一步提高全省旅游购物场所管理服务水平，结合省局相关处室人员变动，重新调整并加强了全省购物示范点领导小组成员。11月开始，对全年申报的21家省级购物示范点进行验收，并对2011年创建的21家省级旅游购物示范点进行了复核式验收。

（湖南省旅游局）

广东省旅游企业发展综述

广东省旅游局

一、广东省旅行社业

2013年，广东省新增旅行社221家。其中新增经营国内旅游业务和入境旅游业务的旅行社174家，新增出境游组团社44家，新增外资旅行社3家。

依据《行政许可法》、《旅行社条例》和《旅行社条例实施细则》等法规的有关规定，全省全年共注销旅行社25家，其中出境游组团社1家，外资旅行社1家；吊销旅行社2家。

截至年末，全省经许可设立领取《旅行社业务经营许可证》的旅行社1810家（外资旅行社17家、出境游组团社259家、台湾游组团社19家），其中完成工商注册登记的旅行社有1641家。

全省经许可设立1810家旅行社企业中，内资企业1550家（国有企业112家、集体企业6家、有限责任公司332家、股份有限公司3家、私营企业1097家、其他企业5家），占85.6%；港澳台商独资企业241家，占13.3%；外商投资企业19家（中外合资经营企业3家、外资及独资企业15家、外商投资股份有限公司1家），占1.1%。旅行社直接从业人员52418人。

（一）旅行社规模和效益

1. 旅行社经营规模

2013年度全省完成工商注册的旅行社1641家。根据1640家旅行社填报的有效数据统计，全省旅行社资产总额75.25亿元，比上年下降27.25%，负债总额121.91亿元，比上年增长57.96%，所有者权益154.56亿元，实收资本金为32.56亿元。

2. 旅行社经营效益

2013年度全省旅行社营业收入总额785.16亿元，比上年增长66.65%；旅游业务收入总额753.66亿元、增长66.44%；利润总额5.86亿元，增长93.9%，其中旅游业务利润总额50.16亿元，为利润总额的8.56倍；实缴税金总额3.86亿元，增长20.99%。

（二）旅游业务指标

1. 入境旅游业务

全省旅行社入境旅游外联371.12万人次、947.9万人天，接待425.58万人次、1090.03万人天，同比分别下降3.81%、3.65%，6.93%、6.43%。其中入境旅游外国人外联71.48万人次、245.5万人天，接待99.98万人次、330.78万人天，同比分别下降15.69%、15.04%、19.6%、12.88%。

入境旅游业务营业收入34.15亿元，同比增长10.45%，占全省旅游业务收入总量的4.53%；入境旅游业务利润额0.33亿元，占旅游业务利润总量的0.66%。

2. 国内旅游业务

全省旅行社组织国内旅游2185.1万人次、5037.06万人天，接待1571.65万人次、2883.39万人天，同比分别下降7.48%、7.9%、8.95%、6.36%。

国内旅游业务收入523.42亿元，同比增长91.99%，占全省旅游收入总量的69.45%；国内旅游业务利润额38.17亿元，占旅游利润总量的76.1%。

3. 出境旅游业务

全省旅行社组织出境旅游846.69万人次、3225.56万人天，同比分别增长7.29%、25.22%；港澳游组织467.02万人次、增长8.34%。

出境旅游业务收入196.08亿元，同比增长31.35%，占全省旅游业务收入总量的26.02%；出境旅游业务利润额11.66亿元，同比增长47.59%，占全省旅游业务利润总量的23.24%。

（三）旅行社分布及经营状况

2013年，广东省旅行社数量排在前五位的地级市依次为：深圳市（468家）、广州市（377家）、珠海市（140家）、佛山市（102家，含顺德区）、汕头市（70家），五市旅行社总量占全省总量的63.9%。

经对全省22个地级市（区）旅行社营业收入总额、利润总额、旅游业务收入、旅游业务利润、实缴税金、入境外联人天、入境接待人天、国内组织人天、国内接待人天等9项指标进行综合排序，前十名地级市（区）依次为：深圳市、广州市、佛山市、中山市、珠海市、东莞市、顺德（区）、韶关市、惠州市、汕头市。

二、广东星级饭店业

2013年，广东省评定星级饭店42家，其中五星级9家，四星级9家，三星级22家，二星级2家。取消星级饭店42家，其中五星级1家、四星级7家、三星级22家、二星级12家。截至年底，全省星级饭店总数达1084家，其中白金五星级1家，五星级114家，四星级187家，三星级629家，二星级146家，一星级7家。全省待评无星级饭店14285家。星级饭店客房数15.06万间，床位数24.79万张，餐位数65.7万个。直接从业人员766943人，比上年增长1.18%。全省星级饭店中，内资企业913家（国有企业214家、集体企业101家、有限责任公司193家、股份有限公司66家、私营企业336家、其他企业3家），占84.2%；港澳台商投资企业34家（港澳台商独资企业29家、合资和合作经营企业5家），占3.1%；外商投资企业137家（中外合资经营企业117家、外商投资股份有限公司13家、外资及独资企业7家），占12.6%。据不完全统计，全年星级饭店平均住房率约65.5%。全省有绿色饭店982家。

年内，广东省旅游饭店星级评定委员会决定对2012年延期复核或受到限期整改处理的一至四星级饭店进行了评定性复核。将全省965家一至四星级饭店列入复核范围（其中年度复核811家，评定性复核154家），累计派出1571人次星评员对各星级饭店进行复核。复核的结果是：因不达标被取消星级资格的饭店有42家，限期整改的饭店有9家，其他星级饭店均通过复核。

根据2013年度全国星级饭店统计公报显示，全年全省星级饭店主要经济指标分别为：平均房价370.79元/间·夜，列全国各省区第5位；每间可供出租客房收入210.28元/间·夜，列全国各省区第四位；每间客房平摊营业收入166.27千元/间，列全国第7位；全员劳动生产率161.47千元/人，列全国第7位；人均实现利润1.74千元/人，列全国第9位。

年内，广东省列入全国50个重点旅游城市的星级饭店主要指标排名统计显示，平均房价：广州市481.43元/间·夜、列全国第5位，深圳市451.90元/间·夜、列全国第6位；平均出租率：深圳市64.35%，列全国第5位；每间可供出租客房收入：广州市297.81元/间·夜、列全国第5位，深圳市290.80元/间·夜、列全国第6位；每间客房平摊营业收入：广州市237.13千元/间、列全国第5位；全员劳动生产率：广州市212.55千元/人，列全国第6位，深圳市196.60千元/人，列第8位；人均实现利润：广州市10.85千元/人、列全国第7位，深圳市10.24千元/人、列全国第9位。

全年全省星级饭店主要指标：营业收入总额244.12亿元，客房收入占比重42.39%，餐饮收入占比重41.74%，固定资产原值471.55亿元，利润总额2.62亿元，实缴税金22.74亿元，从业人员年平均人数15.12万人，大专以上学历2.74万人；全员劳动生产率161.47千元/人，人均实现利润1.74千元/人，人均实现税收15.04千元/人，人均占有固定资产原值311.89千元/人，百元固定资产创营业收入51.77元，平均房价370.79元/间·夜，平均出租率56.71%，每间可供出租客房收入210.28元/间·夜，每间客房平摊营业收入166.27千元/间。

三、广东省旅游景区业

2013年，全省共评定国家A级旅游景区共29家，其中5A级景区2家；4A级景区8家；3A级景区19家。截至2013年年底，全省共有A级景区218家，其中5A级景区9家、4A级景区121家、3A级景区77家、2A级景区11家。

从国家旅游局A级旅游景区管理系统显示：全省A级旅游景区总面积106672.03公顷。景区接待人数25162.3万人次，免票人数12155.5万人次。综合收入达到105.4亿元，门票收入46.1亿元。直接从业人员为171466人，平均每家A级景区提供就业岗位940个。景区建设投资63.6亿元，平均每家A级旅游景区实现投资0.17亿元。

年内，省旅游局与省环境保护厅联合开展国家生态旅游示范区创建工作。继深圳东部华侨城2007年成为中国首个获得“国家生态旅游示范区”荣誉称号之后，韶关市丹霞山风景名胜区被国家旅游局、环境保护部批准为“（韶关市）丹霞山国家生态旅游示范区”。惠州市罗浮山景区被国家旅游局评定为国家5A级旅游景区。

2013年，全国旅游景区等级评定委员会批准佛山市西樵山景区（1月14日）、惠州市罗浮山景区（12月19日）为国家5A级旅游景区；批准河源市苏家围东江画廊旅游景区（1月29日）、惠州市叶挺将军纪念园景区（1月29日）、阳江市广东海上丝绸之路博物馆景区（1月29日）、清远市森波拉度假森林景区（1月29日）、广州市广东圆玄道观（4月25日）、广州市广州塔景区（6月6日）、东莞市香市动物园（6月5日）、茂名市电白御水古温泉度假区（10月4日）共8家旅游景区为国家4A级旅游景区。

广东省旅游景区等级评定委员会批准清远市连州福山景区（1月16日）、深圳市中丝园景区（2月4日）、梅州市千佛塔宗教文化景区（2月5日）、梅州市张弼士故居旅游区（2月5日）、东莞市诺华中式家具博物馆景区（2月5日）、东莞市森晖自然博物馆景区（2月15日）、东莞市唯美陶瓷博物馆景区（2月17日）、韶关市乳源天景山仙人桥景区（2月21日）、韶关市乳源必背世界过山瑶之乡生态旅游景区（2月21日）、广州市梯面红山村景区（3月1日）、梅州市富大陶瓷工业旅游区（3月14日）、梅州市坪山梯田旅游区（3月11日）、梅州市百侯名镇旅游景区（5月27日）、东莞市冠和博物馆（8月1日）、广州市花都炭步镇塱头古村景区（10月21日）、揭阳市惠来县海滨度假村景区（10月21日）、深圳市宝福珠宝园景区（12月5日）、深圳市园山风景区（12月5日）、韶关市新丰江源温泉度假山庄景区（12月31日）等19家旅游景区为国家3A级旅游景区。

四、旅游规划设计单位

2013年，广东省新评定国家旅游规划设计资质甲级单位2家，乙级单位6家，丙级单位4家。至年末，全省有国家甲级规划设计资质单位10家、乙级单位21家、丙级单位21家。

9月13日，经省人民政府同意，省旅游局与省委宣传部、省发展改革委联合印发《广东省红色旅游发展规划（2011～2015年）》。12月4日，省旅游局联合省农业厅印发《广东省乡村旅游与休闲农业旅游发展规划（2013～2020年）》，明确乡村旅游与休闲农业发展的主要任务，提出了乡村旅游与休闲农业发展的区域布局情况，落实乡村旅游与休闲农业发展的保障措施；《广东省生态区旅游发展规划（2012～2020年）》、《广东省旅游汽车营地发展规划（2012～2020年）》、《广东省旅游公共服务体系发展规划（2012～2020年）》等专项旅游规划编制工作全面启动。

年内，广东省投资1亿元以上的新增和续建大型旅游项目156个，涉及金额3800亿元。其中包括由广州长隆集团有限公司总投资约200亿元建设的横琴长隆国际海洋度假区项目；由中国国旅集团、澳门南光集团、云南城投集团、深圳联合金融、生命人寿、DD集团斥资45亿元建设的中国河源东江·巴登城温泉休闲度假建设项目；由广东客天下旅游产业有限公司总投资130亿元建设的梅州客天下旅游产业项目；由北京金融街集团总投资150亿元建设的惠东县巽寮滨海旅游度假区；由广东长鹿环保度假农庄有限公司总投资3.8亿元建设的长鹿农庄休闲度假区；由广东东方月亮湾有限公司总投资250亿元建设的广东月亮湾滨海国际旅游度假区；由保利（海陵岛）房地产开发有限公司总投资80亿元建设的保利海陵岛十里银滩西区项目。

按照中共广东省委、省政府办公厅《关于加快转变政府职能深化行政审批制度改革的意见》《广东省人民政府2012年行政审批制度改革事项目录（第一批）》（第169号令）文件精神，省旅游局开展“国家旅游景区质量等级评定”职能向社会组织转移工作。经公开招标等程序，确定由广东省旅游协会承担。2013年12月20日，省旅游局和省旅游协会签订《广东省旅游景区质量等级评定职能转移协议书》，由广东省旅游协会承担2014～2015年全省旅游景区质量等级评定工作，省旅游局按照有关制度进行监管。

五、旅游教育与培训

截至2013年年底，全省有7912人取得饭店中高层管理人员岗位培训证书，其中总经理1981人，部门经理5931人；有5105人取得旅行社经理资格证书，其中总经理3453人，部门经理1652人；有182人取得景区中高层管理人员岗位职务证书，其中总经理131人，部门经理51人；有67380万人取得导游员资格证书。

2013年，全省共组织各类考试121场，参考人数达2.09万人；举办中高级人才培训12期，参培人数达3045人；全省各级旅游培训机构培训旅游行业各类人员达49万人次。

2013年9月15日，全省有548人报名中高级导游员等级考试，其中153人通过考试获取中高级导游员等级资格证书。全年全省组织完成两次全国导游员资格考试工作，报考总人数为19232人，有6051名考生取得导游员资格证书。其中，第一次全国导游员资格考试共计9622人报考，合格人数为3282名，合格率为34.11%。第二次全国导游员资格考试共计9610人报考，合格人数为2769名，合格率为28.81%。全省共设25个报名点、22个笔试点、24个口试点。继续实行AB卷制度、从严考试纪律，强化考评员培训、确保口试环节公开透明，并首次在全省范围铺开网络报名和网上缴费。至年末，全省导游总人数61347人。按性别划分，男导游15129人、女导游46218人；按等级划分，其中高级导游159人、中级导游1698人，初级导游59574人；按学历划分，研究生以上学历254人、大学本科12034人、专科25735人、高中和中专23324人；按语种划分，普通话56960人、英语3850人、日语335人、德法等其他语种202人。

2013年，广东省旅游人才培养继续朝着包括研究生教育、本科教育、专科教育和中等职业教育四个层次进行，多数旅游院校开设有旅游管理、旅游外语、饭店服务与管理、旅行社服务与管理、烹饪等专业。至年底，全省共有高、中等旅游院校（包括完全的旅游院校和只开设旅游系或旅游专业的院校）215所，其中高等院校77所，中等职业学校138所。旅游院校在校生为9.36万人，其中旅游高等院校在校生5.14万人，旅游中等职业学校在校生7.58万人；全省旅游院校拥有旅游专业教师5031人，其中旅游高等院校3117人，旅游中等职业学校1914人。

六、行业财务信息综述

2013年，广东省旅游局向国家旅游局旅游行业财务信息管理系统报送1103家各类旅游单位（企业）财务及相关数据。其中在1065家上报数据的企业性质单位中：旅行社1810家，占58.87%；星级饭店1084家，占29.30%；A级景区（点）218家，占10.05%；旅游集团有3家，占0.28%；其他旅游企业16家，占1.50%。不同企业性质对比方面，私营企业763家；国有及国有控股企业177家。

表1　旅游企业类别详细构成表

企业类别	二级类目	企业数量（家）	同类别内所占比例（%）
星级饭店	五星级饭店	35	11.22
	四星级饭店	64	20.51
	三星级饭店	142	45.51
	二星级饭店	26	8.33
	未评星级饭店	45	14.42
旅行社	经营出境业务旅行社	142	22.65
	经营非出境业务旅行社	485	77.35
A级旅游景区	5A级景区（点）	8	7.48
	4A级景区（点）	35	32.71
	3A级景区（点）	19	17.76
	2A级景区（点）	2	1.87
	未评等级景区（点）	43	40.18

表2　旅游景区企业按类型分布表

旅游景区类型	数量（家）	比例（%）
主题公园	7	6.54
游乐园	2	1.87
自然保护类	4	3.74
文物保护单位	6	5.61
寺庙	2	1.87
森林公园	5	4.67
人造景点	5	4.67
其他自然类区（点）	12	11.21
其他主题类	14	13.08
其他文物类	6	5.61
旅游度假区	25	23.36
风景名胜区	16	14.95
动植物园	3	2.80

表3　企业性质分布表

企业性质	企业数量（家）	所占比例（%）
国有及国有控股企业	177	16.62
集体企业	46	4.32
联营企业	18	1.69
私营企业	763	71.64
外商投资企业	21	1.97
港澳台资企业	39	3.66
其他类型	1	0.09

（一）旅游企业基本规模

2013年，从报送的1065家旅游企业总资产规模、固定资产规模、营业收入规模、利润规模及企业就业人数等指标看，企业规模相对不够大，不同类别企业之间存在较大差异，发展空间较大。

1. 旅游企业资产规模

旅游企业总资产平均为5219.28万元。其中，旅行社企业总资产平均887.57万元（经营出境业务的旅行社平均总资产3183.32万元，经营非出境业务的旅行社平均总资产214.02万元，两者资产实力相差巨大）；旅游集团总资产平均118659.48万元；A级景区（点）总资产平均15114.63万元；其他旅游企业总资产平均20348.19万元；饭店企业总资产平均8672.39万元。

旅游企业固定资产净值平均为1500.19万元。旅游集团的企业固定资产净值平均19567.65万元；A级景区的企业平均固定资产净值3745.98万元；星级饭店的平均固定资产净值3197.80万元；旅行社的平均固定资产净值60.39万元。

表4　旅游企业平均总资产情况表

企业类别	二级分类	平均总资产(万元)
	全部旅游企业	5219.28
旅游企业	旅行社	887.57
	星级饭店	8672.39
	旅游集团	118659.48
	A级景区	15114.63
	其他旅游企业	20348.19
星级饭店	五星级饭店	33400.38
	四星级饭店	10996.92
	三星级饭店	2709.44
	二星级饭店	932.78
	未评星级饭店	9117.16

续表

企业类别	二级分类	平均总资产(万元)
旅行社	经营出境业务旅行社	3183.32
	经营非出境业务旅行社	214.02
A级旅游景区	5A级景区	106908.52
	4A级景区	11905.06
	3A级景区	2230.00
	2A级景区	621.32
	未评等级景区	7683.19

表5　旅游企业平均固定资产净值情况表

企业类别	二级分类	平均固定资产净值(万元)
旅游企业	全部旅游企业	1500.19
	旅行社	60.39
	星级饭店	3197.80
	旅游集团	19567.65
	旅游景区景点	3745.98
	其他旅游企业	6412.73
星级饭店	五星级饭店	11774.63
	四星级饭店	3496.76
	三星级饭店	932.36
	二星级饭店	291.78
	未评星级饭店	4929.53
旅行社	经营出境业务旅行社	200.35
	经营非出境业务旅行社	19.41
A级旅游景区	5A级景区	17848.34
	4A级景区	3978.00
	3A级景区	1230.67
	2A级景区	351.53
	未评等级景区	3032.95

（二）旅游企业经营规模与盈利状况

2013年旅游企业营业总收入平均值为4483.66万元，旅游企业的营业利润平均值为142.55万元，旅游企业净利润平均值为143.50万元。具体情况见下表：

表6　旅游企业主要经营指标同比变化情况表

经营指标（万元）	2013年	2013年	同比（%）
营业总收入	4483.66	4322.13	3.74
营业利润	142.55	144.83	-1.57
净利润	143.50	122.16	17.47

从分类情况来看，旅游集团的营业总收入平均值达到 94221.90 万元，旅游饭店类企业的总营业收入平均值为 3413.89 万元；平均营业利润方面，旅行社 14.92 万元；旅游景区（点）和其他旅游企业达 1000 万元以上；平均净利润方面，旅游饭店 -11.66 万元，旅行社 9.04 万元，旅游集团 1000 万元以上（主要是依托营业外收入增多，而非依靠主营业务收入造成），旅游景区 1000 万元以上。

旅行社方面，经营出境业务的旅行社平均总营业收入 1.60 亿元以上，平均净利润 50.57 万元；经营非出境业务旅行社总营业收入平均值 780 万元左右，净利润平均值 -3.30 万元。

星级饭店方面，五星级和二星级饭店整体上为盈利，但盈利水平不高；其他类饭店则均处于整体不同程度的亏损状态。其中五星级饭店总营业收入平均值超过 1.30 亿元，净利润平均 593.71 万元；四星级饭店总营业收入平均值 4278.70 万元，净利润 -152.51 万元；三星级饭店总营业收入平均值 1462.18 万元，净利润 -7.65 万元；二星级饭店总营业收入平均值 627.19 万元，净利润 36.39 万元；未评定星级饭店总营业收入平均值 2480.94 万元，净利润 -322.63 万元。

旅游景区方面，5A 级景区总营业收入平均值接近 3.40 亿元，平均净利润超过 1.10 亿元；4A 级景区总营业收入平均值 3441.30 万元，平均净利润 533.98 万元；3A 级景区总营业收入平均值 908.39 万元，平均净利润 1.23 万元；未评定等级景区平均净利润 65.77 万元，2A 级景区因样本小原因未计。

表 7　旅游企业（分类）主要经营指标情况表

企业类别	二级分类	平均营业总收入（万元）	平均营业利润（万元）	平均净利润（万元）
旅游企业	旅行社	4332.70	14.92	9.04
	星级饭店	3413.89	28.82	-11.66
	旅游集团	94221.90	217.87	1088.01
	A 级景区	4693.13	1023.08	1053.83
	其他旅游企业	12966.92	1403.63	2114.85
星级饭店	五星级饭店	13020.49	867.34	593.71
	四星级饭店	4278.70	-151.89	-152.51
	三星级饭店	1462.18	5.04	-7.65
	二星级饭店	627.19	73.36	36.39
	未评星级饭店	2480.94	-317.06	-322.63

续表

企业类别	二级分类	平均营业总收入（万元）	平均营业利润（万元）	平均净利润（万元）
旅行社	经营出境业务旅行社	16282.06	73.85	50.57
	经营非出境业务旅行社	782.89	-2.59	-3.30
A 级旅游景区	5A 级景区	33923.34	11546.06	11459.87
	4A 级景区	3441.30	413.88	533.98
	3A 级景区	908.39	-17.27	1.23
	2A 级景区	241.16	-117.56	-118.55
	未评定等级景区	3085.23	84.56	69.14

（三）旅游企业吸纳就业情况

2013 年，全省 1065 家旅游企业的平均从业人数 102 人，职工人数 103 人，旅游企业规模偏小。旅游集团 1050 人，旅行社 29 人。

星级饭店方面，五星级饭店平均从业人数 529 人，二星级饭店仅有 42 人。景区与饭店的变化趋势一致，平均从业人数都是随着评定的等级下降而下降。

旅行社方面，经营出境业务的旅行社平均从业人数 91 人，经营非出境业务的旅行社人数 11 人。

表 8　2013 年旅游企业吸纳就业人数情况表

企业类别	二级分类	平均从业人数	平均职工人数
旅游企业	全部旅游企业	102	103
	旅行社	29	30
	星级饭店	195	200
	旅游集团	1050	1046
	A 级景区	188	193
	其他旅游企业	368	365
星级饭店	五星级饭店	529	550
	四星级饭店	286	288
	三星级饭店	107	109
	二星级饭店	42	41
	未评星级饭店	171	176
旅行社	经营出境业务旅行社	91	92
	经营非出境业务旅行社	11	11
A 级旅游景区	5A 级景区	938	923
	4A 级景区	183	193
	3A 级景区	54	54
	2A 级景区	27	28
	未评等级旅游景区	135	194

（四）企业盈利能力分析

1. 净资产收益率

2013 年，全省旅游企业净资产收益率平均为 9.40%，全国平均水平 8.21%。其中，旅行社净资产收益率7.66%，经营出境游旅行社9.01%，经营非出境游旅行社 3.33%。虽然整体高于全国水平（4.65%，7.70%，-5.80%），但与上年相比，全省旅行社业的净资产收益率出现较大下降。同期对比数据见下图：

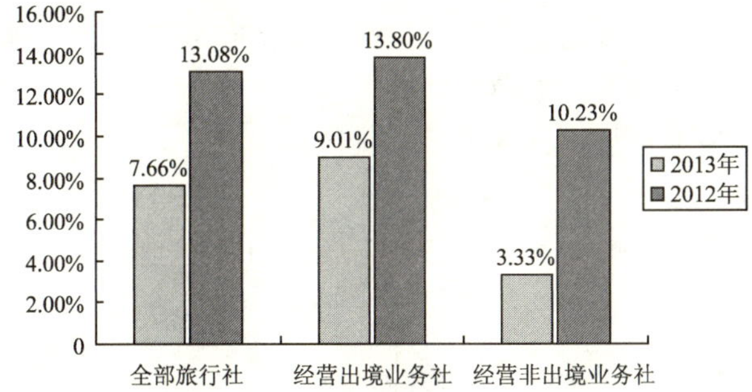

旅行社净资产收益率同期对比

星级饭店净资产收益率 3.43%，全国平均水平 -0.49%。同期对比情况见下图：

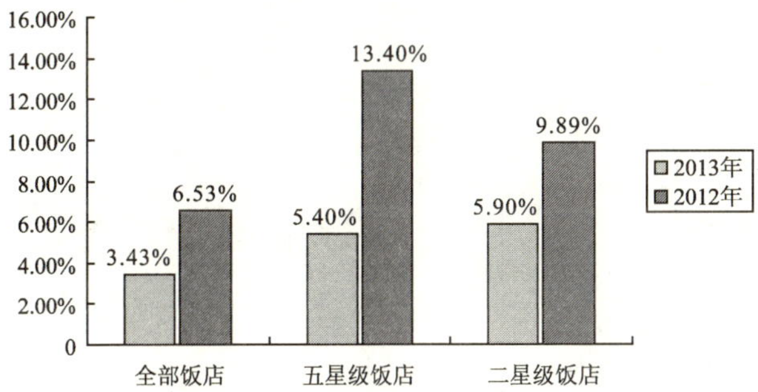

部分星级饭店净资产收益率对比

A 级景区净资产收益率 15.54%（上年全省平均水平 13.25%），全国平均水平 16.45%。具体情况见下图：

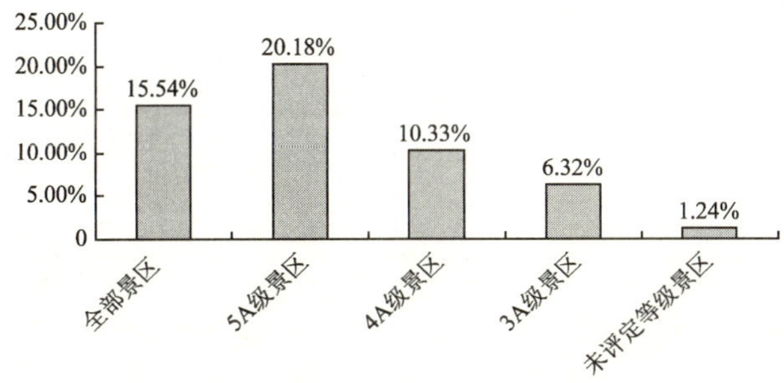

部分旅游景区净资产收益率对比

其他旅游企业净资产收益率 19.58%，全国平均水平 19.72%。其他旅游企业主要为旅游服务公司、旅游交通企业等。

2. 总资产报酬率

年内全省旅游企业总资产报酬率6.37%（上年 4.07%），全国平均水平 2.69%。其中，旅行社总资产报酬率3.20%，全国平均水平0.97%。具体情况见下图：

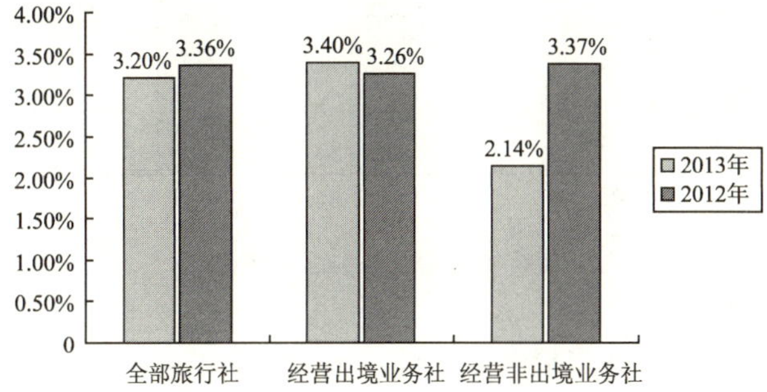

旅行社总资产报酬率对比

星级饭店总资产报酬率 3.72%，全国平均水平 -0.14%。同期对比数据见下图：

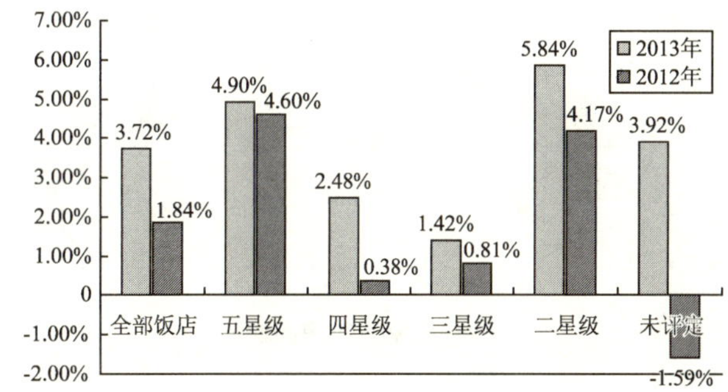

旅游饭店总资产报酬率对比

A 级景区总资产报酬率 9.74%（上年 4.66%）。全国平均水平 6.90%。具体情况见下图：

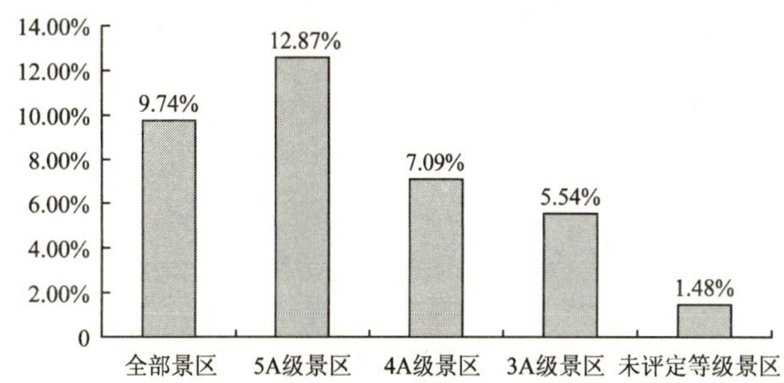

部分旅游景区总资产报酬率对比

注：其他旅游企业总资产报酬率 13.41%，全国平均水平 9.06%

3. 主营业务利润率

年内全省旅游企业主营业务利润率4.72%（上年8.15%），全国平均水平3.19%,。其中：旅行社0.56%（全国平均0.34%），星级饭店5.14%（全国平均0.84%），A级景区28.13%（全国平均22.19%）。具体情况见下图：

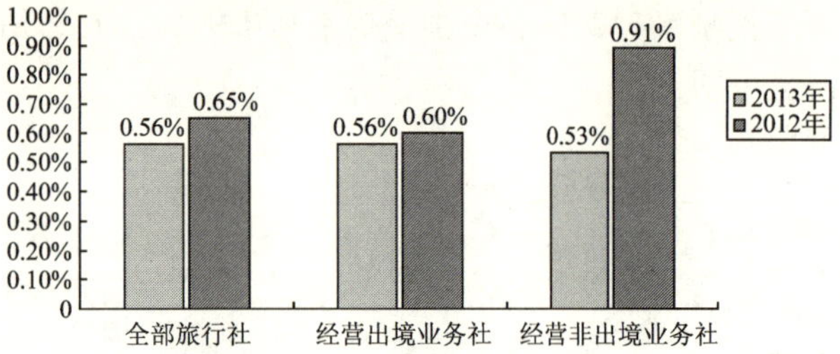

旅行社主营业务利润率对比

除未评定星级饭店外，星级饭店的主营业务利润率均比上年同期有不同程度的下降。具体情况见下图：

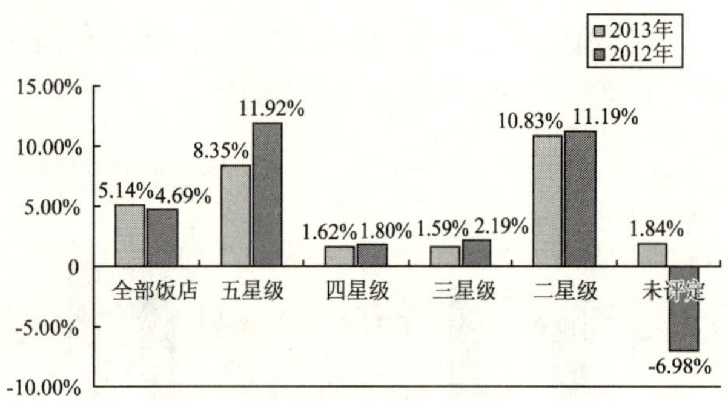

饭店主营业务利润率对比

A级景区主营业务利润率28.13%（上年为15.79%）。全国平均水平22.19%。具体情况见下图：

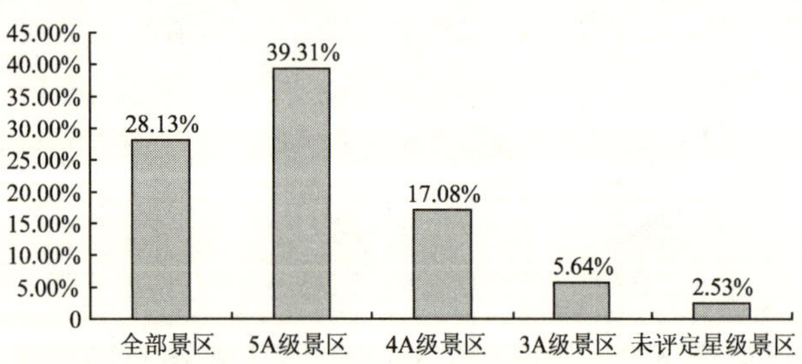

部分旅游景区主营业务利润率对比

注：其他旅游企业主营业务利润率10.80%（上年为-6.12%），全国平均水平10.82%

4. 成本费用利润率

全省旅游企业成本费用利润率6.21%（上年8.82%），全国平均水平3.29%。其中：旅行社成本费用利润率0.59%，全国0.35%的平均水平。

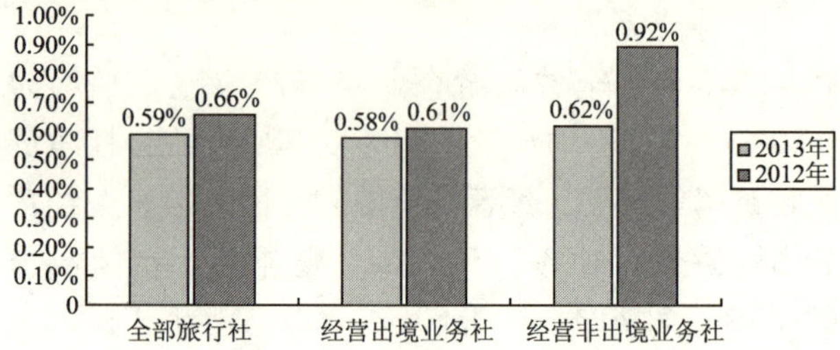

旅行社成本费用利润率对比

星级饭店成本费用利润率与上年同期相比出现上升，但五星级和二星级饭店的该指标下降。因为缺失上年数据，下图中未列其具体情况。

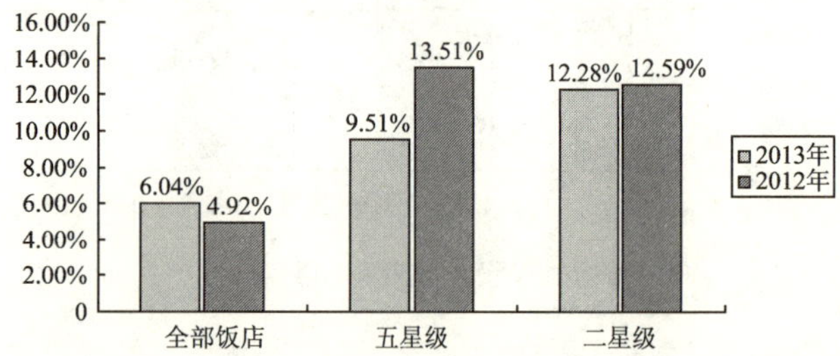

部分饭店成本费用利润率对比

A级景区成本费用利润率42.62%（上年15.79%），全国平均水平28.42%。

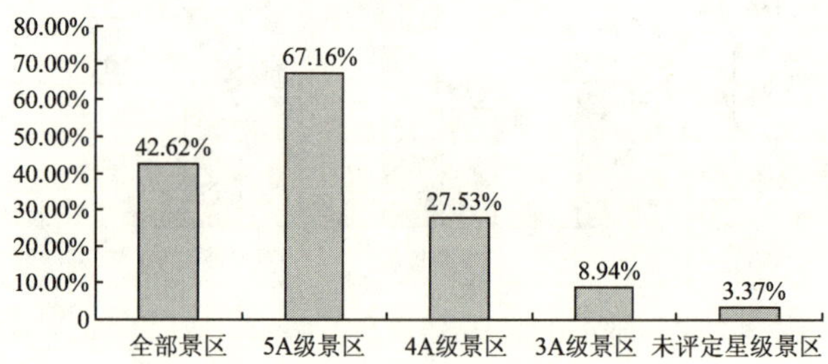

部分旅游景区成本费用率对比

注：其他旅游企业成本费用利润率22.81%

（五）企业资产营运状况

2013年，全省旅游企业总资产周转率为0.89（上年0.63），全国平均水平0.84。其中：旅行社4.64，星级饭店0.41，A级景区0.29。

旅行社总资产周转率为4.64，全国平均水平4.76。具体情况见下图：

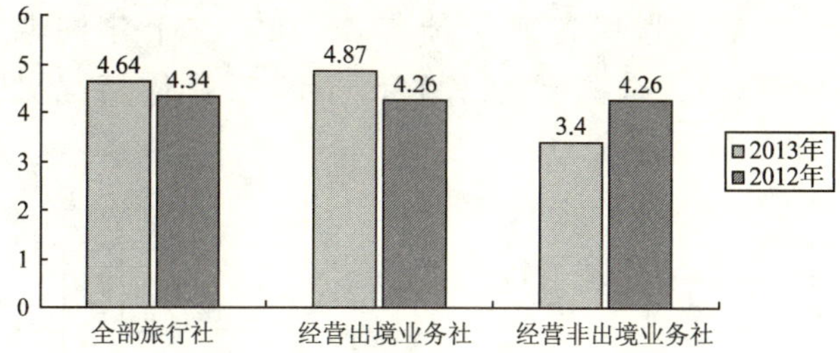

旅行社总资产周转率对比（单位：次）

星级饭店总资产周转率 0.41，全国平均水平 0.40。具体情况见下图：

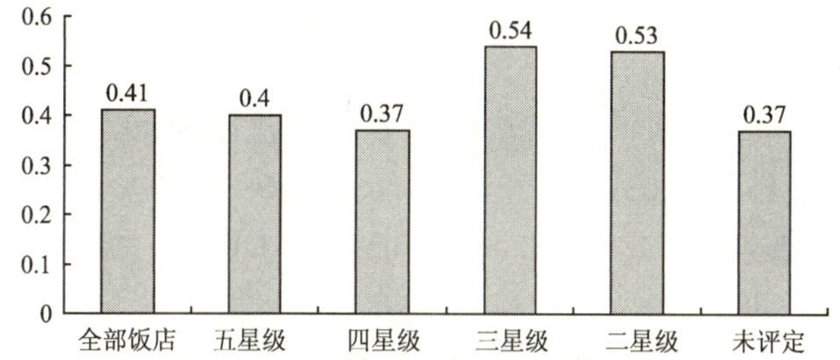

饭店总资产周转率对比（单位：次）

A 级景区总资产周转率 0.29，全国平均水平 0.30。具体情况见下图：

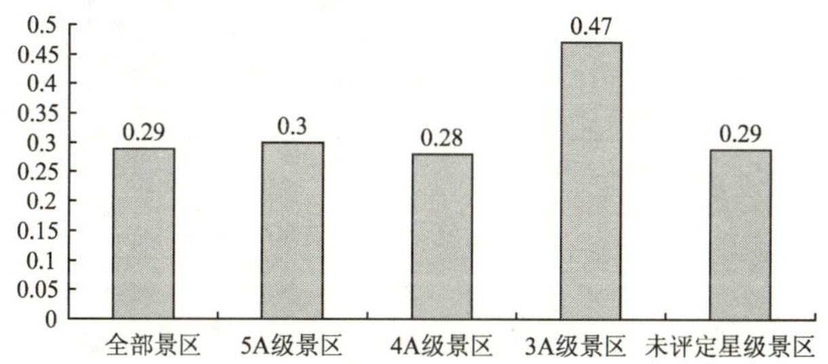

部分旅游景区总资产周转率对比（单位：次）

注：其他旅游企业总资产周转率为 0.56。

全省旅游企业流动资产周转率 1.97（上年 1.23），全国平均水平 1.94。其中，旅行社 5.32，星级饭店 1.03，A 级景区 0.81。具体情况见下图：

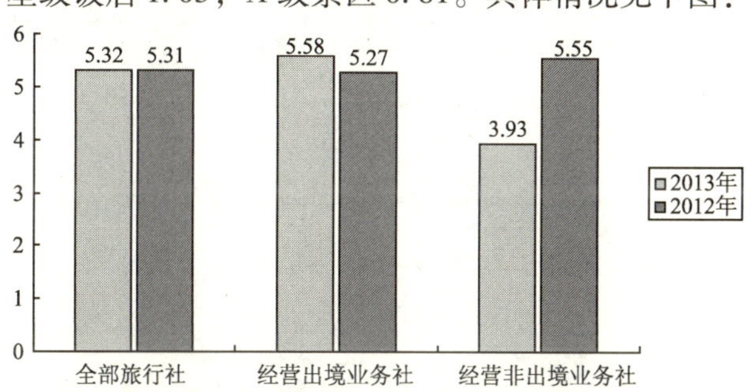

旅行社流动资产周转率对比（单位：次）

星级饭店流动资产周转率 1.03（上年 1.29），全国平均水平 1.06。具体情况见下图：

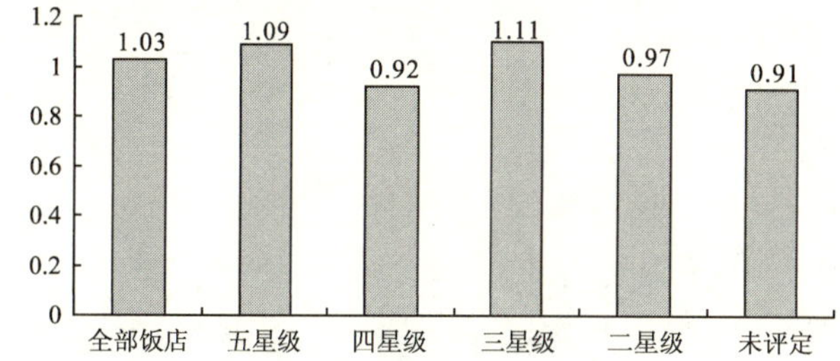

饭店流动资产周转率对比（单位：次）

A 级景区流动资产周转率 0.81（上年同期 0.86），全国平均水平 0.84。具体情况见下表：

表 9　不同类型景区的流动资产周转率

全部景区	主题类景区	文物类景区	自然类景区
0.81	2.90	0.57	0.41

注：其他旅游企业流动资产周转率为 1.00

全省旅游企业应收账款周转率为 26.79 次（上年 34.24 次），全国平均水平 25.59 次。其中：A 级景区 38.39 次，旅行社 26.11 次，星级饭店 21.42 次。

旅行社应收账款周转率 26.11 次（上年 34.17 次）。经营非出境业务旅行社的应收账款周转率较低，出现坏账损失的风险上升。具体情况见下图：

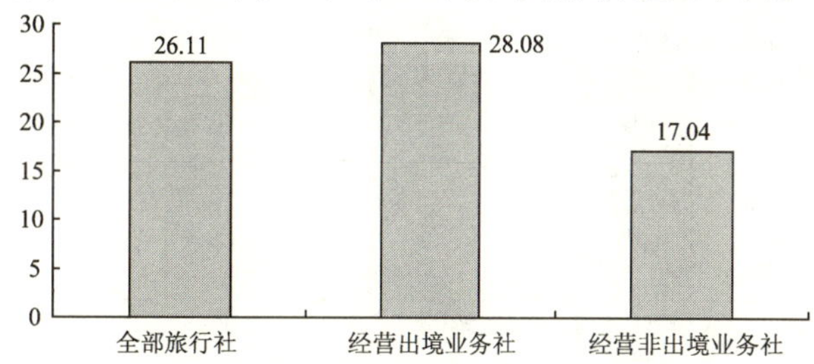

旅行社应收账款周转率（单位：次）

星级饭店应收账款周转率 21.42（上年 23.02 次）。具体情况见下图：

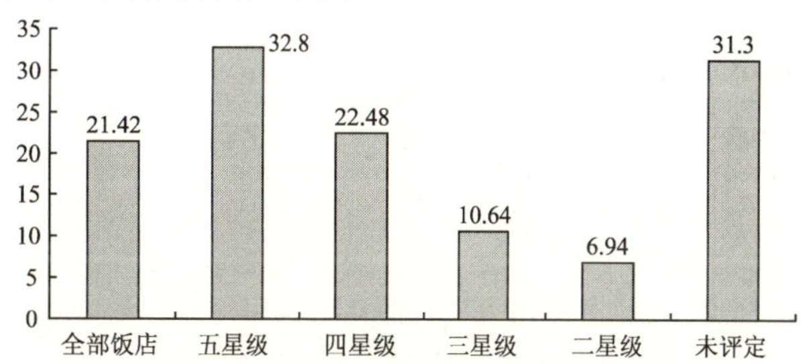

饭店应收账款周转率对比（单位：次）

A 级景区应收账款周转率 38.39 次（上年 26.39 次），全国平均水平 25.20 次。具体情况见下图：

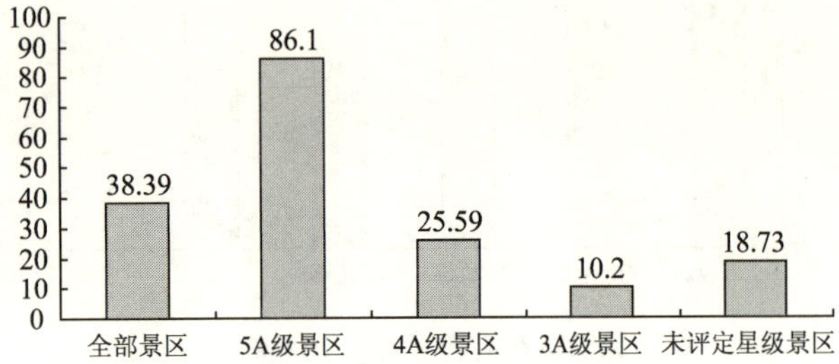

旅游景区应收账款周转率对比（单位：次）

注：其他旅游企业应收账款周转率 23.13 次

（六）企业偿债能力状况

2013 年度全省旅游企业资产负债率为 53.99%（上年 70.01%）。同时，也低于全国平均水平 67.20%。其中：旅行社 75.89%，星级饭店 50.88%，A 级景区 46.18%。融资成本的逐年大幅提升，加之企业经营利润率下降，促使企业降低举债意愿。

旅行社资产负债率 75.89%，与上年基本持平，低于全国平均水平 79.33%。经营出境游旅行社举债比例高于经营非出境游旅行社。具体情况见下图：

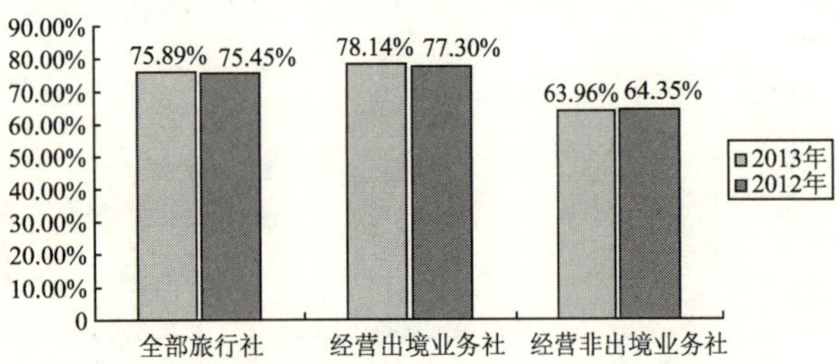

旅行社资产负债率对比

星级饭店资产负债率 50.88%（上年 70.57%），全国平均水平 72.52%。具体情况见下图：

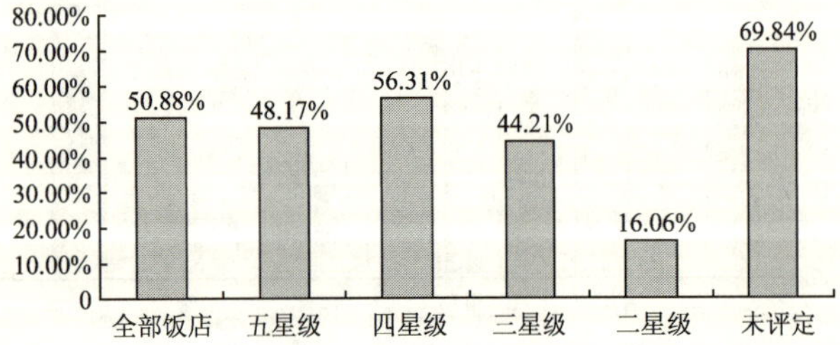

饭店资产负债率对比

A 级景区资产负债率 46.18%（上年同期 59.73%），全国平均水平 57.54%。具体情况见下图：

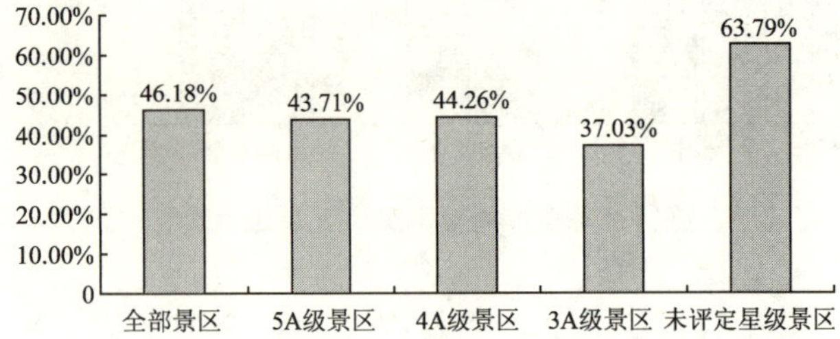

旅游景区资产负债率对比

注：其他旅游企业资产负债率为 53.94%

2013 年，全省旅游企业流动比率为 133.84%（上年 121.03%），全国平均水平 99.40%。其中：A 级景区 148.95%，星级饭店 133.07%，旅行社 118.49%。

旅行社流动比率 118.49%（上年 119.78%）。具体情况见下图：

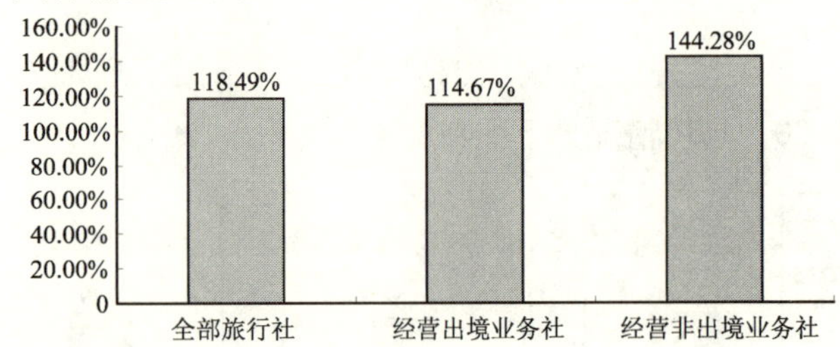

旅行社流动比率对比

星级饭店流动比率 133.07%（上年 84.40%），全国平均水平 82.15%。具体情况见下图：

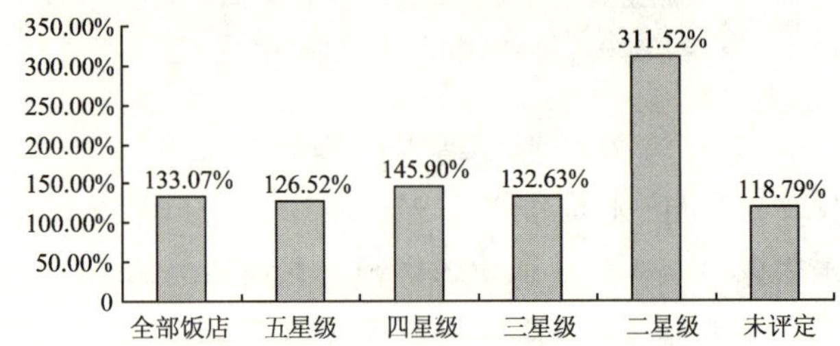

饭店流动比率对比

A 级景区流动比率 148.95%（上年 67.46%），全国平均水平 105.66%。具体情况见下图：

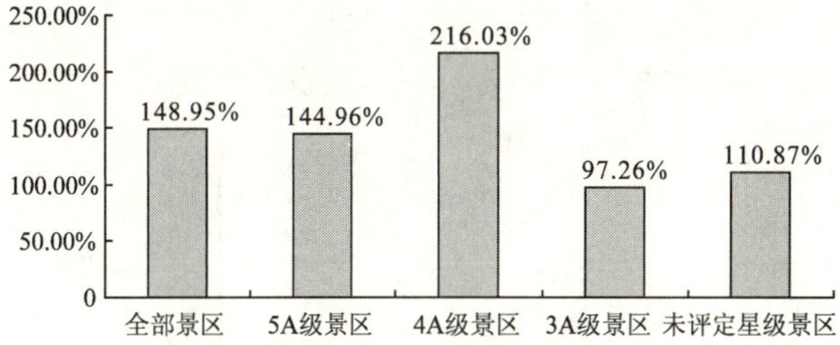

旅游景区流动比率对比

注：其他旅游企业流动比率为166.32%

2013年，全省旅游企业速动比率为117.66%（上年61.52%），全国平均水平88.11%。其中A级景区145.30%，星级饭店127.66%，旅行社118.02%。

旅行社速动比率118.02%（上年112.25%），全国平均水平113.12%。具体情况见下图：

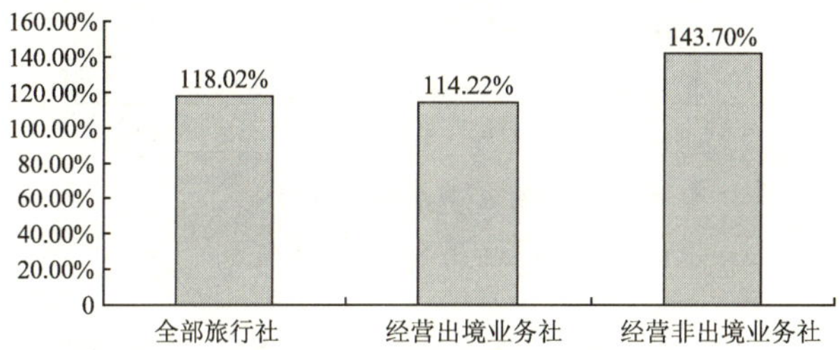

旅行社速动比率对比

星级饭店速动比率127.66%（上年79.87%），全国平均水平78.88%。具体情况见下图：

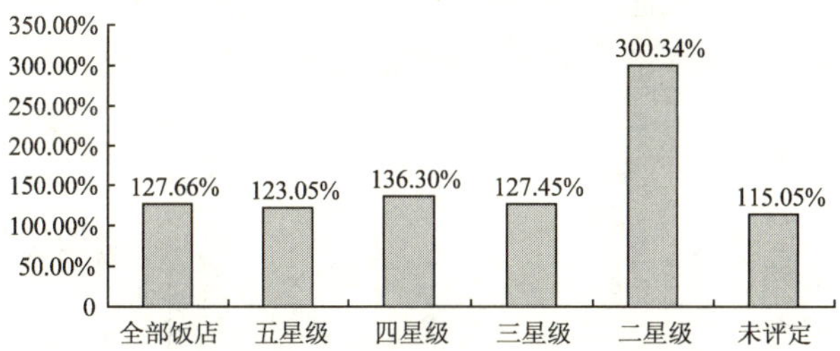

饭店速动比率对比

A级景区速动比率145.30%（上年74.13%），全国平均水平100.40%。具体情况见下图：

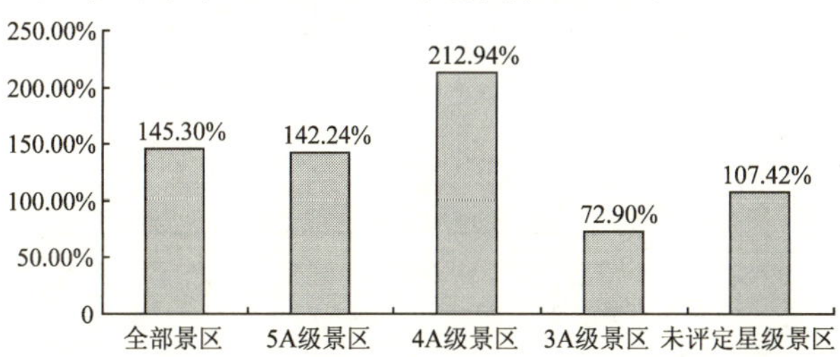

饭店速动比率对比

注：其他旅游企业速动比率为86.37%

2013年，全省旅游企业长期资产适合率为184.45%（上年175.44%），全国平均水平148.76%。旅行社长期资产适合率289.90%（上年257.91%），全国平均水平257.94%。具体情况见下图：

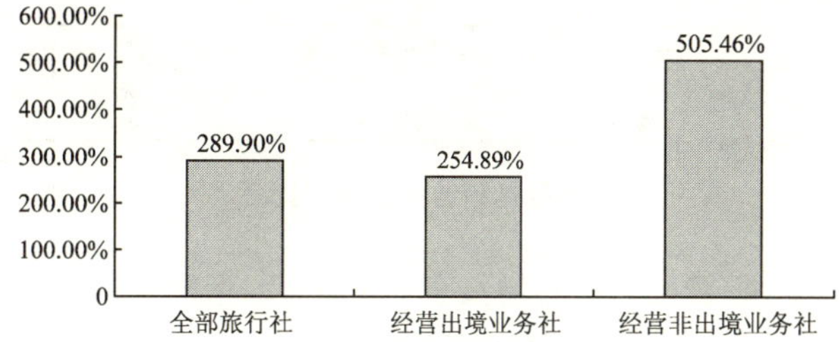

旅行社长期资产适合率对比

星级饭店长期资产适合率181.14%（上年130.66%），全国平均水平128.96%。具体情况见下图：

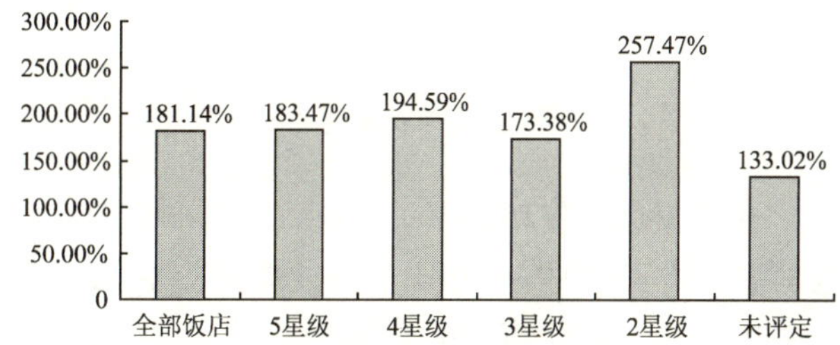

饭店长期资产适合率对比

A级景区长期资产适合率177.30%（上年108.39%），全国平均水平155.13%。具体情况见下图：

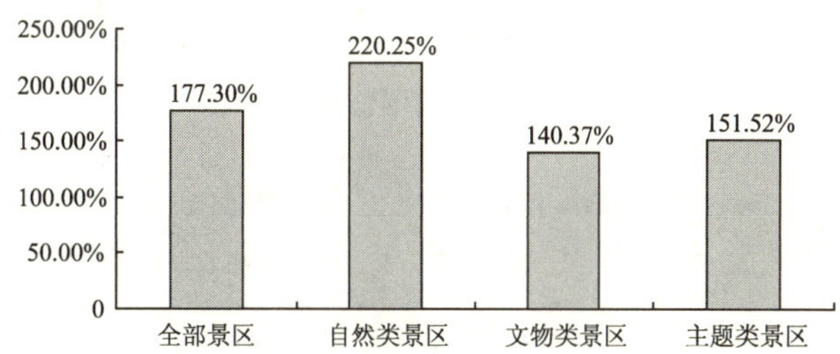

旅游景区长期资产适合率对比

注：其他旅游企业长期资产适合率为237.77%

（七）企业发展能力状况

1. 销售增长率 2013年，全部旅游企业销售增长率为4.29%（上年增长17.09%）。全国平均水平3.74%。其中：旅行社6.86%，星级饭店为-3.24%，A级景区9.55%。

旅行社销售增长率6.86%（上年24.87%），

全国平均水平6.44%，经营非出境游旅行社的营业收入出现负增长。具体情况见下图：

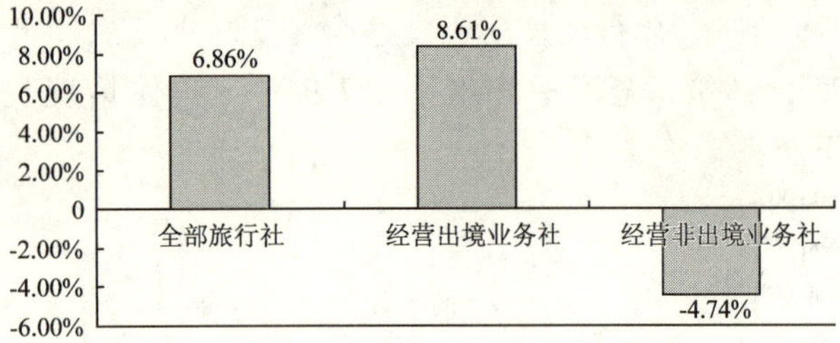

旅行社销售增长率对比

星级饭店销售增长率－3.24%，全国平均水平－3.85%。具体情况见下图：

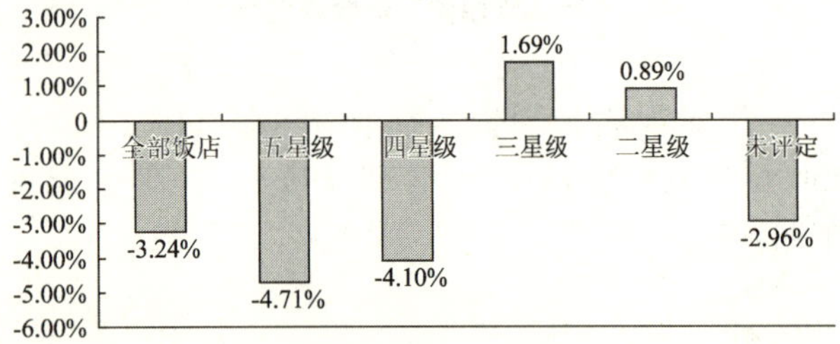

饭店销售增长率对比

A级景区销售增长率9.55%（上年36.37%），全国平均增长水平10.16%。其他旅游企业销售增长率9.28%。具体情况见下图：

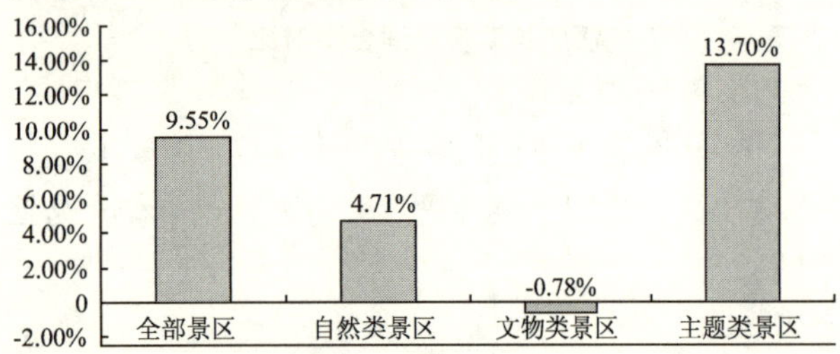

旅游景区销售增长率对比

2. 资本积累率 2013年，全省旅游企业资本积累率为6.17%（上年24.75%），全国平均水平6.27%。其中：旅行社2.47%，星级饭店2.25%，A级景区6.58%。

旅行社资本积累率2.47%（上年10.65%），全国平均水平4.21%。具体情况见下图：

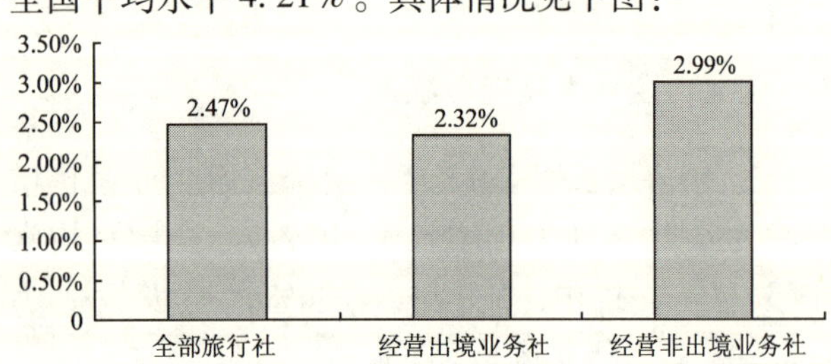

旅行社资本积累率对比

旅游饭店资本积累率2.55%（上年13.37%），全国平均水平－1.60%。具体情况见下图：

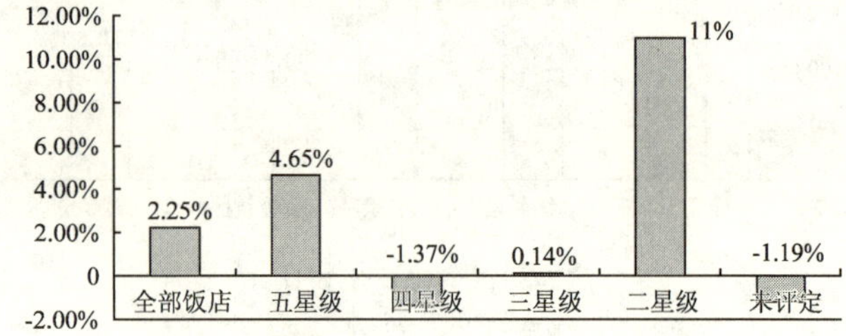

饭店资本积累率对比

旅游景区资本积累率为6.58%（上年62.9%），全国平均水平9.79%。具体情况如下图：

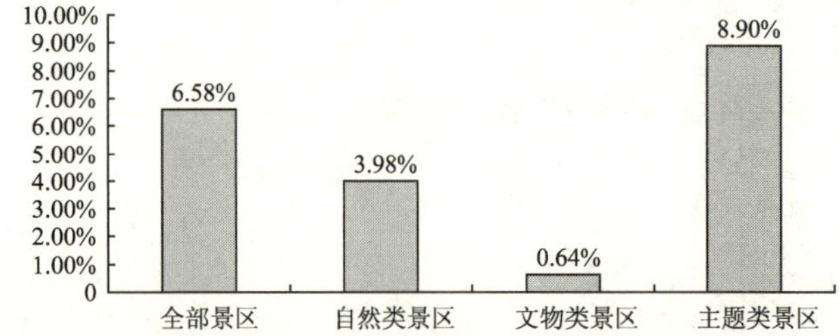

旅游景区资本积累率对比

注：其他旅游企业资本积累率为29.02%

3. 总资产增长率 2013年，全省旅游企业总资产增长率为5.91%（上年18.33%），全国平均水平5.54%。其中：旅行社5.39%，星级饭店0.03%，A级景区6.08%。

旅行社总资产增长率5.39%（上年为22.22%），全国平均水平7.01%。具体情况如下图：

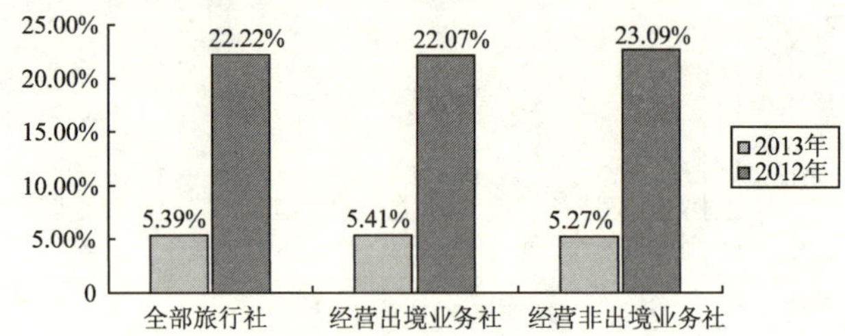

旅行社总资产增长率对比

旅游饭店总资产增长率0.03%（上年3.63%），全国平均水平－0.03%。具体情况如下图：

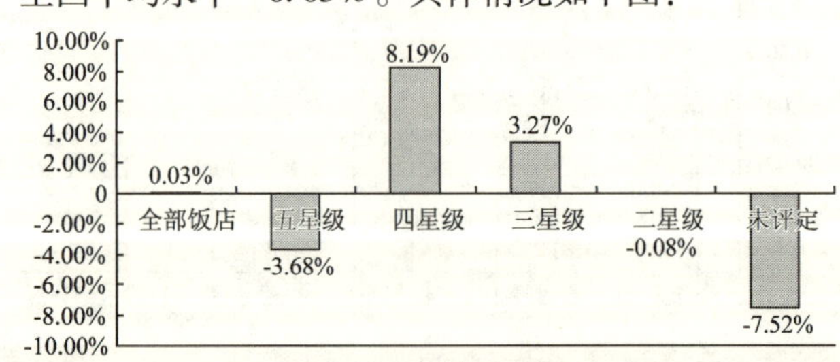

饭店总资产增长率对比

A级景区总资产增长率6.08%（上年18.00%），全国平均水平为7.05%。具体情况如下图：

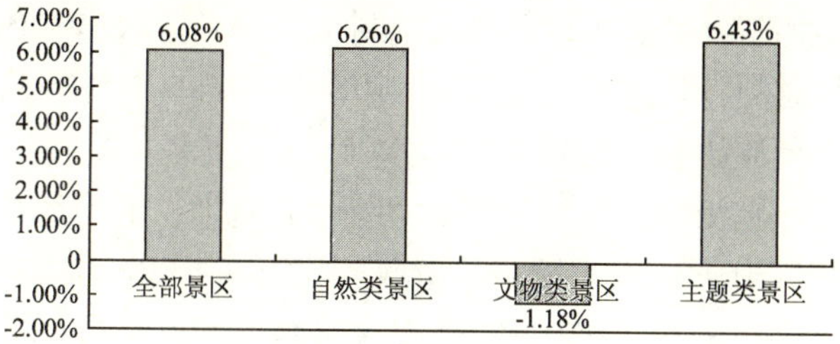

旅游景区总资产增长率对比

注：其他旅游企业总资产增长率为29.67%

（八）旅游企业社会贡献情况

2013年，全省上报数据旅游企业人均增加值为13.04万元，2013年度为12.36万元，同比增长5.50%（具体见表10、表11）。

表10 旅游企业人均增加值与上年同期对比表

单位：万元

企业类别	2013年度	2013年度	同比（%）
旅行社	5.83	6.03	-3.32
星级饭店	10.58	8.06	31.27
旅游景区	22.82	10.77	111.88

表11 旅游企业人均增加值情况表

单位：万元

企业类别	二级分类	人均增加值（万元）
星级饭店	五星级饭店	12.91
	四星级饭店	11.99
	三星级饭店	5.24
	二星级饭店	7.50
	未评定星级饭店	7.47
旅行社	经营出境业务旅行社	6.31
	经营非出境业务旅行社	4.43
A级旅游景区	5A级景区	43.75
	4A级景区	12.88
	3A级景区	9.96
	2A级景区	4.35
	未评定等级景区	7.18

旅游企业人均财政贡献1.83万元（具体见表12）。

表12 旅游企业人均财政贡献情况表

单位：万元

企业类别	二级分类	人均财政贡献
	全部旅游企业	1.83
旅游企业	旅行社	0.88
	饭店	1.73
	旅游集团	2.10
	A级景区	1.93
	其他旅游企业	4.69
星级饭店	五星级饭店	2.42
	四星级饭店	1.44
	三星级饭店	1.27
	二星级饭店	1.53
	未评星级饭店	1.03
旅行社	经营出境业务旅行社	0.97
	经营非出境业务旅行社	0.60
A级旅游景区	5A级景区	3.27
	4A级景区	1.20
	3A级景区	0.22
	2A级景区	0.84
	未评等级景区	1.07

旅游企业年人均职工工资平均3.87万元（具体见表13）。

表13 旅游企业年人均职工工资情况表

单位：万元

企业类别	二级分类	年人均职工工资
	全部旅游企业	3.87
旅游企业	旅行社	3.52
	星级饭店	3.78
	旅游集团	5.18
	A级景区	4.02
	其他旅游企业	4.70
星级饭店	五星级饭店	4.45
	四星级饭店	3.41
	三星级饭店	3.39
	二星级饭店	3.39
	未评星级饭店	3.80
旅行社	经营出境业务旅行社	3.82
	经营非出境业务旅行社	2.80
A级旅游景区	5A级景区	4.63
	4A级景区	3.60
	3A级景区	2.64
	2A级景区	4.51
	未评等级景区	3.96

旅游企业人均福利支出平均0.83万元（具体见表14）。

表14　旅游企业人均福利支出情况表

单位：万元

企业类别	二级分类	年人均福利支出
	全部旅游企业	0.83
旅游企业	旅行社	0.78
	星级饭店	0.81
	旅游集团	1.38
	A级景区	0.65
	其他旅游企业	1.46
星级饭店	五星级饭店	0.96
	四星级饭店	0.85
	三星级饭店	0.62
	二星级饭店	0.79
	未评星级饭店	0.74
旅行社	经营出境业务旅行社	0.85
	经营非出境业务旅行社	0.60
A级旅游景区	5A级景区	0.66
	4A级景区	0.59
	3A级景区	0.35
	2A级景区	1.50
	未评等级景区	0.78

（九）企业发展相关指标数据

2013年，旅行社入境旅游收入比率为5.56%，国内旅游收入比率51.06%，出境旅游收入比率43.38%，旅行社自联入境旅游收入比率2.44%。旅行社国内旅游收入毛利率7.63%，其中经营出境游旅行社的国内旅游收入毛利率7.05%，经营非出境游旅行社的国内旅游收入毛利率9.48%，旅行社出境旅游收入毛利率5.49%。

星级饭店平均客房出租率58.62%，平均房价401.30元。星级饭店房费收入比率44.33%，餐饮收入比率38.50%，商品收入比率1.57%，娱乐收入比率2.11%，房费和餐饮仍是主要收入来源。旅游饭店餐饮收入毛利率56.62%，商品收入毛利率38.02%，娱乐收入毛利率60.87%。五星级和二星级饭店的平均客房出租率高于其他星级饭店。

旅游景区门票收入比率56.51%，餐饮收入比率11.42%，商品收入比率4.92%，娱乐收入比率1.12%，其他旅游收入比率26.03%，门票收入仍是景区的主要收入来源。旅游景区餐饮收入毛利率55.96%，商品收入毛利率50.32%，娱乐收入毛利率66.07%。

（涂继文　叶志清　李　康）

广西壮族自治区旅游企业发展综述

广西壮族自治区旅游发展委员会

一、旅游企业总体发展情况

2013年广西壮族自治区按照“树品牌，提质量”发展思路，全面实施《中华人民共和国旅游法》，积极落实《广西壮族自治区人民政府关于印发加快旅游业跨越发展的若干政策的通知》，加快旅游企业品牌建设，提升企业服务质量，产业规模进一步扩大。年内广西共有各类旅游企事业单位近2万家。其中旅游景区景点233个，国家A级旅游景区204家；各类住宿设施14000多家，其中星级饭店477家；旅行社614家；全国工农业旅游示范点42个，广西农业旅游示范点203个；国家级旅游度假区1处，省级旅游度假区9处；国家旅游规划设计资质单位19家。各旅游企业经受全球经济不景气的冲击和全国经济下行压力不断加大等不利因素的挑战，创新发展思路，确保广西旅游产业继续保持平稳增长。全年广西接待入境过夜游客391.54万人次，比上一年增长11.78%；国际旅游（外汇）收入15.47亿美元，同比增长20.99%；国内游客人数2.43亿人次，同比增长16.78%；国内旅游收入1961.32亿元，同比增长24.22%；旅游总人数2.47亿人次，同比增长16.70%；旅游总收入2057.14亿元，同比增长23.95%。

（一）规范旅游市场秩序

2013年广西壮族自治区利用行政执法、市场监管和信息公开等平台，加大全区旅游市场监管力度。组建自治区旅游执法总队，加强广西旅游执法队伍建设；组织联合执法，加强对节假日和旅游旺季等重点时段，国家A级旅游景区、旅行社、星级饭店、旅游购物点等重点旅游企业，以及导游、领队等主要旅游从业人员，开展“文明旅游、理性消费”主题宣传、“质量月”等系列活动和旅游安全大检查；完善自治区旅游行业监督管理平台功能，提高社会监督作用；严格执行国家有关政策规定，规范旅游业务流程，杜绝违规广告、低价竞销、分支机构违规经营等问题和游客滞留不归保证等现象，维护旅游市场秩序。贯彻落实《国家旅游局关于加强旅游质监执法工作和队伍建设的意见》，指导旅游企业健全旅游投诉台账制度，完善旅游投诉系统，不断提高旅游投诉满意度。据不完全统计，当年全区共开展旅游市场检查291次，出动旅游质监执法人员2325人次，检查国家A级旅游景区372家、星级旅游饭店369家、旅行社（团）550个，检查导游员1425人次。立案查处违法违规案件60余起，处罚旅行社24家，处罚导游、领队人员30余人，处罚金额共计50余万元。广西各级旅游质监所共受理旅游咨询及投诉1236件，其中受理并立案调查旅游投诉235件，案件处理结案率达90%，为游客挽回经济损失191万余元。通过集中整治，游客满意度持续提升、正面舆论导向初步形成，广西旅游市场进一步规范有序。

（二）推进旅游标准化建设

2013年广西壮族自治区以创建广西特色旅游名县为抓手，加快推进广西旅游标准化建设。当年召开广西首批特色旅游名县建设推进暨广西旅游投融资工作座谈会，决定从2013年起在全区创建一批广西特色旅游名县（市、区），确定20个广西特色旅游名县创建县、创建工作的自治区联系领导、责任单位和28个自治区领导联系推进的重大旅游项目，提出文化、重点、示范、环境、功能等“五个突出”和旅游投融资机制创新、旅游融资渠道拓展、融资能力建设、旅游项目招商建设、市场主体培育等“五个加强”建设思路；成立自治区创建广西特色旅游名县工作领导小组，出台《广西特色旅游名县评定标准（试行）》；印发《广西特色旅游名县创建工作手册》，开办创建工作培训班；年内落实5000多万元专项资金支持广西特色旅游名县创建工作。继续推进旅游标准化试点工作，当年3个县荣获“旅游标准化示范县”称号，1家宾馆荣获“旅游标准化示范企业”称号；召开广西第二批旅游标准化省级试点县工作会议暨靖西县创建旅游标准化示范县动员会议，推进国家和地方旅游标准实施，重点指导靖西、融水2个县创建旅游标准化省级试点县；继续推进广西优秀旅游县创建工作，上半年主要指导5个县创建广西优秀旅游县工作。

（三）扶持旅游企业发展

2013年6月出台《广西壮族自治区人民政府关于印发加快旅游业跨越发展的若干政策的通知》，分别就创建国家5A级和4A级旅游景区、新评定为五星级的酒店、新评定为五星级的休闲度假型酒店、与国际品牌酒店管理公司签订3年以上管理合同的酒店、成功创建广西四星级以上乡村旅游区和四星级以上农家乐等给予一定奖励和补助；对投放符合驻留广西机场过夜条件的飞机给予适当补贴，对开展国际、地区航线航班旅游包机业务，对国内外企业、旅行社、个人采用包机模式运作国际、地区航线航班年度达10个往返航班以上给予相应补助；将重点景区、通往国家3A级以上景区和四星级以上乡村旅游区的公路建设优先列入自治区和市县交通规划积极推进实施；对2013～2017年享受西部鼓励类优惠的旅游企业，免征属于地方分享部分的企业所得税；在旅游企业投融资、旅游项目土地使用、关联产业融合发展、旅游富民和旅游配套扶持等方面提供优惠政策。安排3000多万元旅游发展专项资金，开展“美丽广西·清洁景区”活动。继续简政放权。派出督查组督促检查下放至各设区市旅游行政主管部门的“经营国内旅游业务和入境旅游业务的旅行社审批”、“旅行社组织中国公民出国旅游人数核准”、“旅行社变更名称、经营地址、出资人和法定代表人备案”等三项行政审批事项的审批权的执行情况。全年自治区旅游局驻广西壮族自治区政务服务窗口共办结行政审批事项 327 件，办结率为 100%，群众评价满意率为 100%。

（四）加强旅游企业人才教育培训

2013 年广西壮族自治区围绕改善人才结构、扩大知识面、注重中高级人才培养等方面推进企业人才队伍建设。年内广西共举办旅游行政管理人员、旅游企业中高级管理人员、旅游企业和乡村旅游从业人员等各类培训班 30 多期，培训各类旅游从业人员近 4000 多人次，向国家旅游局推荐 7 名旅游业青年专家参与培养计划遴选，其中 3 人入选，推荐 1 名优秀导游员参加全国“高级导游职业能力发展与服务品牌创建研修班学习，选派 2 名导游参加全国第十一批导游员援藏。

（五）加强旅游行业精神文明建设

2013 年广西壮族自治区围绕提升行业素质、倡导文明的要求推进以旅游企业为主体的行业精神文明建设。指导全区旅游企业加强旅游诚信体系建设，强化国民旅游消费和文明旅游的宣传引导。积极组织开展旅游行业创建全国青年文明号和文明单位活动。组织纳入全国游客满意度调查的南宁、桂林和北海三个设区市的旅游企业参与游客满意度调查工作，引导旅游企业提升旅游质量，着力改善旅游环境和城市旅游功能。

二、旅行社业发展情况

2013 年广西壮族自治区以实施《中华人民共和国旅游法》为契机，依法发展旅行社。完善广西旅行社信息化管理平台功能，规范旅行社申报、设立、审批、注销、质量等级划分与评定等工作流程；督促旅行社与银行、保险公司合作，强化旅行社质保金、保险工作；监督《团队国内旅游合同》、《团队出境旅游合同》、《大陆居民赴台湾地区旅游合同》和国内旅游“一日游”合同示范文本使用，依法保障旅行社和游客合法权益；联合开展安全大检查，查处旅行社“零负团费”、“挂靠承包”、“违反合同约定”等现象，纠正“零负团费”低价操作经营模式、“挂靠承包”、“加减换点”和强迫消费等违法经营行为，消除违规广告、低价竞销、分支机构违规经营等问题，披露典型旅游违法违规案件及查处情况，提高广西旅游投诉满意度。全年共黄牌警告和处罚旅行社 24 家，吊销旅行社经营许可证 2 家。截至当年 12 月，全区共有旅行社 614 家，其中出境旅行社 54 家，入境与国内旅行社 560 家。

三、旅游饭店建设情况

2013 年广西壮族自治区按照“提质增量”工作思路推进旅游饭店建设。通过验收、年检、复核等行政管理手段，加强星级饭店动态管理。贯彻落实国家旅游局印发的《旅游质量发展纲要（2013～2020)》，促进星级饭店质量建设。启动三年星级饭店建设计划，升级改造星级饭店，加速全区星级饭店建设步伐。落实《广西壮族自治区人民政府关于印发加快旅游跨越发展若干政策的通知》，对新评定为五星级的酒店补助 100 万元；对与国际品牌酒店管理公司签订三年以上管理合同的酒店补助 100 万元；对新评定为五星级的休闲度假型酒店补助 300 万元。开展旅游饭店服务技能大赛等多形式的优质服务活动，推广细微化、个性化服务，提高游客满意度。据不完全统计，全年组织各设区市旅游饭店星评委完成 143 家星级酒店的年检、复核和验收工作，新增星级饭店 37 家（其中五星级 1 家，四星级 11 家、三星级 20 家），取消星级饭店 20 家（其中五星级 1 家、三星级 8 家、二星级 11 家），限期整改星级饭店 14（其中五星级 2 家、四星级 3 家、三星级 7 家、二星级 2 家），延期复核星级饭店 2 家（其中四星级 1 家、三星级 1 家）。截至当年年底广西拥有各类星级酒店 477 家（其中五星级 12 家、四星级 73 家、三星级 272 家），全区星级饭店资产合计 139.92 亿元，固定资产 103.92 亿元，流动资产总额 36.19 亿元，营业收入 46.26 亿元，利润总额 1.27 亿元，实缴税金 3.71 亿元。全区星级饭店直接从业人员达到 4.76 万多人，间接就业人数约 10 万。

四、旅游景区建设情况

2013 年广西壮族自治区围绕“升级改造”思

路推进国家A级旅游景区的创建和管理工作。落实《广西壮族自治区人民政府关于印发加快旅游跨越发展若干政策的通知》，对列入自治区创建国家5A级景区计划、成立创建机构、制订创建方案并编制完成总体规划的单位补助100万元；对通过自治区国家A级景区评定委员会初评的创建国家5A级景区单位增加补助100万元；对通过国家A级景区评定委员会评定的国家5A级旅游景区增加补助1000万元、国家4A级景区补助100万元。补助资金主要用于景区基础设施建设、改造、维护及旅游宣传促销等。加快国家A级景区创建工作，年内成功创建国家4A级旅游景区8家，创建国家3A级旅游景区8家。截至当年年底广西拥有国家A级旅游景区204家，其中国家5A级旅游景区3家，国家4A级旅游景区96家，国家3A级旅游景区84家，国家2A级旅游景区21家。推进旅游景区在智慧旅游、容量控制、绿色环保、节能减排、循环经济等方面的升级改造，促进旅游景区信息化、规范化、标准化建设。指导贺州市姑婆山国家森林公园成功创建国家生态旅游示范区，加快巴马长寿养生国际旅游区、贺州生态健康产业示范区，以及金秀、永福县等生态养生基地建设，年内6家国家A级旅游景区成功创建广西生态旅游示范区。

五、乡村旅游发展情况

2013年广西壮族自治区围绕“打造旅游品牌、发展社会经济、改善乡村民生”发展思路加快发展乡村旅游。实施《广西乡村旅游区质量等级划分与评定》，修订《广西农家乐星级评定标准（试行)》，编制《广西农家乐质量等级划分与评定》。落实《广西壮族自治区人民政府关于印发加快旅游跨越发展若干政策的通知》，对新创建的广西五星级乡村旅游区奖励100万元，四星级乡村旅游区奖励50万元；结新创建的广西五星级农家乐奖励20万元，四星级农家乐奖励10万元。全年广西新创建广西乡村旅游区27家，其中五星级5家、四星级10家；新创建星级农家乐286家，其中五星级4家、四星级13家。深化乡村旅游融合发展，年内1个县成功创建全国休闲农业与乡村旅游示范县，3个村屯成功创建全国休闲农业与乡村旅游示范点，验收命名广西特色旅游名镇名村4家、“森林人家”5家。加快旅游扶贫，编制《滇桂黔石漠化片区区域发展与扶贫攻坚广西实施规划（2011～2015年)》、《滇桂黔石漠化片区（广西）产业扶贫规划》和《滇桂黔石漠化片区旅游扶贫规划》，指导河池市和三江县申报国家旅游扶贫试验区，完成“发展乡村旅游，促进农民增收”课题研究，探索广西乡村旅游促进扶贫开发、解决富民增收新途径。组织开展“美丽广西·清洁景区”活动，提升乡村旅游品质和服务质量。

六、旅游商品发展情况

2013年广西壮族自治区立足“搭建平台，打造品牌”推广广西旅游商品。组织广西43家旅游企业参加第五届中国（义乌）旅游商品博览会和中国旅游商品设计大赛，广西参展商品分6大类36个品种共3660余件旅游商品，签订购货协议18个，完成购货洽谈意向39个，实现成交金额1620多万元，比上届增长36.5%。广西选送的15件（项）具有广西民族特色的旅游商品参加“2013中国旅游商品大赛”，其中来宾市选送的“金秀竹编葫芦系列旅游纪念品”获银奖，桂林市选送的“桂林漓江蕉叶壶系列旅游工艺品”、“繁花似锦时尚生活系列旅游纪念品”获铜奖。举办广西第二届旅游商品大赛，召集参赛作品1000多件。继续扶持广西旅游产品推广中心，加大广西商品的宣传和推介力度，扩大广西旅游商品市场影响力。

（刘长春）

海南省旅游企业发展综述

海南省旅游发展委员会

2013年，在省委、省政府的正确领导下，海南省旅游委认真贯彻党的十八届三中全会精神，按照“科学规划年”、“项目建设年”的总体部署，充分发挥工作职能，狠抓国际旅游岛建设的各项工作，加快推进旅游产业发展，取得了较好成效。

一、2013年海南省旅游产业发展总体概况

2013年，全省共接待过夜游客3672.51万人次，比上年增长10.61%，其中接待国内游客3596.87万人次，比上年增长11.06%，接待入境游客75.64万人次，比上年下降7.26%；全省实现旅游总收入428.56亿元，比上年增长13.04%，其中国内旅游收入408.05亿元，比上年增长14.37%，旅游外汇收入33118.77万美元，比上年下降4.84%。

以旅游业为龙头的服务业已成为全省的支柱产业，2013全省实现旅游业增加值229.96亿元，占全省生产总值的7.3%，对第三产业增加值和全省GDP直接贡献率（按现价算）分别达15.3%、9.4%，旅游业的发展对相关产业的带动作用日益明显。

二、企业发展状况

（一）旅行社

1. 行业规模

全省旅行社共有373家，分社138家（合计511家）。其中外资社3家，具备出境资质36家，具备边境资质11家。市县分布情况：海口224家、三亚124家、琼海10家、儋州3家、万宁2家、文昌3家、五指山2家、保亭1家、定安1家、东方1家、乐东1家、陵水1家。根据完成2013年度财务状况表填报的有效数据统计，2013年全省旅行社资产规模有所扩大，总额20.26亿元，比上年增长21%；负债总额18.47亿元，增长15.7%。2013年全省旅行社直接从业人员5519人，比上年增长8%；其中大专以上学历4078人，增长6.1%。

2. 经营发展状况

2013年度全省旅行社财务状况表填报率为96.4%，其中海口97.2%、三亚96.2%，其他市县均达到100%。还有12家旅行社未填报。2013年度全省旅行社营业收入总额44.06亿元，比上年下降5.4%；营业成本41.58亿元，下降14.2%；营业费用8167万元，下降29.8%；营业税金及附加1376万元，下降3.2%；所得税790万元，增长1.6倍。全省旅行社经营总体仍处于亏损状态，但亏损额减少，由上年的2741万元降为780万元。旅游业务收入减少，但成本及费用降低，旅游业务利润有所提高。2013年全省旅游业务收入37.48亿元，比上年下降13.9%；旅游业务利润1.65亿元，增长9%。

2013年度全省旅行社国内旅游业务收入31.57亿元，比上年下降13.6%，占旅游业务收入总量的84.2%；国内旅游业务利润1.37亿元，增长18.2%，占旅游业务利润总量的82.7%。

2013年度全省旅行社入境旅游业务收入4.01亿元，比上年下降21.7%，占旅游业务收入总量的10.7%；入境旅游业务利润1893万元，下降16.1%，占旅游业务利润总量的11.5%。

2013年度全省旅行社出境旅游业务收入1.9亿元，比上年增长0.9%，占旅游业务收入总量的5.1%；出境旅游业务利润963万元，下降57.4%，占旅游业务利润总量的5.8%。

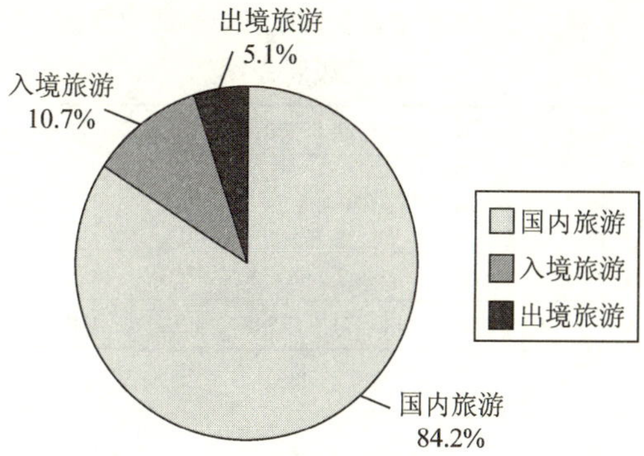

图1　旅游业务收入比重

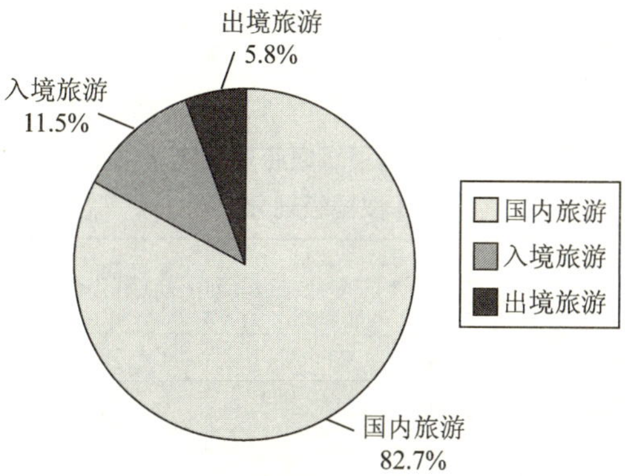

图2　旅游业务利润比重

3. 组接情况

（1）国内旅游。国内旅游组织人次下降，接待人次有所增长。2013年度全省旅行社组织国内旅游47.31万人次、211.81万人天，分别比上年下降27.2%和21.3%；其中海口组织42.59万人次，下降22.5%，三亚组织3.83万人次，下降46.3%。2013年全省旅行社接待国内旅游444.39万人次、1297.67万人天，分别比上年增长9.5%和下降6.3%；其中海口接待217.81万人次，下降11.5%，三亚接待223.72万人次，增长42.1%。

2013年度全省旅行社组织国内旅游人次排名前十位的目的地（省市区）依次为海南、北京、上海、广东、浙江、江苏、山东、内蒙古、辽宁、天津。

2013年度全省旅行社接待国内旅游人次排名前十位的客源地（省市）依次为北京、海南、上海、广东、浙江、四川、江苏、湖北、重庆、天津。

（2）入境旅游。入境旅游外联、接待人次双双下降。2013年度全省旅行社外联入境旅游6.29万人次、35.17万人天，比上年分别下降52.6%和29.3%；其中外联港、澳、台人次下降44.7%，外联外国人次下降63.5%。接待入境旅游18.25万人次、82.45万人天，分别下降29.3%和24.8%；其中接待港、澳、台人次下降28.4%，接待外国人次下降29.9%。

2013年度全省旅行社外联入境旅游人次所占比重排名前十位的客源地（国家或地区）依次为中国台湾（47.4）、俄罗斯（24.0）、中国香港（18.0）、马来西亚（3.2）、中国澳门（2.5）、新加坡（1.7）、日本（1.1）、德国（0.5）、加拿大（0.2）、英国（0.2），其他国家和地区占1.2。

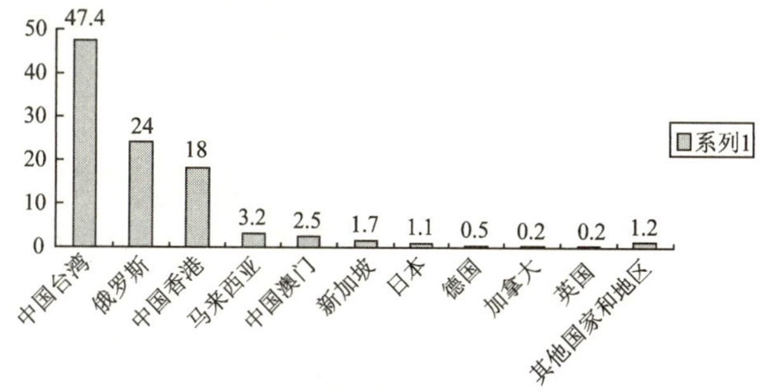

图3　外联入境旅游人次比重

2013年度全省旅行社接待入境旅游人次所占比重排名前十位的客源地国家或地区依次为俄罗斯（38.9）、中国台湾（22.3）、中国香港（15.0）、马来西亚（6.5）、新加坡（4.6）、中国澳门（3.8）、意大利（3.0）、日本（1.1）、韩国（0.8）、泰国（0.7），其他国家和地区占3.3。

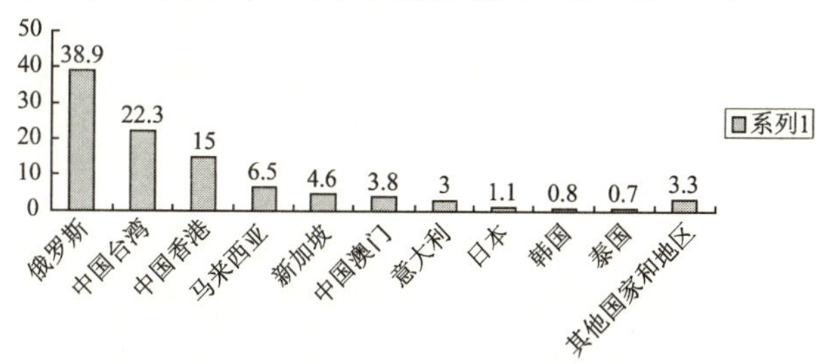

图4　接待入境旅游人次比重

（3）出境旅游

出境亚洲旅游人次有所减少，出境欧洲旅游人次增加。2013年度全省旅行社组织出境旅游5.69万人次、33.16万人天，分别比上年下降3.5%和增长52.2%；其中出境亚洲旅游5.45万人次，下降4%，出境欧洲旅游1814人次，增长29.1%。

2013年旅行社组织出境旅游人次所占比重排名前十位的目的地（国家或地区）依次为越南（19.1）、新加坡（16.8）、中国台湾（15.4）、马来西亚（11.7）、泰国（11.4）、中国香港

(11.2)、中国澳门（5.3）、韩国（3.7）、俄罗斯（0.5）、法国（0.5），其他国家和地区占4.4。

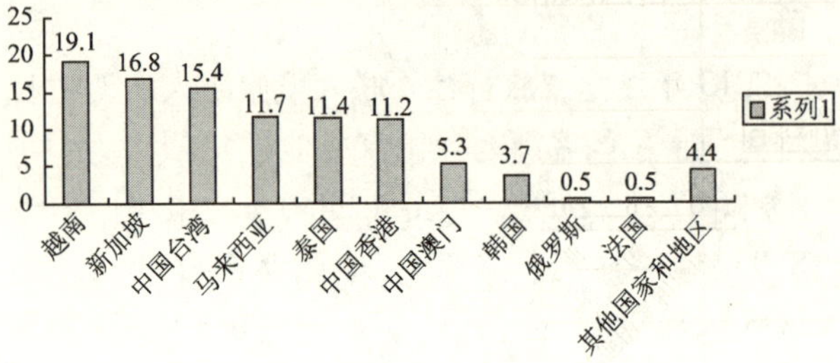

图5　组织出境旅游人次比重

（二）星级饭店

在164家星级饭店中，除停业的13家饭店外，有151家完成了2013年经营数据的填报，填报率为92.07%。2013年，全省星级饭店营业收入总额46.37亿元，同比下降2.96%，平均房价486.5元，同比增长7.05%；平均出租率56%，同比下降6.67%；目前全省共有五星级饭店25家，客房总数9404间，床位数14973个，固定资产原值68.1亿元，年平均从业人员11584人。全年五星级饭店营业收入总额为30.5亿元，同比增长1.39%，全省25家五星级饭店的营业收入总额占全省旅游总收入的7.12%，占全省852家旅游饭店收入总额的25.12%，占全省164家星级饭店收入总额的65.78%。海南省3家五星级饭店以其优异的经营业绩进入2013年全国五星级饭店主要经济指标排行榜前10名。

1. 行业规模

在已填报经营数据的151家星级饭店中，五星级饭店24家，四星级饭店40家，三星级饭店74家，二星级饭店10家，一星级饭店3家。151家星级饭店共有客房数89631间，床位数145277张。

表1　2013年全省星级饭店规模结构情况

（按星级划分）

指标	单位	五星级	四星级	三星级	二星级	一星级	总数
星级饭店数量	家	24	40	74	10	3	151
客房数	间/套	8997	71242	8455	716	221	89631
床位数	张	13606	114371	15598	1292	410	145277

从星级饭店登记注册类型看，其他类型为最多，占36.42%；其次是私营类型，占28.48%；第三是国有类型，占23.18%；接下来分别是港澳台投资类型，占5.96%，外商投资类型，占4.64%，集体类型，占1.32%。

表2　2013年全省星级饭店登记注册类型情况

（按星级划分）　　单位：家

登记注册类型	五星级	四星级	三星级	二星级	一星级	合计	所占比例（%）
国有	5	6	23	0	1	35	23.18
集体	0	0	1	1	0	2	1.32
私营	1	9	29	3	1	43	28.48
港澳台投资	4	2	2	1	0	9	5.96
外商投资	5	1	0	1	0	7	4.64
其他	9	22	19	4	1	55	36.42

2. 财务经营状况

从星级饭店财务经营状况看，全省151家星级饭店共实现营业收入46.37亿元，实现利润总额6.65亿元；实现客房收入27.57亿元，占营业收入总额59.47%；实现餐饮收入12.84亿元，占营业收入总额27.69%；本年从业人员平均数25003人，其中大专以上学历人数5169人；本年151家星级饭店平均房价486.5元/间，客房出租率56%。

表3　2013年全省星级饭店基本指标统计表（按星级划分）

指标	单位	五星级	四星级	三星级	二星级	一星级	合计
营业收入总额	亿元	30.5006	11.4886	4.1129	0.2357	0.0279	46.3657
固定资产原值	千元	68.1061	30.7236	9.1587	0.4158	0.1672	108.5714
利润总额	亿元	6.5365	0.3944	-0.2686	-0.0155	0	6.6468
实缴税金	亿元	2.2879	1.0118	0.2936	0.0169	0.00018	3.6104
客房收入	亿元	19.8577	5.2406	2.3378	0.1094	0.0276	27.5731
客房占营业收入比重	%	65.1058	45.6153	56.8406	46.3907	98.7714	59.4683
餐饮收入	亿元	8.8249	2.5909	1.3118	0.1112	0	12.8388
餐饮占营业收入比重	%	28.9334	22.5517	31.8949	47.17	0	27.6901
从业人员年均数	人	11584	8779	4296	288	56	25003
大专以上学历人数	人	2742	1707	673	38	9	5169

表 4　2013 年全省星级饭店主要指标统计表（按星级划分）

指标	单位	五星级	四星级	三星级	二星级	一星级	合计
全员劳动生产率	千元/人	263.299705	130.864675	95.738416	81.854131	49.853571	185.441059
人均实现利润	千元/人	56.427042	4.492318	-6.251945	-5.378819	0	26.584068
人均利税	千元/人	19.750526	11.525735	6.833549	5.871875	0.321428	14.439889
人均占用固定资产原值	千元/人	587.932311	349.96705	213.190758	144.371527	298.5	434.233137
百元固定资产创营业收入	元	44.784016	37.393427	44.907395	56.696866	16.701363	42.705414
平均房价	千元	1.053201	0.269578	0.140232	0.083174	0.069609	0.486498
平均出租率	%	62	57	49	55	51	56
每间可供出租客房收入	千元/间夜	0.660339	0.156127	0.068765	0.045788	0.036126	0.273578
每间客房平摊营业收入	千元/间	339.008979	16.126175	48.644853	32.924567	12.632579	51.729678

表 5　2013 年全省星级饭店基本经济指标排序表（按地区划分）

地区	营业收入总额（千元）	地区	客房收入占比重（%）	地区	餐饮收入占比重（%）	地区	实缴税金（千元）	地区	从业人员年平均人数（人）
三亚市	2398960	儋州市	62.35474	陵水县	59.53876	三亚市	190821.6	三亚市	9683
海口市	880968.9	万宁市	62.31006	东方市	56.522	海口市	79874.21	海口市	7039
琼海市	166837.1	五指山市	60.48934	文昌市	50.70513	万宁市	10495.78	万宁市	2243
万宁市	148370.4	三亚市	60.44826	琼海市	43.58102	琼海市	9329.752	琼海市	1661
五指山市	17820	海口市	54.30429	五指山市	38.34007	东方市	1735	东方市	225
东方市	16406	琼海市	46.99141	儋州市	36.564	儋州市	643	儋州市	167
儋州市	9646.1	文昌市	45.57692	海口市	32.69557	文昌市	504	文昌市	146
文昌市	7800	陵水县	40.24616	万宁市	31.05051	陵水县	365.17	陵水县	73
陵水县	4696.1	东方市	36.63903	三亚市	24.1458	五指山市	0	五指山市	50

表 6　2013 年全省星级饭店主要经济指标排序表（按地区划分）

地区	平均房价（元/间夜）	地区	平均出租率（%）	地区	每间可供出租客房收入（千元/间夜）	地区	每间客房平摊营业收入（千元/间）	地区	全员劳动生产率（千元/人）	地区	人均实现利润（千元/人）
三亚市	683.6687	海口市	65.12827	三亚市	0.440406	三亚市	256.135	五指山市	356.4	三亚市	60.38275
琼海市	304.1684	三亚市	64.41805	海口市	0.1846789	东方市	120.6324	三亚市	247.7497	文昌市	9.746575
海口市	291.9593	琼海市	63.25502	东方市	0.1244591	琼海市	94.15184	海口市	125.1554	陵水县	8.088356
东方市	191.0984	儋州市	56.13002	琼海市	0.08825745	文昌市	44.57143	琼海市	100.4437	海口市	0.006033528
文昌市	175.5989	东方市	46.09008	五指山市	0.06946301	五指山市	41.44186	东方市	72.91556	五指山市	0
儋州市	133.1975	万宁市	44.18969	儋州市	0.05885956	儋州市	33.03459	万宁市	66.14819	儋州市	-1.293413
五指山市	123.7538	陵水县	35.34539	文昌市	0.05581198	万宁市	29.29905	陵水县	64.33014	东方市	-10.17778
万宁市	110.268	五指山市	31.78378	万宁市	0.05082261	陵水县	28.12036	儋州市	57.76107	万宁市	-25.66848
陵水县	87.61357	文昌市	29.01599	陵水县	0.03096736	海口市	12.69938	文昌市	53.42466	琼海市	-27.05828

（三）A 级景区

截至 2013 年年底，全省已建成 A 级景区（点）45 家，其中国家 5A 级景区 4 家，4A 级景区 16 家，3A 级以下景区 25 家。针对全省 41 家 A 级旅游景区（有 4 家 A 级旅游景区因故未纳入统计系统）进行统计分析，全省旅游景区企业概况如下：41 家 A 级景区企业资产总额达到 86.8 亿元，解决就业 1.2 万人；2013 年景区完成景区建设投资 8.6 亿元，其中财政资金 1.9 亿元，企业贷款 1.7 亿元，自筹资金 4 亿元，投资目的用于景区内部投资 7.6 亿元，景区外部投资 1 亿元；2013 年 41 家 A 级旅游景区总营业收入 20.9 亿元，其中门票收入 10.2 亿元，商品收入 1.1 亿元，餐饮收入 3 亿元，交通收入 1.8 亿元，其他收入 4.8 亿元；41 家 A 级景区 2013 年共接待游客 3265 万人次。

三、2014 年度行业分析及预测

2014 年，全省旅游业将认真贯彻落实党的十八届三中全会精神，结合贯彻实施《旅游法》，以扩大旅游消费、促进经济增长为主线，在深化旅游行政管理体制改革、完善旅游供给结构、拓展旅游消费领域、改善旅游消费环境、积极开拓旅游市场和创新旅游发展政策等方面着力开展工作，力争 2014 年接待过夜游客达 4058 万人次，比上年增长 10.5%，实现旅游总收入 480 亿元，比上年增长 12%。2014 年的重点工作如下：

（一）全面深化旅游管理体制改革

一是推进旅行社管理体制改革。二是推进导游管理体制改革。三是推进旅游购物管理体制改革。四是推进旅游价格监管体制改革。五是推进旅游合同管理体制改革。六是推进旅游行政执法体制改革。

（二）不断完善旅游基础配套设施建设

一是在饭店住宿业方面：1. 高档次度假型饭店将成为开发热点。国内外有实力的开发商将更多资金投入建设高档次度假型的饭店，如香港华润集团投资建设的万宁石梅湾艾美度假酒店，上海金茂集团在三亚亚龙湾投资兴建的金茂三亚希尔顿大酒店、金茂三亚丽思卡尔顿酒店等，将极大地提升全省度假饭店的档次。随着三亚海棠湾、陵水清水湾和乐东龙沐湾等旅游区高档次饭店的陆续建成开业，全省高档次度假饭店增长势头明显。2. 更多国内外著名酒店管理集团进入海南。近年来，国际著名酒店管理集团纷纷登陆海南，如喜达屋集团、法国雅高集团、美国万豪、凯莱集团等国际著名酒店管理公司，委托管理全省更多的高档饭店。据统计，全省共有 21 家国际知名酒店管理集团、38 个饭店品牌进入全省饭店业市场，管理了逾 64 家饭店。知名酒店管理集团将凭借一流的管理水平、强大的客源支撑，提升全省酒店业的整体形象，创造更好的经济效益，提高全省饭店业的管理水平。3. 更多特色饭店涌现。随着客源市场的发展变化，更多饭店注重特色功能的配套建设，大型综合性饭店建设初现，健全配套更多的休闲娱乐设施，提供给客人更好的休闲度假产品和服务；同时价廉物美的经济型饭店也将得到发展，如全国连锁“锦江之星”经济型饭店的进入、三亚地区具有一定规模的家庭旅馆的发展，满足部分普通自助游客的消费需求，也将会改变全省饭店业住房率淡旺季不平衡的状况。

二是在游览设施方面：加快 A 级景区创建工作，争取新增一家 5A 级景区、两至三家 4A 级景区。同时加快旅游新业态项目建设：大力发展邮轮旅游，用好用足国家赋予的邮轮旅游边境异地办证政策，完善各项配套服务，吸引更多国内外游客参与邮轮旅游；积极配合三沙市政府加快西沙旅游基础设施建设，推进西沙旅游的发展；落实好省政府《关于加快乡村旅游发展的意见》，加快发展乡村旅游；打造一批森林旅游精品，加快发展森林生态旅游；加快推进房车、自驾车营地和露营地建设，积极发展房车、自驾车、户外运动旅游等旅游新业态；积极推进医疗旅游、康体养生旅游等专项旅游，不断满足游客多元消费需求。

三是在旅游购物方面：加快推进海棠湾免税购物城、海口观澜湖综合购物城、万宁奥特莱斯购物城建设，增加旅游免税和国际品牌购物点；同时，鼓励全省企业加快开发海南本地特色商品，推动在主要旅游城市和度假区建设大型旅游特产购物街区。

（符朝霞　李　菲）

重庆市旅游企业发展综述

重庆市旅游局

2013 年，重庆市共接待海内外旅游者 3.08 亿人次，比上年增长 6.21%（其中过夜游客 6809.79 万人次，同比增长 6.21%）；旅游总收入 1770.19 亿元，比上年增长 6.5%。其中，入境旅游者 242.26 万人次，旅游外汇收入 12.68 亿美元，分别比上年增长 8.02% 和 8.56%；国内旅游者 3.06 亿人次，国内旅游收入 1679.75 亿元，分别比上年增长 6.22% 和 6.54%。通过出境旅行社组织的出境旅游者 91.99 万人次，比上年增长 34.41%。呈现的主要特点：

一是产业规模进一步扩大。截至 2013 年年末，重庆市共有国家 A 级旅游景区 153 个，其中，5A 级旅游景区 6 个，4A 级旅游景区 49 个，3A 级旅游景区 62 个，2A 级旅游景区 34 个，1A 级旅游景区 2 个。全市共有旅行社 514 家，其中出境旅行社 50 家，一般旅行社 464 家。全市共有旅游星级饭店 257 家，其中五星级 24 家，四星级 54 家，三星级 135 家，二星级 43 家，一星级 1 家。

二是重点项目建设有序推进。全市在建旅游大项目共 106 个，全年共完成投资 318.8 亿元。26 个市级旅游重点项目完成投资 77.5 亿元，六大精品景区完成投资 109 亿元，50 个温泉旅游重点项目完成投资 43 亿元，227 个乡村旅游项目完成投资 89.3 亿元。全市旅游招商签约项目 85 个，签约总金额 1095.5 亿元，其中，合同项目 37 个，金额 376.2 亿元。

三是旅游品牌创建成效显著。第一是增 A 工程成效显著。南川区金佛山—神龙峡景区国家 5A 级景区创建成功，全市 5A 级景区已达 6 家。全年新增国家 4A 级景区 5 家，全市共 49 家，推荐申报国家 4A 级景区 6 家。第二是添星工程稳步推进。全市新增五星级饭店 3 家，达 22 家，已通过正式评定 2 家；长江三峡五星级豪华游轮达 15 艘，还有运营并待评五星级标准豪华游轮 16 艘。第三是旅行社发展数质双升。重庆市 2013 年度旅行社数量增幅达 15.86%，超过全国平均水平 11.41 个百分点，排名全国第一；而且，重庆市的旅行社国内旅游组织人次和国内旅游接待人次均进入了全国省份排名前 10 位。全年共审核推荐 17 家出境游资质旅行社，全市达到 50 家；新增赴台游旅行社 1 家，全市达 8 家。全市一般旅行社共 460 家。出境游旅行社及赴台游旅行社出境和赴台旅游团队网上填报率达 100%。

四是旅游服务质量明显提升。第一，宣贯执行《旅游法》，出台了《关于贯彻落实〈国民旅游休闲纲要（2013～2020 年）〉的意见》。第二，启动制定《重庆市旅游交通标识牌设置规范》、《重庆市旅游业标准体系》、《重庆市乡村旅游示范区评定标准》、《中国温泉旅游名镇标准》等一系列旅游行业标准。第三，持续推进重庆市旅游数据网上直报系统建设，完成了重庆市旅游办公自动化系统建设，新开发建成了重庆旅游门户网、政务网、英文网，编制完成了《2014 年重庆市智慧旅游建设实施方案》。2013 年以来全市游客满意度稳居全国 60 个重点旅游城市前 10 位。全年无重大旅游安全责任事故。

五是旅游人才队伍建设取得新突破。设立高层次旅游人才培养资金，与重庆大学合作，招收了重庆市旅游系统首批博士研究生 5 名，推荐旅游系统人员就读高级管理人员工商管理硕士 19 名。大力开展旅游行业教育培训工作，全市旅游系统全年共组织 15 余万人次培训。联合市人社局开展了旅游系统评比达标工作，对渝中区旅游局等 40 个先进集体和民族等 80 名先进个人予以表彰。

一、旅游企业总体发展情况

2013年年末，全市通过网上填报并审核成功的汇编旅游企业达到731户，通过网上填报并审核成功的汇编旅游企业年平均职工人数为62723人，工资总额为20.13亿元，比上年同期增长9.2%。总资产额为538.89亿元（其中，非流动资产总额344.28亿元），比上年同期增长16.95%。总负债额为370.95亿元（其中，流动负债总额162.79亿元），比上年同期增长22.51%；总净资产额为167.94亿元，比上年同期增长5.69%。累计实现营业收入197.33亿元，比上年同期增长4.23%。累计上缴各种税金5.98亿元，比上年同期增长33.48%。

二、各类旅游企业发展情况

（一）旅行社板块

2013年年末，共有旅行社514家。其中，出境游旅行社50家，比上年增加17家；赴台游旅行社8家，比上年增加1家；一般旅行社464家，本年度新增41家。全市通过全国导游IC卡管理系统登记在册的导游达9962名。其中，特级1名，高级22名，中级180名，初级9759名。全市有出境旅游领队2433人，赴台湾旅游领队504人。

2013年共接待入境游客242.26万人次，同比增长8.02%。其中，港澳台游客80.32万人次，同比增长12.1%，占入境旅游者的33.2%（香港游客32.75万人次，同比下降29.91%；澳门游客1.55万人次，同比增长41.52%；台湾游客46.02万人次，同比增长76.21%）；亚洲72.98万人次，同比增长40.0%，占入境旅游者的30.1%；欧洲35.85万人次，同比下降12.3%，占入境旅游者的14.8%；美洲30.70万人次，同比下降14.3%，占入境旅游者的12.7%；大洋洲7.02万人次，同比下降10.1%，占入境旅游者的2.9%；非洲1.56万人次，同比下降43.1%，占入境旅游者的0.6%；其他13.83万人次，同比增长4.3%，占入境旅游者的5.7%。入境旅游人数位居前三位的地区为：港澳台、亚洲、欧洲。入境旅游人数位居前五位的国家为：美国、日本、韩国、泰国、新加坡。全年通过出境旅行社组织的出境旅游者91.99万人次，同比增长34.41%，其中出国游增长强劲，出国人数达68.34万人次，同比增长71.1%；而港澳台游有所下降，港澳游17.95万人次，同比下降17.9%，赴台游5.7万人次，同比下降14.04%。出国游目的地前五位国家为：泰国、新加坡、马来西亚、韩国、菲律宾。

截至2013年12月31日，全市纳入汇编范围的旅行社年末职工人数为7794人。工资总额为2.38亿元，总资产额为18.31亿元，总负债额为14.73亿元，总净资产额为3.58亿元，累计实现营业收入104亿元，累计上缴各种税金4867万元（详见表1）。

表1　旅行社经营基本情况表

项目＼时间	单位	2012年	2013年
年平均职工人数	人	7731	7794
工资总额	亿元	2.22	2.38
总资产	亿元	17.1	18.31
其中：非流动资产	亿元	4.96	5.06
总负债	亿元	15.6	14.73
其中：流动负债	亿元	15.53	14.51
总净资产	亿元	1.5	3.58
营业收入	亿元	96.08	104.70
上缴各种税费	万元	3366.23	4687

（二）旅游饭店板块

2013年年末，旅游星级饭店共257家，新增星级饭店15家，撤销星级饭店称号24家，同比减少9家。其中，五星级24家，增加5家；四星级54家，减少1家；三星级135家，增加2家；二星级43家，减少15家；一星级1家。五星级至一星级旅游饭店分别占旅游星级饭店总数的9.3%、21.1%、52.5%、16.7%和0.4%。旅游星级饭店共拥有客房29994间，减少2.2%；床位50325张，减少3.5%；员工46290人，减少1.5%。2013年年末，共有绿色旅游饭店60家，比上年增加2家，增长3.4%。其中，金叶级38家，银叶级22家。

2013年年末，旅游饭店职工人数34564人，工资总额为11.92亿元。总资产额为154.74亿元，总负债额为126.22亿元，总净资产额为28.52亿元。累计实现营业收入额46.96亿元。上缴各种税费2.76亿元（详见表2）。

表2　旅游饭店经营基本情况表

项目＼时间	单位	2012年	2013年
年平均职工人数	人	37358	34564
工资总额	亿元	10.98	11.92
总资产	亿元	148.54	154.74
其中：非流动资产	亿元	78.04	75.61
总负债	亿元	119.17	126.22
其中：流动负债	亿元	58.14	65.92
总净资产	亿元	29.37	28.52
营业收入	亿元	55.08	46.96
上缴各种税费	亿元	2.93	2.76

（三）旅游景区板块

2013年年末，A级旅游景区共有153个，增加23个。其中：5A级旅游景区6个，增加1个；4A级旅游景区49个，增加3个；3A级旅游景区62个，增加18个；2A级旅游景区34个，增加1个；1A级旅游景区2个。5A至1A级景区分别占全市A级旅游景区总数的3.9%、32.1%、40.5%、22.2%和1.3%。全年共有全国工农业旅游示范点18个，全国休闲农业与乡村旅游示范县4个，全国休闲农业与乡村旅游示范点14个。共有红色经典旅游景区14个。有"中国旅游强县"—巫山县。有"中国温泉之乡"——巴南区。

2013年年末，旅游景区职工人数8738人。工资总额为2.36亿元。总资产额为107.97亿元，总负债额为69.72亿元，总净资产额38.25亿元，累计实现营业收入13.74亿元。实现净利润8209.15万元，上缴各种税费9249.91万元（详见表3）。

表3　旅游景区经营基本情况表

项目＼时间	单位	2012年	2013年
年平均职工人数	人	7398	8738
工资总额	亿元	1.94	2.36
总资产	亿元	82.56	107.97
其中：非流动资产	亿元	54.11	82.26
其中：流动负债	亿元	26.77	36.16
总净资产	亿元	30.94	38.25
营业收入	亿元	9.79	13.74
净利润	万元	2739.95	8209.15
上缴各种税费	万元	4015.51	9249.91
总负债	亿元	51.62	69.72

（四）旅游船

2013年年末，五星级及按五星级标准建造运营的游船共31艘，其中已挂牌五星级游船15艘。2013年年末，经营重庆"两江游"企业3家，共有"两江游"游船7艘。

（五）旅游商品

2013年年末，全市有申报登记的旅游商品生产和销售企业240家，其中，有规模企业（产值1000万元以上的企业）达76家。旅游商品企业在职人数达1.856万人，旅游商品销售总产值7.8亿元，比上年增长8.7%，旅游商品生产企业纳税总额为5.04亿元，比上年增长9.3%。主要的旅游商品有：

（1）工艺纪念品：刺绣（蜀绣、蜀锦）、重庆漆器、石雕、木雕（黄扬木、乌木、根雕）、牛角雕、剪纸、叶脉画、蝴蝶画、西兰卡普（土家织锦）等。

（2）土特产：农家老腊肉、白市驿板鸭、荣昌香猪等烟腊制品；灯影牛肉、陈麻花、怪味胡豆、合川桃片、江津米花糖、芝麻杆等小食品；杜仲、党参、黄连、天麻等保健品；方竹笋、桂花蒜、莼菜、黄花、涪陵榨菜、豆腐乳等干副产品；永川豆豉、金钩豆瓣、香油豆瓣酱、羊角老醋、火锅底料、香辣酱等调味品；巫山云雾茶、黔江珍珠兰茶、缙云毛峰、巴南银针、永川秀芽等名特茶叶。

（六）旅游企业集团板块

2013年年末，旅游企业集团年末职工人数8599人，工资总额为3.23亿元，总资产额为235.07亿元，总负债额为145.64亿元，总净资产额89.38亿元，累计实现营业收入额19.14亿元，上缴各种税费14970万元（详见表4）。

表4　旅游企业集团经营基本情况表

项目＼时间	单位	2012年	2013年
年平均职工人数	人	6578	8599
工资总额	亿元	2.62	3.23
总资产	亿元	199.47	235.07
其中：非流动资产	亿元	152.06	169.86
总负债	亿元	107.13	145.64

续表

项目 \ 时间	单位	2012 年	2013 年
其中：流动负债	亿元	26.45	34.17
总净资产	亿元	92.34	89.38
营业收入	亿元	16.24	19.13
上缴各种税费	万元	5537.26	14970

（七）其他旅游企业板块

2013 年，其他旅游企业年末职工人数 3027 人。工资总额为 0.95 亿元。总资产额为 22.82 亿元，总负债额为 14.63 亿元，总净资产额为 8.19 亿元。累计实现营业收入额 12.79 亿元。累计实现净利润 2392.32 万元，上缴各种税费 3083 万元（详见表 5）。

表 5　其他旅游企业经营基本情况表

项目 \ 时间	单位	2012 年	2013 年
年平均职工人数	人	3096	3027
工资总额	亿元	0.67	0.95
总资产	亿元	13.13	22.82
其中：非流动资产	亿元	6.64	11.47
总负债	亿元	8.69	14.63
其中：流动负债	亿元	6.21	12
总净资产	亿元	4.44	8.19
营业收	亿元	12.4	12.79
净利润	万元	6323.37	2392.32
上缴各种税费	万元	2527.96	3083

（韩小刚）

四川省旅游企业发展综述

四川省旅游局

2013 年，全省旅游行业在四川省委、省政府的正确领导和国家旅游局的悉心指导下，在相关部门的大力支持和社会各界的关心帮助下，始终坚持“科学发展、加快发展”的指导思想，围绕省委确定的实施“三大战略”和实现“两个跨越”的目标，努力在改革中发展、在创新中提升，不断提升旅游企业管理水平和旅游行业的服务质量。

一、旅游企业基本情况

截至 2013 年年底，全省共有星级旅游饭店 512 家，其中五星级饭店 26 家、四星级饭店 113 家。全省共有 A 级旅游景区 278 家，其中 5A 级旅游景区 9 家（新增 4 家），4A 级旅游景区 105 家（新增 14 家）。全省共有旅行社 759 家，其中出境社 69 家。星级农家乐/乡村酒店 2500 家、省级旅游度假区 13 家；旅游从业人员 54 万余人，其中导游人员 30057 人。

二、旅游企业经营情况

根据对旅游景区、旅行社和旅游饭店统计汇总，分析旅游市场基本状况，2013 年全省旅游企业无论在接待人数、还是经营收益状况都实现平稳健康发展，反映了旅游行业整体上较好的增长和收益。具体情况如下。

（一）旅游景区

2013 年，全省纳入统计的 304 个旅游景区累计接待游客 2.33 亿人次，比上年增长 8.9%；共实现营业收入 238.51 亿元，比上年增长 6.68%，其中，门票收入 32.67 亿元，比上年下降 13.7%。

表1　2013年旅游景区接待总体情况表

指标名称	单位	12月	累计	同比%
一、接待总人数	万人次	1402.61	23273.45	8.90
其中：入境人数	万人次	9.94	119.57	—
其中：免票人次	万人次	1048.43	15474.70	452.02
二、营业收入	亿元	14.78	238.51	6.86
其中：门票收入	亿元	1.27	32.67	-13.70

表2　2013年分A级景区接待和收入情况表

指标	接待人数（万人次）		门票收入（万元）	
	累计	同比	累计	同比
5A级	1580.59	-26.14	146310.22	-30.01
4A级	13555.59	4.72	159508.63	4.88
3A级	2673.93	17.22	16601.07	13.78
2A级	4097.60	2.60	2680.78	-4.46
1A级	97.77	669.84	0.00	—

（二）旅行社

2013年，全省共有旅行社759家，其中出境社69家。全省旅行社外联入境游客37.52万人，比2012年下降36.47%，累计接待入境游客人天数394.91万人天，比2012年下降26.45%；接待入境人数54.34万人，比2012年下降38.82%，接待入境人天数394.91万人天，比2012年下降26.45%。组织国内人数281万人，比2012年下降26.64%，接待国内游客人数426.63万人，比2012年下降35.57%；组织出境人数74.2万人，比2012年下降10.38%。

表3　2013年旅行社组织接待游客总体情况表

指标	单位	12月	同比%	累计	同比%
一、外联入境人数	万人	5.61	-7.27	37.52	-36.47
二、外联入境人天数	万人天	41.81	-41.40	268.31	-31.01
三、接待入境人数	万人	8.21	3.85	54.34	-38.82
四、接待入境人天数	万人天	58.66	-35.74	394.91	-26.45
五、组织国内人数	万人	16.01	-29.48	281.00	-26.64

续表

指标	单位	12月	同比%	累计	同比%
六、组织国内人天数	万人天	66.45	-47.38	1151.35	-31.90
七、接待国内人数	万人	22.49	-35.99	426.63	-35.57
八、接待国内人天数	万人天	85.50	-48.49	1554.09	-41.55
九、组织出境人数	万人	6.79	-14.85	74.20	10.38
十、组织出境人天数	万人天	52.16	—	325.55	—
十一、主营业务收入	亿元	11.34	43.97	64.45	-12.32

（三）旅游住宿设施

2013年，全省纳入统计范围的旅游住宿设施累计接待游客2748.64万人次，比2012年下降1.72%，其中入境人数209.56万人，比2012年下降7.8%；累计接待人天数4334.57万人天，比2012年下降1.22%；客房平均出租率56.77%，比2012年下降14.74%，其中五星级饭店平均客房出租率为51.48%，比2012年下降18.03%，四星级饭店平均客房出租率为57.78%，比2012年下降15.78%；平均房价为289.91元，比2012年下降9.29%；其中五星级饭店平均房价为839.7元，比2012年下降0.83%，四星级饭店平均房价为374.95元，比2012年下降3.21%；实现营业收入113.82亿元，比2012年增长0.91%。全省共有星级旅游饭店512家，其中五星级饭店26家、四星级饭店113家。

表4　2013年全省旅游住宿设施接待经营情况表

指标	单位	12月	同比	累计	同比
一、接待总人数	万人次	201.47	-6.16	2748.64	-1.72
其中：入境人数	万人次	12.94	32.76	209.56	-5.83
二、接待人天数	万人天	310.23	-11.17	4334.57	-1.22
其中：入境人天数	万人天	23.06	26.90	398.33	-5.74
三、客房出租率	%	56.53	-6.90	56.77	-14.74
四、平均房价	元	260.85	-24.80	289.91	-9.29
五、营业收入总额	亿元	10.64	8.62	113.82	0.91

表5　2013年分星级饭店客房经营情况表

指标	平均房价（元）				出租率（%）			
	12月	同比	累计	同比	12月	同比	累计	同比
五星级	729.86	-3.57	839.70	-0.83	47.84	-14.34	51.48	-18.03
四星级	364.45	-12.53	374.95	-3.21	57.27	-9.84	57.78	-15.78
三星级	232.55	-1.87	230.46	0.35	56.74	-5.91	58.23	-11.44
二星级	162.22	2.18	163.72	8.10	62.54	-3.66	61.92	-7.03
一星级	111.43	-18.25	121.13	-2.00	56.39	-16.74	61.80	-12.53
无星级	217.60	-36.23	232.21	-0.56	56.58	-3.51	55.85	-17.12

三、主要开展的工作情况

（一）以创建为抓手，提升景区服务品质

1. A 级旅游景区创建工作取得突破。在国家旅游局的大力支持下，经省、市、县政府、旅游部门及景区的共同努力，阿坝州汶川特别旅游区、绵阳市北川羌城旅游区、广安市邓小平故里旅游区和南充市阆中古城旅游区被国家旅游局批准为国家 5A 级旅游景区，全省国家 5A 级旅游景区总数达到 9 家，位次从 2012 年年底的第八名上升到第三名，仅次于江苏省和浙江省。

2. 推动全省旅游景区提质增效。深入贯彻落实党的十八大、《中华人民共和国旅游法》和《四川省人民政府关于加快建设旅游经济强省的意见》，进一步提升全省旅游景区的服务质量和管理水平，从 2013 年起，启动实施为期五年的“四川省旅游景区提升计划”；制定并下发了《四川省旅游景区提升计划实施意见》（川旅产领办〔2013〕27 号）和《四川省旅游景区质量等级提升标准（暂行）》，全面推动实施。

3. 提升全省重点旅游景区及区域旅游目的地服务与管理。制定《关于进一步加强全省旅游目的地公共假日管理与服务工作的意见》，并委托阿坝州政府开展提升全省重点旅游景区及区域旅游目的地服务与管理能力试点工作，编制完成《旅游高峰时段旅游景区应对标准（A++标准）》和《提升旅游区域目的地服务和管理的机制》；配合《旅游法》的宣贯和实施，收集汇总了全省 4A 级及以上旅游景区日最大流量及管理办法，制定了景区流量控制相关制度，加强对重点景区的服务与管理，确保景区安全有序健康持续发展。

（二）以服务为导向，加大旅行社监管力度

1. 首次制发了全省《旅行社产业发展报告》。积极推广使用《全国旅游团队服务管理系统》，分五个片区对全省旅行社 920 余人进行了现场操作培训。

2. 完成 13 家出境游组团社审批转报和出境专用章及授权人签字备案登记工作，推荐全省 16 家出境游组团社开展全省接待俄罗斯公民免签来华旅游团队业务和组织中国公民赴俄免签旅游团队业务。

3. 完成外国人来华旅游邀请函审验工作，共计 10 个团 115 人次的团队签证及 389 人次的个人签证。完成 21 批次 216 人外国人来华自驾车转报工作，23 家出境游组团社的变更备案工作，完成旅行社月报审验工作。

4. 修订完善《赴台旅游行业自律公约》，发放《大陆居民赴台旅游出行手册》，组织开展对全省 9 家赴台游组团社在广告发布、业务档案管理、团队服务质量、合同签订等方面进行专项检查。

（三）以标准化为指导，规范酒店经营管理

1. 积极推进《四川省主题旅游饭店等级的划分与评定》和《四川省品牌饭店管理公司等级的划分与评定》两部标准地方立项。按照“精简、高效、务实”原则，对全省所有旅游评定项目进行了认真梳理，保留评定项目 9 项，暂停评定项目 5 项，下放评定项目 4 项，合并评定项目 1 项。

2. 组织探索建立金牌岗位制度，完成了“金牌导游”、“金嗓子”、“金勺子”三个岗位技能标准制定。

3. 针对中央“八项”规定出台后旅游饭店业的情况，及时启动旅游饭店一季度经济运行调研、分析工作；配合国家旅游局了解全省宾馆饭店的用水、用电、用气价格政策情况，配合省发改委核对全省星级饭店节能减排完成情况；制发《四川旅游星级饭店产业发展报告》。根据全国星评委的统一部署和要求，制发全省 6 家五星级饭店迎接“2013 年度评定性复核”的督导方案；新评 19 家星级饭店，其中 1 家五星级饭店、8 家四星级饭店、6 家三星级饭店和 4 家二星级饭店；完成 3 家绿色饭店评定；完成 12 家拟评拟建五星级饭店和 5 家拟评拟建四星级饭店的前期指导。同时，完成 5 家五星级饭店、3 家四星级饭店和 2 家三星级饭店的初评。

四、2014 年度旅游企业发展方向

2014 年，四川省将紧紧围绕全省旅游产业发展大局，全面深化改革发展步伐，稳步推进由单一的旅游行业管理向旅游产业管理扩展，由旅游业态管理向政府综合管理扩展，不断优化旅游环境，提升旅游服务质量，推动旅游业科学发展，促进旅游业向国民经济战略性支柱产业和人民群众更加满意的

现代服务业转变。

（一）全面深化改革发展步伐，推动旅游业科学发展

1. 强化旅游改革发展思路和方式研究。制定《四川省旅游业改革行动计划》，明确改革方向、重点和时间节点。重点围绕四川区域旅游协调发展方式、四川旅游业体制机制改革、四川旅游综合改革模式、四川国家公园体系构架及探索、深化旅游行业综合管理与服务方式、旅游规划编制及实施效果评估模式等课题深入开展探索研究。

2. 着力构建推进旅游产业发展的体制机制。在各级旅游产业发展领导小组下，建立以政府分管领导为组长的旅游综合管理联席会议制度与假日旅游协调指挥中心。充分发挥市（州）、县的主体作用，建立政府领导牵头，部门协同联动的旅游监管执法、安全管理、旅游统一投诉受理等机制。积极推动重点旅游城市和区（县）成立旅游发展委员会。

3. 加大旅游业改革试点力度。充分发挥好成都市和峨眉山市国家级“旅游综合改革试点城市”作用，在改革上创新探索，实现率先突破。加快推进旅游行业协会改革步伐，拓展协会职能，力争实现省旅游协会与旅游管理部门脱钩。

（二）做强做大旅游产业，提升四川旅游核心竞争力

1. 做强做大旅游产业规模和综合效益。深刻分析四川省旅游经济总量与旅游发达省份存在差距的本质原因，采取多种方式做大总量规模，力争在旅游经济规模上超越升位，特别是在入境旅游人次上要有大的突破。

2. 实施国家级旅游资源景区化。开展全省休闲度假旅游资源普查，制定《四川省旅游资源开发建设指导意见》。联动相关部门，培育打造一批休闲度假旅游产品体系，全年力争创建1～2个国家级生态旅游示范区、1～2个国家5A级旅游景区、10个国家4A级旅游景区。以秦巴山区为载体，试点建设省级旅游扶贫试验区。

3. 壮大四川省旅游市场主体。推进跨地区、跨领域、跨所有制企业通过改制、兼并、重组、上市等形成大旅游集团。推进建立旅游企业产权交易市场、景区经营权交易市场。探索推进国有景区所有权与经营权分离，鼓励和支持各类资本参与景区投资开发或经营管理。扶持旅游电子商务、旅游装备制造业、旅游出版等新型旅游经济体加快发展。

（三）着力提升旅游服务质量，夯实四川旅游综合实力

1. 加大旅游基础服务保障工作。指导推动重点旅游城市、5A级旅游景区率先建成旅游集散中心。积极协调解决省内重点区域旅游团队车辆无障碍旅游问题。推动各地启动建设主要旅游目的地公共假日旅游流量信息发布系统，并在旅游交通干线（站）设立LED屏实时公布与预警。

2. 大力推进智慧旅游建设。强力实施G5（108）国道智慧旅游带试点工程，推动成都市、绵阳市和乐山市，青城山—都江堰景区和峨眉山景区开展“智慧旅游城市”、“智慧旅游景区”试点工作。

3. 深入推进“旅游标准提升计划”。全面提升完善旅游景区、饭店等质量等级标准，将经济效益、信息化和人力资源开发等指标作为核心依据。

4. 强化旅游市场监管和执法力度。创新工作方式，强化对旅游电子商务等新业态的监管力度。联动省—市州—县三级监管执法力量，集中整顿旅游市场秩序，扎实搞好旅游安全和服务保障，制定切实可行的旅游应急预案。

（彭志林　邹　健　张宏敏）

贵州省旅游企业发展综述

贵州省旅游局

2013 年，全省旅游行业以贯彻国发 2 号文件和全省旅游工作会议精神为主线，以落实《旅游质量发展纲要（2013～2020 年）》为重点，以宣贯《旅游法》为契机，紧密围绕《贵州省生态文化旅游产业发展规划》的目标和工作任务，继续深化旅游市场秩序整治，强化旅游监督管理，着力提升旅游服务质量，推动全省旅游企业扩规模、升品质、上台阶，促进了全省旅游业的快速、健康发展和各项指标的全面实现。全省全年旅游总收入 2370.65 亿元，同比增长 27.44%。其中国际旅游（外汇）收入 20143.41 万美元（折合人民币约 12.47 亿元），同比增长 19.24%。国内旅游收入 2358.18 亿元，同比增长 27.5%；全年接待海内外游客 26761.28 万人次，同比增长 25.05%。其中入境游客 77.7 万人次，同比增长 10.21%。国内游客 26683.58 万人次，同比增长 25.09%。

截至年底，全省拥有旅游星级饭店 373 家、客房 31630 间、床位 54972 个。其中五星级 6 家、四星级 60 家、三星级 161 家、二星级 126 家、一星级 20 家；有旅行社 318 家，其中出境游组团社 16 家，国内旅行社 302 家；有持 IC 卡的导游员 11494 人。

2013 年，全省旅游企业发展取得了显著成效。

一、规划引领，狠抓 100 个旅游景区建设

2013 年，省旅游局全方位贯彻落实陈敏尔省长把“内涵、环境、市场、业态、品牌”做出来的指示，围绕“文化旅游发展创新区”的战略定位，立足于“世界知名、国内一流的旅游目的地、休闲度假胜地”的发展目标，致力于推动建立上下联动、左右协调、横向到边、纵向到底的旅游项目工作机制，以《贵州生态文化旅游创新区产业发展规划》为引领和顶层设计，狠抓 100 个旅游景区建设。

围绕产品设计、市场定位、业态创新、开发运营等，召开景区建设观摩会、交流会、培训会，开展分类集中培训，组织项目管理部门和建设责任主体“走出去”借鉴先进经验，引进国内外一流的业内专家对景区建设提供智力支持和技术指导；建立了基础设施和招商引资项目库，先后组团赴京津、港澳、泛珠及成渝地区开展旅游招商活动，借助“面向全国优强民营企业招商项目推介会”、“世界旅游经济论坛”、“中国国内旅交会”、“香港活动周”等招商平台，引进一批大型央企民企参与贵州省旅游开发。主动对接金融机构，与国开行、建行、农行等 8 家金融机构开展战略合作，全省金融机构为 100 个旅游建设授信 215 亿元，发放贷款 82.09 亿元，较上年增长 87.53%，极大地推进了 100 个旅游景区建设。全省旅游项目建设提速、提质、提效，全年完成签约项目 194 个，签约资金 1139.47 亿元，到位资金 169.84 亿元，景区固定资产投资突破 223.57 亿元，建立起投资主体多元化、融资方式多样化、运作方式市场化的投融资新机制；景区建设开工率、资金到位率不断提高，瓮安千年古镇旅游区、赤水旅游综合体、白云蓬莱仙界旅游区等 15 个景区建设的新成果、新项目，成为全省旅游发展的新亮点、新热点、新卖点。一批休闲度假、商务会展、汽车露营地、山地运动等新业态项目相继开工，老景区改造升级步伐加快，特色化、精品化旅游产品体系基本形成，新增百里杜鹃景区国家 5A 级旅游景区 1 家，马岭河峡谷、玉舍森林公园等国家 4A 级旅游景区 7 家，梵净山等国家生态旅游度假区 2 家。开工建设三星级以上酒店 20 个，建设生态步道 105 千米，建设生态停车场 12.5 万平方米，新建或改建游客服务中心 30 个，新建或改建三星级旅游公厕 53 座。

二、强化旅游企业管理，提升旅游服务质量

（一）全面贯彻《旅游法》，实施质量强旅战略

省旅游局全面贯彻实施《旅游法》和《旅游质量发展纲要（2013～2020年）》，规范完善政策配套，指导督促旅游企业依法规范经营，提升各项旅游接待服务质量，狠抓措施落实，确保实现各项旅游服务质量目标；按照国家质检总局和国家旅游局的统一部署，在全省开展“旅游服务质量对比提升”活动，通过遴选旅游服务质量标杆单位，发挥示范带动作用；举办历时1个多月的全省旅游饭店服务技能大赛，组织旅行社552名领队人员进行培训考试，提升全省饭店行业从业人员和领队人员的整体素质和服务能力；与省机场集团公司联合开展共创文明服务窗口活动，树立良好的机场窗口形象。

（二）注重科学发展，提升服务水平

按照合理布局、科学规划、严格标准的原则，加强对各地旅游饭店建设的前期指导，遵循市场规律引导高星级饭店建设，结合100个旅游景区建设，做好主要旅游区、重点旅游节点城镇高星级饭店建设的指导、推荐和评定工作。建立长效机制，加强日常监管，特别对高星级饭店要严格评定标准，规范提升服务质量；充分利用星级饭店管理系统，切实做好数据填报工作。贵阳市人民政府出台了《关于鼓励扶持避暑度假精品酒店发展的实施意见》，对发展避暑度假精品酒店实行一系列奖励扶持措施，全面提升避暑度假产业服务水平和竞争力，及“爽爽的贵阳·中国避暑之都·温泉之城”城市旅游品牌形象；以深化完善旅行社的规范管理和服务质量为重点，充分发挥重点旅行社的龙头带动作用，引导和促进旅行社的规范经营；推动实施金融IC卡在部分重景区（点）的应用，提升无障碍旅游服务水平。

（三）加强标准化建设，提高旅游发展质量

组织贵阳市、赤水市、遵义红色旅游集团等，参加国家旅游局组织的旅游标准化交流培训，全力推进第二批全国旅游标准化试点单位的标准化建设，并开展终期评估工作；以旅游标准化试点城市为依托，试行和推广《旅游餐馆设施与服务等级划分》《旅游购物场所服务质量要求》等国家标准、行业标准，扩大旅游标准化覆盖面；指导遵义、安顺、六盘水市等做好旅游星级饭店检查员和《旅游法》的培训，提升从业人员素质和服务水平。

（四）加大专项检查力度，规范旅游市场秩序

围绕中国国内旅游交易会、第九届泛珠大会、第三届酒博会、小长假、黄金周等重大活动及节假日，开展集中专项检查和明察暗访，对违法违规企业及人员给予处罚，努力营造和谐发展的良好环境；加大对旅行社经营网点的检查力度，重点查处零负团费、欺诈、强迫消费等违规经营，整治虚假广告、超范围经营及不按规定投保、脱保旅行社责任险等行为；加强行业精神文明建设，围绕“满意在贵州”主题活动，制订了“最美导游，满意贵州”、“青年文明号”、“星级导游”等评选工作方案，在全省开展创建活动，树立优秀典型和标杆企业，培育一批优秀导游员、优秀企业、优质品牌，发挥其示范带头作用；充分利用“3·15”消费者权益保护日、“5·19”中国旅游日等节庆活动，开展“文明旅游、理性消费、依法维权”等大型宣传咨询活动，发放各类旅游宣传资料20万余份，现场解答旅游咨询2000余人次；通过阳光“946”行风政风热线和“星期天特别服务热线”等电视广播节目，宣传文明出游知识，解答旅游消费问题和维权注意事项，营造文明和谐的旅游舆论环境。

三、加大旅游执法力度，强化旅游市场监管

2013年，省旅游局成立了以分管局领导为组长的省旅游市场治理整顿工作领导小组，各地也成立了相应的组织领导机构，召开了全省旅游监管工作会议，下发了《2013年旅游市场治理整顿工作安排意见》，加强对全省旅游市场治理整顿工作全面监管，将打击承包挂靠经营、“零负团费”、超范围经营、虚假广告、擅自增加自费项目、诱骗旅游者购物消费和诱导旅游者参加不健康活动等违法违规行为，作为市场治理整顿的重点。全年组织和指导4200人次开展旅游市场检查612次，联合公安、工商等部门开展联合检查210次，检查旅行社（含分社）1003家次、旅游星级饭店778家次、旅游景区（点）323家次、导游人员410名、旅游车队38家、

旅游购物店136家。对80家旅游经营单位下达了《责令改正通知书》，对1家星级旅游饭店、1家旅行社分别处以1万元、3000元的罚款，对2名导游员分别处以吊销导游证、2000元罚款，查处无证、无照经营行为2起；进一步完善12301旅游服务热线建设，实现旅游咨询和投诉24小时接听，全年各级旅游质监执法机构共受理有效旅游投诉221件，结案率为100%，为旅游者挽回经济损失225270元。

四、加强导游员管理，提高导游队伍素质

组织全省161人报名参加中高级导游员等级考试，有3人通过高级导游员考试，有39人通过中级导游员考试（其中1人获直接晋级），至2013年底，全省共有中级导游员219人，有高级导游员10人；在全省10个考点组织（贵州考区）全国导游资格考试，有4600人（其中加试102人）报名参加，其中报考普通话4433人（含加试24人），占总数的96.37%。报考外语（含英、法、德、日语）167人（含加试78人），占报考总数的3.63%。硕士研究生41人，比上年增长46.34%。大专以上学历3672人，占总报考人数的79.82%；有1446人考试合格，其中普通话1382人、外语类24人、加试40人、合格率为31.43%。此次考试继续加大了改革力度，普通话、英语、法语、日语导游现场考试均采用视频模拟现场考试环境，成为符合贵州省旅游行业发展用人标准的规范、严谨流程。

五、加快旅游交通建设，强化旅游安全管理

2013年，贵阳龙洞堡国际机场二期扩建工程投入运营，开辟了贵阳至拉萨、高雄的航线和飞首尔的包机，加密了贵阳至北京、上海、广州等客源城市航班，达每天10班以上，使机场旅客年吞吐量突破1000万人次大关。凯里黄平、毕节飞雄机场的建成通航，形成“以干带支、以支促干、干支互动”的快捷空中旅游通道网络；贵广线、长昆线、渝黔线等铁路加快建设，铁路运营里程突破2000公里；仁赤、思剑、水盘等9条高速公路贯通，杭瑞高速、厦蓉高速贵州段即将全线通行，全省通车里程达3280公里，实现了68个县与高速公路连接；乌江航运加快建设，西南水运出海中线通道南北盘江、红水河航运扩建工程通过竣工验收。贵州已进入高铁、高速、航空全面提速的“高速时代”，旅游目的地的通达性和舒适性发生革命性变化，“车窗风景”、“流动的风景线”成为新亮点、新卖点；经过多方努力，增开贵阳—香港航班为每天1班，开通了贵阳—高雄航班为每周1班；省旅游局协助贵州海外、贵州青旅于4月16日和5月16日，分别开通贵阳—韩国首尔旅游包机。

省旅游局在全年加强安全管理的同时，针对节假日旅游高峰时段，强化旅游安全整治和排查工作，严格落实旅游安全责任制，及时排除安全隐患。6月，组织全省旅游企业开展“安全生产月”活动，进行旅游安全生产宣传咨询、旅游应急预案演练、旅游保险宣传等；开展道路交通百日安全整顿、道路交通安全督查工作，实现无旅游交通安全事故发生；进行全省旅游行业安全生产大检查，成立安全生产大检查工作组，重点开展旅游安全检查和隐患排查，全面完成了各项工作任务。

六、大力开发旅游商品，加快国有企业改制

省旅游局出台了《关于做好贵州省名特优旅游商品购物场所和民族演艺推荐工作的通知》，组织旅游企业研究如何适应市场新变化，加强旅游购物企业的规范经营，提升旅游服务质量；组团参加在浙江义乌举行的中国国际旅游商品博览会暨第五届中国旅游商品大赛，并荣获1金1银2铜等4个大奖，省旅游局荣获组委会评选的最佳组织奖和最佳展台奖，获奖项之高、数量之多位居全国第一位。

按照省政府的统一部署，省旅游局下属9家国有企业改制工作于2008年12月启动，于2013年基本结束。五年多来，完成了贵州省中国国际旅行社、贵州海外旅游总公司的改制，关闭了贵州省外事旅游车队、贵州省旅游建设公司、贵州旅游航空服务公司、中国旅游服务公司贵州省公司，妥善处理了贵州省旅游彩印厂、贵州旅游发展实业公司、贵州海外旅游贸易公司的历史遗留问题；依照政策法规和省政府核准的《职工安置方案》，妥善安置处理了336名职工，其中解除国有职工身份的239名、退休职工70名、内退职工27名。对退休和内退的97名职工实行了托管，其中78名交局托管办托管，19名交企业托管。

2014年，全省旅游行业按照贵州省第八届旅游产业发展大会提出的“着力在服务上升级，增强贵

州旅游的美誉度和影响力”目标，创新管理思路，拓宽管理渠道，切实在“服务设施现代化”“服务品质人性化”上下功夫，努力开创行业管理和企业发展的新局面。

一是引导旅游企业提升品质和档次。以深化完善对旅行社企业的规范管理和服务质量为重点，引导和促进旅行社的规范经营，切实发挥重点旅行社的龙头带动作用，推动旅行社行业形成更加科学合理的业务分工；督促旅行社企业按照《旅游法》规定，守法经营、规范管理。以品牌化为导向，鼓励专业化旅游管理公司推进品牌连锁，促进旅游服务创新，积极为知名饭店品牌引进做好协调服务，推进饭店产业集团化、品牌化发展；从严掌握标准，严格按照星级标准和要求，开展星级饭店的评星、复核和监管工作，进一步完善星级饭店退出机制。

二是抓好从业人员素质提升工作。从服务技能培育入手，强化一线员工的服务能力，引导、组织旅游经营主体建立健全旅游从业人员定期培训制度，提升服务人员职业道德素养和服务技能。进一步加强星评员队伍建设，积极开展星级饭店检查员培训工作，提升星评员队伍素质。通过组织导游大赛、饭店服务技能大赛等活动，以赛带训，提高技能水平、知识水平和综合素质，促进服务质量的提升。

三是加强旅游企业监管工作。召开全省旅游行业管理工作会议，研究、安排部署全年旅游行业管理工作，突出重点、明确责任、强化措施，确保全年工作顺利开展。结合旅行社实际，规范旅行社经营行为，治理“挂靠承包”、强迫消费或变相强迫消费，严厉打击低价竞争、欺诈旅游者、擅自变更行程、无许可无资质经营等违法违规行为。抓好导游年审工作，认真落实导游 IC 卡检查制度，进一步规范导游从业行为。抓好旅游统计信息报送工作，切实做到客观性、合理性、时效性。

四是积极推进旅游标准化建设。全面总结、推广贵州省旅游标准化试点单位创建“全国旅游标准化示范单位”经验，扩大旅游标准化试点覆盖面，积极参与第三批“全国旅游标准化示范单位”的确定工作，把标准化作为助推旅游目的地建设的重要抓手，推动产业的升级转型，为贵州省培育一批优质旅游企业和优质旅游品牌提供支撑。

五是进一步加强精神文明建设。组织媒体对先进企业和先进员工进行采访报道，树立贵州旅游行业的良好形象，为服务质量的提升营造氛围。结合“3·15”、“中国旅游日”、“世界旅游日”、小长假、黄金周，深入开展旅游公益宣传活动，增强旅游者消费意识，提升旅游者文明素质。

（刘秀鸾）

云南省旅游企业发展综述

云南省旅游发展委员会

2013 年，云南旅游企业在省委、省政府的正确领导和各级旅游行政管理部门的切实指导下，认真贯彻落实《旅游法》和《中共云南省委、省人民政府关于建设旅游强省的意见》，充分发挥市场在资源配置中的决定性作用，进一步优化旅游行业标准和服务质量，努力构建合法、公平、开放的旅游经营环境，积极开拓客源市场，强化旅游安全生产，加大旅游产品开发，增强旅游营收能力，为全省旅游产业持续、健康发展做出了积极的贡献。

一、旅游企业发展情况

2013 年，全省旅游企业总体发展态势良好，旅行社、旅游住宿、旅游景区、旅游交通、旅游购物、旅游餐饮、温泉 SPA 等各旅游要素企业持续、健康发展，旅游企业标准化发展趋势更加凸显，行业规模日益壮大，产品内容更加丰富，服务质量不断提升。截至2013年12月底，全省旅游企业状况分别为：

（一）旅行社企业

全省拥有旅行社745家，其中出境游旅行社36家；星级旅行社422家（五星级15家，四星级23家，三星级121家，二星级146家，一星级117家）；持有导游证（IC卡）的有24657人，星级导游员9057人，其中五星级导游员54人，四星级导游员78人，三星级导游员1067人，二星级导游员4953人，一星级导游员2903人。

（二）旅游住宿企业

云南省拥星级饭店894家，其中五星级饭店19家，四星级饭店80家，三星级饭店271家，二星级饭店407家，一星级饭店117家；星级经济型酒店67家，其中三星级经济型酒店15家，二星级经济型酒店32家，一星级经济型酒店20家；星级特色民居客栈177家，其中五星级特色民居客栈5家，四星级特色民居客栈10家，三星级特色民居客栈89家，二星级特色民居客栈70家，一星级特色民居客栈3家。

云南省星级酒店分布情况表

单位：家

州市酒店	一星级	二星级	三星级	四星级	五星级	总数
昆明市	1	16	41	23	6	87
昭通市	0	11	6	2	0	19
曲靖市	3	14	11	2	1	31
玉溪市	1	20	14	3	0	38
保山市	0	13	9	5	2	29
楚雄市	1	20	7	3	0	31
红河市	2	28	21	3	1	55
文山市	0	9	11	2	0	22
普洱市	14	43	20	3	0	80
西双版纳市	0	9	12	4	0	25
大理市	2	49	21	5	3	80
德宏市	0	25	31	1	2	59
丽江市	90	119	45	17	3	274
怒江市	0	8	4	0	0	12
迪庆市	3	13	11	4	1	32
临沧市	1	11	6	3	0	21
合计	117	407	271	80	19	894

（三）旅游景区企业

全省拥有A级旅游景区198家，其中5A级旅游景区6家、4A级旅游景区58家、3A级旅游景区45家、2A级旅游景区79家、1A级旅游景区10家。

云南省A级旅游景区分布情况表

单位：个

州市景区	5A	4A	3A	2A	1A	
昆明市	1	9	10	2	1	23
昭通市	0	1	1	1	0	3
曲靖市	0	4	2	0	0	6
玉溪市	0	4	2	13	0	19
保山市	0	2	1	9	0	12
楚雄州	0	5	6	1	1	13
红河州	0	3	3	8	0	14
文山州	0	1	1	4	0	6
普洱市	0	0	2	8	1	11
西双版纳州	1	9	2	2	3	17
大理州	1	6	6	9	0	22
德宏州	0	3	1	2	1	7
丽江市	2	6	4	5	1	18
怒江州	0	0	0	0	0	0
迪庆州	1	5	2	11	0	19
临沧市	0	0	2	4	2	8
合 计	6	58	45	79	10	198

（四）旅游交通企业

全省拥有星级旅游汽车公司45家，其中四星级旅游汽车公司2家，三星级旅游汽车公司35家，二星级旅游汽车公司2家，一星级旅游汽车公司6家；星级旅游汽车4115辆，其中四星级旅游汽车4辆，三星级旅游汽车3553辆，二星级旅游汽车315辆，一星级旅游汽车243辆；星级旅游汽车驾驶员4275人，其中四星级旅游汽车驾驶员4人，三星级旅游汽车驾驶员3695人，二星级旅游汽车驾驶员332人，一星级旅游汽车驾驶员244人。

（五）旅游餐饮企业

全省拥有旅游餐馆223家，其中金盘级旅游餐馆13家，银盘级旅游餐馆40家，铜盘级旅游餐馆170家；团队餐企业163家。

（六）旅游温泉企业

全省拥有旅游温泉企业227家，其中三星级温泉企业4家。

二、旅游企业发展特点

（一）全省旅游企业经营明显好转

据不完全统计，2013年度全省平均床位出租率达58.28%，与2012年相比提高了1.83个百分点，平均房价为225.67元，同比增长3.4%；全省旅行社累计接待各类旅游团队51.3万团，增长13%，接待游客654.0万人，同比增长5.83%。监测的10个4A级以上景区累计接待旅客1984.23万人次，同比增长12.7%，实现门票收入27.64亿元，同比增长41.3%。其中石林风景名胜区累计接待游客367.62万人次，同比增长9.7%，实现门票收入6.4亿元，同比增长23.1%；大理崇圣寺三塔文化旅游区接待游客163.91万人次，同比下降9.3%，实现门票收入1.36亿元，同比增长6.3%；丽江玉龙雪山累计接待游客333.37万人次，同比增长20.8%，实现门票收入4.03亿元，同比增长3.1%；丽江古城风景名胜区累计接待游客360万人次，下降5.3%，实现收入2.88亿元，下降7.1%；西双版纳热带植物园累计接待游客61.25万人次，下降7.1%，实现门票收入7.62亿元；迪庆普达措累计接待游客124.71万人次，同比增长13.7%，实现门票收入2.93亿元，同比增长44.3%。

（二）国内旅游客源结构日趋合理

2013年，旅游企业接待省外游客占全省接待总量的59.0%，其中四川省、北京市和重庆市居云南省国内市场的前三位，接待量分别占所有游客的6.47%、4.42%和3.43%，与2012年相比均有所下降。与此同时，广西、天津、浙江、江苏、山东等14个省区市入滇游客所占比重均有所提高；从各旅游企业接待省内客源市场结构进来看，2013年本省居民占国内游客总量的41.0%，其中经济较发达的昆明游客最多，占所有游客的13.28%，与2012年相比下降了1.41个百分点，但随着全省经济社会的全面发展，居民可支配收入的不断提升，红河、玉溪、曲靖等10个州市占全省国内市场的比重由2012年的18.78%上升到2013年的22.7%，提高了3.92个百分点，进一步增强了全省国内旅游市场发展的后劲。

（三）入境旅游市场形势喜人

2013年，全省旅游企业接待海外旅游者保持了持续上扬的发展态势。其中亚洲客源市场依然保持了两位数的增长，入滇游客达254.7万人次，同比增长13.9%，其中来自东盟十国中的菲律宾、新加坡、泰国游客量分别为1.5万人次、23.8万人次、49.0万人次，同比增长均超过了14%，尤其是菲律宾同比增幅高达50.1%.，东北亚的韩国来滇游客量达34.4万人次，同比增长12.6%；欧洲市场发展迅速，截至12月底，欧洲入滇游客达81.6万人次，增长17.3%，其中英国、德国、俄罗斯、意大利游客同比增幅均超过23%，其中法国游客最多，达15.9万人次，增长12.1%；美洲市场快速增长，全年累计接待美洲游客29.1万人次，同比增长19.4%，其中美国游客达19.0万人次，增长14.8%。大洋洲市场迅速增长，入滇游客达11.5万人次，同比增长21.6%，其中澳大利亚游客达8.9万人次，增长24.3%。

（四）中高收入人群成为全省旅游企业的市场主体

调查数据显示，2013年，到云南旅游的游客中企事业管理人员、专业/文教科技人员和服务销售人员占比在10%以上，分别为22%、15%和11%，占市场总量的48%，比2012年上升了1.11个百分点，工作稳定型和高收入型游客是推动云南省旅游市场增长的主要力量，中高收入人群仍是全省旅游企业市场主体。另外，调查数据显示，2013年，到云南旅游的游客中以25～44岁人群为主的中青年，占市场总量的57%，比2012年下降了9.9个百分点。与此同时15～24岁和45～64岁年龄段游客分别提升了4个百分点和5个百分点，由此可见，中青年市场有所下滑，但低高两个年龄段市场份额持续扩大。

三、2014年旅游企业发展环境分析

2014年，是贯彻落实党的十八届三中全会精神的开局之年，也是加快全省旅游产业跨越发展，建

设旅游强省的起步之年，特别是省委、省政府出台建设旅游强省的意见以后，各州市已经出台或正在研究制定贯彻落实旅游强省意见的一系列具体措施，十大历史文化旅游项目、昆玉红旅游产业经济带、旅游城市综合体等项目建设的持续推进，乡村旅游、文化旅游、红色旅游、自驾车旅游、房车旅游等新业态正在成为引领旅游消费增长的重要领域，有利于形成旅游产业多元发展、多极支撑的格局，为旅游企业争取更多的政策、资金、项目支持提供了机遇，云南旅游将迎来一个项目投资的高峰。

2014 年是机遇与挑战并存的一年。从经济走势看，世界经济仍处于危机后的恢复期，但总体态势趋于稳定，其中美国经济的稳步复苏和欧洲经济走出衰退，将增强全球经济的增长动力，国际货币基金组织预计 2014 年全球经济增长率将达到 4%。与此同时，作为全球第二大经济体的中国，2014 年经济增长预计达 7.6%，明年仍有望继续成为全球经济增长的核心力量。从宏观政策环境看，党的十八届三中全会，就全面深化改革、推动体制机制创新、结构调整和转型升级做出了新部署，尤其是按照积极培育消费新热点，推动居民消费升级的基本思路，以旅游为代表的第三产业及其企业实体将得到更多的关注和支持。此外，云南省委、省政府基于云南产业基础和资源实际，正式出台并实施《中共云南省委、云南省人民政府关于建设旅游强省的意见》，明确提出要以超常规的气魄，确立超常规的目标，明确超常规的思路，采用超常规的举措，采取超常规的手段，推动旅游产业跨越式发展，奋力追赶、适时超越，实现把云南建成旅游强省的目标，力争 2014 年接待海外旅游者 570 万人次，同比增长 6.8%，接待国内旅游者 2.69 亿人次，同比增长 12.2%，实现旅游业总收入 2600 亿元，增长 23.1%。同时《旅游法》的全面贯彻执行和《云南省旅游条例》的修订实施，进一步净化和规范全省旅游市场秩序和经营环境，为全省旅游企业提供了前所未有的发展机遇和政策保障，必将为旅游企业的发展创造更好良好的发展环境。综上所述，2014 年，国内外旅游市场仍将保持旺盛的需求，旅游企业将迎来一个新的黄金发展期。

（李向林）

甘肃省旅游企业发展综述

甘肃省旅游局

2013 年，全省旅游行业按照省委、省政府“科学发展、转型跨越、民族团结、富民兴陇”的总体部署，紧紧围绕华夏文明传承创新区和丝绸之路经济带战略平台，坚持把旅游工作融入全省经济社会发展大局，突出打造“精品丝路、绚丽甘肃”旅游品牌，创新思路，创新举措，推动产业加快发展，使全省旅游业呈现出活力迸发、快速增长的良好发展态势。截至 2013 年年底，全省共有星级饭店 366 家，其中五星级 4 家，四星级 57 家，三星级 185 家；A 级旅游景区 191 家，其中 5A 级 3 家，4A 级 51 家；旅行社 514 家，其中经营出境业务旅行社 31 家。

一、2013 年度甘肃省旅游企业总体发展情况

（一）旅游专业化管理水平明显提高

嘉峪关市、甘肃阳光大酒店全国标准化试点城市（单位）通过了国家旅游局中期评估验收，试点城市和单位在创建过程中制定和实施了一整套旅游目的地和企业管理的服务标准，有力提高了全省旅游城市和企业标准化管理的意识，大力促进了全行业旅游服务质量的提升；各级旅游主管部门会同质

监、宗教、工商等部门认真贯彻落实《燃香类产品安全通用技术条件》、《宗教活动场所和旅游场所燃香安全规范》、《燃香类产品有害物质测试方法》三项国家标准，确保全省宗教旅游场所燃香标准规范有序，未发生过以“烧高香”为名侵害旅游者合法权益的行为；根据省质监部门的规划，省旅游局积极对休闲旅游、特种旅游、工农业旅游等新业态服务质量地方和行业标准提出制定计划和标准的具体意见。

（二）旅游企业服务质量水平明显提高

2013年严格按规定条件审批旅行社，在兰州市试点开展旅行社质量等级划分评定工作，已评定21家旅行社为星级旅行社，其中五星级3家，四星级12家，三星级6家；各级旅游主管部门把旅行社应用团队服务管理系统作为监督旅行社服务质量，保障旅游者遭遇突发事件得到及时救助的重要措施，狠抓填报覆盖率，覆盖率已达到85%，环比增长在全国排位第一；星级饭店质量监管有效发挥专业化管理的作用，坚持采取现场检查与集中评审的方式对申报饭店进行评定；认真贯彻落实《导游人员管理条例》、《导游人员管理条例实施办法》的规定，切实规范导游人员执业行为，提高导游人员服务质量。

（三）旅游安全管理成效明显提升

配合景区主管部门、各相关主管部门检查旅游景区、星级饭店、旅游车船公司安全主体责任落实情况以及检查的内容、组织实施的方式、工作要求等；各级旅游行政主管部门组织开展了企业自查和隐患排查，全省旅行社、A级景区、星级饭店、旅游车船公司普遍制订了自查自纠工作方案并认真开展了自查工作，2013年全省旅游行业未发生旅游安全责任事故；深入开展了兰州至九寨沟道路交通安全专项检查，嘉峪关、酒泉、张掖、武威4市旅游企业消防安全专项检查等旅游安全专项检查治理工作；加强了“十一”黄金周旅游安全专项检查，强化目标管理的严格落实，加大隐患排查整改落实的力度，严厉打击旅游安全领域违法违规行为；严格落实旅游安全告知警示义务，为认真贯彻落实《旅游法》有关规定，2013年省旅游局根据汛期、季节、节假日、重大事件等因素，及时发布了8次旅游安全提示；督促各旅行社严格落实行前安全说明会，告知旅游期间的安全注意事项，在全省旅游客运车辆上投放游客旅游安全注意事项光盘2000个。协调推进了公路交通安全设施建设，2013年景区道路危险路段安装波形防护栏或防撞墙，道路安全标识基本得到落实，全省36家旅游运输企业、1230多辆旅游客运车辆全部安装了3G监控车载终端，设立了卫星监控平台，落实了24小时值守制度；强化旅游从业人员安全培训力度，通过各种有效的培训方式，旅游从业人员安全意识普遍增强，安全防范技能明显提高。

（四）旅游公共服务保障水平明显提高

积极协调保障了旅游交通运力需求，在旅游旺季期间开通兰州—敦煌旅游列车；建立旅行社团队客票专供审批机制，保障旅游团队火车票额的需要，开通兰州—台北、兰州—济州岛、兰州—首尔、兰州—泰国等旅游包机业务，重点旅游城市开通了主要旅游景区的专线旅游客运交通，成立公航旅旅游汽车运输公司，一次性投放高档旅游大客车38辆；在交通运输部门的大力支持下，全省主要公路干线、景区道路的旅游标识系统已比较完善，景区内的标识系统更趋规范，为广大旅游者提供了优质的导向服务；高速公路每100公里都设有服务设施，为旅游者提供卫生间、旅行用品、餐饮、加油、汽车维修等的综合服务；会同省发改委对全省景区门票价格进行深入调查研究，向各级政府提出稳定门票价格的建议，保持了全省景区门票价格的长期稳定；协调各有关部门促成了全省大部分城市公园、博物馆、纪念馆等休闲设施免费向大众开放，满足了广大公众旅游休闲的需求，缓解了长假期间重点旅游景区的载客压力。

二、各类企业发展状况

（一）全省星级饭店发展情况

2013年，全省旅游星级饭店牢固树立星级意识和品牌意识，认真贯彻落实《旅游饭店星级的划分与评定》（GB/T 14308—2012）国家标准，准确把握政策导向，积极应对市场变化，注重员工教育培训，努力提升服务质量，大力更新改造设备，全面加强安全管理，饭店必备项目、设施设备、运营质量保持了相应的星级标准，创造了良好的经济和社会效益，进一步提升了星级饭店的市场影响力和综合满意度。

截至2013年12月底，全省共有星级饭店366家，五星级4家，四星级57家，三星级185家，二星级109家，一星级11家，其中新评定31家（四星级3家，三星级16家，二星级12家），取消星级标志13家（四星级1家，二星级12家），较去年增加了18家，增长率5.17%。

为提升全省旅游接待的国际水平，各级旅游主管部门积极促进国内外知名酒店品牌落户甘肃。已达成协议的五星级酒店有美国万豪酒店集团与亚太集团在兰州新区建设的万豪国际大酒店，兰州友谊饭店与美国希尔顿集团在友谊饭店原址建设的希尔顿大酒店。正在建设中的五星级酒店有兰州万达国际酒店、敦煌华夏国际大酒店、龙行天下休闲度假城、富丽华国际大酒店。计划改造提升的五星级酒店的有兰州胜利宾馆、兰州东湖宾馆五星级酒店。按五星级标准建设开业的英国洲际集团的兰州皇冠假日酒店运营情况良好。

（二）全省旅行社业发展情况

2013年，全省旅行社积极适应旅游市场快速发展的需要，认真贯彻落实《旅游法》、《旅行社条例》，旅游产品不断创新，服务质量不断提升，管理水平不断提高，经济和社会效益明显增强，市场影响力和综合满意度明显提高。

截至2013年年底，全省旅行社总数514家，新批旅行社28家、注销旅行社13家、总数较去年增加31家，增长率6.4%。增长率较高的地区依次为兰州市、张掖市、临夏州、天水市、酒泉市、武威市、庆阳市、嘉峪关市、定西市、陇南市、金昌市、白银市、甘南州、陇南市。

全省旅行社按地区分布划分，兰州市226家，酒泉市86家，平凉市30家、庆阳市31家、张掖市27家、武威市21家、天水市24家、嘉峪关市14家、定西市15家、临夏州12家、金昌市9家、白银市8家、甘南州6家、陇南市5家。

经营出境业务旅行社情况：截至2013年年底，经国家旅游局批准设立的经营出境业务旅行社31家，其中2013年度新批准15家，增长率93.7%。按地区分布划分，兰州市26家、张掖市1家、嘉峪关市1家、临夏1家、金昌1家、酒泉1家。赴台游组团社3家，3家均在兰州市。

（三）全省A级景区发展情况

截至2013年12月31日，全省共有A级旅游景区191家，其中5A级3家，4A级51家，3A级58家，2A级77家、1A级2家。

2013年新评定和晋级A级旅游景区20家，其中4A级10家，3A级8家，2A级2家。10家4A级景区为：酒泉玉门市赤金峡风景区、酒泉富康梦天堂景区、甘谷大象山、武山水帘洞景区、张掖丹霞地质公园、张掖市山丹县大佛寺景区、张掖市高台西路军纪念馆、肃南裕固风情走廊、康乐莲花山和政古动物化石博物馆；8家3A级景区为：秦安县凤山景区、张掖市民乐扁都口景区、张掖市民乐圣天寺旅游景区、张掖市临泽香姑寺景区、张掖市临泽梨园口战役纪念馆、宁县古豳文化旅游区、正宁县调令关森林公园、敦煌雷音寺景区；2家2A级景区为：宁县桂花园森林公园、临夏县关滩沟。

为大力推进“3341”项目工程和华夏文明传承创新区建设，省旅游产业发展领导小组在张掖市召开了全省旅游大景区建设现场会，现场观摩学习张掖市旅游项目建设、大景区建设经验。在景区等级质量提升方面，对鸣沙山月牙泉创建国家5A级旅游景区进行了初评现场指导。配合国家景评委对甘肃省推荐申报4A级景区的9家景区进行了终评现场检查。其中4家已获国家景评委批准公告。对市州推荐评定的7家4A，4家3A级景区了现场检查指导和初评。继续抓好“年接待游客过百万人次景区创建”工作。督促指导2012年循环型绿色旅游示范基地创建工作进展情况，根据已颁布的生态旅游示范区国家标准和《生态旅游示范区管理办法》，会同省环保厅向国家旅游局、环保部推荐上报甘南州当周草原和兰州市兴隆两家“国家生态旅游示范区”。

2013年11月，国家旅游局、国家中医药管理局批复甘肃省陇东南地区（包括庆阳、平凉、天水、定西、陇南五市）为国家中医药养生保健旅游创新区。省旅游局协同有关部门制定《甘肃省中医药养生保健旅游示范区创建工作实施方案》，将力争通过三年时间，初步打造并形成一批功能齐全、地域特色明显地集中医康复医疗、养生保健、休闲旅游为一体的中医养生旅游产业体系。

2013年，全省“百万人次以上景区”达到14个，其中，永靖黄河三峡、平凉崆峒山2个景区首次超过200万人次。与2012年相比，新增4家百万人次景区，即兰州水车博览园、张掖焉支山—山丹马场景区、张掖中华裕固风情走廊和酒泉西汉胜迹。受岷县漳县地震影响，2012年成功创建的百万人次景区贵清山遮阳山在2013年退出百万人次序列。

三、2014年度旅游行业发展方向

（一）大力规范旅游市场秩序

紧紧围绕深入贯彻落实《旅游法》，以《关于建立旅游市场（安全）综合监管机制的意见》为指导，建立旅游市场综合监管机制，形成行政执法合力，有力规范旅游市场秩序；全省旅行社统一启用国家工商总局、国家旅游局根据《旅游法》修订的出境、入境、境内旅游合同示范文本；针对旅游市场存在的违法违规行为，开展合同、广告、价格等旅游执法专项行动，严厉查处违法经营行为，切实净化旅游市场，维护旅游者和经营者的合法权益。

（二）大力提升旅游服务质量

继续在兰州市开展旅行社质量等级评定试点工作，鼓励旅行社积极申请评定，以试点工作推动旅行社质量的逐步提升；认真落实《旅游法》规定，全面完成专职导游和旅行社签订劳动合同，为旅行社正式员工、社会导游在行业组织注册工作，进一步完善导游年审制度，以更加简化、便捷的年审方式，促进以年审措施提高导游人员服务技能的目的；严格规范领队人员管理，落实《旅游法》规定的申请领队人员资格；在巩固和完善星级饭店年度、三年期评定性复核的基础上，加大暗访的力度，强化限期整改、取消星级标志的措施，促进星级饭店服务质量全面提升；在景区醒目位置公示门票价格，公布核定最大承载量，制订实施旅游者流量控制方案；道路旅游客运经营者在车辆显著位置明示道路旅游客运专用标志，在车厢内显著位置公示经营者和驾驶人信息、道路运输管理机构监督电话等事项；充分发挥旅游市场综合监管机制的作用，联合有关部门加强监督检查，切实保障为旅游者提供交通、住宿、餐饮、娱乐服务经营者符合法律法规规定的要求，履行合同约定义务。

（三）大力推进标准化专业化管理水平

积极申请第三批全国标准化试点，争取1～2个城市、1～2个企业加入创建行列，以标准化试点带动全省旅游专业化管理水平提升；继续推进落实宗教、旅游场所规范燃香工作；2014年将重点推进实施《旅游景区讲解规范》、《城市旅游集散中心等级划分与评定》、《旅游饭店节能减排指引》、《温泉企业服务质量划分与评定》等标准宣贯工作；在复核、考核等工作中积极引导、鼓励企业研究制定服务标准、对上升为行业、地方标准的予以通报表扬。

（四）大力落实旅游安全监管责任

配合景区主管部门、相关部门完成对景区、星级饭店、旅游车船公司消防、食品卫生、道路交通等安全责任书的签订；继续在重点旅游季节、节假日、极端气候、自然灾害发生后发布旅游安全预警和安全提示；落实在旅游客运车辆上投放《游客安全乘车温馨提示》光盘，游客填写《游客安全保障卡》工作；督促旅游经营者事先向旅游者作出安全说明或警示；根据《旅游法》规定，协调有关部门监督住宿、交通、高空、高速、水上、潜水、探险等高风险旅游项目取得经营许可，实施责任保险。

（五）大力开展行业精神文明建设

在全省旅行社营业场地、服务网点、分社悬挂《中国公民国内旅游文明公约》、《中国公民出国（境）旅游文明指南》，在旅游客运车辆上投放《公约》、《指南》光盘、折页。组织旅行社员工向游客发送《文明旅游出行指南手册》、《文明旅游理性消费》折页，《大陆居民赴台旅游出行手册》，提高旅游从业人员文明旅游意识，引导和培育游客文明旅游出行的意识；在旅游行业积极开展创建全国、全省“青年文明号”创建活动，促进行业精神文明建设取得新的成效；组织旅游企业开展系列宣传活动，对重大案例进行披露曝光；联合有关部门开展专项检查，打击恶性价格竞争、黑车黑导、欺客宰客、强迫或变相强迫游客等违法违规行为。

（张　萌）

青海省旅游企业发展综述

青海省旅游局

2013 年，面对复杂多变的国内外经济环境，青海省旅游行业认真贯彻省委、省政府的决策部署，紧扣“旅游消费和服务质量提升年”的主题，有效应对各种矛盾和挑战，扎实开展旅游“双提升”活动，在集团消费下降、旅游消费预期减弱等不利因素增多的情况下，深入开展市场调研，冷静分析、科学研判，沉着应对、深入谋划，因势利导，积极引导旅游企业转变经营方式，推出适应市场需求、适合老百姓消费的大众产品，实现了旅游业持续健康快速发展。

一、青海省旅游企业发展现状

2013 年，青海省累计接待国内游客 1775.78 万人次，同比增长 12.6%，完成年计划 103%；国内旅游收入达到 157.34 亿元，同比增长 28.8%，完成年计划的 107%；接待入境游客为 46548 人次，同比下降 15.%，完成年计划 93%；旅游外汇收入 1941.73 万美元，同比下降 20.1%，完成年计划 74%；实现旅游总收入 158.54 亿元，同比增长 28.1%，完成计划的 107%。

截至 2013 年 12 月底，全省共有 A 级旅游景区 79 个，其中 5A 级旅游景区 2 个，4A 级旅游景区 17 个，3A 级旅游景区 55 个，2A 级旅游景区 5 个。共有旅行社 245 家，其中出境游组团社 14 家，台湾游组团社 3 家，持证导游 6086 人。共有星级饭店 164 家，其中五星级饭店 2 家，四星级饭店 23 家，三星级饭店 84 家。共有全国休闲农业与乡村旅游示范县 3 家、全国休闲农业与乡村旅游示范点 9 家。全省现有“农（牧）家乐”2605 家，乡村旅游收入达 3 亿元，直接就业人数 2.2 万人。

（一）项目建设加快推进

2013 年，全省旅游总投资 65 亿元，同比增长 18.9%；累计到位资金 25.7 亿元，同比增长 17%。新续建宾馆 39 个，总投资达 20.7 亿元，其中按五星级标准建设的 6 个，四星级 14 个。继续大力实施“厕所革命”。2013 年在全省公路交通干线、重点景区和星级乡村旅游点新建旅游厕所 103 座。目前，全省共建成旅游厕所 254 座。加大招商引资力度，“青洽会”签约旅游投资项目 4 个，总资金 19.6 亿元。

（二）产品品质不断提升

2013 年，新认定全国休闲农业与乡村旅游示范县 1 家、全国休闲农业与乡村旅游示范点 2 家。同时，全省建立 10 个乡村旅游示范村，新评定三星级“农家乐”62 家，四星级 84 家。新评定 23 个乡村旅游接待点升级示范点，全省形成了以乡村旅游为平台，休闲农业、餐饮住宿及其配套业协同发展的产业链。

（三）旅游业态更加丰富

积极推进贵德、互助创建国家旅游度假区。2013 年，大通县休闲度假旅游产品日趋丰富，旅游形象日益鲜明，旅游功能不断完善，被评为省级旅游度假区。截至目前，全省共有贵德、互助、循化、大通 4 家省级旅游度假区。

（四）管理机制完善创新

建立完善退出机制和社会监督体系，以 A 级景区、星级饭店复核、旅行社检查为抓手，加强对旅游企业的明察暗访。2013 年，青海省共受理旅游投诉 94 起，其中，宾馆 6 起，旅行社 58 起，导游 9 起，景区 18 起，其他 3 起；调解成功率为 100%，为游客挽回直接经济损失 41386 元，无一例引起复议、诉讼，将因旅游纠纷引起的上访消除在萌芽状态，维护社会稳定。部署开展以“讲诚信、促发展”为主题的旅游市场大检查；制定《关于加强旅游服务广告市场管理的通知》，强化属地监管职责，加大“联合告诫”、“联合公示”、“联合检查”、“联合督查”力度。

（五）旅游商品开发增强

围绕“全省旅游消费和服务提升年”主题，在扩大和提升旅游消费上下功夫，开展“大美青海”旅游消费季活动，8月，编制《大美青海特色旅游产品消费指南》，推出旅游必购商品。在2013年已挂牌的104家特色旅游商品展销店中，旅游商品销售额比2012年同期增长33.07%，销售额达到11.3亿元，对旅游消费的拉动力增强。

二、开展的主要工作

（一）抓好服务质量，以质量促效益

质量理念是星级饭店的立业之本，把全面提升服务质量作为饭店行业的中心工作来抓，不断创新工作思路和手段。当前，各地区宾馆饭店如雨后春笋般发展，饭店产品日益丰富，市场竞争更加激烈，饭店已从产品竞争进入到服务竞争时代，服务质量决定产品的生命力和竞争力，服务质量反映一个企业的软实力，只有不断提高服务质量，才能在激烈的市场竞争中站稳脚跟，发展壮大。只有把思想和行动统一起来，牢固树立游客至上的观念，把最大限度地满足人民群众的食宿需求作为首要目标，把维护广大游客合法权益作为第一职责，以游客满意度来衡量和检验各项工作的成效。

（二）加强旅游星级饭店行业诚信建设

全省各旅游星级饭店通过完善诚信制度，引导游客理性消费。实行服务质量公示制度，把诚信建设作为一个企业生存和发展的大事来抓。一是认真开展岗位培训，提高管理水平和服务技能。组织饭店全体员工，特别是一线员工，认真学习《旅游饭店星级的划分与评定》标准和《星级饭店访查规范》，让每个员工熟知本岗位的服务流程、业务知识和职业技能，增强细处见精，微处见大，精益求精的意识。二是在星级饭店开展“三查”“三看”，实现“三个目标”活动。即查管理，看是否规范、科学；查经营，看是否合法、正规；查服务，看是否细微用心。经过查摆，找准问题，通过准确的市场定位和灵活多样的经营手段，参与市场公平竞争，实现经营放心的目标；通过对服务细节的关注与深化，实行人性化、特色化、亲情化服务，达到服务称心的目标。三是严格执行合同，确保诚信经营。杜绝在经营中出现不按合同办事、临时涨价、超房量预订、单方面终止合同等不诚信，严重干扰旅游市场秩序，破坏旅游星级饭店形象的行为。

（三）积极开展“创建绿色饭店”工作

各旅游星级饭店根据《绿色旅游饭店》标准，加强对“创绿”的认识，推进创建绿色饭店工作。积极开展绿色管理，提供绿色服务，增强绿色环保意识，把可持续发展的理念贯穿在经营管理的始终，把环境保护作为企业应尽的社会责任，制定企业环境管理目标 。加大对节能技术改造和环保设施的资金投入力度，提高饭店从业人员的环保意识，在提供优质服务的同时开展绿色行动，有效地落实各项节能减排措施，节约每一滴水、每一度电；积极采用绿色用品，提供绿色产品，推广绿色服务，引导宾客参与。

（四）乡村旅游建设如火如荼

按照《乡村旅游服务质量等级与评定》地方标准，实现乡村旅游标准化管理。建立了全省休闲农业与乡村旅游接待点网上联盟，涌现出一批乡村旅游示范典型。2013年，新认定全国休闲农业与乡村旅游示范县1家、全国休闲农业与乡村旅游示范点2家。目前，全省共有全国休闲农业与乡村旅游示范县3家、全国休闲农业与乡村旅游示范点9家。同时，2013年在全省建立10个乡村旅游示范村，新评定三星级“农家乐”62家，四星级84家。新评定23个乡村旅游接待点升级示范点。全省形成了以乡村旅游为平台，休闲农业、餐饮住宿及其配套业协同发展的产业链。目前，全省现有“农（牧）家乐”2605家，乡村旅游收入达3亿元，直接就业人数2.2万人。

1. 为进一步加强乡村旅游建设，规范乡村旅游点的服务管理，提高乡村旅游点的服务质量，为游客提供特色多样、方便舒适和快捷高效的旅游享受和旅游服务，结合青海省各地开展乡村旅游的实

际，省旅游局协调青海省质量技术监督局出台《乡村旅游质量等级划分与评定》地方标准，对全省乡村旅游点的硬件设施、安全措施和服务质量等方面作出了具体规定并提出了基本要求，实现了乡村旅游的标准化管理。

2. 为进一步加快培育生态环境优、产业优势大、发展势头好、示范带动能力强的省级休闲农业与乡村旅游示范县和示范点，引领全省休闲农业与乡村旅游持续健康发展，促进社会主义新农村新牧区建设和农牧民就业增收，结合青海省实际，省旅游局会同省农牧厅制定《青海省休闲农业与乡村旅游示范县和示范点创建活动管理办法（试行）》，通过示范县和示范点的创建，全省涌现出一批乡村旅游示范典型，进一步提高各地创建工作的积极性和主动性，推动全省乡村旅游创建工作的有序开展。

3. 建立乡村旅游统计制度，将乡村旅游（包括投资、营业收入、利润、就业等指标）纳入全省旅游统计范畴，建立全省乡村旅游统计年报制度和全省乡村旅游基础数据库。为进一步掌握全省乡村旅游基本情况和发展状况奠定了坚实的基础。

三、下一年度发展目标

围绕加快转变旅游业发展方式，促进旅游产品转型和结构调整，着力在加快推进旅游项目建设、深入打造“大美青海”品牌、努力提升旅游服务质量上下功夫，努力推动全省旅游业持续快速发展。

（一）推动项目建设新突破

扎实推进旅游倍增计划，积极推动协调国家旅游局对贵德、互助县创建国家级旅游休闲度假区的指导、评定，建成大通、民和省级旅游度假区。加快西宁市、海东市、海北州启动藏医药博物馆群、互助土族故土园、金银滩—原子城等 5A 级景区创建进度。加快果洛年保玉则、门源百里花海、祁连风光旅游带、龙羊宁静小镇等项目建设。继续加快文化旅游融合发展，做好非物质文化遗产和演艺节目进景区工作。加大招商引资力度，吸引战略投资者、对口支援省市进入青海省旅游投资领域。

（二）加快乡村旅游建设

把乡村旅游与生态文明建设结合起来，打响生态文明牌、青山绿水牌、蓝天白云牌等乡村旅游品牌，加大西宁城北区陶北村、门源东旭村、贵德松巴村、循化三兰巴海村、互助县威远镇小庄村、尖扎直岗拉卡村、大通县康乐村等 10 个省级乡村旅游示范村建设，推动美丽乡村建设。

（三）推进旅游社和星级饭店建设

积极引导社会宾馆加入星级饭店行列，做好新建宾馆的前期指导，努力实现旅游星级饭店倍增计划。根据 2013 年度旅行社综合经营业绩，做好前 10 名单位的排序工作。做好引进百强旅行社进驻青海工作，实现强强联合，促进旅行社业做大做强。积极引导旅游商品企业研发、生产具有青海省特色的旅游商品，不断提高旅游购物在旅游消费中的比重。

（青海省旅游局法规处）

宁夏回族自治区旅游企业发展综述

宁夏回族自治区旅游局

一、2013 年度宁夏旅游企业总体发展情况

2013 年，宁夏回族自治区党委办公厅、政府办公厅出台了《贯彻落实〈自治区党委 政府关于做强做大文化旅游产业的决定〉的实施意见》，对《自治区党委 政府关于做强做大文化旅游产业的决定》进行了细化分工，进一步加大了对旅游企业的支持力度，对旅游星级饭店用水、用电、用气价格、旅行社参与政府采购和服务外包、旅游企业享受财政促进服务业发展专项资金等方面做出了具体明确的规定。依托优惠政策，宁夏旅游局加大对区内旅游企业的指导服务，积极推进项目建设，使旅游企业在数量、质量和规模上均有了明显突破。

截至 2013 年年底，宁夏回族自治区 A 级景区达到 36 家，其中 5A 级 3 家、4A 级 12 家、3A 级 13 家、2A 级 8 家，银川市 4A 级及以上景区完成中、英、阿、韩多种文字指示牌系统建设；全区星级饭店增至 102 家，其中五星级 1 家、四星级 32 家、三星级 59 家、二星级 10 家；旅行社达到 117 家，其中出境组团社增至 16 家，4 家旅行社进入赴台旅游市场。4A 级以上景区、四星级以上旅游饭店、国际旅行社创建文明单位均达到 100%。宁夏旅游系统连续两届被授予全区文明行业，成为全国省级旅游系统首家成功创建文明行业的典范。

2013 年，面对复杂多变的国内外经济形势，宁夏回族自治区旅游局在国内外打响了“塞上江南·神奇宁夏”旅游品牌。接待国内游客 1534 万人次，同比增长 14.57%；实现国内旅游收入 127 亿元，同比增长 23.13%；接待入境游客 2.54 万人次，实现旅游外汇收入 1208 万美元，同比分别增长 33.5% 和 121.67%，超额完成了预期目标。连续 10 年宁夏接待游客人数保持了年均 100 万人次的高速增长。

（一）全区旅游企业投资情况

2013 年，宁夏回族自治区共完成旅游业投资 67.9 亿元，同比增长 22.25%。其中，旅游饭店建设投资 31.7 亿元，占总投资的 46.7%；景区及外部道路基础设施建设投资 20 亿元，占总投资的 29.45%。随着《自治区党委、政府关于做强做大文化旅游产业的决定》及其《实施意见》的出台，旅游产业地位大幅度提升，政府投资大幅增长，民间资本进入旅游业的热情也急速高涨。

（二）旅游企业收益情况

根据行业财务信息系统 2013 年度填报情况分析，宁夏回族自治区旅游企业 2013 年度净资产收益率为 1.9%，比 2012 年度全区旅游企业净资产收益率 4.91% 低 3.01 个百分点。其中，旅行社净资产收益率为 8.86%，饭店净资产收益率 -27.28%，旅游景区 8.03%，其他旅游企业 6.45%。宁夏回族自治区旅游企业的流动资产周转率、存货周转率、应收账款周转率均良好，且较上年有所上升，说明宁夏回族自治区旅游企业资产营运状况相对较快，但净资产收益率与总资产报酬率两个指标的下降说明宁夏回族自治区旅游企业的整体盈利水平相较前年有所下降，其中旅游饭店的盈利能力下滑较为严重，这与整个大环境及国家的经济转型升级政策都有较大的关系。

（三）旅游企业就业情况

2013 年，为进一步提升现有从业人员综合素质，解决高端人才流失率高的问题，宁夏回族自治区旅游局以诚信建设为抓手，引导全区旅游行业努力践行社会主义核心价值体系，开展了旅游职业道

德教育，提高了从业者的职业道德意识和职业技能，坚定了职业理想，强化了职业纪律，增强了职业责任感和荣誉感。

（四）旅游企业规范情况

2013 年，宁夏回族自治区以企业标准化建设和星级评定为抓手，推动服务质量提升；以推广应用旅游团队服务管理系统为抓手，强化动态监管，促进诚信建设；以日常执法监督和专项治理相结合的方式，突出依法治旅，治理重点领域突出问题；以明确行政处罚、简化行政审批为抓手，加大对企业服务力度，企业科学化、规范化、流程化、品牌化程度大幅提升。

二、全区旅游企业细分情况

（一）旅游景区

2013 年，须弥山景区与中华黄河坛·青铜峡黄河大峡谷景区成功创建国家 4A 级景区，全区 A 级景区达到 36 家。沙坡头旅游区和镇北堡西部影城在智慧旅游方面率先迈出了一步，游客可通过二维码扫描和安卓、苹果商店下载安装 APP 客户端后，查询景区动态、精品线路、美食主场、景区交通、地图导航、节庆活动、旅游购物、旅游功略、留言反馈、活动专区等服务信息，享受全新的旅游乐趣。

但宁夏回族自治区旅游企业存在大而不强的问题，目前宁夏回族自治区还没有一家上市旅游企业和收入超 10 亿元的旅游企业，2013 年中国旅游企业集团前 20 强宁夏没有 1 家。景区资源多头管理问题还很突出，区内大部分旅游企业归属于不同行政单位，如沙湖景区隶属自治区农垦局，西夏陵和贺兰山岩画隶属银川市，苏峪口森林公园和六盘山森林公园以及自然保护区隶属自治区林业局，中华黄河圣坛隶属自治区财政厅，寺院道观隶属宗教部门等。旅游资源管理中的部门分割、条块分割、区域分割、所有权分割的现象比较严重。尤其在资源保护与旅游开发方面矛盾突出，难于形成统一领导、统一规划、统一开发的合力，致使旅游资源的统筹开发和旅游产品的整体设计难以进行，特别是一些旅游拳头产品长期处于少投入、粗包装、小规模的初级阶段，缺乏发展活力和整体竞争力。

（二）旅行社

2013 年，全区星级旅行社总数达到 23 家，其中，五星级旅行社 5 家，四星级旅行社 7 家，三星级旅行社 11 家。

旅行社全年接待来宁游客 430976 人次，组织公民自费出游 197352 人次，其中出境 57152 人次，比上年增长 15.93%。其中，出国游 35275 人次，占 61.7%，港澳台游 21873 人次，占 38.3%。出境人次列在前十位的地区和国家分别是泰国、中国台湾、中国香港、中国澳门、马来西亚、新加坡、韩国、法国、意大利、澳大利亚等。组织入境旅游 15521 人次。经营额过千万的旅行社只有 12 家。

导游员达到 3107 人，但存在学历分布不均衡，高学历导游兼职多，专职导游学历层次低，中高级导游少且缺乏提高动力，外语导游较少，小语种导游急缺等问题。

（三）旅游饭店

2013 年，全区旅游星级饭店资产总额达到 36.66 亿元，同比增长 30.76%；营业收入 10.67 亿元，同比增长 -3.47%。全区豪华型旅游星级饭店达到 33 家，经济型旅游星级饭店达到 69 家，豪华型饭店可一次接待 7000 人以上规模的高端游客，高端游客接待能力显著提高。

全国知名大型连锁经济酒店入驻宁夏市场数量不多，星级饭店主要集中在银川地区，地区发展不平衡。

（四）农家乐

据不完全统计，全区有 230 个村庄开展乡村旅游，“农家乐”超过 300 家，截至目前，经自治区旅游局评定的三星级以上农家乐 88 家。2013 年，全区“农家乐”共接待游客 283.76 万人次，实现收入 2.89 亿元。宁夏回族自治区农家乐已经成为市民重要的旅游休闲方式，逐步成为假日旅游的消费热点，同时是推动农村产业结构调整、促进农民就业和增收致富的重要渠道。

（五）旅游商品生产企业和购物店

宁夏回族自治区现有百瑞源中国枸杞馆、塞上江南枸杞观光园两家产销一体的旅游商品企业及旅游景区，这两家企业分别为3A级景区及2A级景区，其余为规模不大的旅游商品购物店。就旅游商品种类来说，枸杞是游客最感兴趣的旅游商品，游客在宁夏回族自治区购买枸杞的占50.8%，购买纪念品和手工艺品的占46.1%，购买其他商品的占39.7%，购买枸杞茶叶和食品的占35.0%，购买中药材和保健品的占34.8%，购买丝绸服装和棉毛织品的占21.3%，购买酒类和香烟的占20.4%。

（六）旅游汽车公司

宁夏回族自治区现有注册旅游汽车公司6家，旅游车辆584辆，汽车驾驶员685人。旅游运输仅为大型运输公司业务的一个分支，旅行社自营汽车公司的仅有宁夏中国国际旅行社一家。

三、2014年发展分析及市场预测

（一）2014年市场形势分析

2013年，是宁夏回族自治区实施旅游兴区富民战略承前启后的关键一年，也是宁夏回族自治区旅游业的黄金发展期和转型升级期。中央和自治区出台了一系列关于文化旅游方面的决定和实施意见，自治区党委、政府组织召开了全区旅游产业发展大会，研究部署了今后一个时期宁夏回族自治区旅游产业发展的重大任务，为进一步形成旅游产业大发展、快发展的格局，做强做大旅游产业营造了良好氛围。宁夏回族自治区旅游企业也将紧紧围绕建设和谐富裕新宁夏的中心任务，实现新的跨越。

——新一轮西部大开发和国内旅游消费重心的持续西移，将为推进宁夏旅游企业与央企及各地大型企业的交流合作提供新的契机。未来会有更多诸如港中旅这样的知名企业参与到宁夏旅游产业的发展中来，为宁夏优化要素配置，建立现代产业体系注入新鲜血液。

——旅游业战略性支柱产业地位的确立为宁夏旅游企业做大做强带来产业机遇。《自治区党委、政府关于做强做大文化旅游产业的决定》，明确提出把旅游建设成为宁夏重要支柱产业和新的经济增长点，把发展旅游业纳入了国民经济和社会发展五年规划，将加快发展文化旅游业作为促进发展方式转变、推进经济结构调整的重要措施，强调旅游业对经济社会发展的积极作用。各级政府对旅游产业地位的清晰界定和高度重视，必将自上而下为宁夏建设国际旅游目的地提供思想上的统一，为宁夏旅游企业的做大做强带来产业机遇。

——“两区”建设激发宁夏民间资本投资旅游产业的热情。2012年9月，国务院正式批复设立“宁夏内陆开放型经济试验区”和“银川综合保税区”，这是从国家层面落实向西开放战略的具体部署，为此匹配了包括财税、金融、土地等在内的相关政策，自治区也适时出台了系列对接政策，金融机构出台了服务“两区”建设的优惠政策。试点春风、政策利好、融资渠道拓宽等多种有利因素将进一步激发民间投资热情。

——国际穆斯林旅游市场的蓬勃发展将对旅游企业的运营产生导向性作用。全球信奉伊斯兰教的穆斯林人口超过16亿，已经形成一个价值超过6000亿美元的穆斯林旅游市场。作为全国唯一的省级回族自治区，宁夏回族自治区将致力于培育兼具中国特色和穆斯林风情的国际旅游产品体系，全力塑造“具有中国特色的穆斯林国际旅游目的地”品牌旅游形象，同时支持阿拉伯国家及世界穆斯林地区旅游企业在宁夏设立旅游和商务服务机构。在星级酒店建设方面，将充分借鉴国际标准体系，牵头组织编制包括餐饮、饭店、基础设施、服务设施、服务流程等在内的清真认证标准体系，在现有的主要星级饭店设置阿文标识，完善礼拜毯等相关设施，方便穆斯林游客生活需要，强化宁夏伊斯兰旅游在国内的主导地位。

（二）市场预测

2013年是“八项规定”初显成效之年，也是《旅游法》重拳出击整顿市场的起始之年，受政策和市场变化影响，宁夏回族自治区旅行社的游客接待量和旅游饭店入住率均有较大波动，旅行社方面主要是国内组团游客减少，饭店方面主要是会务、餐饮收入减少，有的高星级饭店餐饮收入减少近三成以上。下半年，旅行社和旅游饭店将转变经营思路，努力深挖内部资源潜力、节约运行成本，开展服务质量提升行动，加大多元化营销的力度，积极探索大众化消费、特色经营的经营方式。进入第二季度，宁夏旅游旺季的到来，游客接待量、星级饭店入住率和各企业经营状况会有所好转。

除政策原因外，旅行社接待量的减少更大部分源于游客出游方式的选择，随着宁夏回族自治区交通条件的改善和景区基础设施的完善，大部分人倾向于自驾游、自助游，因此景区游客接待量截至目前平稳增长，下半年将继续保持增长势头。

2015 年旅游数据预测：依托“两区”建设，以旅游品牌形象宣传、旅游产品推广、旅游氛围营造为重点，突出重点地区大投入、巩固周边增效益、立足当地聚人气，突显宁夏向西开放的桥头堡形象，确保完成接待国内外游客 1650 万人次，实现旅游业总收入 140 亿元的全年预期目标，实现旅游人数和收入保持 20% 的增长，努力将宁夏打造成特色鲜明的国际旅游目的地。

2014 年旅游数据预测：2015 年旅游投资趋势预测：2014 年宁夏回族自治区旅游业投资规模总量预测为 106.6 亿元，同比增长 57%。随着宁夏旅游发展集团的组建，将加强宁夏回族自治区旅游产业吸纳社会资本投资旅游产业的热情，并为企业融资提供优秀的平台。

（陈　岩）

新疆维吾尔自治区旅游企业发展综述

新疆维吾尔自治区旅游局

2013 年，是新疆旅游深化改革、务实进取的一年，是新疆旅游产业发展史上重要的一年。全区旅游行业在自治区党委、政府的正确领导下，以建设旅游千亿产业为目标，全面深化旅游产业改革创新，有效应对各种不利因素挑战，创造性实施一揽子推动旅游业恢复发展的新举措，实现了旅游业持续健康较快发展。全区实现旅游总收入 673.24 亿元，接待国内外游客 5205.59 万人次，同比分别增长 16.88% 和 7.09%。人均花费 1262.64 元，新增旅游直接就业 2 万多人。圆满完成了全年目标任务。

一、2013 年度新疆旅游企业基本情况

（一）标准化工作全面推进

为深入贯彻落实国家旅游局关于全面推进旅游标准化试点工作的总体部署，进一步推动旅游标准化试点工作的深入开展，2013 年，在自治区党委、政府领导的关心支持下，自治区旅游局继续推进旅游标准化建设，提高旅游服务质量，增强旅游产业素质和国际竞争力。2013 年 10 月，自治区克拉玛依市完成了全国旅游标准化试点城市终期验收，丝绸之路国际旅游滑雪场完成了全国旅游标准化试点企业的复验工作。

（二）旅游市场整治力度进一步加大

2013 年，自治区旅游局加强《旅游法》宣贯工作，以标准化建设为引领，在全区旅游行业强力开展了旅行社、旅游景区、星级饭店旅游服务质量提升专项整治行动，重拳整治旅游市场秩序，对全区 318 家旅行社进行了全面复核检查，吊销旅行社资质 21 家，取消旅行社分社 13 家，限期整改 40 家。对全区 119 家景区进行了全面复核检查，取消家 A 级景区资质景区 5 家，签发限期整改通知书 34 家，签发警告通知书的 11 家，降低等级 2 家。对全区 348 家星级饭店进行了全面复核检查，取消星级饭店资质 15 家，限期整改 67 家，降低等级 1 家，建立健全饭店星级、景区质量等级、旅行社资质的退出机制。全年共受理旅游投诉 565 起，与上年同比下降了 14.52%，投诉处理满意率达到 96%。应用国家旅游局旅游质监与投诉管理系统，处理投诉案件数量居全国第二位。

（三）旅游产业化发展和市场推广工作迈上新台阶

一是抓旅游商品开发和体系建设。打造“新疆礼物”旅游商品品牌，举办了第二届中国新疆国际旅游商品博览会，评选公布首批“新疆礼物”品牌旅游商品179种。创造条件组建“新疆礼物”运营公司，4家“新疆礼物”旗舰店和形象店正式挂牌运行。二是放大旅游援疆优势。赴19个援疆省市开展“感恩之旅”活动，组织实施中国百强旅行社和新疆百家旅行社“1+1结对子”活动，建立新型合作关系，争取各省市对新疆旅游产业更大的支持，推动了旅游援疆工作由客源援疆向产业援疆的转型。推出向各援疆省市赠送2000万元新疆旅游卡促销活动，有效拓展国内旅游客源市场。

（四）加快旅游信息化建设

积极推动和强化旅游全行业信息化服务和管理，推出新疆旅游卡，大力推广12301旅游公益服务热线，加快建设新疆旅游电子商务网，启动运行“一诚通”旅游行管平台建设，全区323家旅行社33975个团队利用平台执行团队运行。推动支持“智慧旅游”体系建设，建设以旅游“云支付”为核心电子商务平台，具有在线咨询、浏览、预订、支付等产业功能的智慧旅游体系初具雏形。

（五）创新开展淡季旅游活动，推动冬季旅游多样化发展

自治区旅游局落实专项资金，研究制定促进淡季旅游发展的政策措施，最大限度发挥补贴资金撬动市场的作用。制定《2013年新疆旅游奖励暂行办法》，对积极组织客源赴疆旅游的旅行社实施奖励，对大型活动承办企业最终组团报价30%的补贴规定，对全区范围内旅行社执行旅游组织（外联）或接待人数按20元/人标准进行奖励的规定，有效调动旅游企业市场积极性。活动期间，共计对323家旅行社兑现奖励97866人次，奖励资金298.65万元。

二、各类企业发展状况

（一）全区星级饭店发展情况

截至2013年年底，全区共有星级饭店417家，其中五星级16家，四星级55家，三星级249家，二星级91家，一星级6家。

（二）全区旅行社发展情况

截至2013年年底，全区旅行社总数321家，经国家旅游局批准设立的经营出境业务旅行社24家（其中赴台游组团社5家）。全年审核新申报旅行社48家、批复新批旅行社48家，办理审核旅行社经营许可证48份，向国家旅游局申报经营出境业务旅行社9家，批复办理手续1家。

（三）全区国家A级旅游景区发展情况

截至2013年年底，全区共有国家A级旅游景区251家，其中5A级景区7家、4A级景区43家、3A级景区85家、2A级景区101家、1A级景区15家。

三、企业发展能力状况主要指标

在2013年度新疆旅游行业财务信息汇编工作中，成功上报财务信息的旅游单位共484家，其中事业单位26家，民间非营利性组织1家，旅游企业441家。旅游企业中，旅行社136家，占30.84%；旅游饭店240家，占54.42%；旅游集团1家，占0.23%；旅游景区77家，占17.46%；其他旅游企业14家，占31.75%。

——按企业类型划分，旅行社中经营出境游业务旅行社30家，占6.8%，经营非出境游旅行社106家，占24.04%。旅游饭店中五星级饭店18家，占4.08%；四星级饭店48家，占10.88%；三星级饭店135家，占30.61%；二星级饭店29家，占6.58%；一星级饭店3家，占0.68%。旅游景区中自然类景区53家，占12%；文物类景区8家，占1.81%；主题类景区16家，占3.63%。旅游集团1家，占0.23%。其他旅游企业14家，占31.75%。

根据2013年度全区纳入编报范围的企业统计数据显示：

1. 销售增长率

2013年度新疆旅游企业销售增长率为-28.24%。其中

——旅行社销售增长率为-24.57%。其中经营出境游旅行社为-20.26%，经营非出境游旅行社为-38.34%。

——旅游饭店销售增长率为 -16.56%。其中，五星级饭店为 -25.09%，四星级饭店为 -12.87%，三星级饭店为 -7.04%，二星级饭店为 -5.08%，一星级饭店为 -4.71%。

——旅游集团销售增长率为 19.46%。

——旅游景区销售增长率为 -50.15%，其中自然类景区为 -54.73%，文物类景区为 22.72%，主题类景区为 6.76%。

——其他旅游企业销售增长率为 -38.54%。

2. 资本积累率

2013 年度新疆旅游企业资本积累率为 -2.41%。其中

——旅行社资本积累率为 9.02%。其中经营出境游旅行社为 8.95%，经营非出境游旅行社为 9.18%。

——旅游饭店资本积累率为 -9.15%。其中，五星级饭店为 -17.75%，四星级饭店为 -29.05%，三星级饭店为 8.85%，二星级饭店为 -5.84%，一星级饭店为 1.74%。

——旅游集团资本积累率为 -12.38%。

——旅游景区资本积累率为 6.98%，其中自然类景区为 0.79%，文物类景区为 50.15%，主题类景区为 50.98%。

——其他旅游企业资本积累率为 23.20%。

3. 总资产增长率

2013 年度新疆旅游企业总资产增长率为 1.47%。其中：

——旅行社总资产增长率为 2.94%。其中经营出境游旅行社为 7.96%，经营非出境游旅行社为 -7.56%。

——旅游饭店总资产增长率为 -1.99%。其中，五星级饭店为 -8.61%，四星级饭店为 -9.01%，三星级饭店为 16.84%，二星级饭店为 3.44%，一星级饭店为 -4.28%。

——旅游集团总资产增长率为 -12.06%。

——旅游景区总资产增长率为 7.83%，其中自然类景区为 5.44%，文物类景区为 63.37%，主题类景区为 17.22%。

——其他旅游企业总资产增长率为 32.01%。

（新疆维吾尔自治区旅游局）

旅游行业发展综述

2013年度中国饭店业发展评论

杨宏浩

一、饭店业绩效下滑明显

2013年，饭店企业经营绩效与往年同比有了较大幅度的下滑。全国完成填报统计数据的星级饭店11687家，星级饭店平均房价达到333.08元，平均入住率达到55.97%。其中，五星级和四星级饭店平均房价分别为687.36元和362.76元，分别下降3.22%和0.64%；平均入住率分别为56.06%和57.21%，分别下降5.08%和5%；RevPAR分别为385.33元和207.53元，分别下降9.45%和6.25%。星级饭店营业总收入为2292.93亿元，利润为-20.88亿元，上缴税金203.72亿元。2013年高星级饭店业绩普遍下滑，利润总额由上一年度的50.46亿元变为亏损20.88亿元；五星级饭店盈利由上一年度的盈利54.78亿元变为本年度盈利29.96亿元；四星级饭店则由盈利2.24亿元变为亏损32.89亿元。

2013年全国星级饭店基本指标统计表

指标	单位	五星级	四星级	三星级	二星级	一星级	合计
饭店数	家	739	2361	5631	2831	125	11687
客房数	万间/套	26.11	46.28	62.07	18.87	0.58	153.91
平均房价	元	687.36	362.76	216.42	152.09	128.75	333.08
平均出租率	%	56.06	57.21	55.64	54.05	51.53	55.97
RevPAR	元/间夜	385.33	207.53	120.42	82.20	66.34	186.42
固定资产总值	亿元	1881.94	1749.60	1184.88	196.44	4.84	5017.70
营业收入总额	亿元	761.45	776.66	630.77	121.02	3.03	2292.93
客房占营业收入比重	%	45.43	42.86	41.11	44.10	47.08	43.31
餐饮占营业收入比重	%	40.67	43.11	43.51	41.78	37.30	42.33
利润总额	亿元	29.96	-32.89	-21.15	3.07	0.13	-20.88
实缴税金	亿元	64.69	79.23	50.05	9.43	0.32	203.72
从业人员平均数	万人	33.31	52.38	53.00	11.28	0.27	150.24
大专以上学历人数	万人	10.07	11.30	9.27	1.70	0.04	32.38

二、饭店业发展政策环境向好

饭店企业纷纷寻求转型、升级和创新。其实，饭店业的转型升级早已势在必行，“八项规定”等政策造成的压力只是外在的促发因素，为饭店企业进行变革创新创造了一个契机。

饭店行业本身存在变革创新的内在要求。饭店是一个传统行业，一个劳动密集型的行业，目前总体是一个微利行业，绩效增长压力很大，利润集中度高，区域不平衡和档次结构不平衡性较为显著。与经济增长速度和房地产价值增长相比，饭店估值随绩效波动性大，同时也面临增长乏力。国内酒店集团与国际酒店集团相比仍然存在一定差距。饭店业面临的绩效和价值增长压力需要转化为创新发展的动力。饭店对政务市场的过度依赖束缚了企业创新能力。在市场化程度高的国家或地区，饭店对政府客源的依赖度是较低的，中国的饭店去政务化是一个趋势，迟早要发生的，并将释放饭店创新活力。

饭店业正在成为一个现代服务业，其资本密集度和技术应用程度越来越高。从传统向现代过渡必然是一个变革创新的过程，也会是一个痛苦的过程。在这个过程中，我们必须打破很多传统的思维方式、行为方式，积极响应国家创新驱动战略，进行不断的、多方面、多层次的创新尝试，包括饭店业态创新、商业模式创新、体制机制创新、运营管理创新、产品创新、服务创新以及行业管理体制创新等。我们既需要根本性的创新、局部性的创新，也需要鼓励微创新，积小胜为大成。

饭店业是一个古老的行业，随着人们外出旅行、旅游、度假和进行商务、政务等活动愈加频繁，对饭店住宿的需求会更加旺盛。饭店业作为一个古老而现代的行业，国家倡导勤俭节约和转变作风的政策客观上对行业发展造成了一定压力，但主观上并无打压的想法。事实上，我们面对的更多是积极因素，饭店业的发展政策环境处于历史上的最好阶段。

国家提出建设小康社会的目标和发布《国民旅游休闲纲要》，将逐步提升国民消费力、休闲时间和休闲意愿，创造国民有钱、有闲和有意愿去休闲度假的必要条件，利好度假饭店的未来发展。协调推进城镇化已纳入国家顶层设计，国家将在继续发展 3 个国家级城市群和 7 个区域型城市群的基础上，再打造 10 个区域型城市群，这将大大拓展饭店发展空间。未来一段时间可以围绕已成熟的 10 个城市群主要做饭店存量优化，围绕 10 个新城市群做增量拓展。

国家金融、税收、法律等政策也有利于饭店业的改革创新。国家正大力推进信贷资产证券化试点，饭店 REITs（房地产信托投资基金）将有望在深圳前海金改区和中国（上海）自贸区率先进行试点；海南探索发展博彩业的呼声很高，饭店、游轮等与免税店、博彩的结合未来有望在海南有限开放；国家对于企业走出去和并购重组都发布了鼓励和支持政策，饭店集团完全可以在这方面有更大作为；银联刷卡手续费率降低对饭店企业而言相当于减税，低碳环保补贴可有效降低饭店的建设和运营成本，宽带中国等政策加快饭店信息化建设和有利于提升饭店运营效率。文化强国战略将为饭店建设和管理注入文化灵魂，并促进中国饭店“中国服务”模式的实现。《旅游法》的推出，将促进饭店业诚信建设和行业规范，加强对消费者权益保护，为分时度假模式在中国的发展创造基本的条件。

国家对行政审批权的取消、下放或转移到行业协会以及国家鼓励一业多会的市场化改革等政策，必将极大地释放饭店行业的活力。此外，恢复五一黄金周的问题再次在国家层面提上议事日程，刺激旅游消费政策也在筹谋之中。总之，饭店行业发展的政策环境正逐步趋好，我们应该以更加积极的心态面对行业未来的发展。

三、中国饭店发展尚处于青春期

中国酒店业目前处于一个什么发展阶段？我们的判断是中国酒店业尚处于青春期。青春期的标志有很多，这里列举三个。

一是规模快速增长。根据国家统计局对规模以上住宿业投资的统计，2007 年到 2011 年的 5 年时间内，住宿业投资平均增速高达 33.5%，2011 年住宿业投资规模达到了 2900 亿元，其中新建项目投资占比高达 76.5%。从每年新开工项目数量看，近年来也居高不下，2009 年到 2011 年每年新开工酒店项目都在 3000 个以上。相比欧美酒店规模的微弱增长，中国酒店规模增长可以说是非常强劲的。

二是业态发育处于初级阶段。多年来，一到五星级酒店是人们对酒店分类的普遍认识，后来出现了豪华酒店、经济型酒店，以及最近开始受到关注的中档酒店，这些都是对酒店业态的一种纵向认识。近年来，酒店业态不断创新，新的业态不断涌现。从商务酒店到度假酒店、主题酒店、精品酒店、公寓式酒店，再到设计师酒店、生活方式酒店，以及目前渐热的养生养老酒店等业态，都是酒店业态的一种横向发育。由此也诞生了一批具有一定代表性、创新性的连锁酒店集团。从风险资金对酒店业的介入轨迹看，经历了对如家、7 天、汉庭等经济型酒店的投资，到对维也纳、桔子、时尚旅等中档酒店的投资，再到布丁、99 旅馆连锁等更为细分的经济型酒店，以及对途家网等度假租赁业态和地中海俱乐部等度假业态的投资。风险资金看好的行业或业态基本是处于发展先导期，预示了行业的未来发展方向。

三是面临很多成长中的烦恼。伴随着4万亿的经济刺激，高端酒店的投资近年来也是持续发烧，随着八项规定、六项禁令以及禁建楼堂馆所等政策的严厉执行，给这一发展势头浇了一盆冷水，高端酒店的投资热将逐渐冷却，目前正处在从非理性发展向理性发展的转变过程中。中低端酒店近年来也是麻烦不断，出现了毛巾门、pH值、空气质量门等一系列成长中的烦恼——青春期“小痘痘”。高端酒店的高速成长带来的另一个负面产物就是酒店的结构性不均衡问题，包括档次结构、区域结构及存量资产与新建酒店比例结构等问题。

当然，中国酒店业虽然尚处在青春期，但我们并不鼓励盲目大规模兴建酒店。在当前阶段，酒店业应主要通过档次结构优化、区域结构优化和存量资产优化来解决酒店业快速发展中的一系列不均衡问题。

中国酒店业既然尚处于青春期，青春有梦，我们也有自己的酒店梦。电影《中国合伙人》中说道：梦想是什么，梦想就是一种让你感到坚持就是幸福的东西，我们只有在失败中寻找胜利，在绝望中寻求希望。这句对梦想的诠释正好可以作为对中国酒店业的鞭策。当前，酒店业发展遇到了一些困难，但长远看这些困难都是暂时的。乐观一点看，行业暂时不景气正好为行业转型升级提供了难得的机遇。

除了对行业未来发展抱有必胜信念，我们希望酒店行业在不断创新中趋向成熟，尤其希望看到国内酒店集团能创建一批具有国际影响力的酒店品牌。梳理一下国内酒店集团品牌谱，我们发现稍微具有一定规模的酒店集团都在实施多品牌战略。部分酒店集团品牌已经覆盖了高、中、低甚至更为细分的领域，品牌数量多达5~6个。但是，我们消费者耳熟能详、形象鲜明、识别度高、具有国际影响力的酒店品牌还很少。有时候我们似乎在玩品牌游戏，一次性推出若干个品牌。但显然，打造一个新品牌并不是说创造一个概念和起一个名字这么简单，不仅需要一整套体系来支撑，还需要多年的精心培育，需要脚踏实地一步步做出来。

很多酒店人心中始终抹不去的情怀，就是希望能形成酒店业的“中国服务”，借此区别于甚至超越国际酒店集团。酒店业的“中国服务”，就是融入中国文化元素和服务理念的一套具有中国特色的服务体系，这也是能区别于国际酒店集团的核心竞争力。目前，国际酒店集团已经开始关注中国游客，众多集团推出了专门针对中国客人的服务项目，如希尔顿的“欢迎”计划、凯悦的“您好”计划、万豪的“礼遇”计划等，洲际集团和雅高集团更是分别推出了专门针对中国市场的“华邑”、“美爵”品牌。国内酒店集团打造“中国服务”显然具有天然优势，它们更加理解中国的传统文化和现代文化，更加了解中国消费者的偏好，具备推出更加适合中国消费者的产品和服务的能力。但是，由于多年来我们主要关注的是如何为入境游客提供优质服务，而忽视了国内游客这一最具潜力、最大的市场群体。目前可能正是千载难逢的时机。“中国服务”首先一定要“服务中国”，只有让中国人接受，才可能让外国人接受，才可能走向世界。

中国酒店业正值青春，可以有很多梦想，但需要我们不断坚持，脚踏实地去实现。

四、饭店业智能化时代开启

人们还在探讨酒店业的信息化、数字化的话题时，酒店业的智能化时代已悄然来临，智能化技术已覆盖到酒店业的方方面面。

在酒店营销方面，新的展示技术使得旅游者对酒店的感知更加身临其境，现场感、掌控感和交互感不断增强。目前，展示酒店的手段已从360度全景展示和三维展示迅速向基于三维地理信息系统的可视化技术发展，在三维数字旅游地图上，旅游者可多视角考察酒店外部环境、建筑，也可以走进酒店考察内部装修和功能配置，可以获悉酒店客房朝向和一天不同时段照进房间的阳光和温度。网络机器人也可为游客解答有关酒店和周边旅游服务的各种疑难问题。现在的3G技术已经能够支撑这些应用在手机上较为流畅、迅捷地完成。

在酒店预订阶段，通过三维地理信息系统的可视化技术，旅游者所见即所得，可以直接选择酒店客房并预订，也可以对房间特定时段的温度和设备进行预设和调节；如果没有提前预订房间，在到达某一城市后，借助智能手机或谷歌眼镜等终端，也能方便地选择目的酒店预订、支付和实景导航，也可以让酒店网络机器人帮助安排交通、餐饮、购物等各项服务。

酒店入住变得更为简捷智能。机器人可以负责帮客人放好行李箱。借助于互联网、二维码和蓝牙等技术，扫描二维码或感知手机虚拟钥匙，就可以进行 check in、打开房门和对在酒店期间的消费进行结算和支付。如果是在前台订房间，通过智能化交互展示，酒店前台人员和客人能同时看到客房状态，客人感兴趣的房间还可直接进入三维可视化的房间查看房间功能和朝向等，从而可做出更好的选择。

在酒店体验期间，客房的智能化控制技术能够让客人通过智能手机、iPad、手表、眼镜等个人终端或酒店的 iPad、智能电视等实现自我管理和控制生活与娱乐需求。通过智能终端，客人可便捷地控制窗帘、空调、沐浴、影音游戏等设备，调节客房灯光、声音、温度、湿度等各项指标，大大提高操作的自由度和舒适度，甚至房间的电子壁画可根据客人需求进行变换。体温传感器可让酒店员工知悉客人是否在房间，不再打扰客人的休息。而基于红外跟踪系统的室内模拟高尔夫系统，可让客人足不出户就可体验到身临球场的感受。

大数据的应用让客人轻松实现酒店“私人定制”服务。一方面，客房智能控制技术，随时记录和收集消费者使用习惯、消费偏好；另一方面，消费者体验酒店产品后主动在互联网上发表感受和进行评价，酒店可抓取网络数据进行语义分析，得出客人对酒店各方面的评价和建议。应用大数据就可获悉酒店消费者的需求和偏好，挖掘和洞察消费者行为，改进和创新产品，甚至进行私人定制，从而提升服务品质，并可实现精准营销。

酒店的智能化技术还可广泛应用于酒店日常管理、教育培训、节能环保、应急安全管理等多个方面，全面提升酒店服务品质和运营效率。智能化并非高端酒店的专利，微智酒店完全可以凭其优化服务流程，控制运营成本，让客人获得极高的性价比。

酒店智能化技术的广泛应用使得客人的住宿体验更加完美，也已成为酒店业获得新竞争优势的重要工具，积极拥抱智能化是酒店的必然选择。酒店智能化时代已经开启，十年前还处于幻想中的图景现在酒店已经成为现实，未来酒店的智能化发展将更加精彩。

五、互联网正在改变饭店商业模式

互联网正从多方面改造酒店业，从营销模式，到运营管理模式，再到商业模式，都在发生着变化。

互联网对酒店业的改造首先是营销手段和营销渠道，这经历了一个去中介化、再中介化和再去中介化的过程。应用互联网，酒店建立起了自己的官网，在促销和销售方面减少了对旅行社的依赖，但随之而来的是对各类 OTA（空中下载技术）的更大依赖。从传统互联网，到移动互联网，再到家庭互联网，工具不断更新，但 OTA 无所不在。酒店试图用官网、微博、微信，未来还可能会用微话、微视等来增强与顾客的直接沟通，但个体的力量太有限。于是出现了一些蜘蛛侠类的仗义企业，它们试图以各种模式帮助酒店绕开 OTA，如快捷酒店管家的免佣金模式，为酒店提供定制 App 的 LoungeUp，让酒店轻松创建自己的手机应用，直接建立、维系自己的客户群。互联网对酒店的展现手段越来越直观、真实，街景技术、360 度全景技术以及 3D GIS 可视化技术等 3D 技术已开始应用于酒店展示和预订。

互联网正在改造酒店的运营管理模式。互联网使得酒店和酒店集团内部管理更为扁平化，E－Learning、互联网游戏、三维虚拟技术正应用于酒店培训。而更大的改变在于，互联网让酒店真正开始关注顾客的需求，并为之而改变自身。客人在线选房，在线办理入住手续，手机钥匙开启房门，用智能终端控制房态和提交服务需求都已成为现实，这要求酒店进行服务设备和流程重造。酒店能获悉和保存下客人在线的每一个动作和行为所留下的痕迹。多数酒店客人已习惯于线下体验，线上分享，这又成为酒店获悉客人感受的另一个重要途径。对客人无意留下的行为痕迹和有意留下的信息反馈，成为酒店洞悉消费者需求和偏好、改进服务品质和创新设计产品的宝贵信息。特别是客人的线上体验分享，不仅成为监督酒店服务质量、改进服务品质、创新服务产品的工具，更应成为酒店品牌宣传推广的最佳工具。酒店应把每个客人视为自媒体，它们运用互联网免费告知其他人有关酒店品质、品牌等相关信息。

互联网正塑造新的酒店商业模式。目前互联网最流行的是实体经济跟虚拟经济融合，即O2O模式，其实几年前已在酒店业得到应用。途家网就是一家较为典型的O2O模式的企业。途家网等度假租赁企业通过互联网将成千上万分散在各处的物业聚集起来提供预订服务。但中国诚信体系尚不完善，在中国发展度假租赁业不能一味照搬Homeaway等国外模式，于是途家通过本地化改造，将途家网定义为O2O+B2C模式，同时进军线上与线下部分。在线下，进行托管或做管家。以托管为例，当业主与途家签订托管协议后，途家会对房子进行统一布草装修，对房屋进行专业、定期的保养，为客人提供接机、餐饮、家政等各类专业服务。途家模式颠覆了传统酒店概念，也颠覆了传统酒店管理公司概念，一旦其具备足够规模和影响力，建立起强大的消费者信用，有可能嬗变为“分时度假”模式的入口，建立起分时度假交换系统，尽管可能还有一些障碍需要清除。一些大型OTA已经预感到仅靠线上服务已威胁到其未来生存，于是携程已开始布局目的地，如为客人到达酒店提供接送服务和目的地景区门票等服务，甚至开始收购、参股酒店、景区、邮轮等旅游要素。

以互联网企业主导的O2O模式常见，是否可能以酒店为核心来打造O2O模式？酒店空间除了提供住宿、娱乐、会议等功能外，其实还是商品展示和体验的绝佳场所。客房的布草、浴室用具用品、办公用品、工艺品、电子产品，电视、冰箱等电器，酒店精品店销售的商品，SPA场所的用品等，都可能成为顾客感兴趣的商品，而酒店其实一直在充当线下宣传展示和消费体验的场所，如果通过顾客的智能手机、酒店的智能电视、iPad等智能终端将顾客导入到一个平台网络上，则可以构建一个新的电商入口。简而言之，把酒店作为商品展示和体验的空间，而下单则主要在互联网上，进一步把全国上千家酒店连接起来，一个新的互联网电商入口雏形可能就形成了。

六、饭店用品行业谋求发展创新

酒店用品行业需要在转型中谋发展。高端酒店重新定位市场，寻找新的客户群和创新酒店产品，在谋求转型过程中对酒店用品产生了新的需求。

据初步估算，酒店用品的年采购总量不低于200亿元。仅酒店用品市场的龙头企业之一，恒安兴年产值5亿元，市场占有率不到3%，而美国酒店用品供应商Guest Supply年产值达到40亿美元。酒店用品行业市场集中度低，占有率不大，创新成为占领市场的制胜法宝。

酒店用品行业创新可从几个方面考虑：

第一，提供更多具有创意的酒店用品。

酒店用品行业需要持续创新设计，引领时尚。在酒店用品的创意设计上，既要围绕客人的核心需求，提供满足客人的关键功能性体验；也要挖掘和融入地方文化、民族文化、传统文化、时尚文化、现代文化等文化和创意元素，甚至就地取材，打造出融合现代、时尚和传统文化元素的酒店用品。如法门寺酒店主要展示佛教文化，曲阜东方儒家展示的是以孔子为代表的儒家文化。

一些酒店是对个别酒店用品进行创意。如威斯汀酒店的“天梦之床”，喜来登酒店的“甜梦之床”，维也纳酒店的“圆梦之床”，希尔顿酒店专门设计的“水龙拖鞋”，既有文化创意，本身又是营销载体。

在酒店用品文化创意方面，其他国家的经验可以借鉴。如日本虹西诺雅温泉度假酒店的床是改良过的榻榻米，客人在酒店穿和服和木屐。京都酒店每间客房内放有一盆对空气质量非常敏感的苔藓植物，空气清新的时候是绿色的，空气不好就变黄变黑，既是装饰，又是检验空气质量的工具。

此外，在酒店用品的创意方面，可充分利用民间的创造力，如设立网上酒店用品创意社区，对于用户提出的创意设计，如果得到公司采纳就实行奖励。而让消费者通过网络参与酒店用品的设计，可生产消费者定制产品。企业还可利用大数据，研究消费者偏好，研发酒店创意产品。

第二，拓展新的酒店用品市场。

在新的市场拓展方面，大量出现的中档精品酒店、主题酒店、设计师酒店、生活方式酒店、度假酒店等，为具有文化创意特色的酒店用品提供了用武之地。中档酒店作为有限服务酒店，其客房配置，特别是床上用品的配置，甚至可以与五星级酒店相媲美。随着国家新型城镇化的推进，国家将重点建设二十个城市群。其中十个比较成熟的城市群，可以关注其郊区和新区所带来的机会；其他十个新兴城市群，可重点关注其核心城市和重点城市的机会。

不要忘了，酒店就是游客旅途中的家，酒店用品绝大多数也可以转化为居家用品，进入这个领域，就打开了一扇新的窗户。因此，开发好家用市场，酒店用品的发展空间将无可限量。

第三，创新酒店用品营销模式。

有了好的产品，也发现了目标销售对象，如何让酒店客户和消费者来购买我们的产品，就需要别出心裁的营销模式。恒安兴提出“把奢华酒店的感觉带回家”这一理念，并提出了酒店用品销售的O2O模式，即线下展示和体验，结合线上销售的模式，具有创新性。一方面，通过打造出酒店文化产业园区，建设高端酒店用品体验中心，提供客户365天360度全方位展示和体验；另一方面，恒安兴和酒店合作，在酒店的客房放置具有纪念意义的宣传品或纪念品，鼓励客人扫描二维码进入网上商店选购产品。这种把酒店当作销售对象又视为展示和体验店的思维模式，是一种全新的O2O模式。

自称为“睡眠领域新兴公司”的Casper公司将互联网思维引入床垫这一产品，其创意和产品受到追捧。对于酒店用品的网络展销方式，除了平面展示、文字描述等外，还可以考虑采用三维可视化地理信息系统的技术，把酒店文化用品体验中心、酒店或客房搬到网上、手机上，让用户不到实地也能较为充分地感受到产品的特色，大幅度提高产品的接触面，增加销售量。

第四，培养具有创新思维的酒店用品人才。

酒店用品设计创新以及提供酒店用品整体解决方案，需要各类人才，包括设计人才、营销人才、IT人才、企业运营管理人才等，特别是对综合性人才的需求可能更为迫切。这除了自己培养外，也可考虑跨界合作培养。还可签约一些文学家、历史学家、画家，甚至数学家等各类人才为己所用。

第五，积极参与国家酒店用品标准的制定。

例如酒店纺织品标准。德国的酒店纺织品标准已经制定并实施60多年了。参与国家标准的制定，在一定程度上可提升行业影响力和话语权，当然对整个行业的发展也会有很好的促进作用。而且这本身也是一种思维碰撞，智慧共享，可能会激发更多的创新思维。

希望中国未来能够涌现出更多受酒店和客人欢迎的酒店用品创意，不仅能够驰骋于国内市场，未来更能够走出国门，走向世界。

七、中档饭店品牌发展已呈燎原之势

近两年，得益于国民消费力的提升和消费需求的驱动，中档饭店品牌如星星之火，已呈燎原之势。目前，本土中档酒店品牌先行一步，暂时处于领跑位置，但国际酒店集团已经开始发力中档酒店，未来本土中档酒店集团能否复制之前本土经济型酒店占据主导地位的辉煌还是未知数。但不论本土还是外资品牌，百花竞放，才能为消费者提供更多选择，创造更多价值。

本土中档酒店品牌的推出，多是建立在经济型酒店获得一定成功的基础上的。例如锦江都城、和颐、全季以及铂涛系列品牌，即使是桔子和维也纳早期的产品也基本卖的是经济型的价格。在经济型酒店领域的成功因素，能否快速地嫁接到中档酒店领域，这取决于多重因素，如新品牌定位是否准确，其价值理念能否引起消费者的共鸣，是否正中消费者偏好或引领消费趋势，原有会员黏性和忠诚度如何，能否顺利转换为新品牌的忠实客户等。特别是经济型酒店的客户忠诚度很低，极易受到价格优惠的诱惑而转换品牌。

中档酒店品牌的共通点是提供有限服务，聚焦顾客核心需求，满足顾客核心体验诉求。而进行准确定位，确定独特的差异点，为顾客提供购买该品牌的理由，是每一个中档酒店品牌面临的首要考验。如果说各经济型酒店品牌为了降低成本、提升效率，尽可能地标准化，导致各品牌基本千篇一律。中档酒店品牌则需要尽可能地呈现其差异化和展示其个性。就这一点而言，在经济型酒店领域取得成功的经验在中档酒店领域可能并不适用。好在本土中档酒店品牌定位基本形成了自身特色。维也纳酒店集团旗下的维也纳和维也纳国际以西式装修风格、健康美食和音乐艺术元素凸显特色；锦江都城多选择具有历史文化底蕴的建筑为酒店物业；谭阁美是面向国内市场的时尚智能饭店，目标客户以“小白洋”（即年轻、白领和时尚）为主；桔子酒店集团旗下的系列品牌以具有现代、另类设计感的设计师酒店在业内知名；君澜酒店集团旗下的君亭酒店定位为非完全服务的城市精品设计酒店；和颐、全季则定位为有限服务商务酒店。但强调差异化也并非要与竞争者截然不同，适当具备某些和竞争者品牌相仿的联想，可起到弱化竞争对手差异点的效果。

中档酒店品牌正在探索适合自身的发展模式。如锦江都城将白玉兰、商悦、青年汇以及新收购的时尚旅等中档酒店品牌都整合到了锦江都城体系。这一点与铂涛酒店集团所采取的中档酒店的多品牌策略完全不同。铂涛酒店集团创造了品牌架构师这一新职位，一次性推出了三个中档酒店品牌。对于中档酒店的界定，结合硬件设施、软件服务和平均房价来综合判断，铂涛酒店集团所号称的高端品牌铂涛菲诺，可归类为高级中档酒店品牌。桔子酒店集团在发展过程中根据市场需求渐进推出了桔子酒店、桔子水晶酒店和桔子酒店·精选三个品牌，用前述三要素判断，应该说三个品牌分别定位于中档酒店里的高、中、低三个档次。星程连锁酒店号称非标准中档连锁酒店，依靠统一预订系统，与单体酒店以战略联盟的方式进行连锁化发展。为实现顾客对品牌共鸣，让顾客达到行为上的忠诚和态度上的依附，需要在社区归属感上下功夫。维也纳国际、锦江都城和铂涛 ZMAX 品牌都在致力于打造时尚社交新酒店生活方式。除了线上的网络虚拟社区外，将酒店本身打造为一个线下实体社交平台，让顾客基于品牌而相互之间形成关联，将有助于顾客形成品牌社区归属感，产生积极的品牌态度和意向。

国际酒店管理公司开始发力中档酒店。中档酒店品牌实际上在多数国际酒店集团内部在规模上是居于主体地位的，但国际酒店集团进入中国市场后，此前一直着力发展高端酒店品牌，无暇顾及中档酒店品牌的发展。随着高端酒店市场景气下滑，他们开始关注中档酒店这一充满潜力的市场。现在已进入中国市场的外资中档酒店品牌也不少，如洲际集团旗下由快捷假日酒店品牌更名为智选假日的品牌，喜达屋酒店集团旗下的雅乐轩，雅高酒店集团旗下的美居酒店，卡尔森酒店集团旗下的丽柏，希尔顿旗下的希尔顿花园等。一些在国际上定位中档酒店，但在国内升级为高端酒店的品牌，如华美达等未来在中国可能会以中档酒店的面貌回归。

本土中档酒店品牌只有走得稳健，才能走得更远。品牌是过去的倒影。酒店集团每年在营销、产品和服务提供上所花费用，可视之为在顾客的品牌认知和品牌体验上进行投资。通过妥当设计和执行，在顾客心中产生正确的品牌知识结构，为顾客创造价值并在消费者心中留下记忆，可积累大量的品牌资产。品牌也是未来的方向，消费者的品牌信念和品牌态度决定了品牌的真正价值及其未来前景。中高端酒店品牌的声誉需要较长时间的培育，因此很多基础性工作必须做得扎实，切不可为规模而急于跑马圈地，否则大火可能会危及自身。

八、分时度假在中国的未来复兴

分时度假作为对不同区域和时段的度假资源进行优化配置的模式，在中国经历了短暂兴起与快速衰落，目前留在人们印象中的是无尽的纷争。但分时度假在欧美等国家有着完善的立法体系和成熟的运营模式，目前已成长为旅游业增长最快的部分。根据统计，美国 2006 年的分时度假产业收入已突破 100 亿美元，目前已有约 800 万家庭拥有分时度假所有权，在美国家庭中的市场渗透率为 7%，尚有 5300 万家庭的可开发目标市场，被认为市场渗透仍然明显过低。

分时度假产业主要由三部分组成：一是分时度假交换公司。全球最大的三大度假交换系统有 RCI（Resorts Condominiums International）、DAE（Dial an Exchange）、II（Interval International）。分时度假交换公司本身并不拥有度假地村或酒店，它们致力于构建一套基于会员的度假权益交换网络和运营体系，采用“按服务收费”盈利模式，主要收取会员费、撮合交易的中介费用和提供附属设施的服务费用。2011 年 RCI 实现净收入 14.44 亿美元，公司虽然 2001 年已正式进入中国，但其业务进展缓慢。二是分时度假销售商和发展商，如温德姆度假网络负责建造或者开发度假村，通过营销，将度假村的使用权销售给消费者，为消费者提供短期融资服务，并对度假村运营管理。2011 年，温德姆拥有分时度假酒店 160 座和 2.1 万分时度假单元，拥有 82.3 万个分时度假产品所有者，度假所有权销售收入 20.77 亿美元。万豪集团于 2011 年年底对分时度假业务进行了分拆，新公司 Marriott Vacations Worldwide Corporation 的核心业务为专注于分时度假业务的管理，并在纽交所上市（代码 VAC）。三是度假酒店。除专门针对分时度假开发的度假酒店外，很多酒店是混合用途的，既提供酒店客房，也提供分时度假单元。这些酒店既有饭店集团管理和开发的，也有大量单体酒店。

但分时度假产业在欧美的发展也并非一帆风顺。消费者对分时度假的理念认识经历了早期“拥有酒店比租赁房间更便宜”到能够“拥有他们的度假”，从将分时度假物业视为一种投资方式到将之视为一种度假选择，从受到传销般的强力推销压力到目前主动咨询和购买的变化。早期分时度假也是一个不受人尊敬的产业，随着各种管理机构施加了严厉措施和不断实施改进规制，到 20 世纪 90 年代，分时度假产业开始树立了消费者友好和正面的声誉。

分时度假在中国大规模发展的土壤还不具备，但《国民旅游休闲纲要》的出台将逐步让国民认识到休闲度假是每个人的一项权利，带薪休假制度也将逐步得到落实，国内旅游度假大发展的时代在不久的将来就会到来。分时度假本身是度假旅游发展的产物，但其发展不会随着度假旅游的发展而自然演进，以下几个方面将有利于为其复兴创造条件。

首先，制定规制分时度假的相关法律。在美国，每个州都制定有专门的分时度假法规，2013 年 6 月份美国佛罗里达州还通过了《佛罗里达分时度假交换公司法规》，聚焦于保护分时度假所有者和协会免受无良交换公司所骗。条款的主要方面包括，在分时度假所有者签订书面合同之前禁止交换公司收取任何费用，也要求交换公司把分时度假所有者交来的任何款项存入托管账户，直到交易完成。这些条款也为消费者提供额外的保护，以使现有分时度假所有者受到交换欺诈的风险降到最低，但不会限制它们交换或者转卖其分时度假产品的能力。法规还禁止向任何没有能力、收入或意愿支付所有费用的人交换分时度假产品。在中国《旅游法》出台后，在落实过程中如果能专门制定分时度假法律法规，将对分时度假产业的发展环境起到巨大的提升作用。

其次，成立一个联合监管机构，保障分时度假产业的良性运行。目前我国缺乏分时度假法律法规加上监管机构缺位，无良企业得不到惩治，消费者权益得不到保障。在澳大利亚，分时度假计划受到规制已经近 30 年了，有多个部门对其监管。2005 年，国会企业和金融监管联合委员专门提交了一份针对分时度假行业法规的调查报告，其中全面调查了现有分时度假规制安排的有效性和改革分时度假行业规制安排可能模型的优劣势等。报告提出了很多建设性意见，如在销售人员培训中应包括避免压力推销等特定内容的培训，应明确告知消费者分时度假产品不包括任何形式的所有权或产权；为消费者做决策设置一个冷静期，例如 10 个工作日的强制性冷静期；对于那些能够合理地表明他们签订分时度假合同是由于身体、精神、社会或经济上的威胁或恐吓的消费者，这些条款应该给予他们全额退款的补救办法。

最后，鼓励大型酒店集团参与分时度假的开发和运营管理。从欧美经验看，分时度假行业形象改善的一个重要方面是众多声誉良好的公司涌进这个市场，如万豪、迪士尼、雅高、希尔顿、凯悦和温德姆等。这些公司投入了大量资源告知公众分时度假所带来的好处，抵消了分时度假行业早先不良声誉的影响。这些公司树立起来的分时度假品牌改善了产品形象并促进了销售和转售。鉴于国内部分旅游集团已经逐步建立较强的品牌影响力和信誉支撑，它们的进入将会显著改变市场格局，并将引导市场良性发展。此外，目前国内可供交换的分时度假资源有限，虽然一些国际分时度假交换公司理论上可在世界范围内交换，但中国旅游者只能交换对中国开放自助游的国家，而这些国家有 30 多个，且很多国家可能并不在交换系统中。因此，大集团的进入将会大大增加度假资源的供给规模。

九、信托基金给饭店行业发展以新希望

酒店信托基金（REITs）对酒店资产处置的过程，实际上是一种资产证券化的过程，即将使得酒店从不动产转变成为可以流动的证券资产。作为一种金融创新，酒店 REITs 对酒店行业发展作用巨大。中国金融改革正在向纵深发展，相信不远的将来酒店 REITs 一定会在中国开花结果。

随着 REITs 在世界范围内的普及，酒店 REITs 在发达国家经济体也得到快速发展。第一只酒店 REITs 1993 年发端于美国，当年只有两只酒店 REITs，市值只有 1 亿美元；到 2005 年 12 月美国有 19 只酒店 REITs，市值达到 260 亿美元；2013 年 8 月，19 只酒店 REITs（公司略有变化）的市值超过 370 亿美元。在美国，酒店 REITs 在 2000 年时已经占到 NAREIT 股指的 5% 和美国酒店不动产的 5%。酒店 REITs 在亚洲发展势头良好，日本首只酒店 REITs 为 Japan Hotel and Resorts REITs，2006 年上

市，香港首只酒店 REITs 富豪酒店 2007 年上市，目前已有朗庭酒店、新世界发展、开元产业信托等多只酒店 REITs，新加坡也有 CDL Hospitality Trusts 等酒店 REITs。

酒店 REITs 作为一只金融产品，对于开发商和投资者都有较大的吸引力。酒店的功能在不断延伸，从最初的为客人提供住宿的基本功能，到提供社交、休闲场所，再到为展示城市形象和为提升商业综合体的价值服务，目前在为旅游综合体配套中，酒店正回归其住宿和休闲功能，而未来酒店 REITs 在中国成行后，酒店将具备金融的功能。对开发商而言，酒店 REITs 将“不动产”变为“动产”，可有效缓解其资金压力，降低融资成本，提高资产流动性，获得发展的新动力，也为其提供了一个很好的退出方式。对行业而言，酒店 REITs 既是一个投融资工具，也会产生实实在在的产业经营回报，赋予酒店以新的价值，使得酒店的开发与经营，乃至投资的范围及模式多样化，将对整个酒店行业发展产生极大推动作用。对于投资者而言，酒店 REITs 为中小投资者投资酒店不动产提供了可能的投资渠道，免除企业税所带来的税收优惠（新加坡等国还免征个人所得税）和稳定的收益率以及抵御通胀的功能。

中国酒店业需要发展酒店 REITs 这一创新模式。中国酒店行业中、高端酒店固定资产存量近万亿元，迫切需要将固定资产所束缚的现金流释放出来。在日本、中国香港等市场，酒店 REITs 的回报率必须超过 6%，才会吸引投资者购买。开元酒店在中国香港上市的发售价范围相当于 2013 年在计及放弃分派的影响前收益率 6.5% ~7.8%，计及相关影响后的收益率为 7.62% ~9.14%；Japan Hotel and Resorts REITs 2013 年的预期收益率为 6.3%。在美国大概可以为投资人提供 7% ~10% 的相对稳定的回报。目前，中国除五星级酒店盈利水平较高外，其他星级酒店微利或亏损，如五星级酒店 2011 年利润率 8.87%，2012 年为 7.11%。因此，纳入酒店 REITs 的必须是优质资产，地段良好、品质高，租金收益可观，这样才能有较高的估值并吸引投资者。可采取的酒店 REITs 的投资模式有三类：第一类是开元酒店采取的类债券投资模式，即把原酒店集团旗下部分或全部酒店资产打包设立酒店 REITs，以其每年的租金等收益作为标的，均等地分割成若干份出售给投资者，然后定期派发红利。第二类是高盈资本与花样年集团联合运作的类私募模式，即通过特殊目的载体公司（SPV）向投资者发行收益凭证，将所募集资金集中用于收购酒店，并将酒店所产生的现金流向投资者还本归息；第三类如 HOST Hotel and Resorts 的混合模式，即在类债券模式上再融入类私募模式。

酒店 REITs 在中国发展需要扫清障碍。2005 年 6 月，香港特区政府颁布《房地产投资信托基金守则》，允许 REITs 投资世界各地的房地产项目，这将在内地的房地产项目纳入了在香港以 REITs 方式上市的范围内。2009 年，国内《房地产投资信托基金试点实施方案》曾经上报中央，今年 8 月份国家提出要进一步扩大信贷资产证券化试点，相信在国内发行 REITs 应是指日可待。但在此之前，国内酒店还有很多工作需要做，如酒店产权必须清晰化，进一步提升酒店的收益率等。

十、中国饭店走出去时机到来

2013 年 3 月 27 日，海航集团竞购 NH 饭店集团 20% 股权一事历经两年最终获得 NH 饭店集团董事会正式批准。2013 年 4 月 3 日，开元旅业集团宣布以 1050 万欧元成功收购位于德国奥芬巴赫市的金郁金香饭店。两起境外收购事件令业内人士感到精神振奋。

从两起成功收购事件来看，两家企业雄心勃勃，都瞄准世界知名饭店集团或其管理的饭店，希望借助收购助力企业的国际化发展。NH 饭店集团为欧洲第三大饭店管理集团，在马德里、阿姆斯特丹和纽约三地上市，旗下酒店分布在全球 26 个国家和地区。海航集团希望充分利用 NH 饭店集团在世界市场的饭店网络，与海航现有优势资源进行互动协作，优化资源配置，促进管理融合，培养管理团队，迅速提升海航饭店业务的综合竞争力，大力拓展其在全球的饭店业务。开元旅业收购的金郁金香饭店，此前由卢浮宫饭店 & 金郁金香饭店集团管理，该饭店将更名为法兰克福开元大饭店，并升级改造为具有东方文化特色的五星级饭店。开元集团将借助此次收购同国际接轨，提升开元饭店的国际知名度。

从行业层面看，中国酒店业对外直接投资总体规模仍然较小。2010 年年末分布在住宿和餐饮业的投资存量为 4.5 亿美元。但近年来投资增速较快，2010 年住宿和餐饮业投资增量为 2.2 亿美元，同比增长 191%。2013 年来中国在境外酒店市场斩获颇丰，境外酒店投资模式逐步多元化，既有在非洲、中亚等国的绿地投资，也有向东南亚等国的管理技术和品牌输出，还有在欧美等国的单体酒店资产的零星并购，特别是出现了锦江酒店集团、海航集团等对境外酒店集团的较大规模的海外并购。当然，酒店集团走出去也并非一帆风顺，海航集团收购 NH 饭店集团就一波三折。

目前，中国酒店业“走出去”处于一个较好的发展时机。根据发展中国家的投资发展周期理论，我国 2012 年人均 GDP 达到 5000 美元，已进入对外投资快速增长的第三个阶段，我国酒店企业“走出去”战略也面临新的发展机遇。从国家宏观层面看，“走出去”是我国“十二五”规划的重要战略部署，国家鼓励有实力的企业抓住重大战略机遇走向世界，我国庞大的外汇储备也为此提供了强有力的支撑。从行业层面看，旅游企业走出去是实现战略性支柱产业和建设“旅游强国”目标的需要，出境旅游蓬勃发展为旅游企业“走出去”提供有利条件，我国部分大型酒店集团已具备参与国际市场竞争的基本条件，而酒店集团走出去将倒逼企业品牌塑造和核心竞争力的提升，有利于企业转型升级和拓展发展空间。从国际层面看，一方面，很多境外优良酒店资产估值偏低和人民币持续升值为企业对外投资创造机会并降低成本；另一方面，从近年来各国对外资投资旅游业的现行政策来看，普遍对酒店投资持欢迎态度，相当部分国家或地区将吸引酒店投资建设列为优先或重点发展产业领域及相关产业。

但中国酒店走出去也面临一些制约因素。从国家政策看，企业走出去仍面临外汇管理过严、审批渠道不畅、融资困难、劳务输出负担重、人才缺乏等方面的问题，这对相关配套制度提出了新的要求。在战略实施手段上，除了要增强企业对外投资自主权之外，国家应简化审批管理程序以提升服务效率，向国内企业下放涉外经营权。特别是在核准制度上，虽然发改委和商务部都已经下放了核准权力，简化和明确了核准程序和条件，但是目前离实现企业自主投资决策还有很大距离，应该改核准制为备案制或者登记制，并减少参与核准的相关部门。国家亟须建立完善的“服务体系”、“支持体系”和“国有资产监管体系”，加快海外投资的立法进度，制定适应新体制下的外汇管理制度，提高财税金融政策扶持的效率。

中国酒店集团在“走出去”之前，也要突破瓶颈，练好内功，壮大自身实力。“走出去”之前应积累充足的经验为国际化夯实基础，加强跨文化经营环境中复合型人才的储备并寻求政府的支持和促进。特别是在境外并购中，需要做好基本理念和技术的准备，加强对法律风险的把握和控制，熟悉法律依据和法定程序，选择合适的合作伙伴和收购标的，设计合理的组织模型和交易结构，规范有序实施购并步骤。

虽然国内市场空间还很大，但我们不能因此而故步自封。酒店集团国际化是旅游强国的应有之义，大型酒店集团有责任和义务率先走出去，锦江酒店等已经做出了很好的尝试。中国酒店战略性的“走出去”的时机已经到来，不仅酒店集团，大型房地产企业、金融投资机构等，都有机会抓住有利时机一展身手。

十一、中国饭店业的市场化改革空间

饭店业在中国是领改革之先，市场化程度也较高。十八届三中全会提出要让市场在资源配置中起决定性作用，我们在这里对饭店投资、运营、公司治理等领域做一简略扫描，审视一下饭店业的市场化还有哪些地方具有提升空间。

饭店的投资决策还不是市场说了算。饭店建设决策有以下几种情况：一是应政府的要求而建，因为区域规划中要求某区域某地块必须建设一到多座高星级饭店，其实这往往只是地方长官或规划专家的个人意向。二是冲着政府的奖励而建，因为很多地方政府对建设高星级饭店实行奖励政策，甚至一些地方对建一座五星级饭店的奖励达到千万级别。三是为了拿地而建，因为开发商不承诺建设高星级饭店就拿不到地。四是为了房子好卖好租而建，不管是住宅还是商业地产，高星级饭店往往只是为了提升地产的价值。当然，也有不少饭店本身就是政府建的。总之，是否建饭店，建什么样的饭店，首先是政府说了算，即使有时候是开发商说了算，但两种情况下决策都不是由市场说了算。

饭店市场定位重心过于向政务市场倾斜。一来饭店建设是在政府干预下建起来的；二来政府、事业单位、国企等开支大方，因此三星级以上的饭店大多视政务消费为最重要的业务。随着“反对铺张浪费”的政策出台，饭店企业在经历阵痛后，已开始研究市场，重新定位，去政务化步伐加快。未来，饭店建设应以是否符合市场需求为基准点，饭店服务和产品创新应以消费者是否需要和满意为试金石。

饭店运营管理体制行政化色彩需彻底褪除。国有饭店负责人的行政化任命，国有饭店成为某些领导的办公场所、私人会客厅或宴会厅，国有饭店集团的捆绑式整合，都能看到行政力量和资源在背后的支持，但也因其不符合市场化运营的规则而阻碍了企业的高效运营。经营权和所有权分离是市场化的重要一步，但对于饭店管理公司和品牌选择不实事求是，一味求洋，到求高求洋，都是非市场化的行为。为实现饭店专业化管理，引入职业经理人制度，符合市场规则，但在职业经理人团队的激励机制上，收入的市场化价格机制尚未完全形成。鉴于人力资源紧缺和为提高用工效率，饭店采用服务外包和用工市场化、社会化尚受到新《劳动法》等政策法规的制约。

国有饭店资本配置体制亟须改革。国有饭店缺乏内部的产权约束，外部市场约束也较弱，它主要受上级政府的约束。相对于民营企业而言，金融资源配置天平是向国有企业倾斜。这些既不符合市场化要求，也是不公平的。作为一个完全竞争性的行业，最终应实现国企民营化。对于中小国有饭店，可以通过整体出售的方式，快速民营化；对于大型国有饭店集团，可以通过混合所有制的方式来实施渐进式民营化。在民营化的过程中，应是以民企为主的混合所有制，即民营企业占控制权，否则民企玩不起这个游戏。当然，退出前必须做好产权清晰、资产评估、团队稳定、职工安置等工作。国企的退出不仅是产权民间化，更应实现公司治理从行政化向商业化的转型。

饭店行业的行政管理体制需进一步理顺。目前，国家旅游局饭店管理处主要对星级饭店和内河游船进行管理，商务部服务贸易和商贸服务业司对住宿业、餐饮业实施行业管理，两个机构管理职能存在重叠，需要对管理机构进行调整与整合。国家旅游局已实行审批权下放，将星级饭店评定职能转交到中国旅游饭店业协会行业协会，未来主要是引导产业发展方向，提升服务质量和规范市场秩序。但行业协会本身的管理体制和用人机制都需要进一步市场化，才能适应行业发展的需要。

饭店业当前存在的市场化问题，也正是下一步需要努力改革的方向。只有真正发挥市场化在资源配置中起决定性作用，饭店业长期来留下的症结才能消除，资源配置效率才能提高，企业增长活力才能真正得到释放。

（作者单位：中国旅游研究院）

中国饭店品牌建设现状、问题与对策建议

罗东霞　张凌云

2012 年，党的十八大报告提出“形成以技术、品牌、质量、服务为核心的出口竞争优势”。2014 年，李克强总理的政府工作报告中明确提出“支持企业打造自主品牌”，习近平总书记高屋建瓴地指出“中国产品向中国品牌转变”。2013 年，中国品牌建设促进会①成立并发布了中国制造业自主品牌价值评价结果。与对制造业品牌建设的重视相比，政府对中国服务业品牌的建设与推动相对滞后。作为中国服务业品牌的重要组成部分，中国饭店②业的品牌建设目前主要是企业的自主行为。本文基于企业品牌建设的视角，介绍饭店品牌与品牌建设的内涵，分析中国饭店业品牌建设的现状及问题，为中国的饭店集团深化品牌建设提出相关建议。

一、饭店品牌与品牌建设的内涵

（一）饭店品牌

美国营销协会（AMA）对“品牌”的定义是“一个名称、标记、术语、图案设计或符号，或者是它们的不同组合，用以识别特定的产品或服务，使之区别于竞争对手的产品和服务”。哈佛大学阿莫尔德（Arnold，1989）认为“品牌是一种类似成见的偏见，成功的品牌是长期持续地建立产品定位及个性的成果，消费者对它有较高的认同”。美国营销协会对于“品牌”的定义过于狭窄，要赢得消费者对品牌的认同，仅仅依靠与众不同的视觉形象识别（VI，Visual Identity）是远远不够的，视觉形象仅仅是品牌建设的必要条件，而非充分条件。

饭店品牌是视觉识别、设施识别和服务识别的和谐统一，其中视觉识别是饭店品牌的基础，服务识别是饭店品牌的灵魂。饭店品牌的视觉识别与美国营销协会对于品牌识别的定义相同；饭店品牌的设施识别指饭店硬件设施方面易于识别的风格，通过饭店的建筑及装饰、客房设施（包括卫浴设备）以及餐饮设施的安排及设计来进行品牌识别，对于度假饭店而言硬件设施的识别还包括别致的庭院设计以及康体娱乐设施设计等；饭店品牌的服务识别指饭店为顾客提供特别的、专业的以及无形的服务，通过提供超出顾客期望的服务内容及服务质量，使顾客对饭店品牌产生强烈的情感及认知。服务识别可以强化视觉识别和设施识别的效果，是顾客从品牌识别阶段转化到品牌承诺阶段的关键。

（二）饭店品牌建设

饭店品牌建设包括饭店品牌定位、饭店品牌标准的建立及执行、饭店品牌传播、饭店品牌维护以及饭店品牌的发展（见图 1）。饭店品牌定位指的是饭店通过战略分析，充分认识外部市场存在的机会以及自身拥有的优势，精准地找到市场空缺，树立一个为目标消费群体所喜闻乐见的饭店品牌形象。饭店品牌标准的建立及执行是指建立与品牌定位相称的设施及服务标准、操作流程及监督体系。强势品牌一般都拥有强大的中央控制平台（包括中央管理平台、中央采购平台、中央财务平台以及中央信息平台等）来保证品牌标准的执行。饭店品牌传播是将饭店品牌、产品及服务信息通过各种媒介传递给目标消费群体，刺激目标顾客对饭店及产品与服务的注意力，进而形成品牌知觉和偏好，促使目标顾客购买饭店的产品及服务。饭店品牌维护是

---

① 中国品牌建设促进会于 2013 年由国务院正式批准成立，由全国人大常委会副委员长张平任中国品牌建设促进会名誉理事长，国家质检总局副局长刘平均任中国品牌建设促进会首任理事长。

② 在我国南方一些地区及港澳台地区，习惯上称“酒店”，但在我国官方文件中及评定星级的标准中均使用“饭店”一词，两者同义。

饭店为持续获得顾客忠诚而针对外部环境变化及突发事件所进行的维护品牌形象和声誉、保持品牌的市场地位以及品牌价值的一系列活动的总称。一般而言，只有具有较高市场价值的饭店品牌才有必要投入资源进行品牌维护。饭店品牌发展指的是饭店品牌不断夯实和成长的过程，主要包括品牌在数量上的扩张和质量上的发展，品牌延伸及形成一定规模的品牌谱系为数量上的扩张，品牌产品质量及服务质量的提升为质量上的发展。饭店品牌的发展要顺应外部市场环境的发展变化，当市场发生较大程度的改变时，品牌可能需要重新定位。饭店品牌建设五阶段可进一步归类为创立、维护及发展三阶段，饭店品牌的定位、建立标准以及品牌传播都属于饭店品牌的创立阶段。

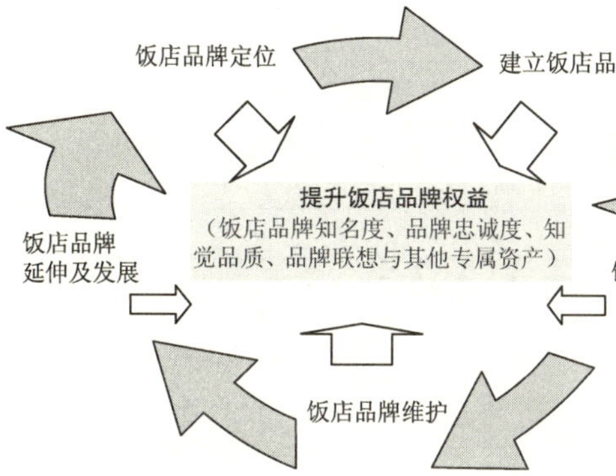

图1 饭店品牌建设示意图

饭店品牌建设的直接目标是提升饭店品牌权益①，最终目标是提升饭店的获利能力。品牌权益指品牌带给企业潜在战略性的贡献与利益，由品牌知名度、品牌忠诚度、知觉品质、品牌联想与其他专属资产组成②，是饭店品牌建设与获利能力之间的桥梁。在品牌权益的各个组成部分中，品牌知名度指一个可能的购买者辨识与回想某一品牌属于一种特定产品类别的能力，是品牌在消费者心目中的强度。品牌忠诚度即顾客忠诚度，是品牌权益的核心，提高顾客忠诚度的方法就是设法加强顾客和品牌之间的关系，所以强势饭店品牌都非常重视顾客忠诚度计划。知觉品质是顾客对饭店品牌所代表的设施及服务的功能及质量的主观理解。品牌联想指顾客通过任何与品牌相联结的事物联想到品牌本身，又分为属性联想、利益联想和态度联想③。属性联想是对某种产品或服务的描述性联想；利益联想指顾客联想到某特定品牌的产品或服务为其带来的利益，包括功能利益、体验利益和象征利益；态度联想是顾客对品牌的总体评价，是最高层次的品牌联想。其他专属资产包括专利和商标等。饭店品牌权益越高，则品牌为饭店带来的利润越高。

二、中国饭店业品牌建设现状

中国饭店业品牌建设从整体上而言落后于欧美同行，除经济型饭店品牌一枝独秀外，高档及中档饭店品牌的发展面临来自竞争对手、政策变化以及经营管理等多方面的阻力，但同时中国经济的发展也为饭店业带来很多机会。饭店品牌的发展离不开饭店集团的发展，饭店集团的门店数及客房数越多，则其品牌影响力越强。表1为2013年度中国饭店集团60强中具有全国性影响力的本土饭店集团及其品牌谱系。

表1 具有全国性影响力的本土饭店集团及其品牌谱系

集团名称	门店数	客房数	在60强中的排名	品牌谱系
如家饭店集团	2341	275875	1	标准经济型饭店品牌：如家、莫泰 中档饭店品牌：和颐

① 英文为brand equity，也被译为品牌资产。

② Aaker，D. A. Managing brand equity［M］. New York：The free press，1991，12－13.

③ Keller，K. L. Conceptualizing，measuring and managing customer-based brand equity. Journal of marketing，1993，57，1－22.

续表

集团名称	门店数	客房数	在60强中的排名	品牌谱系
华住饭店集团	1852	194779	2	标准经济型饭店品牌：汉庭饭店 非标准经济型饭店品牌：海友饭店 标准中档饭店品牌：全季饭店 非标准中档饭店品牌：星程饭店 高档饭店品牌：禧玥饭店 中高档度假饭店品牌：漫心度假饭店
铂涛饭店集团	1998	188646	3	标准经济型饭店品牌：7天饭店 中档饭店品牌：丽枫饭店、喆啡饭店、ZMAX 高档饭店品牌：铂涛菲诺
上海锦江国际饭店（集团）股份有限公司	1178	160777	5	经济型饭店品牌：锦江之星、金广快捷饭店、百时快捷饭店 高档饭店品牌：锦江、锦江国际、白玉兰、锦江都城饭店
开元饭店集团	154	48750	12	高档饭店品牌：开元名都、开元大饭店、开元度假村、开元·曼居饭店 特色饭店品牌：开元文化主题饭店
维也纳饭店集团	265	42305	14	中档饭店品牌：维也纳国际饭店、维也纳饭店 高档饭店品牌：维纳斯皇家饭店 经济型饭店品牌：3好饭店
金陵饭店管理有限公司	136	35747	15	高档饭店品牌：金陵
北京首旅饭店（集团）股份有限公司	119	28575	17	高档饭店品牌：首旅建国（建国饭店）、首旅京伦 经济型饭店品牌：欣燕都
碧桂园凤凰国际饭店管理公司	84	27219	19	高档饭店品牌：碧桂园凤凰、碧桂园假日
港中旅饭店有限公司	78	27168	20	高档饭店品牌：维景国际、维景 经济型饭店品牌：旅居、旅居快捷
万达饭店及度假村	71	21232	24	高档饭店品牌：万达嘉华、万达文华、万达瑞华
山东银座旅游集团有限公司	187	20736	25	高档饭店品牌：银座佳悦 经济型饭店品牌：银座佳驿
海航饭店集团	77	18363	26	高档饭店品牌：博唐饭店、唐拉雅秀饭店、海航大饭店 中档饭店品牌：逸唐饭店、海航商务饭店 特色饭店品牌：珺唐饭店（文化型精品饭店品牌） 经济型饭店品牌：海航快捷饭店

表1中具有全国性影响力的饭店集团名录是以中国旅游饭店业协会发布的“2013年度中国饭店集团60强”① 为基础，按以下标准遴选而得：（1）饭店集团为中国大陆本土的饭店管理（集团），不包括在中国境内开展饭店管理业务的国际饭店管理公司（集团）以及港澳台饭店管理公司（集团）；（2）饭店集团拥有或管理的饭店数目超过50家且客房数目超过15000间；（3）饭店集团的店面在全国范围内分布，集团成员饭店覆盖华东、华南、华北、东北、西南以及西北六大行政区域中至少五个行政区域。表1显示，中国本土最具影响力的饭店品牌以经济型饭店品牌和高档饭店品牌为主。

（一）高档饭店品牌

在表1的高档品牌谱系中剔除初创品牌（仅做品牌商标注册，未开设品牌实体店，例如海航的“博唐”品牌）及地区性品牌（仅在中国局部省份及地区开店，未形成全国性的影响力，例如山东银座集团的“银座佳悦”品牌），即为具有高影响力

① 源自中国旅游饭店业协会官网，包括本土饭店管理（集团）以及在中国境内开展饭店管理业务的国际饭店管理公司（集团）。

的中国本土高档饭店品牌（表2）。

表2　高影响力中国本土高档饭店品牌

品牌所属集团	品牌名称	品牌定位	品牌标志
上海锦江国际饭店（集团）股份有限公司	锦江	五星级	
北京首旅饭店（集团）股份有限公司	首旅建国/建国饭店	四加五减	
港中旅饭店有限公司	维景国际 Grand Metropark	五星级	
	维景 Metropark	四星级	
海航饭店集团	唐拉雅秀	超五星级	
开元饭店集团	开元名都	五星级	
	开元大饭店	五星级或四星级	
金陵饭店管理有限公司	金陵	五星级或四星级	
碧桂园凤凰国际饭店管理公司	碧桂园凤凰	五星级	
万达饭店及度假村	万达嘉华	五星级	
	万达文华	白金五星级	
	万达瑞华	顶级奢华	

高档饭店品牌指饭店在硬件及软件上达到四星级（含四星）以上标准的饭店品牌。品牌谱系中兼有高档及经济型饭店品牌的集团包括锦江集团、首旅集团、港中旅饭店有限公司、山东银座旅游集团有限公司以及海航饭店集团，而品牌谱系中仅包括高档品牌的集团有开元饭店集团、金陵饭店管理有限公司、碧桂园凤凰国际饭店管理公司以及万达饭店及度假村。表2所示品牌中，除历史较为悠久的锦江、建国品牌外，大部分品牌均为近10年新创品牌。以万达为代表的房地产企业自建饭店品牌历史虽短，但扩张速度很快，已在全国范围内形成了较强的品牌影响力。万达饭店及度假村管理有限公司成立于2012年，之后积极进行自有品牌建设，对高端饭店市场做了细分，推出定位于五星级的万达嘉华品牌、定位于白金五星级的万达文华品牌以及定位于顶级奢华的万达瑞华品牌。至2014年年底，万达将在中国持有70余家高星级饭店，包括由10多个著名国际饭店品牌管理的30余家饭店以及30余家自营品牌饭店，委托代管饭店和自营品牌饭店的数量基本持平。

（二）经济型饭店品牌

国内经济型饭店品牌基本形成寡头垄断局面，“如家”、“汉庭”、“7天”、“锦江之星”以其门店数和客房数量上的绝对优势领先于“速8”等外资品牌以及“城市便捷”等区域性经济型饭店品牌（表3）。

表3　高影响力中国本土经济型饭店品牌

品牌所属企业	品牌名称	自营及加盟饭店数量①	品牌标志
如家饭店集团	如家	1800家	
	莫泰	380家	
华住饭店集团（原汉庭饭店集团）	汉庭	1000余家	
铂涛饭店集团	7天	2000余家	
上海锦江国际饭店（集团）股份有限公司	锦江之星	700家	

表3中的部分经济型饭店品牌近两年进行了品牌标志的升级。2014年，如家饭店集团对品牌标志全面升级，新的“如家”品牌标志由盾形图形标志和如家饭店文字标志组合而成，主色调为橙色，易于识别；新的“莫泰”品牌标志由盾形图形标志和莫泰饭店文字标志组合而成，主色调为绿色，传递品牌健康、时尚、个性的定位。“汉庭”也于2013年启用新的品牌标志，新标志的主体采用天圆地方的设计思路，保留了原标志中马的图案，马下面增加了红色的地平线，既有行走之意，也有“汉庭”品牌不断发展壮大之意。中国经济型饭店集团对品牌标志的升级反映其正在根据市场的变化对品牌定

① 数据源自企业官网及2013年财报数据，数据截止日期为2013年12月31日。由于7天连锁饭店于2013年从纽约证交所退市，华住饭店集团2013年年报数据未在美国纳斯达克网站（http：//www. nasdaq. com）公开披露，故其饭店数量取其企业官网上的概略值。

位做出调整。

中国经济型饭店通过快速的扩张提升品牌的影响力。在 2011 年第三季度，“如家”、“7 天”、“汉庭”分别以 1002 家、838 家、516 家饭店数居中国经济型饭店品牌前三位①；至 2013 年年底，“如家”、“7 天”、“汉庭”就分别达到了 1800 家、2000 余家和 1000 余家，增长迅速。在国内经济型饭店品牌中，7 天连锁饭店自 2005 年创建至今一直保持行业领先的扩张速度，2011 年年底“7 天”品牌的开业饭店达 1000 余家，2013 年年底门店数达 2000 余家。

（三）特色饭店品牌

中国特色饭店品牌大多定位于中端及中高端市场，少量品牌定位于高端市场。特色饭店的品类主要包括精品饭店（Boutique Hotel）、设计饭店（Design Hotel）以及主题饭店（Theme Hotel）等。国内的精品饭店多为单体饭店，难以形成品牌影响力。少数精品饭店正尝试通过复制饭店风格及管理模式来扩大品牌影响力，例如北京的“皇家驿栈”将其在故宫店的成功经验复制到前门店和贵州荔波店，未来将在八达岭店等旅游景区附近开设“皇家驿栈”品牌饭店，满足高端游客尤其是欧美游客的住宿需求。设计饭店是以新颖、前卫的设计吸引宾客的饭店，中国设计饭店代表性品牌有“长城脚下的公社”等。由于设计饭店强调设计风格的独特性和艺术性，亦难以通过连锁经营形成品牌效应。主题饭店指以文化艺术以及娱乐活动主题为核心，在饭店建筑、环境设计、装饰用品、服务方式等方面表述统一的文化理念，展示统一的文化形象，传递统一的文化信念，为顾客提供文化娱乐享受和特殊消费体验的饭店，例如北京的“北京人家”四合院京味儿文化主题饭店以及苏州的“书香”文化主题饭店等。“北京人家”已经在北京市场形成一定的品牌影响力，“书香”品牌在创建之初就针对不同受众确立了“书香世家”会所饭店、“书香门第”商务饭店、“书香人家”青年旅舍三大系列品牌，在品牌拓展方面充分考虑了“书香文化”的品牌共性和饭店所在地文化个性的融合。

国内具有影响力的饭店集团中，维也纳集团介入特色饭店业务较早，旗下的“维纳斯皇家饭店”品牌定位于顶尖美食饭店，“维也纳国际饭店”品牌定位于经典艺术精品饭店。近年来，开元饭店集团和海航饭店集团积极探索特色饭店的发展之路。开元集团开发了主题文化类饭店品牌，已开业的项目包括绍兴大禹·开元以及宁波十七房·开元，已签约的项目包括盐官古城·开元项目，将住宿与景区融为一体，满足高端散客市场以及高层次团队市场的旅游及度假需求。海航集团尝试创建“珺唐”这一文化型饭店品牌，以盛唐文化作为其创新设计的主要设计，力求打造富于艺术气质和氛围的文化符号型饭店。“珺唐”饭店拟选址于国内知名的历史文化城或文化旅游景区，目前海南七仙岭珺唐饭店已经开业。

三、中国饭店业品牌建设存在的问题

与西方知名饭店集团相比，中国饭店品牌建设从整体上而言仍处于品牌创建阶段，少部分饭店品牌开始进行品牌延伸和品牌发展。由于原品牌的知名度直接影响延伸品牌的知名度，延伸品牌的定位及品牌形象也会反过来影响原品牌的形象，所以中国饭店品牌在进行品牌延伸及发展时应进行审慎评估。总体而言，中国饭店品牌建设存在以下问题。

（一）饭店品牌定位过于粗放

中国饭店品牌定位主要分为两大类：经济型饭店品牌定位和高星级饭店品牌定位。其中，高星级饭店品牌定位又细化为四星、五星、白金五星以及奢华级的定位，例如万达的嘉华、文华和瑞华对五星及五星以上品牌做了细分。这种定位只考虑了顾客的社会地位及经济收入水平，而忽略了顾客深层次的心理需求。成功的品牌定位应充分考虑顾客的心理及行为特点，例如迪士尼的品牌定位是天真者品牌，哈雷摩托的品牌定位是“亡命之徒”品牌，这些品牌都获得了成功。只有细分游客人群，充分考虑各类游客的心理及精神需求，饭店品牌才能赢得顾客的情感及价值承诺。

从品牌定位的过程来看，中国饭店品牌的定位缺乏科学的程序和数据支持。饭店的品牌定位需要经历一系列科学的分析程序，要对外部及内部环境进行深入、详尽的分析，对未来的政策趋势、经济状况、国民收入以及居民消费习惯的改变等种种影

---

① 数据源自 i 美股统计，http：//www. imeigu. com/

响饭店经营的因素预先估计，以求尽可能精准地把握市场中已存在的以及潜在的住宿消费需求。中国饭店品牌定位过程中数据分析的广度和深度均不够，大数据时代使饭店企业有可能获得海量数据，饭店可以通过购买一些数据以及自行采集一些抽样数据，采用数据挖掘等技术分析手段，多方面地了解顾客特点，才能更精准地进行品牌定位。

从品牌定位的发展来看，国内经济型饭店品牌定位限制了其向中高端市场进行品牌延伸的空间。例如，“如家”品牌强调饭店的经济型定位，难以向中高端市场发展，品牌定位过于狭窄难以进行品牌延伸，而且影响了如家饭店集团新建中高端“和颐”品牌的品牌形象，顾客容易对“和颐”品牌产生经济型饭店品牌的联想。

（二）饭店品牌标准的建立及执行不力

中国的经济型饭店品牌虽然建立了完善的品牌标准，但在执行标准时有所偏差；中国的高端品牌较为注重星级评定标准，但不够重视自身品牌标准的建立；定位于中端及中高端的特色饭店品牌在设施及服务方面参考了同等级的星级饭店评定标准，但难以将其设计风格及文化特质标准化。

“如家”、“7 天”等经济型饭店品牌已经高度标准化，制定了一系列的视觉识别、设施及服务标准及规范，但在品牌标准的执行方面仍有不足之处。以客房清扫服务流程为例，尽管国内的经济型饭店普遍对客房服务人员进行了客房清扫标准程序的培训，但客房服务人员具体执行时却不能严格遵循操作步骤，导致客房清扫不能达到规定的品牌质量标准。“如家”饭店曾被媒体曝光，客房服务员用同一条毛巾擦马桶和茶杯，这样的负面事件严重地影响了“如家”品牌的美誉度。

“建国”、“锦江”、“万达嘉华”等定位于高端市场的饭店品牌在描述其品牌标准时往往使用这样的字眼：“四星级标准”、“五星级标准”以及“白金五星（超五星级）标准”等，这表明国内的高端饭店品牌过于关注饭店的设施及服务是否符合国家旅游局颁发的星级标准，而对自身的品牌特色以及品牌标准研究不够。如果仅仅强调饭店遵循星级标准，高端饭店品牌就会失去差异化。从饭店的建筑、装饰、特色服务以及香氛、背景音乐等方面，高星级饭店品牌都应有符合其品牌定位的标准。

国内特色饭店品牌在品牌标准的制定及执行方面都还处于摸索阶段。定位于中端及中高端市场的国内特色饭店品牌在实现了品牌标准化后，有可能实现连锁经营。“皇家驿栈”等特色饭店品牌在连锁经营方面做了一些尝试，目前的困难是难以实现文化元素的标准化。“皇家驿栈”故宫店的每家客房均以中国古代皇帝名字命名，从客房设计、饭店装饰以及服务内容等方面充分地体现了中国的皇家文化，但皇家文化元素可能并不适用于处于其他地理位置的饭店。

（三）缺乏有文化内涵的饭店品牌

国内饭店品牌从其品牌名称、品牌标志、设施与服务以及品牌宣传方面，忽视了对中国文化内涵的挖掘、应用及传播。目前，国内的饭店品牌名称及标志一般突出其功能性。例如，“维景”饭店品牌的英文释义 Metro park 融合了 Metropolitan 和 Park 两个词，寓意是“都市中的花园”，象征工作之外的悠闲意境，表达了饭店的功能定位——闹市中的休闲。“如家”品牌名称强调的是带给顾客家的感受，顾客住在“如家”能够像在家里一样舒适、安全及随意。从品牌标志设计来看，“维景”品牌标志中的金色象征专业、崇高及认真的精神，紫蓝色象征贵族崇高的地位，M 字呈张开双手的形状，表示饭店对顾客的欢迎。“如家”品牌标志由小房子几何图形、英文 Home Inn 和汉字“如家”三部分构成，给顾客温馨的家的感受。尽管品牌名称及标志设计体现了品牌的功能定位并诠释了“宾至如归”的基本功能，但欠缺一些深层次的文化内涵，对于中华民族的优秀文化未做反映。

一些饭店品牌在定位之初考虑到了品牌的文化内涵，但未在饭店设施及服务中体现这种文化内涵，或者对文化内涵的挖掘和提炼还不够。例如“如家”品牌名称及标志在一定程度上体现了中华民族的“家”文化，但在设施与服务方面与“汉庭”、“7 天”、“锦江之星”等经济型饭店品牌并没有太大差异，没有对“家”文化做视觉表达的形象及符号提炼并将其用于饭店设计与装饰中，饭店服务项目及内容亦没有充分地反映“家”文化，在品牌的传播方面亦未将“家”文化作为传播的重点，而是将带给顾客“如家”般的功能性感受作为传播重点，关注顾客的身体感受甚过于精神感受。

越是定位于高端顾客的品牌越应注重品牌的文化内涵。高端市场的顾客需求已从功能性需求转变以功能性需求为基础的精神性需求。饭店的住宿、餐饮、康体娱乐等基本功能已不能充分满足顾客需求，具有文化内涵的饭店品牌对高端市场更具有吸引力。目前国内有影响力的高端品牌，无论是港中旅的“维景”品牌，还是万达的“万达嘉华”、“万达文华”以及“万达瑞华”系列，在品牌名称、标志以及饭店设施及服务等方面未能体现令人回味的文化内涵。与洲际、万豪等国外竞争者相比，深厚的民族文化及历史文化赋予中国本土高端饭店品牌以天然的差异性，与其亦步亦趋地跟随欧美品牌，不如在创建本土品牌时充分地考虑品牌意义及文化内涵，更好地满足中高端顾客的文化及精神性需求。

（四）饭店品牌传播的互动性不够

国内饭店品牌传播主要采取饭店对顾客的单向传播手段，饭店与顾客之间的互动性不足。传播的手段主要包括广告传播、销售促进以及公共关系传播等，传播的内容基本上也是中规中矩地强调饭店的核心产品及服务，对于移动互联和社会化媒体等新兴传播手段使用不足，对于传统媒体和新兴媒体的结合使用不够，品牌传播手段较国外知名饭店品牌而言较为单一。

以港中旅旗下“维景”品牌为例，“维景”的品牌传播主要通过广告、销售促进以及公关活动来进行。具体而言，在广告投放方面，“维景”品牌主要通过地方报纸、杂志、户外广告、官方网站进行传播，仅在少部分地区的电视、电台等媒体投放广告；在销售促进方面，“维景”品牌在开业、周年、节假日等重要日期进行促销宣传；在公关活动方面，“维景”品牌与新闻媒体、政府、行业协会等保持良好关系，通过在主流媒体上的正面报道提升品牌整体形象。“维景”品牌传播对于新媒体的使用还不够专业，尽管“维景”饭店有其官方网站、官方博客以及微博等，但新媒体渠道的互动性不够强，饭店顾客与潜在顾客的参与度不够高，亟须策划一系列活动提升新媒体渠道的互动性和影响力。

随着信息及移动技术的发展，顾客群体习惯于接受碎片化的信息，针对顾客群体接受信息偏好的变化，e时代的品牌传播呈现传播内容碎片化以及传播形式创意化的趋势。饭店品牌传播应充分重视顾客偏好的改变，丰富传播手段。由于传统媒体的广告投放成本较高，如果中国饭店品牌能整合传统媒体及新兴的网络媒体，不仅能够降低传播成本，还能增强品牌传播中饭店与顾客之间的互动性，持续、有力地传播中国饭店的品牌形象、意义及文化内涵。

四、中国饭店业品牌建设的对策建议

中国饭店业品牌建设目前处于品牌创建阶段，在国际市场尚不具备品牌影响力，在国内市场具有全国性影响力的品牌较少，品牌建设取得了一些成绩，也存在不少问题。针对上述的问题分析，建议中国饭店业品牌建设做好以下工作。

（一）制定饭店品牌发展战略

饭店品牌发展战略包括品牌定位、建立品牌标准、品牌传播、品牌维护以及品牌延伸和发展等各方面的规划。如果品牌定位过宽，饭店不易于锁定目标顾客；如果品牌定位过窄，不利于饭店品牌将来的延伸和发展。“如家”品牌难以向中高端市场延伸，其中一个主要的原因就是“如家”品牌定位过窄。要想更为精准地进行品牌定位，同时尽可能避免在品牌发展过程中对品牌系列进行大幅度的调整，必须在品牌创建之初就制定完善的饭店品牌发展战略。

中国饭店在进行品牌定位规划时要为将来的品牌发展预留空间，并参考著名国际饭店集团的品牌定位模式。国际饭店集团大多采用多品牌组合经营模式，品牌定位包括独立产品品牌、分类品牌组合以及母子品牌组合。独立产品品牌指以不同的品牌满足不同细分市场的需求，例如圣达特集团的豪生、骑士客栈、天天客栈等品牌分别面向高端、中端及低端市场。分类品牌组合指针对顾客市场的需求对旗下品牌进一步分类，如豪生品牌由豪生快捷客栈、豪生广场饭店、豪生饭店、豪生客栈4个同类型的不同品牌组成。母子品牌组合指以母品牌加子品牌的品牌组合形式，母品牌代表企业集团的整体形象，为子品牌提供信誉保证，而子品牌通过向顾客提供个性化的服务及体验，丰富并提升母品牌的形象，例如万达集团旗下的万达嘉华等品牌就采用了母品牌加子品牌的策略。国内饭店集团宜根据自身资源，选择适合的品牌定位。万达等经济实力雄厚的企业可以采取母、子品牌组合模式，而经济实力较弱的企业则更适合于采用独立产品品牌定位模式，在单个品牌获得市场影响力之后，再考虑创建其他品牌，以免分散企业有限的资源。

（二）建立饭店品牌标准的制定、执行及监督机制

饭店品牌标准易于制定，难于执行，只有建立良好的标准制定及执行的监督机制，饭店品牌标准才不会沦为一纸空文。饭店品牌标准的制定、执行及监督互相影响，饭店品牌标准的制定是基础和前提，饭店品牌标准的执行可以体现标准制定的好坏，而对于饭店品牌标准执行过程的监督则保证了饭店品牌标准成为上至饭店总经理，下至客房服务人员所必须遵守的行为准则，最终将品牌标准内化到管理者及员工的行为及观念中。

制定饭店品牌标准的人员要充分理解饭店品牌定位以及品牌意义，在品牌制定过程中要进行充分的调研，了解饭店所具有优势和劣势，切忌不做缜密的调研就将同类型、同档次饭店的品牌标准以及设施及服务规范简单地拿过来生搬硬套，这样制定出来的品牌标准可能在形式上看很完备，但却缺乏品牌特色，并且由于不能切合饭店实际情况而且很难贯彻到基层。在饭店品牌标准的执行方面，要从高层至基层做好培训工作。饭店往往重视对基层服务人员的技能培训，而忽视观念及价值观方面的培训。只有饭店基层服务人员树立品牌观念，意识到不恰当的操作步骤可能会对饭店品牌价值产生重大的影响，并自发地产生维护饭店品牌的行为，饭店品牌标准才有可能落到实处。饭店还需要建立饭店品牌标准的监督机制，对服务人员的工作质量是否符合品牌标准进行全面检查和抽样检查。以客房服务为例，楼层主管每天应检查楼层全部客房的清洁质量，客房部经理应抽查部分客房的清洁质量，通过检查和监督确保品牌质量标准。

（三）丰富饭店品牌的文化内涵

中国饭店业的品牌建设资源与美国饭店业相比具有独特的历史文化优势。美国建国仅 200 余年，而中国历史悠久，文化底蕴深厚。中国饭店业务品牌建设宜以己之长，攻彼之短，从中国的民族文化、历史文化以及地域文化中汲取营养，打造具有独特文化内涵的知名饭店品牌。

在饭店品牌的视觉识别方面，饭店宜根据品牌的定位、市场以及选址，考虑能否提炼中华民族文化、历史文化以及地域文化元素，将其符号化，用于品牌标志的设计中。在饭店品牌的传播内容方面，为了深化品牌的文化内涵、文化传承以及核心价值观，可以通过饭店的官方网站及微博与顾客分享与饭店品牌相关的文化知识，还可以设计一系列围绕主题文化的品牌故事，通过传统的平面及电视媒体广告或通过微电影等现代传播形式传播至目标顾客，彰显饭店品牌的文化特质。在饭店的建筑、设施及服务内容方面也应体现品牌文化内涵。建筑风格及装饰设计是最直接的文化展现，这种有形的文化展示对顾客具有较强的冲击力，例如丽江悦榕庄的纳西式别墅让顾客对纳西文化留下深刻印象。饭店的室内设计和装修也应当恰当地展现饭店的整体文化主题。除了上述饭店的建筑及设施可以成为传递文化的载体外，饭店的服务内容及质量也可以帮助塑造文化差异性。例如，中华民族是礼仪之邦，饭店可以通过精心设置的待客礼仪、具有广泛群众基础的茶文化体验等服务项目向顾客传递与众不同的文化形象。饭店的文化体验建立在其提供高品质的功能产品基础之上，高品质的功能产品让顾客感受到宾至如归，而主题鲜明的文化体验则让顾客与品牌产生文化及情感上的共鸣，提高顾客对饭店品牌的认同感。

（四）增强饭店品牌传播的效益及互动性

国内品牌饭店要进一步提高品牌传播的效益，根据目标顾客群体接收信息的主要途径更为精准地投放广告。由于饭店行业市场竞争激烈，获利空间有限，所以饭店业在选择品牌传播媒介时要充分考虑传播效益。其一，对于成本花费最多的广告这一品牌传播形式，要精准选择广告投放的媒体。位于高端顾客群体的饭店品牌广告适合投放于航空公司、电视、时尚杂志以及门户网站等，而定位于中低端的饭店品牌广告则适合投放于铁路、移动电视、公路交通、地方报纸以及旅游网站等更为经济的广告传播渠道。其二，要充分利用饭店内部可支配的资源进行品牌传播，例如利用饭店的建筑造型

和外部标志、饭店运输工具、饭店员工制服、宾客用品以及店内广告等资源进行品牌传播。其三，要精心设计广告内容，唤起目标市场对饭店品牌的关注，宜在较长时间内保持同一广告形象或语言，进行持续的广告投放，加深消费者对饭店品牌的印象。

中国本土品牌饭店还要增强饭店品牌传播的互动性。移动互联使饭店与顾客之间的即时沟通成为可能。饭店应注重 IT 系统建设，让顾客通过手机及移动终端就能办理查房、预订、选择房间类型、支付、点餐以及退房手续，为顾客提供方便、快捷的入住体验。在 IT 系统建设方面，国内一些经济型饭店品牌积累了成功的经验，例如“7 天”饭店品牌建设了门户网站和数据库实时对接的电子商务平台，使同时接受短信、手机 WAP、呼叫中心、互联网、手机客户端五种便捷预订成为可能，这些举措为国内其他类型饭店的信息系统建设提供了宝贵的经验。同时，饭店与顾客之间的互动还体现在顾客入住体验的分享方面，饭店应该为顾客提供分享的平台，通过微信、互动网络论坛、博客、游戏、网络社区以及饭店官网等多种在线沟通渠道，使顾客在入住之前、入住之中以及入住之后都能通过在线平台与饭店以及网络论坛中的其他顾客进行深度的交流与分享，使饭店与顾客之间的沟通无处不在。

五、结论与展望

中国旅游业自 20 世纪 70 年代末开始起步，饭店业先后经历了从引进外资和合资合作、消化吸收国外先进管理经验（R&D）、“学建国”、国营饭店转制、实施集团化战略，一直到目前世界主要的饭店集团管理的饭店与国有饭店、民营饭店同台竞争，各显神通；奢侈饭店、星级饭店、精品饭店、主题饭店、经济饭店、商务饭店、度假饭店等各取所需，各得其所。30 多年来，我国饭店品牌经历了从无到有，从国外品牌到民族品牌、从国有品牌到民营品牌，我国饭店品牌建设经历了对外引进、吸收改造和自主开发的三个阶段。目前，在传统的星级饭店的管理及品牌营销上与全球著名饭店集团旗下的同档次饭店还存在着一定的差距，我国饭店的民族品牌的知名度、美誉度和认知度以及市场竞争力都不及那些全球著名饭店品牌。但随着我国大众旅游时代的来临，国民旅游需求激增，旅游日益成为人民群众生活的一部分，旅游方式日趋多样化、个性化，自助游、自驾游渐成时尚，所有这些市场需求的新态势给中国住宿业带来了无限商机，尤其是信息技术和风险资本的融入，给 e 时代的年轻人在饭店业创新创业开辟了一片崭新的天地，一些新的时尚品牌脱颖而出，野蛮生长，如一些精品饭店、经济型饭店、个性化饭店和公寓式饭店等。由于这些新业态饭店是在贴近游客市场，依托地方资源的基础上发展起来的，既吸收了国际先进经验，又富有地方特色，不拘泥于星级饭店标准，具有强烈的创新意识，因此，在这个新生市场上，一些新的饭店品牌在目标市场人群中具有较好的口碑和影响力，这或许代表了中国饭店业发展的一种趋势。

（作者单位：北京联合大学旅游学院）

我国乡村酒店发展现状与趋势

张　峰

2013年2月，国务院印发《国民旅游休闲纲要（2013—2020年）》，提到要逐步增加旅游休闲公共服务设施建设，开发特色旅游休闲线路、优质旅游休闲产品和旅游特色业态。随着城市化和经济水平的提高，社会竞争的不断加剧，在大城市工作的人们为了减轻压力，渴望回到静谧舒适的环境去感悟大自然、放松身心、调整心态，对旅游的兴趣从走马观花式的旅游上升到休闲、养生、民俗、文化等体验式旅游上，乡村旅游作为既古老又新颖的旅游活动，逐渐成为旅游者的新宠，乡村生态、乡村风光、乡村民俗、乡村生活、乡村文化、乡村娱乐等成了游客体验的主要内容，同时，游客也能够在游玩中寻找到生活、工作中逐渐消失的“乡愁”。我国乡村旅游也从简单的参观式发展到体验协作式，旅游内容形式也从简单的采摘饮食发展到全方位满足游客需要，形成了农业、文化、生态、健康的特色内容，以乡村为背景的旅游在这样的大环境中蓬勃发展起来，各种主题风格的乡村酒店也在这样的条件下孕育而生，并伴随着乡村旅游的发展而不断壮大。

乡村酒店，既有酒店特质，拥有良好的服务设施和服务质量，能够确保卫生和安全，同时又有其独特的文化个性和优美的生态环境。除了基本的观光、饮食、住宿和娱乐外，游客对酒店的文化、品牌、健康理念的关注度也不断提高，对乡村酒店的文化内涵、外部生态环境、接待能力、服务体验等方面均提出很高的要求。当游客进入其中，在欣赏淡雅幽静的田园风光的同时也可切身体会浓郁的乡土气息，领略质朴的人文精神，品尝到清新绿色的饮食精品，客人入住酒店后，能够全面感受到当地乡村风俗，领略一番异地乡村风情。

一、乡村酒店概念

关于乡村酒店的概念有各种各样的提法，针对不同的分类标准形成了不一样的诠释，本文主要采用《中国旅游大辞典》（邵琪伟，2012）中“乡村酒店”的概念，该词条编写为“指具有乡村休闲、娱乐、求知、教育功能的综合性旅游住宿单位，是将农业景观、生态景观、田园景观与住宿、餐饮设施进行结合，能够为游客提供乡村休闲体验的经营主体”。

乡村酒店的特色在于：①乡村性。现代乡村酒店主要针对丰富的农业资源而产生，在建筑、产品、服务、活动等方面具有显著的乡村特点；②休闲性。通常接待休闲度假客人，客户群体主要为我国城市居民，主要进行农村民风民俗、农业资源特色、田园休闲等体验；③主客互动性。客人往往会与主人一道进行具有乡村及家庭特色的烹饪、手工制作、种植、养殖、家庭成员交流等活动，其显著特点在于文化性强、季节性强、资源特色性强、消费者参与体验性强。现代乡村酒店与商务型酒店、奢华高星级酒店在不同层面上满足了不同消费者的需求，因此现代乡村酒店在发展规模、品牌、文化等方面还有很大潜力。

二、我国乡村酒店发展现状

（一）国外乡村酒店

乡村酒店源于19世纪中叶的欧洲，当时只有零星的乡村酒店满足极少数人的需求；发展于20世纪60年代的西班牙，其政府开始注重对乡村旅游的投资，建立大量的乡村酒店，满足度假游客的需求；20世纪80年代后，由于工业化和城市化进程的快速推进，欧美发达国家率先开始了大规模发展乡村旅游的进程，对乡村经济的振兴起到重要作用，随着乡村旅游的发展而兴起得最早的是家庭旅馆，乡村旅游的最主要形式是游客在乡村旅馆住一段时间，到周围景区、山区、农场、大自然中休闲娱乐。在发达国家里，乡村酒店已经发展到成熟阶段，乡村酒店的类型比较齐全，主要类型有以下几种：

（1）住宿加早餐（B&B），仅提供基本的早餐和客房服务。这种客栈价格低廉，基本上以当地居民自家房屋为基础，稍加修缮改造而成的客房，保留了当地农家建筑风格，以适应游客的需要，既解寂寥又有收益。英国自然风景区的小镇几乎都有这样的家庭式旅馆，打着B&B的招牌，旅馆一般是由家里的女主人负责打理。

（2）乡村旅舍。国外乡村旅舍的经营大多以家庭小规模经营，服务设施相对齐全，能够提供性价比较高的住宿条件和餐饮设施，基本上满足游客的需求。但是由于经营规模小、存在季节性、经济效益低，因经营模式的缘故使其没有足够的管理能力和操作能力，但风险小。而近几年里，大的酒店集团也开始布局乡村旅舍，但是酒店规模也扩大了数倍，提供给游客更方便、舒适、个性化的体验，比如万豪酒店集团在纽约、波士顿、洛杉矶等地运营管理乡村旅舍。

（3）乡村度假村。用作休闲娱乐的建筑群，一般有旅游胜地度假村、娱乐场度假村、小型豪华度假村、别墅式度假村以及主题度假村等类型，这些乡村度假村区别于传统度假村，主要依托乡村资源，拥有乡村旅游。通常是由一间独立公司营运，但是也有数个集团合作经营的，为了让客人们于假日里尽情享受他们的假期，度假村内通常设有多项设施以应对客人的需要，如餐饮、住宿、体育、娱乐等活动。国际旅游度假村的发展至今已有数百年的历史，然而，度假村业的大规模发展才是20世纪后半期的事情，尤其是在欧美等发达国家，度假旅游已经成为一种时尚和势不可挡的潮流。如圣淘沙名胜世界HardRock酒店，马尔代夫Four Season Kuda Resort，拥有高尔夫球场的德国Hartl Life Resort度假村，欧洲阿尔卑斯山脉的著名滑雪场附近的度假村，巴厘岛皇家彼特曼哈酒店Royal Pita Maha，等等。

从国外乡村酒店的发展来看，国外的乡村酒店不同于城市商务酒店、度假村，它与二者的最大区别就是各自具有独特的文化个性，有着其特殊的文化符号，其中有的是以庄园文化、古堡文化见长，满足旅客怀古寻旧的愿望；有的是以收藏古玩见长，主客共享鉴赏珍品的乐趣。

（二）国内乡村酒店

在我国，乡村酒店起步比较晚，伴随着我国乡村旅游的发展起步于20世纪末期，发展于21世纪初期，乡村家庭旅馆是它的住宿雏形，经过几年的时间，在全国范围内迅速发展壮大起来，乡村酒店的发展已成为乡村旅游的一大热点，形成多种风格的乡村酒店，它既有农家乐良好的生态环境，又有星级酒店的良好服务设施和服务质量，这种新的接待模式，是市场经济下旅游发展繁荣的产物，是乡村旅游走向与国际接轨的必然趋势。2003年我国将“三农”写进政府工作报告，2008年十七届三中全会通过了《中共中央关于推进农村改革发展若干重大问题的决定》，提出了大力发展特色农业、生态农业和旅游观光农业，为乡村改革和发展提出了目标；近十年来我国乡村旅游有了蓬勃发展，乡村酒店也有了大规模的增长，不仅推进了乡村整体环境的进步，也给农民带来了一定的经济收益。

2005年4月北京市首批乡村酒店正式开张，被批准的10家酒店暂时只接待外国游客，对外报价是每人50美元。当月，江苏省首批100家乡村星级酒店正式挂牌。在乡村旅游最为繁荣的川渝地区，乡村酒店管理也在相继升级，成都郫县在原有“农家乐”产业基础上，选择较高档次、富有个性特色的乡村庄园进行升级改造，通过严格的星级评定，确定的首批11家乡村酒店正式授牌，首次在全国创立了以乡村酒店为支撑的乡村旅游模式；重庆市在现有数千家农家乐产业中选择较高档次、富有个性特色的乡村庄园进行升级改版，打造一种新型的乡村酒店。在国家政策的风向标下，苏州市、张家界市、三亚市、常州市、青岛市纷纷出台“乡村酒店”相关管理规定。一些省级的管理标准相继出台，江西省首个旅游地方标准《江西省农家旅馆星级的划分与评定》通过专家评审。根据这项标准，农家旅馆旅游设施与服务划分为四个等级，由低到高依次为一星级、二星级、三星级、特色三星级。2007年浙江杭州德清的“洋家乐”，注重生态环保、绿色低碳和东西文化融合，在浙江省内乃至全国都称得上一景，游客在那里既能享受乡村宁静，品尝农家菜，又能体验欧式风情，尝到正宗西餐，可谓是中西合璧，为乡村酒店的发展开拓了新的思路。2009年北京市颁布实施了《乡村旅游特色业态标准及评定》，涉及乡村酒店、国际驿站、采摘篱园、生态渔家、休闲农庄、山水人家、养生山吧、民族风苑八种乡村旅游新业态，自此始终坚持“一区（县）一色”、“一沟（村）一品”的特色发展道路，积极培育具有首都特色的旅游新产品、新业态，促进了乡村旅游产业的升级换代，其中乡村酒店的发展非常迅速，如延庆的绿茵溪谷、华府田园、地质人家、世葡人家，密云的山里寒舍，慕田峪长城脚下的小园度假村等。

综合来看，乡村酒店在发展过程中，在建设设计方面多追求乡舍韵味，选址多在风光秀丽、植被丰富的山谷，或是历史气息厚重、文化氛围浓烈的古村，还有窗几明亮、整齐划一的新农村等地，乡村酒店外部建筑多是保留了老宅子样式，包括门、窗、墙等要素，在房间内部，融合了古朴与现代的室内设计，标配的床卫浴设施等，以“开门大自然，闭门现代化”的方式协调了乡村与现代化之间的矛盾。在酒店服务人员的选聘上，大多数都是吸纳本地村民就业，同时还可吸引一部分外出务工青年回流，这些人对当地生活环境十分熟悉，可以给予顾客细致周到的服务。

近几年以来，世界知名酒店管理公司瞄准了中国广阔的酒店业市场和酒店劳动力市场，不仅推进了标准的奢华品牌酒店和高星级酒店，也推进了小众市场的精品酒店在中国的建立和发展，如万豪、凯悦、喜达屋、洲际、朗庭等国际酒店集团，这种趋势已经从重要的大城市、旅游胜地、省会城市向二线城市发展，在未来的发展中必定会将我国丰富的农业观光旅游资源地区作为重要开发市场。

三、乡村酒店发展模式分析

综上所述，依托乡村资源特色、酒店经营管理理念，以及政府的积极引导推广，三者间共同作用，促进了乡村酒店的发展（详见图1）。

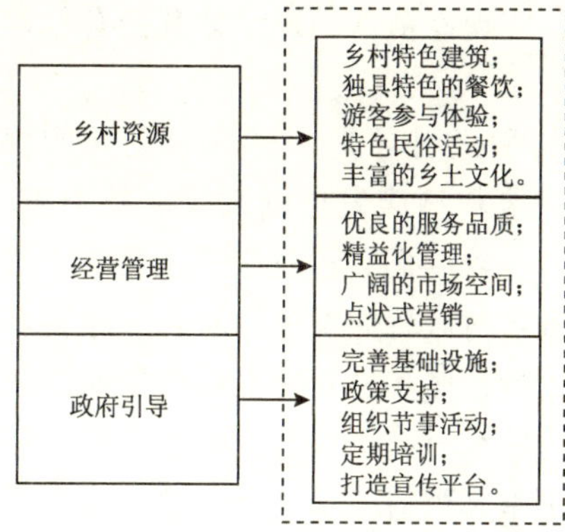

图1　乡村酒店发展模式图

第一，优质的乡村资源是开发乡村酒店的前提。一是建筑文化的应用。乡村酒店在发展过程中，要深度挖掘该乡村的历史文化，选择有代表性的建筑作为酒店主体，比如有特色的院子或别墅，将现代化和原真性有机结合，通过一定程度的装修改造，修旧如旧或新旧结合，实现该地建筑风格的传承。二是饮食文化的应用。中国拥有丰富的饮食文化资源，乡村酒店可以充分引进当地风味菜肴、老字号餐饮、市井小吃等，进行品质和内涵提升，创造出新的特色餐饮。三是可供游客参与体验性活动的打造。通过增加可供游客参与、体验的酒店元素，让游客充分体验到本地的“原真”文化，从而增加本酒店的内涵。四是特色民俗活动的打造。乡村酒店相比星级酒店的最大不同，就是增加了酒店从业者与游客间的互动性，通过自己举办，或是连同所在乡村的村民，一起举办当地特色活动，给予游客更丰富的住宿经历和游玩乐趣。五是融入浓厚的乡土文化。乡村酒店在经营管理中，要融入到当地的乡土文化中，无论是建筑风格、餐饮的打造、特色民俗活动，都要体现出“身处乡村，长于乡村”的韵味。

第二，良好的经营管理是乡村酒店快速发展的动力。一是提供“管家式”服务。在乡村酒店中，服务人员大多数都是本地村民，在游客住宿期间给予他们最贴心的关怀、独特的体验，提高游客满意度。二是采用精益化管理理念。精益化管理理念保证了乡村酒店低成本高回报的收益，无论从日常的酒店管理、餐饮的提供以及客房消耗品等方面，通过精细化的管理，使酒店收益尽可能达到最大值。三是拥有广阔的市场空间。乡村酒店地处环境优美、乡土气息浓重的地方，在国家大力倡导发展休闲旅游产业背景下，厌倦了千篇一律的景区景点的中等收入的游客开始追求到乡下去体验“慢生活”，乡村酒店未来的旅游市场将更加广阔，空间更大。四是采用“一对一”点状式营销方式。乡村酒店通过对特定客户进行点状式营销，来吸引顾客，并努力发展成回头客，实现专精营销，保证其拥有稳定的顾客群体。

第三，政府的积极引导是乡村酒店发展的保障。一是加大促进乡村酒店发展的政策支持力度。地方政府在解决“三农”问题过程中，主要的手段之一就是大力促进乡村旅游的发展，对乡村旅游新业态的发展予以支持，尤其是对于没有优质旅游景区景点作为吸引物的乡村，可以开发特色乡村酒店作为吸引物。二是举办民俗节事活动。政府在发展乡村旅游过程中，通过不同的民俗节庆，举办相应的庆祝活动，吸引更多的游客参与其中，对乡村酒店的客源和宣传起到了积极的促进作用。三是定期对乡村酒店从业人员进行培训。政府通过统一培训，提升乡村酒店从业者日常服务礼仪、经营管理规范等方面技能，提升乡村酒店整体服务水平。四是打造统一的宣传平台。“酒香也怕巷子深”的道理不言而喻，因此，政府通过打造旅游网，统一对乡村酒店等旅游资源进行宣传；邀请本地知名媒体对乡村酒店进行深度宣传，同时也可以采取冠名合作的方式，让本地知名媒体对此进行长时间的宣传，以此提升乡村酒店的知名度和美誉度。

综上所述，依托优质的乡村资源，乡村酒店在开发建设中，通过融入到乡村中，无论是建筑形式、餐饮、酒店文化内涵以及体验活动等，打造独特的乡村酒店气息；同时，乡村酒店采用优质的经营管理理念，如精益化管理、管家式服务、独特的营销方式等，为乡村酒店的快速发展提供了源源不断的动力；最后，政府通过政策、节庆活动、培训以及宣传等角度，对乡村酒店的发展给予最大的支持，是乡村酒店发展最坚实的保障。

四、乡村酒店未来发展趋势

（一）文化产业将与乡村酒店的发展密不可分

乡村酒店在发展中，酒店内部文化氛围将与当地旅游资源、农业资源、乡村文化资源进行良好融合，丰富的文化内涵将成为乡村酒店发展的重要标志。乡村酒店的所在地融合了数代人的文化特征、生活习惯以及民族信仰，在酒店设计开发过程中，无论是从整体建筑设计还是内部装饰风格来说，逐步引入乡村文化要素，致力于对乡村文化的体现，以让顾客和居民可以更好地感受到乡村的文化魅力，并提升乡村的文化品位。而在酒店经营过程中，酒店经营者在“原真性”思想指导下，依托本地乡村文化特色，利用乡村特色建筑、餐饮、酒店内部装饰、酒店从业者服饰、民俗体验活动等主题元素，打造特色民俗文化内涵，提升顾客对本酒店文化内涵的体验和参与，打造原汁原味的文化氛围，为乡村酒店的发展提供必需的文化元素。国外典型的酒店有乡村欧式装饰风格主题彼索斯特洛庄园酒店、英国城堡风格的达尔豪西城堡酒店等，国内外知名的乡村不乏利用乡村农家、旧建筑等改造为乡村酒店的成功案例，比如杭州的安缦法云、洋家乐，北京密云的山里寒舍，四川成都的五朵金花之“花乡农居”等，这些乡村酒店已经与当地乡土文化融为一体，又不失酒店的高雅，带给顾客更丰富、美好的体验。

（二）结合“新型城镇化工程”，品牌连锁化将成为精品酒店趋势之一

在城镇化过程中，新型城镇化发展趋势强调就地城镇化，把城市服务引入到乡镇、农村，让农民能够就地转型、从农民转化为市民。十八届三中全会中《决定》指出，要“建立城乡统一的建设用地市场”，“允许农村集体经营性建设用地出让、租赁、入股，实行与国有土地同等入市、同权同价”。乡村旅游的发展规划对于未来整个旅游业的发展有着至关重要的作用，结合城镇化工程，政府对乡村的道路、停车场、厕所等基础设施进行了合理的发展规划，提供了完善的配套设施，为乡村旅游大规模的发展提供了坚实的基础。推进家庭经营、集体经营、合作经营等共同发展的经营方式，促进乡村旅游规模化、专业化、现代化发展，因地制宜地发展旅游休闲、养生等产业，培育乡村酒店品牌，推进与周边城市的区域旅游合作进程，让新型城镇化的建设给予乡村酒店更大的促进作用，实现乡村酒店品牌连锁化发展。现代乡村酒店未来发展必将会因品牌优势而占领更多、更大的农业生态资源和农业旅游资源市场。农耕文化的灌注、农事体验、结合现代商务度假，乡村酒店将会向着更好的方向发展，因此，品牌化、连锁化是未来现代乡村酒店的发展必经之路，也是凸显现代乡村酒店品质的重要特征。

（三）精益化、精品化将成为乡村酒店发展的方向

乡村酒店的经营管理模式从粗放型向精细化转变，内部文化和设施的精品化将是乡村酒店实现品牌连锁化发展后的又一个未来发展的显著标志，也将成为未来转型升级的方向。

在乡村酒店转型升级过程中，加强对精益思维的学习和研究，将精益管理模式在乡村酒店中广泛应用，比如信息化的利用、经营管理的优化、经营成本的节约等，使其真正体会到精益管理的必要性和紧迫性，鼓励其在日常经营管理过程中运用精益管理方法，比如网络预订和电话预订的客人比例是多少、采用哪种营销方式才会带来更多的客人、每天准备多少食材才会保证既不浪费资源又能保证游客的需求，等等，只有在经验管理过程中，选择最小的成本获取最大收益的经营方式，才会确保乡村酒店管理向着精益化发展，实现乡村酒店转型升级。

随着乡村酒店发展趋于完善，精品化也将成为大势所趋。乡村酒店依托的是天然的农业资源，不同的特色农业资源、旅游资源和当地的乡村历史文化，是未来乡村酒店的文化主题，将不同的主题融入酒店的内部文化，真正植根和发扬这种文化，做到酒店的个性化、差异化和精品化发展。酒店外部环境天然优美，内部环境质朴，乡村文化浓厚，设施设备完善方便，农事体验丰富等一系列住宿体验的升级，都将为乡村酒店向着精品化发展提供积极动力，保证该酒店在当地的绝对竞争力和美誉度。

（四）生态化、惠民化将是乡村酒店发展的根基

生态化、惠民化是乡村酒店得以发展的重要因素，未来的乡村酒店将更加注重科学发展，不应以短浅的经济利益而给周边旅游资源造成的严重破坏。未来的乡村酒店不再是靠恢复、复制、模仿过去的场景，而是将消费者真正融于民俗风情浓厚的环境、返璞归真的氛围中，开展多种层次和内容丰富的农业文化活动和农事参与活动。在酒店设施设备上，将更多采用现代化的无污染设备，利用光能、风能，避免或者降低对当地农业旅游资源的破坏，因此生态化也应该是乡村酒店发展中区别于其他类型酒店的主要因素，最直接、最良好的生态环境和地域文化也将是乡村酒店生态化最基本的元素。

中共中央办公厅、国务院办公厅先后印发的《关于全面深化农村改革加快推进农业现代化的若干意见》（即中央一号文件）和《关于创新机制扎实推进农村扶贫开发工作的意见》，都集中说明乡村旅游对于解决“三农”问题的重要性；十八届三中全会《决定》中也提出，健全城乡发展一体化体制机制，让广大农民平等参与现代化进程、共同分享现代化成果，因此，乡村酒店在农民就地转型、发展农村服务业中发挥了重要作用。在未来发展中，通过促进乡村酒店的发展，引领乡村经济结构转型，鼓励和支持特色民俗村进行品牌打造、能力提升和规范管理，带动农村劳动力就业，真正实现让广大农民脱贫致富的目标。

五、发展建议

（一）政府层面

第一，政府在管理过程中，积极引导服务企业。政府在社会管理中积极引导乡村酒店向着科学、先进、规范的发展方向，不仅要抓好统筹规划，而且还要严格按规划控制协调发展乡村酒店的规模与布局；同时，促进将乡村文化活动与乡村旅游产品进行衔接，对乡村酒店所蕴含的文化活动及其他有利于文化传承和宣扬的活动予以支持，在创新中不断提高乡村酒店的品位和档次。

第二，政府在规划中要坚持保护与开发并重原则。对于历史知名建筑的保护、或知名街道的改建过程中，在政策上允许利用历史遗迹，在保护前提下进行开发，通过开乡村酒店等方式进行经营，保证开发、保护与经营相协调发展，这样不仅会对历史遗迹有更好的保护，同时会带来经营收益，这部分收益应用到历史遗迹的保护中，这也是对历史遗迹的可持续保护策略。另外，把乡村酒店的规划，纳入到当地旅游总规划中，明确乡村酒店发展方向、具体目标、重点区域和推进步骤。

第三，积极打造宣传平台、促进组织行业交流。乡村酒店作为乡村旅游发展中必需的一部分，出于成本限制，乡村酒店在发展过程中很少做广告，为了提高知名度，乡村酒店从业者希望官方能够将本地的乡村酒店进行统一宣传。因此，在发展旅游业过程中，政府通过打造统一的官方宣传平台，建立旅游资讯网站，加大宣传力度，提高知名度，同时，充分利用报纸、广播、电视等传统媒介，利用微信、微博和新闻客户端等新媒体形式，构建多角度、全媒体传播渠道，全方位、立体地展示乡村酒店特色。另外，政府要多组织乡村酒店发展交流会，加强乡村酒店行业交流，对于乡村酒店的提升、特色的打造，以及酒店从业者的水平提升，都有极大的促进作用。

第四，制定标准，规范管理，提高乡村酒店的服务质量。政府在发展乡村酒店过程中，出台了一系列规范乡村酒店发展的政策法规，推行乡村酒店服务标准化，开展乡村酒店星级评定活动，对规范和指导乡村酒店发展起到重要作用。另外，鼓励引导有条件的乡镇村成立乡村酒店协会，以土地流转、租赁等方式，将农户分散的土地和特色农产品资源集中连锁经营乡村酒店，加快推进乡村酒店发展。同时，培养一批懂经营的酒店从业者，不断投入从业人员培训力度，对不同岗位上的从业人员分别展开有针对性的培训，引进先进的理念和经验，进一步提高乡村酒店经营管理水平，同时，确保培训工作要经常化、制度化、规范化，努力造就一批高素质的本土专业酒店管理人才与技术能手，为乡村酒店未来更好的发展做好人才储备。

（二）乡村酒店经营者层面

第一，提升基础设施、增强居住舒适度。游客对乡村酒店的不满主要在硬件设施上，如停车问题、卫生问题、厕所问题等，其中，餐饮卫生状况和就餐环境有待改善也是游客反映比较多的问题之一。因此，乡村酒店在发展过程中更关注游客的核心需求，提高舒适度，这将大幅提高游客的满意度。

第二，深入挖掘地方特色，提高产品差异性。乡村酒店在发展过程中，产品同质化的现象严重，主题形象不鲜明。建议乡村酒店在发展过程中要因地制宜，深入发掘更多具有地方特色的乡村文化活动，将本地最真实的乡土文化引入到酒店设计装饰中，打造与当地文化息息相关的主题文化，根据所在的乡村历史文化、故事等定主题，开发旅游产品。

第三，乡村酒店建设与生态保护协调发展。21世纪的社会将会更加重视对环境的保护，服务业更是注重绿色服务。乡村酒店的可持续发展离不开乡村旅游资源的自然性，人与自然的和谐性，人文景观的原始性。酒店在建设过程中要争创绿色酒店，注重建筑风格，保持居住设施装饰与周围环境的和谐性，开发要避免过于明显的人工痕迹，保持资源的原始性和天然性。

第四，加强乡村交流、增进邻里互动。走进乡村，了解乡村生活，寻找一丝乡情是很多游客进行乡村旅游的动机之一，为了满足游客的需求，乡村酒店从业者也要做出相应的创新，将最原始的乡土气息完整地呈现在游客面前。乡村酒店在发展过程中，应该加强乡村之间的交流，增进乡村酒店周边邻里互动，吸引乡村居民参与到酒店服务中，让顾客体验到地道的风土人情，如聘请老住户给住客讲历史故事、打麻将三缺一时请老住户凑数等。

（作者单位：延庆县旅游发展委员会）

中外酒店投资趋势分析

蒋艳霞

1　全球酒店投资趋势

1.1 投资持续增长

2013 年，全球酒店主要市场投资交易活动稳步增长，交易规模达到 467 亿美元，同比增长 35%。亚太地区交易规模翻倍，达到 95 亿美元。美洲地区达到 240 亿美元，同比增长 30%。欧洲、中东和非洲达到 132 亿美元，同比增长 17%。

2014 年，预计全球交易规模将达到 500 亿美元，比 2013 年增长 5% ~10%，为近五年来的峰值。美洲地区流动性充足，交易规模预计将达到 280 亿美元。欧洲、中东和非洲预计仍保持增长趋势，在债务重构交易的推动下，交易规模将达到 160 亿美元。亚太地区继 2013 年的翻番增长之后，由于缺少发展机会和大额交易的支撑，2014 年的交易规模将恢复常态，预计为 60 亿美元，交易活动将主要集中在澳大利亚、中国和日本（表 1）。

表 1　酒店交易规模（单位：亿美元）

（资料来源：Jones Lang LaSalle）

	2013E	2014F	趋势
美洲	240	276	↗
欧洲、中东和非洲	132	160	↗
亚太	95	60	↘
全球	467	496	↗

发达经济体增长缓慢，是影响酒店交易的主要因素。其他影响酒店投资市场发展的因素包括：政府债务增加、发展中国家经济增长放缓（尤其是亚洲）、新兴市场股权流动性较差。不过，虽然存在诸多不确定因素，酒店投资仍将成为各方资本追逐的热点。

1.2 二线城市市场回暖

从全球来看，2014 年酒店运营基本面将持续向好。虽然很多发达经济体的平均房价还不乐观，但主要门户城市的市场需求水平已经恢复。二线城市的入住率和平均房价一直比较低迷，不过最近在经济复苏的带动下也出现改善迹象。在美国，2013 年二线城市的投资比例已经翻倍。在欧洲，规模较大的投资组合交易都包含了很多二线城市的酒店。

发展中国家旺盛的出境旅游是驱动 2014 年酒店投资交易的主要因素。中国大陆的出境旅游市场尤其火爆，2013 年中国出境游增长了 15%，预计 2014 年增速还将进一步提高。那些进入性良好、接纳能力强的超豪华度假胜地将非常受投资者欢迎。

另外，会展和集团业务仍将扮演酒店需求的调节因素。不过截至目前，会展和集团业务仍没恢复到以前的历史水平，因此那些会展和集团业务占比较大的酒店其利润回升将会较慢。

1.3 经济型酒店风靡全球

从全球来看，选择性服务和经济型酒店仍是投资者比较感兴趣的。预计经济型酒店盈利能力将继续增长，该领域的投资机会仍然很多，新兴市场尤其如此。品牌酒店主要集中在一线城市，二线城市的投资空间比较大。比如在拉美地区，在未来 10 年，前四大经济体预计将新增 42500 间客房，这些客房大部分都是经济型。经济型酒店活力十足、发展迅猛，吸引着越来越多的投资者进入市场。

1.4 私募基金成为投资主力

2013 年，私募股权基金占投资总额的 35%，预计 2014 年将成为最大的投资买家，私募股权的资金已经募集到位，正在等待合适的投资机会。私募股权资金实力雄厚，风险承受能力较强，获得机会收益的可能性也较大。

私募基金的投资力度各地区有所不同。在亚太地区，由于当地投资者的竞争，私募基金投资占比远远小于平均值（日本除外）。不过有迹象表明，美国私募股权基金已经重新聚焦亚太地区，这些地区将来的市场动态看点较多。美国私募股权基金将会面临亚太本地投资者的竞争，这些本地投资者一般习惯长线投资，收益预期也较低，美国私募股权基金必须勇于创新，因地制宜，才能有所斩获。

为了分散投资组合风险，房地产信托投资基金一般选择核心市场投资，这些市场中股价一般是被低估的（特别是北美和欧洲的一些市场）。2013年，在亚洲有三只房地产信托基金上市，包括中国首只房地产信托基金，全球共有52只REITs，其中亚洲11只。和美国完全不同的是，亚洲很多新的REITs仍然是和家庭企业或发起人紧密联系在一起的，发起人的能力在很大程度上决定着项目的成功率。

机构投资者不断寻求高收益地产投资，将酒店作为多元化房地产投资组合的一部分，预计未来机构投资者不仅对于直接投资兴趣越来越浓厚，而且会将大量资金投向债务市场。2014年，由于英国、法国、德国等核心市场的相似性及成熟性，这些市场将为投资者提供更好的投资机会。

1.5 跨境投资增多

2014年，预计将出现更多的跨境投资。市场上涌现出一些以前很少出现的资产收购机会，投资者也希望在不同币种、地域和政治环境中分散投资风险，这些都加速了全球资本的流动。

2013年，全球酒店投资中跨境资本占了将近30%，这些境外资本主要来自中东和亚洲。2014年跨境资本投资规模预计将有所增加（以美元计算），不过在总投资中的份额将保持稳定。另外，为数不多的投资机构带动了跨境投资的大部分交易。

2013年，中东投资者对外投资达40亿美元，2014年他们将继续保持活跃，热衷于选择性购买和platforms业务（比如投资组合并购）。2013年亚洲投资者的对外投资为50亿美元。虽然亚洲投资者的资本实力很难和美国抗衡，不过预计2014年亚洲投资者的对外投资仍将保持活跃。

跨境投资的其他资本来源包括全球性基金中分配到亚太酒店地产的部分、日益增长的中国境外投资、在全球寻找投资机会的主权财富基金。

由于美国国内内场已经趋于饱和，美国投资者更多地在欧洲主要市场寻求投资发展机遇。亚洲的投资者也热衷于投资欧洲酒店市场，因为与亚洲国家国内市场相比，欧洲房地产市场有着更加诱人的中期增长前景，提供了更加诱人的投资回报。过去一年中，更多的中国投资者涉足欧洲，由于中国不断增加的出境旅游，预计2014年这一趋势将持续进行。

1.6 一个新的时代来临

资本重新回归酒店领域，市场交易速度不断加快。2014年，二、三线市场和经济型酒店将有所突破，大宗交易也蓄势待发。机构投资、并购交易以及品牌收购将领衔2014年的酒店投资活动。知识产权、platforms和品牌组合的投资也将不断增长。

市场参与者正在重构交易规则：美国国内主要市场投资趋于饱和，世界各地的二、三线市场受到关注，成熟经济体的债券流动性快速增长，经济型酒店蓬勃发展。在良好的基本面和高收益率的诱惑下，实力雄厚的投资者开始进入市场，一个新的时代已经到来（表2）。

表2　2013年各地区不同来源资本比例

（资料来源：Jones Lang LaSalle）

地区（Region）	国内（Domestic）	区域内（Intra-regional）	国外（Off-shore）	全球（Global）
北美（North America）	74%	1%	9%	16%
拉丁美洲（Latin America）	82%	4%	13%	0%
欧洲（Europe）	41%	15%	34%	9%
中东（Middle East）	96%	0%	4%	0%
亚洲（Asia）	64%	23%	2%	11%
澳洲（Australasia）	22%	3%	75%	0%

注：资本的“全球”渠道是指交易资金来自私募股权和投资银行，而这些私募股权和投资银行的资金来源于全球多个国家。

2 亚太酒店投资趋势

2.1 2013 年投资交易大幅上升

2013 年亚太地区投资者信心增强，酒店交易活动大幅上升，交易额达 950 亿，增长了 160%。澳大利亚、中国、日本和新加坡囊括了大部分交易，这四个国家的年交易规模都达到全球经济危机以来的最高点。另外，亚太地区其他很多国家也都有资产出售交易发生。总的来看，虽然亚洲地区各个酒店市场的表现不尽相同，但 2013 年投资交易大幅上升，仅次于 2007 年的交易额。

2013 年亚太地区酒店投资市场上的债券和股权充足，不过由于可售库存不多，一些卖家在上涨的行情下惜售。预计 2014 年仍会面临这种困境。在这种情况下，买方一般会根据市场形势调整交易策略，交易完成后往往由卖方继续控制企业。

2.2 2014 年投资交易放缓

2014 年亚太地区酒店交易规模预计将放缓，大约为 60 亿美元。小额资产交易依然活跃，且市场的广度和深度都有所增加，不过预计 2014 年重大交易将会减少，从而使得整体交易规模下降。因此，2014 年平均单笔交易规模将呈缩小趋势。另外，投资机会的缺乏也在一定程度上限制了交易总规模。

资本雄厚的代际投资者主导着亚太地区的酒店投资市场。很多活跃的私募股权和投资基金已经出售，交易节奏有望放缓。尤其是在澳大利亚和日本，这种情况比较普遍。对亚洲投资者来说，房地产投资很大程度上是一种情绪化投资，并不存在一个固定的比例。对于那些希望扩大交易规模的人们来说，这种投资环境比较不利。

随着经济的复苏，投资者开始倾向于长期持有资产。一方面，强劲的经济增长带来的较低的利率和充足的资本，催生了公司购买热潮，另一方面，REITs 近年来由于回报率较高，也吸引了大量资金。

2013 年亚洲有三只新的酒店 REITs 上市，包括中国第一只（亚洲第 11 只）酒店信托投资基金。亚洲很多新成立的房地产信托投资基金仍然是和家族企业或者发起人紧密联系在一起的，他们不愿意交出控制权，不过也正是这种模式促使了基金的成功上市。这种模式是一种完全不同于其他地区（比如美国）的结构。中国投资者倾向于基金在香港 IPO，以方便资本在全球自由地流动。

很多集团希望通过公开市场把投资组合货币化，不过经济基本面的任何变化都可能影响投资环境（尤其是在量化宽松的条件下），进而影响投资收益。多元化投资将是解决问题的关键，可以避免风险集中在某一特定领域和地区。

2.3 跨境资本继续活跃

2014 年，REITs、亚洲家族企业、日本的业主运营商和机会基金将继续在投资界占据主导地位，不会出现大量投资买家退出的情况。2014 年，区域间资本仍将保持活跃，不过国内资本将继续占据主导地位，而且房地产交易的透明度依然不高。2013 年中国和日本投资活动增加，使得跨境资本也相应增长。2014 年的状况将依整体投资规模而定。吸引境外资本参与的多是大额交易，规模较小的交易则是国内资本争夺的对象。

跨境资本的其他资本来源包括全球性基金分配到亚太酒店地产的份额、主权财富基金在全球的机会投资。值得注意的是，中国政府最近宣布允许个人投资者开展境外投资，因此未来几年有望看到更多的中国境外投资。在激烈竞争的环境中，交易周期呈缩短趋势。

2.4 投资新趋势

越来越多的投资者希望把资本投放在亚太地区。不过，市场上的新参与者发现，他们很难和当地投资者竞争，因为这些当地投资者的期望收益率较低，投资持有期限也较长。亚太地区门户城市的投资空间已经不大，很多投资者开始进军二、三线市场。

2014 年澳大利亚、日本、泰国和印度洋将会引起较多投资者的关注。不过，越来越多的投资者正在关注缅甸和斯里兰卡，而重新考虑在柬埔寨和老挝的投资。越南去年状况比较糟，但已经出现好转迹象。交易发生主要看是否有好的投资机会，而不是价格越便宜越好卖，现在银行一般都不愿意减计债务。投资者对印度尼西亚的兴趣依然不减，不过由于很多资产是家族拥有的，市场流动性不高。

随着行情的好转，一些家族企业考虑退出，因此有望涌现出一批新的投资机会。能够建立投资组合和给新兴市场带来精细化管理的投资机会将比较受欢迎。

亚太地区的酒店供给将增加，预计未来两年里，23 个主要市场的年增长率为 5.4%。在印度、东南亚和中国，经历了前几年酒店开业高峰以后，新开酒店的速度已经放缓。

近年来，经济型酒店一直在主导市场，不过今后将进入一个新的时代。多功能酒店发展前景较好，品牌公寓将重新流行。与经济危机前大不相同的是，未来酒店定位将聚焦新兴的中产阶级。那些为客人提供了独特体验和归属感的生活方式品牌，将有望获得成功。

2.5 澳大利亚进入下行通道

经过四年高速发展后，由于投资机会减少，2014 年澳大利亚的交易速度将放缓，交易规模预计将达 9 亿美元，与 2013 年高达 20 亿美元的规模相比，下降明显。很多澳大利亚投资基金对收益率的要求并不是太高，它们已经对前几年买入的资产进行了出售。

近年来，大额交易频频刷新交易记录，也推高了总体交易规模。2014 年单笔交易规模将有所下降，这有助于提高核心区域和主要休闲市场的流动性。门户城市待售的资产比较引人注目。投资收益率将依然坚挺。

投资者的结构也在发生变化。来澳大利亚参观考察的投资者逐渐增多。2013 年，一些东南亚投资者开始撤离澳大利亚。中国投资者为数众多，但其交易额尚未占据主导。随着中国投资者对经济环境的熟悉，这一状况将会好转。

越来越多的投资者开始关注酒店的适用性。由于开发环境多变，新酒店建造之前经常会不断改变设计和功能。在过去的 10 年里，澳大利亚酒店市场供给只有极少量的增加。随着千禧一代开始进入社会，生活方式酒店将具有较强的竞争优势。

2.6 东京市场看涨

2013 年日本酒店交易规模飙升至 25 亿美元，平均每笔交易高达 6300 万美元。大部分交易都集中在东京。安倍经济学相关政策效果逐渐显现，大家的投资信心增加，买入意愿增强。

随着日元贬值和签证放松，日本入境游大幅提升。在国内经济扩张、商务和休闲游复苏的带动下，企业营业收入提高。2014 年一个可能的政策变化是，允许招待费税前扣除。如果该项政策实施，对日本那些提供全方位服务的酒店来说将是一个重大利好，食品、酒水和宴会收入是这些酒店营收的重要组成部分。

随着资本市场逐渐好转，资本收益率呈下降趋势，投资者对风险的接受度有所提高。受全球经济衰退的影响，商业房地产抵押证券中的很多抵押品被拍卖，因此 2013 年酒店业成交了很多重大交易。很多贷款在 2011 年或 2012 年就到期了，这些抵押资产一直到 2013 年才进行处置。

2014 年预计不会发生类似 2013 年的大宗资产交易，市场整体交易规模可能会缩减，但市场流动性进一步改善，交易数量将会增加。2014 年的交易规模大约会有 10 亿美元。

2020 年东京举办奥运会的消息给酒店业打下一针强心剂，入境游客不断增长。日本酒店的跨境交易规模一直比较小，主要原因是国内投资者比较了解本地市场，在交易时灵活性较大。度假村市场的吸引力较小，资本流可能来自境内，比如冲绳和北海道。

支撑日本酒店市场交易的主要是投资基金。五年前进入市场的那些企业现在已经到了退出期。有些人已经筹措资金，计划重新投资。REITs 市场吸引力不减。目前在日本有两只酒店 REITs，但可投资的酒店基金较多。REITs 已经在酒店行业布局，但新的市场参与者将会和其他海外集团面临同样的挑战。

3　中国酒店投资趋势

3.1 2013 年形势严峻

在经历了几年的高速增长之后，中国酒店市场总体放缓。二线城市和郊区酒店的收入增幅下降尤其明显。收入的迅速下降，再加上人工和能源成本的上升，给利润带来了很大压力。虽然交易增长速度放缓，但交易总量仍然是增加的。2013 年增长 68%，达到 110 亿美元。2014 年交易规模有望保持同步增长。

为了激发市场活力，新一届政府出台了一系列政策措施，包括拓宽民营融资渠道、放宽计划生育政策等，从长期来看将会促进酒店房地产市场发展。因此，中国酒店市场对长期投资者的吸引力较大。

对外国投资者来说，机会仍然有限。国有企业在处置资产时，透明度往往比较低，成为境外资本进入的主要障碍。几年前发展起来的私营业主因经营压力较大，开始变卖资产。但中国单体酒店的产权很复杂。一些酒店并购后往往被要求改变用途，转做其他行情较好的行业。复杂的产权和改造问题使得酒店并购主要发生在国内投资者之间，境外资本参与较少。

2014 年中国酒店投资市场面临的挑战是如何吸引投资者的关注，由于流动性不足，很多交易不得不流产。由于一线区域黄金投资机会减少，品牌扩张也有所放缓。利润下滑是当前中国酒店面临的主要问题，也使得投资风险进一步增加。从中长期来看，投资者要做的是重新评估资产的基本面或者提升经营业绩。

3.2 高档酒店投资遇冷

随着中国经济增长放缓和中央“八项规定”的影响，高档酒店失宠，营业收入和利润大幅下滑。地方政府和投资者也开始避开高档酒店。中央“八项规定”和“六项禁令”收紧了旅游业中的公款消费群，对公款吃喝、高端旅游、高端餐饮、论坛经济等均形成影响，涉及饭店业、会展业、餐饮业等各相关行业，对高档酒店的影响尤为明显。

近年来，一方面，五星级饭店已经处于过剩状态，绝大多数的五星级饭店投资者未实现赢利，即使经营得好的饭店，其利润也大多被外聘的管理公司拿走。作为房地产开发配套的饭店，更是亏损居多。“微利”已经是整个行业存在的问题（图 1）。

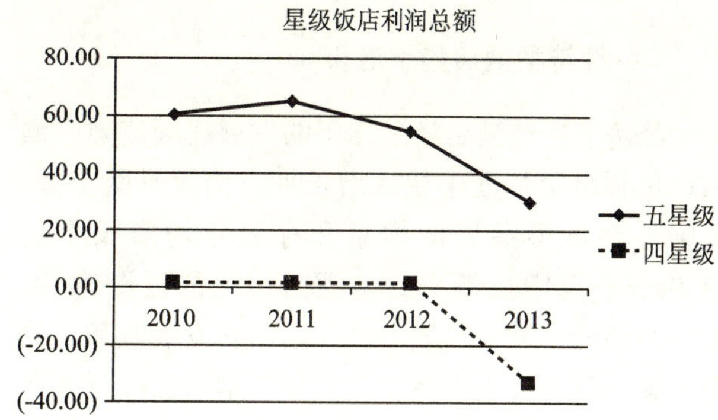

图 1　2010～2013 年全国四、五星级饭店利润总额情况
（单位：亿元）

另一方面，中国城市化进程加快导致对高档饭店的需求快速增加。综合体的开发直接带动了高档奢华饭店的发展，开发商对综合体中饭店的定位，已不仅仅关注饭店的营业收入，饭店更多承担着提高整个项目档次的责任，从而提高项目其他写字楼、公寓和住宅的销售均价。另外，房地产的快速发展所带来的地皮增值也是推动高档饭店开发的一个重要原因。

3.3 中档酒店快速扩张

随着高端酒店的市场消费遇冷，中档酒店（包括精品酒店）迎来了新的发展契机，成为中国酒店行业新的投资热点，许多酒店品牌纷纷推出自己的中端子品牌。未来中国酒店行业更大的一个发展机会，是三星级酒店这些中档酒店的变迁。随着中国中产阶层的形成和发展，以及中国经济在世界经济中地位的提升，国人的消费力将呈爆发式增长，未来中档商务酒店需求量很大。另外，在新政策的影响下，从部分高端酒店转移过来的客源将会补充到中档酒店，中档酒店将拥有更为广阔的市场。

三十而立的 80 后逐渐成为各行各业的主力军，酒店业也不例外。对他们的消费心理分析将是整个中档酒店发展的方向。酒店只有围绕他们丰富产品，让消费者参与打造酒店，才会得到更多。

目前中国中档酒店数量多，产业规模大，但投资结构开放程度低，资产市场化交易不活跃。比如，国有三星级饭店就面临资产交易难度大，且经济效益持续偏低的困境。不过，近几年来各地政府陆续出台了大力推进旅游业又好又快发展的扶持政策，加快国有旅游企业经营体制改革，鼓励民资、外资通过收购、兼并、参股等形式参与改革，实现产权多元化。国务院国资委提出从 2010 年起，力争用三到五年时间，采用国有产权无偿划转、协议转让、市场转让等多种方式将中央企业两千多家非主业饭店分离重组。

3.4 经济型酒店趋于饱和

经济型连锁酒店经过几年的发展逐渐成熟，酒店存量和增量都处于快速增长期。据盈蝶网统计，我国的经济型酒店的增量和存量年均增长率为63.94%。高增长带来的是酒店市场的逐渐饱和，竞争激烈的一、二线城市也逐渐面临发展瓶颈，物业短缺、租金成本增高、人工成本增加已经开始制约经济型酒店的发展。不论是转战二、三线酒店市场还是涉足中高端酒店领域，都足以看出各大经济型酒店品牌正在转型，探索新的发展方向。

不过，随着中国逐渐步入大众消费时代，经济型酒店的发展机遇仍然存在。经济型酒店的平均房价介于二星和三星之间，但入住率高出星级酒店20～40个百分点，RevPAR 高出星级酒店 20～50 元。入住率和 RevPAR 差异说明消费者明显偏好于连锁和品牌化的经济型酒店。另外，城镇化推动经济型酒店的发展步伐。经济型酒店在城镇化建设中具有引领新型城镇人性化发展、完善综合服务功能、提升服务水平的社会作用。

虽然当前中国经济型酒店市场已趋于饱和，但仍有一些空白客源市场可以挖掘。例如，我国面向老年游客、学生等客源的经济型酒店还较少，可以根据这些细分的目标市场的消费特征，设计不同的产品和服务，填补市场空白，并形成新的稳定目标消费群体。最近几年，很多品牌连锁酒店已经在细分市场上有所实践动作。例如，驿家365推出的千里行客栈、锦江之星开发出百时快捷、汉庭开发出海友客栈等，这些都是专门针对百元左右的消费者而开发的子品牌。

参考文献

[1] Jones Lang LaSalle. Hotel Investment OutlookGlobal 2014. www. joneslanglasalle. com.

[2] 中华人民共和国国家旅游局．全国星级饭店统计公报（2010－2013）．www. cnta. gov. cn.

（作者单位：中国旅游研究院）

2013年中国酒店顾客满意度综述

王立媛　陈旭辉　曹志军

一、2013年中国酒店业发展的宏观环境

2013年中国酒店业的宏观环境是平稳偏紧的一年。首先，全球经济形势并未出现明显复苏，其次，国内经济增长趋缓，再加上政府限制“三公”消费，这都对今年国内酒店业的经营带来不利影响。但另一方面，中国经济总体目前仍处在增速相对高的发展阶段，各地区经济发展不平衡，房地产发展景气度很高，仍然给今年的酒店业投资带来很多机会。

1. 受次贷危机影响，全球经济低位徘徊，未明显复苏

联合国经社理事会近日向下修正2013年世界经济增速至2.3%，其中预计美国经济全年增长1.9%，低于2012年水平；欧洲经济前景欠佳，欧元区经济预计下降0.4%。从以上数据可见，全球经济都仍在疲弱状态。

2. 国内经济处于转型阶段，经济增速整体放缓

2013年我国国内生产总值568845亿元，按可比价格计算，比上年增长7.7%，增速与去年同期趋于一致（图1）。经济学家预计中国经济今后将较长时间处于这种增长速度，未来我国的经济工作重点将转到调整经济增长方式和经济结构的道路上来。

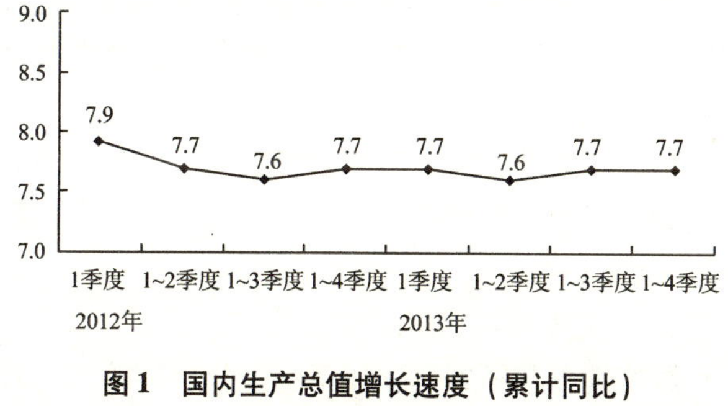

图1　国内生产总值增长速度（累计同比）

数据来源：国家统计局

3. 限制“三公”消费政策的影响

政府从2012年下半年开始限制“三公”消费，由此，占酒店收入40%~50%的高端餐饮方面的经营开始面临巨大的压力。据统计今年各个地方公务消费（2013年）比2012年同比下降两成，这直接造成像湘鄂情这样的高端餐饮企业面临亏损，生存压力大。高星级酒店也未能幸免，在公务会议、高端餐饮等方面的收入也下降颇多。

4. 旅游收入平稳增长，但入境收入有所下降

2013年，我国旅游经济总体保持较快增长，国内旅游市场和出境旅游保持高速增长趋势，入境旅游进一步下降，国内、出境和入境三大市场持续“两升一降”的格局。

尽管2013年酒店业在宏观环境上面临诸多挑战，但是鉴于经济的继续发展、国民收入的增长、产业政策向服务业、旅游业等第三产业倾斜发展和交通网络建设对酒店业发展的促进作用，我们还是倾向于现阶段依然为中国酒店业的快速发展阶段。2013年我国星级酒店数量较往年有明显上升，达到11895家，包括一星级146家、二星级2922家、三星级5735家、四星级2370家、五星级722家。如图2所示。

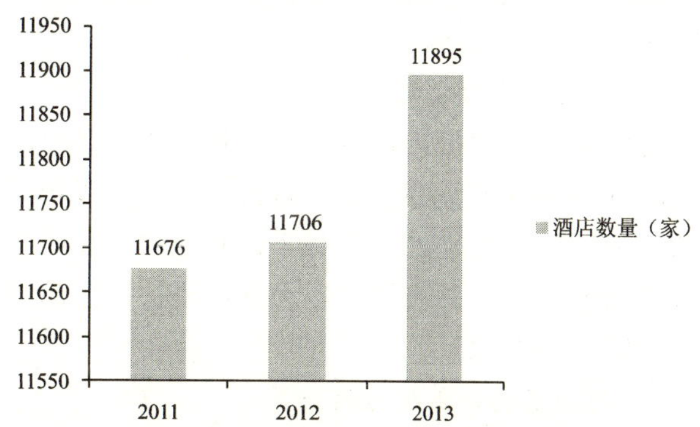

图2　2011~2013年中国星级酒店数量

数据来源：国家旅游局星级酒店统计公报

二、酒店顾客满意度评价概述

（一）顾客满意度概念

早在 1898 年，酒店业的鼻祖——瑞士人李兹就提出了以“顾客满意”为主要内容的“顾客就是皇帝”的口号。

顾客满意与否，取决于顾客接受产品或服务的感知同顾客在接受之前的期望相比较后的体验。通常情况下，顾客的这种比较会产生三种结果。顾客满意包括商品满意、服务满意和社会满意三个层次。

顾客满意度是指顾客满足情况的反馈，它是对产品或者服务性能以及产品或者服务本身的评价；它给出了一个与消费的满足感有关的快乐水平，包括低于或者超过满足感的水平，是一种心理体验。

酒店顾客满意度评价是对在下榻酒店的消费者进行判断的过程，即对消费者进行综合计算、观察和咨询等方法的复合分析过程，以判断顾客的满意程度。

（二）酒店顾客满意度评价的意义

激烈的竞争，迫使酒店在生产经营中关注客户的因素，并以顾客的需求和利益为中心，最大限度地满足顾客的需求。“以客户为中心”的经营理念，已经成为广大酒店的行为和思想的准绳。进行顾客满意度测评作为一种管理方法，可以帮助酒店理解客户满意的影响因素。

1. 追踪酒店绩效表现

通过对顾客满意度持续不断地监测，酒店可以直观地了解到自己的产品或服务在客户心目中居于什么地位，和以前相比，到底是进步了还是退步了；另外，作为一个前瞻性的指标，它还可以用来预测酒店未来的发展前途，是顾客未来购买行为和酒店未来利润的指示器。

2. 成为水平对比的基准

通过将顾客对酒店自身产品或服务的满意程度与竞争对手的顾客满意度水平进行比较，可以帮助酒店了解相对于自己的竞争对手，酒店的产品或服务存在哪些不足，并有针对性地加以改进，强化酒店的比较竞争优势。

3. 评价不同改善措施的效果

顾客满意度指数揭示了决定顾客满意的影响因素，并给出了这些因素影响酒店经营绩效的路径，酒店可以从中发现提高顾客满意度的有效途径，并通过测量改善后的顾客满意度来判断改善措施的效果如何。

因此，酒店进行顾客满意度测评不仅仅是经营战略，而且是酒店运行全过程的战略，酒店不仅要求产品和服务质量要使客户满意，而且要求生产、服务的全过程要使客户满意，从而提高顾客对酒店的忠诚度有利于实现酒店利润，增加效益。同时，酒店不仅要不断提高产品质量以满足客户，而且还要通过满足顾客的需求，把顾客满意度放在重要位置，将顾客满意看作酒店的一项长期投资。

三、酒店顾客满意度评价模型

（一）酒店顾客满意度评价模型

在顾客满意战略实施的全过程中，如何进行顾客满意度（英文简称 CSI，Customer Satisfaction Index）测评是其中关键的一环。从世界范围看，瑞典曾于 1989 年建立起自己的顾客满意度指数模型。欧共体、美国、亚洲的日本、新加坡等国，在参考瑞典模型的基础上，纷纷建立起了自己的 CSI 模型。其中，美国于 1994 年建立起的美国顾客满意度指数模型（ASCI 模型）是影响最大的一个。该测评模型所包含的顾客满意度相关因素有：顾客感知质量、顾客期望质量、顾客感知价值、顾客满意度、顾客抱怨和顾客忠诚度，其关系如图 3 所示。

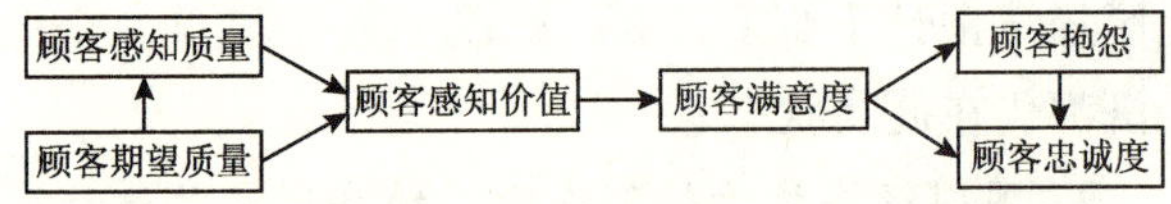

图 3　ASCI 模型

不同的行业有不同的特点，因此简单照搬美国顾客满意度指数模型，来测评所有行业的顾客满意度显然是欠科学的。就酒店业来说，应该以该模型为基础，结合酒店业顾客的需求特点和满意特征，建立一个更适应酒店业特质、更细致、拟合程度更高的测评模型。

基于美国顾客满意度模型和上面的分析，酒店业的顾客满意度模型的构建，可以从以下三个方面进行考虑。

（1）关于顾客期望问题

顾客期望与顾客实际体验的服务质量的不一致性，产生了顾客感知质量。顾客期望是顾客感知质量的一个原因变量。

（2）关于顾客忠诚的问题

顾客满意战略实施的目的是提升顾客满意度，达到顾客忠诚，实现长期盈利。顾客基于满意的态度而产生了对酒店的偏好乃至忠诚。可见顾客忠诚是顾客满意的更高级阶段，它是顾客满意度达到一定水平的产物，对顾客满意本身并没有什么影响。顾客忠诚度是顾客满意战略的目标而非影响因素。

（3）关于负向口碑的问题

在美国顾客满意度模型中，负向口碑是作为顾客满意与否的一种结果而存在的。在构建酒店业模型时，可以将它作为一种调整数据纳入其中。因为，酒店业作为一种极富人性化的服务行业，顾客的消费过程就是和服务人员的交流过程。这是其不同于其他行业的一种优势。在顾客产生某种情绪时，如果酒店的管理者是否能够及时发现并妥善解决，将使得顾客的态度发生方向不同的变化。酒店对于负向口碑的管理系统是否有效，是顾客满意度一个不可忽视的影响因素，应该列于模型之中。

综上所述，可以构建模型如图4所示。

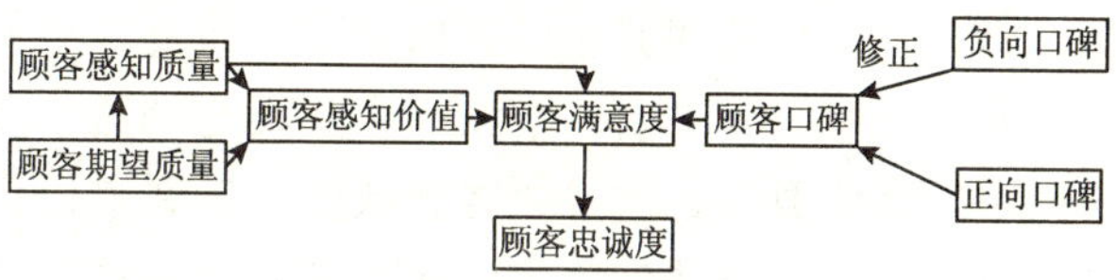

图4　顾客满意度测评模型

（二）酒店顾客满意度评价指标体系

根据顾客满意度测评模型，我们得到测评顾客满意度的二级指标，但是二级指标的抽象使得测评工作无法展开，将二级指标依据酒店业的特征细化为三级指标，才能满足酒店顾客满意度的评价要求。如图5所示。

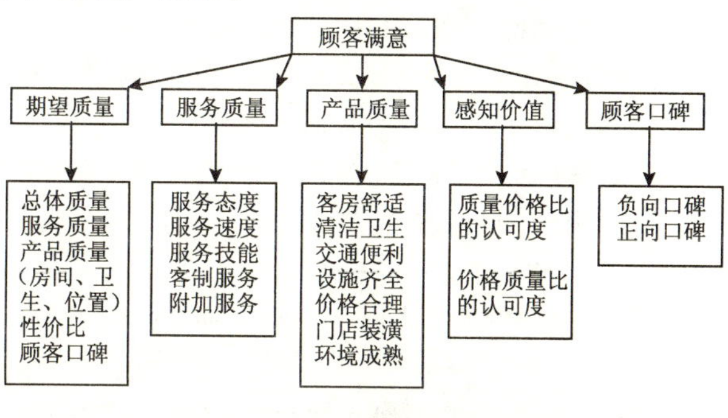

图5　酒店顾客满意度评价指标

四、酒店顾客满意度测评应注意的问题

（一）关于负向口碑的问题

在酒店顾客满意度修正模型中的二级指标，酒店从业者最应该注意的是顾客的口碑。酒店营销的宗旨为通过有效服务打动顾客，让顾客来酒店消费，使酒店盈利。酒店产品具有同质性强、无形性，且顾客参与性强的特点，正是由于这些特点，使酒店产品的质量衡量具有一定的主观性。购买前，顾客对产品的了解途径仅限于网站或口碑评价，由于人们对网络信息的信任度普遍较低，导致顾客越来越依赖酒店口碑来制定消费决策。满意的顾客会传播正向口碑，借助口碑宣传的“放大”效应，吸引更多的顾客，提高酒店利润；而不满意的顾客，则会出于抱怨、利他，甚至复仇心理大范围发布负向口碑，以此来获得心理上的平衡。因此，酒店企业应该正视其口碑，营造正向口碑，同时更应认真对待并处理负向口碑，做好客户关怀，及时拦截负向口碑，补救服务过失，以此树立良好的企业形象，提高入住率，为酒店市场开发提供保障。

下面是基于笔者对全国酒店的网络口碑监测数据得到的不同类型酒店口碑指标负向评价比率和星级酒店口碑指标的差异。如图6、图7所示。

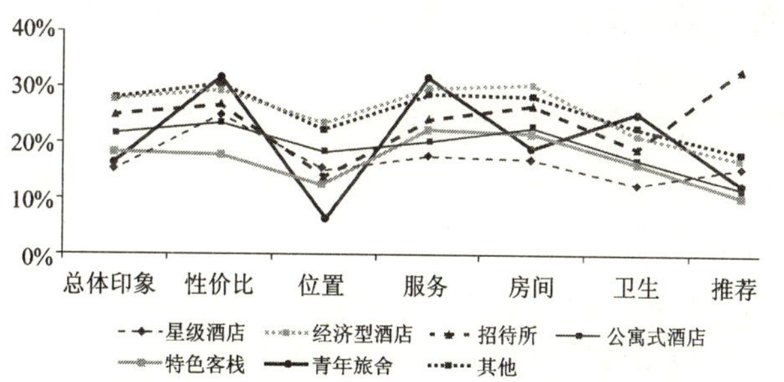

图6　不同类型酒店口碑指标负向评价比率示意图

数据来源：网络监测

总体来看，经济型酒店口碑指标负向评价比率均较高。星级酒店和特色客栈负向评价比率相对较低。

顾客对星级酒店口碑指标的负向评价比率与酒店级别呈显著负相关。其中，三星级酒店在总体印象、性价比、服务、房间指标方面的负向评价比率较高，均超过三成。

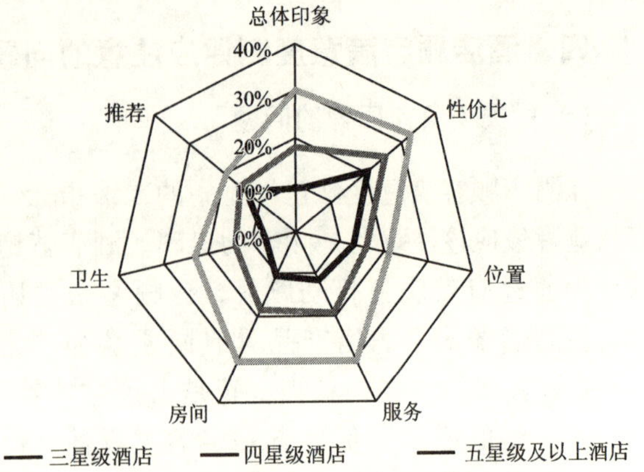

图7　星级酒店口碑指标差异示意图

数据来源：网络监测

（二）新媒体环境下顾客反馈的收集方式

长期以来，酒店一直依赖于大量的入住后调查报告和神秘顾客等方法来确认酒店在服务水平和顾客满意度等方面的表现以及需要提升的地方。但随着新媒体形式的异军突起，在线点评的受欢迎度和社交媒体的重要性正改变着酒店收集顾客反馈的方式。

很多酒店经营者对传统的顾客满意度调查报告的方法进行重新考量的第二个原因是，他们意识到公开的顾客反馈信息对新增预订所带来的价值。

Trip Advisor 的“TripBarometer”报告指出，93%的全球旅行者表示，在线点评会对其预订决策产生影响。

这一趋势清晰地反映出酒店经营者应专注于鼓励顾客通过社交渠道公开分享反馈信息，以获得最好的效果。酒店由于拥有顾客的强大信息库、更多公开点评以及受欢迎度指数评分而受益，酒店可以轻松地通过情感分析技术来了解其顾客，而公开点评则有助于提升酒店的知名度。

五、提高酒店顾客满意度的策略建议

（一）依托个性化服务强化品牌形象，争取顾客情感认同

酒店数量日益增加，酒店服务差异化日益降低，导致顾客对酒店的选择比较被动，只要位置相当，选择带有很强的随机性。为了争取更大的选择机会，酒店只能走“差异化”服务之路，个性化的服务是酒店优化品牌形象、提高顾客感知服务质量的最直接手段。顾客有得到关爱和尊重的情感体验需求，酒店要不断加强员工“宾客至上”的服务意识，使员工能够主动热情、耐心周到地为顾客提供多样化服务，与顾客进行情感上的沟通，与其建立朋友关系，激发顾客对酒店产生满足、信任和宾至如归的感觉。员工应在第一时间响应顾客的各种合理需求，迅速解决顾客投诉等，努力提高服务效率，追求标准化和个性化服务的统一。

因此，通过提升服务附加值来留住顾客既是企业当前所需，也是未来顾客切实需求的方向所在。由此可见，从心理层面打动顾客才是酒店企业乃至所有服务企业获得顾客、留住顾客的关键。

（二）重视顾客负向口碑，实现顾客关怀

网络口碑有正负之分，相比正向口碑而言，负向口碑更加能够触动消费者内心，影响消费行为，理应受到企业的高度重视，通过实时监测负向口碑，做到及时拦截、及时补救服务过失。负向口碑具有扩大效应特点，若不及时拦截、补救，将会由点波及到面，严重影响企业形象和声誉。且伴随目前酒店业的激烈竞争，顾客对酒店选择的转换成本低，因此，客户关怀就显得更加必要。通过客户关怀，及时处理顾客不满，增强主客互动与沟通，有效改善顾客满意度、增强顾客忠诚度，达到“留住顾客”的目的，这决定着酒店企业的长远发展。从客源市场角度来看，重视负向口碑理应纳入酒店企业可持续发展战略中。综上所述，酒店行业面对日益激烈的竞争，利用口碑这种低成本的信息传播方式进行产品营销，既能降低营销成本提升企业价格竞争优势，又能有效增强客户黏性维护市场。

参考文献

[1] 沈涵，郭旸．经济型酒店顾客满意度指标体系研究［J］．消费经济．2010．

[2] 周晓林，苏相煜．经济型酒店顾客满意度模型构建及实证研究［J］．江苏商论．2009．

[3] 欧康．经济型酒店中顾客隐性抱怨行为的影响要素研究——以国内 RJ 酒店为例［D］．华东理工大学，2013．

[4] 中国国家旅游局 http：//www. cnta. gov. cn/

（作者单位：王立媛，陈旭辉　天津财经大学；
曹志军　北京中易和创公关顾问有限公司）

旅游企业基本资讯

国家旅游局及主管社团

国家旅游局
地址：北京市建国门内大街甲 9 号
电话：010－65201114
邮编：100740

中国旅游协会
地址：北京市建国门内大街甲 9 号
电话：010－65135383
邮编：100740

中国旅游饭店业协会
地址：北京市建国门内大街甲 9 号
电话：010－65122905
邮编：100740

中国旅行社协会
地址：北京市建国门内大街甲 9 号
电话：010－65201446
邮编：100740

中国旅游车船协会
地址：北京市建国门内大街甲 9 号
电话：010－65201422
邮编：100740

中国旅游景区协会
地址：北京市建国门内大街甲 9 号
电话：010－65201406
邮编：100740

中国旅游协会旅游教育分会
地址：北京市建国门内大街甲 9 号
电话：010－65201455
邮编：100740

中国旅游协会旅游城市分会
地址：北京市建国门内大街甲 9 号
电话：010－65201412
邮编：100740

中国旅游协会温泉旅游分会
地址：北京市建国门内大街甲 9 号
电话：010－65201436
邮编：100740

中国旅游协会旅游商品与装备分会
地址：北京市建国门内大街甲 9 号
电话：010－65201401
邮编：100740

中国旅游协会民航旅游专业委员会
地址：北京市首都国际机场航安路 19 号
电话：010－64593699
邮编：100621

中国旅游协会休闲农业与乡村旅游分会
地址：北京市农展馆南里 11 号
电话：010－59199670
邮编：100026

国家旅游局驻外办事处

中国驻东京旅游办事处
China National Tourism Administration Tokyo Office
Add：〒 105 - 0001 Air China Building 8F, 2 - 5 - 2 Toranomon, Minato-Ku, Tokyo, Japan
Tel：0081 - 3 - 35918686
Fax：0081 - 3 - 35916886
Web：www. cnta. jp

中国驻大阪旅游办事处
China National Tourism Administration Osaka Office
Add：〒 556 - 0017 OCAT Building 4F, Minatomachi, Naniwa-Ku, Osaka, Japan
Tel：0081 - 6 - 66353280
Fax：0081 - 6 - 66353281
Web：www. cnta-osaka. jp

中国驻新加坡旅游办事处
China National Tourist Office，Singapore
Add：7 Temasek Boulevard, #12 - 02A Suntee Tower One, Singapore 038987
Tel：0065 - 63372220
Fax：0065 - 63380777

中国驻加德满都旅游办事处
China National Tourist Office，Kathmandu
Add：P. O. Box 3639, Heritage Plaza II, Kamaladi, Kathmandu, Nepal
Tel：00977 - 1 - 4255936
Fax：00977 - 1 - 4267695

中国驻首尔旅游办事处
China National Tourist Office，Seoul
Add：(100 - 706) 15F Daeyongak Bldg., 25 - 5, 1 - Ka, Chungmu-ro, Chung-Ku, Seoul, Korea
Tel：0082 - 2 - 7730393
Fax：0082 - 2 - 7573210
Web：www. visitchina. or. kr

中国驻悉尼旅游办事处
China National Tourist Office，Sydney
Add：11th Floor, 234 George Street, Sydney, NSW 2000, Australia
Tel：0061 - 2 - 92529838
Fax：0061 - 2 - 92522728

中国驻纽约旅游办事处
China National Tourist Office，New York
Add：370 Lexington Avenue, Suite 912, New York10017
Tel：001 - 212 - 7608218
Fax：001 - 212 - 7608809
Web：www. cnto. org

中国驻洛杉矶旅游办事处
China National Tourist Officem，Los Angeles
Add：550 North Brand Boulevard, Suite 910, Glendale, California 91203, USA
Tel：001 - 818 - 5457507
Fax：001 - 818 - 5457506
Web：www. chinadiscoveryvideo. com
E-mail：la@ cnta. gov. cn

中国驻多伦多旅游办事处
China National Tourist Office，Toronto
Add：480 University Ave., Suite 806, Toronto, Ontario M5G1V2, Canada
Tel：001 - 416 - 5996636
Fax：001 - 416 - 5996382

中国驻伦敦旅游办事处
China National Tourist Office，London
Add：71 Warwick Road, SW5 9HB, London, UK
Tel：0044 - 20 - 73730888
Fax：0044 - 20 - 73709989

中国驻巴黎旅游办事处
Office du Tourisme de Chine，Paris
Add：15 Rue de Berri, 75008 Paris, France
Tel：0033 - 1 - 56591010
Fax：0033 - 1 - 53753288

中国驻法兰克福旅游办事处
Fremdenverkehrsant der VR China in Frankfurt
Add：Ilkenhansstrasse 6, D - 60433 Frankfurt /M Deutschland
Tel：0049 - 69 - 520135
Fax：0049 - 69 - 528490
Web：www. china - tourism. de

中国驻马德里旅游办事处
Oficina Nacional de Tourism de China en Madrid
Add：Plaza de Espana 18, Edificio Torre Madrid, Oficina 7 - 13, 28008 Madrid
Tel：0034 - 91 - 5480011
Fax：0034 - 91 - 5480597
Web：www. turismochino. info

中国驻苏黎世旅游办事处
Fremdenverkehrsamt der VR China in Zürich
Add：Genfer - Strasse 21, CH - 8002 Zürich, Schweiz
Tel：0041 - 1 - 2018877
Fax：0041 - 1 - 2018878

中国驻莫斯科旅游办事处
China National Tourist Office，Moscow
Add：Krzhizhanovskogo Str. 14, 3, Moscow, 117218, Russia
Tel：007 - 495 - 645 - 02 - 69
Fax：007 - 495 - 642 - 87 - 67
Web：www. chinatourism. ru/

中国驻罗马旅游办事处
China National Tourism Administration Rome Office
Add：Via Nazionale 75, 00184 Roma, Italia
Tel：0033 - 1 - 56591010
Fax：0039 - 0648913429

亚洲旅游交流中心
Asia Tourism Exchange Centre Limited
Add：B1, 20/F, Far East Finance Centre, 16 Harcourt Road, Hong Kong
Tel：00852 - 28630000
Fax：00852 - 28611371

中国驻新德里旅游办事处
China National Tourist Office，New Delhi
Add：D - 64, Malcha Marg, Chanakyapuri, New Delhi - 110021, India
Tel：0091 - 11 - 41680540
Fax：0091 - 11 - 41680541

海峡两岸旅游交流协会台北办事处
Association for Tourism Exchange Across the Taiwan Straits，Taipei Office
Add：13F, 76Second Section of Dunhua South Road, Da'an District, Taipei, Taiwan
Tel：00886 - 2 - 270 - 27072188
Fax：00886 - 2 - 270 - 27072180

北　京

BEIJING

旅游机构

北京市旅游发展委员会
地址：北京市建国门外大街 28 号
电话：010－65158249　85157015
邮编：100022
网址：www.bjta.gov.cn

北京市旅行社服务质量监督管理所
地址：北京市建国门外大街 28 号旅游大厦
电话：010－65157490　85157050
邮编：100022

东城区旅游发展委员会
地址：北京市东城区金宝街 52 号
电话：010－65133305
邮编：100005

西城区旅游发展委员会
地址：北京市西城区南菜园 51 号 8 层
电话：010－83975164
邮编：100054

朝阳区旅游发展委员会
地址：北京市朝阳区团结湖北五条 5 号楼 201 室
电话：010－65099077
邮编：100026

丰台区旅游发展委员会
地址：北京市丰台区东安街 3 条 6 号
电话：010－63837100
邮编：100072

石景山区旅游发展委员会
地址：北京市石景山区石景山路 18 号
电话：010－68607216
邮编：100043

海淀区旅游发展委员会
地址：北京市海淀区东北旺南路 29 号蓝海中心 B 座
电话：010－88494709
邮编：100195

门头沟区旅游发展委员会
地址：北京市门头沟区新桥大街 46 号
电话：010－69834170
邮编：102300

房山区旅游发展委员会
地址：北京市房山区良乡月华北大街 8 号
电话：010－89352764
邮编：102488

通州区旅游发展委员会
地址：北京市通州区新华东街 192 号
电话：010－69545238
邮编：101100

顺义区外事旅游局
地址：北京市顺义区光明南街 7 号
电话：010－69429918
邮编：101300

昌平区旅游发展委员会
地址：北京市昌平区科技园区创新路 8 号
电话：010－69744656
邮编：102200

大兴区旅游发展委员会
地址：北京市大兴区桐城办公楼 C 座
电话：010－81298813
邮编：102600

怀柔区旅游发展委员会
地址：北京市怀柔区迎宾北路 7 号
电话：010－69646250
邮编：101400

平谷区旅游发展委员会
地址：北京市平谷区林荫北街 13 号信息大厦
电话：010－89991991
邮编：101200

密云县旅游发展委员会
地址：北京市密云县西门外大街 2 号
电话：010－69043175
邮编：101500

延庆县旅游发展委员会
地址：北京市延庆县妫水北街 72 号
电话：010－81191198
邮编：102100

旅 行 社

中国国际旅行社总社有限公司
地址：北京市东城区东单北大街 1 号
电话：010－85228568
邮编：100005
网址：www.cits.cn
许可证号：L－BJ－CJ00001

中国旅行社总社有限公司
地址：北京市东交民巷 8 号
电话：010－85908013
邮编：100026
网址：www.ctsho.com
许可证号：L－BJ－CJ00002

中青旅控股股份有限公司
地址：北京市东城区东直门南大街 5 号中青旅大厦
电话：010－58158022
邮编：100007
许可证号：L－BJ－CJ00003

中国民间国际旅游公司
地址：北京市朝阳区霄云路 21 号
电话：010－64688448
邮编：100027
网址：www.ccit.com.cn
许可证号：L－BJ－CJ00004

中信旅游总公司
地址：北京市朝阳区建外大街 19 号国际大厦 2 号楼 7 层
电话：010－85263636
邮编：100004
网址：www.travelcitict.com
许可证号：L－BJ－CJ00005

中国民族旅行社有限责任公司
地址：北京市海淀区中关村东路 89 号
电话：010－62659988
邮编：100080
网址：www.cnts.cn
许可证号：L－BJ－CJ00006

中国妇女旅行社
地址：北京市东四南大街 103 号
电话：010－85169982
邮编：100006
网址：www.cwts.com.cn
许可证号：L－BJ－CJ00007

中国铁道旅行社
地址：北京市海淀区北蜂窝路 1－3 号
电话：010－63986483
邮编：100038
网址：www.crts.com.cn
许可证号：L－BJ－CJ00008

中国太和旅行社有限公司
地址：北京市东城区东滨河路甲 1 号大象投资大厦 5 层
电话：010－51099177
邮编：100013
网址：www.cshts.com
许可证号：L－BJ－CJ00009

招商局国际旅行社有限责任公司
地址：北京市朝阳区劲松三区甲 302 号 25 层
电话：010－85908866
邮编：100021
许可证号：L－BJ－CJ00010

中国康辉旅行社集团有限责任公司
地址：北京市农展南路 5 号京朝大厦 11 层
电话：010－65877606
邮编：100125
网址：www.cct.cn
许可证号：L－BJ－CJ00011

鑫海国际旅行社
地址：北京市朝阳区新源西里中街 102 号 4 幢
电话：010－64817711－810
邮编：100027
许可证号：L－BJ－CJ00012

北京王府国际旅行社有限公司
地址：北京市安慧里四区 15 号中国五矿大厦 318－322 室
电话：010－58603985
邮编：100101
网址：www.wangfuguolv.com
许可证号：L－BJ－CJ00013

海洋国际旅行社有限责任公司
地址：北京市东城区东兴隆街 56 号北京商界 633 室
电话：010－67022698
邮编：100062
许可证号：L－BJ－CJ00014

北京港中旅国际旅行社有限公司
地址：北京市朝阳区东三环北路 38 号院 1 号楼
电话：010－85909300
邮编：100026
许可证号：L－BJ－CJ00015

幸福国际旅行社
地址：北京市广渠门北里甲 273 号院 5 号楼 3207 室
电话：010－51356234
邮编：100062
许可证号：L－BJ－CJ00016

森林国际旅行社
地址：北京市东城区和平里东街 14 号
电话：010－84239122
邮编：100013
许可证号：L－BJ－CJ00017

中城国际旅行社有限责任公司
地址：北京市东城区安外大街甲 1 号泰利明苑写字楼 A 座西厅
电话：010－51337577

邮编：100011
许可证号：L－BJ－CJ00018

四达国际旅行社
地址：北京市丰台区南三环东路6号
电话：010－84602262
邮编：100028
许可证号：L－BJ－CJ00019

北京凤凰假期国际旅行社有限公司
地址：北京市朝阳区建国路92号世茂大厦A座6层
电话：010－85891199
邮编：100022
网址：www.51tour.com
许可证号：L－BJ－CJ00020

邮电国际旅行社有限责任公司
地址：北京市朝阳区朝阳北路225号
电话：010－65098509
邮编：100026
许可证号：L－BJ－CJ00021

北京华龙网旅游股份有限公司
地址：北京市东城区建内大街九号北京国际饭店
电话：010－64465738
邮编：100007
许可证号：L－BJ－CJ00022

中商国际旅行社有限公司
地址：北京市复兴门内大街45号
电话：010－66094356
邮编：100801
网址：www.ccits-global.com
许可证号：L－BJ－CJ00023

中广国际旅行社有限公司
地址：北京市海淀区羊坊店路9号京门大厦首层
电话：010－85885019
邮编：100038
许可证号：L－BJ－CJ00024

北方国际旅行社（北京）有限公司
地址：北京市东城区建国门北大街8号华润大厦1005F
电话：010－85192001
邮编：100005
许可证号：L－BJ－CJ00025

环球商务国际旅行社
地址：北京市西城区复兴门外大街1号
电话：010－88075246
邮编：100860
许可证号：L－BJ－CJ00026

中国天鹅国际旅游公司
地址：北京市朝阳区东三环农光里9号楼龙辉大厦4层
电话：010－87375001
邮编：100021
许可证号：L－BJ－CJ00027

东华国际旅行社有限公司
地址：北京市朝阳区工人体育场北路55号4层
电话：010－85965438
邮编：100027
许可证号：L－BJ－CJ00028

中国金桥旅游总公司
地址：北京市西城区地安门西大街171号
电话：010－66180543
邮编：100035
许可证号：L－BJ－CJ00029

中国国际体育旅游公司
地址：北京市东城区体育馆路4号
电话：010－67117364
邮编：100061
网址：www.chinacist.com
许可证号：L－BJ－CJ00030

科学国际旅行社
地址：北京市海淀区中关村南三街15号
电话：010－62571104
邮编：100086
许可证号：L－BJ－CJ00031

中国航空国际旅行社
地址：北京市朝阳区东三环北路17号
电话：010－84493639
邮编：100027
许可证号：L－BJ－CJ00032

茂发国际旅行社
地址：北京市东城区南河沿大街23号
电话：010－65224666
邮编：100006
许可证号：L－BJ－CJ00033

赛特国际旅行社
地址：北京市东城区灯市口大街74号
电话：010－65128019
邮编：100009
网址：www.stglcj.com
许可证号：L－BJ－CJ00034

中艺国际旅行社有限责任公司
地址：北京市东三环中路55号富力城双子座B座26层
电话：010－52036033
邮编：100022
许可证号：L－BJ－CJ00035

中国职工国际旅行社总社
地址：北京市朝阳区日坛路1号日坛宾馆内
电话：010－85610361
邮编：100020
网址：www.cpits.com.cn
许可证号：L－BJ－CJ00037

中国山水旅行社
地址：北京市门头沟区石龙经济开发区永安路20号3幢
电话：010－69861188
邮编：102300
许可证号：L－BJ－CJ00038

海峡旅行社
地址：北京市西城区阜外大街甲35号
电话：010－68998981
邮编：100037
网址：www.cststour.com.cn
许可证号：L－BJ－CJ00039

天马国际旅行社有限责任公司
地址：北京市西城区六铺炕街1号楼
电话：010－88312293
邮编：100120
许可证号：L－BJ－CJ00040

中国文化国际旅行社
地址：北京市东城区东四十条甲25号
电话：010－84038225
邮编：100007
许可证号：L－BJ－CJ00041

同源国际旅行社
地址：北京市东城区东直门外大街48号东方银座D座6层
电话：010－84477045
邮编：100027
许可证号：L－BJ－CJ00042

竹园国际旅行社
地址：北京市西城区旧鼓楼大街小石桥胡同25号
电话：010－85868037
邮编：100025
许可证号：L－BJ－CJ00043

北京目的地国际旅游有限公司
地址：北京市东城区苏州胡同华美伦酒店2层
电话：010－65286599
邮编：100005
许可证号：L－BJ－CJ00044

中海国际旅行社
地址：北京市海淀区翠微路36号中海航宾馆4层
电话：010－63979521
邮编：100036
许可证号：L－BJ－CJ00045

中唐国际旅行社有限责任公司
地址：北京市海滨区车公庄西路20号北京京岭酒店8层
电话：010－88320922
邮编：100044
许可证号：L－BJ－CJ00046

华阳国际商务旅行有限公司
地址：北京市朝阳区建国路22号赛特大厦1号楼4层
电话：010－65305258
邮编：100025
许可证号：L－BJ－CJ00047

中安国际旅行社（北京）有限公司
地址：北京市东城区和平里九区甲4号楼A411室
电话：010－64464999
邮编：100013
许可证号：L－BJ－CJ00048

中油阳光国际旅行社有限责任公司
地址：北京市西城区六铺炕安德路112号
电话：010－62388131
邮编：100120
网址：www.soltrip.com
许可证号：L－BJ－CJ00049

环境国际旅行社有限公司
地址：北京市东城区东打磨厂街7号宝鼎中心写字楼588室
电话：010－85162166
邮编：100005
许可证号：L－BJ－CJ00050

北京凯撒国际旅行社有限责任公司
地址：北京市东城区后永康胡同17号院
电话：010－64606666
邮编：100020
网址：www.caissa.com.cn
许可证号：L－BJ－CJ00051

中国钓鱼台国际旅行社
地址：北京市海滨区阜成路2号
电话：010－58591997
邮编：100830
许可证号：L－BJ－CJ00052

中航国际旅行社有限公司
地址：北京市朝阳区三环南路2号

电话：010－85672529
邮编：100022
许可证号：L－BJ－CJ00053

北京新华国际旅游有限公司
地址：北京市海淀区复兴路甲 23 号华懋大厦 10 层 102 室
电话：010－68214880
邮编：100036
许可证号：L－BJ－CJ00054

中国和平国际旅游有限责任公司
地址：北京市朝阳区东土城路 13 号金孔雀商务大厦 2 层
电话：010－64484221
邮编：100013
网址：www. hply. com
许可证号：L－BJ－CJ00055

北京中国国际旅行社有限公司
地址：北京市朝阳区建国门外大街 28 号
电话：010－65150039
邮编：100022
网址：www. citsbj. com
许可证号：L－BJ－CJ00056

北京市中国旅行社有限公司
地址：北京市朝阳门南大街 18 号
电话：010－85612324
邮编：100020
网址：www. cnbcts. com
许可证号：L－BJ－CJ00057

北京北辰国际旅行社有限公司
地址：北京市朝阳区幸福二村 39 号楼 3 层 5 单元
电话：010－84444329
邮编：100027
网址：www. bnsit. com
许可证号：L－BJ－CJ00058

北京捷达假期国际旅行社有限公司
地址：北京市朝阳区外馆斜街 1 号泰利名苑 A 座 7 层
电话：010－64482288
邮编：100011
许可证号：L－BJ－CJ00059

北京青年旅行社股份有限公司
地址：北京市朝阳区潘家园南里 12 号潘家园大厦 3 层
电话：010－87789400
邮编：100021
网址：www. byts. com. cn
许可证号：L－BJ－CJ00060

北京市华远国际旅游有限公司
地址：北京市朝阳区朝阳北路 327 号 7 层
电话：010－59138416
邮编：100020
许可证号：L－BJ－CJ00061

北京金友国际旅行社有限公司
地址：北京市朝阳区亮马桥路光明饭店 5 层 1188 室
电话：010－64665130
邮编：100016
许可证号：L－BJ－CJ00062

北京天平国际旅行社
地址：北京市朝阳区东三环中路 39 号建外 SOHO13 幢 6 单元 702 号
电话：010－58695735
邮编：100022
网址：www. tiraveltp. com
许可证号：L－BJ－CJ00063

北京京铁国际旅行社有限公司
地址：北京市海淀区北蜂窝路旁门 3 号
电话：010－51891365
邮编：100038
许可证号：L－BJ－CJ00064

北京北奥国际旅行社有限公司
地址：北京市朝阳区惠新东街甲 2 号北奥大厦 905 室
电话：010－84887029
邮编：100029
网址：www. beiaotravel. com
许可证号：L－BJ－CJ00065

北京中北国际旅行社有限公司
地址：北京市崇外大街 44 号大康大厦 501B
电话：010－67160321
邮编：100062
许可证号：L－BJ－CJ00066

北京市中侨国际旅游公司
地址：北京市朝阳区建国路 93 号万达广场
电话：010－58206510
邮编：100022
许可证号：L－BJ－CJ00067

北京天安国际旅行社有限责任公司
地址：北京市东城区朝内大街 136－1 号
电话：010－84028676
邮编：100007
网址：www. taits. com. cn
许可证号：L－BJ－CJ00068

北京国际鸿基旅行社有限责任公司
地址：北京市朝阳区东大桥路 8 号 1 楼
电话：010－65912283
邮编：100021
许可证号：L－BJ－CJ00069

北京瑞驰国际旅行社有限责任公司
地址：北京市朝阳区东四环中路 62 号楼 1802 室
电话：010－59081232
邮编：100025
网址：www. richtravel. com. cn
许可证号：L－BJ－CJ00070

北京众信国际旅行社有限公司
地址：北京市朝阳区东土城路 12 号怡和大厦 B 座 4 层
电话：010－64489696
邮编：100013
许可证号：L－BJ－CJ00071

北京新大都国际旅行社有限公司
地址：北京市车公庄大街 21 号新大都饭店 6 号楼
电话：010－88323706
邮编：100044
许可证号：L－BJ－CJ00072

北京新都国际旅行社
地址：北京市朝阳区朝阳门南大街 16 号楼
电话：010－51909223
邮编：100027
许可证号：L－BJ－CJ00073

北京天翔国际旅行社有限公司
地址：北京市东城区交道口南大街 16 号
电话：010－64022311
邮编：100007
许可证号：L－BJ－CJ00074

北京富莱茵国际旅行社有限公司
地址：北京市崇文区永外沙子口路 76 号
电话：010－67251358
邮编：100075
许可证号：L－BJ－CJ00075

北京同吉国际旅行社有限责任公司
地址：北京市丰台区西三环南路甲 6 号
电话：010－63376180
邮编：100073
网址：www. tjits. com
许可证号：L－BJ－CJ00076

中旅体育旅行社有限公司
地址：北京市朝外大街 17 号祥业大厦 302 室
电话：010－65801292
邮编：100020
许可证号：L－BJ－CJ00077

北京万里国际旅行社
地址：北京市朝阳区东三环北路 10 号长城饭店大厅
电话：010－65905566
邮编：100125
许可证号：L－BJ－CJ00078

北京钓鱼台国际旅行社
地址：北京市丰台区草桥赵村店 420 号
电话：010－87500830
邮编：100067
许可证号：L－BJ－CJ00079

北京神舟国际旅行社集团有限公司
地址：北京市朝阳区建国门外大街 28 号北京旅游大厦 6 层
电话：010－65159420
邮编：100022
许可证号：L－BJ－CJ00080

北京时尚国际旅行社有限公司
地址：北京市朝阳区八里庄西里 97 号住邦 2000 商务中心 907 室
电话：010－85869717
邮编：100025
网址：www. 5atravel. com
许可证号：L－BJ－CJ00081

北京正安国际旅行社有限责任公司
地址：北京市朝阳区安惠东里 17 号成宏酒店 2 层
电话：010－64981901
邮编：100101
网址：www. c-adventure. com
许可证号：L－BJ－CJ00082

北京中盐国际旅行社有限公司
地址：北京市西城区儒福里 41 号 725 室
电话：010－83993580
邮编：100055
许可证号：L－BJ－CJ00083

春秋（北京）国际旅行社有限公司
地址：北京市东城区朝阳门内大街 188 号 A501
电话：010－65269025
邮编：100010
许可证号：L－BJ－CJ00084

北京中广国际旅行社有限责任公司
地址：北京市海淀区羊坊店 6 号 3 幢楼 405 室
电话：010－51900410　51900411
邮编：100038
许可证号：L－BJ－CJ00085

中国旅行总社（北京）有限公司
地址：北京市朝阳区东三环北路38号院11号楼25层
电话：010-85908108
邮编：100026
网址：www.ctiol.com
许可证号：L-BJ-CJ00086

大新华运通国际旅行社有限公司
地址：北京市朝阳区东三环北路乙2号A座12层
电话：010-59156702
邮编：100027
许可证号：L-BJ-CJ00087

北京星空国际旅行社有限公司
地址：北京市顺义区李桥镇四纬路3号
电话：010-64562465
邮编：100621
许可证号：L-BJ-CJ00088

北京东方国际旅行社有限公司
地址：北京市东城区建国门北大街5号1129室
电话：010-64478952
邮编：100005
网址：www.orientravel-bj.com
许可证号：L-BJ-CJ00089

北京新日国际旅行社有限公司
地址：北京市东城区王府井大街99号世纪大厦A503
电话：010-85113827
邮编：100006
许可证号：L-BJ-CJ00090

北京北辰关键国际旅行社有限公司
地址：北京市朝阳区安慧里三区10号楼1幢3层
电话：010-64960060
邮编：100101
许可证号：L-BJ-CJ00091

北京锦江国际旅行社有限公司
地址：北京市朝阳区永安东里甲3号院1号楼1108室
电话：010-58794122
邮编：100022
网址：www.bjjj.com.cn
许可证号：L-BJ-CJ00092

北京台湾会馆国际旅行社有限责任公司
地址：北京市西城区力学胡同3号4号平房
电话：010-58336175
邮编：100029
网址：www.tghall.com
许可证号：L-BJ-CJ00093

北京世纪东方国际旅行社有限公司
地址：北京市朝阳区东大桥路8号
电话：010-59200020
邮编：100020
许可证号：L-BJ-CJ00094

中土国际旅行社有限公司
地址：北京市海淀区北蜂窝路6号北京中土大厦21层
电话：010-51848908
邮编：100038
许可证号：L-BJ-CJ00095

北京翔升国际商务旅行社有限公司
地址：北京市东直门南大街46号天恒大厦
电话：010-51203596
邮编：100027
许可证号：L-BJ-CJ00096

北京源丰通国际旅行社有限公司
地址：北京市海淀区阜城路42号院6号楼
电话：010-85868123
邮编：100027
许可证号：L-BJ-CJ00097

北京蓝色假日国际旅行社有限公司
地址：北京市东城区建国门北大街8号
电话：010-85192222
邮编：100005
许可证号：L-BJ-CJ00098

北京携程国际旅行社有限公司
地址：北京市西城区西直门外大街6号中仪大厦502-505
电话：010-64181616
邮编：100044
网址：www.ctrip.com
许可证号：L-BJ-CJ00199

北京嘉和国际旅行社有限责任公司
地址：北京市东城区东四十条甲22号南新仓商务大厦A座702号
电话：010-51690016
邮编：100007
许可证号：L-BJ-CJ00100

北京紫都国际旅行社有限公司
地址：北京市朝阳区朝外大街16号705室
电话：010-65885272
邮编：100020
网址：www.destinationchina.biz
许可证号：L-BJ-CJ00101

北京新行者国际旅行社有限公司
地址：北京市朝阳区朝阳路十里堡甲3号A座
电话：010-65680190
邮编：100025
许可证号：L-BJ-CJ00102

北京欣欣翼翔国际旅行社有限公司
地址：北京市朝阳区酒仙桥路2号格兰维森商务楼243-247室
电话：010-84562890
邮编：100015
网址：www.professional.com.cn
许可证号：L-BJ-CJ00103

北京雅宝国际旅行社有限公司
地址：北京市朝阳区昆泰国际中心2306号
电话：010-85628061
邮编：100020
许可证号：L-BJ-CJ00104

北京鲲鹏国际旅行社有限公司
地址：北京市朝阳区建国路93号万达广场1号楼1603室
电话：010-58203802
邮编：100022
许可证号：L-BJ-CJ00105

北京艺龙国际旅行社有限公司
地址：北京市朝阳区酒仙桥中路10号B座205房间
电话：010-58602288
邮编：100016
网址：www.elong.com
许可证号：L-BJ-CJ00106

北京非凡国际旅行社有限责任公司
地址：北京市朝阳区东土城路8号林达大厦A-8B
电话：010-64466206
邮编：100013
网址：www.chinatoptours.net
许可证号：L-BJ-CJ00107

北京东方世纪国际旅行社有限公司
地址：北京市朝阳区望京中环南路甲2号20层2001室
电话：010-84721399
邮编：100102
许可证号：L-BJ-CJ00108

北京嘉博国际旅行社有限公司
地址：北京市东城区东中街58号1号楼3单元801室
电话：010-65546866
邮编：100027
许可证号：L-BJ-CJ00109

北京悠哉国际旅行社有限公司
地址：北京市东城区车辇店胡同21号富山宾馆1303室
电话：010-65679619
邮编：100022
许可证号：L-BJ-CJ00110

北京沛达国际旅行社有限公司
地址：北京市朝阳区建外大街24号5门501室
电话：010-65183520
邮编：100005
网址：www.beta-tours.com
许可证号：L-BJ-CJ00111

北京中巴国际旅行社有限公司
地址：北京市海淀区蓝靛厂东路2号院2#1单元16F室
电话：010-88865738
邮编：100089
许可证号：L-BJ-CJ00112

北京尚峰国际旅行社有限公司
地址：北京市海滨区上地信息路1号1号楼
电话：010-82893596
邮编：100085
许可证号：L-BJ-CJ00113

北京迈途国际旅行社有限公司
地址：北京市朝阳区建国门外大街16号1号楼3层
电话：010-58699988
邮编：100022
许可证号：L-BJ-CJ00114

北京东美国际航空旅行社有限公司
地址：北京市东城区隆福寺前街1号
电话：010-57651049
邮编：100010
许可证号：L-BJ-CJ00115

宏达（北京）国际旅行社有限公司
地址：北京市东三环北路38号院3号楼
电话：010-59604193
邮编：100021
许可证号：L-BJ-CJ00116

天马假期国际旅行社（北京）有限公司
地址：北京市东三环南路102号十里河综合楼
电话：010-67357508
邮编：100021
许可证号：L-BJ-CJ00117

北京中欧国际旅行社有限公司
地址：北京市朝阳区东大桥路8号1楼203室
电话：010-58700831
邮编：100020

许可证号：L－BJ－CJ00118

北京奥蓝际德国际旅行社有限公司
地址：北京市建国门内大街 18 号恒基中心办一座 20 层
电话：010－65189181
邮编：100005
许可证号：L－BJ－CJ00119

北京道博国际旅行社有限公司
地址：北京市朝外大街 17 号祥业大厦 304 室
电话：010－65801552
邮编：100020
网址：www.topchinatour.com
许可证号：L－BJ－CJ00120

北京友协国际旅行社有限公司
地址：北京市朝阳区北苑路 176 号 612 室
电话：010－64925279
邮编：100101
许可证号：L－BJ－CJ00121

北京隆天国际旅行社有限责任公司
地址：北京市朝阳区东三环北路 17 号 10 层
电话：010－85616688
邮编：100020
许可证号：L－BJ－CJ00122

北京天元假期国际旅行社有限公司
地址：北京市朝阳区东三环北路丙 2 号天元港中心 A 区 7 层
电话：010－84417252
邮编：100027
电子信箱：yuanhang8068@163.com
许可证号：L－BJ－CJ00123

北京安信世纪国际旅行社有限公司
地址：北京市朝阳区建国路 89 号院 16 号楼
电话：010－57792170
邮编：100022
许可证号：L－BJ－CJ00124

北京乐太游国际旅行社有限公司
地址：北京市朝阳区广顺南街 16 号院 2 号楼
电话：010－85862703
邮编：100025
许可证号：L－BJ－CJ00125

北京欣欣假日国际旅行社
地址：北京市东城区东直门外大街 46 号 1 号楼 505 室
电话：010－64170110
邮编：100027
许可证号：L－BJ－CJ00126

中青旅（北京）国际会议展览有限公司
地址：北京市东城区东直门南大街 5 号中青旅大厦 16 层
电话：010－58158833
邮编：100007
许可证号：L－BJ－CJ00127

北京环球世纪国际旅行社有限公司
地址：北京市海淀区蓟门里小区南商业楼 3 层 324 号
电话：010－62368499
邮编：100088
许可证号：L－BJ－CJ00128

北京泛美国际旅行社有限责任公司
地址：北京市朝阳区霞光里 66 号院甲 3 号楼
电话：010－84400769
邮编：100027
许可证号：L－BJ－CJ00129

北京五洲行国际旅行社有限责任公司
地址：北京市东兴隆街 56 号北区 B 段 7 层
电话：010－67017856
邮编：100062
许可证号：L－BJ－CJ00130

世纪旅运国际旅行社（北京）有限公司
地址：北京市朝阳区东三环中路 55 号楼 1105 室
电话：010－58764039
邮编：100022
许可证号：L－BJ－CJ00131

北京杰讯美安国际旅行社有限公司
地址：北京市东城区东四十条甲 22 号 1 幢
电话：010－51660196
邮编：100007
许可证号：L－BJ－CJ00132

北京中际国际旅行社有限公司
地址：北京市朝阳区建国路 93 号院
电话：010－58207579
邮编：100022
许可证号：L－BJ－CJ00133

北京二十一世纪国际旅行社有限公司
地址：北京市朝阳区亮马桥路 40 号 2 号楼
电话：010－64683311
邮编：100125
许可证号：L－BJ－CJ00134

北京阳光假期国际旅行社有限责任公司
地址：北京市东城区东兴隆街 56 号
电话：010－65188056
邮编：100005
许可证号：L－BJ－CJ00135

北京安捷之旅国际旅行社有限公司
地址：北京市朝阳区建外大街 16 号 1 号楼
电话：010－65696815
邮编：100022
许可证号：L－BJ－CJ00136

国旅环球（北京）国际旅行社有限公司
地址：北京市东单北大街 1 号 1 号楼
电话：010－85228560
邮编：100005
许可证号：L－BJ－CJ00137

易游天下国际旅行社（北京）有限公司
地址：北京市东城区珠市口东大街 16 号 1 幢
电话：010－87550000
邮编：100050
许可证号：L－BJ－CJ00138

北京太美国际旅行社有限公司
地址：北京市朝阳区景华南街 5 号 C 座
电话：010－85906788
邮编：100020
许可证号：L－BJ－CJ00139

北京东游国际旅行社有限公司
地址：北京市通州区新仓路 2 号鼎晟国际 A 座 309 室
电话：010－85863037
邮编：100025
许可证号：L－BJ－CJ00140

北京瑞景假日国际旅行社有限公司
地址：北京市朝阳区麦子店西路 3 号
电话：010－67091229
邮编：100125
许可证号：L－BJ－CJ00141

北京名仕优翔国际旅行社有限公司
地址：北京市朝阳区东三环中路 9 号 1902 室
电话：010－85910550
邮编：100020
许可证号：L－BJ－CJ00142

北京环球行国际旅行社有限公司
地址：北京市朝阳区东四环中路远洋国际 C2702
电话：010－84475712
邮编：100027
许可证号：L－BJ－CJ00143

北京途牛国际旅行社有限公司
地址：北京市朝阳区东三环中路 9 号
电话：010－85910559
邮编：100020
许可证号：L－BJ－CJ00144

北京世界之旅国际旅行社有限责任公司
地址：北京市西城区车公庄大街 9 号院 1 号楼
电话：010－88373078
邮编：100044
许可证号：L－BJ－CJ00145

环意（北京）国际旅行社有限公司
地址：北京市朝阳区东四环中路 60 号（C 座）2606 室
电话：010－59648686
邮编：100125
许可证号：L－BJ－CJ00146

北京合翼天空国际旅行社有限公司
地址：北京市朝阳区农展馆南路 13 号瑞辰国际中心
电话：010－65906699
邮编：100125
许可证号：L－BJ－CJ00147

北京华泰新纪元国际旅行社有限公司
地址：北京市西城区阜外大街 2 号万通新世纪广场 A 座
电话：010－68338630
邮编：100037
许可证号：L－BJ－CJ00148

北京广之旅国际旅行社有限公司
地址：北京市朝阳区西坝河河南路甲 1 号 1 号楼
电话：010－64466635
邮编：100028
许可证号：L－BJ－CJ00149

北京枫华艾蒂克国际旅行社有限责任公司
地址：北京市朝阳区日坛路 1 号日坛宾馆 804 室
电话：010－85616802
邮编：100028
许可证号：L－BJ－CJ00150

北京中智国际旅行社有限公司
地址：北京市朝阳区光华路 7 号汉威大厦 13 层
电话：010－65912283
邮编：100004
许可证号：L－BJ－CJ00151

国旅（北京）国际会议展览有限公司
地址：北京市东城区东单北大街 1 号 1 号楼
电话：010－85227650
邮编：100005
许可证号：L－BJ－CJ00152

中旅国际会议展览有限公司
地址：北京市朝阳区北三环北路 38 号院 1 号楼 27 层

电话：010－85909291
邮编：100026
许可证号：L－BJ－CJ00153

北京市康祥国际旅游有限公司
地址：北京市丰台区东罗园9号2层
电话：13901034181　010－87244022
邮编：100075
许可证号：L－BJ－CJ00154

北京北汽国际旅行社
地址：北京市朝阳区顺源里14楼
电话：010－64635845
邮编：100027
许可证号：L－BJ－CJ00155

北京燕京国际旅行社有限公司
地址：北京市朝阳区建国路88号8号楼8层
电话：010－85807107
邮编：100022
许可证号：L－BJ－CJ00156

上航假期（北京）国际旅行社有限公司
地址：北京市朝阳区劲松三区甲302号1502室
电话：010－87730617　87730930
邮编：100021
许可证号：L－BJ－CJ00157

北京美嘉环球国际旅行社有限责任公司
地址：北京市朝阳区东大桥路8号院
电话：010－64949979－818
邮编：100025
许可证号：L－BJ－CJ00158

中国石化集团国际旅行社有限责任公司
地址：北京市朝阳区吉祥里115号楼第3层
电话：010－59960643
邮编：100728
许可证号：L－BJ－CJ00159

交通国际旅行社有限公司
地址：北京市大兴区黄村镇北京生物工程与医药产业基地天和西路19号1层
电话：010－52063742
邮编：100078
许可证号：L－BJ－CJ00160

北京汉唐经典国际商务旅行社有限公司
地址：北京市东城区王府井大街138号2座10层1011C房
电话：010－65670059
邮编：100006
许可证号：L－BJ－CJ00161

北京鸿锦嘉合国际商务旅行社有限公司
地址：北京市东城区东四十条24号1层
电话：010－51296988－166
邮编：100007
许可证号：L－BJ－CJ00162

北京环球时尚国际旅行社有限责任公司
地址：北京市朝阳区左家庄中街6号院9号楼
电话：010－65935328
邮编：100028
许可证号：L－BJ－CJ00163

北京欧亚友好国际旅行社
地址：北京市西城区车公庄大街甲4号物华大厦B座1205室
电话：010－68000104　68000140
邮编：100044
许可证号：L－BJ－CJ00164

北京神舟方舟国际会议展览有限公司
地址：北京市朝阳区建国门外大街28号旅游大厦6层
电话：010－65159833
邮编：100026
许可证号：L－BJ－CJ00165

北京忠悦国际旅行社有限公司
地址：北京市东城区王府井大街99号
电话：010－65125635
邮编：100006
许可证号：L－BJ－CJ00166

江河国际旅行社有限公司
地址：北京市西城区白广路北口综合楼
电话：010－51288448
邮编：100035
许可证号：L－BJ－CJ00167

北京中贸国际商务旅行社有限责任公司
地址：北京市东城区南河沿大街华龙街华龙写字间
电话：010－65224596
邮编：100022
许可证号：L－BJ－CJ00168

北京至尊之旅国际旅行社有限公司
地址：北京市朝阳区朝阳北路104号楼222室
电话：010－57275220　57275221
邮编：100123
许可证号：L－BJ－CJ00169

北京快乐时光国际旅行社有限公司
地址：北京市西城区鼓楼西大街31号7号
电话：010－68403030
邮编：100089
许可证号：L－BJ－CJ00170

北京逸行国际旅行社有限公司
地址：北京市东城区广渠门内大街80号1305室
电话：010－52978296
邮编：100025
许可证号：L－BJ－CJ00171

北京好运通假期国际旅行社有限责任公司
地址：北京市朝阳区新源西里16号8层
电话：010－84683611－805
邮编：100027
许可证号：L－BJ－CJ00172

北京金台国际旅行社有限公司
地址：北京市朝阳区东土城路4号
电话：010－64275364　64275362
邮编：100013
许可证号：L－BJ－CJ00173

北京京海假日旅行社有限公司
地址：北京市朝阳区朝阳路71号5层623室
电话：010－58694072
邮编：100022
许可证号：L－BJ－CJ00174

北京宽沟国际旅行社有限公司
地址：北京市西城区槐柏树街2号2号楼304室
电话：010－66410328
邮编：100053
许可证号：L－BJ－CJ00175

北京华丰国际旅行社有限公司
地址：北京市西城区广安门内大街202号A座228号
电话：010－83548651
邮编：100053
许可证号：L－BJ－CJ00176

北京悦天国际旅行社有限公司
地址：北京市朝阳区曙光西里甲1号A－2802号
电话：010－63346612
邮编：100055
许可证号：L－BJ－CJ00177

北京市中西国际旅行社有限公司
地址：北京市朝阳区东四环中路82号金长安大厦1座902室
电话：010－87766610
邮编：100124
许可证号：L－BJ－CJ00178

北京平升国际旅行社有限公司
地址：北京市朝阳区延静里中街3号2号楼211室
电话：010－65868412　65860152
邮编：100025
许可证号：L－BJ－CJ00179

北京安之华国际旅行社有限公司
地址：北京市朝阳区望京西园A5区429楼2单元602室
电话：010－84713998　84195270
邮编：100102
许可证号：L－BJ－CJ00180

北京商旅通捷国际旅行社有限公司
地址：北京市西城区阜成门外大街2号A1101－07室
电话：010－68059799
邮编：100037
许可证号：L－BJ－CJ00181

北京康庄国际旅行社有限公司
地址：北京市西城区马连道南街6号院1号楼6层
电话：010－63560991
邮编：100053
许可证号：L－BJ－CJ00182

北京汇景泰国际旅行社有限公司
地址：北京市朝阳区朝外大街10号（A1区）901室
电话：010－65992368－666
邮编：100020
许可证号：L－BJ－CJ00183

北京新视野国际旅行社有限公司
地址：北京市东城区东长安街10号长安大厦2层210A单元
电话：010－85115470
邮编：100006
许可证号：L－BJ－CJ00184

北京阳光鑫隆国际旅行社有限公司
地址：北京市朝阳区高碑店兴隆西街2号兴隆小区综合楼9层913室
电话：010－85760369
邮编：100025
许可证号：L－BJ－CJ00185

北京华仁旅行社有限公司
地址：北京市朝阳区东三环建国路99号21层2室
电话：010－65539595－3303
邮编：100022
许可证号：L－BJ－CJ00186

北京新世界国际旅行社有限责任公司
地址：北京市东城区海运仓1号海运仓国际大厦515室
电话：010－84098012－803
邮编：100007

许可证号：L－BJ－CJ00187

北京天禧国际旅行社有限公司
地址：北京市东城区建国门北大街 5 号 12 层 1227 房间
电话：010－65180656
邮编：100005
许可证号：L－BJ－CJ00188

北京大潮国际旅行社有限公司
地址：北京市朝阳区惠新西街 9 号院惠新苑 7 号楼 801 室
电话：010－64812742
邮编：100029
许可证号：L－BJ－CJ00189

北京观奇国际旅行社有限公司
地址：北京市海淀区西直门北大街甲 43 号金运大厦 B 座 10 楼
电话：010－65530508
邮编：100020
许可证号：L－BJ－CJ00190

中卫国际旅行社
地址：北京市西城区鼓楼西大街 47 号
电话：010－82230659　82230658
邮编：100120
许可证号：L－BJ－CJ00191

北京金泰恒业国际旅游有限公司
地址：北京市东城区安德路 18 号
电话：010－65863088
邮编：100020
许可证号：L－BJ－CJ00192

北京明择国际旅行社有限公司
地址：北京市朝阳区朝阳门北大街乙 12 号 1 号楼 20 公寓 C
电话：010－65512311　65512312
邮编：100020
许可证号：L－BJ－CJ00193

北京尚景假期国际旅行社有限公司
地址：北京市朝阳区北辰东路 8 号 P 座 1702 室
电话：010－64911823　64910686
邮编：100101
许可证号：L－BJ－CJ00194

北京华驿国际旅行社有限公司
地址：北京市西城区德胜门东滨河路 3 号 11 号楼 A 座 506 室（德胜园区）
电话：010－62028360
邮编：100011
许可证号：L－BJ－CJ00195

北京星际国际旅行社有限公司
地址：北京市朝阳区八里庄西里 100 号 1 号楼东区 1708 室
电话：010－85862163
邮编：100025
许可证号：L－BJ－CJ00196

北京慧行天下国际旅行社有限公司
地址：北京市西城区金融大街甲 5 号 1001 室
电话：010－63761492
邮编：100140
许可证号：L－BJ－CJ00197

北京市佰思瑞杰旅行社有限责任公司
地址：北京市海淀区交大东路 60 号大隐名座
电话：010－62252572
邮编：100044
许可证号：L－BJ－CJ00198

北京金色福国际旅行社有限公司
地址：北京市朝阳区建国路 93 号院 8 号楼 2009 号
电话：010－58206116　51653333
邮编：100022
许可证号：L－BJ－CJ00199

银建国际旅行社有限公司
地址：北京市顺义区泗上村南（后沙峪裕民大街 14 号）
电话：010－69457127　69457624
邮编：101300
许可证号：L－BJ－CJ00200

瑞世阳光（北京）国际旅行社有限公司
地址：北京市朝阳区光华路东里 8 号院 2 号楼 2902 室
电话：010－59772500
邮编：100020
许可证号：L－BJ－CJ00201

北京大通国际旅行社有限公司
地址：北京市海淀区长春桥路 11 号 4 号楼 6 层 606 室
电话：010－58815586－813
邮编：100089
许可证号：L－BJ－CJ00202

北京亚美运通国际旅行社有限责任公司
地址：北京市朝阳区新源里 16 号 16 号楼 1 座
电话：010－84683313
邮编：100027
许可证号：L－BJ－CJ00203

北京新贵联合国际旅行社有限责任公司
地址：北京市朝阳区东三环中路 39 号院 12 号楼 1203 室
电话：010－58693018　58693058
邮编：100022
许可证号：L－BJ－CJ00204

北京天辰假日国际旅行社有限公司
地址：北京市海淀区知春路 82 号
电话：010－68118108
邮编：100086
许可证号：L－BJ－CJ00205

北京山水假日旅行社有限公司
地址：北京市海淀区万寿路 14 号 304 室
电话：010－68177112
邮编：100036
许可证号：L－BJ－CJ00206

北京赛旅通旅行社有限责任公司
地址：北京市通州区佟麟阁 7 号
电话：010－59001738－893
邮编：100022
许可证号：L－BJ－CJ00207

北京大唐国际旅行社有限公司
地址：北京市东城区广渠门南小街 1 号楼 17 层 1 单元 2008 室
电话：010－67171600
邮编：100061
许可证号：L－BJ－CJ00208

北京世纪明德国际旅行社有限公司
地址：北京市海淀区中关村东路 18 号财智国际大厦 B 座
电话：010－62796781
邮编：100084
许可证号：L－BJ－CJ00209

北京顺隆假期旅行社有限责任公司
地址：北京市海淀区交大东路 60 号四层 60－33 号
电话：010－62267116
邮编：100044
许可证号：L－BJ－CJ00210

北京假期国际旅行社有限公司
地址：北京市东城区东直门南大街 9 号华普花园 D901 室
电话：010－84098176
邮编：100007
许可证号：L－BJ－CJ00211

北京中金环球国际旅行社有限公司
地址：北京市东城区东四西大街 46 号后楼 101 房间
电话：010－65265591
邮编：100711
许可证号：L－BJ－CJ00212

北京中美亚国际旅行社有限公司
地址：北京市东城区新中东街 3 号 1 号楼 602 室
电话：010－64176232
邮编：100027
许可证号：L－BJ－CJ00213

北京麒麟旅行社有限公司
地址：北京市东城区东直门南大街 9 号华普花园 B 座 1201 室
电话：010－84094078
邮编：100007
许可证号：L－BJ－CJ00214

北京美途国际旅行社有限公司
地址：北京市朝阳区农展馆南路 13 号 8 层
电话：010－85888282
邮编：100025
许可证号：L－BJ－CJ00215

北京祥云世纪国际旅行社有限公司
地址：北京市朝阳区霄云路 27 号 609 室
电话：010－65513393
邮编：100097
许可证号：L－BJ－CJ00216

北京国旅华宸旅行社有限公司
地址：北京市朝阳区农展馆南路 13 号 7 层
电话：010－51550018
邮编：100011
许可证号：L－BJ－CJ00217

北京鸿途国际旅行社有限公司
地址：北京市朝阳区东大桥路 8 号院 4 号楼 28 层
电话：010－58699988　58697167
邮编：100020
许可证号：L－BJ－CJ00218

北京时代环球国际旅游有限公司
地址：北京市东城区东中街 58 号 1 号楼 15 层 4 单元
电话：010－56292890
邮编：100027
许可证号：L－BJ－CJ00220

北京中新华国际旅行社有限责任公司
地址：北京市西城区阜成门外北礼士路 135 号
电话：010－68369177　68369176
邮编：100037
许可证号：L－BJ－CJ00221

北京首钢国际旅游有限公司
地址：北京市石景山首钢今时宾馆 1 层
电话：010－84283813

邮编：100041
许可证号：L－BJ－CJ00222

北京佰程国际旅游有限公司
地址：北京市朝阳区吉庆里6号住宅楼905室
电话：010－65530768
邮编：100020
许可证号：L－BJ－CJ00223

北京博润国际旅行社有限公司
地址：北京市朝阳区八里庄西里97号97号楼4层508室
电话：010－85866484
邮编：100025
许可证号：L－BJ－CJ00224

北京永安国际旅行社有限公司
地址：北京市通州区车站路27号
电话：010－81577788
邮编：101100
许可证号：L－BJ－CJ00225

北京天原兄弟旅行社有限公司
地址：北京市西直门南大街2号1号楼成铭大厦B座6单元G号房
电话：010－66001995
邮编：100035
许可证号：L－BJ－CJ00226

北京信捷国际旅行社有限公司
地址：北京市朝阳区幸福二村39号楼16层2单元
电话：010－64484158
邮编：100027
许可证号：L－BJ－CJ00227

北京天行健国际旅行社有限公司
地址：北京市北京经济技术开发区荣京东街3号1幢14层2单元
电话：010－65175368
邮编：100175
许可证号：L－BJ－CJ00228

北京华旅西坞国际旅行社有限责任公司
地址：北京市东城区建国门内大街9号B055室
电话：010－85166815
邮编：100005
许可证号：L－BJ－CJ00229

北京中铁联合国际旅行社有限公司
地址：北京市丰台区北京西站东附楼A座601室
电话：010－51862525
邮编：100055
许可证号：L－BJ－CJ00230

天马运通（北京）国际旅行社有限公司
地址：北京市朝阳区南湖渠望京西路（北京天马旅游汽车公司院内）
电话：010－65065486
邮编：100012
许可证号：L－BJ－CJ00231

北京金渠国际旅行社
地址：北京市朝阳区建国门外大街28号904房间
电话：010－85157218
邮编：100022
许可证号：L－BJ－CJ00232

北京中凯国际旅行社有限公司
地址：北京市西城区南滨河路27号7号楼11层1107室
电话：010－67570200　67579899
邮编：100055
许可证号：L－BJ－CJ00233

北京引领假日国际旅行社有限公司
地址：北京市朝阳区胜古中路2号院8号楼5层
电话：010－64458899－603
邮编：100029
许可证号：L－BJ－CJ00234

北京金色世纪旅行社有限公司
地址：北京市朝阳区来广营西路5号森根国际商务园区2号楼E室
电话：010－84926666－8690　84905583
邮编：100012
许可证号：L－BJ－CJ00235

中洋（北京）国际旅游有限公司
地址：北京市朝阳区劲松南路1号6层616－617室
电话：010－67307557
邮编：100021
许可证号：L－BJ－CJ00236

北京京连旅行社有限公司
地址：北京市朝阳区东三环中路乙16号2－1602室
电话：010－87762838
邮编：100022
许可证号：L－BJ－CJ00237

悠游天下（北京）旅行社有限公司
地址：北京市朝阳区朝外大街10号（A1区）1407
电话：010－59775850
邮编：100020
许可证号：L－BJ－CJ00239

北京中澳华商旅行社有限公司
地址：北京市朝阳区安贞西里三区26楼
电话：010－51660804
邮编：100029
许可证号：L－BJ－CJ00240

北京炫风情国际旅行社有限公司
地址：北京市东城区朝阳门北大街8号富华大厦D－12H号（东二环）
电话：010－65542681
邮编：100027
许可证号：L－BJ－CJ00241

北京商之行商务旅行社有限公司
地址：北京市西城区黄寺大街甲23号院1号楼北广大厦1202室（德胜园区）
电话：010－82277806
邮编：100120
许可证号：L－BJ－CJ00242

北京百达旅游有限公司
地址：北京市东城区体育馆路10号（北京天坛体育宾馆）103室
电话：010－67134120
邮编：100061
许可证号：L－BJ－CJ00243

北京乐途国际旅行社有限公司
地址：北京市朝阳区吉庆里14号楼4层402室
电话：010－51260350
邮编：100120
许可证号：L－BJ－CJ00244

北京京华教育旅行社有限公司
地址：北京市朝阳区芳草地北巷4号楼301室
电话：010－85624301
邮编：100020
许可证号：L－BJ－CJ00245

北京海天国际旅行社有限公司
地址：北京市朝阳区朝外大街乙12号办公楼20层
电话：010－58797666－8609、8618
邮编：100020
许可证号：L－BJ－CJ00246

北京沃尔德国际旅行社有限公司
地址：北京市朝阳区曙光西里甲6号院1号楼2502室
电话：010－58678877
邮编：100028
许可证号：L－BJ－CJ00247

北京东方假日旅游有限责任公司
地址：北京市朝阳区西大望路19号5号楼1单元201室
电话：010－87755318
邮编：100124
许可证号：L－BJ－CJ00248

北京博远皓成国际旅行社有限公司
地址：北京市丰台区丰北路73号鼎馨缘大酒店210室
电话：010－63855037　63863090
邮编：100007
许可证号：L－BJ－CJ00249

北京华悦国际旅游有限公司
地址：北京市朝阳区东大桥路8号1楼
电话：010－58700248　58703659
邮编：100020
许可证号：L－BJ－CJ00250

北京金旅环宇国际旅行社有限公司
地址：北京市通州区中关村科技园区通州园金桥科技产业基地环科中路5－294号
电话：010－63540013　63540013
邮编：100202
许可证号：L－BJ－CJ00252

北京北大国际旅行社有限公司
地址：北京市海淀区中关村北大街127－1号108室
电话：010－58874025
邮编：100080
许可证号：L－BJ－CJ00253

北京黄金假日旅行社有限公司
地址：北京市西城区阜外大街2号万通新世界广场A602室
电话：010－68589990
邮编：100037
许可证号：L－BJ－CJ00254

北京景怡晟业国际旅行社有限公司
地址：北京市大兴经济开发区金苑路18号北京华商置业有限公司厂房316室
电话：010－88087898
邮编：102628
许可证号：L－BJ－CJ00255

北京乐道国际旅行社有限公司
地址：北京市朝阳区东三环中路39号院16号楼0601室
电话：010－51656666
邮编：100022
许可证号：L－BJ－CJ00256

北京九州人国际旅行社有限公司
地址：北京市西城区南礼士路丙3号楼502室
电话：010－65259575　65259581
邮编：100037
许可证号：L－BJ－CJ00257

北京中恒太平洋国际旅行社有限公司
地址：北京市朝阳区光华路丙 12 号数码大厦 1101 室
电话：010－65301200—209、260
邮编：100020
许可证号：L－BJ－CJ00258

北京行天下国际旅行社有限公司
地址：北京市朝阳区朝阳北路 225 号京龙大厦 705 室
电话：010－65097556
邮编：100026
许可证号：L－BJ－CJ00259

北京立联旅行社有限公司
地址：北京市昌平区昌平镇北环里 52－7 号
电话：010－84801965
邮编：102200
许可证号：L－BJ－CJ00260

北京百龙国际旅行社
地址：北京市东城区新中西里 10 号楼前
电话：010－64041542
邮编：100007
许可证号：L－BJ－CJ00261

北京利贞鸿运旅行社有限责任公司
地址：北京市东城区大华路甲 2 号海诚商务会馆 608 室
电话：010－65284656
邮编：100005
许可证号：L－BJ－CJ00262

北京市搜旅旅行社有限责任公司
地址：北京市朝阳区朝外大街 38 号 7 层 701 室
电话：010－85623509　52455371
邮编：100020
许可证号：L－BJ－CJ00263

北京九州金源旅行社有限公司
地址：北京市朝阳区广渠东路 3 号 4 层
电话：010－56400666－8134
邮编：100124
许可证号：L－BJ－CJ00264

北京天畅商旅旅行社有限公司
地址：北京市通州区车站路 20 号楼
电话：010－84287435
邮编：101100
许可证号：L－BJ－CJ00265

北京广顺国际旅行社有限公司
地址：北京市朝阳区南湖西园 216 号楼 1 层
电话：010－58047777
邮编：100102
许可证号：L－BJ－CJ00266

北京博远国际旅行社有限责任公司
地址：北京市朝阳区朝外大街 19 号华普国际大厦 723 室
电话：010－ 65804106
邮编：100020
许可证号：L－BJ－CJ00267

北京青年畅游旅行社有限公司
地址：北京市西城区西长安街 15 号 1 号楼 240 室
电话：010－51661901
邮编：100031
许可证号：L－BJ－CJ00268

北京中旅现代国际旅行社有限公司
地址：北京市东城区建国门北大街 5 号 17 层 1905 室
电话：010－67170883
邮编：100005
许可证号：L－BJ－CJ00269

北京东方海星旅行社有限公司
地址：北京市朝阳区百子湾路 32 号院 2 号楼 5 层 3 座 619 室
电话：010－64453946
邮编：100022
许可证号：L－BJ－CJ00270

北京环亚风景国际旅行社有限公司
地址：北京市朝阳区霞光里 66 号院 1 号楼 2503 室
电话：010－84467622
邮编：100027
许可证号：L－BJ－CJ00271

北京自由国际旅行社有限公司
地址：北京市朝阳区南磨房路 37 号 311 室
电话：010－57273900
邮编：100022
许可证号：L－BJ－CJ00272

北京金都华远旅行社有限责任公司
地址：北京市丰台区张仪村路九号天都旺角商务写字楼 8303 室
电话：010－51755485　52266158
邮编：100041
许可证号：L－BJ－CJ00273

北京市首都旅行社有限公司
地址：北京市朝阳区西大望路 34 号 2 号楼 508 室
电话：010－52059015
邮编：100022
许可证号：L－BJ－CJ00274

北京自由祥和国际旅行社有限公司
地址：北京市西城区太平街 6 号富力摩根中心 E 座 905 室
电话：010－59361180　59361105
邮编：100050
许可证号：L－BJ－CJ00275

北京中视国际旅行社有限公司
地址：北京市东城区新中东街 3 号院 1 号楼第 2 幢 701 室
电话：010－57112266
邮编：100027
许可证号：L－BJ－CJ00276

北京大洋时代国际旅行社有限公司
地址：北京市西城区马连道南街 6 号院 1 号楼 719 室
电话：010－84464525
邮编：100055
许可证号：L－BJ－CJ00277

北京环行五洲国际旅行社有限公司
地址：北京市海淀区中关村南大街 17 号 3 号楼 1604 室
电话：010－59790057
邮编：100081
许可证号：L－BJ－CJ00278

北京市天宁旅行社有限责任公司
地址：北京市朝阳区曙光西里甲 1 号东域大厦 A 座（住宅）1103 室
电话：010－58220266　58220268
邮编：100028
许可证号：L－BJ－CJ00279

北京游够天下国际旅行社有限公司
地址：北京市朝阳区建国路 93 号院 12 号楼 7 层
电话：010－58206818　52877646
邮编：100022
许可证号：L－BJ－CJ00280

北京寰亚旅行社有限责任公司
地址：北京市西城区广义街 7 号乐凯大厦 304—305 室
电话：010－63330040
邮编：100054
许可证号：L－BJ－CJ00281

北京万达国际旅行社有限公司
地址：北京市门头沟区城子大街 90 号南楼 231A 室
电话：010－64608122
邮编：102300
许可证号：L－BJ－CJ00282

北京百合假期旅行社有限公司
地址：北京市东城区幸福大街 39 号 4017 室
电话：010－51205559
邮编：100061
许可证号：L－BJ－CJ00283

北京商旅在线国际旅行社有限公司
地址：北京市西城区德外大街 83 号 B 座 406－A 号（德胜园区）
电话：010－58579566
邮编：100088
许可证号：L－BJ－CJ00284

北京知游国际旅行社有限责任公司
地址：北京市朝阳区朝外大街 26 号 B0808
电话：010－85654281
邮编：100020
许可证号：L－BJ－CJ00285

北京星徽假期国际旅游有限责任公司
地址：北京市朝阳区麦子店西路 3 号 317
电话：010－52450531
邮编：100125
许可证号：L－BJ－CJ00286

北京佳龙国际旅行社有限公司
地址：北京市东城区朝内大街 75 号 3 号楼 408 室
电话：010－64001977
邮编：100010
许可证号：L－BJ－CJ00287

北京沃凯德国际旅行有限公司
地址：北京市朝阳区西坝河西里 28 号英特公寓 1－商业 A 座 2 层东南角
电话：010－62520707
邮编：100028
许可证号：L－BJ－CJ00288

北京星途国际旅游有限公司
地址：北京市丰台区南三环东路 23 号 1 号楼 10 层中段办公 1003 室
电话：010－67678305　87666968
邮编：100079
许可证号：L－BJ－CJ00289

北京嘉钧国际旅行社有限公司
地址：北京市海淀区中关村南大街 19 号院 2 号楼 4 单元 4061 号
电话：010－64606777
邮编：100081
许可证号：L－BJ－CJ00291

北京明都腾达国际旅行社有限公司
地址：北京市昌平区回龙观镇风雅园一区 19 号楼一层
电话：010－81798828

邮编：102200
许可证号：L－BJ－CJ00292

北京鸿企旅行社有限公司
地址：北京市海淀区玉渊潭南路11号缘溪堂1号楼9C
电话：010－68522871
邮编：100036
许可证号：L－BJ－CJ00293

北京神州游旅行社
地址：北京市东城区育树三条8号捷熙房屋租赁中心108室
电话：010－52409135
邮编：100007
许可证号：L－BJ－CJ00294

北京维京国际旅游有限公司
地址：北京市朝阳区东四环中路78号楼6层7A17
电话：010－59105613
邮编：100124
许可证号：L－BJ－CJ00295

北京时代漫游旅行社有限公司
地址：北京市东城区王府井大街99号世纪大厦A817室
电话：010－65260550　65260977
邮编：100006
许可证号：L－BJ－CJ00296

北京四季青旅行社有限公司
地址：北京市海淀区远大园六区沿街商场6号楼210室
电话：010－51986069
邮编：100097
许可证号：L－BJ－CJ00297

中商行（北京）国际会议展览有限公司
地址：北京市西城区复兴门内大街45号
电话：010－66094356－610
邮编：100801
许可证号：L－BJ－CJ00298

北京途乐国际旅行社有限公司
地址：北京市朝阳区管庄乡杨闸村195号
电话：010－51300609
邮编：100024
许可证号：L－BJ－CJ00299

北京市振华旅行社服务有限公司
地址：北京市东城区忠实里南街乙6号楼1单元704室
电话：010－87757741
邮编：100022
许可证号：L－BJ－CJ00300

北京伊珍国际旅行社有限公司
地址：北京市东城区幸福家园2号楼底商102号
电话：010－67234124
邮编：100062
许可证号：L－BJ－CJ00301

北京市合力之旅国际旅行社有限公司
地址：北京市朝阳区北苑路180号5号（住宅）楼1306室
电话：010－64959515
邮编：100101
许可证号：L－BJ－CJ00302

北京尚之旅国际旅行社有限公司
地址：北京市东城区东中街58号1号楼107
电话：010－57222788
邮编：100027
许可证号：L－BJ－CJ00303

北京金泽和国际旅行社有限责任公司
地址：北京市丰台区南三环东路6号楼18层1－1803－1
邮编：100071
许可证号：L－BJ－CJ00304

北京熊猫国际旅游有限公司
地址：北京市东城区邮通街9号（华美伦酒店2层）
电话：010－65281799
邮编：100010
许可证号：L－BJ－CJ00305

北京希望国际旅行社有限公司
地址：北京市朝阳区广渠路南侧44号4号楼1001室
电话：010－52437896
邮编：100020
许可证号：L－BJ－CJ00306

北京达美国际旅行社有限责任公司
地址：北京市朝阳区安慧里四区15号楼院2号楼13层
电话：15220013216
邮编：100020
许可证号：L－BJ－CJ00307

北京中汇国际旅行社有限公司
地址：北京市海淀区中关村东路18号1号楼C－803室
电话：010－82856599
邮编：100089
许可证号：L－BJ－CJ00308

北京大鹏运通国际旅游有限公司
地址：北京市朝阳区望京西园三区314A座一单元201室
电话：010－64727715
邮编：100020
许可证号：L－BJ－CJ00309

北京华夏之旅国际旅行社有限公司
地址：北京市朝阳区安外外馆街42号
电话：010－84121856　84122936
邮编：100020
许可证号：L－BJ－CJ00312

北京奇航假期国际旅游有限公司
地址：北京市朝阳区慧忠北里309号楼2层
邮编：100020
许可证号：L－BJ－CJ00315

北京美邦国际旅行社有限公司
地址：北京市西城区西直门外大街甲143号凯旋大厦C－2－EF室
电话：010－66117777
邮编：100044
许可证号：L－BJ－CJ00316

北京和平天下国际旅行社有限公司
地址：北京市海淀区永定路85号464楼3层303室
电话：010－68766185　68761988
邮编：100039
许可证号：L－BJ－CJ00317

北京新星旅国际旅行社有限公司
地址：北京市西城区地藏庵23号南办公楼107室
电话：010－68023938
邮编：100045
许可证号：L－BJ－CJ00318

北京福瑞环宇旅行社有限公司
地址：北京市朝阳区光华路丙12号数码01大厦公寓1702室
电话：010－65926746
邮编：100020
许可证号：L－BJ－CJ00319

北京北旅国际旅行社有限公司
地址：北京市丰台区莲花池西里29号909室
电话：010－52980136
邮编：100161
许可证号：L－BJ－CJ00321

北京传奇旅行社有限公司
地址：北京市朝阳区朝阳北路129号院3号楼1205
电话：010－85842940
邮编：100025
许可证号：L－BJ－CJ00322

北京万延旅游有限公司
地址：北京市朝阳区东四环中路41号第10层1017、1019－1020室
电话：010－65089118
邮编：100125
许可证号：L－BJ－CJ00323

北京百思达国际商务旅行社有限公司
地址：北京市东城区东直门外大街48号1幢10层办公楼10C
电话：010－64003550
邮编：100007
许可证号：L－BJ－CJ00324

北京卓越国际旅行社有限公司
地址：北京市西城区广安门外大街168号1幢12层
电话：010－83065936
邮编：100055
许可证号：L－BJ－CJ00325

北京泛太华悦国际旅行社有限公司
地址：北京市东城区安德路甲61号B2—601室
电话：010－64097880　64097756
邮编：100011
许可证号：L－BJ－CJ00326

北京环球美景国际旅行社有限责任公司
地址：北京市东城区安定门东大街28号雍和大厦A座509室
电话：010－64097800
邮编：100007
许可证号：L－BJ－CJ00327

北京路易通旅行社有限公司
地址：北京市朝阳区祁家豁子甲8号1号（住宅）楼1304室
电话：010－82012266
邮编：100029
许可证号：L－BJ－CJ00328

北京欧亚国际旅行社有限责任公司
地址：北京市朝阳区双花园南里二区11号楼3层
电话：010－87516518　87721398－3300
邮编：100022
许可证号：L－BJ－CJ00329

北京领航国际旅游有限公司
地址：北京市西城区富国里1号楼1层1－3室
电话：010－51299911　65089608
邮编：100034
许可证号：L－BJ－CJ00330

北京中港联合国际旅行社有限公司
地址：北京市北京经济技术开发区西环北路23号318室
电话：010－51661996　51666795
邮编：100022
许可证号：L－BJ－CJ00331

北京广土国际旅行社有限公司
地址：北京市朝阳区建国路88号9号楼17层2002室
电话：010－67142011
邮编：100022
许可证号：L－BJ－CJ00332

中商环宇（北京）国际旅行社有限公司
地址：北京市东城区东中街40号1号楼107－8室
电话：010－65912002
邮编：100027
许可证号：L－BJ－CJ00333

北京市天陆国际旅行社有限公司
地址：北京市东城区安定门外大街183号M204室
电话：010－64401452－806
邮编：100011
许可证号：L－BJ－CJ00334

北京通华国际旅行社有限公司
地址：北京市朝阳区左家庄中街6号院9号楼豪成大厦1801室
电话：010－84605497
邮编：100028
许可证号：L－BJ－CJ00335

北京宏信国际旅行社有限公司
地址：北京市朝阳区朝外大街26号19层A2203室
电话：010－65535831
邮编：100020
许可证号：L－BJ－CJ00336

北京路易旅行社有限公司
地址：北京市东城区东花市南里东区8号楼6层2单元
电话：010－67044200
邮编：100062
许可证号：L－BJ－CJ00337

北京上游国际旅行社有限公司
地址：北京市海淀区车道沟8号13号楼510室
电话：010－68726178　68726378
邮编：100089
许可证号：L－BJ－CJ00338

北京友协环宇国际旅行社有限公司
地址：北京丰台区临泓路6号西侧大门124号
电话：010－84492926
邮编：100027
许可证号：L－BJ－CJ00339

北京新旅时代国际旅行社有限公司
地址：北京市东城区安定门东大街28号1号楼3层B－301
电话：010－64097115
邮编：100007
许可证号：L－BJ－CJ00340

北京易捷国际旅行社有限责任公司
地址：北京市西城区后半壁店街56号9号楼4楼406室
电话：010－66185976
邮编：100030
许可证号：L－BJ－CJ00341

众信（北京）商务旅行社有限公司
地址：北京市朝阳区和平街东土城路12号院3号楼701室
电话：010－64489696
邮编：100013
许可证号：L－BJ－CJ00342

环球运通（北京）国际旅行社有限公司
地址：北京市东城区东直门外大街46号1号楼601室
电话：010－84608804
邮编：100027
许可证号：L－BJ－CJ00343

北京凯撒世嘉国际旅行社有限公司
地址：北京市朝阳区金桐西路10号1107室
电话：010－65983919
邮编：100020
许可证号：L－BJ－CJ00344

北京金旅国际旅行社有限公司
地址：北京市朝阳区建国路（北京印刷二厂）49号楼4层419室
电话：010－51289294
邮编：100022
许可证号：L－BJ－CJ00345

北京易旅天下国际旅行社有限公司
地址：北京市朝阳区霞光里66号院1号楼2007室
电话：010－84466033
邮编：100027
许可证号：L－BJ－CJ00347

北京周游天下国际旅行社有限公司
地址：北京市朝阳区朝阳门外大街20号1号楼18层1805室
电话：010－64213316
邮编：100013
许可证号：L－BJ－CJ00348

北京雅程国际旅行社有限公司
地址：北京市朝阳区东三环中路39号建外SOHO5号楼1606室
电话：010－59001130
邮编：100022
许可证号：L－BJ－CJ00349

北京世纪崇光国际旅行社有限公司
地址：北京市海淀区复兴路63号3层
电话：010－68153854
邮编：100036
许可证号：L－BJ－CJ00350

北京康泰旅行社
地址：北京市东城区朝阳门内大街188号D座602号
电话：010－84098201　84098200　84068191
邮编：100010
许可证号：L－BJ－CJ00351

北京龙润国际旅行社有限公司
地址：北京市朝阳区西大望路甲20号院5号楼1层
电话：010－58706895
邮编：100124
许可证号：L－BJ－CJ00352

北京假日阳光环球旅行社有限公司
地址：北京市海淀区西直门北大街45号2号楼1404室
电话：010－62229899－156
邮编：100044
许可证号：L－BJ－CJ00353

北京碧山国际旅行社有限公司
地址：北京市朝阳区东三环北路东方东路九号803室
电话：010－64656602
邮编：100027
许可证号：L－BJ－CJ00354

北京长城国际旅行社有限公司
地址：北京市西城区北三环中路19号
电话：010－62382690
邮编：100029
许可证号：L－BJ－CJ00355

岷江国际旅行社（北京）有限公司
地址：北京市西城区新文化街45号是家快捷酒店8001室
电话：010－67023326
邮编：100031
许可证号：L－BJ－CJ00356

北京畅通国际旅游有限公司
地址：北京市西城区菜市口大街6号院4号楼1层
电话：010－83555506　83536600
邮编：100053
许可证号：L－BJ－CJ00357

北京中祥国际旅行社有限责任公司
地址：北京市朝阳区小营路五号北京宏天宾馆1802室
电话：010－56016040
邮编：100101
许可证号：L－BJ－CJ00358

京城顶呱呱国际旅行社（北京）有限公司
地址：北京市丰台区左安门外紫芳园一区13号楼301室
电话：010－87655947
邮编：100078
许可证号：L－BJ－CJ00360

北京美之旅国际旅行社有限公司
地址：北京市朝阳区小营路10号3号楼17A
电话：010－51313157
邮编：100101
许可证号：L－BJ－CJ00361

北京诚信之旅旅行社有限公司
地址：北京市西城区广安门外马连道路11号主楼六层612室
电话：010－52693090
邮编：100055
许可证号：L－BJ－CJ00362

北京百信国际旅行社有限公司
地址：北京市朝阳区幸福二村39号楼17层2单元1707、1708室
电话：010－57187882　57187884
邮编：100027
许可证号：L－BJ－CJ00363

北京东晨国际旅行社有限公司
地址：北京市丰台区郭庄子甲1号北京朝蓬大酒店8329房间
电话：010－63262346　63438748
邮编：100073
许可证号：L－BJ－CJ00364

北京天健旅行社有限公司
地址：北京市朝阳区西坝河东里20号10幢304室
电话：010－65613330
邮编：100028
许可证号：L－BJ－CJ00365

北京铭阳益海国际旅行社有限责任公司
地址：北京市朝阳区广顺北大街上京家园306（9）号楼2层
电话：010－64812230
邮编：100029
许可证号：L－BJ－CJ00366

北京泰沃德国际旅行社有限公司
地址：北京市朝阳区南磨房路37号华腾北搪商务大厦2106室
电话：010－51909171
邮编：100022
许可证号：L－BJ－CJ00367

北京华丽旅游有限公司
地址：北京市通州区玉带河东街2号院2号楼22层5单元
电话：010－52113181
邮编：101100
许可证号：L－BJ－CJ00368

北京中兴旅运国际旅游有限公司
地址：北京市朝阳区东三环中路39号建外SOHO5号楼2104室
电话：010－58694016
邮编：100022
许可证号：L－BJ－CJ00369

北京恒信国际旅行社有限公司
地址：北京市朝阳区东四环中路78号楼4层5B20室
电话：010－59625058
邮编：100022
许可证号：L－BJ－CJ00370

北京众鑫之星国际旅行社有限公司
地址：北京市丰台区双庙村125号院2号楼
电话：010－87612746
邮编：100078
许可证号：L－BJ－CJ00371

北京阿里郎国际旅行社有限公司
地址：北京市昌平区东小口镇天通苑东苑三组团3号楼302室
电话：010－61761255
邮编：102200
许可证号：L－BJ－CJ00372

北京永达康国际旅行社有限责任公司
地址：北京市朝阳区亮马河南路14号3号楼2单元102B
电话：010－85322917
邮编：100600
许可证号：L－BJ－CJ00373

北京天之涯国际旅行社有限公司
地址：北京市朝阳区建国路88号7号住宅楼
电话：010－85896228　85896676
邮编：100022
许可证号：L－BJ－CJ00374

北京迈世怡和商务旅游有限公司
地址：北京市东城区广渠家园2楼
电话：010－87513432
邮编：100020
许可证号：L－BJ－CJ00375

北京天地通达国际旅游公司
地址：北京市丰台区西四环南路35号235室
电话：010－63834256
邮编：100071
许可证号：L－BJ－CJ00376

北京仁和利旅行社有限公司
地址：北京市丰台区南三环西88号春岚大厦
电话：010－84642409
邮编：100070
许可证号：L－BJ－CJ00377

北京致远国际旅行社有限公司
地址：北京市西城区广安门外大街168号1幢9层
电话：010－83065001
邮编：100055
许可证号：L－BJ－CJ00378

北京行知探索旅行社有限公司
地址：北京市海淀区中关村南大街甲6号9层
电话：010－51581590－818
邮编：100086
许可证号：L－BJ－CJ00379

北京英孚之旅旅行社有限责任公司
地址：北京市东城区东长安街1号东方广场西一办公楼604A室
电话：010－65865550－241
邮编：100026
许可证号：L－BJ－CJ00380

北京哪玩国际旅行社有限公司
地址：北京市朝阳区南磨房乡双龙南里204号一层B11号
电话：010－57436867
邮编：100122
许可证号：L－BJ－CJ00381

北京中盛国际旅行社有限公司
地址：北京市西城区南礼士路丙3号楼617室
电话：010－68000084
邮编：100037
许可证号：L－BJ－CJ00382

北京海中海国际旅行社有限公司
地址：北京市海淀区翠微中里15号楼105室
电话：010－68259358
邮编：100036
许可证号：L－BJ－CJ00383

北京纳美旅行社有限公司
地址：北京市朝阳区朝阳路67号9号楼1单元901室
电话：010－85787198
邮编：100123
许可证号：L－BJ－CJ00384

北京长信假日国际旅行社有限公司
地址：北京市朝阳区西大望路甲2号16层1605室
电话：010－85725090
邮编：100025
许可证号：L－BJ－CJ00385

北京三百六十度国际旅行社有限公司
地址：北京市朝阳区左家庄15号院2号楼2－1内400室
电话：010－84518877
邮编：100028
许可证号：L－BJ－CJ00386

北京市遨游天下旅行社有限公司
地址：北京市丰台区马家堡西路15号时代风帆大厦
电话：010－67578143
邮编：100071
许可证号：L－BJ－CJ00387

园林国际旅行社有限公司
地址：北京市海淀区三里河路九号建设部南配楼107室
电话：010－58933846
邮编：100835
许可证号：L－BJ－CJ00388

北京国青国际旅行社有限公司
地址：北京市朝阳区汤立路218号3层
电话：010－59790601
邮编：100022
许可证号：L－BJ－CJ00389

北京市嘉华国际旅行社
地址：北京市东城区柴棒胡同59号151室
电话：010－64010386
邮编：100007
许可证号：L－BJ－CJ00390

国华假日（北京）旅行社有限公司
地址：北京市东城区东水井胡同11号楼5层
电话：010－52876303
邮编：100010
许可证号：L－BJ－CJ00391

中商视野国际旅行社（北京）有限责任公司
地址：北京市朝阳区建国门外大街12号1号楼1520室
电话：010－84585227
邮编：100022
许可证号：L－BJ－CJ00392

北京广信旅行社有限公司
地址：北京市西城区广安门内大街319号（广信嘉园C座8层B室）
电话：010－83131398
邮编：100053
许可证号：L－BJ－CJ00394

美途天下国际旅行社（北京）有限公司
地址：北京市朝阳区小营路5号楼12层1208室
电话：010－57793300
邮编：100101
许可证号：L－BJ－CJ00395

北京风尚国际旅行社有限责任公司
地址：北京市东城区新怡家园甲3号楼7层716号
电话：010－67026253
邮编：100062
许可证号：L－BJ－CJ00396

北京星月山川旅行社有限公司
地址：北京市西城区马连道路4号313室
电话：010－58351838/39
邮编：100055
许可证号：L－BJ－CJ00397

北京中合天诺旅行社有限公司
地址：北京市西城区宣武门外大街甲1号5层506室
电话：010－67147166　67147266
邮编：100052
许可证号：L－BJ－CJ00398

北京嘉途国际旅行社有限公司
地址：北京市海淀区上地十街1号院2号楼12层1215室
电话：010－67189982
邮编：100050
许可证号：L－BJ－CJ00399

北京和谐万邦国际旅行社有限公司
地址：北京市海淀区西直门北大街47号院1号楼1门6层163室
电话：010－63569055
邮编：100082
许可证号：L－BJ－CJ00400

航天国际旅游有限责任公司
地址：北京市海淀区阜成路 14 号 1 号楼 12 层
电话：010－68370154
邮编：100048
许可证号 L－BJ－CJ00401

北京华帆国际旅行社有限公司
地址：北京市东城区甘水桥 16 号 813 室
电话：010－58679556
邮编：100013
许可证号：L－BJ－CJ00402

北京世纪和平国际旅行社有限公司
地址：北京市西城区建功西里 2 号楼 2001 室
电话：010－83539920
邮编：100053
许可证号：L－BJ－CJ00403

北京兰德国际旅行社有限公司
地址：北京市丰台区马家堡西路 15 号时代风帆大厦 2－707 室
电话：010－67582624
邮编：100068
许可证号：L－BJ－CJ00404

北京悦途国际旅行社有限责任公司
地址：北京市朝阳区望京南湖西园 118 号楼 806 室
电话：010－84713400
邮编：100102
许可证号：L－BJ－CJ00405

北京胜景国际旅行社有限公司
地址：北京市西城区右安门内大街 65 号（右安门商务大厦 317 室）
电话：010－52857648　52857646
邮编：100055
许可证号：L－BJ－CJ00406

北京宝丽美旅行社有限责任公司
地址：北京市丰台区造甲街南里 20 号北京清逸园宾馆 201－205 室
电话：010－87513583
邮编：100073
许可证号：L－BJ－CJ00407

北京吉天信捷国际旅行社有限公司
地址：北京市朝阳区南郎家园 18 号楼 19 层 2115 室
电话：010－65688306
邮编：100022
许可证号：L－BJ－CJ00408

北京商务国际旅行社有限公司
地址：北京市东城区龙潭路 3 号 5 层 E－02 东号
电话：010－67135100　67135200
邮编：100061
许可证号 L－BJ－CJ00409

北京跨越国际旅行社有限公司
地址：北京市丰台区西站东附楼瑞尔威写字楼 A 座 322－324 室
电话：010－63979215　63969091
邮编：100055
许可证号：L－BJ－CJ00410

北京汇美假期国际旅行社有限公司
地址：北京市昌平区龙水路昌盛园 2 区 13 号楼底商 2 号
电话：010－69729729
邮编：102200
许可证号：L－BJ－CJ00411

北京新旅国际旅行社有限公司
地址：北京市怀柔区迎宾中路 36 号 3688 室
电话：010－52361285
邮编：100015
许可证号：L－BJ－CJ00412

北京赛科国际旅行社有限责任公司
地址：北京市朝阳区建外南郎家园 1 号楼 610 室
电话：010－59799679
邮编：100022
许可证号：L－BJ－CJ00413

北京枫景国际商务旅游有限责任公司
地址：北京市朝阳区农展馆南路 13 号 9 层 1015 室
电话：010－65060385
邮编：100026
许可证号：L－BJ－CJ00414

北京国友旅行社有限公司
地址：北京市东城区琉璃井 38 号任你行宾馆 401 房间
电话：010－51550022
邮编：100017
许可证号：L－BJ－CJ00415

北京捷成旅行社有限公司
地址：北京市朝阳区曙光西里甲 1 号 4 层 B－506
电话：010－58222858
邮编：100098
许可证号：L－BJ－CJ00416

北京同和四季旅行社有限责任公司
地址：北京市东城区安德里北街甲 20 号 112 室
电话：010－64262016　64264205
邮编：100011
许可证号：L－BJ－CJ00418

北京荣信国际旅行社有限公司
地址：北京市东城区西花市南里东区 3 号楼 2 单元 202、203 室
电话：010－87186798
邮编：100062
许可证号：L－BJ－CJ00419

北京行游国际旅行社有限公司
地址：北京市朝阳区农光里 201 号楼 1 门 602 室
电话：010－67308828
邮编：100021
许可证号：L－BJ－CJ00423

北京永良国际旅行社有限公司
地址：北京市朝阳区静安里 26 号楼 2 层 201 内 2016 室
电话：010－64624103
邮编：100028
许可证号：L－BJ－CJ00424

北京中航信旅行社有限公司
地址：北京市顺义区后沙峪镇双裕街 80 号 1 幢 301 室
电话：010－57651163
邮编：101318
许可证号：L－BJ－CJ00425

北京环宇运通国际旅行社有限公司
地址：北京市西城区黄寺大街甲 23 号院 1 号楼 9 层 901－02A（德胜园区）
电话：010－58573
许可证号：L－BJ－CJ00426

北京海森旅行社有限责任公司
地址：北京市朝阳区朝外大街乙 12 号 0－2211 号
电话：010－85952305
邮编：100020
许可证号：L－BJ－CJ00427

北京怡然假日国际旅行社有限公司
地址：北京市朝阳区朝阳门北大街乙 12 号天一辰大厦 1004 室
电话：010－65536916　65538676
邮编：100020
许可证号：L－BJ－CJ00428

北京中谊世纪国际旅行社有限公司
地址：北京市海淀区羊坊店路 6 号 3 幢 504 室
电话：010－63967870
邮编：100038
许可证号：L－BJ－CJ00429

百乘国际旅行社（北京）有限公司
地址：北京市丰台区方庄芳群园二区 6 号楼 806 室
电话：010－67631936
邮编：100078
许可证号：L－BJ－CJ00430

北京嘉国印象旅行社有限公司
地址：北京市朝阳区朝外大街 19 号华普国际大厦 703C
电话：010－65801757
邮编：100020
许可证号：L－BJ－CJ00431

北京鸿景国际旅行社有限公司
地址：北京市朝阳区朝阳门北大街乙 12 号 1 号楼（天一辰大厦）05 公寓 F
电话：010－65667303　18910978538
邮编：100020
许可证号：L－BJ－CJ00432

北京阳光绿洲国际旅行社有限公司
地址：北京市东城区东四北大街 300 号二层
电话：010－85696702
邮编：100010
许可证号：L－BJ－CJ00433

北京辰龙旅行社有限公司
地址：北京市朝阳区曙光西里甲 1 号 B－1005 号
电话：010－58221907
邮编：100028
许可证号：L－BJ－CJ00434

北京六艺旅行社有限公司
地址：北京市朝阳区秀水街 1 号外交公寓 7 号楼 1 单元 141 室
电话：010－65514161
邮编：100600
许可证号：L－BJ－CJ00435

海洋运通国际旅行社（北京）有限责任公司
地址：北京市东城区东兴隆街 56 号 A533、535、536、537
电话：010－67018828
邮编：100062
许可证号：L－BJ－CJ00436

北京凯立达旅行社有限公司
地址：北京市东城区隆福广场西区首层 Q105 号
电话：010－64062250
邮编：100010
许可证号：L－BJ－CJ00437

北京美景假期国际旅行社有限公司
地址：北京市东城区珠市口东大街16号1幢3层
电话：010－87550000
邮编：100050
许可证号：L－BJ－CJ00438

北京万泰国际旅行社有限公司
地址：北京市门头沟区石龙经济开发区永安路20号3号楼B1－3988
电话：010－56706990
邮编：102300
许可证号：L－BJ－CJ00439

饭　店

北京饭店 ★★★★★
地址：北京市东长安街三十三号
电话：010－65137766
邮编：100004

国际饭店 ★★★★★
地址：北京市东城区建内大街9号
电话：010－65126688
邮编：100005

天伦王朝酒店 ★★★★★
地址：北京市东城区王府井大街50号
电话：010－58168888
邮编：100006

港澳中心瑞士酒店 ★★★★★
地址：北京市东城区朝阳门北大街2号
电话：010－65532288
邮编：100027

东方君悦大酒店 ★★★★★
地址：北京东城区东长安街一号
电话：010－85181234
邮编：100027

亚洲大酒店 ★★★★★
地址：北京市东城区工体北路新中西街8号
电话：010－65007788
邮编：100738

贵宾楼饭店 ★★★★★
地址：北京市东长安街35号
电话：010－65137788
邮编：100006

王府半岛酒店 ★★★★★
地址：北京市东城区金鱼胡同8号
电话：010－85162888
邮编：100006

华侨大厦 ★★★★★
地址：北京市东城区王府井大街2号
电话：010－58169999
邮编：100006

首都大酒店 ★★★★★
地址：北京市前门东大街3号
电话：010－58159988
邮编：100006

好苑建国酒店 ★★★★★
地址：北京市东城区建国门内大街17号
电话：010－65286666
邮编：100005

丽晶酒店 ★★★★★
地址：北京市东城区金宝街99号
电话：010－85221888
邮编：100005

国际艺苑皇冠假日饭店 ★★★★★
地址：北京市东城区王府井大街48号
电话：010－59119999
邮编：100006

新闻大厦酒店 ★★★★★
地址：北京市东城区建国门内大街26号
电话：010－65211188
邮编：100005

汉华国际饭店 ★★★★★
地址：北京市东城区安外西滨河路26号
电话：010－58139988
邮编：100011

万豪酒店 ★★★★★
地址：北京市东城区建国门南大街7号
电话：010－58118888
邮编：100005

励骏酒店 ★★★★★
地址：北京市东城区金宝街90－92号
电话：010－85113388
邮编：100005

国宾酒店 ★★★★★
地址：北京市西城区阜外大街甲9号
电话：010－58585588
邮编：100037

金融街洲际酒店 ★★★★★
地址：北京市西城区金融街11号
电话：010－58525888
邮编：100140

金融街威斯汀大酒店 ★★★★★
地址：北京市西城区金融大街乙9号
电话：010－66068866
邮编：100140

金融街丽思卡尔顿酒店 ★★★★★
地址：北京市西城区金城坊东街1号
电话：010－66016666
邮编：100140

名人国际大酒店 ★★★★★
地址：北京市朝阳区安立路99号
电话：010－58651166
邮编：100101

昆泰嘉华酒店 ★★★★★
地址：北京市朝阳区朝外大街乙12号
电话：010－58285588
邮编：100020

嘉里中心大酒店 ★★★★★
地址：北京市朝阳区光华路1号
电话：010－65618833
邮编：100020

昆仑饭店 ★★★★★
地址：北京市朝阳区新源南路2号
电话：010－65903388
邮编：100004

兆龙饭店 ★★★★★
地址：北京市朝阳区工体北路二号
电话：010－65972299
邮编：100027

长安大饭店 ★★★★★
地址：北京市朝阳区华威里27号
电话：010－67731234
邮编：100021

国航万丽酒店 ★★★★★
地址：北京市朝阳区霄云路36号
电话：010－64689999
邮编：100027

长富宫中心 ★★★★★
地址：北京市朝阳区建国门外大街26号
电话：010－58775555
邮编：100022

五洲皇冠国际酒店 ★★★★★
地址：北京市朝阳区北四环中路8号
电话：010－84982288
邮编：100101

中国大饭店（白金五星）
地址：北京市建国门外大街一号
电话：010－65052266
邮编：100004

万达索菲特大饭店 ★★★★★
地址：北京市朝阳区建国路93号
电话：010－85996666
邮编：100101

中奥马哥孛罗大酒店 ★★★★★
地址：北京市朝阳区安立路78号
电话：010－59636688
邮编：100101

凯宾斯基饭店 ★★★★★
地址：北京市朝阳区亮马桥路50号
电话：010－64653388
邮编：100101

瑞吉酒店 ★★★★★
地址：北京市朝阳区建国门外大街21号
电话：010－64606688
邮编：100101

希尔顿酒店 ★★★★★
地址：北京市朝阳区东三环北路东方路1号
电话：010－58655000
邮编：100027

长城饭店 ★★★★★
地址：北京市朝阳区东三环北路10号
电话：010－65905566
邮编：100125

伯豪瑞廷酒店 ★★★★★
地址：北京市朝阳区光华路15号3号楼
电话：010－85885588
邮编：100026

新云南皇冠假日酒店 ★★★★★
地址：北京市朝阳区东北三环七圣中街12号
电话：010－64298888
邮编：100028

千禧大酒店 ★★★★★
地址：北京市朝阳区东三环中路7号
电话：010－85876888
邮编：100020

北辰洲际酒店 ★★★★★
地址：北京市朝阳区北辰西路8号院4号楼
电话：010－84371188
邮编：100105

金茂威斯汀大饭店 ★★★★★
地址：北京市朝阳区东三环北路7号
电话：010－59228888
邮编：100027

丽景湾国际酒店 ★★★★★
地址：北京市朝阳区东四环十里堡北里28号

电话：010－85858888
邮编：100025

国贸大酒店 ★★★★★
地址：北京市朝阳区建外大街 1 号
电话：010－65052299
邮编：100004

北京富力万丽酒店 ★★★★★
地址：北京市朝阳区东三环中路 61 号
电话：010－58638888
邮编：100022

北京鹏润国际大酒店 ★★★★★
地址：北京市朝阳区霄云路 26 号
电话：010－51086688
邮编：100020

北京康源瑞廷酒店 ★★★★★
地址：北京市朝阳区潘家园南里 19 号
电话：010－59097777
邮编：100021

南宫温泉度假酒店 ★★★★★
地址：北京市丰台区王佐镇福宫路 39 号
电话：010－83315566
邮编：100074

西国贸大酒店 ★★★★★
地址：北京市丰台区丰管路 16 号 8 号楼
电话：010－83832222
邮编：100071

中关村皇冠假日酒店 ★★★★★
地址：北京市海淀区知春路 106 号
电话：010－59938888
邮编：100086

世纪金源大饭店 ★★★★★
地址：北京市海淀区板井路 69 号
电话：010－88598888
邮编：100097

友谊宾馆贵宾楼 ★★★★★
地址：北京市海淀区中关村南大街 1 号
电话：010－68498888
邮编：100873

北大博雅国际酒店 ★★★★★
地址：北京市海淀区中关村北大街 127 号
电话：010－82689999
邮编：100080

西苑饭店 ★★★★★
地址：北京市海淀区三里河路 1 号
电话：010－68313388
邮编：100044

京都信苑饭店 ★★★★★
地址：北京市海淀区什坊院 6 号
电话：010－63901166
邮编：100036

香格里拉饭店 ★★★★★
地址：北京市海淀区紫竹院路 29 号
电话：010－68412211
邮编：100089

世纪金源香山商旅酒店 ★★★★★
地址：北京市海淀区北正黄旗 59 号
电话：010－59898888
邮编：100093

新世纪饭店 ★★★★★
地址：北京市海淀区首体南路 6 号
电话：010－68492001
邮编：100044

和园景逸大酒店 ★★★★★
地址：北京市顺义区后沙峪镇裕民大街 2 号
电话：010－69457777
邮编：101318

瑞麟湾温泉度假酒店 ★★★★★
地址：顺义区南彩镇顺平辅线 39 号
电话：010－57101772
邮编：101399

龙城丽宫国际宾馆 ★★★★★
地址：北京市昌平区昌平路 317 号
电话：010－80799988
邮编：102208

九华国际会展中心大酒店 ★★★★★
地址：北京市昌平区小汤山镇九华山庄院内
电话：010－61782288
邮编：102211

北京丰大国际大酒店 ★★★★★
地址：北京亦庄经济技术开发区荣华中路 20 号
电话：010－67518888
邮编：100176

龙熙温泉度假酒店 ★★★★★
地址：北京市大兴区庞各庄顺景路 8 号
电话：010－89282222
邮编：102601

瑞海姆田园度假村 ★★★★★
地址：北京市密云县西大桥路 2 号
电话：010－89098888
邮编：101500

新侨饭店 ★★★★
地址：北京市东城区东交民巷 2 号
电话：010－65133366
邮编：100005

宁夏大厦 ★★★★
地址：北京市东城区安定门内大街分司厅胡同 13 号
电话：010－64009999
邮编：100009

翠明庄宾馆 ★★★★
地址：北京市东城区南河沿大街 1 号
电话：010－58580909
邮编：100006

丽亭酒店 ★★★★
地址：北京市东城区金宝街 97 号
电话：010－85221999
邮编：100006

保利大厦 ★★★★
地址：北京市东城区东直门南大街 14 号
电话：010－65001188
邮编：100027

宝辰饭店 ★★★★
地址：北京市东城区建国门内大街甲 18 号
电话：010－65266688
邮编：100005

东方花园饭店 ★★★★
地址：北京市东城区东直门南大街 6 号
电话：010－64168866
邮编：100027

北方佳苑饭店 ★★★★
地址：北京市东城区王府井大街 218－1 号
电话：010－65238888
邮编：100006

鑫海锦江大酒店 ★★★★
地址：北京市东城区金宝街 61 号
电话：010－58163388
邮编：100005

天伦松鹤大饭店 ★★★★
地址：北京市东城区灯市口大街 88 号
电话：010－58168999
邮编：100006

和平宾馆 ★★★★
地址：北京市东城区王府井金鱼胡同 3 号
电话：010－65128833
邮编：100006

凤展大酒店 ★★★★
地址：北京市东城区安定门外大街乙 57 号
电话：010－84139999
邮编：100011

天坛饭店 ★★★★
地址：北京市东城区体育馆路 1 号
电话：010－67190666
邮编：100061

金龙建国温泉酒店 ★★★★
地址：北京市东城区建国门南大街 5 号
电话：010－65286688
邮编：100005

敦煌飞天商贸大厦 ★★★★
地址：北京市东城区广渠门外南街 5 号
电话：010－67778000
邮编：100022

内蒙古大厦 ★★★★
地址：北京市东城区崇文门内大街 2 号
电话：010－65186666
邮编：100005

国宏宾馆 ★★★★
地址：北京市西城区木樨地北里甲 11 号
电话：010－63908866
邮编：100038

民族饭店 ★★★★
地址：北京市西城区复兴门内大街 51 号
电话：010－66014466
邮编：100031

国二招宾馆 ★★★★
地址：北京市西城区西直门南大街 6 号
电话：010－66186688
邮编：100035

广州大厦 ★★★★
地址：北京市西城区西单横二条甲三号
电话：010－58559988
邮编：100031

中国职工之家 ★★★★
地址：北京市西城区真武庙路 1 号
电话：010－68576699
邮编：100045

金台饭店 ★★★★
地址：北京市西城区地安门西大街 38 号
电话：010－66529988
邮编：100035

新大都饭店 ★★★★
地址：北京市西城区车公庄大街 21 号
电话：010－68319988
邮编：100044

金都假日饭店 ★★★★
地址：北京市西城区北礼士路 98 号

电话：010－68338822
邮编：100037

国谊宾馆 ★★★★
地址：北京市西城区文兴东街1号
电话：010－68316611
邮编：100044

西单美爵酒店 ★★★★
地址：北京市西城区宣武门内大街6号
电话：010－66036688
邮编：100031

德宝饭店 ★★★★
地址：北京市西城区德宝新园22号
电话：010－68318866
邮编：100044

建通酒店 ★★★★
地址：北京市西城区广莲路甲5号
电话：010－63986611
邮编：100055

翔达国际商务酒店 ★★★★
地址：北京市西城区广安门内大街169号
电话：010－83172288
邮编：100053

港中旅维景国际大酒店 ★★★★
地址：北京市西城区广内大街338号
电话：010－83529999
邮编：100053

深圳大厦 ★★★★
地址：北京市西城区广安门外大街1号
电话：010－63271188
邮编：100055

前门饭店 ★★★★
地址：北京市西城区永安路175号
电话：010－63016688
邮编：100050

金色夏日商务酒店 ★★★★
地址：北京市西城区西便门内大街85号
电话：010－63012999
邮编：100053

上东盛贸饭店 ★★★★
地址：北京市朝阳区东四环北路2号
电话：010－59078888
邮编：100016

贵州大厦 ★★★★
地址：北京市朝阳区和平西桥樱花西街18号
电话：010－58109988
邮编：100029

四川五粮液龙爪树宾馆 ★★★★
地址：北京市朝阳区小红门龙爪树北里312号
电话：010－87699988
邮编：100164

新大宗饭店 ★★★★
地址：北京市朝阳区麦子店街58号
电话：010－65068888
邮编：100125

京伦饭店 ★★★★
地址：北京市朝阳区建外大街3号
电话：010－65002266
邮编：100020

光明饭店 ★★★★
地址：北京市朝阳区亮马桥路42号
电话：010－84418888
邮编：100125

渔阳饭店 ★★★★
地址：北京市朝阳区新源西里中街18号
电话：010－64669988
邮编：100027

丽都维景酒店 ★★★★
地址：北京市朝阳区将台路6号
电话：010－64376688
邮编：100004

人济万怡酒店 ★★★★
地址：北京市朝阳区京顺路101号
电话：010－59076666
邮编：100102

国贸饭店 ★★★★
地址：北京市朝阳区建国门外大街1号
电话：010－65052277
邮编：100004

建国饭店 ★★★★
地址：北京市朝阳区建外大街5号
电话：010－65002233
邮编：100020

福建大厦 ★★★★
地址：北京市朝阳区安贞里三区十一号
电话：010－64428833
邮编：100029

元辰鑫国际酒店 ★★★★
地址：北京市朝阳区裕民路12号
电话：010－82024488
邮编：100029

强强国际商务酒店 ★★★★
地址：北京市朝阳区东三环南路102号
电话：010－87385588
邮编：100122

亮马河大厦 ★★★★
地址：北京市朝阳区东三环北路8号
电话：010－65906688
邮编：100004

广西大厦 ★★★★
地址：北京市朝阳区潘家园华威里26号
电话：010－67796688
邮编：100021

珀丽酒店 ★★★★
地址：北京市朝阳区将台西路8号
电话：010－59602288
邮编：100016

船舶重工酒店 ★★★★
地址：北京市朝阳区东三环南路100号
电话：010－67353366
邮编：100122

五洲大酒店 ★★★★
地址：北京市朝阳区北辰东路8号
电话：010－84985588
邮编：100101

外国专家大厦 ★★★★
地址：北京市朝阳区北四环中路华严北里8号院一号楼
电话：010－82858888
邮编：100029

河南大厦 ★★★★
地址：北京市朝阳区潘家园华威里28号
电话：010－67751188
邮编：100021

赛特饭店 ★★★★
地址：北京市朝阳区建国门外大街22号
电话：010－65123388
邮编：100004

皇家大饭店 ★★★★
地址：北京市朝阳区北三环东路甲6号
电话：010－59223388
邮编：100028

艾维克酒店 ★★★★
地址：北京市朝阳区东三环中路乙10号
电话：010－65661188
邮编：100022

亚奥国际酒店 ★★★★
地址：北京市朝阳区北沙滩大屯路甲一号
电话：010－64874433
邮编：100101

鼎奇龙华膳园温泉饭店 ★★★★
地址：北京市朝阳区高碑店乡小郊亭村东1376号
电话：010－87739999
邮编：100124

西藏大厦 ★★★★
地址：北京市朝阳区北四环东路118号
电话：010－64981133
邮编：100029

五环大酒店 ★★★★
地址：北京市朝阳区东三环南路15号
电话：010－67626655
邮编：100021

方恒假日酒店 ★★★★
地址：北京市朝阳区望京阜通东大街6号院3号楼
电话：010－64733333
邮编：100102

江西大酒店 ★★★★
地址：北京市丰台区东铁匠营横一条8号
电话：010－67608866
邮编：100079

北京商务会馆 ★★★★
地址：北京市丰台区右安门外玉林里1号
电话：010－63292244
邮编：100069

万方苑商务酒店 ★★★★
地址：北京市丰台区南三环西路4号院1号楼
电话：010－67526666
邮编：100068

大方饭店 ★★★★
地址：北京市丰台区西客站南广场东侧
电话：010－63362288
邮编：100055

南粤苑宾馆 ★★★★
地址：北京市丰台区南三环西路86号
电话：010－58053333
邮编：100070

好特热国际商务会馆 ★★★★
地址：北京市丰台区方庄芳星园二区12号
电话：010－67655777
邮编：100078

建银饭店 ★★★★
地址：北京市丰台区北京西站南路2号
电话：010－63266633

邮编：100073

万商花园酒店 ★★★★
地址：北京市石景山区银河大街1号
电话：010－68681199
邮编：100043

锡华海体商务酒店 ★★★★
地址：北京市海淀区西苑操场15号
电话：010－62646688
邮编：100080

紫金丽亭酒店 ★★★★
地址：北京市海淀区西翠路17号
电话：010－68130088
邮编：100036

万寿宾馆 ★★★★
地址：北京市海淀区万寿路甲12号
电话：010－68132266
邮编：100036

金泰海博大酒店 ★★★★
地址：北京市海淀区西四环北路136号
电话：010－88461188
邮编：100097

梅地亚电视中心 ★★★★
地址：北京市海淀区复兴路乙11号
电话：010－68514422
邮编：100038

铁道大厦 ★★★★
地址：北京市海淀区北蜂窝102号
电话：010－51879199
邮编：100038

景明园宾馆 ★★★★
地址：北京市海淀区香山正白旗52号
电话：010－62871117
邮编：100093

金龙潭大饭店 ★★★★
地址：北京市海淀区西三环北路71号
电话：010－88811188
邮编：100089

丽亭华苑酒店 ★★★★
地址：北京市海淀区知春路25号
电话：010－82356699
邮编：100083

燕山大酒店 ★★★★
地址：北京市海淀区中关村大街甲38号
电话：010－62563388
邮编：100086

首农香山会议中心 ★★★★
地址：北京市海淀区香山北辛村28号
电话：010－62598788
邮编：100093

中苑宾馆 ★★★★
地址：北京市海淀区高粱桥斜街18号
电话：010－51568888
邮编：100081

中裕世纪大酒店 ★★★★
地址：北京市海淀区莲花池东路31号
电话：010－63989999
邮编：100038

海润酒店 ★★★★
地址：北京市海淀区海淀南路36号
电话：010－82669999
邮编：100080

海淀花园饭店 ★★★★
地址：北京市海淀区花园东路30号
电话：010－62011188
邮编：100083

湖北大厦 ★★★★
地址：北京市海淀区中关村南大街36号
电话：010－62172288
邮编：100081

友谊宾馆 ★★★★
地址：北京市海淀区中关村南大街1号
电话：010－68498888
邮编：100873

紫光国际科技交流中心 ★★★★
地址：北京市海淀区中关村东路一号院10号楼
电话：010－62791888
邮编：100084

永兴花园饭店 ★★★★
地址：北京市海淀区阜成路101号
电话：010－88111188
邮编：100142

香山饭店 ★★★★
地址：北京市海淀区香山公园内
电话：010－62591166
邮编：100093

长峰假日酒店 ★★★★
地址：北京市海淀区永定路66号
电话：010－68132299
邮编：100039

西郊宾馆贵宾楼 ★★★★
地址：北京市海淀区王庄路18号
电话：010－62322288
邮编：100083

皇苑大酒店 ★★★★
地址：北京市海淀区西三环北路厂洼19号
电话：010－68413388
邮编：100089

金码大酒店 ★★★★
地址：北京市海淀区学清路甲38号
电话：010－62328899
邮编：100083

新疆饭店 ★★★★
地址：北京市海淀区三里河路7号
电话：010－68335599
邮编：100044

中土大厦 ★★★★
地址：北京市海淀区北蜂窝6号
电话：010－51818888
邮编：100038

龙泉宾馆 ★★★★
地址：北京市门头沟区水闸北路21号
电话：010－69843366
邮编：102300

天湖会议中心 ★★★★
地址：北京市房山区青龙湖镇小苑上村150号
电话：010－60322266
邮编：102471

昊天假日酒店 ★★★★
地址：北京市房山区良乡拱辰北大街1号
电话：010－89350800
邮编：102488

云泽山庄 ★★★★
地址：北京市房山区张坊镇穆家口村北
电话：010－61344666
邮编：102409

汇豪国际酒店 ★★★★
地址：北京市房山区窦店镇窦大路甲8号
电话：010－69399999
邮编：102433

亚太花园酒店 ★★★★
地址：北京市通州区玉桥西路103号
电话：010－81528822
邮编：101101

通州运河苑度假村 ★★★★
地址：北京市通州区宋庄镇白庙村
电话：010－89579999
邮编：101118

月亮河假日度假村 ★★★★
地址：北京市通州区月亮河河滨路1号
电话：010－89523737
邮编：101100

春晖园文化娱乐公司 ★★★★
地址：北京市顺义区高丽营镇于庄村
电话：010－69454433
邮编：101300

国都大饭店 ★★★★
地址：北京首都机场南小天竺路9号
电话：010－64565588
邮编：100621

顺鑫绿色度假村 ★★★★
地址：北京市顺义区李遂镇西
电话：010－89485588
邮编：101300

金宝花园酒店 ★★★★
地址：北京市马坡镇金宝花园会馆1103号
电话：010－69406060
邮编：101300

京林空港培训中心 ★★★★
地址：北京市顺义区首都机场南平东里乙1号
电话：010－64572626
邮编：100621

丰荣君华酒店 ★★★★
地址：北京市顺义区首都机场国门商务区李天路27号
电话：010－81463366
邮编：101317

东方嘉宾国际酒店 ★★★★
地址：北京市顺义区仁和镇东方太阳城社区
电话：010－89431700
邮编：101300

蟒山旅游度假村 ★★★★
地址：北京市昌平区南邵镇蟒山路8号
电话：010－60713899
邮编：102200

碧水大厦 ★★★★
地址：北京市昌平区回龙观镇
电话：010－80729988
邮编：102206

汤山假日会议中心 ★★★★
地址：北京市昌平区小汤山镇中心街西端
电话：010－61785522
邮编：102211

金隅凤山温泉度假村 ★★★★
地址：北京市昌平区蟒山路10号

电话：010－60711188
邮编：102200

居庸关长城古客栈 ★★★★
地址：北京市昌平区南口镇居庸关内
电话：010－69778888
邮编：102202

昆泰嘉禾酒店 ★★★★
地址：北京市昌平区回龙观西大街107号
电话：010－59910088
邮编：102208

温都水城国际酒店 ★★★★
地址：北京市昌平区北七家镇宏福创业园
电话：010－81788888
邮编：102206

九华山庄 ★★★★
地址：北京市昌平区小汤山镇葫芦河村北
电话：010－61782288
邮编：102211

培新宾馆小汤山会议中心 ★★★★
地址：北京市昌平区小汤山镇沙顺路89号
电话：010－61785566
邮编：102211

金池蟒山会议中心 ★★★★
地址：北京市昌平区蟒山路5号
电话：010－60712266
邮编：102200

富来宫温泉山庄 ★★★★
地址：北京市昌平区小汤山镇东
电话：010－61785588
邮编：102211

静之湖度假酒店 ★★★★
地址：北京市昌平区兴寿镇桃峪口
电话：010－61709988
邮编：102212

拉斐特城堡酒店 ★★★★
地址：北京市昌平区北七家镇
电话：010－89758866
邮编：102209

阳坊大都饭店 ★★★★
地址：北京市昌平区阳坊镇西贯市村
电话：010－69768880
邮编：102205

石油阳光会议中心 ★★★★
地址：北京市昌平区长陵镇锥石口村北
电话：010－89721468
邮编：102213

大兴宾馆 ★★★★
地址：北京市大兴区兴丰大街三段118号
电话：010－69242356
邮编：102600

斯博瑞饭店 ★★★★
地址：北京市大兴区旧宫镇南小街吉畅路2号
电话：010－67991919
邮编：100076

星明湖度假村 ★★★★
地址：北京市大兴区魏善庄镇刘家场村南400米
电话：010－89231818
邮编：102611

尚都凯瑞国际酒店 ★★★★
地址：北京市大兴区黄村镇兴丰大街三段60号
电话：010－69259999
邮编：102600

红螺园饭店 ★★★★
地址：北京市怀柔区红螺东路5号
电话：010－60681188
邮编：101400

大雁楼宾馆 ★★★★
地址：北京市怀柔区雁青路15号
电话：010－63672888
邮编：101407

圣世苑温泉大酒店 ★★★★
地址：北京市延庆县东外大街69号
电话：010－69187775
邮编：102100

国林宾馆 ★★★
地址：北京市东城区和平里七区
电话：010－64298800

佳龙阳光酒店 ★★★
地址：北京市东城区朝内大街75号
电话：010－64038888
邮编：100010

乾元国际商务酒店 ★★★
地址：北京市东城区东直门内大街19号
电话：010－84001999
邮编：100007

和平里宾馆 ★★★
地址：北京东城区兴化路（化工大院4号楼）
电话：010－64286868
邮编：100013

沙滩宾馆 ★★★
地址：北京市东城区沙滩后街28号
电话：010－84026688
邮编：100009

平安府宾馆 ★★★
地址：北京市东城区东四十条100号
电话：010－57075588
邮编：100007

和平里大酒店 ★★★
地址：北京市东城区和平里北街16号
电话：010－84225577
邮编：100013

青蓝大厦 ★★★
地址：北京市东城区东四十条24号
电话：010－84021155
邮编：100007

华风宾馆 ★★★
地址：北京市东城区前门东大街5号
电话：010－65247311
邮编：100006

江苏大厦 ★★★
地址：北京市东城区安外大街丁88号
电话：010－64271188
邮编：100011

黄河京都大酒店 ★★★
地址：北京市东城区夕照寺中街29号
电话：010－51335588
邮编：100061

鸿润商务酒店 ★★★
地址：北京市东城区白桥大街28号
电话：010－67196888
邮编：100062

金泰绿洲大酒店 ★★★
地址：北京市东城区永外彭庄甲58号
电话：010－83106666
邮编：100069

大宝饭店 ★★★
地址：北京市东城区左安门内大街3号
电话：010－51233399
邮编：100061

交通饭店 ★★★
地址：北京市东城区东四块玉南街35号
电话：010－67196288
邮编：100061

陶然大厦 ★★★
地址：北京市东城区马家堡路1号
电话：010－87286688
邮编：100077

崇文门饭店 ★★★
地址：北京市东城门西大街2号
电话：010－65122211
邮编：100062

首府饭店 ★★★
地址：北京市东城区东四块玉南街11号
电话：010－67153377
邮编：100061

张家口饭店 ★★★
地址：北京市东城区安德路甲10号
电话：010－64511515
邮编：100011

金谷琪珑酒店 ★★★
地址：北京市东城区站东街6号
电话：010－65265588
邮编：100005

德胜饭店 ★★★
地址：北京市西城区北三环中路14号
电话：101－62368866
邮编：100120

什刹海国际公寓 ★★★
地址：北京市西城区地安门西大街57号
电话：010－83228766
邮编：100009

京滨饭店 ★★★
地址：北京市西城区阜外大街24号
电话：010－68582233
邮编：100037

圆山大酒店 ★★★
地址：北京市西城区裕民路2号
电话：010－62010033
邮编：100029

珠穆朗玛宾馆 ★★★
地址：北京市西城区鼓楼西大街149号
电话：010－64018822
邮编：100009

北展宾馆 ★★★
地址：北京市西城区西直门外大街135号
电话：010－68316633
邮编：100044

竹园宾馆 ★★★
地址：北京市西城区旧鼓楼大街小石桥胡同24号
电话：010－58520088
邮编：100009

明苑酒店 ★★★
地址：北京市西城区复兴门内大街 99 号
电话：010－58399999
邮编：100031

银龙苑宾馆 ★★★
地址：北京市西城区展览路甲 5 号
电话：010－68351166
邮编：100037

齐鲁饭店 ★★★
地址：北京市西城区地安门西大街 103 号
电话：010－83229988
邮编：100009

辽宁饭店 ★★★
地址：北京市西城区德外大街一号
电话：010－62015588
邮编：100088

中油宾馆 ★★★
地址：北京市西城区六铺炕二巷一号院
电话：010－62045522
邮编：100120

广安宾馆 ★★★
地址：北京市西城区广安门内大街 321 号
电话：010－83153388
邮编：100053

深能商务酒店 ★★★
地址：北京市西城区白纸坊东街甲 29 号
电话：010－63556688
邮编：100054

西华京兆饭店 ★★★
地址：北京市西城区煤市街 81 号
电话：010－52171900
邮编：100051

东方饭店 ★★★
地址：北京市西城区万明路 11 号
电话：010－63014466
邮编：100050

宣武门商务酒店 ★★★
地址：北京市西城区宣武门东大街 24 号
电话：010－63014499
邮编：100051

广运宾馆 ★★★
地址：北京市西城区广安门外大街甲 122 号
电话：010－51936688
邮编：100055

新北纬饭店 ★★★
地址：北京市西城区西经路 11 号
电话：010－63012266
邮编：100050

苏源大厦 ★★★
地址：北京市西城区广外大街三号
电话：010－63267788
邮编：100055

诺林大酒店 ★★★
地址：北京市西城区广安门南街甲 12 号
电话：010－63551188
邮编：100053

潇湘大厦 ★★★
地址：北京市西城区北纬路 42 号
电话：010－83161188
邮编：100050

中邮苑宾馆 ★★★
地址：北京市西城区右安门内大街 17 号
电话：010－63522211
邮编：100054

气象宾馆 ★★★
地址：北京市西城区马连道南街 12 号
电话：010－68406699
邮编：100055

通华苑饭店 ★★★
地址：北京市西城区北礼士路 101 号
电话：010－68331155
邮编：100044

盛达园饭店 ★★★
地址：北京市西城区复兴门外大街丁 23 号
电话：010－68521188
邮编：100045

府右街宾馆 ★★★
地址：北京市西城区太仆寺街 21 号
电话：010－66052277
邮编：100031

亚丁湾商务酒店 ★★★
地址：北京市朝阳区民族园路 9 号院甲 1 号楼
电话：010－59360606
邮编：100028

将台酒店 ★★★
地址：北京市朝阳区酒仙桥路甲 12 号
电话：010－64345588
邮编：100016

温特莱酒店 ★★★
地址：北京市朝阳区西大望路甲 1 号
电话：010－65812288
邮编：100026

二十一世纪饭店 ★★★
地址：北京市朝阳区亮马桥路 40 号
电话：010－64683311
邮编：100125

京都苑宾馆 ★★★
地址：北京市朝阳区建国门南大街 8 号
电话：010－65291166
邮编：100022

京民大厦 ★★★
地址：北京市朝阳区华严里 10 号
电话：010－62020011
邮编：100029

工体运动酒店 ★★★
地址：北京市朝阳区工体东路四号
电话：010－65016655
邮编：100027

朝阳宾馆 ★★★
地址：北京市朝阳区小庄金台西路 8 号
电话：010－65014433
邮编：100026

塔里木石油酒店 ★★★
地址：北京市朝阳区北沙滩 5 号
电话：010－64870033
邮编：100192

胜利饭店 ★★★
地址：北京市朝阳区北沙滩三号
电话：010－64871155
邮编：100192

长白山国际酒店 ★★★
地址：北京市朝阳区安苑北里 25 号楼
电话：010－64916677
邮编：100029

国安宾馆 ★★★
地址：北京市朝阳区关东店北街 1 号
电话：010－65007700
邮编：100020

交通宾馆 ★★★
地址：北京市朝阳区安外外馆街 3 号
电话：010－85285566
邮编：100011

明宫宾馆 ★★★
地址：北京市朝阳区西坝河西里 16 号
电话：010－64273355
邮编：100028

樱花宾馆 ★★★
地址：北京市朝阳区和平里惠新东街 17 号
电话：010－64934455
邮编：100029

首都国际机场宾馆 ★★★
地址：北京市朝阳区首都国际机场
电话：010－64577788
邮编：100621

兰溪宾馆 ★★★
地址：北京市朝阳区育慧南路 1 号
电话：010－84646377
邮编：100029

假日花园酒店 ★★★
地址：北京市朝阳区红庙柴家湾七号
电话：010－65951166
邮编：100025

吉利大厦 ★★★
地址：北京市朝阳区雅宝路街甲 5 号
电话：010－85628888
邮编：100020

蟹岛绿色生态农庄 ★★★
地址：北京市朝阳区蟹岛路 1 号
电话：010－84335577
邮编：100018

碧水云天宾馆 ★★★
地址：北京市朝阳区焦化路 1 号
电话：010－87351230
邮编：100022

中奥华美达大酒店 ★★★
地址：北京市朝阳区慧忠北里小区 214 号楼
电话：010－64809988
邮编：100012

重庆饭店 ★★★
地址：北京市朝阳区光熙门北里 15 号
电话：010－64228888
邮编：100028

贵国酒店 ★★★
地址：北京市朝阳区左家庄 1 号
电话：010－84513388
邮编：100028

永安宾馆 ★★★
地址：北京市朝阳区农展馆北路甲 5 号
电话：010－65011188
邮编：100125

长沙宾馆 ★★★
地址：北京市朝阳区慧忠北里 112 号楼
电话：010－64800088
邮编：100012

惠侨饭店 ★★★
地址：北京市朝阳区惠新东街19号
电话：010－64918811
邮编：100101

实华饭店 ★★★
地址：北京市朝阳区北三环东路西坝河东里14号
电话：010－64665522
邮编：100028

东长安饭店 ★★★
地址：北京市朝阳区建国门外大街甲10号
电话：010－65686688
邮编：100022

巴渝宾馆 ★★★
地址：北京市朝阳区安外北苑路1甲1号
电话：010－52016001
邮编：100012

安徽大厦 ★★★
地址：北京市朝阳区惠新西街一号
电话：010－64965588
邮编：100029

东方宫霄酒店 ★★★
地址：北京市朝阳区关东店28号
电话：010－65068866
邮编：100020

吐哈宾馆 ★★★
地址：北京市朝阳区安苑东里三区2号
电话：010－64980077
邮编：100029

大郊亭国际商务酒店 ★★★
地址：北京市朝阳区广渠东路168－1号
电话：010－67729898
邮编：100022

冠京饭店 ★★★
地址：北京市丰台区丰北路甲79号
电话：010－83672999
邮编：100161

华苑饭店 ★★★
地址：北京市丰台区南苑路111号（三营门）
电话：010－67991188
邮编：100076

弘利苑大厦 ★★★
地址：北京市丰台区六里桥1号
电话：010－63367711
邮编：100073

华夏明珠宾馆 ★★★
地址：北京市丰台区莲花池东路120－1号
电话：010－63955588
邮编：100055

悦都大酒店 ★★★
地址：北京市丰台区六里桥甲1号
电话：010－63497722
邮编：100073

洋桥大厦 ★★★
地址：北京市丰台区马家堡东路88号
电话：010－51215588
邮编：100068

章丘海泰大厦 ★★★
地址：北京市丰台区南峰窝水口子33号
电话：010－63496688
邮编：100055

哈特商务酒店 ★★★
地址：北京市丰台区广外菜户营东街60号
电话：010－63356000
邮编：100054

天佑京铁大酒店 ★★★
地址：北京市丰台区广莲路13号
电话：010－63955511
邮编：100055

侨园饭店 ★★★
地址：北京市丰台区右外开阳路6号
电话：010－63038861
邮编：100069

燕岭宾馆 ★★★
地址：北京市丰台区长辛店槐树岭4号
电话：010－83803355
邮编：100072

国润商务酒店 ★★★
地址：北京市丰台区丰台路口188号
电话：010－63816666
邮编：100161

金三环宾馆 ★★★
地址：北京市丰台区南木樨园18号
电话：010－67237711
邮编：100075

京燕饭店 ★★★
地址：北京市石景山区石景山路29号
电话：010－68876666
邮编：100043

海特饭店 ★★★
地址：北京市石景山区实兴东街1号
电话：010－68811188
网址：www. bjhthotel. cn
邮编：100041

万年青宾馆 ★★★
地址：北京市海淀区西三环北路25号
电话：010－68421144
邮编：100089

万寿庄宾馆 ★★★
地址：北京市海淀区万寿路西街七号
电话：010－68133322
邮编：100036

凯瑞大酒店 ★★★
地址：北京海淀区羊坊店西路14号
电话：010－63967640
邮编：100038

梦溪宾馆 ★★★
地址：北京市海淀区学院路20号
电话：010－59933000
邮编：100083

中协宾馆 ★★★
地址：北京市海淀区法华寺街22号
电话：010－68413355
邮编：100081

上园饭店 ★★★
地址：北京市海淀区高梁桥斜街40号
电话：010－51555599
邮编：100044

大唐科苑宾馆 ★★★
地址：北京市海淀区学院路40号三区
电话：010－62301018
邮编：100191

天天假日饭店 ★★★
地址：北京市海淀区万寿路17号
电话：010－68131166
邮编：100036

松麓饭店 ★★★
地址：北京市海淀区田村路8号
电话：010－88637878
邮编：100143

五棵松饭店 ★★★
地址：北京海淀区西四环中路19号
电话：010－51881188
邮编：100143

颐泉山庄宾馆 ★★★
地址：北京市海淀区黑山沪羊场一号
电话：010－62895533
邮编：100193

达园宾馆 ★★★
地址：北京市海淀区福缘门1号
电话：010－62561115
邮编：100091

广东大厦 ★★★
地址：北京市海淀区岭南路36号
电话：010－68412288
邮编：100037

北邮科技文化交流中心 ★★★
地址：北京市海淀区西土城路10号
电话：010－52810888
邮编：100876

香青园商务会馆 ★★★
地址：北京市海淀区蓝靛厂南路5号
电话：010－88446688
邮编：100097

悦宏国际酒店 ★★★
地址：北京市海淀区复兴路65号乙
电话：010－88278800
邮编：100036

资源燕园宾馆 ★★★
地址：北京市海淀区颐和园路1号
电话：010－82629988
邮编：100080

理工国际会议中心 ★★★
地址：北京市海淀区北三环西路66号
电话：010－68945611
邮编：100081

实创西山科技培训中心 ★★★
地址：北京市海淀区苏家坨镇凤凰岭路17号
电话：010－62459811
邮编：100194

中国科技会堂 ★★★
地址：北京市海淀区复兴路3号
电话：010－68518822
邮编：100038

通联太和蜀中仙大酒店 ★★★
地址：北京市海淀区北蜂窝中路17号
电话：010－63966688
邮编：100038

紫玉饭店 ★★★
地址：北京市海淀区增光路55号
电话：010－68411188
邮编：100048

裕龙大酒店 ★★★
地址：北京市海淀区阜成路40号

电话：010－68415588
邮编：100142

新兴宾馆 ★★★
地址：北京市海淀区西三环中路 17 号
电话：010－88236688
邮编：100036

隆格酒店 ★★★
地址：北京市海淀区牡丹北里 11 号楼
电话：010－62081177
邮编：100191

清华园宾馆贵宾楼 ★★★
地址：北京市海淀区成府路 45－1 号
电话：010－62573355
邮编：100083

物科宾馆 ★★★
地址：北京市海淀区中关村南三街八号
电话：010－82649140
邮编：100190

天佑丰顺宾馆 ★★★
地址：北京市海淀区北蜂窝路甲 15 号
电话：010－51829000
邮编：100038

牡丹宾馆 ★★★
地址：北京市海淀区花园东路 31 号
电话：010－62025544
邮编：100083

铁科嘉苑饭店 ★★★
地址：北京市海淀区西直门外大柳树路 6 号
电话：010－62272288
邮编：100081

瑞成大酒店 ★★★
地址：北京市海淀区西翠路 9 号
电话：010－68132255
邮编：100036

润泽嘉业大酒店 ★★★
地址：北京市海淀区荷清路 3 号
电话：010－62520066
邮编：100084

卧佛山庄 ★★★
地址：北京市海淀区香山卧佛寺路
电话：010－82596066
邮编：100093

龙世源度假村 ★★★
地址：北京市门头沟区龙泉务野溪
电话：010－61881591
邮编：102300

京西晨光饭店 ★★★
地址：北京市门头沟区双峪路 1 号
电话：010－69858383
邮编：102300

中粮龙泉山庄 ★★★
地址：北京市门头沟区龙泉雾村
电话：010－61886688
邮编：102300

圣辉度假山庄 ★★★
地址：北京市房山区史家营乡金鸡台村圣米石塘
电话：010－60319511
邮编：102461

圣聚城大酒店 ★★★
地址：北京市房山区琉璃河镇大街西侧
电话：010－89389880
邮编：102403

隆远天肌酒店 ★★★
地址：北京市房山区青龙湖镇崇各庄村崇青水库主坝东侧
电话：010－60321888
邮编：102447

笔架山培训中心 ★★★
地址：北京市房山区十渡镇九渡大街
电话：010－61340240
邮编：102411

北方温泉会议中心 ★★★
地址：北京市房山区良乡镇梅花街 7 号
电话：010－61353521
邮编：102401

欣福良苑假日酒店 ★★★
地址：北京市房山区良乡镇苏庄东街 9 号
电话：010－69379208
邮编：102488

京铁车辆十渡技术培训中心 ★★★
地址：北京市房山区十渡镇八渡村
电话：010－61347555
邮编：102411

德宝会议中心 ★★★
地址：北京市房山区良乡多宝路 1 号
电话：010－69375500
邮编：102401

诚通颐年山庄 ★★★
地址：北京市房山区河北镇黄土坡村军工路
电话：010－66313126
邮编：102416

龙锐旅游度假山庄 ★★★
地址：北京市房山区十渡镇七渡村二区 78 号
电话：010－61344488
邮编：102411

凯悦莱温泉会议中心 ★★★
地址：北京市房山区长阳镇阳城环路 16 号
电话：010－80355758
邮编：102445

金桥国际酒店 ★★★
地址：北京市房山区长阳镇昊天北大街 48 号 208 号楼
电话：010－80328888
邮编：102445

隆泽园大酒店 ★★★
地址：北京市房山区良乡拱辰北大街 33 号
电话：010－89359875
邮编：102488

平西培训中心 ★★★
地址：北京市房山区十渡镇十渡村
电话：010－61340888
邮编：102411

东方宾馆 ★★★
地址：北京市通州区车站路 12 号
电话：010－69546870
邮编：101100

运河源酒店 ★★★
地址：北京市通州区运河西大街 172 号
电话：010－81586668
邮编：101101

正运通酒店 ★★★
地址：北京市通州区马驹桥镇杨秀店东
电话：010－60502888
邮编：101102

望潮苑民俗度假村 ★★★
地址：北京市顺义区河南村村东
电话：010－89491980
邮编：101300

东竹园宾馆 ★★★
地址：北京市顺义区顺平东路 3 号
电话：010－69448440
邮编：101300

安利隆生态农业山庄 ★★★
地址：北京市顺义区龙湾屯镇山里辛庄
电话：010－60462323
邮编：101309

东航大酒店 ★★★
地址：北京市顺义区小天竺路 1 号
电话：010－64575588
邮编：100621

豪雅商务酒店 ★★★
地址：北京市顺义区天竺镇天竺中街 2 号
电话：010－64533388
邮编：101312

天龙宾馆 ★★★
地址：北京市顺义区后沙峪地区枯柳树村西
电话：010－80494399
邮编：101318

金航线国际大酒店 ★★★
地址：北京市顺义区李桥镇李桥村村委会西 300 米
电话：010－52139999
邮编：101304

顺义宾馆 ★★★
地址：北京市顺义区府前中街 3 号
电话：010－69444815
邮编：101300

空港蓝天酒店 ★★★
地址：北京市顺义区空港工业区
电话：010－80489108
邮编：101312

花水湾磁化温泉度假村 ★★★
地址：北京市顺义区高丽营镇七村村委会东 200 米
电话：010－69456668
邮编：101303

昌平区财政局财会之家 ★★★
地址：北京市昌平区城区北环路
电话：010－69716688
邮编：102200

虎峪园林山庄 ★★★
地址：北京市昌平区南口镇
电话：010－69771100
邮编：102201

北京且亭山水酒店 ★★★
地址：北京市昌平区朝凤庵北路 8 号
电话：010－60713865
邮编：102200

龙脉温泉大酒店 ★★★
地址：北京市昌平区小汤山镇大柳树村
电话：010－61793888
邮编：102211

昆钰酒店 ★★★
地址：北京市昌平区沙河镇沙阳路 11 号
电话：010－59795238
邮编：102206

龙山度假村 ★★★
地址：北京市昌平区昌怀路153号
电话：010－89701118
邮编：102200

华清温泉宾馆 ★★★
地址：北京市昌平区东小口镇中滩村东
电话：010－84826665
邮编：102218

中国石化会议中心 ★★★
地址：北京市昌平区水库路西侧
电话：010－60713333
邮编：102200

军都旅游度假村 ★★★
地址：北京市昌平区水库路12号
电话：010－60713338
邮编：102200

北方长城宾馆 ★★★
地址：北京市昌平区南口镇马坊村1号
电话：010－80190398
邮编：102202

红栌温泉山庄 ★★★
地址：北京市昌平区小汤山讲礼村西16号
电话：010－61786555
邮编：102211

地铁度假村 ★★★
地址：北京市昌平区朝凤庵南路7号
电话：010－60712288
邮编：102200

瑶台温泉酒店 ★★★
地址：北京市昌平区崔村镇棉山村北
电话：010－60721188
邮编：102212

益泉花园酒店 ★★★
地址：北京市昌平区小汤山现代农业科技示范园东区
电话：61793731
邮编：102211

星光梅地亚酒店 ★★★
地址：北京市大兴区西红门镇北兴路（东段）2号
电话：010－60299777
邮编：100162

北京馨德润饭店 ★★★
地址：北京市大兴区旧宫镇迎宾路2号
电话：010－87963611
邮编：100076

龙凤轩大酒店 ★★★
地址：北京市大兴区西红门镇四村同华路8号
电话：010－60249999
邮编：100076

兴丰团河苑会议服务中心 ★★★
地址：北京市大兴区西红门镇团河农场北50米
电话：010－61299988
邮编：102614

红恩度假村 ★★★
地址：北京市大兴区亦庄镇小羊坊中路1号
电话：010－87396660
邮编：100023

元亨苑林山庄 ★★★
地址：北京市怀柔区雁栖湖雁水路4号
电话：010－69661669
邮编：101408

栖湖饭店 ★★★
地址：北京市怀柔区雁栖湖雁秀路11号
电话：010－69661188
邮编：101408

双阳宾馆 ★★★
地址：北京市怀柔区青春路41号
电话：010－69642706
邮编：101400

松秀园度假村 ★★★
地址：北京市怀柔区雁栖镇雁青路13号
电话：010－69662306
邮编：101407

团圆假日饭店 ★★★
地址：北京市怀柔区青春路45号
电话：010－69620999
邮编：101400

湖苑山庄 ★★★
地址：北京市怀柔区湖光小区25号
电话：010－69624871
邮编：101400

红螺钟磬山庄 ★★★
地址：北京市怀柔区红螺路5号
电话：010－60681145
邮编：101400

宫霄雁栖商务会馆 ★★★
地址：北京市怀柔区怀北镇雁秀路6号
电话：010－69665251
邮编：101408

中影大酒店 ★★★
地址：北京市怀柔区杨宋镇凤和壹园8号
电话：010－61675555
邮编：101400

南华山庄酒店 ★★★
地址：北京市平谷区金海湖副坝南侧
电话：010－60980288
邮编：101201

天昊源度假村 ★★★
地址：北京市平谷区峪口经济开发区峰云街5号
电话：010－61988899
邮编：101205

东晓新越酒店 ★★★
地址：北京市平谷区乐园西小区17号
电话：010－89992188
邮编：101200

育新苑宾馆 ★★★
地址：北京市平谷区金海湖镇韩庄北街3号
电话：010－69991723
邮编：101201

碧海山庄 ★★★
地址：北京市平谷区金海湖畔
电话：010－69991201
邮编：101201

文锦世博国际大酒店 ★★★
地址：北京市密云县滨河路46号
电话：010－89088333
邮编：101500

金地来商务会馆 ★★★
地址：北京市密云县新南路88号
电话：010－69050099
邮编：101500

云佛山旅游度假村 ★★★
地址：北京市密云县溪翁庄镇东智西村
电话：010－89032255
邮编：101500

世纪阳光假日酒店 ★★★
地址：北京市密云县滨河路26号
电话：010－89088888
邮编：101500

雾灵山庄 ★★★
地址：北京市密云县遥桥峪水库北岸
电话：010－81027777
邮编：101506

云湖度假村 ★★★
地址：北京市密云县水库内湖
电话：010－61021888
邮编：101512

交通云蒙山庄 ★★★
地址：北京市密云县水库坝西
电话：010－69010888
邮编：101512

密云水库宾馆 ★★★
地址：北京市密云县溪翁庄镇溪翁庄村
电话：010－69016655
邮编：101500

金隅八达岭温泉度假村 ★★★
地址：北京市延庆县妫水北街1号
电话：010－69148833
邮编：102100

快乐假日大酒店 ★★★
地址：北京市延庆县张山营镇黄柏寺村东
电话：010－51055588
邮编：102105

中银酒店 ★★★
地址：北京市延庆县庆园毛街十二号
电话：010－69171701
邮编：102100

华风温泉大城堡 ★★★
地址：北京市延庆县延庆镇京张路口北100米路西
电话：010－69182266
邮编：102100

旅游景区

故宫博物院 AAAAA
地址：北京市东城区景山前街4号
电话：010－85117049
邮编：100009

天坛公园 AAAAA
地址：北京市东城区天坛内东里7号
电话：010－67028866
邮编：100061

孔庙/国子监 AAAA
地址：北京市东城区国子监街13号/15号
电话：010－64057214
邮编：100007

北京市规划展览馆 AAAA
地址：北京市东城区前门东大街20号
电话：010－67024559
邮编：100051

龙潭公园 AAAA
地址：北京市东城区龙潭路 8 号
电话：010－67144336
邮编：100061

明城墙遗址公园 AAAA
地址：北京市东城区崇文门东大街东便门 9 号
电话：010－65270574
邮编：100062

中山公园 AAAA
地址：北京市东城区中华路 4 号
电话：010－66052669
邮编：100031

南锣鼓巷 AAA
地址：北京市东城区交道口雨儿胡同乙 15 号
电话：010－64044506
邮编：100009

南新仓文化休闲街景区 AAA
地址：北京市东城区东四十条 21 号
电话：010－64010843
邮编：100007

前门大街景区 AAA
地址：北京市东城区前门大街 16 号
电话：010－67060009
邮编：100051

北京市劳动人民文化宫 AA
地址：北京市东城区天安门东侧
电话：010－65252189
邮编：100006

京城百工坊景区 AA
地址：北京市东城区光明路乙 12 号
电话：010－67111381
邮编：100061

宋庆龄故居 AAA
地址：北京市西城区后海北沿 46 号
电话：010－64044205
邮编：100009

历代帝王庙 AA
地址：北京市西城区阜成门内大街 131 号
电话：010－66161141
邮编：100034

中国地质博物馆 AAA
地址：北京市西城区西四羊肉胡同 15 号
电话：010－66176387
邮编：100034

北京天文馆 AAAA
地址：北京市西城区西直门外大街 138 号
电话：010－51583007
邮编：100044

北京月坛公园 AAA
地址：北京市西城区月坛北街甲 6 号
电话：010－68020940
邮编：100045

北京古钱币展览馆 AAA
地址：北京市西城区德胜门东大街 9 号
电话：010－62051978
邮编：100120

北京大观园 AAA
地址：北京市西城区南菜园街 12 号
电话：010－63544993
邮编：100054

北京湖广会馆大戏楼 AAA
地址：北京市西城区虎坊路 3 号
电话：010－63518284
邮编：100052

北京老舍茶馆 AAA
地址：北京市西城区前门西大街 3 号楼
电话：010－63046334
邮编：100051

大观楼影城 AAA
地址：北京市西城区前门大栅栏街 36 号
电话：010－63016123
邮编：100051

北京市宣南文化博物馆 AAA
地址：北京市西城区长椿街 9 号
电话：010－63015409
邮编：100053

北京市宣武艺园 AAA
地址：北京市西城区槐柏树街 12 号
电话：010－83125443
邮编：100053

北京市大栅栏商业街区 AAA
地址：北京市西城区廊坊二条 44 号
电话：010－63179525
邮编：100051

恭王府 AAAAA
地址：北京市西城区柳荫街甲 14 号
电话：010－66168149
邮编：100009

什刹海风景区 AAAA
地址：北京市西城区羊房胡同甲 23 号
电话：010－66127651
邮编：100009

北海公园 AAAA
地址：北京市西城区文津街 1 号
电话：010－64031102
邮编：100034

北京动物园 AAAA
地址：北京市西城区西直门外大街 137 号
电话：010－68314411
邮编：100044

北京海洋馆 AAAA
地址：北京市西城区高梁桥斜街乙 18 号
电话：010－62176655
邮编：100081

景山公园 AAAA
地址：北京市西城区景山西街 44 号
电话：010－64021191
邮编：100034

首都博物馆 AAAA
地址：北京市西城区复兴门外大街 16 号
电话：010－63363388
邮编：100045

陶然亭公园 AAAA
地址：北京市西城区太平街 19 号
电话：010－63535704
邮编：100050

北京市奥林匹克公园 AAAAA
地址：北京市朝阳区北辰东路 15 号
电话：010－84972647
邮编：100101

北京蓝调庄园 AAA
地址：北京市朝阳区金盏乡楼梓庄村
电话：010－65425788
邮编：100018

北京欢乐谷 AAAA
地址：北京市朝阳区东四环小武基北路
电话：010－67383333
邮编：100023

中华民族园 AAAA
地址：北京市朝阳区民族园路 1 号
电话：010－62063618
邮编：100101

中国紫檀博物馆 AAAA
地址：北京市朝阳区兴隆西街 9 号
电话：010－85752818
邮编：100025

元大都城垣遗址公园 AAAA
地址：北京市朝阳区太阳宫芍药居甲 8 号
电话：010－64222821
邮编：100102

朝阳公园 AAAA
地址：北京市朝阳区农展南路 1 号
电话：010－65065409
邮编：100026

蟹岛绿色生态农庄 AAAA
地址：北京市朝阳区金盏乡蟹岛路 1 号
电话：010－84324173
邮编：100018

日坛公园 AAA
地址：北京市朝阳区朝外日坛北路 6 号
电话：010－65025555
邮编：100020

团结湖公园 AAA
地址：北京市朝阳区团结湖南里 16 号
电话：010－85962151
邮编：100026

红领巾公园 AAA
地址：北京市朝阳区后八里庄 5 号
电话：010－85819548
邮编：100025

北京蓝色港湾 AAA
地址：北京市朝阳区朝阳公园路 6 号
电话：010－59056565
邮编：100026

世界公园 AAAA
地址：北京市丰台区花乡大葆台 158 号
电话：010－63787906
邮编：100070

南宫旅游景区 AAAA
地址：北京市丰台区王佐镇长青路 99 号
电话：010－83311940
邮编：100074

北宫国家森林公园 AAAA
地址：北京市丰台区长辛店镇大灰厂东路 55 号
电话：010－83840830
邮编：100074

世界花卉大观园 AAAA
地址：北京市丰台区草桥南四环北侧
电话：010－87500841
邮编：100067

中国人民抗日战争纪念馆 AAAA
地址：北京市丰台区卢沟桥宛平城内街 101 号

电话：010－83893163
邮编：100165

抗日战争雕塑园 AAA
地址：北京市丰台区卢沟桥城南街 77 号
电话：010－83893484
邮编：100072

青龙湖公园 AAA
地址：北京市丰台区王佐镇怪村西
电话：010－83870645
邮编：100074

大葆台西汉墓博物馆 AA
地址：北京市丰台区郭公庄南大葆台
电话：010－83619073
邮编：100070

万方亭公园 AA
地址：北京市丰台区南三环路 3 号
电话：010－67215333
邮编：100077

莲花池公园 AA
地址：北京市丰台区广安门外莲花池 48 号
电话：010－63982357
邮编：100055

丰台花园 AA
地址：北京市丰台区西四环南路 60 号
电话：010－63821400
邮编：100071

北京汽车博物馆 AAAA
地址：北京市丰台区南四环西路 126 号
电话：010－63756666
邮编：100070

首钢工业文化旅游区 AAA
地址：北京市石景山区石景山路 68 号
电话：010－88293618
邮编：100041

八大处公园 AAAA
地址：北京市石景山区八大处
电话：010－88964661
邮编：100041

石景山游乐园 AAAA
地址：北京市石景山区石景山路 25 号
电话：010－68876016
邮编：100043

颐和园 AAAAA
地址：北京市海淀区新建宫门路 19 号
电话：010－62881144
邮编：100091

圆明园遗址公园 AAAA
地址：北京市海淀区清华西路 28 号
电话：010－62543673
邮编：100084

北京市植物园 AAAA
地址：北京市海淀区卧佛寺路
电话：010－62591561
邮编：100093

香山公园 AAAA
地址：北京市海淀区香山公园买卖街 40 号
电话：010－62591155
邮编：100093

中央广播电视塔 AAAA
地址：北京市海淀区西三环中路 11 号
电话：010－68450715
邮编：100142

紫竹院公园 AAAA
地址：北京市海淀区中关村南大街 35 号
电话：010－68425880
邮编：100048

玉渊潭公园 AAAA
地址：北京市海淀区西三环中路 10 号
电话：010－68525536
邮编：100038

凤凰岭自然风景区 AAAA
地址：北京市海淀区苏家坨镇凤凰岭路 19 号
电话：010－62459492
邮编：100095

太平洋海底世界博览馆 AAA
地址：北京市海淀区西三环中路 11 号中央塔下
电话：010－68714695
邮编：100036

百望山森林公园 AAA
地址：北京市海淀区黑山扈北口 19 号
电话：010－62884508
邮编：100094

鹫峰森林公园 AAA
地址：北京市海淀区苏家坨镇北安河村西
电话：010－62455816
邮编：100095

北京龙徽葡萄酒博物馆 AAA
地址：北京市海淀区玉泉路 2 号
电话：010－88635435
邮编：100143

西山大觉寺 AAA
地址：北京市海淀区苏家坨镇大觉寺路 9 号
电话：010－62456163
邮编：100095

北京汇通诺尔狂飚乐园 AAA
地址：北京市海淀区苏家坨镇南安河路 1 号
电话：010－62455588
邮编：100095

北京昌华森林公园 AAA
地址：北京市海淀区香山南路南河滩
电话：010－62720273
邮编：100093

皇家菜博物馆 AAA
地址：北京市海淀区西四环北路 117 号
电话：13911891556
邮编：100195

潭柘寺 AAAA
地址：北京市门头沟区潭柘寺镇
电话：010－69802232
邮编：102308

戒台寺 AAAA
地址：北京市门头沟区永定镇
电话：010－60862244
邮编：102300

妙峰山风景名胜区 AAA
地址：北京市门头沟区妙峰山镇涧沟村
电话：010－61882936
邮编：102300

十八潭景区 AAA
地址：北京市门头沟区王平镇安家庄村
电话：010－61833366
邮编：102305

北京双龙峡自然风景区 AAA
地址：北京市门头沟区斋堂镇火村村南
电话：010－69819310
邮编：102309

黄芩仙谷景区 AAA
地址：北京市门头沟区剧场东街甲 10 号
电话：010－69826438
邮编：102300

爨柏景区 AAA
地址：北京市门头沟区斋堂镇
电话：010－69818988
邮编：102309

小龙门森林公园 AA
地址：北京市门头沟区清水镇小龙门林场
电话：010－61827665
邮编：102311

百花山自然风景区 AA
地址：北京市门头沟区清水镇齐家庄村
电话：010－61826110
邮编：102311

珍珠湖风景区 AA
地址：北京市门头沟区燕翅镇珠窝水库
电话：010－61838012
邮编：102306

灵山风景区 AA
地址：北京市门头沟区清水镇江水河村
电话：010－61827994
邮编：102311

张坊古战道 A
地址：北京市房山区张坊镇张坊村
电话：010－61331451
邮编：102409

银狐洞 AA
地址：北京市房山区佛子庄乡下英水村
电话：010－60363236
邮编：102417

没有共产党就没有新中国纪念馆 AA
地址：北京市房山区霞云岭乡堂上村
电话：010－60368286
邮编：102421

北京提香高尔夫俱乐部 AA
地址：北京市房山区窦店镇于庄锦绣路
电话：010－80335866
邮编：102433

富恒农业观光园 AA
地址：北京市房山区窦店镇交道一街
电话：010－80318318
邮编：102434

中华石雕艺术园 AA
地址：北京市房山区大石窝镇石窝村
电话：010－61323247
邮编：102407

韩村河景区 AAA
地址：北京市房山区韩村河镇韩村河村
电话：010－80380508
邮编：102423

仙栖洞景区 AAA
地址：北京市房山区张坊镇东关上村
电话：010－61338226
邮编：102409

北京京辉高尔夫俱乐部 AAA
地址：北京市房山区青龙湖镇南四位村

电话：010－60320188
邮编：102471

上方山国家森林公园 AAA
地址：北京市房山区韩村河镇圣水峪村
电话：010－61315542
邮编：102414

青龙湖水上游乐园 AAA
地址：北京市房山区青龙湖镇青龙头村北
电话：010－60320907
邮编：102447

白草畔自然风景区 AAA
地址：北京市房山区霞云岭乡四马台村
电话：010－60369038
邮编：102421

北京百花山旅游景区 AAA
地址：北京市房山区史家营乡莲花庵村
电话：010－60390260
邮编：102461

云居寺 AAAA
地址：北京市房山区大石窝镇水头村
电话：010－61389612
邮编：102407

石花洞 AAAA
地址：北京市房山区河北镇南车营村
电话：010－60312170
邮编：102416

周口店遗址博物馆 AAAA
地址：北京市房山区周口店大街 1 号
电话：010－69301278
邮编：102405

北京十渡风景名胜区 AAAA
地址：北京市房山区十渡镇
电话：010－61340750
邮编：102411

圣莲山旅游度假区 AAAA
地址：北京市房山区史家营乡柳林水村
电话：010－60319023
邮编：102461

房山世界地质公园博物馆 AAA
地址：北京市房山区长沟镇六甲房村
电话：010－61368202
邮编：102407

西周燕都遗址博物馆 AAA
地址：北京市房山区琉璃河董家林村
电话：010－61393049
邮编：102403

通州大运河森林旅游区 AAAA
地址：北京市通州区宋梁路北运河桥南
电话：010－61569200
邮编：101100

中国民兵武器装备陈列馆 AAA
地址：北京市通州区永顺镇焦王庄
电话：010－66814607
邮编：101101

通州运河公园 AAAA
地址：北京市通州区通胡大街 70 号
电话：010－80855502
邮编：101100

北京韩美林艺术馆 AAAA
地址：北京市通州区梨园镇九棵树东路 68 号
电话：010－59751888
邮编：101101

北京顺鑫绿色度假村 AAA
地址：北京市顺义区李遂镇西顺鑫绿色度假村
电话：010－89485588
邮编：101300

北京顺义汉石桥湿地景区 AAA
地址：北京市顺义区杨镇
电话：010－61456099
邮编：101300

北京顺义国际鲜花港 AAAA
地址：北京市顺义区杨镇红寺村北 1000 米
电话：010－61417100
邮编：101300

焦庄户地道战遗址纪念馆 AAA
地址：北京市顺义区龙湾屯镇焦庄户村
电话：010－60461906
邮编：101306

北京奥林匹克水上公园 AAAA
地址：北京市顺义区白马路 19 号
电话：010－69405821
邮编：101300

北京乡村高尔夫俱乐部 AA
地址：北京市顺义区马坡向阳闸南潮白河西侧
电话：010－69401111
邮编：101300

敕赐和平寺景区 AA
地址：北京市昌平区南口镇花塔村
电话：010－69778491
邮编：102202

北京大岭沟猕猴桃谷风景区 AA
地址：北京市昌平区长岭镇大岭沟村
电话：010－89721408
邮编：102213

十三陵 AAAAA
地址：北京市昌平区十三陵特区办事处
电话：010－60761423
邮编：102213

居庸关长城 AAAA
地址：北京市昌平区南口镇居庸关村
电话：010－69771665
邮编：102202

银山塔林风景区 AAAA
地址：北京市昌平区兴寿镇西湖村
电话：010－89726426
邮编：102213

中国航空博物馆 AAAA
地址：北京市昌平区小汤山镇
电话：010－61784883
邮编：102211

龙脉温泉度假村 AAAA
地址：北京市昌平区小汤山镇
电话：010－61782445
邮编：102211

小汤山现代农业示范园区 AAAA
地址：北京市昌平区小汤山镇后蔺沟村
电话：010－61791792
邮编：102211

温都水城 AAAA
地址：北京市昌平区北七家镇宏福创业园
电话：010－81788888
邮编：102209

蟒山国家森林公园 AAA
地址：北京市昌平区十三陵水库东侧
电话：010－60713818
邮编：102200

北京十三陵明皇蜡像宫 AAA
地址：北京市昌平区西关环岛西北侧
电话：010－69747257
邮编：102200

北京棋盘山风景区 AAA
地址：北京市昌平区流村镇瓦窑村
电话：010－89779693
邮编：102204

北京鳌山国际休闲空间 AAA
地址：北京市昌平区南口镇新元村南
电话：010－64975234
邮编：102202

虎峪自然风景区 AA
地址：北京市昌平区南口镇虎峪村北
电话：010－69770295　13901179673
邮编：102202

双龙山国家森林公园 AA
地址：北京市昌平区长陵镇碓臼峪村 27 号
电话：010－89721862　13911418196
邮编：102213

中国北方国际射击场 AAA
地址：北京市昌平区南口镇马坊村 1 号
电话：010－80190372
邮编：102202

北京奥林狩猎俱乐部有限公司射击场 AA
地址：北京市昌平区十三陵镇西山口村
电话：18610215155
邮编：102219

北京后花园风景区 AA
地址：北京市昌平区阳坊镇
电话：010－82844881
邮编：102205

北京洼子里乡情农艺园 AA
地址：北京市昌平区小汤山镇南官庄村
电话：13716369877
邮编：102211

虎峪自然风景区 AA
地址：北京市昌平区南口镇虎峪村北
电话：010－69776295　13901179673
邮编：102202

长力金源（北京）热带植物园 AAA
地址：北京市大兴区长子营镇 104 国道朱庄北口北行 200 米
电话：010－80218180
邮编：102615

中华文化园 AAA
地址：北京市大兴区黄村镇明春苑春泽园 2 号
电话：010－63724512
邮编：102613

采育葡萄大世界观光采摘园 AAA
地址：北京市大兴区采育镇
电话：010－80272288
邮编：102606

麋鹿苑 AAA
地址：北京市大兴区南苑南海子
电话：010－87962105
邮编：100076

留民营生态农场 AAA
地址：北京市大兴区长子营镇留民营村
电话：010－80266005
邮编：102615

北京野生动物园 AAAA
地址：北京市大兴区榆垡镇万亩林
电话：010－89216606
邮编：102602

中国印刷博物馆 AAA
地址：北京市大兴区黄村镇新华北路25号
电话：010－60261237
邮编：102600

御林古桑园 AA
地址：北京市大兴区安定镇高店村
电话：010－80233242
邮编：102607

慕田峪长城 AAAAA
地址：北京市怀柔区渤海镇慕田峪村
电话：010－61626505
邮编：101405

红螺寺 AAAA
地址：北京市怀柔区红螺东路2号
电话：010－60681639
邮编：101400

雁栖湖旅游区 AAAA
地址：北京市怀柔区怀北雁水路3号
电话：010－69663595
邮编：101408

青龙峡旅游度假区 AAAA
地址：北京市怀柔区怀北镇大水峪
电话：010－69661938
邮编：101408

响水湖旅游区 AAA
地址：北京市怀柔区渤海镇大榛峪村东
电话：010－89602539
邮编：101405

生存岛新概念旅游基地 AAA
地址：北京市怀柔区红螺东路6号
电话：010－60681155
邮编：101400

北京黄花城水长城旅游区 AAAA
地址：北京市怀柔区九渡河镇西水峪村
电话：010－61652929
邮编：101404

幽谷神潭自然风景区 AAA
地址：北京市怀柔区怀北镇椴树岭村黄土梁1号
电话：010－61622073
邮编：101408

云梦仙境景区 AAA
地址：北京市怀柔区琉璃庙镇东峪村
电话：010－61618157
邮编：100400

北京鹅和鸭农庄风景区 AAA
地址：北京市怀柔区桥梓镇北宅村南
电话：010－60673136
邮编：101415

北京九谷口风景区 AAA
地址：北京市怀柔区怀北镇河防口村548号
电话：010－89696677
邮编：101408

神堂峪自然风景区 AA
地址：北京市怀柔区雁栖镇石片村北
电话：010－89617093
邮编：101407

百泉山旅游区 AA
地址：北京市怀柔区怀北镇椴树岭村
电话：010－61622954
邮编：101408

北京二锅头酒博物馆 AAA
地址：北京市怀柔区红星路1号
电话：010－61697658
邮编：101400

北京圣泉山旅游风景区 AAA
地址：北京市怀柔区桥梓镇口头村北200米
电话：010－60637189
邮编：101415

京东老泉山野公园 AA
地址：北京市平谷区熊儿寨乡老泉口村127号
电话：010－61961802
邮编：101207

京东大溶洞 AAAA
地址：北京市平谷区黄松峪乡黑豆峪村
电话：010－89971708
邮编：101201

北京平谷青龙山旅游区 AAAA
地址：北京市平谷区东高村镇大旺务村
电话：010－69909090
邮编：101200

金海湖风景区 AAAA
地址：北京市平谷区韩庄镇东
电话：010－69992011
邮编：101201

京东石林峡风景区 AAAA
地址：北京市平谷区黄松峪乡刁窝村
电话：010－60987678
邮编：101201

京东大峡谷旅游区 AAAA
地址：北京市平谷区山东庄镇鱼子山村
电话：010－89961317
邮编：101211

北京丫髻山道教文化名胜区 AAAA
地址：北京市平谷区刘家店镇
电话：010－61972535
邮编：101208

湖洞水旅游区 AA
地址：北京市平谷区黄松峪乡黑豆峪村
电话：010－60988154
邮编：101201

老象峰旅游区 AA
地址：北京市平谷区大华山镇小峪子村
电话：010－61940273
邮编：101207

北京平谷挂甲峪旅游度假区 A
地址：北京市平谷区大华山镇挂甲峪村
电话：010－61946838
邮编：101207

北京胜泉亲水湾旅游景区 A
地址：北京市平谷区大华山镇泉水峪村
电话：010－61948649
邮编：101207

司马台长城景区（暂停营业）AAAA
地址：北京市密云县古北口镇司马台村北
电话：010－69031051
邮编：101508

黑龙潭旅游区 AAAA
地址：北京市密云县石城镇大关桥
电话：010－61025028
邮编：101513

桃源仙谷自然风景区 AAAA
地址：北京市密云县石城镇南石城村
电话：010－61025309
邮编：101513

北京张裕爱菲堡国际酒庄 AAAA
地址：北京市密云县巨各庄镇东白岩村
电话：010－89092999
邮编：101500

清凉谷旅游风景区 AAA
地址：北京市密云县石城镇贾峪村
电话：010－69015208
邮编：101513

云峰山自然风景区 AAA
地址：北京市密云县不老屯镇
电话：010－81098688
邮编：101516

北京力维斯白龙潭景区 AAA
地址：北京市密云县太师屯镇龙潭沟村
电话：010－69038558
邮编：101504

云蒙山森林公园 AAA
地址：北京市密云县琉璃庙镇后山堡村
电话：010－61622480
邮编：101409

北京首云铁矿公园 AAA
地址：北京市密云县巨各庄镇豆各庄村
电话：010－61039584
邮编：101501

密云云龙涧景区 AAA
地址：北京市密云县溪翁庄镇
电话：010－69017888
邮编：101512

云岫谷游猎自然风景区 AA
地址：北京市密云县新城子镇遥桥峪村
电话：010－81022436
邮编：101506

云蒙三峪自然风景区 AA
地址：北京市密云县西田各庄镇牛盆峪村
电话：010－61008258
邮编：101500

北京青菁顶自然风景区 AA
地址：北京市密云县石城镇黑龙潭北
电话：010－61025909
邮编：101513

古北口文化文物旅游区 AA
地址：北京市密云县古北口镇古北口村
电话：010－81051133
邮编：101508

北京云蒙山长城遗址公园 AA
地址：北京市密云县石城镇
电话：010－61025248
邮编：101513

北京紫海香堤香草艺术庄园 AA
地址：北京市密云县古北口镇汤河村
电话：010－81052291
邮编：101508

北京京都第一瀑旅游服务中心 AA
地址：北京市密云县石城镇张家坟村柳棵峪

电话：010－69016268
邮编：101514

北京天门山旅游风景区 AA
地址：北京市密云县石城镇柳棵峪
电话：010－69016673 69016628
邮编：101513

内蒙古伊利实业集团股份有限公司北京乳品厂 AA
地址：北京市密云县经济开发区清源路1号
电话：010－69076006－8079
邮编：101500

康西草原 AA
地址：北京市延庆县康庄镇西
电话：010－69131638
邮编：102101

玉渡山风景区 AA
地址：北京市延庆县张山营镇玉皇庙村玉海公路1号
电话：010－69195188
邮编：102115

绿富隆观光园 AA
地址：北京市延庆县大榆树镇大瑜树村258号
电话：010－69141463
邮编：102100

八达岭野生动物世界 AAA
地址：北京市延庆县八达岭镇岔道村水泉沟
电话：010－69121842
邮编：102102

古崖居原始部落旅游度假区 AAA
地址：北京市延庆县张山营镇东门营村北
电话：010－69119228
邮编：102115

北京八达岭国家森林公园 AAA
地址：北京市延庆县北京市八达岭林场
电话：010－81181458
邮编：102112

松山森林旅游区 AAAA
地址：北京市延庆县张山营镇
电话：010－69112020
邮编：102115

石京龙滑雪场 AAA
地址：北京市延庆县靳家堡乡中羊坊
电话：010－69191617
邮编：102112

八达岭滑雪俱乐部 AAA
地址：北京市延庆县八达岭经济开发区66号
电话：010－69129699
邮编：102102

八达岭残长城 AAA
地址：北京市延庆县八达岭镇东沟村
电话：010－69120820
邮编：102102

野鸭湖国家湿地公园 AAAA
地址：北京市延庆县康庄镇刘浩营村西
电话：010－69131870
邮编：102101

阳光时代马球俱乐部 AAA
地址：北京市延庆县康庄镇小曹营老房场
电话：010－69133078
邮编：100029

辉煌国际会议度假区 AAA
地址：北京市延庆县张山营镇胡家营村东
电话：010－69189966
邮编：100125

八达岭长城风景名胜区 AAAAA
地址：北京市延庆县八达岭特区办事处
电话：010－69121268　69121423
邮编：102112

龙庆峡旅游区 AAAA
地址：北京市延庆县旧县镇古城村北
电话：010－69191020
邮编：102109

八达岭水关长城景区 AAAA
地址：北京市延庆县八达岭镇石佛寺村
电话：010－81181038
邮编：102112

北京延庆百里山水画廊景区 AAAA
地址：北京市延庆县千家店镇
电话：010－60188022
邮编：102100

九眼楼自然风景区 A
地址：北京市延庆县四海镇四海村
电话：010－60187019
邮编：102107

莲花山森林公园 A
地址：北京市延庆县大科庄乡
电话：010－60189824
邮编：102106

柳沟民俗旅游度假区 A
地址：北京市延庆县井庄镇柳沟村
电话：010－81172699
邮编：102105

里炮红苹果度假区 A
地址：北京市延庆县八达岭镇里炮村
电话：010－61163751
邮编：102101

妫海远航景区 A
地址：北京市延庆县延庆镇妫水公园
电话：010－69185370
邮编：102100

餐　馆

北京肯德基有限公司
地址：北京市东城区朝阳门北大街8号A座
电话：010－65545888
邮编：100027

北京麦当劳食品有限公司
地址：北京市东城区王府井大街200号
电话：010－65281188
邮编：100005

北京隆福寺餐饮有限公司
地址：北京东城区东四北大街442号
电话：010－84035181
邮编：100006

新海派酒店
地址：北京市东城区北河沿大街乙
电话：010－65252115
邮编：100010

山水居湘粤菜餐厅
地址：北京市东城区东长安街
电话：010－85185173
邮编：100005

贵州箩箩酸汤鱼餐厅
地址：北京市东城区东直门内大街
电话：010－64051717
邮编：100007

苗岭酸汤鱼餐厅
地址：北京市东城区东直门内大街
电话：010－64043923
邮编：100027

阿瓦娜马来西亚餐厅
地址：北京市朝阳区天泽路32号
电话：010－64620004
邮编：100009

丽宫餐厅
地址：北京市东城区东直门南大街
电话：010－65001188
邮编：100007

蒙娜丽莎餐厅
地址：北京市东城区朝阳门富华大厦北路
电话：010－65541605
邮编：100007

娃哈哈大酒家
地址：北京市东城区隆福寺街99号金隆基大厦内
电话：010－84095866
邮编：100010

长江俱乐部海鲜城
地址：北京市北三环东路20号
电话：010－64482218
邮编：100013

蒙古人莜面美食村
地址：北京市东城区建内大街15号
电话：010－65229500
邮编：100005

皇家友谊商店餐厅
地址：北京市东城区东长安街16号
电话：010－65274787
邮编：100006

绿色天食餐厅
地址：北京市东城区灯市口大街57号
电话：010－65242349
邮编：100006

万方同利园酒楼
地址：北京市东城东直门内大街201号
电话：010－64013636
邮编：100007

福轩居
地址：北京市东城区东直门内大街10号楼7号
电话：010－84073084
邮编：100007

民福居酒楼
地址：北京市东城区灯市口西街32号
电话：010－65135141
邮编：100006

奥瑞莉餐饮有限公司
地址：北京市建内大街18号恒基中心南
电话：010－65276568
邮编：100005

同盛祥泡馍馆
地址：北京市东城区霞公府7号
电话：010－65137766
邮编：100006

花家怡园餐饮有限公司
地址：北京市东城区东直门大街235号
电话：010－51283315
邮编：100007

松鹤楼菜馆
地址：北京市东城区台基厂大街10号
电话：010－65245223
邮编：100005

金都顺天餐饮有限公司
地址：北京市东城区和平里中街
电话：010－84218838
邮编：100013

五湘斋饭庄
地址：北京市东城区王府井大街198号
电话：010－65253562
邮编：100006

德福瑞酒楼
地址：北京市东城区和平里北街14号
电话：010－64234411
邮编：100013

天都楼酒店
地址：北京市东城区南河沿华龙街E座
电话：010－65129183
邮编：100006

园中楼烤鸭店
地址：北京市东城区劳动人民文化宫西门
电话：010－64275049
邮编：100006

金星鸭烤鸭店
地址：北京市东城区和平里东街3号楼1－2层
电话：010－84215952
邮编：100013

方泽轩神库餐厅
地址：北京市东城区地坛公园南门内
电话：010－64241894
邮编：100010

北京饭店谭家厅
地址：北京市东长安街33号北京饭店C座7层
电话：010－65137766
邮编：100010

天安门仿膳饭庄
地址：北京市东交民巷37号
电话：010－65233105　65233106
邮编：100010

东来顺饭庄总店
地址：北京市王府井大街138号新东安大厦5层
电话：010－65280932　65280501
邮编：100010

西蜀豆花庄
地址：北京市建国门内大街8号中粮广场中心B1楼
电话：010－65224925
邮编：100010

北京全素斋食品有限公司
地址：北京市东城区安定门内琉璃寺8号
电话：010－64044728
邮编：100009

瑞珍厚饭庄
地址：北京市东四南大街1号
电话：010－65255913
邮编：100010

萃华楼饭庄
地址：北京市东安门大街19号
电话：010－65134970
邮编：100010

楼外楼饭庄
地址：北京市白广路甲4号
电话：010－63523960
邮编：100010

舫华轩清真餐饮有限公司
地址：北京市东城区广渠门白桥大街
电话：010－67184064
邮编：100061

花坛餐厅
地址：北京市东城区天坛东侧路
电话：010－67112660
邮编：100061

北京力力豆花庄
地址：北京广渠门外大街27号
电话：010－67718392
邮编：100051

老正兴饭庄
地址：北京市广渠门外大街27号
电话：010－67718392
邮编：100051

颐之海餐饮有限公司
地址：北京市东城区龙潭湖北侧路1号
电话：010－67188880
邮编：100061

咸亨酒店
地址：北京市东城区体育馆路8号
电话：010－67167979
邮编：100061

北京便宜坊烤鸭店
地址：北京市东城区崇文门外大街16号
电话：010－67112244　87555085
邮编：100061

洪鑫乳鸽餐饮有限公司
地址：北京市花市北里中区15号楼1层
电话：010－67174888
邮编：100062

御膳饭店
地址：北京市东城区天坛路87号
电话：010－67014281
邮编：100050

人人大酒楼
地址：北京市东城区前门东大街
电话：010－65112381
邮编：100051

旻园御膳饭庄
地址：北京市东城区天坛公园内西二门北
电话：010－67020422
邮编：100050

纳尔三六三杭州菜
地址：北京市东城区崇外大街1号
电话：010－67058987
邮编：100062

崇兴园烤鸭店
地址：北京市东城区东打磨厂街3号
电话：010－67083690　67092020
邮编：100062

全鑫园烤鸭店
地址：北京市东城区体育馆路10号
电话：010－67151058
邮编：100061

湄洲湾餐饮有限公司
地址：北京市东城区宝华里沙子口街72号
电话：010－67259218
邮编：100062

北京马克西姆西餐厅
地址：北京市崇文门西大街2号崇文门饭店2层
电话：010－65121992
邮编：100061

中国全聚德（集团）股份有限公司
地址：北京市前门西河沿街217号
电话：010－63048992
邮编：100054

锦芳回民饮食店
地址：北京市两广路大都市街南1楼
电话：010－67169788
邮编：100020

老磁器口豆汁儿店天坛店
地址：北京市天坛北门对面
电话：010－67035725
邮编：100051

东直门豆汁店
地址：北京市东城区北新桥二条53号
电话：010－64044251
邮编：100005

文宇奶酪店
地址：北京市东城区南锣鼓巷49号
电话：010－64057621
邮编：100010

田记奶酪铺
地址：北京市东城区鼓楼东大街194号
电话：010－64067131
邮编：100010

奶酪李
地址：北京市东城区安定门外大街78－6号
电话：010－64282056
邮编：100010

老北京炸酱面大王（总店）
地址：北京市崇文门外大街29号
电话：010－67056705　67055678
邮编：100010

正阳楼
地址：北京市前门正阳门对面
电话：010－67021586
邮编：100010

姚记炒肝店
地址：北京市东城区鼓楼东大街331号
电话：010－84010570
邮编：100010

花马天堂云南餐厅
地址：北京市东城区前门东大街23号G单元
电话：010－85162698
邮编：100010

小云南
地址：北京市东城区东皇城根北街28号
电话：010－64019498
邮编：100010

馄饨侯（王府井总店）
地址：北京市东城区王府井东安门大街13号
电话：010－66079761

邮编：100010

新侨三宝乐西餐厅
地址：北京市崇文门西大街 1 号
电话：010－65133366
邮编：100010

云腾宾馆餐厅
地址：北京市东城区东花市北里东区 7 号楼云腾宾馆
电话：010－67113322－7105　67136439
邮编：100010

楚韵楼
地址：北京市东城区青年湖北街甲 8 号
电话：010－64267114
邮编：100010

胡大饭馆（东直门总店）
地址：北京市东城区东直门内大街 233 号
电话：010－64003511
邮编：100010

成都驻京办餐厅
地址：北京市东城区沙滩后街 30 号蜀都宾馆
电话：010－64034440－2241
邮编：100010

小洞天火锅城（东直门总店）
地址：北京市东城区东直门内大街 260－1 号
电话：010－84049556
邮编：100010

悦宾饭馆
地址：北京市东城区翠花胡同 43 号
电话：010－85117853
邮编：100010

大碗居（总店）
地址：北京市东城区东华门大街 11 号
电话：010－65250986
邮编：100010

玉桥餐厅
地址：北京市东城区天坛东路 74 号
电话：010－67021109
邮编：100010

白魁老号饭庄（总店）
地址：北京市东城区隆福广场前街 1 号
电话：010－84012373
邮编：100010

东兴楼饭庄
地址：北京市东城区东直门内大街 5 号
电话：010－84064058
邮编：100010

北京四季民福餐饮管理有限公司
地址：北京市东城区灯市口西街 32 号 6 号楼 207 室
电话：010－65222608
邮编：100010

开封第一楼
地址：北京市东城区东四北大街 276 号
电话：010－64016563
邮编：100010

壹条龙饭庄
地址：北京市前门东大街 2 号楼
电话：010－67173125
邮编：100010

北京又一顺饭庄
地址：北京市西城区黄寺大街 28 号
电话：010－62005848
邮编：100032

北京同春园饭店
地址：北京市西城区新街口外大街甲 14 号十月大厦 1 楼
电话：010－62353288
邮编：100032

柳泉居饭庄
地址：北京市西城区新街口南大街 217 号
电话：010－66181440
邮编：100032

新路春饭庄
地址：北京市西城区地安门外大街 155 号
电话：010－6404309764042460
邮编：100032

淮阳春饭店
地址：北京市西城区三理河东路 10 号
电话：010－68013383
邮编：100032

烤肉宛饭庄（总店）
地址：北京市西城区南礼士路 58 号
电话：010－68028180
邮编：100032

东方饺子王连锁经营有限责任公司
地址：北京西城区月坛北街 26 号恒华国际商务中心南楼 11 层
电话：010－58566546
邮编：100032
网址：www. dfjzw. com

美味斋
地址：北京市西城区白广路 35 号
电话：010－63567321
邮编：100032

致美斋
地址：北京市西城区白广路 6－6 号
电话：010－63523960
邮编：100032

滇峰楼
地址：北京市西城区德胜门外冰窖口胡同 75 号华都集团 1 楼
电话：010－82088909
邮编：100032

京天红酒家
地址：北京市虎坊桥 7 号
电话：010－63530403
邮编：100032

极地边城
地址：北京市西城区旧鼓楼外大街 58 号
电话：010－82024896
邮编：100032

彩云之滇云南菜馆
地址：北京市西城区宣武门大街
电话：010－66031228
邮编：100032

八条一号餐厅
地址：北京市西城区西四北八条 1 号（平安里路口）
电话：010－66166292
邮编：100032

蝴蝶泉宾馆中餐厅
地址：北京市西城区西单北大街西斜街 55 号蝴蝶泉宾馆内
电话：010－66156583　52606911
邮编：100032

兰州宾馆餐厅
地址：北京市西城区西直门北大街 58 号金晖嘉园 5 号楼
电话：010－82291133－108
邮编：100032

德顺楼
地址：北京市西城区牛街 11 号
电话：010－58373366
邮编：100032

牛街清真超市美食城
地址：北京市西城区牛街北口西侧 1 号清真超市 2 楼
电话：010－83557354
邮编：100032

穆德楼清真餐厅
地址：北京市西城区广安门内大街教子胡同 18 号
电话：010－83545481　83519751
邮编：100032

京味斋（总店）
地址：北京市西城区月坛南街 30 号
电话：010－68537456
邮编：100032

合义斋小吃店
地址：北京市西城区护国寺大街 67－69 号
电话：010－83223298
邮编：100032

惠丰老北京饺子楼
地址：北京市西城区西四北大街乙 199 号
电话：010－66163192
邮编：100032

九门小吃
地址：北京市西城区德内大街孝友胡同后海北沿
电话：010－64026868　64025858
邮编：100032

西来顺饭庄
地址：北京市西城区和平门北新华街 116 号
电话：010－66015996
邮编：100032

陕西民俗文化餐厅
地址：北京市西城区鼓楼东大街 267 号
电话：010－84002541
邮编：100032

西北吹来莜面馆
地址：北京市西城区宣武门外大街 93 号
电话：010－63034808
邮编：100032

火烧云傣家菜馆
地址：北京市西城区旧鼓楼大街甲 174 号
电话：010－64035766
邮编：100032

西单鱼库
地址：北京市西城区西单北大街东斜街 72 号
电话：010－66016072
邮编：100032

羌寨渔乡
地址：北京市西城区阜成门外大街 1 号四川大厦西门

电话：010－88337878
邮编：100032

竹鱼阁
地址：北京市西城区德胜门内大街34号
电话：010－84042543
邮编：100032

湘私菜
地址：北京市西城区南锣鼓巷121号
电话：18611786080
邮编：100032

华天马凯餐厅
地址：北京市西城区宣武门西大街117号
电话：010－66064077
邮编：100032

湘西驻京办事处餐厅
地址：北京市西城区太平桥大街111号湘西大厦
电话：010－66216598
邮编：100032

菜香根酒楼（月坛总店）
地址：北京市西城区月坛南路9号
电话：010－68021707
邮编：100032

同和居食府
地址：北京市西城区地安门西大街51－2号荷花市场内
电话：010－83229599
邮编：100032

皇家冰窖小院
地址：北京市西城区恭俭胡同5巷5号
电话：010－64011358
邮编：100032

胡同四十四号厨房
地址：北京市西城区德胜门内大街70号
电话：010－64001280
邮编：100032

大地西餐厅
地址：北京市西城区西四南大街44号
电话：010－66020738
邮编：100032

聚德华天砂锅居
地址：北京市西城区西四南大街60号
电话：010－66087621　66021126
邮编：100032

鸿宾楼饭庄
地址：北京市西城区展览馆路11号
电话：010－68992569　68994563
邮编：100032

谭府大酒楼
地址：北京市西城区西直门内大街188号
电话：010－66183162　66183160
邮编：100032

穆斯林餐厅
地址：北京市西城区南礼士路月坛公园北门
电话：010－65025985
邮编：100037

天府豆花庄
地址：北京市西单北大街180号西单文化广场B1楼
电话：010－66069155
邮编：100032

汗腾格里清真餐厅
地址：北京市西城区三里河路7号
电话：010－68335599
邮编：100044

厉家菜餐厅
地址：北京市西城区德胜门内大街羊房胡同
电话：010－66180107
邮编：100009

四川饭店
地址：北京市西城区西绒线胡同
电话：010－66038855
邮编：100009

小白桦西餐厅
地址：北京市西城区阜成门外大街
电话：010－68582233－1666
邮编：100045

四季湖湘餐厅
地址：北京市西城区月坛西街
电话：010－68020599
邮编：100045

伏尔加西餐厅
地址：北京市西城区西直门外大街
电话：010－68316633－7011
邮编：100032

翠珍坊餐厅
地址：北京市西城区南礼士路二条1号
电话：010－68058840
邮编：100037

官园中餐厅
地址：北京市西城区北礼士路98号
电话：010－68338822－7224
邮编：100032

辽宁饭店餐厅
地址：北京市西城区德胜门外大街
电话：010－62015588－236
邮编：100011

民族好世界海鲜大酒楼
地址：北京市西城区复兴门内大街49号
电话：010－66017948
邮编：100031

莫斯科餐厅
地址：北京市西城区西直门外大街135号
电话：010－68354454
邮编：100044

仿膳饭庄
地址：北京市西城区景山西街北海公园东门内
电话：010－64042573　64011879
邮编：100034

潮皇食府
地址：北京市西城区莲花池东路1号
电话：010－63392228
邮编：100045

金银港酒楼
地址：北京市西城区金融街23号平安大厦3层
电话：010－66210701
邮编：100032

山釜餐厅
地址：北京市西城区德胜门西大街甲58号
电话：010－66180362
邮编：100035

金湖湾酒楼
地址：北京市西城区金融街乙16号
电话：010－66210888
邮编：100032

烤肉季饭庄
地址：北京市西城区前海东沿14号
电话：010－64042554　64069719
邮编：100009

壮乡府
地址：北京市西城区北三环中路18号
电话：010－62055276
邮编：100011

宏伟水晶宫海鲜酒楼
地址：北京市西城区南礼士路15号
电话：010－68033140
邮编：100045

天津百饺园餐饮有限公司
地址：北京市西城区新文化街甲12号
电话：010－66059375
邮编：100031

京巴烤肉店
地址：北京市西城区复兴门内大街46号
电话：010－66081328
邮编：100031

孔雀御膳酒楼
地址：北京市西城区德外东滨河路3号
电话：010－62058468　82086476
邮编：100011

双兴巴国布衣酒楼
地址：北京市西城区西直门南小街68号
电话：010－66152231
邮编：100035

起士林西餐厅
地址：北京市南河沿华龙街中段二楼206号
电话：010－65256283
邮编：100010

华天峨嵋酒家
地址：北京市北礼士路58号
电话：010－88374437
邮编：100032

华天大地餐厅
地址：北京市西四南大街44号
电话：010－66020738
邮编：100032

曲园酒楼
地址：北京市展览馆路48号
电话：010－68318502
邮编：100032

同和居饭庄
地址：北京市月坛南街乙71号
电话：010－68522917
邮编：100032

京味斋（总店）
地址：北京市月坛南街30号万方西单商场3楼
电话：010－68537456　68573529
邮编：100032

来今雨轩饭庄
地址：北京市西长安街中山公园西门内
电话：010－66056676
邮编：100010

老西安饭庄
地址：北京市新街口南大街 20 号
电话：010－66181476　66181748
邮编：100032

炒肝焦
地址：北京市西直门内大街 123 号
电话：010－62252929
邮编：100032

华天延吉餐厅西四总店
地址：北京市西四北大街 181 号
电话：010－66161484
邮编：100032

丰泽园饭庄
地址：北京市西城区珠市口西大街 83 号
电话：010－63186688
邮编：100050

老舍茶馆
地址：北京市西城区前门西大街正阳市场 3 号楼
电话：010－63036506
邮编：100054

晋阳饭庄（总店）
地址：北京市西城区珠市口西大街 241 号
电话：010－63037636
邮编：100050

苏轼轩酒楼
地址：北京市右安门外
电话：010－63580009
邮编：100078

金色黑土地餐馆
地址：北京市西城区广安门内大街
电话：010－63156555
邮编：100053

湘君府餐饮有限责任公司
地址：北京市西城区广安门外南滨河路
电话：010－63287777
邮编：100055

金加利海鲜大酒楼
地址：北京市西城区广内大街 6 号
电话：010－62186060
邮编：100053

丽晶皇城老妈有限公司
地址：北京市西城区长椿街 3 号
电话：010－63173369
邮编：100053

长江国际俱乐部
地址：北京市西城区天宁寺前街 1 号
电话：010－63487788
邮编：100055

红莲烤鸭店
地址：北京市西城区红莲北里甲 11 号
电话：010－63263336
邮编：100055

虎坊桥谭鱼头饮食有限公司
地址：北京市西城区珠市口西大街 25 号
电话：010－63018885
邮编：100050

南来顺饭庄
地址：北京市西城区南菜园街 12 号
电话：010－63547846　63534720
邮编：100054

毛家菜贵宾楼
地址：北京市西城区莲花池东路
电话：010－63487788
邮编：100055

紫玉兰宫廷菜食府
地址：北京市西城区珠市口西大街 83 号
电话：010－63035981
邮编：100050

华福阁酒楼
地址：北京市西城区南线阁 8 号
电话：010－63544657　63514070
邮编：100053

顺潮龙大酒楼
地址：北京市西城区前门西大街正阳市场 3 号楼
电话：010－63036200
邮编：100051

天畅轩饭庄
地址：北京市西城区永安路 26 号
电话：010－83136191
邮编：100050

大碗茶酒家
地址：北京市西城区前门西大街正阳市场 3 号楼
电话：010－63021717
邮编：100051

福鸭园餐饮有限公司
地址：北京市西城区菜市口南大街
电话：010－83516667
邮编：100052

庐州酒家
地址：北京市西城区南菜园街 12 号
电话：010－63587696
邮编：100054

吐鲁番餐厅
地址：北京市西城区牛街 6 号楼
电话：010－83164691
邮编：100053

泰丰楼饭庄
地址：北京市西城区前门西大街 2 号楼
电话：010－63010153
邮编：100051

湖广会馆饭庄
地址：北京市西城区虎坊桥 3 号
电话：010－63553114
邮编：100052

皇宫烤鸭店
地址：北京市西城区西便门西里 3 号楼
电话：010－63111341
邮编：100053

京都国华酒楼
地址：北京市西城区右安门内大街 26 号
电话：010－83535272
邮编：100054

老浒记民俗酒楼
地址：北京市西城区南新华街 58 号
电话：010－63043078
邮编：100052

山城饭庄
地址：北京市西城区长椿街北口西侧
电话：010－63016605
邮编：100053

华冠园餐饮有限责任公司
地址：北京市西城区白纸坊西街 17 号
电话：010－83541337
邮编：100053

天王阁饮食公司
地址：北京市西城区永安路南四楼旁
电话：010－63031580
邮编：100050

奶酪魏牛街总店
地址：北京市西城区广安门内大街 202 号
电话：010－63522402
邮编：100054

牛街洪记小吃店
地址：北京牛街清真超市对面
电话：010－63550735
邮编：100054

爆肚冯
地址：北京市前门大街门框廊坊二条 56 号
电话：010－63083296
邮编：100054

羊羯子李西便门总店
地址：北京市西便门西里 7 号楼
电话：010－83114265
邮编：100054

聚宝源
地址：北京市牛街西里商业 1 号楼
电话：010－83545602
邮编：100054

护国寺小吃店（护国寺总店）
地址：北京市护国寺大街 93 号
电话：010－66181705　66181805
邮编：100032

功德林素菜饭庄
地址：北京市前门东大街 2 号
电话：010－67020867
邮编：100054

瑞宾楼
地址：北京市前门大栅栏门框胡同 9 号
电话：010－63031100
邮编：100054

能仁居饭庄前门店
地址：北京市前门西大街 135 号
电话：010－66016031
邮编：100054

都一处烧麦馆前门店
地址：北京市前门大街 36 号
电话：010－67021555　67021671
邮编：100054

贾三灌汤包子馆
地址：北京市白云观街 1 号
电话：010－63311455
邮编：100032

兰庭玉树四合茶餐院
地址：北京市西城区新街口北大街板桥二条 15 号
电话：010－83223277
邮编：100032

顺峰饮食酒店管理有限公司
地址：北京市朝阳区东三环北路 16 号
电话：010－65070554
邮编：100026

北京兄弟牛（黄记煌）餐饮管理有限公司
地址：北京市朝阳区建国路 93 号万达广场 A1 座 10 号楼
电话：010－58207850
邮编：100026

北京俏江南餐饮有限公司
地址：北京市朝阳区姚家园路 105 号
电话：010－59623158
邮编：100026

北京索迪斯餐饮服务有限公司
地址：北京市朝阳区亮马桥路32 号高澜大厦
电话：010－64603636
邮编：100026

竹林山庄餐饮有限公司
地址：北京市朝阳区北苑路
电话：13601366354
邮编：100029

蜀道谭鱼头餐饮企业管理有限公司
地址：北京市朝阳区安立路慧忠北里
电话：010－64808425
邮编：100020

川老大餐饮有限责任公司
地址：北京市朝阳区道家园
电话：010－65017850
邮编：100025

伊斯坦布尔西餐厅
地址：北京市朝阳区建国门外秀水南街
电话：010－65032700
邮编：100020

杰斯汀西餐厅
地址：北京市朝阳区建国门外大街
电话：010－65002233－8039
邮编：100020

青叶台湾餐厅
地址：北京市朝阳区工体北路
电话：010－65972299－2102
邮编：100026

东方餐厅
地址：北京市朝阳区建国门外大街
电话：010－65052277－34
邮编：100004

古越人家餐厅
地址：北京市朝阳区大屯
电话：010－64810812
邮编：100101

玫瑰轩餐厅
地址：北京市朝阳区安慧北里安园
电话：010－64953682
邮编：100101

紫云轩餐厅
地址：北京市朝阳区工体西路
电话：010－65528310
邮编：100020

墨西哥风味餐厅有限公司
地址：北京市朝阳区光华路
电话：010－65063961
邮编：100020

澳洲杰克西餐厅
地址：北京市朝阳区枣营路
电话：010－58670227
邮编：100026

蜀地传说餐厅
地址：北京市朝阳区朝阳门外大街
电话：010－85627591
邮编：100020

河畔餐厅
地址：北京市朝阳区三里屯北小街
电话：010－84541031
邮编：100020

巴西烤肉主题餐厅
地址：北京市朝阳区北四环中路
电话：010－84982288－6178
邮编：100101

赛纳河法国餐厅
地址：北京市朝阳区建国路
电话：010－65669363
邮编：100022

冰火世纪台湾雪锅餐厅
地址：北京市朝阳区西坝河南路
电话：010－64403078
邮编：100022

彩碟轩餐厅
地址：北京市朝阳区静安路
电话：010－84480641
邮编：100022

大屿山茶餐厅
地址：北京市朝阳区北三环中路
电话：010－64603126
邮编：100028

东方渝乡餐厅
地址：北京市朝阳区建华南路
电话：010－65661478
邮编：100022

东坡鱼坊餐厅
地址：北京市朝阳区西坝河中里
电话：010－84513133
邮编：100028

泰明珠餐厅
地址：北京市朝阳区建国门外大街贵友大厦
电话：010－65954885
邮编：100022

小不点茶餐厅
地址：北京市朝阳区东土城路甲
电话：010－51099682
邮编：100022

川老爹餐厅
地址：北京市朝阳区工体西路
电话：010－65535277
邮编：100026

金彩湾餐厅
地址：北京市朝阳区甜水园东街
电话：010－65083272
邮编：100026

太白楼餐厅
地址：北京市朝阳区和平街
电话：010－64295701
邮编：100026

京城大上海餐厅
地址：北京市朝阳区团结湖南里一巷
电话：010－84025906
邮编：100026

上海豫园绿波廊餐厅
地址：北京市朝阳区东三环北路
电话：010－65906688－2388
邮编：100004

云龙金阁大饭店
地址：北京市朝阳区东三环南路 106 号十里河桥东南角
电话：010－67318666
邮编：100021

眉州东坡酒店管理有限公司
地址：北京市朝阳区将台洼甲 4 号
电话：010－84301666
邮编：100016

大董烤鸭店
地址：北京市朝阳区团结湖北口 3 号楼
电话：010－65822592
邮编：100026

北方红子鸡餐饮有限公司
地址：北京市朝阳区霄云路 35 号
电话：010－64683336
邮编：100027

北方凯悦餐饮有限公司
地址：北京市朝阳区工人体育场北路 4 号机电研究院
电话：010－85236888
邮编：100027

都王烤鸭店
地址：北京市朝阳区惠中里 201 楼
电话：010－64919665
邮编：100004

汇珍楼饭庄
地址：北京市朝阳区民族园路 2 号
电话：010－62064077
邮编：100020

京信全聚德烤鸭店
地址：北京市朝阳区东三环北路甲 2 号
电话：010－64660895
邮编：100027

香满楼酒家
地址：北京市朝阳区新源西里中街
电话：010－64606711　64674391
邮编：100027

村屋火锅城
地址：北京市朝阳区蒋台乡安家楼村西
电话：13701339589
邮编：100016

绿松岛酒楼
地址：北京市朝阳区
电话：010－84540289
邮编：100017

丽水名谣餐饮有限公司
地址：北京市朝阳区蒋台乡天津路 22 号
电话：010－64676676
邮编：100026

那梦餐饮有限公司
地址：北京市朝阳区大泽路 26－6 号
电话：010－64656681
邮编：100016

沸腾鱼乡餐饮有限责任公司
地址：北京市朝阳区工体北路 1 号
电话：010－64174988
邮编：100027

重庆味苑酒楼
地址：北京市朝阳区建国门外大街 12 号

电话：010－65682606
邮编：100022

望德楼清真餐厅
地址：北京市地安门外大街 26 号
电话：010－64041818
邮编：100032

大董烤鸭店（总店）
地址：北京市朝阳区团结湖北口 3 号楼（长虹桥东南侧）
电话：010－65822892
邮编：100020

北京俏江南餐饮有限公司
地址：北京市朝阳区东大桥路 8 号尚都国际中心大厦 A 座 2902 室
电话：0－58758770
邮编：100020

北京联合渝乡人家餐饮有限公司
地址：北京市朝阳区霞光里 66 号远洋新干线 F 座
电话：010－84417026
邮编：100020

北京渝信紫龙餐饮有限公司
地址：北京市朝阳区工体北路幸福一村西里甲 5 号
电话：010－64179047
邮编：100020

双井轩
地址：北京市朝阳区广渠门外大街
电话：010－58622507
邮编：100020

鲜湘记
地址：北京市朝阳区东三环外通惠河北路 31 号
电话：010－65679818
邮编：100020

望湘楼
地址：北京市朝阳区建国门外大街永安西里 9 号
电话：010－51391798
邮编：100020

馥园餐厅
地址：北京市朝阳区霄云路 26 号鹏润酒店 2 楼
电话：010－51088268
邮编：100020

汉舍中国菜馆
地址：北京市朝阳区朝阳门外大街甲 6 号万通中心 D 座 B1 楼
电话：010－59071625
邮编：100020

沸腾鱼乡（总店）
地址：北京市朝阳区工体北里 1 号华通新饭店内
电话：010－64174988
邮编：100020

双流老妈兔头
地址：北京市朝阳区东三环南路 48 号
电话：010－65405858
邮编：100020

一坐一忘丽江主题餐厅
地址：北京市朝阳区三里屯北小街 1 号
电话：010－84540086　64675235
邮编：100020

大理府
地址：北京市朝阳区广渠路 8 号
电话：010－67757781
邮编：100020

悦澜湾
地址：北京市朝阳区光华路 9 号世贸天阶南街 L404A 号
电话：010－65871431
邮编：100020

河源三家村酒楼
地址：北京市朝阳区望京北路利泽中园 208 号楼众运大厦 C 座
电话：010－64399423　64392918
邮编：100020

北京傣家村大酒店
地址：北京市朝阳路兴隆庄甲 8 号
电话：010－85767812
邮编：100020

紫光园（总店）
地址：北京市朝阳区红庙北里 85 号楼
电话：010－65025745
邮编：100020

北京南洋锦瑞荷餐饮有限公司
地址：北京市朝阳区建外大街乙 12 号 LG 双子座大厦五层
电话：010－65682544
邮编：100020

金鸭都烤鸭店
地址：北京市朝阳区潘家园华威西里 7 号楼
电话：010－67711791　67711790
邮编：100020

香海东北虎菜馆
地址：北京市朝阳区劲松南路 9 号
电话：010－67714152
邮编：100020

飞天大厦餐厅
地址：北京市朝阳区东二环广渠门外南街 5 号
电话：010－67778000－8300
邮编：100020

马大胡子食府
地址：北京市朝阳区北苑路 228 号
电话：010－64938133
邮编：100020

金马坊主题餐厅
地址：北京市朝阳区小黄庄北街 1 号
电话：010－84282279　84282769
邮编：100020

陶然居
地址：北京市朝阳区朝阳门外大街 12 号昆泰商城 4 楼
电话：010－65993330
邮编：100020

羲和雅居
地址：北京市朝阳区朝阳门外日坛北路日坛公园东北角
电话：010－85611915
邮编：100020

京家缘饭庄
地址：北京市朝阳区樱花园东街 4 号
电话：010－64275049
邮编：100020

蟹老宋香锅（朝阳路总店）
地址：北京市朝阳区朝阳路柴家湾 11 号
电话：010－65951519
邮编：100020

北京万丰传统小吃有限公司
地址：北京市丰台区丰路 306 号（华堂商场西北侧）
电话：010－64886868
邮编：100071

北京金佰万餐饮服务有限公司
地址：北京市丰台区花乡夏家胡同 120 号
电话：010－63274223
邮编：100071

玉林烤鸭店（总店）
地址：北京市丰台区右安门外玉林小区二条
电话：010－63291202
邮编：100071

蟹老宋香锅（总店）
地址：北京市丰台区南三环东路甲 8 号
电话：010－67605668
邮编：100071

京味斋老北京食府
地址：北京市丰台区角门北路 3 号首座绿洲 2 号楼
电话：010－87561940
邮编：100071

北京小肠陈餐饮有限责任公司
地址：北京市丰台区方庄芳群园三区十一号楼
电话：010－87680037　87887855
邮编：100071
网址：www. xiaochangchen. com
电子信箱：xchchzh@ 126. com

大江峡渔港
地址：北京市丰台区广安路小井南里 8 号
电话：010－83814597　63815756－2800
邮编：100071

南北一家
地址：北京市丰台区芳古园一区 29－4 号
电话：010－67671180
邮编：100071

盛芳艺园生态美食城
地址：北京市丰台区南四环花乡汾庄 488 号
电话：010－83799588
邮编：100071

太阳岛饺子城
地址：北京市丰台区方庄方星一区
电话：010－67614050
邮编：100078

蜀国演义酒楼
地址：北京丰台区西三环六里桥北里甲 3 号
电话：010－63406208
邮编：100073

兆丰苑桥头火锅城
地址：北京市丰台区莲花西里 28 号
电话：010－63988796
邮编：100073

尚谦酒楼
地址：北京市广安门外南滨河路莱户营东街
电话：010－63427617
邮编：100054

京泓阳光餐饮有限公司
地址：北京丰台右外大街开阳里五区 6 号

电话：010－83550987
邮编：100055

都一处烧麦馆方庄分店
地址：丰台区方庄芳城园美食街
电话：010－67606235
邮编：100078

德顺斋餐厅
地址：北京市石景山区古城南路32号
电话：010－68831818
邮编：100043

大东北喜神生日酒楼
地址：北京市石景山区八角西街38号
电话：010－68818181　68828282
邮编：100043

仙鹤楼酒店有限公司
地址：北京市石景山区鲁谷路京原路口
电话：010－68662288
邮编：100043

碧海蓝鲸餐饮有限责任公司
地址：北京市石景山区晋元庄6号
电话：010－88297166
邮编：100043

京石福华火锅城
地址：北京市石景山区古城北路甲4号
电话：010－68840054
邮编：100043

干锅传奇
地址：北京市石景山区鲁谷路台湾街2号
电话：010－68647698
邮编：100043

日月潭
地址：北京市石景山区鲁谷七星园小区商业综合楼
电话：010－68622276
邮编：100043

碟中碟
地址：北京市石景山区西井路3号
电话：010－88791577
邮编：100043

北京田老师红烧肉餐饮有限公司
地址：北京市石景山区石景山路22号
电话：010－88681277
邮编：100043
网址：www. fd27303. foodqs. cn

东北农家院餐饮有限公司
地址：北京市海淀区花园东路8号商业综合楼
电话：010－62378394
邮编：100089

蜀香苑
地址：北京市海淀区学院南路39号
电话：010－82219018
邮编：100089

那家盛宴
地址：北京市海淀区香山买卖街乙58号
电话：010－62868566
邮编：100089

白家大院
地址：北京市海淀区苏州街15号乐家花园内
电话：010－62658851
邮编：100089

翠清贵宾楼
地址：北京市海淀区复兴路63号鑫宇宾馆1－2楼
电话：010－88015599
邮编：100089

粤色天湘大酒楼
地址：北京市海淀区北太平庄路18号城建大厦C座5楼
电话：010－62091288
邮编：100089

东方红酒楼
地址：北京市海淀区知春路1号学院国际大厦3－4楼
电话：010－82338999
邮编：100089

峨嵋轩
地址：北京市海淀区学院路40号百盛对面
电话：010－62304506
邮编：100089

绿色小厨
地址：北京市海淀区车公庄西路12号院
电话：010－66835030
邮编：100089

隆门阵
地址：北京市海淀区皂君庙西里甲8号
电话：010－62153493
邮编：100089

海碗居老北京炸酱面大王（总店）
地址：北京市海淀区增光路11号
电话：010－88374993
邮编：100089

九头鹰酒家（总店）
地址：北京市海淀区双榆树南里甲1号
电话：010－62127788
邮编：100089

吕仙新湘菜
地址：北京市海淀区北太平路甲18号
电话：010－51790066
邮编：100089

御马墩
地址：北京市海淀区新街口外大街19号北师大东门励耘学苑1－2楼
电话：010－58805221
邮编：100089

新疆伊斯兰饭庄
地址：北京市海淀区三里河路7号新疆驻京办院内
电话：010－88365363
邮编：100089

金孔雀德宏傣家风味餐厅
地址：北京市海淀区魏公村民族大学北路1号楼1楼
电话：010－68932030
邮编：100089

浏阳河大酒楼
地址：北京市海淀区长春桥路11号万柳亿城大厦4号楼
电话：010－58819898
邮编：100089

京岭酒店芙蓉湾酒楼
地址：北京市海淀区车公庄西路20号京岭酒店B1楼
电话：010－68463503
邮编：100089

橘子洲头湘菜坊
地址：北京市海淀区志新东路6号
电话：010－62318126　62335795
邮编：100089

北京湘鄂情股份有限公司
地址：北京市海淀区定慧寺甲2号
电话：010－8813759988135188
邮编：100142

西品河套菜（总店）
地址：北京市海淀区二里庄北里5号楼
电话：010－82372838　82372836
邮编：100089

湘食记
地址：北京市海淀区颐和园路8号畅春园美食街外街A25号
电话：010－82626838
邮编：100089

湘草堂
地址：北京市海淀区北三环马甸桥东北角街心花园玫瑰园A座
电话：010－62055897
邮编：100089

湘彬食府
地址：北京市海淀区中关村南大街52号中外交流大厦2楼
电话：010－62159999
邮编：100089

大觉寺餐厅
地址：北京市海淀区苏家坨镇北安河乡大觉寺内
电话：010－62456162　62456163
邮编：100089

正院大宅门（北京）餐饮管理有限公司
地址：北京市海淀区岭南路36号广东大厦三层
电话：010－88356997　88356459
邮编：100048
网址：www. bjdzm. com

那家小馆
地址：北京市海淀区秀山一棵松29号
电话：010－82598588
邮编：100089

红岩重庆菜餐厅
地址：北京市海淀区小南庄
电话：010－62610006
邮编：100083

集天小吃餐馆
地址：北京市海淀区三里河路39号
电话：010－68365888
邮编：100086

北京芙蓉酒楼有限公司
地址：北京市海淀区学院路37－7号
电话：010－82314736
邮编：100083

巴比诺意大利餐厅
地址：北京市海淀区紫竹院路
电话：010－68412211－2727
邮编：100089

一品新东北菜餐厅
地址：北京市海淀区北洼路
电话：010－68475422

邮编：100089

海之恋海鲜饺子家常菜餐厅
地址：北京市海淀区保福寺财智大厦
电话：010－62520531
邮编：100086

紫金云顶西餐厅
地址：北京市海淀区三里河路甲
电话：010－68313388－12502
邮编：100044

周鲶鱼山庄
地址：北京市海淀区阜石路
电话：010－88624219
邮编：100037

阿健泡菜鱼餐馆火锅城
地址：北京市海淀区清华南路
电话：010－62752065
邮编：100084

翠园餐厅
地址：北京市海淀区知春里白塔庵
电话：010－62575375
邮编：100083

成记鲤鱼门餐厅
地址：北京市海淀区西直门北大街
电话：010－62255577
邮编：100083

红麻辣餐厅
地址：北京市海淀区万泉庄路
电话：010－82650886
邮编：100083

蜀湘新景大酒楼
地址：北京市海淀区北洼路 26 号
电话：010－68430161
邮编：100083

巴蜀朝天门火锅厅
地址：北京市海淀区翠微路翠微大厦
电话：010－68167789
邮编：100036

大上海餐厅
地址：北京市海淀区阜成路
电话：010－68415588－20043
邮编：100037

佛罗伦萨意大利餐厅
地址：北京市海淀区永定路
电话：010－68132299－6372
邮编：100036

三禾园东北虎餐厅
地址：北京市海淀区阜成路 44 号
电话：010－88110447
邮编：100036

腾格里塔拉酒楼
地址：北京市海淀区万寿路 2 号
电话：010－62186060
邮编：100036

白家大宅门食府
地址：北京市海淀区苏州街 29 号
电话：010－62621826
邮编：100080

听鹂馆饭庄
地址：北京市海淀区颐和园内
电话：010－62881955
邮编：100091

凤凰城餐饮有限公司
地址：北京市海淀区知春路 17 号
电话：010－82311305
邮编：100083

海富门美食城
地址：北京市海淀区三里河路 17 号
电话：010－88392457
邮编：100037

潮泰海鲜楼
地址：北京市海淀区知春路 55 号
电话：010－62643145
邮编：100080

金翅鸟大酒楼
地址：北京市海淀区中关村南大街 6 号
电话：010－62501028
邮编：100086

海畅园餐饮有限公司
地址：北京市海淀区西三环北路 21 号
电话：13911333533
邮编：100089

蔚秀苑酒楼
地址：北京市海淀区阜成路 11 号
电话：010－68980692
邮编：100037

鱼翅宴酒楼有限责任公司
地址：北京市海淀区万泉河路 68 号紫金庄园 118 号
电话：010－68503921
邮编：100086

京湘岳餐饮有限公司
地址：北京市海淀区北太平庄路 25 号
电话：010－82015518
邮编：100080

消夏园餐厅
地址：北京市海淀区北土城西路 179 号
电话：010－62353208
邮编：100083

懋林居酒楼
地址：北京市海淀区茂林小区 3 号楼
电话：010－68515877
邮编：100038

京城汗府餐饮有限公司
地址：北京市海淀区亮甲店 130 号
电话：010－88125232　88129540
邮编：100080

永阳酒楼
地址：北京市海淀区昆明湖南路 11 号
电话：010－88433485
邮编：100080

老边饺子馆
地址：北京市远大路 1 号金源时代购物中心 5 层
电话：010－88874912
邮编：100080

葵苑饭庄
地址：北京市门头沟区石龙北路
电话：010－69803888
邮编：102308

西部福华肥牛城
地址：北京市门头沟区城子大街 94 号
电话：13701190503
邮编：102300

龙凤山庄餐厅
地址：北京市门头沟区永定镇石龙南路 11 号
电话：010－69801320
邮编：102300

洋森餐厅
地址：北京市房山良乡西潞南大街 19 号
电话：010－69376886
邮编：102488

赤壁人家湖北风味酒楼
地址：北京市房山区良乡西潞南大街 18 号
电话：010－69381686
邮编：102401

燕山天宫海鲜酒家
地址：北京市房山区燕山迎风一巷 1 号
电话：010－69346332
邮编：102500

金越秀酒楼
地址：北京市房山区良乡拱辰北大街 13 号
电话：010－89351081　89352696
邮编：102488

泰和楼饭庄
地址：北京房山区良乡西路北大街甲 83 号
电话：010－69362718
邮编：102488

禹王轩大酒店
地址：北京市通州区运河大街
电话：010－69526699
邮编：101100

北京京福华餐饮有限公司
地址：北京市通州区北关环岛齐天乐园院内
电话：010－69541166
邮编：101149

徽湘苑
地址：北京市通州区梨园镇云景东路 52 号
电话：010－81523168
邮编：101149

北京金百万餐饮娱乐有限责任公司
地址：北京市顺义区府前西街 10 号
电话：010－51160000
邮编：101300
网址：www. jinbaiwan. com

馨紫宸酒楼
地址：北京市顺义区天竺镇府前街 24 号
电话：010－64570173
邮编：101312

天顺园饮食中心
地址：北京市顺义区陶泉坟村南
电话：010－89407343
邮编：101300

田源鸡餐饮有限公司顺义分公司
地址：北京顺义区中山西街 22 号路南
电话：010－81490380
邮编：101300

阳坊胜利涮羊肉胜利总店
地址：北京市昌平区阳坊商业街东侧
电话：010－69760365
邮编：102200

李连贵熏肉大饼餐馆
地址：北京市昌平区天通东苑
电话：010－61747427
邮编：102218

煌潮大酒店
地址：北京昌平区高科技园区永安路 47 号
电话：010－89748827
邮编：102200

金殿国际餐厅
地址：北京市昌平区南口镇龙虎台
电话：010－69777888
邮编：102202

龙地友谊餐饮有限公司
地址：北京市昌平区政府街西路 2 号
电话：010－89747448
邮编：102200

圣菌美食广场
地址：北京市昌平区西三旗东路口北
电话：010－82936868
邮编：100096

一手东北菜餐饮有限公司
地址：北京市昌平区东关南里
电话：010－69726200
邮编：102200

湖汕黄氏大酒楼
地址：北京市昌平区南桥环岛西侧
电话：13502567168
邮编：102200

福运多烤鸭店
地址：北京市昌平区回龙观镇二拔子路东
电话：010－81795666
邮编：102601

乡居楼
地址：北京市昌平区小汤山大柳树环岛东 5 公里路北
电话：010－61714090
邮编：102200

老北平食府分店
地址：北京市昌平区天通苑 5 区 16 号楼 1 楼
电话：010－84826771
邮编：102200

楚风轩酒楼
地址：北京市大兴区亦庄开发区宏达北路 12 号创新大厦 B 座
电话：010－67869783
邮编：102600

日月星辰生态园
地址：北京市大兴区开发区西红门镇七村郁花园北侧
电话：010－60290999
邮编：102600

蓬海楼餐厅
地址：北京市大兴区旧宫镇南小街
电话：010－67959428
邮编：100076

来子饮食有限责任公司
地址：北京市大兴区康庄路口 2 号
电话：010－60205518
邮编：102600

大兴富强大酒店
地址：北京市大兴区兴丰大街 48 号
电话：010－69247049
邮编：102600

小顺风酒楼
地址：北京市大兴区黄村海北路 17 号
电话：010－51663328
邮编：102600

丰兴园饭庄
地址：北京市大兴区黄村镇市场路 4 号
电话：010－69243316　69252872
邮编：102600

京南燕兴楼烤鸭店
地址：北京市大兴区榆垡镇福顺街 33 号
电话：010－89218066
邮编：102602

薛家营长松涮肉坊
地址：北京市大兴区庞各庄薛家营村西
电话：010－89281538
邮编：102601

采育葡萄技术培训中心
地址：北京市大兴区采育镇万亩葡萄采摘园
电话：010－80273505
邮编：102606

溢香园小肥羊餐饮有限公司
地址：北京市怀柔区开放路 9 号
电话：010－69605188
邮编：101400

翼松楼餐厅
地址：北京市怀柔区慕田峪
电话：010－61626496
邮编：101405

怀柔全聚德烤鸭店
地址：北京市怀柔区青春路 33 号
电话：010－69624789
邮编：101400

北竹园烤鸭店
地址：北京市怀柔区南大街 27 号
电话：010－69624391
邮编：101400

迎宾天天向上大酒楼
地址：北京市怀柔区迎宾中路 42 号
电话：010－69624669
邮编：101400

渔家傲
地址：北京市怀柔区渤海镇苇店村
电话：010－61621468
邮编：101400

劳模山庄
地址：北京市怀柔区雁栖不夜谷雁栖环岛左
电话：010－61629376
邮编：101400

永盛福成肥牛火锅城
地址：北京市平谷区新平东路 1 号
电话：010－89989988
邮编：101200

君来顺兴酒楼
地址：北京市平谷区新平北路 14 号
电话：010－69973666
邮编：101200

北京假日绿苑餐饮有限公司
地址：北京市密云县长城环岛北侧长城大厦 3 层
电话：010－69059733　69061501
邮编：101500

佰璐庄酒楼
地址：北京市密云县康居南区综合楼甲1 号
电话：010－69055191
邮编：101500

京东福华肥牛城
地址：北京市密云县西滨河云光商场西楼
电话：010－69069219
邮编：101500

香园楼美食屋
地址：北京市密云县康居小区
电话：010－69042188
邮编：101500

客传客美食城
地址：北京市密云县新南路 11 号
电话：010－69068622
邮编：101500

万和居饭庄
地址：北京市密云县果园中区
电话：010－69087800
邮编：101500

春光饭店
地址：北京市密云县西大桥商住楼 20 号
电话：010－89095259
邮编：101500

金鼎鱼香生态渔村
地址：北京市密云水库鱼王美食一条街
电话：010－69017633
邮编：101500

柳沟村 15 号院
地址：北京市延庆县井庄镇柳沟村 15 号院
电话：010－61191990
邮编：102100

柳沟民俗村
地址：北京市延庆县井庄镇柳沟村
电话：010－61191290
邮编：102100

旅游用品

北京工美集团有限责任公司
地址：北京市东城区王府井大街
电话：010－65288866
邮编：100010

天德轩古玩玉器商店
地址：北京市东城区东土城路
电话：010－64489088
邮编：100013

天府珠宝商城
地址：北京市东城区体育馆路
电话：010－67140284
邮编：100061

北京玉器二厂
地址：北京市东城区东打磨厂 3 号
电话：010－67051651　67028474
邮编：100061

北京市玉器厂
地址：北京市东城区光明路 13 号
电话：010－67149134　67144397
邮编：100061

北京市珐琅厂有限责任公司
地址：北京市东城区安乐林路 10 号
电话：010－87211655　67211677
邮编：100075

北京市崇文工艺绣品厂
地址：北京市东城区民主东街

电话：010－67225872
邮编：100061

京城百工坊
地址：北京市东城区光明路乙 12 号
电话：010－67112480
邮编：100054

北京市梦达珠宝玉器厂
地址：北京市西城区鼓楼西大街
电话：010－64053542
邮编：100032

北京长城手工艺品厂
地址：北京市西城区西四大院胡同
电话：010－66175992
邮编：100032

北京市宇海工艺美术品厂
地址：北京市西城区月坛西街甲 2 号
电话：010－68011092
邮编：100032

北京市金属工艺品厂
地址：北京市西城区德胜门外大街
电话：010－62027683
邮编：100032

北京市地毯五厂
地址：北京市西城区大半截胡同
电话：010－66189027　66162109
邮编：100032

五寰珠宝市场
地址：北京市西城区新街口南大街乙 61 号
电话：010－66167241
邮编：100035

七彩云南翡翠珠宝商城有限公司
地址：北京市西城区月坛北街 26 号
电话：010－58566060
邮编：100045

北京宣武区玉器厂
地址：北京市西城区教子胡同门楼巷
电话：010－63530453
邮编：100054

北京宝元钻石首饰厂
地址：北京市西城区广义街 4 号
电话：010－63038342
邮编：100054

北京市宣武区太平工艺美术厂
地址：北京市西城区太平街西巷
电话：010－63539236
邮编：100054

北京古玩城有限公司
地址：北京市朝阳区东三环南路 21 号
电话：010－59609999
邮编：100020

天雅古玩城
地址：北京东三环华威南路 6 号
电话：010－51369017
邮编：100020

北京古玩城书画艺术世界市场有限公司
地址：北京东三环南路 76 号
电话：010－67306073
邮编：100020

北京古玩书画城艺术馆
地址：北京东三环南路
电话：010－67306749
邮编：100020

北京市美吉瑞珠宝首饰厂
地址：北京市朝阳区东坝西门外 132 号
电话：010－84311429
邮编：100018

北京市朝阳双桥京艺首饰厂
地址：北京市朝阳区豆各庄乡
电话：010－69502645
邮编：100020

北京禄颖兰釉艺工艺品有限公司
地址：北京市朝阳区和平里惠新东街 8 号设计大厦 801 室
电话：010－84637463　67136258
邮编：100020

北京鑫融基铂金首饰制造有限责任公司
地址：北京市朝阳区永安里
电话：010－65681406
邮编：100020

北京工美集团有限责任公司工艺品分厂
地址：北京朝阳区东土城路
电话：010－64216431　64483198
邮编：100020

北京市双桥宫灯厂
地址：北京市朝阳区双桥农场
电话：010－85895544
邮编：100020

北京市特种工艺装饰品厂
地址：北京市朝阳区北沙滩大屯路 2 号
电话：010－64879879
邮编：100101

北京继古斋雕漆工艺厂
地址：北京市朝阳区孙河镇
电话：010－64372752
邮编：100020

北京华艺金漆镶嵌厂
地址：北京市朝阳区六里屯东口
电话：010－65074164
邮编：100020

北京合群工艺雕刻厂
地址：北京市朝阳区西大望路
电话：010－65676703
邮编：100020

北京芳草工艺品厂
地址：北京市朝阳区蒋台洼
电话：010－84301832
邮编：100020

北京金漆镶嵌厂
地址：北京市朝阳区小红门乡红寺村
电话：010－67661921
邮编：100020

北京春艺木刻厂
地址：北京市朝阳区定福庄村南
电话：010－69733074
邮编：100020

北京市绢花厂
地址：北京市朝阳区左安门外潘家园 5 号
电话：010－87708600
邮编：100020

北京东方艺轩工艺品有限公司
地址：北京市莲花苑 1 号楼门 1801 室
电话：010－63967514
邮编：100054

北京市地毯九厂
地址：北京市东城区和平里中街甲 27 号
电话：010－64200373　64200371
邮编：100020

北京市挑补绣花厂
地址：北京市朝阳区关东店南街
电话：010－65025282
邮编：100020

北京古玩城亚运村市场
地址：北京市朝阳区小关北里
电话：010－64987272
邮编：100029

北京市第一绣花厂
地址：北京市永定门外松林街 1 号
电话：010－67216138
邮编：100061

北京市东郊首饰工艺品厂
地址：北京市朝阳区来广营东路
电话：010－84701799
邮编：100020

翠宫北京古玩城
地址：北京市海淀区知春路 76 号
电话：010－62628888
邮编：100089

北京三星工艺装饰厂
地址：北京市丰台区六里桥南里
电话：010－63838386
邮编：100071

北京市金葵工艺制品厂
地址：北京市丰台区花乡巴庄子
电话：010－63783927
邮编：100071

北京泥人艺术有限公司
地址：北京市丰台区杜家坎
电话：010－83871427
邮编：100071

北京中京蜡烛制造有限公司
地址：北京海淀区四季青廖公庄工业区
电话：010－82596266
邮编：100080

北京凌云雕漆厂
地址：北京市漷县镇长凌营村
电话：010－80586084
邮编：101149

北京红桥古玩市场
地址：北京市天坛东路 46 号北
电话：010－67119130
邮编：100061

世和草堂古玩店
地址：北京市海淀区大钟寺国际古玩收藏品市场
电话：010－62028040
邮编：100080

北京市良乡光华玉器厂
地址：北京市房山区詹庄村
电话：010－89357854
邮编：102488

北京石窝雕刻厂
地址：北京市房山区石窝村
电话：010－61323356　13522101545
邮编：102488

北京象牙雕刻厂
地址：北京市北官园胡同7号
电话：010－67028348
邮编：100061

北京市南尚乐恒通大理石雕刻厂
地址：北京市房山区大石窝镇下庄村
电话：010－61383509
邮编：102488

北京市高庄万顺达工艺品厂
地址：北京市房山区南尚乐高庄
电话：010－61381219
邮编：102488

北京房山南关景泰蓝厂
地址：北京市房山区南关新农街
电话：010－69314586
邮编：102488

北京世纪山核桃工艺品有限公司
地址：北京市通州区宋庄
电话：010－52116129
邮编：101149

北京市银玉工艺品有限责任公司
地址：北京市通州区北神树村
电话：010－81501418
邮编：101149

北京双埠头珐琅厂
地址：北京市通州区双埠头村
电话：010－89567636
邮编：101149

北京东方艺珍花丝镶嵌厂
地址：北京市通州区大成街1号
电话：010－69544610
邮编：101149

北京市艺海工艺厂
地址：北京市通州区西集镇西防路
电话：010－61576209
邮编：101149

北京市桂通玉器厂
地址：北京市通州区桂家坟村
电话：010－69501257
邮编：101149

北京市通州区兴蓉工艺品厂
地址：北京市通州区台湖工业开发区
电话：010－61532850
邮编：101149

北京市通州区兰特工艺品厂
地址：北京市通州区杨堤村西
电话：010－80586594
邮编：101149

北京市通州龙腾工艺品厂
地址：北京市通州区次渠镇
电话：010－69501239
邮编：101149

北京市通州明慧景泰蓝厂
地址：北京市通州区马驹桥镇
电话：010－60509443
邮编：101149

北京艺兰珠宝厂
地址：北京市顺义区牛栏山镇北
电话：010－69412288
邮编：101300

北京市顺义李遂首饰厂
地址：北京市顺义区柳各庄村南
电话：010－89481702
邮编：101300

北京自强玉器厂
地址：北京市顺义区南彩镇
电话：010－89469453
邮编：101300

北京市良山珐琅厂
地址：北京市顺义区张镇良山村
电话：010－61480646
邮编：101300

北京市顺义薛家庄工艺品厂
地址：北京市顺义区大孙各庄镇
电话：010－61432167
邮编：101300

北京市昌平区长龙工艺美术厂
地址：北京市昌平区商业街
电话：010－69741183
邮编：102200

北京卉隆干燥花有限责任公司
地址：北京市昌平区沙河镇松兰堡
电话：010－69732149　80711688
邮编：102200

北京宝典泛欧工艺制品有限公司
地址：北京市大兴区采育科技园
电话：010－80278091
邮编：102600

北京市高两河陶瓷彩绘厂
地址：北京市怀柔区庙城镇高两河村
电话：010－89609489
邮编：101400

北京市平谷区京峪工艺品厂
地址：北京市平谷区峪口镇
电话：010－61906221
邮编：101200

旅游交通

中国国际旅行社总社车管处
地址：北京市东城区东单北大街1号
电话：010－85228888
邮编：100006

城乡旅游汽车有限责任公司
地址：北京市东城区东直门外六公坟
电话：010－64725131
邮编：100015

北京旅游集散中心
地址：北京市东城区天安门广场西南角
电话：010－83531111
邮编：100010

北京王府井旅游车观光服务有限公司
地址：北京市东城区灯市口大街100号
电话：010－65590250
邮编：100006

北京火车站
地址：北京市东城区
电话：010－51019999　95105105　12306
邮编：100007

北京火车南站
地址：北京市永定门外大街
电话：010－51836272　95105105
邮编：100077

北京巴士股份有限公司旅游客运分公司
地址：北京市东城区法华寺
电话：010－67276666
邮编：100061

北京火车西站
地址：北京市莲花池东路
电话：010－95105105　51826273
邮编：100031

北京火车北站
地址：北京市西城区西直门北大街
电话：010－51866223　95105105
邮编：100031

北京京交旅游汽车服务中心
地址：北京市西城区月坛南街46号
电话：010－63836021
邮编：100031

北京地铁运营有限公司
地址：北京市西城区西直门外大街2号地铁大厦
电话：010－96165
邮编：100044

大陆汽车俱乐部
地址：北京市朝阳区霄云路36号国航大厦
电话：010－84551010
邮编：100027

北京首都旅游汽车集团股份有限公司
地址：北京市朝阳区三里屯5号
电话：010－64616688－4003
邮编：100027

中旅旅游汽车公司
地址：北京市朝阳区湖光中街9号
电话：010－64751646
邮编：100020

北京天马旅游汽车公司
地址：北京市北五环广顺桥北
电话：010－84903895
邮编：100020

北京首都国际机场
地址：北京市朝阳区
电话：010－64541100
邮编：100025

北京京港地铁有限公司
地址：北京市丰台区嘉园路地铁4号线车辆段
电话：010－88641188　63988622
邮编：100068

北京华夏汽车服务公司
地址：北京市丰台区草桥东路
电话：010－67588736
邮编：100071

北京新月旅游汽车有限公司
地址：北京市京沈高速公路西北角
电话：010－67657905
邮编：101500

中国青旅股份有限旅游服务分公司
地址：北京市丰台区博大路东侧
电话：010－87619709
邮编：100006

北京市旅游汽车公司
地址：北京市顺义区泗上村
电话：010－65011122　69454252
邮编：100026

天　津

TIANJIN

旅游机构

天津市旅游局
地址：天津市河西区宾水道增9号环渤海发展中心A座
电话：022－28358812
邮编：300161
网址：www. tjtour. cn
电子信箱：zcfgc@ tjtour. cn

天津市旅游质量监督管理所
地址：天津市河西区宾水道增9号环渤海发展中心A座
电话：022－28359093
邮编：300074

滨海新区旅游局
地址：天津市滨海新区开发区第一大街79号
电话：022－65305937
邮编：300457

和平区文化和旅游局
地址：天津市和平区吴家窑2号路42号
电话：022－23337807
邮编：300070
电子信箱：liumei0221@ 163. com

河东区文化和旅游局
地址：天津市河东区八纬路129号
电话：022－24125574
邮编：300171

河西区商贸旅游局
地址：天津市河西区绍兴道4号
电话：022－23278123
邮编：300202

南开区文化和旅游局
地址：天津市南开区黄河道487号
电话：022－27630296
邮编：300110
电子信箱：nkqlyj@ 163. com

河北区文化和旅游局
地址：天津市河北区狮子林大街284号
电话：022－26296221
邮编：300143

红桥区文化和旅游局
地址：天津市红桥区勤俭道202号
电话：022－86516152
邮编：300131

东丽区旅游局
地址：天津市东丽区东丽湖旅游度假区内
电话：022－24880317
邮编：300301
网址：www. tj－dlh. com

西青区旅游局
地址：天津市西青区杨柳青镇府前街文化中心522室
电话：022－27945660
邮编：300380
电子信箱：xqlyj @163. com

津南区旅游局
地址：天津市津南区津沽路174号
电话：022－28518361
邮编：300350

北辰区旅游局
地址：天津市北辰区京津路370号
电话：022－26391603
邮编：300400

武清区旅游局
地址：天津市武清区雍阳东道18号
电话：022－82966235
邮编：301700

宝坻区旅游局
地址：天津市宝坻区南街7号
电话：022－29241029
邮编：301800
电子信箱：baodilvyouiju @163. com

蓟县旅游局
地址：天津市蓟县渔阳古街15号
电话：022－29142566
邮编：301900
网址：www. jx－travel. com
电子信箱：jixianlvyou @126. com

宁河县旅游局
地址：天津市宁河县芦台镇光明路62号
电话：022－69566290
邮编：301500

静海县旅游局
地址：天津市静海县迎宾道99号行政办公中心
电话：022－68612762
邮编：301600

旅行社

天津中国国际旅行社
地址：天津市河西区友谊路22号
电话：022－58559918
邮编：300074
网址：www. tj－cits. com
许可证号：L－TJ－CJ00001

天津市中国旅行社
地址：天津市河西区平山道16号
电话：022－23523777
邮编：300074
网址：www. tjcts. com. cn
许可证号：L－TJ－CJ00002

天津康辉旅行社有限责任公司
地址：天津市河西区友谊北路51号合众大厦A座7层
电话：022－83280425
邮编：300204
许可证号：L－TJ－CJ00003

天津中国青年旅行社
地址：天津市和平区荣业大街新文化花园新典居2号楼底商
电话：022－87308710
邮编：300021
许可证号：L－TJ－CJ00004

天津海峡旅行社
地址：天津市南开区鞍山西道信诚大厦6F
电话：022－23118989
邮编：300040
许可证号：L－TJ－CJ00005

天津市中贸国际旅行社有限责任公司
地址：天津市和平区湖北路33号
电话：022－23132168
邮编：300040
网址：www. citts. com
许可证号：L－TJ－CJ00006

招商局天津国际旅行社有限公司
地址：天津市河西区友谊路32号
电话：022－28351333
邮编：300061
许可证号：L－TJ－CJ00007

天津友好国际旅行社有限公司
地址：天津市河平区重庆道90号
电话：022－58683366
邮编：300041
许可证号：L－TJ－CJ00008

天津市通宇国际旅行社有限公司
地址：天津市和平区睦南道153号
电话：022－23118951
邮编：300050
网址：www. tjtongyu. com
许可证号：L－TJ－CJ00009

天津市经典假期国际旅行社有限公司
地址：天津市河西区南京路66号凯旋门大厦B27－C
电话：022－23062062
邮编：300042
网址：www. chts. com. cn
许可证号：L－TJ－CJ00010

天津中信国际旅行社有限公司
地址：天津市和平区郑州道增2号南京路57号
电话：022－23161766
邮编：300050
许可证号：L－TJ－CJ00011

天津市仙百合国际旅行社有限公司
地址：天津市河西区围堤道146号
电话：022－88238099
邮编：300201
网址：www. lily365. com
许可证号：L－TJ－CJ00012

天津市大亚国际旅行社有限公司
地址：天津市河西区解放南路
电话：022－88216935
邮编：300202
许可证号：L－TJ－CJ00013

天津市金龙国际旅行社有限责任公司
地址：天津市和平区福安大街新文化花园新丽居D座5楼
电话：022－23068666
邮编：300021
网址：www. gdts. com. cn
许可证号：L－TJ－CJ00016

天津开发区泰达国际旅行社有限公司
地址：天津开发区第一大街晓园西路4号
电话：022－25289313
邮编：300457
许可证号：L－TJ－CJ00017

天津凤凰国际旅行社有限公司
地址：天津市河西区友谊路65号银丰花园A座1304室
电话：022－58791059
邮编：300204
许可证号：L－TJ－CJ00018

天津罗根联盟国际旅行社有限公司
地址：天津市河西区南京路35号亚太大厦
电话：022－23309955
邮编：300200
许可证号：L－TJ－CJ00019

天津金桥国际旅行社有限公司
地址：天津市和西区南京路35号亚太大厦27层
电话：022－23300557
邮编：300200
许可证号：L－TJ－CJ00020

中青旅（天津）国际旅行社有限公司
地址：天津市和平区新华路166号海珠大厦407A座
电话：022－23035678
邮编：300040
许可证号：L－TJ－CJ00021

天津市时尚假期国际旅行社有限公司
地址：天津市河西区南京路35号亚信大厦1803室
电话：022－23025566
邮编：300202
许可证号：L－TJ－CJ00023

天津协通国际旅行社
地址：天津市河西区解放南路273号
电话：022－23315813
邮编：300202
许可证号：L－TJ－CJ00024

天津市仙姿国际旅行社有限公司
地址：天津市河北区民族路与博爱道交口君临大厦西群楼361室
电话：022－86728677
邮编：300143
许可证号：L－TJ－CJ00025

天津金昇国际旅行社有限责任公司
地址：天津市南开区三马路165号双鹿大厦底商
电话：022－27022288
邮编：300110
许可证号：L－TJ－CJ00026

天津市达哲国际旅行社有限公司
地址：天津市河东区十一经路78号万隆大厦内
电话：022－84180000
邮编：300171
许可证号：L－TJ－CJ00027

天津方正国际旅行社有限公司
地址：天津市开发区新城东路65号B207
电话：022－27284000
邮编：300457
许可证号：L－TJ－CJ00028

津滨海世纪国际旅行社有限公司
地址：天津市南开区长江道众望大厦6－505
电话：022－27422193
邮编：300193
电子信箱：binhaishijiguolv@163.com
许可证号：L－TJ－CJ00029

天津嘉信商旅国际旅行社有限公司
地址：天津市和平区新华南路228号
电话：022－23113985
邮编：300050
电子信箱：jxbt_2012@163.com
许可证号：L－TJ－CJ00030

天津市静港国际旅行社有限公司
地址：天津市河西区绍兴道32号－202号
电话：022－83833838
邮编：300202
许可证号：L－TJ－CJ00032

中青旅罗根（天津）国际商务会展有限公司
地址：天津市河西区南京路35号亚太大厦2806
电话：022－58790806
邮编：300202
许可证号：L－TJ－CJ00033

天津凯撒旅行社有限责任公司
地址：天津市和平区南京路189号津汇广场写字楼1座13层
电话：022－83192323
邮编：300041
许可证号：L－TJ－CJ00034

天津市传奇国际旅行社有限公司
地址：天津市河西区郁江道丽舍园G－276号楼2－3层
电话：022－88331416
邮编：300202
许可证号：L－TJ－CJ00035

天津东昇商务国际旅行社有限公司
地址：天津市和平区南京路235号河川大厦第一座23D－2号
电话：022－27217068
邮编：300041
许可证号：L－TJ－CJ00036

天津中世国际旅行社有限公司
地址：天津市河西区解放南路富裕广场2－4－203
电话：022－23232872
邮编：300202
许可证号：L－TJ－CJ00037

天津市鹏越国际旅行社有限公司
地址：天津市河东区八纬路129号河东图书馆707－708室
电话：022－23799696
邮编：300171
许可证号：L－TJ－CJ00038

天津假期国际旅行社有限公司
地址：天津市河西区友谊北路与绍兴道交口广银大厦B座801室
电话：4006115611
邮编：300202
许可证号：L－TJ－CJ00039

天津海众国际旅行社有限公司
地址：天津市河西区永安道69号
邮编：300202
许可证号：L－TJ－CJ00040

饭　店

天津喜来登大酒店 ★★★★★
地址：天津市河西区紫金山路
电话：022－27313388
邮编：300074

万丽天津宾馆 ★★★★★
地址：天津市河西区宾水道16号
电话：022－58223388
邮编：300061

天津海河假日酒店 ★★★★★
地址：天津市河北区海河东路凤凰商贸广场
电话：022－26278888
邮编：300141

金皇大酒店 ★★★★★
地址：天津市河西区南京路20号
电话：022－23038866
邮编：300202

天津新桃园酒店 ★★★★★
地址：天津市河西区围堤道和广东路交口
电话：022－58688888
邮编：300210

天津泰达国际会馆 ★★★★★
地址：天津市南开区富康路7号增2号
电话：022－58695555
邮编：300074

天津瑞湾开元大酒店 ★★★★★
地址：天津市滨海新区新港一号路2527号
电话：022－25780001
邮编：300456

天津赛象酒店 ★★★★★
地址：天津市华苑产业园区梅苑路8号
电话：022－23768888
邮编：300384

京津新城凯悦酒店 ★★★★★
地址：天津市宝坻区周良庄珠江大道2号
电话：022－59211234
邮编：301811

泰达国际酒店暨会馆 ★★★★★
地址：天津市经济技术开发区二大街8号
电话：022－25326000
邮编：300457

万丽泰达酒店 ★★★★★
地址：天津市经济技术开发区二大街29号
电话：022－66218888
邮编：300457

天津滨海假日酒店 ★★★★★
地址：天津市经济技术开发区一大街86号
电话：022－66283388
邮编：300457

天津滨海喜来登酒店 ★★★★★
地址：天津市经济技术开发区二大街50号
电话：022－65288888
邮编：300457

天津滨海圣光皇冠假日酒店 ★★★★★
地址：天津市空港经济区中心大道55号
电话：022－58678888
邮编：300308

天津亿豪山水郡国际度假酒店 ★★★★★
地址：天津市蓟县渔阳镇东大屯
电话：022－82758888
邮编：301900

天津凯悦饭店 ★★★★
地址：天津市和平区解放北路219号
电话：022－23301234
邮编：300042

天津利顺德大饭店 ★★★★
地址：天津市和平区台儿庄路33号
电话：022－23311688
邮编：300042

天津市天宇大酒店 ★★★★
地址：天津市和平区电台道19号
电话：022－23603388
邮编：300070

天津岷山酒店 ★★★★
地址：天津市和平区贵州路16号
电话：022－85588888
邮编：300051

天津利顺德大厦 ★★★★
地址：天津市和平区台儿庄路32号

电话：022－23032888
邮编：300040

天津舒泊花园大酒店 ★★★★
地址：天津市和平区荣业大街 2 号
电话：022－58997778
邮编：300021

晋滨国际大酒店 ★★★★
地址：天津市和平区鞍山道 135 号
电话：022－83311818
邮编：300070

天津财富豪为酒店 ★★★★
地址：天津市河东区津塘路 79 号
电话：022－58299999
邮编：300170

天津泰豪酒店 ★★★★
地址：天津市河东区卫国道 136 号
电话：022－58228888
邮编：300161

天津海富新都酒店 ★★★★
地址：天津市河东区卫国道 134 号
电话：022－58078888
邮编：300161

天津水晶宫饭店 ★★★★
地址：天津市河西区友谊路宾水道
电话：022－28356888
邮编：300074

天津世纪酒店 ★★★★
地址：天津市河西区黑牛城道 179 号
电话：022－88291888
邮编：300061

天津津利华大酒店 ★★★★
地址：天津市河西区友谊路 32 号
电话：022－28352222
邮编：300061

天津市美都大酒店 ★★★★
地址：天津市河西区围堤道 117 号
电话：022－28361818
邮编：300074

天津君豪酒店 ★★★★
地址：天津市河西区环湖中路 22 号
电话：022－58198888
邮编：300060

天津市政协俱乐部 ★★★★
地址：天津市河西区解放南路 273 号
电话：022－23398666
邮编：300042

天津会宾园大酒店 ★★★★
地址：天津市南开区水上公园北路 46 号
电话：022－23369485
邮编：300191

天津鑫茂天财酒店 ★★★★
地址：天津市南开区华苑产业园区榕苑路 1 号
电话：022－58699898
邮编：300384

天津汇高花园酒店 ★★★★
地址：天津市南开区白堤路 236 号增 1 号
电话：022－87897777
邮编：300192

天津瑞景大酒店 ★★★★
地址：天津市北辰区辰昌路 1260 号
电话：022－26691888
邮编：300134

天津凯德大酒店 ★★★★
地址：天津市河北区自由道 15 号
电话：022－58360000
邮编：300010

天津胜利宾馆 ★★★★
地址：天津市滨海新区津塘公路 1369 号
电话：022－25345833
邮编：300451

天津巨川国际商务酒店 ★★★★
地址：天津市滨海新区津塘公路 1155 号
电话：022－66888888
邮编：300451

天津中天锦绣商务酒店 ★★★★
地址：天津市滨海新区大港东环路 1 号
电话：022－59727777
邮编：300270

天津泰达中心酒店 ★★★★
地址：天津市开发区第三大街 16 号
电话：022－25206666
邮编：300457

天津惠中酒店 ★★★★
地址：天津市开发区第三大街南海路口芳林泰达园 A 座
电话：022－59811111
邮编：300457

天津美华酒店 ★★★★
地址：天津市经济技术开发区黄海路 10 号
电话：022－25281000
邮编：300457

天津君汇度假大酒店 ★★★★
地址：天津市滨海新区学府路 88 号
电话：022－63302288
邮编：300270

天津滨海建国大酒店 ★★★★
地址：天津市经济技术开发区第二大街 1 号
电话：022－25321177
邮编：300457

天津依兰国际酒店 ★★★★
地址：天津市开发区盛达街 39 号
电话：022－59869000
邮编：300457

鲤鱼门大酒店 ★★★★
地址：天津市天津中心渔港经济区扬帆路 168 号
电话：022－67156666
邮编：300480

天津海景花园酒店 ★★★★
地址：天津市黑牛城道与解放南路交口
电话：022－28327788
邮编：300210

奥蓝际德国际大酒店 ★★★★
地址：天津市武清开发区新源道北 18 号
电话：022－82108866
邮编：301700

天鹅湖温泉度假村 ★★★★
地址：天津市武清开发区福源道 20 号
电话：022－82115588
邮编：301700

天津市蓟县渔阳宾馆 ★★★★
地址：天津市蓟县迎宾路 12 号
电话：022－29142814
邮编：301900

天津宁河宾馆 ★★★★
地址：天津市宁河县芦台镇光明路 44 号
电话：022－69559191
邮编：301500

天津市团泊湖温泉酒店 ★★★★
地址：天津市静海县团泊新城东区
电话：022－68578999
邮编：301636

天津市沃特大饭店 ★★★
地址：天津市和平区湖北路 23 号增 1－2 号
电话：022－23310088
邮编：300040

天津市友谊宾馆 ★★★
地址：天津市和平区南京路 94 号
电话：022－23310372
邮编：300040

天津富蓝特大酒店 ★★★
地址：天津市和平区新华路 231 号
电话：022－83326399
邮编：300041

天津第一饭店 ★★★
地址：天津市和平区解放北路 158 号
电话：022－23309988
邮编：300042

和平宾馆 ★★★
地址：天津市和平区大理道 66 号
电话：022－23308828
邮编：300050

大通会馆酒店 ★★★
地址：天津市河东区中环线红星路东
电话：022－58999798
邮编：300161

天津工大碧缘宾馆 ★★★
地址：天津市河东区程林庄道 63 号
电话：022－24518860
邮编：300160

天津凯撒皇宫大酒店 ★★★
地址：天津市河西区气象台路 46 号
电话：022－23375995
邮编：300074

天津市体育宾馆 ★★★
地址：天津市河西区宾水道西延长线
电话：022－23935800
邮编：300381

天津市柳林宾馆 ★★★
地址：天津市河西区柳林东
电话：022－28124848
邮编：300222

天津科技大厦 ★★★
地址：天津市河西区友谊路 25 号
电话：022－28358888
邮编：300201

天津金桥宾馆 ★★★
地址：天津市河西区卫津路 241 号
电话：022－23540522
邮编：300074

天津双鹿大厦 ★★★
地址：天津市南开区三马路 165 号
电话：022－27318888
邮编：300100

天津市华城宾馆 ★★★
地址：天津市南开区红旗路 253 号

电话：022－23369219
邮编：300191

天津市华夏大酒店 ★★★
地址：天津市南开区红旗路336号
电话：022－23361118
邮编：300190

天津夏日荷花酒店 ★★★
地址：天津市南开区南马路816－1号
电话：022－87588288
邮编：300100

天津远洋宾馆 ★★★
地址：天津市河北区海河东路远洋广场5号
电话：022－24205518
邮编：300010

天津正达酒店 ★★★
地址：天津市河北区万柳村大街6号
电话：022－60590888
邮编：300240

天津市盛佳酒店★★★
地址：天津市红桥区丁字沽二号路39号
电话：022－26379555
邮编：300130

天津凯华商务酒店 ★★★
地址：天津市滨海新区河北路望达街566－1号
电话：022－25831188
邮编：300451

塘沽远洋宾馆 ★★★
地址：天津市滨海新区新港二号路36号
电话：022－25792360
邮编：300456

夏日酒店 ★★★
地址：天津市滨海新区滨海游乐城内
电话：022－25319118
邮编：300452

天津金世界酒店 ★★★
地址：天津市滨海新区新港二号路2169号
电话：022－25788088
邮编：300456

天津市诚实阳光大酒店 ★★★
地址：天津市滨海新区汉沽新开中路3号
电话：022－67183333
邮编：300480

天津市金帆酒店 ★★★
地址：天津市开发区第一大街49号
电话：022－25326666
邮编：300457

太阳雨大酒店 ★★★
地址：天津开发区第一大街明园路渤化小区
电话：022－25288998
邮编：300457

天津泰榕大酒店 ★★★
地址：天津开发区第二大街21号
电话：022－66289988
邮编：300457

天津石化天华宾馆 ★★★
地址：天津市滨海新区北围堤路（西）68号
电话：022－63804780
邮编：300271

大港油田宾馆 ★★★
地址：天津市滨海新区大港油田3号院
电话：022－25922233
邮编：300280

天津升云大酒店 ★★★
地址：天津市滨海新区上古林海鲜街888号
电话：022－63228789
邮编：300270

海得润滋酒店 ★★★
地址：天津市滨海新区津岐公路千米桥北侧
电话：022－59795888
邮编：300272

天津市东丽湖度假村 ★★★
地址：天津市东丽区东丽湖北侧
电话：022－24888888
邮编：300300

天津市麓琳宾馆 ★★★
地址：天津市东丽区卫国道216号（余门）
电话：022－24718888
邮编：300381

银河大酒店 ★★★
地址：天津市东丽区津塘公路十号桥
电话：022－24356999
邮编：300301

天津月坛酒店 ★★★
地址：天津市津南区咸水沽为民路四号
电话：022－28578888
邮编：300350

天津宝成宾馆 ★★★
地址：天津市津南区双桥河镇东泥沽村
电话：022－88698200
邮编：300352

天津东方之珠188酒店 ★★★
地址：天津市北辰区京津公路天重道交口
电话：022－86562222
邮编：300400

天津万源龙顺度假庄园 ★★★
地址：天津市北辰区京津公路龙顺道西口
电话：022－26888888
邮编：300400

天津市宝坻宾馆 ★★★
地址：天津市宝坻区广川街23号
电话：022－29242828
邮编：301888

天津宝坻长城宾馆 ★★★
地址：天津市宝坻区钰华街43号
电话：022－2922099
邮编：301800

天津建设大厦 ★★★
地址：天津市蓟县中昌北路
电话：022－29192222
邮编：301900

天津憩园山庄 ★★★
地址：天津市蓟县官庄镇营房村北
电话：022－29821930
邮编：301915

天城度假村 ★★★
地址：天津市蓟县逯庄子乡东大屯北
电话：022－82891775
邮编：301900

天津市宁河县贵达宾馆 ★★★
地址：天津市宁河县苗庄镇刘庄村
电话：022－69226666
邮编：301500

旅游景区

五大道文化旅游区 AAAA
地址：天津市和平区重庆道70号
电话：022－23126158
邮编：300050

天津利顺德大饭店 AAA
地址：天津市和平区台儿庄路33号
电话：022－23311688
邮编：300040

小白楼1902欧式风情街 AAA
地址：天津市和平区开封道
电话：022－23111668
邮编：300042

静园 AAA
地址：天津市和平区鞍山道70号
电话：022－27311618
邮编：300020

华蕴博物馆 AAA
地址：天津市和平区河北路283号
电话：022－23398888
邮编：300050

天津瓷房子 AAA
地址：天津市和平区赤峰道72号
电话：022－27123366
邮编：300040

天津邮政博物馆 AAA
地址：天津市和平区解放北路109号
电话：022－23310386
邮编：300041

荐福观音寺 AAA
地址：天津市河东区大直沽中路27号
电话：022－24160708
邮编：300170

创意桥园 AAA
地址：天津市河东区天山路与盘山道交口桥园公园G座
电话：022－24381651
邮编：300162

天津音乐街 AAA
地址：天津市河东区八纬路
电话：022－60893586　60893585
邮编：300171

天津科学技术馆 AAA
地址：天津市河西区隆昌路94号
电话：022－28320315
邮编：300201

天塔湖风景区 AAAA
地址：天津市河西卫津南路1号
电话：022－23343557
邮编：300060

天津图书大厦 AA
地址：天津市河西区大沽南路362号
电话：022－23062222
邮编：300203

隽祯博物馆（暂停业）AA
地址：天津市河西区体院北道8号
电话：022－23952000
邮编：300202

古雅博物馆（暂停业）AA
地址：天津市河西区马场道 8 号
电话：022－27127200
邮编：300074

天津刘老根大舞台 AA
地址：天津市河西区乐园道 1 号
电话：022－28266666
邮编：300201

天津杨柳青木版年画博物馆 AAA
地址：天津市河西区佟楼三合里 111 号
电话：022－28378718
邮编：300074

天津鼓楼 AA
地址：天津市南开区鼓楼
电话：022－27273443
邮编：30090

天津水上公园 AAAA
地址：天津市南开区水上公园路
电话：022－23916111
邮编：300191

古文化街旅游区（津门故里）AAAAA
地址：天津市南开区古文化街
电话：022－27359628
邮编：300090

天津民俗博物馆（天后宫）AAA
地址：天津市南开区古文化街
电话：022－27356424
邮编：300090

天津戏剧博物馆（广东会馆）AAA
地址：天津市南开区鼓楼商业街东街
电话：022－27273443
邮编：300090

老城博物馆 AAA
地址：天津市南开区鼓楼商业街东街 202 号
电话：022－27283899
邮编：300090

天津周恩来邓颖超纪念馆景区 AAAA
地址：天津市南开区水上公园西路 9 号
电话：022－23592257
邮编：300074

李叔同故居纪念馆 AAA
地址：天津市河北区海河东路与滨海道交口
电话：022－24458572
邮编：300143

曹家花园 AAA
地址：天津市河北区黄纬路和八马路交口
电话：022－26296611
邮编：300142

中山公园 AA
地址：天津市河北区中山公园路 3 号
电话：022－26293899
邮编：300140

金汤桥会师公园 AA
地址：天津市河北区海河东路 300441
电话：022－26231591
邮编：300441

天津市意大利风情旅游区 AAAA
地址：天津市河北区光复道 39 号
电话：022－24466555
邮编：300010

河海风貌建筑保护展览馆 AAA
地址：天津市河北区光复道 39 号
电话：022－24466555
邮编：300010

天津之眼摩天轮 AAAA
地址：天津市河北区李公祠大街与五马路交口
电话：022－26288830
邮编：300091

大悲禅寺旅游景区 AAAA
地址：天津市河北区天纬路 40 号
电话：022－26273910
邮编：300141

天津觉悟社纪念馆 AA
地址：天津市河北区三马路三戒里 49 号
电话：022－26355181
邮编：300142

天津市梁启超纪念馆 AAA
地址：天津市河北区民族路 46 号
电话：022－24450857
邮编：300010

曹禺故居纪念馆（曹禺剧院）AAA
地址：天津市河北区民主道 5 号
电话：022－24461985
邮编：300143

宁园旅游景区 AAAA
地址：天津市河北区中山北路 1 号
电话：022－60836726
邮编：300143

平津战役纪念馆景区 AAAA
地址：天津市红桥区平津道 8 号
电话：022－26535418
邮编：300131

西沽公园 AAA
地址：天津市红桥区桥北大街 3 号
电话：022－86516925
邮编：300132

天津义和团纪念馆 AA
地址：天津市红桥区芥园道与怡华路交口
电话：022－27573656
邮编：300121

福聚兴机器厂旧址景区 AA
地址：天津市红桥区尚都家园 14 号
电话：022－27270970
邮编：300130

估衣街 AAA
地址：天津市红桥区北马路 138 号
电话：022－87731919
邮编：300091

津酒文化园 AA
地址：天津市红桥区丁字沽三号路
电话：022－26583957
邮编：300131

东丽湖温泉度假区 AAA
地址：天津市东丽区
电话：022－24881268
邮编：300301

水上温泉欢乐谷 AAA
地址：天津市东丽湖度假区东丽之光大道北侧
电话：022－24881666－6803
邮编：303301

天津市世博华明馆 AAA
地址：天津市东丽区华明新市镇景湖苑 13 号
电话：022－58552796
邮编：300304

水高庄园 AAA
地址：天津市西青区辛口镇水高庄村
电话：022－27990763
邮编：300380

杨柳青庄园 AAA
地址：天津市西青区杨柳青镇北津同公路 20 公里处
电话：022－27921666
邮编：300380

杨柳青园艺科技博览园 AAA
地址：天津市西青区杨柳青镇北津同公路南侧
电话：022－27922811
邮编：300380

天津峰山药王古寺 AAA
地址：天津市西青区大寺镇王村
电话：022－83960140
邮编：300085

平津战役天津前线指挥部旧址陈列馆 AA
地址：天津市西青区杨柳青药王庙东大街 4 号
电话：022－27391551
邮编：300380

天津一二·九抗日救亡运动纪念馆 AA
地址：天津市西青区李七庄街王兰庄村
电话：022－23385002
邮编：300381

玉佛禅寺 AAA
地址：天津市西青区辛口镇当城村
电话：022－27994384
邮编：300380

天津杨柳青博物馆（石家大院）AAAA
地址：天津市西青区杨柳青镇
电话：022－27391617
邮编：300380

天津热带植物观光园 AAAA
地址：天津市西青区外环线七号桥北 300 米
电话：022－27912712
邮编：300112

精武门·中华武林园 AAAA
地址：天津市西青区精武镇小南河村南
电话：022－87841118
邮编：300381

天津希乐城少儿职业探索乐园 AAAA
地址：天津市西青区中北镇阜锦道与万卉路交口
电话：022－87195029
邮编：300393

天津凌奥创意产业园 AAA
地址：天津市西青区凌宾路延长线
电话：022－83932121
邮编：300381

张家窝食用菌休闲园 AAA
地址：天津市西青区张家窝镇房旬路 1 号
电话：022－87985749
邮编：300380

星耀五洲旅游度假区 AAA
地址：天津市津南区八里台镇
电话：022－60398021
邮编：300353

小站练兵园 AAA
地址：天津市津南区小站镇
电话：022－88633369
邮编：300353

宝成博物苑 AAAA
地址：天津市津南区双桥河镇海河二道闸南
电话：022－88698325
邮编：300352

松江乡村俱乐部休闲景区 AAAA
地址：天津市津南区津港公路28公里处
电话：022－28559888
邮编：300350

中华石园 AA
地址：天津市津南区小海镇微山路南
电话：022－88170109
邮编：300350

万源龙顺度假庄园 AAA
地址：天津市北辰区双街镇龙顺道
电话：022－26981918
邮编：300400

天津燕王湖湿地生态园 AAA
地址：天津市武清区大黄堡乡后蒲棒村
电话：022－82225203
邮编：301702

天鹅湖休闲旅游区 AAA
地址：天津市武清区福源道20号
电话：022－82175280
邮编：301700

天津凯旋王国主题游乐园景区 AAAA
地址：天津市武清区雍和道与翠通路交口
电话：022－29588888
邮编：301700

天津君利农业示范园 AAA
地址：天津市武清区外环东路
电话：022－22107777
邮编：301700

里自沽晶宝温泉农庄 AA
地址：天津市宝坻区里自沽农场
电话：022－29668792
邮编：301809

天津海滨旅游度假区（暂停业）AAAA
地址：天津市滨海新区海滨大道
电话：022－25319020
邮编：300451

潮音寺（暂停业）AA
地址：天津市滨海新区溏沽西沽潮音寺大街增1号
电话：022－25311882
邮编：300452

应大皮衣博物馆 AAA
地址：天津市滨海新区空港经济区西十道135号
电话：022－84861166
邮编：300308

天津滨海航母主题公园 AAAA
地址：天津市滨海新区汉北路269号
电话：022－67288888
邮编：300480

滨海茶淀葡萄科技园 AAA
地址：天津市滨海新区汉沽茶淀镇孟圈村
电话：022－67275888
邮编：300480

天津大港奥林匹克博物馆 AAA
地址：天津市滨海新区官港湖南侧博物馆路236号
电话：022－60469635
邮编：300274

天津港博览馆 AAA
地址：天津市滨海新区津港路99号
电话：022－25705164
邮编：300461

北塘特色旅游区 AAA
地址：天津市滨海新区东海路
电话：022－65669328
邮编：300453

天津海昌极地海洋世界景区 AAAA
地址：天津市滨海新区响螺湾商务区第61号
电话：022－66227777
邮编：300455

诺恩渔业生态园 AAA
地址：天津市滨海新区塘沽海滨大道17107号
电话：022－25319316
邮编：300452

天津大沽口炮台遗址景区 AAAA
地址：天津市大沽口炮台
电话：022－59835676
邮编：300452

盘山风景名胜区 AAAAA
地址：天津市蓟县渔阳南路
电话：022－29186010　29826000
邮编：301915

独乐寺 AAAA
地址：天津市蓟县城内武定街
电话：022－29142904
邮编：301900

九山顶自然风景区 AA
地址：天津市蓟县下营镇常州村
电话：022－29719666
邮编：301913

八仙山国家自然保护区 AAA
地址：天津市蓟县下营镇小港村南
电话：022－22711044　22711033
邮编：301909

龙泉山游乐园（暂停业）AA
地址：天津市蓟县下营镇道古峪
电话：022－22711226
邮编：301909

天津黄崖关长城风景游览区 AAAA
地址：天津市蓟县下营镇黄崖关
电话：022－22718106
邮编：301913

九龙山国家森林公园 AAA
地址：天津市蓟县穿芳峪乡
电话：022－29742068　29742070
邮编：301909

毛家峪元古奇石林风景区 AA
地址：天津市蓟县穿芳峪乡毛家峪村
电话：022－22762003
邮编：301909

梨木台景区 AAAA
地址：天津市蓟县下营镇
电话：022－22711569
传真：022－22711567
邮编：301913
网址：www.limutai.net

义聚永博物馆 AAA
地址：天津市宁河县经济开发区二经路37号
电话：022－69562063
邮编：301500

七里海湿地旅游区 AAAA
地址：天津市宁河县造甲城镇大王台村外南侧
电话：022－27686888
邮编：301508

天津市仁爱·团泊湖国际休闲博览园 AAAA
地址：天津市静海县团泊新城东区
电话：022－58399988
邮编：301636

静海县萨马兰奇纪念馆 AAAA
地址：天津市静海县团泊新城西区健康产业园
电话：022－59597299
邮编：301600

西双塘民俗风景区 AAA
地址：天津市静海县双塘镇西双塘村西兴路178号
电话：022－68868831
邮编：301606

餐　馆

桂发祥十八街麻花总店
地址：天津市河西区大沽南路566号
电话：022－28309298
邮编：300202

砂锅李
地址：天津市河西区九江路46号（苏州道口）
电话：022－23260075
邮编：300202

天津唐轩美食公司
地址：天津市马场道125号
电话：022－23256000
邮编：300202

迎宾楼
地址：天津市河西区佟楼围堤道202号
电话：022－23538331
邮编：300202

鸿起顺餐饮有限责任公司
地址：天津市河西区大沽南路
电话：022－28328038
邮编：300202

万顺阿鱼鲍餐饮有限公司
地址：天津市河西区黄埔南路81号
电话：022－28012253
邮编：300202

摩周源餐饮有限公司
地址：天津市河西区环湖中路
电话：022－23524510
邮编：300202

沸腾鱼乡餐饮有限公司
地址：天津市河西区广东路
电话：022－83818181
邮编：300202

翠亨邨餐饮有限公司
地址：天津市南开区宾水西道2号
电话：022－23916388
邮编：300110

好德餐饮有限公司
地址：天津市河西区南京路
电话：022－23305708
邮编：300202

九鼎轩餐饮有限公司
地址：天津市河西区广东路
电话：022－23240067
邮编：300202

萨拉伯尔酒店有限公司
地址：天津市河西区大沽南路
电话：022－28335588
邮编：300211

金太阳餐饮有限公司
地址：天津市河西区友谊北路
电话：022－83280598
邮编：300202

食为天快餐食品有限责任公司
地址：天津市河西区彩印道文苑楼底商
电话：022－28356305
邮编：300061
网址：www. tj－swt. com
电子信箱：xzrsb@ tj－swt. com

韩罗苑（总店）
地址：天津市河西区南京路 20 号金皇大厦
电话：022－23029888
邮编：300202

翰金佰海鲜大酒楼
地址：天津市河西区大沽南路 985 号
电话：022－88326666
邮编：300202

天津市百饺园投资发展有限公司
地址：天津市和平区成都道 108 号
电话：022－23302522－8006　400－622－8890
邮编：300041
网址：www. baijiaoyuan. com

粤唯鲜
地址：天津市和平区河北路 283 号
电话：022－23399991　23398888
邮编：300041

天津卫 1928
地址：天津市和平区南门外大街 5 号女人街 2 楼
电话：022－27281928
邮编：300041

玉华台大酒楼
地址：天津市和平区山西路 284 号
电话：022－23117762
邮编：300051

正阳春
地址：天津市和平区辽宁路 146 号
电话：022－27303335
邮编：300041

天津白记饺子馆
地址：天津市多伦道 175 号
电话：022－27830029
邮编：300041

天津狗不理大酒店
地址：天津市和平区和平路 322 号
电话：022－23031115　23051118
邮编：300041

起士林
地址：天津市和平区浙江路 33 号
电话：022－23319188
邮编：300041

登瀛楼饭庄
地址：天津市和平区山西路 284 号
电话：022－23396668
邮编：300041

利顺德大饭店
地址：天津市和平区台儿庄路 33 号
电话：022－23311688
邮编：300041

果仁张
地址：天津市和平区南市食品街 4 区 2 楼 87 号
电话：022－27270198
邮编：300041

石头门坎素包店
地址：天津市和平区南市食品街 1 区 24 号
电话：022－27271473　27348551
邮编：300041

宴宾楼饭庄
地址：天津市和平区辽宁路 135 号
电话：022－27308353
邮编：300041

桂顺斋总店
地址：天津市和平区和平路 101 号
电话：022－27010637
邮编：300041

巴渝人家餐饮有限公司
地址：天津市和平区宜昌道
电话：022－23347222
邮编：300041

庄妈妈餐饮有限公司
地址：天津市和平区湖北路 31 号
电话：022－23125978
邮编：300041

钻石佳人餐饮有限公司
地址：天津市和平区南京路 59 号
电话：022－23394524
邮编：300041

白记餐饮责任有限公司
地址：天津市和平区新兴路香榭里
电话：022－27830270
邮编：300041

怡中园餐饮有限公司
地址：天津市和平区新兴街同安南里
电话：022－23374517
邮编：300041

天津市饮食服务公司
地址：天津市和平区拉萨道
电话：022－27836136
邮编：300041

天津市狗不理包子总店
地址：天津市和平区山东路 77 号
电话：022－27302540
邮编：300041

致翔小南国美食发展有限公司
地址：天津市和平区福安大街
电话：022－27309977
邮编：300041

天津鸿顺德饭庄
地址：天津市和平区升安大街 47 号
电话：022－27217006
邮编：300041

天津饭庄
地址：天津市和平区多伦道 240 号
电话：022－27238868
邮编：300041

天津岷山饭店
地址：天津市和平区贵州路 16 号
电话：022－85588700
邮编：300041

竹苑茶艺馆
地址：天津市和平区贵阳路 13 号竹苑茶艺馆
电话：022－24140999
邮编：300041

苏易士西餐厅
地址：天津市和平区成都道 40 号
电话：022－23304292　23129687
邮编：300041

天津烤鸭店
地址：天津市和平区辽宁路 146 号
电话：022－27303335　27302660
邮编：300041

益民餐厅
地址：天津市和平区哈尔滨道 120 号
电话：022－27117218
邮编：300041

鑫金环西餐厅
地址：天津市和平区重庆道
电话：022－23301892
邮编：300041

粤园
地址：天津市和平区澳门路 3 号（洛阳道口）
电话：022－23399634
邮编：300041

华特美酒楼
地址：天津市和平区新华路 183 号（营口道口）
电话：022－27129942
邮编：300041

桂园餐厅
地址：天津市和平区成都道 101－103 号
电话：022－23397530
邮编：300041

津城食府
地址：天津市和平区大理道 65 号三友别墅 3 号院
电话：022－83605951
邮编：300041

并蒂莲素食餐厅
地址：天津市和平区常德道 68 号 B 座
电话：022－23318629
邮编：300041

海鲜八大碗
地址：天津市和平区南市食品街 3 区 1－3 楼
电话：022－27276315
邮编：300041

普普红餐饮有限公司
地址：天津市河东区津塘公路与十一经路交口
电话：15922252076
邮编：300171

华昌大酒楼
地址：天津市河东区成林道嘉华小区 14 号底商
电话：022－24493777

邮编：300171

七贝叶素餐厅
地址：天津市河东区新开路华越道1号远洋新天地2楼
电话：022－23371479
邮编：300171

大眼锅贴水饺
地址：天津市河东区八纬路106号
电话：022－24151251
邮编：300171

东瀛海鲜酒楼（总店）
地址：天津市河东区十一经路47号空军大院
电话：022－24124848　24693333
邮编：300171

天津市笑然饭店
地址：天津市河西区环湖中路57号（体育学院东门斜对过）
电话：022－23948899
邮编：300202

圆满素食林
地址：天津市河西区苏州道112号
电话：022－23022618
邮编：300202

耳朵眼炸糕店总店
地址：天津市南开区东门内大街8号
电话：022－26375578
邮编：300110

博湘园酒楼
地址：天津市南开区红旗南路与凌宾道交口
电话：022－58268808
邮编：300110

江泽福轩
地址：天津市南开区鼓楼南街城厢中路13号楼2门
电话：022－27329666　27729666
邮编：300110

西湖餐厅
地址：天津市南开区鞍山西道时代宾馆内
电话：022－27388522
邮编：300110

卫鼎轩
地址：天津市南开区城厢中路鼓楼北街70号（鼓楼北门西侧）
电话：022－27280123
邮编：300110

嘉膳餐厅
地址：天津市南开区光湖里增1号
电话：13207698707
邮编：300110

金福鼎饭庄
地址：天津市南开区咸阳路47号
电话：022－27695158　27696001
邮编：300110

红楼大酒店
地址：天津市南开区卫津南路38号
电话：022－23950022
邮编：300110

香江菜馆
地址：天津市南开区白堤路165号
电话：022－27380617
邮编：300110

独一处
地址：天津市南开区南开二马路231号
电话：022－27228882
邮编：300110

六和孝顺素食
地址：天津市南开区西湖道36号增2号
电话：022－58011002
邮编：300110

东来顺
地址：天津市南开区南丰路188号
电话：022－27456665
邮编：300041

海岛渔村百饺园
地址：天津市南开区兴安路3号
电话：022－27351155
邮编：300110

聚福阁餐饮有限公司
地址：天津市河北区中山北路49号
电话：022－26425512
邮编：300143

摩天酒楼餐饮发展有限公司
地址：天津市河北区金纬路
电话：022－26219000
邮编：300143

天北餐饮有限公司
地址：天津市河北区三马路三阳里
电话：022－26351049
邮编：300143

金天地餐饮有限公司
地址：天津市河北区金纬路
电话：022－24207015
邮编：300143

聚华轩餐饮服务有限公司
地址：天津市河北区金纬路明华苑
电话：022－26272188
邮编：300143

农家乐土菜馆
地址：天津市河北区日纬路与二马路
电话：022－26215958
邮编：300143

新华轩食府有限公司
地址：天津市河北区中山路140号
电话：022－26355800
邮编：300143

惠宾饭庄
地址：天津市河北区中山
电话：022－26352363
邮编：300143

瀚宾楼
地址：天津市河北区榆关道660号
电话：022－26348777　26346118
邮编：300143

燕春楼饭庄
地址：天津市红桥区大胡同2号
电话：022－27349898　27348888
邮编：300120

天津耳朵眼炸糕餐饮有限公司
地址：天津市红桥区丁字沽胜灾南路12号
电话：022－26371968　26375018
邮编：300120
网址：www. tjedy. com
电子信箱：tjedy@ 126. com

聚合成饭庄
地址：天津市红桥区洪湖南路19号
电话：022－26530388
邮编：300131

红旗饭庄
地址：天津市红桥区临水道11号
电话：022－26370432
邮编：300131

天津市万家灯火餐饮有限公司
地址：天津市红桥区丁字沽三号路24号
电话：022－26579688
邮编：300131

长顺饭店
地址：天津市红桥区光荣道祥居公寓底商
电话：022－86526649
邮编：300131

天一坊饭庄
地址：天津市红桥大胡同新开路
电话：022－27338978
邮编：300131

天津狗不理包子速冻食品有限公司
地址：天津市北辰区双街镇郎园村
电话：022－26971446　26970068
邮编：300400
网址：www. tjguobuli. com
电子信箱：goubuli@ tjgoubuli. com

新家园海洋餐饮有限公司
地址：天津市北辰区双街新家园
电话：022－26974650
邮编：300410

集贤佰悦海鲜酒楼
地址：天津市北辰区丁字沽三号线
电话：022－26676666
邮编：300400

渔家大宅门
地址：天津市滨海新区车站北路
电话：022－25818808　89939132
邮编：300451

老渔民
地址：天津市滨海新区新港二号路2277号
电话：022－25788999　25794131
邮编：300451

翠亨村湘菜园
地址：天津市滨海新区第三大街39号翠亨广场内
电话：022－66291111　66292111
邮编：300451

红房子酒楼
地址：天津市滨海新区黄海路88号
电话：022－66219947　66209438
邮编：300451

小古林饭庄
地址：天津市滨海新区津岐公路上海鲜街889号
电话：022－63212110　63217835
邮编：300451

京舞子餐饮有限公司
地址：天津市经济技术开发区世纪新村
电话：022－65299522
邮编：300457

香厨坊餐饮有限公司
地址：天津市经济技术开发区

电话：022－66290482　13920213327
邮编：300457

旅游用品

天津杨柳青画社
地址：天津市河西区佟楼三合里 111 号
电话：022－28379185
邮编：300202

天津泥人张彩塑工作室
地址：天津市河西区马场道 202 号
电话：022－23374088
邮编：300074

百信珠宝金楼
地址：天津市和平区滨江道
电话：022－87307336　27304756
邮编：300041

天津地矿珠宝公司第 1 店
地址：天津市和平区佳木斯道
电话：022－27822480
邮编：300041

金刚工艺品公司钻石城
地址：天津市和平区南市食品街四区一楼
电话：022－27275007
邮编：300041

天津金鸥表业有限公司
地址：天津市河西区平山道 16 号增 6 号
电话：022－23559733　81680756
邮编：300202

天津珠宝街
地址：天津市河西区友谊路 42 号
电话：022－28367318
邮编：300202

天津市地毯一厂
地址：天津市津塘公路 2 号桥地毯厂路 24 号
电话：022－24390275
邮编：300180

天津市地毯六厂
地址：天津市滨海新区郭庄子
电话：022－25714942
邮编：300451

天津市格亿地毯厂
地址：天津市武清区崔黄口镇二街
电话：022－29572256
邮编：301700

天津恒亚斯地毯有限公司
地址：天津市武清区崔黄口镇津围公路旁
电话：022－29575158
邮编：301700

天津海鹰地毯有限公司
地址：天津市武清区崔黄口镇
电话：022－29571314　29571113
邮编：301700

天津三达干燥花有限公司
地址：天津市武清区中北斜乡候台村
电话：022－23792079　23792177
邮编：301700

天津亿豪圣诞树工艺品厂
地址：天津市武清区曹子里开发区
电话：022－29323245
邮编：301700

天津市武清小久花厂
地址：天津市武清区曹子里乡政府大院
电话：022－29558198
邮编：301700

天津市制花厂
地址：天津市南开区冶金路
电话：13920256951
邮编：301700

天津星宇工艺制品有限公司
地址：天津市武清区花城经济区 A－5
电话：022－29550788
邮编：301700

天津卉蕾制花厂
地址：天津市武清区大碱厂镇政府对过
电话：022－82103860
邮编：300041

天津地矿珠宝公司
地址：天津市和平区营口道 237 号
电话：022－27819338
邮编：300040

天津皇宝珠宝有限公司
地址：天津市河西区友谊北路合众大厦 A 座 1102 号
电话：022－83280868
邮编：300041

天津爱宝金店有限公司
地址：天津市和平路 191 号
电话：022－27301728
邮编：300041

天津隆兴集团黄金珠宝有限公司
地址：天津市和平路 163 号
电话：022－27318536
邮编：300041

天津吉泰珠宝有限公司
地址：天津市和平区卫津路 43 号财富大厦 B 座
电话：022－59828923
邮编：300041

泛洋宝石工业（天津）有限公司
地址：天津市外环线 7 号桥处西苑别墅小区 71 号
电话：022－23790320
邮编：300041

天津市工艺雕刻厂
地址：天津市南开区冶金路 20 号
电话：022－27366071
邮编：300041

天津市工艺镶嵌厂
地址：天津市南开区黄河道冶金路
电话：022－27369519
邮编：300111

天津翰墨斋书画店
地址：天津市滨海新区上海道 2271 号
电话：022－25894063
邮编：300450

大信工艺品有限公司
地址：天津市武清区大碱厂镇
电话：022－82219234
邮编：300041

天津东映工艺品有限公司
地址：天津市
电话：022－88659706
邮编：300041

天津市工艺美术厂
地址：天津市南开区黄河道 503 号
电话：022－27645467
邮编：300041

天津市东方工艺品厂
地址：天津市李庄村
电话：022－24361893
邮编：300041

天津市光华工艺品厂
地址：天津市河东区万新村
电话：022－24671455
邮编：300041

天津市红桥区华艺特种工艺品厂
地址：天津市红桥区光荣道竹山路 4 号
电话：022－26653613
邮编：300041

天津市金刚石工艺品公司
地址：天津市和平区南市食品街 D 座 16 号
电话：022－27351930
邮编：300041

天津市河东区金龙工艺制品厂
地址：天津市大直沽路 38 号
电话：022－24314242
邮编：300041

天津市银丰金属工艺制品厂
地址：天津市河北区金钟河大街 101 号
电话：022－26455057
邮编：300041

天津台征工艺有限公司
地址：天津市塘汉路 789 号
电话：022－25212430
邮编：300041

天津创美工艺品有限公司
地址：天津市东丽区新兴村
电话：022－24999331
邮编：300041

天津和平区景瓷苑
地址：天津市辽宁路 187 号
电话：022－27313012
邮编：300041

天津泥人张彩塑工作室
地址：天津市河西区马场道 202 号
电话：022－23374085
邮编：300041

天津相荣工艺品有限公司
地址：天津市东丽区驯海路 4 号
电话：022－24394343
邮编：300041

艺展（天津）工艺品有限公司
地址：天津市东丽区大新庄村
电话：022－84890060
邮编：300041

天津市九州工艺美术品厂
地址：天津市武清区曹子里
电话：022－29550505
邮编：301700

田庄坨工艺厂
地址：天津市宁河县板桥镇田庄坨村
电话：022－69469246
邮编：300041

宁河县宝珠仿古工艺厂
地址：天津市宁河县丰台镇

电话：022－69231468
邮编：300041

华纳（天津）工艺品有限公司
地址：天津市北辰区小淀镇小贺庄村北
电话：022－26999155－266
邮编：300041

华林工艺品厂
地址：天津市
电话：022－68517330
邮编：301600

新艺苑工艺品厂
地址：天津市静海县大庄子中学北侧
电话：022－68523035
邮编：300041

新艺美工艺制品（天津）有限公司
地址：天津市武清新技术产业园区泉旺路13号
电话：022－82110427
邮编：300041

潭宝工艺品有限公司
地址：天津市宝坻区新安镇老张庄村
电话：022－82478297　82478298
邮编：300041

天津市宁河县金盛林金饰有限公司
地址：天津市宁河县
电话：022－69592169
邮编：300041

天津市宁河县金麒麟金饰有限公司
地址：天津市
电话：022－69592169　27359615
邮编：300041

旅游交通

天解客运旅游服务公司
地址：天津市和平区承德道9号101－106号
电话：022－27126806
邮编：300041

天津市地下铁道集团有限公司
地址：天津市和平区汉口西道3号
电话：022－87811512　60286888
邮编：300051

天津火车站
地址：天津市河北区海河东路
电话：022－24212628
邮编：300010

天津南站
地址：天津市西青区张家窝镇
电话：022－24210073
邮编：300171

天津市旅游汽车公司
地址：天津市河西区紫金山路36号
电话：022－28353447
邮编：300074

天津市南仓站
地址：天津市北辰区南仓
电话：022－26197332
邮编：300143

天津西站
地址：天津市红桥区北营门西马路
电话：022－26182662
邮编：300131

天津北站
地址：天津市河北区北站立交桥
电话：022－26181162
邮编：300143

天津市泰通客运有限公司塘沽旅游包车分公司
地址：天津市滨海新区大连道28号
电话：022－65271400
邮编：300450

天津港
地址：天津滨海新区津港路2号
电话：022－25706615
邮编：300461

天津塘沽机场
地址：天津市滨海新区驴驹河
电话：022－66682667
邮编：300450

天津滨海国际机场
地址：天津市东丽区津汉公路
电话：022－24906363/64
邮编：300300

北电客运出租汽车旅游服务公司
地址：天津市北辰区京津公路437号
电话：022－84402691
邮编：300400

天津可隆旅游客运有限公司
地址：天津市北辰区普济河道3号
电话：022－26626650
邮编：300400

宝坻区火车站
地址：天津市宝坻区城关镇
电话：022－29242406　29241454
邮编：301800

汉沽火车站
地址：天津市滨海新区
电话：022－25694321
邮编：300480

蓟县火车站
地址：天津市蓟县
电话：022－29142844
邮编：301900

河　北
HEBEI

旅游机构

河北省旅游局
地址：石家庄市育才街 175 号
电话：0311－85888005
邮编：050021
网址：www. hebeitour. com. cn
电子信箱：hbslyj@ hebeitour. com. cn

河北省旅游质量监督管理所
地址：石家庄市育才街 175 号
电话：0311－85814239
邮编：050021

石家庄市旅游局
地址：石家庄市中山东路 216 号
电话：0311－86689195
邮编：050011
网址：www. lvyou. sjz. net. cn
电子信箱：sjzslyj@ hebitour. com. cn

井陉矿区旅游局
地址：石家庄市井陉矿区市南街 57 号
电话：0311－82080899
邮编：050100

藁城市旅游局
地址：石家庄藁城市新华街 45 号
电话：0311－88155569
邮编：052160

新乐市旅游局
地址：石家庄新乐市县城
电话：0311－88587791
邮编：050500

鹿泉市旅游局
地址：石家庄鹿泉市北斗路
电话：0311－82012008
邮编：050200

井陉县旅游局
地址：石家庄市井陉县城新光大厦 5 楼
电话：0311－82020816
邮编：050300

正定县旅游局
地址：石家庄市正定县常山路
电话：0311－88012766
邮编：050063

灵寿县旅游局
地址：石家庄市灵寿县城西北街 85 号
电话：0311－82525788
邮编：050500

赞皇县旅游局
地址：石家庄市赞皇县城内大街 1 号
电话：0311－84228060
邮编：051230

平山县旅游局
地址：石家庄市平山县政府 2 号楼
电话：0311－82910116
邮编：050400

元氏县旅游局
地址：石家庄市元氏县人民路 7 号
电话：0311－84621001
邮编：051130

赵县旅游局
地址：石家庄市赵县赵州桥公园
电话：0311－84902449
邮编：051530

张家口市旅游局
地址：张家口长青路 7 号
电话：0313－8029390
邮编：075000
网址：www. gotozjk. com
电子信箱：zjkslyj@ hebitour. com. cn

桥西区文化旅游局
地址：张家口市桥西区
电话：0313－4038399
邮编：075061

下花园区文体旅游局
地址：张家口市下花园区
电话：0313－5052565
邮编：075300

宣化县开放旅游局
地址：张家口市宣化县
电话：0313－3015089
邮编：075100

张北县旅游局
地址：张家口市张北县城
电话：0313－5216138
邮编：076450

康保县文体旅游局
地址：张家口市康保县康保镇
电话：0313－5512410
邮编：076650

沽源县开放旅游局
地址：张家口市沽源县平定堡镇
电话：0313－5816668
邮编：076550

尚义县文化旅游局
地址：张家口市尚义县南壕堑镇
电话：0313－4327869
邮编：076750

蔚县旅游局
地址：张家口市蔚县蔚州镇
电话：0313－7011055
邮编：075700

阳原县旅游事业管理局
地址：张家口市阳原县西城镇
电话：0313－7382908
邮编：075800

怀安县文化旅游局
地址：张家口市怀安县柴沟堡镇
电话：0313－7812238
邮编：076150

万全县文体旅游局
地址：张家口市万全县孔家庄镇
电话：0313－4233626
邮编：076250

怀来县开放招商旅游局
地址：张家口市怀来县沙城镇
电话：0313－6860981
邮编：075400

涿鹿县旅游局
地址：张家口市涿鹿县涿鹿镇
电话：0313－6534690
邮编：075600

崇礼县文化旅游局
地址：张家口市崇礼县西湾子镇
电话：0313－4612345
邮编：076350

承德市旅游局
地址：承德市武烈路市政府 3 号楼
电话：0314－2024548
邮编：067000
电子信箱：cdslyj@ hebeitour. com. cn

双桥区文化旅游局
地址：承德市双桥区
电话：0314－2288623
邮编：067000

双滦区旅游局
地址：承德市双滦区
电话：0314－5915991
邮编：067000

承德县文化旅游局
地址：承德市承德县下板城镇
电话：0314－3110521
邮编：067000

兴隆县旅游局
地址：承德市兴隆县兴隆镇
电话：0314－5052791
邮编：067000

平泉县文化旅游局
地址：承德市平泉县平泉镇
电话：0314－6082826
邮编：067000

滦平县文化旅游局
地址：承德市滦平县滦平镇
电话：0314－8582809
邮编：067000

隆化县文化旅游局
地址：承德市隆化县隆化镇
电话：0314－7063979
邮编：067000

丰宁满族自治县旅游局
地址：承德市丰宁县大阁镇
电话：0314－8013640
邮编：067000

宽城满族自治县文化旅游局
地址：承德市宽城县宽城镇
电话：0314－6862130
邮编：067000

围场满族蒙古族自治县旅游局
地址：承德市围场县围场镇
电话：0314－7516631
邮编：067000

秦皇岛市旅游局
地址：秦皇岛市海港区港城大街 55 号
电话：0335－3661001
邮编：066000
网址：www. qhdta. gov. cn
电子信箱：qhdslyj@ hebeitour. com. cn

海港区旅游局
地址：秦皇岛市海港区南山街 56 号
电话：0335－3415488
邮编：066000

山海关区旅游局
地址：秦皇岛市山海关区东六条 1 号
电话：0335－5050088
邮编：066200

北戴河区旅游局
地址：秦皇岛市北戴河区联峰北路 88 号
电话：0335－4186313
邮编：066100

昌黎县旅游局
地址：秦皇岛市昌黎县黄金海岸一纬路
电话：0335－2289098
邮编：066607

抚宁县旅游局
地址：秦皇岛市抚宁县南戴河环游世界宫
电话：0335－4052669
邮编：066311

卢龙县旅游局
地址：秦皇岛市卢龙县新城大街
电话：0335－7316328
邮编：066400

青龙满族自治县旅游局
地址：秦皇岛市青龙县青龙镇燕山路 43 号
电话：0335－7881343
邮编：066500

唐山市旅游局
地址：唐山市西山道 5 号
电话：0315－2801149
邮编：063000
电子信箱：tsslyj@ hebeitour. com. cn

丰润区旅游局
地址：唐山市丰润区端广路 24 号
电话：0315－5122586
邮编：063000

遵化市旅游局
地址：唐山遵化市政府院内
电话：0315－6626755
邮编：063000

迁安市旅游局
地址：唐山迁安市花园街
电话：0315－7303918
邮编：063000

乐亭县旅游局
地址：唐山市乐亭县城关东大街
电话：0315－4616619
邮编：063000

迁西县旅游局
地址：唐山市迁西县兴城三街
电话：0315－5622960
邮编：063000

玉田县文体局
地址：唐山市玉田县玉田镇
电话：0315－6165826
邮编：063000

廊坊市旅游局
地址：廊坊市第五大街西段 G 座 8 栋
电话：0316－2190190
邮编：065000
电子信箱：lfslyj@ hebeitour. com. cn

安次区外旅侨办公室
地址：廊坊市安次区
电话：0316－2133201－330
邮编：065000

霸州市外旅侨办公室
地址：廊坊霸州市
电话：0316－7867398
邮编：065700

三河市外旅侨办公室
地址：廊坊三河市
电话：0316－3212441
邮编：065200

永清县旅游开发办公室
地址：廊坊市永清县永清镇
电话：0316－6685918
邮编：065600

文安县外旅侨办公室
地址：廊坊市文安县文安镇
电话：0316－5236592
邮编：065800

保定市旅游局
地址：保定市新北街 129 号
电话：0312－5038943
邮编：071000
网址：www. bdlyj. gov. cn
电子信箱：bdslyj@ hebeitour. com. cn

定州市文物旅游局
地址：保定定州市
电话：0312－2587593
邮编：073000

涿州市旅游文物局
地址：保定涿州市南关大街 105 号
电话：0312－3658486
邮编：072750

安国市文体旅游局
地址：保定安国市祁州路 94 号
电话：0312－3521285
邮编：071200

满城县旅游文物局
地址：保定市满城县满城汉墓景区内
电话：0312－7160188
邮编：072150

清苑县文化体育局
地址：保定市清苑县政府大院
电话：0312－7950159
邮编：071100

易县旅游局
地址：保定市易县开元北大街 35 号
电话：0312－8212922
邮编：074200

涞源旅游局
地址：保定市涞源县阁院路
电话：0312－7325748
邮编：074300

顺平旅游文物局
地址：保定市顺平县平安街 1 号
电话：0312－7616000
邮编：072250

唐县旅游局
地址：保定市唐县政府院
电话：0312－6416918
邮编：072350

涞水旅游局
地址：保定市涞水县政府
电话：0312－4522138
邮编：074100

安新文化旅游局
地址：保定市安新县东大街 107 号
电话：0312－5116398
邮编：071600

雄县旅游文物局
地址：保定市雄县县城
电话：0312－5866235
邮编：071800

曲阳县文化文物旅游局
地址：保定市曲阳县政府大院
电话：0312－4312335
邮编：073100

阜平旅游局
地址：保定市阜平县中兴街
电话：0312－7221801
邮编：073200

沧州市旅游局
地址：沧州市西环中路 88 号
电话：0317－2025235
邮编：061001
电子信箱：czslyj@ hebeitour. com. cn

任丘市旅游局
地址：沧州任丘市裕华中路 56 号
电话：0317－2225255
邮编：062550

黄骅市旅游局
地址：沧州黄骅市满海路政府大楼
电话：0317－5317352
邮编：061100

河间市旅游局
地址：沧州河间市
电话：0317－3666379
邮编：062450

沧县旅游局
地址：沧州市新华区
电话：0317－3053410
邮编：061000

东光县旅游局
地址：沧州市东光县东光镇
电话：0317－7721869
邮编：061600

吴桥县旅游局
地址：沧州市吴桥县桑园镇
电话：0317－7341735
邮编：061800

献县旅游局
地址：沧州市献县县城
电话：0317－4636808
邮编：062250

衡水市旅游局
地址：衡水市新华东路 11 号
电话：0318－2025041
邮编：053200
电子信箱：qhdslyj@ hebeitour. com. cn

桃城区文化体育旅游局
地址：衡水市桃城区
电话：0318－5236616
邮编：053800

冀州市旅游局
地址：衡水冀州市冀新路 77 号
电话：0318－8632169
邮编：053200

深州市外旅侨办公室
地址：衡水深州市
电话：0318－3312965
邮编：053800

枣强县外旅侨办公室
地址：衡水市枣强县城
电话：0318－8585429
邮编：053100

武邑县外旅侨办公室
地址：衡水市武邑县城
电话：0318－5712849
邮编：053400

武强县外旅侨办公室
地址：衡水市武强县城
电话：0318－3826010
邮编：053300

饶阳县外旅侨办公室
地址：衡水市饶阳县城
电话：0318－7238698
邮编：053900

安平县外旅侨办公室
地址：衡水市安平县城
电话：0318－7524145
邮编：053600

故城县外旅侨办公室
地址：衡水市故城县城
电话：0318－5322636
邮编：053800

景县外旅侨办公室
地址：衡水市景县县城
电话：0318－4222209
邮编：053500

阜城县外旅侨办公室
地址：衡水市阜城县城
电话：0318－4622031
邮编：053700

邢台市旅游局
地址：邢台市红星街133号
电话：0319－5212000
邮编：054001
电子信箱：xtslyj@hebeitour.com.cn

沙河市旅游局
地址：邢台沙河市太行大街51号
电话：0319－8921853
邮编：054100

邢台县旅游局
地址：邢台市邢台县顺德路130号
电话：0319－3661648
邮编：054052

临城县旅游局
地址：邢台市临城县北环路白云宾馆
电话：0319－7185376
邮编：054300

内丘县旅游局
地址：邢台市内丘县西街5号
电话：0319－6863677
邮编：054200

邯郸市旅游局
地址：邯郸市中华北大街98号
电话：0310－3023834
邮编：056004
电子信箱：hdslyj@hebeitour.com.cn

峰峰矿区文体旅游局
地址：邯郸市峰峰矿区保卫路
电话：0310－5182581
邮编：056200

武安市旅游局
地址：邯郸武安市塔西路13号
电话：0310－5553693
邮编：056300

邯郸县文化旅游局
地址：邯郸市邯郸县文化局
电话：0310－8031919
邮编：056001

大名县旅游局
地址：邯郸市大名县大名镇
电话：0310－6575006
邮编：056900

涉县文物旅游局
地址：邯郸市涉县振兴路41号
电话：0310－3828388
邮编：056400

磁县旅游局
地址：邯郸市磁县县城
电话：0310－2390882
邮编：056500

馆陶县旅游局
地址：邯郸市馆陶县政府街66号
电话：0310－2826588
邮编：057750

旅行社

河北省中国国际旅行社有限公司
地址：石家庄市东岗路26号
电话：0311－85814766
邮编：050021
网址：www.citshb.com.cn
许可证号：L－HEB－CJ00001

河北省中国旅行社有限责任公司
地址：石家庄市育才街175号
电话：0311－85814570
邮编：050021
网址：www.hbcts.cn
许可证号：L－HEB－CJ00002

承德中国国际旅行社有限责任公司
地址：承德市中华路11号市政府综合楼
电话：0314－2027483
邮编：067000
网址：www.citscd.com
许可证号：L－HEB－CJ00003

秦皇岛国际旅行社有限公司
地址：秦皇岛市海港区文化路277－1号
电话：0335－3261120
邮编：066000
网址：www.qitsqhd.com
许可证号：L－HEB－CJ00004

河北省东方国际旅行社有限责任公司
地址：石家庄市槐中路116号华脉商务楼
电话：0311－86012681
邮编：050021
许可证号：L－HEB－CJ00005

唐山中国国际旅行社有限公司
地址：唐山市路北区西山道鑫雅园A23－10号
电话：0315－2258805
邮编：063000
许可证号：L－HEB－CJ00006

石家庄国际旅行社
地址：石家庄市广安街5号
电话：0311－86128825
邮编：050021
许可证号：L－HEB－CJ00007

河北省中国青年旅行社
地址：石家庄市广安大街36号银泰国际609室
电话：0311－89107782
邮编：050011
许可证号：L－HEB－CJ00008

中国国旅保定国际旅行社有限公司
地址：保定市裕华西路303号
电话：0312－3333390
邮编：071000
许可证号：L－HEB－CJ00009

秦皇岛市海燕国际旅行社有限公司
地址：秦皇岛市海港区广场西路106号
电话：0335－3056600
邮编：066000
许可证号：L－HEB－CJ00010

保定市中国旅行社有限公司
地址：保定市恒祥北大街109号
电话：0312－5996280
邮编：071000
许可证号：L－HEB－CJ00011

河北天元国际旅行社有限公司
地址：石家庄市广安大街77号安侨商务911房间
电话：0316－85268000
邮编：050011
许可证号：L－HEB－CJ00012

河北京铁昌龙国际旅行社有限公司
地址：石家庄市水源街89号
电话：0311－87815366
邮编：050000
许可证号：L－HEB－CJ00013

邢台辰光国际旅行社有限公司
地址：邢台市中兴西大街199号
电话：0319－5910009
邮编：054000
许可证号：L－HEB－CJ00014

河北康辉国际旅行社有限责任公司
地址：石家庄市中山东路97号铁道大厦
电话：0311－86990158
邮编：050011
网址：www.hbcct.com
许可证号：L－HEB－CJ00015

秦皇岛市长城国际旅行社有限公司
地址：秦皇岛市河北大街中段132号
电话：0335－5910009
邮编：050011
网址：www.qhdccits.com
许可证号：L－HEB－CJ00016

承德中旅国际旅行社有限公司
地址：承德市武烈路市委综合楼二楼
电话：0314－2050027
邮编：067000
网址：www.cdcts.com
许可证号：L－HEB－CJ00017

承德海外国际旅游有限公司
地址：承德市南营子大街文化大厦北楼19层
电话：0314－2020945
邮编：067000
许可证号：L－HEB－CJ00018

河北天鹅国际旅行社有限责任公司
地址：石家庄市四中路16号
电话：0311－89623668
邮编：050051
许可证号：L－HEB－CJ00019

河北航空国际旅行社有限公司
地址：石家庄市中山东路471号
电话：0311－87287777
邮编：050031
许可证号：L－HEB－CJ00020

唐山航空国际旅行社有限公司
地址：唐山市建设北路25号
电话：0315－2852233
邮编：063000
许可证号：L－HEB－CJ00021

唐山市假日国际旅行社有限公司
地址：唐山市路北区西山道14号
电话：0315－2829757
邮编：063000
许可证号：L－HEB－CJ00022

河北康乐国际旅行社有限责任公司
地址：秦皇岛市迎宾路61号阳光大厦1楼B座
电话：0335－3080528
邮编：066000
许可证号：L－HEB－CJ00023

廊坊市虹宇国际旅行社有限公司
地址：廊坊市新世纪步行街第三大街A－192号
电话：0316－2091106
邮编：065000
许可证号：L－HEB－CJ00024

唐山市凤凰国际旅行社
地址：唐山市路北区华岩路28号
电话：0315－5910655
邮编：063000
网址：www.tpts2000.com
电子信箱：tpts2000@163.com
许可证号：L－HEB－CJ00025

张家口市国际旅行社
地址：张家口市桥东区胜利南路2号蓝鲸大厦辅楼
电话：0313－4072858　4072818
邮编：075000
许可证号：L－HEB－CJ00026

唐山市万象时空国际旅行社有限公司
地址：唐山市路北区西山道9－1号
电话：0315－2857898
邮编：063000
许可证号：L－HEB－CJ00027

河北海外国际旅行社有限公司
地址：石家庄市长安区
电话：0311－86066679
邮编：050011
许可证号：L－HEB－CJ00028

石家庄锦华商务国际旅行社有限公司
地址：石家庄市槐安东路28号仁和嘉园A座
电话：0311－66686835
邮编：050000
许可证号：L－HEB－CJ00029

河北新忠国际旅行社有限公司
地址：石家庄市广安街77号安侨商务1108、1109室
电话：0311－86661975
邮编：050011
电子信箱：xinzhongpan@sina.com
许可证号：L－HEB－CJ00030

任丘市华北石油世纪国际旅行社有限公司
地址：任丘市会战道华油报社院内
电话：0317－2785557
邮编：062552
电子信箱：shijiguolv@sina.com
许可证号：L－HEB－CJ00031

邢台牛城国际旅行社有限公司
地址：邢台市中华路123号
电话：0319－2217777
邮编：054000
电子信箱：baiqiutian@126.com
许可证号：L－HEB－CJ00032

河北光大国际旅行社有限公司
地址：石家庄市中山东路199号
电话：0311－89695555
邮编：050011
电子信箱：guangda0811@163.com
许可证号：L－HEB－CJ00033

唐山市顺风国际旅行社有限公司
地址：唐山市路北区站前路北段
电话：0315－2322398
邮编：063004
电子信箱：sflx@tsyiyun.com
许可证号：L－HEB－CJ00034

沧州市国际旅行社
地址：沧州市盐务局一楼
电话：0317－3071234
邮编：061001
电子信箱：jyg_cxx@sina.com
许可证号：L－HEB－CJ00035

石家庄华夏国际旅行社有限公司
地址：石家庄市广安大街美东国际C座7层
电话：0311－86666888
邮编：050000
电子信箱：888hewei@sohu.com
许可证号：L－HEB－CJ00036

遵化神舟国际旅行社有限责任公司
地址：遵化市北二环东路路北
电话：0315－6073222
邮编：064200
电子信箱：jasonlv2004@163.com
许可证号：L－HEB－CJ00037

河北西柏坡国际旅行社有限公司
地址：石家庄桥西区永安街46号金裕花园3号楼商业101号
电话：0311－85518882
邮编：050000
电子信箱：xibaipolxs@163.com
许可证号：L－HEB－CJ00038

河北青年国际旅行社有限公司
地址：石家庄市建设北大街5号
电话：0311－86998833
邮编：050011
电子信箱：hbqnlxs889@163.com
许可证号：L－HEB－CJ00039

石家庄青年国际旅行社有限公司
地址：石家庄市槐安东路28号
电话：0311－86138068
邮编：050011
电子信箱：630135702@qq.com
许可证号：L－HEB－CJ00040

河北口岸旅行社
地址：石家庄市中山东路169号
电话：0311－86092288
邮编：050011
电子信箱：393644565@qq.com
许可证号：L－HEB－CJ00041

承德大地旅行社
地址：承德市德汇大厦B座碧峰饭店一楼
电话：0314－2022858
邮编：067000
电子信箱：dadilvxingshe6611@163.com
许可证号：L－HEB－CJ00042

张家口金桥国际旅行社
地址：张家口市建设东街26号
电话：0313－2038022
邮编：075000
电子信箱：jinqlxs@zjktour.gov.cn
许可证号：L－HEB－CJ00043

遵化市航空国际旅行社有限公司
地址：遵化市北环西路9－3号
电话：0315－6611718
邮编：064200
电子信箱：zunhuaguolv@vip.163.com
许可证号：L－HEB－CJ00044

河北省新闻国际旅行社
地址：石家庄市裕华东路86号
电话：0311－67562767
邮编：050013
电子信箱：59793917@qq.com
许可证号：L－HEB－CJ00046

承德市招商国际旅行社有限公司
地址：承德市双桥区帝景园大厦
电话：0314－2029017
邮编：067000
电子信箱：2648188035@qq.com
许可证号：L－HEB－CJ00047

河北卓正国际旅行社有限公司
地址：保定市军校街－51号
电话：0312－5090668
邮编：071000
电子信箱：xinyueduo@163.com
许可证号：L－HEB－CJ00048

石家庄远洋国际旅行社有限公司
地址：石家庄市煤机街116号
电话：0311－89896007
邮编：050000
电子信箱：wangwenyu9@soho.com
许可证号：L－HEB－CJ00049

邯郸市邯山非凡国际旅行社有限公司
地址：邯郸市和平路396号同仁花园H－31号门市
电话：0311－3180310
邮编：056001
电子信箱：148102640@qq.com
许可证号：L－HEB－CJ00050

唐山华夏国际旅行社有限公司
地址：唐山市路北区长宁道150号
电话：0311－2063938　5918201
邮编：063000
许可证号：L－HEB－CJ00052

石家庄燕赵旅行社有限公司
地址：石家庄市富强大街3号
电话：0311－89851325
邮编：063000
许可证号：L－HEB－CJ00053

邯郸峰峰太行旅行社有限责任公司
地址：邯郸市峰峰矿区滏阳东路 25 号
电话：0310－5110938
邮编：056200
许可证号：L－HEB－CJ00054

保定市正大国际旅行社有限公司
地址：保定市裕华西路 292 号门脸
电话：0312－2026111　2028111
邮编：071052
许可证号：L－HEB－CJ00055

承德广中旅行社有限公司
地址：承德市丽正门大街 9 号
电话：13903144915
邮编：067000
许可证号：L－HEB－CJ00056

张家口市蓝天国际旅行社有限公司
地址：张家口市桥东区胜利北路 43 号－2
电话：0313－5915191
邮编：075000
许可证号：L－HEB－CJ00057

秦皇岛夏都国际旅行社有限公司
地址：秦皇岛市北戴河区联峰北路 9 号 2 栋
电话：0335－4034433
邮编：066100
许可证号：L－HEB－CJ00058

秦皇岛卓扬国际旅行社有限公司
地址：秦皇岛市海港区建设大街新世纪小区
电话：0335－3083636
邮编：066000
许可证号：L－HEB－CJ00059

秦皇岛市金色假日旅行社有限公司
地址：秦皇岛市海港区红旗路 152 号
电话：0335－3262229
邮编：066000
许可证号：L－HEB－CJ00060

秦皇岛百合国际旅行社有限公司
地址：秦皇岛海港区文化北路 295 号港瑞商务楼六楼
电话：0335－8885060
邮编：066000
许可证号：L－HEB－CJ00061

秦皇岛永诚百事通国际旅行社有限公司
地址：秦皇岛市太阳城东方大厦 7 层
电话：0335－3239677
邮编：066000
许可证号：L－HEB－CJ00062

迁安市春辉国际旅行社有限公司
地址：唐山迁安市惠泉大街北侧双惠小区 1400 号
电话：0315－7695656
邮编：064400
许可证：L－HEB－CJ00063

唐山金色假日国际旅行社有限公司
地址：唐山市文化路 27 号
电话：0315－7377770/71/72/73
邮编：063000
许可证号：L－HEB－CJ00064

唐山海外国际旅行社有限公司
地址：唐山市路北区北新西道 30 号凯源花苑底商 3 号
电话：0315－5390050　8080788
邮编：063000
许可证号：L－HEB－CJ00065

唐山百事通国际旅行社有限公司
地址：唐山市路北区大里路 123－27 号
电话：0315－2255306
邮编：063000
许可证号：L－HEB－CJ00066

石家庄春秋国际旅行社有限公司
地址：石家庄市长安区中山东路 471 号 407 室、101 室
电话：0311－89183817
邮编：050011
网址：www. springtour. com
许可证号：L－HEB－CJ00067

河北金凯国际旅行社有限公司
地址：石家庄市桥东区槐安东路 28 号仁和嘉园 1 号楼 401 室
电话：0311－87016678
邮编：050010
许可证号：L－HEB－CJ00068

河北和平国际旅行社有限公司
地址：石家庄市裕华东路 106－1 号
电话：0311－85683268　67663896
邮编：050011
许可证号：L－HEB－CJ00069

河北风情国际旅行社有限公司
地址：石家庄市槐安西路 37 号
电话：0311－83834999
邮编：050011
许可证号：L－HEB－CJ00070

河北纵横国际旅行社有限公司
地址：石家庄市桥西区中山西路群星综合楼 146 号
电话：0311－87025333
邮编：050091
许可证号：L－HEB－CJ00071

河北众信国际旅行社有限公司
地址：石家庄市建设北大街 38 号阳光艾美特酒店 3 楼 301－302 室
电话：0311－86038868　86038001
邮编：050011
许可证号：L－HEB－CJ00072

河北易盛国际旅行社有限公司
地址：石家庄市高新技术产业开发区新石中路 375 号金石大厦 B 座 1703 室
电话：0311－80663727
邮编：050011
许可证号：L－HEB－CJ00073

承德金海岸旅行社有限公司
地址：承德市两宫门商业街 21 号
电话：0314－2560311
邮编：067000
许可证号：L－HEB－CJ00074

唐山市至尊国际旅行社有限公司
地址：唐山市建设路 130 号远洋城内一层中央大厅
电话：0315－3815822
邮编：063000
许可证号：L－HEB－CJ00075

唐山市茗苏国际旅行社有限公司
地址：唐山市丰南区运河唐人街 12 号
邮编：063300
许可证号：L－HEB－CJ00076

廊坊市金旅国际旅行社有限公司
地址：廊坊市天利得益大厦 711、712 室
电话：0316－2040888
邮编：065000
许可证号：L－HEB－CJ00077

廊坊市春光旅行社有限公司
地址：廊坊市广阳区新华路 82 号
电话：0316－2017236
邮编：065000
许可证号：L－HEB－CJ00078

保定市神舟国际旅行社有限公司
地址：保定市复兴中路浩达公寓底商 2290 号
电话：0312－3183222
邮编：071052
许可证号：L－HEB－CJ00079

保定春秋国际旅行社有限公司
地址：保定市恒祥北大街 44 号
电话：0312－5994155
邮编：071052
许可证号：L－HEB－CJ00080

保定市省青国际旅行社有限公司
地址：保定市恒祥北大街金昌小区 2－8 号
电话：0312－5071535
邮编：071052
许可证号：L－HEB－CJ00081

河北天天国际旅行社有限公司
地址：沧州市运河区南新村 2 号楼
电话：0317－2020066　2020099
邮编：061000
许可证号：L－HEB－CJ00082

衡水康辉旅行社有限责任公司
地址：衡水市中心大街 55 号
电话：0318－2138000
邮编：053000
许可证号：L－HEB－CJ00083

邢台今日国际旅行社有限公司
地址：邢台市中华大街 71 号
电话：0319－3138696
邮编：054001
许可证号：L－HEB－CJ00084

邯郸市南方旅行社有限公司
地址：邯郸市人民东路 109 号
电话：0310－7963666
邮编：056002
许可证号：L－HEB－CJ00085

邯郸市安逸旅行社有限公司
地址：邯郸市光明南大街 18 号
电话：0310－3150398
邮编：056002
许可证号：L－HEB－CJ00087

饭　店

河北世纪大饭店 ★★★★★
地址：石家庄市中山西路 145 号
电话：0311－87036699
邮编：050051

中茂海悦酒店 ★★★★★
地址：石家庄市育才街 168 号
电话：0311－85255555　89668099
邮编：050011

石家庄世贸广场酒店 ★★★★★
地址：石家庄市中山东路 303 号
电话：0311－86678888
邮编：050011

秦皇岛海景假日酒店 ★★★★★
地址：秦皇岛市海港区东港路25号
电话：0335－3430888　3430999
邮编：066000

秦皇岛秦皇国际大酒店 ★★★★★
地址：秦皇岛市海港区文涛路2号
电话：0335－8368888
邮编：066004

唐山国丰维景国际大酒店 ★★★★★
地址：唐山市丰南区运河东路
电话：0315－6338888
邮编：063300

唐山锦江国际饭店 ★★★★★
地址：唐山市新华西道136号
电话：0315－5908811　5902000
邮编：063000

渤海国际会议中心有限公司 ★★★★★
地址：唐山市曹妃甸区渤海大道9号
电话：0315－8898866
邮编：063200

首钢迁安迎宾馆 ★★★★★
地址：唐山迁安市黄台湖景区3号岛
电话：0315－4662401
邮编：064400

廊坊阿尔卡迪亚国际酒店有限公司 ★★★★★
地址：廊坊市开发区祥云道83号
电话：0316－2509898
邮编：065000

廊坊国际饭店 ★★★★★
地址：廊坊市和平路81号甲
电话：0316－2173456
邮编：065000

艾力枫社酒店 ★★★★★
地址：廊坊经济技术开发区友谊路
电话：0316－6069555
传真：0316－6065618
邮编：065001

三河福成国际大酒店 ★★★★★
地址：廊坊三河市燕郊经济开发区102国道北侧
电话：0316－3386666
邮编：065200

秀兰饭店 ★★★★★
地址：保定市乐凯南大街388号
电话：0312－3277888　3277999
邮编：065200

卓正国际酒店 ★★★★★
地址：保定市北市区七一东路2358号
电话：0312－3358659
邮编：071000

星光国际商务酒店 ★★★★★
地址：保定市朝阳北大街969号
电话：0312－3102226
邮编：071051

保定电谷锦江国际酒店 ★★★★★
地址：保定市朝阳北大街1888号
电话：0312－8631610
邮编：071051

沧州金狮国际酒店 ★★★★★
地址：沧州市运河区迎宾道
电话：0317－5630888
邮编：061000

沧州阿尔卡迪亚国际酒店 ★★★★★
地址：沧州市黄河西路
电话：0317－5258888
邮编：061001

沧州临港盛泰名人大酒店有限公司 ★★★★★
地址：沧州市渤海新区中捷产业园区赵黄公路南
电话：0317－8579999
邮编：061113

兴华财富集团武安财富国际酒店有限公司 ★★★★★
地址：邯郸武安市放射路1号
电话：0310－57188888
邮编：056300

金圆大厦 ★★★★
地址：石家庄市中华北大街3号
电话：0311－88614888
邮编：050000

燕山大酒店 ★★★★
地址：石家庄市裕华西路40号
电话：0311－87012233
邮编：050000

石家庄国际大厦 ★★★★
地址：石家庄市中山东路301号
电话：0311－85919999
邮编：050011

河北汇文大酒店 ★★★★
地址：石家庄市站前街6号
电话：0311－87865601
邮编：050000

燕春花园酒店 ★★★★
地址：石家庄市中山东路195号
电话：0311－86671188　89269999
邮编：050011

西美商务酒店 ★★★★
地址：石家庄市建设南大街6号
电话：0311－86918888
邮编：050011

石家庄亚太大酒店 ★★★★
地址：石家庄市青园街215号
电话：0311－85999999
邮编：050021

凯旋金悦大酒店 ★★★★
地址：石家庄市东大街9号
电话：0311－85268888
邮编：050011

河北中国大酒店 ★★★★
地址：石家庄市自强路127号
电话：0311－87025931
邮编：050011

国宾大酒店 ★★★★
地址：石家庄市中山东路99号
电话：0311－86911998
邮编：050011

新东方商务酒店 ★★★★
地址：石家庄市高新技术开发区黄河大街141号
电话：0311－85383131
邮编：050035

石家庄市京州国际酒店管理有限公司 ★★★★
地址：石家庄市裕华区裕华东路177号
电话：0311－80777777
邮编：050000

银河宾馆 ★★★★
地址：石家庄市桥东区四中路10号
电话：0311－85986666
邮编：050011

美丽华大酒店 ★★★★
地址：石家庄市长安区体育北大街56号
电话：0311－86915555　86915599
邮编：050031

开滦大饭店 ★★★★
地址：石家庄市自强路37号
电话：0311－89161013
邮编：050011

唐宁汇酒店 ★★★★
地址：石家庄市桥东区湘江道16号
电话：0311－85283333
邮编：050035

怀特大厦 ★★★★
地址：石家庄市体育大街219号
电话：0311－85911522
邮编：050021

河北汇宾大酒店 ★★★★
地址：石家庄市裕华西路160号
电话：0311－87688998
邮编：050081

万象天成假日酒店 ★★★★
地址：石家庄市裕华西路15号
电话：0311－6779999
邮编：050081

正定华阳假日酒店 ★★★★
地址：石家庄市正定县常山西路2号
电话：0311－88012626　88022410
邮编：050800

正定国豪大酒店 ★★★★
地址：石家庄市正定县华安西路37号
电话：0311－88017777
邮编：050800

正定金星大酒店 ★★★★
地址：石家庄市正定县旺泉南街58号
电话：0311－88297888
邮编：050800

欧景假日酒店 ★★★★
地址：石家庄市正定县国际机场
电话：0311－88297900
邮编：050800

西苑温泉度假村 ★★★★
地址：石家庄市平山县温塘镇
电话：0311－82813188
邮编：050402

河北野生原度假村 ★★★★
地址：石家庄市平山县钢城路北行3公里
电话：0311－82886659
邮编：050400

白鹿温泉度假村 ★★★★
地址：石家庄市平山县温塘镇鹿台村
电话：0311－82800888
邮编：050402

平山县旅游服务中心 ★★★★
地址：石家庄市平山县温塘镇焦家庄石闫路南
电话：0311－82817667

河北

邮编：050400

平山敬业宾馆 ★★★★
地址：石家庄市平山县柏坡东路 188 号
电话：0311－82935168
邮编：050400

张家口奥菲斯大酒店 ★★★★
地址：张家口市桥东区五一东大街 26 号
电话：0313－2568309
邮编：075000

宣化区阳光大酒店胜利北路店 ★★★★
地址：张家口市宣化区钟楼大街 98 号
电话：0313－6018888
邮编：075100

张家口市宣化世纪王朝酒店有限公司 ★★★★
地址：张家口市宣化区中山大街 10 号
电话：0313－3582222
邮编：075000

张家口市宏昌实业有限责任公司艺海商务会馆 ★★★★
地址：张家口市高新区市府东大街 8 号
电话：0313－4025999
邮编：075000

蓝鲸大厦 ★★★★
地址：张家口市胜利南路 12 号
电话：0313－4083802
邮编：075000

国宾东升大酒店 ★★★★
地址：张家口市胜利北路 2 号
电话：0313－2108888
邮编：075000

金凤大厦 ★★★★
地址：张家口市桥西区古宏大街 26 号
电话：0313－8088888
邮编：075000

宣化宾馆 ★★★★
地址：张家口市宣化区宣府大街 59 号
电话：0313－3181888
邮编：075100

张北县盛世景源大酒店 ★★★★
地址：张家口市张北县张北 207 线西侧
电话：0313－5231000
邮编：076450

张家口市宏昊餐饮娱乐有限公司 ★★★★
地址：张家口市张北县中都大街
电话：0313－5399999
邮编：076450

张家口蔚县正和饭店 ★★★★
地址：张家口市蔚县蔚州镇正和路 1 号
电话：0313－7238890
邮编：075700

蔚县新蔚州宾馆 ★★★★
地址：张家口市蔚县蔚州镇和平路中段
电话：0313－7239998
邮编：075700

张家口涿鹿中华大酒店有限公司 ★★★★
地址：张家口市涿鹿县轩辕西路 1 号
电话：0313－6299988
邮编：075600

崇礼县容辰国际假日酒店管理有限责任公司 ★★★★
地址：张家口市崇礼县裕兴路 21 号
电话：0313－5699999
邮编：076350

梦特芳丹假日酒店 ★★★★
地址：张家口市崇礼县万龙路口北
电话：0313－5696088
邮编：076350

崇礼亚龙湾生态度假村有限公司 ★★★★
地址：张家口市崇礼县四台嘴乡
电话：0313－5697999
邮编：076350

崇礼县汤印温泉假日酒店管理有限公司 ★★★★
地址：张家口市崇礼县万龙路口南
电话：0313－473777
邮编：076350

紫御国际假日酒店有限公司 ★★★★
地址：承德市双桥区武烈路 6 号
电话：0314－7779000
邮编：067000

承德盛华大酒店 ★★★★
地址：承德市武烈路 22 号
电话：0314－2271118
邮编：067000

承德宾馆 ★★★★
地址：承德市南营子大街 19 号
电话：0314－5901888
邮编：067000

锦江文冠饭店 ★★★★
地址：承德市环城南路 99 号
电话：0314－2295588
邮编：067000

天宝假日大酒店 ★★★★
地址：承德市新华路 6 号新华园 A 座
电话：0314－2090608
传真：0314－2090180
邮编：067000

承德京城大酒店 ★★★★
地址：承德市双桥区半壁山路 12 号
电话：0314－2255999
邮编：067000

承德市乾阳大酒店 ★★★★
地址：承德市普乐北路 8 号
电话：0314－5565098
邮编：067000

兴隆县仟禧龙度假村 ★★★★
地址：承德市兴隆县北水泉乡眼石村雾灵山南门外 1 公里
电话：0314－5510666　5510286－8888
邮编：067300

承德平泉客官（国际）饭店有限公司 ★★★★
地址：承德市平泉县兴平南路
电话：0314－6066789
邮编：067500

承德市平泉县泽州大酒店 ★★★★
地址：承德市平泉县平泉镇渝州中路
电话：0314－6059999
邮编：067500

承德隆化鑫源房地产开发集团有限责任公司阳光假日酒店 ★★★★
地址：承德市隆化县隆化镇英雄广场东侧
电话：0314－6012955
邮编：068150

丰宁东杉坝上草原假日酒店 ★★★★
地址：承德市丰宁县大滩镇北三公里
电话：0314－8288888
邮编：068357

承德宽城天宝酒店 ★★★★
地址：承德市宽城满族自治县宽城镇民族街
电话：0314－6638877
邮编：067600

秦皇岛北戴河北华园观海酒店有限公司 ★★★★
地址：秦皇岛市北戴河区东海滩路 1 号
电话：0335－4680666
邮编：066100

华北电网有限公司北戴河疗养院 ★★★★
地址：秦皇岛市北戴河区联峰路 163 号
电话：0335－4032555
邮编：066100

秦皇岛市怪楼奇园大酒店有限公司 ★★★★
地址：秦皇岛市北戴河区联峰中路 106 号
电话：0335－4683666
邮编：066100

秦皇岛金台度假酒店 ★★★★
地址：秦皇岛市北戴河中海滩支路 2 号
电话：0335－4681888
邮编：066100

秦皇岛国际饭店 ★★★★
地址：秦皇岛市文化路 303 号
电话：0335－3083083　3604783
邮编：066000

秦皇岛长城酒店 ★★★★
地址：秦皇岛市燕山大街 202 号
电话：0335－3061666
邮编：066001

秦皇岛晨砻酒店 ★★★★
地址：秦皇岛市建设大街东段 89 号
电话：0335－3108888
传真：0335－3100560
邮编：066003

北戴河海滨花园大酒店 ★★★★
地址：秦皇岛市北戴河区安四路 54 号
电话：0335－5929000
邮编：066100

北戴河新华假日酒店 ★★★★
地址：秦皇岛市北戴河安二路 2 号
电话：0335－4280888　4280666
邮编：066100

幸运国际大酒店 ★★★★
地址：秦皇岛市北戴河西经路 6 号
电话：0335－4020555
邮编：066100

山海假日酒店 ★★★★
地址：秦皇岛市山海关区古城西大街 6 号
电话：0335－5352883
邮编：066200

北戴河新区盛泰建国国际酒店 ★★★★
地址：秦皇岛市
电话：0335－5967777
邮编：066100

天津起士林北戴河大饭店 ★★★★
地址：秦皇岛市北戴河东经路 95 号
电话：0335－4680000

邮编：066100

北京电视台黄金海岸培训中心 ★★★★
地址：秦皇岛市昌黎县黄金海岸一纬路40号
电话：0335－2288999
邮编：066607

唐山锦江贵宾楼饭店 ★★★★
地址：唐山市建设南路46号
电话：0315－2821611　3729500
邮编：063000

新华大酒店 ★★★★
地址：唐山市新华道105号
电话：0315－3721110
邮编：063000

遵化万佛园大酒店 ★★★★
地址：唐山遵化市东陵乡
电话：0315－6948394
邮编：064200

迁安锦江饭店 ★★★★
地址：唐山迁安市燕山大路
电话：0315－7286666
邮编：064400

迁安九江饭店 ★★★★
地址：唐山迁安市丰乐路1085号
电话：0315－7286818
邮编：064400

迁安艳春楼大酒店 ★★★★
地址：唐山迁安市杨店子镇滨河村路北
电话：0315－7282499
邮编：064404

唐山承启大酒店 ★★★★
地址：唐山市乐亭县大钊路21号
电话：0315－4627777　4627866
邮编：063600

乐亭昌盛国际酒店 ★★★★
地址：唐山市乐亭县开发区
电话：0315－2925588
邮编：063611

迁西亚滦湾度假酒店 ★★★★
地址：唐山市迁西县小黑河北
电话：0315－5970888
邮编：064300

海澳大酒店 ★★★★
地址：唐山市唐海县桥西街长丰路北
电话：0315－8758666
邮编：063200

廊坊市天都大酒店 ★★★★
地址：廊坊市广阳道188号
电话：0316－2339998
邮编：065000

廊坊和平饭店 ★★★★
地址：廊坊市和平路99号
电话：0316－2055555
邮编：065000

廊坊御龙大酒店 ★★★★
地址：廊坊市永兴路88号
电话：0316－4442290
邮编：065000

霸州市海悦酒店管理有限公司 ★★★★
地址：廊坊霸州市开发区106国道西侧环保局南
电话：0316－7863555
邮编：065700

霸州国际大酒店 ★★★★
地址：廊坊霸州市金康道258号
电话：0316－7285539
邮编：065700

霸州市玫瑰庄园温泉假日酒店有限公司 ★★★★
地址：廊坊霸州市泰山路519号
电话：0316－7856666
邮编：065700

霸州市梅地亚温泉酒店 ★★★★
地址：廊坊霸州市开发区106国道东侧
电话：0316－7286011
邮编：065700

三河市燕龙绿色生态园有限公司 ★★★★
地址：廊坊三河市燕郊高开区思蓓兰路南600米
电话：0316－3302599
邮编：065201

三河思菩兰国际会议中心 ★★★★
地址：北京燕郊经济技术开发区
电话：0316－3315988
邮编：065201

汇福大酒店 ★★★★
地址：廊坊三河市燕郊镇汇福路8号
电话：0316－3388205
邮编：065200

京东第一温泉宾馆 ★★★★
地址：廊坊市大厂县开发区
电话：0316－8865510
邮编：065301

保定中银大厦 ★★★★
地址：保定市朝阳路59号
电话：0312－3098130
邮编：071051

保定国际俱乐部 ★★★★
地址：保定市天鹅西路199号
电话：0312－3169999　3106859
邮编：071051

保定恒通财富酒店 ★★★★
地址：保定市朝阳北大街709号
电话：0312－3321666
邮编：071051

华中假日大地酒店 ★★★★
地址：保定市高开区朝阳北大街969号
电话：0312－3106682
邮编：071051

世纪花园大酒店 ★★★★
地址：保定市建华大街359号
电话：0312－5927723
邮编：071000

保定宾至酒店 ★★★★
地址：保定市白沟镇富民路123号
电话：0312－6398888
邮编：074004

定州国际酒店 ★★★★
地址：保定定州市中山东路1号
电话：0312－2398888
邮编：073000

涿州市水岸花城商务酒店有限公司 ★★★★
地址：保定涿州市城西北街252号
电话：0312－6671585
邮编：072750

涿州利兹假日酒店有限公司 ★★★★
地址：保定涿州市东城坊镇石佛林场京都旅游度假区
电话：0312－3705692
邮编：072750

高碑店市鹏达世纪酒店有限公司 ★★★★
地址：保定高碑店市迎宾路16号
电话：0312－7939999
邮编：074000

保定徐水金浪屿国际酒店 ★★★★
地址：保定市徐水县商业城南门
电话：0312－8660117
邮编：072550

保定定兴四季经典酒店 ★★★★
地址：保定市定兴县开发区朝阳东路
电话：0312－5870996
邮编：072650

山水一方度假村 ★★★★
地址：保定市涞水县三坡镇
电话：0312－4563688
邮编：074104

盛世国际酒店 ★★★★
地址：保定市涞水县府前街
电话：0312－4538300
邮编：074100

一渡假日酒店有限公司 ★★★★
地址：保定市涞水县宋各庄乡沈家庵村
邮编：074100

保定高阳康恩国际商务酒店 ★★★★
地址：保定市高阳县宏润大街18号
电话：0312－6638918
邮编：071500

沧州洋帆大酒店 ★★★★
地址：沧州市浮阳北大道16号
电话：0317－2077598
邮编：061001

沧州宏达房地产开发有限公司宏泰大酒店分公司 ★★★★
地址：沧州市浮阳南大道11号
电话：0317－3776666
邮编：061001

沧州市迎宾馆 ★★★★
地址：沧州市新华东路15号
电话：0317－3054010
邮编：061000

新世纪国际酒店 ★★★★
地址：沧州任丘市会战道总部桥头
电话：0317－3388666
邮编：062550

任丘市五洲大酒店 ★★★★
地址：沧州任丘市裕华中路
电话：0317－3388129　3388666
邮编：062550

任丘华北油田宾馆 ★★★★
地址：沧州任丘市总部桥头
电话：0317－2754888
邮编：062552

沧州黄骅市金都花园酒店 ★★★★
地址：沧州黄骅市神华大街
电话：0317－5312691
邮编：062100

神华海港国际饭店 ★★★★
地址：沧州市黄骅港开发区
电话：0317－5387555
邮编：061113

华悦凯旋大酒店 ★★★★
地址：沧州黄骅市神华大街
电话：0317－5232869
邮编：062100

东光富翔大酒店 ★★★★
地址：沧州市东光县东光镇茧城大街东段
电话：0317－7898466
邮编：061600

沧州肃宁华阳大酒店 ★★★★
地址：沧州市肃宁县泽城东路
电话：0317－5019999
邮编：062350

沧州南皮县信和大酒店有限公司 ★★★★
地址：沧州市南皮县金刚中路 159 号
电话：0317－8568888
邮编：061500

沧州献县河北银都温泉假日酒店 ★★★★
地址：沧州市献县南环路 1 号
电话：0317－4596666
邮编：062250

衡水阳光大酒店 ★★★★
地址：衡水市新华中路 158 号
电话：0318－2113426
邮编：053000

衡水市人民政府招待处 ★★★★
地址：衡水市人民西路 69 号
电话：0318－6888888
邮编：053000

邢台辰光大酒店 ★★★★
地址：邢台市中兴西大街 319 号
电话：0319－2120045
邮编：054000

盛都温泉假日酒店有限公司 ★★★★
地址：邢台市桥东区京港澳高速公路以西邢台高速北下道北侧
电话：0319－3926666
邮编：054001

冀中能源股份有限公司邢台金牛大酒店 ★★★★
地址：邢台市桥西区中兴西大街 193 号
电话：0319－2098013
邮编：054000

邢台沙河华沙大酒店 ★★★★
地址：邢台沙河市京广路 389 号
电话：0319－8700037
邮编：054100

沙河市渼水迎宾馆 ★★★★
地址：邢台沙河市人民大街新兴北路
电话：0319－8796666
邮编：054100

玉泉山康年大酒店 ★★★★
地址：邢台市邢台县皇寺镇
电话：0319－2819174
邮编：054001

宁晋山水假日酒店 ★★★★
地址：邢台市宁晋县凤凰北路 546 号
电话：0319－5689605
邮编：055550

邢台威县河北华威酒店有限公司 ★★★★
地址：邢台市威县团结路北侧
电话：0319－6126666
邮编：054700

清河宾馆有限公司 ★★★★
地址：邢台市清河县祥和大街 36 号
电话：0319－8299999
邮编：054800

河北丛台电子股份有限公司邯郸丛台大酒店 ★★★★
地址：邯郸市丛台区人民路 109 号
电话：0310－5800888
邮编：056002

邯郸金都饭店有限公司 ★★★★
地址：邯郸市高开区联通南路 18 号
电话：0310－6098888
邮编：056001

邯郸康业酒店 ★★★★
地址：邯郸市开发区世纪大街 2 号
电话：0310－7076000
邮编：056001

邯郸宾馆 ★★★★
地址：邯郸市中华北大街 74 号
电话：0310－2113888
邮编：056002

赵王宾馆新楼 ★★★★
地址：邯郸市复兴路 19 号
电话：0310－5798566
邮编：056003

邯郸世纪皇冠酒店 ★★★★
地址：邯郸市陵园路与滏东大街交接处
电话：0310－6277777
邮编：056005

邯郸招商宾馆 ★★★★
地址：邯郸市联防路 152 号
电话：0310－5516666
邮编：056001

武安华丰裕达集团裕达酒店管理有限公司 ★★★★
地址：邯郸武安市磁二工业园
电话：0310－5668888
邮编：056300

邯郸涉县龙山宾馆 ★★★★
地址：邯郸市涉县龙山大街 669 号
电话：0310－3892699
邮编：056400

邯郸磁县嵩景楼酒店 ★★★★
地址：邯郸市磁县滏泉湖开发区
电话：0310－23708098
邮编：056500

邯郸磁县河北御景楼酒店有限公司 ★★★★
地址：邯郸市磁县平安路与友谊大街交叉口西南岛
电话：0310－2133666
邮编：056500

石家庄河北国源宾馆 ★★★
地址：石家庄市中山西路陆军学院北邻
电话：0311－83986628
邮编：050227

石家庄高新区凯旋门大酒店有限公司 ★★★
地址：石家庄市开发区天山大街 238 号
电话：0311－85901768
邮编：050035

石家庄辰光酒店 ★★★
地址：石家庄市桥西区苑东街 7 号
电话：0311－89165555
邮编：050085

河北新世隆酒店有限公司 ★★★
地址：石家庄市建设南大街 117 号
电话：0311－86011685
邮编：050021

石家庄市祥悦新上海国际饭店有限公司 ★★★
地址：石家庄市新华区合作路 111－1 号
电话：0311－85299965
邮编：050071

银泉酒家 ★★★
地址：石家庄市站前街 12 号
电话：0311－85985888
邮编：050091

汇源大酒店 ★★★
地址：石家庄市中华南大街 46 号
电话：0311－87780989
邮编：050051

河北民航大酒店 ★★★
地址：石家庄市中山东路 473 号
电话：0311－85281332
邮编：050031

河北人防大厦 ★★★
地址：石家庄市平安南大街 85 号
电话：0311－86116666
邮编：050021

河北宏苑宾馆 ★★★
地址：石家庄市自强路 55 号
电话：0311－88600111
邮编：050051

北方大厦 ★★★
地址：石家庄市胜利北街 309 号
电话：0311－85918888
邮编：050041

石家庄市东方龙大酒店 ★★★
地址：石家庄市建设南大街 128 号
电话：0311－86118811
邮编：050021

石家庄市富华大酒店 ★★★
地址：石家庄市建华北大街 19 号
电话：0311－85079888
邮编：050031

石家庄河北省政协招待处 ★★★
地址：石家庄市市庄路 57 号
电话：0311－87049572
邮编：050011

河北汇宾大酒店 ★★★
地址：石家庄市裕华西路 160 号
电话：0311－87688988
邮编：050081

石家庄绿苑大厦 ★★★
地址：石家庄市体育南大街 318 号
电话：0311－85998199
邮编：050011

河北华联商厦商务酒店 ★★★
地址：石家庄市站前街 8 号
电话：0311－67597801

邮编：050011

辛集市东明大酒店有限公司 ★★★
地址：石家庄辛集市工业区
电话：0311－83208999
邮编：052360

金皇冠大酒店 ★★★
地址：石家庄辛集市迎宾路
电话：0311－83282568
邮编：052300

藁城宾馆 ★★★
地址：石家庄藁城市市府路1号
电话：0311－88154555
邮编：052160

河北敬业大酒店 ★★★
地址：石家庄鹿泉市开发区昌盛大街110号
电话：0311－82016277
邮编：050200

无极县富泰大酒店 ★★★
地址：石家庄市无极县无极路与贸易街交叉口
电话：0311－86500000　85567999
邮编：052460

平山县温泉宾馆 ★★★
地址：石家庄市平山县温塘镇石闫路2号
电话：0311－82811688
邮编：050402

平山温泉天富宾馆有限公司 ★★★
地址：石家庄市平山县温塘镇桃源街16号
电话：0311－82818898
邮编：050400

平山县人民政府招待所 ★★★
地址：石家庄市平山县建设北大街5号
电话：0311－82911036
邮编：050400

平山县温泉花溪宾馆餐饮服务有限公司 ★★★
地址：石家庄市平山县温塘镇桃源街1号
电话：0311－82813999
邮编：050400

平山县天桂山旅游度假村有限公司 ★★★
地址：石家庄市平山县北冶乡北冶村
电话：0311－82826555
邮编：050403

平山藤龙山庄饭店 ★★★
地址：石家庄市平山县王坡乡湾子村
电话：0311－82878368
邮编：050400

平山峡谷大酒店 ★★★
地址：石家庄市平山县营里乡黑山关村
电话：0311－82889888
邮编：050403

张家口天悦假日酒店 ★★★
地址：张家口市桥西区沙岗东街13号
电话：0313－5987600
邮编：075000

中煤张家口煤矿机械金桥宾馆有限公司 ★★★
地址：张家口市桥东区建设大街26号
电话：0313－2056585
邮编：075000

张家口市冠榕商务酒店 ★★★
地址：张家口市桥西区胜利北路54号3号楼
电话：0313－2135802
邮编：075061

张家口宣化隆豪大酒店有限公司 ★★★
地址：张家口市宣化区胜利北路13号
电话：0313－3687676
邮编：075100

张家口宣化得月楼大酒店 ★★★
地址：张家口市宣化区宣府大街72号
电话：0313－3013745
邮编：075100

张家口迎宾馆 ★★★
地址：张家口市桥东区五一大街72号
电话：0313－2088917
邮编：075000

张家口宾馆 ★★★
地址：张家口市桥东区解放大街13号
电话：0313－2086182
邮编：075000

张家口新华大厦 ★★★
地址：张家口市桥西区至善街33号
电话：0313－8086818
邮编：075000

神农大酒店 ★★★
地址：张家口市高新区南路
电话：0313－4080808
邮编：075000

恒通商务酒店 ★★★
地址：张家口市桥东区五一路19号
电话：0313－20880000
邮编：075000

宣钢宾馆 ★★★
地址：张家口市宣化区东升路4号
电话：0313－8671248
邮编：075100

张家口聚仙楼大酒店 ★★★
地址：张家口市下花园区公路街1号
电话：0313－7930678
邮编：075300

国际花园酒店 ★★★
地址：张家口市长青路31号
电话：0313－8089588
邮编：075000

张家口金凤商务酒店 ★★★
地址：张家口市桥东区工业街
电话：0313－2085599
邮编：075000

蔚州大酒店 ★★★
地址：张家口市蔚县人民路
电话：0313－7215999
邮编：075700

怀来明珠大酒店 ★★★
地址：张家口市怀来县沙城镇京张东路
电话：0313－6281002
邮编：075400

张家口怀来帝曼温泉度假村 ★★★
地址：张家口怀来县桑园镇后郝窑村
电话：0313－6878250
邮编：075400

张家口怀来怡馨苑温泉康乐有限公司 ★★★
地址：张家口怀来县桑园镇后郝窑村
电话：0313－6878888
邮编：075400

涿鹿轩辕大厦 ★★★
地址：张家口市涿鹿县轩辕路22号
电话：0313－6582518
邮编：075600

赤城温泉疗养服务中心 ★★★
地址：张家口市赤诚县温泉度假村
电话：0313－6481030
邮编：075000

赤城温泉电力培训中心 ★★★
地址：张家口市赤城县温泉度假村
电话：0313－6481258
邮编：075500

张家口崇礼县人民政府招待所 ★★★
地址：张家口市崇礼县长青路25号
电话：0313－4618445
邮编：076350

承德华成商务酒店有限公司 ★★★
地址：承德市双桥区翠桥路甲1号
电话：0314－2278688
邮编：067000

承德天福旅游商贸有限公司太阳湖度假村 ★★★
地址：承德市双桥区兴盛丽水E11号别墅
电话：0314－7680018
邮编：067000

华北电网有限公司承德供电公司培训中心 ★★★
地址：承德市双桥区北兴隆街199号
电话：0314－8787290
邮编：067000

承德市明珠大酒店 ★★★
地址：承德市双桥区小南门东路
电话：0314－2051181
邮编：067000

承德德佰酒店有限公司 ★★★
地址：承德市双桥区高庙上营房路北3号
电话：0314－2566666
邮编：067000

双桥区雍和园商务会馆 ★★★
地址：承德市双桥区武烈路园林管理处69号
电话：0314－2558888
邮编：067000

承钢宾馆 ★★★
地址：承德市双滦区宾馆路1号
电话：0314－4076866
邮编：067002

承德山庄宾馆 ★★★
地址：承德市小南门127号
电话：0314－2095015
邮编：067000

承德碧峰饭店 ★★★
地址：承德市火神庙德汇大厦B座
电话：0314－2050963
邮编：067000

承德白楼宾馆 ★★★
地址：承德市高新技术开发区13号
电话：0314－5909668
邮编：067000

壹号苑商务酒店 ★★★
地址：承德市双桥区桃李街东1号
电话：0314－2520111
邮编：067000

易园宾馆 ★★★
地址：承德市双桥区山庄路丽正门大街 7 号
电话：0314 - 5891111
邮编：067000

承德大厦 ★★★
地址：承德市车站路 5 号
电话：0314 - 7088808
邮编：067000

承德乾隆宾馆 ★★★
地址：承德市承德县下板城镇
电话：0314 - 3118890
邮编：067000

仟禧龙大酒店 ★★★
地址：承德市兴隆县兴隆镇京塘路
电话：0314 - 5058398
邮编：067300

承德兴隆县广兴宾馆 ★★★
地址：承德市兴隆县大有经济技术开发区
电话：0314 - 5529238
邮编：067300

滦平北山大酒店 ★★★
地址：承德市滦平县北山新区
电话：0314 - 8988188
邮编：068250

滦平县不倒翁酒店 ★★★
地址：承德市滦平县滦平镇三地沟门村
电话：0314 - 8582281
邮编：068250

承德龙骧大酒店 ★★★
地址：承德市隆化县建设街中段
电话：0314 - 7088688
邮编：068150

承德怡园山庄 ★★★
地址：承德市丰宁满族自治县汤河乡
电话：0314 - 8212222
邮编：068350

银河温泉度假村 ★★★
地址：承德市丰宁县汤河乡洪汤寺
电话：0314 - 8212020
邮编：068350

京城宾馆 ★★★
地址：承德市宽城满族自治县宽城镇河西路
电话：0314 - 6869905
邮编：067600

承德围场宾馆 ★★★
地址：承德市围场县木兰中路 150 号
电话：0314 - 7518988
邮编：068450

新红楼宾馆 ★★★
地址：承德市围场县塞罕坝机械林厂
电话：0314 - 7802577
邮编：068450

承德上兰宫苑 ★★★
地址：承德市围场县御道口牧场
电话：0314 - 7997075
邮编：068463

围场悦心山庄 ★★★
地址：承德市围场县塞罕坝林场
电话：0314 - 7802855
邮编：068466

秦皇岛北戴河阳光培训中心 ★★★
地址：秦皇岛市北戴河区安一路 10 号
电话：0335 - 4022574
邮编：066100

河北港口集团有限公司宾馆分公司 ★★★
地址：秦皇岛市海港区海滨路 20 号
电话：0335 - 3430000
邮编：066000

秦皇岛港苑酒店有限公司 ★★★
地址：秦皇岛市海港区文化路 277 号
电话：0335 - 3290888
邮编：066000

秦皇岛市云天海湾假日酒店有限公司 ★★★
地址：秦皇岛市经济技术开发区娄山路 2 号
电话：0335 - 8570000
邮编：066004

秦皇岛市北戴河金海酒店 ★★★
地址：秦皇岛市北戴河区金山嘴路七号
电话：0335 - 4287998
邮编：066100

北戴河金山宾馆 ★★★
地址：秦皇岛市北戴河区海滨东三路 4 号
电话：0335 - 4060668
邮编：066100

秦皇岛中煤大厦 ★★★
地址：秦皇岛市民族路 301 号
电话：0335 - 3858666
邮编：066001

秦皇岛海港区羊城大酒店 ★★★
地址：秦皇岛市迎宾路 132 号
电话：0335 - 3853555
邮编：066001

北戴河友谊宾馆 ★★★
地址：秦皇岛市北戴河区鹰角路 1 号
电话：0335 - 4041945
邮编：066100

山海关凯莱度假村 ★★★
地址：秦皇岛市山海关开发区云南南路 1 路
电话：0335 - 5081666
邮编：066206

海源财务培训基地 ★★★
地址：秦皇岛市山海关开发区云南南路 4 号
电话：0335 - 5181288
邮编：066206

秦皇岛鸿升扬州饭店 ★★★
地址：秦皇岛市开发区长江东道 66 号
电话：0335 - 8071630
邮编：066004

北戴河悦华宾馆 ★★★
地址：秦皇岛市北戴河东海路 90 号
电话：0335 - 4020999
邮编：066100

秦皇岛夏都宾馆 ★★★
地址：秦皇岛市海港区红旗路 48 号
电话：0335 - 3280666
邮编：066000

秦皇岛金龙源大酒店 ★★★
地址：秦皇岛市海港区红旗路 229 号
电话：0335 - 3252555
邮编：066000

秦皇岛绿洲大酒店 ★★★
地址：秦皇岛市文化路 279 号
电话：0335 - 3888888
邮编：066000

北戴河国林宾馆 ★★★
地址：秦皇岛市北戴河黑石路 8 号
电话：0335 - 4022188
邮编：066100

秦皇岛日月湖宾馆 ★★★
地址：秦皇岛市南戴河观海路
电话：0335 - 4053680
邮编：066311

秦皇岛鸥鹏宾馆 ★★★
地址：秦皇岛市北戴河滨海大道 1 号
电话：0335 - 4021533
邮编：066100

北戴河广电宾馆 ★★★
地址：秦皇岛市北戴河联峰路 155 号
电话：0335 - 4022111
邮编：066100

国检宾馆 ★★★
地址：秦皇岛市南戴河金海道 6 号
电话：0335 - 4050312
邮编：066311

北戴河中国石油天然气管道局员工疗养院 ★★★
地址：秦皇岛市北戴河东经路副 4 号
电话：0335 - 3857005
邮编：066100

北戴河燕山大厦 ★★★
地址：秦皇岛市北戴河滨海大道 5 号
电话：0335 - 4267200
邮编：066100

煤炭工人疗养院 ★★★
地址：秦皇岛市北戴河保二路 13 号
电话：0335 - 4030032
邮编：066104

广顺大酒店 ★★★
地址：秦皇岛开发区祁莲山 19 号
电话：0335 - 8016339
邮编：066100

煤矿职工北戴河休养院 ★★★
地址：秦皇岛市北戴河区黑石路 2 号
电话：0335 - 5927888
邮编：066100

秦皇岛国际海员俱乐部 ★★★
地址：秦皇岛市海滨路 34 号
电话：0335 - 3419333
邮编：066000

国资委商业北戴河休养院 ★★★
地址：秦皇岛市北戴河区联峰路 153 号
电话：0335 - 4022585
邮编：066100

全国青少年北戴河活动营地 ★★★
地址：秦皇岛市北戴河区黑石路 4 号
电话：0335 - 4265602
邮编：066100

中技黄金海岸度假村 ★★★
地址：秦皇岛市昌黎黄金海岸一经路北段
电话：0335 - 2288988
邮编：066607

秦皇岛城琨有限公司 ★★★
地址：秦皇岛市卢龙县城行政中心北侧
电话：0335 - 71199999
邮编：066400

青龙满族自治县喜来喜商务宾馆服务有限公司 ★★★
地址：秦皇岛市青龙县富国街与滨河路交叉口
电话：0335－7883000
邮编：066500

青龙满族自治县龙泉餐饮服务有限公司 ★★★
地址：秦皇岛市青龙县滨河路西段
电话：0335－7995333
邮编：066500

唐山国泰国际酒店有限公司 ★★★
地址：唐山市丰润区曹雪芹西道2号
电话：0315－3088300
邮编：064000

唐山南海渔家餐饮有限公司 ★★★
地址：唐山市高新区龙泽路自建商业楼15号
电话：0315－3193399
邮编：063009

唐山开滦大酒店 ★★★
地址：唐山市新华西道76号
电话：0315－6325049
邮编：063000

唐山石油宾馆 ★★★
地址：唐山市新华西道51号甲区
电话：0315－8768434
邮编：063004

唐山丰润宾馆 ★★★
地址：唐山市丰润区荣宁道3号
电话：0315－5152908
邮编：064000

唐钢宾馆 ★★★
地址：唐山市新华东道28号
电话：0315－2705603
邮编：063000

唐山长城大酒店 ★★★
地址：唐山市路北区长宁道168号
电话：0315－2026946
邮编：063000

唐山顺天龙大酒店 ★★★
地址：唐山市北新西道107号
电话：0315－2251448
邮编：063000

唐山南苑商务酒店 ★★★
地址：唐山市高开区龙泽路329号
电话：0315－3198921
邮编：063000

天宇轩宾馆 ★★★
地址：唐山市丰润区燕东生态观光园
电话：0315－5292789
邮编：064009

开滦宾馆 ★★★
地址：唐山市新华东道83号
电话：0315－3029031
邮编：063000

新凤凰丹阳大酒店 ★★★
地址：唐山市西二环北路
电话：0315－6683111
邮编：064200

唐海金港国际饭店 ★★★
地址：唐山市唐海路西18号
电话：0315－8786678
邮编：063200

唐山宾馆 ★★★
地址：唐山市建设北路25号
电话：0315－2822210
邮编：063000

唐山饭店 ★★★
地址：唐山市路北区建设南路46号
电话：0315－2821611
邮编：063000

唐山金槟酒店 ★★★
地址：唐山市路北区建设南路48－8号
电话：0315－3720697
邮编：063000

唐山大酒店 ★★★
地址：唐山市路北区新华西道3号
电话：0315－2825711
邮编：063000

唐山海港鑫丰大酒店 ★★★
地址：唐山海港开发区港盛街与海城路交叉口
电话：0315－2910668
邮编：063611

唐山市丰南区新宾馆有限公司 ★★★
地址：唐山市丰南区青年路308号
电话：0315－6830888
邮编：063300

遵化国际饭店 ★★★
地址：唐山遵化市北二环西路49号
电话：0315－6680088
邮编：064200

遵化御苑山庄 ★★★
地址：唐山遵化市马兰峪
电话：0315－6944467
邮编：064206

遵化宾馆 ★★★
地址：唐山遵化市建设南路9号
电话：0315－6619509
邮编：063000

遵化建国大酒店 ★★★
地址：唐山遵化市建设南路30号
电话：0315－6652220
邮编：064200

遵化鑫泰酒店 ★★★
地址：唐山遵化市文柏路中段
电话：0315－6688888
邮编：064200

迁安奥特宾馆 ★★★
地址：唐山迁安市丰乐大路中段
电话：0315－7608080
邮编：064400

迁安西湖宾馆 ★★★
地址：唐山迁安市阜安大路南段
电话：0315－7695025
邮编：064400

迁安市忠德商务酒店 ★★★
地址：唐山迁安市汽车站北行200米路西
电话：0315－5671111
邮编：064400

迁安佰合盛酒店 ★★★
地址：唐山迁安市杨店子镇滨河村首钢三角地西行100米
电话：0315－7082666
邮编：064404

唐山加州商务酒店有限公司 ★★★
地址：唐山市滦县新城兴华东路12号
电话：0315－7387005
邮编：063700

唐山迁西宾馆 ★★★
地址：唐山市迁西县兴城凤凰东街
电话：0315－5624918
邮编：064300

唐山玉田仁和宾馆 ★★★
地址：唐山市玉田县鼓楼北街西侧
电话：0315－5055127
邮编：064100

廊坊宾馆 ★★★
地址：廊坊市建设路1号
电话：0316－2012583
邮编：065000

新奥贵宾楼 ★★★
地址：廊坊市开发区友谊路
电话：0316－6089999
邮编：065001

京津花园 ★★★
地址：廊坊市开发区创业路29号
电话：0316－6088042
邮编：065001

碧海宾馆 ★★★
地址：廊坊市广阳道156号
电话：0316－2335888
邮编：065000

航天人才培训中心 ★★★
地址：廊坊市永丰道128号
电话：0316－2361231
邮编：065000

中太宾馆 ★★★
地址：廊坊市广阳道20号
电话：0316－2228131
邮编：065000

霸州市胜芳丽华大酒店 ★★★
地址：廊坊霸州市胜芳镇星河路64号
电话：0316－7622222
邮编：065700

三河新月会议中心 ★★★
地址：廊坊三河市燕郊镇行宫西大街6号
电话：0316－3310988
邮编：065201

行宫宾馆 ★★★
地址：廊坊三河市燕郊镇迎宾北路3号
电话：0316－3312383
邮编：065201

三河奇利国际大厦 ★★★
地址：廊坊三河市燕郊迎宾路2号
电话：0310－61598376
邮编：065000

廊坊固安县云龙湾餐饮娱乐有限公司 ★★★
地址：廊坊市固安县经开公路西侧铁路桥北
电话：0316－6190000
邮编：065500

天都大酒店永清分店 ★★★
地址：廊坊市永清县武隆路
电话：0316－6696333
邮编：065600

廊坊新园酒店 ★★★
地址：廊坊市香河县安平开发区

电话：0316－8587895
邮编：065402

香河顺隆宾馆 ★★★
地址：廊坊市香河县永泰路11号
电话：0316－8338799
邮编：065400

香河香安宾馆 ★★★
地址：廊坊市香河县安平开发区
电话：0316－8219655
邮编：065402

廊坊文安宾馆 ★★★
地址：廊坊市文安县政通道
电话：0316－5252679
邮编：065800

保定亚华大酒店 ★★★
地址：保定市建设南路67号
电话：0312－3209571
邮编：071000

华侨宾馆 ★★★
地址：保定市高开区天鹅路70号
电话：0312－3102096
邮编：071000

保定市太美风尚精品酒店有限公司 ★★★
地址：保定市新市区东风中路1369号
电话：0312－3362866
邮编：071052

保定东方大酒店 ★★★
地址：保定市红阳大街139号
电话：0312－5072880
邮编：071000

腾达大酒店 ★★★
地址：保定市建华南大街711号
电话：0312－8921673
邮编：071000

保定白沟金港大酒店 ★★★
地址：保定市白沟新城五一路中段
电话：0312－6402232
邮编：071052

定州市京津商务酒店有限公司 ★★★
地址：保定定州市定西路南侧88号
电话：0312－2590000
邮编：073000

定州通达花园酒店 ★★★
地址：保定定州市建设街人民医院南200米
电话：0312－2316666
邮编：073000

定州金悦江苏饭店 ★★★
地址：保定定州市清风北路与北环路交叉口
电话：0312－2317888
邮编：073000

定州旭阳商务酒店 ★★★
地址：保定定州市胜利路
电话：0312－2568888
邮编：073000

保定涿州新汇源大酒店 ★★★
地址：保定涿州市关云中路
电话：0312－3867777
邮编：072750

东方宾馆 ★★★
地址：保定涿州市桃园区长城桥北
电话：0312－3623000
邮编：072750

阳光大酒店 ★★★
地址：保定涿州市范阳东路1号
电话：0312－3628199
邮编：072750

药都大酒店 ★★★
地址：保定安国市金融路38号
电话：0312－3599999
邮编：071200

保定安国金堡宾馆 ★★★
地址：保定安国市药都北大街158号
电话：0312－3487777
邮编：071200

白沟坤源大酒店 ★★★
地址：保定高碑店市白沟津保公路南
电话：0312－5598666
邮编：074004

天光假日酒店 ★★★
地址：保定市易县梁各庄镇旺龙湖北岸
电话：0312－4719666
邮编：074200

欣燕都望龙度假山庄 ★★★
地址：保定市易县梁各庄镇望龙水库东侧
电话：0312－4715172
邮编：074200

易县百益城宾馆 ★★★
地址：保定市易县靖远北大街45号
电话：0312－8855158
邮编：074200

保定徐水县银海商务酒店 ★★★
地址：保定市徐水县振兴中路225号
电话：0312－8601888
邮编：072550

唐县兴华大厦 ★★★
地址：保定市唐县光明路
电话：0312－6421369
邮编：072350

安新虹奥大酒店 ★★★
地址：保定市安新县城建设北大街
电话：0312－5350735
邮编：071600

白洋淀温泉宾馆 ★★★
地址：保定市安新县新旅游路
电话：0312－5117111
邮编：071600

保定安新县燕赵商务大酒店 ★★★
地址：保定市安新县雁翎西路汽车站北
电话：0312－8739999
邮编：071600

永平大酒店 ★★★
地址：保定市雄县
电话：0312－6388888
邮编：071800

龙昌宾馆 ★★★
地址：保定市阜平县东大桥南端
电话：0312－7229188
邮编：073200

阜平县凯悦假日酒店 ★★★
地址：保定市阜平县阜平镇大元村高街
电话：0312－7299666
邮编：073200

沧州饭店 ★★★
地址：沧州市新华东路16号
电话：0317－3053068
邮编：061000

沧州渤海新区迎宾馆 ★★★
地址：沧州市渤海新区1号路1号
电话：0317－5760055
邮编：061113

沧州市民族会馆 ★★★
地址：沧州市解放西路
电话：0317－3778620
邮编：061001

沧州红达佳苑国际酒店 ★★★
地址：沧州市新华区新华东路45号
电话：0317－3056789
邮编：061000

沧州御龙温泉度假村 ★★★
地址：沧州市新华区蔡御街
电话：0317－3565188
邮编：061000

沧州泊头市万豪假日餐饮服务有限公司 ★★★
地址：沧州泊头市红旗北大街
电话：0317－8223333
邮编：062150

泊头宾馆 ★★★
地址：沧州泊头市火车站街100号
电话：0317－8267777
邮编：062150

任丘人民区政府招待处 ★★★
地址：沧州任丘市裕华中路56号
电话：0317－2268921
邮编：062550

海景花园大酒店 ★★★
地址：沧州黄骅市迎宾大街
电话：0317－5321988
邮编：061100

沧州盐百集团盐山县宾馆有限公司 ★★★
地址：沧州市盐山县盐山镇振华北大街
电话：13633172777
邮编：061300

吴桥百盛庄园假日酒店 ★★★
地址：沧州市吴桥县太行道9号
电话：0317－7365888
邮编：061800

河北献王大酒店 ★★★
地址：沧州市献县西大街5号
电话：0317－4629999
邮编：062250

孟村民族干部培训中心 ★★★
地址：沧州市孟村县
电话：0317－6762288
邮编：061400

衡水华澳大酒店 ★★★
地址：衡水市红旗大街28号
电话：0318－2103090
邮编：053000

衡水金山大酒店 ★★★
地址：衡水市中心大街606号
电话：0318－2186929
邮编：053000

衡水香龙大酒店 ★★★
地址：衡水市胜利西路140号
电话：0318－2993999

邮编：053000

衡水旭康假日酒店 ★★★
地址：衡水市大庆西路398号
电话：0318－2221312
邮编：053000

衡水洞天宾馆 ★★★
地址：衡水市胜利中路8号
电话：0318－6880555
邮编：053000

衡水衡源酒店 ★★★
地址：衡水市站前西路29号
电话：0318－2297612
邮编：053000

衡水联众商贸有限公司昆仑大酒店 ★★★
地址：衡水市和平中路24号
电话：0318－2829906
邮编：053000

衡水泰珑商务宾馆 ★★★
地址：衡水市人民东路现代胡同18号
电话：0318－2688088
邮编：053000

衡水衡湖宾馆商务有限公司 ★★★
地址：衡水市京衡南大街橡胶城橡胶城1区1号
电话：0318－6889999
邮编：053000

冀州宾馆 ★★★
地址：衡水冀州市冀新西路320号
电话：0318－8612303
邮编：053000

深州牛得草大酒店 ★★★
地址：衡水深州市长江西路
电话：0318－3326888
邮编：053800

衡水景县碧水蓝天酒店 ★★★
地址：衡水市景县高速路与景华大街交汇处
电话：0318－696666
邮编：053500

阜城县金泰大酒店 ★★★
地址：衡水市阜城县光明路中段
电话：0318－4621688
邮编：053700

邢台辰光商务酒店有限公司 ★★★
地址：邢台市桥东区中兴东大街468号
电话：0319－3130666
邮编：054001

邢台宾馆 ★★★
地址：邢台市顺德路201号
电话：0319－3666888
邮编：054001

邢台新光大酒店 ★★★
地址：邢台市钢铁南路155号
电话：0319－2042035
邮编：054000

鸿泰民俗文化园 ★★★
地址：邢台市冶金北路
电话：0319－5202336　5200000
邮编：054000

邢台翔泰宾馆 ★★★
地址：邢台市光华路1号
电话：0319－5992710
邮编：054000

蓝天生态观光园 ★★★
地址：邢台市临成县迎宾路
电话：319－7199666
邮编：054200

冀中能源邢台矿业集团有限责任公司东湖宾馆 ★★★
地址：邢台市内丘县大孟村镇东庞煤矿
电话：0319－2083525
邮编：054021

天颐温泉花园酒店 ★★★
地址：邢台市内邱县康庄西路
电话：0319－6930168
邮编：054200

宁晋晶龙宾馆 ★★★
地址：邢台市宁晋县天宝西街33号
电话：0319－5800735
邮编：055550

巨鹿华丰宾馆 ★★★
地址：邢台市巨鹿县新华街3号
电话：0319－4326602
邮编：0555250

清河亿力大厦 ★★★
地址：邢台市清河县渤海路
电话：0319－8168888
邮编：054800

清河京九国际酒店 ★★★
地址：邢台市清河县
电话：0319－8167777
邮编：054000

邯郸冀南宾馆南楼 ★★★
地址：邯郸市展览路2号
电话：0310－6265888
邮编：056002

邯钢宾馆 ★★★
地址：邯郸市复兴路167号
电话：0310－6071888
邮编：056003

邯郸市渤海老渔民餐饮娱乐有限公司圆峪温泉宾馆 ★★★
地址：邯郸市邯山区陵园路128号
电话：0310－5768226
邮编：056001

邯郸市玉龙温泉酒店有限公司 ★★★
地址：邯郸市邯山区农林路104号
电话：0310－5500333
邮编：056001

邯郸武安白天鹅宾馆 ★★★
地址：邯郸武安市富强大街8号
电话：0310－5531805
邮编：056300

邯郸武安宾馆 ★★★
地址：邯郸武安市塔西路2号
电话：0310－5610111
邮编：056300

宇宙宾馆 ★★★
地址：邯郸武安市桥西路589号
电话：0310－5551066
邮编：056300

邯郸鸡泽县金港酒店有限公司 ★★★
地址：邯郸市鸡泽县人民路与建设大街交叉口
电话：0310－7527666
邮编：057350

旅游景区

石家庄水上公园 AAA
地址：石家庄市联盟路500号
电话：0311－87794504
邮编：050061

石家庄天山海世界 AAAA
地址：石家庄高新技术产业开发区天山大街116号
电话：0311－85389241
邮编：050801

石家庄矿区清凉山景区 AA
地址：石家庄市井陉矿区
电话：0311－82499110
邮编：050100

空中花园 AAAA
地址：石家庄市裕华区翟营大街与塔北路交口
电话：0311－80979666
邮编：050021

辛集国际皮革城 AAAA
地址：石家庄辛集市教育路北段
电话：0311－83398823
邮编：052360

国御温泉度假小镇 AAAA
地址：石家庄藁城市藁新路
电话：0311－88926017
邮编：052160

晋州周家庄农业特色观光园旅游景区 AAA
地址：石家庄晋州市周家庄
电话：0311－84379268
邮编：052260
网址：www. zjzly. com

石家庄抱犊寨景区 AAAA
地址：石家庄鹿泉市抱犊寨
电话：0311－82013208
邮编：050200

石家庄鹿泉龙凤湖 AA
地址：石家庄鹿泉市尹村乡
电话：0311－82132489
邮编：050200

石家庄龙泉寺 AAA
地址：石家庄鹿泉市上庄镇韩庄村
电话：0311－8237995
邮编：050200

石家庄苍岩山景区 AAAA
地址：石家庄市井陉县
电话：0311－82022630
邮编：050300

石家庄井陉县仙台山风景区 AAA
地址：石家庄市井陉县辛庄乡
电话：0311－82365016
邮编：050300

正定隆兴寺 AAAA
地址：石家庄市正定县中山东路109号
电话：0311－88786560　88789987
邮编：050800

荣国府 AAAA
地址：石家庄市正定县兴荣路51号

电话：0311－88786107
邮编：050800

石家庄正定县赵云庙 AA
地址：石家庄市正定县兴荣东路
电话：0311－88786670
邮编：050800

五岳寨风景旅游区 AAAA
地址：石家庄市灵寿县城西北街 85 号
电话：0311－82600258　82525722
邮编：050500

石家庄秋山景区 AAAA
地址：石家庄市灵寿县长峪村草坡庄
电话：0311－87787993　89684888
邮编：050500

灵寿水泉溪自然风景区 AAAA
地址：石家庄市灵寿县南营乡木佛塔村
电话：0311－85528938
邮编：050500

棋盘山 AAAA
地址：石家庄市赞皇县
电话：0311－84258345
邮编：051230
网址：www. hbqps. com

石家庄嶂石岩风景名胜区 AAAA
地址：石家庄市赞皇县
电话：0311－84260051　84260157
邮编：051230

平山巨龟苑旅游区 AAAA
（全国农业旅游示范点）
地址：石家庄市平山县平山镇东冶村
电话：0311－80698988　89113166
邮编：050400

平山县沕沕水生态风景区 AAAA
地址：石家庄市平山县北冶乡沕沕水村
电话：0311－87036225
邮编：050400

石家庄市华莹白鹿温泉景区 AAAA
地址：石家庄市平山县温塘镇
电话：0311－82800937
邮编：050402

石家庄市平山县藤龙山景区 AAAA
地址：石家庄市平山县王坡乡
电话：0311－86125876
邮编：050400

石家庄西柏坡纪念馆景区 AAAAA
地址：石家庄市平山县中部
电话：0311－82851355
邮编：050411

驼梁山风景区 AAAA
地址：石家庄市平山县合河口乡前大地村
电话：0311－82499110　82499010
邮编：050405

石家庄天桂山景区 AAAA
地址：石家庄市平山县北冶乡天桂山
电话：0311－82827203　82825699
邮编：050403

平山老虎头景区 AAAA
地址：石家庄市平山县
电话：0311－85674498
邮编：050400

平山黑山大峡谷景区 AAAA
地址：石家庄市平山县营里乡黑山关村
电话：0311－86850788
邮编：050400

西苑温泉景区 AAAA
地址：石家庄市平山县温塘镇西苑温泉度假村
电话：0311－82816866　82813168
邮编：050400
网址：www. xiyuanwenquan. com

平山县拦道石红色生态风景区 AAAA
地址：石家庄市平山县蛟潭庄镇拦道石村
电话：0311－82497811
邮编：050400
网址：www. landaoshi. cn

佛光山 AAAA
地址：石家庄平山县北冶乡柏树庄村佛光山生态风景区
电话：0311－82826888
邮编：050400
网址：www. hebeifgs. com

平山县紫云山景区 AAAA
地址：石家庄市平山县北冶乡南冶东沟村
电话：0311－82826798
邮编：050400

赵县柏林禅寺 AAAA
地址：石家庄市赵县石塔东路 23 号
电话：0311－84942447
邮编：051530

石家庄赵县赵州桥 AAAA
地址：石家庄市赵县大石桥村
电话：0311－84903618
邮编：051530

张家口市安家沟生态旅游区 AAAA
地址：张家口市桥西区东窑子镇石匠窑村
电话：0313－8166668
邮编：075061

张家口大境门旅游区 AAAA
地址：张家口市桥西区西太平山隧道
电话：0313－8020199
邮编：075061

张家口鸡鸣山风景区 AAAA
地址：张家口市下花园区前堡村
电话：0311－5151548　7930100
邮编：075300

张家口堡（堡子里）AAA
地址：张家口市桥西区堡子里
电话：0313－5953377
邮编：075061

张家口市水母宫风景区 AA
地址：张家口市桥西区永丰堡村
电话：0313－5985052
邮编：075061

张家口宣化文化古城景区 AAA
地址：张家口市宣化区
电话：0313－3238205　3238211
邮编：075100

张北县野狐岭要塞军事旅游区 AAA
地址：张家口市张北县油篓沟乡
电话：0313－5319088
邮编：076450

张家口市张北中都游牧源度假村 AA
地址：张家口市张北县海子洼
电话：0313－5216139
邮编：076450

张北县中都原始草原度假村 AAAA
地址：张家口市张北县三宝营盘
电话：0313－5353288　5238186
邮编：076450

张北县安固里草原度假村 AAA
地址：张家口市张北县安固里淖
电话：0313－2908008　2908009
邮编：076450

张家口沽源塞外庄园 AAAA
地址：张家口市沽源县
电话：0313－5822288　5838158
邮编：076550

张家口蒙古大营 AA
地址：张家口市沽源县
电话：0313－5754249　5754231
邮编：076550

张家口金莲山庄 AA
地址：张家口市沽源县城平定堡镇
电话：0313－5782118
邮编：076550

沽水福源度假村景区 AAAA
地址：张家口市沽源县平定堡镇闪电河水库
电话：0313－5828888
邮编：076550

张家口沽源县天鹅湖自然风景区 AAAA
地址：张家口市沽源县平定堡镇
电话：0313－5817771　5817772
邮编：076550

张家口察汗淖蒙古度假村 AA
地址：张家口市尚义县大营盘蒙古村
电话：0313－8169491
邮编：076750

金河口旅游区 AA
地址：张家口市蔚县
电话：0313－7249138
邮编：075400

蔚县小五台·金河景区 AAAA
地址：张家口市蔚县西金河口村
电话：0313－7249138　7249020
邮编：075400

飞狐峪－空中草原景区 AAA
地址：张家口市蔚县宋家庄镇北口村南
电话：0313－7194168　7194255
邮编：075400
网址：www. kzcy. net

蔚县暖泉古镇旅游景区 AAA
地址：张家口市蔚县暖泉镇
电话：0313－7220007　7221234
邮编：075400

阳原尼河湾小长梁 AA
地址：张家口市阳原县大田洼乡官厅村
电话：0313－7384062
邮编：075800

怀来永定河峡谷漂流 AA
地址：张家口市怀来县官厅镇
电话：0313－6877198
邮编：075400

张家口中国长城葡萄酒有限公司 AA
地址：张家口市怀来县沙城镇
电话：0313－6232213　6232216
邮编：075400

张家口天漠旅游区 AA
地址：张家口市怀来县小南辛堡镇
电话：0313－6860632
邮编：075400

张家口永定河峡谷漂流 AA
地址：张家口市怀来县官厅镇
电话：0313－6875981　6877198
邮编：075400

容辰酒庄 AA
（全国工业旅游示范点）
地址：张家口市怀来县小南辛堡镇小土营村
电话：0313－6853168　6853440
邮编：075421

怀来黄龙山庄风景区 AAAA
地址：张家口市怀来县新保安镇于洪寺村
电话：0313－6811309　6811728
邮编：075400

涿鹿县中国黄帝城文化旅游区 AAAA
地址：张家口市涿鹿县矾山镇水墨村西
电话：0313－6741198
邮编：075600

张家口赤城温泉度假村 AAAA
地址：张家口市赤城县温泉度假村
电话：0313－6314213　6481047
邮编：075500

张家口长城岭滑雪场 AAA
地址：张家口市崇礼县和平森林
电话：0313－4619088　4617579
邮编：076350

翠云山度假村 AAA
地址：张家口市崇礼县窄面沟村东梁底村
电话：0313－4066678
邮编：076350

崇礼县驿马图乡小龙泉度假村 AA
地址：张家口市崇礼县驿马图乡山岔村
电话：0313－4754136
邮编：076350

张家口万龙滑雪场 AAAA
地址：张家口市崇礼县红花梁
电话：0313－4617272　4618888
邮编：076350

张家口塞北滑雪场 AA
地址：张家口市崇礼县四台嘴乡
电话：0313－4772012
邮编：076350

承德普陀宗乘之庙 AAAA
地址：承德市狮子沟
电话：0314－2163072
邮编：067000

承德普宁寺 AAAA
地址：承德市普宁寺
电话：0314－2058366
邮编：067000

承德避暑山庄及周围寺庙景区 AAAAA
地址：承德市双桥区丽正门路 20 号
电话：0314－2029771
邮编：067000

承德关帝庙景区 AA
地址：承德市丽正门大街武庙路
电话：0314－2030251
邮编：067000

承德城隍庙景区 AA
地址：承德市中心西大街路北
电话：0314－2180110
邮编：067000

承德魁星楼景区 AA
地址：承德市环城南路 99 号
电话：0314－2155853
邮编：067000

承德冰雪城景区 AA
地址：承德市半壁山路魁星楼下
电话：0314－2159927
邮编：067000

磬棰峰国家森林公园 AAAA
地址：承德市普乐路
电话：0314－2057090
邮编：067000

承德双塔山风景区 AAAA
地址：承德市双滦区双塔山镇
电话：0314－4041575
邮编：067000

兴隆县金牛洞景区 AA
地址：承德市兴隆县
电话：0314－5510141
邮编：067300

承德兴隆县青龙潭景区 AA
地址：承德市兴隆县六道河镇古庆村
电话：0314－5652858
邮编：067300

九龙潭—六里坪森林公园 AAA
地址：承德市兴隆县
电话：0314－5520113　5520392
邮编：067300

奇石谷风景区 AAA
地址：承德市兴隆县兴隆镇王坪石村
电话：0314－5520447
邮编：067300

平泉泽州园景区 AAA
地址：承德市平泉县西城路
电话：0314－6063003
邮编：067500

金山岭长城风景区 AAAA
地址：承德市滦平县金山岭长城风景区
电话：0314－8830222
邮编：068254

辽河源国家森林公园 AAA
地址：承德市平泉县柳溪乡
电话：0314－6441024
邮编：068250

隆化县龙凤洞旅游区 AA
地址：承德市隆化县中关村
电话：0314－7228083
邮编：068150

承德隆化县茅荆坝森林公园 AA
地址：承德市隆化县茅荆坝乡
电话：0314－7259055　7259888
邮编：068150

董存瑞纪念馆 AAAA
地址：承德市隆化县城隆代镇荣顺北街 112 号
电话：0314－7063977　7067525
邮编：068150

承德宽城县塞外"蟠龙湖"景区 AAA
地址：承德市宽城县
电话：0314－6987071　6862125
邮编：067600

白云古洞 AAA
地址：承德市丰宁县黑山嘴镇黑山嘴村
电话：0314－8335365　8335321
邮编：068350

丰宁京北第一草原 AAAA
地址：承德市丰宁县大滩镇
电话：0314－8013640　8284622
邮编：068350

承德九龙松景区 AA
地址：承德市丰宁县五道营乡
电话：0314－8012130
邮编：068350

承德市丰宁千松坝森林公园 AA
地址：承德市丰宁县国营林场总场
电话：0314－8012048
邮编：068350

承德市云雾山省级森林公园 AA
地址：承德市丰宁县大阁镇
电话：0314－8012048
邮编：068350

塞罕坝国家森林公园 AAAA
地址：承德市围场县
电话：0314－7802275　7802671
邮编：068466

御道口草原森林风景区 AAAA
地址：承德市围场满族蒙古族自治县御道口牧场
电话：0314－7996614
邮编：068450

望峪山庄 AA
地址：秦皇岛市山海关区石河镇新建村
电话：0335－5162774
邮编：066200

秦皇岛野生动物园 AAAA
地址：秦皇岛市滨海大道中段
电话：0335－4182208
邮编：066000

秦皇岛集发农业观光园 AAAA
（全国农业旅游示范点）
地址：秦皇岛市北戴河海北路中段
电话：0335－4018799
邮编：066102
网址：www.51jifa.com.cn

怪楼奇园景区 AAA
地址：秦皇岛市北戴河区联峰路
电话：0335－4042960　4041774
邮编：066100

老虎石海上公园 AA
地址：秦皇岛市北戴河区中海滩路
电话：0335－4044470
邮编：066100

燕塞湖景区 AAAA
地址：秦皇岛市石河水库
电话：0335－5052355
邮编：066200

秦皇岛新澳海底世界 AAAA
地址：秦皇岛市海港区河滨路 81 号
电话：0335－8065699　8011111
邮编：066004

秦皇岛山海关旅游景区 AAAAA
地址：秦皇岛市山海关区东六条 1 号

电话：0335－5063955
邮编：066200

河北天下第一关 AAAAA
地址：秦皇岛市山海关区天下第一关景区
电话：0335－5051957
邮编：066200

秦皇求仙入海处景区 AAAA
地址：秦皇岛市海港区南山街 56 号
电话：0335－3410300
邮编：066000

山海关欢乐海洋公园 AAAA
地址：秦皇岛市山海关区龙源大道南侧
电话：0335－8863910　5938206
邮编：066000

山海关长寿山风景旅游区 AAAA
地址：秦皇岛市山海关城东北
电话：0335－5176633
邮编：066200

山海关角山长城 AAAA
地址：秦皇岛市山海关区东六条 1 号
电话：0335－5051106
邮编：066200

秦皇岛山海关望峪山庄景区 AA
地址：秦皇岛市山海关区石河镇新建村
电话：0335－5162774
邮编：066200

鸽子窝景区 AAAA
地址：秦皇岛市北戴河区东山鸽赤路
电话：0335－4041774
邮编：066100

联峰山景区 AA
地址：秦皇岛市北戴河区联峰路与健秋路交汇点
电话：0335－404159
邮编：066100

秦皇岛市昌黎华夏庄园 AAAA
地址：秦皇岛市昌黎县城北昌抚公路西侧
电话：0335－2031799
邮编：066600

昌黎县旅游滑沙活动中心 AAAA
地址：秦皇岛市昌黎县
电话：0335－2081340
邮编：066607

秦皇岛市昌黎县翡翠岛生态游乐园 AA
地址：秦皇岛市昌黎县
电话：0335－2215521
邮编：066607

黄金海岸金沙湾海滨浴场有限公司（沙雕大世界）AAAA
地址：秦皇岛市昌黎县黄金海岸旅游区中段
电话：0335－2603009
邮编：066600
网址：www. sddsj. cn

象山景区 AA
地址：秦皇岛市抚宁县滨江路
电话：0335－3203269
邮编：066300

秦皇岛市抚宁天马湖景区 AA
地址：秦皇岛市抚宁县城关北
电话：0335－6130017
邮编：066300

南戴河国际娱乐中心 AAAA
地址：秦皇岛市抚宁县
电话：0335－4082333
邮编：066311

桃林口水库 AAA
地址：秦皇岛市卢龙县
电话：0335－7114027
邮编：066400

卢龙县桃林口景区 AA
地址：秦皇岛市卢龙县刘家营乡桃林口村
电话：0335－7399789
邮编：066400

柳河溪谷景区 AA
地址：秦皇岛市卢龙县
邮编：066400

祖山 AAAA
地址：秦皇岛市青龙县祖山镇
电话：0335－7750560
邮编：066500

开滦国家矿山公园 AAAA
地址：唐山市路南区新华东道 54 号
电话：0315－3024885　3020287
邮编：063000

唐山市曹妃甸湿地景区 AAAA
地址：唐山市曹妃甸区七农场
电话：0335－6730099
邮编：063200

唐山陶瓷文化旅游博览园 AAA
地址：唐山市建设路国际会展中心
电话：0315－3163406
邮编：063000

唐山市南湖公园 AAAA
地址：唐山市建设南路增 45 号
电话：0315－3723711
邮编：063000

唐山抗震纪念馆（含广场及遗址）AAA
地址：唐山市新华东道 102 号
电话：0315－5265530
邮编：063000

唐山市凤凰山公园 AAA
地址：唐山市路北区文化路 29 号
电话：0315－2815448
邮编：063000

唐山市大城山公园 AA
地址：唐山市北新东道
电话：0315－2849924
邮编：063000

唐山市科技馆 AA
地址：唐山市新华东道 103 号
电话：0315－2822880　2839487
邮编：063000

唐山市弯道山公园 A
地址：唐山市路北区缸窑路 92 号
电话：0315－3271889
邮编：063000

唐山丰润燕东生态观光园 AAA
地址：唐山市丰润区西杨家营村
电话：0315－5291966
邮编：064009

唐山丰润区潘家峪惨案纪念馆 AA
地址：唐山市丰润区火石营镇潘家峪村
电话：0315－5184733　5593560
邮编：064000

运河唐人街旅游区 AAAA
地址：唐山市丰南区
电话：0315－6836666
邮编：063300

遵化清东陵 AAAA
地址：唐山遵化市马兰峪镇
电话：0315－6940888
邮编：064206

遵化万佛园景区 AAAA
地址：唐山遵化市清东陵西侧
电话：0315－6948299
邮编：064200

唐山遵化鹫峰山风景旅游区 AA
地址：唐山遵化市侯家寨乡
电话：0315－6900440
邮编：064200

遵化黄花山风景区 AA
地址：唐山遵化市东陵乡
电话：0315－6944511
邮编：064206

唐山市遵化上关湖 AA
地址：唐山遵化市马兰峪镇上关村
电话：0315－6941201　6056188
邮编：064206

唐山市遵化卧龙山自然风景旅游区 AA
地址：唐山遵化市娘娘庄乡下峪村
电话：0315－6038612
邮编：064200

迁安市红峪山庄长城溶洞风景区 AAA
地址：唐山迁安市燕山大路中段
电话：0315－7603838
邮编：064400

迁安市灵山旅游区 AA
地址：唐山迁安市蔡园镇
电话：0315－7995826
邮编：064402

唐山迁安市白羊峪长城旅游区 AAA
地址：唐山迁安市大崔庄镇白羊峪村
电话：0315－7972789
邮编：064406

迁安山叶口景区 AAAA
地址：唐山迁安市大五里乡山叶口村
电话：0315－7088880
邮编：064400

迁安市徐流口九龙泉风景区 AA
地址：唐山迁安市杨各庄镇徐流口村
电话：0315－7933120
邮编：064400

迁安市成山万亩林景区 AA
地址：唐山迁安市太平庄乡尚庄村
电话：0315－7020187
邮编：064400

迁安市卧龙山庄 AA
地址：唐山迁安市野鸡索镇高各庄村
电话：0315－6038612
邮编：064400

青龙山风景区 AAAA
地址：唐山市滦县
电话：0315－3529599
邮编：06370

乐亭县李大钊纪念馆及故居 AAAA
地址：唐山市乐亭县新城区大钊路

电话：0315－4832155
邮编：063600

唐山市乐亭月坨岛景区 AAAA
地址：唐山市乐亭县月陀岛
电话：0315－4948303
邮编：063604

唐山乐亭县赵蔡庄村 AAA
地址：唐山市乐亭县赵蔡庄村
电话：0315－4609669
邮编：063600

唐山市乐亭菩提岛 AA
地址：唐山市乐亭县马头营镇新渔村维东码头
电话：0315－4088021
邮编：063604

唐山乐亭县浅水湾浴场 AA
地址：唐山市乐亭县
电话：0315－2921900
邮编：063600

唐山乐亭县祥云湾海滨温泉度假村 AA
地址：唐山市乐亭县打网岗岛
电话：0315－2921666　2921888
邮编：063600

迁西县景忠山宗教文化旅游区 AAAA
地址：唐山市迁西县三屯营镇
电话：0315－5844041　5837999
邮编：064300

迁西县青山关旅游区 AAAA
地址：唐山市迁西县上营乡
电话：0315－5946888　5946789
邮编：064300

唐山迁西县雄关大刀风景园 AAA
地址：唐山市迁西县
电话：0315－588978
邮编：064300

唐山市玉田净觉寺 AAA
地址：唐山市玉田县杨家套乡蛮子营村
电话：0315－6466661
邮编：064100

廊坊市金丰农科园景区 AAAA
地址：廊坊市和平路最北端
电话：0316－6075444　6079444
邮编：065000

廊坊市时代广场 AA
地址：廊坊市新华路 92 号
电话：0316－2191248
邮编：065000

廊坊市儿童乐园 AA
地址：廊坊市金光道
电话：0316－2038222
邮编：065000

廊坊国际会展中心 AAA
地址：廊坊市开发区友谊路
电话：0316－6078116
邮编：065001

廊坊市文化艺术中心 AAAA
地址：廊坊市北凤道与和平路交口
电话：0316－6085001　6085002
邮编：065000

廊坊市自然公园 AAAA
地址：廊坊市广阳道广阳桥西
电话：0316－2263586
邮编：065000

霸州益津书院 AA
地址：廊坊霸州市益津中路 93 号
电话：0316－7220703
邮编：065700

霸州李少春纪念馆 AAA
地址：廊坊霸州市益津中路 270 号
电话：0316－7215018
邮编：065700

廊坊茗汤温泉度假村景区 AAAA
地址：廊坊霸州市经济技术开发区泰山路 529 号
电话：0316－7231111
邮编：065700

三河市旺星休闲垂钓园 AA
地址：廊坊三河市魏各庄村
邮编：065200

三河市百世嫠园 AA
地址：廊坊三河市
邮编：065200

三河市灵山寺景区 AA
地址：廊坊三河市
电话：13803228546
邮编：065200

金海温泉度假村 AAA
地址：廊坊市固安县牛驼温泉开发区
电话：0316－6125666
邮编：065501

廊坊宏屹生态庄园 AA
地址：廊坊市永清县曹家务乡泥塘村西
电话：0316－6528310
邮编：065600

天下第一城 AAAA
地址：廊坊市香河县安平经济技术开发区
电话：0316－8211028　8587806
邮编：065402

廊坊金钥匙旅游区 AAAA
地址：廊坊市香河县秀水街东段南侧
电话：0316－8338805
邮编：064500

保定市古莲花池 AAA
地址：保定市南市区南大街
电话：0312－2022579
邮编：071052

保定市大慈阁 AA
地址：保定市穿行楼北街 57 号
电话：0312－2024131
邮编：071052

保定直隶总督署博物馆 AAAA
地址：保定市裕华西路 48 号
电话：0312－2038020
邮编：071052

保定陆军军校纪念馆 AA
地址：保定市东风东路
电话：0312－5020071
邮编：071000

留法勤工俭学运动纪念馆 AA
地址：保定市北市区金台驿街 86 号
电话：0312－2025444
邮编：071000

定州市博物馆 AAA
地址：保定定州市刀枪街 1 号
电话：0312－2587791
邮编：073000

定州永发诚信畜牧生态园 AA
地址：保定定州市西城区奇连屯村
电话：0312－2507858
邮编：073000

定州伊利乳业工业园区 AA
地址：保定定州市
邮编：073000

定州市黄家营葡萄酒庄 AAA
地址：保定定州市东亭镇黄家营村
电话：0312－2625888　2391888
邮编：073000

涿州市三义宫 AA
地址：保定涿州市松林店镇楼桑庙村东
电话：0312－3957902
邮编：072750

安国市药王庙 AA
地址：保定安国市药王庙大街 121 号
电话：0312－3552375
邮编：071200

保定满城汉墓景区 AAAA
地址：保定市满城县
电话：0312－7072035
邮编：072150

满城县抱阳山风景区 AA
地址：保定市满城县满城镇
电话：0312－7065522
邮编：072150

冉庄地道战纪念馆 AAA
地址：保定市清苑县冉庄镇冉庄村
电话：0312－8036158
邮编：071102

易县清西陵 AAAA
地址：保定市易县梁格庄镇行宫
电话：0312－4710012
邮编：074213

保定市易县狼牙山风景区 AAAA
地址：保定市易县西南
电话：0312－8861806　8861888
邮编：074200

白石山风景区（国家地质公园）AAAA
地址：保定市涞源县城南 15 公里处
电话：0312－5366703
邮编：074300

涞源空中草原景区 AAA
地址：保定市涞源县金家井乡十八盘村
电话：0312－7334037
邮编：074300

涞源仙人峪风景名胜区 AAAA
地址：保定市涞源县水堡镇井子会村
电话：0312－7341123
邮编：074300

顺平县腰山王氏庄园 AAA
地址：保定市顺平县腰山镇南腰山村
电话：0312－7671792
邮编：072250

保定盘古村自然公园 AAAA
地址：保定市顺平县大悲乡盘古村（富有村）
邮编：072250

野三坡风景名胜区 AAAAA
地址：保定市涞水县西北部

电话：0312－4568106
邮编：074104

安新县白洋淀景区 AAAAA
地址：保定市安新县
电话：0312－5116352
邮编：071600

曲阳北岳庙 AAA
地址：保定市曲阳县北岳路
电话：0312－4212155
邮编：073100

唐县西胜沟风景名胜区 AAA
地址：保定市唐县城北 38 公里处
电话：0312－6418211
邮编：072350

保定唐县白求恩柯棣华纪念馆 AAA
地址：保定市唐县向阳北大街 66 号
电话：0312－6415074
邮编：072350

大石峪 AAA
地址：保定市唐县倒马关乡大石峪
电话：0312－6431618
邮编：072350

涞水百里峡景区 AAAA
地址：保定市涞水县野三坡镇苟各庄村
电话：0312－4563138
邮编：074100

涞水龙门天关—白草畔景区 AAAA
地址：保定市涞水县三坡镇
电话：0312－8673035　13930289609
邮编：074100

涞水县野三坡鱼古洞景区 AAA
地址：保定市涞水县鱼古洞
电话：0312－4558287
邮编：074104

曲阳县灵山聚龙洞风景区 AAA
地址：保定市曲阳县灵山镇
电话：0312－4388041
邮编：073100

阜平天生桥瀑布风景区 AAA
地址：保定市阜平县朱家营村
电话：0312－7855088
邮编：073200

保定晋察冀边区革命纪念馆 AAAA
地址：保定市阜平县城南庄
电话：0312－7888372
邮编：073204

沧州市铁狮子 AA
地址：沧州市旧州镇东关村
电话：0317－4743270
邮编：061001

沧州泊头清真寺 AA
地址：沧州泊头市寺门村镇阁上村
电话：0317－8280859
邮编：062150

沧州纪晓岚文化园旅游区 AAA
地址：沧州市沧县崔尔庄镇
电话：0317－4988299　4988298
邮编：061027

沧县捷地御碑苑 AA
地址：沧州市沧县捷地镇
电话：0317－4703595
邮编：061025

沧州青县青云观 AA
地址：沧州市青县金牛镇觉道庄村
电话：0317－4087002
邮编：062650

沧州东光县铁佛寺景区 AAAA
地址：沧州市东光县普照大街 59 号
电话：0317－7722307
邮编：061600

沧州盐山千童祠 AA
地址：沧州市盐山县千童镇
电话：0317－6370002
邮编：061300

肃宁裘皮城景区 AAA
地址：沧州市肃宁县尚村
电话：0317－5115999　5115888
邮编：062350

中国吴桥杂技大世界 AAAA
地址：沧州市吴桥县京福路 1 号 104 国道西侧
电话：0317－7341730　400－6336－567
邮编：061800

献县马本斋纪念馆 AA
地址：沧州市献县本斋乡
电话：0317－4668419
邮编：062250

衡水湖国家自然保护区 AAAA
地址：衡水市衡水市桃城区红旗大街
电话：0318－2186196
邮编：053000
网址：www. hshu. cn

衡水邓庄农业科技示范园 AA
（全国农业旅游示范点）
地址：衡水市邓庄
电话：0318－2165177
邮编：053000

衡水老白干酿酒（集团）有限公司 AA
（全国工业旅游示范点）
地址：衡水市人民东路 39 号
电话：0318－2122739　2195865
邮编：053000

衡水宝云寺 AA
地址：衡水市
电话：0318－3826010
邮编：053000

衡水市内画展览馆 AA
地址：衡水市人民西路 35 号
电话：0318－2155855　2150838
邮编：053000

衡水绿岛空中戏水乐园 AAA
地址：衡水市人民西路 558 号
电话：0318－2361280　2686988
邮编：053000

衡水市迎宾生态观光园 AA
地址：衡水市人民西路 2699 号
电话：0318－2369000
邮编：053000

深州蜜桃观光园 AA
地址：衡水深州市穆村乡西马庄
邮编：053800

衡水冀州灵秀山庄 AA
地址：衡水冀州市竹林大街
电话：0318－8612730
邮编：053000

衡水市武强县年画博物馆 AAAA
地址：衡水市武强县武强镇新开街 1 号
电话：0318－3822491
邮编：0533000

衡水安平县党支部纪念馆 AA
地址：衡水市安平县台城村
电话：0318－7581923
邮编：053600

邢台天梯山景区 AAAA
地址：邢台市东牛庄
电话：0319－2868198
邮编：054001

邢台市七里河植物园景区 AA
地址：邢台市
邮编：054001

秦王湖景区 AAA
地址：邢台沙河市渡口
电话：0319－8672066
邮编：054100

沙河市北武当山 AA
地址：邢台沙河市西部
邮编：054100

沙河市九龙沟 AA
地址：邢台沙河市西南
邮编：054100

沙河市甄泽观 AA
地址：邢台沙河市赵泗水村
邮编：054100

邢台县张果老山 AA
地址：邢台市邢台县会宁镇刘庄村
电话：0319－2827606
邮编：054001

前南峪生态观光园 AAAA
（全国农业旅游示范点）
地址：邢台市邢台县浆水镇前南峪村
电话：0319－2782398
邮编：054001

邢台市邢台县紫金山旅游区 A
地址：邢台市邢台县白岸乡前坪村
电话：0319－2716568
邮编：054001

邢台县九龙峡自然风光旅游区 AAAA
地址：邢台市邢台县奖水镇营房台村
电话：0319－3661078
邮编：054013

邢台太行奇峡群景区 AAAA
地址：邢台市邢台县西南路罗镇贺家坪村
电话：0319－3288178
邮编：054000

邢台县小西天景区 AA
地址：邢台市邢台县
邮编：054000

邢台县云梦山景区 AA
地址：邢台市邢台县
邮编：054000

临城县天台山景区 AA
地址：邢台市临城县西竖镇程阳村北
电话：0319－7091599
邮编：054300

临城崆山白云洞旅游区 AAAA
地址：邢台市临城县白坚乡

电话：0319－7098688
邮编：054300

邢台市丰乐园景区 AAAA
地址：邢台市临城县北盘石村
电话：0319－7011888　7011666
邮编：054300

邢台内邱县扁鹊庙风景名胜区 AAAA
地址：邢台市内丘县和庄乡绅头村
电话：0319－6801237
邮编：054200

邢台柏乡汉牡丹园 AAA
地址：邢台市柏乡县北郝村
电话：0319－7798393
邮编：055450

清河羊绒城景区 AAA
地址：邢台市清河县绒都大街 8 号
电话：0319－8061996　8265003
邮编：054800

邯郸市赵苑景区 AAAA
地址：邯郸市联防路桥西 100 米
电话：0310－4059155　4086777
邮编：056003

邯郸从台公园 AAAA
地址：邯郸市中华北大街 159 号
电话：0310－3026820
邮编：056002

邯郸黄粱梦吕仙祠 AAA
地址：邯郸市黄粱梦镇
电话：0310－7163114　7166186
邮编：056002

元宝山公园 AAA
地址：邯郸市峰峰矿区冶陶镇固镇村
电话：0310－5014322
邮编：056200

邯郸响堂山风景名胜区 AAAA
地址：邯郸峰峰矿区和村镇
邮编：056200

邯郸峰峰矿区磁州窑富田遗址 AA
地址：邯郸市峰峰矿区磁州窑路
电话：13803293222
邮编：056200

武安长寿村 AAAA
地址：邯郸武安市活水乡长寿村
电话：0310－5977285
邮编：056307

武安古武当山 AAAA
地址：邯郸武安市活水乡常杨庄村
电话：0310－5976098
邮编：056307

邯郸朝阳沟旅游风景区 AAAA
地址：邯郸武安市管陶乡列江村
电话：0310－5997316
邮编：056300

邯郸东山文化博艺园 AAAA
地址：邯郸武安市康二城镇大旺村西
电话：0310－5566900
邮编：056300

邯郸市武安京娘湖风景区 AAAA
地址：邯郸武安市活水乡
电话：0310－5975037　5975966
邮编：056300

七步沟景区 AAAA
地址：邯郸武安市活水乡七步沟
电话：0310－5977777　5787002
邮编：056300

邯郸县圣井冈 AA
地址：邯郸市邯郸县户村镇肖河村北
电话：0310－8016324
邮编：056015

邺城铜雀三台遗址公园 AAA
地址：邯郸市临漳县香菜营乡三台村
电话：0310－7921631
邮编：056600

邺令公园 AAA
地址：邯郸市临漳县人民东路
邮编：056600

邯郸大名县石刻博物馆 AA
地址：邯郸市大名县五里屯
电话：0310－6591023
邮编：056900

涉县太行五指山 AAAA
地址：邯郸市涉县城南 5 公里处
电话：0310－8978036　3881988
邮编：056400

邯郸娲皇宫景区 AAAA
地址：邯郸市涉县索堡镇
邮编：056400

邯郸八路军一二九师司令部旧址 AAAA
地址：邯郸市涉县赤岸村
电话：0310－3832647　3868129
邮编：056400

河北省磁县磁州窑博物馆 AAA
地址：邯郸市磁县磁州路中段路北
电话：0310－2312591
邮编：056500

广府古城景区 AAAA
地址：邯郸市永年县广府镇
电话：0310－6630168　6629089
邮编：057150
网址：www. chinatjc. com

餐　馆

石家庄中和轩饭庄
地址：石家庄市长安区中山路 300 号
电话：0311－87032827
邮编：050011

冀菜会馆
地址：石家庄市谈北路与广安大街交叉口
电话：0311－85372888
邮编：050031

御膳阁
地址：石家庄市长安区建设北大街 187 号
电话：0311－86044677
邮编：050031

石家庄粤满楼大酒店
地址：石家庄市槐安路与平安大街交叉口
电话：0311－86117777
邮编：050011

西贝海鲜汇
地址：石家庄市槐安路与平安大街交口东北角
电话：0311－89628962
邮编：050011

神农庄园
地址：石家庄市胜利北大街 479 号
电话：0311－86832266
邮编：050011

德国皇家啤酒堡
地址：石家庄市建华大街与东岗路交口东南角
电话：0311－85966777
邮编：050011

绿茵阁西餐厅
地址：石家庄桥东区中山东路与建设北大街交叉口北行
电话：0311－86671188－6666
邮编：050017

爱琴海西餐厅
地址：石家庄市桥东区园明路 38 号
电话：0311－86034941
邮编：050017

西美凤凰酒楼
地址：石家庄市裕华区建设南大街 6 号
电话：0311－86965788
邮编：050021

燕风楼爆肚王
地址：石家庄市红旗大街
电话：0311－83819168
邮编：050011

石家庄红星饭庄
地址：石家庄市长安西路
电话：0311－86048619　83833607
邮编：050011

北京东来顺石家庄分店
地址：石家庄市和平路与胜利北街交叉口
电话：0311－85265706
邮编：050011

东泰餐饮服务有限公司
地址：石家庄市裕华区裕华东路
电话：0311－85673245
邮编：050021

河北美食美客餐饮有限公司
地址：石家庄市桥西区新石南路
电话：0311－83811111
邮编：050096

鲜粉世家餐饮集团
地址：石家庄市新华区新华路
电话：0311－85365149
邮编：050081

日月餐饮有限公司
地址：石家庄市新华区和平西路
电话：0311－87828817
邮编：050061

经典世家咖啡餐饮有限公司
地址：石家庄市桥东区中山东路
电话：0311－86967080
邮编：050011

裕园海天餐饮有限公司
地址：石家庄市桥西区裕华西路
电话：0311－85239911
邮编：050000

新喜朵餐饮有限公司
地址：石家庄市体育南大街 331 号
电话：0311－86573981
邮编：050061

大伟力餐饮公司
地址：石家庄市长安区建设北大街
电话：0311－85338009
邮编：050041

汇特蒙羊餐饮连锁有限公司
地址：石家庄市友谊北大街 178 号
电话：0311－85272899
邮编：050031

石家庄饮食（集团）公司
地址：石家庄市建华北大街 5 号
电话：0311－85682484
邮编：050031

广源海鲜饮食有限公司
地址：石家庄市长安区广安大街
电话：0311－85115056
邮编：050031

小蜜蜂餐厅
地址：石家庄市桥东区正东路与平安大街交叉口
电话：0311－86091555
邮编：050031

红宾饮食娱乐有限公司
地址：石家庄市裕华区体育大街
电话：0311－85252118
邮编：050021

燕风楼
地址：石家庄市长安区建设北大街 105 号
电话：0311－86041478　86044833
邮编：050011

河北白楼宾馆
地址：石家庄市维明北大街 28 号
电话：0311－87888888
邮编：050051

上海大饭店
地址：石家庄市友谊北大街 116 号
电话：0311－87897222
邮编：050011

火凤凰酒家
地址：石家庄市合作路 24 号
电话：0311－87051858
邮编：050011

锦亭家园津味酒家
地址：石家庄市泰华街 375 号
电话：0311－87821223
邮编：050011

美膳酒家
地址：石家庄市合作路
电话：0311－87056679
邮编：050011

牡丹峰酒家
地址：石家庄市新华路 785 号
电话：0311－83627874
邮编：050011

川泸酒家
地址：石家庄市休门街 20 号
电话：0311－86978690
邮编：050011

锦绣俏江南酒家
地址：石家庄市裕华东路科技宾馆内
电话：0311－86217880
邮编：050011

长安京川酒家
地址：石家庄市体育南大街 28 号
电话：0311－85822664
邮编：050011

新大地生态美食广场
地址：石家庄市友谊北大街 166 号
电话：0311－87821000
邮编：050011

今食尚酒楼
地址：石家庄市康乐街 14 号
电话：0311－87886777
邮编：050011

石家庄群膳堂饭店
地址：石家庄市自强路 96 号
电话：0311－87015461
邮编：050011

湘菜王酒楼
地址：石家庄市南小街
电话：0311－87880858
邮编：050011

阿瓦山寨
地址：石家庄市水源街 62 号
电话：0311－87830283
邮编：050011

荟萃酒楼
地址：石家庄市和平西路
电话：0311－86024650
邮编：050011

京华饭店
地址：石家庄市站前街 14 号
电话：0311－87025068
邮编：050011

法国西堤岛咖啡厅
地址：石家庄市中华北大街 98 号
电话：0311－88837988
邮编：050011

西域食府
地址：石家庄市新华路
电话：0311－87018829
邮编：050011

朝阳楼饭庄
地址：张家口市宣化区牌楼西街 1 号
电话：0313－3053888
邮编：075100

大清花饺子城
地址：张家口市宣化路 4 号
电话：0313－2028888
邮编：075061

张家口康乐福成肥牛城
地址：张家口市西河沿大街 18 号
电话：0313－2186428
邮编：075061

东圣酒楼
地址：张家口市胜利北路
电话：0313－2122666
邮编：075061

东方饺子城
地址：张家口市工业路
电话：0313－2015980
邮编：075061

穆斯林饭庄
地址：张家口市明德南街
电话：0313－8077326　8075815
邮编：075061

张家口市桥西清雅斋饭庄
地址：张家口市明德北街
电话：0313－8024738
邮编：075061

张家口市伊斯兰饭庄
地址：张家口市宝善街 72 号
电话：0313－2049528
邮编：075061

张家口市鸿宾楼回民饭庄
地址：张家口市西坝岗 44 号
电话：0313－8023164
邮编：075061

张家口市香楼餐饮有限责任公司
地址：张家口市桥西区西坝岗沙岗东街副 21 号
电话：0313－8083388
邮编：075061

天府山珍
地址：张家口市纬一路副四号
电话：0313－4066666
邮编：075051

燕春楼
地址：承德市北兴隆街
电话：0314－2161928
邮编：067000

万丰酒楼
地址：承德市山庄路两宫门后街
电话：0314－2029777
邮编：067000

大清花山庄分店
地址：承德市丽正路 19 号
电话：0314－2036111　2036222
邮编：067000

田园鸡火锅城
地址：承德市北兴隆街 21 号
电话：0314－2272562　5925929
邮编：067000

塞外酒家
地址：承德市小南门西侧
电话：0314－2028866
邮编：067000

大清花饺子总店
地址：承德市丽正门大街
电话：0314－2036111
邮编：067000

王府饺子馆
地址：承德市小佟沟路北 13 号
电话：0314－2886363
邮编：067000

清宫宴酒楼
地址：承德市南营子大街小佟沟口
电话：0314－2076188
邮编：067000

水乡缘
地址：承德市桃李街南园西口 4 号
电话：0314－2153333
邮编：067000

庆元亨大酒楼
地址：承德市两宫门商业街 2 号
电话：0314－2021528
邮编：067000

赵家馆饺子
地址：秦皇岛市昌黎县鼓楼东街

电话：0335－2022156
邮编：066600

河北天然居餐饮有限责任公司
地址：秦皇岛市山海关南海西路98－105号
电话：13903353229
邮编：066000

豆花酒楼
地址：秦皇岛市港城大街123号
电话：0335－3063366
邮编：066000

五粮液酒家
地址：秦皇岛市红旗路116号
电话：0335－3050444
邮编：066000

海港区秦皇居酒家
地址：秦皇岛市南山街56号
电话：0335－3092678
邮编：066000

秦皇岛市天水草堂美食有限责任公司
地址：秦皇岛市港城大街55号
电话：0335－3623999
邮编：066000

福华肥牛城全国连锁秦皇岛店
地址：秦皇岛市红旗路229号
电话：0335－3259899
邮编：066000

温馨饭庄
地址：秦皇岛市迎宾东路
电话：0335－8611590
邮编：066000

燕明圆饭庄
地址：秦皇岛市海阳路
电话：0335－3030678
邮编：066000

红梅园饭店
地址：秦皇岛市海阳路
电话：0335－8828160
邮编：066000

洋洋食府
地址：秦皇岛市迎宾路
电话：0335－3615598
邮编：066000

三晋饭店
地址：秦皇岛市海阳路
电话：0335－3020299
邮编：066000

庆功楼
地址：秦皇岛市和平大街
电话：0335－5919111
邮编：066000

松花江鱼馆
地址：秦皇岛市建设大街
电话：0335－3209288
邮编：066000

东坡府酒楼
地址：秦皇岛市建国路
电话：0335－3262345
邮编：066000

凤凰园美食城
地址：唐山市卫国路5号
电话：0315－2041118
邮编：063006

翠花酸菜楼
地址：唐山市建华西道
电话：0315－2834485
邮编：063006

会丰园
地址：唐山市建华西道
电话：0315－2108621
邮编：063006

长江美食城
地址：唐山市卫国路
电话：0315－2041192
邮编：063006

盛泉餐厅
地址：唐山市建设南路36号
电话：0315－2676351
邮编：063006

福盛阁
地址：唐山市大里路
电话：0315－2310088
邮编：063006

阿凡提餐厅
地址：唐山市华岩园西街
电话：0315－5917396
邮编：063006

瑞香园饭庄
地址：唐山市华岩园西街
电话：0315－2025963
邮编：063006

京味烤鸭店
地址：唐山市文化路
电话：0315－2821571
邮编：063006

穆斯林饭庄
地址：唐山市文化路50号
电话：0315－2100063
邮编：063006

豆花饭庄
地址：唐山市文化路52号
电话：0315－2812855
邮编：063006

杏华餐厅
地址：唐山市文化路32号
电话：0315－2816727
邮编：063006

唐山市食品总公司华林饭庄
地址：唐山市文化路20号
电话：0315－2824502
邮编：063006

唐山宫廷姜母鸭酒楼
地址：唐山市建华东道
电话：0315－2034174
邮编：063006

东北农家饭庄
地址：唐山市南新西道
电话：0315－2831710
邮编：063006

红楼饭庄
地址：唐山市友谊路
电话：0315－2215368
邮编：063006

世纪星酒楼
地址：唐山市建设北路
电话：0315－2049888
邮编：063006

知味轩酒楼
地址：唐山市燕新路
电话：0315－2169757
邮编：063006

西子居酒楼
地址：唐山市长虹道
电话：0315－2042483
邮编：063006

廊坊银潭酒店银洲轩酒家
地址：廊坊市新华路
电话：0316－2027249
邮编：065000

华馨饭庄
地址：廊坊市康宁道
电话：0316－2120676
邮编：065000

浪淘沙海鲜城
地址：廊坊市爱民西道
电话：0316－2128188　2128288
邮编：065000

老城根餐饮有限公司
地址：保定市朝阳北大街955号
电话：0312－3115666
邮编：071052

玉兰香保定会馆饮食有限公司
地址：保定市三丰中路45号
电话：0312－3098288
邮编：071052

新市区世纪缘酒家
地址：保定市东风中路50号
电话：0312－3073769
邮编：071052

新市区福华肥牛城
地址：保定市五四西路
电话：0312－3010188
邮编：071052

鱼香苑
地址：保定市新北街346号
电话：0312－5068860
邮编：071052

聚乐园大酒家
地址：沧州市南环中路
电话：0317－3044540
邮编：061001

红房子餐馆
地址：沧州市解放西路
电话：0317－2037186
邮编：061001

沧州市鱼味斋饭店
地址：沧州市解放路
电话：0317－3024231
邮编：061001

宴宾楼饭店
地址：沧州市东风路114号
电话：0317－3034309
邮编：061001

沧州市香江食府有限公司
地址：沧州市南新村61号
电话：0317－2023794
邮编：061001

沧州黄鹤楼餐饮有限公司
地址：沧州市人民公园南门西侧
电话：0317－2030536
邮编：061001

沧州第一饮食服务总公司
地址：沧州市新华路
电话：0317－2024468
邮编：061001

沧州第二饮食服务总公司南门饭店
地址：沧州市运河区顺城
电话：0317－3030899
邮编：061001

沧州第二饮食服务总公司惠芳园饭店
地址：沧州市新华路
电话：0317－2024468
邮编：061001

沧州第二德隆都餐饮有限公司
地址：沧州市朝阳西街 12 号
电话：0317－2016008
邮编：061001

沧州渤海酒楼
地址：沧州市解放中路
电话：0317－2024407
邮编：061001

沧州国美海天霸餐饮有限公司
地址：沧州市建设南街 45 号
电话：0317－3041389
邮编：061001

天元火锅城
地址：衡水市榕花大街
电话：0318－2034888
邮编：053000

福德和饭庄
地址：衡水市站前东路
电话：0318－7907778
邮编：053000

祥悦楼
地址：衡水市胜利西路
电话：0318－2136860
邮编：053000

三峡人家
地址：衡水市中心大街
电话：0318－5225338
邮编：053000

湘淮情
地址：衡水市育才南大街
电话：0318－2997979
邮编：053000

大清花饺子衡水分店
地址：衡水市和平西路
电话：0318－6010000
邮编：053000

温州海鲜馆
地址：邢台市新华北路
电话：0319－7352388
邮编：054001

阿瓦山寨风情食街
地址：邢台市中兴东大街
电话：0319－3869888
邮编：054001

邢台市马凯贵宾楼
地址：邢台市桥西区钢铁南路
电话：0319－2621888
邮编：054000

邯郸市一篓油餐饮有限公司
地址：邯郸市丛台路 32 号
电话：0310－3223366
邮编：056002

天然居食府
地址：邯郸市联纺路 38 号
电话：0310－7038777
邮编：056002

滏西人家
地址：邯郸市滏西北大街 130 号
电话：0310－3089222
邮编：056004

新保定美食家园
地址：邯郸市丛台东路 423 号
电话：0310－3196788
邮编：056004

凤凰楼
地址：邯郸市人民东路 208 号
电话：0310－2038968
邮编：056004

邯郸市振兴饭庄
地址：邯郸市人民路图书馆西侧
电话：0310－3027142
邮编：056002

烤鱼坊
地址：邯郸市滏西南大街 391 号
电话：0310－5517859
邮编：056002

大光明美食广场
地址：邯郸市光明北大街 16 号
电话：0310－3092228
邮编：056002

老天津卫饭庄
地址：邯郸市建设大街
电话：0310－4067622
邮编：056002

旅游用品

石家庄宝泉金银制品有限公司
地址：石家庄市中山西路
电话：0311－87027266　87022216
邮编：050011

河北联艺城市雕塑有限公司
地址：石家庄市光华路
电话：0311－86216478
电话：050011

石家庄中盛地毯有限公司
地址：石家庄市和平西路
电话：0311－87050828
邮编：050011

石家庄燕京地毯有限公司
地址：石家庄市东风路
电话：0311－86128665
邮编：050011

石家庄市古林工艺厂
地址：石家庄市跃进路
电话：0311－85051005　85052318
邮编：050011

食草堂文化饰品有限公司
地址：石家庄市上庄工业南区食草堂
电话：82231166　82231999
邮编：050011

河北宝龙旅游商品贸易有限公司
地址：石家庄市
电话：0311－3057354
邮编：050011

河北藁城市龙宫宫面厂
地址：石家庄藁城市
电话：0311－88332338
邮编：052160

藁城宫灯研制开发中心有限公司
地址：石家庄藁城永安路 18 号
电话：0311－88156535
编码：052160

石家庄东方紫铜浮雕工艺品有限公司
地址：石家庄晋州市工业西路 168 号
电话：0311－84498269 84498160
邮编：052260
网址：www. eastrelievo. com

晋州三八绣品厂
地址：石家庄市晋州市寺头
电话：0311－84410043
邮编：052260

石家庄东方紫铜浮雕工艺品有限公司
地址：石家庄市晋州市工业路 168 号
电话：0311－84498269　84495801
邮编：052260

张家口市宝石公司
地址：张家口市新华前街 106 号
电话：0313－8032960
邮编：075061

张家口市戴尔雅铂金钻石有限公司
地址：张家口市纬一路
电话：0313－4055780
邮编：075061

蔚县焦氏剪纸有限公司
地址：张家口市蔚县蔚州镇南张庄
电话：0313－7233293　7233192
邮编：075700

承德市工艺美术厂
地址：承德市温家沟 2 号
电话：0314－2075436
邮编：067000

承德绿世界炭文化艺术有限公司
地址：承德市平泉县平泉镇城北村
电话：0314－6082200　6025213　6080890
网址：www. lushijie. com
电子信箱：qixiangchao@ 163. com

丰宁满族自治县懿萱滕氏布糊画有限公司
地址：承德市丰宁满族自治县大阁镇宁丰路 27 号
电话：13703147623
邮编：068350

秦皇岛市吉蓓迩工艺制品有限公司
地址：秦皇岛市河北大街西段副 90 号
电话：0335－8050423
邮编：066000

秦皇岛艺福珠宝首饰有限公司
地址：秦皇岛市文化北路 46 号
电话：0335－3037552

邮编：066000

秦皇岛市岫岩珠宝玉器有限公司
地址：秦皇岛市东环路133号
电话：0335－3250793
邮编：066000

青龙满族自治县工艺美术厂
地址：秦皇岛市青龙县青龙镇
电话：0335－7863314
邮编：066500

唐山泉河陶瓷厂
地址：唐山市开平区郑庄子乡北泉河头
电话：0315－3164573
邮编：063020

唐山金属工艺厂
地址：唐山市复兴北路
电话：0315－2861937
邮编：063006

唐山装饰艺术旅游品公司工艺美术厂
地址：唐山市长宁道19号
电话：0315－2031897
邮编：063000

利民工艺品厂
地址：廊坊霸州市信安镇
电话：0316－7451537
邮编：065700

利民街地毯厂
地址：廊坊霸州市信安镇
电话：0316－7451160
邮编：065700

霸州市顺发蜡业有限公司
地址：廊坊霸州市堂二里
电话：0316－7495188　7498800
邮编：065700

北市区丽华绢花厂
地址：保定市韩庄路7号
电话：0312－5067375
邮编：071052

保定市福林珠宝有限公司
地址：保定市裕华东路78号
电话：0312－2020238
邮编：071052

北市区艺海工艺品厂
地址：保定市韩庄乡王庄村
电话：0312－5097008
邮编：071052

保定北方工艺品有限责任公司
地址：保定市韩村东路11号
电话：0312－3137566
邮编：071052

保定市工艺美术工业公司
地址：保定市西关大街63号
电话：0312－2023060
邮编：071052

保定市艺术蜡烛厂
地址：保定市支农南路
电话：0312－2135367
邮编：071052

保定市清苑县华星工艺蜡香制品有限公司
地址：保定市京石高速公路保定市南出站口平陵
电话：0312－8049988　8049188
邮编：071052

保定市雅润工艺品公司
地址：保定市红星路139号
电话：0312－5062125
邮编：071052

保定市镜箱工艺美术厂
地址：保定市南市区楼南街16号
电话：0312－2023994
邮编：071052

保定金萨工艺品有限公司
地址：保定市天威西路287号中诚商务中心C座3楼
电话：0312－3219217　3228225
邮编：071052

保定福雅工艺品有限公司
地址：保定市北市区小堤村南
电话：0312－5013660
邮编：071052

涿州市义和庄乡兴华地毯厂
地址：保定涿州市义和庄乡
电话：0312－3762120
邮编：072750

涿州市林屯玉器厂
地址：保定涿州市林屯乡
电话：0312－3958038
邮编：072750

涿州市南关挂毯总厂
地址：保定涿州市桃园办事处南关吊桥东口
电话：0312－3632736
邮编：072750

安新县白洋工艺品厂
地址：保定市安新县采蒲台村
电话：0312－5217181　13703221556
邮编：071600

沧州市兴隆工艺品有限公司
地址：沧州市西环中街
电话：0317－2108858
邮编：061001

沧州市运西东方雕刻厂
地址：沧州市朝阳南路
电话：0317－2050031
邮编：061001

沧州市工艺美术厂
地址：沧州市南环中路54号
电话：0317－3041544
邮编：061001

沧州市长生工艺制品有限公司
地址：沧州市开发区沧黄公路北侧
电话：0317－3092389　3091708
邮编：061001

河间市赛佳工艺绣品厂
地址：沧州河间市
电话：0317－3656968
邮编：062450

河间市第二工艺绣品厂
地址：沧州河间市北大街6号
电话：0317－3222794
邮编：062450

西村壁画厂
地址：沧州河间市西村
电话：0317－3851403
邮编：062450

衡水外贸地毯厂
地址：衡水市京大路
电话：0318－2102050
邮编：053000

衡水地毯有限责任公司
地址：衡水市人民中路21号
电话：0318－2035018　7906796
邮编：053000

衡水市民间工艺品厂
地址：衡水市商贸城C座1层
电话：0318－2023599
邮编：053000

衡水市特种工艺厂
地址：衡水市新华中路53号
电话：0318－2323394
邮编：053000

衡水振明特种工艺美术厂
地址：衡水市三徐庄
电话：0318－2132180
邮编：053000

衡水一壶斋工艺品有限公司
地址：衡水市新华路53号
电话：0318－6013394
邮编：053000

冀州市地毯厂
地址：衡水冀州市昌盛路56号
电话：0318－8612601
邮编：053200

冀州市花丝首饰有限公司
地址：衡水冀州市冀新路30号
电话：0318－8613175
邮编：053200

冀州市南午村工艺品雕刻厂
地址：衡水冀州市南午村镇
电话：0318－8715312
邮编：053200

深州市北杏园内画工艺美术厂
地址：衡水深州市辰时北杏园村
电话：0318－3599659
邮编：053800

邢台市工艺美术公司
地址：邢台市中兴路53号
电话：0319－2022484
邮编：054001

邢台市太阳花工艺品有限责任公司
地址：邢台市车站新街
电话：0319－2228204
邮编：054001

美雅工艺品有限公司
地址：邢台市贾村
电话：0319－2678014
邮编：054001

馆陶县思月陶艺有限公司
地址：邯郸市馆陶县
电话：0310－2859958
邮编：057750

旅游交通

河北省旅游汽车公司
地址：石家庄市仓兴路9号
电话：0311－86106842
邮编：050011

石家庄新干线旅游巴士有限公司
地址：石家庄市和平西路 575 号
电话：0311－88997112
邮编：050011

石家庄燕赵旅游汽车运输有限公司
地址：石家庄市富强大街 3 号
电话：0311－86215119
邮编：050011

石家庄火车站
地址：石家庄市桥西区
电话：0311－87022790　87922172
邮编：050011

石家庄燕赵旅游汽车运输有限公司
地址：石家庄市富强街 3 号
电话：0311－85185783
邮编：050011

石家庄新干线客运有限公司
地址：石家庄市新华区惠中南街 19 号
电话：0311－87751198　87701009
邮编：050011

石家庄盛安旅游客运公司
地址：石家庄市汇通路 87 号
电话：13513314467
邮编：050021

石家庄鑫源旅游汽车有限公司
地址：石家庄市桥东区石纺路 18 号
电话：13784412793
邮编：050011

河北省鼎顺旅游汽车有限公司
地址：石家庄市方兴路 6 号
电话：0311－85494508
邮编：050011

河北省老区红色旅游客运有限公司
地址：石家庄市汇通路 29 号
电话：0311－86136116
邮编：050011

石家庄翔华旅游客运有限公司
地址：石家庄市
电话：13784412793
邮编：050011

石家庄裕翔客运有限公司
地址：石家庄市石纺路 18 号
电话：0311－87282555
邮编：050011

石家庄运输总公司
地址：石家庄市汇通路 32 号
电话：0311－86111919
邮编：050011

冀运集团股份有限公司
地址：石家庄市西二环南路 186 号
电话：0311－85239288　85239270
邮编：050091

石家庄阿尔莎汽车客运有限公司
地址：石家庄市元南路 4 号
电话：0311－86121724
邮编：050011

辛集市火车站
地址：石家庄市辛集市兴华路南头
电话：0311－83221965
邮编：052360

藁城市火车站
地址：石家庄藁城市永安路
电话：0311－88041739
邮编：052160

藁城市良村火车站
地址：石家庄藁城市良村
电话：0311－88086389
邮编：052160

新乐市火车站
地址：石家庄市新乐市
电话：0311－88581267
邮编：050700

正定旅游飞机场
地址：石家庄市正定县
电话：0311－88786670
邮编：050800

张家口火车南站
地址：张家口市桥东区
电话：0313－7903738
邮编：075061

张家口火车北站
地址：张家口市
电话：0313－7915738
邮编：075061

承德火车站
地址：承德市双桥区车站路
电话：0314－7622602
邮编：067001

秦皇岛澳秦旅游汽车客运公司
地址：秦皇岛市北戴河经济技术开发区
电话：0335－8057886
邮编：066100

秦皇岛火车站
地址：秦皇岛市海港区北环路
电话：0335－3062230
邮编：066001

山海关火车站
地址：秦皇岛市南关大街
电话：0335－5051844
邮编：066200

北戴河火车站
地址：秦皇岛市站南大街
电话：0335－4019090
邮编：066100

龙王庙火车站
地址：秦皇岛市青龙满族自治县龙王庙村
电话：0335－7750116
邮编：066500

北戴河海滨旅游车队
地址：秦皇岛市北戴河海滨
电话：0335－4681268
邮编：066100

秦皇岛秦皇游船有限公司
地址：秦皇岛市海港区南山街 56 号
电话：0335－3418005　3419200
邮编：066001

秦皇岛港
地址：秦皇岛市海滨路 2 号
电话：0335－3092222
邮编：066012

秦皇岛山海关机场
地址：秦皇岛市山海关区机场路
电话：0335－96360　3692222　5155374
邮编：066012

唐山火车站
地址：唐山市西站
电话：0315－2324113
邮编：063001

唐山火车西站
地址：唐山市路北区站前路
电话：0315－7222222
邮编：063000

唐山长途汽车南站
地址：唐山市路南区车站路 134 号
电话：0315－2825326
邮编：063000

唐山长途汽车西站
地址：唐山市站前路北端
电话：0315－2323147　2333339
邮编：063000

河北高客唐山站
地址：唐山市
电话：0315－2342966
邮编：063000

唐山开平火车站
地址：唐山市开平区车站路
电话：0315－3363446
邮编：063021

唐山古冶火车站
地址：唐山市古冶区北货场
电话：0315－3511617
邮编：063104

京唐港
地址：唐山海港开发区
电话：0315－2916888
邮编：063611

廊坊火车站
地址：廊坊市
电话：0316－2012994　2156666
邮编：065000

保定火车站
地址：保定市
电话：0312－2022160　2035001　2032043
邮编：071000

沧州火车站
地址：沧州市
电话：0317－1600868
邮编：061001

衡水火车站
地址：衡水市
电话：0318－1600080　1600190
邮编：053001

邢台火车站
地址：邢台市
电话：0319－7308022　7610777
邮编：054001

邯郸市天地旅游汽车租赁有限公司
地址：邯郸市渚河路 11 号
电话：0310－2908045
邮编：056002

邯郸火车站
地址：邯郸市
电话：0310－3023233
邮编：056000

山　西

SHANXI

旅游机构

山西省旅游局
地址：太原市长风大街 30 号
电话：0351－7322259　7322260
邮编：030006

太原市旅游局
地址：太原市新建路 155 号市政府
电话：0351－5679006
邮编：030082

杏花岭区文体局
地址：太原市杏花岭区
电话：0351－3080421
邮编：030001

小店区文体局
地址：太原市小店区
电话：0351－7191968
邮编：030032

迎泽区文体委
地址：太原市迎泽区
电话：0351－4030038
邮编：030024

尖草坪区文物旅游局
地址：太原市尖草坪区
电话：0351－5648212
邮编：030003

万柏林区文体局
地址：太原市万柏林区
电话：0351－6265127
邮编：030027

晋源区文物旅游局
地址：太原市晋源区
电话：0351－6592019
邮编：030025

古交市旅游局
地址：太原古交市
电话：0351－5141943
邮编：030200

清徐县文体委
地址：太原市清徐县
电话：0351－5722423
邮编：030400

阳曲县文物旅游局
地址：太原市阳曲县
电话：0351－5521271
邮编：030100

娄烦县旅游办公室
地址：太原市娄烦县
电话：0351－5325020
邮编：030300

大同市旅游局
地址：大同市向阳西街市政网络服务中心 3 层
电话：0352－5101398
邮编：037008

大同市城区旅游局
地址：大同市帅府街 36 号
电话：0352－2060933
邮编：037004

大同市南郊区旅游局
地址：大同市新开西二路 2 号
电话：0352－2017963
邮编：037006

大同市新荣区旅游局
地址：大同市新荣区长城西街
电话：0352－3075196
邮编：037002

阳高县旅游局
地址：大同市阳高县政府大院
电话：0352－6625500
邮编：038100

天镇县旅游局
地址：大同市天镇县政府大楼
电话：0352－6827900
邮编：038200

广灵县旅游局
地址：大同市广灵县水神堂
电话：0352－8822687
邮编：037500

浑源县恒山管理委员会
地址：大同市浑源县城恒山南路
电话：0352－8322142
邮编：037400

左云县旅游局
地址：大同市左云县府西街 6 号
电话：0352－3821349
邮编：037100

大同县旅游服务中心
地址：大同市大同县政府院
电话：0352－8019538
邮编：037300

朔州市外事旅游局
地址：朔州市市府街 1 号
电话：0349－2022693
邮编：038500

山阴县文物旅游局
地址：朔州市山阴县乳品集团五楼东
电话：0349－6654109
邮编：036900

应县外事旅游局
地址：朔州市应县政府大楼
电话：0349－5022443
邮编：037600

右玉县发展改革局（旅游局）
地址：朔州市右玉县政府大楼
电话：0349－8022306
邮编：037200

怀仁县文化体育局（旅游局）
地址：朔州市怀仁县政府大楼
电话：0349－3029777
邮编：038300

阳泉市外事旅游局
地址：阳泉市政府大楼
电话：0353－2293609
邮编：045000

郊区文体局
地址：阳泉市郊区荫营东大街
电话：0353－5052447
邮编：045011

平定县文物旅游局
地址：阳泉市平定县东大街政协楼
电话：0353－6161740
邮编：045200

盂县文物旅游局
地址：阳泉市盂县宾馆前四楼
电话：0353－8093685
邮编：045100

长治市文物旅游局
地址：长治市东大街长兴小区 5 号楼威鹏大厦
电话：0355－2035096
邮编：046000

城区文物旅游发展中心
地址：长治市紫金东路 48 号
电话：0355－2035880
邮编：046000Z

潞城市文物旅游发展中心
地址：长治市潞城市府前广场
电话：0355－6762689
邮编：047500

长治县旅游开发公司
地址：长治市长治县宾馆 7 楼
电话：0355－8080834
邮编：047100

襄垣县文物旅游发展中心
地址：长治市襄垣县迎宾街 66 号
电话：0355－7229110
邮编：046200

屯留县文物旅游开发中心
地址：长治市屯留县麒峰东大街 51 号
电话：0355－7522782
邮编：046100

平顺县文物旅游发展中心
地址：长治市平顺县青羊街县政府
电话：0355－8925906
邮编：047400

黎城县旅游发展中心
地址：长治市黎城县河下西街 11－2 号
电话：0355－6561005
邮编：047600

壶关县旅游局
地址：长治市壶关县健康街
电话：0355－8776043
邮编：047300

长子县旅游开发中心
地址：长治市长子县政府大院
电话：0355－8336803
邮编：046600

武乡县红色旅游开发管理局
地址：长治市武乡县太行西街综合办公楼 1109 室
电话：0355－6390999
邮编：046300

沁县文化旅游中心
地址：长治市沁县红旗街 65 号
电话：0355－7028464
邮编：046400

沁源县旅游局
地址：长治市沁源县沁河镇胜利路
电话：0355－7839888
邮编：046100

晋城市旅游文物局
地址：晋城市上辇街
电话：0356－2057555
邮编：048000

城区文体旅游局
地址：晋城市新市西街城区政府
电话：0356－2029957
邮编：048000

高平市文体旅游局
地址：晋城高平市长平西街市政府2楼
电话：0356－5224185
邮编：048400

泽州县旅游局
地址：晋城市泽州县泽州路计生楼5楼
电话：0356－2055001
邮编：048012

沁水县旅游局
地址：晋城市沁水县新建街130号
电话：0356－7028386
邮编：048200

阳城县旅游局
地址：晋城市阳城县凤凰东街
电话：0356－4220149
邮编：048100

陵川县旅游局
地址：晋城市陵川县梅园西街县政府1楼
电话：0356－6208396
邮编：048300

忻州市外事旅游局
地址：忻州市七一北路
电话：0350－3031715
邮编：034000

忻府区旅游局
地址：忻州市忻府区
电话：0350－2021765
邮编：034000

定襄县文物旅游管理中心
地址：忻州市定襄县河边民俗馆
电话：0350－6028478
邮编：035400

五台县旅游局
地址：忻州市五台县政府大院
电话：0350－6524664
邮编：135500

五台山旅游局
地址：忻州市五台县台怀镇
电话：0350－6543133
邮编：035515

代县旅游局
地址：忻州市代县招待所院内
电话：0350－5227354
邮编：034200

繁峙县旅游局
地址：忻州市繁峙县县城
电话：0350－5529434
邮编：034300

宁武县旅游局
地址：忻州市宁武县凤凰街
电话：0350－4721369
邮编：036700

五寨县旅游办公室
地址：忻州市五寨县砚城镇
电话：0350－4333731
邮编：036200

河曲县旅游办公室
地址：忻州市河曲县县城
电话：0350－7222332
邮编：036500

偏关县旅游办公室
地址：忻州市偏关县县城
电话：0350－7655665
邮编：036400

晋中市外事旅游局
地址：晋中市羊毫街114号政府大院东楼
电话：0354－2636533
邮编：030600

榆次区文物旅游局
地址：晋中市迎宾西路区政府办公楼3层
电话：0354－3368280
邮编：030600

介休市旅游局
地址：晋中介休市西大街139号
电话：0354－7214412
邮编：031200

榆社县旅游局
地址：晋中市榆社县东大街县政府大院
电话：0354－6630624
邮编：031800

左权县旅游事业发展局
地址：晋中市左权县北大街23号
电话：0354－8630929
邮编：032600

和顺县旅游局
地址：晋中市和顺县中和街92号
电话：0354－8286278
邮编：032700

昔阳县旅游局
地址：晋中市昔阳县新建南路政府大院
电话：0354－4121570
邮编：045300

寿阳县文化旅游局
地址：晋中市寿阳县城内街23号
电话：0354－4622897
邮编：045400

太谷县文物旅游局
地址：晋中市太谷县南寺街2号党校院内
电话：0354－6228605
邮编：030800

祁县文物旅游局
地址：晋中市祁县城内北大街97号
电话：0354－5243703
邮编：030900

平遥县旅游局
地址：晋中市平遥县顺城路154号
电话：0354－5621411
邮编：031100

灵石县文化旅游局
地址：晋中市灵石县新建街北79号
电话：0354－7623583
邮编：031300

临汾市外事旅游局
地址：临汾市解放路15号
电话：0357－2015547
邮编：041000

尧都区文物旅游局
地址：临汾市尧都区博物馆
电话：0357－2591065
邮编：041000

侯马市外事旅游局
地址：临汾侯马市政府院内
电话：0357－4224136
邮编：043000

霍州市旅游局
地址：临汾霍州市人大院内
电话：0357－5629111
邮编：031400

曲沃县文物旅游局
地址：临汾市曲沃县政府院内
电话：0357－4522324
邮编：043400

翼城县旅游局
地址：临汾市翼城县政府内
电话：0357－4933510
邮编：043500

襄汾县外事旅游局
地址：临汾市襄汾县政府内
电话：0357－3622404
邮编：041500

洪洞县文物旅游局
地址：临汾市洪洞县政府9楼
电话：0357－6226653
邮编：041600

古县文化体育局
地址：临汾市古县文化西路16号
电话：0357－8321466
邮编：042400

安泽县文化体育局
地址：临汾市安泽县府前东街16号
电话：0357－8522472
邮编：042500

浮山县政府办公室
地址：临汾市浮山县天坛路65号
电话：0357－8122123
邮编：042600

吉县旅游局
地址：临汾市吉县政府四楼
电话：0357－7922693
邮编：042200

乡宁县旅游局
地址：临汾市乡宁县政府内
电话：0357－6827195
邮编：042100

蒲县文物旅游局
地址：临汾市蒲县柏山路8号
电话：0357－5328580
邮编：041200

大宁县旅游局
地址：临汾市大宁县东河沿18号
电话：0357－7725129
邮编：042300

永和县文化体育局
地址：临汾市永和县正大街
电话：0357－7522218
邮编：041400

隰县文物旅游局
地址：临汾市隰县小西关沟
电话：0357－7321477
邮编：041300

汾西县文物旅游局
地址：临汾市汾西县新建街1号

山西

电话：0357－5123367
邮编：031500

运城市旅游局
地址：运城市红旗东街 374 号
电话：0359－2022380
邮编：044000

盐湖区文物旅游局
地址：运城市盐湖区政府东 1 楼
电话：0359－2278289
邮编：044000

永济市旅游局
地址：运城永济市府西街 11 号
电话：0359－8022804
邮编：044500

河津市外事旅游局
地址：运城河津市通岭街北端
电话：0359－5060464
邮编：043300

芮城县旅游局
地址：运城市芮城县大禹东街政府办公楼
电话：0359－3035163
邮编：044600

万荣县文物旅游局
地址：运城市万荣县西大街 8 号东岳庙内
电话：0359－4527977
邮编：044200

新绛县文物旅游局
地址：运城市新绛县龙兴路 2 号
电话：0359－7030089
邮编：043100

稷山县旅游局
地址：运城市稷山县政府三楼
电话：0359－5528957
邮编：043200

闻喜县文物旅游管理中心
地址：运城市闻喜县政府招待所前楼 228 号
电话：0359－7031300
邮编：043800

夏县文物旅游服务中心
地址：运城市夏县东风西街政府大楼
电话：0359－8531289
邮编：044400

垣曲县旅游局
地址：运城市垣曲县黄河路 1 号
电话：0359－6023173
邮编：043700

吕梁市文物旅游局
地址：吕梁市龙凤南大街汉画像石博物馆
电话：0358－8236509
邮编：033000

离石区文物旅游开发管理中心
地址：吕梁市离石区政府院内
电话：0358－9236509
邮编：033000

孝义市旅游局
地址：吕梁孝义市政府前街 1 号
电话：0358－7626785
邮编：032300

汾阳市文物旅游开发管理中心
地址：吕梁汾阳市政府招待所 2 楼
电话：0358－7222689
邮编：032200

文水县文物旅游开发管理中心
地址：吕梁市文水县卫生局 4 楼
电话：0358－3020109
邮编：032100

中阳县文物旅游局
地址：吕梁市中阳县原文物管理所
电话：0358－5022360
邮编：033400

兴县文物旅游开发管理中心
地址：吕梁市兴县
电话：0358－6322381
邮编：033600

临县文物旅游局
地址：吕梁市临县文化馆院内
电话：0358－4422515
邮编：033200

方山县文物局
地址：吕梁市方山县政府院内
电话：0358－6023374
邮编：033600

柳林县文物旅游开发管理中心
地址：吕梁市柳林县新县委院内
电话：0358－4022666
邮编：033300

岚县文物旅游开发管理中心
地址：吕梁市岚县
电话：0358－6722490
邮编：035200

交城县文物旅游开发管理中心
地址：吕梁市交城县政府 4 楼
电话：0358－3522425
邮编：030500

交口县文物旅游发展管理中心
地址：吕梁市交口县商贸 3 楼
电话：0358－5422258
邮编：032400

石楼县文物旅游发展管理中心
地址：吕梁市石楼县
电话：0358－5723147
邮编：032500

旅行社

山西省中国国际旅行社有限责任公司
地址：太原市平阳路 126 号
电话：0351－8211103
邮编：030012
网址：www. sxcits. com. cn
许可证号：L－SX－CJ00001

山西省中国青年旅行社
地址：太原市青年路 8 号
电话：0351－4191103
邮编：030001
网址：www. sxcyts. com. cn
许可证号：L－SX－CJ00002

大同中国国际旅行社有限责任公司
地址：大同市迎宾街
电话：0352－5102337
邮编：037008
网址：www. dtcits. com
许可证号：L－SX－CJ00003

五台山中国国际旅行社
地址：忻州市五台县台怀镇清明街 18 号
电话：0350－6542142
邮编：034000
网址：www. wutai shan-cita. com
许可证号：L－SX－CJ00004

朔州飞马国际旅行社有限责任公司
地址：朔州市鄯阳街马邑文化广场东上 8 号
电话：0349－2020131
邮编：036002
许可证号：L－SX－CJ00006

山西康辉国际旅行社有限责任公司
地址：太原市双塔西街 133 号迎泽家园 B 座 203 室
电话：0351－4605005
邮编：030012
网址：www. sxtycct. com
许可证号：L－SX－CJ00007

太原市中国旅行社
地址：太原市杏花岭区府西街 135 号
电话：0351－3533258
邮编：030002
网址：www. tycts. com
许可证号：L－SX－CJ00008

山西东方国际旅行社有限公司
地址：太原市新建南路 15 号
电话：0351－4172748
邮编：030001
网址：www. 66shanxi. com
许可证号：L－SX－CJ00009

中国国旅（山西）国际旅行社有限公司
地址：太原市并州西街 167 号
电话：0351－4183279
邮编：037016
许可证号：L－SX－CJ00010

临汾中国国际旅行社有限公司
地址：临汾市解放西路 20 号
电话：0357－2012797
邮编：041000
网址：www. lfcits. com. cn
许可证号：L－SX－CJ00011

运城中国国际旅行社有限公司
地址：运城市人民路鑫源公寓 B 座 1 层
电话：0359－2080377
邮编：044000
网址：www. sxyccits. com
许可证号：L－SX－CJ00012

长治赛福国际旅行社有限公司
地址：长治市长兴中路 515 号
电话：0355－2048886
邮编：046000
许可证号：L－SX－CJ00013

山西万景国际旅行社有限公司
地址：太原市桃园南路甲 52 号
电话：0351－4198704　4198700
邮编：030002
许可证号：L－SX－CJ00014

忻州市天缘国际旅行社有限公司
地址：忻州市七一北路 32 号
电话：0350－3031344
邮编：034000
许可证号：L－SX－CJ00015

山西商务国际旅行社（有限公司）
地址：太原市并州路35号金港国际商务中心C座1001室
电话：0351－5278600
邮编：030001
许可证号：L－SX－CJ00016

港中旅国际（山西）旅行社有限公司
地址：太原市并州北路35号金港商务中心A座21层
电话：0351－4728302　4278358
邮编：030012
网址：www. sxctiol. com
许可证号：L－SX－CJ00018

山西现代国际旅行社有限公司
地址：太原市亲贤北街59号
电话：0351－7591326
邮编：030006
许可证号：L－SX－CJ00021

山西交通国际旅行社有限公司
地址：太原市五一东街83号五湖大酒店301室
电话：0351－4236922　4236911
邮编：030001
许可证号：L－SX－CJ00022

山西海内外（国际）旅行社有限公司
地址：太原市杏花岭区北大街182号
电话：0351－3789789－807
邮编：030009
许可证号：L－SX－CJ00023

运城市中国旅行社有限公司
地址：运城市红旗东街225号
电话：0359－2084075
邮编：044000
许可证号：L－SX－CJ00024

山西天马国际旅行社有限公司
地址：太原市迎泽南街鼎元时代中心B座
电话：0351－8390722
邮编：030001
许可证号：L－SX－CJ00025

山西世达国际旅行社有限公司
地址：太原市小店区南内环街98－2号
电话：0351－7924882
邮编：030012
许可证号：L－SX－CJ00026

山西五台山青年国际旅行社有限公司
地址：忻州市七一北路55号
电话：0350－3038000
邮编：034000
网址：www. swyits. com
许可证号：L－SX－CJ00028

山西太行国际旅行社有限责任公司
地址：晋城市建设北路
电话：0356－2030199
邮编：048000
许可证号：L－SX－CJ00029

山西太平洋国际旅行社有限公司
地址：太原市并州北路35号
电话：0351－5253287
邮编：046000
许可证号：L－SX－CJ00031

山西皇城相府国际旅行社有限公司
地址：晋城市黄华街E1区
电话：0356－2023055
邮编：048000
许可证号：L－SX－CJ00032

运城市青之旅国际旅行社有限公司
地址：运城市中银大道甲350号
电话：0359－2292782
邮编：044000
网址：www. ycqzl. com
许可证号：L－SX－CJ00033

山西红马国际旅行社有限公司
地址：太原市小店区南中环街521号
电话：0351－5225175
邮编：030006
许可证号：L－SX－CJ00034

山西铁路国际旅行社有限公司
地址：太原市建设北路256号
电话：0351－2230844
邮编：030012
许可证号：L－SX－CJ00035

山西阳光国际旅游有限公司
地址：太原市迎泽南街鼎元时代中心C座
电话：0351－8390881
邮编：041000
许可证号：L－SX－CJ00036

山西宝中旅游有限公司
地址：太原市小店区坞城路1号电子研究所门面房103号
电话：0351－3371730
邮编：030001
许可证号：L－SX－CJ00037

晋城市东方国际旅行社有限公司
地址：晋城市新市东街818号
电话：0356－6990293
邮编：048002
许可证号：L－SX－CJ00038

太原新晋商联盟国际旅行社有限公司
地址：太原市小店区学府街126号汇都国际A座20层
电话：0351－5285228
邮编：030001
许可证号：L－SX－CJ00039

阳泉市交通集团万通国际旅行社有限公司
地址：阳泉市南大街58号
电话：0353－2969222
邮编：045000
许可证号：L－SX－CJ00040

山西宝华盛世国际旅行社有限公司
地址：太原市小店区长治路103号阳光国际商务中心B座11层
电话：0351－7882651
邮编：030032
许可证号：L－SX－CJ00041

山西远大国际旅行社有限公司
地址：太原市小店区体育南路锦绣苑小区21号楼1号商铺
电话：0351－5241826
邮编：030032
许可证号：L－SX－CJ00042

山西春秋国际旅行社有限公司
地址：太原市起凤街9号铁路小区小白楼2层
电话：0351－4223555
邮编：030082
许可证号：L－SX－CJ00043

山西风情国际旅行社有限公司
地址：太原市杏花岭五一路190号雅典金座大厦
电话：0351－5229518
邮编：030001
许可证号：L－SX－CJ00044

晋中大地国际旅行社有限责任公司
地址：晋中市新天地购物广场B1座
电话：0354－2055608
邮编：030600
许可证号：L－SX－CJ00046
网址：www. jzdadi. com

山西太原四季风旅游有限公司
地址：太原市迎泽南街鼎元时代中心C座三层
电话：0351－5679197
邮编：030082
许可证号：L－SX－CJ00048

山西天峰国际旅行社有限公司
地址：太原市新建路63号
电话：0351－4060310　4062368
邮编：030082
许可证号：L－SX－CJ00049

山西友谊国际旅行社有限公司
地址：太原市双塔西街12号
电话：0351－4930585　4967730
邮编：030082
许可证号：L－SX－CJ00051

山西岚海国际旅行社有限公司
地址：太原市体育路215号怡和广场1217室
电话：0351－7553853
邮编：030082
许可证号：L－SX－CJ00052

山西大自然国际旅行社有限公司
地址：太原市新建路78号（新闻大厦）
电话：0351－8222331　13803414582
邮编：030000
许可证号：L－SX－CJ00054

中青旅山西国际旅行社有限公司
地址：太原市平阳路1号金茂国际数码中心B座29层F
电话：0351－8211206　8211223　8211080
邮编：030082
许可证号：L－SX－CJ00055

山西祥云商务国际旅行社有限公司
地址：太原市万柏林区和平北路92号
电话：0351－6292330
邮编：030024
许可证号：L－SX－CJ00056

山西煤海国际旅行社有限责任公司
地址：太原市迎泽区迎泽大街9号华苑宾馆
电话：0351－4045448
邮编：030002
许可证号：L－SX－CJ00057

山西远东国际旅行社有限公司
地址：太原市桃园北路72号铭鼎国际
电话：0351－4087878　4087879
邮编：030082
许可证号：L－SX－CJ00058

山西易凯旅游有限公司
地址：太原市新建路153号山西省林业大厦
电话：0351－4081900
邮编：030082
许可证号：L－SX－CJ00059

大同和平国际旅行社有限公司
地址：大同市育才街凤凰国际A座2单元504号
电话：0352－2060933

邮编：037008
许可证号：L－SX－CJ00060

山西金诚旅行社有限公司
地址：吕梁孝义市府前街 9 号
电话：0358－7633447
邮编：032300
许可证号：L－SX－CJ00061

山西和平国际旅行社有限责任公司
地址：太原市文化街 58 号文化苑大厦 8 层
电话：0351－2221627　2221625
邮编：030082
许可证号：L－SX－CJ00062

太原市西山旅行社
地址：太原市西矿街 388 号西山大厦二层
电话：0351－6122388　4236123
邮编：030082
许可证号：L－SX－CJ00063

太原海外国际旅行社有限公司
地址：太原市迎泽区新建南路 8 号锦泽苑小区高层 5 号楼 1－501
电话：0351－8829705　8829714
邮编：030002
许可证号：L－SX－CJ00064

山西幸运乐游国际旅行社有限公司
地址：太原市迎泽区府西街 36 号盛唐大厦 10 层北区
邮编：030002
许可证号：L－SX－CJ00065

大同煤矿集团晋华国际旅行社有限责任公司
地址：大同市南郊区五一路泰安门工商银行二楼
邮编：037001
许可证号：L－SX－CJ00066

长治市新颖公交旅行社（有限公司）
地址：长治市英雄北路 41 号
电话：0355－2028870
邮编：046000
许可证号：L－SX－CJ00068

朔州四季风商务国际旅行社有限公司
地址：朔州朔城区神电商业街
邮编：036000
许可证号：L－SX－CJ00070

山西文华国际旅行社有限公司
地址：太原市小店区寇庄西路 180 号 7 层
邮编：030032
许可证号：L－SX－CJ00071

大同市中国旅行社有限责任公司
地址：大同市迎宾西路 85 号
电话：0352－5025495
邮编：037008
许可证号：L－SX－CJ00072

大同四季风山水国际旅行社有限公司
地址：大同市城区魏都大道康乐里 3 号楼
电话：0352－2021688
邮编：037008
许可证号：L－SX－CJ00073

晋中四季风太行国际旅行社有限公司
地址：晋中市榆次区新建南街（恒基商务中心 213 室）
电话：0354－2055866
邮编：030600
许可证号：L－SX－CJ00074

饭　店

山西国贸大饭店 ★★★★★
地址：太原市府西街 69 号
电话：0351－8688999　8688888
邮编：030002

万狮京华大酒店 ★★★★★
地址：太原市平阳路 126 号
电话：0351－7658888
邮编：030006

晋祠宾馆 ★★★★★
地址：太原市晋祠路中段 669 号
电话：0351－6099999
邮编：030025

山西迎泽宾馆西楼 ★★★★★
地址：太原市迎泽大街 189 号
电话：0351－8828888
邮编：030001

丽华大酒店 ★★★★★
地址：太原市长风街 1 号
电话：0351－6699999
邮编：030021

花园国际大酒店 ★★★★★
地址：太原市解放北路 83 号
电话：0351－3131888
邮编：030003

云冈国际酒店 ★★★★★
地址：大同市大西街 38 号
电话：0352－5869999
邮编：037004

天贵国际酒店 ★★★★★
地址：大同市新开南路 133 号
电话：0352－5685888
邮编：037006

大同市金帝豪生大酒店 ★★★★★
地址：大同市平城街 88 号
电话：0352－6039999
邮编：037008

朔州万通源大酒店 ★★★★★
地址：朔州市开发北路 68 号
电话：0349－5666666（总机）　5666061
传真：0349－5666656
邮编：038500

药林会议中心 ★★★★★
地址：阳泉市平定县张庄镇南后峪村
电话：0353－7058888
邮编：045200

益东国际酒店 ★★★★★
地址：长治市西一环路
电话：0355－5555555
邮编：046000

东明国际大酒店 ★★★★★
地址：长治市紫金东街 369 号
电话：0355－2222222
邮编：046000

阳城县环城凯斯顿酒店 ★★★★★
地址：晋城市阳城县南环路
电话：0356－4288999
邮编：048100

五台山五峰宾馆 ★★★★★
地址：忻州市五台县台怀镇龙泉寺
电话：0350－6548988
邮编：035515

宏源国际饭店 ★★★★★
地址：晋中市灵石高速路口
电话：0354－7848888
邮编：031300

万豪美悦国际酒店 ★★★★★
地址：晋中市榆次区迎宾西街中段
电话：0354－3166666
邮编：030600

运城空港大酒店 ★★★★★
地址：运城市空港新区关公东街 9 号
电话：0359－6301385
邮编：044000

金鑫大酒店 ★★★★★
地址：运城市槐东南路 88 号
电话：0359－2259999
邮编：044000

永济海纳温泉国际酒店 ★★★★★
地址：运城永济市河东大道南路
电话：0359－8135111
邮编：044500

孝义市东兴帝豪酒店 ★★★★★
地址：吕梁孝义市崇文大街 181 号
电话：0358－7839999
邮编：032300

山西大酒店 ★★★★
地址：太原市新建南路 5 号
电话：0351－8829999
邮编：030001

山西愉园大酒店 ★★★★
地址：太原市开化寺 148 号
电话：0351－8823333
邮编：030002

三晋国际饭店 ★★★★
地址：太原市迎泽大街 30 号
电话：0351－8827777
邮编：030001

黄河京都大酒店 ★★★★
地址：太原市平阳路 19 号
电话：0351－5679999
邮编：030012

山西阳光大酒店 ★★★★
地址：太原市北大街 93 号
电话：0351－3080468
邮编：030009

山西晋协宾馆 ★★★★
地址：太原市东缉虎营 35 号
电话：0351－5659088
邮编：030009

世纪王朝·商务会馆 ★★★★
地址：太原市长治路 88 号
电话：0351－7338226
邮编：030012

月亮湾国际商务酒店 ★★★★
地址：太原市北大街 107 号
电话：0351－3636180
邮编：030009

西山大厦 ★★★★
地址：太原市西矿街 318 号
电话：0351－6217111
邮编：030053

泰瑞国际商务酒店 ★★★★
地址：太原市长风街7号
电话：0351－7596666
邮编：030006

太原铁道大厦 ★★★★
地址：太原市迎泽南街19号
电话：0351－2231888
邮编：030001

云水国际大酒店 ★★★★
地址：太原市平阳路48号
电话：0351－7128888
邮编：030012

太原金辇酒店 ★★★★
地址：太原市滨河东路北段22号
电话：0351－4157708
邮编：030002

山西滨河饭店 ★★★★
地址：太原市府西街103号
电话：0351－3332222
邮编：030002

宏安国际酒店 ★★★★
地址：大同市迎宾西路28号
电话：0352－5866666
邮编：037008

大同宾馆 ★★★★
地址：大同市迎宾西路37号
电话：0352－5868350
邮编：037008

五洲大酒店 ★★★★
地址：大同市迎宾西路宾西街88号
电话：0352－5868888
邮编：037008

花园大饭店 ★★★★
地址：大同市大南街59号
电话：0352－5865888
邮编：037004

浩海国际酒店 ★★★★
地址：大同市新建南路46号
电话：0352－5686888
邮编：037008

雁北宾馆 ★★★★
地址：大同市御河北路甲1号
电话：0352－5860888
邮编：037044

悦龙休闲商务酒店 ★★★★
地址：大同市操场城街5号
电话：0352－5689999
邮编：037005

阳光海悦大酒店 ★★★★
地址：大同市大庆路3号
电话：0352－5357333
邮编：037008

晨光国际酒店 ★★★★
地址：大同市迎宾东路68号
电话：0352－5688888
邮编：037008

平朔宾馆 ★★★★
地址：朔州市平朔生活区
电话：0349－2052396
邮编：038506

圣厚源大酒店 ★★★★
地址：朔州市开发北路安泰街2号
电话：0349－2170588
邮编：036000

万通源平鲁宾馆 ★★★★
地址：朔州市平鲁区胜利南路
电话：0349－6961555
邮编：036800

玉龙国际酒店 ★★★★
地址：朔州市右玉县新建大街北侧
电话：0349－8088888
邮编：037200

北冰洋大酒店 ★★★★
地址：阳泉市北大街80号
电话：0353－4236666
邮编：045000

泉美国际酒店 ★★★★
地址：阳泉市南大西街
电话：0353－2937777
邮编：045000

祥禾大酒店 ★★★★
地址：阳泉市开发区烟台路1号
电话：0353－2935888
邮编：045000

鹏宇国际大酒店 ★★★★
地址：长治市长兴中路509号
电话：0355－2199999
邮编：046000

财苑大厦 ★★★★
地址：长治市长兴中路305号
电话：0355－2180070
邮编：046000

富景国际饭店 ★★★★
地址：晋城市新市东街81号
电话：0356－2088639
邮编：048000

晋城大酒店 ★★★★
地址：晋城市凤台西街88号
电话：0356－2228992
邮编：048000

太平洋大厦 ★★★★
地址：晋城市凤台西街59号
电话：0356－6969881
邮编：048000

颐宾大酒店 ★★★★
地址：晋城市前西街58号
电话：0356－3068992
邮编：048000

晋城高都大酒店 ★★★★
地址：晋城市新市东街8号
电话：0356－2051598
邮编：048000

晋城阳光大酒店 ★★★★
地址：晋城市泽州路76号
电话：0356－2229199
邮编：048000

棋源山庄 ★★★★
地址：晋城市陵川县棋子山风景区
电话：0356－6666666
邮编：048300

兰花大酒店 ★★★★
地址：晋城市凤台东街2288号
电话：0356－2628905
邮编：048000

金缘大酒店 ★★★★
地址：晋城市黄花街218号
电话：0356－3053828
邮编：048000

泽州大酒店 ★★★★
地址：晋城市凤台西街2839号
电话：0356－2096566
邮编：048000

竹林山大酒店 ★★★★
地址：晋城市阳城县新阳东街169号
电话：0356－4889886
邮编：048100

瑞龙大酒店 ★★★★
地址：忻州市忻府区公园路
电话：0350－3168888
邮编：034000

原平市宾馆 ★★★★
地址：忻州原平市前进西街57号
电话：0350－8228888
邮编：034100

金鼎大酒店 ★★★★
地址：忻州市定襄县晋昌大街
电话：0350－6018222
邮编：035400

五台山银海山庄 ★★★★
地址：忻州市五台县台怀镇
电话：0350－6542676
邮编：035515

花卉山庄 ★★★★
地址：忻州市五台县五台山大车沟
电话：0350－6549888
邮编：035515

繁峙县嘉盛伦大酒店 ★★★★
地址：忻州市繁峙县向阳北路
电话：0350－5530333
邮编：034300

平遥峰岩大酒店 ★★★★
地址：晋中市平遥县曙光路峰岩广场
电话：0354－5869999
邮编：031100

颐景国际大酒店 ★★★★
地址：晋中市榆次区西顺城街71号
电话：0354－2088630
邮编：030600

介休市正达海悦酒店 ★★★★
地址：晋中介休市北坛东路25号
电话：0354－7358888
邮编：032000

唐尧大酒店 ★★★★
地址：临汾市经济开发区中大街
电话：0357－2682205
邮编：041000

金海湾大酒店 ★★★★
地址：临汾市向阳西路西段
电话：0357－2068810
邮编：041000

思麦尔国际酒店 ★★★★
地址：临汾市鼓楼东大街40号
电话：0357－2083333
邮编：041000

山西丁陶国际大酒店 ★★★★
地址：临汾市鼓楼东大街40号

电话：0357－3695555
邮编：041000

侯马华翔大酒店 ★★★★
地址：临汾侯马市火车站南侧
电话：0357－4229688
邮编：043000

华强大酒店 ★★★★
地址：临汾侯马市呈王东路 69 号
电话：0357－4289287
邮编：043000

运城宾馆 ★★★★
地址：运城市红旗东街 84 号
电话：0359－2291888
邮编：044000

桃源国际酒店 ★★★★
地址：运城市圣慧北路 2 号
电话：0359－2289888
邮编：044000

新康国际酒店 ★★★★
地址：运城市人民南路 243 号
电话：0359－6359666
邮编：044000

新耿大酒店 ★★★★
地址：运城河津市新耿北街
电话：0359－5068888
邮编：043300

天都大酒店 ★★★★
地址：运城河津市振兴东路
电话：0359－5168888
邮编：043300

芮城惠阳大酒店 ★★★★
地址：运城市芮城县洞宾东街 8 号
电话：0359－3038888
邮编：044600

闻喜黄河京都大酒店 ★★★★
地址：运城市闻喜县兴闻街 11 号
电话：0359－7051200
邮编：043800

吕梁华大酒店 ★★★★
地址：吕梁市离石区新世纪广场
电话：0358－8228810
邮编：033000

吕梁国际宾馆 ★★★★
地址：吕梁市离石区滨河南东路 2 号
电话：0358－8223222
邮编：033000

吕梁国贸大酒店 ★★★★
地址：吕梁市离石区新建沟口 43 号
电话：0358－8232999
邮编：033000

东兴酒店 ★★★★
地址：吕梁孝义市府前街 55 号
电话：0358－7620000
邮编：032300

贾家庄裕和花园酒店 ★★★★
地址：吕梁市汾阳县贾家庄腾飞路
电话：0358－3338888
邮编：032200

太原并州饭店 ★★★
地址：太原市迎泽大街 118 号
电话：0351－8821188
邮编：030001

太原西山酒店 ★★★
地址：太原市柳巷北口 106 号
电话：0351－4132222
邮编：030002

山西煤炭大厦 ★★★
地址：太原市府西街 46 号
电话：0351－8822222
邮编：030002

山西电力大厦 ★★★
地址：太原市迎泽大街 39 号
电话：0351－3117850
邮编：030001

山西华苑宾馆 ★★★
地址：太原市迎泽大街 9 号
电话：0351－8828555
邮编：030001

悦宾酒店 ★★★
地址：太原市西渠路 28 号
电话：0351－5637111
邮编：030024

天心宾馆 ★★★
地址：太原市晋祠路 1 段 88 号
电话：0351－6016097
邮编：030024

银龙酒店 ★★★
地址：太原市东缉虎营 6 号
电话：0351－3180888
邮编：030009

银苑会议中心 ★★★
地址：太原市南内环西街 9 号
电话：0351－8821100
邮编：030024

云水榭大酒店 ★★★
地址：太原市平阳路 341 号
电话：0351－7340091
邮编：030006

山西银海宾馆 ★★★
地址：太原市迎泽大街 145 号
电话：0351－6249113
邮编：030001

山西三桥大厦 ★★★
地址：太原市旱西关 4 号
电话：0351－3833033
邮编：030002

太星大酒店 ★★★
地址：太原市千峰南路 50 号
电话：0351－6582303
邮编：030024

山西经贸宾馆 ★★★
地址：太原市新民北街 36 号
电话：0351－3100238
邮编：030013

金三元宾馆 ★★★
地址：太原市坞城路 669 号
电话：0351－2283255
邮编：030006

水利大厦 ★★★
地址：太原市南内环街 391 号
电话：0351－5255020
邮编：030012

太航大酒店 ★★★
地址：太原市亲贤北街 94 号
电话：0351－7589918
邮编：030006

钱江大酒店 ★★★
地址：太原市亲贤北街 97 号
电话：0351－7583381
邮编：030006

青龙大酒店 ★★★
地址：太原市南内环街 126 号
电话：0351－8710345
邮编：030012

山西省职工活动中心 ★★★
地址：太原市三墙路 51 号
电话：0351－3182227
邮编：030009

嘉润饭店 ★★★
地址：太原市晋祠路一段纺织街 1 号
电话：0351－8618000
邮编：030024

太原太重宾馆 ★★★
地址：太原市前进路 58 号
电话：0351－6194402
邮编：030024

新纪元大酒店 ★★★
地址：太原市长风街 12 号
电话：0351－7650008
邮编：030006

山西煤乡酒店 ★★★
地址：太原市西羊市街 48 号
电话：0351－4082754
邮编：030002

红海湾大酒店 ★★★
地址：太原市建设南路 464 号
电话：0351－7629758
邮编：030006

山西邮电大厦 ★★★
地址：太原市双塔西街 17 号
电话：0351－4090688
邮编：030012

交通大厦 ★★★
地址：太原市迎泽大街 50 号
电话：0351－8267148
邮编：030082

山西省财政厅培训中心 ★★★
地址：太原市开化寺 13 号
电话：0351－8822800
邮编：030002

山西通海商务会馆 ★★★
地址：太原市和平南路 192 号
电话：0351－6085111
邮编：030024

太航大酒店西楼 ★★★
地址：太原市亲贤北街 28 号
电话：0351－7085888
邮编：030082

中城宾馆 ★★★
地址：太原市迎泽大街 2 号
电话：0351－8260003
邮编：030001

山西铁道大厦 ★★★
地址：太原市迎泽西大街 399 号
电话：0351－6198895
邮编：030024

中北大学学术交流中心 ★★★
地址：太原市太原学院路3号中北大学南区
电话：0351－3627888
邮编：030051

鑫东方商务会议中心 ★★★
地址：太原市迎泽区郝庄正街15号
电话：0351－5696666
邮编：030045

小店区金海洋大酒店 ★★★
地址：太原市小店区人民北路161号
电话：0351－2213555
邮编：030032

古交味道园大酒店 ★★★
地址：太原市古交市金牛大街青年路口54号
电话：0351－5111123
邮编：030200

永鑫恒山饭店 ★★★
地址：太原市五龙口街123号
电话：0351－4945966
邮编：030043

东华天骄大酒店 ★★★
地址：太原市涧河路73号
电话：0351－3421333
邮编：030009

味道园豪特酒店 ★★★
地址：太原市坞城南路665号
电话：0351－8781111
邮编：030006

钢新宾馆 ★★★
地址：太原市解放北路88号
电话：0351－5618777
邮编：030003

山西煤炭宾馆 ★★★
地址：太原市并州北路60号
电话：0351－4963108
邮编：030012

山西世誉大酒店 ★★★
地址：太原市小店区昌盛西街14号
电话：0351－7813222
邮编：030032

山西鑫四海大酒店 ★★★
地址：太原市经园路28号
电话：0351－3691198
邮编：030043

太原长泰饭店 ★★★
地址：太原市迎泽大街60号
电话：0351－2230888
邮编：030001

国防宾馆 ★★★
地址：太原市迎泽大街12号
电话：0351－8261166
邮编：030001

金种农业大厦 ★★★
地址：太原市桃园正街6号
电话：0351－8235823
邮编：030082

山西省地矿宾馆 ★★★
地址：太原市并州路63号
电话：0351－2026505
邮编：030001

阳曲宾馆 ★★★
地址：太原市阳曲县新阳西大街1号
电话：0351－5528101
邮编：030100

大同大都府景苑宾馆 ★★★
地址：大同市御河西路北段纬一路1号
电话：0352－2993900
邮编：037006

大友宾馆 ★★★
地址：大同市新平旺纬五路1号
电话：0352－7012023
邮编：037003

红旗大饭店 ★★★
地址：大同市站前街（火车站北）11号
电话：0352－5366666
邮编：037005

广和大酒店 ★★★
地址：大同市云中路1号
电话：0352－2421198
邮编：037008

瑞洲大酒店 ★★★
地址：大同市城区同云路
电话：0352－2111888
邮编：037008

光华大酒店 ★★★
地址：朔州市民福东街
电话：0349－2168666
邮编：036002

渤海湾宾馆 ★★★
地址：朔州市开发南路9号
电话：0349－8181666
邮编：036002

阳泉宾馆 ★★★
地址：阳泉市北大街119号
电话：0353－2031850
邮编：045000

阳泉墨玉宾馆 ★★★
地址：阳泉市北大街125号
电话：0353－7073527
邮编：045000

兴路酒店 ★★★
地址：阳泉市北大街8号
电话：0353－3338366
邮编：045000

天海大酒店 ★★★
地址：阳泉市盂县秀水东街
电话：0353－6624000
邮编：045100

山西紫轩国际大酒店 ★★★
地址：阳泉市盂县金龙西街
电话：0353－8188700
邮编：045100

清华宾馆 ★★★
地址：长治市清华街42号
电话：0355－3912508
邮编：046012

长治宾馆 ★★★
地址：长治市英雄中路110号
电话：0355－2188037
邮编：046000

花园假日酒店 ★★★
地址：长治市东大街106号
电话：0355－3521566
邮编：046000

山西潞安宾馆 ★★★
地址：长治市襄垣县侯堡镇潞安大街
电话：0355－5921282
邮编：046204

壶关宾馆贵宾楼 ★★★
地址：长治市壶关县古城路19号
电话：0355－8779377
邮编：047300

晋城宾馆 ★★★
地址：晋城市前西街58号
电话：0356－3068896
邮编：048000

晋城煤海宾馆 ★★★
地址：晋城市泽州路426号
电话：0356－2053690
邮编：048000

九龙大酒店 ★★★
地址：晋城高平市长平东街8号
电话：0356－5244239
邮编：048400

泽州宾馆 ★★★
地址：晋城市泽州县西安街253号
电话：0356－3041198
邮编：048026

环城大酒店 ★★★
地址：晋城市阳城县环城南路
电话：0356－4228046
邮编：048100

相府宾馆 ★★★
地址：晋城市阳城县北留镇
电话：0356－4858428
邮编：048102

沁水宾馆 ★★★
地址：晋城市县城西街92号
电话：0356－7021102
邮编：048200

珏山宾馆 ★★★
地址：晋城市珏山景区内
电话：0356－3959888
邮编：048026

楠园大酒店 ★★★
地址：晋城市陵川县城古陵路
电话：0356－6827888
邮编：048026

德盛大酒店 ★★★
地址：忻州市和平街88号
电话：0350－3060888
邮编：034000

五台山鑫海宾馆 ★★★
地址：忻州市五台县五台山杨柏峪
电话：0350－6542453
邮编：035515

山西顿村鑫圆泰大酒店 ★★★
地址：忻州市顿村迎宾路
电话：0350－3618383
邮编：034014

五台山大酒店 ★★★
地址：忻州市新建北路65号
电话：0350－3060578
邮编：034000

银苑大厦 ★★★
地址：忻州市顿村温泉度假村

山西

电话：0350－3395805
邮编：034014

五台山凉城山庄 ★★★
地址：忻州市五台县台怀镇明清街1号
电话：0350－6542418
邮编：035515

五台山云峰宾馆 ★★★
地址：忻州市五台县台怀镇
电话：0350－6548131
邮编：035515

五台县碧涛苑大酒店 ★★★
地址：忻州市五台县古城
电话：0350－3358888
邮编：035500

五台山仰佛山庄 ★★★
地址：忻州市五台县台怀镇杨柏峪
电话：0350－6542407
邮编：035500

五台山税苑山庄 ★★★
地址：忻州市五台县台怀镇东庄村
电话：0350－6445746
邮编：035500

代县洋成大厦 ★★★
地址：忻州市代县七里铺高速路口
电话：0350－5253999
邮编：034200

宁武德盛商务大酒店 ★★★
地址：忻州市宁武县凤凰东大街
电话：0350－4729111
邮编：036700

金融大酒店 ★★★
地址：晋中市榆次区道北街71号
电话：0354－3113088
邮编：030600

金华苑宾馆 ★★★
地址：晋中市榆次区迎宾路99号
电话：0354－3361125
邮编：030600

宏源大酒店 ★★★
地址：晋中市灵石县天石新城西侧
电话：0354－7610418
邮编：031300

浅水湾大酒店 ★★★
地址：晋中市榆次区榆太路188号
电话：0354－2442698
邮编：030621

晋中晋通大厦 ★★★
地址：晋中市榆次区锦纶路73号
电话：0354－3036677
邮编：030600

黄金海岸酒店 ★★★
地址：晋中市榆次区文苑街88号
电话：0354－3988955
邮编：030600

山西正达海兴酒店 ★★★
地址：晋中介休市新华北街
电话：0354－7285888
邮编：032000

左权龙华大酒店 ★★★
地址：晋中市左权县滨河路
电话：0354－8620988
邮编：032600

嘉宁国际大酒店 ★★★
地址：晋中市和顺县新和路30号
电话：0354－8135888
邮编：032700

大寨旅行社大酒店 ★★★
地址：晋中市昔阳县大寨村
电话：0354－4388399
邮编：045300

寿阳博大工贸酒店 ★★★
地址：晋中市寿阳县朝阳街68号
电话：0354－4621499
邮编：045400

鑫隆大酒店 ★★★
地址：晋中市太谷县108国道路南
电话：0354－6251000
邮编：030800

丰和园大酒店 ★★★
地址：晋中市太谷县108国道76号
电话：0354－6226699
邮编：030800

汾水大酒店 ★★★
地址：晋中市祁县迎宾东街38号
电话：0354－5523777
邮编：030900

祁县正和大酒店 ★★★
地址：晋中市祁县东风路109号
电话：0354－5221155
邮编：030900

平遥中都宾馆 ★★★
地址：晋中市平遥县顺城路1号
电话：0354－5671468
邮编：031100

紫荆潭度假村 ★★★
地址：晋中市灵石县南关镇专立村
电话：0354－7773608
邮编：031300

益寿源度假村 ★★★
地址：晋中市灵石县马和乡入口处
电话：0354－7725599
邮编：031300

天星假日酒店 ★★★
地址：晋中市灵石县城新建街31号
电话：0354－7625716
邮编：031300

临汾五洲酒店 ★★★
地址：临汾市解放路33号
电话：0357－2089222
邮编：041000

临汾黄河大酒店 ★★★
地址：临汾市临钢路24号
电话：0357－2081099
邮编：041000

临汾红楼大酒店 ★★★
地址：临汾市贡院街7号
电话：0357－2089999
邮编：041000

五洲休闲广场 ★★★
地址：临汾市经济开发区中大街
电话：0357－2881588
邮编：041000

临汾宾馆 ★★★
地址：临汾市解放路7号
电话：0357－2086899
邮编：041000

尧都大酒店 ★★★
地址：临汾市尧都区秦蜀路南口
电话：0357－3131559
邮编：041000

临汾育花园大酒店 ★★★
地址：临汾市鼓楼西大街
电话：0357－2158900
邮编：041000

红楼国际青年旅馆 ★★★
地址：临汾市贡院街7号
电话：0357－2089888
邮编：041000

家思博尔酒店 ★★★
地址：临汾市开发区霞经路
电话：0357－2223680
邮编：041000

东苑大酒店 ★★★
地址：临汾市临钢迎宾路北段
电话：0357－3985555
邮编：041000

曲沃宾馆 ★★★
地址：临汾市曲沃县西大街2号
电话：0357－4511118
邮编：043400

翼城宾馆 ★★★
地址：临汾市翼城县红旗街中段
电话：0357－4934503
邮编：043500

乡宁昌平大酒店 ★★★
地址：临汾市乡宁县新城区
电话：0357－6832399
邮编：041000

洪洞县赵城宾馆 ★★★
地址：临汾市洪洞县赵城50号
电话：0357－6264125
邮编：041602

洪洞大槐树民俗饭店 ★★★
地址：临汾市洪洞县古槐北路公园街2号
电话：0357－6658503
邮编：041600

临汾古县宾馆 ★★★
地址：临汾市古县吴镇
电话：0357－8323003
邮编：042400

壶口瀑布大酒店 ★★★
地址：临汾市古县
电话：0357－7986168
邮编：042200

天上人间温泉度假村 ★★★
地址：临汾市古县石必乡三合村
电话：0357－8331001
邮编：041000

乡宁玉鑫源大酒店 ★★★
地址：临汾市乡宁县迎旭街96号
电话：0357－6820880
邮编：042100

风陵渡新世纪宾馆 ★★★
地址：运城市风陵渡经济开发区黄河南路1号
电话：0359－3355888
邮编：044602

运城市银湖饭店 ★★★
地址：运城市凤凰北路268号
电话：0359－2023095
邮编：044000

钻石时代酒店 ★★★
地址：运城市河东东街330号
电话：0359－2091234
邮编：044000

夹马口大厦 ★★★
地址：运城市禹都东街128号
电话：0359－6352066
邮编：044000

丰喜大酒店 ★★★
地址：运城市黄河大道279号
电话：0359－6300880
邮编：044000

黄河大厦 ★★★
地址：运城市路村街136号
电话：0359－2023135
邮编：044000

永济电机宾馆 ★★★
地址：运城永济市电机大楼17号
电话：0359－8072352
邮编：044502

运城中农宾馆 ★★★
地址：运城永济市振兴西街18号
电话：0359－8086669
邮编：044514

永济华鑫商务大酒店 ★★★
地址：运城永济市中山西街1号
电话：0359－8018981
邮编：044500

凤源大厦 ★★★
地址：运城河津市龙门大厦
电话：0359－5165666
邮编：043300

河津晋铝宾馆 ★★★
地址：运城河津市山西铝厂13号楼
电话：0359－5042858
邮编：043304

金鼎商务大酒店 ★★★
地址：运城河津市新耿南街
电话：0359－5128888
邮编：043300

河津市康泰宾馆 ★★★
地址：运城河津市振兴东路
电话：0359－5039488
邮编：043300

临猗县全泰大酒店 ★★★
地址：运城市临猗县南环路608号
电话：0359－8838801
邮编：044100

稷山红楼宾馆 ★★★
地址：运城市稷山县稷峰东街16号
电话：0359－5524841
邮编：043200

夏县瑶池温泉山庄 ★★★
地址：运城市夏县瑶峰镇南山底村
电话：0359－8939001
邮编：044000

垣曲五龙大厦 ★★★
地址：运城市垣曲县历山路50号
电话：0359－6022122
邮编：043700

芮城丽都大酒店 ★★★
地址：运城市芮城县永乐南路
电话：0359－3035768
邮编：044600

万荣县瀛上紫园温泉酒店 ★★★
地址：运城市万荣县裴庄乡西
电话：0359－4758881
邮编：044200

新绛县绛州宾馆 ★★★
地址：运城市新绛县四府街15号
电话：0359－7522221
邮编：043100

吕梁大酒店 ★★★
地址：吕梁市离石区滨河北东路
电话：0358－2266499
邮编：033000

汾阳市宾馆 ★★★
地址：吕梁汾阳市英雄北路北口
电话：0358－7321111
邮编：032200

丰泰苑酒店 ★★★
地址：吕梁汾阳市西关
电话：0358－7224918
邮编：032200

酒都宾馆 ★★★
地址：吕梁汾阳市杏花村
电话：0358－7320995
邮编：032205

柳林宾馆 ★★★
地址：吕梁市柳林县城东街86号
电话：0358－4029999
邮编：033300

交城天宁宾馆 ★★★
地址：吕梁市交城县城天宁街31号
电话：0358－3532024
邮编：030500

旅游景区

太原市九龙国际文化生态旅游区 AAAA
地址：太原市武宿飞机场东面
邮编：030082

太原市太原森林公园 AAAA
地址：太原市大同路35号
电话：0351－3551684
邮编：030003

太原碑林公园 AA
地址：太原市康乐街50号
电话：0351－4044248
邮编：030001

中国煤炭博物馆 AAAA
地址：太原市迎泽西大街
电话：0351－6040885
邮编：030024

太原市动物园 AAAA
地址：太原市东山马路2号
电话：0351－3074953
邮编：030009

太原汾河公园 AAAA
地址：太原市
电话：0351－3439506
邮编：030082

太原东湖醋园 AAAA
地址：太原市
地址：0351－4424648
邮编：030082

太原蒙山大佛景区 AAAA
地址：太原市晋源区
电话：0351－6159881
邮编：030025

太原晋祠博物馆 AAAA
地址：太原市晋源区晋祠镇
电话：0351－6020014
邮编：030025

中华傅山园景区 AAA
地址：太原市尖草坪区向阳镇西村
电话：0351－3973498
邮编：030003

白云寺 AAA
地址：太原市南石坊街
邮编：030082

太原市蒙牛乳业工业（太原）有限公司工业旅游景区 AAA
地址：太原市和平路88号
邮编：030082

太原市晋农之窗文化主题博览园景区 AA
地址：太原市
邮编：030082

清徐县的宝源老醋坊 AAAA
地址：太原市清徐县杨房村
邮编：030400

大同市南郊区晋华矿井下游景区 AAAA
地址：大同市南郊区晋华宫矿矿山公园
电话：0352－7086600
邮编：037016

大同煤矿展览馆 AA
地址：大同市新平旺煤峪口展览馆
电话：0352－7804892
邮编：037003

大同云冈石窟旅游区 AAAAA
地址：大同市南郊区云冈镇
电话：0352－3025005
邮编：037007

大同市华严寺景区 AAAA
地址：大同市城区下寺坡街459号
电话：0352－2427053
邮编：037004

大同市天镇县新平堡景区 AAA
地址：大同市天镇县
邮编：038200

大同市广灵县剪纸博物馆景区 AAA
地址：大同市广灵县
电话：0352－8960589
邮编：037500

灵丘桃花山景区 A
地址：大同市灵丘县红石楞乡沙湖村
电话：0352－8524666
邮编：034400

恒山风景名胜区 AAAA
地址：大同市浑源县恒山南路
电话：0352－8322142
邮编：037400

朔州市崇福寺景区 AAAA
地址：朔州市朔城区
电话：0349－5997668
邮编：038500

应县木塔 AAAA
地址：朔州市应县辽代文化城
电话：0349－5035244
邮编：037600

右玉生态旅游景区 AAAA
地址：朔州市右玉县
电话：0349－8021259
邮编：037200

金沙滩景区 AAAA
地址：朔州市怀仁县城西南20公里处
电话：0349－5961188
邮编：038300

翠枫山自然风景区 AAAA
地址：阳泉市郊区
电话：0353－4075500　4075550
邮编：045008

阳泉郊区关王庙景区 AA
地址：阳泉市荫营镇玉泉山关王庙
电话：0353－5031839
邮编：045017

阳泉市桃林沟景区 AAAA
地址：阳泉市郊区桃林沟村
电话：0353－4110111
邮编：045011

阳泉市平定县固关长城景区 AAA
地址：阳泉市平定县娘子关镇新关村
电话：0353－6188982
邮编：045200

平定娘子关景区 AA
地址：阳泉市平定县娘子关镇
电话：0353－6031454
邮编：045203

平定冠山森林公园 A
地址：阳泉市平定县冠山森林公园管理处
电话：0353－6068700
邮编：045200

石评梅旧居景区 AAA
地址：阳泉市平定县
邮编：045200

盂县藏山旅游风景名胜区 AAAA
地址：阳泉市盂县
电话：0353－8140328
邮编：045100

长治始祖百草堂景区 AA
地址：长治市老顶山国家森林公园
电话：0355－2160711
邮编：046011

天脊山景区 AAAA
地址：长治市平顺县
电话：0355－2117116
邮编：047400

平顺县太行水乡风景区 AAAA
地址：长治市平顺县阳蒿乡侯壁村
电话：0355－8386006
邮编：047400

黎城黄崖洞景区 AAAA
地址：长治市黎城县旅游事业发展中心
电话：0355－6561005　6680001
邮编：047600

壶关太行大峡谷黑龙潭景区 AA
地址：长治市壶关县
电话：0355－4270056
邮编：047300

壶关县太行山大峡谷自然风光旅游区 AAAA
地址：长治市壶关县
电话：0355－8776043
邮编：047300

壶关太行大峡谷十八盘景区 A
地址：长治市壶关县
邮编：047300

壶关太行大峡谷红豆峡谷 A
地址：长治市壶关县
邮编：047300

八路军太行纪念馆 AAAA
地址：长治市武乡县太行街363号
电话：0355－6437583
邮编：046300

长治市武乡太行龙洞 AAAA
地址：长治市武乡县东部石泉村
邮编：046300

长治武乡县八路军文化园景区 AAAA
地址：长治市武乡县
邮编：046300

沁源灵空山景区 AA
地址：长治市沁源县
电话：0355－4190027
邮编：046500

大粮山 AAA
地址：晋城高平市米山镇
电话：15303463857
邮编：048400

丹朱岭 AAAA
地址：晋城高平市
电话：0356－3626039
邮编：048400

羊头山炎帝陵 AAA
地址：晋城高平市神农镇庄里村
电话：0356－5224185
邮编：048400

晋城青莲寺·珏山 AAAA
地址：晋城市泽州县
电话：0356－3959730　3959754
邮编：048012

泽州山里泉 AA
地址：晋城市泽州县山河镇
电话：0356－2055645
邮编：048012

柳氏民居 AAAA
地址：晋城市沁水县
电话：0356－7050398
邮编：048200

沁水示范牧场 AA
地址：晋城市沁水县郑庄镇杨家河村
电话：0356－7880150
邮编：048200

历山 AAAA
地址：晋城市沁水县
电话：0356－7057131
邮编：048200

湘峪三都古城旅游区 AAA
地址：晋城市沁水县郑村镇湘峪村
电话：0356－7605816
邮编：048200

孙文龙纪念馆 AAA
地址：晋城市阳城县河北镇孤堆底村
电话：13753623811
邮编：048100

阳城县天官王府景区 AAAA
地址：晋城市阳城县润城镇上庄村
电话：0356－4819353　13934312319
邮编：048100

皇城相府生态·文化旅游区 AAAAA
地址：晋城市阳城县北留镇皇城村
电话：0356－4858062
邮编：048102
网址：www. hcxf. com

蟒河生态旅游区 AAAA
地址：晋城市阳城县
电话：0356－4868222
邮编：048100

阳城海会寺 AA
地址：晋城市阳城县北留镇大桥村
电话：0356－4852387
邮编：048102

陵川棋子山 AA
地址：晋城市陵川县候庄乡
邮编：048300

陵川凤凰欢乐谷 AA
地址：晋城市陵川县奇火乡凤凰村
电话：0356－6200637
邮编：048300

王莽岭 AAAA
地址：晋城市陵川县
电话：0356－6878600
邮编：048300

禹王洞景区 AAA
地址：忻州市
电话：0350－3028354
邮编：034000

原平大营温泉景区 A
地址：忻州原平市大营温泉开发管理处
电话：0350－8224014
邮编：034100

忻州市原平市天牙山景区 AAA
地址：忻州原平市
邮编：034100

忻州市定襄凤凰山景区 AAAA
地址：忻州市定襄县
电话：0350－6051904
邮编：035400

河边民俗博物馆 AAAA
地址：忻州市定襄县
电话：0350－6016658
邮编：035400

五台山风景名胜区 AAAAA
地址：忻州市五台县台怀镇
电话：0350－6543689

邮编：035515

雁门关风景名胜区 AAAA
地址：忻州市代县县城大南街
电话：0350－6102002
邮编：034200

芦芽山 AAAA
地址：忻州市宁武县
电话：0350－4785320
邮编：036700

宁武管涔山情人谷景区 AA
地址：忻州市宁武县凤凰东街 99 号
电话：0350－4788402
邮编：036700

万年冰洞 AAAA
地址：忻州市宁武县涔山乡麻地沟村
电话：0350－4721369
邮编：036700

汾河源头 AAAA
地址：忻州市宁武县东寨镇西北约 1 公里处
电话：0350－4721369
邮编：036700

榆次区乌金山景区 AAAA
地址：晋中市榆次区
电话：0354－2535338
邮编：030600

榆次明乐庄园 AAA
地址：晋中市榆次区修文镇西白村村东
电话：0354－2719998　2719997
邮编：030600

常家庄园 AAAA
地址：晋中市榆次区东阳镇车辋村
电话：0354－2756789
邮编：030600

介休绵山风景名胜区 AAAAA
地址：晋中介休市绵山
电话：0354－7055015　7055018
邮编：031200

左权县麻田八路军总部纪念馆景区 AAAA
地址：晋中市左权县
电话：0354－8855870
邮编：032600

太行龙口景区 AAA
地址：晋中市和顺县青城镇百备村境内
电话：0354－8123693
邮编：032700

和顺合山懿济圣母文化旅游风景区 AAA
地址：晋中市和顺县平松乡合山村
邮编：032700

晋中市昔阳县大寨景区 AAAA
地址：晋中市昔阳县
电话：0354－4388197　4388346
邮编：045300

寿阳县祁寯藻故居景区 AAA
地址：晋中市寿阳县平舒村
电话：0354－4915128
邮编：045400

晋中市祁县红海玻璃艺术园景区 AAA
地址：晋中市祁县
邮编：030900

祁县乔家大院旅游区 AAAAA
地址：晋中市祁县乔家堡
电话：0354－5321045
邮编：030900

平遥县中国票号博物馆 AAAA
地址：晋中市平遥县
电话：0354－5683261
邮编：031100

平遥县衙博物馆 AAAA
地址：晋中市平遥县衙门街
电话：0354－5636808
邮编：031100

平遥文庙学宫博物馆 AAAA
地址：晋中市平遥县
邮编：031100

平遥镇国寺 AAAA
地址：晋中市平遥县郝洞村
电话：0354－5848041
邮编：031100

平遥城隍庙财神庙 AAAA
地址：晋中市平遥县
电话：0354－5682250
邮编：031100

平遥协同庆钱庄博物馆 AAAA
地址：晋中市平遥县南大街 45 号
电话：0354－5683589
邮编：031100

平遥县双林寺彩塑艺术馆 AAAA
地址：晋中市平遥县南政村桥头村
电话：0354－5779566
邮编：031100

灵石王家大院旅游区 AAAA
地址：晋中市灵石县静升村王家大院
电话：0354－7722122
邮编：031308

临汾姑射山风景名胜区 AA
地址：临汾市尧都区坂下十字口东南角
电话：0357－6122102
邮编：031500

临汾尧庙华门旅游区 AAAA
地址：临汾市尧都区尧庙镇尧庙村
电话：0357－2591291
邮编：041000

临汾市汾河公园景区 AAAA
地址：临汾市尧都区滨河西路
电话：0357－6797066
邮编：041000

临汾市侯马彭真故居景区 AAAA
地址：临汾侯马市垤上村
电话：0357－4223946
邮编：043000

洪洞明代监狱 AA
地址：临汾市洪洞县古槐路
电话：0357－6226127
邮编：013600

洪洞县大槐树寻根祭祖园旅游景区 AAAA
地址：临汾市洪洞县古槐北路公园街 2 号
电话：0357－6658181　6658182
邮编：041600
网址：www. sxhtdhs. com

古县牡丹文化旅游景区 AAAA
地址：临汾市古县
电话：0357－8326999
邮编：042400

吉县黄河壶口瀑布旅游区 AAAA
地址：临汾市吉县黄河壶口瀑布风景旅游区七郎窝
电话：0357－7986118
邮编：042200

云丘山 AAAA
地址：临汾市乡宁县东南部
电话：0357－6988322
邮编：042100

临汾市东岳庙景区 AAAA
地址：临汾市蒲县
电话：0357－5321423
邮编：041200

舜帝陵景区 AAAA
地址：运城市盐湖区
电话：0359－6369699
邮编：044000

运城盐湖（中国死海）景区 AAAA
地址：运城市盐湖区城南
电话：0359－8967807
邮编：044000

九龙山景区 AA
地址：运城市盐湖区东郭镇
电话：0359－2498555　15803599880
邮编：044000

关帝庙 AAAA
地址：运城市解州镇五一路 145 号
电话：0359－2808314
邮编：044001

永济普救寺旅游区 AAAA
地址：运城永济市蒲州镇西厢村
电话：0359－8485263　8485264
邮编：044500

永济五老峰 AAAA
地址：运城永济市
电话：0359－8030588
邮编：044500

鹳雀楼 AAAA
地址：运城永济市蒲州古城西
电话：0359－8485381
邮编：044500

旅游胜地万固寺 AA
地址：运城永济市
电话：0359－8496182
邮编：044500

永济唐铁牛博物馆 AA
地址：运城永济市蒲州镇
邮编：044000

永乐宫 AAAA
地址：运城市芮城县永乐宫管理所
电话：0359－3011521
邮编：044600

圣天湖景区 AA
地址：运城市芮城县陌南镇南
邮编：044200

万荣东岳庙景区 A
地址：运城市万荣县西大街 8 号
电话：0359－4527977
邮编：044200

李家大院 AAAA
地址：运城市万荣县
电话：0359－2287315

邮编：044200

龙兴寺景区 AA
地址：运城市新绛县城龙兴路 2 号
电话：0359－7523731
邮编：043100

绛守居园池景区 AA
地址：运城市新绛县城内正平街新绛中学东
电话：13700592018
邮编：043600

紫云寺景区 AA
地址：运城市新绛县南樊镇沸泉村
电话：13834095893
邮编：043600

运城历山景区 AAAA
地址：运城市垣曲县
电话：0359－6027148
邮编：043700

汾酒文化景区 AAAA
地址：吕梁汾阳市
电话：0358－7329111
邮编：032205

苍儿会生态旅游经济区 AAA
地址：吕梁市文水县
邮编：032100

临县碛口黄河景区 A
地址：吕梁市临县碛口镇
电话：0358－4466016
邮编：033200

方山北武当山景区 AA
地址：吕梁市方山县武当镇武当村
电话：0358－6071017
邮编：033100

黄河三峡母亲峰旅游区 AAA
地址：吕梁市柳林县三交镇
电话：0358－4071023　4071033
邮编：033300

交城玄中寺景区 AAAA
地址：吕梁市交城县玄中寺景区
电话：0358－3526886
邮编：030500

交城卦山景区 AAAA
地址：吕梁市交城县卦山风景区
电话：0358－3223248
邮编：030500

餐　馆

认一力饺子馆
地址：太原市小店区南中环街
电话：0351－7849000
邮编：030032

晋阳双来饭庄
地址：太原迎泽区开化寺街 63 号
电话：0351－4032198
邮编：030002

丰润园饭庄
地址：太原市新矿院路 10 号
电话：0351－6195219
邮编：030082

乡土居
地址：太原市长治路与王村南路十字路口
电话：0351－7332555
邮编：030082

六味斋
地址：太原市高新技术开发区长治路 476 号
电话：0351－7035018　7035023
邮编：030001

林香斋
地址：太原市解放路 125 号
电话：0351－2028842
邮编：030082

太原面食店
地址：太原市解放路 17 号
电话：0351－2022230
邮编：030082

鸿宾楼鸭店
地址：太原市解放路 22 号
电话：0351－2027118
邮编：030082

晋阳饭店
地址：太原市并州北路 11 号
电话：0351－4043700
邮编：030001

太原清和元饭店
地址：太原市迎泽区桥头街 97 号
电话：0351－2029160
邮编：030082

山西江南餐饮集团有限公司
地址：太原市开化寺街
电话：0351－4153956
邮编：030002

北京满福楼太原分店山西满福楼餐饮有限公司
地址：太原市新建南路
电话：0351－7244746
邮编：037006

太原全聚德餐饮有限公司
地址：太原市新建南路
电话：0351－4123458
邮编：037006

太原市大福罐罐饺子餐饮有限公司
地址：太原市小店区亲贤北街
电话：0351－7587111
邮编：030000

山西省饮食服务公司
地址：太原市解放南路
电话：0351－4040631
邮编：030000

太原察院后饮食发展有限公司
地址：太原市桃园南路
电话：0351－4037777
邮编：030001

山西华都饮食有限公司华都食府
地址：太原市新建路
电话：0351－3043857
邮编：030000

太原市山釜餐厅
地址：太原市食品街
电话：0351－2021081
邮编：030000

山西鹏程海外海餐饮有限公司
地址：太原市迎泽大街 236 号
电话：0351－4064488
邮编：030082

会仙楼川味苑
地址：太原市和平南路 80 号
电话：0351－6063125
邮编：030082

五味鱼餐馆
地址：太原市新建南路 22 号
电话：0351－2021777
邮编：030082

太原市南城晋圣大酒家
地址：太原市新建南路 4 号
电话：0351－4077071
邮编：030082

北城区粤香楼酒家
地址：太原市桃园北路 84 号
电话：0351－3043343
邮编：030082

咸亨酒家
地址：太原市和平北路 48 号
电话：0351－6046063
邮编：030082

广东酒家鲍翅海鲜楼
地址：太原市万柏林区望景路 3 号
电话：0351－6164028
邮编：030024

太原市山城酒家
地址：太原市和平北路 88 号
电话：0351－6260516
邮编：030082

长江绿杨村酒家
地址：太原市水西门街 26 号
电话：0351－4051118
邮编：030082

味不同酒家
地址：太原市万柏林区西矿街 118 号
电话：0351－6175718
邮编：030082

长江岳阳楼酒家
地址：太原市市府西街 131 号
电话：0351－3530828
邮编：030082

天香楼酒家
地址：太原市食品街 29 号
电话：0351－4035355
邮编：030082

山西华都酒家
地址：太原市小店区许垣西街 33 号
电话：0351－7532083
邮编：030082

迎春楼广东酒家
地址：太原市府东街 98 号
电话：0351－4123720
邮编：030082

又一村酒家
地址：太原市西矿街
电话：0351－6212072
邮编：030082

马大姐清真餐馆
地址：太原市五一东街 111 号
电话：0351－8088210
邮编：030082

香泰园酒家
地址：太原市上马街 13 号

电话：0351－4037328
邮编：030082

山西东海海鲜酒家
地址：太原市府东街263号
电话：0351－3198888
邮编：030082

太原市晋蓉酒家
地址：太原市北大街47号
电话：0351－3044198
邮编：030082

老鼠窟
地址：太原市迎泽区钟楼街
电话：0351－2022391
邮编：030024

太原芙蓉酒楼
地址：太原万柏林区西矿街599号
电话：0351－6061688
邮编：030024

外滩风尚餐饮服务有限公司
地址：太原市迎泽区双塔北路46号腾辉大厦2层
电话：0351－2338301
邮编：030024

并州饭店
地址：太原市迎泽大街118号
电话：0351－8821188
邮编：030082

晋韵楼大酒店
地址：太原市小店区体育西路188号
电话：0351－7229666　7333190
邮编：030032

大同市安翠愿大酒店有限责任公司安翠园餐厅
地址：大同市城区御河北路
电话：0352－6030111
邮编：037008

振华面食店
地址：大同市
电话：15003524115
邮编：037008

清真得月楼饭店
地址：大同市城区育才街新世纪花园西门北
电话：0352－2198900
邮编：037008

大自然烤鸭大酒楼0.0分
地址：大同市城区新开西二路1号
电话：0352－2010866
邮编：037008

大同永和美食城
地址：大同市城区迎宾东路8号
电话：0352－5100333
邮编：037008

银鼎火锅旗舰店
地址：大同市宾西路93号
电话：0352－2100998
邮编：037008

伊兰斋清真饭店
地址：大同市大北街12号
电话：0352－2051249
邮编：037004

温州鹿城海鲜阁
地址：大同市新开西二路42号
电话：0352－6029333
邮编：037008

同泽园特色食府
地址：大同市西宾街93号1号楼
电话：0352－2099211　2099511
邮编：037008

常来顺餐饮有限责任公司
地址：大同市新开西二路1号
电话：0352－2028806
邮编：037008

源一元涮房
地址：大同市迎宾西路3号
电话：0352－5040532
邮编：037008

重庆老鸭汤大同店
地址：大同市操场城街
电话：0352－7625777
邮编：037008

晋福楼
地址：大同市城区西马路
电话：0352－2021230　2803888
邮编：037008

朔州阿瓦山寨饭店
地址：朔州市平朔北路
电话：0349－6680999
邮编：038500

朔州德克士餐饮有限公司
地址：朔州市北关路
电话：0349－4062238
邮编：038500

乡巴佬
地址：朔州市鄯阳街
电话：0349－2037750
邮编：038500

一品香饺子王
地址：朔州市古北西街
电话：0349－2029477
邮编：038500

右玉庄户人家
地址：朔州市北关路
电话：0349－2038983
邮编：038500

金满楼大酒店
地址：朔州市平朔路
电话：0349－2280288
邮编：038500

五福茶艺馆
地址：朔州市振华街振华小区9号楼
电话：0349－2058190
邮编：038500

朔州市沁园饮食有限责任公司
地址：朔州市振华东街雅秀园2号楼
电话：0349－2167077
邮编：038500

朔州市民间美食城有限责任公司
地址：朔州市古北街
电话：0349－2023319
邮编：038500

朔州市北方康乐美食有限责任公司
地址：朔州市古北东街
电话：0349－2028581
邮编：038500

朔州市麦德利餐饮有限责任公司
地址：朔州市古北西大街48号
电话：0349－2028173
邮编：038500

朔州市草原美食城有限责任公司
地址：朔州市古北西街
电话：0349－2074068
邮编：038500

朔州市嘉美饮食有限责任公司
地址：朔州市开发北路
电话：0349－2163265
邮编：038500

朔州市江洋酒楼有限责任公司
地址：朔州市开发北路
电话：0349－2164582
邮编：038500

阳泉鹿鼎庄餐饮有限公司
地址：阳泉市泉中路126号
电话：0353－2025240
邮编：045000

阳泉市恒利源餐饮有限公司
地址：阳泉市南大街271号
电话：0353－2053388
邮编：045000

阳泉江南餐饮娱乐有限公司
地址：阳泉市泉中路
电话：0353－2033609
邮编：045000

阳泉景豪餐厅
地址：阳泉市天成巷59号
电话：0353－2037955
邮编：045000

阳泉全香酒家
地址：阳泉市复寿街17号
电话：0353－2026859
邮编：045000

阳泉市鸿腾大酒家
地址：阳泉市南大街154号
电话：0353－2049187
邮编：045000

阳泉饮食服务有限公司东风酒家
地址：阳泉市北马路1号
电话：0353－4066801
邮编：045000

阳泉市泉城酒家
地址：阳泉市南大街481号
电话：0353－2034434
邮编：045000

阳泉饮食服务公司阳泉面食馆
地址：阳泉市德胜街53号
电话：0353－2024630
邮编：045000

阳泉饮食服务公司苏州馄饨馆
地址：阳泉市泉中路41号
电话：0353－2011593
邮编：045000

阳泉市田园酒家
地址：阳泉市南大街75号
电话：0353－2022974
邮编：045000

阳泉市银海酒家
地址：阳泉市南大街125号

电话：0353－2020330
邮编：045000

阳泉市华夏酒家
地址：阳泉市德胜东街180号
电话：0353－2024497
邮编：045000

阳泉市人人大酒家
地址：阳泉市德胜东街216号
电话：0353－2034421
邮编：045000

阳泉银龙酒家
地址：阳泉市南大街130号
电话：0353－2010012
邮编：045000

阳泉市蓬莱酒家
地址：阳泉市长顺街12号
电话：0353－2032241
邮编：045000

阳泉市天和元酒楼
地址：阳泉市南大街212号东侧
电话：0353－2016300
邮编：045000

阳泉市小安（穆斯林）饭店
地址：阳泉市城区新建路
电话：0353－2015551
邮编：045000

长治市三峡大酒楼
地址：长治市太西路
电话：0355－2082576
邮编：046000

长治市云桂酒家
地址：长治市城西路8号
电话：0355－2027698
邮编：046000

长治市东海渔村
地址：长治市太行西街
电话：0355－2044198
邮编：046000

长治市北京涮锅楼
地址：长治市府西街
电话：0355－2030809
邮编：046000

长治市泸州老窖酒家
地址：长治市长兴中路
电话：0355－2028704
邮编：046000

长治市家家乐美食城
地址：长治市长兴中路26号
电话：0355－2034300
邮编：046000

长治市稻香春酒家
地址：长治市英雄北路
电话：0355－2022643
邮编：046000

蓝星酒家
地址：长治市府后街
电话：0355－2014086
邮编：046000

长治市晋香斋饭庄
地址：长治市大庆南路9号
电话：0355－2050953
邮编：046000

长治市清真饭庄
地址：长治市紫金东路95号
电话：0355－2026566
邮编：046000

长治市新园饭庄
地址：长治市南大街22号
电话：0355－3013389
邮编：046000

长治市粗粮美食城
地址：长治市延安中路69号
电话：0355－2010700
邮编：046000

长治市清真饭店
地址：长治市府后街
电话：0355－2035217
邮编：046000

长治市陶然居餐饮有限公司
地址：长治市英雄南路中南花园
电话：0355－3506777
邮编：046000

长治市山村餐饮服务有限公司
地址：长治市延安南路23号
电话：0355－3014258
邮编：046000

长治市陇翠堂餐饮有限公司
地址：长治市环东路26号
电话：0355－3555417
邮编：046000

长治市湘莱苑大酒店
地址：长治市府后西街32号
电话：0355－2057889
邮编：046000

长治市新唐都酒楼有限公司
地址：长治市太东路86号
电话：0355－2038366
邮编：046000

长治市江汉人家酒店有限公司
地址：长治市延安中路21号
电话：0355－2058556
邮编：046000

长治市泸州人家餐饮有限公司
地址：长治市长兴中路19号
电话：0355－2067467
邮编：046000

长治市一亩园饮食服务有限公司
地址：长治市长兴街10号
电话：0355－3016424
邮编：046000

长治市名都餐饮服务有限公司
地址：长治市城北街1号
电话：0355－2083057
邮编：046000

长治市港澳渔村饮食健身有限公司
地址：长治市长兴中路
电话：0355－2028596
邮编：046000

长治市翠竹园大酒楼
地址：长治市府西街甲5号
电话：0355－2019899
邮编：046000

长治市汉宫姜母鸭酒楼
地址：长治市环东路
电话：0355－2093988
邮编：046000

长治市饮食公司丰园酒家
地址：长治市大北街113号
电话：0355－2040041
邮编：046000

长治市四川酒家
地址：长治市太行西路16号
电话：0355－2084628
邮编：046000

晋城市七十二行民俗酒楼
地址：晋城市红星街与东环路交叉口
电话：0356－2066699
邮编：048000

晋城市塞外名吃酒店
地址：晋城市南环东路64号
电话：0356－2027238
邮编：048000

晋城市城区华清园大酒楼
地址：晋城市新市东街
电话：0356－2223506
邮编：048000

晋城市海鲜城大酒店
地址：晋城市城区文昌东街366号
电话：0356－2040119
邮编：048000

晋城市金和餐饮有限公司
地址：晋城市凤台东街
电话：0356－2196250
邮编：048000

晋城小天鹅餐饮有限公司
地址：晋城市泽州北路
电话：0356－2057666
邮编：048000

晋城市怪味楼饮食服务有限公司
地址：晋城市新市东街
电话：0356－2055956
邮编：048000

晋城市红玫瑰餐饮有限公司
地址：晋城市瑞丰路1号
电话：0356－2050466
邮编：048000

晋城市饮食服务有限公司
地址：晋城市新市西街169号
电话：0356－3035842
邮编：048000

晋城乐清湾海鲜楼
地址：晋城市泽州路362号
电话：0356－2057988
邮编：048000

晋城市津天食府有限公司
地址：晋城市南环街东段45号
电话：0356－2030102
邮编：048000

忻州市大宅门餐饮有限公司
地址：忻州市新建路21－4号
电话：0350－3032288
邮编：034000

忻州大滇园烟辣鱼火锅城有限公司
地址：忻州市七一北路56号
电话：0350－3046898
邮编：034000

忻州市时代美食康乐有限公司
地址：忻州市长征街1号
电话：0350－3815571
邮编：034000

忻州地区阿静酒楼有限公司
地址：忻州市七一南路八一大厦
电话：0350－2110968
邮编：034000

忻州市宏海酒家
地址：忻州市长征西路22号
电话：0350－3034415
邮编：034000

东北食府
地址：忻州市和平路
电话：0350－3040558
邮编：034000

晋中市淮扬风味酒楼
地址：晋中市榆次区东湖井31号
电话：0354－8869480
邮编：030600

晋中市老洋房私房菜馆
地址：晋中市榆次区榆太路169号
电话：0354－3256555
邮编：030600

榆次富丽宫餐饮娱乐有限公司
地址：晋中市榆次区榆太路39号
电话：0354－3983222
邮编：030600

晋中市小天鹅饮食有限公司
地址：晋中市榆次区东湖井一字街83号
电话：0354－2088378
邮编：030600

临汾市王府酒楼
地址：临汾市体育北街22号
电话：0357－2032366
邮编：041000

临汾市杏花酒楼有限公司
地址：临汾市解放东路16号
电话：0357－2030443
邮编：041000

临汾唐宫餐饮服务有限责任公司
地址：临汾市鼓楼南大街19号
电话：0357－2118338
邮编：041000

临汾地区阳春酒家
地址：临汾市迎春北街2号
电话：0357－2118579
邮编：041000

临汾金元太酒楼有限公司
地址：临汾市平阳北街16号
电话：0357－2016689
邮编：041000

临汾地区桃源阁酒家
地址：临汾市广宣街18号
电话：0357－2119782
邮编：041000

临汾汉宫姜母鸭酒楼
地址：临汾市鼓楼北大街
电话：0357－2022555
邮编：041000

临汾三千里餐饮有限公司
地址：临汾市尧都区鼓楼北大街86号
电话：0357－2036565
邮编：041000

尧都区君悦餐饮有限公司
地址：临汾市体育南街75号
电话：0357－2015585
邮编：041000

临汾市裕华酒楼有限公司
地址：临汾市解放西路20号
电话：0357－2036388
邮编：041000

临汾尧都区成都香餐饮有限公司
地址：临汾市鼓楼北100号
电话：0357－2022555
邮编：041000

临汾市日月红餐饮服务有限责任公司
地址：临汾市秦蜀路75号
电话：0357－2889616
邮编：041000

临汾市红福园餐饮有限公司
地址：临汾市临钢路24号
电话：0357－2081175
邮编：041000

临汾金海湾大酒楼有限公司
地址：临汾市向阳西路
电话：0357－2056191
邮编：041000

运城市贵府山庄餐饮有限公司
地址：运城市人民北路536号
电话：0359－8289282
邮编：044000

运城市七星餐饮娱乐有限公司
地址：运城市南风广场
电话：0359－8697112
邮编：044000

运城市今日世界海鲜餐饮有限公司
地址：运城市河东街中段
电话：0359－8656197
邮编：044000

运城市一枝花餐饮有限公司
地址：运城市工农西街7号
电话：0359－2122375
邮编：044000

运城市盐湖区北城巴蜀风酒楼
地址：运城市工农东路381号
电话：0359－2162000
邮编：044000

运城市禹都菊花酒楼
地址：运城市禹都十一区西楼1号
电话：0359－2582927
邮编：044000

运城市盐湖区北城京川阁饭店
地址：运城市中银大道
电话：0359－2088388
邮编：044000

运城市清水湾餐饮娱乐有限公司
地址：运城市工农东街370号
电话：0359－2125353
邮编：044000

运城市福临门餐饮有限公司
地址：运城市人民北路82号甲
电话：0359－2089485
邮编：044000

运城市毛公餐饮文化有限公司
地址：运城市禹都大道7号
电话：0359－2068887
邮编：044000

运城市添福顺餐饮有限公司
地址：运城市中银大道245号
电话：13834705890
邮编：044000

运城市龙太子餐饮有限公司
地址：运城市解放南路102号
电话：0359－2023008
邮编：044000

运城市饮食服务有限责任公司
地址：运城市钟楼巷5号
电话：0359－2024840
邮编：044000

运城市凯仕豪酒楼有限公司
地址：运城市人民路76号
电话：0359－2060666
邮编：044000

运城市千代田饮食有限公司
地址：运城市中银大道245号
电话：0359－2090545
邮编：044000

运城市饮食公司
地址：运城市解放中路298号
电话：0359－2022326
邮编：044000

运城市金融酒家
地址：运城市人民中路2号
电话：0359－2021660
邮编：044000

运城市园外园饮食有限公司
地址：运城市红旗西街358号
电话：0359－2024368
邮编：044000

运城市饮食公司迎宾餐馆
地址：运城市双桥路84号
电话：0359－2023038
邮编：044000

吕梁市饮食服务公司
地址：吕梁市兴隆街27号
电话：0358－8222494
邮编：033000

旅游用品

太原开物艺术品有限公司
地址：太原市迎泽区老军营小区东巷6号
电话：0351－7328986
邮编：030002
网址：www. kwart. com. cn

山西万德福珠宝有限公司
地址：太原市桃园北路19号
电话：0351－4019669
邮编：030400

山西宏艺首饰股份有限公司
地址：太原市新建路115号
电话：0351－5628666
邮编：030400

山西真玉坊珠宝首饰有限公司
地址：太原市解放路18号楼73号
电话：0351－4034566
邮编：030400

山西银河金银珠宝有限责任公司
地址：太原市迎泽大街121号
电话：0351－4069842
邮编：030400

山西晶茂工艺品公司
地址：太原市五龙口街589号
电话：0351－4946185
邮编：030400

太原市首饰工艺厂
地址：太原市上三桥街51号
电话：0351－3532023
邮编：030400

太原五方地毯有限公司
地址：太原市胜利东街66号
电话：0351－3273116
邮编：030400

太原市达美艺术挂毯厂
地址：太原市胜利桥西兴华北小区
电话：0351－6272452
邮编：030400

山西中华艺工艺品有限公司
地址：太原市建设南路
电话：0351－3517990
邮编：030082

太原美术地毯总厂
地址：太原市平阳路373号
电话：0351－7024402
邮编：030400

太原市迎泽区雪玉轩书画社
地址：太原市南宫文化市场东1号
电话：0351－4031685
邮编：030400

山西龙升青铜器仿古工艺品铸造厂
地址：太原市长风街100号
电话：0351－7234588
邮编：030400

山西龙升玻璃钢雕塑总厂
地址：太原市太行路66号
电话：0351－8817666　4133385
邮编：030400

山西吉福特工艺品有限公司
地址：太原市水西关南街18号
电话：0351－4044603
邮编：030400

山西鼎盛经典艺术石艺有限公司
地址：太原市平阳路297号
电话：0351－7332736
邮编：030400

太原市艺术木器厂
地址：太原市大马村
电话：0351－7025513
邮编：030400

大同市云冈工艺美术厂
地址：大同市
电话：0352－3023620
邮编：037008

大同市艺美刻印厂
地址：大同市大东街
电话：0352－2063954
邮编：037008

浑源县地毯厂
地址：大同市浑源县永安镇
电话：0352－8322944　8492495
邮编：037400

大同县地毯厂
地址：大同市大同县
电话：0352－8012405
邮编：037300

阳泉明珠地毯厂
地址：阳泉市小南坑
电话：0353－7021073
邮编：045000

阳泉莘丰珠宝有限公司
地址：阳泉市新建路9号
电话：0353－2022828
邮编：045000

阳泉市工艺美术厂
地址：阳泉市北大街
电话：0353－4043451
邮编：045000

阳泉市玻璃制品厂工艺美术服务部
地址：阳泉市复寿街
电话：0353－2032772
邮编：045000

阳泉市平坦工艺美术厂
地址：阳泉市洪城路65号
电话：0353－7075625
邮编：045000

阳泉市刻字工艺厂
地址：阳泉市复寿街
电话：0353－2034980
邮编：045000

山西省屯留县祥文工艺品有限公司
地址：长治市屯留县上村镇西泼村
电话：0355－7539018
邮编：046100

长治县地毯厂
地址：长治市长治县韩店西街
电话：0355－8089351
邮编：047100

晋城市典绣堂手工艺刺绣厂
地址：晋城市周村
电话：0356－3803018
邮编：048000

五台山工艺美术公司
地址：忻州市五台县台怀镇
电话：0350－6545263
邮编：035500

山西翔龙黑陶工艺品有限公司
地址：晋中市迎宾西街178号
电话：0354－2412881　2412885
邮编：030600

晋中市中宇发展有限公司晋华地毯厂
地址：晋中市通窑巷51号
电话：0354－2028647
邮编：030600

榆社县车木工艺厂
地址：晋中市榆社县新建路
电话：0354－6635445
邮编：031800

昔阳县地毯厂
地址：晋中市昔阳县新东街
电话：0354－4122947
邮编：045300

晋砖世家传统文化艺术有限公司
地址：晋中市太谷县敦坊村
电话：0354－6325275
邮编：030800

太谷县工艺美术厂
地址：晋中市太谷县东街
电话：0354－6223612
邮编：030800

平遥县福利公司工艺美术厂
地址：晋中市平遥县东大街鹦鹉巷15号
电话：0354－5683697
邮编：031100

平遥木雕有限公司
地址：晋中市平遥县南政乡南政村红旗街30号
电话：0354－5712678
邮编：031100

山西亚宝钻石工业有限公司
地址：临汾市广宣街26号
电话：0357－2033405
邮编：041000

临汾市工艺美术总厂
地址：临汾霍州市解放东路
电话：0357－2313154
邮编：031400

洪洞县赵城永乐工艺厂
地址：临汾市洪洞县赵城
电话：0357－6564637
邮编：031600

临晋漆器工艺厂
地址：运城市临猗县
电话：0359－4321619
邮编：044100

孝义市金银珠宝有限公司
地址：吕梁孝义市府前街336号
电话：0358－7622975
邮编：032300

孝义市地毯厂
地址：吕梁孝义市新义东街
电话：0358－7621447
邮编：032300

旅游交通

山西省外事旅游汽车公司
地址：太原市平阳路西巷27号
电话：0351－7327780
邮编：030012

太原火车站
地址：太原市迎泽区迎泽大街东
电话：0351－2233611
邮编：030001

太原武宿国际机场
地址：太原市太榆路32号
电话：0351－7286462
邮编：030082

太原汽车客运总站
地址：太原市迎泽大街
电话：0351－4042346
邮编：030082

古交火车站
地址：太原古交市西曲
电话：0351－5141585
邮编：030200

阳曲火车站
地址：太原市阳曲县
电话：0351－5521343
邮编：030100

大同市旅游汽车公司
地址：大同市民航街
电话：0352－5100452
邮编：037008

大同中港旅游汽车有限公司
地址：大同市迎宾东路116号
电话：0352－5104390
邮编：037008

大同市民航和丰旅游汽车有限公司
地址：大同市建新南路幸福里1号楼
电话：0352－5330011
邮编：037006

大同火车站
地址：大同市站前街1号
电话：0352－6082747　7122962
邮编：037008

口泉火车站
地址：大同市口泉镇泉新路
电话：0352－7150212
邮编：037008

大同机场
地址：大同市大同县倍加造镇北
电话：0352－2043388
邮编：037008

朔州火车站
地址：朔州市朔城区
电话：0349－4057962
邮编：038300

怀仁县火车站
地址：朔州市怀仁县
电话：0349－3024346
邮编：038300

阳泉火车站
地址：阳泉市德胜街
电话：0353－2652172
邮编：045000

长治火车站
地址：长治市郊区
电话：0355－5826822
邮编：046000

长治火车北站
地址：长治市长北
电话：0355－5822222
邮编：046021

长治王村机场
地址：长治市
电话：0355－2056922
邮编：046000

潞城市火车站
地址：长治市潞城县站前路
电话：0355－6762445
邮编：046000

晋城火车站
地址：晋城市晋城区回军村
电话：0356－2122368
邮编：048000

高平市火车站
地址：晋城高平市新建路
电话：0356－5243884
邮编：048400

忻州火车站
地址：忻州市云中路
电话：0350－8687332
邮编：034000

原平火车站
地址：忻州市原平市原平镇
电话：0350－8242445
邮编：034100

五台山火车站
地址：忻州市繁峙县砂河镇
电话：0350－5555980
邮编：034300

晋中市金时轮旅游汽车有限公司
地址：晋中市榆次区新华街政府东巷9号晋中宾馆1楼
电话：0354－3256899　3021778　8881989
邮编：030600
网址：www. jzjslqc. com

榆次火车站
地址：晋中市火车站
电话：0354－3062207
邮编：030600

介休火车站
地址：晋中市介休市新建西路
电话：0354－7222678
邮编：031200

平遥火车站
地址：晋中市平遥县
电话：0354－5673197
邮编：03110

临汾火车站
地址：临汾市
电话：0357－3523322
邮编：041000

侯马市火车站
地址：临汾侯马市北站西路
电话：0357－3552542
邮编：043007

霍州市火车站
地址：临汾霍州市
电话：0357－5620114
邮编：031400

运城火车站
地址：运城市
电话：0359－8659424
邮编：044000

河津火车站
地址：运城河津市
电话：0359－5233237
邮编：043300

孝西火车站
地址：吕梁孝义市府南街
电话：0358－7621987
邮编：032300

孝南火车站
地址：吕梁孝义市汾介路东
电话：0358－7671099
邮编：032300

内蒙古

INNER MONGOLIA

旅游机构

内蒙古自治区旅游局
地址：呼和浩特市新华大街 63 号
电话：0471－6965978
邮编：010055

内蒙古自治区旅游质量监督管理所
地址：呼和浩特市新华大街 63 号
电话：0471－6282653
邮编：010055

呼和浩特市旅游局
地址：呼和浩特市新华东街城建大厦 12 楼
电话：0471－4612525
邮编：010010

新城区旅游局
地址：呼和浩特呼伦北路北端新城区政府办公楼
电话：0471－2268114
邮编：010010

玉泉区旅游局
地址：呼和浩特市昭君路西菜园信用社 3 楼
电话：0471－5970877
邮编：010030

回民区旅游局
地址：呼和浩特市钢铁路回民区政府楼内
电话：0471－3821115
邮编：010030

赛罕区旅游局
地址：呼和浩特市昭乌达路南段赛罕区政府楼内
电话：0471－4211096
邮编：010020

和林格尔县旅游局
地址：呼和浩特市和林格尔县城关镇盛乐百亭园门北
电话：0471－7190088
邮编：011500

托克托县旅游局
地址：呼和浩特市托克托县城关镇云中南路
电话：0471－8518488
邮编：010200

土默特左旗旅游局
地址：呼和浩特市土默特左旗察素齐镇人民政府广场西街
电话：0471－8122526
邮编：010100

武川县旅游局
地址：呼和浩特市武川县可镇
电话：0471－8819784
邮编：011700

包头市旅游局
地址：包头市钢铁大街 29 号市政府大院
电话：0472－5148358
邮编：014025

达茂旗旅游局
地址：包头市达茂旗百灵庙镇
电话：0472－8313108
邮编：011900

石拐区旅游中心
地址：包头市石拐区
电话：0472－8711944
邮编：014000

白云区旅游中心
地址：包头市白云区
电话：0472－8517967
邮编：014000

呼伦贝尔市旅游局
地址：呼伦贝尔市中心城新区市政府办公大楼
电话：0472－8217016
邮编：021008

满洲里市旅游局
地址：满洲里市五道街
电话：0470－6229479
邮编：021400

海拉尔区旅游局
地址：呼伦贝尔市海拉尔区伊敏大街区水利局办公楼
电话：0470－8293998
邮编：021000

牙克石市旅游局
地址：呼伦贝尔牙克石市兴安西路城建局院内
电话：0470－7210396
邮编：022150

额尔古纳市旅游局
地址：呼伦贝尔额尔古纳市拉布达林镇西山宾馆
电话：0470－6821166
邮编：022250

根河市旅游局
地址：呼伦贝尔根河市中央大街粮贸大楼
电话：0470－5222578
邮编：022350

扎兰屯市旅游局
地址：呼伦贝尔扎兰屯市明月街 24 号
电话：0470－3203437
邮编：162650

陈巴尔虎旗旅游局
地址：呼伦贝尔市陈巴尔虎旗巴彦库仁镇
电话：0470－6712949
邮编：021500

鄂温克族自治旗旅游局
地址：呼伦贝尔市鄂温克族自治旗巴彦托海镇中央街政府综合楼
电话：0470－8814112
邮编：021000

鄂伦春自治旗旅游局
地址：呼伦贝尔市鄂伦春自治旗阿里河镇中央街
电话：0470－5622004－8250
邮编：165450

莫力达瓦达斡尔族自治旗旅游局
地址：呼伦贝尔市莫力达瓦达斡尔族自治旗尼尔基镇
电话：0470－4612162
邮编：162850

新巴尔虎右旗旅游局
地址：呼伦贝尔市新巴尔虎右旗阿拉坦额莫勒镇旗政府大楼
电话：0470－6404484
邮编：021300

新巴尔虎左旗旅游局
地址：呼伦贝尔市新巴尔虎左旗阿木古郎镇中央街政府大楼
电话：0470－6606665
邮编：021200

阿荣旗旅游局
地址：呼伦贝尔市阿荣旗那吉镇中央大街 77 号
电话：0470－4217383
邮编：162750

内蒙古森工集团公司旅游局
地址：呼伦贝尔牙克石市兴安中街 29 号
电话：0470－7425413
邮编：022150

兴安盟旅游局
地址：兴安盟乌兰浩特市兴安北大路 13 号
电话：0482－8266539
邮编：137401

乌兰浩特市旅游局
地址：兴安盟乌兰浩特市五一路
电话：0482－8299086
邮编：137400

阿尔山市旅游局
地址：兴安盟阿尔山市温泉路共建街 23 号
电话：0482－7125126
邮编：137801

科右前旗旅游局
地址：兴安盟乌兰浩特市兴安北大路 7 号
电话：0482－8212314
邮编：137400

科右中旗旅游局
地址：兴安盟科右中旗白音胡硕镇霍林河大街
电话：0482－4127921
邮编：029400

扎赉特旗旅游局
地址：兴安盟扎赉特旗音德尔镇五四街政府大楼
电话：0482－6122762
邮编：137600

通辽市旅游局
地址：通辽市新城区行政大楼西配楼
电话：0475－8836271
邮编：028000

科尔沁区旅游局
地址：通辽市科尔沁区建国路 66 号
电话：0475－8319288
邮编：028000

霍林郭勒市旅游局
地址：通辽市霍林郭勒市滨河路
电话：0475－7925865
邮编：029200

奈曼旗旅游局
地址：通辽市奈曼旗大沁他拉镇
电话：0475－4213800
邮编：028300

扎鲁特旗旅游局
地址：通辽市扎鲁特旗鲁北镇霍林河大街
电话：0475－7222161
邮编：029100

科左后旗旅游局
地址：通辽市科左后旗甘旗卡镇
电话：0475－5220274
邮编：028100

科左中旗旅游局
地址：通辽市科左中旗保康镇科尔沁大街

电话：0475－3217027
邮编：029300

开鲁县旅游局
地址：通辽市开鲁县
电话：0475－6230088
邮编：028100

库伦旗旅游局
地址：通辽市库伦旗库伦镇中心街
电话：0475－4913010
邮编：028200

赤峰市旅游局
地址：赤峰市新城区党政综合办公楼C座
电话：0476－8333058
邮编：024001

红山区招商旅游局
地址：赤峰市红山区政府院内
电话：0476－8222204
邮编：024000

元宝山区文体广电旅游局
地址：赤峰市元宝山区平庄镇党政综合大楼
电话：0476－3510024
邮编：024020

松山区招商旅游局
地址：赤峰市松山区政府综合办公楼
电话：0476－8440317
邮编：024000

喀喇沁旗旅游局
地址：赤峰市喀喇沁旗锦山镇
电话：0476－3752985
邮编：024400

宁城县旅游局
地址：赤峰市宁城县天义镇
电话：0476－4233771
邮编：024200

敖汉旗旅游局
地址：赤峰市敖汉旗新惠镇
电话：0476－4332703
邮编：024300

克什克腾旗旅游局
地址：赤峰市克什克腾旗经棚镇
电话：0476－5220746
邮编：025350

翁牛特旗旅游局
地址：赤峰市翁牛特旗乌丹镇
电话：0476－6322293
邮编：024500

巴林左旗旅游局
地址：赤峰市巴林左旗林东镇党政综合楼
电话：0476－7860911
邮编：025450

巴林右旗旅游局
地址：赤峰市巴林右旗大板镇查干沐沦街
电话：0476－6222300
邮编：025150

林西县旅游局
地址：赤峰市林西县林西镇
电话：0476－5322449
邮编：025250

阿鲁科尔沁旗旅游局
地址：赤峰市阿鲁科尔沁旗天山镇
电话：0476－7213720
邮编：025550

锡林郭勒盟旅游局
地址：锡林郭勒盟锡林浩特市经济开发区锡盟行政中心大楼
电话：0479－8269300
邮编：026000

二连浩特市旅游局
地址：锡林郭勒盟二连浩特市党政大楼7楼
电话：0479－7532159
邮编：011100

锡林浩特市旅游局
地址：锡林郭勒盟锡林浩特市那达慕大街28号
电话：0479－8224986
邮编：026000

正蓝旗旅游局
地址：锡林郭勒盟正蓝旗上都镇
电话：0479－4224004
邮编：027200

多伦县旅游局
地址：锡林郭勒盟多伦县多伦镇
电话：0479－4532821
邮编：026200

太仆寺旗旅游局
地址：锡林郭勒盟太仆寺旗宝昌镇
电话：0479－5231219
邮编：027000

阿巴嘎旗旅游局
地址：锡林郭勒盟阿巴嘎旗别里古台街1号
电话：0479－2022260
邮编：011400

苏尼特右旗旅游局
地址：锡林郭勒盟苏尼特右旗赛汉塔拉镇
电话：0479－7225493
邮编：011200

苏尼特左旗旅游局
地址：锡林郭勒盟苏尼特左旗满都拉图镇达尔罕大街
电话：0479－2522240
邮编：011300

西乌珠穆沁旗旅游局
地址：锡林郭勒盟西乌珠穆沁旗巴彦乌拉镇
电话：0479－3525114
邮编：026200

东乌珠穆沁旗旅游局
地址：锡林郭勒盟东乌珠穆沁旗乌里雅斯太镇
电话：0479－3222172
邮编：026300

镶黄旗旅游局
地址：锡林郭勒盟镶黄旗
电话：0479－6224519
邮编：013200

正镶白旗旅游局
地址：锡林郭勒盟正镶白旗察汗淖尔镇
电话：0479－6520979
邮编：013800

乌拉盖开发区旅游局
地址：锡林郭勒盟东乌珠穆沁旗乌拉盖开发区巴音胡硕镇
电话：0479－3351073
邮编：026200

乌兰察布市旅游局
地址：乌兰察布市广电大楼15楼
电话：0474－8185585
邮编：012000

集宁区旅游局
地址：乌兰察布市集宁区怀远南路
电话：0474－8241895
邮编：012000

丰镇市旅游局
地址：乌兰察布市丰镇市
电话：0474－3259669
邮编：012100

凉城县旅游局
地址：乌兰察布市凉城县城关镇
电话：0474－4201165
邮编：013750

卓资县旅游局
地址：乌兰察布市卓资县
电话：0474－4902202
邮编：012300

兴和县旅游局
地址：乌兰察布市兴和县
电话：0474－7212074
邮编：013600

商都县旅游局
地址：乌兰察布市商都县
电话：0474－6910354
邮编：013400

化德县旅游局
地址：乌兰察布市化德县
电话：0474－7904002
邮编：013300

察右前旗旅游局
地址：乌兰察布市察右前旗土贵乌拉镇
电话：0474－3903470
邮编：012200

察右中旗旅游局
地址：乌兰察布市察右中旗科布尔镇
电话：0474－5902875
邮编：013500

察右后旗旅游局
地址：乌兰察布市察右后旗
电话：0474－6202547
邮编：012400

四子王旗旅游局
地址：乌兰察布市四子王旗乌兰花镇
电话：0474－5212878
邮编：011800

鄂尔多斯市旅游局
地址：鄂尔多斯市康巴什新区党政大楼C座
电话：0477－8588527
邮编：017000

东胜区旅游局
地址：鄂尔多斯市东胜区政府大楼
电话：0477－8334212
邮编：014300

达拉特旗旅游局
地址：鄂尔多斯市达拉特旗树林召镇
电话：0477－5212355
邮编：014300

准格尔旗旅游局
地址：鄂尔多斯市准格尔旗薛家湾镇准格尔大街党政办公大楼
电话：0477－4212944　4211944
邮编：017100

内蒙古

杭锦旗旅游局
地址：鄂尔多斯市杭锦旗锡尼镇
电话：0477－6223399
邮编：017400

伊金霍洛旗旅游局
地址：鄂尔多斯市伊金霍洛旗阿勒腾席热镇
电话：0477－8684524
邮编：014300

乌审旗旅游局
地址：鄂尔多斯市乌审旗达布察克镇
电话：0477－7212821
邮编：014300

鄂托克旗旅游局
地址：鄂尔多斯市鄂托克旗乌兰镇
电话：0477－6212375
邮编：014300

鄂托克前旗旅游局
地址：鄂尔多斯市鄂托克前旗敖勒召其镇
电话：0477－7622323
邮编：014300

巴彦淖尔市旅游局
地址：巴彦淖尔市党政办公大楼9楼
电话：0478－8655970
邮编：015000

乌拉特前旗旅游局
地址：巴彦淖尔市乌拉特前旗西山咀镇
电话：0478－3213295
邮编：014400

乌拉特中旗旅游局
地址：巴彦淖尔市乌拉特中旗海流图镇迎宾路
电话：0478－5916077
邮编：015300

乌拉特后旗旅游局
地址：巴彦淖尔市乌拉特后旗赛乌素镇
电话：0478－4912549
邮编：015500

磴口县旅游局
地址：巴彦淖尔市磴口县
电话：0478－4218154
邮编：015200

乌海市旅游局
地址：乌海市海勃湾滨河区行政中心
电话：0473－3998950
邮编：016000

阿拉善盟旅游局
地址：阿拉善盟巴彦浩特镇额鲁特西路9号盟行政公署大院
电话：0483－8341727
邮编：750306

阿拉善左旗旅游局
地址：阿拉善盟巴彦浩特镇西花园街
电话：0483－8222525
邮编：750300

阿拉善右旗旅游局
地址：阿拉善盟阿拉善右旗额肯胡都格镇
电话：0483－6024316
邮编：737300

额济纳旗旅游局
地址：阿拉善盟额济纳旗达来呼布镇
电话：0483－6521928
邮编：735400

旅 行 社

内蒙古中国旅行社有限责任公司
地址：呼和浩特市新城区艺术厅南街95号
电话：0471－6201831
邮编：010010
网址：www. imcts. com. cn
许可证号：L－NMG－CJ00001

内蒙古中国国际旅行社有限责任公司
地址：呼和浩特市新城区艺术厅南街95号旅游大厦三层
电话：0471－6920111
邮编：010010
许可证号：L－NMG－CJ00002

内蒙古中青旅国际旅行社有限责任公司
地址：呼和浩特市赛罕区大学东街金固大厦后楼
电话：0471－4342486
邮编：010000
网址：www. nmcytsi. com
许可证号：L－NMG－CJ00003

内蒙古新世纪康辉国际旅行社有限责任公司
地址：呼和浩特市中山东路91号数码大厦12层
电话：0471－6921177
邮编：010020
网址：www. cctnm. com
许可证号：L－NMG－CJ00004

满洲里中国国际旅行社
地址：满洲里市道北二道街35号
电话：0470－6224241
邮编：021400
网址：www. mzlcits. com
许可证号：L－NMG－CJ00005

内蒙古铁道国际旅行社
地址：呼和浩特市车站东街41号
电话：0471－2243202
邮编：010000
网址：www. tglint. com
许可证号：L－NMG－CJ00006

满洲里中国旅行社有限责任公司
地址：满洲里市四道街19号
电话：0470－6221742
邮编：021400
网址：www. ctsmzl. com
许可证号：L－NMG－CJ00007

赤峰国际旅行社有限公司
地址：赤峰市红山区
电话：0476－8333337
邮编：024000
许可证号：L－NMG－CJ00008

包头市中国国际旅行社有限责任公司
地址：包头市钢铁大街33号
电话：0472－5369020
邮编：014100
许可证号：L－NMG－CJ00009

内蒙古五洲国际旅行社有限责任公司
地址：呼和浩特市新城区北恒东街28号北恒大厦3楼
电话：0471－4816308
邮编：010000
许可证号：L－NMG－CJ00010

鄂尔多斯市星光国际旅行社有限责任公司
地址：鄂尔多斯市准格尔南路11号
电话：0477－8323266
邮编：017000
电子信箱：strode@163. com
许可证号：L－NMG－CJ00011

包头世纪国际旅行社有限公司
地址：包头市钢铁大街12号民主大楼503－504室
电话：0472－5140073
邮编：014000
许可证号：L－NMG－CJ00012

满洲里扎赉诺尔金桥国际旅行社有限公司
地址：满洲里市扎赉诺尔人民路29号
电话：0470－6228117
邮编：021400
许可证号：L－NMG－CJ00013

内蒙古环宇国际旅行社有限责任公司
地址：通辽市永清大街中段206号
电话：0475－8218248
邮编：028000
网址：www. tlhuanyu. com
许可证号：L－NMG－CJ00014

通辽市阳光国际旅行社有限公司
地址：通辽市永清大街中段新世纪花园小区
电话：0475－2395886
邮编：028000
许可证号：L－NMG－CJ00015

内蒙古铁运国际旅行社有限责任公司
地址：呼和浩特市新城区车站西街（呼铁局客运公司南一楼）
电话：0471－2321026
邮编：010055
电子信箱：790773273@qq. com
许可证号：L－NMG－CJ00016

鄂尔多斯市天下游国际旅行社有限公司
地址：鄂尔多斯市康巴什新区聚能大厦一楼
电话：0477－3996004
邮编：017000
网址：www. jnig. cn
电子信箱：wangzm4921@126. com
许可证号：L－NMG－CJ00017

内蒙古招商国际旅行社有限公司
地址：呼和浩特市新城南街奈伦公寓8号
电话：0471－6203380
邮编：010010
许可证号：L－NMG－CJ00018

内蒙古春秋国际旅行社有限公司
地址：呼和浩特市赛罕区大学西路长兴大厦六层
电话：0471－6688876
邮编：010050
电子信箱：948913799@qq. com
许可证号：L－NMG－CJ00019

内蒙古中信国际旅行社有限责任公司
地址：呼和浩特市新华东街81号芳汀花园写字楼
电话：0471－6916869
邮编：010000
许可证号：L－NMG－CJ00020

内蒙古蒙都国际旅行社有限责任公司
地址：呼和浩特市中山西路28号国贸大厦1005室
电话：0471－6260606
邮编：010055
许可证号：L－NMG－CJ00021

内蒙古同源国际旅行社有限责任公司
地址：呼和浩特市大学西路银都大厦B座905室
电话：0471－6688101
邮编：010020
网址：www.nmgty.com
许可证号：L－NMG－CJ00022

呼伦贝尔市经典假日国际旅行社有限责任公司
地址：呼伦贝尔市海拉尔区胜利大街24号
电话：0470－8252999
邮编：021008
许可证号：L－NMG－CJ00023

兴安盟天宝国际旅行社有限责任公司
地址：乌兰浩特市兴安北大路62号银翔宾馆1楼
电话：0482－8220999
邮编：137401
许可证号：L－NMG－CJ00024

兴安盟神一国际旅行社有限公司
地址：乌兰浩特市兴安街乌铁3号
电话：0482－8238802　2238855
邮编：137400
电子信箱：4maoyan0928@sohu.com
许可证号：L－NMG－CJ00025

内蒙古众信国际旅行社有限责任公司
地址：呼和浩特市回民区锡林南路9号银都大厦A座1207室
电话：0471－6687985
邮编：010020
电子信箱：4652858338@qq.com
许可证号：L－NMG－CJ00026

内蒙古盛祥国际旅行社有限责任公司
地址：呼和浩特市新城区锡林北路海亮国贸大厦C座1108室
电话：0471－5294217
邮编：010020
电子信箱：4986198263@qq.com
许可证号：L－NMG－CJ00027

内蒙古风情国际旅行社有限责任公司
地址：呼和浩特市鄂尔多斯大街新天地广场15楼
电话：0471－2366008　2366009
邮编：010020
电子信箱：4FQLY@FQLY.COM
许可证号：L－NMG－CJ00028

内蒙古中友国际旅行社有限公司
地址：呼和浩特市东风路111号
电话：0471－4914222
邮编：010010
电子信箱：4cfts@nmgzhongyou.com
许可证号：L－NMG－CJ00029

内蒙古华辰国际旅行社有限责任公司
地址：呼和浩特市新城区新城南街奈伦大厦儿童娱乐城5层502室
电话：0471－2348392
邮编：010050
电子信箱：4baimei2008.hi@163.com
许可证号：L－NMG－CJ00030

包头中旅旅行社有限责任公司
地址：包头市青山区友谊大街15号
电话：0472－6976606
邮编：014030
电子信箱：4965131447@qq.com
许可证号：L－NMG－CJ00031

包头市民族国际旅行社有限公司
地址：包头市钢铁大街33号万號酒店B座一楼
电话：0472－5113192
邮编：014010
许可证号：L－NMG－CJ00032

鄂尔多斯市美丽假日国际旅行社有限责任公司
地址：鄂尔多斯市东胜区锦绣苑5号商铺
电话：0477－8360777
邮编：017004
电子信箱：4sxg_999@sina.com
许可证号：L－NMG－CJ00033

鄂尔多斯市新远国际旅行社有限公司
地址：鄂尔多斯市准格尔旗薛家湾镇神华准能公司蓝天小区
电话：0477－4317338
邮编：017100
电子信箱：41446249879@qq.com
许可证号：L－NMG－CJ00035

鄂尔多斯市蓝天国际旅行社有限公司
地址：鄂尔多斯市东胜区天骄路63号东凯阳宾馆7楼
电话：0477－3995309
邮编：017004
电子信箱：4525071446@qq.com
许可证号：L－NMG－CJ00036

内蒙古蓝天航空国际旅行社有限责任公司
地址：呼和浩特市乌兰恰特西街16号（新华广场南侧）
电话：0471－4613319　4613369
邮编：010010
电子信箱：4144509945@qzone.qq.com
许可证号：L－NMG－CJ00038

巴彦淖尔市嘉宾园国际旅行社有限公司
地址：巴彦淖尔市临河区团结南路西太阳城小区北门1号楼6号门店
电话：0478－7994666　7999945
邮编：015000
电子信箱：4296030932@qq.com
许可证号：L－NMG－CJ00039

巴彦淖尔市草原国际旅行社有限责任公司
地址：巴彦淖尔市乌拉特中旗海流图镇海流图大街北加油站对面
电话：0478－2288200　2288201
邮编：015000
电子信箱：42873574@qq.com
许可证号：L－NMG－CJ00040

呼伦贝尔市绿通国际旅行社有限责任公司
地址：呼伦贝尔市海拉尔区天欣园小区4号楼1单元
电话：0470－5578881
邮编：021000
许可证号：L－NMG－CJ00041

内蒙古龙之旅国际旅行社有限责任公司
地址：呼和浩特市中山西路富邦商厦5层3号
电话：0471－6350125　6350129　6350127
邮编：010000
许可证号：L－NMG－CJ00042

阿拉善盟天骄国际旅行社有限责任公司
地址：阿拉善盟阿拉善左旗
电话：0483－8340090　8580090
邮编：750306
许可证号：L－NMG－CJ00043

内蒙古海外旅游（旅行社）有限公司
地址：呼和浩特新城区财神庙街8号
电话：0471－6288138
邮编：010010
许可证号L－NMG－CJ00044

通辽康辉国际旅行社有限责任公司
地址：通辽市科尔沁区西拉木伦大街罗马商贸城101号2楼
电话：13947510909
邮编：028000
许可证号：L－NMG－CJ00045

赤峰领航国际旅行社有限责任公司
地址：赤峰市新城区金帝商务大厦B座2区3楼
电话：0476－8830991
邮编：024000
许可证号：L－NMG－CJ00046

包头春秋国际旅行社有限责任公司
地址：包头市东河区南门外大街18号九洲写字楼1－3号
电话：0472－6960914
邮编：014040
许可证号：L－NMG－CJ00047

通辽市万佳国际旅行社有限责任公司
地址：通辽市建国路体育广场西侧温州名苑一楼
电话：0475－8311388　8277000
邮编：028000
许可证号：L－NMG－CJ00048

包头市山水国际旅行社有限公司
地址：包头市昆都仑区钢铁大街56号工商会馆401室
电话：0472－6982365
邮编：014010
许可证号：L－NMG－CJ00049

包头市环球假日国际旅行社有限责任公司
地址：包头市昆都仑区学府道南段8号
电话：0472－2169855
邮编：014010
许可证号：L－NMG－CJ00050

巴彦淖尔市亨运达国际旅行社有限公司
地址：巴彦淖尔市临河区解放东街锦一处4号
电话：0478－7995488
邮编：015001
许可证号：L－NMG－CJ00051

饭　店

内蒙古饭店 ★★★★★
地址：呼和浩特市乌兰察布西路
电话：0471－6938888
邮编：010010

内蒙古锦江国际大酒店 ★★★★★
地址：呼和浩特市呼伦南路109号
电话：0471－5666666
邮编：010020

呼和浩特香格里拉酒店 ★★★★★
地址：呼和浩特市锡林郭勒南路5号
电话：0471－3366666
邮编：010020

新城宾馆 ★★★★★
地址：呼和浩特市呼伦南路40号
电话：0471－6292288
邮编：010010

喜来登呼和浩特酒店 ★★★★★
地址：呼和浩特市新城区迎宾北路 5 号
电话：0471－6988888
邮编：010010

香格里拉大酒店 ★★★★★
地址：包头市青山区民族东路 66 号
电话：0472－5998888
邮编：014030

鄂尔多斯皇冠假日酒店 ★★★★★
地址：鄂尔多斯市鄂托克西街迎宾路甲 1 号
电话：0477－8380888
邮编：017004

包头海德酒店 ★★★★★
地址：包头市昆都仑区钢铁大街 56 号
电话：0472－5365555
邮编：014010

宾悦大酒店 ★★★★
地址：呼和浩特市昭乌达路农大南侧
电话：0471－6605588
邮编：010020

国航大厦 ★★★★
地址：呼和浩特市新城北街
电话：0471－6608888
邮编：010010

呼和浩特假日酒店 ★★★★
地址：呼和浩特市中山西路 185 号
电话：0471－6351888
邮编：010020

金岁大酒店 ★★★★
地址：呼和浩特市大台西路中段
电话：0471－6606688
邮编：010010

内蒙古华辰大酒店 ★★★★
地址：呼和浩特市海拉尔东大街 801 号
电话：0471－6622888
邮编：010050

内蒙古金仕顿大酒店 ★★★★
地址：呼和浩特市海东路 15 号
电话：0471－6622999
邮编：010050

蒙古风情园可汗宫大酒店 ★★★★
地址：呼和浩特市玉泉区昭君路八公里外
电话：0471－6604444
邮编：010010

维力斯大酒店 ★★★★
地址：呼和浩特市新城区新华东街 89 号
电话：0471－6607777
邮编：010010

丽晶酒店 ★★★★
地址：包头市青山区富强路 28 号
电话：0472－6997777
邮编：014030

天龙酒店 ★★★★
地址：包头市稀土开发区幸福南路 41 号
电话：0472－6880888
邮编：014010

天外天大酒店 ★★★★
地址：包头市青山区呼得木林街 50 号
电话：0472－5361888
邮编：041030

稀土国际大酒店 ★★★★
地址：包头市昆都仑区阿尔丁大街 87 号
电话：0472－5358888
邮编：041031

乌海世纪元大酒店 ★★★★
地址：乌海市海勃湾区海北大街 3 号
电话：0473－6999677
邮编：016000

赤峰宾馆 ★★★★
地址：赤峰市昭乌达路中段
电话：0476－8334472
邮编：024000

黄金大厦酒店 ★★★★
地址：赤峰市红山区六西街
电话：0476－8751111
邮编：024000

赤峰九天国际酒店 ★★★★
地址：赤峰市新城区
电话：0476－8831999
邮编：024000

福兴东方精品酒店 ★★★★
地址：赤峰市松山区新城
电话：0476－5955999
邮编：024005

克旗阳光温泉大酒店★★★★
地址：赤峰市克旗经棚镇
电话：0476－5238888
邮编：024000

巴林右旗巴林宾馆 ★★★★
地址：赤峰市巴林右旗大板镇
电话：0476－6200006
邮编：025150

通辽市威士大酒店 ★★★★
地址：通辽市科尔沁大街 661 号
电话：0475－8216600
邮编：028000

新世纪大酒店 ★★★★
地址：通辽市科尔沁区和平路 20 号
电话：0475－8266666
邮编：028000

呼伦贝尔宾馆 ★★★★
地址：呼伦贝尔市海拉尔区胜利大街 2 号
电话：0470－8211000
邮编：021008

鄂尔多斯饭店 ★★★★
地址：鄂尔多斯市东胜区伊金霍洛西街
电话：0477－8385588
邮编：017000

万兴隆大酒店 ★★★★
地址：鄂尔多斯市东胜区伊煤路西
电话：0477－8560188
邮编：017000

锦厦国际大酒店 ★★★★
地址：鄂尔多斯市东胜区 富兴北路 1 号
电话：0477－8109299
邮编：017000

恒信大酒店 ★★★★
地址：鄂尔多斯市康巴什新区西纬七路北
电话：0477－3873222
邮编：017010

凯旋门假日酒店 ★★★★
地址：鄂尔多斯市准格尔旗薛家湾镇迎泽区
电话：0477－4229999
邮编：017100

金浩建国饭店 ★★★★
地址：乌兰察布市工农大街
电话：0474－8219999
邮编：012000

巴彦淖尔市临河区蓝宇饭店 ★★★★
地址：巴彦淖尔市临河区胜利北路
电话：0478－2258888
邮编：015000

兴安盟长丰大酒店 ★★★★
地址：兴安盟乌兰浩特市政府路
电话：0482－8209478
邮编：137401

阿拉善宾馆★★★★
地址：阿拉善盟巴彦浩特镇和硕特路 8 号
电话：0483－8352878
邮编：750306

阿拉善大酒店 ★★★★
地址：阿拉善巴彦浩特镇东关街 1 号
电话：0483－3983688
邮编：750306

阳光酒店 ★★★
地址：呼和浩特市金桥开发区炼油厂生活区内
电话：0471－3352222
邮编：010010

静雅酒店 ★★★
地址：呼和浩特市兴安北路 45 号
电话：0471－6669822
邮编：010010

昭君大酒店 ★★★
地址：呼和浩特市新华大街 53 号
电话：0471－6668888
邮编：010050

金辉大厦 ★★★
地址：呼和浩特市锡林北路 105 号
电话：0471－6940099
邮编：010050

满都拉宾馆 ★★★
地址：呼和浩特市锡林南路 159 号
电话：0471－6226666
邮编：010020

大天酒店 ★★★
地址：呼和浩特市锡林北路 1 号
电话：0471－2263888
邮编：010010

和林格尔巨华宾馆 ★★★
地址：呼和浩特和林格尔县红卫街北 3 号
电话：0471－7199688
邮编：011500

金蓝港大酒店 ★★★
地址：呼和浩特市回民区光明大街 136 号
电话：0471－2202099
邮编：010010

白塔机场宾馆 ★★★
地址：呼和浩特市白塔机场
电话：0471－4942777
邮编：010070

华天大酒店 ★★★
地址：呼和浩特市呼伦贝尔北路 22 号
电话：0471－6639688　6639758
邮编：010010

内蒙古教育招生考试服务中心 ★★★
地址：呼和浩特市赛罕区乌兰察布东街甲81号
电话：0471-3261717
邮编：010010

有信大酒店 ★★★
地址：呼和浩特市托克托县工业园区大唐托电对面
电话：0471-8627777　8627778
邮编：010210

包头宾馆贵宾楼 ★★★
地址：包头市钢铁大街33号
电话：0472-5156655
邮编：014010

兵工新世纪宾馆 ★★★
地址：包头市青山区青山路9号
电话：0472-3116290
邮编：041030

包钢宾馆 ★★★
地址：包头市昆区钢铁大街79号
电话：0472-2524488
邮编：041010

金驼酒店 ★★★
地址：包头市东河区工业路解放菜园甲1号
电话：0472-4181666
邮编：041040

达茂宾馆 ★★★
地址：包头市达茂旗百灵镇大街
电话：0472-8428999
邮编：014500

包头金顶大酒店 ★★★
地址：包头市青山区少先路口岸花苑南门西侧
电话：0472-5912555
邮编：041030

包头北方宾馆 ★★★
地址：包头市青山区青山路123号
电话：0472-6951800
邮编：041033

包头中原宾馆 ★★★
地址：包头市昆区乌兰道与西路交叉口东南侧
电话：0472-5908555
邮编：041010

包头铝业宾馆 ★★★
地址：包头市东河区毛其来
电话：0472-2809121
邮编：041046

包头鹿铁宾馆 ★★★
地址：包头市东站广场西侧
电话：0472-2202888
邮编：041040

包头冶建酒店 ★★★
地址：包头市昆都仑区钢铁大街87号
电话：0472-2861188
邮编：041010

包头金土地一号公馆 ★★★
地址：包头市昆都仑区沼潭东路与新光路交会口
电话：0472-5106900
邮编：041010

达尔罕贝勒酒店 ★★★
地址：包头市稀土开发区轻工南路与万青路交会处
电话：0472-5185790
邮编：014010

华资宾馆 ★★★
地址：包头市东河区东兴二街
电话：0472-4197788
邮编：014045

兰亭酒店 ★★★
地址：包头市稀土高新开发区
电话：0472-6961888
邮编：014030

金阳酒店 ★★★
地址：包头市固阳县金山镇支农路
电话：0472-6860888
邮编：014200

金枫华电之光大酒店 ★★★
地址：乌海市乌达区光明大街一号
电话：0473-3558589
邮编：016040

太阳神酒店 ★★★
地址：乌海市海南区
电话：0473-2266666
邮编：016030

星云酒店 ★★★
地址：乌海市海勃湾区狮城东街
电话：0473-2047124
邮编：016000

新泰和宾馆 ★★★
地址：赤峰市昭乌达路12号
电话：0476-8285555
邮编：024000

银河宾馆 ★★★
地址：赤峰市松山大街1号
电话：0476-8468359
邮编：024005

环保宾馆 ★★★
地址：赤峰市克旗热水开发区
电话：0476-5103288
邮编：025357

克什克腾热水商务宾馆 ★★★
地址：赤峰市克什克腾旗热水开发区
电话：0476-5103899
邮编：025358

平庄宾馆 ★★★
地址：赤峰市元宝山区平庄镇哈河接东段
电话：0476-3324711
邮编：024076

金尊宾馆 ★★★
地址：赤峰市昭乌达路中段
电话：0476-8752222
邮编：024000

金方宾馆 ★★★
地址：赤峰市红山区哈达街西段路北
电话：0476-5879999
邮编：024020

丽景酒店 ★★★
地址：赤峰市红山区昭乌达路北段
电话：0476-8216999
邮编：024020

金狮皇冠酒店 ★★★
地址：赤峰市红山区钢铁街中段
电话：0476-5863111
邮编：024000

林西福临大酒店 ★★★
地址：赤峰市林西县林西镇
电话：0476-5356666
邮编：025373

锦山宾馆★★★
地址：赤峰市喀喇沁旗锦山镇
电话：0476-3709001
邮编：024400

西拉木伦酒店 ★★★
地址：通辽市和平路北端2258号
电话：0475-6349666
邮编：028000

农牧人禾大酒店 ★★★
地址：通辽市科尔沁区建国路北段2349号
电话：0475-8588888
邮编：028000

通辽市宾馆 ★★★
地址：通辽市西拉木伦大街西30号
电话：0475-8280000
邮编：028000

中电蒙东能源宾馆 ★★★
地址：通辽霍林郭勒市滨河路南段
电话：0475-2351376
邮编：029200

金亚辰大酒店 ★★★
地址：通辽市霍林郭勒市滨河路中段
电话：0475-7826999
邮编：029200

天泽大酒店 ★★★
地址：通辽市科尔沁大街15号
电话：0475-8233333
邮编：028000

开鲁县菁华大酒店 ★★★
地址：通辽市开鲁县
电话：0475-6212975
邮编：028400

奈曼皇都大酒店 ★★★
地址：通辽市奈曼旗青龙山路北段
电话：0475-2308555
邮编：028300

扎鲁特旗杏花假日酒店 ★★★
地址：通辽市扎鲁特旗鲁北镇泰山街中段
电话：0475-7239888
邮编：029100

后旗博王大酒店 ★★★
地址：通辽市科左后旗甘旗卡镇巴彦路南端
电话：0475-5961122
邮编：028100

海拉尔区隆都酒店 ★★★
地址：呼伦贝尔市海拉尔区巴彦托海路67号
电话：0470-8302222
邮编：021000

贝尔大酒店 ★★★
地址：呼伦贝尔市海拉尔区中中央大街36号
电话：0470-8358388
邮编：021000

伊敏煤电宾馆 ★★★
地址：呼伦贝尔市海拉尔区西四道街 37 号
电话：0470－3997777
邮编：021000

国府商务酒店 ★★★
地址：呼伦贝尔市海拉尔区中央大街 35 号
电话：0470－8359999
邮编：021000

伊敏河宾馆 ★★★
地址：呼伦贝尔市鄂温克族自治旗伊敏河镇新源区
电话：0470－8726578
邮编：021134

金融大酒店 ★★★
地址：呼伦贝尔市阿里河路 32 号
电话：0470－8291000
邮编：021008

天信商务酒店 ★★★
地址：呼伦贝尔市海拉尔区天信小区 7 号楼
电话：0470－8321111
邮编：021000

满洲里国际饭店 ★★★
地址：呼伦贝尔满洲里市二道街 3 号
电话：0470－6248188
邮编：021400

满洲里友谊宾馆 ★★★
地址：呼伦贝尔满洲里市北区一道街 26 号
电话：0470－6248888
邮编：021400

满洲里明珠饭店 ★★★
地址：呼伦贝尔满洲里市新华街四号
电话：0470－6249000
邮编：021400

满洲里口岸国际大酒店 ★★★
地址：呼伦贝尔满洲里市二道街 38 号
电话：0470－6247777
邮编：021400

满洲里北国商务宾馆 ★★★
地址：呼伦贝尔满洲里中苏街 7 号
电话：0470－6239000
邮编：021400

友谊假日国际酒店 ★★★
地址：呼伦贝尔满洲里市五道街新世纪小区 12 楼
电话：0470－6238888
邮编：021400

鑫鹤大酒店 ★★★
地址：呼伦贝尔满洲里市二道街 44 号
电话：0470－6247277
邮编：021400

满洲里北方大酒店 ★★★
地址：呼伦贝尔满洲里中苏街 1 号
电话：0470－6243888
邮编：021400

满洲里市秀山实业有限责任公司国际商务休闲会馆 ★★★
地址：呼伦贝尔满洲里市五道街
电话：0470－6249999
邮编：021400

牙克石宾馆 ★★★
地址：呼伦贝尔牙克石市康乐西街 11 号
电话：0470－7425031
邮编：022150

金百灵大酒店 ★★★
地址：呼伦贝尔扎兰屯布特哈北路 76 号
电话：0470－3201234
邮编：162650

扎兰屯金水湾宾馆 ★★★
地址：呼伦贝尔扎兰屯市中央南路 5 号
电话：0470－3677777
邮编：162650

柴河林业局宾馆 ★★★
地址：呼伦贝尔扎兰屯市柴河镇
电话：0470－3713333
邮编：162650

根河市宾馆 ★★★
地址：呼伦贝尔根河市中央大街
电话：0470－3932888
邮编：022350

莫尔道嘎龙岩山庄 ★★★
地址：呼伦贝尔额尔古纳市莫尔道嘎镇
电话：0470－6914778
邮编：022191

鄂温克宾馆 ★★★
地址：呼伦贝尔市鄂温克旗中央街
电话：0470－8814688
邮编：021100

鄂温克旗红花尔基宾馆 ★★★
地址：呼伦贝尔市鄂温克旗红花尔基镇中央大街
电话：0470－8986166
邮编：021134

凯创大酒店 ★★★
地址：鄂尔多斯市东胜区鄂尔多斯西街 24 号
电话：0477－8348777
邮编：017000

大唐文慧苑 ★★★
地址：鄂尔多斯市东胜区富兴工业区
电话：0477－8502908
邮编：017000

瑞正大酒店 ★★★
地址：鄂尔多斯市东胜区杭锦岔路雅润嘉园东门
电话：0477－8105588
邮编：017000

谊丰大酒店 ★★★
地址：鄂尔多斯市东胜区团结路 5 号
电话：0477－2219016
邮编：017000

南山宾苑宾馆 ★★★
地址：鄂尔多斯市准格尔旗薛家湾镇
电话：0477－4685000
邮编：017100

天骄大酒店 ★★★
地址：鄂尔多斯市东胜区达拉特南路 102 号
电话：0477－8333888
邮编：017000

东胜大酒店 ★★★
地址：鄂尔多斯市东胜区杭锦北路 1 号
电话：0477－3996688
邮编：017000

神东国际交流中心 ★★★
地址：鄂尔多斯市伊金霍洛旗乌兰木伦镇金龙路
电话：0477－8273333
邮编：017000

富凯龙大酒店 ★★★
地址：鄂尔多斯市东胜区天骄路北路 82 号
电话：0477－3988833
邮编：017000

蒙西大酒店 ★★★
地址：鄂尔多斯市蒙西高薪技术工业园
电话：0473－2551888
邮编：017000

宏业宾馆 ★★★
地址：鄂尔多斯市东胜区杭锦北路 1 号
电话：0477－8343518
邮编：017000

鸿鑫商务大酒店 ★★★
地址：鄂尔多斯市准格尔旗薛家湾镇开源路
电话：0477－4825999
邮编：010300

百川大酒店 ★★★
地址：鄂尔多斯市鄂托克旗乌兰镇苏里格
电话：0477－6285888
邮编：016100

恒盛兴大酒店 ★★★
地址：鄂尔多斯市杭锦旗独贵塔拉镇工业园区
电话：0477－6889888
邮编：017400

长泰王府大酒店 ★★★
地址：鄂尔多斯市杭锦旗杭锦大街北侧
电话：0477－6880169
邮编：017400

中天丽府 ★★★
地址：鄂尔多斯市乌审旗嘎鲁图镇一马路
电话：0477－7584888
邮编：017300

集宁映山饭店 ★★★
地址：乌兰察布市映山路 1 号
电话：0474－8228866
邮编：012000

巴彦淖尔市临河区德龙大酒店 ★★★
地址：巴彦淖尔市临河区新华西街四季花城南门
电话：0478－2337777
邮编：015000

巴彦淖尔市塞北振宇酒店 ★★★
地址：巴彦淖尔市临河区胜利南路 98 号
电话：0478－8911111
邮编：015000

巴彦淖尔市临河宾馆★★★
地址：巴彦淖尔市临河区育红东街 2 号
电话：0478－8208585
邮编：015000

磴口县三盛公大酒店★★★
地址：巴彦淖尔市磴口县巴彦高勒镇三盛公水利风景区东
电话：0478－4456588
邮编：015200

乌拉特前旗英丽泽大酒店★★★
地址：巴彦淖尔市乌拉特前旗乌拉山镇市府北路与民族路交汇处
电话：0478－2203111
邮编：014400

乌拉特大酒店 ★★★
地址：巴彦淖尔市乌拉特前旗市府北路
电话：0478－7936666
邮编：014400

杭锦后旗金叶阳光大酒店★★★
地址：巴彦淖尔市杭锦后旗陕坝镇迎宾路
电话：0478－6666667
邮编：015400

兴安盟英伦大酒店 ★★★
地址：兴安盟乌兰浩特市兴安南路2号
电话：0482－8232888
邮编：137401

锡林白马饭店 ★★★
地址：锡林浩特市阿日格郎图街
电话：0479－8241156
邮编：026000

锡林郭勒宾馆 ★★★
地址：锡林浩特市中央大街
电话：0479－8240000
邮编：026000

嘉誉东乌酒店 ★★★
地址：锡林郭勒盟东乌旗乌里雅斯太镇锡林街
电话：0479－3222222
邮编：026300

乌珠穆沁宾馆 ★★★
地址：锡盟西乌旗巴拉格尔郭勒镇
电话：0479－3527788
邮编：026200

生力商务酒店 ★★★
地址：锡林浩特市团结大街西段广场500米
电话：0479－8818555
邮编：026000

内蒙古镶黄旗亿旺大酒店 ★★★
地址：锡林郭勒盟镶黄旗新宝拉格镇
电话：0479－6225088
邮编：013250

贺兰山饭店 ★★★
地址：阿拉善盟左旗乌斯太镇
电话：0483－8188455
邮编：750336

浦京酒店 ★★★
地址：阿拉善盟巴彦浩特镇雅布赖路南侧
电话：0483－8358706
邮编：750306

阿拉善盟锦枫假日酒店 ★★★
地址：阿拉善盟巴彦浩特镇吉兰太路南侧
电话：0483－3966999
邮编：750306

阿拉善右旗金沙假日酒店★★★
地址：阿拉善盟阿拉善右旗巴丹吉林镇
电话：0483－6026666
邮编：737300

额济纳旗丽雅商务酒店 ★★★
地址：阿拉善盟额济纳旗达来呼布镇军民东街
电话：0483－6969888
邮编：735400

额济纳旗政府宾馆 ★★★
地址：阿拉善盟额济纳旗达来呼布镇
电话：0483－6520555
邮编：735400

旅游景区

乌兰夫纪念馆 AAA
地址：呼和浩特市钢铁大街132号
电话：0471－3954260
邮编：010030

乌素图国家森林公园 AAA
地址：呼和浩特市回民区乌素图
电话：0471－3679093
邮编：010030

昭君博物院 AAAA
地址：呼和浩特市玉泉区桃花乡
电话：0471－5150201
邮编：010070

大召寺 AAA
地址：呼和浩特市玉泉区大召前街
电话：0471－6303154
邮编：010070

五塔寺 AAA
地址：呼和浩特市玉泉区五塔寺后街48号
电话：0471－5972640
邮编：010010

呼和浩特市席力图召 AAA
地址：呼和浩特市大南街112号
电话：0471－6312639
邮编：010070

大青山野生动物园 AAA
地址：呼和浩特市北郊
电话：0471－6590235　6490992
邮编：010000

呼和浩特神泉生态旅游景区 AAAA
地址：呼和浩特市托克托县郝家窑
电话：0471－8518784
邮编：010200

呼和浩特市蒙牛工业旅游区 AAAA
地址：呼和浩特市和林格尔县盛乐经济园区
电话：0471－6925844　7390199
邮编：011500

呼和浩特市伊利－乳都科技示范园 AAAA
地址：呼和浩特市土默特左旗金山开发区
电话：0471－3357388
邮编：010100

内蒙古敕勒川哈素海旅游度假区 AAA
地址：呼和浩特市土默特左旗哈素海
电话：0471－8126198
邮编：010070

内蒙古青少年生态园 AAA
地址：呼和浩特市回民区攸攸板镇一间房村
电话：0471－6604733
邮编：010030

东方甘迪尔蒙古风情园 AAA
地址：呼和浩特市玉泉区昭君路3公里处
电话：0471－5153260
邮编：10070

内蒙古将军衙署博物院 AA
地址：呼和浩特新华大街31号
电话：0471－6900724
邮编：010010

固伦恪靖公主府 AAA
地址：呼和浩特市通道北路62号
电话：0471－6527878
邮编：010051

哈达门国家森林公园 AAA
地址：呼和浩特市武川县五道沟林场
电话：0471－6264001
邮编：011700

和林格尔县盛乐博物馆 AAA
地址：呼和浩特市和林格尔县
电话：13354881185
邮编：011500

云滚洞避暑山庄 AA
地址：呼和浩特市清水河县城西的下城湾村
电话：0471－7969971　7969971
邮编：011600

呼和浩特市乌兰夫故居 AAA
地址：呼和浩特市土左旗塔布赛乡塔布赛村
电话：15714719841　0471－3965138
邮编：010030

呼市白石沟生态旅游景区 AAA
地址：呼和浩特市土左旗五一水库北
电话：0471－4684909
邮编：010100

包头市南海湿地景区 AAAA
地址：包头市东河区南侧
电话：0472－4600652
邮编：014000

青鸟养生庄园 AAAA
地址：包头市九原区哈林格尔镇东哈林格尔村
电话：0472－2600007
邮编：014010

新世纪青年生态园 AAA
地址：包头市建设路中段北侧
电话：0472－7910515　13948720072
邮编：014060

内蒙古希拉穆仁孙氏草原旅游中心 AA
地址：包头市达茂联合旗希拉穆仁镇
电话：0472－8313108
邮编：014515

包头市庙法寺 AA
地址：包头市河东区吕祖庙路30号
电话：0472－4163277
邮编：014025

包头市梅力更风景旅游区 AAA
地址：包头市昆都仑区
电话：0472－2694999　5155595
邮编：014010

包头市北方兵器城 AAAA
地址：包头市青山区兵工路西部路南
电话：0472－3303121
邮编：014030

石门风景区 AAA
地址：包头市青山区团结大街33号
电话：0472－3111251
邮编：014030

五当召 AAAA
地址：包头市石拐区五当召
电话：0472－8711529　13314725555
邮编：014070

小肥羊调味食品工业旅游区 AAA
地址：包头市稀土高新区秋实路1号
电话：0472－2770998
邮编：014060

内蒙古

美岱召景区 AAAA
地址：包头市土默特右旗美岱召乡
邮编：014111

包头市蒙古人度假村 AA
地址：包头市达茂旗希拉穆仁镇
电话：0472－8313145
邮编：014500

乌海市甘德尔山旅游区 AAA
地址：乌海市海勃湾区
电话：0473－2055998
邮编：016000

乌海市汉森庄园 AAA
地址：乌海市飞机场东侧
电话：0473－2554006
邮编：016000

乌海市满巴拉僧庙旅游景区 AAA
地址：乌海市海勃湾区
电话：0473－4332168
邮编：016000

乌海市科技馆 AA
地址：乌海市滨河区
电话：0473－2886601
邮编：016000

乌海市蒙古族家具博物馆 AA
地址：乌海市海勃湾区滨河大道西侧
电话：0473－6985408
邮编：016000

乌海市煤炭博物馆 AA
地址：乌海市海勃湾区
电话：0473－6996972
邮编：016000

乌海市青山翰墨园 AA
地址：乌海市海勃湾区
电话：0473－6996600
邮编：016000

乌海市植物园 AA
地址：乌海市海勃湾区
电话：0473－2033849
邮编：016000

乌海市金沙湾生态旅游区 AAAA
地址：乌海市
电话：0473－2553040
邮编：016000

赤峰市植物园 AA
地址：赤峰市红山区东城大街 12 号
电话：0476－8667385　13704765806
邮编：024020

红山公园 AA
地址：赤峰市红山区北环路 5 号
电话：0476－8224483　13314765507
邮编：024020

赤峰市南山生态园 AA
地址：赤峰市红山区铁南大街
电话：13848867100
邮编：024000

赤峰市海贝尔娱乐园 AAA
地址：赤峰市新城区王府大街北段
电话：13904767809
邮编：024000

赤峰市宁城县藏龙谷景区 AAA
地址：赤峰市宁城县黑里河镇
电话：13847685381
邮编：024200

赤峰市宁城县大辽猎苑景区 AA
地址：赤峰市宁城县黑里河镇
电话：13947637251
邮编：024200

赤峰市宁城县杜鹃山庄 AA
地址：赤峰市宁城县黑里河镇
电话：13604761658
邮编：024200

赤峰市巴林左旗辽上京博物馆 AA
地址：赤峰市巴林左旗林东镇
电话：13088433001
邮编：025400

赤峰市巴林左旗召庙旅游区 AAA
地址：赤峰市巴林左旗
电话：0476－7888699　18947369997
邮编：025450

赤峰市巴林右旗巴林蒙古部落 A
地址：赤峰市巴林右旗
电话：0476－6109999　15548382227
邮编：025150

赤峰市巴林右旗荟福寺 AA
地址：赤峰市巴林右旗大板镇大板街
电话：13848976244
邮编：025100

赤峰市巴林右旗奇石馆 AA
地址：赤峰市巴林右旗大板镇查干沐伦街
电话：13804762830
邮编：025100

赤峰市克什克腾世界地质公园博物馆 AAA
地址：赤峰市克什克腾旗经棚镇
电话：15847608078
邮编：025300

赤峰市曼坨山庄 AAA
地址：赤峰市克什克腾旗境内
电话：0476－5095090　13500662482
邮编：025350

达里湖旅游区 AAAA
地址：赤峰市克什克腾旗达里诺日苏木
电话：0476－5090066　13804764764
邮编：025309

赤峰阿斯哈图花岗岩石林园区 AAAA
地址：赤峰市克什克腾旗经棚镇解放路
电话：0476－5232222　13644864600
邮编：025350

玉龙沙湖 AAAA
地址：赤峰市翁牛特旗布日敦嘎查
电话：15704760277
邮编：024500

赤峰市翁牛特旗红山湖 AA
地址：赤峰市翁牛特旗
电话：13947687962
邮编：024500

赤峰市喀喇沁亲王府 AAAA
地址：赤峰市喀喇沁旗王爷镇
电话：13171372835
邮编：024400

赤峰市马鞍山国家森林公园 AAA
地址：赤峰市喀喇沁旗锦山镇东南
电话：13847663158
邮编：024500

赤峰市敖汉旗敖汉温泉城 AAA
地址：赤峰市敖汉旗四家子镇
电话：13394840000
邮编：024000

吉祥密乘大乐林寺 AAA
地址：通辽市西拉木伦公园内
电话：18747547667
邮编：028000

辉特淖尔草原旅游区 AAA
地址：通辽市霍林郭勒市西郊 35 公里
电话：13947355285
邮编：029200

观音山旅游区 AA
地址：通辽市霍林郭勒市北 12 公里
电话：13904758152
邮编：029200

鸿雁湖旅游区 AA
地址：通辽市霍林郭勒市西郊 30 公里
电话：13904758255
邮编：029200

古榆园 AAA
地址：通辽市开鲁县大榆树镇
电话：0475－6631088　13304756052
邮编：028400

麦新纪念馆 AAA
地址：通辽市开鲁县开鲁镇
电话：0475－6214279　15848756118
邮编：028400

开鲁县烈士陵园 AA
地址：通辽市开鲁县开鲁镇
电话：13304755161
邮编：028400

库伦三大寺（兴源寺、福缘寺、象教寺）
地址：通辽市库伦旗库伦镇中部
电话：0475－4777476　13848758268
邮编：028200

奈曼王府 AAA
地址：通辽市奈曼旗大沁他拉镇
电话：0475－4210097　13204753621
邮编：028300

柏盛园旅游度假村 AAA
地址：通辽市奈曼旗新镇
电话：0475－4399111　13722055101
邮编：028312

银砂九岛旅游区 AAA
地址：通辽市奈曼旗八仙筒镇孟家段水库
电话：0475－4612888　15847561919
邮编：028321

奈曼青龙山洼旅游区 AA
地址：通辽市奈曼旗青龙山镇青龙山南麓
电话：0475－4473356　13347059400
邮编：028314

扎鲁山地草原旅游区 AAA
地址：通辽市扎鲁特旗巴雅尔图胡硕镇
电话：13904757266
邮编：029100

扎鲁特旗老乡山庄 AA
地址：通辽市扎鲁特旗鲁北镇
电话：13847559665
邮编：029100

扎鲁特旗东湖 AA
地址：通辽市扎鲁特旗鲁北镇

电话：13327047666
邮编：029100

珠日河草原旅游区 AAA
地址：通辽市科尔沁左翼中旗日河牧场
电话：15248382888
邮编：029300

通辽孝庄园文化旅游区 AAAA
地址：通辽市科左中旗花吐古拉镇
电话：0475－2375888　13847513009
邮编：029300

大青沟自然保护区 AAAA
地址：通辽市科左后旗大青沟国家级自然保护区
电话：0475－5582166　13947539686
邮编：028121

阿古拉旅游区 AA
地址：通辽市科左后旗阿古拉镇
电话：0475－2883838　15047498888
邮编：028000

僧格林沁博物馆 AA
地址：通辽市科左后旗甘旗卡镇东北 9 公里处
电话：0475－5216583　13947558609
邮编：028100

呼伦贝尔古城 AAA
地址：呼伦贝尔市海拉尔区正阳街
电话：15104700500
邮编：021000

海拉尔农业发展园区 AAAA
地址：呼伦贝尔市海拉尔区奋斗镇
电话：13347003277
邮编：021000

海拉尔西山国家森林公园 AAA
地址：呼伦贝尔市海拉尔区西山
电话：0470－8347165　13947001018
邮编：021000

世界反法西斯战争海拉尔纪念园 AAAA
地址：呼伦贝尔市海拉尔区北山遗址
电话：0470－8234587　13704701707
邮编：021000

满洲里市扎赉诺尔猛犸旅游区 AAAA
地址：呼伦贝尔满洲里市扎赉诺尔新区
邮编：021400

满洲里中俄互市贸易区 AAAA
地址：呼伦贝尔满洲里市
电话：0470－6260152　6260220
邮编：021400

满洲里俄罗斯套娃广场 AAAA
地址：呼伦贝尔满洲里市西郊
电话：0470－6223806　6243499
邮编：021400

满洲里市红色国际秘密交通线教育基地暨国门景区 AAAA
地址：呼伦贝尔满洲里市
电话：0470－6229068
邮编：021400

达赉湖旅游区 AA
地址：呼伦贝尔满洲里市扎赉诺尔
电话：0470－6531648
邮编：021400

满洲里市达永山滑雪场和铁木真大汗行营 AA
地址：呼伦贝尔满洲里市东湖区达永山
电话：0470－6540234　6540247
邮编：021400

呼伦贝尔市扎兰屯金龙山滑雪场 AA
地址：呼伦贝尔市扎兰屯市卧牛河镇
电话：15548000999
邮编：162650

扎兰屯秀水山庄 AAA
地址：呼伦贝尔扎兰屯市秀水山庄
电话：0470－3256658　15947306111
邮编：162650

扎兰屯吊桥公园 AAAA
地址：呼伦贝尔扎兰屯市中央北路 2 号
电话：13604741858
邮编：162650

呼伦贝尔市绰源国家森林公园 AAA
地址：呼伦贝尔市牙克石市淖源镇
电话：15149259067
邮编：0212150

呼伦贝尔市鹿鸣山庄 AA
地址：呼伦贝尔扎兰屯市南木乡
电话：13191333999
邮编：163650

呼伦贝尔市中东铁路博物馆 AA
地址：呼伦贝尔市扎兰屯市站前街 1 号
电话：13947070333　0470－3211780
邮编：162650

呼伦贝尔市牙克石市云龙山庄 AAA
地址：呼伦贝尔市牙克石市东南 8 公里处
电话：0470－7354417
邮编：022150

呼伦贝尔市巴林喇嘛山国家森林公园 AA
地址：呼伦贝尔市牙克石市巴林镇
电话：13947017613
邮编：022150

呼伦贝尔市图里河鹤祥园度假村 AA
地址：呼伦贝尔市牙克石市图里河镇
电话：13314805229
邮编：022150

呼伦贝尔市敖鲁古雅使鹿部落 AAAA
地址：呼伦贝尔市根河市敖鲁古雅鄂温克族乡
电话：13947045912　0470－5418980
邮编：022350

呼伦贝尔市伊克萨玛国家森林公园 AAA
地址：呼伦贝尔市根河市满归镇
电话：13304704755　0470－2862410
邮编：022363

呼伦贝尔市额尔古纳湿地景区 AAA
地址：呼伦贝尔市额尔古纳市拉布大林镇
电话：15248713733
邮编：022250

呼伦贝尔市室韦魅力名镇景区 AA
地址：呼伦贝尔市额尔古纳市室韦镇
电话：0470－6942148
邮编：022250

呼伦贝尔市临江原生态景区 AA
地址：呼伦贝尔市额尔古纳市室韦镇
电话：13947034900
邮编：022250

呼伦贝尔市弘吉剌部景区 AA
地址：呼伦贝尔市额尔古纳市黑山头镇
电话：0470－6831555
邮编：022250

呼伦贝尔市根河桥景区 AA
地址：呼伦贝尔市额尔古纳市拉布大林镇
电话：13327008919
邮编：022250

内蒙古大兴安岭莫尔道嘎国家森林公园 AAAA
地址：呼伦贝尔额尔古纳市莫尔道嘎镇
电话：0470－6915715　13500609293
邮编：022191

呼伦贝尔市阿荣旗抗联英雄园 AA
地址：呼伦贝尔市阿荣旗那吉屯振兴路
电话：15048050117
邮编：162750

呼伦贝尔市呼伦湖金海岸旅游景区 AA
地址：呼伦贝尔市新巴尔虎右旗阿拉坦额莫勒镇
电话：13672009888　0470－6405567
邮编：021300

呼伦贝尔市贝尔湖旅游景区 AA
地址：呼伦贝尔市新巴尔虎右旗
电话：13327000040　0470－6405567
邮编：021300

呼伦贝尔市甘珠尔庙景区 AAA
地址：呼伦贝尔市新巴尔虎左旗甘珠尔苏木
电话：13848907155　0470－6607905
邮编：021200

呼伦贝尔市巴尔虎蒙古部落景区 AAA
地址：呼伦贝尔市新巴尔虎左旗嵯岗镇
电话：18647080005　0470－6607905
邮编：021200

呼伦贝尔市诺门罕战役遗址景区 AAA
地址：呼伦贝尔市新巴尔虎左旗罕达盖苏木
电话：13614709067　0470－6607905
邮编：021200

呼伦贝尔市陈巴尔虎旗民族博物馆 AA
地址：呼伦贝尔市陈旗巴彦库仁镇
电话：0470－6712271
邮编：021500

呼和诺尔草原旅游度假区 AAAA
（全国农业旅游示范点）
地址：呼伦贝尔市陈巴尔虎旗
电话：0470－6713447　15247073333
邮编：021500

呼伦贝尔市陈巴尔虎旗金帐汗蒙古部落 AAAA
地址：呼伦贝尔市陈巴尔虎旗
电话：0470－6712400　13948088019
邮编：021500

呼伦贝尔市布苏里北疆军事文化旅游景区 AAA
地址：呼伦贝尔市鄂伦春自治旗伊文镇
电话：13381009618
邮编：150700

呼伦贝尔市阿里河国家森林公园景区 AA
地址：呼伦贝尔市鄂伦春自治旗阿里河镇
电话：15647060000　0470－5695271
邮编：165450

呼伦贝尔市晨光生态园 AA
地址：呼伦贝尔市鄂温克自治旗巴彦塔拉乡
电话：13947009250
邮编：021100

呼伦贝尔市五泉山景区 AA
地址：呼伦贝尔市鄂温克自治旗巴彦嵯岗苏木

电话：13804702090
邮编：021122

呼伦贝尔市鄂温克博物馆 AA
地址：呼伦贝尔市鄂温克自治旗巴彦托海镇中央街
电话：0470－8813665
邮编：021100

呼伦贝尔市鄂伦春博物馆 AA
地址：呼伦贝尔市鄂伦春自治旗阿里河镇
电话：0470－5628795　15049095575
邮编：165450

嘎仙洞森林公园景区 AA
地址：呼伦贝尔市鄂伦春旗阿里河镇
电话：0470－5622668　13848049601
邮编：165450

红花尔基樟子松国家森林公园 AAAA
地址：呼伦贝尔市鄂温克旗
电话：0470－8942340
邮编：021100

巴彦呼硕草原旅游区 AAA
地址：呼伦贝尔市鄂温克旗尼河镇
电话：13904709718
邮编：021000

呼伦贝尔市中国达斡尔民族园 AAAA
地址：呼伦贝尔市莫旗尼尔基水库北侧
电话：0470－4626368
邮编：162850

呼伦贝尔市达斡尔民族博物馆 AA
地址：呼伦贝尔市莫力达瓦达斡尔族自治旗尼尔基镇
电话：0470－4612868
邮编：162850

鄂尔多斯市康巴什旅游区 AAAA
地址：鄂尔多斯市康巴什新区
电话：0477－8595217
邮编：017000

鄂尔多斯市东胜区中华文明史艺术城 AAA
地址：鄂尔多斯市东胜区罕台镇
电话：13704777928
邮编：017000

秦直道文化旅游景区 AAAA
地址：鄂尔多斯市东胜区罕台村
电话：0477－2200777
邮编：017008
网址：www. chengjisihan. com. cn
电子信箱：dqzd@ chengjisihan. com. cn

广稷农耕博物馆 AAA
地址：鄂尔多斯市东胜区泊江海镇
电话：0477－8180038
邮编：017008

绿梦苑山庄 AA
地址：鄂尔多斯市东胜区罕台镇
电话：0477－8290736
邮编：017008

鄂尔多斯世珍园旅游区 AAA
地址：鄂尔多斯市泊江海镇世珍园旅游区
电话：0477－8181032
邮编：017000

鄂尔多斯市九城宫生态园 AAAA
地址：鄂尔多斯市东胜区罕台镇
电话：0477－8310333
邮编：017004

鄂尔多斯市陶亥召 AA
地址：鄂尔多斯市伊金霍洛旗新庙乡
电话：0477－8871115
邮编：017004

鄂尔多斯野生动物园 AAAA
地址：鄂尔多斯市
邮编：017004

鄂尔多斯银肯塔拉沙漠生态旅游区 AAAA
地址：鄂尔多斯市达拉特旗展旦召苏木
电话：0477－5294016
邮编：014300
电子信箱：nalinhu@ 163. com

鄂尔多斯市昭君城旅游区 AAA
地址：鄂尔多斯市达拉特旗昭君坟河畔中村
电话：0477－3960887
邮编：014300

释尼召沙漠绿海乐园 AAAA
地址：鄂尔多斯市达拉特旗树林召镇
电话：0477－5760883　5227711
邮编：014300

鄂尔多斯市库布其沙漠旅游区 AAA
地址：鄂尔多斯市达拉特旗展旦召苏木
电话：0477－5921669
邮编：014300

恩格贝旅游区 AAAA
（全国农业旅游示范点）
地址：鄂尔多斯市达拉特旗恩格贝
电话：0477－5211448
邮编：014321

响沙湾旅游区 AAAAA
地址：鄂尔多斯市达拉特旗响沙湾
电话：0477－8349291
邮编：014321

窝阔台旅游区 AAA
地址：鄂尔多斯市达拉特旗
电话：0477－5220598
邮编：014300

准格尔召旅游区 AA
地址：鄂尔多斯市准格尔旗准格尔召镇
电话：0477－8122222
邮编：017100

油松王旅游区 AA
地址：鄂尔多斯市准格尔旗纳日松镇
电话：13948671444
邮编：017100

鄂尔多斯市水镜湖休闲度假旅游区 AAA
地址：鄂尔多斯市准格尔旗布尔陶亥苏木
电话：1589498552
邮编：010300

鄂尔多斯市大沙头生态文化旅游区 AAAA
地址：鄂尔多斯市鄂托克前旗
电话：0477－2243988
邮编：016200

鄂尔多斯市上海庙草原文化旅游区 AAA
地址：鄂尔多斯市鄂托克前旗上海庙镇
电话：0477－7883213
邮编：016200

苏力格庙旅游区 AA
地址：鄂尔多斯市鄂托克旗苏米图苏木
电话：0477－6282018　6282108
邮编：016100

锦世温泉度假村 AA
地址：鄂尔多斯市鄂托克旗阿尔巴斯苏木赛乌素嘎查
电话：0477－6541228
邮编：016100

鄂托克旗碧海阳光温泉旅游区 AAAA
地址：鄂尔多斯市鄂托克旗
电话：0477－6286666
邮编：016100

神光大漠旅游区 AA
地址：鄂尔多斯市杭锦旗巴音乌苏镇
电话：0477－6890235
邮编：017400

鄂尔多斯市巴图湾旅游区 AAA
地址：鄂尔多斯市乌审旗河南乡巴图湾村
电话：0477－7529018
邮编：017300

鄂尔多斯市杭锦旗龙洋民族休闲度假村 AAA
地址：鄂尔多斯市杭锦旗锡尼镇
电话：13113505888　0477－689888
邮编：017400

鄂尔多斯市察罕苏力德游牧生态旅游区 AAAA
地址：鄂尔多斯市乌审旗苏力德苏木
电话：0477－7220009　7220518
邮编：017320

鄂尔多斯市福海蒙古城生态旅游区 AAA
地址：鄂尔多斯市乌审旗嘎鲁图镇 4 公里处
电话：15247777773
邮编：017300

乌审召旅游区 AAA
地址：鄂尔多斯市乌审旗乌审召镇
电话：0477－7400758
邮编：017300

银海旅游度假村 AAA
地址：鄂尔多斯市乌审旗图克镇东 3 公里
电话：0477－7470006
邮编：017300

鄂尔多斯市七星湖沙漠生态旅游区 AAAA
地址：鄂尔多斯市杭锦旗境内
电话：0477－6898888
邮编：017400

鄂尔多斯草原旅游区 AAA
地址：鄂尔多斯市杭锦旗境内
电话：0477－6880032
邮编：017400

内蒙古萨拉乌苏旅游区 AAA
地址：鄂尔多斯市乌审旗无定河镇
邮编：017300

吉祥福慧寺 AA
地址：鄂尔多斯市伊旗扎萨克镇门克庆嘎查
电话：0477－8951014
邮编：017200

鄂尔多斯苏勒德文化旅游村 AAAA
地址：鄂尔多斯市鄂托克前旗布拉格苏木特布德嘎查
电话：0477－7872038
邮编：016215

成吉思汗陵旅游区 AAAAA
地址：鄂尔多斯市伊金霍洛旗
电话：0477－8961009　3965055

邮编：017208

鄂尔多斯市绿洲宾馆旅游区 AA
地址：鄂尔多斯市伊金霍洛旗乌兰木伦镇马家塔复垦区
电话：0477－8270410
邮编：017209

鄂尔多斯市苏泊汗草原旅游区 AAAA
地址：鄂尔多斯市伊金霍洛旗苏布尔噶镇
电话：0477－8960303
邮编：017200

鄂尔多斯市天福祥生态农业观光度假区 AAA
地址：鄂尔多斯市伊金霍洛旗红海子
电话：0477－2210883
邮编：017200

乌兰察布市霸王河生态旅游区 AAA
地址：乌兰察布市集宁区
电话：13847478292
邮编：012000

乌兰察布市集宁老虎山公园 AA
地址：乌兰察布市集宁区
电话：13947449066
邮编：029400

乌兰察布集宁国际皮革城 AAAA
地址：乌兰察布市集宁区满达西路
电话：0474－4806900
邮编：012000

乌兰察布市苏木山森林公园 AAAA
地址：乌兰察布市兴和县
电话：0474－8861677　8867099
邮编：013650

乌兰察布市察尔湖生态旅游区 AAAA
地址：乌兰察布市兴和县城关镇衙门号
电话：18647476588
邮编：013650

凉城县京能岱海旅游度假区 AAAA
地址：乌兰察布市凉城县岱海镇
电话：13848432539
邮编：013750

辉腾锡勒草原旅游区明珠接待中心 AAA
地址：乌兰察布市察右中旗辉腾锡勒
电话：0474－8219068　13947427676
邮编：013502

乌兰察布市铁骑草原旅游中心 AA
地址：乌兰察布市察右中旗辉腾锡勒草原
电话：0474－5612822
邮编：013502

乌兰察布市京能黄花沟草原旅游区窝阔台汗宫 AAA
地址：乌兰察布市察右中旗辉腾锡勒草原
电话：13848431407　0474－5612080
邮编：013550

乌兰察布市阿贵庙旅游点 AA
地址：乌兰察布市察右后旗
电话：13084749676　0474－6207225
邮编：012400

格根塔拉草原旅游中心 AAAA
（全国农业旅游示范点）
地址：乌兰察布市四子王旗
电话：0474－5448088　13947146268
邮编：011800

乌兰察布市巴彦塔拉旅游城 AA
地址：乌兰察布市四子王旗
电话：13394884688　0474－5506111
邮编：011800

乌兰察布市淖干诺尔草原旅游度假村 AAA
地址：乌兰察布市四子王旗
电话：13847465388　0474－5506110
邮编：011800

乌兰察布市四子王旗淖干塔拉蒙古营度假村 AA
地址：乌兰察布市四子王旗
电话：15847411119
邮编：011800

巴彦淖尔市甘露寺 AAA
地址：巴彦淖尔市临河区新华镇哈达淖尔村
电话：13337080809　0478－8418899
邮编：015000

巴彦淖尔市慈云寺 AA
地址：巴彦淖尔市临河区新华镇
电话：15044872050
邮编：015000

巴彦淖尔市浩彤现代农业观光园 AA
地址：巴彦淖尔市临河区干召庙镇永丰村五组
电话：13804789613　0478－7808701
邮编：015000

巴彦淖尔市浩澎现代农业观光园 AA
地址：巴彦淖尔市临河区乌兰图克镇
电话：15548281777　0478－8526666
邮编：015000

巴彦淖尔市四季青高科技生态园区 AA
地址：巴彦淖尔市临河区干召庙镇民民主村四组
电话：15104786659
邮编：015000

巴彦淖尔市青清湖旅游景区 AA
地址：巴彦淖尔市临河区城关镇临磴路路北600 米
电话：15248882666
邮编：015000

巴彦淖尔市地质公园博物馆 AAA
地址：巴彦淖尔市临河新区新华西街
电话：0478－8286693
邮编：015001

巴彦淖尔纳林湖旅游区 AAAA
地址：巴彦淖尔市
电话：15104781060
邮编：014400

巴彦淖尔市五原抗战纪念园 AA
地址：巴彦淖尔市五原县隆兴昌镇旧城村北
电话：15849851199
邮编：015100

巴彦淖尔市冯玉祥誓师广场 AA
地址：巴彦淖尔市五原县隆兴昌镇前进路与义和渠交汇处
电话：0478－7965318　7965319
邮编：015100

巴彦淖尔市四大股普济寺 AA
地址：巴彦淖尔市五原县隆兴昌镇荣丰路口南 4 公里处
电话：15024871983
邮编：015100

巴彦淖尔市河神湖旅游景区 AA
地址：巴彦淖尔市五原县胜丰镇
电话：15540900085
邮编：015100

巴彦淖尔市塔尔湖度假村 AA
地址：巴彦淖尔市五原县塔尔湖镇西 3 千米处
电话：15847868800
邮编：015100

巴彦淖尔市五原县历史文化博物馆 AAA
地址：巴彦淖尔市五原县葵花广场东侧
电话：0478－5223300　5212845
邮编：015100

巴彦淖尔市冬青湖旅游景区 AAA
地址：巴彦淖尔市磴口县县城以北巴哈路 6 公里处路西
电话：18647881959　0478－4239666
邮编：015200

巴彦淖尔市磴口县博物馆 AA
地址：巴彦淖尔市磴口县政府大楼东侧
电话：13947843313
邮编：015200

巴彦淖尔市云海秋林生态休闲度假区 AA
地址：巴彦淖尔市磴口县沙金苏木巴音温都尔嘎查昭日个图
电话：13947828607
邮编：015200

巴彦淖尔市游牧一族苁蓉生态园 AA
地址：巴彦淖尔市磴口县沙金苏木巴音温都尔嘎查
电话：13804789455
邮编：015200

巴彦淖尔市镜海旅游度假村 AA
地址：巴彦淖尔市磴口县补隆淖镇新河村
电话：15148825188
邮编：015200

黄河三盛公国家水利风景区 AAA
地址：巴彦淖尔市磴口县
电话：0478－4237695　4237685
邮编：015200

巴彦淖尔市镜湖生态旅游区 AA
地址：巴彦淖尔市临河区北郊
电话：18647870168
邮编：015001

巴彦淖尔市维信国际高尔夫度假村 AAAA
地址：巴彦淖尔市乌拉特前旗巴音花镇
电话：0478－3622888　3622999
邮编：014400

巴彦淖尔市乌梁素海生态旅游景区 AA
地址：巴彦淖尔市乌拉特前旗额尔登布拉格苏木
电话：15904770111　0478－3266966
邮编：014400

巴彦淖尔市乌拉山国家森林公园 AA
地址：巴彦淖尔市乌拉特前旗白彦花镇
电话：13947808868
邮编：014400

巴彦淖尔市乌拉特部落 AAA
地址：巴彦淖尔市乌拉特前旗白彦花镇
电话：13789588655
邮编：014400

巴彦淖尔市公田农庄 AAA
地址：巴彦淖尔市乌拉特前旗西小召镇

电话：13624782208　0478－3718168
邮编：014400

巴彦淖尔市风蚀冰臼国家地质公园 AA
地址：巴彦淖尔市乌拉特中旗海流图镇乌不浪口
电话：0478－5910177　5919500
邮编：015300

巴彦淖尔市温根塔拉旅游接待中心 AA
地址：巴彦淖尔市乌拉特中旗海流图南向西2公里
电话：13604780002
邮编：015300

巴彦淖尔市同歌乐歌景观河旅游区 AA
地址：巴彦淖尔市乌拉特后旗巴音宝力格镇
电话：0478－4667651
邮编：015543

巴彦淖尔市善达古庙 AA
地址：巴彦淖尔市乌拉特后旗乌盖苏木
电话：13904780809
邮编：015543

巴彦卓尔市河套酒业工业旅游区 AAAA
地址：巴彦淖尔市杭锦后旗陕坝镇建设街39号
电话：0478－6629999
邮编：015400

巴彦淖尔市塞上园旅游区 AAA
地址：巴彦淖尔市杭锦后旗陕坝镇二线路出口处四公里
电话：0478－2366057
邮编：015400

巴彦淖尔市大后套生态旅游区 AAA
地址：巴彦淖尔市杭锦后旗头道桥民建林场
电话：13947894444
邮编：015400

成吉思汗庙景区 AAA
地址：兴安盟乌兰浩特市兴安北大路82号
电话：0482－8415080　8410294
邮编：137400

内蒙古解放纪念馆 AA
地址：兴安盟乌兰浩特市新桥东街
电话：0482－2233196
邮编：137400

兴安盟乌兰浩特市龙凤源景区 AA
地址：兴安盟乌兰浩特市城郊
电话：0482－8513696
邮编：137400

兴安盟乌兰浩特市工业经济开发区 AA
地址：兴安盟乌兰浩特市工业经济开发区
电话：0482－8242801
邮编：137400

兴安盟阿尔山白狼峰景区 AA
地址：兴安盟阿尔山市白狼镇鹿村
电话：0482－7960588
邮编：137800

阿尔山海神圣泉旅游度假区 AAAA
地址：兴安盟阿尔山市温泉街
电话：0482－7123463　7155555
邮编：137800

阿尔山市柴河旅游景区 AAAA
地址：兴安盟阿尔山市林海街
电话：0482－7430253
邮编：137800

兴安盟突泉县明星湖旅游度假区 AAA
地址：兴安盟突泉县杜尔基明星村
电话：0482－5628666
邮编：137500

兴安盟科右前旗万豪蒙古大营 AAA
地址：兴安盟科尔沁右翼前旗
电话：0482－8239299
邮编：137423

兴安蒙古包旅游村 AAA
地址：兴安盟科右前旗察尔森镇白音嘎查
电话：0482－8240477
邮编：137400

兴安盟科右中旗翰嘎利湖生态景区 AA
地址：兴安盟科右中旗
邮编：029400

兴安盟科右中旗梦格罕山生态旅游景区 AA
地址：兴安盟科右中旗
邮编：029400

兴安盟科右中旗博物馆 AA
地址：兴安盟科右中旗党政街东侧
电话：0482－4122116　4558111
邮编：029400

兴安盟科右中旗翰嘎利湖—五角枫休闲旅游度假区 AAA
地址：兴安盟科右中旗巴彦呼舒镇
电话：0482－4558111
邮编：029400

兴安盟科右中旗蒙格罕山生态旅游景区 AA
地址：兴安盟科右中旗巴彦呼舒镇西北11公里处
电话：0482－4127921
邮编：029400

兴安盟扎赉特旗天府园旅游休闲山庄 AA
地址：兴安盟扎赉特旗绰勒水库
电话：13948976866
邮编：137600

兴安盟科右前旗兴安村第一党支部 AA
地址：兴安盟科右前旗巴拉格歹兴安村
电话：0482－8720013
邮编：137400

兴安盟扎赉特旗多兰湖公园 AA
地址：兴安盟扎赉特旗音德尔镇西北部
电话：0482－5628666
邮编：137600

兴安盟图牧吉国家级自然保护区 AAA
地址：兴安盟扎赉特旗
电话：0482－6125166　15024826636
邮编：137600

锡林郭勒盟锡林浩特市贝子庙景区 AAAA
地址：锡林浩特市贝子庙大街中段
电话：13947963310
邮编：026000

锡林郭勒盟赛汗塔拉旅游娱乐园 AAA
地址：锡林郭勒盟苏尼特右旗
电话：13904794399
邮编：011200

锡日塔拉草原旅游度假村 AAAA
地址：锡林郭勒盟锡林浩特市207国道16公里处路东
电话：0479－8226622
邮编：026000

葛根敖包草原旅游度假村 AA
地址：锡林郭勒盟锡林浩特市锡西路南4公里处
电话：0479－8209644　13304796665
邮编：026000

二连浩特恐龙地质公园 AAAA
地址：锡林郭勒盟二连浩特市东北9公里处
邮编：01110

二连浩特市国门旅游区 AAAA
地址：锡林郭勒盟二连浩特市
邮编：011100

锡林郭勒盟多伦县山西会馆 AA
地址：锡林郭勒盟多伦县多伦淖尔镇山西会馆前街1号
电话：13604793135　0479－4528688
邮编：027300

多伦县多伦湖景区 AAAA
地址：锡林郭勒盟多伦县大河口乡
电话：13947393800
邮编：027300

多伦南沙梁旅游区 AA
地址：锡林郭勒盟多伦县城南3公里处
电话：0479－4522766　13801130571
邮编：027300

滦源殿旅游度假村 AA
地址：锡林郭勒盟多伦县城东18公里大河口水库
电话：0479－4522766　13604793073
邮编：027300

锡林郭勒盟阿巴嘎旗别里古台扎桑 AAA
地址：锡林郭勒盟阿巴嘎旗别里古台镇西北25公里处
电话：13847444456
邮编：011400

锡林郭勒盟阿巴嘎旗查干朝鲁图珠洒勒旅游度假村 AA
地址：锡林郭勒盟阿巴嘎旗别力古台镇外环路与101省道交界处
电话：15047907070　0479－2026548
邮编：011400

锡林郭勒盟苏尼特左旗"探马赤"大宫旅游景区 AA
地址：锡林郭勒盟苏尼特左旗乌兰伊德文化园区
电话：13474792828
邮编：011300

苏尼特右旗社保局旅游点 A
地址：锡林郭勒盟苏尼特右旗社保局
电话：0479－7225277
邮编：011200

锡林郭勒盟东乌珠穆沁旗乌里雅斯太山旅游景区 AAA
地址：锡林郭勒盟东乌珠穆沁旗乌里雅斯太镇
电话：13947973277　0479－3223088
邮编：026300

锡林郭勒盟东乌珠穆沁旗乃林郭勒旅游度假村 AA
地址：锡林郭勒盟东乌珠穆沁旗满都宝力格镇东北30公里处
电话：15047907070
邮编：026300

锡林郭勒盟西乌珠穆沁旗乌兰五台旅游景区 AAA
地址：锡林郭勒盟西乌珠穆沁旗吉林郭勒镇以南30公里处
电话：13604798030 0479－3525114
邮编：026200

锡林郭勒盟西乌珠穆沁旗浩济特庙旅游景区 AA
地址：锡林郭勒盟西乌珠穆沁旗吉林郭勒镇
电话：13514793592
邮编：026200

锡林郭勒盟乌拉盖博力彦神泉度假村 AAA
地址：锡林郭勒盟乌拉盖管理区正北11公里处
电话：13947963196 0479－3351372
邮编：026321

锡林郭勒盟西乌珠穆沁旗蒙古汗城 AAAA
（全国农业旅游示范点）
地址：锡林郭勒盟西乌珠穆沁旗西乌镇
电话：0479－3914028 1394797899
邮编：026200

锡林郭勒盟太仆寺旗御马苑旅游区 AAAA
地址：锡林郭勒盟太仆寺旗
电话：0479－5884999 13947917189
邮编：027000

锡林郭勒盟镶黄旗马文化博物馆 AA
地址：锡林郭勒盟镶黄旗新宝拉格镇阿拉塔那仁路
电话：13947936284
邮编：013800

锡林郭勒盟正蓝旗阿拉腾艾里旅游度假村 AA
地址：锡林郭勒盟正蓝旗上都镇白音高勒嘎查
电话：13030455833
邮编：027200

锡林郭勒盟正蓝旗元上都博物馆 AAA
地址：锡林郭勒盟正蓝旗上都镇腾飞路元上都博物馆
电话：13474744437 0479－4235000
邮编：027200

阿拉善盟博物馆 AAA
地址：阿拉善盟阿拉左旗巴彦浩特镇
电话：13948011717 0483－8338661
邮编：750300

阿拉善盟通湖草原旅游区 AAAA
地址：阿拉善盟阿拉善左旗
电话：0483－7698558 13519234416
邮编：750300

贺兰山南寺生态旅游区 AAAA
地址：阿拉善盟阿拉善左旗贺兰山南寺
电话：0483－8639878 8228789
邮编：750306

腾格里沙漠月亮湖旅游区 AAAA
地址：阿拉善盟阿拉善左旗
电话：0483－8763956 18704838600
邮编：750306

贺兰山福因寺（北寺）旅游区 AAA
地址：阿拉善盟阿拉善左旗木仁高勒苏木
电话：13614831997
邮编：750306

乌日斯草原文化旅游区 AAA
地址：阿拉善盟阿拉善左旗巴彦浩特西郊
电话：13804733235
邮编：750306

贺兰山广宗寺旅游区 AAA
地址：阿拉善盟阿拉善盟左旗
电话：0483－8639789
邮编：750306

阿拉善盟巴丹吉林沙漠旅游区 AAAA
地址：阿拉善盟阿拉善右旗
邮编：737300

阿拉善盟阿右旗博物馆 AA
地址：阿拉善盟阿拉右旗巴丹吉林镇
电话：13948056767 0483－6021355
邮编：737300

阿拉善盟额济纳旗博物馆 AA
地址：阿拉善盟额济纳旗达赖库布镇
电话：13804735059
邮编：735400

阿拉善盟胡杨林旅游区 AAAA
地址：阿拉善盟额济达旗
邮编：735400

餐馆

巴彦德乐海
地址：呼和浩特市新城区新城东街75号
电话：0471－4912800 4936600
邮编：010050

玛拉沁饭店
地址：呼和浩特市新城区新华大街34号
电话：0471－6926685
邮编：010050

呼和浩特市德顺源餐饮管理有限公司
地址：呼和浩特市学府康都A座1003室
电话：0471－3327220 400－885－0471
邮编：010000

内蒙古绿草地餐饮有限责任公司
地址：呼和浩特市诺和木勒大街天旭广场
电话：13204711111
邮编：010000
网址：www.lcdxfy.com

玛歌庄园
地址：呼和浩特市新城区新城西街45号
电话：0471－6951111
邮编：010050

蒙古大营
地址：呼和浩特市新城区呼伦北路513号赛马场院内
电话：0471－6516868 6515858
邮编：010050

呼和浩特福禧楼饭庄
地址：呼和浩特市中山西路
电话：0471－6303501
邮编：010000

麦香村
地址：呼和浩特市玉泉区大北街44号
电话：0471－2296666
邮编：010000

巴彦塔拉饭店
地址：呼和浩特市锡林北路42号
电话：0471－6963344
邮编：010000

内蒙古饮食服务总公司
地址：呼和浩特市锡林北路42号
电话：0471－6963344
邮编：010020

呼和浩特市饮食服务公司
地址：呼和浩特市南马路
电话：0471－6962410
邮编：010050

呼和浩特市千鹤餐饮有限公司
地址：呼和浩特市爱民路
电话：0471－6529966

鸭绿江餐饮有限公司
地址：呼和浩特市海东路
电话：0471－6524096
邮编：010051

鸿烨楼餐厅
地址：呼和浩特市锡林南路
电话：0471－6282015
邮编：010020

呼和浩特市饮食服务公司三和星大酒家
地址：呼和浩特市锡林北路70号
电话：0471－6966117
邮编：010000

万兴酒家
地址：呼和浩特市公园西路100号
电话：0471－6922985
邮编：0100200

柏松楼酒家
地址：呼和浩特市公园南路113号
电话：0471－6959652
邮编：010020

温州红楼酒家
地址：呼和浩特市文化宫街
电话：0471－6671323
邮编：010030

园丁酒家
地址：呼和浩特市呼伦南路10号
电话：0471－6921166
邮编：010020

瑞福园饭馆
地址：呼和浩特市呼伦南路105号
电话：0471－6261853
邮编：010020

敬宾阁饭馆
地址：呼和浩特市新城区南马路27号
电话：0471－6950610
邮编：010050

长富饭馆
地址：呼和浩特市新城区南马路复兴巷29号
电话：0471－6952662
邮编：010050

迎宾酒家
地址：呼和浩特市迎宾北路15号2楼
电话：0471－6962625
邮编：010000

新城区江苏酒家
地址：呼和浩特市水源街11号
电话：0471－4962905
邮编：010050

凯悦大酒家
地址：呼和浩特市昭乌达路88号凯旋广场
电话：0471－4933298

邮编：010020

萨拉伯尔酒家
地址：呼和浩特市新华广场东侧
电话：0471－6269111
邮编：010030

食尚商务酒楼
地址：包头市府东路 168 号
电话：0472－5178888
邮编：014025

内蒙古小肥羊餐饮连锁有限公司
地址：包头市青山区九星加油站北 150 米路西
电话：0472－6980101－8868
邮编：014010

内蒙古小尾羊餐饮连锁有限公司
地址：包头市青山区文化路 24 号
电话：0472－6980859　6971888
邮编：014030

内蒙古包头市乡土居餐饮有限公司
地址：包头市青山区幸福南路 17 号底店
电话：0472－5118106
邮编：014030

聚龙美食娱乐广场
地址：包头市政府西路 30 号
电话：0472－5176183
邮编：014025

陶然轩
地址：包头市民族东路 20－23 号
电话：0472－5910685
邮编：014025

金帝大酒店
地址：包头市科学路中段
电话：0472－3102222
邮编：014025

兴苑大酒店
地址：包头市钢铁大街 28 号
电话：0472－5128888
邮编：014025

乌海市海勃湾东北美食城
地址：乌海市凤凰岭东街
电话：0473－2011602
邮编：016000

乌海市银川渔村美食林乌海分店
地址：乌海市海河北路西
电话：0473－2022592
邮编：016000

乌海市小白楼餐业有限责任公司
地址：乌海市千里山东街
电话：0473－2086507
邮编：016000

乌海市神鹿饮食服务有限责任公司
地址：乌海市新华东街
电话：0473－2024711
邮编：016000

乌海市哈达餐饮有限责任公司
地址：乌海市海拉北路 66 号
电话：0473－2045886
邮编：016000

乌海市黄鹤楼餐饮有限责任公司
地址：乌海市海北大街 1 号
电话：0473－2039999
邮编：016000

乌海市龙福餐饮有限责任公司
地址：乌海市凤凰岭东街 3 号
电话：0473－2889568
邮编：016000

乌海市八鲜餐饮有限责任公司
地址：乌海市新华大街
电话：13947305205
邮编：016000

乌海市美滋味酒楼有限责任公司
地址：乌海市海拉南路 81 号
电话：0473－2091655
邮编：016000

赤峰高奇川老板火锅城
地址：赤峰市园林路中段
电话：0476－8359298
邮编：024000

石锅鱼
地址：赤峰市六西街百合花园西 200 米路南
电话：0476－2342266
邮编：024000

赤峰饮食服务公司新华餐厅
地址：赤峰市新华路中段
电话：0476－8224437
邮编：024000

全羊馆
地址：通辽市科尔沁区建国路中段路西
电话：13947507117
邮编：028000

通辽市宴桃园酒楼
地址：通辽市建国路北段
电话：0475－8237105
邮编：028000

通辽市正隆食品有限责任公司五谷香餐馆
地址：通辽市中心大街 136 号
电话：0475－8233216
邮编：028000

通辽市卓园酒楼有限公司
地址：通辽市永清大街综合楼 1 号
电话：0475－8265878
邮编：028000

通辽市千氏餐饮有限责任公司
地址：通辽市和平路北段
电话：0475－8265187
邮编：028000

内蒙古小肥羊餐饮连锁有限公司通辽市分店
地址：通辽市民主路南段
电话：0475－8244771
邮编：028000

通辽市长城餐饮有限公司
地址：通辽市永清大街中段
电话：0475－8255550
邮编：028000

通辽市枫丹白露餐饮有限责任公司
地址：通辽市新建大街东段名仕花园小区南
电话：0475－8255088
邮编：028000

通辽市吉野快餐有限公司
地址：通辽市民主路北段
电话：13947350866
邮编：028000

通辽市华夏第一村餐饮有限公司
地址：通辽市科尔沁区经济技术开发区
电话：13754055055
邮编：028000

科尔沁区河姆渡饮食山庄
地址：通辽市和平路南段
电话：0475－8278938
邮编：028000

科尔沁区千籽莲酒楼
地址：通辽市和平路南段
电话：0475－8273121
邮编：028000

天府火锅城
地址：通辽市和平路 20 号
电话：0475－8261035
邮编：028000

海拉尔区欧罗巴西餐厅
地址：呼伦贝尔市开发区美食街 1 号
电话：0470－8351618
邮编：021008

呼伦贝尔市友好农家山庄餐饮有限公司
地址：呼伦贝尔市奋斗镇友好村
电话：0470－8278921
邮编：021008

呼伦贝尔西部餐饮娱乐有限公司
地址：呼伦贝尔市满洲里路
电话：0470－8230001
邮编：021008

呼伦贝尔汉威餐饮有限公司
地址：呼伦贝尔市诺敏路
电话：0470－8680598
邮编：021008

呼伦贝尔市德盛城海鲜美食广场
地址：呼伦贝尔市开发区 109 大厦
电话：0470－8352555
邮编：021008

呼伦贝尔瑞泽酒楼
地址：呼伦贝尔市满洲里
电话：0470－8806698
邮编：021008

呼伦贝尔不夜城饮食服务有限责任公司
地址：呼伦贝尔市开发区不夜城 101 号
电话：0470－8351226
邮编：021008

呼伦贝尔宾馆海霸王餐厅
地址：呼伦贝尔市胜利大街 2 号
电话：0470－8222212－4481
邮编：021008

鄂尔多斯长虹大酒家有限责任公司
地址：鄂尔多斯市伊金霍洛西街
电话：0477－8330999
邮编：017004

鄂尔多斯鑫鑫美食城有限公司
地址：鄂尔多斯市西街
电话：0477－8344604
邮编：017004

华尔餐业有限公司餐饮广场
地址：鄂尔多斯市东街
电话：0477－8344878
邮编：017004

万福居餐饮有限责任公司
地址：鄂尔多斯市达拉特南路西 10 号
电话：0477－8538877
邮编：017004

逸云餐饮有限责任公司
地址：鄂尔多斯市罕台镇
电话：0477－8375455
邮编：017004

刘氏美食大团圆餐饮娱乐有限责任公司
地址：鄂尔多斯市伊金霍洛西街7号
电话：0477－8328858
邮编：017004

白金汉宫餐饮服务有限责任司
地址：鄂尔多斯市西街北
电话：0477－8372090
邮编：017004

万锦萃餐饮服务有限责任公司
地址：鄂尔多斯市乌审西街南
电话：0477－8528777
邮编：017004

鄂尔多斯宏扬餐饮有限责任公司
地址：鄂尔多斯市东街2号
电话：0477－8327778
邮编：017004

红鑫隆饮食服务有限责任公司
地址：鄂尔多斯市乌审西街17号
电话：0477－8525948
邮编：017004

鄂尔多斯市陈家砂锅涮园
地址：鄂尔多斯市乌审西街
电话：0477－8520199
邮编：017004

麻辣诱惑餐饮有限公司
地址：鄂尔多斯市东胜区罕台镇
电话：13150857878
邮编：017004

鄂尔多斯小乳羊餐饮有限责任公司
地址：鄂尔多斯市东胜区吉劳庆北路66号
电话：13848475887
邮编：017004

乌兰察布盟食品饮食餐厅
地址：乌兰察布市集宁区恩和路14号
电话：0474－8223787
邮编：012000

内蒙古集宁饭店
地址：乌兰察布市怀远路南站南侧
电话：0474－8225326
邮编：012000

集宁翱翔九头鸟酒楼
地址：乌兰察布市建设街26号
电话：0474－8241108
邮编：012000

金苹果大酒楼
地址：巴彦淖尔市临河区胜利南路
电话：0478－8256969
邮编：015001

乌兰浩特市大红船酒店
地址：兴安盟乌兰浩特市都林大街9号
电话：0482－8313888
邮编：137401

乌兰浩特市方圆九洲酒楼
地址：兴安盟乌兰浩特市五一街新世纪小区
电话：0482－8295519
邮编：137401

乌兰浩特市威王饮食服务有限公司
地址：兴安盟乌兰浩特市查干街路南
电话：0482－8213877
邮编：137401

乌兰浩特市凯槟美丽城餐饮有限公司
地址：兴安盟乌兰浩特市罕山东街
电话：0482－8251111
邮编：137401

乌兰浩特市梦幻都市美食城
地址：兴安盟乌兰浩特市胜利街
电话：0482－8237567
邮编：137401

乌兰浩特市东兴美食城
地址：兴安盟乌兰浩特市胜利街18组
电话：0482－8237350
邮编：137401

乌兰浩特市金达莱酒楼
地址：兴安盟乌兰浩特市兴安南大路22号
电话：0482－8240333
邮编：137401

乌兰浩特市百合狗肉火锅城
地址：兴安盟乌兰浩特市胜利街文化路
电话：0482－8215508
邮编：137401

乌兰浩特市华红酒楼
地址：兴安盟乌兰浩特市陵园路
电话：0482－8236699
邮编：137401

乌兰浩特市兴安美食城
地址：兴安盟乌兰浩特市兴安北大路
电话：0482－8226725
邮编：137401

乌兰浩特市金海湾海鲜自助城
地址：兴安盟乌兰浩特市兴安街
电话：0482－8221196
邮编：137401

乌兰浩特市金山海鲜烧烤美食城
地址：兴安盟乌兰浩特市兴安街
电话：0482－8218969
邮编：137401

乌兰浩特市肥牛火锅城
地址：兴安盟乌兰浩特市复兴街
电话：0482－8223358
邮编：137401

乌兰浩特市饮食服务公司
地址：兴安盟乌兰浩特市和平街1委10组
电话：0482－8215249
邮编：137401

乌兰浩特市美食城酒楼
地址：兴安盟乌兰浩特市兴安小区37栋楼
电话：0482－8218696
邮编：137401

乌兰浩特市罕山火锅城
地址：兴安盟乌兰浩特市罕山中街46号
电话：0482－8216766－384
邮编：137401

乌兰浩特市大亨酒家
地址：兴安盟乌兰浩特市胜利街57组
电话：0482－8217922
邮编：137401

锡林郭勒盟黄鹤楼酒店有限责任公司
地址：锡林郭勒盟锡林浩特市大街58号
电话：0479－8211777
邮编：026000

锡林浩特市民康饮食服务有限责任公司
地址：锡林郭勒盟锡林浩特市大街30号
电话：0479－8223826
邮编：026000

锡林浩特市翔和宫餐厅
地址：锡林郭勒盟锡林浩特市那达慕街23号
电话：0479－8227454
邮编：026000

阿拉善盟唐都食府
地址：阿拉善盟巴彦浩特镇额鲁特东路
电话：0483－8339909
邮编：750306

阿拉善左旗饮食服务公司民族餐厅
地址：阿拉善盟巴彦浩特镇银巴路西侧
电话：0483－8222582
邮编：750306

阿拉善左旗王府大酒楼
地址：阿拉善盟巴彦浩特镇腾格里路20号
电话：0483－8222443
邮编：750306

阿拉善左旗饮食服务公司
地址：阿拉善盟巴彦浩特镇南梁街
电话：0483－8222997
邮编：750306

阿拉善左旗新浩特大自然酒楼
地址：阿拉善盟巴彦浩特镇新浩特和硕特路
电话：0483－8338028
邮编：750306

旅游用品

呼和浩特市蒙亮民贸有限公司
地址：呼和浩特市钢铁路西回民区政府对面永盛巷
电话：0471－3967681　3820369
邮编：010030
网址：www.mlgyp.com

呼和浩特市北方珠宝有限公司
地址：呼和浩特市锡林南路
电话：0471－6928283
邮编：010020

呼和浩特金店
地址：呼和浩特市中山西路
电话：0471－6969980
邮编：010020

呼和浩特市地毯厂
地址：呼和浩特市石羊桥
电话：0471－5974400
邮编：010020

呼和浩特市第二地毯厂
地址：呼和浩特市通顺南街
电话：0471－5972129
邮编：010031

内蒙古外贸工艺品厂
地址：呼和浩特市五塔寺东街
电话：0471－5973591　5971365
邮编：010020

内蒙古民族特种工艺品厂
地址：呼和浩特市赛罕路
电话：0471－6513779
邮编：010051

呼和浩特市工艺美术厂
地址：呼和浩特市回民区工业园区
电话：0471－3964821　3964871
邮编：010050

呼和浩特市玉泉区工艺美术厂
地址：呼和浩特市小召夹道
电话：0471－6305905
邮编：010031

呼和浩特市玉泉区民族工艺品厂分厂
地址：呼和浩特市化工路西端路北
电话：0471－3967681
邮编：010020

内蒙古民政福利工艺厂
地址：呼和浩特市呼哈公路
电话：0471－6587865
邮编：010070

清水河县韭菜庄骨制品厂
地址：呼和浩特市韭菜庄乡
电话：0471－7855088
邮编：011600

呼和浩特市珠宝城
地址：呼和浩特市新城北街
电话：0471－6969523
邮编：010010

包头金店旗舰店
地址：包头市钢铁大街东方明珠广场
电话：0472－2513555
邮编：014040

天泽龙泰珠宝城
地址：包头市钢铁大街
电话：0472－2511631
邮编：014010

包头市汉宫地毯有限责任公司
地址：包头市巴彦塔拉大街
电话：0472－4351033
邮编：014040

包头市三丰地毯有限责任公司
地址：包头市东河区召拐街 17 号
电话：0472－4143683　4173094
邮编：014040

包头市第二地毯厂
地址：包头市吕祖庙街
电话：0472－4171002
邮编：014040

包头市昆都仑区丽花工艺美术厂
地址：包头市八一南市场
电话：0472－2126734
邮编：014010

包头市彩虹美术工艺厂
地址：包头市白彦道中段
电话：0472－2124953
邮编：014010

乌海市天骄珠宝有限责任公司
地址：乌海市新华西街
电话：0473－2085166
邮编：016000

乌海市天笠工艺珍品有限公司
地址：乌海市海勃湾区摩尔沟东街 87 号
电话：0473－2032887
邮编：016000

乌海市海勃湾地毯厂
地址：乌海市黄河西街
电话：0473－2046335
邮编：016000

乌海市海勃湾民族雕漆工艺厂
地址：乌海市乌兰北路
电话：0473－2035906
邮编：016000

内蒙古力王工艺美术有限公司
地址：赤峰市清河路北四段
电话：0476－8223977
邮编：024000
网址：www. lwgy. com. cn

金元黄金城
地址：赤峰市哈达街
电话：0476－8232658
邮编：024000

赤峰万宝楼珠宝首饰厂
地址：赤峰市红山区光华胡同同裕写字楼
电话：0476－8238044　8250837
邮编：024000

赤峰长城地毯有限责任公司
地址：赤峰市哈达街东段 2 号
电话：0476－8660711　8660717
邮编：024000

林西县天然水晶制品开发公司
地址：赤峰市林西县林西镇西街
电话：0476－5322242
邮编：025250

翁牛特旗兴达工艺制品厂
地址：赤峰市翁牛特旗全宁路南段路西
电话：0476－6325927
邮编：024500

桥头镇草柳编工艺总厂
地址：赤峰市翁牛特旗桥头镇
电话：0476－6518321
邮编：024500

呼伦贝尔市鑫鑫金银珠宝有限责任公司
地址：呼伦贝尔市海拉尔区东四道街
电话：0470－8338934　8332382
邮编：021000

呼伦贝尔市亚东珠宝有限公司
地址：呼伦贝尔市海拉尔区中央街
电话：0470－8320693　8330070
邮编：021000

扎兰屯市绣品时装厂
地址：呼伦贝尔扎兰市葛根街 139 号
电话：0470－3202452
邮编：162650

牙克石市地毯厂
地址：呼伦贝尔牙克石市翠杨路
电话：0470－7371256
邮编：022100

根河市广宇工艺美术厂
地址：呼伦贝尔根河市红旗路
电话：0470－5223710
邮编：022350

吉文镇林海工艺品厂
地址：呼伦贝尔市鄂伦春自治旗文化街
电话：0470－5933279
邮编：165463

鄂尔多斯市时尚珠宝首饰有限公司
地址：鄂尔多斯市东胜区鄂尔多斯西街
电话：0477－8524318
邮编：017000

沙圪堵镇地毯厂
地址：鄂尔多斯市准格尔旗八一北路
电话：0477－4921361
邮编：010400

伊金霍洛旗金店
地址：鄂尔多斯市伊金霍洛旗文明路
电话：0477－8686153
邮编：017200

丰镇市第二地毯厂
地址：乌兰察布丰镇市西新建街
电话：0474－3252454
邮编：012100

丰镇市工艺美术厂
地址：乌兰察布丰镇市城隍庙前街
电话：0474－3203253
邮编：012100

卓资县地毯厂
地址：乌兰察布丰镇市东街
电话：0474－4902032
邮编：012300

兴和县新华地毯厂
地址：乌兰察布丰镇市后河
电话：0474－7202839
邮编：013650

察右后旗民族地毯厂
地址：乌兰察布丰镇市
电话：0474－6202175
邮编：012400

四子王旗格根塔拉工艺品厂
地址：乌兰察布市四子王旗建设路
电话：0474－5204456
邮编：011800

四子王旗锦华编织厂
地址：乌兰察布市四子王旗文化路
电话：0474－5209007
邮编：011800

巴彦淖尔盟金店总店
地址：巴彦淖尔市临河区胜利北路蓝宇大厦
电话：0478－2259066
邮编：015000

巴彦淖尔盟地毯厂
地址：巴彦淖尔市临河区光明西街
电话：0478－8213547
邮编：015000

乌拉特前旗地毯厂
地址：巴彦淖尔市乌拉特前旗红旗大街
电话：0478－3212768
邮编：014400

乌兰浩特市地毯厂
地址：兴安盟乌兰浩特市乌兰哈达
电话：0482－8512442
邮编：137400

锡林浩特市玻璃雕花工艺厂
地址：锡林郭勒盟锡林浩特市宝昌路
电话：0479－8221508
邮编：026000

多伦县玛瑙制品厂
地址：锡林郭勒盟多伦县
电话：0479－4526815
邮编：027300

阿拉善盟宝玉石民族制品有限公司
地址：阿拉善盟巴彦浩特镇新华街
电话：0483－8222287
邮编：750300

金鑫水晶宝石工艺品有限公司
地址：阿拉善盟王府街
电话：0483－8222096
邮编：750300

阿左旗蓝宝石工艺厂
地址：阿拉善盟新华街
电话：0483－8223364
邮编：750300

阿拉善右旗地毯厂
地址：阿拉善盟巴丹吉林路
电话：0483－6022638
邮编：737300

旅游交通

内蒙古外事旅游车汽车有限责任公司
地址：呼和浩特市乌兰察布东路601号
电话：0471－4929462
邮编：010010

呼和浩特市白塔国际机场
地址：呼和浩特市赛罕区
电话：0471－4941122
邮编：010070

包头塞外旅游客运有限责任公司
地址：包头市青山区幸福路9号
电话：0472－6977907
邮编：014030

包头市旅游车队
地址：包头市昆都仑区钢铁大街19号
电话：0472－5154049
邮编：014010

包头火车东站
地址：包头市东河区南门外大街
电话：0472－4143224　2224012
邮编：014040

包头火车西站
地址：包头市西南部
电话：0472－2205129
邮编：014010

新贤城车站
地址：包头市新贤城
电话：0472－3133634
邮编：014030

包头机场
地址：包头市东河区
电话：0472－4600717
邮编：014025

土默特右旗萨拉齐火车站
地址：包头市土默特右旗站前街
电话：0472－8914104
邮编：014100

乌海机场
地址：乌海市海勃湾区机场路
电话：0473－2996823
邮编：016000

乌海西火车站
地址：乌海市乌达区三道坎
电话：0473－3440603
邮编：016040

乌海市西卓子山水泥厂火车站
地址：乌海市海南区水泥厂
电话：0473－4663812
邮编：016030

赤峰火车站
地址：赤峰市站前大街
电话：0476－2222222　8348467
邮编：024000

赤峰火车东站
地址：赤峰市红山区
电话：0476－8342324
邮编：024020

赤峰机场
地址：赤峰市
电话：0476－8333956
邮编：024000

阿鲁科尔沁旗查布嘎火车站
地址：赤峰市阿鲁科尔沁旗查布嘎
电话：0476－7215440
邮编：025550

巴林右旗大板火车站
地址：赤峰市巴林右旗大板镇
电话：0476－6211568
邮编：025550

巴林左旗火车站
地址：赤峰市巴林左旗
电话：0476－7960277
邮编：025450

克什克腾旗火车站
地址：赤峰市克什克腾旗
电话：0476－5220014
邮编：025350

喀喇沁旗乃林镇火车站
地址：赤峰市喀喇沁旗乃林镇
电话：0476－3450207
邮编：024400

通辽机场
地址：通辽市
电话：0475－8501677
邮编：028000

霍林郭勒火车站
地址：通辽霍林郭勒市
电话：0475－2276572
邮编：029200

开鲁县火车站
地址：通辽市开鲁县
电话：0475－2261912
邮编：038400

扎鲁特旗火车站
地址：通辽市扎鲁特旗
电话：0475－7512225
邮编：029100

科尔沁左翼中旗舍伯吐镇火车站
地址：通辽市科尔沁左翼中旗舍伯吐镇
电话：0475－3821059
邮编：029300

呼伦贝尔市海拉尔火车站
地址：呼伦贝尔市
电话：0470－2221322
邮编：021013

海拉尔东山机场
地址：呼伦贝尔市
电话：0470－8271114　8331010
邮编：021400

满洲里西郊机场
地址：呼伦贝尔满洲里市机场大街
电话：0470－6259988
邮编：021400

扎兰屯火车站
地址：呼伦贝尔市扎兰屯市站前街
电话：0470－2277122
邮编：162650

薛家湾准东铁路有限责任公司海子塔火车站
地址：鄂尔多斯市薛家湾海子塔
电话：0477－4785501
邮编：010317

杭锦旗巴拉贡镇火车站
地址：鄂尔多斯市杭锦旗巴拉贡镇
电话：0477－6851567
邮编：017423

鄂尔多斯机场
地址：鄂尔多斯市伊金霍洛旗
电话：0477－8901000
邮编：017200

乌兰浩特机场
地址：兴安盟乌兰浩特市
电话：0482－8682000
邮编：137401

丰镇市火车站
地址：乌兰察布丰镇市
电话：0474－3202312
邮编：012100

临河区火车站
地址：巴彦淖尔市临河区
电话：0478－2222362
邮编：015000

乌兰浩特机场
地址：兴安盟乌兰浩特市
电话：0482－3982000　8682000
邮编：137401

锡林浩特机场
地址：锡林郭勒盟锡林浩特市桥西街
电话：0479－8200935
邮编：026000

二连浩特赛乌苏国际机场
地址：锡林郭勒盟二连浩特市
邮编：011100

辽　宁

LIAONING

辽
宁

旅游机构

辽宁省旅游局
地址：沈阳市皇姑区黄河南大街 108 号
电话：024－86136666
邮编：110031

辽宁省旅游质量监督管理所
地址：沈阳市皇姑区宁山中路 18 号
电话：024－86230222
邮编：110031

沈阳市旅游局
地址：沈阳市皇姑区北陵大街 47 号
电话：024－22818228
邮编：110013

沈阳市大东区旅游局
地址：沈阳市大东区小什字街
电话：024－88727320
邮编：110042

沈阳市和平区旅游局
地址：沈阳市和平区皇寺路 166 号
电话：024－22532648
邮编：110003

沈阳市东陵区旅游局
地址：沈阳市东陵区文化东路 20 号
电话：024－22725132
邮编：110015

沈阳市沈河区旅游局
地址：沈阳市沈河区沈阳路 211 号
电话：024－31005601
邮编：110011

沈阳市于洪区旅游局
地址：沈阳市于洪区文化东路 20 号
电话：024－25321117
邮编：110141

沈阳市铁西区旅游局
地址：沈阳市铁西区兴华北街 34 号甲
电话：024－25651988
邮编：110021

沈阳市皇姑区旅游局
地址：沈阳市皇姑区庐山路 3 号
电话：024－86861088
邮编：110031

沈北新区旅游事业管理局
地址：沈阳市沈北新区中央路 58 号
电话：024－89864177
邮编：110121

沈阳新民市旅游局
地址：沈阳新民市市府路 12 号
电话：024－87507288
邮编：110300

沈阳市新城子区旅游局
地址：沈阳市新城子区杭州路 83－3 号
电话：024－89864177
邮编：110121

沈阳市苏家屯区旅游局
地址：沈阳市苏家屯区枫杨路 42 号
电话：024－89813846
邮编：110101

沈阳市辽中县旅游局
地址：沈阳市辽中县政府路 126 号
电话：024－87883295
邮编：110200

沈阳市康平县旅游局
地址：沈阳市康平县政府 1 楼
电话：024－87333548
邮编：110500

沈阳市法库县旅游局
地址：沈阳市法库县正阳街道 200 号
电话：024－87100356
邮编：110400

大连市旅游局
地址：大连市人民路海关大厦 13－14 层
电话：0411－83621437
邮编：116012

大连市中山区旅游局
地址：大连市中山区一德街 83 号
电话：0411－82647298
邮编：116001

大连市西岗区旅游局
地址：大连市西岗区北京街 77 号
电话：0411－83643447
邮编：116012

大连市沙河口区旅游局
地址：大连市沙河口区政府
电话：0411－84318504
邮编：116021

大连市甘井子区经贸局旅游科
地址：大连市甘井子区大连门广场 1 号
电话：0411－86665384
邮编：116033

大连市金州区旅游局
地址：大连市金州区斯大林路 697 号
电话：0411－87675511
邮编：116100

大连市旅顺口区旅游局
地址：大连市旅顺口区红光街 7 号
电话：0411－86628507
邮编：116041

大连庄河市旅游局
地址：大连庄河市向阳路 296 号
电话：0411－87696928
邮编：116400

大连瓦房店市旅游局
地址：大连瓦房店市世纪广场 1 号
电话：0411－85617191
邮编：116300

大连普兰店市旅游局
地址：大连普兰店市福全路 12 号
电话：0411－83113148
邮编：116200

大连长海县旅游局
地址：大连市长海县大长山岛镇
电话：0411－88682788
邮编：116500

鞍山市旅游局
地址：鞍山市铁东区二一九路 36 号
电话：0412－5537556
邮编：114002

鞍山千山区旅游局
地址：鞍山市千山区鞍海路 28 号
电话：0412－2312730
邮编：114002

海城市旅游局
地址：鞍山海城市
电话：0412－3605799
邮编：114200

鞍山市台安县旅游局
地址：鞍山市台安县政府
电话：0412－4890320
邮编：11400

鞍山市岫岩满族自治县旅游局
地址：鞍山市岫岩满族自治县政府院内
电话：0412－7831880
邮编：114300

抚顺市旅游局
地址：抚顺市政府大楼
电话：024－57500049
邮编：113007

抚顺市顺城区旅游局
地址：抚顺市顺城区政府
电话：024－57503690
邮编：113006

抚顺市抚顺县旅游局
地址：抚顺市抚顺县政府
电话：024－57692041
邮编：113006

抚顺市清原满族自治县旅游局
地址：抚顺市清原满族自治县政府
电话：024－53022264
邮编：113300

抚顺市新宾满族自治县旅游局
地址：抚顺市新宾满族自治县政府一楼
电话：024－55080159
邮编：113200

抚顺市东洲区旅游局
地址：抚顺市新抚区西二街 8 号
电话：024－52630909
邮编：113008

抚顺市经济开发区旅游局
地址：抚顺市经济开发区
电话：024－56601476
邮编：113122

抚顺市望花区旅游局
地址：抚顺市望花区政府
电话：024－56888066
邮编：113001

抚顺市胜利经济开发区招商局（旅游局）
地址：抚顺市胜利经济开发区
电话：024－54201447
邮编：113009

本溪市旅游局
地址：本溪市平山区人民路 31 号
电话：024－42859810
邮编：117000

本溪市南芬区旅游局
地址：本溪市南芬区政府大楼
电话：024－43834406
邮编：117014

本溪市溪湖区旅游局
地址：本溪市溪湖区政府二楼
电话：024－45800005
邮编：117002

本溪市本溪满族自治县旅游局
地址：本溪市本溪满族自治县政府路

电话：024－46832379
邮编：117100

本溪市桓仁满族自治县旅游局
地址：本溪市桓仁满族自治县中心街
电话：024－48828967
邮编：117200

丹东市旅游局
地址：丹东市振兴区六纬路31－1号
电话：0415－3142328
邮编：118000

丹东东港市旅游局
地址：丹东东港市
电话：0415－7147003
邮编：118300

丹东市宽甸满族自治县旅游局
地址：丹东市宽甸县宽甸镇过街楼西街9号
电话：0415－5120650
邮编：118200

丹东凤城市旅游局（凤凰山风景名胜区管理局）
地址：丹东凤城市
电话：0415－8126043
邮编：118100

丹东市振安区旅游局
地址：丹东市振安区
电话：0415－4134687　4145415
邮编：118001

锦州市旅游局
地址：锦州市市府路68号
电话：0416－3864111
邮编：121013

锦州凌海市文化旅游局
地址：锦州凌海市
电话：0416－8122569
邮编：121200

锦州北宁市旅游局
地址：锦州北宁市北阁路
电话：0416－6633215
邮编：121300

锦州市义县文化旅游局
地址：义县县城
电话：0416－7732350
邮编：121100

锦州市黑山县文化旅游管理中心
地址：锦州市黑山县中央大街67号
电话：0416－5523591
邮编：121400

营口市旅游局
地址：营口市渤海大街西1号
电话：0417－2998486
邮编：115003

营口市鲅鱼圈区旅游局
地址：营口市鲅鱼圈区
电话：0417－6251992
邮编：115007

营口盖州市文体旅游局
地址：营口盖州市政府
电话：0417－7813780
邮编：115200

营口大石桥市经贸局旅游科
地址：营口大石桥市政府大楼
电话：0417－5613229
邮编：115100

阜新市旅游局
地址：阜新市海州区矿工路36号
电话：0418－3329020
邮编：123000

阜新蒙古族自治县旅游局
地址：阜新市阜新蒙古族自治县县政府
电话：0418－8810633
邮编：123001

阜新市彰武县旅游局
地址：阜新市彰武县政府
电话：0418－7726994
邮编：123100

阜新细河区旅游局
地址：阜新市细河区政府
电话：0418－2811784
邮编：123000

辽阳市旅游局
地址：辽阳市民主路38号
电话：0419－2125739
邮编：111000

辽阳市弓长岭区旅游局
地址：辽阳市弓长岭区
电话：0419－5114146
邮编：111008

辽阳市辽阳县旅游局
地址：辽阳市辽阳县城
电话：0419－7777228
邮编：111200

辽阳灯塔市旅游办公室
地址：辽阳灯塔市政府
电话：0419－8187185
邮编：111300

铁岭市旅游局
地址：铁岭市银州区光荣街19号
电话：024－74850058
邮编：112000

铁岭市清河区旅游局
地址：铁岭市清河区
电话：024－72177717
邮编：112003

铁岭调兵山市旅游局
地址：铁岭调兵山市
电话：024－76986234
邮编：112700

铁岭西丰县旅游局
地址：铁岭市西丰县政府
电话：024－77844106
邮编：112400

朝阳市旅游局
地址：朝阳市双塔区珠江路3段2号
电话：0421－2920618
邮编：122000

朝阳市朝阳县旅游局
地址：朝阳市朝阳县朝阳大街7段15号
电话：0421－2628143
邮编：122000

朝阳凌源市旅游局
地址：朝阳凌源市市府西大街
电话：0421－6823591
邮编：122000

朝阳北票市旅游局
地址：朝阳北票市新华路
电话：0421－5814966
邮编：122100

朝阳市喀喇沁左翼蒙古族自治县旅游局
地址：朝阳市喀左县大城子镇清安路1号
电话：0421－4821343
邮编：122300

盘锦市旅游局
地址：盘锦市兴隆台区石油大街143号
电话：0427－2827000
邮编：124010

盘锦市盘山县旅游局
地址：盘锦市盘山县政府大楼
电话：0427－3581137
邮编：124000

盘锦市大洼县旅游局
地址：盘锦市大洼县政府大楼
电话：0427－6862538
邮编：124200

葫芦岛市旅游局
地址：葫芦岛市龙港区龙湾大街甲1号
电话：0429－3126741
邮编：125000

葫芦岛市连山区文化旅游局
地址：葫芦岛市连山区站前街
电话：0429－2125538
邮编：125001

葫芦岛市龙港区文化旅游局
地址：葫芦岛市龙港区新基地锦葫路66号
电话：0429－2107499
邮编：125003

葫芦岛兴城市旅游局
地址：葫芦岛兴城市南门口
电话：0429－5153720
邮编：125100

葫芦岛市绥中县文化旅游局
地址：葫芦岛市绥中县中央路
电话：0429－3956808
邮编：125200

旅行社

辽宁海外国际旅行社有限公司
地址：沈阳市皇姑区北陵大街26甲1
电话：024－86863959
邮编：110031
网址：www.lotc.cn.
许可证号：L－LN－CJ00001

沈阳市海外国际旅行社有限公司
地址：沈阳市和平区和平南大街39号
电话：024－31879988
邮编：110003
网址：www.syoits.com
许可证号：L－LN－CJ00002

大连市海外旅游有限公司
地址：大连市西岗区新开路82号
电话：0411－83689859
邮编：116012
网址：www.dlotc.com
许可证号：L－LN－CJ00003

辽宁省中国国际旅行社
地址：沈阳市黄河南大街133号
电话：024－86807778

邮编：110031
网址：www. lncits. com
许可证号：L－LN－CJ00004

大连中国国际旅行社有限公司
地址：大连市西岗区畅通街 1 号
电话：0411－83687956
邮编：116011
网址：www. citsdl. com
许可证号：L－LN－CJ00005

丹东中国国际旅行社有限公司
地址：丹东市振兴区十纬路 20－2 号
电话：0415－2132237
邮编：118000
网址：www. ddcits. com
许可证号：L－LN－CJ00006

大连中国青年旅行社
地址：大连市西岗区沈阳路 94 号
电话：0411－83676511
邮编：116011
网址：www. ctysdl. cn
许可证号：L－LN－CJ00007

辽宁中辽国际旅行社有限公司
地址：沈阳市和平区光荣街 35 号
电话：024－62180809
邮编：110003
网址：www. lntour. net
许可证号：L－LN－CJ00008

沈阳市中国旅行社
地址：沈阳市沈河区市府大路 189 号 1 号楼
电话：024－31294550
邮编：110013
许可证号：L－LN－CJ00009

辽宁省中国青年旅行社有限公司
地址：沈阳市和平区北四经街 28 号
电话：024－22861908
邮编：110003
网址：www. lncyts. com
许可证号：L－LN－CJ00010

大连中妇旅国际旅行社有限责任公司
地址：大连市中山区柳林街 12－1 号
电话：0411－82311700
邮编：116001
网址：www. dcwits. com
许可证号：L－LN－CJ00011

鞍山中国国际旅行社
地址：鞍山市铁东区二一九路 64－1 号
电话：0412－5544652
邮编：114001
许可证号：L－LN－CJ00012

沈阳铁道国际旅行社（集团）有限公司
地址：沈阳市和平区平南大街 52 号
电话：024－62061599
邮编：110003
许可证号：L－LN－CJ00013

辽宁省中国旅行社
地址：沈阳市黄姑区岐山中路 50 号
电话：024－86869098
邮编：110002
网址：www. lncts. com
许可证号：L－LN－CJ00014

沈阳金桥国际旅行社有限公司
地址：沈阳市沈河区中山路 355 号高登国际大厦 606 室
电话：024－22818348
邮编：110014
网址：www. gbtour. com
许可证号：L－LN－CJ00015

大连好利国际旅行社有限公司
地址：大连市中山区中山路 3 号
电话：0411－82828269
邮编：116001
网址：www. haoli123. com
许可证号：L－LN－CJ00016

抚顺中国国际旅行社有限公司
地址：抚顺市新抚区永宁街 4 号
电话：024－52421918
邮编：113008
许可证号：L－LN－CJ00017

辽宁国际商务旅行社有限公司
地址：沈阳市和平区十一纬路 12 号
电话：024－22719676　22833399
邮编：110003
网址：www. ln－lbts. com
许可证号：L－LN－CJ00018

沈阳青年国际旅行社有限公司
地址：沈阳市和平区文化路 6 号
电话：024－22872753
邮编：110004
网址：www. cntour365. com
许可证号：L－LN－CJ00019

辽宁世纪国际旅行社有限公司
地址：沈阳市和平区广州街 81 号
电话：024－22877460
邮编：110002
网址：www. lnshiji. com
许可证号：L－LN－CJ00020

大连交通国际旅行社有限公司
地址：大连市中山区港湾街 1 号
电话：0411－82623702
邮编：116001
网址：www. dits. cn
许可证号：L－LN－CJ00022

大连航空国际旅行社有限公司
地址：大连市西岗区中山路 143 号
电话：0411－83644088
邮编：116011
网址：www. dlaits. com
许可证号：L－LN－CJ00023

大连富丽华国际旅行社有限公司
地址：大连市中山区人民路 60 号
电话：0411－82810001
邮编：116001
许可证号：L－LN－CJ00024

本溪水洞国际旅行社（有限公司）
地址：本溪市平山区平山路 30 号
电话：024－42808119
邮编：117000
网址：www. bxtourism. com
许可证号：L－LN－CJ00026

丹东铁道国际旅行社
地址：丹东市振兴区十一纬路 3－4 号
电话：0415－2306799
邮编：118000
网址：www. lntgroup. com
许可证号：L－LN－CJ00027

辽宁北方国际旅行社有限公司
地址：大连市中山区保定街 2 号嘉和大厦 A 座
电话：0411－82776000
邮编：116001
许可证号：L－LN－CJ00029

大连铁道国际旅行社
地址：大连市西岗区胜利街 40 号
电话：0411－62832837
邮编：116001
许可证号：L－LN－CJ00031

大连康辉国际旅行社有限公司
地址：大连市中山区鲁迅路 35 号
电话：0411－39806399
邮编：116001
网址：www. dlcct. com
许可证号：L－LN－CJ00032

中国国旅（大连）国际旅行社有限公司
地址：大连市西岗区黄河路 219 号
电话：0411－83780866
邮编：116011
网址：www. citsdlgh. com
许可证号：L－LN－CJ00033

丹东金华国际旅行社
地址：丹东市振兴区江城大街 15 号
电话：0415－2162466
邮编：118000
许可证号：L－LN－CJ00034

沈阳国际旅行社有限公司
地址：沈阳市沈河区市府大路 290 号甲 4
电话：024－22733309
邮编：110013
网址：www. syits. com
许可证号：L－LN－CJ00035

葫芦岛市交通国际旅行社有限公司
地址：葫芦岛市锦葫路玉皇阁段玉皇商城 B 区
电话：0429－3901111　8182633
邮编：125000
许可证号：L－LN－CJ00036

大连古莲国际旅行社有限公司
地址：大连市西岗区联合路 142 号
电话：0411－82111109
邮编：116021
网址：www. dl gulian. com
许可证号：L－LN－CJ00037

大连优景国际旅行社有限公司
地址：大连市西岗区沿海街 60 号
电话：0411－39633352
邮编：116000
许可证号：L－LN－CJ0038

大连新世界国际旅行社有限公司
地址：大连市沙河口区五一路福吉园
电话：0411－84586700
邮编：116001
网址：www. daliantrip. com
许可证号：L－LN－CJ00039

沈阳文教国际旅行社有限责任公司
地址：沈阳市沈河区青年大街 48 甲 1 号
电话：024－22718219
邮编：110016
许可证号：L－LN－CJ00040

辽宁康辉国际旅行社有限公司
地址：沈阳市和平区和平北大街 69 号总统大厦 C 座 10 楼
电话：024－22812576
邮编：110001
网址：www. lncct. com

许可证号：L－LN－CJ00041

辽宁九洲假日国际旅行社有限公司
地址：沈阳市奉天街346号格林自由城B座
电话：024－82721090
邮编：110003
许可证号：L－LN－CJ00042

辽宁四方蓝天国际旅行社有限公司
地址：沈阳市沈河区北京街19－3号
电话：024－22720598
邮编：110013
许可证号：L－LN－CJ00043

辽宁欧美亚国际旅行社有限公司
地址：沈阳市和平区绍兴街18号
电话：024－23250552　23264528
邮编：110006
电子信箱：WZL_ 05@163. com
许可证号：L－LN－CJ00044

辽宁和平国际旅行社有限公司
地址：沈阳市沈河区北京街7号B
电话：024－22504688
邮编：110013
许可证号：L－LN－CJ00045

中国旅行社总社（大连）有限公司
地址：大连市中山区五五路6－1号
电话：0411－82589109
邮编：116001
许可证号：L－LN－CJ00046

灿星（大连）国际旅行社有限公司
地址：大连市中山区上海路45号
电话：0411－82580992
邮编：116001
许可证号：L－LN－CJ00047

辽宁光大国际旅行社有限公司
地址：沈阳市沈河区团结路7－1号
电话：024－22685698
邮编：110013
许可证号：L－LN－CJ00048

辽阳金生国际旅行社有限公司
地址：辽阳市民主路98－18号
电话：0419－3662655
邮编：111000
许可证号：L－LN－CJ00049

辽宁招商国际旅行社有限公司
地址：沈阳市和平区十四纬路19号
电话：024－86286882
邮编：110003
许可证号：L－LN－CJ00050

辽宁鸭绿江国际旅行社有限公司
地址：丹东经济合作区A区8号楼301室
电话：0415－3167678
邮编：118000
许可证号：L－LN－CJ00051

中国国旅（辽宁）国际旅行社有限公司
地址：沈阳市和平区市府大路55号年华国际大厦102室
电话：024－23492020
邮编：110005
许可证号：L－LN－CJ00052

大连东北国际旅行社有限公司
地址：大连市中山区长江路228号
电话：0411－39902000
邮编：116001
许可证号：L－LN－CJ00053

丹东谊江国际旅行社有限公司
地址：丹东市沿江开发区A区7号楼西单元一楼
电话：0415－2877770
邮编：118000
网址：www. ddyj. cn
许可证号：L－LN－CJ00054

辽宁天鸿国际旅行社有限公司
地址：沈阳市和平区南京南街52号11层
电话：024－31875888
邮编：110003
许可证号：L－LN－CJ00055

辽宁省职工国际旅行社
地址：沈阳市和平区北五经街1号
电话：024－22855597
邮编：110002
许可证号：L－LN－CJ00056

辽宁祥瑞国际旅行社有限公司
地址：沈阳市沈河区北站路55号C座2－7－2
电话：024－22511166
邮编：110013
网址：www. 5iuiu. com
许可证号：L－LN－CJ00057

辽宁银洲国际旅行社有限公司
地址：沈阳市和平区市府大路228号
电话：024－22507878
邮编：110002
网址：www. yinzhoulvyou. com
许可证号：L－LN－CJ00058

中国旅行社总社（辽宁）有限公司
地址：沈阳市和平区和平南大街43号
电话：024－86869008
邮编：110003
网址：www. ctsln. com
许可证号：L－LN－CJ00059

辽宁海洋国际旅行社有限公司
地址：大连市中山区上海路42号8层13号
电话：0411－82784888
邮编：116000
许可证号：L－LN－CJ00060

大连北方假日旅行社有限公司
地址：大连市中山区上海路42号406室
电话：0411－82647000
邮编：116001
许可证号：L－LN－CJ00061

大连海之韵国际旅行社有限公司
地址：大连市中山区杏林街2号中山九号优士阁
电话：0411－39639700
邮编：116001
网址：www. dl－hzy. com
许可证号：L－LN－CJ00062

大连金色假期国际旅行社有限公司
地址：大连市西岗区华海街14号
电话：0411－82802090
邮编：116013
网址：www. f166. com
许可证号：L－LN－CJ00063

大连东方假日旅行社有限公司
地址：大连市沙河口区太原街6号1811室
电话：0411－39713321
邮编：116011
许可证号：L－LN－CJ00064

大连九龙国际旅行社有限公司
地址：大连市中山区丹东街135号金运大酒店一楼
电话：0411－82735160
邮编：116001
许可证号：L－LN－CJ00065

大连来来国际旅行社有限公司
地址：大连市中山区鲁迅路35号盛世大厦
电话：0411－82739921
邮编：116001
许可证号：L－LN－CJ00066

辽宁海华国际旅行社有限公司
地址：沈阳市和平区市府大路55号808室
电话：024－23465575
邮编：110002
许可证号：L－LN－CJ00067

辽宁鸿祥国际旅行社有限公司
地址：辽宁丹东市滨江中路64－1－1号
电话：0415－3128999
邮编：118000
网址：www. ddtouronline. com
许可证号：L－LN－CJ00068

辽宁大运通国际旅行社有限公司
地址：沈阳市和平区和平北大街69号C1009室
电话：024－22814116
邮编：110003
许可证号：L－LN－CJ00069

大连金桐旅行社有限公司
地址：大连市沙河口区中长街2号819室
电话：0411－84528117
邮编：116021
网址：www. dljintong. com
许可证号：L－LN－CJ00070

大连民族国际旅行社有限公司
地址：大连市中山区友好路158号友好大厦1110室
电话：0411－82520516　82520526
邮编：116001
许可证号：L－LN－CJ00071

联程国际旅行社（大连）有限公司
地址：大连市西岗区白云新村天池花园1号102室
电话：0411－82828280
邮编：116000
许可证号：L－LN－CJ00072

沈阳长白山旅行社有限公司
地址：沈阳市和平区十一纬路51号
电话：024－31320077
邮编：110003
许可证号：L－LN－CJ00073

朝阳海外国际旅行社有限公司
地址：朝阳市朝阳大街三段52号
电话：0421－2617776　2632220
邮编：122000
许可证号：L－LN－CJ00074

阜新五洲国际旅行社有限公司
地址：阜新市海洲区解放大街21－9物业楼
电话：0148－3353800
邮编：123000
网址：www. fxtour. gov. cn
许可证号：L－LN－CJ00075

辽宁远洋国际旅行社有限公司
地址：沈阳市和平区南京北街甲105号1705室

电话：024－86206938
邮编：110031
网址：www.lgmcg.com
许可证号：L－LN－CJ00077

辽宁骏安国际旅行社有限公司
地址：沈阳市和平区和平南大街39号
电话：024－31879444
邮编：110003
许可证号：L－LN－CJ00078

辽宁海峡国际旅行社有限公司
地址：沈阳市和平区中山路111号
电话：024－23512215
邮编：110004
许可证号：L－LN－CJ00079

盘锦金色假期国际旅行社有限公司
地址：盘锦市兴隆台区惠宾街100－5号
电话：0427－7833389　7833300
邮编：124010
许可证号：L－LN－CJ00080

大连森林国际旅行社有限公司
地址：大连市中山区港湾街20号B座
电话：0411－82766139
邮编：116001
网址：www.forestts.com
许可证号：L－LN－CJ00081

大连巴比来国际旅行社有限公司
地址：大连市中山区上海路42号都市银座1206室
电话：0411－39620555
邮编：116001
许可证号：L－LN－CJ00082

营口海外旅行社
地址：营口市站前区盼盼路17－17号
电话：0417－3322004
邮编：115000
网址：www.ykhaiwai.com
许可证号：L－LN－CJ00084

雄狮国际旅行社（辽宁）有限公司
地址：盘锦市兴隆台区紫园小区
电话：0427－7281226
邮编：124010
网址：www.sytrly.com
许可证号：L－LN－CJ00085

锦州铁道旅行社有限责任公司
地址：锦州市凌河区延安路四段12－120号
电话：0416－2144905
邮编：121000
许可证号：L－LN－CJ00086

绥中佳宁国际旅行社有限公司
地址：葫芦岛市绥中县中央路工人街8号
电话：0429－6134000
邮编：125200
许可证号：L－LN－CJ00087

辽宁青华国际旅行社有限公司
地址：沈阳市沈河区团结路68－2号
电话：024－23783139
邮编：110013
许可证号：L－LN－CJ00088

辽宁华亿国际旅行社有限公司
地址：沈阳市沈河区北站路77－1号
电话：024－31289120
邮编：110013
网址：www.ltytravel.com
许可证号：L－LN－CJ00089

沈阳中青国际旅行社有限公司
地址：沈阳市沈河区惠工街124号
电话：024－22531146
邮编：110013
网址：www.lilyholiday.com
许可证号：L－LN－CJ00090

沈阳凯撒世嘉旅行社有限公司
地址：沈阳市和平区青年大街286号
电话：024－31379751
邮编：110003
许可证号：L－LN－CJ00092

大连春秋国际旅行社有限公司
地址：大连市沙河口区黄河路706号
电话：0411－84603206
邮编：116021
许可证号：L－LN－CJ00093

沈阳沪春秋旅行社有限责任公司
地址：沈阳市大东区东顺城街137号
电话：024－31657801
邮编：110042
许可证号：L－LN－CJ00094

朝阳市五洲国际旅行社有限公司
地址：朝阳市双塔区朝阳大街三段60号
电话：0421－2632255
邮编：122000
网址：www.vsedu.com.cn
许可证号：L－LN－CJ00095

营口华夏国际旅行社有限公司
地址：营口市站前区辽河大街东30－10号
电话：0417－2605511
邮编：115000
网址：www.ykhxzl.com
许可证号：L－LN－CJ00096

沈阳润博旅行社有限公司
地址：沈阳市和平区总站路119号3A2
电话：024－22744453
邮编：110013
许可证号：L－LN－CJ00097

辽宁天马旅行社有限公司
地址：抚顺市顺城区宁远街14号楼
电话：024－58206678
邮编：113008
许可证号：L－LN－CJ00098

沈阳永安之旅旅行社有限责任公司
地址：沈阳市沈河区奉天街333号2406室
电话：024－22516669
邮编：110011
许可证号：L－LN－CJ00099

辽宁北国国际旅行社有限公司
地址：沈阳市沈河区山东堡路11甲2号
电话：024－62420838
邮编：110011
许可证号：L－LN－CJ00100

锦州市神舟旅行社有限公司
地址：锦州市凌河区锦铁街道延安路四段14－79号
电话：0416－4159628
邮编：121200
许可证号：L－LN－CJ00101

盘锦京华国际旅行社有限责任公司
地址：盘锦市大洼县大洼镇站前街
电话：0427－8278666
邮编：124200
许可证号：L－LN－CJ00102

盘锦绿洲国际旅行社有限公司
地址：盘锦市惠宾街万豪国际写字间316－319号
电话：0427－8646999
邮编：124010
许可证号：L－LN－CJ00103

鞍山钢铁集团国际旅行社
地址：鞍山市铁东区东风街108号
电话：0412－5552851
邮编：114001
许可证号：L－LN－CJ00104

鞍山市青青假日旅行社有限公司
地址：鞍山市铁东区六道街11号（胜利广场大商C座801）
电话：0412－2222088　2222967
邮编：114001
许可证号：L－LN－CJ00105

海城市新亚国际旅行社有限公司
地址：鞍山海城市环城西路17号
电话：0412－3106868
邮编：114200
许可证号：L－LN－CJ00106

沈阳乐途国际旅行社有限责任公司
地址：沈阳市沈河区北京街19号
电话：024－22513333
邮编：110011
许可证号：L－LN－CJ00107

丹东康辉旅行社有限公司
地址：丹东市振兴区五经街2号
电话：0415－2809678
邮编：118002
许可证号：L－LN－GJ00108

丹东假日旅行社
地址：丹东市振兴区十纬路98－8号
电话：0415－2124333
邮编：118002
许可证号：L－LN－CJ00109

丹东九州国际旅行社有限公司
地址：丹东市振兴区十一纬路3号307室
电话：0415－3149111
邮编：118002
许可证号：L－LN－CJ00110

本溪市幸福旅行社有限公司
地址：本溪市平山区解放北路3栋5号－1
电话：024－3101002
邮编：117000
许可证号：L－LN－GJ00111

盘锦风月国际旅行社有限公司
地址：盘锦市兴隆台区胜利小区73幢11号商网
电话：0427－7285989
邮编：124010
许可证号：L－LN－CJ00112

大连国宾假期国际旅行社有限公司
地址：大连市中山区长江路315号香榭里广场西塔B座1406室
电话：0411－83722777
邮编：116001
许可证号：L－LN－CJ00113

大连观光国际旅行社有限公司
地址：大连市西岗区长春路万达华府19－2－602
电话：0411－83668448
邮编：116011

许可证号：L－LN－CJ00114

大连和光国际旅行社有限公司
地址：大连市中山区友好路158号
电话：0411－82809999－616
邮编：116001
许可证号：L－LN－CJ00115

大连文园国际旅行社有限公司
地址：大连市中山区华昌街19号远达大厦A座2102室
电话：0411－82639100
邮编：116001
许可证号：L－LN－CJ00116

大连半岛假日国际旅行社有限公司
地址：大连市中山区武汉街73号3单元12层10号
电话：0411－82313078
邮编：116001
许可证号：L－LN－CJ00117

大连金运国际旅行社有限公司
地址：大连市中山区长江路177号6层631室
电话：0411－82812712
邮编：116001
许可证号：L－LN－CJ00118

铁岭市中国国际旅行社
地址：铁岭市银州区新华街21号
电话：024－74181111
邮编：112000
许可证号：L－LN－GJ00119

铁岭春天国际旅行社有限公司
地址：铁岭市银州区工人街龙腾大厦综合楼5号
电话：024－4853336
邮编：112000
许可证号：L－LN－CJ00120

锦州市天马国际旅行社
地址：锦州市古塔区延安路三段4甲－30号
电话：0416－2136921　2136923
邮编：121001
许可证号：L－LN－CJ00121

大连东旭国际旅行社有限公司
地址：大连市中山区友好路101号36层13号
电话：0411－82537609
邮编：116001
许可证号：L－LN－CJ00122

大连光大国际旅行社有限公司
地址：大连市中山区鲁迅路35号盛世大厦1708室
电话：0411－82779830
邮编：116001
许可证号：L－LN－CJ00123

大连七彩假日国际旅行社有限公司
地址：大连市甘井子区周家街14号2－1－2
电话：0411－86606488
邮编：116003
许可证号：L－LN－CJ00124

环境国际旅行社（大连）有限公司
地址：大连市经济技术开发区辽宁街52号4－4
电话：0411－84521333
邮编：116001
许可证号：L－LN－CJ00125

大连海天白云国际旅行社有限公司
地址：大连市中山区长江路123号1层115号
电话：0411－82529325
邮编：116001
许可证号：L－LN－CJ00126

大连宏喜丰国际旅行社有限公司
地址：大连市中山区常青街29号休斯顿公寓A901
电话：0411－83651835
邮编：116001
许可证号：L－LN－CJ00127

鞍山市天信旅行社有限公司
地址：鞍山市铁东区胜利办事处南1－29号
电话：0412－5521222
邮编：114001
许可证号：L－LN－CJ00128

铁岭飞扬国际旅行社有限责任公司
地址：铁岭市银州区工人街工商局楼门市房
电话：024－74838333
邮编：112000
许可证号：L－LN－CJ00129

丹东港兴国际旅行社有限责任公司
地址：丹东市滨江中路66号902室
电话：0415－3133863
邮编：118000
许可证号：L－LN－CJ00130

大连富士国际旅行社有限公司
地址：大连市中山区解放街51号一楼东厅
电话：0411－83699148
邮编：116001
许可证号：L－LN－CJ00131

大连北良国际旅行社有限公司
地址：大连市中山区鲁迅路50号北良大厦803－804室
电话：0411－39897111
邮编：116001
许可证号：L－LN－CJ00132

辽宁百达通国际旅行社有限公司
地址：沈阳市沈河区市府大路290号2幢1－12－7
电话：024－23417733
邮编：110013
许可证号：L－LN－CJ00133

辽宁盛京国际旅行社有限公司
地址：沈阳市皇姑区北陵大街49号
电话：024－22741777
邮编：110032
许可证号：L－LN－CJ00134

辽宁春秋国际旅行社有限公司
地址：沈阳市和平区广州街81号2002
电话：024－31502808
邮编：110002
许可证号：L－LN－CJ00135

辽宁海内外国际旅行社有限公司
地址：沈阳市大东区上园路43－1号1门101室
电话：024－88329858
邮编：114400
许可证号：L－LN－CJ00136

沈阳嘉通私享旅行社有限公司
地址：沈阳市和平区中山路111号1018室
电话：024－62589959
邮编：110001
许可证号：L－LN－CJ00137

抚顺运通旅行社有限公司
地址：抚顺市新抚区站前街五方块四号楼103号
电话：024－8112555
邮编：113006
许可证号：L－LN－CJ00138

锦州市中国旅行社
地址：锦州古塔区山西街63号
电话：0416－2399500
邮编：121000
许可证号：L－LN－CJ00139

铁岭凯旋国际旅行社有限公司
地址：铁岭市银州区工人街党校综合楼
电话：024－74139999
邮编：112000
许可证号：L－LN－CJ00140

辽宁电力本溪明珠国际旅行社有限公司
地址：本溪市平山区胜利路4号
邮编：117000
电话：024－2852626
网址：www. mzly365. com
许可证号：L－LN－CJ00141

沈阳嘉航旅行社有限公司
地址：沈阳市和平区市府大路55号916房间
电话：024－23868068
邮编：110004
许可证号：L－LN－CJ00142

饭　店

沈阳皇朝万豪酒店 ★★★★★
地址：沈阳市和平区青年大街388号
电话：024－23883456
邮编：110003

沈阳洲际酒店 ★★★★★
地址：沈阳市和平区南京北街208号
电话：024－23341999
邮编：110001

沈阳丽都索菲特酒店 ★★★★★
地址：沈阳市和平区青年大街386号
电话：024－23188888
邮编：110004

辽宁东北大厦 ★★★★★
地址：沈阳市沈河区哈尔滨路99号
电话：024－62508888
邮编：110011

沈阳北约客维景大酒店 ★★★★★
地址：沈阳市和平区同泽北街35号
电话：024－89305555
邮编：110001

沈阳黎明国际酒店 ★★★★★
地址：沈阳市大东区长安路10号
电话：024－24359999
邮编：110041

沈阳凯宾斯基饭店 ★★★★★
地址：沈阳市沈河区青年大街109号
电话：024－22988988
邮编：110011

铁岭金城粤海国际酒店 ★★★★★
地址：铁岭市银州区广裕街28号
电话：4000－220－888
邮编：112000

抚顺友谊宾馆 ★★★★★
地址：抚顺市新抚区永宁街4号
电话：400－063－8899

邮编：113008

本溪富虹国际饭店 ★★★★★
地址：本溪市明山区翠溪路
电话：024－43288888
邮编：117021

富虹国际饭店 ★★★★★
地址：辽阳市辽鞍路 5－6 段
电话：0419－2268944
邮编：111000

鞍山五环大酒店 ★★★★★
地址：鞍山市铁东区胜利路 43 号
电话：0412－5520888
邮编：114002

丹东皇冠假日酒店 ★★★★★
地址：丹东市振兴区滨江中路 158 号
电话：0415－3189999
邮编：118002

大连富丽华大酒店 ★★★★★
地址：大连市人民路 60 号
电话：0411－82630888
邮编：116001

大连香格里拉大饭店 ★★★★★
地址：大连市人民路 66 号
电话：0411－82525000
邮编：116001

大连日航饭店 ★★★★★
地址：大连市中山区长江路 123 号
电话：0411－82529999
邮编：116001

大连银帆宾馆 ★★★★★
地址：大连市经济技术开发区金马路 135 号
电话：0411－88968888
邮编：116600

大连瑞诗酒店 ★★★★★
地址：大连市中山区五惠路 21 号
电话：0411－82303388
邮编：116001

大连新世界酒店 ★★★★★
地址：大连市中山区人民路 41 号
电话：0411－88078888
邮编：116001

大连远洲大酒店 ★★★★★
地址：大连市世纪广场 28 号
电话：0411－39399999
邮编：116011

大连远洋洲际酒店 ★★★★★
地址：大连市中山区友好广场 6 号
电话：0411－82366666
邮编：116001

大连凯宾斯基饭店 ★★★★★
地址：大连市解放路 92 号
电话：0411－82598888
邮编：116011

大连泰达美爵酒店 ★★★★★
地址：大连市中山区中南路 205 号
电话：0411－82881999
邮编：116001

营口港丰大酒店 ★★★★★
地址：营口市经济技术开发区昆仑大街中段 34 号
电话：0417－6269888
邮编：115003

营口红运饭店 ★★★★★
地址：营口市站前区青花大街 39 号
电话：0417－2988888　2997888
邮编：115002

金泰珑悦海景大酒店 ★★★★★
地址：营口市鲅鱼圈经济技术开发区金泰路 1 号
电话：0417－7188888
邮编：115007

凌海花园酒店 ★★★★★
地址：锦州凌海市凌海大街北段 6 号
电话：0416－8188888
邮编：121200

葫芦岛华泰国际酒店 ★★★★★
地址：葫芦岛龙港区龙湾大街 62 号
电话：0429－3078888
邮编：125003

沈阳金都饭店 ★★★★
地址：沈阳市和平区太原南街 189 号
电话：024－23510888
邮编：110001

沈阳世星国际饭店 ★★★★
地址：沈阳市铁西区启工街 8 号
电话：024－62135555
邮编：110026

沈阳凯莱大酒店 ★★★★
地址：沈阳市沈河区北站迎宾街 32 号
电话：024－22528855
邮编：110013

沈阳格林大饭店 ★★★★
地址：沈阳市沈河区北站路 72 号
电话：024－22576688
邮编：110013

沈阳高登大酒店 ★★★★
地址：沈阳市沈河区青年大街 52 号
电话：024－22818888
邮编：110014

沈阳时代广场酒店 ★★★★
地址：沈阳市沈河区北站路 99 号
电话：024－22532828
邮编：110013

沈阳玫瑰大酒店 ★★★★
地址：沈阳市沈河区中街路 201 号
电话：024－24898188
邮编：110011

沈阳房地产大厦 ★★★★
地址：沈阳市沈河区大西路 287－1 号
电话：024－82978888
邮编：110014

沈阳新世界酒店 ★★★★
地址：沈阳市和平区南京南街 2 号
电话：024－23869888
邮编：110001

沈阳商贸饭店 ★★★★
地址：沈阳市和平区中华路 68 号
电话：024－23412288
邮编：110001

沈阳假日酒店 ★★★★
地址：沈阳市和平区南京北街 204 号
电话：024－23341888
邮编：110001

沈阳七宝山饭店 ★★★★
地址：沈阳市和平区十一纬路 79－81 号
电话：024－31602888
邮编：110003

沈阳皇城商务酒店 ★★★★
地址：沈阳市和平区十一纬路 82 号
电话：024－22853838
邮编：110003

辽宁凤凰饭店 ★★★★
地址：沈阳皇姑区黄河南大街 109 号
电话：024－86105858
邮编：110031

辽宁大厦 ★★★★
地址：沈阳市皇姑区黄河南大街 105 号
电话：024－86081131
邮编：110031

辽宁政协会馆 ★★★★
地址：沈阳市皇姑区崇山东路 73 号
电话：024－86293888
邮编：110032

辽宁天都饭店 ★★★★
地址：沈阳市和平区南五马路 238 号
电话：024－23296666
邮编：110001

瑞心城市国际酒店 ★★★★
地址：沈阳市沈河区敬宾街 3－3 号
电话：024－88598299
邮编：110011

沈阳市华人大酒店 ★★★★
地址：沈阳市和平区青年大街 314 号
电话：024－23900000
邮编：110001

辽宁荣富饭店 ★★★★
地址：沈阳市铁西区北二东路 17 号
电话：024－25117777
邮编：110021

沈飞宾馆 ★★★★
地址：沈阳市皇姑区陵北街 1 号
电话：024－86598999
邮编：110031

沈阳天伦瑞格酒店 ★★★★
地址：沈阳市沈河区朝阳街 23 号
电话：024－24876666
邮编：110011

沈阳迎宾馆 ★★★★
地址：沈阳市沈河区北三经街 9 号
电话：024－22805606
邮编：110011

沈阳南阳华人国际酒店 ★★★★
地址：沈阳市和平区青年大街 314 号
电话：024－23900000
邮编：110003

柏晶酒店 ★★★★
地址：沈阳市皇姑区华山路 93 号
电话：024－31515888
邮编：110031

沈阳天丰国际酒店有限公司 ★★★★
地址：沈阳市铁西区兴华南街 31 号
电话：024－86678888
邮编：110021

朝阳建平国际酒店 ★★★★
地址：朝阳市建平县人民路 59 号

辽宁

电话：0421－7888666
邮编：122400

燕都国际酒店 ★★★★
地址：朝阳市新华路二段77号
电话：0421－6689999
邮编：122000

中林国际酒店 ★★★★
地址：阜新市海州区中华路168号
电话：0418－2288888
邮编：123000

铁岭天兴酒店有限公司 ★★★★
地址：铁岭市银州区广裕街38号
电话：024－74019999
邮编：112000

抚顺友谊宾馆 ★★★★
地址：抚顺市永宁街4号
电话：024－52810304
邮编：113008

清原宾馆 ★★★★
地址：抚顺市清原满族自治县清河路11号
电话：024－53066666
邮编：113300

明珠大酒店 ★★★★
地址：本溪市平山区胜利路4号
电话：024－42832888
邮编：117000

本溪万豪国际大酒店 ★★★★
地址：本溪市明山区地工路43号
电话：024－42877777
邮编：117000

辽阳宾馆 ★★★★
地址：辽阳市白塔区中华大街一段61号
电话：0419－2288166
邮编：111000

鞍山四海大酒店 ★★★★
地址：鞍山市铁东区园林路333号
电话：0412－6388888
邮编：114001

鞍山寰球大酒店 ★★★★
地址：鞍山市铁东区民丰巷1号
电话：0412－2988888
邮编：114001

鞍钢东山宾馆 ★★★★
地址：鞍山市铁东区东风街108号
电话：0412－5592200
邮编：114001

海城大酒店 ★★★★
地址：鞍山海城市北顺城路12号
电话：0412－3220888
邮编：114200

海城市宗骏开元名都大酒店 ★★★★
地址：鞍山海城市海州区合力委雅圣路88号
电话：0412－3788888
邮编：114200

台安盛益大酒店有限公司 ★★★★
地址：鞍山市台安县工业园区中心广场
电话：0412－4949999
邮编：114100

中联大酒店 ★★★★
地址：丹东市滨江中路62号
电话：0415－2333333
邮编：118000

丹东假日阳光酒店 ★★★★
地址：丹东市元宝区县前街1号
电话：0415－2883333
邮编：118000

丹东鸭绿江大厦 ★★★★
地址：丹东市振兴区九纬路87号
电话：0415－2125901
邮编：118000

丹东凤凰山国际酒店 ★★★★
地址：丹东凤城市凤山路65号
电话：0415－8155555
邮编：118100

丹东东港沈达江海大酒店 ★★★★
地址：丹东东港市东港南路198号
电话：0415－7111111
邮编：118300

大连万达国际饭店 ★★★★
地址：大连市长江路539号
电话：0411－83628888
邮编：116011

大连东方大厦有限公司 ★★★★
地址：大连市经济技术开发区辽河西路67号
电话：0411－87612988
邮编：116600

大连凯伦饭店 ★★★★
地址：大连市经济技术开发区金马路186号
电话：0411－87621188
邮编：116600

大连新海天国际酒店 ★★★★
地址：大连市经济技术开发区黄海西路136号
电话：0411－87629999
邮编：116600

九州华美达大酒店 ★★★★
地址：大连市中山区胜利广场18号
电话：0411－82808888
邮编：116001

大连丽景（嘉柏）酒店有限公司 ★★★★
地址：大连市中山区滨海东路15号
电话：0411－82892811
邮编：116015

良运大酒店 ★★★★
地址：大连市中山区五五路12号
电话：0411－82589188
邮编：116001

大连心悦大酒店有限公司 ★★★★
地址：大连市中山区人民路81号
电话：0411－82809000
邮编：116001

大连嘉信国际酒店 ★★★★
地址：大连市中山区五五路53号
电话：0411－82727999
邮编：116001

大连市船舶丽湾大酒店 ★★★★
地址：大连市中山区民主广场8号
电话：0411－82123888
邮编：116001

大连文园大酒店 ★★★★
地址：大连市中山区职工街58号
电话：0411－39918888
邮编：116001

大连十洲云水大酒店 ★★★★
地址：大连市沙河口区长江路839号
电话：0411－39878888
邮编：116021

大连昱圣苑国际酒店 ★★★★
地址：大连市沙河口区太原街6号
电话：0411－39888888
邮编：116021

大连国际机场宾馆 ★★★★
地址：大连市甘井子区迎客路98号
电话：0411－86659888
邮编：116033

大连市阿尔滨金山宾馆 ★★★★
地址：大连市金州区五一路82号
电话：0411－87682288
邮编：116100

大连星海高尔夫酒店 ★★★★
地址：大连市沙河口区星河路29号
电话：0411－82193333
邮编：116021

仲夏花园酒店 ★★★★
地址：大连市西岗区八一路222号
电话：0411－82492222
邮编：116011

大连香洲大饭店 ★★★★
地址：大连市西岗区中山路145号
电话：0411－83699988
邮编：116011

大连海天白云大酒店 ★★★★
地址：大连市西岗区滨海西路81号
电话：0411－39907777
邮编：116011

大连渤海明珠酒店 ★★★★
地址：大连市胜利广场8号
电话：0411－88128888
邮编：116011

大连心族大酒店 ★★★★
地址：大连市西岗区长江路586号
电话：0411－83799999
邮编：116011

大连金元大酒店 ★★★★
地址：大连市开发区金马路143号
电话：0411－87618888
邮编：116011

大连敦豪国际酒店 ★★★★
地址：大连市长兴岛临港工业区三堂村滨艳路100号
电话：0411－85287888
邮编：116011

大连博尔特大酒店 ★★★★
地址：大连市沙河口区兴工街4号
电话：0411－39678888
邮编：116021

大连国尊王朝大酒店 ★★★★
地址：大连市开发区黄海西路138号
电话：0411－82177777
邮编：116011

大连不夜城大酒店有限公司 ★★★★
地址：大连市开发区辽河西路99号
电话：0411－87338888
邮编：116011

大连奥利加尔大酒店 ★★★★
地址：大连市沙河口区中山路418号
电话：0411－39679999

辽宁

邮编：116021

大连发现王国度假酒店 ★★★★
地址：大连市开发区金石滩旅游度假区金石路 36 号
电话：0411－87901666
邮编：116011

金都大酒店 ★★★★
地址：营口盖州市红旗大街
电话：0417－7698888
邮编：115200

国贸大饭店 ★★★★
地址：营口市站前区新兴大街东 1 号
电话：0417－2655555
邮编：115000

国贸饭店 ★★★★
地址：盘锦市兴隆台区中兴路 7 号
电话：0427－2816688
邮编：124010

辽河宾馆 ★★★★
地址：盘锦市兴隆台区惠宾街
电话：0427－7804797
邮编：124010

辽宁紫澜门国际酒店 ★★★★
地址：盘锦市兴隆台区兴隆大街 124 号
电话：0427－3208888
邮编：124010

盘锦生态酒店 ★★★★
地址：盘锦市兴隆台区双兴路
电话：0427－2959933
邮编：124010

盘锦国际酒店 ★★★★
地址：盘锦市兴隆台区泰山路 116 号
电话：0427－7268888
邮编：124010

盘锦银龙国宴大酒店 ★★★★
地址：盘锦市盘山县政府西 200 米
电话：0427－8299999
邮编：124000

锦州市元都大酒店 ★★★★
地址：锦州市凌河区中央大街二段 41－43 号
电话：0416－7199999
邮编：121001

锦州石油宾馆 ★★★★
地址：锦州市古塔区敬业北里 64 号
电话：400－755－8888
邮编：121001

锦州笔架山庄 ★★★★
地址：锦州市经济技术开发区滨海路
电话：0416－3584590
邮编：121007

北镇大厦 ★★★★
地址：锦州北镇市 102 国道 571 公里处
电话：0416－6632388
邮编：121300

富都饭店 ★★★★
地址：葫芦岛市海晨路中段
电话：0429－2156111　3152222
邮编：125000

葫芦岛维景大酒店 ★★★★
地址：葫芦岛市龙港区龙湾大街 58－1 号
电话：0429－2550000
邮编：125003

国际酒店 ★★★★
地址：葫芦岛市龙警街 116 号
电话：0429－7268888
邮编：124010

沈阳鸿宇山庄 ★★★
地址：沈阳市棋盘山国际旅游度假区秀湖北岸
电话：024－88055051
邮编：110064

沈阳亚泰大酒店 ★★★
地址：沈阳市沈河区沈阳路 265 号
电话：024－24897777
邮编：110011

沈阳市荣达饭店 ★★★
地址：沈阳市沈河区南关路 116 号
电话：024－24109999
邮编：110015

辽宁东盛大厦 ★★★
地址：沈阳市沈河区北京街 9 号
电话：024－62236666
邮编：110013

沈阳瑞心商旅东方酒店 ★★★
地址：沈阳市沈河区北站路 112 号
电话：024－22583333
邮编：110013

沈阳邮政大厦 ★★★
地址：沈阳市沈河区北站路 78 号
电话：024－22593333
邮编：110013

辽宁科技宾馆 ★★★
地址：沈阳市沈河区文艺路 44 号
电话：024－62129088
邮编：110016

沈阳雷格酒店 ★★★
地址：沈阳市沈河区沈洲路 2 号
电话：024－22946666
邮编：110011

沈阳金利宾馆 ★★★
地址：沈阳市沈河区文化路 83 号
电话：024－23911171
邮编：110016

辽宁大剧院宾馆 ★★★
地址：沈阳市沈河区市府大路 363 号
电话：024－22735688
邮编：110013

沈阳科隆酒店 ★★★
地址：沈阳市沈河区朝阳街 238 号
电话：024－24896666
邮编：110011

沈阳北辰大酒店 ★★★
地址：沈阳市沈河区惠工街 169 号
电话：024－88522425
邮编：110013

沈阳毓英楼宾馆 ★★★
地址：沈阳市沈河区六纬路 23 号
电话：024－31297888
邮编：110014

辽宁省辽展饭店 ★★★
地址：沈阳市和平区文化路 58 号
电话：024－83939666
邮编：110003

南湖大酒店 ★★★
地址：沈阳市和平区文化路 63 号
电话：024－23843939
邮编：110003

辽宁金三角饭店 ★★★
地址：沈阳市和平区中华路 43 号
电话：024－23292288
邮编：110001

沈阳金辉大厦 ★★★
地址：沈阳市和平区南八马路 27 号
电话：024－62256666
邮编：110005

辽宁省军区后勤部招待所（老道口大厦）★★★
地址：沈阳市和平区胜利北街 1 号
电话：024－62100399
邮编：110001

沈阳军区金山宾馆 ★★★
地址：沈阳市和平区昆明北街 62 号
电话：024－31313333
邮编：110001

辽宁金秋宾馆 ★★★
地址：沈阳市和平区新华路 10 号
电话：024－62107777
邮编：110005

沈阳金杯汽车大厦 ★★★
地址：沈阳市和平区中华路 57 号
电话：024－23868888
邮编：110001

沈阳金星宾馆 ★★★
地址：沈阳市和平区太原北街 9 号
电话：024－62101111
邮编：110001

沈阳金城宾馆 ★★★
地址：沈阳市和平区太原北街 1 号
电话：024－23168888
邮编：110001

辽宁金科大厦 ★★★
地址：沈阳市和平区文化路 19 号
电话：024－23898880
邮编：110004

沈阳市和平宾馆 ★★★
地址：沈阳市和平区胜利北街 104 号
电话：024－23498888
邮编：110001

沈阳民航宾馆 ★★★
地址：沈阳市大东区小河沿路 3 号
电话：024－88291888
邮编：110043

辽宁工会大厦 ★★★
地址：沈阳市皇姑区崇山东路 40 号
电话：024－62235999
邮编：110032

辽宁国大酒店 ★★★
地址：沈阳市皇姑区昆山东路 28 号
电话：024－86399000
邮编：110032

沈阳兰亭宾馆 ★★★
地址：沈阳市皇姑区北陵大街 37 号
电话：024－86395888
邮编：110032

沈阳军区金辉宾馆 ★★★
地址：沈阳市铁西区沈辽东路 34 号
电话：024－25688688

邮编：110022

沈阳市紫薇仙庄 ★★★
地址：沈阳市苏家屯区紫微路1号
电话：024－89593338
邮编：110003

沈阳华苑大酒店 ★★★
地址：沈阳市苏家屯区海棠街39号
电话：024－89135632
邮编：110101

沈阳市新城饭店 ★★★
地址：沈阳市苏家屯区枫杨路26号
电话：024－89819999
邮编：110101

沈阳空港来登饭店 ★★★
地址：沈阳市东陵区沈阳桃仙国际机场
电话：024－89397000
邮编：110169

沈阳金海岸大酒店 ★★★
地址：沈阳市于洪区黄海路35号
电话：024－25300688
邮编：110141

辽宁省人民大厦 ★★★
地址：沈阳市于洪区崇山东路41号
电话：024－86681666
邮编：110032

辽宁金剑宾馆 ★★★
地址：沈阳市于洪区崇山东路8号
电话：024－86686666
邮编：110032

沈阳迎宾馆 ★★★
地址：沈阳市和平区北三经街9号
电话：024－22805588
邮编：110001

沈阳瑞心东旭商务酒店 ★★★
地址：沈阳市和平区南京南街40号
电话：024－23299120
邮编：110001

辽宁省华峰宾馆 ★★★
地址：沈阳市于洪区崇山东路32号
电话：024－31519696
邮编：110141

沈阳鸿翔宾馆 ★★★
地址：沈阳市沈河区万柳塘路53号
电话：024－ 24280009
邮编：110011

辽宁宾馆 ★★★
地址：沈阳市和平区中山路97号
电话：024－23839166
邮编：110001

沈阳正兴宾馆 ★★★
地址：沈阳市沈河区一经街二纬路23号
电话：024－22829988
邮编：110013

沈阳七月宾馆 ★★★
地址：沈阳市和平区南京南街100号
电话：024－23583333
邮编：110001

辽宁瑞心快捷北站酒店 ★★★
地址：沈阳市沈河区北站路102号
电话：024－62231888
邮编：110011

沈阳市柳湖宾馆 ★★★
地址：沈阳市皇姑区崇山东路30号
电话：024－31015555
邮编：110031

辽宁上田服务公司杏林宾馆 ★★★
地址：沈阳市大东区小河沿路44号
邮编：110042

沈阳道盛宾馆有限公司中城商务酒店 ★★★
地址：沈阳市铁西区景星南街38号
电话：024－31809777
邮编：110021

沈阳市大东区共达宾馆 ★★★
地址：沈阳市大东区东顺城街17号
电话：024－24344377
邮编：110041

沈阳军交大厦 ★★★
地址：沈阳市沈河区北站路110号
电话：024－22582666
邮编：110011

辽宁东湖度假村 ★★★
地址：沈阳市棋盘山国际旅游风景区秀湖南岸
电话：024－88050209　88050699
邮编：110163

沈阳韩洋酒店（预备三星）
地址：沈阳市和平区中山路桂林街68号
电话：024－22859666
邮编：110001

辽宁阳光宾馆 ★★★
地址：沈阳市于洪区长江北街56号
电话：024－86198888
邮编：110141

辽宁省道路运输职工培训中心（玉龙山庄） ★★★
地址：沈阳市棋盘山国际风景旅游区秀湖北岸8号
电话：024－88058008　88058018
邮编：110013

沈阳圣有声大酒店 ★★★
地址：沈阳市和平区砂南路5号
电话：024－23300570
邮编：110001

沈阳军区金泉宾馆 ★★★
地址：沈阳市铁西区云峰南街45号
电话：024－28889666
邮编：110021

沈阳市地中海印象酒店 ★★★
地址：沈阳市沈北新区马刚乡洋什水库
电话：024－89799555　89764567
邮编：110121

新民市丽景宾馆（丽景温泉宾馆） ★★★
地址：沈阳新民市兴隆堡沈阳采油厂
邮编：110300

新民市迎宾馆 ★★★
地址：沈阳新民市辽河大街135号
电话：024－87856427
邮编：110300

沈阳文华酒店 ★★★
地址：沈阳市辽中县东环街59号
电话：024－87888886
邮编：110200

沈阳市康平宾馆 ★★★
地址：沈阳市康平县中心街345号
电话：024－87325858
邮编：110500

神鹏国际商务酒店 ★★★
地址：沈阳市法库县法库门南大街
电话：024－27039999　27037777
邮编：110400

千禧大厦宾馆 ★★★
地址：朝阳市双塔区黄河路三段51号
电话：0421－2720730
邮编：122000

朝阳大厦宾馆 ★★★
地址：朝阳市双塔区新华路三段27号
电话：0421－2811601　2811602　2811603
邮编：122000

交通宾馆 ★★★
地址：朝阳市双塔区新华路三段23号
电话：0421－6601111
邮编：122000

朝阳富源 ★★★
地址：朝阳市新华路三段24号
电话：0421－3865555
邮编：122000

朝阳市锦绣假日酒店 ★★★
地址：朝阳市龙城区文化路四段144号
电话：0421－3994666
邮编：122000

北票市隆鑫商务休闲会馆 ★★★
地址：朝阳北票市建设路中段
电话：0421－5599999
邮编：122100

圣都宾馆 ★★★
地址：朝阳市新华路三段11－5号
电话：0421－2829898
邮编：122000

阳光宾馆 ★★★
地址：朝阳市双塔区文化路三段9号
电话：0421－2619999
邮编：122000

北票宾馆 ★★★
地址：朝阳北票市南山街21号
电话：0421－5821649
邮编：122100

北票长城饭店 ★★★
地址：朝阳北票市振兴街118号
电话：0421－5877111
邮编：122100

龙回首宾馆 ★★★
地址：朝阳凌源市红山路西段
电话：0421－6988866
邮编：122500

喀左宾馆 ★★★
地址：朝阳市喀左县大城子镇青年街1号
电话：0421－4822666
邮编：122300

利州宾馆 ★★★
地址：朝阳市喀左县大城子建设路中段
电话：0421－4824210
邮编：122300

喀左电业宾馆 ★★★
地址：朝阳市喀左县青年街1号

电话：0421－4832129
邮编：122300

中南酒店 ★★★
地址：阜新市海州区解放大街 47 号
电话：0418－2898600
邮编：123000

星光大酒店 ★★★
地址：阜新市太平区创业路 73 号
电话：0418－5594410
邮编：123000

国泰大酒店 ★★★
地址：阜新市海州区解放大街 56 号
电话：0418－2898899
邮编：123000

彰武县人民政府招待所 ★★★
地址：阜新市彰武县彰武镇人民大街 29 号
电话：0418－7732772
邮编：123200

铁岭金都酒店 ★★★
地址：铁岭市银州区银州路 2 号
邮编：112000

香林阁酒店 ★★★
地址：铁岭市银州区光荣街客运中心对面
电话：024－72853333
邮编：112000

铁岭市龙山宾馆 ★★★
地址：铁岭市银州区南马路 88 号
电话：024－72219000
邮编：112000

铁岭铁源大酒店 ★★★
地址：铁岭市银州区银州路 1 号
电话：024－74841551
邮编：112000

铁岭市清河区丽景饭店 ★★★
地址：铁岭市清河区虹光街 15 号
电话：024－72112010
邮编：112003

铁岭市清河区云松大酒店 ★★★
地址：铁岭市清河区红旗街旅游路 2 号
电话：024－72181155
邮编：112003

铁煤宾馆 ★★★
地址：铁岭调兵山市
电话：024－76866536
邮编：112700

调兵山市溯源宾馆有限责任公司 ★★★
地址：铁岭调兵山市人民路东段
电话：024－76991666
邮编：112700

永城商务酒店 ★★★
地址：铁岭调兵山市调兵山大街 60 号
电话：024－76789999
邮编：112700

调兵山保龄餐饮娱乐有限公司 ★★★
地址：铁岭调兵山市
邮编：112700

宝平国际酒店 ★★★
地址：铁岭调兵山市中央大街中段
电话：024－76912999
邮编：112700

辽宁新创集团股份有限公司天宝酒店 ★★★
地址：铁岭开原市解放路 170－1 号
电话：024－76309999
邮编：112300

鹿城国际饭店 ★★★
地址：铁岭市西丰县客运站西行 300 米
电话：024－77898282
邮编：112400

裕隆园酒店 ★★★
地址：铁岭市昌图县站前大街与政府大路交汇处
电话：024－75924222
邮编：112500

东晟酒店 ★★★
地址：铁岭市昌图县政府路东晟阳光城 6 号
电话：024－75807777
邮编：112500

煤都宾馆 ★★★
地址：抚顺市新抚区迎宾街 1 号
电话：024－52532333
邮编：113008

抚顺石化宾馆 ★★★
地址：抚顺市顺城区浑河北路 6 号
电话：024－53888888
邮编：113006

天宝大厦 ★★★
地址：抚顺市新抚区西一路 2 号
电话：024－52537777
邮编：113008

罗台山庄 ★★★
地址：抚顺市东洲区萨尔浒南路 2 号
电话：024－54460111
邮编：113007

南海绿洲大酒店 ★★★
地址：抚顺市望花区丹东路 68 号
电话：024－56656888
邮编：113001

铜锣湾宾馆 ★★★
地址：抚顺市经济开发区顺富路 81 号
电话：024－56708210
邮编：113008

启运宾馆 ★★★
地址：抚顺市新宾县新宾镇和平街
电话：024－55030111
邮编：113200

兴京宾馆 ★★★
地址：抚顺市新宾县兴京街 30 号
电话：024－55080477
邮编：113200

新和宾馆 ★★★
地址：抚顺市新宾县新宾镇民主街 4 号
邮编：113200

紫荆饭店 ★★★
地址：抚顺市清原县紫荆饭店
电话：024－53051700
邮编：113300

北钢宾馆 ★★★
地址：本溪市平山区北台镇北钢工业新区大门东侧
电话：024－42529666
邮编：117017

万顺达饭店 ★★★
地址：本溪市平山区解放南路
电话：024－42321000
邮编：117000

富佳大酒店 ★★★
地址：本溪市明山区地工路 43 号
电话：024－44835888
邮编：117022

金山宾馆 ★★★
地址：本溪市明山区北光路 65 号
电话：024－43282388
邮编：117000

东方花园酒店 ★★★
地址：本溪市石桥子开发区
电话：024－45850198
邮编：117019

辽宁林业科技馆 ★★★
地址：本溪市
邮编：117000

本溪市林业技术推广培训中心 ★★★
地址：本溪市明山区小堡
电话：024－43568668
邮编：117021

仙榆湾辽宁国际医药会议中心 ★★★
地址：本溪市济技术开发区石桥子镇西高堡村二组
电话：024－45857111
邮编：117000

本溪县莘和园酒店 ★★★
地址：本溪市本溪县小市镇滨河东路
电话：024－46853588
邮编：117100

贺新乐园酒店 ★★★
地址：本溪市本溪县小市镇过境路
电话：024－46883288
邮编：117100

正方宾馆 ★★★
地址：本溪市桓仁县桓仁镇沿河街
电话：024－48865918
邮编：117200

本溪假日大酒店 ★★★
地址：本溪市桓仁县民族街 M14 号楼
电话：024－48838188
邮编：117200

桓仁教育园宾馆 ★★★
地址：本溪市桓仁县桓仁镇黄河大街
电话：024－48876888
邮编：117200

辽阳宾馆 ★★★
地址：辽阳市中华大街一段 61 号
电话：0419－2140083
邮编：111000

辽化宾馆 ★★★
地址：辽阳市青年街 40 号
电话：0419－4133339
邮编：111000

弓长岭宾馆 ★★★
地址：辽阳市弓长岭区平安西街
电话：0419－5113316
邮编：111008

汀洲大酒店 ★★★
地址：辽阳市白塔区熊家街 01 号

电话：0419－2258900
邮编：111000

银梦大酒店 ★★★
地址：辽阳市民主路49号
电话：0419－2153466
邮编：111000

金都大酒店 ★★★
地址：辽阳市辽阳县首山镇人民街交通局东侧
电话：0419－7370888
邮编：111200

鞍钢天座宾馆 ★★★
地址：鞍山市鞍千路温泉段
电话：0412－2512000
邮编：114045

鞍山华世博际俱乐部 ★★★
地址：鞍山市铁东区胜利南路35甲
电话：0412－5559888
邮编：114009

鞍山市田园酒店 ★★★
地址：鞍山市铁东区南建国路45号
电话：0412－2987777
邮编：114001

辽宁鑫丰酒店 ★★★
地址：鞍山市千山风景区丁香峪地税培训中心
电话：0412－5412233
邮编：114045

汤岗子龙宫温泉酒店 ★★★
地址：鞍山市千山区温泉街1号
电话：0412－2415666
邮编：114048

鞍山秋实宾馆 ★★★
地址：鞍山市千山区温泉街1号
电话：0412－2410272
邮编：114048

东电宾馆 ★★★
地址：鞍山市千山区鞍千路温泉站
电话：0412－2512588
邮编：114041

昊诚商务酒店 ★★★
地址：鞍山市铁东区建国南路91号
电话：0412－6513311
邮编：114001

鞍山市铁东区嘉水世界商务宾馆 ★★★
地址：鞍山市铁东区胜利南路93号
电话：0412－5088888
邮编：114001

清水湾温泉度假酒店 ★★★
地址：鞍山市千山区千山东路北倪家台
电话：0412－6594222
邮编：114041

鞍山市摩泰商务宾馆 ★★★
地址：鞍山市铁东区千山中路20号甲
电话：0412－7355555
邮编：114001

鞍山市齐都大酒店 ★★★
地址：鞍山市立山区樱山路8号
电话：0412－6485888
邮编：114031

海城市柳月香城大酒店 ★★★
地址：鞍山海城市西柳镇
电话：0412－3816666
邮编：114200

海城市富豪大酒店 ★★★
地址：鞍山海城市永安路33号
电话：0412－3305888
邮编：114200

海城市春雷商务大厦 ★★★
地址：鞍山海城市永安路23号
电话：0412－3208888
邮编：114200

台安金帝帅府宾馆 ★★★
地址：鞍山市台安县胜利路10号
电话：0412－4999001
邮编：114100

岫岩贺临假日酒店 ★★★
地址：鞍山市岫岩县站前大街
电话：0412－7887888
邮编：114300

岫岩宾馆 ★★★
地址：鞍山市岫岩县中心街25号
电话：0412－7805999
邮编：114300

丹东谊江宾馆 ★★★
地址：丹东市江城大街165号
电话：0415－2851933
邮编：118000

丹东市安东大世界有限公司 ★★★
地址：丹东市振兴区六经街29号
电话：0415－2166666
邮编：118000

丹东银杏园酒店 ★★★
地址：丹东市振兴区六纬路18号
电话：0415－2135555
邮编：118000

丹东泓苑大酒店 ★★★
地址：丹东市振兴区锦山大街4号
电话：0415－3877777
邮编：118000

丹东好旺角商务酒店 ★★★
地址：丹东市振兴区山上街1号
电话：0415－2198888
邮编：118000

丹东良茂商务酒店 ★★★
地址：丹东市振兴区江沿路81号
电话：0415－2146888
邮编：118000

丹东樱花大酒店 ★★★
地址：丹东市振兴区六纬路2号
电话：0415－2100999
邮编：118000

丹东樱花宾馆 ★★★
地址：丹东市振兴区七经街8号
电话：0415－2178888
邮编：118000

丹东花园宾馆 ★★★
地址：丹东市振兴区人民路1号
电话：0415－3178309
邮编：118000

丹东国际酒店 ★★★
地址：丹东市元宝区新安街88号
电话：0415－2817788
邮编：118000

丹东嘉豪商务酒店 ★★★
地址：丹东市元宝区锦山大街87－2号
电话：0415－2855555
邮编：118000

丹东国门酒店 ★★★
地址：丹东市元宝区丹东边境经济合作区
电话：0415－3895333
邮编：118000

丹东沿江开发区普利玛酒店 ★★★
地址：丹东市振兴区沿江开发区M区73号
电话：0415－3150999
邮编：118000

丹东沿江开发区江滨酒店 ★★★
地址：丹东市商贸旅游区房坝五号楼
电话：0415－3153748
邮编：118000

丹东邮电大厦 ★★★
地址：丹东市振兴区七纬路78号
电话：0415－2166888
邮编：118002

丹东铁路大酒店 ★★★
地址：丹东市十一纬路3号
电话：0415－2307777
邮编：118000

丹东雷迪森商务酒店 ★★★
地址：丹东市振兴区山上街99号
电话：0415－2189999
邮编：118002

东港宾馆 ★★★
地址：丹东市东港路15号
电话：0415－7556666
邮编：118000

丹东新一百商务酒店 ★★★
地址：丹东市振兴区七经街8号
电话：0415－2211111
邮编：118002

丹东铁联商务酒店 ★★★
地址：丹东市十一纬路14号
电话：0415－2023237
邮编：118000

丹东五龙高尔夫会馆 ★★★
地址：丹东市振安区楼房镇梨树村
电话：0415－2357777
邮编：118001

丹东凤凰山国际宾馆 ★★★
地址：丹东市凤山路65号
电话：0415－8155666
邮编：118000

丹东市长隆商务酒店 ★★★
地址：丹东市振安区珍珠街307号
电话：0415－2893888
邮编：118001

丹东市长城宾馆 ★★★
地址：丹东市振兴区十一经街五号
电话：0415－2376789
邮编：118002

丹东五龙背龙元宾馆 ★★★
地址：丹东市振安区五龙背镇站前西街59号
电话：0415－4100888
邮编：118001

凤城大梨树大酒店 ★★★
地址：丹东凤城市
邮编：118100

东港市大东区东盛商务大酒店 ★★★
地址：丹东东港市
电话：0415－6606313
邮编：118300

丹东华能宾馆 ★★★
地址：丹东东港市东港南路 157 号
电话：0415－6618888
邮编：118300

宽甸东泰大世界有限公司 ★★★
地址：丹东市宽甸县中心路 63 号
电话：0415－5121868
邮编：118200

宽甸龙都酒店 ★★★
地址：丹东市宽甸县电厂生活区
电话：0415－5168888
邮编：118200

宽甸万豪商务酒店 ★★★
地址：丹东市宽甸县中心路南段 6 组 7 号
电话：0415－6555555
邮编：118200

宽甸青山沟东兴大酒店 ★★★
地址：丹东市宽甸满族自治县青山沟镇
电话：0415－5850838
邮编：118200

宽甸河口万年春酒店 ★★★
地址：丹东市宽甸县河口度假区内
电话：0415－5628888　5628777
邮编：118200

宽甸县满江泓大酒店 ★★★
地址：丹东市宽甸县河口旅游区断桥西侧
电话：0415－5555555　5625888
邮编：118200

大连新盛兴大酒店 ★★★
地址：大连市沙河口区中长街 2 号
电话：0411－84525888
邮编：116021

大连顺发大酒店 ★★★
地址：大连市甘井子区东纬路 53 号
电话：400－601－1969
邮编：116033

大连永嘉大酒店有限公司 ★★★
地址：大连市沙河口区长江路 938 号
电话：0411－84640168
邮编：116021

大连不夜城大酒店 ★★★
地址：大连市开发区辽河西路 99 号
电话：0411－87338888
邮编：116011

大连维多利亚国际酒店有限公司 ★★★
地址：大连市开发区黄海西路 140 号
电话：0411－87339999
邮编：116011

大连丽月湾商务酒店 ★★★
地址：大连市中山区大连中山区致富街 26 号
电话：0411－39859666
邮编：116001

西太平洋酒店 ★★★
地址：大连市开发区海青岛
电话：0411－87516611
邮编：116001

宏孚商旅酒店 ★★★
地址：大连市中山区长江路 228 号
电话：0411－84230001
邮编：116001

嘉源商旅酒店 ★★★
地址：大连市西岗区胜利街 37 号
电话：0411－82549999
邮编：116011

丽森大酒店 ★★★
地址：大连市苏苑步行街东段
电话：0411－89831719
邮编：116011

大连川王府阳光酒店中山路店 ★★★
地址：大连市西岗区中山路 143 号－2
电话：0411－83614999
邮编：116011

马桥宾馆 ★★★
地址：大连市近郊金马路金桥小区 16 号
电话：0411－87638616
邮编：116011

中国华录宾馆 ★★★
地址：大连市高新园区华路 31 号
电话：0411－84793888
邮编：116023

恒元大酒店有限公司 ★★★
地址：大连市解放路 223 号
电话：0411－82306666
邮编：116001

大连金港大酒店 ★★★
地址：大连市经济技术开发区五彩城 K 区 1 号
电话：0411－87538111
邮编：116600

大连安波温泉度假村有限公司 ★★★
地址：大连市安波镇安波社区
电话：0411－83200153
邮编：116211

大连友谊宾馆 ★★★
地址：大连市人民路 91 号
电话：0411－82634121
邮编：116001

大连民航大厦有限公司 ★★★
地址：大连市西岗区中山路 143 号
电话：0411－83633111
邮编：116011

大显酒店 ★★★
地址：大连市西岗区胜利路 98 号
电话：0411－84314777
邮编：116021

大连三寰大酒店有限公司 ★★★
地址：大连市西岗区仲夏路 159 号
电话：0411－82400488
邮编：116013

大连农垦宾馆 ★★★
地址：大连市西岗区中山路 141－3 号
电话：0411－88867888
邮编：116011

金海岸大酒店 ★★★
地址：大连市西岗区八一路
电话：0411－82401000
邮编：116013

白云假日酒店 ★★★
地址：大连市西岗区彩云路 4 号
电话：0411－84331588
邮编：116013

大连川王府阳光酒店 ★★★
地址：大连市西岗区胜利路 78 号
电话：0411－83630999
邮编：116021

大连亿成商务酒店 ★★★
地址：大连市西岗区风光街 31 号
电话：0411－39608777
邮编：116011

唐银酒店 ★★★
地址：大连市西岗区兴业街 10－12 号
电话：0411－83699999
邮编：116011

大连宾馆 ★★★
地址：大连市中山广场 4 号
电话：0411－82633111
邮编：116001

辽宁万恒假日酒店有限公司 ★★★
地址：大连市中山区八一路 260 号
电话：0411－82400295
邮编：116013

大连博览大酒店 ★★★
地址：大连市中山区解放街 1 号
电话：0411－82806161
邮编：116001

大连北方大酒店有限公司 ★★★
地址：大连市中山区人民路 19 号
电话：0411－82818388
邮编：116001

集贝港湾大酒店 ★★★
地址：大连市中山区八一路 266 号
电话：0411－82406888
邮编：116013

日月潭大酒店 ★★★
地址：大连市中山区新安街 1 号
电话：0411－82810988
邮编：116001

大连凯莱酒店 ★★★
地址：大连市中山区一德街 5 号
电话：0411－82808855
邮编：116001

北良大厦 ★★★
地址：大连市中山区鲁迅路 50 号
电话：0411－82726699
邮编：116001

大连海桥大酒店有限公司 ★★★
地址：大连市中山区人民路 21 号
电话：0411－39769999
邮编：116001

大连园酒店 ★★★
地址：大连市中山区五五路 14 号
电话：0411－82128333
邮编：116001

丰源酒店 ★★★
地址：大连市中山区青泥街 2 号
电话：0411－82807718
邮编：116001

国信大酒店 ★★★
地址：大连市中山区友好路 155 号
电话：0411－82825222
邮编：116001

大连五一国际酒店 ★★★
地址：大连市中山区解放街 2 号

电话：0411－82825151
邮编：116001

大连徐园饭店 ★★★
地址：大连市中山区人民路96号
电话：0411－82596888
邮编：116001

绿之都大酒店 ★★★
地址：大连市沙河口区西北路11号
电话：0411－86840999
邮编：116033

景山宾馆 ★★★
地址：大连市沙河口区景山巷1号
电话：0411－84691223
邮编：116023

大连欣半岛酒店有限公司 ★★★
地址：大连市沙河口区黄浦路199号
电话：0411－84699888
邮编：116023

国航大厦 ★★★
地址：大连市沙河口区中山路578号
电话：0411－84801188
邮编：116021

大连锦绣人家大酒店有限公司 ★★★
地址：大连市沙河口区西北路253号
电话：0411－86830999
邮编：116033

大连航空宾馆 ★★★
地址：大连市甘井子区迎客路69号
电话：0411－86665558
邮编：116033

香珺阁酒店 ★★★
地址：大连市甘井子区迎客路郭东街7－1号
电话：0411－86659999
邮编：116033

新纪元大酒店 ★★★
地址：大连市旅顺口区洞庭街19号
电话：0411－86628188
邮编：116041

营港大酒店 ★★★
地址：大连市旅顺口区白山街101号
电话：0411－86381888
邮编：116041

三明聚大酒店 ★★★
地址：大连市旅顺口区水师营小南村
电话：0411－86238998
邮编：116041

大连金州宾馆 ★★★
地址：大连市金州区斯大林路412号
电话：0411－87692172
邮编：116100

大连金华大酒店 ★★★
地址：大连市金州区友谊街道和平路35号
电话：0411－87818888
邮编：116100

大连东方渔港大酒店 ★★★
地址：大连市金州区国防路427号
电话：0411－87858888
邮编：116100

豫园大酒店 ★★★
地址：大连市西岗区新开路78号
电话：0411－88865555
邮编：116011

金海湾酒店 ★★★
地址：大连市中山区鲁迅路76号
电话：0411－82718899
邮编：116001

鲇鱼湾度假村 ★★★
地址：大连开发区新港街道
电话：0411－87596655
邮编：116601

金运大酒店 ★★★
地址：大连市中山区丹东街135号
电话：0411－39817666　39817388
邮编：116001

辰熙速八海景酒店 ★★★
地址：大连市沙河口区中山路672号
电话：0411－39907888
邮编：116021

盛世年华大酒店 ★★★
地址：大连市西岗区宏济街57号
电话：0411－83699888
邮编：116011

大连邮政宾馆 ★★★
地址：大连市中山区长江路271号
电话：0411－83661388
邮编：116001

大连海尊大饭店 ★★★
地址：大连市中山区天津街189号
电话：0411－88138888
邮编：116001

大连富哥商务酒店 ★★★
地址：大连市经济技术开发区赤峰街11－1号－A
电话：0411－87539999
邮编：116011

大连理工大学国际会议中心 ★★★
地址：大连市甘井子区凌工路2号大连理工大学科技园大厦A座
电话：0411－62628888
邮编：116033

大连日月明酒店 ★★★
地址：大连市西岗区胜利路101号
电话：0411－83696666
邮编：116011

丽月湾商务酒店 ★★★
地址：大连市致富街26号
电话：0411－82658966
邮编：116011

大连海御王酒店 ★★★
地址：大连市中山区中南路279号
电话：0411－82880909
邮编：116001

大连锦天宾馆 ★★★
地址：大连市中山区杏林街46号
电话：0411－82188666
邮编：116001

大连枫林绿洲酒店 ★★★
地址：大连市沙河口区西北路211号
电话：0411－86662299
邮编：116021

大连铁越集团有限公司 ★★★
地址：大连市
邮编：116011

大连锦天宾馆 ★★★
地址：大连市中山区杏林街46号
电话：0411－82188666
邮编：116001

瓦房店市金百合酒店 ★★★
地址：大连市瓦房店市五四路8号
电话：0411－85600000
邮编：116300

瓦房店市新海润酒店 ★★★
地址：大连市瓦房店市钻石街28号
电话：0411－39106666
邮编：116300

瓦房店市长兴大酒店 ★★★
地址：大连瓦房店市西长春路一段93号
电话：0411－85619999
邮编：116300

瓦房店市龙馨温泉宾馆 ★★★
地址：大连市瓦房店市许屯镇龙门汤村
电话：0411－85358999
邮编：116300

天河酒店 ★★★
地址：大连瓦房店市东长春路北段14号
电话：0411－85673333
邮编：116300

瓦房店宾馆 ★★★
地址：大连瓦房店市公园路185号
电话：0411－85609888
邮编：116300

黄海岸大酒店 ★★★
地址：大连庄河市黄海大街一段362号
电话：0411－89702222
邮编：116400

凯恩大饭店 ★★★
地址：大连庄河市昌盛街85号
电话：0411－89875555
邮编：116400

丽源宾馆 ★★★
地址：大连庄河市新华路二段29号
电话：0411－89821818
邮编：116400

大连新时代大酒店 ★★★
地址：大连庄河市黄海大街一段368号
电话：13009417686
邮编：116400

大连华博国际酒店 ★★★
地址：大连市庄河市新华路南段252号
电话：0411－89854999
邮编：116400

长海县林阳酒店 ★★★
地址：大连市长海县北海街林阳酒店内
电话：0411－89885000
邮编：116500

光前酒店 ★★★
地址：大连市长海县大长山岛和风街
电话：0411－89887555
邮编：116500

长海宏达宾馆 ★★★
地址：大连市长海县大长山岛镇长海路
电话：0411－89882831
邮编：116500

金海湾大酒店 ★★★
地址：营口市经济技术开发区

电话：0417－6241888
邮编：115007

华能营口宾馆 ★★★
地址：营口市经济技术开发区
电话：0417－6882888
邮编：115007

裕龙阁饭店 ★★★
地址：营口市站前区学府路
电话：0417－2990675
邮编：115000

鹤月嘉华酒店 ★★★
地址：营口市站前区园林里40号
电话：0417－2229678
邮编：115000

天辅兴酒店 ★★★
地址：营口市站前区履和门街少年宫里51号
电话：0417－2999799
邮编：115000

锦绣佳缘大酒店 ★★★
地址：营口市站前区大庆路
电话：0417－3697788
邮编：115001

华夏大酒店 ★★★
地址：营口市西市区新兴大街西58号
电话：0417－4892499
邮编：115001

仙侣山庄 ★★★
地址：营口市仙人岛国家森林公园内
电话：0417－2287555　2287666
邮编：115003

鹏源大酒店 ★★★
地址：营口大石桥市哈大路中段
电话：0417－5836666
邮编：115100

龙泉山庄 ★★★
地址：营口大石桥市蟠龙山公园里
电话：0417－5665988
邮编：115100

大石桥宾馆 ★★★
地址：营口大石桥市人民大街
电话：0417－5613281
邮编：115100

熊岳温泉小雨宾馆 ★★★
地址：营口市经济技术开发区熊岳镇温泉村
电话：0417－7026300
邮编：115003

营口凯华商务宾馆 ★★★
地址：营口市鲅鱼圈区海东明珠广场
电话：0417－6257888
邮编：115007

营口万达商务酒店有限公司 ★★★
地址：营口市鲅鱼圈区长江路中段
电话：0417－2689999
邮编：115007

兴辰温泉宾馆 ★★★
地址：营口盖州市双台子镇
电话：0417－7288777
邮编：115200

大石桥富城大酒店 ★★★
地址：营口大石桥市
电话：0417－5252048
邮编：115100

大石桥市万鑫酒店 ★★★
地址：营口石桥市大石桥大街东段华府天地南门
电话：0417－3191111
邮编：115100

盘锦正大酒店 ★★★
地址：盘锦市双台子区向海大道80号
电话：0427－3881859　8251222
邮编：124000

芳华宾馆 ★★★
地址：盘锦市辽河油田石油大街96号
电话：0427－7800472
邮编：124010

盘锦华锦宾馆 ★★★
地址：盘锦市双台子区红旗大街258号
电话：0427－3956888
邮编：124010

盘锦大众花园宾馆 ★★★
地址：盘锦市兴隆台区泰山路
电话：0427－2839345
邮编：124010

双兴宾馆 ★★★
地址：盘锦市兴隆台区双兴中路6号
电话：电话：0427－2899708
邮编：124010

锦州大厦宾馆 ★★★
地址：锦州市中央大街58号
电话：0416－2123530
邮编：121000

锦州北山宾馆 ★★★
地址：锦州市北京路三段12号
电话：0416－4168155
邮编：121000

锦州天港国际酒店 ★★★
地址：锦州市开发区锦港大街一段10号
电话：0416－3589888
邮编：121000

锦州金秋酒店 ★★★
地址：锦州市中央大街二段33号
电话：0416－3148888
邮编：121000

西苑饭店 ★★★
地址：锦州市太和区和金里9号
电话：0416－7183754
邮编：121005

锦州七月酒店 ★★★
地址：锦州市凌河区洛阳路五段29号
电话：0416－3316666
邮编：121000

锦州东盛宾馆 ★★★
地址：锦州市古塔区解放路三段16号
电话：0416－2545274　3217435
邮编：121001

锦州市凤还朝假日酒店 ★★★
地址：锦州市经济技术开发区井冈山路
电话：0416－3865555
邮编：121000

凌海国际酒店 ★★★
地址：锦州凌海市锦凌大街1号
电话：0416－8137777
邮编：121200

凌海凌河宾馆 ★★★
地址：锦州凌海市中央大街
电话：0416－8122682
邮编：121200

锦州松山宾馆 ★★★
地址：锦州市凌南新区松山村
电话：0416－3562666
邮编：121219

北镇北宁大厦 ★★★
地址：锦州北镇市北阁路
电话：0416－6632388
邮编：121300

北镇大朝阳山城酒店 ★★★
地址：锦州北镇市城西大朝阳风景区
电话：0416－6612188
邮编：121300

北镇名轩大酒店 ★★★
地址：锦州北镇市南大街102国道西侧
电话：0416－6335333
邮编：121300

沟帮子大和酒店 ★★★
地址：锦州市沟帮子沟广大街18号
电话：0416－6661666
邮编：121308

北镇春天生态园酒店 ★★★
地址：锦州北镇市沟帮子镇铁南工业园区
电话：0416－6393333
邮编：121300

黑山五洲大酒店 ★★★
地址：锦州市黑山县
邮编：121400

黑山姜城宾馆 ★★★
地址：锦州市黑山县光荣街70号
电话：0416－5599999
邮编：121400

福山宾馆 ★★★
地址：锦州市义县南关街171号
电话：0416－7736688
邮编：121100

富都宾馆 ★★★
地址：葫芦岛市龙湾新区海星路中段
电话：0429－3152222
邮编：125100

葫芦岛海军宾馆 ★★★
地址：葫芦岛市龙湾新区海滨路
电话：0429－2737900
邮编：125000

海洋假日酒店 ★★★
地址：葫芦岛市龙湾新区海星路21号
电话：0429－3120000
邮编：125000

渤船宾馆 ★★★
地址：葫芦岛市龙港区海丰路11号
电话：0429－2081111
邮编：125003

万得宝酒店 ★★★
地址：葫芦岛市新华大街25－3号
电话：0429－2123322
邮编：125000

葫芦岛市金沙湾大酒店 ★★★
地址：葫芦岛市龙港区龙湾大街32号
电话：0429－3114777

邮编：125003

金驰大厦 ★★★
地址：葫芦岛市高新技术产业开发区高新五路西二路
电话：0429－2929999　2929533
邮编：125000

莲花宾馆 ★★★
地址：葫芦岛市连山区新华街40号
邮编：125000

灵山宾馆 ★★★
地址：葫芦岛市连山区
邮编：125000

兴城市沁源春饭店 ★★★
地址：葫芦岛兴城市铁西路
电话：0429－5432666
邮编：125100

兴城市海得隆大酒店 ★★★
地址：葫芦岛兴城市海滨风景区转盘北行100米
电话：0429－5413000
邮编：125100

松风园宾馆 ★★★
地址：葫芦岛兴城市海滨新东路15号
电话：0429－3510555
邮编：125100

兴城金种子大厦 ★★★
地址：葫芦岛兴城市兴海路一段
电话：0429－5430836
邮编：125100

望海楼宾馆 ★★★
地址：葫芦岛兴城市海滨新东路4号
电话：0429－5410460
邮编：125100

海龙大酒店 ★★★
地址：葫芦岛兴城市海滨风景区大门外
电话：0429－5150444
邮编：125100

华悦酒店 ★★★
地址：葫芦岛市兴城市兴海南路五段11号
电话：0429－5410231
邮编：125100

铁道部兴城疗养院 ★★★
地址：葫芦岛市兴城市兴海南街108号
电话：0429－3958227　5152206
邮编：125100

兴城新世纪酒店 ★★★
地址：葫芦岛兴城市兴海路一段
电话：0429－5112222
邮编：125100

水调歌头大酒店 ★★★
地址：葫芦岛兴城市兴海南路三段19号
电话：0429－3911111
邮编：125100

兴城海逸假日酒店 ★★★
地址：葫芦岛兴城市兴海路21－2
电话：0429－5419999
邮编：125100

钓鱼台宾馆 ★★★
地址：葫芦岛兴城市海滨风景区内
电话：0429－5417777
邮编：125100

江天大酒店 ★★★
地址：葫芦岛兴城市海滨风景区内
电话：0429－5412999
邮编：125100

通宝宾馆 ★★★
地址：葫芦岛市绥中县新兴街1段11辆
电话：0429－3655555
邮编：125400

宏跃大酒店 ★★★
地址：葫芦岛市绥中县和平街100号
电话：0429－6196666
邮编：125200

绥中宾馆 ★★★
地址：葫芦岛市绥中县和平街西段11号
电话：0429－6122688
邮编：125200

旅游景区

五爱市场购物旅游区 AAAA
地址：沈阳市沈河区热闹路65号
电话：024－62286221
邮编：110011

沈阳故宫博物院 AAAA
地址：沈阳市沈河区沈阳路171号
电话：024－24844192　24843819
邮编：110011

辽宁省博物馆 AAAA
地址：沈阳市沈河区市府大路363号
电话：024－22741193
邮编：110013

沈阳科学宫 AAAA
地址：沈阳市沈河区青年大街201号
电话：024－23978026　23978029
邮编：110015
网址：www. sykxg. org

沈阳兴隆室内公园 AAA
地址：沈阳市沈河区中街路115号
电话：024－24865142
邮编：110011

张氏帅府博物馆 AAAA
地址：沈阳市沈河区朝阳街少帅府巷46号
电话：024－24842454
邮编：110011

沈阳“九・一八”历史博物馆 AAAA
地址：沈阳市大东区望花南街46号
电话：024－88320918
邮编：110044

沈阳航空博物馆 AAAA
（全国工业旅游示范点）
地址：沈阳市皇姑区陵北街1号
电话：024－86599602　86599069
邮编：110034

沈阳北陵公园 AAAA
地址：沈阳市皇姑区泰山路12号
电话：024－86910461
邮编：110032

沈阳新乐遗址博物馆 AAA
地址：沈阳市皇姑区黄河北大街龙山路1号
电话：024－86130755
邮编：110031

沈阳绿岛旅游度假区 AAAA
地址：沈阳市苏家屯区枫阳路42号
电话：024－89592288　89813846
邮编：110101

沈阳水洞风景区 AA
地址：沈阳市苏家屯区白清寨乡
电话：024－89551424
邮编：110114

沈阳棋盘山国际风景旅游开发区 AAAA
地址：沈阳市东陵区棋盘山
电话：024－88050578　88750531
邮编：110463

沈阳冰川动物乐园 AAAA
地址：沈阳棋盘山国际风景旅游开发区
电话：024－88050808
邮编：110463

沈阳市植物园 AAAAA
地址：沈阳市东陵区高坎镇中马村
电话：024－24785951
邮编：110163

沈阳古陨石科普基地旅游区 AA
地址：沈阳市东陵区李相镇滑石台村
电话：024－24740283
邮编：110015

沈阳东陵公园 AAAA
地址：沈阳市东陵东路210号
电话：024－88031748
邮编：110161

沈阳福陵景区 AAAA
地址：沈阳市东陵东街81号
电话：024－88031748
邮编：110013

沈阳昭陵景区 AAAA
地址：沈阳市皇姑区泰山路12号
电话：024－86901330
邮编：110031

沈阳太清宫景区 AA
地址：沈阳市沈河区西顺城16号
电话：024－22728847
邮编：110011

辽宁广播电视塔景区 AAA
地址：沈阳市沈河区彩塔街一号
电话：024－23843333
邮编：110011

清真南寺景区 A
地址：沈阳市沈河区小西
邮编：110011

长安寺景区 A
地址：沈阳市沈河区中央路
邮编：110011

陨石山自然保护区 A
地址：沈阳市东陵区李相乡滑石台山
电话：024－24740403
邮编：110015

沈阳虎园 A
地址：沈阳市沈北新区清水台镇
电话：024－89684555
邮编：110013

苏联红军阵亡将士纪念碑 A
地址：沈阳市站前广场中心
电话：024－22856440
邮编：110013

沈阳老龙口酒博物馆 AAA
地址：沈阳市大东区珠林路 1 号
电话：024 - 88726714
邮编：110041

沈阳铸造博物馆 AAA
地址：沈阳市铁西区卫工北街 14 号
电话：024 - 25719599
邮编：110021
网址：www. txtour. gov. cn

中华寺风景区 AAAA
地址：沈阳市东陵区王滨乡中华寺村
邮编：110015

沈阳南关天主教堂 AAA
地址：沈阳市沈河区乐郊路 40 号
电话：024 - 24812527
邮编：110011

沈阳市慈恩寺 AAA
地址：沈阳市沈河区大南街慈恩寺巷 12 号
电话：024 - 24130182
邮编：110011

沈阳白清寨滑雪场 AAA
地址：沈阳市苏家屯区白清寨风景旅游区内
电话：024 - 88619008
邮编：110101

蒙牛乳业（沈阳）有限公司 AAA
地址：沈阳市新城子区虎石台镇前詹屯村
电话：024 - 89710018
邮编：110122

沈阳国家森林公园 AAA
地址：沈阳市棋盘山国际风景旅游开发区
电话：024 - 89778001
邮编：110463

沈阳鸟岛公园 AAA
地址：沈阳市棋盘山开发区东陵路 195 号
电话：024 - 88033900
邮编：110013

中华饮食文化博物馆 AAA
地址：沈阳市棋盘山国际风景旅游开发区观音阁
电话：024 - 62256700
邮编：110013

沈阳朝阳山生态文化旅游景区 AAA
地址：沈阳市东陵区
邮编：110015

沈阳金三角森林公园（水洞）AA
地址：沈阳市苏家屯区白清寨乡
电话：024 - 89551424
邮编：110101

沈阳 - 铁西工人村生活馆 AA
地址：沈阳市铁西区赞工街 2 号
电话：024 - 85729401
邮编：110021

沈阳蓬瀛宫 AA
地址：沈阳市南塔街 52 号
电话：024 - 24513455
邮编：110013

沈阳中心庙 AA
地址：沈阳市沈阳故宫后侧
电话：024 - 62155598
邮编：110013

沈阳实胜寺景区 AA
地址：沈阳市和平区皇寺路 206 号
电话：024 - 22722467
邮编：110001

沈阳市方特欢乐世界 AAAA
地址：沈阳市沈北新区道义开发区盛京大街 55 号
电话：024 - 31050816　24606666
邮编：110121

沈阳怪坡风景区 AAAA
地址：沈阳市新城子区清水台镇
电话：024 - 89758143
邮编：110121

沈阳七星山旅游风景区 AA
地址：沈阳市新城子区石佛寺乡
电话：024 - 89686165
邮编：110134

辽宁三利生态农业观光园 AA
地址：沈阳市新城子区马刚乡曾家沟村
电话：024 - 89770684
邮编：110121

沈阳三农博览园 AAAA
地址：沈阳新民市境内大柳屯镇
电话：024 - 87557111
邮编：110300

沈阳仙子湖旅游度假区 AA
地址：沈阳市新民市前当堡镇
电话：024 - 87631220　87632499
邮编：110328

沈阳中小学生农业实践基地示范园 AA
地址：沈阳新民市大柳屯镇
电话：024 - 87853613
邮编：110300

康平卧龙湖景区 A
地址：沈阳市康平县
邮编：110500

沈阳法库五龙山风景区 AA
地址：沈阳市法库县丁家房镇
电话：024 - 87165666
邮编：110411

扶兴山 A
地址：沈阳市法库县
邮编：110400

沈阳财湖旅游度假区 AAA
地址：沈阳市法库县
邮编：110400

沈阳爱新觉罗皇家博物院 AAA
地址：沈阳市法库县大孤家镇半拉山村
电话：024 - 87031111
邮编：110400

佑顺寺 A
地址：朝阳市新华路东段北侧
电话：0421 - 2896363
邮编：122000

朝阳南塔 A
地址：朝阳市
电话：0421 - 2611670
邮编：122000

朝阳北塔 A
地址：朝阳市北塔街
电话：0421 - 2611670
邮编：122000

朝阳阎王鼻子风景旅游区 AA
地址：朝阳市
邮编：122000

朝阳市星源生态旅游区 AA
地址：朝阳市
邮编：122000

朝阳凤凰山国家森林公园 AAAA
地址：朝阳市朝阳郊区大凌河东
电话：0421 - 2860179
邮编：122000

朝阳劈山沟风景区 AA
地址：朝阳市朝阳大街 15 号
电话：0421 - 2623886
邮编：122000

朝阳清风岭风景区 AA
地址：朝阳市朝阳大街三段 15 号
电话：0421 - 2623886
邮编：122000

北票大黑山国家森林公园 AA
地址：朝阳北票市大黑山
电话：0421 - 5155201
邮编：122127

朝阳北票白石水库风景区 AA
地址：朝阳北票市上园镇白石水库
电话：0421 - 5998078
邮编：122115

朝阳桃花山风景区 AA
地址：朝阳北票市桃花吐镇
邮编：122100

北票市惠宁寺 AA
地址：朝阳北票市
邮编：122100

北票燕湖园风景区 A
地址：朝阳北票市
邮编：122100

朝阳槐树洞风景区 AA
地址：朝阳市朝阳县南双庙乡
电话：0421—2611670
邮编：122000

朝阳喀喇沁王陵景区 AA
地址：朝阳市建平县
邮编：122400

建平喇嘛山风景区 A
地址：朝阳市建平县
邮编：122400

天成观 AA
地址：朝阳市喀左县大城子镇
电话：0421 - 4822583
邮编：122300

阜新东郊湖风景区 A
地址：阜新市新邱区长营子镇南部
邮编：123005

阜新大清沟景区 AAA
地址：阜新市彰武县大冷乡
电话：0418 - 7796138
邮编：123200

阜新千佛山风景区 AA
地址：阜新市彰武县
邮编：123200

阜新瑞应寺风景区 AAAA
地址：阜新市阜新县佛寺镇佛寺村
电话：0418 - 8171909

邮编：123100

阜新瑞应寺风景区 AAAA
地址：阜新市阜新蒙古自治县佛寺镇佛寺村
邮编：123100

阜新市海棠山风景区 AAAA
地址：阜新市阜新县大板乡
电话：0418－8210034
邮编：123122

阜新市乌兰木图山风景区 AA
地址：阜新市阜新县八家子乡
电话：0418－8838076
邮编：123104

阜新市三塔沟生态旅游区 AA
地址：阜新市阜新县大板林场
电话：0418－8210338
邮编：123122

铁岭市博物馆 AAA
地址：铁岭市银州区文化街 88 号
电话：024－72823205　72804596
邮编：112000

银岗书院（周恩来少年读书旧址纪念馆）AAA
地址：铁岭市银州区红旗街
电话：024－72823122
邮编：112000

铁岭清河省级旅游度假区 AAAA
地址：铁岭市清河区
电话：024－72177820
邮编：112003

铁岭龙山风景区 AAA
地址：铁岭市
邮编：112003

铁岭龙山高尔夫景区 AAA
地址：铁岭市银州区岭东街一委
电话：024－72866666
邮编：112000

铁岭调兵山风景区 AA
地址：铁岭调兵山市人民路
电话：024－76986234
邮编：112700

铁岭调兵山市蒸汽机车博物馆 AAAA
地址：铁岭调兵山市
电话：024－76826222
邮编：112702

铁岭象牙山风景区 AA
地址：铁岭开原市松山乡境内
电话：024－73291005
邮编：112000

铁岭县榛子岭旅游度假区 AA
地址：铁岭市铁岭县
邮编：112000

铁岭冰砬山旅游风景区 AAA
地址：铁岭市西丰县冰砬山
邮编：112400

铁岭城子山省级森林公园 AAA
地址：铁岭市西丰县凉泉镇
电话：024－77891234
邮编：112400

抚顺战犯管理所旧址陈列馆 AAA
地址：抚顺市顺城区宁道所怀德路 20 号
电话：024－57673307
邮编：113000

抚顺市萨尔浒风景区 AAA
地址：抚顺市东洲区新太河街萨尔浒南路6 号
电话：024－54461662
邮编：113007

抚顺雷锋纪念馆 AAAA
地址：抚顺市望花区和平路东段 61 号
电话：024－56658806
邮编：113001

皇家极地海洋世界 AAAA
地址：抚顺市高湾开发区高阳路 3 号
电话：024－56118888
邮编：113123

抚顺元帅林风景区 AAA
地址：抚顺市抚顺县章党乡
电话：024－54065088
邮编：113006

抚顺赫图阿拉城 AAAA
地址：抚顺市新宾县永陵镇南
电话：024－55154706
邮编：113200

新宾猴石森林公园 AAAA
地址：抚顺市新宾县木奇镇赵家林场
电话：024－55150119
邮编：113214

抚顺市和睦国家森林公园 AAAA
地址：抚顺市新宾县永陵镇
邮编：113200

清源红河峡谷漂流 AAAA
地址：抚顺市清源县红河谷森林公园内
邮编：113300

抚顺夏湖军旅生活旅游度假区 AA
地址：抚顺市清原县清原镇斗虎屯红星街
邮编：113300

抚顺红河谷风景旅游度假区 A
地址：抚顺市清原县
邮编：113300

本溪金海水晶宫旅游区 AA
地址：本溪市
邮编：117000

本溪市绿色生态园 AA
（全国农业旅游示范点）
地址：本溪市高台子镇生态园
电话：024－46041446
邮编：117000

本溪湖公园 AA
地址：本溪市溪湖区湖前街
电话：024－45836627
邮编：117002

本溪东风湖旅游度假村 AA
地址：本溪市溪湖区东风街道办事处
电话：024－45882888
邮编：117019

本溪小华山公园 AA
地址：本溪市明山区向阳山
电话：024－44822369
邮编：117000

本溪爱河旅游度假村 AA
地址：本溪市明山区胜光街
电话：024－44837629
邮编：117021

本溪市虹鳟鱼养殖旅游区 AA
地址：本溪市南芬区昆山岭乡杨木沟村
电话：024－42640706
邮编：117003

本溪市山河天然浴场旅游区 A
地址：本溪市南芬区思山岭乡三道河村
电话：024－42640778
邮编：117000

本溪关门山水库风景区 AAAA
地址：本溪市关门山水库管理处
电话：024－46835265
邮编：117100

本溪关门山国家森林公园 AAAA
地址：本溪市本溪县山城子镇陈英村
电话：024－46358066
邮编：117100

本溪水洞国家风景名胜区 AAAA
地址：本溪市本溪县小市家崴子村
电话：024－44891160
邮编：117000

本溪天龙洞风景区 AA
地址：本溪市本溪县小市镇乡磨村
电话：024－46882829
邮编：117100

本溪九顶铁刹山风景区 AA
地址：本溪市本溪县南甸镇
电话：024－46150106
邮编：117104

本溪观音阁水库景区 AAA
地址：本溪市本溪县观音阁水库路
邮编：117100

桓仁五女山风景区 AAAA
地址：本溪市桓仁县桓仁镇刘家沟村
电话：024－48914168
邮编：117200

桓仁望天洞风景区 AAA
地址：本溪市桓仁县雅河乡湾川村
电话：024－48202332
邮编：117200

桓仁东方大雅河漂流旅游区 AAAA
地址：本溪市桓仁县普乐堡镇老漫子村
电话：024－48219089
邮编：117200

辽阳广佑寺景区 AAAA
地址：辽阳市白塔西区中华大街 61 号
电话：0419－21220883　2896665
邮编：111000

辽阳白塔公园 AA
地址：辽阳市中华大街一段 60 号
电话：0419－2126429
邮编：111000

辽阳曹雪芹纪念馆 A
地址：辽阳市文圣区武圣路卧狮胡同 2 号
电话：0419－2158077
邮编：111000

辽阳市弓长岭区汤河风景区 AA
地址：辽阳市弓长岭区安平乡
电话：0419－5107818
邮编：111008

辽阳市弓长岭区冷热地公园 AA
地址：辽阳市弓长岭区姑嫂城村
电话：0419－5607797

邮编：111008

辽阳市博物馆 AA
地址：辽阳市中心路 2 号
电话：0419－3716817
邮编：111000

辽阳葠窝水库景区 AAA
地址：辽阳市弓长岭区安坪乡南沙村
邮编：111008

辽阳弓长岭滑雪场 AAA
地址：辽阳市弓长岭汤河风景区内
电话：0419－5111111　5111112
邮编：111008

辽阳市龙石风景区 AAAA
地址：辽阳市宏伟区
邮编：111003

辽阳市龙峰山风景区 AAA
地址：辽阳市辽阳县下达河乡
邮编：111200

鞍山市玉佛山风景区管委会
地址：鞍山市二一九公园内
电话：0412－5533425
邮编：114002

鞍山玉佛苑 AAAA
地址：鞍山市铁东区绿化街 58 号
电话：0412－5550382
邮编：114004
网址：www. yufo. com

鞍山罗汉圣地 AA
地址：鞍山市铁东区千山路 39 号
电话：0412－5536788
邮编：114003

鞍山汤岗子温泉旅游度假区 AAA
地址：鞍山市千山区汤岗子镇温泉街 1 号
电话：0412－2414666　2410517
邮编：114048

鞍山千山风景名胜区 AAAA
地址：鞍山市千山风景名胜区
电话：0412－5415004
邮编：114041
网址：www. qianshan. ln. cn

鞍山双龙山旅游区 AA
地址：鞍山市千山区东鞍山镇西河南村
电话：0412－ 2950222
邮编：114041

鞍山市山水庄园 AAAA
地址：鞍山市千山区谷首峪村
电话：0412－6481111
邮编：114041

海城东四方台温泉度假区 A
地址：鞍山海城市
电话：0412－3577007
邮编：114200

海城九龙川自然保护区 AA
地址：鞍山海城市接文镇三家堡村
电话：0412－3762070
邮编：114200

海城市白云山风景区 AA
地址：鞍山海城市孤山镇政府
邮编：114212

台安西平省级森林公园 A
地址：鞍山市台安县西平林场
电话：0412－4657206
邮编：114100

张学良将军出生地纪念馆 A
地址：鞍山市台安县桓洞镇
电话：0412－4661205
邮编：114101

鞍山台安少帅陵旅游风景区 AAA
地址：鞍山市台安县西平林场
邮编：114100

岫岩药山风景区 AA
地址：鞍山市岫岩县
电话：0412－7835187
邮编：114300

鞍山岫岩清凉山风景区 A
地址：鞍山市岫岩县清凉山
电话：0412－7799099
邮编：114300

岫岩龙漂湾风景区 AA
地址：鞍山市岫岩县城东财会培训中心
邮编：114300

卧鹿山效圣寺旅游区 A
地址：鞍山市岫岩县杨家堡乡松树秧村
邮编：114001

鞍山岫岩罗阎背风景区 A
地址：鞍山市岫岩县洋河镇
邮编：114300

丹东鸭绿江国家风景名胜区 AAAA
地址：丹东市振兴区兴一路南端 10 号
电话：0415－3124767
邮编：118000

丹东抗美援朝纪念馆 AAAA
地址：丹东市锦江山大街 68 号
电话：0415－3876305
邮编：118000

丹东五龙山风景区 AAAA
地址：丹东市振安区五龙背镇老古沟村
电话：0415－4107130
邮编：118005

丹东大孤山风景区 AAA
地址：丹东东港市孤山镇
电话：0415－7515727
邮编：118300

凤凰山国家风景名胜区 AAAA
地址：丹东凤城市凤凰城区凤凰大街
电话：0415－8126042
邮编：118100

东港大鹿岛风景区 AAA
地址：丹东东港市大鹿岛村旅游公司
电话：0415－7599689
邮编：118300

辽宁天华山风景名胜区 AAAA
地址：丹东市宽甸县灌水镇
电话：0415－5197087　5191330
邮编：118223

宽甸黄椅山森林公园 AAA
地址：丹东市宽甸县黄椅山大街 197 号
电话：0415－5122142
邮编：118200

宽甸县天桥沟国家森林公园 AAAA
地址：丹东市宽甸县双山子
电话：0415－5959868
邮编：118200

大连森林动物园 AAAA
地址：大连市石道街迎春路
电话：0411－82480694
邮编：116013

大连金石滩国家旅游度假区 AAAAA
地址：大连市金石滩国家旅游度假区
电话：0411－87900139　87900241
邮编：116650

大连老虎滩极地海洋动物馆 AAAAA
地址：大连市中山区虎滩街 3 号
电话：0411－82886000
邮编：116013

大连棒棰岛宾馆景区 AAAA
地址：大连市中山区迎宾路 1 号
电话：0411－82893888
邮编：116001

大连广播电视塔 AAA
地址：大连中山区绿山巷 99 号
电话：0411－83638345
邮编：116001

大连女子骑警基地 AAA
地址：大连市中山区中青街
邮编：116001

大连圣亚海洋世界 AAAA
地址：大连市沙河口区中山路 608－6 号
电话：0411－84685224
邮编：116023

大连现代博物馆 AAAA
地址：大连市沙河口区会展路 10 号
电话：0411－84800188
邮编：116023

大连自然博物馆 AAAA
地址：大连市沙河口区黑石礁西村街 40 号
电话：0411－84691290
邮编：116023

旅顺东鸡冠山景区 AAAA
地址：大连市旅顺口区红光街 7 号
电话：0411－86280229
邮编：116041

旅顺日俄监狱旧址博物馆 AAAA
地址：大连市旅顺口区元宝坊向阳街 139 号
电话：0411－86614409
邮编：116041

旅顺万忠墓纪念馆 AAAA
地址：大连市旅顺口区九三路 23 号
电话：0411－86612924
邮编：116041

旅顺白玉山景区 AAAA
地址：大连市旅顺口区白玉街
电话：0411－86612479　86621445
邮编：116041

金州关向应纪念馆 AAAA
地址：大连市金州区向应镇
电话：0411－87296572
邮编：116111
网址：www. ynjx. com

大连紫云花汐庄园 AAAA
地址：大连市金州新区
电话：0411－87298586
邮编：116100

大连世界和平公园 AAAA
地址：大连市旅顺开发区滨港路888号
电话：0411－86207166
邮编：116041

大连市金龙寺国家级森林公园 AAA
地址：大连市甘井子区营城子镇与红旗镇交汇处
电话：0411－86691435　87847959
邮编：116033

大连大学博物馆 AAA
地址：大连市学府大街10号大连大学
电话：0411－ 87403645　87403644
邮编：116011

大连市大黑山风景区 AAA
地址：大连市
电话：0411－87700916　87685446
邮编：116100

大连仙峪湾旅游度假区 AAA
地址：大连市瓦房店市仙峪湾镇望海村
电话：0411－85125555
邮编：116315

大连市铭胡国际温泉滑雪度假区 AAAA
地址：大连市瓦房店市炮台镇路
电话：0411－85259999
邮编：116300

大连市安波旅游景区 AAAA
地址：大连普兰店市安波镇
邮编：116200

大连安波温泉旅游度假区 AAA
地址：大连市普兰店市安波镇
电话：0411－83200010
邮编：116200

大连冰峪省级旅游度假区 AAAA
地址：大连庄河市仙人洞顶
电话：0411－89226000
邮编：116407
网址：www. bingyu. com. cn

庄河市黑岛旅游度假区 AA
地址：大连庄河市
电话：0411－ 89396999　89706215
邮编：116400

庄河市蛤蜊岛旅游区 AA
地址：大连庄河市
电话：0411－89706215
邮编：116400

庄河市城山古城旅游区 AA
地址：大连庄河市城山镇
电话：0411－89706215
邮编：116400

长海县广鹿岛老铁山风景区 AA
地址：大连市长海县广鹿岛西南端
邮编：116500

长海县獐子岛英嘴石风景区 AA
地址：大连市长海县
邮编：116500

大连长海县大长山岛风景区 AAA
地址：大连市长海县大长山岛
电话：0411－89885947
邮编：116500

营口西炮台遗址 AA
地址：营口市
电话：0417－4830090
邮编：115003

营口熊岳望儿山风景旅游区 AAAA
地址：营口市熊岳镇望儿山村
电话：0417－7012999
邮编：115214

鲅鱼圈月亮湖景区 AAAA
地址：营口市鲅鱼圈区城区西南部
电话：0417－6251992
邮编：115000

营口市仙人岛白沙湾黄金海岸景区 AAAA
地址：营口盖州市
邮编：115200

盘锦苇海鼎翔旅游度假区 AAAA
地址：盘锦市兴隆台区新生街
电话：0427－5639868
邮编：124106

盘锦中兴公园 AAA
地址：盘锦市兴隆台区泰山路100号
电话：0427－2881561
邮编：124010

盘锦湖滨公园 AAA
地址：盘锦市双台子区旌旗街
电话：0427－3870196
邮编：124000

盘锦鑫安源绿色生态园 AA
地址：盘锦市东郊
电话：0427－3870196
邮编：124010

盘锦知青总部 AAA
地址：盘锦市大洼县赵圈河乡
电话：0427－6882258　6882366
邮编：124200

盘锦红海滩风景区 AAAA
地址：盘锦市大洼县双台子河口
电话：0427－2825411
邮编：124000

大洼西安生态养殖场 AA
地址：盘锦市大洼县西安镇
电话：0427－8892519
邮编：124002

锦州笔架山风景区 AAAA
地址：锦州市笔架山经济技术开发区渤海大街1号
电话：0416－3582477
邮编：121007

锦州北普陀山风景名胜区 AAAA
地址：锦州市太和区钟屯乡
电话：0416－4677835
邮编：121001

锦州市凌河公园 AAA
地址：锦州市凌河区安乐里8号
电话：0416－3121345
邮编：121000

锦州市博物馆 AAAA
地址：锦州市古塔区北三里1号
电话：0416－2692358
邮编：121000

锦州辽沈战役纪念馆 AAAA
地址：锦州市凌河区北京路五段1号
电话：0416－3839610
邮编：121001

锦州市北镇青岩寺风景区 AAAA
地址：锦州北镇市常兴店镇
电话：0416－6814648　6813808
邮编：121300

辽宁医巫闾山国家风景名胜区 AAAA
地址：锦州北宁市巫闾山自然保护区森林管理处
电话：0416－6608489
邮编：121300

辽宁义县奉国寺 AAAA
地址：锦州市义县东街54号
电话：0416－7721535
邮编：121100

义县万佛堂石窟 AA
地址：锦州市义县万佛堂村
电话：0416－7575337
邮编：121100

义县宜州化石馆 AA
地址：锦州市义县南关街66号
电话：0416－7722519
邮编：121100

葫芦岛红缧山风景区 AA
地址：葫芦岛市
邮编：125000

圣水寺 AA
地址：葫芦岛市杨家杖经济开发区莲花山社区
电话：0429－4428531
邮编：125000

葫芦岛龙湾海滨滑雪场 AAA
地址：葫芦岛市龙港区龙湾海滨管理处
电话：0429－3132208
邮编：125000

葫芦岛市葫芦山庄 AAAA
地址：葫芦岛市龙港区笊笠村
电话：0429－2077655
邮编：125003

葫芦岛市人文纪念公园 AA
地址：葫芦岛市连山区影壁山麓
电话：0429－2620572
邮编：125001

葫芦岛凉水井子灵山寺 A
地址：葫芦岛市连山区旅游局
电话：0429－2130998
邮编：125011

兴城古城 AAAA
地址：葫芦岛兴城市内
电话：0429－5153558　5452870
邮编：125100

兴城龙湾海滨风景区 AAAA
地址：葫芦岛兴城市
电话：0429－3132108
邮编：125100

菊花岛风景区 AAA
地址：葫芦岛兴城市菊花岛乡
电话：0429－5621004
邮编：125100

兴城海滨国家风景名胜区 AAAA
地址：葫芦岛兴城市海滨风景区内
电话：0429－5410345
邮编：125100

葫芦岛市觉华岛旅游度假区 AAAA
地址：葫芦岛兴城市

辽宁

邮编：125100

绥中九门口水上长城 AAAA
地址：葫芦岛市绥中县李家堡乡
电话：0429－6491155
邮编：125200

建昌白狼山风景区 AA
地址：葫芦岛市建昌县城东 10 公里处
电话：0429－
邮编：125300

餐 馆

沈阳风味楼
地址：沈阳市北一马路 37 号
电话：024－2383272723835004
邮编：110013

沈阳都市餐饮娱乐有限公司
地址：沈阳市皇姑区长江南 55 号
电话：024－86863141
邮编：110031

辽宁海外风味餐厅
地址：沈阳市皇姑区昆山中路 26 号 1 门
电话：024－86249821
邮编：110031

沈阳市百事发餐饮有限公司南美巴西窖烤
地址：沈阳市沈河区北站路 112 号
电话：024－22523688
邮编：110011

沈阳朝聚餐饮有限公司
地址：沈阳市和平区市府大路 49 巷 4 号
电话：024－23836786
邮编：110001

马家烧麦馆
地址：沈阳市沈河区正阳街 24 号
电话：024－24845218
邮编：110011

杨家吊炉饼店
地址：沈阳市和平区长兴街 2 号
电话：024－23244488
邮编：110001

老山记海城馅饼大酒店
地址：沈阳市和平区南五马路 131 号
电话：024－23238022
邮编：110001

西塔大冷面店
地址：沈阳市市府大路 112 号
电话：024－ 23832903
邮编：110013

李连贵熏肉大饼店
地址：沈阳市正阳街二段 4 号
电话：024－24119407
邮编：110013

那家馆
地址：沈阳市沈阳路 90 号
电话：024—24844274
邮编：110013

德福家饺子
地址：沈阳市大东区辽沈二街 61－1 号
电话：024－81262293
邮编：110041

御膳酒楼
地址：沈阳市和平区南五马路 84 号
电话：024－23234448
邮编：110001

沈阳大连渔港餐饮娱乐有限公司
地址：沈阳市兴华北街 29 号
电话：024－85617676
邮编：110000

沈阳盛京饭店老边饺子馆
地址：沈阳市沈河区中街路 206 号
电话：024－24843956
邮编：110011

沈阳市慈怀斋素菜饭庄
地址：沈阳市沈河区大南街 287 号
电话：024－24133644
邮编：110011

萨拉伯尔餐饮有限公司
地址：沈阳市沈河区小西路
电话：024－22742828
邮编：110013

老八件餐饮有限公司
地址：沈阳市沈河区文艺路
电话：024－23930269
邮编：110015

德兴餐饮有限公司海鲜酒家
地址：沈阳市泰山路 19 号
电话：024－86903761
邮编：110011

海馨龙宫餐饮有限公司
地址：沈阳市沈河区市府大路
电话：024－22729999
邮编：110011

鹿鸣春
地址：沈阳市和平区十一纬路 40 号
电话：024－22838888
邮编：110001

皇城老妈
地址：沈阳市和平区十四纬路 40 号
电话：024－23226938
邮编：110001

沈阳吉路餐饮有限公司
地址：沈阳市和平区西塔街 86 号
电话：024－23408081
邮编：110001

老正兴菜馆
地址：沈阳市和平区和平北大街 52 号
电话：024－22891488
邮编：110001

新南国美食餐饮有限公司
地址：沈阳市和平区十一纬路
电话：024－23871533
邮编：110001

沈阳腾龙海港餐饮有限公司
地址：沈阳市和平区同泽北街
电话：024－23402008
邮编：110001

华夏民俗村餐饮有限公司
地址：沈阳市和平区北五马路
电话：024－23409334
邮编：110001

辽宁周记广东海鲜餐饮有限公司
地址：沈阳市和平区南一马路
电话：024－23227888
邮编：110001

辽莱楼餐饮有限公司
地址：沈阳市和平区光荣街十四纬路
电话：024－23236999
邮编：110001

玄风牛老汤餐饮有限公司
地址：沈阳市和平区西塔街
电话：024－23460523
邮编：110001

杜大胡子传统风味城
地址：沈阳市和平区胜利北街 104 号
电话：024－23498999
邮编：110001

小背篓餐饮娱乐有限公司
地址：沈阳市和平区南京南街
电话：024－23513872
邮编：110001

广富阿福仔烧鹅美食新天地有限公司
地址：沈阳市和平区文体路
电话：024－23887058
邮编：110001

红房子西餐厅
地址：沈阳市和平区北二马路
电话：024－23342931
邮编：110001

小橡树西餐厅
地址：沈阳市和平区长德街
电话：024－23262506
邮编：110001

金刚山风味餐厅
地址：沈阳市和平区西塔街新开道 8 甲 5 号
电话：024－23467015
邮编：110001

麻浦韩式烧烤餐馆
地址：沈阳市和平区珲春路
电话：024－23470510
邮编：110001

沈阳市乐山大饭店
地址：沈阳市皇姑区黄河南大街 118 号
电话：024－86808155
邮编：110031

沈阳小木屋餐厅
地址：沈阳市皇姑区黄河南大街 96 号
电话：024－86808207
邮编：110031

辽宁国际旅游实业有限公司八角楼餐厅
地址：沈阳市皇姑区黄河南大街 115 号
电话：024－86807401
邮编：110031

沈阳太极餐饮娱乐有限公司
地址：沈阳市和平区北市二街 49 号
电话：024－86859174　22727055
邮编：110031

红樱桃青菜馆
地址：沈阳市皇姑区长江街 105 号
电话：024－86855577
邮编：110031

沈阳市甘露饺子馆
地址：沈阳市铁西区建设东路 43 号
电话：024－25874675
邮编：110021

朝阳市粤海明珠美食城
地址：朝阳市双塔区朝阳大街三段86号
电话：0421－2628966
邮编：122000

凤鸣春餐厅
地址：朝阳市朝阳大街
电话：0421－2721251
邮编：122000

朝阳市凤凰酒楼
地址：朝阳市朝阳大街二段83号
电话：0421－2806772
邮编：122000

阜新环宇餐饮有限公司
地址：阜新市八一路电工街27号
电话：0418－2908006
邮编：123000

阜新市紫兰门餐饮有限公司
地址：阜新市经纬路
电话：0418－3312666
邮编：123000

阜新市鹤鸣酒楼
地址：阜新市新华路121号
电话：0418－2821048
邮编：123000

广宇海鲜皇宫
地址：阜新市中华路78号
电话：0418－3326688
邮编：123000

广宇海鲜鱼翅酒楼
地址：阜新市解放大街47号
电话：0418－3336688
邮编：123000

沈阳沸腾鱼乡餐饮有限公司阜新店
地址：阜新市文化街9号
电话：0418－2829958
邮编：123000

阜新釜山韩式餐饮有限公司
地址：阜新市菜市街10－103号
电话：0418－3335818
邮编：123000

阜新市海州区万鱼村海鲜宫
地址：阜新市街心路7号
电话：0418－3316115
邮编：123000

阜新大府酒楼
地址：阜新市人民大街45号
电话：0418－2462199
邮编：123000

阜新新盛酒楼有限公司
地址：阜新市中华路82号
电话：0418－3325247
邮编：123000

阜新南海渔村饮食康乐有限公司
地址：阜新市新华街86号
电话：0418－2821935
邮编：123000

铁岭清真回味饭店
地址：铁岭市银州区工人街
电话：024－4831683
邮编：112000

韩一馆
地址：铁岭市银州区花园小区8号
电话：024－72208163
邮编：112000

广东烧鹅美食城
地址：铁岭市银州区前八里
电话：024－72654888
邮编：112000

北京烤鸭店
地址：铁岭市银州区光荣街11号
电话：024－74195555
邮编：112000

老农民饭店
地址：抚顺市顺城路西段7号
电话：024－57689075
邮编：113008

好望角饭店
地址：抚顺市东一路31号
电话：024－52614374
邮编：113008

阳光酒家
地址：抚顺市礼泉路10号
电话：024－52434188
邮编：113008

北京饺子园
地址：抚顺市新华一路10号
电话：024－57690977
邮编：113008

新世界美食广场
地址：抚顺市东四路18号
电话：024－52611105
邮编：113008

新屯回民饭店
地址：抚顺市东洲区新屯中街8号
电话：024－52551785
邮编：113008

香雪居饭店
地址：抚顺市搭连街塔湾三路1号
电话：024－54601112
邮编：113008

百帝尼园酒楼
地址：抚顺市新城路西段9号
电话：024－57734567
邮编：113008

鲜蟹湾小渔村
地址：本溪市水塔路
电话：024－43864788
邮编：117000

本溪市府馨园餐饮中心
地址：本溪市人民路18号
电话：024－42824863
邮编：117000

沸腾鱼乡
地址：本溪市水塔路
电话：024－43851388
邮编：117000

本溪市溪湖穆斯林餐厅
地址：本溪市
电话：024－45836451
邮编：117000

明山区新西兰海鲜肥牛城
地址：本溪市体育路11号
电话：024－43840777
邮编：117000

本溪市龙山泉啤酒屋
地址：本溪市解放北路94号
电话：024－43856997
邮编：117000

本溪天天渔港
地址：本溪市解放北路145号
电话：024－43336666
邮编：117000

辽阳阿里山烧烤餐饮有限公司
地址：辽阳市文圣区东大街138号
电话：0419－3126666
邮编：111000

辽阳东蜀火锅城
地址：辽阳市南郊街50号
电话：0419－4138288
邮编：111000

辽阳华香村餐饮有限公司
地址：辽阳市文圣路222号
电话：0419－4126939
邮编：111000

辽阳陶仙居酒楼
地址：辽阳市文圣区中心路67号
电话：13898269499
邮编：111000

辽阳农家菜馆有限公司
地址：辽阳市熊家街8号
电话：0419－2256333
邮编：111000

辽阳名都餐饮有限公司
地址：辽阳市新运大街124号
电话：0419－2138019
邮编：111000

辽阳湘菜王大酒店
地址：辽阳市新运大街356号
电话：0419－4139999
邮编：111000

文圣区大世界食府
地址：辽阳市中华大街210号
电话：0419－3151888
邮编：111000

辽阳江源餐饮有限公司
地址：辽阳市繁荣路204号
电话：0419－2385188
邮编：111000

辽阳大府酒楼万圣园鲍翅炖品馆
地址：辽阳市文圣路158号
电话：0419－3155888
邮编：111000

文圣区王宫鲍翅食府
地址：辽阳市文圣路东顺城279号
电话：0419－4129999
邮编：111000

白塔区小蒙羊火锅店
地址：辽阳市武圣路100号
电话：0419－2250688
邮编：111000

辽阳天慧餐饮有限责任公司
地址：辽阳市民主路9号
电话：0419－2125058
邮编：111000

辽阳毛家菜大酒店
地址：辽阳市南郊路135号

电话：0419－4139698
邮编：111000

辽阳天都酒楼
地址：辽阳市卫国路 16 号
电话：0419－2144888
邮编：111000

辽阳依然餐饮有限公司
地址：辽阳市新运大街 93 号
电话：0419－2123288
邮编：111000

辽阳清真餐饮中心
地址：辽阳市西二道街 60 号
电话：0419－2127379
邮编：111000

辽阳市饮食服务公司
地址：辽阳市新运大街 44 号
电话：0419－2124426
邮编：111000

辽阳西关大酒楼
地址：辽阳市民主路 56 号
电话：0419－2158770
邮编：111000

天天渔港
地址：鞍山市南中华路 171 号
电话：0412－8511273
邮编：114001

北京万家灯火酒楼有限公司鞍山分公司
地址：鞍山市南胜利路 42 号
电话：0412－5533318
邮编：114001

老边饺子馆
地址：鞍山市卫钢街
电话：0412－6648555
邮编：114001

铁东紫荆花酒楼
地址：鞍山市铁东二道街 19 号
电话：0412－2227129
邮编：114001

荟宾楼美食广场
地址：鞍山市南中华路 151 号
电话：0412－5523498
邮编：114001

鞍山市饮食公司鸣春楼饭店
地址：鞍山市南中华路 41 号
电话：0412－2622750
邮编：114001

鞍山市饮食公司裕华楼饭店
地址：鞍山市铁西六道街 245 号甲
电话：0412－8252352
邮编：114001

鞍山市铁东区汉宫姜母鸭酒楼
地址：鞍山市园林路
电话：0412－5848800
邮编：114001

鞍山新府兴海鲜酒城有限公司
地址：鞍山市园林路 164 号
电话：0412－5912411
邮编：114001

渔人码头海鲜酒楼
地址：鞍山市园林路 263 甲
电话：0412－6352999
邮编：114001

铁东区江南渔乡酒店
地址：鞍山市常青街 2 号
电话：0412－5843488
邮编：114001

维多利亚西餐厅
地址：丹东市六纬路少年宫
电话：0415－2171430
邮编：118000

翡翠皇宫酒家
地址：丹东市青年广场小区
电话：0415－2132998
邮编：118000

丹东朝鲜族饭店
地址：丹东市七经街
电话：0415－2131506
邮编：118000

丹东贵宾楼餐饮娱乐有限公司
地址：丹东市七经街
电话：0415－2136798
邮编：118000

丹东快活林春饼家常菜馆
地址：丹东市兴七路
电话：0415－3144364
邮编：118000

丹东潮江春酒楼
地址：丹东市江沿街
电话：0415－2140888
邮编：118000

丹东好望角海鲜城
地址：丹东市山街
电话：0415－2199328
邮编：118000

丹东市馨园迎宾楼
地址：丹东市人民路
电话：0415－6161676
邮编：118000

丹东边境经济合作区黄海渔村酒店
地址：丹东市开发区 L 区
电话：0415－3131888
邮编：118000

丹东故乡居饭店
地址：丹东市江岸路
电话：0415－2167733
邮编：118000

大连双盛园饭店有限公司
地址：大连市中山区安乐街 1 号
电话：0415－82647800
邮编：116011

皇城老妈
地址：大连市中山区港湾广场 3A
电话：0411－83066666
邮编：116011

东海明珠美食城
地址：大连市中山区
电话：0411－82563366
邮编：116011

新时代粗粮馆
地址：大连市中山区港湾街
电话：0411－82779555
邮编：116011

中山区李连贵酒家
地址：大连市中山区昆明街
电话：0411－82806436
邮编：116011

渝都会
地址：大连市中山区一德街 81 号
电话：0411－85978268
邮编：116011

韩城狗肉馆
地址：大连市中山区丹东海景 2 号楼
电话：0411－62889122
邮编：116011

御豪轩
地址：大连市友好路 101 号曼哈顿大厦 1 座
电话：0411－82537662
邮编：116011

重阳府
地址：大连市中山区解放街 39 号
电话：0411－82653299
邮编：116011

湘港红馆
地址：大连市中山区七一街
电话：0411－85978888
邮编：116011

皇宾楼餐饮有限公司
地址：大连市中山区胜利广场 28 号
电话：0411－82502666
邮编：116011

俄罗斯旋转餐厅
地址：大连市解放路 3－5 号中山大酒店 38 楼
电话：0411－82812888
邮编：116011

水上鱼乡
地址：大连市中山区昆明街
电话：0411－82822838
邮编：116011

粤豪轩
地址：大连市中山区解放街 10－11 号
电话：0411－39557799
邮编：116011

万宝海鲜坊
地址：大连市中山区解放路
电话：0411－88812888
邮编：116011

金蝴蝶中餐厅
地址：大连市中山区五惠路 21 号瑞士酒店 7 层
电话：0411－82303388
邮编：116011

阿峰香港酒楼
地址：大连市中山区五惠路 21 号瑞士酒店 7 层
电话：0411－82312990
邮编：116011

盛海日式料理店
地址：大连市中山区长江路 10 号
电话：0411－82562807
邮编：116011

半岛茶餐厅
地址：大连市中山区七一街 2 号
电话：0411－82829359
邮编：116011

大连海味馆
地址：大连市中山区七一街世贸大厦东侧路南

电话：0411－82819177
邮编：116011

百姓村
地址：大连市中山区长江路128号
电话：0411－82580128
邮编：116011

谭家饺子海鲜馆
地址：大连市中山区民意街22号
电话：0411－82653126
邮编：116011

成吉思汗风味餐厅
地址：大连市中山区七七街73号
电话：0411－82649091
邮编：116011

半亩田菜馆
地址：大连市中山区中山路126号
电话：0411－81950959
邮编：116011

红茶房一品店
地址：大连市中山区五惠路113号
电话：0411－83692146
邮编：116011

大连新裕和鲍翅食府
地址：大连市中山区上海路45号
电话：0411－82808588
邮编：116011

橄榄园西餐厅
地址：大连市中山区职工街9号
电话：0411－88819095
邮编：116011

营口市胖嫂饺子王饭店
地址：营口市渤海大街西2号
电话：0417－2823555
邮编：115003

营口市天府酒楼
地址：营口市渤海大街20号
电话：0417－2808108
邮编：115003

营口韩城餐饮娱乐有限公司
地址：营口市向阳街启文里
电话：0417－2832179
邮编：115003

营口老边区饮食服务公司
地址：营口市冶金街
电话：0417－3846951
邮编：115003

营口川王府餐饮有限公司
地址：营口市东昌西里
电话：0417－2991998
邮编：115003

营口美食王冠酒楼
地址：营口市市府路健康街
电话：0417－2812218
邮编：115003

营口市饮食服务公司东方红饮食总店
地址：营口市新兴街
电话：0417－3842465
邮编：115003

营口市饮食服务有限公司
地址：营口市健康街福生里
电话：0417－2832447
邮编：115003

营口鹏程餐饮有限公司
地址：营口市渤海大街5号
电话：0417－2832888
邮编：115003

营口牧羊府餐饮有限公司
地址：营口市盼盼路17号楼10－12号
电话：0417－2601606
邮编：115003

营口天天渔港有限公司
地址：营口市盼盼路北22号楼4－9号
电话：0417－2175188
邮编：115003

营口经济技术开发区渤海小渔村餐饮有限公司
地址：营口市昆仑大街北段
电话：0417－6260118
邮编：115003

营口南江春餐饮娱乐有限公司
地址：营口市体育里
电话：0417－2808686
邮编：115003

竹溪园
地址：盘锦市辽河东路
电话：0427－2801985
邮编：124010

牧羊人家
地址：盘锦市东风街
电话：0427－6618498
邮编：124010

盘山大众炖菜馆
地址：盘锦市辽河商业城西
电话：0427－3826367
邮编：124010

盘锦海王府饭店
地址：盘锦市松山路
电话：0427－2821208
邮编：124010

裕香园饭庄
地址：盘锦市石油大街
电话：0427－3829859
邮编：124010

天山食府
地址：盘锦市红旗大街
电话：0427－2288118
邮编：124010

香江食府
地址：盘锦市迎宾大街
电话：0427－2836618
邮编：124010

又一顺清真饭庄
地址：锦州市南京路二段
电话：0416－2349909
邮编：121000

古塔回民饭店
地址：锦州市解放路二段10号
电话：0416－2124552
邮编：121000

众品鲜风味居
地址：锦州市南宁路四段17号
电话：0416－3120472
邮编：121000

湖南毛家菜馆
地址：锦州市延安路三段7号
电话：0416－2137988
邮编：121000

辣婆婆酒楼
地址：锦州市洛阳路三段
电话：0416－2342874
邮编：121000

锦州金海岸渔港酒楼
地址：锦州市上海路二段76号
电话：0416－2337830
邮编：121000

肥羊王
地址：锦州市延安路三段31号
电话：0416－2132958
邮编：121000

馨怡食府
地址：锦州市解放路五段24号
电话：0416－2832190
邮编：121000

锦州极品素馅饺子馆
地址：锦州市洛阳路四段
电话：0416－3129512
邮编：121000

川号子酒楼
地址：锦州市人民街二段
电话：0416－2366588
邮编：121000

北京口福居饮食有限责任公司锦州分店
地址：锦州市人民街二段
电话：0416－3158060
邮编：121000

北京馄饨侯锦州分店
地址：锦州市解放路三段
电话：0416－2143868
邮编：121000

锦州贵福祥大清皇城文化食府
地址：锦州市解放路三段21号
电话：0416－3143003
邮编：121000

兰花风味总店
地址：锦州市洛阳路三段
电话：0416－3162382
邮编：121000

名人河鱼馆
地址：锦州市凌西大街186号
电话：0416－5186999
邮编：121000

大连风味海鲜舫
地址：葫芦岛市龙湾新区
电话：0429－3111963
邮编：125000

千禧龙饭庄
地址：葫芦岛市龙湾新区
电话：0429－3126870
邮编：125000

葫芦岛世纪食府餐饮有限公司
地址：葫芦岛市龙湾新区海星路
电话：0429－3165111
邮编：125000

葫芦岛龙泽园餐饮服务有限公司
地址：葫芦岛市中央大街4号

电话：0429－2185709
邮编：125000

葫芦岛鲜羔楼餐饮有限公司
地址：葫芦岛市海滨路 17 号
电话：0429－3114528
邮编：125000

傣家村
地址：葫芦岛市连山区滨河路
电话：0429－2154999
邮编：125000

东兴楼酒店
地址：葫芦岛市连山区连山大街
电话：0429－2125799　2125733
邮编：125000

菜根溢香楼
地址：葫芦岛市连山区海滨路
电话：0429－3962288
邮编：125000

旅游用品

澳翔雕塑制品有限公司
地址：沈阳市北海街 193 号
电话：024－88438613
邮编：110043

金鼎石雕工艺有限公司
地址：沈阳市小北关街 200 号
电话：024－88531025
邮编：110013

龙太木艺有限公司
地址：沈阳市万柳塘路 55 号
电话：024－24203949　84821075
邮编：110015

沈阳市贝雕厂
地址：沈阳市东站街 51 号
电话：024－88096497
邮编：110044

沈阳市玉器厂
地址：沈阳市和平区和平南大街
电话：024－23389227　23381106
邮编：110006

于洪区西京画苑
地址：沈阳市黄海路 22 号
电话：024－25835324
邮编：110013

长城刺绣厂
地址：沈阳市沈河区风雨坛街 136 号
电话：024－22910995
邮编：110013

金马电脑刺绣有限公司
地址：沈阳市沈河区南顺城路 30－2 号
电话：024－24856080
邮编：110011

沈阳市绢花厂
地址：沈阳市北顺城路 13 号
电话：024－24844451　24844219
邮编：110041

沈阳市绣品厂
地址：沈阳市大东区东站街 51－1 号
电话：024－88090026　88093353
邮编：110044

紫丁香人造花厂
地址：沈阳市新城浦西工业园 1 号
电话：024－89781333　89790222
邮编：110127

萃华金银制品实业公司
地址：沈阳市
电话：024－88502151　88569999
邮编：110013

广爱珠宝首饰有限公司
地址：沈阳市中街路
电话：024－24849853
邮编：110011

华夏珠宝有限公司
地址：沈阳市沈河区中街路 25 号
电话：024－24844704
邮编：110013

金嘉华珠宝有限公司
地址：沈阳市皇姑区龙江街 4 号
电话：024－86213380
邮编：110033

沈阳迪尼文具礼品有限公司
地址：沈阳市风雨坛街 24 号 12 门
电话：024－22903690　24323715
邮编：110014

沈阳市铁西区美瑞礼品经营部
地址：沈阳市铁西区北二东路 17 号博润大厦 912 室
电话：024－25602396
邮编：110021

辽银金属工艺品厂
地址：沈阳市小什字街 52 号
电话：024－24835344
邮编：110042

沈阳市羽毛工艺厂
地址：沈阳市和平南大街 96 巷 3 号
电话：024－23382668　23388000
邮编：110006

凌源市东城玉器厂
地址：朝阳凌源市东城
电话：0421－8922938
邮编：122500

凌源市玉雕厂
地址：朝阳市凌河大街育才路 41 号
电话：0421－6823963
邮编：122500

辽西地毯总厂
地址：阜新市八一路
电话：0418－2821681
邮编：123000

阜新东祥金银珠宝有限公司
地址：阜新市解放大街
电话：0418－2829999
邮编：123000

铁岭市天德商贸有限责任公司
地址：铁岭市柴河街
电话：024－72827113
邮编：112000

抚顺市雕刻厂琥珀制品厂
地址：抚顺市新城路中段 3 号
电话：024－57673445
邮编：113006

抚顺市玉器厂
地址：抚顺市新城路 3 号
电话：024－57672863
邮编：113006

新宾满族自治县抚顺雅臣工艺品厂
地址：抚顺市永陵镇
电话：024－55157758
邮编：113006

抚顺市金珠首饰厂
地址：抚顺市新城路
电话：024－57578948
邮编：113006

辽阳飞天工艺品有限公司
地址：辽阳市弓长岭区安平街
电话：0419－5607706
邮编：111008

广顺工艺品厂
地址：辽阳市南常路 25 号
电话：0419－2310366
邮编：111000

辽阳进洋工艺品有限公司
地址：辽阳市太子河区祁家镇唐庄村
电话：0419－2190002
邮编：111000

辽阳市白塔区圣通工艺品厂
地址：辽阳市百塔区北园路
电话：0419－3306528
邮编：111000

辽阳市工艺品厂
地址：辽阳市太子河区振兴路 86 号
电话：0419－3153345
邮编：111000

辽阳市华申人造花果厂
地址：辽阳市东京陵乡河东村
电话：0419－3156163
邮编：111000

辽阳市振兴工艺品有限公司
地址：辽阳市振兴路 81 号
电话：0419－3303588
邮编：111000

辽宁海城自然坊工艺厂
地址：鞍山海城市西关小学正门北侧
电话：0412－3960868
邮编：114200

鞍山市安明工艺制品厂
地址：鞍山市深沟寺朝阳三街 13 号
电话：0412－6426405
邮编：114031

鞍山市森琦工艺制品厂
地址：鞍山市铁东区山南街 2 号
电话：0412－2635991
邮编：114001

鞍山钟表总厂
地址：鞍山市北胜利路 356 号
电话：0412－8183765
邮编：114031

丹东市振兴区东顺工艺品厂
地址：丹东市通乡后街
电话：0415－2805700
邮编：118000

丹东手表工业公司
地址：丹东市振兴区表厂路 138 号

电话：0415－2253425
邮编：118000

丹东市手表东旭工业公司手表厂
地址：丹东市振兴区表厂路1号
电话：0415－3121592
邮编：118000

大连贝雕厂
地址：大连市沙河口区不老街66号
电话：0411－83682564
邮编：116033

大连市金州区东阳木雕厂
地址：大连市胜利路
电话：0411－87831782
邮编：116033

大连市金州青铜工艺制品厂
地址：大连市向应镇
电话：0411－87297472
邮编：116033

大连绢花厂
地址：大连市中山区光风街
电话：0411－82681645
邮编：116033

大连博文工艺饰品厂
地址：大连市甘井子区同德路
电话：0411－86587517　86452452
邮编：116033

大连达伦特工艺品有限公司
地址：大连市西岗区团结街8号
电话：0411－82544444
邮编：116011

大连工艺美术集团公司
地址：大连市西岗区通海街9号
电话：0411－83607740
邮编：116033

大连佳宜工艺制品有限公司
地址：大连市中山区同兴街67号
电话：0411－82814949
邮编：116033

大连嘉美工艺品有限公司
地址：大连市中山区五五路30号名仕国际A1209室
电话：0411－82700876
邮编：116033

大连民政工艺品厂
地址：大连市沙河口区石门街
电话：0411－86655868
邮编：116033

大连欧美工艺品制造有限公司
地址：大连市甘井子区辛艺街66号
电话：0411－86302955　81303146
邮编：116033

大连天宝工艺品有限公司
地址：大连市甘井子区东海路8号
电话：0411－86600173
邮编：116033

大连中国工艺品旅游品交易市场有限公司
地址：大连市中山区人民路致富街9号
电话：0411－82691579　82691578
邮编：116033

大连手表工业公司
地址：大连市西岗区长春路
电话：0411－82483354
邮编：116033

大连手表工业进出口公司
地址：大连市西岗区长春路348号
电话：0411－82483474
邮编：116033

营口经济技术开发区丰阳工艺品厂
地址：营口市鲅鱼圈区东红海村
电话：0417－6220242
邮编：115007

营口市工艺美术制品厂
地址：营口市西市区创新里
电话：0417－2833236
邮编：115000

锦州市玉雕厂
地址：锦州市太安里31号
电话：0416－5179961
邮编：121000

锦州地毯厂
地址：锦州市凌南西里
电话：0416－3882714
邮编：121000

中国人民银行锦州东祥珠宝行
地址：锦州市上海路3段51号
电话：0416－2122672
邮编：121000

阳光画苑
地址：锦州市凌河区和平路4段
电话：0416－2128292
邮编：121000

锦州市营盘工艺美术厂
地址：锦州市营盘乡营盘村
电话：0416－4681677
邮编：121000

锦州市古塔区方元玻璃工艺制品厂
地址：锦州市古塔区
电话：0416－2360862
邮编：121000

旅游交通

辽宁省旅游汽车公司
地址：沈阳区皇姑区黄河南大街113号
电话：024－86809656
邮编：110031

安运旅游汽车有限公司
地址：沈阳市建设东路33号
电话：024－25616148　25878457
邮编：110013

沈阳火车东站
地址：沈阳市东站街1号
电话：024－62046274
邮编：110044

沈阳火车站
地址：沈阳市和平区胜利南街
电话：024－23406699　62062222
邮编：110001

沈阳火车北站
地址：沈阳市沈河区北站路102号
电话：024－62041168
邮编：110011

沈阳长途客运总站
地址：沈阳市皇姑区崇山东路15号
电话：024－86847956　86617489
邮编：110031

沈阳仙桃国际机场
地址：沈阳市东陵区仙桃乡
电话：024－89392000　89392787
邮编：110015

朝阳火车站
地址：朝阳市
电话：0421－6608232
邮编：122000

北票市火车站
地址：朝阳北票市城关街
电话：0421－5821900
邮编：122100

凌源市火车站
地址：朝阳凌源市红山路
电话：0421－6886971
邮编：122500

阜新火车站
地址：阜新市振兴路
电话：0418－5563132
邮编：123002

铁岭火车站
地址：铁岭市光荣街
电话：024－48222222　95105105
邮编：112000

开原市火车站
地址：铁岭开原市站前街
电话：024－48236232　95105105
邮编：112300

抚顺市大官屯火车站
地址：抚顺市千金路56号
电话：024－52523061
邮编：113015

抚顺市瓢儿屯火车站
地址：抚顺市望花区望花大街南端
电话：024－52524733
邮编：113001

本溪火车站
地址：本溪市站前广场
电话：024－42022222
邮编：117002

桓仁东方旅游船舶公司
地址：本溪市桓仁县桓仁镇向阳街
电话：024－48833179
邮编：117200

辽阳火车站
地址：辽阳市
电话：0419－2321622
邮编：111000

鞍山市长途旅游客运公司
地址：鞍山市安乐街18号
电话：0412－8214845
邮编：114014

鞍山火车站
地址：鞍山市建国南路
电话：0412－5631322　2224750
邮编：114002

海城市火车站
地址：鞍山海城市站前街
电话：0412－5636222

邮编：114200

丹东旅游客运有限公司
地址：丹东市锦山大街4号
电话：0415－2171076
邮编：118000

丹东火车站
地址：丹东市站后路1号
电话：0415－2021222　2020114
邮编：118002

丹东浪头机场
地址：丹东市城南浪头镇
电话：0415－6176569
邮编：118000

丹东港
地址：丹东市宁山东路1号
电话：0415－2535701
邮编：110032

前阳火车站
地址：丹东东港市前阳镇安阳大街35号
电话：0415－7162040
邮编：118300

大连市外事旅游汽车服务公司
地址：大连市沙河口区成仁街395号
电话：0411－84304397　84302654
邮编：116021

大连白云旅游汽车出租公司
地址：大连市西岗区北岗街81号
电话：0411－83643104
邮编：116011

大连旅游汽车散客服务中心
地址：大连市长江路
电话：0411－82636393
邮编：116002

大连火车站
地址：大连市中山区长江路261号
电话：0411－82603331　82831222　16823456
邮编：116001

大连火车西站
地址：大连市西岗区
电话：0411－83690151
邮编：116011

大连港
地址：大连市中山区港湾街一号
电话：0411－82633515　82621114
邮编：116004

大连国际机场
地址：大连市城甘井子区迎宾路100号
电话：0411－83886699
邮编：116033

普兰店火车站
地址：大连普兰店市站前街
电话：0411－83112134
邮编：116200

盖州市车站
地址：营口盖州市红旗大街
电话：0417－2117432
邮编：115200

盘锦火车站
地址：盘锦市双台子区
电话：0427－6600168
邮编：124000

营口港
地址：营口市鲅鱼圈区新港大路1号
电话：0417－6269335
邮编：115007

凌海市石山火车站
地址：锦州市石山镇站前
电话：0416－8450472
邮编：121204

锦州港
地址：锦州市经济技术开发区锦港大街1号
电话：0416－3586032
邮编：121007

锦州机场
地址：锦州市太和区桃园北里31号
电话：0416－5188757　5188777
邮编：121011

北宁市沟帮子火车站
地址：锦州市沟帮子火车站
电话：0416－6606422
邮编：121308

葫芦岛北站
地址：葫芦岛市连山区锦郊乡
电话：0429－3594321
邮编：125001

葫芦岛火车站
地址：葫芦岛市站前广场
电话：0429－2126116　2123269
邮编：125000

锦铁分局绥中火车站
地址：葫芦岛市绥中县站前街
电话：0429－6132694
邮编：125200

吉林
JILIN

吉林

旅游机构

吉林省旅游局
地址：长春市南关区人民大街 1680 号
电话：0431－88906807
邮编：130041
网址：www. gotojilin. com

吉林省旅游服务监督管理所
地址：长春市新民大街 1296 号
电话：0431－85655489
邮编：130021

长春市旅游局
地址：长春市幸福街 1888 号
电话：0431－88775670
邮编：130041

双阳区旅游局
地址：长春市西双阳大街 29 号
电话：0431－84223002
邮编：130600

榆树市旅游局
地址：长春榆树市华昌路 17 号
电话：0431－83625366
邮编：130400

德惠市旅游局
地址：长春德惠市西新华街
电话：0431－87222074
邮编：130300

九台市旅游局
地址：长春九台市九台大街 31 号
电话：0431－82359061
邮编：130500

农安县文体局
地址：长春市农安县农安镇兴华路 325 号
电话：0431－83224468
邮编：130200

吉林市旅游局
地址：吉林市越山路 11 号
电话：0432－64805456
邮编：132011

桦甸市旅游局
地址：吉林桦甸市桦甸大街 100 号
电话：0432－66273045
邮编：132400

蛟河市旅游局
地址：吉林蛟河市民主路 3 号
电话：0432－67224501
邮编：132500

舒兰市旅游管理局
地址：吉林舒兰市人民大路 4046 号水利局老四楼
电话：0432－68234965
邮编：132600

磐石市旅游局
地址：吉林磐石市政府
电话：0432－65222016
邮编：132300

永吉县经济局
地址：吉林市永吉县政府
电话：0432－64239359
邮编：132200

四平市旅游局
地址：四平市铁西区市府路 59 号
电话：0434－3266359
邮编：136000

公主岭市旅游局
地址：四平公主岭市正阳街 2 号
电话：0434－6215178
邮编：136100

伊通满族自治县旅游局
地址：四平市伊通镇中华东路 1 号
电话：0434－4222152
邮编：130700

双辽市旅游局
地址：四平双辽市辽河路 32 号
电话：0434－7239132
邮编：136400

辽源市旅游局
地址：辽源市人民大街 217 号
电话：0437－3515845
邮编：136200

通化市旅游局
地址：通化市新大华大街 499 号
电话：0435－3212539
邮编：134001

集安市旅游局
地址：通化集安市民主路 4 号
电话：0435－6224333
邮编：134200

梅河口市旅游办公室
地址：通化梅河口市沿河街 5 号
电话：0448－4234750
邮编：135000

通化县旅游局
地址：通化市通化县快大茂镇团结路 96 号
电话：0435－5222930
邮编：134100

辉南县旅游局
地址：通化市辉南县政府
电话：0448－8220347
邮编：135100

柳河县旅游局
地址：通化市柳河县柳河镇柳河大街 363 号
电话：0448－7222366
邮编：135300

白山市旅游局
地址：白山市浑江大街 152 号
电话：0439－3252180
邮编：134300

临江市旅游局
地址：白山临江市临江大街 25 号
电话：0439－5221669
邮编：134600

抚松县旅游局
地址：白山市抚松县北新区人民政府楼
电话：0439－6212601
邮编：134500

靖宇县旅游局
地址：白山市靖宇县城
电话：0439－7239766
邮编：135200

长白朝鲜族自治县外事旅游局
地址：白山市长白县长白大街 51 号
电话：0439－8223605
邮编：134400

江源区旅游局
地址：白山市江源区江源大街 156 号
电话：0439－3724577
邮编：134700

松原市旅游局
地址：松原市经济开发区青年大街 4569 号
电话：0438－2283358
邮编：138000

前郭尔罗斯蒙古族自治县旅游局
地址：松原市前郭县城
电话：0438－2174966
邮编：138000

镇赉县旅游局
地址：白城市镇赉县站前街
电话：0436－7239971
邮编：137300

白城市旅游局
地址：白城市文化东路 1 号
电话：0436－3237155
邮编：137000

通榆县旅游局
地址：白城市通榆县党校 3 楼
电话：0436－4224531
邮编：137200

洮南市旅游局
地址：白城洮南市政府
电话：0436－6223868
邮编：137100

延边朝鲜族自治州旅游局
地址：延边州延吉市延西街 558 号
电话：0433－2717905
邮编：133000

延吉市旅游局
地址：延边州延吉市太平街 195 号
电话：0433－2513100
邮编：133000

图们市旅游局
地址：延边州图们市图们大路 130 号
电话：0433－7225203
邮编：133100

敦化市旅游局
地址：延边州敦化市新华西路 1 号
电话：0433－6223618
邮编：133700

龙井市旅游局
地址：延边州龙井市龙井街 20 号
电话：0433－3220006
邮编：133400

珲春市旅游局
地址：延边州珲春市靖和街
电话：0433－7524091
邮编：133300

和龙市旅游局
地址：延边州和龙市文化路 24 号
电话：0433－4228835
邮编：133500

汪清县旅游服务中心
地址：延边州汪清县人川西路 9 号
电话：0433－8813110
邮编：133500

安图县旅游局
地址：延边州安图县明月镇龙安路42号
电话：0433－5820806
邮编：133600

旅行社

吉林省中新国际旅游有限公司
地址：长春市新民大街1448号
电话：0431－85634467
邮编：130021
许可证号：L－JL－CJ00001

吉林省海外旅游有限公司
地址：长春市新民大街14号
电话：0431－85600255
邮编：130021
许可证号：L－JL－CJ00002

长春市中国旅行社有限责任公司
地址：长春市建设街1433号
电话：0431－88569530
邮编：130061
许可证号：L－JL－CJ00003

长春海外旅游有限责任公司
地址：长春市解放大路37号
电话：0431－88632224
邮编：130041
许可证号：L－JL－CJ00004

吉林省中国国际旅行社
地址：长春市新民大街14号
电话：0431－85600255
邮编：130021
许可证号：L－JL－CJ00005

吉林市中国国际旅行社有限责任公司
地址：吉林市重庆路2222号
电话：0433－62459662
邮编：132001
网址：www. jlcits. com
许可证号：L－JL－CJ00006

延边中国国际旅行社有限公司
地址：延吉市延边西街558号
电话：0433－2710664
邮编：133002
网址：www. citsyb. com
许可证号：L－JL－CJ00007

吉林省中国青年旅行社
地址：长春市昌平街799号
电话：0431－88527708
邮编：130061
网址：www. CYTS－JL. com
许可证号：L－JL－CJ00008

珲春国际旅行社有限公司
地址：珲春市新安街
电话：0433－7514692
邮编：133300
网址：www. citshc. com
许可证号：L－JL－CJ00009

吉林市中国旅行社有限公司
地址：吉林市船营区北京路一号楼
电话：0433－62485160
邮编：132011
网址：www. wusong. com. cn
许可证号：L－JL－CJ00010

吉林省旅游集团天马国际商务旅行社
地址：长春市新建街21号天马大厦2F
电话：0431－85600255
邮编：130021
许可证号：L－JL－CJ00011

延边海外旅游有限公司
地址：延吉市光明街121号
电话：0433－2552566
邮编：133000
网址：www. yb-tour. com
许可证号：L－JL－CJ00012

延边文化国际旅行社有限公司
地址：延吉市参花街238号
电话：0433－2537676
邮编：133000
网址：www. btouyc. com/yanbian
许可证号：L－JL－CJ00013

吉林省青年商务国际旅行社有限责任公司
地址：长春市建设街普庆路169号
电话：0431－88512218
邮编：130061
许可证号：L－JL－CJ00014

吉林省康辉国际旅行社有限公司
地址：长春市人民大街103号
电话：0431－85645169
邮编：130061
许可证号：L－JL－CJ00015

吉林省华侨国际旅行社
地址：长春市辽宁路38号2楼
电话：0431－88564898
邮编：130062
许可证号：L－JL－CJ00016

延边大信国际旅行社有限公司
地址：延吉市光明街4号
电话：0433－2568888
邮编：133000
网址：www. dxtowr. com
许可证号：L－JL－CJ00017

延边海峡国际旅行社有限公司
地址：延吉市朝阳区朝阳小区3号楼
电话：0433－6017555
邮编：133000
许可证号：L－JL－CJ00018

延边青年国际旅行社有限公司
地址：延吉市参花街17号
电话：0433－2536188
邮编：133000
许可证号：L－JL－CJ00019

延边假日国际旅行社有限公司
地址：延吉市河南街330－3号
电话：0433－2806659
邮编：133000
许可证号：L－JL－CJ00020

吉林省翔宇国际旅行社有限公司
地址：长春市人民大街7088号伟峰国际商务广场603室
电话：0431－86106036
邮编：130022
许可证号：L－JL－CJ00021

吉林省环球国际旅行社有限公司
地址：长春市解放大路810号长春国际中心B座一区17层
电话：0431－88612323
邮编：130042
许可证号：L－JL－CJ00022

吉林省九洲国际旅行社有限责任公司
地址：长春市
电话：0431－85090081
邮编：130000
许可证号：L－JL－CJ00023

长春文化国际旅行社有限公司
地址：长春市人民大街2059号
电话：0431－88622691
邮编：130061
许可证号：L－JL－CJ00024

延边曙光国际旅行社有限公司
地址：延边州延吉市局子街919号
电话：0433－2550298
邮编：133000
电子信箱：420923098@qq. com
许可证号：L－JL－CJ00025

吉林省海峡旅行社
地址：长春市西安大路58号
电话：0431－88960017
邮编：130061
电子信箱：475682409@qq. com
许可证号：L－JL－CJ00026

珲春三疆国际旅行社有限公司
地址：延边州珲春市靖和街
电话：0433－7560012
邮编：133300
电子信箱：361765801@qq. com
许可证号：L－JL－CJ00027

延边泰达国际旅行社有限公司
地址：延边州延吉市长白西路1826－9
电话：0433－2554444
邮编：133300
电子信箱：903924870@qq. com
许可证号：L－JL－CJ00028

吉林天保国际旅行社有限公司
地址：长春市前进大街2426号修正大厦
电话：0431－85194199
邮编：130012
电子信箱：1187635946@qq. com
许可证号：L－JL－CJ00029

松原市青年国际旅行社有限公司
地址：松原市宁江区松江大街1688号
电话：0438－2282811
邮编：138000
电子信箱：771679929@qq. com
许可证号：L－JL－CJ00030

长春市长白山国际旅行社有限责任公司
地址：长春市南关区解放大路64号吉宇大厦D座516室
电话：0431－88622666
邮编：130022
电子信箱：294500418@qq. com
许可证号：L－JL－CJ00031

延边白山国际旅行社有限公司
地址：延边州延吉市局子街333号
电话：0433－2508833　2508880
邮编：133000
电子信箱：781294474@qq. com
许可证号：L－CJ00032

延边天池国际旅行社有限公司
地址：延边州延吉市河南街14号（远航大厦）805
电话：0433－2558377

吉林

邮编：133000
电子信箱：48788435@qq.com
许可证号：L－JL－CJ00033

长春康辉旅行社有限责任公司
地址：长春市朝阳区锦水路221－13号130室
电话：0431－88983999　89676888
邮编：130021
电子信箱：469360529@qq.com
许可证号：L－JL－CJ00034

延边天波国际旅行社有限公司
地址：延边州延吉市参花街144号
电话：0433－2535111　2539848
邮编：133000
电子信箱：cytshk@hotmail.com
许可证号：L－JL－CJ00035

吉林省东北亚铁路国际旅行社有限公司
地址：长春市人民大街207号
电话：0431－81153961　81153962
邮编：130022
电子信箱：xuebingchen001@126.com
许可证号：L－JL－CJ00036

延边外事国际旅行社有限公司
地址：延边州延吉市新华街6－15号外事商务宾馆
电话：0433－5008818
邮编：133001
电子信箱：wlf1866@126.com
许可证号：L－JL－CJ00037

图们市图们江国际旅行社
地址：延边州图们大路3号
电话：0433－3631999
邮编：133100
电子信箱：tumenjiangguolv@qq.com
许可证号：L－JL－CJ00038

吉林省华侨商务国际旅行社有限公司
地址：长春市西安大路58号吉发广场A座704室
电话：0431－88564898
邮编：130061
电子信箱：846821037@QQ.com
许可证号：L－JL－CJ00039

吉林市虹桥旅行社有限责任公司
地址：吉林市船营区北奇城市广场A座915室
电话：0432－66578155　6657816
邮编：132001
电子信箱：hongqiaotravel@163.com
许可证号：L－JL－CJ00040

延吉市天马国际旅行社有限公司
地址：延边州延吉市站前街182号
电话：0433－2453777
邮编：133000
电子信箱：wangfutian8@hotmail.com
许可证号：L－JL－CJ00041

延边金鼎国际旅行社有限公司
地址：延边州敦化市渤海街北环路31号
电话：0433－6431111
邮编：133700
电子信箱：jdtravel@163.com
许可证号：L－JL－CJ00042

吉林省远达国际商务旅行社有限公司
地址：长春市南关区解放大路810号国际商务中心B座2区603室
电话：0431－88610799　88691111
邮编：130022
许可证号：L－JL－CJ00047

白山市金桥旅行社有限责任公司
地址：白山市八道江区长安路23号619室
电话：15818000604
邮编：134300
许可证号：L－JL－CJ00048

长春华洋国际旅行社有限公司
地址：长春汽车产业开发区东风大街79号
电话：0431－85753500
邮编：130022
许可证号：L－JL－CJ00049

长春市山水旅行社有限公司
地址：长春市南关区解放大路36号
电话：0431－88673322
邮编：130022
许可证号：L－JL－CJ00050

长春市康泰国际旅行社有限公司
地址：长春市朝阳区西康路889号1106室
电话：0431－87056688　87051166
邮编：130012
许可证号：L－JL－CJ00051

吉林省万达国际旅行社有限公司
地址：长春市南关区亚泰大街3766号中金小区花园1－2栋
邮编：130022
许可证号：L－JL－CJ00052

吉林市新闻旅行社有限责任公司
地址：吉林市昌邑区中华名苑A号楼12号网点
邮编：132002
许可证号：L－JL－CJ00053

吉林市维乐利亚旅行社有限责任公司
地址：吉林市船营区珲春街7号
电话：0432－64868611
邮编：132011
许可证号：L－JL－CJ00054

吉林市海外国际旅行社有限责任公司
地址：吉林市北大湖经济开发区24－12－10－113号
邮编：132011
许可证号：L－JL－CJ00055

延边远东国际旅游有限公司
地址：延边州延吉市河南街国际商务中心B座906室
电话：0433－5016699
邮编：133000
许可证号：L－JL－CJ00056

延边安达国际旅游有限公司
地址：延边州延吉市光明街13号
电话：0433－6069999
邮编：133000
许可证号：L－JL－CJ00057

长春市雾凇旅行社有限公司
地址：长春市朝阳区工农大路1055号
电话：0431－85931260
邮编：130012
许可证号：L－JL－CJ00058

吉林市长城旅行社有限责任公司
地址：吉林市昌邑区文庙街重庆路3号
电话：0432－62542000
邮编：132002
许可证号：L－JL－CJ00059

吉林省洲游国际旅行社有限公司
地址：长春市朝阳区卫星路7186号
电话：0431－88999175
邮编：130012
许可证号：L－JL－CJ00060

吉林省长白山旅行社有限责任公司
地址：长春市东南湖大路2222号146栋1131室
电话：13944197055
邮编：130022
许可证号：L－JL－CJ00061

吉林省交通旅行社有限公司
地址：长春市南关区解放大路998号
电话：0431－5673111－92510　85834128
邮编：130022
许可证号：L－JL－CJ00062

长春凯撒世嘉旅行社有限公司
地址：长春市南关区亚泰大街3218号通钢国际大厦A座2层A2区
电话：13504456757
邮编：130022
许可证号：L－JL－CJ00063

延边光大国际旅游有限公司
地址：延吉市新兴街爱丹路100－42号
电话：0433－2530229　8924167
邮编：133000
许可证号：L－JL－CJ00064

集安国际旅行社有限责任公司
地址：通化集安市鸭江路1111号
电话：0435－6213322
邮编：134200
许可证号：L－JL－CJ00065

吉林省海洋国际旅行社有限公司
地址：长春市朝阳区万宝街18号101、102室
邮编：130022
许可证号：L－JL－CJ00066

白山市阳光国际旅行社有限公司
地址：白山市浑江区向阳路177号
电话：13894093887
邮编：134300
许可证号：L－JL－CJ00067

长春华桥国际旅行社有限公司
地址：长春市朝阳区建设广场高层2门303室
电话：0431－8554666　86939388
邮编：130012
许可证号：L－JL－CJ00068

吉林省港桥商务国际旅行社有限公司
地址：长春市解放大路998号财富广场c座1010室
电话：0431－85828081　88582808
邮编：130022
许可证号：L－JL－CJ00069

四平市新文化旅行社有限公司
地址：四平市铁西区南湖大路解困办楼
电话：0434－3643456　3645800
邮编：136000
许可证号：L－JL－CJ00070

通化市百盛汇美旅行社有限公司
地址：通化市建设大街37号（新百盛购物中心门市）
电话：0435－5011111
邮编：134001
许可证号：L－JL－CJ00071

长春海外盛世国际旅游有限公司
地址：长春市工农大路1867号盛世国公馆E栋908室
电话：0431－88699865

邮编：130022
许可证号：L－JL－CJ00072

吉林省百洋国际旅行社有限公司
地址：长春市西安大路八号新世纪鸿源广场13楼1323室
电话：0431－88940426
邮编：130022
许可证号：L－JL－CJ00073

吉林森工森林旅行社
地址：长春市人民大街4066号
电话：0431－88480350
邮编：130022
许可证号：L－JL－CJ00074

吉林省华宇国际旅行社有限公司
地址：长春市南关区上海路656省社会主义学院208室
电话：0431－82979922
邮编：130022
许可证号：L－JL－CJ00075

吉林市乐途国际旅行社有限公司
地址：吉林市昌邑区松江小区1－3号商业用房
电话：0432－63900466
邮编：132002
许可证号：L－JL－CJ00076

吉林省金航国际旅游有限公司
地址：长春市朝阳区富苑盛世城D座1单元1302室
邮编：130012
许可证号：L－JL－CJ00077

延边大篷车国际旅行社有限公司
地址：延边州延吉市站前街300－4－19号
电话：0433－2855666　13704388777
邮编：133000
许可证号：L－JL－CJ00078

吉林省吉祥国际旅行社有限公司
地址：长春市宽城区站前金街4栋312号
电话：0431－85648911
邮编：130051
许可证号：L－JL－CJ00079

白山市政通旅游有限公司
地址：白山市浑江大街74号
电话：0439－3335368　3335378
邮编：134300
许可证号：L－JL－CJ00080

饭　店

香格里拉大饭店 ★★★★★
地址：长春市西安大路569号
电话：0431－88981818
邮编：130061

长春名门饭店 ★★★★★
地址：长春市人民大街4501号
电话：0431－85622888
邮编：130021

长春开元名都大酒店 ★★★★★
地址：长春市景阳大路2299号
电话：0431－87068888
邮编：130000

松苑宾馆 ★★★★★
地址：长春市新发路1169号
电话：0431－82727001
邮编：130051

乐府大酒店 ★★★★
地址：长春市人民大街52号
电话：0431－82090999
邮编：130051

长春雁鸣湖温泉大酒店 ★★★★
地址：长春市北环城路8777号
电话：0431－89816666
邮编：130000

新吉粮大酒店有限公司 ★★★★
地址：长春市人民大街7008号
电话：0431－85598888
邮编：130022

花园酒店 ★★★★
地址：长春市创业大街39号
电话：0431－85988888
邮编：130011

中日友好会馆 ★★★★
地址：长春市自由大路4288号
电话：0431－84618888
邮编：130031

长白山海航宾馆 ★★★★
地址：长春市新民大街18号
电话：0431－85588888
邮编：139921

同馨宾馆 ★★★★
地址：长春市上海路656号
电话：0431－82953399
邮编：130042

长春宾馆 ★★★★
地址：长春市新华路10号
电话：0431－88791888
邮编：130061

吉隆坡大酒店 ★★★★
地址：长春市西安大路823号
电话：0431－88962688
邮编：130061

吉林亚泰国际俱乐部 ★★★★
地址：长春市世纪广场长伊公路9公里
电话：0431－84541666
邮编：130119

长春名人酒店 ★★★★
地址：长春市湖滨街1号
电话：0431－85599888
邮编：130021

吉祥大酒店 ★★★★
地址：长春市解放大路2228号
电话：0431－85589888
邮编：130021

吉林省宾馆 ★★★★
地址：长春市人民大街72号
电话：0431－88488999
邮编：130051

吉林省新民宾馆 ★★★★
地址：长春市新民大街626号
电话：0431－85593888
邮编：130021

君怡酒店 ★★★★
地址：长春市修正路811号
电话：0431－87058888
邮编：131000

长春国际会展中心大饭店 ★★★★
地址：长春市经济开发区会展大街100号
电话：0431－84606688
邮编：130033

金都饭店 ★★★★
地址：长春市西安大路
电话：0431－88482888
邮编：130041

国盛大酒店 ★★★★
地址：长春市人民大街7008号
电话：0431－81788888
邮编：130022

长春国贸饭店 ★★★★
地址：长春市人民大街81号
电话：0431－88487888
邮编：130061

长春富贵大饭店 ★★★★
地址：长春市青年路3777号
电话：0431－89980777　82652222
邮编：130000

吉鹤宾馆 ★★★★
地址：白城市吉鹤广场北
电话：0436－3677666
邮编：137000

松原市宾馆 ★★★★
地址：松原市临江路388号
电话：0438－3178000
邮编：138000

松原石油大厦 ★★★★
地址：松原市郭尔落斯大路1200号
电话：0438－6221000
邮编：138000

雾凇宾馆 ★★★★
地址：吉林市龙潭大街29号
电话：0432－63986100
邮编：132022

磐石白云宾馆 ★★★★
地址：吉林市磐石大街1111号
电话：0432－65258888
邮编：132300

圣德泉亲水度假花园 ★★★★
地址：吉林市船营区搜登站
电话：0432－64187666
邮编：132002

吉高宾馆 ★★★★
地址：吉林市大丰满松滨街158号
电话：0432－2465000
邮编：132011

吉平宾馆 ★★★★
地址：四平市铁西区新华大街104号
电话：0434－3249166
邮编：136000

通化宾馆 ★★★★
地址：通化市翠泉路309号
电话：0435－3207666
邮编：134001

汇丰大酒店 ★★★★
地址：通化市建设大街2891号
电话：0435－3663999
邮编：134001

万通大酒店 ★★★★
地址：通化市建设大街1022号

电话：0435－3533966
邮编：134000

喜来登大饭店 ★★★★
地址：通化市通化大街 56 号
电话：0435－5799999
邮编：134200

通化东山宾馆 ★★★★
地址：通化市靖宇路 846 号
电话：0435－5082505
邮编：134000

东方假日酒店 ★★★★
地址：通化市东昌区新站路 16 号
电话：0435－3615555
邮编：134001

云电山庄 ★★★★
地址：通化集安市青石镇
电话：0435－6233766
邮编：134202

亿佳合大酒店 ★★★★
地址：白山市浑江大街 170 号
电话：0439－3288888
邮编：134300

蓝景戴斯度假酒店 ★★★★
地址：白山市抚松县松江河镇西坡山门外
电话：0439－6337333
邮编：134504

长白宾馆 ★★★★
地址：白山市长白县长白大街 21 号
电话：0433－8818888
邮编：134400

白山大厦 ★★★★
地址：延边州延吉市友谊路 2 号
电话：0433－2515956
邮编：133000

延边大洲酒店 ★★★★
地址：延边州延吉市铁北路 439 号
电话：0433－6195555
邮编：133001

延边罗京饭店 ★★★★
地址：延边州延吉市延西街 87 号
电话：0433－5013333
邮编：133000

汪清天府大酒店 ★★★★
地址：延边州汪清县东路 2 号
电话：0433－8835111
邮编：133200

吉林三江酒店 ★★★★
地址：延边州安图县
电话：0433－5822393
邮编：133613

安图长白山大酒店 ★★★★
地址：延边州安图县二道白河林业局
电话：0433－5722903
邮编：133613

春谊宾馆 ★★★
地址：长春市人民大街 2 号
电话：0431－82096888
邮编：130051

吉林亚泰饭店 ★★★
地址：长春市重庆路 48 号
电话：0431－88931740
邮编：130051

长春春海宾馆 ★★★
地址：长春市东南湖大路 1066 号
电话：0431－84612542
邮编：130033

百汇宾馆 ★★★
地址：长春市解放大路副 80 号
电话：0431－885622668
邮编：130021

天新饭店 ★★★
地址：长春市北京大街 15 号
电话：0431－82091999
邮编：130051

金融大厦 ★★★
地址：长春市人民大街 87 号
电话：0431－88980099
邮编：130051

长春龙达宾馆 ★★★
地址：长春市吉林大路
电话：0431－84948888
邮编：130031

交通宾馆 ★★★
地址：长春市解放大路 84 号
电话：0431－85630009
邮编：130021

长春市天翼宾馆 ★★★
地址：长春市宽城区西三条街 9 号
电话：0431－82784888
邮编：130051

长春大华饭店 ★★★
地址：长春市自由大路 4487 号
电话：0431－84633939
邮编：130031

物贸大酒店 ★★★
地址：长春市人民大街 6969 号
电话：0431－85599000
邮编：130022

长客宾馆 ★★★
地址：长春市西安大路 129 号
电话：0431－87905168
邮编：1300620

展览馆园东宾馆 ★★★
地址：长春市解放大路 1933 号
电话：0431－88911247
邮编：130041

长春教育宾馆 ★★★
地址：长春市金州街 151 号
电话：0431－88992263
邮编：130033

新发宾馆 ★★★
地址：长春市文化街 99 号
电话：0431－82701666
邮编：130051

省气象培训中心星际大酒店 ★★★
地址：长春西安大路与和平大街交汇处 6234 号
电话：0431－87969101
邮编：130061

长春客运宾馆 ★★★
地址：长春市人民大街 238 号
电话：0431－86999288
邮编：130062

彩宇宾馆 ★★★
地址：长春市净月开发区彩宇大街 1363 号
电话：0431－87063000
邮编：130063

省军区八一宾馆 ★★★
地址：长春市净月大街 5678 号
电话：0431－82831500
邮编：130064

盛世之星酒店 ★★★
地址：长春榆树市工农大街与铁北路交汇处
电话：0431－83675666
邮编：130065

中航日鑫宾馆 ★★★
地址：长春市青年路 2197 号
电话：0431－85868773
邮编：130066

长春市斯麦尔宾馆 ★★★
地址：长春市凯旋路 2788 号
电话：0431－81939222
邮编：130052

长春市广源宾馆 ★★★
地址：长春市凯旋路 2788 号
电话：0431－82935042－47
邮编：130052

吉林大学北苑宾馆 ★★★
地址：长春市人民大街 4059 号
电话：0431－88499100
邮编：130021

吉林省林业宾馆 ★★★
地址：长春市人民大街 5046 号
电话：0431－85596088
邮编：130022

雪月山饭店 ★★★
地址：长春市
电话：0431－86677163　88822555
邮编：130022

鹤翔宾馆 ★★★
地址：白城市中兴东大路 2 号
电话：0436－3267222
邮编：137000

军政大酒店 ★★★
地址：白城市站前爱国街 3 号
电话：0436－6100666
邮编：137000

莫莫格宾馆 ★★★
地址：白城市莫莫格保护区内
电话：0436－7811999
邮编：137350

明珠宾馆 ★★★
地址：松原市长山镇长山热电厂
电话：0438－2915490
邮编：131109

郭尔罗斯宾馆 ★★★
地址：松原市乌兰大街 21 号
电话：0438－2122988
邮编：138000

昊原大酒店 ★★★
地址：松原市松江大街 939 号
电话：0438－2285555
邮编：138000

扶余宾馆 ★★★
地址：松原扶余市
电话：0438－5865999
邮编：131200

长岭宾馆 ★★★
地址：松原市长岭县长庆路2号
电话：0438－7225591
邮编：131500

神州大厦 ★★★
地址：吉林市松江东路1号
电话：0432－62161000
邮编：132001

国际大酒店 ★★★
地址：吉林市中兴街20号
电话：0432－66571888
邮编：132001

吉林市北都大酒店 ★★★
地址：吉林市龙潭区遵义路东路36号
电话：0432－65089888
邮编：132021

金池宾馆 ★★★
地址：吉林市昌邑区中兴街18号
电话：0432－66110258
邮编：132002

旅游宾馆 ★★★
地址：吉林市船营区朝阳街88号
电话：0432－65083222
邮编：132001

蛟河宾馆 ★★★
地址：吉林蛟河市民主路
电话：0432－67250888
邮编：132500

松白大厦 ★★★
地址：吉林桦甸市桦甸大街272号
电话：0432－66705603
邮编：132400

桦甸龙兴宾馆 ★★★
地址：吉林桦甸市大兴街298号
电话：13704348989
邮编：132400

舒兰宾馆 ★★★
地址：吉林舒兰市人民大路253号
电话：0432－68222141
邮编：132600

四平宾馆 ★★★
地址：四平市铁西区迎宾街
电话：0434－3624045
邮编：136000

辽源市宾馆 ★★★
地址：辽源市龙山北路6号
电话：0437－5088881
邮编：136200

通钢宾馆 ★★★
地址：通化市东通化大街449号
电话：0435－3773700
邮编：134003

集安宾馆 ★★★
地址：通化市迎宾路98号
电话：0435－6269999
邮编：134200

集安豪江大酒店 ★★★
地址：通化市经济开发区
电话：0435－6233800
邮编：134200

通化威龙宾馆 ★★★
地址：通化市建设大街1032号
电话：0435－3959777
邮编：134000

集安翠园宾馆 ★★★
地址：通化市胜利西路57号
电话：0435－6222123
邮编：134200

佟佳江宾馆 ★★★
地址：通化市柳泉路167号110
电话：0435－3916188
邮编：134001

鸿祥假日酒店 ★★★
地址：通化市滨江西路5155号
电话：0435－3309999
邮编：134000

梅河宾馆 ★★★
地址：通化梅河口市滨河南街4111号
电话：0435－4224241
邮编：135000

通化县宾馆 ★★★
地址：通化市通化县快大茂镇团结路177号
电话：：0435－5213888
邮编：134100

柳河宾馆 ★★★
地址：通化市柳河县柳河大街200号
电话：0435－7213400
邮编：135300

白山市宾馆 ★★★
地址：白山市浑江大街102号
电话：0439－3594888
邮编：134300

森工大酒店 ★★★
地址：白山市江源区三岔子镇森工街
电话：0439－3748945
邮编：134702

大光明饭店 ★★★
地址：白山临江市临江大街183号
电话：0439－5219888
邮编：134600

博盛园宾馆 ★★★
地址：白山市临江市苇沙河镇
电话：0439－5706988
邮编：130000

威龙宾馆 ★★★
地址：白山市抚松县香江路193号
电话：0439－6238999
邮编：134500

抚松杰洋酒店 ★★★
地址：白山市抚松县松江河镇外环路
电话：0439－6618888
邮编：134500

长白圣泉大酒店 ★★★
地址：白山市长白县鸭绿江大街128号
电话：0439－8238815
邮编：134400

开元酒店 ★★★
地址：延边州延吉市进学街122号
电话：0433－2919393
邮编：133000

延吉德铭宾馆 ★★★
地址：延边州延吉市人民路183号
电话：0433－2916988
邮编：133000

绿园大酒店 ★★★
地址：延边州延吉市站前街2－1号
电话：0433－2876789
邮编：133001

韩城宾馆 ★★★
地址：延边州延吉市局子街766号
电话：0433－2506611
邮编：133000

图们大厦 ★★★
地址：延边州图们市图们大路35号
电话：0433－5635840
邮编：133100

敦化富临园宾馆 ★★★
地址：延边州敦化市胜利南大街22号
电话：0433－6397337
邮编：133700

敦化市京华大酒店 ★★★
地址：延边州敦化市翰章北大街
电话：0433－6267001
邮编：133700

珲春佰汇大厦 ★★★
地址：延边州珲春市新安街春粮委
电话：0433－7530999
邮编：133300

珲春宾馆 ★★★
地址：延边州珲春市珲春西街999号
电话：0433－7512150
邮编：133300

珲春昆仑饭店 ★★★
地址：延边州珲春市建设街
电话：0433－7506111
邮编：133300

敦化六顶山宾馆 ★★★
地址：延边州敦化市六顶山大酒店
电话：0433－6303777
邮编：133700

蓬莱生态度假村 ★★★
地址：延边州汪清县汪清镇大仙村
电话：0433－8531333
邮编：133200

华鑫旅游度假会议中心 ★★★
地址：延边州汪清县满天星国家森林公园
电话：0433－8551968
邮编：133200

白桦林宾馆 ★★★
地址：延边州长白山北门前2公里
电话：0433－5742032
邮编：133613

永旭宾馆 ★★★
地址：延边州长白山管委会池北区
电话：0433－5713588
邮编：133614

朝鲜族民俗风情园 ★★★
地址：延边州长白山管委会池北区
电话：0433－5729301
邮编：133615

白山假日酒店 ★★★
地址：延边州长白山管委会池北区
电话：0433－5713055
邮编：133616

星际艺术之家酒店★★★
地址：延边州安图县

电话：0433－5750222
邮编：133613

蓝江大酒店 ★★★
地址：延边州安图县长白山二道白河镇
电话：0433－5419999　5419888
邮编：133000

虎林大厦
地址：延边州安图县长白山二道白河镇
电话：0433－5742222
邮编：133613

长白山运动村 ★★★
地址：延边州安图县二道保护区内
电话：0433－5746066
邮编：133613

美人松宾馆 ★★★
地址：延边州安图县二道白河林业局
电话：0433－5748888
邮编：133613

旅游景区

长春净月潭国家森林公园 AAAAA
地址：长春市净月大街 5840 号
电话：0431－84528001
邮编：130117

长春市伪满皇宫博物院 AAAAA
地址：长春市光复北路 5 号
电话：0431－82868516
邮编：130051

长春世界雕塑公园 AAAA
地址：长春市人民大街 9518 号
电话：0431－85379003　85379006
邮编：130022

长春电影城 AAAA
地址：长春市正阳街 92 号
电话：0431－87628864
邮编：130011

吉林大学博物馆 AA
地址：长春市西民主大街 938 号
电话：0431－88502476
邮编：130026

长春世界风景园 AA
地址：长春市二道区劝农镇
电话：0431－85630836
邮编：130125

长春莲花山滑雪场 AAAA
地址：长春市二道区四家乡青山村
电话：0431－4803222
邮编：130031
网址：www. lhski. com

长春龙湾生态旅游区 AA
地址：长春市二道区四家乡青山村
电话：0431－4802735
邮编：130031

长春动植物公园 AAA
地址：长春市自由大路 2121 号
电话：0431－85644769
邮编：130022

吉林省自然村旅游风景区 AAA
地址：长春市朝阳区永春镇境内
电话：0431－85597302
邮编：130022

吉林双阳冰溶洞风景旅游区 AAA
地址：长春市双阳区山河镇
电话：0431－84358000
邮编：130600

九台碧水庄园度假区 AAA
地址：长春九台市张家店水库
电话：0431－86830188
邮编：130500

长春卡伦湖度假区 AAA
地址：长春九台市
邮编：130500

九台名达生态园 A
地址：长春九台市
邮编：130500

九台青云寺 A
地址：长春九台市
邮编：130500

九台浴泉庵 A
地址：长春九台市
邮编：130500

九台金穗山庄 A
地址：长春九台市
邮编：130500

九台八台岭关东民俗风情园 A
地址：长春九台市
邮编：130500

九台龙福缘度假村 A
地址：长春九台市
邮编：130500

九台绿叶湖畔度假村 A
地址：长春九台市
邮编：130500

白城市查干浩特旅游度假区 AAA
地址：白城市西北部（吉林、黑龙江、内蒙古三省交界处）
邮编：137000

大安市嫩江旅游度假村 AA
地址：白城大安市内
电话：0436－5225011
邮编：131300

大安市五间房水岛乐园 AA
地址：白城大安市五间房水库
电话：0436－5740101
邮编：131300

镇赉县莫莫格国家自然保护区 AAAA
地址：白城市镇赉县
电话：0436－7811546
邮编：137200

镇赉县哈尔挠旅游景区 AA
地址：白城市镇赉县哈尔挠渔场
邮编：137316

通榆县向海国家级自然保护区 AAAA
地址：白城市通榆县向海乡
电话：0436－4588557
邮编：137200

通榆县兴隆山黄榆景区 AA
地址：白城市通榆县兴隆镇
邮编：137200

松原市龙华寺景区 AAA
地址：松原市宁江区森林公园内
电话：0438－3011391
邮编：138000

松原市天天乐工农业旅游景区 AAA
地址：松原市
邮编：138000

松原市农业科技园区 A
地址：松原市
邮编：138000

扶余县江山度假村 AA
地址：松原扶余市
邮编：131200

扶余县珠尔山旅游度假区 A
地址：松原扶余市
邮编：131200

扶余县翁泉山旅游区 A
地址：松原扶余市
邮编：131200

扶余县沙洲森林公园 A
地址：松原扶余市
邮编：131200

扶余县烈士陵园 A
地址：松原扶余市
邮编：131200

扶余县鳇鱼圈旅游度假区 A
地址：松原扶余市
邮编：131200

长岭县龙凤山旅游风景区 AAA
地址：松原市长岭县
邮编：131500

长岭县三青山马铃薯生态园 A
地址：松原市长岭县
邮编：131500

长岭县柳嵩山庄农家乐旅游景区 A
地址：松原市长岭县
邮编：131500

长岭县南城子古城遗址 A
地址：松原市长岭县
邮编：131500

长岭县三青山马铃薯生态园 A
地址：松原市长岭县
邮编：131500

长岭县黑泉眼垂钓园农家乐旅游景区 A
地址：松原市长岭县
邮编：131500

长岭县利发盛天主教堂旅游风景区 A
地址：松原市长岭县
邮编：131500

长岭县天合玻璃工艺观光园 A
地址：松原市长岭县
邮编：131500

前郭县赛罕塔拉蒙古部落 AAA
地址：松原市前郭县查干花镇
电话：0438－2253456
邮编：138000

前郭县孝庄祖陵旅游风景区 AAA
地址：松原市前郭县
邮编：138000

前郭县王爷府生态旅游景区 A
地址：松原市前郭县
邮编：138000

前郭县塔虎城旅游景区 A
地址：松原市前郭县
邮编：138000

查干湖旅游度假区 AAAA
地址：松原市前郭县蒙古屯乡川头村
邮编：131107

吉林市北山风景区 AAAA
地址：吉林市西北
邮编：132011

吉林松花湖风景名胜区 AAAA
地址：吉林市江湾路 4 号
电话：0432－62499133
邮编：132011

吉林市金日成读书纪念室 AA
地址：吉林市松江路 101 号
电话：0432－64833549
邮编：132011

吉林文庙博物馆 AA
地址：吉林市南昌路 2 号
电话：0432－62454333
邮编：132011

吉林市龙潭山公园 AA
地址：吉林市龙潭区遵义路
电话：0432－63093384
邮编：132003

吉林市龙潭山鹿场 AA
地址：吉林市龙潭区鹿场街 7 号
电话：0432－64661587
邮编：132022

吉林市丰满区磨盘山景区 AA
地址：吉林市丰满区二道乡王相村
电话：0432－64721010
邮编：132107

磐石市官马溶洞 AA
地址：吉林磐石市烟筒山镇
电话：0432－65936390
邮编：132300

磐石市黄河水库 AA
地址：吉林磐石市烟筒山镇黄河水库
电话：0432－65814726
邮编：132302

蛟河拉法山国家森林公园 AAAA
地址：吉林蛟河市北部
邮编：132500

蛟河市南胡瀑布 AA
地址：吉林蛟河市庆岭镇解放村
电话：0432－67585198
邮编：132524

蛟河市金蟾岛 A
地址：吉林蛟河市松江镇爱林林场
电话：0432－67996188
邮编：132523

舒兰市森林公园 AA
地址：吉林舒兰市环城街道 1 楼
邮编：132600

舒兰市凤凰山旅游区 AA
地址：吉林舒兰市溪河镇唐屯村
邮编：132600

舒兰市亮甲山旅游风景区 AA
地址：吉林舒兰市亮甲山乡
邮编：132600

吉林北大湖滑雪场 AAAA
地址：吉林市永吉县北大湖镇
电话：0432－64202023
邮编：132224

桦甸市南楼山景区 AAA
地址：吉林桦甸市
邮编：132400

四平市叶赫那拉城 AAA
地址：四平市叶赫镇
电话：0434－5496131
邮编：136505

四平战役纪念馆 AA
地址：四平市英雄大街 33 号
电话：0434－3266163
邮编：136000

四平市铁东区山门镇二郎山庄 AA
地址：四平市铁东区山门镇内
电话：0434－3300879
邮编：136000

四平市山门水库风景区 AA
地址：四平市铁东区山门镇内
电话：0434－3300657
邮编：136000

公主岭市二十家子旅游度假区 AA
地址：四平公主岭市二十家子水库
电话：0434－6338192
邮编：136100

四平市二龙湖风景区 AA
地址：四平市梨树县石岭镇内
电话：0434－5619235　5619160
邮编：135505
网址：www.taibaimountain.com

伊通满族自治县博物馆 AAAA
地址：四平市伊通满族自治县
邮编：130700

伊通满族自治县大孤山旅游风景区 AA
地址：四平市伊通满族自治县
邮编：130700

伊通县满族民俗馆 AA
地址：四平市伊通县通大街 48 号
电话：0434－4264418
邮编：130700

伊通县南山旅游风景区 AAA
地址：四平市伊通县伊通镇二道岭子村
邮编：130700

辽源市聚龙潭旅游度假区 A
地址：辽源市
邮编：136200

辽源市碧玉山庄 A
地址：辽源市
邮编：136200

通化市云霞洞景区 AAAA
地址：通化市二道江区鸭园镇东
电话：0435－3580669
邮编：134003

通化大全源酒业历史文化景区 AA
地址：通化市
邮编：134001

通化市千叶湖景区 AA
地址：通化市
邮编：134001

通化市玉皇山公园 AA
地址：通化市柳泉路 8 号
电话：0435－3213031
邮编：134000

通化市白鸡峰国家森林公园 AAAA
地址：通化市金厂镇龙头村
电话：0435－3610567
邮编：134001

杨靖宇烈士陵园 AAAA
地址：通化市浑江东岸
电话：0435－3616042
邮编：134000

通化市千叶湖风景区 AA
地址：通化市郊 2 公里处
电话：0435－3246639
邮编：134000

梅河口市四季生态园 AAA
地址：通化梅河口市
电话：135000

梅河口市五奎山风景名胜区 AAA
地址：通化梅河口市
电话：135000

梅河口市鸡冠山景区 AAA
地址：梅河口市
电话：135000

集安市高句丽文物古迹旅游景区 AAAA
地址：通化集安市
电话：134200

集安市云峰湖旅游度假区 AAA
地址：通化集安市郊 45 公里处
邮编：134200

集安五女峰国家森林公园 AAAA
地址：通化集安市郊 21 公里
电话：0435－6752341
邮编：134200

通化县茂山公园 A
地址：通化市通化县
邮编：134100

柳河县三仙夹旅游区 AA
地址：通化市柳河县
电话：0435－7217300
邮编：135300

辉南龙湾群国家森林公园 AAAA
地址：通化市辉南县辉南镇 67 公里
邮编：135100

白山市鸭绿江漂流旅游景区 AA
地址：白山市
电话：0439－5786200
邮编：134300

白山市青山湖省级风景名胜区 AA
地址：白山市八道江区群生村
电话：0439－3226276
邮编：134300

白山市龙山湖省级风景名胜区 AAA
地址：白山市八道江区三道沟镇
邮编：134300

吉林

白山市长白山迷宫溶洞 AAA
地址：白山市八道江区六道江镇管委会
邮编：134300

白山临江市花山国家森林公园 AA
地址：白山临江市北山公园管委会
邮编：134600

白山市临江北山公园 AA
地址：白山临江市林业局北山公园管委会
邮编：134600

白山市向阳山度假村 AA
地址：白山市
邮编：134300

临江市苇沙河风景区 AAA
地址：白山临江市苇沙河镇
邮编：134600

抚松县露水河国家森林公园 AAA
地址：白山市抚松县
电话：0439－6104803
邮编：134500

抚松中国人参博物馆 AAA
地址：白山市抚松县
电话：0439－5090883
邮编：134500

抚松县北山生态森林植物园 AAA
地址：白山市抚松县
邮编：134500

白山仙人洞旅游风景区 AA
地址：白山市抚松县
邮编：134500

抚松白龙湾三仙岛风景区 AA
地址：白山市抚松县
邮编：134500

抚松长白山温泉旅游景区 AA
地址：白山市抚松县
邮编：134500

长白县望天鹅旅游风景区 AAA
地址：白山市长白县
邮编：134400

江源县干饭盆景区 AAA
地址：白山市江源县大阳岔镇小东岔境内
邮编：134700

靖宇县杨靖宇将军殉国地 AAA
地址：白山市靖宇县靖宇崴子恶河南岸
邮编：135200

靖宇县白山湖风景区 AAA
地址：白山市靖宇县郊区
电话：0439－7239766
邮编：135200

长白县长白朝鲜族民俗村 AAA
地址：白山市长白县
邮编：134400

白山市长白塔山公园 AA
地址：白山市长白县塔山公园管委会
电话：0439－8226670
邮编：134400

白山市长白山峡谷浮石林风景区 AAAA
地址：白山市长白县十四道沟
邮编：134402

延边州海兰湖风景区 AAAA
地址：延吉、龙井、图们三市的交界处
邮编：133300

延吉市小河龙千年松景区 A
地址：延边州延吉市
邮编：133000

敦化市雁鸣湖旅游度假区 AAA
地址：延边州敦化市
邮编：133700

敦化市老白山原始生态风景区 AAA
地址：延边州敦化市
邮编：133700

敦化市森林体育公园 AAA
地址：延边州敦化市
邮编：133700

敦化六鼎山文化旅游区
地址：延边州敦化市六顶山风景区
电话：0433－6688208
邮编：133700

珲春防川风景区 AAAA
地址：延边州珲春市防川镇
邮编：133300

和龙仙境台风景区 AA
地址：延边州和龙市
电话：0433－4224617
邮编：133500

汪清满天星风景区 AAA
地址：延边州汪清县
电话：0433－8855455
邮编：133200

吉林长白山国家自然保护区 AAAAA
地址：延边州安图县二道白河镇
电话：0433－5710888
邮编：133613

龙顺雪山飞湖旅游度假景区 AAAA
地址：延边州安图县
电话 0433－5679888
邮编：133600

安图县福满生态沟 AAA
地址：延边州安图县
邮编：133600

安图县长白山文化博览城 AAA
地址：延边州安图县
邮编：133600

安图县长白山和平滑雪场 AAA
地址：延边州安图县
邮编：133600

安图县红旗朝鲜族民俗村 AAA
地址：延边州安图县
邮编：133600

餐　馆

长春天圣元火锅总店
地址：长春市新城大街 1898 号
电话：0431－84523666　84523999
邮编：130061

吉林老四川餐饮有限责任公司
地址：长春市建设街
电话：0431－88589610
邮编：130061

长春小面点餐饮有限公司
地址：长春市西安胡同
电话：0431－88921851
邮编：130061

长春汉德餐饮有限责任公司
地址：长春市重庆路
电话：0431－88958654
邮编：130041

长春龙洋餐饮有限责任公司
地址：长春市长春大街
电话：0431－88959381
邮编：130042

长春市德欣餐饮有限公司
地址：长春市呼伦路
电话：0431－82726312
邮编：130051

长春市客必胜家常莱餐饮有限责任公司
地址：长春市财神胡同
电话：0431－88732634
邮编：130000

长春西洋饮食有限责任公司
地址：长春市人民大街
电话：0431－85678884
邮编：130000

长春联谊餐厅有限公司
地址：长春市西安胡同
电话：0431－88986715
邮编：130061

华夏餐厅
地址：长春市重庆胡同
电话：0431－88936561
邮编：130041

金磨坊西餐厅
地址：长春市西安大路
电话：0431－88925577
邮编：130061

蜀香园
地址：长春市建设街 41 号
电话：0431－88544998
邮编：130061

老北京涮肉坊
地址：长春市永昌胡同 19 号
电话：0431－85651166
邮编：130061

老蒙古绿野山庄
地址：长春市工农大路 88 号
电话：0431－85687600
邮编：130061

哈尔滨啤酒城
地址：长春市临河街 188 号
电话：0431－84673111
邮编：130061

陈麻婆川菜馆
地址：长春市同光路 650 号
电话：0431－85666111
邮编：130061

浪淘沙商务餐厅
地址：长春市隆礼路 955 号
电话：0431－85666536
邮编：130061

李连贵风味大酒楼
地址：长春市建设广场省人才市场南侧

电话：0431-85629811
邮编：130061

久湘居
地址：长春市北安路928号
电话：0431-88983533
邮编：130061

天津狗不理包子
地址：长春市建设街65号
电话：0431-86138999
邮编：130061

老川号
地址：长春市建设街2458号
电话：0431-88520835
邮编：130061

萨拉伯尔餐厅
地址：长春市人民大街76号
电话：0431-88488666
邮编：130061

锦汉食府
地址：长春市建设街44号
电话：0431-88526444
邮编：130061

华夏一家人
地址：长春市东南湖大路88号
电话：0431-85203555
邮编：130061

湘君楼
地址：长春市安达街341号
电话：0431-88520999
邮编：130061

楚风楼酒店
地址：长春市宽平大路1165号
电话：0431-85919666
邮编：130061

万源美食广场
地址：长春市光复路6号
电话：0431-85823366
邮编：130061

辣妹子四川火锅
地址：长春市重庆路51号
电话：0431-88935102
邮编：130061

楚天香酒楼
地址：长春市东南湖大路1882号
电话：0431-85397866
邮编：130061

王记酱骨头炖菜馆
地址：长春市新民大街17号
电话：0431-88548666
邮编：130061

金苹果西餐咖啡厅
地址：长春市同志街91号
电话：0431-85695888　85695999
邮编：130061

希望田野酒楼
地址：长春市经济开发区深圳街12号
电话：0431-84625118
邮编：130061

大秦瓦罐酒楼
地址：长春市前进大街3号
电话：0431-85540666
邮编：130061

川人码头
地址：长春市抚松路50号
电话：0431-85915878　85963988
邮编：130061

美香谷水煮鱼
地址：长春市西康路26号
电话：0431-85670006
邮编：130061

红磨坊
地址：长春市桂林路31号
电话：0431-85623994
邮编：130061

上海南翔小笼包
地址：长春市清明街408号
电话：0431-82786666
邮编：130061

赛百味
地址：长春市繁荣路3号
电话：0431-88998877
邮编：130061

苏伯鱼馆
地址：长春市同志街西康路716号
电话：0431-85626622
邮编：130061

北航海鲜酒楼
地址：长春市亚泰大街268号
电话：0431-85205988　85207988
邮编：130061

红楼海鲜
地址：长春市新发路5号
电话：0431-82739534
邮编：130061

刚记广州海鲜酒家
地址：长春市北安路1106号
电话：0431-88924333
邮编：130061

大连棒槌岛海鲜城
地址：长春市岳阳街54号
电话：0431-85669849
邮编：130061

松江渔村
地址：长春市岳阳街53-3号
电话：0431-85653232
邮编：130061

吉林省元亨酒家有限责任公司
地址：长春市朝阳区西安胡同32号
电话：0431-88945888
邮编：130061

九毛九老面馆总店
地址：长春市朝阳区湖西路1299号
电话：0431-88641999
邮编：130012

向阳屯农家菜馆
地址：白城市洮北区海明西路74-3号
电话：0436-3338665
邮编：137000

哈尔滨饺子王
地址：白城市洮北区爱国街16号
电话：0436-5086646
邮编：137000

白城市美食佳餐厅
地址：白城市洮北区中心西大陆54-1号
电话：0436-3332733
邮编：137000

月阳斋
地址：白城市洮北区民生东路88号
电话：0436-3231449
邮编：137000

白城市琼林餐饮有限公司
地址：白城市民生东路64-1号
电话：0436-3239111
邮编：137000

白城市九阳大酒楼
地址：白城市长庆南街2-7号
电话：0436-3328209
邮编：137000

白城市澳洲肥牛火锅城
地址：白城市民生东路90-5号
电话：0436-3226522
邮编：137000

白城市名都酒楼
地址：白城市明仁南街17号
电话：0436-3240137
邮编：137000

白城市洮北区饮食服务公司
地址：白城市爱国街11号
电话：0436-3236949
邮编：137000

白城市敬伊海鲜馆
地址：白城市文化西路18号
电话：0436-3334970
邮编：137000

白城市狮子楼大酒店
地址：白城市中兴西大路
电话：0436-3322379
邮编：137000

白城市东北餐厅
地址：白城市辽北路49-18号
电话：0436-3237302
邮编：137000

白城市吉祥村大酒楼
地址：白城市海明东路28号
电话：0436-3224713
邮编：137000

白城市雨晗餐厅
地址：白城市幸福南大街7号
电话：0436-3338849
邮编：137000

松原市怡园酒家
地址：松原市沿江街
电话：0438-2113597
邮编：138000

松原市锦佳食府
地址：松原市繁荣街
电话：0438-2112526
邮编：138000

松原市隆泉餐饮服务有限责任公司
地址：松原市石化街
电话：0438-2181999
邮编：138000

松原市成都川王火锅楼有限公司
地址：松原市繁荣小区14号楼
电话：13904382407
邮编：138000

松原市大东餐饮服务有限公司
地址：松原市宁江区郭旗街 999 号
电话：0438－2288878
邮编：138000

松原市宫廷餐饮有限责任公司
地址：松原市宁江区团结街
电话：0438－3136606
邮编：138000

松原市饮食服务公司
地址：松原市繁荣路 3 号
电话：0438－2126043
邮编：138000

松原市吉港饮食服务有限公司
地址：松原市文化街
电话：0438－2117335
邮编：138000

重庆唐肥肠饮食文化有限公司松原唐肥肠酒家
地址：松原市长宁北街
电话：0438－3128828
邮编：138000

大连渔港
地址：松原市沿江东路 680 号
电话：0438－6130999
邮编：138000

巴西烤肉自助餐厅
地址：松原市郭尔罗斯大路 1200 号
电话：0438－6221005
邮编：138000

大宅门酒楼
地址：松原市宁江沿江西路 999 号
电话：0438－2995888
邮编：138000

圣福琚火锅连锁店
地址：松原市乌兰大街 2929 号
电话：0438－2668333
邮编：138000

大回族清真饭店
地址：松原市青年大街 4569 号
电话：0438－2855888
邮编：138000

吉林市老白肉馆餐饮有限责任公司
地址：吉林市松江西路 13－19 号
电话：0432－64860666
邮编：132011

吉林市世纪星海鲜酒楼有限公司
地址：吉林市北京路 184 号
电话：0432－62075888
邮编：132011

天津狗不理包子饮食（集团）公司吉林市分店
地址：吉林市北京路 91 号
电话：0432－62011979
邮编：132011

吉林市东方餐饮娱乐城
地址：吉林市江南华山路 81 号
电话：0432－64661212
邮编：132011

吉林市丰满区东顺居饭店
地址：吉林市青年路 91 号
电话：0432－62431580
邮编：132011

四平市铁东区李连贵大酒家
地址：四平市北一纬路 1 号
电话：0434－3517884
邮编：136000

四平市铁东区清真火锅城
地址：四平市中央东路
电话：0434－3512778
邮编：136000

四平市铁东区饮食总店
地址：四平市北二纬路 35 号
电话：0434－3516949
邮编：136000

四平市红叶酒家
地址：四平市南一马路 73 号
电话：0434－3387987
邮编：136000

四平市天马餐饮娱乐有限责任公司
地址：四平市中央西路 86 号
电话：0434－3625175
邮编：136000

四平市清真炖菜馆
地址：四平市道西八马路
电话：0434－3237799
邮编：136000

四平市铁东区回民饮食总店
地址：四平市二马路
电话：0434－3516949
邮编：136000

四平市金龙阁酒楼
地址：四平市南新华大街 84 号
电话：0434－3225762
邮编：136000

四平市金帝香港美食王快餐有限责任公司
地址：四平市北二马路 1 号
电话：0434－3510719
邮编：136000

四平市龙府肥牛火锅城
地址：四平市中央西路 78 号
电话：0434－3643288
邮编：136000

四平市潮州餐饮娱乐有限公司
地址：四平市英雄大街 72 号
电话：0434－3240688
邮编：136000

四平市铁西区大连风味酒楼
地址：四平市南迎宾街 5 号
电话：0434－3638915
邮编：136000

四平市千代烧肉餐饮有限公司
地址：四平市北市场街中央东路 496 号
电话：0434－3334666
邮编：136000

四平市百草园餐饮有限公司
地址：四平市海丰大路 7 号
电话：0434－3266009
邮编：136000

四平市川骄饮食服务公司
地址：四平市迎宾街 7 号
电话：0434－3627777
邮编：136000

四平市汉朝餐饮有限公司
地址：四平市英雄大街 69 号
电话：0434－3630987
邮编：136000

四平市长白山餐饮有限公司
地址：四平市海丰大路
电话：0434－3272025
邮编：136000

四平市新华餐饮有限公司
地址：四平市南新华大街 27 号
电话：0434－3226332
邮编：136000

四平市金海岸餐饮有限公司
地址：四平市北一马路 97 号
电话：0434－3531350
邮编：136000

四平市李连贵风味大酒楼
地址：四平市南天桥街 73 号
电话：0434－3224140
邮编：136000

四平市铁西区饮食公司
地址：四平市南仁兴街
电话：0434－3224792
邮编：136000

辽源市聚仙楼饭店
地址：辽源市龙山区北寿大街 28 号
电话：0435－3225763
邮编：136200

天王府火锅大世界
地址：辽源市
电话：0437－6110333
邮编：136200

都乐府大酒楼
地址：辽源市
电话：0437－6160988
邮编：136200

通化市东昌区饮食服务公司
地址：通化市靖宇路 2 号
电话：0435－3960376
邮编：134001

通化市东昌区饮食服务公司立新饭店
地址：通化市玉南胡同 52 号
电话：0435－3212084
邮编：134001

通化市东昌区饮食服务公司人民饭店
地址：通化市新华大街 71 号
电话：0435－3213907
邮编：134001

通化市饮食服务公司通化饭店
地址：通化市新华大街 23 号
电话：0435－3213167
邮编：134001

通化市川味美食有限公司
地址：通化市光明路 28 号
电话：0435－3255557
邮编：134001

通化市八仙酒楼
地址：通化市新华大街 65 号
电话：0435－3215036
邮编：134001

通化铁路饮食服务有限公司
地址：通化市建设大街 184 号
电话：0435－3518035
邮编：134001

通化市滨江大酒楼
地址：通化市沿江路 1 号
电话：0435－3212612
邮编：134001

通化市东昌区饮食服务公司高丽冷面城
地址：通化市新站街 34 号
电话：0435－3626090
邮编：134001

沈阳市小土豆餐饮有限公司通化分公司
地址：通化市新华大街 98 号
电话：0435－3214858
邮编：134001

长春东方饺子王餐饮娱乐有限公司通化分店
地址：通化市新华大街 159－5 号
电话：13904458688
邮编：134001

东昌区凤凰楼肥牛海鲜火锅城
地址：通化市胜利路 27 号
电话：0435－3961548
邮编：134001

东昌区东宝渔港海鲜城
地址：通化市佟江路 2 号
电话：0435－3257118
邮编：134001

东昌区金凤凰酒楼
地址：通化市新华大街 162 号
电话：0435－3906229
邮编：134001

通化市锦江酒楼
地址：通化市新华大街 161 号
电话：0435－3928111
邮编：134001

通化市绿洲火锅大世界
地址：通化市民主路 774 号
电话：0435－3219204
邮编：134001

通化市玫瑰园餐饮娱乐有限公司
地址：通化市新华大街 116 号
电话：0435－3980155
邮编：134001

通化市天乐宫餐饮有限公司
地址：通化市胜利路 27 号
电话：0435－5005557
邮编：134001

延吉市延盛酒家
地址：延边州延吉市长白路 152 号
电话：0433－2820818
邮编：133000

延吉市小蓬莱酒家
地址：延边州延吉市参花街 59 号
电话：0433－2553518
邮编：133000

川骄火锅城
地址：延边州延吉市人民路 170 号
电话：0433－2530330
邮编：133000

延吉市全州石锅拌饭馆
地址：延边州延吉市参花街 142 号
电话：0433－2514297
邮编：133000

延吉市清真饭店
地址：延边州延吉市海兰路
电话：0433－2556493
邮编：133000

延吉市金达莱饭店
地址：延边州延吉市新兴街海兰路 42 号
电话：0433－2511740
邮编：133000

延吉市红叶餐厅
地址：延边州延吉市天池路 201 号
电话：0433－2859039
邮编：133000

旅游用品

长春久隆雕塑艺术开发有限责任公司
地址：长春市朝阳区电台街 63－1 号
电话：0431－85966662
邮编：130012

长春市关西电脑刺绣厂
地址：长春市南岭大街 48 号
电话：0431－85686318
邮编：130031

长春市刺绣工艺厂
地址：长春市解放大路 106 号
电话：0431－85655561
邮编：130000

长春市梦都美地毯工艺制品有限公司
地址：长春市经济开发区金川街 1776 号
电话：0431－84636986
邮编：130031

长春市雅梦思行缝绣品厂
地址：长春市净月旅游开发区
电话：0431－84510976
邮编：130000

长春吉工精密雕刻厂
地址：长春市南关区东岭街
电话：0431－88636825
邮编：130022

长春市亿联工艺品厂
地址：长春市迎宾路 25 号
电话：0431－87978561
邮编：130111

长春市百汇工艺制品有限公司
地址：长春市绿园区城西镇
电话：0431－87951251
邮编：130111

长春泛太时尚配饰有限公司
地址：长春市火炬路 1260 号
电话：0431－85172991　85172992
邮编：130000

长春恒丰工艺制品有限公司
地址：长春市南关区先锋委
电话：0431－84528805
邮编：130000

长春绣丰工艺制品有限公司
地址：长春市经济技术开发区甲 14 号
电话：0431－84654872
邮编：130031

吉林丰泽工艺品有限公司
地址：长春市西安大路 150 号
电话：0431－87820756　87820768　85646094
邮编：130000

长春市冯宇平工艺品制造有限公司
地址：长春市绿园区长政公路 5.5 公里
电话：0431－87951872　87951847
邮编：130000

九台市天河装潢工艺厂
地址：长春九台市邮电局北侧
电话：0431－82322085
邮编：130500

九台市地质工艺美术厂
地址：长春九台市九台
电话：0431－82324516
邮编：130500

长春三鑫工艺装备有限责任公司
地址：长春市西新大街
电话：0431－87093188　87092088
邮编：130000

长春市工艺美术厂
地址：长春市南关区向阳街 8 号
电话：0431－82841147　82888922
邮编：130000

长春市福利工艺制品厂
地址：长春市南关区西四道街 52 号
电话：0431－84830269
邮编：130000

长春志成铁艺制品厂
地址：长春市长白公路西线 8.5 公里处
电话：0431－87859228
邮编：130000

长春远达礼品工艺制造厂
地址：长春市二道区长江
电话：0431－84736547
邮编：130041

吉林省长春天然珠宝金店
地址：长春市文化胡同 4 号
电话：0431－88968059
邮编：130051

长春市金银珠宝城
地址：长春市人民大街 87 号
电话：0431－88943773
邮编：130000

吉林省国际信托投资公司金银珠宝店
地址：长春市重庆路 6 号
电话：0431－88973208
邮编：130041

大安市社会福利工艺厂
地址：白城大安市嫩江街
电话：0436－5223848
邮编：131300

洮南市制毯厂
地址：白城洮南市广昌东路
电话：0436－6223845
邮编：137100

吉林市天利工艺美术厂
地址：吉林市越山路 98 号
电话：0432－62129060　62123527
邮编：132011

吉林市友谊工艺美术厂
地址：吉林市北京路 77 号
电话：0432－62017975　62032100
邮编：132084

吉林市铃木人形工艺美术有限公司
地址：吉林市珲春街吉太胡同 45 号

电话：0432－62021287
邮编：132000

吉林市隆利达工艺美术品有限公司
地址：吉林市恒山花园小区6－4号
电话：0432－64653199
邮编：132013

吉林市泰华木雕有限责任公司
地址：吉林市长春路培育胡同2号
电话：0432－64855333　64858333
邮编：132000

四平市电脑刺绣厂
地址：四平市铁东区新开路
电话：0434－3387966
邮编：136001

公主岭市怀德镇老成豪华工艺美术厂
地址：四平市公主岭怀德镇
电话：0434－6505760
邮编：136121

东丰县天雅地毯制造厂
地址：辽源市镇郊乡苗胜村
电话：0437－6220466
邮编：136300

东丰镇福利美术厂
地址：辽源市兴隆街38号
电话：0437－6223259
邮编：136300

东辽县渭津镇工艺地毯厂
地址：辽源市渭津镇
电话：0437－5123312
邮编：136600

东辽县渭津镇地毯厂
地址：辽源市东辽县渭津镇
电话：0437－5123458
邮编：136600

通化市工艺美术厂
地址：通化市东昌路277号
电话：0435－3213823
邮编：134001

通化市龙津美术工艺厂
地址：通化市新华大街41号
电话：0435－3258289
邮编：134001

集安市工艺美术厂
地址：通化市集安市光荣路211号
电话：0435－6322767
邮编：134200

延吉市工艺美术厂
地址：延边州延吉市光华路147号
电话：0433－2312740
邮编：133000

敦化市宏利刻字工艺厂
地址：延边州敦化市胜利街敖东路12号
电话：0433－6222211
邮编：133700

珲春市瑞祥金银饰品有限公司
地址：延边州珲春市靖和街
电话：0433－7518650
邮编：133300

和龙市工艺美术厂
地址：延边州和龙市泉水路68号
电话：0433－4222860　4224720
邮编：133500

汪清县虹桥美术部
地址：延边州汪清县汪清东路
电话：0433－8810476
邮编：133200

旅游交通

吉林省旅游集团旅游汽车有限责任公司
地址：长春市新民大街1448号
电话：0431－85642483
邮编：130021

长春海外旅游汽车有限公司
地址：长春市解放大路37号
电话：0431－86560468
邮编：130061

吉林省五洲旅游汽车有限公司
地址：长春市亚泰大街1555号
电话：0431－82912977　82917668
邮编：130061

长春公交集团旅游出租汽车公司
地址：长春市工农大路569号
电话：0431－88939430
邮编：130061

长春火车站
地址：长春市人民大街
电话：0431－86122222
邮编：130000

长春火车南站
地址：长春市开运街3881号
电话：0431－86191003
邮编：130022

长春火车北站
地址：长春市宽城区
电话：0431－86769901
邮编：130051

长春龙嘉国际机场
地址：长春九台市龙家堡
电话：0431－88797114　88797512
邮编：130500

白城市火车站
地址：白城市辽北路
电话：0436－6122422
邮编：137002

松原火车站
地址：松原市宁江区建华路
电话：0438－6116322
邮编：138000

吉林市雾凇旅游汽车出租有限公司
地址：吉林市船营区吉林大街北京路1号楼
电话：0432－62485160
邮编：132011

吉林市平安旅游客运有限责任公司
地址：吉林市昌邑区天津街1919号
电话：0432－62439840
邮编：132000

吉林市旅游客运公司
地址：吉林市中康路16号
电话：0432－62557954
邮编：132000

吉林市旅游汽车出租有限责任公司
地址：吉林市中兴街11号
电话：0432－62999699
邮编：132011

吉林火车站
地址：吉林市火车站
电话：0432－62552132　66121222
邮编：132000

吉林火车西站
地址：吉林市黄旗屯街
电话：0432－66138172
邮编：132012

磐石市火车站
地址：吉林磐石市城关镇
电话：0432－66166162
邮编：132300

蛟河市火车站
地址：吉林蛟河市站前广场1号
电话：0432－66174162
邮编：132500

桦甸市火车站
地址：吉林桦甸市人民路北端
电话：0432－66222913
邮编：132400

四平火车站
地址：四平市铁西区站前街
电话：0434－6166624
邮编：136000

公主岭市火车站
地址：四平公主岭市东七道街
电话：0434－6157282　6157312
邮编：136100

辽源火车站
地址：辽源市辽河大路2号
电话：0437－6118622
邮编：136200

通化火车站
地址：通化市建设大街
电话：0435－6123222
邮编：134000

梅河口市火车站
地址：通化梅河口市站前广场
电话：0435－4232322
邮编：135000

集安市黄柏火车站
地址：通化集安市太王乡
电话：0435－6751610
邮编：134200

白山市浑江火车西站
地址：白山市建设街
电话：0439－3225482
邮编：134300

临江火车站
地址：白山临江市新市街
电话：0439－5228137
邮编：134600

延吉火车站
地址：延边自治州延吉市站前街1号
电话：0433－6111222
邮编：133000

延吉机场
地址：延边自治州延吉市
电话：0433－2234433　2237058

邮编：133000

图们火车站
地址：延边自治州图们市图们大路
电话：0433－3622456　6122222
邮编：133100

珲春市客运站
地址：延边自治州珲春市
电话：0440－7535154
邮编：133303

和龙市公交出租旅游汽车有限公司
地址：延边自治州和龙市和龙大街
电话：0433－4222107
邮编：133500

龙井市朝阳川火车站
地址：延边自治州龙井市朝阳川镇
电话：0433－6153222
邮编：133200

和龙市火车站
地址：延边自治州和龙市站前街46号
电话：0433－4226920
邮编：133500

黑龙江
HEILONG JIANG

旅游机构

黑龙江省旅游局
地址：哈尔滨市南岗区闽江路 247 号
电话：0451－85978600　85978611
邮编：150009

黑龙江省旅游质量监督管理所
地址：哈尔滨市南岗区中山路 209 号
电话：0451－87010055
邮编：150001

哈尔滨市旅游局
地址：哈尔滨市松北区世纪大道 1 号
电话：0451－84664600
邮编：150028

五常市旅游局
地址：哈尔滨五常市政府大楼
电话：0451－53523007
邮编：150200

双城市旅游局
地址：哈尔滨双城市政府大楼
电话：0451－53122331
邮编：150109

阿城区旅游局
地址：哈尔滨市阿城区民权大街
电话：0451－53734630
邮编：150300

尚志市旅游局
地址：哈尔滨尚志市政府大楼
电话：0451－53348663
邮编：150601

宾县旅游局
地址：哈尔滨市宾县二龙山风景区
电话：0451－57908598
邮编：150400

延寿县旅游局
地址：哈尔滨市延寿县政府大楼
电话：0451－53022291
邮编：150700

木兰县旅游局
地址：哈尔滨市木兰县人民政府
电话：0451－57082241
邮编：151900

通河县旅游局
地址：哈尔滨市通河县人民政府
电话：0451－57436098
邮编：150900

巴彦县旅游局
地址：哈尔滨市巴彦县
电话：0451－57521583
邮编：151800

方正县旅游局
地址：哈尔滨市方正县文体局 3 楼
电话：0451－57113462
邮编：150800

依兰县旅游办公室
地址：哈尔滨市依兰县人民政府
电话：0451－57220171
邮编：154800

呼兰区建设局
地址：呼兰区公园路 147 号
电话：0451－57321567
邮编：150500

齐齐哈尔市旅游局
地址：齐齐哈尔市建华区新明大街 2 号
电话：0452－2793667
邮编：161006

碾子山区旅游局
地址：齐齐哈尔市兴旺路 2 号
电话：0452－6674659
邮编：161046

牡丹江市旅游局
地址：牡丹江市东地明街 23 号
电话：0453－6837011
邮编：157009

海林市旅游局
地址：牡丹江海林市子荣街
电话：0453－7223714
邮编：157100

宁安市旅游局
地址：牡丹江宁安市外经贸委 4 楼
电话：0453－7688416
邮编：157400

绥芬河市旅游局
地址：绥芬河市新华街 39 号
电话：0453－3925735
邮编：157300

东宁县旅游局
地址：牡丹江市东宁县宏源街 255 号
电话：0453－3626700
邮编：157200

穆棱市旅游局
地址：牡丹江穆棱市市政大楼
电话：0453－3120462
邮编：157500

林口县旅游局
地址：牡丹江市林口县人民政府
电话：0453－3532500
邮编：157600

佳木斯市旅游局
地址：佳木斯市保卫路 101 号
电话：0454－8685499
邮编：154002

富锦市旅游局
地址：佳木斯富锦市人民政府
电话：0454－2333556
邮编：156100

同江市旅游局
地址：佳木斯同江市宾馆 1 楼
电话：0454－2922344
邮编：156400

抚远县旅游局
地址：佳木斯市抚远县
电话：0454－2133317
邮编：156500

桦川县旅游局
地址：佳木斯市桦川县人民政府
电话：0454－3826127
邮编：154300

桦南县旅游局
地址：佳木斯市桦南县政府
电话：0454－6264433
邮编：154400

汤原县外事侨务旅游局
地址：佳木斯市汤原县政府
电话：0454－7623801
邮编：154700

大庆市旅游局
地址：大庆市人民政府西路 9 号
电话：0459－6377330
邮编：163313

萨尔图区旅游局
地址：大庆市萨尔图区
电话：0459－6181934
邮编：163313

杜蒙县旅游局
地址：大庆市杜蒙县城
电话：0459－3422619
邮编：166200

林甸县旅游局
地址：大庆市林甸县城
电话：0459－3322320
邮编：163300

肇源县旅游办公室
地址：大庆市肇源县城
电话：0459－8232399
邮编：166500

鸡西市旅游局
地址：鸡西市红旗路 18 号
电话：0467－2384266
邮编：158100

鸡冠区旅游局
地址：鸡西市鸡冠区
电话：0467－2649439
邮编：158100

鸡东县旅游局
地址：鸡西市鸡东县城
电话：0467－5583511
邮编：158100

密山市旅游局
地址：鸡西密山市东安街 182 号
电话：0467－5223452
邮编：158300

虎林市旅游局
地址：鸡西虎林市运输公司 2 楼
电话：0467－5838752
邮编：158400

双鸭山市旅游局
地址：双鸭山市西平行路 196 号
电话：0469－4241096
邮编：155101

宝清县旅游局
地址：双鸭山市宝清县
电话：0469－5437216
邮编：155600

饶河县旅游局
地址：双鸭山市饶河县饶河镇通江路 10 号
电话：0469－5628694
邮编：156700

伊春市旅游局
地址：伊春市伊春区通河路 10 号
电话：0458－3610022
邮编：153000

伊春市汤旺河区旅游局
地址：伊春市汤旺河区东风大街 102 号

电话：0458－3537168
邮编：153037

嘉荫县旅游局
地址：伊春市嘉荫县政府主楼
电话：0458－2678898
邮编：153200

黑河市旅游局
地址：黑河市通江路1号
电话：0456－8224398
邮编：164300

嫩江县旅游局
地址：黑河市嫩江县
电话：0456－7524727
邮编：161400

逊克县旅游局
地址：黑河市逊克县奇克镇
电话：0456－4454703
邮编：164400

五大连池市旅游局
地址：黑河五大连池市青山镇二道街
电话：0456－6329507
邮编：164100

爱辉区旅游局
地址：黑河市爱辉区海兰街109号
电话：0456－8222665
邮编：164300

七台河市旅游局
地址：七台河市桃山区大同街196号
电话：0456－8292098
邮编：154600

鹤岗市旅游局
地址：鹤岗市向阳区红军路（住房公积金管理中心3楼）
电话：0468－3210818
邮编：154101

萝北县旅游局
地址：鹤岗市萝北县政府3楼
电话：0468－6822443
邮编：154200

绥化市旅游局
地址：绥化市行署街2号
电话：0455－8388295
邮编：152054

北林区旅游局
地址：绥化市北二西路49号
电话：0455－2882786
邮编：152054

绥棱县旅游局
地址：绥化市绥棱县人民政府内
电话：13349452254
邮编：152201

望奎县旅游局
地址：绥化市望奎县人民政府内
电话：0455－6462816
邮编：152100

安达市旅游局
地址：绥化安达市人民政府内
电话：0455－7346677
邮编：151400

肇东市旅游局
地址：绥化肇东市政府内
电话：0455－7980028
邮编：151100

青冈县招商旅游局
地址：绥化市青冈县政府
电话：0455－3223615
邮编：151600

庆安县旅游局
地址：绥化市庆安县政府内
电话：0455－4322789
邮编：152400

海伦市旅游局
地址：绥化海伦市政府内
电话：0455－5723243
邮编：152300

兰西县旅游局
地址：绥化市兰西县政府
电话：0455－5621171
邮编：151500

大兴安岭地区旅游局
地址：加格达奇市兴安大街行署5号楼
电话：0457－2126905
邮编：165000

漠河县旅游局
地址：大兴安岭地区漠河县
电话：0457－2884146
邮编：165300

黑龙江省森林旅游管理局
地址：哈尔滨市文昌街66号
电话：0451－82628549
邮编：150008

黑龙江省农垦总局旅游局
地址：哈尔滨市红旗大街175号
电话：0451－55198257
邮编：150036

旅 行 社

黑龙江海外旅游总公司
地址：哈尔滨市南岗区海关街182号沪士大厦11F
电话：0451－53634000
邮编：150006
网址：www. hljtourism. com
许可证号：L－HLJ－CJ00001

哈尔滨海外旅游总公司
地址：哈尔滨市道里区西八道街37号
电话：0451－84687875　84614259
邮编：150010
许可证号：L－HLJ－CJ00002

黑龙江省中国国际旅行社
地址：哈尔滨市南岗区红军街72号
电话：0451－53671789
邮编：150006
网址：www. hljcits. com
许可证号：L－HLJ－CJ00003

哈尔滨铁道国际旅行社有限责任公司
地址：哈尔滨市南岗区铁路街8号
电话：0451－53616187
邮编：150001
网址：www. ancn. com
许可证号：L－HLJ－CJ00006

黑龙江招商国际旅游公司
地址：哈尔滨市道外区江畔路142号
电话：0451－88914377
邮编：150020
网址：www. zstravel. com
许可证号：L－HLJ－CJ00007

黑龙江长城国际旅行社有限公司
地址：哈尔滨市南岗区巴山街35号
电话：0451－82602277
邮编：150001
网址：www. gteatwallt. com
许可证号：L－HLJ－CJ00008

大庆中国国际旅行社
地址：大庆市新村纬二路8－8一层商服
电话：0459－6362877
邮编：163311
网址：www. dqgl. com
许可证号：L－HLJ－CJ00009

牡丹江中国国际旅行社有限责任公司
地址：牡丹江市景福街34号
电话：0453－6950064
邮编：157000
网址：www. citsmdj. com
许可证号：L－HLJ－CJ00010

哈尔滨市阿勒锦国际旅行社有限公司
地址：哈尔滨市道里区西头道街2号201室
电话：0451－84611980
邮编：150010
网址：www. alejin. com
许可证号：L－HLJ－CJ00011

哈尔滨中国旅行社有限责任公司
地址：哈尔滨市南岗区一曼街82号
电话：0451－82543397
邮编：150006
网址：www. hrbcts. com
许可证号：L－HLJ－CJ00012

黑龙江省中旅国际旅行社有限公司
地址：哈尔滨市南岗区长江路75号
电话：0451－82289602
邮编：150006
许可证号：L－HLJ－CJ00013

哈尔滨青年国际旅行社
地址：哈尔滨市道里区斯大林街4号
电话：0451－84645731
邮编：150010
网址：www. hyits. com. cn
许可证号：L－HLJ－CJ00014

哈尔滨康辉国际旅行社有限责任公司
地址：哈尔滨市中山路172号常青大厦8层
电话：0451－82695577
邮编：150040
网址：www. cct. com
许可证号：L－HLJ－CJ00015

黑龙江和平国际旅行社有限公司
地址：哈尔滨市南岗区南通大街85号A栋
电话：0451－82834955
邮编：150001
网址：www. hljhp. com
许可证号：L－HLJ－CJ00016

哈尔滨俄风行国际旅行社有限公司
地址：哈尔滨市南岗区花园街306号恒运大厦A座14层
电话：0451－53603607
邮编：150001

黑龙江

网址：www. efx168. net
许可证号：L－HLJ－CJ00017

黑龙江华夏国际旅行社有限公司
地址：哈尔滨市安宁街 227 号
电话：0451－86628888
邮编：150018
许可证号：L－HLJ－CJ00018

黑龙江省农垦北大荒国际旅行社有限公司
地址：哈尔滨市南岗区长江路 382－6 号
电话：0451－55195325
邮编：150090
许可证号：L－HLJ－CJ00019

黑龙江航空国际旅行社
地址：哈尔滨市中山路 103 号
电话：0451－82871268
邮编：150001
网址：www. hkgl. com. cn
许可证号：L－HLJ－CJ00020

哈尔滨铁路国际旅游发展集团有限公司
地址：哈尔滨市平房汽车工业园 B 区
电话：0451－53616866
邮编：150001
许可证号：L－HLJ－CJ00021

哈尔滨东方国际旅游发展股份有限公司
地址：哈尔滨市道里区民庆街 10 号
电话：0451－55551111
邮编：150001
许可证号：L－HLJ－CJ00022

大庆中国旅行社有限责任公司
地址：大庆市萨尔图东风新村经三街 49 号
电话：0459－6393678
邮编：163311
网址：www. dqcts. com
许可证号：L－HLJ－CJ00023

黑龙江春秋国际旅行社有限公司
地址：哈尔滨市南岗区松花江街 14 号
电话：0451－53601818
邮编：150001
许可证号：L－HLJ－CJ00024

哈尔滨观光国际旅行社有限公司
地址：哈尔滨市南岗区花园街 304 号
电话：0451－53645995
邮编：150001
许可证号：L－HLJ－CJ00025

牡丹江莲花国际旅行社有限责任公司
地址：牡丹江市东新安街
电话：0453－6946241
邮编：157000
许可证号：L－HLJ－CJ00026

哈尔滨四季国际旅行社有限公司
地址：哈尔滨市开发区大顺街 9 号
电话：0451－55533333
邮编：150000
许可证号：L－HLJ－CJ00027

黑龙江天马国际旅行社有限公司
地址：哈尔滨市南岗区花园街 193 号
电话：0451－53670816
邮编：150001
网址：www. hljtmit. com
许可证号：L－HLJ－CJ00028

大庆报业国际旅行社有限公司
地址：大庆市东风新村金穗商城
电话：0459－6387570
邮编：163311
网址：www. baoyely. com
许可证号：L－HLJ－CJ00029

大庆油田国际旅行社
地址：大庆市让胡路区西宾路 135 号
电话：0459－5972728
邮编：163453
许可证号：L－HLJ－CJ00030

黑龙江新天地国际旅行社
地址：哈尔滨市香坊区中山路 95－2 号
电话：0451－55601133
邮编：150036
许可证号：L－HLJ－CJ00031

哈尔滨市花园之旅国际旅行社有限公司
地址：哈尔滨市南岗区红军街 7 号
电话：0451－53649136
邮编：150001
许可证号：L－HLJ－CJ00032

黑龙江省运通国际旅行社有限公司
地址：哈尔滨市香坊区珠江小区
电话：0451－53650090
邮编：150036
许可证号：L－HLJ－CJ00033

黑龙江乐天国际旅行社有限公司
地址：哈尔滨市道里区西六道街 51 号
电话：0451－84649139
邮编：150010
许可证号：L－HLJ－CJ00034

哈尔滨报达国际旅行社有限责任公司
地址：哈尔滨市道里区友谊路 399 号
电话：0451－53667422
邮编：150010
许可证号：L－HLJ－CJ00035

黑龙江商旅国际旅行社有限公司
地址：哈尔滨市南岗区华山路 26 号
电话：0451－88881977
邮编：150006
电子信箱：534520907@ qq. com
许可证号：L－HLJ－CJ00036

哈尔滨纵横国际旅游有限公司
地址：哈尔滨南岗区中山路 169 号蓝天宾馆 3 楼
电话：0451－82639697
邮编：150006
许可证号：L－HLJ－CJ00037

黑龙江省冬之星国际旅行社有限责任公司
地址：哈尔滨市南岗区花园街 306 号恒运大厦 A 座 2801 室
电话：0451－53634400
邮编：150006
电子信箱：majie_ 001@ hotmail. com
许可证号：L－HLJ－CJ00038

哈尔滨航空世纪国际旅行社有限公司
地址：哈尔滨市开发区南岗集中区泰山路 117 号人和公寓 416 室
电话：0451－55538295　55538297
邮编：150010
电子信箱：john9100@ 126. com
许可证号：L－HLJ－CJ00039

黑龙江省海洋国际旅行社有限公司
地址：哈尔滨市南岗区宣化街 8 号 1 栋 401 室
电话：0451－87031161
邮编：150001
电子信箱：417723274@ qq. com
许可证号：L－HLJ－CJ00040

黑龙江世一国际旅行社有限责任公司
地址：哈尔滨市道里区经纬二道街 97 号
电话：0451－84672866
邮编：150010
电子信箱：heilongjiangshiyi@ 163. com
许可证号：L－HLJ－CJ00041

哈尔滨光大国际旅行社有限公司
地址：哈尔滨市南岗区红旗大街 160 号北辰国际 705 室
电话：0451－53653411
邮编：150039
许可证号：L－HLJ－CJ00042

黑龙江蓝太阳国际商务旅行社有限公司
地址：哈尔滨市南岗区汉祥街 81 号
电话：0451－86372417
邮编：150080
电子信箱：921920265@ qq. com
许可证号：L－HLJ－CJ00043

哈尔滨好运通国际旅行社有限责任公司
地址：哈尔滨市赣水路 32 号 4 楼 401
电话：0451－87705260
邮编：150090
电子信箱：82078842@ qq. com
许可证号：L－HLJ－CJ00044

黑龙江龙塔国际旅游有限公司
地址：哈尔滨市南岗区长江路龙塔内
电话：0451－82351717
邮编：150090
电子信箱：hljlongta@ 163. com
许可证号：L－HLJ－CJ00045

黑龙江中山航空国际旅行社有限公司
地址：哈尔滨市南岗区中山路 210 号 1 层
电话：0451－55550101
邮编：150001
电子信箱：zszyh81@ 126. com
许可证号：L－HLJ－CJ00046

哈尔滨永安旅游有限公司
地址：哈尔滨市南岗区长江路 209 号浦发大厦 608 室
电话：0451－82388651
邮编：150090
电子信箱：412133999@ qq. com
许可证号：L－HLJ－CJ00047

黑龙江九洲假日国际旅行社有限公司
地址：哈尔滨市开发区南岗集中区长江路 157 号欧倍德中心 4 层 11 号
电话：0451－86556666
邮编：150000
电子信箱：qinkai711112@ qq. com
许可证号：L－HLJ－CJ00048

哈尔滨环球行旅行社有限公司
地址：哈尔滨市道里区经纬街 42 号
电话：0451－82037666
邮编：150010
电子信箱：18686865588@ wo. com. cn
许可证号：L－HLJ－CJ00049

黑龙江省全景国际旅行社有限公司
地址：哈尔滨市道里区尚志大街 75 号麦凯乐国际公寓 A09B07 室
电话：0451－87281798
邮编：150010
电子信箱：qunjingguolv@ 163. com
许可证号：L－HLJ－CJ00050

黑龙江民族国际旅行社有限公司
地址：哈尔滨市道里区石头道街 18 号

电话：0451－84610085
邮编：150010
电子信箱：mz3331@163.com
许可证号：L－HLJ－CJ00051

齐齐哈尔海外国际旅行社有限公司
地址：齐齐哈尔市龙沙区永安大街90号
电话：0452－2442777
邮编：161005
电子信箱：462320@qq.com
许可证号：L－HLJ－CJ00052

黑龙江省美好时光旅行社有限公司
地址：哈尔滨市南岗区长江路209号中浩华尔街广场A栋804室
电话：0451－85991828
邮编：150006
许可证号：L－HLJ－CJ00053

哈尔滨安泰国际旅行社有限公司
地址：哈尔滨开发区南岗集中区赣水路68号万达广场4号楼505室
电话：0451－87718707
邮编：150010
许可证号：L－HLJ－CJ00054

哈尔滨市松花江国际旅行社有限公司
地址：哈尔滨市南岗区中山路209号903室
电话：0451－82803055　82803099
邮编：150006
许可证号：L－HLJ－CJ00055

黑龙江瀚阳国际旅游有限公司
地址：哈尔滨市尚志大街75号A2114室
电话：0451－87282345
邮编：150010
许可证号：L－HLJ－CJ00056

哈尔滨华航国际旅行社有限公司
地址：哈尔滨市香坊区红旗大街160号北辰国际701室
电话：0451－55141866
邮编：150036
许可证号：L－HLJ－CJ00057

哈尔滨必爱谊国际旅行社有限公司
地址：哈尔滨市南岗区红旗大街242号福思特大厦2406室
电话：0451－51886301
邮编：150006
许可证号：L－HLJ－CJ00058

哈尔滨天睿国际旅行社有限公司
地址：哈尔滨市南岗区黄河路88号哈工大建筑科技大厦1栋2单元15层1号
电话：0451－51880006
邮编：150006
许可证号：L－HLJ－CJ00059

哈尔滨北国春秋旅行社有限责任公司
地址：哈尔滨市南岗区吉林街13号
电话：0451－53675195
邮编：150006
许可证号：L－HLJ－CJ00060

哈尔滨华融旅行社有限公司
地址：哈尔滨市南岗区红旗大街301号
电话：0451－88026201
邮编：150006
许可证号：L－HLJ－CJ00061

哈尔滨招商国际旅行社有限责任公司
地址：哈尔滨市南岗区淮河路82号
电话：0451－82641511
邮编：150006
许可证号L－HLJ－CJ00062

黑龙江金太阳国际旅行社有限公司
地址：哈尔滨市南岗区龙坤小区C栋11层5号
电话：0451－87585585　87585822
邮编：150006
许可证号：L－HLJ－CJ00063

黑龙江海诺国际旅行社有限公司
地址：哈尔滨市南岗区长江路209号中浩华尔街A栋12层3号
电话：0451－51836258
邮编：150006
许可证号：L－HLJ－CJ00064

哈尔滨市星晨国际旅行社有限公司
地址：哈尔滨市南岗区长江路209号中浩华尔街A栋8层2号
电话：0451－82634488　15546666085
邮编：150006
许可证号：L－HLJ－CJ00065

黑龙江凯撒世嘉国际旅行社有限公司
地址：哈尔滨市道里区上海街6号海上银座A栋20层6号
电话：0451－51939595
邮编：150010
许可证号：L－HLJ－CJ00066

黑龙江中盛商旅国际旅行社有限公司
地址：哈尔滨市南岗区泰山路117号2层1号
电话：0451－87638001
邮编：150006
许可证号：L－HLJ－CJ00067

黑龙江秀水国际旅游有限公司
地址：哈尔滨市南岗区海关街182号沪士大厦14层G座
电话：0451－87702624　87702623
邮编：150006
许可证号：L－HLJ－CJ00068

黑龙江省环球假日旅行社有限责任公司
地址：哈尔滨市香坊区中山路172号常青国际大厦第16层1601室
电话：0451－88860999
邮编：150036
许可证号：L－HLJ－CJ00069

饭　店

香格里拉大饭店 ★★★★★
地址：哈尔滨市道里区友谊路555号
电话：0451－84858888
邮编：150076

万达索菲特大酒店 ★★★★★
地址：哈尔滨市香坊区赣水路68号
电话：0451－82336888
邮编：150030

龙运大厦 ★★★★★
地址：鹤岗市工农区东解放路10号
电话：0468－6188888
邮编：154100

夏威夷国际大酒店 ★★★★★
地址：牡丹江市七星街95号
电话：0453－6388888
邮编：157000

龙城花园酒店 ★★★★★
地址：鸡西市鸡冠区
电话：0461－6188888　6187778
邮编：158100

龙唐大厦 ★★★★
地址：哈尔滨市松北区龙唐街99号
电话：0451－85557888
邮编：150029

翰林凯悦大酒店 ★★★★
地址：哈尔滨市学府路52号
电话：0451－83109999
邮编：150001

万达假日酒店 ★★★★
地址：哈尔滨市道里区经纬街90号
电话：0451－84226666
邮编：150076

长江大厦 ★★★★
地址：哈尔滨市南岗区长江路85号
电话：0451－82360555
邮编：150001

报业大厦 ★★★★
地址：哈尔滨市道里区友谊路399号
电话：0451－84890888
邮编：150076

金谷大厦 ★★★★
地址：哈尔滨市道里区中央大街85号
电话：0451－84698700
邮编：150076

昆仑大酒店 ★★★★
地址：哈尔滨市南岗区铁路街8号
电话：0451－53616688
邮编：150001

波斯特大酒店 ★★★★
地址：哈尔滨市南岗区邮政街147号
电话：0451－53626888
邮编：150001

天鹅饭店 ★★★★
地址：哈尔滨市香坊区中山路95号
电话：0451－55600888
邮编：150030

友谊宫 ★★★★
地址：哈尔滨市道里区友谊路68号
电话：0451－84880888
邮编：150076

吉华园大酒店 ★★★★
地址：哈尔滨市宾县二龙山风景区
电话：0451－57908752　57983741
邮编：150425

正明锦江大酒店 ★★★★
地址：哈尔滨市南岗区东大直街278号
电话：0451－53618888
邮编：150001

民航大厦 ★★★★
地址：哈尔滨市南岗区中山路71号
电话：0451－82871188
邮编：150001

马迭尔宾馆 ★★★★
地址：哈尔滨市道里区中央大街89号
电话：0451－84884000
邮编：150076

帕弗尔饭店 ★★★★
地址：哈尔滨市南岗区邮政街79号
电话：0451－87756888
邮编：150001

银河大酒店 ★★★★
地址：哈尔滨市南岗区中山路 252 号
电话：0451－86797777
邮编：150001

吉华会所 ★★★★
地址：哈尔滨市宾西卡寿国家森林公园
电话：0451－57922222
邮编：150425

凤凰大酒店 ★★★★
地址：哈尔滨市南岗区大成街 116 号
电话：0451－86795500
邮编：150001

阳光望江大酒店 ★★★★
地址：哈尔滨市道里区哈药路 509 号
电话：0451－84880000
邮编：150076

伟业商务酒店 ★★★★
地址：哈尔滨市道里区霁虹街 32 号
电话：0451－86777700
邮编：150076

北大荒国际饭店 ★★★★
地址：哈尔滨市香坊区红旗大街 175 号
电话：0451－55198589
邮编：150030

哈尔滨梦溪宾馆 ★★★★
地址：哈尔滨市呼兰区利民开发区师大院内
电话：0451－88065290
邮编：150025

中康雷博尔酒店 ★★★★
地址：哈尔滨市香坊区珠江路 31 号
电话：0451－57839999
邮编：150090

新凯莱大酒店 ★★★★
地址：哈尔滨市道里区中央大街 259 号
电话：0451－86770000
邮编：150010

龙工大厦 ★★★★
地址：哈尔滨市南岗区果戈理大街 333 号
电话：0451－51983999
邮编：150001

国脉大厦 ★★★★
地址：齐齐哈尔市铁锋区军校街 1 号
电话：0452－2416676
邮编：161000

黑河国际饭店 ★★★★
地址：黑河市王肃街 123 号
电话：0456－8276001
邮编：164300

商贸大酒店 ★★★★
地址：黑河市通江路
电话：0456－6766666
邮编：164300

轩煌大酒店 ★★★★
地址：黑河五大连池风景区火山路
电话：0456－7266666
邮编：164155

金龙酒店 ★★★★
地址：黑河五大连池市
电话：0456－6399801　6399888
邮编：164100

天湖宾馆 ★★★★
地址：大庆市杜尔伯特蒙古族自治县泰康镇
电话：0459－3422192　3422510
邮编：166200

新科苑酒店 ★★★★
地址：大庆市让胡路区西苑街 36 号
电话：0459－6891111
邮编：163712

大庆宾馆 ★★★★
地址：大庆市萨尔图区东风路 1 号
电话：0459－6103192
邮编：163300

阳光温泉假日酒店 ★★★★
地址：大庆市杜尔伯特蒙古族自治县太康镇
电话：0459－3453710
邮编：166200

林都宾馆 ★★★★
地址：伊春市伊春区宾园路
电话：0458－3082105
邮编：153000

九州大酒店 ★★★★
地址：鹤岗市红旗路 166 号
电话：0468－3380888
邮编：150040

飞鹤商务大厦 ★★★★
地址：鹤岗市工农区红旗路中段
电话：0468－3348488
邮编：154100

鹤旷宾馆 ★★★★
地址：鹤岗市向阳区北京路 11 号
电话：0468－3731099
邮编：154100

萝北国际界江大酒店 ★★★★
地址：鹤岗市萝北县凤翔镇
电话：0468－6836666　6836710
邮编：154200

佳木斯大学国际饭店 ★★★★
地址：佳木斯市学府路 186 号
电话：0454－6103456
邮编：154002

佳木斯江天大酒店 ★★★★
地址：佳木斯市前进区中山路 1 号
电话：0454－8800000
邮编：154000

五环大酒店 ★★★★
地址：双鸭山市尖山区六马路南 185 号
电话：0469－4377777
邮编：155100

阳霖大酒店 ★★★★
地址：双鸭山市集贤县福利镇保卫路西 44－3 号
电话：0469－4688888
邮编：155900

昆仑大酒店 ★★★★
地址：七台河市桃山区山湖路 2 号
电话：0464－8297408
邮编：154600

虎林好时光宾馆 ★★★★
地址：鸡西虎林市晨光路
电话：0467－5888777
邮编：158400

金鼎国际大酒店 ★★★★
地址：牡丹江市太平路 28 号
电话：0453－8939999
邮编：157000

金长城酒店 ★★★★
地址：绥化市黄河北路 1 号
电话：0455－8281111
邮编：152000

北山宾馆 ★★★★
地址：大兴安岭地区加格达奇区朝阳路 39 号
电话：0457－2145888
邮编：165000

漠河金马饭店 ★★★★
地址：大兴安岭地区漠河县西林吉镇潮林路
电话：0457－2828888
邮编：165300

哈尔滨市商大酒店 ★★★
地址：哈尔滨市道里区通达街 138 号
电话：0451－86771000
邮编：150076

哈尔滨海韵商务酒店 ★★★
地址：哈尔滨市南岗区西大直街 19 号
电话：0451－82832222　86281018
邮编：150001

哈尔滨悦尔达宾馆 ★★★
地址：哈尔滨市南岗区一曼街 175 号
电话：0451－55153333
邮编：150001

东龙宾馆 ★★★
地址：哈尔滨市南岗区民益街 88 号
电话：0451－86793800、
邮编：150001

大庆宾馆 ★★★
地址：哈尔滨市南岗区国民街 23 号
电话：0451－82577666
邮编：150001

黑天鹅休闲俱乐部 ★★★
地址：哈尔滨市道外区松北镇滨北大街 68 号
电话：0451－88111588
邮编：150029

鑫鑫宾馆 ★★★
地址：哈尔滨市南岗区东大直街 131 号
电话：0451－85943333
邮编：150001

鸿翔宾馆 ★★★
地址：哈尔滨市南岗区鸿翔路 18 号
电话：0451－82608888
邮编：150001

鑫城酒店 ★★★
地址：哈尔滨市南岗区文庙街 8 号
电话：0451－82575188
邮编：150001

绿海大厦 ★★★
地址：哈尔滨市南岗区红军街 4 号
电话：0451－53615888
邮编：150006

龙运宾馆 ★★★
地址：哈尔滨市南岗区春申街 28 号
电话：0451－82830000
邮编：150001

绅特酒店 ★★★
地址：哈尔滨市香坊区赣水路 58 号
电话：0451－88027888
邮编：150030

金桥宾馆 ★★★
地址：哈尔滨市南岗区东大直街108号
电话：0451－82590202
邮编：150001

果戈里宾馆 ★★★
地址：哈尔滨市南岗区果戈里大街84号
电话：0451－82579000
邮编：150001

哈尔滨天植大酒店 ★★★
地址：哈尔滨市道里区中央大街160号
电话：0451－84693333
邮编：150076

香江世纪大酒店 ★★★
地址：哈尔滨市道里区尚志大街212号
电话：0451－86775777
邮编：150076

金鹤宾馆 ★★★
地址：哈尔滨市南岗区东大直街226号
电话：0451－83012900
邮编：150001

西苑宾馆 ★★★
地址：哈尔滨市南岗区法院街21号
电话：0451－86417114
邮编：150001

中艺瑞宝酒店 ★★★
地址：哈尔滨市南岗区东大直街168号
电话：0451－82571188
邮编：150006

波斯特太阳岛度假村 ★★★
地址：哈尔滨市太阳岛风景区西林街13号
电话：0451－88192255
邮编：150029

龙门大厦 ★★★
地址：哈尔滨市南岗区红军街85号
电话：0451－86791888
邮编：150001

龙运大厦 ★★★
地址：哈尔滨市南岗区宣化街200号
电话：0451－82700000
邮编：150001

黑龙江省教育宾馆 ★★★
地址：哈尔滨市南岗区民益街102号
电话：0451－53602888
邮编：150001

远达商务酒店 ★★★
地址：哈尔滨市南岗区革新街169号
电话：0451－82660000
邮编：150001

林大专家公寓 ★★★
地址：哈尔滨市南岗区和兴路26号
电话：0451－82192888
邮编：150001

龙达瑞吉商务酒店 ★★★
地址：哈尔滨市南岗区海城街156号
电话：0451－86477777
邮编：150001

观光假日酒店 ★★★
地址：哈尔滨市道里区安隆街1号
电话：0451－85980266
邮编：150076

蓝天宾馆 ★★★
地址：哈尔滨市南岗区中山路169号
电话：0451－82573999
邮编：150001

秀水宾馆 ★★★
地址：哈尔滨市南岗区果戈里大街188号
电话：0451－87018822
邮编：150001

八荒通神大酒店 ★★★
地址：哈尔滨市呼兰区利民开发区学院路美术家大街1号
电话：0451－85965555
邮编：150527

质监大厦 ★★★
地址：哈尔滨市香坊区三辅街136号
电话：0451－87979101
邮编：150030

白鱼泡宾馆 ★★★
地址：哈尔滨市道外区巨源镇前进村
电话：0451－82038999
邮编：150020

祥麟宾馆 ★★★
地址：哈尔滨市南岗区建筑街9号
电话：0451－53636360
邮编：150001

中大大酒店 ★★★
地址：哈尔滨市道里区中央大街32－46号
电话：0451－84699969
邮编：150076

哈尔滨星河酒店 ★★★
地址：哈尔滨市道外区承德街186号
电话：0451－88021888　88021532
邮编：150020

哈尔滨盛龙商务酒店 ★★★
地址：哈尔滨市香坊区红旗大街副126号
电话：0451－87291234
邮编：150030

哈尔滨新恒基宾馆 ★★★
地址：哈尔滨市道里区西头道街38号
电话：0451－84881188
邮编：150076

哈尔滨嘉禾假日酒店 ★★★
地址：哈尔滨市道里区尚志大街40号
电话：0451－85986700
邮编：150076

黑龙江国煤宾馆 ★★★
地址：哈尔滨市南岗区吉林街84号
电话：0451－53640959
邮编：150001

黑河宾馆 ★★★
地址：哈尔滨市南岗区邮政街122号
电话：0451－83023333
邮编：150001

平山神鹿滑雪场宾馆 ★★★
地址：哈尔滨市阿城区平山镇西街
电话：0451－53837739
邮编：150324

哈尔滨北极邨宾馆 ★★★
地址：哈尔滨南岗区芦家街83号
电话：0451－83102878
邮编：150001

黑龙江林苑宾馆 ★★★
地址：哈尔滨市道里区田地街118号
电话：0451－86773032
邮编：150010

旭东国际会议度假中心 ★★★
地址：哈尔滨市阿城区平山镇
电话：0451－53836133
邮编：150332

亚布力通信山庄 ★★★
地址：哈尔滨尚志市亚布力滑雪旅游区
电话：0451－53455398
邮编：150631

尚志市宾馆 ★★★
地址：哈尔滨尚志市新闻街9号
电话：0451－56768666
邮编：150631

尚志市电力宾馆 ★★★
地址：哈尔滨尚志市西大街
电话：0451－53944188
邮编：150631

亚布力云鼎宾馆 ★★★
地址：哈尔滨尚志市亚布力滑雪旅游区
电话：0451－53456789
邮编：150631

亚布力山庄宾馆（交通山庄） ★★★
地址：哈尔滨尚志市亚布力滑雪旅游区
电话：0451－53455030
邮编：150631

五常五福宾馆 ★★★
地址：哈尔滨五常市建设大街96号
电话：0451－56655555
邮编：150233

国土宾馆 ★★★
地址：哈尔滨市宾县宾州镇西城街
电话：0451－57998072
邮编：150425

黑龙江省兴隆林业局宾馆 ★★★
地址：哈尔滨市巴彦县林业局铁东街63号
电话：0451－57892605
邮编：151801

福宾楼饭店 ★★★
地址：哈尔滨市通河县通河镇沿江街11号
电话：0451－57426999
邮编：150923

白鹤宾馆 ★★★
地址：齐齐哈尔市铁锋区站前大街85号
电话：0452－2911111
邮编：161000

白云大厦 ★★★
地址：齐齐哈尔市建华区龙沙路65号
电话：0452－2386110
邮编：161000

一重宾馆 ★★★
地址：齐齐哈尔富拉尔基区建华西街一号
电话：0452－6819399
邮编：161042

嫩江宾馆 ★★★
地址：齐齐哈尔市龙沙区丰恒路29号
电话：0452－2472828
邮编：161000

元亨商务酒店 ★★★
地址：齐齐哈尔市建华区卜奎大街87号
电话：0452－2398888
邮编：161006

新禧龙舒适商务酒店 ★★★
地址：齐齐哈尔市建华区林艺街 18 号
电话：13945268355
邮编：161000

富裕宾馆 ★★★
地址：齐齐哈尔市富裕县新华路
电话：0452－3120741
邮编：161000

顺达商务酒店 ★★★
地址：齐齐哈尔市克东县正十字街北
电话：0452－4324888
邮编：164800

帕弗尔华源宾馆 ★★★
地址：黑河市中央街 314 号
电话：0456－8276771　8276700
邮编：164300

黑龙江省农垦北安宾馆 ★★★
地址：黑河北安市站前街 33 号
电话：0456－6664818
邮编：164000

五大连池风景名胜区自然保护区兴安园宾馆 ★★★
地址：黑河市五大连池风景区
电话：0456－7221650
邮编：164155

五大连池市华府酒店 ★★★
地址：黑河五大连池市
电话：0456－6373333
邮编：164100

五大连池市风景区财政宾馆 ★★★
地址：黑河五大连池风景区
电话：0456－7225066
邮编：164155

五大连池阳光假日酒店 ★★★
地址：黑河五大连池市迎宾路 18 号
电话：0456－6329999　6311800
邮编：164100

黑龙江省工人疗养院劳模度假中心 ★★★
地址：黑河五大连池风景区迎宾大街
电话：0456－7222151
邮编：164100

乾丰宾馆 ★★★
地址：大庆市龙凤区卧里屯大街 55 号
电话：0459－6555100
邮编：163700

国府湿地庄园 ★★★
地址：大庆市龙凤区龙凤湿地自然保护区内
电话：0459－6220000
邮编：163700

卧里屯宾馆 ★★★
地址：大庆市龙凤区卧里屯大街 49 号
电话：0459－6654314
邮编：163700

龙凤宾馆 ★★★
地址：大庆市龙凤区龙凤大街凤 6 路 4 号
电话：0459－6756051
邮编：163700

凯旋大厦 ★★★
地址：大庆市开发区火炬新街 8 号
电话：0459－6043999
邮编：163311

兴荣商务酒店 ★★★
地址：大庆市萨尔图区会战大街
电话：0459－6657168
邮编：163300

浩天宾馆 ★★★
地址：大庆市萨尔图区东风新村纬二路 2 号
电话：0459－4660628
邮编：163311

黑鱼湖宾馆 ★★★
地址：大庆市黑鱼湖生态园管理处
电话：0459－5869633
邮编：163311

鼎麒大酒店 ★★★
地址：大庆市大同区同城路 40 号
电话：0459－8199999
邮编：163515

宝城商务宾馆 ★★★
地址：大庆市龙凤区卧里屯大街 53 号
电话：0459－6074777
邮编：163714

大庆兴隆泉商务酒店 ★★★
地址：大庆市林甸县林甸镇大祈街南三段路西 168 号
电话：0459－3175555
邮编：166300

伊春红松会馆 ★★★
地址：伊春梅花河山庄
电话：0458－3078566
邮编：153000

三亚生态园 ★★★
地址：伊春市新区
电话：0458－3777888
邮编：153000

绿岛国际休闲酒店 ★★★
地址：伊春市伊春区
电话：0458－3775777
邮编：153000

伊春银座酒店 ★★★
地址：伊春市伊春区
电话：0458－3611111
邮编：153000

铁力金骊都宾馆 ★★★
地址：伊春铁力市铁力镇中山路 51 号
电话：0458－2230268
邮编：152500

朗乡宾馆 ★★★
地址：伊春铁力市朗乡林业局
电话：0458－2874886
邮编：152519

铁力松涛宾馆 ★★★
地址：伊春铁力市铁力镇
电话：0458－2383434
邮编：152500

东方宾馆 ★★★
地址：鹤岗市工农区一跨桥头
电话：13904880996
传真：0468－3430088
邮编：154100

天水湖宾馆 ★★★
地址：鹤岗市工农区一跨桥头
电话：13946740766
传真：0468－3453666
邮编：154100

同江同鑫宾馆 ★★★
地址：佳木斯市通江街西段
电话：0454－2926160
邮编：156400

佳木斯市如意大厦 ★★★
地址：佳木斯市和平路 86 号
电话：0454－8635700　8635999
邮编：154002

八一宾馆 ★★★
地址：佳木斯市杏林路 310 号
电话：0454－8604066
邮编：154002

华侨饭店 ★★★
地址：佳木斯红旗路中段 228 号
电话：0454－8554888
邮编：154002

富锦冰岛酒店 ★★★
地址：佳木斯富锦市新三街
电话：0454－2705555
邮编：156100

抚远瑞达国际酒店 ★★★
地址：佳木斯市抚远县景观街中段
电话：0454－2197799
邮编：156500

名苑大酒店 ★★★
地址：双鸭山市尖山区新兴大街中段 58 号
电话：0469－6101777
邮编：155100

金融大厦 ★★★
地址：七台河市桃山区景丰路中段
电话：15326515705
传真：0464－8258678
邮编：154600

金福宾馆 ★★★
地址：鸡西市桥北开发区
电话：0467－2436666
邮编：158100

国土资源大厦 ★★★
地址：鸡西市鸡冠区中心大街 13 号
电话：0467－6162707
邮编：158100

虎林宾馆 ★★★
地址：鸡西虎林市解放路
电话：0467－5823229　5823188
邮编：158400

鸡西市红绫酒店 ★★★
地址：鸡西密山市当壁镇景区内
电话：0467－5608888
邮编：158300

金水湾商务酒店 ★★★
地址：鸡西密山市当壁镇景区内
电话：0467－5608678
邮编：158300

金昱宾馆 ★★★
地址：鸡西密山市当壁镇景区内
电话：0467－5608555
邮编：158300

鸡东宾馆 ★★★
地址：鸡西市鸡东县南华大街
电话：0467－5582691
邮编：158200

麒麟山宾馆 ★★★
地址：鸡西市鸡东县兴农镇201国道西75公里处
电话：0467－2366297
邮编：158100

南山休闲假日宾馆 ★★★
地址：牡丹江市阳明区铁岭河镇铁南1路2号
电话：0453－6391133
邮编：157000

新玛特大酒店 ★★★
地址：牡丹江市西长安街1号
电话：0453－6296888
邮编：157000

嘉林饭店 ★★★
地址：牡丹江市新华路46号
电话：0453－6530888
邮编：157000

新东方宾馆 ★★★
地址：牡丹江市光华街123号
电话：0453－6993604
邮编：157000

福源大酒店 ★★★
地址：牡丹江市东一条路55号
电话：0453－6948777
邮编：157000

军供大厦 ★★★
地址：牡丹江市太平路120号
电话：0453－6990099
邮编：157000

福顺天天大酒店 ★★★
地址：牡丹江市西一条路新安街108号
电话：0453－6222226
邮编：157000

铁路青年公寓 ★★★
地址：牡丹江市光华街167号
电话：0453－8933777
邮编：157000

黑龙江镜泊湖电力宾馆 ★★★
地址：牡丹江市镜泊湖风景区明珠湾
电话：0453－6946320
邮编：157426

京江保利商务酒店 ★★★
地址：牡丹江市阳明区永安路18号
电话：0453－6952233
邮编：157000

旭升大酒店 ★★★
地址：牡丹江绥芬河市中心广场南侧
电话：0453－3999999
邮编：157300

蓝景酒店 ★★★
地址：牡丹江海林市火车站前对过
电话：0453－8867777
邮编：157100

宁安望江宾馆 ★★★
地址：牡丹江宁安市通江路
电话：0453－8179999
邮编：157400

鑫威花园酒店 ★★★
地址：绥化市中兴东路359号
电话：0455－8266666
邮编：152000

绥化肇东同心田商务酒店 ★★★
地址：绥化肇东市正阳大街
电话：0455－7953333
邮编：151100

庆安米都大酒店 ★★★
地址：绥化市庆安县庆安镇解放路88号
电话：0455－4428888
邮编：152400

华融商务酒店 ★★★
地址：大兴安岭地区加格达奇区
电话：0457－2717777
邮编：165000

呼中金马饭店 ★★★
地址：大兴安岭地区呼中区向阳路4号
电话：0457－3433666
邮编：165036

知青宾馆 ★★★
地址：大兴安岭地区呼玛县呼玛镇龙江街
电话：0457－3519100
邮编：165100

北极星宾馆 ★★★
地址：大兴安岭地区塔河县塔河镇建设大街
电话：0457－3630001
邮编：165200

绅恒宾馆 ★★★
地址：大兴安岭地区漠河县西林吉镇振兴路56号
电话：0457－2815555
邮编：165300

旅游景区

哈尔滨极地馆 AAAA
地址：哈尔滨市松北区太阳大道3号
电话：0451－88190909
邮编：150028
网址：www.hrbpolarland.com

黑龙江电视塔（龙塔）旅游区 AAAA
地址：哈尔滨市高新技术开发区
电话：0451－82368859
邮编：150010

太阳岛公园 AAAAA
地址：哈尔滨市太阳岛风景街10号
电话：0451－88191777
邮编：150010

哈尔滨游乐园 AAAA
地址：哈尔滨市东大直街1号
电话：0451－82525216
邮编：150001

哈尔滨金河旅游公园 AA
地址：哈尔滨市机场路23公里处
电话：0451－84697830
邮编：150010

哈尔滨东北虎林园 AAAA
地址：哈尔滨市松北区松北街88号
电话：0451－88080098
邮编：150028

哈尔滨黑天鹅度假区 AA
地址：哈尔滨市松北新区滨江街68号
电话：0451－88111588
邮编：150028

哈尔滨索菲亚广场 AAAA
地址：哈尔滨市道里区透笼街88号
电话：0451－84686904
邮编：150010

北方农业现代都市示范园 AA
（全国农业旅游示范点）
地址：哈尔滨市道里区城乡路288号
电话：0451－84302560
邮编：150070

哈尔滨欧亚之窗公园 AAA
地址：哈尔滨市南岗区学府四道街18号
电话：0451－86693296
邮编：150080

黑龙江省科技馆 AAAA
地址：哈尔滨市南岗区中山路
电话：0451－88190966
邮编：150006

哈尔滨文庙 AAA
地址：哈尔滨市南岗区文庙街25号
电话：0451－82538438
邮编：150001

革命领袖纪念馆 AAA
地址：哈尔滨市南岗区颐园街1号
电话：0451－53642522
邮编：150006

北方森林动物园 AAAA
地址：哈尔滨市香坊区哈牡公路
电话：0451－56556999
邮编：150036

黑龙江省农科院园艺分院 AAA
（全国农业旅游示范点）
地址：哈尔滨市香坊区哈平路
电话：0451－86666468
邮编：150040

三精制药工业园区 AAA
地址：哈尔滨市香坊区哈平路233号
电话：0451－86620318
邮编：150070

哈尔滨农垦香坊农场旅游区 AAAA
地址：哈尔滨市香坊区香福路146号
电话：0451－55139850
邮编：150038

哈尔滨市中央欧陆风情旅游区 AAAA
地址：哈尔滨市道里区红霞街89号
电话：0451－84545796
邮编：150010

哈尔滨市金龙山国际旅游度假区 AAAA
地址：哈尔滨市阿城区金龙山镇
电话：0451－56563335
邮编：150300

黑龙江省博物馆 AAA
地址：哈尔滨市南岗区红军街50号
电话：0451－53622745
邮编：150006

哈尔滨市北大荒闫家岗国际温泉度假区 AAAA
地址：哈尔滨市道里区机场路19公里处
电话：13936286999
邮编：150010

哈尔滨市南岗区展览馆 AAA
地址：哈尔滨市联发街1号
电话：0451－83117557
邮编：150010

哈尔滨现代农业示范区 AAA
地址：哈尔滨市松北区万宝大道6公里处
电话：13936692967
邮编：150028

哈尔滨金河湾湿地旅游风景区 AAAA
地址：哈尔滨市松北区江湾路5000号
电话：18903669688
邮编：150028

哈尔滨丁香岛生态乐园 AAA
地址：哈尔滨市松北区万宝大道18公里处
电话：0451－51937009
邮编：50028

哈尔滨香炉山风景区 AAA
地址：哈尔滨市
电话：0451－88333020
邮编：150010

农垦红旗农场都市农业园 AAA
地址：哈尔滨市南岗区哈双路410号
电话：0451－86704933
邮编：150006

萧红故居 AA
地址：哈尔滨呼兰区东南二道街204
电话：0451－57322998
邮编：150500

金源文化旅游区 AAAA
地址：哈尔滨市阿城区
电话：0451－53734730
邮编：150324

哈尔滨玉泉国际狩猎场 AAA
地址：哈尔滨市阿城区玉泉镇
电话：0451－53848053
邮编：150322

阿城会宁公园 AA
地址：哈尔滨市阿城区
电话：0451－53729804
邮编：150300

阿城玉泉威虎山森林公园 AA
地址：哈尔滨市阿城区玉泉镇
电话：0451－53847236
邮编：150300

森工平山旅游区 AAAA
地址：哈尔滨市阿城区平山镇
电话：0451－53837029
邮编：150324

哈尔滨伏尔加庄园 AAAA
地址：哈尔滨市香坊区城高子镇
电话：13796008077　400－6677188
邮编：150028

哈尔滨白鱼泡湿地旅游区 AAAA
地址：哈尔滨市道外区巨源镇
电话：0451－82038999
邮编：150050

禹舜美术馆景区 AAA
地址：哈尔滨市利民开发区美术大街1号
电话：0451－85965600
邮编：150024

亚布力滑雪旅游度假区 AAAA
地址：哈尔滨尚志市亚布力镇
电话：0451－53455228
邮编：150631

阿城横头山国家森林公园 AAA
地址：哈尔滨市阿城区大岭乡吉兴村
电话：0451－56563096
邮编：150300

蒙牛乳业有限公司 AAAA
地址：哈尔滨尚志市开发区
电话：0451－56765011
邮编：150601

八里湾国家森林公园 AAA
地址：哈尔滨尚志市苇河镇
电话：0451－53496063
邮编：150628

苇河林业局红豆杉景区 AAA
地址：哈尔滨尚志市苇河镇
电话：0451－53499218
邮编：150628

中国土改第一村 AAA
地址：哈尔滨尚志市元宝镇元宝村
电话：0451－53365184
邮编：150608

哈尔滨中国书法文化博物馆 AAAA
地址：哈尔滨尚志市
电话：0451－56767022
邮编：150600

哈尔滨赵一曼纪念园 AAA
地址：哈尔滨尚志市长寿乡一曼村
电话：0451－53348661
邮编：150600

哈尔滨中国书法文化博物馆 AAAA
地址：哈尔滨尚志市
电话：0451－56767022
邮编：150601

哈尔滨市凤凰山森林旅游区 AAAA
地址：哈尔滨市五常市
电话：0451－53573147
邮编：150200

五常市双龙山庄 AAA
地址：哈尔滨五常市背阴河镇大合村
电话：0451－55809522
邮编：150200

凤凰山国家森林公园高山花园 AAA
地址：哈尔滨五常市
电话：0451－53571278
邮编：150232

大秃顶子山景区 AA
地址：哈尔滨五常市
电话：0451－53573147
邮编：150232

五常市伟建绿色度假村 AAA
地址：哈尔滨市五常市背荫河红旗村
电话：0451－55859888
邮编：150227

五常龙凤山风景名胜区 AAA
地址：哈尔滨五常市龙凤山水库
电话：0451－55839037　55859888
邮编：150209

文贤庄园旅游度假区 AA
地址：哈尔滨五常市五常镇
邮编：150200

五常月牙湖风景区 A
地址：哈尔滨五常市城西4公里
电话：0451－53546717
邮编：150200

哈尔滨四块石景区 AAA
地址：哈尔滨市依兰县
电话：0451－57220171
邮编：154800

方正林业局小龙山风景区 AAA
地址：哈尔滨市方正县
电话：0451－57193362
邮编：150822

方正得莫力旅游度假区 AA
地址：哈尔滨市方正县哈同公路得莫力服务区
电话：0451－57170918
邮编：150800

方正莲花湖公园 A
地址：哈尔滨市方正县莲花湖
电话：0451－57172557
邮编：150800

长寿国家森林公园 AAA
地址：哈尔滨市宾县宾西镇宾西实验林场
电话：0451－57922466
邮编：150431

二龙山风景区 AAAA
地址：哈尔滨市宾县二龙山
电话：0451－57908017
邮编：150400

哈尔滨森林小火车度假区青峰山庄 AA
地址：哈尔滨市巴彦县兴隆镇
电话：0451－57892309
邮编：151801

木兰县香磨山风景区 AA
地址：哈尔滨市木兰县东兴镇
电话：0451－57010517
邮编：151925

铧子山森林公园 AAA
地址：哈尔滨市通河县桦子山林场
电话：0451－56276607
邮编：150900

哈尔滨岔林河漂流景区 AAA
地址：哈尔滨市通河县
电话：0451－57436089
邮编：150900

哈尔滨市延寿长寿山风景区 AAA
地址：哈尔滨市延寿县西公安街6号
电话：0451－53030980
邮编：150700

清河林业旅游区 AAA
地址：哈尔滨市通河县
电话：0451－57482101
邮编：150913

尼尔基水利风景区 AAA
地址：齐齐哈尔市龙沙区新明大街23号
电话：0452－2466129
邮编：161005

黑龙江扎龙国家级自然保护区 AAAA
地址：齐齐哈尔市东南30公里
电话：0452－2441346
邮编：161005

齐齐哈尔市龙沙公园 AAAA
地址：齐齐哈尔市公园路32号
电话：0452－2472925
邮编：161005

明月岛风景区 AAAA
地址：齐齐哈尔市龙沙区公园路32号

电话：0452－2711505
邮编：161006

红岸公园 AA
地址：齐齐哈尔市富拉尔基区和平路1号
电话：0452－6882618
邮编：161041

水师森林公园 AA
地址：齐齐哈尔市昂昂溪区水师营满族镇东
电话：0452－2311728
邮编：161031

铁农园艺园度假村 AAA
（全国农业旅游示范点）
地址：齐齐哈尔市铁峰区太顺街6号
电话：0452－2937909
邮编：161000

齐齐哈尔蛇洞山风景区 AA
地址：齐齐哈尔市碾子山区
电话：0452－6672929
邮编：161046

黑龙江华安（集团）工业旅游区 AAA
地址：齐齐哈尔市碾子山区中兴街168号
电话：0452－6689162
邮编：161046
网址：www. huaanjt. com

齐齐哈尔哈拉新村 AA
地址：齐齐哈尔市梅里斯达斡尔族区哈拉新村
电话：0452－6451946
邮编：161021

齐齐哈尔青松狩猎场 AA
地址：齐齐哈尔市梅里斯达斡尔族区
电话：0452－6420015
邮编：161021

齐齐哈尔哈拉新村达族风情园 AAA
地址：齐齐哈尔市梅里斯区维尔塞镇哈拉新村
电话：0452－2781066
邮编：161021

齐齐哈尔蒙牛（齐齐哈尔）工业旅游景区 AAA
地址：齐齐哈尔市建华区北苑开发区
电话：0452－6139892
邮编：161006

齐齐哈尔瑞盛食品制造有限公司 AA
地址：齐齐哈尔市建华区
电话：13766588150
邮编：161006

尼尔基水利风景区 AAA
地址：齐齐哈尔市龙沙区新明大街23号
电话：0452－2466129
邮编：161005

雨亭公园 AA
地址：齐齐哈尔讷河市讷河镇东南街
电话：0452－3322319
邮编：161300

齐齐哈尔泰来江桥抗战纪念地 AAAA
地址：齐齐哈尔市泰来县江桥蒙古族镇
电话：0452－8788626
邮编：162400

齐齐哈尔塔子城辽金文化旅游名镇 AAA
地址：齐齐哈尔市泰来县江塔子城镇
电话：0452－8711107
邮编：162400

齐齐哈尔中国（大兴）九八抗洪纪念馆 AAA
地址：齐齐哈尔市泰来县大兴镇
电话：0452－8798203
邮编：162400

齐齐哈尔泰湖国家湿地公园 AAA
地址：齐齐哈尔市泰来县
电话：0452－8898877
邮编：162400

齐齐哈尔泰来江桥抗战纪念地 AAAA
地址：齐齐哈尔市泰来县江桥蒙古族镇政府
电话：0452－8788626
邮编：162407

甘南音河水库风景区 AA
地址：齐齐哈尔市甘南县
电话：0452－5622656
邮编：162100

农垦富裕牧场柯尔克孜民族村 AAA
地址：齐齐哈尔市富裕牧场
电话：0452－3030202
邮编：161005

齐齐哈尔龙腾生态温泉度假区 AA
地址：齐齐哈尔市富裕县龙安桥镇
电话：13258693131
邮编：161200

拜泉五岭峰生态旅游区 AA
地址：齐齐哈尔市拜泉县新生乡
电话：0452－7332419
邮编：164700

黑河市瑷珲历史陈列馆 AAAA
地址：黑河市爱辉镇
电话：0456－8201906
邮编：164312

黑河市瑷珲区卧牛湖风胜景区 AAA
地址：黑河市王肃街11号
电话：0456－6106480
邮编：154300

黑河瑷珲国家森林公园 AAA
地址：黑河市瑷珲区瑷珲镇
电话：0456－8201859
邮编：164300

黑河旅俄华侨纪念馆 AAA
地址：黑河市王肃街72号
电话：0456－6107607
邮编：164300

黑河新生鄂伦春民族旅游区 AAA
地址：黑河市新生乡政府
电话：0456－8240532
邮编：164300

黑河黑龙江中俄民族风情园 AAA
地址：黑河市
电话：13895905893
邮编：164300

黑河知青博物馆 AAA
地址：黑河市瑷珲区瑷珲镇
电话：0456－821126
邮编：164300

森工黑龙江大沾河国家森林公园 AAA
地址：黑河市
电话：0456－6358918
邮编：164300

黑河北安博物馆 AA
地址：黑河北安市龙江路东华山街北
电话：13846308088
邮编：164000

黑河黑龙江省委省政府办公旧址陈列馆 AAA
地址：黑河北安市龙江路东华山街北
电话：0456－6426636
邮编：164300

五大连池市青山公园 AAA
地址：黑河五大连池市
电话：0456－6325888
邮编：164100

五大连池二龙山工农业旅游观光区 AAA
地址：黑河五大连池市二龙山农场
电话：0456－6418039
邮编：164131

中国五大连池风景区 AAAAA
地址：黑河五大连池市
电话：0456－7222222
邮编：164155
网址：www. wdlc. com. cn

山口风景区 AAA
地址：黑河五大连池市
电话：0456－6327255
邮编：164100

锦河农场闯关东影视旅游区 AAA
地址：黑河市锦河农场
电话：0456－8236235
邮编：164326

农垦山河平顶山旅游区 AAA
地址：黑河市嫩江县山河农场
电话：0456－7894642
邮编：161421

嫩江农场现代农业旅游区 AAA
地址：黑河市嫩江县嫩江林场
电话：0456－7894163
邮编：164312

黑河逊克新鄂度假村 AA
地址：黑河市逊克县新鄂鄂伦春族乡
电话：18346847999
邮编：164400

黑河逊克库尔滨河鄂伦春民族风情旅游区 AA
地址：黑河逊克县车陆乡
电话：18245647999
邮编：164400

孙吴县胜山要塞旅游区 AAA
地址：黑河市孙吴县
电话：0456－8420332
邮编：164200

大庆石油科技馆 AAA
地址：大庆市让胡路区世纪大道南
电话：0459－5156114
邮编：163712

大庆黎明湖旅游区 AAA
地址：大庆市黎明湖公园
电话：0459－6500298
邮编：163311

大庆市大庆科技馆 AAA
地址：大庆市萨尔图区东风新村时代广场西侧
电话：0459－6676600

黑龙江

邮编：163001

大庆瑞鹤庄园森林旅游度假村 AAA
地址：大庆市大同区红旗林场
邮编：163515

大庆铁人王进喜纪念馆 AAAA
地址：大庆市解放二街 8 号
电话：0459 - 5935111
邮编：163311

大庆油田历史陈列馆 AAAA
地址：大庆市萨尔图区中七路 32 号
电话：0459 - 5980261 5823737
邮编：163001

大庆市儿童公园 AA
地址：大庆市萨尔图区友谊大街 7 号
电话：0459 - 5886643
邮编：163001

大庆广播电视塔 AA
地址：大庆市萨尔图区东风路甲 1 号
电话：0459 - 4663588
邮编：163311

大庆市龙凤公园 AA
地址：大庆市龙凤区龙凤大街 77 号
电话：0459 - 6759508
邮编：163711

大庆石油博物馆 AAA
地址：大庆市让胡路区西苑路 18 号
电话：0459 - 5596280
邮编：163712

大庆油田乐园 AAA
地址：大庆市让胡路区
电话：0459 - 5983502
邮编：163411

黑鱼湖生态园 AAAA
地址：大庆石油管理局供水公司
电话：0459 - 5869619
邮编：163311

大庆油田城市乡村旅游区 AAA
地址：大庆市让胡路区乘风庄
电话：0459 - 5626888
邮编：164311

大庆市景园公园 AA
地址：大庆市让胡路区昆仑大街
电话：0459 - 5999625
邮编：163453

大庆市博物馆 AAAA
地址：大庆市开发区文苑街 2 号
电话：0459 - 4617273
邮编：163001

林甸温泉疗养院 AA
地址：大庆市林甸县
电话：0459 - 3328288
邮编：166300

八井子农业观光采摘园 AAA
地址：大庆市大同区八井子乡
电话：0459 - 4419288
邮编：163516

鹤鸣湖湿地水上乐园 AAA
地址：大庆市林甸县三合乡南岗村
电话：0459 - 3162888
邮编：166300

大庆北国温泉养生休闲旅游区 AAAA
地址：大庆市林甸县庆丰街南三段路西
电话：0459 - 8184555
邮编：166300

大庆市鹤鸣湖湿地温泉景区 AAAA
地址：大庆市林甸县三合乡南岗村
电话：13349491111
邮编：166300

大庆色氏湿地人家景区 AAA
地址：大庆林甸县三合乡南岗村
电话：13836730058
邮编：166300

大庆阿木塔银沙湾景区 AAA
地址：大庆市杜尔伯特县胡吉吐莫镇
电话：0459 - 3420858
邮编：166200

大庆市吉禾民族赛马场 AAAA
地址：大庆市杜尔伯特蒙古族自治县泰康镇
电话：15645609999
邮编：166200

大庆连环湖景区 AAAA
地址：大庆市杜尔伯特蒙古族自治县连环湖镇
电话：0459 - 3449999
邮编：166200

杜尔伯特蒙古族自治县博物馆 AAA
地址：大庆市杜尔伯特蒙古族自治县
电话：0459 - 3425706
邮编：166200

当奈人居生态村 AAA
地址：大庆市杜尔伯特县烟筒屯镇
电话：0459 - 3456002
邮编：162253

大庆市杜蒙县寿山民俗休闲度假村 AA
地址：大庆市杜蒙县寿山
电话：0459 - 3449256
邮编：166200

连环湖国际水禽狩猎场 AA
地址：大庆市杜蒙县境内
邮编：163311

大庆市杜蒙草原赛马场 AA
地址：大庆市杜蒙县城西 1 公里
电话：0459 - 3434799
邮编：166200

伊春五营国家森林公园 AAAA
地址：伊春市五营区
电话：0458 - 3809996
邮编：153033

上甘岭溪水国家森林公园 AAAA
地址：伊春市上甘岭区
电话：0458 - 3883015
邮编：153032

美溪回龙湾国家森林公园 AAAA
地址：伊春市美溪区
电话：0458 - 3637510
邮编：153021

伊春水上公园风景区 AAA
地址：伊春市新兴西路
电话：0458 - 3620497
邮编：153000

伊春带岭凉水旅游区 AAAA
地址：伊春市带岭区
电话：0458 - 3439133
邮编：1531056

黑龙江梅花河山庄度假村 AAAA
地址：伊春市伊春区青山路 131 号
电话：0458 - 3601333
邮编：153000

汤旺河石林风景区 AAAAA
地址：伊春市汤旺河区东风大街 102 号
电话：0458 - 3536201
邮编：153037

金山天然鹿场 AAA
地址：伊春市金山屯区
电话：0458 - 3738136
邮编：153026

峰岩生态旅游区 AA
地址：伊春市金山屯区
电话：0458 - 3025727
邮编：153026

伊春兴安森林公园 AAA
地址：伊春市伊春区
电话：0458 - 8974898
邮编：153000

伊春东升岛旅游度假区 AA
地址：伊春市伊春区
电话：0458 - 3089999
邮编：153000

朗乡玉兔仙潭风景区 AA
地址：伊春市朗乡镇头道沟林场
电话：0458 - 2585138
邮编：153000

伊春小兴安岭桃山景区 AAAA
地址：伊春市
电话：0458 - 2245089
邮编：152514

伊春小兴安岭国家地质公园红星园区 AAA
地址：伊春市红星区中心大街 167 号
电话：0458 - 3821699
邮编：153035

伊春西岭森林生态旅游度假区 AAA
地址：伊春市乌马河区西岭林场
电话：0458 - 3658517
邮编：153011

伊春金山小镇 AAA
地址：伊春市金山屯区花园街 1 号
电话：0458 - 3738930
邮编：153026

伊春大丰河漂流 AAA
地址：伊春市金山屯区
电话：18704585399
邮编：153026

伊春市乳影岛景区 AA
地址：伊春市友好区
电话：13352580011
邮编：153031

铁力透龙山风景区 AAA
地址：伊春铁力市二股林场
电话：0458 - 2250677
邮编：152500

伊春映山湖生态园 AAA
地址：伊春铁力市林业局建设林场
电话：0458 - 2250000
邮编：152500

桃山悬羊峰旅游区 AA
地址：伊春铁力市桃山镇
电话：0458－2483399
邮编：152514

太平岛度假区 AA
地址：伊春市嘉荫县朝阳镇
电话：0458－2623415
邮编：153200

嘉荫茅兰沟国家森林公园 AAAA
地址：伊春市嘉荫县朝阳镇
电话：0458－2623415
邮编：153200

伊春市嘉荫恐龙国家地质公园 AAAA
地址：伊春市嘉荫县
电话：13134582955
邮编：153200

嘉荫新发岛江上公园乐园 AA
地址：伊春市嘉荫县朝阳镇
电话：0458－2623415
邮编：153200

伊春市嘉荫一号亮子景区 AA
地址：伊春市嘉荫乌云镇东部
电话：15145835555
邮编：153200

伊春嘉荫界江恐龙主题公园 AA
地址：伊春市嘉荫县江滨一带
电话：0458－2623415
邮编：153200

鹤岗国家森林公园 AAA
地址：鹤岗市西北部
电话：0468－3738088
邮编：154100

鹤岗松鹤西湖公园 AA
地址：鹤岗市
电话：0468－3122196
邮编：154101

鹤岗市将军石山庄 AAA
地址：鹤岗市红旗乡
电话：0468－3720919
邮编：154100

鹤岗萝北名山景区 AAAA
地址：鹤岗萝北县凤翔镇大街东段
电话：0468－6831177
邮编：154200

鹤北红松林国家森林公园风景区 AA
地址：鹤岗市萝北县小兴安岭东南麓
电话：13946733888
邮编：154200

鹤岗东方红湿地风景区 AA
地址：鹤岗市萝北县
电话：0467－5913237
邮编：154200

鹤岗市萝北太平沟景区 AAAA
地址：鹤岗市萝北县太平沟乡
电话：0468－6831177
邮编：154200

鹤岗市绥滨月牙湖中国北方民族园景区 AAAA
地址：鹤岗市绥滨县送滨大街1号
电话：0467－7867199
邮编：156200

佳木斯千里生态园 AAA
地址：佳木斯市友谊路西段
电话：0454－8517499
邮编：154011

佳木斯市水源山公园 AAA
地址：佳木斯市前进区光华街
电话：0454－8781456
邮编：154002

佳木斯七星旅游名镇景区 AAA
地址：佳木斯市建三江七星农场
电话：0454－5794221
邮编：154002

佳木斯郊区敖其湾赫哲族旅游区 AAA
地址：佳木斯市
电话：0454－8577616
邮编：154002

农垦勤得利北大荒鱼展馆 AAA
地址：佳木斯市
电话：0454－5798227
邮编：154002

农垦胜利农场喀尔喀旅游区 AAA
地址：佳木斯市建三江胜利农场
电话：0454－5705523
邮编：154002

同江街津口赫哲族旅游度假区 AAA
地址：佳木斯同江市街津口赫哲族乡
电话：0454－2980036
邮编：156400

同江三江口旅游区 AAA
地址：佳木斯同江市北四公里三江口
电话：0454－2974177
邮编：156400

富锦松花江碑林 AAA
地址：佳木斯富锦市
电话：0454－2333556
邮编：156100

富锦国家湿地公园 AAAA
地址：佳木斯富锦市西平路南段（老技校院内）
电话：0454－2366500
邮编：156100

五顶山国家森林公园 AA
地址：佳木斯富锦市砚山镇
电话：0454－2715008
邮编：156100

佳木斯市富锦湿地旅游区 AAAA
地址：佳木斯富锦市锦山镇黑鱼泡滞洪区
电话：13634651798
邮编：156100

桦南七星峰国家森林公园 AA
地址：佳木斯市桦南县
电话：0454－6687826
邮编：154400

佳木斯共和湖风景区 AA
地址：佳木斯市桦南县明义乡
电话：13945458078
邮编：154400

大亮子河国家森林公园 AAAA
地址：佳木斯市小兴安岭南麓汤原县大亮子河红松母树林场境内
电话：0454－7620174
邮编：154700

抚远华夏东极旅游区 AAA
地址：佳木斯市抚远县抓吉镇
电话：0454－2187439
邮编：156500

双鸭山雁窝岛湿地生态旅游区 AAAA
地址：双鸭山市
电话：0469－5390853
邮编：155100

双鸭山巍隆山庄 AA
地址：双鸭山市宝山区
电话：0469－4321415
邮编：155131

北秀公园 AAA
地址：双鸭山市尖山区园林路1号
电话：0469－4225730
邮编：151100

东湖旅游度假区 AAA
地址：双鸭山市尖山区中植小区25号
电话：0469－4299999
邮编：155100

青山国家森林公园 AAA
地址：双鸭山市
电话：0469－6100748
邮编：155105

双鸭山龙头山庄旅游区 AAAA
地址：双鸭山市宝山区
电话：0469－4304517
邮编：155136

双鸭山安邦河湿地公园 AAAA
地址：双鸭山市集贤县福利镇
电话：0469－4661968
邮编：155900

双鸭山市北大荒农机博览园景区 AAAA
地址：双鸭山市友谊县农场
电话：0469－5852880
邮编：155800

友谊县友谊博物馆 AAA
地址：双鸭山市友谊县
电话：13945773366
邮编：155800

双鸭山挹楼文化风情园 AAA
地址：双鸭山友谊县
电话：0469－5815039
邮编：155800

宝清县珍宝岛烈士陵园 AAA
地址：双鸭山市宝清县
电话：0469－5267899
邮编：155600

双鸭山七星河湿地生态旅游区 AAA
地址：双鸭山市宝清县永发路5号
电话：0469－5200003
邮编：155600

双鸭山龙湖水利风景区 AAA
地址：双鸭山市宝清县新华路370号
电话：0469－5438164
邮编：155600

双鸭山小南山旅游风景区 AA
地址：双鸭山市饶河县
电话：0469－5623992
邮编：155700

双鸭山沿江公园旅游风景区 AAA
地址：双鸭山市饶河县和平街100号

电话：0469－5628309
邮编：155700

双鸭山饶河四排赫哲族风情园 AAA
地址：双鸭山市饶河县
电话：0469－5628694
邮编：155700

双鸭山红旗岭农场千鸟湖景区 AAAA
地址：双鸭山市红兴隆农垦分局红旗岭农场
电话：0469－5563989
邮编：155100

农垦八五三燕窝岛旅游度假区 AAAA
地址：双鸭山市农垦总局红兴隆分局853农场
电话：0469－5390853
邮编：155630

石龙山国家森林公园 AA
地址：七台河市林场施业区
邮编：154600

西大圈旅游区 AA
地址：七台河市勃利县
电话：0464－6181333
邮编：154500

七台河市西大圈旅游区 AAA
地址：七台河市勃利县
电话：13946550258
邮编：154500

鸡西市动物园旅游区 AAA
地址：鸡西市鸡冠区向南街43号
电话：0467－2690709
邮编：158100

鸡西滴道塘莱营森林度假村 AA
地址：鸡西市滴道区滴道河乡
电话：13339575345
邮编：158150

净土寺宗教文化旅游区 A
地址：鸡西市城子河区
电话：0457－241130
邮编：158170

鸡西市麒麟山风景区 AAA
地址：鸡西市兴农镇
电话：0467－5770599
邮编：158100

鸡西市动植物园 AA
地址：鸡西市鸡冠区向南街43号
电话：13945853068
邮编：158100

鸡西亨特山庄度假区 A
地址：鸡西市鸡冠区朝阳果树场
电话：0467－2319324
邮编：158100

侵华日军虎头要塞遗址博物馆 AAAA
地址：鸡西虎林市虎头镇
电话：0467－5822047
邮编：158405

虎林月牙湖风景区 A
地址：鸡西虎林市虎头镇月牙村
电话：0467－5824096
邮编：158405

鸡西虎林市虎头旅游风景区 AAAA
地址：鸡西虎林市虎头镇
电话：0467－5928333
邮编：158400

鸡西青山湖旅游度假区 AAA
地址：鸡西虎林市856农场
电话：13946865656
邮编：158400

鸡西兴凯湖蜂蜜山旅游景区 AA
地址：鸡西密山市白鱼湾镇
电话：0467－5052102
邮编：158300

密山北大荒书法长廊 AAAA
地址：鸡西密山市
电话：0467－5232102
邮编：158300

密山铁西森林公园 AAA
地址：鸡西密山市密山镇铁西村
电话：0467－5282167
邮编：158300

兴凯湖旅游区新开流景区 AAAA
地址：鸡西市南星街4号
电话：0467－6185011
邮编：158100

农垦当壁镇兴凯湖旅游度假区 AAAA
地址：鸡西密山市8510农场当壁镇
电话：0467－5608802
邮编：158316

鸡东县凤凰山风景区 AAA
地址：鸡西市鸡东县八楞山水库
电话：0467－5759452
邮编：158200

鸡东县哈达河风景区 AA
地址：鸡西市鸡东县哈达水库
电话：0467－5740001
邮编：158203

鸡东县八楞河风景区 AA
地址：鸡西市鸡东县八楞山水库
电话：0467－5760338
邮编：158200

鸡西鸡林朝鲜族民族风情园 A
地址：鸡西市鸡东县鸡林朝鲜族乡
电话：0467－5733315
邮编：158204

鸡东县锅盔山庄 AA
地址：鸡西市鸡东县永安镇
电话：0467－5723932
邮编：158200

鸡西鸡东县平阳古镇风景区 AA
地址：鸡西市鸡东县平阳镇
电话：13946801558
邮编：158200

鸡西鸡林朝鲜族民族风情园 AA
地址：鸡西市鸡东县鸡林朝鲜族乡
电话：0467－5733315
邮编：158200

牡丹江紫菱湖旅游区 AAAA
地址：牡丹江市东一条路186号
电话：0453－6923111
邮编：157000

农垦乌苏里湿地千岛林风景区 AAA
地址：牡丹江市
电话：0467－5951787
邮编：157000

镜泊湖风景区 AAAAA
地址：牡丹江市西三条路190号
电话：0453－6996696
邮编：157000

三道关国家森林公园 AAA
地址：牡丹江市
电话：0453－6510108
邮编：157000

牡丹江黑宝熊乐园度假区 AAAA
（全国农业旅游示范点）
地址：牡丹江市三道关
电话：0453－8105496
邮编：157000

牡丹江市黑宝熊乐园水上大世界 AAAA
地址：牡丹江市三道关国家森林公园
电话：0453－8105496
邮编：157000

牡丹江穆棱市远东林木博物馆 AAA
地址：牡丹江穆棱市下城子镇
电话：0453－3041929
邮编：157500

绥芬河国门旅游区 AA
地址：牡丹江绥芬河市
电话：0453－3998691
邮编：157300

绥芬河市丽苑度假区 A
地址：牡丹江绥芬河市
电话：0453－3958980
邮编：157300

横道东北虎林园 AAAA
地址：牡丹江海林市横道河子
电话：0453－7583835
邮编：157100

海林市威虎山影视城 AAA
地址：牡丹江海林市横道河子镇
电话：0453－7583888
邮编：157100

海林市杨子荣烈士陵园 AAA
地址：牡丹江海林市子荣街1号
电话：0453－7238105
邮编：157100

牡丹江市森工雪乡旅游区 AAAA
地址：牡丹江海林市
电话：0453－7550244
邮编：157125

柴河九寨景区 AAAA
地址：牡丹江海林市
电话：4001－0453－99　0453－7523555
传真：0453－7535111
网址 www. chaihetourism. net

北大荒海林北欧度假区 AAA
地址：牡丹江海林市海林农场
电话：0453－7554365
邮编：157126

威虎山主峰景区 AAA
地址：牡丹江海林市威虎山林场
电话：0453－7105678
邮编：157100

牡丹江市海林亿龙水上风情园 AAAA
地址：牡丹江海林市新安镇
电话：0453－7571888
邮编：157100

森工牡丹江柴河九寨旅游景区 AAAA
地址：牡丹江海林市柴河林业局

电话：18745336777
邮编：157131

牡丹江市海浪河欢乐谷景区 AAAA
地址：牡丹江海林市新安朝鲜族镇
电话：0453－7572777
邮编：157000

牡丹江市宁安渤海峡谷景区 AAA
地址：牡丹江市宁安渤海镇瀑布村坎下
电话：0453－7959220
邮编：157400

北大荒宁安农场现代农业示范园 AAA
地址：牡丹江宁安市宁安农场
电话：0453－7841730
邮编：157412

宁安市火山口国家森林公园 AAAA
地址：牡丹江宁安市
电话：0453－8179985
邮编：157400
网址：www. HSK. 86114. cn

宁安渤海风情园 AAA
地址：牡丹江宁安市渤海镇
电话：0453－7951605
邮编：157400

东宁要塞遗址 AAAA
地址：牡丹江市东宁县三贫口镇
电话：0453－3631630
邮编：157200

莲花峰旅游度假区 AAA
地址：牡丹江市林口县莲花镇
电话：0453－3880619
邮编：157602

方正响水河漂流旅游区 AA
地址：牡丹江市林口县三道通镇
电话：0453－7518911
邮编：157605

牡丹江八女投江遗址纪念地景区 AAA
地址：牡丹江市林口县刁翎镇
电话：0453－3810122
邮编：157600

绥化市博物馆 AA
地址：绥化市新兴西街
电话：13904551152
邮编：152000

绥化四方台旅游景区 AA
地址：绥化市
电话：15245589999
邮编：152000

绥化蟠龙湖风景区 AA
地址：绥化市
电话：18714559888
邮编：152000

绥化黑土绿之源 AA
地址：绥化市团结街
电话：13359919999
邮编：152000

绥化慈云观 A
地址：绥化市北林区慈云观
电话：15245580999
邮编：152000

绥化北林区北星朝鲜旅游度假村 AA
地址：绥化市北林区太平川镇太平村
电话：13204556755
邮编：152000

黑鱼泡山庄旅游度假区 AA
地址：绥化市哈黑公路13公里处
电话：0455－8513789
邮编：152000

绥化金龟山庄 AA
地址：绥化市东津镇福兴村
电话：0455－8582185
邮编：152000

绥化半截塔湿地旅游区 AA
地址：绥化市铁北街881号
电话：13394555666
邮编：152000

近水湾旅游区 AA
地址：绥化市
电话：0455－8362599
邮编：152000

绥化安达龙山村旅游观光园 AA
地址：绥化安达市卧里屯乡龙山村
电话：18249696777
邮编：151400

绥化安达南湖旅游休闲度假村 AA
地址：绥化安达市青肯泡乡南湖
电话：13904690222
邮编：151400

绥化安达市东湖风景区 AA
地址：绥化安达市任民镇
电话：15945913555
邮编：151400

绥化黑龙江贝因美乳业有限公司 AA
地址：绥化安达市大庆路6号
电话：13766781031
邮编：151400

绥化肇东世纪田园度假村 AA
地址：绥化肇东市东发办事处世纪田园景区
电话：13936610079
邮编：151100

绥化肇东哈工大有机农业休闲观光园 AA
地址：绥化肇东市哈工大有机农业创意园
电话：13204571999
邮编：151100

绥化肇东市伊利乳业工业园区 AAA
地址：绥化肇东市经济开发区肇昌公路11公里处
电话：0455－777691
邮编：151100

绥化肇东安业生态农业观光景区 A
地址：绥化肇东市涝洲镇安业村
电话：18904632333
邮编：151100

绥化肇东市肇岳山国家级湿地公园 A
地址：绥化肇东市
电话：13945181900
邮编：151100

绥化望奎县满族风情园 AAA
地址：绥化市望奎县
电话：0455－6468877
邮编：152100

绥化望奎金蝉豹山庄 AA
地址：绥化市望奎县卫星镇
电话：13845070999
邮编：152100

绥化望奎鑫实生态农业度假园区 AA
地址：绥化市望奎县火箭镇
电话：13846708917
邮编：152100

绥化望奎红光寺 AA
地址：绥化市望奎县
电话：15945551905
邮编：152100

绥化望奎高贤酒业有限公司 A
地址：绥化市望奎县
电话：0455－6821909
邮编：152100

绥化望奎正兰四农家乐园 A
地址：绥化市望奎县火箭镇
电话：13796551727
邮编：152100

绥化兰西绿荫山庄 AA
地址：绥化市兰西县红光乡临泉村
电话：13352557888
邮编：151500

林枫同志故居纪念馆 AA
地址：绥化市望奎县政府路文明街12号
电话：0455－6466160
邮编：152100

兰西黄崖子关东民俗旅游文化村 AA
地址：绥化市兰西县兰西镇
电话：0455－5637408
邮编：151500

庆安县柳河华龙山庄 AA
地址：绥化市庆安县柳河农场
电话：0455－4457066
邮编：152400

绥化庆安望龙山国家公园 AA
地址：绥化市庆安县
邮编：152400

绥化望龙山国家森林公园 AAA
地址：绥化市庆安县
电话：0455－2812755
邮编：152400

农垦绥化柳河生态旅游度假区 AAA
地址：绥化市庆安县柳河农场
电话：0455－4460095
邮编：152400

绥化庆安致富兴隆山庄 AA
地址：绥化市庆安县致富乡兴隆村
电话：13845545777
邮编：152400

绥化市庆安华府山庄 A
地址：绥化市庆安县同乐乡
电话：13845862777
邮编：152400

绥化庆安晟景园山庄 A
地址：绥化市庆安县久胜镇
电话：15184595678
邮编：152400

绥化明净寺景区 AAA
地址：绥化市明水县
电话：0455－6237496
邮编：151700

森工绥棱林业局生态文化旅游景区 AAA
地址：绥化市绥棱县
电话：15145511677
邮编：152200

黑龙江

绥化绥棱上集镇南湖公园旅游景区 AA
地址：绥化市绥棱县上集镇
电话：18645536377
邮编：152200

绥化绥棱文化广场旅游景区 AA
地址：绥化市绥棱县
电话：13199004234
邮编：152200

绥化绥棱向阳水库旅游景区 AA
地址：绥化市绥棱县
电话：15845525666
邮编：152200

绥化绥棱东北湖公园旅游景区 A
地址：绥化市绥棱县
电话：13199004234
邮编：152200

绥棱金斗湾旅游区 AAA
地址：绥化市绥棱县四海店镇
电话：0455－4353127
邮编：150069

华安（集团）公司军工旅游区 AAA
地址：大兴安岭地区
邮编：165000

大兴安岭资源馆 AAA
地址：大兴安岭地区
电话：0457－2111991
邮编：165000

加格达奇北山公园 AAA
地址：大兴安岭地区
电话：13804847395
邮编：165000

图强林业博物馆 AAA
地址：大兴安岭地区
电话：0457－2855602
邮编：165301

大兴安岭万亩种子园景区 AAA
地址：大兴安岭地区
电话：0457－2731938
邮编：165000

大乌苏鹿苑山庄 AAA
地址：大兴安岭地区新林乌苏镇
电话：0457－3170012
邮编：165024

大兴安岭寒温带植物园 AAAA
地址：大兴安岭地区
电话：0457－2145888
邮编：165000

古里生态旅游区 A
地址：大兴安岭地区加格达齐镇
电话：13089908401
邮编：165000

塔河栖霞山植物园景区 AAA
地址：大兴安岭地区塔河县
电话：0457－3660408
邮编：165200

漠河北极村风景旅游区 AAAA
地址：大兴安岭地区漠河县漠河乡
电话：0457－2884146
邮编：165300

大兴安岭五·六火灾纪念馆 AAA
地址：大兴安岭地区漠河县西林集镇中华路
电话：0457－2887313
邮编：165300

大兴安岭兴安湖旅游度假村 AA
地址：大兴安岭地区加格达齐镇
电话：0457－2174488
邮编：165000

餐　馆

哈尔滨华梅西餐厅
地址：哈尔滨市中央大街 112 号
电话：0451－84619818
邮编：150010

老厨家
地址：哈尔滨市南岗区文政街 118 号
电话：0451－86475018
邮编：150006

三八饭店
地址：哈尔滨市道外区太古街 364 号
电话：0451－88373838　87649555
邮编：150020

甜甜饭店
地址：哈尔滨市南岗区国民街 85 号
电话：0451－53624933
邮编：150006

哈尔滨老都一处饺子馆
地址：哈尔滨市靖宇街 413 号
电话：0451－88349934
邮编：150020

北来顺饭店
地址：哈尔滨市道里区友谊路 51 号
电话：0451－84615531
邮编：150010

三棵饭店
地址：哈尔滨市道外区东直路 486 号
电话：0451－57626688　57684884
邮编：150020

天响鱼肉馆
地址：哈尔滨市红旗大街 478 号
电话：0451－57620888　57623888
邮编：150010

老都一处
地址：哈尔滨市道里区西十三道街 25 号
电话：0451－84615895
邮编：150010

华梅西餐厅
地址：哈尔滨市道里区中央大街 112 号
电话：0451－84619818
邮编：150010

北来顺饭店友谊路店
地址：哈尔滨市道里区友谊路 51 号
电话：0451－84615531
邮编：150010

名典西餐厅
地址：哈尔滨市道里区尚志大街 214 号
电话：0451－84657755
邮编：150010

阿妈妮烤肉店
地址：哈尔滨市道里区经纬六道街 25 号
电话：0451－84229088
邮编：150010

山城老妈四川美食广场
地址：哈尔滨市道里区哈药路 336 号
电话：0451－84801997　84801998
邮编：150010

露西亚节日花园西餐厅
地址：哈尔滨市道里区西头道街 28 号
电话：0451－84563207
邮编：150010

白家馆
地址：哈尔滨市南岗区哈成路 328 号
电话：0451－55112212
邮编：150006

全聚德烤鸭店
地址：哈尔滨市南岗区先锋路 559 号
电话：0451－88254990
邮编：150006

刘老爹鱼锅府餐饮有限公司
地址：哈尔滨市道外区南极街
电话：0451－87800536
邮编：150036

小华梅酒楼
地址：哈尔滨市香坊区菜艺街 143 号
电话：0451－87002218
邮编：150036

湘园食府
地址：哈尔滨市呼兰区鸿翔路 58 号
电话：0451－82804888
邮编：150500

齐齐哈尔市峰芒风味餐厅
地址：齐齐哈尔市建华区中华路
电话：0452－2553031
邮编：161006

齐齐哈尔市富拉尔基区钢花餐厅
地址：齐齐哈尔市富拉尔基区黎明路 50 号
电话：0452－6802473
邮编：161041

齐齐哈尔市浪花餐厅
地址：齐齐哈尔市龙沙区劳卫路 7 号
电话：0452－2473380
邮编：161005

齐齐哈尔市牛奶公司喜临门饭店
地址：齐齐哈尔市庆胜街 8 号
电话：0452－2124203
邮编：161000

齐齐哈尔市饮食公司庆云馄饨馆
地址：齐齐哈尔市铁锋区龙华路 54 号
电话：0452－2128690
邮编：161000

三江野生鱼村
地址：齐齐哈尔市南马路 175 号
电话：0452－2415000
邮编：161005

大骨头炖菜馆
地址：齐齐哈尔市建华区中华西路
电话：0452－8973927
邮编：161005

黑河市北江春饭店
地址：黑河市文化街 170 号
电话：0456－8223202
邮编：164300

黑河市北方餐厅
地址：黑河市文化街 14 号楼
电话：0456－8224652
邮编：164300

黑河江畔餐厅
地址：黑河市王肃街78号
电话：0456－8227551－25
邮编：164300

黑河市九龙自助餐厅
地址：黑河市兴安街69号
电话：0456－8221106
邮编：164300

刘记砂锅大全总店
地址：黑河市
电话：0456－8268765
邮编：164300

大庆市天天海鲜菜馆
地址：大庆市让胡路区西宾路113号
电话：0459－5979088
邮编：163311

大庆市东北王大酒店
地址：大庆市萨尔图区中心街6号
电话：0459－5884008
邮编：163311

三万里烤肉
地址：大庆市西宾路7号
电话：0459－6355116
邮编：163311

瑞和饭庄
地址：大庆市友谊大街
电话：0459－5855875
邮编：163311

伊春市饮食服务公司回民饭店
地址：伊春市正阳街
电话：0458－3603485
邮编：153000

伊春市饮食服务公司
地址：伊春市繁荣路8号
电话：0458－3602702
邮编：153000

伊春市鸿博饮食服务有限责任公司
地址：伊春市迎宾路1号
电话：13039669188
邮编：153000

汉斯食府
地址：鹤岗市工农区
电话：0468－3459899
邮编：154100

绿芭蕉西餐酒廊
地址：鹤岗市工农区育才路
电话：0468－3361666
邮编：154100

日月红砂锅风味园
地址：鹤岗市工农区四道街
电话：0468－6108678
邮编：154100

朱记香辣蟹
地址：佳木斯市向阳区长青路
电话：454－8755333
邮编：154002

佳木斯市啤酒厂鲜啤酒家
地址：佳木斯市长安路东段
电话：0454－8347389
邮编：154002

佳木斯市美食园
地址：佳木斯市站前路16号
电话：0454－8225676
邮编：154002

佳木斯市东来顺餐饮有限公司
地址：佳木斯市光复路671号
电话：0454－8679953
邮编：154002

佳木斯市水仙大酒家
地址：佳木斯市福丰街2号
电话：0454－8452111
邮编：154002

佳木斯市天龙酒家
地址：佳木斯市光复路5号
电话：0454－8248357
邮编：154002

佳木斯市澳洲美食城
地址：佳木斯市光复路535号
电话：0454－8220123
邮编：154002

佳木斯市顺峰火锅城
地址：佳木斯市桥南街160号
电话：0454－8673904
邮编：154002

佳木斯市清真饭店
地址：佳木斯市通江街北段
电话：0454－8442935
邮编：154002

佳木斯市樱花饮食文化有限公司
地址：佳木斯市中山路23号
电话：0454－8664501
邮编：154002

佳木斯市金洲大酒楼
地址：佳木斯市安庆路347号
电话：0454－8350199
邮编：154002

佳木斯市好世界美食中心有限公司
地址：佳木斯市光复路607号
电话：0454－8633999
邮编：154002

佳木斯市东方苑餐饮有限公司
地址：佳木斯市沿江街168号
电话：0454－8666168
邮编：154002

北京大自然东北酒楼佳木斯海鲜酒楼
地址：佳木斯市永安街53号
电话：0454－8244688
邮编：154002

佳木斯市好世界美食中心有限公司四海鲍翅楼
地址：佳木斯市兴复路607号
电话：0454－8633999
邮编：154002

佳木斯市光头香辣蟹餐饮有限公司
地址：佳木斯市光复路中段
电话：0454－8651375
邮编：154002

佳木斯市新纪元餐饮有限公司
地址：佳木斯市长安路655号
电话：0454－8609332
邮编：154002

双鸭山市饮食服务公司宫廷菜馆
地址：双鸭山市新兴大街28号
电话：0469－4224469
邮编：155100

双鸭山市月明楼回民饭店
地址：双鸭山市南小市
电话：0469－4225174
邮编：155100

七台河市满江红中餐厅
地址：七台河市兴华路
电话：0464－8330611
邮编：154600

七台河澳洲美食城
地址：七台河市旭日街
电话：0464－8269713
邮编：154600

七台河市曼哈顿美食娱乐中心
地址：七台河市风采路1号
电话：0464－8267884
邮编：154600

七台河市东峰饮食服务有限公司
地址：七台河市景丰路6号
电话：0464－8277597
邮编：154600

七台河市饮食服务公司桃宾饭店
地址：七台河市大同路55号
电话：0464－8262667
邮编：154600

七台河市文联绿丹兰餐厅
地址：七台河市光明街72号
电话：0464－8269724
邮编：154600

龙江美食城
地址：七台河市景丰路20号
电话：0464－8293866
邮编：154600

七台河市苏大姐老火锅有限责任公司
地址：七台河市
电话：0464－8273111
邮编：154600

五福楼大饭庄
地址：鸡西市祥光路丰泰街8号
电话：0467－2656325
邮编：158100

澳门豆捞海鲜火锅
地址：鸡西市祥光路195号
电话：0467－8938999
邮编：158100

小城故事
地址：鸡西市园林路8号
电话：0467－2332177
邮编：158100

川国演义
地址：鸡西市西山路27号
电话：0467－2381222
邮编：158100

清艺坊咖啡语茶
地址：鸡西市和平北大街87号
电话：0467－2390199
邮编：158100

元太祖
地址：鸡西市和平北大街107号
电话：0467－2360217
邮编：158100

明月楼
地址：鸡西市西山路34号

电话：0467－2384838
邮编：158100

鸡西市得月楼酒家
地址：鸡西市兴国东路 93 号
电话：0467－2655640
邮编：158100

鸡西市凤凰火锅城
地址：鸡西市西山路 12 号
电话：0467－2379526
邮编：158100

牡丹江市丰泽园食府
地址：牡丹江市东三条路 15 号
电话：0453－6920658
邮编：157000

牡丹江市金光美味猪手冷面馆
地址：牡丹江市七星街 104 号
电话：0453－6288354
邮编：157000

老美味居猪手骨头炖菜总店
地址：牡丹江市东新荣街
电话：0453－6553079
邮编：157000

清真公牛馆
地址：牡丹江市西新安街 56 号
电话：0453－6229993
邮编：157000

绥化一品肥羊火锅店
地址：绥化市中直北路
电话：0455－8322111
邮编：152000

绥化市湖南毛家菜馆
地址：绥化市中直南路 66 号
电话：0455－8338757
邮编：152000

绥化市凌云大酒楼
地址：绥化市中直北路 17 号
电话：0455－8227628
邮编：152000

绥化市西蜀歌舞大酒楼
地址：绥化市西直北路
电话：0455－8233659
邮编：152000

绥化市阿里郎餐馆
地址：绥化市南二东路 195 号
电话：0455－8323223
邮编：152000

绥化市饮食服务公司
地址：绥化市北二西路 67 号
电话：0455－8225562
邮编：152000

绥化市丽都歌舞酒楼
地址：绥化市中直北路 482 号
电话：0455－8260257
邮编：152000

绥化市天都酒楼
地址：绥化市北四西路 104 号
电话：0455－8237011
邮编：152000

绥化市便宜坊酒楼
地址：绥化市北四西路
电话：0455－8266777
邮编：152000

绥化市清真民族风味餐馆
地址：绥化市中直南路 189 号
电话：0455－8237106
邮编：152000

旅游用品

哈尔滨抽纱绣品公司
地址：哈尔滨市中医街 80 号
电话：0451－84693929　84686061
邮编：150010

哈尔滨鼎玉工艺品有限公司
地址：哈尔滨市经济开发区
电话：0451－82318183
邮编：150010

黑龙江省天鑫礼品有限公司
地址：哈尔滨市南岗区革新街 143 号 4 楼
电话：0451－82666958
邮编：150010

哈尔滨创意礼品有限公司
地址：哈尔滨市地段街 76 号
电话：0451－84656611
邮编：150010

哈尔滨江南工艺品有限公司
地址：哈尔滨市道里区安国街 182 号
电话：0451－88863668
邮编：150010

哈尔滨金祥礼品公司
地址：哈尔滨市南岗铁路街 138 号
电话：0451－84599138
邮编：150010

哈尔滨市灿和礼品有限公司
地址：哈尔滨市石头街道 18 号
电话：0451－84594411－568
邮编：150010

哈尔滨竹木银创意礼品开发有限公司
地址：哈尔滨市中央大街 158 号
电话：0451－86824661
邮编：150010

哈尔滨市新时代礼品公司
地址：哈尔滨市呼兰区革新街 131 号森工大厦
电话：0451－89310958
邮编：150010

哈尔滨市义玮商务礼品有限公司
地址：哈尔滨市南岗区步行街 47 号
电话：0451－53622096　53625696
邮编：150010

哈尔滨小神龙礼品有限公司
地址：哈尔滨市南岗区永和街 1－1 号
电话：0451－88585628　82602508
邮编：150010

哈尔滨恒光木制工艺品有限公司
地址：哈尔滨市外经路 6 号
电话：0451－82926573
邮编：150010

哈尔滨金泰天一艺术品有限责任公司
地址：哈尔滨市南岗区清明七道街
电话：0451－86374054
邮编：150010

哈尔滨康丽工艺制品有限公司
地址：哈尔滨市南岗区十字街 131 号
电话：0451－82702402　82732945
邮编：150010

哈尔滨市龙美木制工艺品厂
地址：哈尔滨市机场路 139 号
电话：0451－84101296
邮编：150010

哈尔滨市特种工艺美术厂
地址：哈尔滨市南岗区大成街 9－4 号
电话：0451－82704735
邮编：150010

哈尔滨市温港创作工艺厂
地址：哈尔滨市道里区地段街 40 号
电话：0451－84652581
邮编：150010

哈尔滨市新光工艺美术厂
地址：哈尔滨市道外区东南阳巷 33 号
电话：0451－88383638
邮编：150010

哈尔滨市亚东工艺美术制品厂
地址：哈尔滨市田地街 69 号
电话：0451－84610573
邮编：150010

哈尔滨市中艺特种工艺美术厂
地址：哈尔滨市南岗区大成街 9 号
电话：0451－82702554
邮编：150010

哈尔滨亚一工艺饰品有限公司
地址：哈尔滨市道里区金山堡村
电话：0451－84325620
邮编：150010

黑龙江省华美金银饰品有限公司
地址：哈尔滨市兆麟街 78 号
电话：0451－84615978
邮编：150010

哈尔滨市龙华谢瑞麟珠宝金行有限公司
地址：哈尔滨市地段街
电话：0451－84699951
邮编：150010

哈尔滨珠宝首饰有限公司
地址：哈尔滨市道外区长春街 23 号
电话：0451－88983539　88696735
邮编：150010

哈尔滨恒久钻石有限公司
地址：哈尔滨市奋斗路
电话：0451－53644352　53602068
邮编：150010

哈尔滨市皇宝珠宝钟表（集团）公司
地址：哈尔滨市道里区中央大街 57 号
电话：0451－84639985
邮编：150010

哈尔滨京滨钟表有限公司
地址：哈尔滨市安发街
电话：0451－84515726
邮编：150010

哈尔滨市凯时欧钟表有限责任公司
地址：哈尔滨市地段街 60 号
电话：0451－84693364
邮编：150010

哈尔滨手表厂
地址：哈尔滨市和兴路 38 号
电话：0451－82112754
邮编：150010

哈尔滨钟厂
地址：哈尔滨市东大直街119号
电话：0451－82524140
邮编：150010

哈尔滨市亿达钟表眼镜厂
地址：哈尔滨市靖宇街399号
电话：0451－88388890　88381251
邮编：150010

齐齐哈尔光华工艺品有限公司
地址：齐齐哈尔市建华区北明海公路7号
电话：0452－2143350
邮编：161005

齐齐哈尔市中瑞表业公司
地址：齐齐哈尔市卜奎大街10号
电话：0452－2426872
邮编：161005

大庆让胡路区天青工艺有限公司
地址：大庆市让胡路区
电话：0459－5978466
邮编：163311

大庆市天宝石雕工艺品有限公司
地址：大庆市龙凤区金融街6号
电话：0459－5828319
邮编：163311

伊春市光明集团永盛工艺品有限公司
地址：伊春市伊春区青山西路
电话：0458－3667198　3667133
邮编：153000

伊春市恒升工艺品公司
地址：伊春市伊春区新兴西路
电话：0458－3608840
邮编：153000

伊春市美江工艺木雕厂
地址：伊春市乌马河区前进街
电话：0458－3652212
邮编：153000

伊春市宝瀛实木雕刻艺术总厂
地址：伊春市伊春区朝阳路300号
电话：0458－3603789
邮编：153000

伊春椿山工艺品有限公司
地址：伊春市扶林街
电话：0458－3608524
邮编：153000

伊春乌伊岭区红光玛瑙玉器厂
地址：伊春市乌伊岭区火车站前
电话：0458－3522748
邮编：153000

伊春市大明府钟表眼镜公司
地址：伊春市步行街
电话：0458－3618309
邮编：153000

牡丹江市装饰工艺品总厂
地址：牡丹江市维新街
电话：0453－6222875
邮编：157000

牡丹江四海工艺品有限公司
地址：牡丹江市东六条路
电话：0453－6684175
邮编：157000

牡丹江市子瑰珠宝有限责任公司
地址：牡丹江市东一条路165号
电话：0453－6289961
邮编：157000

绥化市长城地毯有限公司
地址：绥化市中兴西路62号
电话：0455－8224204
邮编：152000

旅游交通

黑龙江省旅游汽车公司
地址：哈尔滨市珠江路副37号
电话：0451－82303010
邮编：150010

哈尔滨市旅游汽车公司
地址：哈尔滨市建国街263号
电话：0451－84830344
邮编：150076

哈尔滨市鸿运旅游出租汽车有限责任公司
地址：哈尔滨市和平路34号
电话：0451－82621377
邮编：150010

哈尔滨火车站
地址：哈尔滨市南岗区铁路街1
电话：0451－86444452　86444462
邮编：150006

哈尔滨火车东站
地址：哈尔滨市火车头街
电话：0451－86464162
邮编：150010

哈尔滨太平国际机场
地址：哈尔滨市迎宾一路
电话：0451－82894219　82896432
邮编：150010

齐齐哈尔火车站
地址：齐齐哈尔市站前大街136号
电话：0452－2929115　2927499
邮编：161001

齐齐哈尔三家子机场
地址：齐齐哈尔市大民屯
电话：0452－2393737　2381111
邮编：161001

黑河机场
地址：黑河市爱辉区
电话：0456－8222596
邮编：164300

黑河火车站
地址：黑河市
电话：0456－8220807
邮编：164300

北安火车站
地址：黑河北安市
电话：0456－2625222
邮编：164000

五大连池沾河火车站
地址：黑河五大连池市
电话：0456－2680049
邮编：164100

大庆火车站
地址：大庆市中桥路51号
电话：0459－2630000
邮编：163001

大庆市立志火车站
地址：大庆市大同区
电话：0459－6934289
邮编：163000

伊春火车站
地址：伊春市站前街
电话：0458－8962014
邮编：153001

鹤岗火车站
地址：鹤岗市工农区东解放路15号
电话：0468－8937412
邮编：154101

佳木斯火车站
地址：佳木斯市前进区站前路179号
电话：0454－8920010
邮编：153002

佳木斯机场
地址：佳木斯市长安路
电话：0454－8330148
邮编：154001

双鸭山火车站
地址：双鸭山市尖山区站前路26号
电话：0469－95105105　4223253
邮编：155100

七台河火车站
地址：七台河市新兴区兴华街49号
电话：0464－2931342
邮编：154604

鸡西火车站
地址：鸡西市鸡冠区兴国中路138号
电话：0467－8148115　8148032
邮编：158100

牡丹江公交旅游汽车公司
地址：牡丹江市东新荣街21号
电话：0453－6532658
邮编：157000

牡丹江火车站
地址：牡丹江市西安区光华街161号
电话：0453－8821132　8823772
邮编：157000

牡丹江海浪机场
地址：牡丹江市
电话：0453－6481012
邮编：157000

绥化火车站
地址：绥化市
电话：0455－2976422
邮编：152000

海伦火车站
地址：绥化海伦市
电话：0455－2983532
邮编：152300

大兴安岭加格达奇火车站
地址：大兴安岭地区
电话：0457－2122163
邮编：165000

阿木尔火车站
地址：大兴安岭地区漠河县阿木尔镇
电话：0457－12306
邮编：165300

上　海
SHANGHAI

旅游机构

上海市旅游局
地址：上海市大沽路 100 号
电话：021－23115504
邮编：200003

上海市旅游质量监督管理所
地址：上海市中山西路 2525 号
电话：021－64393615
邮编：200030

黄浦区旅游局
地址：上海市延安东路 300 号西 8 楼
电话：021－63215150
邮编：200001

徐汇区旅游局
地址：上海市桂林路 128 号－1
电话：021－64365456
邮编：200233

长宁区旅游局
地址：上海市长宁路 599 号
电话：021－22050000
邮编：200050

静安区旅游局
地址：上海市陕西北路 1058 号 4 楼
电话：021－62278998
邮编：200040

普陀区旅游局
地址：上海市大渡河路 1668 号 2 号楼 1004 室
电话：021－52564855
邮编：200333

闸北区旅游局
地址：上海市秣陵 46 号
电话：021－63805390
邮编：200070

虹口区旅游局
地址：上海市飞虹路 518 号 1306 室
电话：021－25658888
邮编：200086

杨浦区旅游局
地址：上海市江浦路 459 号 9 楼
电话：021－25032066
邮编：200082

闵行区旅游局
地址：上海市沪闵路 6558 号
电话：021－64133461
邮编：201100

宝山区旅游局
地址：上海市泰和路 245 号 4 号楼
电话：021－56565785
邮编：200940

嘉定区旅游局
地址：上海市嘉定区富德路 1288 号 12 楼
电话：021－69989888
邮编：201800

浦东新区商务委员会旅游处
地址：上海市世纪大道 2001 号 4 号楼
电话：021－58788388
邮编：200135

金山区旅游局
地址：上海市龙山路 555 号西 15 楼
电话：021－57922628
邮编：200540

松江区商务和旅游委员会
地址：上海市松江园中路 1 号 7 号楼
电话：021－37735380　57827211
邮编：201620

青浦区旅游局
地址：上海市青浦区城中西路 111 号
电话：021－59736363
邮编：201700

奉贤区旅游局
地址：上海市奉贤区南桥镇解放东路 871 号
电话：021－67182206
邮编：201400

崇明县旅游局
地址：上海市崇明县城桥镇新崇中路 388 号
电话：021－59622701
邮编：202150

旅行社

上海国旅国际旅行社有限公司
地址：上海市北京西路 1277 号
电话：021－62893487
邮编：200040
网址：www. scits. com
许可证号：L－SH－CJ00001

上海锦江国际旅游股份有限公司
地址：上海市延安东路 100 号联谊大厦 27 楼
电话：021－63299090
邮编：200002
网址：www. jjtravel. com
许可证号：L－SH－CJ00002

上海中旅国际旅行社有限公司
地址：上海市澳门路 519 弄 2 号华生大厦 7－8 层
电话：021－62981111
邮编：200060
网址：www. ctish. cn
许可证号：L－SH－CJ00003

上海中国青年旅行社
地址：上海市衡山路 2 号
电话：021－64377146
邮编：200031
许可证号：L－SH－CJ00004

上海锦江旅游有限公司
地址：上海市长乐路 191 号
电话：021－63296636
邮编：200020
网址：www. jjtravel. com
许可证号：L－SH－CJ00005

招商局上海国际旅行社有限责任公司
地址：上海市长寿路 868 号中国港中旅大厦 9F
电话：021－22150854
邮编：200060
网址：www. cmit. com
许可证号：L－SH－CJ00006

国旅集团新上海国际有限公司
地址：上海市长安路 1001 号长安大厦 1 号楼 16 层
电话：021－63178705
邮编：200070
网址：www. nscits. com
许可证号：L－SH－CJ00007

上海职工国际旅行社有限公司
地址：上海市胶州路 699 号 B 幢 1102 室
电话：021－61703066
邮编：200040
许可证号：L－SH－CJ00008

上海春秋国际旅行社有限公司
地址：上海市定西路 1558 号
电话：021－62520000
邮编：200050
网址：www. china－sss. com
许可证号：L－SH－CJ00009

上海大世界国际旅游公司
地址：上海市北京西路 230 号
电话：021－63586111
邮编：200003
许可证号：L－SH－CJ00010

上海航空国际旅游（集团）有限公司
地址：上海市浦东南路 3588 号世博局 10 号楼
电话：021－31168858
邮编：200125
网址：www. satrip. com
许可证号：L－SH－CJ00011

上海东方航空国际旅游运输有限公司
地址：上海市陕西北路 1283 弄 9 号玉城大厦 11 楼
电话：021－62984710
邮编：200060
许可证号：L－SH－CJ00012

上海华亭海外旅游有限公司
地址：上海市乌鲁木齐北路 50 号上海宾馆商务楼 4 层
电话：021－62496777
邮编：200040
网址：www. jjtavel. com
许可证号：L－SH－CJ00013

上海铁路国际旅游（集团）有限公司
地址：上海市天目东路 220 号 207 室
电话：021－51223126
邮编：200071
网址：www. srts. com. cn
许可证号：L－SH－CJ00014

上海东湖国际旅行社
地址：上海市淮海东路 99 号 18 楼 M 座
电话：021－63866200
邮编：200021
网址：www. donghu. trave. com
许可证号：L－SH－CJ00016

上海扬子国际旅行社有限公司
地址：上海市鲁班路 600 号江南造船大厦 2601 室
电话：021－63023832
邮编：200023
许可证号：L－SH－CJ00017

上海国际友好旅行社
地址：上海市延安西路 129 号华侨大厦 14 楼
电话：021－62481596
邮编：200040
许可证号：L－SH－CJ00018

上海东美航空国际旅行社有限公司
地址：上海市肇嘉浜路 376 号轻工大厦

2 楼
电话：021－54661596
邮编：200031
许可证号：L－SH－CJ00019

上海市东上海国际旅行社有限公司
地址：上海市浦东南路1877号1602室
电话：021－58203388
邮编：200122
网址：www. eshtravel. com
许可证号：L－SH－CJ00021

上海大众国际旅行社有限公司
地址：上海市延安西路1033号大众金融大厦裙楼
电话：021－62527211
邮编：200050
网址：www. dzit. com
许可证号：L－SH－CJ00022

上海商务国际旅行社有限公司
地址：上海市丹巴路28弄36号（旭日广场6号楼）12楼
电话：021－51080788
邮编：200062
网址：www. sbit-cn. com
许可证号：L－SH－CJ00023

上海华夏国际旅行社有限公司
地址：上海市青海路118号
电话：021－51876966
邮编：200041
许可证号：L－SH－CJ00024

上海携程翠明国际旅行社有限公司
地址：上海市福泉路99号
电话：021－34064880
邮编：200335
网址：www. ctrip. com
许可证号：L－SH－CJ00025

上海东方和平国际旅行社有限公司
地址：上海市天目西路511号锦程大厦23楼
电话：021－63170693
邮编：200070
网址：www. shhplx. com
许可证号：L－SH－CJ00026

上海东方明珠国际旅行社有限公司
地址：上海市浦东世纪大道1号
电话：021－58791888
邮编：200120
许可证号：L－SH－CJ00028

上海中妇旅国际旅行社有限公司
地址：上海市中山西路2281号6F
电话：021－54891066
邮编：200235
许可证号：L－SH－CJ00029

长江轮船海外旅游总公司上海分公司
地址：上海市福州路623号
电话：021－63785522
邮编：200001
网址：www. shcjly. com
许可证号：L－SH－CJ00030

上海华一国际旅行社有限公司
地址：上海市康定路1039号
电话：021－60673333
邮编：200042
许可证号：L－SH－CJ00031

上海外航国际旅行社有限公司
地址：上海市延安西路895号申亚金融广场9F
电话：021－52381122
邮编：200050
网址：www. efasco. com
许可证号：L－SH－CJ00032

上海茶恬园国际旅行社有限公司
地址：上海市江宁路445号
电话：021－62728845
邮编：200041
许可证号：L－SH－CJ00034

上海实华国际旅行社
地址：上海市浦东大道1525－1539号裙房三楼
电话：021－58213239
邮编：200135
网址：www. sits. com. cn
许可证号：L－SH－CJ00035

宝钢集团上海国际旅行社
地址：上海市宝山区牡丹江路1508号
电话：021－56120997
邮编：201900
许可证号：L－SH－CJ00037

上海中信国际旅行社有限公司
地址：上海市新闸路1136弄1号6楼
电话：021－61703209
邮编：200041
网址：www. shcitictravel. com. cn
许可证号：L－SH－CJ00038

上海强生国际旅行社有限责任公司
地址：上海市南京西路920号
电话：021－61363733
邮编：200041
许可证号：L－SH－CJ00039

上海仲盛国际旅行社有限公司
地址：上海市威海路755号文新大厦
电话：021－61375379
邮编：200041
许可证号：L－SH－CJ00041

上海新康辉国际旅行社有限责任公司
地址：上海市国和路36号15幢3598室
电话：021－61819888
邮编：200040
网址：www. gogotrips. com
许可证号：L－SH－CJ00042

上海易达国际旅行社有限公司
地址：上海市中山北路2000号3楼A
电话：021－62037070
邮编：200063
网址：www. easytours. cn
许可证号：L－SH－CJ00044

中国旅行社总社（上海）有限公司
地址：上海市长寿路868号中国港中旅大厦9楼
电话：021－62493888
邮编：200060
网址：www. E-CTS. com
许可证号：L－SH－CJ00045

上海巴士国际旅游有限公司
地址：上海市重庆南路269号巴士大厦裙房3楼
电话：021－63848646
邮编：200025
许可证号：L－SH－CJ00051

上海不夜城国际旅行社有限公司
地址：上海市长寿路699号3楼
电话：021－62762911
邮编：200060
许可证号：L－SH－CJ00052

上海驴妈妈兴旅国际旅行社有限公司
地址：上海市金沙江路1759号B座7－12楼
电话：021－52371048
邮编：200333
网址：www. synwalk. com
许可证号：L－SH－CJ00056

中青旅上海国际旅行社有限公司
地址：上海市东方路1988号华南大厦10层
电话：021－61096118
邮编：200122
网址：www. cytsonline. com
电子信箱：zhangj@ cytsonline. com
许可证号：L－SH－CJ00057

上海一日国际旅行社有限公司
地址：上海市中山南二路2409－2419号
电话：021－64277500
邮编：200235
许可证号：L－SH－CJ00058

上海中欧国际旅行社有限公司
地址：上海市黄浦路106号
电话：021－51035677
邮编：200080
许可证号：L－SH－CJ00059

上海海峡国际旅行社有限公司
地址：上海市剑河路780弄7号上海台胞接待服务中心一楼
电话：021－62621199　62620272
邮编：200336
许可证号：L－SH－CJ00060

上海科友国际旅行社有限公司
地址：上海市塘沽路309号东泰大厦10楼1001室
电话：021－63568966
邮编：200080
许可证号：L－SH－CJ00061

上海航空假期旅行社有限公司
地址：**上海市浦东机场机场大道100号**
电话：021－52353300
邮编：200135
许可证号：L－SH－CJ00062

上海新华国际旅游社有限公司
地址：上海市杨浦区宁武路511号511幢一层
电话：021－65397732　13801880168
邮编：200082
许可证号：L－SH－CJ00063

上海杨浦休养旅行社有限责任公司
地址：上海市杨浦区隆昌路680号
电话：021－65692324
邮编：200093
许可证号：L－SH－CJ00064

上海江南旅游服务有限公司
地址：上海市闵行区沪闵路6088号17－09室
电话：021－64921000
邮编：201100
许可证号：L－SH－CJ00065

上海通达国际旅行社有限公司
地址：上海市宝山区泰和路5号
电话：021－20250891　15221057265
邮编：201900
许可证号：L－SH－CJ00066

上海现代国际旅行社有限公司
地址：上海市虹口区宝山路748号801室
电话：021-55600622
邮编：200086
许可证号：L-SH-CJ00067

上海中青旅行社有限公司
地坦：上海市徐汇区裕德路92弄18号星座2D
邮编：200030
许可证号：L-SH-CJ00068

上海大通之旅旅行社有限公司
地址：上海市黄浦区西藏中路120号701室
电话：021-63607805
邮编：200001
许可证号：L-SH-CJ00069

上海吉途国际旅行社有限公司
地址：上海市闸北区柳营路719、729号2层01-03室
电话：021-62227779 62221110
邮编：200070
许可证号：L-SH-CJ00070

上海联航国际旅行社有限公司
地址：上海市青浦区城中东路30号
电话：021-39711233 59735666
邮编：201700
许可证号：L-SH-CJ00071

上海中侨国际旅行社有限公司
地址：上海市黄浦区龙华东路868号1503室
邮编：200001
许可证号：L-SH-CJ00072

上海行之旅国际旅行社有限公司
地址：上海市长宁区中山西路999号1108室
电话：021-64723333-816
邮编：200050
许可证号：L-SH-CJ00073

上海恒顺国际旅行社有限公司
地址：上海市徐汇区凯旋路2200号
电话：4006-123-123
邮编：200030
许可证号：L-SH-CJ00074

上海盛源时代航空旅行社有限公司
地址：上海市崇明县城桥镇新崇中路18号101室
电话：021-69699592
编码：202150
许可证号：L-SH-CJ00075

上海国际汽车城旅行社有限公司
地址：上海市嘉定区安亭镇
电话：021-59575000
邮编：201800
许可证号：L-SH-CJ00076

上海景泰国际旅行社有限公司
地址：上海市青浦区青湖路1023号310室
电话：021-69729700
邮编：201700
许可证号：L-SH-CJ00077

上海莱蒙商务国际旅行社有限公司
地址：上海市浦东新区东方路800号宝安大厦1804室
电话：021-58314658
邮编：200135
许可证号：L-SH-CJ00078

上海新世界国际旅行社
地址：上海市黄浦区云南南路139号
电话：021-33070000
邮编：200001
许可证号：L-SH-CJ00079

上海银河国际旅行社
地址：上海市黄浦区陆家浜路1089号2幢底层-3
电话：021-63455188 63456188
邮编：200001
许可证号：L-SH-CJ00080

上海奉贤旅行社
地址：上海市奉贤区南桥镇南桥路70号
电话：021-57106311
邮编：201400
许可证号：L-SH-CJ00081

上海天天国际旅行社有限公司
地址：上海市静安区北京西路551号
电话：021-62727868 62170602
邮编：200040
许可证号：L-SH-CJ00082

上海育光国际旅行社有限公司
地址：上海市浦东新区浦电路313号2F、3F
电话：021-63216897
邮编：200135
许可证号：L-SH-CJ00083

上海旅悟空国际旅行社有限公司
地址：上海市黄浦区茂名南路59号锦江饭店西楼5312室
电话：021-54665559
邮编：200001
许可证号：L-SH-CJ00084

上海真趣国际旅行社有限公司
地址：上海市虹口区中州路133弄2号1007室
电话：021-63566031
邮编：200086
许可证号：L-SH-CJ00085

上海凯逸商务国际旅行社有限公司
地址：上海市长宁区延安西路1228弄2号10G室
电话：021-62838833
邮编：200050
许可证号：L-SH-CJ00086

上海翠明国际旅行社有限公司
地址：上海市杨浦区四平路1230号甲3号楼2层
电话：021-65036196
邮编：200082
许可证号：L-SH-CJ00087

上海龙廷国际旅行社有限公司
地址：上海市宝山区长逸路188号906室
电话：021-51688816
邮编：201900
许可证号：L-SH-CJ00088

上海海行国际旅行社有限公司
地址：上海市杨浦区中山北二路1121号301D室
电话：021-61702626
邮编：200082
许可证号：L-SH-CJ00089

上海大都市国际旅行社有限公司
地址：上海市青浦区青浦镇外青松公路6189号
电话：021-65472666
邮编：201700
许可证号：L-SH-CJ00090

上海远景国际旅行社有限公司
地址：上海市普陀区曹杨路505号308室
电话：021-63518803
邮编：200333
许可证号：L-SH-CJ00091

上海乐骋国际旅行社有限公司
地址：上海市闵行区金都路4299号6幢1楼C20室
电话：021-64931197
邮编：201100
许可证号：L-SH-CJ00092

上海趣游国际旅行社有限公司
地址：上海市虹口区中山北一路1250号1号楼1405室
电话：4008889318
邮编：200086
许可证号：L-SH-CJ00093

上海泛亚国际旅行社有限公司
地址：上海市黄浦区思南路84号106室
电话：021-63902012
邮编：200001
许可证号：L-SH-CJ00094

上海诗悠国际旅行社有限公司
地址：上海浦东新区惠南镇人民西路438号
电话：021-58020038
邮编：200135
许可证号：L-SH-CJ00095

上海建发国际旅行社有限公司
地址：上海市徐汇区斜土路2669号1602室
电话：021-33600591 33600592
邮编：200030
许可证号：L-SH-CJ00096

上海凯撒世嘉国际旅行社有限责任公司
地址：上海市嘉定区马陆镇马陆街108号
电话：021-60321578
邮编：201800
许可证号：L-SH-CJ00097

上海龙舟途逸国际旅行社有限公司
地址：上海市杨浦区国定东路275号3A09室
电话：021-35316828
邮编：200082
许可证号：L-SH-CJ00098

上海中宝国际旅行社有限公司
地址：上海市崇明县新海镇跃新路1688号4幢1088室
电话：021-51780826
邮编：202150
许可证号：L-SH-CJ00099

上海港国际邮轮旅行社有限公司
地址：上海市虹口区东大名路358号1815室
电话：021-61819900-7006
邮编：200086
许可证号：L-SH-CJ00100

上海博闻国际旅行社有限公司
地址：上海市黄浦区西藏南路1108弄5号313室
电话：021-62315999
邮编：200001
许可证号：L-SH-CJ00101

上海君汇国际旅行社有限公司
地址：上海市松江区茸兴路288弄1号2层2002室
电话：021-31153858

上海

邮编：201600
许可证号：L－SH－CJ00102

上海吴淞口国际旅行社有限公司
地址：上海市宝山区宝杨路1号11幢301、302室
电话：021－56120623
邮编：201900
许可证号：L－SH－CJ00103

上海众信国际旅行社有限公司
地址：上海市黄浦区徐家汇路550号27楼A、B座
电话：021－61360599
邮编：200001
许可证号：L－SH－CJ00104

饭　店

上海威斯汀大饭店 ★★★★★
地址：上海市黄浦区河南中路88号
电话：021－63351888
邮编：200002

古象大酒店 ★★★★★
地址：上海市黄浦区九江路595号
电话：021－33134888
邮编：200001

上海南新雅大酒店 ★★★★★
地址：上海市黄浦区南京东路719号/九江路700号
电话：021－63500000
邮编：200001

和平饭店 ★★★★★
地址：上海市黄浦区南京东路20号
电话：021－63216888
邮编：200002

明天广场金威万豪酒店 ★★★★★
地址：上海市黄浦区南京西路399号
电话：021－53594969
邮编：200003

上海新世界丽笙大酒店 ★★★★★
地址：上海市黄浦区南京西路88号
电话：021－63599999
邮编：200003

上海大酒店 ★★★★★
地址：上海市黄浦区九江路505号
电话：021－53538888
邮编：200001

上海豫园万丽酒店 ★★★★★
地址：上海市黄浦区河南南路159号
电话：021－23218888
邮编：200001

上海世茂皇家艾美酒店 ★★★★★
地址：上海市黄浦区南京东路789号
电话：021－33189999
邮编：200001

上海斯格威大酒店 ★★★★★
地址：上海市黄浦区打浦路15号
电话：021－33189988
邮编：200020

花园饭店 ★★★★★
地址：上海市黄埔区茂名南路58号
电话：021－64151111
邮编：200020

锦江饭店 ★★★★★
地址：上海市黄埔区茂名南路59号
电话：021－62582582
邮编：200020

新锦江大酒店 ★★★★★
地址：上海市黄浦区长乐路161号
电话：021－64151188
邮编：200001

上海外滩半岛酒店 ★★★★★
地址：上海市黄浦区中山东一路32号
电话：021－23272888
邮编：200001

华亭宾馆 ★★★★★
地址：上海市徐汇区漕溪北路1200号
电话：021－64396000　64391000
邮编：200030

富豪环球东亚酒店 ★★★★★
地址：上海市徐汇区衡山路516号
电话：021－64155588
邮编：200030

衡山宾馆 ★★★★★
地址：上海市徐汇区衡山路534号
电话：021－64377050
邮编：200030

上海虹桥迎宾馆 ★★★★★
地址：上海市长宁区虹桥路1591号
电话：021－62198855
邮编：200336

上海西郊宾馆 ★★★★★
地址：上海市长宁区虹桥路1921号
电话：021－62198800
邮编：200336

上海万豪虹桥大酒店 ★★★★★
地址：上海市长宁区虹桥路2270号
电话：021－62376000
邮编：200336

上海兴国宾馆 ★★★★★
地址：上海市长宁区兴国路78号
电话：021－62129998
邮编：200052

上海龙之梦大酒店 ★★★★★
地址：上海市长宁区延安西路1116号
电话：021－61159988
邮编：200052

上海扬子江万丽大酒店 ★★★★★
地址：上海市长宁区延安西路2099号
电话：021－62750000
邮编：200336

上海龙之梦万丽酒店 ★★★★★
地址：上海市长宁区长宁路1018号
电话：021－61158888
邮编：200050

上海银星皇冠假日酒店 ★★★★★
地址：上海市长宁区番禺路400号
电话：021－61458888
邮编：200050

虹桥喜来登上海太平洋大饭店 ★★★★★
地址：上海市长宁区遵义南路5号
电话：021－62758888
邮编：200336

上海日航饭店 ★★★★★
地址：上海市长宁区延安西路488号
电话：021－32119999
邮编：200050

宏安瑞士大酒店 ★★★★★
地址：上海市长宁区愚园路1号
电话：021－53559898
邮编：200040

千禧海鸥大酒店 ★★★★★
地址：上海市延安西路2588号
电话：021－62085888
邮编：201103

上海静安希尔顿饭店 ★★★★★
地址：上海市静安区华山路250号
电话：021－62480000
邮编：200040

锦沧文华大酒店 ★★★★★
地址：上海市静安区南京西路1225号
电话：021－62791888
邮编：200040

波特曼丽嘉酒店（白金五星）
地址：上海市静安区南京西路1376号
电话：021－62798888
邮编：200040

上海四季酒店 ★★★★★
地址：上海市静安区威海路500号
电话：021－62568888
邮编：200041

上海宏泉丽笙酒店 ★★★★★
地址：上海市普陀区桃浦路210号
电话：021－53559999
邮编：200333

新发展亚太万豪酒店 ★★★★★
地址：上海市普陀区大渡河路158号
电话：021－22156666
邮编：200333

上海浦西洲际酒店 ★★★★★
地址：上海市闸北区恒丰路500号
电话：021－52539999
邮编：200070

上海大厦 ★★★★★
地址：上海市虹口区北苏州路20号
电话：021－63246260
邮编：200080

上海复旦皇冠假日酒店 ★★★★★
地址：上海市杨浦区邯郸路199号
电话：021－55529999
邮编：200082

上海世博洲际酒店 ★★★★★
地址：上海市浦东新区雪野路1188号
电话：021－38581188
邮编：200135

上海兴荣豪廷大酒店 ★★★★★
地址：上海市浦东新区浦东大道2288号
电话：021－58526666
邮编：200135

上海世纪皇冠假日酒店 ★★★★★
地址：上海市浦东新区民生路1433号（迎春路路口）
电话：021－51908888
邮编：200135

上海中油阳光大酒店 ★★★★★
地址：上海市浦东新区东方路969号
电话：021－68758888

邮编：200135

上海锦江汤臣洲际大酒店 ★★★★★
地址：上海市浦东新区张杨路 777 号
电话：021－58356666
邮编：200135

上海国际会议中心东方滨江大酒店 ★★★★★
地址：上海市浦东新区滨江大道 2727 号
电话：021－50370000
邮编：200120

淳大万丽大酒店 ★★★★★
地址：上海市浦东新区长柳路 100 号
电话：021－38714888
邮编：200134

上海紫金山大酒店 ★★★★★
地址：上海市浦东新区东方路 778 号
电话：021－68868888
邮编：200122

上海红塔大酒店 ★★★★★
地址：上海市浦东新区东方路 889 号
电话：021－50504567
邮编：200122

浦东香格里拉大酒店 ★★★★★
地址：上海市浦东新区富城路 33 号
电话：021－68828888
邮编：200120

东郊宾馆 ★★★★★
地址：上海市浦东新区金科路 1800 号
电话：021－58958888　38919888
邮编：201203

上海裕景大饭店 ★★★★★
地址：上海市浦东新区浦东大道 535 号
电话：021－38789888
邮编：200120

金茂君悦大酒店 ★★★★★
地址：上海市浦东新区世纪大道 2 号
电话：021－50471234
邮编：200121

外高桥皇冠假日酒店 ★★★★★
地址：上海市浦东新区杨高北路 1000 号
电话：021－58621000
邮编：200137

上海东锦江大酒店 ★★★★★
地址：上海市浦东新区杨高南路 889 号
电话：021－50504888
邮编：200127

浦东丽思卡尔顿酒店 ★★★★★
地址：上海市浦东新区世纪大道 8 号
电话：021－20201888
邮编：200135

浦东星河湾酒店 ★★★★★
地址：上海市浦东新区锦绣路 2588 号
电话：021－38929666
邮编：200135

松江开元名都大酒店 ★★★★★
地址：上海市松江区人民北路 1799 号
电话：021－37668888
邮编：201620

上海世茂佘山艾美酒店 ★★★★★
地址：上海市松江区佘山林荫新路 1288 号
电话：021－57799999
邮编：201602

上海东方佘山索菲特大酒店 ★★★★★
地址：上海市松江区泗泾镇泗陈公路 3388 弄
电话：021－37618888
邮编：201600

南郊宾馆 ★★★★★
地址：上海市奉贤区南桥新城望园路 8 号
电话：021－67105888
传真：021－37525886
邮编：201400

悦华大酒店 ★★★★★
地址：上海市奉贤区江海路 88 号
电话：021－57181888
邮编：201400

新协通国际大酒店 ★★★★
地址：上海市黄浦区北京东路 398 号
电话：021－63522888
邮编：200001

上海金外滩宾馆 ★★★★
地址：上海市黄浦区广东路 525 号
电话：021－63522000
邮编：200001

王宝和大酒店 ★★★★
地址：上海市黄浦区九江路 555 号
电话：021－53965000
邮编：200001

海仑宾馆 ★★★★
地址：上海市黄浦区南京东路 505 号
电话：021－63515888
邮编：200001

国际饭店 ★★★★
地址：上海市黄浦区南京西路 170 号
电话：021－63275225
邮编：200003

城市酒店（上海）★★★★
地址：上海市黄浦区陕西南路 5－7 号
电话：021－62551133
邮编：200020

滨江欣景大酒店 ★★★★
地址：上海市黄浦区中山南路 36 号
电话：021－63306060
邮编：200001

上海光大会展中心国际大酒店 ★★★★
地址：上海市徐汇区漕宝路 66 号
电话：021－64842500
邮编：200235

建国宾馆 ★★★★
地址：上海市徐汇区漕溪北路 439 号
电话：021－64399299
邮编：200030

上海青松城大酒店 ★★★★
地址：上海市徐汇区东安路 8 号
电话：021－64433888
邮编：200032

上海东湖宾馆 ★★★★
地址：上海市徐汇区东湖路 70 号
电话：021－64158158
邮编：200031

上海斯波特大酒店 ★★★★
地址：上海市徐汇区南丹路 15 号
电话：021－64382222
邮编：200030

富豪东亚酒店 ★★★★
地址：上海市徐汇区天钥桥路 666 号
电话：021－64266888
邮编：200030

上海西藏大厦万怡酒店 ★★★★
地址：上海市徐汇区虹桥路 100 号
电话：021－61292888
邮编：200030

华美达广场新园酒店 ★★★★
地址：上海市徐汇区漕宝路 509 号
电话：021－54649999
邮编：200030

嘉汇华美达大酒店 ★★★★
地址：上海市徐汇区天钥桥路 327 号
电话：021－33632222
邮编：200030

上海奥林匹克俱乐部 ★★★★
地址：上海市徐汇区中山南二路 1800 号
电话：021－54524788
邮编：200030

天平宾馆 ★★★★
地址：上海市徐汇区天平路 185 号
电话：021－54569999
邮编：200030

上海君丽大酒店 ★★★★
地址：上海市长宁区遵义路 448 号
电话：021－22161888
邮编：200050

上海美仑大酒店 ★★★★
地址：上海市长宁区武夷路 789 号
电话：021－52068000
邮编：200051

虹桥宾馆 ★★★★
地址：上海市长宁区延安西路 2000 号
电话：021－62753388
邮编：200051

银河宾馆 ★★★★
地址：上海市长宁区中山西路 888 号
电话：021－62755888
邮编：200051

上海宾馆 ★★★★
地址：上海市静安区乌鲁木齐北路 505 号
电话：021－62480088
邮编：200040

上海美丽园龙都大酒店 ★★★★
地址：上海市静安区延安西路 396 号
电话：021－62495588
邮编：200040

上海陕西商务酒店 ★★★★
地址：上海市静安区延安中路 658 号
电话：021－52624866
邮编：200041

国际贵都大饭店 ★★★★
地址：上海市静安区延安西路 65 号
电话：021－62481688
邮编：200040

上海延安饭店 ★★★★
地址：上海市静安区延安中路 1111 号
电话：021－61331188
邮编：200040

吉臣大酒店 ★★★★
地址：上海市静安区万航渡路 818 号

电话：021－62267777
邮编：200040

上海古井假日酒店 ★★★★
地址：上海市普陀区长寿路700号
电话：021－62768888
邮编：200060

江苏饭店 ★★★★
地址：上海市普陀区武宁路888号
电话：021－62051888
邮编：200333

金水湾大酒店 ★★★★
地址：上海市闸北区恒丰路308号
电话：021－63537070
邮编：200070

上海锦荣国际大酒店 ★★★★
地址：上海市闸北区共和新路2750号
电话：021－56651888
邮编：200072

广场长城假日酒店 ★★★★
地址：上海市闸北区恒丰路585号
电话：021－63538008
邮编：200070

上海中祥大酒店 ★★★★
地址：上海市闸北区中兴路1558号
电话：021－36179966
邮编：200070

远洋宾馆 ★★★★
地址：上海市虹口区东大名路1171号
电话：021－65458888
邮编：200082

海鸥饭店 ★★★★
地址：上海市虹口区黄浦路60号
电话：021－63251500
邮编：200080

兰生大酒店 ★★★★
地址：上海市虹口区曲阳路1000号
电话：021－55888000
邮编：200437

上海虹口世纪大酒店 ★★★★
地址：上海市虹口区四平路257号
电话：021－36084999
邮编：200081

上海恒升半岛国际酒店 ★★★★
地址：上海市虹口区吴淞路205号
电话：021－61205888
邮编：200080

宝隆美爵酒店 ★★★★
地址：上海市虹口区逸仙路70号
电话：021－65425425
邮编：200434

上海九龙宾馆 ★★★★
地址：上海市虹口区溧阳路601号
电话：021－65418228
邮编：200086

同济君禧大酒店 ★★★★
地址：上海市杨浦区彰武路50号
电话：021－33626888
邮编：200082

上海瀚海明玉大酒店 ★★★★
地址：上海市杨浦区周家嘴路1888号
电话：021－61001888
邮编：200082

甸园宾馆 ★★★★
地址：上海市杨浦区长阳路2558号
电话：021－35129898
邮编：200082

衡山北郊宾馆 ★★★★
地址：上海市宝山区沪太路4788号
电话：021－56040088
邮编：201900

衡山金仓永华大酒店 ★★★★
地址：上海市宝山区水产路2659号
电话：021－36114580
邮编：201900

宝钢集团宝山宾馆 ★★★★
地址：上海市宝山区牡丹江路1813号
电话：021－56698888
邮编：201900

上海寰鑫富贵天地大酒店 ★★★★
地址：上海市嘉定区宝安公路3189号
电话：021－59151188
邮编：201801

上海汽车工业活动中心（蓝宫大酒店）★★★★
地址：上海市嘉定区博乐南路125号
电话：021－59161000
邮编：201822

上海迎园饭店 ★★★★
地址：上海市嘉定区清河路150号
电话：021－59520952
邮编：201800

嘉定宾馆 ★★★★
地址：上海市嘉定区博乐路100号
电话：021－59525512
邮编：201800

上海绿地铂骊酒店 ★★★★
地址：上海市浦东新区川沙路5500号
电话：021－61871888
邮编：200135

上海浦东丽晟假日酒店 ★★★★
地址：上海市浦东新区环龙路55号
电话：021－68629988
邮编：200135

东怡大酒店 ★★★★
地址：上海市浦东新区丁香路555号
电话：021－61621118
邮编：200135

海神诺富特大酒店 ★★★★
地址：上海市浦东大道728号
电话：021－50366666
邮编：200120

上海宝安大酒店 ★★★★
地址：上海市浦东新区东方路800号
电话：021－51159888
邮编：200122

齐鲁万怡大酒店 ★★★★
地址：上海市浦东新区东方路838号
电话：021－38874500
邮编：200122

浦东假日酒店 ★★★★
地址：上海市浦东新区东方路899号
电话：021－58306666
邮编：200122

浦东机场华美达大酒店 ★★★★
地址：上海市浦东机场启航路1100号
电话：021－38494949
邮编：201202

上海明城大酒店 ★★★★
地址：上海市浦东新区崂山东路600号
电话：021－58311118
邮编：200122

福朋喜来登由由大酒店 ★★★★
地址：上海市浦东新区南路2111号
电话：021－50399999
邮编：200127

通茂大酒店 ★★★★
地址：上海市浦东新区松林路357号
电话：021－58300000
邮编：200122

上海嘉瑞酒店 ★★★★
地址：上海市浦东新区潍坊路328号
电话：021－50812222
邮编：200122

上海浦东华美达大酒店 ★★★★
地址：上海市浦东新区新金桥路18号
电话：021－50554666
邮编：201206

上海新晖大酒店 ★★★★
地址：上海市松江区文诚路765号
电话：021－37662666
邮编：201620

上海临港大酒店 ★★★★
地址：上海市浦东新区大团镇南芦公路888号
电话：021－58081888
邮编：201311

上海临港豪生大酒店 ★★★★
地址：上海市浦东新区临港新城新元南路555号
电话：021－38288888
邮编：201306

上海西郊假日酒店 ★★★★
地址：上海市青浦区沪青平公路2000号
电话：021－39738888
邮编：201700

上海圣淘沙大酒店 ★★★★
地址：上海市奉贤区南桥路1号
电话：021－57429999
邮编：201400

上海海景海港大酒店 ★★★★
地址：上海市奉贤区海杰路1588号
电话：021－57530000
邮编：201413

新崇大酒店 ★★★★
地址：上海市崇明县城桥镇鼓浪屿路777号
电话：021－59695969
邮编：202150

中星君亭大酒店 ★★★
地址：上海市黄浦区人民路839号
电话：021－63265666
邮编：200001

吴宫大酒店 ★★★
地址：上海市黄浦区福州路431号
电话：021－63260303
邮编：200001

新城饭店 ★★★
地址：上海市黄浦区江西中路180号
电话：021－63213030
邮编：200002

上海中福大酒店 ★★★
地址：上海市黄浦区九江路619号
电话：021-53594900
邮编：200001

金门大酒店 ★★★
地址：上海市黄浦区南京西路108号
电话：021-63276226
邮编：200003

尚悦青年会宾馆 ★★★
地址：上海市黄浦区西藏南路123号
电话：021-63261040
邮编：200021

金辰大酒店 ★★★
地址：上海市黄埔区淮海中路795号
电话：021-64717000
邮编：200020

上海美臣大酒店 ★★★
地址：上海市黄埔区淮海中路935号
电话：021-64662020
邮编：200020

明珠大饭店 ★★★
地址：上海市黄埔区肇嘉浜路212号
电话：021-64310880
邮编：200020

华夏宾馆 ★★★
地址：上海市徐汇区漕宝路38号
电话：021-64360100
邮编：200235

建工锦江大酒店 ★★★
地址：上海市徐汇区建国西路691号
电话：021-64155688
邮编：200030

上海田林宾馆 ★★★
地址：上海市徐汇区田林路1号
电话：021-64367070
邮编：200233

上海纽宾凯青之旅酒店 ★★★
地址：上海市徐汇区文定路219号
电话：021-64690808
邮编：200030

好望角大饭店 ★★★
地址：上海市徐汇区肇嘉浜路500号
电话：021-64716060
邮编：200031

上海技贸宾馆 ★★★
地址：上海市徐汇区中山西路1525号
电话：021-64645558
邮编：200235

南华亭酒店（华亭二号楼）★★★
地址：上海市徐汇区中山西路2525号
电话：021-64813500
邮编：200030

上海新惠宾馆 ★★★
地址：上海市徐汇区天钥桥路1001号
电话：021-64566330
邮编：200002

上海教育会堂 ★★★
地址：上海市徐汇区岳阳路1号
电话：021-64378088
邮编：200031

徐汇云悦酒店 ★★★
地址：上海市徐汇区漕宝路91—93号
电话：021-54975222
邮编：200030

锦江达华宾馆 ★★★
地址：上海市长宁区延安西路918号
电话：021-62512512
邮编：200050

虹桥云峰宾馆 ★★★
地址：上海市长宁区虹桥路1665号
电话：021-51709300
邮编：200000

新苑宾馆 ★★★
地址：上海市长宁区虹桥路1900号
电话：021-62426688
邮编：200335

国际机场宾馆 ★★★
地址：上海市长宁区迎宾一路368号
电话：021-62688866
邮编：200335

虹港大酒店 ★★★
地址：上海市长宁区迎宾一路688号
电话：021-62681008
邮编：200335

上海华茂宾馆 ★★★
地址：上海市长宁区空港路388号
电话：021-62682266
邮编：200335

上海航友宾馆 ★★★
地址：上海市长宁区迎宾一路425号
电话：021-62689999
邮编：200335

上海兴华宾馆 ★★★
地址：上海市长宁区华山路1226号
电话：021-62260123
邮编：200052

新东纺大酒店 ★★★
地址：上海市长宁区镇宁路525号
电话：021-62266800
邮编：200052

三湘大厦 ★★★
地址：上海市长宁区中山西路1243号
电话：021-62752468
邮编：200051

绿洲大厦 ★★★
地址：上海市长宁中山西路555号
电话：021-62865888
邮编：200051

上海银发大酒店 ★★★
地址：上海市静安区北京西路1068号
电话：021-62556600
邮编：200041

上海云峰大饭店 ★★★
地址：上海市静安区北京西路1700号
电话：021-62550500
邮编：200040

上海沪纺大厦 ★★★
地址：上海市静安区陕西北路670号
电话：021-62551249
邮编：200041

上海泛洋度假村 ★★★
地址：上海市静安区余姚路55号
电话：021-32204567
邮编：200040

金沙江大酒店 ★★★
地址：上海市普陀区金沙江路801号
电话：021-62578888
邮编：200062

上海东方航宾馆 ★★★
地址：上海市普陀区曹杨路2088号
电话：021-52906688
邮编：200333

港鸿大酒店 ★★★
地址：上海市普陀区武宁路501号
电话：021-62868800
邮编：200063

新民大酒店 ★★★
地址：上海市闸北区沪太路701号
电话：021-56081188
邮编：200072

华美达中土酒店 ★★★
地址：上海市闸北区共和新路666号
电话：021-56721188
邮编：200070

新梅华东大酒店 ★★★
地址：上海市闸北区天目西路111号
电话：021-63178000
邮编：200070

上海一天下大酒店 ★★★
地址：上海市闸北区恒丰路120号
电话：021-63807717
邮编：200070

海烟大酒店 ★★★
地址：上海市虹口区保定路325号
电话：021-65122060
邮编：200082

浦江饭店 ★★★
地址：上海市虹口区黄浦路15号
电话：021-63246388
邮编：200080

天鹅宾馆 ★★★
地址：上海市虹口区四川北路2211号
电话：021-56665666
邮编：200081

新亚大酒店 ★★★
地址：上海市虹口区天潼路422号
电话：021-63242210
邮编：200085

上海大庆石油大厦 ★★★
地址：上海市虹口区中山北二路1515号
电话：021-65559191
邮编：200092

华晶宾馆 ★★★
地址：上海市杨浦区长阳路1687号
电话：021-65189988
邮编：200090

上海复旦卿云宾馆 ★★★
地址：上海市杨浦区邯郸路220号
电话：021-65103300
邮编：200433

凤凰大酒店 ★★★
地址：上海市杨浦区控江路1690号
电话：021-60951588
邮编：200092

锦江白玉兰宾馆 ★★★
地址：上海市杨浦区四平路1251号

电话：021－65986888
邮编：200092

上海同济迎宾馆 ★★★
地址：上海市杨浦区彰武路69号
电话：021－65016969
邮编：200092

金燕大厦 ★★★
地址：上海市闵行区春申路3800号
电话：021－54150000
邮编：201100

上海紫藤宾馆 ★★★
地址：上海市闵行区东川路3050号
电话：021－64301888
邮编：200245

上海莘城宾馆 ★★★
地址：上海市闵行区凯城路199号
电话：021－54151500
邮编：201100

上海雍和宾馆 ★★★
地址：上海市闵行区顾戴路85号
电话：021－34226000
邮编：201102

铭阳大酒店 ★★★
地址：上海市闵行区龙茗路98号
电话：021－51527777
邮编：201100

飞士大厦 ★★★
地址：上海市宝山区沪太路8885号
电话：021－56876886
邮编：200949

大康度假城 ★★★
地址：上海市宝山区共康路555号
电话：021－56408555
邮编：200435

宝隆金富门酒店 ★★★
地址：上海市宝山区牡丹江路1285号
电话：021－56116666
邮编：200435

上海北翼大酒店 ★★★
地址：上海市宝山区淞浜路600号
电话：021－56676868
邮编：200940

上海新词大酒店 ★★★
地址：上海市嘉定区安亭墨玉路29号
电话：021－59568888
邮编：201805

上海新鹭大酒店 ★★★
地址：上海市嘉定区安亭镇昌吉路127号
电话：021－59560888
邮编：201805

上海浏岛度假村 ★★★
地址：上海市嘉定区华亭镇浏岛风景区
电话：021－59951555
邮编：201816

协通大酒店 ★★★
地址：上海市嘉定区营安路4671号
电话：021－59595858
邮编：201804

上海市劳动模范度假村 ★★★
地址：上海市嘉定区安亭镇泰富路55号
电话：021－59506600
邮编：201800

迪康酒店 ★★★
地址：上海市浦东新区康桥镇秀沿路2571号
电话：021－38770666
邮编：200135

上海中电大酒店 ★★★
地址：上海市浦东崂山西路1029号
电话：021－58798798
邮编：200122

上海浦东大酒店 ★★★
地址：上海市浦东南路1888号
电话：021－68758800
邮编：200122

仁和宾馆 ★★★
地址：上海市浦东新区浦东大道2056号
电话：021－58601688
邮编：200135

上海市双拥大厦 ★★★
地址：上海市浦东新区浦东大道2601号
电话：021－58718898
邮编：200129

上海东海宾馆 ★★★
地址：上海市浦东新区浦东大道283号
电话：021－51385138
邮编：200120

上海高桥石化宾馆 ★★★
地址：上海市浦东新区浦东大道2998号
电话：021－58712633
邮编：201208

江天宾馆 ★★★
地址：上海市浦东新区浦东南路3456号
电话：021－58709870
邮编：200125

上海八方大酒店 ★★★
地址：上海市浦东张扬路1587号
电话：021－58527511
邮编：200122

上海长航美林阁大酒店 ★★★
地址：上海市浦东张杨路818号
电话：021－58355555
邮编：200122

上海南泉大酒店 ★★★
地址：上海市浦东新区北家浜路151号
电话：021－58202020
邮编：200122

上海汇苑宾馆 ★★★
地址：上海市浦东新区惠南镇城南路398号
电话：021－58020000
邮编：201300

上海汇亨新亚大酒店 ★★★
地址：上海市浦东新区惠南镇通济路168号
电话：021－58010000
邮编：201399

上海桃城度假村 ★★★
地址：上海市浦东新区沪南路9191号
电话：021－58003158
邮编：201300

上海金来源大酒店 ★★★
地址：上海市金山区松金公路2525号
电话：021－57212121
邮编：201514

上海新长岭大酒店 ★★★
地址：上海市金山区枫泾镇枫湾路798号
电话：021－57353535
邮编：201501

上海世安海昇大酒店 ★★★
地址：上海市金山区山阴镇杭州湾大道128弄1号
电话：021－57282828
邮编：200540

钱龙大酒店 ★★★
地址：上海市金山区金山大道3398号
电话：021－60892222
邮编：200540

金山宾馆 ★★★
地址：上海市金山区石化金一东路1号
电话：021－57941888
邮编：200540

红楼宾馆 ★★★
地址：上海市松江区普照路1号
电话：021－57822812
邮编：201600

上海兰笋山庄 ★★★
地址：上海市松江区佘山东麓
电话：021－57651170
邮编：201602

佘山森林宾馆 ★★★
地址：上海市松江区佘山塔弄口
电话：021－57651160
邮编：201602

上海东方绿舟度假村 ★★★
地址：上海市青浦区沪青平公路6888号
电话：021－59233000
邮编：201713

淀山湖森林度假村 ★★★
地址：上海市青浦区沪青平公路8185号
电话：021－59591301
邮编：201721

上海伊百花园（上海市纺织职工淀山湖疗养院） ★★★
地址：上海市青浦区金泽镇练西路4085号
电话：021－59295779
邮编：201721

上海财苑宾馆 ★★★
地址：上海市青浦区朱家角镇新溪路100号
电话：021－59246666
邮编：201713

上海南华苑度假村 ★★★
地址：上海市青浦区华新镇新纪鹤路2号
电话：021－59794100
邮编：201708

青浦宾馆 ★★★
地址：上海市青浦区青浦镇城中北路1号
电话：021－59850688
邮编：201700

中石化上海会议中心（原日月岛度假村） ★★★
地址：上海市青浦区沪青平公路8700号
电话：021－59262980
邮编：201700

和欣苑大酒店 ★★★
地址：上海市青浦区青商路111号
电话：021－59263800

上海

邮编：201700

虹珠苑宾馆（虹桥机场培训中心）★★★
地址：上海市青浦区朱家角镇复兴路 333 号
电话：021－60829898
邮编：201700

坤明湖度假村 ★★★
地址：上海市奉贤区洪庙洪达路 18 号
电话：021－57130500
邮编：201411

古华山庄 ★★★
地址：上海市奉贤区南桥镇解放中路 276 号
电话：021－57420996
邮编：201400

天鹤大酒店 ★★★
地址：上海市崇明县城桥镇南门路 178 号
电话：021－59625962
邮编：202150

上海顺利大酒店 ★★★
地址：上海市崇明县新崇南路 38 号
电话：021－69698800
邮编：202150

锦绣宾馆 ★★★
地址：上海市崇明县城内新崇南路 4 号
电话：021－69699888
邮编：202150

旅游景区

上海豫园 AAAA
地址：上海市黄浦区安仁街 218 号
电话：021－63260830
邮编：200010
网址：www. shyuyuangarden. com

上海博物馆 AAAA
地址：上海市黄浦区人民大道 201 号
电话：021－63723500
邮编：200003

上海城市规划展示馆 AAAA
地址：上海市黄浦区人民大道 100 号
电话：021－63722077
邮编：200003
网址：www. shgrheatre. com

上海老码头景区 AAA
地址：上海市黄浦区中山南路 505 弄
电话：021－61526549
邮编：200001

上海田子坊景区 AAA
地址：上海市黄浦区泰康路 210 弄
电话：021－64738700
邮编：200001

上海植物园 AAAA
地址：上海市徐汇区龙吴路 1111 号
电话：021－54363369
邮编：200231

上海宋庆龄故居纪念馆 AAAA
地址：上海市徐汇区淮海中路 1843 号
电话：021－64747183
邮编：200030

徐家汇源景区 AAAA
地址：上海都市徐汇区
邮编：200030

上海动物园 AAAA
地址：上海市长宁区虹桥路 2381 号
电话：021－62687775
邮编：200335

上海 M50 创意园 AAA
地址：上海市普陀区莫干山路 50 号
电话：021－62774006
邮编：200333

上海大宁灵石公园 AAA
地址：上海市闸北区宜川路 1068 号
电话：021－66521776
邮编：200070

上海多伦路文化名人街 AAAA
地址：上海市虹口区多伦路
邮编：200086

上海共青森林公园 AAAA
地址：上海市杨浦区军工路 2000 号
电话：021－65740586
邮编：200438

上海锦江乐园 AAAA
地址：上海市闵行区虹梅路 201 号
电话：021－54204956
邮编：201102
网址：www. jjlysh. com

炮台湾景区 AAAA
地址：上海市宝山区塘后路 206 号
电话：021－56579007
邮编：201900

金罗店美兰湖景区 AAAA
地址：上海市宝山区罗芬路 555 弄 21－22 号
电话：021－56591208
邮编：201908

上海宝山国际民间艺术博览馆 AAAA
地址：上海市宝山区沪太路 4788 号
电话：021－56042007
邮编：201900

东方假日田园 AAA
地址：上海市宝山区罗店镇张墅村
邮编：201900

上海闻道园 AAAA
地址：上海市宝山区潘泾路 2888 号
电话：021－66866777
邮编：201900

嘉定州桥景区 AAAA
地址：上海市嘉定区嘉定镇街道
电话：021－39003155
邮编：201800

上海安亭老街 AAA
地址：上海市嘉定区安亭镇
邮编：201800

上海马陆葡萄公园 AAAA
地址：上海市嘉定区马陆镇大治路 27 号
电话：021－59511816
邮编：201800

上海古猗园 AAAA
地址：上海市嘉定区沪宜公路 218 号
电话：021－59122225
邮编：201802
网址：www. guyi. gofoueb. com. cn

上海野生动物园 AAAAA
地址：上海市浦东新区南六公路 178 号
电话：021－58036000
邮编：201300

上海南汇大团桃园 AAA
地址：上海市南汇大团镇赵桥村 888 号
电话：021－58083333
邮编：201311

上海南汇桃花村 AAA
地址：上海市南汇惠南镇北门路 289 号
电话：021－58000521
邮编：201300

上海东方明珠广播电视塔 AAAAA
地址：上海市浦东新区世纪大道 1 号
电话：021－58791888
邮编：200120
网址：www. shpearl. com. cn

金茂大厦 88 层观光厅 AAAA
地址：上海市浦东新区世纪大道 88 号
电话：021－50470523
邮编：200121
网址：www. jinmao88. com

上海世纪公园 AAAA
地址：上海市浦东新区芳甸路 666 号
电话：021－38760588
邮编：200135

上海鲜花港景区 AAAA
地址：上海市浦东新区东海农场振东路底
电话：021－58291816　58295858
邮编：200135

上海南汇渔乐湾生态园 AAA
地址：上海市浦东新区新场镇笋王路 1688 号
邮编：200135

书院人家 AAA
地址：上海市浦东新区书院镇洋溢村
电话：021－58067777
邮编：200135

上海滨海森林公园 AAA
地址：上海市浦东新区东大公路 5366 号
邮编：200135

上海海洋水族馆 AAAA
地址：上海市浦东新区银城北路 158 号
电话：021－58779988
邮编：200120
网址：www. aquarium. sh. cn

上海科技馆 AAAAA
地址：上海市浦东新区世纪大道 2000 号
电话：021－68622000
邮编：200127
网址：www. sstm. org. cn

多利农庄生态园
地址：上海市浦东新区大团镇川南奉公路 7007 号
电话：021－31272121　58235538
邮编：200135

上海枫泾古镇旅游景区 AAAA
地址：上海市金山区枫泾镇
电话：021－57355555
邮编：201501

上海市金山城市沙滩景区 AAAA
地址：上海市金山区杭州湾北岸
邮编：200540

中国农民画村 AAA
地址：上海市金山区枫泾镇中洪村
邮编：200540

廊下生态园 AAA
地址：上海市金山区廊下镇景乐路 39 号
邮编：200540

上海东林寺景区 AAAA
地址：上海市金山区朱泾镇东林街 150 号
电话：021－57314019
邮编：201900

上海欢乐谷 AAAA
地址：上海市松江区佘山镇林湖路 888 号
电话：021－32010356
邮编：201600

上海佘山国家森林公园东佘山园 AAAA
地址：上海市松江区佘山塔弄口
电话：021－57651666
邮编：201602

上海月湖雕塑公园 AAAA
地址：上海佘山国家旅游度假区林荫新路 1158 号
电话：021－57798090
邮编：201602

方塔园 AAAA
地址：上海市松江区松江镇中山东路 235 号
电话：021－57838139　57832553
邮编：200540

上海太阳岛旅游度假区 AAAA
地址：上海市青浦区朱家角镇沈太路 2588 号
电话：021－69833888
邮编：201714

陈云故居暨青浦革命历史纪念馆 AAAA
地址：上海市青浦区朱枫公路 3516 号
电话：021－59255052
邮编：201715

上海大观园 AAAA
地址：上海市青浦区金泽镇青商路 701 号
电话：021－59262469　59263781
邮编：201718

上海福泉山遗址景区 AAA
地址：上海市青浦区重固镇西
电话：021－59785535
邮编：201700

上海市青少年校外活动营地——东方绿舟 AAAA
地址：上海市青浦区沪青平公路 6888 号
电话：021－59233000
邮编：201713

上海朱家角古镇旅游区 AAAA
地址：上海市青浦区朱家角镇美周路 36 号
电话：021－59240088　59240077
邮编：201713
网址：www. zhujiajiao. com

上海人然合一现代农业生态园 AAA
地址：上海市青浦区赵巷镇沪青平公路 3098 号
电话：021－69750596
邮编：201700

上海申隆生态园 AAAA
地址：上海市奉贤区青村镇朱蒋村
电话：021－54810421
邮编：201400

上海海湾国家森林公园 AAAA
地址：上海市奉贤区随塘河路 1677 号
电话：021－57161907
邮编：201422

上海都市菜园景区 AAAA
地址：上海市奉贤区海湾镇海兴路 888 弄 1 号
电话：021－57505353
邮编：201400
网址：www. shuvg. cn

上海市碧海金沙景区 AAAA
地址：上海市奉贤区海湾旅游区海涵路 2 号
电话：021－57120707
邮编：201400

东平国家森林公园 AAAA
地址：上海市崇明县东平林场
电话：021－59338266　59338333
邮编：202177

瀛东生态村 AAA
地址：上海市崇明县陈家镇瀛东村
邮编：202150

崇明西沙湿地公园 AAAA
地址：上海市崇明县
邮编：202150

高家庄园乡村俱乐部 AAA
地址：上海市崇明县港东公路 999 号
邮编：202150

明珠湖公园 AAAA
地址：上海市崇明县西部绿华镇
邮编：202150

前卫生态村 AAAA
（全国农业旅游示范点）
地址：上海市崇明县东平国家森林公园北首
电话：021－59649261　59649211
邮编：202177

上海江南三民文化村景区 AAAA
地址：上海市崇明县林风公路 2201 号
电话：021－59649288
邮编：202150

餐　馆

杏花楼
地址：上海市福州路 343 号
电话：021－63289740
邮编：200001

洪长兴羊肉馆
地址：上海市广西北路 288 号
电话：021－63529700
邮编：200001

洁而精川菜馆
地址：上海市黄浦区雁荡路82 号（南昌路口）
电话：021－53861004 53837200
邮编：200001

王宝和酒家
地址：上海市黄浦区福州路 603 号
电话：021－63223673
邮编：200001

王四酒家
地址：上海市黄浦区西藏中路 18 号港陆广场 2 楼
电话：021－53852217
邮编：200001

光明邨大酒家
地址：上海市黄浦区淮海中路 588 号
电话：021－53067878
邮编：200001

王家沙点心店（总店）
地址：上海市静安区南京西路 805 号
电话：021－62535202
邮编：200040

老上海菜馆
地址：上海市浦东新区莲园路 75 号
电话：021－58449508
邮编：200135

大壶春生煎
地址：上海市金陵中路 166 号
电话：021－63842861
邮编：200001

老大昌
地址：上海市淮海中路 558 号
电话：021－63583575
邮编：200001

乔家栅
地址：上海市襄阳南路 313 号
电话：021－64711956
邮编：200001

沈大成点心店
地址：上海市南京东路 636 号
电话：021－63224926
邮编：200001

鲜得来（总店）
地址：上海市云南南路 98 号
电话：021－63110777
邮编：200001

小绍兴鸡粥店
地址：上海市云南南路 118 号
电话：021－63732890
邮编：200001

红房子西菜馆
地址：上海市黄浦区淮海中路 845 号
电话：021－64374902
邮编：200001

萃华楼清真饭店
地址：上海市海门路
电话：021－65418088
邮编：200001

杨同兴清真牛肉馆
地址：上海市石门二路
电话：021－62538389
邮编：200001

梅龙镇酒家
地址：上海市静安区南京西路 1081 弄 22 号
电话：021－62535353　62566688
邮编：200040

迎宾斋清真饭店
地址：上海市隆昌路
电话：021－65301983
邮编：200001

小南国（集团）有限公司
地址：上海市虹梅路 3337 号
电话：021－64659397
邮编：200082

上海老城隍庙饮食有限公司
地址：上海市黄浦区复兴东路521 号
电话：021－63871688　63871722
邮编：200001

上海丰收日餐饮管理有限公司
地址：上海市复兴东路 789 号 5 楼

上海

电话：021－64515166
邮编：200001

上海东亚饭店
地址：上海市南京东路 680 号
电话：021－63223223
邮编：200002

国际饭店
地址：上海市南京西路 170 号
电话：021－63275225－555
邮编：200002

上海金门大酒店
地址：上海市南京西路 108 号
电话：021－63276226
邮编：200002

上海新亚大酒店
地址：上海市天潼路 422 号
电话：021－63242210
邮编：200085

滩外楼餐饮（上海）有限公司
地址：上海市中山东一路
电话：021－63391188
邮编：200002

肯尼罗杰斯餐饮有限公司长宁分公司
地址：上海市长宁区长宁路 730－738 号
电话：021－52130221
邮编：200050

沪翠餐饮有限公司
地址：上海市兴业路
电话：021－63844618
邮编：200021

星岛餐饮有限公司
地址：上海市班溪路
电话：021－56674264
邮编：200940

诺卡餐饮有限公司
地址：上海市
电话：021－64318345
邮编：200030

马克西姆餐饮有限公司
地址：上海市黄陂北路
电话：021－63727096
邮编：200003

宝莱纳餐饮有限公司
地址：上海市淮海中路 1325 号
电话：021－64459183
邮编：200031

乐满家火锅餐饮有限公司
地址：上海市敦化路
电话：021－65481344
邮编：200093

大食代餐饮有限公司
地址：上海市淮海中路
电话：021－63906529
邮编：200021

马大嫂餐饮有限公司
地址：上海市杨浦区四平路 2521－2527 号
电话：021－55213345
邮编：200082

海纳百川餐饮有限公司
地址：上海市锦绣路
电话：021－50339191
邮编：200135

芳邻餐饮美食有限公司
地址：上海市宋园路
电话：021－62197534
邮编：200336

印泰餐饮有限公司
地址：上海市瑞金二路
电话：021－64157980
邮编：200020
网址：www. facebars. com

百草传奇餐饮（上海）有限公司
地址：上海市兴业路
电话：021－63866817
邮编：200021

北京联合渝乡人家餐饮有限公司上海分公司
地址：上海市陆家嘴西路
电话：021－50491977
邮编：200120

北京俏江南餐饮有限公司上海分公司
地址：上海市淮海中路
电话：021－63910890
邮编：200021

太熟悉餐馆
地址：上海市天山路
电话：021－62345769
邮编：200336

印度小厨西餐厅
地址：上海市
电话：021－64731517
邮编：200031

金萌苏浙汇餐饮有限公司
地址：上海市肇嘉浜路
电话：021－64661111
邮编：200031
网址：www. jade388. com

海上黔香阁餐饮有限公司
地址：上海市浦城路
电话：021－58877117
邮编：200120

银河汉江餐馆有限公司
地址：上海市中山西路
电话：021－62198883
邮编：200051

上海人家餐饮管理有限公司
地址：上海市陕西南路
电话：021－54031188
邮编：200040

新雅粤菜馆
地址：上海市南京东路 719 号
电话：021－63517788
邮编：200001

米兰咖啡西餐厅
地址：上海市肇嘉浜路
电话：021－64267138
邮编：200030

望星空餐厅
地址：上海市人民大道 300 号
电话：021－63868686
邮编：200003

湾仔餐厅
地址：上海市虹桥路 1388 号
电话：021－62781758
邮编：200031

太阳花水煮鱼餐厅
地址：上海市凯旋路
电话：021－62949700
邮编：200052

小城故事餐厅
地址：上海市淮海中路
电话：021－64318027
邮编：200031

东方明珠空中旋转餐厅有限公司
地址：上海市世纪大道
电话：021－58797138
邮编：200122

上海人茶餐厅
地址：上海市陆家嘴环路
电话：021－68411017
邮编：200120

新翠华港式茶餐厅
地址：上海市天山支路
电话：021－52061097
邮编：200051

洪泽湖人家餐厅
地址：上海市控江路
电话：021－65677222
邮编：200093

小浦东茶餐厅
地址：上海市浦东南路 2805 号
电话：021－58700788
邮编：200082

上海印象新海派人文餐厅
地址：上海市延安西路
电话：021－52380777
邮编：200050

湖畔阁餐厅
地址：上海市黄陂南路
电话：021－63853300
邮编：200021

港岛避风塘茶餐厅
地址：上海市昌里路
电话：021－68700238
邮编：200126

茉莉香餐厅
地址：上海市巨鹿路
电话：021－64310238
邮编：200040

川之味餐厅
地址：上海市龙漕路
电话：021－64086676
邮编：200232

太湖美船菜馆
地址：上海市迎春路
电话：021－68540939
邮编：200135

尚品食家餐厅
地址：上海市中山西路
电话：021－64283598
邮编：200233

燕云楼
地址：上海市黄浦区广西北路 288 号
电话：021－63226174
邮编：200001

大富贵酒楼
地址：上海市黄浦区中华路 1409 号

电话：021－63770322　63775040
邮编：200001

上海餐厅
地址：上海市黄浦区九江路555号王宝和大酒店2楼
电话：021－53965000
邮编：200001

绿波廊老店
地址：上海市黄浦区豫园路115号
电话：021－63280602
邮编：200001

绿波廊新店
地址：上海市黄浦区文昌路10号城隍庙
电话：021－63550500
邮编：200001

上海老饭店
地址：上海市黄浦区福佑路242号豫园
电话：021－63111777
邮编：200001

老正兴菜馆
地址：上海市黄浦区福州路556号
电话：021－63222624
邮编：200001

七重天老上海餐厅
地址：上海市黄浦区南京东路627号
电话：021－63220777－777
邮编：200001

湖心亭
地址：上海市黄浦区豫园路257号
电话：021－63736950
邮编：200001

功德林
地址：上海市黄浦区南京西路445号
电话：021－63270218
邮编：200001

和平饭店中餐厅
地址：上海市黄浦区南京东路20号
电话：021－63216888转
邮编：200001

南新雅大酒店
地址：上海市黄浦区九江路700号南新雅华美达酒店
电话：021－63500000
邮编：200001

南京饭店上海城餐厅
地址：上海市黄浦区山西南路200号
电话：021－63222888
邮编：200001

南翔馒头店
地址：上海市黄浦区豫园路85号
电话：021－63265265
邮编：200001

松月楼
地址：上海市黄浦区旧校场路99号
电话：021－63553630
邮编：200001

宁波汤圆馆
地址：上海市黄浦区豫园路112号
电话：021－63739458
邮编：200001

东海咖啡馆
地址：上海市黄浦区南京东路145号
电话：021－63213944
邮编：200001

老半斋
地址：上海市黄浦区福州路600号
电话：021－63524386
邮编：200001

小金陵盐水鸭
地址：上海市黄浦区云南南路28号
电话：021－63266436
邮编：200001

人人菜馆
地址：上海市黄浦区天津路488号
电话：021－63507788
邮编：200001

五芳面馆总店
地址：上海市黄浦区延安东路343号
电话：021－63742787
邮编：200001

松运楼酒楼
地址：上海市黄浦区豫园路98号
电话：021－63739458
邮编：200001

老上海餐厅
地址：上海市南京东路
电话：021－63220777
邮编：200020

光明村大酒家
地址：上海市卢湾区淮海中路588号
电话：021－53067878
邮编：200020

新利查西餐馆
地址：上海市徐汇区广元路196号
电话：021－62828618
邮编：200030

秋霞阁
地址：上海市长宁区定西路591号
电话：021－62803580
邮编：200050

静安宾馆中餐厅
地址：上海市静安区华山路370号静安宾馆
电话：021－62480088
邮编：200040

凯司令西点房
地址：上海市静安区南京西路1001号
电话：021－62675692
邮编：200040

梅龙镇总店
地址：上海市静安区南京西路1081弄22号
电话：021－62566688　62535353
邮编：200040

美新点心店
地址：上海市静安区陕西北路105号
电话：021－62470030
邮编：200040

玉佛寺素菜馆
地址：上海市静安区江宁路999号
电话：021－62665596　62663668
邮编：200040

四如春食府
地址：上海市普陀区石泉路72号
电话：021－62143292
邮编：200333

德大西餐厅
地址：上海市虹口区四川中路359号
电话：021－63213810
邮编：200080

四新食苑
地址：上海市虹口区四川北路1908号
电话：021－56661977
邮编：200080

伊斯兰餐厅
地址：上海市虹口区四川北路2035号
电话：021－56710430　56660045
邮编：200080

德兴馆
地址：上海市黄浦区广东路471号
电话：021－63522535　63522528
邮编：200135

三林本帮馆
地址：上海市浦东新区东林街65号
电话：021－50771717
邮编：200135

天萃庭
地址：上海市浦东新区世纪大道88号金茂大厦裙楼6楼
电话：021－ 50477773
邮编：200135

汉花餐饮有限公司
地址：上海市奉贤区南桥镇古华路
电话：021－67118577
邮编：201400

旅游用品

上海云洲古玩城
地址：上海市徐汇区大木桥路88号
电话：021－64031117
邮编：200032

上海红晶工艺制品有限公司
地址：上海市嘉定区马陆大裕村刘村路385号
电话：021－59905433
邮编：201818

上海市工艺品进出口公司珠宝玉器商店
地址：上海市南京东路438号
电话：021－63224957
邮编；200001

老凤祥珠宝首饰有限公司
地址：上海市侯家路26号
电话：021－63261801
邮编：200010

梅龙镇广场珠宝廊有限公司
地址：上海市南京西路1038号
电话：021－62180600
邮编：200041

老城隍庙金银珠宝首饰厂
地址：上海市浦东新区西营路28号
电话：021－58479346　58453792
邮编：200126

翠玉斋
地址：上海市多伦路68号
电话：021－56660246
邮编：200081

宝隆玉器工艺厂
地址：上海市武昌路 452 号
电话：021－63065954　63240711
邮编：200085

新发玉器行
地址：上海市东台路
电话：021－63858635
邮编：200021

闵缘水晶玉器店
地址：上海市福佑路
电话：021－53830238
邮编：200010

上海艺术品雕刻厂
地址：上海市朱行路
电话：021－64761070
邮编：200237

上海艺术品雕刻一厂
地址：上海市新乡路 66 号
电话：021－63270175
邮编：200080

瑞龙玉石雕刻厂
地址：上海市青浦区赵屯镇腾富路 69 号
电话：021－59211688
邮编：201711

广雅古玩店
地址：上海市多伦路
电话：021－56716912
邮编：200081

上海工艺美术商厦
地址：上海市黄河路 11 号
电话：021－63277684　63594046
邮编：200003

金山农民画院
地址：上海市金山区朱泾镇健康路 318 号
电话：021－57321363
邮编：201500

半柳居艺术品有限公司
地址：上海市福州路 355 号
电话：021－63747870
邮编：200001

朵云轩
地址：上海市南京东路
电话：021－63223939
邮编：200001

豫园商城工艺品有限公司
地址：上海市方浜中路
电话：021－63552260
邮编：200010

上海玉石雕刻厂
地址：上海市漕溪路
电话：021－64517576　64362660
邮编：200333

建国古董店
地址：上海市建国西路
电话：021－64335083
邮编：200020

梦遥风筝有限公司
地址：上海市江场路
电话：021－56771391
邮编：200072

红风筝礼品有限公司
地址：上海市金汇南路
电话：021－64010132
邮编：201103

新西亚礼品设计制造有限公司
地址：上海市川南奉公路
电话：021－58936600
邮编：201202

无锡钻石地毯有限公司
地址：上海市沪太路
电话：021－56610316
邮编：200072

红地毯贸易有限公司
地址：上海市零陵路
电话：021－64873599
邮编：200030

上海丝绸（集团）织造有限公司
地址：上海市松江区泗泾镇沪松公路
电话：021－57613379
邮编：201601

天苑堂手工刺绣艺术有限公司
地址：上海市东方路
电话：021－68868873
邮编：200122

透明思考琉璃艺术品有限公司
地址：上海市华中路
电话：021－64790238
邮编：201101

汇晶玻璃制品有限公司
地址：上海市真南路
电话：021－62509043
邮编：200331

新奇特旅游用品有限公司
地址：上海市奉贤区青村镇南奉公路
电话：021－57569542
邮编：201414

基太克旅游用品（上海）有限公司
地址：上海市松江区大港镇光华路
电话：021－57855111
邮编：201614

格瑞依柯（上海）休闲旅游用品有限公司
地址：上海市青浦区青浦镇外青松公路
电话：021－69212208
邮编：201700

鹏海旅游用品有限公司
地址：上海市巨峰路
电话：021－68976446
邮编：200129

上海虹桥国际珍珠城
地址：上海市长宁区虹木路 3721 号
电话：021－64650000
邮编：200050

上海火车南站
地址：上海市徐汇区老沪闵路 289 号
电话：021－54369511
邮编：200030

上海火车站
地址：上海市闸北区秣陵路 303 号
电话：021－63179090
邮编：200070

上海虹桥火车站
地址：上海市闵行区
电话：021－51245555
邮编：201100

上海速达工艺雕刻有限公司
地址：上海市嘉定区沪宜路马陆汽车培训学校对面
电话：13701785328
邮编：201801

上海丝织地毯厂
地址：上海市零陵路 342 号
电话：021－64175564
邮编：200032

上海地毯总厂
地址：上海市漕宝路 25 号
电话：021－64361713
邮编：200235

上品行工艺制品有限公司
地址：上海市吴中路 1379 号
电话：021－64467501
邮编：201103

上海珍宝金银饰品厂
地址：上海市川公路 166 号
电话：021－63246548
邮编：200080

海韵人造花有限公司（原上海制花厂）
地址：上海市长阳路 2555 号
电话：021－65695945
邮编：200090

上海晶勋水晶工艺制品有限公司
地址：上海市大连路 740 号
电话：021－65123118
邮编：200082

上海市工艺品进出口公司珠宝玉器商店
地址：上海市南京东路
电话：021－63224957
邮编：200001

英皇钟表珠宝店
地址：上海市淮海中路
电话：021－53066795
邮编：200021

静安寺珠宝古玩城
地址：上海市北京西路
电话：021－62517502
邮编：200040

虹桥国际珍珠城有限公司
地址：上海市虹桥路
电话：021－64650000
邮编：201103

老城隍庙珠宝有限公司
地址：上海市中山南路
电话：021－63338568
邮编：200010

旅游交通

上海锦江汽车服务有限公司
地址：上海市吴中路 16 号
电话：021－64648888
邮编：200001

国旅集团上海旅游汽车服务公司
地址：上海市丰谷路 225 弄 17 号
电话：021－64574432　54106838
邮编：200001

上海青旅上海汽车服务公司
地址：上海市龙吴路 398 号

电话：021－54352610　54358811
邮编：200001

上海市东湖汽车服务公司
地址：上海市东湖路30号
电话：021－64158158
邮编：200001

长江轮船海外旅游上海公司
地址：上海福州路623号
电话：021－64726438
邮编：200001

上海长江轮船公司
地址：上海市中山南路935号
电话：021－58351342
邮编：200002

上海轮渡水上旅游巴士公司
地址：上海中山东二路127号
电话：021－62727910
邮编：200002

上海港
地址：上海市
电话：021－63214062　63237755　63260269
邮编：200002

上海中旅汽车公司
地址：上海市徐汇区漕支东路399号
电话：021－64682783
邮编：200233

上海巴士新联谊旅游客运有限公司
地址：上海市长治路1010号
电话：021－64879997
邮编：200082

大众新亚出租汽车有限公司旅游分公司
地址：上海市普陀区府村路445号
电话：021－62147480　25547626
邮编：200061

大众旅游汽车有限公司
地址：上海市虹口区海宁路1339号
电话：021－63179190
邮编：200080

上海虹桥国际机场
地址：上海市
电话：021－62683682　96990
邮编：200080

上海振东汽车服务有限公司
地址：上海市浦东新区崂山东路689号
电话：021－68755659　58871890
邮编：200122

上海圣龙旅游汽车服务有限公司
地址：上海市浦东新区归昌路260号
电话：021－58993398
邮编：200122

上海浦东国际机场
地址：上海市
电话：021－96990
邮编：200135

江　苏

JIANGSU

旅游机构

江苏省旅游局
地址：南京市中山北路 255 号
电话：025－83421639
邮编：210003
网址：www.jstour.com

江苏省旅游质量监督管理所
地址：南京市中山北路 255 号
电话：025－83418185
邮编：210003

南京市旅游局
地址：南京市建邺区江东中路 259 号
电话：025－83635566
邮编：210019

江宁区旅游局
地址：南京市江宁区金铂路 776 号
电话：025－52285674
邮编：211100

徐州市旅游局
地址：徐州市汉风路 1 号行政中心西综合楼 E 座
电话：0516－83727991
邮编：221018

徐州鼓楼区园林旅游局
地址：徐州市中山北路 253 号区政府大楼
电话：0516－87636924
邮编：221007

连云港市旅游局
地址：连云港市新浦区郁州南路 12 号
电话：0518－85820380
邮编：222006

宿迁市旅游局
地址：宿迁市太湖路 181 号
电话：0527－84338606
邮编：223800

淮安市旅游局
地址：淮安市淮海北路 121 号
电话：0517－83605836
邮编：223001

淮安盱眙县旅游局
地址：淮安市盱眙县金源北路教育局院内
电话：0517－88200467
邮编：21170

盐城市旅游局
地址：盐城市世纪大道 21 号
电话：0515－86662434
邮编：224001

盐城大丰市旅游局
地址：盐城大丰市健康东路 1 号
电话：0515－83938176
邮编：221600

扬州市旅游局
地址：扬州市盐阜西路 8 号
电话：0514－87343638
邮编：225002

泰州市旅游局
地址：泰州市凤凰东路 58 号
电话：0523－86839295
邮编：225300

南通市旅游局
地址：南通市世纪大道 6 号
电话：0513－85099206
邮编：226018

镇江市旅游局
地址：镇江市中山西路 92 号
电话：0511－85237773
邮编：212004

丹阳市旅游局
地址：镇江丹阳市开发区兰陵路 8 号
电话：0511－86571641
传真：0511－86921186
邮编：212300

镇江句容市民族宗教旅游局
地址：镇江句容市行政中心
电话：0511－87310288
邮编：212400

常州市旅游局
地址：常州市延陵西路 23 号
电话：0519－86188678
邮编：213003

无锡市旅游局
地址：无锡市南长区清扬路 27 号
电话：0510－85052597
邮编：214000

宜兴市旅游园林局
地址：宜兴市陶都路 8 号
电话：0510－87986553
邮编：214206

苏州市旅游局
地址：苏州市十全街 345 号
电话：0512－65304205
邮编：215006

苏州平江区旅游局
地址：苏州市大儒巷 40 号
电话：0512－67200129
邮编：215001

旅行社

江苏海外旅游有限公司
地址：南京市中山北路 255 号
电话：025－83538734
邮编：210003
网址：www.citsnj.com
许可证号：L－JS－CJ00001

南京海外旅游有限公司
地址：南京市汉中路 218 号金鹏大厦 C 座 9007 室
电话：025－86292680
邮编：210029
许可证号：L－JS－CJ00002

苏州海外旅游有限公司
地址：苏州市十全街 329 号
电话：0512－65186856
邮编：215006
网址：www.szotc.net
许可证号：L－JS－CJ00003

无锡海外旅游有限公司
地址：无锡市南河浜 12 号水利大厦
电话：0510－82712303
邮编：214002
网址：www.otcwx.com
许可证号：L－JS－CJ00004

港中旅国际（无锡）旅行社有限公司
地址：无锡市健康路 58 号
电话：0510－82734226
邮编：214001
网址：www.ctiwx.com
许可证号：L－JS－CJ00005

江苏省中旅旅行社有限公司
地址：南京市中山北路 313 号
电话：025－83589968
邮编：210003
网址：www.jscts.com.cn
许可证号：L－JS－CJ00006

苏州中国国际旅行社有限责任公司
地址：苏州市观前街大井巷 18 号
电话：0512－65209362
邮编：215005
网址：www.citssz.com
许可证号：L－JS－CJ00007

苏州中旅国际旅行社有限公司
地址：苏州市干将西路 251 号
电话：0512－65221918
邮编：215128
许可证号：L－JS－CJ00008

无锡中国国际旅行社有限公司
地址：无锡市新生路 7 号
电话：0510－82730088
邮编：214002
网址：www.citswx.com
许可证号：L－JS－CJ00009

无锡市中国旅行社有限责任公司
地址：无锡市车站广场 88 号
电话：0510－82300888
邮编：214005
网址：www.wxcts.com
许可证号：L－JS－CJ00010

江苏金陵商务国际旅行社有限责任公司
地址：南京市广州路 5 号
电话：025－51860969
邮编：210005
网址：www.jsjbt.com
许可证号：L－JS－CJ00011

江苏康辉国际旅行社有限责任公司
地址：无锡市梁溪路 118 号
电话：0510－82731236
邮编：214001
网址：www.cctwuxi.com.cn
许可证号：L－JS－CJ00012

扬州中国青年旅行社有限公司
地址：扬州市四望亭路 6 号
电话：0514－87313666
邮编：225002
网址：www.yzcyts.com
许可证号：L－JS－CJ00013

苏州和平国际旅行社有限公司
地址：苏州市养育巷 108 号 3F
电话：0512－65113438
邮编：215002
网址：www.suzhoupits.com
许可证号：L－JS－CJ00014

徐州中国国际旅行社有限公司
地址：徐州市民主南路 3 号
电话：0516－83829076
邮编：221009

许可证号：L－JS－CJ00015

无锡假日国际旅行社有限公司
地址：无锡市梁溪路116号
电话：0510－82731236
邮编：214001
网址：www. wlhits. com
许可证号：L－JS－CJ00016

常州国旅旅行社有限公司
地址：常州市晋陵中路353号
电话：0519－88109455
邮编：213003
网址：www. czcits. com
许可证号：L－JS－CJ00017

中青旅江苏国际旅行社有限公司
地址：南京市中山路268号汇杰广场9楼
电话：025－83196655
邮编：210029
网址：www. CYTS online. com
许可证号：L－JS－CJ00018

江苏招商国际旅游有限公司
地址：南京市中山北路313号
电话：025－83438510
邮编：210003
网址：www. js－zs. com
许可证号：L－JS－CJ00019

中国康辉南京国际旅行社有限责任公司
地址：南京市鼓楼区新模范马路17号宏景公寓02幢203室
电话：025－86639601
邮编：210003
许可证号：L－JS－CJ00020

苏州文化国际旅行社有限公司
地址：苏州市庆元坊A－6号
电话：0512－65221801
邮编：215005
网址：www. 365st. cn
许可证号：L－JS－CJ00021

江苏省中山国际旅行社
地址：南京市中山北路204号
电话：025－83463140
邮编：210003
许可证号：L－JS－CJ00022

南京圣和国际旅游有限责任公司
地址：南京市中山路81号
电话：025－84782788
邮编：210029
许可证号：L－JS－CJ00023

南京中北友好国际旅行社有限公司
地址：南京市珠海路222号
电话：025－83116098
邮编：210001
许可证号：L－JS－CJ00024

江苏省镇江中国旅行社
地址：镇江市解放路265号
电话：0511－85031338
邮编：212001
网址：www. ctszj. com
许可证号：L－JS－CJ00025

苏州青年旅行社股份有限公司
地址：苏州市吴中区宝带西路11号
电话：0512－65770871
邮编：215006
网址：www. szcyts. com
许可证号：L－JS－CJ00026

中国康辉苏州国际旅行社有限公司
地址：苏州市学士街394号
电话：0512－65301538
邮编：215006
网址：www. cctsz. com. cn
许可证号：L－JS－CJ00027

苏州职工国际旅行社有限公司
地址：苏州市竹辉路347号
电话：0512－65208085
邮编：215007
网址：www. sz－pits. com
许可证号：L－JS－CJ00028

江苏东方航空国际旅行社有限公司
地址：南京市洪武路334号一、二层
电话：025－84567103
邮编：210002
许可证号：L－JS－CJ00029

南通中国国际旅行社有限公司
地址：南通市南大街198号金城大厦A702A室
电话：0513－85518023
邮编：226001
许可证号：L－JS－CJ00030

苏州太湖国际旅行社有限责任公司
地址：苏州市人民路158号
电话：0512－65102572
邮编：215006
网址：www. stits. cn
许可证号：L－JS－CJ00031

连云港中国国际旅行社有限公司
地址：连云港市海连中路40－1号
电话：0518－85517802
邮编：222004
网址：www. LYGcits. com
许可证号：L－JS－CJ00032

江苏阳光国际旅行社有限公司
地址：无锡市解放东路900号兴盛大厦6F
电话：0510－82323008
邮编：214002
网址：www. cnsits. com
许可证号：L－JS－CJ00033

江苏舜天海外旅游有限公司
地址：南京市中华路50号经贸大厦16楼
电话：025－66661601
邮编：210001
网址：www. saintytours. com
许可证号：L－JS－CJ00034

张家港国泰国际旅行社有限公司
地址：张家港市人民中路国泰时代广场
电话：0512－58127333
邮编：215600
网址：www. gtig－gl. com
许可证号：L－JS－CJ00035

江苏锦江华特国际旅行社有限公司
地址：南京市中山路255号
电话：025－83378570
邮编：210008
网址：www. hitravels. com
许可证号：L－JS－CJ00036

南京市中国旅行社有限公司
地址：南京市百子亭12号百新大厦3楼
电话：025－833666582
邮编：210008
许可证号：L－JS－CJ00037

南通中国旅行社有限公司
地址：南通市工农路5号亚太大厦南3楼
电话：0513－85116680
邮编：226001
网址：www. ntcts. cn
许可证号：L－JS－CJ00038

镇江春秋国际旅行社有限公司
地址：镇江市梦溪路4号
电话：0511－84401231
邮编：212003
许可证号：L－JS－CJ00039

淮安市师苑国际旅行社有限公司
地址：淮安市清河区交通路71号
电话：0517－83511345
邮编：223001
网址：www. hasygl. com
许可证号：L－JS－CJ00040

苏州市乐乡国际旅行社有限公司
地址：苏州市大井巷18号
电话：0512－65157666
邮编：215005
网址：www. szhapply. com
许可证号：L－JS－CJ00041

常熟中国国际旅行社有限公司
地址：常熟市海虞北路38号
电话：0512－52775276
邮编：215500
网址：www. cscits. com
许可证号：L－JS－CJ00042

宜兴中国国际旅行社有限公司
地址：宜兴市宜城通贞观路55号
电话：0510－87918877
邮编：2142000
网址：www. yixingcits. com. cn
许可证号：L－JS－CJ00043

无锡中国青年旅行社有限公司
地址：无锡市五爱北路32号5楼
电话：0510－82711647
邮编：214005
许可证号：L－JS－CJ00044

江阴市中国旅行社有限公司
地址：江阴市澄江中路2号
电话：0510－86823338
邮编：214431
网址：www. jycts. cn
许可证号：L－JS－CJ00045

南京东方国际旅行社有限公司
地址：南京市玄武区唱经楼1－12号
电话：025－83682894
邮编：210018
许可证号：L－JS－CJ00046

中国国旅（南通）国际旅行社有限公司
地址：南通市城港路118号
电话：0513－85684500
邮编：226001
许可证号：L－JS－CJ00047

扬州市中国旅行社有限责任公司
地址：扬州市汶河北路18号
电话：0514－87317188
邮编：225002
网址：www. yzcts. com
许可证号：L－JS－CJ00048

南京大华国际旅行社有限公司
地址：南京市栖霞区迈皋桥街道和燕路277号

电话：025－84781700
邮编：210018
许可证号：L－JS－CJ00049

江苏金桥国际旅行社有限公司
地址：南京市中山北路219号宏图大厦9楼
电话：025－83272722
邮编：210009
电子信箱：zhangchaojun1965@hotmail.com
许可证号：L－JS－CJ00050

江阴市华西国际旅行社
地址：无锡江阴市华西村
电话：0510－86216155
邮编：214400
电子信箱：grt621613@sina.com
许可证号：L－JS－CJ00051

无锡市二泉国际旅行社
地址：无锡市清扬路27号
电话：0510－85036508
邮编：214001
电子信箱：benben8050@sina.com
许可证号：L－JS－CJ00052

无锡江南国际旅行社
地址：无锡市人民中路69号夜明珠宾馆5楼
电话：0510－82798886　82703613
邮编：214002
电子信箱：438682926@qq.com
许可证号：L－JS－CJ00053

扬州中国国际旅行社
地址：扬州市丰乐上街8号
电话：0514－85827888
邮编：225002
电子信箱：yz.c.i.t.s@yangtzeinvest.com
许可证号：L－JS－CJ00054

江苏悦达国际旅行社有限公司
地址：盐城市开放大道80号悦达国际大酒店1楼
电话：0515－88165556
邮编：224005
电子信箱：570239891@QQ.COM
许可证号：L－JS－CJ00055

昆山春秋国际旅行社有限公司
地址：昆山市北后街4号
电话：0512－57551383
邮编：215300
电子信箱：kscq@hotmail.com
许可证号：L－JS－CJ00056

江苏职工国际旅行社
地址：南京市中山北路202号
电话：025－83406095
邮编：210003
电子信箱：nwjl@sina.com
许可证号：L－JS－CJ00057

南京海熙国际商务旅行社有限公司
地址：南京市石鼓路98号阳光大厦7层D座
电话：025－84792169　84708777
邮编：210004
电子信箱：heads ned@hotmail.com
许可证号：L－JS－CJ00058

镇江中国国际旅行社
地址：镇江市运河路38号
电话：0511－88986266　88987111
邮编：212001
许可证号：L－JS－CJ00059

江苏友谊国际旅行社
地址：南京市云南路31－1号苏建大厦24层
电话：025－83328651　83313024
邮编：210008
电子信箱：john_ jiangzhong@yahoo.com
许可证号：L－JS－CJ00060

江苏同源国际商务旅行社有限公司
地址：南京市江东北路91号典雅居大厦501－503室
电话：025－83726271　83726712
邮编：210013
许可证号：L－JS－CJ00061

南京原野国际旅行社有限公司
地址：南京市鼓楼区三牌楼大街238号钟阜大厦5楼
电话：025－52228745
邮编：210009
电子信箱：NJHW_ HI@163.COM
许可证号：L－JS－CJ00062

盐城市康辉国际旅行社有限公司
地址：盐城市迎宾南路68号
电话：0515－88366259
邮编：224005
电子信箱：khhyc@163.comn
许可证号：L－JS－CJ00063

江苏盐阜国际旅行社有限公司
地址：盐城市亭湖区东进中路9号
电话：0515－8888009　889891188
邮编：224005
电子信箱：Xuqiurong.2007@163.com
许可证号：L－JS－CJ00064

江苏绿叶国际旅行社有限公司
地址：盐城市亭湖区开放大道62－1号
电话：0515－88128111
邮编：224005
电子信箱：854549611@qq.com
许可证号：L－JS－CJ00065

南京乐途商务旅行社有限责任公司
地址：南京市中山路268号汇杰广场1201室
电话：025－83199808
邮编：210008
电子信箱：cnyuyanhui@126.com
许可证号：L－JS－CJ00066

南京青年国际旅行社
地址：南京市中央路264号9号楼1楼
电话：025－83229166　83696272
邮编：210008
电子信箱：njyts@163.com
许可证号：L－JS－CJ00067

江阴春秋国际旅行社有限公司
地址：江阴市澄江中路60－78号
电话：025－83249110
邮编：214400
电子信箱：736562809@qq.com
许可证号：L－JS－CJ00068

南京德高国际旅游有限公司
地址：南京市山西路67号世贸中心大厦A2座23层
电话：0512－82273700
邮编：210008
电子信箱：jcj@17u.com
许可证号：L－JS－CJ00069

同程国际旅行社（苏州）有限公司
地址：苏州市工业园区星湖街328号创意产业园5－B3单元
电话：0510－81176800
邮编：215002
电子信箱：wuxichunqiu@163.com
许可证号：L－JS－CJ00070

无锡市春秋国际旅行社有限责任公司
地址：无锡市滨湖区梁溪路51－1009号
电话：0510－86870160
邮编：214062
电子信箱：138616505@qq.com
许可证号：L－JS－CJ00071

常州青年国际旅行社有限公司
地址：常州市钟楼区北大街17号中亚大厦南11楼
电话：0519－81667788
邮编：213002
电子信箱：279696002@qq.com
许可证号：L－JS－CJ00072

常州春秋国际旅行社有限公司
地址：常州市关河西路斗巷1号斗巷商务中心8楼
电话：0519－86182809
邮编：213003
电子信箱：79193589@qq.com
许可证号：L－JS－CJ00073

南通康辉国际旅行社有限公司
地址：南通市城山路28号3座201号
电话：0513－85508111
邮编：226001
电子信箱：ntkhjd@hotmail.com
许可证号：L－JS－CJ00074

南通辉煌国际旅行社有限公司
地址：南通市南大街143号
电话：0513－85126018
邮编：226001
电子信箱：kuailedesmile@163.com
许可证号：L－JS－CJ00075

江苏省中旅旅游航空服务有限公司
地址：南京市中山北路313号
电话：025－83589930
邮编：210008
电子信箱：122208727@qq.com
许可证号：L－JS－CJ00076

张家港华泰旅行社有限公司
地址：苏州张家港市人民中路50号恒隆大厦C、D座一、二楼
电话：0512－58918301
邮编：215600
电子信箱：869877020@qq.com
许可证号：L－JS－CJ00077

常州光大国际旅行社有限公司
地址：常州市晋陵北路1号新天地商业广场A座19楼
电话：0519－86806680
邮编：213003
许可证号：L－JS－CJ00078

连云港广电旅行社有限公司
地址：连云港市新浦区南极南路127－9号
电话：0518－85576005
邮编：222003
许可证号：L－JS－CJ00079

南京皇家国际旅行社有限公司
地址：南京市下关区黄家圩41－1号
电话：025－89605300
邮编：210011
许可证号：L－JS－CJ00080

连云港假日国际旅行社有限公司
地址：连云港市新浦区巨龙南路59－17号
电话：0518－85850888
邮编：222003
许可证号：L－JS－CJ00081

连云港风光国际旅行社有限公司
地址：连云港市新浦区解放东路138号
电话：0518－85681081
邮编：222003
许可证号：L－JS－CJ00082

中青旅（江苏）国际会议展览有限公司
地址：南京市玄武区中山路268号1幢909
电话：025－83196718
邮编：210018
电子信箱：yanli@ cytsmice. com
许可证号：L－JS－CJ00083

南京恒通旅行社有限公司
地址：南京市白下区中华路50号16楼
电话：025－66661677
邮编：210002
电子信箱：qinfang. shan@ saintyhw. com
许可证号：L－JS－CJ00084

南京银燕航空旅游有限公司
地址：南京市白下区汉中路129号
电话：025－66661999
邮编：210002
电子信箱：Qnm021@ 163. com
许可证号：L－JS－CJ00085

扬州市邮驿国际旅行社有限公司
地址：扬州高邮市文游中路110号
电话：0514－84660511
邮编：225600
电子信箱：1730969053@ qq. com
许可证号：L－JS－CJ00086

镇江市光大国际旅行社有限公司
地址：镇江市解放路256号12楼
电话：0511－85988518
邮编：210001
电子信箱：xiaoyan1228@ 126. com
许可证号：L－JS－CJ00087

徐州新闻国际旅行社
地址：徐州市中山南路142号
电话：0516－85690118
邮编：221003
电子信箱：xzxwgj@ 163. com
许可证号：L－JS－CJ00088

泰州市凤城国际旅行社有限公司
地址：泰州市海陵区五一路86号－111室
电话：0523－80999555
邮编：225300
许可证号：L－JS－CJ00091

江苏国旅国际旅行社有限公司
地址：无锡市人民东路311号崇安建设大厦
电话：0510－68868888　68789518
邮编：214001
许可证号：L－JS－CJ00092

江苏省金阳光国际旅行社有限公司
地址：南京市广州路5号2栋601室
电话：025－51860041
邮编：210008
许可证号：L－JS－CJ00093

苏州工业园区商旅金鸡湖旅行社有限公司
地址：苏州市工业园区凤里街336号
电话：0512－66608899　66608905
邮编：215002
许可证号：L－JS－CJ00095

连云港中韩国际旅游有限公司
地址：连云港新浦区巨龙南路59－9号门面
电话：0518－82309916
邮编：222003
许可证号：L－JS－CJ00096

丹阳市假日国际旅行社有限公司
地址：镇江丹阳市开发区金陵西路100号
电话：0511－86509180　86591991
邮编：212300
许可证号：L－JS－CJ00097

江苏缤纷假期国际旅行社有限责任公司
地址：南京市鼓楼区广州路5号2幢2203室
电话：13851664568
邮编：210009
许可证号：L－JS－CJ00098

南通环球国际旅行社有限公司
地址：南通市南大街129号
电话：0513－85599338
邮编：226001
许可证号：L－JS－CJ00099

淮安交通旅游集团国际旅游有限公司
地址：淮安市淮海北路75号
电话：0517－83669202
邮编：223001
许可证号：L－JS－CJ00100

江苏苏宁国际旅游有限公司
地址：南京市光华东街6号13幢104室
电话：025－68206606
邮编：210008
许可证号：L－JS－CJ00101

徐州市航空国际旅游有限责任公司
地址：徐州市建国西路88号
电话：0516－5704455
邮编：221006
许可证号：L－JS－CJ00102

连云港青年国际旅行社有限公司
地址：连云港市新浦区百达综合楼五单元201室
电话：0518－85410556　85417403
邮编：222000
许可证号：L－JS－CJ00103

苏州八爪鱼在线旅游发展有限公司
地址：苏州市工业园区通园路666号通园坊C栋一层
电话：0512－85662300
邮编：215002
许可证号：L－JS－CJ00104

苏州梦翔国际旅行社有限公司
地址：苏州市广济南路288号金座大厦
电话：0512－65582029
邮编：215002
许可证号：L－JS－CJ00105

南通海外国际旅行社有限公司
地址：南通市中南世纪城34幢3402室
电话：0513－85581318　13861906306
邮编：226001
许可证号：L－JS－CJ00106

南京途牛国际旅行社有限公司
地址：南京市玄武区玄武大道699－32号
邮编：210018
许可证号：L－JS－CJ00107

江苏上游国际旅行社有限公司
地址：常州市天宁区晋陵中路400号820室
电话：0519－89960202　89960114
邮编：213003
许可证号：L－JS－CJ00108

江苏金色华夏国际旅行社有限公司
地址：南京市中央路73号
电话：025－83200000
邮编：210008
许可证号：L－JS－CJ00109

江苏易游国际旅行社有限公司
地址：常州市钟楼区斗巷1号708－710室
电话：0519－88888117　400－828－9－828
邮编：213002
许可证号：L－JS－CJ00110

常州海外国际旅行社有限公司
地址：常州市天宁区延陵东路518号（天宁商都）A座306号
电话：400－0180－519
邮编：213003
许可证号：L－JS－CJ00111

无锡尊游国际旅游有限公司
地址：无锡市锡山区东亭桑达园小区东7号
邮编：214174
许可证号：L－JS－CJ00112

苏州国际体育旅游有限公司
地址：苏州市三元二村16号兴元楼2楼
电话：0512－68636412
邮编：215002
许可证号：L－JS－CJ00113

苏州金桥国际旅行社有限公司
地址：苏州干将西路515号508室
电话：0512－65115081　65115082
邮编：215002
网址：www. szjqlxs. com
电子信箱：info@ szjqlxs. com
许可证号：L－JS－CJ00115

南通康泰国际旅行社有限公司
地址：南通市青年西路20号3楼
电话：0513－80118555
邮编：226001
许可证号：L－JS－CJ00116

南通苏缘国际旅行社有限公司
地址：南通市人民东路885号尚东国际商务中心20409室
电话：0513－80118000　80118005　80118012
邮编：226001
网址：www. ntsygl. com
邮箱：ntsygl@ 163. com
许可证号：L－JS－CJ00117

江苏逍遥游国际商务旅行社有限公司
地址：徐州市泉山区奎山中街15号
电话：0516－81910876　83868111　83828099
邮编：221006
网址：www. jsxiaoyaoyou. com
电子信箱：dly75@ 163. com
许可证号：L－JS－CJ00118

饭　店

南京维景国际大酒店 ★★★★★
地址：南京市中山东路319号
电话：025－84808888
邮编：210008

南京索菲特钟山高尔夫酒店 ★★★★★
地址：南京市环陵路 9 号
电话：025－85408888
邮编：210008

南京国际会议大酒店 ★★★★★
地址：南京市中山陵四方城 2 号
电话：025－84430888
邮编：210008

南京状元楼酒店 ★★★★★
地址：南京市夫子庙状元境 9 号
电话：025－52202555
邮编：210008

南京金陵饭店 ★★★★★
地址：南京市汉中路 2 号
电话：025－84711888
邮编：210008

古南都饭店 ★★★★★
地址：南京市广州路 208 号
电话：025－83311999
邮编：210008

玄武饭店 ★★★★★
地址：南京市中央路 193 号
电话：025－83358888
邮编：210008

江苏苏宁环球套房饭店有限公司 ★★★★★
地址：南京市广州路 188 号
电话：025－83232888
邮编：210008

南京城市名人酒店有限公司 ★★★★★
地址：南京市中山北路 30 号
电话：025－83123333
邮编：210008

南京索菲特银河大酒店 ★★★★★
地址：南京市山西路 9 号
电话：025－83718888
邮编：210008

南京丁山花园酒店 ★★★★★
地址：南京市察哈尔路 90 号
电话：025－58802888
邮编：210008

南京金丝利喜来登酒店 ★★★★★
地址：南京市汉中路 169 号
电话：025－86668888
邮编：210008

南京侨鸿皇冠酒店 ★★★★★
地址：南京市汉中路 89 号
电话：025－84718888
邮编：210008

南京鼎业开元国际酒店 ★★★★★
地址：南京市浦口区文德东路 35 号
电话：025－58288888
邮编：211800

南京中心大酒店 ★★★★★
地址：南京市中山路 75 号
电话：025－84733888
邮编：210005

南京明发珍珠泉大酒店 ★★★★★
地址：南京市浦口区珍珠街 178－1 号
电话：025－58611888
邮编：210031

南京绿地际洲酒店 ★★★★★
地址：南京市中央路 1 号
电话：025－8353888
邮编：210005

南京御豪温泉国际酒店 ★★★★★
地址：南京市江宁区汤泉东路 288 号
电话：025－84109999
邮编：211100

开元名都大酒店 ★★★★★
地址：徐州市湖西路 1 号
电话：0516－87888888
邮编：210008

云台宾馆 ★★★★★
地址：徐州市新浦区苍梧路 27 号
电话：0516－85689999
邮编：222003

福如东海温泉大酒店 ★★★★★
地址：连云港东海县温泉旅游度假区汤姑路 6 号
电话：0518－87882888
邮编：222301

淮安鼎立国际大酒店 ★★★★★
地址：淮安市经济开发区厦门路 6－1 号
电话：0517－83798888
邮编：223000

江苏驿都国际酒店有限公司驿都金陵大酒店 ★★★★★
地址：盐城市盐都新区世纪大道 603 号
电话：0515－88888888
邮编：224055

大丰半岛温泉酒店 ★★★★★
地址：盐城大丰市大丰港区沿湖大道 9 号
电话：0515－83658888
邮编：224145

欧堡利亚大酒店 ★★★★★
地址：盐城市滨海县富康路 88 号
电话：0515－89168888
邮编：224500

扬州西园饭店 ★★★★★
地址：扬州市丰乐上街 1 号
电话：0514－87807888
邮编：225002

扬州迎宾馆 ★★★★★
地址：扬州市友谊路 48 号
电话：0514－87809888
邮编：225002

扬州云鹤金陵大饭店 ★★★★★
地址：扬州市文昌西路 318 号
电话：0514－85588888
邮编：225000

江苏汇金国际酒店 ★★★★★
地址：扬州市平山堂东路 3 号
电话：0514－87809999
邮编：225000

泰州宾馆 ★★★★★
地址：泰州市迎宾路 88 号
电话：0523－86669898
邮编：225300

南通新有斐大酒店有限公司 ★★★★★
地址：南通市濠南路 18 号
电话：0513－85050888
邮编：225001

镇江国际饭店 ★★★★★
地址：镇江市解放路 218 号
电话：0511－85021888
邮编：212001

镇江万达喜来登酒店 ★★★★★
地址：镇江市润州区北府路 88 号
电话：0511－89999999
邮编：212004

江苏水中仙国际酒店 ★★★★★
地址：镇江丹阳市丹凤南路 999 号
电话：0511－86877777
邮编：212300

常州环球恐龙城维景国际大酒店 ★★★★★
地址：常州市河海东路 56 号
电话：0519－82088888
邮编：213022

武进九洲喜来登酒店 ★★★★★
地址：常州市武进区延政西大道 1 号
电话：0519－69968888
邮编：213168

常州大酒店 ★★★★★
地址：常州市延陵西路 65 号
电话：0519－88109988
邮编：213003

常州富都盛贸饭店 ★★★★★
地址：常州市新北区通江大道 398 号
电话：0519－85168888
邮编：213001

江苏润澳花园大酒店 ★★★★★
地址：常州金坛市东环二路 1088 号
电话：0519－82799999
邮编：213200

溧阳天目湖宾馆 ★★★★★
地址：常州溧阳市天目湖度假区
电话：0519－87168888
邮编：213300

金陵溧阳宾馆 ★★★★★
地址：常州溧阳市西大街 118 号
电话：0519－87222777
邮编：213300

溧阳天目湖国际饭店 ★★★★★
地址：常州溧阳市天目湖中心大道 8 号
电话：0519－87989999
邮编：213300

溧阳御水温泉度假酒店 ★★★★★
地址：常州溧阳市戴埠镇李家园村 888 号
电话：0519－87938888
邮编：213331

无锡日航饭店 ★★★★★
地址：无锡市南长区南长街 168 号
电话：0510－85088888
邮编：214021

无锡万达喜来登酒店 ★★★★★
地址：无锡市滨湖区梁溪路 49 号
电话：0510－81166888
邮编：214062

无锡太湖饭店有限公司 ★★★★★
地址：无锡市梅园环湖路
电话：0510－85517888
邮编：214001

无锡锡州花园酒店 ★★★★★
地址：无锡市锡山区二泉中路 68 号
电话：0510－88686888
邮编：214101

无锡湖滨饭店 ★★★★★
地址：无锡市湖滨路388号
电话：0510－85101888
邮编：214062

无锡凯宾斯基大饭店 ★★★★★
地址：无锡市永和路18号
电话：0510－81088888
邮编：214023

无锡金陵大饭店 ★★★★★
地址：无锡市解放东路1000号
电话：0510－82338888
邮编：214005

江阴泓昇苑酒店 ★★★★★
地址：无锡江阴市人民中路289号
电话：0510－86707888
邮编：214400

江阴桃园山庄大酒店 ★★★★★
地址：无锡江阴市海澜马术俱乐部
电话：0510－81699000
邮编：214426

宜兴大酒店 ★★★★★
地址：无锡宜兴市东山西路70号
电话：0510－87981999
邮编：214206

宜兴宾馆 ★★★★★
地址：无锡宜兴市人民南路2号
电话：0510－87982811
邮编：214200

吴宫泛太平洋酒店 ★★★★★
地址：苏州市新市路259号
电话：0512－65103388
邮编：215002

南园宾馆 ★★★★★
地址：苏州市带城桥路99号
电话：0512－67786778
邮编：215002

雅都大酒店 ★★★★★
地址：苏州市三香路156号
电话：0512－68291888
邮编：215002

苏州香格里拉大酒店 ★★★★★
地址：苏州市新区塔园路168号
电话：0512－68080168
邮编：215002

新城花园酒店 ★★★★★
地址：苏州市狮山路1号
电话：0512－68250228
邮编：215002

中茵皇冠假日酒店 ★★★★★
地址：苏州市工业园区星港街168号
电话：0512－67616688
邮编：215002

金鸡湖大酒店 ★★★★★
地址：苏州市工业园区国宾路168号
电话：0512－62887878
邮编：215002

阳澄湖澜廷度假酒店 ★★★★★
地址：苏州市工业园区阳澄湖旅游度假区
电话：0512－62988888
邮编：215002

国贸酒店 ★★★★★
地址：苏州市人民中路42号
电话：0512－58687788
邮编：215002

馨苑度假村 ★★★★★
地址：苏州市澄扬路8号
电话：0512－58265188
邮编：215002

华芳金陵国际酒店 ★★★★★
地址：苏州市长安中路388号
电话：0512－58811888
邮编：215002

宝岛花园酒店 ★★★★★
地址：苏州太湖国家旅游度假区长沙岛18号
电话：0512－66515999
邮编：215164

东恒盛国际大酒店 ★★★★★
地址：苏州吴江区松陵镇文苑路88号
电话：0512－63928888
邮编：215200

同里湖大酒店 ★★★★★
地址：苏州吴江区同里镇九里湖路8号
电话：0512－63337888
邮编：215200

苏州金鸡湖凯宾斯基酒店 ★★★★★
地址：苏州市工业园区国宾路1号
电话：0512－62897888
邮编：215021

苏州太湖高尔夫酒店 ★★★★★
地址：苏州市吴中区太湖国家旅游度假区墅里路2号
电话：0512－66217777
邮编：215516

苏园维景国际大酒店 ★★★★★
地址：苏州市工业园区金鸡湖大道1355号
电话：0512－62920777
邮编：215021

吴江海悦花园大酒店 ★★★★★
地址：苏州市吴江区运东大道1168号
电话：0512－82868888
邮编：215200

苏州万豪酒店 ★★★★★
地址：苏州市金阊区干将西路1296号
电话：0512－82258888
邮编：215004

昆山阳澄湖滨商务度假酒店（阳澄湖费尔蒙酒店） ★★★★★
地址：苏州昆山市马鞍山西路3668号
电话：0512－57800888
邮编：215300

昆山瑞士大酒店 ★★★★★
地址：苏州昆山市前进中路387号
电话：0512－57885788
邮编：215300

一醉皇冠酒店 ★★★★★
地址：苏州昆山市前进中路216号
电话：0512－57338888
邮编：215300

花园酒店 ★★★★★
地址：苏州太仓市人民北路59号
电话：0512－53531888
邮编：215400

锦江国际大酒店 ★★★★★
地址：苏州太仓市上海东路89号
电话：0512－53580000
邮编：215400

常熟国际饭店 ★★★★★
地址：苏州常熟市黄河路288号
电话：0512－52101888
邮编：215002

常熟天铭国际大酒店 ★★★★★
地址：苏州常熟市海虞北路12号
电话：0512－52877777
邮编：215500

中江皇冠假日酒店 ★★★★★
地址：苏州常熟市开元大道1号
电话：0512－52729999
邮编：215500

虞山锦江饭店 ★★★★★
地址：苏州常熟市北门大街8号
电话：0512－52118888
邮编：215500

常熟金海华丽嘉酒店 ★★★★★
地址：苏州常熟市西门大街73号
电话：0512－52188888
邮编：215500

常熟裕坤国贸大酒店 ★★★★★
地址：苏州常熟市珠江路176号
电话：0512－52988888
邮编：215500

南京太和紫金大酒店 ★★★★
地址：南京市太平北路37号
电话：025－86819999
邮编：210018

江苏金太隆国际酒店 ★★★★
地址：南京市中山东路160号
电话：025－84555088
邮编：210002

江苏国信置业有限公司国信大酒店 ★★★★
地址：南京市长江路88号
电话：025－84700688
邮编：310026

南京中山大厦 ★★★★
地址：南京市中山路200号
电话：025－83361888
邮编：310026

江苏新世纪大酒店 ★★★★
地址：南京市龙蟠路278－2号
电话：025－86888888
邮编：310026

江苏山水大酒店 ★★★★
地址：南京市龙蟠中路118号
电话：025－84811888
邮编：310026

南京黄埔大酒店 ★★★★
地址：南京市黄埔路2－2号
电话：025－84069999
邮编：310026

南京东方珍珠饭店有限公司 ★★★★
地址：南京市珠江路389号
电话：025－86883888
邮编：310026

南京高楼门饭店 ★★★★
地址：南京市高楼门62号
电话：025－57713188
邮编：310026

南京曙光国际大酒店 ★★★★
地址：南京市龙蟠路 107 号
电话：025－68888888
邮编：310026

南京扬子宾馆 ★★★★
地址：南京市大厂葛关路 688 号
电话：025－57784888
邮编：310026

南京水秀苑大酒店有限责任公司 ★★★★
地址：南京市百家湖佳湖西路 11 号
电话：025－52105588
邮编：310026

江苏金梦都宾馆有限公司 ★★★★
地址：南京市梦都路 30 号
电话：025－86479999
邮编：310026

江苏凤凰台饭店有限公司 ★★★★
地址：南京市湖南路 47 号
电话：025－86838888
邮编：310026

南京新纪元大酒店有限公司 ★★★★
地址：南京市中山路 251 号－1
电话：025－86812222
邮编：310026

中国人民解放军南京军区华东饭店 ★★★★
地址：南京市北京西路 67 号
电话：025－83709988
邮编：310026

江苏晶元大酒店 ★★★★
地址：南京市江东北路 386 号
电话：025－86203888
邮编：310026

锦江南京饭店 ★★★★
地址：南京市中山北路 259 号
电话：025－86826666
邮编：310026

南京天丰大酒店 ★★★★
地址：南京市洪武路 26 号
电话：025－84737777
邮编：310026

南京大吉温泉度假村 ★★★★
地址：南京市汤泉街道
电话：025－58248088
邮编：310026

江苏翠屏山宾馆 ★★★★
地址：南京市江宁开发区天元西路 168 号
电话：025－52422896
邮编：211100

南京中琅假日酒店 ★★★★
地址：南京市江宁区谷里街道邻里 1 号
电话：025－86132666
邮编：211164

南京约翰温泉大酒店 ★★★★
地址：南京市溧水县天生桥路 216 号
电话：025－56615888
邮编：211200

嘉利国际酒店 ★★★★
地址：徐州市津浦西路 202 号
电话：0516－83928888
邮编：221003

汉园宾馆 ★★★★
地址：徐州市解放南路 246 号
电话：0516－87889999
邮编：221003

金陵金源大酒店 ★★★★
地址：徐州市淮海西路 33 号
电话：0516－85808000
邮编：221003

最佳西方友谊宾馆 ★★★★
地址：徐州市淮海西路 241 号
电话：0516－85555818
邮编：221003

颖都新锦江大酒店 ★★★★
地址：徐州市淮海西路 195 号
电话：0516－85608888
邮编：221003

海天假日酒店 ★★★★
地址：徐州市淮海西路 252－1 号
电话：0516－85398888
邮编：221000

新沂苏沂乐乡大酒店 ★★★★
地址：徐州新沂市钟吾路 48 号
电话：0516－88870888
邮编：221400

新沂瑞丰大酒店 ★★★★
地址：徐州新沂市利民路 11 号
电话：0516－88066666
邮编：221400

神州宾馆 ★★★★
地址：连云港市墟沟海棠北路 215 号
电话：0518－82310088
邮编：222002

香榭尔国际大酒店 ★★★★
地址：连云港市墟沟海棠北路 36 号
电话：0518－82235888
邮编：222002

九龙国际大酒店 ★★★★
地址：连云港市新浦区解放中路 11 号
电话：0518－85686888
邮编：222003

蔚蓝海岸大酒店 ★★★★
地址：连云港市墟沟海棠北路 188 号
电话：0518－85429999
邮编：222003

淮安金苑大酒店 ★★★★
地址：连云港市赣榆县青口镇盛世路 18 号
电话：0518－866666666
邮编：222100

东圆国际大酒店 ★★★★
地址：连云港市灌云县城西苑南路 8 号
电话：0518－88996666
邮编：222200

锦绣国际大酒店 ★★★★
地址：连云港市东海县迎宾大道南路 1 号
电话：0518－－87779999
邮编：222300

国际饭店 ★★★★
地址：宿迁市发展大道 5 号
电话：0527－84358688
邮编：223800

中山水天大酒店 ★★★★
地址：宿迁市发展大道 70 号
电话：0527－84399999
邮编：223800

宿迁枫华丽致酒店 ★★★★
地址：宿迁市宿豫区泰山路
电话：0527－84490888
邮编：223800

宿迁江山大酒店 ★★★★
地址：宿迁市江山大道 88 号
电话：0527－84480888
邮编：223800

沭阳业事国际酒店 ★★★★
地址：宿迁市沭阳县珠江北路 1 号
电话：0527－88710888
邮编：223600

沭阳大酒店 ★★★★
地址：宿迁市沭阳县沭城镇福州路
电话：0527－88931888
邮编：223600

新世界大酒店 ★★★★
地址：宿迁市泗阳县北京东路 23 号
电话：0527－85288888
邮编：223900

淮安迎宾馆 ★★★★
地址：淮安市淮海北路 121 号
电话：0517－83766666
邮编：223001

淮安宾馆 ★★★★
地址：淮安市楚州区友谊路 2 号
电话：0517－85913788
邮编：223200

金蝶苑宾馆 ★★★★
地址：淮安市钵池山公园
电话：0517－83756777
邮编：223001

曙光国际大酒店 ★★★★
地址：淮安市淮海东路 130 号
电话：0517－80888888
邮编：223001

金湖宏源国际大酒店 ★★★★
地址：淮安市金湖县金湖西路 101 号
电话：0517－86858888
邮编：211600

盱眙泗州饭店 ★★★★
地址：淮安市盱眙县淮河北路 188 号
电话：0517－88215966
邮编：211700

洪泽湖国际大酒店 ★★★★
地址：淮安市洪泽县瑞特大道 28 号
电话：0517－87298888
邮编：223100

悦达国际大酒店 ★★★★
地址：盐城市开放大道 80 号
电话：0515－88336688
邮编：224005

瀛洲宾馆 ★★★★
地址：盐城市开放大道 76 号
电话：0515－88240000
邮编：224005

东台市国贸国际大酒店有限公司 ★★★★
地址：盐城东台市金海中路 2 号
电话：0515－89566666
邮编：224200

大丰新词大酒店有限公司 ★★★★
地址：盐城大丰市健康西路

电话：0515－82038888
邮编：224100

江苏林海国际饭店有限公司 ★★★★
地址：盐城市阜宁县阜城大街116号
电话：0515－87286999
邮编：224400

天海元国际大酒店 ★★★★
地址：盐城市滨海县迎宾大道8号
电话：0515－84288888
邮编：224500

江苏响华灌江大酒店有限公司 ★★★★
地址：盐城市响水县桃园路1号
电话：0515－85077777
邮编：224600

建湖永林国际大酒店有限公司 ★★★★
地址：盐城市建湖县湖中北路66号
电话：0515－86157888
邮编：224700

扬州人家国际大酒店 ★★★★
地址：扬州市解放南路88号
电话：0514－87220000
邮编：225002

新世纪大酒店 ★★★★
地址：扬州市维扬路101号
电话：0514－87878888
邮编：225002

京华大酒店 ★★★★
地址：扬州市文昌中路559号
电话：0514－87322888
邮编：225002

花园国际大酒店 ★★★★
地址：扬州市江阳中路56号
电话：0514－87803333
邮编：225002

江都京江大酒店 ★★★★
地址：扬州江都新区舜天路168号
电话：0514－86999999
邮编：225200

淮左名都国际大酒店 ★★★★
地址：扬州市邗江中路158号
电话：0514－87708888
邮编：225000

扬州蓝天大厦玉蜻蜓雅致酒店 ★★★★
地址：扬州市汶河北路42号
电话：0514－87360000
邮编：225000

仪征怡景半岛酒店 ★★★★
地址：扬州仪征市滨河西路12号
电话：0514－83235888
邮编：211400

仪征黎明大酒店 ★★★★
地址：扬州仪征市真州路121号
电话：0514－83400088
邮编：211400

高邮加洲阳光大酒店 ★★★★
地址：扬州高邮市秦邮路138号
电话：0514－85857777
邮编：225600

高邮华侨国际大酒店 ★★★★
地址：扬州高邮市文游中路32－34号
电话：0514－82671111
邮编：225600

扬州皇华国际大酒店 ★★★★
地址：扬州高邮市海潮东路18号
电话：0514－84881111
邮编：225000

江苏嘉鎏国际大酒店 ★★★★
地址：泰州市鼓楼南路336号
电话：0523－86399999
邮编：225300

美丽华大酒店 ★★★★
地址：泰州市凤凰东路66号
电话：0523－86396666
邮编：225300

姜堰黄河大酒店 ★★★★
地址：泰州姜堰区人民中路100号
电话：0523－88298888
邮编：225500

靖江国际大酒店 ★★★★
地址：泰州靖江市人民南路179号
电话：0523－84806900
邮编：214500

靖江扬子江大酒店 ★★★★
地址：泰州靖江市中州路8号
电话：0523－84808000
邮编：214500

泰兴银光大酒店 ★★★★
地址：泰州泰兴市国庆东路91号
电话：0523－87778056
邮编：225400

兴化天宝花园大酒店 ★★★★
地址：泰州兴化市兴化大道99号
电话：0523－83159888
邮编：225700

南通文景国际大酒店 ★★★★
地址：南通市世纪大道55号
电话：0513－81000666
邮编：226007

南通天南大酒店 ★★★★
地址：南通市人民西路328号
电话：0513－89066666
邮编：226000

南通华通大酒店有限公司 ★★★★
地址：南通市青年中路88号
电话：0513－85107979
邮编：226000

南通金陵华侨饭店有限公司 ★★★★
地址：南通市濠西路39号
电话：0513－85061888
邮编：226000

南通银座花园酒店 ★★★★
地址：南通市工农路208号
电话：0513－80200000
邮编：226000

南通大饭店有限公司 ★★★★
地址：南通市青年东路81号
电话：0513－85018989
邮编：226001

南通市文峰饭店有限公司 ★★★★
地址：南通市青年东路1号
电话：0513－85011888
邮编：226001

南通三德大酒店有限公司 ★★★★
地址：南通市段家坝路1号
电话：0513－85123888
邮编：226001

南通四季花园酒店 ★★★★
地址：南通市濠西路1号
电话：0513－85160288
邮编：226001

海门光华国际大酒店 ★★★★
地址：南通海门市南海东路1号
电话：0513－82188888
邮编：226100

启东大酒店有限公司 ★★★★
地址：南通启东市公园中路578号
电话：0513－83329666
邮编：226200

启东宾馆有限公司 ★★★★
地址：南通启东市汇龙镇民乐中路490号
电话：0513－83316621
邮编：226200

南通惠蒲大酒店 ★★★★
地址：南通如皋市白蒲镇通扬路99号
电话：0513－87173888
邮编：226511

如东海洲大饭店 ★★★★
地址：南通市如东县经济开发区友谊东路1号
电话：0513－8086666
邮编：226400

江苏大明国际大酒店有限公司 ★★★★
地址：南通市如东县友谊东路58号
电话：0513－84159999
邮编：226400

如东中天黄海大酒店有限公司 ★★★★
地址：南通市如东县掘港镇日晖西路8号
电话：0513－84195888
邮编：226400

南通金蛤岛温泉度假村 ★★★★
地址：南通市如东县沿海经济开发区旅游区
电话：0513－84800888
邮编：226000

南通王府大酒店 ★★★★
地址：南通市海安县通榆路98号
电话：0513－88268888
邮编：226600

金海安大酒店 ★★★★
地址：南通市海安县长江东路2号
电话：0513－88966666
邮编：226600

海安县锦龙国际大酒店 ★★★★
地址：南通市海安县长江中路99－1号
电话：0513－88868888
邮编：226600

镇江宾馆 ★★★★
地址：镇江市中山西路92号
电话：0511－85233888
邮编：212001

英皇酒店 ★★★★
地址：镇江市新区通港路69号
电话：0511－83177100
邮编：212001

江苏长江大酒店 ★★★★
地址：镇江扬中市扬子西路18号
电话：0511－88268888
邮编：212200

镇江大酒店 ★★★★
地址：镇江市火车站广场西侧
电话：0511－88980088
邮编：212004

镇江观海楼大酒店 ★★★★
地址：镇江市梦溪路 4 号
电话：0511－84402118
邮编：212003

金陵（丹阳）饭店 ★★★★
地址：镇江丹阳市云阳路 1 号
电话：0511－86998888
邮编：212300

新世纪国际大酒店 ★★★★
地址：镇江丹阳市经济开发区东方路 85 号
电话：0511－86928888
邮编：212300

句容宾馆 ★★★★
地址：镇江句容市华阳北路
电话：0511－87263555
邮编：212400

曙光国际大酒店 ★★★★
地址：镇江句容市文昌东路
电话：0511－85099999
邮编：212400

常州金陵明都大饭店 ★★★★
地址：常州市和平北路 39 号
电话：0519－88118888
邮编：213003

常州阳光国际大酒店 ★★★★
地址：常州市怀德中路 45 号
电话：0519－86606888
邮编：213003

常州和平假日大饭店 ★★★★
地址：常州市和平南路 151 号
电话：0519－88163388
邮编：213003

常州中天凤凰大酒店 ★★★★
地址：常州市新北区通江大道 555 号
电话：0519－86187888
邮编：213001

常州九龙云天大酒店 ★★★★
地址：常州市中吴大道 1803 号
电话：0519－86992888
邮编：213003

常州锦江国际大酒店 ★★★★
地址：常州市新北区通江中路 599 号
电话：0519－85198888
邮编：213001

常州万豪花都大酒店 ★★★★
地址：常州市晋陵北路 168 号
电话：0519－88222222
邮编：213003

常州海阳大酒店 ★★★★
地址：常州市通江大道 371 号
电话：0519－85167788
邮编：213003

常州九洲环宇大酒店 ★★★★
地址：常州市关河东路 38 号
电话：0519－85228820　85228888
邮编：213003

常州香树湾花园酒店 ★★★★
地址：常州市新北区汉江路 2 号
电话：0519－85118988
邮编：213001

常州金色南都国际大酒店 ★★★★
地址：常州市武进区湖塘环府路 58 号
电话：0519－86319588
邮编：213161

常州湟里金鼎国际大酒店 ★★★★
地址：常州市武进区湟里镇金鼎路 8 号
电话：0519－83349898
邮编：213161

常州德泰恒大酒店 ★★★★
地址：常州市小河沿 1 号
电话：0519－85221688
邮编：213003

常州奥体明都国际饭店 ★★★★
地址：常州市新北区龙锦路 1261 号
电话：0519－85608888
邮编：213000

常州嬉戏谷开元度假村 ★★★★
地址：常州市武进区太湖湾旅游度假区
电话：0519－83599999
邮编：213579

明都国际会议中心 ★★★★
地址：常州市武进区经济开发区凤苑北路 18 号
电话：0519－89852888
邮编：213000

金坛九九宾馆 ★★★★
地址：常州金坛市横街东路 18 号
电话：0519－82838899
邮编：213200

金坛樱花大酒店 ★★★★
地址：常州金坛市西门大街 88 号
电话：0519－82396666
邮编：213200

金坛颐丰大酒店 ★★★★
地址：常州金坛市丹阳门中路 188 号
电话：0519－82796666
邮编：213200

溧阳华天度假村 ★★★★
地址：常州溧阳市天目湖度假区
电话：0519－87165999
邮编：213300

溧阳静泊山庄 ★★★★
地址：常州溧阳市天目湖度假区
电话：0519－87169998　87169999
邮编：213300

溧阳假日酒店 ★★★★
地址：常州溧阳市罗湾路 99 号
电话：0519－87199999
邮编：213300

溧阳皇廷国际大酒店 ★★★★
地址：常州溧阳市燕山中路 9 号
电话：0519－83106888
邮编：213300

扬子国际大酒店 ★★★★
地址：常州溧阳市安顺路 9 号
电话：0519－87928888
邮编：213300

涵田度假村酒店 ★★★★
地址：常州溧阳市天目湖镇东园路 88 号
电话：0519－87178888
邮编：213300

无锡中益国际商务酒店 ★★★★
地址：无锡新区长江北路 1 号
电话：0510－81819999
邮编：214028

无锡太湖能园度假村有限公司 ★★★★
地址：无锡市蠡园长桥惠巷
电话：0510－85118888
邮编：214081

无锡大饭店有限公司 ★★★★
地址：无锡市梁青路 1 号
电话：0510－85806789
邮编：214001

无锡太湖花园度假村有限公司 ★★★★
地址：无锡市漆塘北村 8 号
电话：0510－85555888
邮编：214001

无锡市黄金海岸大酒店有限公司 ★★★★
地址：无锡市北大街春申路口
电话：0510－82616888
邮编：214001

江苏舜天碧波度假村有限公司 ★★★★
地址：无锡市太湖碧波支路 9 号
电话：0510－85996666
邮编：214001

无锡山明水秀大饭店有限公司 ★★★★
地址：无锡市湖滨路 369 号
电话：0510－85111888　88681888
邮编：214001

无锡市国际饭店有限公司 ★★★★
地址：无锡市县前东街 118 号
电话：0510－82318888
邮编：214001

无锡香梅国际大酒店 ★★★★
地址：无锡市新区梅村新华路 588 号
电话：0510－85538888
邮编：214001

江阴国际大酒店有限公司 ★★★★
地址：无锡江阴市澄江西路 299 号
电话：0510－86815000
邮编：214400

江阴兴澄大饭店有限公司 ★★★★
地址：无锡江阴市人民东路 161 号
电话：0510－86702888
邮编：214400

江阴来富岛大酒店有限公司 ★★★★
地址：无锡江阴市朝阳路 105－109 号
电话：0510－86700888
邮编：214400

江阴法尔胜大酒店有限公司 ★★★★
地址：无锡江阴市体育场路 8 号
电话：0510－86888666
邮编：214400

江阴朋生雅居大酒店 ★★★★
地址：无锡江阴市长江路 205 号
电话：0510－81637777
邮编：214400

宜兴国际饭店有限公司 ★★★★
地址：无锡宜兴市通贞观路 52 号
电话：0510－87916888
邮编：214200

宜兴荆溪宾馆（宜兴宾馆荆溪分部）★★★★
地址：无锡宜兴市龙潭西路290
电话：0510－81758888
邮编：214056

金龙大酒店 ★★★★
地址：苏州新区玉山路28号
电话：0512－68253538
邮编：215011

苏苑饭店 ★★★★
地址：苏州市东吴北路130号
电话：0512－65251621
邮编：215128

苏州独墅湖书香门第酒店 ★★★★
地址：苏州市工业园区通达路2699号
电话：0512－62795888
邮编：215000

竹辉饭店 ★★★★
地址：苏州市竹辉路168号
电话：0512－65205601
邮编：215002

苏州饭店 ★★★★
地址：苏州市十全街115号
电话：0512－65204646
邮编：215002

胥城大厦 ★★★★
地址：苏州市三香路120号
电话：0512－68286688
邮编：215002

凯莱大酒店 ★★★★
地址：苏州市干将东路535号
电话：0512－65218855
邮编：215002

丽都大酒店 ★★★★
地址：苏州市干将西路168号
电话：0512－65119358
邮编：215002

乐乡饭店 ★★★★
地址：苏州市大井巷18号
电话：0512－65228888
邮编：215002

雅戈尔富宫大酒店 ★★★★
地址：苏州市观前街宫巷63号
电话：0512－65159998
邮编：215002

冠云大酒店 ★★★★
地址：苏州市桐泾北路538号
电话：0512－65338811
邮编：215002

新世纪大酒店 ★★★★
地址：苏州市广济路23号
电话：0512－68015555
邮编：215002

苏州会议中心 ★★★★
地址：苏州市道前街100号
电话：0512－65226691
邮编：215002

园外楼饭店 ★★★★
地址：苏州市留园路477号
电话：0512－65331013　85888588
邮编：215002

三元宾馆 ★★★★
地址：苏州市人民路887号
电话：0512－65113608
邮编：215002

桃园度假村 ★★★★
地址：苏州市高新区金山路68号
电话：0512－68018888
邮编：215002

建屋国际酒店 ★★★★
地址：苏州工业园区星湖街金鸡湖商业广场
电话：0512－62966666
邮编：215002

商旅美居酒店 ★★★★
地址：苏州市苏州工业园区凤里街336号
电话：0512－62967888
邮编：215002

天平大酒店 ★★★★
地址：苏州市木渎金山路168号
电话：0512－66268888
邮编：215002

中华园大饭店 ★★★★
地址：苏州市木渎金山路边198号
电话：0512－66256666
邮编：215002

山水度假村 ★★★★
地址：苏州市东山镇西泾山
电话：0512－66399888
邮编：215002

南亚宾馆 ★★★★
地址：苏州市相城区阳澄湖东路1号
电话：0512－65761688
邮编：215131

金澄锦江国际酒店 ★★★★
地址：苏州市相城区太平镇兴太路260号
电话：0512－65431888
邮编：215131

沙洲宾馆 ★★★★
地址：苏州市暨阳中路170号
电话：0512－58221600　58810888
邮编：215002

江南宾馆 ★★★★
地址：苏州市港区长江中路2号
电话：（停业扩建）
邮编：215002

长江大酒店 ★★★★
地址：苏州市港区镇长江村
电话：0512－58332588　56908588
邮编：215002

吴江宾馆 ★★★★
地址：苏州吴江区鲈乡南路2155号
电话：0512－63420888
邮编：215200

盛虹国际酒店 ★★★★
地址：苏州吴江区盛泽镇舜新南路2008号
电话：0512－63477777
邮编：215200

新世纪国际酒店 ★★★★
地址：苏州吴江区平望镇平波台3号
电话：0512－65059888
邮编：215200

汇丰国际花园酒店 ★★★★
地址：苏州吴江区震泽镇南699路
电话：0512－63779888
邮编：215200

同里湖度假村 ★★★★
地址：苏州吴江区同里镇和尚圩
电话：0512－63330888
邮编：215200

盛世锦江国际大酒店 ★★★★
地址：苏州吴江区盛泽镇盛泽大道88号
电话：0512－63139999
邮编：215200

汉唐国际酒店 ★★★★
地址：苏州吴江区松陵镇鲈乡南路1433号
电话：0512－63115555
邮编：215200

鲈乡山庄 ★★★★
地址：苏州吴江区笠泽路607号
电话：0512－63470000
邮编：215200

松陵饭店 ★★★★
地址：苏州吴江区中山北路51号
电话：0512－63472888
邮编：215200

昆山宾馆 ★★★★
地址：苏州昆山市人民北路99号
电话：0512－57576888
邮编：215300

嘉顿国际饭店 ★★★★
地址：苏州昆山市马鞍山东路18号
电话：0512－57558888
邮编：215300

富贵大酒店 ★★★★
地址：苏州昆山市朝阳中路459号
电话：0512－57166888
邮编：215300

威尼斯假日酒店 ★★★★
地址：苏州昆山市民权路18号
电话：0512－86166888
邮编：215300

上湖龙乐·宝曼酒店 ★★★★
地址：苏州昆山市巴城镇迎宾路3555号
电话：0512－57650222
邮编：215300

陆渡宾馆 ★★★★
地址：苏州太仓市陆渡镇北康富路8号
电话：0512－53459890
邮编：215002

娄东宾馆 ★★★★
地址：苏州太仓市县府街6号
电话：0512－53712222
邮编：215400

世代大酒店 ★★★★
地址：苏州太仓市市县府东街30号
电话：0512－53587778
邮编：215400

华联宾馆 ★★★★
地址：苏州常熟市虞山镇海虞南路75号
电话：0512－52798888
邮编：215500

虞城大酒店 ★★★★
地址：苏州常熟市虞山镇海虞南路64号
电话：0512－52105210
邮编：215500

森林大酒店 ★★★★
地址：苏州常熟市虞山北路79号

江苏

电话：0512 -52852888
邮编：215500

时风国际假日酒店 ★★★★
地址：苏州常熟市虞山镇海虞南路 62 号
电话：0512 -52228888
邮编：215500

凯悦国际酒店 ★★★★
地址：苏州常熟市东南开发区新都路 1 号
电话：0512 -52998888
邮编：215500

常熟美豪国际酒店 ★★★★
地址：苏州常熟市方塔街 106 号
电话：0512 -52989999
邮编：215500

南京中央饭店 ★★★
地址：南京市中山东路 237 号
电话：025 -83150888　84500888
邮编：210008

江苏保险大厦 ★★★
地址：南京市长江路 69 号
电话：025 -84715888 -0515
邮编：210008

南京斯亚花园酒店 ★★★
地址：南京市太平门东街 2 号
电话：025 -84805888
邮编：210008

榴园宾馆 ★★★
地址：南京市进香河 38 号
电话：025 -83680666
邮编：210008

南京汉府饭店 ★★★
地址：南京市长江路 264 号
电话：025 -84400400
邮编：210008

白宫大酒店 ★★★
地址：南京市龙蟠路 2 号
电话：025 -85659888
邮编：210008

南京米兰假日大酒店 ★★★
地址：南京市建宁路 7 号
电话：025 -85500888
邮编：210008

白鹭宾馆 ★★★
地址：南京市大石坝街 68 号
电话：025 -86879999
邮编：210008

南京空港宾馆 ★★★
地址：南京市江宁区禄口国际机场内
电话：025 -52486666
邮编：211100

南京东山宾馆 ★★★
地址：南京市东山镇竹山路 159 号
电话：025 -86833999
邮编：210008

南京星湖饭店有限公司 ★★★
地址：南京市汉中门大街 65 号
电话：025 -86656888
邮编：210008

南京南方酒店有限责任公司 ★★★
地址：南京市汉中门大街 77 号
电话：025 -86609888
邮编：210008

南京虹桥饭店 ★★★
地址：南京市中山北路 202 号
电话：025 -83400888
邮编：210008

江苏国瑞大酒店 ★★★
地址：南京市中山北路 55 号
电话：025 -83303888
邮编：210008

瑞迪大酒店 ★★★
地址：南京市广州路 223 号
电话：025 -85828666
邮编：210008

江苏阳光酒店（大庆石油大厦） ★★★
地址：南京市秣陵路 99 号
电话：025 -86887888
邮编：210008

中国人民解放军南京军区华山饭店 ★★★
地址：南京市龙蟠中路 81 号
电话：025 -83366884　83360466 -2646
邮编：210008

城市休闲酒店 ★★★
地址：南京市中央路 278 号
电话：025 -83766666
邮编：210008

西宫大酒店 ★★★
地址：南京市明故宫路 19 号
电话：025 -84822777
邮编：210008

年发 168 酒店 ★★★
地址：南京市珠江路 667 号
电话：025 -84669168
邮编：210008

龙珠宾馆 ★★★
地址：南京市大明路 135 号之一
电话：025 -82231111
邮编：210008

南京秦淮人家宾馆 ★★★
地址：南京市夫子庙大石坝街 128 号
电话：025 -52211888
邮编：210008

中华门饭店 ★★★
地址：南京市江宁路 18 号
电话：025 -52265848
邮编：211100

南炼宾馆 ★★★
地址：南京市栖霞区甘家巷
电话：025 -58983721
邮编：210046

南京得山水情温泉酒店 ★★★
地址：南京市浦口汤泉镇道
电话：025 -58246999
邮编：211800

南京汤泉宾馆有限公司 ★★★
地址：南京市汤泉街道惠济南路 9 号
电话：025 -58248888
邮编：211800

御容山庄宾馆 ★★★
地址：南京市六合雄州镇工业园区
电话：025 -57130333
邮编：210008

凯旋假日大酒店 ★★★
地址：南京市六合雄州镇公园路 23 号
电话：025 -57103888
邮编：210008

江苏翠屏山宾馆 ★★★
地址：南京市天元西路 168 号
电话：025 -52427896
邮编：210008

南京国海大酒店 ★★★
地址：南京市江宁区将军路 166 号（海关大楼内）
电话：025 -84423996
邮编：211100

南京纳尔达斯大酒店 ★★★
地址：南京市江宁区岔路口宏运大道 1890 号
电话：025 -52159789
邮编：211100

金盾饭店 ★★★
地址：南京市虎踞关 21 号
电话：025 -83719939
邮编：210008

江苏物资大厦 ★★★
地址：南京市中山北路 283 号
电话：025 -83423888
邮编：210008

江苏学士园酒店 ★★★
地址：南京市草场门大街 91 号
电话：025 -86201888
邮编：210008

南京军区装备部招待所（华江饭店） ★★★
地址：南京市中山北路 178 号
电话：025 -83224488
邮编：210008

江苏文苑宾馆 ★★★
地址：南京市江东北路 399 号
电话：025 -86229581
邮编：210008

江苏体育宾馆 ★★★
地址：南京市五台山 1 -3 号
电话：025 -51889889
邮编：210008

南京悦华大酒店 ★★★
地址：南京市建康路 127 号
电话：025 -66666888
邮编：210008

江苏金宇饭店 ★★★
地址：南京市大光路 35 号
电话：025 -84611666
邮编：210008

南京文昌宾馆 ★★★
地址：南京市三条巷文昌宫 1 号
电话：025 -84417666
邮编：210008

南京中央大酒店有限公司 ★★★
地址：南京市丰富路 140 号
电话：025 -84204200
邮编：210008

南京富建大酒店 ★★★
地址：南京市中山南路 187 号
电话：025 -86918888　86916177
邮编：210008

南京锦绣长城大酒店 ★★★
地址：南京市御道街标营 2 号
电话：025 -86952000

邮编：210008

江苏东航之星宾馆有限公司 ★★★
地址：南京市大光路11号
电话：025－84612266
邮编：210008

南京金长城大酒店 ★★★
地址：南京市江宁区双龙大道1198号
电话：025－66609999
邮编：211100

江苏银茂宾馆 ★★★
地址：南京市栖霞区经五路壹城西区55栋
电话：025－86906888－8666
邮编：210028

南京凤西宾馆（江苏省安全干部培训中心） ★★★
地址：南京市汉中门大街118号
电话：025－86580580
邮编：210036

仙林宾馆 ★★★
地址：南京市南师大仙林校区亚东新城区文苑路1号
电话：025－85845888
邮编：210046

金鹏饭店 ★★★
地址：南京市玄武区东大影壁55号
电话：025－83358000
邮编：210018

上海梅山冶金公司梅山宾馆 ★★★
地址：南京市中华门外
电话：025－86364199
邮编：210039

溧水宏泰大酒店 ★★★
地址：南京市溧水县小西门街1号
电话：025－57229788
邮编：211200

高淳县汉唐龙城酒店 ★★★
地址：南京市高淳县漆桥镇龙墩水库
电话：025－57856777
邮编：211302

南京高淳宾馆有限公司 ★★★
地址：南京市高淳县淳溪镇南漪路2－8号
电话：025－57310388
邮编：211300

花园饭店 ★★★
地址：徐州市解放路1号
电话：0516－83738740
邮编：221003

中山饭店 ★★★
地址：徐州市中山南路80号
电话：0516－85698900
邮编：221003

云泉山庄 ★★★
地址：徐州市南郊泰山路18号
电话：0516－87789999
邮编：221003

金港大酒店 ★★★
地址：徐州市淮海西路263号
电话：0516－85725880
邮编：221003

华苏大酒店 ★★★
地址：徐州市北郊徐州发电厂院内
电话：0516－87253866
邮编：221003

海螺村金达花园酒店 ★★★
地址：徐州市湖北路36号
电话：0516－85809999
邮编：221003

黄河饭店 ★★★
地址：徐州市大马路99号
电话：0516－83758678
邮编：221003

中豪大酒店 ★★★
地址：徐州市建国东路1号
电话：0516－83825111
邮编：221003

徐州饭店怡宾楼 ★★★
地址：徐州市淮海东路201号
电话：0516－83731311
邮编：221003

白云大酒店 ★★★
地址：徐州市复兴北路13号
电话：0516－83633333
邮编：221003

徐州国源宾馆 ★★★
地址：徐州市铜山区新区北京路
电话：0516－82308888
邮编：221116

贾汪汉景园大酒店 ★★★
地址：徐州市贾汪区韩中路
电话：0516－87710888
邮编：221011

碧涛莎商务酒店 ★★★
地址：徐州市解放北路2号
电话：0516－83335888
邮编：221005

贾汪凯悦商务宾馆 ★★★
地址：徐州市贾汪区贾汪新镇新工区十字路口东南侧
电话：0516－87600999
邮编：221011

今驿之家酒店 ★★★
地址：徐州市解放南路169号
电话：0516－83865028
邮编：221000

金晨假日酒店 ★★★
地址：徐州市泉山区风华南路1号
电话：0516－67661700
邮编：221000

郡岭庄园 ★★★
地址：徐州市铜山区汉王镇葛楼村
电话：0516－83102888
邮编：221000

茗仕假日商务酒店 ★★★
地址：徐州市食品城饮食文化村A－1
电话：0516－80806898
邮编：221000

陶然居商务酒店 ★★★
地址：徐州市复兴南路98号
电话：0516－83009000
邮编：221000

香港大酒店 ★★★
地址：徐州市环城路95号
电话：0516－83676888
邮编：221005

同仁居金假日酒店 ★★★
地址：徐州市中山北路延长段261号
电话：0516－87665688
邮编：221000

颐和商务酒店 ★★★
地址：徐州市湖北路西首
电话：0516－85825288
邮编：221008

中矿大酒店 ★★★
地址：徐州市中国矿业大学院内
电话：0516－83995888
邮编：221003

徐州金虹大酒店 ★★★
地址：徐州鼓楼区煤港路延长段
电话：0516－87662288
邮编：221005

徐州长兴会馆 ★★★
地址：徐州市云龙区郭庄路汉之源1号
电话：0516－66666689
邮编：221003

徐州恭缘楼大酒店 ★★★
地址：徐州市东店子
电话：0516－83153800
邮编：221003

大汉凤凰城休闲度假大酒店 ★★★
地址：徐州市鼓楼区汉城路1号汉城院内
电话：0516－85780188
邮编：221005

徐州亚元商务酒店 ★★★
地址：徐州市鼓楼区环城路167号
电话：0516－85861111
邮编：221005

徐州喜悦酒店 ★★★
地址：徐州市泉山区湖北路体育中心西侧
电话：0516－82165166
邮编：221008

徐州常青藤酒店 ★★★
地址：徐州市泉山区湖北路66号
电话：0516－85711111
邮编：221008

徐州中汇国际会议中心 ★★★
地址：徐州市解放南路国家大学科技园
电话：0516－87785888
邮编：221008

贾汪龙山汉景园大酒店 ★★★
地址：徐州市贾汪区贾韩中路
电话：0516－87710888
邮编：221011

贾汪潘安湖湿地神农庄园 ★★★
地址：徐州市贾汪区潘安湖湿地湖西
电话：0516－69820766
邮编：221011

邳州台商会所 ★★★
地址：徐州邳州市长江路68号
电话：0516－86629266
邮编：221300

邳州京杭大酒店 ★★★
地址：徐州邳州市邳新路
电话：0516－86336779
邮编：221310

邳州飞龙大酒店 ★★★
地址：徐州邳州市建设北路与兴国西路交

汇处
电话：0516－86127999
邮编：221300

邳州锦华大酒店 ★★★
地址：徐州邳州市民主路17号
电话：0516－80215555
邮编：221300

康乐大世界 ★★★
地址：徐州邳州市青年东路9号
电话：0516－86245888
邮编：221300

新沂亚欧大酒店 ★★★
地址：徐州新沂市建业西路1号
电话：0516－88959999
邮编：221400

新沂斯尔克大酒店 ★★★
地址：徐州新沂市市府路国土资源大厦
电话：0516－88877777
邮编：221400

天翼国际酒店 ★★★
地址：徐州新沂市高流镇石涧村205国道南侧
电话：0516－66617771
邮编：221400

新沂和盛华侨饭店 ★★★
地址：徐州新沂市南京路49号
电话：0516－88899999
邮编：221400

新沂御景苑大酒店 ★★★
地址：徐州新沂市市府路48号
电话：0516－88875555
邮编：221400

新沂远发大酒店 ★★★
地址：徐州新沂市大桥西路17号
电话：0516－81629999
邮编：221400

新沂恒盛大酒店 ★★★
地址：徐州新沂市新华路7号
电话：0516－81627777
邮编：221400

应氏葡萄酒庄园 ★★★
地址：徐州市睢宁县下邳大道貌岸然北侧
电话：0516－88272588
邮编：221200

睢宁东方希尔顿大酒店 ★★★
地址：徐州市睢宁县城东环岛园盘北侧
电话：0516－88339888
邮编：221200

睢宁红樱桃大酒店 ★★★
地址：徐州市睢宁县天虹大道66号
电话：0516－88349999
邮编：221200

睢宁荣盛大酒店 ★★★
地址：徐州市睢宁县开发区八一西路19号
电话：0516－88306666
邮编：221200

睢宁良元国际酒店 ★★★
地址：徐州睢宁县八一路北侧24－200号
电话：0516－88348888
邮编：221200

沛县燕山饭店 ★★★
地址：徐州市沛县汤沐路汽车站西侧
电话：0516－89640666
邮编：221600

沛县万华天居大酒店 ★★★
地址：徐州市沛县汤沐路6号
电话：0516－89638888
邮编：221600

沛县东北大酒店 ★★★
地址：徐州市沛县滨河路88号
电话：0516－80358888
邮编：221600

沛县汉源宾馆 ★★★
地址：徐州市沛县汤沐西路9号
电话：0516－81229999
邮编：221600

沛县金莎大酒店 ★★★
地址：徐州市沛县汉城北首
电话：0516－81228888
邮编：221600

沛县龙都大酒店 ★★★
地址：徐州市沛县汉城中路55号
电话：0516－81228999
邮编：221600

沛县沛龙中心大酒店 ★★★
地址：徐州市沛县沛龙中心大道南首
电话：0516－89672988
邮编：221600

丰县凤城宾馆 ★★★
地址：徐州市丰县解放西路15号
电话：0516－89199999
邮编：221700

丰县金富豪大酒店 ★★★
地址：徐州市丰县人民东路东端路南
电话：0516－81128888
邮编：221700

丰县星海天大酒店 ★★★
地址：徐州市丰县中阳大道地税务局对面
电话：0516－89558888
邮编：221700

金桥大酒店 ★★★
地址：连云港市连云区东园路4号
电话：0518－82320999
邮编：222042

明国大酒店 ★★★
地址：连云港市墟沟中华西路51号
电话：0518－82336666
邮编：222042

淮盐大酒店 ★★★
地址：连云港市新浦区解放东路176号
电话：0518－85689888
邮编：222000

永晋大酒店 ★★★
地址：连云港市连云区云宿路51号
电话：0518－81888889
邮编：222042

苏豪大酒店 ★★★
地址：连云港市新浦区建设中路80号
电话：0518－85638999
邮编：222000

登泰大酒店 ★★★
地址：连云港市新浦区通灌南路98号
电话：0518－85512999
邮编：222003

杰瑞大厦 ★★★
地址：连云港市新浦区海连东路18号
电话：0518－85823111
邮编：222003

东方大酒店 ★★★
地址：连云港市新浦区海昌北路146号
电话：0518－85466666
邮编：222003

千府大酒店 ★★★
地址：连云港市新浦区南极北路28号
电话：0518－85486888
邮编：222003

天晴大酒店 ★★★
地址：连云港市新浦区巨龙北路6号
电话：0518－85685759　85685678
邮编：222003

振兴桃园大酒店 ★★★
地址：连云港市新浦区苍梧路36号
电话：0518－85420888
邮编：222003

天然居宾馆 ★★★
地址：连云港市新浦区海连中路90号
电话：0518－85411688
邮编：222003

凯悦花园大酒店 ★★★
地址：连云港市新浦区海连东路3－1号
电话：0518－85017778
邮编：222003

华裕宾馆 ★★★
地址：连云港市新浦区南极北路89号
电话：0518－85520888
邮编：222003

锦云宾馆 ★★★
地址：连云港市新浦区海昌北路68号
电话：0518－85682127
邮编：222003

远洋宾馆 ★★★
地址：连云港市连云区中山东路
电话：0518－82310285
邮编：222042

瑞泰宾馆 ★★★
地址：连云港市墟沟中华路128号
电话：0518－85423888
邮编：222002

西京宾馆 ★★★
地址：连云港市墟沟中华路19号
电话：0518－82301666
邮编：222002

赣榆宾馆 ★★★
地址：连云港市赣榆县黄海路
电话：0518－86214243
邮编：222100

建伍宾馆 ★★★
地址：连云港市赣榆县环城西路青口桥北首
电话：0518－87110555
邮编：222100

普陀山大酒店 ★★★
地址：连云港市赣榆县华中南路32号
电话：0518－86298888
邮编：222100

清和园宾馆 ★★★
地址：连云港市灌云县城向阳路25号

电话：0518－8839888
邮编：222200

伊山宾馆 ★★★
地址：连云港市灌云县城伊山镇宾馆路
电话：0518－88855888
邮编：222200

清泉宾馆 ★★★
地址：连云港市灌云县城胜利西路203号
电话：0518－88106655
邮编：222200

东海温泉健身会馆 ★★★
地址：连云港市东海县温泉镇泳馆路1号
电话：0518－87848600
邮编：222301

灌南县新安镇锦绣江南宾馆 ★★★
地址：连云港市灌南县人民西路48号
电话：0518－83968888
邮编：222500

金地龙都大酒店 ★★★
地址：宿迁市西湖路28号
电话：0527－84315666
邮编：223800

宿迁天目虹枫大酒店 ★★★
地址：宿迁市黄河路88号
电话：0527－88751666
邮编：223800

宿迁供电培训中心 ★★★
地址：宿迁市宿豫区泰山路
电话：0527－88302222
邮编：223800

富建京杭大酒店 ★★★
地址：宿迁市发展大道68号
电话：0527－84359000
邮编：223800

楚龙大酒店 ★★★
地址：宿迁市西湖路389号
电话：0527－84315888
邮编：223800

泗阳大酒店 ★★★
地址：宿迁市泗阳县淮海东路
电话：0527－85289082
邮编：223700

虹州宾馆 ★★★
地址：宿迁市泗洪县泗州大街
电话：0527－86222611
邮编：223700

意杨之乡大酒店 ★★★
地址：宿迁市泗阳县爱园路10号
电话：0527－88338888
邮编：223700

泗阳龙庭大酒店 ★★★
地址：宿迁市泗阳县北京东路群众大厦
电话：0527－88768888
邮编：223700

泗洪金水度假村 ★★★
地址：宿迁市泗洪县洪泽湖湿地公园
电话：0527－86409268
邮编：223905

梅园宾馆 ★★★
地址：淮安市健康西路37号
电话：0517－83592666
邮编：223001

幽兰都大酒店 ★★★
地址：淮安市健康东路36号
电话：0517－83756888
邮编：223001

淮扬府大饭店 ★★★
地址：淮安市健康东路55号
电话：0517－83566388
邮编：223001

东土大酒店 ★★★
地址：淮安市淮海北路19号
电话：0517－83941668
邮编：223001

淮阴宾馆 ★★★
地址：淮安市淮阴区北京东路112号
电话：0517－84922190　84923818
邮编：223300

楚州淮电宾馆 ★★★
地址：淮安市楚州区长安西路1号
电话：0517－85991777
邮编：223200

交通宾馆 ★★★
地址：淮安市大治路12号
电话：0517－83669201
邮编：223001

楚天宾馆 ★★★
地址：淮安市健康东路75号
电话：0517－83523188　83522188
邮编：223001

淮安鑫源宾馆 ★★★
地址：淮安市淮阴区北京北路536号
电话：0517－84967366
邮编：223300

淮安宋王朝大酒店 ★★★
地址：淮安市承德南路18号
电话：0517－83508888
邮编：223001

盱眙宾馆 ★★★
地址：淮安市盱眙县五墩北路3号
电话：0517－88218488
邮编：211700

盱眙金谷园饭店 ★★★
地址：淮安市盱眙县金谷园路6号
电话：0517－88214488
邮编：211700

盱眙铁山寺森林度假村 ★★★
地址：淮安市盱眙县铁山寺国家森林公园
电话：0517－88762828
邮编：211700

洪泽天鹅湖宾馆 ★★★
地址：淮安市洪泽县洪泽大庆南路4号
电话：0517－87235555
邮编：223100

洪泽老子山温泉山庄 ★★★
地址：淮安市洪泽县老子山湖滨路108号
电话：0517－87319001　87215000
邮编：223100

涟水宾馆 ★★★
地址：淮安市涟水县安东路1号
电话：0517－82315300
邮编：223400

涟水红日宾馆 ★★★
地址：淮安市涟水县红日路
电话：0517－82305888
邮编：223400

望海大酒店 ★★★
地址：盐城市解放北路26号
电话：0515－88882288
邮编：224005

盐海宾馆 ★★★
地址：盐城市建军东路33号
电话：0515－88187188
邮编：224005

维海大酒店 ★★★
地址：盐城市解放南路241号
电话：0515－88887788
邮编：224005

盐城市人民政府第一招待所温泉宾馆 ★★★
地址：盐城市东进中路88号
电话：0515－88882999
邮编：224001

盐城南苑宾馆有限公司 ★★★
地址：盐城市青年中路28号
电话：0515－88411888
邮编：224001

盐城经济开发区度假酒店 ★★★
地址：盐城市开发区通榆南路113号
电话：0515－67779888
邮编：224007

江苏盐渎花园国际大酒店有限公司 ★★★
地址：盐城盐渎公园西大门北侧A栋
电话：0515－88575555
邮编：224002

盐城东台市苏中大厦股份有限公司 ★★★
地址：盐城东台市望海东路69号
电话：0515－85232098
邮编：224200

东台磊达宾馆有限公司 ★★★
地址：盐城东台市台城红兰路86号
电话：0515－85219448
邮编：224200

东台凯悦国际大酒店 ★★★
地址：盐城东台市望海东路16号
电话：0515－85299999
邮编：224200

永丰林会务度假中心 ★★★
地址：盐城东台市新曹镇
电话：0515－85858978
邮编：224200

东台弶港国际大酒店有限公司 ★★★
地址：盐城东台市弶港镇工业园区1号
电话：0515－85721666
邮编：224237

银都大酒店 ★★★
地址：盐城大丰市人民南路48号
电话：0515－83513911
邮编：224100

天池国际大酒店 ★★★
地址：盐城大丰市金丰南路8号
电话：0515－83822666
邮编：224100

大丰市丰东大酒店 ★★★
地址：盐城大丰市健康东路36号
电话：0515－83520888
邮编：224100

盐城水沐年华大酒店 ★★★
地址：盐城大丰市工农西路名都广场 E 区 1099
电话：0515－83520058
邮编：224100

大丰建丰国际宾馆 ★★★
地址：盐城大丰市幸福东路 2 号
电话：0515－82032966
邮编：224100

射阳迎宾馆 ★★★
地址：盐城市射阳县红旗路 55 号
电话：0515－82372888
邮编：224300

阜宁县阜宁宾馆有限公司 ★★★
地址：盐城市阜宁县阜城大街 149 号
电话：0515－87289999
邮编：224400

兴谷大酒店 ★★★
地址：盐城市阜宁县阜城大街 96 号
电话：0515－87219888
邮编：224400

滨海宾馆 ★★★
地址：盐城市滨海县新建中路 88 号
电话：0515－84238888
邮编：224500

滨海县财苑宾馆 ★★★
地址：盐城市滨海县城人民南路 129 号
电话：0515－84227888
邮编：224500

滨海瑞荣国际大酒店 ★★★
地址：盐城市滨海县八滩镇沿河路西侧阳光金城中心广场
电话：0515－68987777
邮编：224500

响水县帝豪大酒店 ★★★
地址：盐城市响水县 204 国道西侧（供电局对面）
电话：0515－86886666
邮编：224601

建湖宾馆 ★★★
地址：盐城市建湖县向阳路 88 号
电话：0515－86214488
邮编：224700

华业饭店 ★★★
地址：盐城市建湖县湖中南路 9 号
电话：0515－86216607
邮编：224700

建湖县新登达宾馆有限公司 ★★★
地址：盐城市建湖县城汇文路 296 号
电话：0515－86218188
邮编：224700

扬州宾馆 ★★★
地址：扬州市丰乐上街 5 号
电话：0514－87805888
邮编：225002

江都大酒店 ★★★
地址：扬州江都区引江路
电话：0514－86551988
邮编：225002

石塔宾馆 ★★★
地址：扬州市文昌中路 590 号
电话：0514－87801188
邮编：225002

广源丁山大酒店 ★★★
地址：扬州市南通西路 79 号
电话：0514－87330777
邮编：225002

二十四桥宾馆 ★★★
地址：扬州市扬子江北路 486 号
电话：0514－87808999
邮编：225002

红杉树酒店 ★★★
地址：扬州市文昌中路 237 号
电话：0514－87801888
邮编：225002

江都金叶大酒店 ★★★
地址：扬州江都新区长江路 236 号
电话：0514－86999000
邮编：225200

萃园城市酒店 ★★★
地址：扬州市文昌中路 459 号
电话：0514－87801999
邮编：225002

文津宾馆 ★★★
地址：扬州市盐阜西路 16 号
电话：0514－80828888
邮编：225002

鸿翔假日酒店 ★★★
地址：扬州市江阳西路 359 号
电话：0514－87702555
邮编：225002

润扬假日酒店 ★★★
地址：扬州市邗江中路 305 号
电话：0514－87703777
邮编：225002

远锦国际大酒店 ★★★
地址：扬州市邗江工业园华洋路 29 号
电话：0514－87771888
邮编：225002

天虹大酒店 ★★★
地址：扬州市扬子江中路 551 号
电话：0514－87803000
邮编：225002

铁道宾馆 ★★★
地址：扬州市扬子江路 451 号
电话：0514－87806000
邮编：225002

扬州天富龙大酒店 ★★★
地址：扬州市扬子江北路 959 号
电话：0514－87095998
邮编：225002

扬州恒春缘宾馆 ★★★
地址：扬州市邗江中路 427 号
电话：0514－85556668
邮编：225002

江苏食为天假日酒店 ★★★
地址：扬州市扬子江中路 785 号
电话：0514－87702299
邮编：225002

格林豪泰扬州大厦酒店 ★★★
地址：扬州市文昌中路 320 号
电话：0514－87825998
邮编：225002

扬州市雅阁商务酒店 ★★★
地址：扬州市江阳西路 21 号
电话：0514－87706777
邮编：225002

江都市百乐门大酒店 ★★★
地址：扬州江都区工农东路 2 号
电话：0514－86998888
邮编：225200

怡园饭店 ★★★
地址：扬州市四望亭路 1 号
电话：0514－85107777
邮编：225000

江苑宾馆 ★★★
地址：扬州市邗江区八里乡扬州二电厂内
电话：0514－87775288
邮编：225000

开元江隆酒店 ★★★
地址：扬州市汶河南路 1 号
电话：0514－87801388
邮编：225000

扬州聚福楼大酒店 ★★★
地址：扬州市玉器街 1 号 37 幢
电话：0514－87310599
邮编：225000

江都邵伯紫京饭店 ★★★
地址：扬州江都市邵伯镇甘棠路 108 号
电话：0514－86760087
邮编：225200

江都雄都饭店 ★★★
地址：扬州江都市人民路 26 号
电话：0514－86991300
邮编：225200

扬州锦润国际大酒店 ★★★
地址：扬州江都市浦江路 1 号
电话：0514－85183333
邮编：225200

江苏嘉世铭餐饮有限公司 ★★★
地址：扬州仪征市真州东路 30 号
电话：0514－83402017
邮编：211400

扬州明煌假日酒店 ★★★
地址：扬州仪征市新集镇栖凤街 8 号
电话：0514－83629777
邮编：211400

仪征万盛酒店 ★★★
地址：扬州仪征市西园北路 102 号
电话：0514－83265999
邮编：211400

仪征和平大酒店 ★★★
地址：扬州仪征市工农北路 1 号
电话：0514－83426777
邮编：211400

仪征市金穗大酒店 ★★★
地址：扬州仪征市东园北路 18 号
电话：0514－83400998
邮编：211400

仪征枣林山庄 ★★★
地址：扬州仪征枣林湾生态园
电话：0514－89396088
邮编：211400

仪征易园商务酒店 ★★★
地址：扬州仪征市经济开发区闽泰大道 18 号
电话：0514－83633999
邮编：211400

高邮市金茂假日酒店 ★★★
地址：扬州高邮市三垛镇
电话：0514－84818288
邮编：225600

高邮凯悦皇家大酒店 ★★★
地址：扬州高邮市屏淮路4号
电话：0514－84810777
邮编：225600

高邮景轩皇冠精致酒店 ★★★
地址：扬州高邮市开发区秦邮路288号
电话：0514－84687999
邮编：225600

宝应天元大酒店 ★★★
地址：扬州市宝应县苏中路6号
电话：0514－88200777
邮编：225800

宝应皇冠大酒店 ★★★
地址：扬州市宝应县白田中路11号
电话：0514－88872222
邮编：225800

扬州白鹿岛大酒店 ★★★
地址：扬州市宝应县运西原航运林场
电话：0514－88871785
邮编：225800

泰州开泰宾馆 ★★★
地址：泰州市青年南路19号
电话：0523－86895588
邮编：225300

泰州新世纪大酒店 ★★★
地址：泰州市扬州路600号
电话：0523－86601049
邮编：225300

泰州原野大酒店 ★★★
地址：泰州市南通路30号
电话：0523－82101888
邮编：225300

泰州会宾楼宾馆 ★★★
地址：泰州市济川东路101号
电话：0523－86807888
邮编：225300

泰州亚细亚大酒店 ★★★
地址：泰州市海陵南路389号
电话：0523－86398999
邮编：225300

泰州沃特龙大酒店 ★★★
地址：泰州市高港区引江河枢纽
电话：0523－86988888　86988666
邮编：225321

泰州富士吉大酒店有限公司 ★★★
地址：泰州市海陵区济川路98号
电话：0523－82198000
邮编：225300

泰州宝丰联商务会所有限公司 ★★★
地址：泰州市高港区向阳路88号
电话：0523－8698999
邮编：225321

靖江世纪辉煌大酒店 ★★★
地址：泰州靖江市人民南路
电话：0523－84877770
邮编：214500

靖江市南园樱花宾馆 ★★★
地址：泰州靖江市人民南路40号
电话：0523－84832011
邮编：214500

泰兴市桥缘宾馆 ★★★
地址：泰州泰兴市黄桥镇永丰桥南侧
电话：0523－87121088
邮编：225400

泰兴市泰通凯悦大酒店 ★★★
地址：泰州泰兴市车站路1号
电话：0523－87726518
邮编：225400

泰兴市君悦大酒店有限公司 ★★★
地址：泰州泰兴市大庆东路66号
电话：0523－87659277
邮编：225400

兴化市凤凰大酒店 ★★★
地址：泰州兴化市丰收路181号
电话：0523－83158666
邮编：225700

兴化喜来居大酒店 ★★★
地址：泰州兴化市五里东路10号
电话：0523－83279999
邮编：225700

兴化万家灯火大酒店 ★★★
地址：泰州兴化市英武南路188号
电话：0523－83298888
邮编：225700

兴化天宝大酒店 ★★★
地址：泰州兴化市戴南镇迎宾大道1号
电话：0523－83886888
邮编：225300

通州亚细亚大酒店有限公司 ★★★
地址：南通通州区银河路66号
电话：0513－86516888
邮编：226300

南通市崇川区星海天大酒店 ★★★
地址：南通市工农路217号
电话：0513－85322222
邮编：226001

通州市联邦大酒店 ★★★
地址：南通通州区川港志浩市场
电话：0513－86801888
邮编：226300

南通开发区国都大酒店 ★★★
地址：南通市开发区上海路18号
电话：0513－85921888
邮编：226001

南通领悟一生商务酒店 ★★★
地址：南通市工农路531号
电话：0513－85289999
邮编：226001

南通佳利秀水商务酒店 ★★★
地址：南通市姚港路附一号
电话：0513－85061611
邮编：226001

南通市崇川区锦江花园酒店 ★★★
地址：南通市人民东路220号
电话：0513－85325999
邮编：226000

通州新君逸酒店有限公司★★★
地址：南通市通州区新金西路80号
电话：0513－86516688
邮编：226005

南通北辰大酒店 ★★★
地址：南通市港闸区兴泰路11号
电话：0513－80111108
邮编：226300

南通海缘商务宾馆 ★★★
地址：南通市青年西路5号
电话：0513－83506666
邮编：226006

南通万濠大酒店 ★★★
地址：南通市城山路129号
电话：0513－81001999
邮编：226004

南通崇川区战友楼商务大酒店 ★★★
地址：南通市工农路555号
电话：0513－85299888
邮编：226007

南通精品苹果酒店 ★★★
地址：南通市崇川区五一路399号
电话：0513－68992222
邮编：226007

南通千帆酒店管理有限公司 ★★★
地址：南通市崇川路58号
电话：0513－81023333
邮编：226000

格林豪泰酒店（南通教育路店）★★★
地址：南通市外环东路88－1号
电话：0513－83518998
邮编：226000

海门市中海宾馆有限责任公司 ★★★
地址：南通海门市友谊路1号
电话：0513－82101951
邮编：226100

海门市颐生大酒店 ★★★
地址：南通海门市秀山路77号
电话：0513－82229666
邮编：226100

新世纪狮山大酒店有限公司 ★★★
地址：南通海门市师山路131号
电话：0513－82119999
邮编：226100

南通永泰国际大酒店 ★★★
地址：南通海门市解放西路179号
电话：0513－82191111
邮编：226100

南通兴都大酒店有限公司 ★★★
地址：南通启东市江海中路681号
电话：0513－83340088
邮编：226200

启东东珠宾馆有限公司 ★★★
地址：南通启东市人民中路623－1号
电话：0513－83322222
邮编：226200

启东大唐宾馆 ★★★
地址：南通启东市吕四港大唐电厂对面
电话：0513－83408088
邮编：226200

启东吕四港大酒店 ★★★
地址：南通启东市吕四港水产路231号
电话：0513－83430000
邮编：226200

启东吕四宾馆 ★★★
地址：南通启东市吕四港镇环城北路272号

江苏

电话：0513－83438888
邮编：226200

江苏江中集团宾馆有限公司 ★★★
地址：南通如皋市吴窑镇人民北路 188 号
电话：0513－87946999
邮编：226500

南通泰华大酒店有限公司 ★★★
地址：南通如皋市如城普庆南路 2 号
电话：0513－87529888
邮编：226500

如皋浅水湾假日酒店 ★★★
地址：南通如皋市如城镇中山东路 88 号
电话：0513－87559888
邮编：226500

南通泛亚大酒店 ★★★
地址：南通如皋市丁堰镇丁新东路 79 号
电话：0513－88561999
邮编：226500

如皋市江陵大酒店 ★★★
地址：南通如皋市怡年路 168 号
电话：0513－87981111
邮编：226500

南通东森国际酒店 ★★★
地址：南通如皋经济开发区柴湾工业园 666 号
电话：0513－87206777
邮编：226500

南通佩尔斯大酒店 ★★★
地址：南通如皋市 668 号
电话：0513－87222222
邮编：226500

如皋市丽泽华庭大酒店 ★★★
地址：南通如皋市如城镇中山路 99 号
电话：0513－68665666
邮编：226500

如皋绿园商务会所 ★★★
地址：南通如皋市如城镇益寿南路 245 号
电话：0513－88559677
邮编：226500

南通金鹏泰商务有限公司汽车站商务酒店（格林豪泰快捷酒店如东汽车站店） ★★★
地址：南通市如东县掘港镇青园南路 19 号
电话：0513－84681888
邮编：226400

如东新碧霞大酒店有限公司 ★★★
地址：南通如东县掘港镇人民北路 29 号
电话：0513－84525558
邮编：226400

海安县海中宾馆 ★★★
地址：南通市海安县新华东路 1 号
电话：0513－88826086
邮编：226600

海安县王府宾馆 ★★★
地址：南通市海安县开发区通榆中路 98 号
电话：0513－88926333
邮编：226600

海安县海安宾馆有限公司 ★★★
地址：南通市海安县海陵路 8 号
电话：0513－88897888
邮编：226600

海安乐家假日酒店 ★★★
地址：南通市海安县长江西路 69 号
电话：0513－68338899
邮编：226601

海安李堡天乐大酒店 ★★★
地址：南通市海安县李堡镇包场北路 10 号
电话：0513－88221666
邮编：226631

海安贤友正通假日酒店 ★★★
地址：南通市海安县通榆中路 78 号
电话：0513－88909999
邮编：226600

海安县东海大酒店 ★★★
地址：南通市海安县宁海南路 179 号
电话：0513－88935888
邮编：226600

镇江凤凰岭饭店 ★★★
地址：镇江市城隍庙街 6 号
电话：0511－88976777
邮编：212000

谷阳大酒店 ★★★
地址：镇江市丹徒区谷阳大道 69 号
电话：0511－83355888
邮编：212028

镇江市丽都假日酒店 ★★★
地址：镇江市电力路 16 号
电话：0511－88981111
邮编：212001

汇萃园宾馆 ★★★
地址：镇江市解放路 18 号
电话：0511－84424812
邮编：212001

金鳌苑大酒店 ★★★
地址：镇江市中山西路 112 号
电话：0511－85249615　85229999
邮编：212001

金龙大酒店 ★★★
地址：镇江市中山西路 90 号
电话：0511－85239999
邮编：212001

扬中宾馆 ★★★
地址：镇江扬中市前进北路 52 号
电话：0511－88265888
邮编：212200

金叶大酒店 ★★★
地址：镇江扬中市扬子中路 133 号
电话：0511－88261566　88180300
邮编：212200

周仔大酒店 ★★★
地址：镇江扬中市江洲东路 77 号
电话：0511－88264555
邮编：212200

金色港湾大酒店 ★★★
地址：镇江扬中市港东南路 46 号
电话：0511－88263866　88262222
邮编：212200

扬中市美都饭店 ★★★
地址：镇江扬中市明珠湾大道 223 号
电话：0511－88261177
邮编：212200

扬中新世界大酒店 ★★★
地址：镇江扬中市新扬南路 299 号
电话：0511－88290988
邮编：212200

丹阳皇朝大酒店 ★★★
地址：镇江丹阳市界牌镇中心北路
电话：0511－86368888
邮编：212300

丹阳太平洋饭店 ★★★
地址：镇江丹阳市东方路 26 号
电话：0511－86599999
邮编：212300

丹阳丹绿商务会所 ★★★
地址：镇江丹阳市导墅镇金鹤路
电话：0511－86685777
邮编：212361

丹亚大酒店 ★★★
地址：镇江丹阳市金陵西路 117 号
电话：0511－85181117　86967878
邮编：212300

名人假日大酒店 ★★★
地址：镇江句容市玉清西路 22 号
电话：0511－87285531　87677777
邮编：212400

山一方国际度假村 ★★★
地址：镇江句容市宝华山
电话：0511－87899888
邮编：212400

怡景湾度假村 ★★★
地址：镇江句容市句茅路
电话：0511－87872222
邮编：212400

句容京华桂冠国际酒店 ★★★
地址：镇江句容市华阳南路 16 号
电话：0511－87221888
邮编：212400

常州市大成假日酒店 ★★★
地址：常州市关河东路 68 号
电话：0519－88120000
邮编：213000

常州市竺山湖小镇度假酒店 ★★★
地址：常州市武进区太湖湾旅游度假区
电话：0519－83591000
邮编：213579

常州宾馆 ★★★
地址：常州市晋陵中路 418 号
电话：0519－86188888
邮编：213003

常州武进城区新苑宾馆 ★★★
地址：常州市湖塘环府路
电话：0519－86312888
邮编：213003

常州国瑞宾馆 ★★★
地址：常州市武进横山桥镇
电话：0519－88603888
邮编：213161

常州兰新国际大酒店 ★★★
地址：常州市武进区湖塘镇常漕路
电话：0519－86195698　86569888
邮编：213161

常州市新锦江商旅酒店 ★★★
地址：常州市新丰街 14 号
电话：0519－88101710
邮编：213003

武进金龙大酒店 ★★★
地址：常州市湖塘人民路 1 号

电话：0519－86550978
邮编：213003

常州宫苑宾馆 ★★★
地址：常州市延陵西路73号
电话：0519－86182100
邮编：213003

常州馨雅楼宾馆 ★★★
地址：常州市延陵东路338号
电话：0519－85052102
邮编：213003

常瑞宾馆 ★★★
地址：常州市浦南路8号
电话：0519－86183888
邮编：213003

常州椿庭大酒店 ★★★
地址：常州市局前街27号
电话：0519－88152222
邮编：213003

常州苏南枫泽山庄大酒店 ★★★
地址：常州市武进区夏溪章庄
电话：0519－83689777
邮编：213161

常州锦海城市大酒店 ★★★
地址：常州市会馆浜路11号
电话：0519－86856577
邮编：213003

常州星港中信国际商务酒店 ★★★
地址：常州市钟楼区星港路88号
电话：0519－88891888
邮编：213002

常州艺林园森林酒店 ★★★
地址：常州市武进区嘉泽镇厚余艺林园内
电话：0519－83680008
邮编：213000

常州锦海假日大酒店 ★★★
地址：常州市武进区长虹路88号湖塘纺织城F1
电话：0519－86325888
邮编：213000

常州舜杰明都大酒店 ★★★
地址：常州市武进区郑陆镇
电话：0519－81231777
邮编：213000

武进区湖塘逸都宾馆 ★★★
地址：常州市武宜中路165号
电话：0519－81198119
邮编：213000

武进区雪堰漕桥石头大酒店 ★★★
地址：常州市武进区雪堰镇漕桥金三角东路61号
电话：0519－81182000
邮编：213000

金坛南天宾馆 ★★★
地址：常州金坛市东环二路1－1号
电话：0519－82321111
邮编：213200

金坛市九龙宾馆 ★★★
地址：常州金坛市东环二路39号
电话：0519－82399000
邮编：213200

溧阳天目湖水悦山庄 ★★★
地址：常州溧阳市天目湖度假区
电话：0519－87167888　87167800
邮编：213003

溧阳市江南大酒店 ★★★
地址：常州溧阳市平陵中路268号
电话：0519－87166666
邮编：213300

溧阳望湖岭山庄 ★★★
地址：常州溧阳市天目湖旅游度假区环湖东路1号
电话：0519－87982785　87982788
邮编：213003

溧阳天目水庐宾馆 ★★★
地址：常州溧阳市天目湖旅游度假区
电话：0519－87981798
邮编：213300

溧阳虹枫美食休闲度假村 ★★★
地址：常州溧阳市天目湖旅游度假区环湖东路2号
电话：0519－87167588　87167666
邮编：213003

溧阳云海宾馆 ★★★
地址：常州溧阳市燕山路33号
电话：0519－87179999
邮编：213300

溧阳翠谷庄园 ★★★
地址：常州溧阳市戴埠镇徐家玕村
电话：0519－87933000
邮编：213300

溧阳市李家园大酒店 ★★★
地址：常州溧阳市南山竹海风景区李家园村388号
电话：0519－87937888
邮编：213300

溧阳天目辉煌温泉度假酒店 ★★★
地址：常州溧阳市溧城镇平陵西路352号
电话：0519－87668888
邮编：213300

溧阳市天目湖假日花园酒店 ★★★
地址：常州溧阳市天目湖旅游度假区山水园北大门
电话：0519－87176888
邮编：213300

溧阳天目湖煜景大酒店 ★★★
地址：常州溧阳市天目湖旅游度假区迎宾大道入口
电话：0519－87033666
邮编：213000

无锡华鼎花园大酒店 ★★★
地址：无锡市苏锡西路289号
电话：0510－85682777
邮编：214131

无锡锦绣翠竹大酒店 ★★★
地址：无锡市惠山区洛社镇文体路128号
电话：0510－83302222
邮编：214187

无锡市天和大酒店 ★★★
地址：无锡市惠山区前洲镇兴洲路2号
电话：0510－83386888
邮编：214181

无锡美丽都大酒店有限公司 ★★★
地址：无锡市梁溪路2号
电话：0510－85865665
邮编：214001

无锡物产大酒店有限公司 ★★★
地址：无锡市人民中路185号
电话：0510－82701118
邮编：214001

无锡古罗马大酒店有限公司 ★★★
地址：无锡市中南路1号
电话：0510－85418989
邮编：214001

无锡市运河大酒店有限公司 ★★★
地址：无锡市湖滨路7号
电话：0510－85806909
邮编：214001

无锡市长城大酒店有限公司 ★★★
地址：无锡市锡沪中路82号－1
电话：0510－88708800
邮编：214001

无锡市西郊宾馆 ★★★
地址：无锡市太康新村290号
电话：0510－85883588
邮编：214001

无锡鸿运大酒店有限公司 ★★★
地址：无锡市中山路317号
电话：0510－82712222　82737557
邮编：214001

无锡友谊大饭店有限公司 ★★★
地址：无锡市苏锡路211号
电话：0510－85405838
邮编：214001

无锡海天大酒店 ★★★
地址：无锡市湖滨路36号
电话：0510－85129988
邮编：214001

无锡东林大酒店有限公司 ★★★
地址：无锡市人民东路33号
电话：0510－82828777
邮编：214001

无锡市欣旺大酒店有限公司 ★★★
地址：无锡市长江北路18号
电话：0510－85220777
邮编：214001

无锡市梁溪饭店 ★★★
地址：无锡市中山路177号
电话：0510－88683888
邮编：214001

无锡双象大酒店有限公司 ★★★
地址：无锡市鸿山镇后宅中路
电话：0510－88991888
邮编：214001

无锡惠山区长安宾馆 ★★★
地址：无锡市惠山区堰桥镇长安
电话：0510－82249778
邮编：214174

江阴市云都大酒店 ★★★
地址：无锡江阴市长泾镇人民路83号
电话：0510－86309888
邮编：214400

江阴华西金塔宾馆 ★★★
地址：无锡江阴市华西村
电话：0510－86217000
邮编：214400

江阴市长寿度假村有限公司 ★★★
地址：无锡江阴市长寿西街长寿路 129 号
电话：0510－86361000
邮编：214400

江阴新扬子大酒店有限公司 ★★★
地址：无锡江阴市虹桥北路 171 号
电话：0510－86806688
邮编：214400

江阴市长江饭店 ★★★
地址：无锡江阴市人民东路 18 号
电话：0510－86708888
邮编：214400

江阴新东亚大酒店有限公司 ★★★
地址：无锡江阴市虹桥北路 142 号
电话：0510－86815888
邮编：214400

江阴阳光大厦 ★★★
地址：无锡江阴市新桥镇
电话：0510－86121888
邮编：214400

宜兴市大亚达酒店有限公司 ★★★
地址：无锡宜兴市阳泉路 108 号
电话：0510－87933333
邮编：214200

宜兴市陶都大饭店有限公司 ★★★
地址：无锡宜兴市人民中路 134 号
电话：0510－87909460
邮编：214200

宜兴市华亭国际酒店有限公司 ★★★
地址：无锡宜兴市解放东路 169 号
电话：0510－87911888
邮编：214200

宜兴市苏源电力宾馆有限责任公司 ★★★
地址：无锡宜兴市阳羡西路 88 号
电话：0510－87934480
邮编：214200

宜兴太湖阳光度假村 ★★★
地址：无锡宜兴市丁蜀镇兰山风景区
电话：0510－87461332　87461370
邮编：214200

宜兴海悦宾馆 ★★★
地址：无锡宜兴市宜城阳羡西路 136 号
电话：0510－80708333
邮编：214200

碧瀛谷假日酒店 ★★★
地址：苏州市太湖旅游度假区湖滨路 18 号
电话：0512－66518838
邮编：215164

永利假日酒店 ★★★
地址：苏州市木渎镇中山东路 16 号
电话：0512－66058888
邮编：215101

华侨饭店 ★★★
地址：苏州市三香路 188 号
电话：0512－68261888
邮编：215002

姑苏饭店 ★★★
地址：苏州市十全街相王路 5 号
电话：0512－65200566
邮编：215002

阊门饭店 ★★★
地址：苏州市阊门内西中市 139 号
电话：0512－67273208
邮编：215002

虎丘大酒店 ★★★
地址：苏州市虎丘望山桥堍
电话：0512－65310959
邮编：215004

友谊宾馆 ★★★
地址：苏州市竹辉路 243 号
电话：0512－65166166
邮编：215002

丽晶水庄大酒店 ★★★
地址：苏州市北园路 83 号
电话：0512－67027777
邮编：215002

福马大酒店 ★★★
地址：苏州市西园路 47 号
电话：0512－65339888
邮编：215002

宜家开元酒店 ★★★
地址：苏州市金门路 485 号
电话：0512－65830888
邮编：215002

定园宾馆 ★★★
地址：苏州市虎丘路 503 号
电话：0512－65571666　65571999
邮编：215004

书香门第盘门店 ★★★
地址：苏州市新市路 282 号
电话：0512－68017388
邮编：215002

锦富华大酒店 ★★★
地址：苏州市西中市 127 号
电话：0512－82205888
邮编：215002

苏州旅游饭店 ★★★
地址：苏州市留园路 96 号
电话：0512－65332663
邮编：215002

伊林德大酒店 ★★★
地址：苏州市解放西路 1 号
电话：0512－68122222
邮编：215002

乐园度假酒店 ★★★
地址：苏州市新区狮山路 108 号
电话：0512－68258258
邮编：215002

太湖阳光酒店（停业）★★★
地址：苏州市光福镇太湖长浮南街 55 号
电话：0512－66931690
邮编：215002

苏盛宾馆 ★★★
地址：苏州市东吴北路县前街 58 号
电话：0512－82120088
邮编：215002

金十六区新嘉福娱乐有限公司 ★★★
地址：苏州市苏蠡路 55 号
电话：0512－67078888　67076888
邮编：215002

锦港宾馆 ★★★
地址：苏州市长安中路 218－1 号
电话：0512－56968788
邮编：215002

吴都大酒店 ★★★
地址：苏州吴江区中山北路 156 号
电话：0512－63427999
邮编：215200

红顶度假村 ★★★
地址：苏州吴江区莘塔镇元北路 88 号
电话：0512－63293211
邮编：215200

虹胜宾馆 ★★★
地址：苏州吴江区盛泽东方丝绸市场
电话：0512－63500888
邮编：215200

九华宾馆 ★★★
地址：苏州吴江区平望镇黄秧墩
电话：0512－63669888
邮编：215200

苏州万顺楼大酒店 ★★★
地址：苏州市金阊区蒲庵南路 38 号
电话：0512－65331999
邮编：215008

苏州新银湖山庄 ★★★
地址：苏州市西山太湖石公山风景区
电话：0512－66277888
邮编：215112

苏州乾康大酒店 ★★★
地址：苏州市吴中西路 175 号
电话：0512－65681188
邮编：215128

华利大酒店 ★★★
地址：苏州昆山市前进中路 237 号
电话：0512－57310660
邮编：215300

周庄大酒店 ★★★
地址：苏州昆山市周庄镇大桥北路
电话：0512－57216688
邮编：215300

周庄宾馆 ★★★
地址：苏州昆山市周庄镇全福路 108 号
电话：0512－57216666
邮编：215300

玉峰大厦 ★★★
地址：苏州昆山市人民南路 132 号
电话：0512－57303216
邮编：215300

誉兴大酒店 ★★★
地址：苏州昆山市合兴路 555 号
电话：0512－57886666
邮编：215300

一醉宾馆 ★★★
地址：苏州昆山市开发区长江中路 450 号
电话：0512－57087777
邮编：215300

一醉天元宾馆 ★★★
地址：苏州昆山市西街 41 号
电话：0512－57087666　57087888
邮编：215300

昆山小上海市阳澄湖度假村 ★★★
地址：苏州昆山市巴城阳澄湖度假区
电话：0512－57651134
邮编：215300

金昆宾馆 ★★★
地址：苏州昆山市环城北路 10 号

电话：0512－57552276
邮编：215300

柏芦大厦 ★★★
地址：苏州昆山市前进西路2号
电话：0512－57532323
邮编：215300

大唐花苑酒店 ★★★
地址：苏州昆山市千灯镇景泾路大唐时间广场
电话：0512－50310888
邮编：215300

青草湖度假村 ★★★
地址：苏州太仓市浏家港镇飞马路88号
电话：0512－53645999
邮编：215400

太阳城酒店 ★★★
地址：苏州太仓市上海西路63号
电话：0512－53529977
邮编：215400

港湾假日酒店 ★★★
地址：苏州太仓市浏河镇郑和路888号
电话：0512－53606888
邮编：215400

鎏渊大酒店 ★★★
地址：苏州太仓市长春路166号
电话：0512－53539666
邮编：215400

香江假日酒店 ★★★
地址：苏州太仓市太仓港华苏路18号
电话：0512－53641666
邮编：215433

常熟大酒店 ★★★
地址：苏州常熟市金沙江路18号
电话：0512－52882888
邮编：215500

尚湖花园酒店 ★★★
地址：苏州常熟市尚湖风景区
电话：0512－52105888
邮编：215500

沙家浜大酒店 ★★★
地址：苏州常熟市沙家浜镇西首沙南路101号
电话：0512－52500157
邮编：215500

蒋巷宾馆 ★★★
地址：苏州常熟市支塘镇蒋巷村
电话：0512－52588711　52587777
邮编：215500

梅园宾馆 ★★★
地址：苏州常熟市虞山北路137号
电话：0512－52858900
邮编：215500

烟雨大酒店 ★★★
地址：苏州常熟市甸新路58号
电话：0512－52227888
邮编：215500

波司登大酒店 ★★★
地址：苏州常熟市白卯镇
电话：0512－52531888
邮编：215500

华芳园酒店 ★★★
地址：苏州张家港市塘桥人民南路1号
电话：0512－58441711　58438185
邮编：215600

景海宾馆 ★★★
地址：苏州张家港市海关路21号
电话：0512－58695777
邮编：215600

凯悦大酒店 ★★★
地址：苏州张家港市港区江海北路5号
电话：0512－58336688
邮编：215600

兴塍苑宾馆 ★★★
地址：苏州张家港市后塍镇文星路2号
电话：0512－58771688
邮编：215600

旅游景区

南京中山陵园风景区 AAAAA
地址：南京市中山门外石象路7号
电话：025－84431258　84446111
邮编：210014

南京市玄武湖景区 AAAA
地址：南京市玄武巷1号
电话：025－83614286　57717414
邮编：210009

南京市银杏湖生态旅游区 AAA
地址：南京市
邮编：210008

南京市龙山上庄园景区 AA
地址：南京市江宁区陶吴镇龙山村
邮编：210008

南京总统府景区 AAAA
地址：南京市长江路292号
电话：025－84578788
邮编：210018

南京明文化村（阳山碑材）景区 AAAA
地址：南京市中山门外
邮编：210008

南京市宝船厂遗址公园 AAA
地址：南京市鼓楼区滨江路57号
电话：025－86227011
邮编：210009

南京阅江楼风景区 AAAA
地址：南京市建宁路202号
电话：025－58815369　58803977
邮编：210015

南京江心洲民俗村 AA
地址：南京市建邺区江心洲镇永定村洲泰路
电话：025－86420787
邮编：210036

梅园新村纪念馆 AAAA
地址：南京市梅园新村汉府街18号
电话：025－84542362　84540622
邮编：210018

南京市朝天宫景区 AAAA
地址：南京市白下区朝天宫6号
邮编：210002

南京市南山湖旅游度假区 AAA
地址：南京市江宁区铜井镇东
电话：025－86124666
邮编：211100

南京市淳化山田牛奶园 AA
地址：南京市江宁区淳化镇
邮编：211100

南京市金牛湖景区 AAA
地址：南京市六合区桂子山
电话：025－57566968　57566878
邮编：211500

南京市乌龙潭景区 AAA
地址：南京市广州路217号
电话：025－83704910
邮编：210029

石头城遗址公园 AAA
地址：南京市虎踞路87号
电话：025－83301333
邮编：210008

南京市燕子矶公园 AA
地址：南京市燕子矶镇临江街
电话：025－85311337
邮编：210008

侵华日军南京大屠杀遇难同胞纪念馆 AAAA
地址：南京市小西门大街418号
电话：025－86612230
邮编：210017

南京市夫子庙秦淮风光带 AAAAA
地址：南京市秦淮区
电话：025－52219554
邮编：210001

南京求雨山文化名人纪念馆 AAAA
地址：南京市浦口区
邮编：211800

雨花台风景区 AAAA
地址：南京市雨花路215号
电话：025－3932096
邮编：210012

南京市渤泥国王墓景区 AA
地址：南京市雨花台区铁心桥镇
邮编：210012

南京市世外桃源农业旅游村 AA
地址：南京市雨花台区铁心桥镇
邮编：210012

南京将军山旅游名胜区 AAA
地址：南京市雨花台区铁心桥高家库村
电话：025－52894495　52890886
邮编：210021

南京市栖霞山风景名胜区 AAAA
地址：南京市栖霞街88号
电话：025－85761831　85766780
邮编：210033

南京珍珠泉风景区 AAAA
地址：南京市浦口区珍珠街178号
电话：025－52234261
邮编：210031

南京红山森森动物园管理处 AAAA
地址：南京市和燕路168号
电话：025－85620178
邮编：210028

南京市江宁区鑫农庄 AA
地址：南京市江宁区禄口国际机场南
邮编：210008

江苏

南京市蔬菜花卉科技园 AA
地址：南京市江宁区龙蟠路 187 号
电话：025－86165950
邮编：211155
网址：ww. njsks. com

千盛农庄 AA
地址：南京市江宁区谷里镇大谷路
电话：025－86136007
邮编：211100

南京市江宁区六顺生态农艺园 AA
地址：南京市江宁区陆郎村
邮编：211100

南京市江宁区锁石生态旅游村 AA
地址：南京市江宁区锁石村
邮编：211100

南京市江宁区金波渔港 AA
地址：南京市江宁区天秣路
邮编：211100

南京市江宁区黄桥滩渔家乐 AA
地址：南京市江宁区禄口街道
邮编：211100

南京汤山国际温泉城
地址：南京市江宁区汤山街道殷家边 53 号
电话：025－84102999
邮编：211131

灵岩山旅游风景区 AA
地址：南京市六合区
邮编：211500

瓜埠山国家地质公园景区 AA
地址：南京市六合区
邮编：211500

桂子山石柱林景区 AA
地址：南京市六合区
邮编：211500

平山森林公园 AA
地址：南京市六合区
邮编：211500

南京牛首山唐明文化旅游区 AA
地址：南京市南郊
邮编：210008

南京大金山风景区 AAA
地址：南京市溧水县南屏镇
邮编：211200

傅家边农业科技园 AAA
地址：南京市溧水县洪蓝镇
电话：025－57430340
邮编：211221

南京天生桥风景区 AAA
地址：南京市溧水县天生桥公园内
电话：025－57225656
邮编：211200

迎湖桃源景区 AA
地址：南京市高淳县永胜圩内
电话：025－57808717
邮编：211311

游子山风景区 AA
地址：南京市高淳县东坝集镇
电话：025－57836036
邮编：211301

南京市高淳县瑶池生态旅游区 AA
地址：南京市高淳县
邮编：211300

银林生态农业园 AA
地址：南京市高淳县
邮编：211300

高淳老街 AAAA
地址：南京市高淳县淳溪镇
邮编：211300

徐州鼓楼区龟山汉墓 AAAA
地址：徐州市鼓楼区襄王北路 3 号
电话：0516－85770107
邮编：221005

淮海战役烈士纪念塔园林 AAAA
地址：徐州市解放南路 2 号
电话：0516－83840397
邮编：221009

中央电视台外景基地徐州汉城景区 AAAA
地址：徐州市九里区汉城西路
电话：0516－85771073
邮编：221141

戏马台 AAA
地址：徐州市户部山项王路
电话：0516－83827740
邮编：221009

彭祖园 AAAA
地址：徐州市南郊
电话：0516－83848879　83840277
邮编：221000

汉文化景区 AAAA
地址：徐州市兵马俑路
电话：0516－83167053　83167214
邮编：221100

环城（泉山）森林公园 AAA
地址：徐州市泰山南路
电话：0516－83840118　83758879
邮编：221000

徐州市云龙山风景区 AAAA
地址：徐州市和平路
电话：0516－83850780
邮编：221000

滨湖公园 AAA
地址：徐州市云龙湖北岸
电话：0516－85609012
邮编：221000

徐州市云龙湖风景区 AAAA
地址：徐州市中山路延长段
电话：0516－85692691
邮编：221000

徐州汉画像石博物馆 AAAA
地址：徐州市云龙湖东路
电话：0516－85690889
邮编：221006

徐州市潘安湖湿地公园 AAAA
地址：徐州市贾汪区潘安湖湿地景区
电话：400－106－1998
邮编：221011

徐州市博物馆 AAAA
地址：徐州市和平路 101 号
电话：0516－83804400
邮编：221003

徐州市蟠桃佛教文化景区 AAAA
地址：徐州经济技术开发区蟠桃山麓
邮编：221003

邳州市土山古镇景区 AAA
地址：徐州邳州市土山镇
邮编：221300

邳州市王杰纪念馆 AA
地址：徐州邳州市运河镇张楼乡
邮编：221300

邳州市小萝卜头纪念馆 AA
地址：徐州邳州市八路镇
邮编：221300

邳州市李超时烈士纪念馆 AA
地址：徐州邳州市碾庄镇才庄村
邮编：221300

邳州市碾庄战斗纪念馆 AA
地址：徐州邳州市碾庄镇
邮编：221300

艾山九龙风景区 AAAA
地址：徐州邳州市铁富镇
电话：0516－86481102
邮编：221331

中国（港上）银杏博览园 AAA
地址：徐州邳州市港上镇
电话：0516－86858730
邮编：221300

邳州市博物馆 AAA
地址：徐州邳州市乐园路
邮编：221300

马陵山风景区 AAAA
地址：徐州新沂市城岗红峰村
电话：0516－88721358　88733838
邮编：221400

窑湾古镇 AAAA
地址：徐州新沂市窑湾镇
电话：0516－88556338
邮编：221400

新沂市草桥古墩农民乐园 AA
地址：徐州新沂市草桥镇古墩村
邮编：221400

沛县微山湖千岛湿地 AAAA
地址：徐州市沛县龙湖大道 1 号
电话：0516－68879922
邮编：221600

泗水亭公园 AA
地址：徐州市沛县东方路
电话：0516－84620470
邮编：221600

沛县滨河公园 AA
地址：徐州市沛县东风中路 35 号
电话：89622398
邮编：221600

徐州丰县果都大观园 AA
地址：徐州市丰县大沙河镇
电话：0516－89336134
邮编：221700

连云港连岛旅游度假区 AAAA
地址：连云港市连岛旅游度假区
电话：0518－82600039
邮编：222041

连云港市连岛海滨浴场 AAAA
地址：连云港市连岛镇大路口
电话：0518－82600240
邮编：222041

连云港市高公岛风景区 AA
地址：连云港市高公岛乡黄窝村
电话：0518－82540540
邮编：222044

连云港市宿城世外桃源风景区 AA
地址：连云港市连云区宿城乡
邮编：222042

东磊风景区 AA
地址：连云港市连云区东磊村
电话：0518－85490396
邮编：222064

连云港花果山风景名胜区 AAAA
地址：连云港市新浦区花果山乡
电话：0518－85720187
邮编：222000

渔湾风景区 AAAA
地址：连云港市云台区云台乡渔湾村
电话：0518－85941666
邮编：222064

连云港孔望山风景区 AAAA
地址：连云港市海州区孔望山
电话：0518－85115167
邮编：222023

连云港市东海羽泉景区 AAAA
地址：连云港市
邮编：222002

连云港革命历史纪念馆 AAAA
地址：连云港市新浦新区朝阳东路
电话：00518－85820605
邮编：222006

桃花涧风景区 AAA
地址：连云港市海州区锦屏镇
电话：0518－85302658
邮编：222023

连云港市海州石棚山景区 AAA
地址：连云港市海州区海孔路
电话：0518－85200033
邮编：222023

连云港市海上云台山景区 AAAA
地址：连云港市连云区宿城乡
邮编：222042

海州湾度假区 AA
地址：连云港市赣榆县海头镇小口村东
电话：0518－86891002
邮编：222100

杭日山风景区 AAAA
地址：连云港市赣榆县班庄镇
电话：0518－86511043
邮编：222100

赣榆罗阳湿地休闲度假区 AA
地址：连云港市赣榆县罗阳镇东关村
电话：0518－86433838
邮编：222143

赣榆徐福泊船山风景区 AA
地址：连云港市赣榆县金山镇徐福村
电话：0518－86731000
邮编：222115

连云港灌云县伊芦山风景区 AA
地址：连云港市灌云县伊芦乡
邮编：222200

连云港灌云县潮河湾生态园 AA
地点：连云港市灌云县沂北乡（204 国道边）
电话：0518－88711701
邮编：222200

灌云县大伊山风景区 AAAA
地址：连云港市灌云县
电话：0518－88863009
邮编：222200

连云港市东海县国际水晶珠宝城 AAAA
地址：连云港市东海县晶牛广场
电话：0518－83055088
传真：0518－83055055
邮编：222300

连云港市安峰山烈士陵园 AA
地址：连云港市东海县
邮编：222300

连云港市东海猎趣园 AA
地址：连云港市东海县李埝林场森林公园
电话：0518－87836122
邮编：222300

灌南人民革命纪念馆 AAA
地址：连云港市灌南县新安镇人民东路17 号
邮编：222500

灌南海西公园 AA
地址：连云港市灌南县
邮编：222500

连云港市灌南二郎神文化遗址公园 AAAA
地址：连云港市灌南县武障河五龙口
邮编：215600

宿迁湖滨公园景区 AAAA
地址：宿迁市湖滨新城迎春大道
邮编：223800

宿迁市宿北大战纪念馆 AAA
地址：宿迁市幸福路中心广场北
邮编：223800

宿迁嶂山森林公园 AA
地址：宿迁市湖滨新城开发区
电话：0527－84832090
邮编：223800

宿迁市宿城新区休闲主题公园 AA
地址：宿迁市宿城区
邮编：223800

皂河安澜龙王庙行宫 AAA
地址：宿迁市宿豫区皂河镇
电话：0527－84511180
邮编：223900

项王故里 AAAA
地址：宿迁市黄河南路
电话：0527－81001600　81001606
邮编：223800

宿迁义乌国际商贸城 AA
地址：宿迁市宿城区
邮编：223800

宿迁宿豫区千里运河第一漂景区 AA
地址：宿迁市宿豫区境内运河四号桥北首
邮编：223800

沭阳县贤官亭公园 AA
地址：宿迁市沭阳县
邮编：223600

苏北花卉示范园 AA
（全国农业旅游示范点）
地址：宿迁市沭阳县庙头镇苏北花卉有限公司
电话：0527－83331008
邮编：223900
网址：www.sbhh8888.com

虞姬公园 AA
地址：宿迁市沭阳县迎宾大道南侧
电话：0527－83553683
邮编：223600

沭阳县梦溪植物园 AA
地址：宿迁市沭阳县新城区东部
邮编：223600

沭阳县海宁皮革城 AA
地址：宿迁市沭阳县商业中心
邮编：223600

沭阳县花木大世界 AA
地址：宿迁市沭阳县新河镇
邮编：223600

泗阳县西湖公园 AA
地址：宿迁市泗阳县
邮编：223700

泗阳县月季园 AA
地址：宿迁市泗阳县国营农场
邮编：223700

泗阳县城市森林公园 AA
地址：宿迁市泗阳县
邮编：223700

泗阳县杨树博物馆 AAAA
地址：宿迁市泗阳县泗阳农场
邮编：223700

泗阳县生态公园 AA
地址：宿迁市泗阳县东北角
邮编：223700

泗水公园 AA
地址：宿迁市泗阳县泗水公园
电话：0527－85212460
邮编：223700

泗洪洪泽湖湿地国家自然保护区 AAAA
地址：宿迁市泗洪县洪泽湖湿地
电话：0527－86220611
邮编：223900

朱家岗烈士陵园 AA
地址：宿迁市泗洪县曹庙乡朱岗村
电话：0527－86222247
邮编：223900

雪枫墓园 AAAA
地址：宿辽市泗洪县半城镇
电话：0527－86415167
邮编：223900

泗洪县柳山湖旅游风景区 AAA
地址：宿迁市泗洪县上塘镇
邮编：223900

清晏园 AAA
地址：淮安市人民南路 92 号
电话：0517－83933338
邮编：223002

江苏

淮安市桃花坞公园 AA
地址：淮安市
邮编：223001

淮安市博物馆 AAAA
地址：淮安市健康西路
电话：0517－83645615
邮编：223001

樱花园公园 AA
地址：淮安市承德路西侧樱花园办公楼
电话：0517－83755577
邮编：223001

勺湖园风景区 AA
地址：淮安市西门大街 68 号
电话：0517－85912574
邮编：223200

古淮河文化生态旅游区 AAAA
地址：淮安市清河新区河畔路 26 号
电话：0517－83797606
邮编：223001

苏皖边区政府旧址纪念馆 AAA
地址：淮安市淮海南路 30 号
电话：0517－83932096
邮编：223002

楚秀园 AA
地址：淮安市淮海南路
电话：0517－83945871
邮编：223001

韩候文化旅游区 AA
地址：淮安市淮阴区码头镇
电话：0517－84269898
邮编：223345

淮阴八十二烈士陵园 AA
地址：淮安市淮阴区刘老庄乡
电话：0517－84360017
邮编：223322

周恩来故居 AAAA
地址：淮安市楚州区附马巷 7 号
电话：0517－85912517
邮编：223200

周恩来纪念馆 AAAA
地址：淮安市楚州区桃花垠
电话：0517－85912365
邮编：223001

淮安中国漕运博物馆景区 AAAA
地址：淮安市淮安区漕运广场内
邮编：223200

淮安市吴承恩故居景区 AAAA
地址：淮安市河下古镇打铜巷 12 号
电话：0517－83326820
邮编：223001

淮安市里运河文化长廊景区 AAAA
地址：淮安市清浦区
邮编：223002

金湖“万亩荷花荡”AA
地址：淮安市金湖县闵桥镇
电话：0517－86784055
邮编：211600

白马湖度假村 AA
地址：淮安市金湖县前锋镇白马村
电话：0517－86583298
邮编：211625

八仙台风景区 AA
地址：淮安市盱眙县穆店乡西南部
电话：0517－88351188
邮编：211700

第一山风景名胜区（淮河风光带）AAAA
地址：淮安市盱眙县淮河北路
电话：0517－88212696
邮编：223001

黄花塘新四军军部旧址纪念馆 AAAA
地址：淮安市盱眙县黄花塘镇
电话：0517－88481869
邮编：223001

铁山寺国家森林公园 AAAA
地址：淮安市盱眙县铁山寺
电话：0517－88762808
邮编：211723

明祖陵 AAAA
地址：淮安市盱眙县明祖陵镇
电话：0517－88686798
邮编：211758

洪泽县湖湾景区 AA
地址：淮安市洪泽县
邮编：223100

洪泽县三河闸水利风景区 AA
地址：淮安市洪泽县
邮编：223100

涟水五岛湖公园 AAA
地址：淮安市涟水县涟城镇公园路 11 号
电话：0517－82321512
邮编：223400

盐城市海盐历史文化风景区 AAAA
地址：盐城市水街
邮编：224005

盐城人民公园 AA
地址：盐城市黄海西路
电话：0515－88311617
邮编：224005

盐城市枯枝牡丹园 AA
地址：盐城市亭湖区便仓镇
电话：0515－88830121　88830127
邮编：224005

大纵湖风景区 AAAA
地址：盐城市盐都区大纵湖乡
电话：0515－88681121　88681138
邮编：224034

盐都世纪公园 AAA
地址：盐城市盐都新区
电话：0515－88434003
邮编：224005

黄海森林公园 AA
地址：盐城东台市东台林场
邮编：224005

东台市龙王古寺 AA
地址：盐城东台市弶港镇通海路北侧
邮编：224200

东台黄逸峰故居 AA
地址：盐城东台市台城东亭南路广济桥旁
电话：0515－85279569
邮编：224200

东台市新街九莲寺 AA
地址：盐城东台市街北村
电话：0515－85754598
邮编：224234

泰山寺 AA
地址：盐城东台市西溪镇民主街 1 号
电话：0515－88335706
邮编：224200

东台永丰林农业生态园 AAA
地址：盐城市东台市新曹镇
电话：0515－85841999
邮编：224200

大丰市上海知青纪念馆 AAAA
地址：盐城大丰市
邮编：224100

盐城大丰麋鹿国家级自然保护区 AAAA
地址：盐城大丰市林场
电话：0515－83395912
邮编：224136

盐城市通榆河枢纽国家水利风景区 AA
地址：盐城市滨海县、响水县境内
邮编：224500

射阳县华中工委纪念馆 AA
地址：盐城市射阳县
邮编：224300

射阳县后羿公园 AA
地址：盐城市射阳县海通镇
邮编：224300

射阳河口风景区息心寺 AAA
地址：盐城市射阳县海通镇
电话：0515－82234737　82235590
邮编：224300

盐城市射阳县发阳渔村 AA
地址：盐城市射阳县黄沙港镇
邮编：224300

阜宁金沙湖旅游景区 AAAA
地址：盐城市阜宁县金沙湖
电话：0515－87351888
邮编：224400

阜宁县桃花源生态农庄 AA
地址：盐城市阜宁县
邮编：224400

九龙口风景区 AA
地址：盐城市建湖县蒋营镇
电话：0515－88335706
邮编：224700

陆秀夫纪念馆 AA
地址：盐城市建湖县建阳镇老街
电话：0515－86312329
邮编：224700

瘦西湖公园 AAAAA
地址：扬州市大虹桥路 28 号
电话：0514－87342901
邮编：225002

扬州大明寺 AAAA
地址：扬州市平山堂路 1 号
电话：0514－87340720
邮编：225009

扬州古籍雕版印刷博物馆 AAAA
地址：扬州市凤凰桥
电话：0514－87340291
邮编：225001

扬州京华城休闲旅游区 AAAA
地址：扬州新城西区
邮编：225002

扬州吴道台宅第 AAA
地址：扬州市区泰州路中段
邮编：225002

个园 AAAA
地址：扬州市盐阜东路 10 号
电话：0514－87347428
邮编：225001

何园 AAAA
地址：扬州市徐凝门路 77 号
电话：0514－87612246
邮编：225001

扬州市东关历史文化旅游区 AAAA
地址：扬州东关街东圈门
电话：0514－87331772
邮编：225002

史可法纪念馆 AAA
地址：扬州市广储门外街 24 号
电话：0514－87341311
邮编：225002

扬州五亭龙国际玩具礼品城 AA
地址：扬州市维扬区扬子江北路
电话：0514－87309999
邮编：225002

朱自清故居 AA
地址：扬州市安乐巷 27 号
电话：0514－87331925
邮编：225002

仪征市博物馆 AAA
地址：扬州仪征市大庆南路
电话：0514－83425133
邮编：211400

扬州西郊森林公园 AA
地址：扬州仪征市刘集镇西 500 米
电话：0514－83831004
邮编：211400

江都龙川盆景艺苑 AA
地址：扬州江都市雅典娜路
电话：0514－87222353
邮编：225200

江都邵伯湖风景旅游区 AA
地址：扬州江都市邵伯镇
电话：0514－86783500
邮编：225200

江都朴园 AA
地址：扬州江都市丁伙镇
邮编：225200

江都水利枢纽风景区 A
地址：扬州江都市龙城路 133 号
电话：0514－86552112
邮编：225200

文游台 AA
地址：扬州高邮市人民路 507 号
电话：0514－84614320　84611967
邮编：225600

宝应县纵棹园 AAA
地址：扬州市宝应县叶挺路
邮编：225800

宝应县博物馆 AA
地址：扬州市宝应县安宜东路
电话：0514－88244087
邮编：225800

宝应县烈士纪念馆 AA
地址：扬州市宝应县安宜镇大桥居委会南港
电话：0514－88217011
邮编：225800

宝应县周恩来少年读书处 AA
地址：扬州市宝应县安宜镇水巷口 3 号
邮编：225800

宝应县荷园生态旅游区 AA
地址：扬州市宝应县水泗乡
邮编：225800

宝应县宁国寺 AA
地址：扬州市宝应县安宜南路 60 号
邮编：225800

宝应县柳宝二妹子模范民兵活动中心 AA
地址：扬州市宝应县柳堡镇
电话：88776077
邮编：225828

凤城河风景区 AAAA
地址：泰州市东南园 10 号
电话：0523－86369031　86363081
邮编：225300

泰山公园 AAA
地址：泰州市公园路
电话：0523－86222505
邮编：225300

泰州引江河风景区 AAA
地址：泰州市海陵区
邮编：225300

光孝律寺 AAA
地址：泰州市五一路
电话：0523－86231420
邮编：225300

泰州市天德湖景区 AAAA
地址：泰州市海陵区国际汽车城东 1.5 公里
电话：0523－80980092　80766005
邮编：225300

靖江市人民公园 AA
地址：泰州靖江市人民北路
电话：0523－84812373
邮编：214500

靖江市岳王庙·刘国钧故居 AA
地址：泰州靖江市生祠镇中街
邮编：214500

新四军黄桥战役纪念馆 AAA
地址：泰州泰兴市黄桥镇米巷 10 号
电话：0523－87211543
邮编：225300

泰州泰兴市泰兴公园 AA
地址：泰州泰兴市区如泰运河北岸陵园路东侧
电话：0523－87622911
邮编：225300

泰兴独立支部纪念馆 AA
地址：泰州泰兴市横垛镇醒农路
电话：0523－87381671
邮编：225418

溱湖风景区 AAAAA
地址：泰州姜堰市溱潼镇
电话：0523－88224788
邮编：225500

泰州华侨城
地址：泰州姜堰市溱湖风景区
电话：0523－88628888
邮编：225500

姜堰市人民公园 AA
地址：泰州姜堰市励才路
邮编：225500

泰州姜堰市溱潼古镇旅游区 AAAA
地址：泰州姜堰市溱潼镇
邮编：225500

姜堰市河横村 AA
地址：泰州姜堰市沈高镇河横村
邮编：225500

泰州兴化水中森林公园 AAAA
地址：泰州兴化市水中镇
电话：0523－83861777
邮编：225700

泰州兴化板桥竹石园 AA
地址：泰州兴化市大垛镇管阮村
邮编：225700

郑板桥纪念馆 AAAA
地址：泰州兴化市牌楼北路 2 号
电话：0523－83231335
邮编：225700

乌巾荡公园 AA
地址：泰州兴化市英武北路
电话：0523－83239424
邮编：225700

南通市狼山风景名胜区 AAAA
地址：南通市狼山镇临港路 53 号
电话：0513－85705219
邮编：226004

南通濠河风景名胜区 AAAAA
地址：南通市濠河西路 55 号
电话：0513－85529670
邮编：226001

南通市沈寿艺术馆 AA
地址：南通市环城南路 23 号
电话：0513－85529886
邮编：226001

南通城隍庙 AAA
地址：南通市濠东路 28 号
电话：0513－85512159
邮编：226001

南通世外桃园休闲农庄 AAA
地址：南通市经济开发区南
邮编：226001

南通城市博物馆 AAA
地址：南通市环城南路 1 号
电话：0513－85592999
邮编：226001

南通市九发绿色休闲农庄 AA
地址：南通市
邮编：226001

南通博物苑 AAAA
地址：南通市濠河南路 19 号
电话：0513－85516233

邮编：226001

南通珠算博物馆 AAAA
地址：南通市濠北路
电话：0513－85053102
邮编：226001

板鹞风筝艺术博物馆 AA
地址：南通市外环北路
电话：0513－85667282
邮编：226011

个簃艺术馆 AA
地址：南通市文峰路 7 号
电话：0513－85517002
邮编：226001

军山风景区 AAA
地址：南通市军山村长江南路
电话：0513－85700848
邮编：226009

南通市峨嵋山普贤寺 AA
地址：南通市港闸区唐闸镇
电话：0513－85541287
邮编：226001

通州市香光寺 AA
地址：南通市通州区二甲镇
邮编：226300

通州石港生态旅游风景区 AA
地址：南通市通州区石港镇
电话：0513－86827001
邮编：226300

南通海门叠石桥国际家纺馆·家纺产业旅游区 AAAA
地址：南通海门市三星镇叠三路 188 号
邮编：226100

南通海门市快活林山庄 AAA
地址：南通海门市
电话：0513－80188880
邮编：226100

海门市沿江渔村 AA
地址：南通海门市海门港
邮编：226100

张謇纪念馆 AA
地址：南通海门市常乐镇
电话：0513－82219806
邮编：226100

启东盈康江海生态休闲园 AA
地址：南通启东市戤效港 1 号
邮编：226200

水绘园（人民公园、博物馆）AAAA
地址：南通如皋市如城城镇西公园边 16 号
电话：0513－87514850　87514330
邮编：226500

定慧禅寺 AAA
地址：南通如皋市如城镇曙光路 17 号
电话：0513－87514717
邮编：226500

南通如皋市内外城河风光带 AAA
地址：南通如皋市
邮编：226500

如皋东方大寿星园 AAA
地址：南通如皋市鹤庄村
电话：0513－87310321
邮编：226500

如皋白蒲法宝禅寺 AAA
地址：南通如皋市白蒲镇
邮编：226500

国清寺 AA
地址：南通市如东县掘港镇城南开发区
电话：0513－84191101
邮编：226400

海安县博物馆（韩公馆）AA
地址：南通市海安县海安镇宁海北路 58－8 号
电话：0513－88163958
邮编：226600

苏中七战七捷纪念馆 AAA
地址：南通市海安县长江中路
电话：0513－88918361
邮编：226600

海安县广福禅寺 AAA
地址：南通市海安县城凤山北路 19 号
电话：0513－88833219
邮编：226600

七星湖生态园 AA
地址：南通市海安县开发区
电话：0513－81863129
邮编：226600

蓉和怡心园 AA
地址：南通市海安县
电话：0513－88346180
邮编：226600

观音禅寺 AA
地址：南通市海安县
电话：0513－88654202
邮编：226600

海安 523 文化主题公园 AA
地址：南通市海安县城迎宾路 201 号
电话：0513－88169696
邮编：226600

角斜红旗民兵团史绩陈列馆 AA
地址：南通市海安县角斜镇
电话：0513－88247075　13057021638
邮编：226600

海安县新四军联抗纪念馆 AA
地址：南通市海安县墩头镇吉庆村
电话：0513－88464156
邮编：226600

南山风景区 AAAA
地址：镇江市竹林路 98 号
电话：0511－84423090
传真：0511－84498660
邮编：212000

镇江市金山公园 AAAAA
地址：镇江市金山路 62 号
电话：0511－85512992
邮编：212002

焦山风景区 AAAAA
地址：镇江市东吴路
电话：0511－88817103
邮编：212003

镇江市博物馆 AAAA
地址：镇江市伯先路 85 号
电话：0511－85286517
邮编：212002

镇江市冷遹纪念馆 AA
地址：镇江市黄墟镇
电话：0511－83520608
邮编：212142

银山公园 AA
地址：镇江新区大港中心区域
邮编：212001

镇江市润州道院 AA
地址：镇江市润州区
邮编：212004

丹徒区世业洲旅游度假区 AA
地址：镇江市丹徒区世业洲镇
电话：0511－85563418
邮编：212001

江心洲大套风光带“农家乐”AA
地址：镇江市丹徒区
邮编：212001

龙恩木屋旅游度假山庄 AA
地址：镇江市丹徒区辛丰镇龙山村
电话：0511－83512999　85910166
邮编：212001

新四军四县抗敌总会纪念馆 AA
地址：镇江市丹徒区宝堰镇东大街 82 号
电话：0511－84481615
邮编：212125

镇江市民间文化艺术馆 AA
地址：镇江市长江路 207 号
电话：0511－85278930
邮编：212001

北固山风景区 AAAAA
地址：镇江市东吴路 3 号
电话：0511－88812169
邮编：212001

扬中市油灯博物馆 AAA
地址：镇江扬中市拥军路 23 号
电话：0511－88334681
邮编：212200

扬中市环太渔乐园 AA
地址：镇江扬中市三茅镇营房港
电话：0511－88439256
邮编：212200

扬中市江馨怡度假村 AA
地址：镇江扬中市西来桥镇
邮编：212200

丹阳市九曲河枢纽风景区 AA
地址：镇江丹阳市新桥镇
电话：0511－86363818
邮编：212300

丹阳嘉山旅游风景区 AA
地址：镇江丹阳市后巷镇嘉山村
邮编：212300

镇江丹阳市九里风景区 AA
地址：镇江丹阳市
邮编：212300

万缮公园 AA
地址：镇江丹阳市丹金路
电话：0511－86527629
邮编：212300

镇江茅山风景区 AAAAA
地址：镇江句容市茅山镇
电话：0511－87827158
邮编：212446

江苏

镇江宝华山国家森林公园 AAAA
地址：镇江句容市宝华镇
电话：0511－87898466
邮编：212445

镇江句容市南山农庄 AA
地址：镇江句容市春城镇
邮编：212400

句容市江苏农林科技示范园 AA
地址：镇江句容市
邮编：212400

句容市圣妙农庄 AA
地址：镇江句容市
邮编：212400

常州天宁禅寺 AAAA
地址：常州市延陵东路 636 号
电话：0519－88115647
邮编：213003

常州东坡公园 AA
地址：常州市延陵东路水门桥
电话：0519－88815005
邮编：213003

常州荆川公园 AA
地址：常州市清潭路底
电话：0519－86969149
邮编：213015

常州市博物馆 AAAA
地址：常州市清凉路
电话：0519－86648677
邮编：213001

张太雷纪念馆 AA
地址：常州市清凉路子和里 3 号
电话：0519－88873919
邮编：213001

常州红梅公园 AAAA
地址：常州市罗汉路 1 号
电话：0519－88105522
邮编：213003

常州梳篦博物馆 AA
地址：常州市罗汉路 1 号
电话：0519－88105522
邮编：213003

亚细亚影视城 AAAA
地址：常州市怀德中路 21 号
电话：0519－86608965
邮编：213003

常州新区中心公园 AAA
地址：常州市汉江路 299 号
邮编：213003

常州市戈小兴中外烟标烟具博物馆 AA
地址：常州市双塔街 92 号
电话：0519－88102017
邮编：213003

中国 · 常州南大街休闲旅游区 AA
地址：常州市钟楼区南大街
邮编：213002

华夏工艺美术产业博览园 AA
地址：常州市新北区薛家镇庆阳路 68 号
电话：0519－85966250
邮编：213001

常州环球恐龙城 AAAAA
地址：常州市新北区长江东路 1 号
电话：0519－85116668
邮编：213022

常州江南美术馆 AA
地址：常州市天宁区小东门路 166－68 号
邮编：213003

常州市三勤农业生态园 AA
地址：常州市武进区湖塘镇青洋路马杭段
电话：0519－86320001
邮编：213000

春秋淹城旅游区 AAAA
地址：常州市武宜中路 197 号
电话：400－188－0005
邮编：213000

常州环球动漫嬉戏谷 AAAA
地址：常州市武进区太湖湾大道 1 号
电话：0519－88888810
邮编：213161

武进横山白龙观 AA
地址：常州市武进区横山桥镇
电话：0519－88600083
邮编：213003

武进艺林园 AA
地址：常州市武进区夏溪镇厚余新西街
电话：0519－83681109
邮编：213161

金坛顾龙山景区 AAA
地址：常州金坛市
电话：0519－82893326
邮编：213200

奥金鳄鱼乐园 AAA
地址：常州金坛市开发区电厂路一号
电话：0519－82350000
传真：0519－82350004
邮编：213200

华罗庚公园 AAA
地址：常州金坛市府路 38 号
电话：0519－82822957
邮编：213200

天目湖旅游度假区 AAAAA
地址：常州溧阳市天目湖镇
电话：0519－87980495
邮编：213300

溧阳高静园 AA
地址：常州溧阳市溧城镇交通路 37 号
电话：0519－87281252
邮编：213300

新四军江南指挥部纪念馆 AA
地址：常州溧阳市前马镇水细村
电话：0519－87209255
邮编：213300

南山竹海生态旅游区 AAAA
地址：常州溧阳市横涧镇
电话：0519－87935521
邮编：213335

溧阳凤凰公园 AA
地址：常州溧阳市溧城镇凤凰路
电话：0519－87325765
邮编：213300

溧阳市瓦屋山休闲旅游区 AA
地址：常州溧阳市西端
电话：0519－87209255
邮编：213353

无锡市锡惠园林文物名胜区 AAAA
地址：无锡市惠山直街 2 号
电话：0510－83708324
邮编：214035

无锡灵山景区 AAAAA
地址：无锡市滨湖区马山灵山路
电话：0510－85680358
邮编：214091

无锡中视股份三国水浒景区 AAAAA
地址：无锡市大浮
电话：0510－85555219
邮编：214081

无锡太湖鼋头渚风景区 AAAAA
地址：无锡市太湖鼋头渚风景区
电话：0510－85551544
邮编：214086

无锡中华赏石园景区 AAAA
地址：无锡市新区鸿山镇飞凤路 202 号中国吴文化博览园功能区内
邮编：214001

无锡太湖龙头渚 AAA
地址：无锡市太湖国家旅游度假区
电话：0510－85680600
邮编：214001

无锡中视股份唐城景区 AAA
地址：无锡市大浮山麓漆塘路 1 号
电话：0510－85555219
邮编：214081

无锡市龙寺生态园 AAA
地址：无锡市大浮镇北村
电话：0510－85561512
邮编：214001

无锡市顾毓琇纪念馆 AA
地址：无锡市学前街 3 号
电话：0510－82733995
邮编：214001

无锡市秦邦宪故居 AAA
地址：无锡市崇宁路
电话：0510－82733995
邮编：214001

无锡新区新洲生态园 AAA
地址：无锡市新区
邮编：214001

无锡市雪浪山生态景观园 AAA
地址：无锡太湖新城科教产业园雪浪山
电话：0510－85177888
邮编：214127

无锡市菩提仙境景区 AA
地址：无锡市惠山区洛社镇境内
电话：0510－83306701
邮编：214174

无锡碑刻陈列馆 AA
地址：无锡市学前街睦亲坊巷 3 号
邮编：214001

无锡太湖花卉园 AAA
（全国农业旅游示范点）
地址：无锡市线荣路中段丁巷 88 号
电话：0510－85516177
邮编：214064

梅园横山风景区 AAAA
地址：无锡市梁溪西路卞家湾 13 号
电话：0510－85516739

江苏

邮编：214001

东林书院 AAA
地址：无锡市城区东门内
电话：0510－85680371
邮编：214001

无锡蠡园风景区 AAAA
地址：无锡市青祁村 70 号
电话：0510－85107616
邮编：214075

无锡市薛福成故居 AAAA
地址：无锡市学前街 152 号
电话：0510－82733829
邮编：214001

无锡梅村镇泰伯庙 AA
地址：无锡市梅村镇
电话：0510－88150012
邮编：214112

无锡鸿声镇泰伯墓 AA
地址：无锡市鸿声镇
电话：0510－88580383
邮编：214115

无锡市城中公园（崇安寺景区）AAAA
地址：无锡市崇安寺公园路 14 号
电话：0510－82724309
邮编：214002

无锡市钱钟书故居 AA
地址：无锡市新街巷 30 号
电话：0510－82712336
邮编：214001

无锡市吟园公园 AA
地址：无锡市锡山大桥堍运河北路 1 号
电话：0510－83708096
邮编：214035

无锡市九龙湾乡村家园 AA
地址：无锡市胡埭镇刘塘村张庄 1 号
电话：0510－85581779
邮编：214162

无锡吴越旅游发展有限公司
地址：无锡市新区鸿山街道经济开发园区
电话：0510－88996258
邮编：214142

无锡市清名桥古运河景区 AAAA
地址：无锡市南长区向阳路 38 号
电话：0510－82827975
邮编：214021

江阴市滨江要塞旅游区 AAAA
地址：无锡江阴市公园路
电话：0510－86851598
邮编：214400

江阴泰清寺 AA
地址：无锡江阴市华士镇向阳村
电话：0510－86209290
邮编：214421

江阴市徐霞客故居 AA
地址：无锡江阴市霞客镇
电话：0510－86523903
邮编：214406

江苏学政文化旅游区 AAAA
地址：无锡江阴市中心地段
电话：0510－86852958
传真：0510－86851798
邮编：214400

江阴渡江战役纪念馆 AA
地址：无锡江阴市滨江中路
电话：0510－86811294
邮编：214431

宜兴市善卷洞风景区 AAAA
地址：无锡宜兴市善卷洞
电话：0510－87394886
邮编：214233

无锡宜兴张公洞旅游景区 AAAA
地址：无锡宜兴市湖㳇镇张阳村
电话：0510－87478805
邮编：214223

宜兴市云湖景区 AAAA
地址：无锡宜兴市西渚镇横山村香林路
电话：0510－87378772
邮编：214236

龙池山风景区 AA
地址：无锡宜兴市龙池山
电话：0510－87349008
邮编：214234

竹海公园 AAA
地址：无锡宜兴市湖㳇镇竹海村
电话：0510－87470614　87479600
邮编：214223

宜兴竹海风景区 AAAA
地址：无锡宜兴市湖㳇镇
电话：0510－87470999
邮编：214223

宜兴陶祖圣境风景区 AAAA
地址：无锡宜兴市湖㳇镇
电话：0510－87479938
邮编：214223

宜兴团氿风景区 AAAA
地址：无锡宜兴市宜城镇
电话：0510－7070102
邮编：214200

宜兴市龙背山森林公园 AAAA
地址：无锡宜兴市宜城镇
电话：0510－87972106
邮编：214200

无锡市宜兴陶瓷博物馆 AAAA
地址：无锡宜兴市丁蜀镇丁山北路 150 号
电话：0510－87188321　87183698
邮编：214200
网址：www. yxtcbwg. com

苏州市吴江震泽古镇景区 AAAA
地址：苏州吴江区震泽镇
邮编：215200

苏州拙政园 AAAAA
地址：苏州市东北街 178 号
电话：0512－67539869
邮编：215001

苏州留园 AAAAA
地址：苏州市留园路 338 号
电话：0512－65337903
邮编：215008

苏州虎丘山风景区 AAAAA
地址：苏州市虎丘山门内 8 号
电话：0512－67232305
邮编：215008

金鸡湖景区 AAAAA
地址：苏州市工业园区内
电话：4007－558－558
邮编：215002

苏州乐园 AAAA
地址：苏州市新区狮山路口
电话：0512－68256453
邮编：215011

苏州盘门景区 AAAA
地址：苏州市东大街 1 号
电话：0512－65260004
邮编：215007

苏州网狮园 AAAA
地址：苏州市银杏桥北阔街头巷 11 号
电话：0512－65293190
邮编：215006

苏州狮子林 AAAA
地址：苏州市园林路 23 号
电话：0512－67278316
邮编：215001

西山风景区 AAAA
地址：苏州市太湖南部
电话：0512－66276534　66271547
邮编：215111

寒山寺 AAAA
地址：苏州市寒山寺弄 24 号
电话：0512－65348048　65332689
邮编：215008

苏州市旺山景区 AAAA
地址：苏州市越溪街道旺山村
电话：0512－66300333
邮编：215000

苏州白马涧生态园 AAAA
地址：苏州高新区枫桥街道西部
电话：0512－66658111　66658711
邮编：215002

苏州平江历史街区 AAAA
地址：苏州市大儒巷 40 号
电话：0512－67200129
邮编：215001

苏州天平山景区 AAAA
地址：苏州市城西 15 公里处
电话：0512－66578763
邮编：215002

苏州石湖景区 AAAA
地址：苏州市石湖西路 177 号
电话：0512－65641888
邮编：215128

苏州太湖三山岛 AAAAA
地址：苏州市吴中区东山镇三山村
电话：0512－66373907
邮编：215107

苏州七里山塘景区 AAAA
地址：苏州市广济路 218 号
电话：0512－67236980
邮编：215008

苏州新区何山公园 AAA
地址：苏州新区长江路 461 号
邮编：215002

苏州定园 AAA
地址：苏州市虎丘山南麓古茶花村
邮编：215008

苏州中国珍珠宝石城 AAA
地址：苏州市相城区渭塘镇珍珠湖路 88 号
邮编：215131

荷塘月色湿地公园 AAA
地址：苏州市相城区黄桥街道太阳路
电话：0512－65781111
邮编：215000

苏州镇湖刺绣艺术馆 AAAA
地址：苏州市高新区镇湖街道绣馆街 1 号
电话：0512－66800528
邮编：215161

苏州市西园戒幢律寺 AAAA
地址：苏州市金阊区西园弄 18 号
电话：0512－65334359
邮编：215008

苏州甪直古镇游览区 AAAA
地址：苏州市吴中区甪直镇
电话：0512－65019410
邮编：215127

苏州市东山景区 AAAAA
地址：苏州市吴中区东山镇
邮编：215128

穹窿山景区 AAAAA
地址：苏州市吴中区藏书镇兵圣路
电话：0512－66245716
邮编：215002

白塘生态植物园 AAA
地址：苏州市吴中区苏州市工业园区
电话：0512－65219980
邮编：215101

苏州光福古镇景区 AAAA
地址：苏州市吴中区光福镇
电话：0512－66231918
邮编：215128

苏州木渎古镇 AAAA
地址：苏州吴中区木渎镇严家花园东侧
电话：0512－66514902
邮编：215101

苏州同里古镇游览区 AAAAA
地址：苏州吴江区同里镇
电话：0512－63331154
邮编：215217

苏州吴江市静思园 AAAA
地址：苏州吴江区吴同公路
电话：0512－63439118
邮编：215200

吴江平望小九华寺 AA
地址：苏州吴江区平望镇
电话：0512－63652531
邮编：215211

吴江慈云禅寺 AA
地址：苏州吴江区震泽镇宝塔街
电话：0512－63771416
邮编：215231

吴江震泽公园 AAA
地址：苏州吴江区震泽镇公园路
电话：0512－63771283
邮编：215231

王锡阐故居纪念馆 AA
地址：苏州吴江区震泽中学校园东侧
电话：0512－63777786
邮编：215231

吴江市青少年科技文化活动中心 AAA
地址：苏州吴江区中山南路
电话：0512－63038006
邮编：215200
网址：www. wjyac. com

苏州柳亚子故居 AA
地址：苏州吴江区黎里中心街 30 号
电话：0512－63616852
邮编：215212

苏州盛泽先蚕祠 AA
地址：苏州吴江区盛泽镇五彪路口
电话：0512－63556616
邮编：215228

苏州市吴中太湖旅游区 AAAAA
地址：苏州市
电话：0512－66555665
邮编：215002

苏州工业园区重元寺 AAAA
地址：苏州市工业园区唯亭阳澄半岛
电话：0512－65072999
邮编：215031

苏州市太湖湿地公园 AAAA
地址：苏州高新区镇湖市桥南街 1 号
电话：0512－66918088
邮编：215031

苏州中国花卉植物园 AAA
地址：苏州相城区太阳路
电话：0512－67592711
邮编：215131

苏州大白荡城市生态公园 AAA
地址：苏州市浒墅关经济开发区鸿禧路 20 号
邮编：215031

苏州相城盛泽湖月季园 AAA
地址：苏州市相城区太平街道盛泽荡路 3 号
电话：0512－65996698
邮编：215131

吴江圆通寺景区 AAA
地址：苏州吴江区体育路 1366 号
电话：0512－63491317
邮编：215200

吴江震泽师俭堂 AAA
地址：苏州吴江区震泽镇宝塔街 12 号
邮编：215200

阳澄湖半岛旅游度假区
地址：苏州市工业园区阳澄湖半岛慈云路 9 号
电话：4008－288－000
邮编：215121

中国第一水乡——周庄古镇游览区 AAAAA
地址：苏州昆山市周庄镇
电话：0512－57211654
邮编：215325

苏州昆山市锦溪古镇 AAAA
地址：苏州昆山市
邮编：215300

昆山市千灯古镇游览区 AAAA
地址：苏州昆山市千灯镇
邮编：215300

昆山亭林园 AAAA
地址：苏州昆山市马鞍山东路
电话：0512－57510921　57510070
邮编：215300

阳澄湖景区 AAA
地址：苏州昆山市巴城阳澄湖
电话：0512－57651134
邮编：215321

太仓公园 AAA
地址：苏州太仓市
邮编：215400

苏州太仓市南园公园 AAA
地址：苏州太仓市
邮编：215400

太仓张溥故居 AA
地址：苏州太仓市新华西路 57 号
电话：0512－53103354
邮编：215400

太仓王锡爵故居 AA
地址：苏州太仓市新华东路 60 号
电话：0512－53548908
邮编：215400

太仓现代农业园 AAAA
地址：苏州太仓市岳王新港公路现代农业园区
电话：400－799－7955
邮编：215400

常熟蒋巷乡村旅游景区 AAAA
地址：苏州常熟市蒋巷村
电话：0512－52580545
邮编：215500

常熟市虞山—尚湖风景区 AAAAA
地址：苏州市常熟市尚湖风景区
电话：0512－52779371
邮编：215500

常熟服装城购物旅游区 AAAA
地址：苏州常熟市古城南端常熟招商城
电话：0512－51531120
邮编：215500

方塔古迹名胜区 AAAA
地址：苏州常熟市方塔园
电话：0512－52779669
邮编：215500

苏州沙家浜风景区 AAAAA
地址：苏州常熟市沙家浜镇
电话：0512－52504205　52500000
邮编：215000

常熟市梅李聚沙园景区 AAA
地址：苏州常熟市梅李镇通塔路 1 号
电话：0512－52262260
邮编：215511
网址：www. jushapark. com

张家港市东渡苑景区 AAA
地址：苏州张家港市塘桥镇
邮编：215600

张家港市香山风景区 AAAA
地址：苏州张家港市南沙镇
电话：0512－58935361
邮编：215600

张家港市梁丰生态园 AAA
地址：苏州张家港市沙洲东路
电话：0512－56992301
邮编：215600

张家港公园 AA
地址：苏州张家港市杨舍镇暨阳中路 120 号
电话：0512－68221035
邮编：215600

江苏

张家港市凤凰山风景区 AAAA
地址：苏州张家港市凤凰镇凤恬路
电话：0512－58429926
邮编：215600

餐　馆

梅苑餐厅
地址：南京市白下区汉中路2号金陵饭店2楼
电话：025－83700937　83738880　83703216
邮编：210002

六华春菜馆
地址：南京市玄武区龙蟠路254号
电话：025－85410700
邮编：210018

莲湖糕团店
地址：南京市秦淮区贡院西街24号
电话：025－52251232
邮编：210001

大三元酒家
地址：南京市鼓楼区中山路38号
电话：025－84708339　84722779
邮编：210009

四川酒家
地址：南京市白下区太平南路171号1－3楼
电话：025－84402008　84402038
邮编：210002

金鹰大酒楼
地址：南京市白下区石鼓路42号建华大厦3－4楼
电话：025－84738858
邮编：210002

汉都阁饭店
地址：南京市玄武区北门桥11号
电话：025－84703793
邮编：210018

南京饭店潮洲园
地址：南京市鼓楼区中山北路259号南京饭店内
电话：025－83411888
邮编：210009

向阳渔港
地址：南京市苜蓿园大街79号1－4楼
电话：025－84270000
邮编：210008

红泥大酒店
地址：南京市白下区洪武路23号
电话：025－86899111　86899276
邮编：210002

咸亨酒店
地址：南京市秦淮区夫子庙大石坝街138号
电话：025－52317979
邮编：210001

金禾泰大餐厅
地址：南京市湖南路狮子桥2号美食步行一条街
电话：025－83241823　83242525
邮编：210008

本杰比餐厅
地址：南京市湖南路狮子桥2号狮王府西式食府街内
电话：025－83245421
邮编：210008

无穹花韩国料理美食中心
地址：南京市鱼市街59号
电话：025－83611575　83811575
邮编：210008

江苏酒家
地址：南京市白下区健康路16号
电话：025－86625632
邮编：210002

曲园酒家
地址：南京市碑亭巷20号
电话：025－86641824
邮编：210002

刘长兴夫子庙总店
地址：南京市白下区建康路127号
电话：025－52213888转
邮编：210002

南京马祥兴菜馆
地址：南京市鼓楼区云南北路32号
电话：025－83286388　83286387
邮编：210008

南京清真绿柳居菜馆
地址：南京市太平南路248号
电话：025－86643644
邮编：210008

晚晴楼民俗轩
地址：南京市秦淮区大石坝街126号
电话：025－52301950
邮编：210001

奇芳阁
地址：南京市秦淮区贡院西街12号
电话：025－86623159　86626234
邮编：210001

永和园酒楼
地址：南京市秦淮区贡院街122号
电话：025－86629206
邮编：210001

侯家餐饮有限公司
地址：南京市程阁老巷
电话：025－84419866
邮编：210008

大娘水饺餐饮有限公司
地址：南京市健康路
电话：025－85639224
邮编：210008

红船餐饮有限公司
地址：南京市江边路
电话：025－58826001
邮编：210008

大自然村餐饮有限公司
地址：南京市云南北路
电话：025－83244776
邮编：210008

小尾羊餐饮有限公司
地址：南京市长乐路
电话：025－52245277
邮编：210008

渔人庄活鱼锅贴饮食有限公司
地址：南京市华侨路33号
电话：025－84717168
邮编：210008

新新公社餐饮有限公司
地址：南京市汉中路
电话：025－84721566
邮编：210029

江南酒家有限公司
地址：南京市宝塔路
电话：025－57312791
邮编：211300

海上明月饮食有限公司
地址：南京市户部街
电话：025－86895699
邮编：210008

虾公馆餐饮有限公司
地址：南京市石头城
电话：025－83730486
邮编：210008

桃花源美食有限公司
地址：南京市玉泉路
电话：025－83332338
邮编：210008

沸腾鱼香餐饮有限公司
地址：南京市北京东路
电话：025－86892768
邮编：210008

老正兴餐饮有限公司
地址：南京市贡院街
电话：025－86621594
邮编：210001

尼泊尔餐厅
地址：南京市石鼓路
电话：025－86661828
邮编：210008

穆斯林餐厅
地址：南京市广州路
电话：025－83705680
邮编：210008

南京金都饮食服务有限公司清真马祥兴菜馆
地址：南京市云南北路32号
电话：025－83286387
邮编：210008

南京清真安乐园菜馆
地址：南京市王府井大街138号
电话：025－84200227　84206466
邮编：210008

张生记
地址：南京市中山东路
电话：025－84721917　84721918
邮编：200008

英格斯牛扒餐厅
地址：南京市汉中路89号
电话：025－84718888
邮编：200008

红杏酒家
地址：南京市凤凰东街150号
电话：025－86666333
邮编：200008

清真韩复兴板鸭店
地址：南京市湖南路110号
电话：025－83326866
邮编：200008

狮子楼
地址：南京市湖南路狮子桥29号

电话：025－83607888
邮编：200008

云南过桥米线馆
地址：南京市华侨路31号
电话：025－84709012
邮编：200008

秦淮人家酒楼（夫子庙店）
地址：南京市大石坝街128号
电话：025－52211888
邮编：200008

四川酒家
地址：南京市太平南路171号
电话：025－86645141
邮编：200008

金满湖海鲜酒楼
地址：徐州市凤鸣路3号
电话：0516－83868818
邮编：221003

徐州样样红海鲜鲍翅楼
地址：徐州市大同街19号
电话：0516－83753555
邮编：221003

名人名家酒楼
地址：徐州市复兴北路77号
电话：0516－83578777
邮编：221000

老妈妈饭庄
地址：徐州市解放南路238号
电话：0516－83813777
邮编：221000

徐州市酸菜鱼稻香居
地址：徐州市湖北路
电话：0516－85829111
邮编：221003

便宜坊野味馆
地址：徐州市民主路1号楼
电话：0516－82759332
邮编：221003

梅园酒家
地址：徐州市煤建路
电话：0516－85322377
邮编：221003

百味佳餐厅
地址：徐州市中山南路10号2楼
电话：0516－85699358
邮编：221003

蜀秀酒楼
地址：徐州市永安街
电话：0516－85799399
邮编：221003

贵宾楼美食城
地址：连云港市建设东路80号
电话：0518－85519899
邮编：222002

港人酒家
地址：连云港市南极北路
电话：0518－82884003
邮编：222002

南苑酒家
地址：连云港市朝阳中路110号
电话：0518－85486559
邮编：222002

凤凰酒家
地址：连云港市
电话：0518－85911179
邮编：222002

砂锅居
地址：连云港市盐河南路
电话：0518－85575677
邮编：222002

九重天大酒店总店
地址：连云港市盐河南路
电话：0518－85628877
邮编：222002

大众饭店
地址：连云港市青年路
电话：0518－82990022
邮编：222002

贵都酒楼
地址：连云港市朝阳西路
电话：0518－85100003
邮编：222002

家和海鲜馆
地址：连云港市新浦康泰南路45号
电话：0518－85512899　85510830
邮编：222002

天方夜谭大酒店
地址：连云港市海连西路17号
电话：0518－85481488　82867667
邮编：222002

富春饭店
地址：连云港市盐河南路16号
电话：0518－85525288
邮编：222002

三星饭庄
地址：连云港市海昌南路
电话：0518－85317600
邮编：222002

老川府酒店
地址：连云港市民主西路
电话：0518－82555073
邮编：222002

东北人家
地址：连云港市通灌南路67号
电话：0518－85411467
邮编：222002

河南食府
地址：连云港市振海路
电话：0518－85206583
邮编：222002

大宅门
地址：连云港市市化路
电话：0518－85458977
邮编：222002

原味斋
地址：连云港市朝阳西路
电话：0518－85209337
邮编：222002

醉仙楼
地址：宿迁市幸福南路200号
电话：0527－84345069
邮编：223800

淮阴康乐城有限公司川都美食城
地址：淮安市淮海北路90号
电话：0517－83651606
邮编：223001

淮安市仕菁园菜馆
地址：淮安市健康东路118号
电话：0517－83761304
邮编：223001

楚天新渔馆
地址：淮安市健康东路75号
电话：0517－83945788
邮编：223001

淮安市大娘水饺餐饮有限公司
地址：淮安市淮海北路214号
电话：0517－83931997
邮编：223001

西郊渔村
地址：淮安市北京西路
电话：0517－84971788
邮编：223001

明轩酒楼
地址：淮安市淮海南路48号
电话：0517－83945958
邮编：223001

北方饺子菜馆
地址：淮安市长江西路
电话：0517－84933835
邮编：223001

老川江鱼馆
地址：淮安市漕运东路
电话：0517－83937997
邮编：223001

致中和食府
地址：淮安市承德南路99号
电话：0517－83958777
邮编：223001

杉山酒家
地址：盐城市纯化路86号
电话：0515－88322017
邮编：224005

望海大厦餐厅
地址：盐城市解放北路35号
电话：0515－88882288
邮编：224005

竹君酒家
地址：盐城市建军西路210号
电话：0515－88592161
邮编：224005

盐城市饮食服务公司向阳饭店
地址：盐城市建军中路50号
电话：0515－88325225
邮编：224005

盐城市饮食服务公司东风饭店
地址：盐城市建军中路30号
电话：0515－88324569
邮编：224005

奥星绿色生态美食园
地址：盐城市解放南路108号
电话：0515－88439666
邮编：224005

西部牛扒城
地址：扬州市四望亭路28号
电话：0514－87316758
邮编：225002

庄户人家
地址：扬州市文昌中路院东街 20 号
电话：0514－87356697
邮编：225002

金陵风家常菜馆
地址：扬州市解放北路 2 号
电话：0514－87240813
邮编：225002

华天酒楼
地址：扬州市扬子江中路 336 号
电话：0514－87885979
邮编：225002

大明寺素菜馆
地址：扬州市平山堂路
电话：0514－87340720
邮编：225002

全聚德酒店总店
地址：扬州市国庆路 454 号
电话：0514－87333777
邮编：225002

田园肥牛府
地址：扬州市大虹桥路 26 号
电话：0514－87320777
邮编：225002

大胡子汤馆
地址：扬州市四望亭路 25 号
电话：0514－87320599
邮编：225002

老树咖啡西餐厅
地址：扬州市四望亭路 187 号
电话：0514－87036186
邮编：225002

巴湘火锅食府
地址：扬州市淮海路 111 号
电话：0514－87313477
邮编：225002

富春茶社
地址：扬州市得胜桥街路 35 号
电话：0514－87233326
邮编：225002

共和春酒家（总店）
地址：扬州市广陵区甘泉路 79 号
电话：0514－87337477
邮编：225002

水晶宫
地址：扬州市开发区扬子江中路 8 号
电话：0514－87853977
邮编：225002

望御楼大酒店
地址：扬州市广陵区丰乐上街 10 号国旅大楼内
电话：0514－87930777
邮编：225002

月明轩饭店
地址：扬州市广陵区运河西路 239 号
电话：0514－87238777　87800188
邮编：225002

冶春酒楼
地址：扬州市广陵区丰乐下街 8 号
电话：0514－87314650　87330708
邮编：225002

天香阁酒店
地址：扬州市邗江区汶河北路 30 号
电话：0514－85580000　87358290
邮编：225002

福满楼大酒店
地址：扬州市莱茵苑沿河街 52 号
电话：0514－87342777　87343777
邮编：225002

紫京烧鹅仔美食广场
地址：扬州市开发区文汇南路 99 号紫金饭店 1 楼
电话：0514－87760717　87760888－21777
邮编：225002

鸿兴民族饭店
地址：扬州市广陵区国庆路 292 号
电话：0514－87341728
邮编：225002

菜根香饭店
地址：扬州市广陵区国庆路 115 号
电话：0514－87342079
邮编：225002

川滇老妈餐饮有限公司
地址：扬州市四望亭路 48 号
电话：0514－87327978
邮编：225002

泰州会宾楼宾馆
地址：泰州市济川东路 101 号
电话：0523－86807888
邮编：225300

百岁鱼餐饮泰州店
地址：泰州市税东街 9－11 号
电话：0523－86212718
邮编：225300

金粟饭庄
地址：泰州市江洲南路
电话：0523－85561855
邮编：225300

新宝膳坊
地址：泰州市江洲南路
电话：0523－82095356
邮编：225300

泰州市大洲美食娱乐广场
地址：泰州市青年路 20 号
电话：0523－86334913
邮编：225300

迎新春酒楼
地址：泰州市鼓楼北路
电话：0523－85688939
邮编：225300

福记酸菜鱼馆
地址：泰州市江洲北路
电话：0523－86555079
邮编：225300

五一饭庄
地址：泰州市五一路
电话：0523－82930426
邮编：225300

梁徐董记牛肉馆
地址：泰州姜堰市梁徐镇中心西路 5 号
电话：0523－88521077
邮编：225500

夜上海酒家
地址：南通市青年东路 47 号
电话：0513－85221522
邮编：226001

崇川城南王朝酒家
地址：南通市濠南路 1 号
电话：0513－85105913
邮编：226001

十里飘香餐厅
地址：南通市环城西路
电话：0513－85105179
邮编：226001

亚马逊拉丁餐厅
地址：南通市濠南路 20 号
电话：0513－85519996
邮编：226001

旺角酒家
地址：南通市跃龙南路 12 号江东广场
电话：0513－85109868
邮编：226001

牵手餐厅
地址：南通市青年中路 66 号
电话：0513－85151333
邮编：226001

崇川城南秋韵酒家
地址：南通市青年中路 18 号
电话：0513－85151579
邮编：226001

良辰酒家
地址：南通市青年西路 86 号
电话：0513－83511559
邮编：226001

渝源食府
地址：南通市环城南路 5 号
电话：0513－85107799
邮编：226001

红顶鹅馆
地址：南通市跃龙路 48 号
电话：0513－85351777
邮编：226001

钱塘茶人
地址：南通市南园路 12 号
电话：0513－85512966
邮编：226001

功德林大酒店
地址：南通市崇川区跃龙路 28 号
电话：0513－85591833
邮编：226001

濠河人家土菜馆
地址：南通市南大街 88 号
电话：0513－85586790
邮编：226001

牧羊人家
地址：南通市人民东路 157 号
电话：0513－85522333
邮编：226001

金陵人家
地址：南通市青年中路 80 号
电话：0513－85524828
邮编：226001

四川卞氏菜根香海鲜酒楼南通店
地址：南通市青年中路
电话：0513－85127777
邮编：226001

南通蓝天酒楼
地址：南通市青年中路73号
电话：0513－85526889
邮编：226001

小无锡食府
地址：南通市濠南路191号
电话：0513－85515012
邮编：226001

红玫瑰酒楼
地址：南通市姚港路9号
电话：0513－85517679
邮编：226001

雕刻时光
地址：南通市青年中路16号
电话：0513－85506999
邮编：226001

广东煲鸡馆
地址：南通市青年中路75号
电话：0513－85151777
邮编：226001

镇江宾馆中餐厅
地址：镇江市中山西路92号2楼
电话：0511－85233888
邮编：212001

长青藤餐厅
地址：镇江市长江路19号
电话：0511－85270931
邮编：212001

镇江人家
地址：镇江市电力路47号1－3层
电话：0511－85279778
邮编：212001

东升饭店
地址：镇江市双井路27号
电话：0511－85235969
邮编：212001

川渝香辣馆
地址：镇江市双井路90号
电话：0511－82090277
邮编：212001

德克萨斯啤酒牛扒城
地址：常州市和平北路16号
电话：0519－88115757
邮编：213003

三品苑大酒店
地址：常州市晋陵中路338号
电话：0519－86600778
邮编：213003

楼上楼餐饮有限公司
地址：常州市晋陵中路329号
电话：0519－88126767
邮编：213003

新一村川菜馆
地址：常州市和平北路16号
电话：0519－88101597　86103877
邮编：213003

翠花川菜馆（总店）
地址：常州市延陵西路267号
电话：0519－86671877
邮编：213003

亚马逊餐厅
地址：常州市南大街99号2楼
电话：0519－86605777
邮编：213003

渔人码头
地址：常州市和平南路150号
电话：0519－88167988
邮编：213003

福记大饭店
地址：常州市晋陵中路339号
电话：0519－88155777
邮编：213003

长兴楼饭店
地址：常州市新北区黄山路388号
电话：0519－85159999
邮编：213003

江苏莱根香餐饮连锁有限公司
地址：常州市新区通江大道541号
电话：0519－85100577
邮编：213003

醉翁亭酒楼
地址：常州市钟楼区荆川公园西大门
电话：0519－86972777
邮编：213002

张生记大酒店
地址：常州市天宁区晋陵中路317号
电话：0519－88125777
邮编：213003

红宝石大饭店
地址：常州市天宁区晋陵中路365号
电话：0519－88156111
邮编：213003

三品苑大酒店
地址：常州市天宁区晋陵中路338号
电话：0519－86600778
邮编：213003

三凤酒家
地址：无锡市崇安区中山路240号
电话：0510－82725132
邮编：214002

无锡三凤桥大排档
地址：无锡市工运路28号伊酷童百货5楼
电话：0510－82329177
邮编：214002

三凤桥客堂间
地址：无锡市中山路343号大东方百货B座7F
电话：0510－82831977
邮编：214002

三凤桥肉庄
地址：无锡市崇安区中山路240号
电话：0510－82700595　82725132
邮编：214002

王兴记总店
地址：无锡市崇安区中山路223号
电话：0510－82726484
邮编：214002

聚丰园大酒店
地址：无锡崇安区中山路555号
电话：0510－88661777
邮编：214002

玛莎意大利西餐厅
地址：无锡市崇安区崇安寺钟楼街35－301号
电话：0510－82705951
邮编：214002

崇安寺皇亭美食城
地址：无锡市崇安区中山路崇安寺步行街2029号
电话：0510－82787878
邮编：214002

东方海港大酒楼
地址：无锡市崇宁路99号东方巴黎广场
电话：0510－88666777
邮编：214001

星期五餐厅
地址：无锡市中山路218号锦江大酒店内
电话：0510－83737777
邮编：214001

新疆风味西域风情餐厅
地址：无锡市清扬路运河新村196号
电话：0510－88976757
邮编：214001

金谷苑酒家
地址：无锡市杨名路88号
电话：0510－85010777
邮编：214001

香波苑酒楼
地址：无锡市中山路192号2－3楼
电话：0510－82705111
邮编：214001

银花酒家
地址：无锡市长降路46号
电话：0510－82445314
邮编：214001

敦煌酒家
地址：无锡市解放东路803号
电话：0510－82729896
邮编：214001

朝阳春酒家
地址：无锡市解放东路807号
电话：0510－82722624
邮编：214001

半岛花园茶餐厅
地址：无锡市崇宁路1号
电话：0510－82792178
邮编：214001

无锡市景春酒家
地址：无锡市广瑞路64号
电话：0510－82468131
邮编：214001

阿里巴巴时尚餐厅
地址：无锡市崇宁路99号东方巴黎1楼
电话：0510－82329998
邮编：214001

沁园春酒家
地址：无锡市清扬路63号
电话：0510－82105222
邮编：214001

贝萨意式餐厅
地址：无锡市中山路后西溪2号
电话：0510－82793318
邮编：214001

香江酒家
地址：无锡市沙文井41号
电话：0510－82727010
邮编：214001

江南酒家
地址：无锡市中山路 435 号
电话：0510－82711743
邮编：214001

苏州市得月楼餐饮有限公司
地址：苏州市观前街太监弄内
电话：0512－65238940
邮编：224005

苏州饭店
地址：苏州市十全街 115 号
电话：0512－65204646
邮编：224005

美国星期五餐厅
地址：苏州市干将东路 820 号玄妙广场
电话：0512－68017777
邮编：224005

苏州市小绍兴酒店有限责任公司
地址：苏州市金阊区桐泾北路 22 号
电话：0512－68651777
邮编：224005

咸亨酒店
地址：苏州市神仙街
电话：0512－65584800
邮编：224005

吴门人家
地址：苏州市潘儒巷 31 号
电话：0512－67288041
邮编：224005

苏州市南园家常餐厅
地址：苏州市十全街 249 号
电话：0512－65197661
邮编：224005

半园餐厅
地址：苏州市白塔东路 63 号
电话：0512－67286960
邮编：224005

阳澄湖鲜得蟹渔船舫
地址：苏州市跨塘镇阳澄湖大桥
电话：0512－62756588
邮编：224005

第一印象茶餐厅
地址：苏州市临顿路 367 号
电话：0512－67286117
邮编：224005

南国酒家
地址：苏州市皮市街 118 号
电话：0512－67272281
邮编：224005

宴宾楼酒家
地址：苏州市皮市街 149 号
电话：0512－67270865
邮编：224005

全州拌饭馆
地址：苏州市王天井巷 98 号
电话：0512－81661940
邮编：224005

锦江大厨
地址：苏州市留园路 2 号
电话：0512－65331266
邮编：224005

满庭芳餐厅
地址：苏州市吴中区里河一村旁
电话：0512－65169655
邮编：224005

苏州市沧浪区小三元酒家
地址：苏州市三元坊书院巷 12 号
电话：0512－65295145
邮编：224005

新疆亚克西酒楼
地址：苏州市十全街
电话：0512－65291798
邮编：224005

松鹤楼菜馆
地址：苏州市平江区太监弄 72 号
电话：0512－67700688　67272285
邮编：215005

黄天源糕团（总店）
地址：苏州市平江区观前街 86 号
电话：0512－67706106
邮编：215005

苏州小吃园
地址：苏州市平江区观前街太监弄 31 号
电话：0512－65237603
邮编：215005

王四酒家
地址：苏州常熟市常昆路 518 号
电话：0512－5230977152849999
邮编：215500

石家饭店（总店）
地址：苏州市吴中区木渎古镇中市街 18 号
电话：0512－66261351
邮编：215128

东山老振兴
地址：苏州市吴中区东山镇启园路
电话：0512－66391178
邮编：215128

鸿兴面馆
地址：苏州市姑苏区宫巷
电话：0512－67279722
邮编：215031

旅游用品

江苏滨海悠然草堂旅游工艺品公司
地址：苏州昆山市周庄古镇
电话：0515－84235302
邮编：215300

兴旺雨花石玛瑙工艺厂
地址：南京市六合区马鞍工业园区
电话：025－57135386
邮编：211500

江苏省山水珠宝赏石有限公司
地址：南京市龙蟠中路
电话：025－84805899
邮编：210018

江苏省地质珠宝有限公司
地址：南京市珠江路
电话：025－84805689
邮编：210018

南京玉器厂
地址：南京市太南北路 82－8 号
电话：025－84879904－8009
邮编：210008

淮安艺铭工艺礼品有限公司
地址：淮安市经济开发区南马厂大道
电话：0517－89860333　89860338
邮编：223800

淮安市天圆工艺品厂
地址：淮安市楚州区南门大街 111 号
电话：0517－85938555
邮编：223200

华鸥玻璃工艺礼品厂
地址：盐城市龙冈镇人民路
电话：0515－88705234
邮编：224005

南京地质人珠宝有限公司扬州分公司
地址：扬州市汶河南路 108 号
电话：0514－87345769　87219696
邮编：225000

扬州市中艺漆器厂
地址：扬州市孙庄路
电话：0514－87953308
邮编：225002

扬州玉器厂
地址：扬州市广储门外街 6 号
电话：0514－87349627
邮编：225002

龙泉漆器厂
地址：扬州市汤汪龙泉村
电话：0514－87203709
邮编：225002

光华工艺制品厂
地址：扬州市施井路小王庄
电话：0514－87221585
邮编：225002

扬州漆器厂
地址：扬州市沿河街 50 号
电话：0514－85880810　85880770
邮编：225002

扬州漆器二厂
地址：扬州市十巷
电话：0514－87341915
邮编：225002

振兴工艺湖笔厂
地址：扬州市施桥镇
电话：0514－87583321
邮编：225002

雅美工艺漆器厂
地址：扬州市杨庙镇
电话：0514－87831137
邮编：225002

扬州市金银制品厂
地址：扬州市星桥街
电话：0514－87360095
邮编：225002

八里玉器厂
地址：扬州市八里镇港电路
电话：0514－87521070
邮编：225002

仪征市玉器厂
地址：扬州仪征市新城镇十二圩沿河西路 1 号
电话：0514－83630044
邮编：211400

华通玻璃工艺制品厂
地址：扬州高邮市公园巷

电话：0514－84644750
邮编：225600

高邮市地毯厂
地址：扬州高邮市三垛镇邮兴路
电话：0514－84812073
邮编：225600

姜堰市丝织挂毯厂
地址：泰州姜堰市三水大道
电话：0523－88807303
邮编：225500

华美金银钻宝工艺品厂
地址：泰州姜堰市桥头镇
电话：0523－88781172
邮编：225500

红梅地毯厂
地址：泰州姜堰市梅垛镇
电话：0523－88565017
邮编：225500

白雪工艺品制造有限公司
地址：南通市城山路
电话：0513－85592955　85517156
邮编：226001

红玉工艺品雕刻厂
地址：南通通州州市平东镇
电话：0513－86587201
邮编：226364

东方艺术挂毯有限公司
地址：南通如皋市
电话：0513－87507806　87652800
邮编：226500

博艺丝毯有限公司
地址：南通如皋市如城镇
电话：0513－87655320
邮编：226500

扬中化纤地毯厂
地址：镇江市兴隆镇
电话：0511－88451540
邮编：212001

九洲柳制品工艺厂
地址：镇江市象山乡
电话：0511－88837796
邮编：212001

扬中市玉器厂
地址：镇江扬中市港东北路50号
电话：0511－88321683
邮编：212200

句容市丝织地毯厂
地址：镇江市环城
电话：0511－87211016
邮编：212400

句容市地毯总厂
地址：镇江市建设路
电话：0511－87222304
邮编：212400

兰天工艺丝毯厂
地址：镇江句容市白兔镇
电话：0511－87651460
邮编：212400

常州春光珍珠工艺品厂
地址：常州市武进区
电话：0519－86361360
邮编：213003

金坛市金建首饰工艺品厂
地址：常州金坛市
电话：0519－82515476
邮编：213200

无锡惠山泥人厂
地址：无锡市锡惠路26号
电话：0510－83700937
邮编：214001

太湖珍珠制品厂
地址：无锡市蠡园开发区标A5－7楼
电话：0510－85102862
邮编：214062

江南珍珠首饰厂
地址：无锡市厚桥镇
电话；0510－88721616
邮编：214106

无锡金龙凤珠宝有限公司
地址；无锡市中山北路390号
电话：0510－82833335
邮编：214031

无锡久一工艺品制造有限公司
地址：无锡市东亭新明中路79号
电话：0510－88209398
邮编：214001

华生珍珠厂
地址：无锡市厚桥镇中心路52号
电话：0510－88721394
邮编：214001

百事好蜡制工艺品厂
地址：无锡宜兴市丁蜀镇周墅
电话：0510－87423789
邮编：214001

金艺工艺品厂
地址：无锡市和桥镇鹅州南路12号
电话：0510－87800100
邮编：214001

江苏省宜兴紫砂工艺厂
地址：无锡宜兴市丁蜀镇东坡路2号
电话：0510－87408911
邮编：214221

水梦绣坊（苏州）苏绣工艺品有限公司
地址：苏州虎丘高新区夏家浜20号
电话：0512－68239398
邮编：215011

中国珍珠宝石城
地址：苏州市渭塘镇珍珠湖路88号
电话：0512－65404528　65401281
邮编：215134

莲花珠宝工艺品有限公司
地址：苏州市观前街244号
电话：0512－67270087　67278133
邮编：215005

雅韵玉器工艺楼
地址：苏州市养育巷344号
电话；0512－65159126
邮编：215002

苏州古玩有限公司
地址：苏州市人民路328号文物商店二楼
电话：0512－65229732
邮编：215005

龙芳刺绣工艺品厂
地址：苏州市东渚镇协新村
电话：0512－66899497
邮编：215002

苏州绣品总厂
地址：苏州市三香路
电话：0512－68262289
邮编：215002

苏州美术地毯厂
地址：苏州市承天寺
电话：0512－67771909
邮编：215002

车坊健康草制品厂
地址：苏州市车坊镇
电话：0512－65920802
邮编：215002

新吴工艺美术草织品厂
地址：苏州市车坊镇
电话：0512－65911854
邮编：215002

苏城工艺品厂
地址：苏州市娄门路290号
电话：0512－67228401
邮编：215001

吴县市扇厂
地址：苏州市北桥镇丁家村
电话：0512－65412245
邮编：215002

苏州市虎丘吴宫扇厂
地址：苏州市虎丘区兰犁园内
电话：0512－62238399　65527760
邮编：215002

姑苏工艺品厂
地址：苏州市胥门
电话：0512－68280323
邮编：215002

苏州市姑苏檀香扇工艺品厂
地址：苏州市吴中区胥口书画院12号
电话：0512－66792653
邮编：215000

苏州祥韵檀香扇有限公司
地址：苏州市齐门路85号
电话：0512－67534784
邮编：215000

苏州如意檀香扇有限公司
地址：苏州市西北街90号
电话：0512－61383685
邮编：215001

南胜玉雕工艺厂
地址：苏州市长桥镇石湖西路181号
电话：0512－65251081
邮编：215002

东山檀香扇厂
地址：苏州市东山镇高田村
电话：0512－69013554
邮编：215107

一帆工艺扇厂
地址：苏州市白塔东路管家园
电话：0512－67207363
邮编：215002

天都工艺扇厂
地址：苏州市山塘街
电话：0512－65336854
邮编：215002

江苏

苏州艺洲扇厂
地址：苏州市南环西路
电话：0512－68156465
邮编：215002

苏州扇厂
地址：苏州市西百花巷4号
电话：0512－67533231
邮编：215003

苏州檀香扇厂
地址：苏州市西北街
电话：0512－61383685
邮编：215001

张家港市珍珠工艺品厂
地址：苏州张家港市泗港镇童心路
电话：0512－58585209
邮编：215500

凤凰纸木工艺品厂
地址：苏州张家港市凤凰镇凤凰村
电话：0512－58490459
邮编：215500

旅游交通

江苏省外事旅游汽车公司
地址：南京市汉中路180号
电话：025－86226777
邮编：210029

江苏华龙旅游汽车有限公司
地址：南京市新河村
电话：025－58816238
邮编：210000

鹏运旅游客运有限公司
地址：南京市曹后村29号
电话：025－85424292　85433949
邮编：210000

南京旅游出租汽车有限公司
地址：南京市石头城109号
电话：025－83722694
邮编：210000

南京火车站
地址：南京市玄武区韶山路
电话：025－85822222　85824224
邮编：210001

南京火车南站
地址：南京市中华门
电话：025－52414183
邮编：210001

南京火车西站
地址：南京市下关区
电话：025－85071111
邮编：210001

南京禄口机场
地址：南京市江宁县禄口镇
电话：025－52480482
邮编：210001

南京港
地址：南京下关江边路19号
电话：025－58584033　58582078
邮编：210011

华泰旅行社有限公司旅游客运分公司
地址：徐州市黄河西路3号
电话：13013985681
邮编：221000

徐州火车站
地址：徐州市云龙区津浦东路
电话：0516－95105175　95105688
邮编：221000

徐州北站
地址：徐州市福兴北路
电话：0516－87767849
邮编：221000

邳州市火车站
地址：徐州邳州市解放路
电话：0516－86361160
邮编：221300

徐州观音机场
地址：徐州市睢宁县双沟镇
电话：0516－83068000　83068113
邮编：221000

连云港市港务局
地址：连云港中山路99号
电话：0518－82383374
邮编：222046

连云港火车站
地址：连云港市人民路
电话：0518－85067540
邮编：222002

淮安火车站
地址：淮安市淮阴区珠海路28号
电话：0517－83344218
邮编：223300

盐城民航站
地址：盐城市城区南洋镇
电话：0515－88215005
邮编：224000

盐城火车站
地址：盐城市
电话：0515－87042538
邮编：224000

大丰市火车站
地址：盐城大丰市刘庄镇
电话：0515－83639215
邮编：224100

扬州市外事旅游汽车公司
地址：扬州市丰乐上街1号
电话：0514－87343230
邮编：225002

仪征市旅游运输公司
地址：扬州仪征市工农北路
电话：0514－83441039
邮编：211400

扬州火车站
地址：扬州市
电话：0514－82686222　85546222
邮编：225000

扬州汽车客运站
地址：扬州市邗江中路302号
电话：0514－82984777　87962627
邮编：225002

华美旅游汽车租赁有限公司
地址：南通市
电话：0513－85151553
邮编：226000

南通空港旅游服务汽车公司
地址：南通市外环西路
电话：0513－83531123
邮编：226000

南通火车站
地址：南通市港闸区
电话：0513－80141711
邮编：226000

南通港
地址：南通市青年西路
电话：0513－83513068
邮编：226005

南通兴东机场
地址：南通通州区兴东镇
电话：0513－86560050
邮编：226300

南通文峰外事旅游汽车有限公司
地址：南通市城山路116号
电话：0513－85518885
邮编：226000

如皋市旅游出租汽车有限公司
地址：南通如皋市环西路
电话：0513－87631210　87659625
邮编：226500

镇江外事旅游汽车有限公司
地址：镇江市金山西路
电话：0511－84422628　85517928
邮编：212000

镇江火车站
地址：镇江市中山西路
电话：0511－85231422　95105105
邮编：212000

镇江港
地址：镇江市长江路19号
电话：0511－85305641
邮编：212001

镇江客运中心站
地址：镇江市场中区中山西路67号
电话：0511－85232762
邮编：212001

丹阳火车站
地址：镇江丹阳市车站路
电话：0511－86579367
邮编：212300

常州外事旅游汽车集团有限公司
地址：常州市黄河路98号
电话：0519－85173075
邮编：213003

常州市公共交通集团旅游客运有限公司
地址：常州市花园路53号
电话：0519－83975771　83975770
邮编：213000

常州华英联合旅游客运有限公司
地址：常州市
电话：0519－88158155
邮编：213000

常州市金龙旅游运输有限公司
地址：常州市关河里118号
电话：0519－86865823
邮编：213003

常州火车站
地址：常州市关河路48号

电话：0519－95105688
邮编：213000

常州奔牛机场
地址：常州市奔牛镇
电话：0519－83256245
邮编：213000

东南旅游汽车有限公司
地址：无锡市
电话：0510－85116501　82443212
邮编：214174

马山旅游汽车公司
地址：无锡市梅梁路26号
电话：0510－83116546
邮编：214000

无锡外事旅游汽车有限公司
地址：无锡市湖滨路38号
电话：0510－85107008
邮编：214071

无锡火车站
地址：无锡市车站广场1号
电话：0510－82300426
邮编：214000

江阴港
地址：无锡江阴市通江北路581号
电话：0510－86847651
邮编：214400

苏州市外事旅游车船公司
地址：苏州市吴中区吴中大道121号
电话：0512－69166666
邮编：215006

苏州火车站
地址：苏州市车站路27号
电话：0512－67535067　67532831
邮编：215000

苏州汽车客运总站
地址：苏州市平江区西汇路29号
电话：0512－68255168　65776570
邮编：215005

苏州南门汽车客运站（苏州南站）
地址：苏州市南环东路601号
电话：0512－65204867
邮编：215002

苏州汽车客运北站
地址：苏州市平江区西汇路26号
电话：0512－67530686
邮编：215005

苏州新区汽车客运站（苏州西站）
地址：苏州新区金山路78号
电话：0512－68255168
邮编：215002

昆山汽车客运中心站
地址：苏州昆山市柏庐南路788号
电话：0512－57386789
邮编：215300

昆山火车站
地址：苏州昆山市人民南路1号
电话：0512－57369105
邮编：215300

太仓港
地址：苏州太仓市港口开发区
电话：0512－53186572
邮编：215438

浙　江

ZHEJIANG

旅游机构

浙江省旅游局
地址：杭州市石函路 1 号
电话：0571－87050399
邮编：310007
网址：www.tourzj.gov.cn

浙江省旅游质量监督管理所
地址：杭州市西湖区栖霞岭 18 号华北饭店内
电话：0571－85216219
邮编：310007

杭州市旅游委员会
地址：杭州市延安路 228 号
电话：0571－87925055
邮编：310001

杭州市拱墅区商贸旅游局
地址：杭州市塘河路 32 号
电话：0571－88085936
邮编：310011

杭州市上城区风景旅游局
地址：杭州市解放路 54 号
电话：0571－87084414
邮编：310009

杭州市下城区商贸旅游局
地址：延安新村 4－11－2 号 6 楼
电话：0571－28862907
邮编：310006

杭州市江干区商贸旅游局
地址：杭州市庆春东路 1 号
电话：0571－86974851
邮编：310020

杭州市西湖区风景旅游局
地址：杭州市天目山路 358－3 号
电话：0571－85025649
邮编：310013

杭州市高新技术产业开发区（滨江）商贸旅游局
地址：杭州市滨江区江南大道区行政中心 7 楼
电话：0571－87702211
邮编：310051

杭州市余杭区风景旅游局
地址：杭州市余杭区临平东湖南路 99 号
电话：0571－86164619
邮编：311100

杭州市萧山区旅游局
地址：杭州市萧山区市心中路区行政中心综合楼3 楼
电话：0571－82898883
邮编：311202

临安市风景旅游管理局
地址：杭州临安市天目路 327 号
电话：0571－63718647
邮编：311300

富阳市风景旅游局
地址：杭州富阳市桂花路 17 号 12 楼
电话：0571－63326346
邮编：311400

建德市风景旅游局
地址：杭州建德市新安东路 7 号
电话：0571－64727935
邮编：311600

桐庐县旅游委员会
地址：杭州市桐庐县桐庐镇富春路 179 号
电话：0571－64603072
邮编：311500

淳安千岛湖风景旅游委员会
地址：杭州市淳安县千岛湖镇排岭南路 32 号
电话：0571－64812655
邮编：311700

宁波市旅游局
地址：宁波市长春路 35 号
电话：0574－87303356
邮编：315012

宁波市海曙区旅游局
地址：宁波市中山西路 298 号海光大厦 5 楼
电话：0574－87258968
邮编：315010

宁波市江东区旅游局
地址：宁波市江东大戴街 2 号 4 楼
电话：0574－87712817
邮编：315040

宁波市江北区旅游局
地址：宁波市江北区洪塘街道都市农业园区内
电话：0574－87640026
邮编：315033

宁波市北仑区旅游局
地址：宁波市北仑区明州路 189 号
电话：0574－86783197
邮编：315800

宁波市镇海区旅游局
地址：宁波市镇海区中山路 2 号
电话：0574－86281109
邮编：315200

宁波市鄞州区风景旅游管理局
地址：宁波市鄞州区天童北路 933 号和邦大厦 15 楼
电话：0574－88221506
邮编：315100

慈溪市风景旅游局
地址：宁波慈溪市寺山路 173 号
电话：0574－63818335
邮编：315300

余姚市旅游局
地址：宁波余姚市俞家桥路 16 号
电话：0574－62837011
邮编：315400

奉化市旅游局
地址：宁波奉化市锦屏南路 1 号
电话：0574－88571132
邮编：315500

宁海县风景旅游管理局
地址：宁波市宁海县跃龙桃源南路 282 号
电话：0574－65577331
邮编：315600

象山县风景旅游管理局
地址：宁波市象山县丹西街道新丰路 368 号
电话：0574－65780300
邮编：315700

温州市旅游局
地址：温州市政府中心主楼 6 楼
电话：0577－88967261
邮编：325000

温州市鹿城区风景旅游管理局
地址：温州市鹿城区锦江路锦湖公寓 2 幢 2 楼
电话：0577－88030215
邮编：325000

温州市龙湾区风景旅游管理局
地址：温州市龙湾区状元镇龙飞路 2 号
电话：0577－86968190
邮编：325011

温州市瓯海区风景旅游管理局
地址：温州市清明桥新村 6 栋 2 楼
电话：0577－88534601
邮编：325000

瑞安市风景旅游管理局
地址：温州瑞安市安阳镇万松路安阳大厦 21 楼
电话：0577－65839807
邮编：325200

乐清市风景旅游管理局
地址：温州乐清市宁康东路 168 号 6 楼
电话：0577－61880388
邮编：325600

永嘉楠溪江风景旅游区管委会
地址：温州市永嘉县上塘镇实验中学内
电话：0577－67222939
邮编：325100

文成县风景旅游管理局
地址：温州市文成县政府大院
电话：0577－67862916
邮编：325300

平阳县风景旅游管理局
地址：温州市平阳县昆阳镇平阳大厦 21 层
电话：0577－63739060
邮编：325400

泰顺县风景旅游管理局
地址：泰顺县罗阳镇化工路 8 号
电话：0577－67594567
邮编：325500

洞头县风景与旅游发展委员会
地址：温州市洞头县新城区旅游大厦
电话：0577－63385746
邮编：325700

苍南县风景旅游管理局
地址：温山市苍南县灵溪镇河滨东路 16 号
电话：0577－68755906
邮编：325800

湖州市旅游局
地址：湖州市红丰四路 8 号
电话：0572－2399211
邮编：313000

湖州市吴兴区旅游局
地址：湖州市湖东路升建大楼 5 楼
电话：0572－2663258
邮编：313000

湖州市南浔区旅游局
地址：湖州市南浔区南西街 29 号
电话：0572－3018766
邮编：313009

长兴县风景旅游管理局
地址：湖州市长兴县雉城镇金陵中路 257 号
电话：0572－6039770

邮编：313100

德清县风景和旅游管理局
地址：湖州市德清县武康镇英溪南路153号
电话：0572－8068737
邮编：313200

安吉县风景与旅游管理委员会
地址：湖州市安吉县行政中心10楼
电话：0572－5123057
邮编：313300

嘉兴市旅游局
地址：嘉兴市中山东路922号
电话：0573－82159701
邮编：314001

嘉兴市南湖区服务业发展局
地址：嘉兴市中环东路南湖区行政中心
电话：0573－82838292
邮编：314051

杭州市秀洲区经济贸易局（旅游局）
地址：嘉兴市秀洲区行政中心
电话：0573－82720080
邮编：314001

平湖市旅游局
地址：嘉兴平湖市新华南路24号
电话：0573－85060371
邮编：314200

海宁市旅游局
地址：嘉兴海宁市海洲区西路226号
电话：0573－87288406
邮编：314400

桐乡市旅游委员会
地址：嘉兴桐乡市梧桐街道新兴弄13号
电话：0573－89399186
邮编：314500

嘉善县旅游局
地址：嘉兴市嘉善县亭桥南路248号
电话：0573－84051923
邮编：314100

海盐县旅游委员会
地址：嘉兴市海盐县武原镇城北西路159号
电话：0573－86039937
邮编：314300

绍兴市旅游委员会
地址：绍兴市龙山后街110号
电话：0575－85118905
邮编：312000

绍兴市越城区商贸旅游局
地址：绍兴市延安路18号
电话：0575－88316065
邮编：312000

诸暨市风景旅游管理局
地址：绍兴诸暨市东一路18号
电话：0575－87231718
邮编：311800

绍兴市上虞区风景旅游管理局
地址：绍兴上虞区舜耕公园正大门东大楼
电话：0575－82166286
邮编：312300

嵊州市旅游局
地址：绍兴嵊州市温泉旅游度假区广明路1号
电话：0575－83130800
邮编：312400

绍兴市柯桥区旅游局
地址：绍兴市柯桥区柯桥州山
电话：0575－84781086
邮编：312030

新昌县风景旅游管理局
地址：绍兴市新昌县城关镇鼓山中路49号
电话：0575－86043497
邮编：312500

金华市旅游局
地址：金华市双龙南街801号市政府大楼7楼
电话：0579－82469873
邮编：321017

金华市婺城区风景旅游管理局
地址：金华市解放东路142号
电话：0579－82320445
邮编：321000

金华市金东区旅游局
地址：金华市光南路836号金东区政府
电话：0579－82176621
邮编：321015

兰溪市旅游局
地址：金华兰溪市兰花村九畹路18号
电话：0579－88927928
邮编：321100

永康市风景旅游管理局
地址：金华永康市九铃东路3027号工行15楼
电话：0579－87127707
邮编：321300

义乌市风景旅游管理局
地址：金华义乌市南门街213号市府大楼7楼
电话：0579－85522170
邮编：322000

东阳市旅游局
地址：金华东阳市行政中心东楼2楼
电话：0579－86010300
邮编：322100

武义县旅游委员会
地址：金华市武义县熟溪北路13号
电话：0579－87663739
邮编：321200

浦江县风景旅游管理局
地址：金华市浦江县浦阳镇人民东路63号
电话：0579－84124145
邮编：322200

磐安县风景旅游管理局
地址：金华市磐安县安文镇中街1号
电话：0579－84660332
邮编：322300

衢州市旅游委员会
地址：衢州市荷花西路201号
电话：0570－8878191
邮编：324002

衢州市柯城区旅游局
地址：衢州市讲舍街45号
电话：0570－3035063
邮编：324000

衢州市衢江区风景旅游局
地址：衢州市衢江区茶园综合楼
电话：0570－3838627
邮编：324022

江山市旅游局
地址：衢州江山市区江滨路29号
电话：0570－4015925
邮编：324100

常山县旅游局
地址：衢州市常山县城渡口小区物资大楼3楼
电话：0570－5013591
邮编：324200

开化县文化旅游局
地址：衢州市开化县城关镇解放路65号
电话：0570－6017978
邮编：324300

龙游县风景旅游管理局
地址：衢州市龙游县文化东路62号
电话：0570－7029002
邮编：324400

舟山市旅游委员会
地址：舟山市新城海天大道681号
电话：0580－2280738
邮编：316021

舟山市定海区旅游局
地址：舟山市定海区昌国路220号
电话：0580－2609739
邮编：316000

舟山市普陀区旅游局
地址：舟山市普陀区沈家门东河路90号
电话：0580－3016263
邮编：316100

岱山县风景旅游管理局
地址：舟山市岱山县高亭路65号
电话：0580－4477314
邮编：316200

嵊泗县旅游局
地址：舟山市嵊泗县菜园镇沙河路127号
电话：0580－5089107
邮编：202450

台州市旅游局
地址：台州市经济开发区天和路95号天和大厦
电话：0576－88535766
邮编：318000

台州市椒江区旅游局
地址：台州市椒江区青年路404号区政府大院2号楼
电话：0576－88535766
邮编：318000

台州市黄岩区旅游局
地址：台州市黄岩区国际大酒店内
电话：0576－84260500
邮编：318020

台州市路桥区旅游局
地址：台州市路桥区西路桥大道328号6楼
电话：0576－82519377
邮编：318050

临海市风景旅游管理局
地址：台州临海市东湖小商品城5楼
电话：0576－85313602
邮编：317000

温岭市风景旅游管理局
地址：台州温岭市行政中心17楼东
电话：0576－86208716
邮编：317500

三门县风景旅游管理局
地址：台州市三门县海游镇人民路立生巷2号
电话：0576－83335097
邮编：317100

天台县风景旅游管理局
地址：台州市天台县城关镇电大路旅游大楼
电话：0576－83901313
邮编：317200

仙居县风景旅游管理局
地址：台州市仙居县环北东路 259 号
电话：0576－87796877
邮编：317300

玉环县风景旅游管理局
地址：台州市玉环县珠港镇广陵路财政大楼13楼
电话：0576－87250366
邮编：317600

丽水市旅游局
地址：丽水市花园路1号
电话：0578－2091383
邮编：323000

莲都区旅游局
地址：丽水市丽青路 25 号
电话：0578－2278230
邮编：323000

龙泉市风景旅游局
地址：丽水龙泉市新华街 62 号
电话：0578－7115111
邮编：323700

缙云县风景旅游管理局
地址：丽水市缙云县新区广电大楼7楼
电话：0578－3315467
邮编：321400

青田县风景旅游局
地址：丽水市青田县鹤城东路 67 号（粮食大厦6楼）
电话：0578－6827403
邮编：323900

云和县风景旅游局
地址：丽水市云和县城北路6号
电话：0578－5128922
邮编：323600

遂昌县旅游委员会
地址：丽水市遂昌县妙高镇县前街1号
电话：0578－8180455
邮编：323300

松阳县风景旅游局
地址：丽水市松阳县新华路 74 号
电话：0578－8060116
邮编：323400

庆元县风景旅游局
地址：丽水市庆元县松源镇石龙街 32 号
电话：0578－6128248
邮编：323800

景宁畲族自治县风景旅游局
地址：丽水市景宁县鹤溪镇体育路8号
电话：0578－5082839
邮编：323500

浙江

旅行社

浙江中旅旅业集团有限公司
地址：杭州市光复路 200 号7楼
电话：0571－87080888
邮编：310006
网址：www. zjctsg. com
许可证号：L－ZJ－CJ00001

浙江省中国旅行社有限公司
地址：杭州市光复路 200 号
电话：0571－87080888
邮编：310006
网址：www. ctszj. com. cn
许可证号：L－ZJ－CJ00002

浙江省中青国际旅游有限公司
地址：杭州市莫干山路1号
电话：0571－85788333
邮编：310003
网址：www. zjcyts. com
许可证号：L－ZJ－CJ00003

浙江省中国国际旅行社
地址：杭州市西湖区石函路1号
电话：0571－85059010
邮编：310007
网址：www. zjcits. com
许可证号：L－ZJ－CJ00004

浙江中山国际旅行社有限责任公司
地址：杭州市延安路139 号涌金广场6 楼601 室
电话：0571－87025678
邮编：310002
网址：www. tour－world. net
许可证号：L－ZJ－CJ00005

浙江光大国际旅游有限公司
地址：杭州市天目山路238 号华鸿大厦A座3楼
电话：0571－56773501
邮编：310012
网址：www. zjeb. com. cn
许可证号：L－ZJ－CJ00006

浙江海内外商务旅游有限公司
地址：杭州市武林广场 29 号
电话：0571－28058589
邮编：310006
许可证号：L－ZJ－CJ00007

浙旅控股股份有限公司
地址：杭州市临安河桥镇
电话：0571－87827777
邮编：310009
许可证号：L－ZJ－CJ00008

浙江海峡旅行社有限公司
地址：杭州市龙游路 58 号
电话：0571－87065620
邮编：310006
网址：www. 9612345. com
许可证号：L－ZJ－CJ00009

浙江新世界国际旅游有限公司
地址：杭州市凤起路 361 号
电话：0571－87702999
邮编：310003
许可证号：L－ZJ－CJ00010

浙江康辉国际旅行社有限公司
地址：杭州市天目山路 238 号华鸿大厦1号楼3楼
电话：0571－85020106
邮编：310012
网址：www. zjcct. com
许可证号：L－ZJ－CJ00011

浙江省职工国际旅行社有限公司
地址：杭州市江城路 887 号联银大厦 505 室
电话：0571－87177219
邮编：310009
网址：www. zipits. com
许可证号：L－ZJ－CJ00012

浙江建设国际旅行社
地址：杭州市中河北路 108 号港航大厦 1303B
电话：0571－85453783
邮编：310014
许可证号：L－ZJ－CJ00013

浙江省国际合作旅行社有限公司
地址：杭州市清泰街 509 号
电话：0571－87911298
邮编：310002
网址：www. zjcts. com
许可证号：L－ZJ－CJ00014

浙江妇女国际旅行社有限公司
地址：杭州市惠民路 75－5－2 号楼
电话：0571－87836680
邮编：310012
网址：www. zjwits. com
许可证号：L－ZJ－CJ00015

浙江东方海外旅游有限公司
地址：杭州市清泰街 563 号城建综合楼5 楼
电话：0571－28886301
邮编：310011
网址：www. tour－world. com
许可证号：L－ZJ－CJ00016

浙江锦旅国际旅行社有限公司
地址：杭州市环城北路 141 号
电话：0571－87131026
邮编：310009
网址：www. zjjj88. com
许可证号：L－ZJ－CJ00017

浙江天堂国际旅行社有限公司
地址：杭州市胭脂新村1幢7层
电话：0571－85171118
邮编：310003
许可证号：L－ZJ－CJ00018

浙江君威国际旅行社有限公司
地址：杭州市下城区庆春路 118 号嘉德广场
电话：0571－28886077
邮编：310003
网址：www. KWITA. com
许可证号：L－ZJ－CJ00019

浙江香溢国际旅行社有限公司
地址：杭州市解放路 108 号
电话：0571－87020388
邮编：210009
许可证号：L－ZJ－CJ00020

浙江立喜国际旅游有限公司
地址：杭州市潮王路 225 号
电话：0571－28826858
邮编：310011
许可证号：L－ZJ－CJ00021

浙江胜景国际旅行社有限公司
地址：杭州市余杭镇上文山村1号
电话：0571－85090999
邮编：310000
许可证号：L－ZJ－CJ00022

浙江风光国际旅行社有限公司
地址：慈溪市峙山路227号国际大厦6楼
电话：0574－63802668
邮编：315300
许可证号：L－ZJ－CJ00023

浙江外海星空国际旅行社有限公司
地址：杭州市南山路258－1号3层302室
电话：0571－87884577
邮编：310002
许可证号：L－ZJ－CJ00024

浙江万通国际旅游有限公司
地址：杭州市余杭区南苑街道府前路5号
电话：0571－86234999
邮编：311100
许可证号：L－ZJ－CJ00025

浙江慈溪迅达国际旅游服务有限公司
地址：慈溪市慈甬路118号
电话：0574－63019980
邮编：315300
许可证号：L－ZJ－CJ00026

浙江金华三清国际旅游有限公司
地址：金华市五一路666号通园大厦
电话：0579－82366600
邮编：321000
许可证号：L－ZJ－CJ00027

浙江义乌恒风国际旅游有限公司
地址：义乌市稠州西路80号
电话：0579－85234201
邮编：322000
许可证号：L－ZJ－CJ00028

杭州海外旅游有限公司
地址：杭州市西湖大道239号耀江广厦写字楼B座三层
电话：0571－87709770
邮编：310002
网址：www.otchz.com
许可证号：L－ZJ－CJ00029

杭州市中国旅行社有限公司
地址：杭州市湖墅南路103号百大花园C区七楼
电话：0571－88383826
邮编：310005
网址：www.hzcts.com
许可证号：L－ZJ－CJ00030

杭州国际旅行社有限公司
地址：杭州市西湖区天目山路51号
电话：0571－85802777
邮编：310012
许可证号：L－ZJ－CJ00031

杭州天际游国际旅行社有限公司
地址：杭州市西湖区文二西路1号602室
电话：0571－87299127
邮编：310003
网址：www.skytour_hz.com
许可证号：L－ZJ－CJ00032

港中旅国际（杭州）旅行社有限公司
地址：杭州市建国北路658号14楼A－B座
电话：0571－28937100
邮编：310004
网址：www.ctihz.com
许可证号：L－ZJ－CJ00033

杭州金桥国际旅行社有限公司
地址：杭州市西湖区天目山路45号
电话：0571－88076345
邮编：310012
许可证号：L－ZJ－CJ00034

杭州蓝海国际旅行社有限公司
地址：杭州市天目山路7号东海创意中心（东海宾馆3号楼）
电话：0571－28027878
邮编：310006
许可证号：L－ZJ－CJ00035

杭州远东国际旅行社有限公司
地址：杭州市密渡桥路15号新世纪大厦6楼
电话：0571－85161610
邮编：310006
许可证号：L－ZJ－CJ00036

杭州招商国际旅游公司
地址：杭州市建国北路3号
电话：0571－87232018
邮编：310003
网址：www.goaroundchina.com
许可证号：L－ZJ－CJ00037

杭州走天下国际旅行社有限公司
地址：杭州市环城北路82－1号
电话：0571－85092753
邮编：310004
许可证号：L－ZJ－CJ00038

中国国旅（宁波）国际旅行社有限公司
地址：宁波市鄞州区天童北路933号和邦大厦A座
电话：0574－56565659
邮编：315092
许可证号：L－ZJ－CJ00039

宁波国际旅行社有限公司
地址：余姚市西石山南路118号
电话：0574－62626077
邮编：315000
许可证号：L－ZJ－CJ00040

宁波浙仑海外旅行社有限公司
地址：宁波市江东区彩虹南路16号彩虹大厦1楼
电话：0574－87706168
邮编：315040
网址：www.zhelun.com
许可证号：L－ZJ－CJ00041

宁波海外旅游有限公司
地址：宁波市鄞县大道中段1357号
电话：0574－88225500
邮编：315100
网址：www.nbotc.com
许可证号：L－ZJ－CJ00042

宁波中国国际旅行社有限公司
地址：宁波市百丈东路787号利时大厦1801室
电话：0574－87193056
邮编：315010
网址：www.nbcits.com
电子信箱：369@nbcits.com
许可证号：L－ZJ－CJ00043

宁波中国旅行社集团有限公司
地址：宁波市钟公庙街道吴陛周村
电话：0574－87199322
邮编：315000
许可证号：L－ZJ－CJ00044

宁波中国青年旅行社有限公司
地址：宁波市柳汀街201号
电话：0574－87298179
邮编：315010
网址：www.nbcyts.com
许可证号：L－ZJ－CJ00045

普陀中国国际旅行社有限公司
地址：舟山市定海环城东路71号
电话：0580－2036988
邮编：316000
电子信箱：ptcits2005@sina.con
许可证号：L－ZJ－CJ00046

温州国旅旅游有限公司
地址：温州市体育中心体育场1区2楼
电话：0577－88157000
邮编：325000
网址：www.wzits.com
许可证号：L－ZJ－CJ00047

温州海外旅游有限公司
地址：温州市人民西路88号（群艺组团）一、二楼
电话：0577－55552222
邮编：325000
网址：www.wzotc.com
许可证号：L－ZJ－CJ00048

温州中旅旅游有限责任公司
地址：温州市环城东路188号东门大厦1层
电话：0577－88805505
邮编：325000
许可证号：L－ZJ－CJ00049

湖州新国际旅行社有限公司
地址：湖州市观凤路238号
电话：0572－2053979
邮编：313000
网址：www.hzxgj.com
许可证号：L－ZJ－CJ00050

嘉兴国际旅行社有限公司
地址：嘉兴市斜西街307号
电话：0573－82086128
邮编：3140000
网址：www.jx17u.com
电子信箱：jxgl123@sina.com
许可证号：L－ZJ－CJ00051

绍兴海外国际旅行社有限责任公司
地址：绍兴市环城西路438号9－12号
电话：0575－85120216
邮编：312000
网址：www.sxotc.com
许可证号：L－ZJ－CJ00052

绍兴远洋国际旅游有限公司
地址：绍兴市区东街326号
电话：0575－85171088
邮编：312000
许可证号：L－ZJ－CJ00053

台州华夏国际旅行社有限公司
地址：台州市椒江区云西路1号601室
电话：0576－88229581
邮编：318000
许可证号：L－ZJ－CJ00054

台州商务国际旅行社有限公司
地址：台州市路桥区西路路桥大道62号
电话：0576－88325688
邮编：318050
许可证号：L－ZJ－CJ00055

浙江吴越文化国际旅游有限公司
地址：杭州市定安路68号定安名都商务大厦A座612室

电话：0571－87061722
邮编：310002
许可证号：L－ZJ－CJ00056

杭州捷旅国际旅行社有限公司
地址：杭州市百井坊巷50号
电话：0571－85057536
邮编：310001
许可证号：L－ZJ－CJ00057

杭州途易旅行社有限公司
地址：杭州市下城区嘉联华铭座303室
电话：0571－85285556
邮编：310004
许可证号：L－ZJ－CJ00058

杭州美景国际旅行社有限公司
地址：杭州市新塘路99号凤起时代大厦
电话：0571－28931898
邮编：310020
许可证号：L－ZJ－CJ00059

浙江知行国际旅游有限公司
地址：杭州市光复路200号6楼
电话：0571－85809181
邮编：310006
许可证号：L－ZJ－CJ00060

浙江光大丽阳国际旅行社有限公司
地址：杭州市拱墅区湖墅南路186号608室
电话：0571－88357329
邮编：310006
许可证号：L－ZJ－CJ00061

温州长运国际旅行社有限公司
地址：温州市鹿城路122－124号
电话：0577－88212120
邮编：325000
许可证号：L－ZJ－CJ00062

浙江飞扬旅行社
地址：宁波市海曙区灵桥路419号4楼
电话：0574－27888636
邮编：315000
许可证号：L－ZJ－CJ00063

中国国旅（浙江）国际旅行社有限公司
地址：杭州市下城区胭脂新村1幢7楼
电话：0571－85157596
邮编：310003
许可证号：L－ZJ－CJ00064

浙江四海五洲国际旅行社有限公司
地址：杭州市拱墅区莫干山路蓝天商务中心4单元C号房
电话：0571－88001577
邮编：310005
电子信箱：ken@cbtravel.org
许可证号：L－ZJ－CJ00065

杭州新浪国际旅行社有限公司
地址：杭州市莫干山路11号
电话：0571－28918056
邮编：310014
电子信箱：704660206@qq.com
许可证号：L－ZJ－CJ00066

杭州逍遥国际商务旅行社有限公司
地址：杭州市中河北路83号茂泰世纪大楼1510室
电话：0571－85775228
邮编：310003
电子信箱：xuguowei0@hotmail.com
许可证号：L－ZJ－CJ00067

杭州开元国际旅行社有限公司
地址：杭州市萧山区市心南路146号
电话：0571－82625888
邮编：311203
电子信箱：kylygs@163.com
许可证号：L－ZJ－CJ00068

杭州金秋国际旅行社有限公司
地址：杭州市下城区中河北路83号810室
电话：0571－85779112
邮编：310003
许可证号：L－ZJ－CJ00069

浙江东港国际旅行社有限公司
地址：杭州市北仑新碶凤凰城北区5幢101号
电话：0574－86988111
邮编：315800
电子信箱：zjnbdg@163.com
许可证号：L－ZJ－CJ00070

浙江天天商旅国际旅行社有限公司
地址：宁波市柳汀街397号
电话：0574－87201090
邮编：315000
电子信箱：baoxuefeng19781217@hotmail.com
许可证号：L－ZJ－CJ00071

宁波康泰旅游有限公司
地址：宁波市江北环城北路东段647号
电话：0574－87809970
邮编：315040
电子信箱：bobo_3086@qq.com
许可证号：L－ZJ－CJ00072

嘉兴市假日国际旅行社有限公司
地址：嘉兴市建国中路611号港澳商城E幢308室
电话：0573－82052388
邮编：314000
许可证号：L－ZJ－CJ00073

嘉兴市加非国际旅行社有限公司
地址：嘉兴市中环南路富润路口石油大厦6楼
电话：0573－83924366
邮编：314000
电子信箱：hdzy2@hotmail.com
许可证号：L－ZJ－CJ00074

嘉善西塘国际旅行社有限公司
地址：嘉兴市嘉善县西塘镇宏福路158号
电话：0573－84562590
邮编：314102
电子信箱：jsxtlxs@126.com
许可证号：L－ZJ－CJ00075

台州假日国际旅游有限公司
地址：台州温岭市东门北路229号
电话：0576－86211897
邮编：317500
电子信箱：0576tour@live.cn
许可证号：L－ZJ－CJ00076

台州市国立国际旅行社有限公司
地址：台州市东环大道99号
电话：0576－88855245
邮编：318000
电子信箱：tzglgj@163.com
许可证号：L－ZJ－CJ00077

台州东亚国际旅行社有限公司
地址：台州温岭市太平街道温岭大厦北裙房营业房2号
电话：0576－86221252
邮编：317500
电子信箱：www.1015888740@qq.com
许可证号：L－ZJ－CJ00078

浙江运通旅行社有限公司
地址：宁波市江北区扬善路36号玛瑙大厦F座9楼
电话：0574－87652907
邮编：315020
电子信箱：utour@126.com
许可证号：L－ZJ－CJ00079

杭州美达国际旅行社有限公司
地址：杭州市中河北路108号港航大厦1701室
电话：0571－88825345
邮编：310014
许可证号：L－ZJ－CJ00080

温州和平国际旅游有限公司
地址：温州市鹿城区人民东路东信大楼一层2－1号
电话：0577－88898708
邮编：325000
电子信箱：HUAOU123@126.com
许可证号：L－ZJ－CJ00081

温州市精诚国际旅行社有限公司
地址：温州市人民东路华宫大楼9楼
电话：0577－88890708
邮编：325000
电子信箱：604979290@QQ.COM
许可证号：L－ZJ－CJ00082

温州海峡国际旅游有限公司
地址：温州市小南路95号
电话：0577－89222552
邮编：325000
电子信箱：969528@qq.com
许可证号：L－ZJ－CJ00083

浙江仙乐国际旅行社有限公司
地址：温州市马鞍池东路90号
电话：0577－89610011
邮编：325000
电子信箱：zhouyi3847@sina.com
许可证号：L－ZJ－CJ00084

瑞安市中国旅行社
地址：温州瑞安市锦湖街道锦湖大厦101室
电话：0577－65656050
邮编：325200
许可证号：L－ZJ－CJ00085

瑞安市顺达国际旅游服务有限公司
地址：温州瑞安市万松西路59－60号
电话：0577－65066001
邮编：325200
电子信箱：shundalvyou@126.com
许可证号：L－ZJ－CJ00086

绍兴市中国旅行社有限责任公司
地址：绍兴市人民中路367号
电话：0575－85222282
邮编：312000
电子信箱：985507647@qq.com
许可证号：L－ZJ－CJ00087

浙江康泰国际旅行社有限公司
地址：金华市兰溪街195号
电话：0579－82388009
邮编：321017
电子信箱：173403342@qq.com
许可证号：L－ZJ－CJ00088

舟山市海都国际旅行社有限公司
地址：舟山市普陀区东港街道中昌街101号

颐景园2幢402室
电话：0580－3825001
邮编：316000
电子信箱：www.413521659@qq.com
许可证号：L－ZJ－CJ00089

舟山康辉国际旅行社有限公司
地址：舟山市普陀区沈家门街道东河路139号国亚写字楼7楼
电话：0580－6377287
邮编：316100
电子信箱：442109047@qq.com
许可证号：L－ZJ－CJ00090

浙江台运国际旅行社有限公司
地址：台州临海市柏叶路123号西附楼一楼
电话：0576－85136323
邮编：317000
电子信箱：wangdaqi2012@163.com
许可证号：L－ZJ－CJ00091

浙江光大星辰国际旅行社有限公司
地址：杭州市天目山路238号华鸿大厦A座401室
电话：0571－85688555
邮编：310013
电子信箱：guangdaxingchen@gmail.com
许可证号：L－ZJ－CJ00092

杭州大众国际旅行社有限公司
地址：杭州市上塘路208号朝晖新城3幢1404室
电话：0571－85336712
邮编：310014
电子信箱：46763432@qq.com
许可证号：L－ZJ－CJ00093

东阳市中国旅行社有限公司
地址：金华东阳市环城北路140号
电话：0579－86898986
邮编：322100
电子信箱：dykdwxf@163.com
许可证号：L－ZJ－CJ00094

慈溪新世纪国际旅行社有限公司
地址：宁波慈溪市古塘街道孙塘北路锦恒商务大楼
电话：0574－63028780
邮编：315300
电子信箱：cntcl@163.com
许可证号：L－ZJ－CJ00095

宁波东航金燕国际旅游有限公司
地址：宁波市江东区中山东路796号东航大厦（2－15）
电话：0574－27968996
邮编：315040
电子信箱：188128226@qq.com
许可证号：L－ZJ－CJ00096

衢州市新世纪旅游有限公司
地址：衢州市新安路110号
电话：0570－8534999
邮编：324000
电子信箱：984349856@qq.com
许可证号：L－ZJ－CJ00097

杭州汇丰旅行社有限公司
地址：杭州市萧山区城厢街道道源路732号
电话：0571－82669706
邮编：311200
许可证号：L－ZJ－CJ00100

金华假日旅行社有限公司
地址：金华市双龙南街557号环球商务大厦C座三楼
电话：0579－82381118
邮编：321000
许可证号：L－ZJ－CJ00101

温州瓯之旅国际旅游有限公司
地址：温州市瓯海将军桥振瓯路57号（二楼）
电话：0577－88505822
邮编：325000
许可证号：L－ZJ－CJ00102

绍兴中国国际旅行社有限公司
地址：绍兴市中兴中路288号现代大厦三楼301室
电话：0575－85200080　85200082
邮编：312000
许可证号：L－ZJ－CJ00103

杭州假日旅行社有限公司
地址：杭州市
电话：0571－89052268　87297780
邮编：310026
许可证号：L－ZJ－CJ00104

杭州萧山湘湖旅游有限公司
地址：杭州市萧山区萧山绿都世贸广场D幢106室
电话：0571－82379101　82373088
邮编：311200
网址：www.hzxhts.com
电子信箱：hzxhts@163.com
许可证号：L－ZJ－CJ00105

杭州西湖假期国际旅行社有限公司
地址：杭州余杭区临平街道龙王塘路117号
电话：0571－86163992
邮编：311100
许可证号：L－ZJ－CJ00106

杭州开元旅游有限公司
地址：杭州市萧山区市心南路146号
电话：0571－82626885　82639966
邮编：311200
许可证号：L－ZJ－CJ00107

温州指南针国际旅游有限公司
地址：温州市平阳县鳌江镇鳌江21世纪商住广场7幢
邮编：325400
许可证号：L－ZJ－CJ00108

嘉兴市南方旅行社有限责任公司
地址：嘉兴市中山东路53号
电话：0573－83650728
邮编：314000
许可证号：L－ZJ－CJ00109

嘉兴行游天下旅行社有限公司
地址：嘉兴市嘉善县魏塘街道谈公北路222号
电话：0573－84129111　84129222
邮编：314100
许可证号：L－ZJ－CJ00110

平湖市蓝天旅游有限公司
地址：嘉兴平湖市当湖街道如意路364号
电话：0573－85118770
邮编：314200
许可证号：L－ZJ－CJ00111

嘉兴九龙山度假区旅行社有限公司
地址：嘉兴平湖市新华南路66号
电话：0573－85130556
邮编：314200
许可证号：L－ZJ－CJ00112

平湖市青年旅行社有限责任公司
地址：嘉兴平湖市当湖街道如意路70号
电话：0573－85015598　85115808
邮编：314200
许可证号：L－ZJ－CJ00113

桐乡市旅游有限责任公司
地址：嘉兴桐乡市梧桐街道梧桐大街南212号
电话：573－88101499　88112562　88107681
邮编：314500
许可证号：L－ZJ－CJ00114

浙江金秋国际旅游有限公司
地址：金华义乌市戚继光路31－1号
电话：0579－85331488　85331677
邮编：322000
许可证号：L－ZJ－CJ00115

浙江美都旅游有限公司
地址：湖州市德清县武康镇休闲街196号
电话：0572－8686123　8350208　8263222
邮编：313200
许可证号：L－ZJ－CJ00116

绍兴亚都国际旅游有限公司
地址：绍兴市迪荡新城财智大厦906室－1
电话：0575－85200575
邮编：312000
许可证号：L－ZJ－CJ00117

浙江桐乡中青旅旅游有限公司
地址：嘉兴桐乡市梧桐街道振兴东路新世界商务大厦15楼
电话：0573－88183288
邮编：314500
许可证号：L－ZJ－CJ00118

绍兴鑫洲国际旅行社有限公司
地址：绍兴市越西路833号
电话：0575－88206605
邮编：312000
许可证号：L－ZJ－CJ00119

义乌市华夏国际旅游有限公司
地址：金华义乌市江滨中路368号
电话：0579－85455085
邮编：322000
许可证号：L－ZJ－CJ00120

浙江银桥旅业有限公司
地址：杭州市庆春东路87号
电话：0571－86041016
邮编：310026
许可证号：L－ZJ－CJ00121

杭州美之旅国际旅行社有限公司
地址：杭州市杭海路238号森禾商务广场A座601室
电话：0571－87805505
邮编：310026
许可证号：L－ZJ－CJ00122

杭州旅游集散中心有限公司
地址：杭州市西湖区黄龙路3号
电话：0571－87961729
邮编：310013
许可证号：L－ZJ－CJ00123

浙江中信国际旅行社有限公司
地址：杭州市钱江新城五星路198号瑞晶国际大厦204
电话：0571－85179399
邮编：310026
电子信箱：zjcitic@163.com

许可证号：L－ZJ－CJ00124

宁波中青旅旅游有限公司
地址：宁波市江东区百丈东路 856－862 号
电话：0574－56625203
邮编：315040
许可证号：L－ZJ－CJ00125

绍兴招商国际旅行社有限公司
地址：绍兴市区人民中路 196 号
电话：0575－85143322
邮编：312000
许可证号：L－ZJ－CJ00126

台州中国青年旅行社有限公司
地址：台州市市府大道 379 号赤龙大楼 2 楼
电话：0576－88551228
邮编：318000
许可证号：L－ZJ－CJ00127

浙江海中洲旅行社有限责任公司
地址：舟山市普陀区东港街道兴普大道 338 号海中洲国际广场西楼 503 室
电话：0580－3022882
邮编：316100
许可证号：L－ZJ－CJ00128

舟山春秋国际旅行社有限责任公司
地址：舟山市定海区环城北路 188 号
电话：0580－2609703　2609706　2929366
邮编：316000
许可证号：L－ZJ－CJ00129

饭　店

杭州国大雷迪森广场酒店 ★★★★★
地址：浙江省杭州市体育场路 333 号
电话：0571－85158888
邮编：310006

杭州维景国际大酒店 ★★★★★
地址：杭州市平海路 2 号
电话：0571－87088088
邮编：310006

浙江世贸君澜大饭店 ★★★★★
地址：杭州市曙光路 122 号
电话：0571－87990888
邮编：310007

杭州索菲特西湖大酒店 ★★★★★
地址：杭州市西湖大道 333 号
电话：0571－87075858
邮编：310002

浙江国际大酒店 ★★★★★
地址：杭州市体育场路 221 号
电话：0571－85770088
邮编：310003

浙江金马饭店 ★★★★★
地址：杭州市萧山区通惠中路 218 号
电话：0571－82887888
邮编：311201

浙江西湖国宾馆 ★★★★★
地址：杭州市杨公堤 18 号
电话：0571－87979889
邮编：310007

杭州开元名都大酒店 ★★★★★
地址：杭州市萧山区市心中路 818 号
电话：0571－82888888
邮编：311200

浙江西子宾馆 ★★★★★
地址：杭州市南山路 37 号
电话：0571－87021888
邮编：310007

杭州世外桃源皇冠假日酒店 ★★★★★
地址：杭州市萧山区闻堰风情大道 3318 号
电话：0571－83880888
邮编：311258

杭州歌德大酒店 ★★★★★
地址：杭州市西湖大道 19 号
电话：0571－87188888
邮编：310009

浙江天都城酒店 ★★★★★
地址：杭州市余杭区新桥街道天都城
电话：0571－89179666
邮编：311100

杭州陆羽山庄度假酒店 ★★★★★
地址：杭州市余杭区径山镇双溪漂流景区内
电话：0571－88502888
邮编：311116

杭州海外海皇冠假日酒店 ★★★★★
地址：杭州市上塘路 333 号
电话：0571－88168888
邮编：310014

杭州良渚君澜度假酒店 ★★★★★
地址：杭州市余杭区良渚文化村内
电话：0571－89008888
邮编：311113

杭州第一世界大酒店 ★★★★★
地址：杭州市萧山区湘湖路 92 号
电话：0571－83866888
邮编：311201

杭州黄龙饭店 ★★★★★
地址：杭州市曙光路 120 号
电话：0571－87998833
邮编：310007

杭州温德姆豪廷酒店 ★★★★★
地址：杭州市下城区凤起路 555 号
电话：0571－87616888
邮编：310006

杭州中都青山湖畔大酒店 ★★★★★
地址：杭州临安市锦城街道圣园路 88 号
电话：0571－23618888
邮编：311300

富阳国际贸易中心大酒店 ★★★★★
地址：杭州富阳市江滨西大道 56 号
电话：0571－23238888
邮编：311400

浙江南国大酒店 ★★★★★
地址：杭州富阳市馆驿里 18 号
电话：0571－63138888
邮编：311400

杭州千岛湖开元度假村 ★★★★★
地址：杭州市千岛湖镇麒麟半岛
电话：0571－65018888
邮编：311700

嘉兴阳光大酒店 ★★★★★
地址：嘉兴市中山东路 1628 号
电话：0573－82082088
邮编：314000

海宁海洲大饭店 ★★★★★
地址：嘉兴海宁市海洲西路 199 号
电话：0573－87288888
邮编：314400

海宁皮都锦江大酒店 ★★★★★
地址：嘉兴海宁市海宁大道 302 号
电话：0573－87218888
邮编：314400

嘉善世博大酒店 ★★★★★
地址：嘉兴市嘉善县嘉善大道 555 号
电话：0573－84678888
邮编：314100

嘉善罗星阁宾馆 ★★★★★
地址：嘉兴市嘉善县车站南路 335 号
电话：0573－84279999
邮编：314100

舟山喜来登绿城酒店 ★★★★★
地址：舟山市临城千岛路 101 号
电话：0580－2088888
邮编：316021

宁波开元名都大酒店 ★★★★★
地址：宁波市鄞州中心区首南中路 666 号
电话：0574－83078888
邮编：315192

宁波万豪酒店 ★★★★★
地址：宁波市海曙区和义路 188 号
电话：0574－87108888
邮编：315000

开元宁波九龙湖度假村 ★★★★★
地址：宁波市镇海区九龙湖镇郎家坪
电话：0574－86538888
邮编：315200

宁波南苑环球酒店 ★★★★★
地址：宁波市鄞州区鄞县大道东段 1288 号
电话：0574－82809999
邮编：315100

宁波南苑饭店 ★★★★★
地址：宁波市灵桥路 2 号
电话：0574－87095678
邮编：315000

中信宁波国际大酒店 ★★★★★
地址：宁波市江东北路 1 号
电话：0574－87757888
邮编：315040

宁波远洲大酒店 ★★★★★
地址：宁波市江北大道 99 号
电话：0574－88228888
邮编：315032

宁波华侨豪生大酒店 ★★★★★
地址：宁波市柳汀街
电话：0574－27866666
邮编：315012

宁波大榭国际大酒店 ★★★★★
地址：宁波市大榭开发区
电话：0574－86985888
邮编：315812

东港喜来登酒店 ★★★★★
地址：宁波市彩虹北路 50 号
电话：0574－87688688
邮编：315040

凯洲皇冠假日大酒店 ★★★★★
地址：宁波市药行街 129 号
电话：0574－56199999
邮编：315010

余姚太平洋大酒店 ★★★★★
地址：宁波余姚市南滨江路168号
电话：0574－62886288
邮编：315400

慈溪杭州湾大酒店 ★★★★★
地址：宁波慈溪市寺山路301号
电话：0574－63914888
邮编：315300

宁波恒元大酒店 ★★★★★
地址：宁波慈溪市杭州湾新区
电话：0574－58589999
邮编：315300

宁波雅戈尔达蓬山大酒店 ★★★★★
地址：宁波慈溪市龙山镇雅戈尔达蓬山旅游度假区
电话：0574－58586666
邮编：315300

慈溪雷迪森广场酒店 ★★★★★
地址：宁波市慈溪市区慈溪市道林镇五星路1号
电话：0574－58998888
邮编：315300

溪口银凤锦江旅游度假村 ★★★★★
地址：宁波奉化市溪口镇
电话：0574－81866666　88811111
邮编：315501

余姚宾馆 ★★★★★
地址：宁波余姚市舜水南路108号
电话：0574－62708888
邮编：315400

宁波石浦半岛酒店 ★★★★★
地址：宁波市象山县石浦镇金山路218号
电话：0574－65999999
邮编：315700

象山港国际大酒店 ★★★★★
地址：宁波市象山县丹城象山港路1111号
电话：0574－65778888
邮编：315700

绍兴开元名都大酒店 ★★★★★
地址：绍兴市人民东路278号
电话：0575－88098888
邮编：312000

咸亨大酒店 ★★★★★
地址：绍兴市解放南路680号
电话：0575－88068688
邮编：312000

绍兴国际大酒店 ★★★★★
地址：绍兴市府山西路100号
电话：0575－85166788
邮编：312000

绍兴饭店 ★★★★★
地址：绍兴市区环山路9号
电话：0575－85155888
邮编：312000

绍兴富丽华大酒店 ★★★★★
地址：绍兴市柯桥区柯桥笛扬路
电话：0575－84128888
邮编：312030

绍兴鉴湖大酒店 ★★★★★
地址：绍兴市柯桥区柯岩大道518号
电话：0575－85568888
邮编：312030

绍兴咸亨酒店 ★★★★★
地址：绍兴市区鲁迅路179号
电话：0575－85116666
邮编：312000

上虞雷迪森万锦大酒店 ★★★★★
地址：绍兴上虞区市民大道555号
电话：0575－82345678
邮编：312300

上虞国际大酒店 ★★★★★
地址：绍兴上虞区市民大道333号
电话：0575－82222222
邮编：312300

上虞宾馆 ★★★★★
地址：绍兴市上虞区新河路2号
电话：0575－82179888
邮编：312300

诸暨耀江开元名都大酒店 ★★★★★
地址：绍兴诸暨市环城东路207号
电话：0575－88798188
邮编：311800

新昌雷迪森大酒店 ★★★★★
地址：绍兴市新昌县玫瑰大道688号
电话：0575－86769888
邮编：312500

义乌锦都酒店 ★★★★★
地址：金华市城中中路168号
电话：0579－85268888
邮编：322000

台州耀达国际酒店 ★★★★★
地址：台州市开发区去耀达路318号
电话：0576－88688666
邮编：318000

临海华侨大酒店 ★★★★★
地址：台州临海市临海大道1号
电话：0576－85388888
邮编：317000

温州华侨饭店 ★★★★★
地址：温州市信河街17号
电话：0577－88088888
邮编：325000

温州万和豪生大酒店 ★★★★★
地址：温州市江滨东路1号
电话：0577－89866666
邮编：325000

温州香格里拉大酒店 ★★★★★
地址：温州市香源路1号
电话：0577－89988888
邮编：325000

温州滨海大酒店 ★★★★★
地址：温州市龙湾区永强大道4567号
电话：0577－85988888
邮编：325013

温州天豪君澜大酒店 ★★★★★
地址：温州乐清市千帆东路277号
电话：0577－61571233
邮编：325600

丽水华侨开元名都大酒店 ★★★★★
地址：丽水市丽阳街651号
电话：0578－2088888
邮编：323000

杭州太虚湖假日酒店 ★★★★
地址：杭州市萧山区义桥杨岐山东方文化园
电话：0571－82336868
邮编：311256

杭州海华满陇度假酒店 ★★★★
地址：杭州市满觉陇路2号
电话：0571－28978899
邮编：310008

杭州中豪大酒店 ★★★★
地址：杭州市秋涛北路76号
电话：0571－86430888
邮编：310020

杭州万华国际酒店 ★★★★
地址：杭州市香积寺东路60号
电话：0571－85088888
邮编：310004

杭州凯豪大酒店 ★★★★
地址：杭州市萧山区体育路268号
电话：0571－82667888
邮编：311201

萧山航民宾馆 ★★★★
地址：杭州市萧山区瓜沥镇
电话：0571－82889888
邮编：311241

杭州富邦国际大酒店 ★★★★
地址：杭州市余杭区南苑街道世纪大道128号
电话：0571－89268888
邮编：311100

杭州望湖宾馆（停业）★★★★
地址：杭州市环城西路2号
电话：0571－87078888
邮编：310006

杭州香溢大酒店 ★★★★
地址：杭州市解放路108号
电话：0571－87218899
邮编：310009

杭州之江饭店 ★★★★
地址：杭州市莫干山路188－200号
电话：0571－88066888
邮编：310005

浙江大酒店 ★★★★
地址：杭州市延安路595号
电话：0571－85056666
邮编：310006

浙江文华大酒店 ★★★★
地址：杭州市文二路38号
电话：0571－88825888
邮编：310012

浙江宾馆 ★★★★
地址：杭州市龙井路53号
电话：0571－87180808
邮编：310007

浙江梅地亚宾馆 ★★★★
地址：杭州市长生路18号
电话：0571－87918888
邮编：310006

杭州最佳西方梅苑宾馆 ★★★★
地址：杭州市莫干山路511号
电话：0571－88051000
邮编：310005

杭州大华饭店 ★★★★
地址：杭州市南山路171号
电话：0571－87181888
邮编：310002

杭州红楼大酒店 ★★★★
地址：杭州市西湖大道 2 号
电话：0571－87839999
邮编：310009

纳德大酒店 ★★★★
地址：杭州市环城北路 308 号
电话：0571－85880888
邮编：310006

杭州新金山大酒店 ★★★★
地址：杭州市中河北路 3 号
电话：0571－87240888
邮编：310003

杭州金溪山庄 ★★★★
地址：杭州市杨公堤 39 号
电话：0571－87992288
邮编：310007

杭州通信大厦 ★★★★
地址：杭州市上塘路 386 号
电话：0571－28885999
邮编：310014

杭州华辰银座酒店 ★★★★
地址：杭州市新塘路 342 号
电话：0571－86478888
邮编：310021

杭州海华大酒店 ★★★★
地址：杭州市庆春路 298 号
电话：0571－87215888
邮编：310006

杭州皇冠大酒店 ★★★★
地址：杭州市天城路 88 号
电话：0571－86458888
邮编：310020

杭州新侨饭店 ★★★★
地址：杭州市解放路 226 号
电话：0571－87076688
邮编：310001

杭州大厦 ★★★★
地址：杭州市武林广场 1 号
电话：0571－85153911
邮编：310006

杭州星都宾馆 ★★★★
地址：杭州市文晖路 448 号
电话：0571－88386888
邮编：310005

马可·波罗假日酒店 ★★★★
地址：杭州市平海路 38 号
电话：0571－87018888
邮编：310006

杭州五洋宾馆 ★★★★
地址：杭州市庆春路 48 号
电话：0571－87218888
邮编：310003

杭州华辰国际饭店 ★★★★
地址：杭州市平海路 25 号
电话：0571－87652222
邮编：310006

杭州大酒店 ★★★★
地址：杭州市延安路 546 号
电话：0571－85166888
邮编：310006

杭州红星文化大厦 ★★★★
地址：杭州市建国南路 280 号
电话：0571－87703888
邮编：310009

杭州友好饭店 ★★★★
地址：杭州市平海路 53 号
电话：0571－87077888
邮编：310006

杭州萧山国际酒店 ★★★★
地址：杭州市萧山区城厢镇文化路 1 号
电话：0571－82656888
邮编：311203

萧山宝盛宾馆 ★★★★
地址：杭州市萧山区市心中路 618 号
电话：0571－82800888
邮编：311201

杭州城市花园酒店 ★★★★
地址：杭州市余杭区临平人民大道 505 号
电话：0571－86238888
邮编：311100

浙江开元萧山宾馆 ★★★★
地址：杭州市萧山区人民路 77 号
电话：0571－82625888
邮编：311200

杭州明日宾馆 ★★★★
地址：杭州市萧山区瓜沥镇东灵北路 1 号
电话：0571－83889888
邮编：311241

杭州华玫达（华美达）酒店 ★★★★
地址：杭州市滨江区江南大道 3399 号
电话：0571－87779888
邮编：310053

杭州汽车城有限公司海外海国际酒店 ★★★★
地址：杭州市拱墅区石祥路 579 号
电话：0571－88176666
邮编：310015

杭州现代汽车销售有限公司海外海百纳大酒店 ★★★★
地址：杭州市拱墅区沈半路 456 号
电话：0571－88175555
邮编：310022

浙江饭店 ★★★★
地址：杭州市下城区延安路 447 号
电话：0571－87913333
邮编：310006

杭州黄龙月亮湾大酒店 ★★★★
地址：杭州建德市新安江街道艾溪路 1 号
电话：0571－64000888
邮编：311600

千岛湖海外海假日酒店 ★★★★
地址：杭州市淳安县千岛湖镇南山开发路 1 号
电话：0571－64880888
邮编：311700

杭州千岛龙庭开元大酒店 ★★★★
地址：杭州市淳安县千岛湖镇环湖南路 1 号
电话：0571－65068888
邮编：311700

淳安千岛湖饭店 ★★★★
地址：杭州市淳安县千岛湖镇新安北路 35 号
电话：0571－64808888
邮编：311700

湖州吴兴皇冠大酒店 ★★★★
地址：湖州市美欣达路 1025 号
电话：0572－2606999
邮编：313000

浙北大酒店 ★★★★
地址：湖州市红旗路 75 号
电话：0572－2058888
邮编：313000

湖州国际大酒店 ★★★★
地址：湖州市红旗路 117 号
电话：0572－2057788
邮编：313000

湖州天煌大酒店 ★★★★
地址：湖州市龙溪北路 168 号
电话：0572－2117777
邮编：313000

长兴国际大酒店 ★★★★
地址：湖州市长兴县太湖大道 1 号
电话：0572－6266666
邮编：313100

长兴新紫金大酒店 ★★★★
地址：湖州市长兴县太湖街道明珠北路 1268 号
电话：0572－6522886
邮编：313100

雅兰国际大酒店 ★★★★
地址：湖州市德清县武康镇武源街 659 号
电话：0572－8288888
邮编：313200

香溢度假村 ★★★★
地址：湖州市安吉县灵峰景区
电话：0572－5338888
邮编：313302

安吉百汇大酒店 ★★★★
地址：湖州市安吉县胜利东路 8 号
电话：0572－5129999
邮编：313300

中汇大酒店 ★★★★
地址：湖州市安吉县递铺胜利东路北侧
电话：0572－5121188
邮编：313300

安吉缘通国际酒店 ★★★★
地址：湖州市安吉县胜利西路 246－260 号
电话：0572－5333333
邮编：313300

安吉国际假日酒店 ★★★★
地址：湖州市安吉县胜利西路 48 号
电话：0572－5239888
邮编：313300

嘉兴奥林匹克大酒店 ★★★★
地址：嘉兴市油车港奥星路 287 号
电话：0573－83555555
邮编：314000

嘉兴戴梦得大酒店 ★★★★
地址：嘉兴市禾兴南路 520 号
电话：0573－82095888
邮编：314000

嘉兴浦京大酒店 ★★★★
地址：嘉兴平湖市乍浦雅山东路 233 号
电话：0573－85538888
邮编：314200

平湖圣雷克大酒店 ★★★★
地址：嘉兴平湖市当湖路 88 号
电话：0573－85122222

邮编：314200

海宁凯元国际酒店 ★★★★
地址：嘉兴海宁市火车站广场65号
电话：0573－87227788
邮编：314400

乌镇黄金水岸大酒店 ★★★★
地址：嘉兴桐乡市乌镇青镇路8号
电话：0573－88728888
邮编：314501

钱塘新世纪大酒店 ★★★★
地址：嘉兴桐乡市庆丰南路
电话：0573－88108888
邮编：314500

桐乡国际大酒店 ★★★★
地址：嘉兴桐乡市振兴路38号
电话：0573－88885888
邮编：314500

桐乡玉龙国际商务酒店 ★★★★
地址：嘉兴桐乡市许村（中国家纺城）市场路201号
电话：0573－87587888
邮编：314000

桐乡东方大酒店 ★★★★
地址：嘉兴桐乡市振兴中路
电话：0573－88880884
邮编：314500

桐乡银园大酒店 ★★★★
地址：嘉兴桐乡市庆丰南路7号
电话：0573－88107999
邮编：314500

嘉善宾馆 ★★★★
地址：嘉兴市嘉善县谈公北路1号
电话：0573－84272828
邮编：314100

嘉善梅园大酒店 ★★★★
地址：嘉兴市嘉善县魏塘镇解放西路1号
电话：0573－84037777
邮编：314100

海盐杭州湾国际酒店 ★★★★
地址：嘉兴市海盐县百尺北路168号
电话：0573－86668888
邮编：314300

舟山新钻石楼大酒店 ★★★★
地址：舟山市定海区人民南路176号
电话：0580－2067666
邮编：316000

舟山中瀚大酒店 ★★★★
地址：舟山市普陀区东港兴普大道99号
电话：0580－3809810
邮编：316100

舟山市新华侨饭店 ★★★★
地址：舟山市定海区环城东路12号
电话：0580－2068888
邮编：316000

普陀山息耒小庄 ★★★★
地址：舟山市普陀山香华街1号
电话：0580－6091505
邮编：306107

普陀山大酒店 ★★★★
地址：舟山市普陀山梅岑路93号
电话：0580－6092828
邮编：306107

普陀海天台宾馆 ★★★★
地址：舟山市普陀区朱家尖南沙度假村
电话：0580－6631168
邮编：316111

岱山华侨饭店 ★★★★
地址：舟山市岱山县蓬莱路161号
电话：0580－4487666
邮编：316200

宁波金港大酒店 ★★★★
地址：宁波市扬善路51号
电话：0574－87668888
邮编：315020

宁波新园宾馆 ★★★★
地址：宁波市解放南路188号
电话：0574－87071818
邮编：315000

宁波开元大酒店 ★★★★
地址：宁波市百丈东路812号
电话：0574－87068888
邮编：315040

宁波大酒店 ★★★★
地址：宁波市中山东路145号
电话：0574－27880088
邮编：315000

宁波文昌大酒店 ★★★★
地址：宁波市中山西路文昌街2号
电话：0574－87268668
邮编：315010

宁波汉雅新晶都酒店 ★★★★
地址：宁波市百丈东路1088号
电话：0574－87069999
邮编：315040

老板娘新光大酒店 ★★★★
地址：宁波市北仑区明州路789号
电话：0574－86856666
邮编：315800

宁波新舟宾馆 ★★★★
地址：宁波市中山东路678号
电话：0574－87717678
邮编：315040

宁波咸家山宾馆 ★★★★
地址：宁波市北仑区小港开发区东海路20号
电话：0574－86183333
邮编：315803

宁波富邦大酒店（停业） ★★★★
地址：宁波市海曙区马园路455号
电话：0574－87088888
邮编：315012

镇海招宝山饭店 ★★★★
地址：宁波市镇海区鼓楼东路21号
电话：0574－86669999
邮编：315200

宁波金陵富春国际大酒店 ★★★★
地址：宁波市北仑区庐山西路139号
电话：0574－86855888
邮编：315806

钱湖悦庄酒店 ★★★★
地址：宁波市东钱湖度假区安石路777号
电话：0574－83899999
邮编：315000

宁波嘉和大酒店 ★★★★
地址：宁波市海曙区新典路108号
电话：0574－87169999
邮编：315010

镇海九龙山庄 ★★★★
地址：宁波市镇海区九龙湖镇
电话：0574－86317777
邮编：315205

宁波浙海大酒店 ★★★★
地址：宁波市联丰中路88号
电话：0574－88018888
邮编：315012

宁波天港禧悦酒店 ★★★★
地址：宁波市江东区惊驾路1088号
电话：0574－27699999
邮编：315040

宁波大学宾馆 ★★★★
地址：宁波市风华路818号（宁波大学东大门）
电话：0574－86662222
邮编：315000

镇海曙光丽亭酒店 ★★★★
地址：宁波市镇海区骆驼杭甬南路57号
电话：0574－86629999
邮编：315202

慈溪中益商务酒店 ★★★★
地址：宁波慈溪市青少年宫北路100号
电话：0574－63938888
邮编：315300

慈溪沈师桥大酒店 ★★★★
地址：宁波慈溪市师桥镇宏一道口
电话：0574－63651888
邮编：315314

慈溪国际大酒店 ★★★★
地址：宁波慈溪市新城大道625号
电话：0574－63028888
邮编：315300

余姚中塑石浦大酒店 ★★★★
地址：宁波余姚市新建北路232号
电话：0574－62555111
邮编：315400

余姚琴岛国际大酒店 ★★★★
地址：宁波余姚市泗门镇镇北路265号
电话：0574－62088888
邮编：315400

宁海开元新世纪大酒店 ★★★★
地址：宁波市宁海县城关桃源中路159号
电话：0574－65265555
邮编：315600

宁海天明山温泉大酒店 ★★★★
地址：宁波市宁海县深圳南溪温泉
电话：0574－65268888
邮编：315614

黄金海岸大酒店 ★★★★
地址：宁波市象山县松兰山度假区
电话：0574－65706888
邮编：315700

绍兴秦望大酒店 ★★★★
地址：绍兴市区秦望路
电话：0575－88056789
邮编：312000

绍兴越都大酒店 ★★★★
地址：绍兴市胜利东路1号
电话：0575－85145630

浙江

邮编：312000

绍兴市鑫洲海湾大酒店 ★★★★
地址：绍兴市二环北路 50 号
电话：0575－88208777
邮编：312000

绍兴王朝大酒店 ★★★★
地址：绍兴市胜利东路
电话：0575－85125888
邮编：312000

绍兴海港大酒店 ★★★★
地址：绍兴市区解放南路 639 号
电话：0575－88051818
邮编：312000

绍兴银泰大酒店 ★★★★
地址：绍兴市区人民西路 255 号
电话：0575－85117788
邮编：312000

绍兴永和庄园度假酒店 ★★★★
地址：绍兴市二环南路小亭山
电话：0575－88588007
邮编：312000

绍兴益泉大酒店 ★★★★
地址：绍兴市袍江新区世纪街
电话：0575－88220000
邮编：312000

绍兴金昌开元大酒店 ★★★★
地址：绍兴市柯桥区柯桥金柯桥大道 1227 号
电话：0575－85588666
邮编：312000

诸暨西子宾馆 ★★★★
地址：绍兴诸暨市南屏路 12 号
电话：0575－87011922
邮编：311800

诸暨大酒店 ★★★★
地址：绍兴诸暨市滨江中路 1 号
电话：0575－87127788
邮编：311800

诸暨海亮商务酒店 ★★★★
地址：绍兴诸暨市店口镇华东汽配水暖城
电话：0575－88797188
邮编：3118000

诸暨市振越宾馆 ★★★★
地址：绍兴诸暨市暨阳路 122 号
电话：0575－87175888
邮编：311800

诸暨凯翔大酒店 ★★★★
地址：绍兴诸暨市大唐开元西路 357 号
电话：0575－80726888
邮编：311800

嵊州宾馆 ★★★
地址：绍兴嵊州市艇北路 8 号
电话：0575－83187888
邮编：314000

新昌白云山庄 ★★★★
地址：绍兴市新昌县人民路 115 号
电话：0575－86226688
邮编：315000

新昌泰坦国际大酒店 ★★★★
地址：绍兴市新昌县高新技术产业园区南延
电话：0575－86288888
邮编：312500

衢州饭店 ★★★★
地址：衢州市三衢路 89 号
电话：0570－8081616
邮编：324002

衢州国际大酒店 ★★★★
地址：衢州市三衢路 127 号
电话：0570－8030000
邮编：324002

衢州东方大酒店 ★★★★
地址：衢州市劳动路 1 号
电话：0570－3035118
邮编：324000

衢州圣效大酒店 ★★★★
地址：衢州市衢江区大桥路 38 号
电话：0570－2831188
邮编：324022

衢州友好饭店 ★★★★
地址：衢州市区上街 127 号
电话：0570－3051888
邮编：324000

衢州帝京大酒店 ★★★★
地址：衢州市通荷 168 路
电话：0570－8890888
邮编：324002

江山国际大酒店 ★★★★
地址：衢州江山市区江东一区 15 号
电话：0570－4051888
邮编：324100

龙游国际饭店 ★★★★
地址：衢州市龙游县荣昌路 188 号
电话：0570－7219999
邮编：324400

金华天悦五星大酒店 ★★★★
地址：金华市人民西路 701 号
电话：0579－83706666
邮编：321000

金华国贸景澜大饭店 ★★★★
地址：金华市双溪西路 369 号
电话：0579－82056688
邮编：321017

金华世贸大饭店 ★★★★
地址：金华市八一北街 737 号
电话：0579－82588888
邮编：321000

永康明珠大酒店 ★★★★
地址：金华永康市紫微北路 8 号
电话：0579－87269168
邮编：321300

永康宾馆 ★★★★
地址：金华永康市江城路 4 号
电话：0579－87112801
邮编：321300

义乌银都酒店 ★★★★
地址：金华义乌市宾王路 168 号
电话：0579－85588888
邮编：322000

钱塘凯信大酒店 ★★★★
地址：金华义乌市宾王路 217 号
电话：0579－85566888
邮编：322000

义乌大酒店 ★★★★
地址：金华义乌市宾王路 103 号
电话：0579－85559999
邮编：322000

义乌颐和大酒店 ★★★★
地址：金华义乌市工人北路 2 号
电话：0579－83818888
邮编：322000

义乌最佳西方海洋酒店 ★★★★
地址：金华义乌市福田路 99 号
电话：0579－85188888
邮编：322000

义乌伊美广场酒店 ★★★★
地址：金华义乌市城中中路 128 号
电话：0579－85278888
邮编：322000

华美达义乌之江大酒店 ★★★★
地址：金华义乌市城中北路 9 号
电话：0579－85388888
邮编：322000

东阳东磁大厦 ★★★★
地址：金华东阳市横店工业区
电话：0579－86588888
邮编：322118

浙江横店国际会议中心大酒店 ★★★★
地址：金华东阳市横店万盛街
电话：0579－86550999
邮编：322118

东阳市华厦大酒店 ★★★★
地址：金华东阳市南市路 359 号
电话：0579－86689999
邮编：322100

东阳花园大厦 ★★★★
地址：金华东阳市花园工业区
电话：0579－86270555
邮编：322100

东阳市横店国贸大厦 ★★★★
地址：金华东阳市横店康庄路
电话：0579－86582688
邮编：322100

浙江明招温泉国际大酒店 ★★★★
地址：金华市武义县明招路 8 号
电话：0579－87638888
邮编：321200

武义开禧廊桥酒店 ★★★★
地址：金华市武义县溪南街 5 号
电话：0579－87989999
邮编：321200

浦江塔山大酒店（塔山宾馆） ★★★★
地址：金华市浦江县环城东路 59 号
电话：0579－84168666
邮编：322200

浦江国际大酒店 ★★★★
地址：金华市浦江县人民东路 1 号
电话：0579－84168888
邮编：322200

台州市丽廷凤凰山庄 ★★★★
地址：台州市椒江区解放南路 77－1 号
电话：0576－88860001
邮编：318000

台州市鑫都国际大酒店 ★★★★
地址：台州市路桥区东路桥大道 1 号
电话：0576－82522600
邮编：318050

台州开元大酒店 ★★★★
地址：台州市经济开发区东环大道58
电话：0576－88586888
邮编：318000

台州花园山庄 ★★★★
地址：台州市开发区康平路龙山脚
电话：0576－88583888
邮编：318000

台州方远国际大酒店 ★★★★
地址：台州市市府大道298号
电话：0576－88529999
邮编：318000

台州三友国际大酒店 ★★★★
地址：台州市泰隆街998号
电话：0576－82930878
邮编：318000

台州太平洋王子国际饭店 ★★★★
地址：台州市路桥区西路桥大道2号
电话：0576－82787012
邮编：318050

临海君泰大酒店 ★★★★
地址：台州临海市巾山东路137号
电话：0576－85223131
邮编：317000

温岭国际大酒店 ★★★★
地址：台州温岭市三星大道158号
电话：0576－86208888
邮编：317500

临海远洲国际大酒店 ★★★★
地址：台州临海市崇和路238号
电话：0576－85228888
邮编：317000

台州国贸大饭店 ★★★★
地址：台州临海市巾山中路101号
电话：0576－85318888
邮编：317000

新世界国际大酒店 ★★★★
地址：台州温岭市大溪镇方山大道1号
电话：0576－86328888
邮编：317500

天台宾馆 ★★★★
地址：台州市天台县国清寺旁
电话：0576－83988999
邮编：317200

仙居东方大酒店 ★★★★
地址：台州市仙居县城北东路179号
电话：0576－87818888
邮编：317300

玉环大酒店 ★★★★
地址：台州市玉环县珠港镇玉兴东路1号
电话：0576－87277991
邮编：317600

温州国际大酒店 ★★★★
地址：温州市人民中路1号
电话：0577－88251111
邮编：325000

温州王朝大酒店 ★★★★
地址：温州市民航路18号
电话：0577－88378888
邮编：325000

温州维多利亚大酒店 ★★★★
地址：温州市马鞍池东路58号
电话：0577－88278888
邮编：325000

温州奥林匹克大酒店 ★★★★
地址：温州市民航路8号
电话：0577－88379999
邮编：325000

温州将军大酒店 ★★★★
地址：温州市将军桥西
电话：0577－88618888
邮编：325005

温州国贸大酒店 ★★★★
地址：温州市黎明西路1号
电话：0577－88311111
邮编：325000

温州东瓯大酒店 ★★★★
地址：温州市疏港公路南塘大道交叉处
电话：0577－88089988
邮编：325014

温州万豪商务酒店 ★★★★
地址：温州市火车站东首
电话：0577－88089888
邮编：325000

温州江心海景酒店 ★★★★
地址：温州市江心西园
电话：0577－88066666
邮编：325000

温州顺生大酒店 ★★★★
地址：温州市鹿城路36号
电话：0577－88270000
邮编：325000

温州新南亚大酒店 ★★★★
地址：温州市东游路4号
电话：0577－88077777
邮编：325000

温州云天楼假日皇都大酒店 ★★★★
地址：温州市鹿城区过境公路2099号
电话：0577－88588888
邮编：325000

温州瑶溪王朝大酒店 ★★★★
地址：温州市龙湾区瑶溪风景区
电话：0577－85989999
邮编：325013

瑞安钱塘阳光大酒店 ★★★★
地址：温州瑞安市阳光路8号
电话：0577－65888888
邮编：325200

瑞安国际大酒店 ★★★★
地址：温州瑞安市万松东路555号
电话：0577－65886666
邮编：325200

雁荡山山庄 ★★★★
地址：温州市雁荡山霄霞路8号
电话：0577－62245666
邮编：325614

乐清新世纪大酒店 ★★★★
地址：温州乐清市乐成镇宁康东路150号
电话：0577－61881000
邮编：325600

温州梦江大酒店 ★★★★
地址：温州市永嘉县瓯北阳光大道
电话：0577－67979999
邮编：325102

永嘉人人国际酒店 ★★★★
地址：温州市永嘉县瓯北镇双塔路
电话：0577－67328888
邮编：325100

平阳县国际大酒店 ★★★★
地址：温州市平阳县鳌江镇市府路
电话：0577－63618888
邮编：325401

苍南万豪大酒店 ★★★★
地址：温州市苍南县灵溪镇站前大道118号
电话：0577－68886888
邮编：325800

缙云县香溢大酒店 ★★★★
地址：丽水市缙云县仙都路99号
电话：0578－33181999
邮编：321400

青田正达开元大酒店 ★★★★
地址：丽水市青田县鹤城镇新大街8号
电话：0578－6688888
邮编：323900

云和皇成国际大酒店 ★★★★
地址：丽水市云和县仙宫大道8号
电话：0578－5536626
邮编：323600

遂昌元立国际饭店 ★★★★
地址：丽水市遂昌县城东街95号
电话：0578－8190999
邮编：323300

景宁畲乡鸿宾大酒店 ★★★★
地址：丽水市景宁畲族自治县团结西路129号
电话：0578－5818888
邮编：323500

杭州戴斯大酒店 ★★★
地址：杭州市凯旋路451号
电话：0571－86028888
邮编：310004

杭州银江宾馆 ★★★
地址：杭州市庆春路65号
电话：0571－86766666
邮编：310009

杭州宝善宾馆 ★★★
地址：杭州市体育场路102号
电话：0571－85193710
邮编：310004

浙江金都宾馆 ★★★
地址：杭州市教工路2号
电话：0571－88805888
邮编：310012

潮王大酒店 ★★★
地址：杭州潮王路208号
电话：0571－88387888
邮编：310005

杭州香溢浣纱宾馆 ★★★
地址：杭州市浣沙路17号
电话：0571－87071886
邮编：310001

浙江新世纪大酒店 ★★★
地址：杭州市文三路18号
电话：0571－88391111
邮编：310012

杭州赞成宾馆 ★★★
地址：杭州市梅花碑8号

电话：0571－87806666
邮编：310009

浙江金川宾馆 ★★★
地址：杭州市凤起东路58号
电话：0571－86996999
邮编：310020

杭州海景大酒店 ★★★
地址：杭州市江干区天城路191号
电话：0571－86457888
邮编：310004

杭州凤起宾馆 ★★★
地址：杭州市凤起路451－453号
电话：0571－87068779
邮编：310006

杭州三台山庄 ★★★
地址：杭州市三台山路200号
电话：0571－87975888
邮编：310007

浙江东方大酒店 ★★★
地址：杭州市西湖大道258号
电话：0571－87790000
邮编：310002

浙江文源宾馆 ★★★
地址：杭州市文晖路108号
电话：0571－85377788
邮编：310004

浙江翔园宾馆 ★★★
地址：杭州市德胜路235号
电话：0571－88310888
邮编：310014

杭州山水宾馆 ★★★
地址：杭州市教工路187号
电话：0571－88838287
邮编：310012

杭州华侨饭店 ★★★
地址：杭州市湖滨路39号
电话：0571－87685555
邮编：310006

杭州百合花饭店 ★★★
地址：杭州市曙光路156号
电话：0571－87991188
邮编：310013

杭州湾大酒店 ★★★
地址：杭州市秋涛北路296号
电话：0571－86768888
邮编：310020

杭州四季青大酒店 ★★★
地址：杭州市凯旋路136号
电话：0571－86025888
邮编：310020

杭州孔雀大厦 ★★★
地址：杭州市杭海路199号
电话：0571－86513888
邮编：310016

杭州玉皇山庄 ★★★
地址：杭州市玉皇山路74号
电话：0571－87082688
邮编：310002

杭州天豪大酒店 ★★★
地址：杭州市艮山西路220号
电话：0571－86477777
邮编：310004

杭州华洋宾馆 ★★★
地址：杭州市天目山路古荡湾塘苗路1号
电话：0571－85121968
邮编：310013

杭州中洲大酒店 ★★★
地址：杭州市杭海路96号
电话：0571－86999999
邮编：310016

浙江铁道大厦 ★★★
地址：杭州市城站广场8号
电话：0571－87830688
邮编：310009

浙江国力大酒店 ★★★
地址：杭州市天目山路388号
电话：0571－85021188
邮编：310013

杭州锦麟宾馆 ★★★
地址：杭州市凤起路435号
电话：0571－87556188
邮编：310006

杭州梅竺度假村 ★★★
地址：杭州市西湖区梅家坞3号
电话：0571－86778688
邮编：310008

杭州巨化宾馆 ★★★
地址：杭州市江城路849号
电话：0571－87816969
邮编：310009

杭州鑫瓯酒店 ★★★
地址：杭州下沙经济技术开发区6号路6号
电话：0571－86830088
邮编：310018

杭州湖光饭店 ★★★
地址：杭州市天目山路106号
电话：0571－88075598
邮编：310007

杭州海外海·西溪宾馆 ★★★
地址：杭州天目山路329号
电话：0571－85226888
邮编：310023

杭州和平饭店 ★★★
地址：杭州市朝晖路108号
电话：0571－85461888
邮编：310004

杭州藕花洲假日酒店 ★★★
地址：杭州市文苑路285号
电话：0571－88986999
邮编：310012

杭州宏丽宾馆 ★★★
地址：杭州市艮山西路198号
电话：0571－86999888
邮编：310004

杭州宏都宾馆 ★★★
地址：杭州市体育场路407号
电话：0571－85106888
邮编：310006

杭州同力酒店（原浙江大学灵峰山庄）★★★
地址：杭州市西湖区玉古路140号
电话：0571－87971456
邮编：310013

杭州百味人生大酒店 ★★★
地址：杭州市滨江区滨文路472号
电话：0571－87773363
邮编：310053

杭州方元阳光休闲山庄 ★★★
地址：杭州市萧山区城厢育才路1号
电话：0571－82882888
邮编：311201

杭州快城酒店（原萧山城市酒店）★★★
地址：杭州市萧山区市心南路98号
电话：0571－82628888
邮编：311200

浙江旅苑宾馆 ★★★
地址：杭州市萧山区高教园区
电话：0571－28862888
邮编：311231

杭州光华宾馆 ★★★
地址：杭州市萧山区红山农场一分场
电话：0571－82609888
邮编：311234

杭州临平大厦 ★★★
地址：杭州市余杭区临平河南埭路38号
电话：0571－86237777
邮编：311100

杭州临平宾馆 ★★★
地址：杭州市余杭区临平东湖中路170号
电话：0571－86223511
邮编：311100

杭州临平大酒店 ★★★
地址：杭州市余杭区临平西大街81号
电话：0571－86224122
邮编：311100

杭州中强假日大酒店 ★★★
地址：杭州市余杭区临平北大街71号
电话：0571－86168888
邮编：311100

杭州瓶窑大厦 ★★★
地址：杭州市莫干山路瓶窑镇华兴路
电话：0571－88546888
邮编：311115

杭州径山度假村 ★★★
地址：杭州市余杭区径山镇径山风景区内
电话：0571－88601666
邮编：311123

余杭西园宾馆 ★★★
地址：杭州市余杭区余杭镇安乐路238号
电话：0571－88662911
邮编：311121

杭州余杭街道柏庄饭店 ★★★
地址：杭州市余杭区余杭街道禹航路408号
电话：0571－88628888
邮编：311121

杭州天地人大酒店 ★★★
地址：杭州市余杭区临平东湖中路234号
电话：0571－89185888
邮编：311100

杭州汇宇宾馆 ★★★
地址：杭州市萧山区临浦镇东藩中路1号
电话：0571－82478999
邮编：311251

杭州东田度假酒店 ★★★
地址：杭州市余杭区良渚农场
电话：0571－88777888
邮编：311113

杭州世纪瑞城大酒店 ★★★
地址：杭州市余杭区五常大道 137 号
电话：0571－88731086
邮编：310023

浙江圆正西溪宾馆 ★★★
地址：杭州市保俶北路 1 号
电话：0571－81953588
邮编：310012

临安钱王大酒店 ★★★
地址：杭州临安市城中街 518 号
电话：0571－63718888
邮编：311300

临安东方假日酒店 ★★★
地址：杭州临安市锦城镇钱王大街 1315 号
电话：0571－63968888
邮编：311300

临安新五洲大酒店 ★★★
地址：杭州临安市石锦街 468 号
电话：0571－63700888
邮编：311300

杭州富阳宾馆 ★★★
地址：杭州富阳市馆驿里 18 号
电话：0571－63331888
邮编：311400

富阳新宇假日酒店 ★★★
地址：杭州富阳市孙权路 146 号
电话：0571－63379999
邮编：311400

富阳太阳城堡大酒店 ★★★
地址：杭州富阳市金桥北路 500 号
电话：0571－63137666
邮编：311400

杭州云森水坞山庄 ★★★
地址：杭州富阳市高桥镇水坞村
电话：0571－63169888
邮编：311402

富春宾馆 ★★★
地址：杭州富阳市桂花路 22 号
电话：0571－63327868
邮编：311400

建德金茂宾馆 ★★★
地址：杭州建德市新安江新电路 37 号
电话：0571－64791050
邮编：311600

建德千岛宾馆 ★★★
地址：杭州建德市新安路 283 号
电话：0571－64790918
邮编：311600

建德罗桐花园大酒店 ★★★
地址：杭州建德市白沙镇新安路 279 号
电话：0571－64790886
邮编：311600

建德市望江宾馆 ★★★
地址：杭州建德市新安江街道新安路 281 号
电话：0571－64790138
邮编：311600

桐庐金鑫宾馆 ★★★
地址：杭州市桐庐县富春路 528 号
电话：0571－64637788
邮编：311500

淳安外高桥大酒店 ★★★
地址：杭州市淳安县千岛湖镇新安江大街 78 号
电话：0571－64816666
邮编：311700

淳安千岛湖阳光大酒店 ★★★
地址：杭州市淳安县千岛湖镇阳光路阳光岛
电话：0571－64816045
邮编：311700

淳安千岛湖林业大厦 ★★★
地址：杭州市淳安县千岛湖新安北路 8 号
电话：0571－64821818
邮编：311700

千岛湖西园山庄 ★★★
地址：杭州市淳安县千岛湖镇新安南路12 号
电话：0571－64882011
邮编：311700

淳安松城饭店 ★★★
地址：杭州市淳安县千岛湖镇新安大街 11 号
电话：0571－64813888
邮编：311700

千岛湖大江南酒店 ★★★
地址：杭州市淳安县千岛湖镇新安大街 128 号
电话：0571－64819901
邮编：311700

湖州大厦 ★★★
地址：湖州市红旗路 1 号
电话：0572－2035888
邮编：313000

湖州宾馆 ★★★
地址：湖州市人民路 338 号
电话：0572－2022088
邮编：313000

太湖山庄 ★★★
地址：湖州市太湖旅游度假区
电话：0572－7299999
邮编：313001

紫金假日山庄 ★★★
地址：湖州市太湖旅游度假区
电话：0572－2159000
邮编：313000

梦圆大酒店 ★★★
地址：湖州市吴兴区织里镇织里南路 2 号
电话：0572－3188000
邮编：313008

大港宾馆 ★★★
地址：湖州市织里镇中华路 148 号
电话：0572－7326000
邮编：313008

丽菁大酒店 ★★★
地址：湖州市南浔嘉业路 80 号
电话：0572－3063999
邮编：313000

白蘋洲大酒店 ★★★
地址：湖州市蕺莱大街 69 号
电话：0572－2028888
邮编：313000

湖州荻港渔庄 ★★★
地址：湖州市南浔区和孚镇荻港村
电话：0572－3770357
邮编：313017

湖州南方大酒店 ★★★
地址：湖州市南浔镇泰安路 365 号
电话：0572－3078880
邮编：313009

湖州凤凰新经纬大酒店 ★★★
地址：湖州市龙凤路 18 号
电话：0572－2383333
邮编：313000

湖州嘉年华大酒店 ★★★
地址：湖州市太湖路 8 号
电话：0572－2108888
邮编：313000

长兴维多利亚大酒店 ★★★
地址：湖州市长兴县龙山大道 179 号
电话：0572－6722222
邮编：313100

金陵大酒店 ★★★
地址：湖州市长兴县雉城金陵南路 89 号
电话：0572－6036888
邮编：313100

紫金大酒店 ★★★
地址：湖州市长兴县雉城县前中街 328 号
电话：0572－6042888
邮编：313100

华达和平宾馆 ★★★
地址：湖州市长兴县和平镇和兴小区
电话：0572－6959999
邮编：313103

红玖瑰大酒店 ★★★
地址：湖州市长兴县雉城镇明珠二路 298
电话：0572－6238999
邮编：313100

升华大酒店 ★★★
地址：湖州市德清县钟管镇工业区
电话：0572－8260333
邮编：313220

莫干山卢球假日酒店 ★★★
地址：湖州市德清县武康舞阳街 1 号
电话：0572－8880999
邮编：313200

莫干山大酒店 ★★★
地址：湖州市德清县武康永安街 25 号
电话：0572－8280788
邮编：313200

德清丽晶大酒店 ★★★
地址：湖州市德清县武康曲园北路 439 号
电话：0572－8086666
邮编：313200

银都大酒店 ★★★
地址：湖州市德清县新市仙潭路 1 号
电话：0572－8447008
邮编：313201

和春大酒店 ★★★
地址：湖州市安吉县递浦源大道北侧
电话：0572－5222888
邮编：313300

凯旋门大酒店 ★★★
地址：湖州市安吉县递铺浦源大道 969 号
电话：0572－5110917
邮编：313300

中南百草园度假酒店 ★★★
地址：湖州市安吉县马马鞍山村
电话：0572－5023456
邮编：313300

嘉兴沙龙宾馆 ★★★
地址：嘉兴市环城南路 393 号
电话：0573－82159999
邮编：314000

嘉兴文华园宾馆 ★★★
地址：嘉兴市环城东路 415 号
电话：0573－82093333
邮编：314000

嘉兴东升宾馆 ★★★
地址：嘉兴市东升中路 1226 号
电话：0573－82116008
邮编：314000

嘉兴白云假日酒店 ★★★
地址：嘉兴市吉杨西路 288 号
电话：0573－82195666
邮编：314000

嘉兴光明大酒店 ★★★
地址：嘉兴市勤俭路 1032 号
电话：0573－82151777
邮编：314000

嘉兴金棕榈度假酒店 ★★★
地址：嘉兴市中山西路 1956 号
电话：0573－82796333
邮编：314000

嘉兴君特酒店 ★★★
地址：嘉兴市中山西路 1388 号
电话：0573－82770000
邮编：314000

嘉兴香溢大酒店 ★★★
地址：嘉兴市吉水路 1 号
电话：0573－83688899
邮编：314000

嘉兴桂鱼城大酒店 ★★★
地址：嘉兴市秀洲区王江泾镇南方路 1 号南方纺织城南方大厦
电话：0573－83779111
邮编：314031

平湖绿阳大饭店 ★★★
地址：嘉兴平湖市经济开发区昌盛路 288 号
电话：0573－85071999
邮编：314200

平湖君悦酒店 ★★★
地址：嘉兴平湖市城南路 88 号
电话：0573－85215888
邮编：314200

乍浦宾馆 ★★★
地址：嘉兴平湖市乍浦镇乍杭路 2 号
电话：0573－85532888
邮编：314201

海宁宾馆 ★★★
地址：嘉兴海宁市长埭路 166 号
电话：0573－87023700
邮编：314400

海宁花园酒店 ★★★
地址：嘉兴海宁市海水月亭西路 280 号
电话：0573－87282999
邮编：314400

海宁龙祥大酒店 ★★★
地址：嘉兴海宁市西山路 610
电话：0573－87282828
邮编：314400

海宁国际假日大酒店 ★★★
地址：嘉兴海宁市工人路 98 号
电话：0573－87280808
邮编：314400

海宁香榭丽酒店 ★★★
地址：嘉兴海宁市文宗南路 88 号
电话：0573－87788888
邮编：314500

桐乡元顺商务酒店 ★★★
地址：嘉兴桐乡市洲泉镇足佳鞋业市场
电话：0573－88598010
邮编：314500

桐乡光明大酒店 ★★★
地址：嘉兴桐乡市振兴路 11 号
电话：0573－88881777
邮编：314500

桐乡梧桐大酒店 ★★★
地址：嘉兴桐乡市振兴中路 42 号
电话：0573－88880178
邮编：314500

桐乡子夜大酒店 ★★★
地址：嘉兴桐乡市乌镇子夜路 3 号
电话：0573－88728088
邮编：314501

桐乡星光大酒店 ★★★
地址：嘉兴桐乡市复兴南路 91 号
电话：0573－88882888
邮编：314500

嘉善东方大厦 ★★★
地址：嘉兴市嘉善县魏塘镇谈公路 18 号
电话：0573－84129495
邮编：314100

西塘假日酒店 ★★★
地址：嘉兴市嘉善县西塘镇南苑西路 185 号
电话：0573－84560093
邮编：314102

嘉善华展大酒店 ★★★
地址：嘉兴市嘉善县晋阳西路 271 号
电话：0573－84231888
邮编：314100

嘉善城市宾馆 ★★★
地址：嘉兴市嘉善县解放东路 79 号
电话：0573－84038888
邮编：314100

海盐国际大厦 ★★★
地址：嘉兴市海盐县新桥南路 101 号
电话：0573－86053333
邮编：314300

海盐宾馆 ★★★
地址：嘉兴市海盐县海滨东路 35 号
电话：0573－86052222
邮编：314300

海盐荣昌度假村 ★★★
地址：嘉兴市海盐县南北湖景区
电话：0573－86566278
邮编：314300

海盐月亮城堡酒店 ★★★
地址：嘉兴市海盐县南北湖风景区
电话：0573－86568888
邮编：314301

海盐香溢大酒店 ★★★
地址：嘉兴市海盐县枣园中路 105 号
电话：0573－86051888
邮编：313100

海盐金牛山大酒店 ★★★
地址：嘉兴市海盐县南北湖风景区
电话：0573－86566777
邮编：314301

舟山市香楠大酒店 ★★★
地址：舟山市定海区环城南路 343 号
电话：0580－2828028
邮编：316000

舟山市博雁城市假日酒店 ★★★
地址：舟山市定海区气象台路 228 号
电话：0580－2555888
邮编：316000

舟山新金海饭店 ★★★
地址：舟山市定海区环城东路 321 号
电话：0580－2062188
邮编：316000

舟山中信普陀大酒店 ★★★
地址：舟山市普陀山龙湾金沙路 22 号
电话：0580－6698222
邮编：306107

普陀山普陀山庄 ★★★
地址：舟山市普陀山妙庄严路 103 号
电话：0580－6091666
邮编：306107

普陀华侨饭店 ★★★
地址：舟山市普陀区沈家门滨港路 108 号
电话：0580－3030666
邮编：316100

普陀海力生大酒店 ★★★
地址：舟山市普陀区食品厂路 38 号
电话：0580－3061606
邮编：316100

普陀金沙度假村 ★★★
地址：舟山市普陀区朱家尖南沙度假村
电话：0580－6631118
邮编：316111

普陀东鸿大酒店 ★★★
地址：舟山市普陀区六横镇台门人民北路
电话：0580－6073666
邮编：316135

舟山市普陀淡风林度假村 ★★★
地址：舟山市朱家尖南沙度假村路 7 号
电话：0580－6385555
邮编：313300

舟山市普陀天丰楼大酒店 ★★★
地址：舟山市沈家门东海东路 42 号
电话：0580－3063666
邮编：313300

舟山市贵豪大酒店 ★★★
地址：舟山市定海区环城南路 352 号
电话：0580－2606918
邮编：316000

舟山市东港大酒店 ★★★
地址：舟山市定海环城南路 343 号
电话：0580－2606866
邮编：316000

普陀东方大酒店 ★★★
地址：舟山市沈家门滨港路 50 号
电话：0580－3067888
邮编：316100

舟山市千荷大酒店 ★★★
地址：舟山市六横镇台门人民北路
电话：0580－6073888
邮编：316135

舟山市普陀桃花苑宾馆 ★★★
地址：舟山市普陀区桃花镇宫前桃源中路
电话：0580－6062666
邮编：316121

舟山市普陀桃花宾馆 ★★★
地址：舟山市普陀区桃花镇公前
电话：0580－6063388
邮编：316121

舟山市普陀华晶大厦 ★★★
地址：舟山市沈家门滨港路58号
电话：0580－30611111
邮编：316100

舟山普陀黄金海岸酒店 ★★★
地址：舟山市普陀区朱家尖镇南沙
电话：0580－6632222
邮编：311611

岱山县蓝天宾馆 ★★★
地址：舟山市岱山县蓬园路188号
电话：0580－4482899
邮编：316200

岱山县秀山海景大酒店 ★★★
地址：舟山市岱山县秀山乡三礁村
电话：0580－4736888
邮编：316261

舟山蓬莱阁海景酒店 ★★★
地址：舟山市岱山县沿港东路677号
电话：0580－4377888
邮编：316200

嵊泗华侨饭店 ★★★
地址：舟山市嵊泗县菜园镇东海路166号
电话：0580－5181666
邮编：202450

宁波饭店 ★★★
地址：宁波市马园路251号
电话：0574－87097888
邮编：315012

亚洲华园宾馆 ★★★
地址：宁波市马园路271号
电话：0574－87116888
邮编：315012

宁波云海宾馆 ★★★
地址：宁波市长春路2号
电话：0574－87098888
邮编：315012

宁波日月宾馆 ★★★
地址：宁波市兴宁路46号
电话：0574－87066666
邮编：315040

宁波凯利大酒店 ★★★
地址：宁波市箕漕街76号
电话：0574－87707888
邮编：315040

宁波海鸥宾馆 ★★★
地址：宁波市兴宁路42弄22号
电话：0574－56118000
邮编：315041

宁波平安宾馆 ★★★
地址：宁波市江东姚隘路350号
电话：0574－56156666
邮编：315040

宁波香溢大酒店 ★★★
地址：宁波市西河街158号
电话：0574－87262999
邮编：315010

宁波现代大酒店 ★★★
地址：宁波市百丈东路758—7号
电话：0574－87061188
邮编：315041

甬港饭店 ★★★
地址：宁波市百丈东路105号
电话：0574－87060888
邮编：315040

宁波金纬宾馆 ★★★
地址：宁波市宋诏桥甬兴东路16－18号
电话：0574－88118118
邮编：315192

福来顿商务酒店 ★★★
地址：宁波市鄞州鄞县大道西段517号
电话：0574－88198888
邮编：315192

宁波天成维多利大酒店 ★★★
地址：宁波市中山西路延伸段芦港
电话：0574－88088888
邮编：315175

镇海雄镇大酒店 ★★★
地址：宁波市镇海区城关南大街27号
电话：0574－86316666
邮编：315200

北电宾馆 ★★★
地址：宁波市北仑区进港西路68号
电话：0574－86892801
邮编：315800

曼哈顿·天港大酒店 ★★★
地址：宁波市北仑区曼哈顿广场B区128号
电话：0574－56216666
邮编：315800

宁波中山饭店 ★★★
地址：宁波市孝闻街100号
电话：0574－56126888
邮编：315010

宁波海俱大酒店 ★★★
地址：宁波市马园路218号
电话：0574－87076886
邮编：305012

宁波世纪盛业宾馆 ★★★
地址：宁波市体育场路43号
电话：0574－56200888
邮编：315010

宁波联谊宾馆 ★★★
地址：宁波市国医街85号
电话：0574－87287888
邮编：315000

江花宾馆 ★★★
地址：宁波市人民路85号
电话：0574－87039888
邮编：315020

鄞州晨光大酒店 ★★★
地址：宁波市鄞州中心区嵩江东路559号
电话：0574－88239888
邮编：315192

宁波世纪盛业中苑大酒店 ★★★
地址：宁波市海曙区段塘东路135号
电话：0574－83866888
邮编：315010

宁波春晓苑大酒店 ★★★
地址：宁波市北仑区春晓中五路19号
电话：0574－86085188
邮编：315803

宁波碧秀山庄 ★★★
地址：宁波市北仑区大碶街道牌门村
电话：0574－86065555
邮编：315800

镇海曙光丽亭酒店 ★★★
地址：宁波市镇海区骆驼杭甬南路57号
电话：0574－86629999
邮编：315202

庄市云来大酒店 ★★★
地址：宁波市镇海区庄市街道兆龙路850号
电话：0574－86695666
邮编：315201

镇海花园大酒店 ★★★
地址：宁波市镇海区沿江路2号
电话：0574－86299888
邮编：315200

宁波雷孟德星光大酒店 ★★★
地址：宁波市鄞州区姜山镇小庄路3号
电话：0574－88452666
邮编：315191

丽嘉盛业大酒店 ★★★
地址：宁波市鄞州区古林镇联丰中路222号
电话：0574－88396666
邮编：315100

宏远大酒店 ★★★
地址：宁波市鄞州区联丰路316号
电话：0574－88058888
邮编：315176

沧海凯府大酒店 ★★★
地址：宁波市鄞州区瞻歧镇镇中路298号
电话：0574－55019999
邮编：315191

天马四明山居度假村 ★★★
地址：宁波市鄞州区横街镇桃源路尚书岙
电话：0574－83086666
邮编：315100

宁波红叶大酒店 ★★★
地址：宁波市江东区中兴路839号
电话：0574－87877111
邮编：315040

浙江威豪酒店 ★★★
地址：宁波慈溪市长河镇宁丰北路378号
电话：0574－23706888
邮编：315326

慈溪观城宾馆 ★★★
地址：宁波慈溪市观海卫镇三北中路481号－485号
电话：0574－63931888
邮编：315315

慈溪花苑大酒店 ★★★
地址：宁波慈溪市观海卫镇
电话：0574－63613888
邮编：315315

慈溪大酒店 ★★★
地址：宁波慈溪市环城南路 407 号
电话：0574－63802288
邮编：315300

慈溪国脉大酒店 ★★★
地址：宁波慈溪市茶亭路 18 号
电话：0574－63918888
邮编：315300

慈溪香苑大酒店 ★★★
地址：宁波慈溪市周巷镇环城北路 298 号
电话：0574－63920888
邮编：315324

慈溪天地家苑酒店 ★★★
地址：宁波慈溪市文二路 158 号
电话：0574－63912222
邮编：315300

慈溪天地花苑酒店 ★★★
地址：宁波慈溪市三北大街汽车东站西侧
电话：0574－63921111
邮编：315300

慈溪欧莱酒店 ★★★
地址：宁波慈溪市青少年宫北路 96 号
电话：0574－63987777
邮编：315300

余姚辰茂河姆渡酒店 ★★★
地址：宁波余姚市新建路 78 号
电话：0574－62625555
邮编：315400

余姚通用宾馆 ★★★
地址：宁波余姚市新建北路 62 号
电话：0574－62885288
邮编：315400

余姚奥杰新宾馆 ★★★
地址：宁波余姚市丈亭镇朝阳西路 2 号
电话：0574－62898001
邮编：315400

余姚城市金座酒店 ★★★
地址：宁波余姚市新建北路 3－3 号
电话：0574－62871777
邮编：315400

余姚泗门宾馆 ★★★
地址：宁波市余姚市泗门镇滨江路口
电话：0574－62157777
邮编：315470

余姚四明山庄森林度假村 ★★★
地址：宁波市余姚市四明山镇甘竹岭
电话：0574－62340889
邮编：315440

奉化大酒店 ★★★
地址：宁波奉化市中山路 7 号
电话：0574－88590888
邮编：315500

奉化武岭宾馆 ★★★
地址：宁波奉化市溪南路 1 号
电话：0574－88856288
邮编：315502

宁海跃龙宾馆 ★★★
地址：宁波市宁海县城关跃龙路 8 号
电话：0574－65261999
邮编：315600

宁海白云山庄大酒店 ★★★
地址：宁波市宁海县跃龙街道兴海南路 696 号
电话：0574－65263666
邮编：315600

象山兰陵大酒店 ★★★
地址：宁波市象山县象山港路 408 号
电话：0574－65610000
邮编：315700

绍兴玛格丽特酒店 ★★★
地址：绍兴市区火车站广场商业中心
电话：0575－88223888
邮编：312000

绍兴隆裕大酒店 ★★★
地址：绍兴市延安路 654 号
电话：0575－88050888
邮编：312000

绍兴兴鑫府山饭店 ★★★
地址：绍兴市府山西路 341 号
电话：0575－85155599
邮编：312000

绍兴联谊大酒店 ★★★
地址：绍兴市区胜利西路 1197 号
电话：0575－85337888
邮编：312000

绍兴佳诚大酒店 ★★★
地址：绍兴市胜利西路 1098 号
电话：0575－89587777
邮编：312000

绍兴南风大酒店 ★★★
地址：绍兴市区城南风江路口
电话：0575－88326688
邮编：312000

绍兴假日大酒店 ★★★
地址：绍兴市车站路 99 号
电话：0575－88206888
邮编：312000

绍兴廊桥花园大酒店 ★★★
地址：绍兴市环城南路 820 号
电话：0575－88369999
邮编：312000

绍兴大酒店 ★★★
地址：绍兴市解放路
电话：0575－85139666
邮编：312000

绍兴鼎鑫大酒店 ★★★
地址：绍兴市区城东光路 125 号
电话：0575－88375888
邮编：312000

绍兴龙翔国际宾馆 ★★★
地址：绍兴市投醪河 16 号
电话：0575－88377777
邮编：312000

绍兴亚都大酒店 ★★★
地址：绍兴市区人民中路 218 号
电话：0575－85112777
邮编：312000

绍兴稽山宾馆 ★★★
地址：绍兴市区钱王祠前 16 号
电话：0575－88063838
邮编：312000

绍兴浙纸建国宾馆 ★★★
地址：绍兴市人民中路 471 号
电话：0575－85136873
邮编：313300

柯桥轻纺城大酒店 ★★★
地址：绍兴市柯桥纬二路 8 号
电话：0575－84116868
邮编：312030

柯桥新世界大酒店 ★★★
地址：绍兴市柯桥区柯桥小马路 1 号
电话：0575－84079999
邮编：312030

柯桥鱼得水大酒店 ★★★
地址：绍兴市柯桥区柯桥东升路 3 号
电话：0575－84095588
邮编：312030

绍兴永通宾馆 ★★★
地址：绍兴市柯桥区钱清镇
电话：0575－84518666
邮编：312025

绍兴越海大酒店 ★★★
地址：绍兴市柯桥区华舍镇
电话：0575－84781777
邮编：313300

绍兴安昌大酒店 ★★★
地址：绍兴市柯桥区安昌镇东市
电话：0575－85655779
邮编：313300

上虞曹娥江大酒店 ★★★
地址：绍兴市上虞区百官镇江杨路
电话：0575－82218888
邮编：312300

上虞舜杰大酒店 ★★★
地址：绍兴市上虞区曹娥江开发区
电话：0575－82211222
邮编：312300

上虞丽都大酒店 ★★★
地址：绍兴市上虞区中心三路 1 号
电话：0575－82171888
邮编：312300

上虞白云宾馆 ★★★
地址：绍兴市杭州湾上虞区盖北镇化工园区
电话：0575－82171188
邮编：312369

诸暨港汇大酒店 ★★★
地址：绍兴诸暨市环城东路 8 号
电话：0575－87127788
邮编：311800

诸暨申发菲达大酒店 ★★★
地址：绍兴诸暨市璜山镇诸东北路 52 号
电话：0575－87976777
邮编：311800

诸暨市东白湖休闲度假中心 ★★★
地址：绍兴诸暨市东白镇 258 号
电话：0575－87770168
邮编：311800

诸暨海亮花园酒店 ★★★
地址：绍兴诸暨市店口镇
电话：0575－87177888
邮编：311800

嵊州国际大酒店 ★★★
地址：绍兴嵊州市北直街 2 号
电话：0575－83037888
邮编：312400

嵊州柏星超级大酒店 ★★★
地址：绍兴嵊州市嵊州大道 147 号

电话：0575－83181999
邮编：314000

嵊州城市酒店 ★★★
地址：绍兴嵊州市官河路406号
电话：0575－83569929
邮编：312400

嵊州国商宾馆 ★★★
地址：绍兴嵊州市北直街1号
电话：0575－83013888
邮编：314000

新昌白云大酒店 ★★★
地址：绍兴市新昌县沿江东路8号
电话：0575－86228866
邮编：315000

新昌国贸大酒店 ★★★
地址：绍兴市新昌县人民中路129号
电话：0575－86028888
邮编：315000

新昌瑞和度假村 ★★★
地址：绍兴市新昌县城关镇馒头山
电话：0575－86289066
邮编：312500

新昌鹤群大酒店 ★★★
地址：绍兴市新昌县人民东路康乐巷1号
电话：0575－86128999
邮编：315000

新昌石城大酒店 ★★★
地址：绍兴市新昌县鼓山东路96号
电话：0575－86032800
邮编：315000

衢州京汉国际大酒店 ★★★
地址：衢州市三衢街路495号
电话：0570－8766666
邮编：324000

衢州柯城金凯大酒店 ★★★
地址：衢州市荷花中路519号
电话：0570－7856222
邮编：324002

衢州万豪大酒店 ★★★
地址：衢州市荷花四路395号
电话：0570－8878888
邮编：324002

江山万隆度假村 ★★★
地址：衢州江山市经济开发区通达路1号
电话：0570－4891111
邮编：324100

江山千红饭店 ★★★
地址：衢州江山市南门路66号
电话：0570－4011399
邮编：324100

江山市华厦商贸有限公司江山宾馆 ★★★
地址：衢州江山市解放路140号
电话：0570－4025483
邮编：324100

江山日月湖度假村 ★★★
地址：衢州江山市碗窑水库月亮湖风景区
电话：13676609989
邮编：324100

江山万和豪生大酒店 ★★★
地址：衢州江山市贺村镇贺福中路28号
电话：13757030932
邮编：324100

江山印象大酒店 ★★★
地址：衢州江山市区凝秀南路412号
电话：0570－4517288
邮编：324100

常山华府大酒店 ★★★
地址：衢州市常山县定阳南路165号
电话：0570－5665566
邮编：324200

常山国际大酒店 ★★★
地址：衢州市常山县城白马路168号
电话：0570－5017777
邮编：324200

开化东方大酒店 ★★★
地址：衢州市开化县江滨南路3号
电话：0570－6918118
邮编：324300

开化开阳饭店 ★★★
地址：衢州市开化县桃溪路38号
电话：0570－6077777
邮编：324300

开化大酒店 ★★★
地址：衢州市开化县城关镇花山路17号
电话：0570－6908888
邮编：324300

龙游广银大酒店 ★★★
地址：衢州市龙游县兴龙北路102号
电话：0570－7777777
邮编：324400

龙游金峰国贸大酒店 ★★★
地址：衢州市龙游县太平西路34号
电话：0570－7856222
邮编：324400

金华望江饭店 ★★★
地址：金华市中山路112号
电话：0579－82336688
邮编：321000

金华国际大酒店 ★★★
地址：金华市中山路261号
电话：0579－82339988
邮编：321000

金华市嘉恒宾馆 ★★★
地址：金华市人民西路298号
电话：0579－82076888
邮编：321000

兰溪兰江大厦 ★★★
地址：金华兰溪市人民南路6号
电话：0579－88866666
邮编：321100

兰溪市今日名都大酒店 ★★★
地址：金华兰溪市丹溪大道188号
电话：0579－88889999
邮编：321100

兰溪市国泰大酒店 ★★★
地址：金华兰溪市人民北路26号
电话：0579－88846688
邮编：321100

永康振东大酒店 ★★★
地址：金华永康市望春东路108号
电话：0579－87126668
邮编：321300

永康紫薇花园宾馆 ★★★
地址：金华永康市金都路1号市委党校内
电话：0579－87136666
邮编：321300

永康市紫微大酒店 ★★★
地址：金华永康市紫微南路48号
电话：0579－7171999
邮编：321300

义乌普济特华都大酒店 ★★★
地址：金华义乌市工人西路155号
电话：0579－85668088
邮编：322000

义乌香港大酒店 ★★★
地址：金华义乌市工人西路18号
电话：0579－85265888
邮编：322000

义乌迪元酒店 ★★★
地址：金华义乌市西城路696号
电话：0579－85566999
邮编：322000

东阳大厦 ★★★
地址：金华东阳市中山路6号
电话：0579－86631388
邮编：322100

东阳市嘉华大酒店 ★★★
地址：金华东阳市人民路199号
电话：0579－86016666
邮编：322100

东阳国际大酒店 ★★★
地址：金华东阳市望江路20号
电话：0579－86858888
邮编：322100

东阳市五洲大酒店 ★★★
地址：金华东阳市双岘路36号
电话：0579－86649888
邮编：322100

东阳市横店国贸大厦 ★★★
地址：金华东阳市横店康庄路
电话：0579－86551511
邮编：322118

东阳宾馆 ★★★
地址：金华东阳市黉门广场东侧
电话：0579－86622011
邮编：322100

横店影视城旅游大厦★★★
地址：金华东阳市横店镇万盛街1号
电话：0579－86580000
邮编：322118

武义清水湾温泉度假村 ★★★
地址：金华市武义县溪里温泉旅游度假区
电话：0579－87739288
邮编：321200

武义唐风温泉度假村 ★★★
地址：金华市武义县塔山风景区
电话：0579－87620666
邮编：321200

磐安花台山宾馆 ★★★
地址：金华市磐安县安文镇海螺街36号
电话：0579－84651800
邮编：322300

磐安伟业大酒店 ★★★
地址：金华磐安县文溪路158号
电话：0579－84676666
邮编：322300

椒江大酒店 ★★★
地址：台州市椒江区工人路 80 号
电话：0576－88858788
邮编：318000

椒江宾馆 ★★★
地址：台州市椒江区中山东路 338－3 号
电话：0576－88823668
邮编：318000

椒江时间商务酒店 ★★★
地址：台州市椒江区中山西路 219 号
电话：0576－88851888
邮编：318000

黄岩国际大酒店 ★★★
地址：台州市黄岩区九峰路
电话：0576－84286028
邮编：318020

黄岩橘都大酒店 ★★★
地址：台州市黄岩区天长南路 27 号
电话：0576－84281003
邮编：318020

台州供水大厦 ★★★
地址：台州市黄岩区黄长路 8 号
电话：0576－84293003
邮编：318020

黄岩阳光大酒店 ★★★
地址：台州市黄岩环城东路 122 号
电话：0576－84030939
邮编：318020

台州市碧海云天酒店 ★★★
地址：台州市腾达路 399 号
电话：0576－82510035
邮编：318000

台州市华利士大酒店 ★★★
地址：台州市路桥区东路桥大道 318 号
电话：0576－82422828
邮编：318050

黄岩格林大酒店 ★★★
地址：台州市黄岩区环城东路 8 号
电话：0576－84030892
邮编：318020

台州华侨宾馆 ★★★
地址：台州临海市回浦路 32 号
电话：0576－85229988
邮编：317000

温岭假日国际酒店 ★★★
地址：台州温岭市中华路 385 号
电话：0576－86108888
邮编：317500

台州万昌宾馆 ★★★
地址：台州温岭市泽国镇文昌路 1 号
电话：0576－86428888
邮编：317523

温岭汇其乐大厦 ★★★
地址：台州温岭市万寿路 88 号
电话：0576－86216999
邮编：317500

温岭松门君豪国际大酒店 ★★★
地址：台州温岭市松门镇远景大道
电话：0576－86658888
邮编：317511

三门大酒店 ★★★
地址：台州市三门县城关民丰路 8 号
电话：0576－83358888
邮编：317100

天台东方国际大酒店 ★★★
地址：台州市天台县飞鹤路 358 号
电话：0576－83920665
邮编：317200

天台卧龙山庄 ★★★
地址：台州市天台县国清景区木鱼山
电话：0576－83958999
邮编：317200

天台石梁宾馆 ★★★
地址：台州市天台县石梁镇龙皇堂
电话：0576－83091888
邮编：317200

仙居名家大酒店 ★★★
地址：台州市仙居县福应街道环城东路 88 号
电话：0576－87667777
邮编：317300

仙居月塘大酒店 ★★★
地址：台州市仙居县花园路 108 号
电话：0576－87889999
邮编：317300

仙居假日大酒店 ★★★
地址：台州市仙居县穿城中路 16 号
电话：0576－87712888
邮编：317300

玉环长城宾馆 ★★★
地址：台州市玉环县楚门镇南兴西路 275 号
电话：0576－87421768
邮编：317605

玉环天鸿饭店 ★★★
地址：台州市玉环县珠港镇城关广陵路 136 号
电话：0576－87230889
邮编：317600

玉环国际大酒店 ★★★
地址：台州市玉环县珠港镇玉潭路 34 号
电话：0576－87257679
邮编：317600

温州瓯昌饭店 ★★★
地址：温州市雪山路 71 号
电话：0577－88528888
邮编：325005

温州饭店（停业）★★★
地址：温州市人民路第一桥
电话：0577－88252525
邮编：325000

温州湖滨饭店（停业）★★★
地址：温州市游泳路 1 号
电话：0577－88227961
邮编：325000

温州金鹏宾馆 ★★★
地址：温州市勤奋路 12 号
电话：0577－88518899
邮编：325000

温州天都大酒店 ★★★
地址：温州市兴海西路
电话：0577－88501888
邮编：325000

温州瑞兴大酒店 ★★★
地址：温州市鹿城路 135 号
电话：0577－88099999
邮编：325000

温州总商会大酒店 ★★★
地址：温州市仓后街 22 号
电话：0577－88225555
邮编：325000

温州均瑶宾馆 ★★★
地址：温州市车站大道
电话：0577－88368888
邮编：325000

温州花园大酒店 ★★★
地址：温州市黎明中路 96 号
电话：0577－88326000
邮编：325000

温州亚金大酒店 ★★★
地址：温州市飞霞路马鞍池路口
电话：0577－88811111
邮编：325000

温州市半岛公寓酒店 ★★★
地址：温州市火车站西首
电话：0577－88080808
邮编：325000

温州红太阳宾馆 ★★★
地址：温州市火车站站前
电话：0577－86788888
邮编：325000

温州水心饭店 ★★★
地址：温州市隔岸路 177 号
电话：0577－88524966
邮编：325000

温州市永强大酒店 ★★★
地址：温州市龙湾区永中镇永强东路
电话：0577－86370888
邮编：325024

温州金悦丽嘉酒店 ★★★
地址：温州市大道火车站站前区
电话：0577－86078888
邮编：325000

温州瓯海宾馆 ★★★
地址：温州市将军桥兴海路 27 号
电话：0577－88538888
邮编：325005

温州机场宾馆 ★★★
地址：温州市温州机场内
电话：0577－86898119
邮编：325000

温州兴荣速八酒店 ★★★
地址：温州市温州大道 78 号
电话：0577－86568888
邮编：325000

金茂皇冠大酒店 ★★★
地址：温州市温州大道金富大厦
电话：0577－86008888
邮编：325014

温州大酒店（停业）★★★
地址：温州市公园路 59－61 号
电话：0577－88822222
邮编：325000

温州市君林大酒店 ★★★
地址：温州市鹿城路 373 号
电话：0577－88736666
邮编：325000

瑞安市瑞丰大酒店 ★★★
地址：温州瑞安市阳光路 6 号

电话：0577－65620888
邮编：325200

瑞安华都大酒店 ★★★
地址：温州瑞安市瑞光大道1号
电话：0577－65618888
邮编：325200

瑞安华富天成大酒店 ★★★
地址：温州瑞安市阳光北路187号
电话：0577－65908888
邮编：325204

瑞安市新都大酒店 ★★★
地址：温州瑞安市塘下广场西路255号
电话：0577－65377888
邮编：325204

瑞安华侨饭店 ★★★
地址：温州瑞安市万松路6号
电话：0577－65633588
邮编：325200

瑞立商务酒店 ★★★
地址：温州瑞安市万松东路188号
电话：0577－88805112
邮编：325200

瑞安银城商务宾馆 ★★★
地址：温州瑞安市万松西路玉海
电话：0577－65066666
邮编：325200

雁荡山朝阳山庄 ★★★
地址：温州乐清市雁荡山灵峰路
电话：0577－62245999
邮编：325614

温州银雁饭店（停业）★★★
地址：温州乐清市雁荡山学士路15号
电话：0577－62245888
邮编：325614

温州银苑饭店 ★★★
地址：温州乐清市雁荡山雁山路迎宾桥
电话：0577－62245000
邮编：325614

乐清国际大酒店银城广场 ★★★
地址：温州乐清市乐怡路85号
电话：0577－62598888
邮编：325600

乐清市沪川大酒店 ★★★
地址：温州乐清市柳市镇中国电器城7号楼
电话：0577－62758888
邮编：325604

雁荡山灵岩山庄 ★★★
地址：温州乐清市雁荡山下灵岩路32号
电话：0577－62246888
邮编：325614

永嘉桥头饭店 ★★★
地址：温州市永嘉县桥头镇桥东大街
电话：0577－67453888
邮编：325107

永嘉钱塘世纪大酒店 ★★★
地址：温州市永嘉县上塘镇县前路
电话：0577－67268405
邮编：325100

温州文成新宾馆 ★★★
地址：温州市文成县文青路1号
电话：0577－67899999
邮编：325300

文成县阳光假日大酒店 ★★★
地址：温州市文成县伯温路5号
电话：0577－67838888
邮编：325300

文成县国际大酒店 ★★★
地址：温州市文成县大峃镇城东大道
电话：0577－67898888
邮编：325300

平阳虎豪大酒店 ★★★
地址：温州市平阳县水头镇水头大道
电话：0577－63116888
邮编：325405

平阳世贸富豪大酒店 ★★★
地址：温州市平阳县鳌江镇环镇北路
电话：0577－63112222
邮编：325401

泰顺国际大酒店 ★★★
地址：温州市泰顺县罗阳镇邮政路2号
电话：0577－67569999
邮编：325500

温州氡泉国际大酒店 ★★★
地址：温州市泰顺县雅阳成天村
电话：0577－67668888
邮编：325506

洞头东方罗马假日酒店 ★★★
地址：温州市洞头县北岙镇建设巷1号
电话：0577－63486888
邮编：325700

温州海逸酒店 ★★★
地址：温州市洞头县新城海滨大道78号
电话：0577－63382222
邮编：325700

苍南泰安大酒店 ★★★
地址：温州市苍南县龙港大道
电话：0577－64866666
邮编：325802

苍南龙华大酒店 ★★★
地址：温州市苍南县龙港镇龙跃路118号
电话：0577－64200888
邮编：325802

温州华玉山庄 ★★★
地址：温州市苍南县玉苍山天湖接待区
电话：0577－68689999
邮编：325806

苍南东瓯大酒店 ★★★
地址：温州市苍南县龙港镇纺织三街28号
电话：0577－68689999
邮编：325802

丽水市莲城宾馆 ★★★
地址：丽水市丽阳街254号
电话：0578－2132707
邮编：323000

丽水市香溢紫荆花大酒店 ★★★
地址：丽水市丽阳街438号
电话：0578－2298855
邮编：323000

丽水市飞达大酒店 ★★★
地址：丽水市中东路848号
电话：0578－2178888
邮编：323000

丽水市新世界大酒店 ★★★
地址：丽水市丽青路219号
电话：0578－2352888
邮编：323000

丽水市现代广场大酒店 ★★★
地址：丽水市大洋路598号
电话：0578－2218888
邮编：323000

丽水东方宾馆 ★★★
地址：丽水市中山街433号
电话：0578－2686161
邮编：323000

丽水市绿谷明珠大酒店 ★★★
地址：丽水市大洋路199号
电话：0578－2558888
邮编：323000

丽水市辉煌大酒店 ★★★
地址：丽水市经济技术开发区绿谷大道（新南城208号
电话：0578－2861111
邮编：323000

丽水市永利商务大酒店 ★★★
地址：丽水市莲都区丽南花苑1幢1号
电话：0578－2076666
邮编：323000

龙泉市南国花园酒店 ★★★
地址：丽水龙泉市剑川大道155号
电话：0578－7866866
邮编：323700

龙泉大酒店 ★★★
地址：丽水龙泉市新华街83号
电话：0578－7220168
邮编：323700

龙泉山旅游度假区绿野山庄 ★★★
地址：丽水龙泉市凤阳山
电话：0578－7112073
邮编：323700

龙泉香溢大酒店 ★★★
地址：丽水龙泉市贤良路218号
电话：0578－7268888
邮编：323700

缙云县仙都假日酒店 ★★★
地址：丽水市缙云县仙都风景区
电话：0578－3343168
邮编：321400

青田县飞鹤度假山庄 ★★★
地址：丽水市青田县石郭坑底
电话：0578－6901300
邮编：323900

青田侨乡国际大酒店 ★★★
地址：丽水市青田县江南大道108号
电话：0578－6999999
邮编：323900

云和县云和大酒店 ★★★
地址：丽水市云和县府前路8号，
电话：0578－5133888
邮编：323600

遂昌凯恩大酒店 ★★★
地址：丽水市遂昌县北街1号
电话：0578－8188888
邮编：323300

遂昌汤公度假酒店 ★★★
地址：丽水市遂昌县妙高镇君子路与水阁路

交叉口
电话：0578－8111111
邮编：323300

庆元县国际大酒店 ★★★
地址：丽水市庆元县松源镇濛州街
电话：0578－6221881
邮编：323800

景宁新金鹤大酒店 ★★★
地址：丽水市景宁县鹤溪镇团结路 2 号
电话：0578－5088888
邮编：323000

遂昌县红星坪温泉度假酒店 ★★★
地址：丽水市遂昌红星坪度假村
电话：0578－8155158
邮编：323300

旅游景区

杭州西湖风景名胜区 AAAAA
地址：杭州市环城西路 5 号
电话：0571－87070356　87179537
邮编：310006

杭州西溪国家湿地公园·洪园 AAAAA
地址：杭州市余杭区五常街道
电话：0571－89081133
邮编：311100

清河坊历史街区 AAAA
地址：杭州市河坊街 180 号
电话：0571－87813477
邮编：310002
网址：www. qinghefang. com. cn

杭州西湖灵山风景区 AAA
地址：杭州市西湖区周浦乡
电话：0571－86777098
邮编：310013

杭州西溪国家湿地公园 AAAAA
地址：杭州市天目山路 518 号周家村入口
电话：0571－88106700
邮编：310013

雷峰塔景区 AAAA
地址：杭州市南山路 15 号
电话：0571－87969246　87982111
邮编：310026

杭州宋城旅游景区 AAAA
地址：杭州市之江路 148 号
电话：0571－87090989　87313101
邮编：310008

超山风景区 AAAA
地址：杭州市余杭区塘栖镇
电话：0571－86311228
邮编：311100

杭州极地海洋公园 AAAA
地址：杭州市萧山区
电话：0571－83860185
邮编：311200

杭州双溪竹海漂流景区 AAAA
地址：杭州市余杭区经山镇双溪竹海路 7 号
电话：0571－88501888　88501938
邮编：311117

杭州绿景塘生态农业观光园景区 AA
地址：杭州市余杭区径山镇绿景村
电话：0571－88607088
邮编：311100

山沟沟旅游区 AAAA
地址：杭州市余杭区鸬鸟镇太平
电话：0571－88573333
邮编：311100

中国江南水乡文化博物馆 AAA
地址：杭州市余杭区临平南苑人民广场
电话：0571－86137995
邮编：311100

良渚博物院 AAAA
地址：杭州市余杭区良渚镇良博路 78 号
电话：0571－88770700
邮编：311113

杭州乐园 AAAA
地址：杭州市萧山区湘湖路 92 号
电话：0571－82300088
邮编：310000

湘湖旅游度假区 AAAA
地址：杭州市萧山区城西
电话：0571－82300088
邮编：311200

东方文化园 AAAA
地址：杭州市萧山区义桥镇
电话：0571－82336868
邮编：311256

杭州市浙旅院国际教育旅游体验区 AAAA
地址：杭州市萧山区浙江旅游职业学院
电话：0571－82838002
邮编：311200

京杭大运河（杭州段）AAAA
地址：杭州市
电话：0571－81065744
邮编：310026

杭州市运河塘栖古镇景区 AAAA
地址：杭州市余杭区塘栖镇西北运河之上
电话：0571－86372175　86375531
邮编：311100

杭州市临安河古镇景区 AAAA
地址：杭州临安市
邮编：311300

浙西大峡谷 AAAA
地址：杭州临安市大峡谷镇
电话：0571－63631745　63731829
邮编：311300

天目山风景名胜区 AAAA
地址：杭州临安市西天目山
电话：0571－63857338　63857361
邮编：311311

钱王陵园 AAA
地址：杭州临安市衣锦街 338 号
电话：0571－63722883
邮编：311300

柳溪江风景区 AAAA
地址：杭州临安市河桥镇
电话：0571－63612388　63734488
邮编：311300

大明山风景区 AAAA
地址：杭州临安市清凉峰镇大明村
电话：0571－63627888
邮编：311300

东天目山景区 AAAA
地址：杭州临安市
电话：0571－63968111
邮编：311300

天钟山旅游区 AAA
地址：杭州富阳市春江街道天钟山
电话：0571－63580345　63339281
邮编：311400

杭州野生动物世界 AAAA
地址：杭州富阳市受降镇九龙大道 1 号
电话：0571－23211118
邮编：311422

富春桃源风景区 AAAA
地址：杭州富阳市胥口镇上练村
电话：0571－63283978　63283777
邮编：311400

富阳龙门古镇景区 AAAA
地址：杭州富阳市龙门镇
电话：0571－63506192
邮编：311400

大慈岩景区 AAAA
地址：杭州建德市大慈岩镇
电话：0571－64549228
邮编：311612

七里扬帆景区 AAAA
地址：杭州建德市
电话：0571－64796699
邮编：311300

灵栖洞景区 AAAA
地址：杭州建德市
电话：0571－64796699
邮编：311600

严子陵钓台 AAAA
地址：杭州市桐庐县
电话：0571－69870018
邮编：311500

桐庐垂云通天河景区 AAAA
地址：杭州市桐庐县瑶琳镇东琳村
电话：0571－64371618
邮编：311516

大奇山国家森林公园 AAA
地址：杭州市桐庐县
电话：0571－64241159
邮编：311500

瑶琳仙境旅游区 AAAA
地址：杭州市桐庐县瑶琳镇
电话：0571－64361118
邮编：311515
网址：www. sakyamuni. org

淳安县千岛湖风景区 AAAAA
地址：杭州市淳安县千岛湖镇
电话：0571－64825012　24817712
邮编：311700

淳安县九咆界风景 AAA
地址：杭州市淳安县屏门乡上西村
邮编：311700

湖州太湖旅游度假区 AAAA
地址：湖州市
电话：0572－2159552
邮编：313001

湖州含山旅游区 AA
地址：湖州市善琏镇含山

电话：0572－3670175
邮编：313014

南浔古镇 AAAA
地址：湖州市南浔区南浔古镇
电话：0572－3871055
邮编：313009

湖州市菰城景区 AAAA
地址：湖州市吴兴区云巢乡窑头村
电话：0572－2051057
邮编：313000

湖州市仙山湖景区 AAAA
地址：湖州市长兴县泗安镇仙山村
电话：0572－6086002
邮编：313100

新四军苏浙军区纪念馆 AAAA
地址：湖州市长兴县
电话：0572－6078939
邮编：313119

扬子鳄自然保护区 AAAA
地址：湖州市长兴县管埭乡尹家边村
电话：0572－6017171
邮编：313100

金钉子远古世界景区 AAAA
地址：湖州市长兴县煤山镇
电话：0572－6078189
邮编：313100

德清县防风古国文化园 AAA
地址：湖州市德清县三合乡
邮编：313200

莫干山风景名胜区 AAAA
地址：湖州市德清县
电话：0572－8033402
邮编：313200

下渚湖国家湿地公园 AAAA
地址：湖州市德清县三合乡
电话：0572－8484158
邮编：313200

安吉江南天池度假村 AAAA
地址：湖州市安吉县天荒坪电站
电话：0572－5041858
邮编：313300

安吉竹子博览园 AAAA
地址：湖州市安吉县城南郊
电话：0572－5338988
邮编：313302

安吉藏龙百瀑景区 AA
地址：湖州市安吉县天荒坪镇大溪村
电话：0572－5112357
邮编：313302

中南百草园 AAAA
地址：湖州市安吉县递铺镇三官乡马鞍山村
电话：0572－5038270　5217186
邮编：313300

嘉兴南湖风景名胜区 AAAAA
地址：嘉兴市南溪路1号
电话：0573－82532370
邮编：314000

嘉兴市周家庄园 AA
地址：嘉兴市南湖区七星乡镇东进村
电话：0573－83882883
邮编：314001

平湖东湖景区 AAAA
地址：嘉兴平湖市
电话：0573－85135667
邮编：314200

莫氏庄园 AAA
地址：嘉兴平湖市人民西路19号
电话：0573－85022058
邮编：314200

平湖市澳多奇农庄 AA
地址：嘉兴平湖市曹桥乡马厩村
电话：0573－85943628
邮编：314215

平湖民俗风情馆 AA
地址：嘉兴平湖市环城北路17号
电话：0573－85024152
邮编：314200

海宁中国皮革城 AAAA
地址：嘉兴海宁市海州西路201号
电话：0573－87010001
邮编：314400

海宁市谢氏艺术收藏馆 AAA
地址：嘉兴海宁市西山路1000号
邮编：314400

钱君匋艺术研究院 AA
地址：嘉兴海宁市西山路
电话：0573－87031259
邮编：314400

海宁博物馆 AA
地址：嘉兴海宁市硖石镇西山路542号
电话：0573－87046716
邮编：314400

徐志摩故居 AA
地址：嘉兴海宁市干河街菜市弄3号
电话：0573－87046716
邮编：314400

盐官观潮景区 AAAA
地址：嘉兴海宁市盐官镇古邑路1号
电话：0573－87611879　87617200
邮编：314400

西山公园 AA
地址：嘉兴海宁市硖石镇公园路
电话：0573－87023537
邮编：314400

乌镇古镇旅游景区 AAAAA
地址：嘉兴桐乡市乌镇（西大街）
电话：0573－88713991　88731820
邮编：314501

桐乡市丰子恺纪念馆 AA
地址：嘉兴桐乡市石门镇西市街
电话：0573－88611275
邮编：314512

福严寺 AA
地址：嘉兴桐乡市同福乡福严寺
电话：0573－88482383
邮编：314512

天中山福严景区 AAA
地址：嘉兴桐乡市同福合星村
电话：0573－88482473
邮编：314500

君匋艺术馆 AA
地址：嘉兴桐乡市梧桐镇庆丰南路59号
电话：0573－88103627
邮编：314500

桐乡市博物馆 AA
地址：嘉兴桐乡市庆丰南路198号
电话：0573－88104125
邮编：314500

吴镇纪念馆 AA
地址：嘉兴市嘉善县魏塘镇花园路178号
电话：0573－84033247
邮编：314100

嘉善县碧云花园—十里水乡 AAAA
地址：嘉兴嘉善县大云镇
电话：0573－84666088
邮编：314000

嘉善西塘古镇 AAAA
地址：嘉兴市嘉善县西塘镇
电话：0573－84564161　84567890
邮编：314100

海盐南北湖风景名胜区 AAAA
地址：嘉兴市海盐县南北湖风景区
电话：0573－86513718　86513123
邮编：314302

嘉兴市海盐绮园景区 AAAA
地址：嘉兴市海盐县武原镇绮园路
电话：0573－86860180　86860181
邮编：314300

桃花岛风景名胜区 AAAA
地址：舟山市桃花镇公前街1号
电话：0580－6062457
邮编：316121

马岙旅游区 AA
地址：舟山市定海区马岙镇
电话：0580－8080018
邮编：316015

小沙旅游区 A
地址：舟山市定海区小沙镇
电话：0580－8020037
邮编：316015

伊甸园休闲农庄 A
地址：舟山市定海区岑港镇
电话：0580－8710818
邮编：316000

天鹅山庄 A
地址：舟山市定海区盐仓虹桥社区
电话：0580－8890044
邮编：316000

普陀山风景名胜区 AAAAA
地址：舟山市普陀山梅岑路115号
电话：0580－6091414
邮编：316107

朱家尖风景旅游区 AAAA
地址：舟山市普陀区朱家尖镇大洞岙
电话：0580－6631037
邮编：316111

舟山市普陀区六横镇旅游区 AA
地址：舟山市普陀区六横镇
邮编：316100

普陀区蚂蚁岛旅游区 AA
地址：舟山市普陀区
邮编：316100

岱山县秀山岛风景区 AAA
地址：舟山市岱山县秀山乡

浙江

邮编：316200

天一阁博物馆 AAAA
地址：宁波市市区月湖之西天一街 10 号
电话：0574－87293856
邮编：315000

宁波雅戈尔动物园 AAAA
地址：宁波市东钱湖
电话：0574－88378378
邮编：315000

宁波神凤海洋世界 AAAA
地址：宁波市江东区桑田路 936 号
电话：0574－56155555
邮编：315040
网址：www.nbhysj.com

宁波庆安会馆 AAA
地址：宁波市江东区木行路
电话：0574－87725301
邮编：315040

保国寺风景区 AAAA
地址：宁波市江北区洪塘镇
电话：0574－87586317
邮编：315020
网址：www.baoguosi.com.cn

宁波市慈城古县城旅游景区 AAAA
地址：宁波市江北区
电话：0574－87572328
邮编：315020

宁波市绿野山庄景区 AAAA
地址：宁波市江北区慈城镇五星村
电话：0574－87574175
邮编：315020

北仑九峰山旅游区 AAAA
地址：宁波市北仑区
电话：0574－86783209
邮编：315020

宁波市凤凰山海港乐园 AAAA
地址：宁波市北仑区
电话：0574－26850104
邮编：315800

宁波老外滩景区 AAAA
地址：宁波市江北区
电话：0574－87646775
邮编：315020

郑氏十七房景区 AAAA
地址：宁波市镇海区澥浦镇
电话：0574－86665006
邮编：315200

宁波博物馆 AAAA
地址：宁波市鄞州区
电话：0574－82815533
邮编：315100

宁波市镇海区招宝山旅游风景区 AAAA
地址：宁波市镇海区城关招宝山路 10 号
电话：0574－86272900
邮编：315200

宁波市九龙湖旅游区 AAAA
地址：宁波市镇海区九龙湖镇
电话：0574－86533726
邮编：315200

宁波东钱湖旅游度假区 AAA
地址：宁波市鄞州区东钱湖
电话：0574－88366516
邮编：315121

宁波五龙潭风景名胜区 AAAA
地址：宁波市鄞州区龙观乡
电话：0574－87893576
邮编：315166

宁波市天宫庄园休闲旅游区 AAAA
地址：宁波市鄞州区下应街道湾底村
电话：0574－88343645
邮编：315100

梁祝文化公园 AAAA
地址：宁波市鄞州区高桥镇金星村
电话：0574－88014238
邮编：315174

宁波大桥生态农庄旅游区 AAAA
地址：宁波慈溪市杭州湾跨海大桥工程指挥部西
电话：0574－63481718
邮编：315300

杭州湾海滨游乐园 AA
地址：宁波慈溪市新浦镇水云浦九塘
电话：0574－63589294
邮编：315322

慈溪市五磊山风景区 AAA
地址：宁波慈溪市观海卫镇
邮编：315300

天元中华古旧家具城 AA
地址：宁波慈溪市天元镇
电话：0574－63452939
邮编：315300

宁波雅戈尔达蓬山旅游度假区 AAAA
地址：宁波慈溪市三北镇
电话：0574－58996666
邮编：315300

慈溪市浒山现代农业示范园区 AA
地址：宁波慈溪市浒山街道
电话：0574－63016090
邮编：315300

丹山赤水风景名胜区 AAAA
地址：宁波余姚市大岚镇
电话：0574－62332222
邮编：315400

四明山森林公园 AAA
地址：宁波余姚市四明山镇
电话：0574－87220806　62340166
邮编：315423

天下玉苑景区 AAAA
地址：宁波余姚市大隐镇
电话：0574－62915588
邮编：315423

宁波溪口滕头生态旅游示范区 AAAAA
地址：宁波奉化市滕头村
电话：0574－28518100　88861968
邮编：315503

溪口旅游集团有限公司 AAAAA
地址：宁波奉化市溪口镇武岭东路 39 号
电话：0574－88861206
邮编：315500

宁波市伍山石窟景区 AAAA
地址：宁波市宁海县
电话：0574－65317566
邮编：315600

宁海森林温泉景区 AAAA
地址：宁波市宁海县深甽镇
电话：0574－65553232
邮编：315600

前童古镇 AAAA
地址：宁波市宁海县前童镇
电话：0574－65372000
邮编：315600

宁波松兰山海滨旅游度假区 AAAA
地址：宁波市象山县丹城
电话：0574－65709298
邮编：315709

宁波中国渔村景区 AAAA
地址：宁波市象山县石浦镇
电话：0574－65959999
邮编：315700

象山石浦渔港古城 AAAA
地址：宁波市象山县石浦镇金山路 80 号
电话：0574－65971902
邮编：315731

金沙湾度假区 AA
地址：宁波市象山县松兰山丹门岛
电话：0574－65738585
邮编：315700

绍兴市东湖景区 AAAA
地址：绍兴市东湖风景区管理处
电话：0575－88606879
邮编：312001

绍兴鲁迅故里沈园景区 AAAAA
地址：绍兴市鲁迅路 318 号
电话：0575－88064863
邮编：312000

绍兴印山越国王陵文化旅游区 AA
地址：绍兴市兰亭镇
电话：0575－84602771
邮编：312044

绍兴兰亭国家森林公园 AAAA
地址：绍兴市兰亭镇新桥村
电话：0575－84609388
邮编：312045

绍兴市府山景区 AA
地址：绍兴市府横街 258 号
电话：0575－85120589
邮编：312000

绍兴市越城区方圆农业观光园 AA
地址：绍兴市越城区皋埠镇吼山风景区东侧
电话：0575－88773866
邮编：312000

周恩来纪念馆 AAA
地址：绍兴市劳动路 369 号
电话：0575－85111664
邮编：312000

绍兴市乔波冰雪世界旅游区 AAAA
地址：绍兴市柯岩柯南大道 2168 号
电话：0575－89859999
邮编：312000

柯岩风景区 AAAA
地址：绍兴市柯桥区柯桥镇柯岩街道
电话：0575－84360066　88361555
邮编：312030

绍兴大香林乡村休闲旅游区 AAAA
地址：绍兴市柯桥区湖塘街道岭下村

浙江

电话：0575－84387720
邮编：312000

上虞市长塘桃花源生态旅游区 AA
地址：绍兴市上虞区长塘镇桃园村
电话：0575－82597052
邮编：312300

凤鸣山旅游风景区 AA
地址：绍兴市上虞区丰惠镇凤鸣村
电话：0575－82871211
邮编：312300

五泄旅游区 AAAA
地址：绍兴诸暨市五泄镇
电话：0575－87773681－2202
邮编：311800

绍兴市诸暨市华东国际珠宝城 AAAA
地址：绍兴诸暨市山下湖镇中心
邮编：311800

诸暨市斗岩风景区 AA
地址：绍兴诸暨市牌头镇王家宅
电话：0575－87052773
邮编：311825

诸暨市汤江岩旅游区 AA
地址：绍兴诸暨市牌头镇埂大村
电话：0575－87569655
邮编：311825

西施故里旅游区 AAAA
地址：绍兴诸暨市浣纱南路 123 号
电话：0575－87106782
邮编：311800

百丈飞瀑风景区 AAA
地址：绍兴嵊州市王院乡境内
电话：0575－83940578
邮编：312400

嵊州市剡溪漂流风景旅游区 AA
地址：绍兴嵊州市甘霖镇施家岙村
电话：0575 —83627888
邮编：312400

嵊州市南山风景名胜区 AAA
地址：绍兴嵊州市长乐镇
电话：0575－3516888
邮编：312400

嵊州市瞻山风景旅游区 AA
地址：绍兴嵊州市崇仁镇瞻山庙
邮编：312400

王羲之故居旅游区 AA
地址：绍兴嵊州市金庭镇羲之村
电话：0575－83513902
邮编：312400

新昌大佛寺 AAAA
地址：绍兴市新昌县大佛寺
电话：0575－86115599
邮编：312500

浙江达利丝绸世界工业旅游景区 AAAA
地址：绍兴市新昌县
电话：0575－86288018
邮编：312500

九龙湖省级风景名胜区 AA
地址：衢州市黄坛口电站
电话：0570－3118161
邮编：324005

烂柯山风景区 AA
地址：衢州市柯城区石室烂柯山风景区
电话：0570－3060880
邮编：324006

衢江九坛沟景区 A
地址：衢州市柯城区九华乡
电话：0570－3621666
邮编：324100

浙西大草原古名酒文化村 AA
地址：衢州市衢江区安仁镇中央徐村
电话：0570－2936266
邮编：324022

衢州市太真洞风景区 AA
地址：衢州市衢江区太真乡
邮编：324022

龙门峡谷景区 AA
地址：衢州市衢江区坑口乡
电话：0570－3680161
邮编：324000

药王山 AAAA
地址：衢州市衢江区
电话：0570－3680161
邮编：324022

天脊龙门 AAAA
地址：衢州市衢江区
电话：0570－3680161
邮编：324022

衢州市桃源七里景区 AAAA
地址：衢州市柯城区七里乡
邮编：324100

衢州市浮盖山景区 AAAA
地址：衢州江山市
电话：0570－4873326　4873323
邮编：324100

清漾景区 AAAA
地址：衢州江山市
电话：0570－4015925
邮编：324100

廿八都景区 AAAA
地址：衢州江山市
电话：0570－4015925
邮编：324100

江山市须江公园 AA
地址：衢州江山市江山港东岸
邮编：324100

江山仙霞关风景区 AA
地址：衢州江山市保安乡
电话：0570－4962002
邮编：324100

江郎山国家风景名胜区 AAAA
地址：衢州市江山市江郎乡
电话：0570－4911411
邮编：324107

开化根宫佛园文化旅游区 AAAAA
地址：衢州市开化县
电话：0570－6163117
邮编：324300

三衢石林省级风景名胜区 AAAA
地址：衢州市常山县宋畈乡
电话：0570－5455921
邮编：324213

东明湖公园 AA
地址：衢州市常山县梅园城建楼
电话：0570－5118778
邮编：324200

常山金钉子景区 AA
地址：衢州市常山县
邮编：325500

常山县石崆景区 A
地址：衢州市常山县城西南近郊
电话：0570－5013591
邮编：325500

开化县南湖景区 AA
地址：衢州市开化县
邮编：324300

古田山国家自然保护区 AA
地址：衢州市开化县苏庄镇古田山
电话：0570－6829181
邮编：324306

钱江源国家森林公园 AA
地址：衢州市开化县齐溪镇水湖山庄
电话：0570－6076000
邮编：324307

龙游石窟旅游区 AAAA
地址：衢州市龙游县小南海镇
电话：0570－7288801
邮编：324400

龙游民居苑 AAAA
地址：衢州市龙游县
电话：0570－7288801
邮编：324000

九峰山风景区 AA
地址：金华市婺城区汤溪镇
电话：0579－82658382
邮编：321000

金华双龙风景旅游区 AAAA
地址：金华市双龙风景区管理委员会
电话：0579－82148889
邮编：321021

兰溪诸葛八卦村 AAAA
地址：金华兰溪市诸葛镇
电话：0579－88600026
邮编：321100

兰溪市黄大仙赤松园 AA
地址：金华兰溪市中徐村
电话：0579－88800036
邮编：321100

金华市兰溪六洞山景区 AAAA
地址：金华兰溪市灵洞乡洞源村
电话：0579－88258082
邮编：321100

义乌中国国际商贸城购物旅游区 AAAA
地址：金华义乌市稠州路
电话：0579－85191760
邮编：322000

浙江省中国横店影视城 AAAAA
地址：金华东阳市横店镇万盛街 42 号
电话：0579－86555900
邮编：322118

中国木雕城 AAAA
地址：金华东阳市
电话：0579－86520008
邮编：322100

浙江

金华市东阳横店红色旅游城 AAAA
地址：金华东阳市横店镇
邮编：322118

东阳横店明清民居博览城 AAAA
地址：金华东阳市横店镇康庄南街
邮编：322100

金华市横店华夏文化园 AAAA
地址：金华东阳市横店镇开发路
邮编：322118

花园景区 AAAA
地址：金华东阳市南马镇花园村
电话：0579－86280891
邮编：322100

金华东阳市白云文化城 AA
地址：金华东阳市吴宁镇白云工贸开发区
电话：0579－86362859
邮编：322100

武义清水湾 AAAA
地址：金华市武义县
电话：0579－87739491
邮编：321200

武义寿仙谷景区 AAA
地址：金华市武义县王宅镇石井里村
电话：0579－87674993
邮编：321200

石鹅岩旅游区 AA
地址：金华市武义县后项村石鹅岩
电话：0579－87697063
邮编：321200

台山寺旅游区 AA
地址：金华市武义县柳城镇
电话：0579－87856038
邮编：321204

郭洞风景区 AAA
地址：金华市武义县熟溪街道郭洞村
电话：0579－87674993
邮编：321200

浦江仙华山风景名胜区 AAAA
地址：金华市浦江县人民东路 63 号
电话：0579－84121887
邮编：322200

磐安百丈潭景区 AAAA
地址：金华市磐安县
电话：0579－84758299
邮编：322300

磐安十八涡景区 AAAA
地址：金华市磐安县
电话：0579－84796629
邮编：322300

花溪风景区 AA
地址：金华市磐安县花溪风景区
电话：0579－84698095
邮编：322300

台州市海洋世界 AAAA
地址：台州市椒江区广场中路 38 号
电话：0576－88312313
邮编：318000

椒江吴子熊玻璃艺术馆 AA
地址：台州市椒江区星明路 7 号
电话：0576－88831146
邮编：318000

台州市黄岩九峰人民公园 AA
地址：台州市黄岩区九峰路 243 号
电话：0576－84260170
邮编：318020

临海江南长城旅游区 AAAA
地址：台州临海市旅游局
电话：0576－85112266
邮编：317000
网址：www. linhaitravel. com

温岭长屿硐天 AAAA
地址：台州温岭市新河镇
电话：0576－86598151
传真：0576－86592200
邮编：317502
网址：www. changyudongtian. com

东辉公园旅游区 AA
地址：台州温岭市区东辉公园瓦屿山
电话：0576－86101887
邮编：317500

方山——南嵩岩 AAA
地址：台州温岭市大溪道
电话：0576－86330237
邮编：317525

千年曙光园 AAA
地址：台州温岭市石塘镇
电话：0576－86715996
邮编：317513

台州市三门蛇蟠岛景区 AAAA
地址：台州市三门县蛇蟠岛
电话：0576－83579999
邮编：317100

天台山风景名胜区 AAAA
地址：台州市天台县城关镇电大路 2 号
电话：0576－83901313
邮编：317200

仙居风景名胜区 AAAA
地址：台州市仙居县白塔镇
电话：0576－87038686　87796877
邮编：317300

大鹿岛风景区 AAAA
地址：台州市玉环县大鹿岛
电话：0576－87566333
邮编：317600

玉环漩门湾观光农业园 AAAA
地址：台州市玉环县清港镇西郊
电话：0576－87121950
邮编：317000

温州市动物园 AAA
地址：温州市景山公园莲花芯景区
邮编：325000

江心屿旅游区 AAAA
地址：温州市鹿城区江心屿
电话：0577－88201281
邮编：325000

瑶溪风景名胜区 AAA
地址：温州市龙湾区状元镇龙飞路
电话：0577－86355976
邮编：325013

瓯海泽雅风景名胜区 AAA
地址：温州市瓯海区泽雅镇
电话：0577－86318620
邮编：325014

温州乐园 AAAA
地址：温州市瓯海区茶山街道霞岙村
电话：0577－86688600
邮编：324000

茶山五美景园 AAA
地址：温州市瓯海区茶山街道五美路 1 号
电话：0577－86683388
邮编：325014

绿色乐园 AA
地址：温州市瓯海区南白象金竹路 48 号
电话：0577－86719333
邮编：325014

仙岩风景区 AA
地址：温州市瓯海区仙岩镇仙北村
电话：0577－85300762
邮编：325014

寨寮溪风景旅游区 AAAA
地址：温州瑞安市龙湖镇龙湖中路 121 号
电话：0577－65747172
邮编：325211

桐溪风景旅游区 AA
地址：温州瑞安市桐浦乡桐星村
电话：0577－65437033
邮编：325216

玉海楼文化馆 AAA
地址：温州瑞安市安阳镇道院前街 5 号
电话：0577－65622506
邮编：325200

隆山公园 AA
地址：温州瑞安市
电话：0577－6561978
邮编：325200

顺泰青云谷风景区 A
地址：温州瑞安市顺泰乡大坟脚村
电话：0577－63739067
邮编：325200

雁荡山风景名胜区 AAAAA
地址：温州乐清市雁荡山雁山路 88 号
电话：0577－62178888　62180188
邮编：325100

乐清市中雁荡山风景区 AAAA
地址：温州乐清市白石镇玉虹北路
电话：0577－62682786
邮编：325600
网址：www. zy34. com

东塔公园 AA
地址：温州乐清市乐成镇乐怡路
电话：0577－62535798
邮编：325600

楠溪江风景名胜区 AAAA
地址：温州市永嘉县
电话：4000166188
邮编：325100

百丈飞瀑风景名胜区 AAAA
地址：温州市文成县百丈漈镇黄庄村
电话：0577－67781268
邮编：325309

铜岭山国家森林公园 AAAA
地址：温州市文成县西坑畲族镇叶胜林场
电话：0577－67750117
邮编：325306

文成县龙麒源 AAAA
地址：温州市文成县
电话：0577－67751888
邮编：325300

平阳县南雁荡山风景名胜区 AAAA
地址：温州市平阳县南雁镇
电话：0577－63739067
邮编：325400

平阳西湾景区 AA
地址：温州市平阳县西湾乡
邮编：325400

氡泉景区 AA
地址：温州市泰顺县雅阳镇承天村
电话：0577－67667228
邮编：325506

泰顺承天氡泉景区 AA
地址：温州市泰顺县雅阳镇承天氡泉
电话：0577－67582499
邮编：325500

温州市洞头景区 AAAA
地址：温州市洞头县
邮编：325700

洞头县南炮台山景区 AA
地址：温州洞头县城北岙镇
电话：0577－63385428
邮编：325700

石聚堂风景名胜区 AA
地址：温州市苍南县浦亭乡石聚村
电话：0577－64799424
邮编：325005

玉苍山国家森林公园 AAAA
地址：温州市苍南县灵溪镇玉苍路
电话：0577－64701899
邮编：325800

苍南县渔寮景区 AAA
地址：温州市苍南县渔寮乡
电话：0577－65690560
邮编：325809

丽水瓯江漂流乐园 AA
地址：丽水市碧湖镇白口村江边松林
电话：0578－2981666
邮编：323000

民俗乐园景区 AAA
地址：丽水市开发路
电话：0578－2201111
邮编：323000

丽水市东西岩风景区 AAAA
地址：丽水市莲都区老竹畲族镇
电话：0578－2190136
邮编：323000

处州青瓷博物馆 AA
地址：丽水市莲都区怡景花苑 28 幢
电话：0578－2680093
邮编：323000

丽水市古堰画乡景区 AAAA
地址：丽水市莲都区碧湖镇和大港头镇
电话：0578－2271772
邮编：323000

丽水市中国青瓷小镇·披云青瓷文化园景区 AAAA
地址：丽水龙泉市上垟镇青瓷文化园
电话：0578－7322290
邮编：323700

丽水市龙泉山旅游区 AAAA
地址：丽水龙泉市
电话：0578－7112073
邮编：323700

龙泉市博物馆 AA
地址：丽水龙泉市公园路
电话：0578－7124654
邮编：323700

龙泉市白云瀑风景区 AA
地址：丽水龙泉市西街社区木樟村
电话：13757863050
邮编：323700

仙都黄龙风景名胜区 AAAA
地址：丽水市缙云县城溪滨北路 11 号
电话：0578－3128333
邮编：321401

丽水市青田中国石雕文化旅游区 AAAA
地址：丽水市青田县鹤城镇鹤城东路 67 号
电话：0578－6067989
邮编：323900

青田县石门洞森林公园 AAAA
地址：丽水市青田县石门洞
电话：0578－6621582
邮编：323912

太鹤山风景区 AA
地址：丽水市青田县鹤城公园路 22 号
电话：0578－6836353
邮编：32390

清真禅寺 AAA
地址：丽水市青田县阜山乡朱庵村
电话：0578－6601115
邮编：323902

千丝岩风景区 AA
地址：丽水市青田县山口镇永安路 168 号
电话：0578－6862144
邮编：323904

缙云仙都风景区 AAAA
地址：丽水市缙云县
电话：0578－3315236
邮编：321400

云和湖仙宫景区 AAAA
地址：丽水市云和县
电话：0578－5141172
邮编：323600

云和梯田景区 AAAA
地址：丽水市云和县
电话：0578－5156688
邮编：323600

云和江南畲族风情村 AA
地址：丽水市云和县雾溪乡坪阳岗村
电话：0578－5119058
邮编：323600

南尖岩旅游风景区 AAAA
地址：丽水市遂昌县西南部
电话：0578－8555705
邮编：323300

遂昌县千佛山景区 AAAA
地址：丽水市遂昌县
电话：0578－8522996
邮编：323300

遂昌县长濂村文化旅游区 AA
地址：丽水市遂昌县长濂村
邮编：323300

丽水市遂昌县神龙谷景区 AAAA
地址：丽水市遂昌县垵口乡
电话：0578－8195628
邮编：323300

遂昌金矿国家矿山公园 AAAA
地址：丽水市遂昌县
电话：0578－8146278
邮编：323300

遂昌白马山森林公园 AA
地址：丽水市遂昌县白马山森林公园
电话：0578－8200200
邮编：323307

遂昌湖山森林公园 AA
地址：丽水市遂昌县湖山乡
电话：0578－8156002
邮编：323300

箬寮原始林景区 AAAA
地址：丽水市松阳县安民乡李坑村
电话：0578－8095288
邮编：323400

庆元县百山祖国家自然保护区 AAAA
地址：丽水市庆元县百山祖乡
电话：0578－6381136
邮编：323800
网址：www.bsz-china.com

云中大漈 AAAA
地址：丽水市景宁县
电话：0578－5066110
邮编：323500

景宁草鱼塘森林公园 AA
地址：丽水市景宁县东坑镇
电话：0578－5062138
邮编：323500

景宁大均“畲乡之窗”旅游区 AAAA
地址：丽水市景宁县大均乡
电话：0578－5088684
邮编：323500

餐　馆

醉白楼
地址：杭州市西湖区茅家埠龙井路 69 号
电话：0571－87999997
邮编：310026

羊汤饭店
地址：杭州市上城区中山中路 64 号
电话：0571－87027346
邮编：310002

大宋坊酒楼
地址：杭州市上城区高银街 59 号
电话：0571－87807900
邮编：310002

皇饭儿
地址：杭州市上城区河坊高银街 53－57 号
电话：0571－87807768
邮编：310002

王润兴酒楼
地址：杭州市河坊街 101－103 号

电话：0571－87800111
邮编：310026

山外山菜馆
地址：杭州市西湖区玉泉路 8 号
电话：0571－87986621
邮编：310013

羊汤饭店
地址：杭州市中山中路 64 号
电话：0571－87027346
邮编：310026

吴山烤禽总店
地址：杭州市吴山路 62 号
电话：0571－87061944
邮编：310026

胡庆余堂药膳馆
地址：杭州市大井巷 95 号
电话：0571－8702592287915816
邮编：310026

江南红楼
地址：杭州市上城区河坊街 53－4 号
电话：0571－87818799
邮编：310002

知味观杨公堤花园酒家
地址：杭州市杨公堤 10－12 号
电话：0571－87970568　87971913
邮编：310026

花中城藕香居大酒店
地址：杭州市南山路 11 号（雷峰塔景区内）
电话：0571－87960666　87960777
邮编：310026

老神仙面馆
地址：杭州市凤起路 380 号
电话：0571－85065121
邮编：310026

别饮居
地址：杭州市邮电路 48 号
电话：0571－87083255
邮编：310026

杭州北山大宅门酒楼
地址：杭州市北山路 60 号
电话：0571－87992399
邮编：310026

壶中天地酒楼
地址：杭州市天城路 97 号
电话：0571－56300538
邮编：310026

红顶餐厅
地址：杭州市河坊街小井巷 1 号
电话：0571－87817979　87830977
邮编：310026

红蕃居酒楼
地址：杭州市解放路 89－5 号
电话：0571－87555787
邮编：310026

杭州麒麟阁酒楼
地址：杭州市文晖路 315 号
电话：0571－85303977
邮编：310026

杭州红泥餐饮娱乐有限公司
地址：杭州市学士路 48 号
电话：0571－87086409
邮编：310026

天外天菜馆
地址：杭州市天竺路 2 号
电话：0571－87965450
邮编：310026

杭州颐香斋食品有限公司
地址：杭州市莫干山路 490 号
电话：0571－88846660　88845272
邮编：310026

川味观餐饮管理有限公司
地址：杭州市庆春路
电话：0571－87246738
邮编：310026

吴越人家酒楼
地址：杭州市西苑路
电话：0571－63709241
邮编：310026

西湖边茶餐厅
地址：杭州市南山路 260 号
电话：0571－87078722
邮编：310026

张生记酒店管理有限公司
地址：杭州市庆春路
电话：0571－86026666
邮编：310000

新东来顺餐饮有限公司
地址：杭州市莫干山路 276 号
电话：0571－88388471
邮编：310005

知味观总店
地址：杭州市上城区仁和路 83 号
电话：0571－87010200
邮编：310002

奎元馆
地址：杭州市上城区解放路 154 号
电话：0571－87029012
邮编：310002

状元馆
地址：杭州市上城区河坊街 85 号
电话：0571－87025796
邮编：310002

太古餐饮有限公司
地址：杭州市南山路 184 号
电话：0571－87070139
邮编：310002

钱江渔村餐饮有限公司
地址：杭州市萧山区闻堰镇
电话：0571－82309377
邮编：310003

澳门豆捞餐饮有限公司
地址：杭州市南环路 4287 号
电话：0571－86612777
邮编：310003

巴黎阳光西餐厅
地址：杭州市下城区庆春路 298 号
电话：0571－87215888
邮编：310003

味之岛餐饮有限公司
地址：杭州市庆春路 118 号
电话：0571－87240857
邮编：310003

杭州大酒店旋转餐厅
地址：杭州市下城区延安路 546 号
电话：0571－85166888－5137
邮编：310006

花港餐厅
地址：杭州市体育场路 333 号
电话：0571－85158888
邮编：310006

天香楼
地址：杭州市延安路 447 号
电话：0571－87033388
邮编：310006

采芝斋
地址：杭州市延安路 217 号
电话：0571－87910080
邮编：310006

五芳斋
地址：杭州市下城区狮虎桥路 4 号
电话：0571－85060337
邮编：310006

杭州酒家
地址：杭州市下城区环城北路 10 号
电话：0571－85091717
邮编：310006

沸腾鱼乡餐饮有限公司
地址：杭州市延安路 18 号
电话：0571－87918777
邮编：310006

便宜坊烤鸭店
地址：杭州市延安路 205 号
电话：0571－87087122
邮编：310006

百家鸡味馆餐饮有限公司
地址：杭州市中山中路
电话：0571－87818054
邮编：310001

绿茵阁餐饮有限公司
地址：杭州市解放路 89 号
电话：0571－87555018
邮编：310009

巴国布衣餐饮管理有限公司
地址：杭州市解放路 32 号
电话：0571－87048888
邮编：310000

张生记饭店
地址：杭州市双菱路 77 号
电话：0571－86027777
邮编：310020

杭邦小江南酒店
地址：杭州市滨江区南环路 3999 号
电话：0571－86609999
邮编：310051

锦绣江南大酒楼
地址：杭州市西湖区灵隐路 18 号
电话：0571－87995588
邮编：310001

江南村餐饮有限公司
地址：杭州市体育场路
电话：0571－85101886
邮编：310003

杭州楼外楼
地址：杭州市孤山路 30 号
电话：0571－87969023　87969682
邮编：310007

龙吟阁餐厅
地址：杭州市曙光路 120 号
电话：0571－87998833
邮编：310007

风荷轩餐厅
地址：杭州市曙光路 15 号
电话：0571－87990888
邮编：310007

杨公堤湖畔酒家有限公司
地址：杭州市杨公堤 10 号
电话：0571－87971913
邮编：310007

丁莲芳千张包子
地址：湖州市红旗路 188 号
电话：0572－2280568
邮编：313000

浙北大酒店
地址：湖州市南街 507 号
电话：0572－2058888
邮编：313000

湖州饭店
地址：湖州市红旗路 23 号
电话：0572－2024034
邮编：313000

周生记馄饨店
地址：湖州市红旗路 21 号
电话：0572－2025557
邮编：313000

湖州江南春饭店
地址：湖州市善链镇振兴路 99 号
电话：0572－3931606
邮编：313000

湖州市风神餐厅
地址：湖州市环城南路 126 号
电话：0572－2032986
邮编：313000

湖州银波海鲜酒家
地址：湖州市东街 239 号
电话：0572－2067066
邮编：313000

五芳斋总店
地址：嘉兴市中山路 2 号
电话：0573－82098333
邮编：314000

嘉兴市北海渔村酒楼
地址：嘉兴市环城北路 27 号
电话：0573－82096666
邮编：314000

嘉兴市菜根香饮食有限公司
地址：嘉兴市中山路 112 号
电话：0573－82095070
邮编：314000

嘉兴市城区望湖春酒家
地址：嘉兴市南湖路 22 号
电话：0573－82854986
邮编：314000

嘉兴市食品公司百味斋酒家
地址：嘉兴市中山路 79 号
电话：0573－82086463
邮编：314000

嘉兴市银梦酒家
地址：嘉兴市勤俭路 187 号
电话：0573－82074153
邮编：314000

嘉兴市饮食服务公司鸳鸯酒楼
地址：嘉兴市勤俭路 453 号
电话：0573－82072016
邮编：314000

嘉兴市紫竹林酒家
地址：嘉兴市吉杨路 98 号
电话：0573－82069698
邮编：314000

舟山东方明珠酒楼有限公司
地址：舟山市定海环城东路 105 号
电话：0580－2051457
邮编：316000

舟山市定海香江酒楼
地址：舟山市人民中路 57 号
电话：0580－2024189
邮编：316000

舟山市海城酒家
地址：舟山市新桥路 22 号
电话：0580－2039169
邮编：316000

舟山市粮油贸易总公司海之府酒楼
地址：舟山市环城东路 84 号
电话：0580－2025486
邮编：316000

舟山市轻舟餐饮有限公司
地址：舟山市环城西路 146 号
电话：0580－2024982
邮编：316000

宁波汉通餐饮有限公司
地址：宁波市宁川路 165 号
电话：0574－87701228
邮编：315000

宁波市珍宝舫餐饮有限公司
地址：宁波市人民路 132 号外滩大厦
电话：0574－87657779
邮编：315000

宁波市向阳渔港餐饮发展有限公司
地址：宁波市鄞州大道东段 155 号
电话：0574－88230414
邮编：315105

宁海食府
地址：宁波市海曙区孝闻街 77 号
电话：0574－87262908
邮编：315000

湘楚人家
地址：宁波市江东区箕漕街 92 号
电话：0574－87704353
邮编：315000

东海渔港海鲜楼
地址：宁波市新河路 457 号
电话：0574－87873093
邮编：315000

城隍庙酒楼
地址：宁波市海曙区县学街 22 号
电话：0574－87296953
邮编：315000

麒麟阁
地址：宁波市马园路 70 号
电话：0574－87113777
邮编：315000

西苑饭庄
地址：宁波市江北区西草马路
电话：0574－87386220
邮编：315000

望江楼
地址：宁波市宁穿路 9 号
电话：0574－88485798
邮编：315000

宁波韩城苑餐饮有限公司
地址：宁波市马园路 143 号
电话：0574－87160133
邮编：315000

钻石庭园西餐厅
地址：宁波市公园路 188 号
电话：0574－87365286
邮编：315000

湾仔码头茶餐厅
地址：宁波市碶闸路 110 号
电话：0574－87368171
邮编：315000

名轩楼
地址：宁波市江北区中马路 56 号
电话：0574－87358181
邮编：315000

梅之苑中餐厅
地址：宁波市北仑区明州路 789 号
电话：0574－86885888
邮编：315000

外婆桥
地址：宁波市镇安街 93 号
电话：0574－87757676
邮编：315000

东方红湘菜馆
地址：宁波市县学街 197 号
电话：0574－66835613
邮编：315000

老屋川菜馆
地址：宁波市海曙区孝闻街 84 号
电话：0574－87251326
邮编：315000

蜀都川菜馆
地址：宁波市海曙区卖鱼路 18 号
邮编：315000

蜀香楼
地址：余姚市江东区城东路 397 号
电话：0574－87378317
邮编：315000

巴山蜀水
地址：宁波市江东区民安路 316 号
电话：0574－87784394
邮编：315000

老院子川味人家
地址：宁波市江东区百丈东路 652 号
电话：0574－87896582
邮编：315000

蜀留香
地址：宁波市江东区甬港南路 214 号
电话：0574－87894289
邮编：315000

天香川菜馆
地址：宁波市江东区灵桥路 74 号
电话：0574－81181839

邮编：315000

川香楼川菜馆
地址：宁波市江北区大庆南路 217 号
电话：0574－87385177
邮编：315000

潮涌轩
地址：宁波市江北区槐树路 121 号
电话：0574－87662688
邮编：315000

牧羊人家
地址：宁波市海曙区中山东路 422 号
电话：0574－87722722　87722733
邮编：315000

绍兴市咸亨酒店有限公司
地址：绍兴市新建南路 583 号
电话：0575－85136767
邮编：312000

老城菜馆
地址：绍兴市劳动路 101 号
电话：0575－85127299
邮编：312000

绍兴伯顿西餐厅
地址：绍兴市中兴中路 288 号现代大厦 B 座
电话：0575－85132777
邮编：312000

滕记老厨绍兴店
地址：绍兴市人民西路 168 号
电话：0575－88996518
邮编：312000

川味观
地址：绍兴市解放南路 661 号夏威夷大酒店
电话：0575－88061979
邮编：312000

绍兴菜馆
地址：绍兴市解放南路 89 号春天百货 4 楼
电话：0575－85087888
邮编：312000

绍兴饭店凌霄酒楼
地址：绍兴市府横街 5 号
电话：0575－85135560
邮编：312000

绍兴市翠姐姐饭庄
地址：绍兴市府山西路 276 号
电话：0575－85159527
邮编：312000

绍兴市亨达饭庄
地址：绍兴市人民中路 196 号
电话：0575－85141635
邮编：312000

绍兴市兰香大酒家
地址：绍兴市解放北路 213 号
电话：0575－85133013
邮编：312000

绍兴市越味菜馆
地址：绍兴市云东路 117 号
电话：0575－88645823
邮编：312000

绍兴市越城区三星饭庄
地址：绍兴市胜利西路 788 号
电话：0575－85150006
邮编：312000

绍兴市钻石餐厅
地址：绍兴市胜利西路 375 号
电话：0575－85149457
邮编：312000

银都概念餐厅
地址：衢州市江山市解放路 50 号
电话：0570－4039418
邮编：324002

白天鹅大酒店
地址：衢州市斗潭路 3 号
电话：0574－8880797
邮编：324002

东方大酒店中餐厅
地址：衢州市劳动路 1 号东方大酒店内
电话：0570－3035118 转
邮编：324002

阿庆嫂开化土菜馆
地址：衢州市荷花一路 171 号
电话：0570－3670327
邮编：324002

友好饭店友谊厅
地址：衢州市上街路 127 号
电话：0570－8880671
邮编：324002

衢州饭店
地址：衢州市三衢路 189 号
电话：0570－3081818
邮编：324002

乡村大院都市农家菜
地址：衢州市三衢路 503 号
电话：0570－3853888
邮编：324002
衢州市八仙酒楼

衢州市八仙酒楼
地址：衢州市蛟池街 1 号
电话：0570－3038098
邮编：324002

衢州市太白酒楼
地址：衢州市坊门街 35 号
电话：0570－3020779
邮编：324002

金华市清和园菜馆
地址：金华市解放东路 199 号
电话：0579－82300077
邮编：321000

台州市椒江春江饭店
地址：台州市陵园路 2 号
电话：0576－88225267
邮编：318000

台州市椒江侨宫美食居酒楼
地址：台州市中山西路 127 号
电话：0576－88882923
邮编：318000

台州市椒江天府火锅城餐饮有限公司
地址：台州市解放路 77 号
电话：0576－88891210
邮编：318000

温州酒家
地址：温州市
电话：0577－88288885
邮编：325000

温州市红高粱酒家
地址：温州市解放南路 498 号
电话：0577－88225478
邮编：325000

温州市鹿城美食城大酒楼
地址：温州市人民西路
电话：0577－88252398　88237397
邮编：325000

妈妈手小炒店
地址：丽水市宇雷路 379 号
电话：0578－2273090
邮编：323000

建国新田鱼馆
地址：丽水市华敦街 166 号
电话：0578－2506898
邮编：323000

重庆酸菜鱼
地址：丽水市宇雷路 570－572 号
电话：0578－2528356
邮编：323000

三江源鱼村
地址：丽水市继光街 9 号
电话：0578－2116779
邮编：323000

外婆家
地址：丽水市紫金路 473 号
电话：0578－2171188
邮编：323000

湘水芙蓉
地址：丽水市大洋路 2 号
电话：0578－2551177
邮编：323000

石浦海鲜城
地址：丽水市紫金路 437 号
电话：0578－2350666
邮编：323000

王府酒楼
地址：丽水市紫金路 118 号
电话：0578－2189777
邮编：323000

旅游用品

杭州木艺潮工艺品厂
地址：杭州市西湖区珊瑚沙 197 号
电话：0571－87092476
邮编：310008

檀珍阁玉器珠宝行
地址：杭州市萧山城厢街道人民路 196 号
电话：0571－82379888
邮编：311200

九重天编织工艺品有限公司
地址：杭州市江滨花园
电话：0571－56683668
邮编：310053

皇冠玻璃工艺制品厂
地址：杭州市石桥路
电话：0571－86045014
邮编：310026

敦煌工艺品厂
地址：杭州市
电话：0571－85748878

邮编：310026

杭州地质珠宝公司
地址：杭州市体育场路
电话：0571－85112976
邮编：310026

航民百泰首饰有限公司
地址：杭州市萧山区瓜沥镇
电话：0571－82555999
邮编：311200

奔驰工艺品厂
地址：杭州临安市泥山湾
电话：0571－63722128
邮编：311300

临安抽纱工艺品厂
地址：杭州临安市下太阳
电话：0571－63831057
邮编：311300

富丽达水晶工艺有限公司
地址：杭州建德市
电话：0571－64188983
邮编：311600

金圣达工艺制品厂
地址：湖州市杭长桥南路399号
电话：0572－2045098
邮编：313000

天昌丝绸印花厂
地址：湖州市龙溪南路
电话：0572－2106534
邮编：313000

湖州飞英火明玻璃彩绘刻花厂
地址：湖州市环城北路
电话：0572－2058781
邮编：313000

早稻田蔺草制品有限公司
地址：湖州市南浔镇南浔大道
电话：0572－3032238 3032779
邮编：313000

顺美扇子有限公司
地址：湖州市德清县武康镇
电话：0572－8011005 8329878
邮编：313200

嘉兴市南湖工艺二厂
地址：嘉兴市南湖乡
电话：0573－82607590
邮编：314000

蒙拉艾蜡艺有限公司
地址：嘉兴市洪殷路
电话：0573－82711494
邮编：314000

老凤祥饰品有限公司
地址：宁波市碶闸街175－177号
电话：0574－87347697
邮编：315000

杭州湾工艺草编厂
地址：宁波慈溪市周巷镇
电话：0574－63338606
邮编：315300

飞燕羽毛工艺品厂
地址：宁波余姚市朗霞街道干家路
电话：0574－62187163
邮编：315400

奉化市扇厂
地址：宁波奉化市大堰镇
电话：0574－88600018
邮编：315509

宁波土产进出口公司竹木草制品厂
地址：宁波奉化市溪口畸山
电话：0574－88845155
邮编：315500

同心蔺草工艺制品厂
地址：宁波奉化市江口区
电话：0574－88562277
邮编：315500

金田草制品厂
地址：宁波奉化市方桥
电话：0574－88659711
邮编：315500

骏达草制品厂
地址：宁波奉化市柱石村
电话：0574－88559966
邮编：315500

耀发蔺草制品厂
地址：宁波奉化市方桥方裕路
电话：0574－88651926
邮编：315500

明牌银楼有限公司（绍兴）
地址：绍兴市府横街轩亭口1号
电话：0575－85208280
邮编：312000

东方大明珠珍珠首饰品有限公司
地址：绍兴诸暨市陶朱街道凤祥路
电话：0575－87313688
邮编：311800

飞跃贝类贝雕工艺品厂
地址：绍兴诸暨市江藻镇龙山村
电话：0575－87671707
邮编：311800

上虞市工艺品总厂
地址：绍兴上虞市百岭路
电话：0575－82212527
邮编：312300

上虞市竹制工艺品厂
地址：绍兴上虞市陈溪乡
电话：0575－82922008
邮编：312300

嵊州市金貂地毯厂
地址：绍兴嵊州市富润工业开发区
电话：0575－83921019
邮编：312400

金鹰水晶工艺品厂
地址：金华市白龙桥工业园区
电话：0579－82207018
邮编：321000

原野美术工艺品厂
地址：金华市新狮街道
电话：0579－82410586 82422660
邮编：321000

兰溪市金威工艺制品厂
地址：金华兰溪市
电话：0579－88942222 88948666
邮编：321100

兰溪市天鹰工艺制品厂
地址：金华兰溪市
电话：0579－88601889
邮编：321100

卧龙羽毛扇工艺品厂
地址：金华兰溪市永昌满塘岗
电话：0579－88762653
邮编：321104

东阳市南马嘉越仿古工艺品厂
地址：金华东阳市花园村
电话：0579－86213092
邮编：322100

东阳市地毯二厂
地址：金华东阳市歌山镇
电话：0579－86175198
邮编：322100

江南丝毯厂
地址：金华东阳市巍山镇
电话：0579－86973443
邮编：322100

台州市古玩商店
地址：台州市椒江区工人路
电话：0576－88881057
邮编：318001

黄岩工艺美术一厂
地址：台州市黄岩区黄长路
电话：0576－84222723
邮编：318020

黄岩大自然工艺品厂
地址：台州市黄岩区院桥镇工业区
电话：0576－84833865
邮编：318020

黄岩乌岩竹木工艺厂
地址：台州市黄岩区北洋镇山下街
电话：0576－84981631
邮编：318020

台州市金鹰工艺草编厂
地址：台州市路桥区新安南街
电话：0576－82441323
邮编：318050

临海市天象工艺品厂
地址：台州临海市
电话：0576－85185001
邮编：317000

临海市太阳神工艺品厂
地址：台州临海市城关望江门西岸
电话：0576－85191523
邮编：317000

临海市博雅奇石工艺品厂
地址：台州临海市汛桥镇
电话：0576－85010772
邮编：317000

塘海工艺礼品（临海）有限公司
地址：台州临海市
电话：0576－85179118 85179066
邮编：317000

温州市工艺首饰厂
地址：温州市吴桥路吴滨巷
电话：0577－88627307
邮编：325000

义通竹木工艺制品厂
地址：丽水龙泉市中山路
电话：0578－7122778
邮编：323700

金鼎工艺品厂
地址：丽水龙泉市龙渊镇工业小区
电话：0578－7120579
邮编：323700

恒通竹木工艺品厂
地址：丽水龙泉市村头工业区
电话：0578－7250663
邮编：323700

跃华工艺品厂
地址：丽水龙泉市工业小区
电话：0578－7121666
邮编：323700

新兴竹木工艺制品厂
地址：丽水龙泉市南秦路 191 号
电话：0578－7226191
邮编：323700

旅游交通

浙江外事旅游汽车公司
地址：杭州市黄龙体育中心
电话：0571－87078855　88177921
邮编：310002

浙江外事旅游汽车有限公司旅游汽车杭州分公司
地址：杭州市黄龙体育中心动力物管楼 3 楼
电话：0571－88177921
邮编：310002

浙江外事旅游汽车有限公司游船分公司
地址：杭州市南山路 3－1 号（苏堤口）
电话：0571－81986707　87986651
邮编：310002

杭州外事旅游汽车公司
地址：杭州市沈半路 50 号
电话：0571－85456128
邮编：310004

大川旅游汽车出租有限公司
地址：杭州市中山花园春晓苑 8 层 A 座
电话：0571－85304997
邮编：310026

丰日汽车旅游出租公司
地址：杭州市光复路
电话：0571－87824537
邮编：310026

杭州城站火车站
地址：杭州市上城区环城东路与西湖大道交叉口
电话：0571－87829983　87829424
邮编：310026

杭州南站
地址：杭州市萧山区站前路
电话：0571－56720222
邮编：311200

杭州西湖游船有限公司
地址：杭州市龙井路 9 号
电话：0571－87977638
邮编：310006

杭州萧山国际机场
地址：杭州市
电话：0571－86661234
邮编：310000

杭州火车东站
地址：杭州市江干区天成路 1 号
电话：0571－87829983
邮编：310016

杭州客运西站
地址：杭州市天目山路
电话：0571－85221304
邮编：310026

吴山广场旅游集散中心
地址：杭州市
电话：0571－87083701　87083665
邮编：310026

杭州临安青山湖游船总公司
地址：杭州市临安青山湖景区
电话：0571－63716181
邮编：311300

千岛湖火车站
地址：杭州建德市岭后
电话：0571－64710030
邮编：311600

寿昌火车站
地址：杭州建德市南郊
电话：0571－64561248　64567206
邮编：311600

建德新安江火车站
地址：杭州市建德市艾溪路
电话：0571－64782902
邮编：311600

中谊外事旅游汽车服务有限公司
地址：湖州市港湖花园别墅 2 号
电话：0572－2170193
邮编：313000

嘉兴火车站
地址：嘉兴市南湖区城东路与勤俭路交叉口
电话：0573－82079394
邮编：314051

嘉兴火车南站
地址：嘉兴市南湖区余新镇黎明村
电话：0573－83653931

海宁市火车站
地址：嘉兴海宁市海昌路
电话：0573－87022114
邮编：314400

千岛外事旅游汽车有限公司
地址：舟山市环城南路
电话：0580－2055750
邮编：316000

定海汽车客运旅游服务公司
地址：舟山市定海区环城南路
电话：0580－2381010
邮编：316000

海星外事旅游客运有限公司
地址：舟山市沈家门滨港路 77 号
电话：0580－3024296
邮编：316100

舟山普陀山机场
地址：舟山市朱家尖
电话：0580－6260716
邮编：316000

宁波港客运站
地址：宁波市中马路 288 号
电话：0574－87356332　27691668
邮编：315000

宁波栎社机场
地址：宁波市栎社
电话：0574－87427888
邮编：315154

宁波火车东站
地址：宁波市江东区福明路
电话：0574－87845615
邮编：315040

宁波港大榭客运站
地址：宁波市大榭开发区滨海东路
电话：0574－86762810　27687022
邮编：315812

四明湖旅游服务有限公司
地址：宁波余姚市西石山南路
电话：0574－62810000　62825111
邮编：315400

余姚火车站
地址：宁波余姚市北河沿路与官堂路交叉口
电话：0574－62623112　95105175
邮编：315400

绍兴市外事旅游汽车服务公司
地址：绍兴市胜利西路
电话：0575－85152501　88123001
邮编：312000

联发旅游出租汽车有限公司
地址：绍兴市城南中南公寓
电话：0575－88315626
邮编：312000

绍兴市汽车运输集团有限公司旅游客运分公司
地址：绍兴市解放北路 22 号
电话：0575－85133133
邮编：312000

绍兴火车站
地址：绍兴市车站路
电话：0575－88022584　88022017
邮编：312000

绍兴水乡游船服务有限公司
地址：绍兴市解放南路名人广场办公楼
电话：0575－88066468　85877156
邮编：312000

上虞火车站
地址：绍兴上虞市百官镇平阳山路
电话：0575－82161693
邮编：312300

中江旅游运输有限公司
地址：绍兴诸暨市
电话：0575－87333008
邮编：311800

诸暨火车站
地址：绍兴诸暨市西施大街
电话：0575－87012096　87501391
邮编：311800

嵊州市旅游出租车有限公司
地址：绍兴嵊州市官河直路 528 号
电话：0575－83100598
邮编：312400

衢州火车站
地址：衢州市柯城区
电话：0570－2383321
邮编：324000

后溪火车站
地址：衢州市后溪镇
电话：0570－2966023
邮编：324002

衢州机场
地址：衢州市区东郊
电话：0570－3039480
邮编：324100

江山火车站
地址：衢州江山市环城西路
电话：0570－7117621
邮编：324002

金华火车站
地址：金华市迪耳路
电话：0579－82359990　1603456
邮编：321000

兰溪火车站
地址：金华兰溪市
电话：0579－88506101　88824476
邮编：321100

永康火车站
地址：金华永康市
电话：0579－87295904
邮编：321300

金华义乌机场
地址：金华市民航路
电话：0579－85665209
邮编：321000

义乌火车站
地址：金华市义乌市稠城镇
电话：0579－85522987　85522468
邮编：322000

台州火车站
地址：台州市黄岩区北城街道王林村
电话：0576－95105105
邮编：318020

路桥大光明汽车旅游出租有限公司
地址：台州市路桥区
电话：0576－82452666
邮编：318050

台州路桥机场
地址：台州市路桥区路桥镇
电话：0576－84224554　82512911
邮编：318020

温岭火车站
地址：台州温岭市大溪的利岙村
电话：0576－12306　95105105
邮编：317500

温州火车南站
地址：温州市瓯海区潘桥镇
电话：0577－86369836
邮编：325005

温州火车站
地址：温州市温州大道
电话：0577－88389999
邮编：325000

温州港
地址：温州市瓯江路海港大厦1号楼
电话：0577－56688111
邮编：325000

温州永强机场
地址：温州市机场大道1号
电话：0577－86876666
邮编：325024

星球旅游汽车有限公司
地址：丽水市灯塔街
电话：0578－2123338　2135810
邮编：323000

丽水火车站
地址：丽水市莲都区芦埠村
电话：0578－2170666　2170699
邮编：323000

龙泉市长途汽车运输公司旅游出租分公司
地址：丽水龙泉市剑池路
电话：0578－7212511
邮编：323700

缙云县火车站
地址：丽水市缙云县五云镇五里牌
电话：0578－3310885　3310234
邮编：321400

青田县火车站
地址：丽水市青田县江南大道
电话：0578－6960668　6961666
邮编：323900

景宁畲族自治县旅游汽车出租公司
地址：丽水市景宁畲族自治县鹤溪镇城西新村
电话：0578－5889841
邮编：323500

安　徽

ANHUI

旅游机构

安徽省旅游局
地址：合肥市马鞍山路 509 号
电话：0551－62999150
邮编：230002
网址：www.ahlyj.gov.cn

安徽省旅游质量监督管理所
地址：合肥市金寨路 162 号安徽国际商务中心 B 座 10 层
电话：0551－63731975
邮编：230022
网址：www.ahta.com.cn

合肥市旅游局
地址：合肥市东流路 100 号政务中心三区 A 楼 404 室
电话：0551－63537731
邮编：230071
网址：www.hfly.gov.cn

肥东县旅游局
地址：合肥市肥东县店埠镇人民路 15 号
电话：0551－67718381
邮编：231600

肥西县旅游局
地址：合肥市肥西县上派镇青年北路
邮编：231200

长丰县旅游局
地址：合肥市长丰县水湖镇长新路
电话：0551－66671773
邮编：231100

瑶海区旅游局
地址：合肥市瑶海区政府办公大楼 7 楼
电话：0551－64495511
邮编：230011

蜀山区旅游局
地址：合肥市蜀山区望江西路 196 号
电话：0551－65582007
邮编：230031

包河区旅游局
地址：合肥市包河区包河大道 118 号
电话：0551－63357259
邮编：230041

庐阳区旅游局
地址：合肥市庐阳区荣事达大道 70 号 4 楼
电话：0551－62610809
邮编：230001

巢湖市旅游局
地址：合肥巢湖市市政府行政大楼 7 楼
电话：0565－82311771
邮编：238000
网址：www.chaohuly.gov.cn

庐江县文化旅游局
地址：合肥庐江县庐城镇
电话：0565－87322036
邮编：231500

淮北市旅游局
地址：淮北市花园路 7 号
电话：0561－3026210
邮编：235000

濉溪县旅游局
地址：淮北市濉溪县沱河路
电话：0561－6068251
邮编：235000

相山区旅游局
地址：淮北市相山区相阳路 57 号
电话：0561－3192077
邮编：235000

烈山区旅游局
地址：淮北市烈山区城建旅游局
电话：0561－4685123
邮编：235000

杜集区旅游局
地址：淮北市杜集区政府文体广电旅游局
电话：0561－3092440
邮编：235000

亳州市文化旅游局
地址：亳州市站前路行政办公大楼内
电话：0558－5555382
邮编：236800

涡阳县旅游局
地址：亳州市涡阳县建设路县政府大楼二楼
电话：0558－7212846
邮编：233600

蒙城县旅游局
地址：亳州市蒙城县新城路 16 号
电话：0558－7620069
邮编：233500

宿州市旅游局
地址：宿州市金通商务楼 3 楼
电话：0557－3048016
邮编：234000

砀山县旅游局
地址：宿州市砀山县
电话：0557－8022231
邮编：235300

萧县旅游局
地址：宿州市萧县
电话：0557－5022230
邮编：235200

埇桥区旅游局
地址：宿州市埇桥区
电话：0557－3022301
邮编：234000

灵璧县旅游局
地址：宿州市灵璧县
电话：0557－6022140
邮编：234200

泗县旅游局
地址：宿州市泗县
电话：0557－7020508
邮编：234300

蚌埠市旅游局
地址：蚌埠市东海大道行政办公中心 5 号楼
电话：0552－3125258
邮编：233040

怀远县旅游局
地址：蚌埠市怀远县政府院内
电话：0552－8212807
邮编：233400

固镇县旅游局
地址：蚌埠市固镇县政府院内
电话：0552－6012802
邮编：233700

五河县旅游局
地址：蚌埠市五河县淮河路 21 号
电话：0552－5021302
邮编：233300

阜阳市旅游局
地址：阜阳市清河中路海关 7 楼
电话：0558－2198135
邮编：236000

颍泉区旅游局
地址：阜阳市颍泉区皖西北商贸城
电话：0558－2617187
邮编：236000

颍东区旅游局
地址：阜阳市火车站颍东区政府
电话：0558－2319549
邮编：236000

颍州区旅游局
地址：阜阳市颍州区政府
电话：0558－2199690
邮编：236000

颍上县旅游局
地址：阜阳市颍上县人民路 189 号
电话：0558－4413526
邮编：236200

阜南县旅游局
地址：阜阳市阜南县淮河西路 26 号
电话：0558－6712170
邮编：236300

太和县旅游局
地址：阜阳市太和县健康路 68 号
电话：0558－8625731
邮编：236600

临泉县旅游局
地址：阜阳市临泉县同阳西路 39 号
电话：0558－6519533
邮编：236400

界首市旅游局
地址：阜阳界首市人民东路 1 号
电话：0558－4885816
邮编：236000

淮南市旅游局
地址：淮南市中建大厦三楼（洞山中路22 号）
电话：0554－6648319
邮编：232001

凤台县旅游局
地址：淮南市凤台县茅仙洞景区内
电话：0554－8914091
邮编：232100

八公山区旅游局
地址：淮南市八公山区政府院内（丁山路1 号）
电话：0554－5627863
邮编：232072

毛集试验区旅游局
地址：淮南市毛集试验区区农民公园内（102 省道）
电话：0554－8273611
邮编：232180

八公山风景区管委会
地址：淮南市八公山区政府院内（丁山路 1 号）
电话：0554－5620511
邮编：232072

滁州市旅游局
地址：滁州市龙蟠大道99号政务中心
电话：0550－3033543
邮编：239000

琅琊区旅游局
地址：滁州市琅琊区政府大院内
电话：0550－3022338
邮编：239000

南谯区旅游局
地址：滁州市南谯区政府大院内
电话：0550－3111742
邮编：239000

凤阳县旅游局
地址：滁州市凤阳县政府大院内
电话：0550－6721015
邮编：233100

全椒县旅游局
地址：滁州市全椒县文化体育局大楼内
电话：0550－5012402
邮编：239500

天长市旅游局
地址：滁州天长市博物馆3楼
电话：0550－7025257
邮编：239300

来安县旅游局
地址：滁州市来安县政府大院内
电话：0550－5612372
邮编：239200

定远县外事办公室
地址：滁州市定远县政府大院内
电话：0550－4021805
邮编：233200

明光市旅游工作指导委员会办公室
地址：滁州明光市文化体育局大楼
电话：0550－8154445
邮编：239400

六安市旅游局
地址：六安市行政中心3号楼
电话：0564－3379183
邮编：237000

金安区旅游局
地址：六安市金安区政府院内
电话：0564－3332375
邮编：237003

裕安区旅游局
地址：六安市裕安区政府大院内
电话：0564－3301589
邮编：237004

舒城县旅游局
地址：六安市舒城县政府大院内
电话：0564－8629690
邮编：231300

霍山县旅游局
地址：六安市霍山县城关中兴南路
电话：0564－5020706
邮编：237200

金寨县旅游局
地址：六安市金寨县政府楼内
电话：0564－7356638
邮编：237300

霍邱县旅游局
地址：六安市霍邱县政府二招院内
电话：0564－6080514
邮编：237400

马鞍山市旅游局
地址：马鞍山市竹园路6号
电话：0555－2336065
邮编：243011

当涂县旅游局
地址：马鞍山当涂县城关镇振兴路298号
电话：0555－6723996
邮编：243100

花山区旅游局
地址：马鞍山市沙塘路13号
电话：0555－2486754
邮编：243000

雨山区旅游局
地址：马鞍山市湖西南路11号
电话：0555－2334590
邮编：243000

金家庄区旅游局
地址：马鞍山市幸福路100号
电话：0555－2818761
邮编：243021

含山县文化旅游局
地址：马鞍山市含山县环峰镇
电话：0565－4312164
邮编：238100

和县文化旅游局
地址：马鞍山市和县县城
电话：0565－5313005
邮编：238200

芜湖市旅游局
地址：芜湖市政务文化中心B区2楼
电话：0553－3823651
邮编：241000

镜湖区旅游局
地址：芜湖市镜湖区政府大楼1楼
电话：0553－3122079
邮编：241000

鸠江区文体旅游局
地址：芜湖市天门山东路1号
电话：0553－5864320
邮编：241000

芜湖县文化体育旅游局
地址：芜湖市芜湖到湾沚镇荆江东路45号
电话：0553－8812983
邮编：241000

繁昌县文化体育旅游局
地址：芜湖市繁昌县繁阳镇迎春路89号
电话：0553－7872063
邮编：241000

南陵县文化体育旅游局
地址：芜湖市南陵县籍山镇籍山路党政大楼2楼
电话：0553－6823183
邮编：241000

无为县文化旅游局
地址：芜湖市无为县政府
电话：0565－6314742
邮编：238300

宣城市旅游局
地址：宣城市鳌峰中路45号
电话：0563－3022771
邮编：242000

宣州区旅游局
地址：宣城市鳌峰东院
电话：0563－3022771
邮编：242000

郎溪县旅游局
地址：宣城市郎溪县城关
电话：0563－7020816
邮编：242100

广德县旅游局
地址：宣城市广德县城关
电话：0563－6021504
邮编：242200

宁国市旅游局
地址：宣城宁国市城关
电话：0563－4037697
邮编：242300

泾县旅游局
地址：宣城市泾县信合大厦
电话：0563－5121234
邮编：242500

绩溪县旅游局
地址：宣城市绩溪县城关
电话：0563－8162546
邮编：245300

旌德县旅游局
地址：宣城市旌德县城关
电话：0563－8022703
邮编：242600

铜陵市旅游局
地址：铜陵市湖东路666号市政中心南4楼
电话：0562－5880770
邮编：244000

铜陵县文化旅游局
地址：铜陵市铜陵县城关镇县政府3楼
电话：0562－8816974
邮编：244100

铜陵市郊区旅游局
地址：铜陵市郊区政府院内
电话：0562－5825137
邮编：244000

池州市旅游委员会
地址：池州市长江南路红森国际大厦B座7楼
电话：0566－2088371
邮编：247000

贵池区旅游局
地址：池州市长江路98号
电话：0566－2022713
邮编：247000

东至县旅游局
地址：池州市东至县尧城路27号
电话：0566－7019155
邮编：247200

青阳县旅游局
地址：池州市庙前路华林饭店4楼
电话：0566－5021279
邮编：242800

石台县旅游局
地址：池州市石台县曙光路6号
电话：0566－6022373
邮编：245100

安徽

九华山经济社会发展处
地址：池州市九华山芙蓉路 55 号
电话：0566－5011268
邮编：242811

安庆市旅游局
地址：安庆市沿江路 8 号
电话：0556－5593367
邮编：246003

天柱山风景名胜区管理委员会
地址：安庆市潜山县天柱山大道 23 号
电话：0556－8932218
邮编：246300

花亭湖风景名胜区管理处
地址：安庆市太湖县晋熙镇
电话：0556－4160798
邮编：246400

宜秀区旅游局
地址：安庆市宜秀区杨桥镇石塘咀
电话：0556－5890392
邮编：246007

大观区旅游局
地址：安庆市德宽路 242 号大观区政府内
电话：0556－5502646
邮编：246002

潜山县旅游局
地址：安庆市潜山县天柱山大道 23 号
电话：0556－8932288
邮编：246300

怀宁县旅游局
地址：安庆市怀宁县高河镇稼先大道文化大楼
电话：0556－4637138
邮编：246121

桐城市旅游局
地址：安庆桐城市人民政府 2 楼
电话：0556－6123677
邮编：231400

枞阳县旅游局
地址：安庆市枞阳县湖滨东路县总工会内
电话：0556－2856060
邮编：246700

岳西县旅游局
地址：安庆市岳西县天堂镇
电话：0556－2173125
邮编：246600

太湖县旅游局
地址：安庆市太湖县晋熙镇
电话：0556－4160798
邮编：246400

望江县旅游局
地址：安庆市望江县政府院内
电话：0556－7171480
邮编：246230

宿松县旅游局
地址：安庆市宿松县孚玉镇人民路 153 号
电话：0556－7811066
邮编：246501

黄山市旅游委员会
地址：黄山市屯溪区滨江西路 28 号
电话：0559－2514091
邮编：245000

屯溪区旅游局
地址：黄山市屯溪区滨江西路 2－8 号
电话：0559－2512449
邮编：245000

黄山区旅游局
地址：黄山市黄山区政务新区号楼西 2 楼
电话：0559－8500235
邮编：245700

徽州区旅游局
地址：黄山市徽州区文峰路 63 号
电话：0559－3512688　3511670
邮编：245061

黟县旅游局
地址：黄山市黟县沿河西路 26 号
电话：0559－5522297　5551778
邮编：245500

歙县旅游局
地址：黄山市歙县古关路
电话：0559－6512663
邮编：245200

祁门县旅游局
地址：黄山市祁门县新兴路 342 号
电话：0559－4511001
邮编：245600

休宁县旅游局
地址：黄山市萝宁街 168 号（县政府院内）
电话：0559－7518324　2668324
邮编：245400

黄山风景区旅游办公室
地址：黄山风景区逍遥亭
电话：0559－5563456
投诉电话：0559－5561111
邮编：245800

旅行社

安徽海外旅游有限公司
地址：合肥市梅山路 153 号国旅大厦
电话：0551－62848817
邮编：230031
网址：www. anhuicits. com
许可证号：L－AH－CJ00001

安徽中国青年旅行社有限责任公司
地址：合肥市长江东路 1121 号工人文化宫 8 楼
电话：0551－64292555
邮编：230011
网址：www. 51760. cn
许可证号：L－AH－CJ00002

安徽省中国旅行社
地址：合肥市金寨路 381 号九州大厦
电话：0551－62652017
邮编：230001
许可证号：L－AH－CJ00003

黄山海外旅行社
地址：黄山市屯溪区滨江西路 1 号
电话：0559－2516635
邮编：245000
网址：www. hsots. com
许可证号：L－AH－CJ00004

安徽康辉国际旅行社有限责任公司
地址：合肥市美菱大道 549 号银成办公中心 401 室
电话：0551－62629188
邮编：230061
网址：www. ahcct. com
许可证号：L－AH－CJ00005

黄山市中国旅行社
地址：黄山市屯溪区滨江西路 1 号
电话：0559－2527907
邮编：245000
网址：www. hscts. com. cn
许可证号：L－AH－CJ00006

芜湖中国国际旅行社
地址：芜湖市北京路 50 号
电话：0553－3832980
邮编：241000
网址：www. citswuhu. com
许可证号：L－AH－CJ00007

安徽环球国际旅行社有限责任公司
地址：合肥市长江中路 319 号仁和大厦 10 楼
电话：0551－62624868
邮编：230061
网址：www. huanqiulvyou. com
许可证号：L－AH－CJ00008

安徽好之旅国际旅行社有限公司
地址：合肥市长江中路 59 号省委高层 A 栋三楼
电话：0551－62636185
邮编：230001
网址：www. ahhzl. com
许可证号：L－AH－CJ00009

安徽外贸国际旅行社有限公司
地址：合肥市金寨路 215 号康园大厦 809 室
电话：0551－67128836
邮编：230001
网址：www. 365travel. com
许可证号：L－AH－CJ00010

蚌埠市国际旅行社有限责任公司
地址：蚌埠市蚌山区升平街 190－192 号
电话：0552－2048758
邮编：233000
网址：www. bbgl. com
许可证号：L－AH－CJ00011

马鞍山中国国际旅行社
地址：马鞍山市花山区湖东中路 58 号
电话：0555－2489560
邮编：243000
许可证号：L－AH－CJ00012

安庆中国国际旅行社有限公司
地址：安庆市孝肃路 215 号
电话：0556－5516872
邮编：246003
网址：www. aqgl. com
许可证号：L－AH－CJ00013

安徽迎驾国际旅行社有限公司
地址：合肥市芜湖路 347 号
电话：0561－62888799
邮编：230022
许可证号：L－AH－CJ00014

安徽招商国际旅行社有限公司
地址：合肥市长江中路 168 号招商大厦 5 楼
电话：0551－62663338
邮编：230001
许可证号：L－AH－CJ00015

安徽铜都国际旅行社有限责任公司
地址：铜陵市淮河南路
电话：0562－7112222
邮编：244000

许可证号：L－AH－CJ00016

黄山市发展国际旅行社有限公司
地址：黄山市面新安北路27号2幢404室
电话：0559－2527055
邮编：245000
网址：www. huang shan china. com. cn
许可证号：L－AH－CJ00017

安徽国联国际旅行社有限公司
地址：合肥市长江西路3号春天大厦
电话：0551－62830794
邮编：230061
许可证号：L－AH－CJ00018

安徽省青年国际旅行社有限公司
地址：池州市翠百路百翠综合楼
电话：0566－2811019
邮编：247100
许可证号：L－AH－CJ00019

合肥五联国际旅行社有限公司
地址：合肥市北一环路东709号
电话：0551－62621288
邮编：230041
许可证号：L－AH－CJ00020

黄山中青旅中山国际旅行社有限公司
地址：黄山市屯溪区长干中路49号4楼
电话：0559－2530606
邮编：245000
电子信箱：citshs@ah163. com
许可证号：L－AH－CJ00021

合肥旅行社
地址：合肥市胜利路大窑湾5号
电话：0551－64291188
邮编：230011
电子信箱：270545107@QQ. com
许可证号：L－AH－CJ00022

黄山华苑国际旅行社有限公司
地址：黄山市屯溪区滨江中路19－8号
电话：0559－2511633
邮编：245000
电子信箱：1825244616@qq. com
许可证号：L－AH－CJ00023

安徽瑞景国际旅行社有限公司
地址：合肥市寿春路356号徽商国际大厦1107室
电话：0551－62853366
邮编：230011
电子信箱：395266501@qq. com
许可证号：L－AH－CJ00024

中国旅行社总社黄山原野有限公司
地址：黄山市黄山东路140号地质科技大厦六楼
电话：0559－2589922
邮编：245000
电子信箱：515546409@qq. com
许可证号：L－AH－CJ00025

安徽春秋国际旅行社有限责任公司
地址：合肥市金寨路329号凯旋大厦
电话：0551－62824824
邮编：230001
电子信箱：617735476@qq. com
许可证号：L－AH－CJ00026

黄山康辉国际旅行社有限责任公司
地址：黄山市屯溪区天都大道30号君悦华府财富中心四层
电话：0559－2512838
邮编：245000
电子信箱：531695241@qq. com
许可证号：L－AH－CJ00027

马钢集团楚江假日国际旅游有限公司
地址：马鞍山市雨山区湖南路49号
电话：0555－2888818
邮编：243000
电子信箱：674580851@qq. com
许可证号：L－AH－CJ00028

安徽皖山国际旅行社有限公司
地址：安庆市潜山县天柱山茶庄
电话：0556－8145369　8976636
邮编：246300
许可证号：L－AH－CJ00029

安徽金途国际旅行社有限公司
地址：合肥市胜利路中环国际大厦写字楼25楼
电话：0551－64253334
邮编：230061
电子信箱：7981526@qq. com
许可证号：L－AH－CJ00030

安徽省快乐假日国际旅行社有限公司
地址：合肥市瑶海区嘉山路元一名城C20幢1103室
电话：0551－64203807
邮编：230011
电子信箱：1258023641@qq. com
许可证号：L－AH－CJ00031

马鞍山青年旅行社有限责任公司
地址：马鞍山市解放路35－2号
电话：0555－2368800
邮编：243000
电子信箱：603277215@QQ. COM
许可证号：L－AH－CJ00032

安徽金旅雅途国际旅行社有限公司
地址：合肥市庐阳区濉溪路278号财富广场2期B座612室
电话：0551－65666466
邮编：230041
电子信箱：188682410@QQ. COM
许可证号：L－AH－CJ00033

黄山海峡国际旅行社有限公司
地址：黄山市屯溪区长干路49号3楼
电话：0559－2518088
邮编：245000
许可证号：L－AH－CJ00034

安徽皖之旅国际旅行社有限公司
地址：合肥市庐阳区寿春路瑞景百花大厦A座1403室
电话：0551－62658298
邮编：230001
电子信箱：1506227606@qq. com
许可证号：L－AH－CJ00035

安徽宝中招商国际旅行社有限公司
地址：合肥市濉溪路9号富荣大厦28楼
电话：0551－65507088
邮编：230001
许可证号：L－AH－CJ00036

安徽省中旅国际旅行社有限公司
地址：合肥市包河区徽州大道与九华山路交口九华国际大厦22楼
电话：0551－64652900
邮编：230041
许可证号：L－AH－CJ00037

安徽新天地国际旅行社有限责任公司
地址：合肥市长江中路319号仁和大厦504室
电话：0551－62837961　62613694
邮编：230001
许可证号：L－AH－CJ00038

安徽太平洋国际旅行社有限公司
地址：合肥市政务区天鹅湖万达广场7－办1610室
电话：0551－65529738－610
邮编：230001
许可证号：L－AH－CJ00039

安徽省国泰国际旅行社有限公司
地址：合肥市濉溪路88号国光万豪广场2101室
电话：0551－62811216
邮编：230001
许可证号：L－AH－CJ00040

芜湖市方特假日旅行社有限责任公司
地址：芜湖市银湖北路华强城市广场商业街318室
电话：15855538822
邮编：241000
许可证号：L－AH－CJ000

蚌埠市中国旅行社有限责任公司
地址：蚌埠市中山街161号
电话：0552－2068666
邮编：233000
许可证号：L－AH－CJ00042

芜湖市银发国际旅行社
地址：芜湖市九华山路朱家塘57号（老年大学内）
电话：0553－3885529　3885379
邮编：241000
许可证号：L－AH－CJ00043

铜陵旅行社有限责任公司
地址：铜陵市淮河大道北段金都大厦909室
邮编：244000
许可证号：L－AH－CJ00044

安徽银泰国际旅行社有限公司
地址：合肥市阜阳路47号合肥大厦3楼
电话：0551－65693359
邮编：230001
许可证号：L－AH－CJ00045

黄山市竭诚国际旅行社有限公司
地址：黄山市屯溪区黄山中路百川财富广场A座1402室
电话：15805599559
邮编：245000
许可证号：L－AH－CJ00046

安徽和平国际旅行社有限责任公司
地址：合肥市马鞍山南路666号绿地赢海D座20层
电话：0551－4299660
邮编：230001
许可证号：L－AH－CJ00047

安徽百事通国际旅行社有限公司
地址：合肥市包河区马鞍山路130号万达广场C区6－2602－2604室
电话：0551－62893099
邮编：230041
许可证号：L－AH－CJ00048

安徽可乐国际旅行社有限公司
地址：合肥市黄山路兴科大厦206室
电话：0551－63642282

邮编：230001
许可证号：L－AH－CJ00049

安徽中铁国际旅游有限公司
地址：合肥市长江路 71 号（与南含山路交叉口）
电话：0551－2159559
邮编：230001
许可证号：L－AH－CJ00050

饭 店

合肥古井假日酒店 ★★★★★
地址：合肥市长江东路 1104 号
电话：0551－62206666
邮编：230011

合肥元一希尔顿酒店 ★★★★★
地址：合肥市胜利路 99 号
电话：0551－62808888
邮编：230011

合肥天鹅湖大酒店 ★★★★★
地址：合肥市政务文化新区东流路 888 号
电话：0551－63536666
邮编：230071

安徽金满楼明珠国际大酒店 ★★★★★
地址：合肥市经济技术开发区繁华大道明珠广场
电话：0551－62216688
邮编：230601

合肥恒悦国际外商俱乐部酒店 ★★★★★
地址：合肥市高新技术开发区科学大道 83 号
电话：0551－62229888
邮编：230088

合肥两淮豪生大酒店 ★★★★★
地址：合肥市高新区科学大道 6 号
电话：0551－65848888
邮编：230088

合肥市泓瑞金陵大酒店 ★★★★★
地址：合肥市祁门路 1799 号
电话：0551－62266666
邮编：230022

合肥万达威斯汀酒店 ★★★★★
地址：合肥市马鞍山路 150 号
电话：0551－62989888
邮编：230001

安徽世纪金源大饭店 ★★★★★
地址：合肥市滨湖新区徽州大道 5558 号
电话：0551－66868888
邮编：230001

淮北口子国际大酒店 ★★★★★
地址：淮北市人民路 251 号
电话：0561－3068888
邮编：235000

蚌埠锦江大酒店 ★★★★★
地址：蚌埠市东海大道 5183 号
电话：0552－2088000
邮编：233010

滁州市金地大酒店 ★★★★★
地址：滁州市凤凰西路 181 号
电话：0550－3011888
邮编：239000

马鞍山海外海皇冠假日酒店 ★★★★★
地址：马鞍山市花山区花雨路 99 号
电话：0555－2388888
邮编：243000

安徽长江国际酒店 ★★★★★
地址：马鞍山市当涂县太白中路 188 号
电话：0555－6799888
邮编：243100

芜湖市侨鸿皇冠假日酒店 ★★★★★
地址：芜湖市中山北路 77 号
电话：0553－3888999
邮编：241000

安徽省铜陵市逸顿国际大酒店 ★★★★★
地址：铜陵市经济技术开发区石城大道翠湖二路 2888 号
电话：0562－2888888
邮编：244000

黄山国际大酒店 ★★★★★
地址：黄山市屯溪区华山路 31 号
电话：0559－2565678
邮编：245000

黄山香茗酒店 ★★★★★
地址：黄山市屯溪区迎宾大道 2 号
电话：0559－2579999
邮编：245000

黄山轩辕国际大酒店 ★★★★★
地址：黄山市黄山区金鼎大道
电话：0559－8508888
邮编：245700

黄山松柏高尔夫乡村俱乐部 ★★★★★
地址：黄山市屯溪区机场大道龙井 78 号
电话：0559－2568000
邮编：245000

安徽皖西宾馆有限公司 ★★★★★
地址：六安市皖西西路 108 号
电话：0564－3681818
邮编：237000

五溪山色大酒店 ★★★★
地址：池州市青阳县蓉城镇五溪新区
电话：0566－5578222
邮编：242800

安徽圣大国际饭店有限公司 ★★★★
地址：合肥市长江东路 1127 号
电话：0551－62258588
邮编：230011

合肥市徽颐安港大酒店 ★★★★
地址：合肥市潜山路 432 号
电话：0551－65289999
邮编：230031

合肥市安徽浙商国际假日酒店 ★★★★
地址：合肥市宣城路 65 号
电话：0551－62262888
邮编：230001

合肥栢景假日酒店 ★★★★
地址：合肥市庐阳区濉溪路 118 号
电话：0551－62299999
邮编：230001

安徽黄山大厦城市商务酒店 ★★★★
地址：合肥市长江中路 111 号
电话：0551－2220888
邮编：230001

安徽饭店 ★★★★
地址：合肥市梅山路 18 号
电话：0551－62218888
邮编：230022

安徽金环大酒店有限公司 ★★★★
地址：合肥市屯溪路 528 号
电话：0551－62210888
邮编：230022

安徽丰乐大酒店有限责任公司 ★★★★
地址：合肥市长江西路 501 号
电话：0551－62239870
邮编：230031

安徽银瑞林国际大酒店 ★★★★
地址：合肥市阜阳北路 14 号
电话：0551－65669999
邮编：230041

合肥和平国际大酒店有限公司 ★★★★
地址：合肥市徽州大道 239 号
电话：0551－62282288
邮编：230001

新文采国际大酒店 ★★★★
地址：合肥市长江西路蜀鑫大道 9 号
电话：0551－65337999
邮编：230031

良苑商务会馆 ★★★★
地址：合肥市芜湖路 319 号
电话：0551－62289999
邮编：230001

安徽徽商齐云山庄有限公司 ★★★★
地址：合肥市芜湖路 199 号
电话：0551－62286688
邮编：230001

安徽康源大酒店 ★★★★
地址：合肥市淝河路 800 号
电话：0551－65218888
邮编：230051

合肥华伦瑞雅国际大酒店 ★★★★
地址：合肥市长江中路 279 号
电话：0551－62288688
邮编：230061

合肥海汇假日酒店 ★★★★
地址：合肥市明光路 6 号
电话：0551－62268888
邮编：230011

巢湖国际饭店 ★★★★
地址：合肥巢湖市健康东路
电话：0565－82118666
邮编：238000

合肥市肥西钱江国际大酒店有限公司 ★★★★
地址：合肥市肥西县上派镇人民西路
电话：0551－68269999
邮编：231200

金孔雀温泉度假村 ★★★★
地址：合肥庐江县庐江汤池镇
电话：0565－87085608
邮编：238000

合肥市庐江鸿福大酒店 ★★★★
地址：合肥市庐江县庐城镇文昌西路 199 号
电话：0551－87392358
邮编：231500

安徽

安徽金满楼汇源国际大酒店 ★★★★
地址：宿州市汇源大道
电话：0557－3628888
邮编：234000

相山宾馆 ★★★★
地址：淮北市淮海路189号
电话：0561－3809188
邮编：235000

阜阳国贸大酒店 ★★★★
地址：阜阳市人民路
电话：0558－2258888
邮编：236500

阜阳白金汉宫大酒店 ★★★★
地址：阜阳市颍州中路31号
电话：0558－2298888
邮编：236000

太和晶宫大酒店 ★★★★
地址：阜阳市太和县长征路99号
电话：0558－8582556
邮编：236600

亳州新贵都城市酒店 ★★★★
地址：亳州市芍花大道友阳步行街
电话：0558－5555555
邮编：236800

涡阳金桂开元大酒店 ★★★★
地址：亳州市涡阳县淮中大道888号
电话：0558－7577777
邮编：233600

蒙城鸿业国际大酒店 ★★★★
地址：亳州市蒙城县梦蝶路99号
电话：0558－7600555
邮编：233500

利辛明珠大酒店 ★★★★
地址：亳州市利辛县淝河路东阜蒙河北岸
电话：0558－7198888
邮编：236700

玉金香国际大酒店 ★★★★
地址：蚌埠市治淮路205号
电话：0552－3033333
邮编：233000

新世纪（国际）大酒店 ★★★★
地址：蚌埠市淮河路1028号
电话：0552－2088888
邮编：233000

禾泉农庄酒店 ★★★★
地址：蚌埠市怀远县涂山风景区
电话：0552－2216666
邮编：233400

楚汉国际大酒店 ★★★★
地址：蚌埠市固镇县经开区
电话：0552－6678888
邮编：233700

八公山宾馆 ★★★★
地址：淮南市八公山蔡新北段
电话：0554－5262222
邮编：232072

新锦江大酒店 ★★★★
地址：淮南市田家庵区洞山中路12号
电话：0554－6679999
邮编：232001

金茂国际酒店 ★★★★
地址：淮南市国庆西路8号
电话：0554－6806825
邮编：232001

金满楼骏发国际大酒店 ★★★★
地址：淮南市田家庵区朝阳中路18号
电话：0554－2913333
邮编：232007

淮南古阳国际大酒店有限责任公司 ★★★★
地址：淮南市国庆中路281号
电话：0554－2528888
邮编：232007

凤台国际饭店 ★★★★
地址：淮南市凤台县政务新区明珠大道
电话：0554－8685555
邮编：232100

滁州君家酒店 ★★★★
地址：滁州市经济技术开发区
电话：0550－3519999
邮编：239000

滁州国际大酒店 ★★★★
地址：滁州市育新路89号
电话：0550－3048888
邮编：239000

滁州市琅琊山度假村 ★★★★
地址：滁州市琅琊古道12号
电话：0550－3511999
邮编：239000

天长市假日大酒店 ★★★★
地址：滁州天长市经济开发区
电话：0550－7788888
邮编：239300

马鞍山市鸿泰国际酒店有限公司 ★★★★
地址：马鞍山市雨山区太白大道1号
电话：0555－8350888
邮编：243000

马鞍山市田园饭店有限责任公司 ★★★★
地址：马鞍山市雨山区湖南西路588号
电话：0555－2620000
邮编：243000

马鞍山市南湖宾馆 ★★★★
地址：马鞍山市花山区艳阳路49号
电话：0555－2363999
邮编：243011

马鞍山梦都雨山湖饭店有限责任公司 ★★★★
地址：马鞍山市花山区湖南路79号
电话：0555－8321000
邮编：243011

香泉温泉度假村 ★★★★
地址：马鞍山市和县香泉镇
电话：0565－5523777
邮编：238254

铁山宾馆 ★★★★
地址：芜湖市更兴路6号
电话：0553－3718888
邮编：241000

海螺国际大酒店 ★★★★
地址：芜湖市北京东路209号
电话：0553－3118188
邮编：241000

国信大酒店 ★★★★
地址：芜湖市经济开发区浦江路5号
电话：0553－5844888
邮编：241007

华侨国际大酒店 ★★★★
地址：芜湖市繁昌县迎春路2号
电话：0553－7852888
邮编：241200

芜湖市龙云新世纪大酒店 ★★★★
地址：芜湖市南陵县籍山大道1号
电话：0553－7659999
邮编：241300

芜湖鲁班国际酒店 ★★★★
地址：芜湖市南陵县籍山大道县政府旁
电话：0553－6835888
邮编：241300

芜湖市无为宾馆 ★★★★
地址：芜湖市无为县凤河路188号
电话：0553－6555555
邮编：238300

无为江心洲商务酒店 ★★★★
地址：芜湖市无为县高沟镇高新大道
电话：0565－6765999
邮编：238339

五松山宾馆 ★★★★
地址：铜陵市义安大道北段327号
电话：0562－2668888
邮编：244000

铜陵市育和大酒店 ★★★★
地址：铜陵市长江中路728号
电话：0562－2838888
邮编：244000

安徽铜都国际大酒店 ★★★★
地址：铜陵市淮河大道北段555号
电话：0562－2887226
邮编：244000

安庆尊悦酒店 ★★★★
地址：安庆市人民路529号
电话：0556－5571127
邮编：246000

安庆天域花园酒店 ★★★★
地址：安庆市龙眠山路158号
电话：0556－5689999
邮编：246006

安庆大酒店 ★★★★
地址：安庆市湖心中路66号
电话：0556－5399000
邮编：246005

安庆迎宾馆 ★★★★
地址：安庆市开发区同安路
电话：0556－5398999
邮编：246005

安庆皖源国际大酒店 ★★★★
地址：安庆市菱湖南路118号
电话：0556－5502798
邮编：246000

桐城国际大酒店 ★★★★
地址：安庆桐城市龙眠东路
电话：0556－6199040
邮编：231400

安徽全力国际大酒店 ★★★★
地址：安庆市潜山县天柱山风景区
电话：0556－8146888
邮编：246310

安徽七仙女国际大酒店 ★★★★
地址：安庆市潜山县天柱山路999号

电话：0556－8959372
邮编：246300

潜山舒州国际大酒店 ★★★★
地址：安庆市潜山县梅城镇舒州大道 1008 号
电话：0556－8165555
邮编：246300

安徽天际大酒店 ★★★★
地址：安庆市岳西县天堂镇南园大道
电话：0556－2199999
邮编：246600

黄山排云楼宾馆 ★★★★
地址：黄山市黄山风景区西海景区
电话：0559－5581558
邮编：245801

黄山环球温泉大酒店 ★★★★
地址：黄山市黄山区汤口镇寨西
电话：0559－5576699
邮编：245800

黄山市徽州皖韵假日酒店 ★★★★
地址：黄山市屯溪区花山路 14 号
电话：0559－2326666
邮编：245000

阳光酒店集团·黄山阳光酒店 ★★★★
地址：黄山市屯溪区西海路 20 号
电话：0559－2568888
邮编：245000

黄山中瑞华艺宾馆 ★★★★
地址：黄山市黄山区汤口镇汤川路 119 号
电话：0559－5566888
邮编：245800

黄山徽商国际大酒店 ★★★★
地址：黄山市屯溪区前园北路 19 号
电话：0559－5208888
邮编：245000

黄山白云宾馆 ★★★★
地址：黄山市黄山风景区天海景区
电话：0559－5582708
邮编：245800

黄山狮林大酒店 ★★★★
地址：黄山市黄山风景区北海景区
电话：0559－5584040
邮编：245800

黄山玉屏楼宾馆 ★★★★
地址：黄山市黄山风景区玉屏楼景区
电话：0559－5582288
邮编：245800

黄山国脉大酒店 ★★★★
地址：黄山市屯溪区前园南路 25 号
电话：0559－2351188
邮编：245000

黄山西海饭店 ★★★★
地址：黄山市黄山风景区西海景区
电话：0559－5588888
邮编：245800

黄山驿安君莱酒店 ★★★★
地址：黄山市屯溪区机场大道 6 号
电话：0559－2577788
邮编：245000

黄山曙光云松宾馆 ★★★★
地址：黄山市屯溪区长干东路 165 号
电话：0559－2596666
邮编：245000

黄山华山宾馆 ★★★★
地址：黄山市屯溪区延安路 3 号
电话：0559－2328888
邮编：245000

黄山馨园国际酒店 ★★★★
地址：黄山市屯溪区稽灵山路 32 号
电话：0559－2572588
邮编：245041

黄山北海宾馆 ★★★★
地址：黄山市黄山风景区
电话：0559－5582555
邮编：245800

黄山太平国际大酒店 ★★★★
地址：黄山市黄山区平湖路 17 号
电话：0559－8513999
邮编：245700

黄山豪生大酒店 ★★★★
地址：黄山市屯溪区迎宾大道 10 号
电话：0559－2577888
邮编：245000

华商山庄酒店 ★★★★
地址：黄山市徽州区徽州西路
电话：0559－2132888
邮编：245061

黄山海州国际大酒店 ★★★★
地址：黄山市汤口镇寨西
电话：0559－5578989
邮编：245800

黄山学而会议中心酒店 ★★★★
地址：黄山市休宁县黄山北路 1 号
电话：0559－7508888
邮编：245400

黄山新宇假日酒店 ★★★★
地址：黄山市休宁县萝宁街工商城
电话：0559－7531111
邮编：245400

金陵黟县宾馆 ★★★★
地址：黄山市黟县碧阳镇万官山
电话：0559－5558888
邮编：245500

西递桃源人家度假酒店 ★★★★
地址：黄山市黟县西递何家坞
电话：0559－5156666
邮编：245501

黄山歙县饭店 ★★★★
地址：黄山市歙县古关路 14－1 号
电话：0559－2610000
邮编：245200

伯爵国际商务酒店 ★★★★
地址：六安市解放中路明珠广场 A 区
电话：0564－3998958
邮编：237000

寿县古城淮南子大饭店 ★★★★
地址：六安市寿县八公山森林公园
电话：0564－2767888
邮编：232200

霍邱蓼都大酒店 ★★★★
地址：六安市霍邱县城关西湖北路
电话：0564－6081771
邮编：237400

六安舒城舒怡国际大酒店 ★★★★
地址：六安市舒城县城关镇桃溪路
电话：0564－8680269
邮编：231300

安徽万佛湖金水湾度假村 ★★★★
地址：六安市舒城县万佛湖风景区
电话：0564－8535588
邮编：231360

六安市燕子河大峡谷仙境宾馆 ★★★★
地址：六安市金寨县燕子河镇
电话：0564－5647527222
邮编：237341

安兴国际度假山庄 ★★★★
地址：六安市金寨县天堂寨风景区
电话：0564－7528268
邮编：237343

迎驾山庄 ★★★★
地址：六安市霍山县佛子岭镇
电话：0564－5239001
邮编：237200

大别山庄度假村 ★★★★
地址：六安市霍山县太阳乡
电话：0564－5757777
邮编：237200

源牌南岳山庄 ★★★★
地址：六安市霍山县衡山镇传贤路 9 号
电话：0564－5031777
邮编：237200

池州百岁大酒店 ★★★★
地址：池州市翠柏中路 2 号
电话：0566－2034255
邮编：247000

池州齐宇实业有限公司池州宾馆 ★★★★
地址：池州市长江路 19 号
电话：0566－2618888
邮编：247000

安徽九华山旅游发展股份有限公司东崖宾馆 ★★★★
地址：池州市九华山化成路 8 号
电话：0566－2831370
邮编：242811

安徽九华山旅游发展股份有限公司大九华宾馆 ★★★★
地址：池州市翠柏中路 218 号
电话：0566－2811228
邮编：242811

安徽九华山旅游发展股份有限公司西峰山庄 ★★★★
地址：池州市青阳县蓉城西峰路 29 号
电话：0566－5020288
邮编：242800

九华山上客堂宾馆 ★★★★
地址：池州市青阳县九华山芙蓉路 1 号
电话：0566－2833888
邮编：242811

安徽九华山旅游发展股份有限公司聚龙大酒店 ★★★★
地址：池州市青阳县九华山化成路 2 号
电话：0566－2831368
邮编：242811

青阳莲花峰生态园酒店 ★★★★
地址：池州市青阳县蓉城镇百花村
电话：0566－5158888
邮编：242800

敬亭山度假村 ★★★★
地址：宣城市经济技术开发区
电话：0563－2613888
邮编：242000

宣城宾馆 ★★★★
地址：宣城市状元南路88号
电话：0563－3031388
邮编：242000

恩龙世界木屋村 ★★★★
地址：宣城宁国市宁港路8公里处
电话：0563－4151329
邮编：242300

宣城市宁国国际大酒店 ★★★★
地址：宣城宁国市津河东路1号
电话：0563－4012005
邮编：242300

宣城市郎溪县瀚海国际大酒店 ★★★★
地址：宣城市郎溪县伍员路88号
电话：0563－7018888
邮编：242100

广德木子度假村 ★★★★
地址：宣城市广德县桃州镇横山国家森林公园内
电话：0563－6053333
邮编：242200

广德县久和大酒店 ★★★★
地址：宣城市广德县桃州镇政务新区中鼎景苑
电话：0563－6069999
邮编：242200

宣城市横山宾馆 ★★★★
地址：宣城市广德县桃州镇景贤街113号
电话：0563－6040888
邮编：242200

宣城市泾县皖南国际大酒店 ★★★★
地址：宣城市泾县财富东路1号
电话：0563－5599999
邮编：242500

宣城市龙川迎宾馆 ★★★★
地址：宣城市绩溪县瀛洲镇龙川村
电话：0563－8311111
邮编：245311

合肥市翰林奥体宾馆有限公司 ★★★
地址：合肥市潜山南路与习友路交会处
电话：0551－63698888
邮编：230071

合肥市安徽大学磬苑宾馆 ★★★
地址：合肥市经开区大学城九龙路111号
电话：0551－63861691
邮编：230601

合肥市安徽悦雅江南春商务酒店 ★★★
地址：合肥市金寨路64号
电话：0551－62248888
邮编：230001

合肥市三河四子百花园度假村有限公司 ★★★
地址：合肥市长江西路814号
电话：0551－62222888
邮编：230031

合肥市天天乐园大酒店 ★★★
地址：合肥市潜山路398号
电话：0551－65101338
邮编：230031

合肥市华云宾馆 ★★★
地址：合肥市芜湖路220号
电话：0551－62290173
邮编：230061

合肥市黄山大厦同心酒店 ★★★
地址：合肥市太湖东路15号
电话：0551－62241888
邮编：230001

合肥金太时代大酒店 ★★★
地址：合肥市龙岗开发区金泰建材城1栋
电话：0551－64327988
邮编：230001

安徽天都酒店经营管理有限责任公司 ★★★
地址：合肥市长江路355号
电话：0551－62280999
邮编：230061

百花宾馆 ★★★
地址：合肥市寿春路191号
电话：0551－62226890
邮编：230001

学苑大厦 ★★★
地址：合肥市徽州大道525号
电话：0551－62172399
邮编：230001

隆岗大酒店 ★★★
地址：合肥市合裕路1477号
电话：0551－62727111
邮编：230011

合肥华都宾馆 ★★★
地址：合肥市长江中路158号
电话：0551－62622988
邮编：230001

聚贤大酒店 ★★★
地址：合肥市和平路与南陵路交口
电话：0551－64471188
邮编：230011

新长城大酒店 ★★★
地址：合肥市巢湖路283号
电话：0551－62200888
邮编：230001

星云商务酒店 ★★★
地址：合肥市蜀山区长江西路451号
电话：0551－62250122
邮编：230061

合肥市新亚大酒店 ★★★
地址：合肥市胜利路18号
电话：0551－62203333
邮编：230011

望江宾馆 ★★★
地址：合肥市金寨路1号
电话：0551－63695555
邮编：230032

安徽文采大厦 ★★★
地址：合肥市庐阳区益民街28号
电话：0551－62231855
邮编：230061

安徽新世纪大厦 ★★★
地址：合肥市庐江路111号
电话：0551－62280288
邮编：230061

安徽安港大酒店有限责任公司 ★★★
地址：合肥市芜湖路273号
电话：0551－62288999
邮编：230006

三河国际大酒店 ★★★
地址：合肥市三河镇三杭路
电话：0551－68759688
邮编：231221

合肥市安徽浅草湾商旅酒店有限公司 ★★★
地址：合肥市望江西路409号
电话：0551－62208989
邮编：230000

庐江宾馆 ★★★
地址：合肥巢湖市庐江县庐巢路188号
电话：0565－87337777
邮编：231500

合肥市巢湖金泉山庄 ★★★
地址：合肥巢湖市半汤银泉路5号
电话：0551－82356118
邮编：238000

合肥长乐山庄酒店 ★★★
地址：合肥巢湖市半汤街道银泉路1号
电话：0551－82301180
邮编：238000

合肥市肥西三河梦江南文化主题酒店 ★★★
地址：合肥市肥西县三河镇东街
电话：0551－68752100
邮编：231200

合肥市安徽锦怡假日酒店有限公司 ★★★
地址：合肥市庐江县庐巢路1号
电话：0551－87312888
邮编：231500

合肥市庐江县万金山假日酒店有限公司 ★★★
地址：合肥市庐江县万山镇农民工创业园
电话：0551－87039999
邮编：231500

合肥市庐江县福瑞林大酒店 ★★★
地址：合肥市庐江县黄山北路219号
电话：0551－87399118
邮编：231500

金海岸大酒店 ★★★
地址：合肥市庐江县黄山路2号
电话：0565－87322996
邮编：231500

金福园大酒店 ★★★
地址：合肥市庐江县军二路77号
电话：0565－87334999
邮编：231500

皖煤大酒店 ★★★
地址：宿州市西昌路
电话：0557－3982200
邮编：234000

灵璧美利特度假村 ★★★
地址：宿州市灵璧县城
电话：0557－6185177
邮编：234000

相王府宾馆 ★★★
地址：淮北市煤城路1号
电话：0561－3808888
邮编：235000

阜阳中京大酒店 ★★★
地址：阜阳市人民路1号
电话：0558－2230000
邮编：236000

界首锦华饭店 ★★★
地址：阜阳界首市中原路 439 号
电话：0558－4821388
邮编：236501

太和镜湖宾馆 ★★★
地址：阜阳市太和县城关
电话：0558－8622103
邮编：236600

阜南南山宾馆 ★★★
地址：阜阳市阜南县淮河公园内
电话：0558－6752528
邮编：236300

颍上县南照大酒店 ★★★
地址：阜阳市颍上县南照镇
电话：0558－4136666
邮编：236214

亳州龙华迎宾馆 ★★★
地址：亳州市古泉路陵西湖
电话：0558－5210333
邮编：236800

亳州金不换大酒店 ★★★
地址：亳州市古泉路
电话：0558－5272888
邮编：236800

亳州市富丽华假日酒店有限公司 ★★★
地址：亳州市谯城区芍花西路
电话：0558－5788888
邮编：236800

涡阳君豪大酒店 ★★★
地址：亳州市涡阳县城南站前路西段
电话：0558－7236111
邮编：233600

龙湖阳光假日酒店 ★★★
地址：蚌埠市宏业路 266 号
电话：0552－2808111
邮编：233000

香雪度假村 ★★★
地址：蚌埠市新马桥干校内
电话：0552－6610298
邮编：233719

蚌埠铁道大酒店 ★★★
地址：蚌埠市淮河路 246 号
电话：0552－3938888
邮编：233000

安德国际大酒店 ★★★
地址：蚌埠市长淮路 363 号
电话：0552－7108888
邮编：233040

怀洪宾馆 ★★★
地址：蚌埠市治淮路 780 号
电话：0552－3086666
邮编：233000

淮河商务酒店 ★★★
地址：蚌埠市东海大道 3055 号
电话：0552－3093270
邮编：233001

昌隆商务酒店 ★★★
地址：蚌埠市宏业路 212 号
电话：0552－3926678
邮编：233040

五河国贸大酒店 ★★★
地址：蚌埠市五河县淮河路 17 号
电话：0552－2325800
邮编：233300

淮南市金地海顿酒店 ★★★
地址：淮南市人民南路 19 号
电话：0554－2670888
邮编：232007

安徽信谊宾馆有限公司 ★★★
地址：淮南市洞山区广场北路 2 号
电话：0554－6887888
邮编：232001

润丰格美宾馆 ★★★
地址：淮南市田家庵区朝阳中路
电话：0554－6663888
邮编：232007

东方名人国际酒店 ★★★
地址：淮南市田家庵区广场 1 号
电话：0554－2191111
邮编：232007

蔡楚大酒店 ★★★
地址：淮南市谢家集区平山路
电话：0554－5684999
邮编：232052

洞山宾馆 ★★★
地址：淮南市田家庵区迎宾路 1 号
电话：0554－6644923
邮编：232001

半岛商务酒店 ★★★
地址：淮南市田家庵区国庆中路 118 号
电话：0554－3320999
邮编：232007

嵘园大酒店 ★★★
地址：淮南市蔡新南路凯盛重工公司对面
电话：0554－5723888
邮编：232052

金色港湾大酒店 ★★★
地址：淮南市潘集区长江路 109 号
电话：0554－4981111
邮编：232082

凤台县格美商务酒店 ★★★
地址：淮南市凤台县
电话：0554－8555555
邮编：232100

滁州市红三环大酒店 ★★★
地址：滁州市紫薇路 1329 号
电话：0550－3316999
邮编：239300

滁州市桂苑度假山庄 ★★★
地址：滁州市丰乐南路 215 号
电话：0550－3216666
邮编：239000

天长市龙隐庄园酒店 ★★★
地址：滁州天长市釜山镇卧龙公园内
电话：0550－7666666
邮编：239300

来安县白云宾馆 ★★★
地址：滁州市来安县塔山中路 8－24 号
电话：0550－5609001
邮编：239200

全椒笔峰大酒店 ★★★
地址：滁州市全椒县儒林路 179 号
电话：0550－5031111
邮编：239500

全椒禾富酒店 ★★★
地址：滁州市全椒县南屏路 229 号
电话：0550－5037777
邮编：239500

马鞍山海兴国际酒店有限公司 ★★★
地址：马鞍山市花山区重阳路 6 号
电话：0555－8219999
邮编：243000

马钢集团力生有限责任公司宾馆 ★★★
地址：马鞍山市雨山区西苑路 2 号
电话：0555－2883789
邮编：243000

马鞍山市海狮商务酒店 ★★★
地址：马鞍山市当涂工业园红庄路
电话：0555－6757888
邮编：243100

马鞍山市东湖大酒店 ★★★
地址：马鞍山市花山区湖东北路 11 号
电话：0555－2400288
邮编：243000

马鞍山双凤生态植物园有限公司凤凰湖山庄 ★★★
地址：马鞍山市花山区霍里街道双板村
电话：0555－8353700
邮编：243000

马鞍山市东方大酒店有限责任公司 ★★★
地址：马鞍山市当涂县提署中路 548 号
电话：0555－6731888
邮编：243100

安徽褒禅山度假酒店有限公司 ★★★
地址：马鞍山市含山县环峰镇褒禅山风景区
电话：0555－4356388
邮编：238100

安徽昭关假日酒店有限公司 ★★★
地址：马鞍山市含山县环峰镇竹园路 36 号
电话：0555－4927666
邮编：238100

陋室宾馆 ★★★
地址：马鞍山市和县
电话：0565－5309999
邮编：238200

芜湖明远宾馆 ★★★
地址：芜湖市劳动路 8 号
电话：0553－3807900
邮编：241027

鑫海洋大酒店 ★★★
地址：芜湖市赭山东路
电话：0553－2866888
邮编：241000

汉爵广场大酒店 ★★★
地址：芜糊市两站广场
电话：0553－3129111
邮编：241000

新物资大厦宾馆 ★★★
地址：芜糊市九华山路 244 号
电话：0553－3838121
邮编：241000

芜湖市方特假日酒店 ★★★
地址：芜湖市银湖北路华强城市广场
电话：0553－5988588
邮编：241000

芜湖市华强方特酒店 ★★★
地址：芜湖市赤铸山东路华强文化科技产业园
电话：0553－2295666
邮编：241000

芜湖市奥新商务酒店 ★★★
地址：芜湖市九华南路18号
电话：0553－5777777
邮编：241000

芜湖市凤鸣湖大酒店 ★★★
地址：芜湖市九华北路299号
电话：0553－5811999
邮编：241000

芜湖市精英国际大酒店 ★★★
地址：芜湖市芜湖县新芜经济开发区阳光大道中段
电话：0553－8117666
邮编：241100

马仁山庄 ★★★
地址：芜湖市繁昌县马仁风景区
电话：0553－7217888
邮编：241214

芜湖市恒港假日大酒店 ★★★
地址：芜湖市南陵县南翔南路3号
电话：0553－3811888
邮编：241300

芜湖市雨田润生态酒店 ★★★
地址：芜湖市南陵县许镇镇马仁村
电话：0553－2390777
邮编：241300

芜湖万兴假日酒店 ★★★
地址：芜湖市南陵县利民路241300
电话：0553－7656666
邮编：241300

芜湖豆蔻年华主题酒店 ★★★
地址：芜湖市南陵县漳河大道1号A3栋
电话：0553－7656789
邮编：241300

芜湖市牡丹国际会议中心 ★★★
地址：芜湖市南陵县何湾镇丫山风景区
电话：0553－6416618
邮编：241317

芜湖市新安宾馆 ★★★
地址：芜湖市无为县无城镇襄安路8号
电话：0553－6606666
邮编：238300

芜湖市丽景假日酒店 ★★★
地址：芜湖市无为县姚沟工业园区
电话：0553－6151777
邮编：238000

芜湖市新时代商务酒店 ★★★
地址：芜湖市无为县高沟镇
电话：0553－6864111
邮编：238300

金丰宾馆 ★★★
地址：铜陵市铜都大道197号
电话：0562－2817588
邮编：244000

华亭之星商务宾馆 ★★★
地址：铜陵市金山东路
电话：0562－5828888
邮编：244000

美华大酒店 ★★★
地址：铜陵市义安大道北段330号
电话：0562－2872620
邮编：244000

安庆宾馆 ★★★
地址：安庆市宜城路40号
电话：0556－5506999
邮编：246003

安庆市双龙假日大酒店 ★★★
地址：安庆市开发区迎宾路1号
电话：0556－5363000
邮编：246000

安庆黄梅山庄酒店 ★★★
地址：安庆市湖心中路9号
电话：0556－5366677
邮编：246002

安庆英德利大酒店 ★★★
地址：安庆市中兴大道122号
电话：0556－8710818
邮编：246005

安庆市宴江南酒店 ★★★
地址：安庆市纺织南路80号
电话：0556－5502221
邮编：246003

安庆市石化大酒店 ★★★
地址：安庆市石化水上公园路33号
电话：0556－5374290
邮编：246001

桐城嬉子湖度假村 ★★★
地址：安庆桐城市嬉子湖生态旅游区
电话：0556－6605888
邮编：231400

怀宁独秀国际大酒店 ★★★
地址：安庆市怀宁县新城河滨路91号
电话：0556－4636600
邮编：246121

怀宁石牌大酒店 ★★★
地址：安庆市怀宁县石牌镇皖河大道38号
电话：0556－4806799
邮编：246100

潜山乐天然酒店 ★★★
地址：安庆市潜山县梅苑路87号
电话：0556－8927628
邮编：246300

安徽恒华大酒店 ★★★
地址：安庆市潜山县舒州大道990号
电话：0556－8979518
邮编：246300

潜山县南岳大酒店 ★★★
地址：安庆市潜山县天柱山一索口
电话：0556－8145888
邮编：246312

潜山县潜阳国际饭店 ★★★
地址：安庆市潜山县舒州东路35号
电话：0556－8979801
邮编：246300

潜山县天柱山国际大酒店 ★★★
地址：安庆市潜山县幸福路205号
电话：0556－8958188
邮编：246300

花亭湖寺前庄苑 ★★★
地址：安庆市太湖县寺前镇
电话：0556－4321260
邮编：246400

太湖县龙山宫宾馆 ★★★
地址：安庆市太湖县高界路118号
电话：0556－4162831
邮编：246400

岳西振岳大酒店 ★★★
地址：安庆市岳西县开发区
电话：0556－2247114
邮编：246600

岳西明堂山酒店 ★★★
地址：安庆市岳西县明堂山风景区
电话：0556－2302888
邮编：246600

安徽省振岳工贸毛家饭店 ★★★
地址：安庆市岳西县天堂镇建设西路
电话：0556－2185800
邮编：246600

岳西县睡佛山温泉度假村 ★★★
地址：安庆市岳西县温泉镇
电话：0556－5769908
邮编：246600

黄山太白山庄 ★★★
地址：黄山市黄山区玉河宾馆区
电话：0559－8511588
邮编：245700

黄山茶林场心族之旅酒店 ★★★
地址：黄山市黄山区谭家桥镇上海茶林场
电话：0559－8591860
邮编：245707

黄山新丽园大酒店 ★★★
地址：黄山市屯溪区
电话：0559－2566999
邮编：245000

黄山云谷山庄 ★★★
地址：黄山市黄山风景区
电话：0559－5586444
邮编：245800

黄山国元大酒店 ★★★
地址：黄山市黄山区玉河路
电话：0559－8559888
邮编：245000

黄山花溪饭店 ★★★
地址：黄山市屯溪区西镇街1号
电话：0559－2328000
邮编：245011

黄山秀湖山庄 ★★★
地址：黄山市黄山区太平湖风景区
电话：0559－8512888
邮编：245716

黄山烟草迎客松宾馆 ★★★
地址：黄山市玉河旅游区
电话：0559－8532265
邮编：245700

黄山九州大酒店 ★★★
地址：黄山市屯溪区黄山东路111号
电话：0559－2353888
邮编：245000

黄山明珠大酒店 ★★★
地址：黄山市屯溪区前园南路1号
电话：0559－2937888
邮编：245000

安徽

黄山新港大酒店 ★★★
地址：黄山市黄山区汤口镇
电话：0559-5562648
邮编：245708

黄山海风楼宾馆 ★★★
地址：黄山市屯溪区前园南路50号
电话：0559-2346388
邮编：245000

黄山海洲大酒店 ★★★
地址：黄山市黄山风景区汤口镇寨西
电话：0559-5578888
邮编：245708

黄山民航九龙山庄 ★★★
地址：黄山市黄山区汤口镇山岔村
电话：0559-5587888
邮编：245708

黄山饭店 ★★★
地址：黄山市黄山区平湖东路1号
电话：0559-8533628
邮编：245700

黄山北京教研中心 ★★★
地址：黄山市黄山区北海南路92号
电话：0559-8512668
邮编：245700

黄山市老街口客栈 ★★★
地址：黄山市屯溪区老街1号
电话：0559-2339191
邮编：245000

黄山东方假日酒店 ★★★
地址：黄山市屯溪区延安路39号
电话：0559-2118000
邮编：245000

黄山延安宾馆 ★★★
地址：黄山市屯溪区延安路82号
电话：0559-2559808
邮编：245000

黄山心族之旅酒店 ★★★
地址：黄山市屯溪区北海路25号
电话：0559-2357446
邮编：245707

黄山市翠林大酒店 ★★★
地址：黄山市屯溪区屯光大道33号
电话：0559-2357166
邮编：245000

黄山市杭徽大酒店 ★★★
地址：黄山市屯溪区前园北路10号
电话：0559-2358090
邮编：245000

黄山阳光大酒店 ★★★
地址：黄山市徽州区永佳大道138号
电话：0559-3588363
邮编：245061

黄山印象大酒店 ★★★
地址：黄山市黄山区汤口镇东岭
电话：0559-5583598
邮编：245800

歙县披云山庄 ★★★
地址：黄山市歙县披云路5号
电话：0559-6530000
邮编：245200

歙县海外海假日酒店 ★★★
地址：黄山市歙县人民路188号
电话：0559-6959909
邮编：245200

休宁县状元故里大酒店 ★★★
地址：黄山市休宁县齐云山西大道171号
电话：0559-7531916
邮编：245400

黟县宏村饭店 ★★★
地址：黄山市黟县宏村镇际泗溪桥头
电话：0559-5542666
邮编：245531

黟县中城山庄 ★★★
地址：黄山市黟县东岳山
电话：0559-5556666
邮编：245500

祁门牯牛降大酒店 ★★★
地址：黄山市祁门县鸿基大道
电话：0559-4580888
邮编：245600

花都大酒店 ★★★
地址：六安市皖西路10号
电话：0564-3317888
邮编：237005

裕安大酒店 ★★★
地址：六安市磨子潭路裕安私营经济园
电话：0564-3266716
邮编：237000

六安市白天鹅大酒店有限公司 ★★★
地址：六安市梅山南路
电话：0564-3378988
邮编：237000

六安市坤元大酒店 ★★★
地址：六安市裕安区
电话：0564-2222222
邮编：237000

六安东方宾馆有限责任公司 ★★★
地址：六安市金安经济开发区
电话：0564-3697088
邮编：237000

寿州宾馆 ★★★
地址：六安市寿县东大街
电话：0564-4021996
邮编：232200

六安市叶集工商大酒店 ★★★
地址：六安市霍邱县叶集区皖西路四方塘
电话：0564-6499333
邮编：237431

六安市霍邱县蓼城嘉利大酒店 ★★★
地址：六安市霍邱县蓼城东路
电话：0564-6095777
邮编：237400

安徽庆发集团盛发宾馆有限公司 ★★★
地址：六安市霍邱县临淮岗乡
电话：0564-6282189
邮编：237481

新贵大酒店 ★★★
地址：六安市舒城县城关镇春秋北路
电话：0564-8679206
邮编：231300

赛福宾馆 ★★★
地址：六安市舒城县桃溪路276号
电话：0564-8680267
邮编：240088

金寨宾馆 ★★★
地址：六安市金寨县城梅山镇
电话：0564-7052500
邮编：237300

金寨县大别山度假村 ★★★
地址：六安市金寨县天堂寨风景区
电话：0564-7528555
邮编：240028

天泰度假村 ★★★
地址：六安市金寨县天堂寨镇街道1号
电话：0564-7526256
邮编：237343

金寨远和生态酒店 ★★★
地址：六安市金寨县梅山镇江店北环路
电话：0564-7355988
邮编：237300

六安市金寨县将军大酒店 ★★★
地址：六安市金寨县梅山镇史河路中段
电话：0564-7061999
邮编：237300

天堂寨商务宾馆 ★★★
地址：六安市金寨县天堂寨
电话：0564-2700888
邮编：237343

梅山宾馆 ★★★
地址：六安市金寨县梅山水电站
电话：0564-7053474
邮编：273700

上岛假日酒店 ★★★
地址：六安市霍山县衡山镇
电话：0564-3908112
邮编：237200

霍山县山城宾馆 ★★★
地址：六安市霍山县衡山镇中兴南路1号
电话：0564-5033817
邮编：237200

安徽池州杏花村宾馆 ★★★
地址：池州市秋浦西路20号
电话：0566-2045408
邮编：247000

池州杏花楼商务宾馆 ★★★
地址：池州市杏花大道交石城大道
电话：0566-5216666
邮编：247100

池州九华百荷大酒店 ★★★
地址：池州市翠柏路168号
电话：0566-2089999
邮编：247100

池州盛园国际大酒店 ★★★
地址：池州市长江南路28号
电话：0566-5267888
邮编：247000

池州秀山大酒店 ★★★
地址：池州市秀山路
电话：0566-5209999
邮编：247100

池州市尧城迎宾馆有限公司 ★★★
地址：池州市东至县尧渡镇建设路16号
电话：0566-7010908
邮编：247200

安徽省石台县蓬莱阁宾馆 ★★★
地址：池州市石台县曙光路6号

电话：0566－6021718
邮编：245100

石台县东柱宾馆 ★★★
地址：池州市石台县白马北路20号
电话：0566－6028288
邮编：245100

石台龙门山庄有限公司 ★★★
地址：池州市石台县大演乡新农村
电话：0566－6658618
邮编：245113

石台县阳光开发有限公司石台宾馆 ★★★
地址：池州市石台县人民路1号
电话：0566－6028388
邮编：245100

石台牯牛降国际大酒店 ★★★
地址：池州市石台县仁里镇秋浦西路5号
电话：0566－6028288
邮编：245100

九华山钟楼宾馆 ★★★
地址：池州市青阳县九华山芙蓉路28号
电话：0566－2832268
邮编：242811

青阳九华商务宾馆 ★★★
地址：池州市青阳县蓉城镇陵阳路
电话：0566－3287038
邮编：242800

青阳国际大酒店 ★★★
地址：池州市青阳县临城路1号
电话：0566－5020001
邮编：242800

青阳阳光假日大酒店 ★★★
地址：池州市青阳县木镇路25号
电话：0566－5020598
邮编：242800

青阳九子山宾馆 ★★★
地址：池州市青阳县木镇路47号
电话：0566－5020888
邮编：242800

青阳银杏商务宾馆 ★★★
地址：池州市青阳县木镇路45号
电话：0566－5020988
邮编：242800

池州金茂龙泉饭店 ★★★
地址：池州市九华山风景区芙蓉路24号
电话：0566－3288888
邮编：242811

安徽省九华山庄 ★★★
地址：池州市九华山灯塔新村86号
电话：0566－2831036
邮编：242811

安徽省九华山金凤凰宾馆 ★★★
地址：池州市九华山风景区
电话：0566－2831828
邮编：242811

安徽省九华山百岁山庄有限责任公司 ★★★
地址：池州市九华山凤形新村167号
电话：0566－2833216
邮编：242811

池州市九华山风景区轻工宾馆 ★★★
地址：池州市九华山风景区化城路10号
电话：0566－2833932
邮编：242811

九华山香樟花园酒店 ★★★
地址：池州市九华山白马新村29号
电话：0566－3289555
邮编：242811

南天宾馆 ★★★
地址：宣城市状元南路78号
电话：0563－4017188
邮编：242300

海云宾馆 ★★★
地址：宣城市九洲大道301号
电话：0563－2828218
邮编：242000

宣城市超源宾馆 ★★★
地址：宣城市经济开发区梅溪路1号
电话：0563－5289999
邮编：242000

宣城可可假日酒店 ★★★
地址：宣城市宣湖路
电话：0563－5286666
邮编：242000

宣城市皇文风尚酒店 ★★★
地址：宣城宁国市清华路清华苑小区
电话：0563－4150000
邮编：242300

都市阳光度假村 ★★★
地址：宣城宁国市中溪北路8号
电话：0563－4101795
邮编：242300

宁国香山宾馆 ★★★
地址：宣城宁国市津河东路19号
电话：0563－2102999
邮编：242300

盛唐大酒店 ★★★
地址：宣城宁国市宁城南路1号
电话：0563－4017188
邮编：242300

城市假日酒店 ★★★
地址：宣城宁国市宁阳中路160号
电话：0563－4185888
邮编：242300

宣城市宁国市景秀花园大酒店 ★★★
地址：宣城宁国市凤形路8号
电话：0563－4176888
邮编：242300

宣城市乾坤大酒店 ★★★
地址：宣城市郎溪县锦城大道2号
电话：0563－5238555
邮编：242199

广德县华东大酒店 ★★★
地址：宣城市广德县横山南路
电话：0563－6039088
邮编：242200

泾县阳光假日酒店 ★★★
地址：宣城市泾县交通路23号
电话：0563－5123333
邮编：242500

宣城市泾县天竹居假日酒店 ★★★
地址：宣城市泾县桃花潭镇
电话：0563－5872666
邮编：242554

宣城市沁梦园山庄 ★★★
地址：宣城市泾县昌桥乡
电话：0563－5301988
邮编：242500

安徽港德宾馆有限公司 ★★★
地址：宣城市旌德县解放街北段
电话：0563－8605888
邮编：242600

梓山宾馆 ★★★
地址：宣城市旌德县旌阳镇营坎路15号
电话：0563－8602006
邮编：242600

绩溪宾馆 ★★★
地址：宣城市绩溪县适之路29号
电话：0563－8162322
邮编：245300

绩溪徽商大酒店 ★★★
地址：宣城市绩溪县文峰路28号
电话：0563－8155188
邮编：245300

宣城市徽都酒店管理有限公司绩溪商务宾馆 ★★★
地址：宣城市绩溪县工业园区锦屏路
电话：0563－8172888
邮编：245300

旅游景区

三十岗生态旅游景区 AAAA
地址：合肥市庐阳区
电话：0551－65715953
邮编：230001

合肥丰乐生态园 AAAA
地址：合肥市双凤工业区工业大道中段
电话：0551－66394268
邮编：230001

安徽元一双凤湖国际旅游度假区 AAAA
地址：合肥市北城新区
电话：0551－66398993
邮编：230001

李鸿章故居 AAAA
地址：合肥市淮河路208号
电话：0551－62616772
邮编：230001

合肥市徽园 AAAA
地址：合肥市经济技术开发区繁华大道276号
电话：0551－63822004
邮编：230001

合肥三国遗址公园 AAAA
地址：合肥市北三十岗
电话：0551－65710532
邮编：230001

安徽名人馆 AA
地址：合肥市西郊蜀山风景区
电话：0551－65388275
邮编：230031

包公园（包公祠） AAAA
地址：合肥市芜湖路72号
电话：0551－62876300
邮编：230001

安徽省博物馆 AAAA
地址：合肥市安庆路268号
电话：0551－62824655

邮编：230061

合肥野生动物园 AAAA
地址：合肥市环山南路 2 号
电话：0551 -65395823
邮编：230031

银屏山风景区 AAA
地址：合肥巢湖市散兵镇
电话：0565 -88790641
邮编：238000

姥山岛风景区 AA
地址：合肥巢湖市中庙镇巢湖湖中心
电话：0565 -88578787
邮编：238800

紫薇洞旅游区 AAA
地址：合肥巢湖市北郊
电话：0565 -82354274
邮编：238000

东庵森林公园 AA
地址：合肥巢湖市南郊东庵林场
电话：0565 -82601199
邮编：238000

桃花岛度假区 A
地址：合肥巢湖市居巢区夏阁西峰乡下汤水库
电话：0565 -88341015
邮编：238000

合肥巢湖市紫薇洞景区 AAAA
地址：合肥巢湖市北郊
电话：0565 -82382274　82118166
邮编：238000

伊利集团合肥工业园 AAA
地址：合肥市长丰县双凤工业园
电话：0551 -65689900
邮编：231131

汇景生态园 AAA
地址：合肥市肥东县
电话：0551 -67613222
邮编：231600

岱山湖 AAAA
地址：合肥市肥东县古城镇
电话：0551 -67512891
邮编：231600

渡江战役总前委旧址纪念馆 AAA
地址：合肥市肥东县撮镇镇瑶岗村
电话：0551 -67363135
邮编：231600

合肥市肥西县三河古镇 AAAA
地址：合肥市肥西县三河镇
电话：0551 -68751185　68757113
邮编：231200

紫蓬山国家森林公园 AAAA
地址：合肥市肥西县紫蓬山旅游开发区
电话：0551 -68581222
邮编：230001

三岗梨园春乡村旅游区 AAA
地址：合肥市肥西县上派镇三岗村
电话：0551 -68895777
邮编：231200

中国中部花木城 AAA
地址：合肥市肥西县上派镇
电话：0551 -68857657
邮编：231200

喜洋洋生态农庄 AAA
地址：合肥市肥西县三河镇
电话：0551 -68733188
邮编：231200

小井庄 AAA
地址：合肥市肥西县山南镇
电话：0551 -68201128
邮编：231200

肥西老母鸡家园 AAAA
地址：合肥市肥西县上派镇
电话：0551 -68445888
邮编：231200

紫蓬山庄农家乐 AA
地址：合肥市肥西县森林大道紫蓬镇永久村路段
电话：0551 -68584777
邮编：231200

肥西县鱼丰山庄 AA
地址：合肥市肥西县花岗镇
电话：0551 -68461758
邮编：231200

庐江奇石馆 AA
地址：合肥庐江县文明中路
电话：0565 -87319877
邮编：238000

汤池温泉度假区 AA
地址：合肥庐江县汤池镇
电话：0565 -87381002
邮编：238000

冶父山国家森林公园 AAA
地址：合肥庐江县冶父山公园
电话：0565 -87411233
邮编：238000

金孔雀温泉旅游度假村 AAAA
地址：合肥庐江县烫池镇外经人道
电话：0565 -87085660
邮编：231511

皇藏峪国家森林公园 AAAA
地址：宿州市萧县县城东南 25 公里处
电话：0557 -5960266
邮编：235200

宿州市灵璧县奇石文化园景区 AAAA
地址：宿州市灵璧县
邮编：234200

相山公园风景区 AAAA
地址：淮北市相山路 1 号
电话：0561 -3037516
邮编：235000

淮北市博物馆（隋唐大运河博物馆）AAA
地址：淮北市人民路
电话：0561 -3119666
邮编：235000

颍州西湖风景名胜区 AAAA
地址：阜阳市颍州西湖
电话：0558 -3886308
邮编：236032

阜阳生态乐园 AAAA
（全国农业旅游示范点）
地址：阜阳市北京西路农校西 800 米
电话：0558 -2616191
传真：0558 -2616660
邮编：236029

安徽颍上迪沟生态旅游风景区 AAAA
地址：阜阳市颍上县汤店镇
电话：0558 -4261666
传真：0558 -4261007
邮编：236200
网址：www. dg_travel. com

颍上八里河风景区 AAAAA
地址：阜阳市颍上县八里河镇
电话：0558 -4584424
邮编：236200

沪谯中医药文化博览园 AAA
地址：亳州市光明西路
电话：0558 -5566666
邮编：236802

古井酒文化博物馆 AAAA
地址：亳州市谯城区古井镇
电话：0558 -5710406
邮编：236800

亳州市花戏楼景区 AAAA
地址：亳州市谯城区花戏楼街
电话：0558 -5552589
邮编：236800

天静宫 AAA
地址：亳州市涡阳县闸北镇郑店村
电话：0558 -7308259
邮编：233600

雪枫公园—板桥集战斗纪念馆 AAA
地址：毫州市蒙城县板桥集镇
电话：0558 -7731001
邮编：236802

印象江南生态园景区 AAA
地址：亳州市利辛县王人镇曹店村
邮编：236700

龙子湖风景区 AAAA
地址：蚌埠市东郊
电话：0552 -3183542
邮编：233000

淮河蚌埠闸水利风景区 AAAA
地址：蚌埠市黑虎山路 1 号
电话：0552 -4933028
邮编：233000

张公山公园 AAAA
地址：蚌埠市张公山路 132 号
电话：0552 -4951177
邮编：233000

蚌山区海上明珠生态农业园 AA
地址：蚌埠市蚌山区燕山乡王巷村
电话：0552 -2852895
邮编：233000

淮上区淮夷部落 AA
地址：蚌埠市淮上区小蚌埠镇吴郢村北
邮编：233002

禹会区张公山美食城 AA
地址：蚌埠市禹会区长兴路
电话：0552 -4090802
邮编：233010

怀远县白乳泉风景区 AAA
地址：蚌埠市怀远县荆涂大桥南
电话：0552 -8585715
邮编：233000

禾泉农庄 AAAA
地址：蚌埠市怀远县

电话：0552－2870775
邮编：233400

五河县天井湖度假村 AA
地址：蚌埠市五河县
邮编：233300

固镇县城西公园 AA
地址：蚌埠市固镇县谷阳路 369 号
邮编：233700

淮北西大门烈士陵园 AA
地址：蚌埠市固镇县任桥镇清凉村
邮编：233700

淮南市志高神州欢乐园景区 AAAA
地址：淮南市山南新区淮河大道和南纬一路交叉口
电话：0554－6688888
邮编：232000

淮南市龙湖公园 AAAA
地址：淮南市田家庵区人民北路 160 号
电话：0554－3622820
邮编：232000

天宝双遗文化园 AAA
地址：淮南市八公山的丁山路旁
邮编：232072

后湖生态园景区 AAA
地址：淮南市潘集区泥河镇
邮编：232082

淮南八公山风景区 AAAA
地址：淮南市八公山区
电话：0554－7750177
邮编：232072

淮南市上窑旅游景区 AAAA
地址：淮南市大通区上窑镇
电话：0554－3601207
邮编：232009

淮南市焦岗湖旅游景区 AAAA
地址：淮南市凤台县毛集实验区
邮编：232001

淮南市茅仙洞旅游风景区 AAA
地址：淮南市凤台县
电话：0554－8919118
邮编：232100

淮上回风园景区 AAA
地址：淮南市凤台县李冲回族乡
电话：0554－8918870
邮编：232100

琅琊山国家重点风景名胜区 AAAA
地址：滁州市琅琊古道 23 号
电话：0550－3513527
邮编：239000

吴敬梓纪念馆 AAA
地址：滁州市全椒县襄河镇河湾路 88 号
电话：0550－5011603
邮编：239500

神山国家森林公园 AAA
地址：滁州市全椒县六镇镇孙家村
电话：0550－5470888
邮编：239500

韭山洞风景区 AAA
地址：滁州市凤阳县
电话：0550－6321288
邮编：233100

龙兴寺景区 AAA
地址：滁州市凤阳县府城镇
电话：0550－6366600
邮编：233100

滁州市凤阳县小岗村乡村旅游区 AAAA
地址：滁州市凤阳县小岗村
电话：0550－6491060
邮编：233124
网址：www. cnxiaogang. cn

滁州市狼巷迷谷风景区 AAAA
地址：滁州市凤阳县殷涧镇
电话：0550－6711599
邮编：233100
网址：www. lxmg. com. cn

凤阳明中都古楼 AAA
地址：滁州市凤阳县府镇鼓楼广场
电话：0550－6720033
邮编：233100

双凤原生态植物园 AAA
地址：马鞍山市花山区霍里镇双板村
电话：0555－8353888
邮编：243000

濮塘风景名胜区 AA
地址：马鞍山市濮塘镇
电话：0555－3151023
邮编：241000

马钢盆山度假村 AAA
地址：马鞍山市濮塘风景区
电话：0555－3151108
邮编：243000

采石矶国家重点风景名胜区 AAAA
地址：马鞍山市雨山区采石镇
电话：0555－2100143－1001/02
邮编：243041

李白墓园 AAA
地址：马鞍山市当涂县太白镇
电话：0555－6683504
邮编：243100

华阳洞景区 AAA
地址：马鞍山市含山县褒禅山
电话：0565－4355934
邮编：238159

太湖山国家森林公园 AAA
地址：马鞍山市含山县太湖山林场
电话：0565－4818549
邮编：238159

陋室公园 AA
地址：马鞍山市和县陋室东街
电话：0565－5312746
邮编：238000

霸王祠景区 AAA
地址：马鞍山市和县乌江镇东南侧凤凰山
电话：0565－5391207
邮编：238251

鸡笼山国家森林公园 AAA
地址：马鞍山市和县鸡笼山
邮编：238200

安徽芜湖赭山风景区 AAAA
地址：芜湖市九华中路 177 号
电话：0553－2211849
邮编：241000
网址：www. zsfjq. com

王稼祥纪念园 AAAA
地址：芜湖市中山北路 153 号
电话：0553－3846746
邮编：241000

方特欢乐世界 AAAA
地址：芜湖市银湖北路
电话：0553－5889800
邮编：241001
网址：www. fangte. com

芜湖市鸠兹风景区 AAAA
地址：芜湖市黄山西路
电话：0553－3821125
邮编：241000

汀棠公园 AAA
地址：芜湖市九华中路
电话：0553－5852007
邮编：241000

天门山旅游区 AAA
地址：芜湖市鸠江区大桥镇东梁村
电话：0553－5317588
邮编：241000
网址：www. wtms. cc

芜湖市滨江公园 AAA
地址：芜湖市黄山西路 10 号
电话：0553－3821125
邮编：241000

芜湖市烈士陵园 AAA
地址：芜湖市神仙大道
电话：0553－2868819
邮编：241000

赭山公园 AA
地址：芜湖市九华路 345 号
电话：0553－3826513
邮编：241000

广济寺 AA
地址：芜湖市赭山路 26 号
电话：0553－3821494
邮编：241000

褐山揽胜景区 AA
地址：芜湖市鸠江区北郊
邮编：241000

诺康养生科普乐园 AA
地址：芜湖市鸠江区
邮编：241000

白马禅寺 A
地址：芜湖市弋江区火龙岗镇
邮编：241000

三圣古寺 AA
地址：芜湖市弋江区火龙岗镇白马山
邮编：241000

凤凰美食街 AAA
地址：芜湖市镜湖区凤凰美食街
邮编：241000

芜湖烟雨墩景区 AA
地址：芜湖市镜湖区烟雨墩
邮编：241000

芜湖科技馆 AAA
地址：芜湖市银湖路 70 号
电话：0553－5889020
邮编：241000

怡龙生态园景区 AAA
地址：芜湖市芜湖县红杨镇
电话：0553－8137111　8137222
邮编：241100

和平生态旅游区 AA
地址：芜湖市芜湖县红杨镇
电话：0553－8131000
邮编：241100

老梁农家乐山庄 AA
地址：芜湖市芜湖县湾沚镇
电话：13905538229
邮编：241100

陶辛水韵旅游区 AAA
地址：芜湖市芜湖县陶辛镇
电话：0553－8451777
邮编：241000

安徽繁昌马仁奇峰森林风景旅游区 AAAA
地址：芜湖市繁昌县孙村镇
电话：0553－7216888　7216688
邮编：241200

繁昌县烈士陵园 AA
地址：芜湖市繁昌县
邮编：241200

乌霞寺旅游景区 AA
地址：芜湖市南陵县
邮编：242400

小格里森林公园 AA
地址：芜湖市南陵县
邮编：242400

安徽大浦新农村旅游开发有限公司 AAAA
地址：芜湖市南陵县许镇镇
电话：0553－2361666
邮编：242400

安徽丫山花海石林旅游区 AAAA
地址：芜湖市南陵县何湾镇
电话：0553－6417888
邮编：241317

米公祠景区 AA
地址：芜湖市无为县城
电话：0565－6322918
邮编：238300

泊山洞景区 AAA
地址：芜湖市无为县蜀山镇
电话：0565－6985181
邮编：238300

天井湖风景区 AAAA
地址：铜陵市长江西路 181 号
电话：0562－2864746
邮编：244000

螺丝山青年公园 A
地址：铜陵市铜港路
电话：0562－5819577
邮编：244000

东湖休闲中心 A
地址：铜陵市长江西路 236 号
电话：0562－6861596
邮编：244000

长江大桥公园 A
地址：铜陵市横港羊山矶
邮编：244000

金牛洞古采矿遗址 AA
地址：铜陵市铜陵县新桥境内
电话：0562－2861887
邮编：244100

白暨豚养护场 AAA
地址：铜陵市铜陵县大通镇
电话：0562－8860518
邮编：244100

永泉农庄 AAA
地址：铜陵市铜陵县钟鸣镇章亭村
电话：0562－8298622
邮编：244100

安庆市巨石山生态文化旅游区 AAAA
地址：安庆市宜秀区长江北岸
电话：0556－5234666
邮编：246003

大龙山风景名胜区 AA
地址：安庆市郊杨桥镇
电话：0556－5890392
邮编：246007

桐城文庙—六尺巷 AAA
地址：安庆桐城市府广场
电话：0556－6133050
邮编：231400

嬉子湖生态旅游区 AAAA
地址：安庆桐城市嬉子湖镇
电话：0556－6605669
邮编：231400

安庆市桐城龙眠山风景名胜区 AA
地址：安庆桐城市龙眠乡
邮编：231400

浮山风景名胜区 AAAA
地址：安庆市枞阳县浮山镇
电话：0556－2691366
邮编：246000

安庆市枞阳大山生态旅游区 AA
地址：安庆市枞阳县
邮编：246700

天龙关景区 AAA
地址：安庆市潜山县水吼镇
电话：0556－8155151
邮编：246300

皖光苑 AAA
地址：安庆市潜山县皖光路 28 号
电话：0556－8936318
邮编：246300

安庆天柱山风景区 AAAAA
地址：安庆市潜山县梅城镇舒州西路 9 号
电话：0556－8932217
邮编：246300

安庆市潜山县白马潭生态旅游景区 AAAA
地址：安庆市潜山县
邮编：246300

花亭湖旅游景区 AAAA
地址：安庆市太湖县建设路
电话：0556－4641428
邮编：246670

石莲洞国家森林公园 A
地址：安庆市宿松县宿松林场
电话：0556－7821342
邮编：246000

白崖寨风景名胜区 AAA
地址：安庆市宿松县趾凤乡
电话：0556－7771241
邮编：246000

小孤山风景名胜区 AAA
地址：安庆市宿松县复兴镇
电话：0556－7511665
邮编：246000

司空山风景名胜区 AAA
地址：安庆市岳西县店前镇
电话：0556－2320778
邮编：246000

中央红军独立第二师司令部旧址 AAA
地址：安庆市岳西县天堂镇
电话：0556－2185118
邮编：246600

红二十八军军政旧址 AAA
地址：安庆市岳西县鹞落坪村
电话：0556－2240481
邮编：246600

明堂山风景区 AAAA
地址：安庆市岳西县河图镇
电话：0556－2302888
邮编：246600

妙道山国家森林公园 AA
地址：安庆市岳西县河图镇
电话：0556－2172185
邮编：246000

天仙河旅游区 AA
地址：安庆市岳西县营蒲镇
电话：0556－2478155
邮编：246000

云峰峡谷旅游区 A
地址：安庆市岳西县黄尾镇
邮编：246000

安庆市岳西县妙道山旅游景区 AAAA
地址：安庆市岳西县天堂镇
邮编：246600

黄山市黄山风景区 AAAAA
地址：黄山市黄山风景区管理委员会
电话：0559－5562396
邮编：245800

黄山市古徽州文化旅游区 AAAAA
地址：黄山市古徽州文化旅游区
电话：0559－2156120
邮编：242700

黄山翡翠（情人）谷 AAAA
地址：黄山市黄山风景区翡翠谷
电话：0559－5577638
邮编：242708

花山谜窟—浙江国家重点风景名胜区 AAAA
地址：黄山市屯溪区屯光镇
电话：0559－2350278
邮编：245000

新徽天地·醉温泉度假城 AAAA
地址：黄山市屯溪区屯光镇
电话：0559－2333777
邮编：245000

徽州文化园 AAA
地址：黄山市徽州西路
电话：0559－2132888
邮编：245000

黄山市唐模景区 AAAA
地址：黄山市徽州区唐模村
电话：0559－3539118
邮编：245061

黄山市徽州区潜口民宅博物馆 AAAA
地址：黄山市徽州区潜口镇潜口村
邮编：245061

黄山市丰乐湖旅游景区 AAAA
地址：黄山市徽州区
邮编：245061

黄山市芙蓉谷景区 AAAA
地址：黄山市黄山风景区北大门
邮编：242708

黄山市徽州呈坎景区 AAAA
地址：黄山市徽州区呈坎
电话：0559－3536888　3536999
邮编：245061

黄山九龙瀑风景区 AAAA
地址：黄山市黄山区汤口镇
电话：0559－5561459
邮编：242700
网址：www. jiulongpu. com

太平湖风景区 AAAA
地址：黄山市黄山区太平西路
电话：0559－8510901　8561199
邮编：242500

东黄山旅游度假区 AAAA
地址：黄山市黄山区茶林场
电话：0559－ 8591869
邮编：245707
网址：www. ehuangshan. net

普仁滩景区 AAA
地址：黄山市黄山区谭家桥镇
电话：0559－8593801
邮编：242700

石门峡景区 AAA
地址：黄山市黄山区谭家桥镇
电话：0559－5577377
邮编：242700

歙县雄村景区 AAAA
地址：黄山歙县雄村乡雄村
邮编：245200

歙县棠樾牌坊群·鲍家花园景区 AAAA
地址：黄山市歙县郑村镇
电话：0559－6750225
邮编：245200

黄山市徽州古城 AAAA
地址：黄山市歙县徽城镇
电话：0559－6535223
邮编：245200

黄山市新安江山水画廊风景区 AAAA
地址：黄山市歙县深渡镇
电话：0559－6534596
邮编：245200

搁船尖景区 AAA
地址：黄山市歙县金川乡中坑村
电话：0559－6941778
邮编：245200

许村景区 AAA
地址：黄山市歙县许村镇
电话：0559－6600378
邮编：245200

霸王山摇铃秀水景区 AAA
地址：黄山市歙县王村镇
电话：0559－6683999
邮编：245200

齐云山国家重点风景名胜区 AAAA
地址：黄山市休宁县齐云山镇
电话：0559－7560019
邮编：245451

三溪大峡谷景区 AAA
地址：黄山市休宁县岭南乡三溪村
电话：0559－7795666
邮编：245400

古城岩 AAA
地址：黄山市休宁县万安镇
电话：0559－7816003
邮编：245461

黄山市皖南古村落－西递宏村 AAAAA
地址：黄山市黟县西递镇
电话：0559－5154030　5154457
邮编：245501

黟县宏村景区 AAAAA
地址：黄山市黟县宏村镇
电话：0559－5541158
邮编：245500

黄山市赛金花故居·归园景区 AAAA
地址：黄山市黟县龙江乡
邮编：245500

南屏风景区 AAAA
地址：黄山市黟县南屏村
电话：0559－5553003
邮编：245500

木坑竹海景区 AAA
地址：黄山市黟县宏村镇
电话：0559－5546918
邮编：245500

龙池湾景区 AAA
地址：黄山市黟县宏村镇
电话：0559－5542508
邮编：245500
网址：www. longchiwan. com

祈门县牯牛降景区 AAAA
地址：黄山市祁门县
电话：0566－6658189
邮编：245600

皖西烈士陵园 AAA
地址：六安市人民路
电话：0564－3325528
邮编：237006

东石笋景区 AAAA
地址：六安市金安区毛坦厂镇
电话：0564－2673659
邮编：237000

皖西大裂谷景区 AAAA
地址：六安市金安区张店镇
电话：0564－2610111
邮编：237000

六安市裕安区独山革命旧址群景区 AAAA
地址：六安市裕安区独山镇
邮编：237010

横排头风景区 AAAA
地址：六安市裕安区
电话：0564－2810050　3993490
邮编：237010

八公山森林公园 AAAA
地址：六安市寿县北门外
电话：0564－4101633
邮编：237002

寿县博物馆 AAAA
地址：六安市寿县寿春镇西大街
电话：0564－4022499
邮编：232200

六安市寿县古城 AAAA
地址：六安市寿县
邮编：232200

万佛湖旅游区 AAAA
地址：六安市舒城县万佛湖旅游区
电话：0564－8537619
邮编：231300

六安市万佛山景区 AAAA
地址：六安市舒城县万佛山
电话：0564－8342158
邮编：231300

六安市金寨县梅山水库风景区 AAAA
地址：六安市金寨县
电话：0564－7053474
邮编：237300

六安市天堂寨旅游景区 AAAAA
地址：六安市金寨县天堂寨
电话：0564－7528098　7528180
传真：0564－7528098
邮编：237343
网址：www. ttzly. com

六安市金寨县红军广场景区 AAAA
地址：六安市金寨县
邮编：237300

燕子河大峡谷景区 AAA
地址：六安市金寨县燕子河镇
电话：0564－7527004
邮编：237300

红石谷景区 AAA
地址：六安市金寨县麻埠镇
电话：0564－7316008
邮编：237300

天堂寨国家森林公园 AA
地址：六安市金寨县西南角
电话：0564－7528078
邮编：237002

金寨革命烈士陵园（博物馆）AAA
地址：六安市金寨县梅山镇红村路
电话：0564－7062308
邮编：237300

六安市霍山佛子岭风景区（省级自然保护区）AAAA
地址：六安市霍山县与岳西县区交界处
邮编：237200

霍山县南岳山风景区 AAAA
地址：六安市霍山县县城衡山镇传贤路和衡山南路交会处红源广场
电话：0564－5027865　13956127137
邮编：237200

六安市霍山大别山主峰景区 AAAA
地址：六安市霍山县太阳乡
电话：0564－5757777
邮编：237200

铜锣寨景区 AAA
地址：六安市霍山县上土市镇
电话：0564－5711716
邮编：237200

霍山县文庙景区 AAA
地址：六安市霍山县文盛街 16 号
电话：0564－5022009
邮编：237200

池州九华山风景区 AAAAA
地址：池州市青阳县九华山
电话：0566－5578928
邮编：242811

齐山风景区 AA
地址：池州市
电话：0566－2611575
邮编：247000

池州市贵池区杏花村旅游区 AAAA
地址：池州市贵池区翠微西路
电话：0566－2620356
邮编：247100

九华漂流景区 AAA
地址：池州市贵池区姚街乡
电话：0566－4658388
邮编：247100

秀山门博物馆 AAA
地址：池州市杏村西路 302 号
电话：0566－2020001
邮编：247100

万罗山风景区 AA
地址：池州市贵池区里山办事处
电话：0566－2712198
邮编：247000

贵池区大王洞风景区 AAAA
地址：池州市贵池区牌楼镇
电话：0566－4434368
邮编：247100

池州市贵池区齐山—平天湖景区 AAAA
地址：池州市贵池区
电话：0566－2613698
邮编：247100

池州市东至县九天仙寓景区 AAAA
地址：池州市东至县
邮编：247200

大历山风景区 AAA
地址：池州市东至县尧渡镇
电话：0566－7810177
邮编：247000

东流古文化区 AA
地址：池州市东至县东流镇
邮编：247000

石台蓬莱仙洞 AAA
地址：池州市石台县仁里镇杜村村
电话：0566－6028982
邮编：247000

秋浦河风景区 AAA
地址：池州市石台县矶滩乡矶滩村
电话：0566－6026883
邮编：245100

仙寓山景区 AAA
地址：池州市石台县仙寓镇大山村
电话：0566－6631018
邮编：245100

池州市石台县鱼龙洞景区 AAAA
地址：池州市石台县
电话：0566－6731075
邮编：245100

青阳县九子岩风景区 AAAA
地址：池州青阳县朱备镇东桥村
电话：0566－5450980
邮编：242800

青阳县神仙洞风景区 AAA
地址：池州市青阳县陵阳镇山河村
电话：0566－5869230
邮编：242800

宣城市白马山庄国际度假村 AAAA
地址：宣城市宣州区狸桥镇
电话：0563－3492666　3492800
邮编：242000

龙泉洞景区 AAA
地址：宣城市宣州区水东镇
电话：0563－3265188
邮编：242000

中国鳄鱼湖景区 AAA
地址：宣城市南郊
电话：0563－3205950
邮编：242000

宣酒文化博物馆 AAA
地址：宣城市工业干道 28 号
电话：0563－2108999
邮编：242000

宣酒工业文化园 AAAA
地址：城市宣州区
邮编：242000

恩龙山庄生态旅游度假区 AAAA
地址：宣城宁国市环城西路
电话：0563－4182996
邮编：242300

东津河漂流度假区 AAA
地址：宣城宁国市梅林镇
电话：0563－4602288
邮编：242300

夏霖景区 AAA
地址：宣城宁国市中溪镇
电话：0563－4702099
邮编：242300

石佛山—天子湖旅游区 AAA
地址：宣城市郎溪县姚村乡
电话：0563－7932554
邮编：242100

横山国家森林公园 AAA
地址：宣城市广德县太极大道慈山北路
电话：0563－6050307
邮编：242200

太极洞国家重点风景名胜区 AAAA
地址：宣城市广德县新杭镇
电话：0563－6850196
邮编：242200

泾县云岭新四军军部旧址纪念馆 AAAA
地址：宣城市泾县云岭镇罗里村
电话：0563－5900206
邮编：242500

江村 AAAA
地址：宣城市旌德县白地镇江村
电话：0563－8046446
邮编：242300

宣城市泾县查济景区 AAAA
地址：宣城市泾县查济村
邮编：242500

桃花潭风景区 AAAA
地址：宣城市泾县桃花潭镇
电话：0563－5871901
邮编：242500

水西景区·皖南事变烈士陵园 AAAA
地址：宣城市泾县泾川镇水西路
电话：0563－5080418
邮编：242500

江南第一漂 AAA
地址：宣城市泾县榔桥镇
电话：0563－5024099
邮编：242500

王稼祥故居 AAA
地址：宣城市泾县厚岸新区
电话：0563－5981918
邮编：242500

安徽绩溪县龙川景区 AAAAA
地址：宣城市绩溪县龙川村
电话：0563－8152953
邮编：245300

障山大峡谷风景区 AAAA
地址：宣城市绩溪县伏岭镇
电话：0563－8161583　8150930
邮编：245300
网址：www. zsdxg. com

宣城市太极湖村景区 AAAA
地址：宣城市绩溪县太极湖村
邮编：245300

小九华旅游景区 AAA
地址：宣城市绩溪县荆州乡
电话：0563－8471268
邮编：245300

紫园景区 AAA
地址：宣城市绩溪县华阳镇
电话：0563－8165911
邮编：245300

餐　馆

合肥德盛园饭庄
地址：合肥市庐阳区蒙城路与濉溪路交口西南角
电话：0551－65541768
邮编：230001

河滨鱼味馆
地址：合肥市长江路 30 号
电话：0551－62672749
邮编：230001

合肥庐州烤鸭店
地址：合肥市宿州路与淮河路交口往北 50 米
电话：0551－62615888
邮编：230001

刘鸿盛饺面馆
地址：合肥市庐阳区通中菜市
电话：0551－62654406　62673662
邮编：230001

安徽

会宾楼
地址：合肥市庐阳区长丰路
电话：0551－65520707　65521717
邮编：230001

九狮园宾馆餐厅
地址：合肥市长江中路55号九狮苑宾馆2楼
电话：0551－62606846
邮编：230001

广寒宫
地址：合肥市蜀山区怀宁路大溪地四期
电话：0551－65576288
邮编：230031

月顺楼
地址：合肥市宿州路寿春路交口北50米
电话：0551－62635577
邮编：230001

合肥瑶海山庄餐饮有限公司
地址：合肥市明光路
电话：0551－64492908
邮编：230001

巴蜀天下餐饮管理有限公司
地址：合肥市蒙城北路
电话：0551－65139241
邮编：230041

合肥市朱老大餐饮有限公司
地址：合肥市大通路
电话：0551－64480938
邮编：230011

津鱼头火锅餐饮有限公司
地址：合肥市六安路
电话：0551－62679777
邮编：230001
网址：www. jinyutou. com

合肥市八大碗餐饮有限公司
地址：合肥市望江路与宿松路
电话：0551－63657818
邮编：230001

安徽省金满楼饮食集团有限公司
地址：合肥市沿河西路
电话：0551－65627298
邮编：230001

合肥四季餐厅
地址：合肥市美菱大道
电话：0551－64669957
邮编：230001

越南西贡花园餐厅
地址：合肥市金寨路
电话：0551－63625566
邮编：23002

金满楼东方海鲜酒楼
地址：合肥市金寨路389号
电话：0551－62841888　62841177
邮编：230001

大庐州酒楼
地址：合肥市望江路
电话：0551－63631504
邮编：230001

步步高酒楼
地址：合肥市金寨路25号
电话：0551－63635759
邮编：230001

巴渝人家川菜馆
地址：合肥市
电话：0551－62834034
邮编：230001

金满楼嘉年华海鲜酒楼
地址：合肥市金寨路252号
电话：0551－62837799　62837979
邮编：230001

金满楼步步高美食城
地址：合肥市蒙城北路88号
电话：0551－65693188
邮编：230001

金满楼南海渔村酒楼
地址：合肥市阜南西路190号
电话：0551－62824477
邮编：230001

独一处海鲜城
地址：合肥市长江西路42号
电话：0551－65127777
邮编：230001

金源海鲜酒楼
地址：合肥市西园路30号
电话：0551－65129265
邮编：230001

南越海鲜楼
地址：合肥市荣事达大道73号
电话：0551－62675178
邮编：230001

叶氏城市花园酒楼
地址：合肥市长江东路1098号
电话：0551－64292222　64295555
邮编：230001

金海港大酒楼
地址：合肥市阜南路166号
电话：0551－62838811
邮编：230001

神龙阁凤凰美食城
地址：合肥市和平路110号
电话：0551－64477518
邮编：230001

徽府金色家园
地址：合肥市阜南路80号
电话：0551－62900188
邮编：230001

凤凰美食城
地址：合肥市东流路26号
电话：0551－63427555
邮编：230001

沸腾鱼乡
地址：合肥市凤阳路88号
电话：0551－64252299
邮编：230001

第一渔港
地址：合肥市徽州大道1222号
电话：0551－63435107
邮编：230001

野地野味土菜馆
地址：宿州市淮海路32号
电话：0557－3905363
邮编：234000

世纪缘酒楼
地址：宿州市淮海路57号
电话：0557－3036890
邮编：234000

乡之味美食城
地址：宿州市埇桥区胜利路
电话：0557－3031339
邮编：234000

静心园酒楼
地址：宿州市埇桥区西昌南路
电话：0557－3691299
邮编：234000

曙光饭店
地址：宿州市埇桥区汴河东路
电话：0557－3310116
邮编：234000

云峰酒家
地址：淮北市相山路
电话：0561－2116911
邮编：235000

状元红酒楼
地址：淮北市洪山路
电话：0561－3898088
邮编：235000

老渔民海鲜馆
地址：淮北市春秋巷
电话：0561－3048092
邮编：235000

憨鱼头
地址：淮北市鹰山路
电话：0561－3049000
邮编：235000

台湾牛排馆
地址：淮北市古城路175号
电话：0561－3889159
邮编：235000

阿香婆食府
地址：淮北市孟山路
电话：0561－4956202
邮编：235000

华夏酒楼
地址：淮北市古城路
电话：0561－4951922
邮编：235000

重庆巴乡鱼头酒楼淮北店
地址：淮北市相阳路
电话：0561－2130999
邮编：235000

泥鳅王
地址：淮北市相阳路
电话：0561－3290093
邮编：235000

重庆片片鱼
地址：淮北市相山路84号
电话：0561－3027489
邮编：235000

汇源阁酒楼
地址：淮北市相山路82号
电话：0561－3047554
邮编：235000

四季餐厅
地址：阜阳市颍上北路
电话：0558－2260299
邮编：236033

老地方餐馆
地址：阜阳市涡阳南路
电话：0558-2318534
邮编：236033

重庆渔庄
地址：阜阳市奎星路
电话：0558-7119778
邮编：236033

海记饭庄
地址：阜阳市颍河西路
电话：0558-2265657
邮编：236033

青藤阁酒店
地址：阜阳市清河东路
电话：0558-2179436
邮编：236033

都市砂锅酒店
地址：阜阳市颍河西路
电话：0558-2516177
邮编：236033

醉爱私房菜馆
地址：阜阳市颍河西路
电话：0558-3397160
邮编：236033

蚌埠市红豆酒楼
地址：蚌埠市凤阳西路 625 号
电话：13656367859
邮编：233000

蚌埠饭店
地址：蚌埠市淮河路
电话：0552-2047833
邮编：233000

同庆楼酒店
地址：蚌埠市长征路 525 号
电话：0552-4073222
邮编：233000

巴国布衣
地址：蚌埠市蚌山区淮河路 1185 号
电话：0552-2081000
邮编：233000

毛家饭店
地址：蚌埠市淮河路华运超市广场内
电话：0552-2073077
邮编：233000

乾门茶艺酒楼
地址：蚌埠市朝阳路 320 号
电话：0552-3966877
邮编：233000

幸福小镇
地址：蚌埠市中山街 138 号
电话：0552-2077737
邮编：233000

一品红餐馆
地址：蚌埠市南山路 83 号
电话：0552-2057633
邮编：233000

小燕南酒屋
地址：蚌埠市中山街 168 号
电话：0552-2044868
邮编：233000

乡之味土菜馆
地址：蚌埠市治淮路
电话：0552-3065660
邮编：233000

新庄苑大酒店
地址：蚌埠市淮河路
电话：0552-3926652
邮编：233000

金山美食城
地址：蚌埠市淮河路 491 号金山商厦
电话：0552-2070253
邮编：233000

渝王府老房子酸菜鱼
地址：淮南市学院路
电话：0554-6656633
邮编：232001

小上海菜馆
地址：淮南市国庆中路
电话：0554-2689785
邮编：232001

长青饭店
地址：淮南市淮舜南路
电话：0554-2683132
邮编：232001

咸亨餐厅
地址：淮南市
电话：0554-3383638
邮编：232001

楚湘阁酒楼
地址：淮南市朝阳东路
电话：0554-2695188
邮编：232001

玫瑰红酒楼
地址：淮南市淮舜南路
电话：0554-2674616
邮编：232001

快乐老家酒楼
地址：淮南市香港街
电话：0554-3633999
邮编：232001

六安土菜馆
地址：淮南市人民南路
电话：0554-2673466
邮编：232001

金汤老鸭馆
地址：淮南市体育场南路
电话：0554-2680446
邮编：232001

新天地美食广场
地址：淮南市朝阳中路
电话：0554-2689800
邮编：232001

天外天酒楼
地址：淮南市学院南路
电话：0554-3256278
邮编：232001

伊府餐厅
地址：滁州市双拥西路
电话：0550-3116838
邮编：239000

松茂徽菜馆
地址：滁州市南湖路
电话：0550-3523488
邮编：239000

馨香酒楼
地址：滁州市西涧路
电话：0550-3523915
邮编：239000

欣欣土菜馆
地址：滁州市育新东路
电话：0550-3034142
邮编：239000

五一饭店
地址：滁州市南谯北路
电话：0550-3115543
邮编：239000

状元楼
地址：滁州市定远路
电话：0550-3033638
邮编：239000

松鹤楼
地址：滁州市凤凰西路
电话：0550-3069744
邮编：239000

凤阳人家土菜馆
地址：滁州市凤凰西路
电话：0550-3012005
邮编：239000

滁州市上岛咖啡西餐厅
地址：滁州市市区天长东路 150 号
电话：0550-3039111
邮编：239000

鱼王火锅城
地址：滁州市体育路
电话：0550-3039707
邮编：239000

小尾羊全国连锁滁州总店
地址：滁州市市辖区凤凰西路
电话：0550-3011177
邮编：239000

马鞍山市金客隆美食园
地址：马鞍山市湖北路 30 号
电话：0555-2476451
邮编：243001

马义兴菜馆
地址：芜湖市
电话：0553-3836767
邮编：241000

耿福兴酒楼
地址：芜湖市镜湖区凤凰美食街中心广场
电话：0553-3845577
邮编：241000

芜湖凤凰美食城大酒店
地址：芜湖市凤凰美食街 12 号
电话：0553-3856588
邮编：241000

芜湖市毛家饭店
地址：芜湖市
电话：0553-3859718
邮编：241000

芜湖市天波鱼府
地址：芜湖市
电话：0553-3839179
邮编：241000

芜湖市中原土菜馆
地址：芜湖市九华山路

电话：0553－2213237
邮编：241000

四季春酒店
地址：芜湖市凤凰美食街1号
电话：0553－3879788
邮编：241000

台鑫酒楼
地址：芜湖市黄山路11号
电话：0553－3837150
邮编：241000

西子酒家
地址：芜湖市芜纺路160号
电话：0553－3834804
邮编：241000

巴府酒家
地址：芜湖市春安路23号
电话：0553－3828697
邮编：241000

芜湖大宅门美食城
地址：芜湖市北京东路
电话：0553－2211111
邮编：241000

雅香园酒楼
地址：芜湖市凤凰美食街
电话：0565－3879798
邮编：241000

渝川食府
地址：铜陵市淮河大道
电话：0562－2887878
邮编：244000

小尾羊餐饮全国连锁铜陵总店
地址：铜陵市长江西路
电话：0562－2864499
邮编：244000

安庆市惠园餐饮有限责任公司惠园金太阳酒店
地址：安庆市集贤南路218号
电话：0556－5590906
邮编：246001

安庆市老门牌大酒楼
地址：安庆市龙门口1号
电话：0556－5569930
邮编：246001

安庆市蓝天酒楼
地址：安庆市德宽路256号
电话：0556－5538798
邮编：246001

安庆市饮食服务公司
地址：安庆市华中西路370号
电话：0556－5512605
邮编：246001

安庆市九州烧鹅仔大酒店
地址：安庆市建设路118号
电话：0556－5591234
邮编：246001

安庆蟠龙阁大酒楼
地址：安庆市吕八街西201号
电话：0556－5573358
邮编：246001

安庆市万春餐饮有限责任公司马永兴饭店
地址：安庆市吴越街16号
电话：0556－5542977
邮编：246001

安庆市城北酒楼
地址：安庆市集贤南路106号
电话：0556－5313809
邮编：246001

安庆市阳光大酒楼
地址：安庆市人民路298号
电话：0556－5573879
邮编：246001

安庆市嘉辰酒楼
地址：安庆市双井街3号
电话：0556－5563055
邮编：246001

安庆市葡萄园酒楼
地址：安庆市宜城路105号
电话：0556－5521878
邮编：246001

安庆市饮食公司京津餐厅
地址：安庆市人民路242号
电话：0556－5514639
邮编：246001

安庆市红房子大酒店
地址：安庆市人民路205号
电话：0556－5542559
邮编：246001

安庆市饮食公司乐园饭店
地址：安庆市人民路278号
电话：0556－5516104
邮编：246001

安庆市无锡大酒家
地址：安庆市人民路156号
电话：0556－5515963
邮编：246001

安庆市花亭酒家
地址：安庆市黄土坑西路19号
电话：0556－5312237
邮编：246001

安庆市宜园餐厅
地址：安庆市宜园路14号
电话：0556－5331265
邮编：246001

安庆市城西酒家
地址：安庆市沿江西路221号
电话：0556－5514163
邮编：246001

安庆市圣地雅阁酒家
地址：安庆市集贤南路197号
电话：0556－5323099
邮编：246001

安庆市鹭岛渔村大酒店
地址：安庆市龙山路55号
电话：0556－5516792
邮编：246001

安庆市金三角酒家
地址：安庆市德宽路163号
电话：0556－5512197
邮编：246001

安庆市近圣阁酒楼
地址：安庆市龙山路107号
电话：0556－5515254
邮编：246001

安庆市桃园药膳大酒店
地址：安庆市集贤北路47号
电话：0556－5315637
邮编：246001

屯溪徽菜馆
地址：黄山市屯溪区黄山西路59号
电话：0559－2526687
邮编：245000

老街第一楼
地址：黄山市屯溪区老街247号
电话：0559－2539797
邮编：245000

屯溪临江一楼
地址：黄山市屯溪区滨江东路78号
电话：0559－2528899
邮编：245000

龙井大酒店
地址：黄山市徽州区滨河路51号
电话：0559－3581868
邮编：245000

皖江海鲜城
地址：六安市皖西大道54号
电话：0564－3335999
邮编：237006

津鱼头火锅
地址：六安市皖西路137号
电话：0564－3227197
邮编：237006

皋城土菜坊
地址：六安市皋城西路
电话：0564－3280477
邮编：237006

醉仙酒家
地址：六安市龙河路
电话：0564－3300677
邮编：237006

赛纳河畔酒家
地址：六安市龙河路
电话：0564－3309019
邮编：237006

农家私房菜馆
地址：六安市龙河路
电话：0564－3309984
邮编：237006

金池州饮食服务有限公司
地址：池州市东湖路30号
电话：0566－2026118
邮编：247100

三人行美食城
地址：池州市建设西路2号
电话：0566－2023017
邮编：247100

金谷酒家
地址：池州市贵池区池阳路34号
电话：0566－2037749
邮编：247100

山里人土菜馆
地址：池州市贵池区翠柏中路
电话：0566－2041245
邮编：247100

梅村生态酒楼
地址：池州市贵池区池阳路
电话：0566－2046579
邮编：247100

海风土菜馆
地址：池州市贵池区永胜巷21号
电话：0566－2043897
邮编：247100

劳模大酒店
地址：宣城市绩溪县望徽路1号
电话：0563－8160276
邮编：245300

皖南人家
地址：宣城市宣州区环城西路
电话：0563－3025500
邮编：242000

庆元楼酒家
地址：宣城市宣州区状元南路
电话：0563－3010457
邮编：242000

大众酒楼
地址：宣城市宣州区状元南路
电话：0563－2718870
邮编：242000

喜洋洋酒楼
地址：宣城市宣州区环城西路
电话：0563－3031579
邮编：242000

龙凤酒楼
地址：宣城市宣州区鳌峰西路
电话：0563－3019819
邮编：242000

扬名土菜馆
地址：宣城市宣州区西林路
电话：0563－2107076
邮编：242000

怡馨园
地址：宣城市宣州区
电话：0563－2718287
邮编：242000

德福楼
地址：宣城市宣州区状元北路
电话：0563－3025379
邮编：242000

旅游用品

安徽三星地质宝石有限公司
地址：合肥市芜湖路239号三星钻石大厦
电话：0551－62889436　67124745
邮编：230001

合肥铁龙铜饰制品有限责任公司
地址：合肥市瑶海区张洼路93号
电话：0551－64233610
邮编：230001

合肥市泉友斋钱币珠宝有限责任公司
地址：合肥市六安路16号
电话：0551－62670000
邮编：230001

阜阳石头记专卖总店
地址：阜阳市浙江商贸城57号
电话：0558－2233237
邮编：236033

蚌埠市复古玉器厂
地址：蚌埠市新城区盈西巷
电话：0552－3298704
邮编：233000

淮河玉器行
地址：蚌埠市奋勇街143号
电话：0552－2079688
邮编：233000

蚌埠玉制品有限公司
地址：蚌埠市淮上区桃园村
电话：0552－2821150
邮编：233000

蚌埠市百禾玉雕厂
地址：蚌埠市治淮路69号
电话：0552－3036666
邮编：233000

正东玉器有限责任公司
地址：蚌埠市小蚌埠高庵村
电话：0552－2822888
邮编：233000

南市天宝工艺品制造有限责任公司
地址：淮南市八公山区丁山路
电话：0554－5610622
邮编：232072
网址：www. tbgyi. cn
电子信箱：tbgyi@163. com

淮南市东锦旅游文化用品有限公司
地址：淮南市田家庵区龙泉村48－3－12室
电话：0554－6664190
邮编：232000

淮南市凤凰绣品有限责任公司
地址：淮南市
电话：0554－3648003
邮编：232007

淮南书画社
地址：淮南市淮滨路
电话：0554－3622574
邮编：232001

淮南市苏春画社
地址：淮南市淮舜中路
电话：0554－3262983
邮编：232001

五柳书画苑
地址：淮南市国庆中路
电话：0554－2681835
邮编：232001

淮南八公山紫金砚厂
地址：淮南市八公山区山王镇
电话：0554－5619773
邮编：232001

滁州经济技术开发区凤凰玉雕厂
地址：滁州市丰乐南路
电话：0550－3038531
邮编：239000

滁州市工艺美术一厂
地址：滁州市南谯北路11号
电话：0550－3047892　3029888
邮编：239000

滁州市玉雕厂
地址：滁州市南谯北路金刚巷24号
电话：0550－3012252
邮编：239000

滁州珠宝玉器厂
地址：滁州市琅琊区天长东路63号
电话：0550－3024831
邮编：239000

全椒县椒陵工艺品有限公司
地址：滁州市全椒县襄河镇
电话：0550－5012998
邮编：239500

矿院珠宝宫
地址：马鞍山市湖北路8号
电话：0555－2477919
邮编：243001

芜湖文典铁画工艺品有限公司
地址：芜湖市弋江区港西工业园
电话：0553－3314422
邮编：241000

芜湖市工艺美术集团公司
地址：芜湖市九华山路286号
电话：0553－3814704
编码：241000

芜湖市工艺美术厂
地址：芜湖市九华中路1
电话：0553－3824891
邮编：241000

芜湖市艺韵工艺美术有限公司
地址：芜湖市北京东路183号联航大厦一楼
电话：0553－3120277
邮编：241000

芜湖市聚宝斋古玩店
地址：芜湖市镜湖公园花鸟市场西内
电话：0553－3849679
邮编：241000

芜湖市神艺铁画厂
地址：芜湖市神南工业区
电话：0553－2869999　3826232
邮编：241000

安徽芜湖飞龙铁画工艺品有限公司
地址：芜湖市九华山路270号
电话：0553－3852976
邮编：241000

芜湖市工艺美术厂
地址：芜湖市九华山中路
电话：0553－3813818
邮编：241000

芜湖市艺韵工艺美术有限公司
地址：芜湖市北京路183号
电话：0553－3120277
邮编：241000

铜陵市锦珑工艺品厂
地址：铜陵市淮河路铜商品市场118号
电话：0562－5817113
邮编：244000

铜陵祥龙工艺品厂
地址：铜陵市
电话：0562－5821138
邮编：244000

铜陵金蜗牛工艺品厂
地址：铜陵市北京西路28号
电话：0562－2831111
邮编：244000

远程铜工艺品责任公司
地址：铜陵市铜陵县大通开发区
电话：0562－2860360
邮编：244100

铜陵县老洲地毯厂
地址：铜陵市铜陵县老洲乡
电话：0562－8251005
邮编：244100

安庆百坚工艺有限公司
地址：安庆市人民路163号庆广大厦9楼
电话：0556－5523688　5536885
邮编：246003

安庆市地矿珠宝行
地址：安庆市吕八街1号
电话：0556－5526852
邮编：246001

安庆市绿宝饰业有限公司
地址：安庆市孝肃路
电话：1395564824
邮编：246000

安庆市铜字工艺厂
地址：安庆市菱湖南路241号
电话：0556－5543866
邮编：246001

桐城市佛光铜质工艺品有限公司
地址：安庆桐城市陈庄经济开发区88号
电话：0556－6125888　6132987
邮编：231400

黄山弘业工艺品有限公司
地址：黄山市黄山区耿城镇
电话：0559－8553556
邮编：242700

休宁黄山竹木制品工艺厂
地址：黄山市休宁县
电话：0559－7513145
邮编：245400

安徽省金寨县丝绸总厂
地址：六安市梅山镇梅江路
电话：0564－7062581
邮编：237300

青阳县庙前镇竹编工艺厂
地址：池州市青阳县庙前镇
电话：0566－5512023
邮编：242800

青阳县杜村竹编工艺厂
地址：池州市青阳县
电话：0566－5592108
邮编：242800

宁国市振兴金属工艺制品厂
地址：宣城宁国市北园路8号
电话：0563－4021886
邮编：242300

旅游交通

安徽省友谊外事旅游汽车有限公司
地址：合肥市包河区徽州大道1253号
电话：0551－63434588　63434688
邮编：230041

安徽省联通旅游出租汽车有限公司
地址：合肥市黄山路446号
电话：0551－65574546
邮编：230001

安徽省九州外事旅游汽车有限责任公司
地址：合肥市金寨路381号
电话：0551－62826848
邮编：230001

安徽省金三环旅游服务有限责任公司
地址：合肥市黄山西路441号
电话：0551－63657064
邮编：230001

合肥金鹏旅游汽车有限公司
地址：合肥市嘉山路75号
电话：0551－63184261
邮编：230041

合肥长淮旅游汽车出租公司
地址：合肥市琅琊山路1号
电话：0551－64210693
邮编：230001

安徽中汽旅游汽车集团有限公司
地址：合肥市清溪路12号
电话：0551－65116288
邮编：230031

合肥市巾帼旅游汽车服务有限公司
地址：合肥市安庆路116号
电话：0551－62815786
邮编：230001

合肥市出租汽车旅游总公司
地址：合肥市瑶海区滁州路99号
电话：0551－64295963
邮编：230011

合肥市火车站
地址：合肥市站前路1号
电话：0551－64243311　62121222
邮编：230001

合肥火车西站
地址：合肥市蜀山区
电话：0551－65571833　62131230
邮编：230001

合肥骆岗机场
地址：合肥市包河区骆岗镇
电话：0551－63401200
邮编：340129

合肥新桥国际机场
地址：合肥市肥西县高刘镇
电话：0551－63777888　63777666
邮编：231200

巢湖火车站
地址：合肥巢湖市
电话：0565－82114567
邮编：238000

宿州火车站
地址：宿州市工人路
电话：0557－3027095
邮编：234000

淮北火车站
地址：淮北市相山区
电话：0561－2122222
邮编：235000

阜阳火车站
地址：阜阳市
电话：0558－95105105　2484512
邮编：236000

阜阳机场
地址：阜阳市颍州区
电话：0558－2105114
邮编：236000

亳州火车站
地址：亳州市
电话：0558－5112790
邮编：236802

亳州市天马旅游汽车出租服务中心
地址：亳州市商贸城409室
电话：0558－5513048
邮编：236800

蚌埠火车站
地址：蚌埠市淮河路
电话：0552－3922222
邮编：233000

蚌埠火车南站
地址：蚌埠市
电话：0552－95105105
邮编：233000

淮南市汽车运输总公司旅游出租客运分公司
地址：淮南市田家庵区淮舜南路
电话：0554－2689832
邮编：232001

淮南火车站
地址：淮南市田家庵区洞山街
电话：0554－2675794
邮编：232000

滁州火车北站
地址：滁州市琅琊区来安路
电话：0550－3041868
邮编：239000

滁州火车站
地址：滁州市
电话：0550－
邮编：239000

马鞍山旅游汽车站
地址：马鞍山市雨山东路123号
电话：0555－2323400
邮编：243071

马鞍山市火车站
地址：马鞍山市红旗北路
电话：0555－2473567
邮编：243000

安徽金陆航旅游汽车公司
地址：芜湖市两站广场
电话：0553－3120567
邮编：241004

芜湖火车站
地址：芜湖市两站广场
电话：0553－2822222
邮编：241000

长江轮船海外旅游芜湖公司
地址：芜湖市江岸路17号
电话：0553－3806304
邮编：241000

芜湖港
地址：芜湖市港一路16号
电话：0553－5840501
邮编：241000

铜陵火车站
地址：铜陵市
电话：056－2831137
邮编：244000

安徽

安庆火车站
地址：安庆市迎江区迎宾路 192 号
电话：0556－5333666　5027222
邮编：246001

安庆火车西站
地址：安庆市怀宁县高河镇
电话：0556－5165232 95105105
邮编：246123

黄山外事旅游汽车公司
地址：黄山市黄山风景区南大门
电话：0559－5562282
邮编：242700

黄山市腾达汽车运输（集团）有限公司旅游分公司
地址：黄山市屯溪区阳湖西路 8 号
电话：0559－2348968
邮编：245011

黄山市华瑞旅游汽车有限责任公司
地址：黄山市梦园村综合楼一号
电话：0559－2536290
邮编：245000

黄山北大门外事旅游运输有限公司
地址：黄山市黄山区甘棠镇玉河村
电话：0559－8532946
邮编：242700

黄山屯溪机场
地址：黄山市屯溪区
电话：0559－2934144
邮编：245000

黄山火车站
地址：黄山市前园北路
电话：0559－2116222
邮编：245000

黟县旅游运输有限责任公司
地址：黄山市黟县沿河西路 72 号
电话：0559－5522269
邮编：245500

六安火车站
地址：六安市
电话：0564－3994066　2174412
邮编：237000

池州火车站
地址：池州市
电话：0566－3213366
邮编：247100

池州市裕达旅游公司
地址：池州市长江南路 2 号
电话：0566－2041257
邮编：247100

宣城火车站
地址：宣城市叠嶂东路 48 号
电话：0563－2112161
邮编：242000

福　建

FUJIAN

旅游机构

福建省旅游局
地址：福州市东大路 36 号省人才大厦 9－11 层
电话：0591－87672731　87672390
邮编：350001
网址：www. fjta. com

福建省旅游质量监督管理所
地址：福州市五一北路 1 号力宝天马广场 16 层
电话：0591－87535640
邮编：350001

福州市旅游局
地址：福州市广达路 68 号金源广场西区 15 层
电话：0591－83355312
邮编：350005
网址：www. fzta. gov. cn

鼓楼区旅游局
地址：福州市鼓楼区安民巷 12 号
电话：0591－87611693
邮编：350001

台江区旅游办公室
地址：福州市台江区秋龙巷 32 号台江文化局
电话：0591－83229851
邮编：350004

仓山区旅游局
地址：福州市仓山区文化馆内
电话：0591－83471599
邮编：350007

晋安区旅游局
地址：福州市福新中路 128 号区政府大院
电话：0591－87143372
邮编：350011

马尾区旅游局
地址：福州市马尾君竹路 30 号二层
电话：0591－83999019
邮编：350015

闽侯县旅游局
地址：福州市闽侯县政府大院
电话：0591－22983314
邮编：350100

长乐市旅游局
地址：福州长乐市郑和路审计大楼
邮编：350200

福清市旅游局
地址：福州福清市一拂路 114 号政府大楼
邮编：350300

平潭县旅游局
地址：福州市平潭县潭城镇海滨路
电话：0591－24336542
邮编：350400

连江县旅游局
地址：福州市连江县凤城镇 816 北路 82 号
电话：0591－26232651
邮编：350500

罗源县旅游局
地址：福州罗源县北大路 15 号县府大院内
电话：0591－26857718
邮编：350600

永泰县旅游局
地址：福州市永泰县樟城镇县府机关32 号
电话：0591－24831564
邮编：350700

闽清县旅游局
地址：福州市闽清县梅城镇解放大街 43 号政府大楼
邮编：350800

厦门市旅游局
地址：厦门市湖滨北路 78 号兴业大厦 6 楼
电话：0592－5316308
邮编：361012
网址：www. xmtravel. com. cn

思明区旅游园林局
地址：厦门市禾祥路 168 号
电话：0592－5880907
邮编：361004

集美区文体旅游局
地址：厦门市集源路 82 号
电话：0592－6065505
邮编：361021

同安区旅游局
地址：厦门市同安区大同三秀路 173 号
电话：0592－7312808
邮编：361100

翔安区（建设）旅游局
地址：厦门市翔安区新店镇建行 2 楼
电话：0592－7889887
邮编：361101

湖里区经济贸易发展局
地址：厦门市湖里区兴隆路 23 号
电话：0592－6021828
邮编：361006

海沧区文化体育局
地址：厦门市海沧区沧虹路 501 号
电话：0592－6583726
邮编：361026

宁德市旅游局
地址：宁德市署前路 14 号政府大院内
电话：0593－2825260
邮编：352100

蕉城区旅游局
地址：宁德市蕉城区莲峰路 7 号
电话：0593－2826122
邮编：352100

福鼎市旅游局
地址：宁德福鼎市市府路 1 号市政府大院内
电话：0593－7856777
邮编：355200

福安市旅游局
地址：宁德福安市政府大院内
邮编：355000

屏南县旅游局
地址：宁德市屏南县政府路 1 号政府大院内
电话：0593－3332957
邮编：352300

霞浦县旅游局
地址：宁德市霞浦县东街 184 号县政府院内
电话：0593－8859970
邮编：355100

古田县旅游局
地址：宁德市古田城关解放路 143 号县政府大院内
电话：0593－3812833
邮编：352200

柘荣县旅游局
地址：宁德市柘荣柳城东路 59 号县政府院内
邮编：355300

周宁县旅游局
地址：宁德市周宁县北门路 32 号政府旧楼 2 层
电话：0593－5622227
邮编：355400

寿宁县旅游局
地址：宁德市寿宁县政府大院内
邮编：355500

莆田市旅游局
地址：莆田市政府办公大楼 1 幢 5 层
电话：0594－2656677
邮编：351100
网址：www. ptta. com. cn

城厢区旅游局
地址：莆田市城厢人民政府办公大楼 7 层
电话：0594－2680079
邮编：351100

荔城区旅游局
地址：莆田城厢区县巷 18 号
电话：0594－2297099
邮编：351100

涵江区旅游局
地址：莆田市涵江区政府内
邮编：351154

秀屿区旅游局
地址：莆田市湄洲湾北岸芴石镇北埔新街 1 号
电话：0594－5851899
邮编：351146

湄洲岛管委会旅游局
地址：莆田湄洲岛
邮编：351154

仙游县旅游局
地址：莆田市仙游县城关
电话：0594－8297598
邮编：351200

泉州市旅游局
地址：泉州市丰泽街建设大厦 3 层 A 座
电话：0595－22168089
邮编：362000
网址：www. qztor. com

鲤城区文体旅游局
地址：泉州市打锡街 77 号
邮编：362000

丰泽区文体旅游局
地址：泉州市丰泽区兰台路
邮编：362000

洛江区文体旅游局
地址：泉州市洛江万安开发区
邮编：362000

惠安县旅游事业局
地址：泉州市惠安县政府机关大院
邮编：362100

晋江市旅游事业局
地址：泉州晋江市青阳旗牌街 10 号

邮编：362200

南安市旅游局
地址：泉州南安市政府机关大院内
邮编：362300

安溪县旅游事业局
地址：泉州安溪县凤城镇大同路1号
邮编：362400

德化县旅游局
地址：泉州市德化县浔中镇
邮编：362500

永春县旅游事业局
地址：泉州市永春县政府机关大院内
邮编：362600

石狮市科技文体旅游局
地址：石狮市公务大厦5楼
邮编：362700

漳州市旅游局
地址：漳州市胜利西路118号10号楼
电话：0596－2023939
邮编：363000
网址：www.zzta.com

芗城区文体旅游局
地址：漳州市芗城区政府大楼
邮编：363000

龙文区旅游局
地址：漳州市龙文区政府大楼
邮编：363000

龙海市旅游局
地址：漳州龙海市政府大院内
邮编：363100

漳浦县旅游局
地址：漳州市漳浦县政府大楼
邮编：363200

云霄县旅游局
地址：漳州市云霄县外贸大楼
邮编：363300

东山县旅游局
地址：漳州市东山县西埔镇
邮编：363400

诏安县文体旅游局
地址：漳州市诏安县南诏镇县前街140号
邮编：363500

南靖县旅游局
地址：漳州市南靖县城关安美路4号
邮编：363600

平和县旅游局
地址：漳州市平和县政府大楼
邮编：363700

华安县旅游局
地址：漳州市华安县城关大同路45号
邮编：363800

长泰县旅游局
地址：漳州市长泰县政府大院内
邮编：363900

东山旅游开发区
地址：漳州市东山县西埔镇
邮编：363400

龙岩市旅游局
地址：龙岩市军民路20号
电话：0597－2332647
邮编：364000
网址：www.fjlyta.com

新罗区旅游局
地址：龙岩市新罗区政府办
电话：0597－2324175
邮编：364000

永定县旅游局
地址：龙岩市永定县政府6楼
电话：0597－5833197
邮编：364100

上杭县旅游局
地址：龙岩市上杭县北大路
电话：0597－3887388
邮编：364200

武平县旅游局
地址：龙岩市武平县宾馆内
电话：0597－4833301
邮编：364300

漳平市旅游局
地址：龙岩市漳平市政府大院内
电话：0597－7538960
邮编：364400

连城县旅游局
地址：龙岩市连城县豸峰街44号
电话：0597－8921895
邮编：366200

长汀县文体旅游局
地址：龙岩市长汀县兆征路35号
邮编：366300

三明市旅游局
地址：三明市三恒商厦11层
电话：0598－8231355
邮编：365000
网址：www.smta.cn

梅列区旅游局
地址：三明市梅列区五四新村7幢2层
邮编：365000

三元区旅游局
地址：三明市城关红印山
邮编：365001

永安市旅游管理区（旅游局）
地址：三明永安市黄山路252号5楼
电话：0598－3651530
邮编：366000

沙县旅游局
地址：三明市沙县人民政府内
电话：0598－5823926
邮编：335500

将乐县旅游局
地址：三明市将乐县城关七星街52号
电话：0598－2323977
邮编：353300

泰宁县旅游管委会
地址：三明市泰宁县尚书街1号
电话：0598－7833822
传真：0598－2833243
邮编：354400
网址：www.fjtn.com

建宁县旅游局
地址：三明市建宁县中山北路5号商品房2楼
邮编：354500

宁化县旅游局
地址：三明市宁化县人民政府1楼
电话：0598－6831556
邮编：365400

清流县旅游局
地址：三明市清流县龙津镇碧林路6号
邮编：365300

明溪县旅游局
地址：三明市明溪县雪峰左北路38号
邮编：365200

龙溪县旅游局
地址：三明市龙溪县城关东街62号
电话：0598－6338765
邮编：365100

大田县旅游局
地址：三明市大田县建山路24号
邮编：366100

南平市旅游局
地址：南平市八一路439号
电话：0599－8836480
邮编：353000
网址：www.npta.cn

延平区旅游局
地址：南平市延平区政府大楼9层A区
电话：0599－6186907
邮编：354300

武夷山市旅游局
地址：南平武夷山市国家旅游度假区商业楼4楼
邮编：354302

邵武市旅游局
地址：南平邵武市建新路8号
电话：0599－6323507
邮编：354000

建瓯市旅游局
地址：南平建瓯市都御坪11号
邮编：353100

建阳市旅游局
地址：南平建阳市人民路34号
电话：0599－5822692
邮编：354200

顺昌县旅游局
地址：南平市顺昌县城中路72号
邮编：353200

光泽县旅游局
地址：南平市光泽县二一七路122号
邮编：354100

浦城县旅游局
地址：南平市浦城县五一三路132号
邮编：353400

松溪县旅游局
地址：南平市松溪宾馆内
邮编：353500

政和县旅游局
地址：南平市政和县城关解放街49号
邮编：353600

旅 行 社

福建海外旅游实业总公司
地址：福州市五一北路1号力宝天马广场9层

电话：0591－83340070
邮编：350001
网址：www. fjotc. com
许可证号：L－FJ－CJ00001

福建省中国旅行社
地址：福州市湖东路171号中旅大厦6层
电话：0591－87532687
邮编：350001
网址：www. ctsfj. com
许可证号：L－FJ－CJ00002

福建省中国国际旅行社
地址：福州市五一北路1号力宝天马大厦7层
电话：0591－83370070
邮编：350001
许可证号：L－FJ－CJ00003

福建省中国青年旅行社
地址：福州市五一北路东方航空大厦3层
电话：0591－87678138
邮编：350001
许可证号：L－FJ－CJ00004

福建省旅游有限公司
地址：福州市五一北路1号力宝天马广场8层
电话：0591－87533803
邮编：350001
网址：www. travelfj. com
许可证号：L－FJ－CJ00005

福州市国际旅行社
地址：福州市湖东路298号伊法达大厦6层
电话：0591－87878355
邮编：350003
网址：www. fzgl. com
许可证号：L－FJ－CJ00006

福建省西湖国际旅行社
地址：福州市鼓楼区温泉街道五四路119号
电话：0591－87839888
邮编：350003
许可证号：L－FJ－CJ00007

福建省康辉国际旅行社股份有限公司
地址：福州市五四路75号省外贸展厅二楼
电话：0591－87670918
邮编：350001
网址：www. 87111111. com
许可证号：L－FJ－CJ00008

福建春秋国际旅行社有限公司
地址：福州市华林路新华兴大厦26层
电话：0591－88850333
邮编：350001
网址：www. chunqiuly. com
许可证号：L－FJ－CJ00009

福建青旅国际旅行社有限公司
地址：福州市六一北路253号
电话：0591－87523875
邮编：350001
许可证号：L－FJ－CJ00010

福州康泰国际旅行社有限公司
地址：福州市东街33号武夷中心1楼
电话：0591－22608888
邮编：350001
许可证号：L－FJ－CJ00011

福建铁路国际旅行社有限公司
地址：福州市晋安区茶园街道北环中路316号
电话：0591－87057059
邮编：350013
网址：www. fjtlgl. com
许可证号：L－FJ－CJ00012

福建世纪神舟国际旅行社有限责任公司
地址：福州市五一北路1号力宝天马大厦6层
电话：0591－88863333
邮编：350001
许可证号：L－FJ－CJ00013

厦门中国旅行社
地址：厦门市新华路78号华建大厦3－4层
电话：13906029682
邮编：361003
许可证号：L－FJ－CJ00014

厦门旅游集团国际旅行社有限公司
地址：厦门市夏禾路1118号假日商城6层、10层
电话：0592－3989508
邮编：361004
网址：www. xtg. com. cn
许可证号：L－FJ－CJ00015

厦门航空国际旅行社有限公司
地址：厦门市思明区嘉禾路347号
电话：0592－2236717
邮编：361004
许可证号：L－FJ－CJ00016

厦门光大旅游有限公司
地址：厦门市莲前西路708号光大商务酒店2楼
电话：0592－5890778
邮编：361009
网址：www. xmeyou. com
许可证号：L－FJ－CJ00017

厦门春辉国际旅行社有限公司
地址：厦门市湖滨南路立信广场11楼06、07单元
电话：0592－2128777
邮编：361003
网址：www. xmch. com
许可证号：L－FJ－CJ00018

厦门南强国际旅行社
地址：厦门市思明区后埭溪路28号皇达大厦
电话：0592－5163335
邮编：361005
许可证号：L－FJ－CJ00019

厦门建发国际旅行社有限公司
地址：厦门市海光大厦七楼
电话：0592－2121111
邮编：361001
网址：www. jfits. com
许可证号：L－FJ－CJ00020

港中旅（厦门）国贸旅行社有限公司
地址：厦门市开元区湖滨南路388号国贸大厦
电话：0592－5899001
邮编：361004
网址：www. ctixm. com
许可证号：L－FJ－CJ00021

福建海峡国际旅行社
地址：厦门市思明区厦禾路820号
电话：0592－5163335
邮编：361104
许可证号：L－FJ－CJ00022

福建中星国际旅行社有限公司
地址：厦门市思明区厦禾路618号
电话：0592－5881600
邮编：361004
网址：www. zhong-xing. cn
许可证号：L－FJ－CJ00023

中国国旅（厦门）国际旅行社有限公司
地址：厦门市后埭溪路皇达大厦22层A座
电话：0592－5189110
邮编：361004
许可证号：L－FJ－CJ00024

厦门特茂国际旅行社有限公司
地址：厦门市斗西路178号2楼
电话：0592－5077406
邮编：361004
网址：www. xmtmgl. com
许可证号：L－FJ－CJ00025

厦门海外环球国际旅行社有限公司
地址：厦门市镇海路37号民盛大厦8楼
电话：0592－8121199
邮编：361003
许可证号：L－FJ－CJ00026

厦门海沧国际旅行社有限公司
地址：厦门市海沧区沧林路117－119号弘盛大五楼
电话：0592－2128733
邮编：361026
许可证号：L－FJ－CJ00027

厦门市观光国际旅行社有限公司
地址：厦门市思明区鹭江道99号
电话：0592－5895677
邮编：361005
许可证号：L－FJ－CJ00028

厦门音乐岛国际旅行社
地址：厦门市湖滨南路19号
电话：0592－2265588
邮编：361005
许可证号：L－FJ－CJ00029

莆田市海神国际旅行社有限公司
地址：莆田市梅园路梅园大厦旁
电话：0594－2677799
邮编：351100
网址：www. haishentour. com
许可证号：L－FJ－CJ00030

泉州中国旅行社
地址：泉州市鲤城区百源清池西畔
电话：0595－22195935
邮编：362000
许可证号：L－FJ－CJ00031

泉州中国国际旅行社
地址：泉州市丰泽街温陵路口名都大厦A11－A12号
电话：0595－22283311　22195935
邮编：362000
许可证号：L－FJ－CJ00032

福建省惠安天马国际旅行社
地址：惠安大红埔中总商住区1－3号
电话：0595－87322222
邮编：362100
网址：www. tianma-china. com
许可证号：L－FJ－CJ00033

石狮市假日国际旅行社有限公司
地址：石狮市九二路507－517号
电话：0595－88798929
邮编：362700
网址：www. sshts. com
许可证号：L－FJ－CJ00034

漳州中国国际旅行社有限公司
地址：漳州市胜利路向荣大厦

电话：0596－2024599　2021588
邮编：363000
许可证号：L－FJ－CJ00035

漳州中国旅行社
地址：漳州市新华北路33号
电话：0596－2025281
邮编：363000
网址：www.ctszz.com
许可证号：L－FJ－CJ00036

龙岩市山水国际旅行社有限公司
地址：龙岩市新罗区区总工会3楼
电话：0597－2338810
邮编：364000
许可证号：L－FJ－CJ00037

龙岩中元国际旅行社有限公司
地址：龙岩市新罗区九一南路中元大酒店
电话：0597－2238086
邮编：364000
许可证号：L－FJ－CJ00038

三明中国国际旅行社有限公司
地址：三明市列东街天鸿大厦四楼
电话：0598－8242802
邮编：365000
网址：www.smcits.com
许可证号：L－FJ－CJ00039

武夷山中国国际旅行社有限责任公司
地址：武夷山旅游度假三菇街国旅大楼
电话：010－5315051
邮编：354302
网址：www.wyscits.com
许可证号：L－FJ－CJ00040

武夷山海外环球国际旅行社有限公司
地址：武夷山市国家旅游度假区三菇街国旅大厦
电话：0599－5235555
邮编：354302
网址：www.wysotc.com
电子信箱：zfx@513lyjz.cn
许可证号：L－FJ－CJ00041

中国国旅（福建）国际旅行社有限公司
地址：福州市台江区浦尾巷66号广达温泉公寓1号二层01商场
电话：0591－88590000
邮编：350004
电子信箱：ty10221223@hotmail.com
许可证号：L－FJ－CJ00042

福州龙悦国际旅行社有限公司
地址：福州市五四北路330号福建省体育馆东侧3楼
电话：0591－87766947
邮编：350002
电子信箱：ddit@dditours.com
许可证号：L－FJ－CJ00043

厦门金桥国际旅行社有限公司
地址：厦门市思明区湖滨中路24号综合楼一楼101
电话：0592－6517298
邮编：361004
电子信箱：xmjqgl@qq.com
许可证号：L－FJ－CJ00044

厦门京闽国际旅行社有限公司
地址：厦门市思明区屿后南里158号五楼558室
电话：0592－5606688
邮编：361012
许可证号：L－FJ－CJ00045

宁德市闽通旅行社有限公司
地址：宁德市蕉城区环城路1号
电话：0593－2056666
邮编：352100
电子信箱：fjmt6789@126.com
许可证号：L－FJ－CJ00046

福建省金龙国际旅行社有限公司
地址：福州市817中路516号福圆楼1层
电话：0591－88886803
邮编：350001
电子信箱：384666639@qq.com
许可证号：L－FJ－CJ00047

宁德市交通旅行社
地址：宁德福安市新华南路13号
电话：0593－6560105
邮编：355000
电子信箱：390560068@qq.com
许可证号：L－FJ－CJ00047

福建白云旅行社
地址：福州市五一中路185号
电话：0591－83340268
邮编：350004
电子信箱：1109849989@qq.com
许可证号：L－FJ－CJ00048

厦门康辉国际旅行社有限公司
地址：厦门市思明区同安路1号华辉大厦第二层A室E区
电话：0592－2032377
邮编：361003
电子信箱：cytsxm@hotmail.com
许可证号：L－FJ－CJ00049

龙岩新中国国际旅行社有限公司
地址：龙岩市新罗区西城登高西路153号富山国际中心大厦
电话：0597－2288921
邮编：364000
电子信箱：759357372@qq.com
许可证号：L－FJ－CJ00052

厦门润鑫国际旅行社有限公司
地址：厦门市湖滨西路9号大西洋海景城（亿力大厦）10A
电话：0592－2990099
邮编：361003
电子信箱：1049957190@qq.com
许可证号：L－FJ－CJ00053

福建省海外假日旅行社有限公司
地址：福州市鼓楼区鼓东路189号3座
电话：0591－83391388
邮编：350001
电子信箱：fujianhaiwai@163.com
许可证号：L－FJ－CJ00054

厦门佰翔旅行社有限公司
地址：厦门市湖里区翔云三路115号三楼3－A室
电话：0592－5703061
邮编：361006
电子信箱：bll@iport.com.cn
许可证号：L－FJ－CJ00055

泉州市南少林旅游发展有限公司
地址：泉州市新华北路中骏西湖
电话：0595－22577558
邮编：362000
许可证号：L－FJ－CJ00056

福建泉州宝中旅行社有限公司
地址：泉州市丰泽区东海大街南侧东海湾中心2号楼
电话：0595－22181077
邮编：362000
许可证号：L－FJ－CJ00057

龙岩建发国际旅行社有限公司
地址：龙岩市龙岩大道288号荣顺国际大酒店一楼
电话：0597－2266111
邮编：364000
许可证号：L－FJ－CJ00058

福建省福清市南方国际旅行社
地址：福州福清市一拂路侨联大厦一层
电话：0591－86073555
邮编：350300
许可证号：L－FJ－CJ00059

厦门沪春秋旅行社有限公司
地址：厦门市思明区新华路78号华建大厦11层H单元
电话：0592－2660750　2028266
邮编：361001
许可证号：L－FJ－CJ00060

漳州宝中国际旅行社有限公司
地址：漳州市芗城区胜利路1号
电话：0596－2020039
邮编：363000
许可证号：L－FJ－CJ00061

福建省佳诚国际旅行社有限公司
地址：福州市六一北路253号综合楼（东方航空大楼）3层
电话：0591－22200555
邮编：350001
许可证号：L－FJ－CJ00062

厦门骅鹭国际旅行社有限公司
地址：厦门市思明区嘉禾路21号新景中心A602
电话：0592－5555852
邮编：361001
许可证号：L－FJ－CJ00063

厦门兴南方国际旅行社有限公司
地址：厦门市东港路2号国际邮轮中心1层
电话：0592－5568872
邮编：361003
许可证号：L－FJ－CJ00064

福建省假日国际旅行社有限公司
地址：福州市鼓楼区湖东路298号伊法达大厦6层
电话：0591－87520550
邮编：350001
许可证号：L－FJ－CJ00065

厦门陆通国际旅行社有限公司
地址：厦门市思明区吕岭路22号必利达大厦07G单元
电话：0592－5583191
邮编：361009
许可证号：L－FJ－CJ00066

宁化县客家祖地旅行社有限公司
地址：三明市宁化县体育中心一楼大堂左侧
电话：0598－6838566
邮编：365400
许可证号：L－FJ－CJ00067

永定县客家土楼国际旅行社有限公司
地址：龙岩市永定县凤城镇河滨路1号

电话：0597－3151588　5938252
邮编：364100
许可证号：L－FJ－CJ00068

厦门海之旅国际旅行社有限公司
地址：厦门市思明区厦禾路 839 号汇成商业中心写字楼
电话：0592－5185555
邮编：361001
许可证号：L－FJ－CJ00069

厦门博游旅行社有限公司
地址：厦门市民族路 47 号 501B 室
电话：0592－8282222
邮编：361003
许可证号：L－FJ－CJ00070

厦门市友好国际旅行社
地址：厦门市思明区湖滨北路 78 号第 17 层 19F 室
电话：0592－5107988
邮编：361001
许可证号：L－FJ－CJ00071

武夷山中信国际旅行社有限公司
地址：南平武夷山市度假区假日步行街 2 楼
电话：0599－5253366
邮编：354300
许可证号：L－FJ－CJ00072

晋江市九洲旅行社有限责任公司
地址：泉州晋江市青阳普照延平路 6、8、10 号
电话：0595－85555699　85629773
邮编：362200
许可证号：L－FJ－CJ00073

福建中青国际旅行社有限公司
地址：福州市鼓楼区杨桥路宏杨新城 1 号楼 9 层
电话：0591－87878485
邮编：350001
许可证号：L－FJ－CJ00074

福建环球国际旅行社有限公司
地址：福州市鼓楼区东大路 88 号建闽大厦 823 室
电话：0591－87870033
邮编：350001
许可证号：L－FJ－CJ00075

晋江航空假日旅行社有限公司
地址：泉州晋江市青阳泉安中路豪富花园 10 号
电话：0595－82968888
邮编：362200
许可证号：L－FJ－CJ00076

福建两岸假日国际旅行社有限公司
地址：福州市平潭县台亚岚新城 3 号楼 1－阁楼
电话：0591－88888825
邮编：350400
许可证号：L－FJ－CJ00077

饭　店

福建外贸中心酒店 ★★★★★
地址：福州市五四路 73 号
电话：0591－87523388
邮编：350001

福州西湖大酒店 ★★★★★
地址：福州市湖滨路 158 号
电话：0591－87839888
邮编：350003

福州金源国际大饭店 ★★★★★
地址：福州市温泉公园路 59 号
电话：0591－87088888
邮编：350003

福州美伦大饭店 ★★★★★
地址：福州市北环西路 108 号
电话：0591－87883999
邮编：350003

福州香格里拉大酒店 ★★★★★
地址：福州市鼓楼区新权南路 9 号
电话：0591－87988888
邮编：350005

名城豪生（福州）酒店 ★★★★★
地址：福州市马尾区江滨东大道 86 号
电话：0591－88629999
邮编：350015

福州万达威斯汀酒店 ★★★★★
地址：福州市江滨中大道 366 号
电话：0591－88111111
邮编：350009

长山湖（长乐）国际酒店 ★★★★★
地址：福州长乐市广场路 19 号
电话：0591－28888888
邮编：350200

武夷山风景高尔夫俱乐部 ★★★★★
地址：南平武夷山国家旅游度假区
电话：0599－5239999
邮编：354302

武夷山市远华国际大饭店 ★★★★★
地址：南平武夷山国际旅游度假区
电话：0599－5233333
邮编：354300

三明宾馆 ★★★★★
地址：三明市牡丹新村 11 栋
电话：0598－8225999
邮编：365000

永安燕江国际大酒店 ★★★★★
地址：三明永安市新府路 338 号
电话：0598－3588888
邮编：366000

福建旷远酒店 ★★★★★
地址：莆田市荔城区海丰中街 1118 号
电话：0594－6999999
邮编：351100

泉州悦华酒店 ★★★★★
地址：泉州市刺桐西路南段
电话：0595－28019999
邮编：362000

泉州迎宾馆 ★★★★★
地址：泉州市丰泽区通港东街 168 号
电话：0595－28239999
邮编：362000

泉州酒店 ★★★★★
地址：泉州市庄府巷 22 号
电话：0595－22289958
邮编：362000

石狮建明国际大酒店 ★★★★★
地址：泉州石狮市金盛路东段
电话：0595－83879999
邮编：362700

石狮市爱乐皇冠假日酒店 ★★★★★
地址：泉州石狮市东港路中段电信大厦
电话：0595－83099999
邮编：362700

石狮市绿岛国际酒店 ★★★★★
地址：泉州石狮市八七路 1247 号
电话：0595－83899999
邮编：362700

晋江宝龙大酒店 ★★★★★
地址：泉州晋江市泉安中路 1558 号
电话：0595－28088888
邮编：362200

晋江荣誉国际酒店 ★★★★★
地址：泉州晋江市世纪大道 1054 号
电话：0595－68555555
邮编：362200

晋江市金玛国际酒店 ★★★★★
地址：泉州晋江市青阳湖光路
电话：0595－86511111
邮编：362200

晋江鸿福大酒店 ★★★★★
地址：泉州晋江市阳光东路
电话：0595－36666666
邮编：362200

崇武西沙湾假日酒店 ★★★★★
地址：泉州市惠安崇武西沙湾
电话：0595－27877777
邮编：362100

厦门海沧鼓浪湾酒店 ★★★★★
地址：厦门市海沧区
电话：0592－6373333
邮编：361026

厦门京闽中心酒店 ★★★★★
地址：厦门市松柏小区长青路 158 号
电话：0592－5123333
邮编：361003

厦门和平里酒店 ★★★★★
地址：厦门市鹭江道 12 号
电话：0592－6366666
邮编：361003

厦门牡丹国际大酒店 ★★★★★
地址：厦门市思明区莲前西路 568 号
电话：0592－5955888
邮编：361001

厦门磐基大酒店 ★★★★★
地址：厦门市嘉禾路 199 号
电话：0592－5399999
邮编：361003

厦门悦华酒店 ★★★★★
地址：厦门市湖里区悦华路 101
电话：0592－6023333
邮编：361006

厦门宝龙大酒店 ★★★★★
地址：厦门市湖滨中路 133 号
电话：0592－5188888
邮编：361012

厦门日月谷温泉度假村 ★★★★★
地址：厦门海沧区东孚镇汤岸村
电话：0592－6312222
邮编：361027

厦门喜来登酒店 ★★★★★
地址：厦门市嘉禾路386-1号
电话：0592-5525888
邮编：361009

厦门泛太平洋大酒店 ★★★★★
地址：厦门市湖滨北路19号
电话：0592-5078888
邮编：361012

厦门翠丰温泉度假酒店 ★★★★★
地址：厦门市同安区汀溪街777号
电话：0592-7159999
邮编：361100

厦门海景大酒店 ★★★★★
地址：厦门市镇海路12号
电话：0592-2023333
传真：0592-2036666
邮编：361001

厦门京闽北海湾酒店 ★★★★★
地址：厦门市集美区集源路210号
电话：0592-6123333
邮编：361002

厦门东方酒店 ★★★★★
地址：厦门市湖滨北建业路8号
电话：0592-5091888
邮编：361012

厦门艾美酒店 ★★★★★
地址：厦门市南山冠军路7号
电话：0592-7709999
邮编：361006

厦门海悦山庄酒店 ★★★★★
地址：厦门市思明区环岛南路3999号
电话：0592-5023333
邮编：361005

厦门华林国际大酒店 ★★★★★
地址：厦门市思明区文兴东路199路
电话：0592-5020888
邮编：361008

漳州宾馆 ★★★★★
地址：漳州市胜利路4号
电话：0596-2608999
邮编：363005

云霄金汤湾海水温泉度假酒店 ★★★★★
地址：漳州市云霄县陈岱镇
电话：0596-6999999
邮编：363300

连城天一温泉度假酒店 ★★★★★
地址：龙岩市连城县文亨镇白坑路57号
电话：0597-8168888
邮编：366202

金九龙大酒店 ★★★★★
地址：宁德福鼎市桐南新城玉龙北路66号
电话：0593-7666666
邮编：355200

福州大饭店 ★★★★
地址：福州市斗中路1号
电话：0591-83333333
邮编：350001

福建金仕顿大酒店 ★★★★
地址：福州市鼓楼区东水路18号
电话：0591-87628888
邮编：350001

福清融侨大酒店 ★★★★
地址：福清市融城镇西门虎狮桥北
电话：0591-85285018
邮编：350300

福州梅峰宾馆 ★★★★
地址：福州市光铜路2号
电话：0591-87887850
邮编：350003

福建山水大酒店 ★★★★
地址：福州市省府路13号
电话：0591-87556888
邮编：350001

阿波罗（福州）大酒店 ★★★★
地址：福州市五一中路132号
电话：0591-83055555
邮编：350003

国谊（福建）大酒店 ★★★★
地址：福州市仓山区观海路66号
电话：0591-88037777
邮编：350007

福建阳光假日酒店 ★★★★
地址：福州市五一广场高桥路26号
电话：0591-83365333
邮编：350005

福建省闽江饭店 ★★★★
地址：福州市五四路30号
电话：0591-87557895
邮编：350001

福州晋都戴斯国际酒店 ★★★★
地址：福州市晋安区连江北路487号
电话：0591-88189888
邮编：350014

福建黄金大酒店 ★★★★
地址：福州市华林路417号
电话：0591-87577688
邮编：350013

福州新紫阳大酒店 ★★★★
地址：福州市福新中路127号
电话：0591-26622222
邮编：350011

福建银河花园大饭店 ★★★★
地址：福州市五四路243号
电话：0591-87831888
邮编：350003

福州铭濠酒店 ★★★★
地址：福州市鼓楼区温泉路58号
电话：0591-88233333
邮编：350001

福州最佳西方财富酒店 ★★★★
地址：福州市鼓楼区华林路220号
电话：0591-88199999
邮编：350003

福州景城大酒店 ★★★★
地址：福州市六一北路418号
电话：0591-88983888
邮编：350001

福清瑞鑫大酒店 ★★★★
地址：福州福清市清昌大道38号
电话：0591-38766666
邮编：350300

福清兰天大酒店 ★★★★
地址：福州福清市龙田镇
电话：0591-85781888
邮编：350315

福清顺华君悦大酒店 ★★★★
地址：福州福清市元洪路27号冠发国际新城
电话：0591-85288888
邮编：350300

福建国惠大酒店 ★★★★
地址：福州长乐市吴航路
电话：0591-27588888
邮编：350200

福建闽北大饭店 ★★★★
地址：南平市滨江中路31号
电话：0599-8627666
邮编：353000

南平财富国际酒店 ★★★★
地址：南平市滨江北路177号
电话：0599-6980888
邮编：353000

邵武假日国际大酒店 ★★★★
地址：南平邵武市八一路1号
电话：0599-6609999
邮编：354000

邵武龙都大酒店 ★★★★
地址：南平邵武市福寿路荣城大厦
电话：0599-6339999
邮编：354000

邵武财富花园酒店 ★★★★
地址：南平邵武市福寿路
电话：0599-6798888
邮编：354000

武夷山商讯酒店 ★★★★
地址：南平武夷山市国家旅游度假区
电话：0599-5252888
邮编：354302

武夷山市青竹山庄 ★★★★
地址：南平武夷山国家旅游度假区
电话：0599-5253888
邮编：354302

武夷山庄 ★★★★
地址：南平武夷山市武夷宫
电话：0599-5251888
邮编：354302

武夷山宝岛大酒店 ★★★★
地址：南平武夷山度假区
电话：0599-5252818
邮编：354302

武夷山望峰花园 ★★★★
地址：南平武夷山国家旅游度假区望峰路
电话：0599-5259655
邮编：354302

武夷山海晟国际大酒店 ★★★★
地址：南平武夷山市文公路58号
电话：0599-5322888
邮编：354300

武夷山苏闽大酒店 ★★★★
地址：南平武夷山国家旅游度假区
电话：0599-5230888
邮编：354302

武夷山圣远国际酒店 ★★★★
地址：南平武夷山度假区天游峰路8号
电话：0599-5231333
邮编：354302

建阳市胜德大酒店 ★★★★
地址：南平建阳市朱熹大道狮子山
电话：0599－5845888
邮编：354200

福建兴浦浦城大酒店 ★★★★
地址：南平市蒲城县兴浦路 340 号
电话：0599－2888222
邮编：353400

浦城丹桂山庄 ★★★★
地址：南平市浦城县上青岭路 3 号
电话：0599－2888888
邮编：353400

永安燕景大酒店 ★★★★
地址：三明永安市尼葛工业区尼葛路 1666 号
电话：0598－3558123
邮编：366000

福建五洲大酒店 ★★★★
地址：三明永安市新安路 458 号
电话：0598－3603968
邮编：366000

清流龙津国际大酒店 ★★★★
地址：三明市清流县龙津镇北大路 219 号
电话：0598－5335869
邮编：365300

福建闽中大酒店 ★★★★
地址：三明市尤溪县城关镇闽中大道 2 号
电话：0598－6219999
邮编：365100

沙县国安假日酒店 ★★★★
地址：三明市沙县沙阳乐园
电话：0598－5888888
邮编：365500

福建金立国际大酒店 ★★★★
地址：三明市沙县金沙园金明西路
电话：0598－5050555
邮编：365500

将乐天源大酒店 ★★★★
地址：三明市将乐县滨河南路 518 号
电话：0598－5025888
邮编：353300

将乐玉华宾馆 ★★★★
地址：三明市将乐县滨河北路 1 号
电话：0598－2322451
邮编：353300

泰宁金阳明星度假山庄 ★★★★
地址：三明市泰宁县大金湖下坊码头
电话：0598－7816998
邮编：354400

泰宁金湖宾馆 ★★★★
地址：三明市泰宁县环城路 77 号
电话：0598－7862888
邮编：354400

泰宁大饭店 ★★★★
地址：三明市泰宁县东洲路 59 号
电话：0598－7822111
邮编：354400

建宁大饭店 ★★★★
地址：三明市建宁县黄舟坊南路
电话：0598－5919888
邮编：354500

最佳西方恒丰酒店 ★★★★
地址：莆田市城厢区荔城南大道 1428 号
电话：0594－2858888
邮编：351100

莆田市阳光假日酒店 ★★★★
地址：莆田市城厢区胜利南街 3999 号
电话：0594－2688888
邮编：351100

湄洲岛海景大酒店 ★★★★
地址：莆田市湄洲岛环岛南路
电话：0594－5060888
邮编：351154

莆田天妃温泉大饭店 ★★★★
地址：莆田市学园路口
电话：0594－2695588
邮编：351100

莆田市东方国际大酒店 ★★★★
地址：莆田市城厢区南园路 88 号
电话：0594－2588888
邮编：351100

莆田悦莱温泉大酒店 ★★★★
地址：莆田市城厢区莆阳路金威豪园一号楼
电话：0594－2566666
邮编：351100

仙游大酒店 ★★★★
地址：莆田市仙游县南大路 66 号
电话：0594－8588888
邮编：351200

泉州湖美大酒店 ★★★★
地址：泉州市刺桐北路
电话：0595－22118888
邮编：362000

泉州华侨大厦 ★★★★
地址：泉州市百源路 281 号
电话：0595－22282192
邮编：362000

泉州金星大酒店 ★★★★
地址：泉州市东街中段
电话：0595－22988888
邮编：362000

泉州世贸大酒店 ★★★★
地址：泉州市丰泽街
电话：0595－22980777
邮编：362000

泉州航空酒店 ★★★★
地址：泉州市丰泽街
电话：0595－22164888
邮编：362000

泉州花园大酒店 ★★★★
地址：泉州市湖心街西段北侧
电话：0595－28988888
邮编：362000

泉州太子酒店 ★★★★
地址：泉州市经济技术开发区
电话：0595－22358888
邮编：3620005

泉州鲤城大酒店 ★★★★
地址：泉州市鲤城区南俊巷 84 号
电话：0595－22279888
邮编：362000

泉州市金威假日酒店 ★★★★
地址：泉州市洛江区航空旅游城
电话：0595－68312266
邮编：362011

泉州滨海大酒店 ★★★★
地址：泉州市丰泽区美桐街中段 28 号
电话：0595－22135555
邮编：362000

石狮泉冠酒店 ★★★★
地址：泉州石狮市金林路 25 号
电话：0595－68881111
邮编：362700

石狮市五洲大酒店 ★★★★
地址：泉州石狮市振兴路
电话：0595－88566666
邮编：362700

福建石狮建联大酒店 ★★★★
地址：泉州石狮市振兴路
电话：0595－88885199
邮编：362700

石狮市荣誉大酒店 ★★★★
地址：泉州石狮市八七路 858 号
电话：0595－88726888
邮编：362700

石狮市豪富华大酒店 ★★★★
地址：泉州石狮市子芳路
电话：0595－83958888
邮编：362700

晋江爱乐假日酒店 ★★★★
地址：泉州晋江市阳光工贸城
电话：0595－85666666
邮编：362200

晋江市英林敦煌大酒店 ★★★★
地址：泉州晋江市英林镇英伍路
电话：0595－85475555
邮编：362256

晋江帝豪酒店 ★★★★
地址：泉州晋江市泉安中路
电话：0595－85695888
邮编：362200

晋江荣誉大酒店 ★★★★
地址：泉州晋江市梅岭世纪大道思力培训中心大楼
电话：0595－82000000
邮编：362200

晋江英华大酒店 ★★★★
地址：泉州晋江市英林镇英龙中路
电话：0595－85475999
邮编：362256

晋江侨成假日酒店 ★★★★
地址：泉州晋江市永和镇工信路
电话：0595－88078888
邮编：362235

永昌大酒店 ★★★★
地址：泉州南安市仑苍镇中国水暖城
电话：0595－26899999
邮编：362304

泉州东方五洲大酒店 ★★★★
地址：泉州南安市水头镇滨海大道
电话：0595－26888999
邮编：362342

南安金发大酒店 ★★★★
地址：泉州南安市官桥镇金桥开发区
电话：0595－26908888
邮编：362341

南安市石井金明大酒店 ★★★★
地址：泉州南安市石井镇石建路
电话：0595－86098888
邮编：362343

南安大酒店 ★★★★
地址：泉州南安市中山街2号
电话：0595－86375888
邮编：362300

南安市水头明超大酒店 ★★★★
地址：泉州南安市水头镇中心大街188号
电话：0595－86999999
邮编：362342

惠安崇武大酒店 ★★★★
地址：泉州市惠安县
电话：0595－87697777
邮编：362131

惠安东南大酒店 ★★★★
地址：泉州市惠安县建设南路399号
电话：0595－68195555
邮编：362100

惠安大鹏酒店 ★★★★
地址：泉州市惠安县螺城镇建设南路
电话：0595－87377777
邮编：362100

福建安溪好美国际酒店 ★★★★
地址：泉州市安溪县龙湖开发区12号
电话：0595－23255555
邮编：362400

福建省德化县戴云大酒店 ★★★★
地址：泉州市德化县龙鹏街
电话：0595－23566999
邮编：362500

瓷国明珠酒店 ★★★★
地址：泉州市德化县东城口
电话：0595－23595555
邮编：362500

厦门海湾大酒店 ★★★★
地址：厦门市小学路160
电话：0592－2616688
邮编：361000

厦门美丽华大酒店 ★★★★
地址：厦门市湖里区兴隆路27号
电话：0592－5697777
邮编：361006

厦门福佑大酒店 ★★★★
地址：厦门市湖里区同盖路48号
电话：0592－2658888
邮编：361012

厦门华侨大厦 ★★★★
地址：厦门市新华路70－74号
电话：0592－2660888
邮编：361003

厦门航空金雁酒店 ★★★★
地址：厦门市湖滨南路99号
电话：0592－2218888
邮编：361004

厦门闽南大酒店 ★★★★
地址：厦门市湖滨南路一里26－34号
电话：0592－5181188
邮编：361004

厦门海上花园大酒店 ★★★★
地址：厦门市鼓浪屿田尾路27号
电话：0592－2062688
邮编：361002

厦门鹭江宾馆 ★★★★
地址：厦门市鹭江道54号
电话：0592－2022922
邮编：361001

厦门长升大酒店 ★★★★
地址：厦门市长青路431号
电话：0592－5031333
邮编：361012

厦门宏都大饭店 ★★★★
地址：厦门市白鹭洲路201号
电话：0592－2228888
邮编：361004

厦门天鹅大酒店 ★★★★
地址：厦门市白鹭洲天鹅广场
电话：0592－5395888
邮编：361012

厦门圣西罗大酒店 ★★★★
地址：厦门市台湾街90号
电话：0592－5580888
邮编：361009

厦门云海度假村 ★★★★
地址：厦门市黄厝云海山庄1－3号
电话：0592－2565656
邮编：361008

厦门白鹭洲大酒店 ★★★★
地址：厦门市湖滨南路95号
电话：0592－2226888
邮编：361004

厦门庐山大酒店 ★★★★
地址：厦门市嘉禾路102号
电话：0592－5136888
邮编：361009

厦门金威大酒店 ★★★★
地址：厦门市厦禾路415号
电话：0592－2688333
邮编：361003

厦门国际航空港花园大酒店 ★★★★
地址：厦门市翔云一路50号
电话：0592－5736688
邮编：361006

厦门国贸金门湾大酒店 ★★★★
地址：厦门市翔安大嶝街道环嶝南路68号
电话：0592－7617888
邮编：361103

厦门新中林大酒店 ★★★★
地址：厦门市莲花南路18号
电话：0592－5132828
邮编：361009

厦门怡翔华都酒店 ★★★★
地址：厦门市厦禾路819号
电话：0592－6619999
邮编：361004

厦门白鹭宾馆 ★★★★
地址：厦门市思明区虎园路6号
电话：0592－2052222
邮编：361003

厦门和悦大酒店 ★★★★
地址：厦门市湖里悦华路151号
电话：0592－6158888
邮编：361006

厦门牡丹万鹏宾馆 ★★★★
地址：厦门市虎园路17－19号
电话：0592－2662888
邮编：361003

厦门日东花园酒店 ★★★★
地址：厦门市集美区日东二路288号
电话：0592－6218888
邮编：361022

厦门亚卡地尔酒店 ★★★★
地址：厦门市湖里区长浩路227号
电话：0592－3792666
邮编：361006

漳州芗江酒店 ★★★★
地址：漳州市胜利西路8号
电话：0596－2029699
邮编：363000

东山金殿海景大酒店 ★★★★
地址：漳州东山
电话：0596－5688888
邮编：363401

漳州芗城钻石大酒店 ★★★★
地址：漳州市南昌路121号
电话：0596－2038888
邮编：363000

漳州大酒店 ★★★★
地址：漳州市胜利路4号
电话：0596－2036889
邮编：363000

龙海钻石大酒店 ★★★★
地址：漳州龙海市海澄镇41后
电话：0596－6578888
邮编：363102

漳浦凯都大酒店 ★★★★
地址：漳州市漳浦县朝阳路2号
电话：0596－3188888
邮编：363200

万嘉豪（南靖）国际温泉大酒店 ★★★★
地址：漳州市南靖县山城镇建设东路
电话：0596－7866666
邮编：363600

平和洲际大酒店 ★★★★
地址：漳州市平和县小溪镇琯溪路416号
电话：0596－5107777
邮编：363700

华安大酒店 ★★★★
地址：漳州市华安县湖东路
电话：0596－7256666
邮编：363800

龙岩市荣顺国际大酒店 ★★★★
地址：龙岩市新罗区龙岩大道288号
电话：0597－5288888
邮编：364000

龙岩财富酒店 ★★★★
地址：龙岩市龙腾路体育公园内
电话：0597－5399999
邮编：364000

龙岩中元大酒店 ★★★★
地址：龙岩市九一南路
电话：0597－2266888
邮编：364000

闽西宾馆 ★★★★
地址：龙岩市中山东路28号

电话：0597－2323240
邮编：364000

龙岩市恒宝大酒店 ★★★★
地址：龙岩市新罗区西安南路 121 号
电话：0597－2263888
邮编：364000

龙岩龙州大酒店 ★★★★
地址：龙岩市龙川西路 1 号
电话：0597－2956666
邮编：364000

龙岩市中凯国际酒店 ★★★★
地址：龙岩市龙腾南路 16 号
电话：0597－3218888
邮编：364000

福建龙兴达山水大酒店 ★★★★
地址：龙岩漳平市和平南路 339 号
电话：0597－3208888
邮编：364000

长汀金仁大酒店 ★★★★
地址：龙岩市长汀县大同镇罗坊村
电话：0597－6696000
邮编：366300

长汀宾馆 ★★★★
地址：龙岩市长汀县汀州镇西外街 3 号
电话：0597－6696185
邮编：366300

永定金腾大酒店 ★★★★
地址：龙岩市永定县下坑广场
电话：0597－5551666
邮编：364100

永定县宾馆 ★★★★
地址：龙岩市永定县凤城镇体育路 36 号
电话：0597－5833041
邮编：364100

古田山庄 ★★★★
地址：龙岩市上杭县古田镇
电话：0597－3644188
邮编：364201

上杭光源国际酒店 ★★★★
地址：龙岩市上杭县琴岗路 23 号
电话：0597－3966666
邮编：364200

武平紫金大酒店 ★★★★
地址：龙岩市武平县七坊路
电话：0597－3239666
邮编：364300

武平中凯国际酒店 ★★★★
地址：龙岩市武平县中凯路 8 号
电话：0597－4896888
邮编：364300

福建宁德美伦大饭店 ★★★★
地址：宁德市站前路 28 号
电话：0593－2929888
邮编：352100

福鼎国际大酒店 ★★★★
地址：宁德福鼎市南大路前店
电话：0593－7801111
邮编：355200

屏南天外天国际大饭店 ★★★★
地址：宁德市屏南县公园路 1 号
电话：0593－3330888
邮编：352300

福州凤凰假日酒店 ★★★
地址：福州市杨桥路中段 289 号
电话：0591－83778888
邮编：350002

福州闽都大酒店 ★★★
地址：福州市古田路 117 号
电话：0591－83357720
邮编：350005

福州聚春园大酒店 ★★★
地址：福州市东街 2 号
电话：0591－87502328
邮编：350001

福建天福大酒店 ★★★
地址：福州市五四路 138 号
电话：0591－87812328
邮编：350003

福州华威大饭店 ★★★
地址：福州市鼓楼区福新路 171 号
电话：0591－87500558
邮编：350011

福建丽景天下大酒店 ★★★
地址：福州市福飞路 199 号
电话：0591－87736666
邮编：350012

福建省龙祥大酒店 ★★★
地址：福州市晋安区连江北路 489 号
电话：0591－83615666
邮编：350011

福州金辉大酒店 ★★★
地址：福州市华林路 492 号
电话：0591－87599999
邮编：350013

福建工业技术展览交流中心 ★★★
地址：福州市五四路 260 号
电话：0591－87844337
邮编：350003

福州三明大厦 ★★★
地址：福州市华林路 65 号
电话：0591－87818118
邮编：350003

福州唐城大厦 ★★★
地址：福州市五一南路 215 号
电话：0591－83269999
邮编：350009

福建省邮电公寓 ★★★
地址：福州市五一北路沙帽井 3 号
电话：0591－87526338
邮编：350001

福建海联商务大酒店 ★★★
地址：福州市东门塔头路 1 号
电话：0591－87315888
邮编：350011

福州于山宾馆 ★★★
地址：福州市于山路 10 号
电话：0591－83351668
邮编：350001

福州梅园快捷酒店 ★★★
地址：福州市铜盘路 2 号
电话：0591－87825888
邮编：350003

福州金广达大饭店 ★★★
地址：福州市广达路 73 号
电话：0591－83230888
邮编：350005

福州绿岛大酒店 ★★★
地址：福州市仓山区三高路 85 号
电话：0591－88892999
邮编：350007

福清卓越大酒店 ★★★
地址：福州福清市西门卓越路 1 号
电话：0591－85287888
邮编：350300

福清金鹰大酒店 ★★★
地址：福州福清市元洪路金融城
电话：0591－85287388
邮编：350300

福清市天河大酒店 ★★★
地址：福州福清市江滨路 24 号
电话：0591－85156666
邮编：350300

福清市成龙大酒店 ★★★
地址：福州福清市宏路镇元洪路
电话：0591－28387666
邮编：350301

福清新长城大酒店 ★★★
地址：福州福清市小桥街 60 号
电话：0591－85196977
邮编：350300

福州民航海天大酒店 ★★★
地址：福州长乐市国际机场
电话：0591－28012888
邮编：350209

长乐市天一酒店 ★★★
地址：福州长乐市进城路
电话：0591－28882777
邮编：350200

长乐裕利达大酒店 ★★★
地址：福州长乐市朝阳北路 1 号
电话：0591－28801888
邮编：350200

连江黄岐兴海大酒店 ★★★
地址：福州市连江县黄岐镇新城东区 179 号
电话：0591－26288888
邮编：350516

连江县边城大酒店 ★★★
地址：福州市连江县官头镇大众北路
电话：0591－38151177
邮编：350501

罗源湾大酒店 ★★★
地址：福州市罗源县凤山镇东外路 5 号
电话：0591－26986888
邮编：350600

闽清启源大酒店 ★★★
地址：福州市闽清县城解放大街 65 号
电话：0591－22332890
邮编：350800

平潭县海坛假日大酒店 ★★★
地址：福州市平潭县潭城镇翠园南路 73 号
电话：0591－24396888
邮编：350400

平潭县豪香娱乐城 ★★★
地址：福州市平潭县埔东路 36 号
电话：0591－24338666
邮编：350400

南平市今日大酒店 ★★★
地址：南平市滨江南路2号
电话：0599－8603888
邮编：353000

福建闽北大饭店 ★★★
地址：南平市滨江中路31号
电话：0599－8627666
邮编：353000

南平市亿发大酒店 ★★★
地址：南平市南福路35号
电话：0599－8871818
邮编：353000

邵武市金秋宾馆 ★★★
地址：南平邵武市五一路
电话：0599－6330000
邮编：354000

邵武市华英大酒店 ★★★
地址：南平邵武市熙春西路93号
电话：0599－6219996
邮编：354000

武夷山交通大酒店 ★★★
地址：南平武夷山市国家旅游度假区
电话：0599－5253136
邮编：354302

武夷山市亿力大酒店 ★★★
地址：南平武夷山旅游度假区
电话：0599－5252358
邮编：354302

武夷山美海大酒店 ★★★
地址：南平武夷旅游度假区
电话：0599－5252472
邮编：354302

武夷山香馨大酒店 ★★★
地址：南平武夷旅游度假区朝阳小区
电话：0599－5231688
邮编：354302

武夷山世纪桃源酒店 ★★★
地址：南平武夷山市武夷镇金盘亭
电话：0599－5205888
邮编：354301

武夷山酒店 ★★★
地址：南平武夷山国家旅游度假区
电话：0599－5257888
邮编：354302

武夷山度假区华龙大酒店 ★★★
地址：南平武夷山度假区大王峰北路60号
电话：0599－5230988
邮编：354302

武夷大酒店 ★★★
地址：南平武夷山市华林路169号
电话：0599－5302022
邮编：350003

建瓯市家兴大酒店 ★★★
地址：南平建瓯市水西桥西2－8号
电话：0599－3736888
邮编：353100

建瓯金龙大酒店 ★★★
地址：南平建瓯市
电话：0599－8213086
邮编：353100

建阳花园大酒店 ★★★
地址：南平建阳市民主北路89号
电话：0599－5820958
邮编：354200

顺昌竹苑宾馆 ★★★
地址：南平市顺昌县双溪公园路2号
电话：0599－7859503
邮编：353200

光泽县圣农假日酒店 ★★★
地址：南平市光泽县文昌路
电话：0599－7938888
邮编：354106

列东饭店 ★★★
地址：三明市梅列区东新二路江滨40幢
电话：0598－8512668
邮编：365000

三明市香米拉大酒店 ★★★
地址：三明市东新五路工商培训大楼
电话：0598－8511888
邮编：365000

三明阳光假日酒店 ★★★
地址：三明市委党校内
电话：0598－8278888
邮编：365000

三明市五一国际大酒店 ★★★
地址：三明市东新二路工会大厦
电话：0598－8513888
邮编：365000

三明市君悦酒店 ★★★
地址：三明市梅列区茂岗新村14栋
电话：0598－5170788
邮编：365000

梅列区金谷大酒店 ★★★
地址：三明市梅列区江滨路33栋
电话：0598－8514888
邮编：365000

三明市麒麟山花园酒店 ★★★
地址：三明市麒麟山公园入口处南侧
电话：0598－8224605
邮编：365000

好莉来大酒店 ★★★
地址：三明市三元区复康路24号
电话：0598－8807111
邮编：365500

三明市三水大酒店 ★★★
地址：三明市三元区富兴路60号
电话：0598－5168888
邮编：365001

三明市汉庭商务酒店 ★★★
地址：三明市三元区新市中路292号
电话：0598－8526666
邮编：365001

永安大厦 ★★★
地址：三明永安市燕江东路1319号
电话：0598－3618888
邮编：366000

永安大酒店 ★★★
地址：三明永安市燕江南路27号
电话：0598－3608888
邮编：366000

明溪宾馆 ★★★
地址：三明市明溪县雪峰镇北路20号
电话：0598－2810666
邮编：365200

清流山城休闲娱乐有限公司 ★★★
地址：三明市清流县龙津镇高树亭
电话：0598－5335755
邮编：365300

宁化天鹅大酒店 ★★★
地址：三明市宁化县中环路一号
电话：0598－6689999
邮编：365400

大田县山水大酒店 ★★★
地址：三明市大田县均溪镇宝山路16号
电话：0598－7315999
邮编：366100

尤溪宾馆 ★★★
地址：三明市尤溪县建设东街58号
电话：0598－6309199
邮编：365100

沙县绿圆大酒店 ★★★
地址：三明市沙县滨河路8号
电话：0598－5816888
邮编：365500

沙县南庭世纪酒店 ★★★
地址：三明市沙县嘉禾路地质队综合大楼
电话：0598－5786666
邮编：365500

沙县汉唐大酒店 ★★★
地址：三明市沙县府前路电信综合楼
电话：0598－5667896
邮编：365500

将乐县银华五洲大酒店 ★★★
地址：三明市将乐县新将中路4－6号
电话：0598－2330388
邮编：353300

将乐县山水大酒店 ★★★
地址：三明市将乐县溪南路18号
电话：0598－2262111
邮编：353300

泰宁华鑫大酒店 ★★★
地址：三明市泰宁县水南东街8号
电话：0598－7831888
邮编：354400

泰宁华大酒店 ★★★
地址：三明市泰宁县台前路6号
电话：0598－7817777
邮编：354400

涵江好运中心大酒店 ★★★
地址：莆田市涵江区沧林路2－24号
电话：0594－3888388
邮编：351111

涵江亿华假日大酒店 ★★★
地址：莆田市涵江区高新工业园区塘海街8号
电话：0594－7598888
邮编：351111

湄洲美海大酒店 ★★★
地址：莆田市湄洲岛美洲大道1535号
电话：0594－5094600
邮编：351154

莆田壶兰大酒店 ★★★
地址：莆田市胜利路18号
电话：0594－2511888
邮编：351100

莆田市涵江建成大酒店 ★★★
地址：莆田市涵江建成路涵华小区457号

电话：0594－3566666
邮编：351111

湄洲安泰大酒店 ★★★
地址：莆田市湄洲北大道
电话：0594－5085666
邮编：351154

泉州刺桐饭店 ★★★
地址：泉州市田安路东湖畔
电话：0595－22102222
邮编：362000

泉州东方大酒店 ★★★
地址：泉州市泉秀路
电话：0595－22588898
邮编：362000

泉州宝洲宾馆 ★★★
地址：泉州市宝洲路口
电话：0595－22567788
邮编：362000

泉州东海大酒店 ★★★
地址：泉州市宝洲路中段
电话：0595－22578988
邮编：362000

泉州大华酒店 ★★★
地址：泉州市泉秀路浦西路口
电话：0595－22551688
邮编：362000

泉州市城市假日大酒店 ★★★
地址：泉州市鲤城区迎津路
电话：0595－22989999
邮编：362000

泉州丰泽大酒店 ★★★
地址：泉州市津淮东路
电话：0595－22552998
邮编：362000

泉州八一大酒店 ★★★
地址：泉州市温陵中路
电话：0595－22194888
邮编：362000

泉州景都大酒店 ★★★
地址：泉州市泉秀路
电话：0595－22588832
邮编：362000

泉州金洲大酒店 ★★★
地址：泉州市泉秀路新车站旁
电话：0595－22586788
邮编：362000

泉州钻石大酒店 ★★★
地址：泉州市津淮街东段 123 号
电话：0595－22511111
邮编：362000

泉州广电中心酒店 ★★★
地址：泉州市丰泽街刺桐路东段毅达新村 1 号楼
电话：0595－22132868
邮编：362000

泉州好世界大酒店 ★★★
地址：泉州市三泽街东段支各支路口
电话：0595－22216333
邮编：362000

泉港新港大酒店 ★★★
地址：泉州市泉港区泉五路
电话：0595－87778889
邮编：362801

泉州宏昌宾馆 ★★★
地址：泉州市宝洲路 582 号
电话：0595－22568258
邮编：362000

泉港福瑞宾馆 ★★★
地址：泉州市泉港福炼生活区
电话：0595－87798188
邮编：362800

泉州皇廷酒店 ★★★
地址：泉州市台商投资区东园杏园路
电话：0595－36368000
邮编：362122

石狮市万佳东方酒店 ★★★
地址：泉州石狮市九二路东段 8 号
电话：0595－36886666
邮编：362700

石狮市东方巴黎商务酒店 ★★★
地址：泉州石狮市八七路南洋路口
电话：0595－83888888
邮编：362700

石狮绿晶大酒店 ★★★
地址：泉州石狮市九二路电力中心大厦
电话：0595－88552222
邮编：362700

石狮市新国泰大酒店 ★★★
地址：泉州石狮市子芳路
电话：0595－88618000
邮编：362700

石狮市东雅商务酒店 ★★★
地址：泉州石狮市九二路 57 号
电话：0595－88667777
邮编：362700

石狮市星都大酒店 ★★★
地址：泉州石狮市八七路 98 号
电话：0595－88586856
邮编：362700

晋江南苑酒店 ★★★
地址：泉州晋江市青阳泉安中路
电话：0595－85658888
邮编：362200

晋江振英大酒店 ★★★
地址：泉州晋江市英林镇英龙北路
电话：0595－85499998
邮编：362200

晋江市兴泰酒店 ★★★
地址：泉州晋江市阳光中路
电话：0595－85679999
邮编：362200

晋江阳光商务酒店 ★★★
地址：泉州晋江市阳光中路
电话：0595－85677999
邮编：362200

晋江市青阳海丰酒店 ★★★
地址：泉州晋江青阳和平北路 18 号
电话：0595－82926666
邮编：362200

晋江市胜家商务酒店 ★★★
地址：泉州晋江市青阳街道和平中路
电话：0595－82000888
邮编：362211

晋江市皇冠假日酒店 ★★★
地址：泉州晋江市和平中路 21 号
电话：0595－82165555
邮编：362200

晋江市围头湾假日酒店 ★★★
地址：泉州晋江市金井镇围头村
电话：0595－85366666
邮编：362251

福建省晋江市深沪半岛大酒店 ★★★
地址：泉州晋江市深沪镇体育馆东侧
电话：0595－88288011
邮编：362200

南安丰州中南大酒店 ★★★
地址：泉州南安市丰州镇丰州工业区
电话：0595－86782888
邮编：362333

南安金鹿大酒店 ★★★
地址：泉州南安市洪濑镇江滨东路 101 号
电话：0595－86699999
邮编：362331

南安华都大酒店 ★★★
地址：泉州南安市水头西锦工业区
电话：0595－86995888
邮编：362342

南安金明大酒店 ★★★
地址：泉州南安市水头福兴广场
电话：0595－86997777
邮编：362000

南安华侨大酒店 ★★★
地址：泉州南安市新华路 139 号
电话：0595－86388888
邮编：362300

惠安海峡酒店 ★★★
地址：泉州市惠安县崇武镇政府斜对面
电话：0595－87677077
邮编：362131

惠安崇武海天大酒店 ★★★
地址：泉州市惠安县崇武镇海滨路
电话：0595－87680188
邮编：362131

惠安县讯发商务酒店 ★★★
地址：泉州市惠安县螺城镇企塘岭下东侧
电话：0595－87356789
邮编：362100

安溪三德大酒店 ★★★
地址：泉州市安溪县北石开发区利民路
电话：0595－23237900
邮编：362400

福建安溪华侨大酒店 ★★★
地址：泉州市安溪县凤城镇北街 1 号联谊大厦
电话：0595－26000000
邮编：362400

安溪阆山大酒店 ★★★
地址：泉州市安溪县湖头镇湖四村
电话：0595－23403458
邮编：362411

安溪县金尊大酒店 ★★★
地址：泉州市安溪县凤城镇新加坡花园购物中心
电话：0595－68708555
邮编：362400

永春酒店 ★★★
地址：泉州市永春县环城路61号
电话：0595-23886990
邮编：362600

永春美湖酒店 ★★★
地址：泉州市永春县环城路2号
电话：0595-23890688
邮编：362600

永春侨联大酒店 ★★★
地址：泉州市永春县环城路1-3号
电话：0595-23882136
邮编：362600

德化瓷都大酒店 ★★★
地址：泉州市德化县城关凤池街61号
电话：0595-23518588
邮编：362500

德化怡庭岱仙度假山庄 ★★★
地址：泉州市德化县水口镇赤石口
电话：0595-23692888
邮编：362513

德化县龙腾酒店 ★★★
地址：泉州市德化县宝美街L幢
电话：0595-23557333
邮编：362500

德化县宁昌商务酒店 ★★★
地址：泉州市德化县龙浔镇宝美街龙东坂
电话：0595-23562888
邮编：362500

和怡阳光酒店 ★★★
地址：厦门市莲花南路16号
电话：0592-5136681
邮编：361009

厦门舫阳酒店 ★★★
地址：厦门市湖里区禾山路1621号
电话：0592-2626888
邮编：361009

厦门天成大厦 ★★★
地址：厦门市金山西路46号
电话：0592-5223333
邮编：361009

厦门山水宾馆 ★★★
地址：厦门市集美区嘉庚路61号
电话：0592-6680888
邮编：361021

厦门华舒酒店 ★★★
地址：厦门市集美区杏林建南路270号
电话：0592-6279999
邮编：361022

厦门杏花村酒店 ★★★
地址：厦门市集美区杏前路52号
电话：0592-6296666
邮编：361021

厦门音乐岛酒店 ★★★
地址：厦门市湖滨南路19号
电话：0592-2220480
邮编：361003

厦门同安宾馆 ★★★
地址：厦门市同安区大同街道三秀路237号
电话：0592-7318888
邮编：361100

厦门怡佳酒店 ★★★
地址：厦门市海沧新阳工业区新美路17-19号
电话：0592-6514666
邮编：361028

厦门凯怡酒店 ★★★
地址：厦门市湖里区金泰路后坑前社185号
电话：0592-5903666
邮编：361009

厦门市晶裕商务酒店 ★★★
地址：厦门市湖里区马垅社195号
电话：0592-3619888
邮编：361000

厦门鹤云酒店 ★★★
地址：厦门市白鹤路2号
电话：0592-2058899
邮编：361003

厦门金宝酒店 ★★★
地址：厦门市东渡路124-6号
电话：0592-6013888
邮编：361012

厦门碧宫酒店 ★★★
地址：厦门市湖滨中路24号烟草大厦
电话：0592-5054828
邮编：361004

厦门福联大饭店 ★★★
地址：厦门市湖滨南路469号
电话：0592-5055888
邮编：361004

厦门华夏大酒店 ★★★
地址：厦门市厦禾路935号
电话：0592-5759888
邮编：361004

厦门龙都大酒店 ★★★
地址：厦门市火车站左侧
电话：0592-5156666
邮编：361004

厦门鑫安宾馆 ★★★
地址：厦门市厦禾路867号
电话：0592-5178666
邮编：361003

厦门明发大酒店 ★★★
地址：厦门市莲前东路413号
电话：0592-5978888
邮编：361009

厦门航空宾馆 ★★★
地址：厦门市莲花南路5号
电话：0592-5134888
邮编：361009

厦门金帝酒店 ★★★
地址：厦门市仙叶路189号
电话：0592-5111888
邮编：361012

厦门驿缘酒店 ★★★
地址：厦门市曾厝安
电话：0592-2519988
邮编：361005

厦门京华大酒店 ★★★
地址：厦门市双涵路口
电话：0592-5089898
邮编：361004

厦门集美大学国际交流中心 ★★★
地址：厦门市集美银江路183号
电话：0592-6681188
邮编：361021

厦门新南方饭店 ★★★
地址：厦门市火车站厦禾路982号
电话：0592-3987888
邮编：361004

厦门云鹤酒店 ★★★
地址：厦门市嘉禾路343号
电话：0592-5153888
邮编：361009

厦门故宫酒店 ★★★
地址：厦门市故宫路120号
电话：0592-2282888
邮编：361002

厦门时代雅居速8酒店 ★★★
地址：厦门后江埭路29号
电话：0592-8120888
邮编：361002

厦门望海宾馆 ★★★
地址：厦门思明区上李龙虎山路801号
电话：0592-3929666
邮编：361005

厦门兴恒大酒店 ★★★
地址：厦门市翔安区巷北工业区869号
电话：0592-3700000
邮编：361003

厦门兴旅宾馆 ★★★
地址：厦门市莲前西路163号
电话：0592-3937165
邮编：361003

漳州华侨饭店 ★★★
地址：漳州市新华北路33号
电话：0596-2029988
邮编：363000

漳州银佳宾馆 ★★★
地址：漳州市延安北路33号
电话：0596-2097999
邮编：363000

漳州西城大酒店 ★★★
地址：漳州市胜利西路154号
电话：0596-2531666
邮编：363000

漳州市华源酒店 ★★★
地址：漳州市金峰开发区
电话：0596-2036688
邮编：363000

龙海福门大酒店 ★★★
地址：漳州龙海市石码镇二环紫葳路
电话：0596-6282888
邮编：363100

龙海邦臣良友温泉酒店 ★★★
地址：漳州龙海市角美镇
电话：0596-6718555
邮编：363100

漳州临泰大酒店 ★★★
地址：漳州市云霄县江滨路61号
电话：0596-8506888
邮编：363330

云霄益恒大酒店 ★★★
地址：漳州市云霄县漳南水果大市场
电话：0596-8886666
邮编：363300

漳浦县交通大酒店 ★★★
地址：漳州市漳浦县绥阳镇朝阳路
电话：0596－3111111
邮编：363200

漳浦凯都大酒店 ★★★
地址：漳州市漳浦县朝阳路（国土大厦）
电话：0596－3145888
邮编：363200

诏安宾馆 ★★★
地址：漳州市诏安县南诏镇梅中路 154 号
电话：0596－3342255
邮编：363500

长泰宾馆 ★★★
地址：漳州市长泰县武安镇县后路 1 号
电话：0596－8322772
邮编：363900

东山金沙大酒店 ★★★
地址：漳州市东山县马銮湾风景区
电话：0596－5687366
邮编：363400

东山金銮湾假日中心 ★★★
地址：漳州市东山县环岛路金銮湾
电话：0596－5838888
邮编：363400

东山百亿新城度假村 ★★★
地址：漳州市东山县岛金銮湾游艇别墅区
电话：0596－5632888
邮编：363404

东山华侨大酒店 ★★★
地址：漳州市东山县西埔镇中兴街 1093 号
电话：0596－5853986
邮编：363400

东山县扬波酒店 ★★★
地址：漳州市东山县马銮湾风景区
电话：0596－5636999
邮编：363400

南靖大酒店 ★★★
地址：漳州市南靖县人民广场 1 号
电话：0596－7828888
邮编：363600

龙岩山水大酒店 ★★★
地址：龙岩市罗龙路 78 号
电话：0597－2107888
邮编：364000

龙岩阳光假日酒店 ★★★
地址：龙岩市新罗区九一南路 45 号
电话：0597－2285666
邮编：364000

龙岩金穗大酒店 ★★★
地址：龙岩市西安南路
电话：0597－2262666
邮编：364000

龙岩龙运大酒店 ★★★
地址：龙岩市新罗区罗龙西路 263 号
电话：0597－3299118
邮编：364000

漳平市景弘山庄 ★★★
地址：龙岩漳平市南洋乡九鹏溪景区内
电话：0597－7561606
邮编：364400

长汀烟草大酒店 ★★★
地址：龙岩市长汀县环城中路 25 号
电话：0597－6821899
邮编：364000

长汀县卧龙大酒店 ★★★
地址：龙岩市长汀县汀州镇西外街 198 号
电话：0597－6812333
邮编：366300

永定坎市金腾大酒店 ★★★
地址：龙岩市永定县坎市镇红桥广场
电话：0597－5558666
邮编：364102

永定华鼎大酒店 ★★★
地址：龙岩市永定县湖坑镇迎宾路 59 号
电话：0597－5536988
邮编：364100

永定中天大酒店 ★★★
地址：龙岩市永定县凤城下坑开发区
电话：0597－5820888
邮编：364100

上航大酒店 ★★★
地址：龙岩市上杭县北大路 21 号
电话：0597－3880899
邮编：364200

上杭紫金大酒店 ★★★
地址：龙岩市上杭县临江紫金大道
电话：0597－3833333
邮编：364200

上杭金叶大酒店 ★★★
地址：龙岩市上杭县临江镇解放路中段
电话：0597－3996666
邮编：364200

连城大酒店 ★★★
地址：龙岩市连城县城关中山路 56 号
电话：0597－8935666
邮编：366200

连城馗御大酒店 ★★★
地址：龙岩市连城县中山路 52 号
电话：0597－3121688
邮编：366200

连城金叶大酒店 ★★★
地址：龙岩市连城县北大东路
电话：0597－8912889
邮编：366200

宁德金东方大酒店 ★★★
地址：宁德市东侨区万安路 8 号
电话：0593－2853333
邮编：352100

宁德市宏迪大酒店 ★★★
地址：宁德市蕉城北路 25 号
电话：0593－2055555
邮编：352100

福安富春大酒店 ★★★
地址：宁德福安市解放西路 21 号
电话：0593－6389888
邮编：355000

福安邮电大酒店 ★★★
地址：宁德福安市新华南路 65 号
电话：0593－6536666
邮编：355000

福安东方大酒店 ★★★
地址：宁德福安市新华南路 59 号
电话：0593－6380888
邮编：355000

福鼎东源大酒店 ★★★
地址：宁德福鼎太姥山大道 206 号
电话：0593－7997888
邮编：355200

福鼎京生大酒店 ★★★
地址：宁德福鼎市古城南路 17－49 号
电话：0593－7835888
邮编：355200

霞浦环岛大酒店 ★★★
地址：宁德市霞浦县龙道路南段
电话：0593－8816888
邮编：355100

霞浦县晨曦大酒店 ★★★
地址：宁德市霞浦县松港街道山河路 6 号
电话：0593－8787888
邮编：355100

屏南宏泰大酒店 ★★★
地址：宁德市屏南县城北路 278 号
电话：0593－3385666
邮编：352300

屏南县天坪山大酒店 ★★★
地址：宁德市屏南县古峰镇西环北路 151 号
电话：0593－8966666
邮编：352300

古田县华侨大厦 ★★★
地址：宁德市古田县城东 614 中路 62 号
电话：0593－2166666
邮编：352200

旅游景区

福州国家森林公园 AAAA
地址：福州市新店上赤桥
电话：0591－87916444
邮编：350012

福州市三坊七巷历史文化街区景区 AAAA
地址：福州市鼓楼区营房里 10 号
电话：0591－87675791　87679631
邮编：350001

福州文庙 AA
地址：福州市鼓楼区圣庙路
电话：0591－83378436
邮编：350001

邓拓故居 AA
地址：福州市鼓楼区道山路第一山弄 7 号
电话：0591－87503954
邮编：350001

陈文龙纪念馆 AA
地址：福州市台江区三通路 2 号
电话：0591－83200457　83211411
邮编：350004

陈靖姑故居 AA
地址：福州市仓山区工农路
电话：0591－83471599　83441456
邮编：350007

绿丰农业生态园 AA
地址：福州市马尾区琅岐镇
电话：0591－83835102
邮编：350015

鼓山风景区 AAAA
地址：福州市东鼓山镇鼓山顶

电话：0591－87484585　83993805
邮编：350014
网址：www.flowerworld.org

卧龙谷 AA
地址：福州市晋安区日溪乡湖里村8号
电话：0591－87839825
邮编：350011

汉唐文化城 AA
地址：福州市晋安区长乐北路17号
电话：0591－63313999
邮编：350011

桂湖罗汉溪芙蓉温泉景区 AA
地址：福州市晋安区宦溪镇桂湖罗汉村
电话：0591－87921836
邮编：350011

于山风景区 AAAA
地址：福州市鼓楼区于山顶1号
电话：0591－83340074　93353645
邮编：350001

福州市博物馆 AA
地址：福州市晋安区文博路8号
电话：0591－83924687
邮编：350011

船政文化景区 AAAA
地址：福州市马尾区港口路83号
电话：0591－83686331　83996602
邮编：350015

贵安新天地休闲旅游度假区 AAAA
地址：福州市北部近郊贵安温泉旅游度假区内
电话：0591－26188888　86399999
邮编：350001

福清天生林艺园 AAA
地址：福州福清市新厝镇棉亭村
电话：0591－85691666
邮编：350300

东壁岛旅游度假区 AAA
地址：福州福清市龙田镇东壁岛
电话：0591－86015767
邮编：350300

石竹山风景区 AAAA
地址：福州福清市宏路镇
电话：0591－85368388
邮编：350301
网址：www.china－drcain.cn

福清天生农庄景区 AAAA
地址：福州福清市新厝镇棉亭村
电话：0591－85691666　85690189
邮编：350311

福建长乐显应宫 AAA
地址：福州长乐市樟港镇仙岐村
电话：0591－28623230
邮编：350200

九龙山生态旅游景区 AAA
地址：福州长乐市江田镇友爱村
电话：0591－28512345
邮编：350200

琴江满族村 AA
地址：福州长乐市航城街道琴江村
电话：0591－28923014
邮编：350200

猴屿洞天岩 AA
地址：福州长乐市猴屿镇建新路16号
电话：0591－28940002
邮编：350200

冰心文学馆 AAA
地址：福州长乐市爱心路193号
电话：0591－28800057　28880620
邮编：350200

福州市长乐董奉山景区 AAA
地址：福州长乐市古槐镇
电话：0591－28774512　13489032769
邮编：350200

六福村农业观光园 AA
地址：福州市连江县东湖镇飞石村塔桥
电话：0591－26207799
邮编：350500

壶江村妈祖庙 AA
地址：福州市连江县琯头镇壶江村
电话：0591－26262553
邮编：350500

罗源县畲家山庄 AA
地址：福州市罗源县霍口乡
电话：0591－26961588　26961018
邮编：350600

莲花山风景区 AA
地址：福州市罗源县凤山镇南门村
邮编：350600

天门山景区 AAAA
地址：福州市永泰县葛岭镇溪洋村
电话：0591－87599170　24589666
邮编：350700

闖亭寺 AA
地址：福州市永泰县盖洋镇赤岭村
电话：0591－24621101
邮编：350700

福建省委旧址纪念馆 AA
地址：福州市永泰县塘前乡官烈村
电话：0591－24522002
邮编：350700

青云山风景区 AAAA
地址：福州市永泰县青云山白马山庄
电话：0591－24501400　24501406
邮编：350700

福州市云顶景区 AAAA
地址：福州市永泰县
电话：0591－88001601　88001150
邮编：350700

平潭仙人井景区 AA
地址：福州市平潭县
电话：0591－24129777
邮编：350400

溪源峡谷旅游区 AAAA
地址：南平市延平区四鹤街道上洋村
电话：0599－8629977　8627988
邮编：353000

天成奇峡旅游区 AAAA
地址：南平邵武市肖家坊镇
电话：0599－6338866
邮编：354000

邵武熙春园 AA
地址：南平邵武市五一路4号
电话：0599－6325058
邮编：354000

邵武云灵山旅游景区 AAAA
地址：南平市邵武市水北镇
电话：0599－6511155
邮编：354099

南平市邵武瀑布林生态旅游景区 AAAA
地址：南平邵武市
电话：15280771619
邮编：354000

南平市武夷山大安源生态旅游区 AAAA
地址：南平武夷山市度假区苏闽步行街E－2幢
电话：0599－5256018　5256019
邮编：354300

武夷山风景名胜区 AAAAA
地址：南平武夷山市迎宾路园林科技大楼（管理处）
电话：0599－5113881　5106333
邮编：354300

武夷茶博园 AAAA
地址：南平武夷山市国家旅游度假区
邮编：354300

福建建瓯根雕城 AAA
地址：南平建瓯市徐墩镇
邮编：353100

顺昌县华阳山生态旅游区 AAAA
地址：南平市顺昌县水南镇下沙村
电话：0599－7831015　7832555
邮编：353200

梅列瑞云山旅游区 AAAA
地址：三明市梅列区陈大镇大源村
电话：0598－8252981　8223853
邮编：365009

三明格氏栲国家森林公园 AAAA
地址：三明市三元区莘口镇
电话：0598－8370428　8370900
邮编：365001

三明市月亮湾客家文化园 AAA
地址：三明市三元区莘口河滨村3号
电话：0598－8882999
邮编：365001

永安桃源洞旅游区 AAAA
地址：三明永安市兴平街道坂尾村
电话：0598－3651530　3636564
邮编：366000

三明市清流客家祖地 AAAA
地址：三明市清流
邮编：365300

清流天芳悦潭生态休闲景区 AAAA
地址：三明市清流县嵩口镇高赖村
电话：0598－5299999
邮编：365300

沙县沙阳乐园 AA
地址：三明市沙县凤凰路
电话：0598－5829999
邮编：365500

沙县小吃城文化城 AAAA
地址：三明市沙县西园小区小吃文化城
电话：0598－5858377
邮编：365500

玉华洞风景区 AAAA
地址：三明市将乐县七里街52号
电话：0598－2323296　2323977

福建

邮编：353300

泰宁大金湖旅游区 AAAAA
地址：三明市泰宁县尚书街 1 号
电话：0598－7833822　7834377
邮编：354400

三明市建宁闽江源生态区 AAAA
地址：三明市建宁县
电话：0598－3955199
邮编：354500

三明建宁中央苏区反“围剿”纪念园 AAAA
地址：三明市建宁县溪口街 49 号
电话：0598－3982591
邮编：354500

莆田市九龙谷生态旅游景区 AAAA
地址：莆田市城厢区常太镇莒溪溪南村
电话：0594－2812222　2811726
邮编：351100

莆田市莆田工艺美术城 AAAA
地址：莆田市荔城区黄石镇
电话：0594－2126611　2126161
邮编：351100
网址：www. gymsc. com

湄洲岛国家旅游度假区 AAAA
地址：莆田市湄洲镇湄州大道 1588 号
电话：0594－5094611
邮编：351100

莆田古典家具工艺美术博览城 AAAA
地址：莆田市
电话：0594－8676088
邮编：351200

莆田市九鲤湖旅游区 AAAA
地址：莆田市仙游县钟山镇
电话：0594－7290862
邮编：351200

泉州开元寺 AAAA
地址：泉州市鲤城区西街
电话：0595－22383036
邮编：362000

清源山风景名胜区 AAAAA
地址：泉州市清源山
电话：0595－22771928　22787925
邮编：362000
网址：www. qingyuan mount. com

泉州市仙公山旅游区 AAAA
地址：泉州市洛江区马甲镇
电话：0595－22098686
邮编：362011

闽台缘博物馆 AAAA
地址：泉州市丰泽区城北路
电话：0595－22387788
邮编：362000

灵源山风景区 AAA
地址：泉州晋江市灵源街道街
电话：0595－85785005
邮编：362200

晋江衙口滨海休闲度假旅游区 AAA
地址：泉州晋江市龙湖镇衙口村
电话：0595－85281160
邮编：362200

围头战地文化渔村 AAA
地址：泉州晋江金井镇围头村
电话：0595－85384811
邮编：362200

晋江市安海灵源山风景区 AAA
地址：泉州晋江市安海镇灵水村
电话：0595－85785005
邮编：362200

南安灵应风景旅游区 AAA
地址：泉州南安市红梅镇
电话：0595－86611227
邮编：362300

南安凤山旅游区 AAA
地址：泉州南安市诗山镇
电话：0595－86482715
邮编：362300

泉州天柱山休闲旅游区 AAA
地址：泉州南安市蓬华镇
电话：0595－86405555
邮编：362300

泉州山美湖旅游区 AAA
地址：泉州南安市九都镇
邮编：362300

泉州惠安净峰寺旅游区 AAA
地址：泉州市惠安县净峰镇
邮编：362100

崇武古城风景区 AAAA
地址：泉州市惠安县崇武镇古城路
电话：0595－87683297
传真：0595－87675929
邮编：362131

安溪清水岩旅游区 AAAA
地址：泉州市安溪县蓬莱镇
电话：0595－23353688
邮编：362402

安溪凤山风景旅游区 AAA
地址：泉州市安溪县城凤山路 2 号
电话：0595－23288807
邮编：362400

安溪洪恩岩风景区 AAA
地址：泉州市安溪县虎邱镇
电话：0595－23421005
邮编：362400

永春蓬壶百丈岩风景区 AAA
地址：泉州市永春县蓬壶镇观山村
电话：0595－23816818
邮编：362617

牛姆生态旅游区 AAAA
地址：泉州市永春县下洋溪塔村
电话：0595－23985986
邮编：362617

永春蓬壶仙洞普济风景名胜旅游区 AAA
地址：泉州市永春县蓬湖镇
电话：0595－23851333
邮编：362617

乌髻岩风景区 AAA
地址：泉州市永春县锦斗镇
电话：0595－23931466
邮编：362600

魁星岩风景区 AAA
地址：泉州市永春县石鼓镇
电话：0595－23829918
邮编：362600

泉州石牛山景区 AAAA
地址：泉州市德化县水口镇湖坂村
电话：0595－23627702　23628888
邮编：362500

厦门胡里山炮台 AAAA
地址：厦门市思明区胡里山
电话：0592－2084184　2099603
邮编：361005

鼓浪屿风景名胜区 AAAAA
地址：厦门市鼓浪屿永春路 89 号
电话：0592－2061585　2061991
邮编：361002

厦门天竺山森林公园 AAAA
地址：厦门市海沧区洪塘村
电话：0592－6311965　63144873
邮编：361009

日月谷温泉主题公园 AAAA
地址：厦门市海仓区孚莲路 1888－1889 号
电话：0592－6312222
传真：0592－6312345
邮编：361027
网址：www. riyuegu. com

厦门海沧大桥旅游区 AAAA
地址：厦门市东渡路 117－17 号
电话：0592－5611052
邮编：361012

厦门方特梦幻王国 AAAA
地址：厦门市同安区石浔南路 1111 号
电话：4001660006　0592－3111332
邮编：361100

湖里公园 AAA
地址：厦门市湖里区华泰路
电话：0592－6030729
邮编：361006

集美嘉庚公园 AAAA
地址：厦门集美区石鼓路 8 号
电话：0592－6687362　6182613
邮编：361021

厦门园博苑 AAAA
地址：厦门市集美区集杏海堤中段
电话：0592－6259289　6220908
邮编：361021

厦门市翠丰温泉旅游区 AAAA
地址：厦门市同安区汀溪街 777 号
电话：0592－7159999
邮编：361000

厦门园林植物园 AAAA
地址：厦门市思明区古园路 25 号
电话：0592－2024785
邮编：361003

同安影视城 AAAA
地址：厦门市同安区五显镇
电话：0592－7302871　7302870
邮编：361100

厦门市海沧青礁慈济祖宫景区 AAAA
地址：厦门市海沧区马青路
电话：0592－6881818
邮编：361026

厦门市北辰山旅游景区 AAAA
地址：厦门市同安区五显镇
电话：0592－7232018　7232155
邮编：361100

福建

厦门金光湖生态旅游区 AAA
地址：厦门市同安区莲花镇
电话：0592－7557555
邮编：361100

厦门奥林匹克博物馆 AAA
地址：厦门市吕岭路2017号
电话：0592－2956066
邮编：361003

云洞岩风景区 AAAA
地址：漳州市龙文区蓝田镇蔡坂村
电话：0596－2102223
传真：0596－2100382
邮编：363000

龙佳生态温泉山庄 AAAA
地址：漳州龙海市角美镇
电话：0596－6383148
邮编：363100

云霄金汤湾旅游区 AAAA
地址：漳州市云霄县陈岱镇南新村1号
电话：0596－6999999
邮编：363300

滨海火山地貌国家地质公园 AAAA
地址：漳州市漳浦县前亭镇
电话：0596－3649100　3649196
邮编：363200

天福茶博物院景区 AAAA
地址：漳州市漳浦县盘陀茶文化镇（国道324线旁）
电话：0596－3184102　3184100
邮编：363202

漳州东南花都花博园景区 AAAA
地址：漳州市漳浦县马口村
电话：0596－3859777　3859565
邮编：363204

东山风动石景区 AAAA
地址：漳州市东山县铜陵镇公园街
电话：0596－5658927
邮编：363401

漳州市东山马銮湾景区 AAAA
地址：漳州市东山县康美镇
电话：0596－5636929
邮编：363400

福建土楼（南靖）旅游区 AAAAA
地址：漳州市南靖县书洋镇
电话：0596－7880033　7880886
邮编：363600

三平风景区 AAAA
地址：漳州市平和县文峰镇三坪村
电话：0596－5290132
邮编：363704

福建土楼（华安）景区 AAAA
地址：漳州市华安县仙都镇大地村
电话：0596－7368600
邮编：363800

龙岩龙硿洞风景名胜区 AAAA
地址：龙岩市新罗区雁石镇龙康村
电话：0597－2665608
邮编：364000

闽西革命历史博物馆 AAA
地址：龙岩市北环西路51号
电话：0597－2291479
邮编：364000

漳平九鹏溪景区 AAAA
地址：龙岩漳平市南洋乡
电话：0597－7561617　7561366
邮编：364400

龙岩市长汀红色旧址群旅游区 AAAA
地址：龙岩市长汀县汀州镇
电话：0597－3266168
邮编：366300

福建土楼（永定）旅游景区 AAAAA
地址：龙岩市永定县凤城镇
电话：0597－5531368　3256213
邮编：364100

龙岩永定下洋中川景区 AAA
地址：龙岩市永定县凤城镇河滨路1号
电话：0597－3256220
邮编：364100

龙岩市古田会议会址景区 AAAA
地址：龙岩市上杭县古田镇
电话：0597－3641143　3643110
邮编：364200

毛泽东才溪乡调查旧址 AAA
地址：龙岩市上杭县才溪镇下才村
电话：0597－3130838
邮编：364200

龙岩市梅花山华南虎园生态旅游景区 AAAA
地址：龙岩市上杭县步云乡马坊村
电话：0597－3601599
邮编：364200

龙岩武平文博园景区 AAA
地址：龙岩市武平县平川镇西厢村
电话：0597－4833301
邮编：364300

龙岩市武平县定光佛旅游景区 AAA
地址：龙岩市武平县岩前镇灵岩村
邮编：364300

连城培田古村落旅游区 AAAA
地址：龙岩市连城县莲峰镇豸峰街44号
电话：0597－8921895
邮编：366200

连城冠豸山风景区 AAAA
地址：龙岩市连城县莲峰镇
电话：0597－8921895　8917037
邮编：366200
网址：www.guanzhaishan.com.cn

天一温泉度假村 AAAA
地址：龙岩市连城县文亨镇汤头村
电话：0597－8168888
邮编：366200

宁德三都澳斗姆风景区 AAA
地址：宁德市蕉城区三都镇
电话：0593－2888284
邮编：352100

金涵畲族乡上金贝畲族寨景区 AA
地址：宁德市蕉城区金涵镇上金贝村
电话：0593－2725008
邮编：352100

福安白云山 AAAA
地址：宁德福安市
邮编：355000

福安市溪塔葡萄沟旅游景区 AA
地址：宁德福安市穆云乡溪塔村
电话：0593－6703111
邮编：355000

福鼎太姥山风景区 AAAAA
地址：宁德福鼎市
电话：0593－7820911　7856777
邮编：355200

福鼎市牛郎岗海滨景区 AAA
地址：宁德福鼎市秦屿镇
电话：0593－6177388
邮编：355200

宁德赤岸风景区 AA
地址：宁德市霞浦县赤岸村
电话：0593－8859970
邮编：355100

宁德市柘荣东狮山景区 AAA
地址：宁德市柘荣县东狮山
邮编：355300

白水洋·鸳鸯溪风景名胜区 AAAAA
地址：宁德市屏南县古峰镇翠屏路
电话：0593－3300689
邮编：352302

宁德古田翠屏湖风景区 AAA
地址：宁德市古田县
电话：0593－3812833
邮编：352200

宁德市周宁鲤鱼溪·九龙漈旅游区 AAAA
地址：宁德市周宁县师城镇北门路32号
电话：0593－5622227
邮编：355400

餐　馆

同利肉燕老铺
地址：福州市鼓楼区澳门路3号
电话：0591－87515631　87530365
邮编：350001

英德元宵店
地址：福州市台江区中平路214号
电话：0591－8394302
邮编：350004

山东聚福楼饭店
地址：福州市鼓楼区五一中路185号民航大厦2－3楼
电话：0591－88817799
邮编：350001

木金肉丸老铺
地址：福州市鼓楼区南后街91号
电话：0591－88000998
邮编：350001

醉仙楼
地址：福州市鼓楼区乌山支路69号乌山苑
电话：0591－87117790　83351612
邮编：350001

黄歧海鲜酒楼
地址：福州市晋安区长乐北路133号
电话：0591－83637768
邮编：350011

邓记餐厅
地址：福州市鼓楼区八一七路112号
电话：0591－87621084
邮编：350001

东泰川菜馆
地址：福州市鼓楼区东泰路 72 号
电话：0591－87609955
邮编：350001

天天过年饺子馆
地址：福州市鼓楼区鼓东路 185 号
电话：0591－87560126
邮编：350001

湘村馆
地址：福州市鼓楼区五四路 158 号环球广场 5 楼
电话：0591－87858779
邮编：350001

永和鱼丸店
地址：福州市鼓楼区南后街
电话：0591－87502905
邮编：350001

福州饮食集团公司
地址：福州市鼓楼区肃威路 9 号
电话：0591－87678997
邮编：350001

福州醉爱大酒楼有限公司
地址：福州市五一中路 151 号华能大厦 2 楼
电话：0591－83362958
邮编：350001

福州天龙皇宫酒楼有限公司
地址：福州市仓山区城门福峡路 88 号
电话：0591－83491111
邮编：350001

福州卡桑大酒楼
地址：福州市晋安区华林路 52 号福侨大厦内
电话：0591－87827022
邮编：350001

福建新天地大酒楼有限公司
地址：福州市鼓楼区湖东路 115 号
电话：0591－87526373
邮编：350000

福州安泰楼酒家
地址：福州市鼓楼区吉庇路 39 号
电话：0591－87531704
邮编：350001

福州清真饭店
地址：福州市鼓楼区杨桥中路
电话：0591－83791695
邮编：350001

福州聚春园大酒店
地址：福州市东街 2 号
电话：0591－87502328
邮编：350001

福州好世界海鲜大酒楼有限公司
地址：福州市西二环中路
电话：0591－83733333
邮编：350002

阿波罗大酒楼
地址：福州市五一路 132 号
电话：0591－83055555
邮编：350001

川味居
地址：福州市首山路 55 号
电话：0591－63385680
邮编：350001

食鼎记私房菜
地址：福州市通湖路 172 号青鸟世纪 2 层
电话：0591－87660377
邮编：350001

黎明大酒店全聚德餐厅
地址：福州市鼓楼区乌山路 53 号
电话：0591－83350108
邮编：350001

千鹤日本料理
地址：福州市鼓楼区华林路 97 号
电话：0591－87848858
邮编：350001

京都大酒楼
地址：福州市鼓楼区五四路 75 号
电话：0591－87531518
邮编：350001

苗味人家
地址：福州市晋安区六一北路 310 号
电话：0591－87661509
邮编：350001

大三元餐饮有限公司
地址：福州市五四路
电话：0591－87821207
邮编：350003

谭鱼头饮食有限公司
地址：福州市北环中路
电话：0591－87877899
邮编：350003

紫荆阁餐厅
地址：福州市湖滨路
电话：0591－87810307
邮编：350001

东方明珠大酒楼
地址：南平市
电话：0599－8850667
邮编：353000

三八大酒楼
地址：南平市解放路 78 号
电话：0599－8822757
邮编：353000

川国演义酒楼
地址：南平市文体路 338 号武夷香榭 F 楼
电话：0599－8831998
邮编：353000

南平市老坛子民俗酒家
地址：南平市解放路建大商厦三层
电话：0599－8850669
邮编：353000

南平市小金门蛇餐馆
地址：南平市金山路 110 号
电话：0599－8839776
邮编：353000

三明含笑大酒楼
地址：三明市
电话：0598－8272207
邮编：365000

知味轩
地址：三明市新市北路
电话：0598－8888358
邮编：365000

三明市潮福楼餐饮服务有限公司
地址：三明市天鸿大厦 3 楼
电话：0598－8298000
邮编：365000

梅园餐馆
地址：三明市梅列区满园春内
电话：0598－8245012
邮编：365000

永安市含笑餐饮有限公司
地址：三明永安市燕江中路燕江楼 B 幢 2－2 房
电话：0598－3633697　3650737
邮编：366000

兴化府
地址：莆田市城厢区胜利北街（梅峰寺旁）
电话：0594－2215777　2221718
邮编：351100

东方红海鲜楼
地址：莆田市城厢区梅园路
电话：0594－2651299
邮编：351100

莆田市北海道餐厅
地址：莆田市城厢区学园北路
电话：0594－2690725
邮编：351100

莆田市凰宫酒家
地址：莆田市城厢区凤凰山下
电话：13808589898
邮编：351100

白玉兰食府
地址：莆田市步行街西段
电话：0594－2339200
邮编：351100

东方红川味馆
地址：莆田市梅园西路
电话：0594－2651299
邮编：351100

蓬莱海鲜楼
地址：莆田市学园南街
电话：0594－2391976
邮编：351100

新世纪酒楼
地址：泉州市鲤城区温陵南路 329 号
电话：0595－22197588
邮编：362000

客家人食府
地址：泉州市丰泽区二郎巷 5－9 号
电话：0595－22980972
邮编：362000

新农家饭庄
地址：泉州市田安北路人才大厦 1－2 楼
电话：0595－22101133
邮编：362000

泉州市人民公社餐馆
地址：泉州市金洲路
电话：0595－22222117
邮编：362000

菩提素食馆
地址：泉州市承天巷 93 号
电话：0595－22278897
邮编：362000

长寿素斋馆
地址：泉州市安海镇古庙路口
电话：0595－85704212

邮编：362000

黄胜记金香肉松店
地址：厦门市思明区龙头路95号
电话：0592－2069217
邮编：361001

邵公馆（总店）
地址：厦门市莲花北路嘉莲里3号
电话：0592－5222585
邮编：361003

清真清香斋饭庄
地址：厦门市湖里区嘉园路与华光路交叉口
电话：0592－5636511　5626122
邮编：361006

饕鼎轩客家私房菜（总店）
地址：厦门市湖滨北路101号
电话：0592－5059088　5096088
邮编：361003

华兴酒楼
地址：厦门市厦禾路919号
电话：0592－5819739
邮编：361003

佳丽海鲜大酒楼有限公司
地址：厦门市湖滨南路宝福大厦
电话：0592－5165555
邮编：361004

金府大酒楼
地址：厦门市大同镇城西路108号2楼
电话：0592－7125166
邮编：361100

四川大酒楼
地址：厦门市大同镇城西街
电话：0592－7122222
邮编：361100

厦门海味大酒楼
地址：厦门市蜂巢山路1号
电话：0592－2085041
邮编：361003

厦门金城酒楼有限公司
地址：厦门市东渡路126号厦门金宝酒店内
电话：0592－5610899
邮编：361003

厦门市舒友海鲜大酒楼有限公司
地址：厦门市湖滨北路中银金融大厦裙楼
电话：0592－5098888
邮编：361003

金象湾泰国餐厅
地址：厦门市禾祥西路华侨海景城
电话：0592－2387999
邮编：361003

元绿回转寿司
地址：厦门市中山路227号
电话：0592－3997798
邮编：361001

南普陀寺素食馆
地址：厦门市南普陀寺内
电话：0592－2087281
邮编：361003

老别墅西餐厅
地址：厦门白鹤路10－1号
电话：0592－2044358
邮编：361001

私家御饼屋
地址：厦门市鼓浪屿龙头路143号
电话：0592－2063651
邮编：361001

潮福城
地址：厦门湖滨北路28号建业大厦裙楼
电话：0592－5058688
邮编：361001

万隆巴西烤肉
地址：厦门市湖滨北路59号
电话：0592－5369225
邮编：361001

银丰湘菜馆
地址：厦门市金民里118号
电话：0592－5258236
邮编：361001

杭邦菜馆
地址：厦门市海天路佳丽花园B座
电话：0592－5627067
邮编：361001

老四川菜馆
地址：厦门市忠孝里9－4号
电话：0592－2981590
邮编：361001

渔王川菜馆
地址：厦门市镇邦路20号
电话：0592－2107729
邮编：361001

湘临天下酒楼
地址：厦门市仙岳路778号
电话：0592－3980926
邮编：361001

满堂红湘菜
地址：厦门市后滨路77号
电话：0592－2238536
邮编：361001

洞庭湘水人家
地址：厦门市莲花香莲里32－10号
电话：0592－5529111
邮编：361001

芙蓉国里湘菜馆
地址：厦门市莲前西路322号
电话：0592－5996235
邮编：361001

逍遥津徽菜馆
地址：厦门市禾祥西路773号
电话：0592－2222286
邮编：361001

竹篱笆饭庄
地址：厦门市南山路186号
电话：0592－5635880
邮编：361001

清真穆斯林餐馆
地址：厦门市兴隆路25号
电话：0592－6033238
邮编：361001

大方素食馆
地址：厦门市思明南路412－11号
电话：0592－2093236
邮编：361003

毛家村湘菜馆
地址：厦门市思明区莲前西路
电话：0592－5963587
邮编：361001

虎溪岩寺素餐馆
地址：厦门市虎园路虎溪岩寺
电话：0592－2121799
邮编：361003

大东北饺子城
地址：漳州市丹霞路111－15号
电话：0596－2935321
邮编：363000

漳州港龙海鲜酒家有限公司
地址：漳州市芗城延安北路36号商业大厦
电话：0596－2038805
邮编：363000

维多利亚西餐厅
地址：漳州市南昌路121号钻石大酒店内
电话：0596－2038888
邮编：363000

月满楼
地址：龙岩市中山路
电话：0597－2106333
邮编：364000

渔家湾酒楼
地址：龙岩市九一南路
电话：0597－2225253
邮编：364000

西安大酒楼
地址：龙岩市西安北路
电话：0597－2298806
邮编：364000

千禧红饭店
地址：龙岩市和平路1号
电话：0597－2322295
邮编：364000

湘妹子湘菜馆
地址：龙岩市新罗区解放路38号
电话：0597－2220686
邮编：364000

开心素食屋
地址：龙岩市陵园路93号
电话：0597－2290777
邮编：364000

潮汕牛肉火锅城
地址：龙岩市新罗区九一南路
电话：0597－2281181
邮编：364000

宁德东海火锅城
地址：宁德市南大路
电话：0595－7826188
邮编：352100

宁德海麒园餐厅
地址：宁德市南环路
电话：0593－2888858
邮编：352100

小肥羊全国连锁宁德店
地址：宁德市蕉城区城东路
电话：0593－2881717
邮编：352100

绿原小肥羊
地址：宁德市蕉城区八一五东路
电话：0593－2059555
邮编：3521000

宁德市高老庄餐厅
地址：宁德市蕉城南路 1 号海富花园
电话：0593－2058678
邮编：352100

旅游用品

福州工艺制花厂
地址：福州市仓角头 21 号
电话：0591－87552625
邮编：350001

周生生实业（福州）有限公司
地址：福州市八一七北路
电话：0591－87676468
邮编：350001

福州金福来珠宝首饰有限公司
地址：福州市铜盘路
电话：0591－87846933
邮编：350003

福州豪尚工艺品有限公司
地址：福州市金山金洲北路 7 号
电话：0591－83059991
邮编：350001

浙江东方巨星珍珠制品有限公司福州分公司
地址：福州市东街
电话：0591－87524059
邮编：350001

福州市黎明脱胎漆器厂
地址：福州市西门外甘洪路厚屿段
电话：0591－22616726
邮编：350001

福州市鼓楼脱胎漆器厂
地址：福州市北大天怡花园 4 号楼
电话：0591－87534979
邮编：350001

福州市金银首饰厂
地址：福州市洋中路 338 号
电话：0591－83259682
邮编：350004

福州象牙宝石工艺厂
地址：福州市六一中路 207 号
电话：0591－83321573
邮编：350005

福州市华美地毯贸易公司
地址：福州市国货西路
电话：0591－83275555
邮编：350009

福州云飞编织品有限公司
地址：福州市闽侯鸿尾牛头山工业区
电话：0591－22975431
邮编：350106

福建省文物总店
地址：福州市五四路
电话：0591－87550013
邮编：350001

福州雕刻工艺品总厂
地址：福州市六一中路 209 号
电话：0591－83369470
邮编：350005

福州市文物店
地址：福州市古田路 10 号九仙斋
电话：0591－83334077
邮编：350005

福州中艺玉石雕刻厂
地址：福州市鼓山镇
电话：0591－83623203
邮编：350014

福州石雕艺术工艺厂
地址：福州市六一中路
电话：0591－83333763
邮编：350005

福州木雕厂
地址：福州市六一中路 205 号
电话：0591－83352132
邮编：350005

晋安区樟林雕刻艺术公司
地址：福州市鼓山镇
电话：0591－83626889
邮编：350014

中国抽纱福建进出口公司
地址：福州市湖东路
电话：0591－87822338
邮编：350003

福建省工艺美术工业总公司
地址：福州市五一北路
电话：0591－87551866
邮编：350001

福建华和造型艺术有限公司
地址：福州市金山工业集中区
电话：0591－83595888
邮编：350002

福建艺苑艺术精品有限公司
地址：福州市东街 59 号三山大厦
电话：0591－87537449
邮编：350001

福建省工艺美术实验厂
地址：福州市五一北路 42 号
电话：0591－87611455
邮编：350001

闽侯闽云竹木制品有限公司
地址：福州市六一北路 231 号
电话：0591－87316572
邮编：350001

福州海云特艺有限公司
地址：福州市建新镇
电话：0591－83744003
邮编：350002

福州福泉工艺品有限公司
地址：福州市福兴大道 33 号
电话：0591－83622865　83622864
邮编：350002

福州福宝工艺品有限公司
地址：福州市五四北路
电话：0591－87710503
邮编：350003

福州福亚工艺品有限公司
地址：福州市五四路
电话：0591－87553460　87504342
邮编：350001

福州琉华工艺品有限公司
地址：福州市仓山湖边村
电话：0591－83433684
邮编：350007

福州进丁工艺品有限公司
地址：福州市先农村
电话：0591－83449324
邮编：350008

福州鼓金工艺品有限公司
地址：福州市五四路
电话：0591－87807393
邮编：350003

福州东顺工艺品有限公司
地址：福州市杨桥西路 143 号
电话：0591－83706614
邮编：350002

福州景翔工艺品有限公司
地址：福州市东大路
电话：0591－87531289　87669963
邮编：350003

福州星东利工艺品有限公司
地址：福州市西环北路
电话：0591－87866324
邮编：350003

福州迪尔工艺品实业有限公司
地址：福州市鼓山镇
电话：0591－83621281
邮编：350014

福州亚联工艺品有限公司
地址：福州市三八路
电话：0591－87319181
邮编：350011

福州市环城工艺美术厂
地址：福州市福新大道
电话：0591－83620566
邮编：350014

福州市建新锦龙工艺厂
地址：福州市建新镇
电话：0591－83586188
邮编：350002

仓山民政工艺竹木制品厂
地址：福州市建新镇
电话：0591－83568774
邮编：350002

仓山芳华工艺美术厂
地址：福州市盖山镇
电话：0591－83440350
邮编：350026

福州金龙工艺品有限公司
地址：福州市西二环北路
电话：0591－87890011
邮编：350003

福州米奇工艺礼品有限公司
地址：福州市西凤路 33 号
电话：0591－87901403
邮编：350013

福州珍艺钱币有限公司
地址：福州市五四路
电话：0591－87671058
邮编：350001

福州金意工艺品有限公司
地址：福州市闽侯尚干工业区
电话：0591－22260087
邮编：350100

武夷山市力马艺画品有限公司
地址：南平武夷山市黄泥垅

电话：0599－5102791
邮编：354300

建瓯市誉发根艺厂
地址：南平建瓯市徐墩镇
电话：0599－3561398
邮编：353100

建阳市黄坑志豪竹木工艺厂
地址：南平建阳市黄坑镇黄坑街99号
电话：0599－5508018
邮编：354200

福建省三明雕塑厂
地址：三明市三元区北山路
电话：0598－8169399
邮编：365001

三元大理石工艺制品厂
地址：三明市三元区新市南路
电话：0598－8313875
邮编：365001

沙县天工仿古精品工艺厂
地址：三明市沙县桥南西路
电话：0598－5822426
邮编：365500

将乐县工艺美术厂
地址：三明市将乐县龟山西路6号
电话：0598－2322348
邮编：353300

将乐县农垦木雕总厂
地址：三明市将乐县水南镇樟华路
电话：0598－2322557
邮编：353300

台湾鸿艺雕刻股份有限公司
地址：莆田市江口镇石庭
电话：0594－3791733
邮编：351117

泉州人造花厂有限公司
地址：泉州市新门街尾
电话：0595－22376939
邮编：362000

泉州金恒美油画工艺品有限公司
地址：泉州市泉港东升工业区
电话：0595－87991998
邮编：362000

泉州市工艺美术工业公司
地址：泉州市温陵路
电话：0595－22195490
邮编：362000

泉州市工艺美术工业公司雕刻厂
地址：泉州市鲤城区花巷许厝埕13号
电话：0595－22386144
邮编：362000

泉州美尔奇工艺实业有限公司
地址：泉州市成洲工业区
电话：0595－22583366
邮编：362000

泉州鲤城肯特工艺品贸易公司
地址：泉州市北峰镇工业区
电话：0595－22889980
邮编：362000

泉州市丰泽金城工艺有限公司
地址：泉州市环清工业区
电话：0595－22777272　22277559
邮编：362000

金太阳（泉州）玻璃工艺品有限公司
地址：泉州市浮桥镇清蒙工业区
电话：0595－22465527
邮编：362000

泉州东凯工艺品制造有限公司
地址：泉州市湖心街景仁楼
电话：0595－22118596
邮编：362000

厦门市灰狐旅游用品有限公司
地址：厦门市同安工业集中区同安园131号
电话：0592－7895910
邮编：361100

厦门状元红文化创意有限公司
地址：厦门市湖里区悦华路恒盛工业大厦6层
电话：0592－5888618
邮编：361000

厦门惟艺漆线雕艺术有限公司
地址：厦门市中兴路42号
电话：0592－2023621
邮编：361003

福建省工艺品厦门进出口公司
地址：厦门市东渡路226号五矿大厦17楼
电话：0592－5311888
邮编：361003

钻石城珠宝首饰有限公司
地址：厦门市思明南路88号
电话：0592－2013288
邮编：361001

漳州市八宝印泥厂
地址：漳州市青年路242号
电话：0596－2023125
邮编：363005

漳州强兴工艺制品有限公司
地址：漳州市蓝田开发区
电话：0596－2104648　6182705
邮编：363000

漳州市芗城丽宝工艺制作有限公司
地址：漳州市珠里村
电话：0596－2613107　2613069
邮编：363000

漳州市工艺美术厂
地址：漳州市南昌路芗江新村
电话：0596－2054574
邮编：363000

漳州市雄益工艺品厂
地址：漳州市前山工业区
电话：0596－2569699
邮编：363000

福鼎市锦龙草编工艺厂
地址：宁德市福鼎市海滨路
电话：0593－7572016
邮编：355200

古田县工艺美术厂
地址：宁德市古田县解放路
电话：0593－3882375
邮编：352200

旅游交通

福建省旅游汽车公司
地址：福州市鼓楼区湖前大井138号
电话：0591－87714280
邮编：350003

福建华闽旅游汽车运输有限公司
地址：福州市工业路
电话：0591－83355052
邮编：350002

福建省中国旅行社汽车公司
地址：福州市六一北路3号
电话：0591－87546160
邮编：350013

福州火车站
地址：福州市晋安区沁园路
电话：0591－87050222
邮编：350001

福州火车南站
地址：福州市仓山区城门镇胪雷村东侧
电话：0591－87050222
邮编：350007

马尾火车站
地址：福州市
电话：0591－83989490
邮编：350015

福州马尾港客运站
地址：福州市马尾经五路1号
电话：0591－83682344
邮编：350001

福州市台江新码头
地址：福州市台江区江滨路
电话：0591－83277103　83277568
邮编：350004

福州长乐国际机场
地址：福州市长乐市漳港镇
电话：0591－28013429
邮编：350209

南平火车站
地址：南平市横排街
电话：0599－8627751
邮编：353000

南平火车南站
地址：南平市
电话：0599－8710596
邮编：353000

邵武火车站
地址：南平邵武市解放中路
电话：0599－6533219　8522163
邮编：354000

武夷中旅诚联旅游汽车有限公司邵武分公司
地址：南平邵武市汽贸城
电话：0599－6210555
邮编：354000

武夷中旅诚联风景旅游汽车有限公司
地址：南平武夷山市度假区
电话：0599－5250665
邮编：354302

武夷山市公交巴士旅游有限公司
地址：南平武夷山市五九中路
电话：0599－5311011
邮编：354300

武夷山火车站
地址：南平武夷山市站前大道
邮编：354300

武夷山机场
地址：南平武夷山市南郊
电话：0599－5252102
邮编：354300

建瓯市火车站
地址：南平建瓯市新区
电话：0599－3731797
邮编：353100

建阳火车站
地址：南平建阳市
电话：0599－5639771　5639655
邮编：354200

三明火车站
地址：三明市三元区工业中路
电话：0598－8887292
邮编：365001

三明市长青游船公司
地址：三明市列东客运码头
电话：13067011998
邮编：365001

永安火车站
地址：三明永安市燕江东路
电话：0598－3833622
邮编：366000

莆田火车站
地址：莆田市秀屿区笏石镇岭美村
电话：0594－12306
邮编：351100

泉州旅游汽车公司
地址：泉州市丰泽街
电话：0595－22287546
邮编：362000

泉州市中旅汽车服务公司
地址：泉州市鲤城环城北路
电话：0595－22783548　22783747
邮编：362000

泉州市肖厝火车站
地址：泉州市泉港区前黄镇
电话：0595－87965410
邮编：362114

泉州港
地址：泉州市泉港区
电话：0595－22509909
邮编：362000

泉州晋江机场
地址：泉州市东环路
电话：0595－85628777　85628988
邮编：362000

泉州火车站
地址：泉州市
电话：0595－22681681
邮编：362000

晋江市华洲旅游客运有限公司
地址：泉州晋江市华洲商贸城
电话：0595－22922345　22921188
邮编：362200

晋江火车站
地址：泉州晋江市内坑镇上方村
邮编：362200

南安市火车站
地址：泉州南安市溪美镇
电话：0595－86271198
邮编：362300

厦门市中侨旅游运输有限公司
地址：厦门市后埭溪路
电话：0592－5188288
邮编：361004

厦门中国旅行社汽车公司
地址：厦门市新华路
电话：0592－2665668　15959200081
邮编：361003

厦门火车站
地址：厦门市厦禾路
电话：0592－5111798
邮编：361004

厦门火车北站
地址：厦门市
电话：0592－5246889
邮编：361000

厦门轮船总公司海上客运旅游有限公司
地址：厦门市鹭江道268号远洋大厦15楼
电话：0592－2390911
邮编：361001

福建省厦门轮船总公司
地址：厦门市禾祥西路
电话：0592－2395521　2396688
邮编：361004

厦门港码头（和平码头）
地址：厦门市鹭江道3号
电话：0592－2078255
邮编：361001

厦门高崎国际机场
地址：厦门市湖里区翔云一路121号
电话：0592－5706078
邮编：361001

漳州中国旅行社汽车分公司
地址：漳州市大通北路55号
电话：0596－2053113　2027751
邮编：363000

漳州青旅汽车运输有限公司
地址：漳州市新华东路
电话：0596－2897547
邮编：363000

漳州市联合运输总公司
地址：漳州市新华北路37号
电话：0596－2036278
邮编：363000

漳州火车站
地址：漳州市芗城区
电话：0596－2930296
邮编：363000

漳州火车东站
地址：漳州市龙文区
电话：0596－6366782
邮编：363005

龙海火车站
地址：漳州龙海市
电话：0596－6761759
邮编：363100

龙岩火车站
地址：龙岩市新罗区人民路
电话：0597－2887885
邮编：364000

漳平火车站
地址：龙岩漳平市菁城街道
电话：0597－7535062
邮编：364400

宁德火车站
地址：宁德市樟湾镇土尾村
邮编：352000

福安火车站
地址：宁德福安市湾坞乡
邮编：355000

福鼎火车站
地址：宁德福鼎市
邮编：355200

江　西

JIANGXI

旅游机构

江西省旅游局
地址：南昌市福州路 183 号
电话：0791－86225192
邮编：330006

江西省旅游质量监督管理所
地址：南昌市福州路 183 号
电话：0791－86269965
邮编：330006

南昌市旅游局
地址：红谷滩新府路 118 号市政府 6 楼东面
电话：0791－83883882
邮编：330008

东湖区文化广播旅游局
地址：南昌市叠山路 136 号
电话：0791－86216659
邮编：330006

西湖区文化广播旅游局
地址：南昌市孺子路 266 号
电话：0791－86636216
邮编：330009

青云谱区文化广播旅游局
地址：南昌市井冈山大道 338 号
电话：0791－85214669
邮编：330001

湾里区旅游局
地址：南昌市湾里区幸福路 253 号
电话：0791－83760263
邮编：330004

青山湖区文化广播旅游局
地址：南昌市南京东路 699 号
电话：0791－88115997
邮编：330029

南昌县文化广播电视旅游局
地址：南昌市南昌县莲塘镇
电话：0791－85712619
邮编：330200

新建县文化广播电视旅游局
地址：南昌市新建县解放路 26 号
电话：0791－83752445
邮编：330100

进贤县文化广播电视旅游局
地址：南昌市进贤县南湖路
电话：0791－85664453
邮编：331700

安义县文化广播电视旅游局
地址：南昌市安义县前进路 13 号
电话：0791－83422217
邮编：330500

九江市旅游局
地址：九江市长虹大道中景宾馆西楼 7 楼
电话：0792－8982268
邮编：332000

浔阳区旅游局
地址：九江市庾亮北路 2 号
电话：0792－8210133
邮编：332000

庐山区旅游局
地址：九江市十里大道 1500 号
电话：0792－8251227
邮编：332005

庐山管理局旅游局
地址：九江庐山牯岭正街
电话：0792－8282998
邮编：332900

九江县旅游局
地址：九江市九江县沙河街镇
电话：0792－6810829
邮编：332100

武宁县文化广播电视旅游局
地址：九江市武宁县二民路 28 号
电话：0792－2761441
邮编：332300

修水县文化广播电视旅游局
地址：九江市修水县北门二支路 12 号
电话：0792－7221921
传真：0792－7221921
邮编：332400

彭泽县旅游局
地址：九江市彭泽县政府大院内
电话：0792－5622962
邮编：332700

永修县旅游发展委员会
地址：九江市永修县新城大道县建行 5 楼
电话：0792－3226507
邮编：330304

星子县旅游局
地址：九江市星子县南康大道 93 号
电话：0792－2666069
邮编：332800

湖口县旅游局
地址：九江市湖口县城
电话：0792－6331963
邮编：332500

景德镇市旅游局
地址：景德镇市风景路 3 号
电话：0798－8222903
邮编：333000

昌江区旅游局
地址：景德镇市瓷都大道 358 号
电话：0798－8339680
邮编：333000

乐平市旅游局
地址：景德镇乐平市政府大院内
电话：0798－6826667
邮编：333000

浮梁县旅游局
地址：景德镇市浮梁县朝阳中大道 26 号
电话：0798－2626379
邮编：333400

萍乡市旅游局
地址：萍乡市公园路 97 号
电话：0799－6772587
邮编：337000

安源区旅游局
地址：萍乡市安源区政府内
电话：0799－6661092
邮编：337000

莲花县旅游局
地址：萍乡市莲花县政府内
电话：0799－7223304
邮编：337100

上栗县旅游局
地址：萍乡市上栗县政府内
电话：0799－3862936
邮编：337009

芦溪县旅游局
地址：萍乡市芦溪县政府内
电话：0799－7550178
邮编：337200

湘东区旅游办公室
地址：萍乡市湘东区区政府内
电话：0799－3436869
邮编：337022

新余市旅游局
地址：新余市北湖西路 55 号
电话：0790－6420868
邮编：338000

分宜县旅游局
地址：新余市分宜县人民政府办公楼
电话：0790－5881303
邮编：336600

鹰潭市旅游局
地址：鹰潭市梅园大道府前路 3 号（市政府大楼 12 楼东）
电话：0701－6433882
邮编：335001

赣州市旅游局
地址：赣州市市政中心 9 楼
电话：0797－8391555
邮编：341000

章贡区旅游局
地址：赣州市阳明路 6 号
电话：0797－8293773
邮编：341000

赣州市南康区旅游局
地址：赣州市南康区市政大楼 13 楼
电话：0797－7805460
邮编：341400

赣县旅游局
地址：赣州市赣县县政府院内
电话：0797－4435266
邮编：341100

信丰县旅游局
地址：赣州市信丰县政府院内
电话：0797－3332936
邮编：341600

大余县旅游局
地址：赣州市大余县政府院内
电话：0797－8722063
邮编：341500

上犹县旅游局
地址：赣州市上犹县政府院内
电话：0797－8543270
邮编：341200

崇义县旅游局
地址：赣州市崇义县政府院内
电话：0797－7613866
邮编：341300

安远县旅游局
地址：赣州市安远县林业局院内

电话：0797－3732330
邮编：342100

龙南县旅游局
地址：赣州市龙南县政府院内
电话：0797－3511162
邮编：341700

定南县旅游局
地址：赣州市定南县政府院内
电话：0797－4292709
邮编：341900

全南县旅游局
地址：赣州市全南县政府院内
电话：0797－2632305
邮编：341800

宁都县旅游局
地址：赣州市宁都县政府院内
电话：0797－6834039
邮编：342700

于都县旅游局
地址：赣州市于都县政府院内
电话：0797－6418508
邮编：342300

兴国县旅游局
地址：赣州市兴国县政府院内
电话：0797－5311719
邮编：341200

瑞金市旅游局
地址：赣州瑞金市政府院内
电话：0797－2527197
邮编：342500

会昌县旅游局
地址：赣州市会昌县政府院内
电话：0797－5622662
邮编：342600

寻乌县旅游局
地址：赣州市寻乌县政府院内
电话：0797－2831021
邮编：342200

石城县旅游局
地址：赣州市石城县行政中心A区115室
电话：0797－5793308
邮编：342700

宜春市旅游局
地址：宜春市秀江中路29号
电话：0795－3272382
邮编：336000

袁州区旅游局
地址：宜春市中山中路401号（区政府大楼1楼）
电话：0795－3217058
邮编：336000

樟树市旅游局
地址：宜春樟树市市政府办公大楼6楼
电话：0795－7332256
邮编：331200

丰城市旅游局
地址：宜春丰城市秀斋巷9号
电话：0795－6409180
邮编：331100

靖安县旅游局
地址：宜春市靖安县森林大厦7楼
电话：0795－4657661
邮编：330600

奉新县旅游局
地址：宜春市奉新县广狮路
电话：0795－4613855
邮编：330700

高安市旅游局
地址：宜春高安市政府办公楼6楼
电话：0795－5212967
邮编：330800

上高县旅游局
地址：宜春市上高县建设路170号
电话：0795－2506245
邮编：336400

铜鼓县旅游局
地址：宜春市铜鼓县江欧集团办公楼2楼
电话：0795－8722241
邮编：336200

宜丰县旅游局
地址：宜春市宜丰县沿河西路1号
电话：0795－2757351
邮编：336300

万载县旅游局
地址：宜春市万载县宝塔路
电话：0795－8828554
邮编：336100

上饶市旅游局
地址：上饶市中山路88号
电话：0793－8211221
邮编：334000

信州区旅游局
地址：上饶市信州区政府大楼5楼
电话：0793－8239464
邮编：334000

上饶县旅游局
地址：上饶市上饶县政府南6楼
电话：0793－8466402
邮编：334100

广丰县旅游局
地址：上饶市广丰县政府4楼
电话：0793－2638585
邮编：334600

横峰县旅游局
地址：上饶市横峰县人民大道
电话：0793－5785732
邮编：334300

玉山县旅游局
地址：上饶市玉山县物资大楼4楼
电话：0793－2553880
邮编：334700

弋阳县旅游局
地址：上饶市弋阳县城南旭光大道123号
电话：0793－5824728
邮编：334400

德兴市旅游局
地址：上饶市德兴市政府5楼
电话：0793－7522510
邮编：334200

婺源县旅游局
地址：上饶市婺源县中国银行4楼
电话：0793－7354349
邮编：333200

铅山县旅游局
地址：上饶市铅山县总工会4楼
电话：0793－5130189
邮编：334500

万年县旅游局
地址：上饶市万年县政府大楼2楼
电话：0793－3841028
邮编：335500

余干县旅游局
地址：上饶市余干县光荣院1楼
电话：0793－3241818
邮编：335100

鄱阳县旅游局
地址：上饶市鄱阳县鄱阳镇建设路21号
电话：0793－6271039
邮编：333100

吉安市旅游局
地址：吉安市韶山中路9
电话：0796－8226177
邮编：343000

吉州区旅游局
地址：吉安市吉州区区政府院内
电话：0796－8335021
邮编：343000

青原区旅游局
地址：吉安市青原区政府大院内
电话：0796－8101756
邮编：343000

井冈山市旅游局
地址：吉安井冈山市茨坪镇
电话：0796－6552626
邮编：343600

吉安县旅游局
地址：吉安市吉安县庐陵大道1号
电话：0796－8442579
邮编：343100

吉水县旅游局
地址：吉安市吉水县政府院内
电话：0796－3522455
邮编：331600

永丰县旅游局
地址：吉安市永丰县政府大院
电话：0796－2511953
邮编：331500

新干县旅游局
地址：吉安市新干县政府大院
电话：0796－2602219
邮编：331300

峡江县旅游局
地址：吉安市峡江县城人大常委会
电话：0796－3672885
邮编：331300

遂川县旅游局
地址：吉安市遂川县政府大院
电话：0796－6327288
邮编：343900

安福县旅游局
地址：吉安市安福县宝成南路
电话：0796－7699020
邮编：343200

泰和县旅游局
地址：吉安市泰和县政府大院

电话：0796－5339989
邮编：343700

万安县旅游局
地址：吉安市万安县凤凰路
电话：0796－5708155
邮编：343800

永新县旅游局
地址：吉安市永新县政府大院
电话：0796－7718048
邮编：343400

抚州市旅游局
地址：抚州市赣东大道 22 号
电话：0794－8212568
邮编：344000

临川区旅游局
地址：抚州市临川区政府大院
电话：0794－8807639
邮编：344000

资溪县旅游局
地址：抚州市资溪县政府大院内
电话：0794－5799688
邮编：335300

金溪县旅游局
地址：抚州市金溪县政府大院
电话：0794－5292152
邮编：344800

南丰县旅游局
地址：抚州市南丰县政府大院
电话：0794－3226160
邮编：344500

东乡县旅游局
地址：抚州市东乡县政府大院
电话：0794－4232321
邮编：344500

南城县旅游局
地址：抚州市南城县政府大院内
电话：0794－7235186
邮编：344700

乐安县旅游局
地址：抚州市乐安县敖溪镇
电话：0794－6598276
邮编：344300

广昌县旅游局
地址：抚州市广昌县政府大院
电话：0794－3623965
邮编：344900

宜黄县旅游局
地址：抚州市宜黄县政府大院
电话：0794－7602232
邮编：344400

旅行社

江西省海外旅游总公司
地址：南昌市福州路 169 号
电话：0791－86214429
邮编：330006
网址：www.jxotc.com
许可证号：L－JX－CJ00001

江西省中国国际旅行社有限公司
地址：南昌市八一大道 368 号（江西宾馆院内）
电话：0791－86202259
邮编：330006
网址：www.jxcits.cn
许可证号：L－JX－CJ00002

江西省中国旅行社
地址：南昌市民德路 32 号
电话：0791－86201407
邮编：330008
网址：www.jxcts.cn
许可证号：L－JX－CJ00003

江西省中青国际旅行社有限公司
地址：南昌市福州路 98 号
电话：0791－86391917
邮编：330006
许可证号：L－JX－CJ00004

江西省虹桥国际旅行社
地址：南昌市苏圃路 187 号
电话：0791－86233286
邮编：330006
许可证号：L－JX－CJ00005

南昌铁路国际旅行社有限责任公司
地址：南昌市站前路 1 号
电话：0791－86106964
邮编：330002
网址：www.nctlgl.com
许可证号：L－JX－CJ00006

江西光大国际旅行社有限公司
地址：南昌市中山路 138 号（商会大厦九楼）
电话：0791－86283369
邮编：330003
许可证号：L－JX－CJ00007

南昌国际旅行社有限责任公司
地址：南昌市八一大道 161 号
电话：0791－86280339
邮编：330003
许可证号：L－JX－CJ00008

江西环球国际旅行社有限责任公司
地址：南昌市八一大道 96 号华龙国际大厦
电话：0791－86234149
邮编：330006
许可证号：L－JX－CJ00009

江西民航国际旅行社
地址：南昌市洪城路 587 号
电话：0791－88898725
邮编：330025
许可证号：L－JX－CJ00010

江西康辉国际旅行社有限责任公司
地址：南昌市东湖区阳明东路奥斯卡大厦七层
电话：0791－86106964
邮编：330006
网址：www.Jxcct.com
许可证号：L－JX－CJ00011

江西天鹅国际旅行社有限责任公司
地址：南昌市桃苑二区 4 栋 9 单元
电话：0791－82181999
邮编：330002
许可证号：L－JX－CJ00012

江西观光国际旅行社有限公司
地址：南昌市东湖区中山路 185 号
电话：0791－86497451
邮编：330006
许可证号：L－JX－CJ00013

江西省东南国际旅行社有限公司
地址：南昌市南京西路 49 号明珠广场 H 座 2402 室
电话：0791－85223189
邮编：330006
许可证号：L－JX－CJ00014

赣州国际旅行社有限公司
地址：赣州市文清路 33 号邮政大厦五楼
电话：0797－8232878
邮编：341000
许可证号：L－JX－CJ00015

萍乡市星球国际旅行社
地址：萍乡市昌盛宾馆
电话：0799－6850190
邮编：337000
网址：www.pxly.com
许可证号：L－JX－CJ00016

景德镇中国国际旅行社
地址：景德镇市珠山西路 1 号
电话：0798－8515888
邮编：333000
网址：www.jdzcits.com
许可证号：L－JX－CJ00017

上饶国际旅行社有限责任公司
地址：上饶市中山西路 71 号
电话：0793－8208989
邮编：334000
许可证号：L－JX－CJ00018

江西省宜春华夏国际旅行社有限责任公司
地址：宜春市秀江中路 148 号
电话：0795－3284432
邮编：336000
网址：www.jxhxtour.com
许可证号：L－JX－CJ00019

九江中国国际旅行社
地址：九江市滨江路 105 号
电话：0792－8111885
邮编：332000
网址：www.liancits.com
许可证号：L－JX－CJ00020

江西省龙海国际航空旅行社有限责任公司
地址：鹰潭市交通路 24 号
电话：0701－6226789
邮编：335000
许可证号：L－JX－CJ00022

江西亚细亚国际旅行社有限公司
地址：南昌市中山路 150 号
电话：0791－ 82185163
邮编：330000
许可证号：L－JX－CJ00023

江西教之旅国际旅行社有限公司
地址：南昌市叠山路 469 号
电话：0791－86212108
邮编：330000
许可证号：L－JX－CJ00024

江西长青国际旅行社有限公司
地址：南昌市洪城 8 号长青国贸大厦 1703－13 室
电话：0791－86498088
邮编：330002
电子信箱：30935727QQ.COM
许可证号：L－JX－CJ00025

南昌银彤国际旅行社有限公司
地址：南昌市省府大院北二路 102 号

电话：0791－86281234
邮编：330046
许可证号：L－JX－CJ00026

江西省核工国际旅行社有限公司
地址：南昌市北京西路134号核工大厦14楼
电话：0791－86351129
邮编：330046
电子信箱：279121102@qq.com
许可证号：L－JX－CJ00027

江西运通国际旅行社有限责任公司
地址：南昌市民德路88号
电话：0791－87676252
邮编：330008
许可证号：L－JX－CJ00030

江西鹰潭龙虎山康辉旅行社有限公司
地址：鹰潭市月湖区杏南小区12号
电话：0701－6271692
邮编：335000
许可证号：L－JX－CJ00031

江西省赣中旅国际旅行社有限公司
地址：南昌市洪城路2号国贸广场A区1603室
电话：0791－86286699
邮编：330001
许可证号：L－JX－CJ00032

江西九江假日国际旅行社有限公司
地址：九江市莲花池路99号锦湖豪庭401室
电话：0792－8116833
邮编：332000
许可证号：L－JX－CJ00033

江西省井冈山康辉旅行社有限公
地址：吉安市吉州区北门街11－8号
电话：0796－8220333　8220222
邮编：343000
许可证号：L－JX－CJ00034

江西福地国际旅行社有限公司
地址：上饶市玉山县马塘铺经济适用房二期1号楼
电话：0793－2205828
邮编：334700
许可证号：L－JX－CJ00035

江西家天下国际旅行社有限公司
地址：南昌市青山湖区湖滨东路39号
电话：0791－86225669
邮编：330029
许可证号：L－JX－CJ00036

中国旅行社总社江西有限公司
地址：南昌市井冈山大道1338号汇盛大厦14－15楼
电话：0791－86498649
邮编：330008
许可证号：L－JX－CJ00037

江西百事通国际旅行社有限公司
地址：南昌市洪城路6号2栋A座2001室
邮编：330008
许可证号：L－JX－CJ00038

江西好心情旅行社有限公司
地址：南昌市站前西路26号天集大厦1105室
电话：0791－86166811
邮编：330008
许可证号：L－JX－CJ00039

江西省民族国际旅行社有限公司
地址：南昌市南京西路277号B座1806室
电话：0791－2115115
邮编：330008
许可证号：L－JX－CJ00040

南昌享自由旅行社有限公司
地址：南昌市红谷滩新区第一街区A－401室
邮编：330008
许可证号：L－JX－CJ00041

九江春秋国际旅行社有限公司
地址：九江市浔阳路103号810室
电话：0792－8212558
邮编：332000
许可证号：L－JX－CJ00042

江西省春秋国际旅行社有限公司
地址：南昌市南京西路555号永溪大厦4楼
邮编：330008
许可证号：L－JX－CJ00043

赣州宝中观光国际旅行社有限公司
地址：赣州市章江大道18号豪德银座大厦B座1606室
邮编：341000
许可证号：L－JX－CJ00044

江西乐天国际旅行社有限公司
地址：南昌市三经路436号4栋1单1501室
邮编：330008
许可证号：L－JX－CJ00045

饭　店

力高皇冠假日酒店 ★★★★★
地址：南昌市沿江中大道266号
电话：0791－86699999
邮编：330008

嘉莱特和平国际酒店 ★★★★★
地址：南昌市广场南路10号
电话：0791－86111118
邮编：330002

泰耐克国际大酒店 ★★★★★
地址：南昌市红谷新区新府路28号
电话：0791－88828888
邮编：330038

东方豪景花园酒店 ★★★★★
地址：南昌市东湖区民德路411号
电话：0791－88866888　86288888
邮编：330006

江西宾馆 ★★★★★
地址：南昌市八一大道368号
电话：0791－6206666
邮编：330006

南昌凯莱大酒店 ★★★★★
地址：南昌市沿江北路88号
电话：0791－6738855
邮编：330008

锦峰大酒店 ★★★★★
地址：南昌市站前西路281号
电话：0791－8867777
邮编：330002

园中源大酒店 ★★★★★
地址：南昌市高新区火炬大街539号
电话：0791－8863333
邮编：330096

远洲国际大酒店 ★★★★★
地址：九江市南湖路116号
电话：0792－88888888
邮编：332000

九江信华建国酒店 ★★★★★
地址：九江市滨江路299号
电话：0792－8189999
邮编：332000

紫晶宾馆 ★★★★★
地址：景德镇市昌南大道紫晶路9号
电话：0798－8591137
邮编：333000

赣州锦江国际酒店 ★★★★★
地址：赣州市章贡区金东北路88号
电话：0797－8333333
邮编：341000

荣誉国际大酒店 ★★★★★
地址：抚州市迎宾大道566号
电话：0794－8200000
邮编：344000

富豪酒店 ★★★★
地址：南昌市洪城路160号
电话：0791－86408888
邮编：330002

七星商务酒店 ★★★★
地址：南昌市南京西路225号
电话：0791－88866666
邮编：330006

南昌鄱阳湖大酒店 ★★★★
地址：南昌市井冈山大道1128号
电话：0791－88856666
邮编：330002

鑫峰假日酒店 ★★★★
地址：南昌市红谷滩
电话：0791－88822222
邮编：330038

富庭苑国际酒店 ★★★★
地址：南昌市井冈山大道388号
电话：0791－5213388
邮编：330001

南昌新吉花园酒店 ★★★★
地址：南昌市红谷滩丰和北大道299号
电话：0791－83826666
邮编：330038

江西唯客丽晶大酒店 ★★★★
地址：南昌市洛阳路70号
电话：0791－88281516
邮编：330002

立生国际大酒店 ★★★★
地址：南昌市解放东路1888号
电话：0791－88210999
邮编：330046

瑞都大酒店 ★★★★
地址：南昌市广场南路399号
电话：0791－6201888
邮编：330002

赣江宾馆 ★★★★
地址：南昌市八一大道138号
电话：0791－8856888
邮编：330003

锦都皇冠酒店 ★★★★
地址：南昌市洪城路99号
电话：0791－6429999
邮编：330002

江西饭店 ★★★★
地址：南昌市八一大道 356 号
电话：0791－8858888
邮编：330003

民航花园酒店 ★★★★
地址：南昌市洪城路 587 号
电话：0791－8898888
邮编：330025

南昌皇廷大酒店 ★★★★
地址：南昌市站前路 168 号
电话：0791－6208888
邮编：330002

江西师大白鹿会馆 ★★★★
地址：南昌市青山湖区紫阳大道 99 号江西师大（瑶湖校区内）
电话：0791－8121888
邮编：330022

江西华悦国际大酒店 ★★★★
地址：南昌市丁公路 117 号
电话：0791－6316666
邮编：330002

国贸酒店 ★★★★
地址：南昌市洪城路 2 号
电话：0791－8855555
邮编：330002

洪都宾馆 ★★★★
地址：南昌市阳明路 249 号
电话：0791－8829999
邮编：330006

京西宾馆 ★★★★
地址：南昌市省政府大院南一路 9 号
电话：0791－8850666
邮编：330046

百瑞四季酒店 ★★★★
地址：南昌市洪都北大道 10 号
电话：0791－8688198
邮编：330046

玉泉岛大酒店 ★★★★
地址：南昌市文博路 33 号
电话：0791－8811111
邮编：333200

进贤军山湖国际酒店 ★★★★
地址：南昌市进贤胜利中路
电话：0791－85680888
邮编：331700

进贤县皇庭大酒店 ★★★★
地址：南昌市进贤县胜利中路 68 号
电话：0791－85539666
邮编：331700

金轩益君大酒店 ★★★★
地址：九江市长虹大道 276 号
电话：0792－8907777
邮编：332000

共青城中航（茶山）迎宾馆 ★★★★
地址：九江市共青大道 1 号
电话：0792－7728888
邮编：332020

九江山水国际大酒店 ★★★★
地址：九江市十里大道 202 号
电话：0792－8199999
邮编：332000

庐山西湖宾馆 ★★★★
地址：九江市庐山大林路 719 号
电话：0792－8282591　8285850
邮编：332900

庐山国脉宾馆 ★★★★
地址：九江市庐山大月山路 15 号
电话：0792－8282040
邮编：332900

九江雅格泰大酒店 ★★★★
地址：九江市长虹大道 28 号
电话：0792－8983885
邮编：332000

花旗假日大酒店 ★★★★
地址：九江市前进东路 9 号
电话：0792－2188888　2178877
邮编：332005

武宁宾馆 ★★★★
地址：九江市武宁县古艾路 1 号
电话：0792－2781149
邮编：332300

修水县君豪大酒店 ★★★★
地址：九江市修水县城
电话：0792－7696666
邮编：332400

修水珠江大酒店 ★★★★
地址：九江市修水县城
电话：0792－7833888
邮编：332400

北戴河宾馆 ★★★★
地址：九江市永修县柘林湖南岸
电话：0792－3068888
邮编：330300

德安国际大酒店 ★★★★
地址：九江市德安县十力路雁湖新天地 2 号
电话：0792－4333333
邮编：330400

上汤温泉度假村 ★★★★
地址：九江市星子县温泉镇
电话：0792－2619888
邮编：332800

庐山天沐温泉度假村 ★★★★
地址：九江市星子县
电话：0792－2615888
邮编：332802

庐山龙湾温泉度假村 ★★★★
地址：九江市星子县
电话：0792－2612222
邮编：332802

庐山国际阳光温泉度假村 ★★★★
地址：九江市星子县
电话：0792－2616666
邮编：332800

星子县龙震饭店 ★★★★
地址：九江市星子县白鹿大道
电话：0792－2660888
邮编：332800

湖口鄱阳湖大酒店 ★★★★
地址：九江市湖口县钟山大道
电话：0792－2300000
邮编：332500

景德镇市豪门大酒店
地址：景德镇市昌江大道
电话：0798－8563268
邮编：333000

景德镇市开门子大酒店 ★★★★
地址：景德镇市新枫路 1 号
电话：0798－8577777
邮编：333000

景德镇大酒店 ★★★★
地址：景德镇市珠江中路 126 号
电话：0798－8518888
邮编：333000

朗逸酒店 ★★★★
地址：景德镇市球山西路 5 号
电话：0798－8389292
邮编：333000

乐平东方国际酒店 ★★★★
地址：景德镇乐平市乐平大道
电话：0798－6213528
邮编：333300

鹰潭市华盛酒店 ★★★★
地址：鹰潭市站江路 75 号
电话：0701－6699999
邮编：335000

鹰潭华侨饭店 ★★★★
地址：鹰潭市站江路 21 号
电话：0701－6696232
邮编：335000

江西骏安国际大酒店 ★★★★
地址：鹰潭贵溪市象山路 8 号
电话：0701－3529999
邮编：335400

龙华国际大酒店 ★★★★
地址：新余市仙女湖新码头
电话：0790－2182888
邮编：338015

新余北湖宾馆 ★★★★
地址：新余市北湖中路
电话：0790－6422100　6422222
邮编：338000

萍乡市蓝波湾酒店 ★★★★
地址：萍乡市安源经济开发区
电话：0799－6654228
邮编：337000

萍乡迎宾馆 ★★★★
地址：萍乡经济开发区玉湖路 1 号
电话：0799－6266666
邮编：337000

赣州聚德山庄 ★★★★
地址：赣州市水东公园对面
电话：0797－8161080
邮编：341000

赣州香江湾大酒店 ★★★★
地址：赣州市章江北大道 40 号
电话：0797－7077777
邮编：341000

赣州赣电大厦 ★★★★
地址：赣州市红旗大道 27 号
电话：0797－8202388
邮编：341000

赣州山水大厦 ★★★★
地址：赣州市红旗大道 25 号
电话：0797－8286269　8329188
邮编：341000

瑞金美瑞欧大酒店 ★★★★
地址：赣州瑞金市桦林路
电话：0797－2558777
邮编：342500

瑞金宾馆 ★★★★
地址：赣州瑞金市象湖镇东升先街
电话：0797－2523532　2522001
邮编：342500

南康市宝辉酒店 ★★★★
地址：赣州南康市工业一路
电话：0797－7788999
邮编：341400

大余章源宾馆 ★★★★
地址：赣州市大余县陶国路
电话：0797－8731888
邮编：341500

上犹希桥酒店 ★★★★
地址：赣州市上犹县文兴路
电话：0797－8528888
邮编：341200

崇义耀升国际饭店 ★★★★
地址：赣州市崇义县城
电话：0797－3818888
邮编：341300

龙南县富业大酒店 ★★★★
地址：赣州市龙南县金水大道500号
电话：0797－3575888
邮编：341700

全南希桥酒店 ★★★★
地址：赣州市全南县金龙大道希桥路
电话：0797－2688888
邮编：341800

赣州兴国县品禄园宾馆 ★★★★
地址：赣州市兴国县城
电话：0797－5324000　5323081
邮编：342400

华都国际大酒店 ★★★★
地址：上饶市带湖路
电话：0793－8258888
邮编：334000

和平国际大酒店 ★★★★
地址：上饶市五三大道88号
电话：0793－8158888
邮编：334000

上饶市欣凯皇冠大酒店 ★★★★
地址：上饶市凤凰大道99号
电话：0793－8278888
邮编：334000

上饶市维多利亚皇家酒店 ★★★★
地址：上饶市带湖路71号
电话：0793－8257666
邮编：334000

德兴市天龙山大酒店 ★★★★
地址：上饶德兴市付家湾
电话：0793－7165555　7165501
邮编：334219

上饶京都国际酒店 ★★★★
地址：上饶市上饶县旭日大道8号
电话：0793－8459999
邮编：334100

广丰县永利国际大酒店 ★★★★
地址：上饶市广丰县永丰南大道1号
电话：0793－2679999
邮编：334600

玉山县玉台国际旅游大酒店 ★★★★
地址：上饶市玉山县人民北路118号
电话：0793－2259966
邮编：334700

华云大酒店 ★★★★
地址：上饶市玉山县行政中心旁边
电话：0793－2357888
邮编：334700

三清山水云山庄 ★★★★
地址：上饶市玉山县三清山金沙
电话：0793－2186666
邮编：334000

三清山金沙湾大酒店 ★★★★
地址：上饶市玉山县三清山金沙湾服务区
电话：0793－2188888　2187888
邮编：334072

三清山锦都南星宾馆 ★★★★
地址：上饶市玉山县三清山双溪南部景区
电话：0793－2180373
邮编：334700

余干金源国际大酒店 ★★★★
地址：上饶市余干县沿湖路50号
电话：0793－3333333
邮编：335100

婺源茶博府公馆 ★★★★
地址：上饶市婺源县文博路33号
电话：0793－7366888　7366999
邮编：333200

婺源清华鹜国际大酒店 ★★★★
地址：上饶市婺源县茶乡东路
电话：0793－7392888
邮编：333200

婺源风景酒店 ★★★★
地址：上饶市婺源县环城南路88号
电话：0793－7213999　7213555
邮编：333200

婺源江湾大酒店 ★★★★
地址：上饶市婺源县紫阳镇文博路西侧
电话：0793－7343333　7343288
传真：0793－7350168
邮编：333200

婺源宾馆 ★★★★
地址：上饶市婺源县蚺城路24号
电话：0793－7298888
邮编：333200

抚州临川大酒店 ★★★★
地址：抚州市临川大道52号
电话：0794－8258999
邮编：344000

南城法莱德国际大酒店 ★★★★
地址：抚州市南城县建昌南大道1号
电话：0794－7366666
邮编：344700

黎川国安假日酒店 ★★★★
地址：抚州市黎川县国安大道88号
电话：0794－6666666
邮编：344600

南丰琴湖花园酒店 ★★★★
地址：抚州市南丰县琴湖中路
电话：0794－3333888
邮编：344599

宜黄国际大酒店 ★★★★
地址：抚州市宜黄县狮子湾大道
电话：0794－7118888
邮编：344400

波尔度假酒店 ★★★★
地址：抚州金溪县
电话：0794－5256888
邮编：344800

法水森林温泉度假村 ★★★★
地址：抚州市资溪县
电话：0794－5666106
邮编：335303

资溪县绿岛大酒店 ★★★★
地址：抚州市资溪县
电话：0794－2388888
邮编：335300

宜春博能宾馆 ★★★★
地址：宜春市宜阳大道19号
电话：0795－3635000
邮编：336000

宜春市锦绣山庄 ★★★★
地址：宜春市化成岩
电话：0795－3558888
邮编：336000

宜春德和大酒店 ★★★★
地址：宜春市朝阳路36号
电话：0701－3299999
邮编：336000

丰城市洪洲大酒店 ★★★★
地址：宜春丰城市新城区
电话：0795－6666777
邮编：331100

丰城市昌龙国际大酒店 ★★★★
地址：宜春丰城市人民路237号
电话：0795－6666888
邮编：331100

樟树航天国际大酒店 ★★★★
地址：宜春樟树市四特大道中段
电话：0795－7846888
邮编：331200

江西银河假日酒店 ★★★★
地址：宜春樟树市杏佛路89号
电话：0795－7370888
邮编：331200

奉新朝日大酒店 ★★★★
地址：宜春市奉新县建设南路368号
电话：0795－4628888
邮编：330700

江西宏安旅游开发有限公司靖安江钨度假村 ★★★★
地址：宜春市靖安县清华大道41号
电话：0795－7191111
邮编：330600

铜鼓皇庭国际大酒店 ★★★★
地址：宜春市铜鼓县城南西路
电话：0795－7178888
邮编：336200

中建财富国际大饭店 ★★★★
地址：吉安市青原大道渼陂大道18号
电话：0796－8113333
邮编：343009

江西

吉安开元洲际大酒店 ★★★★
地址：吉安市吉州区永叔路 88 号
电话：0796－8269999
邮编：343000

吉安文山国际大酒店 ★★★★
地址：吉安市井冈山大道 56 号
电话：0793－8289999
邮编：343000

井冈山映山红宾馆 ★★★★
地址：吉安井冈山市长坑路 10 号
电话：0796－6550888
邮编：343600

井冈山天乐府大酒店 ★★★★
地址：吉安井冈山天市街商业文化广场
电话：0796－6566666
邮编：343600

井冈山锦江大酒店 ★★★★
地址：吉安井冈山市红军路 41 号
电话：0796－6560888
邮编：343600

井冈山井秀山庄 ★★★★
地址：吉安井冈山市黄竹路
电话：0796－6555888
邮编：343600

井冈山星期酒店 ★★★★
地址：吉安井冈山市红军南路 3 号
电话：0796－6559700
邮编：343600

井冈山景园大酒店 ★★★★
地址：吉安井冈山市茨坪红军南路 37 号
电话：0796－7166888
邮编：343600

吉安宏泰酒店 ★★★★
地址：吉安吉安县井冈山经济开发区
电话：0796－8406116
邮编：343100

遂川伟业大酒店 ★★★★
地址：吉安市遂川县城东路大道 61 号
电话：0796－6315555　6319999
邮编：343900

春都商务酒店 ★★★
地址：南昌市红谷滩新区丽景路 666 号
电话：0791－83729999
邮编：330008

阳光假日酒店 ★★★
地址：南昌市二七北路 520 号
电话：0791－82108888
邮编：330077

百胜酒店 ★★★
地址：南昌市青山湖区顺外路 578 号
电话：0791－88226999
邮编：330029

滕王阁宾馆 ★★★
地址：南昌市桃花路 1 号
电话：0791－86651330　86651365
邮编：330025

绿洲假日酒店 ★★★
地址：南昌市上海北路 608 号
电话：0791－88119197　88113366
邮编：330029

南昌古德宾馆 ★★★
地址：南昌市青山湖区南京东路 1007 号
电话：0791－87566666
邮编：330029

南昌湾里区豫章假日宾馆 ★★★
地址：南昌市湾里区兴湾大道 222 号
电话：0791－83791888
邮编：330008

南昌县桂花村宾馆 ★★★
地址：南昌市迎宾中大道 1089 号
电话：0791－85761999
邮编：330200

核工宾馆 ★★★
地址：南昌市北京西路 152 号
电话：0791－86351023
邮编：330046

华宇商务酒店 ★★★
地址：南昌井冈山大道 685 号
电话：0791－88456666
邮编：330002

旺辉酒店 ★★★
地址：南昌市建设路西口
电话：0791－82288888
邮编：330002

青山湖宾馆 ★★★
地址：南昌市福州路 169 号
电话：0791－88863888
邮编：330006

锦昌大酒店 ★★★
地址：南昌市站前路 107 号
电话：0791－86128888
邮编：330002

南昌铁路大酒店 ★★★
地址：南昌市火车站
电话：0791－86108108
邮编：330002

明园大酒店 ★★★
地址：南昌市二七南路 527 号
电话：0791－87038993
邮编：330002

金悦宾馆 ★★★
地址：南昌市系马桩街 326 号
电话：0791－8623333
邮编：330003

东城宾馆 ★★★
地址：南昌市京东大道 777 号
电话：0791－88355999
邮编：330029

银龙大酒店 ★★★
地址：南昌市洪都大道 312 号
电话：0791－88456888
邮编：330001

体育宾馆 ★★★
地址：南昌市福州路 28 号
电话：0791－86202765
邮编：330006

环湖宾馆 ★★★
地址：南昌市环湖路 99 号
电话：0791－88855888
邮编：330006

新建县新都宾馆 ★★★
地址：南昌市新建县解放路 346 号
电话：0791－87073999
邮编：330100

安义金鼎商务酒店 ★★★
地址：南昌市安义县前进大道 709 号
电话：0791－83378888
邮编：330500

九江宾馆 ★★★
地址：九江市南湖路 118 号
电话：0792－8981888
邮编：332000

九江五丰宾馆 ★★★
地址：九江市浔阳路 129 号
电话：0792－2177799
邮编：332000

九江中景假期酒店 ★★★
地址：九江市火车站广场东楼
电话：0792－8982888
邮编：332000

庐山良璐宾馆 ★★★
地址：九江市庐山牯岭街 50 号
电话：0792－8288465
邮编：332900

庐山新世纪宾馆 ★★★
地址：九江市庐山大林沟路 68 号
电话：0792－8282001
邮编：332900

庐山经纬宾馆 ★★★
地址：九江市庐山回龙路 2 号
电话：0792－8282080
邮编：332900

庐山飞云宾馆 ★★★
地址：九江市庐山小天池 16 号
电话：0792－8299105　8299100
邮编：332900

九江信息宾馆 ★★★
地址：九江市交通路 12 号
电话：0792－8988999
邮编：332000

九江供电公司庐山培训基地 ★★★
地址：九江市庐山白云观 14 号
电话：0792－8281554
邮编：332900

九江欧迪大酒店 ★★★
地址：九江市十里大道 28 号
电话：0792－8987702
邮编：332000

庐山体育宾馆 ★★★
地址：九江市庐山河西路 15 号
电话：0792－8299300
邮编：332900

九江柴璜宾馆 ★★★
地址：九江市甘棠南路 111 号
电话：0792－8989966
邮编：332000

庐山如琴湖饭店 ★★★
地址：九江市庐山大林路 93 号
电话：0792－8289933
邮编：332900

九江鑫缔宾馆 ★★★
地址：九江市庐山环山路 1 号
电话：0792－8295630
邮编：332900

九江庐山宾馆 ★★★
地址：九江市庐山河西路 70 号

电话：0792－8282060
邮编：332900

庐山五鑫宾馆 ★★★
地址：九江市庐山大林沟路47号
电话：0792－8291288
邮编：332900

九江黄金假日酒店 ★★★
地址：九江市长虹大道436号
电话：0792－8966666
邮编：332000

庐山天山宾馆 ★★★
地址：九江市庐山牯岭街51号
电话：0792－8299898
邮编：332900

庐山白云宾馆 ★★★
地址：九江市庐山窑佳路20号
电话：0792－8292639
邮编：332900

庐山牯岭大酒店 ★★★
地址：九江市庐山风景名胜区河西路7号
电话：0792－8282780
邮编：332900

福泰118长虹酒店 ★★★
地址：九江市长虹大道70号
电话：0792－8776818
邮编：332000

庐池宾馆 ★★★
地址：九江市庐山区小天池路17号
电话：0792－8282229
邮编：332005

庐山匡城宾馆 ★★★
地址：九江市庐山区窑洼路36号
电话：0792－8287788
邮编：332005

庐山太极宾馆 ★★★
地址：九江市庐山区芦林路11号
电话：0792－8283007
邮编：332900

庐山新云天宾馆 ★★★
地址：九江市庐山区窑洼路15号
电话：0792－8297890
邮编：332900

庐山观云山庄 ★★★
地址：九江市庐山区牯岭镇新建村路54号
电话：0792－8282724
邮编：332900

永生现代宾馆九江店 ★★★
地址：九江市长虹大道308号
电话：0792－8775289
邮编：332900

庐山云雾国际大酒店 ★★★
地址：九江市庐山区大林沟路58号
电话：0792－8299988
邮编：332900

庐山兴隆宾馆 ★★★
地址：九江市庐山区慧远路186号
电话：0792－8289222
邮编：332900

九江天隆宾馆 ★★★
地址：九江市浔阳区浔阳东路147号
电话：0792－8597888
邮编：332000

707所九江分部科技交流中心 ★★★
地址：九江市前进西路105号
电话：0792－8775115
邮编：332007

庐山工会宾馆 ★★★
地址：九江市庐山区莲台路11号
电话：0792－8282019
邮编：332900

庐山云龙宾馆 ★★★
地址：九江市庐山区慧远路200号
电话：0792－8282405
邮编：332900

庐山夏都宾馆 ★★★
地址：九江市庐山区河西路452号
电话：0792－8295888
邮编：332005

九江花园大酒店 ★★★
地址：九江市庐峰东路53号
电话：0792－8151888
邮编：332000

庐山颐元宾馆 ★★★
地址：九江市庐山区中十路3号
电话：0792－8281064
邮编：332900

九江中盛酒店管理公司（中房宾馆）★★★
地址：九江市长虹大道60号
电话：0792－8982199
邮编：332000

九江福泰118德化酒店 ★★★
地址：九江市十里大道903号
电话：0792－8382118
邮编：332000

共青金航大酒店 ★★★
地址：九江市共青城市共青大道理工学院北门
电话：0792－4355888
邮编：332020

瑞昌皇家大酒店 ★★★
地址：九江瑞昌市赤与东路
电话：0792－4219888
邮编：332200

武宁县明星大酒店 ★★★
地址：龙江市武宁县豫宁大道南330号
电话：0792－2786660
邮编：332300

永修宾馆 ★★★
地址：九江市永修县建昌东路县委大院内
电话：0792－3289555
邮编：330300

鑫昊大酒店 ★★★
地址：九江市永修县富民新村
电话：0792－3188888
邮编：330300

宏泰宾馆 ★★★
地址：九江市永修县易家河村
电话：0792－3069888
邮编：330300

武宁县景山大酒店 ★★★
地址：九江市武宁县豫宁北路3号
电话：0792－2959855
邮编：332300

柘林湖醉酒湾大酒店 ★★★
地址：九江市永修县柘林湖镇绍河路
电话：0792－3060208
邮编：330317

九江奥中大酒店 ★★★
地址：九江市德安县一支路
电话：0792－4628555
邮编：330400

德安宾馆 ★★★
地址：九江市德安县东风路69号
电话：0792－4336188
邮编：330400

星子县南康大酒店 ★★★
地址：九江市星子县南康大道1号
电话：0792－2669333
邮编：332800

都昌大酒店 ★★★
地址：九江市都昌县东风大道156号
电话：0792－5238888
邮编：332600

湖口县君安大酒店 ★★★
地址：九江市湖口县钟山大道
电话：0792－6538666
邮编：332500

湖口县石钟山宾馆 ★★★
地址：九江市湖口县双钟镇
电话：0792－6332595
邮编：332000

彭泽县龙城大酒店 ★★★
地址：九江市彭泽县龙城大道
电话：0792－5625888
邮编：332700

景德镇宾馆 ★★★
地址：景德镇市风景路60号
电话：0798－7181188
邮编：333000

景德镇市金叶大酒店 ★★★
地址：景德镇市茶山路2号
电话：0798－8562218
邮编：333000

景德镇市良友宾馆 ★★★
地址：景德镇市珠山中路8号
电话：0798－8200188
邮编：333000

景德镇市新昌江大酒店 ★★★
地址：景德镇市瓷都大道1051号
电话：0798－8576666
邮编：333000

景德镇昌河宾馆 ★★★
地址：景德镇市朝阳路816号
电话：0798－8467000
邮编：333000

景德镇市财政宾馆 ★★★
地址：景德镇市新村北路43号
电话：0798－8292368
邮编：333000

景德镇昌南半岛酒店 ★★★
地址：景德镇市珠山南路58号
电话：0798－8565677
邮编：333000

瓷都宾馆 ★★★
地址：景德镇市里村花园
电话：0798－8838111
邮编：333000

景德镇文苑大酒店 ★★★
地址：景德镇市通站路 36 号
电话：0798－8669111
邮编：333300

乐平佳佳基大酒店 ★★★
景德镇乐平市翥山西路 182 号西街广场
电话：0798－6229999
邮编：333300

瑶里假日大酒店 ★★★
地址：景德镇市浮梁县瑶里镇
电话：0798－2601909
邮编：333411

景德镇中奇大酒店 ★★★
地址：景德镇市浮梁县
电话：0798－2666666
邮编：333400

皇冠国际酒店 ★★★
地址：鹰潭市月湖区莲花路赣东商城 9 区 22 号
电话：0701－2187777
邮编：335000

新长城宾馆 ★★★
地址：鹰潭市月湖区西湖路 2 号
电话：0701－6681218
邮编：335000

鹰潭宾馆 ★★★
地址：鹰潭市林荫东路 9 号
电话：0701－2191888
邮编：335000

鹰潭瑞林山庄 ★★★
地址：鹰潭市龙虎山景区内
电话：0701－6658169
邮编：335424

鹰潭东方宾馆 ★★★
地址：鹰潭市站江路 36 号
电话：0701－6682179
邮编：335000

鹰潭浩天大酒店 ★★★
地址：鹰潭市梅园大道九号
电话：0701－6444666
邮编：335000

鹰潭香江国际大酒店 ★★★
地址：鹰潭市西湖路 7 号
电话：0701－7089988
邮编：335000

鹰潭铜苑宾馆 ★★★
地址：鹰潭贵溪市冶金大道
电话：0701－3778555
邮编：335424

余江大酒店 ★★★
地址：鹰潭市余江县邓埠中大道 8 号
电话：0701－5868126
邮编：335200

新余万年青商务酒店 ★★★
地址：新余市仙来中大道 307 号
电话：0790－6410666
邮编：338000

新余悦华商务酒店 ★★★
地址：新余市长青路北 1 号
电话：0790－6453333
邮编：338000

新余华瑞宾馆 ★★★
地址：新余市渝水区抱石大道 561 号
电话：0790－6256000
邮编：338025

新余望江国际酒店 ★★★
地址：新余市渝水区新欣南大道 1 号
电话：0790－6268888
邮编：338000

山水国际商务大酒店 ★★★
地址：新余市中山路 111 号
电话：0790－6493333
邮编：338000

澳鑫大酒店 ★★★
地址：新余市分宜县天工北大道东侧
电话：0790－7201118
邮编：336600

萍乡市君悦豪门大酒店 ★★★
地址：萍乡市路进南路 218 号
电话：0799－6601888
邮编：337000

萍乡安源宾馆 ★★★
地址：萍乡市路跃进中路 94 号
电话：0799－6882518
邮编：337000

鑫海岸商务酒店 ★★★
地址：萍乡市公园路 123 号
电话：0799－6892000
邮编：337000

萍乡豪门国际大酒店 ★★★
地址：萍乡市跃进北路 399 号
电话：0799－6399888
邮编：337000

萍乡天鹅宾馆 ★★★
地址：萍乡市昭萍东路 3 号
电话：0799－6229999
邮编：337000

莲花县赣星世纪大酒店 ★★★
地址：萍乡市莲花县金城大道 1 号
电话：0799－7230000　7230005
邮编：331700

莲花县莲花岛御景园山庄★★★
地址：萍乡市莲花县琴亭镇莲花村
电话：0799－7262888
邮编：337000

萍乡芦溪西地亚商务酒店 ★★★
地址：萍乡市芦溪县武功山大道
电话：0799－7566666
邮编：337200

赣州五龙湖度假村 ★★★
地址：赣州市沙河大道 18 号
电话：0797－8329999
邮编：341000

赣州白云大酒店 ★★★
地址：赣州市八一四大道 29 号
电话：0797－8116699　8119696
邮编：341000

赣州云山饭店 ★★★
地址：赣州市八一四大道 18 号
电话：0797－8129696
邮编：341000

赣州汇康大酒店 ★★★
地址：赣州市青年路 36 号
电话：0797－8108666
邮编：341000

赣州中成大酒店 ★★★
地址：赣州市客家大道 172 号
电话：0797－8160888
邮编：341000

赣州金泰大酒店 ★★★
地址：赣州市章贡区章江北大道 20 号
电话：0797－8153888
邮编：341000

赣州市滨江大酒店 ★★★
地址：赣州市章贡区章江北大道 78 号
电话：0797－8232827
邮编：341000

赣州明珠大酒店 ★★★
地址：赣州市红旗大道 1 号
电话：0797－8152928
邮编：341000

赣州赣龙大酒店 ★★★
地址：赣州市红旗大道 50 号
电话：0797－8269188
邮编：341000

赣州铁龙大酒店 ★★★
地址：赣州市五洲大道 18 号
电话：0797－8139999
邮编：341000

赣州海天大酒店 ★★★
地址：赣州市八一四大道 29 号
电话：0797－8156618
邮编：341000

赣州宾馆 ★★★
地址：赣州市健康路 101 号
电话：0797－8266177　8266188
邮编：341000

赣州逸豪宾馆 ★★★
地址：赣州市文清路 29 号
电话：0797－8281666
邮编：341000

新赣南饭店 ★★★
地址：赣州市红旗大道 52 号
电话：0797－2169100
邮编：341000

赣南宾馆 ★★★
地址：赣州市厚德路 76 号
电话：0797－8265166
邮编：341000

唐苑大酒店 ★★★
地址：赣州市赣江源大道 2 号
电话：0797－8101111
邮编：341000

南康市华龙大酒店 ★★★
地址：赣州市南康区东城区泰康东路
电话：0797－6605999
邮编：341400

瑞金大酒店 ★★★
地址：赣州瑞金市红都大道
电话：0797－2327999
邮编：342500

瑞金市红都大酒店 ★★★
地址：赣州瑞金市红都大道七里段
电话：0797－2532218
邮编：342500

瑞金长征大酒店 ★★★
地址：赣州瑞金市金都大道中段

电话：0797－2525777
邮编：342500

瑞金市中山大酒店 ★★★
地址：赣州瑞金市中山北大道
电话：0797－7115322
邮编：342500

瑞金京里大酒店 ★★★
地址：赣州瑞金市红都大道
电话：0797－2507888
邮编：342500

瑞金市红井大酒店 ★★★
地址：赣州瑞金市金都大道
电话：0797－2557888
邮编：342500

瑞金饭店 ★★★
地址：赣州瑞金市红都大道21号
电话：0797－2532218
邮编：342500

赣县梅苑宾馆 ★★★
地址：赣州市赣县银河大道3号
电话：0797－4421888
邮编：341100

天悦大酒店 ★★★
地址：赣州市赣县站前大道93号
电话：0797－4444488
邮编：341100

信丰县麦饭石大酒店 ★★★
地址：赣州市信丰县迎宾大道圣塔路31号
电话：0797－3378999　3378000
邮编：341600

信丰县锦绣大酒店 ★★★
地址：赣州市信丰县
电话：0797－3377518
邮编：341600

上犹卧龙大酒店 ★★★
地址：赣州市上犹县沿江南路55号
电话：0797－8538888
邮编：341200

安远迎宾馆 ★★★
地址：赣州市安远县濂江路66号
电话：0797－3726421
邮编：342100

龙南县迎宾馆 ★★★
地址：赣州市龙南县濂江路1号
电话：0797－3575911
邮编：341700

龙南县福平酒店 ★★★
地址：赣州市龙南县龙泽居东区
电话：0797－3579838
邮编：341700

定南国际饭店 ★★★
地址：赣州市定南县东风东路51号
电话：0797－4261888
邮编：341900

定南凤凰酒店 ★★★
地址：赣州市定南县京九大道中段
电话：0797－4263129
邮编：341900

定南县华旗酒店 ★★★
地址：赣州市定南县商贸广场
电话：0797－4262777
邮编：341900

宁都县天鼎大酒店 ★★★
地址：赣州市宁都县梅江镇登峰大道11号
电话：0797－6813998
邮编：342800

宁都富丽华大酒店 ★★★
地址：赣州市宁都县
电话：0797－6815923
邮编：342800

于都县新联大酒店 ★★★
地址：赣州市于都县长征大道73号
电话：0797－6267888
邮编：342300

于都县宏泰大酒店 ★★★
地址：赣州市于都县长征大道76号
电话：0797－2062999　2062888
邮编：342300

于都县天润大酒店 ★★★
地址：赣州市于都县滨江大道
电话：0797－6419888
邮编：342300

兴国将军宾馆 ★★★
地址：赣州市兴国县潋江镇背街
电话：0797－5324000
邮编：342400

会昌宾馆 ★★★
地址：赣州市会昌县经旗大道68号
电话：0797－5622199
邮编：342600

石城九寨温泉度假庄园 ★★★
地址：赣州市石城县屏山镇长江村
电话：0797－5763888
邮编：342700

上饶市山水宾馆 ★★★
地址：上饶市带湖路56号
电话：0793－8255658
邮编：334000

上饶三清大酒店 ★★★
地址：上饶市信州区站前路2号
电话：0793－8336058
邮编：334000

德铜宾馆 ★★★
地址：上饶德兴市铜矿中区金龙路38号
电话：0793－7528888
邮编：334200

德兴大酒店 ★★★
地址：上饶德兴市滨河大道1号
电话：0793－7586666
邮编：334200

德兴市厚福国际大酒店 ★★★
地址：上饶德兴市银山路1号
电话：0793－7526669
邮编：334200

三清山天门山庄 ★★★
地址：上饶德兴市三清山南山梯云岭
电话：0793－2189038
邮编：334000

龟峰山庄 ★★★
地址：上饶德兴市龟峰景区内
电话：0793－7110000
邮编：334416

广丰宾馆 ★★★
地址：上饶市广丰县永丰镇园丁路40号
电话：0793－2833888
邮编：334600

上饶斯达大酒店 ★★★
地址：上饶市三清山中大道557号
电话：0793－8359999
邮编：334000

三清山天伦宾馆 ★★★
地址：上饶市三清山景区
电话：0793－2181022
邮编：334700

三清山双溪山庄 ★★★
地址：上饶市玉山县三清山
电话：0793－2181818
邮编：334700

三清山锦绣山庄 ★★★
地址：上饶市玉山县三清山景区
电话：0793－2188373
邮编：334703

三清山宾馆 ★★★
地址：上饶市玉山县三清山景区
电话：0793－2181212
邮编：334000

三清山假日酒店 ★★★
地址：上饶市玉山县
电话：0793－2181186
邮编：334000

玉山县玉龙大酒店 ★★★
地址：上饶市玉山县三清东路
电话：0793－2208811
邮编：334700

铅山宾馆 ★★★
地址：上饶市铅山县河口镇狮江大道
电话：0793－5168888
邮编：334500

横峰宾馆 ★★★
地址：上饶市横峰县解放西路208号
电话：0793－5795868
邮编：334300

弋阳宾馆 ★★★
地址：上饶市弋阳县胜利路后山岭1号
电话：0793－5902888
邮编：334400

余干宾馆 ★★★
地址：上饶市余干县东山岭
电话：0793－3399889
邮编：335100

余干县钜龙大酒店 ★★★
地址：上饶市余干县迎宾大道1号
电话：0793－3397888
邮编：335100

上饶鄱阳宾馆 ★★★
地址：上饶市鄱阳县人民路
电话：0793－6215555
邮编：334000

万年宾馆 ★★★
地址：上饶市万年县六0北路112号
电话：0793－3821888
邮编：335500

婺源花园大酒店 ★★★
地址：上饶市婺源县文博路39号
电话：0793－7344900
邮编：333200

婺源紫阳大酒店 ★★★
地址：上饶市婺源县
电话：0793－7368858
邮编：333200

婺源县锦江大酒店 ★★★
地址：上饶市婺源县文公北路108号
电话：0793－7347888
邮编：333200

婺源文博宾馆 ★★★
地址：上饶市婺源县城北开发区
电话：0793－7345378
邮编：333200

婺源县天马大酒店 ★★★
地址：上饶市婺源县文公北路119号
电话：0793－7367888
邮编：333200

婺源县假日酒店 ★★★
地址：上饶市婺源县紫阳镇沿河路
电话：0793－7345678
邮编：333200

婺源朱熹故里度假村 ★★★
地址：上饶市婺源县文博路7号
电话：0793－7365721
邮编：333200

赣东宾馆 ★★★
地址：抚州市赣东大道501号
电话：0794－8252888
邮编：344000

抚州梦湖商务酒店 ★★★
地址：抚州市临川大道1099号
电话：0794－8255988
邮编：344000

抚州温泉宾馆 ★★★
地址：抚州市临川区温泉乡
电话：0794－8498888
邮编：344114

抚州商城宾馆 ★★★
地址：抚州市南城县交通路199号
电话：0794－7266888
邮编：344700

黎川县京峰宾馆 ★★★
地址：抚州市黎川县新城区应京川大道
电话：0794－7566189
邮编：344600

南丰桔苑宾馆 ★★★
地址：抚州市南丰县桔都大道
电话：0794－3222999
邮编：344500

崇仁华侨大酒店 ★★★
地址：抚州市崇仁县迎宾大道
电话：0794－6371699
邮编：344200

乐安县芙蓉山庄 ★★★
地址：抚州市乐安县迎宾大道芙蓉路88号
电话：0794－7136228
邮编：344300

金溪县金都大酒店 ★★★
地址：抚州市金溪县象山南路240号
电话：0794－5288666
邮编：344800

资溪县东苑宾馆 ★★★
地址：抚州市资溪县建设中路88号
电话：0794－5658666
邮编：335300

资溪县站前假日宾馆 ★★★
地址：抚州市资溪县火车站站前广场
电话：0794－5789111
邮编：335300

资溪县京鹰商务宾馆 ★★★
地址：抚州市资溪县建设西路25号
电话：0794－5780999
邮编：335300

资溪安佳宾馆 ★★★
地址：抚州市资溪县建设中路37号
电话：0794－5792088
邮编：335300

资溪新五洲大酒店 ★★★
地址：抚州市资溪县建设东路
电话：0794－5780888
邮编：335300

东乡县鼎丰国际大酒店 ★★★
地址：抚州市东乡县雄岚大道259号
电话：0794－4222222
邮编：331800

广昌县商会大酒店 ★★★
地址：抚州市广昌县
电话：0794－3633333
邮编：344900

永生现代连锁宾馆宜春店 ★★★
地址：宜春市朝阳路189号
电话：0795－3278888
邮编：336000

宜春市盛和源酒店 ★★★
地址：宜春市环城西路368号
电话：0795－3551588
邮编：336000

宜春阳光大酒店 ★★★
地址：宜春市袁山大道中103号
电话：0795－2188888
邮编：336000

宜春青龙大酒店 ★★★
地址：宜春市东风大道248号
电话：0795－3912101
邮编：336000

宜春秀江宾馆 ★★★
地址：宜春市中山中路370号
电话：0795－7083086
邮编：336000

温汤山水温泉疗养院 ★★★
地址：宜春市温汤镇
电话：0795－3518012
邮编：336007

丰城今日商务酒店 ★★★
地址：宜春丰城市新区广电大楼
电话：0795－7072888
邮编：331100

丰城莱特国际大酒店（布兰登大酒店） ★★★
地址：宜春丰城市新区行政中心
电话：0795－7073777
邮编：331100

永生现代连锁宾馆丰城店 ★★★
地址：宜春丰城市东方红大街184号
电话：0795－6156666
邮编：331100

丰城大酒店 ★★★
地址：宜春丰城市剑邑大道164号
电话：0795－6217598
邮编：331100

丰城白金汇酒店 ★★★
地址：宜春丰城市剑邑大道106号
电话：0795－7152888
邮编：331100

樟树药都宾馆 ★★★
地址：宜春樟树市药都路1号
电话：0795－7032666
邮编：331200

高安瑞雪宾馆 ★★★
地址：宜春市高安市高安大道456号
电话：0795－5281888
邮编：330800

新高安宾馆 ★★★
地址：宜春高安市碧落路15号
电话：0795－7061666
邮编：330800

高安假日大酒店 ★★★
地址：宜春高安市高要大道22号
电话：0795－5289999
邮编：330800

高安市花旗大酒店 ★★★
地址：宜春高安市高要大道633号
电话：0795－5788888
邮编：330800

高安绿博生态酒店 ★★★
地址：宜春高安市高安大道西门圆盘
电话：0795－7065799
邮编：330800

高安市上游宾馆 ★★★
地址：宜春高安市桥北路107号
电话：0795－5298887
邮编：330800

奉新县滨江花园酒店 ★★★
地址：宜春市奉新县潦河西路33号
电话：0795－4508888
邮编：330700

万载县汇丰酒店 ★★★
地址：宜春市万载县塔车路
电话：0795－8858888
邮编：336100

上高名典商旅酒店 ★★★
地址：宜春市上高县城广场
电话：0795－2526666
邮编：336400

上高浙商大酒店 ★★★
地址：宜春市上高县建设北路
电话：0795－2533888
邮编：336400

上高县新国际大酒店 ★★★
地址：宜春市上高县朝阳北路6号
电话：0795－2525111
邮编：336400

上高县悦华商务酒店 ★★★
地址：宜春市上高县建设南路28号
电话：0795－2515996
邮编：336400

宜丰县桃花源大酒店 ★★★
地址：宜春市宜丰县站前路8号

电话：0795－2759999
邮编：336300

宜丰粮贸宾馆 ★★★
地址：宜春市宜丰县新星中大道2号
电话：0795－2750000
邮编：336300

铜鼓县青松宾馆 ★★★
地址：宜春市铜鼓县城南东路188号
电话：0795－8692888
邮编：336200

金锣湾大酒店 ★★★
地址：吉安市井冈山大道410号
电话：0796－2183888
邮编：343009

吉安米西宾馆 ★★★
地址：吉安市鹭洲中路6号
电话：0796－8264118
邮编：343000

吉安宾馆 ★★★
地址：吉安市沿江路85号
电话：0796－8263538
邮编：343000

吉安市锦洋宾馆 ★★★
地址：吉安市中山路永叔路中
电话：0796－7039999
邮编：343000

井冈山翠湖宾馆 ★★★
地址：吉安井冈山市红军南路1号
电话：0796－6557666
邮编：343600

井冈山宾馆 ★★★
地址：吉安井冈山市红军北路10号
电话：0796－6552272
邮编：343600

井冈山星街宾馆 ★★★
地址：吉安井冈山市茨坪南山路9号
电话：0796－7168888
邮编：343600

井冈山中煤宾馆 ★★★
地址：吉安井冈山市长坑路16号
电话：0796－6560200
邮编：343600

井冈山长青宾馆 ★★★
地址：吉安井冈山市红军北路17号
电话：0796－6552663
邮编：343600

井冈山圣地山庄 ★★★
地址：吉安井冈山市红军南路66号
电话：0796－6555989
邮编：343600

井冈山井峰宾馆 ★★★
地址：吉安井冈山市茨坪镇
电话：0796－6559999
邮编：343600

井冈山林野大酒店 ★★★
地址：吉安井冈山市新市场路18号
电话：0796－6557981
邮编：343600

井冈山翠林宾馆 ★★★
地址：吉安井冈山市红军北路46号
电话：0796－6560668
邮编：343600

井冈山瑞峰宾馆 ★★★
地址：吉安井冈山市长坑路17号
电话：0796－6552868
邮编：343600

井冈山东方假日酒店 ★★★
地址：吉安井冈山市茨坪黄竹路
电话：0796－2180168
邮编：343600

吉安县皇冠大酒店 ★★★
地址：吉安市吉安县庐陵大道东
电话：0796－8448588
邮编：343100

文山国际（吉水）酒店 ★★★
地址：吉安市吉水县文峰中路288号
电话：0796－3529338
邮编：331600

新干宾馆 ★★★
地址：吉安市新干县环城南路2号
电话：0796－2605486
邮编：331300

泰和县白凤宾馆 ★★★
地址：吉安市泰和县文田开发区
电话：0796－5370297
邮编：343700

遂川龙泉大酒店 ★★★
地址：吉安市遂川县龙山大道
电话：0796－6128888
邮编：343900

汤湖温泉度假村大酒店 ★★★
地址：吉安市遂川县汤湖镇
电话：0796－6357888
邮编：343916

安福文山大酒店 ★★★
地址：吉安市安福县武功山大道金岸广场
电话：0796－7176600
邮编：343200

安福名都大酒店 ★★★
地址：吉安市安福县行政中心
电话：0796－7662666
邮编：343200

安福县武功山温泉山庄 ★★★
地址：吉安市安福县泰山乡
电话：0796－7323168
邮编：343200

安福宾馆 ★★★
地址：吉安市安福县武功山大道92号
电话：0796－7627388
邮编：343200

旅游景区

滕王阁 AAAA
地址：南昌市仿古街58号
电话：0791－86704772
邮编：330008

绳金塔景区 AAA
地址：南昌市西湖区
邮编：330009

八大山人梅湖景区 AAA
地址：南昌青云谱区梅湖湖畔
邮编：330001

天香园 AAAA
地址：南昌市青山湖南大道333号
电话：0791－88207788
邮编：330029

南昌市八一起义纪念馆 AAAA
地址：南昌市东湖区中山路380号
电话：0791－86613806
邮编：330009

南昌宝葫芦农庄 AAAA
地址：南昌市
邮编：330008

南昌梅岭狮子峰景区 AAAA
地址：南昌市湾里区梅岭镇
电话：0791－83765888
邮编：330004

梅岭漂流 AAA
地址：南昌市梅岭漂流风景区
电话：0791－86298973
邮编：330008

绳金塔景区 AAA
地址：南昌市西湖区绳金塔街1号
电话：0791－86492130　86526703
邮编：330002

江西凤凰沟风景区 AAAA
地址：南昌市南昌县黄马乡
电话：0791－85023232
邮编：330200

新建县石岭生态景区 AAA
地址：南昌市新建县
邮编：330100

新建县象山森林公园景区 AAA
地址：南昌市新建县象山镇
电话：0791－83550818
邮编：330100

新建县厚田沙漠景区 AAA
地址：南昌市新建县厚田乡南部
电话：0791－86710033　400－0791－225
邮编：330100

安义县清晨田园度假村景区 AAA
地址：南昌市安义县万埠镇
邮编：330500

南昌安义古村群 AAA
地址：南昌市安义县
邮编：330500

进贤县西湖李村景区 AAA
地址：南昌市进贤县前坊镇西湖李家村
邮编：331700

庐山天沐温泉度假村 AAAA
地址：九江市温泉镇
电话：0792－2615888　2615666
传真：0792－2615777
邮编：332802

庐山风景名胜区 AAAAA
地址：九江庐山风景名胜区
电话：0792－8281040　8296565
邮编：332900

庐山石门涧风景区 AAAA
地址：九江市庐山区赛阳镇
电话：0792－8892223
邮编：332005

庐山东林大峡谷生态文化旅游休闲度假区 AAAA
地址：九江市庐山区
电话：0792-8909063　8909082
邮编：332005

共青城富华山 AAAA
地址：九江共青城市
邮编：332020

西海湾景区 AAAA
地址：九江市武宁县
电话：0792-2988123
邮编：332300

九江市武宁县武陵岩风景区 AAA
地址：九江市武宁县武陵岩
邮编：332300

九江市武宁县西海湾湿地景区 AAA
地址：九江市武宁县
邮编：332300

九江市庐山西海景区 AAAA
地址：九江市修水县
电话：0792-3060925
邮编：332400

九江市修水男崖—马家洲景区 AAAA
地址：九江市修水县
邮编：332400

九江市庐山西海国际温泉度假村景区 AAAA
地址：九江市永修县易家河村
电话：0792-3123222
邮编：330300

庐山龙湾温泉度假村 AAAA
地址：九江市星子县温泉镇
电话：0792-2615566
邮编：332800

九江湖口石钟山 AAAA
地址：九江市湖口县石钟山
电话：0792-6332816
邮编：332500

龙宫洞风景区 AAA
地址：九江市彭泽县天红乡
电话：0792-5840010
邮编：332711

景德镇市得雨生态园 AAAA
地址：景德镇市
邮编：333000

景德镇中国瓷园 AAAA
地址：景德镇市迎宾大道
电话：0798-8569999
邮编：333000

冷水尖景区 AA
地址：景德镇市昌江区鱼山镇
邮编：333000

景德镇古窑民俗博览区 AAAAA
地址：景德镇市枫树村
电话：0798-8534444
邮编：333000

景德镇雕塑瓷厂明清园 AAA
地址：景德镇市珠山区
电话：0798-8502272
邮编：333000

景德镇市御窑厂遗址景区 AA
地址：景德镇市珠山区
邮编：333000

乐平市洪岩仙境风景区 AAAA
地址：景德镇乐平市洪岩镇
电话：0798-6318228
邮编：333400

怪石林风景区 AAAA
地址：景德镇市乐平市众埠镇
电话：0798-6632288
邮编：333300

景德镇市高岭·瑶里风景区 AAAA
地址：景德镇市浮梁县瑶里镇
电话：0798-2601196
邮编：333000

景德镇市浮梁古县衙景区 AAAA
地址：景德镇市浮梁县
电话：0798-2621155
邮编：333400

浮梁金竹山寨 AAA
地址：景德镇市浮梁县
电话：0798-8502272
邮编：333400

龙虎山风景区 AAAAA
地址：鹰潭市龙虎大道1号
电话：0701-6656211
邮编：335000

昌坊度假村 AAA
地址：新余市渝水区欧里镇昌坊村
邮编：338025

仙女湖风景名胜区 AAAA
地址：新余市西南16公里
电话：0790-6850187　6855529
邮编：338025

秋收起义广场 AAA
地址：萍乡市安源区
邮编：337000

安源路矿工人运动纪念馆 AAAA
地址：萍乡市
电话：0799-6351085
邮编：337000

萍乡市湘东区麻山幸福村景区 AAA
地址：萍乡市湘东区麻山镇
邮编：337016

萍乡市莲花荷花博览园景区 AAAA
地址：萍乡市莲花县
邮编：337100

莲花县一枝枪纪念馆 AA
地址：萍乡市莲花县解放街148号
邮编：337100

杨岐山景区 AAAA
地址：萍乡市上栗县
电话：0799-3611080
邮编：337009

萍乡义龙洞风景旅游区 AA
地址：萍乡市上栗县
邮编：337009

萍乡市毛家湾文化村景区 AAA
地址：萍乡市上栗县彭高镇高新工业园北区
电话：0799-6231688
邮编：337009

萍乡市明月湖景区 AAA
地址：萍乡市芦溪县南垢坪村
邮编：337053

秋收起义烈士陵园 AAA
地址：萍乡市芦溪县
邮编：337053

萍乡武功山景区 AAAA
地址：萍乡市芦溪县麻田武功山
电话：0799-7631733　7631158
邮编：337053

赣州市五龙客家风情园 AAAA
地址：赣州市沙河大道18号
电话：0797-8186669
邮编：341000

赣州通天岩景区 AAAA
地址：赣州市章贡区水西镇通天岩村
电话：0797-8334418
邮编：341000

赣州市宝葫芦农庄 AAAA
地址：赣州市章贡区水西镇
电话：0797-8253709　8258899
传真：0797-8251688
邮编：341000

瑞金中央革命根据地纪念馆 AAAA
地址：赣州瑞金市八一北路
电话：0797-2522063
邮编：342500

赣州市客家文化城 AAAA
地址：赣州市赣县
电话：0797-4431590
邮编：341100

丫山 AAAA
地址：赣州市大余县
电话：0797-8722063
邮编：341500

陡水湖风景区 AAAA
地址：赣州市上犹县陡水镇
电话：0797-8543270
邮编：341200

赣州阳岭森林公园 AAAA
地址：赣州崇义县
电话：0797-7623435
邮编：341300

赣州市安远三百山景区 AAAA
地址：赣州市安远县东南
邮编：342100

赣州市龙南关西围屋景区 AAAA
地址：赣州市龙南县关西村
邮编：341700

客家酒堡景区 AAA
地址：赣州市龙南县里仁镇渔仔潭
邮编：341700

赣州市九曲度假村 AAAA
地址：赣州市定南县天九镇
电话：0797-4210000
邮编：341900

中央红军长征出发地纪念园 AAA
地址：赣州市于都县新地村
邮编：342300

翠微峰国家森林公园 AAAA
地址：赣州市宁都县梅江镇

江西

电话：0797－6807667
邮编：342800

赣州三僚风水文化景区 AAAA
地址：赣州市兴国县梅窖镇三僚村
电话：0797－5793308
邮编：342400

汉仙岩风景区 AAAA
地址：赣州市会昌县筠门岭镇
电话：0797－5612616
邮编：342614
网址：www. hanxianyan. com

通天寨风景区 AAAA
地址：赣州市石城县大畬村
电话：0797－5793308
邮编：342400

上饶集中营旧址 AAAA
地址：上饶市信州区茅家岭乡
电话：0793－8153595
邮编：334000

上饶大坳枫泽湖风景区 AA
地址：上饶市上饶县上泸镇
邮编：334100

广丰县铜钹山（九仙湖）景区 AAA
地址：上饶市广丰县
邮编：334600

三清山风景区 AAAAA
地址：上饶市玉山县三清山外双溪（响波桥）
电话：0793－8225817
邮编：334000

三清山田园牧歌景区 AAAA
地址：上饶市玉山县紫湖镇三清山金沙服务区
电话：0793－70776667136666
邮编：334700

上饶铅山葛仙山风景区 AA
地址：上饶市铅山县杨林乡
邮编：334500

上饶市横峰县闽浙皖赣根据地旧址景区 AAA
地址：上饶市横峰县葛源镇
邮编：334300

上饶弋阳龟峰景区 AAAA
地址：上饶市弋阳县城南方志敏大道
电话：0793－5826573
邮编：334400

鄱阳湖国家湿地公园 AAAA
地址：上饶市鄱阳县
电话：400－0791－225
邮编：333100

万年神农源景区 AAAA
地址：上饶市万年县大源镇盘岭村
邮编：335500

婺源县大鄣山卧龙谷旅游区 AAAA
地址：上饶市婺源县大鄣山乡
电话：0793－7246688
邮编：333200

婺源江湾景区 AAAAA
地址：上饶市婺源县
电话：0793－7293246
邮编：333200

婺源篁岭景区 AAAA
地址：上饶市婺源县婺源风景区
电话：0793－7255555
邮编：333200

婺源文化与生态旅游区 AAA
地址：上饶市婺源县
邮编：333200

思溪延村古村景区 AAAA
地址：上饶市婺源县思口镇
邮编：333200

上饶市婺源县灵岩洞旅游区 AAAA
地址：上饶市婺源县古坦乡
邮编：333200

李坑古村景区 AAAA
地址：上饶市婺源县秋口镇李坑村
邮编：333200

文公山景区 AAAA
地址：上饶市婺源县中云镇
邮编：333200

鸳鸯湖景区 AAAA
地址：上饶市婺源县赋春镇
电话：0793－7393098
邮编：333200

婺源汪口景区 AAAA
地址：上饶市婺源县江湾镇汪口村
电话：0793－7298002
邮编：333200

抚州名人雕塑园 AAAA
地址：抚州市临川区
邮编：344000

抚州大金山寺 AA
地址：抚州市临川区云山镇
电话：0794－8616519　8616648
邮编：344000

汤显祖纪念馆 AA
地址：抚州市临川区
电话：0794－8223137
邮编：334000

抚州市梦湖景区 AAAA
地址：抚州市
邮编：344000

江西东华山水景区 AAA
地址：抚州市黎川县洲湖村
电话：0794－7579518
邮编：344600

抚州南丰紫霄观漂流风景区 AA
地址：抚州市南丰县紫霄镇
邮编：344500

南丰县潭湖旅游风景区 AA
地址：抚州市南丰县
邮编：344500

抚州市资溪大觉山景区 AAAA
地址：抚州市资溪县
电话：0794－5796906
邮编：335300

江西宜春明月山天沐温泉度假村 AAAA
地址：宜春市袁州区温汤镇
电话：0795－3588888　3516709
邮编：336000

宜春明月山温泉风景名胜区 AAAA
地址：宜春市袁州区
电话：0795－3516666
邮编：336000

宜春酌江风景区 AAA
地址：宜春市袁州区三阳镇
电话：0795－3652968
邮编：336000

丰城市生态硒谷景区 AA
地址：宜春丰城市董家镇
电话：0795－6298218
邮编：331100

宜春丰城市丰水湖公园 AAA
地址：宜春丰城市新城区西
邮编：331100

樟树市三皇宫景区 AA
地址：宜春樟树市区北部边街
电话：0795－7332256
邮编：331200

阁皂山旅游风景区 AA
地址：宜春樟树市阁山镇
电话：0795－7871033　7581119
邮编：331200

高安市华林八百洞天景区 AA
地址：宜春高安市伍桥镇
电话：0795－5680555　5680666
邮编：330800

罗卜潭省级风景名胜区 AA
地址：宜春市奉新县罗市镇
邮编：330700

百丈山景区 AA
地址：宜春市奉新县罗市镇
电话：0795－4648343　4648044
邮编：330700

江西省国际体育健身运动中心 AA
地址：宜春市奉新县
电话：0795－4581008
邮编：330700

万载县竹山洞 AA
地址：宜春市万载县马步乡
电话：0795－8828790　7100139
邮编：336100

宜春市万载县仙源湘鄂赣红色旅游景区 AAA
地址：宜春市万载县仙源镇
邮编：336100

宜春市万载县竹山洞景区 AAA
地址：宜春市万载县
邮编：336100

上高县镜山 AA
地址：宜春市上高县
电话：0795－2514910
邮编：336400

上高九峰森林公园景区 AA
地址：宜春市上高县
电话：0795－2570098
邮编：336400

宜丰县洞山风景区 AA
地址：宜春市宜丰县李家洲
邮编：336317

三爪仑国家森林公园 AAAA
地址：宜春市靖安县森林大厦七楼（管理处）
电话：0791－4651548
邮编：330600

江
西

宜春靖安中部梦幻城 AAAA
地址：宜春市靖安县城
邮编：330600

铜鼓县天柱峰景区 AAA
地址：宜春市铜鼓县大塅镇
邮编：336200

吉安市渼陂古村 AAAA
地址：吉安市青原区渼陂村
电话：0796－8484009
邮编：343009

青原山景区 AAAA
地址：吉安市青原区河东镇东
电话：0796－8120545
邮编：343000

钓源古村 AAA
地址：吉安市吉州区兴桥镇钓源村
邮编：343000

吉安青原山风景旅游区 AA
地址：吉安市河东乡
邮编：343000

吉安庐陵文化生态园 AAAA
地址：吉安市吉州区
邮编：343000

井冈山风景区 AAAAA
地址：吉安井冈山市茨坪镇
电话：0796－6552293
邮编：343600

文天祥纪念馆 AAA
地址：吉安市吉安县庐陵大道
电话：0796－8442579
邮编：343100

吉安天祥景区 AAAA
地址：吉安市吉安县城
电话：0796－8442579
邮编：343100
网址：www. wentianxiang. cn

吉安毛泽东祖籍游览苑 AA
地址：吉安市吉水县八都镇毛家村
电话：0796－3562945
邮编：331600

吉水县燕坊古村 AAA
地址：吉安市吉水县金滩镇燕坊村
邮编：331608

永丰县大仙岩景区 AA
地址：吉安市永丰县陶唐乡金溪村
邮编：331500

吉安永丰欧阳修纪念馆 AAA
地址：吉安市永丰县
邮编：331500

泰和县楠木森景区 AAA
地址：吉安市泰和县桥头镇
电话：0796－5272938
邮编：343700

遂川县工农兵政府旧址 AA
地址：吉安市遂川县泉江镇
电话：0796－6322462
邮编：343900

遂川县汤湖温泉度假村 AAA
地址：吉安市遂川县汤湖镇
邮编：343900

吉安安福武功山温泉山庄 AA
地址：吉安市安福县泰山文家村
电话：0796－7320568
邮编：343200

餐　馆

南昌凤祥春酒楼
地址：南昌市青山湖区南京东路 183 号
电话：0791－88108121　88107173
邮编：330029

龙老五汤店
地址：南昌市西湖区站前西路 203 号
电话：0791－86419102
邮编：330009

南昌民间饭庄
地址：南昌市西湖区系马桩 342 号
电话：0791－86236820
邮编：330009

玉兔饭庄总店
地址：南昌市西湖区孺子路 168 号
电话：0791－86257136
邮编：330009

新雅酒家
地址：南昌市象山南路 248 号
电话：0791－86628445
邮编：330008

赣彩轩餐饮有限责任公司
地址：南昌市丁公路
电话：0791－86661600
邮编：330008

好味百年餐饮有限公司
地址：南昌市二七南路
电话：0791－87131555
邮编：330008

朝和餐饮有限公司
地址：南昌市胜利路
电话：0791－86771619
邮编：330008

圣陶沙餐饮服务有限公司
地址：南昌市八一大道
电话：0791－86271189
邮编：330008

巴士在线餐饮有限公司
地址：南昌市滨江南路
电话：0791－86595777
邮编：330008

狮子楼餐饮有限公司
地址：南昌市胜利路
电话：13970076199
邮编：330008

万家灯火餐饮管理有限公司
地址：南昌市象山北路
电话：0791－86610120
邮编：330008

百花园餐饮有限责任公司
地址：南昌市船山路
电话：0791－86617578
邮编：330008

熊家私房菜餐饮有限公司
地址：南昌市洪都中大道
电话：0791－88227799　88221288
邮编：330008

湘水人家饮食文化有限公司
地址：南昌市青山南路
电话：0791－88608822
邮编：330006

南昌市饮食服务公司
地址：南昌市中山路
电话：0791－86270024
邮编：330003

南苑餐厅
地址：南昌市青云谱区南莲路
电话：0791－85216523
邮编：330008

绿茵阁西餐厅
地址：南昌市孺子路
电话：0791－86229788
邮编：330003

彩蝶轩餐厅
地址：南昌市民德路
电话：0791－86219933
邮编：330008

独一处海鲜城
地址：南昌市西湖区桃苑大街 1 号
电话：0791－86533285
邮编：330008

江西饭店
地址：南昌市八一大道 356 号
电话：0791－88858888
邮编：330008

赣菜新概念
地址：南昌市福州路 55 号
电话：0791－86263333
邮编：330008

三千里烤肉店
地址：南昌西湖区环湖路 20 号
电话：0791－86816260
邮编：330008

江湖味道
地址：南昌市环湖路 91 号
电话：0791－88855068
邮编：330008

零点咖啡
地址：南昌市中山路 104 号
电话：0791－86099000
邮编：330008

红番茄饭店
地址：南昌市贤士一路
电话：0791－88606321
邮编：330008

赣味人家
地址：南昌市子安路
电话：0791－86535516
邮编：330008

清真万花楼小肥羊
地址：南昌市东湖区民德路 343 号
电话：0791－86772285
邮编：330008

家庭厨房
地址：南昌市东湖区中山西路 5 号
电话：0791－86578072
邮编：330008

南昌美食城
地址：南昌市东湖区福州路 11 号
电话：0791－86235184
邮编：330008

东来顺饭庄
地址：南昌市东湖区民德路 120 号
电话：0791－86264272
邮编：330008

民间食府
地址：南昌市西湖区丁公路 117 号
电话：0791－87100666
邮编：330008

向塘土鸡乌鱼店
地址：南昌市东湖区贤士一路 4 号
电话：0791－88630664
邮编：330008

乡村一绝烧菜馆
地址：南昌市庐山南大道
电话：0791－82806072
邮编：330008

竹亭日本料理
地址：南昌市东湖区民德路 318 号
电话：0791－86771220
邮编：330008

九江武宁津津餐馆
地址：九江市浔阳区庐山南路 195 号
电话：0792－8110740
邮编：332000

流金岁月茶餐厅
地址：九江市浔阳路 103 号
电话：0792－8118718
邮编：332000

九江市汉唐食府餐饮有限公司
地址：九江市浔阳路 90 号
电话：0792－8121999
邮编：332000

鲇鱼馆大酒店
地址：九江市庐山南路 129－131 号
电话：0792－8187599
邮编：332000

星河大酒店中餐厅
地址：九江市滨江东路 45 号
电话：0792－8532222
邮编：332000

红狗酒屋
地址：九江市庐山区芦林 39 号
电话：0792－8207705
邮编：332000

万家灯火大酒店
地址：景德镇市浙江路 166 号
电话：0798－8279777
邮编：333000

御景楼
地址：景德镇市广场北路
电话：0798－8236676
邮编：333000

锦绣龙腾食坊
地址：景德镇市通站路 1 号
电话：0798－7021777
邮编：333000

小麻雀
地址：景德镇市莲社北路
电话：0792－8222177
邮编：333000

景德镇市群英阁酒家
地址：景德镇市朝阳路 52 号
电话：0798－8212738
邮编：333000

景德镇市陶阳村大酒店
地址：景德镇市瓷都大道 659 号
电话：0798－8526068
邮编：333000

景德镇景龙酒楼
地址：景德镇市珠山中路 1 号
电话：0798－8220566
邮编：333000

景德镇市枫居园酒家
地址：景德镇市新风路
电话：0798－8552822
邮编：333000

景德镇市江南酒楼
地址：景德镇市中华北路 3 号
电话：1395748128
邮编：333000

景德镇市科技大酒家
地址：景德镇市广场南路 28 号
电话：0798－8229664
邮编：333000

景德镇市满汉大酒店
地址：景德镇市沿河西路 58 号
电话：0798－8526471－2198
邮编：333000

景佳园酒楼
地址：鹰潭市月湖区胜利东路
电话：0701－6442016
邮编：335000

光明酒家
地址：鹰潭市月湖区正大路
电话：0701－6266379
邮编：335000

新一品鲜酒家
地址：鹰潭市月湖区四海路
电话：0701－6269979
邮编：335000

美食美客土菜馆
地址：鹰潭市月湖区站江路 8 号
电话：0701－6266598
邮编：335000

山海楼酒店
地址：鹰潭市月湖区
电话：0701－6605799
邮编：335000

家味厨坊
地址：鹰潭市月湖区五洲路
电话：0701－6313777
邮编：335000

草原兴发涮园鹰潭总店
地址：鹰潭市月湖区正大路
电话：0701－6269527
邮编：335000

东湖家园酒楼
地址：鹰潭市月湖区湖东路 8 号
电话：0701－6447778
邮编：335000

菜根香酒家
地址：鹰潭市月湖区正大路
电话：0701－6224348
邮编：335000

荷塘月色大酒店城北店
地址：新余市仰天西大道（北新生态花园）
电话：0790－6491177
邮编：338025

豆香村酒楼
地址：新余市北湖东路
电话：0790－6425198
邮编：338025

新余市老地方餐馆
地址：新余市胜利北路 22 号
电话：0790－6232270
邮编：338025

川江鱼馆
地址：新余市昌山南路
电话：0790－5886876
邮编：338025

田园食府
地址：新余市仙来东大道
电话：0790－6860777
邮编：338025

明珠大酒店
地址：新余市仙来西大道 188 号
电话：0790－6455201
邮编：338025

赣南人家
地址：新余市渝水区劳动北路
电话：0790－6410395
邮编：338025

瓦罐煨汤馆
地址：新余市渝水区抱石大道
电话：0790－6216919
邮编：338025

湘农蒸菜馆
地址：萍乡市安源区滨河东路
电话：0799－6847777
邮编：337000

玉湖饭庄
地址：萍乡市安源区滨河西路
电话：0799－6668987
邮编：337000

银河酒楼
地址：萍乡市安源区滨河东路
电话：0799－6835856
邮编：337000

滨河土菜馆
地址：萍乡市安源区滨河东路
电话：0799－6835977
邮编：337000

寨上红土菜豆腐馆
地址：萍乡市安源区滨河西路
电话：0799－6668516
邮编：337000

鄱阳湖渔村
地址：萍乡市安源区滨河西路
电话：0799－6668288
邮编：337000

小肥羊火锅城
地址：萍乡市安源区公园中路

电话：0799－6822273
邮编：337000

新世纪渔港
地址：萍乡市登岸西路1号
电话：0799－6786266
邮编：337000

萍水相逢美食广场
地址：萍乡市建设东路1号
电话：0799－6324666
邮编：337000

大千味饭庄
地址：萍乡市北桥滨河东路38号
电话：0799－6817989
邮编：337000

赣州云山饭店
地址：赣州市八一四大道18号
电话：0797－8119696
邮编：341000

杏花村酒家
地址：赣州市章贡区黄屋坪路
电话：0797－7065616
邮编：341000

滨江酒楼
地址：赣州市章贡区东阳山路
电话：0797－8232827
邮编：341000

闽赣海鲜楼
地址：赣州市章贡区南河路
电话：0797－7041345
邮编：341000

潮洲饭店
地址：赣州市章贡区文明大道
电话：0797－8114312
邮编：341000

锦江饭庄
地址：赣州市章贡区黄屋坪路
电话：0797－2195260
邮编：341000

农家小院饭庄
地址：赣州市章贡区赣江源大道
电话：0797－8382398
邮编：341000

虔江酒楼
地址：赣州市章贡区红环路
电话：0797－6191175
邮编：341000

毛家饭店
地址：上饶市信州区滨江西路
电话：0793－8229777
邮编：334000

半岛酒楼
地址：上饶市信州区中山西路
电话：0793－5186264
邮编：334000

南昌云南过桥米线饭庄
地址：上饶市信州区水南街
电话：0793－8220011
邮编：334000

东北一家人菜馆
地址：上饶市信州区
电话：0793－7081966
邮编：334000

贵州正宗花江狗肉城
地址：上饶市信州区庆丰路
电话：0793－8234418
邮编：334000

湘菜馆
地址：上饶市信州区解放路
电话：0793－7038886
邮编：334000

宫廷坊
地址：上饶市信州区带湖路78号
电话：0793－7069777
邮编：334000

芙蓉楼
地址：上饶市滨江西路18－4号
电话：0793－8229777
邮编：334000

万家渔村
地址：上饶市带湖路56－1号
电话：0793－8257979
邮编：334000

锦东大酒楼
地址：上饶市
电话：0793－8272188
邮编：344000

云雾山庄
地址：上饶市东岳路
电话：0793－8222777
邮编：334000

知味轩
地址：上饶市五四西大道
电话：0793－8370072
邮编：334000

食尚空间
地址：抚州市马家山文化商贸广场2号楼
电话：0794－8266999
邮编：344000

农家土灶
地址：抚州市金巢路中段
电话：0794－8211799
邮编：344000

民间瓦缸煨汤馆
地址：抚州市羊城路57号
电话：0794－8281777
邮编：344000

宝悦食坊
地址：抚州市赣东大道176号
电话：0794－8230389
邮编：344000

老鸭酒楼
地址：抚州市临川区大公路
电话：0794－8282243
邮编：344000

翠园食府
地址：抚州市金巢大道
电话：0794－8216999
邮编：344000

天天渔港餐馆
地址：宜春袁州区宜阳大道149号石化大厦内
电话：0795－3998999
邮编：336000

阳光食府
地址：宜春市袁州区
电话：0795－3666088
邮编：336000

粤秀海鲜大酒店
地址：宜春市秀江西路106号
电话：0795－3230658
邮编：336000

宜春剑春酒楼
地址：宜春市秀江中路205号
电话：0795－3211383
邮编：336000

宜春地区海驿饮食有限责任公司
地址：宜春市秀江中路2号
电话：0795－3276585
邮编：336000

宜春赣宜大酒店
地址：宜春市崇儒巷37号
电话：0795－3226013
邮编：336000

宜春迎阁楼酒家
地址：宜春市秀江中路170号
电话：0795－3237469
邮编：336000

宜春市饮食服务总公司
地址：宜春市三眼井
电话：0793－3222776
邮编：336000

宜春市星光美食楼
地址：宜春市环城西路764号
电话：0795－3570681
邮编：336000

花园酒家
地址：吉安市仁山坪路3号
电话：0796－7029298
邮编：343000

九州美食城
地址：吉安市吉州区井岗山大道
电话：0796－8287464
邮编：343000

金庐陵饭庄
地址：吉安市吉州区大桥西路8号
电话：0796－8268887
邮编：343000

相思林酒楼吉安店
地址：吉安市韶山西路6号
电话：0796－8266777
邮编：343000

华昌食府
地址：吉安市青原区文天祥大道
电话：0796－8102567
邮编：343000

牛骨头特色酒家
地址：吉安市吉州区人民广场南路
电话：0796－8252191
邮编：343000

藏金阁美食城
地址：吉安市青原区青原大道
电话：0796－8863300
邮编：343000

西苑餐馆
地址：吉安市吉州区中山西路
电话：0796－8320054
邮编：343000

巴蜀美食楼
地址：吉安市文山步行街
电话：0796－8264299
邮编：343000

赣新河鱼馆
地址：吉安市吉州区阳明东路
电话：0796－8898017
邮编：343000

大丰收美食楼
地址：吉安市吉州区中山东路
电话：0796－8226333
邮编：343000

湘江江河鱼馆
地址：吉安市吉州区中山西路
电话：0796－7029097
邮编：343000

嘉旺美食楼
地址：吉安市吉州区韶山西路
电话：0796－8273644
邮编：343000

旅游用品

南昌农民工艺品厂
地址：南昌市高新鲍桩58号
电话：0791－87616868
邮编：333000

江西省金银饰品厂
地址：南昌市渊明南路95号
电话：0791－86782905
邮编：330008

千年南非钻石城有限责任公司
地址：南昌市胜利路57号
电话：0791－86768799　86768299
邮编：330008

天缘首饰有限公司
地址：南昌市胜利路
电话：0791－86778367　86798366
邮编：330008

梦琦珠宝有限公司
地址：南昌市胜利路287号
电话：0791－86491887
邮编：330008

地质人珠宝行
地址：南昌市胜利路10号
电话：0791－86636339
邮编：330008

周大福珠宝金行
地址：南昌市胜利路53号
电话：0791－86774172
邮编：330008

兆喜福珠宝首饰有限公司
地址：南昌市八一大道99号洪城广场
电话：0791－86266873
邮编：330008

国营南昌工艺美术二厂
地址：南昌市羊子巷171号
电话：0791－86224751
邮编：330009

南昌工艺美术厂
地址：南昌市民德路
电话：0791－86223053　86217224
邮编：330008

新新工艺品厂
地址：南昌市
电话：0791－86772565
邮编：330008

南昌市工艺美术实业（集团）公司
地址：南昌市广润门
电话：0791－86628123　86628170
邮编：330008

南昌铜工艺品厂
地址：南昌市前进路147号
电话：0791－86415464
邮编：330002

江南美术工艺社
地址：南昌市民德路163号
电话：0791－86395789　86395142
邮编：330008

金晶珠宝世界
地址：南昌市皇殿侧路2号
电话：0791－86269436
邮编：330006

中港珠宝城
地址：南昌市叠山路466号
电话：0791－86769464
邮编：330008

庐山朗阁艺术品有限公司
地址：九江市利江花园
电话：0792－8369581
邮编：332000

江西鄱湖珍珠核工艺有限公司
地址：九江市都昌县芙蓉山工业园
电话：0792－5218928　5218958
邮编：332600

景德镇市青花文具瓷厂
地址：景德镇市青花路
电话：0798－8581227
邮编：333000

景德镇五窑陶瓷文化传播有限公司
地址：景德镇市景德商城3楼I－10号
电话：0798－8222105
邮编：333000

景德镇唐龙陶瓷有限公司
地址：景德镇市中国陶瓷城香江东二路66号
电话：0798－8732650
邮编：333000

景德镇正德陶瓷有限公司
地址：景德镇市中国陶瓷城香江东三路87号
电话：0798－8516851
邮编：333000

景德镇金亚陶瓷有限责任公司
地址：景德镇市昌江区陶瓷城东二街43A
电话：0798－8584618
邮编：333100

江西景德镇三雄陶瓷有限公司
地址：景德镇市
电话：0798－7079728
邮编：333000

景德镇市鸿球陶瓷工艺品进出口有限公司
地址：景德镇市迎宾大道中国陶瓷城天津街23A号
电话：0798－8397755
邮编：333000
网址：www.chinesehq.cn

景德镇玉柏陶瓷有限公司
地址：景德镇市市昌江区高新开发区陶瓷工业园长城创域路
电话：0798－8337778
邮编：333000

杨森木雕有限公司
地址：鹰潭市军民路20号
电话：0701－6227666
邮编：335000

果喜集团余江工艺雕刻有限公司
地址：鹰潭市余江县白塔中路
电话：0701－5881084
邮编：335200

喜昌漆器有限公司
地址：鹰潭市余江县白塔西路
电话：0701－5881016
邮编：335200

新余市工艺美术总公司
地址：新余市渝水区西街83号
电话：0790－6222389
邮编：338025

萍乡市五洲圣诞工艺品厂
地址：萍乡市高新技术工业园
电话：0799－6652368　7291165
邮编：337100

赣州维纳（香港）工艺品有限公司
地址：赣州市黄金岭开发区金坪工业村
电话：0797－8371838　8370493
邮编：341000

赣州市黄金竹木雕刻工艺制品厂
地址：赣州市水南镇黄金大岭上
电话：0797－8381239
邮编：341000

松明竹草制品有限公司
地址：上饶市凤凰工业园区
电话：0793－8271115
邮编：334000

玉山县工艺美术厂
地址：上饶市玉山县玉紫路
电话：0793－2554890
邮编：334700

宜黄县华腾工艺有限公司
地址：抚州市宜黄县
电话：0794－7659999
邮编：344400

江西省广昌县虹裕扇业有限公司
地址：抚州市广昌县
电话：0794－3630129
邮编：344900

广昌县圣莲扇业发展有限公司
地址：抚州市广昌县
电话：0794－3678068
邮编：344901

广昌县虹裕扇厂
地址：抚州市广昌县工业小区
电话：0794－3630129
邮编：344900

富玉工艺制品厂
地址：宜春丰城市秀市镇
电话：0795－6472360

邮编：331100

旅游交通

江西省旅游汽车公司
地址：南昌市上海北路 146 号
电话：0791－88300044
邮编：330029

南昌火车站
地址：南昌市站前路 213 号
电话：0791－87023222　95105105
邮编：330000

南昌昌北机场
地址：南昌市象山镇
电话：0791－83960075
邮编：330000

九江市石松旅游汽车出租有限公司
地址：九江市十里大道 1460 号
电话：0792－8252561
邮编：332005

庐山旅游汽车出租有限责任公司
地址：九江市窑洼路
电话：0792－8281941
邮编：332005

九江火车站
地址：九江市长虹大道
电话：0792－8589812
邮编：332001

长江轮船海外旅游九江分公司
地址：九江市环城路
电话：0792－8237200
邮编：332000

九江庐山机场
地址：九江市岷山乡
电话：0792－8431811
邮编：332100

景德镇罗家机场
地址：景德镇市金岭大道
电话：0798－8569656
邮编：333000

景德镇火车站
地址：景德镇市通站路
电话：0798－7022482
邮编：333000

鹰潭火车站
地址：鹰潭市东二村 1 号
电话：0701－7022322
邮编：335002

鹰潭火车南站
地址：鹰潭市平安路
电话：0701－6460206
邮编：335002

贵溪市火车站
地址：鹰潭贵溪市交通路
电话：0701－3771229　3771587
邮编：335400

萍乡市旅游汽车服务有限公司
地址：萍乡市建设西路
电话：0799－6331283
邮编：337000

萍乡市火车站
地址：萍乡市跃进北路
电话：0799－6836334
邮编：33700

赣州市火车站
地址：赣州市
电话：0797－7022322
邮编：341000

赣州黄金机场
地址：赣州市南郊
电话：0797－8373420
邮编：341000

上饶火车站
地址：上饶市解放路
电话：0793－7022322
邮编：334000

抚州火车北站
地址：抚州市抚北西路
电话：0794－8499101
邮编：344000

东乡县火车站
地址：抚州市东乡县
电话：0794－4227688
邮编：331800

宜春市火车站
地址：宜春市
电话：0795－3217355　3272425
邮编：336000

吉安火车站
地址：吉安市青原区站前大道
电话：0796－7020196
邮编：343009

井冈山机场
地址：吉安市泰和县
电话：0796－5268011
邮编：343700

山　　东

SHANDONG

旅游机构

山东省旅游局
地址：济南市经十路 173 号
电话：0531－82965858
邮编：250014

济南市旅游局
地址：济南市历下区龙鼎大道 1 号龙奥大厦
电话：0531－66608769
邮编：250001

济南市市中区旅游局
地址：济南市经十一路 58 号
电话：0531－82078436
邮编：250002

济南市天桥区旅游办公室
地址：济南市无影山东路 41 号
电话：0531－85872931
邮编：250031

济南市槐荫区旅游办公室
地址：济南市槐荫区中兴大厦
电话：0531－87589467
邮编：250117

济南市历下区旅游局
地址：济南市历下区文化西路 18 号
电话：0531－82914178
邮编：250014

济南市历城区旅游局
地址：济南市历城区洪楼南路 2 号
电话：0531－88161129
邮编：250100

济南市长清区旅游局
地址：济南市长清区政府办公楼 5 楼
电话：0531－87233978
邮编：250300

章丘市旅游局
地址：济南章丘市明水汇泉路 50 号
电话：0531－83242999
邮编：250200

平阴县旅游局
地址：济南市平阴县政府 3 楼
电话：0531－87883920
邮编：250400

青岛市旅游局
地址：青岛市青港中路 17 号市政府三期 10 楼
电话：0532－85912029
邮编：266071

青岛经济技术开发区旅游局
地址：青岛经济技术开发区长江路 369 号
电话：0532－86989032
邮编：266555

胶州市旅游局
地址：青岛胶州市常州路 11 号
电话：0532－87209830
邮编：266300

即墨市旅游局
地址：青岛即墨市岙兰路 133 号
电话：0532－88519431
邮编：266200

平度市旅游局
地址：青岛平度市红旗路 85 号
电话：0532－88313232
邮编：266700

胶南市旅游局
地址：青岛胶南市珠海路 51 号
电话：0532－86116670
邮编：266400

莱西市旅游局
地址：青岛莱西市上海中路东端
电话：0532－88433222
邮编：266600

青岛市崂山区旅游局
地址：青岛市香港东路 268 号行政大厦
电话：0532－88996200
邮编：266061

青岛市城阳区旅游局
地址：青岛市城阳区正阳路 222 号
电话：0532－87968218
邮编：266109

淄博市旅游局
地址：淄博市张店区人民路 5 号
电话：0533－2150857
邮编：255043

淄博市张店区旅游局
地址：淄博市张店区兴学街 25 号
电话：0533－2186393
邮编：255010

淄博市临淄区旅游局
地址：淄博市临淄区人民路 125 号
电话：0533－7215998
邮编：255400

淄博市淄川区文化旅游局
地址：淄博市淄川区般阳路 110 号
电话：0533－5282980
邮编：255100

淄博市博山区旅游局
地址：淄博市博山区中心路 54 号
电话：0533－4181270
邮编：255200

淄博市周村区文化旅游局
地址：淄博市周村区政务中心
电话：0533－6172447
邮编：255300

桓台县旅游局
地址：淄博市桓台县兴桓路 56 号
电话：0533－8214068
邮编：256400

高青县文化旅游局
地址：淄博市高青县黄河路 81 号
电话：0533－6967181
邮编：256300

沂源县旅游局
地址：淄博市沂源振兴路中段县府大院内
电话：0533－3241176
邮编：256100

枣庄市旅游局
地址：枣庄市新城区财政大楼 301 室
电话：0632－3355600
邮编：277800

枣庄市山亭区旅游局
地址：枣庄市山亭区府前西路 4 号
电话：0632－8821599
邮编：277210

枣庄市台儿庄区旅游局
地址：枣庄市台儿庄区金光路 106 号
电话：0632－6628663
邮编：277400

枣庄市峄城区旅游局
地址：枣庄市峄城区桃花路 1 号
电话：0632－7718258
邮编：277300

枣庄市薛城区旅游局
地址：枣庄市薛城区临山路 253 号
电话：0632－4442985
邮编：277000

滕州市旅游局
地址：枣庄滕州市龙山路 82 号
电话：0632－5517016
邮编：277500

东营市旅游局
地址：东营市东城南一路 1226 号
电话：0546－8333678
邮编：257091

东营市河口区旅游局
地址：东营市河口区黄河路 2271 号
电话：0546－3881961
邮编：25700

垦利县旅游局
地址：东营市垦利县气象局办公楼 1 楼（双桥路）
电话：0546－2563588
邮编：257500

广饶县旅游外事办公室
地址：东营广饶县府前街 25 号
电话：0546－6441151
邮编：257300

烟台市旅游局
地址：烟台市银海路 26 号
电话：0535－6246929
邮编：264000

烟台市芝罘区旅游局
地址：烟台市市府街 76 号西辅楼
电话：0535－6225705
邮编：264001

烟台市福山区旅游局
地址：烟台市福山区府前街 1 号
电话：0535－6361884
邮编：265500

烟台市牟平区旅游局
地址：烟台市牟平区养马岛旅游度假区
电话：0535－4765969
邮编：264119

烟台市开发区旅游局
地址：烟台市开发区行政中心 547 室
电话：0535－6396718
邮编：264006

龙口市旅游局
地址：烟台龙口市西环路龙口大酒店
电话：0535－8516620
邮编：265701

莱阳市旅游局
地址：烟台莱阳市鳌阳路 5 号
电话：0535－7212462
邮编：265200

莱州市旅游局
地址：烟台莱州市光州路西首行政审批中心4楼
电话：0535－2211953
邮编：261400

蓬莱市旅游局
地址：烟台蓬莱市北关路171号
电话：0535－5642393
邮编：265600

栖霞市旅游局
地址：烟台栖霞市霞光路北首
电话：0535－5212406
邮编：265300

海阳市旅游局
地址：烟台海阳市凤城
电话：0535－3311666
邮编：265118

招远市旅游局
地址：烟台市招远市府前路128号
电话：0535－8239899
邮编：265400

长岛县旅游局
地址：烟台市长岛县县府街55号
电话：0535－3215406
邮编：265800

潍坊市旅游局
地址：潍坊市东风大街6396号阳光大厦27层东区
电话：0536－8091338
邮编：261061

潍城区文化旅游局
地址：潍坊市东风西街348号
电话：0536－8188678
邮编：261011

潍坊市寒亭区旅游局
地址：潍坊市民主东街101号
电话：0536－7267175
邮编：261100

潍坊市奎文区旅游管理办公室
地址：潍坊市胜利东街373号
电话：0536－8211882
邮编：261041

青州市旅游局
地址：潍坊青州市范公亭西路1888号
电话：0536－3221382
邮编：262500

诸城市旅游局
地址：潍坊诸城市密州路恐龙公园
电话：0536－6186789
邮编：262200

寿光市旅游局
地址：潍坊寿光市迎宾街282号
电话：0536－5268887
邮编：262700

安丘市旅游局
地址：潍坊安丘市贾戈镇青云山民俗游乐园
电话：0536－4321090
邮编：262106

昌乐县旅游局
地址：潍坊市昌乐县宝石城
电话：0536－6281920
邮编：262400

临朐县旅游局
地址：潍坊市临朐县山旺路28号
电话：0536－3212683
邮编：262600

济宁市旅游局
地址：济宁市红星中路23号
电话：0537－2225188
邮编：272037

济宁市兖州区旅游局
地址：济宁兖州区富都宾馆内
电话：0537－3436508
邮编：272100

曲阜市旅游局
地址：济宁曲阜市逵泉西道
电话：0537－4414789
邮编：273100

邹城市旅游局
地址：济宁邹城市太平路54号
电话：0537－5212615
邮编：273500

汶上县旅游局
地址：济宁市汶上县宝相寺内
电话：0537－7212015
邮编：272500

泗水县旅游局
地址：济宁市泗水县招待所
电话：0537－4235369
邮编：273200

微山县旅游局
地址：济宁市微山县奎文路
电话：0537－8223613
邮编：277600

梁山县旅游局
地址：济宁市梁山县人民中路1号
电话：0537－7322965
邮编：272600

嘉祥县旅游局
地址：济宁市嘉祥县府院内
电话：0537－6853702
邮编：272400

泰安市旅游局
地址：泰安市红门路22号
电话：0538－8209949
邮编：271000

泰山区旅游局
地址：泰安市泰山区明堂路科技产业园1号楼313室
电话：0538－8289107
邮编：271000

岱岳区旅游局
地址：泰安市泰山大街西段岱岳区政府大楼
电话：0538－8568110
邮编：271000

肥城市旅游局
地址：泰安肥城市北京路032号
电话：0538－3218068
邮编：271600

新泰市旅游局
地址：泰安新泰市政府大楼
电话：0538－7222549
邮编：271200

宁阳县旅游局
地址：泰安市宁阳县朝阳路4号
电话：0538－5631000
邮编：271400

东平县旅游局
地址：泰安市东平县旅游经济开发区
电话：0538－2962986
邮编：271500

威海市旅游局
地址：威海市海滨中路
电话：0631－5313343
邮编：264200

威海市环翠区旅游局
地址：威海市体育路2号
电话：0631－5224370
邮编：264200

荣成市旅游局
地址：威海荣成市府前街9号
电话：0631－7563354
邮编：264300

文登市旅游局
地址：威海文登市环山路中段
电话：0631－8253133
邮编：264400

乳山市旅游局
地址：威海乳山市胜利街54号
电话：0631－6625634
邮编：264500

日照市旅游局
地址：日照市北京路188号
电话：0633－8816280
邮编：276826

日照市东港区旅游局
地址：日照市海曲中路19号
电话：0633－8253982
邮编：276800

日照市岚山区文体委
地址：日照市岚山中路
电话：0633－2611315
邮编：276808

五莲山风景区管委
地址：日照市五莲县城关文化路东首
电话：0633－5231708
邮编：262300

莒县旅游局
地址：日照市莒县振兴北路
电话：0633－6228654
邮编：276500

山海天度假区旅游局
地址：日照市太公一路中段
电话：0633－8316026
邮编：276825

莱芜市旅游局
地址：莱芜市文化北路1号
电话：0634－6212565
邮编：271100

莱芜市莱城区旅游局
地址：莱芜市莱城区凤凰南路30号
电话：0634－6116438
邮编：271100

莱芜市钢城区旅游局
地址：莱芜市钢城区府前大街27号

电话：0634－6891843
邮编：271104

临沂市旅游局
地址：临沂市北城新区天元商务大厦535室
电话：0539－8324220
邮编：276001

临沂市兰山区旅游局
地址：临沂市兰山区考棚街6号
电话：0539－8184013
邮编：276002

临沂市罗庄区旅游局
地址：临沂市罗庄区湖北东段行政大楼
电话：0539－8246002
邮编：276011

沂南县旅游局
地址：临沂市沂南县政府大院
电话：0539－3234366
邮编：276300

沂水县旅游局
地址：临沂市沂水县长安路69号
电话：0539－2265584
传真：0539－2227706
邮编：276400

莒南县旅游局
地址：临沂市莒南县政府大院
电话：0539－7219987
邮编：276600

临沭县旅游局
地址：临沂市临沭县沭新街16号
电话：0539－6218949
邮编：276700

郯城县旅游局
地址：临沂市郯城县人民路55号
电话：0539－6122687
邮编：276100

苍山县旅游局
地址：临沂市苍山县塔山路20号
电话：0539－5885066
邮编：277700

费县旅游局
地址：临沂市费县政府大院
电话：0539－5021702
邮编：273400

平邑县旅游局
地址：临沂市平邑县浚河路118号
电话：0539－4211611
邮编：273300

蒙阴县旅游局
地址：临沂市蒙阴县新城路51号
电话：0539－4810689
邮编：276200

德州市旅游局
地址：德州市湖滨中大道643号
电话：0534－2231630
邮编：253012

禹城市旅游局
地址：德州禹城市禹皇城宾馆1楼
电话：0534－7365258
邮编：251200

陵县文化旅游办公室
地址：德州市陵县中兴路155号
电话：0534－8221149
邮编：253500

临邑县外事旅游办公室
地址：德州市临邑县广场大街111号
电话：0534－4235802
邮编：251500

聊城市旅游局
地址：聊城市东昌西路24号
电话：0635－8223288
邮编：252000

聊城市东昌府区旅游局
地址：聊城市鼓楼东街15号
电话：0635－8415620
邮编：252000

临清市文化旅游局
地址：聊城临清市青年路（政府综合楼）
电话：0635－2324078
邮编：252600

高唐县旅游局
地址：聊城市高唐县中国银行8楼
电话：0635－3950129
邮编：252800

茌平县旅游办公室
地址：聊城市茌平县中心街政府综合楼
电话：0635－4271001
邮编：252100

东阿县文化旅游局
地址：聊城市东阿县文化路政府综合楼
电话：0635－3281388
邮编：252200

阳谷县旅游局
地址：聊城市阳谷县振兴路3号
电话：0635－6212330
邮编：252300

莘县旅游办公室
地址：聊城市莘县政府综合楼
电话：0635－7326055
邮编：252400

冠县旅游局
地址：聊城市冠马颊河度假区
电话：0635－5847094
邮编：252500

滨州市旅游局
地址：滨州市黄河五路385号
电话：0543－3162838
邮编：256618

滨州市滨城区旅游局
地址：滨州市滨城区渤海七路604区
电话：0543－3316530
邮编：256600

博兴县旅游局
地址：滨州市永安大街县体委院内
电话：0543－2327786
邮编：256500

邹平县旅游局
地址：滨州市邹平县黄山二路16号
电话：0543－4354555
邮编：256200

惠民县旅游局
地址：滨州市惠民县文安西路
电话：0543－5360173
邮编：251700

阳信县旅游局
地址：滨州市阳信县阳城3路213号
电话：0543－8211649
邮编：251800

无棣县旅游局
地址：滨州市无棣县中心大街13号
电话：0543－6323609
邮编：251900

沾化县旅游局
地址：滨州市沾化县富城路331号
电话：0543－7323036
邮编：256800

菏泽市旅游局
地址：菏泽市中华东路37号
电话：0530－5310665
邮编：274020

菏泽市牡丹区旅游局
地址：菏泽市中华西路118号
电话：0530－5928941
邮编：274022

鄄城县旅游局
地址：荷泽市鄄城县人民路36号
电话：0530－2421303
邮编：274600

郓城县旅游局
地址：荷泽市郓城县盘沟路78号
电话：0530－6996569
邮编：274700

巨野县旅游局
地址：荷泽市巨野县古城街26号
电话：0530－8212188
邮编：274900

成武县旅游局
地址：荷泽市成武县文亭街143号
电话：0530－8629070
邮编：274200

单县旅游局
地址：荷泽市单县胜利街27号
电话：0530－4659066
邮编：274300

定陶县旅游局
地址：荷泽市定陶县城中街中段
电话：0530－2121166
邮编：274100

曹县旅游局
地址：荷泽市曹县广福南街83号
电话：0530－3215646
邮编：274400

东明县旅游局
地址：荷泽市东明县五四路6号
电话：0530－7212482
邮编：274500

旅行社

山东旅游有限公司
地址：济南市经十路69号
电话：0531－66665566
邮编：250061
网址：www. sdotc. com. cn
许可证号：L－SD－CJ00001

山东嘉华文化国际旅行社有限公司
地址：济南市环山路2号
电话：0531－66770000
邮编：250014
许可证号：L－SD－CJ00002

山东省中国旅行社
地址：济南市千佛山东二路9号
电话：0531－82950520
邮编：250013
许可证号：L－SD－CJ00003

山东省中国国际旅行社有限公司
地址：济南市解放路30－1号国华大厦6楼
电话：0531－82955054
邮编：250013
网址：www.citssd.com
许可证号：L－SD－CJ00004

山东航空彩虹国际旅行社有限公司
地址：济南市泺源大街63号
电话：0531－86916840
邮编：250011
许可证号：L－SD－CJ00005

山东长城国际旅行社有限公司
地址：济南市文化东路24号
电话：0531－88528308
邮编：250014
许可证号：L－SD－CJ00006

康辉旅游集团济南国际旅行社有限公司
地址：济南市玉函路35－2号
电话：0531－82073058
邮编：250002
许可证号：L－SD－CJ00007

济南明择国际旅行社有限公司
地址：济南市文化东路24号普利文东花园A座2－1801
电话：0531－58991991
邮编：250014
网址：www.choicetravel.cn
许可证号：L－SD－CJ00008

山东孔子国际旅行社有限公司
地址：济南市经十路5号
电话：0531－88521515
邮编：250014
许可证号：L－SD－CJ00009

山东交运旅游有限公司
地址：济南市天桥区济洛路131号
电话：0531－85877809
邮编：250031
许可证号：L－SD－CJ00010

山东旅行社国际旅游有限公司
地址：济南市和平路城基中心17号楼606－608室
电话：0531－86590177
邮编：250014
网址：www.sdcsts.com
许可证号：L－SD－CJ00011

山东远航国际旅行社有限公司
地址：济南市千佛山路6号学府大酒店B座1层
电话：0531－82620288
邮编：250061
许可证号：L－SD－CJ00012

山东中铁国际旅行社有限公司
地址：济南市共青团路10号
电话：0531－82420966
邮编：250011
网址：www.sdztly.com.cn
许可证号：L－SD－CJ00013

山东省中国青年旅行社
地址：济南市英雄山路2－1号
电话：0531－82073870
邮编：250002
许可证号：L－SD－CJ00014

港中旅国际（山东）旅行社有限公司
地址：青岛市市南区漳州路19号1号楼29层
电话：0532－85881111
邮编：266071
网址：www.cytsqd.cn
许可证号：L－SD－CJ00016

青岛中国青年旅行社有限公司
地址：青岛市山东路177号301室
电话：0532－85600202
邮编：266033
许可证号：L－SD－CJ00017

青岛啤酒国际旅行社有限公司
地址：青岛市北区登州路56号
电话：0532－83820277
邮编：266023
许可证号：L－SD－CJ00018

山东招商国际旅行社有限公司
地址：青岛市延安三路121号3楼
电话：0532－83871133
邮编：266071
网址：www.188lvyou.cn
许可证号：L－SD－CJ00019

中国国旅（青岛）国际旅行社有限公司
地址：青岛市连云港路33号万达广场商务B座5层
电话：0532－66067000
邮编：266034
网址：www.citsqd.net
许可证号：L－SD－CJ00020

中国旅行社总社（青岛）有限公司
地址：青岛市东海西路12号
电话：0532－83886060
邮编：266071
网址：www.ctsqd.net
许可证号：L－SD－CJ00021

青岛华青国际旅行社有限责任公司
地址：青岛市延安三路129号金艺大厦8层
电话：0532－83872700
邮编：266071
许可证号：L－SD－CJ00022

青岛海外旅游有限责任公司
地址：青岛市香港中路18号福泰广场B座1603室
电话：0532－85719819
邮编：266071
网址：www.qdotc.com
许可证号：L－SD－CJ00023

青岛中国旅行社
地址：青岛市香港中路41号
电话：0532－86678717
邮编：266071
许可证号：L－SD－CJ00024

山东高速国际旅游有限公司
地址：青岛市东关大街121号
电话：0532－81937038
邮编：266013
许可证号：L－SD－CJ00025

青岛嘉华国际旅行社有限公司
地址：青岛市闽江路2号2单元1901室
电话：0532－85808777
邮编：266071
许可证号：L－SD－CJ00026

青岛旅行社有限责任公司
地址：青岛市市北区山东路117号四号楼2单元1901室
电话：0532－68659516
邮编：266033
网址：www.qdlxs.cn
许可证号：L－SD－CJ00027

青岛康辉旅行社集团（青岛）有限公司
地址：青岛市市南区高雄路18号海洋大厦10楼
电话：0532－85921112
邮编：266071
许可证号：L－SD－CJ00028

青岛中信国际旅行社有限公司
地址：青岛市香港中路30号民航大厦5层
电话：0532－80770607
邮编：266071
许可证号：L－SD－CJ00029

青岛远洋国际旅行社有限公司
地址：青岛市崂山区秦岭路18号
电话：0532－89096777
邮编：266061
许可证号：L－SD－CJ00030

青岛半岛都市国际旅行社有限公司
地址：青岛市南京路110号半岛都市报大厦1楼
电话：0532－80889006
邮编：266002
许可证号：L－SD－CJ00031

青岛海尔国际旅行社有限公司
地址：青岛市海尔路1号海尔工业园内
电话：0532－88938987
邮编：266000
网址：www.haier.com
许可证号：L－SD－CJ00032

青岛海天国际旅行社
地址：青岛市香港路48号海天大酒店东楼二层
电话：0532－81971890
邮编：266071
网址：www.qdhits.com
许可证号：L－SD－CJ00033

青岛航空国际旅行社有限公司
地址：青岛市南区香港中路28号（贵都大饭店1楼）
电话：0532－85976617
邮编：266071
许可证号：L－SD－CJ00034

青岛铁路国际旅行社有限公司
地址：青岛市市南区费县路1号乙－1号
电话：0532－82875166
邮编：266001
网址：www.qdtielv.com
许可证号：L－SD－CJ00035

东营利丰国际旅行社有限公司
地址：东营市北一路1234号
电话：0546－8227676
邮编：257017

许可证号：L－SD－CJ00036

山东省黄河口国际旅行社有限公司
地址：东营市西四路 618 号
电话：0546－7777666
邮编：257000
网址：www. cnhhhk. com
许可证号：L－SD－CJ00037

胜利油田青年国际旅行社有限公司
地址：东营市西四路 826 号
电话：0546－8556405
邮编：257000
网址：www. qngjlxs. cctgood. com
电子信箱：ytslof@ vip. sina. com
许可证号：L－SD－CJ00038

烟台中国国际旅行社有限公司
地址：烟台市解放路 180 号
电话：0535－6617711
邮编：264001
网址：www. ytcits. com
许可证号：L－SD－CJ00039

烟台妇女国际旅行社有限公司
地址：烟台市胜利路 155 号
电话：0535－6660855
邮编：264000
网址：www. 1517uu. com
许可证号：L－SD－CJ00040

山东海峡国际旅行社有限公司
地址：烟台市西盛街 28 号
电话：0535－6262200
邮编：264000
许可证号：L－SD－CJ00041

烟台中国旅行社有限公司
地址：烟台市广东街 1 号
电话：0535－6228972
邮编：264001
许可证号：L－SD－CJ00043

烟台鸿鹄国际旅行社有限公司
地址：烟台市芝罘区西南河路 284 号
电话：0535－6633363
邮编：264000
许可证号：L－SD－CJ00044

山东南山国际旅行社
地址：烟台龙口市南山工业园
电话：0535－8616166
邮编：265706
网址：www. nanshan－tourism. com
许可证号：L－SD－CJ00046

威海中国国际旅行社有限公司
地址：威海市新威路 11 号
电话：0631－5818616
邮编：264200
网址：www. citswh. com
许可证号：L－SD－CJ00047

威海中国旅行社有限公司
地址：威海市海滨北路 46 号威胜大厦 10F
电话：0631－5221183
邮编：264200
网址：www. whcts. com
许可证号：L－SD－CJ00048

威海威东国际旅行社有限公司
地址：威海市海滨北路 48 号
电话：0631－5287200
邮编：264200
许可证号：L－SD－CJ00049

曲阜中国国际旅行社有限公司
地址：曲阜市弘道路 36 号
电话：0537－4491491
邮编：273100
网址：www. confucius-tour. com
许可证号：L－SD－CJ00050

济宁国际旅行社
地址：济宁市南岱庄路 1 号
电话：0537－2288366
邮编：272200
许可证号：L－SD－CJ00051

山东阳光国际旅行社有限公司
地址：莱芜市文化南路 38 号
电话：0634－6285999
邮编：271100
网址：www. ssits89. com
电子信箱：ssits89@ 163. com
许可证号：L－SD－CJ00052

日照国际旅行社
地址：日照市威海路西 131 号
电话：0633－8339779
邮编：276826
网址：www. rzits. com
许可证号：L－SD－CJ00053

泰山中国国际旅行社有限责任公司
地址：泰安市岱宗大街 210 号迎宾楼 1 楼
电话：0538－8256538
邮编：271000
网址：www. taishan-cits. com
许可证号：L－SD－CJ00054

临沂国际旅行社有限公司
地址：临沂市沂蒙路 330 号
电话：0539－8328888
邮编：276000
网址：www. lygl. net
许可证号：L－SD－CJ00055

淄博国际旅行社有限公司
地址：淄博市人民西路 25 号宏程名座 B 座栋 4 号
电话：0533－2850590
邮编：255033
网址：www. zbcits. net
许可证号：L－SD－CJ00057

山东山水国际旅行社有限公司
地址：淄博市张店区华光路 79 号
电话：0533－3189555
邮编：255000
电子信箱：tmy365@ 126. com
许可证号：L－SD－CJ00058

山东山川国际旅行社有限责任公司
地址：淄博市张店区柳泉路 13 号
电话：0533－2887752
邮编：255000
许可证号：L－SD－CJ00059

枣庄国际旅行社
地址：枣庄市中区解放路 167 号
电话：0632－3318331
邮编：277100
许可证号：L－SD－CJ00060

青州八喜国际旅行社有限公司
地址：潍坊青州市泰丰购物广场 A2211 号
电话：0536－3888888
邮编：262500
许可证号：L－SD－CJ00061

潍坊阳光国际旅行社有限公司
地址：潍坊市奎文区东风东街 272 号
电话：0536－8247577
邮编：261041
网址：www. 369uuu. com
许可证号：L－SD－CJ00062

济南市中国旅行社有限责任公司
地址：济南市市中区民生大街 22 号三箭银苑 A 座
电话：0531－82076718
邮编：250001
电子信箱：13805310665@ 139. com
许可证号：L－SD－CJ00063

山东省环宇国际旅行社
地址：济南市市中区顺河东街 66 号银座晶都国际广场
电话：0531－86916172
邮编：250012
电子信箱：cosmos20008@ hotmail. com
许可证号：L－SD－CJ00064

济南东方国际旅行社有限公司
地址：济南章丘市明水山泉路中段
电话：0531－83220326
邮编：250200
电子信箱：jndfgl6874@ 163. com
许可证号：L－SD－CJ00065

山东省观光国际旅行社有限公司
地址：济南市泉城路 268 号永安大厦 808 室
电话：0531－81672222
邮编：250011
电子信箱：sdsts@ 163. com
许可证号：L－SD－CJ00066

青岛新概念国际旅行社有限公司
地址：青岛市市南区香港中路 12 号 B 栋
电话：0532－80617777　80611155
邮编：266001
电子信箱：qdxgn@ yahoo. cn
许可证号：L－SD－CJ00067

青岛联合假日国际旅行社有限公司
地址：青岛市市南区香港中路 96 号 409 室
电话：0532－88727575
邮编：266071
电子信箱：653013004@ qq. com
许可证号：L－SD－CJ00068

淄博中利鸿程国际旅行社有限公司
地址：淄博市临淄区晏婴路 189 号
电话：0533－7161177
邮编：255400
电子信箱：zhongliguolv@ 163. com
许可证号：L－SD－CJ00069

山东滨州交通国际旅行社有限公司
地址：滨州市滨城区渤海六路 666 号
电话：0543－3221877
邮编：256613
电子信箱：bzjtlgz@ 163. com
许可证号：L－SD－CJ00070

日照碧波国际旅行社有限公司
地址：日照市海滨二路 78 号
电话：0633－8380128
邮编：276800
电子信箱：rzkite@ msn. com
许可证号：L－SD－CJ00071

莱芜莱钢蓝天国际旅行社有限公司
地址：莱芜市钢城区南岭大街 26 号
电话：0634－6820783

邮编：271100
电子信箱：970115429@qq.com
许可证号：L-SD-CJ00072

山东华纳国际旅行社有限公司
地址：济南市历山路173号B座
电话：0531-68600003
邮编：250001
电子信箱：wuxinyiyang@163.com
许可证号：L-SD-CJ00073

山东金桥国际旅行社有限公司
地址：济南市天桥区天成路6号
电话：0531-85806636
邮编：250031
电子信箱：sdjq1987@163.com
许可证号：L-SD-CJ00074

威海石岛国际旅行社有限公司
地址：威海荣成市石岛迎宾路1号
电话：0631-7384978
邮编：264300
电子信箱：wmx19840102@yahoo.com.cn
许可证号：L-SD-CJ00075

威海航空国际旅行社有限公司
地址：威海市青岛北路24-1号
电话：0631-5337000
邮编：264200
电子信箱：839433178@qq.com
许可证号：L-SD-CJ00076

济南众信国际旅行社有限公司
地址：济南市历城区花园路101号
电话：0531-88036297
邮编：250010
电子信箱：56357413@qq.com
许可证号：L-SD-CJ00077

山东森林旅行社有限责任公司
地址：济南市历下区花园路302号
电话：0531-86985008
邮编：250010
电子信箱：501551934@QQ.COM
许可证号：L-SD-CJ00078

山东福客国际旅行社有限公司
地址：济南市市中区馆驿街318号
电话：0531-82021527
邮编：250001
许可证号：L-SD-CJ00079

济南公交国际旅行社
地址：济南市槐荫区纬十路24196号1楼101室
电话：0531-87969195
邮编：250022
电子信箱：jngjlygs@163.com
许可证号：L-SD-CJ00080

山东友好国际旅行社有限公司
地址：济南市历下区榜棚街1号华鲁大厦3层
电话：0531-86160056
邮编：250011
电子信箱：wangqian7007_27@hotmail.com
许可证号：L-SD-CJ00081

山东华商国际旅行社有限公司
地址：青岛市市南区香港西路71号A区902室
电话：0532-83873536
邮编：266071
电子信箱：qdhuashang@163.com
许可证号：L-SD-CJ00082

威海恒信国际旅行社有限公司
地址：威海市钦村路116-6号
电话：0631-5899666
邮编：264200
电子信箱：272377339@QQ.COM
许可证号：L-SD-CJ00083

东营大明国际旅行社有限责任公司
地址：东营市济南路57号
电话：0546-7888666 7888788
邮编：257000
电子信箱：DMLXS2000@126.COM
许可证号：L-SD-CJ00084

山东毓龙航空国际旅行社有限公司
地址：东营市东营区淄博路东首
电话：0546-7777777
邮编：257000
电子信箱：sdtyhk@163.com
许可证号：L-SD-CJ00085

胜利油田豪威国际旅行社有限责任公司
地址：东营市东营区西三路133号
电话：0546-7777080
邮编：257099
电子信箱：hw_lxs@163.com
许可证号：L-SD-CJ00086

潍坊市假日国际旅行社有限公司
地址：潍坊市奎文区东风东街360号泰华大厦A座1105-06室
电话：0536-8230119
邮编：261041
电子信箱：wfjrly@163.com
许可证号：L-SD-CJ00087

潍坊市春秋国际旅行社有限公司
地址：潍坊市奎文区胜利东街379号
电话：0536-8256655
邮编：261041
电子信箱：litiebing1313@163.com
许可证号：L-SD-CJ00088

潍坊金宝国际旅行社有限公司
地址：潍坊市潍州路438号
电话：0536-8805360
邮编：261051
电子信箱：wfjblxs@163.com
许可证号：L-SD-CJ00089

德州国商国际旅行社有限公司
地址：德州市德兴北路75号
电话：0534-2309988
邮编：253000
电子信箱：gsjiangshan@yahoo.cn
许可证号：L-SD-CJ00090

德州市佳侣国际旅行社有限责任公司
地址：德州市德城区东风路老干部局综合楼
电话：0534-2685510
邮编：253000
电子信箱：dzjialv@163.com
许可证号：L-SD-CJ00091

德州观光假日国际旅行社有限公司
地址：德州市德城区东风路沿街门市29号14号
电话：0534-2346688
邮编：253000
电子信箱：gggl@163.com
许可证号：L-SD-CJ00092

临沂假日国际旅行社有限公司
地址：临沂市银雀山路52号国家安全局沿街一楼
电话：0539-8131288
电子信箱：xuehui@126.com
邮编：276001
许可证号：L-SD-CJ00093

威海市海港大信国际旅行社
地址：威海市海滨北路53号
电话：0631-5882255
邮编：264200
电子信箱：1511609784@qq.com
许可证号：L-SD-CJ00094

东营鲁风国际旅行社有限责任公司
地址：东营市东城东三路180号
电话：0546-8062566
邮编：257093
电子信箱：919152777@qq.com
许可证号：L-SD-CJ00095

东营市九州国际旅行社有限责任公司
地址：东营市淄博路86-4号
电话：0546-7788166
邮编：257093
电子信箱：wangjinling1025@163.com
许可证号：L-SD-CJ00096

威海中威国际旅行社有限公司
地址：威海市海滨中路5-3-112号
电话：0631-5285235
邮编：264200
电子信箱：122753304@qq.com
许可证号：L-SD-CJ00097

东营市金桥国际旅行社有限责任公司
地址：东营市东营区胜兴路60-2号
电话：0546-8235798
邮编：257000
电子信箱：zhangpeng7670@sina.com
许可证号：L-SD-CJ00098

烟台国际机场集团航空国际旅行社有限公司
地址：烟台市大海阳路78号
电话：0535-6538666
邮编：264000
电子信箱：ytjchkgl@163.com
许可证号：L-SD-CJ00099

烟台交运国际旅行社有限责任公司
地址：烟台市西大街67号
电话：0535-2121377
邮编：264000
电子信箱：ytsgm2009@126.com
许可证号：L-SD-CJ00100

青岛陆海国际旅行社有限公司
地址：青岛市崂山区深圳路177号
电话：0532-83101559
邮编：266000
电子信箱：819981696@qq.com
许可证号：L-SD-CJ00101

青岛嘉合假日国际旅行社有限公司
地址：青岛市市南区东海西路21号1号楼
电话：0532-83898612
邮编：266000
电子信箱：sun13006526666@hotmail.com
许可证号：L-SD-CJ00102

山东众邦国际旅行社有限公司
地址：青岛市市南区香港中路61号阳光大厦9层FG
电话：0532-86063200
邮编：266000
电子信箱：laurence00@163.com
许可证号：L-SD-CJ00103

淄博青年旅行社
地址：淄博市张店区柳泉路 166 号
电话：0533－2302929
邮编：255039
电子信箱：13605331357@163.com
许可证号：L－SD－CJ00104

青岛超逸国际旅行社有限公司
地址：青岛市市南区泰安路 15 号
电话：0532－86066600
邮编：266001
许可证号：L－SD－CJ00105

山东海外国际旅行社有限公司
地址：青岛市市南区香港中路 110 号丽晶大酒店 2 层
电话：0532－85895757
邮编：266001
许可证号：L－SD－CJ00106

青岛沪春秋旅行社有限公司
地址：青岛市市南区山东路 48 号华宇大厦一楼 102 室
电话：0532－81086691 88255037
邮编：266001
许可证号：L－SD－CJ00107

威海华东国际旅行社有限公司
地址：威海荣成市石岛广场兴隆居 7 号
电话：0631－7375666
邮编：264309
许可证号：L－SD－CJ00108

济南国信国际旅行社有限公司
地址：济南市历下区东关大街 5 号中泰大厦四楼
电话：0531－86970979
邮编：250014
许可证号：L－SD－CJ00109

济南华谊国际旅行社有限公司
地址：济南市历下区佛山苑小区三区 6 号楼
电话：0531－87178800　87176660
邮编：250014
许可证号：L－SD－CJ00110

山东景华国际旅行社有限公司
地址：济南市历城区华信路 15 号凯贝特大厦 A2 层
电话：0531－66661222
邮编：250100
许可证号：L－SD－CJ00110

山东阳光假期国际旅行社有限公司
地址：济南市历下区朝山街北口 18 号
电话：0531－86161107
邮编：250014
许可证号：L－SD－CJ00111

济南新中国际旅行社有限公司
地址：济南市历下区经十路 14717 号
电话：0531－67777705　67989300
邮编：250014
许可证号：L－SD－CJ00112

济南亚太国际旅行社有限公司
地址：济南市市中区经七路 274 号
电话：0531－2053399
邮编：250001
许可证号：L－SD－CJ00113

济南航旅国际旅行社有限公司
地址：济南市历下区经十路 12508 号名士杰座
邮编：250014
许可证号：L－SD－CJ00114

淄博友好国际旅游有限公司
地址：淄博市张店区柳泉路中信大厦 B 座 2203 室
电话：0533－8333937　2772639
邮编：255022
许可证号：L－SD－CJ00115

济南乐游国际旅行社有限公司
地址：济南市历下区解放路
电话：0531－66661050
邮编：250014
许可证号：L－SD－CJ00117

山东百事通国际旅行社有限公司
地址：济南市历下区泉城路永安大厦 12 层
电话：0531－86090009
邮编：250014
许可证号：L－SD－CJ00118

济南华夏之旅旅行社有限公司
地址：济南市市中区舜耕路伟东新都一区 2 号楼 1－1102 室 59
邮编：250001
许可证号：L－SD－CJ00119

山东天宇国际旅行社有限公司
地址：济南市高新区舜华路 2000 号
电话：0531－66590179
邮编：250001
许可证号：L－SD－CJ00120

济南旅游集散中心有限公司
地址：济南市历下区二环东路 5929 号
电话：0531－67878778　67871919
邮编：250014
许可证号：L－SD－CJ00121

渤海轮渡（青岛）国际旅行社有限公司
地址：青岛市市北区市场二路 33 号 1057 室
邮编：266011
许可证号：L－SD－CJ00122

山东大新华运通国际旅行社有限公司
地址：青岛市崂山区香港东路 268 号
电话：0532－81976688　81976699
邮编：266100
许可证号：L－SD－CJ00123

青岛青年国际旅行社有限公司
地址：青岛市市北区重庆南路 118 号
电话：0532－82838111
邮编：266011
许可证号：L－SD－CJ00124

德州红叶旅行社有限公司
地址：德州市德城区东风中路 993 号
电话：0534－2341999　2933777
邮编：253012
许可证号：L－SD－CJ00125

德州交通集团金桥旅行社有限公司
地址：德州市德城区东风中路 1478 号
电话：0534－2616648
邮编：253012
许可证号：L－SD－CJ00126

临沂百事通国际旅行社有限公司
地址：临沂市兰山区南坊新区朗润苑小区 3 号楼 2－802 室
邮编：276002
许可证号：L－SD－CJ00127

东营市金秋国际旅行社有限公司
地址：东营市黄河路蓝海国际大饭店
电话：0546－8055655　8260655
邮编：257093
许可证号：L－SD－CJ00128

山东嘉年华国际旅行社有限公司
地址：济南市天桥区北园大街 548 号嘉汇环球广场 A1320 室
电话：18678897167
邮编：250031
许可证号：L－SD－CJ00129

青岛凯撒皇家国际旅行社有限公司
地址：青岛市市南区南海路九号南楼一层
电话：0532－81117474　81116888
邮编：266001
许可证号：L－SD－CJ00130

青岛亚太国际旅行社有限公司
地址：青岛市市南区泰安路 14 号金海大酒店 402－408 室
电话：0532－80911797
邮编：266001
许可证号：L－SD－CJ00131

青岛永恒假期国际旅行社有限公司
地址：青岛市市北区新疆路 2 号 3 号楼南侧二层
电话：0532－68993523
许可证号：L－SD－CJ00132

青岛金凤凰国际旅行社有限公司
地址：青岛经济技术开发区长江中路 519 号建国大厦 28 楼 2825 室
电话：0532－68973000　68975000
邮编：266001
许可证号：L－SD－CJ00133

诸城市阳光国际旅行社有限公司
地址：潍坊诸城市兴华路中段路南
电话：0536－6124690
邮编：262200
许可证号：L－SD－CJ00134

山东通达国际旅行社有限公司
地址：济南市营市西街 8 号
电话：0531－86124966　87199166
邮编：250001
许可证号：L－SD－CJ00135

山东神州旅行社有限公司
地址：济南市历城区华信路 15 号凯贝特大厦 B－701
电话：0531－67879909　67879978
邮编：250100
许可证号：L－SD－CJ00136

潍坊希望国际旅行社有限公司
地址：潍坊市奎文区东风东街 286 号
电话：0536－8291118
邮编：261031
许可证号：L－SD－CJ00137

烟台永安国际旅行社有限公司
地址：烟台市芝罘区四马路 0110 号
电话：0535－6015446　6015460
邮编：264001
许可证号：L－SD－CJ00138

山东兖矿日照升阳旅行社有限责任公司
地址：日照市山海天旅游度假区
电话：0633－8313699　2207399
邮编：276800
许可证号：L－SD－CJ00139

日照学海国际旅行社有限公司
地址：日照市山海路 99 号

电话：0633－8109222　8109017
邮编：276800
许可证号：L－SD－CJ00140

山东体运国际旅行社有限公司
地址：济南市市中区马鞍山路2号
邮编：250001
许可证号：L－SD－CJ00141

山东有人国际旅游有限公司
地址：济南市历下区经十路13777号
电话：0531－81663360
邮编：250014
许可证号：L－SD－CJ00142

山东环游国际旅行社有限公司
地址：济南市玉函路10号
邮编：250001
许可证号：L－SD－CJ00143

山东龙视国际旅游文化有限公司
地址：济南历下青年东路18号媒体产业大厦8027
电话：0531－81958811
邮编：250014
许可证号：L－SD－CJ00144

中国国旅（山东）国际旅行社有限公司
地址：济南市市中区经四路5号．万达广场写字楼A座907室
电话：0531－58776806　58776890
邮编：250001
许可证号：L－SD－CJ00145

山东易程天下国际旅行社有限公司
地址：济南市舜耕路217号九成尚都7楼
电话：0531－82723598
邮编：250001
许可证号：L－SD－CJ00146

济南康福国际旅行社有限公司
地址：济南市历下区文化西路13号
电话：0531－88233333
邮编：250014
许可证号：L－SD－CJ00147

青岛嘉华文华国际旅行社有限公司
地址：青岛市市南区南京路122号中联广场D栋115室
电话：0532－88871234　68658777
邮编：266001
许可证号：L－SD－CJ00148

青岛扬帆假期国际旅行社有限公司
地址：青岛市北京路38号407室
电话：0532－82829877　88779507
邮编：266001
许可证号：L－SD－CJ00149

青岛青港国际旅行社有限责任公司
地址：青岛市市北区延安路84号
电话：0532－82723305　82731627　8271477
邮编：266011
许可证号：L－SD－CJ00150

潍坊凯撒国际旅行社有限公司
地址：潍坊市奎文区福寿东街222号
电话：13716366113
邮编：261031
许可证号：L－SD－CJ00151

山东华信国际旅游有限公司
地址：淄博市临淄区桓公路103号（盐业公司一楼）
电话：18263637969
邮编：255400
许可证号：L－SD－CJ00152

济宁市广电国际旅行社有限责任公司
地址：济宁市常青路9号
电话：0537－2271866
邮编：272119
许可证号：L－SD－CJ00153

枣庄市康辉旅行社有限责任公司
地址：枣庄市薛城区民生路嘉汇大厦6层12号
电话：0632－8896688　8667609
邮编：277000
许可证号：L－SD－CJ00154

饭　店

索菲特银座大饭店 ★★★★★
地址：济南市泺源大街66号
电话：0531－86068888
邮编：250063

山东大厦 ★★★★★
地址：济南市马鞍山路2－1号
电话：0531－82958888
邮编：250002

济南贵和皇冠假日酒店 ★★★★★
地址：济南市天地坛街3号
电话：0531－86029999
邮编：250011

阿尔卡迪亚国际温泉酒店 ★★★★★
地址：聊城市湖南路
电话：0635－5189999
邮编：252052

东胜大厦 ★★★★★
地址：东营市西四路616号
电话：0546－8687777
邮编：257000

蓝海国际大饭店 ★★★★★
地址：东营市新区黄河路与庐山路交会处
电话：0546－8266666
邮编：257000

淄博世纪大酒店 ★★★★★
地址：淄博市张店区柳泉路北首
电话：0533－3156888
邮编：255000

淄博万豪大酒店 ★★★★★
地址：淄博市临淄区临淄大道782号
电话：0533－7129999
邮编：255400

山东新富佳悦大酒店 ★★★★★
地址：潍坊市经济开发区玄武街999号
电话：0536－2088888
邮编：261041

潍坊雅悦富华大酒店 ★★★★★
地址：潍坊市福寿东街168号
电话：0536－8881988
邮编：261031

潍坊金茂国际大酒店 ★★★★★
地址：潍坊市高新区北宫东街1999号
电话：0536－2229999
邮编：261031

寿光晨鸣国际大酒店 ★★★★★
地址：潍坊寿光市南环路弥河桥东首
电话：0536－2231888
邮编：262700

华美达广场大酒店 ★★★★★
地址：烟台市莱山区澳柯玛大街10号
电话：0535－2988999
邮编：264600

烟台金海湾酒店 ★★★★★
地址：烟台市芝罘区海岸街34号
电话：0535－6636999
邮编：264001

龙口南山国际会议中心 ★★★★★
地址：烟台龙口市南山集团
电话：0535－8663999
邮编：265706

月亮湾海景酒店 ★★★★★
地址：烟台龙口市东海工业园
电话：0535－8737888
邮编：265700

蓬莱华玺酒店 ★★★★★
地址：烟台蓬莱市北关路686号
电话：0535－5821222
邮编：265600

金海湾国际饭店 ★★★★★
地址：威海市高区北环海路128号
电话：0631－5688777
邮编：264209

海悦建国饭店 ★★★★★
地址：威海市文化西路177号
电话：0631－5676888
邮编：264209

青岛丽晶大酒店 ★★★★★
地址：青岛市市南区香港中路110号
电话：0532－85881818
邮编：266071

青岛香格里拉大饭店 ★★★★★
地址：青岛市市南区香港中路9号
电话：0532－83883838
邮编：266071

青岛海景花园大酒店 ★★★★★
地址：青岛市市南区彰化路2号
电话：0532－85875777
邮编：266071

青岛汇泉王朝大饭店 ★★★★★
地址：青岛市市南区南海路9号
电话：0532－82999888
邮编：266003

青岛麒麟皇冠大酒店 ★★★★★
地址：青岛市崂山区香港东路197号
电话：0532－88891888
邮编：266061

鑫江希尔顿逸林酒店 ★★★★★
地址：青岛市208国道城阳段220号
电话：0532－80988888
邮编：266001

青岛景园假日酒店 ★★★★★
地址：青岛市兴阳路306号
电话：0532－80966888
邮编：266001

青岛海尔洲际酒店 ★★★★★
地址：青岛市澳门路98号
电话：0532－66566666
邮编：266001

青岛万达艾美酒店 ★★★★★
地址：青岛市延吉路 112 号
电话：0532－55563888
邮编：266001

华盛江泉城大酒店 ★★★★★
地址：临沂市罗庄区罗六路
电话：0539－3118888
邮编：276001

兖州市圣德国际酒店 ★★★★★
地址：济宁市兖州区兖颜公路北侧 327 国道西侧
电话：0537－5177777
邮编：272000

泰安东尊华美达大酒店 ★★★★★
地址：泰安市迎胜东路 16 号
电话：0538－8368888
邮编：271000

玉泉森信大酒店 ★★★★
地址：济南市泺源大街 68 号
电话：0531－86938888
邮编：250011

中豪大酒店 ★★★★
地址：济南市解放路 165 号
电话：0531－86968888
邮编：250013

丽天大酒店 ★★★★
地址：济南市经一路 66 号
电话：0531－86058888
邮编：250001

贵友大酒店 ★★★★
地址：济南市英雄山路 101 号
电话：0531－82980088
邮编：250002

新闻大厦 ★★★★
地址：济南市泺源大街 6 号
电话：0531－86969999
邮编：250063

舜耕山庄 ★★★★
地址：济南市舜耕路 28 号
电话：0531－82951818
邮编：250014

华能大厦 ★★★★
地址：济南市泉城路 17 号
电话：0531－86096888
邮编：250011

金都大酒店 ★★★★
地址：济南市英雄山路 159 号
电话：0531－86139000
邮编：250002

良友富临大酒店 ★★★★
地址：济南市泺源大街 5 号
电话：0531－86956888
邮编：250011

黄台大酒店 ★★★★
地址：济南市将军路 122 号
电话：0531－88966988
邮编：250100

济南吉华大厦 ★★★★
地址：济南市英贤街 19 号
电话：0531－86906888
邮编：250012

济南汇宝大酒店 ★★★★
地址：济南市经五纬二路 28 号
电话：0531－86051888
邮编：250001

山东银座泉城大酒店 ★★★★
地址：济南市南门大街 2 号
电话：0531－86921911
邮编：250011

山东东方大厦 ★★★★
地址：济南市经七路 223 号
电话：0531－86917648
邮编：250001

山东天发舜和商务酒店 ★★★★
地址：济南市堤口路 11 号
电话：0531－68800000
邮编：250001

山东百川花园酒店 ★★★★
地址：济南市经十路 3556 号
电话：0531－81920088
邮编：250200

贵都大酒店 ★★★★
地址：济南市升平街 1 号
电话：0531－86900888
邮编：250001

园博园度假酒店 ★★★★
地址：济南市长清区大学城海棠路 6 号
电话：0531－87230888
邮编：250300

章丘宏昌千禧龙大酒店 ★★★★
地址：济南章丘市明水经济开发区
电话：0531－83319777
邮编：250200

章丘银座佳悦酒店 ★★★★
地址：济南章丘市双大街与鲁宏大道交汇处
电话：0531－89937222
邮编：250200

商河温泉基地 ★★★★
地址：济南市商河县商西路 8 号
电话：0531－84800000
邮编：251600

昌润大酒店 ★★★★
地址：聊城市东昌西路 133 号
电话：0635－8389088
邮编：253000

临清三和宾舍 ★★★★
地址：聊城临清市银河路东首
电话：0635－2356077
邮编：252600

正泰东方大酒店 ★★★★
地址：聊城市茌平县公交路西首
电话：0635－4218888
邮编：252100

泉林大酒店 ★★★★
地址：聊城市高唐县北湖路 28 号
电话：0635－3959477
邮编：252800

德州贵都大酒店 ★★★★
地址：德州市解放东大道 238 号
电话：0534－2652506
邮编：253000

德州美丽华大酒店 ★★★★
地址：德州市解放东大道 758 号
电话：0534－2286206
邮编：253018

德州凯元温泉度假村 ★★★★
地址：德州市经济技术开发区
电话：0534－2561888
邮编：253012

平原桃园宾馆 ★★★★
地址：德州市平原县平原大街东首开发区
电话：0534－2161166
邮编：253100

德州双鸿大酒店 ★★★★
地址：德州市夏津县双鸿路 1 号
电话：0534－3688888
邮编：253200

宁津华府国际酒店 ★★★★
地址：德州市宁津县正阳路 228 号
电话：0534－5899999
邮编：253400

东营宾馆 ★★★★
地址：东营市东三路 104 号
电话：0546－8062999
邮编：257091

新悦大酒店 ★★★★
地址：东营市济南路 1 号
电话：0546－7667777
邮编：257000

华泰大厦 ★★★★
地址：东营市广饶县大王镇
电话：0546－6888800
邮编：257335

大明大厦 ★★★★
地址：东营市济南路 172 号
电话：0546－7888888
邮编：257000

淄博饭店 ★★★★
地址：淄博市张店区中心路 177 号
电话：0533－2180888
邮编：255000

淄博万杰国际大酒店 ★★★★
地址：淄博市博山区岜山村
电话：0533－4652222
邮编：255213

淄博齐都大酒店 ★★★★
地址：淄博市临淄区闻韶路 39 号
电话：0533－7198888
邮编：255440

山东鸢飞大酒店 ★★★★
地址：潍坊市奎文区四平路 31 号
电话：0536－8236901
邮编：261041

潍坊东方大酒店 ★★★★
地址：潍坊市东风东街 181 号
电话：0536－8881111
邮编：261061

潍坊国际金融大酒店 ★★★★
地址：潍坊市四平路 86 号
电话：0536－8218888
邮编：261041

潍坊大酒店 ★★★★
地址：潍坊市胜利东街 381 号
电话：0536－8232188
邮编：261041

潍坊齐鲁饭店 ★★★★
地址：潍坊市东风东街343号
电话：0536－8219988
邮编：261041

潍坊泛海大酒店 ★★★★
地址：潍坊市潍城区和平路198号
电话：0536－8325680
邮编：261021

潍坊丽景酒店 ★★★★
地址：潍坊市潍城区东风西街111号
电话：0536－8399999
邮编：261021

滨海金辉酒店 ★★★★
地址：潍坊市滨海开发区禄海路
电话：0536－5301111
邮编：261041

滨海海正饭店 ★★★★
地址：潍坊市滨海开发区海港路57号
电话：0536－7387777
邮编：261041

中恒国际大酒店 ★★★★
地址：潍坊市潍城区北宫西街8888号
电话：0536－8087887
邮编：261021

潍坊钧瀚国际大酒店 ★★★★
地址：潍坊市坊子区北海路凤凰大街路口
电话：0536－7668888
邮编：261200

安丘新东方大酒店 ★★★★
地址：潍坊安丘市向阳路东首
电话：0536－4389999
邮编：262100

高密凤都国际大酒店 ★★★★
地址：潍坊高密市利群路2899号
电话：0536－2719999
邮编：261500

青州泰和大酒店 ★★★★
地址：潍坊青州市泰和旅游风景区
电话：0536－3786771
邮编：262500

青州银座佳悦酒店 ★★★★
地址：潍坊青州市海岱中路3999号
电话：0536－3509999
邮编：262500

潍坊盛宏假日酒店 ★★★★
地址：潍坊青州市衡王府路1766号
电话：0536－3277999
邮编：262500

诸城华玺酒店 ★★★★
地址：潍坊诸城市密州东路16号
电话：0536－6048989
邮编：262200

诸城栗园酒店 ★★★★
地址：潍坊诸城市滨河东路188号
电话：0536－6071888
邮编：262200

山东杨春国际大酒店 ★★★★
地址：潍坊市诸城市繁荣路西首
电话：0536－6177688
邮编：262200

诸城密州宾馆 ★★★★
地址：潍坊诸城市府前街1号
电话：0536－6565213
邮编：262200

寿光阳光温泉大酒店 ★★★★
地址：潍坊寿光市开发区温泉中段
电话：0536－5107888
邮编：262700

寿光凯莱大酒店 ★★★★
地址：潍坊寿光市北环路与文家路交叉口
电话：0536－5218888
邮编：262700

寿光凯德华大酒店 ★★★★
地址：潍坊寿光市圣城街259号
电话：0536－5192222
邮编：262700

昌乐鸢飞大酒店 ★★★★
地址：潍坊市昌乐县新昌路8号
电话：0536－6221888
邮编：262400

昌乐昌城大酒店 ★★★★
地址：潍坊市昌乐县新昌路36号
电话：0536－6802888
邮编：262400

烟台丽景海湾酒店 ★★★★
地址：烟台市莱山区枫林路25号
电话：0535－7355888
邮编：264010

烟台毓璜顶宾馆 ★★★★
地址：烟台市芝罘区毓西路17－4号
电话：0535－6586688
邮编：264001

太平洋大酒店 ★★★★
地址：烟台市芝罘区市府街74号
电话：0535－6206888
邮编：264000

烟台中心大酒店 ★★★★
地址：烟台市芝罘区南大街81号
电话：0535－6589666
邮编：264000

烟台凤凰山宾馆 ★★★★
地址：烟台市莱山区桐林路19号
电话：0535－6716199
邮编：264003

烟台民航大厦 ★★★★
地址：烟台市芝罘区大海阳路78号
电话：0535－6587777
邮编：264000

烟台虹口大酒店 ★★★★
地址：烟台市芝罘区大马路118号
电话：0535－6585555
邮编：264000

烟台静海大酒店 ★★★★
地址：烟台开发区泰山路16号
电话：0535－6931777
邮编：264006

烟台亚细亚大酒店 ★★★★
地址：烟台市芝罘区南大街116号
电话：0535－6588888
邮编：264000

烟台碧海大厦 ★★★★
地址：烟台市芝罘区南大街236号
电话：0535－6585888
邮编：264000

烟台华侨宾馆 ★★★★
地址：烟台市芝罘区环山路30号
电话：0535－6208888
邮编：264000

烟台金沙滩宾馆 ★★★★
地址：烟台市开发区黄河路88号
电话：0535－2169999
邮编：264006

海阳海怡大酒店 ★★★★
地址：烟台海阳市凤城度假区东京路南首
电话：0535－3310888
邮编：265100

龙口海湾大酒店 ★★★★
地址：烟台龙口市龙口开发区振兴路369号
电话：0535－8958888
邮编：265700

莱阳丽都山庄 ★★★★
地址：烟台莱阳市旌旗西路018号
电话：0535－7266888
邮编：265200

莱阳龙门大酒店 ★★★★
地址：烟台莱阳市龙门东路26号
电话：0535－7183888
邮编：265200

莱州新世纪大酒店 ★★★★
地址：烟台莱州市文化西路478号
电话：0535－2213988
邮编：261400

招远金城温泉大酒店 ★★★★
地址：烟台招远市温泉路212号
电话：0535－8111888
邮编：265400

威海卫大厦 ★★★★
地址：威海市海港路82号
电话：0631－5285888
邮编：264200

蓝天宾馆 ★★★★
地址：威海市环海路1号
电话：0631－5231670
邮编：264200

海景花园大酒店 ★★★★
地址：威海市环翠区连林岛路9号
电话：0631－5262999
邮编：264200

威海中心大酒店 ★★★★
地址：威海市环翠区新威路58号
电话：0631－5222888
邮编：264200

合庆山庄 ★★★★
地址：威海连林岛路1号
电话：0631－5201668
邮编：264200

海都大酒店 ★★★★
地址：威海市环海路九号
电话：0631－5209851
邮编：264200

白天鹅宾馆 ★★★★
地址：威海市文化东路12号
电话：0631－5231891
邮编：264200

阳光大厦 ★★★★
地址：威海市统一路88号

电话：0631－5208999
邮编：264200

光明花园大酒店 ★★★★
地址：威海市文化东路 25 号
电话：0631－5286555
邮编：264200

威海抱海大酒店 ★★★★
地址：威海市海滨中路
电话：0631－5315888
邮编：264200

塔山宾馆 ★★★★
地址：威海市塔山西路 10 号
电话：0631－5317777
邮编：264200

荣成赤山大酒店 ★★★★
地址：威海荣成市石岛开发区海景西路 89 号
电话：0631－7369999
邮编：264300

石岛旅游休闲度假村 ★★★★
地址：威海荣成市石岛开发区西南海村
电话：0631－7358888
邮编：264300

荣成石岛宾馆 ★★★★
地址：威海荣成石岛管理区迎宾路
电话：0631－7388888
邮编：264300

荣成成山友谊宾馆 ★★★★
地址：威海荣成市成山大道 398 号
电话：0631－7518888
邮编：264300

乳山国际大酒店 ★★★★
地址：威海乳山市胜利街东 1 号
电话：0631－6878888
邮编：264500

文登昆嵛酒店 ★★★★
地址：威海文登市天福路 68 号
电话：0631－8456888
邮编：264400

文登德泰大酒店 ★★★★
地址：威海文登市昆嵛路 1 号
电话：0631－8936688
邮编：264400

青岛世贸海悦大酒店 ★★★★
地址：青岛市开发区香江路 55 号
电话：0532－86855555
邮编：266001

青岛利群德泰大酒店（城阳） ★★★★
地址：青岛市城阳区正阳路 155 号
电话：0532－89226868
邮编：266041

青岛金海大酒店 ★★★★
地址：青岛市市南区泰安路 14 号
电话：0532－88081102
邮编：266001

青岛东方饭店 ★★★★
地址：青岛市市南区大学路 4 号
电话：0532－82865888
邮编：266003

青岛国敦大酒店 ★★★★
地址：青岛市市南区香港中路 28 号
电话：0532－86681688
邮编：266071

青岛海情大酒店 ★★★★
地址：青岛市市南区东海中路 11 号甲
电话：0532－85969888
邮编：266061

青岛泛海名人酒店 ★★★★
地址：青岛市市南区太平路 29 号
电话：0532－82996699
邮编：266001

青岛黄海饭店 ★★★★
地址：青岛市市南区延安一路 75 号
电话：0532－82870215
邮编：266003

青岛海都大酒店 ★★★★
地址：青岛市开发区长江中路 218 号
电话：0532－86999888
邮编：266555

索菲亚国际大酒店 ★★★★
地址：青岛市崂山区香港东路 217 号
电话：0532－88971111
邮编：266061

青岛德宝花园大酒店 ★★★★
地址：青岛市市南区香港中路 122 号
电话：0532－85899898
邮编：266071

青岛复盛大酒店 ★★★★
地址：青岛市城阳区流亭街道民航路东首
电话：0532－84900000
邮编：266108

青岛唐朝世纪海丰大酒店 ★★★★
地址：青岛市开发区长江中路 459 号
电话：0532－86996666
邮编：266555

青岛北海宾馆 ★★★★
地址：青岛市市南区香港中路 7 号
电话：0532－83868888
邮编：266071

青岛红日宾馆 ★★★★
地址：青岛市市南区武胜关路 1 号乙
电话：0532－80909999
邮编：266071

青岛山孚大酒店 ★★★★
地址：青岛市市南区香港中路 96 号
电话：0532－85897888
邮编：266071

青岛府新大厦 ★★★★
地址：青岛市市南区闽江路 5 号
电话：0532－85913688
邮编：266071

青岛广业锦江大酒店 ★★★★
地址：青岛市李沧区夏庄路 68 号
电话：0532－81938888
邮编：266100

青岛丽天大酒店 ★★★★
地址：青岛市市南区香港西路 87 号
电话：0532－83888888
邮编：266071

青岛鹰谷万怡酒店 ★★★★
地址：青岛市湖南路 59 号
电话：0532－82966666
邮编：266000

青岛蓝海金港大饭店 ★★★★
地址：青岛市开发区长江西路 66 号
电话：0532－86986666
邮编：266555

快通国际酒店 ★★★★
地址：青岛市城阳区流亭机场民航路北侧
电话：0532－84716777
邮编：266108

青岛远洋大酒店 ★★★★
地址：青岛市崂山区秦岭路 18 号
电话：0532－80969999
邮编：266061

青岛多瑙河国际大酒店 ★★★★
地址：青岛市兴阳路 345 号
电话：0532－66967777
邮编：266108

青岛世纪大酒店 ★★★★
地址：青岛胶州市郑州西路 2 号
电话：0532－87269188
邮编：266300

青岛华洋大酒店 ★★★★
地址：青岛即墨市鹤山路 38 号
电话：0532－87551666
邮编：266200

青岛锦茂宾馆 ★★★★
地址：青岛即墨市鹤山路 168 号
电话：0532－89066666
邮编：266200

金山南海度假酒店 ★★★★
地址：青岛即墨市金山旅游度假区内
电话：0532－85526666
邮编：266200

平度宾馆 ★★★★
地址：青岛平度市同和路 66 号
电话：0532－87312208
邮编：266706

胶南德泰酒店 ★★★★
地址：青岛胶南市青岛路 15 号
电话：0532－86196868
邮编：266400

青岛宏程粤海酒店 ★★★★
地址：青岛胶南市人民东路 380 号
电话：0532－82156999
邮编：266400

青岛源杰大酒店 ★★★★
地址：青岛莱西市上海路 37 号
电话：0532－88407879　88407778
邮编：266600

莱西悦海喜来酒店 ★★★★
地址：青岛莱西市石岛中路 5 号
电话：0532－66038888
邮编：266000

雅禾国际大酒店 ★★★★
地址：日照市兴海路 96 号
电话：0633－3999988
邮编：276800

碧波大酒店 ★★★★
地址：日照市秦皇岛路 59 号
电话：0633－3668888
邮编：276826

凌海大酒店 ★★★★
地址：日照市滨海二路 78 号
电话：0633－8380005
邮编：276826

天成酒店 ★★★★
地址：日照市大连路588号
电话：0633－8888877
邮编：276826

陶然居大酒店 ★★★★
地址：临沂市陶然路16号
电话：0539－8316888
邮编：276004

荣华大酒店 ★★★★
地址：临沂市新华路121号
电话：0539－8329888
邮编：276004

鲁班沂州宾馆 ★★★★
地址：临沂市通达路307号
电话：0539－3102333
邮编：276000

沂水东方瑞海度假村 ★★★★
地址：临沂市沂水县新南环路与长安路交汇处
电话：0539－2500512
邮编：276400

平邑沂州国际大饭店 ★★★★
地址：临沂市平邑县浚河路76号
电话：0539－4211163
邮编：273300

沂南智圣汤泉度假村 ★★★★
地址：临沂市沂南县朝阳路北首
电话：0539－3333336
邮编：276300

峄州大酒店 ★★★★
地址：枣庄市峄城区承水路西首
电话：0632－7788801
邮编：277300

金尊国际酒店 ★★★★
地址：枣庄市高新区光明大道1518号
电话：0632－8683992
邮编：277101

枣庄大酒店 ★★★★
地址：枣庄市解放北路139号
电话：0632－3219388
邮编：277101

枣庄贵泉大酒店 ★★★★
地址：枣庄市解放南路143号
电话：0632－3361888
邮编：277101

滕州宾馆 ★★★★
地址：枣庄滕州市学院路东首
电话：0632－5888888
邮编：277500

济宁银座佳悦酒店 ★★★★
地址：济宁市古槐路26号
电话：0537－5169999
邮编：272119

济宁圣地酒店 ★★★★
地址：济宁市吴泰闸路73号
电话：0537－2935555
邮编：272000

济宁香港大厦 ★★★★
地址：济宁市火炬路19号
电话：0537－2969888
邮编：272000

曲阜阙里宾舍 ★★★★
地址：济宁曲阜市鼓楼街头1号
电话：0537－4866818
邮编：272037

曲阜铭座杏坛宾馆 ★★★★
地址：济宁曲阜市大同路36号
电话：0537－3197888
邮编：273100

泗水圣源酒店 ★★★★
地址：济宁市泗水县济河路160号
电话：0537－4252888
邮编：272000

泰山华侨大厦 ★★★★
地址：泰安市泰山区东岳大街中段
电话：0538－8228112
邮编：271000

丽景广场酒店 ★★★★
地址：泰安市市政广场东侧
电话：0538－6986666
邮编：271000

华泰大酒店 ★★★★
地址：泰安市迎胜中路
电话：0538－2105859
邮编：271000

肥城宝盛大酒店 ★★★★
地址：泰安肥城市龙山路20号
电话：0538－3237888
邮编：271600

莱芜宾馆 ★★★★
地址：莱芜市汶阳大街1号
电话：0634－6231199
邮编：271100

龙园宾馆 ★★★★
地址：莱芜市高新区凤凰路18号
电话：0634－8812000
邮编：271100

莱芜银座佳悦酒店 ★★★★
地址：莱芜市文化南路8号
电话：0634－6377888
邮编：271100

鹿鸣山庄 ★★★★
地址：莱芜市房干村
电话：0634－6386009
邮编：271100

山东滨州贵苑大酒店有限责任公司 ★★★★
地址：滨州市渤海九路520号
电话：0543－3286888
邮编：256616

滨州市银茂大酒店 ★★★★
地址：滨州市黄河五路513号
电话：0543－3226658
邮编：256600

博兴宾馆 ★★★★
地址：滨州市博兴县博城五路406号
电话：0543－2381899
邮编：256500

邹平雪花山大酒店 ★★★★
地址：滨州市邹平县城南西董镇
电话：0543－4550000
邮编：256218

和平大酒店 ★★★★
地址：菏泽市中华东路和平广场
电话：0530－5138888
邮编：274000

济南铁道大酒店 ★★★
地址：济南市火车站广场北侧
电话：0531－86328888　86329999
邮编：250001

金马大厦 ★★★
地址：济南市山大路南口262－1号
电话：0531－88936688
邮编：250014

丹顶鹤大酒店 ★★★
地址：济南市国际机场
电话：0531－88730777
邮编：250107

舜德大厦 ★★★
地址：济南市舜耕路22－1号
电话：0531－82960688
邮编：250014

山东民政大厦 ★★★
地址：济南市南新街66号
电话：0531－86153101
邮编：250012

山东学人大厦 ★★★
地址：济南市山大南路27号
电话：0531－88563388
邮编：250100

山东林业大厦 ★★★
地址：济南市花园路302号
电话：0531－86968686
邮编：250013

山东舜和商务酒店 ★★★
地址：济南市泺源大街53－2号
电话：0531－86138888
邮编：250011

山东鲁能信谊商务酒店 ★★★
地址：济南市经四路185号
电话：0531－86907888
邮编：250001

英大国际高尔夫俱乐部 ★★★
地址：济南民营科技产业园（美丽湖开发区）
电话：0531－85986556
邮编：250118

舜凯大酒店 ★★★
地址：济南市北园大街228号
电话：0531－88669999
邮编：250001

山东电视大厦 ★★★
地址：济南市经十路83号
电话：0531－85851888
邮编：250012

山东国际饭店 ★★★
地址：济南市解放路134号
电话：0531－67868888
邮编：250013

山东学府大酒店 ★★★
地址：济南市千佛山路6号
电话：0531－82953388
邮编：250061

山东学景大酒店 ★★★
地址：济南市二环东路7366号
电话：0531－88523388
邮编：250014

山东化工宾馆 ★★★
地址：济南市经十路 234 号
电话：0531－87937838
邮编：250021

济南军悦大酒店 ★★★
地址：济南市山大路 254 号
电话：0531－81798888
邮编：250014

山东舜和天禧商务酒店 ★★★
地址：济南市经十纬五 133 号
电话：0531－87068888
邮编：250014

济钢宾馆 ★★★
地址：济南市济钢新村
电话：0531－88868042
邮编：250101

济南华联大酒店 ★★★
地址：济南市经二路 571 号
电话：0531－82889888
邮编：250021

冶金宾馆 ★★★
地址：济南市文化东路 39－1 号
电话：0531－83190388
邮编：250014

济南群康天雨大酒店 ★★★
地址：济南市花园路 200 号
电话：0531－88030888
邮编：250100

济南泉西商务酒店有限公司 ★★★
地址：济南市经十西路 44 号
电话：0531－69925555
邮编：250022

济南宾馆 ★★★
地址：济南市经四路 368 号
电话：0531－87935981
邮编：250001

山东黄金集团仕湾度假村有限公司 ★★★
地址：济南市长清区五峰山景区
电话：0531－87311115
邮编：250305

济南华滨环联实业有限公司大酒店 ★★★
地址：济南市历城区北园大街 48 号
电话：0531－88976678
邮编：250100

微山湖大饭店 ★★★
地址：济南市历城区山大路 138 号
电话：0531－88577777
邮编：250100

济南五岳餐饮娱乐有限公司 ★★★
地址：济南市
电话：0531－82379999
邮编：250100

山东省教育学术交流中心 ★★★
地址：济南市历下区历山路 49 号
电话：0531－82389667
邮编：250013

山东鸿腾三馆商务酒店有限公司会展中心分公司 ★★★
地址：济南市高新区康虹路与颖秀北路交叉口
电话：0531－88685566
邮编：250001

吉尔宾馆 ★★★
地址：济南市辛西路 15 号
电话：0531－81302999
邮编：250001

山东鸿腾三馆商务酒店有限公司 ★★★
地址：济南市山大北路 37 号
电话：0531－82319888
邮编：250001

姜仔鸭大酒店 ★★★
地址：济南市天桥区北园路 268 号
电话：0531－88966666
邮编：250031

章丘市晟泽大饭店 ★★★
地址：济南章丘市明水经济开发区东昊工业园
电话：0531－81291888
邮编：250200

章丘市百脉泉大酒店 ★★★
地址：济南章丘市百脉泉街
电话：0531－81299999
邮编：250200

济南明丰大酒店 ★★★
地址：济南章丘市双山路
电话：0531－83311588
邮编：250200

济南三旺友和大酒店有限公司 ★★★
地址：济南市济阳县济北开发区开元大街 86 号
电话：0531－84237777
邮编：251400

华夏一家商务酒店 ★★★
地址：聊城市前进街 88 号
电话：0635－5080123
邮编：252052

润荷苑商务酒店 ★★★
地址：聊城市柳园南路 50 号
电话：0635－8503999
邮编：252052

金宇海天大酒店 ★★★
地址：聊城市东昌路 95 号
电话：0635－6972333
邮编：252000

东昌宾馆 ★★★
地址：聊城市东昌西路 119 号
电话：0635－8421002
邮编：252000

中苑大酒店 ★★★
地址：聊城市东昌西路 135 号
电话：0635－8426868
邮编：252000

新开大酒店 ★★★
地址：聊城市柳园南路 115 号
电话：0635－8266999　8266888
邮编：252000

牛车水大酒店 ★★★
地址：聊城市花园路 99 号
电话：0635－2115166
邮编：252052

人缘大酒店 ★★★
地址：聊城市昌润路
电话：0635－8903333
邮编：252052

东湖宾馆 ★★★
地址：聊城大学东校区湖南路 1 号
电话：0635－8230281
邮编：252000

临清宾馆 ★★★
地址：聊城临清市新华路中段柴市街 908 号
电话：0635－2323411
邮编：252600

阳谷县宾馆 ★★★
地址：聊城市阳谷县大众路 3 号
电话：0635－6362155
邮编：252300

凤祥宾馆 ★★★
地址：聊城市阳谷凤祥工业园区诚信路
电话：0635－6772076
邮编：252325

迎宾大酒店 ★★★
地址：聊城市莘县振兴街东段 29 号
电话：0635－7386999　7386888
邮编：252400

茌平美丽华大酒店 ★★★
地址：聊城市茌平县振兴路西首
电话：0635－4215999
邮编：252100

茌平宾馆 ★★★
地址：聊城市茌平县新政路 20 号
电话：0635－4269888
邮编：252100

东阿宾馆 ★★★
地址：聊城市东阿县前进街 131 号
电话：0635－3281121
邮编：252200

阿胶大酒店 ★★★
地址：聊城市东阿县阿胶街 78 号
电话：0635－3264127
邮编：252200

冠县清泉大酒店 ★★★
地址：聊城市冠县红旗北路 164 号
电话：0635－5280966
邮编：252500

启德大酒店 ★★★
地址：德州市三八中路 168 号
电话：0534－2181527
邮编：253000

德州大酒店 ★★★
地址：德州市东方红路 112 号
电话：0534－2650106
邮编：253013

德州希森大酒店 ★★★
地址：德州市东风东路 53 号
电话：0534－2672999
邮编：253000

德州德苑大酒店 ★★★
地址：德州市解放南大道 255 号
电话：0534－2623983
邮编：253006

国泰商务酒店 ★★★
地址：德州市大学西路德州安全局院内
电话：0534－2272895
邮编：253000

喜俪园大酒店 ★★★
地址：德州市湖滨中大道 1186 号

电话：0534－2386888
邮编：253000

乐陵汇都大酒店 ★★★
地址：德州乐陵市振兴东路326号
电话：0534－6291626
邮编：253600

禹城东方大厦 ★★★
地址：德州禹城市行政街124号
电话：0534－8915566
邮编：251200

禹城市明珠大酒店 ★★★
地址：德州禹城市汉槐路277号
电话：0534－7226688
邮编：251200

禹城宾馆 ★★★
地址：德州禹城市人民路466号
电话：0534－7289100
邮编：251200

平原宾馆 ★★★
地址：德州平原县青年路53号
电话：0534－4298169
邮编：253100

夏津晶都宾馆 ★★★
地址：德州市夏津县电力西苑
电话：0534－3312999
邮编：253200

齐河黄河明珠大酒店 ★★★
地址：德州市齐河县永安大街265号
电话：0534－5508888
邮编：251100

庆云宾馆 ★★★
地址：德州市庆云县光明路1021号
电话：0534－3329908
邮编：253700

蓝海大酒店 ★★★
地址：东营市府前大街103号
电话：0546－8081588
邮编：257091

聚丰大酒店 ★★★
地址：东营市西三路41号
电话：0546－8501888
邮编：257000

西城宾馆 ★★★
地址：东营市淄博路200号
电话：0546－7669999
邮编：257000

桩西宾馆 ★★★
地址：东营市河口区仙河镇江汉路13号
电话：0546－8589108
邮编：257237

河口宾馆 ★★★
地址：东营市河口区海宁路285号
电话：0546－3888888
邮编：257200

东方俱乐部 ★★★
地址：东营市府前大街120号
电话：0546－8835239
邮编：257029

白云饭店 ★★★
地址：东营市北一路188号
电话：0546－7660888
邮编：257029

蓝海汇洲大酒店 ★★★
地址：东营市垦利县新区民丰路
电话：0546－2891999
邮编：257500

垦利宾馆 ★★★
地址：东营市垦利县黄河路22号
电话：0546－2898666
邮编：257500

利津宾馆 ★★★
地址：东营市利津县利一路112号
电话：0546－5621315
邮编：257400

广饶宾馆 ★★★
地址：东营市广饶县迎宾路253号
电话：0546－6680000
邮编：257300

大王宾馆 ★★★
地址：东营市广饶县大王镇
电话：0546－6883098
邮编：257300

淄博鑫泰星大酒店 ★★★
地址：淄博市张店区中心路1号
电话：0533－2123888
邮编：255000

淄博蒲泉大酒店 ★★★
地址：淄博市淄川区松龄路
电话：0533－5177888
邮编：255200

淄博周村嘉周宾馆 ★★★
地址：淄博市周村区新建中路30号
电话：0533－6411888
邮编：255300

博凯悦假日大酒店 ★★★
地址：淄博市临淄区桓公路177号
电话：0533－7198999
邮编：255400

淄博丽景源大酒店 ★★★
地址：淄博市张店区华光路96号
电话：0533－3110088
邮编：255000

淄博原山旅游宾馆 ★★★
地址：淄博市博山区原山国家森林公园
电话：0533－4155561
邮编：255200

潭溪山庄 ★★★
地址：淄博市淄川区太和镇
电话：0533－2139522
邮编：255188

淄博顺达饭店 ★★★
地址：淄博市临淄区牛山路340号
电话：0533－7589999
邮编：255400

山东理工大学学术交流中心大酒店 ★★★
地址：淄博市张店区共青团西路88号
电话：0533－2305000　2305111
邮编：255012

淄博玫瑰大酒店 ★★★
地址：淄博市张店区金晶大道1号
电话：0533－2183121
邮编：255000

张店宾馆 ★★★
地址：淄博市张店区兴学街30号
电话：0533－2185161
邮编：255000

淄博齐林大酒店 ★★★
地址：淄博市张店区张周路东首
电话：0533－2862888
邮编：255090

翠林园大酒店 ★★★
地址：淄博市淄川经济开发区中心路
电话：0533－5419999
邮编：255130

傅山度假村 ★★★
地址：淄博市开发区卫固镇傅山村
电话：0533－3789777
邮编：255084

淄博市淄川区新星大酒店 ★★★
地址：淄博市淄川区淄城路75号
电话：0533－5171534
邮编：255100

桓台宾馆 ★★★
地址：淄博市桓台县中心路52号
电话：0533－8180327
邮编：256400

桓台县渔洋宾馆有限公司 ★★★
地址：淄博市桓台县索镇建设街2188号
电话：0533－2620208
邮编：256400

淄博高青迎宾馆 ★★★
地址：淄博市高青县文化路30号
电话：0533－6973999
邮编：256300

淄博盛源大酒店 ★★★
地址：淄博市沂源县二郎山路8号
电话：0533－3251689
邮编：256100

友和大酒店 ★★★
地址：淄博市沂源县城健康路与泰薛路交会处
电话：0533－3237788
邮编：256100

沂源县新城宾馆 ★★★
地址：淄博市沂源县城胜利路6号
电话：0533－3242693
邮编：256100

潍坊市政府接待中心 ★★★
地址：潍坊市胜利东街379号
电话：0536－8195999
邮编：261041

潍坊汇泉饭店 ★★★
地址：潍坊市东风东街366号
电话：0536－8195555
邮编：261041

潍坊东明大酒店 ★★★
地址：潍坊市高新区东方路361号
电话：0536－8102227
邮编：261041

潍坊三江大酒店 ★★★
地址：潍坊市新华路18号
电话：0536－8586688
邮编：261041

潍坊君尚假日酒店 ★★★
地址：潍坊市奎文区北宫东街262号
电话：0536－8661976

山东

邮编：261031

潍坊富豪国际大酒店 ★★★
地址：潍坊市奎文区新华路 23 号
电话：0536－8321111
邮编：261031

潍坊普雷思酒店 ★★★
地址：潍坊市奎文区潍州路与民生东街交叉口西北角
电话：0536－8807111
邮编：261031

潍坊世纪华润商务酒店 ★★★
地址：潍坊市高新区东方路 2577 号
电话：0536－8069777
邮编：261031

潍坊印象大酒店 ★★★
地址：潍坊市高新区胜利东街与金马路口
电话：0536－6108888
邮编：261031

潍坊天悦山庄 ★★★
地址：潍坊市潍城区浮烟山景区
电话：0536－2227766
邮编：261021

潍坊帝豪大酒店 ★★★
地址：潍坊市潍城区向阳路中段
电话：0536－8391111
邮编：261021

滨海海洋宾馆 ★★★
地址：潍坊市滨海经济开发区
电话：0536－5328961
邮编：261031

滨海鑫海源大酒店 ★★★
地址：潍坊市滨海经济开发区西城区
电话：0536－5300999
邮编：261031

安丘宾馆 ★★★
地址：潍坊安丘市商场路中段
电话：0536－4221911
邮编：262100

昌邑宾馆 ★★★
地址：潍坊昌邑市天水路 42 号
电话：0536－7212252
邮编：261300

昌邑翰林酒店 ★★★
地址：潍坊昌邑市解放路东
电话：0536－7123456
邮编：261300

高密正大商务酒店 ★★★
地址：潍坊高密市振兴街 588 号
电话：0536－2855777
邮编：261500

高密银鹰商务酒店 ★★★
地址：潍坊高密市人民大街 1399 号
电话：0536－2789388
邮编：261500

高密凤凰宾馆 ★★★
地址：潍坊高密市人民大街 199 号
电话：0536－2323311
邮编：261500

青州东方颐寿大酒店 ★★★
地址：潍坊青州市云门山景区
电话：0536－3276797
邮编：262500

青州海龙大酒店 ★★★
地址：潍坊青州市火车站西街 368 号
电话：0536－3281753
邮编：262500

诸城中粮宾馆 ★★★
地址：潍坊诸城市兴华东路 31 号
电话：0536－6569828
邮编：262200

诸城华洋大酒店 ★★★
地址：潍坊诸城市和平街 6 号
电话：0536－6164288
邮编：262000

诸城福泰华大酒店 ★★★
地址：潍坊诸城市和平路 33 号
电话：0536－2163333
邮编：262200

潍坊舜耕假日酒店 ★★★
地址：潍坊诸城市密州东路 6 号
电话：0536－2167777
邮编：262200

诸城市龙韵假日酒店 ★★★
地址：潍坊诸城市繁荣东路 124 号
电话：0536－6150818
邮编：262200

寿光华纳大酒店 ★★★
地址：潍坊寿光市圣城街 555 号
电话：0536－5218888
邮编：262700

寿光香格里拉商务酒店 ★★★
地址：潍坊寿光市正阳路 36 号
电话：0536－5228999
邮编：262700

寿光市东宇鸿翔大酒店 ★★★
地址：潍坊寿光市东宇鸿翔汽车城
电话：0536－5498888
邮编：262700

寿光市言玉大酒店 ★★★
地址：潍坊寿光市经济开发区金海路北段
电话：0536－5585777
邮编：262700

寿光富华大酒店 ★★★
地址：潍坊寿光市渤海路 336 号
电话：0536－5218368
邮编：262700

寿光在水一方大酒店 ★★★
地址：潍坊寿光市圣城路建桥路口
电话：0536－2150999
邮编：262700

临朐伟成大酒店 ★★★
地址：潍坊市临朐县龙泉路 16 号
电话：0536－3164688
邮编：262600

临朐大酒店 ★★★
地址：潍坊市临朐县山旺路 28 号
电话：0536－3123500
邮编：262600

临朐东镇御苑大酒店 ★★★
地址：潍坊市临朐县沂山景区南门
电话：0536－3715678
邮编：262600

昌乐阳光会馆 ★★★
地址：潍坊市昌乐县经济开发区
电话：0536－2181111
邮编：262400

昌乐清林园大酒店 ★★★
地址：潍坊昌乐县昌盛街西首 2068 号
电话：0536－6270008
邮编：262400

昌乐宝城大酒店 ★★★
地址：潍坊昌乐县新昌路 219 号
电话：0536－2180111
邮编：262400

烟台鸿腾大酒店 ★★★
地址：烟台市莱山区滨海中路 143 号
电话：0535－7355999
邮编：264600

烟台观海宾馆 ★★★
地址：烟台市莱山区滨海路 164 号
电话：0535－6888688
邮编：264600

速 8 酒店烟台莱山迎春大街店 ★★★
地址：烟台市莱山区盛泉东路 23 号
电话：0535－6768666
邮编：264600

烟台汇泉饭店 ★★★
地址：烟台市芝罘区青年路 33
电话：0535－6581888
邮编：264001

烟台万华宾馆 ★★★
地址：烟台市芝罘区幸福南路 7 号
电话：0535－6837118
邮编：264001

烟台蓝天大酒店 ★★★
地址：烟台市开发区长江路 131 号
电话：0535－6372888
邮编：264600

烟台虹口商务酒店 ★★★
地址：烟台市芝罘区大马路 118
电话：0535－6585555
邮编：264001

烟台金阳光商务酒店 ★★★
地址：烟台市开发区泰山路 128 号
电话：0535－6382219
邮编：264600

千手缘数字商务酒店 ★★★
地址：烟台市芝罘区幸福路 12 号
电话：0535－6818181
邮编：264001

烟台文豪大酒店 ★★★
地址：烟台市芝罘区市府街 105 号
电话：0535－6587000
邮编：264001

烟台三站宾馆 ★★★
地址：烟台市芝罘区青年路付 13 号
电话：0535－6277999
邮编：264001

烟台金融大酒店 ★★★
地址：烟台市芝罘区胜利路 68 号
电话：0535－6601888
邮编：264001

养马岛天马宾馆 ★★★
地址：烟台市牟平区养马岛东端
电话：0535－4769777
邮编：264100

安德利度假村 ★★★
地址：烟台市牟平区养马岛益寿路 66 号
电话：0535－4766666
邮编：264100

烟台新闻中心 ★★★
地址：烟台市芝罘区环山路 76 号
电话：0535－6225119
邮编：264000

烟台东方海洋大酒店 ★★★
地址：烟台市芝罘区滨海北路
电话：0535－6589999
邮编：264000

烟台黄金宫饭店 ★★★
地址：烟台市牟平区养马岛
电话：0535－4765888
邮编：264119

烟台通汇大酒店 ★★★
地址：烟台市芝罘区西大街 67 号
电话：0535－6276888
邮编：264000

烟台东海宾馆 ★★★
地址：烟台市莱山区东方大街 38 号
电话：0535－6888460
邮编：264003

烟台黄金大酒店 ★★★
地址：烟台市芝罘区胜利路 219 号
电话：0535－6633999
邮编：264000

烟台天天渔港 ★★★
地址：烟台市芝罘区胜利路 267 号
电话：0535－6612666
邮编：264000

烟台颐中大酒店 ★★★
地址：烟台市莱山区新星北街 1 号
电话：0535－6705966
邮编：264003

山东机械大厦 ★★★
地址：烟台市芝罘区解放路 62 号
电话：0535－6224561
邮编：264000

烟台汇丰俱乐部 ★★★
地址：烟台市黄城怡园路 8 号
电话：0535－8518888
邮编：265701

烟台岩丰大酒店 ★★★
地址：烟台市环山路 14 号
电话：0535－6633333
邮编：264000

烟台龙海大酒店 ★★★
地址：烟台市养马岛兴岛路 13 号
电话：0535－4761888
邮编：264119

蓬莱宾馆 ★★★
地址：烟台蓬莱市钟楼南路 11 号
电话：0535－5642411
邮编：265600

烟台云海大酒店 ★★★
地址：烟台市养马岛环岛路 518 号
电话：0535－4799100
邮编：264119

烟台虹口宾馆 ★★★
地址：烟台市芝罘区大马路 111 号
电话：0535－6218888
邮编：264000

烟台华宇大饭店 ★★★
地址：烟台市芝罘区岛西路 3 号
电话：0535－2128999
邮编：264002

烟台观海花园酒店 ★★★
地址：烟台市莱山区观海路 40 号
电话：0535－6895588
邮编：264003

烟台鸿泰宾馆 ★★★
地址：烟台市芝罘区建设路 17 号
电话：0535－2978888
邮编：264000

栖霞果都大酒店 ★★★
地址：烟台栖霞市霞光路 277 号
电话：0535－5205888
邮编：265300

栖霞悦心亭宾馆 ★★★
地址：烟台栖霞市霞北路 449 号
电话：0535－5212182
邮编：265300

栖霞万达宾馆 ★★★
地址：烟台栖霞市迎宾路 970 号
电话：0535－3375888
邮编：265300

艾山温泉度假村 ★★★
地址：烟台栖霞市松山街道艾山汤
电话：0535－5170666
邮编：265307

栖霞炫动酒店 ★★★
地址：烟台栖霞市民生路 118 号
电话：0535－5209515
邮编：265300

栖霞竹园酒店 ★★★
地址：烟台栖霞市汽车站西
电话：0535－5238701
邮编：265300

栖霞华昕商务大酒店 ★★★
地址：烟台栖霞市迎宾路 184 号
电话：0535－5226789
邮编：265300

栖霞福客假日商务酒店 ★★★
地址：烟台栖霞市迎宾路西庄园桥
电话：0535－3370678
邮编：265300

海阳观海大酒店 ★★★
地址：烟台海阳市海阳度假区海滨路 1 号
电话：0535－3303555
邮编：265100

海阳国宾海景酒店 ★★★
地址：烟台海阳市海阳度假区海滨路 98 号
电话：0535－3319888
邮编：265100

海阳黄金海岸大酒店 ★★★
地址：烟台海阳市海阳度假区海景路 98 号
电话：0535－3311888
邮编：265100

海阳曦岛国际游艇俱乐部 ★★★
地址：烟台海阳市海阳度假区海景路
电话：0535－3103888
邮编：265100

海阳地雷战主题酒店 ★★★
地址：烟台海阳市烟台街 2 号
电话：0535－3653888
邮编：265100

海阳方圆大厦 ★★★
地址：烟台海阳市方圆工业园
电话：0535－3221111
邮编：265100

龙口华龙大酒店 ★★★
地址：烟台龙口市环海路
电话：0535－8811111
邮编：265700

龙口南山宾馆 ★★★
地址：烟台龙口市南山集团
电话：0535－8616178
邮编：265706

龙口大酒店 ★★★
地址：烟台龙口市黄城北大街 565 号
电话：0535－8951366
邮编：265700

龙口东方家园 ★★★
地址：烟台龙口市龙东路 15 号
电话：0535－8847058
邮编：265701

龙口市怡雅商务宾馆 ★★★
地址：烟台龙口市通海路 406 号
电话：0535－8952666
邮编：265700

莱阳交通宾馆 ★★★
地址：烟台莱阳市玉龙北路 101 号
电话：0535－7212009
邮编：265200

莱阳锦江春饭店 ★★★
地址：烟台莱阳市五龙北路 188 号
电话：0535－7229678
邮编：265200

莱阳盛达酒店 ★★★
地址：烟台莱阳市五龙北路 117 号
电话：0535－7335888
邮编：265200

莱州宾馆 ★★★
地址：烟台莱州市莱州南路 71 号
电话：0535－2208888
邮编：261400

莱州新悦大酒店 ★★★
地址：烟台莱州市莱州北路 539 号
电话：0535－2208188
邮编：261400

莱州东莱宾馆 ★★★
地址：烟台莱州市文化西路 399 号
电话：0535－2201118
邮编：261400

蓬莱全盛大酒店 ★★★
地址：烟台蓬莱市公寓路 1 号
电话：0535－564 8418
邮编：265600

蓬莱金港湾大饭店 ★★★
地址：烟台蓬莱市海港路 80 号
电话：0535－5832277
邮编：265600

蓬莱蓬达大酒店 ★★★
地址：烟台蓬莱市钟楼东路 94 号

山东

电话：0535－5998811
邮编：265600

蓬莱市登洲华侨宾馆 ★★★
地址：烟台蓬莱市登洲路 40 号
电话：0535－5607188
邮编：265600

蓬莱市永蓬海天酒店 ★★★
地址：烟台蓬莱市海滨路 4 号
电话：0535－5831666
邮编：265600

蓬莱学府大酒店 ★★★
地址：烟台蓬莱市海滨西路 1001 号
电话：0535－3737111
邮编：265600

蓬莱八仙居宾馆 ★★★
地址：烟台蓬莱市登州路 59 号
电话：0535－5828888
邮编：265600

蓬莱阁大酒店 ★★★
地址：烟台蓬莱市海滨路 3 号
电话：0535－5955888
邮编：265600

蓬莱鲁粮宾馆 ★★★
地址：烟台蓬莱市钟楼东路 7 号
电话：0535－5643801
邮编：265600

蓬莱鑫源宾馆 ★★★
地址：烟台蓬莱市蓬泉路 1 号
电话：0535－5643682
邮编：265600

蓬莱渤海大酒店 ★★★
地址：烟台蓬莱市北关路 135 号
电话：0535－5656788
邮编：265600

玲珑集团商务会馆 ★★★
地址：烟台招远市金龙路 888 号
电话：0535－8076666
邮编：265406

招远市金都宾馆 ★★★
地址：烟台招远市迎宾路 110 号
电话：0535－8151105
邮编：265400

招远金海大厦 ★★★
地址：烟台招远市罗峰路 158 号
电话：0535－8235684
邮编：265400

招远欣源大酒店 ★★★
地址：烟台招远开发区金晖路 299 号
电话：0535－8068888
邮编：265400

招远御花园酒店 ★★★
地址：烟台招远市初山路 23 号
电话：0535－2045677
邮编：265400

招远金都大酒店 ★★★
地址：烟台招远市罗峰路 159 号
电话：0535－8065999
邮编：265400

招远博览苑大酒店 ★★★
地址：烟台招远市玲珑镇欧家筐
电话：0535－8368780
邮编：265400

长岛丽晶假日酒店 ★★★
地址：烟台市长岛县文化街 20 号
电话：0535－3092888
邮编：265800

美都度假村 ★★★
地址：烟台市长岛县北长山方花沟
电话：0535－3993168
邮编：265800

长岛万辉大厦 ★★★
地址：烟台市长岛县乐园大街 119 号
电话：0535－3090001
邮编：265800

长岛世纪假日酒店 ★★★
地址：烟台市长岛县北长山店子村东
电话：0535－3997922
邮编：265800

山花大酒店 ★★★
地址：威海市和平路 113 号
电话：0631－5279998
邮编：264200

九九大厦 ★★★
地址：威海市鞍山路 1 号
电话：0631－5626999
邮编：264209

庆威大厦 ★★★
地址：威海市火炬路 196 号
电话：0631－5621005
邮编：264209

长威大酒店 ★★★
地址：威海市文化西路 62 号
电话：0631－5819442
邮编：264209

圆楼大酒店 ★★★
地址：威海市昆明路 43 号
电话：0631－5209888
邮编：264200

玉龙湾大酒店 ★★★
地址：威海市环海路
电话：0631－5128588
邮编：264200

白云宾馆 ★★★
地址：威海市东山路 22 号
电话：0631－5218888
邮编：264200

中汇大厦 ★★★
地址：威海市高技术开发区
电话：0631－5623576
邮编：264209

威胜大酒店 ★★★
地址：威海市海滨北路 47 号
电话：0631－5189999
邮编：264200

威海海兴大酒店 ★★★
地址：威海市经区皇冠花园 18 号
电话：0631－5985735
邮编：264200

华海宾馆 ★★★
地址：威海市环海路王家村
电话：0631－5261888
邮编：264200

伴月山庄大酒店 ★★★
地址：威海市环海路伴月山庄 1 号
电话：0631－5261305
邮编：264200

威海电子宾馆 ★★★
地址：威海市环海路 15 号
电话：0631－5262500
邮编：264200

威海金猴商务会馆 ★★★
地址：威海市丹东路 88 号
电话：0631－5666888
邮编：264209

敬兰大酒店 ★★★
地址：威海市世昌大道
电话：0631－5295088
邮编：264200

滨海之星假日酒店 ★★★
地址：威海市统一路 67 号
电话：0631－5188858
邮编：264200

顺德国际娱乐城有限公司 ★★★
地址：威海市统一路 407 号
电话：0631－5278168
邮编：264200

威海凯瑞假日酒店 ★★★
地址：威海市海滨北路 48 号
电话：0631－5858888
邮编：264200

威海丽湾酒店 ★★★
地址：威海市海滨南路 39 号
电话：0631－5969399
邮编：264200

威海昀泰商务酒店 ★★★
地址：威海市青岛中路 166 号
电话：0631－5993636
邮编：264200

东方宾馆 ★★★
地址：威海市新威路 92 号
电话：0631－5223541
邮编：264200

威海时代商务大酒店 ★★★
地址：威海市青岛中路 132 号
电话：0631－5977188
邮编：264200

威海市丽园大酒店 ★★★
地址：威海市统一路 34 号
电话：0631－5232089
邮编：264200

威海宾馆 ★★★
地址：威海市环海路 12 号
电话：0631－5262888
邮编：264200

亨泰宾馆 ★★★
地址：威海市齐鲁大道 7 号
电话：0631－5902666
邮编：264200

港湾大酒店 ★★★
地址：威海市石岛管理区
电话：0631－7388888
邮编：264300

桃园居大酒店 ★★★
地址：威海市石岛管理区
电话：0631－7388888
邮编：264300

金海岸大酒店
地址：威海市环翠区海滨北路56号
电话：0631－5230088
邮编：264200

威海鑫海湾宾馆 ★★★
地址：威海市高新区文化西路370号
电话：0631－3850679
邮编：264200

东山宾馆 ★★★
地址：威海市环翠区东山路26号
电话：0631－5269888
邮编：264200

威海景缘商务酒店 ★★★
地址：威海市环翠区纪念路42号
电话：0631－5198333
邮编：264200

天外天酒店 ★★★
地址：威海市环翠区文化中路附58号
电话：0631－5817018
邮编：264200

金俪雅商务酒店 ★★★
地址：威海市环翠区天津路19号
电话：0631－5666776
邮编：264200

威海新闻大厦 ★★★
地址：威海市高技术产业开发区文化中路68号
电话：0631－3653888
邮编：264200

杨家滩商务酒店 ★★★
地址：威海市齐鲁大道77号
电话：0631－3630888
邮编：264200

华夏会馆 ★★★
地址：威海市经济技术开发区华夏路1号
电话：0631－5906888
邮编：264200

威海海日大酒店 ★★★
地址：威海市经济开发区珠海路755号
电话：0631－3678999
邮编：264200

威海凤仪酒店 ★★★
地址：威海市经济技术开发区凤林珠海路
电话：0631－5976558
邮编：264200

荣成博霞山庄 ★★★
地址：威海荣成市西霞口
电话：0631－7838888
邮编：264300

荣成华星宾馆二部 ★★★
地址：威海荣成市崖头镇成山大道东首
电话：0631－7565888
邮编：264300

荣成大酒店 ★★★
地址：威海荣成市文化东路58号
电话：0631－7573033
邮编：264300

荣成桃园居大酒店 ★★★
地址：威海荣成市石岛管理区
电话：0631－7388888
邮编：264300

荣成天都大酒店 ★★★
地址：威海荣成市石岛管理区
电话：0631－7326888
邮编：264300

荣成黄海宾馆 ★★★
地址：威海荣成市石岛管理区
电话：0631－7382217
邮编：264300

荣成山海宾馆 ★★★
地址：威海荣成市邱家渔业公司
电话：0631－7438121
邮编：264300

荣成荣喜大酒店 ★★★
地址：威海荣成市人和山西头
电话：0631－7463999
邮编：264300

乳山宾馆 ★★★
地址：威海乳山市夏村镇
电话：0631－6624561
邮编：264500

银滩大酒店 ★★★
地址：威海乳山市银滩管委会
电话：0631－6778888
邮编：264500

乳山正华山庄大酒店 ★★★
地址：威海乳山市乳山寨镇
电话：0631－6614046
邮编：264500

乳山望海山庄★★★
地址：威海乳山市海阳所镇工业园
电话：0631－6793088
邮编：264500

乳山东海宾馆 ★★★
地址：威海乳山市青山路57号
电话：0631－6622771
邮编：264500

乳山金海假日酒店 ★★★
地址：威海乳山市长江路41号
电话：0631－3603999
邮编：264500

乳山香榭丽舍大酒店 ★★★
地址：威海乳山市宁波路19号
电话：0631－6855555
邮编：264500

文登劳动大厦 ★★★
地址：威海文登市米山路64号
电话：0631－8251782
邮编：266001

文登金滩大酒店 ★★★
地址：威海文登市南海旅游度假区金乡东路
电话：0631－8961777
邮编：266001

文登西楼富丽华大酒店 ★★★
地址：威海文登市西楼村
电话：0631－8939999
邮编：264400

文登西楼喜庆大厦 ★★★
地址：威海文登市文山路93号
电话：0631－8808888
邮编：264400

威海凯德餐饮有限公司凯德商务酒店 ★★★
地址：威海文登市昆嵛路37－3号
电话：0631－8458888
邮编：264400

青岛文华国际酒店 ★★★
地址：青岛市市北区标山路38号
电话：0532－83631888
邮编：266023

青岛建银大酒店 ★★★
地址：青岛市市南区贵州路71号
电话：0532－82651777
邮编：266002

青岛东晖国际大酒店 ★★★
地址：青岛市市南区山东路39号
电话：0532－85814688
邮编：266071

青岛亚海大酒店 ★★★
地址：青岛市市北区华阳路6号
电话：0532－83826688
邮编：266022

青岛维也纳大酒店 ★★★
地址：青岛市市南区澳门路9号
电话：0532－83896688
邮编：266071

青岛新地大酒店 ★★★
地址：青岛市市南区汕头路1号
电话：0532－85966888
邮编：266071

青岛城阳宾馆 ★★★
地址：青岛市城阳区明阳路200号
电话：0532－87868188
邮编：266109

青岛丹顶鹤大酒店 ★★★
地址：青岛市城阳区流亭机场民航路东段
电话：0532－84710777
邮编：266108

青岛华欧集团明珠酒店 ★★★
地址：青岛市开发区崇明岛东路155号
电话：0532－86868866
邮编：266500

青岛致远楼宾馆 ★★★
地址：青岛市市南区珠海路1号
电话：0532－85967888
邮编：266071

青岛学苑宾馆 ★★★
地址：青岛市市北区抚顺路20号
电话：0532－85071666
邮编：266033

青岛东方航空大厦 ★★★
地址：青岛市市南区燕儿岛路16号
电话：0532－85737888
邮编：266071

青岛洁神大饭店 ★★★
地址：青岛市市南区江西路36号
电话：0532－85821888
邮编：266071

青岛花园大酒店 ★★★
地址：青岛市市南区彰化路6号
电话：0532－83990888
邮编：266071

青岛渤海湾大酒店 ★★★
地址：青岛市城阳区重庆北路217号
电话：0532－84812965
邮编：266108

海尔山庄 ★★★
地址：青岛市崂山区仰口
电话：0532－87849898
邮编：266105

海尔国际培训中心 ★★★
地址：青岛市崂山区王哥庄港东
电话：0532－87912288
邮编：266105

青岛海润国际商务酒店 ★★★
地址：青岛市市南区香港中路 43 号
电话：0532－86669566
邮编：266071

青岛饭店 ★★★
地址：青岛市市南区香港中路 66 号
电话：0532－85781888
邮编：266071

青岛皇嘉酒店 ★★★
地址：青岛市市南区东海西路 32 号
电话：0532－85021888
邮编：266071

青岛华能宾馆 ★★★
地址：青岛市市南区安徽路 2 号
电话：0532－82860077
邮编：266001

青岛地矿宾馆 ★★★
地址：青岛市市南区徐州路 79 号
电话：0532－85813842
邮编：266071

青岛兴安大酒店 ★★★
地址：青岛市市南区如东路 1 号
电话：0532－85816699
邮编：266071

青岛开发区迎宾馆 ★★★
地址：青岛市开发区长江中路 397 号
电话：0532－86897979
邮编：266555

青岛高校香澜宾馆 ★★★
地址：青岛市四方区郑州路 57 号
电话：0532－84877788
邮编：266042

青岛惠国宾馆 ★★★
地址：青岛市市南区巫峡路 29 号
电话：0532－82652888
邮编：266002

青岛前哨大酒店 ★★★
地址：青岛市四方区洛阳路 9 号
电话：0532－84850388
邮编：266042

青岛宏运大酒店 ★★★
地址：青岛市开发区香江路 227 号
电话：0532－86897888
邮编：266555

青岛瀚源大酒店 ★★★
地址：青岛市城阳区正阳路 210
电话：0532－87869555
邮编：266109

利群集团德泰大酒店 ★★★
地址：青岛市崂山区崂山路 67 号
电话：0532－88807990
邮编：266102

青岛齐海大酒店 ★★★
地址：青岛市市南区香港中路 126 号
电话：0532－85879500
邮编：266071

青岛紫丁香饭店 ★★★
地址：青岛市四方区杭州路 30 号
电话：0532－89077666
邮编：266032

青岛气象度假村 ★★★
地址：青岛市崂山区东海东路 87 号
电话：0532－88011231 转 8888
邮编：266101

青岛海滨花园大酒店 ★★★
地址：青岛市市南区彰化路 4 号
电话：0532－83995888
邮编：266071

青岛海翔商务酒店 ★★★
地址：青岛市开发区紫金山支路 8 号
电话：0532－86890666
邮编：266555

青岛利客来集团商务酒店 ★★★
地址：青岛市李沧区京口路 52 号
电话：0532－87631178
邮编：266100

青岛东海饭店 ★★★
地址：青岛市市南区汇泉路 7 号
电话：0532－83863152
邮编：266071

青岛紫晶大酒店 ★★★
地址：青岛市李沧区峰山路 113 号
电话：0532－87631888
邮编：266100

青岛海洋宾馆 ★★★
地址：青岛市市南区徐州路 88 号
电话：0532－80971111
邮编：266071

青岛市崂山夏日酒店 ★★★
地址：青岛市崂山区崂山路 36 号
电话：0532－88800555
邮编：266071

四方大酒店 ★★★
地址：青岛市四方区温州路 1 号
电话：0532－83717888
邮编：266032

青岛城阳秋临大酒店 ★★★
地址：青岛市流亭街道民航路西端
电话：0532－84717888
邮编：266108

青岛宏运东都大酒店 ★★★
地址：青岛市开发区长江中路 118 号
电话：0532－86871888
邮编：266555

青岛新康宏大酒店 ★★★
地址：青岛市开发区天目山路凤凰园 2 号
电话：0532－86758888
邮编：266520

青岛市人民法院培训服务中心 ★★★
地址：青岛市香港东路 233 号
电话：0532－88961222
邮编：266061

青岛蓝鲸湾大酒店 ★★★
地址：青岛市江西路 29 号
电话：0532－85818999
邮编：266071

青岛体育之家大酒店 ★★★
地址：青岛市延安一路 311 号
电话：0532－82997777
邮编：266023

总后军交干部培训中心 ★★★
地址：青岛市崂山区青大三路北端
电话：0532－83977888
邮编：266071

青岛星程酒店 ★★★
地址：青岛市延安一路 86 号
电话：0532－82881888
邮编：266071

汇海山庄度假酒店 ★★★
地址：青岛市崂山路 7 号
电话：0532－88831666
邮编：266000

青岛华外大酒店 ★★★
地址：青岛市重庆中路 399 号
电话：0532－66878888
邮编：266000

青岛爱情海酒店 ★★★
地址：青岛市延安三路 212 号
电话：0532－82038112
邮编：266001

青岛华侨国际饭店 ★★★
地址：青岛市香港中路 41 号
电话：0532－88699988
邮编：266001

青岛鲁检宾馆 ★★★
地址：青岛市瞿塘峡路 70 号甲
电话：0532－80885112
邮编：266001

青岛职工之家宾馆 ★★★
地址：青岛市湛山路 2 号
电话：0532－83869888
邮编：266001

青岛海空苑迎宾馆 ★★★
地址：青岛市李沧区四流中路 2 号
电话：0532－58833888
邮编：266021

青岛复盛大酒店二店 ★★★
地址：青岛市城阳区流亭商业街中段
电话：0532－84900000
邮编：266041

青岛双珠蓝港大酒店 ★★★
地址：青岛市泊里镇海泊二路 2－22 号
电话：0532－84189999
邮编：266001

市南区花自林大饭店 ★★★
地址：青岛市银川西路 17 号
电话：0532－80689666
邮编：266001

青岛天威华青大酒店 ★★★
地址：青岛市长宁路 7－4 号
电话：0532－80938366
邮编：266001

青岛宏运凤凰酒店 ★★★
地址：青岛市金沙滩路金沙新村 2 号
电话：0532－58718815
邮编：266001

青岛金玉堂大酒店 ★★★
地址：青岛市香港中路 141 号

电话：0532－83993168
邮编：266001

青岛润春来宾馆 ★★★
地址：青岛市城阳区夏庄夏塔路377号
电话：0532－87796678
邮编：266041

青奥蔚蓝假日酒店 ★★★
地址：青岛市李沧区振华路8号
电话：0532－84665555
邮编：266021

青奥锦绣汇丰假日酒店 ★★★
地址：青岛市李沧区青山路626号
电话：0532－80929666
邮编：266021

青岛人口和计划生育培训中心 ★★★
地址：青岛市市南区丰县路8号
电话：0532－66986802
邮编：266001

胶州市澳琳商务宾馆 ★★★
地址：青岛胶州市澳门路483－26号
电话：0532－87236696
邮编：266300

胶州阳光大厦 ★★★
地址：青岛胶州市胶州西路33号
电话：0532－87299118
邮编：266300

青岛温泉度假村 ★★★
地址：青岛即墨市温泉镇通泉路6号
电话：0532－86561538
邮编：266200

青岛金麒玉麟温泉酒店 ★★★
地址：青岛即墨市温泉镇新兴路63号
电话：0532－86578888
邮编：266207

青岛即墨宾馆 ★★★
地址：青岛即墨市朝阳路109号
电话：0532－88569777
邮编：266200

青岛东莱大酒店 ★★★
地址：青岛市平度市人民路87号
电话：0532－88363009
邮编：266700

青岛董家口大酒店 ★★★
地址：青岛市胶南市泊里镇江石路7号
电话：0532－85117888
邮编：266400

胶南国旅大酒店 ★★★
地址：青岛胶南市人民路211号
电话：0532－88188968
邮编：266400

青岛东方九九红大酒店 ★★★
地址：青岛胶南市世纪大道1177号
电话：0532－88139599
邮编：266400

胶南新泰华大酒店 ★★★
地址：青岛胶南市开发区易通路68号
电话：0532－86613888
邮编：266400

丰泽山庄大酒店 ★★★
地址：青岛胶南市世纪大道西端
电话：0532－88173000
邮编：266400

青岛海西大酒店 ★★★
地址：青岛胶南市珠海东路387号
电话：0532－85192506
邮编：266400

青岛豪邦度假村 ★★★
地址：青岛莱西市文化东路13号
电话：0532－88471111
邮编：266600

山孚大酒店 ★★★
地址：日照市海曲路68号
电话：0633－8222098
邮编：276800

德泰大酒店 ★★★
地址：日照市昭阳路18号
电话：0633－8227788
邮编：276800

广电大酒店 ★★★
地址：日照市烟台路
电话：0633－8803666
邮编：276800

览海宾馆 ★★★
地址：日照市北京路399号
电话：0633－3363000
邮编：276826

阳光华府大酒店 ★★★
地址：日照市黄海二路22号
电话：0633－8333511
邮编：276826

东海饭店 ★★★
地址：日照市黄海二路59号
电话：0633－3311989
邮编：276826

怡然酒店 ★★★
地址：日照市海滨二路68号
电话：0633－8338888
邮编：276826

日照大酒店 ★★★
地址：日照市海滨五路39号
电话：0633－8338888
邮编：276826

魏园度假山庄 ★★★
地址：日照市太公一路中段
电话：0633－2286666
邮编：276826

东辰佳缘大酒店 ★★★
地址：日照市高科园北园一路
电话：0633－8295888
邮编：276800

百盛商务酒店 ★★★
地址：日照市森林公园
电话：0633－3680000
邮编：276800

汇源商务酒店 ★★★
地址：日照市太公一路中段
电话：0633－8315599
邮编：276826

山水大酒店 ★★★
地址：日照市海滨五路35号
电话：0633－3699888
邮编：276826

天宁宾馆 ★★★
地址：日照市泰安路55号
电话：0633－8778588
邮编：276826

碧波山庄 ★★★
地址：日照市岚山区巨峰镇
电话：0633－3931888
邮编：276808

嘉豪商务酒店 ★★★
地址：日照市北京路劳动大厦
电话：0633－8866666
邮编：276826

兖矿圣园酒店 ★★★
地址：日照市济南路
电话：0633－2296888
邮编：276800

翰林酒店 ★★★
地址：日照市山海天路
电话：0633－8013888
邮编：276800

鲁圣大厦 ★★★
地址：日照市岚山轿顶山
电话：0633－6196699
邮编：276808

中豪国际饭店 ★★★
地址：日照市海滨二路南首
电话：0633－8567777
邮编：276800

曲师大商务酒店 ★★★
地址：日照市新市区曲师大校园内
电话：0633－3980000
邮编：276800

杜鹃山庄 ★★★
地址：日照市五莲县五莲山风景区
电话：0633－5407000
邮编：262300

祥云大酒店 ★★★
地址：日照市莒县青年路11号
电话：0633－6880888
邮编：276500

浮来青生态园 ★★★
地址：日照市莒县夏庄镇
电话：0633－6868677
邮编：276500

莒县好来商务酒店 ★★★
地址：日照市莒县城区城阳中段
电话：0633－6666626
邮编：276500

文心宾馆 ★★★
地址：日照市莒县文心中路8号
电话：0633－6222706
邮编：276500

华伦国际大酒店 ★★★
地址：日照市莒县城阳路
电话：0633－6221855
邮编：276500

浮来山庄 ★★★
地址：日照市莒县浮来山
电话：0633－6622666
邮编：276500

沂州大厦 ★★★
地址：临沂市解放路193号
电话：0539－8226512
邮编：276000

汇东商务酒店 ★★★
地址：临沂市新华一路 9 号
电话：0539－8071810
邮编：276000

临沂宾馆 ★★★
地址：临沂市沂蒙路 322 号
电话：0539－8968888
邮编：276000

恒基海天酒店 ★★★
地址：临沂市金雀山一路 39 号
电话：0539－8168888
邮编：276000

临沂饭店 ★★★
地址：临沂市银雀山路 318 号
电话：13853902296
邮编：276001

临沂知春湖（国际）温泉度假村 ★★★
地址：临沂市河东区汤头办事处驻地
电话：0539－8700027
邮编：276032

三盟商务酒店 ★★★
地址：临沂市罗庄区罗四路中段
电话：0539－7088888
邮编：276017

沂州府会馆 ★★★
地址：临沂市罗庄区罗庄镇龙潭路
电话：0539－8244001
邮编：276017

颐正园 ★★★
地址：临沂市南坊行政新区
电话：0539－7017888
邮编：276001

临沂宾馆大学城店 ★★★
地址：临沂市兰山区临西六路与双岭路交汇处
电话：0539－8961888
邮编：276002

郯城宾馆 ★★★
地址：临沂市郯城县郯东路 175 号
电话：0539－6112036
邮编：276100

宝华大酒店 ★★★
地址：临沂市苍山县南外环路中段
电话：0539－5287888
邮编：277700

莒南桃源大酒店 ★★★
地址：临沂市莒南县十泉路十号
电话：0539－7231888
邮编：276600

沂河山庄 ★★★
地址：临沂市沂水县东环路
电话：0539－2238888
邮编：276400

寰宇大酒店 ★★★
地址：临沂市沂水县沂新路 375 号
电话：0539－2228611
邮编：276400

蒙阴蒙山宾馆 ★★★
地址：临沂市蒙阴县城文化路 23 号
电话：0539－4273338
邮编：276200

蒙阴养心园大酒店 ★★★
地址：临沂市蒙阴蒙山管委会百泉峪村
电话：0539－4557608
邮编：276200

东蒙避暑山庄 ★★★
地址：临沂市蒙阴县蒙山国家森林公园内
电话：0539－4552088
邮编：276223

沂蒙人家 ★★★
地址：临沂市平邑县蒙山旅游风景区
电话：0539－4406666
邮编：273304

平邑蒙山度假村 ★★★
地址：临沂市平邑县蒙山景区
电话：0539－4103888
邮编：273304

平邑沂州府乡村会馆 ★★★
地址：临沂市平邑县大洼景区
电话：0539－4336666
邮编：273305

费县银都商务酒店 ★★★
地址：临沂市费县和平路 134 号
电话：0539－7179777
邮编：273400

费县丽都假日大酒店 ★★★
地址：临沂市费县 327 国道北塔城路东
电话：0539－7172222
邮编：273400

沂南华苑商务酒店 ★★★
地址：临沂市沂南县历山路南首
电话：0539－3225555
邮编：276300

临沭沭河宾馆 ★★★
地址：临沂市临沭县苍山北路 18 号
电话：0539－6212202
邮编：276700

薛国大酒店 ★★★
地址：枣庄市薛城区黄河路 1 号
电话：0632－4416888
邮编：277000

丽波大酒店（高新区店） ★★★
地址：枣庄市高新区光明西路
电话：0632－7695555　7695566
邮编：277000

山亭宾馆 ★★★
地址：枣庄市山亭区府前路 17 号
电话：0632－8811411
邮编：277200

古运荷香度假村 ★★★
地址：枣庄市峄城区古邵镇南 4 公里 206 国道西侧
电话：0632－7085878　7085888
邮编：277300

台儿庄大酒店 ★★★
地址：枣庄市台儿庄区兴中路 110 号
电话：0632－6918555　6961779
邮编：277400

枣矿集团接待中心 ★★★
地址：枣庄市薛城泰山南路 107 号
电话：0632－4080112
邮编：277000

福兴宾馆 ★★★
地址：枣庄市峄城区榴园路东首北侧
电话：0632－7788719
邮编：277300

滕州鲁班大饭店 ★★★
地址：枣庄滕州市荆河中路 60 号
电话：0632－5588888
邮编：277500

鲁南警官培训中心 ★★★
地址：枣庄滕州市善国南路 68 号
电话：0632－5583154
邮编：277500

滕州新苑大酒店 ★★★
地址：枣庄滕州市荆河中路 46 号
电话：0632－5688762
邮编：277500

滕州华泰大酒店 ★★★
地址：枣庄滕州市新兴中路 162 号
电话：0632－5625277　5603999
邮编：277500

滕州饭店 ★★★
地址：枣庄滕州市善国中路 18 号
电话：0632－5555999
邮编：277500

济宁运河宾馆 ★★★
地址：济宁市共青团路 45 号
电话：0537－2906333
邮编：272000

济宁名雅经纬大饭店 ★★★
地址：济宁市环城北路 1 号
电话：0537－3160888
邮编：272000

济宁香江长城商务酒店 ★★★
地址：济宁市常青路 2 号
电话：0537－2968188
邮编：272000

济宁江南春宾馆 ★★★
地址：济宁市海关路 3 号
电话：0537－2713066
邮编：272000

济宁影视宾馆 ★★★
地址：济宁市共青团路 43 号
电话：0537－2908188
邮编：272000

济宁贵和花园酒店 ★★★
地址：济宁市吴泰闸路 1 号
电话：0537－2603333
邮编：272119

济宁运河之星酒店 ★★★
地址：济宁市红星东路 99 号
电话：0537－2710196
邮编：272119

济宁市翰庭太白酒楼 ★★★
地址：济宁市金宇路 1 号
电话：0537－2902555
邮编：272119

济宁汇泉精品饭店 ★★★
地址：济宁市太白东路 39 号
电话：0537－2397555
邮编：272119

兖州富平大酒店 ★★★
地址：济宁市兖州区技校路 1 号
电话：0537－3482666
邮编：271000

兖州兴隆宾馆 ★★★
地址：济宁市兖州区实小胡同6号
电话：0537－3413668
邮编：272100

兖州九州宾馆 ★★★
地址：济宁市兖州区建设东路3号
电话：0537－3890888
邮编：272100

兖州富都宾馆 ★★★
地址：济宁市兖州区建设路38号
电话：0537－3450222
邮编：272100

曲阜春秋大酒店 ★★★
地址：济宁曲阜市春秋路13号
电话：0537－5051888
邮编：273100

曲阜国宾馆 ★★★
地址：济宁曲阜市大成路南首
电话：0537－5050666
邮编：273100

曲阜北苑酒店 ★★★
地址：济宁曲阜市林道路8号
电话：0537－4867777
邮编：273100

曲阜九龙宾馆（仁情酒店）★★★
地址：济宁曲阜市鼓楼大街113号
电话：0537－5052666
邮编：273100

曲阜名雅儒家大饭店 ★★★
地址：济宁曲阜市鼓楼北街8号
电话：0537－5050888
邮编：273100

曲阜国际酒店 ★★★
地址：济宁曲阜市弘道路北首
电话：0537－4418888　4414039
邮编：273100

曲阜迎宾馆 ★★★
地址：济宁曲阜市春秋路12号
电话：0537－4496663
邮编：273100

邹城国际饭店 ★★★
地址：济宁邹城市太平西路2269号
电话：0537－5256666
邮编：273500

邹城择邻山庄 ★★★
地址：济宁邹城市钢山路1571号
电话：0537－5292901
邮编：273500

微山湖宾馆 ★★★
地址：济宁市微山县奎文路177号
电话：0537－8256666
邮编：272100

微山岛名湖度假酒店 ★★★
地址：济宁市微山县微山岛乡
电话：0537－8559188
邮编：272100

微山县圣天源大酒店 ★★★
地址：济宁市微山县东风路88号
电话：0537－8296668
邮编：272100

微山南阳水苑度假村 ★★★
地址：济宁市微山县南阳古镇
电话：0537－8125555
邮编：277600

鱼台孔府宴大酒店 ★★★
地址：济宁市鱼台县鱼丰路198号
电话：0537－6216666
邮编：272300

嘉祥宾馆 ★★★
地址：济宁市嘉祥县兖兰中路108号
电话：0537－6821339
邮编：272400

嘉祥县祥城宾馆 ★★★
地址：济宁市嘉祥县青年路35号
电话：0537－6839888
邮编：272400

汶上联民大酒店 ★★★
地址：济宁市汶上县中都大街69号
电话：0537－7259999
邮编：272500

汶上华鲁大酒店 ★★★
地址：济宁市汶上县泉河路58号
电话：0537－7295599
邮编：272501

汶上圣泽商务大酒店 ★★★
地址：济宁市汶上县圣泽大街东段99号
电话：0537－7168888
邮编：272501

泗水尼山圣源书院宾舍 ★★★
地址：济宁市泗水县圣水峪镇北东野村
电话：0537－4309888
邮编：273200

泗水圣源度假村 ★★★
地址：济宁市泗水县泗张镇安山寺
电话：0537－4386888
邮编：273200

梁山忠韩大酒店 ★★★
地址：济宁市梁山县水泊中路108号
电话：0537－7306179
邮编：272600

梁山杏花村宾馆 ★★★
地址：济宁市梁山县水泊南路108号
电话：0537－7316999
邮编：272600

梁山县水泊宾馆 ★★★
地址：济宁市梁山县水泊中路57号
电话：0537－7323258
邮编：272600

梁山县银都宾馆 ★★★
地址：济宁市梁山县水泊中路164号
电话：0537－7507777
邮编：272600

泰安市铁道大厦 ★★★
地址：泰安市东岳大街
电话：0538－2108086
邮编：271000

泰安市圣嘉酒店 ★★★
地址：泰安市校场街南段
电话：0538－6286032　8999558
邮编：271000

泰安市天禧酒店 ★★★
地址：泰安市龙潭路南段
电话：0538－6623203
邮编：271000

泰安市泰山宾馆 ★★★
地址：泰安市红门路26号
电话：0538－8224678
邮编：271000

泰安市御座宾馆 ★★★
地址：泰安市岱庙北路50号
电话：0538－8269999
邮编：271000

泰安市神憩宾馆 ★★★
地址：泰安市泰山天街10号
电话：0538－8223866
邮编：271000

泰安市东都宾馆 ★★★
地址：泰安市岱宗大街279号
电话：0538－8227948
邮编：271000

泰安市和平饭店 ★★★
地址：泰安市岱宗大街275号
电话：0538－2187999
邮编：271000

泰安市东方假日酒店 ★★★
地址：泰安市东岳大街中段32号
电话：0538－8337025
邮编：271000

泰安市金海大酒店 ★★★
地址：泰安市东岳大街东段96号
电话：0538－8228899
邮编：271000

泰安市金山度假村 ★★★
地址：泰安市环山路137号
电话：0538－8295066
邮编：271000

虹桥宾馆 ★★★
地址：泰安市粥店大佛寺
电话：0538－8412111
邮编：271000

泰安市鲁科88商务酒店 ★★★
地址：泰安市东岳大街43号
电话：0538－6291299
邮编：271000

肥城泰西宾馆 ★★★
地址：泰安市北京路020号
电话：0538－3230408
邮编：271600

泰安市普照宾馆 ★★★
地址：泰安市擂鼓石大街东段
电话：0538－8226808
邮编：271000

泰山饭店 ★★★
地址：泰安市岱宗大街123号
电话：0538－6361033　6361088
邮编：271000

泰安迎圣大酒店 ★★★
地址：泰安市天外村停车场内
电话：0538－6206888　6206866
邮编：271000

泰安市中泰瑶池大酒店 ★★★
地址：泰安市虎山东路北首
电话：0538－6203091
邮编：271000

泰安市煤矿工人泰山疗养院 ★★★
地址：泰安市虎山路202号

电话：0538－8238356
邮编：271000

新泰市杞都宾馆 ★★★
地址：泰安市青云路中段
电话：0634－7260005
邮编：271200

东平迎宾馆 ★★★
地址：泰安市龙山大街 015 号
电话：0634－2833499
邮编：271500

泰安市桃花源度假村 ★★★
地址：泰安市桃花源
电话：0538－8571326
邮编：271000

五马宾馆 ★★★
地址：泰安市灵山大街 29 号
电话：0538－8256666
邮编：271000

锦华泰山印象酒店 ★★★
地址：泰安市龙潭南路北首
电话：0538－6612345
邮编：271000

泰安市格林豪泰大酒店 ★★★
地址：泰安市擂鼓石大街市府东路 1 号
电话：0538－8480888
邮编：271000

泰安市嘉华城市酒店 ★★★
地址：泰安市东岳大街 143 号
电话：0538－6295555
邮编：271000

宁阳宾馆 ★★★
地址：泰安市宁阳县长寿路 469 号
电话：0538－5619999
邮编：271400

新兴大厦 ★★★
地址：莱芜市钢城区友谊大街 78 号
电话：0634－6820609
邮编：271100

翰林商务酒店 ★★★
地址：莱芜市莱城区文化北路 88 号
电话：0634－5628888
邮编：271100

钢都宾馆 ★★★
地址：莱芜市钢城区府前大街 29 号
电话：0634－6891317
邮编：271100

泰吉商务会馆 ★★★
地址：莱芜市鲁中东大街 78 号
电话：0634－8898888
邮编：271100

贵都大酒店 ★★★
地址：莱芜市大桥南路 22 号
电话：0634－8862222
邮编：271100

东方假日酒店 ★★★
地址：莱芜市汶源东大街东段
电话：0634－6596789
邮编：271100

胜利油田滨南华滨大酒店 ★★★
地址：滨州市黄河六路 531 号
电话：0543－3478888
邮编：256606

和佳都市商务酒店 ★★★
地址：滨州市黄河二路 761 号
电话：0543－3228888
邮编：256600

武定府大酒店 ★★★
地址：滨州市惠民县惠民镇程家村
电话：0543－5361100
邮编：251700

无棣海顿餐饮有限公司 ★★★
地址：滨州市无棣县埕口镇鲁北化工南 500 米
电话：0543－6458888
邮编：251900

无棣枣乡大酒店 ★★★
地址：滨州市无棣县棣新一路 28 号
电话：0543－6331888
邮编：251900

无棣富豪大酒店 ★★★
地址：滨州市无棣县城东经济开发区（北环路 60 号）
电话：0543－6335666
邮编：251900

沾化鸿盛温泉大酒店 ★★★
地址：滨州市沾化县富电路 297 号
电话：0543－2176888
邮编：256800

沾化明珠大酒店 ★★★
地址：滨州市沾化县沿河路 527 号
电话：0543－7338888
邮编：256800

邹平县东升宾馆 ★★★
地址：滨州市邹平县黛溪三路北首
电话：0543－4361188
邮编：256200

邹平县黛溪山庄有限公司 ★★★
地址：滨州市邹平县黛溪三路 396 号
电话：0543－4359369
邮编：256200

南华大酒店 ★★★
地址：菏泽市人民路北段
电话：0530－5599888
邮编：274000

花都大酒店 ★★★
地址：菏泽市中华东路 94 号
电话：0530－5331188
邮编：274000

天宏大酒店 ★★★
地址：菏泽市牡丹南路 108 号
电话：0530－5139999
邮编：274000

水邑皇家大酒店 ★★★
地址：菏泽市广福街 89 号
电话：0530－5276666
邮编：274000

佳合商务酒店 ★★★
地址：菏泽市牡丹路 1200 号
电话：0530－5950000
邮编：274000

牡丹大酒店 ★★★
地址：菏泽市中华路 501 号
电话：0530－5292000
邮编：274020

磐石宾馆 ★★★
地址：菏泽市曹县新安江路 27 号
电话：0530－3212112
邮编：274400

范蠡大酒店 ★★★
地址：荷泽市定陶县兴华路中段
电话：0530－2112888
邮编：274100

文亭湖大酒店 ★★★
地址：荷泽市成武县伯乐大街 62 号
电话：0530－8622996
邮编：274200

湖西水上会务中心 ★★★
地址：菏泽市单县浮龙湖经济开发区湖心岛
电话：0530－4475888
邮编：273700

东方宾馆 ★★★
地址：荷泽市巨野县青年路 51 号
电话：0530－8226611
邮编：274900

巨野麟州大酒店 ★★★
地址：荷泽市巨野县人民路 70 号
电话：0530－8315068
邮编：274900

圣达大酒店 ★★★
地址：荷泽市郓城县东门大街南段
电话：0530－6938888
邮编：274700

孙膑大酒店 ★★★
地址：菏泽市鄄城县古泉北路
电话：0530－2365999
邮编：274600

商润大酒店 ★★★
地址：菏泽市东明县黄河路北段
电话：0530－6252222
邮编：274500

旅游景区

济南灵岩寺 AAAA
地址：济南市长清区
电话：0531－87468099
邮编：250300

济南跑马岭野生动物世界 AAAA
地址：济南市跑马岭旅游区云顶路 1 号
电话：0531－82840836
邮编：250113

天下第一泉风景区 AAAAA
地址：济南市历下区
电话：0531－86920439　86088900
邮编：250012

济南市千佛山省级风景名胜区 AAAA
地址：济南市经十一路 18 号
电话：0531－82662292
邮编：250014

济南市植物园 AAAA
地址：济南市
电话：0531－82952786
邮编：250001

齐长城景区 AA
地址：济南市长清区孝里镇

电话：0531－83786888
邮编：250001

济南九如山瀑布群风景区 AAAA
地址：济南市历城区西营镇
邮编：250100

济南红叶谷生态文化旅游区 AAAA
地址：济南市历城区锦绣川乡
电话：0531－82818666
邮编：250012

九顶塔中华民俗欢乐园 AAAA
地址：济南市柳埠镇秦家庄
电话：0531－82840001　82840002
邮编：250113

济南金象山乐园 AAAA
地址：济南市历城区
电话：0531－62311756
邮编：250100

济南国际园博园 AAAA
地址：济南市长清区
邮编：250300

济南五峰山旅游区 AAA
地址：济南市长清区五峰山镇
电话：0531－87312168
邮编：250305

长清齐长城旅游区 AA
地址：济南市长清区孝里镇大峰山
电话：0531－87380260
邮编：250302

长清卧龙峪生态旅游区 AA
地址：济南市长清区万德镇店台村
电话：0531－87465666
邮编：250309

水帘峡 AAAA
地址：济南市柳埠镇簸箕掌村 158 号
电话：0531－82157888
邮编：250001

朱家峪 AAAA
地址：济南章丘市官庄乡朱家峪村朱家峪
电话：0531－83806677　83808821
邮编：250200

锦屏山旅游度假区 AAA
地址：济南章丘市文祖镇三德范村
电话：0531－83730668
邮编：250205

七星台风景区 AA
地址：济南章丘市垛庄镇四角城
电话：0531－83784968
邮编：250218

白云湖旅游区 AA
地址：济南章丘市城区明水西北 19 公里处
电话：0531－83470601
邮编：250200

百脉泉景区 AAAA
地址：济南章丘市明水西北 19 公里处
电话：0531－83221618
邮编：250200

姜堤乐园 AAA
地址：聊城市聊阳路
电话：0635－8555347
邮编：252000

凤凰苑农业科技园 AA
（全国农业旅游示范点）
地址：聊城市湖南路中段
电话：0635－8243508
邮编：252000

东昌湖旅游区 AAAA
地址：聊城市东昌湖西城墙 20 号东昌湖管理局
电话：0635－8411900
邮编：252000

阳谷景阳冈·狮子楼景区 AAAA
地址：聊城市阳谷县
电话：0635－6212330
邮编：252300

中国阿胶博物馆·东阿阿胶养生文化苑 AAAA
地址：聊城市东阿县
电话：0635－3261380
邮编：252201

天沐·山东江北水城温泉度假村 AAAA
地址：聊城市冠县
电话：0635－5688888
邮编：252500

冠县马颊河森林旅游度假村 AA
地址：聊城市冠县马颊河森林旅游度假村
电话：0635－5847094
邮编：252500

董子园 AAAA
地址：德州市经济开发区
电话：0534－2729090
邮编：251032

德州游乐园 AA
地址：德州市柴市街
电话：0534－2182828
邮编：253034

德州市太阳谷景区 AAAA
地址：德州市经济开发区太阳谷大道南首
电话：0534－2312846
邮编：253012

德州德城区万亩桃园 AA
地址：德州市德城区
邮编：253012

乐陵市碧霞元君故居景区 AAA
地址：德州乐陵市花园镇王母殿
电话：0534－6271148
邮编：253600

德州乐陵五十万亩枣林生态旅游区 AAA
地址：德州乐陵市朱集镇
电话：0534－6268171
邮编：253600

德州市乐陵千年枣林景区 AAAA
地址：德州乐陵市朱集村
电话：0534－6686207
邮编：253600

禹城市大禹公园 AA
地址：德州禹城市
邮编：251200

平原县琵琶湾公园 AA
地址：德州市平原县
邮编：253100

黄河故道森林公园 AAAA
地址：德州市夏津县
电话：0534－3638109
邮编：253200

武城县神龙地毯艺术博物馆 AA
地址：德州市武城县
邮编：253300

武城县农业展览馆 AA
地址：德州市武城县
邮编：253300

德州古贝春工业旅游园区 AAA
地址：德州市武城县古贝春大街西首
电话：0534－6216509
邮编：253300

德州齐河定慧寺 AAA
地址：德州市齐河县
电话：0534－5397766
邮编：251100

齐河县时传祥纪念馆 AA
地址：德州市齐河县
电话：0534－5676869
邮编：251100

齐河县金鲁班有机农业科技示范园 AA
地址：德州市齐河县焦庙镇
电话：0534－5968899
邮编：251100

德州邢侗纪念馆 AA
地址：德州市临邑县广场大街 111 号
电话：0534－4221040
邮编：251500

德州红坛寺森林公园 AA
地址：德州市临邑县林子镇
电话：0534－4772006
邮编：251500

德州庆云海岛金山寺景区 AAAA
地址：德州市庆云县汾水王村
邮编：253700

东营天鹅湖公园 AAA
地址：东营市南二路
电话：0546－8832103
邮编：257099

东营胜利油田科技展览中心 AA
地址：东营市济南路 258 号
电话：0546－8773568
邮编：257001

东营黄河口湿地生态旅游区 AAAA
地址：东营市河口区
电话：0546－8584381
邮编：257000

东营市天宁寺文化旅游区 AAAA
地址：东营市垦利县胜坨镇
邮编：257500

广饶县红色刘集旅游区 AAAA
地址：东营市广饶县
电话：0546－6852555
邮编：257300

东营市历史博物馆 AAA
地址：东营广饶县月河路 270 号
电话：0546－6441014
邮编：255039

淄博市陶瓷博物馆 AAAA
地址：淄博市张店区西四路中段
电话：0533－2184809
邮编：255033

山东

潭溪山 AAAA
地址：淄博市淄川区
电话：0533－5036666
邮编：255100

玉黛湖庄园 AAA
地址：淄博市张店区
电话：0533－2070788
邮编：255022

淄博聊斋旅游区 AAAA
地址：淄博市淄川区洪山镇蒲家庄
电话：0533－5818679
邮编：255120

梦泉生态旅游区 AAA
地址：淄博市淄川区淄河镇双泉村
电话：0533－5353666　5353999
邮编：255100

奎圣园风景区 AA
地址：淄博市淄川区松岭东路 158 号
电话：0533－5282286
邮编：255100

淄博原山国家森林公园 AAAA
地址：淄博市博山区颜山公园路 4 号
电话：0533－4187724
邮编：255200

博山开元溶洞 AAAA
地址：淄博市博山区源泉镇东高村
电话：0533－4814066
邮编：255204

鲁山国家森林公园 AAAA
地址：淄博市博山区池上镇
电话：0533－4880002
邮编：255205

临淄中国古车博物馆·太公生态文化旅游区 AAAA
地址：淄博市临淄区齐陵镇
电话：0533－7083310
邮编：255430

淄博临淄齐国故城遗址博物馆 AAA
地址：淄博市临淄区齐都镇
电话：0533－7830219
邮编：255400

临淄齐国历史博物馆 AA
地址：淄博市临淄区齐都镇张皇路 7 号
电话：0533－7830229
邮编：255422

临淄管仲纪念馆 AAA
地址：淄博市临淄区北山西村
电话：0533－7086799
邮编：255400

淄博市周村古商城 AAAA
地址：淄博市周村区城中
电话：0533－6433129
邮编：255300
网址：www.zcdajie.com

王士禛纪念馆 AA
地址：淄博市桓台县新城镇
电话：0533－8880148
邮编：256403

马踏湖省级风景名胜区 AAA
地址：淄博市桓台县兴桓路 56 号
电话：0533－8184068
邮编：256400

鲁山溶洞群景区 AAAA
地址：淄博市沂源县
电话：0533－3680898
邮编：256100

中国牛郎织女风景区 AAAA
地址：淄博市沂源县
电话：0533－3440137
邮编：256100

沂源九天洞景区 AAA
地址：淄博市沂源县土门镇
电话：0533－3680164
邮编：256103

潍坊金宝乐园 AAAA
地址：潍坊市潍洲路 438 号
电话：0536－8804032
邮编：261051

潍坊市白浪绿洲湿地公园 AAAA
地址：潍坊市南
邮编：261041

潍坊杨家埠民间艺术大观园 AAAA
地址：潍坊市寒亭区杨家埠
电话：0536－7252050
邮编：261100

潍坊安丘青云山民俗游乐园 AAAA
地址：潍坊安丘市青云山路东首
电话：0536－4321090
邮编：262106

青云湖休闲度假乐园 AAA
地址：潍坊安丘市北区
电话：0536－4736225
邮编：262123

景艺酒之城 AAAA
地址：潍坊安丘市
电话：18764650136
邮编：262100

昌邑绿博园 AAAA
地址：潍坊昌邑市
电话：0536－7710960
邮编：261300

泰和山风景区 AAAA
地址：潍坊青州市
电话：0536－3786179
邮编：262500

青州云门山风景名胜区 AAAA
地址：潍坊青州市城南 2.5 公里
电话：0536－3278561
邮编：262500

仰天山国家森林公园 AAAA
地址：潍坊青州市西南 46 公里处
电话：0536－3738399
邮编：262502

常山 AAAA
地址：潍坊诸城市
邮编：262200

潍河公园 AAAA
地址：潍坊诸城市
电话：0536－6438268
邮编：262200

恐龙博物馆 AAAA
地址：潍坊诸城市密州路恐龙公园内
电话：0536－6215133
邮编：262200

潍坊寿光林海生态博览园 AAAA
地址：潍坊寿光市机械林场
电话：0536－5561508
邮编：262716

寿光市蔬菜高科技示范园 AAAA
地址：潍坊寿光市城东 1 公里
电话：0536－5662081
邮编：262705

寿光生态农业观光园 AAAA
地址：潍坊寿光市弥河东岸
电话：0536－5665377
邮编：262700

潍坊市寿光三元朱村 AAAA
地址：潍坊寿光市孙家集街道三元朱村
电话：0536－5489339
邮编：262700

沂山风景区 AAAA
地址：潍坊市临朐县新华路 63 号
电话：0536－3463558　3213172
邮编：262600

老龙湾省级风景名胜区 AA
地址：潍坊市临朐县冶源镇
电话：0536－3631336
邮编：262605

中国宝石城 AAAA
地址：潍坊市昌乐县
电话：0536－6285001
邮编：262400

烟台金沙滩旅游度假区 AAAA
地址：烟台市开发区海滨路 40 号
电话：0535－6396718　6381108
邮编：264006

烟台山景区 AAAA
地址：烟台市历新路 7 号
电话：0535－6606860
邮编：264600

烟台体育公园 AAA
地址：烟台市新区莱山区境内
邮编：264600

烟台毓璜顶公园 AA
地址：烟台市
电话：0535－6648194
邮编：264000

烟台塔山风景区 AAA
地址：烟台市芝罘区塔山路 36 号
电话：0535－6165922
邮编：264001

烟台崆峒岛风景区 AA
地址：烟台市芝罘区崆峒岛村
电话：0535－6690852
邮编：264000

烟台市张裕国际葡萄酒城 AAAA
地址：烟台市开发区卡斯特酒庄内
电话：0535－6952000
邮编：264001

张裕酒文化博物馆 AAAA
地址：烟台市芝罘区大马路 56 号
电话：0535－6632892
邮编：264001
网址：www.changyu.cn

烟台市农业科技博览园 AAA
地址：烟台市福山区南山路 26 号

山东

电话：0535－6352010
邮编：265500

烟台昆嵛山国家森林公园 AAA
地址：烟台市牟平区昆嵛山林场
电话：0535－4693307
邮编：264113
网址：www.kunyushan.cn

牟平养马岛省级旅游度假区 AAAA
地址：烟台市牟平区养马岛
电话：0535－4765735
邮编：264119

艾山温泉旅游度假村 AAAA
地址：烟台栖霞市松山镇
电话：0535－5170999　5170688
邮编：265300

国路夼生态旅游区 AA
地址：烟台栖霞市桃村镇国路夼村
电话：0535－5536003
邮编：265301

牟氏庄园 AAAA
地址：烟台栖霞市霞光路庄园南街6号
电话：0535－5228372
邮编：265300

海阳市云顶自然风景旅游区 AA
地址：烟台市海阳市盘石店镇
电话：0535－3647358
邮编：265100

招虎山国家森林公园 AAAA
地址：烟台海阳市
电话：0535－3638000
邮编：265100

海阳旅游度假区 AAAA
地址：烟台海阳市
电话：0535－3311666
传真：0535－3313866
邮编：265100

山东海阳市招虎山国家森林公园 AAAA
地址：烟台海阳市山海路
电话：0535－3638000
邮编：265100

烟台南山旅游区 AAAAA
地址：烟台龙口市南山旅游景区
电话：0535－8616868
邮编：265718

莱州云峰山风景区 AA
地址：烟台莱州市区南5公里
电话：0535－2211871
邮编：261400

莱州千佛阁 A
地址：烟台莱州市文化东路
电话：0535－2218178
邮编：261400

蓬莱阁旅游区 AAAAA
地址：烟台蓬莱市迎宾路7号
电话：0535－5648106　5643012
邮编：265600

蓬莱八仙过海旅游景区 AAAA
地址：烟台蓬莱市滨海大道北首（海水浴场东）
电话：0535－5664777
邮编：265600
网址：www.baxian.com.cn

烟台蓬莱海洋极地世界 AAAA
地址：烟台蓬莱市海港路东
电话：0535－5927999
邮编：265600

中粮君顶酒庄 AAAA
地址：烟台蓬莱市
邮编：265600

蓬莱兴瑞庄园 AA
地址：烟台蓬莱市经济技术开发区海滨路1号
电话：0535－5611762
邮编：265607

罗山黄金文化旅游区 AAAA
地址：烟台招远市玲珑镇欧家夼北2公里
电话：0535－8367166
邮编：265400

招远市金都温泉 AA
地址：烟台招远市温泉路239号
电话：0535－8069999
邮编：265400

山东长岛旅游景区 AAAA
地址：烟台市长岛县县府街55号
电话：0535－3212907
邮编：265800

烟台长岛林海（烽山）景区 AAA
地址：烟台市长岛县南长山镇山前村
电话：0535－3218924
邮编：265800

长岛仙境源景区 AA
地址：烟台市长岛县南长山镇王沟村
电话：0535－3092014
邮编：265800

长岛望夫礁公园 AA
地址：烟台市长岛县连城村
电话：0535－3214687
邮编：265800

长岛九丈崖（月牙湾）景区 AAA
地址：烟台市长岛县北长山乡店子村
电话：0535－3994027
邮编：265811

刘公岛风景名胜区 AAAAA
地址：威海市新威路52号刘公岛管委会
电话：0631－5232028
邮编：264200

华夏城 AAAA
地址：威海市
电话：0631－5906488
邮编：264200

威海市仙姑顶旅游区 AAAA
地址：威海市青岛中路望岛
电话：0631－5326888
邮编：264200

威海环翠楼公园 AAAA
地址：威海市环翠区
电话：0631－5224049　5307980
邮编：264200

威海林海湾国际浴场景区 AAAA
地址：威海市
邮编：264200

威海海滨侨乡号游轮 AAAA
地址：威海市环翠区海滨北路53号海港客运码头
电话：0631－5851666
邮编：264200

"定远"舰旅游区 AA
地址：威海市环翠区海滨北路53号
电话：0631－5280718
邮编：264200
网址：www.beiyang.org

荣成市成山头风景名胜区 AAAA
地址：威海荣成市成山镇
电话：0631－7836888
邮编：264321

圣水观省级风景名胜区 AAA
地址：威海荣成市崖西镇朱埠村
电话：0631－7631262
邮编：264325

荣成花斑彩石风景区 AA
地址：威海荣成市马通镇
电话：0631－7841288
邮编：264300

荣成市赤山风景名胜区 AAAA
地址：威海荣成市
电话：0631－7280938
邮编：264300

乳山银滩省级旅游度假区 AAAA
地址：威海乳山市白沙滩镇
电话：0631－6723231
邮编：264504

威海市大乳山滨海旅游度假区 AAAA
地址：威海乳山市海阳所镇
电话：0631－6753960
邮编：264500

威海天沐温泉度假区 AAAA
地址：威海文登市张家产镇
电话：0631－8966666
邮编：264400

文登青龙农业旅游度假村 AAA
地址：威海文登市环山路街道麦疃后村东
电话：0631－8263799
邮编：264400

汤泊温泉度假村 AAAA
地址：威海文登市
电话：0631－8666666
邮编：264400

青岛葡萄酒博物馆 AAAA
地址：青岛市市北区延一安路
电话：0532－82718388
邮编：266011

青岛珠山国家森林公园 AAAA
地址：青岛市黄岛区
电话：0532－86833166　86833168
邮编：266500

青岛城市阳台 AAAA
地址：青岛市
邮编：266500

青岛森林野生动物世界 AAAA
地址：青岛市经济开发区小珠山风景区
电话：0532－86835557　86835555
邮编：266500

青岛华东葡萄酒庄园 AAAA
地址：青岛市崂山区
电话：0532－88817878
邮编：266100

青岛宝龙乐园 AAAA
地址：青岛市城阳区文阳路 269 号宝龙城市广场
电话：0532－86968111
邮编：266041

青岛市海滨风景区 AAAA
地址：青岛市京山路 11 号
电话：0532－82879737
邮编：266003

青岛银海国际游艇俱乐部旅游区 AAAA
地址：青岛市东海中路 30 号
电话：0532－85870108　85885222
邮编：266001

青岛电视观光塔 AAA
地址：青岛市太平山路 1 号
电话：0532－83639496
邮编：266002

青岛迎宾馆（德式官邸旧址）AAA
地址：青岛市龙山路 26 号
电话：0532－82886242　82868838
邮编：266003

青岛海尔科技馆 AAA
地址：青岛市高科园南岭路中段
电话：0532－88899855
邮编：266100

中国人民解放军海军博物馆 AAA
地址：青岛市莱阳路 8 号
电话：0532－82876888　51873496
邮编：266003

青岛植物园 AA
地址：青岛市郧阳路 3 号
电话：0532－83866406　83861179
邮编：266071

青岛天后宫 AA
地址：青岛市太平路 19 号
电话：0532－82877656
邮编：266003

青岛京华旅游观光工场 AA
地址：青岛市高科园李山东路 6 号
电话：0532－88891022
邮编：266001

青岛康有为故居纪念馆 AA
地址：青岛市福山支路 5 号
电话：0532－82879957
邮编：266000

青岛啤酒博物馆 AAAA
地址：青岛市登州路 56 号
电话：0532－83833108
邮编：266001

青岛石老人观光园 AAAA
地址：青岛市崂山区崂山路 1 号
电话：0532－88890758　88832599
邮编：266001
网址：www. shilaoren. com

青岛极地海洋世界 AAAA
地址：青岛市崂山区东海东路 60 号
电话：0532－89091908　89091159
网址：266100

青岛海底世界 AAAA
地址：青岛市莱阳路 1 号
电话：0532－82892187　82878218
邮编：266003
网址：www. qdhdworld. com

青岛山炮台教育基地 AAA
地址：青岛市市南区京山路 26 号
电话：0532－82725259
邮编：266001

青岛市天幕成旅游区 AAAA
地址：青岛市市北区辽宁路 80 号
电话：0532－88817878
邮编：266011

青岛金沙滩景区 AAAA
地址：青岛市黄岛区薛家岛
电话：0532－86707399
邮编：266555

青岛国际工艺品城 AAAA
地址：青岛市城阳区 308 国道与华仙路交会处
电话：0532－80966686　89657289
邮编：266041

青岛信号山公园 AAA
地址：青岛市市南区龙山路 17 号
电话：0532－82794141　82780118
邮编：266001

崂山风景名胜区 AAAAA
地址：青岛市高科园秦岭路
电话：0532－88898866
邮编：266100

青岛城阳世纪公园 AAA
地址：青岛市城阳区兴阳路中段
电话：0532－87757733
邮编：266109

青岛方特梦幻王国 AAAA
地址：青岛市城阳区红岛街道岙东南路
电话：0532－55677777
邮编：266041

海滨木栈道 AAAA
地址：青岛市
邮编：266001

青岛梅园 AAA
地址：青岛市十梅庵风景区
电话：0532－84835914
邮编：266021

青岛太平山 AAA
地址：青岛市北区太平山路
邮编：266011

青岛少海景区 AAAA
地址：青岛胶州市
电话：0532－85269911
邮编：266300

胶州高凤翰纪念馆 AA
地址：青岛胶州市定州路西端
电话：0532－82211192
邮编：266300

胶州艾山风景区 AA
地址：青岛胶州市湖州路 10 号
电话：0532－87218556　87206735
邮编：266300

三里河公园 AAA
地址：青岛胶州市北京路政府大楼后
电话：0532－82212300
邮编：266300

青岛市天泰温泉度假区 AAAA
地址：青岛即墨市温泉镇
电话：0532－86579887　86579881
邮编：266200

青岛市蔬菜科技示范园 AAA
地址：青岛即墨市开发区立交桥南侧
电话：0532－86586066
邮编：266200

田横岛省级旅游度假区 AAA
地址：青岛市即墨市田横镇
电话：0532－85551588
邮编：266208

青岛即墨鹤山风景区 AA
地址：青岛即墨市鳌山卫镇
电话：0532－86553443
邮编：266000

青岛华山国际乡村俱乐部 AAA
地址：青岛即墨市华山镇
电话：0532－84560888
邮编：266208

即墨龙山风景区 A
地址：青岛即墨市龙山街道
电话：0532－86581163
邮编：266000

平度现河公园 A
地址：青岛平度市红旗路
电话：0532－87362765
邮编：266700

青岛茶山风景区 AAAA
地址：青岛平度市店子镇
电话：0532－85329866
邮编：266712

青岛琅琊台风景区 AAAA
地址：青岛胶南市
电话：0532－87111111
邮编：266400

青岛琅琊台旅游区 AAA
地址：青岛胶南市琅琊镇
电话：0532－84119665
邮编：266408

青岛大珠山风景名胜旅游区 AAAA
地址：青岛胶南市大珠山镇
电话：0532－84123456　85131271
邮编：266000

莱西崔子范美术馆 AA
地址：青岛莱西市文化东路 9 号
电话：0532－88473069
邮编：266600

莱西市月湖公园 AAA
地址：青岛莱西市烟台路
电话：0532－88483158
邮编：266600

莱西湖生态休闲区 AAA
地址：青岛莱西市莱西湖
电话：0532－87432767
邮编：266600

日照万平口海滨旅游区 AAAA
地址：日照市海曲东路东首
电话：0633－8785910
邮编：276826

日照鲁南海滨国家森林公园 AAAA
地址：日照市东港区丝山镇

电话：0633－3680998
邮编：276825

日照刘家湾赶海园 AAAA
地址：日照市
电话：0633－8658178
邮编：276800

山海天旅游度假区
地址：日照市
电话：0633－8316000
邮编：276800

日照竹洞天风景区 AAA
地址：日照市海曲西路西端将帅沟毛竹园
电话：0633－8275166
传真：0633－8275078
邮编：276800
网址：www.zhudongtian.com

五莲山旅游风景区 AAAA
地址：日照市五莲县文化路东首
电话：0633－5231708
邮编：262300

大青山风景区 AA
地址：日照市五莲县洪凝镇
电话：0633－5211006
邮编：262300

莒县浮来山风景区 AAAA
地址：日照市莒县浮来山镇
电话：0633－6620034
邮编：276511

临沂皇山东夷文化休闲旅游区 AAAA
地址：临沂市
邮编：276001

临沂中华园艺旅游区 AA
地址：临沂市蒙山大道南段
电话：0539－8594577
邮编：276014

临沂茶山旅游区 AA
地址：临沂市兰山区
电话：0539－8675001
邮编：276000

临沂动植物园 AAAA
地址：临沂市兰山区南坊镇
电话：0539－8616161
邮编：276037

王羲之故居 AAA
地址：临沂市兰山区洗砚池街 20 号
电话：0539－8226345
邮编：276002

银雀山汉墓竹简博物馆 AAA
地址：临沂市兰山区沂蒙路 219 号
电话：0539－8100843
邮编：276001

临沂盛能游乐园 AAA
（全国农业旅游示范点）
地址：临沂市罗庄区盛能
电话：0539－8590996
邮编：276016

知春湖（国际）温泉度假村 AA
地址：临沂市河东区汤头镇
电话：0539－8700027
邮编：276032

临沂科技馆 AAAA
地址：临沂市兰山区滨河大道
电话：0539－8316121
邮编：276002

郯城银杏园 AAAA
地址：临沂市郯城县新村乡
电话：0539－6651008
邮编：276100

郯城新村银杏园 AA
地址：临沂市郯城县新村乡
电话：0539－6651517
邮编：276128

苍山县兰陵国家农业公园 AAAA
地址：临沂市苍山县卞庄街道代村社区
邮编：277700

山东省政府和八路军 115 师司令部旧址 AAAA
地址：临沂市莒南县大店镇
电话：0539－7813115
邮编：276600
网址：www.hssf.cn

莒南马鬐山旅游区 AA
地址：临沂市莒南县涝坡镇
电话：0539－7845023
邮编：276628

莒南天佛景区 AAA
地址：临沂市莒南县
电话：0539－7312273
邮编：276600

沂水四门洞旅游区 AA
地址：临沂市沂水县东头乡
电话：0539－2591606
邮编：276400

临沂雪山彩虹谷旅游区 AAAA
地址：临沂市沂水县
电话：0539－2315678
邮编：276400

沂水天然地下画廊 AAAA
地址：临沂市沂水县院东头乡留虎峪
电话：0539－2598888
邮编：276419
网址：www.ymyljy.com

地下大峡谷旅游区 AAAA
地址：临沂市沂水县姚店子镇莲花山
电话：0539－2553606
邮编：276400

临沂市沂水地下萤光湖旅游区 AAAA
地址：临沂市沂水县城南 19 公里处时密山下
邮编：276400

天上王城景区 AAAA
地址：临沂市沂水县
电话：0539－2697777
邮编：276400

山东天马岛旅游区 AAAA
地址：临沂市沂水县
电话：0539－2553769
邮编：276400

东方瑞海国际温泉度假村 AAAA
地址：临沂市沂水县
电话：0539－2209222
邮编：276400

山东灵泉寺旅游区 AA
地址：临沂市沂水县柴山乡
电话：0539－2636110
邮编：276400

蒙阴县孟良崮旅游区 AAAA
地址：临沂市蒙阴县
电话：0539－4580026
邮编：276200

蒙山旅游区 AAAA
地址：临沂市平邑县
电话：0539－4406601
邮编：273304

九间棚生态农业旅游区 AAA
地址：临沂市平邑县地方镇九间棚村
电话：0539－4287328　4223001
邮编：273306

山东省天宇自然博物馆 AAAA
地址：临沂市平邑县城莲花山路西段
电话：0539－4291666　4281315
邮编：273300
网址：www.tynhm.com

韩书凡奇石艺术馆 AA
地址：临沂市费县城北石林
电话：0539－5085888
邮编：273404

费县沂蒙石林旅游区 AAA
地址：临沂市费县费城镇八里庄村
电话：0539－5688175
邮编：273400

沂蒙云瀑洞天旅游区 AAAA
地址：临沂市费县
电话：0539－5837067
邮编：273400

竹泉村旅游度假区 AAAA
地址：临沂市沂南县
电话：0539－3826666　3823333
邮编：276300

智圣汤泉旅游度假村 AAAA
地址：临沂市沂南县
电话：0539－3333336
邮编：276300

山东沂蒙红色影视基地 AAAA
地址：临沂市沂南县马牧池乡双泉峪子村
电话：0539－3223330
邮编：276300

红石寨旅游度假区 AAAA
地址：临沂市沂南县铜井镇
邮编：276300

仙坛山温泉小镇 AAAA
地址：枣庄市市中区枣台路仙坛山景区
电话：0632－3117777　3117666
邮编：277101

枣庄市台儿庄古城景区 AAAAA
地址：枣庄市台儿庄区大衙门街西首
电话：0632－6679038　6679218
邮编：277400

枣庄老街鲁南水城 AAAA
地址：枣庄市市中区
电话：0632－3083235
邮编：277101

汉诺庄园 AAAA
地址：枣庄市山亭区
电话：0632－8867657
邮编：277200

枣庄甘泉禅寺 A
地址：枣庄市市中区齐村镇

电话：0632－3748313
邮编：277100

铁道游击队纪念公园 AAA
地址：枣庄市薛城区临山路东首
电话：0632－4444106　4485169
邮编：277000

枣庄冠世榴园风景区 AAAA
地址：枣庄市峄城区西部
电话：0632－7711118
邮编：277300

枣庄台儿庄运河湿地公园 AAAA
地址：枣庄市台儿庄区
电话：0632－6716777
邮编：277400

枣庄李宗仁史料馆 AA
地址：枣庄市台儿庄区康宁路 8 号
电话：0632－6612089
邮编：277400

台儿庄大战纪念馆 AAAA
地址：枣庄市台儿庄区马湾
电话：0632－6612711
邮编：277400

熊耳山国家地质公园 AAAA
地址：枣庄市山亭区
电话：0632－6912939
邮编：277218

长红枣全国农业旅游示范点 AA
地址：枣庄市山亭区店子镇
电话：0632－8986678
邮编：277213

抱犊崮国家森林公园 AAAA
地址：枣庄山亭区北庄镇
电话：0632－8915199
邮编：277218

枣庄市滕州盈泰温泉度假村 AAAA
地址：枣庄滕州市区南 3 公里
电话：0632－5916789
邮编：277500

滕州微山湖湿地红荷旅游区 AAAA
地址：枣庄市滕州市滨湖镇
电话：0632－2610567
邮编：277500

济宁市农业高新技术示范园 AAA
地址：济宁市兖州区新兖镇
电话：0537－3657078　3657087
邮编：272100

兖州博物馆 AAA
地址：济宁市兖州区文化东路 53 号
电话：0537－3412967
邮编：272000

曲阜孔庙—孔府—孔林旅游区 AAAAA
地址：济宁曲阜市
电话：0537－4412444
邮编：273100

曲阜孔子六艺城 AAAA
地址：济宁曲阜市南新区春秋路 15 号
电话：0537－4494810
邮编：273100

尼山孔庙及书院 AAAA
地址：济宁曲阜市
电话：0537－4412444
邮编：273100

曲阜石门山景区 AAAA
地址：济宁曲阜市石门山镇
电话：0537－4507205
邮编：273100

济宁曲阜孔子精华苑 AA
地址：济宁曲阜市鼓楼大街 101 号
电话：0537－4413013
邮编：273100

济宁邹城孟庙、孟府旅游区 AAAA
地址：济宁邹城市
电话：0537－5212027
邮编：273500

峄山省级风景名胜区 AAAA
地址：济宁邹城市城南 10 公里
电话：0537－5670091
邮编：273501

微山湖风景旅游区 AAAA
地址：济宁市微山县微山湖风景旅游区
电话：0537－8223613
邮编：277600
网址：www. wshol. net

济宁金乡县羊山景区 AAAA
地址：济宁市金乡县
邮编：272200

汶上宝相寺景区 AAAA
地址：济宁市汶上县
电话：0537－7212015
邮编：272501

济宁市坟上莲花湖湿地景区 AAAA
地址：济宁市汶上县城北沿滨湖大道 2 公里处
邮编：272501

泗水万紫千红生态养生旅游度假区 AAAA
地址：济宁市泗水县
电话：0537－3146100
邮编：273200

泗水县民俗游乐园 AA
地址：济宁市泗水县古城路
电话：0537－4238251
邮编：273200

水泊梁山风景名胜区 AAAA
地址：济宁市梁山县人民中路 1 号
电话：0537－7322965
邮编：272600

泰山风景名胜区 AAAAA
地址：泰安市红门路 45 号
电话：0538－8225841
邮编：271000

泰山方特欢乐世界景区 AAAA
地址：泰安市泰山区
电话：0538－8582810
邮编：271000

泰山花样年华景区 AAAA
地址：泰安市泰山区
电话：0538－6579999
邮编：271000

泰安市天庭乐园 AA
地址：泰安市旅游经济开发区
电话：0538－8576699
邮编：271000
网址：www. tsttly. com

泰安徂徕山国家森林公园 AAA
地址：泰安市岱岳区房村镇
电话：0538－8090036
邮编：271027

泰山森林温泉旅游区 AAAA
地址：泰安市岱岳区徂徕镇
电话：0538－8959888
邮编：271000

天乐城旅游休闲区 AAAA
地址：泰安市岱岳区大汶口工业园北留大街
电话：0538－5055555
邮编：271000

太阳部落景区 AAAA
地址：泰安市满庄镇太阳部落景区
电话：0538－5366666　5365255
邮编：271000
网址：www. taiyangbuluo. cn

岳海新天街 AAAA
地址：泰安市泰山大街西段
邮编：271000

泰山宝泰隆旅游度假区 AAAA
地址：泰安市邱家店镇镇崇文路泰安第十三中学对面
电话：0538－6577777
邮编：271000

泰山蓄能科普水城景区 AAA
地址：泰安市东岳大街西首
电话：0538－8142097　8142081
邮编：271000

岱岳区天颐湖旅游度假区 AAA
地址：泰安市岱岳区满庄镇
电话：0538－6270109
邮编：271000

泰山区老县衙旅游文化街 AAA
地址：泰安市泰山区
邮编：271000

蒙牛乳业泰安工业旅游园区 AAA
地址：泰安市岱岳区
电话：0538－6928529
邮编：271000

岱岳区金凤岭生态园 AA
地址：泰安市岱岳区山口镇西碾疃村
邮编：271000

新泰市和圣园风景区 AAA
地址：泰安新泰市宫里镇夏家隅村
电话：0538－7772425
邮编：271200

新泰市新汶森林公园 AAA
地址：泰安新泰市
电话：13562817506
邮编：271200

新泰市朝阳洞旅游景区 AAA
地址：泰安市新泰市汶南镇盘车沟村北
电话：0538－7712101
邮编：271200

新泰市九顶皇山旅游景区 AA
地址：泰安市新泰市
邮编：271200

泰安新泰市莲花山省级森林公园 AAAA
地址：泰安新泰市泉沟镇
电话：0538－7549529
邮编：271207

山东

肥城桃源世界风景区 AAA
地址：泰安肥城市刘台村
电话：0538－3187001
邮编：271600

肥城牛山国家森林公园 AA
地址：泰安肥城市
电话：0538－3480086
邮编：271600

肥城市云蒙山景区 AAA
地址：泰安市肥城市孙伯镇
电话：0538－3780210　3781519
邮编：271600

肥城市翦云山旅游度假风景区 AAA
地址：泰安市肥城市潮泉镇北部
邮编：271600

宁阳县神童山休闲旅游区 AAA
地址：泰安市宁阳县葛石镇
电话：0538－5411242
邮编：271400

宁阳县文庙 AA
地址：泰安市宁阳县
邮编：271400

宁阳三农文化博览馆 AA
地址：泰安市宁阳县
邮编：271400

戴村坝景区 AAA
地址：泰安市东平县
邮编：271500

昆仑山景区 AAA
地址：泰安市东平县银山镇南堂子村
邮编：271500

东平博物馆 AAA
地址：泰安市东平县
邮编：271500

东平六工山景区 AAA
地址：泰安市东平县
邮编：271500

东平贯中园景区 AAA
地址：泰安市东平县
邮编：271500

东平湖（梁山泊）风景名胜区 AAAA
地址：泰安市东平县
电话：0538－2820596
邮编：271500

东平白佛山 AAAA
地址：泰安市东平县
电话：0538－2850885
邮编：271500

腊山国家森林公园 AA
地址：泰安市东平湖西畔
电话：0538－2551599
邮编：271513

莱芜战役纪念馆 AAAA
地址：莱芜市
电话：0634－8805690
邮编：271100

莱芜市莲花山风景区 AAA
地址：莱芜市莱城区刘家林村
电话：0634－6080766
邮编：271100

莱芜华山国家森林公园 AA
地址：莱芜市西北部山区
电话：0634－6547206
邮编：271100

莱芜房干生态旅游区 AAAA
地址：莱芜市莱城区雪野镇房干村
电话：0634－6381030
邮编：271131

雪野现代农业科技示范园 AAAA
地址：莱芜市雪野旅游区
电话：0634－6578867
邮编：271100

雪野旅游区
地址：莱芜市
电话：0634－6595626
邮编：271100

杜受田故居 AAAA
地址：滨州市滨城区
电话：0543－3561688
邮编：256613

秦皇河公园 AAAA
地址：滨州市经济开发区
邮编：256619

孙武古城 AAAA
地址：滨州市惠民县
电话：0543－5301988
邮编：251700

惠民孙子故园 AA
地址：滨州惠民县故园路 21 号
电话：0543－5322332
邮编：251700

魏氏庄园 AAA
地址：滨州市惠民县魏集镇
电话：0543－5651223
邮编：251700

惠民孙子兵法城 AAA
地址：滨州市惠民县武圣大道
电话：0543－5353930
邮编：251700

滨州市黄河三角洲生态文化旅游岛 AAAA
地址：滨州市无棣县东北部套尔河与秦口河交汇处
邮编：251900

滨州市沾化冬枣生态旅游区 AAAA
地址：滨州市沾化县下洼镇
电话：0543－7550003
邮编：256800

滨州沾化冬枣生态旅游区 AAA
地址：滨州市沾化县下洼镇
邮编：256800

曹州牡丹园 AAA
地址：菏泽市赵楼
电话：0530－5640188
邮编：274000
网址：www.cit.com.cn

定陶县法源寺景区 AA
地址：荷泽市定陶县
邮编：274100

成武县周自齐风景区 AA
地址：荷泽市成武县
邮编：274200

巨野县书画院 AA
地址：荷泽市巨野县
电话：13869799720
邮编：274900

巨野县文庙景区 AA
地址：荷泽市巨野县
邮编：274900

郓城县唐塔景区 AA
地址：荷泽市郓城县
邮编：274700

菏泽市水浒好汉城 AAAA
地址：菏泽市郓城县西门街南段
电话：0530－6896888
邮编：274700

孙膑旅游城·亿城寺景区 AAAA
地址：菏泽市鄄城县
电话：0530－2421303
邮编：274600

餐　馆

济南金三杯酒家
地址：济南市历下区趵突泉北路 12 号三联大厦 11 楼
电话：0531－82950890
邮编：250014

汇泉饭店
地址：济南市历下区趵突泉北路 22 号
电话：0531－85822242
邮编：250014

燕喜堂饭庄
地址：济南市六里山南路 20 号
电话：0531－82706919
邮编：250001

健宾清真饭庄
地址：济南市天桥区济齐路 26 号
电话：0531－85960453
邮编：250031

老玉记扒鸡店
地址：济南市天桥区英贤街 30 号
电话：13188899687
邮编：250031

聚丰德饭店
地址：济南市市中区经五路 11 号
电话：0531－8691645186162888
邮编：250001

天丰园狗不理包子铺
地址：济南市经四纬二路 37 号 2 楼
电话：0531－80658918
邮编：250000

草包包子铺
地址：济南市市中区普利街 15 号
电话：0531－86921454
邮编：250001

便宜坊
地址：济南市经三纬四路 93 号
电话：0531－87933507
邮编：250001

济南异香斋黄家食品有限公司
地址：济南市市中区双龙庄 216 号
电话：0531－82720113

邮编：250001

济南市饮食服务总公司聚丰德小吃园
地址：济南市市中区经五路 11 号
电话：0531－86916451
邮编：250001

济南市天桥区饮食公司天桥清真楼
地址：济南市天桥区小纬北路 104 号
电话：0531－86921443
邮编：250031

济南市槐荫区饮食公司宏泉清真海味馆
地址：济南市槐荫区经二纬十二路 154 号
电话：0531－87934562
邮编：250021

济宁舜耕山庄餐饮集团
地址：济南市舜耕路 28 号
电话：0531－82951818
邮编：250014

济南鱼翅皇宫大酒店
地址：济南市千佛山东路南首
电话：0531－82386666
邮编：250014

便宜坊
地址：济南市经三纬四路 93 号
电话：0531－87933507
邮编：250014

山东顺峰饮食服务有限公司
地址：济南市文化东路 22 号
电话：0531－86868672
邮编：250014

北京东来顺饭庄济南分店
地址：济南市解放路 155 号
电话：0531－86971170
邮编：250001

济南佛山阁酒楼有限公司
地址：济南市千佛山药材市场 3 号
电话：0531－82965743
邮编：250001

济南芙蓉风味餐厅
地址：济南市芙蓉街 142 号
电话：0531－86092268
邮编：250001

济南贵妃居饮食娱乐有限公司
地址：济南市北关北路 6 号
电话：0531－85950648
邮编：250001

济南金将军酒楼
地址：济南市泺源大街
电话：0531－88973764
邮编：250001

济南金泉城酒家
地址：济南市经七路 631 号
电话：0531－87938304
邮编：250001

济南孔膳堂
地址：济南市英雄山路 24 号
电话：0531－82970611
邮编：250001

济南利源饭庄
地址：济南市经七纬四路 123 号
电话：0531－82016629
邮编：250001

济南米云亭饭庄有限公司
地址：济南市英雄山路
电话：0531－82913798
邮编：250001

济南名优小吃城
地址：济南市经十一路 34 号
电话：0531－82058645　82065882
邮编：250001

济南麒麟阁酒楼有限公司
地址：济南市经四纬三路 68 号
电话：0531－87933009
邮编：250001

济南微山湖鱼馆有限公司
地址：济南市济南大学路 18 号
电话：0531－82988989
邮编：250001

鲁能烧鹅仔有限责任公司
地址：济南市经四路 618 号
电话：0531－86011888
邮编：250001

临清开元酒楼
地址：聊城临清市东环路中段
电话：0635－2416792
邮编：252600

聊城市金谷餐饮有限公司金谷饺子楼
地址：聊城市东昌府区兴华东路
电话：0635－8265816
邮编：252052

一品锅烧鸡公聊城总店
地址：聊城市东昌府区
电话：0635－8315878
邮编：252052

小四川美食城
地址：聊城市东昌府区
电话：0635－8318788
邮编：252052

渔婆婆
地址：聊城市东昌府区
电话：0635－8315988
邮编：252052

九九阳春大酒家
地址：聊城市东昌府区昌润路
电话：0635－8420599
邮编：252052

东北美食城
地址：聊城市东昌府区振兴西路
电话：0635－6988321
邮编：252052

碧海阁海鲜城
地址：聊城市东昌府区兴华东路 84 号
电话：0635－8322291
邮编：252052

大山坳野菜馆
地址：聊城市东昌府区
电话：0635－8206768
邮编：252052

太熟悉家常菜
地址：聊城市东昌府区
电话：0635－8441166
邮编：252052

农家饺子园
地址：聊城市东昌府区东关街
电话：0635－8210568
邮编：252052

东北农家大院
地址：聊城市花园南路
电话：0635－8062288
邮编：252052

山东德州扒鸡集团有限公司扒鸡美食海鲜城
地址：德州市德城区湖滨北路 1 号
电话：0534－2693888
邮编：253012

东来顺
地址：德州市湖滨北路
电话：0534－2321899
邮编：253012

德州市红富士酒楼
地址：德州市德城区德兴北路 27 号
电话：0534－2665859
邮编：253012

德州市帝豪大食府
地址：德州市湖滨北路 97 号
电话：0534－2385818
邮编：253012

德州市天天渔港酒店
地址：德州市德城区新湖北路 1 号
电话：0534－2640166
邮编：253012

清真穆斯林饭店
地址：德州市德城区文化路
电话：0534－2676818
邮编：253012

蓝海大酒店
地址：东营市东营区府前街 158 号
电话：0546－8081588
邮编：257093

姜仔鸭
地址：东营市东营区府前大街 128 号
电话：0546－8082666
邮编：257093

东营市江海渔村酒楼
地址：东营市东营区青岛路 110 号
电话：0546－8556648
邮编：257093

状元楼
地址：东营市东营区沂河路
电话：0546－8311598
邮编：257093

龙海饭庄
地址：东营市东营区沂河路 415 号
电话：0546－8309058
邮编：257093

东营渤河渔村饭庄
地址：东营市东营区东城胶州路 107 号
电话：0546－8333088
邮编：257093

齐鲁人家海鲜食府
地址：东营市东营区东三路 160 号
电话：0546－8326666
邮编：257093

银河美食城
地址：东营市东营区府前大街
电话：0546－8337026
邮编：257093

内蒙风味酒家
地址：东营市东营区胶州路
电话：0546－7919877
邮编：257093

家之味风味餐厅
地址：东营市东营区胶州路336号
电话：0546－7762319
邮编：257093

福满楼
地址：东营市东营区曹州路130号
电话：0546－8088088
邮编：257093

韩食馆
地址：东营市东营区运河路
电话：0546－7975158
邮编：257093

东营市洋洋餐厅总店
地址：东营市东营区淄博路200号
电话：0546－8220088
邮编：257093

淄博张店全聚德餐饮有限公司
地址：淄博市张店区美食街34号
电话：0533－2166171
邮编：255039

菜根香餐馆
地址：淄博市张店区兴学街60号
电话：0533－2886860
邮编：255039

张店快活林酒家
地址：淄博市张店区共青团西路30号
电话：0533－2181977
邮编：255039

张店海林苑海鲜酒楼
地址：淄博市张店区中心路183号
电话：0533－2188588
邮编：255039

郡王府
地址：潍坊市奎文区金马路
电话：0536－8799967
邮编：261041

齐鲁海鲜城
地址：潍坊市奎文区东风东街343号
电话：0536－8219988
邮编：261041

潍坊台北西门町酒家
地址：潍坊市奎文区民生东街
电话：0536－8271177
邮编：261041

天天渔港大酒店
地址：潍坊市奎文区北海路611号
电话：0536－8797000
邮编：261041

百姓人家
地址：潍坊市潍城区宝通西街249号
电话：0536－8918000
邮编：261041

刘罗锅食府
地址：潍坊市奎文区
电话：0536－8507099
邮编：261041

新食代美食广场
地址：潍坊市奎文区潍州路652号
电话：0536－2606566
邮编：261041

砂锅居
地址：潍坊市奎文区金马路
电话：0536－2256236
邮编：261041

渝州家厨
地址：潍坊市奎文区东风东街
电话：0536－8799921
邮编：261041

潍坊阿宝酒家有限公司
地址：潍坊市奎文区民生东街1号
电话：0536－8226527
邮编：261041

小山村土菜馆
地址：潍坊市奎文区新华路28号
电话：0536－8648512
邮编：261041

烟台天天渔港酒店
地址：烟台市芝罘区胜利路267号
电话：0535－6612666
邮编：264010

篷莱春
地址：烟台市芝罘区毓璜顶西路13号
电话：0535－6252254
邮编：264010

小南国酒楼
地址：烟台市莱山区黄海路25号
电话：0535－2983888
邮编：264010

上岛咖啡西餐厅
地址：烟台市解放路170号
电话：0535－6204748
邮编：264010

新雅酒楼
地址：烟台市莱山区迎宾路2号
电话：0535－6660666
邮编：264010

烟台人家老菜馆
地址：烟台市芝罘区北马路31号
电话：0535－6634666
邮编：264010

峨眉山正宗川味餐厅
地址：烟台市莱山区清泉路
电话：0535－2981006
邮编：264010

通天食府
地址：烟台市海韵路7号
电话：0535－6888779
邮编：264010

烟台市香满楼风味餐厅
地址：烟台市芝罘区胜利路177号
电话：0535－6612252
邮编：264010

烟台市芝罘鹿鸣春酒家
地址：烟台市芝罘区北大西街19号
电话：0535－6263824
邮编：264010

烟台市芝罘区小旺府菜馆
地址：烟台市芝罘区南大街270号
电话：0535－6604839
邮编：264010

湘王府
地址：威海市环翠区古寨东路
电话：0631－5805088
邮编：264200

威海红蕃茄音乐餐厅
地址：威海市环翠区东平街13号
电话：0631－5225599
邮编：264200

威海市港韩风味餐馆
地址：威海市环翠区建设街32号
电话：0631－5215492
邮编：264200

威海市白头山酒家
地址：威海市环翠区昆明路6号
电话：0631－6212711
邮编：264200

东方烧烤城
地址：威海市环翠区纪念路3号
电话：0631－5166332
邮编：264200

威海市民族饭店
地址：威海市环翠区文化东路5号
电话：0631－5212850
邮编：264200

汉江餐厅
地址：威海市环翠区光明路
电话：0631－5229763
邮编：264200

上海人家茶餐馆
地址：威海市环翠区昆明路
电话：0631－5213168
邮编：264200

山东威海市清花缘餐饮有限公司
地址：威海市环翠区高山街2号
电话：0631－5200628
邮编：264200

威海市秦都酒楼
地址：威海市环翠区文化中路76号
电话：0631－5817316
邮编：264200

蓝天碧海渔乡苑
地址：威海市环翠区公园路6号
电话：0631－5211383
邮编：264200

威海小肥羊餐饮有限公司
地址：威海市环翠区统一路
电话：0631－5217678
邮编：264200

五福茶艺馆
地址：威海市金线项路26号
电话：0631－3666888
邮编：264200

川国演义酒店
地址：威海市环翠区统一路39号
电话：0631－5229229
邮编：264200

大众辣豆腐菜馆
地址：威海市环翠区戚家夼路5号
电话：0631－5303516
邮编：264200

御膳府
地址：威海市环翠区新威路37号

山东

电话：0631－5216889
邮编：264200

十乐坊
地址：青岛市博山路 8 号
电话：0532－82827830
邮编：266001

满口福饺子楼
地址：青岛市李沧区振华路 136 号
电话：0532－84616677
邮编：266021

春和楼
地址：青岛市中山路 146 号
电话：0532－82824346
邮编：266001

聚福楼
地址：青岛市北区台东西二路 30 号
电话：0532－83991888
邮编：266011

三盛楼
地址：青岛市李沧区四流中路 134 号
电话：0532－84842404
邮编：266021

乐口福饭店
地址：青岛市德县路 47 号
电话：0532－82824422
邮编：266001

万香斋
地址：青岛市市南区观城路 65 号
电话：0532－82623966
邮编：266002

沸腾鱼乡
地址：青岛市香港中路 6 号世贸中心
电话：0532－85919917
邮编：266001

青岛北大荒人餐饮有限公司
地址：青岛市崂山区麦岛路 1 号
电话：0532－85938888
邮编：266001

大渔港酒店
地址：青岛市南区香港东路 67 号
电话：0532－88016986
邮编：266001

小南国海鲜厨房
地址：青岛市南区云霄路 55 号
电话：0532－85788080
邮编：266001

鹿港小镇
地址：青岛市南区澳门三路 19 号
电话：0532－83870877
邮编：266001

黄土地杂粮食府
地址：青岛市市南区山东路 8 号
电话：0532－85812838
邮编：266001

新加坡泰国村鱼翅酒楼
地址：青岛市香港中路 6 号世贸中心 B 座
电话：0532－83877676
邮编：266001

青岛上林苑酒楼
地址：青岛市市南区闽江路 169 号
电话：0532－85756188
邮编：266001

海边人音乐厨房
地址：青岛市市南区海门路 8 号
电话：0532－83888711
邮编：266001

兰桂坊酒廊
地址：青岛市市南区东海一路 9 号
电话：0532－83878988
邮编：266001

麻辣诱惑
地址：青岛市市南区徐州路 137 号
电话：0532－85838368
邮编：266001

小南国酒家
地址：青岛市市南区云霄路
电话：0532－85710076
邮编：266001

天村一阁
地址：青岛市南区闽江一路 33 号
电话：0532－85979669
邮编：266001

麻辣一族
地址：青岛市市南区云霄路 94 号
电话：0532－85777787
邮编：266001

四海一家酒楼
地址：青岛市北区和兴路 74 号
电话：0532－83655051
邮编：266001

巴蜀布衣川味酒楼
地址：青岛市市北区汉口路 77－1 号
电话：0532－83671868
邮编：266001

韶山人家饭店
地址：青岛市市南区云霄路 72 号
电话：0532－85729680
邮编：266001

海岛人家酒楼
地址：青岛市北区长春路 1－5 号
电话：0532－83828888
邮编：266001

味湘园
地址：青岛市李沧区永平路 7 号
电话：0532－84632197
邮编：266001

唐苑酒楼
地址：青岛市市南区江西路 107 号
电话：0532－85782699
邮编：266001

春和楼
地址：青岛市市南区中山路
电话：0532－82827371
邮编：266001

聚福楼
地址：青岛市市北区台东西二路 30 号
电话：0532－8365937683832249
邮编：266011

三盛楼
地址：青岛市李沧区四流中路 134 号
电话：0532－84842404
邮编：266021

华侨饭店
地址：青岛市湖南路 72 号
电话：0532－85725666
邮编：266001

青岛饭店
地址：青岛市中山路 53 号
电话：0532－82879069
邮编：266001

碧波湾火锅城
地址：青岛市临清路 12 号
电话：0532－82823225
邮编：266001

红房子
地址：青岛市广西路 33 号
电话：0532－82896924
邮编：266001

景福宫
地址：青岛市香港中路 31 号
电话：0532－83976029
邮编：266001

谷香村
地址：青岛市保定路 12 号
电话：0532－82847382
邮编：266001

青岛菜馆
地址：青岛市澳门三路 17 号
电话：0532－83860098　83870098
邮编：266001

馅饼粥饭店
地址：青岛市市南区德县路 29 号
电话：0532－82965588
邮编：266001

青岛锅贴有限公司
地址：青岛市李沧区振华路 161 号丙
电话：0532－84618899
邮编：266041

法耶餐厅
地址：青岛市云霄路 53 号
电话：0532－85788368
邮编：266001

老船夫海鲜城娱乐有限公司
地址：青岛市延吉路 111 号
电话：0532－－85019999
邮编：266001

青岛良友国宴厨房
地址：青岛市市北区宁海路 18 号
电话：0532－83838111
邮编：266011

青岛勇丽海鲜美食广场
地址：青岛市四方区杭州路 51 号
电话：0532－83711777
邮编：266001

山东海润香港老饭店
地址：青岛市南区香港中路 43 号山东丝绸大厦 1 楼
电话：0532－85978868
邮编：266001

万宝海参食府
地址：青岛市城阳区流亭街道
电话：0532－84932888
邮编：266041

青岛长新海鲜酒楼
地址：青岛市开发区长江中路 391 号
电话：0532－86898839

邮编：266001

青岛海边厨房餐饮有限公司
地址：青岛市开发区金沙滩路778号2号
电话：0532－86708888
邮编：266001

青岛市崂山区海月楼美食城
地址：青岛市崂山区沙子口
电话：0532－88800667
邮编：266100

胶南宽松火锅城
地址：青岛市黄岛区台东八路26
电话：0532－86116877
邮编：266500

胶州市饺子王鲍满楼大酒店
地址：青岛市胶州市广州南路190号
电话：0532－87278188
邮编：266300

日照市红十字新月饭庄
地址：日照市云海路46号
电话：0633－8224003
邮编：276800

食为天生态园
地址：日照市海曲东路11号
电话：0633－8268188
邮编：276800

日照皇家药膳酒楼
地址：日照市太公岛一路中段
电话：0633－8316188
邮编：276800

山东八大碗餐饮服务有限公司
地址：日照市山海天路中段
电话：0633－8316099
邮编：276800

微山湖生态园
地址：日照市济南路
电话：0633－8055699
邮编：276800

山海林生态园
地址：日照市青岛路56号
电话：0633－8852222
邮编：276800

金海螺海鲜楼
地址：日照市海滨二路
电话：0633－8309878
邮编：276800

大清花饺子酒楼
地址：日照市海曲中路33号
电话：0633－8900888
邮编：276800

日照蜀庄风味酒楼
地址：日照市望海路67号
电话：0633－8020777
邮编：276800

禾子居
地址：日照市文登路276号
电话：0633－8719996
邮编：276800

醉仙阁海鲜城
地址：日照市青岛路南段
电话：0633－8772753
邮编：276800

丁氏海参馆
地址：日照市海曲东路
电话：0633－8792769
邮编：276800

苗家乡村菜馆
地址：日照市黄海二路20号
电话：0633－8320021
邮编：276800

小百合饺子园
地址：日照市青年路8号
电话：0633－6172486
邮编：276800

石臼海滨全羊馆
地址：日照市海滨三路9号
电话：0633－8321141　8329788
邮编：276800

日照毛家饭店
地址：日照市海曲东路8号
电话：0633－8216066　8236066
邮编：276800

临沂市泰和居餐饮服务有限公司
地址：临沂市新华一路南段
电话：0539－8113916
邮编：276001

九州美食园
地址：临沂市沂蒙路322号
电话：0539－8968999
邮编：276001

临沂天冉餐饮有限公司沂蒙餐厅
地址：临沂市兰山区红旗路14号
电话：0539－8195853
邮编：276001

阿瓦山寨
地址：临沂市兰山区沂州路
电话：0539－2907388
邮编：276001

都一处灌汤包
地址：临沂市兰山区八一路
电话：0539－3993208

四川酒家
地址：临沂市兰山区沂蒙路
电话：0539－8217359
邮编：276001

枣庄市薛城银座酒楼
地址：枣庄市薛城区临山路
电话：0632－4427733
邮编：277101

薛城酒楼
地址：枣庄市薛城区
电话：0632－4414698
邮编：277101

沸腾鱼馆
地址：枣庄市薛城区
电话：0632－4425185
邮编：277101

台儿庄区伊斯兰饭庄
地址：枣庄市文化路113号
电话：0632－6613718
邮编：277400

枣庄绿波廊餐饮有限公司
地址：枣庄市华山南路62号
电话：0632－3345999
邮编：277100

枣庄千禧龙餐饮有限公司
地址：枣庄市振兴路4号
电话：0632－3346718
邮编：277100

微山湖老渔村
地址：济宁市高新技术开发区科苑路1号
电话：0537－2160188　2165483
邮编：272119

济宁海尔餐厅
地址：济宁市车站东路56号
电话：0537－2319999
邮编：272119

济宁市财神阁上官扒鸡食品有限公司
地址：济宁市财神阁文大街18号
电话：0537－2208787
邮编：272119

永盛香鹅济宁总店
地址：济宁市石门口街
电话：0537－2800225
邮编：272119

济宁市市中区饮食服务公司小南门饭店
地址：济宁市任城区王母阁路1号
电话：0537－2213503
邮编：272119

重庆巴渝火锅食府
地址：济宁市汇源大厦1楼
电话：0537－2289228
邮编：272119

曲阜大酒楼
地址：济宁曲阜市鼓楼南街23号
电话：0537－4412647
邮编：273100

岛乡荷香居鱼馆
地址：济宁市微山县微湖旅游码头
电话：0537－8438868
邮编：277600

渔家水街水上餐厅
地址：济宁市微山县高楼乡渭河村
电话：0537－8387777
邮编：277600

泰山菜馆
地址：泰安市泰山区泰安市红门路中段
电话：0538－6267777
邮编：271000

顶顶香风味酒楼
地址：泰安市泰山区傲徕峰路
电话：0538－8236666
邮编：271000

沸腾鱼乡
地址：泰安市泰山区龙潭路
电话：0538－6626666
邮编：271000

杏花村大酒店
地址：泰安市岱岳区长城路
电话：0538－8499399
邮编：271000

泰安市泰山酒家
地址：泰安市泰山区灵山大街74号
电话：0538－8333742
邮编：271000

三孔大酒店
地址：泰安市泰山区泰山大街 368 号
电话：0538－8411998
邮编：271000

泰安市丹妮餐厅
地址：泰安市泰山区红门路 30 号
电话：0538－6226492
邮编：271000

杭州美食酒楼
地址：泰安市泰山区泰山大街
电话：0538－8490288
邮编：271000

蜀庄风味酒楼（泰安分店）
地址：泰安市东岳大街铁道大厦西
电话：0538－2108888
邮编：271000

毛家饭店
地址：泰安市泰山区龙潭路
电话：0538－2191777
邮编：271000

上岛咖啡西餐厅
地址：泰安市泰山区财源大街
电话：0538－8291777
邮编：271000

独一处鱼馆
地址：莱芜市莱城区文化南路
电话：0634－6285656
邮编：271100

重庆火锅楼
地址：莱芜市莱城区鹏泉东大街
电话：0634－6217168
邮编：271100

亚细亚民族饭店
地址：莱芜市莱城区花园北路 38 号
电话：0634－6238688
邮编：271100

向阳饭店总店
地址：莱芜市莱城区鹏泉东大街
电话：0634－8878726
邮编：271100

多味园
地址：莱芜市莱城区花园北路
电话：0634－6422348
邮编：271100

蒲湖渔村
地址：滨州市蒲湖南岸蒲湖风景区旁
电话：0543－3231988
邮编：256619

滨州市鑫湖饭庄
地址：滨州市滨城区黄河六路 527 号
电话：0543－3368266
邮编：256619

微山湖渔村
地址：滨州市滨城区渤海六路
电话：0543－3353138
邮编：256619

沸腾鱼乡
地址：滨州市滨城区渤海八路
电话：0543－3366098
邮编：256619

蒙古小肥羊火锅城
地址：滨州市滨城区
电话：0543－3311558
邮编：256619

北京李老爹香辣蟹
地址：滨州市滨城区
电话：0543－3461519
邮编：256619

小四川麻辣鱼馆
地址：滨州市滨城区渤海七路
电话：0543－3478653
邮编：256619

湖滨鲜鱼馆
地址：滨州市滨城区渤海七路
电话：0543－3220562
邮编：256619

山东省菏泽地区饮食服务公司
地址：荷泽市康庄路 84 号
电话：0530－5623272
邮编：274000

菏泽恒盛园酒楼
地址：菏泽市牡丹区中华西路 199 号
电话：0530－5669875
邮编：274020

菏泽银盛园小吃城
地址：菏泽市牡丹区中华西路
电话：0530－5626776
邮编：274020

乡村地锅菜馆
地址：菏泽市牡丹区解放大街
电话：0530－6085885
邮编：274020

微山湖鱼馆菏泽总店
地址：菏泽市牡丹区牡丹路
电话：0530－5599699
邮编：274020

蜀香园火锅酒楼
地址：菏泽市牡丹区中华路
电话：0530－5558855
邮编：274020

千里香铁锅炖菜馆
地址：菏泽市牡丹区中和路
电话：0530－5685198
邮编：274020

旅游用品

济南市民俗工艺品加工基地
地址：济南市天桥区东工商河路
电话：0531－83675458　89005298
邮编：250022

济南地毯总厂
地址：济南市白马山路 37 号
电话：0531－87963608
邮编：250022

济南工艺品厂
地址：济南市山大路 178 号
电话：0531－80697495
邮编：250001

济南市汇金工艺制品总厂
地址：济南市槐荫区段店镇
电话：0531－87956156　86619850
邮编：250022

济南美术总厂
地址：济南市朝山街
电话：0531－88937160
邮编：250001

山东珠宝饰品批发市场
地址：济南市
电话：0531－82742384
邮编：250001

济南市龙山黑陶工艺制品厂
地址：济南市历城区七里河华龙路中段
电话：0531－82581557
邮编：250100

章丘市工艺美术厂
地址：济南章丘市百脉泉路
电话：0531－83212694
邮编：250200

章丘市花灯工艺厂
地址：济南章丘市宁家埠镇向高村
电话：0531－83420130
邮编：250200

济南商河地毯厂
地址：济南市商河县城永莘路
电话：0531－84880077
邮编：251600

临清市地毯厂
地址：聊城临清市
电话：0635－2341767
邮编：252600

德州市工艺抽纱厂
地址：德州市德城区北陵路 2 号
电话：0534－2344129
邮编：253012

德州市刺绣厂
地址：德州市
电话：0534－2623149　2357868
邮编：253012

德州市工艺美术厂
地址：德州市德城区
电话：0534－2363672
邮编：253012

夏津县丰盛工艺品有限公司
地址：德州市夏津县经济开发区
电话：0534－3881998
邮编：253200

庆云县晶辰工艺厂
地址：德州市庆云县
电话：0534－3867444
邮编：253700

淄博市临淄工希坤工艺品有限公司
地址：淄博市淄川区临淄大道 993 号
电话：0533－7180022
邮编：255400

淄博砚台厂
地址：淄博市淄川区
电话：0533－5690586
邮编：255100

黑旺宝斋工艺美术厂
地址：淄博市淄川区
电话：0533－5060028
邮编：255100

周村传统花灯厂
地址：淄博市周村庄西外环（和平工业区）

电话：0533－6820388 6430388
邮编：255300

潍坊风筝厂
地址：潍坊市齐兴工业园
电话：0536－8328066 8321678
邮编：261041

高密市仙锦绣品有限公司
地址：潍坊高密市柴沟镇
电话：0536－2662142
邮编：261500

青州市旅游纪念品厂
地址：潍坊青州市范公亭东路18号
电话：0536－3203672
邮编：262500

昌乐县石雕厂
地址：潍坊市昌乐县
电话：0536－6711165
邮编：262400

牟平区高陵镇景泰蓝工艺品厂
地址：烟台市牟平区
电话：0535－4722054
邮编：264100

牟平区工艺品厂
地址：烟台市牟平区东关路
电话：0535－4212087
邮编：264100

烟台贝雕厂
地址：烟台市牟平区北关大街75号
电话：0535－4212995－25
邮编：264100

烟台工艺美术厂
地址：烟台市芝罘区西南河路115号
电话：0535－6243288 6696001
邮编：264010

烟台市芝罘华侨工艺品厂
地址：烟台市芝罘区迎山路
电话：0535－6612149
邮编：264010

烟台市林业工艺品厂
地址：烟台市
电话：0535－6842571
邮编：264010

龙口市地毯厂
地址：烟台龙口市芦口镇
电话：0535－8641288
邮编：265700

莱阳市鸿翔木雕工艺品有限公司
地址：烟台莱阳市龙旺庄镇
电话：0535－7710797
邮编：265200

莱州市东方草制品厂
地址：烟台莱阳市
电话：0535－2215623
邮编：261400

蓬莱中原工艺品有限公司
地址：烟台蓬莱市刘家沟镇
电话：0535－5969789
邮编：265608

蓬莱八仙葫芦工艺品有限公司
地址：烟台蓬莱市里集镇宋家村
电话：0535－6261305
邮编：265400

招远市开发区工艺礼品厂
地址：烟台招远市玲珑路198号
电话：0535－8130247
邮编：265400

招远市玻璃工艺品厂
地址：烟台招远市罗峰路309号
电话：0535－8211588
邮编：265400

栖霞市工艺美术厂
地址：烟台栖霞市跃进路39号
电话：0535－5211291 5211378
邮编：265300

威海鹰格尔工艺品有限公司
地址：威海市孙家疃远遥墩路36号
电话：0631－5125657
邮编：264200

威海市山花地毯集团有限公司
地址：威海市和平路113号
电话：0631－5219988
邮编：264200

威海艺术挂毯厂
地址：威海市西北山路
电话：0631－5818856
邮编：264200

威海市天天工艺品有限公司
地址：威海市塔山中路
电话：0631－5221177
邮编：264200

青岛船舱工艺品有限公司
地址：青岛市城阳区城阳镇
电话：0532－87761247 87761146
邮编：266001

滕州市银光玻璃工艺厂
地址：枣庄滕州市城关镇杏坛路
电话：0632－5512096
邮编：277500

济宁市老牛车木制工艺品有限公司
地址：济宁市中区金宇路
电话：0537－2568388
邮编：272100

曲阜市工艺美术厂
地址：济宁曲阜市建设路8号
电话：0537－4411322
邮编：273100

曲阜市圣艺雕塑工艺厂
地址：济宁曲阜市林前
电话：0537－4417287
邮编：273100

泰安市金旭工艺美术厂
地址：泰安市
电话：0538－8336841
邮编：271000

肥城市对外贸易公司工艺品厂
地址：泰安肥城市
电话：0538－3680276
邮编：271600

肥城市正港木业工艺品厂
地址：泰安肥城市桃园镇
电话：0538－3230288
邮编：271609

莱芜市外贸地毯总厂
地址：莱芜市
电话：0634－8808645
邮编：271100

滨州市爱民刺绣印花工艺品厂
地址：滨州市黄河二路
电话：0543－3263221
邮编：256619

旅游交通

山东省旅游汽车公司
地址：济南市经十一路11号
电话：0531－82940888 82676333
邮编：250014

济南市旅游汽车总公司
地址：济南市经四路571号
电话：0531－87030409
邮编：250021

济南爱邦旅游汽车有限公司
地址：济南市解放路37号
电话：0531－88519369
邮编：250014

济南金光旅游汽车有限公司
地址：济南市二环东路6060号
电话：0531－88544203
邮编：250014

山东省神州旅游汽车公司
地址：济南市花园路213号
电话：0531－88953888
邮编：250100

山东泉润交通旅游有限公司
地址：济南市二七南路1号
电话：0531－82861716
邮编：250002

山东国旅汽车服务中心
地址：济南市二环东路
电话：0531－88546229 88546200
邮编：250014

济南德福道科技电脑广告公司出租旅游汽车公司
地址：济南市兴济河路61号
电话：0531－82707892
邮编：250002

济南天宇旅游汽车租赁有限公司汽车分公司
地址：济南市经十路省体育中心体育场南区120房间
电话：0531－82065197
邮编：250002

济南火车站
地址：济南市车站街
电话：0531－86929929 95105105
邮编：250001

济南火车东站
地址：济南市历下区大明湖路
电话：0531－82430072 82430062
邮编：250001

济南火车西站
地址：济南市槐荫区大金庄路
电话：0531－95105105
邮编：250117

济南国际机场
地址：济南市历城区遥墙镇

电话：0531－82086666
邮编：250001

章丘市火车站
地址：济南章丘市
电话：0531－86387612
邮编：250200

聊城火车站
地址：聊城市东昌府路
电话：0635－8492522　8492562　6950007
邮编：252000

临清市火车站
地址：聊城临清市东环路
电话：0635－2427833
邮编：252600

德州火车站
地址：德州市迎宾路
电话：0534－2616544
邮编：250001

禹城市火车站
地址：德州禹城市城关镇
电话：0534－8953292
邮编：251200

东营火车站
地址：东营市东营区
电话：0546－2964792　2964712
邮编：257000

淄博火车站
地址：淄博市临淄区
电话：0533－2284210
邮编：255400

潍坊火车站
地址：潍坊市潍城区和平路 1 号
电话：0536－8564073
邮编：261000

潍坊南苑机场
地址：潍坊市潍州南路
电话：0536－8520518　8803971
邮编：261000

高密市火车站
地址：潍坊高密市高密镇
电话：0536－2321887
邮编：261500

青州火车站
地址：潍坊青州市王母宫镇
电话：0536－2974950
邮编：262500

昌乐县火车站
地址：潍坊市昌乐县新昌路 3 号
电话：0536－6231023
邮编：262400

烟台港客运总公司
地址：烟台市北马路 155 号
电话：0535－6743486　6743340
邮编：264000

烟台开发区旅游汽车有限公司
地址：烟台市衡山路 29 号
电话：0535－6374437
邮编：264600

烟台火车站
地址：烟台市北马路 135 号
电话：0535－6647947　95105175
邮编：264000

福山火车站
地址：烟台市福山区兜余镇
电话：0535－6481165
邮编：265500

烟台莱山国际机场
地址：烟台市莱山区空港路
电话：0535－6253777
邮编：264007

龙口港
地址：烟台市龙口市环海路 24 号
电话：0535－8848038　8848289
邮编：265700

莱阳火车站
地址：烟台莱阳市五龙南路
电话：0535－7316534
邮编：265200

莱州港
地址：烟台莱州市三山岛
电话：0535－2783750
邮编：261400

威海火车站
地址：威海市青岛南路
电话：0631－5967172
邮编：264200

威海港
地址：威海市海滨北路 53 号
电话：0631－5236799
邮编：264200

乳山火车站
地址：威海乳山市
电话：0631－6699247　6607009
邮编：264500

威海大水泊国际机场
地址：威海文登市大水泊镇
电话：0631－8641172
邮编：264200

青岛旅游汽车有限公司
地址：青岛市山东路 27 号港澳大厦十楼
电话：0532－85811111
邮编：266071

青岛火车站
地址：青岛市普集路 15 号
电话：0532－86011111　82962777
邮编：250200

青岛港
地址：青岛市港青路 6 号
电话：0532－82822878　82982011
邮编：266011

青岛流亭机场
地址：青岛市民航路
电话：0532－84715777
邮编：266108

胶州火车站
地址：青岛胶州市胶州西路
电话：0532－87250201　82974412
邮编：266300

莱西市火车站
地址：青岛莱西市望城镇驻地
电话：0532－82974090
邮编：266600

日照市海天旅游汽车出租服务中心
地址：日照市海滨二路
电话：0633－8321924　8333321
邮编：276800

日照火车站
地址：日照市石臼所街
电话：0633－8326149　95105175　3966132
邮编：276826

日照港
地址：日照市黄海一路
电话：0633－8380000　8383000
邮编：276826

临沂运通涉外旅游汽车公司
地址：临沂市兰山区通达路 152 号
电话：0539－8237271　13869948858
邮编：276000

枣庄火车站
地址：枣庄市薛城区
电话：0632－3969222
邮编：277000

滕州火车站
地址：枣庄滕州市
电话：0632－5582002
邮编：277500

济宁火车站
地址：济宁市市中区
电话：0537－2312341　3975900
邮编：272100

兖州火车站
地址：济宁市兖州区兖州镇
电话：0537－3462522
邮编：272000

曲阜市火车站
地址：济宁曲阜经济开发区
电话：0537－3991516　4421571
邮编：273100

邹县火车站
地址：济宁邹城市车站街
电话：0537－5215483　5268238
邮编：273500

泗水县火车站
地址：济宁市泗水县泗水镇
电话：0537－4222200
邮编：273200

泰安市旅游汽车有限责任公司汽车队
地址：泰安市红门路 22 号
电话：0538－8337021
邮编：271000

新泰市火车站
地址：泰安新泰市青云路
电话：0538－7222459
邮编：271200

莱芜东火车站
地址：莱芜市莱城区
电话：0634－6243314
邮编：271100

菏泽火车站
地址：荷泽市牡丹区中华东路
电话：0530－95105175　3987502　5334204
邮编：274012

河 南
HENAN

旅游机构

河南省旅游局
地址：郑州市政三街 1 号
电话：0371－65900181
邮编：450003
网址：www. hnta. cn
电子信箱：hj@ hnta. gov. cn

郑州市旅游局
地址：郑州市陇海路 370 号
电话：0371－67176833
邮编：450006
网址：www. zztour. com

惠济区旅游局
地址：郑州市开元路 8 号 C 楼 525 房
电话：0371－63639178
邮编：450052

上街区旅游办公室
地址：郑州市上街区中心路 132 号
电话：0371－68118619
邮编：450041

登封市旅游局
地址：郑州登封市中岳大街 52 号
电话：0371－62887139
邮编：452470

新郑市旅游局
地址：郑州新郑市人民路 124 号
电话：0371－62695683
邮编：451100

巩义市旅游局
地址：郑州巩义市新华路 25 号
电话：0371－64351361
邮编：451200

荥阳市旅游局
地址：郑州荥阳市索河路中段 36 号
电话：0371－64675668
邮编：450101

新密市文化旅游局
地址：郑州新密市东大街 17 号
电话：0371－69822061
邮编：452370

中牟县旅游局
地址：郑州市中牟县府前街 12 号
电话：0371－62032976
邮编：451450

开封市旅游局
地址：开封市金明大道 83 号
电话：0378－23934810
邮编：475000

开封市郊区旅游管理局
地址：开封市汴京大道 81 号
电话：0371－22941728
邮编：475000

开封县文化旅游局
地址：开封市开封县县府东街 29 号
电话：0371－26662203
邮编：475100

兰考县旅游管理局
地址：开封市兰考县中山东街 36 号
电话：0371－26981996
邮编：475300

通许县文化旅游局
地址：开封市通许县文卫路中段文化中心 3 楼
电话：0371－24976577
邮编：457400

洛阳市旅游局
地址：洛阳市政府办公大楼 14 楼
电话：0379－63322069
邮编：474003

涧西区旅游局
地址：洛阳市涧西区
电话：0379－64810474
邮编：471003

老城区旅游局
地址：洛阳市老城区
电话：0379－63951029
邮编：471002

西工区旅游局
地址：洛阳市西工区
电话：0379－63251065
邮编：471000

洛龙区旅游局
地址：洛阳市洛龙区
电话：0379－63251323
邮编：471000

瀍河区旅游局
地址：洛阳市瀍河区
电话：0379－63951227
邮编：471002

吉利区旅游局
地址：洛阳市吉利区
电话：0379－66911284
邮编：471012

偃师市旅游局
地址：洛阳偃师市
电话：0379－67712518
邮编：471900

栾川县旅游局
地址：洛阳市栾川县城兴华西路
电话：0379－66812345
邮编：471500

嵩县旅游局
地址：洛阳市嵩县城北大街 2 号
电话：0379－66311972
邮编：471400

新安县旅游局
地址：洛阳市新安县县城
电话：0379－67250368
邮编：471800

孟津县旅游局
地址：洛阳市孟津县城桂花中路
电话：0379－67912727
邮编：471100

汝阳县旅游局
地址：洛阳市汝阳县文化路 22 号
电话：0379－68210800
邮编：471200

伊川县旅游局
地址：洛阳市伊川县康乐街 49 号
电话：0379－68334576
邮编：471300

宜阳县旅游局
地址：洛阳市宜阳县城
电话：0379－68892339
邮编：471600

洛宁县旅游局
地址：洛阳市洛宁县城
电话：0379－66234065
邮编：471700

平顶山市旅游局
地址：平顶山市新城区综合楼 4 楼
电话：0375－2882599　2880000
邮编：467000

鲁山县旅游局
地址：平顶山市鲁山县顺城路东段
电话：0375－5071388
邮编：467300

舞钢市旅游局
地址：平顶山舞钢市朝阳路中段
电话：0375－8125866
邮编：462500

叶县旅游局
地址：平顶山市叶县文化路中段
电话：0375－8053543
邮编：467200

汝州市旅游局
地址：平顶山汝州市风穴路 6 号
电话：0375－3321588
邮编：467500

郏县旅游局
地址：平顶山市郏县文前街 41 号
电话：0375－5180086
邮编：467100

新乡市旅游局
地址：新乡市新二街市民中心楼 12 楼
电话：0373－3669089
邮编：453000

辉县市旅游风景管理局
地址：新乡市辉县市百泉景区南华门
电话：0373－6233555　6291699
邮编：453600

封丘县旅游局
地址：新乡市封丘县政府院内
电话：0373－8296036
邮编：453300

卫辉市文物旅游管理局
地址：新乡卫辉市行政路 1 号
电话：0373－4488020
邮编：453100

凤泉区旅游文物管理局
地址：新乡市凤泉区政府东 50 米
电话：0373－3918358　3031313
邮编：453011

长垣县旅游局
地址：新乡市长垣县人民路 36 号
电话：0373－8893209
邮编：453400

原阳县文化旅游局
地址：新乡市原阳县县政府对面
电话：0373－7298818
邮编：453500

新乡县文化旅游局
地址：新乡市新乡县政府三楼
电话：0373－5085099
邮编：453700

河南

焦作市旅游局
地址：焦作市人民中路889号阳光大厦东座4楼
电话：0391－3569651
邮编：454001

山阳区旅游局
地址：焦作市山阳区
电话：0391－3555146　2935967
邮编：454002

中站区旅游局
地址：焦作市中站区
电话：0391－2944001　2918686
邮编：454191

马村区旅游局
地址：焦作市马村区
电话：0391－3951123　3948006
邮编：454171

修武县旅游局
地址：焦作市修武县
电话：0391－7709578　3930980
邮编：454350

博爱县旅游局
地址：焦作市博爱县青天河风景名胜区
电话：0391－8686616
邮编：454450

孟州市旅游局
地址：焦作孟州市大定路中段（孟州市政府院内）
电话：0391－8191230　8190348
邮编：454750

武陟县旅游局
地址：焦作市武陟县财政局家属楼5单元3楼1号
电话：0391－7291677　7297128
邮编：454950

温县旅游局
地址：焦作市温县黄河路东段
电话：0391－6190210　6118153
邮编：454850

沁阳市旅游局
地址：焦作沁阳市神农山风景管理局
电话：0391－5036258
邮编：454550

安阳市旅游局
地址：安阳市文明大道东段旅游报业大厦10楼
电话：0372－2561369　2561371
邮编：455000

林州市旅游局
地址：安阳林州市人民路88号
电话：0372－6825035
邮编：456550

汤阴县文物旅游局
地址：安阳市汤阴县城大北街
电话：0372－6213000
邮编：456150

安阳县旅游局
地址：安阳市安阳县东工路
电话：0372－5953777
邮编：455000

内黄县旅游局
地址：安阳市内黄县城朝阳路
电话：0372－7711122
邮编：456000

滑县旅游局
地址：安阳市滑县解放南路（县政府院内）
电话：0372－8119216
邮编：456400

鹤壁市旅游局
地址：鹤壁市淇滨区九州路91号
电话：0392－3331099
邮编：458030

鹤山区旅游局
地址：鹤壁市鹤山区
电话：0392－2317220
邮编：458010

山城区旅游局
地址：鹤壁市山城区
电话：0392－2624572
邮编：458000

淇滨区旅游局
地址：鹤壁市淇滨区
电话：0392－3356950
邮编：458000

浚县旅游局
地址：鹤壁市浚县县城
电话：0392－5523118
邮编：456250

淇县旅游局
地址：鹤壁市淇县上街路西段
电话：0392－7225469
邮编：456750

濮阳市旅游局
地址：濮阳市人民路综合办公楼
电话：0393－6666066　6666070
邮编：457000

濮阳县文化旅游局
地址：濮阳市濮阳县政府综合办公楼
电话：0393－3329088
邮编：457100

清丰县文化旅游局
地址：濮阳市清丰县
电话：0393－7221577
邮编：457300

范县文化旅游局
地址：濮阳市范县
电话：0393－5261307
邮编：457500

华龙区外事旅游局
地址：濮阳市华龙区
电话：0393－4494511
邮编：457001

三门峡市旅游局
地址：三门峡市崤山路中段14号
电话：0398－2169003　2169001
邮编：472000

灵宝市旅游局
地址：三门峡灵宝市金城大道19号政府1楼
电话：0398－8851613
邮编：472500

渑池县旅游局
地址：三门峡市渑池县会盟大道中段政府5楼
电话：0398－4812161
邮编：472400

陕县旅游局
地址：三门峡市陕县政府楼
电话：0398－3833687
邮编：472100

湖滨区文化旅游局
地址：三门峡市和平路中段区政府大楼
电话：0398－2958536
邮编：472000

义马市文化旅游局
地址：三门峡义马市千秋路中段市政府4楼
电话：0398－5850369
邮编：472300

卢氏县旅游局
地址：三门峡市卢氏县政府
电话：0398－7872919
邮编：472200

许昌市旅游局
地址：许昌市建安大道市政府院9号楼
电话：0374－2965979　2965855
邮编：461000
电子信箱：13303741278@zyl63. com

禹州市旅游局
地址：许昌禹州市政府院内
电话：0374－8198857　8175107
邮编：461670

长葛市旅游局
地址：许昌长葛市委办公楼
电话：0374－6189829
邮编：461500

襄城县旅游局
地址：许昌市襄城县城东大街政府1楼
电话：0374－3599001
邮编：461700

鄢陵县旅游局
地址：许昌市鄢陵县开发区人民路中段
电话：0374－7167799
邮编：461200

许昌县旅游局
地址：许昌市许昌县市西路
电话：0374－5156096
邮编：461100

魏都区旅游局
地址：许昌市魏都区榆柳街22号
电话：0374－2186586
邮编：461000

漯河市旅游局
地址：漯河市淮河路10号
电话：0395－3139919　3139819
邮编：462000

舞阳县旅游局
地址：漯河市舞阳县
电话：0395－7123207
邮编：462400

临颍县旅游局
地址：漯河市临颍县
电话：0395－8853728
邮编：462600

南阳市旅游局
地址：南阳市中州路291号
电话：0377－63197626　63136345
邮编：473068

桐柏县旅游局
地址：南阳市桐柏县新华路38号县政府
电话：0377－68222623

邮编：474750

内乡县旅游局
地址：南阳市内乡县南大街 4 号
电话：0377－65367676　65329863
邮编：474350

淅川县旅游局
地址：南阳市淅川县人民路 140 号
电话：0377－64216596　64231669
邮编：474450

西峡县旅游局
地址：南阳市西峡县礼堂路 33 号
电话：0377－64661399　64661307
邮编：474500

南召县旅游局
地址：南阳市南召县中华路 290 号
电话：0377－66920696
邮编：474650

唐河县旅游局
地址：南阳市唐河县城关新春街 164 号
电话：0377－68959826
邮编：473400

卧龙区旅游局
地址：南阳市卧龙区七一路 202 号
电话：0377－63217561　63131216
邮编：473000

镇平县旅游局
地址：南阳市镇平县府前街 78 号
电话：0377－65910008　65926362
邮编：474250

新野县旅游局
地址：南阳市新野县政府院内
电话：0377－66269959
邮编：475500

方城县旅游局
地址：南阳市方城县风瑞路 266 号
电话：0377－67232968
邮编：473200

社旗县旅游局
地址：南阳市社旗县西三环街 1 号
电话：0377－67923960　67922563
邮编：473068

商丘市旅游局
地址：商丘市委大院 2 楼（商丘市府前路 1 号）
电话：0370－3289188　3288712
邮编：476000

梁园区旅游局
地址：商丘市梁园区政府
电话：0370－2214486
邮编：476000

睢阳区旅游局
地址：商丘市睢阳区中山东二街 36 号
电话：0370－3216265
邮编：476100

永城市文物旅游局
地址：商丘永城市政府院内
电话：0370－5113277
邮编：476600

夏邑县旅游局
地址：商丘市夏邑县县府路 55 号
电话：0370－6225522
邮编：476400

虞城县旅游局
地址：商丘市虞城县人民路中段
电话：0370－4126016
邮编：476300

睢县旅游局
地址：商丘市睢县睢州大道
电话：0370－8129956
邮编：476900

宁陵县旅游局
地址：商丘市宁陵县政府院内
电话：0370－7815352 转
邮编：476700

柘城县旅游局
地址：商丘市柘城县中原大街 28 号
电话：0370－7222769
邮编：476200

民权县旅游局
地址：商丘市民权县府前街政府院内
电话：0370－8524486
邮编：476800

信阳市旅游局
地址：信阳市东方红大道 260 号
电话：0376－6278895　6366825
邮编：464000

浉河区旅游局
地址：信阳市浉河区政府
电话：0376－6602947
邮编：464000

新县旅游局
地址：信阳市新县县政府
电话：0376－2982790
邮编：465550

固始县旅游局
地址：信阳市固始县政府
电话：0376－4958266
邮编：465250

罗山县旅游局
地址：信阳市罗山县政府院内
电话：0376－2255288
邮编：464236

商城县旅游局
地址：信阳市商城县
电话：0376－7939926
邮编：465350

光山县文物旅游局
地址：信阳市光山县
电话：0376－8888321
邮编：465450

潢川县旅游局
地址：信阳市潢川县
电话：0376－3931653
邮编：465150

驻马店市旅游局
地址：驻马店市文明大道北段 99 号
电话：0396－2625016　2625287
邮编：463000

泌阳县旅游局
地址：驻马店市泌阳县行政路中段
电话：0396－7922431
邮编：463700

汝南县旅游局
地址：驻马店市汝南县中心大街北段
电话：0396－8022526
邮编：463300

遂平县旅游局
地址：驻马店市遂平县建设路中段
电话：0396－4909752
邮编：463100

确山县旅游局
地址：驻马店市确山县解放路中段
电话：0396－7012991
邮编：463200

西平县旅游局
地址：驻马店市西平县西平大道
电话：0396－6263338
邮编：463900

周口市旅游局
地址：周口市开发区莲花大道政府综合楼 9 楼
电话：0394－8221411　8273901
邮编：466000

川汇区旅游局
地址：周口市川汇区川汇大酒店
电话：0394－8381897
邮编：466000

淮阳县旅游局
地址：周口市淮阳县政府 2 楼
电话：0394－2664028
邮编：466700

鹿邑县旅游局
地址：周口市鹿邑县政府街
电话：0394－7221757
邮编：477250

太康县旅游局
地址：周口市太康县人民政府政府 2 楼
电话：0394－6828398
邮编：461400

西华县旅游局
地址：周口市西华县政府 3 楼
电话：0394－2554111
邮编：466600

沈丘县旅游局
地址：周口市沈丘县中心街
电话：0394－5222308
邮编：466300

项城市旅游局
地址：周口项城市政府 1 楼
电话：0394－4320050
邮编：466200

郸城县旅游局
地址：周口市郸城县政府 2 楼
电话：0394－3222748
邮编：477150

济源市旅游局
地址：济源市黄河大道中段新行政区 5 号楼
电话：0391－6633186
邮编：454650

旅行社

河南旅游集团有限公司
地址：郑州市城东路 288 号
电话：0371－65959598
邮编：450003

网址：www. hntg. net
许可证号：L－HEN－CJ00001

河南省中国国际旅行社有限责任公司
地址：郑州市农业路东1号豫博大厦西塔16层
电话：0371－65852339
邮编：450008
网址：www. citshn. com
许可证号：L－HEN－CJ00002

洛阳中国国际旅行社有限公司
地址：洛阳九都西路旅游大厦
电话：0379－64313701
邮编：471003
许可证号：L－HEN－CJ00003

郑州海外国际旅行社有限公司
地址：郑州市南阳路226号富田大厦8楼
电话：0371－65528882
邮编：450053
网址：www. zzhw. cn
许可证号：L－HEN－CJ00004

洛阳中国青年旅行社有限责任公司
地址：洛阳市西工区金谷园路72号（滨江大厦）
电话：0379－64870350
邮编：471039
许可证号：L－HEN－CJ00005

河南登封中国国际旅行社有限公司
地址：登封市北环路西段
电话：0371－62872137
邮编：452470
网址：www. shaolinkungfutour. com
许可证号：L－HEN－CJ00006

安阳中国国际旅行社有限责任公司
地址：安阳市友谊路1号
电话：0372－5925650
邮编：455000
网址：www. aycits. com
许可证号：L－HEN－CJ00007

河南省中国青年旅行社
地址：郑州市经五路1号
电话：0371－65934389
邮编：450003
网址：www. cyts. ha. cn
许可证号：L－HEN－CJ00008

河南中州国际旅行社有限公司
地址：郑州市金水路115号
传真：0371－65858862
邮编：450003
网址：www. zzgj. com
许可证号：L－HEN－CJ00009

河南中原国际旅行社有限公司
地址：郑州市红专路117号
电话：0371－65947365
邮编：450008
网址：www. cita. com. cn
许可证号：L－HEN－CJ00010

河南康辉国际旅行社有限责任公司
地址：郑州市城东路94号华亿大厦五楼
电话：0371－64911135
邮编：471003
许可证号：L－HEN－CJ00011

河南省中国旅行社有限公司
地址：郑州市郑东新区商务外环路14号
电话：0371－65582620
邮编：450003
网址：www. ctshn. net
许可证号：L－HEN－CJ00012

河南省海外旅游有限公司
地址：郑州市金水区农业路南经三路西2幢
电话：0371－63313559
邮编：450053
网址：www. hnotc. net
许可证号：L－HEN－CJ00013

河南豫泰国际旅行社有限公司
地址：郑州市民航路19号
电话：0371－65830673
邮编：450003
许可证号：L－HEN－CJ00014

洛阳市中旅旅行社有限公司
地址：洛阳市涧西区南昌路申泰大厦8楼
电话：0379－64929002
邮编：471003
网址：www. sunshine-tuor. com. cn
许可证号：L－HEN－CJ00015

河南金城国际旅行社有限公司
地址：郑州市健康路159号发展大厦二楼
电话：0371－63977013
邮编：450053
网址：www. jctour. com
许可证号：L－HEN－CJ00016

河南风国际旅行社有限责任公司
地址：郑州市政二街5号
电话：0371－65961539
邮编：450003
网址：hnf. hnta. cn
电子信箱：hnf@ hnta. cn
许可证号：L－HEN－CJ00017

郑州中原铁道国际旅行社有限公司
地址：郑州市京广中路41号院5号楼
电话：0371－68379331
邮编：450052
网址：www. crits. net
许可证号：L－HEN－CJ00018

河南省中侨国际旅行社有限公司
地址：郑州市黄河路
电话：0371－69172368
邮编：450052
网址：www. hnzqgl. com
许可证号：L－HEN－CJ00019

河南龙源国际旅行社有限公司
地址：郑州市嵩山路14号
电话：0371－67906621
邮编：450052
许可证号：L－HEN－CJ00020

河南新飞国际旅行社有限公司
地址：新乡市宏力大道370号
电话：0373－3389991
邮编：453000
许可证号：L－HEN－CJ00021

河南豫龙国际旅行社有限公司
地址：郑州市纬五路49号
电话：0371－66930008
邮编：455003
许可证号：L－HEN－CJ00022

河南友好国际旅行社有限公司
地址：郑州市文化路102号聚合大厦
电话：0371－67671111
邮编：450003
许可证号：L－HEN－CJ00023

河南职工国际旅行社
地址：郑州市金水路16号龙祥宾馆
电话：0371－65920366
邮编：450014
许可证号：L－HEN－CJ00024

河南大河国际旅行社有限公司
地址：郑州市花园路66号
电话：0371－65929999
邮编：450003
网址：www. jctar. com
电子信箱：dhgllk@ 163. com
许可证号：L－HEN－CJ00025

三门峡春秋国际旅行社有限公司
地址：三门峡市黄金大酒店8楼
电话：0398－2939136
邮编：472000
网址：www. SMXCQ. com
许可证号：L－HEN－CJ00026

洛阳龙门石窟国际旅行社
地址：洛阳市西工区中州中路216号邮政大厦7楼
电话：0379－63290727
邮编：471000
许可证号：L－HEN－CJ00027

信阳华祥鹭岛国际旅行社有限公司
地址：信阳市礼节路3号
电话：0376－6861816
邮编：464000
许可证号：L－HEN－CJ00028

河南炎黄文化国际旅行社有限公司
地址：郑州市经六路26号索克豫发大厦A座
电话：0371－63350414
邮编：450003
许可证号：L－HEN－CJ00029

河南云台山国际旅行社有限公司
地址：焦作市解放中路52号
电话：0391－2310007
邮编：454002
网址：www. szlxs. net
电子信箱：8888yts@ 163. com
许可证号：L－HEN－CJ00030

河南中信国际旅行社有限公司
地址：郑州市金水区农科路38号5号楼东单元1704号
电话：0371－65826780
邮编：450003
电子信箱：zhongzhoutours@ hotmail. com
许可证号：L－HEN－CJ00031

河南郑旅国际旅游集团有限公司
地址：郑州市二七区大学路西桃园路南9幢1单元15层13号
电话：0371－67979888
邮编：450052
许可证号：L－HEN－CJ00032

河南金冠旅行社有限公司
地址：郑州市金水区金水路226号14层1406号
电话：0371－65705555
邮编：450008
电子信箱：81578432@ qq. com
许可证号：L－HEN－CJ00033

河南中港国际旅行社有限公司
地址：郑州市金水区经八路 14 号附 19 号
电话：0371 - 88880901
邮编：450000
电子信箱：461163055@ qq. com
许可证号：L - HEN - CJ00034

开封三毛国际旅行社有限公司
地址：开封市迎宾路 85 号
电话：0371 - 23919999
邮编：475000
电子信箱：870403742@ qq. com
许可证号：L - HEN - CJ00035

河南弘达国际旅行社有限公司
地址：新乡市人民东路恒升世家 B 座 807 - 808 室
电话：0373 - 5858880
邮编：453000
许可证号：L - HEN - CJ00036

河南运通旅游有限公司
地址：郑州市农业路东 1 号豫博大厦 1402 室
电话：0371 - 65720656
邮编：450000
许可证号：L - HEN - CJ00037

洛阳邮电国际旅行社
地址：洛阳市西工区中州中路 216 号
电话：0379 - 63290858　63306789
邮编：471000
许可证号：L - HEN - CJ00038

郑州春秋旅行社
地址：郑州市金水区花园路 39 号国贸新领地 4 号楼 2 单元 27 层 2703 号
电话：0371 - 65946396　65927711　65947598
邮编：450003
许可证号：L - HEN - CJ00039

南阳国旅国际旅行社有限公司
地址：南阳市人民路 208 号
电话：0377 - 63069060　63289006
邮编：473002
许可证号：L - HEN - CJ00040

河南亚泰国际旅行社有限公司
地址：郑州市金水区南阳路 301 号院附 11 号 10 楼 1006 号
电话：0371 - 86104666
邮编：450003
许可证号：L - HEN - CJ00042

洛阳绿色假期国际旅行社有限公司
地址：洛阳市嵩县行政路 16 号
电话：0379 - 66335766　66335866
邮编：471400
许可证号：L - HEN - CJ00043

河南大宇旅行社有限公司
地址：郑州市中原区建设西路 66 号院 1 号楼 5 层副 36 号
电话：0371 - 63945460　67680351
邮编：450007
许可证号 L - HEN - CJ00044

济源市青年旅行社有限公司
地址：济源市沁园中路 48 号
电话：0391 - 6610099
邮编：454650
许可证号：L - HEN - CJ00045

洛阳路仕达国际旅行社有限公司
地址：洛阳市唐宫大厦 6 楼
电话：0379 - 63263300
邮编：471000
许可证号：L - HEN - CJ00046

南阳浪漫之旅国际旅行社有限公司
地址：南阳市七一路 55 号
电话：0377 - 3152088
邮编：473000
许可证号：L - HEN - CJ00047

洛阳八达旅行社有限公司
地址：洛阳市涧西区西苑路 4 号
电话：0379 - 64918155
邮编：471003
许可证号：L - HEN - CJ00048

饭　店

河南中州皇冠假日宾馆 ★★★★★
地址：郑州市金水路 115 号
电话：0371 - 65950055
传真：0371 - 65990770
邮编：450003

索菲特国际饭店 ★★★★★
地址：郑州市城东路 289 号
电话：0371 - 65950088
邮编：450003

裕达国贸饭店 ★★★★★
地址：郑州市中原路中段 220 号
电话：0371 - 67438888
邮编：450007

河南首旅兴亚（国际）酒店 ★★★★★
地址：郑州市金水大道东段机场路 86 号
电话：0371 - 65792222
邮编：450008

郑州承誉德大酒店 ★★★★★
地址：郑州新密市西大街 88 号
电话：0371 - 69858888
邮编：452300

洛阳东山宾馆 ★★★★★
地址：洛阳市东山
电话：0379 - 64686000
邮编：471023

洛阳钼都利豪国际饭店 ★★★★★
地址：洛阳市开元大道 239 号
电话：0379 - 65979999
邮编：471000

焦作三维戴斯酒店 ★★★★★
地址：焦作市民主中路 555 号
电话：0391 - 2288888
邮编：454002

鹤壁迎宾馆 ★★★★★
地址：鹤壁市鹤煤大道中段
电话：0392 - 3371888
邮编：458030

开封中州国际饭店 ★★★★★
地址：开封市大梁路 9 号
电话：0371 - 23888888
邮编：475001

开封开元名都大酒店 ★★★★★
地址：开封市经济开发区大梁路
电话：0371 - 23399999
邮编：475001

许昌三鼎华悦大酒店 ★★★★★
地址：许昌市文峰中路
电话：0374 - 2099999
邮编：461000

平顶山蕴海建国饭店 ★★★★★
地址：平顶山市新城区长安大道与怀仁路交叉口
电话：0375 - 2638888
邮编：467000

郑州市嵩山饭店天中楼 ★★★★
地址：郑州市伊河路 156 号
电话：0371 - 67176677
邮编：450006

郑州黄河谷温泉酒店 ★★★★
地址：郑州市惠济区江山路北段黄河大堤东
电话：0371 - 63773831
邮编：450053

中原油田郑州金桥宾馆 ★★★★
地址：郑州市金水路 43 号
电话：0371 - 63882888
邮编：450012

河南格尔国际饭店 ★★★★
地址：郑州市经济技术开发区第八大街 106 号
电话：0371 - 66657777
邮编：450016

河南天地粤海酒店 ★★★★
地址：郑州市农业路 41 号
电话：0371 - 69158888
邮编：450000

郑州鹰城鑫地饭店 ★★★★
地址：郑州市大学中路 120 号
电话：0371 - 69385555
邮编：450000

郑州弘润华夏大酒店 ★★★★
地址：郑州市丰乐路北段 38 号
电话：0371 - 60208866
邮编：450000

郑州未来大酒店有限公司 ★★★★
地址：郑州市未来大道 69 号附 1 号
电话：0371 - 65612288
邮编：450008

河南开来大酒店 ★★★★
地址：郑州市丰产路 111 号
电话：0371 - 66767777
邮编：450008

中都饭店 ★★★★
地址：郑州市航海中路 99 号
电话：0371 - 68781188
邮编：450005

大河锦江饭店 ★★★★
地址：郑州市花园路 66 号
电话：0371 - 65929999
邮编：450003

大河国际饭店 ★★★★
地址：郑州国家经济技术开发区第三大街 166 号
电话：0371 - 60106666
邮编：450048

河南新华建国饭店 ★★★★
地址：郑州市人民路 22 号
电话：0371 - 66287788

邮编：450000

河南龙源大酒店 ★★★★
地址：郑州市淮河西路1号
电话：0371－67906222
邮编：450052

郑州光华大酒店 ★★★★
地址：郑州高新区瑞达路68号
电话：0371－67992888
邮编：450001

平煤郑州商务会馆 ★★★★
地址：郑州市红专路132号
电话：0371－69518888
邮编：450003

河南瑞贝卡大酒店 ★★★★
地址：郑州市西大街198号
电话：0371－62001777
邮编：450000

郑州丰乐园大酒店 ★★★★
地址：郑州市南阳路北段
电话：0371－66771188
邮编：450053

河南新长城置业有限公司长城饭店 ★★★★
地址：郑州市经三路14号
电话：0371－65797777
邮编：450003

少林国际大酒店 ★★★★
地址：郑州登封市少林路20号
电话：0371－62866188
邮编：452470

河南登封天中大酒店 ★★★★
地址：郑州登封市中岳大街22号
电话：0371－62898888
邮编：452470

登封禅武大酒店 ★★★★
地址：郑州登封市大禹西路鹅坡岭
电话：0371－62808888
邮编：452470

新密市青屏宾馆贵宾楼 ★★★★
地址：郑州新密市行政路9号
电话：0371－69822188
邮编：452370

郑州江南春酒店 ★★★★
地址：郑州荥阳市广武镇大胡村
电话：0371－85218888
邮编：450103

三门峡金泉大酒店 ★★★★
地址：三门峡市西温塘
电话：0398－3803333
邮编：472000

灵宝紫金宫国际大酒店 ★★★★
地址：三门峡灵宝市长安路中段
电话：0398－8866888
邮编：472500

灵宝宝源大酒店 ★★★★
地址：三门峡灵宝市函谷路中段
电话：0398－8851888
邮编：472500

洛阳雅香金陵大饭店 ★★★★
地址：洛阳市王城大道与太康路交叉口
电话：0379－65922999
邮编：471000

洛阳欣源国际盛世王城酒店 ★★★★
地址：洛阳市九都东路300号
电话：0379－63957888
邮编：471000

京安牡丹城宾馆 ★★★★
地址：洛阳市涧西区南昌路2号
电话：0379－64681396
邮编：471003

洛阳大酒店 ★★★★
地址：洛阳市南昌路南段
电话：0379－64363888
邮编：471003

牡丹大酒店 ★★★★
地址：洛阳市中州西路15号
电话：0379－64680000
邮编：471003

洛阳君悦龙豪大酒店 ★★★★
地址：洛阳市西工区九都路67号
电话：0379－63637888
邮编：471000

洛阳航空城酒店 ★★★★
地址：洛阳市体育场路8号
电话：0379－63385599
邮编：471009

洛阳颐君大厦 ★★★★
地址：洛阳市洛龙路87号
电话：0379－65979500
邮编：471023

枫叶国际大饭店 ★★★★
地址：洛阳市
电话：0379－63112000
邮编：471000

洛阳润峰友谊宾馆 ★★★★
地址：洛阳市涧西区西苑路6号
电话：0379－64685555
邮编：471003

华阳广场国际大饭店 ★★★★
地址：洛阳市涧西区凯旋西路88号
电话：0379－65588123
邮编：471003

栾川君山饭店 ★★★★
地址：洛阳市栾川县君山东路3号
电话：0379－66810988
邮编：471500

河南省栾川县重渡沟水景大酒店 ★★★★
地址：洛阳市栾川县潭头镇重渡村
电话：0379－62988888
邮编：471512

焦作月季花园酒店 ★★★★
地址：焦作市果园路48号
电话：0391－2618888
邮编：454001

焦作市万方金莎酒店 ★★★★
地址：焦作市塔南路160号
电话：0391－2285555
邮编：454003

焦作市未来假日酒店 ★★★★
地址：焦作市武陟县迎宾大道中段555号
电话：0391－7299999
邮编：454950

新乡国际饭店 ★★★★
地址：新乡市南干道99号
电话：0373－5088888
邮编：453000

新乡宾馆 ★★★★
地址：新乡市平原路33号
电话：0373－2088888
邮编：453000

新乡市金龙大酒店 ★★★★
地址：新乡市人民西路191号
电话：0373－2699219
邮编：453000

安阳宾馆 ★★★★
地址：安阳市友谊路1号
电话：0372－5922219
邮编：455000

中原宾馆 ★★★★
地址：安阳市北门东街52号
电话：0372－5923235
邮编：455000

林州市中州裕丰国际饭店 ★★★★
地址：安阳市林州市红旗渠大道9号
电话：0372－6888888
邮编：456550

林州太行春天大酒店 ★★★★
地址：安阳林州市迎宾大道西段姚村镇寨底村
电话：15837208888
邮编：456550

濮阳迎宾馆 ★★★★
地址：濮阳市濮上路北段
电话：0393－4602999
邮编：457000

河南金源大酒店 ★★★★
地址：开封市大庆路2号
电话：0371－23975555
邮编：475000

金沙湾国际酒店 ★★★★
地址：开封市尉氏县人民路东段316号
电话：0371－7981999
邮编：475500

开封黄河迎宾馆 ★★★★
地址：开封市世纪大道清水湾1号
电话：0371－6677888
邮编：475100

东方明珠大酒店 ★★★★
地址：商丘永城市东城区欧亚路西段
电话：0370－5918888
邮编：476600

商丘华驰粤海酒店 ★★★★
地址：商丘市神火大道中段128号
电话：0370－2555555
邮编：476000

许昌福港大酒店 ★★★★
地址：许昌市八一路东段1999号
电话：0374－2677777
邮编：461000

许昌迎宾馆 ★★★★
地址：许昌市八一路东段
电话：0374－2966666
邮编：461000

许昌瑞贝卡大酒店 ★★★★
地址：许昌市建设路1202号
电话：0374－2999999

邮编：461000

禹州宾馆 ★★★★
地址：许昌禹州市迎宾路 9 号
电话：0374－8179988
邮编：461670

禹州市梨园酒店 ★★★★
地址：许昌禹州市城东新区
电话：0374－8880888
邮编：461670

禹州市开元中州饭店★★★★
地址：许昌禹州市禹王大道东段
电话：0374－8369999
邮编：461670

金都大酒店 ★★★★
地址：漯河市长江路西段
电话：0395－3399999
邮编：462002

平顶山神马大酒店 ★★★★
地址：平顶山市建设西路北 1 号
电话：0375－2800888
邮编：467002

中能平安大厦 ★★★★
地址：平顶山市民主路 2 号
电话：0375－2788888
邮编：467000

舞钢大酒店东华苑 ★★★★
地址：平顶山舞钢市湖滨大道
电话：0375－8116336
邮编：462500

汝州市天瑞中州饭店★★★★
地址：平顶山汝州市
电话：0375－6056800
邮编：467000

鲁山皇姑浴温泉国际酒店 ★★★★
地址：平顶山市鲁山县下汤镇西街
电话：0375－5668199
邮编：467300

平顶山玉京温泉度假酒店★★★★
地址：平顶山市鲁山县下汤镇新街
电话：0375－5668888
邮编：467335

南阳银都建国酒店 ★★★★
地址：南阳市中州路 268 号
电话：0377－63895999
邮编：473000

南阳金凯悦东方酒店 ★★★★
地址：南阳市张衡路 6 号
电话：0377－63591666
邮编：473000

河南省南阳宾馆 ★★★★
地址：南阳市滨河路 1420 号
电话：0377－63323666
邮编：473000

邓州宾馆 ★★★★
地址：南阳邓州市新华路与三贤路交叉口
电话：0377－60116666
邮编：474150

南阳富唐中州国际酒店 ★★★★
地址：南阳市宛城区 312 国道与独山大道交汇处
电话：0377－62225555
邮编：473000

鹳河中州国际饭店 ★★★★
地址：南阳市西峡县人民路与紫金路交叉
电话：0377－69696676
邮编：475400

西峡县老界岭避暑山庄 ★★★★
地址：南阳市西峡县老界岭
电话：0377－69951306
邮编：474564

内乡天贵酒店 ★★★★
地址：南阳市内乡县滨河路与 312 国道交汇处
电话：0377－62008888
邮编：474350

淅川县福森半岛假日酒店★★★★
地址：南阳市淅川县马蹬镇石桥村
电话：0377－69278888
邮编：474450

南阳丹江国际酒店 ★★★★
地址：南阳市淅川县渠首大道 5 号
电话：0377－60956666
邮编：474450

唐河县蓝湾中州国际饭店★★★★
地址：南阳市唐河县龙山路与 312 国道交汇处
电话：0377－60988888
邮编：473000

信阳友谊宾馆 ★★★★
地址：信阳市东方红大道 129 号
电话：0376－3200000
邮编：464000

阳光宾馆 ★★★★
地址：信阳市浉河区新华路 60 号
电话：0376－6208666
邮编：464000

信阳蓝天度假村 ★★★★
地址：信阳市光山县敖洼经济开发区
电话：0376－8579999
邮编：465430

固始维多利亚国际酒店 ★★★★
地址：信阳市固始县桃花坞路与麻纺路交叉口
电话：0376－6775898
邮编：465250

固始县国宾大酒店 ★★★★
地址：信阳市固始县城关廖北路西段
电话：0376－6167888
邮编：465200

新县帝泊森假日酒店★★★★
地址：信阳市新县香山路 1 号
电话：0376－2938888
邮编：465550

新县鑫海湾国际酒店★★★★
地址：信阳市新县叶林大道（三桥东）入口处
电话：0376－7622222
邮编：465550

周口饭店 ★★★★
地址：周口市五一路北段 12 号
电话：0394－8223766
邮编：466000

河南迎君国际酒店 ★★★★
地址：周口市鹿邑县城关镇
电话：0394－7223982
邮编：477200

郸城中州国际饭店 ★★★★
地址：周口市郸城县新华路 1 号
电话：0394－3388888
邮编：477150

沈丘锦华大酒店 ★★★★
地址：周口市沈丘县行政新区和谐路 1 号
电话：0394－5208888
邮编：466300

天龙大酒店 ★★★★
地址：驻马店市市文明路 289 号
电话：0396－2859999
邮编：463000

柏林建国国际酒店 ★★★★
地址：驻马店市置地大道与文明路交汇处
电话：0396－3619999
邮编：463000

雅士达酒店 ★★★★
地址：济源市沁园北街
电话：0391－6618888
邮编：454650

济源世纪酒店 ★★★★
地址：济源市沁园中路
电话：0391－6631105
邮编：454650

郑州重阳大酒店 ★★★
地址：郑州市经开区第八大街 135 号
电话：0371－55938999
邮编：450016

河南明珠大酒店 ★★★
地址：郑州市人民路 6 号
电话：0371－66289998
邮编：450000

郑州华龙宾馆 ★★★
地址：郑州市经五路 23 号
电话：0371－65782678
邮编：450002

郑州机场温泉大酒店 ★★★
地址：郑州机场迎宾大道
电话：0371－68510888
邮编：451162

物华大酒店 ★★★
地址：郑州市纬五路 38 号
电话：0371－69516196
邮编：450003

海天大酒店 ★★★
地址：郑州市城东路 288 号
电话：0371－68262999
邮编：450003

河南省龙祥宾馆 ★★★
地址：郑州市金水路 16 号
电话：0371－65920132
邮编：450003

郑州天基宾馆 ★★★
地址：郑州市东明路 6 号
电话：0371－55659888
邮编：450000

金阳光大酒店 ★★★
地址：郑州市二马路 86 号
电话：0371－68586999
邮编：450000

天泉大酒店 ★★★
地址：郑州市西大同路 1 号

电话：0371－68586888
邮编：450000

豫财宾馆 ★★★
地址：郑州市政七街10号
电话：0371－65717270
邮编：450008

郑州嵖山宾馆 ★★★
地址：郑州市城北路9号
电话：0371－66716866
邮编：450000

河南民航大酒店 ★★★
地址：郑州市金水路3号
电话：0371－65781111
邮编：450003

河南天中大酒店 ★★★
地址：郑州市顺河路31号
电话：0371－66346888
邮编：450004

安钢大厦 ★★★
地址：郑州市机场路68号
电话：0371－65968899
邮编：450003

河南信阳羚锐大厦 ★★★
地址：郑州市政六街19号
电话：0371－65645208
邮编：450008

河南冰熊大厦 ★★★
地址：郑州市经三路22号
电话：0371－65998866
邮编：450008

豫棉宾馆 ★★★
地址：郑州市红专路66号
电话：0371－65352888
邮编：450008

河南新世纪大厦 ★★★
地址：郑州市花园路50号
电话：0371－65700588
邮编：450008

河南宾馆 ★★★
地址：郑州市金水大道26号
电话：0371－63529888
邮编：450003

金河宾馆 ★★★
地址：郑州市金水路7号
电话：0371－65639002
邮编：450003

华联广州大酒店 ★★★
地址：郑州市北二七路
电话：0371－66228846
邮编：450000

郑州天鹅宾馆 ★★★
地址：郑州市火车站广场
电话：0371－66768899
邮编：450000

嵩阳饭店 ★★★
地址：郑州市嵩山北路28号
电话：0371－67808888
邮编：450052

河南金审宾馆 ★★★
地址：郑州市政七街
电话：0371－65510247
邮编：450008

河南农大桃李园大酒店 ★★★
地址：郑州市文化路95号
电话：0371－63555700
邮编：450002

郑州金桥商务酒店 ★★★
地址：郑州市高新区科技大道79号
电话：0371－67996588
邮编：450001

河南融和宾馆 ★★★
地址：郑州市北二七路56号
电话：0371－66265101
邮编：450000

郑州烟草科技公寓酒店 ★★★
地址：郑州市高新区枫杨路2号
电话：0371－67672888　67672999
邮编：450001

河南中天迎宾馆 ★★★
地址：郑州市政六街6号
电话：0371－65835777
邮编：450008

河南东方粤海大酒店 ★★★
地址：郑州市农业东路15号
电话：0371－69397099
邮编：450002

河南省江河宾馆 ★★★
地址：郑州市北环路36号
电话：0371－69506766
邮编：450011

河南饭店 ★★★
地址：郑州市花园路88号
电话：0371－66763388
邮编：450003

杜康大酒店 ★★★
地址：郑州市桐柏路178号
电话：0371－67676888
邮编：450007

黄河饭店 ★★★
地址：郑州市中原路106号
电话：0371－67809999
邮编：450052

龙门大酒店 ★★★
地址：郑州市郑花路20号
电话：0371－66770077
邮编：450008

生茂饭店 ★★★
地址：郑州市兴华北街18号
电话：0371－66776188
邮编：450052

郑州大酒店 ★★★
地址：郑州市兴隆街8号
电话：0371－66760027
邮编：450000

嵩山饭店 ★★★
地址：郑州市伊河路160号
电话：0371－67176677
邮编：450006

黄淮宾馆 ★★★
地址：郑州市金水路121号
电话：0371－65809988
邮编：450003

长江饭店鑫地饭店 ★★★
地址：郑州市大学南路98号
电话：0371－68186668
邮编：450005

上街银都宾馆 ★★★
地址：郑州市上街区孟津路2号
电话：0371－68914045
邮编：450041

郑州天河大酒店 ★★★
地址：郑州市北二七路110号
电话：0371－66228888
邮编：450000

河南大河公馆酒店 ★★★
地址：郑州市红专路129号
电话：0371－67065555
邮编：450000

郑州管城饭店 ★★★
地址：郑州市商城路205号
电话：0371－62001572
邮编：450000

荥阳嘉盛世纪宾馆 ★★★
地址：郑州市西15公里郑上路与京城路交叉口处
电话：0371－60256666
邮编：450000

郑州力源宾馆 ★★★
地址：郑州市工人路与淮河路交叉口
电话：0371－68802521
邮编：450000

郑州大同宾馆 ★★★
地址：郑州市大同路3号
电话：0371－66909369
邮编：450000

多文多大酒店 ★★★
地址：郑州市上街区洛宁路与许昌路交叉处
电话：0371－68928666　68938666
邮编：450041

河南华云宾馆 ★★★
地址：郑州市金水区政二街3号
电话：0371－65508050
邮编：450003

新郑市乐谷中州商务酒店 ★★★
地址：郑州新郑市天前路中段
电话：0371－62611111
邮编：451100

新郑市宝恒皇宫大酒店 ★★★
地址：郑州新郑市新华路9号
电话：0371－62599999
邮编：451100

登封丰源大酒店 ★★★
地址：郑州登封市中岳大街18号
电话：0371－62865081
邮编：452470

登封市武都大酒店 ★★★
地址：郑州登封市少林路91号
电话：0371－62868888
邮编：452470

巩义市宾馆 ★★★
地址：郑州巩义市新华路31号
电话：0371－64351358
邮编：451200

巩义贝克大酒店 ★★★
地址：郑州巩义市人民路92号
电话：0371－64367708

邮编：451200

巩义市华丰园大酒店★★★
地址：郑州巩义市米河镇滨河路
电话：0371－64335888
邮编：451200

荥阳市龙吟堂大酒店★★★
地址：郑州荥阳市京城路5号
电话：0371－64617100
邮编：450100

中牟宾馆★★★
地址：郑州市中牟县青年路46号
电话：0371－62116000
邮编：451450

三门峡烟草大厦★★★
地址：三门峡市崤山路中段
电话：0398－2925000
邮编：472000

三门峡明珠宾馆★★★
地址：三门峡市崤山路中段
电话：0398－2821508
邮编：472000

河南富达温泉假日酒店★★★
地址：三门峡市西温塘高阳路西段
电话：0398－2968008
邮编：472143

三门峡金玫瑰大酒店★★★
地址：三门峡市北河堤路中段
电话：0398－2966566　2966666
邮编：471000

三门峡市香山红叶虢风会馆★★★
地址：三门峡市黄河路东段
电话：0398－2987888
邮编：471000

义马市宾馆★★★
地址：三门峡义马市千秋路
电话：0398－5655889
邮编：472300

义马市黄河迎宾馆★★★
地址：三门峡义马市千秋路中段
电话：0398－2203888
邮编：472300

三门峡义马市榕花宾馆★★★
地址：三门峡义马市千秋路6号
电话：0398－5882888
邮编：472300

灵宝轩瑞温泉水上乐园酒店★★★
地址：三门峡灵宝市函谷路北段
电话：0398－8838888　8838899
邮编：472500

灵宝函谷大酒店★★★
地址：三门峡灵宝市长安路西段
电话：0398－8662129
邮编：472500

灵宝市电力宾馆★★★
地址：三门峡灵宝市新区函谷路中段
电话：0398－8864268
邮编：472500

渑池县会盟大酒店★★★
地址：三门峡市渑池县会盟大道
电话：0398－2222222
邮编：472400

渑池县黄河大酒店★★★
地址：三门峡市渑池县黄河路中段
电话：0398－4880000
邮编：472400

陕县宾馆★★★
地址：三门峡市陕县陕州路西段
电话：0398－3837111
邮编：472100

卢氏迎宾馆★★★
地址：三门峡市卢氏县迎宾馆路
电话：0398－3077777
邮编：472200

新友谊大酒店★★★
地址：洛阳市西苑路付6号
电话：0379－64686666
邮编：471003

洛阳迎宾馆★★★
地址：洛阳市西工区人民西路6号
电话：0379－63308788
邮编：471000

偃师宾馆★★★
地址：洛阳市商城路45号
电话：0379－67770167
邮编：471900

洛阳国际金融大酒店★★★
地址：洛阳市中州中路439号国际金融大厦
电话：0379－63903888
邮编：471000

洛阳神都大厦★★★
地址：洛阳市黄梅路168号
电话：0379－63485088
邮编：471002

新健隆酒店★★★
地址：洛阳市凯旋东路3号立交桥北
电话：0379－63252222　63251111
邮编：471000

九龙宾馆★★★
地址：洛阳市中州中路54号
电话：0379－63953018
邮编：471002

鸿泉宾馆★★★
地址：洛阳市涧西区芳华路西段
电话：0379－64268800
邮编：471003

洛阳拙耕园宾馆★★★
地址：洛阳市龙门大道71号
电话：0379－65526688
邮编：471022

洛阳新豫东大酒店★★★
地址：洛阳市西工区黄河路15号
电话：0379－65184100
邮编：471003

洛阳开来大酒店★★★
地址：洛阳市西工区行署路西端
电话：0379－63348888
邮编：471000

洛阳市军安大酒店★★★
地址：洛阳市西工区纱厂西路104号
电话：0379－63175699
邮编：471000

洛铜宾馆★★★
地址：洛阳市涧西区建设路50号
电话：0379－64255868
邮编：471039

洛阳中和国际商务酒店★★★
地址：洛阳市洛龙区学子街6号
电话：0379－65621777
邮编：471000

洛阳全聚德大酒店★★★
地址：洛阳市九都路69号
电话：0379－65222587
邮编：471000

洛阳市云天宾馆★★★
地址：洛阳市老城区中州东路450号
电话：0379－65277588
邮编：471002

洛阳市洛阳宾馆★★★
地址：洛阳市老城区人民街23号
电话：0379－62628598
邮编：471002

洛阳国豪商务酒店★★★
地址：洛阳市南昌路南段天泽大厦
电话：0379－64315111
邮编：471003

洛阳银燕商务酒店★★★
地址：洛阳市西工区唐宫西路13号
电话：0379－63892318
邮编：471000

洛阳市天兴宾馆★★★
地址：洛阳市西工区王城路14号
电话：0379－63345205
邮编：471000

孟津县宾馆★★★
地址：洛阳市孟津县城
电话：0379－67919200
邮编：471100

孟津县华泰商务大酒店★★★
地址：洛阳市孟津县城会盟路300号
电话：0379－65139999
邮编：471100

新安县紫燕大厦★★★
地址：洛阳市新安县南京路
电话：0379－67282500
邮编：471800

新安宾馆★★★
地址：洛阳市新安县隋州大街
电话：0379－67268238
邮编：471800

新安县新安酒家★★★
地址：洛阳市新安县新城北京路北段
电话：0379－65128888
邮编：471800

洛阳万基酒店★★★
地址：洛阳市新安县
电话：0379－67333555
邮编：471800

新安县新润华宾馆★★★
地址：洛阳市新安县新城涧河大道东段万隆街66号
电话：0379－65088881
邮编：471800

栾川县新亚饭店★★★
地址：洛阳市栾川县兴华中路
电话：0379－66833189

邮编：471500

栾川弘电宾馆 ★★★
地址：洛阳市栾川县耕莘南路
电话：0379－66812999
邮编：471500

洛阳市陆浑宾馆 ★★★
地址：洛阳市嵩县陆浑风景区
电话：0379－66517005
邮编：471412

汝阳县杜康大酒店 ★★★
地址：洛阳市汝阳县杜康大道中段
电话：0379－68217008
邮编：471200

汝阳县天炎大酒店 ★★★
地址：洛阳市汝阳县刘伶广场对面国土资源局楼下（刘伶路206号）
电话：0379－68230998
邮编：471200

洛宁西子湖宾馆 ★★★
地址：洛阳市洛宁县故县乡寻峪村
电话：0379－66033571
邮编：471714

宜阳宾馆 ★★★
地址：洛阳市宜阳县人民路30号
电话：0379－68877168
邮编：471600

伊龙国际大酒店 ★★★
地址：洛阳市伊川新区杜康大道
电话：0379－68360809
邮编：471000

沁阳市宾馆 ★★★
地址：焦作沁阳市怀府东路2号
电话：0391－5617166　5617188
邮编：454450

阳光大酒店 ★★★
地址：焦作市太行中路59号
电话：0391－3539798
邮编：454002

焦作市建港大酒店 ★★★
地址：焦作市果园路19号
电话：0391－2682288
邮编：454000

焦作煤业（集团）东方宾馆 ★★★
地址：焦作市解放中路272号
电话：0391－3532653
邮编：454002

焦作市新花园宾馆 ★★★
地址：焦作市丰收路与南阳路交叉
电话：0391－2992118　2992233
邮编：454100

焦作市新亚细亚大酒店 ★★★
地址：焦作市解放中路333号
电话：0391－3973332　3973333
邮编：454002

焦作市碧海云天大酒店 ★★★
地址：焦作市解放中路118号
电话：0391－3286666
邮编：454002

焦作市星鹏中州假日酒店 ★★★
地址：焦作市马村区安阳城
电话：0391－3115888
邮编：454000

长城饭店 ★★★
地址：焦作市民主路1736号
电话：0391－3278888　3278988
邮编：454001

焦作市税苑假日酒店★★★
地址：焦作市塔南路与丰收路交汇处市地税局后院
电话：0391－3888588
邮编：454002

焦作市泰阁苑商务酒店 ★★★
地址：焦作市影视大道
电话：0391－3138889
邮编：454002

孟州市华鑫宾馆 ★★★
地址：焦作孟州市区黄河大道中段
电话：0391－8169999
邮编：454750

孟州市金河阳大酒店 ★★★
地址：焦作孟州市大定路南端
电话：0391－8296888
邮编：454750

焦作中州宾馆 ★★★
地址：焦作市修武县方庄镇
电话：0391－3506566
邮编：454174

修武县万水千山大酒店 ★★★
地址：焦作市修武县云台大道中段99号
电话：0391－7138006
邮编：454350

修武县度假大酒店 ★★★
地址：焦作市修武县云台大道与焦辉路交会处
电话：0391－2119988
邮编：454350

焦作市穆家寨生态度假酒店 ★★★
地址：焦作市修武县西村乡柿园村
电话：0391－7802666
邮编：454362

修武县岸上乡田园牧歌度假村 ★★★
地址：焦作市修武县岸上乡岸上村
电话：0391－7709576
邮编：454350

温县银苑大河商务酒店 ★★★
地址：焦作市温县黄河路西段103号
电话：0391－6182222
邮编：454850

温县帝苑大酒店 ★★★
地址：焦作市温县司马大道中段
电话：0391－6161886
邮编：454850

京华矿泉疗养度假村 ★★★
地址：新乡市小冀
电话：0373－5583186
邮编：453731

新乡长城宾馆 ★★★
地址：新乡市自由街15号
电话：0373－2021120　2021108
邮编：453000

天泉宾馆 ★★★
地址：新乡市中原路129号
电话：0373－3728888
邮编：453003

九州宾馆 ★★★
地址：新乡市平原路12号
电话：0373－2482022
邮编：453000

新乡电力宾馆 ★★★
地址：新乡市宏力大道138号
电话：0373－2888888
邮编：453002

新乡市新飞大酒店 ★★★
地址：新乡市北干道370号
电话：0373－3372888
邮编：453002

辉县市假日大酒店 ★★★
地址：新乡辉县市百泉药都
电话：0373－6231111
邮编：453600

新乡宾馆刘庄大酒店 ★★★
地址：新乡市新乡县七里营镇刘庄村
电话：0373－5681898
邮编：453731

获嘉县国泰酒店 ★★★
地址：新乡市获嘉县文化路中段
电话：0373－4588888
邮编：453800

长垣县亿苑大酒店 ★★★
地址：新乡市长垣县人民路中段63号
电话：0373－8854555
邮编：453400

宏力大酒店 ★★★
地址：新乡市长垣县建设路
电话：0373－8856666
邮编：453400

淇河宾馆 ★★★
地址：鹤壁市淇滨经济开发区兴鹤大街中段
电话：0392－3313800
邮编：458030

东方国际酒店 ★★★
地址：鹤壁市淇滨大道中段
电话：0392－3312999
邮编：458030

三兴宾馆 ★★★
地址：鹤壁市淇滨康乐村
电话：0392－3361511
邮编：458030

鹤壁宾馆 ★★★
地址：鹤壁市长风中路62号
电话：0392－2632222
邮编：456650

鹤源宾馆 ★★★
地址：鹤壁市淇滨大道东段
电话：0392－3396400　3396499
邮编：458030

鹤壁市开发区益元商务宾馆 ★★★
地址：鹤壁市兴鹤大街中段194号
电话：0392－2188888
邮编：458030

鹤壁市鸿源酒店 ★★★
地址：鹤壁市淇滨区淇滨大道158号
电话：0392－3338333
邮编：458000

浚县大伾山宾馆 ★★★
地址：鹤壁市浚县城关

电话：0392－2228888
邮编：456250

安钢康乐园 ★★★
地址：鹤壁市淇县北阳镇西二公里
电话：0392－7721288
邮编：456781

丰乐园大酒店 ★★★
地址：安阳市市开发区华山大街
电话：0372－3901888
邮编：455000

安阳市飞鹰宾馆 ★★★
地址：安阳市人民大道
电话：0372－5106789
邮编：455000

安阳市龙腾宾馆 ★★★
地址：安阳市文明大道和中州路交叉
电话：0372－3666666
邮编：455000

林州市海鑫源酒店 ★★★
地址：安阳林州市长春大道东段路南
电话：0372－－6110800
邮编：456550

林州市汇丰酒店 ★★★
地址：安阳林州市龙安路与红旗渠大道交叉口
电话：0372－6010888
邮编：456550

林州市峡谷印象度假中心 ★★★
地址：安阳林州市石板岩乡核桃坪
电话：0372－6081111
邮编：456550

滑县华良宾馆 ★★★
地址：安阳市滑县道口镇解放北路
电话：0372－8115388
邮编：456400

内黄枣乡度假村 ★★★
地址：安阳市内黄县新兴路北段路东
电话：0372－7727166　7727188
邮编：456300

濮阳宾馆 ★★★
地址：濮阳市建设中路 14 号
电话：0393－4415806
邮编：457000

泽世源大酒店 ★★★
地址：濮阳市京开大道 304 号
电话：0393－4885533
邮编：457001

长城饭店 ★★★
地址：濮阳市胜利西路 5 号
电话：0393－4434666
邮编：457000

濮阳市聚源酒店 ★★★
地址：濮阳市开州路南段
电话：0393－4409368
邮编：457000

濮阳市油城宾馆迎宾楼 ★★★
地址：濮阳市黄河路与玉门路交叉口
电话：0393－8939000
邮编：457000

濮阳市濮州宾馆 ★★★
地址：濮阳市范县濮城开发区
电话：0393－4840999
邮编：457531

开封宾馆 ★★★
地址：开封市自由路中段 66 号
电话：0371－25672266
邮编：475000

航天大酒店 ★★★
地址：开封市大梁路 99 号
电话：0371－23859999
邮编：475004

汴京饭店 ★★★
地址：开封市东大街 109 号
电话：0371－22882020
邮编：475001

开封阳光酒店 ★★★
地址：开封市鼓楼街 41 号
电话：0371－25958888
邮编：475000

开封市开发区景杭酒店 ★★★
地址：开封市大梁路 1 号
电话：0371－23811888
邮编：475001

开封开来大酒店 ★★★
地址：开封市金明大道中段
电话：0371－23856666
邮编：475004

开封市金明池大酒店 ★★★
地址：开封金明大道中段
电话：0371－23886666
邮编：475000

开封市京宇宾馆 ★★★
地址：开封市顺河区东郊火电厂院内
电话：0371－22728096
邮编：475002

兰考县开兰大酒店 ★★★
地址：开封市兰考县
电话：0371－26995039
邮编：475300

商丘市三秋宾馆 ★★★
地址：商丘市民主路 356 号
电话：0370－2212977
邮编：476000

翔宇大酒店 ★★★
地址：商丘市神火大道 65 号
电话：0370－3280888
邮编：476000

商丘市世纪酒店 ★★★
地址：商丘市凯旋中路 306 号
电话：0370－2288999
邮编：476000

永城东苑酒店 ★★★
地址：商丘永城市东城区东方大道 036 号
电话：0370－5112588
邮编：476000

民权县东方商务酒店 ★★★
地址：商丘市民权县消防西路
电话：0370－8566999
邮编：476800：

商丘市三和元大酒店★★★
地址：商丘市柘城县梁庄乡未来大道东段
电话：0370－6022222
邮编：476200

许昌大酒店 ★★★
地址：许昌市七一路 99 号
电话：0374－2669966
邮编：461000

许昌鸿宝大酒店 ★★★
地址：许昌市颖昌大道中段
电话：0374－2629999
邮编：461000

桃园国际大酒店 ★★★
地址：许昌市七一路 9 号
电话：0374－2338888
邮编：461000

禹州梅园酒店 ★★★
地址：许昌市禹州市钧州大街 366 号
电话：0374－8174681
邮编：461000

禹州市凯瑞国际大酒店 ★★★
地址：许昌禹州市药城路与滨河路交汇处
电话：0374－8666111
邮编：461670

长葛葛天宾馆 ★★★
地址：许昌长葛市八七路 198 号
电话：0374－6188888
邮编：461500

长葛大酒店 ★★★
地址：许昌长葛市科技工业园区
电话：0374－2758888
邮编：461500

鄢陵县花都庄园 ★★★
地址：许昌市鄢陵县开发区中段
电话：0374－7261232
邮编：461200

襄城宾馆 ★★★
地址：许昌市襄城县迎宾路西段 239 号
电话：0374－2718388
邮编：461700

金港大酒店 ★★★
地址：漯河市湘江路 2 号
电话：0395－2626868
邮编：462003

漯河市黄河假日酒店★★★
地址：漯河市郾城区黄河路中段
电话：0395－3189999
邮编：462000

舞阳县花园酒店 ★★★
地址：漯河市舞阳县人民路 24 号
电话：0395－3308018
邮编：462400

龙源大酒店 ★★★
地址：平顶山市新华路南段
电话：0375－3963558
邮编：467001

中泰商务酒店 ★★★
地址：平顶山舞钢市钢城路中段
电话：0375－8369999
邮编：462500

二郎山宾馆 ★★★
地址：平顶山舞钢市二郎山景区
电话：0375－8255169
邮编：462500

舞钢大酒店（西华苑）★★★
地址：平顶山舞钢市石漫滩大道中段

电话：0375－8112738
邮编：462500

舞钢矿山大酒店 ★★★
地址：平顶山舞钢市朱兰大道西段
电话：0375－3309228
邮编：462500

汝州市瑞源酒店 ★★★
地址：平顶山汝州市北环路中段路南
电话：0375－6966811
邮编：467500

宝丰县宝丰迎宾馆 ★★★
地址：平顶山市宝丰县城南二环路东段路南
电话：0375－6139888
邮编：467400

平顶山市鲁山尧山旅游服务中心 ★★★
地址：平顶山市鲁山县311国道北侧
电话：0375－5658988
邮编：467300

鲁山县中天大酒店 ★★★
地址：平顶山市鲁山县南环路
电话：0375－3379999
邮编：467300

鲁山县阳光大厦大酒店 ★★★
地址：平顶山市鲁山县向阳路北段邮政局楼下
电话：0375－5049999
邮编：467300

豫宛宾馆 ★★★
地址：南阳市中州路315号
电话：0377－60155555
邮编：473003

南阳市南都宾馆 ★★★
地址：南阳市中州路610号
电话：0377－63392088
邮编：473002

南阳市天景宾馆 ★★★
地址：南阳市仲景路37号
电话：0377－63205888
邮编：473000

梅溪宾馆 ★★★
地址：南阳市中州路307号
电话：0377－61655999　61655888
邮编：473003

王府饭店 ★★★
地址：南阳市新华路124号
电话：0377－63329369
邮编：473003

南阳国际饭店 ★★★
地址：南阳市新华西路796号
电话：0377－63321678　63321666
邮编：473054

南阳丽都花园民族饭店 ★★★
地址：南阳市人民路319号
电话：0377－63632322
邮编：473000

南阳三鑫商务酒店 ★★★
地址：南阳市独山大道与建设路口北200米
电话：0377－67776888
邮编：473000

南阳圣泰假日酒店 ★★★
地址：南阳市滨河东路2396号
电话：0377－61608888
邮编：473000

南阳市新天洋酒店 ★★★
地址：南阳市人民北路555号
电话：0377－63313333
邮编：473000

南阳世纪星假日酒店 ★★★
地址：南阳市北京大道中段
电话：0377－62236666
邮编：473000

南阳市宛城区御园商务酒店 ★★★
地址：南阳市独山大道与新华路交叉口
电话：0377－60336666
邮编：473000

南阳高新区新亚盛世开元酒店服务有限责任公司 ★★★
地址：南阳市人民北路1363号
电话：0377－60166666
邮编：473000

南阳市柏丽商务酒店 ★★★
地址：南阳市人民北路与312国道交汇处
电话：0377－61529666
邮编：473000

南阳金阳光酒店 ★★★
地址：南阳市312国道与健康路交叉口
电话：0377－61602666
邮编：473000

南阳高新区圣泉商务酒店 ★★★
地址：南阳市北京路与中州路交汇处北500米
电话：0377－61888666
邮编：473000

南阳市温州湾酒店 ★★★
地址：南阳市新华西路612号
电话：0377－67085555
邮编：473000

南阳粤秀香江园大酒店 ★★★
地址：南阳市张衡路中段
电话：0377－62379999
邮编：473000

南阳高新区国泰商务酒店 ★★★
地址：南阳市高新路与明山路交叉口
电话：0377－61566999
邮编：473000

南阳在水一方商务酒店 ★★★
地址：南阳市滨河路与建设路交叉口
电话：0377－63030186
邮编：473000

南阳超凡国际商务饭店 ★★★
地址：南阳市医圣祠街319号
电话：0377－61176666
邮编：473001

帝都花园商务酒店 ★★★
地址：南阳市张衡东路武警支队西侧
电话：0377－61521888
邮编：473000

邓州市豪门花园酒店 ★★★
地址：南阳邓州市东一环南端（工业园区）
电话：0377－62562888
邮编：414750

南召县丹霞大酒店 ★★★
地址：南阳市南召县世纪大道6号
电话：0377－65099999
邮编：474650

方城县裕东家用电器有限公司御苑宾馆 ★★★
地址：南阳市方城县凤瑞路中段
电话：0377－67253599
邮编：473200

方城县国泰宾馆有限责任公司 ★★★
地址：南阳市方城县张骞大道与高速引线交汇处
电话：0377－65076868
邮编：473200

方城县第一宾馆 ★★★
地址：南阳市方城县人民路335号
电话：0377－67233412
邮编：473000

方城县裕财会计培训有限公司 ★★★
地址：南阳市方城县裕州北路389号
电话：0377－65078666
邮编：473200

西峡县瑞龙度假山庄 ★★★
地址：南阳市西峡县双龙镇瓦房坪
电话：0377－69926333
邮编：474563

西峡县老界岭迎宾馆 ★★★
地址：南阳市西峡县太平镇
电话：0377－69919999
邮编：474564

西峡县老君洞假日酒店 ★★★
地址：南阳市西峡县二郎坪镇老君洞度假区
电话：0377－60101888
邮编：474550

西峡县碧水云天大酒店 ★★★
地址：南阳市西峡县
电话：0377－60106666
邮编：474550

镇平县方圆商务酒店 ★★★
地址：南阳市镇平县
电话：0377－65976661
邮编：474250

南阳市镇平裕隆花园酒店 ★★★
地址：南阳市镇平县312国道与207国道交叉口
电话：0377－60280288
邮编：474250

内乡县方圆商务酒店 ★★★
地址：南阳市内乡县渚阳大街南段
电话：0377－60686666
邮编：474350

南阳市东湖大酒店 ★★★
地址：南阳市内乡县大成路与飞龙大道交汇处
电话：0377－65223666
邮编：474350

内乡宝天曼峡谷漂流有限公司天源宾馆 ★★★
地址：南阳市内乡七里坪乡二道河
电话：0377－65156888
邮编：474350

内乡广电宾馆 ★★★
地址：南阳市内乡县县衙西路
电话：0377－65337777
邮编：474350

淅川县方圆商务酒店 ★★★
地址：南阳市淅川县上九路北段

电话：0377－69286666
邮编：473000

淅川县皇冠商务酒店★★★
地址：南阳市淅川县丹阳路535号
电话：0377－60951111
邮编：474450

淅川县港湾商务酒店★★★
地址：南阳市淅川县渠首大道与前进路交叉口
电话：0377－69362888
邮编：474450

淅川楚都饭店★★★
地址：南阳市淅川县解放街149号
电话：0377－69212038
邮编：474450

淅川县丹阳迎宾馆★★★
地址：南阳市淅川县城人民路150号
电话：0377－69258995
邮编：474450

社旗县京港国际酒店★★★
地址：南阳市社旗县建设路与滨河路交叉口
电话：0377－67999999
邮编：473300

赊店大酒店★★★
地址：南阳市社旗县马神庙街2号
电话：0377－67861999
邮编：473300

社旗莱邦海逸假日酒店★★★
地址：南阳市社旗县赵河公园湖心岛
电话：0377－67886888
邮编：473300

唐河县银花宾馆★★★
地址：南阳市唐河县银花路中段
电话：0377－68955188
邮编：473400

唐河迎宾馆餐饮有限公司★★★
地址：南阳市唐河县滨河街道办事处北京大道西段
电话：0377－60328888
邮编：473400

唐河县泗水金湾商务大酒店★★★
地址：南阳市唐河县北京大道中段
电话：0377－68998999
邮编：473400

新野县丽晶酒店★★★
地址：南阳市新野县朝阳路与纺织路交汇处财富广场
电话：0377－61718888
邮编：473500

桐柏县桐柏宾馆★★★
地址：南阳市桐柏县大同街60号
电话：0377－68188888
邮编：474750

信阳华祥鹭岛宾馆★★★
地址：信阳市建设路173号
电话：0376－6217331
邮编：464000

浉河宾馆★★★
地址：信阳市解放路137号
电话：0376－6221177
邮编：464000

龙潭大酒店★★★
地址：信阳市申确路245号
电话：0376－6298199
邮编：464000

信阳市金通大酒店有限责任公司★★★
地址：信阳市人民路4号
电话：0376－6285588
邮编：464000

信阳市西凤大酒店★★★
地址：信阳市平桥区平西路
电话：0376－3705598
邮编：464100

淮滨县淮河饭店★★★
地址：信阳市淮滨县东湖北路
电话：0397－7718099
邮编：464400

河南光州酒店★★★
地址：信阳市潢川县跃进东路
电话：0376－3906666
邮编：465150

潢川县九龙大酒店★★★
地址：信阳市潢川县迎宾大道218号
电话：0376－3976188
邮编：465150

光山县莫泰国际酒店★★★
地址：信阳市光山县东城牌坊路中段
电话：0376－8861111
邮编：465450

金帝大酒店★★★
地址：信阳市光山县新区东三环路北段
电话：0376－8569800
邮编：465450

光山县司马光宾馆★★★
地址：信阳市光山县司马光中路
电话：0397－8895566
邮编：465450

信阳市固始县西九华山会议中心★★★
地址：信阳市固始县陈淋子镇西九华山风景区
电话：0376－4182888
邮编：465250

信阳市固始县人民政府招待所（蓼城宾馆）★★★
地址：信阳市固始县城关镇迎宾路12号
电话：0376－4953555
邮编：465250

固始县华阳湖宾馆★★★
地址：信阳市固始县武庙乡华阳湖生态风景区
电话：0376－4199888
邮编：465200

固始县锦绣山宾馆★★★
地址：信阳市固始县中山大街与红苏路交叉口
电话：0376－6778888
邮编：465250

固始县国源商务酒店★★★
地址：信阳市固始县红苏路192号
电话：0376－4999298
邮编：465250

固始县锦江商务酒店★★★
地址：信阳市固始县城王审知大道中段
电话：0376－6777555
邮编：465250

锦绣商城迎宾馆★★★
地址：信阳市商城县滨河中路18号
电话：0376－7885888
邮编：465350

罗山宾馆★★★
地址：信阳市罗山县迎宾路2号
电话：0376－2151009　2151019
邮编：464200

新县宾馆★★★
地址：信阳市新县城关解放路42号
电话：0376－2984888
邮编：465550

新县金鑫大酒店★★★
地址：信阳市新县城关朝阳路179号
电话：0376－2961999
邮编：465550

新县金玉酒店★★★
地址：信阳市新县京九路179号
电话：0376－2970888
邮编：465550

周口市国秀大酒店★★★
地址：周口市大庆路与七一路交叉口南100米
电话：0394－8287788
邮编：466000

周口迎宾馆★★★
地址：周口市六一路北段5号
电话：0394－8922222
邮编：466000

平原宾馆★★★
地址：周口市七一路东段88号
电话：0394－8224911
邮编：466000

周口锦绣花园酒店★★★
地址：周口市工农路南段18号
电话：0394－8397998
邮编：466000

周口粤海假日酒店★★★
地址：周口市大庆路南段
电话：0394－8233388
邮编：466000

周口市总商会会馆★★★
地址：周口市大庆路与交通路交汇处
电话：0394－8684567
邮编：466000

项城市莲花宾馆★★★
地址：周口项城市莲花大道78号
电话：0394－8756188
邮编：466200

项城市德银饭店★★★
地址：周口项城市西大街与团结路交叉口
电话：0394－4308866
邮编：466200

扶沟中汇酒店★★★
地址：周口市扶沟县新建西路
电话：0394－6238000
邮编：461300

太康县新华中州酒店★★★
地址：周口市太康县新城区西段
电话：0394－6817999
邮编：461400

周口市鹿邑饭店★★★
地址：周口市鹿邑县真源大道
电话：0394－7696661
邮编：477200

周口市鹿邑和谐大酒店 ★★★
地址：周口市鹿邑县卫真路18号
电话：0394-7695199
邮编：477200

鹿邑县烟草大酒店 ★★★
地址：周口市鹿邑县真源大道南段69号
电话：0394-7229999
邮编：477200

淮阳皇都大酒店 ★★★
地址：周口市淮阳县陈州路与新星路口
电话：0394-2680111
邮编：466000

淮阳天运来大酒店 ★★★
地址：周口市淮阳县西城区周商路与新建路口
电话：0394-2699888
邮编：466000

淮阳县润德酒店 ★★★
地址：周口市淮阳县龙都路与陈州路交汇处
电话：0394-2650118
邮编：466700

淮阳迎宾馆 ★★★
地址：周口市淮阳县
电话：0394-8766666
邮编：466700

淮阳县南湖宾馆 ★★★
地址：周口市淮阳县南湖中央（商城路南段）
电话：0394-2687000
邮编：466700

西园宾馆 ★★★
地址：驻马店市解放路中段
电话：0396-2912800
邮编：463000

建苑大厦 ★★★
地址：驻马店市市解放路168号
电话：0396-2956666　2958888
邮编：463000

山海宾馆 ★★★
地址：驻马店市中华路与107国道交叉口
电话：0396-2851100
邮编：463000

中原大酒店 ★★★
地址：驻马店市解放路68号
电话：0396-2958888
邮编：463000

驻马店市颐和山庄宾馆有限公司 ★★★
地址：驻马店市文明路北段金雀路
电话：0396-2633666
邮编：463000

金悦酒店
地址：驻马店市解放路东段火车站
电话：0396-2950000
邮编：463000

天驿大酒店 ★★★
地址：驻马店市雪松路西段
电话：0396-2668888
邮编：463000

驻马店市驿城区福源大酒店 ★★★
地址：驻马店市驿城区练江大道西段
电话：0396-2976789
邮编：463000

驻马店宾馆 ★★★
地址：驻马店市风光路北段
电话：0396-2998800
邮编：463000

奥搏豪森假日酒店 ★★★
地址：驻马店市天中山大道与汝河大道交叉口50米路西
电话：0396-2103333
邮编：463000

兰花苑商务酒店 ★★★
地址：驻马店市确山县郎陵大道与107国道
电话：0396-7034888
邮编：463200

薄山湖鱼瑶度假村
地址：驻马店市确山县薄山湖风景区
电话：0396-7267888
邮编：463200

泌阳县崇学山庄 ★★★
地址：驻马店市泌阳县铜山湖风景区
电话：0396-7998888
邮编：463700

泌阳宝颐酒店 ★★★
地址：驻马店市泌阳县行政路中段（县委对面）
电话：0396-7912188
邮编：463700

遂平圆琳程生态酒店 ★★★
地址：驻马店市遂平县城西关一公里处
电话：0396-4827777
邮编：463100

遂平全宇大酒店
地址：驻马店市遂平县灈阳大道北段
电话：0396-4968888
邮编：463100

遂平县电力宾馆 ★★★
地址：驻马店市遂平县建设路中段
电话：0396-4900909
邮编：463100

遂平县新财苑宾馆 ★★★
地址：驻马店市遂平县灈阳大道北段
电话：0396-4807888
邮编：463100

柏城宾馆
地址：驻马店市西平县柏城大道中段129号
电话：0396-6222771
邮编：463900

西平华港大酒店 ★★★
地址：驻马店市西平县解放路与中原路交叉口
电话：0396-6268888
邮编：463900

上蔡宾馆
地址：驻马店市上蔡县蔡都大道199号
电话：0396-6922041
邮编：463800

汝南县东方假日酒店 ★★★
地址：驻马店市汝南县城古塔路东段
电话：0396-8051777
邮编：463300

汝南县天中山宾馆 ★★★
地址：驻马店市汝南县行政街52号
电话：0396-8022285
邮编：463300

河南省平舆县温泉大酒店 ★★★
地址：驻马店市平舆县清河大道北段
电话：0396-5069999　5068888
邮编：463400

平舆宾馆 ★★★
地址：驻马店市平舆县解放路87号
电话：0396-5029440
邮编：463400

新蔡县蔡州宾馆 ★★★
地址：驻马店市新蔡县政府街8号
电话：0396-5933109
邮编：463500

王屋山大酒店 ★★★
地址：济源市天坛路89号
电话：0391-6915555
邮编：454650

小浪底宾馆 ★★★
地址：济源市大峪镇桥沟村
电话：0379-63905555
邮编：454681

旅游景区

郑州黄河游览区 AAAA
地址：郑州市黄河南岸
电话：0371-63799500
邮编：450042

郑州世纪欢乐园 AAAA
地址：郑州市石化路1号
电话：0371-63282288
邮编：450002

郑州市丰乐农庄·黄河谷马拉湾海浪浴场景区 AAAA
地址：郑州市江山路北段
邮编：450000

中原福塔景区 AAAA
地址：郑州市航海东路与机场高速路交汇处
电话：0371-60609200　60609300
邮编：450000
网址：www. zhongyuanfuta. com

富景生态世界·绮林锋农场风景区 AAA
地址：郑州市东北部
邮编：450000

城隍庙一文庙景区 AAA
地址：郑州市东大街东段路北
邮编：450000

郑州市花园口景区 AA
地址：郑州市北郊15公里处
邮编：450000

金鹭驼鸟游乐园 AAA
地址：郑州市开发区东南3公里处
电话：0371-66712182
邮编：450048

黄帝故里 AAAA
地址：郑州新郑市北关轩辕路
电话：0371-62685293
邮编：451100

新郑博物馆 AA
地址：郑州新郑市轩辕路西段
电话：0371-62693498
邮编：451100

始祖山景区 AAA
地址：郑州新郑市千户寨乡

电话：0371－62539001
邮编：451100

郑州樱桃沟景区 AA
地址：郑州市侯寨乡
电话：0371－60962002　68596677
邮编：450052

嵩山少林风景区 AAAAA
地址：郑州登封市少林寺
电话：0371－62748971
邮编：452470

登封中岳庙 AAAA
地址：郑州登封市
邮编：452470

郑州嵩阳书院 AAAA
地址：郑州登封市嵩山
邮编：452470

新密市神仙洞森林公园 AAA
地址：郑州新密市尖山乡神仙洞村
电话：0371－69215802　69225888
邮编：452300

巩义市康百万庄园 AAAA
地址：郑州巩义市康店镇
电话：0371－64324004
邮编：451200

巩义市石窟寺 AAA
地址：郑州巩义市南河渡镇寺湾村
电话：0371－64157150
邮编：451200

郑州巩义竹林景区 AAA
地址：郑州巩义市竹林镇
邮编：451200

巩义市青龙山慈云寺 AAA
地址：郑州巩义市大峪沟镇民权村
电话：0371－64067333　64055256
邮编：451271

巩义市浮戏山 AAA
地址：郑州巩义市新中镇
电话：0371－64184187
邮编：451200

杨树沟风景区 AAA
地址：郑州巩义市新中镇杨树沟村
电话：0371－67665511　67669900
邮编：451273

环翠峪景区 AAA
地址：郑州荥阳市庙子乡
电话：0371－67122968
邮编：450100

环翠峪风景名胜区 AAA
地址：郑州荥阳市西南庙子乡
电话：0371－64939930
邮编：450132

三皇山桃花峪 AAA
地址：郑州荥阳市广武镇
电话：0371－64815098
邮编：450100

中牟雁鸣湖生态风景区 AA
地址：郑州市开洛高速公路中牟下道口北3公里处
电话：0371－62320756
邮编：451450

三门峡大坝风景区 AAA
地址：三门峡市三门峡大坝
电话：0398－2992070
邮编：472000

虢国博物馆 AAAA
地址：三门峡市六峰北路
电话：0398－2955760
邮编：472000

天鹅湖国家城市湿地公园 AAAA
地址：三门峡市湖滨区太阳路西
电话：0398－6751588
邮编：472000

义马市清风山景区 AA
地址：三门峡义马市常村镇河口
邮编：472300

三门峡函谷关古文化旅游区 AAAA
地址：三门峡灵宝市函谷关古文化旅游区
电话：0398－6922012
邮编：472501

三门峡荆山黄帝铸鼎塬旅游区 AA
地址：三门峡灵宝市阳平镇荆山
电话：0398－6311009
邮编：472542

三门峡鼎湖湾风景区 AA
地址：三门峡灵宝市西阎乡
电话：0398－6915239
邮编：472542

三门峡市甘山国家森林公园 AAAA
地址：三门峡市陕县西张村
电话：0398－2826144
邮编：472100

三门峡市双龙湾景区 AAAA
地址：三门峡市卢氏县磨沟口乡
电话：0398－7445306　7445333
邮编：472200

卢氏县豫西大峡谷风景区 AAAA
地址：三门峡市卢氏县官道口镇
邮编：472200

关林景区 AAAA
地址：洛阳市关林镇洛阳古代艺术馆
电话：0379－65962018
邮编：471023

洛阳博物馆 AAA
地址：洛阳市西工区中州中路298号
电话：0379－63937107
邮编：471000

八路军驻洛办事处纪念馆 AAA
地址：洛阳市老城区南关贴廓巷35号
电话：0379－63952409
邮编：471002

洛阳民俗博物馆 AAA
地址：洛阳市河回族区新街133号
电话：0379－63951064
邮编：471002

洛阳龙门石窟 AAAAA
地址：洛阳市洛龙区龙门镇
电话：0379－65981299
邮编：471023

洛阳白马寺 AAAA
地址：洛阳市洛龙区白马寺镇
电话：0379－63789090
邮编：471013

周王城天子驾六博物馆 AAA
地址：洛阳市西工区王城广场
电话：0379－63912366
邮编：471000

洛阳市隋唐城遗址植物园景区 AAAA
地址：洛阳市洛龙区王城大桥南
电话：0379－65917101
邮编：471000
网址：www.stzwy.com
电子信箱：lyzwy65917101@163.com

洛阳市中国国花园景区 AAAA
地址：洛阳市龙门大道1号（洛阳桥南）
电话：0379－65522119
邮编：471000

洛阳偃师商城博物馆 AAA
地址：洛阳偃师市商城路52号
电话：0379－67730063
邮编：471900

偃师玄奘故里 AAA
地址：洛阳偃师市
电话：0379－67596111
邮编：471900

黄河小浪底水利枢纽风景区 AAAA
地址：洛阳市孟津县
邮编：471100

汉光武帝陵 AAA
地址：洛阳市孟津县白鹤镇铁谢村
电话：0379－67869777
邮编：471112

王铎故居 AAA
地址：洛阳市孟津县会盟镇老城村
电话：0379－67833091
邮编：471123

龙马负图寺 AAA
地址：洛阳市孟津县会盟镇雷河村
电话：0379－67833887
邮编：471123

洛阳市新安县龙潭大峡谷景区 AAAAA
地址：洛阳市新安县石井乡
电话：0379－67134180　67134182
传真：0379－67134181
网址：www.lyltdxg.com

千唐志斋博物馆 AAA
地址：洛阳市新安县铁门镇
电话：0379－67335699
邮编：471832

鸡冠洞风景名胜区 AAAAA
地址：洛阳市栾川县城西3公里
电话：0379－66890999
邮编：471500

龙峪湾国家森林公园 AAAA
地址：洛阳市栾川县庙子乡
电话：0379－66669112
邮编：471500

重渡沟自然风景区 AAAA
地址：洛阳市栾川县
电话：0379－66685999
邮编：471500

洛阳伏牛山滑雪度假乐园 AAAA
地址：洛阳市栾川县伏牛山老界岭北坡
邮编：471500

河南

洛阳市栾川县老君山景区 AAAAA
地址：洛阳市栾川县城东3公里
邮编：471500

洛阳市栾川养子沟旅游休闲度假区 AAAA
地址：洛阳市栾川县
电话：0379－66838410
邮编：471500

栾川通天峡景区 AA
地址：洛阳市栾川县庙子乡
电话：0379－6661248
邮编：471500

洛阳市嵩县木札岭景区 AAAA
地址：洛阳市嵩县车村镇
电话：0379－66568585　66325076
邮编：471400

嵩县白云山国家森林公园 AAAAA
地址：洛阳市嵩县白云山
电话：0379－66590158　66590127
传真：0379－66590004
邮编：471400

天池山国家森林公园 AAAA
地址：洛阳市嵩县德庆乡
电话：0379－66557554　66552100
邮编：471400

洛阳市西泰山风景区 AAAA
地址：洛阳市汝阳县城南50公里处
电话：0379－68081383
邮编：471200

花果山国家森林公园 AAA
地址：洛阳市宜阳县
电话：0379－68883630
邮编：471600

洛宁县神灵寨风景区 AAAA
地址：洛阳市洛宁县涧口
电话：0379－66139888
邮编：471700

焦作群英湖风景区 AA
地址：焦作市新华北街四水厂北
电话：0391－2910347
邮编：454150

神农山风景名胜区 AAAAA
地址：焦作市西郊
电话：0391－5036258
邮编：454592

韩愈陵园 AAA
地址：焦作孟州市西虢镇韩庄村
邮编：454750

沁阳朱载堉纪念馆 AA
地址：焦作沁阳市北寺街中段薛街1号
电话：0391－5613253
邮编：454550

焦作沁阳神农坛风景名胜区 AAAA
地址：焦作沁阳市西北端
电话：0391－5613255
邮编：454550

焦作市修武圆融寺景区 AAAA
地址：焦作市修武县
电话：0391－7801813
邮编：454350

云台山风景名胜区 AAAAA
地址：焦作市修武县云台山庄
电话：0391－7709001
邮编：454361

青天河风景名胜区 AAAAA
地址：焦作市博爱县
电话：0391－8693721
邮编：454430

焦作市武陟嘉应观景区 AAAA
地址：焦作市武陟县嘉应观乡
电话：0391－7681095
邮编：454950

焦作市陈家沟景区 AAAA
地址：焦作市温县城东5公里处
邮编：454850

新乡市潞王陵景区 AAAA
地址：新乡市凤泉区北部凤凰山下
电话：0373－3981827
邮编：453011

新乡京华园 AAAA
地址：新乡市小吉镇
电话：0373－5592436　5592437
邮编：453700

新乡潞王陵景区 AAA
地址：新乡市北站
电话：0373－3981827
邮编：453700

新乡世纪青青生态度假村 AA
地址：新乡市凤泉区耿黄乡耿庄村南
电话：0373－3099999
邮编：453011

卫辉跑马岭休闲生态园 AA
地址：新乡卫辉市狮豹头乡
电话：0373－4248393
邮编：453100

乡比干庙景区 AAAA
地址：新乡卫辉市比干乡
电话：0373－4131426
邮编：453100

新乡辉县万仙山风景区 AAAA
地址：新乡辉县市沙窑乡
电话：0373－6718031
邮编：453648

新乡八里沟景区 AAAA
地址：新乡辉县市西北25公里处石门沟
邮编：453600

新乡百泉风景区 AAA
地址：新乡辉县市百泉镇
电话：0373－6233557　6238677
邮编：453600

回龙景区 AAA
地址：新乡辉县市回龙村
电话：0373－6691800
邮编：453600

新乡市回龙天界山景区 AAAA
地址：新乡辉县市
电话：0373－6691800
邮编：453600

新乡县龙泉苑景区 AAA
地址：新乡市新乡县七里营镇龙泉村
电话：0373－5651999
邮编：453700

河南黄河故道森林公园景区 AAA
地址：新乡市延津县
电话：0373－7947555
邮编：453200

金山景区 AAA
地址：鹤壁市淇滨区庞村镇
邮编：458000

天然太极图旅游区 AAA
地址：鹤壁市淇滨区上峪乡
邮编：458000

鹤壁三兴集团淇滨康乐园 AA
地址：鹤壁市宠村镇三兴康乐村
电话：0392－3361511
邮编：458030

鹤壁浚县大伾山风景区 AAAA
地址：鹤壁市浚县大伾山
电话：0392－553028
邮编：456250

云梦山风景名胜区 AAAA
地址：鹤壁市淇县
电话：0392－7223364
邮编：456750

鹤壁淇县古灵山风景区 AAAA
地址：鹤壁市淇县
邮编：456750

淇县摘星台景区 AAA
地址：鹤壁市淇县上街路
电话：0392－3360999
邮编：456750

天宁寺 AA
地址：安阳市文峰南街2
电话：0372－ 5923227
邮编：455000

安阳袁林 AA
地址：安阳市洹水北岸之太平庄
电话：0372－2922959
邮编：455000

中国安阳腊梅园 AA
地址：安阳市龙安区龙泉镇
电话：0372－3196188
邮编：455001

殷墟博物苑 AAAAA
地址：安阳市西郊小屯
电话：0372－3925300
邮编：455004

中国文字博物馆
地址：安阳市人民大道东段656号
电话：0372－2557558
邮编：455000

太行大峡谷景区 AAAA
地址：安阳林州市石板岩乡
电话：0372－6081476－8003
邮编：456591
网址：www.thdxg.com

林州红旗渠游览区 AAAA
地址：安阳林州市
邮编：456550

林虑山风景名胜区黄华神苑景区 AAA
地址：安阳市林州市西7公里林滤山
电话：0372－6893042
邮编：456550

林州市天平山景区 AAA
地址：安阳林州市

河南

邮编：456550

珍珠泉景区 AA
地址：安阳市安阳县水冶镇
邮编：455000

安阳县小南海 AA
地址：安阳市安阳县
邮编：455000

安阳市安阳县马氏庄园景区 AAAA
地址：安阳市安阳县蒋村乡西蒋村
电话：0372－3233666　3233888
邮编：455000
网址：www. aymszy. com

安阳美里城景区 AAAA
地址：安阳市汤阴县羑河村
邮编：456150

安阳岳飞庙景区 AAAA
地址：安阳市汤阴县城内西南街
邮编：456150

内黄二帝陵 AAA
地址：安阳市内黄县东南30公里的三杨庄村西
邮编：456350

濮阳挥公园景区 AAA
地址：濮阳市东关老虎台地
邮编：457000

光华科技馆 AA
地址：濮阳市黄河路西段
电话：0393－8932666
邮编：457000

濮阳世锦园 AAA
地址：濮阳市黄河路西段
电话：0393－4612793
邮编：457000

戚城文物景区 AAAA
地址：濮阳市京开大道71号
电话：0393－8119207
邮编：457000

濮阳绿色庄园景区 AAAA
地址：濮阳市黄河路西段
电话：0393－4605367
邮编：457000

濮阳单拐革命旧址 AAA
地址：濮阳市清丰县双庙乡单拐村
电话：0393－7232016　13346829001
邮编：457300

濮阳毛楼生态旅游区 AAA
地址：濮阳市范县辛庄乡
邮编：457500

瑕丘遗址 AA
地址：濮阳市濮阳县
邮编：457100

城隍庙 AA
地址：濮阳市濮阳县
邮编：457100

开封包公祠 AAAA
地址：开封市包公湖西岸
电话：0371－23931595
邮编：475000

开封清明上河园 AAAAA
地址：开封市龙亭西路5号
电话：0371－25663928
邮编：475001

开封相国寺 AAAA
地址：开封市自由路西段36号
电话：0371－25665053　25953067
邮编：475000

开封龙亭景区 AAAA
地址：开封市宋都御街北端
电话：0371－25660316
邮编：475001

开封府景区 AAAA
地址：开封市包公湖北岸
电话：0371－23983319　23963159
传真：0378－23989266
邮编：475000
网址：www. kaifengfu. cn

中国翰园碑林 AAAA
地址：开封市龙亭北路15号
电话：0371－22892713
邮编：475001

开封铁塔公园 AAAA
地址：开封市北门大街210号
电话：0371－22862279
邮编：475001

兰考焦裕禄纪念园 AAAA
地址：开封市兰考县建设路88号
电话：0371－26998766
邮编：475300

商丘古文化旅游区 AAAA
地址：商丘市睢阳区小隅首东一街5号
电话：0370－3310695
邮编：476100

商丘黄河故道国家森林公园 AAA
地址：商丘市区北10公里处
邮编：476100

微子祠景区 AAA
地址：商丘市睢阳区青岗寺村
邮编：476100

芒砀山文物旅游区 AAAA
地址：商丘永城市芒山镇
电话：0370－5970222　5972888
邮编：476600

永城市淮海战役陈官庄纪念馆景区 AAAA
地址：商丘永城市陈官庄
邮编：476600

民权县王公庄文化旅游景区 AAA
地址：商丘市民权县王公庄村
邮编：476800

白云禅寺 AA
地址：商丘市民权县白云寺村
电话：18638111750
邮编：476800

睢杞战役纪念馆景区 AA
地址：商丘市睢县
邮编：476900

睢县北湖景区 AAA
地址：商丘市睢县城北
邮编：476900

许昌春秋楼 AAA
地址：许昌市中心文庙前街中段
邮编：461000

许昌灞陵桥 AAA
地址：许昌市西4公里清泥河上
邮编：461000

许昌禹州钧官窑址博物馆 AAAA
地址：许昌市禹州市钧官窑路60号
电话：0374－2070616
邮编：461670

禹州大鸿寨景区 AAA
地址：许昌禹州市西北边陲鸠山乡
邮编：461670

禹州森林植物园 AAA
地址：许昌禹州市东北部
电话：0374－8209761
邮编：461670

长葛中州人文纪念园 AA
地址：许昌长葛市老城镇打绳赵村
邮编：461500

许昌鄢陵国家花木博览园 AAAA
地址：许昌市鄢陵县
电话：0374－7964916
邮编：461200

鄢陵花都温泉度假区 AAA
地址：许昌市鄢陵县陈化店镇
邮编：461200

鄢陵县花都樱桃观光采摘游景区 AA
地址：许昌市鄢陵县
邮编：461200

紫云山风景区 AA
地址：许昌市襄城县紫云镇
电话：0374－3855070
邮编：461700

郾城兴国寺景区 AA
地址：漯河市郾城区龙城镇西的李湾村北
邮编：462300

漯河开源森林公园 AAA
地址：漯河市源汇区湘江路
电话：0395－3335566 3139819
邮编：462000

漯河市沙澧河风景区 AAA
地址：漯河市源汇区文景路4号
电话：0395－2391199
邮编：462000

漯河市许慎文化园景区 AAAA
地址：漯河市召陵区中山路与龙江路交叉口东
电话：0395－6770677
邮编：462300

漯河市金凤凰鸟文化乐园景区 AAAA
地址：漯河市泰山路与金江路交叉口
电话：0395－3335566
邮编：462000

漯河市小商桥景区 AAAA
地址：漯河市临颍县黄帝庙乡
邮编：462600

临颍县陈星聚纪念馆 AAA
地址：漯河市临颍县台陈村
邮编：462600

漯河南街村 AAAA
地址：漯河市临颍县南街村
电话：0395－8853790　8851350
邮编：462600

平顶山市博物馆 AAAA
地址：平顶山市新城区市政文化广场东南角
电话：0375－2660517
邮编：467000

石漫滩国家森林公园二郎山景区 AAAA
地址：平顶山舞钢市石漫滩国家森林公园内
邮编：462500

汝州怪坡风景区 AAA
地址：平顶山汝州市东北 9 公里处
邮编：467500

叶县县衙 AAA
地址：平顶山市叶县县城中心街北
电话：0375－8062782
邮编：467200

平顶山市尧山（石人山）—中原大佛景区 AAAAA
地址：平顶山市鲁山县
电话：0375－5791123　5767999
邮编：467300

鲁山县画眉谷景区 AAAA
地址：平顶山市鲁山县尧山镇四道河村
电话：0375－5784368　5784369
邮编：467300

昭平湖景区 AAA
地址：平顶山市鲁山县
电话：0375－5759375
邮编：467300

鲁山县好运谷景区 AAA
地址：平顶山市鲁山县尧山镇
电话：0375－5784418
邮编：467300

鲁山县尧山大峡谷漂流景区 AAA
地址：平顶山市鲁山县
邮编：467300

鲁山县龙潭峡景区 AAA
地址：平顶山市鲁山县尧山镇上坪村
电话：0375－5786318
邮编：467300

鲁山县秘洞景区 AAA
地址：平顶山市鲁山县四棵树乡
电话：0375－5681221　5681502
邮编：467300

平顶山三苏园景区 AAA
地址：平顶山市郏县茨芭镇
电话：0375－5297777　5298991
邮编：467100

医圣祠 AAA
地址：南阳市宛城区
电话：0377－63037149
邮编：473001

汉画馆 AAA
地址：南阳市宛城区
电话：0377－63512604
邮编：473001

南阳卧龙岗武侯祠 AAAA
地址：南阳市西卧龙岗
电话：0377－63512907　63511299
邮编：473000

南阳社旗山陕会馆 AAA
地址：南阳市社旗镇
邮编：473300

邓州花洲书院 AAA
地址：南阳邓州市东南隅
邮编：474150

南召县五朵山景区 AAA
地址：南阳市南召县四棵树乡
电话：0377－63596796
邮编：474650

南召县白河第一漂景区 AAA
地址：南阳市南召县乔端镇
电话：0377－63288333　66833865
邮编：474650

方城大寺森林公园 AA
地址：南阳市方城县东南 15 公里
邮编：473200

南阳方城望花湖风景区 AA
地址：南阳市方城县
邮编：473200

南阳西峡县老鹳河漂流风景区 AAAA
地址：南阳市西峡县军马河乡
邮编：474550

南阳龙潭沟景区 AAA
地址：南阳市西峡县双龙镇
电话：0377－64921252
邮编：474550

南阳云华蝙蝠洞景区 AAA
地址：南阳市西峡县五里桥乡白河村
电话：0377－65333488
邮编：474550

西峡五道幢景区 AAA
地址：南阳市西峡县二郎坪乡
电话：0377－69939198
邮编：474500

西峡伏牛山老界岭·恐龙遗址园 AAAAA
地址：南阳市西峡县太平镇
电话：0377－64918078
邮编：474550

石门湖旅游景区 AAA
地址：南阳市西峡县双龙镇
电话：0377－64877518
邮编：474550

西峡县老君洞生态养生旅游景区 AAA
地址：南阳市西峡县二郎坪乡
电话：0377－61897896　69936716
邮编：474550

荷花洞 AA
地址：南阳市西峡县
电话：0377－69929516
邮编：474550

内乡宛西地方自治博物馆 AA
地址：南阳市内乡县县衙大街
电话：0377－56367359
邮编：474350

内乡县衙博物馆 AAAA
地址：南阳市内乡县
电话：0377－65333488
邮编：474350

宝天曼峡谷漂流景区 AAAA
地址：南阳市内乡县七里坪乡大龙村
电话：0377－65157599　65157511
邮编：474364

香岩寺风景名胜区 AAA
地址：南阳市淅川县仓房乡香岩寺
电话：0377－64385293
邮编：474450

淅川坐禅谷景区 AAA
地址：南阳市淅川县仓房镇丹江口水库西岸
邮编：474450

淅川八仙洞景区 AA
地址：南阳市淅川县马蹬镇
邮编：474450

淅川县荆紫关——法海寺景区 AA
地址：南阳市淅川县荆紫关镇法海寺
邮编：474450

唐河县石柱山森林公园景区 AAA
地址：南阳市唐河县祁仪乡
电话：0377－61696686
邮编：473400

唐河县普化讲寺风景区 AA
地址：南阳市唐河县
邮编：473400

桐柏淮源风景名胜区 AAA
地址：南阳市桐柏县城西 2 公里处
电话：0377－68267388　68278120
邮编：474750

鸡公山国家自然保护区 AAAA
地址：信阳市鸡公山
电话：0376－6912044
邮编：461434

南湾湖风景名胜区 AAAA
地址：信阳市浉河区南湾乡
电话：0376－6373378
邮编：464031

淮滨县东西湖风景区 AA
地址：信阳市淮滨县
邮编：464400

光山县王大湾会议会址景区 AAA
地址：信阳市光山县砖桥镇
电话：0376－8451850
邮编：465450

光山县净居寺风景名胜区 AAA
地址：信阳市光山县
电话：0376－8436899
邮编：465450

邓颖超祖居 AAA
地址：信阳市光山县街道
电话：0376－8412444
邮编：465450

固始县九华山旅游风景区 AAAA
地址：信阳市固始县陈淋子镇
邮编：46525

固始县华阳湖旅游风景区 AAA
地址：信阳市固始县
邮编：465250

固始安山森林公园 AA
地址：信阳市固始县
邮编：465250

商城县汤泉池风景区 AAA
地址：信阳市商城县
电话：0376－7444620
邮编：465350

商城县观音山旅游风景区 AAA
地址：信阳市商城县河凤桥乡
电话：0376－7466458
邮编：465350

商城县黄柏山国家森林公园 AAA
地址：信阳市商城县南部
邮编：465350

商城县金刚台国家地质公园 AAA
地址：信阳市商城县东南 20 公里
邮编：465350

信阳市黄柏山国家森林公园 AAAA
地址：信阳市商城县
电话：0376－7419088
邮编：465332

信阳灵山风景名胜区 AAAA
地址：信阳市罗山县西南部境内
电话：0376－2255019　2255299
邮编：464200
网址：www. hnxyls. com

罗山县何家冲景区 AAA
地址：信阳市罗山县铁卜乡
电话：0376－2239018
邮编：464200

许世友将军故里 AAA
地址：信阳市新县田铺乡许家洼
电话：0376－2677003　2677058
邮编：465550

新县香山湖景区 AAA
地址：信阳市新县东南 6 公里
邮编：465550

新县金兰山森林公园 AAA
地址：信阳市新县新集镇金兰村
邮编：465550

信阳市新县鄂豫皖苏区首府景区 AAAA
地址：信阳市新县城关首府路文博新村
电话：0376－2987315
邮编：465550

关帝庙景区 AAA
地址：周口市颍河北岸
邮编：466000

周口川汇区生态游乐园 AA
地址：周口市川汇区
邮编：466000

扶沟县吉鸿昌将军纪念馆景区 AAA
地址：周口市扶沟县吉祥中路
电话：0394－8278673
邮编：461300

商水县叶氏庄园 AA
地址：周口市商水县邓城镇
电话：0394－5732168
邮编：466100

周口老子故里旅游区 AAAA
地址：周口市鹿邑县
电话：0394－7280039　7283539
邮编：477200

郸城县中原民俗文化园景区 AA
地址：周口市郸城县丁村乡大贺庄村
邮编：477150

太昊陵博物馆 AAAA
地址：周口市淮阳县
电话：0394－2690336　2693610
邮编：466700

金顶山景区 AAA
地址：驻马店市驿城区蚁蜂镇
电话：0396－7388196
邮编：463000

驻马店市老乐山景区 AAAA
地址：驻马店市中华路西段
电话：0396－3550001　3550002　3555555
邮编：463000

确山竹沟革命纪念馆景区 AAAA
地址：驻马店市确山县竹沟镇延安街
电话：0396－7100010
邮编：463200

铜山风景名胜区 AAA
地址：驻马店市泌阳县铜山乡
电话：0396－7783301
邮编：463718

嵖岈山风景名胜区 AAAA
地址：驻马店市遂平县
电话：0396－4779338
邮编：463100

上蔡县始祖叔度公陵园 AA
地址：驻马店市上蔡县
邮编：463800

上蔡县蔡明园公园 AA
地址：驻马店市上蔡县
邮编：463800

汝南南海禅寺景区 AAAA
地址：驻马店市汝南县
电话：0396－8023633
邮编：463300

济源黄河三峡景区 AAAA
地址：济源市
电话：0391－6077888　6678888
邮编：454650

济渎庙风景区 AA
地址：济源市城北 2 公里济水东源处庙街村
电话：0391－6697270
邮编：454650

王屋山风景区 AAAA
地址：济源市王屋乡愚公村
电话：0391－6734089
邮编：454693

五龙口旅游区 AAAA
地址：济源市五龙口乡山口村
电话：0391－6751032　6751588
邮编：454650

餐　馆

郑州合记烩面连锁经营总店
地址：郑州市西站路 28 号
电话：0371－67516618
邮编：450000

郑州京都老蔡记
地址：郑州市二七区政通路 21 号
电话：0371－60669006
邮编：450052

新蜀园餐饮有限公司
地址：郑州市东明路北段 174 号
电话：0371－65973083
邮编：450003

河南锦绣花园餐饮有限公司
地址：郑州市金水路 109 号
电话：0371－65996643
邮编：450000

红宝石餐饮有限公司
地址：郑州市中原西路 42 号
电话：0371－67626925
邮编：450000

七十三行餐饮有限责任公司
地址：郑州市丰产路
电话：0371－65715888
邮编：450000

河南百年老妈餐饮管理有限公司
地址：郑州市经三路与政四街交会处
电话：0371－65996666
邮编：450000

河南花园春食街饮食服务有限公司
地址：郑州市花园路
电话：0371－65966886
邮编：450000

顺水楼饮食文化有限公司
地址：郑州市金水路
电话：0371－65960576
邮编：450000

粤华香江美食有限公司
地址：郑州市丰乐路
电话：0371－63720341
邮编：450000

郑州市饮食总公司
地址：郑州市海滩街
电话：0371－63811233
邮编：450000

御膳斋餐厅
地址：郑州市纬四路 23 号
电话：0371－65945407
邮编：450000

河南饭店
地址：郑州市花园路 88 号
电话：0371－66763388
邮编：450000

河南食府
地址：郑州市金水区人民路 25 号
电话：0371－66222108
邮编：450000

湘菜馆
地址：郑州市经一路
电话：0371－65936765
邮编：450000

巴西烤肉西餐厅
地址：郑州市紫荆山路 6 号
电话：0371－66239728
邮编：450000

广州酒家
地址：郑州市管城回族区二七路 95 号
电话：0371－51663328
邮编：450000

谊园食府
地址：郑州市金水区政二街 3 号
电话：0371－65509002
邮编：450000

第一楼灌汤包
地址：郑州市经七路 31 号

电话：0371－63830999
邮编：450000

老洛阳面馆
地址：郑州市经三路9号
电话：0371－65551388
邮编：450000

汉江韩国料理
地址：郑州市经三路19号
电话：0371－65335080
邮编：450000

香厨坊酒楼
地址：郑州市金水区农业路
电话：0371－63607778
邮编：450000

东坡眉州酒楼
地址：郑州市优胜北路
电话：0371－63928385
邮编：450000

馄饨侯
地址：郑州市金水区红旗路57号
电话：0371－63855401
邮编：450000

天府酒家
地址：郑州市二七路58号
电话：0371－66248455
邮编：450000

嵩山食府
地址：郑州市伊河路156号
电话：0371－67171980
邮编：450000

山河食府
地址：郑州市金水区纬五路11号
电话：0371－65990188
邮编：450000

上海老饭店
地址：郑州市经三路20号
电话：0371－65933332
邮编：450000

四川酒楼
地址：郑州市经七路
电话：0371－63938306
邮编：450000

台北如意餐厅
地址：郑州市任寨北街
电话：0371－63915998
邮编：450000

小凤台香厨
地址：郑州市管城区东明路27号
电话：0371－66840463
邮编：450000

广源老店
地址：郑州市纬五路22号
电话：0371－65936856
邮编：450000

西湖大酒店
地址：郑州市经四路7号
电话：0371－65571488
邮编：450000

起源小厨三门峡总店
地址：三门峡市湖滨区崤山中路
电话：0398－2826718
邮编：472000

鸿福食府
地址：三门峡市湖滨区建设路
电话：0398－2659370
邮编：472000

三门峡市宴宾楼
地址：三门峡市湖滨区和平路
电话：0398－2852553
邮编：472000

小江南酒家
地址：三门峡市湖滨区黄河西路
电话：0398－2837678
邮编：472000

金叶酒楼
地址：三门峡市崤山路中段
电话：0398－2925186
邮编：472000

万家灯火美食坊
地址：三门峡市湖滨区文明路
电话：0398－2823194
邮编：472000

洛阳市西工饭庄有限责任公司
地址：洛阳市西工小街44号
电话：63252781
邮编：471000

全聚德
地址：洛阳市九都路77号
电话：0379－63355222
邮编：471000

天府火锅城总店
地址：洛阳市九都路
电话：0379－64877777
邮编：471000

千禧龙烤鸭店
地址：洛阳市南昌路
电话：0379－64871973
邮编：471000

兔子经理饭店
地址：洛阳市瀍河区南新安街174号
电话：0379－65277838
邮编：471002

岳阳楼
地址：洛阳市建设路91号
电话：0379－64822222
邮编：471000

聚贤楼
地址：洛阳市建设路29号
电话：0379－64934212
邮编：471000

洛阳真不同饭店
地址：洛阳市老城区中州东路359号
电话：0379－63955787　63952609
邮编：471001

雅香楼
地址：洛阳涧西区安徽路4号
电话：0379－64921555
邮编：471000

洛阳市涧西桃源湘菜馆
地址：洛阳市南昌路6号
电话：0379－64903388
邮编：471000

四平李连贵熏肉大饼
地址：洛阳市
电话：0379－62884270
邮编：471000

焦作矿务局陶然酒家
地址：焦作市北环路43号
电话：0391－3532992
邮编：454002

焦作市食品公司五洲酒家
地址：焦作市民主中路
电话：0391－2623652
邮编：454002

焦作市蔬菜副食品总公司惠宾楼饭庄
地址：焦作市民主中路218号
电话：0391－2624297
邮编：454002

焦作市九头鸟酒店
地址：焦作市北环路43号
电话：0391－3532992
邮编：454002

焦作市海岛西餐厅
地址：焦作市塔南路峰华花园11号
电话：0391－3908878
邮编：454002

小肥羊焦作总店
地址：焦作市
电话：0391－3910019
邮编：454002

谭鱼头火锅有限公司
地址：焦作市东环路39号
电话：0391－3911768
邮编：454002

清阁苑食府（新区店）
地址：焦作市解放区政二街933号
电话：0391－2987999
邮编：454002

东坡眉州酒楼焦作分店
地址：焦作市新华西街与和平西街交叉口路南
电话：0391－2900099
邮编：454002

焦北大酒家
地址：焦作市新华中街
电话：0391－3533702
邮编：454002

巴国布衣风味酒楼
地址：焦作市西环路与建设西路交叉口
电话：0391－2627799
邮编：454002

百年老妈火锅食府
地址：焦作市东环路15号
电话：0391－3999788
邮编：454000

沁阳市董国庆驴肉馆
地址：焦作沁阳市覃怀中路98号
电话：0391－5616813
邮编：454550

百饺园
地址：新乡市平原路
电话：0373－3061748
邮编：453000

老边饺子馆新乡总店
地址：新乡市驿后街
电话：0373－3086666
邮编：453000

新乡市中南红旗酒家
地址：新乡市平原路 274 号
电话：0373－3050960
邮编：453000

新乡市如意面馆酒家
地址：新乡市文化路 132 号
电话：0373－5034231
邮编：453000

老磨坊
地址：新乡市健康路
电话：0373－2266656
邮编：453000

新乡市红旗区中南苏大姐老火锅店
地址：新乡市人民路中段 116 号
电话：0373－3042288
邮编：453000

鹤壁鹤源饭店有限公司
地址：鹤壁市淇滨区淇滨大道东段
电话：0392－3396016　3398888
邮编：458030

鹤壁市食品一厂峨嵋酒楼
地址：鹤壁市中山路 1 号
电话：0392－2623879
邮编：458000

鹤壁市山城区三和食府
地址：鹤壁市春雷路 1 号
电话：0392－2631437
邮编：458000

鹤壁市唐人饮食有限公司毛家湾饭店
地址：鹤壁市淇滨开发区淇滨大道
电话：0392－3332888
邮编：458000

六福烧鹅仔酒楼
地址：安阳市解放路 92 号
电话：0372－5933666
邮编：455000

安阳市饮食服务公司
地址：安阳市北关区红旗路 28 号
电话：0372－5924520
邮编：455000

安阳谭鱼头火锅有限责任公司
地址：安阳市灯塔路 11 号
电话：0372－5938777
邮编：455000

安阳市饮食服务公司同兴楼饭庄
地址：安阳市解放路 26 号
电话：0372－5922476
邮编：455000

天外天餐饮有限责任公司
地址：安阳市红旗路
电话：0372－5110795
邮编：455000

蜀都香水鱼旗舰店
地址：安阳市北关区人民大道 38 号
电话：0372－5929248
邮编：455000

濮阳市建设路白堽老字号羊肉馆
地址：濮阳市华龙区建设中路
电话：0393－4426657
邮编：457001

新月鱼庄
地址：濮阳市华龙区人民路
电话：0393－8889807
邮编：457000

青莲酒家
地址：濮阳市华龙区玉门路
电话：0393－4466659
邮编：457000

桃花源酒店
地址：濮阳市华龙区胜利东路
电话：0393－4722157
邮编：457000

阿瓦山寨
地址：濮阳市华龙区江汉路
电话：0393－8859123
邮编：457000

唐宫酒店
地址：濮阳市华龙区黄河路中段路南
电话：0393－6686888
邮编：457000

擀面城
地址：濮阳市
电话：0393－6550348
邮编：457000

孟公饺子濮阳总店
地址：濮阳市华龙区胜利中路
电话：0393－8951578
邮编：457000

漓江水苑濮阳店
地址：濮阳市华龙区任丘路
电话：0393－4821052
邮编：457000

万家乐大馅饺子馆
地址：濮阳市华龙区胜利中路
电话：0393－6558838
邮编：457000

秦都饭庄
地址：濮阳市华龙区建设中路
电话：0393－4416111
邮编：457000

开封饮食有限公司中兴楼饭庄
地址：开封市汴京路 43 号
电话：0371－22661000　22662000
邮编：475001

马豫兴
地址：开封市鼓楼广场南侧
电话：0371－25954233
邮编：475001

开封第一楼
地址：开封市寺后街 8 号
电话：0371－25650799
邮编：475001

开封市馨园餐厅
地址：开封市滨河路中段 30 号
电话：0371－22935107
邮编：475001

开封市上海面馆
地址：开封市右司官口街 35 号
电话：0371－22889261
邮编：475001

开封市潮州酒楼
地址：开封市迎宾路 26 号
电话：0371－23936282
邮编：475001

开封市豫膳楼饭庄
地址：开封市穆家桥街 89 号
电话：0371－25980609
邮编：475001

开封市黄家正宗小笼包子老店
地址：开封市滨河路西段 330 号
电话：0371－23987332
邮编：475001

开封市重庆火锅城
地址：开封市龙亭区北土街
电话：0371－25957685
邮编：475001

开封市食品总公司马豫兴烤鸭店
地址：开封市省府西街 79 号
电话：0371－25956547
邮编：475001

开封市红中华海鲜美食大世界
地址：开封市中山路南段 259 号
电话：0371－25951723
邮编：475001

江南人家
地址：商丘市团结路
电话：0370－2938777
邮编：476000

满堂红酒楼
地址：商丘市归德路
电话：0370－3285005
邮编：476000

金玉米酒店商丘总店
地址：商丘市神火大道
电话：0370－2078288
邮编：476000

富贵酒楼商丘店
地址：商丘市八一路
电话：0370－2617617
邮编：476000

状元村
地址：商丘市文化路
电话：0370－2515918
邮编：476000

西安老碗鱼
地址：商丘市南京路
电话：0370－3267629
邮编：476000

云义和滋补脊骨总店
地址：商丘市文化路
电话：0370－2923883
邮编：476000

晋府面馆
地址：商丘市文化路
电话：0370－2536630
邮编：476000

重庆蜀香园
地址：商丘市凯旋路
电话：0370－2031166
邮编：476000

兰州老字号牛肉汤馆
地址：商丘市归德路
电话：0370－2165206　2612346
邮编：476000

牧羊人家火锅城商丘店
地址：商丘市团结路

电话：0370－2289966
邮编：476000

新月鱼庄商丘分店
地址：商丘市八一路
电话：0370－2618632
邮编：476000

隆泰祥饭庄
地址：许昌市八一路西段
电话：0374－3316061
邮编：462000

燕京楼饭庄
地址：许昌市仓库路南段
电话：0374－5122286
邮编：462000

西域风情特色面馆
地址：许昌市湖滨路北段
电话：0374－2899888
邮编：462000

阿瓦山庄鱼头王
地址：许昌市五一路消防支队对面
电话：0374－8326527
邮编：462000

许昌食园
地址：许昌市六一路新兴路交叉口
电话：0374－2661363
邮编：462000

农家院茶膳村
地址：许昌市延安路南段
电话：0374－3312582
邮编：461000

重庆乌江鱼火锅总店
地址：漯河市源汇区
电话：0395－2172555
邮编：462000

粤桂楼酒家
地址：漯河市源汇区
电话：0395－2168703
邮编：462000

人民公社大食堂
地址：漯河市郾城区
电话：0395－6153333

豆花庄园
地址：漯河市郾城区
电话：0395－3160222
邮编：462000

豫东农家饭店
地址：漯河市郾城区
电话：0395－3158877
邮编：462000

亿林斋民族饭店
地址：漯河市郾城区辽河路
电话：0395－3320950
邮编：462000

雅清斋
地址：漯河市郾城区
电话：0395－6111066
邮编：462000

菜根香
地址：漯河市郾城区海河路
电话：0395－3619888
邮编：462000

天上人间海鲜大酒楼
地址：平顶山市劳动路南段
电话：0375－3900888
邮编：467000

韶山红湘菜馆
地址：平顶山市餐饮一条街
电话：0375－4930111
邮编：467000

唐风楼
地址：平顶山市餐饮一条街
电话：0375－4940001
邮编：467000

万家灯火大饭店
地址：平顶山市建设路
电话：0375－3900800
邮编：467000

平顶山市土鸭饮食有限公司
地址：平顶山市南环路商贸东2号
电话：0375－3933953
邮编：467000

平顶山市千禧庄园饮食服务有限公司
地址：平顶山市建设路东段
电话：0375－3936691
邮编：467000

平顶山卫东雅兰阁餐厅
地址：平顶山市黄河路
电话：0375－3880658
邮编：467000

平顶山卫东区饮食服务公司
地址：平顶山市劳动路南段55号
电话：0375－3934926
邮编：467000

平顶山市旺旺老火锅饮食有限公司
地址：平顶山市黄金路2号路北
电话：0375－3896671
邮编：467000

平顶山市民间瓦缸煨汤馆有限公司
地址：平顶山市矿工中路南65号
电话：0375－2725588
邮编：467000

诸葛烤鱼南阳总店
地址：南阳市光武中路
电话：0377－63381877
邮编：473002

梅溪饺子馆
地址：南阳市文化路与八一路交叉口
电话：0377－63219777
邮编：473002

小天鹅酒楼
地址：南阳市独山大道405号
电话：0377－62263456
邮编：473002

川江号子火锅南阳店
地址：南阳市工业北路
电话：0377－63386088
邮编：473002

小康村
地址：南阳市梅溪路
电话：0377－63397889
邮编：473002

碧海酒家
地址：南阳市新华西路
电话：0377－63138548
邮编：473002

小肥羊南阳总店
地址：南阳市八一路
电话：0377－63157766
邮编：473002

福记北京烤鸭店
地址：南阳市仲景路
电话：0377－63212738
邮编：473002

小渔村酒家
地址：南阳市七一路
电话：0377－63213707
邮编：473000

虢国酒店南阳分店
地址：南阳市工业南路
电话：0377－63152678
邮编：473002

康记食府
地址：南阳市新华东路
电话：0377－66084362
邮编：473000

流花酒楼
地址：南阳市医圣祠街
电话：0377－63023800
邮编：473000

溢香园
地址：信阳市西大街
电话：0376－7926750
邮编：464000

新雅饭店
地址：信阳市西大街
电话：0376－7922564
邮编：464000

信阳市第二饮食服务公司
地址：信阳市狮河桥南
电话：0376－6691006
邮编：464000

信阳市饮食服务公司
地址：信阳市东方红大道1号
电话：0376－6261015
邮编：464000

辣香婆湘菜馆
地址：信阳市
电话：0376－6269632
邮编：464000

重庆巴将军火锅城信阳店
地址：信阳市
电话：0376－6229458
邮编：464000

大嘴菜馆信阳总店
地址：信阳市
电话：0376－6209109
邮编：464000

信阳市第二饮食服务公司杏花村酒家
地址：信阳市东方红大道71号
电话：0376－6224587
邮编：464000

信阳市第二饮食服务公司得月楼饭店
地址：信阳市胜利路189号
电话：0376－6222659
邮编：464000

信阳地区上海酒家
地址：信阳市中山路 192 号
电话：0376－6220253
邮编：464000

信阳茶乡酒楼
地址：信阳市工区路 235 号
电话：0376－6230785
邮编：464000

重庆小天鹅火锅食府
地址：信阳市新马路 17 号
电话：0376－6351098
邮编：464000

三星食府
地址：周口市川汇区七一东路
电话：0394－8226357
邮编：466000

东云阁大酒家
地址：周口市周商路兰亭山水大门南侧
电话：0394－8686865
邮编：466000

周口市饮食公司江南春酒店
地址：周口市交通路中段
电话：0394－8224185
邮编：466000

周口地区璧月楼餐厅
地址：周口市人民路 4 号
电话：0394－8263153
邮编：466000

驻马店市紫膳阁饮食服务有限公司
地址：驻马店市人民街 162 号
电话：0396－2933688
邮编：463000

驻马店市塞北肥羊饮食服务有限公司
地址：驻马店市驿城区雪松路中段 80 号
电话：0396－2619889
邮编：463000

驻马店市饮食服务公司
地址：驻马店市解放路中段
电话：0396－2919516
邮编：463000

驻马店市唐人街饮食服务有限公司
地址：驻马店市解放路西段
电话：0396－2817280
邮编：463000

驻马店地区丰泽园酒店有限公司
地址：驻马店市春晓街西段
电话：0396－2815508
邮编：463000

驻马店地区巴山食府
地址：驻马店市春晓街 19 号
电话：0396－2915045
邮编：463000

驻马店市饮食服务公司新新餐馆
地址：驻马店市解放路中段 396 号
电话：0396－2916689
邮编：463000

驻马店饭庄
地址：驻马店风光路商业大厦南侧
电话：0396－2534107
邮编：463000

鱼香苑
地址：驻马店市驿城区丰泽路
电话：0396－2626955
邮编：463000

乡村土菜园
地址：驻马店市驿城区丰泽路
电话：0396－3670888
邮编：463000

一品香商务酒楼
地址：济源市汤帝街
电话：0391－2935628
邮编：454650

阿香嫂人家餐饮有限公司
地址：济源市文昌中路
电话：0391－6668444
邮编：454650

东北饺子楼
地址：济源市宣化西街 224 号
电话：0391－6661198
邮编：454650

湘菜馆
地址：济源市宣化东街 95 号
电话：0391－6619740
邮编：454650

京福华
地址：济源市沁园中路 8 号
电话：0391－6626668
邮编：454650

愚公饺子馆
地址：济源市宣化东街愚公像北侧
电话：0391－6613054
邮编：454650

旅游用品

中原古玩城
地址：郑州市金水区经五路与红旗路交叉口
电话：0371－63316868
邮编：450007

郑州古玩城
地址：郑州市二七区大学中路 49 号
电话：0371－68710180　68710244
邮编：450052

河南省分行金银珠宝首饰厂
地址：郑州市丰产路 21 号
电话：0371－65955588　85955588－2212
邮编：450000

河南中州金银珠宝首饰有限责任公司
地址：郑州市丰产路 55 号
电话：0531－65799097　65799096
邮编：450002

郑州市雕刻厂
地址：郑州市京广北路
电话：0371－66966944　66963508
邮编：450000

郑州市金银漆器工艺厂
地址：郑州市颖河路 50 号
电话：0371－67448358
邮编：450000

河南省工艺美术工业总公司
地址：郑州市文化路 3 号
电话：0371－63930052　63823318
邮编：450000

郑州市姐妹工艺美术制品厂
地址：郑州市二七区郑平路 79 号
电话：0371－68904227
邮编：450005

渑池县韶韵轩旅游商品开发有限公司
地址：三门峡市渑池县会盟东路仰韶酒厂西邻
电话：0398－2236168　13137493811
邮编：472400
网址：www. yangshaocaitao. com
电子信箱：yshhcny@ 126. com

洛阳霞光工艺制品有限公司
地址：洛阳市洛龙区龙门大道 421 号
电话：0379－65619250
邮编：471022

洛阳市美术陶瓷厂
地址：洛阳市西工区涧东路 2 号
电话：0379－63333020
邮编：471000

洛阳市工艺绣品厂
地址：洛阳市建安街
电话：0378－63952424
邮编：471000

洛阳市外贸地毯厂
地址：洛阳市瀍河区兴隆街 109 号
电话：0378－63953522
邮编：471000

龙鼎青铜器
地址：洛阳市洛龙区古城路 39 号
电话：0379－65553458
邮编：471300

焦作市工艺美术厂
地址：焦作市塔南路
电话：0394－3932550
邮编：454002

新乡市金伯利钻石城
地址：新乡市平原路
电话：0373－2042001
邮编：453000

新乡市罗马艺术雕塑制作公司
地址：新乡市劳动路
电话：0373－3055698
邮编：453000

春雷地毯厂
地址：鹤壁市
电话：0392－2623985
邮编：458030

清丰县大屯乡地毯厂
地址：濮阳市清丰县
电话：0393－7981067
邮编：457300

清丰县华龙草制工艺品厂
地址：濮阳市清丰县南关南路
电话：0393－7222997
邮编：457300

开封市仿古玉雕厂
地址：开封市尉氏县
电话：0371－27336145
邮编：475501

兰考县工艺美术厂
地址：开封市兰考县中山北街 144 号
电话：0371－26996660

邮编：475300

河南开封朱仙镇木版年画艺术馆
地址：开封市南书店街58号
电话：0371-25894678　25954678
邮编：475001

开封宋韵手绣苑
地址：开封市禹王台区铁路北沿街93号
电话：0371-22235322
邮编：475000

商丘市绣品总厂
地址：商丘市团结东路28号
电话：0370-2612907
邮编：476000

商丘双叶工艺品有限公司
地址：商丘市平原南路2号
电话：0370-3257132
邮编：476100

许昌市霸陵工艺制品厂
地址：许昌市新兴路
电话：0374-3317920
邮编：461000

郏县玉雕厂
地址：平顶山市郏县东后街
电话：0375-5162710
邮编：467100

南阳市拓宝玉器厂
地址：南阳市卧龙路180号
电话：0377-63136899　63136899
邮编：473055

石佛寺玉器厂
地址：南阳市石佛寺
电话：0377-65841618
邮编：473000

卧龙骨雕工艺厂
地址：南阳市卧龙路143号
电话：0377-63511989
邮编：473003

南阳市第二玉器厂
地址：南阳市卧龙路
电话：0377-63132450
邮编：473002

南阳市第三玉器厂
地址：南阳市文化路159号
电话：0377-63182525
邮编：473002

南阳市刺绣工艺厂
地址：南阳市工农路
电话：0377-63222555
邮编：473002

七里园根雕工艺厂
地址：南阳市和庄
电话：0377-63291056
邮编：473002

南阳龙升玉器有限公司
地址：南阳市龙升工业园
电话：0377-60592188
邮编：473000

南召丝织地毯一厂
地址：南阳市南召县人民路
电话：0377-66913438
邮编：474650

南召县丝织地毯二厂
地址：南阳市南召县城关镇
电话：0377-66913464
邮编：474650

南召县丝织地毯厂
地址：南阳市南召县城关镇丹霞路218号
电话：0377-66913190
邮编：474650

南召县华夏地毯厂
地址：南阳市南召县城郊
电话：0377-66913720
邮编：474650

南召县地毯总厂
地址：南阳市南召县人民路
电话：0377-66921686
邮编：474650

镇平县华新地毯集团
地址：南阳市镇平县工北路19号
电话：0377-65986232
邮编：474250

镇平县石佛寺玉器厂
地址：南阳市镇平县石佛寺
电话：0377-65841618
邮编：474250

镇平县四海玉器厂
地址：南阳市镇平县石佛寺镇龙翔路
电话：0377-65835359
邮编：474250

镇平县琢玉房玉器厂
地址：南阳市镇平县晁陂镇
电话：0377-65667775
邮编：474281

内乡县地毯厂
地址：南阳市内乡县北关
电话：0377-65328185　65328177
邮编：474350

淅川县地毯厂
地址：南阳市淅川县环城路郑湾
电话：0377-64212304
邮编：474450

淅川县玉器厂
地址：南阳市淅川县老街路
电话：0377-64212348
邮编：474450

淅川县亚美地毯厂
地址：南阳市淅川县人民路
电话：0377-69218289　69213482
邮编：474450

新县地毯厂
地址：信阳市新县裴河
电话：0376-2986566
邮编：465550

华兴玻璃工艺品厂
地址：周口市
电话：0394-2693308
邮编：460700

红楼雕刻厂
地址：驻马店市练江路
电话：039-2931582
邮编：463000

驻马店市木制工艺品厂
地址：驻马店市风光路
电话：039-2916367
邮编：463000

泌阳县光亚集团丝毯总厂
地址：驻马店市泌阳县迎宾路
电话：039-7928089　7922344
邮编：463700

济源市工艺美术厂
地址：济源市宣化中街152号
电话：0391-6696836
邮编：454650

旅游交通

河南黑豹旅游汽车有限公司
地址：郑州市政四街1号
电话：0371-65966780
邮编：450000

河南外事旅游汽车公司
地址：郑州市城东路288号
电话：0371-66329062
邮编：450004

良友大厦旅游出租汽车公司
地址：郑州市金水路85号
电话：0371-66234197
邮编：450000

郑州市中州旅游出租汽车公司
地址：郑州市东明路167号
电话：0371-65956233
邮编：450003

郑州火车站
地址：郑州市
电话：0371-68356666　68352222
邮编：450001

郑州长途汽车中心站
地址：郑州市
电话：0371-66983995
邮编：450000

郑州新郑国际机场
地址：郑州市机场迎宾大道
电话：0371-68510055　96666
邮编：450001

新郑市火车站
地址：郑州新郑市车站街
电话：0371-62601539
邮编：451100

新密市火车站
地址：郑州新密市七里岗
电话：0371-69810157
邮编：452300

巩义市火车站
地址：郑州巩义市光明路
电话：0371-64356677
邮编：451200

三门峡火车站
地址：三门峡市黄河东路
电话：0398-2543122
邮编：472000

义马市火车站
地址：三门峡义马市新义街建设路
电话：0398-5629857
邮编：472300

灵宝市火车站
地址：三门峡灵宝市城关
电话：0398－8661143
邮编：472500

洛阳市出租旅游汽车联营公司出租一队
地址：洛阳市西工区九都东路 13 号
电话：0379－63207821
邮编：471000

洛阳市煌上煌汽车旅游出租有限公司
地址：洛阳市洛阳桥工业品商贸城
电话：0379－63483985
邮编：471002

洛阳市旅游汽车公司
地址：洛阳市联盟路 3 号
电话：0379－65110111
邮编：471002

洛阳市新华旅游汽车有限公司
地址：洛阳市南昌路北段
电话：0379－64876305　64931105
邮编：471002

洛阳华龙旅游汽车公司
地址：洛阳市环城西路 17 号
电话：0379－65231039
邮编：471000

洛阳市二运客运总站
地址：洛阳市
电话：0379－63230604
邮编：471000

洛阳火车站
地址：洛阳市西工区金谷园路北端
电话：0379－62561222
邮编：471000

洛阳机场
地址：洛阳市
电话：0379－63935301
邮编：471000

焦作出租旅游公司
地址：焦作市站前路
电话：0391－62624795
邮编：454002

越秀汽车出租旅游公司
地址：焦作市北环路
电话：0391－62910000
邮编：454002

鹤壁火车站
地址：鹤壁市
电话：0392－3313800　2127127
邮编：454000

鹤壁北站
地址：鹤壁市北站路
电话：0392－2811072
邮编：454000

安阳火车站
地址：安阳市解放路西段
电话：0372－2516796　3271222
邮编：455000

濮阳市旅游汽车有限公司
地址：濮阳市京开大道与黄河路交叉口
电话：0393－4411373　2887235
邮编：457001

河南省开封汽车运输总公司旅游客运分公司
地址：开封市中山路南段
电话：0371－22933498
邮编：475003

开封外事旅游汽车公司
地址：开封市自由路中段
电话：0371－25956039
邮编：475001

开封市友谊外事旅游汽车有限公司
地址：开封市迎宾路 98 号
电话：0371－23984593
邮编：475000

开封长途客运总站
地址：开封市
电话：0371－25653755
邮编：475000

开封火车站
地址：开封市中山路南段
电话：0371－22572222
邮编：475000

商丘火车站
地址：商丘市站前路
电话：0370－2992222
邮编：476000

商丘汽车北站
地址：商丘市
电话：0370－2814599
邮编：476000

许昌火车站
地址：许昌市车站路票房街
电话：0374－2588222
邮编：461000

长葛市火车站
地址：许昌长葛市和尚桥镇
电话：0374－2584798
邮编：461500

漯河火车站
地址：漯河市公安街
电话：0395－5962222
邮编：462000

平顶山火车站
地址：平顶山市南环路中段南
电话：0375－4943643　7187179
邮编：467000

汝州市火车站
地址：平顶山汝州市汝州镇
电话：0375－6023169
邮编：467500

平顶山火车西站
地址：平顶山市宝丰县
电话：0375－712222
邮编：467400

南阳市利民汽车出租旅游服务公司
地址：南阳市中州路
电话：0377－63168188
邮编：473001

南阳市客运出租旅游公司
地址：南阳市车站北路
电话：0377－63159024
邮编：473001

中州出租汽车旅游公司
地址：南阳市中州路
电话：0377－63134394
邮编：473001

南阳火车站
地址：南阳市车站路
电话：0377－63082222　63085555
邮编：473000

南阳机场
地址：南阳市
电话：0377－63223872
邮编：473000

中州集团鸿运汽车旅游有限公司南阳分公司
地址：南阳市中州东路
电话：0377－63895599
邮编：473001

信运集团出租旅游租赁公司
地址：信阳市人民路 4 号
电话：0376－6263898
邮编：464000

信阳火车站
地址：信阳市新华东路
电话：0376－6224114
邮编：464000

周口火车站
地址：周口市周项路
电话：0394－8222013
邮编：466000

长城旅游出租服务公司
地址：驻马店市风光路
电话：0396－2916306
邮编：463000

驻马店市出租旅游服务公司
地址：驻马店市文明路南段
电话：0396－2812973
邮编：463000

驻马店火车站
地址：驻马店市解放路
电话：0396－2912423
邮编：463000

济源火车站
地址：济源市
电话：0391－2592299
邮编：454650

湖　北

HUBEI

旅游机构

湖北省旅游局
地址：武汉武昌区中北路 98 号
电话：027－87124700
邮编：430077

湖北省旅游质量监督管理所
地址：武汉武昌区中北路 98 号
电话：027－87124694
邮编：430077

武汉市旅游局
地址：武汉汉口沿江大道 133 号广源大厦
电话：027－82761223
邮编：430017

十堰市旅游局
地址：十堰市柳林路 32 号
电话：0719－8675372
邮编：442000

襄阳市旅游局
地址：襄阳市运动路 88 号
电话：0710－3511627
邮编：441021

荆门市旅游局
地址：荆门市象山一路 9 号
电话：0724－2376134
邮编：448000

孝感市外事侨务旅游局
地址：孝感市城站路 26 号
电话：0712－2856885
邮编：432100

黄冈市旅游局
地址：黄冈市阮家凉亭路 7 号
电话：0713－8617257
邮编：438000

鄂州市旅游局
地址：鄂州市滨湖南路 11 号
电话：0711－3352728
邮编：436000

黄石市旅游局
地址：黄石市杭州路 42 号
电话：0714－6359000
邮编：435003

咸宁市旅游局
地址：咸宁温泉路笔架山街 1 号
电话：0715－8251996
邮编：437100

荆州市文物旅游局
地址：荆州市北京中路 253 号
电话：0716－8191981
邮编：434000

宜昌市旅游局
地址：宜昌市云集路 25 号
电话：0717－6253345
邮编：443000

随州市外事侨务旅游局
地址：随州市城南新区市政大楼
电话：0722－3596125
邮编：441300

仙桃市外事侨务旅游局
地址：仙桃市仙桃大道特 1 号市政 4 楼
电话：0728－3491038
邮编：433000

天门市外事侨务旅游局
地址：天门市政府院
电话：0728－5225505
邮编：431700

潜江市文化旅游局
地址：潜江市章华大道 18 号
电话：0728－6242823
邮编：433100

神农架林区旅游委
地址：神农架林区松柏镇
电话：0719－3335609
邮编：442400

恩施土家族苗族自治州旅游局
地址：恩施州恩施市施州大道 63 号
电话：0718－8247624
邮编：445000

旅行社

武汉市海外旅游有限责任公司
地址：武汉市汉口沿江大道 133 号广源大厦 10 楼
电话：027－82765285　82765288
邮编：430030
网址：www. whotc. com. cn
许可证号：L－HUB－CJ00001

湖北省海外旅游（集团）有限公司
地址：武汉市江岸区中山大道 909 号
电话：027－82775822
邮编：430014
网址：www. hotours. com
许可证号：L－HUB－CJ00002

长江轮船海外旅游总公司
地址：武汉市江汉区沿江大道 69 号
电话：027－85664816
邮编：430021
网址：www. ccotc. com
许可证号：L－HUB－CJ00003

宜昌汇点三峡中国国际旅行社集团有限公司
地址：宜昌市隆康路 18 号
电话：0717－6224388　6224188
邮编：443000
网址：www. yccits. com
许可证号：L－HUB－CJ00004

湖北省扬子江国际旅行社有限公司
地址：武汉市解放大道单洞路口国际大厦 B 栋 21 层
电话：027－85826436　85860713
邮编：430022
网址：www. yangtzeour. com
电子信箱：374638902@ qq. com
许可证号：L－HUB－CJ00005

湖北省中国旅行社有限责任公司
地址：武汉市武昌区体育馆路 1 号
电话：027－87320095
邮编：430061
网址：www. hbcts. com
许可证号：L－HUB－CJ00006

武汉东星国际旅行社有限公司
地址：武汉市武昌区洪山路 2 号
电话：027－87138361　88706065
邮编：430071
许可证号：L－HUB－CJ00007

武汉中国旅行社有限公司
地址：武汉市口洞庭街 127 号
电话：027－82804205
邮编：430017
网址：www. whcts. cn
许可证号：L－HUB－CJ00008

湖北省中国青年旅行社
地址：武汉市武昌水果湖东三路 7 号
电话：027－87300619
邮编：430071
网址：www. hubcyts. com
许可证号：L－HUB－CJ00009

湖北海外十堰中国国际旅行社有限公司
地址：十堰市朝阳路 8 号
电话：0719－8693156
邮编：442000
网址：www. hotsycits. com
许可证号：L－HUB－CJ00010

中南国际旅游公司（湖北）
地址：武汉市汉口黄石路 58 号
电话：027－82816501
邮编：430014
网址：www. zngl. com
许可证号：L－HUB－CJ00011

荆州中国国际旅行社
地址：荆州市荆东路 52 号
电话：0716－8467552
邮编：434020
网址：www. citsjz. com
许可证号：L－HUB－CJ00012

襄樊铁路国际旅行社
地址：襄阳市前进路 46 号
电话：0710－3260845　3221324
邮编：441003
网址：www. xrits. com
许可证号：L－HUB－CJ00013

武汉春秋国际旅行社有限公司
地址：武汉市解放大道 634 号新世界中心 A 座 9 层
电话：027－82779977
邮编：430017
网址：www. cq66. com
许可证号：L－HUB－CJ00014

宜昌大三峡国际旅行社
地址：宜昌市东山大道 80 号
电话：0717－6767572　6767563
邮编：443002
网址：www. dasamxia. com
许可证号：L－HUB－CJ00015

湖北徐东国际旅行社有限公司
地址：武汉市武昌区徐东大街 27 号
电话：027－86811898　86714620
邮编：430062
许可证号：L－HUB－CJ00016

荆州中国青年旅行社有限公司
地址：荆州市工农路 10 号
电话：0716－8278001
邮编：434020
网址：www. cytsjz. com
许可证号：L－HUB－CJ00017

湖北天鹅国际旅行社有限公司
地址：武汉市武昌区中北路 24 号龙源国际

广场A座19楼
电话：027－87843389
邮编：430077
网址：www.swaninter.com.cn
许可证号：L－HUB－CJ00018

湖北新航线国际旅行社有限责任公司
地址：武汉市宝丰路1号
电话：027－83652806
邮编：430032
许可证号：L－HUB－CJ00019

湖北康辉国际旅行社有限责任公司
地址：武汉市武昌区黄鹂路39号
电话：027－86777300　86777301
邮编：430077
网址：www.hbcct.com.cn
许可证号：L－HUB－CJ00020

中国国旅（武汉）国际旅行社有限公司
地址：武汉市宝丰路6号湖北商务大楼
电话：027－83601010
邮编：441000
网址：www.wuhcits.com
许可证号：L－HUB－CJ00021

湖北九州国际旅行社有限责任公司
地址：黄石市武汉路3号
电话：0714－6231699
邮编：435000
许可证号：L－HUB－CJ00023

十堰市武当国际旅行社有限公司
地址：十堰市公园路71号农行大厦9楼
电话：0719－8680033
邮编：442000
许可证号：L－HUB－CJ00025

湖北东方国际旅行社有限公司
地址：武汉市洪山区关山大道9号1栋
电话：027－87800000
邮编：430074
电子信箱要：magesheng@sina.com
许可证号：L－HUB－CJ00026

湖北嘉程国际旅行社有限公司
地址：武汉市武昌区友谊大道特1号广达大厦0503室
电话：027－88229165
邮编：430061
电子信箱：qihaitao2006@hotmail.com
许可证号：L－HUB－CJ00027

湖北大众之旅国际旅行社有限公司
地址：武汉市江岸区怡东大厦29层M室
电话：027－82800090
邮编：430015
电子信箱：dzvisit00@163.com
许可证号：L－HUB－CJ00028

湖北诚胜国际旅行社有限责任公司
地址：武汉市硚口区汉江公寓A栋3单元15层3号
电话：027－59888259
邮编：430000
电子信箱：whxiangyong0620@163.com
许可证号：L－HUB－CJ00029

武汉学知旅国际旅行社有限责任公司
地址：武汉市洪山区珞瑜路78号长江传媒大厦17楼
电话：027－68753785
邮编：430070
许可证号：L－HUB－CJ00030

武汉华之旅国际旅行社有限公司
地址：武汉市江汉区解放大道868号
电话：027－68850898
邮编：430000
许可证号：L－HUB－CJ00031

大别山国际旅行社有限公司
地址：武汉市洪山区雄楚大街绿汀雅境小区三栋三单元202室
电话：027－87772257
邮编：430000
许可证号：L－HUB－CJ00032

武汉宝中旅程国际旅行社有限公司
地址：武汉市解放大道1007号兴隆大厦写字楼第15A层
电话：027－83339001　83331333
邮编：430032
许可证号：L－HUB－CJ00033

荆州市天马国际旅行社有限公司
地址：荆州市江津中路245－5号
电话：0716－8126778　8850035
邮编：434000
许可证号：L－HUB－CJ00034

湖北峡州国际旅行社有限公司
地址：宜昌市夷陵路52号
电话：0717－6440611
邮编：443000
许可证号：L－HUB－CJ00035

宜昌顺达国际旅行社有限公司
地址：宜昌市云集路25号
电话：0717－6253300　6253888
邮编：443000
许可证号：L－HUB－CJ00036

荆门市旭冉国际旅行社有限公司
地址：荆门市白云大道30号
电话：0724－2359111　2359222
邮编：448000
许可证号：L－HUB－CJ00037

十堰大众国际旅行社有限公司
地址：十堰市车站路29号
电话：0719－8806609　8806699
邮编：442000
许可证号：L－HUB－CJ00038

湖北中旅商务国际旅行社有限责任公司
地址：武汉市武昌区体育馆路5号10栋1－9层
电话：027－88064680
邮编：430071
电子信箱：47194526@qq.com
许可证号：L－HUB－CJ00039

武汉大唐国际旅行社有限责任公司
地址：武汉市江岸区黄石路特1号汉港大厦6楼D座
电话：027－82786808
邮编：430014
电子信箱：th@travelwuhan.com
许可证号：L－HUB－CJ00040

湖北易游天下国际旅行社有限公司
地址：武汉市江汉区发展大道176号兴城大厦A座12层3室
电话：027－65683495
邮编：430000
电子信箱：756657646@qq.com
许可证号：L－HUB－CJ00041

武汉银龙假期旅行社有限公司
地址：武汉市江岸区香港路92号综合楼C2－2栋3单元601室
电话：027－82440956
邮编：430015
电子信箱：466424490@qq.com
许可证号：L－HUB－CJ00042

湖北咸宁康辉国际旅行社有限公司
地址：咸宁市长安大道60－2号
电话：0715－8319766
邮编：437000
电子信箱：605965938@qq.com
许可证号：L－HUB－CJ00043

湖北省职工国际旅行社
地址：武汉市武昌区紫阳路234号
电话：027－50708369
邮编：430060
电子信箱：20359759@qq.com
许可证号：L－HUB－CJ00044

武汉市航海国际旅行社有限公司
地址：武汉市武昌区中山路450号（719所内）
电话：027－88059183
邮编：430064
电子信箱：357995047@qq.com
许可证号：L－HUB－CJ00045

湖北海旅百事通国际旅行社有限公司
地址：武汉市江汉区沿江大道69号长航大厦6层604、605室
电话：027－85647600
邮编：430021
许可证号：L－HUB－CJ00046

湖北华天国际旅行社有限公司
地址：武汉市武昌区徐家棚街三角路村福星惠誉水岸国际1幢11层8－15号
电话：027－87277775
邮编：430061
许可证号：L－HUB－CJ00047

武汉运通国际旅行社有限公司
地址：武汉市武昌区首义小区45号6－2号
电话：027－88322868
邮编：430061
许可证号：L－HUB－CJ00048

武汉万国国际旅行社有限公司
地址：武汉市江岸区香港路21号
电话：027－85720431
邮编：430014
许可证号：L－HUB－CJ00049

武汉碧海蓝天国际旅行社有限公司
地址：武汉市江岸区江汉北路106号
电话：027－52653270
邮编：430014
许可证号：L－HUB－CJ00050

湖北寰宇国际旅行社有限公司
地址：武汉市武昌区中北路156号长源大厦19楼
电话：027－86770567
邮编：430061
许可证号：L－HUB－CJ00051

湖北航空假日国际旅行社有限公司
地址：武汉市江汉区新华路186号福星城市花园1栋3单元501号
电话：027－85350110
邮编：430021
许可证号：L－HUB－CJ00052

赤壁市金梦旅行社有限责任公司
地址：咸宁赤壁市陆水湖大道
电话：0715－5355958　5357278
邮编：437300
许可证号：L－HUB－CJ00053

湖北幸运乐游国际旅行社有限公司
地址：武汉市江汉区汉口火车站前小区兴城大厦 A 座 1302 室
电话：027－85744085
邮编：430021
许可证号：L－HUB－CJ00054

武汉中旅假日旅行社有限责任公司
地址：武汉市武昌区体育馆路 1 号
电话：027－87127822
邮编：430061
许可证号：L－HUB－CJ00055

湖北中青国际旅游有限公司
地址：武汉市武昌区中北路 233 号世纪彩城 E 区世纪大厦 7 层 1 号
电话：027－87367377　87367477
邮编：430071
许可证号：L－HUB－CJ00056

武汉中南民大国际旅行社有限责任公司
地址：武汉市洪山区民族大道 182 号（南一门）
电话：027－67841622
邮编：430070
许可证号：L－HUB－CJ00057

武汉天安假日国际旅行社有限公司
地址：武汉市江岸区澳门路 123 号 B 座 2201 室
电话：027－82869681　82869691
邮编：430010
许可证号：L－HUB－CJ00058

武汉青年国际旅行社有限公司
地址：武汉市江岸区解放大道 1435 号
电话：027－85771165
邮编：430014
许可证号：L－HUB－CJ00059

武汉铁路国际旅行社
地址：武汉市武昌区武南三村 6 号
电话：027－51169095
邮编：430064
许可证号：L－HUB－CJ00060

宜昌天马国际旅行社有限责任公司
地址：宜昌市胜利三路 58 号
电话：0717－6436887
邮编：443000
许可证号：L－HUB－CJ00062

宜昌神兴旅行社有限公司
地址：宜昌市西陵区解放路时代广场 B 座 10 楼
电话：0717－6224169
邮编：443000
许可证号：L－HUB－CJ00063

湖北捷程国际旅行社有限公司
地址：武汉市江岸区解放公园路 44 号
电话：027 82628119
邮编：430014
许可证号：L－HUB－CJ00063

湖北金桥假日国际旅游有限责任公司
地址：武汉市武昌区中北路 148 号（东沙大厦 B 座 5F）
电话：027－87283965　87263011
邮编：430061
许可证号：L－HUB－CJ00064

武汉沪春秋旅行社有限公司
地址：武汉市江岸区解放大道 1014 号
电话：027－82833365
邮编：430014
许可证号：L－HUB－CJ00065

武汉东海之光国际旅行社有限公司
地址：武汉市江汉区菱角湖万达广场 A3－1103－1105 室
电话：15872365976
邮编：430021
许可证号：L－HUB－CJ00066

饭　店

香格里拉大饭店 ★★★★★
地址：武汉市江岸区建设大道 700 号
电话：027－85806868
邮编：430015

华美达天禄酒店 ★★★★★
地址：武汉市汉口青年路 5 号
电话：027－83630888
邮编：430030

东湖大厦 ★★★★★
地址：武汉市武昌区姚家岭 231 号
电话：027－67813999
邮编：430071

新华大饭店 ★★★★★
地址：武汉市江汉区建设大道 558 号
电话：027－85551188
邮编：430022

最佳西方五月花大酒店 ★★★★★
地址：武汉市武昌区武珞路 385 号
电话：027－68871588
邮编：430070

武汉华美达光谷大酒店 ★★★★★
地址：武汉市武昌区珞瑜路 726 号
电话：027－87806888
邮编：430074

武汉光明万丽酒店 ★★★★★
地址：武汉市武昌区徐东大街 160 号
电话：027－86621388
邮编：430061

保利白玫瑰大酒店 ★★★★★
地址：武汉市武昌区民主路 474 号
电话：027－68876888
邮编：430061

武汉马哥孛罗酒店 ★★★★★
地址：武汉市江岸区沿江大道 159 号时代广场
电话：027－82778888
邮编：430014

武汉新世界酒店 ★★★★★
地址：武汉市汉口解放大道 630 号
电话：027－ 83808888
邮编：430014

武汉江城明珠豪生酒店 ★★★★★
地址：武汉市汉口沿江大道 182 号
电话：027－82776666
邮编：430014

武汉锦江国际大酒店 ★★★★★
地址：武汉市江汉区建设大道 707 号
电话：027－85786888
邮编：430021

湖北洪山宾馆 ★★★★★
地址：武汉市武昌区中北路 1 号
电话：027－87311888
邮编：430061

武汉光谷金盾大酒店 ★★★★★
地址：武汉市洪山区吴家湾特 1 号
电话：027－87887788
邮编：430074

十堰武当雅阁国际大酒店 ★★★★★
地址：十堰市北京北路 78 号
电话：0719－8608888
邮编：442000

襄阳万达皇冠假日酒店 ★★★★★
地址：襄阳市樊城区长虹北路 11 号
电话：0710－3288866
邮编：441001

襄阳城市名人酒店 ★★★★★
地址：襄阳市樊城区炮铺街特 1 号
电话：0710－3488888
邮编：441000

磁湖山庄 ★★★★★
地址：黄石市湖锦路 1 号
电话：0714－6353333
邮编：435003

咸宁碧桂园凤凰温泉酒店 ★★★★★
地址：咸宁市咸安去温泉潜山公园旁
电话：0715－8819999
邮编：437000

荆州晶崴国际大酒店 ★★★★★
地址：荆州市沙市区公园路 12 号
电话：0716－8222222
邮编：434000

宜昌万达皇冠假日酒店 ★★★★★
地址：宜昌市伍家岗区沿江大道特 169 号
电话：0717－6588888
邮编：443001

均瑶锦江国际大酒店 ★★★★★
地址：宜昌市西陵一路 51 号
电话：0717－8868888
邮编：443000

湖北新大地酒店 ★★★★
地址：武汉市武昌区武珞路 330 号
电话：027－87812788
邮编：430061

武汉沌口长江大酒店 ★★★★
地址：武汉市经济技术开发区创业道 128 号
电话：027－84555666
邮编：430014

武汉新港国际大酒店 ★★★★
地址：武汉市阳逻经济开发区余泊路特 1 号
电话：027－ 89620888
邮编：430014

珞珈山国际酒店 ★★★★
地址：武汉市武昌区武珞路 723 号
电话：027－87166666
邮编：430061

亚洲大酒店 ★★★★
地址：武汉市汉口解放大道 616 号
电话：027－83807777
邮编：430030

晴川假日酒店 ★★★★
地址：武汉市汉阳区洗马长街 88 号
电话：027－84716688
邮编：430050

江汉饭店 ★★★★
地址：武汉市汉口胜利街 245 号
电话：027－68825888
邮编：430014

金盾大酒店 ★★★★
地址：武汉市汉口青年路 350 号
电话：027－68855666
邮编：430030

中原国际大酒店 ★★★★
地址：武汉市江岸区黄埔大街 27 号
电话：027－68829999
邮编：430010

弘毅大酒店 ★★★★
地址：武汉市武昌区东湖路 136 号
电话：027－67819888
邮编：430071

东湖宾馆 ★★★★
地址：武汉市武昌区东湖路 142 号
电话：027－68881888
邮编：430077

安华大酒店 ★★★★
地址：武汉市武昌区紫阳路 281 号
电话：027－88308888
邮编：430064

帅府饭店 ★★★★
地址：武汉市武昌区八一路 98 号
电话：027－87871666　87168888
邮编：430071

高雄大酒店 ★★★★
地址：武汉市汉口建设大道 907 号
电话：027－85492288　85492183
邮编：430015

海怡锦江大酒店 ★★★★
地址：武汉市武昌区洪山路特 1 号
电话：027－87126666
邮编：430071

武钢宾馆 ★★★★
地址：武汉市青山区和平大道 943 号
电话：027－68864888
邮编：430082

梨园大酒店 ★★★★
地址：武汉市武昌区徐东路 343 号
电话：027－86772029
邮编：430071

武汉市职工疗养院 ★★★★
地址：武汉市蔡甸区新农街张家渡
电话：027－69602410
邮编：430101

葛洲坝大酒店 ★★★★
地址：武汉市硚口区解放大道 558 号
电话：027－68835888
邮编：430030

中天世纪大酒店 ★★★★
地址：武汉市洪山区南湖大道政院路 1 号
电话：027－87175888
邮编：430070

海滨城度假村 ★★★★
地址：武汉市经济技术开发区洪山西大街特 1 号
电话：027－84222818
邮编：430056

纽宾凯国际酒店 ★★★★
地址：武汉市江汉区新华路 231 号
电话：027－59528888
邮编：430022

美联酒店 ★★★★
地址：武汉市汉口解放大道 868 号
电话：027－85867888
邮编：430022

滨湖大厦 ★★★★
地址：武汉市武昌东湖路 325 号
电话：027－68892222
邮编：430077

新大陆莲花湖酒店 ★★★★
地址：武汉市蔡甸区文正街 172 号
电话：027－84780666
邮编：430100

武汉九龙大酒店 ★★★★
地址：武汉市武昌武泰闸三角塘 38－40 号
电话：027－59808688
邮编：430060

卓悦假日酒店 ★★★★
地址：武汉市洪山卓刀泉南路 45 号
电话：027－87051888
邮编：430034

汉正瑞鑫大酒店 ★★★★
地址：武汉市硚口解放大道 148 号
电话：027－68839999
邮编：430079

铁桥建国大酒店 ★★★★
地址：武汉市汉阳区汉阳大道 648 号
电话：027－84889988
邮编：430050

纽宾凯金银湖国际酒店 ★★★★
地址：武汉市东西湖区金银湖路 18 号
电话：027－59101111
邮编：430212

武当山宾馆 ★★★★
地址：十堰市武当山旅游经济特区永乐路
电话：0719－5665548
邮编：442000

车城宾馆 ★★★★
地址：十堰市张湾青年广场巷 4 号
电话：0719－8224939
邮编：442001

汉江国际大酒店 ★★★★
地址：襄阳市建华路 9 号
电话：0710－3276666
邮编：441000

川惠大酒店 ★★★★
地址：襄阳市襄城区宜宾路 15 号
电话：0710－3528888－8806
邮编：441021

奥华国际大酒店 ★★★★
地址：襄阳老河口市北京路 429 号
电话：0710－8222666
邮编：441800

枣阳国际大酒店 ★★★★
地址：襄阳枣阳市东环路书院街
电话：0710－6699999
邮编：441200

凯莱世纪大酒店 ★★★★
地址：荆门市长宁大道 16 号
电话：0724－2318888
邮编：448000

凤凰花苑酒店 ★★★★
地址：荆门市掇刀区凤衰路 8 号
电话：0724－2383888
邮编：434500

帝豪国际酒店 ★★★★
地址：荆门市长宁大道 21 号
电话：0724－2222999
邮编：448000

莫愁湖国际大酒店 ★★★★
地址：荆门钟祥市莫愁湖路
电话：0724－4968888
邮编：431900

京山玉丰国际大酒店 ★★★★
地址：荆门市京山县新市大道特一号
电话：0724－7336138
邮编：431800

孝感市万事达国际大酒店 ★★★★
地址：孝感市黄陂大道 17 号
电话：0712－2880188
邮编：432100

孝感市天紫湖大酒店 ★★★★
地址：孝感市肖港镇天紫湖生态旅游度假区
电话：0712－2699999
邮编：432100

锦怡大酒店 ★★★★
地址：孝感市城站路 227 号
电话：0712－2885888
邮编：4240040

荣欣国际酒店 ★★★★
地址：孝感市宝成路 88 号
电话：0712－2778888
邮编：432000

应城金港大酒店 ★★★★
地址：孝感应城市广场大道 99 号
电话：0712－3229999
邮编：432400

白云大酒店 ★★★★
地址：孝感汉川市欢乐街 18 号
电话：0712－8293888
邮编：432800

云梦玉丰国际大酒店 ★★★★
地址：孝感市云梦县建设东路特 1 号
电话：0712－4239622
邮编：432500

东源大酒店 ★★★★
地址：黄冈市新港大道二号
电话：0713－8688888
邮编：438000

黄冈市麻城聚豪大酒店 ★★★★
地址：黄冈市麻城市金桥大道 118 号
电话：0713－ 2528888
邮编：438000

武穴市龙潭宾馆
地址：黄冈武穴市龙潭路 33 号
电话：0713－6288888
邮编：435400

湖北

黄梅皇家大酒店 ★★★★
地址：黄冈市黄梅县黄梅大道 500 号
电话：0713－3352888
邮编：435500

黄梅世纪锦园大酒店 ★★★★
地址：黄冈市黄梅县黄梅大道 777 号
电话：0713－3118888
邮编：435500

长城花园大酒店 ★★★★
地址：鄂州市滨湖南路 36 号
电话：0711－5919999
邮编：436000

凤凰山庄 ★★★★
地址：鄂州市凤凰路 56 号
电话：0711－3838378　3838000
邮编：436000

红莲湖高尔夫乡村俱乐部 ★★★★
地址：鄂州市华容区红莲湖旅游开发区
电话：0711－3625888－8788
邮编：436000

金花大酒店 ★★★★
地址：黄石市颐阳路 248 号
电话：0714－6225941
邮编：435003

大冶梅红度假山庄 ★★★★
地址：黄石大冶市灵乡镇坳头村
电话：0714－8477777
邮编：435100

大冶金湾国际酒店 ★★★★
地址：黄石大冶市东风路特 1 号
电话：0714－8766666
邮编：435003

阳新国际大酒店 ★★★★
地址：黄石市阳新县陵园大道特 1 号
电话：0714－7769999
邮编：435200

温泉谷大酒店 ★★★★
地址：咸宁市温泉月亮湾路
电话：0715－8199999
邮编：437100

赤壁大酒店 ★★★★
地址：咸宁赤壁市陆水湖大道 427 号
电话：0715－5367666
邮编：437300

山湖温泉度假酒店 ★★★★
地址：咸宁市嘉鱼县连江大道
电话：0715－6668888
邮编：437200

金九龙大酒店 ★★★★
地址：荆州市南环路 18 号
电话：0716－8478888
邮编：434100

石首国际大酒店 ★★★★
地址：荆州石首市奔马商业街 41 号
电话：0716－7225666
邮编：434400

桃花岭饭店 ★★★★
地址：宜昌市云集路 29 号
电话：0717－6236666
邮编：443000

国际大酒店 ★★★★
地址：宜昌市沿江大道 127 号
电话：0717－6222888
邮编：443000

三峡工程大酒店（拿云楼） ★★★★
地址：宜昌市坝区江峡大道
电话：0717－6613666
邮编：443000

葛洲坝宾馆 ★★★★
地址：宜昌市东山大道 82 号
电话：0717－8866666
邮编：443000

盈嘉酒店 ★★★★
地址：宜昌市珍珠路 69 号
电话：0717－6736666
邮编：443000

金狮宾馆 ★★★★
地址：宜昌市夷陵区夷兴大道 71 号
电话：0717－8855888
邮编：443100

峡州宾馆（瑞杰楼） ★★★★
地址：宜昌市夷陵大道 78 号
电话：0717－8866888
邮编：443000

龙泉山庄 ★★★★
地址：宜昌市峡口风景区
电话：0717－8861818
邮编：443000

鸣凤宾馆 ★★★★
地址：宜昌市远安县
电话：0717－3819888
邮编：443000

兴山昭君山庄 ★★★★
地址：宜昌市兴山县古夫镇昭君路 12 号
电话：0717－2586666
邮编：443711

炎帝大酒店 ★★★★
地址：随州市烈山大道 217 号
电话：0722－3310777
邮编：441300

齐星湖休闲村 ★★★★
地址：随州市沿河大道 3 号
电话：0722－3263800
邮编：441300

随州宾馆 ★★★★
地址：随州市沿河大道 113 号
电话：0722－3330888
邮编：441300

玉龙温泉欢乐谷神农居 ★★★★
地址：随州市洪山镇温泉村
电话：0722－4828888
邮编：441318

云都大酒店 ★★★★
地址：随州广水市永阳大道 17 号
电话：0722－7119888
邮编：432700

天诚国际大酒店 ★★★★
地址：仙桃市黄金大道中段 88 号
电话：0728－3329888
邮编：433000

天怡大酒店 ★★★★
地址：仙桃市沔阳大道 37 号
电话：0728－3266888
邮编：433000

华康国际大酒店 ★★★★
地址：潜江市潜阳中路 3 号
电话：0728－6296888
邮编：433100

神农架宾馆 ★★★★
地址：神农架林区松柏镇
电话：0719－3308666
邮编：442400

恩施国际大酒店 ★★★★
地址：恩施州恩施市东风大道 264 号
电话：0718－ 8229999
邮编：445000

怡和国际大酒店 ★★★★
地址：恩施市施州大道 30 号
电话：0718－8246666
邮编：445000

恩施亚洲大酒店 ★★★★
地址：恩施市午阳大街一巷 122 号
电话：0718－8279888
邮编：445000

富源国宾酒店 ★★★★
地址：恩施市航空大道 96 号
电话：0718－8224483
邮编：445000

利川国际大酒店 ★★★★
地址：恩施州利川市清江大道 216 号
电话：0718－7298188　7266351
邮编：445400

利川市尚品国际酒店 ★★★★
地址：恩施州利川市清源路 88 号
电话：0718－7811111
邮编：445400

建始县小西湖大酒店 ★★★★
地址：恩施州建始县花坪镇小西湖村
电话：0718－3818688
邮编：445300

建始茨泉大厦 ★★★★
地址：恩施州建始县业州镇茨泉路 3 号
电话：0718－3321888
邮编：445300

武汉铁路九州饭店 ★★★
地址：武汉市中山路 529 号
电话：027－ 51167172
邮编：430014

湖北邮政客户服务接待中心 ★★★
地址：武汉市江汉经济开发区江旺路 18 号
电话：027－68838088
邮编：430021

武汉市诺琦酒店管理有限公司 ★★★
地址：武汉市武昌区中山路 309 号
电话：027－68885000
邮编：430061

武汉惠苑大厦酒店管理有限公司 ★★★
地址：武汉市武昌区张之洞路 211 号
电话：027－50708332
邮编：430061

武汉南天商务酒店 ★★★
地址：武汉市汉南区汉南大道 1259 号
电话：027－84759888
邮编：430090

凤翔岛国际会议中心 ★★★
地址：武汉市蔡甸区大集凤凰村

电话：027－69543491
邮编：430100

武汉璇宫饭店 ★★★
地址：武汉市汉口江汉一路57号
电话：027－68822588
邮编：430014

长海大酒店 ★★★
地址：武汉市汉口沿江大道111号
电话：027－82818980
邮编：430014

丽江饭店 ★★★
地址：武汉市武昌体育馆1号
电话：027－87813666
邮编：430070

银丰宾馆 ★★★
地址：武汉市汉口中山大道400号
电话：027－85330188
邮编：430031

武汉迎宾馆 ★★★
地址：武汉市汉口惠济路40号
电话：027－82426476
邮编：430010

汇申大酒店 ★★★
地址：武汉市沿江大道234号
电话：027－68826666
邮编：430010

新宜大酒店 ★★★
地址：武汉市武昌区中山路356号
电话：027－68882666　88077400
邮编：430064

金穗宾馆 ★★★
地址：武汉市武昌区中华路44号
电话：027－68882888
邮编：430060

宝丰宾馆 ★★★
地址：武汉市硚口区宝丰二路
电话：027－68833999
邮编：430030

长航大酒店 ★★★
地址：武汉市汉口惠济路15号
电话：027－68825188　68825100
邮编：430010

清江饭店 ★★★
地址：武汉市武昌区中华路105号
电话：027－88855588
邮编：430060

循礼门饭店 ★★★
地址：武汉市汉口解放大道1413号
电话：027－885772177
邮编：430022

湖北饭店 ★★★
地址：武汉市武昌区洪山路10号
电话：027－87811311
邮编：430071

金三九酒店 ★★★
地址：武汉市汉口惠济二路6号
电话：027－68829999
邮编：430010

新航酒店 ★★★
地址：武汉市汉阳区汉阳大道578号
电话：027－68842188
邮编：430051

三环大酒店 ★★★
地址：武汉市武昌区武珞路356号
电话：027－87833333
邮编：430070

太阳岛国际俱乐部 ★★★
地址：武汉市黄陂区木兰湖风景区
电话：027－61550888
邮编：430014

福星岛度假村 ★★★
地址：武汉市黄陂区木兰湖风景区
电话：027－61551418
邮编：432214

龙安大酒店 ★★★
地址：武汉市洪山区民院路124号
电话：027－87770188
邮编：430074

华云大酒店 ★★★
地址：武汉市江岸区解放大道1558号
电话：027－82902858　59515858
邮编：430012

君益宾馆 ★★★
地址：武汉市桥口路166号特1号
电话：027－83787988　68833188
邮编：430030

新谷大酒店 ★★★
地址：武汉市东西湖区东西湖大道120号
电话：027－83240157
邮编：430040

民航金海大酒店 ★★★
地址：武汉市江汉区江汉北路97号
电话：027－68852000
邮编：430022

帅府车友酒店 ★★★
地址：武汉市汉阳区二桥路18号
电话：027－84460066
邮编：430051

机场宾馆 ★★★
地址：武汉市天河机场内
电话：027－85818630
邮编：432202

多福度假山庄 ★★★
地址：武汉市蔡甸区大集街
电话：027－69163199
邮编：430113

希木大酒店 ★★★
地址：武汉市江汉区新华路22号
电话：027－85551558
邮编：430015

阳逻山庄 ★★★
地址：武汉市新洲区阳逻经济开发区汉施路
电话：027－86960000
邮编：430415

军安宾馆 ★★★
地址：武汉市江汉区火车站东路金墩街4号
电话：027－50539088
邮编：430023

东湖碧波宾馆 ★★★
地址：武汉市洪山区东湖磨山
电话：027－87510003
邮编：430074

广西大厦 ★★★
地址：武汉市武昌区中山路309号
电话：027－68885000
邮编：430061

财苑大厦 ★★★
地址：武汉市武昌区民主路406号
电话：027－68886888
邮编：430061

卓刀泉大厦 ★★★
地址：武汉市洪山区卓刀泉北路东湖桥24号
电话：027－87881888
邮编：430079

梦天湖山庄 ★★★
地址：武汉市江夏区庙山开发区向阳村
电话：027－81800069
邮编：430200

古龙山庄 ★★★
地址：武汉市江夏区宁港乡灵山
电话：027－87020158
邮编：430200

陆兴大酒店 ★★★
地址：武汉市汉阳区十里铺
电话：027－84888868
邮编：430051

金石花宾馆 ★★★
地址：武汉市武昌区民主二路33号
电话：027－50705556
邮编：430071

鑫东方大酒店 ★★★
地址：武汉市武昌区民主路563号
电话：027－87816688
邮编：430071

金凯东亚酒店 ★★★
地址：武汉市经济技术开发区
电话：027－68842888
邮编：430056

东风宾馆 ★★★
地址：武汉市洪山区武珞路652号
电话：027－87865982　57865983
邮编：430070

扬子江饭店竹叶山店 ★★★
地址：武汉市江岸区赵家条北村特1号
电话：027－68820688
邮编：430020

江城大酒店 ★★★
地址：武汉市汉口新火车站北侧
电话：027－85878578
邮编：430030

洪山宾馆 ★★★
地址：武汉市武昌区中北路1号
电话：027－87824112
邮编：430070

侨亚度假村 ★★★
地址：武汉市蔡甸区汉阳大街特8号
电话：027－84921185
邮编：430100

阳逻水乡度假村 ★★★
地址：武汉市新洲区阳逻经济开发区平江东路288号
电话：027－89630088
邮编：430415

小天鹅宾馆 ★★★
地址：武汉市青年路285号
电话：027－83330001

邮编：430015

丰颐大酒店 ★★★
地址：武汉市武昌八一路 336 号
电话：027－67811219　67811212
邮编：430072

凤翔岛度假村 ★★★
地址：武汉市蔡甸区大集凤凰村
电话：027－69543491
邮编：430000

邮政大酒店 ★★★
地址：武汉市江汉区江旺路 18 号
电话：027－83560068
邮编：430021

惠苑大厦 ★★★
地址：武汉市武昌紫阳路 207 号
电话：027－50708888
邮编：430061

新大地酒店 ★★★
地址：武汉市武昌武珞路 334 号
电话：027－87812788
邮编：430061

东风神龙宾馆 ★★★
地址：十堰市公园路 91 号
电话：0719－8221156
邮编：442000

武当山太和玄武大酒店
地址：十堰市武当太和大道
电话：0719－5665526
邮编：442700

商贸大厦 ★★★
地址：十堰市人民路 1 号
电话：0719－8100000
邮编：442000

燕良大酒店 ★★★
地址：十堰市人民路 38 号
电话：0719－8668888
邮编：442000

华中大酒店 ★★★
地址：十堰市人民南路 8 号
电话：0719－8891899
邮编：442000

金穗宾馆 ★★★
地址：十堰市人民南路 19 号
电话：0719－8898588
邮编：442000

堰丰宾馆 ★★★
地址：十堰市人民北路 42 号
电话：0719－8100008
邮编：442000

汉江国际大酒店 ★★★
地址：十堰市北京路北路 15 号
电话：0719－8488000
邮编：442000

美乐大酒店 ★★★
地址：十堰市人民路 46 号
电话：0719－8662116
邮编：442000

惠泽宾馆 ★★★
地址：十堰市公园路 21 号
电话：0719－8671841
邮编：442000

十堰市水电宾馆 ★★★
地址：十堰市小峡路 1 号
电话：0719－8585301
邮编：442000

十堰市东方国际酒店 ★★★
地址：十堰市贵州路
电话：0719－8011666
邮编：442000

绿苑宾馆 ★★★
地址：十堰市人民南路 18 号
电话：0719－8886098
邮编：442000

车城明珠大酒店 ★★★
地址：十堰市人民北路 36－1 号
电话：0719－8117666
邮编：442000

神龙商务酒店 ★★★
地址：十堰市公园路 108－19 号
电话：0719－8269150
邮编：442000

太和饭庄 ★★★
地址：十堰市人民北路 17 号
电话：0719－8663116
邮编：442000

中城大酒店 ★★★
地址：十堰市白浪中路 105 号
电话：0719－8318868
邮编：442000

皇冠国际商旅酒店 ★★★
地址：十堰市白浪中路 37 号
电话：0719－8303258
邮编：442013

琳琅轩大酒店 ★★★
地址：十堰市白浪经济开发区广州路 3 号
电话：0719－8303000
邮编：442000

丹江口市狮子岩度假村 ★★★
地址：十堰丹江口市三宫殿办事处狮子岩村
电话：0719－5522288
邮编：442000

丹江口市龙山宾馆 ★★★
地址：十堰丹江口市上坝路 7 号
电话：0719－5378188
邮编：442000

丹江口市宾馆 ★★★
地址：十堰丹江口市人民路 8 号
电话：0719－5222248
邮编：442000

武当山九龙山庄 ★★★
地址：十堰丹江口市武当山南岩
电话：0719－5689176
邮编：442000

武当山天禄度假村 ★★★
地址：十堰丹江口市武当山紫霄宫东侧
电话：0719－5689115
邮编：442000

郧西鸿志大酒店 ★★★
地址：十堰市郧西县城关镇康富大道 42 号
电话：0719－6226057
邮编：442000

郧县天安电力大酒店 ★★★
地址：十堰市郧县城关镇民族路 8 号
电话：0719－7302689
邮编：442000

郧阳宾馆 ★★★
地址：十堰市郧县城关解放路 46 号
电话：0719－7233232　7233550
邮编：442000

郧西宾馆 ★★★
地址：十堰市郧西县城关镇郧安路 27 号
电话：0719－6236188
邮编：442600

竹山县翠园大酒店 ★★★
地址：十堰市竹山县城关镇人民路 37 号
电话：0719－4221888
邮编：442000

房县桂林宾馆 ★★★
地址：十堰市房县城关镇东城门路 1 号
电话：0719－3223216
邮编：442000

房县政府宾馆 ★★★
地址：十堰市房县城关镇房陵大道 201 号
电话：0719－3251111　3250000
邮编：442000

竹溪宾馆 ★★★
地址：十堰市竹溪县宾馆路 1 号
电话：0719－2722100
邮编：442300

竹溪县云龙大酒店 ★★★
地址：十堰市竹溪县城关镇建设路 494 号
电话：0719－2738888
邮编：442300

铁路大酒店 ★★★
地址：襄阳市前进路 46 号
电话：0710－3220043
邮编：441000

南湖宾馆 ★★★
地址：襄阳市襄城胜利街 2 号
电话：0710－3600006
邮编：441000

南山宾馆 ★★★
地址：襄阳市檀溪路 56 号
电话：0710－3552554　3552594
邮编：441000

金城大酒店 ★★★
地址：襄阳市前进路 19 号
电话：0710－3220031
邮编：441000

长虹大酒店 ★★★
地址：襄阳市长虹路 112 号
电话：0710－3263814
邮编：441000

红宝石大酒店 ★★★
地址：襄阳市襄阳区航空路 98 号
电话：0710－2829888
邮编：441000

风神宾馆 ★★★
地址：襄阳市前进路 36 号
电话：0710－3829298
邮编：441000

枣阳市福隆大酒店 ★★★
地址：襄阳枣阳市沿河东路 6 号
电话：0710－6222222
邮编：441000

宜城市宜城宾馆 ★★★
地址：襄阳宜城市北街27号
电话：0710－4212644　4152777－8888
邮编：441000

宜城市兴宜大酒店 ★★★
地址：襄阳宜城市襄沙大道68号
电话：0710－4227888
邮编：441000

谷城县谷城宾馆 ★★★
地址：襄阳市谷城县府街45号
电话：0710－7232451
邮编：441000

荆门市荆门宾馆 ★★★
地址：荆门市海慧路29号
电话：0724－2364558　2345678
邮编：434500

荆门市国际大酒店 ★★★
地址：荆门市金虾路128号
电话：0724－2376555
邮编：434500

东方大酒店 ★★★
地址：荆门市长宁大道
电话：0724－2382800
邮编：434500

常发大酒店 ★★★
地址：荆门市虎牙关大道60号
电话：0724－2448488
邮编：434500

华侨宾馆 ★★★
地址：荆门市象山大道
电话：0724－2378819
邮编：434500

金桥大酒店 ★★★
地址：荆门市长宁大道22号
电话：0724－
邮编：448000

铁路大酒店 ★★★
地址：荆门市车站路36号
电话：0724－6054788
邮编：448000

金穗宾馆 ★★★
地址：荆门市象山大道32号
电话：0724－2365528
邮编：448000

漳河半岛酒店 ★★★
地址：荆门市漳河镇文卫路58号
电话：0724－8682127
邮编：448156

东星客舍 ★★★
地址：荆门钟祥市大口国家森林公园
电话：0724－4215856
邮编：431900

东星国际大酒店 ★★★
地址：荆门钟祥市客店镇明灯村9组
电话：0724－4240888
邮编：431900

钟祥宾馆 ★★★
地址：荆门钟祥市郢中镇阳春大街54号
电话：0724－4225396
邮编：434500

钟祥阳春大酒店 ★★★
地址：荆门钟祥市阳春大街17号
电话：0724－4222777
邮编：434500

大口宾馆 ★★★
地址：荆门钟祥市大口林场
电话：0724－4215856
邮编：434500

黄仙洞山庄 ★★★
地址：荆门钟祥市黄仙洞景区
电话：0724－4237999
邮编：434500

钟祥中京旅游宾馆 ★★★
地址：荆门钟祥市郢中镇承天大道东24号
电话：0724－4230999
邮编：431900

沙洋天源国际大酒店 ★★★
地址：荆门市沙洋县汉宜路6号
电话：0724－8555888
邮编：448200

京仑饭店 ★★★
地址：荆门市京山县城新市大道1号
电话：0724－6211666
邮编：431800

合一湖阳光度假村 ★★★
地址：孝感经济开发区孝汉大道99号
电话：0712－2458888
邮编：432100

孝感市王朝大酒店 ★★★
地址：孝感市城站路171号
电话：0712－2333666
邮编：432100

孝感宾馆 ★★★
地址：孝感市城站路93号
电话：0712－2333333
邮编：432100

乾坤大酒店 ★★★
地址：孝感市交通路
电话：0712－2888888
邮编：432100

鹤展大酒店 ★★★
地址：孝感市体育西路特一号
电话：0712－2854015
邮编：432100

应城禾丰宾馆 ★★★
地址：孝感应城市西大街67号
电话：0712－3256888　3254555
邮编：432100

白兆山宾馆 ★★★
地址：孝感安陆市烟店镇白兆山林场
电话：0712－5815555
邮编：432124

德安府宾馆 ★★★
地址：孝感安陆市德安北路135号
电话：0712－5260068
邮编：432600

汉川白云大酒店 ★★★
地址：孝感汉川市欢乐街18号
电话：0712－8293888
邮编：432100

电力培训中心 ★★★
地址：孝感市孝昌县观音湖生态旅游区
电话：0712－4855718
邮编：432100

泉水山庄 ★★★
地址：孝感市大悟县泉水路92号
电话：0712－7238566
邮编：432100

大悟全俊大酒店 ★★★
地址：孝感市大悟县府前街上海花园特1号
电话：0712－7318888
邮编：432800

大悟泉水山庄 ★★★
地址：孝感市大悟县泉水路92号
电话：0712－7238566
邮编：432800

金都宾馆 ★★★
地址：黄冈市
电话：0713－2917448
邮编：438000

黄冈市菱湖宾馆 ★★★
地址：黄冈市新港二路58号
电话：0713－8669008
邮编：438000

龟山客舍 ★★★
地址：黄冈麻城市龟山风景区
电话：0713－2886118
邮编：438300

麻城市金源大酒店 ★★★
地址：黄冈麻城市金桥大道
电话：0713－2950889
邮编：438000

武穴市龙潭宾馆 ★★★
地址：黄冈武穴市龙潭路33号
电话：0713－6222648　6231688
邮编：438000

武穴市南洋花园酒店 ★★★
地址：黄冈武穴市民主路10号
电话：0713－6259158　6259160
邮编：438000

红安县金沙大酒店 ★★★
地址：黄冈市红安县红金龙大道特1号
电话：0713－5186688
邮编：438000

红安富家寨山庄 ★★★
地址：黄冈市红安县占店镇
电话：0713－5354129
邮编：438400

红安县天台万松苑酒店 ★★★
地址：黄冈市红安县天台山风景区
电话：0713－5267868
邮编：438400

红安富家寨狩猎山庄 ★★★
地址：黄冈市红安县高桥镇官木塘
电话：0713－5356129　5299629
邮编：438401

罗田县天源大酒店 ★★★
地址：黄冈市罗田县万密斋大道
电话：0713－5058818
邮编：438000

罗田县顺达皇朝大酒店 ★★★
地址：黄冈市罗田县凤山镇万密斋大道
电话：0713－5060899
邮编：438600

罗田县天堂白云山庄 ★★★
地址：黄冈市罗田县天堂寨风景区

湖北

电话：0713－5788290
邮编：438600

金凤凰山庄 ★★★
地址：黄冈市罗田县天堂寨风景区
电话：0713－5826168
邮编：438600

英山宾馆 ★★★
地址：黄冈市英山县温泉镇广场巷 16 号
电话：0713－7022222　7022233
邮编：438000

蕲春宾馆 ★★★
地址：黄冈市蕲春县漕河大道 36 号
电话：0713－7227788
邮编：438000

黄梅县皇家大酒店 ★★★
地址：黄冈市黄梅县黄梅大道 500 号
电话：0713－3352888
邮编：438000

黄梅九六八大酒店 ★★★
地址：黄冈市黄梅县五祖大道 89 号
电话：0713－3363888
邮编：435500

龙腾大酒店 ★★★
地址：黄冈市团风县县城
电话：0713－6088816
邮编：438800

玉龙锦大酒店 ★★★
地址：鄂州市古城南路 82 号
电话：0711－3838515　3838566
邮编：436000

我家宾馆 ★★★
地址：鄂州市古城路 44 号
电话：0711－3873333　3871111
邮编：436000

金花大酒店 ★★★
地址：黄石市颐阳路 248 号
电话：0711－6225941
邮编：435003

锦轮大酒店 ★★★
地址：黄石市颐阳路 99 号
电话：0711－6320188
邮编：435003

龙湖山庄 ★★★
地址：黄石市杭州东路 128 号
电话：0711－6359666　6366666
邮编：435003

海观山宾馆名人楼 ★★★
地址：黄石市天津路 23 号
电话：0714－6225931
邮编：435000

正圆大酒店 ★★★
地址：黄石市黄石大道 159 号
电话：0714－6298313
邮编：435003

黄石聚宾大酒店 ★★★
地址：黄石市黄石大道 952 号
电话：0714－6220061
邮编：435000

阳新国贸大酒店 ★★★
地址：黄石市阳新县古商城南门对面
电话：0714－7816666
邮编：435200

阳光酒店 ★★★
地址：咸宁市温泉淦河大道 58 号
电话：0715－8156888
邮编：437100

蓝海大酒店 ★★★
地址：咸宁市温泉淦河大道 76 号
电话：0715－8259666
邮编：437100

禄神大酒店 ★★★
地址：咸宁市长安大道 298 号
电话：0715－8131520
邮编：437100

龙泉山庄 ★★★
地址：咸宁赤壁市五洪山村
电话：0715－5243088
邮编：437300

金桥国际大酒店 ★★★
地址：咸宁赤壁市河北大道 185 号
电话：0715－5355888
邮编：437300

赤壁建行陆水湖度假村 ★★★
地址：咸宁赤壁市陆水湖风景区二号副坝
电话：0715－5367168
邮编：437300

三湖假日大酒店 ★★★
地址：咸宁市嘉鱼县湖滨路 206 号
电话：0715－6359999
邮编：437200

崇阳县银海大酒店 ★★★
地址：咸宁市崇阳县桃溪大道
电话：0715－3301111
邮编：437500

崇阳桃溪宾馆 ★★★
地址：咸宁市崇阳县天城镇前进路 68 号
电话：0715－3377123
邮编：437100

崇阳港都国际大酒店 ★★★
地址：咸宁市崇阳县新区崇阳大道
电话：0715－3064888
邮编：437500

通山县鄂电山庄 ★★★
地址：咸宁市通山县九宫山风景名胜区凤凰岭路 32 号
电话：0715－2422211
邮编：437627

九宫山庄 ★★★
地址：咸宁市九宫山风景区
电话：0715－2422068　2422328
邮编：437626

荆保宾馆 ★★★
地址：荆州市荆州区电大巷 1 号
电话：0716－8450888
邮编：434020

红苑大酒店 ★★★
地址：荆州沙市江津路 263 号
电话：0716－8263388
邮编：434000

锦佳大酒店 ★★★
地址：荆州沙市江津东路 99 号
电话：0716－8328999
邮编：434000

华瑞丰大酒店 ★★★
地址：荆州市荆州区东环路 68 号
电话：0716－8426333
邮编：434020

蔚东花园酒店 ★★★
地址：荆州市荆州区东环路 28 号
电话：0716－8490777
邮编：434240

恒源大酒店 ★★★
地址：荆州市沙市区江津路 280 号
电话：0716－4165555
邮编：434000

华泰宾馆 ★★★
地址：荆州市沙市区北京中路 332 号
电话：0716－8236988
邮编：434000

金凤凰宾馆 ★★★
地址：荆州市荆州区南环路 8 号
电话：0716－8478828
邮编：434240

金紫荆商务酒店 ★★★
地址：荆州沙市区江津路 288 号
电话：0716－4166999
邮编：434000

景泰怡商务酒店 ★★★
地址：荆州市沙市区太岳路 23 号
电话：0716－8258777
邮编：434100

荆东大酒店 ★★★
地址：荆州市沙市区文化宫路 4 号
电话：0716－8124333
邮编：434000

君越大酒店 ★★★
地址：荆州市荆沙路 106 号
电话：0716－8468888
邮编：434100

山水酒店 ★★★
地址：荆州市沙市区塔桥路
电话：0716－4109999
邮编：434000

楚源大酒店 ★★★
地址：荆州石首市笔架山路 29 号
电话：0716－7299888
邮编：434000

洪湖市文泉花园酒店 ★★★
地址：荆州洪湖市复兴路 11 号
电话：0716－2448888
邮编：433200

鸳鸯湖大酒店 ★★★
地址：荆州洪湖市瞿家湾镇蓝田生态园
电话：0716－2743518　2742903
邮编：434000

洪湖宾馆 ★★★
地址：荆州洪湖市宏伟南路 33 号
电话：0716－2425228
邮编：434000

洪湖市瑞泰大酒店 ★★★
地址：荆州洪湖市荷花广场东侧
电话：0716－2207888　2202683
邮编：433200

松滋国际大酒店 ★★★
地址：荆州松滋市新江口镇民主路 166 号

电话：0716－6668888
邮编：434000

九阳大酒店 ★★★
地址：荆州市公安县孱陵大道5号
电话：0716－5152299
邮编：434000

远东大酒店 ★★★
地址：荆州市公安县斗湖堤镇治安路2号
电话：0716－5239757　5239668
邮编：434000

公安县八号国际大酒店 ★★★
地址：荆州市公安县孱陵大道37号
电话：0716－5153085
邮编：434300

监利阳光大酒店 ★★★
地址：荆州市监利县容城玉沙大道与江城大道交会处
电话：0716－3329666
邮编：433300

彝陵饭店 ★★★
地址：宜昌市云集路41号
电话：0717－6223611
邮编：443000

南湖宾馆 ★★★
地址：宜昌市福绥路45号
电话：0717－8866288　8866381
邮编：443000

平湖大酒店 ★★★
地址：宜昌市东山大道53号
电话：0717－8867788
邮编：443000

检察官培训中心 ★★★
地址：宜昌市胜利四路42号
电话：0717－6470918
邮编：443000

峡州宾馆（梦峡楼）★★★
地址：宜昌市夷陵路52号
电话：0717－8866888
邮编：443000

三峡西坝酒店 ★★★
地址：宜昌市西坝建设路1号
电话：0717－6276688
邮编：443000

三峡东山酒店 ★★★
地址：宜昌市东山开发区城东大道26号
电话：0717－6956999
邮编：443000

利源大厦 ★★★
地址：宜昌市东山大道11号
电话：0717－8867799
邮编：443000

龙泉山庄 ★★★
地址：宜昌市峡口风景区
电话：0717－8861818
邮编：443000

康福山庄 ★★★
地址：宜昌市峡口风景区288号
电话：0717－8869999　8861589
邮编：443000

大桥宾馆 ★★★
地址：宜昌市猇亭大道12号
电话：0717－6055099
邮编：443000

灯影峡宾馆 ★★★
地址：宜昌市三峡人家景区
电话：0717－8850599　8850600
邮编：443000

美怡假日酒店 ★★★
地址：宜昌市西陵区四新横路21号
电话：0717－8866688
邮编：443000

宜昌电力宾馆 ★★★
地址：宜昌市东山大道132号
电话：0717－6202740　6207718
邮编：443000

宜昌银湾宾馆 ★★★
地址：宜昌市夷陵区港虹路21号
电话：0717－7851817　7851482
邮编：443100

宜昌市实华商贸有限责任公司实华宾馆 ★★★
地址：宜昌市胜利四路30号
电话：0717－6056556
邮编：443000

三峡工程大酒店 ★★★
地址：宜昌市三峡坝区八河口
电话：0717－6613666
邮编：443000

楚江大酒店 ★★★
地址：宜昌市西陵区陶珠路31号
电话：0717－6743686
邮编：443000

宜昌饭店 ★★★
地址：宜昌市东山大道113号
电话：0717－6441616
邮编：443000

长城宾馆 ★★★
地址：宜昌市珍珠路91号
电话：0717－6745000
邮编：443000

枝江国际大酒店 ★★★
地址：宜昌枝江市胜利路广场
电话：0717－4202888
邮编：443200

宜都大酒店 ★★★
地址：宜昌宜都市陆城长江大道86号
电话：0717－8851088　8851999
邮编：443000

宜都市侨梅大酒店 ★★★
地址：宜昌宜都市陆城园林大道
电话：0717－4830058
邮编：443300

当阳宾馆 ★★★
地址：宜昌当阳市环城东路
电话：0717－3255999　3255803
邮编：443000

长坂坡宾馆 ★★★
地址：宜昌当阳市玉阳路53号
电话：0717－3222550　3241666
邮编：443000

当阳国际大酒店 ★★★
地址：宜昌市当阳市南正街4号
电话：0717－3258888
邮编：444100

鸣凤宾馆 ★★★
地址：宜昌市远安县
电话：0717－3819888
邮编：443000

香溪大酒店 ★★★
地址：宜昌市兴山县
电话：0717－2586977
邮编：443000

兴山县汉明妃大酒店 ★★★
地址：宜昌市兴山县香溪大道24号
电话：0717－2580818　2519999
邮编：443711

世纪星酒店 ★★★
地址：宜昌市秭归县新县城长宁大道22号
电话：0717－2888888
邮编：443000

海立酒店 ★★★
地址：宜昌市秭归县丹阳路6号
电话：0717－2679888
邮编：443000

欧意大酒店 ★★★
地址：宜昌市秭归县平湖大道10号
电话：0717－2811088
邮编：443000

秭归长林宾馆 ★★★
地址：宜昌市秭归县城西楚路56号
电话：0717－2811666
邮编：443600

隔合岩度假村 ★★★
地址：宜昌市长阳县隔河岩
电话：0717－6316661
邮编：443000

清江花园酒店 ★★★
地址：宜昌市长阳清江路53号
电话：0717－5333111
邮编：443000

财苑山庄 ★★★
地址：宜昌市长阳县
电话：0717－5401345
邮编：443000

长阳清江花园酒店 ★★★
地址：宜昌市长阳县龙舟大道49号
电话：0717－5333222
邮编：444100

长阳锦龙大酒店 ★★★
地址：宜昌市长阳县龙舟坪镇龙舟大道130号
电话：0717－5323608
邮编：443600

乐都大酒店 ★★★
地址：随州市交通大道177号
电话：0722－3280888
邮编：441300

曾都宾馆 ★★★
地址：随州市烈山大道玉石街6号
电话：0722－3230814　3222665
邮编：441300

大洪山林泉生态圆假日酒店 ★★★
地址：随州市洪山镇新阳
电话：0722－3667777
邮编：441300

亚华大酒店 ★★★
地址：随州市烈山大道236号

电话：0722－3312270
邮编：441300

花源酒店 ★★★
地址：仙桃市大新路 48 号
电话：0728－3225668
邮编：433000

仙苑宾馆 ★★★
地址：仙桃市排湖泵站路 1 号
电话：0728－3236888
邮编：433000

钱沟大酒店 ★★★
地址：仙桃市钱沟路特 1 号
电话：0728－3247999
邮编：433000

汉江大酒店 ★★★
地址：仙桃市汪州河路 1 号
电话：0728－3223898　3219999
邮编：433000

兰馨酒店 ★★★
地址：仙桃市江汉路 18 号
电话：0728－3266999
邮编：433000

金穗宾馆 ★★★
地址：天门市陆羽大道 26 号
电话：0728－5222749
邮编：431700

君佳酒店 ★★★
地址：天门市东湖路 12 号
电话：0728－5245888
邮编：431700

华侨大酒店 ★★★
地址：天门市园春街 5 号
电话：0728－5244688
邮编：431700

华康大酒店 ★★★
地址：潜江市潜阳中路 3 号
电话：0728－6296888
邮编：433100

阳光酒店 ★★★
地址：潜江市章华中路 8 号
电话：0728－6297111
邮编：433100

恩施民航大酒店 ★★★
地址：恩施州恩施市航空路 61 号
电话：0718－8307088
邮编：445000

恩施清新酒店 ★★★
地址：恩施州恩施市施州大道 47－1 号
电话：0718－8212001
邮编：445000

恩施铜盆水休闲度假村 ★★★
地址：恩施州恩施市屯堡乡轿顶山村
电话：0718－8466543
邮编：445000

来凤宾馆 ★★★
地址：恩施州来凤县翔凤镇渝鄂路 34 号
电话：0718－6282858
邮编：445000

恩施州华德酒店 ★★★
地址：恩施州恩施市航空路 188 号
电话：0718－8210898
邮编：445000

利川市观景酒店 ★★★
地址：恩施州利川市清江大道 145 号
电话：0718－7267210　7268777
邮编：445400

利川东方假日酒店 ★★★
地址：恩施州利川市清源大道（建设局旁）
电话：0718－7552222
邮编：445400

利川帝苑大酒店 ★★★
地址：恩施州利川市六合路 62－64 号
电话：0718－7016888
邮编：445400

利川市华德酒店 ★★★
地址：恩施州利川市体育街 57 号
电话：0718－7265666
邮编：445400

利川时代酒店 ★★★
地址：恩施州利川市体育路 1 号
电话：0718－7267222
邮编：445400

建始洞天轩商务酒店 ★★★
地址：恩施州建始县业州大道 81 号
电话：0718－3232699
邮编：445300

建始富临八景酒店 ★★★
地址：恩施州建始县业州镇学苑路 39 号
电话：0718－3519999
邮编：445300

巴东金苑大厦 ★★★
地址：恩施州巴东县信陵镇楚天路 17 号
电话：0718－4334418
邮编：444300

巴东帅巴人酒店 ★★★
地址：恩施州巴东县信陵镇楚天路 18 号
电话：0718－4333677
邮编：444300

巴东国玖大酒店 ★★★
地址：恩施州巴东县信陵镇楚天路 25 号
电话：0718－4336019
邮编：444300

巴东县沿渡河大酒店 ★★★
地址：恩施州巴东县沿渡河镇孔堡村
电话：0718－4413599
邮编：444304

宣恩县新欣大酒店 ★★★
地址：恩施州宣恩县珠山镇建设路 6 号
电话：0718－5831859
邮编：445500

咸丰世纪兴大酒店 ★★★
地址：恩施州咸丰县荆南路 1 号
电话：0718－6825999
邮编：445600

鹤峰县华荣商务酒店 ★★★
地址：恩施市鹤峰县容美镇溇水大道
电话：0718－5283855
邮编：445800

旅游景区

中国地质大学逸夫博物馆 AAAA
地址：武汉市洪山区鲁磨路 388 号
电话：027－67883344
邮编：430074

武汉华泰汤孙湖旅游度假区 AA
地址：武汉市东湖新科技开发区庙山小区华泰路 1 号
电话：027－87922043
邮编：430074

武汉市博物馆 AAAA
地址：武汉市汉口青年路 273 号
电话：027－85625587
邮编：430023

武汉市科技馆 AAAA
地址：武汉市江岸区赵家条
电话：027－82281096
邮编：430014

武汉归元禅寺 AAAA
地址：武汉市汉阳区翠微路 20 号
电话：027－84842298　84844756
邮编：430050

武汉中华奇石馆 AAA
地址：武汉市汉阳区翠微路 61 号
电话：027－84843750　84845919
邮编：430050

武汉晴川阁 AAA
地址：武汉市汉阳区洗马长街 86 号
电话：027－84714805
邮编：430050

辛亥革命武昌起义纪念馆 AAAA
地址：武汉市武昌区阅马场
电话：027－88877172
邮编：430060

中科院武汉植物园 AAAA
地址：武汉市武昌区磨山
电话：027－87510815
邮编：430074

武汉东湖风景区 AAAAA
地址：武汉市武昌东湖翠柳村特 1 号
电话：027－86793760
邮编：430077

湖北省博物馆 AAAA
地址：武汉市武昌东湖路 156 号
电话：027－86783683
邮编：430077

黄鹤楼景区 AAAAA
地址：武汉市武昌区蛇山西山坡特 1 号
电话：027－88877330
邮编：430060

黄陂木兰文化生态旅游区 AAAAA
地址：武汉市黄陂区
电话：027－61501019　61518929　61661399
邮编：432200

武汉市黄陂农耕年华景区 AAA
地址：武汉市黄陂区
电话：027－61818595
邮编：432200

黄陂汉口北国际旅游商品交易中心 AAA
地址：武汉市黄陂区刘店村滠口村
邮编：432200

木兰清凉寨景区 AAAA
地址：武汉市黄陂区蔡店乡
邮编：432200

武汉东湖马鞍山森林公园 AAAA
地址：武汉市珞瑜东路
电话：027－87804351
邮编：430014

武汉东湖落雁景区 AAAA
地址：武汉市
电话：027－86430462
邮编：430014

武汉东湖听涛景区 AAAA
地址：武汉市东湖西北岸
电话：027－86770317
邮编：430014

武汉东湖磨山景区 AAAA
地址：武汉市东湖磨山
电话：027－87910179　87510291
邮编：430014

湖北锦里沟旅游开发有限公司 AAAA
地址：武汉市黄陂区蔡店乡
电话：027－61521111　61571811
邮编：432200

武汉革命博物馆 AAAA
地址：武汉市红巷 13 号
电话：027－88875306
邮编：430014

武汉市黄陂区木兰古门景区 AAA
地址：武汉市黄陂区姚集镇
电话：027－61598111　83613106
邮编：432200

武汉东湖海洋世界 AAA
地址：武汉市武昌区东湖梨园广场左侧
电话：027－86772929　86776578
邮编：430061
网址：www. whhysj. cn

武汉长春观 AAA
地址：武汉市武昌区武珞路 269 号
电话：027－88842090
邮编：430061

武汉市东湖鸟语林 AA
地址：武汉市东湖路 182 号
电话：027－86776341
邮编：430014

武汉市规划展示馆 AAAA
地址：武汉市江岸区金桥大道 117 号
电话：027－85661111
邮编：430014

十堰市博物馆 AAAA
地址：十堰市北京北路 91 号
电话：0719－8489398
邮编：442000

四方山植物园 AAA
地址：十堰市人民北路 13 号
电话：0719－
邮编：442000

十堰市赛武当景区 AAAA
地址：十堰市茅箭区小川乡
邮编：442012

十堰市伏龙山自然风景区 AA
地址：十堰市茅箭区赛武当林场
电话：0719－6980019
邮编：442012

黄龙滩旅游度假区 AAAA
地址：十堰市张湾区黄龙镇
电话：0719－8585301　8585302
邮编：442001

东风汽车工业旅游区 AAA
地址：十堰市车城路 131 号
电话：0719－8128855　8128811
邮编：442000

十堰市大川千年古树群风景区 AA
地址：十堰市茅箭区大川镇浪溪村
电话：0719－8699269
邮编：442012

十堰市紫薇岛度假村 AA
地址：十堰市茅箭区武当路街办马家河村
电话：0719－6921159　13593729179
邮编：442012

十堰市四方山植物园 AA
地址：十堰市人民北路 13 号
电话：0719－8661092
邮编：442000

十堰市人民公园 AAAA
地址：十堰市公园路 25 号
电话：0719－8652061
邮编：442000

十堰市牛头山森林公园 AAA
地址：十堰市牛头山森林公园
电话：0719－8633042
邮编：442001

十堰市黄龙电厂工业生态旅游区 AAA
地址：十堰市
邮编：442000

十堰市月亮湖山庄旅游区 AAA
地址：十堰市张湾区方滩乡
电话：0719－8580001
邮编：442000

十堰市桃花湖旅游度假区 AA
地址：十堰市茅箭区
邮编：442012

武当山风景区 AAAAA
地址：十堰市武当山旅游经济特区
电话：0719－5665571
邮编：442714

十堰市赛武当东沟红色旅游区 AAA
地址：十堰市茅箭区小川乡
邮编：442012

十堰市龙泉寺旅游区 AAA
地址：十堰市张湾区花果村方山路 68 号
电话：0719－8541666
邮编：442000

丹江口市狮子岩度假村 AA
地址：十堰市丹江口市三官殿办事处
电话：0719－5522288
邮编：442700

丹江口市太极峡景区 AAAA
地址：十堰丹江口市石鼓镇
邮编：442700

丹江口市净乐宫 AAAA
地址：十堰丹江口市丹赵路
电话：0719－5252979
邮编：442700

沧浪海旅游港 AAAA
地址：十堰市丹江口市右岸新城蔡湾
电话：0719－5077777
邮编：442700

武当峡谷漂流景区 AAAA
地址：十堰丹江口市浪河镇黄龙山景区
邮编：442700

丹江口吕家河民歌村旅游区 AA
地址：十堰丹江口市官山镇吕家河村
邮编：442700

丹江口金蟾峡旅游区 AAA
地址：十堰丹江口市白杨坪林场
邮编：442700

丹江口大坝旅游区 AAA
地址：十堰丹江口市电站路
邮编：442700

丹江口市松涛山庄景区 AAA
地址：十堰丹江口市
电话：0719－5239919　5202444
邮编：442700

丹江口市博物馆 AAA
地址：十堰丹江口市北京路 2 号
电话：0719－29471269　5222401
邮编：442700

武当峡谷漂流 AAA
地址：十堰丹江口市浪河镇
邮编：442700

虎啸滩风景区 AAAA
地址：十堰市郧县大柳乡
电话：0719－7010856
邮编：442500

郧县沧浪山国家森林公园旅游区 AAA
地址：十堰市郧县红岩背林场
邮编：442500

郧县南华塘镇古墓村 AA
地址：十堰市郧县南华塘镇古墓村
邮编：442500

郧县龙吟峡旅游景区 AAA
地址：十堰市郧县
邮编：442500

郧县金沙湾度假区 AAA
地址：十堰市郧县
邮编：442500

郧县九龙瀑旅游区 AAAA
地址：十堰市郧县南化塘镇青岩村
邮编：442500

郧县虎啸滩旅游区 AAA
地址：十堰市郧县大柳虎啸滩景区
邮编：442500

郧县郧阳烈士陵园红色旅游区 AAA
地址：十堰市郧县
邮编：442500

青龙山恐龙蛋化石群地质自然保护区 AAA
地址：十堰市郧县
邮编：442500

女娲山风景区 AAAA
地址：十堰市竹山县宝丰镇
邮编：442200

十堰市九华山森林公园 AAA
地址：十堰市竹山县
邮编：442200

湖北

竹山县女娲山旅游区 AAA
地址：十堰市竹山县宝丰镇新茶村
邮编：442200

竹山县秦巴民众风情园 AAA
地址：十堰市竹山县
邮编：442200

房县南潭生态文化旅游区 AAA
地址：十堰市房县
邮编：442100

房县温泉度假村旅游区 AA
地址：十堰市房县
电话：0719－3225063
邮编：442100

房县显圣殿旅游区 AA
地址：十堰市房县
邮编：442100

湖北诗经源国家森林公园 AAA
地址：十堰市房县
邮编：442100

十堰市房县野人谷·野人洞旅游区 AAAA
地址：十堰市房县
邮编：442100

房县观音洞旅游区 AAAA
地址：十堰市房县城关镇炳公村
邮编：442100

十堰市五龙河旅游景区 AAAA
地址：十堰市郧西县安家乡
邮编：442600

十堰市郧西城关镇悬鼓公园 AA
地址：十堰市郧西县城关镇境内
电话：0719－6232983
邮编：442600

郧西龙潭河旅游区 AAAA
地址：十堰市郧西县羊尾镇
电话：0719－6316888
邮编：442600

郧西县夹河关旅游区 AA
地址：十堰市郧西县夹河镇
邮编：442600

郧西县武当红生态工业旅游区 AAA
地址：十堰市郧西县
邮编：442600

郧西县天河旅游区 AAAA
地址：十堰市郧西县悬鼓路 265 号
电话：0719－6318777
邮编：442600

关垭古长城 AAA
地址：十堰市竹溪县蒋家堰镇关垭村
邮编：442300

竹溪偏头山森林公园 AAA
地址：十堰市竹溪县标湖林场
邮编：442300

龙王垭山水茶庄园 AAA
地址：十堰市竹溪县龙王垭
邮编：442300

襄樊市黄家湾风景区 AAA
地址：襄阳市襄城区隆中路 8 号
电话：13085281888
邮编：441021

襄阳鹿门山风景区 AA
地址：襄阳市
邮编：441021

锦绣园高新农业观光园 AA
地址：襄阳市锦绣园农业科技开发有限公司
电话：0710－3342483
邮编：441003

襄阳市米公祠景区 AAA
地址：襄阳市樊城柜子城
邮编：441021

襄王府绿影壁 A
地址：襄阳市博物馆
电话：0710－3511443
邮编：441021

隆中风景名胜区古隆中景区 AAAA
地址：襄阳市襄城区隆中路 6 号
电话：0710－3591856　3590293
邮编：441053

萧楚女纪念馆 AA
地址：襄阳市襄城区内环路 15 号
邮编：441021

凤凰温泉旅游区 AAAA
地址：襄阳市卧龙镇
电话：400－0791－225
邮编：441021

国民政府第五战区李宗仁长官司令部旧址 AA
地址：襄阳老河口市北京路 66 号
邮编：441800

枣阳市白水寺旅游风景区 AAA
地址：襄阳枣阳市吴店镇白水寺
电话：0710－6729249
邮编：441214

枣阳青龙山熊河风景区 AAA
地址：襄阳枣阳市熊集镇
电话：0710－686110
邮编：441212

枣阳市白竹园寺森林公园 AAA
地址：襄阳市枣阳市东北部新市镇
电话：0710－6261599
邮编：441200

宜城市张自忠将军纪念馆 A
地址：襄阳市宜城市襄沙路 57 号
电话：0710－4562846
邮编：441400

宜城博物馆 AAA
地址：襄阳宜城市中华大道 9 号
电话：0710－4213834
邮编：441400

南漳县水镜庄风景区 AAA
地址：襄阳市南漳县城关镇白凤路 2 号
电话：0710－5232754
邮编：441500

南漳龙王峡景区 AA
地址：襄阳市南漳县
电话：0710－5483188
邮编：441500

南彰香水河风景旅游区 A
地址：襄阳市南彰县薛坪镇香水河风景管理处
电话：0710－5611005
邮编：441521

南漳春秋寨景区 AAAA
地址：襄阳市南漳县东巩镇陆坪村
邮编：441500

谷城县薤山旅游度假区 AAA
地址：襄阳市谷城县薤山旅游度假区
电话：0710－7612001
邮编：441700

襄阳市谷城县南河小三峡风景区 AAA
地址：襄阳市谷城县城西南
邮编：441700

谷城县承恩寺景区 AA
地址：襄阳市谷城县茨河镇
邮编：441700

谷城县五山堰河乡村旅游区 AAA
地址：襄阳市谷城县、房县、丹江口交界处
邮编：441700

保康县紫薇林风景区 AA
地址：襄阳市保康县城关镇夹堤村
电话：0710－5812447
邮编：441600

保康县汤池峡温泉度假区 AA
地址：襄阳市保康县城关镇汤池峡
电话：0710－5831001
邮编：441600

保康县五道峡自然风景区 AA
地址：襄阳市保康县五道峡风景区
电话：0710－5760071
邮编：441606

保康县黄龙观风景区 AAA
地址：襄阳市保康县
邮编：441600

襄阳市尧治河旅游区 AAAA
地址：襄阳市保康县马桥镇尧治河村
电话：0710－5062008
邮编：441600

荆门仙居风景区 AAA
地址：荆门市
邮编：448100

湖北省漳河风景名胜区 AAA
地址：荆门市漳河镇
电话：0724－2332732
邮编：448156

荆门市博物馆 AA
地址：荆门市象山大道 11 号
电话：0724－2334869
邮编：448000

龙泉公园 AAA
地址：荆门市象山大道南段西侧
电话：0724－2332732
邮编：448000

明显陵旅游景区 AAAA
地址：荆门市钟祥市显陵管理处
电话：0724－4217387
邮编：431900

钟祥市黄仙洞 AAAA
地址：荆门市钟祥市大洪山风景区内
电话：0724－4240888
邮编：431804

钟祥市彭墩国家休闲农业示范区 AAA
地址：荆门钟祥市
邮编：431900

沙洋县纪山寺 AA
地址：荆门市沙洋县纪山镇
电话：0724－8698268
邮编：448200

沙洋油菜博物馆 AA
地址：荆门市沙洋县
邮编：448200

京山温泉 AAAA
地址：荆门市京山县
邮编：431800

京山天河度假村 AA
地址：荆门市京山县绿林镇天门观
电话：0724－7488260
邮编：431800

京山大洪山鸳鸯溪 AA
地址：荆门市京山县绿林镇
电话：0724－74880827488371
邮编：431800

荆门市绿林山风景区 AAAA
地址：荆门市京山县绿林镇
电话：0724－7488888
邮编：431800

荆门市王莽洞风景区 AA
地址：荆门市京山县太子山林场管理局
邮编：4431822

孝感市天紫湖生态度假区 AAAA
地址：孝感市孝南区
电话：0712－2699999
邮编：432100

孝感董永公园 AAA
地址：孝感市槐荫大道 200 号
电话：0712－2822185
邮编：432100

双峰山旅游度假区 AAAA
地址：孝感市东北部
电话：0712－4921119
邮编：432100

应城市汤池温泉旅游景区 AAAA
地址：孝感市应城市汤池镇
电话：0712－3777120
邮编：432415

应城孔庙 AA
地址：孝感应城市人民公园内
邮编：432400

应城寿宁禅寺 AA
地址：孝感应城市
邮编：432400

白兆山李白文化旅游区 AAAA
地址：孝感安陆市烟店镇
电话：0712－2841328
邮编：432600

汉川公园 AAA
地址：孝感汉川市西湖大道
邮编：432300

汉川汈汊湖游乐园 AA
地址：孝感汉川市
邮编：432300

嘉沦河湿地（温泉）度假村 AAA
地址：武汉市东西湖区东山镇与孝感交接处
电话：027－68886672
邮编：430014

孝感市孝昌观音湖文化旅游度假区 AAAA
地址：孝感市孝昌县东北部
电话：0712－4856368
邮编：432900

大悟鄂豫边区烈士陵园 AAA
地址：孝感市大悟县城关镇陵园路 54 号
电话：0712－7228850
邮编：432800

大悟白果树湾新四军五师司令部旧址 AAA
地址：孝感市大悟县芳畈镇白果树湾
邮编：432800

大悟徐海东亲属烈士陵园 AA
地址：孝感市大捂县
邮编：432800

孝感云梦县祥山博物馆 AAA
地址：孝感云梦县龙岗大道 1 号
邮编：432500

黄冈市博物馆 AAA
地址：黄冈市黄州区明珠大道 110 号
电话：0713－8354810
邮编：438000

黄州齐安湖生态农庄 AAA
地址：黄冈市黄州区陶店乡小汊湖村
电话：0713－8406998
邮编：438000

伊利乳业园工业旅游区 AAA
地址：黄冈市
邮编：438000

东坡赤壁风景区 AAA
地址：黄冈市公园路
电话：0713－8366568
邮编：438000

李四光纪念馆 AAA
地址：黄冈市黄州区龙王山下
邮编：438000

麻城市博物馆 AAA
地址：黄冈麻城市陵园路
电话：0713－2912827
邮编：438300

五脑山森林公园 AAA
地址：黄冈麻城市西北部
电话：0713－2941311
邮编：438300

麻城市龟峰山风景区 AAAA
地址：黄冈麻城市龟山乡
电话：0713－2880001
邮编：438300

麻城市革命烈士陵园 AAAA
地址：黄冈麻城市陵园路 75 号
邮编：438300

麻城杏花村 AAA
地址：黄冈麻城市岐亭镇杏花村
邮编：438300

麻城乘马会馆 AA
地址：黄冈麻城市乘马岗镇乘马岗村
邮编：438300

武穴仙姑山风景区 AAA
地址：黄冈武穴市城北五公里
邮编：435400

武穴市横岗山景区 AAA
地址：黄冈武穴市
邮编：435400

黄冈市李先念故居纪念园 AAAA
地址：黄冈市红安县高桥镇长丰村
电话：0713－5355018
邮编：438401

红安天台山风景区 AAAA
地址：黄冈市红安县
邮编：438401

黄麻起义和鄂豫皖苏区革命烈士陵园 AAAA
地址：黄冈市红安县城关镇陵园大道 1 号稞子山下
邮编：438401

红安县七里坪镇长胜街景区 AAA
地址：黄冈市红安县七里坪镇
邮编：438401

罗田天堂寨风景区 AAAA
地址：黄冈市罗田县
电话：0713－5060567
邮编：438600

黄冈市罗田大别山薄刀锋风景区 AAAA
地址：黄冈市罗田县
电话：0713－5756008　5756079
邮编：438600

英山县桃花冲旅游风景区 AAAA
地址：黄冈市英山县东北部
电话：0713－7013873
邮编：438708

英山县吴家山（大别山主峰）风景区 AAAA
地址：黄冈市英山县
电话：0713－7988888
邮编：438700

英山烈士陵园 AAA
地址：黄冈市英山县温泉镇西门街 2 号
电话：0713－7012792
邮编：438700

斗方禅寺（斗方山风景区）AA
地址：黄冈市浠水县白莲镇斗方山
电话：0713－4827152　4829188
邮编：438218

闻一多纪念馆 AA
地址：黄冈市浠水县车站东楼
电话：0713－4215581
邮编：438200

浠水县三角山旅游风景区 AAAA
地址：黄冈市浠水县
电话：0713－4898062
邮编：438219

李时珍纪念馆 AA
地址：黄冈市蕲春县
电话：0713－7504551
邮编：435300

蕲春三江生态旅游度假区 AAA
地址：黄冈市蕲春县漕河镇严垅村
电话：0713－6036384
邮编：435300

湖北鄂人谷生态旅游度假村 AAA
地址：黄冈市蕲春县漕河镇严垅村
电话：400－799－7955
邮编：435300

湖北

蕲春横岗山国家森林公园 AAA
地址：黄冈市蕲春县
邮编：435300

黄冈市四祖师禅宗文化旅游区 AAAA
地址：黄冈市黄梅县
邮编：435500

团风县大崎山森林公园 AA
地址：黄冈市团风县北部贾庙乡
邮编：438800

湖北莲花山旅游区 AAAA
地址：鄂州市凤凰路 76 号
电话：0711－5030016　5030029
邮编：436000

鄂州市博物馆 AA
地址：鄂州市武昌大道西段 1 栋 224－4 号
电话：0711－3223467
邮编：436000

鄂州梁子岛生态旅游度假区 AAAA
地址：鄂州市梁子湖区
电话：0711－2473038
邮编：436064

鄂州市西山风景区 AAA
地址：鄂州市武昌大道 241 号
电话：0711－3222415
邮编：436000

黄石市东方山风景区 AAA
地址：黄石市下陆区东方山街道办事处
电话：0714－5330538
邮编：435005
网址：www. dongfangshan. net

黄石市黄石国家矿山公园 AAAA
（全国工业旅游示范点）
地址：黄石市铁山区
电话：0714－3813862
邮编：435006

黄石西塞山风景区 AAA
地址：黄石市西塞山区黄石大道
电话：0714－6402825
邮编：435001

黄石市东方山风景区 AAAA
地址：黄石市
电话：0714－5330538　5418386
邮编：435003

大冶市龙凤山生态园休闲度假村 AAA
地址：黄石大冶市刘仁八镇
邮编：435100

大冶市雷山风景区 AAAA
地址：黄石大冶市雷山风景区管理处
电话：0714－8997488
邮编：435124

大冶市青龙山公园 AAA
地址：黄石大冶市城东红星湖畔
电话：0714－8713469
邮编：435100

阳新湘鄂赣边区鄂东南革命烈士陵园 AAA
地址：黄石市阳新县兴国镇陵园大道 1 号
邮编：435200

阳新仙岛湖生态旅游风景区 AAAA
地址：黄石市阳新县
电话：0714－7711688
邮编：435200

咸宁市三江温泉度假区 AAAA
地址：咸宁市
邮编：437000

咸宁市潜山国家森林公园 AA
地址：咸宁市温泉镇滨河西路 9 号
电话：0715－8255186
邮编：437000

咸宁太乙温泉度假村 AAAA
地址：咸宁市咸安区太乙村
电话：0715－8516111
邮编：437000

楚天瑶池温泉度假景区 AAAA
地址：咸宁市咸安区淦水河畔
电话：0715－8900666
邮编：437000

鸣水泉生态旅游区 AAA
地址：咸宁市咸安区鸣水泉水库
电话：0715－8297988
邮编：437000

咸宁汉商温泉养生园景区 AAA
地址：咸宁市一号桥
电话：0715－8263770
邮编：437000

咸宁澄水洞旅游区 AAA
地址：咸宁市咸安区高桥镇
电话：0715－8782131
邮编：437000

星星竹海风景区 AA
地址：咸宁市咸安区长安大道 107 号
电话：0715－8613998
邮编：437000

咸宁温泉谷度假区 AAAA
地址：咸宁温泉月亮湾特 1 号
电话：0715－8189999　400－799－7955
邮编：473000
网址：www. wenquangu. com

咸宁市三国赤壁古战场旅游区 AAAA
地址：咸宁赤壁市赤壁镇
电话：0715－5786307
邮编：437331

咸宁市龙佑赤壁温泉度假区 AAAA
地址：咸宁赤壁市
电话：0715－5048888
邮编：437300

咸宁市陆水湖风景区 AAAA
地址：咸宁赤壁市沿湖路
电话：0715－5367538
邮编：437300

赤壁市三峡试验坝主题公园景区 AAA
地址：咸宁赤壁市环湖路
邮编：437300

嘉鱼县官桥八组旅游区 AAA
地址：咸宁市嘉鱼县官桥镇官桥村八组
邮编：437200

嘉鱼县山湖温泉风景区 AAAA
地址：咸宁市嘉鱼县
电话：0715－6668888
邮编：437200

通城县黄龙山旅游区 AAA
地址：咸宁市通城县
邮编：437600

崇阳县大泉洞景区 AAA
地址：咸宁市崇阳县东流村
邮编：437500

崇阳桂花森林公园 AAA
地址：咸宁市崇阳县桂花泉镇
电话：0715－3893089
邮编：437500

咸宁市隐水洞景区 AAAA
地址：咸宁市通山县大畈镇
电话：0715－2750888
邮编：437600

赤壁市玄素洞 AAA
地址：咸宁赤壁市陆水湖办事处玄素洞村
电话：0715－5526898
邮编：437300

咸宁市九宫山风景名胜区 AAAA
地址：咸宁市通山县
电话：0715－2422555
邮编：437600

通山县闯王陵 AA
地址：咸宁市通山县闯王陵文管所
电话：0715－2508005
邮编：437628

荆州关公馆 AAA
地址：荆州市南门爱民路关公馆
电话：0716－8467774
邮编：434100

荆州盆景园 AA
地址：荆州市荆北路 40 号
电话：0716－8466796
邮编：434100

荆州古城历史文化旅游区 AAAA
地址：荆州市张居正街 2 号
电话：0716－8468124
邮编：434100

万寿园 AAA
地址：荆州市沙市区荆堤路 90 号
电话：0716－8263149
邮编：434000

张居正故居 AAA
地址：荆州市荆州区张居正街 1 号
邮编：434020

荆州博物馆 AAAA
地址：荆州市荆州区荆中路 186 号
电话：0716－8494808
邮编：434020

石首市南岳山森林公园 AA
地址：荆州石首市城区
邮编：434400

洪湖蓝田生态旅游风景区 AAAA
地址：荆州洪湖市瞿家湾镇唐城大道
电话：0716－2742903
邮编：433228

洪湖市湘鄂西苏区革命烈士陵园 AAA
地址：荆州洪湖市
邮编：433200

洈水风景区 AAA
地址：荆州松滋市洈水镇
电话：0716－6582669
邮编：434200

湖北

公安县北闸水利旅游风景区 AAA
地址：荆州市公安县埠河镇太平口
邮编：434300

监利县周老嘴镇景区 AAA
地址：荆州市监利县
邮编：433300

长江三峡风景名胜区宜昌景区 AAAA
地址：宜昌市
邮编：443000

宜昌市三峡大瀑布景区 AAAA
地址：宜昌市
邮编：443000

宜昌杨家溪漂流风景区 AAAA
地址：宜昌市三斗坪镇
电话：0717－7991054
邮编：443100

三峡大坝旅游区 AAAAA
地址：宜昌市
电话：0717－6763966
邮编：443000

三峡石牌要塞旅游区 AAAA
地址：宜昌市夷陵区三峡路1号
电话：0717－7855554　8850599
邮编：443100

宜昌三峡观坝旅游区 AAAA
地址：宜昌市三峡大坝下游约1公里处
电话：0717－7853756
邮编：443000

宜昌市古潮音洞度假山寨 AAA
地址：宜昌宜都市聂家河镇
电话：0717－44770124
邮编：443306

宋山森林公园 AAA
地址：宜昌宜都市
电话：0717－4810998
邮编：443300

宜昌三游洞风景区 AAAA
地址：宜昌市西北西陵山
电话：0717－8861760
邮编：443002

车溪民俗风情区 AAAA
地址：宜昌市点军区土城乡
电话：0717－7884167
邮编：443123

鸣翠谷景区 AAA
地址：宜昌市点军区点军乡紫阳村（葛洲坝大坝南侧）
电话：0717－6673988
邮编：443006

宜昌三峡人家风景区 AAAAA
地址：宜昌市夷陵区三斗坪镇石牌村
电话：0717－7991054
邮编：443100

宜昌市三峡大瀑布景区 AAAA
地址：宜昌市夷陵区晓峰乡泰山庙村
电话：0717－6449887
邮编：443100

宜昌中华鲟园 AAA
地址：宜昌市夷陵区晓溪塔集锦路7号
电话：0717－6713214
邮编：443100

步步升文化旅游区 AAA
地址：宜昌枝江市仙女经贸区
电话：0717－4299233
邮编：443200

宜昌市宜都奥陶纪石林 AAA
地址：宜昌宜都市潘家湾土家乡境内
邮编：443300

宜昌市情人泉野人谷旅游区 AAA
地址：宜昌宜都市夷陵区黄花乡
邮编：443300

当阳玉泉寺风景区 AAAA
地址：宜昌当阳市玉泉寺
电话：0717－3240301/02
邮编：444102

宜昌市当阳百宝寨风景区 AAA
地址：宜昌当阳市青龙湖畔
邮编：444100

湖北当阳关陵 AAA
地址：宜昌市当阳县玉阳镇西北2公里处
邮编：444100

鸣凤山旅游景区 AAAA
地址：宜昌市远安县城
邮编：444200

远安县鸣凤山风景区 AAA
地址：宜昌市远安县鸣凤镇凤山村三组
电话：0717－3812483
邮编：444200

宜昌灵龙峡大拐弯生态旅游区 AAA
地址：宜昌市远安县荷花镇杨柳村
邮编：444200

兴山县昭君村 AAA
地址：宜昌市兴山县昭君村
电话：0717－2520023
邮编：443700

兴山高岚朝天吼漂流景区 AAAA
地址：宜昌市兴山县
邮编：443711

秭归县九畹溪风景区 AAAA
地址：宜昌市秭归县周坪乡
电话：0717－2887248　2886198
邮编：443600
网址：www. sxdaba. com

宜昌市秭归县链子崖景区 AAA
地址：宜昌市秭归县屈原镇长江南岸
邮编：443600

宜昌市泗溪生态风景区 AAA
地址：宜昌市秭归新且城茅坪镇境内
邮编：443600

宜昌市屈原祠文化旅游区 AAAA
地址：宜昌市秭归县东1.5公里长江北岸的向家坪
邮编：443600

宜昌市长阳清江画廊景区 AAAAA
地址：宜昌市长阳县
电话：0717－5319721
邮编：443500

天柱山旅游区 AAA
地址：宜昌市长阳县城西30公里处
电话：0717－5337588　5441728
邮编：443500

麻池古寨旅游区 AAA
地址：宜昌市长阳县都湾镇麻池村
电话：0717－5426234
邮编：443500

丹水漂流旅游区 AAA
地址：宜昌市长阳县高家堰镇木桥溪村
邮编：443500

宜昌市柴埠溪峡谷风景区 AAAA
地址：宜昌市五峰土家族自治县渔洋关镇
电话：0717－5781398
邮编：443412

随州市玉龙温泉欢乐谷 AAAA
地址：随州市洪山镇温泉村
电话：0722－4828607
邮编：441300

随州文化园 AAAA
地址：随州市
邮编：441300

随州大洪山 AAAA
地址：随州市
电话：0722－4832353　4832302
邮编：441300

随州千年银杏谷 AAAA
地址：随州市曾都区
邮编：441300

大洪山琵琶湖风景区地质公园 AAA
地址：随州市随县洪山镇
邮编：441309

随州市曾侯乙墓景区 AA
地址：随州市擂鼓敦文管处
电话：0722－3813566
邮编：441300

炎帝神农故里风景名胜区 AAAA
地址：随州市曾都区厉山镇绕城公路
电话：0722－3339939
邮编：441309

随州市曾侯乙墓景区 AA
地址：随州市擂鼓墩
邮编：441300

随州炎帝神农烈山风景名胜区 AA
地址：随州市曾都区厉山镇
邮编：441300

高贵三潭风景区 AA
地址：随州广水市三潭风景区管理处
电话：0722－6881111
邮编：432700

随州西游记漂流景区 AAAA
地址：随州市随县淮河镇
电话：400－0791－225
邮编：441309

仙桃市沔城风景名胜区 AA
地址：仙桃市沔城回族镇九贺门正街93号
电话：0728－2753016
邮编：433014

神农顶风景区 AAAA
地址：神农架林区木鱼镇
电话：0719－3452143
邮编：442421

红坪景区 AAAA
地址：神农架林区红坪镇
电话：0719－3372126
邮编：442400

神农架天燕旅游区 AAAA
地址：神农架林区红坪镇
电话：0719－3372136
邮编：442400

神农架天生桥景区 AAA
地址：神农架林区南部彩旗村
邮编：442400

神农架香溪源景区 AAA
地址：神农架林区木鱼镇
邮编：442400

神农架旅游区 AAAAA
地址：神农架林区
邮编：442400

恩施大峡谷 AAAA
地址：恩施州恩施市屯堡乡
电话：0718－8542333
邮编：445000

恩施土司城景区 AAAA
地址：恩施州恩施市土司路 38 号
电话：0718－8458166
邮编：445000

恩施州龙麟宫景区 AAA
地址：恩施州恩施市城西郊麒麟溪源头
邮编：445000

恩施市梭布垭风景区 AAAA
地址：恩施州恩施市太阳河乡境内
邮编：445000

恩施州枫香坡侗族风情寨 AA
地址：恩施州恩施市芭蕉乡高拱桥村
邮编：445000

恩施市枫香坡生态旅游区 AAA
地址：恩施州恩施市芭蕉侗族乡
邮编：445000

恩施州利川大水井文化旅游区 AAAA
地址：恩施州利川市柏杨坝镇大水井
电话：0718－6347888
邮编：445400

恩施州利川腾龙洞风景旅游区 AAAA
地址：恩施州利川市腾龙大道 1 号
电话：0718－7266755　7286327
邮编：445400

利川龙船水乡景区 AAAA
地址：恩施州利川市凉雾乡
电话：0718－7864888
邮编：445400

利川朝阳洞景区 AAA
地址：恩施州利川市南坪乡朝阳村
电话：0718－7559606
邮编：445400

利川苏马荡景区 AA
地址：恩施州利川市谋道镇药材村
邮编：445400

利川大水井古建筑群 AA
地址：恩施州利川市柏杨坝镇大水井村
电话：0718－6804608
邮编：445400

利川玉龙洞景区 AA
地址：恩施州利川市团堡镇梨树村
邮编：445400

利川市佛宝山大峡谷漂流景区 AAAA
地址：恩施州利川佛宝山国家森林公园内
电话：0718－7261222
邮编：445400

建始野三河旅游区 AAAA
地址：恩施州建始县
邮编：445300

建始县朝阳观旅游区 AA
地址：恩施州建始县业州镇
邮编：445300

建始县朝阳观旅游区 AAA
地址：恩施州建始县
邮编：445300

巴人河生态旅游景区 AAAA
地址：恩施州巴东县茶店子镇
电话：0718－4613088
邮编：444300

巴东寇准文化公园 AAA
地址：恩施州巴东县信陵镇
电话：0718－4332367
邮编：444300

巴东县无源洞旅游景区 AAA
地址：恩施州巴东县城东部 3 公里处
邮编：444300

巴东神农溪旅游区 AAAAA
地址：恩施州巴东县沿江大道 145 号
电话：0718－4335245
邮编：444300

利川市福宝山景区 AA
地址：恩施州利川市福宝山生态开发区
电话：0718－7416819
邮编：445400

巴东县链子溪原生态文化旅游区 AAA
地址：恩施州巴东县信陵镇
电话：0718－4333037
邮编：444300

恩施州坪坝营原生态休闲旅游区 AAAA
地址：恩施州咸丰县甲马池镇坪坝营村
电话：0718－6831886　6831922
邮编：445600

咸丰县唐崖河景区 AAAA
地址：恩施州咸丰县
邮编：445600

龙嘴峡景区 AA
地址：恩施州来凤县绿水乡周家湾村
电话：0718－6411588
邮编：445700

湘鄂边苏区鹤峰革命烈士陵园 AA
地址：恩施州鹤峰县容美镇陵园路 21 号
电话：0718－5261351
邮编：445800

餐　馆

蔡林记热干面馆
地址：武汉市武昌区户部巷路
电话：027－88841686
邮编：430061

谈炎记水饺馆
地址：武汉市硚口区利济东街 1 号
电话：027－85840285
邮编：430033

五芳斋（中山大道总店）
地址：武汉市江汉区汉口中山大道 713 号
电话：027－82808027
邮编：430021

蔡林记热干面馆
地址：武汉市江汉区中山大道 152 号
电话：027－87864321
邮编：430021

小桃园酒楼
地址：武汉市江岸区汉口胜利街兰陵路 50 号
电话：027－82778188
邮编：430014

四季美汤包馆
地址：武汉市汉口中山大道 898 号
电话：027－82832842
邮编：430014

老通城酒楼
地址：武汉市江岸区大智路 1 号
电话：027－82810616
邮编：430014

大中华酒楼
地址：武汉市武昌彭刘杨路 196 号
电话：027－88073775
邮编：430014

六合宴餐饮有限公司
地址：武汉市沿江大道
电话：027－82717777
邮编：430014

小尾羊连锁餐饮有限公司总店
地址：武汉市崇仁路
电话：027－83805177
邮编：430032

百胜餐饮（武汉）有限公司
地址：武汉市解放大道
电话：027－85448817
邮编：430032

金色大帝餐饮有限公司
地址：武汉市解放大道
电话：027－83837677
邮编：430035

据风子饮食有限责任公司
地址：武汉市解放路
电话：027－88853886
邮编：430060

上岛两岸饮食有限公司
地址：武汉市崇仁路
电话：027－83780456
邮编：430033

绿茵阁西餐厅
地址：武汉市中南路
电话：027－87316777
邮编：430014

上岛咖啡西餐厅
地址：武汉市欧式街惠明路
电话：027－87233433
邮编：430014

武汉市醉江月饮食服务有限公司
地址：武汉市珞狮南路 81 号
电话：027－87381466
邮编：430070

湖北三五醇酒店有限公司
地址：武汉市中山路 338 号

电话：027－88843535
邮编：430060

武汉市亢龙太子酒轩有限责任公司
地址：武汉市体育馆路1号
电话：027－87320588
邮编：430014

安田食府
地址：武汉市硚口路77号
电话：027－83788198
邮编：430014

巴人酒店
地址：武汉市武昌区武珞路215号
电话：027－87899599
邮编：430014

扒鱼脸大王
地址：武汉市江汉区沿江大道132号
电话：027－82823951
邮编：430014

百乐餐厅
地址：武汉市江岸区解放大道1080号
电话：027－82321879
邮编：430014

北方酒店
地址：武汉市汉阳区鹦鹉大道259号
电话：027－84516266
邮编：430014

北京满旗楼武汉总店
地址：武汉市江岸区沿江大道136号
电话：027－82791563
邮编：430014

北京能人居涮羊肉
地址：武汉市硚口区建设大道525号
电话：027－83637887
邮编：430014

北泽苑酒楼
地址：武汉市江岸区解放大道1147号
电话：027－82863324
邮编：430014

步云楼
地址：武汉市洪山区武珞路357号
电话：027－87883309
邮编：430014

草原新天地火锅烧烤城
地址：武汉市硚口区解放大道477号
电话：027－83885997
邮编：430014

昌盛酒家
地址：武汉市江岸区二七路6号
电话：027－82871558
邮编：430014

长城食府
地址：武汉市珞狮路尤李村73号
电话：027－87393189
邮编：430014

长庚食府
地址：武汉市黄鹂路78号
电话：027－86784201
邮编：430014

楚人驴肉馆
地址：武汉市武昌区首义新村40号
电话：027－88064351
邮编：430014

川府餐厅
地址：武汉市武昌区东湖路88号
电话：027－87302689
邮编：430014

粗茶淡饭菜馆
地址：武汉市江岸区江汉北路117号
电话：027－85775239
邮编：430014

翠微餐厅
地址：武汉市汉阳区翠微横路33号
电话：027－84829434
邮编：430014

傣家村大酒店
地址：武汉市武昌区复兴路34号
电话：027－88316876　88316910
邮编：430014

丹水池餐厅
地址：武汉市解放大道2633号
电话：027－82317951
邮编：430014

德顺楼
地址：武汉市解放大道1845号
电话：027－82862085
邮编：430014

方圆食府
地址：武汉市洪山区八一路264号
电话：027－87784732
邮编：430014

芙蓉酒楼
地址：武汉市中山大道611号
电话：027－82824100
邮编：430014

冠生园酒楼
地址：武汉市水塔街江汉路27号
电话：027－82832124
邮编：430014

汉阳野味香酒楼
地址：武汉市汉阳鹦鹉大道128号
电话：027－84843198
邮编：430014

后湖饭庄
地址：武汉市江岸区百步亭
电话：027－82325392
邮编：430014

湖北佬酒店
地址：武汉市江汉区新华下路8号
电话：027－85790597
邮编：430014

湖锦酒楼
地址：武汉市洪山区八一路316号
电话：027－87346537
邮编：430014

花雨杜婆鸡酒楼总店
地址：武汉市永清路20号
电话：027－82420569
邮编：430014

华兴大酒楼
地址：武汉市青山区建设八路8号
电话：027－86359503
邮编：430014

江南第一家
地址：武汉市武昌区八一路7号
电话：027－87225298
邮编：430014

金龙酒楼
地址：武汉市江岸区解放大道2025号
电话：027－82914011
邮编：430014

九头鸟酒家
地址：武汉市学院路8号
电话：027－86815538
邮编：430014

老干妈农家饭
地址：武汉市江岸区香港路49号
电话：027－85728366
邮编：430014

老坎风味酒家
地址：武汉市洪山区珞狮路223号
电话：027－87862396
邮编：430014

老四川酒楼
地址：武汉市硚口区解放大道923号
电话：027－83631154
邮编：430014

老幺特色酒楼
地址：武汉市江岸区黄兴路8号
电话：027－82803069
邮编：430014

明月楼
地址：武汉市青山区沿港路7号
电话：027－86859855
邮编：430014

南泥湾饭庄
地址：武汉市江汉区新华下路41号
电话：027－85602635
邮编：430014

武汉市小桃园酒楼
地址：武汉市汉口兰陵路64号
电话：027－82845869
邮编：430014

鑫龙潭滋补大酒楼
地址：武汉市青山区工业大道18号
电话：027－86335777　86807346
邮编：430014

食神粥道馆
地址：十堰市人民中路
电话：0719－8669935
邮编：442000

山外山美味村
地址：十堰市
电话：0719－6921761
邮编：442000

合家欢乡菜馆
地址：十堰市
电话：0719－8221249
邮编：442000

状元楼美食广场
地址：十堰市
电话：0719－8890168
邮编：442000

青莲酒家
地址：十堰市人民北路36号
电话：0719－8269316
邮编：442000

满园春酒楼
地址：十堰市车城路 5 号
电话：0719－8221476
邮编：442000

南京汤包馆
地址：十堰市大岭路 21 号
电话：0719－8268030
邮编：442000

爱晚亭
地址：十堰市
电话：0719－8200592
邮编：442000

乡村锅巴饭店
地址：十堰市
电话：0719－6873268
邮编：442000

十堰市九头鸟食乐社
地址：十堰市东岳路 66 号
电话：0719－8228374
邮编：442000

十堰市巴人火锅城
地址：十堰市张湾区公园路 153 号
电话：0719－8228481
邮编：442000

竹园村美食广场
地址：十堰市朝阳中路 18 号
电话：0719－8660098
邮编：442000

阿里郎风味美食村
地址：十堰市东岳路
电话：0719－8212577
邮编：442000

食神粥道馆
地址：十堰市人民中路
电话：0719－8669935
邮编：442000

老玉昌石锅王
地址：十堰市朝阳路 18 号
电话：0719－8465666
邮编：442000

襄阳市岁岁鱼餐饮责任有限公司
地址：襄阳市沿江大道汉江国际闽发 1 楼
电话：0710－3423388
邮编：441021

红象泰国大酒楼
地址：襄阳市松鹤路中段
电话：0710－3277111
邮编：441021

520 湘菜休闲餐厅
地址：襄阳市鼓楼巷
电话：0710－3611520
邮编：441021

襄阳人家酒楼
地址：襄阳市檀溪西路
电话：0710－3524888
邮编：441021

丹枫白露西餐厅
地址：襄阳市解放路
电话：0710－3456666
邮编：441021

襄阳清真寺新月楼饭店
地址：襄阳市襄州区南街 206 号
电话：0710－3553778
邮编：441100

襄阳知味轩饮食服务有限公司
地址：襄阳市大庆东路
电话：0710－3489688
邮编：441021

襄城家乡鹅饮食有限公司
地址：襄阳市襄城区北街 48 号
电话：0710－3515719
邮编：441021

襄阳市南山宾馆
地址：襄阳市檀溪路 56 号
电话：0710－3552089
邮编：441021

襄阳市白鹤实业公司白鹤酒楼
地址：襄阳市前进路 14 号
电话：0710－3239997
邮编：441021

襄阳大天鹅火锅食府
地址：襄阳市湖北大庆西路 79 号
电话：0710－3489838
邮编：441021

襄阳民间酒轩
地址：襄阳市樊城区炮铺街 17 号
电话：0710－3450888
邮编：441021

襄阳桃园食品有限公司红象泰式大酒楼
地址：襄阳市松鹤路中段
电话：0710－3274600
邮编：441021

三只耳冷锅鱼襄樊店
地址：襄阳市
电话：0710－3277788
邮编：441021

襄阳陈波人家酒楼
地址：襄阳市襄城区檀溪路
电话：0710－3525777
邮编：441021

襄阳市朝圣门小吃城
地址：襄阳市朝阳路 44 号
电话：0710－3460029
邮编：441021

楚韵酒家
地址：荆门市象山四路
电话：0724－2399888
邮编：448000

乡村鱼庄
地址：荆门市天鹅广场西南侧
电话：0724－6695985
邮编：448000

荆门饭店
地址：荆门市东宝区长宁大道 37 号
电话：0724－2337743
邮编：448000

浏河园食府
地址：荆门市长宁大道 37 号
电话：0724－2379197
邮编：448000

海港城
地址：荆门市象山一路
电话：0724－2345678
邮编：448000

金穗食府
地址：荆门市东宝区象山大道 44 号
电话：0724－2507381
邮编：448000

北京粥王府
地址：荆门市长宁大道 36 号
电话：0724－2336777
邮编：448000

荆门市饮食服务公司
地址：荆门市北门路 3 号
电话：0724－2331913
邮编：448000

荆门市荆都美食娱乐城
地址：荆门市象山二路 11 号
电话：0724－2336677
邮编：448000

槐荫酒楼
地址：孝感市孝南区城站路 2 号
电话：0712－2822383
邮编：432100

孝感人家
地址：孝感市
电话：0712－2319991
邮编：432100

快活林酒家
地址：孝感市城站路 35 号
电话：0712－2835281
邮编：432100

金光大道酒楼
地址：孝感市孝南区
电话：0712－2886977
邮编：432100

孝感米酒馆
地址：孝感市槐荫大道
电话：0712－2844942
邮编：432100

乡味浓家常菜馆
地址：黄冈市黄州区西湖一路
电话：0713－3610641
邮编：438000

小尾羊餐饮全国连锁黄冈总店
地址：黄冈市黄州区西湖一路
电话：0713－8350776
邮编：438000

新世纪美食村
地址：黄冈市赤壁大道 1 号
电话：0713－8611636
邮编：438000

西湖饭庄
地址：黄冈市黄州区八一路 66 号
电话：0713－8354901
邮编：438000

红海酒楼
地址：黄冈市黄州区涵晖路
电话：0713－8995189
邮编：432100

香庭花园酒楼
地址：黄冈市黄州区八一路
电话：0713－8367788
邮编：432100

巴黎城堡西餐厅
地址：黄冈市黄州区青砖湖路

湖北

电话：0713－8361599
邮编：432100

甜蜜时光餐厅
地址：黄冈市黄州区八一路36号
电话：0713－8123765
邮编：438000

楚湘人家
地址：黄冈市黄州区
电话：0713－8614726
邮编：438000

皇城膳食
地址：黄冈市市胜利街43号
电话：0713－8666911
邮编：438000

天天家常菜馆
地址：黄冈市黄州区体育路6号
电话：0713－8353335
邮编：438000

绿野仙踪
地址：黄冈市
电话：0713－8618447
邮编：438000

江水江鱼农家特色菜馆
地址：鄂州市
电话：0711－3258788
邮编：436000

鄂州市凤凰山庄有限公司
地址：鄂州市鄂城区凤凰路56号
电话：0711－3850988
邮编：436000

锦湘楼
地址：鄂州市鄂城区古城路67号
电话：0711－5055777
邮编：436000

荔湾美食城
地址：鄂州市鄂城区文星大道
电话：0711－3223201
邮编：436000

银河湾美食城
地址：鄂州市鄂城区古城路67号
电话：0711－3875777
邮编：436000

巴蜀食府
地址：鄂州市
电话：0711－3855788
邮编：436000

百岁鱼
地址：鄂州市鄂城区古城路67号
电话：0711－3890222
邮编：436000

鄂城贤人聚酒楼
地址：鄂州市鄂城区凤凰路79号
电话：0711－3864471
邮编：436000

鄂州市山寨人家餐馆
地址：鄂州市古城南路邱家嘴
电话：0711－3877715
邮编：436000

黄石陶然风味园
地址：黄石市广场路28号
电话：0714－6286979
邮编：435003

黄石山里人家酒楼
地址：黄石市公园路
电话：0714－6550777
邮编：435003

黄石金饭碗美食小吃广场
地址：黄石市交通路107号
电话：0714－6280300
邮编：435003

黄石枫叶红美食广场
地址：黄石市武汉路万利大厦43号
电话：0714－6207979
邮编：435003

黄石龙湖山庄
地址：黄石市杭州路128号
电话：0714－6366666
邮编：435003

黄石饭店
地址：黄石市交通路107号
电话：0714－6267781
邮编：435003

黄石市三五轩饮食管理有限公司
地址：黄石市黄石大道648号
电话：0714－4570355
邮编：435003

黄石市知味观酒楼
地址：黄石市西塞山区京华路8号
电话：0714－1397279
邮编：435003

傻儿火锅城
地址：黄石市西塞山区京华路15号
电话：0714－6241582
邮编：435003

青莲酒家黄石店
地址：黄石市下陆区杭州路
电话：0714－6298618
邮编：435003

金花美食城
地址：黄石市颐阳路248号
电话：0714－6225941
邮编：435003

黄石市水上人家酒楼
地址：黄石市交通路1号（客运码头内）
电话：0714－6263777
邮编：435000

唐人美食城
地址：黄石市京华路15号
电话：0714－6282188
邮编：435000

黄石挹江酒楼有限公司
地址：黄石市黄石大道768号
电话：0714－222018
邮编：435000

黄石市川味香酒楼
地址：黄石市交通路44号
电话：0714－230119
邮编：435000

黄石市雅阁美食娱乐城梅花园酒楼
地址：黄石市黄石大道809号
电话：0714－6261158
邮编：435000

金莲酒家
地址：咸宁市咸安区滨河东街
电话：0715－8139232
邮编：437000

武汉青莲酒家咸宁分店
地址：咸宁市咸安区咸宁大道95号
电话：0715－8298822
邮编：437000

咸宁市饮食服务公司
地址：咸宁市温泉石硼路4号
电话：0715－8255521
邮编：437000

咸安区饮食服务公司
地址：咸宁市红旗路12号
电话：0715－8322017
邮编：437000

咸宁市阳光餐馆
地址：咸宁市笔架山路38号
电话：0715－8175118
邮编：437000

湘里人家
地址：咸宁市咸安区滨河东街
电话：0715－8272388
邮编：437000

武昌酒家
地址：咸宁市咸安区温泉路
电话：0715－8284212
邮编：437000

新大陆美食城
地址：咸宁市咸安区温泉路
电话：0715－8256316
邮编：437000

江鱼馆
地址：咸宁市咸安区长安大道
电话：0715－8316636
邮编：437000

新民间酒轩
地址：荆州市北京中路326号
电话：0716－8127888
邮编：434000

青莲酒家
地址：荆州市荆州北路
电话：0716－8455591
邮编：434000

荃凤酒楼
地址：荆州市屈原路
电话：0716－8014937
邮编：434000

荆州市香江海鲜酒楼
地址：荆州市沙市区北京路
电话：0716－8212256
邮编：434000

荆州市天禧太子美食有限公司
地址：荆州市沙市区北京西路192号
电话：13907211837
邮编：434000

荆州市老北京餐饮有限公司
地址：荆州市沙市区文化宫路
电话：0716－8124800
邮编：434000

荆州市沙市清真东来顺餐馆
地址：荆州市沙市区迎喜街53号
电话：0716－8254637
邮编：434000

荣华饭店
地址：荆州市沙市区江津路7号
电话：0716-8527679
邮编：434000

宜昌市桃花岭饭店
地址：宜昌市云集路29号
电话：0717-6236666-7
邮编：443000

芙蓉饭店
地址：宜昌市东山大道113号
电话：0717-6440911
邮编：443000

楼外楼餐厅
地址：宜昌市福绥路44号
电话：0717-6223067
邮编：443000

宜昌市小桃园酒家东山分店
地址：宜昌市东山大道113号
电话：0717-6448839
邮编：443000

宜昌市金太阳大酒家
地址：宜昌市中山路13-2号
电话：0717-6224862
邮编：443000

神舟酒家
地址：宜昌市中山路11号
电话：0717-6460200
邮编：443000

宜昌市小平湖酒家
地址：宜昌市中山路61号
电话：0717-6222082
邮编：443000

正川园餐厅
地址：宜昌市云集路1号
电话：0717-6445093
邮编：443000

宜昌市西陵区小红星酒家
地址：宜昌市红星路19号
电话：0717-6225453
邮编：443000

小南湖餐馆
地址：宜昌市滨湖路13号
电话：0717-6223415
邮编：443000

宜昌红星江口活鲜酒家
地址：宜昌市西陵区红星路65号
电话：0717-6235092
邮编：443000

宜昌市明月歌舞餐厅
地址：宜昌市一马路52号
电话：0717-6239249
邮编：443000

宜昌市聚宾楼酒楼
地址：宜昌市中山路23号
电话：0717-6241791
邮编：443000

宜昌市云集食府
地址：宜昌市云集路21号
电话：0717-6252265
邮编：443000

宜昌市同春饭店
地址：宜昌市中山路60号
电话：0717-6738801
邮编：443000

宜昌市海角天涯烧烤店
地址：宜昌市中山路50号
电话：0717-6237562
邮编：443000

宜昌市饮食公司热干面馆
地址：宜昌市西陵区中山路7号
电话：0717-6753785
邮编：443000

宜昌市三园宴酒楼
地址：宜昌市云集路1号
电话：0717-6235092
邮编：443000

潇湘酒楼
地址：宜昌市云集路16号
电话：0717-6444176
邮编：443000

宜昌市紫光园酒楼
地址：宜昌市西陵区云集路16号
电话：0717-6242163
邮编：443000

宜昌市玉林湘酒楼
地址：宜昌市西陵区深圳路4号
电话：0717-8651441
邮编：443000

宜昌市农家饭庄
地址：宜昌市湖堤街1号
电话：0717-6224777
邮编：443000

宜昌市七星阁酒楼
地址：宜昌市福绥路9号
电话：0717-6222306
邮编：443000

宜昌旺角海鲜酒家有限公司重庆朝天椒老火锅店
地址：宜昌市云集路32号
电话：0717-6778256
邮编：443000

步步升妈妈菜馆
地址：宜昌枝江市江汉大道
电话：0717-4299555
邮编：443200

襄阳人家美食苑
地址：随州市曾都区
电话：0722-3223348
邮编：441300

圣宫饭店家常菜馆
地址：随州市曾都区
电话：0722-3223185
邮编：441300

内蒙小肥羊火锅城
地址：随州市曾都区
电话：0722-3261179
邮编：441300

迎宾楼
地址：济源市济水大街中段300号
电话：0391-6693893
邮编：454650

东兴酒楼
地址：随州市曾都区文峰东街
电话：0722-3580159
邮编：441300

黄氏鱼馆
地址：随州市清河路39号
电话：0722-3328777
邮编：441300

仙桃市雕琢时光餐厅
地址：仙桃市仙源大道
电话：0728-8232066
邮编：433000

湖乡人鱼庄
地址：仙桃市
电话：0728-8203837
邮编：433000

仙苑海鲜城
地址：仙桃市泵站路1号
电话：0728-3236888
邮编：433000

华航食府
地址：天门市钟惺大道
电话：0728-5888235
邮编：431700

恩施市山人居餐馆
地址：恩施市五峰山路
电话：0718-8964008
邮编：445000

田舍人家
地址：恩施市五峰山连珠塔
电话：0718-8229083
邮编：445000

小乔酒家
地址：恩施市施州大道
电话：0718-8244936
邮编：445000

葡京酒楼
地址：恩施市工农路
电话：0718-8922588
邮编：445000

瓦罐酒楼
地址：恩施市工农路
电话：0718-6911796
邮编：445000

川三鳖酒楼恩施店
地址：恩施市东风大道
电话：0718-8992111
邮编：445000

湘味人家
地址：恩施市东风大道
电话：0718-8992111
邮编：445000

荆楚人家餐厅
地址：恩施市
电话：0718-8995588
邮编：445000

旅游用品

武汉市地毯厂
地址：武汉市汉口瑞祥路32号
电话：027-82613315
邮编：430014

新东方旅游用品有限公司
地址：武汉市江岸区渣打路60号

电话：027－85793356　85789329
邮编：430014

武汉金川旅游用品有限公司
地址：武汉市江汉区天门墩路
电话：027－51518528
邮编：430021

武汉牛牛旅游用品有限公司
地址：武汉市江岸区万松园路103号同城广场C栋
电话：027－83492252
邮编：430021

新世界珠宝股份有限公司武昌分公司
地址：武汉市解放路354号
电话：027－88876684
邮编：430014

中国珠宝首饰湖北进出口公司
地址：武汉市江汉北路8号金茂大楼7楼
电话：027－85797205
邮编：430022

老凤祥银楼武汉有限公司
地址：武汉市汉口中山大道471号
电话：027－85856566　85863166
邮编：430021

东方首饰厂有限公司
地址：武汉市解放大道
电话：027－85714361
邮编：430014

武汉市金宇珠宝首饰有限责任公司
地址：武汉市汉口天门墩93号
电话：027－85728041
邮编：430014

武汉汉银金饰珠宝公司
地址：武汉市汉口江汉路19号
电话：027－82817314
邮编：430014

武汉金兰珠宝金行有限公司
地址：武汉市汉口中山大道37号
电话：027－85440289　85440286
邮编：430014

武汉市工艺雕刻厂
地址：武汉市汉阳区永丰乡
电话：027－84654535
邮编：430050

武汉市石开工艺石雕有限公司
地址：武汉市东西湖三店中西路
电话：027－83219973　83872684
邮编：430014

武汉金圣贴金工艺有限公司
地址：武汉市汉口黄浦路250号
电话：027－82995567
邮编：430010

郧县绿松石工艺厂
地址：十堰市郧县东岭
电话：0719－7750398
邮编：442500

荆门市福缘民族用品有限公司
地址：荆门市月亮湖北路
电话：0724－2274117
邮编：448000

湖北荆门市红蝙蝠工艺品厂
地址：荆门市沙洋县工农街1号
电话：0724 8598582
邮编：448200

汉川工艺厂
地址：孝感汉川市欢乐街
电话：0712－8282412
邮编：432300

江汉五金工艺制品厂
地址：荆州市十号公路
电话：0716－8221242
邮编：434000

步步升布鞋文化村
地址：宜昌市汉宜高速公路枝江接线道口
电话：0717－4299233
邮编：443200

三峡旅游工艺品公司
地址：宜昌市夷陵区黄陵庙
电话：0717 6611818
邮编：443100

宜昌市金银首饰公司
地址：宜昌市云集路
电话：0717－6223746
邮编：443000

宜昌明珠美术陶瓷厂
地址：宜昌市夜明珠路42号
电话：0717－6312290
邮编：443002

宜昌市三斗坪镇东岳庙工艺制品厂
地址：宜昌市三斗坪
电话：0717－6611244
邮编：443000

随州曾都区古乐编钟工艺厂
地址：随州市舜井大道5号
电话：0722－3220209
邮编：441300

仙桃市贝雕工艺厂
地址：仙桃市沙湖镇玉沙路37号
电话：0728－2652557
邮编：433015

利川市利安民族工艺厂
地址：恩施州利川市清江大道230号
电话：0718－7285931
邮编：445400

建始县金建工艺陶瓷厂
地址：恩施州建始县
电话：0718－3222883
邮编：445300

湖北宝石花工艺品有限公司
地址：恩施州来凤县桂花树工业园
电话：0718－6295872
邮编：445700

来凤县土苗漆艺手工坊有限公司
地址：恩施州来凤县翔凤镇霁虹路4号
电话：0718－6290912
邮编：445700

旅游交通

湖北省外事旅游汽车公司
地址：武汉市汉阳区琴台路262号
电话：027－84860148　84845399
邮编：430050

武昌火车站
地址：武汉市武昌区中山路
电话：027－88068888　88071161
邮编：430061

武汉火车站
地址：武汉市青山区
电话：027－81068888
邮编：430080

汉口火车站
地址：武汉市江汉区发展大道
电话：027－85877894　65650666
邮编：430001

长江轮船海外旅游总公司
地址：武汉市沿江大道69号
电话：027－82761122　82765636
邮编：430021

武汉长江游船中心
地址：武汉市江岸区一元路7号尚峰时代大厦9楼
电话：027－82200080
邮编：430017

武汉扬子江游船有限公司
地址：武汉市汉阳洗马长街88号
电话：027－84712307　84712409
邮编：430050

湖北江山游船公司
地址：武汉三阳路
电话：027－82701170　85763190
邮编：430064

武汉港
地址：武汉市汉口沿江大道91号
电话：027－82836958　82763305
邮编：430014

武汉天河国际机场
地址：武汉市黄陂区天河镇
电话：027－85819111　85818305
邮编：432200

十堰市火车站
地址：十堰市车站路
电话：0719－8267875　8255632
邮编：442000

襄阳火车站
地址：襄阳市前进路
电话：027－95105105
邮编：441003

襄阳刘集机场
地址：襄阳市襄阳区张湾镇
电话：0710－3236737
邮编：442021

荆门火车站
地址：荆门市车站大道35号
电话：0724－2389741
邮编：448000

孝感市火车站
地址：孝感市
电话：027－95105105
邮编：432100

孝感市源通汽车旅游出租有限分公司
地址：孝感市北京路8号
电话：0712－2838238
邮编：432100

安陆市汽运公司旅游出租分公司
地址：孝感安陆市碧涢路
电话：0712－5258325
邮编：432600

孝感市旅游出租汽车服务公司
地址：孝感市槐荫大道 152 号
电话：0712－2822460
邮编：432100

安陆市火车站
地址：孝感安陆市文昌路
电话：0712－5232229
邮编：432600

云梦县火车站
地址：孝感市云梦县城关镇
电话：0712－4322569 3080196
邮编：432500

黄冈市东方运输集团有限公司旅游出租分公司
地址：黄冈市赤壁大道 2 号
电话：0713－8661960
邮编：438000

黄冈黄州火车站
地址：黄冈市
电话：0713－2102942
邮编：438000

麻城市火车站
地址：黄冈麻城市西陵大道
电话：0713－2102322
邮编：431600

武穴火车站
地址：黄冈市武穴市
电话：0713－2106042
邮编：435400

蕲春火车站
地址：黄冈市蕲春县
电话：0713－7106122
邮编：435300

鄂州火车站
地址：鄂州市江碧大道
电话：0711－5076254
邮编：436000

黄石火车站
地址：黄石市大冶市李家坊
电话：0714－3078008
邮编：435003

黄石火车东站
地址：黄石市颐阳路 309 号
电话：0714－3088019
邮编：435003

湖北咸运集团有限公司旅游出租车分公司
地址：咸宁市温泉路 20 号
电话：0715－8256121
邮编：437000

咸宁火车站
地址：咸宁市怀德路
电话：0715－8323804
邮编：437000

重庆环球轮船旅游公司沙市分公司
地址：荆州市江汉南路 34 号
电话：0716－8222614
邮编：434000

荆州火车站
地址：荆州市荆州区郢城镇楚源大道
电话：027－95105105 12306
邮编：434000

荆州沙市火车站
地址：荆州市沙市区
电话：027－95105105 12306
邮编：434000

荆州沙市长途汽车客运站
地址：荆州沙市区塔桥路
电话：0716－8213786
邮编：434000

宜昌市星岛湖客运有限汽车公司
地址：宜昌市陆城园林大道
电话：0717－4825938
邮编：443000

宜昌火车站
地址：宜昌市东山大道
电话：0717－6461228 6445001
邮编：443000

长江海外旅游宜昌公司
地址：宜昌市解放路 52－1 三峡商城 A 座 1610 房
电话：0717－6760512
邮编：443000

太升旅行社天骄游轮公司
地址：宜昌市沿江大道 272－37 号
电话：0717－6226202
邮编：443000

宜昌世纪维嘉游轮管理有限公司
地址：宜昌市东山大道 124 号
电话：13807201525
邮编：443000

宜昌西施游轮有限公司
地址：宜昌市解放路 10 号
电话：0717－6224949
邮编：443000

宜昌长江高速客轮有限责任公司
地址：宜昌市西陵一路 83 号
电话：0717－6343588
邮编：443000

宜昌市渝鸿旅游船管理服务有限公司
地址：宜昌市沿江大道 104 号
电话：0717－8206705
邮编：443000

宜昌三峡机场
地址：宜昌市猇亭区
电话：0717－6532114 6532650
邮编：443000

随州火车站
地址：随州市
电话：0722－3081722
邮编：441300

恩施许家坪机场
地址：恩施州恩施市许家坪
电话：0718－8410753
邮编：445000

恩施火车站
地址：恩施州恩施市枫香坪村
电话：027－95105105 12306
邮编：445000

利川火车站
地址：恩施州利川市清江南侧
电话：027－95105105 12306
邮编：445400

湖　南

HUNAN

旅游机构

湖南省旅游局
地址：长沙市芙蓉区东二环二路 40 号
电话：0731－84725408
邮编：410001
电子信箱：hunantabg@163. com

湖南省旅游质量监督管理所
地址：长沙市东二环二路 40 号
电话：0731－84717614
邮编：410001

长沙市旅游局
地址：长沙市岳麓区岳麓大道 218 号
电话：0731－88666279
邮编：410013
电子信箱：csta888@163. com

张家界市旅游局
地址：张家界市南庄坪
电话：0744－8380188
邮编：427000
电子信箱：zjjlyj@zjj. gov. cn

常德市旅游局
地址：常德市洞庭中路中段 410 号
电话：0736－7266772
邮编：415000
电子信箱：cdtb2002@sina. com

澧县旅游局
地址：常德市澧县政府大院内
电话：0736－3261051
邮编：415500

益阳市外事侨务旅游局
地址：益阳市梓山中路 1 号
电话：0737－4221631
邮编：413000
电子信箱：yytour@ton. com

岳阳市旅游局
地址：岳阳市南湖大道 236 号
电话：0730－8889779
邮编：414000
电子信箱：yytour@163. com

株洲市旅游局
地址：株洲市河西黄河北路 1 号住房办 6 楼
电话：0731－28686114
邮编：412007
电子信箱：liuyuting1975@163. com

湘潭市旅游局
地址：湘潭市芙蓉路人民大厦 9 楼
电话：0731－58570319
邮编：411104

衡阳市旅游局
地址：衡阳市人民政府机关大院 7 楼
电话：0734－8861041
邮编：421001
电子信箱：YTJN@sohu. com

郴州市旅游外事侨务局
地址：郴州市人民东路 28 号
电话：0735－2368989
邮编：423000

永州市旅游外事侨务局
地址：永州市冷水滩区逸云路 1 号市政府大楼
电话：0746－8368009
邮编：425000
电子信箱：yzywqj@yahoo. com. cn

邵阳市旅游局
地址：邵阳市城北路 6 号市政府大院内
电话：0739－5363033
邮编：422000
电子信箱：ly. sy. hn@163. com

怀化市旅游外事侨务局
地址：怀化市迎丰中路 665 号
电话：0745－2716738
邮编：418000

娄底市旅游外事侨务局
地址：娄底市湘中大道市政府 3 号办公楼
电话：0738－8313881
邮编：417000

湘西土家族苗族自治州旅游局
地址：湘西州吉首市人民北路 58 号
电话：0743－8223683
邮编：416000
电子信箱：xxzlyj@hotmail. com

旅 行 社

湖南华天国际旅行社有限责任公司
地址：长沙市解放东路 300 号
电话：0731－84119290
邮编：410001
电子信箱：168@16okgo. com
许可证号：L－HUN－CJ00001

湖南省亲和力旅游国际旅行社有限公司
地址：长沙市黄兴中路 88 号平和堂商务楼 25 楼
电话：0731－82222228
邮编：410005
电子信箱：cytshn@sohu. com
许可证号：L－HUN－CJ00002

湖南省中国国际旅行社有限公司
地址：长沙市东二环二段 40 号省旅游局院内办公楼
电话：0731－82290819
邮编：410001
电子信箱：cits_ hn@hotmail. com
许可证号：L－HUN－CJ00003

湖南省中国旅行社
地址：长沙市晚报大道 63 号梦泽园商务楼 6 楼
电话：0731－82289699
邮编：410001
电子信箱：651018199@qq. com
许可证号：L－HUN－CJ00004

湖南新康辉国际旅行社有限责任公司
地址：长沙市芙蓉中路二段 465 号蔚都大厦 5 楼
电话：0731－85515555
邮编：410007
电子信箱：hncct@vip. 163. com
许可证号：L－HUN－CJ00005

长沙国旅国际旅行社有限公司
地址：长沙市芙蓉中路二段 59 号顺天城 10 楼
电话：0731－84416456
邮编：410011
电子信箱：bgs@cits－cs. com
许可证号：L－HUN－CJ00006

湖南中信国际旅行社有限公司
地址：长沙市芙蓉区燕山街 123 号鸿飞大厦 1207 室
电话：0731－84581232
邮编：410011
电子信箱：hncitictravel@vip. sina. com
许可证号：L－HUN－CJ00007

湖南海外旅游有限公司
地址：长沙市黄兴北路 89 号上城金都南栋 9 楼
电话：0731－82221122　84402567
邮编：410005
电子信箱：hw2221122@163. com
许可证号：L－HUN－CJ00008

湖南光大国际旅行社有限公司
地址：长沙市芙蓉区车站北路 70 号万象新天 5 栋 6 楼
电话：0731－82222200
邮编：410011
电子信箱：Hy6961@hotmail. com
许可证号：L－HUN－CJ00009

张家界市中国旅行社有限责任公司
地址：张家界市永定区官黎坪中心汽车客运站综合服务楼 4 楼
电话：0744－8223727
邮编：427000
电子信箱：zhongvu@163. com
许可证号：L－HUN－CJ00010

怀化铁路（张家界）国际旅行社
地址：怀化市迎丰西路嫩溪垅南 2 号
电话：0745－2183062
邮编：418000
电子信箱：hnhhhtgl@163. com
许可证号：L－HUN－CJ00011

衡阳国旅国际旅行社有限公司
地址：衡阳市环城南路 206 号
电话：0734－8254169
邮编：421000
电子信箱：HNHYGuolv@. sina. com
许可证号：L－HUN－CJ00012

岳阳中国国际旅行社有限公司
地址：岳阳市云梦路 25 号
电话：0730－8282222
邮编：414000
电子信箱：service@yycits. com
许可证号：L－HUN－CJ00013

湘潭嘉年华国际旅行社有限责任公司
地址：湘潭市大湖路 36 号虹桥大厦 F4
电话：0731－58268771
邮编：411100
电子信箱：Cuijieyang@163. com
许可证号：L－HUN－CJ00014

常德中国旅行社
地址：常德市广宇商务楼 101 号
电话：0736－7177715
邮编：415000
电子信箱：465308711@qq. com
许可证号：L－HUN－CJ00015

株洲中联国际旅行社有限责任公司
地址：株洲市天元区天台路市政府大门左侧
电话：0731－28823877
邮编：412007
电子信箱：zlgjlxs@163. com
许可证号：L－HUN－CJ00016

郴州五连冠国际旅行社有限责任公司
地址：郴州市人民西路16－24、25号
电话：0735－2363088　2363060　2363818
邮编：423000
电子信箱：hnczwlggl@yeah.net
许可证号：L－HUN－CJ00017

湖南益阳平安国际旅行社有限公司
地址：益阳市桃花仑西路452号
电话：0737－4201111
邮编：413000
电子信箱：hnyypaits@hotmail.com
许可证号：L－HUN－CJ00018

湖南财信环球国际旅行社
地址：长沙市开福区芙蓉中路一段466号海东青大厦B栋4楼
电话：0731－85197820
邮编：410005
电子信箱：hncxhq@126.com
许可证号：L－HUN－CJ00019

娄底市湘中国际旅行社有限公司
地址：娄底市鹏泰国际A座23楼2323室
电话：0738－8315151　8223888
邮编：417000
电子信箱：ldxzgj2008@yahoo.cn
许可证号：L－HUN－CJ00020

株洲市环球国际旅行社有限责任公司
地址：株洲市天元区泰山路88号
电话：0731－28823877
邮编：412007
电子信箱：zlgjlxs@163.com
许可证号：L－HUN－CJ00021

湖南湘民国际旅行社有限公司
地址：长沙市东风路276号
电话：0731－84502111
邮编：410003
电子信箱：vickyzwjin@yahoo.com.cn
许可证号：L－HUN－CJ00022

湖南新天地国际旅行社有限责任公司
地址：长沙市朝阳路311号金色华庭嘉福轩4179房
电话：0731－82282020　82294666
邮编：410000
电子信箱：huazhixintiandi@163.com
许可证号：L－HUN－CJ00023

湖南途易国际旅行社有限公司
地址：长沙市天心区芙蓉中路二段168－1号摩天大厦第1幢2028号
电话：0731－85138008
邮编：410000
电子信箱：chinatoureasy@hotamail.com
许可证号：L－HUN－CJ00024

湖南港中旅国际旅行社有限公司
地址：长沙市芙蓉区车站北路70号万象新天公寓5号栋29层
电话：0731－88809818
邮编：410001
电子信箱：0733WM@163.COM
许可证号：L－HUN－CJ00025

湖南省湖湘天下国际旅行社有限公司
地址：长沙市芙蓉区车站北路70号万象新天公寓5号栋903房
电话：0731－87965800
邮编：410000
电子信箱：huxiangtianxia@sina.com
许可证号：L－HUN－CJ00026

湖南龙骧交通发展集团有限责任公司湘亚国际旅行社
地址：长沙市八一西路23号
电话：0731－82298232
邮编：410001
电子信箱：huangying1998@csck.com.cn
许可证号：L－HUN－CJ00027

湖南安信国际旅行社有限公司
地址：长沙市芙蓉区远大路千喜华城812
电话：0731－82297555
邮编：410001
电子信箱：824426640@qq.com
许可证号：L－HUN－CJ00028

湖南五方国际旅行社有限责任公司
地址：长沙市通程大酒店1205、1605室
电话：0731－88775555
邮编：410011
电子信箱：13907313321@139.com
许可证号：L－HUN－CJ00029

株洲市完美假日国际旅行社有限责任公司
地址：株洲市天元区天平路花园一村1栋304房
电话：0731－28307878
邮编：412000
电子信箱：913119607@qq.com
许可证号：L－HUN－CJ00030

湖南中铁国际旅行社有限公司
地址：长沙市东二环二段40号
电话：0731－88621347
邮编：410005
许可证号：L－HUN－CJ00034

湖南百事通国际旅行社有限公司
地址：长沙市芙蓉中路388号鲇鱼套颐美会现代城
电话：0731－87960099
邮编：410005
许可证号：L－HUN－CJ00035

湖南锦华国际旅行社有限公司
地址：长沙市芙蓉区车站北路70号万象新天4栋8楼
电话：0731－82033708　82279017
邮编：410011
许可证号：L－HUN－CJ00036

饭　店

华天大酒店 ★★★★★
地址：长沙市解放东路380号
电话：0731－84442888
邮编：410001

神农大酒店 ★★★★★
地址：长沙市芙蓉南路298号
电话：0731－85218888
邮编：410007

通程国际大酒店 ★★★★★
地址：长沙市韶山北路149号
电话：0731－84168888
邮编：410011

普瑞温泉酒店 ★★★★★
地址：长沙市望城大道8号
电话：0731－88388888
邮编：410219

同升湖通程山庄 ★★★★★
地址：长沙市雨花区洞井镇
电话：0731－85168888
邮编：410116

华雅国际大酒店 ★★★★★
地址：长沙市万家丽路中路二段81号
电话：0731－85322222
邮编：410017

长沙运达喜来登酒店 ★★★★★
地址：长沙市芙蓉中路一段478号
电话：0731－84888888
邮编：410005

长沙明城国际大酒店 ★★★★★
地址：长沙市漓湘西路19号
电话：0731－84651888
邮编：410100

潇湘华天大酒店 ★★★★★
地址：长沙市芙蓉中路一段593号
电话：0731－84660888
邮编：410005

长沙芙蓉国际温德姆至尊豪廷大酒店 ★★★★★
地址：长沙市芙蓉中路二段106号
电话：400－6789－511
邮编：410011

湖南圣爵菲斯大酒店 ★★★★★
地址：长沙市浏阳河大桥东
电话：0731－84252333
邮编：410005

浏阳银天大酒店 ★★★★★
地址：长沙浏阳市将军路1号
电话：0731－83688888
邮编：410300

张家界青和锦江国际酒店 ★★★★★
地址：张家界市武陵源区军邸路1号
电话：0731－8188888
邮编：427400

张家界京武铂尔曼酒店 ★★★★★
地址：张家界市武陵源区画卷路
电话：0744－5668888
邮编：427400

常德共和酒店 ★★★★★
地址：常德市柳叶大道东段柳叶湖度假区内
电话：0736－7138888
邮编：415000

澧县瑞高酒店 ★★★★★
地址：常德市澧县运达路88号
电话：0736－3888888
邮编：415500

株洲华天大酒店 ★★★★★
地址：株洲市天元区长江北路1号
电话：0731－28819999
邮编：412007

湘潭盘龙山庄大酒店 ★★★★★
地址：湘潭市河东大道1号
电话：0731－52518888
邮编：411104

郴州华天大酒店 ★★★★★
地址：郴州市七里大道108号
电话：0735－2818888
邮编：423000

富丽华大酒店 ★★★★
地址：长沙市八一东路 88 号
电话：0731－82298888
邮编：410001

金源大酒店 ★★★★
地址：长沙市芙蓉中路 465 号
电话：0731－85558888
邮编：410007

鑫都大酒店 ★★★★
地址：长沙市中环路火焰开发区一片
电话：0731－84788888
邮编：410001

紫东阁华天大酒店 ★★★★
地址：长沙市八一西路 68 号
电话：0731－82288888
邮编：410001

芙蓉华天大酒店 ★★★★
地址：长沙市五一东路 8 号
电话：0731－84401888
邮编：410001

五华大酒店 ★★★★
地址：长沙市芙蓉南路 308 号
电话：0731－85528888
邮编：410007

海程大酒店 ★★★★
地址：长沙市八一路 58 号
电话：0731－82290881
邮编：410001

天玺大酒店 ★★★★
地址：长沙市芙蓉中路 518 号
电话：0731－85169999
邮编：410007

君逸康年大酒店 ★★★★
地址：长沙市芙蓉中路 508 号
电话：0731－82333333
邮编：410015

君逸山水大酒店 ★★★★
地址：长沙市晚报大道 150 号
电话：0731－82196666
邮编：410015

长沙时代帝景大酒店 ★★★★
地址：长沙市桐梓坡路 399 号
电话：0731－88989999
邮编：410013

长沙和一大酒店 ★★★★
地址：长沙市韶山南路 133 号
电话：0731－82811111
邮编：410004

长沙华悦大酒店 ★★★★
地址：长沙市芙蓉中路一段 2 号
电话：0731－84481588
邮编：410008

湖南枫林宾馆 ★★★★
地址：长沙市枫林一路 81 号
电话：0731－88883001
邮编：410006

长沙和一国际大酒店 ★★★★
地址：长沙市劳动西路 256 号
电话：0731－82828111
邮编：410007

湖南宾馆 ★★★★
地址：长沙市营盘东路 193 号
电话：0731－884404888
邮编：410005

湖南金辉大酒店 ★★★★
地址：长沙市雨花路 181 号
电话：0731－85608000
邮编：410005

湖南省大华宾馆 ★★★★
地址：长沙市劳动西路 528 号
电话：0731－85509888
邮编：410005

湖南茉莉花大酒店 ★★★★
地址：长沙市金星中路
电话：0731－88229999
邮编：410005

湖南星沙华天大酒店 ★★★★
地址：长沙市星沙漓湘路
电话：0731－88428888
邮编：410005

张家界专家村宾馆 ★★★★
地址：张家界市武陵源武陵大道
电话：0744－5618388
邮编：427400

张家界江汉山庄 ★★★★
地址：张家界市武陵源军地坪
电话：0744－5618122
邮编：427400

张家界国际大酒店 ★★★★
地址：张家界市三角坪 42 号
电话：0744－8222888
邮编：427000

蓝天大酒店 ★★★★
地址：张家界市崇文路
电话：0744－8278088
邮编：427000

湘电国际酒店 ★★★★
地址：张家界市国家森林公园门口
电话：0744－5712999
邮编：427401

张家界通达国际酒店 ★★★★
地址：张家界市永定大道鹭鸶弯桥头
电话：0744－8259999
邮编：427000

常德华天大酒店 ★★★★
地址：常德市武陵大道南段
电话：0736－7258888
邮编：415000

常德国际大酒店 ★★★★
地址：常德市武陵大道北段
电话：0736－7778888
邮编：415000

常德金悦国际大酒店 ★★★★
地址：常德市沅安东路滨江豪庭
电话：0736－2911111
邮编：415000

益阳华天大酒店 ★★★★
地址：益阳市康复北路 2 号
电话：0737－4228888
邮编：413000

安化银莲国际大酒店 ★★★★
地址：益阳市安化县城南区联城路
电话：0737－2268888
邮编：413500

岳阳国贸邦臣大酒店 ★★★★
地址：岳阳市南湖大道 329 号
电话：0730－8250289
邮编：414000

岳阳云梦宾馆 ★★★★
地址：岳阳市云梦路 121 号
电话：0730－8330880
邮编：414000

南湖宾馆 ★★★★
地址：岳阳市邕湖路
电话：0730－8841801　8841819
邮编：414000

岳阳华天大酒店 ★★★★
地址：岳阳市南湖大道 587 号
电话：0730－8885888　8885819
邮编：414000

岳阳泰和大酒店 ★★★★
地址：岳阳市巴陵中路
电话：0730－8279288
邮编：414000

国宾酒店 ★★★★
地址：株洲市建设南路 58 号
电话：0731－28268888
邮编：412000

九方大酒店 ★★★★
地址：株洲市田心小东门 1 号
电话：0731－28441111
邮编：412000

株洲醴陵东风大酒店 ★★★★
地址：株洲醴陵市滨河路新街口 55 号
电话：0731－23219999
邮编：412200

湘潭华都国际大酒店 ★★★★
地址：湘潭市建设南路 328 号
电话：0731－58558888
邮编：411101

湖南华宇国际大酒店 ★★★★
地址：湘潭市建设南路 68 号
电话：0731－52888888
邮编：411102

湘潭韶山德盛宾馆 ★★★★
地址：湘潭韶山市车站路 1 号
电话：0731－55680088
邮编：411300

湘潭县鑫田国际大酒店 ★★★★
地址：湘潭市湘潭县易俗河天易路 1 号
电话：0731－56799999
邮编：411228

神龙·寿岳国际大酒店 ★★★★
地址：衡阳市南岳区祝融南路
电话：0734－5665678
邮编：421900

雁城宾馆 ★★★★
地址：衡阳市解放路 91 号
电话：0734－8211288
邮编：421001

衡阳神龙大酒店 ★★★★
地址：衡阳市蒸湘北路 3 号
电话：0734－8988888
邮编：421001

衡阳华天大酒店 ★★★★
地址：衡阳市解放路 55 号

电话：0734－8188888
邮编：421001

衡阳神洲明珠大酒店 ★★★★
地址：衡阳耒阳市神农路499号
电话：0734－4399999
邮编：421800

耒阳神龙·新世界大酒店 ★★★★
地址：衡阳耒阳市城北路
电话：0734－4898888
邮编：421800

衡东恒瑞国际大酒店 ★★★★
地址：衡阳市衡东县创大西路
电话：0734－2826888
邮编：421400

国际大酒店 ★★★★
地址：郴州市人民西路17号
电话：0735－2320232
邮编：423000

郴州宜章和一大酒店 ★★★★
地址：郴州市宜章县南京路5号
电话：0735－3760888
邮编：424200

永州万喜登大酒店 ★★★★
地址：永州市冷水滩区零陵中路399号
电话：0746－8688888
邮编：425100

永州红太阳大酒店 ★★★★
地址：永州市零陵区南津中路1号
电话：0746－6688888
邮编：425100

永州南华大酒店 ★★★★
地址：永州市冷水滩区潇湘路33号
电话：0746－8328888
邮编：425000

永州鑫利大酒店 ★★★★
地址：永州市祁阳县中兴路8号
电话：0746－3222222
邮编：426100

邵阳白公城建民大酒店 ★★★★
地址：邵阳市城北路62号
电话：0739－5468888
邮编：422000

邵阳和一宝庆山庄 ★★★★
地址：邵阳市宝庆中路437号（市委大院内）
电话：0739－5111111
邮编：422000

邵东金利华大酒店 ★★★★
地址：邵阳市邵东县昭阳大道与金龙路交汇处
电话：0739－2866666
邮编：422800

隆回恒丰假日酒店 ★★★★
地址：邵阳市隆回县县城桃花路
电话：0739－8188888
邮编：422200

湘西民族宾馆 ★★★★
地址：湘西州吉首市人民中路7号
电话：0743－8562507
邮编：416000

凤凰县天下凤凰大酒店 ★★★★
地址：湘西州凤凰县凤凰路1号
电话：0743－3502999
邮编：416200

长沙晚报大酒店 ★★★
地址：长沙市晚报大道259号
电话：0731－882204888
邮编：410005

湖南西野酒店（五强总店） ★★★
地址：长沙市高新开发区麓天路2号
电话：0731－888991688
邮编：410005

湖南军转大酒店 ★★★
地址：长沙市中山路教育街
电话：0731－84444188
邮编：410005

望城红星大酒店 ★★★
地址：长沙市望城区高塘岭镇莲湖路46号
电话：0731－88065577
邮编：410005

湖南兴湘国际商务大酒店 ★★★
地址：长沙市火星镇纬二路106号
电话：0731－84135208
邮编：410005

新天宾馆 ★★★
地址：长沙市八一西路32号
电话：0731－82299661
邮编：410001

今朝大酒店 ★★★
地址：长沙市车站北路
电话：0731－82289999
邮编：410001

陋园宾馆 ★★★
地址：长沙市湘春中路111号
电话：0731－84841088
邮编：410005

金叶大酒店 ★★★
地址：长沙市曙光中路249号
电话：0731－85481188
邮编：410007

银华大酒店 ★★★
地址：长沙市五一中路160号
电话：0731－84308188
邮编：410011

银河大酒店 ★★★
地址：长沙市五一东路85号
电话：0731－84111818
邮编：410001

长沙三九楚云大酒店 ★★★
地址：长沙市车站路149号
电话：0731－84191999
邮编：410001

麓山宾馆 ★★★
地址：长沙市枫林路2号
电话：0731－88883071
邮编：410006

友谊宾馆 ★★★
地址：长沙市黄兴中路55号
电话：0731－82345678
邮编：410005

金枫大酒店 ★★★
地址：长沙市枫林二路139号
电话：0731－88811888
邮编：410205

新闻大厦 ★★★
地址：长沙市芙蓉中路27号
电话：0731－82321888
邮编：410008

迎宾楼·欧雅大酒店 ★★★
地址：长沙市韶山南路12号
电话：0731－85570399
邮编：410075

星电宾馆 ★★★
地址：长沙市白沙南路
电话：0731－85918888
邮编：410015

金赋大酒店 ★★★
地址：长沙市芙蓉中路641号
电话：0731－85555499
邮编：410007

留芳宾馆 ★★★
地址：长沙市留芳岭14号
电话：0731－82858888
邮编：410008

南枫大酒店 ★★★
地址：长沙市劳动西路499号
电话：0731－85549999
邮编：410002

长沙社院和一大酒店 ★★★
地址：长沙市芙蓉区嘉雨路187号
电话：0731－88222111
邮编：410001

华信宾馆 ★★★
地址：长沙市车站北路126号
电话：0731－82276168
邮编：410001

华宇大酒店 ★★★
地址：长沙市劳动中路87号
电话：0731－85388688
邮编：410007

开元大酒店 ★★★
地址：长沙市经济技术开发区开元路16号
电话：0731－84650888
邮编：410100

天成大酒店 ★★★
地址：长沙市星沙经济开发区振兴建材大市场1栋
电话：0731－84021288
邮编：410100

新海悦大酒店 ★★★
地址：长沙市东二环一段668号
电话：0731－84781788
邮编：410001

天洋大酒店 ★★★
地址：长沙市劳动中路98号
电话：0731－85508588
邮编：410007

华夏大酒店 ★★★
地址：长沙市迎盘东路82号
电话：0731－84437188
邮编：410005

神禹大酒店 ★★★
地址：长沙市劳动西路529号
电话：0731－82776888
邮编：410007

西野酒店青园分店 ★★★
地址：长沙市天心区五凌路168号
电话：0731－85893099

邮编：410004

湖南健铭大酒店 ★★★
地址：长沙市书院路 280 号
电话：0731－85178888
邮编：410002

同发大酒店 ★★★
地址：长沙市芙蓉中路二段 148 号
电话：0731－82800111
邮编：410001

长沙浏阳绿之韵大酒店 ★★★
地址：长沙国家生物产业基地绿之韵路 36 号
电话：0731－83283888
邮编：410329

湖南南海宾馆 ★★★
地址：长沙市八一路 56 号
电话：0731－82297888
邮编：410001

长沙宁乡天元大酒店 ★★★
地址：长沙市玉潭镇花明北路县政中心旁
电话：0731－87809778
邮编：410600

长沙宁乡美维雅大酒店 ★★★
地址：长沙市玉潭镇花明路 1 号
电话：0731－87859999
邮编：410600

湖南新农大酒店 ★★★
地址：长沙市芙蓉区农业大学内
电话：0731－84673799
邮编：410128

湖南林大橙子酒店 ★★★
地址：长沙市韶山南路 498 号
电话：0731－85289888
邮编：410004

浏阳河大酒店 ★★★
地址：长沙浏阳市新文路 81 号
电话：0731－83612618
邮编：410300

琵琶溪宾馆 ★★★
地址：张家界市国家森林公园门口
电话：0744－5718888
邮编：427401

金都大酒店 ★★★
地址：张家界市紫舞东路 1 号
电话：0744－8239073
邮编：427000

百丈峡大酒店 ★★★
地址：张家界市武陵源区百丈峡风景区
电话：0744－5622666
邮编：427400

湘水宾馆 ★★★
地址：张家界市武陵源区军地坪 83 号
电话：0744－5625688
邮编：427400

武陵源宾馆 ★★★
地址：张家界市武陵源区武陵大道 192 号
电话：0744－5615888
邮编：427400

南航富利来大酒店 ★★★
地址：张家界市区紫舞路 30 号
电话：0744－2128888
邮编：427000

亘立国际酒店 ★★★
地址：张家界市武陵源区武陵大道中段
电话：0744－2158888
邮编：427400

邮电公寓 ★★★
地址：张家界市教场路 17 号
电话：0744－8222898
邮编：427000

北斗星大酒店 ★★★
地址：张家界市区教场路 30 号
电话：0744－2118118
邮编：427000

民俗大酒店 ★★★
地址：张家界市国家森林公园刘家拐
电话：0744－5719388
邮编：427401

阳光酒店 ★★★
地址：张家界市区南庄坪
电话：0744－8212188
邮编：427000

云海宾馆 ★★★
地址：张家界市武陵源区武陵源大道
电话：0744－5615588
邮编：427400

红河谷酒店 ★★★
地址：张家界市国家森林公园锣鼓塔
电话：0744－5719297
邮编：427401

张家界迎宾馆 ★★★
地址：张家界市委机关大院内
电话：0744－8221682
邮编：427000

大华酒店 ★★★
地址：张家界市武陵源区未央路
电话：0744－5611588
邮编：472400

博海大酒店 ★★★
地址：张家界市武陵源区喻家嘴镇
电话：0744－5616288
邮编：427400

天恒大酒店 ★★★
地址：张家界市武陵源区军砥路
电话：0744－5625888
邮编：427400

天鸿大酒店 ★★★
地址：张家界市区子午西路 916 号
电话：0744－8231188
邮编：427000

风云假日酒店 ★★★
地址：张家界市区南庄坪
电话：0744－8276999
邮编：427000

张家界民航大酒店 ★★★
地址：张家界市大桥路 1 号
电话：0744－8253677
邮编：427000

张家界港源大酒店 ★★★
地址：张家界市武陵源区军砥路
电话：0744－2155268
邮编：427400

张家界远洋宾馆 ★★★
地址：张家界市天门路 349 号
电话：0744－8396668
邮编：427000

张家界天子大酒店 ★★★
地址：张家界市武陵源区武陵大道中段
电话：0744－5622888
邮编：427400

张家界金樽酒店 ★★★
地址：张家界市武陵源区高云小区
电话：0744－2152111
邮编：427400

张家界银源山庄 ★★★
地址：张家界市武陵源区武陵大道 103 号
电话：0744－5555198
邮编：427400

张家界御笔峰大酒店 ★★★
地址：张家界武陵源区驼峰路
电话：0744－5556699
邮编：427400

张家界凯天国际酒店 ★★★
地址：张家界市武陵源区军地坪
电话：0744－5666666
邮编：427400

张家界金洲大酒店 ★★★
地址：张家界市崇文路 18 号
电话：0744－8326888
邮编：427000

张家界锦天大酒店 ★★★
地址：张家界市武陵源区武陵大道
电话：0744－5666878
邮编：427400

江垭温泉度假村 ★★★
地址：张家界市慈利县江垭镇
电话：0744－3355888
邮编：427000

金豪大酒店 ★★★
地址：张家界市桑植县澧源镇文明路
电话：0744－6246288
邮编：427100

古都大酒店 ★★★
地址：张家界市桑植县
电话：0744－6245088
邮编：427100

德华宾馆 ★★★
地址：常德市人大
电话：0736－7766888
邮编：415000

常德八百里大酒店 ★★★
地址：常德市武陵大道北段
电话：0736－7715888
邮编：415000

芷园宾馆 ★★★
地址：常德市芷园路 92 号
电话：0736－7955888
邮编：415000

凯悦大酒店 ★★★
地址：常德市武陵大道北段 19 号
电话：0736－7788888
邮编：415000

鹏程大酒店 ★★★
地址：常德市武陵大道南段
电话：0736－7158888
邮编：415000

雅康大酒店 ★★★
地址：常德市洞庭大道西段
电话：0736－7195888
邮编：415000

常德汤臣·万豪酒店 ★★★
地址：常德市武陵大道
电话：0736－4699999
邮编：415000

鑫湖缘宾馆 ★★★
地址：常德市西洞庭祝丰镇庆丰路
电话：0736－7508055
邮编：415137

九重天大酒店 ★★★
地址：常德市人民西路69号
电话：0736－7799999
邮编：415000

鼎喜万和大酒店 ★★★
地址：常德市洞庭大道与龙港路交会处
电话：0736－2699999
邮编：415000

清真第一春宾馆 ★★★
地址：常德市人民路
电话：0736－7283333
邮编：415000

兰苑宾馆 ★★★
地址：常德津市市车胤大道402号
电话：0736－4248888
邮编：415400

常德长鹰国际大酒店 ★★★
地址：常德市安乡县香港路商业步行街
电话：0736－4338888
邮编：415600

常德龙阳国际大酒店 ★★★
地址：常德市汉寿县城关镇
电话：0736－2333333
邮编：415900

桃花滩宾馆 ★★★
地址：常德市澧县澧州大道
电话：0736－3333888
邮编：415500

常德金龙玉凤饭店 ★★★
地址：常德市澧县澧州大道东段
电话：0736－3339999
邮编：415500

城头山国际大酒店 ★★★
地址：常德市澧县澧阳镇翊武中路
电话：0736－3268198
邮编：415500

金帝大酒店 ★★★
地址：常德市临澧县澧阳南路
电话：0736－5777777
邮编：415200

天鹅湖大酒店 ★★★
地址：常德市临澧县安福东路97号
电话：0736－5555999
邮编：415200

临澧金穗宾馆 ★★★
地址：常德市临澧县朝阳路
电话：0736－5828588
邮编：415200

常德花源大酒店 ★★★
地址：常德市桃源县漳江中路31号
电话：0736－6617888
邮编：415700

东汉大酒店 ★★★
地址：常德市石门县壶瓶山镇
电话：0736－5422788
邮编：415300

常德石门国际大酒店 ★★★
地址：常德市石门县宝峰开发区梯云中路
电话：0736－5165888
邮编：415300

湖南益兴源大酒店 ★★★
地址：益阳市金山南路700号
电话：0737－2220888
邮编：413000

益阳华信大酒店 ★★★
地址：益阳市
电话：0737－3808888
邮编：413000

益阳旺府商务酒店 ★★★
地址：益阳市大道东178号
电话：0737－2268888
邮编：413000

中信大酒店 ★★★
地址：益阳市桃花仑西路18号
电话：0737－2268888
邮编：413000

益阳万豪酒店 ★★★
地址：益阳市金山北路67号
电话：0737－2263888
邮编：413000

益阳都市壹佰连锁酒店 ★★★
地址：益阳市康富南路303号
电话：0737－3100100
邮编：413000

益阳华天假日酒店 ★★★
地址：益阳市龙洲北路号
电话：0737－4399999
邮编：413000

益阳沅江金鑫大酒店 ★★★
地址：益阳沅江市桔城南路18号
电话：0737－2853888
邮编：413100

益阳沅江华信大酒店 ★★★
地址：益阳沅江市沅田路108号
电话：0737－2120888
邮编：413100

桃江广通大酒店 ★★★
地址：益阳市桃江县桃花江镇芙蓉路
电话：0737－8820188
邮编：413400

桃江中海城大酒店 ★★★
地址：益阳市桃江县芙蓉路78号
电话：0737－8222222
邮编：413400

安化蓝谷假日酒店 ★★★
地址：益阳市安化县江南镇高城村
电话：0737－7818888
邮编：413500

岳阳君山明月大酒店 ★★★
地址：岳阳市君山区旅游路1号
电话：0730－8116333
邮编：414005

岳阳金辉酒店 ★★★
地址：岳阳市经济技术开发区屈原路285号
电话：0730－8825888
邮编：414000

中银大酒店 ★★★
地址：岳阳市站前西路
电话：0730－8270666
邮编：414000

金海大酒店 ★★★
地址：岳阳市南湖大道
电话：0730－8241700　8241709
邮编：414000

和一大酒店 ★★★
地址：岳阳市站前西路
电话：0730－8275987
邮编：414000

岳阳国际大厦 ★★★
地址：岳阳市南湖大道
电话：0730－8225888
邮编：414000

岳阳沃顿电力大厦 ★★★
地址：岳阳市站前东路
电话：0730－8252888
邮编：414000

锦华中铁大酒店 ★★★
地址：岳阳市站前路
电话：0730－8276588
邮编：414000

晓朝宾馆 ★★★
地址：岳阳市炮台山路
电话：0730－8223386
邮编：414000

岳阳和一宾馆 ★★★
地址：岳阳市巴陵中路
电话：0730－2991111
邮编：414000

金东门大酒店 ★★★
地址：岳阳市岳阳大道
电话：0730－8632988
邮编：414000

岳阳长岭接待会议中心 ★★★
地址：岳阳市长岭炼油厂内
电话：0730－8454061
邮编：414009

岳阳云溪中朝宾馆 ★★★
地址：岳阳市云溪区新埠西路108号
电话：0730－8418003
邮编：414009

金叶大酒店 ★★★
地址：岳阳市巴陵东路
电话：0730－8713298
邮编：414000

岳阳兴天大酒店 ★★★
地址：岳阳市巴陵中路
电话：0730－9290718
邮编：414000

岳阳平江电力大厦宾馆 ★★★
地址：岳阳市平江县开发区
电话：0730－6265888
邮编：414500

中信大酒店 ★★★
地址：岳阳汨罗市建设西路

电话：0730－5240958
邮编：414400

慧友大酒店 ★★★
地址：岳阳汨罗市建设路
电话：0730－5232888
邮编：414400

岳阳富临宾馆 ★★★
地址：岳阳市临湘市南正街
电话：0730－3730578
邮编：414300

岳阳临湘华天宾馆 ★★★
地址：岳阳市临湘市南正街
电话：0730－3729933
邮编：414300

岳阳临湘大酒店 ★★★
地址：岳阳市临湘市清水塘
电话：0730－3753888
邮编：414300

岳阳富雅大酒店 ★★★
地址：岳阳市岳阳县东方路
电话：0730－7758888
邮编：414100

华容宾馆 ★★★
地址：岳阳市华容县城关镇
电话：0730－4252005
邮编：414200

岳阳银河大酒店 ★★★
地址：岳阳市华容县城关镇
电话：0730－4285198
邮编：414200

岳阳华容长城宾馆 ★★★
地址：岳阳市华容县城关镇
电话：0730－4286989
邮编：414200

岳阳万福来宾馆 ★★★
地址：岳阳市岳阳县天鹅中路 51 号
电话：0730－7640529
邮编：414600

岳阳湘阴华泰大酒店 ★★★
地址：岳阳市湘阴县太傅南路华泰大厦 B 栋
电话：0730－2973333
邮编：414600

岳阳湘阴新时空大酒店 ★★★
地址：岳阳市湘阴县江东中路
电话：0730－2346599
邮编：414600

岳阳湘阴左宗棠大酒店 ★★★
地址：岳阳市湘阴县东茅路
电话：0730－23455678
邮编：414600

岳阳湘阴宾馆 ★★★
地址：岳阳市湘阴县新世纪大道 8 号
电话：0730－2668888
邮编：414600

岳阳和一大酒店 ★★★
地址：岳阳市平江县天岳大道
电话：0730－6296111
邮编：414500

金龙大酒店 ★★★
地址：株洲市建设南路 255 号
电话：0731－28271001
邮编：412000

西苑宾馆 ★★★
地址：株洲市河西税务大楼后院
电话：0731－28890668
邮编：412000

明峰宾馆 ★★★
地址：株洲市石峰区建设北路 141 号
电话：0731－22628888
邮编：412000

银城大酒店 ★★★
地址：株洲市天元区泰山路 28 号
电话：0731－28818888
邮编：412007

株洲金锦海悦酒店 ★★★
地址：株洲天元区黄河南路 399 号
电话：0731－28571111
邮编：412007

株洲天伦商务酒店 ★★★
地址：株洲市天元区长江北路 8 号
电话：0731－22999999
邮编：412000

株洲大中华酒店 ★★★
地址：株洲市天台路 188 号
电话：0731－22897133
邮编：412000

株洲东都大酒店 ★★★
地址：株洲市红旗中路 9 号
电话：0731－28348888
邮编：412000

金锦嘉悦酒店 ★★★
地址：株洲市建设中路 459 号
电话：0731－22571111
邮编：412000

天域大酒店 ★★★
地址：株洲市太子路 1788 号
电话：0731－28780000
邮编：412000

优生活大酒店 ★★★
地址：株洲市荷塘区新华西路 113 号
电话：0731－22208888
邮编：412000

华地宾馆 ★★★
地址：株洲市荷塘区新华西路 76 号
电话：0731－22639999
邮编：412000

新天大酒店 ★★★
地址：株洲市天元区长江中路保利大厦
电话：0731－22872999
邮编：412007

醴陵外贸大酒店 ★★★
地址：株洲醴陵市瓷城大道 70 号
电话：0731－23336789
邮编：412200

坤龙大酒店 ★★★
地址：株洲市攸县中心大道
电话：0731－24326666
邮编：412300

海悦国际酒店 ★★★
地址：株洲市攸县文化路海昌花园
电话：0731－24216888
邮编：412300

株洲东风大酒店 ★★★
地址：株洲市攸县攸州大道
电话：0731－24319999
邮编：412300

紫荆花大酒店 ★★★
地址：株洲市茶陵县炎帝路
电话：0731－25236666
邮编：412400

格兰春天大酒店 ★★★
地址：株洲市茶陵县云阳路
电话：0731－25269955
邮编：412500

株洲龙井大酒店 ★★★
地址：株洲市炎陵县霞阳镇解放路 4 号
电话：0731－26239993　26239990
邮编：412500

湘潭湘乡明月山庄 ★★★
地址：湘乡市东山办事处张江村八组
电话：0731－56403333
邮编：411100

湘潭湘乡龙城宾馆 ★★★
地址：湘潭湘乡市大正街 35 号
电话：0731－56710623
邮编：411400

湘潭湘乡华泰大酒店 ★★★
地址：湘潭湘乡市汽车站广场
电话：0731－56668888
邮编：411400

湘潭嘉园大酒店 ★★★
地址：湘潭韶山市韶山东路
电话：0731－52877777
邮编：411100

湘潭韶山港越大酒店 ★★★
地址：湘潭韶山市竹鸡塅银河路 18 号
电话：0731－55687468
邮编：411300

湘潭县润玉酒店 ★★★
地址：湘乡市湘潭县易俗河镇海棠北路 308 号
电话：0731－57238888
邮编：411228

湘潭县长江宾馆 ★★★
地址：湘乡市湘潭县易俗河大鹏东路雪松园 183 号
电话：0731－57999111
邮编：411228

德泉大酒店 ★★★
地址：衡阳市珠晖区东风支路 1 号
电话：0734－8331411
邮编：421002

创富大酒店 ★★★
地址：衡阳市珠晖区东风南路 1 号
电话：0734－8333333
邮编：421002

南岳电信宾馆 ★★★
地址：衡阳市南岳区祝融路 9 号
电话：0734－5678888
邮编：421900

耒阳新华大酒店 ★★★
地址：衡阳耒阳市五一东路 37 号
电话：0734－2811999
邮编：421800

西湖山庄 ★★★
地址：衡阳市古汉大道 29 号
电话：0734－8170088
邮编：421001

船山宾馆 ★★★
地址：衡阳市蒸阳北路 16 号
电话：0734－8190188
邮编：421001

衡阳神龙·百度大酒店 ★★★
地址：衡阳市中山南路 2 号
电话：0734－8811111
邮编：421001

衡山麓园大酒店 ★★★
地址：衡阳市衡山县衡山大道
电话：0734－5806666
邮编：421300

祁东湘江大酒店 ★★★
地址：衡阳市祁东县永安路
电话：0734－6386588
邮编：421600

祁东红火大酒店 ★★★
地址：衡阳市祁东县祁丰大道
电话：0734－6325888
邮编：421600

郴州丰豪大酒店 ★★★
地址：郴州市北湖路 9 号
电话：0735－2332088
邮编：423000

五连冠酒店 ★★★
地址：郴州市人民西路 12 号
电话：0735－2230188
邮编：423000

郴州万豪大酒店 ★★★
地址：郴州市骆仙中路
电话：0735－6669898
邮编：423000

苏仙宾馆 ★★★
地址：郴州市苏仙南路 38 号
电话：0735－2852888
邮编：423000

郴州宾馆 ★★★
地址：郴州市人民东路 7 号
电话：0735－2361188
邮编：423000

王朝大酒店 ★★★
地址：郴州市骆仙路中路
电话：0735－2339666
邮编：423000

资兴宾馆 ★★★
地址：郴州市资兴市晋宁路 87 号
电话：0735－3322591
邮编：423400

郴州资兴东江湖国际渡假山庄 ★★★
地址：郴州市资兴市东江湖内
电话：0735－3205888
邮编：423400

鲤鱼江大酒店 ★★★
地址：郴州资兴市鲤鱼江镇大兴东路
电话：0735－3239006
邮编：423400

郴州资兴人和大酒店 ★★★
地址：郴州资兴市东江中路 299 号
电话：0735－3330369
邮编：423400

郴州资兴林海城大酒店 ★★★
地址：郴州资兴市鲤鱼江大兴东路
电话：0735－2498188
邮编：423400

郴州桂阳朋泰大酒店 ★★★
地址：郴州市桂阳县宝山路
电话：0735－7577666
邮编：424400

郴州桂阳芙蓉香格里拉酒店 ★★★
地址：郴州市桂阳县迎宾路 51 号
电话：0735－4496555
邮编：424400

桂东新东方大酒店 ★★★
地址：郴州市桂阳县迎宾路 83 号
电话：0735－4498988
邮编：424400

永兴山水银都度假村酒店 ★★★
地址：郴州市永兴县城关镇水南村
电话：0735－5569999
邮编：423300

永兴永昌兴宾馆 ★★★
地址：郴州市永兴县人民广场
电话：0735－5539995
邮编：423300

郴州宜章红都大酒店 ★★★
地址：郴州市宜章县城关镇文明北路 13－3 号
电话：0735－3883888
邮编：424200

莽山大酒店 ★★★
地址：郴州市宜章县莽山风景区
电话：0735－3999998
邮编：424221

郴州嘉禾天禧大酒店 ★★★
地址：郴州市嘉禾县晋屏北路 98 号
电话：0735－6893666
邮编：424500

郴州汝城鼎天宾馆 ★★★
地址：郴州市汝城县环城西路 88 号
电话：0735－2135900
邮编：424100

郴州桂东联达大酒店 ★★★
地址：郴州市桂东县城关镇维夏路 15 号
电话：0735－8666666
邮编：423600

郴州桂东宾馆 ★★★
地址：郴州市桂东县城关镇维夏路 10 号
电话：0735－8625428
邮编：423600

永州国际酒店 ★★★
地址：永州市冷水滩区河西凤凰园城标旁
电话：0746－8221111
邮编：425100

永州欧利豪廷国际大酒店 ★★★
地址：永州市冷水滩区清桥路 13 号
电话：0746－8728888
邮编：425100

永州柳子大酒店 ★★★
地址：永州市零陵区潇湘中路
电话：0746－6245988
邮编：425100

宁远国际大酒店 ★★★
地址：永州市宁远县冷江路 138 号
电话：0746－7237666
邮编：425600

永州宁远莲花华天商务酒店 ★★★
地址：永州市宁远县冷江路 88 号
电话：0746－7236666
邮编：425600

宁远县九疑山瑶族乡生态大酒店 ★★★
地址：永州市宁远县九嶷山舜源峰景区
电话：0746－7237666
邮编：425600

永州江华爱塞丽雅国际大酒店 ★★★
地址：永州市江华县阳华路中心花园
电话：0746－2331998
邮编：425500

金龙大酒店 ★★★
地址：邵阳市东大路 22 号
电话：0739－5011098
邮编：422000

邵阳友谊国际大酒店 ★★★
地址：邵阳市宝庆东路交警支队院内
电话：0739－2260999
邮编：422000

邵阳市魏源国际大酒店 ★★★
地址：邵阳市火车南站旁
电话：0739－5366666
邮编：422000

邵阳市铖景泰大酒店 ★★★
地址：邵阳市东风路 82 号
电话：0739－2296335
邮编：422000

邵东龙城宾馆 ★★★
地址：邵阳市邵东两市镇兴和路 328 号
电话：0739－2888888　2888882
邮编：422800

隆回高洲温泉度假村 ★★★
地址：邵阳市隆回县金石桥镇热泉村
电话：0739－8805999
邮编：422208

隆回阳光大酒店 ★★★
地址：邵阳市隆回县桃洪镇
电话：0739－8185999
邮编：422200

隆回花瑶概念山庄 ★★★
地址：邵阳市隆回县城西猫头岩
电话：0739－8160588
邮编：422200

隆回县友谊宾馆 ★★★
地址：邵阳市隆回县桃洪镇桃洪西路
电话：0739－8241222
邮编：422200

洞口县洞口宾馆 ★★★
地址：邵阳市洞口县雪峰广场东侧
电话：0739－7238888
邮编：422300

新宁崀泉宾馆 ★★★
地址：邵阳市新宁县崀山镇崀芴街
电话：0739－4705118

邮编：422700

城步儒林大酒店 ★★★
地址：邵阳市城步县人民路 32 号
电话：0739－7368888
邮编：422500

怀化迎宾馆 ★★★
地址：怀化市迎丰中路 665 号
电话：0745－2718888
邮编：418000

武陵城大酒店 ★★★
地址：怀化市湖天开发区花溪路世纪花园旁
电话：0745－2397888
邮编：418000

德龙大酒店 ★★★
地址：怀化市鹤城区正清路 226 号
电话：0745－2283333
邮编：418000

明珠大酒店 ★★★
地址：怀化市经济开发区舞阳大道 8 号
电话：0745－2318118
邮编：418000

怀化铁道宾馆 ★★★
地址：怀化市火车站
电话：0745－2113999
邮编：418000

丽都大酒店 ★★★
地址：怀化市迎丰西路 38 号
电话：0745－2238888
邮编：418000

金苑宾馆 ★★★
地址：怀化市迎丰中路 99 号
电话：0745－2290888
邮编：418000

西南宾馆 ★★★
地址：怀化市迎丰中路 328 号
电话：0745－2730888
邮编：418000

怀化大酒店 ★★★
地址：怀化市火车站
电话：0745－2269888
邮编：418000

怀化宾馆 ★★★
地址：怀化市人民北路 70 号
电话：0745－2245888
邮编：418000

怀化园中园大酒店 ★★★
地址：怀化市教师新苑 12 栋
电话：0745－2731222
邮编：418000

怀化王府大酒店 ★★★
地址：怀化市迎丰西路 153 号
电话：0745－2238588
邮编：418000

怀化洪江市黔城大酒店 ★★★
地址：怀化洪江市黔城雪峰大道
电话：0745－7733888
邮编：418116

金洲大酒店 ★★★
地址：怀化洪江市黔城镇雪峰大道
电话：0745－7738888
邮编：418100

洪江宾馆 ★★★
地址：怀化洪江市幸福路 17 号
电话：0745－7661999
邮编：418100

沅陵宾馆 ★★★
地址：怀化市沅陵县迎宾馆北路 71 号
电话：0745－4228888
邮编：419600

汇源大酒店 ★★★
地址：怀化市沅陵县迎宾北路 26 号
电话：0745－2518977
邮编：419600

怀化沅陵金凤宾馆 ★★★
地址：怀化市沅陵县辰州东街 2 号
电话：0745－4498888
邮编：419600

怀化辰溪武陵城大酒店 ★★★
地址：怀化市辰溪县东风路 1 园台
电话：0745－5221003
邮编：419500

海天大酒店 ★★★
地址：怀化市辰溪县东风路
电话：0745－5259751
邮编：419500

溆园宾馆 ★★★
地址：怀化市溆浦县警予路
电话：0745－3324061
邮编：419300

维多利亚大酒店 ★★★
地址：怀化市溆浦县卢峰镇屈原路 208 号
电话：0745－3326888
邮编：419300

铜锣湾大酒店 ★★★
地址：怀化市中方县生态城怀黔公路旁
电话：0745－2813888
邮编：418005

会同武陵城酒店 ★★★
地址：怀化市会同县林城镇将军中路武陵城广场
电话：0745－8856988
邮编：418300

锦江宾馆 ★★★
地址：怀化市麻阳县富州北路 1 号
电话：0745－5822808
邮编：419400

怀化千里长河大酒店 ★★★
地址：怀化市麻阳县富州南路一桥头
电话：0745－5852888
邮编：419400

夜郎宾馆 ★★★
地址：怀化市新晃侗族自治县人民路 42 号
电话：0745－6230888
邮编：419200

君瀚依家大酒店 ★★★
地址：怀化市新晃侗族自治县解放路 48 号
电话：0745－6261888
邮编：419200

芷江宾馆 ★★★
地址：怀化市芷江县北正街 209 号
电话：0745－6829452
邮编：419100

宏腾大酒店 ★★★
地址：娄底市氐星路 19 号
电话：0738－8551111
邮编：417000

娄底宾馆 ★★★
地址：娄底市乐坪东街 9 号
电话：0738－8312189
邮编：417000

金香大酒店 ★★★
地址：娄底市乐坪东街 3 号
电话：0738－8211688
邮编：417000

娄底迎宾馆 ★★★
地址：娄底市长青中街 12 号
电话：0738－8312119
邮编：417000

清泉大酒店 ★★★
地址：娄底市氐星路 22 号
电话：0738－8312888
邮编：417000

娄底恒丰大酒店 ★★★
地址：娄底市乐坪东街 22 号
电话：0738－8277777
邮编：417000

娄底金丰大酒店 ★★★
地址：娄底市乐坪西街 6 号
电话：0738－8808555
邮编：417000

鹏泰和一酒店 ★★★
地址：娄底市长青中街
电话：0738－8931111
邮编：417000

冷江宾馆 ★★★
地址：娄底冷水江市锑都中路 29 号
电话：0738－5212316
邮编：417500

涟源宾馆 ★★★
地址：娄底涟源市人民路 67 号
电话：0738－4459999
邮编：417100

龙山宾馆 ★★★
地址：娄底涟源市龙山国家森林公园
电话：0738－4150999
邮编：417100

湘军大酒店 ★★★
地址：娄底市双峰县城中路 12 号
电话：0738－6668666
邮编：417700

洞庭春大酒店 ★★★
地址：娄底市双峰县经济开发区
电话：0738－6229888
邮编：417700

馨德宾馆 ★★★
地址：娄底市双峰县永丰镇天青街 59 号
电话：0738－6820888
邮编：417700

双峰宾馆 ★★★
地址：娄底市双峰县永丰镇书院路 50 号
电话：0738－6837168
邮编：417700

新化宾馆 ★★★
地址：娄底市新化县上梅镇迎宾馆 39 号
电话：0738－3548888
邮编：417600

海天大酒店 ★★★
地址：娄底市新化县上梅镇天华中路 10 号
电话：0738－3330999
邮编：417600

云峰大酒店 ★★★
地址：娄底市新化县梅苑开发区铁牛村
电话：0738－3269999
邮编：417600

新化县和一大酒店 ★★★
地址：娄底市新化县梅苑开发区梅苑北路
电话：0738－3561111
邮编：417600

娄底鸿宇大酒店 ★★★
地址：娄底市新化县梅苑开发区桥东街
电话：0738－3228222
邮编：417600

湘西民族影视文化中心酒店 ★★★
地址：湘西自治州吉首市团结广场
电话：0743－2121336
邮编：416000

吉首市开元大酒店 ★★★
地址：湘西自治州吉首市政法街
电话：0743－8750099
邮编：416000

吉首市金领国际大酒店 ★★★
地址：湘西自治州吉首市人民北路 7 号
电话：0743－8729999
邮编：416000

泸溪县长城大酒店 ★★★
地址：湘西自治州泸溪县建设路 2 号
电话：0743－4269888
邮编：416100

湘西凤凰县锦绣凤凰国际大酒店 ★★★
地址：湘西自治州凤凰县凤凰路
电话：0743－3506000
邮编：416200

湘西凤凰县政府宾馆 ★★★
地址：湘西自治州凤凰县沱江镇西门坡 5 号
电话：0743－8729999
邮编：416200

湘西凤凰县江天旅游度假村 ★★★
地址：湘西自治州凤凰县虹桥路 2 号
电话：0743－3261998
邮编：416200

保靖县香茗泉大酒店 ★★★
地址：湘西自治州保靖县迁陵镇建新路 26 号
电话：0743－7718999
邮编：416500

永顺县猛洞河大酒店 ★★★
地址：湘西自治州永顺县灵溪镇府正街 78 号
电话：0743－5225503
邮编：416700

龙山县民族宾馆 ★★★
地址：湘西自治州龙山县民安镇新建路
电话：0743－6224381
邮编：416800

旅游景区

秋收起义文家市会师纪念馆 AAA
地址：长沙市文家市镇人民路
电话：0731－83773842
邮编：410000

湖南省博物馆 AAAA
地址：长沙市东风路 3 号
电话：0731－84431630
邮编：4101003

天心阁 AAAA
地址：长沙市天心路 17 号
电话：0731－85155379
传真：0731－85829982
邮编：410008
网址：www. hntxg. com

长沙岳麓山·橘子洲头旅游区 AAAAA
地址：长沙市岳麓山
电话：0731－88825011
邮编：410012

长沙市靖港古镇景区 AAAA
地址：长沙市望城区靖港镇
电话：0731－88305999
邮编：410200

雷锋纪念馆 AAAA
地址：长沙市望城区雷锋镇
电话：0731－88105244
邮编：410217

长沙千龙湖生态旅游区 AAA
地址：长沙市望城区格塘乡
邮编：410200

湖南省森林植物园 AAAA
地址：长沙市植物园路 111 号
电话：0731－85056369
邮编：410005

长沙市洋湖湿地景区 AAAA
地址：长沙市
电话：0731－88768900
邮编：410005

长沙沙坪小镇 AAA
地址：长沙市开福区
电话：0731－86783496
邮编：410008

长沙市关山旅游区 AAAA
地址：长沙市
电话：0731－88981710
邮编：410005

长沙生态园林园 AAA
地址：长沙市开福区捞刀河镇
电话：0731－8667800186678188
邮编：410008
电子信箱：csylsty@ 163. com

长沙汉回民俗文化景区 AAA
地址：长沙市开福区
邮编：410008

长沙市浏阳胡耀邦故里旅游区 AAAA
地址：长沙浏阳市中和镇苍坊村
电话：0731－83782568
邮编：410300

浏阳道吾山 AAA
地址：长沙浏阳市集里乡道吾村
电话：0731－83628506
邮编：410300

浏阳花炮博物馆 AA
地址：长沙浏阳市大瑶镇路东村
电话：0731－83809333
邮编：410300

长沙世界之窗 AAAA
地址：长沙市浏阳河大桥东
电话：0731－84256969
邮编：410003

长沙海底世界 AAAA
地址：长沙市浏阳河东金鹰影视文化城
电话：0731－84256005
邮编：410003

长沙大围山自然保护区 AAAA
地址：长沙浏阳市东区大围山
电话：0731－83488188
邮编：410309

浏阳古风洞 AA
地址：长沙浏阳市高坪乡沿甸村
邮编：410300

杨开慧纪念馆 AAAA
地址：长沙市长沙县开慧乡
电话：0731－86430095
邮编：410146

长沙石燕湖生态旅游公园 AAAA
地址：长沙市长沙县跳马乡石门村
电话：0731－86968065
邮编：410025

长沙生态动物园 AAAA
地址：长沙市长沙县暮云镇
电话：0731－85476906
邮编：410100

刘少奇故里 AAAAA
地址：长沙市宁乡县花明楼镇
电话：0731－87094027
邮编：410611

长沙宁乡沩山漂流 AAA
地址：长沙市宁乡县沩山乡
邮编：410600

长沙宁乡密印寺景区 AAA
地址：长沙市宁乡县沩山乡
邮编：410600

长沙宁乡千佛洞 AAA
地址：长沙宁乡县黄材镇
电话：0731－87550989
邮编：410600

长沙宁乡回龙山景区 AAA
地址：长沙宁乡县双凫铺镇
邮编：410600

长沙沩山密印景区 AAAA
地址：长沙市宁乡、桃江、安化三县交界处
邮编：410600

宁乡紫龙湾旅游区 AAAA
地址：长沙市宁乡县灰汤镇
邮编：410600

张家界国家森林公园 AAAA
地址：张家界国家森林公园
电话：0744－5712330

湖南

邮编：427401

张家界土家风情园 AAAA
地址：张家界市南庄坪五子坡
电话：0744－8230579
邮编：427400

天门山国家森林公园 AAAAA
地址：张家界市永定区政府院内
电话：0744－8224972
邮编：427000

绿色大地生态园 AAA
地址：张家界市永定区沙堤乡
邮编：427000

黄龙洞旅游区 AAAA
地址：张家界市武陵源区索溪峪镇河口村
电话：0744－5618489
邮编：427400

武陵源风景名胜区 AAAAA
地址：张家界市武陵源区军地坪
电话：0744－5618010
邮编：427400

张家界宝峰湖风景区 AAAA
地址：张家界市索溪峪镇
电话：0744－5629888
邮编：427000

张家界军声画院 AAA
地址：张家界市子午东路凤湾大桥
电话：0744－8250568

张家界紫霞观景区 AAA
地址：张家界市武陵源区宝峰路
邮编：427400

张家界茅岩河九天洞旅游区 AAAA
地址：张家界市桑植县利福塔镇
电话：0744－6791236
邮编：427400

张家界市贺龙纪念馆 AAAA
地址：张家界市桑植县
电话：0744－6781794
邮编：427100

张家界江垭温泉度假村 AAAA
地址：张家界市慈利县江垭镇
电话：0744－3355888
邮编：427221
网址：www. zjjwq. com

张家界万福温泉国际度假风景区 AAAA
地址：张家界市慈利县
电话：0744－3333333
邮编：427200
网址：www. wfwq. com

张家界龙王洞旅游区 AAAA
地址：张家界市慈利县
邮编：427200

张家界大峡谷景区 AAAA
地址：张家界市慈利县三官寺
电话：0744－8363888
传真：0744－8257222
邮编：427200

柳叶湖旅游度假区 AAAA
地址：常德市柳叶大道东段
电话：0736－7898288
邮编：415000

花岩溪景区 AAA
地址：常德市花岩溪国家森林公园
电话：0736－7490018
邮编：415129

常德市博物馆 AA
地址：常德市武陵大道南段 144 号
电话：0736－7224091
邮编：415000

常德河洑快乐谷景区 AAA
地址：常德市武陵区河洑镇围山路 1 号
邮编：415000

常德市清水湖旅游区 AAAA
地址：常德市汉寿县
邮编：415900

汉寿县西洞庭湖国家城市湿地公园 AAA
地址：常德市汉寿县岩汪湖镇
电话：0736－2468998
邮编：415900

澧县文庙 AA
地址：常德市澧县城关镇北
邮编：415500

临澧县博物馆 AA
地址：常德市临澧县城关镇朝阳街
邮编：415200

临澧林伯渠故居纪念馆 AA
地址：常德市临澧县高桥
电话：0736－5588679
邮编：415200

桃花源风景区 AAAA
地址：常德市桃源县桃花源镇
电话：0736－6822491
邮编：415722

常德市石门夹山旅游区 AAAA
地址：常德市石门县
邮编：415300

益阳北峰山森林公园 AA
地址：益阳市谢林港镇
邮编：413000

益阳花乡农家乐旅游区 AAA
地址：益阳市赫山区黄泥湖乡仙蜂岭村
邮编：413002

益阳奥林匹克公园 AAAA
地址：益阳市康富南路
电话：0737－6203106
传真：0737－6203106
邮编：413000

益阳林芳生态旅游村 AA
地址：益阳市赫山区沧水铺镇
邮编：413002

益阳市山乡巨变第一村旅游区 AAAA
地址：益阳市高新区谢林港镇邓石桥清溪村
电话：0737－6700468
邮编：413000

白鹿寺 AAA
地址：益阳市会龙路
电话：0373－4326821
邮编：413000

沅江胭脂湖旅游区 AA
地址：益阳沅江市
邮编：413100

沅江德群庄园 AA
地址：益阳沅江市
邮编：413100

益阳厂窖惨案纪念馆 AAA
地址：益阳市南县厂窖镇
邮编：413200

桃花江竹海旅游区 AA
地址：益阳市桃江县桃花江镇
电话：0737－8213369
邮编：413400

安化柘溪旅游风景区 A
地址：益阳市安化县柘溪镇
邮编：413500

红岩旅游风景区 AA
地址：益阳市安化县木子乡
电话：0737－7391087
邮编：413500

安化县白沙溪茶厂 AA
地址：益阳市安化县小淹镇
邮编：413500

益阳市安化茶马古道风景区 AAAA
地址：益阳市安化县江南镇高城村
电话：0737－7818888
邮编：413500

岳阳市君山野生荷花世界旅游区 AAAA
地址：岳阳市君山区
邮编：414005

岳阳圣安寺景区 AAAA
地址：岳阳市城南郊
电话：0730－8381561
邮编：414000

岳阳楼—君山岛景区 AAAAA
地址：岳阳市洞庭北路 60 号
电话：0730－8319435　8212033
邮编：414000
网址：www. yytour. com. cn

岳阳市任弼时纪念馆 AAAA
地址：岳阳市汨罗市弼时镇唐家桥
电话：0730－5751968
邮编：414416

五尖山森林公园 AAA
地址：岳阳临湘市城西南 1 公里处
电话：0730－3723917
邮编：414300

岳阳 6501 风景区 AAA
地址：岳阳临湘市忠防镇
电话：0730－3668833
邮编：414300

大云山国家森林公园 AAA
地址：岳阳市岳阳县大云山
电话：0730－7165031
邮编：414100

岳阳华容县革命博物馆景区 AAA
地址：岳阳市华容县
电话：0730－4222356
邮编：414200

平江起义纪念馆 AAA
地址：岳阳市平江县东 1.5 公里处
电话：0730－6669638
邮编：414500

岳阳汨龙峡生态旅游景区 AAA
地址：岳阳市平江县加义镇徐家洞
邮编：414500

岳阳平江连云山景区 AAA
地址：岳阳市平江县加义镇徐家洞
电话：0730－6620030
邮编：414500

岳阳市平江石牛寨景区 AAAA
地址：岳阳市平江县大坪乡
电话：400－0791－225
邮编：414500
网址：www.pjsnz.com

株洲大京风景旅游区 AAA
地址：株洲市
邮编：412000

株洲市方特欢乐世界 AAAA
地址：株洲市云龙示范区华强路1号
电话：0731－22723888　22723111
邮编：412000

株洲市神农城炎帝文化主题公园 AAAA
地址：株洲市高新技术开发区
邮编：412007

株洲中国芦淞服饰城购物旅游景区 AAA
地址：株州市
邮编：412000

醴陵李立三故居 AAA
地址：株州醴陵市立三路7号
电话：0731－23040231
邮编：412200

株洲醴陵先农坛纪念馆 AA
地址：株洲醴陵市东正街30号
邮编：412200

株洲市酒仙湖景区 AAAA
地址：株州市攸县酒埠江镇东南部
电话：0731－24466006　24466007
邮编：412300

醴陵新世纪艺术馆 AAA
地址：株州醴陵市城南五里墩
邮编：412200

酒埠江仙人桥旅游区 AAA
地址：株洲市攸县莺山镇七里村
邮编：412300

株洲茶陵县工农兵政府旧址旅游区 AAA
地址：株洲市茶陵县城关镇前进村
邮编：412400

茶陵云阳山森林公园 AAAA
地址：株洲市茶陵县
电话：0731－25260481
邮编：412400

炎帝陵旅游区 AAAA
地址：株洲市炎陵县鹿原镇
电话：0731－26325111
邮编：412500

株洲市炎陵神农谷景区 AAAA
地址：株洲市炎陵县
电话：0731－26235301
邮编：412500

湘潭昭山风景名胜区 AA
地址：湘潭市易家湾株易路口
电话：0731－53281245
邮编：411103

湖南水府旅游区 AAA
地址：湘潭湘乡市
邮编：411400

湘乡茅浒水乡度假村旅游区 AAAA
地址：湘潭湘乡市东郊乡
电话：0731－56208999
邮编：411400

湘潭曾国藩生平研究馆 AAA
地址：湘潭湘乡市
邮编：411400

湘潭湘乡陈赓故居 AAA
地址：湘潭湘乡市龙洞镇泉湖村
电话：0731－56218098
邮编：411400

湘潭市湘乡东山书院旅游区 AAAA
地址：湘潭湘乡市东台山
邮编：411400

韶山滴水洞景区 AAAA
地址：湘潭韶山市韶山冲
电话：0731－55685174
邮编：411301

韶山毛泽东故居景区 AAAA
地址：湘潭韶山市韶山冲
电话：0731－55685347
邮编：411301

彭德怀纪念馆 AAAA
地址：湘潭市湘潭县彭德怀纪念馆
电话：0731－57838100
邮编：411209

白石文化生态旅游区 AA
地址：湘潭市湘潭县白石乡尹家冲村
邮编：411228

韶山景区 AAAAA
地址：湘潭韶山市
电话：0731－55650095
邮编：411300

衡阳市回雁峰景区 AAA
地址：衡阳市回雁峰广场
电话：0734－8225728
邮编：421001

衡阳保卫战纪念馆 AAA
地址：衡阳市高新区蒸水大道南
电话：0734－8858385
邮编：421001

石鼓书院 AAA
地址：衡阳市石鼓区青草桥边
邮编：421001

南岳衡山风景名胜区 AAAAA
地址：衡阳市南岳区西街90号
电话：0734－5662250
邮编：421900

衡阳抗战纪念城 AAA
地址：衡阳市岳屏公园内
邮编：421001

常宁印山文化旅游区 AAA
地址：衡阳常宁市庙前镇金龙村
电话：0734－7235460
邮编：421400

耒阳市蔡伦纪念园 AAA
地址：衡阳耒阳市蔡侯路
邮编：421800

耒阳党史陈列馆（培兰斋）AA
地址：衡阳耒阳市群英南路中段
电话：0734－4332782
邮编：421800

耒阳农耕博物馆 AA
地址：衡阳耒阳市神农广场北面
邮编：421800

耒阳汤泉温泉旅游度假村 AA
地址：衡阳耒阳市东湖圩乡汤泉村
邮编：421800

衡南县岐山旅游区 AAA
地址：衡阳市衡南县西北部
电话：0734－8775366
邮编：421111

衡阳江口鸟洲景区 AAA
地址：衡阳市衡南县
邮编：421131

衡山农民运动红色旅游景区 AA
地址：衡阳市衡山县开云镇沿江大道9号
电话：0734－5829877
邮编：421300

罗荣桓故居 AAAA
地址：衡阳市衡东县荣桓镇南湾村
电话：0734－5458930　5239065
邮编：421400

郴州市苏仙岭风景名胜区 AAAA
地址：郴州市苏仙北路2号
电话：0735－2885797
邮编：423000

郴州市天堂温泉 AAAA
地址：郴州市苏仙区许家洞镇天堂村
电话：0735－2593129　2593158
邮编：423041

郴州王仙岭旅游度假区 AAAA
地址：郴州市王仙岭公园
电话：0735－2857111
邮编：423000
网址：www.czwxl.com

湖南省郴州市北湖公园 AA
地址：郴州市人民西路6号
电话：0735－2222329
邮编：423000

万华岩风景区 AAAA
地址：郴州市万华岩镇
电话：0735－2795057
邮编：423000

郴州市龙女景区 AAAA
地址：郴州市南岭大道铜坑湖村仙池潭
电话：0735－2195079
邮编：423000
网址：www.0735lv.com
电子信箱：5770987055@QQ.com

东江湖风景区 AAAA
地址：郴州资兴市
电话：0735－3274369
邮编：423400

郴州桂阳阳山古村旅游区 AAA
地址：郴州市桂阳县正和乡阳山村
邮编：424400

桂阳东塔公园 AA
地址：郴州市桂阳县鹿峰山
电话：0731－4743141

湖南

邮编：423000

郴州市宝山工矿旅游景区 AAAA
地址：郴州市桂阳县
邮编：424400

郴州悦来温泉 AAA
地址：郴州市永兴县悦来乡
邮编：423300

郴州永兴板梁古村旅游区 AAA
地址：郴州市永兴县高亭乡板梁村
邮编：423300

永兴龙华山风景区 AA
地址：郴州市永兴县
邮编：423300

永兴人民公园 A
地址：彬州市永兴县
邮编：423300

湖南莽山国家森林公园 AAAA
地址：郴州市宜章县
电话：0735－3991182
邮编：424221

汝城温泉福泉山庄 AAAA
地址：郴州市汝城县热水镇
电话：020－38767791
邮编：424100

郴州市九龙江国家森林公园 AAAA
地址：郴州市汝城县三江口镇
电话：0735－8400898
邮编：424100

郴州桂东三台山景区 AAA
地址：郴州市桂东县
邮编：423500

永州零陵柳子庙 AAA
地址：永州市零陵区柳子街
邮编：425100

舜皇山国家森林公园 AAA
地址：永州市东安县大庙口镇
电话：0746－4611555
邮编：425600

宁远文庙旅游区 AAA
地址：永州市宁远县文庙路 78 号
邮编：425600

永州九嶷山舜帝陵景区 AAAA
地址：永州市宁远县
电话：0746－7583308　7583398
邮编：425600

永州江永女书园 AAA
地址：永州市江永县
电话：0746－5755100　5755110
邮编：425400

永州新田县龙家大院旅游区 AAA
地址：永州市新田县枧头镇
邮编：425700

永州双牌阳明山旅游区 AAAA
地址：永州市双牌县
电话：0746－7950001
邮编：425200

永州祁阳李家大院 AAA
地址：永州市祁阳县潘市镇龙溪村
邮编：426100

永州市祁阳浯溪碑林景区 AAAA
地址：永州市祁阳县城西南
邮编：426100

永州金洞金沙滩旅游区 AAA
地址：永州市祁阳县金洞镇
邮编：426100

阳明山国家森林公园 AAA
地址：永州市双牌县
电话：0746－7950001
邮编：425212

秦岩旅游区 AAA
地址：永州市江华县白芒营镇秦岩村
邮编：4250500

永州江华瑶族文化园 AAA
地址：永州市江华瑶族自治县
邮编：425500

邵阳湘窖生态文化酿酒城 AAA
地址：邵阳市
邮编：422000

云山国家森林公园 AAA
地址：邵阳武冈市城南 5 公里处
电话：0739－4221528
邮编：422400

邵阳市翰林农庄 AA
地址：邵阳市邵东县魏家桥乡大头山
电话：0739－2189359
邮编：422800

新邵县白水洞旅游区 AA
地址：邵阳市新邵县白水洞管理处
电话：0739－3700119
邮编：422903

隆回高洲温泉 AAA
地址：邵阳市隆回县高洲乡热水井村
电话：0739－8805999
邮编：422200

邵阳洞口县龙眼洞景区 AA
地址：邵阳市洞口县
邮编：422300

邵阳绥宁寨市古镇 AA
地址：邵阳市绥宁县
邮编：422600

邵阳玉女岩景区 AA
地址：邵阳市新宁县水庙镇
邮编：422700

新宁县莨山风景区 AAAA
地址：邵阳市新宁县人民政府
电话：0739－4822405
邮编：422700

邵阳城步南山牧场景区 AAA
地址：邵阳市城步县西南 80 公里处
邮编：422500

麻阳滕代远纪念馆 AAA
地址：怀化市高村镇友谊路 59 号
电话：0745－5827072
邮编：419400

洪江芙蓉楼旅游区 AAA
地址：怀化洪江市黔城镇
邮编：418116

黔阳古城 AAAA
地址：怀化洪江市
电话：0745－7739111
邮编：418100

怀化安江农校杂交水稻纪念园 AAA
地址：怀化洪江市安江镇
邮编：418100

怀化五强溪大别溪景区 AAA
地址：怀化市沅陵县
邮编：419600

辰溪燕子洞旅游区 AA
地址：怀化市辰溪县
邮编：419500

沅陵县凤凰山 AAA
地址：怀化市沅陵县城东南沅水之畔
邮编：419600

湖南省五强溪水力发电厂 AAA
地址：怀化市沅陵县五强溪镇荞子坪村
电话：0745－4712276
邮编：419600

湖南省凤滩水力发电厂 AAA
地址：怀化市沅陵县黄铁坪村
电话：0745－4491303
邮编：419621

沅陵二酉山景区 AAA
地址：怀化市沅陵县辰州西街 52 号
电话：0745－4222999
邮编：419600

沅陵龙兴讲寺 AA
地址：怀化市沅陵县城西虎溪山
邮编：419600

溆浦向警予同志纪念馆 AAA
地址：怀化市溆浦县卢峰镇解放街
电话：0745－3329627
邮编：419600

荆坪古村 AAA
地址：怀化市中方县中方镇
邮编：418005

高椅古村 AAA
地址：怀化市会同县高椅乡高椅村
邮编：418300

怀化侗文化城 AA
地址：怀化市芷江侗族自治县
邮编：419100

怀化中国人民抗日战争胜利受降纪念馆 AAAA
地址：怀化市芷江县
电话：0745－6822937
邮编：419100

文峰塔景区 AAA
地址：怀化市靖州县东部
邮编：418400

皇都侗文化村 AAA
地址：怀化市通道县黄土乡
邮编：418500

通道独岩公园 AA
地址：怀化市通道县
邮编：418500

龙底生态漂流旅游景区 AAA
地址：怀化市通道侗族自治县
电话：0745－8486118　8486128
邮编：418500

湖南

怀化市通道万佛山景区 AAAA
地址：怀化市通道侗族自治县临口镇太平岩村
邮编：418500

娄底中阳白鹭山庄景区 AAA
地址：娄底市经济开发区大埠桥乡中阳村
邮编：417000

冷水江大乘山一波月洞风景区 AAA
地址：娄底冷水江市
电话：0738－5112528
邮编：417500

娄底市湄江旅游区 AAAA
地址：娄底涟源市
电话：0738－4720366
邮编：417100

娄底龙山飞水涯景区 AAA
地址：娄底涟源市
邮编：417100

娄底市曾国藩故居旅游区 AAAA
地址：娄底市双峰县荷叶镇
邮编：417700

蔡和森纪念馆 AAA
地址：娄底市双峰县复兴路与书院路交汇处
电话：0738－6821647
邮编：417700

娄底市梅山龙宫景区 AAAA
地址：娄底市新化县游溪乡高桥村
邮编：417600

娄底市紫鹊界梯田景区 AAAA
地址：娄底市新化县西部山区水车镇
邮编：417600

狮子山公园 AA
地址：娄底市新化县梅苑经济开发区梅东路1号
电话：0738－3212276
邮编：417600

湘西州吉首市乾州古城景区 AAAA
地址：湘西州吉首市万溶江河畔
电话：400－6789－691
邮编：416000

湘西浦市古镇景区 AA
地址：湘西州泸溪县浦市镇
邮编：416100

湘西土家族苗族自治州凤凰奇梁洞景区 AAAA
地址：湘西州凤凰县古城北奇梁桥乡
电话：0743－3570001
邮编：416200

湘西州凤凰南华山神凤文化景区 AAAA
地址：湘西州凤凰县虹桥边
邮编：416200

凤凰古城景区 AAAA
地址：湘西州凤凰县地税局大院内
电话：0743－3502059　3502065
传真：3501065
邮编：416200

湘西凤凰南方长城旅游区 AAA
地址：湘西凤凰县
邮编：416200

湘西花垣边城茶峒旅游景区 AAA
地址：湘西花垣县茶峒镇
邮编：416400

湘西州红石林景区 AAAA
地址：湘西州古丈县红石林镇
电话：0743－4726888
邮编：416300

湘西州芙蓉镇景区 AAAA
地址：湘西州永顺县芙蓉镇
邮编：416700

湘西州猛洞河漂流景区 AAAA
地址：湘西自治州永顺县芙蓉镇
电话：0743－8720378　5853798
邮编：416707

餐　馆

玉楼东
地址：长沙市万家丽中路一段115号
电话：0731－82777976
邮编：410005
网址：www. yuloudong. com
电子信箱：limingfang_ 2004@ sina. com

奇峰阁酒家
地址：长沙芙蓉区八一路486号
电话：0731－82229388　82220818
邮编：410011

杨裕兴
地址：长沙市解放西路262号
电话：0731－82253516
邮编：410005

新华楼
地址：长沙市天心区坡子街115号
电话：0731－85996705　85996735
邮编：410001

黄春和粉馆
地址：长沙市黄兴南路162号步行街口
电话：0731－82254766　85818595
邮编：410005

黄春和名特小吃店
地址：长沙市韶山中路312号
电话：0731－85555752
邮编：410005

甘长顺（总店）
地址：长沙市韶山北路124号
电话：0731－82564517
邮编：410005

长沙饮食集团又一村有限公司
地址：长沙市中山路263号
电话：0731－84452981
邮编：410005

长沙一路吉祥餐饮文化传播有限公司
地址：长沙市雨花区二环线雅塘村口
电话：0731－85050945　85051489
邮编：410007

湘菜苑
地址：长沙市芙蓉区韶山北路8号芙蓉楼1楼
电话：0731－82218888
邮编：410011

火宫殿（总店）
地址：长沙市天心区坡子街78号
电话：0731－85814228
邮编：410004

秦皇食府（总店）
地址：长沙市湘江中路一段199号
电话：0731－84319139　84319133
邮编：410005

筷乐潇湘
地址：长沙市岳麓区金星大道中段美林银谷茉莉花国际酒店3楼
电话：0731－88227766　88228777
邮编：410013

西湖楼
地址：长沙市开福区洪山旅游区金马美食城内
电话：0731－84258188
邮编：410008

冰火楼（总店）
地址：长沙市芙蓉区解放东路271号
电话：0731－84116437
邮编：410011

菜根香酒楼
地址：长沙市五一东路83号
电话：0731－84465330
邮编：410005

长沙市小观园酒家
地址：长沙市五一东路2号
电话：0731－82291841
邮编：410005

长沙饮食集团长沙德园有限公司
地址：长沙市黄兴南路361号
电话：0731－85817732
邮编：410005

红辣椒美食城
地址：长沙市城南东路166号
电话：0731－84162750
邮编：410005

乡里人家餐饮管理有限公司
地址：长沙市南阳街
电话：0731－84433377
邮编：410005

楚源餐饮有限公司
地址：长沙市沿江大道
电话：0731－84319149
邮编：410005

徐记餐饮有限公司
地址：长沙市曙光北路88号
电话：0731－84473888　84151560
邮编：410005

新华楼餐饮有限公司
地址：长沙市五一东路
电话：0731－84137687
邮编：410005

凤凰餐饮有限公司（凤凰城）
地址：长沙市白沙路
电话：0731－85113321
邮编：410005

小肥羊餐饮管理有限公司
地址：长沙市城南东路
电话：0731－85791278
邮编：410005

秦皇食府餐饮有限公司
地址：长沙市沿江大道
电话：0731－84319139
邮编：410005

六福酒家有限公司
地址：长沙市芙蓉中路
电话：0731－82252888
邮编：410005

湘水人家饮食有限公司
地址：长沙市曙光中路
电话：0731－85565070
邮编：410005

金梧桐饮食有限公司
地址：长沙市劳动西路
电话：0731－85177759
邮编：410005

长沙市玉楼东酒家餐饮有限公司
地址：长沙市万家丽路付家湾中路一段 115 号
电话：0731－82777955
邮编：410005

长沙市火宫殿餐饮有限公司
地址：长沙市坡子街 78 号
电话：0731－85817591
邮编：410005

金太阳·醉月楼
地址：长沙市芙蓉中路附 143 号雨花大厦
电话：0731－85163918　85162968
邮编：410005

湖鲜楼
地址：长沙市芙蓉区五一大道
电话：0731－82566089
邮编：410005

又一村酒楼
地址：长沙开福区中山路 263 号又一村酒店 2 楼
电话：0731－82246953
邮编：410005

好食上
地址：长沙市开福区沿江大道 235 号
电话：0731－84331111
邮编：410005

七彩江南
地址：长沙市开福区沿江大道 228 号
电话：0731－84313555
邮编：410005

老妈家庭厨房（劳动路总店）
地址：长沙市天心区劳动西路
电话：0731－85818728
邮编：410005

风味楼酒家
地址：长沙市开福区芙蓉中路
电话：0731－84482778
邮编：410005

银河餐馆
地址：长沙市芙蓉区五一东路 87 号
电话：0731－84111818

湘锦酒楼
地址：长沙市开福区湘江大道 157 号
电话：0731－84842888
邮编：410005

九龙土菜馆
地址：长沙市芙蓉区芙蓉中路 480 号
电话：0731－84422188
邮编：410005

南海家常菜馆
地址：长沙市芙蓉区蓉园路 15 号
电话：0731－82297888
邮编：410005

红云阁餐厅
地址：长沙市芙蓉区解放东路 278 号
电话：0731－84122555
邮编：410005

新纪元酒楼
地址：长沙市芙蓉区解放东路 269 号
电话：0731－84191778
邮编：410005

瑶族山寨酒家
地址：长沙市芙蓉区建湘路 236 号
电话：0731－84412088
邮编：410005

好旺角
地址：长沙市开福区德雅路 1261 号
电话：0731－82342828
邮编：410005

乌龙山民族饮食村
地址：长沙市开福区心安里 54 号
电话：0731－82237935
邮编：410005

潭州瓦罐（芙蓉中路总店）
地址：长沙市雨花区芙蓉中路三段 469 号
电话：0731－85221300
邮编：410005

东北饺子馆
地址：长沙市雨花区曙光中路 391 号
电话：0731－84132474
邮编：410005

湘行天下
地址：长沙芙蓉区八一路 407 号信息大厦
电话：0731－84589888
邮编：410005

一品香辣蟹
地址：长沙市天心区白沙街 128 号
电话：0731－85111987
邮编：410005

湘苑酒家
地址：长沙市芙蓉区解放路 53 号
电话：0731－84427944
邮编：410005

湘鄂情
地址：长沙市天心区芙蓉南路名城大厦
电话：0731－85213188
邮编：410005

伊甸园酒家
地址：长沙市芙蓉区八一路 47 号
电话：0731－84400966
邮编：410005

御天食府
地址：长沙市芙蓉区芙蓉中路
电话：0731－85167555
邮编：410005

湘潭美味鱼头酒家长沙连锁店
地址：长沙市芙蓉区迎宾路 28 号
电话：0731－84455633
邮编：410005

小金门酒家
地址：长沙市芙蓉区远大一路 268 号
电话：0731－84716759
邮编：410005

小西湖酒楼
地址：长沙市岳麓区枫林一路
电话：0731－88615512
邮编：410005

小城故事
地址：长沙市芙蓉区芙蓉中路 358 号
电话：0731－82859888
邮编：410005

花街村土菜城
地址：长沙市芙蓉区建湘路 479 号
电话：0731－82569510
邮编：410005

重庆野菌王酒家
地址：长沙市开福区德雅路 45 号
电话：0731－84518326
邮编：410005

小天心酒家
地址：长沙市芙蓉区朝阳路 283 号
电话：0731－84113038
邮编：410005

湘潭土菜馆
地址：长沙芙蓉区车站北路雍景街 35 号
电话：0731－82188928
邮编：410005

艳阳天土菜馆
地址：长沙芙蓉区八一西路 308 号
电话：0731－84462568
邮编：410005

湘香楼
地址：张家界市
电话：0744－2127177
邮编：427000

银都酒楼
地址：张家界市
电话：0744－8231122
邮编：427000

巴蜀驴肉汤锅城
地址：张家界市
电话：0744－2116799
邮编：427000

小木屋餐厅
地址：张家界市北正街文昌阁
电话：020－81842602
邮编：427000

外婆桥
地址：张家界市鹭鸶湾大桥东
电话：0744－8590999
邮编：427000

玉楼东张家界店
地址：张家界市回龙路金海岸
电话：0744－8231158　8231168
邮编：427000

湘水人家
地址：张家界市回龙路
电话：0744－2125999
邮编：427000

金满楼
地址：张家界市永定区教场路
电话：0744－8301779　8321779
邮编：427000

又一村饭店
地址：张家界市北正街 118 号

电话：0744－8282656
邮编：427000

金满屋风味馆
地址：张家界市迎宾路
电话：0744－8255198
邮编：427000

江边人家
地址：张家界市南庄坪中天公寓
电话：0744－8287878
邮编：427000

醉仙楼
地址：常德市武陵区
电话：0736－7235188
邮编：415000

黄金海岸大酒楼
地址：常德市武陵区
电话：0736－7890268
邮编：415000

菜根香
地址：常德市武陵区
电话：0736－7719723
邮编：415000

金鹿食府
地址：常德市武陵区
电话：0736－7218179
邮编：415000

丝瓜井酒楼
地址：常德市武陵区
电话：0736－7238778
邮编：415000

潮汕海鲜美食广场
地址：常德市武陵区朗州中路108号
电话：0736－7717979
邮编：415000

金安堂乡菜馆
地址：常德市武陵区
电话：0736－7705279
邮编：415000

常德市德鸿餐厅
地址：常德市朗州路中段108号
电话：0736－7933999
邮编：415000

洞庭毛家饭店
地址：常德市青年南路华政大楼1－2楼
电话：0736－7267676
邮编：415000

溜溜溜家菜馆
地址：益阳市赫山区白鹿路22号
电话：0737－4212421
邮编：413002

新刘鸣大酒楼
地址：益阳市赫山区金山南路38号
电话：0737－2666666
邮编：413002

重庆德庄火锅
地址：益阳市大桃路278号
电话：0737－4223998
邮编：413000

重庆苏大姐老火锅
地址：益阳市朝阳中路8号
电话：0737－4381966
邮编：413000

巷上咖啡中西餐厅总店
地址：益阳市桃花仑18号商务大厦
电话：0737－2622222
邮编：413000

鱼米之乡
地址：益阳市康富南路
电话：0737－4204998
邮编：413000

华天美食广场
地址：益阳市赫山区康富北路2号
电话：0737－4228888
邮编：413000

巷上咖啡中西餐厅
地址：益阳市桃花仑路18号商务大厦
电话：0737－6189999
邮编：413000

巴乡石锅鱼馆益阳连锁店
地址：益阳市赫山区
电话：0737－4209699
邮编：413000

岳阳市新城酒楼
地址：岳阳市岳阳楼区五里牌
电话：0730－8221223
邮编：414000

岳阳市饮食服务公司岳州饭店
地址：岳阳市岳阳楼区
电话：0730－8315436
邮编：414000

洁雅酒楼
地址：岳阳市南湖大道
电话：0730－8220276
邮编：414000

岳阳南湖风景区三毛酒楼
地址：岳阳市南湖广场
电话：0730－8840578
邮编：414000

岳阳市罐里香饭庄
地址：岳阳市岳阳楼区南湖风景区南湖广场
电话：0730－8207198
邮编：414000

岳阳市谭鱼头火锅店
地址：岳阳市湖南金鹗中路
电话：0730－8623322
邮编：414000

山水人家
地址：岳阳市岳阳楼区站前路
电话：0730－8288688
邮编：414000

高朋轩食府
地址：岳阳市巴陵中路101号
电话：0730－8257777
邮编：414000

岳阳南湖渔村美食有限公司
地址：岳阳市城东路40号
电话：0730－8222780
邮编：414000

大中华海鲜酒楼
地址：株洲市天台路188号
电话：0731－28837333
邮编：412000

湘福楼
地址：株洲市天元区天伦路
电话：0731－28829977
邮编：412000

大鱼岛食坊
地址：株洲市天元区黄河北路
电话：0731－28811889
邮编：412000

吉祥大宅门
地址：株洲市建设北路96号铜锣湾商业广场
电话：0731－28349988
邮编：412000

老湘石
地址：株洲市天元区嵩山路3号
电话：0731－26539100
邮编：412000

帅府酒楼
地址：株洲市天元区黄河北路
电话：0731－28820399
邮编：412000

湘鄂情
地址：株洲市天元区天台山路天台山庄内
电话：0731－28588777
邮编：412000

土乡人大碗食府
地址：株洲市建设南路222国富中心1楼
电话：0731－22600777
邮编：412000

湘天阁
地址：株洲市解放街122号
电话：0731－28516777
邮编：412000

楚云龟蛇酒楼
地址：株洲市荷塘区合泰大街合兴花园115号
电话：0731－28106332
邮编：412000

海伦实业（湘潭）有限公司海霸王大酒楼
地址：湘潭市雨湖区车站路2号
电话：0731－58251568
邮编：411100

湘潭市海燕酒楼
地址：湘潭市雨湖区韶山东路
电话：0731－58395761
邮编：411100

湘潭市东方红音乐大酒楼
地址：湘潭市岳塘区岳塘路151号
电话：0731－58656296
邮编：411100

牧羊人涮锅城总店
地址：湘潭市雨湖区韶山路
电话：0731－58382958
邮编：411100

福兴楼大酒店
地址：湘潭市解放南路90号
电话：0731－58221191　58256111
邮编：411100

袁记酒家
地址：湘潭市雨湖区熙春路
电话：0731－58396677
邮编：411100

黄鹤楼酒楼
地址：衡阳市古汉大道8号
电话：0734－8716688
邮编：421001

旺鸣轩
地址：衡阳市常胜中路 28 号
电话：0734－8142618
邮编：421001

衡阳市郊陆府渔村酒楼
地址：衡阳市蒸湘区解放西路 41 号
电话：0734－8169233
邮编：421001

衡阳市城南大众酒家
地址：衡阳市先锋路 5 号
电话：0734－8219194
邮编：421001

衡阳宾馆酒楼
地址：衡阳市湖南路 38 号
电话：0734－8331468
邮编：421001

衡阳敬一堂医药集团杏林药膳酒家
地址：衡阳市解放路 110 号
电话：0734－8221441
邮编：421001

衡阳市江南春酒家
地址：衡阳市解放西路 39 号
电话：0734－8165555
邮编：421001

衡阳龙珠大酒楼
地址：衡阳市解放路 91 号
电话：0734－8226921
邮编：421001

郴州得月楼酒家
地址：郴州市燕泉北路
电话：0735－2263868　2221368
邮编：423000

洞庭人家郴州店
地址：郴州市北湖路
电话：0735－2258313
邮编：423000

大江南酒楼
地址：郴州市北湖区七里大道
电话：0735－2166111
邮编：423000

一品阁
地址：郴州市国庆南路
电话：0735－2244567
邮编：423000

桃源山庄酒家
地址：郴州市苏仙北路
电话：0735－2886061
邮编：423000

牧羊人涮锅城
地址：永州市零陵区
电话：0746－6232168
邮编：425000

大宅门
地址：永州市冷水滩区
电话：0746－8322999
邮编：425000

永州人家
地址：永州市冷水滩区清桥路
电话：0746－8331040
邮编：425000

银河酒楼
地址：永州市翠竹路
电话：0746－8361277
邮编：425000

栀子花酒家
地址：邵阳市城北路
电话：0739－2359108
邮编：422000

厨佬星
地址：邵阳市西湖路 520 号
电话：0739－5350191
邮编：422000

刘记食府
地址：邵阳市宝庆中路
电话：0739－2351555
邮编：422000

湘中人家食府
地址：邵阳市宝庆中路
电话：0739－5020327
邮编：422000

邵阳大饭店
地址：邵阳市红旗路 208 号
电话：0739－5465000
邮编：422000

湘中人家
地址：邵阳市沿江桥头
电话：0739－5020327
邮编：422000

锦绣湘西
地址：怀化市鹤城区
电话：0745－2103278
邮编：418000

得月楼小食堂
地址：怀化市鹤城区
电话：0745－2267557
邮编：418000

乡村人家
地址：怀化市鹤城区
电话：0745－2118215
邮编：418000

重庆风味餐馆
地址：怀化市鹤城区
电话：0745－2722502
邮编：418000

人民公社大食堂
地址：怀化市鹤城区
电话：0745－2114298　3331998
邮编：418000

新食界土菜馆
地址：怀化市鹤城区
电话：0745－2551988
邮编：418000

重庆兔肉馆
地址：怀化市鹤城区
电话：0745－2134096
邮编：418000

泓宾酒楼
地址：怀化市鹤城区迎丰东路
电话：0745－2710696
邮编：418000

麻阳人家
地址：怀化市鹤城区锦溪南路
电话：0745－2721133
邮编：418000

茗人坊中西餐厅
地址：怀化市鹤城区迎丰西路
电话：0745－2253888
邮编：418000

味博士总店
地址：娄底市娄星区氐星路 8 号
电话：0738－8226268
邮编：417000

潭州瓦缸饭庄
地址：娄底市娄星区育才路
电话：0738－6510999
邮编：417000

湘西部落饮食娄底店
地址：娄底市乐坪西街
电话：0738－8877888
邮编：417000

东方酒楼
地址：娄底市娄星区凤阳街
电话：0738－8612081
邮编：417000

港岛风味酒家
地址：娄底市娄星区石玉街
电话：0738－6699177
邮编：417000

湘都人家风味楼
地址：娄底市氐星路 7 号
电话：0738－6525458　6525258
邮编：417000

春园美食广场
地址：娄底市春园步行街
电话：0738－6772266
邮编：417000

辣阿婆涮涮锅娄底店
地址：娄底市春园步行街
电话：0738－6772888
邮编：417000

山玉羊肉馆分店
地址：湘西土家族苗族自治州吉首市
电话：0743－8713588
邮编：416000

赵三鲜鱼馆总店
地址：湘西土家族苗族自治州吉首市
电话：0743－8253031
邮编：416000

赵三鲜鱼馆分店
地址：湘西土家族苗族自治州吉首市
电话：0743－8711806
邮编：416000

绿首阁西餐厅
地址：湘西土家族苗族自治州吉首市
电话：0743－2125888
邮编：416000

吉首老粉馆分店
地址：湘西土家族苗族自治州吉首市
电话：0743－8721948
邮编：416000

长福楼
地址：湘西土家族苗族自治州吉首市
电话：0743－2116785
邮编：416000

龙江特色羊肉馆
地址：湘西土家族苗族自治州吉首市

电话：0743－2110171
邮编：416000

旅游用品

湖南省工艺美术研究所
地址：长沙市开福区三一大道156号
电话：0731－84533298
邮编：410008

湖南省湘绣研究所
地址：长沙市车站北路39号
电话：0731－82291821 82291061
邮编：410001

长沙五皇珠宝有限公司
地址：长沙市燕山街127号6楼605室
电话：0731－84465807
邮编：410005

长沙华丰地毯公司
地址：长沙市人民路9号
电话：0731－84144427
邮编：410005

长沙吉祥天工艺绣品有限公司
地址：长沙市解放中路
电话：0731－82226998
邮编：410005

长沙市天心湘绣厂
地址：长沙市天心区胜利路329号
电话：0731－84303375 85817565
邮编：410005

长沙绣品厂
地址：长沙市袁家岭新生村353号
电话：0731－84443556
邮编：410005

长沙福利工艺厂
地址：长沙市金盆路43号
电话：0731－85215577
邮编：410005

长沙新罗工艺制品有限公司
地址：长沙市岳麓山乡茶子山村
电话：0731－88800032 88806954
邮编：410005

长沙有色工艺品厂
地址：长沙市树木岭15号
电话：0731－85583600
邮编：410005

芙蓉区西苑艺术品厂
地址：长沙市马王堆火星开发区
电话：0731－84714537
邮编：410005

长沙市雕刻工艺厂
地址：长沙市蔡锷中路259号
电话：0731－84428499 84423396
邮编：410005

长沙沙坪玉玲湘绣总厂
地址：长沙市开福区捞刀河镇沙坪街1号
电话：0731－86784520
邮编：410153

浙湘石雕工艺厂
地址：长沙市望月街道
电话：0731－85437851
邮编：410005

天心区世纪情钻石城
地址：长沙市黄兴中路
电话：0731－84448288
邮编：410005

张家界市湘绣厂
地址：张家界市天门路
电话：0744－8301369
邮编：427000

张家界邦德旅游用品制造有限公司
地址：张家界市永定区
电话：0744－8362929
邮编：427000

南方旅行用品厂
地址：张家界市永定区
电话：0744－5889677
邮编：427000

常德珠宝城有限公司
地址：常德市武陵大道德宇商贸城1楼
电话：0736－7237878
邮编：415000

常德市钻石金饰有限公司
地址：常德市人民中路38号
电话：0736－7261918 7237878
邮编：415000

桃源县永乐雕塑工艺厂
地址：常德市桃源县漳江北路29号
电话：0736－6623749 6667749
邮编：415700

益阳市银城珠宝首饰有限公司
地址：益阳市朝阳路口
电话：0737－6502698
邮编：413000

益阳市地毯厂
地址：益阳市五一东路
电话：0737－3105828 4324358
邮编：413000

衡阳市南岳旅游工艺品开发有限公司
地址：衡阳市南岳北环小区C栋
电话：0734－6188292
邮编：421900

岳阳市工艺美术厂
地址：岳阳市五里牌
电话：0730－8222520 8231128
邮编：414000

金威首饰有限公司
地址：湘潭市车站路35号
电话：0731－58210018
邮编：411000

湘源利湘绣厂
地址：湘潭市解放南路190号
电话：0731－58236571
邮编：411000

湘潭市美术雕刻厂
地址：湘潭市大湖路
电话：0731－58222238 58257999
邮编：411000

韶山工艺精品厂
地址：湘潭韶山市
电话：0731－55681118
邮编：411300

衡阳市精品木雕工艺厂
地址：衡阳市南岳区王家巷
电话：0734－5678187
邮编：412001

衡阳市三仪珠宝金行有限公司
地址：衡阳市解放路94号
电话：0734－8251275
邮编：412001

衡阳市旅游工艺品服务公司
地址：衡阳市解放路202号
电话：0732－8223511
邮编：412001

邵阳伯泰旅游用品厂
地址：邵阳市建设北路
电话：0739－2710388
邮编：412000

邵阳市工艺绣品厂
地址：邵阳市宝庆中路2号
电话：0739－5330831
邮编：422000

旅游交通

湖南旅游汽车总公司
地址：长沙市纬二路15号
电话：0731－83930000 83385789
邮编：410001

长沙公交总公司旅游车队
地址：长沙市香樟路
电话：0731－85581136
邮编：410001

长沙市迎宾旅游汽车运输有限公司
地址：长沙市迎宾路230号
电话：0731－84734930
邮编：410001

长沙火车站
地址：长沙市芙蓉区车站北路
电话：0731－82299011 82637122
邮编：410001

长沙火车南站
地址：长沙市南湖路
电话：0731－96020088 95105105
邮编：410005

远大置业挪亚豪华游轮公司
地址：长沙市湘江大道
电话：0731－84310566 84331977
邮编：410007

长沙黄花国际机场
地址：长沙市
电话：0731－84119821 84798777
邮编：410000

张家界汽运总公司四方旅游运输有限公司
地址：张家界市紫午西路70号
电话：0744－8225619
邮编：427001

张家界中信旅游运输有限责任公司
地址：张家界市南庄坪
电话：0744－8270728
邮编：427001

张家界市运兴旅游运输有限责任公司
地址：张家界市永定区紫舞路25号
电话：0744－8292837
邮编：427000

张家界火车站
地址：张家界市永定区西溪坪
电话：0744－96020088
邮编：427000

张家界荷花机场
地址：张家界市永定区官黎坪办事处荷花村
电话：0744－8238417
邮编：427000

常德火车站
地址：常德市南坪路
电话：0736－7801617　2568222
邮编：415000

常德桃花源机场
地址：常德市斗姆湖镇
电话：0736－2667777　7705000
邮编：415000

汉寿县太子庙火车站
地址：常德市汉寿县太子庙镇
电话：0736－2569372
邮编：415900

澧县火车站
地址：常德市澧县金罗镇
电话：0737－3452437
邮编：415500

石门县火车站
地址：常德市石门县城关镇
电话：0737－2524904
邮编：415300

益阳火车站
地址：益阳市迎宾西路 445 号
电话：0737－4211329
邮编：413000

岳阳火车站
地址：岳阳市站前路
电话：0730－3241122
邮编：414000

岳阳火车东站
地址：岳阳市巴陵路东端
电话：0730－96020088　95105105
邮编：414000

株洲火车站
地址：株洲市人民南路
电话：0731－22684652　22684222
邮编：412001

株洲火车西站
地址：株洲市天元区群丰镇响塘村
电话：0731－22430989
邮编：412001

醴陵市火车站
地址：株洲醴陵市
电话：0731－23232190
邮编：412200

湘潭市旅游出租车有限公司
地址：湘潭市岳塘区长潭路 6 号
电话：0731－55575555
邮编：411101

湘潭火车站
地址：湘潭市车站路
电话：0731－58224132　58377837
邮编：411100

湘潭火车东站
地址：湘潭市板塘乡
电话：0731－55571226
邮编：411100

韶山火车站
地址：湘潭市韶山市
电话：0731－55682135　55683304
邮编：411300

湘乡火车站
地址：湘潭湘乡市望春门
电话：0731－56771990
邮编：411400

衡阳火车站
地址：衡阳市
电话：0734－95105105　2522222
邮编：421001

衡阳火车东站
地址：衡阳市珠晖区酃湖乡茅坪村
电话：0734－96020088　95105105
邮编：421002

衡阳火车西站
地址：衡阳市雁峰区
电话：073－2522222　95105105
邮编：421001

耒阳火车站
地址：衡阳耒阳市灶市镇
电话：0734－2556122
邮编：421800

郴州火车站
地址：郴州市北湖街解放路
电话：0735－7527222
邮编：423001

郴州火车西站
地址：郴州市北湖区万华岩镇
电话：0735－96020088　95105105
邮编：423000

永州火车站
地址：永州市冷水滩区零陵路 830 号
电话：0746－2852042
邮编：425100

邵阳火车站
地址：邵阳市
电话：0739－5313032
邮编：422000

怀化火车站
地址：怀化市鹤州北路
电话：0745－2733333
邮编：418000

娄底火车站
地址：娄底市氐星路
电话：0738－6522222　6522212
邮编：417000

吉首火车站
地址：湘西州吉首市光明路
电话：0743－2148313
邮编：416000

广 东
GUANGDONG

旅游机构

广东省旅游局
地址：广州市黄埔大道西 463 号
电话：020－87502666
邮编：510630
网址：www. visitgd. com

广东省旅游质量监督管理所
地址：广州市黄埔大道西 463 号
电话：020－22386699　87513664
邮编：510630

广州市旅游局
地址：广州市东风西路 140 号东方金融大厦13 楼
电话：020－81078215
邮编：510170

广州市越秀区旅游局
地址：广州市越华路 183 号 10 楼
电话：020－37662647
邮编：510030

广州市海珠区旅游局
地址：广州市前进路前桂大街 9 号
电话：020－84446431
邮编：510230

广州市荔湾区旅游局
地址：广州市中山七路恩龙北街 5～7 号
电话：020－81814815
邮编：510175

广州市白云区旅游局
地址：广州市广源中路 238 号白云区政府 7 楼
电话：020－86579980
邮编：510405

广州市黄埔区旅游局
地址：广州市黄埔区大沙东路 333 号 5 楼
电话：020－82378773
邮编：510700

广州市天河区旅游局
地址：广州市天府路 1 号天河区政府 2 号楼
电话：020－38622872
邮编：510655

广州市南沙区旅游局
地址：广州市南沙开发区港前大道 1 号
电话：020－84986628
邮编：511457

广州市罗岗区旅游局
地址：广州市经济技术开发区管委会大楼西座 5 楼
电话：020－82111502
邮编：510730

广州市番禺区旅游局
地址：广州市番禺区市桥桥兴大道 43 号
电话：020－84640700
邮编：511400

广州市花都区旅游局
地址：广州市花都区迎宾大道交通大楼 14 楼
电话：020－36897862
邮编：510800

广州市从化区旅游局
地址：广州从化区街口镇东成路 20 号
电话：020－87926150
邮编：510900

广州市增城区旅游局
地址：广州增城区荔城镇岗前西路 12 号
电话：020－82634111
邮编：511300

深圳市文体旅游局
地址：深圳市福田区福中三路市民中心 C 区 1 楼
电话：0755－82003252
邮编：518035

深圳市罗湖区旅游局
地址：深圳市罗湖区文锦中路罗湖管理中心大厦 21 楼
电话：0755－25666620
邮编：518007

深圳市福田区旅游局
地址：深圳市福田区福民路 123 号福田区委大楼 26 层
电话：0755－82918198
邮编：518048

深圳市南山区旅游局
地址：深圳市南山区桃园东路 2 号区委大楼 A 座8 楼
电话：0755－26561748
邮编：518059

深圳市宝安区旅游局
地址：深圳市宝安城区海关大楼
电话：0755－27848298
邮编：518101

深圳市盐田区旅游局
地址：深圳市盐田区深盐路 2088 号区行政文化中心大楼
电话：0755－25228611
邮编：518081

深圳市龙岗区旅游局
地址：深圳市龙岗区中心城清林中路海关大厦东座 12 楼
电话：0755－28949662
邮编：518116

珠海市文体旅游局
地址：珠海市香洲红山路 165 号
电话：0756－2661511
邮编：519015

珠海市斗门区旅游局
地址：珠海市斗门区井岸朝福路 436 号 5 楼
电话：0756－5551157
邮编：519100

珠海市万山海洋开发试验区经济发展局
地址：珠海市香洲区梅华东路 301 号 2 单元 4 楼
电话：0756－2257044
邮编：519000

珠海市横琴区经济发展局
地址：珠海市横琴区德政路 41 号
电话：0756－8841733
邮编：519031

珠海市香洲区旅游局
地址：珠海市香洲区人民西路香洲行政中心 403 室
电话：0756－2529791
邮编：519001

珠海市金湾区旅游局
地址：珠海市金湾区办公中心 3 号楼 1 楼
电话：0756－7262657
邮编：519090

汕头市旅游局
地址：汕头市跃进路 28 号市政府大楼 4 楼
电话：0754－88276325
邮编：515037

汕头市龙湖区旅游局
地址：汕头市珠江路 23 号珠江楼 6 楼
电话：0754－88831049
邮编：515041

汕头市金平区旅游局
地址：汕头市金园路 12 号
电话：0754－88604951
邮编：515041

汕头市潮南区旅游局
地址：汕头市潮南区峡山商贸城 15 街 629 号
电话：0754－87779215
邮编：515141

汕头市濠江区旅游局
地址：汕头市濠江区赤港秀峰路 1 号审计综合楼
电话：0754－87386933
邮编：515000

汕头市澄海区旅游局
地址：汕头市澄海区文冠路党政办公楼
电话：0754－85861480
邮编：515800

汕头市南澳县旅游局
地址：汕头南澳县光明路 3 号
电话：0754－86806090
邮编：515900

汕头市潮阳区旅游局
地址：汕头市潮阳区中山西路 10 号
电话：0754－83816228
邮编：515100

韶关市旅游局
地址：韶关市风度北路市政府大楼 12 楼
电话：0751－8891005
邮编：512000

南雄市旅游局
地址：韶关南雄市雄州镇永康路 13 号
电话：0751－3822010
邮编：512400

韶关市曲江区旅游局
地址：韶关市曲江区马坝镇文化路口
电话：0751－6666003
邮编：512100

韶关市乳源瑶族自治县旅游局
地址：韶关市乳源县鹰峰西路 7 号
电话：0751－5384529
邮编：512700

新丰县旅游局
地址：韶关市新丰县政府内
电话：0751－2262181
邮编：511100

乐昌市旅游局
地址：韶关乐昌市政府大院内档案局 1 楼
电话：0751－5551113
邮编：512200

仁化县旅游局
地址：韶关市仁化县新城横路 37 号 4 楼
电话：0751－6358911
邮编：512300

始兴县旅游局
地址：韶关市始兴县墨江桥北路粤兴大厦3楼
电话：0751－3312828
邮编：512500

翁源县旅游局
地址：韶关市翁源县龙仙镇文化局新楼4楼
电话：0751－2860177
邮编：511100

韶关市浈江区旅游局
地址：韶关市浈江区启明路文化中心
电话：0751－8311159
邮编：512023

河源市旅游局
地址：河源市新区兴源东路1号华怡大厦2楼
电话：0762－3388185
邮编：517000

河源市源城区旅游局
地址：河源市源城区政府大院内
电话：0762－3325113
邮编：517000

东源县旅游局
地址：河源市东源县政府大院内
电话：0762－8833277
邮编：517100

和平县旅游局
地址：河源市和平县政府大院内
电话：0762－5641365
邮编：517200

龙川县旅游局
地址：河源市龙川县老隆镇河边二路旅游大楼16号
电话：0762－6893003
邮编：517300

紫金县旅游局
地址：河源市紫金县党政大楼
电话：0762－7817620
邮编：517400

连平县旅游局
地址：河源市连平县环城南路县政府招待所4楼
电话：0762－4326978
邮编：517500

梅州市旅游局
地址：梅州市嘉应路24号
电话：0753－2259681
邮编：514021

梅县旅游局
地址：梅州市梅县新城行政区
电话：0753－2587791
邮编：514700

兴宁市旅游局
地址：梅州兴宁市中山东路1号
电话：0753－3327258
邮编：514500

丰顺县旅游局
地址：梅州市丰顺县汤坑镇雄风大道73号
电话：0753－6689333
邮编：514300

平远县旅游局
地址：梅州市平远县平远大道新村商住楼
电话：0753－8895898
邮编：514600

梅江区旅游局
地址：梅州市仲元路区政府大院
电话：0753－2196933
邮编：514011

蕉岭县旅游局
地址：梅州市蕉岭县桂岭大道中216—1号
电话：0753－7892818
邮编：514100

大埔县旅游局
地址：梅州市大埔县文化路27号
电话：0753－5535328
邮编：514200

五华县旅游局
地址：梅州市五华县政府大院内
电话：0753－4431073
邮编：514400

惠州市旅游局
地址：惠州市惠城区下埔路3号广发证券大夏
电话：0752－2208232
邮编：516008

惠州市惠城区旅游局
地址：惠州市下角寿山路4号
电话：0752－2230298
邮编：516001

惠州市惠阳区旅游局
地址：惠州市惠阳区淡水镇区人民政府大院121室
电话：0752－3393001
邮编：516211

惠东县旅游局
地址：惠州市惠东县平山镇平深路爱华围
电话：0752－8865678
邮编：516300

博罗县旅游局
地址：惠州市博罗县罗阳镇北门路133号3楼
电话：0752－6622568
邮编：516100

龙门县旅游局
地址：惠州市龙门县城西林路42号
电话：0752－7781777
邮编：516800

大亚湾经济技术开发区旅游局
地址：惠州市大亚湾经济技术开发区管委会5楼511室
电话：0752－5562293
邮编：516081

汕尾市旅游局
地址：汕尾市城南路西旅游大厦2楼
电话：0660－3398929
邮编：516600

陆丰市旅游局
地址：汕尾陆丰东海镇北堤路19号
电话：0660－8821137
邮编：516500

海丰县旅游局
地址：汕尾市海丰县海城镇南二环路口
电话：0660－6600848
邮编：516400

陆河县旅游局
地址：汕尾市陆河县城朝阳路85号
电话：0660－5528551
邮编：516700

汕尾市华侨管理区旅游局
地址：汕尾市华侨管理区办公大楼
电话：0660－8254733
邮编：516532

汕尾市汕尾市城区旅游局
地址：汕尾市文明南路209号
电话：0660－3356238
邮编：516600

红海湾旅游局
地址：汕尾市红海湾田墘街道人民中路135号
电话：0660－3438856
邮编：516622

东莞市旅游局
地址：东莞市城区万寿路76号
电话：0769－22226722
邮编：523003

中山市旅游局
地址：中山市东区起湾道3号竹苑广场7楼
电话：0760－88663063
邮编：528400

江门市旅游局
地址：江门市白沙大道西6号之二
电话：0750－3551909
邮编：529000

江门市新会区旅游局
地址：江门新会市圭峰山风景区管委会A座
电话：0750－6173301
邮编：529100

台山市旅游局
地址：江门台山市环北大道石花华侨新村19号
电话：0750－5503287
邮编：529200

开平市旅游局
地址：江门开平市长沙东路3号
电话：0750－2229177
邮编：529300

恩平市旅游局
地址：江门恩平市沿江路44号
电话：0750－7711728
邮编：529400

鹤山市旅游局
地址：江门鹤山市沙坪镇东升路50号
电话：0750－8989649
邮编：529700

佛山市旅游局
地址：佛山市禅城区佛山大道北169号旅游大厦10楼
电话：0757－82984405
邮编：528000

佛山市禅城区旅游局
地址：佛山市禅城区江湾三路28号3号楼3楼
电话：0757－82715259
邮编：528000

佛山市南海区旅游局
地址：佛山市南海区桂城南新一路3号
电话：0757－86222688
邮编：528200

佛山市顺德区文体旅游局
地址：佛山市顺德区大良镇德民路政府大楼11楼
电话：0757－22831376
邮编：528333

佛山市三水区旅游局
地址：佛山市三水区西南镇沙头大道1号
电话：0757－87704026
邮编：528100

佛山市高明区旅游局
地址：佛山市高明区文昌路83号
电话：0757－88881287
邮编：528500

阳江市旅游与外事侨务局
地址：阳江市城区漠江路739号
电话：0662－3357693
邮编：529500

阳江市江城区旅游管理中心
地址：阳江市江城区区府大楼8楼
电话：0662－3101375
邮编：529500

海陵岛旅游局
地址：阳江市海陵岛试验区旅游区
电话：0662－3890246
邮编：529536

阳春市旅游局
地址：阳江市阳春市南新大道6号
电话：0662－7735179
邮编：529600

阳东县旅游管理中心
地址：阳江市阳东县政府大院内
电话：0662－6611536
邮编：529931

阳西县旅游管理中心
地址：阳江市阳西县政府大院内
电话：0662－5533329
邮编：529800

湛江市旅游局
地址：湛江市赤坎区海滨六路3号之三沙湾大厦A座5楼
电话：0759－3161962
邮编：524044

湛江市坡头区旅游局
地址：湛江市坡头区南调路区府内
电话：0759－3950032
邮编：524200

湛江市麻章区旅游局
地址：湛江市麻章区政通东路1号
电话：0759－2732922
邮编：524200

遂溪县旅游局
地址：湛江市遂城镇中山路133号
电话：0759－7780719
邮编：524300

东海岛旅游局
地址：湛江市东海岛旅游度假区
电话：0759－2389380
邮编：524072

吴川市旅游局
地址：湛江吴川市市府招待所2号楼205室
电话：0759－5608851
邮编：524500

雷州市旅游局
地址：湛江雷州市雷城西湖大道38号工商银行7楼
电话：0759－8807799
邮编：524200

徐闻县旅游局
地址：湛江市徐闻县政府大楼1楼
电话：0759－4879771
邮编：524100

廉江市旅游局
地址：湛江廉江市迎宾一路7号
电话：0759－6620678
邮编：524400

茂名市旅游局
地址：茂名市迎宾二路137号大院3号楼
电话：0668－2285548
邮编：525000

信宜市旅游局
地址：茂名信宜市政府大院
电话：0668－8878665
邮编：525300

高州市旅游发展中心
地址：茂名高州中山路73号
电话：0668－6658383
邮编：525200

化州市旅游发展中心
地址：茂名化州市政府大院
电话：0668－7360777
邮编：525100

电白县旅游发展中心
地址：茂名市电白县政府综合楼1楼
电话：0668－5115325
邮编：525400

茂南区旅游发展中心
地址：茂名市茂南区油城三路319号（新安置业广场）2楼
电话：0668－2112122
邮编：525000

茂港区旅游局
地址：茂名市茂港区政府大楼2楼
电话：0668－2686696
邮编：525027

肇庆市旅游发展局
地址：肇庆市古塔南路一街1号
电话：0758－2225631
邮编：526040

鼎湖区旅游发展局
地址：肇庆市鼎湖坑口
电话：0758－2625616
邮编：526070

封开县旅游发展局
地址：肇庆市封开县江口镇红卫路16号县府大院内
电话：0758－6681820
邮编：526500

德庆县旅游发展局
地址：肇庆市德庆县委大院
电话：0758－7781728
邮编：526600

高要市旅游局
地址：肇庆高要市人民中路12号
电话：0758－2221839
邮编：526040

四会市旅游局
地址：肇庆四会市汇源路8号
电话：0758－3368919
邮编：526200

广宁县旅游局
地址：肇庆市广宁县南街镇南东一路37号
电话：0758－8638988
邮编：526300

怀集县旅游发展局
地址：肇庆市怀集县环城西路25号
电话：0758－5531618
邮编：526400

清远市旅游局
地址：清远市人民二路18号市政府国际会展中心5楼
电话：0763－3363126　3363390
邮编：511518

英德市旅游局
地址：清远英德市浈阳路运通大厦9楼
电话：0763－2231666
邮编：513000

连州市旅游局
地址：清远连州市番禺路128号潭电大厦9楼
电话：0763－6638118
邮编：513400

清新县旅游局
地址：清远市清新县太和镇笔架路3号行政服务中心2楼东面
电话：0763－5815373
邮编：511800

阳山县旅游局
地址：清远市阳山县阳山大道107号
电话：0763－7886282
邮编：513100

连南瑶族自治县旅游局
地址：清远市连南县三江镇县政府大院3楼
电话：0763－8668003
邮编：513300

佛冈县旅游局
地址：清远市佛冈县汤塘镇白云机场黄花湖温泉山庄内
电话：0763－4620162
邮编：511600

连山壮族瑶族自治县旅游局
地址：清远市连山县鹿鸣东路行政服务中心
电话：0763－8735287
邮编：513200

清远市清城区旅游局
地址：清远市清城区东城新区行政文化中心大楼4楼
电话：0763－3939158
邮编：511500

潮州市文物旅游局
地址：潮州市太平路16号
电话：0768－2229633
邮编：521000

潮州市潮安区旅游局
地址：潮州市潮安区政府新综合楼6楼
电话：0768－5816829
邮编：515600

饶平县旅游局
地址：潮州市饶平县城西区六号路外经大楼7楼
电话：0768－7801361
邮编：515700

潮州市湘桥区旅游局
地址：潮州市新洋路区党政办公楼1楼
电话：0768－2219932
邮编：521000

揭阳市旅游局
地址：揭阳市临江北路市委市政府大院2号楼2层
电话：0663－8292227
邮编：522000

揭阳市揭东区旅游局
地址：揭阳市揭东区城金凤路中段县政府内
电话：0663－3262893
邮编：515500

揭西县旅游局
地址：揭阳市揭西县滨江公园侧
电话：0663－5527898
邮编：515400

惠来县旅游局
地址：揭阳市惠来县惠城镇葵南新路
电话：0663－6688769
邮编：515200

云浮市旅游局
地址：云浮市玉皇路78号2楼
电话：0766－8822360
邮编：527300

云浮市云城区旅游办公室
地址：云浮市云城区解放中路32号区府大院
电话：0766－882227
邮编：527300

罗定市旅游局
地址：云浮罗定市龙园路131号
电话：0766－3833886
邮编：527200

郁南县旅游局
地址：云浮市郁南县都城镇中山路58号县府大院
电话：0766－7593509
邮编：527100

新兴县旅游局
地址：云浮市新兴县城中山路95号
电话：0766－2920898
邮编：527400

云安县旅游局
地址：云浮市云安县港城大道6号
电话：0766－8616656
邮编：527500

旅行社

广东国旅国际旅行社股份有限公司
地址：广州市解放北路618－320号广东国旅大厦
电话：020－22013307
邮编：510030
网址：www.citsgd.com.cn
许可证号：L－GD－CJ00001

广东省中国旅行社股份有限公司
地址：广州市侨光路8号华侨大厦B座6楼
电话：020－83368888
邮编：510115
网址：www.gdcts.com
许可证号：L－GD－CJ00002

广东省中国青年旅行社
地址：广州市中山一路23号二楼
电话：020－38865093
邮编：510600
网址：www.gdcyts.com
许可证号：L－GD－CJ00003

广州广之旅国际旅行社股份有限公司
地址：广州市机场西乐嘉路1号
电话：020－86338888
邮编：510403
网址：www.gzl.com.cn
许可证号：L－GD－CJ00004

广东铁青国际旅行社有限责任公司
地址：广州市东山区中山一路94号
电话：020－61251119
邮编：510080
网址：www.tieqing.com
许可证号：L－GD－CJ00005

广州东方国际旅行社有限公司
地址：广州市流花路120号
电话：020－86669900
邮编：510016
许可证号：L－GD－CJ00006

港中旅（广东）国际旅游有限公司
地址：广州市越秀区中山五路219号中旅商业城23楼
电话：020－83278688
邮编：510030
网址：www.hn.ctsho.com
电子信箱：Niuzhenhui@hkcts.com
许可证号：L－GD－CJ00007

广东省香江旅游公司
地址：广州市环市西路183号
电话：020－86664183
邮编：510010
许可证号：L－GD－CJ00008

广东熊猫国际旅游有限公司
地址：广州市东风中路363号国信大厦6楼
电话：020－83557913
邮编：510045
许可证号：L－GD－CJ00009

广东粤侨国际旅行社有限公司
地址：广州市东山区越秀北路87－89号
电话：020－83862890
邮编：510055
许可证号：L－GD－CJ00010

广州交易会国际旅行社有限公司
地址：广州市流花路117号交易大厦4楼
电话：020－26082105
邮编：510014
网址：www.cantonfairtour.com
许可证号：L－GD－CJ00011

广州市番禺旅游总公司
地址：广州市番禺区市桥繁华路7号
电话：020－22882288
邮编：511400
网址：www.tcil68.com
许可证号：L－GD－CJ00012

广州番禺中国旅行社
地址：广州市番禺区市桥镇大北路130号
电话：020－84818715
邮编：511400
网址：www.panyuhoetl.com.cn
许可证号：L－GD－CJ00013

广东省天马国际旅行社有限公司
地址：广州市东风中路501－503号5楼
电话：020－83550999
邮编：510045
网址：www.tianma-tours.com
许可证号：L－GD－CJ00014

广州市丽景国际旅行社
地址：广州市东山区环市东路华侨新村爱国路1号首层
电话：020－83579977
邮编：510059
网址：www.lijingt.com
许可证号：L－GD－CJ00015

广东中妇旅国际旅行社有限责任公司
地址：广州市珠江新城华穗路263号双塔国际大厦东塔19楼
电话：020－38370330
邮编：510263
许可证号：L－GD－CJ00016

广东中信国际旅行社有限公司
地址：广州市农林下路竹丝岗二马路39号
电话：020－87349574
邮编：510800
许可证号：L－GD－CJ00017

广东和平国际旅行社有限公司
地址：广州市建设大马路8号
电话：020－83838654
邮编：510060
网址：www.gzhp.net
许可证号：L－GD－CJ00018

广东南湖国际旅行社有限责任公司
地址：广州市越秀区广卫路18号
电话：020－83381949
邮编：510030
网址：www.west-holiday.com
许可证号：L－GD－CJ00019

中青旅广州国际旅行社有限公司
地址：广州市中山一路57号南铁大厦5楼
电话：020－61281175
邮编：510600
网址：www.cytscanton.com
许可证号：L－GD－CJ00020

广东羊城之旅国际旅行社有限公司
地址：广州市越秀中路159号
电话：020－83836222
邮编：510055
网址：www.gdyczl.com
许可证号：L－GD－CJ00021

广州花园国际旅行社
地址：广州市环市东路368号
电话：020－83338989－3178
邮编：510064
网址：www.gits.com.cn
许可证号：L－GD－CJ00022

广东自游商旅国际旅行社有限公司
地址：广州市科学城彩频路11号
电话：020－32215650
邮编：510663

网址：www. 3fzl. com
许可证号：L－GD－CJ00023

广东时尚国际旅行社有限公司
地址：广州市机场路南云西街 13 号 6 楼 602 室
电话：020－86124858
邮编：510403
网址：www. sszl. com. cn
许可证号：L－GD－CJ00024

广东风光国际旅行社有限公司
地址：广州市越秀区沿江中路 195－197 号
电话：020－83331538
邮编：510115
网址：www. goodfg. com
许可证号：L－GD－CJ00025

广州康辉国际旅行社有限公司
地址：广州市沿江中路 313 号康富来大厦 5 楼
电话：020－83653385
邮编：510110
网址：www. cctpage. com
许可证号：L－GD－CJ00026

广州市领航国际旅行社有限公司
地址：广州市环市东路 326 号广东亚洲国际大酒店 1406A 室
电话：020－61206989
邮编：510060
许可证号：L－GD－CJ00027

广州市良辰美景国际旅行社有限公司
地址：广州市天河区天河路天俊阁 201、206 房
电话：020－38800805
邮编：510620
许可证号：L－GD－CJ00028

广州国之旅国际旅行社有限公司
地址：广州市北较场路 19 号主楼
电话：020－83020746
邮编：510000
网址：www. guozhilv. com
许可证号：L－GD－CJ00029

广州教育旅行社有限公司
地址：广州市东山区中山四路 172 号地下
电话：020－83339628
邮编：510030
网址：www. cmail. tom. com
许可证号：L－GD－CJ00030

广州美联国际商务旅行社有限公司
地址：广州市东山区原道路 44 号之一首层
电话：020－37588103
邮编：510095
许可证号：L－GD－CJ00031

广东南方传媒国际旅行社有限公司
地址：广州市越秀区人民北路 686 号
电话：020－61228038
邮编：510012
许可证号：L－GD－CJ00032

广州市汇粤国际旅行社有限公司
地址：广州市东风中路 268 号广州交易广场 1904 室
电话：020－83198818
邮编：510030
网址：www. gzhyjq. com
电子信箱：gd－huiyue@ 126. com
许可证号：L－GD－CJ00033

广州西敏国际旅行社有限公司
地址：广州市中山七路 50 号
电话：020－38114078
邮编：510170
电子信箱：tonyhuang. gz@ cn. wtltravel. com
许可证号：L－GD－CJ00034

广东天天假期国际旅行社有限公司
地址：广州市恒福路 288 号之三
电话：020－38819326
邮编：510095
许可证号：L－GD－CJ00035

广州携程国际旅行社有限公司
地址：广州市天河区体育东路 114 号 2401－2 房
电话：020－83936393－861
邮编：510620
许可证号：L－GD－CJ00036

广州成功之路国际旅行社有限公司
地址：广州市天河路天河直街 55 号
电话：020－38868223
邮编：510620
许可证号：L－GD－CJ00037

深圳市深旅国际旅行社有限公司
地址：深圳市建设路 29 号南方证券大厦 B 座 11 层
电话：0755－82215263
邮编：518001
网址：www. sztic. com. cn
许可证号：L－GD－CJ00038

深圳中国国际旅行社有限公司
地址：深圳市罗湖区和平路船步街 2 号
电话：0755－82477085
邮编：518001
网址：www. eachtravel. com
许可证号：L－GD－CJ00039

深圳招商国际旅游有限公司
地址：深圳市南山区蛇口太子路 18 号海景广场 2A 单元
电话：0755－26693798
邮编：518067
网址：www. cmitsz. com
许可证号：L－GD－CJ00040

深圳市口岸中国旅行社有限公司
地址：深圳市罗湖区和平路 1043 号华侨大厦一楼
电话：0755－25583729
邮编：518010
许可证号：L－GD－CJ00041

深圳市中国旅行社有限公司
地址：深圳市人民南路 3023 号中旅大厦 6 楼
电话：0755－82287644
邮编：518001
网址：www. sz-cts. com
许可证号：L－GD－CJ00042

深圳市深华国际旅行社有限责任公司
地址：深圳市嘉宾路 2018 号深化商业大厦 2602 室
电话：0755－82383960
邮编：518003
许可证号：L－GD－CJ00043

深圳华侨城国际旅行社有限公司
地址：深圳市华侨城光侨街综合楼 2 层
电话：0755－26605599
邮编：518053
网址：www. oct－cts. com
许可证号：L－GD－CJ00044

深圳中青旅国际会议展览有限公司
地址：深圳市罗湖区沿河南路 1098 号昌湖大厦
电话：0755－25970343
邮编：518001
网址：www. cyts-sz. com
许可证号：L－GD－CJ00045

深圳市鹏运国际旅行社
地址：深圳市罗湖区上步南路上步大厦 14 楼
电话：0755－82438666
邮编：518000
网址：www. tovoyage. com
许可证号：L－GD－CJ00046

深圳市九洲国际旅行社有限公司
地址：深圳市福田区上步中路园中花园 A 栋 1－2 层
电话：0755－25886492
邮编：518028
网址：www. 82269999. com
许可证号：L－GD－CJ00047

深圳机场国际旅行社有限公司
地址：深圳市宝安国际机场候机楼 1 楼
电话：0755－23457351
邮编：518128
网址：www. szairport. com
许可证号：L－GD－CJ00048

深圳市巨邦国际旅行社有限公司
地址：深圳市深南东路 3085 号
电话：0755－25155500
邮编：518001
网址：www. 5155555. com
许可证号：L－GD－CJ00049

深圳市宝安中国旅行社有限公司
地址：深圳市罗湖区人民南路 3009 号新安大厦 6 楼
电话：0755－82252508
邮编：518001
网址：www. chinayoubao. com
许可证号：L－GD－CJ00050

深圳市罗湖国际旅行社有限公司
地址：深圳市建设路 1008 号汇展阁 31 楼
电话：0755－82392098
邮编：518001
网址：www. es95151. com
许可证号：L－GD－CJ00051

深圳市海外国际旅行社有限公司
地址：深圳市深南东路 82－84 号东乐大厦 13 楼
电话：0755－25132138
邮编：518001
许可证号：L－GD－CJ00052

深圳市东星国际旅行社有限公司
地址：深圳市福田区车公庙泰然六路苍松大厦南座
电话：0755－26943635
邮编：518040
网址：www. 95151. com. cn
许可证号：L－GD－CJ00053

深圳市职工国际旅行社有限公司
地址：深圳市新园路 3 号职旅大楼
电话：0755－25132661
邮编：518001
网址：www. G0168. com
许可证号：L－GD－CJ00054

深圳市中侨国际旅行社有限公司
地址：深圳市罗湖区深南中路 3007 号国际科技大厦 705－713 室
电话：0755－83760128
邮编：518033
许可证号：L－GD－CJ00055

深圳市宝中旅行社有限公司
地址：深圳市罗湖区嘉宾路城市天地广场东座 7 楼
电话：0755－22165566
邮编：518000
网址：www. bacts. com
电子信箱：bactshr@ sohu. com
许可证号：L－GD－CJ00056

深圳市世纪假日国际旅行社有限公司
地址：深圳市嘉宾路 4028 号太平洋商贸大厦 1216－1217 室
电话：0755－82135769
邮编：518001
网址：www. cjnet. com. cn
许可证号：L－GD－CJ00057

深圳市航空国际旅行社有限公司
地址：深圳市福田区农林路鑫竹苑 A 栋4 楼
电话：0755－33398966
邮编：518040
网址：www. szatour. com
许可证号：L－GD－CJ00058

深圳市广深铁路国际旅行社有限公司
地址：深圳市和平路船步街 15 号
电话：0755－82116907
邮编：518001
许可证号：L－GD－CJ00059

深圳市鹏城康辉旅行社有限公司
地址：深圳市振华路 100 号深纺大厦 C 座五楼
电话：0755－83777168
邮编：581031
网址：www. cctsz. com
许可证号：L－GD－CJ00060

深圳市建南国际旅行社有限公司
地址：深圳市天安数码时代广场 B 座 5 层
电话：0755－33355888
邮编：518040
许可证号：L－GD－CJ00061

深圳市特色国际旅行社有限公司
地址：深圳市桂园路 2 号电影大厦 A1203 室
电话：0755－82119788
邮编：518002
许可证号：L－GD－CJ00062

深圳市鹏之旅国际旅行社有限公司
地址：深圳市东门南路 2028 号东莞外贸大厦 505 室
电话：0755－82193639
邮编：518001
网址：www. pzlla. com
电子信箱：275394435@ qq. com
许可证号：L－GD－CJ00063

深圳市金冠国际旅行社有限公司
地址：深圳市罗湖区和平路 1199 号金田大厦 12 楼
电话：0755－25593098
邮编：518020
网址：www. szjggj. com
电子信箱：szjgjg@ 126. com
许可证号：L－GD－CJ00064

深圳市海韵国际旅行社有限公司
地址：深圳市南山区蛇口港湾一路蛇口客运楼 1 楼
电话：0755－26671798
邮编：518067
许可证号：L－GD－CJ00065

港中旅京华国际旅行社（深圳）有限公司
地址：深圳市福田区滨河路联合广场 A 栋
电话：0755－82210011
邮编：518014
网址：www. jhctshk. com
电子信箱：sandyhe@ hkcts. com
许可证号：L－GD－CJ00066

国旅（深圳）国际旅行有限公司
地址：深圳市福田区深南中路竹子林求是大厦
电话：0755－61695984
邮编：518034
网址：www. cits－sz. cn
电子信箱：chenxy@ cits－sz. cn
许可证号：L－GD－CJ00067

珠海海外旅游有限公司
地址：珠海市吉大园林路信海商业大厦二楼
电话：0756－3336698
邮编：519015
许可证号：L－GD－CJ00068

广东省拱北口岸中国旅行社有限公司
地址：珠海市拱北迎宾大道华侨宾馆内
电话：0756－8136525
邮编：519020
网址：www. ctszh. com
许可证号：L－GD－CJ00069

珠海市旅游有限公司
地址：珠海市拱北粤海东路 1028 号
电话：0756－8155222
邮编：519020
网址：www. zhtc. cn
许可证号：L－GD－CJ00070

珠海航空国际旅行社有限公司
地址：珠海市拱北迎宾大道中珠大厦
电话：0756－8896311
邮编：519020
网址：www. zhhkgl. com
许可证号：L－GD－CJ00071

珠海中国国际旅行社有限公司
地址：珠海市凤凰南路 1034 号
电话：0756－2120028
邮编：519000
网址：www. zhcits. com
许可证号：L－GD－CJ00072

珠海市君悦国际旅行社有限公司
地址：珠海市吉大路 105 号石油大厦一楼
电话：0756－3378899
邮编：519015
许可证号：L－GD－CJ00073

珠海国际度假旅行社有限公司
地址：珠海市情侣南路 428 号九洲港大厦
电话：0756－3263000
邮编：519015
网址：www. jzhhits. com
许可证号：L－GD－CJ00074

珠海里程国际旅行社有限公司
地址：珠海市吉大景山路粤财大厦 20 楼 7－9单元
电话：0756－3221818
邮编：519015
网址：www. legend tour. com
许可证号：L－GD－CJ00075

珠海海天国际旅行社有限公司
地址：珠海市吉大路 43－45 号
电话：0756－3226600
邮编：519015
网址：www. zhtour. zh28. com
许可证号：L－GD－CJ00076

汕头市旅游总公司
地址：汕头市跃进路 35 号
电话：0754－88297612
邮编：515031
网址：www. stgc-cn. com
许可证号：L－GD－CJ00077

中国康辉汕头旅行社有限公司
地址：汕头市练江路 18 号龙湖工业区 H10 幢 1－2 楼
电话：0754－88268000
邮编：515041
网址：www. cctst. com
许可证号：L－GD－CJ00078

汕头市中国旅行社有限公司
地址：汕头市汕樟路 41 号
电话：0754－88911884
邮编：515041
网址：www. stcts. net
许可证号：L－GD－CJ00079

汕头市天驰国际旅行社有限公司
地址：汕头市金砂路 188 号帝豪酒店大堂西侧
电话：0754－88800038
邮编：515041
网址：www. stdhly. com
许可证号：L－GD－CJ00080

佛山市禅之旅国际旅行社有限公司
地址：佛山市禅城区人民路 103、105、107 号
电话：0757－82963080
邮编：528000
网址：www. fstour. com. cn
许可证号：L－GD－CJ00081

广东顺之旅国际旅行社有限公司
地址：佛山市顺德区大良南国中路顺之旅大厦
电话：0757－22336012
邮编：528300
网址：www. szltour. com
许可证号：L－GD－CJ00082

佛山市南海中旅国际旅行社有限公司
地址：佛山市南海区西樵官山城区浦江东路
电话：0757－86238888
邮编：528211
网址：www. nhcts. net
许可证号：L－GD－CJ00083

佛山国旅国际旅行社有限公司
地址：佛山市汾江中路 114－118 号
电话：0757－83999880
邮编：528000
网址：www. fscits. com
许可证号：L－GD－CJ00084

佛山市中旅国际旅行社有限公司
地址：佛山市祖庙路 14 号 1 座
电话：0757－82629898
邮编：528000
网址：www. fscts. com
许可证号：L－GD－CJ00085

佛山市顺德区中旅国际旅行社有限公司
地址：佛山市顺德区大良环市北路明阳楼二座
电话：0757 –22332195
邮编：528300
网址：www. zltour. com
许可证号：L – GD – CJ00086

佛山市三水中旅集团有限公司
地址：佛山市三水新华路 42 号
电话：0757 –87802283
邮编：528100
网址：www. ssctshotel. com. cn
许可证号：L – GD – CJ00087

佛山海外国际旅行社有限公司
地址：佛山市南海区桂城街道南桂东路66 号
电话：0757 –86222103
邮编：528200
许可证号：L – GD – CJ00088

佛山市口岸国际旅行社有限公司
地址：佛山市顺德大良近良居委会环市东路康湖名苑商厦南座 6 楼
电话：0757 –22600085
邮编：528300
网址：www. fspits. com
许可证号：L – GD – CJ00089

佛山市康辉国际旅行社有限公司
地址：佛山市顺德区大良蓝田路 27 号
电话：0757 –22383000
邮编：528300
网址：www. fsut. com
许可证号：L – GD – CJ00090

佛山市顺德区广之旅国际旅行社有限公司
地址：佛山市顺德区大良街道碧溪街道又一居
电话：0757 –22380688
邮编：528300
许可证号：L – GD – CJ00091

佛山市上游国际旅行社有限公司
地址：佛山市顺德区大良友谊路顺利德大厦
电话：0757 –22386666
邮编：528300
网址：www. sunyou. net
许可证号：L – GD – CJ00092

佛山市天宁国际旅行社有限公司
地址：佛山市华远东路 19 号侨都大厦 2 楼
电话：0757 –83201199
邮编：528000
网址：www. tdholiday. com
许可证号：L – GD – CJ00093

佛山市明媚假期国际旅行社有限公司
地址：佛山市汾江西路 1 号之一外贸大厦 B 座
电话：0757 –83201199
邮编：528000
网址：www. newsway. com. cn
许可证号：L – GD – CJ00094

韶关市中国旅行社有限责任公司
地址：韶关市熏风路 12 号综合大楼一、二楼
电话：0751 –8888638
邮编：512000
网址：www. sghappy. com
许可证号：L – GD – CJ00095

河源市旅游总公司
地址：河源市兴源东路 1 号华怡大厦首层
电话：0762 –3288777
邮编：517000
许可证号：L – GD – CJ00096

梅州市旅游总公司
地址：梅州市彬芳大道 28 号
电话：0753 –2269168
邮编：514021
许可证号：L – GD – CJ00097

梅州市中国旅行社有限公司
地址：梅州市江南路 105 号
电话：0753 –2261089
邮编：514021
网址：www. meizhougd. cn
许可证号：L – GD – CJ00098

梅县中国旅行社
地址：梅州市江边路 10 号
电话：0753 –2217599
邮编：514011
网址：www. ctsmx. cn
许可证号：L – GD – CJ00099

惠州环宇国际旅行社有限公司
地址：惠州市南坛南路 23 号
电话：0752 –2183988
邮编：516001
网址：www. fun east. com
许可证号：L – GD – CJ00100

惠州市中国旅行社
地址：惠州市鹅岭南路 22 号
电话：0752 –2128066
邮编：516001
网址：www. hzscts. com
许可证号：L – GD – CJ00101

惠州市青年国际旅行社有限公司
地址：惠州市横江三路鸿升大厦 202 室
电话：0752 –2085072
邮编：516008
网址：www. ql2105537. com. cn
许可证号：L – GD – CJ00102

汕尾市旅游总公司
地址：汕尾市区公园路西（城南路交界处）
电话：0660 –3373804
邮编：516600
网址：www. swlyw. com
许可证号：L – GD – CJ00103

汕尾市中国旅行社
地址：汕尾市香洲路龙富花园 B 栋
电话：0660 –3329222
邮编：516600
许可证号：L – GD – CJ00104

东莞市国际旅行社有限公司
地址：东莞市东城大道 188 号新华大厦三楼
电话：0769 –22458168
邮编：523000
网址：www. dits. com
许可证号：L – GD – CJ00105

东莞市中国旅行社有限公司
地址：东莞市南城区元美路华凯广场 A 座二层
电话：0769 –22008888
邮编：523071
许可证号：L – GD – CJ00106

广东国泰国际旅行社有限公司
地址：东莞市城区新芬路 66 号
电话：0769 –2208888
邮编：523000
网址：www. gtits. com. cn
许可证号：L – GD – CJ00107

东莞康辉国际旅行社有限公司
地址：东莞市东纵大道 3 号
电话：0769 –22488666
邮编：523006
网址：www. dgcct. com
许可证号：L – GD – CJ00108

东莞市腾龙假日国际旅行社有限公司
地址：东莞市城区东城中心 A2 区 A 二层
电话：0769 –23362888
邮编：523012
网址：www. rising – dragon. cn
许可证号：L – GD – CJ00109

东莞市景鸿国际旅行社有限公司
地址：东莞市东城区东城南路联合大厦 8 楼
电话：0769 –22313888
邮编：523129
网址：www. genhom. com
电子信箱：tgenhom@ yahoo. cn
许可证号：L – GD – CJ00110

东莞市东华国际旅行社有限公司
地址：东莞市东城区岗贝东城东路 5 号东华大厦
电话：0769 –22663333
邮编：523110
网址：www. twts. cn
电子信箱：twts@ 21cn. net
许可证号：L – GD – CJ00111

东莞市四海国际旅行社有限公司
地址：东莞市莞城东城大道东平街 223 号
电话：0769 –22339888
邮编：523000
网址：www. dgshgj. com
电子信箱：shtsom@ dgshts. com
许可证号：L – GD – CJ00112

东莞市青年国际旅行社有限公司
地址：东莞市城区新芬路 42 号
电话：0769 –22239388
邮编：523000
网址：www. anyt. cn
电子信箱：dgql@ dgyts. net
许可证号：L – GD – CJ00113

中山市海外旅游有限公司
地址：中山市东区怡华街 10 号
电话：0760 –88231888
邮编：528400
网址：www. gdzsot. com
许可证号：L – GD – CJ00114

中山中国国际旅行社有限公司
地址：中山市东区恒信花园 A 区第六幢
电话：0760 –88611888
邮编：528403
网址：www. zscits. com. cn
许可证号：L – GD – CJ00115

中山中国旅行社
地址：中山市东区恒信花园 B 区 53 –57 号
电话：0760 –88880888
邮编：528403
网址：www. ctszs. com
许可证号：L – GD – CJ00116

中山温泉国际旅行社有限公司
地址：中山市东区银通街 19 号之十三
电话：0760 –88881998
邮编：528403
网址：www. happyhare. cn

许可证号：L－GD－CJ00117

中山菊城假期国际旅行社有限公司
地址：中山市小榄镇新市路95号之二
电话：0760－22271188
邮编：528415
网址：www. jcjp. com. cn
许可证号：L－GD－CJ00118

中山市青年国际旅行社有限公司
地址：中山市岐关西路口青旅大厦
电话：0760－88881863
邮编：528400
网址：www. zyts. net
许可证号：L－GD－CJ00119

中山市职工国际旅行社有限公司
地址：中山市石岐孙文东路90号之三
电话：0760－88886088
邮编：528404
网址：www. zsholidays. cn
电子信箱：zwits@ zsholidays. cn
许可证号：L－GD－CJ00120

江门市大方旅游国际旅行社有限公司
地址：江门市白沙大道6号
电话：0750－3502888
邮编：529000
网址：www. dafangtour. com
许可证号：L－GD－CJ00121

江门市中国旅行社有限公司
地址：江门市跃进路长乐里28号
电话：0750－3288880
邮编：529050
网址：www. jmcts. net
许可证号：L－GD－CJ00122

台北市旅游公司
地址：台山市台城镇环北大道石花华侨新村19号
电话：0750－5517909
邮编：529200
网址：www. tstourco. com
许可证号：L－GD－CJ00123

台山中国旅行社
地址：台山市台城镇通济路1号
电话：0750－5524768
邮编：529200
网址：www. gdtscts. com
许可证号：L－GD－CJ00124

江门市国旅国际旅行社有限公司
地址：江门市白沙大道西2号
电话：0750－3066333
邮编：529000
网址：www. jmguolv. com
许可证号：L－GD－CJ00125

阳江市国旅国际旅行社有限公司
地址：阳江市江城区望了岭北侧长江大厦综合楼
电话：0662－3268622
邮编：529500
许可证号：L－GD－CJ00126

湛江市中国旅行社有限公司
地址：湛江市霞山区人民大道南18号华侨大厦6楼
电话：0759－2277333
邮编：524001
网址：www. zjcts. cn
许可证号：L－GD－CJ00127

茂名市国旅国际旅行社有限公司
地址：茂名市人民南路94号
电话：0668－3888888
邮编：525000
网址：www. mmgl. net
许可证号：L－GD－CJ00128

茂名市中国旅行社
地址：茂名市迎宾路46号
电话：0668－3390193
邮编：525000
网址：www. mmzl. net
许可证号：L－GD－CJ00129

肇庆市中国旅行社有限公司
地址：肇庆市天宁北路90号
电话：0758－2288034
邮编：526040
网址：www. zqcts. com
许可证号：L－GD－CJ00130

肇庆星湖国际旅行社
地址：肇庆市天宁北路82号
电话：0758－2230511
邮编：526040
网址：www. zqxh. com. cn
许可证号：L－GD－CJ00131

清远市中旅国际旅行社有限公司
地址：清远市先锋东路13号
电话：0763－3321611
邮编：511500
许可证号：L－GD－CJ00132

潮州市中国旅行社有限公司
地址：潮州市潮州大道南段金田花园84号铺面
电话：0768－2354510
邮编：521000
网址：www. czcts. com
许可证号：L－GD－CJ00133

潮州中国国际旅行社
地址：潮州市潮枫路旅游大厦首层
电话：0768－2288815
邮编：521000
许可证号：L－GD－CJ00134

潮州风光国际旅行社有限公司
地址：潮州市潮枫路兰园8号
电话：0768－2272888
邮编：521000
网址：www. czsits. com
许可证号：L－GD－CJ00135

揭阳市旅总国际旅行社
地址：揭阳市卢前路中段民主楼二楼
电话：0663－8292227
邮编：522031
许可证号：L－GD－CJ00136

揭阳市中国旅行社
地址：揭阳市区新兴路6号
电话：0663－8613111
邮编：522000
许可证号：L－GD－CJ00137

云浮市中国旅行社有限公司
地址：云浮市建设南路70号
电话：0766－8817388
邮编：527300
许可证号：L－GD－CJ00138

珠海阳光国际旅行社有限公司
地址：广州市解放北路618号广东国旅大厦三楼
电话：020－87235790
邮编：510030
许可证号：L－GD－CJ00140

潮州市潮之旅国际旅行社有限公司
地址：潮州市枫春路406号（中国信合大厦西侧）
电话：0768－2271998
邮编：521000
许可证号：L－GD－CJ00141

广州市澳信国际旅行社有限公司
地址：广州市越秀区广州市环市东路417号5L
电话：020－22813168－18
邮编：510030
许可证号：L－GD－CJ00142

汕头市乐观国际旅行社有限公司
地址：汕头市东厦路90号金东花园
电话：0754－88798820
邮编：515041
网址：www. lgtour. cn
许可证号：L－GD－CJ00143

汕头市商之旅国际旅行社有限公司
地址：汕头市金砂东路104号金龙大厦
电话：0754－86980885
邮编：515041
许可证号：L－GD－CJ00144

广州天马国际旅行社有限公司
地址：广州市越秀区白云路38号红云大厦8楼
电话：020－83708799
邮编：510030
许可证号：L－GD－CJ00145

广州美亚商务国际旅行社有限公司
地址：广州珠江新城华明路13号华普广场东塔17楼
电话：020－ 22382222
邮编：510623
网址：www. airprice. com
许可证号：L－GD－CJ00146

深圳市飞航国际旅行社有限公司
地址：深圳市福田区深南中路1027号新城大厦西座9楼
电话：0755－83787777　83668895
邮编：518048
许可证号：L－GD－CJ00147

深圳市天海国际旅游有限公司
地址：深圳市罗湖区深南东路2105号中建大厦2508室
电话：0755－82291591　82170219
邮编：518021
许可证号：L－GD－CJ00148

深圳市华美国际旅行社有限公司
地址：深圳市罗湖区南湖路3005国贸商业大厦27楼
电话：0755－61363311　82298879
邮编：518021
网址：www. otcgd. com
许可证号：L－GD－CJ00149

潮州市龙之旅国际旅行社有限公司
地址：潮州市湘桥区
电话：0768－3996633
邮编：521021
许可证号：L－GD－CJ00150

广东省三茂铁路国际旅行社
地址：广州市环市东路三茂大酒店一楼
电话：020－34308949
邮编：510000
许可证号：L－GD－CJ00151

广州空港之旅国际旅行社有限公司
地址：广州市机场路 282 号云港大厦 3 楼
电话：020－86133188
邮编：510032
许可证号：L－GD－CJ00152

旅程天下国际旅行社有限责任公司
地址：深圳市宝安区海秀路 2021 号荣超滨海大厦 A 座 9 楼
电话：0755－86336564
邮编：518133
许可证号：L－GD－CJ00153

广州岭南国际旅行社有限公司
地址：广州市东风东路 767 号东宝大厦 601 室
电话：020－28820111
邮编：510600
许可证号：L－GD－CJ00154

广东省珠江国际旅行社
地址：广州市沿江中路 195 号沿江大厦 718－719 室
电话：020－83186680　83372375
邮编：510015
许可证号：L－GD－CJ00155

广东中旅（深圳）旅行社有限公司
地址：深圳市罗湖区人民南路新安大厦 16 楼
电话：0755－82222328　82317791
邮编：518000
许可证号：L－GD－CJ00156

广东中旅（佛山）旅行社有限公司
地址：佛山市南庄镇帝景蓝湾 P19 号铺
电话：0757－82526618　82526660
邮编：528000
许可证号：L－GD－CJ00157

深圳市港澳国际旅行社有限公司
地址：深圳市罗湖区嘉宾路北侧海燕大厦
电话：0755－ 89833111
邮编：518021
许可证号：L－GD－CJ00158

江门市飞扬国际旅行社有限公司
地址：江门市蓬江区建设路 49 号之十
电话：0750－3271122
邮编：529000
许可证号：L－GD－CJ00159

深圳市骏捷国际旅行社有限公司
地址：深圳市罗湖区嘉宾路太平洋商贸大厦 A 座 8D
电话：0755－25610976
邮编：518021
许可证号：L－GD－CJ00160

深圳市青年国际旅行社有限公司
地址：深圳市罗湖区人民南路 3009 号新安大厦
电话：0755－25191970　25191973
邮编：518021
许可证号：L－GD－CJ00161

深圳市和谐国际旅行社有限公司
地址：深圳市罗湖区人民南路天安国际大厦 C 座 908
电话：0755－82382699
邮编：518003
许可证号：L－GD－CJ00162

广州市北方畅游国际旅行社有限公司
地址：广州市海珠区昌岗中路 166 号之三富盈国际大厦
电话：020－84359360
邮编：510240
许可证号：L－GD－CJ00163

深圳市纵横旅行社有限公司
地址：深圳市罗湖区爱国路 1052 号新王朝酒店 25 楼
电话：0755－33053129
邮编：518021
许可证号：L－GD－CJ00164

深圳市金燕之旅旅行社有限公司
地址：深圳市罗湖区春风路老地方酒店 B 座 9 楼
电话：0755－82223749
邮编：518021
许可证号：L－GD－CJ00165

深圳市泰阳国际旅行社有限公司
地址：深圳市罗湖区阳光酒店 B 座 808 室
电话：0755－82290113
邮编：518021
许可证号：L－GD－CJ00166

深圳市皇朝国际旅行社有限公司
地址：深圳市罗湖区深房广场 B 座
电话：0755－22915707
邮编：518021
许可证号：L－GD－CJ00167

广州阳光假日国际旅行社有限公司
地址：广州市越秀区广卫路 2 号广卫商务大厦 6 楼
电话：20－83631332　83552357
邮编：510030
许可证号：L－GD－CJ00168

广州市黄金假日国际旅行社有限公司
地址：广州市越秀南路 185 号创举商务大厦 703 室
电话：020－83889466
邮编：510030
许可证号：L－GD－CJ00169

广东绿色国际旅行社
地址：广州市天河区燕岭路 29 号
电话：020－87702071
邮编：510507
网址：www. GGITS. com. cn
许可证号：L－GD－CJ00170

广州中航国际旅游有限公司
地址：广州市
电话：020－84928008
邮编：510410
许可证号：L－GD－CJ00171

广东活力商务国际旅行社有限公司
地址：广州市越秀区连新路 171 号 5 号楼
电话：020－83163589
邮编：510030
许可证号：L－GD－CJ00172

广州畅游国际旅行社有限公司
地址：广州市越秀区大南路 2 号
电话：020－86329626
邮编：510000
许可证号：L－GD－CJ00173

广东华侨友谊国际旅行社有限公司
地址：广州市越秀区东风中路 363 号国信大厦 3 楼
电话：020－ 38823954
邮编：510620
许可证号：L－GD－CJ00174

深圳市深之旅旅行社有限公司
地址：深圳市罗湖区宝安南路 2014 号振业大厦 21 层
电话：0755－88855609
邮编：518100
许可证号：L－GD－CJ00175

深圳市海侨国际旅行社有限公司
地址：深圳市罗湖区迎春路 8 号安华大厦 15 楼
电话：0755－82253112
邮编：518000
网站：www. ciyily. com
许可证号：L－GD－CJ00176

珠海康辉国际旅行社有限公司
地址：珠海市拱北迎宾南路中珠大厦大堂商铺 101 铺
电话：0756－8287666
邮编：519020
许可证号：L－GD－CJ00177

珠海四季国际旅行社有限公司
地址：珠海市九洲大道西
电话：0756－3878666
邮编：519000
许可证号：L－GD－CJ00178

揭阳市青年国际旅行社有限公司
地址：揭阳市东山区建阳路联泰花园路口
电话：0663－8228141　8621141
邮编：522000
网址：www. jyql. net
电子信箱：ql@ jyql. net
许可证号：L－GD－CJ00179

揭阳市光辉国际旅行社有限公司
地址：揭阳市榕城区劳动服务大楼东侧后副楼
电话：0663－8632093
邮编：522000
许可证号：L－GD－CJ00180

深圳市阳光假日国际旅行社有限公司
地址：深圳市福田区上步南路锦峰大厦裙楼五层
电话：0755－83005305
邮编：518031
许可证号：L－GD－CJ00181

深圳市深业国际旅行社有限公司
地址：深圳市上步中路 1003 号（科学馆 804 室）
电话：0755－83202822
邮编：518031
许可证号：L－GD－CJ00182

深圳市中诚假期旅行社有限公司
地址：深圳市罗湖区嘉宾路太平洋商贸大厦 1211 室
电话：0755－22161646
邮编：518001
许可证号：L－GD－CJ00183

深圳市度假国际旅行社有限公司
地址：深圳市罗湖区和平路 1085 号富临大酒店
电话：0755－ 82352858
邮编：518026
许可证号：L－GD－CJ00184

佛山市南之旅国际旅行社有限公司
地址：佛山市南海区桂城南海大道 55 号
电话：0757 - 86226888
邮编：518051
许可证号：L - GD - CJ00185

珠海市易达假期国际旅行社有限公司
地址：珠海市拱北国防路 101 号 7 - 11 栋一层商场 2 区 10 栋 17 - 1 号
电话：0756 - 2681257
邮编：519020
电子信箱：Easytravelzh@ 126. com
许可证号：L - GD - CJ00186

珠海华美达国际旅行社有限公司
地址：珠海市吉大海滨南路 47 号 2807 房
电话：0756 - 3808638
邮编：519015
电子信箱：499103605@ qq. com
许可证号：L - GD - GJ00187

汕头市新旅程国际旅行社有限公司
地址：汕头市龙湖区春泽庄中区 1 幢 608 房
电话：0754 - 88901199
邮编：515000
电子信箱：13802334224@ 139. com
许可证号：L - GD - CJ00188

佛山市名家假期国际旅行社有限公司
地址：佛山市禅城区兆祥路 105 号 224 房
电话：0757 - 81232222
邮编：528000
电子信箱：304554931@ QQ. COM
许可证号：L - GD - CJ00189

佛山市明之旅国际旅行社有限公司
地址：佛山市南海区桂城街道华翠南路 6 号南海颐景园商业 37 号铺
电话：0757 - 86288028
邮编：528200
电子信箱：MINGZHILV@ HOTMAIL. COM
许可证号：L - GD - CJ00190

江门市春秋国际旅行社有限公司
地址：江门市新会区侨光北路 28 号
电话：0750 - 6333336
邮编：529100
电子信箱：xhcqjr. @ 126. com
许可证号：L - GD - CJ00191

肇庆市广之旅国际旅行社有限公司
地址：肇庆市建设三路 10 号柏丽雅居 A、B、C 栋 202
电话：0758 - 2295581
邮编：526040
电子信箱：tamyulai@ 126. com
许可证号：L - GD - CJ00192"

广东友好国际旅行社有限公司
地址：广州市东风中路 501 - 507 号东建大厦西座第七层南面 701、703、705 号
电话：020 - 83541201
邮编：510045
电子信箱：254440395@ qq. com
许可证号：L - GD - CJ00193

深圳市侨中旅行社有限公司
地址：深圳市罗湖区文锦中路 1027 号深业大厦 801 - 804
电话：0755 - 82230580
邮编：518001
电子信箱：mengdie529@ sina. com
许可证号：L - GD - CJ00194

广州市广厦国际旅行社
地址：广州市越秀区北京路 374 号广州大厦八号楼 3306
电话：020 - 83189888 - 3339
邮编：510030
电子信箱：tour@ hotel - canton. com
许可证号：L - GD - CJ00195

广州一起飞国际旅行社有限公司
地址：广州市越秀区华乐路 53 号 15 楼
电话：020 - 83753797
邮编：510060
电子信箱：andy_ jian@ yiqifei. com
许可证号：L - GD - CJ00196

广州天下若比邻旅行社有限公司
地址：广州市环市东路 367 号白云宾馆 426 房
电话：020 - 83313156　83312843
邮编：510065
电子信箱：info@ chinaadventureltd. com
许可证号：L - GD - CJ00197

清远市星辉旅行社有限公司
地址：清远市新城小市路 15 号
电话：0763 - 3855910
邮编：511500
电子信箱：974455267@ qq. com
许可证号：L - GD - CJ00198

湛江市光大旅行社有限公司
地址：湛江市人民大道北 34 号体育中心内
电话：0759 - 3481999
邮编：524000
电子信箱：19831192@ qq. com
许可证号：L - GD - CJ00199

玩美假期（深圳）国际旅行社有限公司
地址：深圳市罗湖区深南东路鸿昌广场第 14 层 1412 单元
电话：0755 - 25904758
邮编：518001
电子信箱：wmjq@ vip. qq. com
许可证号：L - GD - CJ00200

广州市金马国际旅行社有限公司
地址：广州市越秀区起义路 173 号 701D
电话：020 - 83186485
邮编：510030
许可证号：L - GD - CJ00201

广州国龙国际旅行社有限公司
地址：广州市天河区中山大道西 138 号广运楼主楼 801 - 809 房
电话：020 - 61212506
邮编：510630
许可证号：L - GD - CJ00202

广州鹅潭旅行社有限公司
地址：广州市越秀区沿江东路 406 号
电话：020 - 83833111
邮编：510100
许可证号：L - GD - CJ00203

深圳市环球国际旅行社有限公司
地址：深圳市罗湖区迎春路海外联谊大厦 2005 室
电话：0755 - 33353055
邮编：518001
许可证号：L - GD - CJ00204

深圳市卓越国旅国际旅行社有限公司
地址：深圳市罗湖区红岭中路 1002 号寰宇大厦裙楼五楼南电梯出口玻璃房
电话：0755 - 86178888
邮编：518000
许可证号：L - GD - CJ00205

深圳市芒果网旅行社有限公司
地址：深圳市福田区深南大道 4001 号时代金融中心 6D
电话：0755 - 33399999　33399959
邮编：518041
许可证号：L - GD - CJ00206

深圳市捷旅国际旅行社有限公司
地址：深圳市罗湖区东门南路 3002 号华都园五楼 A - E
电话：0755 - 33389851
邮编：518002
许可证号：L - GD - CJ00207

广东中旅（珠海）旅行社有限公司
地址：珠海市迎宾南路 1155 号中建商业大厦十九楼北座 1918 室
电话：0756 - 8809782
邮编：519020
许可证号：L - GD - CJ00208

珠海海威国际旅行社有限公司
地址：珠海市拱北围基路 28 号和园大厦
电话：0756 - 3348912
邮编：519020
许可证号：L - GD - CJ00209

珠海市顺安国际旅行社有限公司
地址：珠海市昌盛路 280 号商铺之一
电话：0756 - 8866007
邮编：519020
许可证号：L - GD - CJ00210

汕头经济特区旅游有限公司
地址：汕头市迎宾路轻化大厦四楼西侧
电话：0754 - 88469059
邮编：515041
许可证号：L - GD - CJ00211

广州方行教育国际旅行社有限公司
地址：广州市珠海区新港西路 135 号海珠中大科技综合自编 404 号
电话：020 - 84114110
邮编：510275
许可证号：L - GD - CJ00212

广州市千适国际旅行社有限公司
地址：广州市荔湾区中山八路石路基 36 - 38 号七楼 719 房
电话：020 - 86663415
邮编：510175
许可证号：L - GD - CJ00213

广州国青国际旅行社有限公司
地址：广州市天河区天河北路 175 号 2904 - 2905 房
电话：020 - 85251424
邮编：510620
许可证号：L - GD - CJ00214

广州翔游国际旅行社有限公司
地址：广州市越秀区东风中路 501 号东部三层 303、306A 室
电话：020 - 83562937
邮编：510045
许可证号：L - GD - CJ00215

珠海市澳国旅国际旅行社有限公司
地址：珠海市拱北迎宾南路 1043 号
电话：0756 - 8866379
邮编：519020
许可证号：L - GD - CJ00216

珠海万里游国际旅行社有限公司
地址：珠海市九洲大道西 1063 号 204 商铺
电话：0756－2629861
邮编：519000
许可证号：L－GD－CJ00217

深圳环宇国际旅行社有限公司
地址：深圳市罗湖区深南东路 2023 号广深大厦 303 室
电话：0755－25163737
邮编：518002
许可证号：L－GD－CJ00218

惠州市中航国旅旅行社有限公司
地址：惠州市下埔南三街一巷 5 号 2 楼
电话：0752－2628088
邮编：516008
许可证号：L－GD－CJ00219

深圳市运通国际旅行社有限公司
地址：深圳市罗湖区嘉宾路海燕商业大厦 1107 室
电话：0755－82177406　82174111
邮编：518021
许可证号：L－GD－CJ00220

深圳市中海国际旅行社有限公司
地址：深圳市罗湖区东门南路食出大厦 602、801B、802 室
电话：0755－82253979　82251095
邮编：518021
许可证号：L－GD－CJ00221

深圳市全品国际旅行社有限公司
地址：深圳市福田区福华路文蔚大厦十七楼 C、D 单元
电话：400－026－8889
邮编：518048
网址：www. tripean. com
电子信箱：4000268889@ b. qq. com
许可证号：L－GD－CJ00222

深圳市假日通国际旅行社有限公司
地址：深圳市福田区 NEO 企业大厦 C 座 14J
电话：0755－82392208　400－7777－365
邮编：518048
许可证号：L－GD－CJ00223

广州七洲国际旅行社有限公司
地址：广州市海珠区艺苑路
电话：020－29121286　4000－700－710
邮编：510300
许可证号：L－GD－CJ00224

广东中旅假日国际旅行社有限公司
地址：广州市越秀区东风中路 300 号之一金安大厦 11 楼
电话：020－84488988
邮编：510030
许可证号：L－GD－CJ00225

广州欣辉假期国际旅行社有限公司
地址：广州市天河区体育东路 32 号
电话：020－66601021
邮编：510665
许可证号：L－GD－CJ00226

深圳市华通国际旅行社有限公司
地址：深圳市福田区综合交通换乘枢纽长途客运站 1 楼 4 号
电话：0755－82146665
邮编：518001
许可证号：L－GD－CJ00227

深圳市腾邦国际旅行社有限公司
地址：深圳市福田区福田保税区桃花路腾邦物流大楼 4 层
电话：0755－25138888
邮编：518001
许可证号：L－GD－CJ00228

深圳市天安国际旅行社有限公司
地址：深圳市罗湖区人民南路天安国际大厦 C 座
电话：0755－82255025
邮编：518000
许可证号：L－GD－CJ00229

深圳市晋升旅行社有限公司
地址：深圳市罗湖区东门南路 3007 号金龙大厦 20 楼
电话：0755－22965099
邮编：518000
许可证号：L－GD－CJ00230

深圳携程国际旅行社有限公司
地址：深圳市罗湖区深南中路与和平路交汇处西北角鸿隆世纪广场 A 座 20 层
电话：0755－25981699－28364
邮编：518000
许可证号：L－GD－CJ00231

深圳市天海国际旅行社有限公司
地址：深圳市深南东路 2105 号中建大厦
电话：0755－82288172
邮编：518002
许可证号：L－GD－CJ00232

深圳新明扬国际旅行社有限公司
地址：深圳市罗湖区嘉宾路城市天地广场东座裙楼
电话：0755－2565535
邮编：518001
许可证号：L－GD－CJ00233

深圳市报业国际旅行社有限公司
地址：深圳市福田区深南中路 1014 号 3 楼
电话：0755－82101896
邮编：518027
许可证号：L－GD－CJ00234

深圳港青旅国际旅行社有限公司
地址：深圳市罗湖区人民南路新安大厦 14 层
电话：0755－82223338
邮编：518001
许可证号：L－GD－CJ00235

深圳市爱游国际旅行社有限公司
地址：深圳市罗湖区南湖路国贸商业大厦 6A
电话：0755－82209653
邮编：518001
许可证号：L－GD－CJ00236

深圳经深飞航空国际旅行社有限公司
地址：深圳市罗湖区嘉宾路芙蓉大厦（阳光酒店）B 座 613 号
电话：0755－82292900
邮编：518001
许可证号：L－GD－CJ00237

深圳市新景界东旭国际旅行社有限公司
地址：深圳市罗湖区沿河南路 1064 号国旅大厦十五楼
电话：0755－25867769
邮编：518005
许可证号：L－GD－CJ00238

广州市汇景国际旅行社有限公司
地址：广州市越秀区中山二路 3 号陆楼 E 房
电话：020－61281175
邮编：510080
许可证号：L－GD－CJ00239

珠海名越国际旅行社有限公司
地址：珠海市吉大景山路 82 号水湾大厦 5 层一单元
电话：0756－8800288
邮编：519020
许可证号：L－GD－CJ00240

珠海悠游国际旅行社有限公司
地址：珠海市吉大景山路 171 号
电话：0756－8872091
邮编：519015
许可证号：L－GD－CJ00241

珠海青年国际旅行社有限公司
地址：珠海市拱北昌平路
电话：0756－3884881
邮编：519020
许可证号：L－GD－CJ00242

珠海友诚国际旅行社有限公司
地址：珠海市拱北迎宾南路 2126 号香江酒店 4 楼
电话：0756－8891668
邮编：519020
许可证号：L－GD－CJ00243

珠海快乐假期旅行社有限公司
地址：珠海市九洲大道东 1263 号云海酒店附楼一楼
电话：0756－3231558
邮编：519015
许可证号：L－GD－CJ00244

珠海澳亚旅游有限公司
地址：珠海市拱北侨光路底层商铺 108 号
电话：0756－8879990
邮编：519020
许可证号：L－GD－CJ00245

汕头中国青年旅行社有限公司
地址：汕头市长平路 91 号中源大厦
电话：0754－88633293
邮编：515041
许可证号：L－GD－CJ00246

佛山市富盈假期国际旅行社有限公司
地址：佛山市南海区桂城简平路 1 号天安南海数码新城 1 栋
电话：0757－81853808
邮编：528200
许可证号：L－GD－CJ00247

深圳市中之旅国际旅行社有限公司
地址：深圳市罗湖区南湖街道深南东路 2105 号中建大厦 905 室
电话：0755－82221476
邮编：518001
许可证号：L－GD－CJ00248

深圳市深联国际旅行社有限公司
地址：深圳市罗湖区人民南路 3009 号新安大厦五楼 A、B 室
电话：0755－25155301
邮编：518001
许可证号：L－GD－CJ00249

深圳市易凯商务国际旅游有限公司
地址：深圳市罗湖区嘉宾路太平洋商贸大厦 305 室
电话：0755－66837580
邮编：518000

许可证号：L－GD－CJ00250

深圳市淇祥国际旅行社有限公司
地址：深圳市罗湖区深南东路118号和平路宝平街世界金融中心B座1920
电话：0755－25179890
邮编：518000
许可证号：L－GD－CJ00251

深圳市百欣国际旅行社有限公司
地址：深圳市罗湖区湖贝路2号锦湖大厦1202－3
电话：0755－82227959
邮编：518000
许可证号：L－GD－CJ00252

深圳市万豪国际旅行社有限公司
地址：深圳市罗湖区深南东路1001号三九大酒店4楼403室
电话：0755－82196220
邮编：518300
许可证号：L－GD－CJ00253

深圳市尚品游国际旅行社有限公司
地址：深圳市罗湖区嘉宾路太平洋商贸大厦1016房
电话：0755－82135769
邮编：518000
许可证号：L－GD－CJ00254

深圳市万众国际旅行社有限公司
地址：深圳市罗湖区嘉宾路太平洋商贸大厦A座21楼
电话：0755－22387326
邮编：518002
许可证号：L－GD－CJ00255

深圳市大自然旅行社有限公司
地址：深圳市福田区南园路68号上步大厦8楼J单元
电话：0755－83661851
邮编：518000
许可证号：L－GD－CJ00256

深圳市金安国际旅行社有限公司
地址：深圳市罗湖区南湖街道嘉宾路4028号太平洋商贸大厦B座1308室
电话：0755－25919986
邮编：518002
许可证号：L－GD－CJ00257

深圳市天泰旅行社有限公司
地址：深圳市罗湖区湖贝路2号锦湖大厦
电话：0755－23990382
邮编：518000
许可证号：L－GD－CJ00258

广州春秋假日国际旅行社有限公司
地址：广州市越秀区起义路173号302室
电话：020－83839840
邮编：510030
许可证号：L－GD－CJ00259

广州市德迈国际旅行社有限公司
地址：广州市越秀区先烈中路76号15E
电话：020－83338989－3178
邮编：510070
许可证号：L－GD－CJ00260

珠海拱北中旅麒麟商务旅行社有限公司
地址：珠海市拱北迎宾南路2104号华侨宾馆侧一楼
电话：0756－8136844
邮编：519020
许可证号：L－GD－CJ00261

湛江广之旅旅行社有限公司
地址：湛江市霞山区人民大道南34号
电话：0759－3278997
邮编：524000
许可证号：L－GD－CJ00262

深圳旅游集散中心有限公司
地址：深圳市罗湖区嘉宾路太平洋大厦
电话：0755－22239228
邮编：518021
网址：www. axtrip. com
电子信箱：szjsjdb@163. com
许可证号：L－GD－CJ00263

中山市一力国际旅行社有限公司
地址：中山市东区华柏路12号嘉路华大厦1楼
邮编：528403
许可证号：L－GD－CJ00264

深圳市泛亚美国际旅行社有限公司
地址：深圳市福田区华强北路群星广场B1901
电话：0755－83748972
邮编：518048
许可证号：L－GD－CJ00265

佛山广之旅国际旅行社有限公司
地址：佛山市南海区桂城街道南桂东路66号桂南名都106号商铺之一
电话：0757－86230085
邮编：528251
许可证号：L－GD－CJ00266

广州中科国际旅行社有限公司
地址：广州市新港西路3号
电话：020－89090163
邮编：510032
许可证号：L－GD－CJ00267

广州市假日通国际旅行社有限公司
地址：广州市越秀区文明路65号
电话：020－83393789　66825090
邮编：510030
许可证号：L－GD－CJ00268

中青旅（广东）国际会议展览有限公司
地址：广州市天河区花城大道路85号2801房之自编01A单元
电话：020－83278320
邮编：510665
许可证号：L－GD－CJ00269

广州大地恒国际旅行社有限公司
地址：广州市番禺区市桥街工业路69号首层
电话：020－84896822　84896844
邮编：511400
许可证号：L－GD－CJ00270

广州市创游国际旅行社有限责任公司
地址：广州市越秀区中山一路25号316房
电话：020－87359338
邮编：510030
许可证号：L－GD－CJ00271

韶关市广之旅旅行社有限公司
地址：韶关市浈江区熏风路12号东南大厦综合楼2001室
电话：0751－8876655　8886668
邮编：512023
许可证号：L－GD－CJ00273

深圳市山水旅行社有限公司
地址：深圳市宝安区民治街道留仙大道边综合楼1007
邮编：518101
许可证号：L－GD－CJ00274

深圳市四季国际旅行社有限公司
地址：深圳市罗湖区春风路庐山大厦B座8E
电话：0755－22218366
邮编：518021
许可证号：L－GD－CJ00275

深圳市蓝途国际旅行社有限公司
地址：深圳市福田区车公庙天安创新科技广场B座B1410A
电话：4006780025
邮编：518048
许可证号：L－GD－CJ00276

深圳市信游天下旅行社有限公司
地址：深圳市宝安区龙华街道和平东路港之龙科技大厦12楼
电话：0755－33648165
邮编：518101
许可证号：L－GD－CJ00277

佛山市南湖国际旅行社有限责任公司
地址：佛山市禅城区汾江中路侨苑新村2栋2楼之二
邮编：528000
许可证号：L－GD－CJ00278

佛山市浩兴国际旅行社有限公司
地址：佛山市南海区里水镇胜利村广东志高空调有限公司科技中心大楼311B室
电话：0757－85608230
邮编：528251
许可证号：L－GD－CJ00279

广东潮汕国际旅行社有限公司
地址：汕头市金平区东厦北路东厦花园二区五幢207号
电话：0754－88396555　88592213　88592221
邮编：515041
许可证号：L－GD－CJ00280

饭　店

广州花园酒店（白金五星）
地址：广州市环市东路368号
电话：020－83338989
邮编：510064

白天鹅宾馆★★★★★
地址：广州市沙面南街1号
电话：020－81886968
邮编：510133

中国大酒店★★★★★
地址：广州市流花路
电话：020－86666888
邮编：510015

广州东方宾馆★★★★★
地址：广州市流花路120号
电话：020－86669900
邮编：510016

广东亚洲国际大酒店★★★★★
地址：广州市环市东路326号之一
电话：020－61288888
邮编：510060

广州碧桂园凤凰城酒店★★★★★
地址：广州市广园东路新塘路段
电话：020－82808888

邮编：511340

广州建国酒店 ★★★★★
地址：广州市天河林和中路 172 号
电话：020－83936388
邮编：510610

嘉逸国际酒店 ★★★★★
地址：广州市天河北路 468 号
电话：020－38803333
邮编：510635

白云宾馆 ★★★★★
地址：广州市环市东路 367 号
电话：020－83333998
邮编：510065

广州香格里拉大酒店 ★★★★★
地址：广州市海珠区会展东路 1 号
电话：020－89178888
邮编：510308

广州南沙大酒店 ★★★★★
地址：广州市南沙海滨新城商贸大道南二路 1 号
电话：020－39308888
邮编：511458

广州天誉威斯汀酒店 ★★★★★
地址：广州市天河区林和中路 6 号
电话：020－28866868
邮编：510610

白云机场铂尔曼大酒店 ★★★★★
地址：广州市新白云机场内
电话：020－36068866
邮编：510470

星河湾酒店 ★★★★★
地址：广州市番禺区迎宾路
电话：020－39936688
邮编：511430

富力君悦大酒店 ★★★★★
地址：广州市天河区珠江西路 12 号
电话：020－83961234
邮编：510623

科尔海悦酒店 ★★★★★
地址：广州市番禺区市桥清河东路 288 号
电话：020－34628888
邮编：511400

富力丽思卡尔顿酒店 ★★★★★
地址：广州市天河区珠江新城兴安路 3 号
电话：020－38136688
邮编：510623

广东威尔登酒店 ★★★★★
地址：广州市萝岗区永和大道花轮一路 1 号
电话：020－32228888
邮编：511356

广州九龙湖公主酒店 ★★★★★
地址：广州市花都区花东镇九龙湖社区
电话：020－36908888
邮编：510897

广州翡翠皇冠假日酒店 ★★★★★
地址：广州市高新技术产业开发区广州科学城凝彩路 28 号
电话：020－88800999
邮编：510663

广州金叶子温泉度假酒店 ★★★★★
地址：广州增城区白水寨风景区
电话：020－82829999
邮编：511300

广州圣丰索菲特大酒店 ★★★★★
地址：广州市天河区广州大道中 988 号
电话：020－38838888
邮编：510665

广州市海怡星河湾酒店 ★★★★★
地址：广州市番禺区南村镇新基村
电话：020－39983333
邮编：511400

碧桂园假日半岛酒店 ★★★★★
地址：清远市清城区石角镇
电话：0763－3836688
邮编：511500

莱斯大酒店 ★★★★★
地址：韶关市浈江区启明北路
电话：0751－8198888
邮编：512000

翔丰国际酒店 ★★★★★
地址：河源市源城区沿江东路 1 号
电话：0762－3299999
邮编：517000

客天下国际大酒店 ★★★★★
地址：梅州市梅江区客天下旅游产业园
电话：0753－2118888
邮编：514021

金沙湾圣廷苑酒店 ★★★★★
地址：梅州市江南沿江西路
电话：0753－8668888
邮编：514022

帝豪酒店 ★★★★★
地址：汕头市金砂东路 188 号
电话：0754－88199888
邮编：515041

金海湾大酒店 ★★★★★
地址：汕头市金砂东路
电话：0754－88263263
邮编：515041

君华大酒店 ★★★★★
地址：汕头市金砂东路 97 号
电话：0754－88191188
邮编：515041

揭阳市榕江大酒店 ★★★★★
地址：揭阳市站前大道
电话：0663－8222888
邮编：522031

巴黎半岛酒店 ★★★★★
地址：汕尾市城区汕尾大道中段
电话：0660－3216888
邮编：516600

康帝国际酒店 ★★★★★
地址：惠州市环城西一路渡口所
电话：0752－2688888
邮编：516001

家路国际大酒店 ★★★★★
地址：惠州市惠阳区中山四路
电话：0752－3188888
邮编：516211

罗浮山宝田国际度假会议酒店 ★★★★★
地址：惠州市博罗县罗浮山风景区
电话：0752－6891111
邮编：516133

金海湾喜来登度假酒店 ★★★★★
地址：惠州市惠东县金海湾金海路 1 号
电话：0752－8328888
邮编：516367

惠州国惠大酒店 ★★★★★
地址：惠州市惠东县黄埠镇吉黄大道 48 号
电话：0752－8118888
邮编：516353

华尔登国际酒店 ★★★★★
地址：东莞市桥头镇广场路 3 号
电话：0769－81028888
邮编：523538

桥头三正半山酒店 ★★★★★
地址：东莞市桥头镇碧莲路
电话：0769－83341868
邮编：523520

悦莱花园酒店 ★★★★★
地址：东莞市寮步镇香市路 8 号
电话：0769－81118888
邮编：523400

名冠金凯悦大酒店 ★★★★★
地址：东莞市凤岗镇凤深大道 158 号
电话：0769－87759888
邮编：523690

豪门大饭店 ★★★★★
地址：东莞市虎门镇港口路
电话：0769－85117888
邮编：523907

嘉华大酒店 ★★★★★
地址：东莞市厚街镇家具大道 1 号
电话：0769－85928888
邮编：523949

富盈酒店 ★★★★★
地址：东莞市厚街镇广深高速公路东莞出口
电话：0769－85888888
邮编：523940

御景湾酒店 ★★★★★
地址：东莞市东城区迎宾路 8 号
电话：0769－22698888
邮编：523129

长安莲花山庄 ★★★★★
地址：东莞市长安镇莲花山
电话：0769－85538388
邮编：523846

长安海悦花园大酒店 ★★★★★
地址：东莞市长安镇霄边管理区二环路
电话：0769－85318888
邮编：523840

东莞柏宁酒店 ★★★★★
地址：东莞市长安镇锦绣路 1 号
电话：0769－85333333
邮编：523843

石龙金凯悦大酒店 ★★★★★
地址：东莞市石龙镇莞龙公路西湖路段
电话：0769－86188888
邮编：523325

喜来登大酒店 ★★★★★
地址：东莞市厚街镇 S256 省道莞太路
电话：0769－85988888
邮编：523962

新都会怡景酒店 ★★★★★
地址：东莞市塘厦镇环市东路 6 号
电话：0769－87883888
邮编：523712

太子酒店 ★★★★★
地址：东莞市黄江镇江北路
电话：0769－83363333
邮编：523749

塘厦三正半山酒店 ★★★★★
地址：东莞市塘厦镇迎宾大道
电话：0769－87299333
邮编：523710

汇华国际饭店 ★★★★★
地址：东莞市常平镇常平大道2号
电话：0769－83938888
邮编：523560

帝豪花园酒店 ★★★★★
地址：东莞市大朗镇美景中路769号
电话：0769－83122222
邮编：523788

丰泰花园酒店 ★★★★★
地址：东莞市虎门镇S358省道大板地路段
电话：0769－85708888
邮编：523900

欧亚国际酒店 ★★★★★
地址：东莞市常平镇常东路8号
电话：0769－82838888
邮编：523573

虎门东方索菲特酒店 ★★★★★
地址：东莞市虎门镇虎门大道黄河中心大厦
电话：0769－82888888
邮编：523888

东莞厚街国际大酒店 ★★★★★
地址：东莞市厚街镇东风路与S256省道交汇处
电话：0769－85088888
邮编：523888

大中华喜来登酒店 ★★★★★
地址：深圳市福田区福华路大中华国际交易广场
电话：0755－83838888
邮编：518048

星河湾丽思卡尔顿酒店 ★★★★★
地址：深圳市福田区福华三路116号
电话：0755－22222222
邮编：518048

南海酒店 ★★★★★
地址：深圳市南山区蛇口工业区工业一路
电话：0755－26692888
邮编：518069

阳光酒店 ★★★★★
地址：深圳市罗湖区嘉宾路1号
电话：0755－82233888
邮编：518005

香格里拉大酒店 ★★★★★
地址：深圳市罗湖区建设路火车站东侧
电话：0755－82330888
邮编：518001

富苑酒店 ★★★★★
地址：深圳市罗湖区南湖路3018号
电话：0755－82172288
邮编：518001

富临大酒店 ★★★★★
地址：深圳市罗湖区和平路1085号
电话：0755－25586333
邮编：518010

骏豪酒店 ★★★★★
地址：深圳市宝安区观澜镇高尔夫大道
电话：0755－28020888
邮编：518110

彭年酒店 ★★★★★
地址：深圳市罗湖区嘉宾路2002号
电话：0755－25185888
邮编：518001

圣廷苑酒店 ★★★★★
地址：深圳市福田区华强北路4002号
电话：0755－82078888
邮编：518028

威尼斯酒店 ★★★★★
地址：深圳市南山区深南大道9026号华侨城
电话：0755－26936888
邮编：518053

恒丰海悦国际酒店 ★★★★★
地址：深圳市宝安区宝城80区新城广场
电话：0755－27922222
邮编：518102

百合酒店 ★★★★★
地址：深圳市龙岗区
电话：0755－89969999
邮编：518112

大梅沙京基喜来登度假酒店 ★★★★★
地址：深圳盐田区大梅盐葵路9号
电话：0755－88886688
邮编：518083

深圳华侨城洲际大酒店 ★★★★★
地址：深圳市华侨城深南大道9009号
电话：0755－33993388
邮编：518053

深航国际酒店 ★★★★★
地址：深圳市福田区深南大道6035号
电话：0755－88819999
邮编：518040

马可孛罗好日子酒店 ★★★★★
地址：深圳市福田区民田路168号
电话：0755－82989888
邮编：518048

宝利来国际大酒店 ★★★★★
地址：深圳市宝安区福永街道福永大道
电话：0755－27388888
邮编：518103

求水山酒店 ★★★★★
地址：深圳市龙岗区南湾街道南岭村
电话：0755－88888999
邮编：518123

东方银座美爵酒店 ★★★★★
地址：深圳市福田区深南大道竹子林
电话：0755－83500888
邮编：518040

来魅力假日酒店 ★★★★★
地址：珠海市拱北围基路32号
电话：0756－8338888
邮编：519020

珠海度假村酒店 ★★★★★
地址：珠海市吉大石花东路
电话：0756－3333838
邮编：519015

海湾大酒店 ★★★★★
地址：珠海市拱北水湾路
电话：0756－8877998
邮编：519020

珠海德翰大酒店 ★★★★★
地址：珠海市吉大情侣中路
电话：0756－3329988
邮编：519015

中邦艺术酒店 ★★★★★
地址：珠海市情侣中路33号
电话：0756－3220333
邮编：519015

粤财假日酒店 ★★★★★
地址：珠海市吉大景山路188号
电话：0756－3228888
邮编：519015

昌安假日酒店 ★★★★★
地址：珠海市粤海中路2130号
电话：0756－8866888
邮编：519020

庆华国际大酒店 ★★★★★
地址：珠海市情侣南路309号
电话：0756－8808888
邮编：519000

中山香格里拉大酒店 ★★★★★
地址：中山市起湾北路16号
电话：0760－88386888
邮编：528403

中山古镇国贸大酒店 ★★★★★
地址：中山市古镇镇中兴大道中路
电话：0760－22345678
邮编：528421

中山国际酒店 ★★★★★
地址：中山市中山一路142号
电话：0760－88633388
邮编：528401

江门市逸豪酒店 ★★★★★
地址：江门市迎宾大道中118号
电话：0750－3928888
邮编：529020

丽宫国际酒店 ★★★★★
地址：江门市东华二路28号
电话：0750－8233388
邮编：529000

名冠金凯悦大酒店 ★★★★★
地址：江门市北新区
电话：0750－3938888
邮编：529000

台山碧桂园凤凰酒店 ★★★★★
地址：江门台山市城镇沙岗湖开发区
电话：0750－5688688
邮编：529200

开平潭江半岛酒店 ★★★★★
地址：江门开平市中银路2号
电话：0750－2333333
邮编：529312

鹤山碧桂园凤凰酒店 ★★★★★
地址：江门鹤山市沙坪镇鹤山大道
电话：0750－8866388
邮编：529711

佛山保利洲际酒店 ★★★★★
地址：佛山市南海区灯湖东路20号
电话：0757－86268888
邮编：528200

佛山金太阳酒店 ★★★★★
地址：佛山市三水区广海大道东6号
电话：0757－87783333
邮编：528100

三水花园酒店 ★★★★★
地址：佛山市三水区广海大道 中39号
电话：0757－87799999
邮编：528100

高明碧桂园凤凰酒店 ★★★★★
地址：佛山市高明区碧桂大道三洲碧桂园二期
电话：0757－88611111
邮编：528500

华夏新中源大酒店 ★★★★★
地址：佛山市禅城区南庄镇陶博大道8座
电话：0757－85318888
邮编：528061

名都大酒店 ★★★★★
地址：佛山市南海区盐步广佛路平地路段南68号
电话：0757－85788888
邮编：528247

皇冠假日酒店 ★★★★★
地址：佛山市汾江南路75号
电话：0757－82986881
邮编：528000

哥顿酒店 ★★★★★
地址：佛山市顺德区容桂大道中38号
电话：0757－28386888
邮编：528300

财神酒店 ★★★★★
地址：佛山市顺德区乐从大道东82号
电话：0757－28838888
邮编：528300

绿湖温泉度假酒店 ★★★★★
地址：佛山市三水区森林公园内绿湖山庄2号
电话：0757－528100
邮编：528133

肇庆星湖大酒店 ★★★★★
地址：肇庆市端洲四路37号
电话：0758－2261188
邮编：526060

东湖国际大酒店 ★★★★★
地址：阳江阳春市东湖东路213号
电话：0662－7888888
邮编：529600

碧桂园阳江凤凰酒店 ★★★★★
地址：阳江市阳东县湖滨西路（阳东碧桂园内）
电话：0662－6666666
邮编：529900

阳江温泉度假村 ★★★★★
地址：阳江市阳东县合山镇325国道旁
电话：0662－6388888
邮编：529935

茂名国际大酒店 ★★★★★
地址：茂名市双山三路99号
电话：0668－2986888
邮编：525000

高州市乐天花园酒店 ★★★★★
地址：茂名市高州市乐天大道1号
电话：0668－6882888
邮编：525200

皇冠假日酒店 ★★★★★
地址：湛江市开发区乐山大道中31号
电话：0759－3188888
邮编：524022

恒逸国际酒店 ★★★★★
地址：湛江市经济技术开发区乐山大道60号
电话：0759－2299999
邮编：524033

华厦国际商务酒店 ★★★★
地址：广州市林乐路39－49号
电话：020－78855988
邮编：510610

广州市科学城华厦国际商务酒店 ★★★★
地址：广州市萝岗区科学城揽月路1号
电话：020－ 61022888
邮编：510663

越秀宾馆 ★★★★
地址：广州市越秀区小北路198号
电话：020－83108888
邮编：510045

华厦大酒店 ★★★★
地址：广州市侨光路8号
电话：020－83355988
邮编：510115

广州凯旋华美达酒店 ★★★★
地址：广州市东山区明月一路9号
电话：020－87372988
邮编：510600

广东迎宾馆 ★★★★
地址：广州市解放北路603号
电话：020－83332950
邮编：510180

广州珀丽酒店 ★★★★
地址：广州市江南大道中348号
电话：020－84418888
邮编：510245

广信江湾大酒店 ★★★★
地址：广州市沿江中路298号
电话：020－83839888
邮编：510100

远洋宾馆 ★★★★
地址：广州市环市东路412号
电话：020－87765988
邮编：510061

广东胜利宾馆（主楼） ★★★★
地址：广州市沙面北街53号
电话：020－81862622
邮编：510130

广东大厦 ★★★★
地址：广州市东风中路309号
电话：020－83339933
邮编：510045

广州文化假日酒店 ★★★★
地址：广州市环市东光明路28号
电话：020－87766999
邮编：510095

番禺宾馆 ★★★★
地址：广州市番禺区市桥镇大北路130号
电话：020－84822127
邮编：511400

花都新世纪酒店 ★★★★
地址：广州市花都区秀全大道43号
电话：020－86832922
邮编：510800

广州大厦 ★★★★
地址：广州市北京路374号
电话：020－83189888
邮编：510030

喜尔宾大酒店 ★★★★
地址：广州市越秀南路208号
电话：020－83898888
邮编：510100

嘉逸豪庭酒店 ★★★★
地址：广州市天河区林和中路148号
电话：020－38840968
邮编：510610

华威达酒店 ★★★★
地址：广州市黄埔大道西499号
电话：020－38908888
邮编：510630

新港明珠大酒店 ★★★★
地址：广州市经济开发区夏港大道721号
电话：020－82226688
邮编：510730

东方国际饭店 ★★★★
地址：广州市大道中1418号
电话：020－37233888
邮编：510500

皇家国际饭店 ★★★★
地址：广州市天河区天河路89号
电话：020－61218888
邮编：510620

祈福酒店 ★★★★
地址：广州市番禺区市广路
电话：020－34710088
邮编：510620

流花宾馆 ★★★★
地址：广州市环市西路194号
电话：020－86668800
邮编：510017

云山大酒店 ★★★★
地址：广州市先烈中路云鹤北街8号
电话：020－38377188
邮编：510075

南航明珠大酒店 ★★★★
地址：广州市新白云国际机场南工作区空港西路
电话：020－86138868
邮编：510406

金桥酒店 ★★★★
地址：广州市越秀区寺右新马路93号
电话：020－83918868
邮编：510600

鼎龙国际酒店 ★★★★
地址：广州市广州大道北63号
电话：020－87748999
邮编：510040

新珠江大酒店 ★★★★
地址：广州市滨江东路795号
电话：020－34255335
邮编：510300

广州十甫假日酒店 ★★★★
地址：广州市荔湾区第十甫路188号
电话：020-81380088
邮编：510140

广州珠江帝景酒店 ★★★★
地址：广州市海珠区艺洲路灏景街1号
电话：020-61299888
邮编：510310

燕岭大厦 ★★★★
地址：广州市天河区燕岭路29号
电话：020-37232288
邮编：510507

凤凰山宾馆 ★★★★
地址：广州市天河区广汕一路332号
电话：020-66608883
邮编：510665

精益大酒店 ★★★★
地址：广州市花都区花山镇坪山南门7号
电话：020-86781998
邮编：510800

增城宾馆 ★★★★
地址：广州增城区荔城雁塔大道
电话：020-82619888
邮编：511300

百花山庄度假村 ★★★★
地址：广州增城区百花山庄度假村
电话：020-82618888
邮编：511300

太阳城大酒店 ★★★★
地址：广州增城区新塘群星路1号
电话：020-82706888
邮编：511340

华冠大酒店 ★★★★
地址：清远市新城6号区凤鸣路8号
电话：0763-3878888
邮编：511515

英德海螺国际大酒店 ★★★★
地址：清远英德市浈阳东路一号
电话：0763-2788188
邮编：513000

仁鑫大酒店 ★★★★
地址：清远英德市浈阳东路
电话：0763-2666129
邮编：513000

连州大厦 ★★★★
地址：清远连州市东门中路31号
电话：0763-6633333
邮编：513400

西河流花宾馆 ★★★★
地址：韶关市新华北路138号
电话：0751-8636668
邮编：512000

友好温泉商务酒店 ★★★★
地址：韶关市曲江区马坝城东路段
电话：0751-6678888
邮编：512100

曹溪温泉假日度假村 ★★★★
地址：韶关市曲江区马坝镇转溪桥头
电话：0751-6666666　6658999
邮编：512126

乐昌迎宾大酒店 ★★★★
地址：韶关乐昌市乐城红星南路
电话：0751-5555555
邮编：512200

翁源县龙翔大酒店 ★★★★
地址：韶关市翁源县城龙翔大道8号
电话：0751-6128977
邮编：512600

方圆民族温矿泉酒店 ★★★★
地址：韶关市乳源县城鹰峰西路50号
电话：0751-5222222
邮编：512700

假日酒店 ★★★★
地址：河源市区宝源路
电话：0762-3380999
邮编：517000

滨江金利大酒店 ★★★★
地址：河源市源城区碧水居地段
电话：0762-3399999
邮编：517000

金雁富源大酒店 ★★★★
地址：梅州市丽都西路
电话：0753-2166666
邮编：514021

金德宝国际酒店 ★★★★
地址：梅州市广梅中路107号
电话：0753-8588888
邮编：514021

鸿都酒店 ★★★★
地址：梅州兴宁市宁江路8号
电话：0753-8682222
邮编：514500

瑞锦酒店 ★★★★
地址：梅州市大埔县内环西路龙山2街
电话：0753-5185688
邮编：514200

千江温泉酒店 ★★★★
地址：梅州市丰顺县金河桥头
电话：0753-6688888
邮编：514300

宝华酒店 ★★★★
地址：潮州市新洋路3号
电话：0768-2306666
邮编：521000

潮州迎宾馆 ★★★★
地址：潮州市潮枫路中段
电话：0768-2399888
邮编：521000

潮州宾馆 ★★★★
地址：潮州市潮枫路1号
电话：0768-2333333
邮编：521000

鸿伟临江酒店 ★★★★
地址：潮州市湘桥区意溪镇上津安凤公路西侧
电话：0768-2308598
邮编：521021

潮安声乐大酒店 ★★★★
地址：潮州市潮安区庵埠镇亨利北路
电话：0768-6669338
邮编：515600

海逸大酒店 ★★★★
地址：潮州市潮安区开发区东片A区
电话：0768-5812338
邮编：515638

安南大酒店 ★★★★
地址：潮州市潮安区城区安南路口
电话：0768-6619888
邮编：515638

龙湖宾馆 ★★★★
地址：汕头市迎宾路西侧
电话：0754-88260706
邮编：515041

国际大酒店 ★★★★
地址：汕头市金砂东路中段
电话：0754-88251212
邮编：515041

中信度假村酒店 ★★★★
地址：汕头市濠江区中信大道
电话：0754-87900888
邮编：515098

澄海花园酒店 ★★★★
地址：汕头市澄海区文冠路北侧
电话：0754-85868888
邮编：515800

潮南区金城大酒店 ★★★★
地址：汕头市潮南区司马浦广汕公路南侧
电话：0754-87730999
邮编：515149

潮阳金佳诚酒店 ★★★★
地址：汕头市潮南区峡山广祥路中段
电话：0754-87773666
邮编：515144

皇都大酒店 ★★★★
地址：汕头市潮南区两英环城乐路中段
电话：0754-85576888
邮编：515141

揭阳特美思大酒店 ★★★★
地址：揭阳市东山区二号路7号街交汇点
电话：0663-8223888
邮编：522031

揭阳市阳美国际大酒店 ★★★★
地址：揭阳市东山区阳美路
电话：0663-8829888
邮编：522031

揭东金叶酒店 ★★★★
地址：揭阳市揭东区城西西一路
电话：0663-3271888
邮编：515500

普宁黄金假日酒店 ★★★★
地址：揭阳普宁市池尾大道新丰段东南侧
电话：0663-2518888
邮编：515300

揭西特美思度假村 ★★★★
地址：揭阳市揭西县河婆镇城东
电话：0663-5588688
邮编：515400

惠来宾馆 ★★★★
地址：揭阳市惠来县城南环一路
电话：0663-6625555
邮编：515200

东陆酒店 ★★★★
地址：汕尾市陆丰市东海洛州东路3号
电话：0660-8830988
邮编：516500

广东

莲花山度假村 ★★★★
地址：汕尾市海丰县莲花山森林公园龙喷须
电话：0660－6728888
邮编：516400

丽景花园酒店 ★★★★
地址：惠州市惠阳区淡水南门西街
电话：0752－3818888
邮编：516211

惠州宾馆 ★★★★
地址：惠州市环城西二路 17 号
电话：0752－2232333　2181333
邮编：516001

凯旋假日酒店 ★★★★
地址：惠州市麦兴路 11 号
电话：0752－2088999
邮编：516001

金华悦国际酒店 ★★★★
地址：惠州市下埔大道 28 号
电话：0752－2088888
邮编：516000

新丽晶大酒店 ★★★★
地址：惠州市惠阳区淡水镇开城大道
电话：0752－3822822
邮编：516211

世纪华园大饭店 ★★★★
地址：惠州市惠阳区淡水镇东华大道 1 号
电话：0752－3828888
邮编：516211

新都会大酒店 ★★★★
地址：惠州市惠阳区白云路 50 号
电话：0752－3769999
邮编：516211

隆泰金都酒店 ★★★★
地址：惠州市麦地南二路 26 号
电话：0752－2678888
邮编：516008

恒升国际大酒店 ★★★★
地址：惠州市惠东县惠东大道 526 号
电话：0752－8168888
邮编：516300

万事达华侨酒店 ★★★★
地址：惠州市惠东县平山镇广汕路 60 号
电话：0752－8163888
邮编：516300

寮步金凯悦大酒店 ★★★★
地址：东莞市寮步镇教育路一号
电话：0769－83326328
邮编：523400

文华大酒店 ★★★★
地址：东莞市厚街镇太路新塘路段
电话：0769－85911111
邮编：523949

东莞宾馆 ★★★★
地址：东莞市城区东正路 11 号
电话：0769－22222222
邮编：523005

江龙大酒店 ★★★★
地址：东莞市厚街镇 S256 省道莞太路段
电话：0769－85838888
邮编：523962

新都会酒店 ★★★★
地址：东莞市樟木头镇维多利商业大道 38 号
电话：0769－87713333
邮编：511741

宏远酒店 ★★★★
地址：东莞市南城区宏远路 1 号
电话：0769－22418888
邮编：523070

汇美大酒店 ★★★★
地址：东莞市常平镇中元路 9 号
电话：0769－83918888
邮编：523560

花园酒店 ★★★★
地址：东莞市樟木头镇南城广场
电话：0769－87799888
邮编：523560

长安酒店 ★★★★
地址：东莞市长安镇中心 S358 省道旁
电话：0769－85532388
邮编：523841

司马假日酒店 ★★★★
地址：东莞市常平镇司马管理区
电话：0769－83391888
邮编：523570

新世纪酒店 ★★★★
地址：东莞市常平镇常平大道 8 号
电话：0769－83338888
邮编：523560

梵尔赛酒店 ★★★★
地址：东莞市常平镇下墟工业区
电话：0769－83816888
邮编：523560

丽池海悦大酒店 ★★★★
地址：东莞市厚街镇厚街大道东
电话：0769－85885888
邮编：523962

汇源海逸酒店 ★★★★
地址：东莞市虎门镇虎门大道
电话：0769－85244888
邮编：523907

业丰大酒店 ★★★★
地址：东莞市大朗镇莞樟路金朗大道 23 号
电话：0769－83113888
邮编：523770

万盈酒店 ★★★★
地址：东莞市麻涌镇麻涌大道
电话：0769－88828888
邮编：523130

中汇文华大酒店 ★★★★
地址：东莞市高埗镇振兴路
电话：0769－88788888
邮编：523270

方中假日酒店 ★★★★
地址：东莞市茶山镇大道西 28 号
电话：0769－86866666
邮编：523399

半岛酒店 ★★★★
地址：东莞市常平镇北环路口
电话：0769－83988888
邮编：523562

华禧酒店 ★★★★
地址：东莞市长安镇 S358 省道上沙路段
电话：0769－85383888
邮编：523869

嘉辉会酒店 ★★★★
地址：东莞市凤岗镇官井头嘉辉路
电话：0769－87563388
邮编：523709

美怡登酒店 ★★★★
地址：东莞市常平镇中元路
电话：0769－83028888
邮编：523560

天悦酒店 ★★★★
地址：东莞市石碣崇焕路 18 号
电话：0769－81812222
邮编：523290

华庭花园酒店 ★★★★
地址：东莞市厚街镇溪头村东溪西路 68 号
电话：0769－81633333
邮编：523952

新都会璜玛酒店 ★★★★
地址：东莞市谢岗镇花园大道 73 号
电话：0769－87633338
邮编：523597

万悦国际酒店 ★★★★
地址：深圳市宝安 21 区前进一路 90 号
电话：0755－27881888
邮编：518101

丽湾酒店 ★★★★
地址：深圳市龙岗区新生路 1 号
电话：0755－8484000
邮编：518116

长丰花园酒店 ★★★★
地址：深圳市宝安区石岩街
电话：0755－29008888
邮编：518108

晶都酒店 ★★★★
地址：深圳市罗湖区深南中路金融中心大厦
电话：0755－82247000
邮编：518001

新都酒店 ★★★★
地址：深圳市罗湖区春风路 1 号
电话：0755－82320888
邮编：518001

都之都大酒店 ★★★★
地址：深圳市宝安区宝民一路
电话：0755－27783888
邮编：518101

圣延苑酒店世纪楼 ★★★★
地址：深圳市福田区华强北路
电话：0755－83220088
邮编：518028

庐山国际大酒店 ★★★★
地址：深圳市罗湖区春风路 3023 号
电话：0755－82338888
邮编：518005

东华假日酒店 ★★★★
地址：深圳市南山区南油大道东华园 2307 号
电话：0755－26416688
邮编：518054

格兰云天大酒店 ★★★★
地址：深圳市福田区深南中路 3024 号
电话：0755－83689999
邮编：518041

明华国际会议中心 ★★★★
地址：深圳市蛇口工业区龟山路八号

电话：0755－26689968
邮编：518067

宝明城花园酒店 ★★★★
地址：深圳市宝安区公明镇建设路
电话：0755－27100888
邮编：518106

中南海滨大酒店 ★★★★
地址：深圳市南山区南新路18号
电话：0755－26668736
邮编：518052

金碧酒店 ★★★★
地址：深圳市春风路3002号
电话：0755－82252888
邮编：518005

雅兰酒店 ★★★★
地址：深圳市盐田区大梅沙盐葵路98号
电话：0755－25062299
邮编：518083

华侨城海景酒店 ★★★★
地址：深圳市南山区华侨城光侨街3－5号
电话：0755－26602222
邮编：518053

大梅沙海景酒店 ★★★★
地址：深圳市盐田区大梅沙盐葵路128号
电话：0755－25061688
邮编：518083

君逸酒店 ★★★★
地址：深圳市龙岗区横岗为民路8号
电话：0755－28661888
邮编：518115

芭堤雅酒店 ★★★★
地址：深圳市盐田区大梅沙内环路
电话：0755－25252888
邮编：518083

中油大厦酒店 ★★★★
地址：深圳市南山区南山大道1110号
电话：0755－26528333
邮编：518054

长丰酒店 ★★★★
地址：深圳市宝安区沙井新桥北环路口
电话：0755－27228888
邮编：518125

华丽城酒店 ★★★★
地址：深圳市龙岗区平湖街道华南大道1号
电话：0755－89633333
邮编：518111

宝晖商务酒店 ★★★★
地址：深圳市宝安区45区自由路2号
电话：0755－61158888
邮编：518133

金晖嘉柏酒店 ★★★★
地址：深圳市深南大道国际市长交流中心
电话：0755－86100888
邮编：518001

花园格兰云天大酒店 ★★★★
地址：深圳市福田区深南中路
电话：0755－82816666
邮编：518026

鹏福大酒店 ★★★★
地址：深圳市宝安区福永街道桥头社区桥南路
电话：0755－29918888
邮编：518101

乐安居国际酒店 ★★★★
地址：深圳市坪山新区中山大道3002号
电话：0755－33908888
邮编：518035

珠海粤海酒店 ★★★★
地址：珠海拱北粤海东路1145号
电话：0756－8888128
邮编：519020

华骏大酒店 ★★★★
地址：珠海市夏湾区侨光西路
电话：0756－8118999
邮编：519020

御温泉度假村 ★★★★
地址：珠海市斗门县斗门镇
电话：0756－5797128
邮编：519110

骏德会酒店 ★★★★
地址：珠海拱北联安路188号9栋
电话：0756－8155558
邮编：519020

南油大酒店 ★★★★
地址：珠海市水湾路368号
电话：0756－3322188
邮编：519015

2000年大酒店 ★★★★
地址：珠海市香洲区人民东路121号
电话：0756－2122998
邮编：519000

西藏大厦 ★★★★
地址：珠海市梅华西路166号
电话：0756－2669988
邮编：519000

星城大酒店 ★★★★
地址：珠海市吉大景山路88号
电话：0756－3220888
邮编：519015

中山市富华酒店 ★★★★
地址：中山市富华道1号
电话：0760－88638888
邮编：528401

中山市小榄旅游大酒店 ★★★★
地址：中山市小榄镇文化路102号
电话：0760－22266888
邮编：528415

中山真善美大酒店 ★★★★
地址：中山市三角镇金三大道39号
电话：0760－85401888
邮编：528445

中山市汇景酒店 ★★★★
地址：中山市东升镇龙昌路同东大街交汇处
电话：0760－22222222
邮编：528414

中山市长命水海逸酒店 ★★★★
地址：中山市五桂山长命水
电话：0760－88202222
邮编：528458

江门市银晶国际酒店 ★★★★
地址：江门市港口路22号
电话：0750－3183288
邮编：529020

新会龙泉度假酒店 ★★★★
地址：江门市新会区会城圭峰山龙潭景区
电话：0750－6179222　6182222
邮编：529100

佳宁娜大酒店 ★★★★
地址：佛山市禅城区祖庙路14号
电话：0757－82223828
邮编：528000

佛山金城大酒店 ★★★★
地址：佛山市禅城区汾江南路48号
电话：0757－83357228
邮编：528000

云影琼楼酒店 ★★★★
地址：佛山市南海区西樵山白云洞风景区内
电话：0757－86886799
邮编：528211

中恒金都大酒店 ★★★★
地址：佛山市机场路口
电话：0757－85558328
邮编：528231

新阳光酒店 ★★★★
地址：佛山市南海区盐步广佛路平地路段
电话：0757－28570111
邮编：528247

祈福（仙湖）酒店 ★★★★
地址：佛山市南海区丹灶仙湖度假区内
电话：0757－85449988
邮编：528216

凯迪威酒店 ★★★★
地址：佛山市三水区乐平镇乐平大道35号
电话：0757－87398888
邮编：5281370

仙泉酒店 ★★★★
地址：佛山市顺德区顺峰山旅游区
电话：0755－22293333
邮编：528300

新世界万怡酒店 ★★★★
地址：佛山市顺德区大良镇清晖路150号
电话：0755－22218333
邮编：528300

碧桂园度假村 ★★★★
地址：佛山市顺德区北滘镇碧江大桥侧
电话：0755－26332228
邮编：528300

碧桂花城大酒店 ★★★★
地址：佛山市顺德区陈村镇佛陈大桥侧
电话：0755－23836688
邮编：528300

鹿茵酒店 ★★★★
地址：佛山市顺德区桂州大道中1号
电话：0755－28321688
邮编：528300

新君悦酒店 ★★★★
地址：佛山市顺德区陈村镇佛陈路口
电话：0755－23836888
邮编：528300

福盈酒店 ★★★★
地址：佛山市顺德区大良环市北路38号
电话：0755－22330338
邮编：528300

君豪酒店 ★★★★
地址：佛山市顺德区容桂容奇大道中24号

广东

电话：0755－28387888
邮编：528300

君莱酒店 ★★★★
地址：佛山市顺德区大良街鉴海南路14号
电话：0755－22608888
邮编：528300

骏景酒店 ★★★★
地址：佛山市顺德区均安镇翠湖路2号
电话：0755－25508888
邮编：528300

醉然居假日酒店 ★★★★
地址：肇庆市德庆县青云路
电话：0758－7781111
邮编：526600

云浮凯旋大酒店 ★★★★
地址：云浮市云城区建设北路11号
电话：0766－8188888
邮编：527300

好莱湾酒店 ★★★★
地址：云浮罗定市兴华一路2号
电话：0766－3881188
邮编：527200

新兴县龙山翔顺大酒店 ★★★★
地址：云浮市新兴县龙山温泉旅游区
电话：0766－2691618
邮编：527400

云浮市新兴翔顺花园酒店 ★★★★
地址：云浮市新兴县新城镇翔顺花园二区
电话：0766－2933333
邮编：527400

阳江长江国际大酒店 ★★★★
地址：阳江市东风路东岳公园内
电话：0662－2345678
邮编：529500

阳春悦华大酒店 ★★★★
地址：阳江阳春市东湖西路40号之一
电话：0662－7768888
邮编：529600

华海酒店 ★★★★
地址：茂名市新福二路9号
电话：0668－3918888
邮编：525000

新城国际大酒店 ★★★★
地址：茂名信宜市迎宾大道
电话：0668－8898888
邮编：525300

高州大酒店 ★★★★
地址：茂名高州市高凉东路636号
电话：0668－6383388
邮编：525200

银海酒店 ★★★★
地址：湛江市人民大道中52号
电话：0759－3380688
邮编：524022

湛江海滨宾馆 ★★★★
地址：湛江市霞山区海滨三路32号
电话：0759－2286888
邮编：524005

金辉煌酒店 ★★★★
地址：湛江市人民大道中15号
电话：0759－2368888
邮编：524002

中国城酒店 ★★★★
地址：湛江市开发区乐山大道中48号
电话：0759－3199999
邮编：524022

南海宾馆 ★★★★
地址：湛江市坡头区南调路17号信箱
电话：0759－3950388
邮编：524057

丽波度假村 ★★★★
地址：湛江廉江市海军塘山岭边
电话：0759－6618888
邮编：524400

廉江市罗二酒店 ★★★★
地址：湛江廉江市人民大道东42号
电话：0759－6666666
邮编：524400

皇家国际酒店 ★★★★
地址：湛江市遂溪县建设路163号
电话：0759－7777888
邮编：524300

琶洲酒店 ★★★
地址：广州市珠海区新港东路37号
电话：020－22085888
邮编：510308

英伦公馆酒店 ★★★
地址：广州市天河东路220号
电话：020－38900000
邮编：510620

大塘宾馆 ★★★
地址：广州市海珠区聚德西路1号
电话：020－84055388
邮编：510305

大舜晶华商务酒店 ★★★
地址：广州市天河区中山大道西277号
电话：020－85551888
邮编：510665

广州山水时尚酒店黄埔店 ★★★
地址：广州市黄埔东路727号
电话：020－62661111
邮编：510725

丽盈大酒店 ★★★
地址：广州市花都区茶园路9号
电话：020－36820555
邮编：510800

凯利登大酒店 ★★★
地址：广州市花都区天贵路92号
电话：020－28600888
邮编：510800

银座大酒店 ★★★
地址：广州市番禺区市桥街禺山大道228号
电话：020－39999111
邮编：511400

圣玛登酒店 ★★★
地址：广州市中山八路19号
电话：020－81818888
邮编：510175

怡东酒店 ★★★
地址：广州市白云区人和镇凤和村广花路16－20号
电话：020－86455880
邮编：510470

广州晨悦酒店 ★★★
地址：广州市天河区天源路961号
电话：020－22023888
邮编：510520

临海酒店 ★★★
地址：广州市南沙区龙穴大道中
电话：020－22886668
邮编：511462

亨利酒店 ★★★
地址：广州市花都区新华街宝华26号
电话：020－36812888
邮编：510800

凤凰山宾馆 ★★★
地址：广州市天河区广汕一路332号
电话：020－87028998
邮编：510520

卓悦商务酒店 ★★★
地址：广州市白云区新市南街33号
电话：020－36218228
邮编：510410

天豪酒店 ★★★
地址：广州市天河区科韵路大盛工业区A栋综合楼
电话：020－85666668
邮编：510665

嘉信酒店 ★★★
地址：广州市白云区同泰路98号
电话：020－62855555
邮编：510515

君御酒店 ★★★
地址：广州市番禺区石镇泰兴路133号
电话：020－23881888
邮编：511400

天麓骑术俱乐部 ★★★
地址：广州经济技术开发区黄陂村北面
电话：020－87265002
邮编：510530

瀛丰商务酒店 ★★★
地址：广州市天河区东圃镇旭景西路
电话：020－61209998
邮编：510660

天逸酒店 ★★★
地址：广州市天河区龙口西路183号
电话：020－62816888
邮编：510630

裕华大厦 ★★★
地址：广州市越秀区环市东路320号
电话：020－83863381
邮编：510060

石牌酒店 ★★★
地址：广州市天河东路168号
电话：020－85510838
邮编：510620

东江大酒店 ★★★
地址：广州市白云区三元里大道838号
电话：020－86273328
邮编：510403

广东白云城市酒店 ★★★
地址：广州市环市西路179号
电话：020－86666889
邮编：510010

东海大厦 ★★★
地址：广州市环市东路318号之一
电话：020－83839966
邮编：510060

广州宾馆 ★★★
地址：广州市起义路2号
电话：020－83338168
邮编：510115

爱群大酒店 ★★★
地址：广州市沿江西路113号
电话：020－81866668
邮编：510120

三禺宾馆 ★★★
地址：广州市东山三育路23号
电话：020－87756888
邮编：510080

湖天宾馆 ★★★
地址：广州市东风西路156号
电话：020－81080888
邮编：510170

广东华侨友谊酒店 ★★★
地址：广州市天河东路65号
电话：020－85513298
邮编：510620

东方丝绸大厦 ★★★
地址：广州市东风东路752号
电话：020－87762888
邮编：510080

湛江大厦 ★★★
地址：广州市站前路88号
电话：020－86681688
邮编：510160

广州戴斯酒店 ★★★
地址：广州市白云区机场路云霄街340号
电话：020－86638838
邮编：510405

广州总统大酒店 ★★★
地址：广州市天河路586号
电话：020－85512988
邮编：510630

番禺美丽华大酒店 ★★★
地址：广州市番禺区桥清河中路118号
电话：020－84826832
邮编：511400

新世界大酒店 ★★★
地址：广州市人民北路520号
电话：020－81099888
邮编：510180

番禺香江大酒店 ★★★
地址：广州市番禺区大石迎宾路538号
电话：020－84786888
邮编：511430

丽江度假花园酒店 ★★★
地址：广州市番禺区石楼镇鲤鱼岗7号
电话：020－84864848
邮编：511447

花都丽美大酒店 ★★★
地址：广州市花都区商业大道53号
电话：020－86819888
邮编：510800

番禺合力大酒店 ★★★
地址：广州市番禺区市桥镇坑口路106－108号
电话：020－84611488
邮编：511400

广州喜悦度假酒店 ★★★
地址：广州市番禺区市桥镇光明北路223号
电话：020－84892888
邮编：511400

世昌宾馆 ★★★
地址：广州市番禺区市桥镇大北路373号
电话：020－84807777
邮编：511400

金湖酒店 ★★★
地址：广州市花都区建设南路4号
电话：020－86808100
邮编：510800

新天河宾馆 ★★★
地址：广州市天河路178－188号
电话：020－85595888
邮编：510620

华海大酒店 ★★★
地址：广州市江南大道中232号
电话：020－84415555
邮编：510245

广州新好景饮食娱乐中心 ★★★
地址：广州市广深公路新塘路段
电话：020－82704888
邮编：511341

丽都大酒店 ★★★
地址：广州市市北京路182号
电话：020－83321988
邮编：510115

天龙大酒店 ★★★
地址：广州市大道北路118号
电话：020－87589988
邮编：510620

莲花山粤海度假村 ★★★
地址：广州市番禺区莲花山旅游区
电话：020－84862788
邮编：511440

京华酒店 ★★★
地址：广州市花都区新华镇云山大道55号
电话：020－36810333
邮编：510800

（广州）珠海特区大酒店 ★★★
地址：广州市海珠北路11－15号
电话：020－81082933
邮编：510180

广州越天酒店 ★★★
地址：广州市解放北路960号
电话：020－86665666
邮编：510040

广东邮电大厦 ★★★
地址：广州市中山二路18号
电话：020－87618888
邮编：510080

五羊城酒店 ★★★
地址：广州市人民中路322号
电话：020－81889889
邮编：510120

冰花酒店 ★★★
地址：广州市天河区天河北路2号
电话：020－87502888
邮编：510620

惠福大酒店 ★★★
地址：广州市惠福西路8号
电话：020－81309888
邮编：510120

民航大酒店 ★★★
地址：广州市机场路276号
电话：020－86128680
邮编：510406

世昌大酒店 ★★★
地址：广州市番禺区市桥繁华路3号
电话：020－84888333
邮编：511400

光华假日酒店 ★★★
地址：广州市番禺区市桥平康路沙墟云山大街16号
电话：020－84603333
邮编：511400

鸿福门酒店 ★★★
地址：广州市黄埔东路3729号
电话：020－82232413
邮编：510760

星都大酒店 ★★★
地址：广州市海珠区昌岗中路
电话：020－84318888
邮编：510250

华金盾大酒店 ★★★
地址：广州市中山大道368号
电话：020－82308838
邮编：510660

龙泉大酒店 ★★★
地址：广州市番禺区大北路99号
电话：020－84826288
邮编：511400

广州华茂中心 ★★★
地址：广州市盘福路63号
电话：020－81363322
邮编：510180

广东蓄能大厦 ★★★
地址：广州市天河区龙口东路32号
电话：020－87518168
邮编：510630

广州新华大酒店 ★★★
地址：广州市人民南路2－6号
电话：020－81882688
邮编：510032

广轩大厦 ★★★
地址：广州市海珠区沥滘振兴大街9号
电话：020－84174688
邮编：510288

南方毅源大酒店 ★★★
地址：广州市番禺区迎宾大道南8号
电话：020－34764888
邮编：511442

广东省金苑山庄 ★★★
地址：广州市恒福路117号
电话：020－83581688
邮编：510095

东悦酒店 ★★★
地址：广州市麓景路8号
电话：020－83500888
邮编：510091

广州石化明珠宾馆 ★★★
地址：广州市黄埔区石化路振兴街18号
电话：020－82121100
邮编：510726

广州长城酒店 ★★★
地址：广州市东山区寺右新马路
电话：020－87612888
邮编：510600

花都大酒店 ★★★
地址：广州市花都区新华镇 44 号
电话：020－86838582
邮编：510800

广州雍富大酒店 ★★★
地址：广州市番禺区大岗镇豪岗路 3 号
电话：020－34992238
邮编：511470

西湖苑宾馆 ★★★
地址：广州市天河区五山华南理工大学
电话：020－38673008
邮编：510641

银河大酒店 ★★★
地址：广州市天河区沙太路 268 号
电话：020－61089688
邮编：510507

广州汇东假日酒店 ★★★
地址：广州市广汕一路 1 号
电话：020－87032888
邮编：510520

中华酒店 ★★★
地址：广州市花都区站前路 33 号
电话：020－86822222
邮编：510800

广武酒店 ★★★
地址：广州市天河区天沙路 603 号
电话：020－61213888
邮编：510630

鼎福休闲酒店 ★★★
地址：广州市天河区东圃镇大观南路 2 号
电话：020－61219888
邮编：510660

广东博斯坦宾馆 ★★★
地址：广州市天河区天河北路 76 号
电话：020－38782888
邮编：510620

山西大厦 ★★★
地址：广州市三元里大道
电话：020－22293778
邮编：510400

怡凯酒店 ★★★
地址：广州市工业大道南石岗路 90 号
电话：020－84369888
邮编：510288

广东南洋长胜酒店 ★★★
地址：广州市天河区天平架兴华路 38 号
电话：020－61368888
邮编：510507

龙逸山庄度假村 ★★★
地址：广州市天河区迎龙路 1203 号
电话：020－87022732
邮编：510520

大华酒店 ★★★
地址：广州市天河路 625 号天娱广场东塔
电话：020－87576888
邮编：510630

景观酒店 ★★★
地址：广州市花都区芙蓉旅游度假区
电话：020－86982999
邮编：510800

嘉福利晶酒店 ★★★
地址：广州市天河区长兴路 8 号
电话：020－37213088
邮编：510650

牡丹大酒店 ★★★
地址：广州市花都区新华街站前路 34 号
电话：020－36807888
邮编：510800

友田酒店 ★★★
地址：广州市花都区狮岭镇东升路与盘古路交界
电话：020－22689999
邮编：510850

广州悦海酒店 ★★★
地址：广州市黄埔区海员路 39 号
电话：020－82288088
邮编：510700

广东奥体大酒店 ★★★
地址：广州市东圃黄村奥体中心内
电话：020－82169999
邮编：510663

广州金之鼎酒店 ★★★
地址：广州市花都新华镇天贸南路横潭公园侧
电话：020－86801666
邮编：510800

华悦酒店 ★★★
地址：广州市花都区新华街建设北路 128 号
电话：020－36883888
邮编：510800

锦都商务大酒店 ★★★
地址：广州市花都区新华街滨湖路 1 号
电话：020－86819999
邮编：510800

荣威大酒店 ★★★
地址：广州市花都区新都大道 13 号
电话：020－86889888
邮编：510800

广州市花都区阳光酒店 ★★★
地址：广州市花都区新华镇建设北路 119 号
电话：020－86896333
邮编：510800

广州金怡酒店 ★★★
地址：广州市番禺区市桥禺山西路 333 号
电话：020－22879388
邮编：511490

广州金宝酒店 ★★★
地址：广州市花都新华街凤凰北路三东市场南侧
电话：020－86895122
邮编：510800

广州正和酒店 ★★★
地址：广州市番禺区南郊陈涌金业街 1 号
电话：020－23883333
邮编：511400

三茂大酒店 ★★★
地址：广州市环市东路 374 号
电话：020－61321614
邮编：510060

广州豪悦酒店 ★★★
地址：广州市番禺桥南街桥南路 196 号
电话：020－84832222
邮编：511400

广东南洋冠盛酒店 ★★★
地址：广州市天河区天府路 11 号
电话：020－61398888
邮编：510630

广东红叶酒店 ★★★
地址：广州市机场西乐嘉路 8 号
电话：020－86348988
邮编：510403

合兴酒店 ★★★
地址：广州市花都建设北路 213 号
电话：020－36996888
邮编：510800

广州红帆酒店 ★★★
地址：广州市海珠区革新路 126 号之一
电话：020－89607999
邮编：510250

合成大酒店 ★★★
地址：广州市花都狮岭大道中 1 号
电话：020－36919168
邮编：510800

江南商务酒店 ★★★
地址：广州市白云区增槎路 798－828 号
电话：020－81996688
邮编：510475

新港假日酒店 ★★★
地址：广州市新港东路二号
电话：020－89239900
邮编：510260

广州江悦酒店 ★★★
地址：广州市滨江西路 20 号
电话：020－84336060
邮编：510235

新凤凰酒店 ★★★
地址：广州市花都区迎宾大道大华二路 38 号
电话：020－86966222
邮编：510800

广州喜悦度假酒店 ★★★
地址：广州市番禺区市桥镇光明北路 223 号
电话：020－84892888
邮编：511400

丽湾酒店 ★★★
地址：广州市花都区花东镇朝阳路 25 号
电话：020－86755477
邮编：510800

中濠大酒店 ★★★
地址：广州增城市石滩镇增滩公路横岭开发区
电话：020－82996666
邮编：511330

悦来登大宾馆 ★★★
地址：广州增城市新塘镇东坑三横路
电话：020－82700888
邮编：511340

南州大酒店 ★★★
地址：广州市海珠区南州路 188 号
电话：020－84010328
邮编：510288

八骏酒店 ★★★
地址：广州市花都区三东大道西
电话：020－86971788
邮编：510800

广天大厦 ★★★
地址：广州市黄埔大道西 243 号
电话：020－28389888
邮编：510620

乐涛居酒店 ★★★
地址：广州增城区新塘镇港口大道
电话：020－82775888
邮编：511340

金瑞峰温泉酒店 ★★★
地址：广州增城区派谭镇大丰门林场
电话：020－82821888
邮编：511385

高滩温泉酒店 ★★★
地址：广州增城区派谭镇高滩村
电话：020－32902831
邮编：511385

永栩酒店 ★★★
地址：广州增城区新塘镇广深公路太阳城对面
电话：020－82693888
邮编：511340

增城华侨酒店 ★★★
地址：广州增城区荔城镇西园南路 103 号
电话：020－82643888
邮编：511300

翠岛水电度假村 ★★★
地址：广州从化区温泉镇温泉西路 20 号
电话：020－87836638
邮编：510970

广州清音酒店 ★★★
地址：广州从化区温泉镇温泉西路 38－39 号
电话：020－87837388
邮编：510940

锦廷商务酒店 ★★★
地址：广州从化区
电话：020－87959999
邮编：510900

毅华假日酒店 ★★★
地址：广州市从化区温泉镇碧泉路 15 号
电话：020－87839668
邮编：510970

广东温泉宾馆 ★★★
地址：广州从化区温泉镇温泉东路 80 号
电话：020－87830888
邮编：510970

从化天伦酒店 ★★★
地址：广州从化区街口镇河溪南路 38 号
电话：020－87966198
邮编：510900

从化湖光度假山庄 ★★★
地址：广州从化区黄竹塱
电话：020－87843388
邮编：510956

双湖酒店 ★★★
地址：广州从化区吕田小杉
电话：020－87836998
邮编：510950

华辉度假村 ★★★
地址：广州从化区桃园镇云星大道
电话：020－87832388
邮编：510970

广东蓄能电站专家村 ★★★
地址：广州从化区温泉康复路 17 号
电话：020－87838699
邮编：510970

环城步步高酒店 ★★★
地址：清远市清城区环城一路 10 号
电话：0763－3826666
邮编：511500

湖滨步步高酒店 ★★★
地址：清远市清城区曙光一路 88 号
电话：0763－3337773　3350088
邮编：511500

龙城大酒店 ★★★
地址：清远市清城区石角镇府前路 218 号
电话：0763－3207000
邮编：511545

德丽商务酒店 ★★★
地址：清远市新城东 24 号清广大道区
电话：0763－3876888
邮编：511518

翠苑宾馆 ★★★
地址：清远市新城 2 号区滨江路
电话：0763－3868008
邮编：511515

东方大酒店 ★★★
地址：清远市建设路口
电话：0763－2233998
邮编：513000

清新爵士酒店 ★★★
地址：清远市清新区清新大道 88 号
电话：0763－3133788
邮编：511800

侨丰宾馆 ★★★
地址：清远市清城区先锋东路 1 号
电话：0763－3834038
邮编：511500

清新丽晶酒店 ★★★
地址：清远市清新区清新大道 21 号
电话：0763－3136888
邮编：511800

英州大酒店 ★★★
地址：清远英德市百花路一号
电话：0763－2222388
邮编：513000

粮香大酒店 ★★★
地址：清远英德市建设路 59 号
电话：0763－2222098
邮编：513000

英德市小岛宾馆 ★★★
地址：清远英德市英洲大道长线街 1 号
电话：0763－2288168
邮编：513000

英德市迎宾馆 ★★★
地址：清远英德市利民路 3 号
电话：0763－2222390
邮编：513000

茶香源大酒店 ★★★
地址：清远英德市和平北路与观音大道交汇处
电话：0763－2200928
邮编：513000

红楼宾馆 ★★★
地址：清远连州市人民路 238 号
电话：0763－6664888
邮编：513400

鸿都大酒店 ★★★
地址：清远连州市番禺路 226－230 号
电话：0763－7881818
邮编：513400

白云温泉山庄 ★★★
地址：清远市佛冈县黄花湖旅游区
电话：0763－4620198　4632998
邮编：511675

星光大酒店 ★★★
地址：清远市佛冈县石角镇振兴南路 190 号
电话：0763－4281238　4285558
邮编：511600

双龙城商务酒店 ★★★
地址：清远市佛冈县石角镇 106 国道 38 路段
电话：0763－4383388
邮编：511600

天泉度假村（酒店）★★★
地址：清远市阳山县称架镇瑶族乡
电话：0763－7390888　7391933
邮编：513138

雄风大酒店 ★★★
地址：清远市阳山县陵园路 69 号
电话：0763－6661188
邮编：513000

雄风宾馆 ★★★
地址：清远市阳山县城南大道 76 号
电话：0763－7892888　7886228
邮编：513000

阳山宾馆 ★★★
地址：清远市阳山县电塔路 2 号
电话：0763－7883541
邮编：513100

卓代花园酒店 ★★★
地址：清远市阳山县城阳山大道北
电话：0763－7888888
邮编：513100

海逸假日酒店 ★★★
地址：清远市阳山县北门路城市广场
电话：0763－7885500
邮编：513100

凤凰阁饭店 ★★★
地址：清远市阳山县阳城镇光明大道 176 号
电话：0763－78916128
邮编：513100

迎宾大酒店 ★★★
地址：清远市连山县吉田镇勤政路 1 号
电话：0763－8736688
邮编：513201

正星商务酒店 ★★★
地址：韶关市曲江区马坝大道北 128 号
电话：0751－6911888
邮编：512100

韶关市小岛饭店 ★★★
地址：韶关市西堤路 27 号
电话：0751－8188188　8912288
邮编：512000

幸福华庭酒店 ★★★
地址：韶关市武江区惠城南路 122 号
电话：0751－8611188
邮编：512026

绿苑酒店 ★★★
地址：韶关市西堤北路 12 号
电话：0751－8803333
邮编：512000

丽晶酒店 ★★★
地址：韶关市浈江区北江路 2 号
电话：0751－8210218
邮编：512000

湖心宾馆 ★★★
地址：韶关市工业东路 11 号
电话：0751－8176082　8761570
邮编：512000

北苑宾馆 ★★★
地址：韶关市风度北路 122 号
电话：0751－8188828　8188838
邮编：512002

国林宾馆 ★★★
地址：韶关市浈江区站南路
电话：0751－8251244
邮编：512000

金源酒店 ★★★
地址：韶关市风采路 66 号
电话：0751－8189988
邮编：512000

韶关泉景酒店 ★★★
地址：韶关市环园西路一号
电话：0751－8176068　8186279
邮编：512000

韶关市濠景酒店 ★★★
地址：韶关市解放路 124 号
电话：0751－8186666
邮编：512000

丛林山庄酒店 ★★★
地址：韶关市浈江区森态路 11 号
电话：0751－8282128
邮编：512000

曲江迎宾馆 ★★★
地址：韶关市曲江区马坝镇府前路 5 号
电话：0751－6666950　6666977
邮编：512100

曲江南华温泉大酒店 ★★★
地址：韶关市曲江区马坝镇
电话：0751－6651067　6646666
邮编：512100

金海洋假日酒店 ★★★
地址：韶关乐昌市长乐路 88 号
电话：0751－5568688
邮编：512200

汇丰酒店 ★★★
地址：韶关乐昌市人民南路 3 号
电话：0751－5500333
邮编：512200

乐昌坪石富丽酒店 ★★★
地址：韶关乐昌市坪石岭南路
电话：0751－5523488
邮编：512229

星之光大酒店 ★★★
地址：韶关乐昌市解放路 57 号
电话：0751－5552208　5555288
邮编：512200

乐昌坪石金鸡宾馆 ★★★
地址：韶关乐昌市坪石镇金鸡路 3 号
电话：0751－5522435　5528888
邮编：512229

南雄市珠玑大酒店 ★★★
地址：韶关南雄市建设路 12 号
电话：0751－3830888
邮编：512400

南雄迎宾馆 ★★★
地址：韶关南雄市建设路 6 号
电话：0751－3822955　3822032
邮编：512400

南雄市金雄鹰宾馆 ★★★
地址：韶关南雄市雄中路 55 号
电话：0751－3868888
邮编：512400

雄州大酒店 ★★★
地址：韶关南雄市雄中路雄州大酒店
电话：0751－3818199
邮编：512400

顺丰楼酒店 ★★★
地址：韶关市始兴县司前镇司前大街 1 号
电话：0751－3288288
邮编：512532

始兴九龄宾馆 ★★★
地址：韶关市始兴县振兴路 128 号
电话：0751－3324888
邮编：512500

始兴远东酒店 ★★★
地址：韶关市始兴县城兴平路 1 号
电话：0751－3339301
邮编：512500

煌宫假日酒店 ★★★
地址：韶关市始兴县高速路口（新汽车站侧）
电话：0751－3132222
邮编：512500

仁化县和景酒店 ★★★
地址：韶关市仁化县丹霞山新山门前
电话：0751－6292168
邮编：512300

丹霞假日山庄 ★★★
地址：韶关市仁化县丹霞山金霞小区霞兴南路 18 号
电话：0751－6800999
邮编：512300

锦城宾馆 ★★★
地址：韶关市仁化县新城路 2 号
电话：0751－6356666
邮编：512300

翁源县新世纪酒店 ★★★
地址：韶关市翁源县紫荆路 1 号
电话：0751－69128333
邮编：512600

翁源县雅园大酒店 ★★★
地址：韶关市翁源县龙英路
电话：0751－2816666
邮编：512600

昇东商务酒店 ★★★
地址：韶关市翁源县官渡镇桉西路
电话：0751－2888028
邮编：512600

翁源富源大酒店 ★★★
地址：韶关市翁源县龙仙建设一路 368 号
电话：0751－2873333
邮编：512600

翁源县粤源酒店 ★★★
地址：韶关市翁源县沿江路 3 号
电话：0751－2819838
邮编：512600

萬源大酒店 ★★★
地址：韶关市翁源县龙仙镇建国路号
电话：0751－2808888
邮编：512600

锦湖酒店 ★★★
地址：韶关市翁源县龙仙镇滨河东路 88 号
电话：0751－6928999
邮编：512600

九曲水生态旅游度假村 ★★★
地址：韶关市翁源县国有企业九曲水林场下径工区
电话：0751－2811111
邮编：512600

皇天星悦酒店 ★★★
地址：韶关市新丰县丰城街道新龙大道 113 号
电话：0751－2328888
邮编：511100

云髻山温泉度假山庄 ★★★
地址：韶关市新丰县丰城街道云髻山西坑
电话：0751－2295979
邮编：511100

新丰江源温泉旅游度假山庄 ★★★
地址：韶关市新丰县梅坑镇梅东村
电话：0751－2381997
邮编：511100

新丰交通大酒店 ★★★
地址：韶关市新丰县城 105 国道旁
电话：0751－2299888
邮编：511100

新丰百乐宫大酒店 ★★★
地址：韶关市新丰县丰城大道东 10 号
电话：0751－2267088　2267888
邮编：511100

乳源小岛饭店 ★★★
地址：韶关市乳源县解放北路 2 号
电话：0751－5389888
邮编：512700

云锦山庄 ★★★
地址：韶关市乳源县天井山林场
电话：0751－5468388
邮编：512726

宁泰商务酒店 ★★★
地址：韶关市乳源县迎宾南路东侧
电话：0751－6120666
邮编：512720

华瑞酒店 ★★★
地址：河源市兴源路 1 号
电话：0762－3322222
邮编：517000

明珠银发酒店 ★★★
地址：河源市河源大道南 13 号
电话：0762－3318888
邮编：517000

新江大酒店 ★★★
地址：河源市河源大道北新城汽车站对面
电话：0762－3369999　3365999

广东

邮编：517000

新丽源大酒店 ★★★
地址：河源市新市区红星路
电话：0762－3811888
邮编：517000

华达大酒店 ★★★
地址：河源市河源大道南71号
电话：0762－3396393
邮编：517000

金利大酒店 ★★★
地址：河源市河源大道南17号
电话：0762－3396288
邮编：517000

紫金宾馆 ★★★
地址：河源市紫金县城秋江路36号
电话：0762－7826883
邮编：517400

紫金县和润假日酒店 ★★★
地址：河源市紫金县城金山大道
电话：0762－7839388
邮编：513400

龙川县旅游大酒店 ★★★
地址：河源市龙川县经济开发区5号小区
电话：0762－2821888
邮编：517300

龙川县霍山宾馆 ★★★
地址：河源市龙川县城果园新村
电话：0762－6758328
邮编：517300

连平江都大酒店 ★★★
地址：河源市连平县忠信镇沿江中路
电话：0762－4557888
邮编：517139

南方酒店 ★★★
地址：河源市连平县城官灯公路与105国道交会处
电话：0762－4321111
邮编：517139

连平县星悦湾大酒店 ★★★
地址：河源市连平县滨河路1号
电话：0762－4322888
邮编：517139

和平县世纪大酒店 ★★★
地址：河源市和平县城和平大道88号
电话：0762－5669888
邮编：517200

友谊宾馆 ★★★
地址：梅州市彬芳大道52号
电话：0753－2193888　2310888
邮编：514021

梅花湾酒店 ★★★
地址：梅州市江南新中东路6号
电话：0753－2111111
邮编：514021

田园大酒店 ★★★
地址：梅州市江南路35号
电话：0753－2163888
邮编：514021

天秀酒店 ★★★
地址：梅州市梅县区宪梓西路天秀新苑A21栋
电话：0753－2561888
邮编：514787

福源酒店 ★★★
地址：梅州市梅县区宪梓中路华景美都
电话：0753－8586988
邮编：514787

梅县天地人宾馆 ★★★
地址：梅州市梅县区大新城盘古步行街
电话：0753－2566666
邮编：514700

名杨村大酒店 ★★★
地址：梅州S223线西村府前大道
电话：0753－2836666
邮编：514762

柏丽酒店 ★★★
地址：梅州市梅县区华侨城宪梓大道
电话：0753－2500888
邮编：514031

兴宁市华侨大厦 ★★★
地址：梅州兴宁市兴华路31号
电话：0753－3311138
邮编：514500

兴宁市金叶大酒店 ★★★
地址：梅州兴宁市205国道文峰路口
电话：0753－3181168
邮编：514500

慈恩庐乡村艺术酒店 ★★★
地址：梅州兴宁市新陂镇上长岭村
电话：0753－3889888
邮编：514500

交通大酒店 ★★★
地址：梅州市大埔县义招路
电话：0753－5186888
邮编：514200

金帆大酒店 ★★★
地址：梅州市大埔县城文明路138号
电话：0753－5533523　5523022
邮编：514200

花园大酒店 ★★★
地址：梅州市大埔县高陂镇
电话：0753－5818888
邮编：514200

金日温泉度假村 ★★★
地址：梅州市丰顺县丰良镇丰良大桥北端西侧
电话：0753－6222222
邮编：514341

丰顺县风度大酒店 ★★★
地址：梅州市丰顺县汤坑镇东山路1号
电话：0753－6666666
邮编：514300

逢源温泉酒店 ★★★
地址：梅州市丰顺县汤坑镇汤坑路49号
电话：0753－6696299
邮编：514300

迎宾楼大酒店 ★★★
地址：梅州市五华县华兴中路13号
电话：0753－4430833
邮编：514400

远南大酒店 ★★★
地址：梅州市平远县平城中路49号
电话：0753－8333888
邮编：514600

平远迎宾馆 ★★★
地址：梅州市平远县羊子甸街31号
电话：0753－8824278
邮编：514600

鸿华酒店 ★★★
地址：梅州市蕉岭县桂岭大道中289号
电话：0753－7799999
邮编：514100

长潭旅游度假村酒店 ★★★
地址：梅州市蕉岭县长潭大道2－3号
电话：0753－7513188
邮编：514185

金信大酒店 ★★★
地址：潮州市潮枫路79号
电话：0768－2268889
邮编：521000

金龙大酒店 ★★★
地址：潮州市环城南路35号
电话：0768－2383888　2261881
邮编：521000

汇侨大酒店 ★★★
地址：潮州市潮枫路中段
电话：0768－2377777　2268898
邮编：521000

饶平大酒店 ★★★
地址：潮洲市饶平县饶平大道168号
电话：0768－7800000
邮编：515700

舵岛宾馆 ★★★
地址：汕头市金砂路36号
电话：0754－88316668
邮编：515041

华侨大厦 ★★★
地址：汕头市汕樟路41号
电话：0754－88629888
邮编：515041

民航大酒店 ★★★
地址：汕头市珠江路中段
电话：0754－88850088
邮编：515041

金海鸥酒店 ★★★
地址：汕头市汕樟路下蓬169号
电话：0754－88330998
邮编：515065

花园宾馆 ★★★
地址：汕头市汕汾路与衡汕路交界处
电话：0754－88860666
邮编：515041

潮阳金叶大厦 ★★★
地址：汕头市潮阳区棉新大道
电话：0754－88828888
邮编：515100

金苑假日大酒店 ★★★
地址：汕头市潮南区峡山广祥路
电话：0754－87902888
邮编：515144

潮阳南海大酒店 ★★★
地址：汕头市潮阳区峡山广汕公路南
电话：0754－87769888
邮编：515144

天马大酒店 ★★★
地址：汕头市潮南区广汕公路司下路段

电话：0754－87735888
邮编：515149

南钟天酒店 ★★★
地址：汕头市潮南区陈店陈沙路口
电话：0754－84491888
邮编：515152

丰盛发酒店 ★★★
地址：汕头市潮阳区谷饶镇第一工业区
电话：0754－87619666
邮编：515159

和平大酒店 ★★★
地址：汕头市潮阳区和平镇和惠新路中段
电话：0754－82252888
邮编：515100

榆园大厦 ★★★
地址：汕头市金陵路 8 号
电话：0754－88625515
邮编：515041

旅侨大酒店 ★★★
地址：汕头市澄海区中山北路
电话：0754－85732888
邮编：515800

东方明珠大酒店 ★★★
地址：汕头市潮阳区城北一路中段
电话：0754－83838555
邮编：515100

梦花酒店 ★★★
地址：汕头市潮阳区城北四路
电话：0754－88719999
邮编：515100

南澳县海湾宾馆 ★★★
地址：汕头市南澳县青澳湾
电话：0754－86997813
邮编：515900

青澳湾度假村酒店 ★★★
地址：汕头市南澳县青澳旅游区
电话：0754－86997437
邮编：515900

钱澳湾旅游度假村 ★★★
地址：汕头市南澳钱澳湾路
电话：0754－86801111
邮编：515900

南海阁大酒店 ★★★
地址：汕头市南澳县后宅镇海滨路
电话：0754－86818888
邮编：515900

东湖大酒店 ★★★
地址：揭阳市榕城区望江北路南东湖公园西北向
电话：0663－8706666
邮编：522000

华南大酒店 ★★★
地址：揭阳市东山区 206 国道蓝田路口
电话：0663－8739888
邮编：522000

东海宾馆 ★★★
地址：揭阳市揭东开发区 206 国道炮台收费站旁
电话：0663－3905888
邮编：515559

金尊名庭酒店 ★★★
地址：揭阳市试验区望江北路渔江路段
电话：0663－8531111
邮编：522000

普宁金叶大厦 ★★★
地址：揭阳普宁市流沙河西路
电话：0663－2236889
邮编：515300

金皇名庭大酒店 ★★★
地址：揭阳普宁市广达北路与长春路交汇处
电话：0663－2788888
邮编：515300

惠来富林大酒店 ★★★
地址：揭阳市惠来县惠城镇南门东路 83 号
电话：0663－6694488
邮编：515200

汕尾友谊宾馆 ★★★
地址：汕尾市政府办公楼西侧
电话：0660－3391333　3366333
邮编：516600

美丽华大酒店 ★★★
地址：汕尾市汕尾大道中段
电话：0660－3363666
邮编：516600

蓝岛假日酒店 ★★★
地址：汕尾市城区通航路 128 号
电话：0660－3321999
邮编：516600

新洲宾馆 ★★★
地址：汕尾市汕尾大道中段西侧
电话：0660－3333666
邮编：516600

泰林酒店 ★★★
地址：汕尾市汕尾大道中段
电话：0660－3363050　3368071
邮编：516600

得胜宾馆 ★★★
地址：汕尾市红海湾遮浪通南路
电话：0660－3451666
邮编：516623

陆丰大酒店 ★★★
地址：汕尾陆丰市北提路 11 号
电话：0660－8835668
邮编：516500

龙山宾馆 ★★★
地址：汕尾陆丰市龙山大道 18 号
电话：0660－8989888
邮编：516500

富之城大酒店 ★★★
地址：汕尾市海丰县海城镇广富路 439 号
电话：0660－6692888
邮编：516400

仁荣大酒店 ★★★
地址：汕尾市海丰县二环北路北侧青年公园内
电话：0660－6830999
邮编：516400

海丰海珍酒店 ★★★
地址：汕尾市海丰县城广汕公路旁
电话：0660－6389333
邮编：516400

中华鹏大酒店 ★★★
地址：汕尾市海丰县城红城大道西
电话：0660－6898888
邮编：516400

瑞龙庄园 ★★★
地址：汕尾市陆河县上护樟河榜榜响
电话：0660－5581666
邮编：516700

金鑫商务酒店 ★★★
地址：惠州市麦地路 16 号
电话：0752－2381888
邮编：516001

西湖宾馆 ★★★
地址：惠州市西湖芳华洲
电话：0752－2181111　2228111
邮编：516001

金叶大厦 ★★★
地址：惠州市鹅岭南路 3 号
电话：0752－2261118
邮编：516001

君豪大酒店 ★★★
地址：惠州市下角南路 3 号
电话：0752－2228899
邮编：516001

大亚湾中海酒店 ★★★
地址：惠州市大亚湾澳头镇新澳大道 1 号
电话：0752－5552288
邮编：516081

惠阳百老汇酒店 ★★★
地址：惠州市惠阳区淡水开城大道 88 号
电话：0752－3366551
邮编：516211

海湖大酒店 ★★★
地址：惠州市南坛路 8 号
电话：0752－2223888
邮编：516001

西湖大酒店 ★★★
地址：惠州市环城西二路 10 号
电话：0752－2226666
邮编：516001

金鑫国际酒店 ★★★
地址：惠州市陈江大道吉山零星小区 A1 栋
电话：0752－3139999
邮编：516229

鑫元大酒店 ★★★
地址：惠州市大亚湾新澳大道四街 6 号
电话：0752－5558866
邮编：516084

星光大酒店 ★★★
地址：惠州市惠阳区淡水立交桥西侧
电话：0752－3815888
邮编：516211

金殿大酒店 ★★★
地址：惠州市鹅岭南路仲凯大道 8 号
电话：0752－2050999
邮编：516108

园洲宾馆 ★★★
地址：惠州市博罗县园洲镇兴园二路
电话：0752－6680888
邮编：516123

惠阳中惠酒店 ★★★
地址：惠州市惠阳区淡水镇湖工业区 1 号
电话：0752－3822888
邮编：516211

南方大酒店 ★★★
地址：惠州市鹅岭北路 12 号

电话：0752－2380288
邮编：516001

广成酒店 ★★★
地址：惠州市惠阳区淡水镇南门大街1号
电话：0752－3818666　3351338
邮编：516211

星旗宾馆 ★★★
地址：惠州市惠阳区淡水镇中山2路39号
电话：0752－3823999
邮编：516211

天外天大酒店 ★★★
地址：惠州市鹅岭南路12号
电话：0752－2380666
邮编：516001

凯雅酒店 ★★★
地址：惠州市麦地南路11号
电话：0752－2662000
邮编：516001

麦雅商务酒店 ★★★
地址：惠州市麦地路30号
电话：0752－2385888　8335666
邮编：516001

金鑫酒店 ★★★
地址：惠州市惠城区麦地南东二路2号
电话：0752－2561888
邮编：516000

日华大酒店 ★★★
地址：惠州市惠阳区淡水镇开城大道
电话：0752－3872888
邮编：516211

大富贵酒店 ★★★
地址：惠州市大湖溪广汕路
电话：0752－2078868
邮编：516000

月亮宫大酒店 ★★★
地址：惠州市惠阳区上塘石园东街118号
电话：0752－3727888
邮编：516211

万汇徕大酒店 ★★★
地址：惠州市惠阳区淡水镇
电话：0752－3773333
邮编：516211

鲁惠大酒店 ★★★
地址：惠州市惠阳区淡水镇开城大道21号
电话：0752－3822999
邮编：516211

明月湖大酒店 ★★★
地址：惠州市黄塘路118号
电话：0752－2389688
邮编：516000

千帆阁酒店 ★★★
地址：惠州市大亚湾经济技术开发区霞涌
电话：0752－5598888
邮编：516082

时代假日酒店 ★★★
地址：惠州市惠城区龙丰路3号
电话：0752－2676888
邮编：516008

南城商务酒店 ★★★
地址：惠州市河南白泥路
电话：0752－2556222
邮编：516007

华尔富商务酒店 ★★★
地址：惠州市江北5号小区期湖塘路3号
电话：0752－5331888
邮编：516001

望海楼酒店 ★★★
地址：惠州大亚湾澳头镇龙海街47号
电话：0752－5559222
邮编：516081

康之源商务酒店 ★★★
地址：惠州惠城区下角丰山路3－3号
电话：0752－2688333
邮编：516000

新富豪酒店 ★★★
地址：惠阳市淡水镇南门南路68号
电话：0752－3812333
邮编：516211

金凯酒店 ★★★
地址：惠州市仲恺高新区和畅五路
电话：0752－2637888
邮编：516006

富壕园大酒店 ★★★
地址：惠州市江北乌三石路1号
电话：0752－2856666
邮编：516023

京联宾馆 ★★★
地址：惠州市博罗县城博义路3号
电话：0752－6299888
邮编：516100

嘉宾园度假村 ★★★
地址：惠州市博罗县福田镇桥东路广汕公路旁
电话：0752－6882288
邮编：516131

德泽园（嘉柏）假日大酒店 ★★★
地址：惠州市惠东县巽寮松园湾海滨度假区
电话：0752－2281889
邮编：516367

一景酒店 ★★★
地址：惠州市惠东县平山镇新华路
电话：0752－8884888
邮编：516300

柏林利商务酒店 ★★★
地址：惠州市惠东县平山镇新华路91号
电话：0752－8880888
邮编：516300

龙朝大酒店 ★★★
地址：惠州市龙门县城太平新路33号
电话：0752－7888888
邮编：516800

景新酒店 ★★★
地址：惠州市龙门县城百乐路
电话：0752－7788888
邮编：516800

金沙亚都酒店 ★★★
地址：东莞市长安镇靖海中路36号
电话：0769－85413888
邮编;：523861

中青旅山水设计师酒店 ★★★
地址：东莞市东城区东纵大道189号
电话：0769－21988888
邮编：523000

石龙宾馆 ★★★
地址：东莞市石龙镇绿化中路2号
电话：0769－86613333
邮编：523326

广彩城酒店 ★★★
地址：东莞市南城区莞太大道篁村新基
电话：0769－22402088
邮编：523077

石碣豪华大酒店 ★★★
地址：东莞市石碣镇新城区
电话：0769－86633333
邮编：523290

金湖粤海酒店 ★★★
地址：东莞市塘厦镇塘厦大道南99号
电话：0769－87869888
邮编：523710

莲城酒店 ★★★
地址：东莞市长安镇莲峰路口
电话：0769－85536888
邮编：523847

亚都酒店 ★★★
地址：东莞市长安镇乌沙环东路228号
电话：0769－85343888
邮编：523850

黄江假日酒店 ★★★
地址：东莞市黄江镇黄江大道3号
电话：0769－83362888
邮编：523750

西湖大酒店 ★★★
地址：东莞市南城区西平板岭
电话：0769－22822888　22403788
邮编：523083

明苑度假村 ★★★
地址：东莞市虎门镇龙大道南
电话：0769－85122918
邮编：523918

篁胜渔村酒店 ★★★
地址：东莞市南城区体育路11号
电话：0769－22463888
邮编：523009

宝石大酒店 ★★★
地址：东莞市企石镇振华路1号
电话：0769－86662188
邮编：523500

恒丰酒店 ★★★
地址：东莞市桥头镇恒丰新村2号
电话：0769－23343333
邮编：523520

金岛山庄 ★★★
地址：东莞市塘厦镇128工业区
电话：0769－87729018
邮编：523710

绿洲酒店 ★★★
地址：东莞市道滘镇振兴路156号
电话：0769－88832788
邮编：523170

沙头酒店 ★★★
地址：东莞市长安镇沙头管理区
电话：0769－85418888　85545002
邮编：523863

华通城大酒店 ★★★
地址：东莞市企石镇湖滨南路
电话：0769－86781228
邮编：523511

丰田酒店 ★★★
地址：东莞市凤岗镇雁田管理区怡安路
电话：0769－87771199　87772888
邮编：523699

嘉福海港酒店 ★★★
地址：东莞市沙田镇中心区港口大道 17 号
电话：0769－88682888
邮编：523981

中明酒店 ★★★
地址：东莞市中堂镇新兴路一号
电话：0769－88883368　88883688
邮编：523220

万江篁胜酒店 ★★★
地址：东莞市万江区 107 国道拔蛟窝路段
电话：0769－22186888
邮编：523042

莱莉雅酒店 ★★★
地址：东莞市凤岗镇永盛商业大街
电话：0769－87507888
邮编：523690

东逸酒店 ★★★
地址：东莞市长安镇莲峰路 103 号
电话：0769－85396388
邮编：523847

鸿茂酒店 ★★★
地址：东莞市常平镇常黄路
电话：0769－83508888
邮编：523560

四季酒店 ★★★
地址：东莞市望牛墩镇新电城 A8 座
电话：0769－88566666
邮编：523196

宏信假日酒店 ★★★
地址：东莞市清溪镇香芒西路
电话：0769－87363888
邮编：523658

美景湾酒店 ★★★
地址：东莞市横沥镇沿江路 1 号
电话：0769－83739888
邮编：523260

天鹅湖酒店 ★★★
地址：东莞市常平镇天鹅湖路 8 号
电话：0769－83338388
邮编：523562

富豪酒店 ★★★
地址：东莞市常平镇金美路 256 号
电话：0769－83998888
邮编：523579

东湖宾馆 ★★★
地址：深圳市罗湖区爱国路 4006 号
电话：0755－25400088
邮编：518021

粤海酒店 ★★★
地址：深圳市罗湖区深南东路 3033 号
电话：0755－82228339
邮编：518001

竹园宾馆 ★★★
地址：深圳市罗湖区东门北路 2079 号
电话：0755－25533138
邮编：518020

寰宇大酒店 ★★★
地址：深圳市罗湖区红岭中路 1002 号
电话：0755－25595024
邮编：518001

小梅沙大酒店 ★★★
地址：深圳市盐田区小梅沙
电话：0755－25060000
邮编：518083

国宾大酒店 ★★★
地址：深圳市罗湖区深南东路 1121－1123 号
电话：0755－25118388
邮编：518002

罗湖大酒店 ★★★
地址：深圳市罗湖区南湖路 3 号
电话：0755－82252938
邮编：518001

三九大酒店 ★★★
地址：深圳市罗湖区深南东路 2 号
电话：0755－25128888
邮编：518002

迎宾馆 ★★★
地址：深圳市罗湖区新园路 6 号
电话：0755－82226333
邮编：518001

京鹏宾馆 ★★★
地址：深圳市罗湖区深南东路 2008 号
电话：0755－82227190
邮编：518001

海燕大酒店 ★★★
地址：深圳市罗湖区嘉宾路
电话：0755－82232828
邮编：518001

长城大酒店 ★★★
地址：深圳市罗湖区红桂路 2086 号
电话：0755－25583369
邮编：518001

帝豪酒店 ★★★
地址：深圳市罗湖区宝安北路 1 号
电话：0755－82260888
邮编：518021

银湖旅游中心 ★★★
地址：深圳市罗湖区银湖路 38 号
电话：0755－82431111
邮编：518029

友谊酒店 ★★★
地址：深圳市罗湖区嘉宾路 3011 号
电话：0755－82238286
邮编：518001

长安大酒店 ★★★
地址：深圳市罗湖区深南东路文锦路口
电话：0755－25112500
邮编：518002

丽都酒店 ★★★
地址：深圳市罗湖区东门南路 2007 号
电话：0755－82259988
邮编：518001

晶都城酒店 ★★★
地址：深圳市龙岗区平湖镇深平大道
电话：0755－28851888
邮编：518111

鸿波酒店 ★★★
地址：深圳市南山区华侨城侨城西街 10 号
电话：0755－26949448
邮编：518053

芙蓉宾馆 ★★★
地址：深圳市罗湖区东门南路 2019 号
电话：0755－82235966
邮编：518001

上海宾馆 ★★★
地址：深圳市福田区深南中路 3032 号
电话：0755－83365288
邮编：518031

名兰苑酒店 ★★★
地址：深圳市南山区蛇口工业八路 68 号
电话：0755－26811888
邮编：518067

凯利宾馆 ★★★
地址：深圳市罗湖区嘉宾东路 2027 号
电话：0755－82376188
邮编：518001

潭海酒店 ★★★
地址：深圳市宝安区广深公路松岗段 44 号
电话：0755－27083333
邮编：518105

景明达酒店 ★★★
地址：深圳市福田区景田商报东路 83 号
电话：0755－83548000
邮编：518034

南方联合大酒店 ★★★
地址：深圳市罗湖区深南东路 2002 号
电话：0755－82256728
邮编：518003

北方大酒店 ★★★
地址：深圳市福田区深南中路北方大厦
电话：0755－83278001
邮编：518033

上园大酒店 ★★★
地址：深圳市宝安区沙井广深公路沙井段 473 号
电话：0755－27282222
邮编：518125

四川宾馆 ★★★
地址：深圳市福田区红荔路 2001 号四川大厦
电话：0755－83673400
邮编：518028

投资大厦宾馆 ★★★
地址：深圳市福田区深南大道 4009 号
电话：0755－83883888
邮编：518048

老地方酒店 ★★★
地址：深圳市罗湖区东门南路 1033 号
电话：0755－82343222
邮编：518001

国丰大酒店 ★★★
地址：深圳市彩田路 12 号
电话：0755－83371888
邮编：518026

火车站大酒店 ★★★
地址：深圳市罗湖区建设路火车站大厦
电话：0755－82321168
邮编：518001

青海大酒店 ★★★
地址：深圳市福田区北环大道 7043 号青海大厦
电话：0755－83547744
邮编：518034

实华酒店 ★★★
地址：深圳市福田区北环大道7001号开元大厦
电话：0755－83546988
邮编：518034

山水大酒店 ★★★
地址：深圳市福田区上梅林中康路25号
电话：0755－83110000
邮编：518049

河东宾馆 ★★★
地址：深圳市沿河东路19号人民桥南侧
电话：0755－25593253
邮编：518001

丽苑大酒店 ★★★
地址：深圳市罗湖区东门中路2048号
电话：0755－82226688
邮编：518001

泰然宾馆 ★★★
地址：深圳市福田区车公庙泰然四路
电话：0755－33366999
邮编：518040

布吉金鹏大酒店 ★★★
地址：深圳市宝安区龙华镇人民路金鹏商业广场
电话：0755－27700000
邮编：518109

威尔斯酒店 ★★★
地址：深圳市宝安区福永街道富桥工业区蚝业路1号
电话：0755－29912888
邮编：518105

广深宾馆 ★★★
地址：深圳市罗湖区深南东路2023号广深大厦
电话：0755－82352668
邮编：518002

沙嘴酒店 ★★★
地址：深圳市福田区沙嘴路与福强路交汇处
电话：0755－83878333
邮编：518048

迪富宾馆 ★★★
地址：深圳市福田区振华路111号
电话：0755－83350568
邮编：518031

吉盛酒店 ★★★
地址：深圳市宝安区观澜街道办观澜大道333号
电话：0755－28031888
邮编：518110

航空大酒店 ★★★
地址：深圳市罗湖区深南东路3027号
电话：0755－82237999
邮编：518001

广深铁路大酒店 ★★★
地址：深圳市罗湖区和平路1023号
电话：0755－25573138
邮编：518010

世纪华源酒店 ★★★
地址：深圳市福田区八卦一路61号
电话：0755－61621888
邮编：518029

湖北宾馆 ★★★
地址：深圳市罗湖区解放路3034号
电话：0755－25560888
邮编：518001

蔡屋围大酒店 ★★★
地址：深圳市罗湖区解放西路4058号
电话：0755－25566666
邮编：518001

汉永酒店 ★★★
地址：深圳市宝安区福永街道福永大道
电话：0755－27333888
邮编：518103

梧桐山宾馆 ★★★
地址：深圳市盐田区沙头角梧桐路2002号
电话：0755－25350791
邮编：518081

金鹏大酒店 ★★★
地址：深圳市布吉镇布吉街金鹏路26号
电话：0755－28527777
邮编：518112

财富酒店 ★★★
地址：深圳市福田区华强南路3021号
电话：0755－83199999
邮编：518033

六联酒店 ★★★
地址：深圳市龙岗区深汕路529号
电话：0755－84288999
邮编：518118

翠珊园酒店 ★★★
地址：深圳市宝安区石岩街道
电话：0755－29682888
邮编：518108

吉盛酒店 ★★★
地址：深圳市龙岗区盛平南路一号
电话：0755－89568888
邮编：518116

吉盛宾馆 ★★★
地址：深圳市宝安区民治街道民治大道吉盛楼
电话：0755－28192888
邮编：518109

东星汉永酒店 ★★★
地址：深圳市宝安区沙井街道中心路
电话：0755－29938888
邮编：518104

金帝都大酒店 ★★★
地址：深圳市宝安区松岗大道与东方大道交汇处
电话：0755－27097888
邮编：581105

启腾奥林宾馆 ★★★
地址：深圳市龙岗区龙翔大道北体育中心赛场路
电话：0755－28937666
邮编：518172

观悦酒店 ★★★
地址：深圳市宝安区观兰街道观光路
电话：0755－29002288
邮编：518110

新豪方东涌酒店 ★★★
地址：深圳市龙岗区南澳镇东涌社区冲街330号
电话：0755－84420999
邮编：518121

新地假日海湾酒店 ★★★
地址：深圳市龙岗大鹏黄少年度假营内
电话：0755－84314688
邮编：518120

茗兰酒店 ★★★
地址：深圳市龙岗街道新生社龙贤路3号
电话：0755－84840888
邮编：518116

石岩吉盛酒店 ★★★
地址：深圳市石岩街道宝石东路塘坑路口东1号
电话：0755－27761888
邮编：518108

喜格商务酒店 ★★★
地址：深圳市宝安区沙井街道坣岗社区
电话：0755－27558880
邮编：518101

新旺记酒店 ★★★
地址：深圳市龙岗区龙东社区爱南路63号
电话：0755－84872888
邮编：518172

桃园假日酒店 ★★★
地址：珠海市斗门区白藤湖湖滨一区17号
电话：0756－3939333
邮编：519100

福泉大酒店 ★★★
地址：珠海市平沙镇平沙三路1068号
电话：0756－7266333
邮编：519055

桃园帝豪大酒店 ★★★
地址：珠海市斗门井岸镇新青二路9号
电话：0756－5121888
邮编：519100

佳多利酒店 ★★★
地址：珠海市斗门井岸镇西堤路2273号
电话：0756－6811888
邮编：519100

易乐园度假村 ★★★
地址：珠海市斗门县白藤湖好景区内
电话：0756－5566488
邮编：519125

金叶酒店 ★★★
地址：珠海市迎宾大道
电话：0756－8882668
邮编：519020

步步高大酒店 ★★★
地址：珠海市粤海路2号
电话：0756－8886628
邮编：519020

华侨宾馆 ★★★
地址：珠海市拱北迎宾大道
电话：0756－8886288
邮编：519020

碧海酒店 ★★★
地址：珠海市香州区碧海路1号
电话：0756－2121666
邮编：519000

红山楼酒店 ★★★
地址：珠海市梅华东路26号
电话：0756－2616000
邮编：519000

岐关大酒店 ★★★
地址：珠海市拱北昌盛路66号
电话：0756－8873188

邮编：519020

好世界酒店 ★★★
地址：珠海市拱北莲花路 327 号
电话：0756－8880222
邮编：519020

北京酒店 ★★★
地址：珠海市翠前南路 1 号
电话：0756－8633006
邮编：519070

南航明珠大酒店 ★★★
地址：珠海市吉大石花西路
电话：0756－3331788
邮编：519015

旅游大酒店 ★★★
地址：珠海市吉大海滨南路 56 号
电话：0756－3366908
邮编：519015

国泰大酒店 ★★★
地址：珠海市拱北侨光路 37 号
电话：0756－8883599
邮编：519020

中天酒店 ★★★
地址：珠海市吉大景山路 62 号
电话：0756－3366888
邮编：519015

怡海楼酒店 ★★★
地址：珠海市吉大九洲大道东 1023 号
电话：0756－3332893
邮编：519015

金凤凰酒店 ★★★
地址：珠海市香洲区凤凰南路 1167 号
电话：0756－2112288
邮编：519000

永通酒店 ★★★
地址：珠海市拱北友谊路 219 号
电话：0756－8888887
邮编：519020

鸿都酒店 ★★★
地址：珠海市拱北粤海东路 1138 号
电话：0756－8131188
邮编：519020

昌安酒店 ★★★
地址：珠海市拱北莲花路 37 号
电话：0756－8118828
邮编：519020

友谊酒店 ★★★
地址：珠海市拱北友谊路 46 号
电话：0756－8131818
邮编：519020

聚龙酒店 ★★★
地址：珠海市唐家商业广场
电话：0756－3317888
邮编：519080

新昌安酒店 ★★★
地址：珠海市九洲大道中段 1023 号
电话：0756－3377668
邮编：519015

侨苑酒店 ★★★
地址：珠海市香洲区海滨北路 4 号
电话：0756－2223291
邮编：519000

金都酒店 ★★★
地址：珠海市拱北粤海东路 1062 号
电话：0756－8111888
邮编：519020

香江酒店 ★★★
地址：珠海市拱北迎宾南路 2126 号
电话：0756－8873288
邮编：519020

愉景酒店 ★★★
地址：珠海市香洲区康宁路 68 号
电话：0756－2253388
邮编：519000

珠海市民安酒店 ★★★
地址：珠海市香洲区湖海路 52 号
电话：0756－2278888
邮编：519000

六和商务酒店 ★★★
地址：珠海市人民东路 228 号
电话：0756－2221999
邮编：519000

芙蓉王酒店 ★★★
地址：珠海市拱北粤海中路 2007 号
电话：0756－8113333
邮编：519020

嘉丽万豪酒店 ★★★
地址：珠海市拱北粤海中路 1039 号
电话：0756－8891638
邮编：519020

濠天度假酒店 ★★★
地址：珠海市湾仔南湾南路 5009 号
电话：0756－8817888
邮编：519030

珠海新海利大酒店 ★★★
地址：珠海市拱北夏湾粤华路 271－277 号
电话：0756－8899388
邮编：519000

扬名酒店 ★★★
地址：珠海市香洲区翠香路 227 号
电话：0756－2226168
邮编：519000

东方凯悦酒店 ★★★
地址：珠海市吉大九洲大道东 1043 号
电话：0756－3263888
邮编：519015

南湾国际大酒店 ★★★
地址：珠海市南屏镇环屏路一号
电话：0756－8828888
邮编：519060

满庭湘酒店 ★★★
地址：珠海市前山明珠南路 1032 号
电话：0756－8521088
邮编：519070

拱北华策酒店 ★★★
地址：珠海拱北侨光路 5 号
电话：0756－8899668
邮编：519020

风景酒店 ★★★
地址：珠海市前山翠仙路 211 号
电话：0756－8666222
邮编：519070

伙工殿酒店 ★★★
地址：珠海市拱北北岭侨岭街 34 号
电话：0756－8801688
邮编：519020

翡翠宫酒店 ★★★
地址：珠海市香洲区凤凰南路 1126 号
电话：0756－2252222
邮编：519000

四海商务酒店 ★★★
地址：珠海拱北粤海中路 2300 号
电话：0756－8132628
邮编：519020

木棉花酒店 ★★★
地址：珠海市拱北侨光路 3 号边检大院内
电话：0756－8804000
邮编：519000

豪庭商务酒店 ★★★
地址：珠海市前山逸仙路 21 号
电话：0756－8669999
邮编：519000

桃园商务酒店 ★★★
地址：珠海市斗门区环湖北路 8 号
电话：0756－5570333
邮编：519000

金色假日酒店 ★★★
地址：珠海市吉大景和街 71 号
电话：0756－3263333
邮编：519015

金莎度假村 ★★★
地址：珠海市斗门区月白藤湖湖滨一区 8 号
电话：0756－5568668
邮编：519125

大金山酒店 ★★★
地址：珠海市前山鞍莲路 2 号
电话：0756－8669988
邮编：519070

银湖假日酒店 ★★★
地址：珠海市白藤湖湖滨二区 75 号
电话：0756－5566388
邮编：519100

迈豪国际酒店 ★★★
地址：珠海市香洲区吉大情侣中路 91 号
电话：0756－3288888
邮编：519100

君临酒店 ★★★
地址：珠海市香洲区翠微东路 68 号
电话：0756－2882222
邮编：519100

金岸酒店 ★★★
地址：珠海市斗门区井岸镇连桥路 38 号
电话：0756－5503111
邮编：519100

晶都酒店 ★★★
地址：珠海市香洲华海路 144 号
电话：0756－2156888
邮编：519100

金茂酒店 ★★★
地址：珠海市金湾区金海岸花园中路
电话：0756－3991188
邮编：519040

鸿银酒店 ★★★
地址：珠海市金湾区三灶镇金海大道南
电话：0756－3986688
邮编：519040

学苑宾馆 ★★★
地址：珠海市香洲梅华东路276号
电话：0756－2152788
邮编：519000

五月天酒店 ★★★
地址：珠海前山明珠北路383号
电话：0756－8586888
邮编：519070

优派酒店 ★★★
地址：珠海市香洲区红山路163号
电话：0756－2666555
邮编：519000

千鹏酒店 ★★★
地址：珠海市人民西路366号楼宝地康泰村十号楼
电话：0756－2666999
邮编：519000

中山市御创酒店 ★★★
地址：中山市民众大道
电话：0760－85700288
邮编：528441

中山招商局会所 ★★★
地址：中山市三乡镇雍陌招商路
电话：0760－86687888
邮编：528463

大观园商务酒店 ★★★
地址：中山市小榄镇民安南路66号
电话：0760－22553311
邮编：528415

中山市小榄菊城宾馆 ★★★
地址：中山市小榄镇红山路46号
电话：0760－22266988　22254988
邮编：528415

中山市金岛酒店 ★★★
地址：中山市东凤镇文珠路东凤大道北22号
电话：0760－22606888
邮编：528425

中山市小榄大酒店 ★★★
地址：中山市小榄海傍路沙口1号
电话：0760－22118388
邮编：528415

中山市金煌大酒店 ★★★
地址：中山市三乡镇文昌路
电话：0760－86680188
邮编：528463

中山市东悦酒店 ★★★
地址：中山市沙溪镇沙溪南路38号
电话：0760－87322668
邮编：528472

中山丽阁花园酒店 ★★★
地址：中山市南头镇永兴路1号
电话：0760－23116668
邮编：528427

中山市小榄花城酒店 ★★★
地址：中山小榄镇新市路89号
电话：0760－22258818
邮编：528415

中山乡泉别墅 ★★★
地址：中山市三乡镇大布
电话：0760－86684999
邮编：528463

中山市莲兴酒店 ★★★
地址：中山市石岐区莲塘东路13号
电话：0760－88712668
邮编：528400

中山市紫来轩酒店 ★★★
地址：中山市石岐区天门天乐街8－10号
电话：0760－88703333
邮编：528400

中山市乐天酒店 ★★★
地址：中山市三角镇南三公路旁（三角镇政府对面）
电话：0760－85542888
邮编：528445

中山市金莎商务酒店 ★★★
地址：中山市石岐区康华路43号
电话：0760－88727888
邮编：528400

中山市好世界酒店 ★★★
地址：中山市神湾镇神湾大道215号
电话：0760－86601888　86608299
邮编：528462

中山市古镇龙泉酒店 ★★★
地址：中山市古镇岐江公路18号
电话：0760－22351888
邮编：528421

中山市富尔文华酒店 ★★★
地址：江门市迎宾三路天龙三街25座
电话：0750－3228888
邮编：529020

江门市新侨都大酒店 ★★★
地址：江门市紫茶路18号
电话：0750－3335233
邮编：529020

江门市荷塘园林大酒店 ★★★
地址：江门市荷塘镇瑞丰路11号
电话：0750－3737888
邮编：529020

江门市新会区冈州宾馆 ★★★
地址：江门市新会区圭峰路9号
电话：0750－6178888
邮编：529100

新会区金田大酒店 ★★★
地址：江门市新会区会城中心路15号
电话：0750－6622228
邮编：529100

新会爱依华酒店 ★★★
地址：江门市新会区会城镇冈州大道西6号
电话：0750－6703232　6703333
邮编：529100

恩平侨联大酒店 ★★★
地址：江门恩平市西堤路33号
电话：0750－7775648　7780088
邮编：529411

开平三埠海景酒店 ★★★
地址：江门开平市三埠新昌潭江西路15号
电话：0750－2388888
邮编：529312

王府洲别墅度假村 ★★★
地址：江门台山市下川王府洲度假区
电话：0750－5756183
邮编：529211

台山富城大酒店 ★★★
地址：江门台山市台城侨光大道1号
电话：0750－5577166
邮编：529200

台山下川海湾胜景酒店 ★★★
地址：江门台山市下川镇王府洲旅游区
电话：0750－5756888
邮编：529211

台山下川桂园酒店 ★★★
地址：江门台山市下川镇王府洲旅游区
电话：0750－5757638
邮编：529211

台山帝苑别墅度假村 ★★★
地址：江门台山市下川镇王府洲旅游区
电话：0750－5757828
邮编：529211

台山市海角城大酒店 ★★★
地址：江门台山市铜鼓镇
电话：0750－5983811　5279382
邮编：529211

天富文华酒店 ★★★
地址：江门台山市台城桥湖路70号
电话：0750－5518888
邮编：529200

雅致酒店 ★★★
地址：江门开平市三埠长沙曙光东路178号二幢
电话：0750－2270988
邮编：529300

台山锦江大酒店 ★★★
地址：江门台山市下川王府洲度假区
电话：0750－5751888
邮编：529211

鹤山市北湖宾馆 ★★★
地址：江门鹤山市沙平镇北湖路1号
电话：0750－8883488
邮编：529711

鹤山华安阁酒店 ★★★
地址：江门鹤山市雅瑶镇
电话：0750－8288666
邮编：529711

鹤山市叠翠山庄 ★★★
地址：江门鹤山市大雁山风景旅游区
电话：0750－8820088
邮编：529711

鹤山君威酒店 ★★★
地址：江门鹤山市桃源镇325国道
电话：0750－8212228
邮编：529711

鸿运酒店 ★★★
地址：佛山市禅城区汾江中路6号
电话：0757－82230000
邮编：528000

石湾宾馆 ★★★
地址：佛山市禅城区汾江西路15号
电话：0757－83328813
邮编：528000

金湖酒店 ★★★
地址：佛山市禅城区普兰二路23号
电话：0757－83399338
邮编：528000

蓝澳酒店 ★★★
地址：佛山市禅城区季华四路佛山（国际）陶瓷展览中心 B 馆 1 号
电话：0757－83960333
邮编：528000

皇都酒店 ★★★
地址：佛山市禅城区佛平路 19 号
电话：0757－86128333
邮编：528000

旋宫酒店 ★★★
地址：佛山市禅城区祖庙路 1 号
电话：0757－82285622
邮编：528000

金银酒店 ★★★
地址：佛山市禅城区汾江西路 4 号
电话：0757－83350239
邮编：528000

西樵山大酒店 ★★★
地址：佛山市南海区西樵山白云洞风景区内
电话：0757－86886799
邮编：528211

尖东酒店 ★★★
地址：佛山市南海区桂城石啃
电话：0757－86772700
邮编：528200

南海迎宾馆 ★★★
地址：佛山市南海区桂城南海大道市政府大院内
电话：0757－86336888
邮编：528200

金泉大酒店 ★★★
地址：佛山市南海区西樵轻纺城
电话：0757－86897999
邮编：528211

南海君悦大酒店 ★★★
地址：佛山市南海区九江镇儒林东路口
电话：0757－86552238
邮编：528203

鸿业酒店 ★★★
地址：佛山市大沥镇广佛高速路口对面芦村路口西侧
电话：0757－85518888
邮编：528231

平洲宾馆 ★★★
地址：佛山市南海区平洲永安中路 8 号
电话：0757－86776688
邮编：528251

力之源大酒店 ★★★
地址：佛山市南海区长堤路 5 号
电话：0757－86331631
邮编：528200

辉利大酒店 ★★★
地址：佛山市南海区九江镇儒林西路 48 号
电话：0757－86558888
邮编：528203

金懋大酒店 ★★★
地址：佛山市南海区西樵镇西樵轻纺城广厦路 1 号
电话：0757－86803332
邮编：528211

贵都酒店 ★★★
地址：佛山市南海区桂城佛平路车南回路段
电话：0757－86280001
邮编：528200

康颐酒店 ★★★
地址：佛山市南海区桂城新佛平路夏西工业区
电话：0757－86789118
邮编：528251

福裕酒店 ★★★
地址：佛山市南海桂城海六路南桂澜路东侧景裕楼
电话：0757－86393981
邮编：528200

新建豪酒店 ★★★
地址：佛山市南海区官窑瑶平路段
电话：0757－81192888
邮编：528237

华泰大酒店 ★★★
地址：佛山市南海区盐步平地段 78 号
电话：0757－88782828
邮编：528247

中联大酒店 ★★★
地址：佛山市南海区盐步区广佛横江关边村路段 82 号
电话：0757－85783888
邮编：528247

高明区恒威大酒店 ★★★
地址：佛山市高明区荷城河江开发区泰华路 238 号
电话：0757－88222111
邮编：528500

高明区明苑迎宾馆 ★★★
地址：佛山市高明区荷城文汇路 9 号
电话：0757－88232222
邮编：528500

高明区世纪星酒店 ★★★
地址：佛山市商明区荷城街道文华路 455 号
电话：0757－88886633
邮编：528500

佛山市三水中旅集团有限公司华厦酒店 ★★★
地址：佛山市三水区新华北路 54 号
电话：0757－87738888
邮编：528100

鸿南酒店 ★★★
地址：佛山市三水区新华路 13 号
电话：0757－87728888
邮编：528100

禅城酒店 ★★★
地址：佛山市汾江中路 103 号
电话：0757－82226733
邮编：528000

君悦酒店 ★★★
地址：佛山市三水区西南镇健力宝南路 5 号
电话：0757－87738123
邮编：528100

栢安大酒店 ★★★
地址：佛山三水区广海大道西 30 号
电话：0757－87821333
邮编：528100

百盛达商务酒店 ★★★
地址：佛山市南海区桂城海大路 4 号
电话：0757－86311111
邮编：528200

天豪酒店 ★★★
地址：佛山市南海区松岗松夏工业园工业大道万和路口
电话：0757－85200888
邮编：528234

大金地假日酒店 ★★★
地址：佛山市南海区黄岐广佛路 29 号
电话：0757－85931888
邮编：528248

珀丽酒店 ★★★
地址：佛山市文华北路 111 号
电话：0757－83377488
邮编：528000

阳光假日酒店 ★★★
地址：佛山市三水区西南街三达路 16 号
电话：0757－87812888
邮编：528100

登喜来大酒店 ★★★
地址：佛山市禅城区文华北路 77 号
电话：0757－82803188
邮编：528000

君宇酒店 ★★★
地址：佛山市南海区大沥禅炭路沥西西海桥侧
电话：0757－81180288
邮编：528231

金帝豪大酒店 ★★★
地址：佛山市禅城区张槎四路 39 号
电话：0757－82101888
邮编：528000

皇帝酒店 ★★★
地址：佛山市顺德区大良镇锦龙路 118 号
电话：0755－22270888
邮编：528300

容莲宾馆 ★★★
地址：佛山市顺德容奇江南大道 23 号
电话：0755－26628668
邮编：528300

高隧酒店 ★★★
地址：佛山市顺德区北滘镇五长沙 18 号
电话：0755－26333388
邮编：528300

时代大厦酒店 ★★★
地址：佛山市顺德区大良新宁路 60 号
电话：0755－22387888
邮编：528300

帝庭酒店 ★★★
地址：佛山市顺德区勒流镇银捷路 23 号
电话：0755－25336688
邮编：528300

万里来大酒店 ★★★
地址：佛山市顺德区勒流镇政和路 10 号
电话：0755－22533111
邮编：528300

长鹿度假酒店 ★★★
地址：佛山市顺德区伦教三洲建设东路
电话：0755－27331111
邮编：528300

肇庆华侨大厦 ★★★
地址：肇庆市天宁北路 90 号
电话：0758－2226366　2232952
邮编：526040

肇庆市波海楼 ★★★
地址：肇庆市星湖西路
电话：0758－2224582　2233191
邮编：526020

肇庆市新松涛宾馆 ★★★
地址：肇庆市七星岩风景区西门前100米
电话：0758－2302288
邮编：526040

肇庆市南粤苑度假中心 ★★★
地址：肇庆市星湖万松岗
电话：0758－2283238
邮编：526040

肇庆市湖滨大酒店 ★★★
地址：肇庆市天宁路82号
电话：0758－2316688　2225981
邮编：526040

新长讯宾馆 ★★★
地址：肇庆市康乐北路38号
电话：0758－2818388
邮编：526020

万豪裕龙大酒店 ★★★
地址：肇庆市西江南路23号
电话：0758－2819188
邮编：526040

肇庆高尔夫度假村会所酒店 ★★★
地址：肇庆高要市回龙镇
电话：0758－8162168
邮编：526112

贞山宾馆 ★★★
地址：肇庆四会市贞山旅游区
电话：0758－3308319
邮编：526200

广宁华侨大酒店 ★★★
地址：肇庆市广宁县南街镇南东一路37号
电话：0758－8636688
邮编：526300

怀集县新世界大酒店 ★★★
地址：肇庆市怀集县解放北路
电话：0758－5518888
邮编：526400

怀集县腾业大酒店 ★★★
地址：肇庆市怀集县金龙路一号
电话：0758－5519933
邮编：526400

杏花宾馆 ★★★
地址：肇庆市封开县江口镇河堤一路28号
电话：0758－6688168
邮编：526500

君悦大酒店 ★★★
地址：肇庆市德庆县德城大道西路西侧
电话：0758－7797777
邮编：526600

德庆新丽都大酒店 ★★★
地址：肇庆市德庆县德城镇文兰北路
电话：0758－7799999
邮编：526600

德庆县登云酒店 ★★★
地址：肇庆市德庆县康城大道东128号
电话：0758－7787777
邮编：526600

云城河口光明大酒店 ★★★
地址：云浮市云城河口街
电话：0766－8217888　8216789
邮编：527300

云浮市区新丽晶大酒店 ★★★
地址：云浮市区河滨东路232号
电话：0766－8986328　8981177
邮编：527300

云浮卓成大酒店 ★★★
地址：云浮市区兴云东路241号
电话：0766－8986888
邮编：527300

云浮金鹏大酒店 ★★★
地址：云浮市兴云中路5号
电话：0766－8987666
邮编：527300

华立龙山温泉度假村 ★★★
地址：云浮市新兴县六祖镇龙山温泉度假村
电话：0766－2691111
邮编：527431

郁南县华盛大酒店 ★★★
地址：云浮市郁南县都城镇中山路22号
电话：0766－7332788
邮编：527100

郁南县新永光大酒店 ★★★
地址：云浮市郁南县都城镇中山路2号
电话：0766－7328333　7331088
邮编：527100

名濠饭店 ★★★
地址：阳江市东风二路1号
电话：0662－3319999
邮编：529500

逸华宾馆 ★★★
地址：阳江市吉祥东路9号
电话：0662－3298888
邮编：529500

海逸酒店 ★★★
地址：阳江市东风二路2号之十三
电话：0662－2229888
邮编：529500

三汇酒店 ★★★
地址：阳江市建设一路333号
电话：0662－8838888
邮编：529500

闸坡浪琴湾酒店 ★★★
地址：阳江市闸坡镇旅游大道南碧涛村16号
电话：0662－3892222
邮编：529500

金鹏大酒店 ★★★
地址：阳江市城东大道2号
电话：0662－7738889
邮编：529600

金海利大酒店 ★★★
地址：阳江市闸坡海滨路21号
电话：0662－3896688
邮编：529536

粤海酒店 ★★★
地址：阳江市登峰东路16号
电话：0662－3322222
邮编：529500

海陆空火锅城大酒店 ★★★
地址：阳江市东风二路7号
电话：0662－3388388　3316361
邮编：529500

海陵岛小港湾山庄 ★★★
地址：阳江市东风二路7号
电话：0662－3896666
邮编：529536

华坚宾馆 ★★★
地址：阳江市了岗路1号
电话：0662－3266666
邮编：529500

富华大酒店 ★★★
地址：阳江市区石湾北路143号
电话：0662－8883333
邮编：529500

粤法酒店 ★★★
地址：阳江市闸坡镇
电话：0662－3895555
邮编：529536

莱茵堡酒店 ★★★
地址：阳江市建设路239号
电话：0662－3188888
邮编：529500

阳江市天堡商务酒店 ★★★
地址：阳江市区东风一路42号
电话：0662－3299888
邮编：529500

金盾假日酒店 ★★★
地址：阳江市金山路8号
电话：0662－2699999
邮编：529500

阳春登宝大酒店 ★★★
地址：阳江阳春市区南新大道2号
电话：0662－7710555　7742833
邮编：529600

阳春新朗商务酒店 ★★★
地址：阳江阳春市东湖西路47号
电话：0662－8878888
邮编：529600

阳春市金达来酒店 ★★★
地址：阳江阳春市南新大道6号
电话：0662－7768899
邮编：529600

茂名市南国大酒店 ★★★
地址：茂名市光华北路218号
电话：0668－2929888
邮编：525000

茂名市嘉燕大酒店 ★★★
地址：茂名市双山一路89号
电话：0668－2988888
邮编：525000

沿江大酒店 ★★★
地址：茂名市江东中路168号
电话：0668－2299666
邮编：525000

化州市飞龙宾馆 ★★★
地址：茂名化州市下部区乐园路
电话：0668－7391888
邮编：525100

信宜市西江温泉度假邨 ★★★
地址：茂名市信宜北界镇西江河畔
电话：0668－8516318
邮编：525349

玉湖宾馆 ★★★
地址：茂名高州市长坡镇

电话：0668－6730450
邮编：525242

金龙泉大酒店 ★★★
地址：茂名市电白县水东镇向阳大道 88 号
电话：0668－5119999
邮编：525400

湛江迎宾馆 ★★★
地址：湛江市赤坎区跃进路 3 号
电话：0759－3197888　3315388
邮编：524038

海湾宾馆 ★★★
地址：湛江市霞山区人民南路 6 号
电话：0759－2292498
邮编：524001

锦华大酒店 ★★★
地址：湛江市海翔路 16 号
电话：0759－3152188
邮编：524004

新新格里拉酒店 ★★★
地址：湛江市霞山区解放西路北二巷 1 号
电话：0759－2238888
邮编：524001

富丽华大酒店 ★★★
地址：湛江市椹川北路 160 号
电话：0759－3369888
邮编：524043

金海大酒店 ★★★
地址：湛江市赤坎区海田路 288 号
电话：0759－3150188
邮编：524043

南油迎宾馆 ★★★
地址：湛江市坡头区南调路 11 号信箱
电话：0759－3901498　3901911
邮编：524057

美丽华大酒店 ★★★
地址：湛江市霞山区解放西路 36 号
电话：0759－2662888
邮编：524013

园府酒店 ★★★
地址：湛江市赤坎寸金路 29 号
电话：0759－3183500
邮编：524048

运通宾馆 ★★★
地址：湛江市赤坎区椹川大道北 99 号
电话：0759－3198168
邮编：524033

康龙度假村 ★★★
地址：湛江市东海岛龙海天涛声南路
电话：0759－2389666
邮编：524076

伊甸园度假村 ★★★
地址：湛江市南三镇林场东南海岸天然
电话：0759－3930888
邮编：524067

中南酒店 ★★★
地址：湛江市人民大道中 29 号
电话：0759－3252888
邮编：524022

东海培训中心 ★★★
地址：湛江市东海岛涛声北路
电话：0759－2389843
邮编：524072

怡心大酒店 ★★★
地址：湛江廉江市新风路 1 号
电话：0759－6699999　6689996
邮编：524400

中国园酒店 ★★★
地址：湛江雷州市西湖大道 195 号
电话：0759－8880999
邮编：524200

园中园迎宾馆 ★★★
地址：湛江雷州市雷城镇西湖大道 37 号
电话：0759－8851888
邮编：524200

洪都大酒店 ★★★
地址：湛江雷州市西湖大道六横路 001 号
电话：0759－8880222
邮编：524200

松源酒店 ★★★
地址：湛江市遂溪县迎宾路一号
电话：0759－7773688
邮编：524300

遂溪银塔大酒店 ★★★
地址：湛江市遂溪县新风路 88 号
电话：0759－7779888
邮编：524300

聚雅酒店 ★★★
地址：湛江市徐闻县徐海路 76 号
电话：0759－4855720
邮编：524100

旅游景区

广州南沙湿地 AAAA
地址：广州市南沙区万平沙镇
电话：020－84951083
邮编：511464

广州起义烈士陵园 AAAA
地址：广州市中山二路 92 号
邮编：510130

广州科学中心 AAAA
地址：广州市大学城西六路 168 号
电话：020－39348080
邮编：510006

广州市九龙湖旅游区 AAAA
地址：广州花都区花东镇
邮编：510800

广州长隆旅游度假区 AAAAA
地址：广州市番禺区迎宾路
电话：020－84780333
邮编：510130
网址：www. chimelong. com

广州市白云山风景名胜区 AAAAA
地址：广州市广园中路 801 号
电话：020－37222222　37229528
邮编：510075

广州气象卫星地面站 AAA
地址：广州市五山 1132 信箱
电话：020－87059013
邮编：510640
网址：www. gmss. cn

广东美术馆 AAAA
地址：广州市二沙岛烟雨路 38 号
电话：020－87351468
邮编：510105
网址：www. gd-art. com

广州南海神庙景区 AAAA
地址：广州市黄埔区庙头旭日街 22 号
电话：020－82222210
邮编：510700

广州中山纪念堂 AAAA
地址：广州市东风中路 259 号
电话：020－83552030
邮编：510030
网址：www. zs-hall. com

南越王宫博物馆 AAAA
地址：广州市中山四路 316 号
电话：020－83357045　83361029
邮编：510130

广东民间工艺博物馆（陈家祠）AAAA
地址：广州市中山七路恩龙里 30 号
电话：020－81819653
邮编：510180

十九路军淞沪抗日阵亡将士陵园 AAA
地址：广州市水荫路
电话：020－87047408
邮编：510075
网址：www. gz19. net

广州动物园 AAAA
地址：广州市先烈中路 120 号
电话：020－38377702
邮编：510070

黄花岗公园 AAAA
地址：广州市先烈中路 79 号
电话：020－37588321
邮编：510076

西汉南越王墓博物馆 AAAA
地址：广州市解放北路 867 号
电话：020－86664920
邮编：510030

越秀公园 AAAA
地址：广州市解放北路
电话：020－83556494
邮编：510040

华南植物园 AAAA
地址：广州市天河区沙河镇龙洞村
电话：020－85231993
邮编：510520
网址：www. scib. ac. cn

广州丹水坑风景区 AA
地址：广州市黄埔区南岗镇
电话：020－82237173
邮编：510760

广州番禺香江野生动物世界 AAAAA
地址：广州市番禺区大石镇
电话：020－84783333
邮编：511430
网址：www. chimelong. com. cn

番禺莲花山旅游风景区 AAAA
地址：广州市番禺区石楼镇
电话：020－84861599
邮编：511440
网址：www. gzlotus. com. cn

番禺宝墨园 AAAA
地址：广州市番禺区沙湾紫泥村

广东

电话：020－84746666
邮编：511487
网址：www. bao. mogarden. com

花都区九龙潭水上世界度假村 AA
地址：广州市北兴镇九龙潭旅游度假区
电话：020－86855690
邮编：510897
网址：www. china. qingmings. com

洪秀全故居纪念馆 AAA
地址：广州市花都区新华路52号
电话：020－86832232
邮编：510800

广州石头记矿物园（广州石头记饰品有限公司）AAAA
地址：广州花都区珠宝城大观园路2号
电话：020－36865818
邮编：510800

广州圆玄道观 AAAA
地址：广州市花都区迎宾大道西38号
邮编：510800

广州市正佳广场商贸旅游区 AAAA
地址：广州市天河区天河路228号
电话：4007066633
邮编：510620
网址：www. zhengjia. com. cn

岭南印象园旅游景区 AAAA
地址：广州市大学城外环西路
电话：020－39341333
邮编：510032

广州塔 AAAA
地址：广州市海珠区阅江西路222号
电话：020－89338222
邮编：510300

荔湾博物馆 AAA
地址：广州市荔湾区龙津西路逢源北街84号
电话：020－81939917
邮编：510170

邓世昌纪念馆 AAA
地址：广州市海珠区宝岗大道龙涎里2号
电话：020－34384021
邮编：510300

十香园纪念馆 AAA
地址：广州市江南大道中怀德大街3号
电话：020－84410760
邮编：510032

潘鹤雕塑艺术园 AAA
地址：广州大道南后滘西大街57号
电话：020－84165976
邮编：510032

梯面镇红山村景区 AAA
地址：广州市花都区梯面镇红山村
电话：020－86851587
邮编：510800

朢头古村 AAA
地址：广州市花都区炭步镇朗头村
邮编：510800

白水寨旅游度假区 AAAA
地址：广州增城区派潭镇白水寨
电话：020－82821188
邮编：511300

增城何仙姑景区 AAA
地址：广州增城区小楼镇泰安路16号
电话：020－82841628
邮编：511300

增城湖心岛旅游风景区 AAA
地址：广州增城区正果汀塘村
电话：020－82814988
邮编：511300

增城小楼人家景区 AAA
地址：广州增城区小楼镇
电话：020－82844088
邮编：511300

增城文化广场 AAA
地址：广州增城区荔城街增城广场内
电话：020－82640738
邮编：511300

从化大丘园农庄 AAA
地址：广州从化区城郊街光辉村
电话：020－87906368
邮编：510900

从化宝趣玫瑰世界 AAA
地址：广州从化区城郊街西和村
电话：020－87907777
邮编：510900

从化田心社农家乐 AAA
地址：广州从化区城郊街光辉村
电话：020－87906368
邮编：510900

从化溪头旅游村 AAA
地址：广州从化区良口镇溪头村
电话：020－84494496
邮编：510900

广州抽水蓄能电站旅游度假区 AAA
地址：广州市从化区吕田镇小杉
电话：020－87856409
邮编：510950
网址：www. 9psps. com

碧水湾温泉度假村 AAAA
地址：广州从化区良口镇
电话：020－87842888
邮编：510900

从化温泉旅游度假区 AAAA
地址：广州从化区温泉镇
电话：020－87836128
邮编：510970

清远黄腾峡生态旅游区 AAAA
地址：清远市清城区东城街
邮编：511500

清新温矿泉度假区 AAAA
地址：清远市清新区三坑镇
电话：0763－5862611
邮编：511855

广东省飞来峡水利枢纽风景区 AAAA
地址：清远市清新区飞来峡镇
邮编：511800

清远玄真古洞生态旅游度假区 AAAA
地址：清远市清新区玄真路尾
电话：0763－5829988　5829910
传真：0763－5829922
邮编：511800

碧桂园假日半岛故乡里旅游度假区 AAAA
地址：清远市石角镇碧桂园
电话：0763－3836679
传真：0763－86724017
邮编：511500

清远市狮子湖休闲旅游区 AAAA
地址：清远市
邮编：511500

英德市宝晶宫生态旅游度假区 AAAA
地址：清远英德市南郊
电话：0763－2219198
邮编：513000

清远市奇洞温泉度假区 AAAA
地址：清远英德市望埠镇李屋村
电话：0763－2583555
邮编：513000

连州地下河 AAAAA
地址：清远连州市东陂镇
电话：0763－6269189
邮编：513400

清远市湟川三峡－龙潭文化生态旅游区 AAAA
地址：清远连州市龙潭古镇
邮编：513400

清远市聚龙湾天然温泉度假村 AAAA
地址：清远市佛冈县汤塘镇
邮编：511600

清远市广东第一峰旅游风景区 AAAA
地址：清远市阳山县南岭自然保护区内
电话：0763－7886838
邮编：513100

韶关曹溪温泉假日度假村 AAAA
地址：韶关市曲江马坝
电话：0751－6666666
邮编：512100
网址：www. caoxi. com. cn

韶关银山户外运动养生旅游区 AAAA
地址：韶关市
邮编：512002

韶关市古佛洞天旅游区 AAAA
地址：韶关乐昌市南郊5公里
电话：0751－5503598
邮编：512200

丹霞山风景名胜区 AAAAA
地址：韶关市仁化县丹霞风景区外山门大楼
电话：0751－6291683　6291630
邮编：512300

韶关市新丰云海温泉原始森林度假村景区 AAAA
地址：韶关市新丰县
邮编：511100

韶关市丽宫旅游区 AAAA
地址：韶关市乳源县
邮编：512700

韶关市云门寺佛教文化生态保护区 AAAA
地址：韶关市乳源瑶县城北6公里慈云峰下
邮编：512700

韶关市南岭国家森林公园 AAAA
地址：韶关市乳源县
邮编：512700

广东大峡谷景区 AAAA
地址：韶关市乳源瑶族自治县大布镇
电话：0751－5458228
邮编：512723

广东

新丰江国家森林公园 AAAA
地址：河源市旅游大道
电话：0762－8771088
邮编：517001

新丰江大坝旅游区 AA
（全国工业旅游示范点）
地址：河源市源城区新江三路
电话：0762－3302555
邮编：517021

河源市御临门温泉度假区 AAAA
地址：河源市紫金县九和镇
电话：0762－7498888
邮编：517400

龙川水坑生态旅游娱乐区 AA
地址：河源市龙川县老隆镇
电话：0762－6882914
邮编：517300

龙川霍山风景区 AAA
地址：河源市龙川县田心镇
电话：0762－6481602
邮编：517300

和平温泉之都旅游区 AAAA
地址：河源市和平县
邮编：517100

河源市叶园温泉旅游区 AAAA
地址：河源市东源县黄田镇
邮编：517583

梅州市千佛塔宗教文化景区 AAA
地址：梅州市梅江河畔东南山麓
电话：0753－2290362
邮编：514011

广东中旅客天下旅游区 AAAA
地址：梅州市梅江区三角镇东升村客天下旅游产业园
电话：0753－2179969
邮编：514021

梅州雁南飞度假村 AAAAA
地址：梅州市梅县区雁洋镇长教村
电话：0753－2828888
邮编：514759

雁鸣湖旅游度假村 AAAA
地址：梅州市梅县区雁洋镇南福村
电话：0753－2839288
邮编：514059

叶剑英元帅故居和纪念馆 AAAA
地址：梅州市梅县区雁洋镇雁上村
电话：0753－2825206
邮编：514759

灵光寺旅游区 AAAA
地址：梅州市梅县区雁洋镇
电话：0753－2825300　2825036
邮编：514059

大埔县张弼士故居旅游区 AAA
地址：梅州市大埔县西河镇车龙村
电话：0753－5643738
邮编：514200
电子信箱：bishizh888@163.com

坪山梯田旅游区 AAA
地址：梅州市大埔县大东镇坪山村
邮编：514200

富大陶瓷工业旅游区 AAA
地址：梅州市大埔县高陂镇
邮编：514200

西湖汤湖热矿泥山庄 AAA
地址：梅州市五华县转水镇维松村
电话：0753－4880147
邮编：514471

梅州市平远县五指石旅游区 AAA
地址：梅州市平远县差干镇
电话：0753－8273252
邮编：514625

梅州市蕉岭县长潭旅游区 AAAA
地址：梅州市蕉岭县长潭镇
电话：0753－7513288
邮编：514100

潮州市淡浮收藏院 AAAA
地址：潮州市安黄路中段
电话：0768－250574
邮编：521000

潮州市韩文公祠景区 AAAA
地址：潮州市湘桥区韩江东岸笔架山麓
电话：0768－2523581
邮编：521021

潮州市广济桥文物旅游景区 AAAA
地址：潮州市东门外
电话：0768－2228224
邮编：521000

潮州市紫莲森林度假景区 AAAA
地址：潮州市意溪镇锡美村紫莲山
电话：0768－2311777
邮编：521000

韩愈纪念馆（韩文公祠）AAA
地址：潮州市桥东韩师山顶
电话：0768－2523581
邮编：521000

潮州市东山湖温泉度假村 AAAA
地址：潮州市潮安县
电话：0768－5215888
邮编：515638

广东省潮州市饶平绿岛旅游山庄 AAAA
地址：潮州市饶平县钱东镇万山红
电话：0768－8705928
邮编：515726

汕头中信高尔夫海滨度假村 AAAA
地址：汕头市濠江区河浦大道中段斧头山北麓
电话：0754－87874514
邮编：515071

礐石海滨风景名胜区 AAAA
地址：汕头市濠江区礐石海旁路
电话：0754－87490684
邮编：515070

莲花峰景区 AA
地址：汕头市潮阳区莲花峰风景区
电话：0754－86632419
邮编：515132

汕头市前美古村侨文化旅游区 AAAA
地址：汕头市澄海区
邮编：515800

汕头市莲华乡村旅游区 AAAA
地址：汕头市澄海区莲花镇
电话：0754－85323538
邮编：515800

汕头市南澳岛省级旅游度假区 AAAA
地址：汕头市南澳县青澳湾
电话：0754－86997081
邮编：515920

揭阳市阳美玉都旅游景区 AAAA
地址：揭阳市阳美村
邮编：522000

揭东万竹园旅游景区 AAA
地址：揭阳市揭东区埔田镇庵后村
邮编：515500

普宁德安里旅游景区 AAA
地址：揭阳普宁市洪阳镇洪阳大道
电话：0663－2418866
邮编：515300

揭阳市京明温泉度假区 AAAA
地址：揭阳市揭西县京溪园镇
电话：0663－5851888
邮编：515431

汕尾凤山祖庙旅游区 AAA
地址：汕尾市凤山路
电话：0660－3341567
邮编：516600

汕尾市凤山神庙旅游区 AAAA
地址：汕尾市
电话：0660－3341567　3347499
邮编：516600

汕尾玄武山旅游区 AAAA
地址：汕尾陆丰市碣石镇
电话：0660－6891368
邮编：516545

惠州西湖风景名胜区 AAAA
地址：惠州市二环路紫微山下园林大楼
电话：0752－2230304
邮编：516001

罗浮山风景名胜区 AAAA
地址：惠州市博罗县长宁镇罗浮山朱明洞
电话：0752－6669915
邮编：516133

惠州市海滨温泉旅游度假区 AAAA
地址：惠州市惠东县平海镇
电话：0752－8578888
邮编：516363

广东惠东县巽寮滨海旅游度假区 AAAA
地址：惠州市惠东县巽寮镇
电话：0752－8337278
传真：0572－8337555
邮编：516367

惠州市金海湾国际滨海旅游区 AAAA
地址：惠州市惠东县
邮编：516300

永记高科技农业生态示范园（惠东）AAAA
地址：惠州市惠东县大岭镇桥新区
电话：0752－8917888
邮编：516321
网址：www.wingkee.com

惠州市龙门南昆山温泉旅游大观园 AAAA
地址：惠州市龙门县永汉镇油田村
电话：0752－7618559
邮编：516870
网址：www.nkshs.com.cn

龙门铁泉旅游度假区 AAAA
地址：惠州市龙门县龙田镇热水锅村

电话：0752－7888889
邮编：516800
网址：www. lmwq. com. cn

南昆山生态旅游区 AAAA
地址：惠州市龙门县南昆山镇
电话：0752－7690065
邮编：516876

惠州市龙门天然温泉旅游区 AAAA
地址：惠州市龙门县王坪镇热水锅村
电话：0752－7892828
邮编：516800

东莞市观音山国家森林公园 AAAA
地址：东莞市樟木头镇石新区笔架山大道1号
电话：0769－87799666
邮编：523888

东莞市科学技术博物馆 AAAA
地址：东莞市新城市中心区元美中路2号
电话：0769－22835268　22835269
邮编：523888

东莞市新华南 MALL 欢笑世界 AAAA
地址：东莞市新华南 MALL 生活城内
电话：0769－88778861　88778866
邮编：523888

东莞市龙凤山庄影视旅游区 AAAA
地址：东莞市凤岗镇官井头
邮编：523888

东莞市展览馆 AAAA
地址：东莞市南城区鸿福路97号
电话：0769－22834003
邮编：523888

东莞市广东东江纵队旧址景区 AAAA
地址：东莞市大岭山镇大王岭村
电话：0769－85651155
邮编：523888

东莞市松山湖景区 AAAA
地址：东莞松山湖科技产业园区礼宾路一号
电话：0769－22892101
邮编：523808
网址：www. yzs. ssl. gov. cn

鸦片战争博物馆 AAAA
地址：东莞市虎门镇解放路88号
电话：0769－85512065
邮编：523900

冠和博物馆 AA
地址：东莞市樟木头镇中心广场三楼
电话：0769－87789189
邮编：523900

东莞袁崇焕纪念园
地址：东莞市石碣镇崇焕东路212号
电话：0769－86300062
邮编：523888

深圳仙湖植物园 AAAA
地址：深圳市仙湖路160号
电话：0755－25736061
邮编：518004

深圳华侨城旅游度假区 AAAAA
地址：深圳市南山区华侨城
电话：0755－26918839
邮编：518053

锦绣中华 AAAA
地址：深圳市南山区华侨城
电话：0755－26600626
邮编：518053

欢乐谷 AAAA
地址：深圳市南山区华侨城
电话：0755－26949168
邮编：518053

中国民俗文化村 AAAA
地址：深圳市华侨城
电话：0755－26600626
邮编：518053

深圳世界之窗 AAAA
地址：深圳市市华侨城
电话：0755－26608000
邮编：518053

深圳观澜湖高尔夫球会 AAAAA
地址：深圳市宝安区观澜镇高尔夫大道
电话：0755－28085888
邮编：518110

深圳市观澜山水田园农庄景区 AAAA
地址：深圳市观澜镇君子布村环观南路
电话：0755－29679888
邮编：518110

海上田园旅游区 AAAA
地址：深圳市宝安区沙井镇
电话：0755－27259888
邮编：518000

明思克航母世界 AAAA
地址：深圳市沙头角金融路海滨明思克大厦
电话：0755－25251415
邮编：518081

深圳野生动物园 AAAA
地址：深圳市南山区西丽湖路
电话：0755－26622888
邮编：518051

深圳市青青世界旅游区 AAAA
地址：深圳市南山区月亮湾青青路1号
电话：0755－26646988
邮编：518051

金沙湾海滨度假区 AAA
地址：深圳市大鹏镇下沙村
电话：0755－84313188　84313848
邮编：518035

深圳中丝园 AAA
地址：深圳市龙岗区南湾街道
电话：0755－89382222
邮编：518172

地王观光·深港之窗 AAA
地址：深圳市罗湖区
邮编：518021

深圳宝福珠宝园 AAA
地址：深圳市
邮编：518035

外伶仃岛 AAA
地址：珠海市香洲区
邮编：519000

珠海市圆明新园 AAAA
地址：珠海市九洲大道兰埔
电话：0756－8664670
邮编：519070

珠海市农业科学研究中心农科奇观 AAAA
地址：珠海市香洲区前山梅溪村双龙山
电话：0756－8620751
邮编：519070

孙中山故居 AAAA
地址：中山市南朗镇翠亨村
电话：0760－85501691
邮编：528454
网址：www. sunyat-sen. org

中山詹园 AAAA
地址：中山市南区北台村105国道旁
电话：0760－23336288
传真：0760－23337878
邮编：528455
网址：www. ahanggarden. com

咀香园 AAA
地址：中山市
电话：760－88282188　88282268
邮编：528403
电子信箱：market@ juxiangyuan. com

圭峰山风景名胜区 AAAA
地址：江门新会区会城镇北郊圭峰山
电话：0750－6180693
邮编：529100
网址：www. gdguifeng. com

新会区古兜温泉旅游度假村 AAAA
地址：江门新会区崖南镇石
电话：0750－6455763
邮编：529149

金山温泉旅游度假村 AAAA
地址：江门恩平市那吉镇东郊
电话：0750－7281188
邮编：529471
网址：www. jinshanhotspring. com

锦江温泉旅游度假区 AAAA
地址：江门恩平市大田镇朗底
电话：0750－7333333
邮编：529431

东莞银瓶山 AAAA
地址：东莞市谢岗镇
邮编：523888

台山市下川岛省级旅游度假区 AAAA
地址：江门台山市
电话：0750－5756677
邮编：529200

富都温泉度假区 AAAA
地址：台山市台山都斛镇
邮编：529211

江门市康桥温泉景区 AAAA
地址：江门台山市白沙镇朗南村
电话：0750－5817333
邮编：529200

立园旅游区 AAAA
地址：江门开平市塘口镇
电话：0750－2678888
邮编：529300

广东罗浮宫国际家具博览中心 AAAA
地址：佛山市顺德区
电话：0757－28839999
邮编：528000

佛山市南风古灶旅游区 AAAA
地址：佛山市禅城区高庙路6号
电话：0757－82711798　82701118
邮编：528231

广东

西樵山风景名胜区 AAAAA
地址：佛山市南海区西樵山旅游度假区
电话：0757－86886646
邮编：528211

佛山市顺德长鹿休闲度假农庄 AAAAA
地址：佛山市顺德区伦教三洲建设东路
电话：0757－27331111
传真：0757－27331000
邮编：528300

顺德区清晖园 AAAA
地址：佛山市顺德区大良镇清晖路 23 号
电话：0757－22226196
邮编：528300

三水市森林公园 AAAA
地址：佛山市三水区西南镇云东海旅游经济区
电话：0757－87821633
邮编：528100

三水市荷花世界 AAAA
地址：佛山市三水区南丰大道
电话：0757－87751608　87765303
邮编：528100

佛山市西岸森林生态园 AAAA
地址：佛山市南海区西岸镇风景区
电话：0757－86801203
邮编：528251

佛山市（顺德区）陈村花卉世界 AAAA
地址：佛山市顺德区陈村
电话：0757－23313138　23322718
邮编：528300

佛山市（国际）家具博览城景区 AAAA
地址：佛山市禅城区
电话：0757－83868888
邮编：528000

佛山市南海平洲玉器街景区 AAAA
地址：佛山市南海区桂城街道永安路
电话：18620288557
邮编：528251

佛山市顺德乐从国际会展中心景区 AAAA
地址：佛山市顺德区乐从大道南 1/2 号
电话：0757－28906881
邮编：528300

佛山市三水温泉景区 AAAA
地址：佛山市三水区芦苞镇长歧村
邮编：528133

佛山市盈香生态园 AAAA
地址：佛山市高明区荷城街道西安冼村
电话：0757－88866161
邮编：528500

广宁县宝锭山风景区 AAAA
地址：肇庆市广宁县宝锭山风景区
电话：0758－8668898
邮编：526300
网址：www. gnbch. com

肇庆星湖风景名胜区 AAAA
地址：肇庆市城区北郊
电话：0758－2286192
邮编：526020

龙母祖庙景区 AAAA
地址：肇庆市德庆县悦城镇
电话：0758－7619855
邮编：526638
网址：www. deqimg. gd. cn

德庆学宫（孔庙）景区 AAAA
地址：肇庆市德庆县朝阳西路 26 号
电话：0758－7760942
邮编：526600

盘龙峡景区 AAAA
地址：肇庆市德庆县官圩镇大满村
电话：0758－7235038
邮编：526600

云浮市金水台温泉景区 AAAA
地址：云浮市新兴县水台镇
邮编：527400

云浮市六祖故里旅游度假区 AAAA
地址：云浮市新兴县六祖镇
邮编：527400

阳江海陵岛大角湾风景名胜区 AAAA
地址：阳江市海陵岛闸坡镇
电话：0662－3888240
邮编：529536

阳春凌霄岩景区 AAAA
地址：阳江阳春市河朗镇
电话：0662－7879126
邮编：529613

阳江市阳西咸水矿温泉景区 AAAA
地址：阳江市阳西县东湖生态开发区
电话：400－0791－225
邮编：529800

广东茂名森林公园 AAAA
地址：茂名市茂南区
电话：0668－2331088
邮编：525000

中国第一滩省级旅游度假区 AAA
地址：茂名市茂港区
电话：0668－2683633
邮编：525027

广东省信宜市西江温泉度假村 AAA
地址：茂名信宜市北界镇西江
电话：0668－8516138
邮编：525349

茂名天马山生态旅游区 AAA
地址：茂名信宜市北界镇旺将村
邮编：525300

茂名市放鸡岛海上游乐世界 AAAA
地址：茂名市电白县博贺镇翠湖路
电话：0668－5608588
邮编：525400

茂名市浪漫海岸景区 AAAA
地址：茂名市电白县博贺镇
邮编：525400

湛江蓝月湾温泉度假邨 AAAA
地址：湛江市海滨三路 32 号
电话：0759－2286888－2008
传真：0759－2373858
邮编：524005

湛江湖光岩风景名胜区 AAAA
地址：湛江市麻章区湖光镇
电话：0759－2819033　28190197
传真：0759－2819033
邮编：524088

湛江金鹿园 AA
地址：湛江市湖光岩北侧
电话：0759－2859600
邮编：524038

湛江市南亚热带植物园 AAA
地址：湛江市麻章区湖光镇湖秀新村
电话：0759－2859145
邮编：524091

湛江市吉兆湾旅游度假区 AAA
地址：湛江吴川市覃巴镇
电话：0759－5130036　5130229
邮编：524543

雷州西湖公园 AA
地址：湛江雷州市雷城西湖大道 37 号
电话：0759－8813533
邮编：524200

雷州雷祖祠游览区 AA
地址：湛江雷州市雷城
邮编：524200

雷州三元塔公园 AA
地址：湛江雷州市雷城曲街 04 号
电话：0759－8849722
邮编：524200

雷州天成台旅游度假村 AAA
地址：湛江雷州市乌石镇
电话：0759－8630368
邮编：524255

餐　馆

菜根香素食馆
地址：广州市中山六路 167 号
电话：020－83343047　83344363
邮编：510032

惠如楼海鲜酒家
地址：广州市中山五路 117 号
电话：020－83332704
邮编：510032

东山羊庄
地址：广州市海珠区南泰路 11 号
电话：020－84470923
邮编：510285

青海穆斯林饭店
地址：广州市白云区广花一路三元里大道 71 号
电话：020－86570920
邮编：510400

西关渔港海鲜酒楼
地址：广州市逢源路 155 号
电话：020－81936170
邮编：510145

大三元酒家
地址：广州市越秀区长堤大马路 260 号
电话：020－81883970
邮编：510030

广州酒家文昌总店
地址：广州市荔湾区文昌南路 2 号
电话：020－81380388
邮编：510140

泮溪酒家
地址：广州市龙津西路 151 号
电话：020－81721328
邮编：510130

陶陶居
地址：广州市第十甫路 22 号
电话：020－81399100

邮编：510140

莲香楼
地址：广州市第十甫路67号
电话：020－81811638
邮编：510130

北园酒家
地址：广州市小北路202号
电话：020－83567688
邮编：510050

钓鱼台蛇餐馆
地址：广州市花都区赤坭镇四角围
电话：020－86747868
邮编：510820

小岛西餐厅
地址：广州市中山八路69号
电话：020－81729820
邮编：510175

维也纳西餐厅
地址：广州市大石镇飘峰路
电话：020－84781555
邮编：511430

水云轩西餐厅
地址：广州市恒福路
电话：020－83593878
邮编：510095

清真新月餐厅
地址：广州市童心路
电话：020－83580556
邮编：510130

浅草泰国风味餐厅
地址：广州市滨江中路278号
电话：020－84436111
邮编：510220

阿拉伯新世纪西餐厅
地址：广州市环市中路
电话：020－83551345
邮编：510050

河畔餐厅
地址：广州市沙渡路
电话：020－84129571
邮编：510250

澳门街风味餐厅
地址：广州市东湖西路
电话：020－83780428
邮编：510080

唐乐宫印度餐厅
地址：广州市爱国路
电话：020－83594533
邮编：510095

金芽庄越泰餐厅有限公司
地址：广州市天河路
电话：020－87503471
邮编：510630

小街风情意大利西餐厅
地址：广州市环市东路
电话：020－83866783
邮编：510130

塞纳河法国餐厅
地址：广州市二沙岛晴波路
电话：020－87352531
邮编：510105

流金岁月沪杭私家菜餐厅
地址：广州市天河北路
电话：020－38771388
邮编：510610

名仕阁法国西餐厅
地址：广州市天河东路
电话：020－87503426
邮编：510630

佳苑韩国料理餐厅
地址：广州市天河北龙口东路
电话：020－38489568
邮编：510630

幸福之家韩式西餐厅
地址：广州市体育西路峰源大厦首层1号
电话：020－85583969
邮编：510620

杏花楼餐厅
地址：广州市体育西路
电话：020－85585277
邮编：510620

土耳其餐厅
地址：广州市北教场路东海大厦2楼
电话：020－83596767
邮编：510071

巴西阳光烧烤自助餐厅
地址：广州市天河北路
电话：020－38460681
邮编：510635

湘君楼餐饮有限公司
地址：广州市广州大道南敦和大厦
电话：020－89000879
邮编：510230

八佰膳日式餐饮有限公司
地址：广州市大北路
电话：020－84883368
邮编：511400

济州岛餐饮有限公司
地址：广州市建设六马路
电话：020－83633051
邮编：510060

巴蜀轩餐饮有限公司
地址：广州市中山五路
电话：020－83362650
邮编：510030

金河半岛餐饮有限公司
地址：广州市黄埔大道中
电话：020－85550078
邮编：510630

渔民新村饮食有限公司
地址：广州市大石镇迎宾路559号
电话：020－22878811
邮编：511430

大堡礁饮食有限公司
地址：广州市中山五路
电话：020－83278527
邮编：510030

鹅公村饮食有限公司
地址：广州市花地大道南402号
电话：020－81513428
邮编：510380

广州市新兴家喻饮食有限公司
地址：广州市昌岗中路166号
电话：020－34136818
邮编：510220

广州市绿茵阁餐饮连锁有限公司
地址：广州市体育西路78号首层
电话：020－85590655
邮编：510240

广州酒家企业集团有限公司
地址：广州市广州市文昌南路二号
电话：020－81380388　13710678800
邮编：510130

广东省金苑山庄
地址：广州市越秀区恒福路117号
电话：020－83581688
邮编：510130

炳胜海鲜酒家
地址：广州市海珠区东晓路33号
电话：020－34286910　34286911
邮编：510300

鹿港小镇
地址：广州市环市东路360号珠江大厦
电话：020－83766106
邮编：510032

山东老家
地址：广州市越秀区环市东路475号
电话：020－87620917
邮编：510030

深井海韵烧鹅海鲜酒家
地址：广州市越秀区仓边路33号富豪酒店3楼
电话：020－83302808　83328150
邮编：510030

火车头法国西餐厅
地址：广州市荔湾区沙面北街1号之一
电话：13533500161
邮编：510170

吴系茶餐厅
地址：广州市天河区天河东路75号地下一层
电话：020－87512629
邮编：510665

南苑酒家
地址：广州市越秀区麓苑路42号大院1号楼1－2楼
电话：020－83586275
邮编：510030

百胜餐饮（广东）有限公司清远赢之城餐厅
地址：清远市新城人民二路22号首层2层
电话：0763－3877115
邮编：511500

美食源酒楼
地址：清远市清城区
电话：0763－3123799
邮编：511500

金悦酒楼
地址：清远市清城区鹿鸣路
电话：0763－3877777
邮编：511500

黄鹤楼
地址：清远市清城区
电话：0763－3343680
邮编：511500

红磨坊休闲餐馆
地址：清远市清城区

电话：0763－6817786
邮编：511500

汕头餐厅
地址：清远市清城区
电话：0763－3123252
邮编：511500

聚福园餐厅
地址：清远市清城区方正二街5号朝南大厦
电话：0763－3121882
邮编：511500

清远市雅苑大酒楼
地址：清远市清城区大观街19号23楼
电话：0763－3333193
邮编：511500

老牌林记烧腊店
地址：清远市清城区
电话：0763－3806115
邮编：511500

福满楼
地址：清远市清城区
电话：0763－3360262
邮编：511500

南海渔村
地址：清远市清城区
电话：0763－3399168
邮编：511500

三源鸡庄
地址：清远市清城区下濠基132号
电话：0763－3898796
邮编：511500

海景湾
地址：清远市清城区
电话：0763－3328201
邮编：511500

红辣椒川菜馆
地址：清远市清城区
电话：0763－3859400
邮编：511500

丽晶阁酒楼
地址：清远市清城区
电话：0763－3863397

楚留香湖南菜馆
地址：清远市清城区
电话：0763－3363496
邮编：511500

龙轩休闲食府
地址：清远市清城区
电话：0763－3366838
邮编：511500

太阳城大酒楼
地址：韶关市
电话：0751－8633888
邮编：512000

聚雅轩酒店
地址：韶关市
电话：0751－8189333
邮编：512000

金玫瑰酒楼
地址：韶关市新华北138号
电话：0751－8636668
邮编：512000

文苑大酒楼
地址：韶关市新华北路138号
电话：0751－8636668
邮编：512000

唐苑海鲜食府
地址：韶关市工业东路40号
电话：0751－8638206
邮编：512000

韶关酒家
地址：韶关市解放路
电话：0751－8881989
邮编：512000

韶关市旋宫大酒楼
地址：韶关市北江区文化街7号
电话：0751－8893218
邮编：512000

草原小肥羊火锅城
地址：韶关市武江南路
电话：0751－8778148
邮编：512000

怡景湾餐厅
地址：韶关市新华北路
电话：0751－8612636
邮编：512000

潮州海鲜菜馆
地址：韶关市升平路105号
电话：0751－8888220
邮编：512000

天然居大酒楼
地址：韶关市武江南路16号
电话：0751－8626970
邮编：512000

新怡然酒楼
地址：河源市河源大道朱门亭13号
电话：0762－3334430
邮编：517001

绿雅轩
地址：河源市源城区
电话：0762－3295777
邮编：517001

洞庭土菜馆
地址：河源市源城区
电话：0762－2836919
邮编：517001

绿之岛中西餐厅
地址：河源市源城区大同路89号
电话：0762－3327723
邮编：517001

雅园海鲜酒家
地址：河源市源城区文明路
电话：0762－3819999
邮编：517001

金隆酒楼
地址：河源市源城区大同路
电话：0762－3887998
邮编：517001

河鲜楼
地址：河源市源城区富民街2号
电话：0762－3829328
邮编：517001

赣菜馆
地址：河源市源城区长安街87号
电话：0762－3883016
邮编：517001

金苑酒家
地址：梅州市梅江区金苑小区秋苑路
电话：0753－2298298
邮编：514021

柏斯印象西餐厅
地址：梅州市梅江区彬芳大道30号
电话：0753－2153628
邮编：514021

香港海鲜城
地址：梅州市梅江区
电话：0753－2159688
邮编：514021

潮汕粥
地址：梅州市梅江区
电话：0753－2199866
邮编：514021

民间瓦缸煨汤馆
地址：潮州市湘桥区
电话：0768－3896565
邮编：521000

川渝人家
地址：潮州市湘桥区
电话：0768－2262833
邮编：521000

小岛食馆
地址：潮州市湘桥区
电话：0768－2800997
邮编：521000

莲花素食府
地址：汕头市海滨路33号大洋集团西侧楼
电话：0754－82238033
邮编：515031

皇城大酒楼
地址：汕头市嵩山路45号珠池大厦2楼
电话：0754－88899929
邮编：515031

新梅园四季饭店
地址：汕头市凤凰山路开达大厦首层
电话：0754－88163972
邮编：515031

庄氏祥记燕翅鲍食府
地址：汕头市凤凰山路13号
电话：0754－88179666　88179665
邮编：515031

金南香渔港
地址：汕头市珠池路61号
电话：0754－88991937
邮编：515031

大宅门
地址：汕头市衡山路26号
电话：0754－88738717
邮编：515031

帝苑潮州酒楼
地址：汕头市金砂东路188号帝豪大酒店内
电话：0754－88199888
邮编：515031

莲华素食府揭阳分店
地址：揭阳市榕城区榕华大道
电话：0663－8630902
邮编：522000

广东

汕头金岛燕窝潮州酒楼揭阳分店
地址：揭阳市榕城区特美思大酒店3楼
电话：0663－8721888
邮编：522000

红楼餐厅
地址：揭阳市榕城区马牙路
电话：0663－8732299
邮编：522000

四川菜馆
地址：揭阳市榕城区
电话：0663－8212721
邮编：522000

新富豪大酒楼
地址：汕尾市城区
电话：0660－3379333
邮编：516601

香城大酒店
地址：汕尾市城区
电话：0660－3207666
邮编：516601

汕尾市豪都酒楼
地址：汕尾市城区蝶宛路
电话：0660－3397999
邮编：516601

澳门海鲜酒家
地址：汕尾市城区澳门街中段
电话：0660－3312000
邮编：516601

巴山香辣蟹
地址：汕尾市城区通港路130号
电话：0660－3341670
邮编：516601

龙腾大酒楼
地址：惠州市惠城区麦兴路11号
电话：0752－2088188
邮编：516001

长堤桂冠西餐厅
地址：惠州市下埔惠沙堤一路9号滨江大厦
电话：0752－2103212
邮编：516001

乐都湘菜
地址：惠州市惠城区麦地路43号
电话：0752－2169328
邮编：516001

湘水人家
地址：惠州市惠城区花边南路
电话：0752－5221170
邮编：516001

锦绣海鲜大酒楼
地址：惠州市惠城区水门路177号
电话：0752－2202888
邮编：516001

惠州市第二饮食服务公司东昌餐馆
地址：惠州市惠城区中山东路14号
电话：0752－2204193
邮编：516001

大丰收鱼庄
地址：惠州市惠城区新岸路
电话：0752－2538933
邮编：516001

惠州市重庆酒家
地址：惠州市惠城区麦地路16号
电话：0752－2272742
邮编：516001

湘西酒楼
地址：惠州市惠城区龙丰路
电话：0752－2274938
邮编：516001

惠州市贵妃鸡海鲜饭店
地址：惠州市惠城区中山南路60号
电话：0752－2215818
邮编：516001

惠州市万绿湖大酒楼
地址：惠州市惠城区下埔大道2号
电话：0752－2101888
邮编：516001

湘岳人家
地址：惠州市惠城区九中后街
电话：0752－2116831
邮编：516001

惠州市乡村酒楼
地址：惠州市惠城区南坛北路22号
电话：0752－2238025
邮编：516001

锦记乡菜馆
地址：惠州市惠城区东湖三街
电话：0752－2250928
邮编：516001

毛家饭店
地址：惠州市惠城区鹅岭西路
电话：0752－2263919
邮编：516001

东莞山庄中餐厅
地址：东莞市莞太路路11号
电话：0769－22300000
邮编：523003

拉丁餐厅
地址：东莞市东纵大道2号地王广场3楼
电话：0769－22763810
邮编：523003

唐宫海鲜
地址：东莞市东城大道283号世博广场
电话：0769－22762288
邮编：523003

香叶栈
地址：东莞市东城南路
电话：0769－22480398
邮编：523003

东莞篁胜酒店
地址：东莞市体育路11号
电话：0769－22463888
邮编：523003

老妈私房菜
地址：东莞市厚街镇珊瑚路90号
电话：0769－85988068
邮编：523003

瓦城泰国菜
地址：东莞市厚街镇珊瑚路184号
电话：0769－85053399
邮编：523003

重庆诸葛鱼庄
地址：东莞市富民商业步行街
电话：0769－22908765
邮编：523003

水乡蚬汤
地址：东莞市运河东一路93号
电话：0769－22206768
邮编：523003

荔枝湾大酒楼
地址：东莞市运河东一路183号经贸中心4楼
电话：0769－22217688　22219788
邮编：523003

东方家族泰国餐厅
地址：东莞市银丰路12号东安大厦
电话：0769－22410939
邮编：523003

双城酒吧
地址：东莞市东城大道68号
电话：0769－22503883
邮编：523003

湘江鱼头王
地址：东莞市怡丰都市广场怡兴阁1号
电话：0769－22349816
邮编：523003

回家湘菜馆
地址：东莞市市区银丰路17号
电话：0769－22420301
邮编：523003

浏阳河湘菜馆
地址：东莞市莞城区旗峰路138号
电话：0769－22639000
邮编：523003

香蕉船餐厅
地址：东莞市万福路299号
电话：0769－22782331
邮编：523003

名阁雅典餐厅
地址：东莞市新世界花园东城大道2－6号
电话：0769－24522929
邮编：523003

湘楚大地
地址：东莞市东城西路133号
电话：0769－22348569
邮编：523003

凤城渔港餐厅
地址：东莞市东城大道86号
电话：0769－22476444
邮编：523003

小肥羊火锅
地址：东莞市东城西路70号
电话：0769－22335998
邮编：523003

城市花园海鲜酒家
地址：东莞市旗峰路190号
电话：0769－22380906
邮编：523003

泰栈餐厅
地址：东莞市常平镇振兴三街90号
电话：0769－81033838
邮编：523003

宏远鱼翅海鲜酒家
地址：东莞市宏远路1号宏远大厦
电话：0769－22416877
邮编：523003

穆斯林宾馆清真餐厅
地址：深圳市文锦南路2001号

电话：0755－82228207
邮编：518027

老新疆穆斯林餐厅
地址：深圳市福田区南园路 123 号
电话：0755－83654125
邮编：518031

蕉叶泰国餐厅
地址：深圳市福华一路 88 号中心商务大厦 3 楼
电话：0755－82031088
邮编：518027

世纪华源澳葡轩风味餐厅
地址：深圳市福田区八卦路 1 号
电话：0755－61621888　61621889
邮编：518027

新王朝大酒楼
地址：深圳市爱国路 1052 号 A 座
电话：0755－25523338
邮编：518027

潮州大碗粥
地址：深圳市爱国路 1052 号 A 座新王朝酒店 2 楼
电话：0755－25409918
邮编：518027

名厨饭堂
地址：深圳市深南大道 1056 号银座国际首层
电话：0755－82872808
邮编：518027

友谊海上皇海鲜酒家
地址：深圳市罗湖区建设路 1116 号
电话：0755－82239000
邮编：518027

银湖西餐厅
地址：深圳市罗湖区银湖旅游中心
电话：0755－82431111
邮编：518027

东北饺子王
地址：深圳市福田区爱华路 40 号
电话：0755－83620990
邮编：518027

迎海渔港
地址：深圳市嘉宾路 4051 号金威大厦 2 楼
电话：0755－25586300
邮编：518027

新星渔港酒家
地址：深圳市解放路永新街 55 号新安大厦
电话：0755－88863172
邮编：518027

广银大酒楼
地址：深圳市福田南路 38 号广银大厦
电话：0755－83694886
邮编：518027

鹰栈西餐厅
地址：深圳市福田区华富路 1028 号
电话：0755－83206203
邮编：518027

珠海五月花饮食有限公司深圳皇朝大酒楼
地址：深圳市福中路 317 号黄埔雅苑雅逸会 1 楼
电话：0755－82963023
邮编：518027

金龙船海鲜酒家
地址：深圳市罗湖区松园路 88 号景园大厦
电话：0755－25887116
邮编：518027

贵宾楼
地址：深圳市福田区益田路 6013 号江苏大厦 B 座
电话：0755－83734555
邮编：518027

濠景湛江渔港
地址：深圳市福田区景田路 111 号
电话：0755－83935338
邮编：518027

金满园酒楼
地址：深圳市福田区园岭中路 5 号
电话：0755－82436900
邮编：518027

成都酒楼
地址：深圳市罗湖区解放路 144 号
电话：0755－25572645
邮编：518027

老大昌酒楼
地址：深圳市福田区深南中路 3019 号福田大厦
电话：0755－83692311
邮编：518027

新皇城海鲜酒家
地址：深圳市福田区滨河大道 9005 号新洲酒店
电话：0755－83585887
邮编：518027

珠海市会宾楼餐饮有限公司
地址：珠海市拱北迎宾南路 1011 号金叶酒店
电话：0756－8882445
邮编：519000

珠海太阳与海餐饮有限公司
地址：珠海市香洲区香州碧海路 109 号
电话：0756－2526278
邮编：519000

珠海市双吉餐饮有限公司
地址：珠海市吉大九州大道东 1197 号凯迪克酒店
电话：0756－8815222
邮编：519000

爱琴海西餐厅
地址：珠海市井岸镇西堤路 2049－2051 号
电话：0756－5550111
邮编：519000

明珠大酒楼
地址：珠海市井岸镇中兴中路 192 号
电话：0756－5611500
邮编：519000

谭鱼头火锅餐饮有限公司
地址：中山市岐关西路 32 号
电话：0760－88801113
邮编：528403

四季火锅发展有限公司
地址：中山市城南一路 88 号
电话：0760－88896666
邮编：528403

蛇王火锅大酒楼
地址：中山市中山四路
电话：0760－88338888
邮编：528403

湘川菜馆
地址：中山市小榄镇
电话：0760－22272845
邮编：528403

蜀都川菜馆
地址：中山市小榄镇沙口红棉路 3 号
电话：0760－22101474
邮编：528403

金辣子川菜府
地址：中山市西堤路
电话：0760－88627262
邮编：528403

小榄人家酒楼
地址：中山市小榄镇民安中路
电话：0760－22238678
邮编：528403

石岐佬
地址：中山市康华路 66 号
电话：0760－88707708
邮编：528403

小榄海港大酒楼
地址：中山市小榄镇升平中路 63 号
电话：0760－22111822
邮编：528403

交通海港大酒楼
地址：中山市一路交通大厦
电话：0760－88622628
邮编：528403

蓝月亮西餐厅
地址：中山市湖滨路 22 号 1 栋
电话：0760－88878909
邮编：528403

银晶酒楼
地址：江门市港口一路 22 号
电话：0750－3183288
邮编：529020

江门市堤东万豪山庄鱼翅海鲜酒家
地址：江门市港口路 15 号
电话：0750－3100888
邮编：529020

海都鱼翅海鲜酒家
地址：江门市建设路 196 号新之城广场 6 楼
电话：0750－3282666
邮编：529020

银龙阁海鲜酒家
地址：江门市建设二路 2 号
电话：0750－3236128
邮编：529020

新会迎宾馆芒果树西餐厅
地址：江门市新会区会城公园路 10 号
电话：0750－6623831
邮编：529020

大角湾美食餐厅
地址：江门市竹排街 1 号
电话：0750－3112133
邮编：529020

谭鱼头
地址：江门市港口路 3 号
电话：0750－3186288
邮编：529020

蓝色港湾西餐厅
地址：江门市港口一路13号6层蓝色港湾会所
电话：0750－3161955
邮编：529020

江门市明记菜馆水南分店
地址：江门市水南路14号
电话：0750－3390388
邮编：529020

江门市平价菜馆
地址：江门市天河西路1号
电话：0750－3226888
邮编：529020

红太阳酒楼
地址：江门市天河东路
电话：0750－3226706
邮编：529020

名都府餐厅
地址：佛山市禅城区祖庙路14号佳宁娜酒店内
电话：0757－82223828
邮编：528000

北香园酒家
地址：佛山市禅城区锦华路35号
电话：0757－82287338
邮编：528000

阿拉木汗餐厅
地址：佛山市禅城区季华六路美食长廊8号楼
电话：0757－83372877
邮编：528000

佛山市满福楼酒家
地址：佛山市禅城区江湾一路46号2楼
电话：0757－82276484
邮编：528000

佛山市富苑酒楼
地址：佛山市禅城区汾江西路11号2楼
电话：0757－83332228
邮编：528000

小飞象西餐厅
地址：佛山市禅城区卫国路100号粤荣大厦
电话：0757－83366923
邮编：528000

潮园美食餐厅
地址：佛山市禅城区五峰三路
电话：0757－82101383
邮编：528000

玫瑰酒家
地址：佛山市禅城区筷子路97号
电话：0757－82222372
邮编：528000

佛山荷里活餐厅
地址：佛山市禅城区卫国路55号
电话：0757－33359704
邮编：528000

乔家面馆
地址：佛山市锦华东路1号东方广场德胜楼4楼
电话：0757－82620685
邮编：528000

珠海市新粤穆斯林饮食有限公司
地址：佛山市禅城区五峰四路11号
电话：0757－82216323　82123269
邮编：528000

佛山新京酒楼
地址：佛山市华远东路13号佛山发展大厦
电话：0757－83208801
邮编：528000

佛山市快活庄餐厅
地址：佛山市禅城区文沙路148号
电话：0757－82233862
邮编：528000

夏龙湾餐厅
地址：佛山市锦华路82号东方广场德胜楼2楼
电话：0757－82623454
邮编：528000

喜临门大酒楼
地址：佛山市禅城区汾江西路15号石湾宾馆内
电话：0757－83288888
邮编：528000

陕西人
地址：佛山市禅城区华远东路
电话：0757－83380393
邮编：528000

肇庆市委招待所餐厅
地址：肇庆市端州区天宁北路82号
电话：0758－2225981
邮编：526040

肇庆潮州城大酒楼
地址：肇庆市端州区六路龙马街14号
电话：0758－2236254
邮编：526040

肇庆市端州皇上皇大酒家
地址：肇庆市端州区城北路110－111号
电话：0758－2229638
邮编：526040

肇庆市端州京北酒家
地址：肇庆市端州区城北路112号
电话：0758－2235238
邮编：526040

凯旋门西餐厅
地址：肇庆市端州五路9号皇朝酒店2层
电话：0758－2238238
邮编：526040

渔乡米坊肇庆建设店
地址：肇庆市端州区建设三路54号
电话：0758－2265096
邮编：526040

肇庆市黑天鹅饺子馆
地址：肇庆市端州区和平路18号
电话：0758－2231772
邮编：526040

东来顺农家菜馆
地址：肇庆市端州区康乐北路
电话：0758－2817191
邮编：526040

绿野仙踪
地址：肇庆市端州区西江北路
电话：0758－2892446
邮编：526040

时代食府
地址：肇庆市端州区端州五路
电话：0758－2298688
邮编：526040

得月楼
地址：肇庆市端州区康乐北路
电话：0758－2816795
邮编：526040

东北荷花酒家
地址：肇庆市端州区荷香街
电话：0758－2227719
邮编：526040

王府酒家
地址：肇庆市端州区天宁北路
电话：0758－2317777
邮编：526040

南海烧鹅餐厅
地址：肇庆市端州区城北路
电话：0758－2258182
邮编：526040

红蜘蛛酒家
地址：肇庆市端州区堤下路
电话：0758－2892688
邮编：526040

巴渝人家
地址：肇庆市端州区人民南路
电话：0758－2859568
邮编：526040

肇庆假日海鲜酒楼
地址：肇庆市端州区天宁北路43号2楼
电话：0758－2291668
邮编：526040

云浮市新天地酒家
地址：云浮市云城区闻莺路1号
电话：0766－8838328
邮编：527300

雄盛大酒楼
地址：云浮市云城区建设北路2号
电话：0766－8839808
邮编：527300

广州佬饭庄
地址：云浮市云城区育华路37号
电话：0766－6611832
邮编：527300

东方饺子馆
地址：云浮市云城区南山路102号
电话：0766－8927832
邮编：527300

翠园饭店
地址：云浮市云城区建设北路17号
电话：0766－8836525
邮编：527300

老四川菜馆
地址：云浮市云城区南山路6号
电话：0766－8860033
邮编：527300

冰城饺子馆
地址：云浮市云城区翠石路5号
电话：0766－8469799
邮编：527300

锦绣南山酒楼
地址：云浮市云城区南山路131号
电话：0766－8929818
邮编：527300

凯旋宫食府
地址：云浮市云城区建设北路11号

电话：0766－8188688
邮编：527300

食神菜馆
地址：云浮市云城区
电话：0766－8923500
邮编：527300

松涛阁
地址：云浮市云城区锦秀路127号
电话：0766－8928393
邮编：527300

新亚酒楼
地址：阳江市江城区东风二路47号综合大楼
电话：0662－3356126
邮编：529525

稻香居茶餐厅
地址：阳江市江城区南恩路1号
电话：0662－3227988
邮编：529525

毛家菜
地址：阳江市江城区登峰东路
电话：0662－3353148
邮编：529525

重庆酒家
地址：茂名市官山二路
电话：0668－2887543
邮编：525000

茂名大酒家
地址：茂名市红旗南路25号
电话：0668－2254488
邮编：525000

茂名市蓬莱阁酒家
地址：茂名市新福三路7号
电话：0668－2810033
邮编：525000

茂名市客家王酒楼
地址：茂名市茂南区沿江东中路287号
电话：0668－2957633
邮编：525000

陶陶居
地址：茂名市河东黎和路
电话：0668－2289597
邮编：525000

茂名市茂南广州名菜馆
地址：茂名市油城四路98号
电话：0668－2273877
邮编：525000

茂名市佳豪潮州酒楼
地址：茂名市人民南路166号
电话：0668－2880766
邮编：525000

阳光酒家
地址：茂名市红旗中路238号
电话：0668－2913688
邮编：525000

茂名市茂南天然素菜馆
地址：茂名市新福三路11号
电话：0668－2816661
邮编：525000

大长今韩国料理
地址：茂名市双山一路
电话：0668－3990006
邮编：525000

茂名香江鱼翅海鲜酒家
地址：茂名市油城四路121号
电话：0668－2280686
邮编：525000

新天地大酒店
地址：茂名市文光路
电话：0668－2817788
邮编：525000

翠园酒楼
地址：湛江市民治路124号
电话：0759－2338028
邮编：524038

湛江市霞山区饮食服务公司富华酒家
地址：湛江市工农路36号
电话：0759－2224057
邮编：524038

湘园楼酒家
地址：湛江市人民大道南
电话：0759－2209758
邮编：524038

辣妹子
地址：湛江市解放西路
电话：0759－2193258
邮编：524038

相聚时光西餐厅
地址：湛江市海昌路20号首层
电话：0759－2108855
邮编：524038

溢香海鲜酒楼
地址：湛江市海滨路大道南48号
电话：0759－2261744
邮编：524038

湛江市广味小酒家
地址：湛江市文明东路17号
电话：0759－2228813
邮编：524038

贵州饭店
地址：湛江市解放西路
电话：0759－2164585
邮编：524038

湛江市京都大酒楼
地址：湛江市人民大道南29号
电话：0759－2214709
邮编：524038

巴蜀人家
地址：湛江市赤坎区康顺路
电话：0759－3334689
邮编：524038

碧海餐厅
地址：湛江市人民大道中52号银海酒店2楼
电话：0759－3380688
邮编：524038

湛江市海都酒楼
地址：湛江市文体路3号
电话：0759－2235688
邮编：524038

湛江市南海酒楼
地址：湛江市文明东路24号
电话：0759－2232099
邮编：524038

旅游用品

花都珠宝城有限公司
地址：广州市花都区迎宾大道168号
电话：020－36862999　36862888
邮编：510800

广州荔湾华林玉器街
地址：广州市步行街下九路旁
电话：020－81396284　81397272
邮编：510145

南方玉器珠宝实业公司
地址：广州市东华西路永安横街
电话：020－83829856
邮编：510100

秀丽民间首饰工艺厂
地址：广州市荔湾区华林街十甫路38号
电话：020－81394304　81387141
邮编：510130

广州市艺品堂工艺品厂
地址：广州市天河区广州大道中938号
电话：020－87376792
邮编：510510

广州金马工艺品制造厂
地址：广州市白云区新市石马村
电话：020－36518172　36518922
邮编：510440

广州思洋工艺品厂
地址：广州市白云区钟落潭镇广龙路100号
电话：020－87402600　62835518
邮编：510550
网址：www. siyangonline. com

大新象牙工艺厂
地址：广州市天河区沙河天平架沙太南路1号
电话：020－87705557　87705556
邮编：510507
网址：www. daxingcarving. com

广州市工艺美术总公司
地址：广州市越秀区越秀南路永耀新街2－4号
电话：020－83800444　83837789
邮编：510140

增城市二轻工艺美术厂
地址：广州增城区荔城镇建设路
电话：020－82737185
邮编：510360

凤岭竹木工艺制品厂
地址：广州增城区朱村镇朱村农场大道39号
电话：020－82852148
邮编：510360

潮州市群艺陶瓷厂
地址：潮州市枫溪区枫二开发区中心西路1号
电话：0768－6886637
邮编：510360

汕头珠宝首饰厂
地址：汕头市棉城城北一路
电话：0754－83836776
邮编：515100

深圳古玩城
地址：深圳市罗湖区深南东路与新秀路交会处
电话：0775－25668882

邮编：518001

嘉伟工艺制品厂
地址：深圳市龙岗区龙东桥北工业区兴桥路38号
电话：0755－89753918　89753919
邮编：518033

深圳市年鹏工艺制品有限公司
地址：深圳市罗湖区梧桐山坑背村41号
电话：0755－25710367
邮编：518114

友联竹木工艺制品厂
地址：深圳市宝安区西乡镇三围村新村北路
电话：0755－27476780
邮编：518033

永利制扇有限公司
地址：深圳市宝安区石岩镇水田村水田路18号
电话：0755－29682881　29682882
邮编：518108

深圳市南山区古雅雕塑工艺厂
地址：深圳市南山区北环大道北侧南头段南山北石村
电话：0755－26977726
邮编：518049

深圳市金致利工艺制品有限公司
地址：深圳市福田区八卦岭工业区615栋4楼西
电话：0755－82408989　82408586
邮编：518029
网址：www. jzl－china. com

深圳国宝金币制造厂
地址：深圳市福田区八卦二路75号
电话：0755－82413495　82054780
邮编：518029

深圳南铭宝石制品有限公司
地址：深圳市平湖镇南乡平龙东路170号
电话：0755－28450335
邮编：518111

深圳市华利联实业有限公司
地址：深圳市南山区蛇口沿山路胜发大夏A栋
电话：0755－26890567
邮编：518067

珠海渔女工艺品有限公司
地址：珠海市香洲区梅溪双龙山工业区九栋
电话：0756 3880211
邮编：519070
网址：www. zhyunu. com. cn

佛山市玉匠玉石工艺有限公司
地址：佛山市禅城区大沙工业区大道四路2号
电话：0757－28551598
邮编：528000
网址：www. yujug. com

佛山市工艺总厂有限公司
地址：佛山市禅城区人民西路13号
电话：0757－82299869
邮编：528031

佛山市珍宝首饰工艺厂
地址：佛山市禅城区汾江中路上沙中街18号之二
电话：0757－82248116
邮编：528000

肇庆人造植物工艺制品有限公司
地址：肇庆市新龙东路11号
电话：0758－8251921　8251788
邮编：526124
网址：www. zqplant. com. cn

七星名砚工艺厂
地址：肇庆市二塔路2号
电话：0758－2718733　2732813
邮编：526060
网址：www. 7star. com. cn

雅石堂端砚厂
地址：肇庆市端州区端砚文化村环村大道
电话：0758－2771328
邮编：526060

端溪名砚厂
地址：肇庆市端州区工农北路21号
电话：0758－2232450
邮编：526060

鼎湖区大德利工艺厂
地址：肇庆市鼎湖区苏村路口
电话：0758－2627388
邮编：526040

四会市中新玉雕工艺厂
地址：肇庆四会市光明南路46号
电话：0758－3351005
邮编：526200

茂名市雕塑工艺厂
地址：茂名市河西油城三路3巷
电话：0668－2263481
邮编：525000

茂名市角雕工艺厂
地址：茂名市厂前西路
电话：0668－2259202
邮编：525000

信宜信联工艺制品有限公司
地址：茂名信宜市解放路132号
电话：0668－8814558
邮编：525300

旅游交通

广州市地下铁道总公司
地址：广州市中山五路219号中旅商业城16层
电话：020－83106666
邮编：510032

广州市广骏旅游汽车企业集团有限公司
地址：广州市飞鹅路2号
电话：020－86232824　86231251
邮编：510405

广东中国旅行社股份有限公司汽车服务分公司
地址：广州市白云区明珠路萧岗工业区7号
电话：020－83366638
邮编：510130

广州福粤旅游汽车有限公司
地址：广州市白云大道南520号
电话：020－86667954　36312117
邮编：510405
网址：www. gzeaglebus. com

广州火车站
地址：广州市环市西路159号
电话：020－86661789　95105105
邮编：510010

广州火车东站
地址：广州市东站路1号
电话：020－61346610
邮编：510010

广东省珠航旅游汽车有限公司
地址：广州市广州大道北云景花园
电话：020－87280275
邮编：510130

广州交通集团汽车客运站
地址：广州市环市西路145－149号
电话：020－86661297
邮编：510130

广州金航游轮公司
地址：广州市沿江东路
电话：020－83765087　84301398
邮编：510000
网址：www. gzjinhang. con

蓝海豚游船公司
地址：广州市沿江东路
电话：020－83833999
邮编：510100

广州港
地址：广州市越秀区沿江东路406号
电话：020－83050088　83051111
邮编：510030
网址：www. gzport. com

广州白云机场
地址：广州市机场路282号
电话：020－36066999
邮编：510030
网址：www. baiyunairport. com

广州火车南站
地址：广州市番禺区
电话：020－95105105　96020088
邮编：511400

广州火车北站
地址：广州市花都区新华镇
电话：020－95105105　12306
邮编：510800

清远市火车站
地址：清远市清城区源潭镇
电话：020－9510510512306
邮编：511500

韶关火车站
地址：韶关市浈江区北江路
电话：0751－8251333　6172222
邮编：512000

乐昌火车站
地址：韶关乐昌市昌山东路
电话：0751－5553462
邮编：512200

河源市火车站
地址：河源市源城区
电话：0762－2827832
邮编：517000

梅州市春风旅游汽车服务公司
地址：梅州市彬芳大道
电话：0753－2388999
邮编：514021

梅州市火车站
地址：梅州市彬芳南路

电话：0753－95105106　6136132
邮编：514000

梅州梅县机场
地址：梅州市梅江区三角镇
电话：0753－2242666
邮编：514071

潮州市旅游汽车公司
地址：潮州市潮枫路
电话：0768－2802777　2802999
邮编：521011

潮州火车站
地址：潮州市枫溪区新风路
电话：0768－2973118
邮编：521031

汕头市中国旅行社汽车服务公司
地址：汕头市汕漳路 41 号
电话：0754－88628163
邮编：515031

汕头康辉旅游汽车出租公司
地址：汕头市练江路
电话：0754－88461841
邮编：515041

南澳县旅游汽车出租公司
地址：汕头市南澳县海滨路
电话：0754－86803897
邮编：515900

汕头火车站
地址：汕头市泰山路
电话：0754－88824510
邮编：515000

汕头港
地址：汕头市商平路 3 号
电话：0574－88932221
邮编：5151011
网址：www. stport. com

汕头外砂机场
地址：汕头市外砂镇
电话：0754－85799424
邮编：515000

揭阳市旅游汽车服务有限公司
地址：揭阳市榕城区东山
电话：0663－8727228　8736338
邮编：522095

嘉泰旅游汽车服务有限公司
地址：揭阳市东山区 1 号路
电话：0663－8200108
邮编：515549

揭阳火车站
地址：揭阳市
电话：020－95105105　96020088
邮编：522000

普宁天马旅游汽车有限公司
地址：揭阳普宁市流沙大道市政府东侧
电话：0663－2248753　2823600
邮编：515300

汕尾市东方旅游运输有限公司
地址：汕尾市文明南路 209 号
电话：0660－3343438　3345009
邮编：516600

汕尾火车站
地址：汕尾市
电话：020－95105105　96020088
邮编：516000

惠州火车站
地址：惠州市
电话：0752－5823020
邮编：516000

东莞火车站
地址：东莞市常平镇
电话：0769－95105106
邮编：523888

深圳市地铁集团有限公司
地址：深圳市福田区福中一路 1016 号地铁大厦
电话：0755－23992600
邮编：518026

深圳市惠雍旅游运输有限公司
地址：深圳市沙尾工业区
电话：0755－83694310　83380503
邮编：5180001

香蜜湖旅游汽车运输有限公司
地址：深圳市深南大道
电话：0755－83700481
邮编：518009

深圳市旅游汽车出租有限公司
地址：深圳市罗芳路 190 号
电话：0755－25662704
邮编：518027

深圳市安顺旅游汽车租赁服务有限公司
地址：深圳市罗湖区国贸大厦
电话：0755－61279149
邮编：518004

深圳火车站
地址：深圳市罗湖口岸
电话：0755－95105160　82328647
邮编：518000

深圳长江海外招商游船有限公司
地址：深圳市深南中路佳和华强大厦 B 座 1807 室
电话：0755－83794012
邮编：518031

深圳港
地址：深圳市
电话：0755－83797168
邮编：518010

深圳宝安国际机场
地址：深圳市宝安区
电话：0755－23456789　27772000
邮编：518000

珠澳旅游出租汽车有限公司
地址：珠海市拱北婆石村
电话：0756－8891978
邮编：519020

中山市中旅旅游汽车公司
地址：中山市石岐富华道 1 号
电话：0760－88638830
邮编：528415

广东省中旅游汽车租赁有限公司中山分公司
地址：中山市东区恒信花园 A 区 48 号
电话：0760－86974426
邮编：528403

中山火车站
地址：中山市
电话：020－95105105　96020088
邮编：528403

江门火车站
地址：江门市
电话：020－95105105　96020088
邮编：529000

南海西樵汽车客运旅游有限公司
地址：佛山市南海区西樵山白云洞
电话：0757－86887430
邮编：528211

佛山火车站
地址：佛山市禅城区文昌路
电话：0757－82810096　82818677
邮编：528000

三水火车站
地址：佛山市三水区西南广场路
电话：0757－87756611
邮编：528100

星湖旅游汽车出租公司
地址：肇庆市端州区星湖牌坊街
电话：0758－2260593　2225351
邮编：526040

肇庆火车站
地址：肇庆市端州区站前西路
电话：0758－6161822
邮编：526060

新兴县火车站
地址：云浮市新兴县洞口镇
电话：0766－2711253
邮编：527400

茂名市火车站
地址：茂名市公馆镇
电话：0668－6566969
邮编：525011

茂名火车东站
地址：茂名市茂南区站前四路
电话：0668－2886811
邮编：525011

化州市火车站
地址：茂名化州市河东
电话：0668－7353946
邮编：525100

湛江火车站
地址：湛江市霞山区
电话：0759－3531562
邮编：524002

湛江火车西站
地址：湛江市麻章区
电话：0759－3131121
邮编：524003

湛江港
地址：湛江市友谊路 1 号
电话：0759－2250107　2250122
邮编：524027

湛江机场
地址：湛江市霞山区机场路
电话：0759－3255002　3255888
邮编：524000

遂溪县火车站
地址：湛江市遂溪县文仓路
电话：0759－7761190
邮编：524300

广　西

GUANGXI

旅游机构

广西壮族自治区旅游局
地址：南宁市金湖南路 24 号
电话：0771－5529019
邮编：530021
网址：www.gxta.gov.cn

广西壮族自治区旅游质量监督管理所
地址：南宁市金湖南路 24 号
电话：0771－5529315
邮编：530021

南宁市旅游局
地址：南宁市金湖北路 67 号
电话：0771－5530413
邮编：530028
网址：www.nn-tourisn.gov.cn

武鸣县旅游局
地址：南宁市武鸣县政府大院
电话：0771－6222053
邮编：530100

横县旅游局
地址：南宁市横县横州镇江滨西路 9 号（县政府大院）
电话：0771－7223246
邮编：530300

宾阳县旅游局
地址：南宁市宾阳县芦圩镇永武街 235 号
电话：0771－8223115
邮编：530400

上林县旅游局
地址：南宁市上林县政府大院内
电话：0771－5220230
邮编：530500

隆安县旅游局
地址：南宁市隆安县政府大院
电话：0771－6521815
邮编：532700

马山县旅游局
地址：南宁市马山县白山镇西华街
电话：0771－6825919
邮编：530600

柳州市旅游局
地址：柳州市三中路 66 号
电话：0772－2871658
邮编：545001

柳江县旅游局
地址：柳州市柳江县拉堡镇柳北路 45 号
电话：0772－7213551
邮编：545100

柳城县旅游局
地址：柳州市柳城县大埔镇河东大道
电话：0772－7612099
邮编：545200

鹿寨县旅游局
地址：柳州市鹿寨县政军路 8 号
电话：0772－6812032
邮编：545600

融安县旅游局
地址：柳州市融安县政府大院内
电话：0772－8118597
邮编：545400

三江侗族自治县旅游局
地址：柳州市三江县古宜镇江峰街 7 号
电话：0772－8616567
邮编：545500

融水苗族自治县旅游局
地址：柳州市融水县融水镇寿星中路 36 号
电话：0772－5122038
邮编：545300

桂林市旅游局
地址：桂林市榕湖北路 14 号
电话：0773－2825890
邮编：541001

桂林市临桂区旅游局
地址：桂林市临桂区临政路
电话：0773－5592487
邮编：541100

阳朔县旅游局
地址：桂林市阳朔县城中路 21 号
电话：0773－8822392
邮编：541900

兴安县旅游局
地址：桂林市兴安县灵渠南路
电话：0773－6222467
邮编：541300

龙胜各族自治县旅游局
地址：桂林市龙胜县龙胜镇古龙街 11 号
电话：0773－7512502
邮编：541700

荔浦县旅游局
地址：桂林市荔浦县荔柳路
电话：0773－7223050
邮编：546600

资源县旅游局
地址：桂林市资源县大埠街
电话：0773－4315097
邮编：541400

恭城瑶族自治县旅游局
地址：桂林市恭城县茶南路
电话：0773－8218085
邮编：542500

灵川县旅游局
地址：桂林市灵川县灵南路
电话：0773－6812649

灌阳县旅游局
地址：桂林市灌阳县胜利路
电话：0773－4218120
邮编：541600

全州县旅游局
地址：桂林市全州县城桂黄路
电话：0773－4816782
邮编：541500

永福县旅游局
地址：桂林市永福县东江街
电话：0773－8518268
邮编：541800

平乐县旅游局
地址：桂林市平乐县中华路
电话：0773－7883398
邮编：542400

梧州市旅游局
地址：梧州市迎宾路 19 号
电话：0774－3858488　6021690
邮编：543002

苍梧县旅游局
地址：梧州市苍梧县峡顶街 100 号
电话：0774－2681108
邮编：543100

岑溪市旅游局
地址：梧州市岑溪市工农路 11 号
电话：0774－8227882
邮编：543200

藤县旅游局
地址：梧州市藤县西江路城基巷 60 号
电话：0774－7287869
邮编：543200

蒙山县旅游局
地址：梧州市蒙山县民主街 31 号
电话：0774－6285733
邮编：546700

北海市旅游局
地址：北海市贵州路 35 号
电话：0779－3032101　3032102
邮编：536000

北海市海城区旅游局
地址：北海市长青北路 13 号海城政府大院
电话：0779－3034635
邮编：536000

北海市银海区旅游局
地址：北海市深圳路 53 号
电话：0779－2051104
邮编：536000

北海市铁山港区旅游办公室
地址：北海市铁山港行政中心 208 室
电话：0779－8610020
邮编：536017

合浦县旅游局
地址：北海市合浦县康乐街 1 号
电话：0779－7286290
邮编：536100

防城港市旅游局
地址：防城港市港口区东兴大道电大 5 楼
电话：0770－2823625
邮编：538001

防城区旅游局
地址：防城港市防城区政府内
电话：0770－2211222
邮编：538021

上思县旅游局
地址：防城港市上思县民政路 3 号
电话：0770－8513888
邮编：535500

东兴市旅游局
地址：防城港东兴市中华大道
电话：0770－7684300
邮编：538001

钦州市旅游局
地址：钦州市永福东大街 11 号市行政中心
电话：0777－3688758
邮编：535000

灵山县旅游局
地址：钦州市灵山县政府大院 2 楼
电话：0777－6522048
邮编：535400

浦北县旅游局
地址：钦州市浦北县小江镇解放北路县政府大院
电话：0777－8310693
邮编：535300

钦南区旅游局
地址：钦州市四马路军分区招待所大院内
电话：0777－2876680
邮编：535000

钦北区旅游局
地址：钦州市南珠西大街217号
电话：0777－2825503
邮编：535000

钦州港经济发展局
地址：钦州市钦州港招商大厦
电话：0777－3887255
邮编：535008

贵港市旅游局
地址：贵港市中山路市人事局办公楼4楼
电话：0775－4560510
邮编：537100
网址：www. ggtravel. com. cn

桂平市旅游局
地址：贵港桂平市人民路市政府大门旁
电话：0775－3381123
邮编：537200
网址：www. gptravel. cn

平南县旅游局
地址：贵港市平南县平南镇城东街344号（县府大院）
电话：0775－7827009
邮编：537300

玉林市旅游局
地址：玉林市玉东大道1号城东办公楼
电话：0775－2832000
邮编：537000

玉州区旅游局
地址：玉林市人民中路98号
电话：0775－2822584
邮编：537000

容县旅游局
地址：玉林市容县人民政府大院内
电话：0775－5322980
邮编：537500

陆川县旅游局
地址：玉林市陆川县通政街23号
电话：0775－7226912
邮编：537000

博白县旅游局
地址：玉林市博白县城大街069号
电话：0775－8227708
邮编：537600

兴业县旅游局
地址：玉林市兴业县政府办公中心
电话：0775－3775518
邮编：537800

北流市旅游局
地址：玉林市北流市政府大院内
电话：0775－6222873
邮编：537400

福绵管理区接待（旅游）办公室
地址：玉林市福绵管理区
电话：0775－2210522
邮编：537023

百色市旅游局
地址：百色市城东路拉城开发区
电话：0776－2939152
邮编：533000

右江区旅游局
地址：百色市向阳路19号
电话：0776－2833878
邮编：533000

田阳县旅游局
地址：百色市田阳县田州镇解放街28号
电话：0776－3226214
邮编：533600

田东县旅游局
地址：百色市田东县政府大院内
电话：0776－5238699
邮编：531500

平果县旅游局
地址：百色市平果县新兴街25号
电话：0776－5831521
邮编：531400

德保县旅游局
地址：百色市德保县政府大院
电话：0776－3821876
邮编：533700

靖西县旅游局
地址：百色市靖西县中山公园右侧（靖西宾馆内）
电话：0776－6213073
邮编：533800

那坡县旅游局
地址：百色市那坡县龙泉宾馆内
电话：0776－6826158
邮编：533900

凌云县旅游局
地址：百色市凌云县泗城镇前进街248号
电话：0776－7612011
邮编：533100

乐业县旅游局
地址：百色市乐业县同乐镇三乐街004号
电话：0776－7923615
邮编：533200

田林县旅游局
地址：百色市田林县新市街109号
电话：0776－7218166
邮编：533300

隆林各族自治县旅游局
地址：百色市隆林县新州民权街200号
电话：0776－8208948
邮编：533400

西林县旅游局
地址：百色市西林县新兴路16号（西林迎宾馆内）
电话：0776－8686022
邮编：533500

贺州市旅游局
地址：贺州市贺州大道1号
电话：0774－5123189
邮编：542800

八步区旅游局
地址：贺州市八步区向阳路1号
电话：0774－5284538
邮编：542800

昭平县旅游局
地址：贺州市昭平县北秀街7号
电话：0774－6682625
邮编：546800

钟山县旅游局
地址：贺州市钟山县兴钟中路4号
电话：0774－8989909
邮编：542600

富川瑶族自治县旅游局
地址：贺州市富川县新建路28号
电话：0774－7886289
邮编：542700

河池市旅游局
地址：河池市新建路A38号
电话：0778－2286661
邮编：547000

河池市金城江区旅游局
地址：河池市金城江区行政办公中心
电话：0778－2112666
邮编：547000

宜州市旅游局
地址：河池宜州市城中西路20号
电话：0778－3146918
邮编：546300

罗城仫佬族自治县旅游局
地址：河池市罗城县东门镇朝阳路48号
电话：0778－8222812
邮编：546400

环江毛南族自治县旅游局
地址：河池市环江县思恩镇侨东路155号
电话：0778－8821498
邮编：547100

南丹县旅游局
地址：河池市南丹县体育场2楼
电话：0778－7232031
邮编：547200

天峨县旅游局
地址：河池市天峨县老街007号
电话：0778－7826777
邮编：547300

凤山县旅游局
地址：河池市凤山县凤城镇河东街99号
电话：0778－6815399
邮编：547600

东兰县旅游局
地址：河池市东兰县陵园街59号
电话：0778－6329603
邮编：547400

巴马瑶族自治县旅游局
地址：河池市巴马县新兴街189号
电话：0778－6218152
邮编：547500

都安瑶族自治县旅游局
地址：河池市都安县福源宏都宾馆5楼
电话：0778－5213170
邮编：530700

大化瑶族自治县旅游局
地址：河池市大化县新化西路
电话：0778－5825971
邮编：530800

来宾市旅游局
地址：来宾市行政中心大楼
电话：0772－4221490
邮编：546100

象州县旅游局
地址：来宾市象州县河东大道49号
电话：0772－4362818
邮编：545800

武宣县旅游局
地址：来宾市武宣县城东路9号
电话：0772－5212837
邮编：545900

金秀瑶族自治县旅游局
地址：来宾市金秀县政府大院内
电话：0772－6215238
邮编：545700

合山市旅游局
地址：来宾市合山市人民中路1号
电话：0772－8912365
邮编：546500

忻城县旅游局
地址：来宾市忻城县城关镇芝州路9号
电话：0772－5511557
邮编：546200

崇左市旅游局
地址：崇左市新城路1号行政中心
电话：0771－7968161
邮编：532200

凭祥市旅游局
地址：崇左市凭祥市南大路7号
电话：0771－8522601
邮编：532600

扶绥县旅游局
地址：崇左市扶绥县新华街162号经贸局大院
电话：0771－7531579
邮编：532100

大新县旅游局
地址：崇左市大新县政府大院内
电话：0771－3622409
邮编：532300

天等县旅游局
地址：崇左市天等县天等镇和平街27号县政府大院
办公室：0771－3526880
邮编：532800

宁明县旅游局
地址：崇左市宁明县政府大院
电话：0771－8620003
邮编：532500

龙州县旅游局
地址：崇左市龙州县龙州镇兴龙路44号
电话：0771－8814083
邮编：532400

旅行社

桂林中国国际旅行社有限责任公司
地址：桂林市滨江路11号
电话：0773－2823518
邮编：541002
网址：www.citsguilin.com
许可证号：L－GX－CJ00001

广西中青旅旅行社有限公司
地址：桂林市七星路30号
电话：0773－5808613
邮编：541004
网址：www.guilincyts.com
许可证号：L－GX－CJ00002

中国国旅（桂林）国际旅行社有限公司
地址：桂林市滨江路11号
电话：0773－2823518
邮编：541002
电子信箱：Cits@citsguilin.com
许可证号：L－GX－CJ00003

广西中国国际旅行社
地址：南宁市新民路40号
电话：0771－2802042
邮编：530012
网址：www.citsgx.com
许可证号：L－GX－CJ00004

桂林康辉国际旅行社有限公司
地址：桂林市中山北路10号
电话：0773－2814916
邮编：541001
许可证号：L－GX－CJ00005

防城港国际旅行社有限责任公司
地址：防城港市港口区东港小区11栋
电话：0770－2836933
邮编：538001
许可证号：L－GX－CJ00006

广西中国旅行社
地址：南宁市金湖路26－1号
电话：0771－2616933
邮编：530022
许可证号：L－GX－CJ00007

桂林光大国际旅游公司
地址：桂林市江滨路38号
电话：0773－2829246
邮编：541001
网址：www.ebgl.com.cn
许可证号：L－GX－CJ00008

柳州国旅国际旅行社有限责任公司
地址：柳州市中山中路2号兴隆大厦4楼
电话：0772－2803346
邮编：545001
网址：www.lzcits.com
许可证号：L－GX－CJ00009

广西南宁铁路国际旅行社
地址：南宁市中华路82号火车站出站口旁
电话：0771－2420209
邮编：530001
许可证号：L－GX－CJ00010

广西商务国际旅行社有限责任公司
地址：北海市北京南路8号中环广场4层
电话：0779－3200660
邮编：536000
网址：www.bhsw.com.cn
许可证号：L－GX－CJ00011

柳州市中国旅行社有限责任公司
地址：柳州市中山东路55号
电话：0772－2855409
邮编：545001
网址：www.lzcts.com
许可证号：L－GX－CJ00012

南宁中国青年旅行社
地址：南宁市民族大道45号金融大厦A座7楼
电话：0771－2828292
邮编：530012
网址：www.nncyts.com
许可证号：L－GX－CJ00013

南宁海外旅行社有限责任公司
地址：南宁市祥宾路63号
电话：0771－5665999
邮编：530023
网址：www.nnytoptour.com
许可证号：L－GX－CJ00014

广西职工国际旅行社
地址：南宁市青秀区古城路4号
电话：0771－2500577
邮编：530000
许可证号：L－GX－CJ00015

梧州中国国际旅行社
地址：梧州市大中路39号
电话：0774－2824197
邮编：543000
网址：www.wzcits.com
许可证号：L－GX－CJ00016

柳州柳航国际旅行社有限责任公司
地址：柳州市长风路1号
电话：0772－2871933
邮编：545001
许可证号：L－GX－CJ00017

桂林阳朔国际旅行社有限责任公司
地址：桂林市中山中路36号大世界8F
电话：0773－2880000
邮编：541001
网址：www.ysits.com
许可证号：L－GX－CJ00018

广西南宁中国旅行社有限责任公司
地址：南宁市汇春路4号金湖大厦二、三楼
电话：0771－5516718
邮编：530021
网址：www.gxnncts.com
许可证号：L－GX－CJ00019

北海环球国际旅行社有限责任公司
地址：北海市贵州路17号中安大厦4楼
电话：0779－3081181
邮编：536000
网址：www.bhhq.com.cn
许可证号：L－GX－CJ00020

中国国旅（广西）国际旅行社有限公司
地址：南宁市朝阳路38号新朝阳商业广场14楼
电话：0771－5798200
邮编：530012
网址：www.gxcits.com
电子信箱：cits@gxcits.com
许可证号：L－GX－CJ00021

广西康辉国际旅行社有限公司
地址：南宁市建政路31号二轻大厦4楼
电话：0771－5636021
邮编：530022
电子信箱：gxcct001@hotmail.com
许可证号：L－GX－CJ00022

广西新华国际旅行社
地址：南宁市民族大道69号
电话：0771－5850641
邮编：530022
网址：www.gxh－ta.com
许可证号：L－GX－CJ00023

柳州壶城职工国际旅行社有限责任公司
地址：柳州市北雀路 119 号
电话：0772－2595508
邮编：545022
许可证号：L－GX－CJ00024

广西通泰国际旅行社有限公司
地址：贵港市和平路 527 号 1 楼
电话：0775－4230008
邮编：537100
网址：www. tttravel. com. cn
许可证号：L－GX－CJ00025

广西寰海国际旅行社有限公司
地址：南宁市新民路 3 号永嘉大厦 1206 室
电话：0771－2630914
邮编：530022
网址：www. china－vn. net
许可证号：L－GX－CJ00026

桂林市天元国际旅行社有限公司
地址：桂林市漓江路 26 路国展购物公园写字楼 5－10 室
电话：0773－5833689
邮编：541004
许可证号：L－GX－CJ00027

广西海外旅行社有限公司
地址：南宁市新民路 40 号
电话：0771－2829572
邮编：530011
许可证号：L－GX－CJ00028

广西运德国际旅行社有限公司
地址：南宁市爱南路 10 号
电话：0771－2102456
邮编：530011
网址：www. yunde. net
电子信箱：jy1168@ mail. yunde. cn
许可证号：L－GX－CJ00029

北海海之旅国际旅行社有限公司
地址：北海市贵州路 35 号
电话：0779－3071771
邮编：536000
许可证号：L－GX－CJ00030

东兴口岸国际旅行社有限公司
地址：东兴市新华街 207 号
电话：0770－7689931
邮编：538100
网址：www. dxgl. gxtravel. com
许可证号：L－GX－CJ00031

桂林市杉湖国际旅行社
地址：桂林市施家园 29 号
电话：0773－2826477
邮编：541001
网址：www. gsit. com. cn
许可证号：L－GX－CJ00033

广西平安国际旅行社有限公司
地址：南宁市民族大道 63－1 号欧景城市广场
电话：0771－5839824
邮编：541001
电子信箱：shenhongyung@ sina. com
许可证号：L－GX－CJ00034

广西中广国际旅行社有限公司
地址：凭祥市北环路 100 号
电话：0771－8525276
邮编：532200
电子信箱：1121587865@ QQ. com
许可证号：L－GX－CJ00035

桂林招商国际旅行社有限责任公司
地址：桂林市南环路 5 号 19 栋桃园大厦 10 楼
电话：0773－2887861
邮编：541002
电子信箱：lilz168@ 56. com
许可证号：L－GX－CJ00036

凭祥南方国际旅行社有限公司
地址：凭祥市北环路 4 号
电话：0771－8537152
邮编：532600
电子信箱：px. nanfangguolv@ 163. com
许可证号：L－GX－CJ00037

桂林航宇国际旅行社有限公司
地址：桂林市象山区建安路 8 号
电话：0773－5815325
邮编：541002
电子信箱：glhyits@ 163. com
许可证号：L－GX－CJ00038

北海新绎国际旅行社有限公司
地址：北海市四川南路铁路桥南日东综合楼（新奥大厦）4 楼
电话：0779－3969203
邮编：563000
电子信箱：lvchunqin@ enn. cn
许可证号：L－GX－CJ00039

柳州市青年旅行社
地址：柳州市八一路 1 号
电话：0772－2869063
邮编：545001
电子信箱：lzyts@ sohu. com
许可证号：L－GX－CJ00040

广西瑞通国际旅行社有限责任公司
地址：柳州市文笔路 3 号
电话：0772－3832486
邮编：545005
电子信箱：jepan001@ 163. com
许可证号：L－GX－CJ00041

柳州新康辉国际旅行社有限责任公司
地址：柳州市广场路 4 号
电话：0772－2869909
邮编：545001
电子信箱：1019395736@ qq. com
许可证号：L－GX－CJ00042

广西森林国际旅游发展有限公司
地址：南宁市青秀区东葛路 107 号林产品销售中心综合楼 8 楼西区
电话：0771－5755660
邮编：530022
电子信箱：1796664718@ qq. com
许可证号：L－GX－CJ00043

柳州市东方国际旅行社有限责任公司
地址：柳州市北站路 156 号
电话：0772－2809668
邮编：545001
电子信箱：609608416@ qq. com
许可证号：L－GX－CJ00044

桂林唐朝国际旅行社有限责任公司
地址：桂林市会仙路 11 号湖畔山庄 6 栋二楼
电话：0773－5817738
邮编：541004
电子信箱：502055356@ qq. com
许可证号：L－GX－CJ00045

桂林中青旅国际旅游有限公司
地址：桂林市七星路 30 号东方大厦 3 楼西区
电话：0773－5808261
邮编：541004
许可证号：L－GX－CJ00046

港中旅（桂林）国际旅行社有限公司
地址：桂林市中山南路 77 号
电话：0773－8986918
邮编：541002
许可证号：L－GX－CJ00047

南宁市桃源国际旅行社有限责任公司
地址：南宁市桃源路 59 号
电话：0771－5307787　5307797
邮编：530028
许可证号：L－GX－CJ00048

广西招商国际旅行社有限公司
地址：南宁市古城路 39 号香江花园 2 号楼 603 室
电话：0771－2822521　2833433
邮编：530015
许可证号：L－GX－CJ00049

桂林市和顺国际旅行社有限公司
地址：桂林市七星区新建区五号小区东侧 1－7 层底商综合楼
电话：0773－8987013
邮编：541004
许可证号：L－GX－CJ00050

广西环泰国际旅行社有限责任公司
地址：南宁市七星路 125 号华星城 A 座 6 层 606 室
电话：0771－2620800
邮编：530022
许可证号：L－GX－CJ00051

桂林市航旅国际旅行社有限责任公司
地址：桂林市象山区南环路 3 号二层 2 号办公室
电话：0773－2566218
邮编：541002
许可证号：L－GX－CJ00052

广西凭祥和平国际旅行社有限公司
地址：广西凭祥市北大路 143 号
电话：0771－8529409　8524421
邮编：532600
许可证号：L－GX－CJ00053

桂林正大国际旅行社有限公司
地址：桂林市象山区苗圃路 15 号
电话：0773－8985318
邮编：541002
许可证号：L－GX－CJ00054

广西南湖国际旅行社有限公司
地址：南宁市民族大道 63－1 号欧景庭园 B 段 3 单元
电话：0771－2339999
邮编：530022
许可证号：L－GX－CJ00055

广西现代桂琪国际旅行社有限公司
地址：南宁市北大北路 26 号
电话：0771－3834068
邮编：530003
许可证号：L－GX－CJ00056

桂林市阳光国际旅行社有限责任公司
地址：桂林市丽君路南侧 1 号
电话：0773－2866768
邮编：541001
许可证号：L－GX－CJ00057

广西风华国际旅行社有限公司
地址：南宁市民族大道 88－1 号铭湖经典 B 座 2302 室
电话：0771－5588852
邮编：530022
许可证号：L－GX－CJ00058

东兴海之旅国际旅行社有限公司
地址：防城港东兴市新华路 16－1 号（东方明珠）0608 号房
电话：13907705031　0770－6260566
邮编：538100
许可证号：L－GX－CJ00059

柳州金海湾国际旅行社有限公司
地址：柳州市北站路 9 号
电话：0772－2805035
邮编：545001
电子信箱：lzjhwlxs－282@sina.com
许可证号：L－GX－CJ00060

饭　店

广西沃顿国际大酒店 ★★★★★
地址：南宁市民族大道 88 号
电话：0771－2111888
邮编：530022

广西南宁红林大酒店 ★★★★★
地址：南宁市民族大道东段 129 号
电话：0771－2021688
邮编：530028

桂林喜来登饭店 ★★★★★
地址：桂林市滨江南路
电话：0773－2825588
邮编：541001

桂林帝苑酒店 ★★★★★
地址：桂林市临江路 186－1 号
电话：0773－3118888
邮编：541002

桂林漓江大瀑布饭店 ★★★★★
地址：桂林市杉湖北路 1 号
电话：0773－2822881
邮编：541002

阳朔碧莲江景大酒店 ★★★★★
地址：桂林市阳朔县观莲路 1 号
电话：0773－8886666
邮编：541900

柳州饭店 ★★★★★
地址：柳州市友谊路 1 号
电话：0772－2828336
邮编：545001

柳州丽笙酒店 ★★★★★
地址：柳州市桂中大道阳光 100 城市广场
电话：0772－8855555
邮编：545001

钦州白海豚国际酒店 ★★★★★
地址：钦州市永福西大街 68 号
电话：0777－2881888
邮编：535000

北海香格里拉大饭店 ★★★★★
地址：北海市茶亭路 33 号
电话：0779－2062288
传真：0779－2064788
邮编：536000
网址：www.shangri－la.com/beihai

南宁跨世纪大酒店 ★★★★
地址：南宁市民族大道东段 111 号
电话：0771－5519200
邮编：530028

广西南宁明园饭店 ★★★★
地址：南宁市新民路 38 号
电话：0771－2118668
邮编：530022

广西锦华大酒店 ★★★★
地址：南宁市东葛路 1 号
电话：0771－2088888
邮编：530012

广西南宁凤凰宾馆 ★★★★
地址：南宁市朝阳路 63 号
电话：0771－2119888
邮编：530011

南宁恒升大酒店 ★★★★
地址：南宁市中华路 17 号
电话：0771－2108188
邮编：530011

南宁市万锦大酒店 ★★★★
地址：南宁市星湖路 27 号
电话：0771－5818333
邮编：530022

广西凯宾皇冠大酒店 ★★★★
地址：南宁民族大道 98－1 号
电话：0771－5813600
邮编：530022

南宁圣展酒店 ★★★★
地址：南宁市金湖南路 49 号
电话：0771－2026838
邮编：530028

南宁喜相逢大酒店 ★★★★
地址：南宁市长湖路 28 号
电话：0771－6110868
邮编：530022

南宁市世纪君悦大酒店 ★★★★
地址：南宁市金湖 71 号
电话：0771－5818888
邮编：530011

南宁金花园景都大酒店 ★★★★
地址：南宁市茶花园路 31－1 号
电话：0771－2280888
邮编：530031

精通桂林大酒店 ★★★★
地址：桂林市中山北路 1 号
电话：0773－2820588
邮编：541001

桂林市榕湖饭店 ★★★★
地址：桂林市榕湖北路 17 号
电话：0773－2893811
邮编：541001

桂林市桂湖饭店 ★★★★
地址：桂林市螺蛳山 1 号
电话：0773－2558899
邮编：541001

桂林观光酒店 ★★★★
地址：桂林市漓江路 20 号
电话：0773－5882688
邮编：541001

桂林宾馆 ★★★★
地址：桂林市榕湖南路 14 号
电话：0773－2898888
邮编：541002

桂林市金龙珠大酒店 ★★★★
地址：桂林市叠彩区龙珠路 7 号
电话：0773－2560000
邮编：541003

桂林阳朔唐人街大酒店 ★★★★
地址：桂林市观莲路 8 号
电话：0773－8818989
邮编：541900

桂林阳朔新世纪酒店 ★★★★
地址：桂林市阳朔县蟠桃路阳朔公园旁
电话：0773－8829703
邮编：541900

桂林阳朔县桂福大酒店 ★★★★
地址：桂林市阳朔县抗战路 2 号
电话：0773－8880000
邮编：541900

兴安帝豪大酒店 ★★★★
地址：桂林市兴安县志玲路 447 号
电话：0773－6235888
邮编：541300

资源县盛源大酒店 ★★★★
地址：桂林市资源县城北开发区
电话：0773－4368888
邮编：541400

桂林龙脊温泉中心酒店 ★★★★
地址：桂林市龙胜温泉度假中心
电话：0773－7482888
邮编：541709

恭城千钧国际大酒店 ★★★★
地址：桂林市恭城县滨江西路
电话：0773－3378888
邮编：542500
网址：www.gcqj.net/guanyu.htm

柳州丽晶大酒店 ★★★★
地址：柳州市龙城路 32 号
电话：0772－2808888
邮编：525001

柳州京都宾馆 ★★★★
地址：柳州市跃进路 40 号
电话：0772－2300188
邮编：545001

柳州市南疆宾馆 ★★★★
地址：柳州市飞鹅路 304 号
电话：0772－3608888
邮编：545007

柳州宾馆 ★★★★
地址：柳州市龙城路 2 号
电话：0772－2308888
邮编：545001

柳钢宾馆 ★★★★
地址：柳州市北雀路 117 号
电话：0772－2560088
邮编：545002

柳州望泰国际大酒店 ★★★★
地址：柳州市鱼峰区驾鹤路 95 号
电话：0772－8808888
邮编：545005

柳州尊皇祥兴大酒店 ★★★★
地址：柳州市柳石路 50 号
电话：0772－3010888

邮编：545112

柳州市华禹大酒店 ★★★★
地址：柳州市鹿寨县民生路21号
电话：0772-6863888
邮编：545600

三江侗乡宾馆 ★★★★
地址：柳州市三江县城风雨桥旁
电话：0772-8619888
邮编：545500

融水金芦笙国际大酒店 ★★★★
地址：柳州市融水县民族路1号
电话：0772-5128888
邮编：545300

梧州金苑大酒店 ★★★★
地址：梧州市新兴三路3号
电话：0774-6023888
邮编：543002

梧州江滨国际大酒店 ★★★★
地址：梧州市奥奇丽路3号
电话：0774-3869888
邮编：543002

贵港国际大酒店 ★★★★
地址：贵港市金湾大道838号
电话：0775-4558888
邮编：537100

贵港福来登酒店 ★★★★
地址：贵港市金港大道935号
电话：0775-4268067
邮编：537100

桂平市乳泉井酒店 ★★★★
地址：贵港桂平市人民西路
电话：0775-3369994
邮编：537200

桂平市宇洋国际大酒店 ★★★★
地址：贵港桂平市西山路口
电话：0775-3699988
邮编：537200

广西平南雄森大酒店 ★★★★
地址：贵港市平南县雅塘街82号
电话：0775-7868888
邮编：537100

玉林花园国际大酒店 ★★★★
地址：玉林市一环东路48号
电话：0775-2333333
邮编：537000

玉林宾馆 ★★★★
地址：玉林市公园路1号
电话：0775-2835988
邮编：537000

玉林丽晶国际大酒店 ★★★★
地址：玉林市人民东路263号
电话：0775-2889888
邮编：537000

玉林凤林国际大酒店 ★★★★
地址：玉林市玉州区江南路9号
电话：0775-3169880
邮编：537000

钦州金湾大酒店 ★★★★
地址：钦州市人民路13号
电话：0777-2886521
邮编：535000

钦州市恒商大酒店 ★★★★
地址：钦州市文峰北路160号
电话：0777-2862888
邮编：535000

北海嘉莱度假酒店 ★★★★
地址：北海市云南路
电话：0779-6806666
传真：0779-6805555
邮编：536000
网址：www.jlhotel.cn

北海海滩大酒店 ★★★★
地址：北海市银滩大道海滩公园对面
电话：0779-3888888
传真：0779-3898168
邮编：536000
网址：www.bh-bh.com

北海荔珠国际大酒店 ★★★★
地址：北海市长青路11号
电话：0779-3080888
传真：0779-3080800
邮编：536000
网址：www.bhlzhotel.com

合浦红林大酒店 ★★★★
地址：北海市合浦县廉州广场旁
电话：0779-7200608
邮编：536100

防城港京岛酒店 ★★★★
地址：防城港东兴风景名胜区
电话：0770-7222688
邮编：538100

东兴锦华饭店 ★★★★
地址：防城港东兴市兴东路
电话：0770-7679888
邮编：538100

东兴东杰大酒店 ★★★★
地址：防城港东兴市东盟大道
电话：0770-6299999
邮编：538100

东兴东和大酒店 ★★★★
地址：防城港东兴市兴东路800路
电话：0770-7693888
邮编：538100

崇左友谊酒店 ★★★★
地址：崇左市友谊大道1号
电话：0771-5969008
邮编：532200

凭祥市喜相逢大酒店 ★★★★
地址：崇左凭祥市南大路346号
电话：0771-5099999
邮编：532600

广西祥城国际大酒店 ★★★★
地址：崇左凭祥市北大路1支2号
电话：0771-8093666
邮编：532600

凭祥园林国际大酒店 ★★★★
地址：崇左凭祥市新华路105号
电话：0771-5970888
邮编：532600

百色恒升大酒店 ★★★★
地址：百色市兴新路恒升大厦
电话：0776-2865288
邮编：533000

平果国际大酒店 ★★★★
地址：百色市平果县教育路518号
电话：0776-5889888
邮编：531400

广西红山大酒店 ★★★★
地址：百色市德保县德盛路和红山路交汇处
电话：0776-3838288
邮编：533700

河池锦都国际大酒店 ★★★★
地址：河池市新建路123号
电话：0778-2308888
邮编：547000

河池市河池大酒店 ★★★★
地址：河池市新建路102号
电话：0778-2283333
邮编：547000

天峨县五吉大酒店 ★★★★
地址：河池市天峨县塘英开发区
电话：0778-7827888
邮编：547300

凤山县恒升大酒店 ★★★★
地址：河池市凤山县西环路迎龙广场旁
电话：0778-6815988
邮编：547300

广西巴马寿乡国际大酒店 ★★★★
地址：河池市巴马县寿乡大道488号
电话：0778-6228688
邮编：547500

巴马华昱酒店 ★★★★
地址：河池市巴马县新建路368号
电话：0778-6096888
邮编：547500

来宾裕达国际酒店 ★★★★
地址：来宾市人民路西288号
电话：0772-6688999
邮编：546100

武宣国际大酒店 ★★★★
地址：来宾市武宣县城北路666号
电话：0772-5292866
邮编：545900

贺州国际酒店 ★★★★
地址：贺州市建设东路183号
电话：0774-5101188
邮编：542800

贺州维也纳大饭店 ★★★★
地址：贺州市灵峰步行街1号
电话：0774-5222222
邮编：542800

广西南宁邕州饭店 ★★★
地址：南宁市新民路59号
电话：0771-2101088
邮编：530022

广西南宁翔云大酒店 ★★★
地址：南宁市新民路59号
电话：0771-2101999
邮编：530022

南宁市银河大酒店 ★★★
地址：南宁市朝阳路84号
电话：0771-2116688
邮编：530011

南宁万兴酒店 ★★★
地址：南宁市共和路174号

电话：0771－2102888
邮编：530012

广西运德旅游大酒店 ★★★
地址：南宁市友爱南路 12 号
电话：0771－2102304
邮编：530011

南宁金禾宫大酒店 ★★★
地址：南宁市桂春路 13 号
电话：0771－2187324
邮编：530022

广西精通三月花大酒店 ★★★
地址：南宁市东葛路 119 号
电话：0771－5703036
邮编：530023

广西福彩宾馆 ★★★
地址：南宁市葛村路 23 号
电话：0771－5634388
邮编：530023

南宁市富满地大酒店 ★★★
地址：南宁市桃源路 43 号
电话：0771－2195888
邮编：530021

广西新华大酒店 ★★★
地址：南宁市民族大道 69 号
电话：0771－2085818
邮编：530022

南宁华星酒店 ★★★
地址：南宁市七星路 125 号
电话：0771－2621419
邮编：530022

南宁市凯莱大酒店 ★★★
地址：南宁市中华路 48 号
电话：0771－2088088
邮编：530001

广西绿都大酒店 ★★★
地址：南宁市七星路 133 号
电话：0771－2020888
邮编：530021

广西天妃商务酒店 ★★★
地址：南宁市明秀东路 238 号
电话：0771－2080888
邮编：530001

南宁大王滩度假村 ★★★
地址：南宁市那马镇大王滩风景区
电话：0771－4778533
邮编：530218

南宁市简约酒店 ★★★
地址：南宁市桂春路 11－1 号
电话：0771－5365182
邮编：530022

广西满江红大酒店 ★★★
地址：南宁市祥宾路 63 号
电话：0771－5752688
邮编：530021

南宁永凯大酒店有限公司 ★★★
地址：南宁市友爱南路 43－2 号
电话：0771－3936089
邮编：530001

南宁市状元坡宾馆有限公司 ★★★
地址：南宁市秀灵路 77－1 号
电话：0771－5758010
邮编：530001

南宁湄公河大酒店 ★★★
地址：南宁市竹溪大道 98 号
电话：0771－2022811
邮编：530021

广西发改委培训中心 ★★★
地址：南宁市葛村路 1 号
电话：0771－2282388
邮编：530022

广西阳光假日酒店 ★★★
地址：南宁市中华路 17－1 号
电话：0771－5810388
邮编：530011

钻石海岸海鲜大酒店 ★★★
地址：南宁市双拥路南湖南广场旁
电话：0771－2028988
邮编：530021

南宁振宁大酒店 ★★★
地址：南宁市新阳路 286 号
电话：0771－2117888
邮编：530003

广西南宁嘉年华大酒店 ★★★
地址：南宁市民族大道 135 号
电话：0771－6111888
邮编：530028

广西景湖假日大酒店 ★★★
地址：南宁市星湖路 59 号
电话：0771－5802327
邮编：530022

南宁市银林山庄 ★★★
地址：南宁市邕武路 23 号
电话：0771－2022228
邮编：530002

宾阳黎都大酒店 ★★★
地址：南宁市宾阳县黎塘镇金龙大道 2 号
电话：0771－5921866
邮编：530400

宾阳花园大酒店 ★★★
地址：南宁市宾阳县广场路小区广场南路地段
电话：0771－5925000
邮编：530400

广西宾阳县金世纪大酒店 ★★★
地址：南宁市宾阳县商贸城城中大道
电话：0771－8238888
邮编：530400

桂林市民航大厦★★★
地址：桂林市上海路安新洲 18 号
电话：0773－3861111
邮编：541002

桂林市鸿景大酒店 ★★★
地址：桂林市中山路 74 号
电话：0773－2151888
邮编：541001

桂林市教育宾馆 ★★★
地址：桂林市雎山路 7 号
电话：0773－3816098
邮编：541001

漓峰饭店 ★★★
地址：桂林市稚山路 108 号
电话：0773－3556683
邮编：541002

桂林中山大酒店 ★★★
地址：桂林市中山中路 2 号
电话：0773－2882999
邮编：541002

桂林阳光栖霞酒店 ★★★
地址：桂林市七星区栖霞路 48 号
电话：0773－5888886
邮编：541004

桂林新桂大酒店 ★★★
地址：桂林市银锭路 1 号
电话：0773－3850000
邮编：541002

桂林市新凯悦饭店 ★★★
地址：桂林市中山南路 72 号
电话：0773－2158888
邮编：541002

桂林市香江饭店 ★★★
地址：桂林市西环一路 141 号
电话：0773－3866666
邮编：541002

桂林市天鹅宾馆 ★★★
地址：桂林市苗圃路 18 号
电话：0773－3559988
邮编：541002

桂林市台联酒店 ★★★
地址：桂林市中山中路 12 号
电话：0773－2892888
邮编：541002

桂林市杉湖大酒店 ★★★
地址：桂林市中山中路 24 号
电话：0773－2890089
邮编：541001

桂林市山水大酒店 ★★★
地址：桂林市七星路 48 号
电话：0773－5815151
邮编：541004

桂林市七星大酒店 ★★★
地址：桂林市漓江路 17 号
电话：0773－5812311
邮编：541004

桂林市名城大酒店 ★★★
地址：桂林市正阳路 6 号
电话：0773－2828331
邮编：541001

桂林市景秀大酒店 ★★★
地址：桂林市临桂路 8 号
电话：0773－2869818
邮编：541002

桂林市金嗓子大酒店 ★★★
地址：桂林市栖霞路 6 号
电话：0773－5815629
邮编：541004

桂林市环球大酒店 ★★★
地址：桂林市解放东路 1 号
电话：0773－2828228
邮编：541001

桂林翠竹大酒店 ★★★
地址：桂林市翠竹路 15 号
电话：0773－3871111
邮编：541002

桂林市桂星酒店 ★★★
地址：桂林市七星路 18 号

电话：0773－5815400
邮编：541004

桂林市伏波山大酒店 ★★★
地址：桂林市滨江路121号
电话：0773－2569898
邮编：541001

桂林市丹桂大酒店 ★★★
地址：桂林市中山南路77号
电话：0773－3834300
邮编：541002

桂林市达尔曼酒店 ★★★
地址：桂林市红岭路1号
电话：0773－3822333
邮编：541002

桂林金埔大酒店 ★★★
地址：桂林市解放东路137号
电话：0773－2812999
邮编：541001

桂林核工饭店 ★★★
地址：桂林市漓江路47号
电话：0773－5611188
邮编：541004

桂林桂响饭店 ★★★
地址：桂林市翠竹路19号
电话：0773－2151366
邮编：541002

桂林贵客0773酒店 ★★★
地址：桂林市文明路31号
电话：0773－2283388
邮编：541002

桂林柏丽商务酒店 ★★★
地址：桂林市解放东路2号1－5楼
电话：0773－3111111
邮编：541001

桂花香大酒店 ★★★
地址：桂林市中山南路78号1巷1楼
电话：0773－2154658
邮编：541002

桂林阳朔漓江饭店 ★★★
地址：桂林市阳朔县蟠桃路93号
电话：0773－8816968
邮编：541900

阳朔丽景假日宾馆 ★★★
地址：桂林市阳朔县阳朔西街117号
电话：0773－8817198
邮编：541900

阳朔宝峰大酒店 ★★★
地址：桂林市阳朔县大村门开发区
电话：0773－8813888
邮编：541900

全州博宇大酒店 ★★★
地址：桂林市全州县镇中正北路1号
电话：0773－8681111
邮编：541500

桂林景泰大酒店 ★★★
地址：桂林市兴安县双灵路240号
电话：0773－6211898
邮编：541300

兴安兴怡度假山庄 ★★★
地址：桂林市兴安县崔家乡长冲村
电话：0773－6255667
邮编：541300

兴安县兴都商务大酒店 ★★★
地址：桂林市兴安县兴安镇兴桂中路
电话：0773－6213658
邮编：541300

永福金海岸商务酒店 ★★★
地址：桂林市永福县连江路26号
电话：0773－8513333
邮编：541800

荔浦丰渔岩宾馆贵宾楼 ★★★
地址：桂林市荔浦县三河乡丰渔岩
电话：0773－7122192
邮编：546609

龙胜碧莲大酒店 ★★★
地址：桂林市龙胜县城武装部
电话：0773－7518077
邮编：541700

龙胜县崇信苑大酒店 ★★★
地址：桂林市龙胜县兴龙北路115号
电话：0773－7519289
邮编：541700

昊天酒店 ★★★
地址：柳州市飞鹅路113号
电话：0772－2039999
邮编：545000

柳州市长城财富商务宾馆 ★★★
地址：柳州市东环路1号
电话：0772－3916666
邮编：545000

柳州宜家商务酒店 ★★★
地址：柳州市城站路381号
电话：0772－3305699
邮编：545007

柳州宜家静兰酒店 ★★★
地址：柳州市西江路57号
电话：0772－5350666
邮编：545005

柳州鑫源饭店 ★★★
地址：柳州市南站路4－1号
电话：0772－2098881
邮编：545007

柳州延安大酒店 ★★★
地址：柳州市飞鹅路304号
电话：0772－3615008
邮编：545007

柳州市中交大酒店 ★★★
地址：柳州市解放北路
电话：0772－2832888
邮编：545001

柳州市泽丰大酒店 ★★★
地址：柳州市莲塘路23号
电话：0772－2800288
邮编：545001

柳州市华锡大厦 ★★★
地址：柳州市桂中大道
电话：0772－2628259
邮编：545006

柳州市瑞通大酒店 ★★★
地址：柳州市文笔路3号
电话：0772－3832486
邮编：545005

柳州南天大酒店 ★★★
地址：柳州市飞鹅路55－1号
电话：0772－3300188
邮编：545005

柳州屏山宾馆 ★★★
地址：柳州市屏山大道286号
电话：0772－3832468
邮编：545005

柳州市西江宾馆 ★★★
地址：柳州市东环路4号
电话：0772－3108888
邮编：545005

柳城国际大酒店 ★★★
地址：柳州市柳城县大埔镇河东大道99号
电话：0772－7632888
邮编：545200

鹿州大酒店 ★★★
地址：柳州市鹿寨县鹿寨镇西闸路19号
电话：0772－6817888
邮编：545600

融安国际大酒店 ★★★
地址：柳州市融安县长富镇融江北路261号
电话：0772－5300999
邮编：545400

三江县三江饭店 ★★★
地址：柳州市三江县新华路2号
电话：0772－8626311
邮编：545500

三江风雨桥国际大酒店 ★★★
地址：柳州市三江县古宜镇河东观鱼小区（鼓楼旁）
电话：0772－8580866
邮编：545500

柳州卡尔顿臻品酒店三江店 ★★★
地址：柳州市三江县侗乡大道
电话：0772－3015888
邮编：545500

融水苗山国际大酒店 ★★★
地址：柳州市融水县融水镇香山路20号
电话：0772－5122999
邮编：545300

融水大酒店 ★★★
地址：柳州市融水县融水镇朝阳西路
电话：0772－5136666
邮编：545300

梧州市中鼎商务酒店 ★★★
地址：梧州市新兴二路135－1号
电话：0774－6018888
邮编：543002

梧州市清华苑大酒店 ★★★
地址：梧州市新兴二路5－4号
电话：0774－3822588
邮编：543002

梧州新世纪大酒店 ★★★
地址：梧州市中山路8号
电话：0774－2812333
邮编：543000

梧州怡景酒店 ★★★
地址：梧州市蝶山一路3号
电话：0774－5848888
邮编：543002

梧州大酒店 ★★★
地址：梧州市西江三路2号
电话：0774－2048888

邮编：543000

梧州市华天大酒店 ★★★
地址：梧州市新兴2路116号
电话：0774-6023668
邮编：543002

梧州玫瑰湖大酒店 ★★★
地址：梧州市红岭路7号
电话：0774-3892988
邮编：543002

梧州市金龙城市酒店 ★★★
地址：梧州市新兴二路4-1号
电话：0774-3848666
邮编：543002

梧州市假日之旅快捷酒店 ★★★
地址：梧州市西堤三路66号
电话：0774-3902118
邮编：543003

岑溪阿里香大酒店 ★★★
地址：梧州岑溪市工农路81号
电话：0774-8232780
邮编：543218

岑溪榕湖饭店 ★★★
地址：梧州岑溪市广场旁
电话：0774-8219668
邮编：543200

梧州市岑溪市华辉酒店 ★★★
地址：梧州岑溪市解放路49号
电话：0774-8218238
邮编：543200

岑溪市大酒店 ★★★
地址：梧州岑溪市工农路11号
电话：0774-8238028
邮编：543200

苍梧县佛子大酒店 ★★★
地址：梧州市苍梧县城西大道58号
电话：0774-2668888
邮编：543100

苍梧帝龙大酒店 ★★★
地址：梧州市苍梧县龙圩镇龙城南路1号
电话：0774-2726666
邮编：543100

贵港江北宾馆 ★★★
地址：贵港市江北大道
电话：0775-2922585
邮编：537100

贵港凯悦宾馆 ★★★
地址：贵港市金湾大道中段
电话：0775-4296988
邮编：537100

贵港电力宾馆 ★★★
地址：贵港市江北大道中段
电话：0775-2911222
邮编：537100

贵港市西江宾馆 ★★★
地址：贵港市和平路168号
电话：0775-4210928
邮编：537100

贵港明珠酒店 ★★★
地址：贵港市金港大道城五路口
电话：0775-4202518
邮编：537100

贵港明兴大酒店 ★★★
地址：贵港市中山路2198号
电话：0775-4202188
邮编：537100

桂平市华联商务大酒店 ★★★
地址：贵港桂平市城区沙岗路
电话：0775-3390088
邮编：537200

桂平饭店 ★★★
地址：贵港桂平市人民路7号
电话：0775-3369333
邮编：537200

桂平功德山庄 ★★★
地址：贵港桂平市西山风景区
电话：0775-3393399
邮编：537200

平南宾馆 ★★★
地址：贵港市平南县城西路175号
电话：0775-7826688
邮编：537300

玉林得利宾馆 ★★★
地址：玉林市一环路323号
电话：0775-2391463
邮编：537000

玉林博白海德大酒店 ★★★
地址：玉林市南洲南路
电话：0775-8235018
邮编：537000

玉林振林宾馆 ★★★
地址：玉林市郁洲路168号
电话：0775-2832388
邮编：537000

玉林东方世纪大酒店 ★★★
地址：玉林市江岸路98号
电话：0775-2885588
邮编：537000

玉林锦源大酒店 ★★★
地址：玉林市一环路848号
电话：0775-2888889
邮编：537000

北流市精通大酒店 ★★★
地址：玉林市北流市城南二路
电话：0775-6352029
邮编：537800

容县龙晶国际大酒店 ★★★
地址：玉林市容县容州镇城西大道323号
电话：0775-2973318
邮编：537900

陆川温泉九龙山庄 ★★★
地址：玉林市陆川县城凤凰一巷
电话：0775-2942388
邮编：537000

陆川锦华温泉大酒店 ★★★
地址：玉林市陆川县温泉中路322号
电话：0775-7338555
邮编：537700

钦州正元大酒店 ★★★
地址：钦州港经济开发区
电话：0777-3888103
邮编：535008

钦州泉城大酒店 ★★★
地址：钦州市南珠西大街7号
电话：0777-2870188
邮编：535000

钦州市鑫兴大酒店 ★★★
地址：钦州市子材西大街
电话：0777-2882888
邮编：535000

钦州市幸福大酒店 ★★★
地址：钦州市永福西大街29号
电话：0777-2832002
邮编：535000

钦州宾馆 ★★★
地址：钦州市文峰北路2号
电话：0777-2897888
邮编：535000

钦州市嘉园酒店 ★★★
地址：钦州市南珠西大街108号
电话：0777-2848138
邮编：535000

高岭商务酒店 ★★★
地址：钦州市钦州湾大道71号
电话：0777-3682999
邮编：535000

钦州颐豪大酒店 ★★★
地址：钦州市钦州港3号路旁
电话：0777-3883999
邮编：535008

钦州市钱庄大酒店 ★★★
地址：钦州市向阳路8-2号
电话：0777-2892208
邮编：535000

钦州海豚大酒店 ★★★
地址：钦州市北部湾大道68号
电话：0777-2871888
邮编：535000

钦州市康熙大酒店 ★★★
地址：钦州市南珠西大街163号
电话：0777-3608188
邮编：535000

钦州市广美商务酒店 ★★★
地址：钦州市南珠西大街95号
电话：0777-2824888
邮编：535000

钦州红树林大酒店 ★★★
地址：钦州市钦州湾大道60号
电话：0777-2828888
邮编：535000

钦州名典商旅酒店 ★★★
地址：钦州市钦州湾大道与宫保街交汇处
电话：0777-3609888
邮编：535000

钦州市景泰大酒店 ★★★
地址：钦州市钦州湾大道66号
电话：0777-2896999
邮编：535000

钦州金花茶饭店 ★★★
地址：钦州市钦州湾大道13号
电话：0777-2835528
邮编：535000

钦州中青国际酒店 ★★★
地址：钦州市蓬莱大道中青乒羽训练基地
电话：0777-3270888
邮编：535000

灵山县财富大酒店 ★★★
地址：钦州市灵山县云峰路财富广场
电话：0777－6983999
邮编：535400

广西正久大酒店 ★★★
地址：钦州市灵山县灵城镇宝石大道J区
电话：0777－6982999
邮编：535400

浦北县浦北宾馆 ★★★
地址：钦州市浦北县小江镇解放路199号
电话：0777－8211112
邮编：535300

浦北县诚义信大酒店 ★★★
地址：钦州市浦北县小江镇民兴路38号诚义信大酒店
电话：0777－8311789
邮编：535300

浦北县广源大酒店 ★★★
地址：钦州市浦北县小江镇滨河路3号
电话：0777－8365222
邮编：535300

北海利源国际大酒店 ★★★
地址：北海市重庆路
电话：0779－3208816
传真：0779－3202286
邮编：536000
网址：www. lyhotel. cn

北海海之韵大酒店 ★★★
地址：北海市北海大道271号
电话：0779－3188888
邮编：536000

北海中玉酒店 ★★★
地址：北海市北部湾西路33号
电话：0779－3903388
传真：0779－3909999
邮编：536000
网址：www. zhongyuhotel. com

北海石林大酒店 ★★★
地址：北海市北部湾西路35号
电话：0779－3908088
传真：0779－3905660
邮编：536000
网址：www. zlhotel. net

北海路海宾馆 ★★★
地址：北海市侨港镇港口路1号
电话：0779－2212888
传真：0779－2212127
邮编：536000
网址：www. bhlhhotel. com

北海新皇都大酒店 ★★★
地址：北海市贵州路
电话：0779－3033388
邮编：536000

北海泽霖宾馆 ★★★
地址：北海市深圳路45号
电话：0779－2058888
邮编：536000

北海银滩度假村 ★★★
地址：北海市银滩八号路
电话：0779－3899388
邮编：536000

北海良港大酒店 ★★★
地址：北海市北部湾东路10号
电话：0779－2086666
传真：0779－2086688
邮编：536000

北海金港酒店 ★★★
地址：北海市银滩大道8号
电话：0779－3897288
邮编：536000

北海佳家宾馆 ★★★
地址：北海大道与北京路交会处
电话：0779－3087588
邮编：536000

北海国发华联酒店 ★★★
地址：北海市北部湾西路1号
电话：0779－3087888
邮编：536000

北海明都大酒店 ★★★
地址：北海市北部湾西路
电话：0779－3996666
邮编：536000

北海农垦宾馆 ★★★
地址：北海市贵州路29号
电话：0779－3996888
邮编：536000

北海银滩阳光假日酒店 ★★★
地址：北海市银滩大道2号
电话：0779－3895558
邮编：536000

北海银滩明珠大酒店 ★★★
地址：北海市银滩公园大门口对面
电话：0779－3893968
邮编：536000

北海彩云宾馆 ★★★
地址：北海市侨港镇
电话：0779－3899500
邮编：536000

北海金园宾馆 ★★★
地址：北海市海城区北部湾西路10号卫生局大院
电话：0779－3087225
邮编：536000

防城港南城大酒店 ★★★
地址：防城港市防城区防邕路
电话：0770－3299999
邮编：538021

防城闽都城市酒店 ★★★
地址：防城港市防城区群星大道426号
电话：0770－2217999
邮编：538021

防城港恒泰酒店 ★★★
地址：防城港市港口区友谊路5号
电话：0770－2800888
邮编：538001

防城港市国际迎宾馆 ★★★
地址：防城港市港口区友谊大道8号
电话：0770－2800367
邮编：538001

防城港市金湾宾馆 ★★★
地址：防城港市港口区中华大道2号
电话：0770－2800888
邮编：538001

深澳酒店 ★★★
地址：防城港市港口区兴港大道88号
电话：0770－2881330
邮编：538001

国正酒店 ★★★
地址：防城港市防城区防范大道369号
电话：0770－6188666
邮编：538021

防城港世纪利源酒店 ★★★
地址：防城港市港口区四川路83号
电话：0770－2202222
邮编：538001

防城港德城宾馆 ★★★
地址：防城港市港口区企沙镇新港路
电话：0770－6109688
邮编：538002

防城港海悦商务酒店 ★★★
地址：防城港市防城区防港大道164号
电话：0770－3298288
邮编：538021

防城港金海岸宾馆 ★★★
地址：防城港市港口区友谊路20号
电话：0770－2823411
邮编：538001

防城港天之龙酒店 ★★★
地址：防城港市港口区贵州路5号
电话：0770－6106888
邮编：538001

东兴桂源商务酒店 ★★★
地址：防城港东兴市兴东路369号
电话：0770－7653666
邮编：538100

东兴冠都饭店 ★★★
地址：防城港东兴市柑子岭路305号
电话：0770－7659988
邮编：538100

东兴市东海大酒店 ★★★
地址：防城港东兴市新华路212号
电话：0770－7687888
邮编：538001

东兴王朝大酒店 ★★★
地址：防城港东兴市北仑大道366号
电话：0770－7683333
邮编：538100

东兴东润大酒店 ★★★
地址：防城港东兴市北伦大道229号
电话：0770－7661888
邮编：538001

东兴浙江商业城大酒店 ★★★
地址：防城港东兴市浙江商业城内
电话：0770－7672927
邮编：538001

东兴市东京湾酒店 ★★★
地址：防城港东兴市河堤路
电话：0770－7692088
邮编：538100

东兴时代假日酒店 ★★★
地址：防城港东兴市民族路50号
电话：0770－6295888
邮编：538100

东兴市东武酒店 ★★★
地址：防城港东兴市民族大道799号
电话：0770－7653688
邮编：538100

上思龙腾国际大酒店 ★★★
地址：防城港市上思县环城东路林业局旁
电话：0770－8527899
邮编：535599

金辉煌国际酒店 ★★★
地址：防城港市上思县民政中路
电话：0770－8521999
邮编：535500

崇左市左江宾馆有限公司 ★★★
地址：崇左市新民路 27 号
电话：0771－5967708
邮编：532200

凭祥中越国际大酒店 ★★★
地址：崇左凭祥市新华路 3 号
电话：0771－8539888
邮编：532600

凭祥广越国际大酒店 ★★★
地址：崇左凭祥市南大路 373 号
电话：0771－5093138
邮编：532600

凭祥市绿洲假日酒店 ★★★
地址：崇左凭祥市青山路 2 号
电话：0771－5970990
邮编：532600

扶绥县景阳楼宾馆 ★★★
地址：崇左市扶绥县扶绥大道 339 号
电话：0771－7515990
邮编：532100

大新县硕龙假日酒店 ★★★
地址：崇左市大新县硕龙镇
电话：0771－3773768
邮编：532314

崇左大新县新大新大酒店 ★★★
地址：崇左市大新县德天大道 5 区－15 号
电话：0771－3627115
邮编：532300

大新鑫丰大酒店 ★★★
地址：崇左市大新县富康路 2 号
电话：0771－3636888
邮编：532300

天等天福大酒店 ★★★
地址：崇左市天等县天福路 2 号
电话：0771－3529808
邮编：532800

崇左宁明县江滨大酒店 ★★★
地址：崇左市宁明县兴宁大道东一号
电话：0771－8688888
邮编：532500

龙州县龙嘉大酒店 ★★★
地址：崇左市龙州县城北路 10 号
电话：0771－8832888
邮编：532400

龙州县天之鹅大酒店 ★★★
地址：崇左市龙州县城北路 3－1 号
电话：0771－8815788
邮编：532400

龙州锦德大酒店 ★★★
地址：崇左市龙州县独山路 80 号
电话：0771－6433993
邮编：532400

百色市四川大酒店 ★★★
地址：百色市右江区城东拉域开发区
电话：0776－2931898
邮编：533000

百色市金都大酒店 ★★★
地址：百色市右江区城北一路 29 号
电话：0776－2881180
邮编：533000

百色市瑞丰大酒店 ★★★
地址：百色市右江区城北二路 5 号
电话：0776－2881688
邮编：533000

百色中天大酒店 ★★★
地址：百色市火车站进站大道左侧（交通局大楼）
电话：0776－2986198
邮编：533000

田阳宾馆 ★★★
地址：百色市田阳县解放中路 31 号
电话：0776－3212415
邮编：533600

平果铝宾馆 ★★★
地址：百色市平果县平果铝公司含笑小区
电话：0776－5805990
邮编：531400

广西平铝国际大酒店 ★★★
地址：百色市平果县新兴街 1 号
电话：0776－5838888
邮编：531400

德保国际大酒店 ★★★
地址：百色市德保县清水街 115 号
电话：0776－3809999
邮编：533700

靖西鑫都大酒店 ★★★
地址：百色市靖西县城西路 196 号
电话：0776－6220308
邮编：533800

靖西华西国际大酒店 ★★★
地址：百色市靖西县城西路 971 号
电话：0776－6210688
邮编：533800

靖西壮锦大酒店 ★★★
地址：百色市靖西县城中路 60－2 号
电话：0776－6210388
邮编：533800

那坡县睦边大酒店 ★★★
地址：百色市那坡县睦边大道 499 号
电话：0776－6802086
邮编：533900

凌云县迎晖山庄 ★★★
地址：百色市凌云县城中心
电话：0776－7611888
邮编：533100

乐业金源国际酒店 ★★★
地址：百色市乐业县元乐街 173 号
电话：0776－2558888
邮编：533200

天林锦龙大酒店 ★★★
地址：百色市田林县乐里镇新市街 7 号
电话：0776－2578888
邮编：533300

河池金城江盛源大酒店 ★★★
地址：河池市南新西路 48 号
电话：0778－2201681
邮编：547000

金城江运威大酒店 ★★★
地址：河池市西环路 120－2 号
电话：0778－2598388
邮编：547000

河池市丽江大酒店 ★★★
地址：河池市南新东路 485 号
电话：0778－2303588
邮编：547000

河池市锦都大酒店（党校宾馆）★★★
地址：河池市市委党校内（城东建材市场旁）
电话：0778－2323860
邮编：547000

河池市顺泰大酒店 ★★★
地址：河池市文体路 108 号
电话：0778－2289888
邮编：547000

宜州君怡大酒店 ★★★
地址：河池宜州市龙江路 2 号
电话：0778－3222888
邮编：546300

宜州市刘三姐度假山庄 ★★★
地址：河池宜州市下枧河旅游区
电话：0778－3318188
邮编：546323

宜州宾馆 ★★★
地址：河池宜州市城中中路 2 号
电话：0778－3210188
邮编：546300

宜州市裕华大酒店 ★★★
地址：河池宜州市庆远镇解放路 4 号
电话：0778－3224188
邮编：546300

南丹大厂宾馆 ★★★
地址：河池市南丹县大厂镇樱花路
电话：0778－7577177
邮编：547205

南丹迎宾馆 ★★★
地址：河池市南丹县城关镇民生路 108 号
电话：0778－7238111
邮编：547200

南丹阿尔卑斯大酒店 ★★★
地址：河池市南丹县河东路 128 号
电话：0778－7282888
邮编：547200

南丹东谋大酒店 ★★★
地址：河池市南丹县民治街华星大厦
电话：0778－7232666
邮编：547200

天峨金港商务大酒店 ★★★
地址：河池市天峨县民族路 488 号
电话：0778－6212625
邮编：547500

天峨行通大酒店 ★★★
地址：河池市天峨县六排镇城西路 159 号
电话：0778－7831068
邮编：547300

天峨林朵大酒店 ★★★
地址：河池市天峨县六排镇城东路 128 号
电话：0778－7822646
邮编：547300

巴马圣地大酒店 ★★★
地址：河池市天峨县六排镇城东路 258 号

电话：0778－7821888
邮编：547300

东兰大酒店 ★★★
地址：河池市东兰县东兰镇陵园街59号
电话：0778－6331999
邮编：547400

巴马开心酒店 ★★★
地址：河池市巴马县寿乡大道（新汽车总站对面）
电话：0778－6215528
邮编：547500

巴马大酒店 ★★★
地址：河池市巴马县民族路600号
电话：0778－6211147
邮编：547500

光明宾馆 ★★★
地址：河池市大化县岩滩镇
电话：0778－5612008
邮编：530811

巴马明都大酒店 ★★★
地址：河池市巴马县巴马镇南环路118号
电话：0778－6228888
邮编：547500

都安运达大酒店 ★★★
地址：河池市都安县安阳镇安阳大道1号
电话：0778－8199889
邮编：530700

大化县电都大酒店 ★★★
地址：河池市大化县江滨路
电话：0778－5890088
邮编：530800

大化县俊美大化大酒店 ★★★
地址：河池市大化县建丰路1号
电话：0778－5829666
邮编：530800

罗城香格里拉大酒店 ★★★
地址：河池市罗城县东门镇德山路26号
电话：0778－8361888
邮编：546400

罗城茂源酒店 ★★★
地址：池河市罗城县东门镇解放路115号
电话：0778－8212211
邮编：546400

环江宾馆 ★★★
地址：河池市环江县迎宾路1号
电话：0778－8822222
邮编：547100

来宾锦江大酒店 ★★★
地址：来宾市溪江北路和祥和路交汇处
电话：0772－4293888
邮编：546100

来宾市森明大厦 ★★★
地址：来宾市柳来路167号
电话：0772－4233588
邮编：546100

来宾宾馆 ★★★
地址：来宾市中南路118号
电话：0772－4228178
邮编：546100

合山红河酒店 ★★★
地址：来宾合山市人民南路57号
电话：0772－8919888
邮编：546500

象州大酒店 ★★★
地址：来宾市象州县温泉大道55号
电话：0772－4366668
邮编：545800

象州阳光假日大酒店 ★★★
地址：来宾市象州县温泉大道122号
电话：0772－4369918
邮编：545800

象州鸿凯大酒店 ★★★
地址：来宾市象州县象州镇平安大道524号
电话：0772－4352922
邮编：545800

武宣华奇国际大酒店 ★★★
地址：来宾市武宣县城北路188号
电话：0772－5216888
邮编：545900

忻城海天国际大酒店 ★★★
地址：来宾市忻城县芝州一路武装部大院内
电话：0772－5516999
邮编：546200

忻城县五福旺角酒店 ★★★
地址：来宾市忻城县城关镇小广场
电话：0772－5519558
邮编：546200

金秀瑶都大酒店 ★★★
地址：来宾市金秀县瑶都广场旁
电话：0772－6217888
邮编：545700

贺州市喜悦城市酒店 ★★★
地址：贺州市平安西路117号
电话：0774－5101588
邮编：542800

贺州市将军山大酒店 ★★★
地址：贺州市
电话：0774－3316888
邮编：542800

贺州花园大酒店 ★★★
地址：贺州市灵峰北路1号
电话：0774－5288688
邮编：542800

贺州利源酒店 ★★★
地址：贺州市建设中路16号
电话：0774－5100878
邮编：542800

贺州金港酒店 ★★★
地址：贺州市太白西路50号
电话：0774－5103680
邮编：542800

贺州华圣商务酒店 ★★★
地址：贺州市灵峰北路6号
电话：0774－3308666
邮编：5428000

贺州温泉宾馆 ★★★
地址：贺州市黄田镇路花村
电话：0774－5109186
邮编：542808

八步永丰宾馆 ★★★
地址：贺州市贺州大道南段73号
电话：0774－5101998
邮编：542800

八步粤港假日酒店 ★★★
地址：贺州市建设中路31号
电话：0774－5108888
邮编：542800

贺州市新都酒店 ★★★
地址：贺州市建设西路
电话：0774－5223334
邮编：542800

昭平县昭平大酒店 ★★★
地址：贺州市昭平县昭平镇东宁中路15号
电话：0774－6699999
邮编：546800

钟山迎宾馆 ★★★
地址：贺州市钟山县城广场路17号
电话：0774－8987388
邮编：542600

钟山大世界酒店 ★★★
地址：贺州市钟山县兴钟中路
电话：0774－8989888
邮编：542600

富川县凤凰山宾馆 ★★★
地址：贺州市富川县县城新建路38号
电话：0774－7882146
邮编：542700

旅游景区

南宁市青秀山风景旅游区 AAAAA
地址：南宁市青山路19号
电话：0771－5560611
邮编：530021

南宁嘉和城景区 AAAA
地址：南宁市东北方向南梧大道嘉和城内
邮编：530012

南宁九曲湾温泉景区 AAAA
地址：南宁市三塘镇
邮编：530012

南宁市八桂田园景区 AAAA
地址：南宁市大学路48号
电话：0771－3279033
邮编：530012

南宁市广西药用植物园 AAAA
地址：南宁市新城区长岗路189号
电话：0771－5611352
邮编：530023

南宁市动物园 AAAA
地址：南宁市大学西路3号
电话：0771－3212720
邮编：530003

良凤江国家森林公园 AAAA
地址：南宁市友谊路78号
电话：0771－4842528
邮编：530031

南宁市大明山风景旅游区 AAAA
地址：南宁市东北部
邮编：530012

广西科技馆 AAAA
地址：南宁市青秀区民族大道20号
电话：0771－2809756
邮编：530022

南宁乡村大世界 AAAA
地址：南宁市兴宁区三塘镇蒙村
电话：0771－2025358

邮编：530012

金花茶公园 AAA
地址：南宁市葛村路
电话：0771－5869600
邮编：530022

南宁市人民公园 AAA
地址：南宁市人民东路
电话：0771－5644777
邮编：530012

广西民族博物馆 AAAA
地址：南宁市青秀区青环路 11 号
电话：0771－2024322
邮编：530028

南宁市大王滩风景区 AAA
地址：南宁市南郊 28 公里处
电话：0771－4778127
邮编：530028

南宁市凤凰谷景区 AAA
地址：南宁市兴宁区三塘镇四塘凤凰谷
电话：0771－4089706　4088096
邮编：530028

南宁海底世界景区 AAA
地址：南宁市人民公园内
电话：0771－5636483
邮编：530028

南宁金湖地王云顶观光旅游景区 AAA
地址：南宁市金湖路 59 号 40 楼
电话：0771－5592022　5537733
邮编：530028

南宁市广西规划馆景区 AAAA
地址：南宁市青秀区凤岭南路平乐大道西侧
邮编：530213

南宁市民歌湖景区 AAAA
地址：南宁市青秀区金浦路 23 号
邮编：530213

横县九龙瀑布群景区 AAA
地址：南宁市横县北 48 公里处
邮编：530300

横县西津湖景区 AAA
地址：南宁市横县西南
电话：0771－7252203
邮编：530300

南宁武鸣伊岭岩风景区 AAAA
地址：南宁市武鸣县双桥镇伊岭村
电话：0771－6260421
邮编：530100

隆安龙虎山风景区 AAA
地址：南宁市隆安县 316 省道
电话：0771－6650057
邮编：532700

南宁市龙虎山旅游景区 AAAA
地址：南宁市隆安县
电话：0771－6650057
邮编：532700

昆仑关旅游风景区 AAA
地址：南宁市宾阳县
电话：0771－5529109
邮编：530400

宾阳蔡氏书香古宅群景区 AAA
地址：南宁市宾阳县古辣镇
邮编：530400

宾阳县白鹤观旅游度假区 AAA
地址：南宁市宾阳县武陵镇白鹤观山
电话：0771－8308186 2833313
邮编：530400

马山金伦洞景区 AAA
地址：南宁市马山县两江镇
电话：0771－6890128
邮编：530600

桂林市南溪山景区 AAAA
地址：桂林市中山南路
电话：0773－3820132
邮编：541001

桂林市神龙水世界景区 AAAA
地址：桂林市雁山区草坪乡神龙谷景区
电话：0773－2252888
邮编：541001

桂林冠岩景区 AAAA
地址：桂林市安新北路 5 号
电话：0773－3848899
邮编：541002
网址：www.cn414.com

桂林漓江景区 AAAAA
地址：桂林市福旺路 178 号
电话：0773－2825890
邮编：541002

桂林芦笛岩公园 AAAA
地址：桂林市芦笛路
电话：0773－2692473
邮编：541001

桂林市两江四湖景区 AAAA
地址：桂林市秀峰区
电话：2810307
邮编：541001

桂林市穿山景区 AAAA
地址：桂林市穿山小街 55 号
电话：0773－5866878
传真：0773－5867669
邮编：541002

桂林刘三姐景观园 AAAA
地址：桂林市桃花江路 1 号
电话：0773－2891758
邮编：541001

桂林尧山景区 AAAA
地址：桂林市靖江路
电话：0773－5864592
邮编：541004

桂林叠彩伏波景区 AAAA
地址：桂林市叠彩路
电话：0773－2852522
邮编：541000

靖江王城（王府、独秀峰）景区 AAAAA
地址：桂林市王城内景点管理处
电话：0773－2852203
邮编：541901

桂林象山景区 AAAA
地址：桂林市龙珠路 1 号
电话：0773－2825817
邮编：541001

桂林七星公园 AAAA
地址：桂林市七星路 1 号
电话：0773－5836240
邮编：541004

古东瀑布风景区 AAAA
地址：桂林市七星路 50 号
电话：0773－5849968
邮编：541004

桂林愚自乐园 AAAA
地址：桂林市雁山区大埠乡
电话：0773－3869006
邮编：541006

桂林雁山园景区 AAAA
地址：桂林市雁山区雁山镇
邮编：541006

桂林西山景区 AAAA
地址：桂林市秀峰区西山路 2 号
电话：0773－2897315
邮编：541001

桂林市金银寨－蛇王李景区 AAA
地址：桂林市雁山区大埠乡路口东侧
电话：0773－3861716
邮编：541006

桂林市义江缘景区 AAAA
地址：桂林市临桂区五通镇
邮编：541100

临桂十二滩漂流景区 AAA
地址：桂林市临桂区宛田乡东北部
邮编：541100

桂林世外桃源景区 AAAA
地址：桂林市阳朔县白沙五里店世外桃源
电话：0773－8822152
邮编：541901

桂林阳朔文化古迹山水园 AAA
地址：桂林市阳朔县外事码头
电话：0773－8772664
邮编：541900

阳朔九马画山景区 AAA
地址：桂林市阳朔县漓江右岸冷水村对面
邮编：541900

阳朔蝴蝶泉景区 AAAA
地址：桂林市阳朔县月亮山风景区 321 国道旁
邮编：541900

阳朔鉴山寺景区 AAA
地址：桂林市阳朔县
电话：0773－8828823
邮编：541901

阳朔图腾古道·聚龙潭景区 AAAA
地址：桂林市阳朔县高田乡历村
电话：0773－8822813
邮编：541901

灵川大野神镜生态旅游景区 AAA
地址：桂林市灵川县大境乡
邮编：541200

灵川龙门瀑布景区 AAA
地址：桂林市灵川县青狮潭乡东源村
邮编：541200

灵川县江头景区 AAA
地址：桂林市灵川县
邮编：541200

桂林乐满地休闲世界 AAAAA
地址：桂林市兴安县志玲路
电话：0773－6229898
邮编：541300

广西

灵渠风景区 AAAA
地址：桂林市兴安县灵渠南路
电话：0773－6221913
邮编：541300

永福金钟山旅游度假区 AAAA
地址：桂林市永福县罗锦镇
电话：0773－－8632888
邮编：541800

灌阳千家峒景区 AAAA
地址：桂林市灌阳县苏东村
电话：0773－4236006
邮编：541600

资源县八角寨景区 AAA
地址：桂林市资源县
电话：400－666－5852
邮编：541400

资源资江景区 AAA
地址：桂林市资源县大埠街134号
电话：0773－7311351
邮编：541400

平乐仙家温泉景区 AAA
地址：桂林市平乐县源头仙家村
邮编：542400

桂林丰鱼岩田园旅游度假区 AAAA
地址：桂林市荔浦县三河东里丰鱼岩
电话：0773－7128190
邮编：546609

荔浦天河瀑布景区 AAA
地址：桂林市荔浦县蒲芦乡
邮编：546600

桂林银子岩旅游度假区 AAAA
地址：桂林市荔浦县马岭镇小青山
电话：0773－7132626
邮编：546001

桂林市荔浦荔江湾景区 AAAA
地址：桂林市荔浦县青山镇
邮编：546600

桂林龙胜温泉旅游度假区 AAAA
地址：桂林市龙胜县江底乡
电话：0773－7482241
邮编：541712

龙胜龙脊梯田景区 AAAA
地址：桂林市龙胜县和平乡平安村
电话：0773－7583088
邮编：541700

龙胜县大唐湾景区 AAA
地址：桂林市龙胜县泗水乡大唐湾山寨
电话：0773－7482828
邮编：541700

恭城县红岩景区 AAA
地址：桂林市恭城县
邮编：542500

柳州文庙景区 AAAA
地址：柳州市
邮编：545001

柳州城市规划展览馆 AAAA
地址：柳州市文昌路66号
电话：0772－2660037　2660195
邮编：545001

柳州市君武森林公园景区 AAA
地址：柳州市柳北区君武路168号
电话：0772－2858885
邮编：545004

柳州柳侯公园 AAAA
地址：柳州市文惠路62号
电话：0772－2824230
邮编：545001

柳州龙潭景区 AAAA
地址：柳州市龙潭路43号
电话：0772－3171018
邮编：545005

柳州都乐岩风景区 AAA
地址：柳州市柳石路都乐岩
电话：0772－3350549
邮编：545005

柳州花果山生态景区 AAA
地址：柳州市沙塘镇江湾村
邮编：545001

柳州市马鹿山奇石博览园景区 AAAA
地址：柳州市河东新区东环路272号
电话：0772－3128176
邮编：545005

柳州市工业博物馆景区 AAAA
地址：柳州市昌桥头东
电话：0772－8853830
邮编：545001

柳州园博园 AAAA
地址：柳州市柳东新区九子岭
电话：0772－2822869
邮编：545001

柳州博物馆 AAAA
地址：柳州市解放北路37号
电话：0772－2824539
邮编：545001

柳州立鱼峰风景区 AAAA
地址：柳州市鱼峰路
电话：0772－3805174
邮编：545005

柳州市万聚乐休闲农庄 AAA
地址：柳州市柳南区大桥园艺场
电话：0772－3351678
邮编：545007

柳州市动物园 AAA
地址：柳州市航银路
电话：0772－3233528
邮编：545001

柳州市百里柳江旅游景区 AAAA
地址：柳州市柳江县
邮编：545100

柳城县红马山景区 AAA
地址：柳州市柳城县
邮编：545200

柳州柳城知青城景区 AAAA
地址：柳州市柳城县大埔填洛崖村
电话：0772－7620632
邮编：545200

鹿寨月岛湖景区 AAA
地址：柳州市鹿寨县
邮编：545600

柳州市鹿寨香桥岩溶国家地质公园景区 AAAA
地址：柳州市鹿寨县中渡镇
邮编：545600

融安县大良石门仙湖景区 AAAA
地址：柳州市融安县
电话：0772－8452228
邮编：54540

柳州市三江县大侗寨景区 AAAA
地址：柳州市三江县
邮编：545500

柳州市三江程阳侗族八寨景区 AAAA
地址：柳州市三江县
邮编：545500

丹洲旅游景区 AAAA
地址：柳州市三江县丹洲镇丹洲村
电话：0772－8501698
邮编：545502

三江石门冲景区 AAA
地址：柳州市三江县丹洲镇
邮编：545500

三江县灌洞景区 AAA
地址：柳州市三江县
邮编：545500

融水贝江景区 AAAA
地址：柳州市融水县
邮编：545300

融水雨卜苗寨景区 AAA
地址：柳州市融水县香粉乡雨卜村
邮编：545300

融水老子山景区 AAA
地址：柳州市融水县城西南郊
电话：0772－2821364
邮编：545300

融水县田头苗寨景区 AAA
地址：柳州市融水县四荣乡东田村田头屯
邮编：545300

融水龙女沟景区 AAA
地址：柳州市融水县四荣乡
邮编：545300

梧州市珠山景区 AAA
地址：梧州市
邮编：543002

白云山公园 AA
地址：梧州市白云路
电话：0774－2027590
邮编：543000

广西梧州市骑楼城·龙母庙景区 AAAA
地址：梧州市桂林路75号
电话：0774－2826098
邮编：543000

梧州市中山公园 AAA
地址：梧州市万秀区
电话：0774－2022687
邮编：543000

梧州市藤县石表山休闲旅游景区 AAAA
地址：梧州市藤县象棋镇道家村
邮编：543300

藤县黎寨蝴蝶谷景区 AAA
地址：梧州市藤县埌南镇黎寨蝴蝶谷
电话：0774－7037688
邮编：543300

广西

蒙山县梁羽生公园 AAA
地址：梧州市蒙山县通文街
电话：0774－6285733
邮编：546700

老鸭山庄景区 AAA
地址：贵港市
电话：0775－4267677
邮编：537100

桂平西山风景名胜区 AAAA
地址：贵港桂平市西山风景区
电话：0775－3382971
邮编：537200

桂平龙潭国家森林公园 AAAA
地址：贵港桂平市金田林场
电话：0775－3382490
邮编：537200

桂平市大藤峡景区 AA
地址：贵港桂平市
电话：0775－3361708
邮编：537200

平南县新桂园景区 AA
地址：贵港市平南县
邮编：537300

玉林市龟山公园景区 AAA
地址：玉林市玉州区
电话：2687525
邮编：537028

北流市白云岩景区 AA
地址：玉林北流市山围镇石根村
电话：0775－6222873
邮编：537400

北流勾漏洞景区 AAA
地址：玉林北流市东 3 公里处
邮编：537400

北流市大容山国家森林公园 AAA
地址：玉林北流市民乐镇大容山
电话：0775－6662635　5765333　5765222
邮编：537400

兴业县鹿峰山风景区 AAAA
地址：玉林市兴业县城隍镇
邮编：537800

兴业县桔香果业庄园旅游景区 AA
地址：玉林市兴业县
邮编：537800

容县“三名”旅游景区 AAAA
地址：玉林市容县
电话：0775－5336331
邮编：537500

玉林市陆川谢鲁温泉休闲景区 AAAA
地址：玉林市陆川县乌石镇谢鲁村
邮编：537700

陆川龙珠湖风景名胜区 AAA
地址：玉林市陆川县珊罗镇田龙村
邮编：537700

钦州三娘湾旅游区 AAAA
地址：钦州市人民路 13 号
电话：0777－2834077
邮编：535000

钦州刘冯故居景区 AAAA
地址：钦州市钦南区
邮编：535000

钦州八寨沟旅游景区 AAAA
地址：钦州市钦北区贵台镇洞利圩
邮编：535000

钦州龙门群岛海上生态公园 AAA
地址：钦州市钦州港西北部
邮编：535000

钦州市北部湾坭兴玉陶景区 AA
地址：钦州市沙井大道
电话：0777－3693833
邮编：535000

钦州坭兴陶艺术馆景区 AA
地址：钦州市钦南区
电话：0777－2839993
邮编：535000

六峰山景区 AAA
地址：钦州市灵山县鸣珂江畔
电话：0777－6211510
邮编：535000

北海帆顺古船木旅游景区 AA
地址：北海市
邮编：536000

北海海洋之窗 AAAA
地址：北海市四川南路中段
电话：0779－3886666
传真：0779－3206126
邮编：536000
网址：www.oceanorama.com

北海市涠洲岛鳄鱼山公园 AAAA
地址：北海市围洲岛
电话：0779－6013988
传真：0779－6012277
邮编：536000
网址：www.bhtourism.com.cn

北海海底世界 AAAA
地址：北海市茶亭路
电话：0779－2069973
传真：0779－2051265
邮编：536000
网址：www.seashow.org

北海银滩旅游区 AAAA
地址：北海市银滩四号路
电话：0779－3884839
传真：0779－3884829
邮编：536000
网址：www.bhtourism.com.cn

北海金海湾红树林景区 AAA
地址：北海市银滩东区
电话：0779－3882866
传真：0779－3884829
邮编：536000
网址：www.bhtourism.com.cn

北海大江埠民俗风情村 AAA
地址：北海市银海区银滩镇大江村
电话：0779－2022771
邮编：536000

北海市嘉和一冠山海景区 AAAA
地址：北海市
邮编：536000

北海合浦汉文化公园景区 AAA
地址：北海市合浦县
邮编：536100

防城港市西湾旅游景区 AAA
地址：防城港市
邮编：538001

防城港市北仑河源头景区 AAA
地址：防城港市防城区那良镇六市村
电话：0770－3656288
邮编：538001

防城港火山岛景区 AA
地址：防城港市港口区光坡镇红沙村
邮编：538001

防城港市江山半岛白浪滩旅游景区 AAAA
地址：防城港市
邮编：538021

东兴市意景园旅游景区 AAA
地址：防城港东兴市
邮编：538100

东兴市京岛旅游度假区 AAAA
地址：防城港东兴市江平镇
电话：0770－7222463
邮编：538001

东兴陈公馆景区 AAA
地址：防城港东兴市中心区
邮编：538100

东兴市屏峰雨林景区 AAAA
地址：防城港东兴市马路镇平丰村
电话：0770－7668117
邮编：538100

十万山国家森林公园景区 AAAA
地址：防城港市上思县
电话：0770－8462088
邮编：535500

上思县百鸟乐园 AA
地址：防城港市上思县
电话：0770－8462202
邮编：535500

崇左市凭祥友谊关景区 AAAA
地址：崇左凭祥市友谊镇
电话：0771－8522601
邮编：532600

凭祥市兰花谷公园 AA
地址：崇左凭祥市
邮编：532600

凭祥地下长城景区 AA
地址：崇左凭祥市北 23 公里处
邮编：532600

崇左市南山红木文化城景区 AAA
地址：崇左凭祥市
邮编：532600

扶绥县逐羊景区 AAA
地址：崇左市扶绥县
邮编：532100

大新德天跨国瀑布景区 AAAA
地址：崇左市大新县德天村
邮编：532300

龙州起义纪念馆 AAA
地址：崇左市龙州县龟独山大道
电话：0771－8812446
邮编：532400

百色澄碧湖风景区 AAAA
地址：百色市永乐乡境内

电话：0776－2940186
邮编：533021

百色起义纪念馆 AAAA
地址：百色市解放街
电话：0776－2894401
邮编：533000

百色市大王岭景区 AAAA
地址：百色市大楞乡
邮编：533000

田东十里莲塘景区 AAA
地址：百色市田东县祥周镇甘莲村
邮编：531500

田东县右江工农民主政府旧址景区 AAA
地址：百色市田东县城中心
邮编：531500

百色黎明通天河旅游景区 AAAA
地址：百色市平果县平新街
电话：0776－5887799
邮编：531400
网址：www.gxpgly.com
电子信箱：ztx5887766@163.com

百色市德保红叶森林旅游景区 AAAA
地址：百色市德保县
邮编：533700

靖西通灵大峡谷景区 AAAA
地址：百色市靖西县湖润镇新灵村
电话：0776－6180076
邮编：533800

百色市德保县吉星岩景区 AAAA
地址：百色市德保县
邮编：533700

古龙山峡谷群生态旅游风景区 AAAA
地址：百色市靖西县湖润镇
电话：0776－6229328
邮编：533800

凌云茶山金字塔景区 AAAA
地址：百色市凌云县
电话：0776－7612011
邮编：533100

凌云县纳灵河谷景区 AAA
地址：百色市凌云县城郊
邮编：533100

凌云县泗城文庙景区 AAA
地址：百色市凌云县泗水河泮
邮编：533100

百色乐业罗妹莲花洞景区 AAA
地址：百色市乐业县城西南1公里的乐雅公路旁
邮编：533200

百色乐业大石围天坑群景区 AAAA
地址：百色市乐业县同乐镇刷把村北边
邮编：533200

百色市田阳聚之乐休闲农业景区 AAAA
地址：百色市田阳县百育镇国家农业科技园
电话：0776－8122732
邮编：533600

河池市金城江公园 AAA
地址：河池市金城江区南新西路
邮编：547000

金城江小三峡旅游景区 AAA
地址：河池市金城江区六甲镇
电话：0778－2551058
邮编：547000

宜州市会仙山景区（白龙公园）AAA
地址：河池宜州市城北1公里
邮编：546300

宜州壮古佬景区 AA
地址：河池宜州市刘三姐乡马山塘屯
电话：0778－3217666　13324787189
邮编：546300

宜州金浪湾景区 AAA
地址：河池宜州市德胜镇西部
邮编：546300

宜州市刘三姐故里旅游区 AAAA
地址：河池宜州市流河寨
邮编：546300

宜州市古龙河漂流景区 AA
地址：河池宜州市江河中段
邮编：546300

南丹温泉公园 AAA
地址：河池市南丹县城南12公里处
邮编：547200

南丹白裤瑶生态博物馆 AAA
地址：河池市南丹县里湖乡怀里村
邮编：547200

南丹县铜江公园景区 AAA
地址：河池市南丹县
邮编：547200

河池市天峨县龙滩水电站景区 AAA
地址：河池市天峨县
邮编：547300

河池市天峨县聚龙大峡谷景区 AAA
地址：河池市天峨县
邮编：547300

广西凤山崭家地质公园 AAAA
地址：河池市凤山县
邮编：547600

河池东兰红色旅游区 AAAA
地址：河池市东兰县东兰镇
电话：0778－6329603
邮编：547400

河池市巴马盘阳河景区 AAAA
地址：河池市巴马县甲篆乡
邮编：547500

河池市巴马水晶宫景区 AAAA
地址：河池市巴马县那社乡大洛村牛洞屯
电话：0778－6218152
邮编：547500

大化七百弄国家地质公园景区 AAA
地址：河池市大化县
电话：0778－5824379
邮编：530800

罗城县武阳江景区 AA
地址：河池市罗城县
邮编：546400

罗城青明山庄园景区 AA
地址：河池市罗城县
邮编：546400

金秀县圣堂湖景区 AAA
地址：来宾市
邮编：546100

象州县凉泉景区 AA
地址：来宾市象山县凉泉乡
邮编：545800

来宾市象州古象温泉旅游区 AAAA
地址：来宾市象州县东郊8公里处
邮编：545800

武宣百崖大峡谷景区 AAA
地址：来宾市武宣县河马乡
邮编：545900

来宾市金秀莲花山旅游景区 AAAA
地址：来宾市金秀瑶族自治县
邮编：546100

忻城县莫土司衙署景区 AAA
地址：来宾市忻城县城关镇
电话：0772－5512606
邮编：546000

贺州紫云景区 AAA
地址：贺州市鹅塘镇栗木村
电话：0774－5129650　5237380
邮编：542800

贺州市客家围屋景区 AA
地址：贺州市莲塘镇
电话：0774－5137368　5101228
邮编：542800

贺州市姑婆山国家森林公园 AAAA
地址：贺州市黄田镇姑婆山林场
电话：0774－5236994
邮编：542800

平桂十八水原生态景区 AAAA
地址：贺州市北郊20公里处黄田镇
邮编：542800

贺州八步区黄洞月湾茶园景区 AA
地址：贺州市八步区黄洞瑶族乡
邮编：542800

贺州昭平县桂江生态景区 AA
地址：贺州市昭平县文竹镇桂花村
电话：0774－6689188
邮编：546800

昭平县黄姚古镇旅游景区 AAAA
地址：贺州市昭平县黄姚镇黄姚街7号
电话：0774－6722119
邮编：546805

富川县神仙湖生态景区 AA
地址：贺州市富川县
邮编：542700

餐　馆

南宁绿柳居素菜馆
地址：南宁市青秀区竹溪大道39号左岸青园
电话：0771－5326866
邮编：530213

南宁万国酒家
地址：南宁市兴宁区民生路113号
电话：0771－2822303
邮编：530023

大食代餐饮有限公司
地址：南宁市共和路
电话：0771－2818100
邮编：530012

品味空间餐饮有限公司
地址：南宁市园湖路9号
电话：0771－5889338
邮编：530022

肥仔餐饮有限责任公司
地址：南宁市衡阳西路13号
电话：0771－3930016
邮编：530001

大清茶楼餐饮有限责任公司
地址：南宁市葛村路3－4号
电话：0771－5858469
邮编：530022

海鲜仔饮食有限责任公司
地址：南宁市竹溪路22号
电话：0771－5338028
邮编：530022

桂林仔江畔饮业有限公司
地址：南宁市江南路
电话：0771－4818587
邮编：530031

黄金海岸饮食有限责任公司
地址：南宁市双拥路
电话：0771－5327728
邮编：530000

大华饮食服务有限公司
地址：南宁市民族大道118号
电话：0771－5509068
邮编：530012

三品王饮食有限责任公司
地址：南宁市民族大道92号
电话：0771－5509098
邮编：530022

南宁地区饮食服务公司
地址：南宁市苏州路
电话：0771－2432523
邮编：530011

下枧河渔餐馆
地址：南宁市建政东路
电话：0771－5665039
邮编：530023

苏荷西餐厅
地址：南宁市桃源路
电话：0771－5309111
邮编：530021

红豆轩餐厅
地址：南宁市大学路
电话：0771－3262168
邮编：530006

路易十三西餐厅
地址：南宁市东葛路
电话：0771－2817888
邮编：530022

枫湾人家
地址：南宁市平湖路8－5号
电话：0771－4805555
邮编：530022

花江餐馆
地址：南宁市望州路北二里
电话：0771－3320853
邮编：530001

仙湖酒家
地址：南宁市青秀区鲤湾路19号
电话：0771－5881542
邮编：530022

四川老妈鱼餐馆
地址：南宁市新竹路延长线37－41号
电话：0771－5875791
邮编：530022

金圣湾酒家
地址：南宁市青秀区滨湖路61号
电话：0771－5551552
邮编：530022

秋水居
地址：南宁市青秀区民族大道
电话：0771－2611234
邮编：530022

雨石阁越泰餐厅
地址：南宁市青秀区新民路3号
电话：0771－2614522
邮编：530022

雨石阁川菜主题餐厅
地址：南宁市七星路125号华星城2楼
电话：0771－5302989
邮编：530022

紫星阁休闲西餐厅
地址：南宁市兴宁区民主路22号
电话：0771－2614712
邮编：530012

禾旺角酒家
地址：南宁市兴宁区民主路12号
电话：0771－5636506
邮编：530012

新渔民村海鲜酒家
地址：南宁市兴宁区公园路6号
电话：0771－2213208
邮编：530012

川味鱼庄
地址：南宁市兴宁区南环路24号
电话：0771－2586939
邮编：530012

南宁万国酒家
地址：南宁市兴宁区民生路113号
电话：0771－2822303
邮编：530023

南宁市澳莉西餐厅
地址：南宁市兴宁区解放路7号
电话：0771－2828982
邮编：530012

东方快车酒楼
地址：南宁市兴宁区人民路23号
电话：0771－2832752
邮编：530012

南宁饭店日韩餐厅
地址：南宁市民生路38号南宁饭店锦绣楼9楼
电话：0771－2103393
邮编：530012

枫丹白露自助餐厅
地址：南宁市民生路38号南宁饭店锦绣楼8楼
电话：0771－2103399
邮编：530012

钦州仔鱼餐馆
地址：南宁市江南区体育路3－2号
电话：0771－2174006
邮编：530031

老北京酒楼
地址：南宁市江南区体育路6－1号
电话：0771－2569448
邮编：530031

南宁桃花阁酒家
地址：南宁市西乡塘区友爱南路33－27号
电话：0771－3133699
邮编：530001

南宁市独家村餐馆
地址：南宁市西乡塘区北湖南路3号
电话：0771－3132650
邮编：530001

桂林市饮食服务总公司老乡亲饭店
地址：桂林市解放东路149号
电话：0773－2822515
邮编：541001

桂林人集团发展有限公司
地址：桂林市中山中路16号金泰大厦
电话：0773－2822341　2826362
邮编：541002

桂林饮食服务总公司桂林酒家
地址：桂林市中山中路212号
电话：0773－3859617
邮编：541002

桂林饮食服务总公司桂海酒家
地址：桂林市中山南路84号
电话：0773－3832633
邮编：541002

桂林饮食服务总公司平山酒家
地址：桂林市瓦窑路14号
电话：0773－3602181
邮编：541002

泰兴阁酒楼
地址：桂林市信义路
电话：0773－2852578
邮编：541002

桂林米粉大王有限责任公司桂林人旺角美食街
地址：桂林市中山中路268号2楼
电话：0773－2807385
邮编：541002

同来馆
地址：桂林市象山区中山中路4号
电话：0773－2825496
邮编：541002

李记正宗担子米粉
地址：桂林市象山区临桂路6号
电话：0773－77699588
邮编：541002

月牙楼
地址：桂林市月牙山下（七星公园内）
电话：0773－8812232
邮编：541002

阿甘酒家
地址：桂林市依仁路
电话：0773－2863038
邮编：541002

正阳汤城
地址：桂林市正阳路
电话：0773－2858553
邮编：541002

九龙酒家
地址：桂林市安新州漓江边
电话：0773－3812229
邮编：541002

味香馆
地址：桂林市中山中路
电话：0773－2822559
邮编：541002

紫禁城鲍翅楼
地址：柳州市跃进路19号
电话：0772－2825555
邮编：545001

春柳酒家
地址：柳州市龙城路19号
电话：0772－2825194
邮编：545001

柳州宾馆旋转餐厅
地址：柳州市龙城路2号
电话：0772－2308888
邮编：545001

漓江小厨
地址：柳州市解放南路89号
电话：0772－2828123
邮编：545001

青衣小筑音乐美食坊
地址：柳州市公园路68号
电话：0772－2812288
邮编：545001

柳州市柳饮饮食有限责任公司
地址：柳州市解放南路金鱼巷13号5楼
电话：0772－2808699
邮编：545001

聚景苑酒家
地址：柳州市屏山大道218号东方大酒店3楼
电话：0772－3821338
邮编：545001

八仙酒家
地址：柳州市河西路18号
电话：0772－3816404
邮编：545001

桂花湾酒楼
地址：柳州市荣军路
电话：0772－3141895
邮编：545001

柳州狗肉风味城
地址：柳州市跃进路42号
电话：0772－2836777
邮编：545001

梧州大东大酒家
地址：梧州市万秀区南环路20号
电话：0774－2826072　2831391
邮编：543000

梧州粤西楼
地址：梧州市万秀区中山路11号
电话：0774－2022618
邮编：543000

梧州市冰泉豆浆馆
地址：梧州市白云路冰泉冲3楼
电话：0774－2022474
邮编：543002

广西梧州市东盛大酒楼
地址：梧州市西环路上段18号
电话：0774－3889888
邮编：543000

梧州又一村海鲜酒家有限公司老地方酒家
地址：梧州市新兴二路8号
电话：0774－3828482
邮编：543000

梧州云龙酒楼
地址：梧州市西江三路1号
电话：0774－2380306
邮编：543000

梧州民族食府
地址：梧州市新华路27号
电话：0774－3835847
邮编：543000

梧州银都鱼翅海鲜大酒楼有限公司
地址：梧州市西江二路2号之二
电话：0774－2821161
邮编：543000

梧州市西濠酒家
地址：梧州市新兴一路124号
电话：0774－3834527
邮编：543000

梧州帝皇西餐厅
地址：梧州市和平路20号2楼
电话：0774－2838119
邮编：543000

梧州市饮食公司
地址：梧州市中山路11号
电话：0774－2021521
邮编：543000

梧州市第二饮食公司
地址：梧州市五坊路13号
电话：0774－2824786
邮编：543000

梧州市饮食公司大东酒家
地址：梧州市南环路20号
电话：0774－2826072
邮编：543000

梧州第二饮食公司粤北餐馆
地址：梧州市北环路28号
电话：0774－2824786
邮编：543000

梧州菜根香餐馆
地址：梧州市文澜路3号
电话：0774－3842102
邮编：543000

梧州市桂苑酒家
地址：梧州市新兴一路183号
电话：0774－3858228
邮编：543000

梧州市五月花酒家
地址：梧州市新兴二路
电话：0774－3831908
邮编：543000

梧州宋城大酒楼
地址：梧州市西江二路
电话：0774－2037608
邮编：543000

梧州大铜钱酒楼
地址：梧州市钱鉴路14号
电话：0774－2355470
邮编：543000

梧州渝都大酒楼
地址：梧州市中山路16号
电话：0774－2027330
邮编：543000

贵港市民族酒楼
地址：贵港市解放路中段
电话：0775－4212912
邮编：537100

贵港市青藤阁休闲美食餐厅
地址：贵港市建设西路
电话：0775－4248963
邮编：537100

贵港市饮食服务公司贵港饭店
地址：贵港市榕兴街471号
电话：0775－4214699
邮编：537100

贵港市红太阳大酒店
地址：贵港市和平路中段
电话：0775－4214838
邮编：537100

粤海酒家
地址：贵港市中山北路
电话：0775－4569999
邮编：537100

韶山人菜馆
地址：贵港市港宝街
电话：0775－2930999
邮编：537100

青藤阁
地址：贵港市建设路
电话：0775－4248963
邮编：537100

漓江村
地址：贵港市金港大道
电话：0775－4552488
邮编：537100

菌临天下食府
地址：贵港市中山路
电话：0775－4251588
邮编：537100

梅园食味馆
地址：贵港市凤凰西街
电话：0775－4248686
邮编：537100

金龙寨酒楼玉林分店
地址：玉林市玉州区人民东路741号
电话：0775－2816969
邮编：537000

金旺酒楼
地址：玉林市玉州区教育西路159号
电话：0775－8846068
邮编：537000

玉林酒家
地址：玉林市玉州区玉州路97号
电话：0775－2822733
邮编：537000

湘南人家湘菜馆
地址：玉林市玉州区广场东路

电话：0775－2688669
邮编：537000

春园海鲜楼
地址：玉林市一环东路东门路 156 号
电话：0775－2850504
邮编：537000

状元坊餐馆
地址：玉林市人民路 759 号
电话：0775－2801077
邮编：537000

钦州桂林人家餐馆
地址：钦州市白沙街
电话：0777－2858957
邮编：535000

天上人家酒家
地址：钦州市钦州湾大道
电话：0777－2859861
邮编：535000

东苑酒店
地址：钦州市板岭东路
电话：0777－2853008
邮编：535000

金煌大酒楼
地址：钦州市钦南区永福西大街 12 号
电话：0777－2693999
邮编：535000

银湾大酒楼
地址：钦州市钦南区钦州湾大道 35 号
电话：0777－2810588
邮编：535000

潇湘王
地址：钦州市钦南区文峰北路
电话：0777－2811333
邮编：535000

金铧茶饭店
地址：钦州市钦南区钦州湾大道 13 号
电话：0777－2835408
邮编：535000

蓬莱酒家
地址：钦州市钦南区钦州湾大道
电话：0777－2830342
邮编：535000

醉美海鲜酒楼
地址：钦州市钦南区子材西大街
电话：0777－2818388
邮编：535000

红楼酒家
地址：钦州市钦南区钦州湾大道
电话：0777－2833483
邮编：535000

徐记桂林米粉
地址：钦州市钦南区南珠西大街
电话：0777－2993227
邮编：535000

桂林仔北海昆明店
地址：北海市贵州路 23 号
电话：0779－3050088
邮编：536000

北海乐满堂渔村
地址：北海市北海大道家佳大酒店附楼
电话：0779－3030388
邮编：536000

北海市花苑餐厅
地址：北海市四川路
电话：0779－3034327
邮编：536000

北方三元包子馆
地址：北海市海城区贵州路与北部湾西路交会处
电话：0779－3057894
邮编：536000

德福轩酒楼
地址：北海市云南路 28 号
电话：0779－3906888
邮编：536000

金世界酒楼
地址：北海市四川路
电话：0779－3038622
邮编：536000

海港大酒楼北海店
地址：北海市北海大道西 9 号
电话：0779－3085269
邮编：536000

北海市外沙疍家棚酒楼
地址：北海市个沙岛印尼餐饮区
电话：0779－2087088　2087066
邮编：536000

观海酒楼
地址：北海市广东路
电话：0779－2021123
邮编：536000

自贡嫩鱼王
地址：北海市
电话：0779－3033556
邮编：536000

海港大酒楼北海店
地址：北海市北海大道
电话：0779－3085228
邮编：536000

防城港市北部湾酒家
地址：防城港市防东路
电话：0770－3254007
邮编：538001

山海酒楼
地址：防城港市港口区富裕路
电话：0770－2826877
邮编：538001

天然港酒家
地址：防城港市港口区
电话：0770－2822289
邮编：538001

碧海楼酒家
地址：防城港市港口区
电话：0770－2820282
邮编：538001

砂锅城
地址：防城港市凯乐路
电话：0770－2822291
邮编：538001

茅岭海鲜大世界
地址：防城港市港口区
电话：0770－2833339
邮编：538001

天作大酒楼
地址：崇左市
电话：0771－7821013
邮编：532200

林家渔村
地址：崇左市江洲区丽江南路
电话：0771－7825043
邮编：532200

左江红酒家
地址：崇左市江州区江南路
电话：0771－7833663
邮编：532200

崇左花山大酒楼
地址：崇左市江州区江南路 71 号
电话：0771－7820978
邮编：532200

崇左迎宾酒楼
地址：崇左市新民路 2 号
电话：0771－7820079
邮编：532200

丽江苑酒楼
地址：崇左市城西路 146 号
电话：0771－7829666
邮编：532200

溢香粤菜酒家
地址：崇左市江州区江南路 128 号
电话：0771－7837983
邮编：532000

百色市金丰华美食餐饮有限公司
地址：百色市东合二路路口
电话：0776－2825686
邮编：533000

向阳餐厅
地址：百色市向阳路 7 号
电话：0776－2824648
邮编：533000

瑞丰大酒店海鲜城
地址：百色市中山一路
电话：0776－2881668
邮编：533000

江滨花园海鲜酒楼
地址：百色市江滨路
电话：0776－2895665
邮编：533000

醉仙酒家
地址：百色市城东路 113 号
电话：0776－2830792
邮编：533000

金丰华海鲜大酒楼
地址：百色市右江区中山二路
电话：0776－2823126
邮编：533000

都市茶餐厅
地址：百色市右江区向阳路
电话：0776－2820208
邮编：533000

重庆山城餐厅
地址：百色市右江区中山二路
电话：0776－2828833
邮编：533000

湖南土菜馆
地址：百色市右江区新兴路

电话：0776－2662068
邮编：533000

御湘阁
地址：百色市右江区中山二路
电话：0776－2835186
邮编：533000

刘家仔河池总店
地址：河池市金城江区
电话：0778－2301879
邮编：547000

庄园村酒楼
地址：河池市金城江区西环路
电话：0778－2281758
邮编：547000

清水河鱼庄
地址：河池市金城江区江北东路
电话：0778－2236911
邮编：547000

蓉城老妈
地址：河池市金城江区
电话：0778－2561799
邮编：547000

老桂林人饭庄
地址：河池市金城江区江北东路
电话：0778－2236669
邮编：547000

红洋河餐馆
地址：来宾市兴宾区北二路137号
电话：0772－4215128
邮编：546100

毛家饭店
地址：河池市江滨路
电话：0778－8193666
邮编：547000

湘之缘
地址：河池市白马街149号
电话：0778－2200999　2287666
邮编：547000

大桂林酒楼
地址：河池市文化广场
电话：0778－2294838
邮编：547000

聚龙山庄
地址：河池市新建路河池大酒店内
电话：0778－2296177
邮编：547000

来宾市蓝色海洋饮食有限责任公司
地址：来宾市维林大道新城开发区6号
电话：0772－4272811
邮编：546100

刘家仔食城来宾总店
地址：来宾市兴宾区维林大道323号
电话：0772－4275691
邮编：546100

毛哥老鸭汤来宾店
地址：来宾市兴宾区新兴北路281号
电话：0772－4223881
邮编：546100

四川本味居酒楼
地址：来宾市兴宾区北二路
电话：0772－4228632
邮编：546100

北部湾海鲜世界
地址：来宾市兴宾区中南路
电话：0772－4229983
邮编：546100

山水印象
地址：来宾市兴宾区维林大道
电话：0772－4275858
邮编：546100

老伙计酒楼
地址：贺州市建安街13号
电话：0774－5272108
邮编：542800

桂江渔村
地址：贺州市建设西路
电话：0774－3317108
邮编：542800

东云阁大酒家
地址：贺州市八步区
电话：0774－5128178
邮编：542800

丰泽园饭庄
地址：贺州市八步区星光路28号
电话：0774－5136789
邮编：542800

粤味食坊
地址：贺州市八步区建设中路
电话：0774－3329591
邮编：542800

湘村菜馆
地址：贺州市八步区灵峰北路
电话：0774－5285998
邮编：542800

东北饺子城
地址：贺州市八步区灵峰北路
电话：0774－5280388
邮编：542800

红磨坊贺州店
地址：贺州市八步区建设中路
电话：0774－5299285
邮编：542800

老伙计酒楼
地址：贺州市建安街13号
电话：0774－5272108
邮编：542800

川妹子香水鱼餐馆
地址：贺州市
电话：0774－8622562
邮编：542800

莲塘狗肉馆
地址：贺州市光明街
电话：0774－8610008
邮编：542800

贺州市灵峰饮食服务有限公司
地址：贺州市八步镇新兴北路26号
电话：0774－5282518
邮编：542800

旅游用品

广西凌速文化艺术有限公司
地址：南宁民族大道89号金禄大厦22楼D座
电话：0771－5848377　13737070085
邮编：530022

南宁千年工艺有限公司
地址：南宁市经济技术开发区迎凯路19号
电话：0771－4515263
邮编：530012

南宁艺品堂工艺品有限公司
地址：南宁市人民路73号金朝阳大厦
电话：0771－202774
邮编：530012

南宁翔云旅游用品有限公司
地址：南宁市新阳北一路21号B区
电话：0771－2436295
邮编：530000

南宁博西林珍珠制品有限责任公司
地址：南宁市古城路
电话：0771－2635204
邮编：530012

南宁市蓝与白工艺礼品公司
地址：南宁市解放路2号
电话：0771－2800186
邮编：530012

桂林市美术陶瓷厂
地址：桂林市七星路
电话：0773－5815147
邮编：541004

桂林市工艺美术工业公司
地址：桂林市七星路
电话：0773－5819440
邮编：541004

桂林市七彩石水晶制品有限公司
地址：桂林市桃园新城
电话：0773－2863888
邮编：541002

桂林市荔浦县红金龙蜡烛工艺厂
地址：桂林市荔浦县中园路
电话：0773－7237018
邮编：546600

柳州金山首饰有限公司
地址：柳州市公园路68号
电话：0772－2870033　13878192201
邮编：545001

柳州市工艺美术厂
地址：柳州市北站路11号
电话：0772－2825971
邮编：545001

柳州市屏山工艺美术厂
地址：柳州市窑埠街36号
电话：0772－2613795
邮编：545005

广西千色叶脉干花厂
地址：梧州市西堤二路19号
电话：0774－3813780
邮编：543002

梧州市启雄工艺厂
地址：梧州市上三云路
电话：0774－3841560
邮编：543000

梧州市友谊工艺厂
地址：梧州市钱鉴万秀工业园15号
电话：0774－5833187

邮编：543004

梧州崔氏宝石首饰制造厂有限公司
地址：梧州市步埠路
电话：0774－3887877
邮编：543000

梧州宝石城
地址：梧州市西环中路68号
电话：0774－3882808　3888089
邮编：543000

梧州市宝石工艺总公司
地址：梧州市大中路
电话：0774－2833450
邮编：543000

梧州市星光宝石制造有限公司
地址：梧州市西环中段
电话：0774－3880883
邮编：543000

梧州新兴宝石饰品工艺厂
地址：梧州市新兴珠宝路18号
电话：0774－3833340
邮编：543000

钧葳（梧州）饰品制造有限公司
地址：梧州市新兴二路
电话：0774－2038278
邮编：543002

玉林市工艺美术厂
地址：玉林市环城路259号
电话：0775－2824686
邮编：547000

广西博白县民族编织工艺厂
地址：玉林市博白县博白镇东路
电话：0775－8326638　8326589
邮编：537600

北海国发南珠宫珍珠首饰制造有限公司
地址：北海市茶亭路4－1号
电话：0779－2051135
邮编：536000

北海市依莲珍珠制品有限公司
地址：北海市
电话：0779－3065994
邮编：536000

北海市黑白珍珠有限公司
地址：北海市北部湾西路正虹广场A座
电话：0779－3912094　3901641
邮编：536000

北海市恒兴珠宝有限责任公司
地址：北海市
电话：0779－2033179
邮编：536000

广西北海市贝壳工艺厂
地址：北海市白虎头中路21号
电话：0779－3887355
邮编：536000

广西北海市旅游用品工业公司
地址：北海市茶亭路16号
电话：0779－2053795
邮编：536002

北海市铁山港区泰康珍珠制品厂
地址：北海市铁山港南康镇
电话：0779－8607788　3991500
邮编：536000

北海市工艺美术总厂
地址：北海市北部湾东路
电话：0779－2053314
邮编：536000

东洋珍珠研究所逸夫贝雕工坊
地址：北海市白虎头路
电话：0779－3202166
邮编：536000

北海市城西工艺制品厂
地址：北海市前进路18号
电话：0779－3036058
邮编：536000

广西合浦县工艺美术厂
地址：北海市合浦县西华路175号
电话：0779－7285585
邮编：536100

合浦县珍珠公司
地址：北海市合浦县还珠大道
电话：0779－7285031
邮编：536100

合浦县工艺美术厂
地址：北海市合浦县西华路175号
电话：0779－7285585
邮编：536100

合浦县蜡制品工艺厂
地址：北海市合浦县环城镇宋屋沟
电话：0779－7285060
邮编：536100

东兴市石雕厂
地址：防城港东兴市
电话：0770－7682254
邮编：538100

东兴市第一编织工艺厂
地址：防城港东兴市新东路12号
电话：0770－7682215
邮编：538100

旅游交通

南宁火车站
地址：南宁市中华路
电话：0771－2222222
邮编：530000

吴圩火车站
地址：南宁市江南区吴圩镇
电话：0771－4232196
邮编：530200

南宁吴圩国际机场
地址：南宁市江南区吴圩镇
电话：0771－2095123　2095124
邮编：530000

桂林旅游汽车运输有限责任公司
地址：桂林市象山区翠竹路27－3号
电话：0773－3815127
邮编：541002

广西集联桂林旅游汽车分公司
地址：桂林市铺星路3号
电话：0773－5813502
邮编：541000

桂林旅游汽车运输有限责任公司
地址：桂林市翠竹路27号
电话：0773－3842029　3815127
邮编：541002

桂林火车站
地址：桂林市中山南路
电话：0773－2164722
邮编：541000

桂林火车北站
地址：桂林市叠彩区
电话：0773－2162222
邮编：541001

桂林旅游股份有限公司漓江游船公司
地址：桂林市滨江路17号
电话：0773－2821586　2821589
邮编：541001
网址：www.glliriver.cn

桂林两江国际机场
地址：桂林市
电话：0773－2845114
邮编：541106

柳州火车站
地址：柳州市柳南区南站路北
电话：0772－3922222
邮编：545000

柳州火车北站
地址：柳州市跃进路
电话：0772－2850537
邮编：545000

柳州白莲机场
地址：柳州市
电话：0772－3201088　3831604
邮编：545000

梧州火车南站
地址：梧州市长洲区
电话：0771－95105105　12306
邮编：543003

梧州长洲岛机场
地址：梧州市机场路
电话：0774－3891357　3833222
邮编：543000

贵港市火车站
地址：贵港市贵城镇
电话：0775－4212461　3124242
邮编：537100

玉林火车站
地址：玉林市中秀路
电话：0775－3122562　3822169
邮编：537000

钦州火车站
地址：钦州市钦南区西站路
电话：0777－5122252
邮编：535000

钦州火车东站
地址：钦州市钦南区
电话：0777－2392087
邮编：535099

北海贵航旅游客运有限公司
地址：北海市云南南路
电话：0779－3904556
邮编：536000

北海市南康旅客运输服务站
地址：北海市铁山港区南康镇
电话：0779－8605326
邮编：536000

北海火车站
地址：北海市北京路
电话：0779－2208373
邮编：536000

北海利进达国际旅游船务有限公司
地址：北海市海城区北海大道
电话：0779－3202388　3709989
邮编：536000

北海港
地址：北海市海角路145号
电话：0779－3922566　3922386
邮编：536000

北海福成机场
地址：北海市东郊
电话：0779－3033757　8512770
邮编：536000

防城港火车站
地址：防城港市港口区
电话：0770－2825031
邮编：538001

防城港明海国际旅游船务有限公司
地址：防城港市港口区兴港大道1号
电话：0770－2828578
邮编：538001

防城港
地址：防城港市港口区友谊大道22号
电话：0770－2820970
邮编：538001

崇左市火车站
地址：崇左市江州区太平镇
电话：0771－2268292　5968252
邮编：532200

凭祥市火车站
地址：崇左凭祥市
电话：0771－8526405
邮编：532600

百色火车站
地址：百色市右江区百色镇
电话：0776－2687222
邮编：533000

百色机场
地址：百色市田阳县
电话：0776－3233666　2892008
邮编：533600

百色市田东火车站
地址：百色市田东镇
电话：0776－2599702
邮编：531500

金城江火车站
地址：河池市金城江区金城江镇
电话：0778－3992222
邮编：547000

来宾市火车站
地址：来宾市兴宾区来宾镇合山路
电话：0772－3988222
邮编：546100

贺州火车站
地址：贺州市
电话：0771－95105105　12306
邮编：542800

海　南

HAINAN

旅游机构

海南省旅游发展委员会
地址：海口市海府路 49 号
电话：0898－65200610
邮编：570102
网址：www.hainantour.com
电子信箱：fy@tourhn.com

海南省旅游质量监督管理所
地址：海口市海府路 49 号
电话：0898－65381796
邮编：570203

海口市旅游发展委员会
地址：海口市长滨路市政府大楼 16 楼
电话：0898－68723572
邮编：570125

三亚市旅游发展委员会
地址：三亚市河东区市府办公大楼
电话：0898－88272439
邮编：572000

文昌市旅游发展委员会
地址：文昌市政府办公大楼 4 楼
电话：0898－63330169
邮编：571300

琼海市旅游发展委员会
地址：琼海市政府办公大楼
电话：0898－62935042
邮编：571400

万宁市旅游局
地址：万宁市政府办公大楼
电话：0898－62222308
邮编：571500

五指山市旅游局
地址：五指山爱民路政府办公楼
电话：0898－86623023
邮编：572200

东方市旅游局
地址：东方市政府办公大楼
电话：0898－25535488
邮编：572600

儋州市旅游局
地址：儋州市中兴大街市政二楼
电话：0898－23322715
邮编：571700

临高县旅游局
地址：临高县政府大院
电话：0898－28285265
邮编：571800

澄迈县旅游发展委员会
地址：澄迈县政府大院
电话：0898－67610528
邮编：571900

定安县旅游发展委员会
地址：定安县政府大院
电话：0898－63832789
邮编：571200

屯昌县旅游发展委员会
地址：屯昌县政府委办公大楼
电话：0898－67815186
邮编：571600

昌江黎族自治县旅游局
地址：昌江县东风路县政府
电话：0898－26691242
邮编：572700

白沙县旅游局
地址：白沙县政府大楼 3 楼
电话：0898－27723807
邮编：572800

琼中黎族苗族自治县旅游局
地址：琼中县虎头路政府第二办公大楼
电话：0898－86222285
邮编：572900

陵水黎族自治县旅游发展委员会
地址：陵水县政府大院
电话：0898－83322680
邮编：572400

保亭黎族苗族自治县旅游局
地址：保亭县政府办公大楼
电话：0898－38666399
邮编：572300

乐东黎族自治县旅游局
地址：乐东县商务局
电话：0898－85532306
邮编：572500

旅行社

海南旅总国际旅行社有限公司
地址：海口市蓝天路 33 号京航大厦 9－11 楼
电话：0898－31371696
邮编：570203
网址：www.hainantc.com
许可证号：L－HAN－CJ00001

海南省中国旅行社
地址：海口市大同路 17 号
电话：0898－66764495
邮编：570102
网址：www.hncts.com
电子信箱：736693530@qq.com
许可证号：L－HAN－CJ00002

海南省中国国际旅行社
地址：海口市白龙南路 38 号琼苑宾馆写字楼 1 楼
电话：0898－65231523
邮编：570203
网址：www.hncits.net
许可证号：L－HAN－CJ00003

海南珠江国际旅行社有限公司
地址：海口市世贸东路世贸中心 F 座
电话：0898－66702642
邮编：570125
网址：www.hi－hn.com
许可证号：L－HAN－CJ00004

海南新国旅国际旅行社有限公司
地址：海口市义龙西路 21 号侨汇大厦 12、13 楼
电话：0898－66738778
邮编：570102
网址：www.hicits.com
许可证号：L－HAN－CJ00005

海南海王国际旅行社有限公司
地址：海口市滨海大道华信路 3 号华侨宾馆内
电话：0898－66722728
邮编：570105
许可证号：L－HAN－CJ00006

海南辰达国际旅行社有限公司
地址：海口市海甸五西路 10 号港湾花园 A3 栋 118 室
电话：0898－66295050
邮编：570208
网址：www.dmcsanga.com
许可证号：L－HAN－CJ00007

海南豪阳国际旅行社有限公司
地址：海口市海德路 9 号现代花园 1 栋 8 楼
电话：0898－66568918
邮编：570206
网址：www.hnhyit.com
许可证号：L－HAN－CJ00008

海南特区国际旅行社有限公司
地址：海口市万华路大天花园 11 栋 201 室
电话：0898－66715356
邮编：570203
许可证号：L－HAN－CJ00009

海南康辉国际旅行社有限责任公司
地址：海口市金龙路 22 号
电话：0898－68558801
邮编：570102
许可证号：L－HAN－CJ00010

海南康泰国际旅行社有限公司
地址：海口市海德路 5 号昌茂花园首领公馆
电话：0898－66551600
邮编：570206
许可证号：L－HAN－CJ00011

三亚假期国际旅行社有限公司
地址：三亚市迎宾路卓达东方巴哈马那索风情 1A 栋 2 楼
电话：0898－88989777
邮编：572000
许可证号：L－HAN－CJ00012

海南春秋国际旅行社有限公司
地址：海口市国贸大道嘉陵大厦 15 层
电话：0898－66667878
邮编：570125
许可证号：L－HAN－CJ00013

中国国旅（海南）国际旅行社有限公司
地址：海口市国贸大道 26 号汇通大厦四楼
电话：0898－31982737
邮编：570125
许可证号：L－HAN－CJ00014

海南上航假期国际旅行社有限公司
地址：海口市滨海大道 103 号财富广场 8 层 A 号－1 号
电话：0898－36687756
邮编：570125
许可证号：L－HAN－CJ00015

海南亲和力国际旅行社有限公司
地址：海口市国贸北路 26 号金茂大厦 25 楼 2504 室
电话：0898－66770000
邮编：570102
许可证号：L－HAN－CJ00016

海南海之缘国际旅行社有限公司
地址：海口市蓝天路 28 号名门广场 E 幢 1601－1602 室
电话：0898－65399999
邮编：570203

许可证号：L－HAN－CJ00017

海南乐游国际旅行社有限公司
地址：三亚市商品街东方大厦203室
电话：0898－88989650
邮编：572000
许可证号：L－HAN－CJ00018

海南远通国际旅行社有限公司
地址：海口市蓝天路31号名门广场北区B座807号房
电话：0898－65305205
邮编：570203
许可证号：L－HAN－CJ00019

三亚盛达国际旅行社有限公司
地址：三亚市下洋田新大洲三亚印象C2－403室
电话：0898－88211008
邮编：572000
许可证号：L－HAN－CJ00020

海南东方国际旅行社有限公司
地址：海口市国贸路16号金福城大厦3楼
电话：0898－66553819
邮编：570203
许可证号：L－HAN－CJ00021

三亚兰海联合旅行社有限公司
地址：三亚市三亚湾路蓝色海岸商铺B、C段B－1号商铺
电话：0898－88824083
邮编：572000
许可证号：L－HAN－CJ00022

海南惠众国际旅行社有限责任公司
地址：海口市蓝天路蓝天丽城907室
电话：0898－65227766/88
邮编：570203
电子信箱：wjz519@163.com
许可证号：L－HAN－CJ00023

海南航空国际旅行社
地址：海口市和平大道19号
电话：0898－66296003
邮编：570208
电子信箱：405593967@qq.com
许可证号：L－HAN－CJ00024

三亚思艾商务旅行社有限公司
地址：三亚市解放四路81号医药广场二楼
电话：0898－88298787
邮编：572000
许可证号：L－HAN－CJ00025

海南嘉博青年国际旅行社有限公司
地址：海口市美兰区海甸二东路宏海大厦10楼B
电话：0898－66773311　66590162
邮编：570203
许可证号：L－HAN－CJ00026

海南拍拍手国际旅行社
地址：海口市滨海大道123号鸿联商务广场6层B单元
电话：0898－68560409
邮编：570000
许可证号：L－HAN－CJ00027

海南海方圆国际旅行社有限公司
地址：海口市海甸四东路大成商务公寓4层
电话：0898－66281001
邮编：570000
许可证号：L－HAN－CJ00028

海南沙洲国际旅行社有限公司
地址：海口市文华东路3号
电话：0898－68572393　68572394
邮编：570000
许可证号：L－HAN－CJ00029

琼海蓝海国际旅行社有限公司
地址：琼海市加积镇东风路105号
电话：0898－62835001
邮编：571400
许可证号：L－HAN－CJ00030

海南一和国际旅行社有限公司
地址：海口市国贸玉沙路富豪花园C座北楼2406室
电话：0898－68558328
邮编：570125
许可证号：L－HAN－CJ00031

海南星海假期国际旅行社有限公司
地址：海口市玉沙路5号国贸中心10D号
电话：0898－66755000
邮编：570125
许可证号：L－HAN－CJ00032

海南浪花商务旅行社有限公司
地址：海口市蓝天路12号世纪生活港A1003室
电话：0898－66784444
邮编：570100
许可证号：L－HAN－CJ00033

海南海天假期旅行社有限公司
地址：海口市龙华路29号龙华商城小区4A1、AB1
电话：0898－66745997
邮编：570200
许可证号：L－HAN－CJ00034

港中旅三亚旅行社有限公司
地址：三亚市迎宾路119号天际大厦1303、1105室
电话：0898－38283010　88987130
邮编：572000
许可证号：L－HAN－CJ00035

海南热岛风情国际旅行社有限公司
地址：海口市国贸路1号景瑞大厦B座106B
电话：0898－68520868
邮编：570000
许可证号：L－HAN－CJ00036

三亚携程国际旅行社有限公司
地址：三亚市凤凰路103号汇丰国际3－1－A商铺
电话：0898－66607788
邮编：572000
许可证号：L－HAN－CJ00037

海南九洲国际旅行社有限公司
地址：海口市美兰区海府路38号银都大厦六楼603室
电话：0898－65398552
邮编：570000
许可证号：L－HAN－CJ00038

海南金椰风国际旅行社有限公司
地址：海口市海甸岛海达路32号大龙花园D－04栋
电话：0898－66159100
邮编：570208
网址：www.hainanjyf.com
许可证号：L－HAN－CJ00039

饭　店

海南文华大酒店 ★★★★★
地址：海口市文华路18号
电话：0898－68548888
邮编：570105

海口新国宾馆 ★★★★★
地址：海口市滨海西路111号
电话：0898－68715666
邮编：570206

海口天佑大酒店 ★★★★★
地址：海口市滨海大道239号
电话：0898－31688855
邮编：570311

海口喜来登温泉度假酒店 ★★★★★
地址：海口市滨海大道199号
电话：0898－68708888
邮编：570311

海南皇冠滨海温泉酒店 ★★★★★
地址：海口市江东新区琼山大道1号
电话：0898－65966888
邮编：571100

海口明光海航酒店 ★★★★★
地址：海口市龙华区南海大道9号
电话：0898－36638888
邮编：570145

海口观澜湖酒店 ★★★★★
地址：海口市观澜湖大道1号
电话：0898－68683888
邮编：570000

三亚天通国际酒店 ★★★★★
地址：三亚市三亚旅游区三亚湾路199号
电话：0898－88299999
邮编：572000

三亚维景国际度假酒店 ★★★★★
地址：三亚市亚龙湾国家旅游度假区
电话：0898－88598888
邮编：572000

三亚山海天大酒店 ★★★★★
地址：三亚市鹿岭路
电话：0898－88211688
邮编：572021

三亚亚龙湾海景国际酒店 ★★★★★
地址：三亚市亚龙湾国家旅游度假区
电话：0898－88565666
邮编：572000

三亚喜来登度假酒店 ★★★★★
地址：三亚市亚龙湾国家旅游度假区
电话：0898－88558855
邮编：572000

三亚湘投银泰度假酒店 ★★★★★
地址：三亚市大东海
电话：0898－88210888
邮编：572000

三亚家化万豪度假酒店 ★★★★★
地址：三亚市亚龙湾国家旅游度假区
电话：0898－88568888
邮编：572000

三亚希尔顿大酒店 ★★★★★
地址：三亚亚龙湾国家旅游度假区

电话：0898－88588888
邮编：572000

海南天域度假酒店 ★★★★★
地址：三亚亚龙湾国家旅游度假区
电话：0898－88567888
邮编：572000

海南亚龙湾红树林度假酒店 ★★★★★
地址：三亚亚龙湾国家旅游度假区
电话：0898－88558888
邮编：572000

三亚和怡阳光大酒店 ★★★★★
地址：三亚市三亚湾路 196 号
电话：0898－88599999
邮编：572000

三亚君澜度假酒店 ★★★★★
地址：三亚市三亚湾路 236 号
电话：0898－38898888
邮编：572000

金茂三亚丽思卡尔顿酒 ★★★★★
地址：三亚市亚龙湾国家旅游度假区
电话：0898－88988888
邮编：572000

文昌维嘉国际大酒店 ★★★★★
地址：文昌市文城镇文建路
电话：0898－63288666
邮编：571339

博鳌金海岸温泉大酒店 ★★★★★
地址：琼海市博鳌镇金海岸大道 8 号
电话：0898－62778888
邮编：571434

海南博鳌亚洲论坛大酒店 ★★★★★
地址：琼海市博鳌旅游区
电话：0898－62966888
邮编：571400

兴隆康乐园大酒店 ★★★★★
地址：万宁市兴隆温泉旅游城
电话：0898－62568888
邮编：571533

石梅湾艾美度假酒店 ★★★★★
地址：万宁市石梅湾旅游度假区内
电话：0898－62528888
邮编：571500

海口宝驹大酒店 ★★★★
地址：海口市龙华区南海大道 55 号
电话：0898－36618999
邮编：570145

海南万利隆商务酒店 ★★★★
地址：海口市金龙路 51 号
电话：0898－68569666
邮编：570125

海南新奥斯罗克酒店 ★★★★
地址：海口市海秀路 12 号
电话：0898－66530666
邮编：570206

海南鸿运大酒店 ★★★★
地址：海口市海秀大道 15 号
电话：0898－66537777
邮编：570206

海南赛仑吉地大酒店 ★★★★
地址：海口市海秀路 52 号
电话：0898－66778888
邮编：570106

海南宝华海景大酒店 ★★★★
地址：海口市滨海大道 69 号
电话：0898－68536699
邮编：570105

海南国商海航商务酒店 ★★★★
地址：海口市大同路 38 号
电话：0898－66796999
邮编：570102

海口黄金海景大酒店 ★★★★
地址：海口市滨海大道 67 号
电话：0898－68519988
邮编：570105

海南金银岛大酒店 ★★★★
地址：海口市蓝天路 16 号
电话：0898－66763388
邮编：570203

海南鑫源温泉大酒店 ★★★★
地址：海口市海秀东路 18—8 号
电话：0898－66735111
邮编：570206

海南太阳城大酒店 ★★★★
地址：海口市龙华路 16 甲号
电话：0898－66243333
邮编：570102

海南椰海大酒店 ★★★★
地址：海口市金融贸易区玉沙路 46 号
电话：0898－68598888
邮编：570125

海南凯威大酒店 ★★★★
地址：海口市海港路 20 号
电话：0898－68628288
邮编：570311

海口湘天源温泉大酒店 ★★★★
地址：海口市龙昆北路 9 号
电话：0898－66799988
邮编：570105

海南腾鹏大酒店 ★★★★
地址：海口市国兴大道兴丹二横路
电话：0898－36320888
邮编：570000

三亚南中国大酒店 ★★★★
地址：三亚市大东海
电话：0898－88219888
邮编：572000

三亚东方海景大酒店 ★★★★
地址：三亚市解放四路 13 号
电话：0898－88663293
邮编：572000

三亚珠江花园酒店 ★★★★
地址：三亚市大东海
电话：0898－88211888
邮编：572000

三亚海天大酒店 ★★★★
地址：三亚市榆亚大道
电话：0898－88211666
邮编：572021

三亚果喜大酒店 ★★★★
地址：三亚市解放四路 13 号
电话：0898－88254888
邮编：572000

三亚丽景海湾酒店 ★★★★
地址：三亚市大东海
电话：0898－88228666
邮编：572000

三亚金凤凰海景酒店 ★★★★
地址：三亚市滨海大道海月广场
电话：0898－88661888
邮编：572000

三亚豪威麒麟大酒店 ★★★★
地址：三亚市河东一路 26 号
电话：0898－88988999
邮编：572000

三亚华源海景温泉度假酒店 ★★★★
地址：三亚市海坡旅游区
电话：0898－88333999
邮编：572000

三亚林达海景酒店 ★★★★
地址：三亚市榆亚大道
电话：0898－31808888
邮编：572000

三亚半山锦江海景酒店 ★★★★
地址：三亚市大东海鹿岭路
电话：0898－88228888
邮编：572000

三亚豪威海景大酒店 ★★★★
地址：三亚市解放三路 8 号
电话：0898－88285888
邮编：572000

三亚新兴花园大酒店 ★★★★
地址：三亚市月川一环路
电话：0898－88681888
邮编：572000

三亚南山休闲会馆 ★★★★
地址：三亚市南山文化旅游区
电话：0898－88837888
邮编：572025

三亚海虹大酒店 ★★★★
地址：三亚市榆亚大道
电话：0898－88286555
邮编：572019

三亚海悦湾度假酒店 ★★★★
地址：三亚市海坡开发区
电话：0898－88337888
邮编：572000

琼海官塘温泉休闲中心 ★★★★
地址：琼海市官塘温泉旅游区
电话：0898－62802888
邮编：571436

锦江温泉大酒店 ★★★★
地址：琼海市博鳌旅游区
电话：0898－62778588
邮编：571400

琼海爱华金宝莱宾馆 ★★★
地址：琼海市爱华东路
电话：0898－62931133
邮编：571400

琼海市嘉积金太阳酒店 ★★★
地址：琼海市加积镇爱华东路
电话：0898－62837668
邮编：571400

兴隆明珠温泉酒店 ★★★★
地址：万宁市兴隆明珠大道
电话：0898－62555999
邮编：571533

兴隆金叶桃源温泉度假村 ★★★★
地址：万宁市兴隆温泉旅游城
电话：0898－62565999
邮编：571533

万宁银湖温泉假日酒店 ★★★★
地址：万宁市兴隆温泉旅游城
电话：0898－62573888
邮编：571533

兴隆明阳山庄 ★★★★
地址：万宁市兴隆温泉旅游城
电话：0898－62553777
邮编：571533

海南兴隆明月假日酒店 ★★★★
地址：万宁市兴隆温泉旅游城
电话：0898－62556888
邮编：571533

万宁正昊温泉大酒店 ★★★★
地址：万宁市兴隆温泉旅游城
电话：0898－62555666
邮编：571533

兴隆鑫桥温泉度假酒店 ★★★★
地址：万宁市兴隆温泉旅游城
电话：0898－36229999
邮编：571533

兴隆温泉宾馆 ★★★★
地址：万宁市兴隆农场
电话：0898－62552728
邮编：571533

兴隆温泉金日酒店 ★★★★
地址：万宁市兴隆旅游区
电话：0898－62561866
邮编：571533

五指山华爵商务酒店 ★★★★
地址：五指山市越丰路
电话：0898－86666668
邮编：572200

海口国宾大酒店 ★★★
地址：海口市海秀东路38号
电话：0898－66773606
邮编：570206

海口嘉正海外国际酒店 ★★★
地址：海口市机场东路11号
电话：0898－65365999
邮编：570105

海口华苑铁道温泉宾馆 ★★★
地址：海口市海府路五公祠东侧
电话：0898－65851111
邮编：570203

海口万华大酒店 ★★★
地址：海口市万华路18号
电话：0898－66775588
邮编：570206

海南龙泉大酒店 ★★★
地址：海口市大同路22号
电话：0898－66751117
邮编：570203

海南龙泉花园酒店 ★★★
地址：海口市海秀路3号
电话：0898－66786111
邮编：570206

海南龙泉宾馆 ★★★
地址：海口市龙昆南路18号
电话：0898－66775111
邮编：570206

海南宇海温泉大厦 ★★★
地址：海口市五指山路11号
电话：0898－65344888
邮编：570206

海南鑫海港大酒店 ★★★
地址：海口市新港路35号
电话：0898－66211288
邮编：570105

海口美京海景大酒店 ★★★
地址：海口市滨海大道16号
电话：0898－66206888
邮编：570105

海南中能化度假村 ★★★
地址：海口市美兰区桂林洋海滨
电话：0898－65719900
邮编：571127

海口茅台迎宾酒店 ★★★
地址：海口市凤翔路26号
电话：0898－65916699
邮编：571100

海南兵工大酒店 ★★★
地址：海口市海秀路180号
电话：0898－68629996
邮编：570311

海南华盈酒店 ★★★
地址：海口市白龙路38号
电话：0898－65385138
邮编：570203

海口花开四季温泉度假村 ★★★
地址：海口市海甸岛海景路9号
电话：0898－66296999
邮编：570208

海口琼山宗恒楼 ★★★
地址：海口市琼州大道53号
电话：0898－65871133
邮编：571100

海口新标榜休闲度假酒店 ★★★
地址：海口市国贸三横路
电话：0898－68523333
邮编：571025

海口龙泉人之星白龙酒店 ★★★
地址：海口市白龙路58号
电话：0898－65201608
邮编：570203

海口民航宾馆 ★★★
地址：海口市海秀大道9号
电话：0898－66506888
邮编：570206

锦江之星海口店 ★★★
地址：海口市文明东路36号
电话：0898－65361388
邮编：570203

海南山海度假村 ★★★
地址：海口市桂林洋经济区
电话：0898－65859222
邮编：570105

三亚度假村 ★★★
地址：三亚市三亚湾海滨
电话：0898－88331328
邮编：572000

三亚经纬大酒店 ★★★
地址：三亚市滨海路四更园
电话：0898－88290788
邮编：572000

三亚夏威夷大酒店 ★★★
地址：三亚市榆亚大道
电话：0898－88227688
邮编：572021

三亚富华大酒店 ★★★
地址：三亚市河东路22号
电话：0898－88272888
邮编：572000

三亚海底世界酒店 ★★★
地址：三亚市亚龙湾
电话：0898－88565588
邮编：572016

三亚湾银苑度假村 ★★★
地址：三亚市海波开发区
电话：0898－88331301
邮编：572000

三亚新兴海景大酒店 ★★★
地址：三亚市解放一路
电话：0898－88895888
邮编：572000

三亚椰海大酒店 ★★★
地址：三亚市三亚湾路
电话：0898－88298088
邮编：572000

三亚鸿芳中洋酒店 ★★★
地址：三亚市榆亚大道135号
电话：0898－38224999
邮编：572000

三亚新好景大酒店 ★★★
地址：三亚市河西路
电话：0898－88360888
邮编：572000

三亚东港海景酒店 ★★★
地址：三亚市胜利路
电话：0898－31898888
邮编：572000

三亚凤凰大酒店 ★★★
地址：三亚市机场路8号
电话：0898－88392777
邮编：572000

三亚汇源恒河大酒店 ★★★
地址：三亚市解放路17号
电话：0898－88682999
邮编：572000

三亚榆海海景大酒店 ★★★
地址：三亚市大东海
电话：0898－38226666
邮编：572021

三亚水业海景大酒店 ★★★
地址：三亚市榆亚大道
电话：0898－88815888
邮编：572000

文昌东郊百莱玛度假村 ★★★
地址：文昌市东郊椰林
电话：0898－63538223
邮编：571334

文昌龙园酒店 ★★★
地址：文昌市文昌镇文新路86号

电话：0898－63236666
邮编：571300

琼海源源居酒店 ★★★
地址：琼海市爱华西路 29 号
电话：0898－62806833
邮编：571400

琼海宾馆 ★★★
地址：琼海市加积镇人民路
电话：0898－62824205
邮编：571400

琼海宏达大厦 ★★★
地址：琼海市银海路
电话：0898－62836666
邮编：571400

琼海椰庄度假酒店 ★★★
地址：琼海市爱华路
电话：0898－62833628
邮编：571400

琼海华田酒店 ★★★
地址：琼海市东风路
电话：0898－62831888
邮编：571400

琼海金日大酒店 ★★★
地址：琼海市金海路
电话：0898－62838888
邮编：571400

琼海金银岛大酒店 ★★★
地址：琼海市银海路
电话：0809－36831222　36835222
邮编：571400

琼海泰和大酒店 ★★★
地址：琼海市加积镇富海路
电话：0898－66695555
邮编：571400

琼海银海金宝莱宾馆 ★★★
地址：琼海市银海路
电话：0898－62629966
邮编：571400

兴隆东方花园大酒店 ★★★
地址：万宁市兴隆温泉旅游城
电话：0898－62555188
邮编：571533

兴隆太阳岛度假酒店 ★★★
地址：万宁市兴隆温泉旅游城
电话：0898－62554888
邮编：571533

万宁大酒店 ★★★
地址：万宁市万城文明北路
电话：0898－62229999
邮编：571500

兴隆天健威斯特酒店 ★★★
地址：万宁市兴隆温泉旅游城
电话：0898－62562888
邮编：571533

兴隆新慧康假日酒店 ★★★
地址：万宁市兴隆温泉旅游城
电话：0898－62555868
邮编：571533

兴隆银潮度假村 ★★★
地址：万宁市兴隆温泉旅游城
电话：0898－62562288
邮编：571533

万宁万都大酒店 ★★★
地址：万宁市红专西街
电话：0898－62228888
邮编：571500

兴隆安富旅游度假村 ★★★
地址：万宁市兴隆华侨农场 51 队
电话：0898－62571688
邮编：571533

万宁绿春园大酒店 ★★★
地址：万宁市万州大道西侧
电话：0898－62238274
邮编：571500

兴隆南山温泉度假村 ★★★
地址：万宁市兴隆旅游城
电话：0898－62565888
邮编：571533

兴隆温泉迎宾馆 ★★★
地址：万宁市兴隆农场
电话：0898－62552728
邮编：571533

兴隆忆云山水温泉度假酒店 ★★★
地址：万宁市兴隆温泉旅游城
电话：0898－62552125
邮编：571533

兴隆冠煌酒店 ★★★
地址：万宁市兴隆温泉旅游城
电话：0898－62556688
邮编：571533

万宁兴隆乐金宵大酒店 ★★★
地址：万宁市兴隆温泉旅游城
电话：0898－62576666
邮编：571533

万宁兴隆碧海温泉酒店 ★★★
地址：万宁市兴隆温泉旅游城
电话：0898－62567999
邮编：571533

万宁兴隆温泉鑫兴假日酒店 ★★★
地址：万宁市兴隆温泉旅游城
电话：0898－62568668
邮编：571533

兴隆温泉云祥酒店 ★★★
地址：万宁市兴隆温泉旅游城
电话：0898－62568333
邮编：571533

兴隆天元温泉酒店 ★★★
地址：万宁市兴隆温泉旅游城
电话：0898－62579888
邮编：571533

五指山旅游山庄 ★★★
地址：五指山市河北西路
电话：0898－86623188
邮编：572000

五指山宾馆 ★★★
地址：五指山市爱民路
电话：0898－86622981
邮编：572200

五指山翡翠山城假日酒店 ★★★
地址：五指山市河北西路
电话：0898－86630888
邮编：572200

东方云天大酒店 ★★★
地址：东方市东海路 4 号
电话：0898－25538666
邮编：572600

东方绿宝大酒店 ★★★
地址：东方市八所东海路
电话：0898－25522690
邮编：572600

儋州市蓝洋温泉度假村 ★★★
地址：儋州市蓝洋农场
电话：0898－23355988
邮编：571700

儋州荣兴大酒店 ★★★
地址：儋州市中兴大道中段
电话：0898－23331188
邮编：571700

中兴源国际酒店 ★★★
地址：儋州市中兴大道新苑花园小区
电话：0898－66623333
邮编：571700

临高鸿运来大酒店 ★★★
地址：临高县文明东路县委旁
电话：0898－28263210
邮编：571800

琼中宾馆 ★★★
地址：琼中县营根街 95 号
电话：0898－86222840
邮编：572900

庆隆达酒店 ★★★
地址：陵水县陵城镇
电话：0898－83311111
邮编：572400

旅游景区

假日海滩旅游区 AAAA
地址：海口市西海岸公园
电话：0898－68719988
邮编：570125

海瑞墓 AA
地址：海口市海秀路丘海大道 39 号
电话：0898－68922060
邮编：570311

五公祠 AAA
地址：海口市海府路 169 号
电话：0898－65353049　65353047
邮编：571100

海南热带野生动植物园 AAAA
地址：海口市秀英区东山镇
电话：0898－68526666　85569366
邮编：570125
网址：www.hntwzoo.com

石山火山群国家地质公园 AAAA
地址：海口市秀英区石山镇
电话：0898－65469668　65469666
邮编：571157
网址：www.huoshankou.com

海南海口骑楼小吃风情街 AAA
地址：海口市龙华区大同路 2 号大同广场
电话：0898－66220688　66220966
邮编：570145

蜈支洲岛度假中心 AAAA
地址：三亚市海棠湾镇

电话：0898－31809267
邮编：572000

鹿回头公园 AAA
地址：三亚市鹿岭路鹿回头
电话：0898－88210808
邮编：572000

三亚南山文化旅游区 AAAAA
地址：三亚市崖城镇
电话：0898－88837888
邮编：572025
网址：www. nanshan. com

三亚南山大小洞天旅游区 AAAAA
地址：三亚市崖城镇南山大小洞天旅游区
电话：0898－88830188　88830133
邮编：572000

亚龙湾国家旅游度假区 AAAA
地址：三亚市亚龙湾
电话：0898－88568899　88568150
邮编：572016
网址：www. ylb. com

天涯海角风景区 AAAA
地址：三亚市天涯镇
电话：0898－88910131
邮编：572000

亚龙湾热带天堂公园 AAAA
地址：三亚市吉阳镇亚龙湾路
电话：0898－38238888
邮编：572000

三亚天涯海角热带海洋世界 AA
地址：三亚市天涯镇天涯海角风景区西侧
电话：0898－88910006
邮编：572029

海南京润珍珠博物馆 AA
地址：三亚市凤凰镇机场路口
电话：0898－88341167
邮编：570023

三亚大东海旅游景区 AAAA
地址：三亚市鹿岭路青云台别墅 B3 栋
电话：0898－88212189
邮编：572021

文昌椰子大观园 AAA
地址：文昌市新市区
电话：0898－63330317
邮编：571339

万泉湖旅游度假区 AA
地址：琼海市牛路岭电站
电话：0898－62830246
邮编：571400

红色娘子军纪念园 AAA
地址：琼海市万石镇东线高速路官塘出口处
电话：0898－62802176
邮编：571400

博鳌亚洲论坛永久会址景区 AAAA
地址：琼海市博鳌旅游区
电话：0898－62691509
邮编：571400

海南博鳌海洋馆 AA
地址：琼海市博鳌镇亚洲风情广场
电话：0898－62778707
邮编：571400

东山岭风景区 AAAA
地址：万宁市
电话：0898－62222299
邮编：571500

兴隆热带花园 AAAA
地址：万宁市兴隆华侨农场南旺水库区
电话：0898－62571888
邮编：571500

日月湾海门公园 AAA
地址：万宁市日月湾旅游区
电话：0898－62585235　62585221
邮编：571532

海南天涯雨林博物馆 AAA
地址：万宁市兴隆华侨农场
电话：0898－62555555
邮编：571533

兴隆热带药用植物园 AAA
地址：万宁市兴隆华侨农场
电话：0898－62552929
邮编：571533

兴隆热带植物园 AAAA
地址：万宁市兴隆华侨农场
电话：0898－62554410　62555900
邮编：571533
网址：www. xlrdzwy. com

兴隆亚洲风情园 AAA
地址：万宁市兴隆华侨农场
电话：0898－62555866
邮编：571533

东山岭风景区 AAA
地址：万宁市万城东 3 公里处
电话：0898－62222269　62223598
邮编：571500
网址：www. dongshanling. com. cn

五指山水满河热带雨林风景区 AAA
地址：五指山市水满乡
电话：0898－86550401　86550464
邮编：572215

松涛天湖风景区 AAA
地址：儋州市南丰镇
电话：0898－23711022　23711194
邮编：571747

儋州石花水洞地质公园 AAA
地址：儋州市八一总场
电话：0898－23760306
邮编：571700

东坡书院 AAA
地址：儋州市中和镇
电话：13389821206
邮编：571700

海南农垦万嘉果农庄 AAA
地址：定安县黄竹镇
电话：0898－31669112
邮编：571200

海南热带飞禽世界 AA
地址：定安县塔岭开发区
电话：0898－63831150
邮编：571200

南湾猴岛生态景区 AAAA
地址：陵水县新村镇
电话：0898－83361465　83361467
邮编：572426

分界洲生态文化旅游度假区 AAAA
地址：陵水县东北部分界洲岛
电话：0898－31819999
邮编：572400

海南省分界洲岛旅游区 AAAAA
地址：陵水县
电话：0898－83347555
邮编：572400

海南呀诺达雨林文化旅游区 AAAAA
地址：保亭县三道农场
电话：0898－83881101
邮编：572300

甘什岭槟榔谷海南原住民文化游览区 AAAA
地址：保亭县三道镇
电话：0898－83881003　83882608
邮编：572316

餐　馆

海口沿江饭店
地址：海口市龙华区义龙东路大同三里 11 号
电话：0898－66750768
邮编：570145

海口鸡饭兴饭店
地址：海口市龙华区新华南路 2 号－1 号
电话：0898－66228139
邮编：570145

海口东北人饺子坊（海秀总店）
地址：海口市龙华区海秀大道 49 号
电话：0898－66725134　66760759
邮编：570145

海口博爱南 129 牛腩店
地址：海口市美兰区博爱南路 129 号
电话：0898－36664008
邮编：570203

海口富鸿昌牛腩猪脚店
地址：海口市琼山区府城朱云路 11 号百乐城 1 楼
电话：0898－65810050
邮编：571100

海口绿茵阁西餐厅
地址：海口市龙华区玉沙路国贸中心 2 层
电话：0898－68559828
邮编：570145

海南大嘴鱼乡餐饮服务有限公司
地址：海口市金龙路
电话：0898－68525666
邮编：570000

海南天长地久饮食服务有限公司
地址：海口市五指山路
电话：0898－65324658
邮编：570000

吕氏客家菜馆饮食有限公司
地址：海口市金龙路美食街丙栋二层
电话：0898－68592772
邮编：570000

澳门街餐厅
地址：海口市海秀路
电话：0898－66705857
邮编：570206

海口美兰银色月光咖啡西餐厅
地址：海口市五指山路
电话：0898－65371998

邮编：570000

名门岛咖啡西餐厅
地址：海口市蓝天路
电话：0898－65333238
邮编：570203

大红高粱餐厅
地址：海口市人民大道
电话：0898－66280358
邮编：570000

海口东郊椰林海鲜城
地址：海口市金龙路 95 号
电话：0898－68590999　68590707
邮编：570000

海口龙泉海鲜酒楼
地址：海口市龙昆南路
电话：0898－66987388
邮编：570000

海南望海国际大酒店
地址：海口市海秀东路 6 号
电话：0898－66773381
邮编：570206

椰林海鲜第一家
地址：海口市观海路 100 号
电话：0898－68596969
邮编：570000

金都翅王酒家
地址：海口市海甸五西路 18 号
电话：0898－66180333
邮编：570000

海口乳羊馆
地址：海口市金坡路
电话：0898－65313852
邮编：570000

东北农家饭菜
地址：海口市南航东路 11 号
电话：0898－66725650
邮编：570000

内蒙古酒家
地址：海口市南航西路 4 号
电话：0898－66783956
邮编：570000

潮州人风味馆
地址：海口市青年路 20 号
电话：0898－65307587
邮编：570000

常德乡里肥肠馆
地址：海口市玉沙路 42 号
电话：0898－68546589
邮编：570105

小粥仙食屋
地址：海口市玉沙路 18 号富豪大厦 C 座
电话：0898－68512300
邮编：570105

阿黎野菜庄
地址：海口市玉沙路 19 号
电话：0898－68533837
邮编：570105

夜上海咖啡厅
地址：海口市国贸北路 26 号金茂大厦
电话：0898－66519101
邮编：570105

蜀正园
地址：海口市国贸大道 28 号金贸商城 4 楼
电话：0898－68523636
邮编：570000

海南龙泉人酒家有限公司
地址：海口市蓝天路 28 号名门广场 C 栋
电话：0898－66501633
邮编：570203

香港铜锣湾风味餐厅
地址：海口市国贸大道国贸经典 1 楼
电话：0898－68511117
邮编：570000

金花湘海酒家
地址：海口市龙昆南路 73 号
电话：0898－36308327
邮编：571100

龙湖大酒店海鲜酒家
地址：海口市海港路 20 号
电话：0898－68652600
邮编：570000

爱尚私房菜
地址：海口市国贸大道 18 号
电话：0898－66672323
邮编：570105

新龙泉海鲜酒家
地址：海口市龙昆南路 9 号
电话：0898－66723944
邮编：571100

锦绣阁大酒楼
地址：海口市龙华区金龙路
电话：0898－68555128
邮编：570105

广东人家
地址：海口市金龙路美食街
电话：0898－68530303
邮编：570105

滨海渔村
地址：海口市龙昆北路 1 号滨海大酒店
电话：0898－66795033
邮编：570105

楼兰食府
地址：海口市金龙路美食街
电话：0898－68552999
邮编：570105

北京四合院
地址：海口市金龙路 88 号
电话：0898－68537632
邮编：570105

香梅园海鲜城
地址：海口市金龙路 20 号
电话：0898－68596271
邮编：570105

西安酒楼
地址：海口市金龙路
电话：0898－68510018
邮编：570105

昆明风味饭店
地址：海口市金龙路 88 号
电话：0898－68591064
邮编：570105

伯顿音乐西餐厅
地址：海口市金龙路
电话：0898－68542618
邮编：570105

唐人鱼头美食城
地址：海口市金龙路 51 号万利隆花园首层
电话：0898－68580333
邮编：570105

新东北王酒楼
地址：海口市海甸三东路金谷大厦 201 号
电话：0898－66261021
邮编：570203

老北平涮肉坊
地址：海口市金龙路百金城 3 号
电话：0898－68585269
邮编：570105

巴渝饭庄
地址：海口市玉河路
电话：0898－66799183
邮编：570000

大班鱼米之乡美食城
地址：海口市海秀路
电话：0898－66743990
邮编：570000

百年盛福大西北酒家
地址：海口市白龙南路
电话：0898－65368109
邮编：570203

湘鄂风味馆
地址：海口市海秀路
电话：0898－68912668
邮编：570105

东北老边饺子馆
地址：海口市海秀路
电话：0898－66522177
邮编：570105

楚天人家酒楼
地址：海口市金宇路 3 号
电话：0898－66702866
邮编：570000

大东海椰林海鲜城
地址：三亚市大东海风景区
电话：0898－88210999　88213338
邮编：572000

三亚肥婆海鲜店
地址：三亚市区胜利路 46 号
电话：0898－31802878
邮编：572000

东北王酒楼
地址：三亚市大东海榆亚路 31 号
电话：0898－88212192
邮编：572000

鹿回头酒家
地址：三亚市鹿回头
电话：0898－88214716
邮编：572000

九龙阁海鲜城
地址：三亚市鹿岭路
电话：0898－88212952
邮编：572000

海亚餐厅
地址：三亚市新风街 138 号
电话：0898－88276962
邮编：572000

春园海鲜广场
地址：三亚市河西路
电话：0898－88183201
邮编：572000

湘妹子酒家
地址：三亚市海韵路1号
电话：0898－88227838
邮编：572000

巴国布衣风味酒楼
地址：三亚市迎宾路
电话：0898－88685688
邮编：572000

夏日美食广场
地址：三亚市海韵路1号
电话：0898－88223333
邮编：572000

荷塘水榭湘菜厨房三亚店
地址：三亚市榆亚大道
电话：0898－88877770
邮编：572000

川湘粤海鲜美食城
地址：三亚市大东海海榆路11号
电话：0898－88675189
邮编：572000

地中海西餐厅
地址：三亚市西河西路
电话：0898－88252548
邮编：572000

清港餐厅
地址：文昌市清澜路
电话：0898－63328368
邮编：571300

文清美食城
地址：文昌市文鸿大道182号
电话：0898－36915613
邮编：571300

旺角园食府
地址：文昌市华建路
电话：0898－63338828
邮编：571300

琼莱王美食村
地址：文昌市文新路
电话：0898－63239978
邮编：571300

椰昌鸡饭店
地址：文昌市文新路
电话：0898－63231560
邮编：571300

川湘人家
地址：文昌市文城镇文中路
电话：0898－63237518
邮编：571300

五峰餐庄
地址：文昌市文城镇文兴路
电话：0898－63293308
邮编：571300

城南美食城
地址：文昌市文城镇文清路
电话：0898－63286819
邮编：571300

椰园餐馆
地址：文昌市文城镇文南路
电话：0898－63222334
邮编：571300

琼海昌隆酒店
地址：琼海市金海路111号
电话：0898－62933666
邮编：571400

琼海市金隆酒家
地址：琼海市银海路市政府旁
电话：0898－62937333
邮编：571400

博鳌海鲜广场
地址：琼海市博鳌镇
电话：0898－62779667
邮编：571400

博鳌东海渔村
地址：琼海市博鳌镇
电话：0898－62777323
邮编：571400

华景湾酒楼
地址：琼海市潭门镇
电话：0898－62768029
邮编：571400

得月楼
地址：琼海市东风路
电话：0898－62836984
邮编：571400

琼海市海星酒楼
地址：琼海市爱华路西段250号
电话：0898－62830888
邮编：571400

椰香楼
地址：琼海市兴海北路
电话：0898－62928898
邮编：571400

港湾阁茶餐厅
地址：琼海市文明街
电话：0898－36820888
邮编：571400

湖南人家
地址：琼海市金海路
电话：0898－62920220
邮编：571400

重庆饭庄
地址：万宁市文明北路
电话：0898－62224202
邮编：571500

雅香生态美食园
地址：万宁市人民西路
电话：0898－36225588
邮编：571500

东山岭美食城
地址：万宁市万城镇文明北街
电话：13036098236
邮编：571500

东山羊餐馆
地址：万宁市万州大道
电话：0898－62220702
邮编：571500

海鲜王酒家
地址：万宁市兴隆温泉
电话：0898－62552352
邮编：571500

望江楼酒家
地址：万宁市兴隆温泉
电话：0898－62554297
邮编：571500

行云流水海鲜坊
地址：万宁市石梅湾旅游区内
电话：0898－62525333
邮编：571500

天天渔村
地址：万宁市兴隆温泉旅游城
电话：0898－62553407
邮编：571500

水上餐厅
地址：万宁市兴隆温泉旅游城
电话：0898－62552232
邮编：571500

五指山市银泉酒家
地址：五指山市沿河路
电话：0898－86623266
邮编：572200

五指山市奇珍大酒店
地址：五指山市海榆南路
电话：0898－86623886
邮编：572200

潮州翠城酒家
地址：五指山市国旅大厦1楼
电话：0898－86624649
邮编：572200

翠城餐厅
地址：五指山市爱民路43号
电话：0898－86633628
邮编：5722

新疆风味馆
地址：五指山市海榆南路171号
电话：0898－31870227
邮编：572200

杨氏太白楼
地址：五指山市海榆北路
电话：0898－86626918
邮编：572200

万嘉酒家
地址：东方市东港路
电话：0898－31190889
邮编：572600

小白菜酒楼
地址：东方市建设路
电话：0898－25526269
邮编：572600

东香园酒家
地址：东方市八所镇解放路
电话：0898－25522766
邮编：572600

八所梅园酒家
地址：东方市八所镇解放路
电话：0898－25522618
邮编：572600

八所迎宾酒家
地址：东方市八所镇东海路
电话：0898－25521183
邮编：572600

八所新椰风海鲜馆
地址：东方市巴黎北大街

电话：0898－25521316
邮编：572600

金穗海鲜楼
地址：东方市八所镇解放路
电话：0898－25523249
邮编：572600

北部湾海鲜酒家
地址：儋州市中兴大街
电话：0898－23310669
邮编：571700

龙泉海鲜酒楼
地址：儋州市中兴大街
电话：0898－23311228
邮编：571700

露林海鲜酒家
地址：儋州市文华中路 18 号
电话：0898－23317988
邮编：571700

桃花源湘菜馆
地址：儋州市中兴大街
电话：0898－23319588
邮编：572600

花园酒家
地址：儋州市中兴大道
电话：0898－63325689
邮编：571700

翠竹苑美食广场
地址：儋州市中兴大街
电话：0898－23327990
邮编：571700

白莲鹅饭店
地址：儋州市兴隆路
电话：0898－23319799
邮编：571700

渔家村海鲜城
地址：儋州市中兴大街
电话：0898－23321696
邮编：571700

五指山野菜馆
地址：儋州市文化中路
电话：0898－23881797
邮编：571700

旅游用品

海南海风情工艺品有限公司
地址：海口市椰林路
电话：0898－66794013
邮编：570000

海口市椰雕工艺厂
地址：海口市新华区龙华路 47 号
电话：0898－66773265
邮编：570102

海南省海口市百艺阁椰雕工艺厂
地址：海口市
电话：0898－65923359
邮编：570000

海口琼山艺海工艺厂
地址：海口市椰林路 1 号宏利大厦
电话：0898－66727662
邮编：570206

海南锦绣织贝实业有限公司
地址：海口市龙华区龙昆北路海景湾大厦 22 层
电话：0898－66796799　66520820
邮编：570105
网址：www.chinalijin.com

海口碧海旅游工艺品有限公司
地址：海口市龙昆北路 15 号中航大厦 13 层 A1303 区
电话：0898－66700837
邮编：570100

海口海趣工艺品有限公司
地址：海口市西沙路 28 号侨企大楼 1 楼
电话：0898－66751818
邮编：570206

海南珠宝城有限公司
地址：海口市世贸东路
电话：0898－68520415
邮编：570125

海口碧海旅游工艺品有限公司
地址：海口市龙昆北路 15 号中航大厦
电话：0898－66700837
邮编：570000

海口市工艺美术厂
地址：海口市博爱北路 111 号
电话：0898－66224735
邮编：570101

海南旅游工艺品有限公司
地址：海口市华海路安海大厦 8 楼
电话：0898－66775146
邮编：570000

桂林洋珍珠厂
地址：海口市桂林洋
电话：0898－66510139
邮编：570203

海口周氏雕刻有限公司
地址：海口市新大洲大道龙凤酒店斜对面
电话：0898－65857923
邮编：570145

曙光工艺厂
地址：海口市博爱北路
电话：0898－66224020
邮编：570000

海南省雄狮雕刻公司
地址：海口市新大洲大道
电话：0898－65874657
邮编：571100

海南瑞丰珠宝金行
地址：海口市海秀路
电话：0898－66752796
邮编：570145

海南海世界工艺品有限公司
地址：海口市滨海大道 7 号绿园商务楼 2 楼
电话：0898－66116811
邮编：570000
网址：www.hnseaworld.net

海南百艺阁椰雕工艺品厂
地址：海口市凤翔路凤翔山庄第三单元 311 号
电话：13078999389　0898－65923359
邮编：571100
网址：www.hnbyg.com

海口雪原津南艺术品有限公司
地址：海口市美兰区南宝路明都大厦
电话：0898－66789651
邮编：570203
网址：www.zenan888.com.cn

海南椰乡艺术品有限公司
地址：海口市海府路
电话：0898－65329901－803
邮编：570000

海南椰海韵工艺品吸限公司
地址：海口市海甸沿江五西路安置小区
电话：0898－69885385
邮编：570208
网址：www.hnyhy.com

文昌东郊艺海椰雕工艺厂
地址：海口市美兰区椰林路 1 号宏利大厦
电话：0898－66727662
邮编：570206
网址：www.hnyihai.cn

海南椰雕艺术实业有限公司
地址：海口市振东街 105 号
电话：0898－66238836　68224496
邮编：570000
网址：www.cococarve.com

海南省海之郎工艺品厂
地址：海口市
电话：0898－66892587
邮编：570000

海口金海纳工艺品有限公司
地址：海口市龙昆南路佳宝花园
电话：0898－69298250
邮编：570000
网址：www.ydwind.com

海南古椰坊工艺品有限公司
地址：三亚市跃进路 126 号
电话：0898－88272238　13307690081
邮编：572000

中国海南南亚有限公司
地址：三亚市解放二路 144 号
电话：0898－88664832
邮编：572000

三亚天涯海角旅游产品有限公司
地址：三亚市跃进路 56 号
电话：0898－88896250
邮编：572000

海南三亚天骄工艺坊
地址：三亚市大东海瑞海娱乐城
电话：0898－88216556
邮编：572000

海南古椰坊工艺品有限公司
地址：三亚市跃进路 126 号
电话：0898－88272238
邮编：572000

华玉集团（中国）公司
地址：三亚市天涯海角
电话：0898－88910915
邮编：572000

海南海裕工艺品有限公司
地址：三亚市解放一路
电话：0898－666000962
邮编：572000

三亚帝佳水晶工艺厂
地址：三亚市凤凰镇321号
电话：0898-88340430
邮编：572000

三亚市二轻工艺厂
地址：三亚市解放二路
电话：0898-88273811
邮编：572000

三亚南海工艺雕塑厂
地址：三亚市红沙镇
电话：0898-38255972　38252372
邮编：572000
网址：www.nanhai.cc

广宇旅游用品制品厂
地址：三亚市荔枝沟镇
电话：0898-88838033　88838035
邮编：572000

椰林翡翠玉雕有限公司
地址：三亚市田独镇
电话：0898-88710839　88710722
邮编：572011

椰海珍珠有限公司
地址：三亚市天涯海角风景游览区内
电话：0898-88911068
邮编：572000

海南文昌东郊艺海椰雕工艺厂
地址：文昌市东郊椰林
电话：13807666710
邮编：571339
网址：www.hnyyyd.com

文昌市工艺厂
地址：文昌市文城镇文建路49号
电话：0898-63222271
邮编：571300

文昌白延工艺厂
地址：文昌市会文镇
电话：0898-63462739
邮编：571300

文昌会文工艺厂
地址：文昌市会文镇
电话：0898-63462296
邮编：571300

天福工艺品厂
地址：琼海市潭门镇九吉开发区
电话：0898-62768025
邮编：571400

海利实业贝壳工艺厂
地址：琼海市潭门镇富港街40号
电话：0898-62768081
邮编：571400

旅游交通

海口火车站
地址：海口市秀英区西秀镇
电话：0898-31686222
邮编：570311

海口火车东站
地址：海口市龙昆南路与凤翔西路交界处
电话：0898-75105105　31923662
邮编：570000

海口六龙观光巴士有限公司
地址：海口市滨海大道
电话：0898-66757007
邮编：570000

海南沙浪假日游艇俱乐部有限公司
地址：海口市琼山区新市区广场路1号
电话：0898-65960505
邮编：571126

海口罗牛山旅游出租汽车有限公司
地址：海口市人民大道50号
电话：0898-66152329
邮编：570000

海口港
地址：海口市滨海大道102号
电话：0898-68653680
邮编：570311

海口美兰机场
地址：海口市
电话：0898-65756114　65751315
邮编：570001

平海旅游汽车有限公司
地址：三亚市迎宾路
电话：0898-88662236　88662500
邮编：572000

三亚火车站
地址：三亚市凤凰路鸭仔塘工业区
电话：0898-31887222
邮编：572000

翔宇游船旅业发展有限公司
地址：三亚市解放路吉祥街
电话：13807522290　13807522291
邮编：572000

三亚港
地址：三亚市新建路
电话：0899-38237209　38237101
邮编：572000

三亚凤凰国际机场
地址：三亚市
电话：0898-88289390　88289389
邮编：572000

文昌火车站
地址：文昌市文城镇宝孙村
电话：0898-95105105
邮编：571339

琼海火车站
地址：琼海市嘉积镇东1公里处排岭村
电话：0898-95105105
邮编：571400

万宁火车站
地址：万宁市
电话：0898-95105105
邮编：571500

重　庆
CHONGQING

旅游机构

重庆市旅游局
地址：重庆市渝中区民生路 238 号
电话：023－63236006
邮编：400011

重庆市旅游监察执法总队
地址：重庆市渝中区民生路 283 号
电话：023－63235030
邮编：400010

渝中区旅游局
地址：重庆市渝中区和平路管家巷 9 号区政府大楼
电话：023－63735165　63765199
邮编：400010

大渡口区旅游局
地址：重庆市大渡口区文体路 126 号行政中心
电话：023－68173669
邮编：400084

江北区旅游局
地址：重庆市江北区金港新区 16 号
电话：023－67706754
邮编：400020

沙坪坝区旅游局
地址：重庆市沙坪坝区沙南街 4－3 号
电话：023－65333286
邮编：400030

九龙坡区旅游局
地址：重庆市九龙坡区杨家坪西郊路 27 号
电话：023－68782856　68786464
邮编：400050

南岸区旅游局
地址：重庆市南坪南城大道 199 号
电话：023－62988777
邮编：400060

北碚区旅游局
地址：重庆市北碚区城南卢作孚路 505 号
电话：023－68289995　68216220
邮编：400700

万盛经开区旅游局
地址：重庆市万盛区新田路 75 号
电话：023－48265558　48265556
邮编：400800

双桥区旅游局
地址：重庆市双桥区星湖路 2 号
电话：023－43333423
邮编：400900

渝北区旅游局
地址：重庆市渝北区翠湖路 140 号（博园）
电话：023－67822293
邮编：401120

巴南区旅游局
地址：重庆市巴南区龙海大道 6 号行政中心
电话：023－66228249
邮编：401320

万州区旅游局
地址：重庆市万州区天城大道 756 号
电话：023－58239314　58227928
邮编：404000

涪陵区旅游局
地址：重庆市涪陵区兴华中路 55 号
电话：023－72280210
邮编：408000

黔江区旅游局
地址：重庆市黔江区政府综合办公大楼 6 楼
电话：023－79234504
邮编：409000

长寿区旅游局
地址：重庆市长寿区桃花行政中心大楼 3 楼
电话：023－40244867
邮编：401220

江津区旅游局
地址：重庆市江津区政府大楼 8 楼
电话：023－47522878
邮编：402260

合川区旅游局
地址：重庆市合川区希尔安大道 222 号
电话：023－42823071　42756986
邮编：401520

永川区旅游局
地址：重庆市永川区汇龙大道东一路 19 号
电话：023－49822000
邮编：402160

南川区旅游局
地址：重庆市南川区金佛山大道 158 号（天河酒店 3－4 楼）
电话：023－71435018
邮编：408400

綦江区旅游局
地址：重庆市綦江区古南镇虹桥路 245 号
电话：023－48651011　85898500
邮编：401420

潼南县旅游局
地址：重庆市潼南县江北新城桂林街道办事处 5 楼
电话：023－44561168
邮编：402660

铜梁县旅游局
地址：重庆市铜梁县巴川街道兴龙街支向 40 号
电话：023－45692690
邮编：402560

大足区旅游局
地址：重庆市大足区比环二路中段 1 号
电话：023－43711136
邮编：402360

荣昌县旅游局
地址：重庆市荣昌县昌元街道益当街 89 号
电话：023－46734499
邮编：402460

璧山县商业和旅游委员会
地址：重庆市璧山县璧城街道璧铜路 32 号
电话：023－41421277
邮编：402760

垫江县旅游局
地址：重庆市垫江县桂溪镇人民路 22 号
电话：023－74518833
邮编：408300

武隆县旅游局
地址：重庆市武隆县政府大院 2 号楼 6 楼
电话：023－77721248
邮编：408500

丰都县旅游开发建设管理委员会
地址：重庆市丰都县新县城党政办公大楼 327 室
电话：023－70728000
邮编：408200

城口县旅游局
地址：重庆市城口县葛城镇土城路 2 号
电话：023－59226195
邮编：405900

梁平县旅游局
地址：重庆市梁平县梁山街道人民东路 80 号
电话：023－53228200
邮编：405200

开县旅游局
地址：重庆市开县县机关办公楼
电话：023－52225618
邮编：405400

巫溪县旅游局
地址：重庆市巫溪县人民街 18 号（老县委 2 楼）
电话：023－51522962
邮编：405800

巫山县旅游局
地址：重庆市巫山县新城广东中路 177 号
电话：023－57682774
邮编：404700

奉节县旅游局
地址：重庆市奉政路永安镇旅游外事综合楼
电话：023－56553695
邮编：404600

云阳县旅游局
地址：重庆市云阳县双红街道吉花路 60 号
电话：023－55128228
邮编：404500

忠县旅游创意产业委员会
地址：重庆市忠县忠州镇边天路 32 号附 1 号
电话：023－54245066
邮编：404300

石柱土家族自治县旅游局
地址：重庆市石柱县南宾镇南宾路 25 号
电话：023－73337520
邮编：409100

彭水苗族土家族自治县旅游局
地址：重庆市彭水县汉葭镇
电话：023－78843685
邮编：409600

酉阳土家族苗族自治县旅游局
地址：重庆市酉阳县钟桃花园镇新民街 102 号
电话：023－75556441
邮编：409800

秀山土家族苗族自治县旅游局
地址：重庆市秀山县渝秀大道行政中心
电话：023－76667786
邮编：409900

旅行社

重庆海外旅业（旅行社）集团有限公司
地址：重庆市江北区红锦大道 1 号理想大厦 A 栋
电话：023－63851248

邮编：400015
网址：www.517best.com
许可证号：L－CQ－CJ00001

重庆市中国旅行社（集团）有限公司
地址：重庆市渝中区五四路39号
电话：023－63782116
邮编：400010
网址：www.ctscq.com
许可证号：L－CQ－CJ00002

重庆新亚国际旅行社
地址：重庆市渝中区邹容路151号邹容广场A座3楼
电话：023－89037601
邮编：400010
许可证号：L－CQ－CJ00003

重庆新世纪国际旅行社有限公司
地址：重庆市南岸区南坪东路6号
电话：023－62949883
邮编：400060
网址：www.centurytrip.com
许可证号：L－CQ－CJ00004

重庆中国国际旅行社有限责任公司
地址：重庆市渝中区邹容路151号邹容广场A座8楼
电话：023－63633806
邮编：400010
许可证号：L－CQ－CJ00005

重庆扬子江国际旅行社
地址：重庆市巫山县巫峡镇广东路117号旅游大厦六楼
电话：023－63833300
邮编：404700
网址：www.yitscq.com
电子信箱：Ytour@yitscq.com
许可证号：L－CQ－CJ00006

重庆汇丰国际旅行社有限公司
地址：重庆市丰都县三台镇滨江东路13号汇丰国旅综合办公楼
电话：023－63837247
邮编：400014
许可证号：L－CQ－CJ00007

重庆中国青年旅行社有限公司
地址：重庆市渝中区中山二路134号
电话：023－63837247
邮编：400010
许可证号：L－CQ－CJ00008

重庆光大国际旅行社有限公司
地址：重庆市江北区建新北路76号光宇大厦5楼
电话：023－67732222
邮编：400020
许可证号：L－CQ－CJ00009

重庆天鹅国际旅游有限公司
地址：重庆市渝中区中山一路148号
电话：023－63631561
邮编：400015
网址：www.cqswan.com
许可证号：L－CQ－CJ00010

重庆万友国际旅行社有限责任公司
地址：重庆市渝中区朝天门时代天骄23－9号
电话：023－86520577
邮编：400013
网址：www.wanyou tour.com
许可证号：L－CQ－CJ00011

重庆长江国际旅游公司
地址：重庆市渝中区打铜街4－12号长海大厦
电话：023－63775903
邮编：400011
网址：www.cruiseyangtze.com
许可证号：L－CQ－CJ00012

康辉旅游集团重庆国际旅行社有限责任公司
地址：重庆市渝中区五四路39号G1－114
电话：023－63782721
邮编：400010
许可证号：L－CQ－CJ00013

重庆旅游控股集团渝之旅国际旅行社有限公司
地址：重庆市渝中区民生路283号
电话：023－86628287
邮编：400010
许可证号：L－CQ－CJ00014

重庆黄金假期国际旅行社有限公司
地址：重庆市江北区建新北路8号红鼎国际名苑3号楼19层
电话：023－67856103
邮编：400020
地址：www.cqghit.com
电子信箱：donggq@cqghit.com
许可证号：L－CQ－CJ00015

重庆新闻国际旅行社
地址：重庆市渝中区较场口85号
电话：023－63738033
邮编：400010
许可证号：L－CQ－CJ00016

重庆幸运国际旅行社有限公司
地址：重庆市新建北路一支路6号
电话：023－86065601
邮编：400020
许可证号：L－CQ－CJ00017

重庆假日国际旅行社有限公司
地址：重庆市渝中区邹容路120号2F1－2－3
电话：023－63782346
邮编：400010
许可证号：L－CQ－CJ00018

重庆宝中国际旅行社有限公司
地址：重庆市江北区建新南路1号
电话：023－67704100
邮编：400020
许可证号：L－CQ－CJ00019

重庆阳光国际旅行社有限公司
地址：重庆市江北区电测村100号14－6
电话：023－89001832
邮编：400015
许可证号：L－CQ－CJ00020

重庆九州国际旅行社有限公司市
地址：渝北区洪湖东路51号重庆财富中心C3栋2楼1号
电话：023－67032886
邮编：400120
电子信箱：steve@jzits.com
许可证号：L－CQ－CJ00021

重庆长江映象国际旅行社有限公司
地址：重庆市渝中区八一路218号2508号
电话：023－63762394
邮编：400020
电子信箱：LMQ1967911@163.com
许可证号：L－CQ－CJ00022

重庆新干线国际旅行社有限公司
地址：重庆市江北区建新北路16号31－1
电话：023－67891299
邮编：400020
电子信箱：478939090@qq.com
许可证号：L－CQ－CJ00023

重庆和平国际旅行社有限公司
地址：重庆市江北区建新北路25－31号北辰名都19B室
电话：023－67875558
邮编：400020
电子信箱：411634497@qq.com
许可证号：L－CQ－CJ00024

中国旅行社总社（重庆）有限公司
地址：重庆市渝中区枇杷山正街136号15－D#
电话：023－67758378　67758308
邮编：400020
许可证号：L－CQ－CJ00025

重庆易友国际旅行社有限公司
地址：重庆市江北区电测村100号21－7、8、9号
电话：023－88193647
邮编：400020
许可证号：L－CQ－CJ00026

重庆宏金龙国际旅行社有限公司
地址：重庆市渝中区民族路18号16－10
电话：023－63788807
邮编：400010
电子信箱：418836719@qq.com
许可证号：L－CQ－CJ00027

重庆春秋国际旅行社有限公司
地址：重庆市渝中区七星岗民生路268号
电话：023－63720043
邮编：400010
许可证号：L－CQ－CJ00028

重庆迅腾国际旅行社有限公司
地址：重庆市渝中区民生路283号重宾商务大厦14楼
电话：023－63922288
邮编：400010
许可证号：L－CQ－CJ00029

重庆龙驰国际旅行社有限公司
地址：重庆市渝中区双钢路三号科协大厦8楼
电话：023－8901666
邮编：400010
许可证号：L－CQ－CJ00030

重庆锦鸿国际旅行社有限公司
地址：重庆市渝中区美专校街66号2单元11－2号
电话：023－89033601
邮编：400010
许可证号：L－CQ－CJ00031

重庆捌佰龙国际旅行社有限公司
地址：重庆市江北区建新东路36号10幢
电话：023－67778582
邮编：400020
许可证号：L－CQ－CJ00032

重庆远洋旅业有限公司
地址：重庆市南岸区南坪街道南坪西路23号
电话：023－62925551　62927879
邮编：400064
许可证号：L－CQ－CJ00033

重庆华邦国际旅行社有限公司
地址：重庆市武隆县仙女山森林公园内
邮编：408500
许可证号：L－CQ－CJ00034

重庆飞宇国际旅行社有限公司
重庆市江北区建新北路 76 号 14 楼
电话：023－67861559
邮编：400020
许可证号：L－CQ－CJ00035

重庆瑞途国际旅行社有限公司
地址：重庆市江北区洋河二村 68 号
邮编：400020
许可证号：L－CQ－CJ00036

重庆振旭国际旅行社有限公司
地址：重庆市江北区建新北路 16 号 26－6 号
电话：023－86815666
邮编：400020
许可证号：L－CQ－CJ00037

重庆博众国际旅行社有限公司
地址：重庆市江北区洋河路 9 号 A 幢
邮编：400020
许可证号：L－CQ－CJ00038

重庆青年商务国际旅行社有限公司
地址：重庆市渝中区纸盐河街 29 号
电话：023－63037733　63035959
邮编：400010
许可证号：L－CQ－CJ00039

重庆森林国际旅行社有限公司
地址：重庆市渝中区枇杷山正街 136 号华安大厦 16 楼 B 座、C 座
电话：023－86665502
邮编：400010
许可证号：L－CQ－CJ00040

重庆天宇旅游有限公司
地址：重庆市渝中区上清寺美专校街 66 号 B 栋
电话：023－63606666
邮编：400010
许可证号：L－CQ－CJ00041

重庆渝美国际旅行社有限公司
地址：重庆市江北区洋河三村 5 号
电话：13527546883
邮编：400020
许可证号：L－CQ－CJ00042

重庆四季观光国际旅行社有限公司
地址：重庆市江北区建新东路 239 号
电话：023－67872008
邮编：400020
许可证号：L－CQ－CJ00043

重庆文华国际旅行社有限公司
地址：重庆市江北区建新南路 16 号
电话：023－86860909
邮编：400020
许可证号：L－CQ－CJ00044

重庆奉节国际旅行社有限公司
地址：重庆市奉节县永安镇县政路 64 号二楼
电话：023－56554782
邮编：404600
许可证号：L－CQ－CJ00045

重庆环亚国际旅行社有限公司
地址：重庆市渝中区朝千大码头 C－3－5
电话：023－63803350
邮编：400010
许可证号：L－CQ－CJ00046

重庆红帽子国际旅行社有限公司
地址：重庆市江北区建新北路 16 号
电话：023－67855166
邮编：400020
许可证号：L－CQ－CJ00047

重庆维斯顿国际旅行社有限公司
地址：重庆市渝北区龙山街道余松一支路 7 号龙湖紫都城 3－2 幢
电话：13628397082
邮编：401120
许可证号：L－CQ－CJ00048

重庆海峡国际旅行社有限公司
地址：重庆市渝中区长江一路 5 号
电话：023－63608482
邮编：400010
许可证号：L－CQ－CJ00049

重庆洲际国际旅行社有限责任公司
地址：重庆市渝北区泰山大道东段 98 号 2 幢
电话：023－63011601
邮编：401120
许可证号：L－CQ－CJ00050

重庆新旅程国际旅行社有限公司
地址：重庆市渝中区和平路 1 号 1 单元 20－1
电话：023－86667187
邮编：40000
许可证号：L－CQ－CJ00051

重庆旭程国际旅行社有限公司
地址：重庆市渝中区中华路 178 号 19－2 号
电话：023－63605825
邮编：400010
许可证号：L－CQ－CJ00052

重庆乐美国际旅行社有限公司
地址：重庆市江北区建新北路 16 号 33－17 号
电话：023－67857008
邮编：400020
许可证号：L－CQ－CJ00053

重庆奇乐国际旅行社有限公司
地址：重庆市江北区渝北三村 31 号 2 单元 32－18
邮编：400020
许可证号：L－CQ－CJ00054

饭　店

海逸酒店 ★★★★★
地址：重庆市渝中区五一路
电话：023－63700888
邮编：400010

洲际酒店 ★★★★★
地址：重庆市渝中区民族路 101 号
电话：023－89066888
邮编：400010

重庆国贸格兰维大酒店 ★★★★★
地址：重庆市渝中区青年路 66 号
电话：023－63666666
邮编：400010

重庆万豪酒店 ★★★★★
地址：重庆市
电话：023－63888888
邮编：400010

重庆希尔顿酒店 ★★★★★
地址：重庆市渝中区中山三路 139 号
电话：023－89039999
邮编：400015

世纪金源时代大饭店 ★★★★★
地址：重庆市江北区建新北路二支路 1 号
电话：023－67958888
邮编：400020

君豪大酒店 ★★★★★
地址：重庆市江北区滨江路 368 号
电话：023－86338888
邮编：400020

重庆申基索菲特大酒店 ★★★★★
地址：重庆市九龙坡区科园二路 137 号
电话：023－68639999
邮编：400039

贝迪颐园温泉度假酒店 ★★★★★
地址：重庆市九龙坡区白市驿农科大道
电话：023－65718888
邮编：401329

重庆上邦戴斯酒店 ★★★★★
地址：重庆市九龙坡金凤镇上邦路 3 号
电话：023－86638888
邮编：401329

重庆海宇温泉大酒店 ★★★★★
地址：重庆市北碚区双元大道 198 号
电话：023－63179999
邮编：400711

重庆大足华地王朝华美达广场酒店 ★★★★★
地址：重庆市大足区棠香街道五星大道 386 号
电话：023－85226666
邮编：402360

金科大酒店 ★★★★★
地址：重庆市渝北区黄山大道
电话：023－89136666
邮编：401121

天来大酒店 ★★★★★
地址：重庆渝北区金开大道 7 号
电话：023－67888888
邮编：401121

欧瑞锦江大酒店 ★★★★★
地址：重庆市渝北区西湖路 6 号
电话：023－67306666
邮编：401120

重庆维景国际大酒店 ★★★★★
地址：重庆市经开区金开大道 1598 号
电话：023－63118888
邮编：401160

重庆隆鑫玫瑰酒店 ★★★★★
地址：重庆市黔江区新华大道西段 99 号
电话：023－79228888
邮编：409000

重庆长寿碧桂园凤凰酒店 ★★★★★
地址：重庆市长寿区桃花新城文苑大道 7 号
电话：023－68988888
邮编：401220

重庆恒大酒店 ★★★★★
地址：重庆市江津区双福新区恒大大道
电话：023－65556666
邮编：402260

重庆名豪国际酒店 ★★★★★
地址：重庆永川区萱花路 108 号
电话：023－49848888

邮编：402160

野生世界两江假日酒店 ★★★★★
地址：重庆市永川区卫星湖接待风龙场
电话：023-85380888
邮编：402168

江鸿国际大饭店 ★★★★★
地址：重庆市永川经济开发新区
电话：023-49666666
邮编：402160

南方君临酒店 ★★★★★
地址：重庆市高新区科园四路259号
电话：023-68066806
邮编：400041

万达艾美酒店 ★★★★★
地址：重庆市南岸区南城大道8号
电话：023-86388888
邮编：400064

广场宾馆 ★★★★
地址：重庆市渝中区学田湾正街2号
电话：023-63558999
邮编：400015

万友康年大酒店 ★★★★
地址：重庆市渝中区大坪长江二路77号
电话：023-68718888
邮编：400042

大世界酒店 ★★★★
地址：重庆市渝中区邹容路118号
电话：023-63781111
邮编：400010

雾都宾馆 ★★★★
地址：重庆市渝中区上曾家岩24号
电话：023-63851788
邮编：400015

东方花苑酒店 ★★★★
地址：重庆市渝中区学田湾正街55号
电话：023-63892666
邮编：400015

银河大酒店 ★★★★
地址：重庆市渝中区大同路49号
电话：023-63808585
邮编：400010

扬子岛酒店 ★★★★
地址：重庆市渝中区邹容路82号附1号
电话：023-86308888
邮编：400010

洪崖洞大酒店 ★★★★
地址：重庆市渝中区沧白路56号
电话：023-63992888
邮编：400010

大礼堂酒店 ★★★★
地址：重庆市渝中区人民路173号
电话：023-86527666
邮编：400015

重庆市鹅岭酒店 ★★★★
地址：重庆渝中区鹅岭正街181号
电话：023-63677888
邮编：400012

两江丽景酒店 ★★★★
地址：重庆市渝中区黄花园双钢路3号
电话：023-89065555
邮编：400013

和府饭店 ★★★★
地址：重庆市江北区红锦大道2号
电话：023-67533333
邮编：400020

丽苑大酒店 ★★★★
地址：重庆市沙坪坝区天陈路15号
电话：023-65316666
邮编：400030

海兰云天·会务中心（海琴酒店） ★★★★
地址：重庆市九龙坡区金凤镇海兰湖
电话：023-65746666
邮编：401329

佳宇英皇酒店 ★★★★
地址：重庆市九龙坡区杨家坪直港大道206号
电话：023-68129999
邮编：400050

杨馨大酒店 ★★★★
地址：重庆市九龙坡区杨家坪前进路18号
电话：023-68652888
邮编：400050

劲力酒店 ★★★★
地址：重庆市九龙坡区石桥铺科园二路9号
电话：023-68518888
邮编：400039

拉斐皇廷酒店 ★★★★
地址：重庆市南岸区四公里学府大道旁
电话：023-86387777
邮编：400067

金鹰度假酒店 ★★★★
地址：重庆市南岸区南山（大金鹰公园）旁
电话：023-62478388
邮编：400065

丽华酒店 ★★★★
地址：重庆市南岸区南坪正街1号
电话：023-62608888
邮编：400060

万盛国际大酒店 ★★★★
地址：重庆市綦江区红枫路1号
电话：023-48339999
邮编：400800

君顿两江酒店 ★★★★
地址：重庆市渝北区龙帆路1号
电话：023-67683333
邮编：401122

德信度假酒店 ★★★★
地址：重庆市綦江区横山镇
电话：023-48406258
邮编：401428

逸安酒店 ★★★★
地址：重庆市渝北区黄山大道188号
电话：023-67688888
邮编：401121

奥蓝酒店 ★★★★
地址：重庆市渝北区双龙大道218号
电话：023-67583999
邮编：401120

东和花园酒店 ★★★★
地址：重庆市渝北区龙溪镇红黄路99号
电话：023-67531888
邮编：401147

创世纪宾馆 ★★★★
地址：重庆市渝北区新牌坊1路1号
电话：023-67788888
邮编：401120

重庆长都假日酒店 ★★★★
地址：重庆市渝北区五红路96号
电话：023-67864888
邮编：400023

典雅戴斯酒店 ★★★★
地址：重庆市巴南区渝南大道70号
电话：023-86956666
邮编：400054

万州国际大酒店 ★★★★
地址：重庆市万州区五桥安宁路66号
电话：023-58548888
邮编：404000

万州凯莱大酒店 ★★★★
地址：重庆市万州区太白路91-97号
电话：023-58158855
邮编：404000

太极大酒店 ★★★★
地址：重庆市涪陵区体育南路
电话：023-72888888
邮编：408000

涪陵饭店 ★★★★
地址：重庆市涪陵区兴华中路
电话：023-72259999
邮编：408000

建涪宾馆 ★★★★
地址：重庆市涪陵区高笋塘1号
电话：023-72299999
邮编：408000

金凤山大酒店 ★★★★
地址：重庆市长寿区长寿路191号
电话：023-40258888
邮编：401220

中华茶艺山庄 ★★★★
地址：重庆市永川区昌州大道西段6号
电话：023-49890999
邮编：402160

天星大酒店 ★★★★
地址：重庆市南川区金佛山西坡风景区
电话：023-71665555
邮编：408400

铜梁大酒店 ★★★★
地址：重庆市铜梁县迎宾大道1号
电话：023-45690888
邮编：402560

重庆梦湖度假酒店 ★★★★
地址：重庆市铜梁县南城街道桐梓社区
电话：023-45425888
邮编：402560

和庭酒店 ★★★★
地址：重庆市荣昌县昌州大道东段39号
电话：023-46799999
邮编：402460

湖上大酒店 ★★★★
地址：重庆市璧山县奥康工业园区璧青路868号
电话：023-41639888
邮编：402760

新华酒店 ★★★★
地址：重庆市垫江县桂西大道南阳内转盘
电话：023-74636666
邮编：408300

瑜珠花园酒店 ★★★★
地址：重庆市武隆县城芙蓉西路 16 号
电话：023－77799888
邮编：408500

长松国际大酒店 ★★★★
地址：重庆市武隆县仙女山国家森林公园内
电话：023－77738888
邮编：408500

学府大酒店 ★★★★
地址：重庆市武隆县仙女山国家森林公园内
电话：023－77707777
邮编：408500

重庆宏福饭店 ★★★★
地址：重庆市武隆县巷口镇柏杨路 2 号
电话：023－64501066
邮编：408500

宏声贵宾楼 ★★★★
地址：重庆市丰都新县城平都大道西段 88 号
电话：023－70726666
邮编：408200

茂田大酒店 ★★★★
地址：重庆市丰都县三合镇名山大道 39 号
电话：023－70758888
邮编：408200

名豪酒店 ★★★★
地址：重庆市梁平县梁山镇人民南路 666 号
电话：023－53666666
邮编：405200

御金洲大酒店 ★★★★
地址：重庆市开县新城开州大道中段
电话：023－52866666
邮编：405400

渝豪酒店 ★★★★
地址：重庆市开县金贸路 247 号
电话：023－52252888
邮编：405400

奉节饭店 ★★★★
地址：重庆市奉节县永安镇人和街 175 号
电话：023－85168888
邮编：404600

重庆明月戴斯酒店 ★★★★
地址：重庆市石柱县黄水镇迎宾北路 77 号
电话：023－73355555
邮编：409108

乌江明珠大酒店 ★★★★
地址：重庆市彭水县汉葭镇滨江路
电话：023－85028888
邮编：409600

锰都大酒店 ★★★★
地址：重庆市秀山县南部新城滨江路
电话：023－76866666
邮编：409900

富丽大酒店 ★★★★
地址：重庆市高新区石杨路 33 号
电话：023－68199999
邮编：400039

重庆饭店 ★★★
地址：重庆市渝中区新华路 41 号
电话：023－63916666
邮编：400010

美渝大酒店 ★★★
地址：重庆市渝中区南区路 232 号
电话：023－61686666
邮编：400014

渝都大酒店 ★★★
地址：重庆市渝中区八一路 168 号
电话：023－63828888
邮编：400010

中天大酒店 ★★★
地址：重庆市渝中区青年路 18 号
电话：023－63739898
邮编：400010

天友大酒店 ★★★
地址：重庆市渝中区中山三路 86 号
电话：023－63859888
邮编：400015

金燕大酒店 ★★★
地址：重庆市渝中区南区路 188 号
电话：023－63635333
邮编：400014

工会大厦 ★★★
地址：重庆市渝中区中山三路 157 号
电话：023－63555878
邮编：400015

9 号商务酒店 ★★★
地址：重庆市渝中区朝天门信义街 29 号
电话：023－63770909
邮编：400011

白象宾馆 ★★★
地址：重庆市渝中区白象街 18 号
电话：023－63774216
邮编：400011

重庆博圣酒店 ★★★
地址：重庆市大渡口区文体支路 52 号
电话：023－86191666
邮编：400084

小天鹅宾馆 ★★★
地址：重庆市江北区建新北路 78 号
电话：023－67868888
邮编：400020

阳河大酒店 ★★★
地址：重庆市江北区兴隆路 22 号
电话：023－86716716
邮编：400000

阳光酒店 ★★★
地址：重庆市江北区大石坝大庆村红石支路 299 号
电话：023－67310666
邮编：400021

机场宾馆 ★★★
地址：重庆市江北区国际机场
电话：023－67156666
邮编：401120

重庆蓝箭宾馆 ★★★
地址：重庆市江北区大石坝大路村 85 号
电话：023－67892999
邮编：400021

燕山酒店 ★★★
地址：重庆市江北区大石坝 7 村 200 号
电话：023－67079888
邮编：400021

重庆大酒店 ★★★
地址：重庆市沙坪坝区小龙坎新街 84 号
电话：023－65339888
邮编：400030

嘉陵宾馆 ★★★
地址：重庆市沙坪坝区双碑詹家溪
电话：023－65192518
邮编：400032

华山宾馆 ★★★
地址：重庆沙坪坝区汉渝路 19 号
电话：023－65455383
邮编：400015

科苑大酒店 ★★★
地址：重庆市沙坪坝区沙北路 83 号重大科技广场
电话：023－65128888
邮编：400045

桃都城市酒店 ★★★
地址：重庆市九龙坡区杨家坪西郊路 21 号
电话：023－68781818
邮编：400050

天醉园酒店 ★★★
地址：重庆市九龙坡区西彭镇石塔村十五号
电话：023－65822389
邮编：400050

福星大酒店 ★★★
地址：重庆市九龙坡区龙泉路 129 号
电话：023－68877888
邮编：400050

圣杰酒店 ★★★
地址：重庆市九龙坡区朵力名都 8 号
电话：023－68839777
邮编：400080

香山大酒店 ★★★
地址：重庆市南岸区南坪正街 66 号
电话：023－62906888
邮编：400060

宏声大酒店 ★★★
地址：重庆市南岸区南坪南兴路 1 号
电话：023－62909888
邮编：400060

邮电会训宾馆 ★★★
地址：重庆市南岸区黄桷垭堡上园 1 号
电话：023－62461800
邮编：400065

星宇心悦大酒店 ★★★
地址：重庆市南岸区南坪东路 11 号
电话：023－62963000
邮编：400060

岚苑度假村 ★★★
地址：重庆市南岸区黄桷垭文峰段 94 号
电话：023－61987600
邮编：400065

海旭花园酒店 ★★★
地址：重庆市北碚区双碚路
电话：023－68359888
邮编：400700

西南大学桂园酒店 ★★★
地址：重庆市北碚区天生路 2 号
电话：023－68252224　68293000
邮编：400700

川仪大酒店 ★★★
地址：重庆市北碚区碚峡路 130 号
电话：023－68868888
邮编：400700

重庆

天香苑度假酒店 ★★★
地址：重庆市北碚区北泉村松树堡社缙云山
电话：023－68232199
邮编：400700

缙云山宾馆 ★★★
地址：重庆市北碚区彝云山27号
电话：023－68347100
邮编：400702

重庆云登假日酒店 ★★★
地址：重庆市北碚区北泉村范家沟
电话：023－68220777
邮编：400702

重庆地科酒店（和谐天香度假酒店） ★★★
地址：重庆市北碚区静观镇
电话：023－68237979
邮编：400717

汇鑫假日酒店 ★★★
地址：重庆市綦江区子如广场南楼
电话：023－48295333
邮编：400800

黑山天堂谷酒店（原黑山交通宾馆） ★★★
地址：重庆市綦江区景星乡北门村
电话：13368404386
邮编：400800

九锅箐宾馆 ★★★
地址：重庆市綦江区关坝镇九锅箐
电话：023－48266781
邮编：400805

新百利酒店 ★★★
地址：重庆市綦江区古南镇九龙大道34号
电话：023－48621666
邮编：401420

馨都商务酒店 ★★★
地址：重庆市綦江区古南镇北街68号
电话：023－48677888
邮编：401420

黑山谷度假酒店 ★★★
地址：重庆市綦江区黑山镇北门村新场社
电话：023－85276666
邮编：400800

联谊宾馆 ★★★
地址：重庆市大足区龙水湖
电话：023－43628008
邮编：402368

海棠香国酒店 ★★★
地址：重庆市大足区南环路
电话：023－43735555
邮编：402360

重庆雅世艺酒店 ★★★
地址：重庆市渝北区回兴宝圣西路399号
电话：023－67838999
邮编：401120

渝通宾馆 ★★★
地址：重庆市渝北区红旗河沟红锦大道18号
电话：023－67890000
邮编：400020

统景温泉度假村 ★★★
地址：重庆市渝北区统景风景区内
电话：023－67288999
邮编：401124

犀牛宾馆 ★★★
地址：重庆市渝北区胜利路190号
电话：023－67825888
邮编：401120

龙景温泉度假酒店 ★★★
地址：重庆市渝北区玉峰山森林公园
电话：023－67165049
邮编：401124

雾都宾馆·太阳城 ★★★
地址：重庆市渝北区龙溪镇街道红叶路1号
电话：023－67620222
邮编：401140

新华宾馆 ★★★
地址：重庆市渝北区双龙大道138号
电话：023－67801376
邮编：401120

三峰泉酒店（渝东民俗温泉旅游度假酒店） ★★★
地址：重庆市巴南区东温泉镇正街3号
电话：023－66459390
邮编：401342

秀泉映月酒店 ★★★
地址：重庆市巴南区东温泉镇正街102号
电话：023－66450999
邮编：401342

东方酒店 ★★★
地址：重庆市巴南区花溪镇
电话：023－62589888
邮编：400054

千禧酒店 ★★★
地址：重庆市万州区太白路136号
电话：023－58104999
邮编：404000

长江大酒店 ★★★
地址：重庆市万州区太白路218号
电话：023－58140088
邮编：404000

长城长大酒店 ★★★
地址：重庆市万州区白岩书院74号
电话：023－58100788
邮编：404000

太白宾馆 ★★★
地址：重庆市万州区白岩路232号
电话：023－58223976
邮编：404000

锦丽酒店 ★★★
地址：重庆市万州区王牌路398号
电话：023－58116666
邮编：404000

重庆赛菲尔酒店 ★★★
地址：重庆市万州区新城路2巷6号
电话：023－58681888
邮编：404000

涪陵金三峡宏声度假村 ★★★
地址：重庆市涪陵区望州路100号
电话：023－72244666
邮编：400032

凯元大酒店 ★★★
地址：重庆市涪陵区兴华中路53号
电话：023－87888888
邮编：408000

天龙大酒店 ★★★
地址：重庆市黔江区解放路791号
电话：023－79237768
邮编：409000

弘扬大酒店 ★★★
地址：重庆市黔江区新华大道西段289号
电话：023－85087777
邮编：408500

黔州宾馆 ★★★
地址：重庆市黔江区黔龙街沙坝路110号
电话：023－79310572
邮编：409000

学苑宾馆 ★★★
地址：重庆市黔江区文体体路99号
电话：023－79311666
邮编：409000

长寿湖度假酒店 ★★★
地址：重庆市长寿区长寿湖
电话：023－40360219
邮编：401248

江舟大酒店 ★★★
地址：重庆市江津区滨江中路12号
电话：023－47526888
邮编：402260

星宿丽景酒店 ★★★
地址：重庆市江津区四面山
电话：023－47663688
邮编：402260

荣华大酒店 ★★★
地址：重庆市江津区荣华路
电话：023－47551888
邮编：402260

思齐园宾馆 ★★★
地址：重庆市江津区壁路
电话：023－47666230
邮编：402296

四面山大酒店 ★★★
地址：重庆市江津区四面山镇
电话：023－47666888
邮编：402296

皇鼎大酒店 ★★★
地址：重庆市江津区滨江路西段9－1世纪大厦D栋
电话：023－47548888
邮编：402260

麒羽酒店 ★★★
地址：重庆市江津区德感正街465号
电话：023－61081111
邮编：402284

友缘山庄 ★★★
地址：重庆市合川区南办处上什字铜梁洞后山
电话：023－42752211
邮编：401520

江城明珠大酒店 ★★★
地址：重庆市合川区南办处振兴路246号
电话：023－64286669
邮编：401519

川龙大酒店 ★★★
地址：重庆市永川区英井路311号
电话：023－49805653　49816188
邮编：402160

永川大酒店 ★★★
地址：重庆市永川区三江路2号
电话：023－61186999

重庆

邮编：402160

东方宾馆 ★★★
地址：重庆市永川区渝西大道中段 1148 号
电话：023－49894888
邮编：402160

享通大酒店 ★★★
地址：重庆市永川区外西大街 129 号
电话：023－49864677
邮编：402160

桃花源度假酒店 ★★★
地址：重庆市永川区南大街黄瓜山村白岩槽
电话：023－49688399
邮编：402160

香海温泉度假村酒店 ★★★
地址：重庆市永川区胜利路 408 号
电话：023－49887777
邮编：402160

卧龙谭宾馆 ★★★
地址：重庆市南川区三泉镇
电话：023－71485270
邮编：408400

南川宾馆 ★★★
地址：重庆市南川区南大街 11 号
电话：023－87851888
邮编：408400

天河酒店 ★★★
地址：重庆市南川区南城街道办事处金佛大道 158 号
电话：023－71409999
邮编：408400

艺诚商务大酒店 ★★★
地址：重庆市南川区北腊口 94 号
电话：023－71419999
邮编：408400

金川大酒店 ★★★
地址：重庆市南川区金佛大道龙园路口
电话：023－71618888
邮编：408400

南川新华酒店 ★★★
地址：重庆市南川区新华路 9 号
电话：023－85620001
邮编：408400

乐普生酒店 ★★★
地址：重庆市南川区立新路 2 号
电话：023－71625555
邮编：408400

诚信大酒店 ★★★
地址：重庆市南川区西大街 145 号
电话：023－71636666
邮编：408400

亿度宾馆 ★★★
地址：重庆市南川区
电话：023－ 85634777
邮编：408400

龙城大酒店 ★★★
地址：重庆市南川区
电话：023－71450000
邮编：408400

凯特酒店 ★★★
地址：重庆市南川区金佛大道 153 号
电话：023－71699997
邮编：408400

佛星客栈 ★★★
地址：重庆市南川区三汇存六社天星小镇 B7 栋
电话：023－71662999
邮编：408400

金晶商务酒店 ★★★
地址：重庆市南川区火车站大道 3 号
电话：023－71418888
邮编：408400

美都驿栈 ★★★
地址：重庆市南川区南城街道办事处三汇村（金佛山西坡）
电话：023－87859999
邮编：408436

博泽海盈酒店 ★★★
地址：重庆市南川区三环路金光大道 10 号
电话：023－71687777
邮编：408400

皇顿大酒店 ★★★
地址：重庆市潼南县梓潼街道办事处凉风垭金竹广场
电话：023－44594858
邮编：402660

潼南大酒店 ★★★
地址：重庆市潼南县石院街 38 号
电话：023－44550988
邮编：402660

天宝大酒店 ★★★
地址：重庆市潼南县梓桐镇石院街 88 号
电话：023－85119666
邮编：402660

龙都宾馆 ★★★
地址：重庆市铜梁县巴川镇小北街 31 号
电话：023－45659588
邮编：402560

金能大酒店 ★★★
地址：重庆市荣昌县昌园镇宝城路 4 号
电话：023－46791111
邮编：402460

金昌大酒店 ★★★
地址：重庆市荣昌县南大街 6 号
电话：023－46793515
邮编：402460

明珠宾馆 ★★★
地址：重庆市荣昌县广场路 111 号
电话：023－46734498
邮编：402460

静月湾度假酒店 ★★★
地址：重庆市荣昌县荣隆镇高田村麻雀岩水库
电话：023－46558666
邮编：402460

海棠大酒店 ★★★
地址：重庆市荣昌县玉屏路
电话：023－46788958
邮编：402460

牡丹源酒店 ★★★
地址：重庆市垫江县桂溪镇工农路 321 号
电话：023－85656666
邮编：408300

丽龙酒店 ★★★
地址：重庆市武隆县巷口镇柏杨路 50 号
电话：023－85611111
邮编：408500

金海大酒店 ★★★
地址：重庆市武隆县港口镇建设中路 2 号
电话：023－77714268
邮编：408500

红五星酒店 ★★★
地址：重庆市武隆县巷口镇芙蓉西路 2 号
电话：023－77714111
邮编：408500

凯迪酒店 ★★★
地址：重庆市武隆县五龙商都商务楼
电话：023－77828888
邮编：408500

致远酒店 ★★★
地址：重庆市丰都县三合镇平都大道西段 226 号
电话：023－70734444
邮编：408200

皇都大酒店 ★★★
地址：重庆市丰都县三合镇平都大道
电话：023－70707888
邮编：408200

梁平大酒店 ★★★
地址：重庆市梁平县梁山镇名豪商贸区 11 幢
电话：023－53333666
邮编：405200

和蒲酒店 ★★★
地址：重庆市梁平县双桂路 398 号
电话：023－53369666
邮编：405200

蓝色港湾商务宾馆 ★★★
地址：重庆市梁平县机场路 737 号
电话：023－53338666
邮编：409000

华洲商务酒店 ★★★
地址：重庆市梁平县梁山路 338 号
电话：023－53555599
邮编：405200

皇冠大酒店 ★★★
地址：重庆市开县迎宾路教委培训中心
电话：023－85939999
邮编：405400

巫溪大酒店 ★★★
地址：重庆市巫溪县城厢镇滨河南路 2 号 TEL
电话：023－51533858
邮编：405800

铭洋大酒店 ★★★
地址：重庆市巫溪县城厢镇马镇坝春电大道 46 号
电话：023－51811111
邮编：405800

巫山鸿都大酒店 ★★★
地址：重庆市巫山县新城集仙中路
电话：023－57689999
邮编：404700

巫山国宾酒店 ★★★
地址：重庆市巫山县平湖路 239 号
电话：023－87616666
邮编：404700

太和大酒店 ★★★
地址：重庆市奉节县夔州路 460 号

重庆

电话：023－56558123
邮编：404600

云阳县三峡风大酒店 ★★★
地址：重庆市云阳县青龙路38号
电话：023－55166666
邮编：404500

重云大酒店 ★★★
地址：重庆市云阳县新城云江大道936号
电话：023－55666666
邮编：404500

三峡风大酒店 ★★★
地址：重庆市忠县忠州果园路11号
电话：023－54248888
邮编：404300

成名日月大酒店 ★★★
地址：重庆市忠县忠州镇乐天路9号
电话：023－54455555
邮编：404300

石柱人民宾馆 ★★★
地址：重庆市石柱县南宾镇新开路60号
电话：023－73332966
邮编：409100

石柱黄水避暑山庄 ★★★
地址：重庆市石柱县黄水镇
电话：023－73392568
邮编：409108

紫藤大酒店 ★★★
地址：重庆市彭水县汉葭镇河堡街亦君小区小栋
电话：023－78841899
邮编：409600

龚滩仁义酒店 ★★★
地址：重庆市酉阳县龚滩镇新华社区11号
电话：023－85065999
邮编：409800

利斯卡尔酒店 ★★★
地址：重庆市酉阳县桃花源镇酉兴路100号
电话：023－85064888
邮编：409800

时代国际大酒店 ★★★
地址：重庆市酉阳县钟多镇城北新区17号
电话：023－7556999
邮编：409800

酉洲大酒店 ★★★
地址：重庆市酉阳县钟多镇城南开发区
电话：023－75588555
邮编：409800

南方花园酒店 ★★★
地址：重庆市高新区南方花园科园四路198号
电话：023－68521111
邮编：400039

阳光和平大酒店 ★★★
地址：重庆市高新区石桥铺石杨路42号
电话：023－67320999
邮编：400039

旅游景区

重庆人民大礼堂及人民广场 AAAA
地址：重庆市渝中区人民路173号
电话：023－63857729　63857731
邮编：400015

重庆洪崖洞民俗风貌区 AAAA
地址：重庆市渝中区嘉滨路88号
电话：023－63039911　63039999
邮编：400010

重庆大韩民国临时政府旧址陈列馆 AA
地址：重庆市渝中区莲花池38号
电话：023－63820752
邮编：400010

重庆宋庆龄旧居陈列馆 AA
地址：重庆市渝中区两路口新村5号
电话：023－63859980　63609997
邮编：400015

红岩革命纪念馆 AAAA
地址：重庆市渝中区红岩村
电话：023－63300192　65312300
邮编：400043

重庆市规划展览馆 AAAA
地址：重庆市朝东路1号
电话：023－63730777
邮编：400010
网址：www.cqghzlg.gov.cn

重庆湖广会馆 AAAA
地址：重庆市渝中区东水门长江边
电话：023－63930287　63930104
邮编：400010
网址：www.cqhuguang.com

重庆中国三峡博物馆 AAAA
地址：重庆市渝中区人民路236号
电话：023－63679011　63679014
邮编：400015

鹅岭公园 AAA
地址：重庆市渝中区鹅岭正街176号
电话：023－89068606
邮编：400000

重庆中国民主党派历史陈列馆 AAAA
地址：重庆市渝中区上清寺嘉陵桥东村1号
电话：023－63608077
邮编：400013

重庆金色蛋糕梦幻王国 AAA
地址：重庆市大渡口区凤祥路123号
电话：023－86625623　86625625
邮编：400084

重庆大渡口南海风情温泉娱乐园 AAA
地址：重庆市大渡口区跳蹬镇红胜村
电话：023－68530388
邮编：401324

重庆科技馆 AAAA
地址：重庆市江北区江北城西大街7号
电话：023－61863050
邮编：400024

重庆观音桥商圈都市旅游区 AAAA
地址：重庆市江北区建新西路2号
电话：023－61883300　61883319
邮编：400020

金源方特科幻公园 AAAA
地址：重庆市江北区北滨路368号
电话：023－67002368　86359888
邮编：400020
网址：www.fangte.net

重庆铁山坪森林公园 AAAA
地址：重庆市江北区铁山坪
电话：023－67780193
邮编：400020

重庆园博园 AAAA
地址：重庆市北部新区龙景湖
电话：023－47467788
邮编：401120

重庆歌乐山森林公园 AAAA
地址：重庆市沙坪坝区歌乐山
电话：023－65505778　65502002
邮编：400031

四川歌乐山烈士陵园 AAAA
地址：重庆市沙坪坝烈士墓
电话：023－65312300
邮编：400031

重庆磁器口古镇 AAAA
地址：重庆市沙坪坝区嘉陵江畔磁器口
电话：023－65010003　65011002
邮编：400030
网址：www.gzcqk.com

海石公园 AAA
地址：重庆市沙坪坝区中梁镇
电话：023－65540534　65541793
邮编：400000

重庆沙坪坝抗战名人旧居（张治中旧居、郭沫若旧居和冯玉祥旧居）AAA
地址：重庆市沙坪坝区土主镇三圣宫村
电话：023－65662590　65425303
邮编：400030

重庆融汇温泉 AAA
地址：重庆市沙坪坝区梨树湾
电话：023－65269999
邮编：400030

重庆海兰云天温泉度假区 AAAA
地址：重庆市九龙坡区金凤镇海兰村
电话：023－65746379　65746999
邮编：401329

贝迪颐园温泉度假村 AAAA
地址：重庆市九龙坡区白市驿镇农科大道
电话：023－65718666　65718888
邮编：401329

重庆天赐温泉度假区 AAA
地址：重庆市九龙坡区含谷开发区天锡温泉路1号
电话：023－65701111　65700075
邮编：401329

九龙坡区三多桥白鹭自然保护区 A
地址：重庆市九龙坡区白市驿镇正街92号
电话：023－65740124
邮编：401329

重庆市动物园 AAAA
地址：重庆市九龙坡区西郊一村
电话：023－68422285
邮编：400050

华岩－龙门阵旅游区 AAAA
地址：重庆市九龙坡区华岩村151号
电话：023－65254808　65211111
邮编：400052

巴国城 AAA
地址：重庆市九龙坡区九龙园区红狮大道
电话：023－66099766

邮编：400080

天醉园 AAA
地址：重庆市九龙坡区西彭镇
电话：023－65818999　65800706
邮编：401326

重庆上邦温泉旅游区 AAAA
地址：重庆市九龙坡区金凤镇上邦镇3号
电话：023－89887175
邮编：401329

重庆市九龙坡区白市驿森林公园 AAA
地坦：重庆市九龙坡区白市驿镇正街90号
电话：023－65702075
邮编：401329

重庆加勒比海水世界景区 AAAA
地址：重庆市南岸区崇文路35号
电话：023－86969999
邮编：400065

重庆南滨路景区 AAA
地址：重庆市南岸区
电话：023－62954906
邮编：400066

重庆市广益中学校园景区 A
地址：重庆市南岸区黄桷垭文峰段78号
电话：023－61984006
邮编：400065

重庆南山植物园 AAAA
地址：重庆市南岸区南山公园路101号
电话：023－62479135　62479564
邮编：400065

岚苑旅游风景区 AA
地址：重庆市南岸区黄桷垭文峰段94号
电话：023－61987600
邮编：400065

重庆老龙洞 AA
地址：重庆市南岸区黄桷垭镇金竹村
电话：023－62481114　62481557
邮编：400065

法国水师兵营旧址 AA
地址：重庆市南岸区弹子石谦泰巷142号
电话：023－62500666
邮编：400064

重庆缙云山国家自然保护区 AAAA
地址：重庆市北碚区缙云山
电话：023－68347126　68222117
邮编：400702

颐尚温泉 AAAA
地址：重庆市北碚区施家梁镇陵峡路98号
电话：023－68269999　68315286
邮编：400708

重庆北温泉风景区 AAAA
地址：重庆市北碚区北温泉风景区
电话：023－68220330　68220111
邮编：400702

重庆金刀峡风景区 AAAA
地址：重庆市北碚区金刀峡镇
电话：023－68204917
邮编：400700

重庆金果园生态旅游区 AA
地址：重庆市北碚区缙云山
电话：023－68220808
邮编：400701

重庆北碚静观花木生态旅游区 AAA
地址：重庆市北碚区静观镇素心村
电话：023－68235358
邮编：400717

重庆綦江古剑山风景区 AAAA
地址：重庆市綦江区古南街道清水村
电话：023－48699055
邮编：401420

重庆綦江永新梨花山乡村旅游区 AAA
地址：重庆市綦江区永新镇
电话：023－48460049
邮编：401422

重庆“饭遭殃”食品工业园 AAA
地址：重庆市綦江区
电话：15723186880
邮编：401420

重庆綦江农民版画院 AAA 级
地址：重庆市綦江区文龙街道九龙大道版画广场
电话：023－48678133
邮编：401420

重庆綦江博物馆 AAA
地址：重庆市綦江区古南街道新山村84号
电话：023－85887900
邮编：401420

重庆綦江区石壕红军烈士墓 AA
地址：重庆市綦江区石壕镇
电话：023－48740485
邮编：401444

重庆万盛黑山谷生态旅游区 AAAAA
地址：重庆市綦江区勤俭路25号
电话：023－48279999
邮编：400800

大足石刻旅游区 AAAAA
地址：重庆市大足区龙岗镇北山路7号
电话：023－43722268　43785774
邮编：402360

竹林公园 AA
地址：重庆市渝北区大竹林街道
电话：023－67682188
邮编：401123

渝北区碧津公园 AAA
地址：重庆市渝北区双龙大道31号
电话：023－67822587
邮编：401120

重庆张关水溶洞 AAA
地址：重庆市渝北区张关镇
电话：023－67383333　67383555
邮编：401138

重庆市鳄鱼中心 AAA
地址：重庆市渝北区宝石路106号
电话：023－67453838
邮编：401120

重庆龙兴古镇 AAA
地址：重庆市渝北区龙兴镇
电话：023－67341069　67342905
邮编：401135

重庆统景温泉风景区 AAAA
地址：重庆市渝北区统景镇
电话：023－67288666
邮编：401142

重庆巴渝民俗文化村 AAA
地址：重庆市渝北区两路巴渝民俗文化村
电话：023－67822587
邮编：401120

重庆圣灯山森林公园 AAA
地址：重庆市巴南区跳石镇境内
电话：023－66486664
邮编：4013200

巴南区云篆山景区 AAA
地址：重庆市巴南区鱼洞街道
电话：023－66221288
邮编：401320

古樵风景区 AA
地址：重庆市巴南区南泉街道
电话：023－66417278
邮编：400056

东方民俗温泉景区 AA
地址：重庆市巴南区东泉镇
电话：023－66459390
邮编：402342

南温泉风景区 AA
地址：重庆市巴南区南泉镇
电话：023－62848153　62848471
邮编：401320

潭獐峡风景区 AAA
地址：重庆市万州区
电话：023－58244549
邮编：400400

万州悦君山景区 AAA
地址：重庆市万州区分水镇分水东路141号
电话：023－85763666
邮编：400400

铁峰山国家森林公园 AA
地址：重庆万州区天城镇大垭口
电话：023－58410337
邮编：404047

重庆万州区盐井龙洞 AA
地址：重庆市万州区新田镇
电话：023－58598143
邮编：404000

重庆市万州区弥陀禅院 AA
地址：重庆市万州区北山观一支路199号
电话：023－58348468
邮编：404000

九五纪念馆 AA
地址：重庆市万州区南石沟
电话：023－58203104
邮编：404000

重庆万州大瀑布群旅游区 AAAA
地址：重庆市万州区
电话：023－58125660
邮编：404000

重庆白鹤梁水下博物馆 AAAA
地址：重庆市涪陵区滨江大道185号
电话：023－85688877
邮编：408000

武陵山大裂谷景区 AAAA
地址：重庆市涪陵区武陵山乡东南侧
电话：023－72701503
邮编：408000

武陵山国家森林公园 AAA
地址：重庆市涪陵区白涛镇
电话：023－72712090
邮编：408000

重庆涪陵石夹沟景区 AAA
地址：重庆市涪陵区石夹沟
电话：023－72712188
邮编：408000

重庆涪陵区沙溪温泉 AA
地址：重庆市涪陵区龙桥街道沙溪村
电话：023－72892000
邮编：408000

重庆涪陵区大木花谷景区 AA
地址：重庆市涪陵区大木乡
电话：023－72755128
邮编：408015

黔江小南海旅游景区 AAAA
地址：重庆市黔江区西沙北路 100 号
电话：023－79222985　79856399
邮编：408500

黔江濯水古镇 AAAA
地址：重庆市黔江区濯水镇
邮编：409700

重庆长寿湖风景名胜区 AAAA
地址：重庆市长寿区长寿湖镇正街
电话：023－40362660
邮编：401268

重庆市长寿区十里柚乡生态旅游区 AA
地址：重庆市长寿区邻风镇
电话：023－40469899
邮编：401220

重庆长寿古镇文化旅游区 AAAA
地址：重庆市长寿区
电话：023－40888520
邮编：401220

中山古镇 AAA
地址：重庆市江津区
电话：023－47768968
邮编：402260

塘河古镇 AAA
地址：重庆市江津区
邮编：402260

石门大佛 AAA
地址：重庆市江津区石门镇镇凉亭村
电话：023－47371977
邮编：402260

陈独秀旧居陈列馆 AAA
地址：重庆市江津区
电话：023－74536580
邮编：402260

重庆江津县聂荣臻元帅陈列馆 AAAA
地址：重庆江津区几江镇鼎山大道
电话：023－47562678
邮编：402260

重庆江津骆驿山风景区 AA
地址：重庆江津区西湖镇
电话：023－47641531
邮编：402260

江津四面山国家重点风景名胜区 AAAA
地址：重庆江津区
电话：023－47666070　47666010
邮编：402260

重庆江津区黑石山景区 AAA
地址：重庆市江津区白沙镇长安路 999 号
电话：023－47328809
邮编：402289

合川涞滩古镇 AAA
地址：重庆市合川区涞滩镇
电话：023－42562800
邮编：401520

重庆野生动物世界 AAAA
地址：重庆市永川区双竹镇凤龙村
电话：023－49842366
邮编：402168

重庆永川卫星湖 AAA
地址：重庆市永川区双竹镇
电话：023－49681566　49804930
邮编：402168

重庆永川桃花源景区 AAA
地址：重庆永川区南大街黄瓜村
电话：023－49688878
邮编：402160

永川香海温泉 AAA
地址：重庆市永川区区一环路
电话：023－49511188
邮编：402160

重庆永川茶山竹海旅游景区 AAAA
地址：重庆市永川区渝西大道西段 18 号
电话：023－49891115
邮编：402160

重庆市永川区石笋山旅游景区 AA
地址：重庆市永川区何埂镇石笋山村
电话：023－49508888
邮编：402185

重庆南川区半溪河滨水公园 AAA
地址：重庆市南川区
电话：023－71416013
邮编：408400

重庆南川区楠竹山森林公园 AAA
地址：重庆市南川区
电话：023－71639206
邮编：408400

重庆南川区黎香湖湿地生态园 AAA
地址：重庆市南川区
电话：023－71638678
邮编：408400

重庆南川区花山公园 AAA
地址：重庆市南川区
电话：023－71417299
邮编：408400

重庆南川生态大观园 AAA
地址：重庆市南川区新华路 5 号
电话：023－71417150
邮编：408400

重庆南川永隆山森林公园 AAA
地址：重庆市南川区
电话：023－71992111
邮编：408400

重庆南川金佛山 AAAAA
地址：重庆市南川区
电话：023－71669966　71616555
邮编：408400

重庆南川神龙峡景区 AAAAA
地址：重庆市南川区
电话：023－71443100　71443768
邮编：408400

杨公旧居（杨尚昆故里）AAA
地址：重庆市潼南县双江镇正街 48 号
电话：023－44860569　44862666
邮编：402675

重庆潼南大佛寺景区 AAAA
地址：重庆市潼南县梓潼街道石院街 118 号
电话：023－44552968　44553369
邮编：402660

重庆潼南县杨闇公故里 AAAA
地址：重庆市潼南县梓潼街道石碾村
电话：023－44862666
邮编：402660

安居古城 AAAA
地址：重庆市铜梁县
电话：023－45852666
邮编：402560

重庆铜梁县邱少云烈士纪念馆 AA
地址：重庆市铜梁县巴川镇民主路 64 号
电话：023－45632537
邮编：402560

荣昌万灵古镇 AAAA
地址：重庆市荣昌县城城东
邮编：402460

重庆荣昌县安陶博物馆 AA
地址：重庆市荣昌县安富街道办事处
电话：023－46322255
邮编：402466

重庆璧山县露德堂景区 AA
地址：重庆市璧山县正兴镇兴旺街 53 号
电话：023－41560010
邮编：402767

重庆璧山观音塘湿地公园 AAAA
地址：重庆市璧山县
电话：18306079766
邮编：402760

垫江牡丹生态旅游区 AA
地址：重庆市垫江县太平镇
电话：023－74536580　74538952
邮编：408325

武隆喀斯特旅游区 AAAAA
地址：重庆市武隆县
电话：4008－023－666
邮编：408500

丰都名山旅游区 AAAA
地址：重庆市丰都县名山镇名山路 152 号
电话：023－70613203　70613071
邮编：408200

丰都雪玉洞景区 AAAA
地址：重庆市丰都县三键乡
电话：023－70637999　70637333
邮编：408200

重庆城口县苏维埃政权遗址公园 AA
地址：重庆市城口县葛城街道半月池路 2 号
电话：023－59220705
邮编：405999

双桂堂 AAA
地址：重庆市梁平县金带镇要双桂村
电话：023－53379588
邮编：405227

观音洞 AA
地址：重庆市梁平县竹山镇正直村
电话：023－53639222
邮编：405217

重庆市梁平县东明湖景区 AA
地址：重庆市梁平县梁山镇沙坝村
电话：023－53222160
邮编：405200

重庆开县刘伯承同志纪念馆 AAAA
地址：重庆市开县汉丰镇盛山社区
电话：023－52222914
邮编：405400

开县汉丰湖 AAAA
地址：重庆市开县
邮编：405400

重庆巫溪大宁河生态文化长廊 AAAA
地址：重庆市巫溪县
电话：023－51522962
邮编：405800

重庆巫溪红池坝森林旅游景区 AAAA
地址：重庆市巫溪县红池坝
电话：023－51725555
邮编：405803

重庆巫澳灵巫洞 AA
地址：重庆市巫溪县双溪乡灵巫洞
电话：023－51682061　51522974
邮编：405806

重庆巫溪县荆竹峡-汉风神谷景区 AA
地址：重庆市巫溪县大宁河荆竹峡
电话：023－51683381
邮编：405800

巫山小三峡—小小三峡风景区 AAAAA
地址：重庆市巫山县
电话：023－57756666
邮编：404700

重庆巫山神女景区（神女峰·神女溪）AAAA
地址：重庆市巫山县
邮编：404700

重庆奉节天坑地缝景区 AAAA
地址：重庆市奉节县荆竹乡小寨村
邮编：404600

奉节白帝城—瞿塘峡风景名胜区 AAAA
地址：重庆市奉节县白帝城
电话：023－56528366　56520376
邮编：404600

天鹅湖风景区 AA
地址：重庆市奉节县彩云街 16 号
电话：023－56599333
邮编：404600

云阳张飞庙 AAAA
地址：重庆市云阳县望江大道 886 号
电话：023－55222442　55381666
邮编：404500

重庆云阳龙缸景区 AAAA
地址：重庆市云阳县双江街道杏花路 60 号
电话：023－55128840
邮编：404500

重庆云阳三峡梯城景区 AAAA
地址：重庆市云阳县
电话：023－55182111
邮编：404500

忠县石宝寨 AAAA
地址：重庆市忠县石宝镇印山街 17 号
电话：023－54215063
邮编：404300

石柱毕兹卡绿宫 AAA
地址：重庆市石柱县黄水镇
电话：023－73391979
邮编：409100

重庆石柱黄水药用植物园 AAA
地址：重庆市石柱县黄水镇
电话：023－73392234
邮编：409108

重庆石柱县大风堡景区 AAAA
地址：重庆市石柱县
电话：023－73394678
邮编：409168

重庆酉阳龙潭古镇景区 AAAA
地址：重庆市酉阳县赵庄社区赵庄路 219 号
电话：023－75312067
邮编：409812

重庆酉阳酉水河景区 AAA
地址：重庆市酉阳县酉水河镇
电话：023－75417461
邮编：409809

重庆酉阳县金家坝景区 AA
地址：重庆市酉阳县官清乡金家坝村 1 组
电话：023－75764111
邮编：409813

重庆酉阳县南腰界红色旅游经典景区 AA
地址：重庆市酉阳县南腰界乡南界村 2 组
电话：023－75814401
邮编：409814

重庆酉阳县石泉古苗寨 AA
地址：重庆市酉阳县苍岭镇苍岭村 3 组
电话：023－75648220
邮编：409818

重庆酉阳县毛坝群贤居避暑山庄 AA
地址：重庆市酉阳县毛坝乡毛坝村 1 组
电话：023－75671513
邮编：409800

酉阳桃花源 AAAAA
地址：重庆市酉阳县桃花源路 232 号
电话：023－75766888
邮编：409800

重庆酉阳县龚滩古镇 AAAA
地址：重庆市酉阳县龚滩镇
电话：023－75582277
邮编：409800

酉阳县河湾山寨 AA
地址：重庆市酉阳县后溪镇
电话：023－75414815
邮编：409809

重庆秀山洪安边城景区 AAA
地址：重庆市秀山县洪安镇
电话：023－76630366
邮编：409900

餐　馆

重庆冠生园大酒楼
地址：重庆市渝中区民权路 51 号中央娱乐广场 7 楼
电话：023－89885666
邮编：400010

吴抄手中华路店
地址：重庆市渝中区中华路 74 号
电话：023－63826116
邮编：400010

重庆小滨楼
地址：重庆市渝中区民权路 89 号日月光购物中心 4 楼
电话：023－63838858
邮编：400010

九园包子
地址：重庆市渝中区中山四路 1 号 2 楼
电话：023－63609699
邮编：400010

王鸭子
地址：重庆市渝中区邹容路 57 号
电话：023－63843481
邮编：400010

顺庆羊肉馆
地址：重庆市渝中区解放西路 159 号
电话：023－63931198
邮编：400010

颐之时
地址：重庆市渝中区邹容路 112 号
电话：023－63828888　63842429
邮编：400010

老四川大酒楼
地址：重庆市九龙坡区杨家坪西郊路 28 号九龙广场广厦经典 1 楼
电话：023－68788329　68788733
邮编：400050

王鸭子
地址：重庆市渝中区邹容路 57 号
电话：023－63843481
邮编：400010

翠亨村餐饮有限公司
地址：重庆市渝中区大同路
电话：023－63731188
邮编：400010

琦云美食工坊
地址：重庆市渝中区民族路
电话：023－66545704
邮编：400010

四川谭氏官府菜餐饮发展有限责任公司重庆谭氏官府菜酒楼
地址：重庆市渝中区民族路
电话：023－63828299
邮编：400011

玫瑰夫人餐饮有限公司
地址：重庆市渝中区中华路 100 号
电话：023－63816665
邮编：400010

东方菜根香餐饮有限公司
地址：重庆市渝中区临江路
电话：023－63783175
邮编：400010

老门坎饮食文化有限责任公司
地址：重庆市渝中区民族路
电话：023－63788399
邮编：400011

天外天旋转餐厅
地址：重庆市渝中区中山三路
电话：023－63536555－1784
邮编：400010

梦三峡餐厅
地址：重庆市渝中区化龙桥正街

重
庆

电话：023－63310454
邮编：400043

江城渔都水上餐厅
地址：重庆市渝中区滨江路
电话：023－63620735
邮编：400011

铜锣湾茶餐厅
地址：重庆市渝中区较场口
电话：023－63798076
邮编：400010

毛记乌江鱼烧鸡公
地址：重庆市渝中区临江门
电话：13108905155
邮编：400010

重庆和之吉饮食文化（集团）有限公司
地址：重庆市渝中区临江路89号天伦华苑
电话：023－63812666
邮编：400010

天府酒家
地址：重庆市渝中区中山路6号
电话：023－68862738
邮编：400010

金牛角酒家
地址：重庆市渝中区上清寺路47号
电话：023－63865722
邮编：400010

同福乐酒家
地址：重庆市渝中区人民路173号
电话：023－63608464
邮编：400010

明轩酒家
地址：重庆市渝中区长江一路16号
电话：023－63869235
邮编：400010

豪华酒家
地址：重庆市渝中区中山四路30号
电话：023－63857864
邮编：400010

绿苑酒家
地址：重庆市渝中区人民路212号
电话：023－63876165
邮编：400010

南泥湾酒家
地址：重庆市渝中区人民支路90号
电话：023－63856942
邮编：400010

重庆金川酒家
地址：重庆市渝中区人民路41号
电话：023－63868289
邮编：400010

红辣椒酒家
地址：重庆市渝中区人民路16号
电话：023－63851935
邮编：400010

狮城花园酒楼
地址：重庆市渝中区中山二路文化宫
电话：023－63615602
邮编：400010

阅读茶餐厅
地址：重庆市渝中区美专校街39号
电话：023－63631782
邮编：400010

巴人酒家
地址：重庆市渝中区鹅岭正街161号
电话：023－63861401
邮编：400010

重庆鹅掌门餐饮文化有限公司
地址：重庆市大渡口区（陶瓷市场后）翠华园一楼
电话：023－68955105
邮编：400084

新城酒家
地址：重庆市大渡口区湖榕路
电话：023－68914123
邮编：400080

中华大酒家
地址：重庆市大渡口区钢花路
电话：023－68908392
邮编：400080

龙泉酒家
地址：重庆市大渡口区兴龙路
电话：023－66763948
邮编：400080

翠湖阁
地址：重庆市大渡口区湖滨路
电话：023－68901327
邮编：400080

鸿厨酒楼
地址：重庆市大渡口区文体路
电话：023－68081685
邮编：400080

湖滨酒家
地址：重庆市大渡口区翠湖路
电话：023－68911043
邮编：400080

围炉叙话风味酒楼
地址：重庆市大渡口区文体支路
电话：023－68831826
邮编：400080

四季香饭庄
地址：重庆市大渡口区
电话：023－60924662
邮编：400080

方舟渔村
地址：重庆市大渡口区跃进路
电话：023－68849256
邮编：400080

新华饭庄
地址：重庆市大渡口区新华村
电话：023－68831481
邮编：400080

重庆小天鹅餐饮连锁经营管理有限公司
地址：重庆市江北区建新北路
电话：023－67868139
邮编：400020

城南旧事餐饮文化有限公司
地址：重庆市江北区欧式一条街蔚蓝世界A座
电话：023－67746591
邮编：400020

辣子红了火锅餐饮文化连锁（集团）有限公司
地址：重庆市江北区长安大道邦兴花园
电话：023－67724768
邮编：400020

御米香餐饮文化有限公司
地址：重庆市江北区洋河二村
电话：023－67751760
邮编：400020

山菜王餐饮有限公司
地址：重庆市江北区北滨路
电话：023－67016608
邮编：404000

重庆菜香源餐饮文化有限公司
地址：重庆市九龙坡区科园路渝高大厦F座3楼
电话：023－67877000
邮编：400020

河塘特色餐馆
地址：重庆市江北区金源路东方家园B区
电话：023－67751925
邮编：400020

东源村酒家
地址：重庆市江北区建新东路54号
电话：023－67874905
邮编：400020

小天鹅双重喜庆食府
地址：重庆市江北区建新北路78号
电话：023－67868139
邮编：400020

都市情酒楼
地址：重庆市江北区建新西路1号2F
电话：023－67755762
邮编：400020

海顿咖啡厅
地址：重庆市江北区建新西路2号特1号4楼
电话：023－67763393
邮编：400020

观音居大酒楼
地址：重庆市江北区建新西路4号拓展大厦
电话：023－67706968
邮编：400020

太白居百味坊酒楼
地址：重庆市江北区建新北路阳光城
电话：023－67000228
邮编：400020

新派川菜馆
地址：重庆市江北区嘉华路2号附2号
电话：023－67722794
邮编：400020

重庆肯德基有限公司北城餐厅
地址：重庆市江北区建新北路60号华联商厦
电话：023－67869005
邮编：400020

汉城风情
地址：重庆市江北区北城天街
电话：023－67879021
邮编：400020

巴国印象酒楼
地址：重庆市江北区北城天街枫香庭D座
电话：023－67756778
邮编：400020

大众酒楼
地址：重庆市江北区建新南路41号
电话：023－67860608
邮编：400020

艄翁渔村
地址：重庆市江北区建新南路
电话：023－67852198
邮编：400020

王婆婆香菜馆
地址：重庆市江北区建北九支路
电话：023－67745996
邮编：400020

龙行天下大酒楼
地址：重庆市江北区洋河路 11 号
电话：023－67759611
邮编：400020

台湾鱼头庄
地址：重庆市江北区洋河二路
电话：023－67712556
邮编：400020

蜀香居酒楼
地址：重庆市江北区华福路
电话：023－67725459
邮编：400020

苏大姐餐饮文化有限责任公司
地址：重庆市沙坪坝区北站东路
电话：023－65406746
邮编：400030

步云山庄有限公司
地址：重庆市沙坪坝区歌乐山镇
电话：023－65508888
邮编：400036

两江风情餐饮文化有限公司
地址：重庆市沙坪坝区小龙坝新街 85－6 号
电话：023－65479438
邮编：400030

七十二行南方餐饮文化有限公司
地址：重庆市沙坪坝小龙坎新街 85－6 号
电话：023－65348036
邮编：400030

山城人家饮食文化有限公司
地址：重庆市沙坪坝区小新街 29 号华宇广场
电话：023－65406189
邮编：400030

阳光春天中西餐厅
地址：重庆市沙坪坝区沙北街
电话：023－65349902
邮编：400030

南韩铁板烧餐厅
地址：重庆市沙坪坝区沙正街
电话：023－65415285
邮编：400030

一品红火锅馆
地址：重庆市沙坪坝区天陈路
电话：023－65426702
邮编：400030

陶怡苑
地址：重庆市沙坪坝区都市花园中路
电话：023－61727087
邮编：400030

湘水人家
地址：重庆市沙坪坝区都市花园中路
电话：023－61727101
邮编：400030

金爵大酒楼
地址：重庆市沙坪坝区小龙坎正街 159 号
电话：023－65318178
邮编：400030

巴人风酒楼
地址：重庆市沙坪坝区天陈路 12 号
电话：023－65356634
邮编：400030

丽都风味茶楼
地址：重庆市天陈路 15 号丽苑大酒店内
电话：023－65316666
邮编：400030

蓝屋饮食文化有限公司
地址：重庆市高新区渝新路
电话：023－61591566
邮编：400039

蒋记豆花餐饮有限公司
地址：重庆市九龙坡区前进支路
电话：023－68966808
邮编：400050

世纪香格里拉西餐厅
地址：重庆市九龙坡区科园三街
电话：023－68886098
邮编：400039

四季鱼庄
地址：重庆市九龙坡区石小路
电话：023－68604507
邮编：400039

渝州鱼府
地址：重庆市九龙坡区渝州路 51 号
电话：023－68790778
邮编：400041

太翁鱼舫
地址：重庆市九龙坡区谢家湾正街 78 号
电话：023－60661222
邮编：400050

冷锅鱼火锅作坊
地址：重庆市九龙坡区直港大道 101 号 1 楼
电话：023－68120310
邮编：400050

九洲酒楼
地址：重庆市九龙坡区杨家坪西郊路 38 号
电话：023－68414217
邮编：400050

重庆品极鲜饮食文化有限公司
地址：重庆市九龙坡区珠江路 49－1 号
电话：023－68419111
邮编：400050

明月大酒楼
地址：重庆市九龙坡区珠江路
电话：023－68431260
邮编：400050

长富宫饭庄
地址：重庆市九龙坡区兴胜路 66 号
电话：023－68823578
邮编：400050

飘雪川菜馆
地址：重庆市九龙坡区石坪桥后街
电话：023－68853544
邮编：400050

重庆陶然居饮食文化集团
地址：重庆市九龙坡区科园三街
电话：023－68691699　68696629
邮编：400050

桥头火锅店
地址：重庆市南岸区南滨路龙门浩商业街 1 号楼
电话：023－62875597　67519988
邮编：400064

渝福源餐饮文化有限公司
地址：重庆市南岸区南坪西路
电话：023－62600588
邮编：400060

泰南鱼翅餐馆
地址：重庆市南岸区滨江路海棠晓月商业街
电话：023－62954892
邮编：400064

重庆德庄实业集团
地址：重庆市南岸区茶园新区
电话：023－61920600
邮编：400064

香山酒楼
地址：重庆市南岸区南坪正街 66 号
电话：023－62906888
邮编：400064

老重庆一九三八餐馆
地址：重庆市南岸区南城大道 198 号底层
电话：023－62985603
邮编：400064

大田园酒家
地址：重庆市南岸区学府路
电话：023－62760413
邮编：400064

泉水洞乡村酒家
地址：重庆市南岸区
电话：023－62462477
邮编：400064

成都家乡烧菜馆
地址：重庆市南岸区南城大道
电话：023－62838558
邮编：400064

巴国故事饭庄
地址：重庆市南岸区南城大道 192 号附 1 号
电话：023－62921097
邮编：400064

盛雅阁湘菜馆
地址：重庆市南岸区南城大道
电话：023－62985115
邮编：400064

王记哈尔滨饺子城
地址：重庆市南岸区南城大道
电话：023－62985872
邮编：400064

巴蜀鱼头
地址：重庆市南岸区万寿路
电话：023－62985517
邮编：400064

翠竹小包重庆总店
地址：重庆市南岸区
电话：023－62823106
邮编：400064

花好月圆西餐厅
地址：重庆市南岸区惠工路 196 号
电话：023－62922353
邮编：400064

渝信川菜（南滨店）
地址：重庆市南岸区南滨路第一大道 16 号

电话：023－62822088　62825899
邮编：400064

茶上皇川粤酒楼
地址：重庆市南岸区万寿路22号钻石年代A幢
电话：023－62981165
邮编：400064

荆楚酒楼
地址：重庆市南岸区金山路
电话：023－62803524
邮编：400064

私家香鱼坊
地址：重庆市南岸区金山路
电话：023－62012678
邮编：400064

火红年华食府
地址：重庆市南岸区万寿路
电话：023－62307772
邮编：400064

瓦堡寨
地址：重庆市南岸区万寿路62号
电话：023－62828196
邮编：400064

青羊饭店
地址：重庆市万盛区万东北路
电话：023－48271008
邮编：400800

锦华大酒楼
地址：重庆市渝北区加州花园美食街
电话：023－67536158
邮编：400800

龙凤楼酒楼
地址：重庆市万盛区万东北路
电话：023－48290306
邮编：400800

大自然酒楼
地址：重庆市万盛区万东北路
电话：023－48275861
邮编：400800

重庆市双桥区饮食服务公司
地址：重庆市双桥区双南路2号
电话：023－43332153
邮编：400900

重庆阿兴记餐饮有限公司
地址：重庆市江北区五黄路
电话：023－67861313
邮编：401120

老四川大酒楼
地址：重庆市渝北区金龙路256号
电话：023－67518011
邮编：401120

重庆巴将军饮食文化发展有限公司
地址：重庆市惠工路5号6楼
电话：023－62983715
邮编：400010

本草鱼
地址：重庆市渝北区渝航路117号
电话：023－67809596
邮编：401120

天王星西餐厅
地址：重庆市渝北区双龙大道138号
电话：023－67801376
邮编：401120

三和苑海鲜食府
地址：重庆市渝北区双龙大道113号
电话：023－67820509
邮编：401120

重庆秦妈餐饮文化有限公司
地址：重庆市渝北区松树桥花卉西路
电话：023－67074480
邮编：401147

粤香楼餐饮有限公司
地址：重庆市渝北区金龙路
电话：023－67614831
邮编：401147

一罐飘香餐饮文化有限公司
地址：重庆市渝北区城市花园
电话：023－67072988
邮编：401120

重庆市巴乡餐饮连锁有限公司
地址：重庆市渝北区两路镇汉渝路
电话：023－67824422
邮编：401120

黑山羊餐饮有限公司
地址：重庆市渝北区松石大道
电话：023－67910788
邮编：401147

新景翠云餐饮有限公司
地址：重庆市渝北区新南路
电话：023－67535037
邮编：401120

竹屋饮食文化有限公司
地址：重庆市渝北区花卉园西二路
电话：023－66958302
邮编：401120

水上乐园鱼庄
地址：重庆市巴南区鱼洞大江厂滨江公园内
电话：023－66288928
邮编：401320

鑫园食府
地址：重庆市巴南区军民路
电话：023－66415337
邮编：401320

马克西姆西餐厅
地址：重庆市北碚区碚峡西路
电话：023－68285536
邮编：400700

双味鱼餐馆
地址：重庆市北碚区新星路8号
电话：023－68200196
邮编：400700

老瓦房特色食府
地址：重庆市北碚区体育场游水馆对面
电话：023－68212626
邮编：400700

金皇冠酒楼
地址：重庆市北碚区碚峡路198号
电话：023－68866561
邮编：400700

田园饭庄
地址：重庆市北碚区双元大道
电话：023－68242656
邮编：400700

重庆小天鹅天上人间食府
地址：重庆市北碚区胜利村18号
电话：023－68285765
邮编：400700

红灯笼食府
地址：重庆市北碚区碚峡路
电话：023－68285189
邮编：400700

金孔雀竹楼
地址：重庆市北碚区缙云山
电话：023－68222605
邮编：400700

天府酒家
地址：重庆市北碚区中山路6号
电话：023－68862738
邮编：400700

重庆东方花苑饭庄缙云山庄
地址：重庆市北碚区缙云杉木园
电话：023－68220520
邮编：400700

湘醉楼
地址：重庆市北碚区碚峡路232号
电话：023－86026109
邮编：400700

香一坊
地址：重庆市北碚区解放路
电话：023－68212255
邮编：400700

北碚饭店
地址：重庆市北碚区光荣村34号
电话：023－68866666
邮编：400700

小月亮餐厅
地址：重庆市万州区新城路
电话：023－58150011
邮编：404000

川江人家餐饮有限公司
地址：重庆市万州区新城路
电话：023－58131777
邮编：404000

小八仙餐饮（集团）有限公司
地址：重庆市万州区白岩路
电话：023－58232456
邮编：404000

鱼吃跳风味餐饮有限公司
地址：重庆市万州区孙家书房路
电话：023－58226825
邮编：404000

重庆涪陵巴人餐饮有限公司
地址：重庆市涪陵区兴华东路38号
电话：023－72224949
邮编：408000

野鱼府涪陵店
地址：重庆市涪陵区太极大道
电话：023－87888889
邮编：408000

皓月楼粗粮王食府
地址：重庆市涪陵区兴华中路
电话：023－72241166
邮编：408000

金山餐厅
地址：重庆市涪陵区兴华中路39号
电话：023－72255955
邮编：408000

雅洁饭庄
地址：重庆市涪陵区人民西路
电话：023－72250158
邮编：408000

星源大酒楼
地址：重庆市涪陵区兴华西路 38 号
电话：023－72866488
邮编：408000

老字号肥肠馆
地址：重庆市涪陵区高笋塘 1 号
电话：023－72247839
邮编：408000

南海酒楼
地址：重庆市涪陵区兴华东路
电话：023－72222525
邮编：408000

巴人川菜馆
地址：重庆市涪陵区兴华东路
电话：023－72226185
邮编：408000

广安鱼乡鲜鱼府
地址：重庆市黔江区新华西路
电话：023－79242688
邮编：409700

大河口鱼庄
地址：重庆市黔江区新华西路
电话：023－79236281
邮编：409700

四季红面庄
地址：重庆市黔江区解放路
电话：023－79239728
邮编：409700

阿波罗民俗酒楼
地址：重庆市黔江区解放路 88 号
电话：023－79224127
邮编：409700

德庆饮食文化有限公司黔江店
地址：重庆市黔江区解放路
电话：023－79322468
邮编：409700

稻香苑
地址：重庆市长寿区桃花大道
电话：023－40461636
邮编：401220

盐府人家
地址：重庆市长寿区黄桷路
电话：023－40409798
邮编：401220

万寿鱼庄
地址：重庆市长寿区黄桷路
电话：023－40288836
邮编：401220

长寿湖鱼庄
地址：重庆市长寿区
电话：023－40361370
邮编：401220

付大姐酸菜鱼庄
地址：重庆市长寿区
电话：023－40407498
邮编：401220

江景鱼楼
地址：重庆市合川区嘉滨路
电话：023－42888880
邮编：401520

李明狗肉馆合川分店
地址：重庆市合川区嘉滨路
电话：023－42871566
邮编：401520

山里人
地址：重庆市合川区嘉滨路
电话：023－42899884
邮编：401520

钓鱼城大酒楼
地址：重庆市合川区柏树街
电话：023－42849088
邮编：401520

重庆周渔府合川店
地址：重庆市合川区较场路
电话：023－42833518
邮编：401520

禹王鱼府（合川店）
地址：重庆市合川区瑞山西路
电话：023－42880268
邮编：401520

富贵鱼府合川店
地址：重庆市合川区
电话：023－42891858
邮编：401520

蓝色茶餐厅
地址：重庆市合川区
电话：023－42461942
邮编：401520

渝都美食城
地址：重庆市合川区 204 省道
电话：023－42428866
邮编：401520

瑶池酒楼
地址：重庆市永川区
电话：023－49827988
邮编：402160

老久久乌鱼片总店
地址：重庆市永川区中山大道西段
电话：023－49881995
邮编：402160

东方大酒楼
地址：重庆市永川区萱花路
电话：023－49881799
邮编：402160

四方酒家
地址：重庆市永川区萱花路 36 号
电话：023－49889368
邮编：402160

稻香村酒家
地址：重庆市永川区
电话：023－49879820
邮编：402160

小洞天酒家
地址：重庆市永川区
电话：023－49821818
邮编：402160

贵州竹笋野生鸡永川店
地址：重庆市永川区
电话：023－49885886
邮编：402160

龙门鱼头饮食有限责任公司
地址：重庆市永川区文曲路
电话：023－49876611
邮编：402160

味苑楼餐厅
地址：重庆市永川区铁货街
电话：023－49807890
邮编：402160

江河鲜鱼府
地址：重庆市永川区胜利路
电话：023－49898982
邮编：402160

德庆饮食文化有限公司南川店
地址：重庆市南川区金佛大道
电话：023－71431666
邮编：408400

宏达饭庄
地址：重庆市南川区金佛大道
电话：023－71647168
邮编：408400

兴华饭庄
地址：重庆市南川区南大街
电话：023－71902279
邮编：408400

罗马假日茶餐厅
地址：重庆市南川区
电话：023－71417056
邮编：408400

西城饭庄
地址：重庆市南川区西大街
电话：023－71422686
邮编：408400

卢记烧菜馆
地址：重庆市南川区金佛大道
电话：023－71646222
邮编：408400

金佛土菜馆
地址：重庆市南川区金佛大道
电话：023－85625448
邮编：408400

竹山老鸭南川店
地址：重庆市南川区金佛大道
电话：023－71417668
邮编：408400

久酒老鸭庄南川店
地址：重庆市南川区金佛大道
电话：023－71432928
邮编：408400

南川饭店
地址：重庆市南川区金佛大道
电话：023－71422364
邮编：408400

小江洲河鱼庄
地址：重庆市江津区滨江路
电话：023－47548828
邮编：402260

凉山山珍餐馆
地址：重庆市江津区鼎山大道
电话：023－47561088
邮编：402260

白天鹅渔庄
地址：重庆市江津区怡然街
电话：023－47550209

邮编：402260

知味苑酒楼
地址：重庆市江津区滨江大道西段
电话：023－47555309
邮编：402260

山珍宝大酒楼
地址：重庆市江津区滨江大道中段
电话：023－47527067
邮编：402260

江城大河鱼庄
地址：重庆市江津区滨江大道西段
电话：023－47532111
邮编：402260

同心酸菜笋子鸡江津店
地址：重庆市江津区滨江大道段
电话：023－47523160
邮编：402260

川明酒楼
地址：重庆市江津区南门路
电话：023－47530260
邮编：402260

重庆江洲大酒店
地址：重庆市江津区滨江路中段
电话：023－47526888
邮编：402260

东方红烤羊庄
地址：重庆市江津区
电话：023－47920859
邮编：402260

旅游用品

重庆明珠漆艺制品有限公司
地址：重庆市渝中区131号泰古艺术广场
电话：023－66356639
邮编：400015

大东牛角工艺厂
地址：重庆市渝中区李子坝正街61号
电话：023－63613172
邮编：400015

小龙坎雕刻有限公司
地址：重庆市沙坪坝区小龙坎正街
电话：023－65311280
邮编：400020

重庆美术漆器厂
地址：重庆市九龙坡区渝州路113号
电话：023－68575781
邮编：400050

温岭欣欣石雕公司
地址：重庆市九龙坡区含谷镇龙台山
电话：023－65700808
邮编：400050

重庆渝美雕塑厂
地址：重庆市九龙坡区黄桷坪铁路五村236号
电话：023－68510524
邮编：400053

重庆雕刻工艺厂
地址：重庆市福红路18号
电话：023－62806418
邮编：400050

凯旋工艺品有限公司
地址：重庆市九龙坡区渝州路
电话：13983139003
邮编：400041

重庆大本营旅游用品有限公司
地址：重庆市南坪西路23号金台大厦
电话：023－62908454
邮编：400064

北碚玻璃器皿厂
地址：重庆市北碚区
电话：023－68272556
邮编：400700

龙家珠宝门市部
地址：重庆市北碚区胜利街
电话：023－68865521
邮编：400700

谭木匠工艺品有限公司
地址：重庆市渝北区加州花园
电话：023－67622660
邮编：401120

重庆市科宝工艺制品有限公司
地址：重庆市巴南区界石镇武新村
电话：023－66429922
邮编：401320

曾向蜡业工艺制品厂
地址：重庆市万州区五桥五新路
电话：023－58545183
邮编：404020

永川国玉工艺美术厂
地址：重庆市永川区南大街
电话：023－49866547
邮编：412160

巴西水晶宝石商行
地址：重庆永川区名豪锦江大酒店门
电话：023－49862306
邮编：402160

重庆市金丝木工艺美术品有限公司
地址：重庆市南川区南大街83号
电话：023－85635666
邮编：408400

家荣工艺制品有限公司
地址：重庆市铜梁县巴川镇民主路
电话：023－45632103　45905530
邮编：402560

荣昌县折扇有限责任公司
地址：重庆市荣昌县昌元镇宝城路
电话：023－46927315
邮编：402460

旅游交通

重庆海外旅游汽车公司
地址：重庆市渝中区人民路
电话：023－62062499　63870995
邮编：400010

重庆火车站
地址：重庆市渝中区菜园坝
电话：023－63862607　61681114
邮编：400010

重庆市客轮总公司游船分公司
地址：重庆市渝中区朝天门
电话：023－63793121
邮编：400010

中国长航重庆长江游船公司
地址：重庆市渝中区陕西路22号长航大厦
电话：023－63772050　63833782
邮编：400011

重庆长运公司
地址：重庆市渝中区陕西路1号
电话：023－63775165
邮编：400011

重庆三峡旅游船有限公司
地址：重庆市渝中区新华路4号副1号
电话：023－63731060
邮编：400010

重庆江北国际机场
地址：重庆市
电话：023－67152338　67152351
邮编：400020

重庆新世纪游轮有限公司
地址：重庆市南岸区南坪东路6号南坪大厦
电话：023－62949882　63775942
邮编：400060

重庆市轮渡客运站
地址：重庆市渝中区望龙门河边码头73号
电话：023－63913351
邮编：400010

重庆长江黄金游轮有限公司
地址：重庆市渝北区新牌坊一路139号D栋10楼
电话：400－023－7888
邮编：401120

重庆大有国际游船有限公司
地址：重庆市渝北区58号金岛大厦A座
电话：023－67912565
邮编：401120

重庆火车北站
地址：重庆市渝北区龙头寺
电话：023－63862607
邮编：401120

重庆东方轮船公司
地址：重庆市万州区袁家墩2号
电话：023－58114172　58223665
邮编：404000

万州港
地址：重庆市万州区
电话：023－58295315
邮编：404000

大足火车站
地址：重庆市大足县邮亭镇
电话：023－43528425
邮编：402371

广顺场火车站
地址：重庆市荣昌县广顺镇
电话：023－46355346
邮编：402460

荣昌火车站
地址：重庆市荣昌县冒元镇
电话：023－4675050
邮编：402460

重庆海内观光游轮公司
地址：重庆市忠县忠州镇红星小区
电话：023－54457102
邮编：404300

四　川
SICHUAN

旅游机构

四川省旅游局
地址：成都市锦江区青莲上街 2 号
电话：028－86702885
邮编：610021
网址：www.scta.gov.cn

四川省旅游执法总队
地址：成都市锦江区青莲上街 2 号
电话：028－86702259
邮编：610021
网址：www.sclyzf.gov.cn

成都市旅游局
地址：成都市天府大道北段 966 号
电话：028－61882956
邮编：610017
网址：www.cdsta.gov.cn

崇州市林业和旅游发展局
地址：成都崇州市大北街 84 号
电话：028－82214881
邮编：611230

广元市旅游局
地址：广元市育才路锦秀花园
电话：0839－3305035
传真：0839－3306079
邮编：628017
网址：www.gysta.gov.cn

绵阳市旅游局
地址：绵阳市临园路中段 78 号
电话：0816－2315358
邮编：621000
网址：www.mysta.gov.cn

德阳市旅游局
地址：德阳市泰山南路一段 17 号
电话：0838－2206420
邮编：618000
网址：www.dysta.gov.cn

南充市旅游局
地址：南充市万年西路 2 号市政府 1 号楼 1 楼
电话：0817－2666015
邮编：637000
网址：www.ncsta.gov.cn

广安市旅游局
地址：广安市思源大道 2 号市委办公大楼内
电话：0826－2336486
邮编：638550
网址：www.gasta.gov.cn

遂宁市旅游局
地址：遂宁市河东新区东升路 1 号
电话：0825－2328208
邮编：629000
网址：www.snsta.gov.cn

内江市外事侨务旅游局
地址：内江市新华路市政府内
电话：0832－2022519
邮编：641000
网址：www.njsta.gov.cn

乐山市旅游局
地址：乐山市滨河路 98 号
电话：0833－2131968
邮编：614000
网址：www.lssta.gov.cn

自贡市外事侨务和旅游局
地址：自贡市丹桂大街南段 208 号
电话：0813－2202124
邮编：643000
网址：www.zgsta.gov.cn

泸州市外事侨务旅游局
地址：泸州市江阳区江阳西路 1 号
电话：0830－3193792
邮编：646000
网址：www.lzsta.gov.cn

宜宾市旅游局
地址：宜宾市都长街 82 号
电话：0831－8234642
邮编：644000
网址：www.ybsta.gov.cn

攀枝花市旅游局
地址：攀枝花市东区望江街一村 32 号
电话：0812－3355807
邮编：617000
网址：www.pzhsta.gov.cn

巴中市旅游局
地址：巴中市江北望王路西部 252 号
电话：0827－5268941
邮编：636000
网址：www.bzsta.gov.cn

达州市旅游局
地址：达州市通川区西外永兴路 2 号 613 室
电话：0818－2130027
邮编：635000
网址：www.dzsta.gov.cn

资阳市旅游局
地址：资阳市市政府办公大楼
电话：028－26110087
邮编：641300
网址：www.zysta.gov.cn

眉山市旅游局
地址：眉山市政府大楼东 10 楼
电话：028－38168498
邮编：620020
网址：www.mssta.gov.cn

雅安市旅游局
地址：雅安市西城区新兴街 1 号行政中心
电话：0835－2220010
邮编：625000
网址：www.yasta.gov.cn

阿坝藏族羌族自治州旅游局
地址：阿坝州马尔康县达尔玛街 63 号
电话：0837－2822652
邮编：624000
网址：www.abzta.gov.cn

甘孜藏族自治州旅游局
地址：阿坝州康定县沿河西路 189 号
电话：0836－2835469
邮编：626000
网址：www.gzzta.gov.cn

凉山彝族自治州旅游局
地址：凉山州西昌市顺河路 160 号
电话：0834－2171256
邮编：615000
网址：www.lszta.gov.cn

旅 行 社

四川海外旅游公司
地址：成都市人民南路二段 65 号
电话：028－86731087
传真：028－86672970
邮编：610021
网址：www.sccits.com.cn
许可证号：L－SC－CJ00001

成都中国青年旅行社
地址：成都市大慈寺路 41 号 3 层
电话：028－85532519
传真：028－85583854
邮编：610021
网址：www.cdcyts.com
许可证号：L－SC－CJ00002

四川省中国青年旅行社
地址：成都市人民南路二段 65 号
电话：028－86716489
邮编：610031
网址：www.3etravel.com
许可证号：L－SC－CJ00003

九寨沟网络国际旅行社有限责任公司
地址：九寨沟县漳扎镇
电话：028－87028548　68205966
传真：028－87035936
邮编：610000
网址：www.jowong.com
许可证号：L－SC－CJ00005

成都国际旅行社（集团）有限公司
地址：成都市夜明珠路 6 号
电话：028－85534128
传真：028－85534168
邮编：610041
网址：www.ctrib.com
许可证号：L－SC－CJ00006

港中旅国际成都旅行社有限公司
地址：成都市滨江东路 136 号国际商务大厦 B 座 13 楼
电话：028－86731701
传真：028－86731699
邮编：610021
网址：www.cticd.com
许可证号：L－SC－CJ00007

成都光大国际旅行社有限责任公司
地址：成都市龙腾东路 2 号杜甫花园商务楼 3 楼
电话：028－66050909
传真：028－66050898
邮编：610015
网址：www.cdeb_travel.com
许可证号：L－SC－CJ00008

四川省新东方国际旅行社有限责任公司
地址：成都市锦里中路 12 号彩虹商务大厦七楼
电话：028－66018888　66018801
邮编：610061
网址：www.pand choliday.com
许可证号：L－SC－CJ00009

四川康辉国际旅行社有限公司
地址：成都市锦江区天仙桥北路 1 号
电话：028－86710202
邮编：610021
网址：www.cctcd.com
许可证号：L－SC－CJ00010

成都海外旅游有限责任公司
地址：成都市高升桥东路6号罗马假日广场A4W
电话：028-85108958
传真：028-85108959
邮编：610041
许可证号：L-SC-CJ00011

四川省中国旅行社
地址：成都市一环路南三段15号
电话：028-85562986
传真：028-85562990
邮编：610041
网址：www.ctssc.cn
许可证号：L-SC-CJ00012

成都天府国际旅行社有限责任公司
地址：成都市新南路77号
电话：028-85447187　85433667
邮编：610041
网址：www.tfyou.com
许可证号：L-SC-CJ00013

成都市神州国际旅行社有限公司
地址：成都市一环路南四段9号
电话：028-85155963
邮编：610041
网址：www.dreams-trvel.com
许可证号：L-SC-CJ00014

四川和平国际旅行社有限公司
地址：成都市武侯祠大街266号华达商城
电话：028-85552062
邮编：610041
网址：www.517tour.com
许可证号：L-SC-CJ00015

四川峨眉山风景国际旅行社有限责任公司
地址：峨眉山市名山路中路192号
电话：0833-5553066
邮编：614000
许可证号：L-SC-CJ00016

成都西南铁路国际旅行总社
地址：成都市人民北路二段9号
电话：028-86430927　83199156
邮编：610081
网址：www.swrts.com
许可证号：L-SC-CJ00017

成都熊猫旅游集团国际旅行社股份有限公司
地址：成都市沙湾路258号成都国际会议展览中心
电话：028-85380355　85380348
邮编：610031
许可证号：L-SC-CJ00018

四川省绵阳假日国际旅行社有限公司
地址：绵阳市临园路东段58号诺马特4楼
电话：0816-2246057
邮编：621000
网址：www.myji.com
许可证号：L-SC-CJ00019

成都携程国际旅行社有限公司
地址：成都市东大街紫东楼段11号
电话：028-68000166　65338899
邮编：614200
许可证号：L-SC-CJ00020

四川和邦国际旅行社有限责任公司
地址：成都市青羊区南大街2号宏达国际广场8楼
电话：028-66613333
邮编：610000
许可证号：L-SC-CJ00021

四川恒信国际旅行社有限责任公司
地址：成都市东大门桥府河名居楼
电话：028-86714858　86719511
邮编：610000
许可证号：L-SC-CJ00022

四川省长江国际旅行社
地址：成都市高新区芳沁街77号
电话：028-66252426
邮编：610041
网址：www.cjgl.com
许可证号：L-SC-CJ00023

四川百事通国际旅行社有限公司
地址：成都市青羊区鼓楼南街117号1栋11楼1号
电话：028-86613108
邮编：610031
许可证号：L-SC-CJ00024

四川上航假期国际旅行社有限公司
地址：成都市青羊区西御街8号西御大厦A座23层
电话：028-86130832　86110828
邮编：610031
许可证号：L-SC-CJ00025

四川美丽华国际旅行社有限公司
地址：成都市金牛区实业街59号新世界商务楼4楼
电话：028-87771519
邮编：610036
许可证号：L-SC-CJ00026

成都山水国际旅行社有限公司
地址：成都市武侯区人民南路三段17号附1号华西美庐A栋21楼D型
电话：028-85457123
邮编：610000
许可证号：L-SC-CJ00027

四川鼎龙国际旅行社有限公司
地址：成都市武侯区人民南路4段27号商鼎国际1幢2单元1308号
电话：028-85108510
邮编：610000
许可证号：L-SC-CJ00028

成都新闻国际旅行社有限公司
地址：成都市锦江区红星路二段159号
电话：028-86530560
邮编：610000
许可证号：L-SC-CJ00029

四川蓉之旅国际旅行社有限公司
地址：成都市武侯区科华北路47号四川大学科技服务楼二幢702、706号
电话：028-85235561
邮编：610000
许可证号：L-SC-CJ00030

成都环球国际旅行社有限公司
地址：成都市青羊区顺城街252号顺吉大厦
电话：028-86616188
邮编：610000
许可证号：L-SC-CJ00031

眉山市假日国际旅行社有限责任公司
地址：眉山市东坡区诗书路736号
电话：0833-8107817
邮编：610000
许可证号：L-SC-CJ00032

成都远东国际旅行社有限公司
地址：成都市成华区玉双路2号玉双大楼F座4层2号
电话：028-84442111
邮编：610000
许可证号：L-SC-CJ00033

德阳九洲国际旅行社有限公司
地址：德阳市长江西路钟山街一号
电话：0838-8920668
邮编：618000
许可证号：L-SC-CJ00034

四川省绵阳九龙国际旅行社有限公司
地址：绵阳市绵山路64号（科学城八区职工班车站）
电话：0816-2496233
邮编：621900
电子信箱：jlgjlxs@163.com
许可证号：L-SC-CJ00036

四川大观旅行社有限责任公司
地址：资阳市上西后街时代广场8幢11-12号
电话：028-87012018
邮编：641300
许可证号：L-SC-CJ00037

四川全球通国际旅行社有限公司
地址：成都市锦江区东华们正街42号华瑞商务楼3楼
电话：028-86114458
邮编：610021
电子信箱：pudong88@126.com
许可证号：L-SC-CJ00038

四川岷山国际旅行社有限责任公司
地址：成都市锦江区人民南路二段55号
电话：028-85512551
邮编：610000
电子信箱：mstravel@vip.163.com
许可证号：L-SC-CJ00039

成都招商国际旅行社有限责任公司
地址：成都市锦江区大业路6号1单元6楼608号
电话：028-86678300
邮编：610016
电子信箱：office@feict.com
许可证号：L-SC-CJ00040

四川长兴国际旅行社有限公司
地址：成都市锦江区天仙桥南街28号2栋1022室
电话：028-86616523
邮编：610016
电子信箱：7689s7689@163.com
许可证号：L-SC-CJ00041

成都春秋旅行社有限公司
地址：成都市青羊区东城根南街30号
电话：028-86118745
邮编：610015
电子信箱：sea_49@163.com
许可证号：L-SC-CJ00043

成都中国旅行社有限公司
地址：成都市青羊区文武路42号
电话：028-86130599
邮编：610017
许可证号：L-SC-CJ00044

绵阳长虹旅行社有限公司
地址：绵阳市高新区长虹国际酒店内
电话：0816-2418499

邮编：621000
电子信箱“1904433109@qq.com
许可证号：L－SC－CJ00045

国旅（四川）国际旅行社有限公司
地址：成都市人民南路二段 65 号
电话：028－85532055
邮编：610015
许可证号：L－SC－CJ00048

四川川旅旅行社有限公司
地址：成都市锦江区人民南路二段 18 号川信大厦 21 楼 1－2 号
电话：028－86199393
邮编：610021
许可证号：L－SC－CJ00049

四川金鼎国际旅行社有限公司
地址：广安市城南建安南路 86 号
电话：0826－2397777　2397666
邮编：638000
许可证号：L－SC－CJ00050

四川易飞易国际旅行社有限公司
地址：成都市武侯区一环路南四段 14 号 5F
电话：4008－833－833
邮编：610041
许可证号：L－SC－CJ00051

四川航空旅行社有限公司
地址：成都市武侯区一环路西一段 61 号 306 室
电话：028－68185911
邮编：610000
许可证号：L－SC－CJ00035

四川广元交通国际旅行社有限公司
地址：广元市蜀门南路 55 号
电话：0839－3244368
邮编：628000
许可证号：L－SC－CJ00046

四川省金山旅行社有限责任公司
地址：广安市城南金安大道 14 号
电话：0826－2340163
邮编：638000
许可证号：L－SC－CJ00047

成都世纪风行国际旅行社有限公司
地址：成都市武侯区领事馆路 7 号 1 幢 706 号
电话：028－85289898
邮编：610041
许可证号：L－SC－CJ00052

成都安怡旅行社
地址：成都市锦江区华兴正街 5 号王府井商务楼 B 座 18D
电话：028－86741100
邮编：610021
许可证号：L－SC－CJ00054

四川商旅国际旅行社有限公司
地址：成都市锦江区上东大街 53 号四川新良大厦
电话：028－86662041　86719550
邮编：610021
许可证号：L－SC－CJ00055

四川泸州泸酒国际旅行社有限责任公司
地址：泸州市龙马潭区醇香路 5 号一幢 2 楼
电话：0830－8885656
邮编：646000
许可证号：L－SC－CJ00056

宜宾金色国际旅行社有限责任公司
地址：宜宾市翠屏区小碑巷 47 号
电话：0831－8980800
邮编：644000
许可证号：L－SC－CJ00057

成都金桥国际旅行社有限责任公司
地址：成都市走马街 68 号锦城大厦 7 楼
电话：028－68699807
邮编：610015
许可证号：L－SC－CJ00058

成都鹏程旅行社有限公司
地址：成都市新都区桂湖东路 214 号
电话：028－83971174　83978226
邮编：610500
许可证号：L－SC－CJ00059

四川省招商国际旅行社有限公司
地址：成都市武侯区二环路西一段 2 号天邑大酒店 1 栋 1 单元 13 楼 1315 号
电话：028－69692837
邮编：610041
许可证号：L－SC－CJ00060

成都市永兴国际旅行社有限责任公司
地址：成都市武侯区浆洗街 27 号 2 幢 23 楼 4 号
电话：028－85545003
邮编：610041
许可证号：L－SC－CJ00061

四川东旅国际旅行社有限公司
地址：成都市西大街 84 号金色夏威夷 1－1 幢 513 号
邮编：610015
许可证号：L－SC－CJ00062

四川太平洋国际旅行社有限公司
地址：成都市青羊区白丝街 56 号棉麻大厦 12 楼 16 室
电话：028－86756688
邮编：610031
许可证号：L－SC－CJ00063

四川大新华运通国际旅行社有限公司
地址：成都市锦江区东华正街 42 号广电国际大厦 21F
电话：028－68556809　68556802
邮编：610021
许可证号：L－SC－CJ00064

四川世纪金沙国际旅行社有限公司
地址：成都市武侯区二环路南四段 51 号
电话：028－86159615
邮编：610041
许可证号：L－SC－CJ00065

成都市四海国际旅行社有限责任公司
地址：成都市武侯区致民路 36 号锦江新园 707 室
电话：028－85436000
邮编：610041
许可证号：L－SC－CJ00066

四川省飞扬国际旅行社有限责任公司
地址：成都市青羊区青羊大道 10 号成都花园商铺二楼 D－17
电话：028－87373300
邮编：610031
许可证号：L－SC－CJ00067

成都雅和国际旅行社有限公司
地址：成都市武侯区高升桥东路
邮编：610041
许可证号：L－SC－CJ00068

成都中港国际旅行社有限公司
地址：成都市青羊区草市街 123 号 1 栋 8 楼 5 号
电话：028－86080770　13348845668
邮编：610031
许可证号：L－SC－CJ00069

成都途风国际旅行社有限公司
地址：成都市高新区天府二街 138 号蜀都中心 2 栋 11 楼
电话：028－85562884
邮编：610041
许可证号：L－SC－CJ00070

四川省邮电国际旅行社有限责任公司
地址：成都市青羊区锦里中路 18 号四川邮电宾馆内
电话：028－86711751
邮编：610031
许可证号：L－SC－CJ00071

广元康辉国际旅行社有限责任公司
地址：广元市苴国路恒星城二期二楼 10 号
电话：0839－3263190
邮编：628000
许可证号：L－SC－CJ00072

成都天娇国际旅行社有限责任公司
地址：成都市成华区天祥街 59 号
电话：028－ 84352968
邮编：610066
许可证号：L－SC－CJ00073

饭　店

锦江宾馆 ★★★★★
地址：成都市人民南路二段 80 号
电话：028－85582222
邮编：610012

总府皇冠假日酒店 ★★★★★
地址：成都市总府路 31 号
电话：028－86786666
邮编：610016

天府丽都喜来登饭店 ★★★★★
地址：成都市人民中路一段 15 号
电话：028－86768999
邮编：610015

成都索菲特万达大饭店 ★★★★★
地址：成都市滨江中路 15 号
电话：028－66669999
邮编：610016

成都家园国际酒店 ★★★★★
地址：成都市机场路 181 号美好花园
电话：028－82936666
邮编：610225

望江宾馆 ★★★★★
地址：成都市下沙河铺 42 号
电话：028－84790000
邮编：610066

成都西藏饭店 ★★★★★
地址：成都市人民北路一段十号
电话：028－83183388
邮编：610081

成都凯宾斯基饭店 ★★★★★
地址：成都市人民南路四段 42 号
电话：028－85269999
邮编：610041

成都香格里拉大酒店 ★★★★★
地址：成都市滨江东路9号
电话：028－88888899
邮编：610021

成都城市名人酒店 ★★★★★
地址：成都市人民南路一段122－124号
电话：028－86833333
邮编：610061

成都世纪城天堂洲际大酒店 ★★★★★
地址：成都市世纪城路88号
电话：028－85349999
邮编：610041

四川岷山饭店 ★★★★★
地址：成都人民南路二段55号
电话：028－85583333
邮编：610016

成都明宇尚雅饭店 ★★★★★
地址：成都市武侯区临江西路1号
电话：028－88876666
邮编：610041

青城（豪生）国际酒店 ★★★★★
地址：成都都江堰市青城山镇青城大道88号
电话：028－88988888
邮编：611844

天之府温德姆至尊豪庭大酒店 ★★★★★
地址：成都市郫县高新西区望丛中路1088号
电话：028－78908888
邮编：611730

花水湾名人度假酒店 ★★★★★
地址：成都市大邑县花水湾镇武成街174号
电话：028－88333333
邮编：611345

富乐山九洲国际酒店 ★★★★★
地址：绵阳市芙蓉路一段1号
电话：0816－2284888
邮编：621000

四川太平洋国际饭店 ★★★★★
地址：德阳市珠江东路8号
电话：0838－2908888
邮编：618000

广安思源大酒店 ★★★★★
地址：广安市城南五湖西路301号
电话：0826－2355888
邮编：638000

峨眉山红珠山宾馆 ★★★★★
地址：乐山峨眉山市报国寺
电话：0833－5525888
邮编：614200

自贡檀木林城市名人酒店 ★★★★★
地址：自贡市自流井区塘坎上路2号
电话：0813－5333333
邮编：643000

泸州酒城宾馆 ★★★★★
地址：泸州市上平远路71号
电话：0830－3159999
邮编：646000

宜宾竹海世外桃源度假酒店 ★★★★★
地址：宜宾长宁县竹海镇
电话：0831－4999999
邮编：644304

眉山岷江东湖饭店 ★★★★★
地址：眉山市东坡区环岛路1号
电话：028－38666088
邮编：620010
网址：www. mjdhhotel. com

九寨沟喜来登国际大酒店 ★★★★★
地址：阿坝州九寨沟县风景区
电话：0837－7739988
邮编：623402

九寨天堂洲际大饭店 ★★★★★
地址：阿坝州九寨沟县漳扎镇甘海子
电话：0837－7789999
邮编：623402

四川宾馆 ★★★★
地址：成都市总府路31号
电话：028－86755555
邮编：610016

成都天仁大酒店 ★★★★
地址：成都市三洞桥街18号
电话：028－82968888
邮编：610031

成都天府阳光酒店 ★★★★
地址：成都市泰升北路2号
电话：028－86922233
邮编：610017

四川绿洲大酒店 ★★★★
地址：成都市忠烈祠街99号
电话：028－82938899
邮编：610016

四川新华国际酒店 ★★★★
地址：成都市古中寺街8号
电话：028－86615858
邮编：610016

成都博瑞花园酒店 ★★★★
地址：成都市龙泉驿区龙都北路
电话：028－84839888
邮编：610103

成都天伦国际大酒店 ★★★★
地址：成都市龙泉驿区平安镇阳光城
电话：028－84885688
邮编：610103

成都罗曼假日大酒店 ★★★★
地址：成都市人民中路二段22号
电话：028－82929999
邮编：610031

成都京川宾馆 ★★★★
地址：成都市一环路西一段144号
电话：028－86089888
邮编：610072

成都金玉阳光大酒店 ★★★★
地址：成都市双林路88号
电话：028－66138888
邮编：610066

世代锦江国际酒店 ★★★★
地址：成都市下南大街59号
电话：028－86090888
邮编：610041

四川芙蓉丽庭酒店 ★★★★
地址：成都市一环路北二段西二路17号
电话：028－83172222
邮编：610081

四川星逸酒店 ★★★★
地址：成都市德盛路33号
电话：028－86919999
邮编：610017

成都宇豪金港湾酒店 ★★★★
地址：成都市西区
电话：028－87746666
邮编：610031

沃特酒店 ★★★★
地址：成都市太升南路53－57号
电话：028－82988888
邮编：610016

四川岷山拉萨大酒店 ★★★★
地址：成都市肖家河北街88号
电话：028－85198998
邮编：610041

四川新良大酒店 ★★★★
地址：成都市上东大街53号
电话：028－86739999
邮编：610016

成都喜玛拉雅大酒店 ★★★★
地址：成都市二环路北一段17号
电话：028－86319988
邮编：610031

四川向阳房产向阳大厦 ★★★★
地址：成都市二环路南二段23号
电话：028－85239999
邮编：610041

润邦国际酒店 ★★★★
地址：成都市蜀汉路249号
电话：028－87529888
邮编：610036

成都瑞城名人酒店 ★★★★
地址：成都市青羊区人民中路二段68号
电话：028－88033333
邮编：610061

四川铁道大酒店 ★★★★
地址：成都市人民北路二段9号
电话：028－83177866
邮编：610081

合江亭翰文大酒店 ★★★★
地址：成都市滨江东路138号
电话：028－88822222
邮编：610021

成都银河王朝大酒店 ★★★★
地址：成都市顺城大街88号
电话：028－86618888
邮编：610016

新都桂湖国际大酒店 ★★★★
地址：成都市新都区桂湖西路20号
电话：028－67338888
邮编：610500

成都长盛帝都国际酒店 ★★★★
地址：成都市永丰路45号
电话：028－65515555
邮编：610041

成都怡东国际酒店 ★★★★
地址：成都二仙桥东三路一号
电话：028－65561111
邮编：610039

青白江凤凰湖天泉酒店 ★★★★
地址：成都青白江区石家碾中路88号
电话：028－83633333
邮编：610300

波尔菲特酒店 ★★★★
地址：成都市武侯区佳灵路 75 号
电话：028 －65517000
邮编：610043

成都嘎纳假日酒店 ★★★★
地址：成都市华阳滨河路二段 368 号
电话：028 －85692222
邮编：610213

迎宾一号酒店 ★★★★
地址：成都市金牛区迎宾大道中段金科东路 38 号
电话：028 －62015555
邮编：610037

中堰·瑞铧国际酒店 ★★★★
地址：成都都江堰市灌温路 110 号
电话：028 －87111177
邮编：611830

四川国堰宾馆 ★★★★
地址：成都都江堰市观景路中段
电话：028 －87146666
邮编：611830

郫县镜湖园宾馆 ★★★★
地址：成都市郫县皮筒镇望丛中路 63 号
电话：028 －87929888
邮编：611730

广元国际大酒店 ★★★★
地址：广元市东城开发区苴国路 555 号
电话：0839 －3296222
邮编：628017

四川苍溪国际大酒店 ★★★★
地址：广元市苍溪县滨江路 328 号
电话：0839 －5888888
邮编：628400

绵阳顺辉·世纪巴登酒店 ★★★★
地址：绵阳市涪城区临园路西段 28 号
电话：0816 －6353333
邮编：621000

绵州酒店 ★★★★
地址：绵阳市临园路东段 62 号
电话：0816 －6350999
邮编：621000

绵阳王子大酒店 ★★★★
地址：绵阳市临园路西段 25 号
电话：0816 －6358999
邮编：621000

绵阳长虹大酒店 ★★★★
地址：绵阳市高新区西街北段 89 号
电话：0816 －2416666
邮编：621000

江油宾馆 ★★★★
地址：绵阳江油市东大街 169 号
电话：0816 －3277777
邮编：621700

江油国际大酒店 ★★★★
地址：绵阳江油市花园路北段 1 号
电话：0816 －3233333
邮编：621700

绵阳梓州国际大酒店 ★★★★
地址：绵阳市三台县解放上街 49 号
电话：0816 －5899999
邮编：621100

绵阳绵州温泉酒店 ★★★★
地址：绵阳市安县罗浮山
电话：0816 －4636666
邮编：622650

绵阳新北川宾馆 ★★★★
地址：绵阳市北川县尔玛路 25 号
电话：0816 －4229999
邮编：622750

德阳旌湖宾馆 ★★★★
地址：德阳市长江西路一段 1 号
电话：0838 －2303888
邮编：618000

德阳宏达金桥大酒店 ★★★★
地址：德阳市什邡市亭江东路
电话：0838 －8200888
邮编：618400

南充北湖宾馆 ★★★★
地址：南充市文化路 301 号
电话：0817 －2229999
邮编：637000

南充万泰大酒店 ★★★★
地址：南充市铁荣路 1 号
电话：0817 －2311888
邮编：637000

南充宇豪酒店 ★★★★
地址：南充市顺庆区文化路 1 号
电话：0817 －2266666
邮编：637000

天龙大酒店 ★★★★
地址：南充市果州大道金鱼岭路 292 号
电话：0817 －2690888
邮编：637000

南充营山天胜 ★★★★
地址：南充市营山县兴隆路 258 号
电话：0817 －8218888
邮编：637700

仪陇领地国际酒店 ★★★★
地址：南充市仪陇县新镇仁德路 6 号
电话：0817 －8858688
邮编：637400

广安岷山世纪大饭店 ★★★★
地址：广安市金广大道 88 号
电话：0826 －2336666
邮编：638000

广安东阳国际酒店 ★★★★
地址：广安市建安中路 136 号
电话：0826 －5100888
邮编：638000

广安华蓥山大酒店 ★★★★
地址：广安市华蓥山旅游区
电话：0826 －4330178
邮编：638000

广安武胜印山假日酒店 ★★★★
地址：广安市武胜县沿口镇临江街 2 号
电话：0832 －6680006
邮编：638400

遂宁明星康年酒店 ★★★★
地址：遂宁市开发区明日路 88 号
电话：0825 －2210998
邮编：629000

遂宁万和大酒店 ★★★★
地址：遂宁市蓬溪县蜀北下路
电话：0825 －5421888
邮编：629100

子昂金都国际酒店 ★★★★
地址：遂宁市射洪县沱牌大道 66 号
电话：0825 －6188888
邮编：629200

东方国际酒店 ★★★★
地址：遂宁市大英县蓬莱镇
电话：0825 －7810888
邮编：629300

内江运亨酒店 ★★★★
地址：内江市市中区双苏路 123 号
电话：0832 －2200066
邮编：641000

资中顺通大酒店 ★★★★
地址：内江市资中县城南开发区苌虹路 296 号
电话：0832 －5577777
邮编：641200

内江隆昌东方宾馆 ★★★★
地址：内江市隆昌县金鹅镇隆泸大道
电话：0832 －3956888
邮编：642150

乐山金海棠酒店 ★★★★
地址：乐山市市中区海棠路
电话：0833 －2128888
邮编：614000

峨眉山华生酒店 ★★★★
地址：乐山峨眉山市佛光南路
电话：0833 －5546999
邮编：614200

峨眉山大酒店 ★★★★
地址：乐山峨眉山市报国寺
电话：0833 －5526888
邮编：614200

峨眉山温泉饭店 ★★★★
地址：乐山峨眉山市报国寺
电话：0833 －5590518
邮编：614201

峨眉山月花园酒店 ★★★★
地址：乐山市夹江县夹峨公路夹江大桥
电话：0833 －5682222
邮编：614100

威尼大酒店 ★★★★
地址：乐山市夹江县新华大道
电话：0833 －5799999
邮编：614100

自贡英祥酒店 ★★★★
地址：自贡市汇兴路 333 号
电话：0813 －8233333
邮编：643000

自贡汇东大酒店 ★★★★
地址：自贡市汇东路东段 16 号
电话：0813 －8288888
邮编：643000

自贡雄飞假日酒店 ★★★★
地址：自贡市自流井区解放路 193 号
电话：0813 －2118888
邮编：643000

泸州南苑宾馆 ★★★★
地址：泸州市江阳区大山坪
电话：0830 －3158888
邮编：646000

泸州伊顿饭店 ★★★★
地址：泸州市
电话：0830－3156666
邮编：646000

泸州王氏大酒店 ★★★★
地址：泸州市龙马潭区南龙路26号
电话：0830－2518888
邮编：646000

泸州世纪大酒店 ★★★★
地址：泸州市龙马潭区南路38号
电话：0830－3376888
邮编：646000

泸州四川兰尊大酒店 ★★★★
地址：泸州市古蔺县金兰大道
电话：0830－7770888
邮编：646500

宜宾华荣酒店 ★★★★
地址：宜宾市长江大道东段68号
电话：0831－2399999
邮编：644002

宜宾酒都饭店 ★★★★
地址：宜宾市专署街50号
电话：0831－8188888
邮编：644000

宜宾银龙戎州大厦宾馆 ★★★★
地址：宜宾长江北五粮液大道旧州路15号
电话：0831－5195818
邮编：644007

攀枝花川惠大酒店 ★★★★
地址：攀枝花市炳草岗人民街118号
电话：0812－6348888
邮编：617000

攀枝花宾馆 ★★★★
地址：攀枝花市东区人民街32号
电话：0812－3332869
邮编：617000

攀枝花金沙明珠大酒店 ★★★★
地址：攀枝花市东区江边街50号
电话：0812－2230000
邮编：617000

攀枝花学府大酒店 ★★★★
地址：攀枝花市机场路10号
电话：0812－3370888
邮编：617000

攀枝花安宁明珠大酒店 ★★★★
地址：攀枝花市米易县城北新区
电话：0812－8188888
邮编：617200

米易宁泽阳光酒店 ★★★★
地址：攀枝花市米易县安宁路193号
电话：0812－8188111
邮编：617200

达州高望都大酒店 ★★★★
地址：达州市通川区凤凰大道
电话：0818－8011111
邮编：635000

达州华阳大酒店 ★★★★
地址：达州市通川区红旗路76号
电话：0818－2638111
邮编：635000

达州东湖大酒店 ★★★★
地址：达州市东湖公园内
电话：0818－6136999
邮编：635100

达州宾馆 ★★★★
地址：达州市荷叶街163号
电话：0818－2122348
邮编：635000

达州华夏康年大酒店 ★★★★
地址：达州市达川区南外镇华蜀南路366号
电话：0818－2127777
邮编：635000

渠县万兴大酒店 ★★★★
地址：达州市渠县渠江镇迎宾路8号
电话：0818－8898888
邮编：635200

锦江蜀亨大酒店 ★★★★
地址：资阳市资阳大道西段
电话：028－26120300
邮编：641300

简阳新东南国际大酒店 ★★★★
地址：资阳简阳市东城新区雄州大道北段888号
电话：028－26133333
邮编：641400

资阳乐至鑫鹏大酒店 ★★★★
地址：资阳市乐至县仙鹤观村四社
电话：028－23133006
邮编：641500

青神大酒店 ★★★★
地址：眉山市青神县青衣大道东段1号
电话：028－38855555
邮编：620460

四川梦温泉酒店 ★★★★
地址：雅安市周公山温泉开发区
电话：0835－2312388
邮编：625000

雅安倍特星月宾馆 ★★★★
地址：雅安市雨城区张家山路10号
电话：0835－2225888
邮编：625000

楠水阁温泉度假会议中心 ★★★★
地址：雅安市周公山温泉公园
电话：0835－2329999
邮编：625000

雅安红珠宾馆 ★★★★
地址：雅安市陇西路88号
电话：0835－8018888
邮编：625000

九寨沟星宇大酒店 ★★★★
地址：阿坝州九寨沟漳扎镇
电话：0837－7766888
邮编：623402

九寨沟格桑宾馆 ★★★★
地址：阿坝州九寨沟县漳扎镇
电话：0837－7734958
邮编：623402

四川广旺旅游有限责任公司九寨度假村 ★★★★
地址：阿坝州九寨沟漳扎镇龙康村
电话：0837－7739929
邮编：623402

九寨沟九龙宾馆 ★★★★
地址：阿坝州九寨沟县彭丰村
电话：0837－7734567
邮编：623402

九寨沟千鹤国际大酒店 ★★★★
地址：阿坝州九寨沟县漳扎镇龙康村火地坝
电话：0837－7739188
邮编：623402

新四姑娘山庄 ★★★★
地址：阿坝州小金县日隆镇双桥沟口
电话：0837－2796888
邮编：624200

康巴大酒店 ★★★★
地址：甘孜州康定县新区榆林路9号
电话：0836－2818888
邮编：626000

西昌岷山饭店 ★★★★
地址：凉山州西昌市胜利南路88号
电话：0834－3200888
邮编：615000

顺华国际大酒店 ★★★★
地址：凉山州西昌市长安南路海河桥头
电话：0834－2507686
邮编：615000

西昌茗仁大酒店 ★★★★
地址：凉山州西昌市航天大道西河桥头
电话：0834－8888898
邮编：615000

泸沽湖假日酒店 ★★★★
地址：凉山州盐原县泸沽湖镇
电话：0834－6391111
邮编：615715

会理瀛洲园酒店 ★★★★
地址：凉山州会理县城关西街185号
电话：0834－3338866
邮编：615100

航天宾馆 ★★★
地址：成都市龙泉驿区航天北路
电话：028－84883000
邮编：610100

心族宾馆 ★★★
地址：成都市人民南路四段34号
电话：028－85520808
邮编：610041

成都大酒店 ★★★
地址：成都市人民北路二段29号
电话：028－83173888
邮编：610081

金河大酒店 ★★★
地址：成都市金河街18号
电话：028－86642888
邮编：610031

明珠国际酒店 ★★★
地址：成都市解放路二段329号
电话：028－86429188
邮编：610081

喀秋莎大饭店 ★★★
地址：成都市解放路二段237号
电话：028－83313888
邮编：610081

朝阳湖酒店 ★★★
地址：成都市浦江县朝阳镇
电话：028－88591108
邮编：611630

四川

民航大厦 ★★★
地址：成都市北新街 31 号
电话：028－86716688
邮编：610016

云龙酒店 ★★★
地址：成都市罗锅巷 122 号
电话：028－86780888
邮编：610017

九寨沟饭店 ★★★
地址：成都市二环路三段 30 号
电话：028－87520999
邮编：610036

九龙宾馆 ★★★
地址：成都市八宝街 90 号
电话：028－86399999
邮编：610031

泸天化大厦酒店 ★★★
地址：成都市中同仁路 220 号
电话：028－86633338
邮编：610031

菱彩酒店 ★★★
地址：成都市二环路南三段 27 号
电话：028－86311888
邮编：610041

成飞宾馆 ★★★
地址：成都市青羊区黄田坝
电话：028－87415648
邮编：610091

五粮液大酒店 ★★★
地址：成都市新华大道双林路 100 号
电话：028－84336128
邮编：610061

太阳城园林宾馆 ★★★
地址：成都市双流华阳华新下街 68 号
电话：028－85622889
邮编：610213

华西天使宾馆 ★★★
地址：成都市电信南街 10 号
电话：028－85422050
邮编：610041

四川花园宾馆 ★★★
地址：成都市走马街 47 号
电话：028－86667421
邮编：610021

四川福德酒店 ★★★
地址：成都市新华大道玉沙路 155 号
电话：028－86961888
邮编：610017

康定酒店 ★★★
地址：成都市武候祠横街 2 号
电话：028－85562106
邮编：610041

人口宾馆 ★★★
地址：成都市东城根下街 24 号
电话：028－86634288
邮编：610031

白芙蓉宾馆 ★★★
地址：成都市营门口路 107 号
电话：028－87658044
邮编：610031

毓秀苑宾馆 ★★★
地址：成都市一环路西一段大石东路
电话：028－66033993
邮编：610072

蜀都大厦宾馆 ★★★
地址：成都市署袜北三街 20 号
电话：028－86753888
邮编：610016

成都天辰楼宾馆 ★★★
地址：成都市青华路 39 号
电话：028－87319205
邮编：610016

新都流花宾馆 ★★★
地址：成都市新都区宝光大街 169 号
电话：028－83979999
邮编：610500

蜀兰大酒店 ★★★
地址：成都市一环路西一段 169 号
电话：028－87018888
邮编：610072

峨眉山饭店 ★★★
地址：成都市洗面桥街 10 号
电话：028－85510988
邮编：610041

川音爱乐酒店 ★★★
地址：成都市一环路南一段 47 号
电话：028－85490999
邮编：610021

八宝大酒店 ★★★
地址：成都市八宝街 28 号
电话：028－86635858
邮编：610031

金堂金裕大酒店 ★★★
地址：成都市金堂十里大道（成都野生世界对面）
电话：028－84921118
邮编：610400

电子科技大学宾馆 ★★★
地址：成都市建设北路二段二号
电话：028－83206666
邮编：610054

四川金地饭店 ★★★
地址：成都市新华大道德盛路 89 号
电话：028－86915339
邮编：610017

大庆石油大厦 ★★★
地址：成都市外西罗家碾大庆路 99 号
电话：028－87322988
邮编：610072

成都芙蓉饭店 ★★★
地址：成都市青羊区
电话：028－68086666
邮编：610031

成都和润商务酒店 ★★★
地址：成都市二环路南四段 46 号
电话：028－85093333
邮编：610041

金强华亨酒店 ★★★
地址：成都市温江区南熏大道四段 356 号
电话：028－82733777
邮编：611130

成都蜀峰花园酒店 ★★★
地址：成都市武候祠大街 236 号
电话：028－85530606
邮编：610041

成都阳光酒店 ★★★
地址：成都市星辉东路 10 号
电话：028－83340666
邮编：610081

城市仁德酒店 ★★★
地址：成都市成华区新鸿路 34 号
电话：028－84332222
邮编：610051

成都博力假日酒店 ★★★
地址：成都市金牛区迎宾大道
电话：028－87501888
邮编：610036

成都香溪宾馆 ★★★
地址：成都市解放北路一段田家巷 5 号
电话：028－86010348
邮编：610081

成都邮电宾馆 ★★★
地址：成都市锦里中路 18 号
电话：028－86113988
邮编：610041

成都天湖宾馆 ★★★
地址：成都市五丁路 17 号
电话：028－83180651
邮编：610081

灵岩山庄 ★★★
地址：成都都江堰市灵岩村月亮湾
电话：028－87127998
邮编：611830

翠月湖宾馆 ★★★
地址：成都都江堰市翠月湖
电话：028－87194000
邮编：611830

二王庙宾馆 ★★★
地址：成都市都江堰二王庙观景路
电话：028－87113888
邮编：611380

实久宾馆 ★★★
地址：成都都江堰市都江堰大道 18 号
电话：028－61929668
邮编：611830

成都盛世华夏国际酒店 ★★★
地址：成都都江堰市玉带桥街华夏广场
电话：028－67666666
邮编：611830

世纪云锦酒店 ★★★
地址：成都都江堰市都江堰大道 221 号
电话：028－61720320
邮编：611830

成铁青城山培训中心 ★★★
地址：成都都江堰市青城前山风景区
电话：028－87288056
邮编：611830

成都市金沙鸟巢酒店 ★★★
地址：成都都江堰市凤翔路中段
电话：028－67626688
邮编：611830

成都珍发达酒店 ★★★
地址：成都都江堰市青城桥北头
电话：028－87277876
邮编：611830

成都新花溪鱼港大酒店 ★★★
地址：成都都江堰市玉堂镇青城桥头临江花园
电话：028－87277110
邮编：611830

天台山大酒店 ★★★
地址：成都邛崃市天台山镇马坪村二组
电话：028－89233111
邮编：611543

成都红楼大酒店 ★★★
地址：成都邛崃市文星街336号
电话：028－67100801
邮编：611530

崇州大酒店 ★★★
地址：成都崇州市蜀洲北路
电话：028－86543888
邮编：611230

棠湖宾馆 ★★★
地址：成都市双流县东升镇棠湖南路一段1号
电话：028－85823088
邮编：610200

十八步岛大酒店 ★★★
地址：成都市双流县中和镇
电话：028－85650008
邮编：610212

成都犀浦大酒店 ★★★
地址：成都市郫县犀浦镇迪康大道北一段
电话：028－87856008
邮编：611731

成都花水湾泛旅樱花宾馆 ★★★
地址：成都市大邑县花水湾镇
电话：028－88390550
邮编：611345

江口醇惠山宾馆 ★★★
地址：成都大邑晋原镇
电话：028－88209066
邮编：611330

金桂公馆酒店 ★★★
地址：成都市大邑县安仁镇金桂街
电话：028－88317000
邮编：611311

鹤都家园酒店 ★★★
地址：成都市蒲江县鹤山湾顺城路
电话：028－88553666
邮编：611630

新津五津丽津酒店 ★★★
地址：成都市新津县太中东路100号
电话：028－82522665
邮编：611430

广元瑞成酒店 ★★★
地址：广元市利州区北京路
电话：0839－3229999
邮编：628000

广元利州大酒店 ★★★
地址：广元市利州区政府街109号
电话：0839－3218369
邮编：628000

广元天豪酒店 ★★★
地址：广元市利州经济开发区敬国路
电话：0839－3511888
邮编：628000

广元开元大酒店 ★★★
地址：广元市元坝镇葭萌路68号
电话：0839－8725988
邮编：628021

旺苍宾馆 ★★★
地址：广元市旺苍县新华街33号
电话：0839－4200000
邮编：628200

米仓山大酒店 ★★★
地址：广元市旺苍县红星北路86号
电话：0839－4310777
邮编：628200

青川兴平大酒店 ★★★
地址：广元市青川县乔庄镇解放街
电话：0839－7208956
邮编：628000

广元剑阁宾馆 ★★★
地址：广元市剑阁县普安镇小东街9号
电话：0839－6665416
邮编：628300

剑门关酒店 ★★★
地址：广元市剑阁县新城修城园区
电话：0839－6603111
邮编：628317

广元国森大酒店 ★★★
地址：广元市苍溪县红军路中段2号
电话：0839－2977777
邮编：628400

绵州开元酒店 ★★★
地址：绵阳市剑南路东段209号
电话：0816－2993888
邮编：621000

子云大酒店 ★★★
地址：绵阳市临园路西段26号
电话：0816－2371489
邮编：621000

桃源大酒店 ★★★
地址：绵阳市临园路中段76号
电话：0816－6358888
邮编：621000

九龙宾馆 ★★★
地址：绵阳市科学城一区
电话：0816－2488888
邮编：621000

明华饭店 ★★★
地址：绵阳江油市太白路2号
电话：0816－3666666
邮编：621700

太白大酒店 ★★★
地址：绵阳江油市太白中路49号
电话：0816－3222888
邮编：621700

三台金喜登大酒店 ★★★
地址：绵阳市三台县潼川镇金牛大道金牛市场
电话：0816－5668888
邮编：621100

绵阳启明星温泉酒店 ★★★
地址：绵阳市安县罗浮山风景区
电话：0816－4638999
邮编：622650

七曲山大酒店 ★★★
地址：绵阳市梓潼县七曲山大庙风景区
电话：0816－8229999
邮编：622150

德阳大酒店 ★★★
地址：德阳市长江西路一段320号
电话：0838－2204888
邮编：618000

德阳晶熙大酒店 ★★★
地址：德阳市河东开发区沂河街
电话：0838－2517333
邮编：618000

绵竹市剑南春大酒店 ★★★
地址：德阳绵竹市大东街23号
电话：0838－6201688
邮编：618200

明宇大酒店 ★★★
地址：南充市北湖路9号
电话：0817－2221111
邮编：637000

天龙大酒店 ★★★
地址：南充市果州大道金鱼岭路292号
电话：0817－2690888
邮编：637000

东华大厦 ★★★
地址：南充市御林路189号
电话：0817－2806088
邮编：637000

南充大酒店 ★★★
地址：南充市丝绸路68号
电话：0817－2818666
邮编：637000

南充团结商务酒店 ★★★
地址：南充市金鱼岭路2号
电话：0817－8129988
邮编：637000

金龙大酒店 ★★★
地址：南充阆中市商城路8号
电话：0817－6268222
邮编：637400

桃园国际大酒店 ★★★
地址：南充阆中市保宁醋街36号
电话：0817－6251999
邮编：637400

安阁瑞酒店 ★★★
地址：南充阆中市张飞大道94号
电话：0817－6269999
邮编：637400

杜家客栈 ★★★
地址：南充阆中市下新街63号
电话：0817－6224436
邮编：637400

阆中宾馆 ★★★
地址：南充阆中市张飞南路27号
电话：0817－6221333
邮编：637400

金都大酒店 ★★★
地址：南充市南部县新华路186号
电话：0817－5586666
邮编：637400

陵江宾馆 ★★★
地址：南充市南部县西街48号
电话：0817－5521903
邮编：637300

南充长青大酒店 ★★★
地址：南充市南部县东风路296号

电话：0817－5681988
邮编：637300

蓬安相如宾馆 ★★★
地址：南充市蓬安县相如大道 84 号
电话：0817－8631888
邮编：638250

南充仪陇花园酒店 ★★★
地址：南充市仪陇县南北中心大道中段 1 号
电话：0817－7217777
邮编：637000

南充东江大酒店 ★★★
地址：南充市西充县府安东路 2 号
电话：0817－4203236
邮编：637200

西充凤凰大酒店 ★★★
地址：南充市西充县晋城镇凤凰街 5 号
电话：0817－4239999
邮编：637200

丰华假日酒店 ★★★
地址：广安市人民路 21 号
电话：0826－2298888
邮编：638000

广安瑞苑大酒店 ★★★
地址：广安市城南兴安下街 83 号
电话：0826－2348488
邮编：638000

天府饭店 ★★★
地址：广安市劳动街 1 号
电话：0826－2330188
邮编：638000

喜来大酒店 ★★★
地址：广安市邻水县古邻大道东 1 号
电话：0826－3210098
邮编：638500

广来福宾馆斗城商都店 ★★★
地址：遂宁市遂州北路 189 号
电话：0825－8887711
邮编：629110

四川双发大酒店 ★★★
地址：遂宁市船山区和平东路 26 号
电话：0825－2660099
邮编：629000

遂宁兴源大酒店 ★★★
地址：遂宁市嘉禾西路 169 号
电话：0825－6866666
邮编：629000

圣世国贸大酒店 ★★★
地址：遂宁市安居区安居大道
电话：0825－8383111
邮编：629000

宏源大酒店 ★★★
地址：遂宁市射洪县太和大道中段 68 号
电话：0825－6630878
邮编：629000

威远鑫宏大酒店 ★★★
地址：内江市威远县兰草街 189 号
电话：0832－8222555
邮编：642450

资中龙都酒店 ★★★
地址：内江市资中县城南开发区电信大楼
电话：0832－5602222
邮编：641200

资中博希宾馆 ★★★
地址：内江市资中县重龙商业广场
电话：0832－5316666
邮编：641200

隆昌金鹅宾馆 ★★★
地址：内江市隆昌县隆泸大道
电话：0832－3928888
邮编：624150

大峡谷宾馆 ★★★
地址：乐山市金河口区滨江路一段 99 号
电话：0833－2715999
邮编：614700

乐山嘉州宾馆 ★★★
地址：乐山市市中区白塔街
电话：0833－2139888
邮编：614000

沙湾天泉湖宾馆 ★★★
地址：乐山市沙湾区丰都路程 6 号
电话：0833－3493888
邮编：614900

五通桥丽源宾馆 ★★★
地址：乐山市五通桥区文化街
电话：0833－3354818
邮编：614800

乐山金叶大酒店 ★★★
地址：乐山市嘉定北路 61 号
电话：0833－2444222
邮编：614000

乐山富丽华大酒店 ★★★
地址：乐山市市中区通江路 12 号
电话：0833－2600901
邮编：614000

峨眉山金佛宾馆 ★★★
地址：乐山峨眉山市名山路南段 112 号
电话：0833－5523237
邮编：614200

峨嵋山电力宾馆 ★★★
地址：乐山峨眉山市名山路东段 48 号
电话：0833－5367777
邮编：614200

峨眉山宾馆 ★★★
地址：乐山峨眉山市名山路南段 22 号
电话：0833－5533888
邮编：614200

峨眉山秀园宾馆 ★★★
地址：乐山峨眉山市绥山镇名山路东段 84 号
电话：0833－5521214
邮编：614200

峨眉山金顶大酒店 ★★★
地址：乐山峨眉山市峨眉山金顶
电话：0833－5098088
邮编：614200

峨眉山雄秀宾馆 ★★★
地址：乐山市峨眉山金顶一山亭旁
电话：0833－5523888
邮编：614200

秀湖国际度假大酒店 ★★★
地址：乐山市峨眉山峨秀镇秀湖亭
电话：0833－5523306
邮编：614200

峨眉山嘉泰美大酒店 ★★★
地址：乐山峨眉山市名山路东段 181 号
电话：0833－5532888
邮编：614200

峨眉山神龙大酒店 ★★★
地址：乐山峨眉山绥山镇佛光南路
电话：0833－5535666
邮编：614200

峨眉山市银华大酒店 ★★★
地址：乐山峨眉山市佛光南路 543 号
电话：0833－5521666
邮编：614200

犍为县天波大酒店 ★★★
地址：乐山市犍为县玉津镇凤石街北段 664 号
电话：0833－4234009
邮编：614400

沐川竹海大酒店 ★★★
地址：乐山市沐川县沐溪镇沐源路 899 号
电话：0833－4696666
邮编：614500

荣县翠湖大酒店 ★★★
地址：自贡市荣县双溪水库
电话：0813－6288276
邮编：643100

富顺富华大酒店 ★★★
地址：自贡市富顺县釜江大道西段 157 号
电话：0813－7217006
邮编：643200

泸州大酒店 ★★★
地址：泸州市江阳区江阳北路 69 号
电话：0830－2293537
邮编：646000

泸州洞宫大酒店 ★★★
地址：泸州市龙马潭区罗汉镇群丰村
电话：0830－2759902
邮编：646000

泸州汇丰饭店 ★★★
地址：泸州市新区龙南路 46 号
电话：0830－2570570
邮编：646000

泸州山海大饭店 ★★★
地址：泸州市龙马潭区蜀泸大道 1 号
电话：0830－2583333
邮编：646000

泸州帝都大酒店 ★★★
地址：泸州市龙马区龙马大道 2 段 32 号
电话：0830－2501166
邮编：646000

泸州龙城大酒店 ★★★
地址：泸州市泸县福集商业一街
电话：0830－8186668
邮编：646106

蓝天宾馆 ★★★
地址：宜宾市
电话：0831－6666688
邮编：644600

远能大饭店 ★★★
地址：宜宾市南岸长江大道中段 17 号
电话：0831－2185000
邮编：644002

叙府宾馆 ★★★
地址：宜宾市鲁家园街 14 号
电话：0831－8189999
邮编：644000

宜宾永安大酒店 ★★★
地址：宜宾市江安县北正街40号
电话：0831－8889111
邮编：644200

长宁蜀南宾馆 ★★★
地址：宜宾市长宁县万岭镇小桥
电话：0831－4980555
邮编：644304

翡翠度假村 ★★★
地址：宜宾市长宁县万岭镇
电话：0831－4970111
邮编：644304

华能符江宾馆 ★★★
地址：宜宾市高县庆符镇河滨路
电话：0831－5419999
邮编：644501

银峰宾馆 ★★★
地址：宜宾市兴文县中城镇中山路
电话：0831－8828888
邮编：644400

金沙来大酒店 ★★★
地址：攀枝花市西区格沙拉大道132号
电话：0812－8888877
邮编：617068

攀枝花西城佳园宾馆 ★★★
地址：攀枝花市西城苏铁中路256号
电话：0812－5530013
邮编：617068

南山宾馆 ★★★
地址：攀枝花市攀钢南山村
电话：0812－2321304
邮编：617067

红格温泉宾馆 ★★★
地址：攀枝花市红格镇
电话：0812－8782666
邮编：617000

新视窗仁和宾馆 ★★★
地址：攀枝花仁和区宝兴路
电话：0812－2915555
邮编：617026

江北宾馆 ★★★
地址：巴中市江北大道中段
电话：0827－5268941
邮编：636000

恒丰酒店 ★★★
地址：巴中市江北大道中段
电话：0827－5269898
邮编：636000

秦源雪大酒店 ★★★
地址：巴中市南江县光雾山大道断渠桥头
电话：0827－8633333
邮编：636600

华夏大酒店 ★★★
地址：达州市通州区大北街184号
电话：0818－2128888
邮编：635000

达州莲湖山庄 ★★★
地址：达州市莲花湖旅游风景区
电话：0818－2630398
邮编：635000

达州市凯悦酒店 ★★★
地址：达州市通川南路5号
电话：0818－2399999
邮编：635000

鹏飞天际 ★★★
地址：达州市西外新区金兰路583号
电话：0818－5918999
邮编：635000

达州万源大酒店 ★★★
地址：达州万源市银河路
电话：0818－8603002
邮编：636350

万源穗丰大酒店 ★★★
地址：达州万源市太平镇路159号
电话：0818－5050027
邮编：636350

宣宾假日酒店 ★★★
地址：达州市宣汉县东街78号
电话：0818－5236222
邮编：636150

达州聚鑫商务酒店 ★★★
地址：达州宣汉县解放中路643号
电话：0818－5233333
邮编：636150

资阳金迪大酒店 ★★★
地址：资阳市体育路32号
电话：028－23012003
邮编：641300

花岛度假酒店 ★★★
地址：资阳简阳市三岔湖花岛
电话：028－27828181　27112126
邮编：641408

安岳宾馆 ★★★
地址：资阳市安岳县正北街117号
电话：028－24522888
邮编：642350

眉山宾馆 ★★★
地址：眉山市东坡区下西街45号
电话：028－38226666
邮编：620020

仁寿华生宾馆 ★★★
地址：眉山市仁寿县江家坝群英街20号
电话：028－36212700
邮编：620500

彭山兴铁宾馆 ★★★
地址：眉山市彭山县彭祖大道北段1号
电话：0833－37628628
邮编：612760

洪雅新顺大酒店 ★★★
地址：眉山市洪雅县洪川镇西苑北街1号
电话：028－37559999
邮编：620360

雨都饭店 ★★★
地址：雅安市挺进路20号
电话：0835－2601999
邮编：625000

天府温泉宾馆 ★★★
地址：雅安市孔坪乡
电话：0835－2312588
邮编：625000

西康大酒店 ★★★
地址：雅安市临江路8号
电话：0835－2239333
邮编：625000

茗都花园酒店 ★★★
地址：雅安市名山县城新区
电话：0835－3225555
邮编：625100

荥经饭店 ★★★
地址：雅安市荥经县繁荣下街45号
电话：0835－7629888
邮编：625200

桂园酒店 ★★★
地址：雅安市汉源县富泉集镇
电话：0835－8952333
邮编：625300

石棉大酒店 ★★★
地址：雅安市石棉县电力路29号
电话：0835－8863666
邮编：625400

二郎山宾馆 ★★★
地址：雅安市天全县安居南路1号
电话：0835－8686666
邮编：625500

天全县明康大酒店 ★★★
地址：雅安市天全县向阳大道东段南侧
电话：0835－7390888
邮编：625500

天全县川达宾馆 ★★★
地址：雅安市天全县向阳大道142号
电话：0835－7224888　7222796
邮编：625500

夹金山大酒店 ★★★
地址：雅安市宝兴县穆坪镇沿江路38号
电话：0835－6829888
邮编：624700

潘达尔森林大酒店 ★★★
地址：阿坝州汶川县三江景区
电话：0837－6339111
邮编：623000

阿坝州汶川凯逸酒店 ★★★
地址：阿坝州汶川县大桥路明珠广场
电话：0837－6229172
邮编：623000

阿坝州新国旅大酒店 ★★★
地址：阿坝州汶川县威州镇较场下街77号
电话：0837－6224828
邮编：623000

古尔沟温泉山庄 ★★★
地址：阿坝州理县古尔沟镇
电话：0837－6838888
邮编：623100

川主国际饭店 ★★★
地址：阿坝州松潘县川主寺镇
电话：0837－7242333
邮编：623300

岷源山庄 ★★★
地址：阿坝州松潘县川主寺镇
电话：0837－7242238
邮编：623300

九寨沟宾馆 ★★★
地址：阿坝州九寨沟县漳扎镇
电话：0837－7734023
邮编：623402

九鑫山庄 ★★★
地址：阿坝州九寨沟县漳扎镇

电话：0837－7739588
邮编：623402

华缘山庄 ★★★
地址：阿坝州九寨沟县漳扎镇龙康坝
电话：0837－7739788
邮编：623402

麟翔源宾馆 ★★★
地址：阿坝州九寨沟县漳扎镇
电话：0837－7734030
邮编：623400

九寨沟红宝石大酒店 ★★★
地址：阿坝州九寨沟县漳扎镇
电话：0837－7734118
邮编：642302

若尔盖大藏阳光酒店 ★★★
地址：阿坝州若尔盖县精品街 88 号
电话：0837－2292999
邮编：624500

格萨尔酒店 ★★★
地址：甘孜州康定县西大街
电话：0836－2825777
邮编：626000

贡嘎宾馆 ★★★
地址：甘孜州泸定县磨西镇
电话：0836－3266665
邮编：626000

金山饭店 ★★★
地址：甘孜州泸定县磨西镇
电话：0836－3266433
邮编：626000

乡城县巴姆山大酒店 ★★★
地址：甘孜州城县香巴拉大道
电话：0836－5825999
邮编：627850

稻城亚丁温泉大酒店 ★★★
地址：甘孜州稻城县金珠镇贡巴路二段 36 号
电话：0836－5727522
邮编：627750

金桥酒店 ★★★
地址：凉山州西昌市胜利路
电话：0834－3220088
邮编：615000

喜德阳光温泉大酒店 ★★★
地址：凉山州西昌市喜德县
电话：0834－7449555
邮编：616750

西昌明珠大酒店 ★★★
地址：凉山州西昌市航天大道
电话：0834－2503333
邮编：615000

西昌醉太平酒店 ★★★
地址：凉山州西昌市海滨路
电话：0834－3951800
邮编：615000

金沙江酒店 ★★★
地址：凉山州雷波县环城路中段
电话：0834－8825678
邮编：616550

木里卡卓大酒店 ★★★
地址：凉山州木里县齐瓦镇龙钦南街 75 号
电话：0834－6522888
邮编：615800

木里香巴拉大酒店 ★★★
地址：凉山州木里县扎昌街 36 号
电话：0834－6522666
邮编：615800

旅游景区

成都国际非物质文化遗产博览园旅游景区 AAAA
地址：成都市青羊区光华大道二段 601 号
电话：028－87079955
邮编：610091

休闲美食文化园 AAA
地址：成都市龙泉驿区
邮编：610100

花香果居 AAA
地址：成都市新都区斑竹园
电话：15208457425
邮编：610500

成都杜甫草堂博物馆 AAAA
地址：成都市清华路 37 号
电话：028－87319258
邮编：610072

金沙遗址博物馆 AAAA
地址：成都市金沙遗址路 2 号
电话：028－87303522　87777137
邮编：610091

四川科技馆 AAA
地址：成都市人民中路一段 16 号
电话：028－86609999　86609085
邮编：610015

成都大熊猫繁育研究基地 AAAA
地址：成都市外北熊猫大道 26 号
电话：028－83516970　83516911
邮编：610081

三圣花乡 AAAA
地址：成都市镇江区三圣乡
电话：028－84676767
邮编：610066

成都芙蓉古城 AAA
地址：成都市温江区永宁镇
电话：028－82696180
邮编：610031

成都市洛带古镇 AAAA
地址：成都市龙泉驿区洛带镇
电话：028－84893729
邮编：610100
网址：www. luodai. gov. cn

成都宽窄巷子景区 AA
地址：成都市青羊区长顺上街宽窄巷子
电话：028－86256233－633
邮编：610031

成都市欢乐谷景区 AAAA
地址：成都市金牛区西华大道 16 号
电话：028－61898044　80333999
邮编：610036

成都武侯祠博物馆 AAAA
地址：成都市武侯祠大街 231 号
电话：028－85552397
邮编：610041

成都武侯区中国女鞋之都旅游景区 AAA
地址：成都市武侯区川藏路成双段鞋都南路 139 号
电话：028－85005082　85005510
邮编：610041

成都市龙泉国际标榜旅游区 AAA
地址：成都市龙泉驿区阳光城同策路 3 号
电话：028－84837612　86376569
邮编：610100

青白江区客家杏花村旅游景区 AAA
地址：成都市青白江江福洪乡杏花村
电话：028－83648031　83648298
邮编：610300

成都连二里市旅游景区 AA
地址：成都市温江区永盛镇盛丰街 27 号
电话：028－82620010　82620537
邮编：611130

桃花故里景区 AAAA
地址：成都市龙泉驿区山泉镇
电话：028－84820361
邮编：610100

宝光桂湖文化旅游区 AAAA
地址：成都市新都区桂湖中路 92 号
电话：028－83972259　83972518
邮编：610500

国色天香乐园 AAAA
地址：成都市温江区万春镇
电话：028－82610999　82611116
邮编：611130

东郊记忆 AAAA
地址：成都市成华区建设南支路 1 号
电话：028－84332508
邮编：610041

成都市海宁城商贸旅游景区 AAAA
地址：成都市新都区
邮编：610500

成都市石象湖旅游区 AAAA
地址：成都市成雅高速路 86 公里出口处
电话：028－88591888
邮编：610015

成都市崇州街子古镇景区 AAAA
地址：成都崇州市街子镇
电话：028－82289559
邮编：611230

白塔湖景区 AA
地址：成都崇州市道明镇
电话：028－82214881　82230270
邮编：611230

成都市崇州罨画池文化旅游区 AAA
地址：成都崇州市大东街 50－54 号
电话：028－82273230　82219918
邮编：611230

成都花果山生态观光农业旅游区 AA
地址：成都崇州市元通镇
电话：028－82325555　82216201
邮编：611230

邛崃市平乐古镇 AAAA
地址：成都邛崃市平乐镇
电话：028－8881111
邮编：611530

临邛古城 AAA
地址：成都邛崃市成温路 318 号

电话：028－88746699
邮编：611530

天台山旅游区 AAAA
地址：成都邛崃市天台山镇马坪村
电话：028－88793472　89233160
邮编：611530

成都邛崃竹溪湖生态旅游区 AAA
地址：成都邛崃市临邛镇小柏树水库
电话：028－88736297
邮编：611530

成都伊利乳业园旅游景区 AAA
地址：成都邛崃市工业集中发展区工业路2号
电话：028－67101111
邮编：611530

成都市花楸山景区 AA
地址：成都邛崃市平乐镇新兴街
电话：028－88781094
邮编：611530

青城山－都江堰景区 AAAAA
地址：成都都江堰市都江堰大道231号
电话：028－87120836
邮编：611830

成都翠月湖 AAA
地址：成都都江堰市翠月湖镇
电话：028－87194248
邮编：611830

成都市虹口旅游景区 AAAA
地址：成都都江堰市
电话：028－61732518　87264019
邮编：611830

成都市虹口棕花景区 AA
地址：成都都江堰市虹口乡棕花村5组
电话：13908608366　028－87269019
邮编：611830

成都市虹口联合景区 AA
地址：成都都江堰市虹口乡
电话：13688387418　028－87269019
邮编：611830

成都市都江堰茶坪景区 AA
地址：成都都江堰市大观镇
电话：028－87213301
邮编：611830

成都市都江堰九鼎村 AA
地址：成都都江堰市紫坪铺镇
电话：028－87106020
邮编：611830

成都市白鹿中法风情小镇旅游景区 AAAA
地址：成都彭州市白鹿镇
电话：028－83770151
邮编：611930

成都市彭州丹景山旅游景区 AA
地址：成都彭州市丹景山镇丹景村
电话：028－83885861
邮编：611930

龙门山回龙沟 AA
地址：成都彭州市大宝镇
电话：028－83852333
邮编：611930

成都市彭州宝山旅游区 AAAA
地址：成都彭州市
邮编：611930

成都彭州市中华蝴蝶生态城旅游景区 AAA
地址：成都彭州市隆丰镇大宝村
邮编：611930

成都市五凤溪旅游景区 AAAA
地址：成都市金堂县五凤镇
电话：028－84959388
邮编：610400

成都市金堂中国脐橙之乡 AAA
地址：成都市金堂县三溪镇上正街25号
电话：028－84020213
邮编：610400

成都市海昌极地海洋世界景区 AAAA
地址：成都市双流县华阳镇天府大道南段2039号
电话：028－67075055　67067822
邮编：610200

双流县西蜀人家景区 AAA
地址：成都市双流华阳华府大道二段158号
电话：028－85321777　85322588
邮编：610200

成都市中国枇杷博览园 AAA
地址：成都市双流县永兴镇
电话：028－85666092　85666858
邮编：610200

成都市双流彭镇羊坪万亩有机葡萄休闲度假区 AAA
地址：成都市双流县彭镇
电话：028－85850101　85850227
邮编：610200

双流县大林镇翠湖梨乡 AAA
地址：成都市双流县大林镇
电话：028－85690018
邮编：610200

成都市双流县黄龙溪旅游区 AAAA
地址：成都市双流县黄龙溪镇
电话：028－85696929　85696001
邮编：610200

郫县友爱农科村 AAAA
（全国农业旅游示范点）
地址：成都市郫县友爱镇
电话：028－87935999
邮编：611735

中国川菜文化体验馆 AAA
地址：成都市郫县安德镇安唐路1号楼
电话：028－87871117
邮编：611732

成都市川菜博物馆 AAA
地址：成都市郫县古城镇荣华北巷8号
电话：028－87918008　87919398
邮编：611730

战旗·5季花田 AAA
地址：成都市郫县唐昌镇战旗村
邮编：611730

成都市望丛祠景区 AAAA
地址：成都市郫县望从中路5号
电话：028－87928434
邮编：611730

成都市三道堰景区 AAAA
地址：成都市郫县
邮编：611730

大邑刘氏庄园 AAAA
地址：成都大邑县安仁镇场口
电话：028－88315113
邮编：611331

四川省建川博物馆聚落 AAAA
地址：成都市大邑县安仁镇
电话：028－87385085　88315018
邮编：610015

花水湾温泉旅游区 AAAA
地址：成都市大邑县花水湾镇
电话：028－88390108
邮编：611330

西岭雪山 AAAA
地址：成都市大邑县西岭镇
电话：028－87397903　88302010
邮编：611330

新场古镇旅游景区 AAAA
地址：成都市大邑县
电话：028－88331238
邮编：611330

成都市蒲江成佳茶乡旅游景区 AAA
地址：成都市蒲江县成佳镇
电话：028－88651212
邮编：611630

成都蒲江樱桃山旅游景区 AAA
地址：成都市蒲江县光明乡
电话：028－88522036
邮编：611630

成都战役纪念馆 AA
地址：成都市蒲江县鹤山镇世纪广场东路5号
电话：028－88552303　88552300
邮编：611630

成都市白云鹭鸶旅游景区 AA
地址：成都市蒲江县白云乡
电话：028－88596088
邮编：611630

成都市花舞人间旅游景区 AAAA
地址：成都市新津县新蒲路梨花溪1号
电话：028－82555666　82599989
邮编：611430

成都市新津纯阳观景区 AA
地址：成都市新津县纯阳大道313号
电话：028－82550669　82515855
邮编：611430

朝天明月峡景区 AAAA
地址：广元市朝天区
电话：0839－8623656
邮编：628017

广元市昭化古城 AAAA
地址：广元市昭化区昭化镇
电话：0839－8310866　8310480
邮编：628017

皇泽寺 AAAA
地址：广元市皇泽寺博物馆
电话：0839－3453427　3607017
邮编：628000

川北民俗文化园旅游景区 AAA
地址：广元市利州区
电话：0839－3212079
邮编：628017

曾家山旅游景区 AAAA
地址：广元市朝天区曾家场镇
电话：0839－8675129

邮编：628017

广元市平乐旅游区 AAAA
地址：广元市柳桥乡
邮编：628000

广元市朝天区水磨沟 AAA
地址：广元市朝天区
邮编：628017

广元鼓城山——七里峡景区 AAAA
地址：广元市旺苍县
电话：0839－4203225
邮编：628200

青川东河口地震遗址公园 AAAA
地址：广元市青川县
电话：0839－7208975　7705009
邮编：628100
网址：www. 512. dhk. cn

广元青溪古城 AAAA
地址：广元市青川县青溪镇
电话：0839－7802024
邮编：628100

剑门关风景名胜区 AAAA
地址：广元市剑阁县下寺镇
电话：0839－6750050　6750993
邮编：620010

广元翠云廊景区 AAAA
地址：广元市剑阁县剑门关镇
电话：0839－6750967
邮编：628300

广元市苍溪红军渡—西武当山景区 AAAA
地址：广元市苍溪县城东南 3 公里陵江镇
电话：0839－5281001
邮编：628400

中国苍溪·梨文化博览园 AAA
地址：广元市苍溪县陵江镇红旗桥村
电话：0839－5260006
邮编：628400

广元市苍溪县新店子景区 AA
地址：广元市苍溪县白鹤乡新店子景区
电话：0839－5255555
邮编：628400

广元市苍溪县柳池新农村文化园 AAA
地址：广元市苍溪县
邮编：628400

四川

绵阳市科技馆旅游景区 AAAA
地址：绵阳市游仙区一环路东段
电话：0816－2279991
邮编：621022

绵阳市碧水蓝天旅游景区 AA
地址：绵阳市涪城区杨家镇
电话：0816－2885888
邮编：621000

绵阳市涪龙苑旅游景区 AA
地址：绵阳市龙门镇
电话：0816－2641444　2641555
邮编：621000

绵阳市涪城区小桥村 AA
地址：绵阳市涪城区龙门镇小桥村
邮编：621000

芙蓉汉城 AA
地址：绵阳市游仙区绵阳一环路东段 218 号
电话：0816－2283789
邮编：621022

绵阳市富乐山公园 AA
地址：绵阳市芙蓉路 10 号
电话：0816－2284137
邮编：621000

匡山佛爷洞风景区 AAA
地址：绵阳江油市大康镇
电话：0816－3851522
邮编：621700

李白纪念馆 AAAA
地址：绵阳江油市北大街
电话：0816－3253103　3251468
邮编：621700

窦圌山风景区 AAAA
地址：绵阳江油市武都镇
电话：0816－3879898
邮编：621700

三台县梓州杜甫草堂 AAA
地址：绵阳市三台县潼川镇
电话：0816－5281176
邮编：621100

寻龙山景区 AAA
地址：绵阳市安县沙汀路
电话：0816－4235888
邮编：622650

绵阳市凤凰山旅游景区 AA
地址：绵阳市盐亭县云溪镇
电话：0816－7229990
邮编：621600

梓潼七曲山风景区 AAAA
地址：绵阳市梓潼县七曲山
电话：0816－8211673　8229901
邮编：622150

北川县西恙九黄山猿王洞景区 AAAA
地址：绵阳市北川县桂溪乡
电话：0816－4732666　4732488
邮编：622750

北川羌城旅游区 AAAAA
地址：绵阳市北川县擂鼓镇擂鼓接待中心
电话：0816－4228278
邮编：622750

北川药王谷 AAAA
地址：绵阳市北川县
电话：0816－4735201
邮编：622750

绵阳市平武报恩寺 AAAA
地址：绵阳市平武县
电话：0816－8822710
邮编：622550

德阳市什邡花信箭台景区 AAA
地址：德阳什邡市元石镇北京大道
电话：0838－81959838195683
邮编：618400
网址：www. hxjiantai. com

德阳市广汉三水易家河坝旅游景区 AA
地址：德阳广汉市
邮编：618300

广汉三星堆博物馆 AAAA
地址：德阳广汉市南兴镇真武村
电话：0838－5510399　5600349
邮编：618307

段家大院子川西古民居园区 AA
地址：德阳广汉市高坪镇
电话：0838－8858888
邮编：618300

德阳市绵竹九龙山乡村旅游景区 AAAA
地址：德阳绵竹市九龙镇
电话：0838－6793238
邮编：618200

德阳市中国绵竹年画村 AAAA
地址：德阳绵竹市孝德镇
电话：0838－6592688　6591508
邮编：618200

德阳市罗江县香山鹭岛旅游景区 AAA
地址：德阳市罗江县金山镇
电话：0838－3500800　3508889
邮编：618500

黄纪光纪念馆 AA
地址：德阳市中江县凯江镇东河路下段 1 号
电话：0838－7202597
邮编：618100

南充西山风景区 AAAA
地址：南充市郊新建乡境内
电话：0817－2585291
邮编：637000

南充凌云山旅游文化风景区 AAAA
地址：南充市和平东路 103 号
电话：0817－3310152
邮编：637100

张澜·罗瑞卿故里旅游景区 AAA
地址：南充市果城路 13 号
电话：0817－2237942
邮编：637000

南充市北湖公园 AAA
地址：南充市顺庆区文化路 369 号
电话：0817－2223858
邮编：637000

南充市高坪鹤鸣山旅游景区 AAA
地址：南充市高坪区
电话：0817－3332866
邮编：637100

南充市高坪区金凤山 AAA
地址：南充市高坪区
邮编：637100

南充市阆中古城 AAAAA
地址：南充阆中市阆水中路 33 号
电话：0817－6337711
邮编：637400

南充锦屏山风景区 AAA
地址：南充阆中市江南镇
电话：0817－6330142
邮编：637400

南充市阆中天宫院风水文化景区 AAAA
地址：南充阆中市天宫乡天宫街 1 号
电话：0817－6516729
邮编：637400

南充市南部县升钟湖旅游景区 AAAA
地址：南充市南部县升水镇
电话：0817－5906123　5687596
邮编：637300

南部县禹迹山风景区 AAA
地址：南充市南部县碑院镇大佛村
电话：0817－5925009

邮编：637300

南部庙子山飞龙生态园旅游景区 AA
地址：南充市南部县定水镇庙子山村
邮编：637300

营山县西月湖公园 AA
地址：南充市营山县朗池镇
电话：0817－8380826
邮编：637700

南充市蓬安县嘉陵第一桑梓旅游区 AAAA
地址：南充市蓬安县
电话：0817－8628808
邮编：637800

南充市大深南海旅游景区 AA
地址：南充市蓬安县济渡乡二村
电话：0817－8900004　8900470
邮编：637800

南充市朱德故里琳琅山景区 AAAA
地址：南充市仪陇县马鞍镇
电话：0817－7555022
邮编：637600

仪陇县龙神垭乡村旅游景区 AA
地址：南充市仪陇县新政镇龙神垭村
电话：0817－7881006
邮编：637600

广安邓小平故里 AAAAA
地址：广安市协兴镇
电话：0826－2412393
邮编：638000

广安肖溪古镇 AA
地址：广安市肖溪镇
电话：0826－2595601
邮编：638010

广安天赐园 AA
地址：广安市北部东环路八一村
电话：0826－7261888
邮编：638000

广安市神龙山巴人石头城景区 AAAA
地址：广安市广安区城南公园街 188 号
电话：0826－2888999
邮编：638000

华蓥山仙鹤洞 AA
地址：广安市华蓥鹤洞风景区管理处
电话：0826－4664828　4893038
邮编：638600

天下情山——华蓥山旅游区 AAAA
地址：广安市华蓥市瓦店乡广安华蓥山旅游区
电话：0826－4330001　4330008
邮编：638601

广安岳池翠湖 A
地址：广安市岳池县响水滩
电话：0826－5902360　5902365
邮编：638300

广安市岳池县中富农庄风景区 AA
地址：广安市岳池县花园镇杨家坡
电话：0826－5902555　5902108
邮编：638300

广安武胜县宝箴塞旅游区 AAAA
地址：广安市武胜县箴塞乡
电话：0826－6492303
邮编：638400

白坪—飞龙旅游区 AAAA
地址：广安市武胜县
电话：0826－6331129
邮编：638400

天意谷风景区 AAAA
地址：广安市邻水县甘坝乡苏家村
电话：0826－3218050
邮编：638500

广安银鼎山 AA
地址：广安市邻水县鼎屏镇一碗水 52 号
电话：0826－3222776
邮编：638500

广安市邻水黄桷树公园 AAA
地址：广安市邻水县
邮编：638500

遂宁市观音湖湿地公园旅游景区 AAAA
地址：遂宁市河东新区
邮编：629000

遂宁市中国观音故里旅游区 AAAA
地址：遂宁市船山区
电话：0825－5808253
邮编：629000

遂宁市中国宋瓷博物馆 AAA
地址：遂宁市西山北路 613 号
电话：0825－5809048
邮编：629000

西部水上嘉年华景区 AA
地址：遂宁市滨江路油房街
电话：0825－5830022
邮编：629000

遂宁市橙·花人家 AA
地址：遂宁市安居区磨溪镇
电话：0825－8524008
邮编：629000

遂宁市中国红海生态旅游景区 AAAA
地址：遂宁市蓬溪县宝梵镇
邮编：629100

遂宁市中华侏罗纪探秘旅游区 AAAA
地址：遂宁市射洪县明星镇龙凤村
电话：0825－6761333
邮编：629200

射洪县桃花山风景区 AA
地址：遂宁市射洪县洋溪镇桃花山村
电话：0825－6752171
邮编：629200

遂宁市中国死海旅游度假区 AAAA
地址：遂宁市大英县蓬莱镇江南路
电话：0852－7889001　7855555
邮编：629300

大英县蓬莱公园 AA
地址：遂宁市大英县蓬莱镇江南路
电话：0825－7823671
邮编：629300

遂宁市东方生态博览园 AAA
地址：遂宁市大英县蓬莱镇殷家沟
电话：0825－7832777
邮编：629300

遂宁蓬溪高峰山 AA
地址：遂宁市蓬溪县文井镇
电话：0825－5451021
邮编：629104

安泰山庄景区 AAA
地址：内江市市中区永安镇
电话：0832－2960754
邮编：641000

张大千纪念馆 AA
地址：内江市西林寺旁
电话：0832－2255773
邮编：641000

资中重龙山 AA
地址：内江市资中县重龙山公园路 1 号
电话：0832－5522506　5522594
邮编：641200

隆昌古湖景区 AA
地址：内江市隆昌县金鹅镇
电话：0832－3954070
邮编：642150

乐山大佛景区 AAAAA
地址：乐山市篦子街
电话：0833－2302296
邮编：614003

乌木珍品文化博物苑 AAAA
地址：乐山市市中区苏稽镇
电话：0833－2568598
邮编：614000

乐山东方佛都旅游区 AAAA
地址：乐山市市中区凌云塔 362 号
电话：0833－2301801
邮编：614003

乐山金鹰山庄 AAA
地址：乐山市市中区绵竹镇
电话：0833－2630888
邮编：614000

乐山郭沫若故居 AAAA
地址：乐山市沙湾区沫水街 96 号
电话：0833－3440013
邮编：614900

乐山木鱼人家 A
地址：乐山市五通桥区杨柳镇
邮编：614800

乐山市西农精品农博园旅游景区 AA
地址：乐山市
邮编：614000

乐山市仙芝竹尖生态园旅游景区 AAAA
地址：乐山峨眉山市胜利镇名山路东段 105 号
电话：0833－5499515
邮编：614200

乐山峨眉大庙飞来殿 AA
地址：乐山峨眉山市稻山镇
电话：0833－5525129
邮编：614200

峨眉山竹叶青生态茗园 AAA
地址：乐山峨眉山市佛光东路
电话：0833－5543321
邮编：614200

峨眉山旅游区 AAAAA
地址：乐山峨眉山市黄湾乡
电话：0833－5520451　2302048
邮编：614200

乐山市峨眉山大佛禅院佛教文化旅游区 AAAA
地址：乐山峨眉山市光明大道 2 号易镇 1 层 16 号

电话：0833－5484866　5040610
邮编：614200

犍为县文庙 AAA
地址：乐山市犍为县玉津镇南街
电话：0833－4227731
邮编：614400

乐山市夹江天福观光茶园 AAAA
地址：乐山市夹江县青州乡
电话：0833－5910666
邮编：614100

千佛岩风景区 AA
地址：乐山市夹江县
电话：0833－5673646
邮编：614100

乐山夹江千佛岩 AA
地址：乐山市夹江县古泾口
电话：0833－5662434
邮编：614100

沐川竹海 AAA
地址：乐山市沐川县永福镇
电话：0833－4651155
邮编：614500

乐山市黑竹沟风景区 AAAA
地址：乐山市峨边县
电话：0833－5222137
邮编：641300

自贡彩灯博物馆 AAA
地址：自贡市公园路 6 号
电话：0813－2303974
邮编：643000

自贡市飞龙峡风景区 AA
地址：自贡市汇东丹桂大街 196 号
电话：0813－8210659
邮编：643000

自贡盐业历史博物馆 AAA
地址：自贡市自流井区解放路 107 号
电话：0813－2202083
邮编：643000

自贡尖山自然风景区 AA
地址：自贡市贡井区荣边镇
电话：0813－3160095
邮编：643020

自贡恐龙博物馆 AAAA
地址：自贡市大安区大山铺 238 号
电话：0813－5802095
邮编：643013

自贡农团生态旅游区 AA
地址：自贡市沿滩区农团乡
电话：0813－3408045
邮编：643035

自贡市七星湖生态旅游景区 AA
地址：自贡市贡井区建设镇
邮编：643020

自贡双溪风景区 AA
地址：自贡市荣县城北
电话：0813－6288326
邮编：643100

自贡吴玉章故居 AA
地址：自贡市荣县双石镇
电话：0813－6900299
邮编：643102

自贡市荣县大佛文化旅游区 AAAA
地址：自贡市荣县旭阳镇大佛街大佛寺 1 号
电话：0813－6108789
邮编：643100

泸州市况场朱德旧居陈列馆 AA
地址：泸州市江阳区况场镇中大街 89 号
电话：0830－3720013　3196651
邮编：646000

泸州方山风景区 AAA
地址：泸州市江阳区方山镇
电话：0830－3710264
邮编：646000

泸州市泸州老窖旅游区 AAAA
地址：泸州市江阳区三星街
电话：0830－2285189
邮编：646000

泸州张坝桂圆林旅游区 AAAA
地址：泸州市江阳区茜草镇张坝
电话：0830－3322222
邮编：646000

泸州市博物馆 AA
地址：泸州市江阳西路
电话：0830－3110441　3196651
邮编：646000

普照山景区 AA
地址：泸州市纳溪区打古镇
电话：0830－4802177
邮编：646300

泸州凤凰湖景区 AA
地址：泸州市纳溪区大渡口镇
电话：0830－4699106　4699111
邮编：646300

泸州天仙硐景区 AAA
地址：泸州市纳溪区天仙镇
电话：0830－4218898
邮编：646300

泸州九狮景区 AA
地址：泸州市龙马潭区安宁镇
电话：0830－2665019　2630039
邮编：646100

泸州玉蟾山风景区 AAA
地址：泸州市泸县玉蟾山
电话：0830－8101318
邮编：646100

合江佛宝风景名胜区 AAA
地址：泸州市合江县
电话：0830－5269875
邮编：646200

尧坝古镇旅游区 AAA
地址：泸州市合江县尧坝镇
电话：0830－5633006
邮编：646000

泸州市笔架山景区 AA
地址：泸州市合江县笔架山
电话：0830－5263942
邮编：646200

泸州叙永县春秋祠 AA
地址：泸州市叙永县叙永镇南大街 4 号
电话：0830－6266566
邮编：646400

泸州市古蔺县大黑洞风景区 AA
地址：泸州市古蔺县箭竹苗族乡
电话：0830－7020020　7020040
邮编：646500

宜宾市李庄古镇 AAAA
地址：宜宾市翠屏区李庄镇文星街 1 号
电话：0831－2443032　2440527
邮编：644000

宜宾市翠屏区赵场佛现山旅游景区 AA
地址：宜宾市翠屏区
邮编：644000

宜宾市夕佳山 AAAA
地址：宜宾市江安县江安镇夕佳山乡坝上村
电话：0831－2520111
邮编：644200

宜宾长宁西部石林 AA
地址：宜宾市长宁县
电话：0831－4630528
邮编：644300

宜宾长宁佛来山 AA
地址：宜宾市长宁县
电话：0831－4625282
邮编：644300

宜宾蜀南竹海风景名胜区 AAAA
地址：宜宾市长宁县西大门
电话：0831－4980558　4980888
邮编：644000

宜宾市长宁县苦竹寺旅游景区 AA
地址：宜宾市长宁县三元乡
邮编：644300

宜宾市长宁县碧浪水乡旅游景区 AA
地址：宜宾市长宁县
邮编：644300

兴文石海洞乡旅游区 AAAA
地址：宜宾市兴文县兴宴乡
电话：0831－8622118
邮编：644400

长江国际漂流基地 AAA
地址：攀枝花市西区格里坪镇金沙江畔
电话：0812－5562455　5562491
邮编：617068

二滩国家森林公园 AAAA
地址：攀枝花市盐边县
电话：0812－8656002
邮编：617100

鑫岛游乐城 AA
地址：攀枝花市仁和区大河中路
电话：0812－2261448
邮编：617000

攀枝花市板桥旅游新村旅游景区 AA
地址：攀枝花市仁和区
邮编：617061

攀枝花市片那立旅游新村旅游景区 AA
地址：攀枝花市仁和区
邮编：617061

攀枝花市芭蕉箐旅游新村旅游景区 AA
地址：攀枝花市米易县丙谷镇
邮编：617200

龙潭溶洞风景区 AAA
地址：攀枝花市米易县宁华乡龙潭沟
电话：0812－8176427　8140888
邮编：617200

攀枝花市攀西大裂谷格萨拉生态旅游区 AAAA
地址：攀枝花市盐边县玉泉路 62 号
电话：0812－8656622
邮编：617100

攀枝花市盐边县国胜乡大笮风旅游基地 AA
地址：攀枝花市
电话：0812－3337298
邮编：617000

天马山国家森林公园 AA
地址：巴中市巴州区南阳乡
电话：0827－5870052
邮编：636001

三江水乡度假区 AA
地址：巴中市巴州区三江乡
电话：0827－5765118
邮编：636500

巴中市诺水河旅游景区 AAAA
地址：巴中市通江县
电话：0827－7646001
邮编：636700
网址：www. nshlyw. com

红四方面军总指挥部旧址纪念馆景区 AAA
地址：巴中市通江县诺江镇文庙街
电话：0827－7239278
邮编：636700

光雾山风景名胜区 AAAA
地址：巴中市南江县光雾山镇
电话：0827－8225998　8861146
邮编：636688

佛头山旅游景区 AAAA
地址：巴中市平昌县江口镇
电话：0827－6233236
邮编：636400

达州达川区真佛山景区 AAAA
地址：达州市达川区福善乡
电话：0818－3310025
邮编：635000

八台山—龙潭河旅游景区 AAA
地址：达州万源市
电话：0818－8626152
邮编：636350

达州宣汉百里峡 AAA
地址：达州市宣汉县龙泉乡
电话：0818－5816001
邮编：6361500

观音山森林公园 AA
地址：达州市宣汉县
邮编：636150

开江县金山寺 AAA
地址：达州市开江县普安镇
电话：0818－8217108
邮编：636250

达州渠县龙潭景区 AAA
地址：达州市渠县渠江镇
电话：0818－7327891
邮编：635200

五峰山 AAA
地址：达州市大竹县竹林经营所
电话：0818－6930318
邮编：635100

资阳三岔湖景区 AA
地址：资阳简阳市三岔水库
电话：028－27820333　27829533
邮编：641418

龙门报国寺 AA
地址：资阳市乐至县龙门乡
电话：028－23079003　23079001
邮编：641405

陈毅故里景区 AAAA
地址：资阳市乐至县劳动镇
电话：028－23077113　23336012
邮编：641500

资阳市乐至县慈恩寺旅游景区 AA
地址：资阳市乐至县
邮编：641500

安岳石刻旅游区 AAA
地址：资阳市安岳县
电话：028－24536626
邮编：642350

三苏祠博物馆景区 AAAA
地址：眉山市东坡区纱縠行
电话：028－38221651
邮编：620010

眉山市黑龙滩旅游景区 AAAA
地址：眉山市仁寿县清水镇杨柳乡
电话：028－36301126
邮编：620500

彭山县彭祖故里 AA
地址：眉山市彭山县江口镇
电话：028－37680196
邮编：620860

瓦屋山国家森林公园 AAA
地址：眉山市洪雅县柳江
电话：028－37526419
邮编：620360

老峨山旅游风景区 AAA
地址：眉山市丹棱县张场镇峨山村
电话：028－37181111
邮编：620200

眉山青神中国竹艺城 AA
地址：眉山市青神县南城镇
电话：028－38850168
邮编：620460

中岩寺景区 AA
地址：眉山市青神县中岩村
电话：028－38853058　38853006
邮编：612460

雅安碧峰峡旅游区 AAAA
地址：雅安市碧峰镇
电话：0835－2318017　2318020
邮编：625007

蒙顶山旅游区 AAAA
地址：雅安市名山县蒙阳镇
电话：0835－3232021　3232089
邮编：625100

雅安蒙山风景名胜区 AAA
地址：雅安市名山县
邮编：625100

雅安安顺场景区 AAAA
地址：雅安市石棉县安顺乡
电话：0830－8171777
邮编：625400

雅安喇叭河森林公园 AA
地址：雅安市天全县紫石乡
电话：0835－7222012
邮编：625500

东拉山大峡谷 AAAA
地址：雅安市宝兴县
电话：13408357121
邮编：625700

雅安市熊猫古城景区 AAAA
地址：雅安市宝兴县穆坪镇
电话：0835－6822003
邮编：625700

金凤山风景区 AAAA
地址：雅安市宝兴县
邮编：625700

阿坝州卓克基嘉绒藏族文化旅游区 AAAA
地址：阿坝州马尔康县
邮编：624000

阿坝特别旅游区 AAAAA
地址：阿坝州汶川县
电话：0837－6256888
邮编：623000

阿坝州茂县羌乡古寨旅游景区 AAAA
地址：阿坝州茂县凤仪镇
电话：0837－7429206　7429208
邮编：623200

叠溪——松平沟景区 AAAA
地址：阿坝州茂县
电话：0837－7422007
邮编：623200

黄龙风景名胜区 AAAAA
地址：阿坝州松潘县瑟尔磋寨
电话：0837－7249055
邮编：623300

九寨沟风景名胜区 AAAAA
地址：阿坝州九寨沟县漳扎镇
电话：0837－7739753　7739529
邮编：623402

阿坝州金川县观音桥风景区 AAAA
地址：阿坝州金川县观音桥镇
电话：0837－2535222　2535088
邮编：624100

四姑娘山风景区 AAAA
地址：阿坝州小金县日隆镇
电话：0837－2791867　2791063
邮编：624201

阿坝州达古冰川景区 AAAA
地址：阿坝州黑水县芦花镇马桥
电话：0837－6729999　6729900
邮编：623500

黄河九曲第一湾旅游区 AAAA
地址：阿坝州若尔盖县
邮编：624500

泸定海螺沟冰川森林公园 AAAA
地址：甘孜州泸定县磨西镇二坪子
电话：0836－3266205　3268351
邮编：626102

甘孜州康定情歌（木格错）风景区 AAAA
地址：甘孜州康定县
电话：0836－2822928
邮编：626000

四川

甘孜州稻城亚丁景区 AAAA
地址：甘孜州稻城县亚丁乡
电话：0836－5727276
邮编：626000

巴塘措普沟旅游景区 AA
地址：甘孜州巴塘县安康大道 2 号
电话：0836－5622994
邮编：627650

西昌卫星发射基地 AAA
地址：凉山州冕宁县泽远乡
电话：0834－3221165　3228157
邮编：615000

凉山州邛海泸山国家级风景名胜区 AAAA
地址：凉山州西昌市
电话：0834－3950716　3952075
邮编：615000
网址：www. xcqhls. com

凉山州螺髻山旅游景区 AAAA
地址：凉山州西昌市螺髻山镇
电话：0834－4779369　4779326
邮编：615000
网址：www. luojs. com

泸沽湖旅游景区 AAAA
地址：凉山州盐源县泸沽湖镇
电话：0834－6390302
邮编：615700

凉山冕宁县灵山旅游景区 AAAA
地址：凉山州冕宁县
电话：0834－6723181
邮编：615600

餐　馆

银杏川菜酒楼
地址：成都市临江中路 12 号
电话：028－85555588
邮编：610015

盘飧市
地址：成都市锦江区华兴街 62－64 号
电话：028－86750609　86783887
邮编：610021

华兴街煎蛋面
地址：成都市锦江区梓潼桥西街 2 号正成财富 ID 大厦 1 楼
电话：028－89057070　86612994
邮编：610021

小谭豆花
地址：成都青羊区西大街 86 附 13 号
电话：028－86252753
邮编：610031

陈麻婆豆腐
地址：成都市青羊区西玉龙街 197 号
电话：028－86754512
邮编：610031

韩包子
地址：成都市青羊区长顺中街 154 号顺鑫大厦
电话：028－86257373
邮编：610031

赖汤圆（总店）
地址：成都市总府路 27 号
电话：028－86629976
邮编：610015

四川省成都市饮食公司龙抄手总店
地址：成都市春熙路南段 6－8 号
电话：028－86667539
邮编：610016

卞氏锦官驿酒楼
地址：成都市成华区玉双路 7 号
电话：028－84316855　84376789
邮编：610066

南台月大酒楼
地址：成都市抚琴西路 208 号
电话：028－87770022
邮编：610015

老成都公馆菜
地址：成都市青华路 37 号
电话：028－87320016
邮编：610015

老成都小吃城
地址：成都市沙湾路 258 号成都国际会展中心 MALL 三楼
电话：028－87693202　87693203
邮编：610015

广阔天地海鲜大酒楼
地址：成都市科华北路 115 号
电话：028－86060606
邮编：610015

成都红杏酒家
地址：成都市蜀汉路 289 号
电话：028－87526846
邮编：610015

毓秀苑宾馆
地址：成都市一环路西一段芳邻路 10 号
电话：028－66033999
邮编：610031

成都锦江花园餐饮娱乐有限公司
地址：成都市人民南路二段 66 号
电话：028－86132865
邮编：610015

四川卞氏菜根香泡菜餐饮有限公司
地址：成都市成华区望平街道滨河路 8 号
电话：028－84466313
邮编：610041

雅兰阁茶坊
地址：成都市玉林南路 15 号玉林生活广场
电话：028－85599978
邮编：610015

金乐阳风味餐厅
地址：成都市锦绣路 8 号
电话：028－85210607
邮编：610015

成都同仁堂御膳宫
地址：成都市总府路 1 号
电话：028－86750643
邮编：610015

飘雪大酒楼
地址：成都市琴台路 18 号
电话：028－86122668
邮编：610015

红月居风味酒楼
地址：成都市红照壁街 27 号
电话：028－86131318
邮编：610015

红星大酒楼
地址：成都市新南路 80 号
电话：028－85436942
邮编：610015

新子云亭饭庄
地址：成都市琴台路 11 号
电话：028－86133366
邮编：610015

西藏饭店红宫餐厅
地址：成都市人民北路 10 号
电话：028－83183388－2588
邮编：610015

八宝福酒楼
地址：成都市八宝街 28 号
电话：028－86258987
邮编：610015

仁和鲇鱼庄川菜酒楼
地址：成都市人民中路一段 16 号
电话：028－86242824
邮编：610015

香满园川菜馆
地址：成都市沙湾路 258 号国际会展中心
电话：028－87649999－3052
邮编：610015

北京烤鸭店
地址：成都市琴台路 11 号
电话：028－86127859
邮编：610015

广阔天地酒楼
地址：成都市科华北路 115 号
电话：028－85226026
邮编：610015

飘香老牌川菜酒楼
地址：成都市一环路南三段 9 号
电话：028－85598899
邮编：610015

飘香空中花园川菜酒楼
地址：成都市一环路东三段 60 号
电话：028－84379999
邮编：610015

四川皇城伊斯兰大餐厅
地址：成都市新华大道洛阳路 29 号
电话：028－86690784
邮编：610015

牡丹阁
地址：成都市二环路南一段 19 号
电话：028－85222801
邮编：610015

巴国布依风味酒楼
地址：成都市人民南路四段 20 号
电话：028－85531688
邮编：610015

海凌阁大酒楼
地址：成都市上南大街 4 号长富广场
电话：028－86123111
邮编：610015

谭氏官府菜
地址：成都市上南大街 4 号长富广场 4 楼
电话：028－86148888
邮编：610015

德膳源北京烤鸭店
地址：成都市总府路 20 号
电话：028－86718868
邮编：610015

京城人家食坊
地址：成都市下西顺城街28号四川金属大厦
电话：028－86612714
邮编：610015

老成都公馆菜明月楼
地址：成都市科华北路121号
电话：028－85231391
邮编：610015

川东人家
地址：成都市成华区新鸿路108号
电话：028－64325888
邮编：610015

绿苑中餐厅
地址：成都市大业路8号
电话：028－86663388－8022
邮编：610015

满庭芳酒楼
地址：成都市二环路南三段15号天华大厦
电话：028－85193111
邮编：610015

川江号子火锅食府
地址：成都市玉林小区芳草西街华姿路1号
电话：028－85533111
邮编：610015

广元皇城大汉餐饮有限公司
地址：广元市利州东路797号
电话：0839－3306992
邮编：628000

广元宾馆餐厅
地址：广元市蜀门北路129号
电话：0839－3222899
邮编：628000

广元市巷子深饮食服务有限责任公司
地址：广元市苴国路
电话：0839－3304067
邮编：628000

广元市金海湾餐饮文化有限责任公司
地址：广元市东坝育才路889号
电话：0839－8891188
邮编：628000

广元市琴台餐饮娱乐有限公司
地址：广元市利州东一段499号
电话：0839－3278888
邮编：628000

绵阳市重庆小天鹅火锅食府
地址：绵阳市樊华商业城
电话：0816－2229366
邮编：621000

绵阳龙湖餐饮有限公司
地址：绵阳市涪城路153号
电话：0816－2332111
邮编：621000

重庆南方花园鸭肠王
地址：绵阳市双碑中街
电话：0816－2533566
邮编：621000

川江号子
地址：绵阳市涪城区勇拓路1号
电话：0816－2222466
邮编：621000

红荷人家
地址：绵阳市跃进路北段168号
电话：0816－2685558
邮编：621000

罐罐鸡
地址：绵阳市体育村路61号
电话：0816－2216311
邮编：621000

德阳小辣椒酒楼
地址：德阳市滨河路18号
电话：0838－2308111
邮编：618000

德阳市伊斯兰美食城
地址：德阳市北街21号
电话：0838－2403023
邮编：618000

德阳市福源楼餐厅
地址：德阳市绵远街一段39号
电话：0838－2308138
邮编：618000

德阳市参仁药膳餐厅
地址：德阳市滨河东路31号
电话：0838－2308777
邮编：618000

成都太阳餐饮娱乐有限公司德阳雅廊啤酒馆
地址：德阳市区南街8号
电话：0838－2230308
邮编：618000

德阳南国餐饮有限公司
地址：德阳市岷江西路二段104号
电话：0838－2400559
邮编：618000

德阳南国餐饮有限公司南国海鲜坊
地址：德阳市岷江西路二段104号
电话：0838－2223338
邮编：618000

四川德阳谭氏餐饮连锁有限公司
地址：德阳市岷江东路428号
电话：0838－2502488
邮编：618000

德阳望湖餐饮娱乐有限公司
地址：德阳市泰山南路132号
电话：0838－2228688
邮编：618000

德阳外滩餐饮娱乐有限公司
地址：德阳市区西外街2号
电话：0838－2201884
邮编：618000

德膳源烤鸭酒楼
地址：德阳市泰山南路一段277号
电话：0838－2307678
邮编：618000

草庐酒家
地址：德阳市岷江西路104号
电话：0838－2238183
邮编：618000

德阳满江红火锅城
地址：德阳市长江东路
电话：0838－2508666
邮编：618000

德阳巴渝村酒家
地址：德阳市岷江西路岷山大厦2楼
电话：0838－2372758
邮编：618000

德阳旌东莱根香泡菜酒楼
地址：德阳市长江东路
电话：0838－2513282
邮编：618000

德阳刘大烧鸡餐饮有限公司
地址：德阳市岷江东路26号
电话：0838－2504918
邮编：618000

南充饮食服务总公司五星大酒家
地址：南充市人民中路4号
电话：0817－2220051
邮编：637000

南充恺撒皇宫餐饮娱乐有限公司
地址：南充市涨湖路19号
电话：0817－2228818
邮编：637000

南充富丽实业发展总公司富丽华大酒楼
地址：南充市仪凤街26号
电话：0817－2228060
邮编：637000

南充市第二饮食服务公司
地址：南充市仪凤街179－1号
电话：0817－2224990
邮编：637000

南充乡巴佬饮食服务有限公司
地址：南充市莲池路16号
电话：0817－2313776
邮编：637000

南充市果城酒家
地址：南充市模范街180号
电话：0817－2225779
邮编：637000

南充巴国布依风味酒楼餐饮有限公司
地址：南充市北湖路83号
电话：0817－2806133
邮编：637000

南充红盆鱼餐饮服务有限公司
地址：南充市柳林路77号
电话：0817－2807711
邮编：637000

南充红山椒火锅
地址：南充市文化巷29号
电话：0817－2223279
邮编：637000

广安市新王朝大酒楼
地址：广安市城南金广大道1号
电话：0826－2331439
邮编：638000

广安田园酒家
地址：广安市城南万盛街西路
电话：0826－2346029　2206411
邮编：638000

广安开发区川粤美食城
地址：广安市金安大道8号
电话：0826－2331063
邮编：638000

广安市状元楼饮食文化有限责任公司
地址：广安市城北建设路21号
电话：0826－2226048
邮编：638000

广安经济技术开发区银丰园酒楼
地址：广安市经济开发区金安大道77号

电话：0826－2336219
邮编：638000

冯水饺
地址：遂宁市船山区德胜西路 6 号
电话：0825－2240949
邮编：629000

遂宁市饮食服务公司
地址：遂宁市正兴街 2 号
电话：0825－2225158
邮编：629000

遂宁红房子餐饮娱乐中心
地址：遂宁市遂州中路 8 号
电话：0825－2225191
邮编：629000

遂宁饮食服务公司兰苑茶楼
地址：遂宁市德胜路 155 号 3 楼
电话：0825－2254731
邮编：629000

遂宁餐饮服务公司花园火锅楼
地址：遂宁市德胜路 23 花园宾馆
电话：0825－2244378
邮编：629000

百胜餐饮（成都）有限公司遂宁春天餐厅
地址：遂宁市遂州南路春天广场 1－2 层
电话：0825－2232739
邮编：629000

内江市新世纪酒家
地址：内江市交通路 209 号 2 楼
电话：0832－2002179
邮编：641000

内江市新肥牛餐饮娱乐有限公司
地址：内江市公园街 17 号 2 楼
电话：0832－2027658
邮编：641000

内江市凌霄宫美食中心
地址：内江市北街 84 号
电话：0832－2027516
邮编：641000

内江市飘香餐饮娱乐有限公司
地址：内江市双苏路 159 号
电话：0832－2049999
邮编：641000

内江市世纪园酒楼
地址：内江市玉溪路 127 号
电话：0832－2024503
邮编：641000

内江市蜀国布衣风味酒楼
地址：内江市东兴镇中兴路 69 号 2 楼
电话：0832－2253389
邮编：641000

内江三麻子饮食有限公司
地址：内江市渝江路 58－60 号
电话：0832－2054384
邮编：641000

内江市巴乡鱼头酒楼
地址：内江市新华路 9 号
电话：0832－2046729
邮编：641000

内江市老字号冯鲢鱼酒楼
地址：内江市双苏路 222 号
电话：0832－2201318
邮编：641000

内江市知味轩餐馆
地址：内江市壕子口路 617 号
电话：0832－8300189
邮编：641000

内江金欣餐饮有限公司
地址：内江市民族路 98 号
电话：0832－2032788
邮编：641000

内江市锦绣天府餐饮服务有限公司
地址：内江市公园街 19 号
电话：0832－8685829
邮编：641000

老门坎酒楼
地址：内江市大西街 117 号
电话：0832－2050778
邮编：641000

乐山风味餐厅
地址：乐山市凌云路
电话：0833－2444799
邮编：614000

乐山市红叶酒楼
地址：乐山市柏杨路 145 号 2 楼
电话：0833－2430485
邮编：614000

乐山熊家婆麻辣烫总店
地址：乐山市中区家民巷
电话：0833－3878890
邮编：614000

川江号子乐山店
地址：乐山市嘉定北路 55 号
电话：0833－2498666
邮编：614000

黑竹沟野生菌火锅酒楼
地址：乐山市龙游路
电话：0833－2448602
邮编：614000

重庆鲜氏土鸡汤
地址：乐山市致江路 10－11 号
电话：13608138049
邮编：614000

山珍园野生菌火锅
地址：乐山市名雅花园门市 111 号
电话：0833－5180477
邮编：614000

重庆孔亮火锅乐山店
地址：乐山市嘉定北路 15 号
电话：0833－2447971
邮编：614000

德庄火锅乐山店
地址：乐山市嘉定北路 27 号
电话：0833－2437657
邮编：614000

自贡市蜀江春餐饮有限公司
地址：自贡市大安区虎头村
电话：0813－3308591
邮编：643000

自贡市陈氏餐馆
地址：自贡市解放路 87 号附 24 号
电话：0813－2402454
邮编：643000

自贡市大众餐馆
地址：自贡市郭街东光路 7 号
电话：0813－2201873
邮编：643000

自贡市龙凤餐厅
地址：自贡市竹棚子 128 号
电话：0813－2203074
邮编：643000

自贡中国国旅红磨坊啤酒楼
地址：自贡市体育路 117 号
电话：0813－2201107
邮编：643000

自贡品味酒家
地址：自贡市解放路安全巷 85 号
电话：0813－2208696
邮编：643000

自贡龙都火锅大酒店有限公司
地址：自贡市天花井路 195 号
电话：0813－2108898
邮编：643000

自贡三人行酒楼
地址：自贡市檀木林街 16 号
电话：0813－2210168
邮编：643000

自贡市东风百货有限公司东风餐厅
地址：自贡市解放路 190 号
电话：0813－2210399
邮编：643000

自贡市顺峰大酒楼有限责任公司
地址：自贡市汇东新区东路东段 19 号
电话：0813－8205459
邮编：643000

自贡粗茶淡饭餐饮有限责任公司
地址：自贡市五星街 81 号
电话：0813－2106881
邮编：643000

自贡谭鱼头火锅有限公司
地址：自贡市汇东路东段
电话：0813－8103187
邮编：643000

百胜餐馆（成都）有限公司自贡五星餐厅
地址：自贡市五星街帝豪广场 1－2 层
电话：0813－2308119
邮编：643000

自贡川府宴餐饮有限公司
地址：自贡市汇东路西段汉金广场
电话：0813－8262888
邮编：643000

泸州老窖大酒店
地址：泸州市桂花街 46 号
电话：0830－2296262－3366
邮编：646000

泸州银杏酒楼
地址：泸州市慈善路 94 号
电话：0830－2395666
邮编：646000

泸州餐厅
地址：泸州市慈善路 1 号
电话：0830－2287277
邮编：646000

老泸州大酒楼
地址：泸州市治平路 2 号楼
电话：0830－2285221
邮编：646000

泸州巴渝火锅厅
地址：泸州市江阳西路20号
电话：0830－2884917
邮编：646000

泸州五味轩餐饮有限公司
地址：泸州市下平远路1号
电话：0830－2290821
邮编：646000

泸州天天渔港食府
地址：泸州市春晖路2号
电话：0830－2880835
邮编：646000

泸州贵丰园餐饮有限公司
地址：泸州市新马路183号
电话：0830－2394893
邮编：646000

泸州巴渝乡饮食有限公司
地址：泸州市江阳西路30号
电话：0830－3115718
邮编：646000

泸州满福楼酒楼
地址：泸州市江阳区康宁路2号
电话：0830－3198820
邮编：646000

泸州巴蜀风餐饮有限公司
地址：泸州市江阳西路43号
电话：0830－3104338
邮编：646000

泸州山海大酒店
地址：泸州市蜀泸大道1号山海大厦
电话：0830－2583333
邮编：646000

泸州国泰品香食府餐饮文化有限公司
地址：泸州市城北新区南光路25号
电话：0830－2587560
邮编：646000

多味鲜面庄
地址：宜宾市洞天街26号
电话：0831－5160557
邮编：644000

金鸵鸟食坊
地址：宜宾市金沙商业广场207号
电话：0831－8220588
邮编：644000

麻辣空间
地址：宜宾市南岸崇文路
电话：0831－2165777　2166788
邮编：644000

宜宾大观园酒家
地址：宜宾市商业街24号
电话：0831－8224791
邮编：644000

宜宾得月楼酒家
地址：宜宾市专署街9号
电话：0831－8222258
邮编：644000

宜宾巴舟火锅城
地址：宜宾市天泉街35号
电话：0831－8225001
邮编：644000

宜宾市丝绸公司南风酒楼
地址：宜宾市小北街19号
电话：0831－8220704
邮编：644000

宜宾市益康饮食服务有限责任公司燃面馆
地址：宜宾市人民路19号
电话：0831－8228047
邮编：644000

宜宾翠屏区金阳酒楼
地址：宜宾市北通道157号
电话：0831－8247668
邮编：644000

宜宾翠屏区宴归来大酒楼
地址：宜宾市水井街16号
电话：0831－8216072
邮编：644000

宜宾翠屏区四圆酒楼
地址：宜宾市水井街66号
电话：0831－8211685
邮编：644000

宜宾荣泰饮食服务有限责任公司
地址：宜宾市翠屏路234号
电话：0831－8225198
邮编：644000

宜宾益康饮食服务有限责任公司蜀西楼大酒店
地址：宜宾市水井街21号
电话：0831－8226611
邮编：644000

宜宾翠屏区青椒鸡小酒楼
地址：宜宾市将军街42号
电话：0831－8086068
邮编：644000

宜宾悦宾餐饮有限公司
地址：宜宾市南岸叙府路西段34号
电话：0831－8206381
邮编：644000

宜宾翠屏区快乐老家火锅酒楼
地址：宜宾市东城咸熙街76号
电话：0831－8203572
邮编：644000

宜宾重庆小天鹅火锅食府
地址：宜宾市南岸长江大道中段28号
电话：0831－2332558
邮编：644000

宜宾爆竹餐饮有限责任公司
地址：宜宾市都长街28号
电话：0831－8086055
邮编：644000

宜宾红烧鹅餐饮有限公司
地址：宜宾市将军街25号
电话：0831－8228668
邮编：644000

攀枝花市餐饮服务公司
地址：攀枝花市大渡口街8号
电话：0812－2225180
邮编：617000

攀枝花竹湖园餐饮娱乐有限责任公司
地址：攀枝花市青少年宫
电话：0812－3343109
邮编：617000

攀枝花攀花园饮食服务有限公司
地址：攀枝花市大渡口街8号
电话：0812－2225180
邮编：617000

攀枝花红杏苑酒楼
地址：攀枝花市炳草岗临江路
电话：0812－6909013
邮编：617000

攀枝花小天鹅火锅食府
地址：攀枝花市炳草岗凤凰小区广场
电话：0812－6345678
邮编：617000

攀枝花四星宫酒楼
地址：攀枝花市江南三路
电话：0812－3333249
邮编：617000

攀枝花竹园餐饮有限责任公司
地址：攀枝花市炳草岗临江路
电话：0812－3335828
邮编：617000

攀枝花布衣人家酒楼
地址：攀枝花市冶金路
电话：0812－3356106
邮编：617000

攀枝花快乐老家餐饮有限公司
地址：攀枝花市人民街乾源大厦
电话：0812－3550155
邮编：617000

巴中市巴州区饮食服务公司
地址：巴中市巴州镇南泉寺街16号
电话：0827－5223513
邮编：636000

巴中市李老大饮食文化有限公司
地址：巴中市巴州镇商业街18号
电话：0827－5268846
邮编：636000

达州市通川区饮食服务总店
地址：达州市西胜街16号
电话：081－2131891
邮编：635000

达州市糖酒公司巴山酒家
地址：达州市朝阳东路9号
电话：081－2374875
邮编：635000

达州市湾仔酒家
地址：达州市文化街2号
电话：081－2103688
邮编：635000

达州市石磨豆花酒楼
地址：达州市文华街1号
电话：081－2101566
邮编：635000

达州市桃园阁火锅城
地址：达州市二马路10号
电话：081－2138813
邮编：635000

达州市世纪星餐饮娱乐有限责任公司
地址：达州市西河路世纪星宾馆2楼
电话：081－2529998
邮编：635000

达州市家家粗粮王饮食有限责任公司
地址：达州市歌舞团二楼
电话：081－2375175
邮编：635000

达州市通川区小肥羊服务有限公司
地址：达州市华洋大厦7楼3号

电话：081－2375175
邮编：635000

达州市重庆秦妈火锅店
地址：达州市通川中路 37 号
电话：081－23992856
邮编：635000

达州市知味苑餐饮娱乐有限公司
地址：达州市二马路 151 号
电话：081－2151060
邮编：635000

达州市桃园餐饮有限公司
地址：达州市珠市街滨江丽都 B 幢
电话：081－2126696
邮编：635000

资阳市逸苑火锅大酒店
地址：资阳市建设北路 341 号
电话：028－26221168
邮编：641300

资阳市饮食服务总公司
地址：资阳市雁江镇马巷子镇
电话：028－26222138
邮编：641300

资阳市红高粱酒楼
地址：资阳市广厦路 39 号 B 段
电话：028－26656298
邮编：641300

资阳市新世纪会所酒楼
地址：资阳市广厦路 B 段
电话：028－26655082
邮编：641300

资阳市红海会所酒楼
地址：资阳市雁江区皇龙路 A 座 1 号
电话：028－26657722
邮编：641300

眉山市香满楼餐饮有限公司
地址：眉山市环湖路东延段玫瑰园 11 区
电话：028－38203518
邮编：620020

眉山洞天酒楼
地址：眉山市东坡镇三苏路
电话：028－38103418
邮编：620020

眉山市苏轼酒楼
地址：眉山市杭州路 18 号
电话：028－38106267
邮编：620020

雅安市朝天门老店火锅
地址：雅安市沿江东路 45 号
电话：0835－2239181
邮编：625000

雅安市京雅大酒楼
地址：雅安市大众路 159 号
电话：0835－2223968
邮编：625000

雅安市狮雨楼餐厅
地址：雅安市东大街 120 号
电话：0835－2221706
邮编：625000

雅安市临江餐饮娱乐有限公司
地址：雅安市东大街 1 号
电话：0835－2238518
邮编：625000

雅安市华西餐饮娱乐有限责任公司
地址：雅安市西大街 118 号
电话：0835－2220645
邮编：625000

雅安市红房子火锅城
地址：雅安市沿江东路
电话：0835－2234646
邮编：625000

雅安重庆苏大姐老火锅雅安店
地址：雅安市羌江南路 128 号
电话：0835－2227035
邮编：625000

雅安市红盆景餐饮有限责任公司
地址：雅安市沿江西路 88 号
电话：0835－2235158
邮编：625000

雅安市雨城区海虹大酒楼
地址：雅安市少年宫路 7 号
电话：0835－2223277
邮编：625000

康定县得月餐馆
地址：甘孜州康定县西大街
电话：0836－2822729
邮编：626000

康定县红音餐馆
地址：甘孜州康定县东大街
电话：0836－2831871
邮编：626000

康定县百姓餐馆
地址：甘孜州康定县西大街
电话：0836－2825173
邮编：626000

康定县那达西餐馆
地址：甘孜州康定县西大街
电话：0836－2823009
邮编：626000

西昌凯丽莱酒店
地址：西昌市
电话：0834－3200888
邮编：615000

西昌市清真回香园饭店
地址：西昌市
电话：0834－3235003
邮编：615000

西昌市泸滨饭店
地址：西昌市
电话：0834－3952293
邮编：615000

西昌市清真园总店
地址：西昌市
电话：0834－3228211
邮编：615000

旅游用品

成都金银制品有限责任公司
地址：成都市青羊区蛟龙工业港 A 区 25 座
电话：028－87074619　87077603
邮编：610091
网址：www. cdjmt. com. cn

成都蜀绣研究所
地址：成都市草堂东路 15 号
电话：028－87319804
邮编：610015

成都蜀绣厂
地址：成都市金牛区星辉西路 11 号附 12 号蜀绣处
电话：028－83231236
网址：www. jinmaxiu. com
电子信箱：jinmaxiu@ 163. com

成都市漆器工艺厂
地址：成都市青羊区蜀都大道金河路 22 号
电话：028－86117189
邮编：610031

成都龙泉杜氏民族工艺厂
地址：成都市龙泉驿区大面镇
电话：028－84865919
邮编：610100

成都瑞驰工艺灯笼厂
地址：成都市
电话：028－83385138
邮编：610015

成都送仙桥古玩艺术城有限公司
地址：成都市青羊上街 416 号
电话：028－87362963　87331944
邮编：610015

成都古木工艺制品有限公司
地址：成都市浣花北路 5 号副 1 号
电话：028－87312003　86664196
邮编：610015

成都市敦煌绣品厂
地址：成都市实业街 21 号
电话：028－86636107
邮编：610015

锦江区日新工艺品厂
地址：成都市文家场康河村
电话：028－87073346
邮编：610015

四川艺郎工艺美术有限公司
地址：成都市浣花北路
电话：028－87311086
邮编：610015

成都工艺美术有限公司
地址：成都市总府路 32 号
电话：028－86919497
邮编：610015

成都铭涛工艺品有限公司
地址：成都市锦里西路
电话：028－86244461
邮编：610015

西南雅特艺术饰品有限公司
地址：成都市太升北路
电话：028－86933936
邮编：610015

成都华美工艺美术社
地址：成都市大墙东街
电话：028－86746155　88843553
邮编：61001

成都市民间手工艺制品文化传播有限公司
地址：成都市
电话：028－87739068
邮编：610015

成都新概念青铜时代艺术品有限责任公司
地址：成都市二环路南三段
电话：028－85512470　85510635
邮编：610015

四川省仁寿县民族工艺品厂
地址：成都市武侯祠横街3号副8号
电话：028－85574306
邮编：610043

成都市蜀锦工艺品厂
地址：成都市星辉西路
电话：028－83231236
邮编：610015

成都东方工艺美术厂
地址：成都市成华区龙潭办事处桂林社区
电话：028－84201840
邮编：610052

成都现代雕塑艺术制作中心
地址：成都市茶店子邓家花
电话：028－87515507
邮编：610015

金牛区典雅雕塑制作厂
地址：成都市全兴路
电话：028－87513448　87504918
邮编：610015

四川省格桑梅朵民族工艺品有限责任公司
地址：成都市西安南路
电话：028－87763817
邮编：610015

四川省永泰珠宝有限责任公司
地址：成都市长发街
电话：028－86694543
邮编：610015

四川爱心黄金珠宝有限责任公司
地址：成都市暑袜北三街
电话：028－86659302
邮编：610015

成都天和银楼有限责任公司
地址：成都市解放北路一段
电话：028－83324291
邮编：610015

成都仁和珠宝公司
地址：成都市锦江区盐市口街道人民东路
电话：028－86650800
邮编：610015

成都利文斯顿珠宝有限公司
地址：成都市正府街
电话：028－86512547
邮编：610015

四川省艺苑绣品厂
地址：成都市陕西街
电话：028－86110001
邮编：610015

成都捷成地毯有限公司
地址：成都市星辉中路
电话：028－83388453
邮编：610015

成都龙泉民族工艺厂
地址：成都市龙泉驿区龙泉乡
电话：028－88430611
邮编：610015

四川省邛崃市万家竹编工艺厂
地址：成都邛崃市迎宾路中段
电话：028－88781065
邮编：611530

四川省邛崃市奋飞竹编工艺厂
地址：成都邛崃市江西街
电话：028－88781265
邮编：611530

邛崃平乐新美竹编工艺厂
地址：成都邛崃市平乐镇
电话：028－88781093
邮编：611530

四川艺朗青铜艺术有限公司
地址：成都双流县牧马山开发区
电话：028－85785677
邮编：611530

成都市艺朗雕塑艺术有限责任公司
地址：成都双流县牧马山开发区
电话：028－85785150　85785151
邮编：611530

广元市工艺美术公司
地址：广元市蜀门北路一段104号
电话：0839－3223688
邮编：628000

剑阁县手杖艺术品厂
地址：广元市剑阁县普安镇河东街46号
电话：0839－6620160　6622166
邮编：628300

绵阳市豪达黄金珠宝有限公司
地址：绵阳市
电话：0816－2221065
邮编：621000

绵阳市东方表业有限责任公司
地址：绵阳市涪城路
电话：0816－2233868
邮编：621000

绵阳盘古工艺美术有限责任公司
地址：绵阳市涪城路兴达街6号
电话：13908116175
邮编：621000

德阳市金爵工艺美术有限责任公司
地址：德阳市南街93号
电话：0838－2308866
邮编：618000

绵竹市慧丰年画有限公司
地址：德阳绵竹市
电话：0838－8966908
邮编：618200

广汉中和工艺美术品有限公司
地址：德阳广汉市三水镇
电话：0838－5320089
邮编：618300

南部县龙凤纸花厂
地址：南充市南部县一环路
电话：0817－5570950
邮编：637300

仪陇县工艺美术厂
地址：南充市仪陇县西环路1号
电话：0817－7222318
邮编：637600

四川银河地毯股份有限公司
地址：南充阆中市天上宫街1号
电话：0817－6222043
邮编：637400

遂宁市蓬溪县四方雕塑厂
地址：遂宁市蓬溪县
电话：13882577413
邮编：629000

威远县奇伟壁画公司
地址：内江市威远县城区广场97号
电话：0832－8220211
邮编：642450

乐山岷江干花工艺品加工厂
地址：乐山市牟子镇
电话：0833－2350623
邮编：614000

马边彝族自治县仙马木制工艺品厂
地址：乐山市马边彝族自治县新生街
电话：0833－4511888
邮编：614600

自贡扎染工艺厂
地址：自贡市自流井区同兴路芦厂坝3号
电话：0813－2106289　2107463　2108461
邮编：643000

自贡工艺美术工业公司
地址：自贡市自由路5号
电话：0813－21059376
邮编：643000

自贡凯迪工艺美术有限公司
地址：自贡市自流井区舒坪镇
电话：0813－3602680
邮编：643000

自贡市竹草制品公司
地址：自贡市解放路267号
电话：0813－2702456
邮编：643000

泸州古典油纸伞厂
地址：泸州市迎宾大道一段95号
电话：0830－2394121
邮编：646000

宜宾市天鑫珠宝有限责任公司
地址：宜宾市东街
电话：0831－8230823
邮编：644000

蜀南竹木工艺厂
地址：宜宾市竹海镇
电话：0831－3874118
邮编：644000

长宁县富民竹木制品工艺厂
地址：宜宾市长宁县吉河镇
电话：0831－4611530
邮编：644300

攀枝花市工艺美术公司
地址：攀枝花市烟草岗大梯道3号
电话：0812－333096
邮编：617000

攀枝花市乐石工艺美术厂
地址：攀枝花市劳动大厦底楼
电话：0812－3346888
邮编：617000

攀枝花市鑫苑工艺美术制品厂
地址：攀枝花市东区银江镇
电话：0812－6251891
邮编：617000

渠县刘氏竹编工艺有限公司
地址：达州市渠县渠江镇渠光路

电话：0818－7322661
邮编：635200

眉山幸达工艺品有限公司
地址：眉山市东坡区城南
电话：028－38226106
邮编：620020

眉山市宝鑫珠宝有限责任公司
地址：眉山市红星路
电话：028－38103843
邮编：620020

眉山市复兴竹编工艺厂
地址：眉山市东坡区复兴乡
电话：028－38760053　38760468
邮编：620020

仁寿县天峨仿古工艺美术彩陶厂
地址：眉山市仁寿县天峨乡
电话：028－37079019
邮编：620500

龙盛玉石雕塑厂
地址：雅安市宝兴县穆坪镇两河口
电话：0835－6823811
邮编：625700

宝兴县中喜雕塑有限公司
地址：雅安市宝兴县中坝乡
电话：0835－6826938
邮编：625700

宝兴县灵关镇华艺雕塑厂
地址：雅安市宝兴县顺山路
电话：0835－6848736
邮编：625700

四川布达拉藏毯有限公司
地址：阿坝州茂县凤仪镇
电话：0837－7422147
邮编：623200

阿坝县地毯厂
地址：阿坝州阿坝县治唐中街
电话：0837－2482261
邮编：624300

旅游交通

四川省旅游汽车公司
地址：成都市和平村
电话：028－85319352
邮编：610001
网址：www. sclyqc. com

四川国旅旅游汽车公司
地址：成都市
电话：028－86268458　86268468
邮编：610015

成都旅游客运中心
地址：成都市新南路
电话：028－85433609
邮编：610041

四川阿坝雅克旅游礼宾汽车有限公司
地址：成都市
电话：028－87683648
邮编：610001

成都公交大福旅游运输有限公司
地址：成都市交大路
电话：028－87624752
邮编：610001

四川交运旅游运业有限公司观光旅游运业分公司
地址：成都市清江东路
电话：028－87732463
邮编：610001

四川省甘孜州贡嘎山冰川旅游运业有限责任公司
地址：成都市临江路 57 号
电话：028－85451338
邮编：610001

成都火车站
地址：成都市金牛区二环路北二段
电话：028－96789901　86433232
邮编：610036

成都火车南站
地址：成都市武侯区南站路
电话：028－85136245
邮编：610041

成都双流机场
地址：成都市双流县
电话：028－85205555　85205333
邮编：610000

双流火车站
地址：成都市双流县白家镇
电话：028－85866472　86662976
邮编：610200

新津火车站
地址：成都市新津县普兴镇
电话：028－82470031
邮编：611430

广元市旅游汽车有限公司
地址：广元市
电话：0839－3601718
邮编：628000

广元市第二汽车运输有限责任公司旅游分公司
地址：广元市利州西路一段
电话：0839－3604368
邮编：628017

广元火车站
地址：广元市
电话：0839－3233400
邮编：628000

广元盘龙机场
地址：广元市利州区
电话：0839－3561888
邮编：628000

绵阳市通力汽车运输有限公司明珠旅游出租汽车公司
地址：绵阳市涪城路 11 号
电话：0816－2222053
邮编：618000

绵阳火车站
地址：绵阳市涪城区临园路西段
电话：0816－2365187
邮编：621000

绵阳南郊机场
地址：绵阳市机场东路 6 号
电话：0816－6357195
邮编：621000

江油火车站
地址：绵阳江油市三合镇
电话：0816－6137102
邮编：621701

四川旌湖海外旅游汽车公司
地址：德阳市
电话：0838－2303117
邮编：618000

德阳火车站
地址：德阳市旌阳区黄山路
电话：0838－2409684
邮编：618000

南充旅游汽车公司
地址：南充市顺庆区人民南路 49 号
电话：0817－2223784
邮编：637000

南充华洋旅游出租汽车公司
地址：南充市和平东路
电话：0817－2390058
邮编：637000

南充火车站
地址：南充市顺庆区铁欣路 5 号
电话：0817－2313331
邮编：618200

南充高坪机场
地址：南充市高坪区青莲镇
电话：0817－3317365
邮编：637100

南部县旅游出租汽车有限责任公司
地址：南充市南部县
电话：0817－5589579　5589679
邮编：637300

广安火车站
地址：广安市广安区前锋镇
电话：0826－8302112　8302552
邮编：638000

华蓥火车站
地址：广安华蓥市双河镇
电话：0826－8302562
邮编：638600

遂宁火车站
地址：遂宁市明月路
电话：0825－2261010
邮编：629000

内江火车站
地址：内江市市中区铁站街 1 号
电话：0832－8312614
邮编：641000

乐山通圆旅游出租汽车有限公司
地址：乐山市嘉定北路 44 号
电话：0833－2430158
邮编：614000

峨眉山旅游汽车联运公司
地址：乐山峨眉山市
电话：0833－5528217
邮编：614200

峨眉山火车站
地址：乐山峨眉山市绥山镇
电话：0833－5470699
邮编：614200

乐山火车站
地址：乐山市夹江县城关镇
电话：028－96006　95105105
邮编：614100

自贡火车站
地址：自贡市自流井区车站路
电话：0813－8705321　8791999
邮编：643000

泸州市金旅汽车租赁有限公司
地址：泸州市望江宾馆底楼
电话：0830－2299977
邮编：646000

泸州蓝田机场
地址：泸州市
电话：0830－3893507
邮编：646000

宜宾火车站
地址：宜宾市翠屏区大运村
电话：0831－7812401
邮编：644000

宜宾菜坝机场
地址：宜宾市翠屏区菜坝镇
电话：0831－8102460
邮编：644000

攀枝花机场
地址：攀枝花市机场路
电话：0812－6639125
邮编：617000

攀枝花汽车运输总公司旅游出租公司
地址：攀枝花市
电话：0812－2223431
邮编：617026

攀枝花火车站
地址：攀枝花市仁和区
电话：0812－6600317　6600134
邮编：517000

巴中火车站
地址：巴中市巴州区
电话：028－12306
邮编：636000

达州火车站
地址：达州市通川区西外镇
电话：0818－2524473
邮编：635000

达州河市机场
地址：达州市
电话：0818－5950220
邮编：635000

资阳火车站
地址：资阳市雁江区莲花街道
电话：028－86488612
邮编：641300

眉山火车站
地址：眉山市东坡区眉山镇
电话：028－5165041
邮编：614215

雅安市旅游汽车公司
地址：雅安市北二路
电话：0835－2624461
邮编：625000

九寨黄龙机场
地址：阿坝州松潘县川主寺镇
电话：0837－7243674　7243699
邮编：623301

西昌火车站
地址：凉山州西昌市
电话：0834－8620013
邮编：615000

西昌青山机场
地址：凉山州西昌市安宁镇
电话：0834－2586653　6101737
邮编：615013

贵　州

GUIZHOU

旅游机构

贵州省旅游局
地址：贵阳市中华北路 242－5 号省政府大院 5 号楼
电话：0851－6818102　6817801
邮编：550004
电子信箱：Guizhoutour@ 163. com

贵州省旅游质量监督管理所
地址：贵阳市中华北路 242－5 号省政府大院5 号楼
电话：0851－6818436

贵阳市旅游产业发展委员会
地址：贵阳市北京路 268 号
电话：0851－6512074
邮编：550004
网址：www. ghtour. cnt

南明区旅游事业局
地址：贵阳市兴隆北巷 2 号
电话：0851－5828586
邮编：550002

云岩区旅游事业局
地址：贵阳市新添大道南段 151 号
电话：0851－6679500
邮编：550001

花溪区旅游事业局
地址：贵阳市花溪区溪北路 50 号
电话：0851－3627951
邮编：550025
电子信箱：huaxilyj@ sina. com

乌当区旅游事业局
地址：贵阳市新添大道 1 号
电话：0851－6841693
邮编：550018

小河区旅游事业局
地址：贵阳市小河区黄河路 443 号
电话：0851－3844973
邮编：550009
电子信箱：guiywf@ 126. com

白云区旅游事业局
地址：贵阳市白云区行政中心南 2 楼
电话：0851－4616650
邮编：550014

清镇市旅游事业局
地址：贵阳清镇市委大院 1 号楼
电话：0851－2522022
邮编：551400

开阳县旅游事业局
地址：贵阳市开阳县城关镇东兴街工商大楼
电话：0851－7253610
邮编：550300
电子信箱：kylyj168@ 126. com

修文县旅游事业局
地址：贵阳市修文县人民政府大院
电话：0851－2323948
邮编：550220

息烽县旅游事业局
地址：贵阳市息烽县永靖镇解放南路 164 号
电话：0851－7723623
邮编：551100

遵义市旅游局
地址：遵义市红花岗区解放路 63 号
电话：0852－8234910
邮编：563000

红花岗区旅游局
地址：遵义市红花岗区政府大楼
电话：0852－8420523
邮编：563000

汇川区旅游局
地址：遵义市汇川区
电话：0852－8684194
邮编：563000

仁怀市旅游局
地址：遵义市仁怀市
电话：0852－2235691
邮编：564500

赤水市旅游局
地址：遵义赤水市
电话：0852－2861329
邮编：564700

习水县旅游局
地址：遵义市习水县
电话：0852－2526121
邮编：564600

遵义县旅游局
地址：遵义市遵义县
电话：0852－7222310
邮编：563100

绥阳县旅游局
地址：遵义市绥阳县
电话：0852－6222463
邮编：563300

余庆县旅游局
地址：遵义市余庆县
电话：0852－4620197
邮编：564400

道真仡佬族苗族自治县旅游局
地址：遵义市道真县
电话：0852－5826669
邮编：563500

桐梓县政府办公室
地址：遵义市桐梓县
电话：0852－6620601
邮编：563200

湄潭县政府办公室
地址：遵义市湄潭县
电话：0852－4221105
邮编：564100

凤冈县政府办公室
地址：遵义市凤冈县
电话：0852－5227688
邮编：564200

务川仡佬族苗族自治县政府办公室
地址：遵义市务川县
电话：0852－5621613
邮编：564300

正安县政府办公室
地址：遵义市正安县
电话：0852－6420032
邮编：563400

安顺市旅游和体育局
地址：安顺市委大院
电话：0853－3284443
邮编：561000
电子信箱：asslyi@ anshun. gov. cn

西秀区旅游局
地址：安顺市西秀区政府大院内
电话：0853－3527660
邮编：561000

黄果树旅游局
地址：安顺市黄果树镇
电话：0853－3593095
邮编：561208

安顺开发区社会事务管理局
地址：安顺市西秀区
电话：0853－3460379
邮编：561000

镇宁布依族苗族自治县旅游局
地址：安顺市镇宁县犀牛路 2 号
电话：0853－6220299
邮编：561200
电子信箱：zhenlingliyou@ 163. com

紫云苗族布依族自治县旅游局
地址：安顺市紫云县城内
电话：0853－5239386
邮编：550800
电子信箱：yihualo@ hotmail. com

关岭布依族苗族自治县旅游局
地址：安顺市关岭县城内
电话：0853－7223837
邮编：561300
电子信箱：guanlingvyouju@ 163. com

平坝县旅游局
地址：安顺市平坝县城内
电话：0853－4224505
邮编：561100

普定县旅游局
地址：安顺市普定县城内
电话：0853－8226896
邮编：562100

黔南布依族苗族自治州旅游局
地址：黔南州都匀市环城东路 359 号
电话：0854－8281436
邮编：558000
电子信箱：8280641@ 163. com

都匀市旅游局
地址：黔南州都匀市政府内
电话：0854－8222765
邮编：558000

福泉市旅游局
地址：黔南州福泉市政府大楼 4 楼
电话：0854－2222787
邮编：550500

瓮安县旅游局
地址：黔南州瓮安县城内
电话：0854－2633558
邮编：550400

贵定县旅游局
地址：黔南州贵定县政府
电话：0854－5232649
邮编：551300

龙里县旅游局
地址：黔南州龙里县太平寺县人大
电话：0854－5631755

邮编：551200

长顺县旅游局
地址：黔南州长顺县城关长新西路
电话：0854－6826547
邮编：550700

三都水族自治县旅游局
地址：黔南州三都县三合镇政府路
电话：0854－3921592
邮编：558100

罗甸县旅游局
地址：黔南州罗甸县人民政府办公室
电话：0854－7615691
邮编：550100

独山县旅游局
地址：黔南州独山县城内
电话：0854－3238196
邮编：558000

荔波县旅游局
地址：黔南州荔波县玉坪镇樟江东路23号
电话：0854－3610516
邮编：558400

惠水县旅游局
地址：黔南州惠水县县府路
电话：0854－6221299
邮编：558400

平塘县旅游局
地址：黔南州平塘县城内
电话：0854－7226656
邮编：558300

黔东南苗族侗族自治州旅游局
地址：黔东南州凯里市营盘路53号
电话：0855－8222825
邮编：556000
网址：www. qdnly. com
电子信箱：gkzz7418@126. com

凯里市旅游局
地址：黔东南州凯里市行政中心C座213
电话：0855－8062923
邮编：556000
网址：www. kllyw. com
电子信箱：klslyjw@126. com

黎平县旅游局
地址：黔东南州黎平县城关镇古楼坡
电话：0855－6221198
邮编：557300
网址：www. lplyw. com
电子信箱：lplyjs@126. com

施秉县旅游局
地址：黔东南州施秉县城关镇
电话：0855－4222979
邮编：556200
网址：www. sblyw. com
电子信箱：sbxlyjw@126. com

镇远县旅游局
地址：黔东南州镇远县西门街12号
电话：0855－5722916
邮编：557700
网址：www. zy-travel. com
电子信箱：zyxlyjy@126. com

锦屏县旅游局
地址：黔东南州锦屏县三江镇三江路
电话：0855－7225219
邮编：556700

网址：www. lyvv. com
电子信箱：jplyjy@126. com

丹寨县旅游局
地址：黔东南州丹寨县龙泉镇
电话：0855－3617212
邮编：557500
网址：www. dzlyw. com
电子信箱：dzxlyjc@126. com

麻江县旅游局
地址：黔东南州麻江县城内
电话：0855－2622117
邮编：557600
网址：www. mj. mdlyw. com
电子信箱：mjxlyw@126. com

台江县旅游局
地址：黔东南州台江县台拱镇秀眉广场
电话：0855－5323200
邮编：556300
网址：www. mdlyw. com
电子信箱：tjxlyjl@126. com

三穗县旅游局
地址：黔东南州三穗县政府内
电话：0855－4523116
邮编：556500
网址：www. mdlyw. com
电子信箱：sslyjwjz@126. com

黄平县旅游局
地址：黔东南州黄平县新州镇县政府1楼
电话：0855－2434684
邮编：556100
网址：www. kllyw. com
电子信箱：hpxlyjw@126. com

榕江县旅游局
地址：黔东南州榕江县古州北路33号
电话：0855－6620979
邮编：557200
网址：www. rjlyw. com
电子信箱：rjlyjp@126. com

从江县旅游局
地址：黔东南州从江县丙妹镇北上新区行政中心3号楼
电话：0855－6419109
邮编：557400
网址：www. cjlyw. com
电子信箱：cjlyjw@126. com

雷山县旅游局
地址：黔东南州雷山县政府内
电话：0855－3334366
邮编：557100
网址：www. lslyw. com
电子信箱：lsxlyjy@126. com

岑巩县旅游局
地址：黔东南州岑巩县政府综合办公楼1楼
电话：0855－3574946
邮编：557800
网址：wwwk. llyw. com
电子信箱：cgxlyjl@126. com

剑河县旅游局
地址：黔东南州剑河县城内
电话：0855－5222235
邮编：556400
网址：www. mdlyw. com
电子信箱：jhxlyij@126. com

天柱县旅游局
地址：黔东南州天柱县正中街18号
电话：0855－7524147
邮编：556600
网址：www. mdlyw. com
电子信箱：tzlyjf@126. com

铜仁市旅游局
地址：铜仁市东太大道华欣楼
电话：0856－5285401
邮编：554300
网址：www. rt-tour. com
电子信箱：tryxya126. com

印江土家族苗族自治县旅游局
地址：铜仁市印江县县府路
电话：0856－6222156
邮编：555200
电子信箱：yj6222156@126. com

万山特区旅游事业局
地址：铜仁市万山特区
电话：0856－3524058
邮编：554200

松桃苗族自治县旅游事业局
地址：铜仁市松桃县龙塘湾
电话：0856－2830342
邮编：554100

江口县旅游局
地址：铜仁市江口县政府大院
电话：0856－6623718
邮编：554400
网址：www. jkly. gov. cn
电子信箱：jkyangyi520@126. com

思南县旅游事业局
地址：铜仁市思南县思唐镇思府街政府楼
电话：0856－7222729
邮编：565100
电子信箱：smczm@126. com

沿河土家族自治县旅游事业局
地址：铜仁市沿河县和平镇解放北路36号政府大楼
电话：0856－8228688
邮编：565300
网址：www. wjabc. cn
电子信箱：yhnfan@126. com

石阡县旅游事业局
地址：铜仁市石阡县万寿社区政府大院
电话：0856－7653103
邮编：555100
电子信箱：gzsahyl@126. com

玉屏侗族自治县旅游局
地址：铜仁市玉屏县平溪镇人民路333号
电话：0856－3223626
邮编：554000
电子信箱：quanhongbiao@126. com

毕节市旅游局
地址：毕节市政府内
电话：0857－8223528
邮编：551700

大方县旅游局
地址：毕节市大方县大方镇
电话：0857－5221739
邮编：551600

黔西县旅游局
地址：毕节市黔西县城关镇

电话：0857－4222117
邮编：551500

金沙县旅游局
地址：毕节市金沙县城关镇
电话：0857－7224689
邮编：551800

织金县旅游局
地址：毕节市织金县政府内
电话：0857－7623320
邮编：552100

纳雍县旅游局
地址：毕节市纳雍县雍熙镇
电话：0857－3521393
邮编：553300

威宁彝族回族苗族自治县旅游局
地址：毕节市威宁县草海镇
电话：0857－6232678
邮编：553100

赫章县旅游局
地址：毕节市赫章县城关镇
电话：0857－3224308
邮编：553200

六盘水市旅游局
地址：六盘水市钟山西路 50 号
电话：0858－8238126
邮编：553000

黔西南布依族苗族自治州旅游局
地址：六盘水兴义市瑞金路金城大厦 9 楼
电话：0859－3116528
邮编：562400

旅行社

贵州海外旅游总公司
地址：贵阳市合群路达亨大厦 11 楼
电话：0851－6573216
邮编：550001
网址：www. gzotc. com
许可证号：L－GZ－CJ00001

贵州省中国国际旅行社有限责任公司
地址：贵阳市合群路 1 号龙泉大厦 7 楼
电话：0851－6901506
邮编：550001
网址：www. gzcits. com
许可证号：L－GZ－CJ00002

贵州省中国青年旅行社有限公司
地址：贵阳市威清路 334 号 8 楼
电话：0851－6821545
邮编：550003
网址：www. gzcts. com
许可证号：L－GZ－CJ00003

贵州省中国旅行社有限责任公司
地址：贵阳市中山东路 13 号 10 楼
电话：0851－5811373
邮编：550001
网址：www. ctsgz. com
许可证号：L－GZ－CJ00004

贵阳中国旅行社
地址：贵阳市瑞金南路 2 号金桥饭店
电话：0851－5821416　5861605
邮编：550001
许可证号：L－GZ－CJ00005

贵州西铁铁路国际旅行社
地址：贵阳市遵义路 107 号通达饭店群楼 4 楼
电话：0851－8271357　8181811
邮编：550002
许可证号：L－GZ－CJ00006

贵州天马国际旅行社
地址：贵阳市解放路 87 号
电话：0851－5818298　5562189
邮编：550002
网址：www. tmgz. com
许可证号：L－GZ－CJ00007

贵阳国际旅行社
地址：贵阳市中华南路 11 号
电话：0851－6858758
邮编：550001
网址：www. gylxs. com
电子信箱：gylxs－gz@163. com
许可证号：L－GN－CJ00008

贵州山水国际旅行社
地址：贵阳市北京路达亨大厦
电话：0851－6857155
邮编：550001
许可证号：L－GZ－CJ00009

贵州太平洋国际旅行社有限公司
地址：贵阳市延安中路 109 号
电话：0851－6581111
邮编：550001
许可证号：L－GZ－CJ00010

贵州海峡阳光国际旅行社有限公司
地址：贵阳市宝山北路 216 号久联华厦 21 层 C 座
电话：0851－6772178
邮编：550001
许可证号：L－GZ－CJ00011

中国旅行社总社贵州有限公司
地址：贵阳市中华路贵阳饭店大厦
电话：0851－6578577
邮编：550004
许可证号：L－GZ－CJ00012

贵州春秋国际旅行社有限公司
地址：贵阳市富水北路 103 号
电话：0851－5816149
邮编：550001
许可证号：L－GZ－CJ00013

贵阳龙行神洲国际旅行社有限公司
地址：贵阳市枣山路 50 号贵运酒店
电话：0851－6513072　6581355
邮编：550001
许可证号：L－GZ－CJ00014

贵州中意国际旅行社有限公司
地址：贵阳市延安中路 48 号世贸广场 A 座 1601 室
电话：0851－8649121　8626015　8626017
邮编：550001
许可证号：L－GZ－CJ00015

贵州百事通旅行社有限公司
地址：贵阳市云岩区延安中路 1 号振华科技大厦 19 楼
邮编：550001
许可证号：L－GZ－CJ00016

饭　店

贵州天怡豪生大酒店 ★★★★★
地址：贵阳市枣山路 29 号
电话：0851－6518888
邮编：550003

喜来登贵航大酒店 ★★★★★
地址：贵阳市中华南路 49 号
电话：0851－5888888
邮编：550002

贵阳世纪金源大饭店 ★★★★★
地址：贵阳市金阳新区金阳南路 6 号
电话：0851－3928888
邮编：550001

保利富豪温泉酒店（保利贵州酒店） ★★★★★
地址：贵阳市乌当区顺海中路 88 号
电话：0851－5267777
邮编：550018

黔西南州富康国际酒店 ★★★★★
地址：黔西南州兴义市桔山新区瑞金路 19 号
电话：0859－3666666
邮编：562400

黔西南州金州翠湖宾馆 ★★★★★
地址：黔西南州兴义市瑞金南路 60 号
电话：0859－3619999
邮编：562400

贵州饭店 ★★★★
地址：贵阳市北京路 66 号
电话：0851－6823888
邮编：550004

贵州鲜花酒店 ★★★★
地址：贵阳市中华南路 1 号
电话：0851－5867888
邮编：550001

贵州栢顿酒店 ★★★★
地址：贵阳市延安东路 18 号
电话：0851－5827888
邮编：550001

贵州丽豪大饭店 ★★★★
地址：贵阳市瑞金北路 115 号
电话：0851－6521888
邮编：550003

贵龙饭店 ★★★★
地址：贵阳市神奇路 52 号
电话：0851－5593888
邮编：550002

能辉酒店 ★★★★
地址：贵阳市瑞金南路 38 号
电话：0851－5898888
邮编：550003

贵州武岳酒店 ★★★★
地址：贵阳市南厂路 1 号
电话：0851－8651777
邮编：550003

贵州雅迪尔国际大酒店 ★★★★
地址：贵阳市中华南路 7 号
电话：0851－5578888
邮编：550001

贵州峰润喀斯特酒店 ★★★★
地址：贵阳市南明区神奇路1号
电话：0851－8196888
邮编：550001

金芦笙小镇精品特色酒店 ★★★★
地址：贵阳市宝山南路88号
电话：0851－5623999
邮编：550001

贵州民族大酒店 ★★★★
地址：贵阳市南明区箭道街23号
电话：0851－5571888
邮编：550001

贵阳蓝天宾馆 ★★★★
地址：贵阳市南明区解放路158号
电话：0851－5795988
邮编：550001

西苑锦润酒店 ★★★★
地址：贵阳市小河区锦江路5号
电话：0851－5975555
邮编：550001

西湖花园大酒店 ★★★★
地址：贵阳市宝山北路133号
电话：0851－5292802
邮编：550001

都市怡景酒店 ★★★★
地址：贵阳市都司路122号
电话：0851－5848888
邮编：550001

贵州铝厂宾馆 ★★★★
地址：贵阳市白云区刚玉街57号
电话：0851－4896111
邮编：550014

贵阳夏日康桥酒店 ★★★★
地址：贵阳市白云区白云南路299号
电话：0851－4439655
邮编：550014

贵阳诺富特酒店 ★★★★
地址：贵阳市中华南路8号
电话：0851－5881888
邮编：550001

贵阳林城万宜酒店 ★★★★
地址：贵阳市遵义路326号
电话：0851－6878888
邮编：550001

贵州华联大酒店 ★★★★
地址：贵阳市中华中路137号
电话：0851－5810999
邮编：550001

贵山大酒店 ★★★★
地址：贵阳市云岩区省府路39号
电话：0851－5254166
邮编：550001

贵阳华美达神奇大酒店 ★★★★
地址：贵阳市北京路1号
电话：0851－6771888
邮编：550001

六盘水凤凰祥林大酒店 ★★★★
地址：六盘水市凤凰新区青峰路18号
电话：0858－8296789
邮编：553000

六盘水时代假日酒店 ★★★★
地址：六盘水钟山区钟山中路66号
电话：0858－8108888
邮编：553400

六盘水红果大酒店 ★★★★
地址：六盘水市盘县红果经济开发区凤鸣路
电话：0858－3631888
邮编：561601

牂牁江假日酒店 ★★★★
地址：六盘水市六枝特区人民路22号
电话：0858－8101666
邮编：553400

遵义大世界酒店 ★★★★
地址：遵义市汇川区珠海路一号
电话：0852－8666666
邮编：563000

遵义东方酒店 ★★★★
地址：遵义市中华南路2号
电话：0852－8867777
邮编：563000

遵义森林大酒店 ★★★★
地址：遵义市汇川区深圳路新客运大楼
电话：0852－8988888
邮编：563000

遵义金城大酒店 ★★★★
地址：遵义市香港路中段
电话：0852－8621666
邮编：563000

遵义市丽都酒店 ★★★★
地址：遵义市香港路638号
电话：0852－8959999
邮编：563000

赤水中悦大酒店 ★★★★
地址：遵义赤水市南正街22号
电话：0852－2823888
邮编：564700

国酒门温泉酒店 ★★★★
地址：遵义仁怀市盐津河风景区
电话：0852－2316666
邮编：564500

金黔嘉华大酒店 ★★★★
地址：遵义市桐梓县娄山关镇河滨大道南段888号
电话：0852－6666666
邮编：563200

泰翔柏丽酒店 ★★★★
地址：安顺市开发区西航路
电话：0853－8186666
邮编：561000

安顺凯旋大酒店 ★★★★
地址：安顺市开发区南马广场
电话：0853－3461999
邮编：561000

关岭坝陵酒店 ★★★★
地址：安顺市关岭县关索镇大龙滩高速公路出口
电话：0853－7116888
邮编：561300

毕节大众国际酒店 ★★★★
地址：毕节市翠屏路12号
电话：0857－8933333
邮编：551700

毕节腾龙凯悦酒店 ★★★★
地址：毕节市桂花路2号
电话：0857－8291111
邮编：551700

毕节大酒店 ★★★★
地址：毕节市砂石路
电话：0857－8689999
邮编：551700

杜鹃花大酒店 ★★★★
地址：毕节市黔西县文化路口
电话：0857－4836666
邮编：551500

黔西县水西大酒店 ★★★★
地址：毕节市黔西县文峰办事处公园路
电话：0857－4833333
邮编：551500

贵州黎明澳斯特酒店 ★★★★
地址：毕节市金沙县黎明路1号
电话：0857－7212888
邮编：551800

宏洲国际大酒店 ★★★★
地址：毕节市织金县城关镇金北路151号
电话：0857－7758888
邮编：552100

铜仁温州大酒店 ★★★★
地址：铜仁市大庆北路85号
电话：0856－6968888
邮编：554300

铜仁江华国际大酒店 ★★★★
地址：铜仁市火车站转盘
电话：0856－5266091
邮编：554300

铜仁宝鑫大酒店 ★★★★
地址：铜仁市东太大道88号
电话：0856－5937888
邮编：554300

铜仁南长城国际大酒店 ★★★★
地址：铜仁市南长城路金滩商业休闲港
电话：0856－5939999
邮编：554300

沿河乌江酒店 ★★★★
地址：铜仁市沿河县环城路
电话：0856－6977777
邮编：565300

松桃国际大酒店 ★★★★
地址：铜仁市松桃县东城新区七星大道
电话：0856－8333333
邮编：554100

松桃松闽大酒店 ★★★★
地址：铜仁市松桃县麻阳街24号
电话：0856－6966666
邮编：554100

凯里嘉瑞禾腾龙酒店 ★★★★
地址：黔东南州凯里市宁波东路
电话：0855－8066666
邮编：556000

凯里市金冠酒店 ★★★★
地址：黔东南州凯里市支庄路18号
电话：0855－8068888
邮编：556000

金凯美悦酒店 ★★★★
地址：黔东南州凯里市北京西路
电话：0855－8276688
邮编：556000

天柱大酒店 ★★★★
地址：黔东南州天柱县凤城镇北部新区 1 号
电话：0855－7821888
邮编：557700

贵侯苑商务大酒店 ★★★★
地址：黔南州都匀市开发区龙山大道
电话：0854－7121111
邮编：558000

伯爵花园酒店 ★★★★
地址：黔南州都匀市开发区
电话：0854－8199999
邮编：558000

福泉大酒店 ★★★★
地址：黔南州福泉市金山办事处洒金北路 174 号
电话：0854－2212888
邮编：550500

荔波县三力酒店 ★★★★
地址：黔南州荔波县玉屏镇思铭大道
电话：0854－3615888
邮编：558400

长顺浩瀚大酒店 ★★★★
地址：黔南州长顺县城南新区城南大道 1 号
电话：0854－6828888
邮编：550700

三都福丰假日酒店 ★★★★
地址：黔南州三都县三合镇龙嘴角移民新村
电话：0854－3029999
邮编：558100

花溪玉龙宾馆 ★★★
地址：贵阳市花溪区大吉路 1 号
电话：0851－3863865
邮编：550025

贵阳鸿鼎大酒店 ★★★
地址：贵阳市沙冲路 198 号
电话：0851－3839988
邮编：550001

黔灵大酒店 ★★★
地址：贵阳市北京路 225 号
电话：0851－8271521
邮编：550001

贵阳益宏酒店有限公司 ★★★
地址：贵阳市油榨街路 2 号
电话：0851－3818888
邮编：550001

云岩浣溪假日大酒店 ★★★
地址：贵阳市浣沙路 104 号
电话：0851－8598888
邮编：550001

贵州立云酒店 ★★★
地址：贵阳市浣沙路 5 号
电话：0851－8126666
邮编：550001

紫林宾馆 ★★★
地址：贵阳市延安中路 110 号
电话：0851－5283000
邮编：550001

久远饭店 ★★★
地址：贵阳市瑞金南路 36 号
电话：0851－5849999
邮编：550001

贵阳市金品大酒店 ★★★
地址：贵阳朝阳洞路建材巷 1 号
电话：0851－8216666
邮编：550001

贵阳南翔酒店 ★★★
地址：贵阳市延安西路 185 号
电话：0851－6522888
邮编：550003

贵武花园大酒店 ★★★
地址：贵阳市金阳新区云潭南路
电话：0851－5625678
邮编：550001

水云天酒店 ★★★
地址：贵阳市南明区翠微巷
电话：0851－5515666
邮编：550001

花溪溪山酒店 ★★★
地址：贵阳市花溪区迎宾路
电话：0851－3630166
邮编：550001

新联大厦 ★★★
地址：贵阳市外环东路 227 号
电话：0851－6765555
邮编：550025

金泉酒店 ★★★
地址：贵阳市花溪区花谷路 6 号
电话：0851－3851484
邮编：550025

机场宾馆 ★★★
地址：贵阳市龙洞堡机场内
电话：0851－5498585
邮编：550001

黔景宾馆 ★★★
地址：贵阳市
电话：0851－3990188
邮编：550001

贵阳瑞金酒店 ★★★
地址：贵阳市瑞金南路 62 号
电话：0851－5209999
邮编：550001

贵州铁路通达饭店 ★★★
地址：贵阳市遵义路 86 号
电话：0851－8213888
邮编：550001

京瑞宾馆 ★★★
地址：贵阳市云岩区北京路 194 号
电话：0851－6891602
邮编：550001

贵州林都酒店 ★★★
地址：贵阳市云岩区延安西路 2 号
电话：0851－5360367
邮编：550001

红枫湖旅游度假村 ★★★
地址：贵阳清镇市望城坡
电话：0851－8575042
邮编：551400

南江度假酒店 ★★★
地址：贵阳市开阳县南江大峡谷景区内
电话：0851－7524089
邮编：550300

贵阳腾晖酒店 ★★★
地址：贵阳市修文县翠屏路
电话：0851－2327777
邮编：550200

六盘水金三角大酒店 ★★★
地址：六盘水市钟山区明湖路 3 号
电话：0858－8233888
邮编：553001

雨田大酒店 ★★★
地址：六盘水市钟山西路 48 号
电话：0858－8261888
邮编：553001

兴凯花园大酒店 ★★★
地址：六盘水市盘县红果镇杜鹃西路 1 号
电话：0858－3635059
邮编：553537

六盘水黔锦假日酒店 ★★★
地址：六盘水市盘县红果经济开发区
电话：0858－3668995
邮编：553537

盘县大浪淘沙假日酒店 ★★★
地址：六盘水市盘县
电话：0858－3697777　13308589444
邮编：561601

盘县大酒店 ★★★
地址：六盘水市盘县
电话：0858－3669999
邮编：561601

遵义宾馆 ★★★
地址：遵义市红花岗区石龙路 3 号
电话：0852－8224902
邮编：563000

遵义港澳大酒店 ★★★
地址：遵义市澳门路 8 号
电话：0852－8716655
邮编：563000

佳乐家酒店 ★★★
地址：遵义市大连路
电话：0852－8398888
邮编：563000

遵义京腾丽湾酒店 ★★★
地址：遵义市红花岗区北京路
电话：0852－8649898
邮编：563000

广电酒店 ★★★
地址：遵义市中华北路广电大厦
电话：0852－8700888
邮编：564600

嘉联宾馆 ★★★
地址：遵义赤水市人民南路运管大厦
电话：0852－2820222
邮编：564700

赤天化宾馆 ★★★
地址：遵义赤水市
电话：0852－2887081
邮编：564700

金竹大酒店 ★★★
地址：遵义赤水市
电话：0852－2853555
邮编：564700

茅园宾馆 ★★★
地址：遵义仁怀市茅台镇
电话：0852－2386290
邮编：564501

仁怀市名酒宾馆 ★★★
地址：遵义仁怀市国酒大道
电话：0852－3226999
邮编：564500

博雅宾馆 ★★★
地址：遵义市绥阳县北大街
电话：0852－6223855
邮编：563300

莱凯桐都大酒店 ★★★
地址：遵义市正安县桐乡北路
电话：0852－3176666
邮编：563400

湄潭大酒店 ★★★
地址：遵义市湄潭县兴湄北路35号
电话：0852－4366595
邮编：564100

鹏程大酒店 ★★★
地址：遵义市余庆县城内
电话：0852－4625868
邮编：564400

构皮滩大酒店 ★★★
地址：遵义市余庆县构皮滩镇
电话：0852－4737777
邮编：564400

余庆县广电酒店 ★★★
地址：遵义市余庆县香港路
电话：0852－3195555
邮编：564400

习水绿洲宾馆 ★★★
地址：遵义市习水县
电话：0852－2732100
邮编：564600

廊桥华油酒店 ★★★
地址：安顺市塔山西路15号
电话：0853－8118111
邮编：561000

安顺龙宫水电宾馆 ★★★
地址：安顺市龙宫风景区内
电话：0853－3661166
邮编：561000

安顺西秀山宾馆 ★★★
地址：安顺市南华路63号
电话：0853－3223900
邮编：561000

南星酒店 ★★★
地址：安顺市开发区星光路中段
电话：0853－2280000
邮编：561000

黔中大厦 ★★★
地址：安顺市南华路68号
电话：0853－3292019
邮编：561000

安顺新华宾馆 ★★★
地址：安顺市开发区西航路1号
电话：0853－3459888
邮编：561000

龙宫酒店 ★★★
地址：安顺市龙宫风景名胜区
电话：0853－3661388
邮编：561000

安顺纽曼宾馆 ★★★
地址：安顺市
电话：0853－3467777
邮编：561000

安顺凤凰山大酒店 ★★★
地址：安顺市塔山东路58号
电话：0853－3225998
邮编：561000

紫鑫酒店 ★★★
地址：安顺市西秀区黄果树大街消防支队内
电话：0853－3332777
邮编：561000

君临大酒店 ★★★
地址：安顺市新大十字塔山西路1号
电话：0853－3350777
邮编：561000

平坝白云大酒店 ★★★
地址：安顺市平坝县城关镇高新区
电话：0853－4222888
邮编：561100

鑫焰酒店 ★★★
地址：安顺市平坝县南客运站大楼
电话：0853－4616789
邮编：561100

汇景酒店 ★★★
地址：安顺市普定县龙潭加油站对面
电话：0853－8718888
邮编：562100

关岭黔岭宾馆 ★★★
地址：安顺市关岭县外环路
电话：0853－7228888
邮编：561300

白马湖山庄 ★★★
地址：安顺市镇宁县白马哨
电话：0853－6791111
邮编：561200

紫云宾馆 ★★★
地址：安顺市紫云县商业街
电话：0853－5238888
邮编：550800

洪南大酒店 ★★★
地址：毕节市迎宾大道
电话：0857－8292888
邮编：551700

金海大酒店 ★★★
地址：毕节市洪南路
电话：0857－8615555
邮编：551700

奢香大酒店 ★★★
地址：毕节市七星关区清毕路长弘花苑内
电话：0857－8631888
邮编：551700

红楼酒店 ★★★
地址：毕节市大方县奢香大道南段
电话：0857－5233712
邮编：551600

金鑫酒店 ★★★
地址：毕节市大方县奢香大道北段
电话：0857－2198888
邮编：551600

黔西化屋度假酒店 ★★★
地址：毕节市黔西县新仁乡化屋村
电话：0857－4634166
邮编：562400

煌都帝豪酒店 ★★★
地址：毕节市黔西县城内
电话：0857－4888888
邮编：562400

黔西景鸿酒店 ★★★
地址：毕节市黔西县文峰办大水塘
电话：0857－4695888　13765851366
邮编：551500

金沙县黄金大酒店 ★★★
地址：毕节市金沙县长安街138号
电话：0857－7258888
邮编：551800

织金县金龙酒店 ★★★
地址：毕节市织金县金北路
电话：0857－7755777
邮编：552100

纳雍华熙酒店 ★★★
地址：毕节市纳雍县城南大道
电话：0857－3685777
邮编：553300

赫章夜郎大酒店 ★★★
地址：毕节市赫章县城南路
电话：0857－3238998
邮编：553200

草海大酒店 ★★★
地址：毕节市威宁县威双大道
电话：0857－7115388
邮编：553100

铜仁盛世佳华酒店 ★★★
地址：铜仁市清水路火车站旁
电话：0856－6903888
邮编：554300

铜仁世纪大酒店 ★★★
地址：铜仁市清水南路公园道1号
电话：0856－5629999
邮编：554300

铜仁亨达酒店 ★★★
地址：铜仁市火车站旁
电话：0856－5230999
邮编：554300

铜仁市金顶酒店 ★★★
地址：铜仁市清水大道80号
电话：0856－5211168
邮编：554300

龙都大酒店 ★★★
地址：铜仁市清水大道128号
电话：0856－4133333
邮编：554300

铜仁梵天索菲特酒店 ★★★
地址：铜仁市锦江大道8号
电话：0856－5218888
邮编：554300

源丰商务酒店 ★★★
地址：铜仁市锦江南路1号
电话：0856－5222222
邮编：554300

印江腾龙酒店 ★★★
地址：铜仁市西环开发区
电话：0856－6228888
邮编：554300

万山宾馆 ★★★
地址：铜仁市万山区体育馆旁

电话：0856－3520868
邮编：554200

江口县索菲特大酒店 ★★★
地址：铜仁市江口县三星西路 17 号
电话：0856－6622288
邮编：554400

思南远航大酒店 ★★★
地址：铜仁市思南县城北街 29 号
电话：0856－7220777
邮编：565100

思南电力宾馆 ★★★
地址：铜仁市思南县思唐镇安化社区 275 号
电话：0856－7229948
邮编：565100

德江县金平大酒店 ★★★
地址：铜仁市德江县清龙镇
电话：0856－8527555
邮编：565200

玉屏宾馆 ★★★
地址：铜仁市玉屏县平溪镇人民路 333 号
电话：0856－3227888
邮编：554004

印江豪情大酒店 ★★★
地址：铜仁市印江县木黄镇
电话：0856－6360080
邮编：555200

印江金穗酒店 ★★★
地址：铜仁市印江县县府路
电话：0856－6318888
邮编：555200

沿河金红大酒店 ★★★
地址：铜仁市沿河县城南路
电话：0856－8228055
邮编：565300

松桃世纪华园大酒店 ★★★
地址：铜仁市松桃县大十字
电话：0856－2681555
邮编：564100

松桃苗王湖度假酒店 ★★★
地址：铜仁市松桃县黄板乡东方红水库
电话：0856－2687518
邮编：554100

中瑞天禧酒店 ★★★
地址：黔东南州凯里市迎宾大道环城南路（行政中心南侧）
电话：0855－3830000
邮编：556000

凯里宾馆 ★★★
地址：黔东南州凯里市
电话：0855－8066100
邮编：556000

凯里鸿祺宾馆 ★★★
地址：黔东南州凯里市韶山南南路 3 号
电话：0855－8275555
邮编：556000

凯里凯莱酒店 ★★★
地址：黔东南州凯里市韶山南路 21 号
电话：0855－8277888
邮编：556000

凯铁大酒店 ★★★
地址：黔东南州凯里市清江路
电话：0855－3811999
邮编：556000

凯里大酒店 ★★★
地址：黔东南州凯里市韶山北路
电话：0855－8277778
邮编：556000

忠德园假日酒店 ★★★
地址：黔东南州凯里市环城东路
电话：0855－8538888
邮编：556000

营盘坡民族宾馆 ★★★
地址：黔东南州凯里市
电话：0855－3837779
邮编：556000

凯里市天华宾馆 ★★★
地址：黔东南州凯里市
电话：0855－8276411
邮编：556000

柏悦酒店 ★★★
地址：黔东南州凯里市
电话：0855－8270000
邮编：556000

万豪酒店 ★★★
地址：黔东南州凯里市
电话：0855－8603999
邮编：556000

金正酒店 ★★★
地址：黔东南州凯里市经济开发区
电话：0855－8558988
邮编：556000

施秉县三丰迎宾馆 ★★★
地址：黔东南州施秉县平宁桥
电话：0855－4227188
邮编：556200

杉木河酒店 ★★★
地址：黔东南州施秉县舞阳河路
电话：0855－4221177
邮编：556200

华侨大酒店 ★★★
地址：黔东南州三穗县城关
电话：0855－3855555
邮编：556500

镇远府城宾馆 ★★★
地址：黔东南州镇远县兴隆街
电话：0855－5711888
邮编：557700

贵州清酒醉翁宾馆 ★★★
地址：黔东南州镇远县
电话：0855－5823238
邮编：556200

镇远县铁溪度假酒店 ★★★
地址：黔东南州镇远县
电话：0855－5721888
邮编：557700

镇远县名城宾馆 ★★★
地址：黔东南州镇远县步行街
电话：0855－5720888
邮编：557700

镇远大酒店 ★★★
地址：黔东南州镇远县和平街
电话：0855－3878888
邮编：557700

岑巩县双龙大酒店 ★★★
地址：黔东南州岑巩县舞水南路 8 号
电话：08553891555
邮编：557800

久格里吉温泉度假酒店 ★★★
地址：黔东南州剑河县温泉风景区内
电话：0855－5158288
邮编：556400

剑河县馨泉山庄 ★★★
地址：黔东南州剑河县
电话：0855－5158168
邮编：665400

台江金红阳生态酒店 ★★★
地址：黔东南州台江县台江国家级南宫森林公园景区 18 号
电话：0855－5478066
邮编：556300

黎平大酒店 ★★★
地址：黔东南州黎平德风镇富民北路
电话：0855－6210666
邮编：557300

港赛大酒店 ★★★
地址：黔东南州黎平县城内
电话：0855－6230888
邮编：557300

从江县奥悦酒店 ★★★
地址：黔东南州从江县
电话：0855－6411808
邮编：557400

西江黔森大酒店 ★★★
地址：黔东南州雷山县西江千户苗寨黔森路 1 号
电话：0855－3347909
邮编：557100

麻江县怡景湾酒店 ★★★
地址：黔东南州麻江县下司镇
电话：0855－2684777
邮编：557600

清源酒店 ★★★
地址：黔东南州麻江县下司镇皮划艇激流回旋训练基地
电话：0855－2685666
邮编：557600

都匀港龙大酒店 ★★★
地址：黔南州都匀市河滨路 134 号
电话：0854－8222895
邮编：558000

都匀市桥城宾馆 ★★★
地址：黔南州都匀市文明路 50 号
电话：0854－8222189
邮编：558000

五月花景山大酒店 ★★★
地址：黔南州都匀市剑江中路 112 号
电话：0854－8756999
邮编：558000

桂花园度假酒店 ★★★
地址：黔南州都匀市大河村村卫生院对面
电话：0854－8190599
邮编：558000

西苑假日酒店 ★★★
地址：黔南州都匀市开发区
电话：0854－8758888
邮编：558000

三江宏晟度假酒店 ★★★
地址：黔南州福泉市金山办事处双桥村金鸡山
电话：0854－2210999
邮编：550500

金利源大酒店 ★★★
地址：黔南州荔波县民族路34号
电话：0854－3619188
邮编：558400

怡景苑宾馆 ★★★
地址：黔南州荔波县漳江北街42号
电话：0854－3618300
邮编：558400

荔波县金谷宾馆 ★★★
地址：黔南州荔波县樟江北路
电话：0854－3613888
邮编：558400

顺庆大酒店 ★★★
地址：黔南州荔波樟江北街
电话：0854－3610388
邮编：558400

荔波吉妮丽吉大酒店 ★★★
地址：黔南州荔波县教师新村
电话：0854－3619666
邮编：558400

荔波县大鹏商务酒店 ★★★
地址：黔南州荔波县漳江中路12号
电话：0854－3615499
邮编：558400

贵定县环岛大酒店 ★★★
地址：黔南州贵定县城关镇八一村
电话：0854－5221000
邮编：551300

瓮安县金福大酒店 ★★★
地址：黔南州瓮安县文峰中路
电话：0854－2635100
邮编：550400

瓮安灵江大酒店 ★★★
地址：黔南州瓮安县新区武装部
电话：0854－2776666
邮编：550400

独山县南方大酒店 ★★★
地址：黔南州独山县四通路十八号
电话：0854－3238525
邮编：558200

独山县翠泉宾馆 ★★★
地址：黔南州独山县
电话：0854－3239018
邮编：558200

神泉大酒店 ★★★
地址：黔南州罗甸县政府路
电话：0854－7620758
邮编：550100

九九大酒店 ★★★
地址：黔南州长顺县和平西路
电话：0854－6898888
邮编：550700

纪龙大酒店 ★★★
地址：黔南州龙里县龙山镇兴龙路
电话：0854－5620333
邮编：551200

锦绣园 ★★★
地址：黔南州龙里县城郊
电话：0854－5669508
邮编：551200

夜郎大酒店 ★★★
地址：黔南州惠水县和平镇建设路
电话：0854－6234567
邮编：550600

城城大厦 ★★★
地址：黔西南州兴义市神奇路159号
电话：0859－3112222
邮编：562400

盘江宾馆 ★★★
地址：黔西南州兴义市盘江西路4号
电话：0859－3223456
邮编：562400

龙宇大酒店 ★★★
地址：黔西南州兴义市神奇西路26号
电话：0859－3126888
邮编：562400

兴义神禧大酒店 ★★★
地址：黔西南州兴义市坪东路
电话：0859－3818188
邮编：562400

兴义市三生酒店 ★★★
地址：黔西南州兴义市瑞金北路中段
电话：0859－3244888
邮编：562400

海钰酒店 ★★★
地址：黔西南州兴义市瑞金北路10号
电话：0859－8711111
邮编：562400

贞丰县贞丰宾馆 ★★★
地址：黔西南州贞丰县金丰大道29号
电话：0859－6777777
邮编：562200

贞丰县怡景酒店 ★★★
地址：黔西南州贞丰县
电话：0859－6613777
邮编：562200

安龙泰安宾馆 ★★★
地址：黔西南州安龙县西区开发大道
电话：0859－5555222
邮编：552400

旅游景区

贵阳市黔灵公园 AAAA
地址：贵阳市枣山路187号
电话：0851－6823039
邮编：550003

贵阳市河滨公园 AAA
地址：贵阳市瑞金南路31号
电话：0851－5956270
邮编：550003

贵阳市森林公园 AAA
地址：贵阳市园林路67号
电话：0851－5514343
邮编：550005

贵阳市白云公园 AAA
地址：贵阳市黑土坝
电话：0851－4485072
邮编：550014

贵阳市天邑温泉景区 AAAA
地址：贵阳市云岩区安井村
电话：0851－6275000　6275111
邮编：550001

天河潭风景名胜区 AAAA
地址：贵阳市花溪区石板镇
电话：0851－3308022
邮编：550009

青岩古镇旅游区（省级文化名镇）AAAA
地址：贵阳市花溪区青岩镇
电话：0851－3200031
邮编：550027

花溪湿地公园景区（孔学堂）AAAA
地址：贵阳市花溪区
邮编：550025

贵阳市保利国际温泉 AAAA
地址：贵阳市乌当区顺海中路88号
电话：0851－5267777
邮编：550018

红枫湖风景名胜区 AAAA
地址：贵阳清镇市滴澄关
电话：0851－2522669
邮编：551400

南江峡谷风景名胜区 AAAA
地址：贵阳市开阳县南江乡
邮编：550300

贵阳市白马峪旅游景区 AAAA
地址：贵阳市开阳县双流镇白马村
电话：0851－8410977　7551666
邮编：550300

贵阳市修文桃源河旅游景区 AAAA
地址：贵阳市修文县六屯乡
电话：0851－2352157
邮编：550200

贵阳野生动物园 AAAA
地址：贵阳市修文县扎佐镇
电话：0851－2359088
邮编：550200

息烽集中营革命历史纪念馆 AAA
地址：贵阳市息烽县永靖镇猫洞村
电话：0851－7700529
邮编：551100

六盘水市玉舍森林景区 AAAA
地址：六盘水市水城县
电话：0858－6660069
邮编：553000

遵义公园 AA
地址：遵义市公园路
电话：0852－8223873
邮编：563000

遵义会议会址纪念馆 AAAA
地址：遵义市红花岗区
电话：0852－8222052
邮编：563000

娄山关景区 AAAA
地址：遵义市汇川区板桥镇
电话：0852－6825008
邮编：56300

遵义市赤水大瀑布景区 AAAA
地址：遵义赤水市两河口乡
邮编：564700

遵义市燕子岩国家森林公园 AAAA
地址：遵义赤水市风溪河西岸
邮编：564700

赤水竹海旅游景区 AAAA
地址：遵义赤水市
电话：0852－2981666
邮编：564700

遵义赤水市佛光岩景区 AAAA
地址：遵义赤水市元厚镇
邮编：564700

仁怀市中国酒文化城 AAAA
地址：遵义仁怀市河滨中路
电话：0852－2387703
邮编：564500

盐津河温泉旅游度假区 AA
地址：遵义市仁怀市盐津河
电话：0852－2280555
邮编：564500

水上大天门 AAAA
地址：遵义市遵义县
电话：0852－3213066
邮编：563100

遵义枫香温泉 AAA
地址：遵义市遵义县西北枫香镇温水村
邮编：563100

遵义乌江渡旅游区 AA
地址：遵义市遵义县乌江镇
邮编：563100

龙桥生态旅游景区 AA
地址：遵义市绥阳县大路槽
电话：0852－6330088
邮编：563300

绥阳博雅苑陈列馆 AA
地址：遵义市绥阳县北大街
邮编：563300

遵义市凤冈茶海之心景区 AAAA
地址：遵义市凤冈县永安镇田坝村
电话：0852－5220402　18908527108
邮编：564200

遵义市湄潭天下第一壶茶文化旅游景区 AAAA
地址：遵义市湄潭县塔坪街
电话：0852－4028888
邮编：564100

余庆飞龙寨景区 AAAA
地址：遵义市余庆县花山乡
邮编：564400

四渡赤水纪念馆 AAAA
地址：遵义市习水县
电话：0852－2661958
邮编：564600

习水中国丹霞谷旅游度假区 AAAA
地址：遵义市习水县三岔河
邮编：564600

龙宫风景名胜区 AAAAA
地址：安顺市西秀区龙宫镇
电话：0853－3661012
邮编：561000

安顺市兴伟石博园 AAAA
地址：安顺市
电话：0853－3411718
邮编：561000

安顺市云峰八寨文化旅游区 AAAA
地址：安顺市西秀区
邮编：561000

安顺市旧州生态文化旅游古镇 AAAA
地址：安顺市西秀区旧州镇
邮编：561000

夜郎湖省级风景名胜区 AAAA
地址：安顺市普定县城关镇
电话：0853－8226896
邮编：562100

黄果树风景名胜区 AAAAA
地址：安顺市镇宁县黄果树镇
电话：0853－3596800　3596501
邮编：561300

紫云格凸河景区 AAAA
地址：安顺市紫云县
邮编：561200

贵州百里杜鹃风景名胜区 AAAAA
地址：毕节市
电话：0857－2198819
邮编：551518

大方九洞天景区 AAAA
地址：毕节大方县
邮编：551600

织金洞国家重点风景名胜区 AAAA
地址：毕节市织金县官寨乡织金洞
电话：0857－7812018
邮编：552100

铜仁九龙洞风景区 AAAA
地址：铜仁市
邮编：554300

铜仁市万山矿山公园旅游景区 AAAA
地址：铜仁市
邮编：554200

江口云舍土家民俗文化村 AAA
地址：铜仁市江口县太平乡
电话：0856－6627718
邮编：554400

太平河 AAA
地址：铜仁市江口县
电话：0856－6627718
邮编：554400

梵净山 AAAA
地址：铜仁市江口县
电话：0856－6627718
邮编：554400

石阡温泉群风景名胜区 AAAA
地址：铜仁市石阡县
邮编：555100

铜仁市思南温泉－石林旅游景区 AAAA
地址：铜仁市思南县
邮编：565100

沿河乌江山峡风景名胜区 AAAA
地址：铜仁市沿河县
邮编：565300

铜仁市松桃县苗王城旅游景区 AAAA
地址：铜仁市松桃县正大乡
邮编：554100

高过河三大寨村
地址：黔东南州镇远县
电话：0855－5875888
邮编：557700

贵州镇远古城
地址：黔东南州镇远县
邮编：557700
网址：www.gogc.cn

贵州古城文化旅游开发股份有限公司
地址：黔东南州镇远县平昌街
电话：0855－5719541
邮编：557700

舞阳河风景区 AAAA
地址：黔东南州镇远县
邮编：557200

黎平侗乡风景区 AAAA
地址：黔东南州黎平县
邮编：557300

黎平肇兴侗文化旅游景区 AAAA
地址：黔东南州黎平县肇兴乡
电话：0855－6221198
邮编：557300

黎平堂安 A
地址：黔东南州黎平县肇兴乡
电话：0855－6221198
邮编：557300

黎平地坪风雨桥 A
地址：黔东南州黎平县地坪乡
电话：0855－6221198
邮编：557300

黎平纪堂鼓楼 A
地址：黔东南州黎平县
电话：0855－6221198
邮编：557300

榕江苗山侗水风景名胜区 AAAA
地址：黔东南州榕江县
邮编：557700

西江千户苗寨 AAAA
地址：黔东南州雷山县
电话：0855－3215738
邮编：557100

黔南州都匀市东山公园 AA
地址：黔南州都匀市
电话：0854－8224695
邮编：558000

黔南州都匀西山公园 AA
地址：黔南州都匀市民族路89号
电话：0854－8224695
邮编：558000

剑江河斗蓬山景区 AAAA
地址：黔南州都匀市
邮编：558000

荔波樟江景区 AAAA
地址：黔南州荔波县
邮编：558400

荔波樟江风景名胜区 AAAA
地址：黔南州荔波县樟江东路23号
电话：0854－3610959

邮编：558400

瓮安江界河风景名胜区 AAAA
地址：黔南州瓮安县
邮编：550400

黔南州平塘景区 AAAA
地址：黔南州平塘县
邮编：558300

万峰林景区 AAAA
（全国农业旅游示范点）
地址：黔西南州兴义市下午屯街道办事处
电话：0859－3910819
邮编：562400

黔西南州马岭河峡谷景 AAAA
地址：黔西南州兴义市城东北6公里
电话：0859－3114666
邮编：562400

马岭河峡谷景区 AAAA
地址：黔西南州兴义市城东北
邮编：562400

黔西南州双乳峰景区 AAAA
地址：黔西南州贞丰县
邮编：562200

餐　馆

贵阳花溪王记牛肉粉（花溪总店）
地址：贵阳市花溪区花阁路137号
电话：0851－5973233
邮编：550025

贵阳老凯俚酸汤鱼
地址：贵阳市云岩区盐务街23号
电话：0851－6831902
邮编：550001

贵阳雅温玉食酒楼
地址：贵阳市云岩区公园北路金沙花园5栋4号
电话：0851－5288811　5288822　5283339
邮编：550001

贵阳刘老四百鸡宴酒楼
地址：贵阳市南明区市南路168号
电话：0851－5512646　5512479
邮编：550001

贵阳雅温玉食酒楼
地址：贵阳市云岩区公园北路金沙花园5栋4号
电话：0851－5288811　5288822　5283339
邮编：550001

赤水情酒家
地址：贵阳市新华路6号
电话：0851－5527525
邮编：550001

贵阳菩提树餐饮有限公司
地址：贵阳市乌当区新添寨顺海村
电话：0851－6841777
邮编：550000

贵州龙门渔港餐饮有限公司
地址：贵阳市云岩区市西高架桥龙门大厦
电话：0851－5961888
邮编：550000

贵州天外天餐饮有限公司
地址：贵阳市市南路7号
电话：0851－5500610
邮编：550000

千河渔馆
地址：贵阳市花溪大道
电话：0851－3623222
邮编：550000

贵州火凤凰饮食有限公司
地址：贵阳市宝山南路
电话：0851－5895837
邮编：550000

贵阳南海港美食有限公司
地址：贵阳市贵开路
电话：0851－6783888
邮编：550000

贵州潮港海鲜城饮食有限公司
地址：贵阳市陕西路
电话：0851－6818333
邮编：550000

贵州饭店
地址：贵阳市北京路66号
电话：0851－6823888　6680005
邮编：550004

南粥北面
地址：贵阳市市南路22号
电话：0851－5532666
邮编：550001

红水河野生鱼庄
地址：贵阳市乌当区新天寨温泉路
电话：0851－6462797
邮编：550001

德克士迎宾餐厅
地址：贵阳市南明区遵义路68号
电话：0851－5778166
邮编：550001

金焦叶风味餐厅
地址：贵阳市南明区公园南路7号
电话：0851－5849966
邮编：550001

通达饭店旋转观光餐厅
地址：贵阳市南明区遵义路86号
电话：0851－8213888－0207
邮编：550001

贵阳金黔食府
地址：贵阳市南明区新华路106号
电话：0851－5527730
邮编：550001

醉美人间餐厅
地址：贵阳市南明区市南路40号
电话：0851－5520955
邮编：550001

麒记茶餐厅
地址：贵阳市南明区民权路4号
电话：0851－5822877
邮编：550001

喜园酒家
地址：贵阳市南明区宝山南路95号
电话：0851－5891222
邮编：550001

曾记重庆太安鱼庄
地址：贵阳市南明区青云路257号
电话：0851－8124045
邮编：550001

唐人食街
地址：贵阳市南明区瑞金南路134号
电话：0851－5841366
邮编：550001

远洋渔港
地址：贵阳市南明区箭道街26号
电话：0851－5811777
邮编：550001

午夜阳光咖啡酒吧
地址：贵阳市南明区兴关路204号
电话：0851－5573166
邮编：550001

民间瓦缸酒楼
地址：贵阳市南明区瑞金南路76号
电话：0851－5833777
邮编：550001

湘里人家
地址：贵阳市南明区解放路51号
电话：0851－5501777
邮编：550001

聚轩堂酒楼
地址：贵阳市南明区瑞金南路150号
电话：0851－5960158
邮编：550001

陶然居
地址：贵阳市南明区瑞金南路103号工会大厦
电话：0851－5966888
邮编：550001

农家小菜馆
地址：贵阳市南明区博爱路56号
电话：0851－5840922
邮编：550001

小城故事咖啡吧
地址：贵阳市南明区博爱路35号
电话：0851－5870856
邮编：550001

金燕贵宾楼
地址：贵阳市南明区箭道街19号
电话：0851－5861888
邮编：550001

毛家饭店
地址：贵阳市南明区箭道街2号宏业大厦2楼
电话：0851－5863568
邮编：550001

锦江第一鱼
地址：贵阳市南明区箭道街49号
电话：0851－5816577
邮编：550001

天意迎宾酒楼
地址：贵阳市南明区遵义路58号
电话：0851－5578558
邮编：550001

黔外婆酒楼
地址：贵阳市南明区都司路122号
电话：0851－5842111
邮编：550001

五福园家常菜馆
地址：贵阳市南明区解放路103号
电话：0851－5793779
邮编：550001

海港大酒楼
地址：贵阳市南明区中华南路45号华坤大厦

电话：0851－5830888
邮编：550001

毛家湘菜馆
地址：贵阳市市新华路 19 号
电话：0851－5874989
邮编：550001

天外天渔城
地址：贵阳市瑞金南路36 号久远大厦主楼 C 区
电话：0851－5815555
邮编：550001

老成都酒楼
地址：贵阳市南明区富水南路 39 号
电话：0851－5817255
邮编：550001

牧羊城水乡火锅
地址：贵阳市南明区富水南路 198 号
电话：0851－5809118
邮编：550001

聚鑫园酒楼
地址：贵阳市南明区花溪大道北段 26 号
电话：0851－6553578
邮编：550001

鸿宾楼酒家
地址：贵阳市云岩区威清路 4 号
电话：0851－6509688
邮编：550001

雅园稻香酒家
地址：贵阳市云岩区威清路 83 号
电话：0851－6508888
邮编：550001

火凤凰茶餐厅
地址；贵阳市云岩区环城北路 185 号
电话：0851－6865678
邮编：550001

赤水竹乡轩酒家
地址：贵阳市云岩区旭东路 151 号
电话：0851－5611568
邮编：550001

鹿鸣鲍翅海鲜酒家
地址：贵阳市云岩区北京路 157 号
电话：0851－6811989
邮编：550001

侗家食府
地址：贵阳市云岩区北京路 242 号
电话：0851－6507186
邮编：550001

九舟鱼庄
地址：贵阳市云岩区文昌北路 207 号
电话：0851－5250636
邮编：550001

美林阁
地址：贵阳市云岩区省府路 2 号
电话：0851－8217696
邮编：550001

忘不了农家饭庄
地址：贵阳市云岩区公园北路 39 号 2 楼
电话：0851－5284012
邮编：550001

南塘荷叶香食府
地址：贵阳市中华中路98 号金凤凰大厦 A 座
电话：0851－5823777
邮编：550001

七牌坊鱼庄
地址：贵阳市云岩区飞山街 99 号
电话：0851－5285677
邮编：550001

百鲜园食府
地址：贵阳市云岩区富水中路 27 号
电话：0851－5805065
邮编：550001

闽记百里鲜海鲜楼
地址：贵阳市小河区黄河路 319 号
电话：0851－8319617
邮编：550009

布依之家酒楼
地址：贵阳市小河区四方河路 49 号
电话：0851－3814582
邮编：550009

草棚渔村
地址：贵阳市小河区平桥金碧湾 1 号
电话：0851－3834555
邮编：550009

贵阳黄南武阳朗辣子鸡老店
地址：贵阳市息烽县永靖镇阳朗村
电话：0851－7700186
邮编：551100

六盘水元坤羊肉粉馆（总店）
地址：六盘水钟山区建设路小区
电话：13985381361
邮编：553000

六盘水华丽酒家
地址：六盘水市钟山区人民西路 68 号
电话：0858－8224787
邮编：553000

六盘水老四川酒楼
地址：六盘水市钟山区民族路
电话：0858－8225858
邮编：553400

六盘水市饮食服务公司
地址：六盘水市站龙塘街
电话：0858－2109757
邮编：553400

六盘水市凯帝娱乐饮食有限公司
地址：六盘水市钟山西路 41 号
电话：0858－8234567
邮编：553400

六盘水市天马美食城
地址：六盘水市钟山西路 56 号
电话：0858－8326282
邮编：553400

遵义市大三元酒楼
地址：遵义市中山路
电话：0852－6629888
邮编：563000

遵义市第二饮食服务公司楼外楼大酒店
地址：遵义市公园路 11 号
电话：0852－8224244
邮编：563000

遵义市第二饮食服务公司
地址：遵义市中华路 172 号
电话：0852－8222805
邮编：563000

遵义市锦顺园酒楼
地址：遵义市公园路 20 号
电话：0852－8255108
邮编：563000

遵义地区饮食服务公司
地址：遵义市中华路 30 号
电话：0852－8222443
邮编：563000

遵义静和园饮食服务有限责任公司
地址：遵义市凤凰路 48 号
电话：0852－8231198
邮编：563000

遵义明珠餐饮娱乐有限责任公司
地址：遵义市中华路 120 号
电话：0852－8255592
邮编：563000

遵义粤港酒楼
地址：遵义市中华路 231 号
电话：0852－8230203
邮编：563000

遵义中北天然饮食文化有限责任公司
地址：遵义市中华北路 1 号
电话：0852－8834567
邮编：563000

遵义小翠香餐饮有限公司
地址：遵义市杨柳街 14 号
电话：0852－8221607
邮编：563000

遵义老坛子酒楼
地址：遵义市中华北路 712 号
电话：0852－8877283
邮编：563000 区

安顺市饮食服务公司
地址：安顺市中华西路 13 号
电话：0853－3222162
邮编：561000

安顺市玉粤饮食服务有限公司
地址：安顺市西航路 1 号
电话：0853－3463118
邮编：561000

毕节市饮食服务公司
地址：毕节市咸宁路 23 号
电话：0857－8222018
邮编：551700

毕节地区楼外楼酒家有限责任公司
地址：毕节市松山路
电话：0857－8238448
邮编：551700

毕节火宫殿饮食文化有限责任公司
地址：毕节市麻园大道
电话：0857－8300222
邮编：551700

陈公馆酒楼
地址：铜仁市环西路 25 号
电话：0856－5230445
邮编：554300

龙井酒楼
地址：铜仁市解放路 42 号
电话：0856－5229376
邮编：554300

城北酒楼
地址：铜仁市环北路
电话：0856－5231068
邮编：554300

铜仁地区卢阳大酒楼
地址：铜仁市共青路1号
电话：0856－5223195
邮编：554300

铜仁地区田家饮食服务有限公司
地址：铜仁市凉水井路18号
电话：0856－5234189
邮编：554300

铜仁市贵丰食府园
地址：铜仁市锦江南路4号
电话：0856－5231066
邮编：554300

铜仁地区南国大酒楼有限公司
地址：铜仁市解放路
电话：0856－5223248
邮编：554300

铜仁地区炜烨酒楼有限公司
地址：铜仁市大江南路18号
电话：0856－5259599
邮编：554300

铜仁农夫山庄饮食服务有限公司
地址：铜仁市谢桥
电话：0856－5241338
邮编：554300

铜仁地区绿洲酒楼
地址：铜仁市新华路66号
电话：0856－5239686
邮编：554300

铜仁湘里人家饮食文化有限公司
地址：铜仁市东太大道
电话：13595607186
邮编：554300

凯里市饮食服务公司红旗饭店
地址：黔东南州凯里市遵义路口14号
电话：0855－8221374
邮编：556000

黔东南州陶然居饮食文化有限责任公司
地址：黔东南州凯里市宁波路金龙苑1号楼
电话：0855－8266678
邮编：556000

凯里市卞氏莱根香泡菜酒楼
地址：黔东南州凯里市红洲路中联大夏
电话：0855－8276695
邮编：556000

凯里市金龙酒家
地址：黔东南州凯里市金井路9号
电话：0855－8229857
邮编：556000

凯里市金牛饮食服务有限公司
地址：黔东南州凯里市文化北路38号
电话：0855－8503939
邮编：556000

凯里市饮食服务公司
地址：黔东南州凯里市北京西路
电话：0855－8222348
邮编：556000

黔东南州静心园饮食服务有限责任公司
地址：黔东南州凯里市文化北路
电话：0855－8253166
邮编：556000

广东酒楼
地址：黔东南州凯里市韶山南路80号
电话：0855－8233888
邮编：556000

凯里市侗乡酒楼
地址：黔东南州凯里市文化北路11号
电话：0855－8230960
邮编：556000

都匀市饮食服务公司
地址：黔南州都匀市民族路38号
电话：0854－8222606
邮编：558000

都匀观澜轩民族文化饱食有限责任公司
地址：黔南州都匀市钓鱼台观澜轩
电话：0854－8331256
邮编：558000

兴义市饮食服务公司
地址：黔西南州兴义市桔山富兴街5号
电话：0859－3222540
邮编：562400

旅游用品

贵州多彩民族民间文化艺术发展有限公司
地址：贵阳市北京路168号
电话：0851－6822511
邮编：550004

贵州黔粹行民族文化发展有限公司
地址：贵阳市瑞金北路201号
电话：0851－6504769　6839249
邮编：550001

贵州严晓妮木人有限公司
地址：贵阳市黔春路80号
电话：0851－4850230
邮编：550001

贵州黔韵民族工艺品开发有限公司
地址：贵阳市沙河冲路101号
电话：0851－5752206
邮编：550001

贵阳青之坊工艺品有限公司
地址：贵阳市北京路26号
电话：0851－6620862
邮编：550001

黔境古风民间艺术坊
地址：贵阳市云岩区华宫巷1号1单元603号
电话：0851－5606723
邮编：550001

贵阳雕刻工艺厂
地址：贵阳市西湖路观水巷1号
电话：0851－5933614
邮编：550001

贵阳现代雕刻美术工艺厂
地址：贵阳市黑羊巷30号副8号
电话：0851－5822796
邮编：550001

贵州炼石斋旅游工艺品有限公司
地址：贵阳市花溪宾馆内
电话：0851－3865102
邮编：550025

贵州紫袍玉带石雕有限公司
地址：贵阳市花溪区青岩镇南门停车场
电话：0851－3200197
邮编：550025

贵州广信民族艺术有限公司
地址：贵阳市三桥广信四季区D3－133
电话：13984848996
邮编：550001

贵州飞颜堂工艺品有限公司
地址：贵阳市神奇路48号2单元104号
电话：0851－5820236
邮编：550001

贵州特色蜡染工艺制品有限公司
地址：贵阳市鹿冲关路276号
电话：0851－8133411
邮编：550004

贵州特色工艺品有限公司
地址：贵阳市小河区漓江花园
电话：0851－8187088
邮编：550001

赤水市工艺美术厂
地址：遵义赤水市西内环路
电话：0852－2821328
邮编：564700

遵义泥牛黄工艺品有限公司
地址：遵义市余庆县石洋湖开发区
电话：0852－4622907
邮编：564400

安顺市蜡染总厂
地址：安顺市西秀区南华路46号
电话：0853－3222651
邮编：561000

安顺市山屯木雕工艺厂
地址：安顺市西秀区刘官乡周官村
电话：0853－3760086
邮编：561000

镇宁夜郎蜡妹工艺厂
地址：安顺市镇宁县县委旁
电话：0853－6225076
邮编：561200

贵州大方县漆器工艺制品厂
地址：毕节市大方县大方镇书院街60号
电话：0857－5221823
邮编：551600

织金县星月工艺厂
地址：毕节市织金县城关南门冒沙井
电话：0857－7624168
邮编：552100

贵州铜仁紫玉旅游工艺品有限公司
地址：铜仁市北关路43号
电话：13379648458
邮编：554300

贵州玉屏箫笛厂
地址：铜仁市玉屏县
电话：0856－3221712
邮编：554000

玉屏黔龙工艺品公司
地址：铜仁市玉屏县平江路8号
电话：0856－3223813
邮编：554000

贵州省梵净山石奇工艺有限公司
地址：铜仁市印江县朗溪镇
电话：0853－6231955
邮编：555200

贵州松桃梵净山苗族文化旅游产品开发有限公司
地址：铜仁市松桃县东城新区
电话：0856－2838999　2356560
邮编：554100

丹缘朱砂工艺品有限公司
地址：铜仁市万山特区解放路
电话：0856－3523578
邮编：554300

贵州仰阿莎民族工艺品有限公司
地址：黔东州凯里市友庄路民族体育馆主楼
电话：0855－8061305
邮编：556000

贵州苗赛手工艺品公司
地址：黔东南州凯里市北京东路 9 号
电话：0855－2110381
邮编：556000

黔东南蓝花民族旅游工艺品有限公司
地址：黔东南州凯里市环城西路 112 号
电话：0855－8609099
邮编：556000

黔东南州圆玉工艺品有限公司
地址：黔东南州凯里市民族商贸街 5 栋副 2 号
电话：0855－8363623
邮编：556000

凯里市好花红工艺品销售有限公司
地址：黔东南州凯里市民族商贸街 3 栋
电话：0855－8365806
邮编：556000

贵州印象苗族银饰刺绣有限公司
地址：黔东南州凯里市民族商贸街
电话：0855－8365205
邮编：556000

贵州榜香郁苗绣服饰开发有限公司
地址：黔东南州施秉县城关镇县府路 1 号
电话：0855－4222115　4226600
邮编：556200

台江芳佤银饰刺绣有限公司
地址：黔东南州台江县苗江东大道
电话：0855－5322187
邮编：556300

贵州黎平县侗乡木雕有限公司
地址：黔东南州黎平县玉皇阁 5 号
电话：0855－6210408
邮编：557300

独山县民族刺绣厂
地址：黔南州独山县
电话：0854－3226730
邮编：528200

牙舟工艺美术陶瓷厂
地址：黔南州平塘县牙舟镇
电话：0854－7471138
邮编：558303

旅游交通

贵州省外事旅游车队
地址：贵阳市云岩区盐务街
电话：0851－6611359
邮编：550001

贵阳火车站
地址：贵阳市南明区遵义路
电话：0851－8181222
邮编：550001

贵阳龙洞堡机场
地址：贵阳市
电话：0851－5498114　5498908
邮编：550001

六盘水火车站
地址：六盘水市钟山区西站路
电话：0858－2102221
邮编：553000

六枝火车站
地址：六盘水市六枝特区平寨镇交通北路
电话：0858－2108274
邮编：553401

遵义火车站
地址：遵义市北京路
电话：0852－8230416　3168622
邮编：563000

安顺外事旅游平安客运有限公司
地址：安顺市南华路 176 号
电话：0853－3295742
邮编：561000

安顺火车站
地址：安顺市南华路 90 号
电话：0853－3290572
邮编：561000

贵州省毕节外事旅游汽车运输有限公司
地址：毕节市洪山路 1 号
电话：0857－8253653
邮编：551700

铜仁火车站
地址：铜仁市
电话：0856－5206288　95105105
邮编：554300

玉屏火车站
地址：铜仁市玉屏县
电话：0856－4165222
邮编：554004

印江自治县梵净山旅游客运有限公司
地址：铜仁市印江自治县
电话：0856－6231692
邮编：555200

铜仁凤凰机场
地址：铜仁市松桃县大兴镇
电话：0856－5938023
邮编：554111

凯里火车站
地址：黔东南州凯里市
电话：0855－3812222
邮编：556000

黎平机场
地址：黔东南州黎平县
电话：0855－6328004
邮编：557300

都匀火车站
地址：贵州省都匀市剑江中路
电话：0854－95105105
邮编：558000

兴义火车站
地址：黔西南州兴义市
电话：0859－2282222
邮编：562400

兴义机场
地址：黔西南州兴义市
电话：0859－3195022
邮编：562400

云　南

YUNNAN

旅游机构

云南省旅游发展委员会
地址：昆明市滇池路 678 号
电话：0871－64608322　64608365
邮编：650200

云南省旅游执法总队
地址：昆明市滇池路 678 号
电话：0871－64608313
邮编：650200

昆明市旅游局
地址：昆明市呈贡新区锦绣大街 1 号市级行政中心
电话：0871－63193715　63153101
邮编：650011

五华区旅游局
地址：昆明市崇仁街 17 号南楼 5 楼
电话：0871－63133514
邮编：650032

盘龙区旅游局
地址：昆明市北京路 481 号区政府 2 楼
电话：0871－63175963
邮编：650021

官渡区旅游局
地址：昆明市关上镇关兴路 217 号
电话：0871－67174885
邮编：650200

西山区旅游局
地址：昆明市西山区秀苑路 188 号
电话：0871－68233517
邮编：650100

安宁市旅游局
地址：昆明安宁市政府大楼 4 楼
电话：0871－68631606
邮编：650300

富民县旅游局
地址：昆明市富民县政府办公大楼 3 楼
电话：0871－68813116
邮编：650400

呈贡县旅游局
地址：昆明市呈贡县农街 70 号 2 楼
电话：0871－67479642
邮编：650500

晋宁县旅游局
地址：昆明市晋宁县昆阳大街 16 号
电话：0871－67893316
邮编：650600

嵩明县旅游局
地址：昆明市嵩明县南街 133 号
电话：0871－67926986
邮编：651700

禄劝彝族苗族自治县旅游局
地址：昆明市禄劝县政府大楼 1 楼
电话：0871－68999199
邮编：651500

石林彝族自治县旅游局
地址：昆明市石林县石林风景区内
电话：0871－67711439
邮编：652211

东川区旅游局
地址：昆明市东川区会堂内
电话：0871－62169796
邮编：654100

寻甸回族彝族自治县旅游局
地址：昆明市寻甸县政府大院
电话：0871－62659009
邮编：655200

宜良县旅游局
地址：昆明市宜良县温泉路公务楼 5 楼
电话：0871－67594038
邮编：652100

曲靖市旅游局
地址：曲靖市文昌街 78 号
电话：0874－3122424
邮编：655000

麒麟区旅游局
地址：曲靖市南宁西路 28 号区政府大院
电话：0874－3133066
邮编：655000

罗平县旅游局
地址：曲靖市罗平县罗雄镇振兴街 52 号
电话：0874－8212524
邮编：655800

师宗县旅游局
地址：曲靖市师宗县挽澜路 33 号
电话：0874－5752526
邮编：655700

陆良县旅游局
地址：曲靖市陆良县东门街县政府大院
电话：0874－6222376
邮编：655600

马龙县旅游局
地址：曲靖市马龙县羊角山 6 号
电话：0874－8880888
邮编：655100

宣威市旅游局
地址：曲靖宣威市振兴街旅游大厦 2 楼
电话：0874－7201187
邮编：655400

富源县旅游局
地址：曲靖市富源县金城路 136 号
电话：0874－4612165
邮编：655500

会泽县旅游局
地址：曲靖市会泽县金钟镇二道巷 19 号
电话：0874－5122684
邮编：654200

沾益县旅游局
地址：曲靖市沾益县环城东路 80 号
电话：0874－3166502
邮编：655331

玉溪市旅游局
地址：玉溪市红塔区桂山路 15 号
电话：0877－2067642　2067403
邮编：653100

红塔区旅游局
地址：玉溪市玉兴路 98 号
电话：0877－2034378
邮编：653100

澄江县旅游局
地址：玉溪市澄江县凤翔路北 14 号
电话：0877－6919199
邮编：652500

江川县旅游局
地址：玉溪市江川县星云路东段 6 号
电话：0877－8017132
邮编：652600

通海县旅游局
地址：玉溪市通海县秀山镇北街 30 号
电话：0877－3011787
邮编：652700

峨山彝族自治县旅游局
地址：玉溪市峨山县双江镇体育场内
电话：0877－4012686
邮编：653200

新平彝族傣族自治县旅游局
地址：玉溪市新平县平山路政府第二办公区
电话：0877－7019001
邮编：623400

元江哈尼族彝族傣族自治县旅游局
地址：玉溪市元江县文化路 1 号
电话：0877－6515277
邮编：653300

易门县旅游局
地址：玉溪市易门县西小街 1 号
电话：0877－4966118
邮编：651100

华宁县旅游局
地址：玉溪市华宁县宁秀街 148 号
电话：0877－5018919
邮编：652800

昭通市旅游局
地址：昭通市海楼路体育馆 17 号体育馆后侧
电话：0870－2123079　2123069
邮编：657000

昭阳区旅游局
地址：昭通市青年路南段
电话：0870－2220984
邮编：657000

大关县旅游局
地址：昭通市大关县顺城路
电话：0870－5626886
邮编：657400

水富县旅游局
地址：昭通市水富县临江中路 39 号
电话：0870－8634300
邮编：657800

威信县旅游局
地址：昭通市威信县人民路
电话：0870－6126132
邮编：657900

鲁甸县旅游局
地址：昭通市鲁甸县文屏北路 22 号
电话：0870－8121351
邮编：657100

盐津县旅游局
地址：昭通市盐津县文兴街
电话：0870－6620037
邮编：657500

彝良县旅游局
地址：昭通市彝良县人民街 73 号
电话：0870－5124925
邮编：657600

巧家县旅游局
地址：昭通市巧家县新华北路
电话：0870－7127379
邮编：654600

绥江县旅游局
地址：昭通市绥江县金江街
电话：0870－7621209
邮编：657700

保山市旅游局
地址：保山市隆阳区同仁街市人大6楼
电话：0875－2161157
邮编：678000

隆阳区旅游局
地址：保山市保岫西路23号
电话：0875－2160175
邮编：678000

腾冲县旅游局
地址：保山市腾冲县腾越镇满邑社区中村小区165号
电话：0875－5139281
邮编：679100

楚雄彝族自治州旅游局
地址：楚雄州楚雄市阳光大道第三公务小区
电话：0878－3369516　3129104
邮编：675000

楚雄市旅游局
地址：楚雄州楚雄市鹿城南路445号
电话：0878－3122905
邮编：675000

武定县旅游局
地址：楚雄州武定县中心街
电话：0878－8715177
邮编：651600

南华县旅游局
地址：楚雄州南华县龙泉西路61号
电话：0878－7222799
邮编：675200

永仁县旅游局
地址：楚雄州永仁县政府大楼
电话：0878－6721787
邮编：651400

双柏县旅游局
地址：楚雄州双柏县前进路
电话：0878－7721809
邮编：675100

禄丰县旅游局
地址：楚雄州禄丰县政府大院
电话：0878－4124542
邮编：651200

元谋县旅游局
地址：楚雄州元谋县元马镇胜利街1号
电话：0878－8214755
邮编：651300

大姚县旅游局
地址：楚雄州大姚县城南街
电话：0878－6212902
邮编：675400

姚安县旅游局
地址：楚雄州姚安县环城南路65号
电话：0878－5724216
邮编：675300

牟定县旅游局
地址：楚雄州牟定县茅阳路
电话：0878－5211398
邮编：675500

红河哈尼族彝族自治州旅游发展委员会
地址：红河州蒙自市州政府办公楼A631室
电话：0873－3732277　3732275
邮编：661100

河口瑶族自治县旅游局
地址：红河州河口县商贸街联检大楼6楼
电话：0873－3421259
邮编：661300

建水县旅游局
地址：红河州建水县政府大楼1楼
电话：0873－7616851
邮编：664300

石屏县旅游局
地址：红河州石屏县环城南路3号
电话：0873－4855800
邮编：662200

个旧市文化体育旅游局
地址：红河州个旧市五一路40号
电话：0873－2156209
邮编：661000

弥勒市旅游发展委员会
地址：红河州弥勒市士金街215号
电话：0873－6133277
邮编：652300

泸西县旅游局
地址：红河州泸西县人民路5号
电话：0873－6635988
邮编：652400

蒙自市旅游局
地址：红河州蒙自市银河路63号
电话：0873－3721599
邮编：661100

元阳县旅游局
地址：红河州元阳县南沙叶榕路
电话：0873－5644956
邮编：662400

屏边苗族自治县文化体育旅游局
地址：红河州屏边县建设路37号
电话：0873－3221204
邮编：661200

金平苗族瑶族傣族自治县建设环保旅游局
地址：红河州金平县金沙小区
电话：0873－5221680

红河县建设环保局
地址：红河州红河县西门街
电话：0873－4623134
邮编：654400

绿春县旅游局
地址：红河州绿春县民族风情园
电话：0873－4224376
邮编：662500

文山壮族苗族自治州旅游局
地址：文山州文山县开化中路236号
电话：0876－2158505
邮编：663000

文山县旅游局
地址：文山州文山县开化镇
电话：0876－2143942
邮编：663000

丘北县旅游局
地址：文山州丘北县政府大院
电话：0876－4123043
邮编：663200

麻栗坡县旅游局
地址：文山州麻栗坡县河滨路11号
电话：0876－6622665
邮编：663600

广南县旅游局
地址：文山州广南县莲城镇南秀路
电话：0876－5158595
邮编：663300

砚山县旅游局
地址：文山州砚山县城砚华东路23号
电话：0876－3127885
邮编：663100

富宁县旅游局
地址：文山州新华镇文化路建设大厦
电话：0876－6122126
邮编：663400

西畴县旅游局
地址：文山州西畴县城
电话：0876－7623428
邮编：663500

马关县旅游局
地址：文山州马关县城
电话：0876－7129947
邮编：663700

普洱市旅游局
地址：普洱市思茅区民航路18号
电话：0879－2136373　2145370
邮编：665000

翠云区旅游局
地址：普洱市翠云区柏枝林路
电话：0879－2135724
邮编：665000

普洱哈尼族彝族自治县旅游局
地址：普洱市普洱县政府招待所
电话：0879－3231616
邮编：665100

景东彝族自治县旅游局
地址：普洱市景东县政府
电话：0879－8226005
邮编：676200

景谷傣族彝族自治县旅游局
地址：普洱市景谷县县政府
电话：0879－5116999
邮编：666400

镇沅彝族哈尼族拉祜族自治县旅游局
地址：普洱市镇沅县县政府招待所
电话：0879－5814896
邮编：666500

墨江哈尼族自治县旅游局
地址：普洱市墨江县县政府
电话：0879－4239208
邮编：654800

江城哈尼族彝族自治县旅游局
地址：普洱市江城县县政府
电话：0879－3721038
邮编：665900

澜沧拉祜族自治县旅游局
地址：普洱市澜沧县县政府
电话：0879－7221035
邮编：665600

孟连傣族拉祜族自治县旅游局
地址：普洱市孟连县县政府
电话：0879－8727916
邮编：665800

西盟佤族自治县旅游局
地址：普洱市西盟县县政府
电话：0879－8344126
邮编：665700

西双版纳傣族自治州旅游局
地址：西双版纳州景洪市民航路 28 号
电话：0691－2121588　2129089
邮编：666100

景洪市旅游局
地址：西双版纳州景洪市曼听路
电话：0691－2161630　2162177
邮编：666100

勐海县旅游局
地址：西双版纳州勐海县景管路 11 号
电话：0691－5127890
邮编：666200

勐腊县旅游局
地址：勐腊县财政局大楼
电话：0691－8122229
邮编：666300

大理白族自治州旅游发展管理委员会
地址：大理州大理市下关镇龙山行政办公区
电话：0872－2316871　2316785
邮编：671000

大理市旅游事业局
地址：大理州大理古城绿玉小区
电话：0872－2671364
邮编：671000

宾川县旅游事业局
地址：大理州宾川县政府内
电话：0872－7149318
邮编：671600

剑川县旅游事业局
地址：大理州剑川县金华镇
电话：0872－4521762
邮编：671300

鹤庆县旅游事业局
地址：大理州鹤庆县云鹤镇
电话：0872－4122659
邮编：671500

洱源县旅游事业局
地址：大理州洱源县政府内
电话：0872－5124023
邮编：671200

祥云县旅游事业局
地址：大理州祥云县祥城镇
电话：0872－6120893
邮编：672100

巍山彝族回族自治县旅游事业局
地址：大理州巍山县政府内
电话：0872－6120893
邮编：672400

弥渡县旅游事业局
地址：大理州弥渡县弥城镇
电话：0872－8168388
邮编：675600

漾濞彝族自治县旅游开发办公室
地址：大理州漾濞县城
电话：0872－7524617
邮编：672500

南涧彝族自治县旅游开发办公室
地址：大理州南涧县南涧镇
电话：0872－8522735
邮编：675700

云龙县旅游开发办公室
地址：大理州云龙县城
电话：0872－5520759
邮编：672700

永平县旅游开发办公室
地址：大理州永平县城
电话：0872－6523009
邮编：672600

德宏傣族景颇族自治州旅游局
地址：德宏州潞西市芒市团结大街 164 号
电话：0692－2125074
邮编：678400

潞西市旅游局
地址：德宏州潞西市芒市镇人民路 6 号
电话：0692－2136696
邮编：678400

瑞丽市旅游局
地址：德宏州瑞丽市建设路 2 号
电话：0692－4142428
邮编：678600

畹町旅游局
地址：德宏州瑞丽市畹町开发区
电话：0692－5151085
邮编：678500

梁河县旅游局
地址：德宏州梁河县城
电话：0692－6161176
邮编：678400

盈江县旅游局
地址：德宏州盈江县平原镇
电话：0692－8180073
邮编：679300

陇川县旅游局
地址：德宏州陇川县章凤镇
电话：0692－7171658
邮编：678700

丽江市旅游局
地址：丽江市古城区雪山路
电话：0888－5158111
邮编：674100

古城区旅游局
地址：丽江市古城区福慧路区政府内
电话：0888－5123824
邮编：674100

玉龙纳西族自治县旅游局
地址：丽江市玉龙县政府内
电话：0888－5123824
邮编：674100

宁蒗彝族自治县旅游局
地址：丽江市宁蒗县政府内
电话：0888－5524907
邮编：674300

永胜县旅游办公室
地址：丽江市永胜县政府大院
电话：0888－6521371
邮编：674200

华坪县旅游局
地址：丽江市华坪县河东新城建设局内
电话：0888－6126768
邮编：674100

怒江傈僳族自治州旅游局
地址：怒江州行政中心 A 区
电话：0886－3888918
邮编：673100

泸水县旅游局
地址：怒江州泸水县新华书店 2 楼
电话：0886－3629031
邮编：673100

福贡县旅游局
地址：怒江州福贡县人大 1 楼
电话：0886－3413875
邮编：673400

贡山独龙族怒族自治县旅游局
地址：怒江州贡山县政府办公楼第 2 幢
电话：0886－3512285
邮编：673500

兰坪白族普米族自治县旅游局
地址：怒江州兰坪县人民路 2 号
电话：0886－3211467
邮编：673200

迪庆藏族自治州旅游局
地址：迪庆州香格里拉县阳塘路 38 号
电话：0887－8223787
邮编：674400

香格里拉县旅游局
地址：迪庆州香格里拉县长征路南段
电话：0887－8225390
邮编：674400

临沧市旅游局
地址：临沧市临翔区凤翔路 9 号
电话：0883－2165939
邮编：677000

旅 行 社

云南海外旅游总公司
地址：昆明市东风东路 96 号（茶花宾馆内）
电话：0871－63123281
邮编：650041
许可证号：L－YN－CJ00001

昆明中国国际旅行社
地址：昆明市环城南路 285 号
电话：0871－63566608
邮编：650011
网址：www.kmcits.com.cn
许可证号：L－YN－CJ00002

昆明风光国际旅游有限责任公司
地址：昆明市永胜路 41 号 1－3 楼
电话：0871－63570565
邮编：650011
许可证号：L－YN－CJ00003

云南金孔雀旅游集团国际旅行社有限公司
地址：景洪市民航路 28 号
电话：0691－2125777　2128162

邮编：666100
许可证号：L－YN－CJ00004

云南河口国际旅行社
地址：红河州河口县人民路6号
电话：0873－3421311　3423388
邮编：661300
许可证号：L－YN－CJ00005

云南省中国旅行社
地址：昆明市北京路152号中明大厦6楼
电话：0871－63514788
邮编：650011
网址：www.ctsyn.cn
许可证号：L－YN－CJ00006

昆明铁路国际旅行社（集团）
地址：昆明市昆明铁路大厦综合楼
电话：0871－63519202
邮编：650011
网址：www.kmrts.com
许可证号：L－YN－CJ00007

昆明旅行社（国际）有限公司
地址：昆明市环城东路488号
电话：0871－63320084
邮编：650041
许可证号：L－YN－CJ00008

云南中青国际旅行社有限公司
地址：昆明市拓东路101－109号
电话：0871－63323331
邮编：650041
网址：www.egochinatravel.com
许可证号：L－YN－CJ00009

云南科技国际旅行社
地址：昆明市翠湖西路1号省科技馆4楼
电话：0871－63105291
邮编：650031
网址：www.STITSYN.com
许可证号：L－YN－CJ00010

昆明风情国际旅游（集团）有限公司
地址：昆明市北京路99号
电话：0871－63578182
邮编：650011
网址：www.fqgl.com
许可证号：L－YN－CJ00011

云南省国际旅行社
地址：昆明市东郊路111号
电话：0871－63377495
邮编：650041
网址：www.100yn.com
许可证号：L－YN－CJ00012

云南航空国际观光旅行社
地址：昆明市北京路237号
电话：0871－68098618
邮编：650200
网址：www.yunnanly.com
许可证号：L－YN－CJ00013

云南世博国际旅行社股份有限公司
地址：昆明市和平南路52号南国宾馆内
电话：0871－63532091
邮编：650011
网址：www.bestyn.com
许可证号：L－YN－CJ00014

昆明海外旅行社有限责任公司
地址：昆明市北京路96号锦华国际酒店605室
电话：0871－68056567
邮编：650011
网址：www.chinatraveltop.com
许可证号：L－YN－CJ00015

云南招商国际旅行社
地址：昆明市东风东路169号
电话：0871－63349296　68881239
邮编：650041
许可证号：L－YN－CJ00016

昆明太阳洲国际旅行社有限公司
地址：昆明市北京路605号驰宇大厦15楼
电话：0871－65132999
邮编：650051
许可证号：L－YN－CJ00017

云南熊猫国际旅行社有限公司
地址：昆明市北京路328号
电话：0871－63190598
邮编：650041
网址：www.kmcits.com
许可证号：L－YN－CJ00018

云南天达国际旅行社有限公司
地址：西双版纳景洪市景西路8号
电话：0691－2199556
邮编：666100
网址：www.tiand-da.com.cn
许可证号：L－YN－CJ00019

昆明康辉旅行社有限公司
地址：昆明市永丰路6号康辉旅游大厦
电话：0871－63522500　63571900
邮编：650011
许可证号：L－YN－CJ00020

云南宝中国际旅行社有限公司
地址：昆明市宝海路13号
电话：0871－63537837
邮编：650200
许可证号：L－YN－CJ00021

云南佳缘国际旅行社有限责任公司
地址：昆明市富春街98号都市名园C座501室
电话：0871－63611232
邮编：650031
许可证号：L－YN－CJ00022

昆明假日国际旅行社有限公司
地址：昆明市南屏街88号世纪广场C1幢11楼
电话：0871－63646566
邮编：650012
许可证号：L－YN－CJ00023

云南康大国际旅行社有限公司
地址：昆明市永安路1号
电话：0871－63523884
邮编：650011
许可证号：L－YN－CJ00024

云南旅游商务国际旅行社有限公司
地址：昆明市北京路202号
电话：0871－63172479
邮编：650500
电子信箱：liangfeng897@yahoo.com.cn
许可证号：L－YN－CJ00025

云南永和旅行社有限公司
地址：昆明市宝海路13号宝海豪苑竹轩12楼A座12－13
电话：0871－63558000
邮编：650201
许可证号：L－YN－CJ00026

云南华夏国际旅行社有限公司
地址：昆明市永平路3号新光世纪城A座18楼
电话：0871－63526728　63391888
邮编：650000
电子信箱：9793183@qq.com
许可证号：L－YN－CJ00027

昆明缘分国际旅行社有限责任公司
地址：昆明市官渡区银海领域1幢3单元1601、1602
电话：0871－63589321
邮编：650200
电子信箱：445392965@qq.com
许可证号：L－YN－CJ00028

中旅总社云南有限公司
地址：昆明市五华区护国路2号
电话：0871－63117638
邮编：650021
电子信箱：lz178183099@163.com
许可证号：L－YN－CJ00029

昆明天涯旅行社有限公司
地址：昆明市人民中路武成新时代广场南楼7D
电话：0871－63630698
邮编：650031
许可证号：L－YN－CJ00030

云南之路国际旅行社有限公司
地址：昆明市北京路96号锦华国际酒店1110号
电话：0871－63589633
邮编：650011
电子信箱：tangyanmei99@gmail.com
许可证号：L－YN－CJ00031

云南文华旅行社有限责任公司
地址：昆明市春城路64号米兰国际B座1713室
电话：0871－63354433
邮编：650011
许可证号：L－YN－CJ00032

昆明中北天下旅行社有限公司
地址：昆明市官渡区永平路10号
电话：0871－63541636
邮编：650031
许可证号：L－YN－CJ00033

云南丽江白鹿国际旅行社有限公司
地址：丽江市古城区玉龙雪山旅游大厦二楼
电话：0888－5167019　5188001
邮编：674100
电子信箱：bltarvel@126.com
许可证号：L－YN－CJ00034

普洱市茗苑旅行社
地址：普洱市思茅区鱼水路18号
电话：0879－2309779
邮编：665000
许可证号：L－YN－CJ00035

昆明假日国际旅行社有限公司
地址：昆明市人民中路如意大厦16楼AB座
电话：0871－63643449
邮编：650021
电子信箱：405654882@qq.com
许可证号：L－YN－CJ00036

昆明山茶旅行社有限责任公司
地址：昆明市北京路612－614号银海国际公寓C1402室
邮编：650500
许可证号：L－YN－CJ00037

云南金鹿国际旅行社有限公司
地址：楚雄州楚雄市鹿城南路 66 号
电话：0878－3130589　3132287
邮编：675000
许可证号：L－YN－CJ00038

大理茶花国际旅行社有限责任公司
地址：大理州大理市苍山路 17 号
电话：0872－2198861　2197757
邮编：671000
许可证号：L－YN－CJ00039

玉溪红塔国际旅行社有限公司
地址：玉溪市红塔区聂耳路 39－6 号
电话：0877－2025444
邮编：653100
许可证号：L－YN－CJ00040

昆明滇峰国际旅行社有限责任公司
地址：昆明市西山区环城南路 668 号云纺国际商厦 B 区 15 层 1508 号
电话：0871－3514705
邮编：650118
许可证号：L－YN－CJ00041

饭　店

翠湖宾馆 ★★★★★
地址：昆明市翠湖南路六号
电话：0871－65158888
邮编：650031

佳华广场酒店 ★★★★★
地址：昆明市北京路 577 号
电话：0871－63562828
邮编：650011

昆明君乐酒店 ★★★★★
地址：昆明市洪华桥 20 号
电话：0871－65386688
邮编：650031

绿洲大酒店 ★★★★★
地址：昆明市拓东路 80 号
电话：0871－63189999
邮编：650041

昆明世纪金源饭店 ★★★★★
地址：昆明市官渡区世纪城迎宾路 1 号
电话：0871－67388888
邮编：650200

昆明新南亚风情园商贸有限公司豪生大酒店 ★★★★★
地址：昆明市呈贡新区春融街 888 号
电话：0871－65918888
邮编：650500

曲靖官房大酒店 ★★★★★
地址：曲靖市南城门外
电话：0874－3226666
邮编：655000

腾冲官房大酒店 ★★★★★
地址：保山市腾冲县腾越镇红星小区 1 号
电话：0875－5199999
邮编：679100

腾冲国际高尔夫旅游度假大饭店 ★★★★★
地址：保山市腾冲县腾越镇观景大道 1 号
电话：0875－5899999－2101
邮编：679100

官房大酒店 ★★★★★
地址：丽江市古城区香格里大道中段
电话：0888－5188888
邮编：674100

大港旺宝国际饭店 ★★★★★
地址：丽江市古城区
电话：0888－5555555
邮编：674100

和府皇冠假日酒店 ★★★★★
地址：丽江市古城区祥和路 276 号
电话：0888－5588888
邮编：674100

瑞丽市景成地海温泉度假中心 ★★★★★
地址：德宏州瑞丽市瑞丽大道东段
电话：0692－6999999
邮编：678600

天界神川大酒店 ★★★★★
地址：迪庆州香格里拉县长征路中段
电话：0887－8228008
邮编：674400

漫湾大酒店 ★★★★★
地址：大理州大理市经济开发区沧浪路西侧
电话：0872－2188188
邮编：671000

大理风花雪月大酒店 ★★★★★
地址：大理州大理市古城玉洱路大丽路旁
电话：0872－2666666
邮编：671003

大理海湾国际酒店 ★★★★★
地址：大理州大理市下关泰安桥南中民城市广场
电话：0872－3188888
邮编：671000

芒市宾馆 ★★★★★
地址：德宏州芒市菩提街 1 号
电话：0692－2290888
邮编：678400

红河官房大酒店 ★★★★★
地址：红河州蒙自市南湖南路 8 号
电话：0873－3660999
邮编：661100

滇池大酒店 ★★★★
地址：昆明市滇池国家旅游度假区怡景路 9 号
电话：0871－64334888
邮编：650228

滇池温泉花园酒店 ★★★★
地址：昆明市滇池路 9 公里
电话：0871－64334666
邮编：650228

官渡大酒店 ★★★★
地址：昆明市关上南路
电话：0871－67169988
邮编：650200

金龙饭店 ★★★★
地址：昆明市北京路 575 号
电话：0871－63133015
邮编：650011

经贸宾馆 ★★★★
地址：昆明市青年路 298 号
电话：0871－63190888
邮编：650031

昆明饭店 ★★★★
地址：昆明市东风东路 52 号
电话：0871－63162063
邮编：650051

昆明锦江大酒店 ★★★★
地址：昆明市北京路 98 号
电话：0871－63138888
邮编：650011

昆明中玉酒店 ★★★★
地址：昆明市新民航中心区
电话：0871－67155188
邮编：650200

泰丽国际酒店 ★★★★
地址：昆明市环城南路 39 号
电话：0871－63305888
邮编：650041

泰隆宏瑞饭店 ★★★★
地址：昆明市春城路 279 号
电话：0871－63559999
邮编：650011

威龙饭店 ★★★★
地址：昆明市沿河路 42 号
电话：0871－63616688
邮编：650032

希桥酒店 ★★★★
地址：昆明市江滨西路 1 号
电话：0871－65116666
邮编：650021

新纪元大酒店 ★★★★
地址：昆明市东风西路 99 号
电话：0871－63624999
邮编：650021

金泉大酒店 ★★★★
地址：昆明市人民东路 93 号
电话：0871－63196888
邮编：650051

昆明怡景园度假酒店 ★★★★
地址：昆明市滇池路六公里处
电话：0871－64313338
邮编：650228

东川泰隆商务酒店 ★★★★
地址：昆明市东川区凯通路 30 号
电话：0871－62569999
邮编：654100

昆明海天酒店 ★★★★
地址：昆明市拓东路 3 号
电话：0871－63133588
邮编：650011

昆明华地王朝大酒店 ★★★★
地址：昆明高新技术产业开发区科医路 52 号
电话：0871－ 68115555
邮编：650021

朗威酒店 ★★★★
地址：昆明市春城路 299 号
电话：0871－67123333
邮编：650200

望湖宾馆 ★★★★
地址：昆明市滇池度假区红塔西路 15 号
电话：0871－64328888
邮编：650228

高原明珠大酒店 ★★★★
地址：昆明市经济技术开发区永中路88号
电话：0871－67380333
邮编：650214

东川泰隆商务酒店 ★★★★
地址：昆明市东川区凯通路30号
电话：0871－62569999
邮编：654100

昆明中凰酒店 ★★★★
地址：昆明市经开区经邮路2号
电话：0871－67123666
邮编：650217

昆明星河温泉SPA度假中心 ★★★★
地址：昆明市寻甸县塘子镇
电话：0871－62781888
邮编：652200

石林国际大酒店 ★★★★
地址：曲靖市园林路
电话：0874－3318888
邮编：655000

丽景大酒店 ★★★★
地址：曲靖市子午路
电话：0874－3219900
邮编：655600

红塔大酒店 ★★★★
地址：玉溪市红塔大道32号
电话：0877－2066666
邮编：653100

中玉酒店 ★★★★
地址：玉溪市聂耳路62号
电话：0877－2053888
邮编：653100

阳光海岸酒店 ★★★★
地址：玉溪市江川县抚仙湖孤山风景区
邮编：653100
电话：0877－8551999
邮编：653100

保山兰都饭店 ★★★★
地址：保山市保岫西路中段
电话：0875－2222888
邮编：678000

腾冲空港观光酒店 ★★★★
地址：保山市腾冲县观音堂社区河畔小区258号
电话：0875－5197777
邮编：679100

锦程大酒店 ★★★★
地址：保山市腾冲县华严路遇保腾路口
电话：0875－5161888
邮编：679100

玉都大酒店 ★★★★
地址：保山市腾冲县观音塘社区滨河小区15号
电话：0875－5138666
邮编：679100

民航大厦 ★★★★
地址：保山市腾冲县腾越镇热海社区航空宛小区1号
电话：0875－5188881
邮编：679100

紫光大酒店 ★★★★
地址：昭通市昭阳区朱提大道与民航路交汇处
电话：0870－2228888
邮编：657000

瑞丰大酒店 ★★★★
地址：昭通市威信县扎西镇麒麟社区龙泉路888号
电话：0870－8885888
邮编：657900

绿韵假日饭店 ★★★★
地址：丽江市古城区福慧路
电话：0888－6888888
邮编：674100

九洲饭店 ★★★★
地址：丽江市古城区民主路517号
电话：0888－8889988
邮编：674100

丽江天乐大酒店 ★★★★
地址：丽江市古城璞山西路125号
电话：0888－8888808
邮编：674100

丽江维嘉国际大酒店 ★★★★
地址：丽江市长水路金凯广场
电话：0888－5113333
邮编：674200

滇菌王大酒店 ★★★★
地址：丽江市古城区长水路
电话：0888－5120666
邮编：674100

康年丽水阳光酒店 ★★★★
地址：丽江市古城区束河古镇
电话：0888－5197777
邮编：674100

侨鑫酒店 ★★★★
地址：丽江市古城区香格里大道
电话：0888－5134999
邮编：674100

实力大酒店 ★★★★
地址：丽江市古城区香格里大道
电话：0888－3107777
邮编：674100

丽王大酒店 ★★★★
地址：丽江市古城区南门
电话：0888－5371888
邮编：674100

涵三阁酒店 ★★★★
地址：丽江市古城区南门
电话：0888－5130508
邮编：674100

丽江新凯达大酒店 ★★★★
地址：丽江市古城区长水路金凯广场C1幢
电话：0888－5596111
邮编：674100

阿丹阁大酒店 ★★★★
地址：丽江市古城区香格里大道
电话：0888－5166666
邮编：674100

观光酒店 ★★★★
地址：丽江市古城区香格里大道
电话：0888－5160188
邮编：674100

印象古城文苑 ★★★★
地址：丽江市古城区古城光义街8号
电话：0888－5102222
邮编：674100

金泉酒店 ★★★★
地址：丽江市古城区香格里大道
电话：0888－5152888
邮编：674100

和玺酒店 ★★★★
地址：丽江市古城区古城南门
电话：0888－6877777
邮编：674100

丽苑酒店 ★★★★
地址：丽江市古城区香格里大道
电话：0888－5169999
邮编：674100

圣安迪大酒店 ★★★★
地址：普洱市茶苑路中段
电话：0879－2309777
邮编：665000

金凤大酒店 ★★★★
地址：普洱市思茅区人民东路8号
电话：0879－2138777
邮编：665000

镇沅龙瑞酒店 ★★★★
地址：普洱市镇沅县绿海路
电话：0879－8879777
邮编：666500

空港观光酒店 ★★★★
地址：临沧市世纪路565号
电话：0883－2165555
邮编：677000

临通大酒店 ★★★★
地址：临沧市临翔区世纪路
电话：0883－2156888
邮编：677000

三江半岛大酒店 ★★★★
地址：临沧市云县爱华镇南河桥东侧三江半岛小区
电话：0883－3224688
邮编：675800

景成大酒店 ★★★★
地址：德宏州瑞丽市卯喊路中段95号
电话：0692－4159999
邮编：678600

观光酒店 ★★★★
地址：迪庆州香格里拉县和平路中段
电话：0887－8230698
邮编：674400

实力酒店 ★★★★
地址：迪庆州香格里拉县长征路
电话：0887－8222233
邮编：674400

龙凤祥酒店 ★★★★
地址：迪庆州香格里拉县池慈卡街15号
电话：0887－8229788
邮编：674400

扎西德勒大酒店 ★★★★
地址：迪庆州香格里拉县康珠大道65号
电话：0887－8222788
邮编：674400

美登大酒店 ★★★★
地址：大理州大理市苍山路116号
电话：0872－2138999
邮编：671000

祥和大酒店 ★★★★
地址：大理州大理市经济开发区云岭大道
电话：0872－2329588
邮编：671000

苍山饭店 ★★★★
地址：大理州大理市苍山路19号
电话：0872－2171999
邮编：671000

大理鸿元戴斯酒店 ★★★★
地址：大理州大理市息龙路
电话：0872－2324300
邮编：671000

兰林阁酒店 ★★★★
地址：大理州大理市古城玉洱路96
电话：0872－2666188
邮编：671003

彝人古镇大酒店 ★★★★
地址：楚雄州楚雄市彝人古镇内
电话：0878－3379999
邮编：675000

雄宝酒店 ★★★★
地址：楚雄州楚雄市鹿城东路247号
电话：0878－6161888
邮编：675000

楚雄东宝酒店 ★★★★
地址：楚雄州楚雄市经济开发区永安路
电话：0878－3111112
邮编：675000

蒙自天源大酒店 ★★★★
地址：红河州蒙自市天马路42号
电话：0873－3728888
邮编：661100

个旧世纪广场酒店 ★★★★
地址：红河州个旧市中山路21－6
电话：0873－2168888
邮编：661000

弥勒湖泉花园B座 ★★★★
地址：红河州弥勒市桃园路50号
电话：0873－6196996
邮编：652300

诗达酒店 ★★★★
地址：文山州文山市开化镇七花壮路
电话：0854－2626666
邮编：663000

天成太和酒店 ★★★★
地址：文山州丘北县石缸坝新城区水乡路
电话：0854－4615888
邮编：663200

傣园酒店 ★★★★
地址：西双版纳州景洪市民航路61号
电话：0691－2166999
邮编：666100

观光酒店 ★★★★
地址：西双版纳州景洪市勐龙路6号
电话：0691－2144888
邮编：666100

景兰大酒店 ★★★★
地址：西双版纳州景洪市景德路6号
电话：0691－2129188
邮编：666100

活发大酒店 ★★★★
地址：西双版纳州景洪市勐龙路8号
电话：0691－2166888
邮编：666100

电网公司白云培训中心 ★★★
地址：昆明市东风东路112号
电话：0871－63188688
邮编：650041

宝善大酒店 ★★★
地址：昆明市宝善街52号
电话：0871－63191988
邮编：650021

春城花园酒店 ★★★
地址：昆明市人民西路447号
电话：0871－66158888
邮编：650118

桂花大酒店 ★★★
地址：昆明市滇池路严家地
电话：0871－66178699
邮编：650228

海昆大酒店 ★★★
地址：昆明市北京路北段620号
电话：0871－63016666
邮编：650021

金孔雀大酒店 ★★★
地址：昆明市滇池路1公里处
电话：0871－68881888
邮编：650228

金鹰大酒店 ★★★
地址：昆明市关上金晖路8号
电话：0871－67019999
邮编：650200

昆明景谷大酒店 ★★★
地址：昆明市官渡区关上
电话：0871－67019188
邮编：650200

昆明国际会展中心酒店 ★★★
地址：昆明市关上双福路401－01号
电话：0871－67157999
邮编：650200

龙腾大酒店 ★★★
地址：昆明市北京路632号
电话：0871－63168999
邮编：650051

石林大酒店 ★★★
地址：昆明市石林风景区
电话：0871－67798888
邮编：652200

云南电网耀龙培训中心 ★★★
地址：昆明市春城路22号
电话：0871－63141188
邮编：650011

昆明大观酒店 ★★★
地址：昆明市大观路232号
电话：0871－65311503
邮编：650032

海棠饭店 ★★★
地址：昆明市环城东路1号
电话：0871－66174599
邮编：650041

方舟大酒店 ★★★
地址：昆明市滇池路与石安路交会处
电话：0871－64101188
邮编：650228

云南齐宝酒店 ★★★
地址：昆明市穿金路156号
电话：0871－65628888
邮编：650225

昆明兴华国际度假酒店 ★★★
地址：昆明市滇池旅游度假区怡景路3号
电话：0871－64311129
邮编：650228

春城花园天鸿酒店 ★★★
地址：昆明市西昌路省总工会大门
电话：0871－66260888
邮编：650032

昆明莲花宾馆 ★★★
地址：昆明市学府路145号
电话：0871－65192108
邮编：650223

云华宾馆 ★★★
地址：昆明市东风东路118号
电话：0871－63368088
邮编：650041

昆明金茂酒店 ★★★
地址：昆明市永胜路
电话：0871－63566598
邮编：650011

锦泰大酒店 ★★★
地址：昆明市环城南路118号
电话：0871－63333918
邮编：650041

金融科技培训中心 ★★★
地址：昆明市长春路象眼街1号
电话：0871－63625568
邮编：650021

怡景园培训中心 ★★★
地址：昆明市滇池路7公里
电话：0871－64336699
邮编：650028

昆明华油大酒店 ★★★
地址：昆明市东郊路168号
电话：0871－66143668
邮编：650041

东煌酒店 ★★★
地址：昆明市东效东路63号
电话：0871－63328250
邮编：650041

石林会议中心 ★★★
地址：昆明市石林县石林中路221号
电话：0871－67787887
邮编：652200

锦华国际公寓酒店 ★★★
地址：昆明市北京路98号
电话：0871－63526666
邮编：650011

景鑫兰坪酒店 ★★★
地址：昆明市广福路138号
电话：0871－64632999
邮编：650228

昆明职工之家酒店 ★★★
地址：昆明市书林街139号
电话：0871－63120196
邮编：650041

昆明华怡商务酒店 ★★★
地址：昆明市呈贡新城路11号

电话：0871－67484777
邮编：650500

云大宾馆 ★★★
地址：昆明市一二一大街天君殿巷
电话：0871－65034189
邮编：650091

昆明兴铁宾馆 ★★★
地址：昆明市春城路327号
电话：0871－66128301
邮编：650041

云南德宏酒店 ★★★
地址：昆明市滇池路209号
电话：0871－66118666
邮编：650228

昆明长水机场宾馆 ★★★
地址：昆明市长水国际机场
电话：0871－67393599
邮编：650211

晋宁三和大酒店 ★★★
地址：昆明市晋宁县昆阳街71号
电话：0871－67801888
邮编：650600

宜良春城花园酒店 ★★★
地址：昆明市宜良县
电话：0871－66186888
邮编：652100

石林兴亚风情园有限公司 ★★★
地址：昆明市石林县风景区岔口
电话：0871－67710066
邮编：652211

寻甸红色庄园 ★★★
地址：昆明市寻甸县仁德镇金所乡天生桥
电话：0871－62784288
邮编：655200

寻甸仁德惠邦酒店 ★★★
地址：昆明市寻甸县仁德镇月华路
电话：0871－62650888
邮编：655200

寻甸润天凯怡酒店 ★★★
地址：昆明市寻甸县仁德镇北二环路
电话：0871－62656088
邮编：655200

霞光宾馆 ★★★
地址：曲靖市交通路59号
电话：0874－3367288
邮编：655000

曲靖银利大酒店 ★★★
地址：曲靖市麒麟北路2号
电话：0874－3392888
邮编：655000

罗曼大酒店 ★★★
地址：曲靖市寥廓南路183号
电话：0874－3362078
邮编：655000

滇东温泉度假村 ★★★
地址：曲靖市三宝温泉
电话：0874－3982088
邮编：655002

翠峰大酒店 ★★★
地址：曲靖市翠峰路5号
电话：0874－3367888
邮编：655000

罗平鑫源宾馆 ★★★
地址：曲靖市罗平县文笔路
电话：0874－8227888
邮编：655800

罗平多依河宾馆 ★★★
地址：曲靖市罗平县九龙大道
电话：0874－8256051
邮编：655800

陆良桂花花园酒店 ★★★
地址：曲靖市陆良县北门街88号
电话：0874－6868008
邮编：655600

云南振华大酒店 ★★★
地址：曲靖市陆良县开发区城西路
电话：0874－6338968
邮编：655600

会泽聚宝大酒店 ★★★
地址：曲靖市会泽县北环路西段
电话：0874－5628888
邮编：654200

会泽以礼河酒店 ★★★
地址：曲靖市会泽县北环路西段
电话：0874－5686653
邮编：654200

汇龙温泉大酒店 ★★★
地址：玉溪市红塔区大营街镇玉泉路1号
电话：0877－2773629
邮编：653103

龙马大酒店 ★★★
地址：玉溪市红塔大道48号
电话：0877－2064435
邮编：653100

西都大酒店 ★★★
地址：玉溪市凤麓镇仙湖路东27号
电话：0877－6911600
邮编：652500

川江瑞文酒店 ★★★
地址：玉溪市江川县抚仙湖孤山风景区
电话：0877－8551666
邮编：652601

川江玉波苑酒店 ★★★
地址：玉溪市江川县抚仙湖孤山风景区
电话：0877－8551801
邮编：652601

景湖酒店 ★★★
地址：玉溪市江川县城宝风路18号
电话：0877－8036799
邮编：652600

非常阳光酒店 ★★★
地址：玉溪市澄江县禄充风景区翰林路184号
电话：0877－6610855
邮编：652500

象山宾馆 ★★★
地址：玉溪市澄江县抚仙湖象鼻子
电话：0877－6710025
邮编：652500

通印大酒店 ★★★
地址：玉溪市通海县礼乐东路2号
电话：0877－3021666
邮编：652700

易门大酒店 ★★★
地址：玉溪市易门县城礼和路218号
电话：0877－4862199
邮编：651100

峨山大酒店 ★★★
地址：玉溪市峨山县双江镇环城北路与倪江东路交叉口
电话：0877－4018888
邮编：653200

金茂大酒店 ★★★
地址：玉溪市新平县新平大道4号
电话：0877－7771888
邮编：653400

惠通酒店 ★★★
地址：玉溪市新平县桂山镇西园路5号
电话：0877－7019820
邮编：653400

凯迪宾馆 ★★★
地址：玉溪市元江县文化路13号
电话：0877－6018999
邮编：653300

保山明和大酒店 ★★★
地址：保山市人民路东路
电话：0875－2218888
邮编：678000

保山金鲤大酒店 ★★★
地址：保山市新客运站旁
电话：0875－2205888
邮编：678000

腾冲和春酒店 ★★★
地址：保山市腾冲县腾越镇满邑社区华严小区1号
电话：0875－5165138
邮编：679100

腾冲南亚大酒店 ★★★
地址：保山市腾冲县腾越镇火山社区绮群小区
电话：0875－5184399
邮编：679100

腾冲中大酒店 ★★★
地址：保山市腾冲县腾越镇满邑社区元吉小区222号
电话：0875－5195888
邮编：679100

腾冲雷华酒店 ★★★
地址：保山市腾冲县腾越镇秀峰社区泰安小区217号
电话：0875－5151888
邮编：679100

腾冲驼峰酒店 ★★★
地址：保山市腾冲县腾越镇山源社区范家坡小区9号
电话：0870－3028888
邮编：679100

腾冲兴华大酒店 ★★★
地址：保山市腾冲县腾越镇山源社区团坡小区7号
电话：0875－5132688
邮编：679100

龙陵宾馆 ★★★
地址：保山市龙陵县龙山镇长庚路57号
电话：0875－8992888
邮编：678300

画苑宾馆 ★★★
地址：昭通市凤霞路50号

电话：0870－2238888
邮编：657000

白云酒店 ★★★
地址：昭通市水富县明月路 78 号
电话：0870－8637785
邮编：657800

古道大客栈 ★★★
地址：昭通市盐津县豆沙镇工业园区
电话：0870－6931888
邮编：657504

堂琅酒店 ★★★
地址：昭通市巧家县城过境路中段
电话：0870－7123999
邮编：654600

洛泽河大酒店 ★★★
地址：昭通市彝良县角奎镇东正街 64 号
电话：0870－5126666
邮编：657600

彝良大酒店 ★★★
地址：昭通市彝良县角奎镇西顺城街 8 号
电话：0870－5126999
邮编：657600

顺城大酒店 ★★★
地址：丽江市古城区束河古镇文荣新村
电话：0888－5339996
邮编：674100

南苑 e 家酒店 ★★★
地址：丽江市古城区香格里拉大道 1285 号
电话：0888－5555888
邮编：674100

兰亭居酒店 ★★★
地址：丽江市古城区瓜玳国
电话：0888－5122188
邮编：674100

鑫海大酒店 ★★★
地址：丽江市古城区寨后上村 82 号
电话：0888－5358889
邮编：674100

金中大酒店 ★★★
地址：丽江市古城区吉祥路 23 号
电话：0888－5358222
邮编：674100

山珍宝酒店 ★★★
地址：丽江市古城区雪山路 99 号
电话：0888－5332666
邮编：674100

康达大酒店 ★★★
地址：丽江市古城区康仲路祥和上村 1 号
电话：0888－5373777
邮编：674100

金生丽城酒店 ★★★
地址：丽江市古城区祥和丽城庆云路 14 号
电话：0888－5375577
邮编：674100

麻雀大酒店 ★★★
地址：丽江市象山西路安乐村 228 号
电话：0888－5375444
邮编：674100

祥鹤楼大酒店 ★★★
地址：丽江市古城区吉祥东路 81 号
电话：0888－5373555
邮编：674100

格兰酒店 ★★★
地址：丽江市古城区古城玉河路
电话：0888－5128888
邮编：674100

古云杉酒店 ★★★
地址：丽江市古城区香格里大道
电话：0888－3106666
邮编：674100

香江商务酒店 ★★★
地址：丽江市古城区福慧路
电话：0888－5159999
邮编：674100

丽江宾馆 ★★★
地址：丽江市古城区福慧路
电话：0888－5175018
邮编：674100

龙耀祥酒店 ★★★
地址：丽江市古城区香格里大道
电话：0888－5154999
邮编：674100

太安酒店 ★★★
地址：丽江市古城区安通路
电话：0888－5153666
邮编：674100

泰鑫酒店 ★★★
地址：丽江市古城区香格拉大道南段
电话：0888－5110022
邮编：674100

玉龙山酒店 ★★★
地址：丽江市古城区福慧路
电话：0888－5150555
邮编：674100

玉元酒店 ★★★
地址：丽江市古城区丽大路口
电话：0888－3105466
邮编：674100

云龙酒店 ★★★
地址：丽江市古城区香格里大道
电话：0888－3101666
邮编：674100

人行金融培训中心 ★★★
地址：丽江市古城区香格里大道
电话：0888－3101666
邮编：674100

天乐酒店 ★★★
地址：丽江市古城区象山西路
电话：0888－8888808
邮编：674100

大东巴酒店 ★★★
地址：丽江市古城区七星街
电话：0888－5119669
邮编：674100

和木酒店 ★★★
地址：丽江市古城区七星街
电话：0888－5303366
邮编：674100

古城源酒店 ★★★
地址：丽江市古城区古城口
电话：0888－5114789
邮编：674100

景观酒店 ★★★
地址：丽江市古城区象山西路
电话：0888－5166038
邮编：674100

兰亭居酒店 ★★★
地址：丽江市古城区瓜玳国
电话：0888－5122188
邮编：674100

瑞鑫酒店 ★★★
地址：丽江市古城区香格里拉大道
电话：0888－5155455
邮编：674100

虎跳峡酒店 ★★★
地址：丽江市古城区福慧路
电话：0888－3102888
邮编：674100

丽香苑酒店 ★★★
地址：丽江市古城区祥和路
电话：0888－5197888
邮编：674100

曜源酒店 ★★★
地址：丽江市古城区古城南门
电话：0888－5131996
邮编：674100

云武宾馆 ★★★
地址：丽江市古城区祥和路
电话：0888－5155555
邮编：674100

美域酒店 ★★★
地址：丽江市古城区瓜玳国
电话：0888－5395888
邮编：674100

锦天酒店分店 ★★★
地址：丽江市古城区长水路
电话：0888－5177666
邮编：674100

彩路酒店 ★★★
地址：丽江市古城区民主路
电话：0888－3108333
邮编：674100

金安缘酒店 ★★★
地址：丽江市古城区康仲路
电话：0888－5117870
邮编：674100

七彩龙凤别墅酒店 ★★★
地址：丽江市古城区瓜玳国
电话：0888－8895996
邮编：674100

锦泰酒店 ★★★
地址：丽江市古城区香江路与玉泉路交叉口
电话：0888－5171366
邮编：674100

泊龙居酒店 ★★★
地址：丽江市古城区寨后下村 69 号
电话：0888－5126921
邮编：674100

泰顺酒店 ★★★
地址：丽江市古城区寨后上村 104 号
电话：0888－8887778
邮编：674100

鹏程大酒店 ★★★
地址：丽江市古城区民主路延长线
电话：0888－5177399
邮编：674100

茶花大酒店 ★★★
地址：丽江市古城区寨后上村 69 号
电话：0888－5333555
邮编：674100

天保酒店 ★★★
地址：丽江市宁蒗县
电话：0888－5528199
邮编：674100

女儿国酒店 ★★★
地址：丽江市宁蒗县
电话：0888－5881266
邮编：674100

泸沽湖宾馆 ★★★
地址：丽江市宁蒗县
电话：0888－5886488
邮编：674100

司岗里大酒店 ★★★
地址：普洱市龙潭路 388 号
电话：0897－8345888
邮编：665700

金一水酒店 ★★★
地址：普洱市绿苑路
电话：0897－3728888
邮编：665900

昆曼大酒店 ★★★
地址：普洱市思茅区茶园路 29 号
电话：0897－2311888
邮编：665000

建华酒店 ★★★
地址：普洱市人民东路
电话：0897－2168588
邮编：665000

永信酒店 ★★★
地址：普洱市茶城大道
电话：0897－2208888
邮编：665000

添翼酒店 ★★★
地址：普洱市振兴南路 112 号
电话：0897－2839966
邮编：665000

威江园酒店 ★★★
地址：普洱市芒乡大道 88 号
电话：0897－5111757
邮编：666400

银生大酒店 ★★★
地址：普洱市凌云路 83 号
电话：0897－6226877
邮编：676200

金丰大酒店 ★★★
地址：普洱市凌云路 74 号
电话：0897－6222266
邮编：676200

朝林大酒店 ★★★
地址：普洱市柏枝林路 18 号
电话：0897－2158991
邮编：665000

凤凰大酒店 ★★★
地址：普洱市思茅区人民路
电话：0879－8879888
邮编：665000

浙荣酒店 ★★★
地址：普洱市思茅区茶苑路 89 号
电话：0879－2827555
邮编：665000

泰安达大酒店 ★★★
地址：普洱市思茅区白云路中段
电话：0879－2195566
邮编：665000

双马酒店 ★★★
地址：普洱市老景洪路加油站对面
电话：0879－7224999
邮编：665600

茶乡大酒店 ★★★
地址：普洱市宁洱县东山东路 76 号
电话：0897－3239399
邮编：665100

双胞酒店 ★★★
地址：普洱市墨江县回归大道 5 号
电话：0879－4333888
邮编：665700

翡翠明珠大酒店 ★★★
地址：普洱市景东县城银生路 23 号
电话：0879－6224951
邮编：676200

镇沅大酒店 ★★★
地址：普洱市镇沅县迎宾路
电话：0879－5815555
邮编：666500

新茂酒店 ★★★
地址：普洱市镇沅县绿海路
电话：0897－5811448
邮编：666500

华隆大酒店 ★★★
地址：普洱市澜沧县民族街
电话：0879－7236999
邮编：665600

龙潭酒店 ★★★
地址：普洱市西盟县勐卡路 725 号
电话：0879－8346666
邮编：665700

温泉花园酒店 ★★★
地址：临沧市临翔区温泉路
电话：0883－2137198
邮编：677000

金汇源大酒店 ★★★
地址：临沧市云县草皮街
电话：0883－3214999
邮编：675803

恒通大酒店 ★★★
地址：临沧市镇康县南伞镇
电话：0883－6983888
邮编：677704

白马大酒店 ★★★
地址：临沧市耿马县孟定镇
电话：0883－6518999
邮编：677506

佤山王朝酒店 ★★★
地址：临沧市沧源县勐懂镇
电话：0883－7124888
邮编：677400

佤赛酒店 ★★★
地址：临沧市沧源勐懂镇
电话：0883－2141888
邮编：677000

君悦酒店 ★★★
地址：德宏州芒市勐焕路 69 号
电话：0692－2286688
邮编：678400

德安酒店 ★★★
地址：德宏州潞西市芒市镇建国路下段
电话：0692－2211288
邮编：678400

芒市心专注温泉宾馆 ★★★
地址：德宏州芒市天龙街
电话：0692－8882118
邮编：678400

芒市云武宾馆 ★★★
地址：德宏州芒市广腊亮街 5 号
电话：0692－2997331
邮编：678400

芒市沈鸭子酒店 ★★★
地址：德宏州芒市大街 58 号
电话：0692－2210588
邮编：678400

芒市钻石人间大酒店 ★★★
地址：德宏州芒市华丰 179－193 号
电话：0692－2131366
邮编：678400

瑞丽新世纪宾馆 ★★★
地址：德宏州瑞丽市卯喊路西 38 号
电话：0692－4146390
邮编：678600

瑞丽方圆温泉大酒店 ★★★
地址：德宏州瑞丽市边城街 38 号
电话：0692－4101500
邮编：678600

瑞丽市溢洋大酒店 ★★★
地址：德宏州瑞丽市姐岗路 79 号
电话：0692－6636999
邮编：678600

瑞丽宾馆 ★★★
地址：德宏州瑞丽市建设路 25 号
电话：0692－4100899
邮编：678600

瑞丽伊江温泉酒店 ★★★
地址：德宏州瑞丽大道江边广场旁
电话：0692－8888880
邮编：678600

瑞丽市百美珠宝大酒店 ★★★
地址：德宏州瑞丽市姐岗路 104 号
电话：0692－6622222
邮编：678600

瑞丽市姐告东协大酒店 ★★★
地址：德宏州瑞丽市姐告经济开发区
电话：0692－6665001
邮编：678600

九洲饭店 ★★★
地址：德宏州瑞丽市边城街
电话：0692－4141298
邮编：678600

瑞丽市昌裕大酒店 ★★★
地址：德宏州瑞丽市瑞宏路 59 号
电话：0692－3035001
邮编：678600

瑞丽市温商酒店 ★★★
地址：德宏州瑞丽市广母路 78 号

电话：0692－6683666
邮编：678600

瑞丽勐巴娜西大酒店 ★★★
地址：德宏州瑞丽市岗勐路
电话：0692－6637999
邮编：678600

中欧大酒店 ★★★
地址：德宏州瑞丽市东城街 10 号
电话：0692－6888888
邮编：678600

腾隆大酒店 ★★★
地址：德宏州瑞丽市卯喊路中段
电话：0692－4108889
邮编：678600

昌盛大酒店 ★★★
地址：德宏州瑞丽市姐岗南路 112 号
电话：0692－4154888
邮编：678600

彩龙大酒店 ★★★
地址：德宏州瑞丽市姐岗南路 94 号
电话：0692－4141876
邮编：678600

瑞昌大酒店 ★★★
地址：德宏州瑞丽市卯喊路 16 号
电话：0692－4101888
邮编：678600

荣丰酒店 ★★★
地址：德宏州瑞丽市卯喊路
电话：0692－4140827
邮编：678600

新凯通国际大酒店 ★★★
地址：德宏州瑞丽市边贸街
电话：0692－4157777
邮编：678600

龙瑞宾馆 ★★★
地址：德宏州瑞丽市姐岗南路
电话：0692－4156799
邮编：678600

梁河龙潭宾馆 ★★★
地址：德宏州梁河县遮岛镇南甸路
电话：0692－6163158
邮编：679200

盈江信和宾馆 ★★★
地址：德宏州盈江县永胜路 6 号
电话：0692－8988888
邮编：679300

盈江县盈湖酒店 ★★★
地址：德宏州盈江县平原镇勐腊路 190 号
电话：0692－8951666
邮编：679300

神州酒店 ★★★
地址：德宏州盈江县平原镇永胜路 1 号
电话：0692－8188888
邮编：679300

边侨花园大酒店 ★★★
地址：德宏州盈江县平原镇勐腊路 486 号
电话：0692－8120999
邮编：679300

泰达大酒店 ★★★
地址：德宏州陇川县章凤友谊路中段
电话：0692－7108888
邮编：678700

香格拉大酒店 ★★★
地址：怒江州泸水县六库镇向阳南路附 8 号
电话：0886－3629188
邮编：673100

福源大酒店 ★★★
地址：怒江州福贡县上帕街 34 号
电话：0886－3414688
邮编：673400

锌都大酒店 ★★★
地址：怒江州兰坪县城沧江路 47 号
电话：0886－3215888
邮编：671400

兰坪经贸大酒店 ★★★
地址：怒江州兰坪县沘江路 40 号
电话：0886－3212177
邮编：671400

德吉央康酒店 ★★★
地址：迪庆州香格里拉县康珠大道 6 号
电话：0887－8222263
邮编：674400

迪松央珠酒店 ★★★
地址：迪庆州香格里拉县康珠大道
电话：0887－8866737
邮编：674400

高原之星酒店 ★★★
地址：迪庆州香格里拉县金沙路 73 号
电话：0887－8846666
邮编：674400

月光城饭店 ★★★
地址：迪庆州香格里拉县香巴拉大道古城段
电话：0887－3030796
邮编：674400

皇朝大酒店 ★★★
地址：迪庆州香格里拉县康珠大道 42 号
电话：0887－8288818
邮编：674400

谷神养生大酒店 ★★★
地址：迪庆州香格里拉县康珠大道 161 号
电话：0887－8984888
邮编：674400

萨龙酒店 ★★★
地址：迪庆州香格里拉县江克路
电话：0887－8227858
邮编：674400

新华酒店 ★★★
地址：迪庆州香格里拉县长征路
电话：0887－8288111
邮编：674400

顺鑫商务酒店 ★★★
地址：迪庆州香格里拉县香乡路
电话：0887－8228888
邮编：674400

交通宾馆 ★★★
地址：迪庆州香格里拉县香乡路
电话：0887－8289458
邮编：674400

阳光假日大酒店 ★★★
地址：迪庆州香格里拉县环东路
电话：0887－8233888
邮编：674400

洱海宾馆 ★★★
地址：大理州大理市下关人民北路 212 号
电话：0872－2166777
邮编：671000

明珠宾馆 ★★★
地址：大理州大理市明珠广场旁
电话：0872－2329699
邮编：671000

三塔苑酒店 ★★★
地址：大理州大理古城三塔公园旁
电话：0872－2676521
邮编：671000

金汇假日酒店 ★★★
地址：大理州大理市经济开发区滇源路南侧
电话：0872－2315100
邮编：671000

腾越酒店 ★★★
地址：大理州大理经济开发区沧浪路
电话：0872－2315696
邮编：671000

天龙酒店 ★★★
地址：大理州大理市下关万花路中段
电话：0872－2209888
邮编：671000

金达酒店 ★★★
地址：大理州大理经济开发区苍浪路中段
电话：0872－2191888
邮编：671000

锦瑞酒店 ★★★
地址：大理州大理市建设路 53 号
电话：0872－2322638
邮编：671000

大禹酒店 ★★★
地址：大理州大理市下关双鸳路 20 号
电话：0872－3140588
邮编：671000

泛美酒店 ★★★
地址：大理州大理市经济开发区沧浪路南段
电话：0872－3103888
邮编：671000

新世纪大饭店 ★★★
地址：大理州大理市滇源路火车站以东
电话：0872－2321588
邮编：671000

天赐大酒店 ★★★
地址：大理州大理市经济开发区息龙路
电话：0872－2318899
邮编：671000

升辉大酒店 ★★★
地址：大理州大理市古城三月街观音路 72 号
电话：0872－2677188
邮编：671003

大观酒店 ★★★
地址：大理州大理市兴盛大桥北
电话：0872－2242888
邮编：671000

神州大酒店 ★★★
地址：大理州大理市祥云县祥城镇
电话：0872－3118666
邮编：672100

茂元酒店 ★★★
地址：大理州祥云县南大街 16 号
电话：0872－3129299
邮编：672100

宏强酒店 ★★★
地址：大理州宾川县金牛镇中心街78号
电话：0872－7153088
邮编：671600

庆远楼 ★★★
地址：大理州宾川县金牛镇
电话：0872－7311886
邮编：671600

鑫亚酒店 ★★★
地址：大理州宾川县金牛路中段
电话：0872－7311677
邮编：671600

云龙宾馆 ★★★
地址：大理州云龙县诺邓镇虎山路198号
电话：0872－5524928
邮编：672700

君山大酒店 ★★★
地址：大理州剑川县老君山镇
电话：0872－4735639
邮编：671300

鹤庆宾馆 ★★★
地址：大理州鹤庆县云鹤镇西
电话：0872－4126666
邮编：671500

永兴大酒店 ★★★
地址：楚雄州楚雄市经济技术开发区鹿城北路131号
电话：0878－3391999
邮编：675000

锦星酒店 ★★★
地址：楚雄州楚雄市经济开发区丰胜路
电话：0878－3392888
邮编：675000

彝映像酒店 ★★★
地址：楚雄州楚雄市开发区育才路126号
电话：0878－3377999
邮编：675000

楚雄州宾馆 ★★★
地址：楚雄州楚雄市龙泉路102号
电话：0878－6129999
邮编：675000

云华酒店 ★★★
地址：楚雄州楚雄市经济技术开发区龙江路159号
电话：0878－3393888
邮编：675000

兴达天福酒店 ★★★
地址：楚雄州楚雄市开发区火车站旁
电话：0878－3377524
邮编：675000

广怡大酒店 ★★★
地址：楚雄州楚雄市北浦路241号
电话：0878－6115388
邮编：675000

盈泰酒店 ★★★
地址：楚雄州元谋县凤翔街
电话：0878－8317988
邮编：651300

红大酒店 ★★★
地址：红河州蒙自市天竺路41号
电话：0873－3735588
邮编：661100

蒙自观宝大酒店 ★★★
地址：红河州蒙自市天马路49号
电话：0873－3721666
邮编：661100

蒙自银河大酒店 ★★★
地址：红河州蒙自市银河路17号
电话：0873－3721188
邮编：661100

云锡宾馆 ★★★
地址：红河州个旧市金湖东路121号
电话：0873－3119655
邮编：661000

开远滇南大酒店 ★★★
地址：红河州开远市灵泉西路219号
电话：0873－7133888
邮编：661600

弥勒佳信大酒店 ★★★
地址：红河州弥勒市冉翁路延长线
电话：0873－6220888
邮编：652300

弥勒金鼎大酒店 ★★★
地址：红河州弥勒市温泉路中段
电话：0873－6223786
邮编：652300

建水酒店 ★★★
地址：红河州建水县北正街75号
电话：0873－3186888
邮编：654300

昌源大酒店 ★★★
地址：红河州建水县建水大道645号
电话：0873－7621888
邮编：654300

建水国泰酒店 ★★★
地址：红河州建水县建水大道
电话：0873－7626888
邮编：654300

石屏天源酒店 ★★★
地址：红河州石屏县异龙镇西山路31号
电话：0873－4853456
邮编：662200

吉太名典假日酒店 ★★★
地址：红河州石屏县州衙老街
电话：0873－4846188
邮编：660022

泸西虎城宾馆 ★★★
地址：红河州泸西县阿庐大街中段
电话：0873－6650388
邮编：652400

福鼎大酒店 ★★★
地址：红河州泸西县阿庐古洞旁
电话：0873－6658385
邮编：652400

金利大酒店 ★★★
地址：红河州泸西县阿庐大街
电话：18908732222
邮编：652400

雅客源大酒店 ★★★
地址：红河州泸西县阿庐大街武装部对面
电话：0873－6622608
邮编：652400

元阳云梯大酒店 ★★★
地址：红河州元阳县新街镇
电话：0873－5624858
邮编：662401

经贸大酒店 ★★★
地址：红河州元阳县常青路
电话：0873－5642598
邮编：662400

国际公寓 ★★★
地址：红河州河口县人民路
电话：0873－3422222
邮编：661300

红河同心大酒店 ★★★
地址：红河州红河县迤萨镇莲花路
电话：0873－4620388
邮编：654400

红侨大酒店 ★★★
地址：红河州红河县莲花大道
电话：13887302470
邮编：654400

文汇大酒店 ★★★
地址：文山州文山市河西路86号
电话：0876－2181888
邮编：663000

民族文化中心 ★★★
地址：文山州文山市学海巷18号
电话：0876－2122551
邮编：663000

海威尔酒店 ★★★
地址：文山州文山市普阳大道3号
电话：0876－2181388
邮编：663000

普阳酒店 ★★★
地址：文山州文山市普阳路中段
电话：0876－2180999
邮编：663000

国豪大酒店 ★★★
地址：文山州麻栗坡县玉尔贝路190号
电话：0876－6629888
邮编：663600

瑞和酒店 ★★★
地址：文山州丘北县人民路
电话：0876－4125666
邮编：663200

普者黑度假村 ★★★
地址：文山州丘北县普者黑旅游区内
电话：0876－2180999
邮编：663200

雅庆商务酒店 ★★★
地址：文山州丘北县60米大街椒莲广场旁
电话：0876－4653168
邮编：663200

银湖大酒店 ★★★
地址：文山州丘北县普者黑景区
电话：0876－4610068
邮编：663200

鲸鸿大酒店 ★★★
地址：文山州丘北县锦屏镇普者黑大街434号
电话：0876－8845288
邮编：663200

莲花酒店 ★★★
地址：文山州丘北县椒莲广场
电话：0876－4657088
邮编：663200

皇冠大酒店 ★★★
地址：西双版纳州西双版纳旅游度假区勐泐大道70号
电话：0691-2199888
邮编：666100

大连酒店 ★★★
地址：西双版纳州景洪市勐龙路10号
电话：0691-2130999
邮编：666100

金凤宾馆 ★★★
地址：西双版纳州景洪市勐泐大道72号
电话：0691-2193888
邮编：666100

金版纳酒店 ★★★
地址：西双版纳州景洪市勐泐大道55号
电话：0691-2136666
邮编：666100

财鑫大酒店 ★★★
地址：西双版纳州景洪市勐泐大道88号
电话：0691-2162888
邮编：666100

辉煌都畅大饭店 ★★★
地址：西双版纳州景洪市勐泐大道68号
电话：0691-2199999
邮编：666100

山西大酒店 ★★★
地址：西双版纳州景洪市易武路2号
电话：0691-2163666
邮编：666100

天城大酒店 ★★★
地址：西双版纳州景洪市嘎兰中路23号
电话：0691-2156888
邮编：666100

泰都大酒店 ★★★
地址：西双版纳州景洪市民航路26号
电话：0691-2137888
邮编：666100

永兴大饭店 ★★★
地址：西双版纳景洪市民航路9号
电话：0691-2198688
邮编：666100

绿桥饭店 ★★★
地址：西双版纳州景洪市宣慰大道144号
电话：0691-2141888
邮编：666100

傣泐大酒店 ★★★
地址：西双版纳州景洪市么龙路20号
电话：0691-2750188
邮编：666100

旅游景区

昆明世界园艺博览园 AAAA
地址：昆明市世博路10号
电话：0871-65012284
邮编：650224
网址：www.expo99km.gov.cn

昆明金殿风景区 AAAA
地址：昆明市金殿风景名胜区
电话：0871-65018306
邮编：650224

昆明大观公园 AAAA
地址：昆明市西滇池湖畔
电话：0871-65322335　68189558
邮编：650228

七彩云南 AAAA
地址：昆明经济技术开发区石安公路12公里处
电话：0871-67426816
邮编：650501

云南民族村 AAAA
地址：昆明市海埂
电话：0871-64311255　64311108
邮编：650228

昆明西山森林公园 AAAA
地址：昆明市高晓镇
电话：0871-68426668
邮编：650111

云南人家民间博物馆 AAA
地址：昆明市官渡区宝海路146号
电话：0871-67252988
邮编：650220

昆明青龙峡景区 AA
地址：昆明安宁市青龙镇
电话：0871-68720882
邮编：650300

盘龙寺 AAA
地址：昆明晋宁县晋城镇东南3公里
电话：0871-67811064
邮编：650600

宜良九乡风景区 AAAA
地址：昆明市宜良县九乡风景名胜区
电话：0871-67511966
邮编：652114
网址：www.ynjx.com

昆明岩泉风景区 AAA
地址：昆明市宜良县
电话：0871-67599765
邮编：650000

云南石林风景名胜区 AAAAA
地址：昆明市石林县石林风景名胜区
电话：0871-67711439　67711278
传真：0871-67711778
邮编：652200

沾益县珠江源风景区 AAAA
地址：曲靖市沾益县炎方乡
电话：0874-3012406　3012466
邮编：655331

九龙瀑布群风景区 AAAA
地址：曲靖市罗平县
电话：0874-8754137
邮编：655800

多依河风景区 AAA
地址：曲靖市罗平县
电话：0874-8212129
邮编：655800

陆良彩色沙林景区 AAAA
地址：曲靖市陆良县彩色沙林
电话：0874-6228777
邮编：655600
网址：www.csshl.com

汇龙生态园 AAAA
地址：玉溪市红塔区大营街
电话：0877-2771068
邮编：651300

抚仙湖禄充风景区 AAAA
地址：玉溪市抚仙湖
电话：0877-6610184
邮编：652500

玉溪映月潭修闲文化中心 AAAA
地址：玉溪市红塔区大营街
电话：0877-2770666
邮编：653100

九龙池公园 AA
地址：玉溪市红塔区春和镇
电话：0877-2145069
邮编：653100

江川县明星碧云公园 AA
地址：玉溪市江川县明星村
电话：0877-8611117
邮编：652600

江川明星鱼洞景区 AA
地址：玉溪市江川县翠峰乡明星村
电话：0877-8611154
邮编：652600

江川古滇国文化园 AAA
地址：玉溪市江川县江城镇小马沟
电话：0877-8551221　8551186
邮编：652600

通海秀山公园 AAAA
地址：玉溪市通海县秀山镇
电话：0877-3012193
邮编：652700

华宁象鼻温泉度假村 AA
地址：玉溪市华宁县宁州镇象鼻山
电话：0877-5611088
邮编：652800

易门龙泉森林公园 AA
地址：玉溪市易门县龙泉镇
电话：0877-4961193
邮编：651100

峨山高香生态茶文化旅游区 AA
地址：玉溪市峨山县
电话：0871-3849948
邮编：653200

戛洒大槟榔"花腰傣"风情园 AA
地址：玉溪市新平县戛洒镇
电话：0877-7013863
邮编：653400

新平新化古州野林 AA
地址：玉溪市新平县新化乡
电话：0877-7610025
邮编：653400

新平哀牢山陇西世族庄园 AA
地址：玉溪市新平县戛洒镇
电话：0877-7394066
邮编：653400

新平县龙泉寺公园 AA
地址：玉溪市新平县赵碧山
电话：0877-7011103
邮编：653400

元江红河谷—亚洲第一高桥旅游风景区 AA
地址：玉溪市元江县桥头村红土坡
电话：0877-6018898
邮编：653300

高黎贡山百花岭生态旅游区 AA
地址：保山市高黎贡山自然保护区南段
邮编：678000

保山太保公园 AA
地址：保山市城西
电话：0875－2122289
邮编：678000

保山龙王塘公园 AA
地址：保山市龙王塘
电话：0875－2849383
邮编：678000

保山北庙湖公园 AA
地址：保山市隆阳区板桥镇
电话：0875－2840026
邮编：678003

腾冲火山国家地质公园 AAA
地址：保山市腾冲县马站乡
电话：0875－5137555
邮编：679102

腾冲热海景区 AAAA
地址：保山市腾冲县城西南 20 公里
电话：0875－5149699
邮编：679100

腾冲叠水河景区 AA
地址：保山市腾冲县腾越旅游文化园
电话：0875－5151919
邮编：679100

腾冲云峰山景区 AA
地址：保山市腾冲县瑞滇乡云峰村
电话：0875－5186077
邮编：679104

云南和顺侨乡 AAAA
地址：保山市腾冲县和顺镇
电话：0875－5150010
邮编：679100

龙陵邦腊掌度假区 AA
地址：保山市龙陵县邦腊掌
电话：0875－6129060
邮编：678300

昌宁鸡飞温泉旅游度假区 AA
地址：保山市昌宁县鸡飞乡澡塘
电话：0875－7879347
邮编：678100

大关黄连河风景区 AA
地址：昭通市大关县城东南侧 5.5 公里处
电话：0870－5629999
邮编：657400

水富县西部大峡谷温泉旅游区 AAAA
地址：昭通市水富县新滩坝
电话：0870－8633019
邮编：657800

丽江古城保护管理局 AAAAA
地址：丽江市古城区五一街文智巷 72 号
电话：0888－5111118
邮编：674100

玉龙雪山旅游度假区 AAAAA
地址：丽江市大研镇福慧路
电话：0888－5161501
邮编：674100

丽江束河古镇 AAAA
地址：丽江市城北
电话：0888－5174770
邮编：674100

丽江东巴谷生态民族村 AAAA
地址：丽江古城北 15 公里
邮编：674100

丽江观音峡景区 AAA
地址：丽江市古城区七河乡
电话：0888－5369688
邮编：674100

丽江东巴王国景区 AA
地址：丽江市
电话：0888－5391552
邮编：674100

丽江黑龙潭公园 AAAA
地址：丽江市大研镇黑龙潭
电话：0888－5120080
邮编：674100

丽江古城博物院（木府）AAAA
地址：丽江市大研镇古城
电话：0888－5181468
邮编：674100

丽江文笔山景区 AAA
地址：丽江市香格里拉大道
电话：0888－5168457
邮编：674100

玉峰寺 AA
地址：丽江市白沙乡玉龙村
电话：0888－5120080　5122377
邮编：674100

玉水寨景区 AAAA
地址：丽江市白沙乡玉龙村
电话：0888－5190109　5122377
邮编：674100

白沙壁画 AAA
地址：丽江市白沙乡木都村
电话：0888－5142123
邮编：674100

东巴万神园 AA
地址：丽江市白沙乡玉湖村
电话：0888－5168240
邮编：674100

玉柱擎天风景区 AA
地址：丽江市白沙乡玉湖村
电话：0888－5190204
邮编：674100

虎跳峡景区 AA
地址：丽江市龙蟠乡鲁南村
电话：0888－5193236
邮编：674100

丽江北岳庙（三多阁）AA
地址：丽江市玉龙县白沙乡
邮编：674100

宁蒗县泸沽湖景区 AAAA
地址：丽江市宁蒗县永宁乡落水村
电话：0888－5521228
邮编：674300

普洱梅子湖公园 AA
地址：普洱市梅子湖公园
电话：0879－2132964
邮编：665000

茶马古道旅游区 AA
地址：普洱市思茅区
电话：0879－3231633
邮编：665100

思茅小黑江森林公园 A
地址：普洱市普洱县
电话：0879－3202020
邮编：665100

墨江北回归线标志园 AAA
地址：普洱市墨江县城
电话：0879－4235020
邮编：654800

景东文庙 AA
地址：普洱市景东县城西玉屏山下
电话：0879－6222072
邮编：650000

景谷佛迹仙踪－芒玉峡谷康体旅游区 AA
地址：普洱市景谷县钟山乡联合村
电话：0879－5116999
邮编：666400

孟连勐外土司避暑山庄 AA
地址：普洱市孟连县娜允镇勐外村
电话：0879－8724098
邮编：665800

澜沧拉祜风情旅游区 AA
地址：普洱市澜沧县拉祜山乡
电话：0879－7234239
邮编：665600

西盟佤族生态旅游区 AA
地址：普洱市西盟县
电话：0879－8344126
邮编：665700

临沧茶文化风景园 AA
地址：临沧市临翔区城三公里处
电话：0883－2151634
邮编：677011

临沧五老山国家森林公园 AA
地址：临沧市临翔区五老山林杨
电话：0883－2152808
邮编：677400

沧源司岗里崖画风景旅游区 AAA
地址：临沧市临翔区勐省镇经孟力米乡
电话：0883－7126803
邮编：677400

临沧西门公园 A
地址：临沧市临翔区凤翔镇公园路 1 号
电话：0883－2122713
邮编：677000

凤庆凤山公园 A
地址：临沧市凤庆县凤山公园管理处
电话：0883－4211861
邮编：675900

云县漫湾百里长湖景区 AA
地址：临沧市云县漫湾镇西展园
邮编：675805

永德忙海湖景区 AA
地址：临沧市永德县忙海村
邮编：677600

德宏民族风情游览区 AA
地址：德宏州潞西市芒市镇青年路
电话：0692－2121043
邮编：678400

潞西市勐巴娜西大花园 AAAA
地址：德宏州潞西市芒市镇青年路 13 号
电话：0692－2137666
邮编：678400

莫里热带雨林风景旅游区 AAAA
地址：德宏州瑞丽市莫里
电话：0692－4143929
邮编：678600

瑞丽市旅游淘宝场 AA
地址：德宏州瑞丽市弄岛镇
电话：0692－4669838
邮编：678600

瑞丽市独树成林景点 AA
地址：德宏州瑞丽市芒令乡
电话：0692－4143272
邮编：678600

梁河县南甸宣抚司署景区 AAAA
地址：德宏州潞西市梁河县南甸路
电话：0692－6161612
邮编：679200

盈江凯棒亚湖景区 A
地址：德宏州潞西市盈江县铜壁关
邮编：679300

迪庆州普达措国家公园 AAAAA
地址：迪庆州香格里拉县
电话：0887－8227568
邮编：674400

迪庆州香格里拉松赞林景区 AAAA
地址：迪庆州香格里拉县以北 5 公里
邮编：674400

迪庆州香格里拉蓝月山谷景区 AAAA
地址：迪庆州香格里拉县西南部
邮编：674400

迪庆州香格里拉大峡谷 · 巴拉格宗景区 AAAA
地址：迪庆州香格里拉县康珠大道
电话：0887－8288619
邮编：674400

迪庆虎跳峡景区 AAAA
地址：迪庆州香格里拉县桥头镇
邮编：674400

迪庆依拉草原景区 AA
地址：迪庆州香格里拉县城西北 6 公里处
电话：0887－8288811
邮编：674400

迪庆州霞给藏族文化村旅游景区 AAA
地址：迪庆州香格里拉县
邮编：674400

迪庆州香格里拉硕都湖旅游景区 AAA
地址：迪庆州香格里拉县
邮编：674400

香格里拉纳帕海景区 AA
地址：迪庆州香格里拉县城 5 公里处
电话：0887－8200077
邮编：674400

香格里拉天生桥温泉景区 AA
地址：迪庆州香格里拉县城红坡村
电话：13087429100
邮编：674400

迪庆州民族服饰旅游展演中心 AA
地址：迪庆州香格里拉县城内
电话：0887－8228318
邮编：674400

迪庆州博物馆 AA
地址：迪庆州香格里拉县建糖东路
电话：0887－8226610
邮编：674400

中甸藏经阁景点 AA
地址：迪庆州香格里拉县城内
电话：13038609959
邮编：674400

梅里雪山景区 AAAA
地址：迪庆州德钦县城升平镇西
邮编：674500

大理崇圣寺三塔文化旅游区 AAAAA
地址：大理州大理市苍山应乐峰下
电话：0872－2666107
邮编：671003

大理蝴蝶泉公园 AAA
地址：大理州大理市喜洲镇周城办事处
电话：0872－2431125
邮编：671004

大理天龙八部影视城 AAA
地址：大理市苍山
电话：0872－2674428
邮编：671000

大理天镜阁景区 AA
地址：大理州大理市海东乡
电话：0872－2479913
邮编：671006

大理市洱海公园 AA
地址：大理州大理市下关洱河南路 1 号
电话：0872－2320244
邮编：671001

大理镇上关花 · 天龙洞景区 AA
地址：大理州大理市上关
电话：0872－2458661
邮编：671000

大理省级旅游度假区 AAAA
地址：大理州大理市
电话：0872－2671545
邮编：671000

大理宾川鸡足山景区 AAAA
地址：大理市宾川县牛井镇炼洞乡
邮编：671600

弥渡县东山森林公园 AA
地址：大理州弥渡县海坝庄办事处
电话：0872－8153430
邮编：675600

大理南诏风情岛 AAAA
地址：大理州洱源县双廊乡
电话：0872－5371506
邮编：671300

剑川满贤林景区 AA
地址：大理州剑川县城西 1.5 公里处
电话：0872－4525439
邮编：671300

鹤庆县银都水乡新华民族村 AAAA
地址：大理州鹤庆县草海镇新华村
电话：0872－4138071
邮编：671500

漾濞县石门关景区 AA
地址：大理州漾濞县金牛村
电话：0872－7529128
邮编：672500

楚雄州彝人古镇 AAAA
地址：楚雄市
邮编：675000

楚雄州博物馆 AAA
地址：楚雄市鹿城南路南门坡
电话：0878－3018866
邮编：675000

中国彝族十月太阳历文化园 AA
地址：楚雄州楚雄市经济技术开发区太阳历大道
电话：0878－3398654　3398529
传真：0878－3398729
邮编：675000

楚雄紫溪山万松林 AA
地址：楚雄州楚雄市紫溪山
电话：0878－3810220　3810574
邮编：675000

牟定化佛山景区 A
地址：楚雄州牟定县化佛山景区
电话：0878－5222819
邮编：675500

南华咪依噜风情谷 AAA
地址：楚雄州南华县龙川镇岔河村
邮编：675200

永仁方山风景区 AA
地址：楚雄州永仁县方山风景区
电话：0878－6721780
邮编：651400

元谋土林风景区 AAAA
地址：楚雄州元谋县物茂乡
电话：0878－8352020
邮编：651311

武定狮子山景区 AAAA
地址：楚雄州武定县狮子山
电话：0878－8714066
邮编：651600

楚雄州禄丰世界恐龙谷 AAAA
地址：楚雄州禄丰县
电话：0878－4608322
邮编：651200

禄丰县黑井古镇 AAA
地址：楚雄州禄丰县黑井镇
电话：0878－4890052　4890001
邮编：651221

开远市南洞风景区 AA
地址：红河州开远市南洞路
电话：0873－7181563
邮编：661600

弥勒白龙洞景区 AA
地址：红河州弥勒市虹溪镇北龙洞
电话：0873－6292070
邮编：652300

燕子洞风景名胜区 AAAA
地址：红河州建水县
电话：0873－7821068
邮编：654316

建水县朱家花园 AAAA
地址：红河州建水县临安镇建新街 133 号

电话：0873－7653028
邮编：654300

建水县文庙 AAAA
地址：红河州建水县临安镇建中路319号
电话：0873－7617065
邮编：654300

石屏焕文公园 AA
地址：红河州石屏县冒合乡
电话：0873－4854973
邮编：662200

泸西阿庐古洞风景区 AAAA
地址：红河州泸西县阿庐古洞风景区
电话：0873－6621800
邮编：652400

文山西华公园 A
地址：文山州文山县西华路
电话：0876－2184130
邮编：663000

砚山浴仙湖景区 AA
地址：文山州砚山县维末乡浴仙湖
电话：0876－3658047
邮编：663100

丘北普者黑风景区 AAAA
地址：文山州丘北县旅游局
电话：0876－4123043
邮编：663200

富宁驮娘江景区 AA
地址：文山州富宁县剥隘镇
电话：0876－6122176
邮编：663400

西双版纳原始森林公园 AAAA
地址：西双版纳州昆洛国道距景洪城8公里
电话：0691－2759898
邮编：666100
网址：www. bnslgy. com

西双版纳傣族园 AAAA
地址：西双版纳州景洪市勐罕镇橄榄坝
电话：0691－2411568　2506605
邮编：666108

西双版纳热带花卉园 AAAA
地址：西双版纳州景洪市景洪西路28号
电话：0691－2120337　2124049
邮编：666100

西双版纳勐泐文化园 AAAA
地址：西双版纳州景洪市橄榄坝公路4公里处
电话：0691－2122318　2200159
邮编：666100

景洪曼听公园 AAAA
地址：西双版纳州景洪市曼听路1号
电话：0691－2161451　2161061
邮编：666106

中科院西双版纳热带植物园 AAAAA
地址：西双版纳州勐腊县勐仑镇
电话：0691－8715649　8715070
邮编：666303

西双版纳民族风情园 AA
地址：西双版纳州景洪市民族南路4号
电话：0691－6620362
邮编：666100

西双版纳猴山景区 AA
地址：西双版纳州景洪市民族南路2号
电话：0691－2122318
邮编：666100

西双版纳野象谷景区 AAAA
地址：西双版纳州景洪市勐养镇
电话：0691－2431040
邮编：666106

曼迈桑康风景区（橄榄坝）AAA
地址：西双版纳州景洪市曼迈桑康村
电话：0691－2410370
邮编：666100

西双版纳南药园 AA
地址：西双版纳州景洪市内
电话：0691－2129559
邮编：666100

西双版纳州勐景来旅游景区 AAA
地址：西双版纳州勐海县打洛镇
电话：0691－5566880
邮编：666200

打洛独树成林景点 A
地址：西双版纳州勐海县打洛镇
电话：0691－5561504　5566880
邮编：666212

景真八角亭景点 A
地址：西双版纳州勐海县遮乡景真村
电话：0691－5450233
邮编：666200

版纳雨林谷 AA
地址：西双版纳州勐腊县勐仑镇
电话：0691－8715518
邮编：666303

餐　馆

豆蔻饭店
地址：昆明市官渡区正义路北段1号楼
电话：0871－3391160
邮编：650200

昆明金碧饮食公司清真鼎新园饭店
地址：昆明市盘龙区鼎新街4号附1号
电话：0871－3199806
邮编：650011

昆明市饮食公司上海饭店
地址：昆明市东风西路80号
电话：0871－63162987
邮编：650031

滇味饭庄
地址：昆明市五华区江滨西路44－45号
电话：0871－3167913
邮编：650021

建新园
地址：昆明市五华区宝善街195号）
电话：0871－63135545
邮编：650021

昆明宴谷餐饮有限责任公司
地址：昆明市滇池路
电话：0871－64177688
邮编：650034

昆明青鸟餐饮有限公司
地址：昆明市东风西路
电话：0871－63610478
邮编：650011

圣地淘沙餐饮有限公司
地址：昆明市同仁街
电话：0871－63639698
邮编：650011

昆明阳光水乡餐饮有限公司
地址：昆明市
电话：0871－65013333
邮编：650224

云南滇之花餐饮有限责任公司
地址：昆明市白龙路
电话：0871－65012322
邮编：650011

昆明老坊餐饮有限公司
地址：昆明市西坝路
电话：0871－64138096
邮编：650011

昆明御膳堂餐饮有限公司
地址：昆明市南屏街88号
电话：0871－65708900
邮编：650011

昆明饮食服务有限公司昆明建新园
地址：昆明市宝善路195号
电话：0871－63135545
邮编：650011

昆明新纪元大酒店
地址：昆明市东风西路99号
电话：0871－63624999
邮编：650021

昆明快乐海鲜酒楼
地址：昆明市滇池路565号
电话：0871－64619111
邮编：650011

昆明小菜园餐厅
地址：昆明市龙泉路2号
电话：0871－65154319
邮编：650011

端仕小锅
地址：昆明市文林街74号
电话：0871－65312908
邮编：650011

映江楼
地址：昆明市园西路115号
电话：0871－65183418
邮编：650021

南来盛总店
地址：昆明市安康路46号
电话：0871－64138778
邮编：650011

南来盛颐园分店
地址：昆明市白云路446号
电话：0871－65726457
邮编：650011

荷花餐厅
地址：昆明市西山区书林街139号
电话：0871－63137516
邮编：650011

绿茵阁咖啡厅
地址：昆明市青年路400号2楼
电话：0871－63129997
邮编：650011

吉鑫园
地址：昆明市白龙路431号

电话：0871－65013777
邮编：650011

大滇园
地址：昆明市北京路860号
电话：0871－65711188　65707630
邮编：650011

云南人家
地址：昆明市宝海路146号
电话：0871－63545971
邮编：650011

老知青食馆
地址：昆明市翠湖南路4号
电话：0871－65140231　65140453
邮编：650011

红豆园
地址：昆明市文林街142号
电话：0871－65392020
邮编：650011

悦庄酒楼
地址：曲靖市南宁北路368号
电话：0874－3145178
邮编：655000

曲靖麒麟旅游饮食服务公司
地址：曲靖市建宁西路2号
电话：0874－3513344
邮编：655000

曲靖麒麟旅游饮食服务公司阿诗玛美味园
地址：曲靖市麒麟南路155号
电话：0874－3127294
邮编：655000

曲靖吉庆海鲜城
地址：曲靖市麒麟西路16号
电话：0874－3515888
邮编：655000

曲靖老大娘水饺餐饮有限公司
地址：曲靖市麒麟南路149号
电话：0874－3133777
邮编：655000

曲靖热带森林酒楼
地址：曲靖市南宁东路
电话：0874－3100969
邮编：655000

银春阁酒楼
地址：曲靖市东宁北路北段
电话：0874－3516629
邮编：655000

齐家大院
地址：玉溪市紫艺路1号
电话：0877－2051686
邮编：653100

老渔翁石锅鱼
地址：玉溪市北二环路上段
电话：0877－2095818
邮编：653100

鸭香园
地址：玉溪市大营街汇溪路18号
电话：0877－2770555
邮编：653100

兴隆野生菌子园
地址：玉溪市龙马路下段5号
电话：0877－2019058
邮编：653100

小庙街清真园
地址：玉溪市小庙街
电话：0877－6109207
邮编：653100

玉溪回味饮食服务公司
地址：玉溪市红塔区太极路中段
电话：0877－2035288
邮编：653100

玉溪清溪园餐厅
地址：玉溪市凤凰路37号
电话：0877－2062524
邮编：653100

玉溪蓬莱饭店
地址：玉溪市迎春街北段
电话：0877－2018646
邮编：653100

玉溪九洲酒楼
地址：玉溪市文化路中段
电话：0877－2065488
邮编：653100

玉溪市饮食服务公司
地址：玉溪市人民路138号
电话：0877－2026886
邮编：653100

玉溪市阳光酒楼
地址：玉溪市红塔路上段
电话：0877－2055894
邮编：653100

玉溪玉清苑清真餐厅
地址：玉溪市玉江西路42号
电话：0877－2026453
邮编：653100

保山饭店
地址：保山市保岫东路191号
电话：0875－2122299
邮编：678000

保山祥龙餐饮有限责任公司
地址：保山市永昌镇玉泉路
电话：0875－9213806
邮编：678000

保山兰都饭店有限公司
地址：保山市保岫西路中段
电话：0875－2121888
邮编：678000

杨记回民餐馆
地址：昭通市北顺城街
电话：0870－2121967
邮编：657000

昭通天元饭店
地址：昭通市爱民路
电话：0870－2122838
邮编：657000

昭通市饮食服务公司
地址：昭通市西街31号
电话：0870－2234542
邮编：657000

竹苑茶餐厅
地址：丽江市古城停车场入口对面
电话：0888－3195588
邮编：674100

嘴巴香茶馆
地址：丽江市古城光义街忠义巷107号
电话：0888－5117320
邮编：674100

朝阳会馆
地址：丽江市香格里拉大道
电话：0888－5168516
邮编：674100

今生有约茶餐厅
地址：丽江市大研古城百岁坊70号
电话：0888－5106256
邮编：674100

东京湾
地址：丽江市古城玉河走廊东岸3号
电话：0888－5161828
邮编：674100

三文彩虹鳟鱼庄
地址：丽江市玉泉路中段
电话：0888－5176286
邮编：674100

老字号川菜馆
地址：丽江市束河古镇
电话：0888－5118611
邮编：674100

龙记斑鱼庄
地址：丽江市东界河中段143号
电话：0888－5146988
邮编：674100

顺水楼
地址：丽江市古城区新义街百岁坊80号
电话：0888－5106468
邮编：674100

长寿餐厅
地址：丽江市新义四方街167号
电话：0888－5120184
邮编：674100

江鱼潭农家园
地址：丽江市虎跳峡江鱼潭
电话：0888－5193008
邮编：674100

小南国酒家
地址：丽江市古城区瓜玳国荷塘小镇
电话：0888－5128989
邮编：674100

纳西鱼府
地址：丽江市大研古镇新华街翠文段104号
电话：0888－8886608　8880800
邮编：674100

思茅高登大酒店
地址：普洱市人民东路19号
电话：0879－2128796
邮编：665000

思茅高园酒店
地址：普洱市人民东路23号
电话：0879－2134029
邮编：665000

思茅兰花饭店
地址：普洱市民航路10号
电话：0879－2124665
邮编：665000

思茅宏祥饮食服务有限责任公司
地址：普洱市五一路10号
电话：0879－2124375
邮编：665000

昆明乡村牛仔饮食有限公司思茅分公司
地址：普洱市洗马河公园南侧
电话：13987971066
邮编：665000

临沧酒家
地址：临沧市南塘街 29 号
电话：0883－2122978
邮编：677000

临沧饮食服务公司
地址：临沧市凤翔镇西大街 92 号
电话：0883－2122582
邮编：677000

德宏州富士山食馆
地址：德宏州潞西市
电话：0692－2117960
邮编：678400

郎家傣味饭店
地址：德宏州潞西市
电话：0692－2113041
邮编：678400

宝继饭庄
地址：德宏州潞西市
电话：0692－2111059
邮编：678400

侨味餐厅
地址：德宏州潞西市
电话：0692－2123028
邮编：678400

快活林饭庄
地址：德宏州潞西市
电话：0692－2124395
邮编：678400

杨家傣味食馆
地址：德宏州潞西市
电话：0692－2112156
邮编：678400

竹园鲜鱼馆
地址：德宏州潞西市
电话：0692－2127058
邮编：678400

方家傣味食馆
地址：德宏州潞西市
电话：0692－2122263
邮编：678400

大胡子饭庄
地址：德宏州潞西市
电话：0692－2126770
邮编：678400

大竹林饭庄
地址：德宏州潞西市
电话：0692－2138827
邮编：678400

潞西市芒市方家傣味饭店
地址：德宏州潞西市芒市建国路上段
电话：0692－2122263
邮编：678400

瑞丽泰国菜餐厅
地址：德宏州瑞丽市边城街九州饭店对面
电话：13628896812
邮编：678600

瑞丽市酸罗卜鱼汤锅
地址：德宏州瑞丽市
电话：0692－4151266
邮编：678600

瑞丽湖南家乡菜
地址：德宏州瑞丽市
电话：0692－4121684
邮编：678600

瑞丽水上乐园餐厅
地址：德宏州瑞丽市
电话：0692－4153118
邮编：678600

海富楼餐厅
地址：怒江州泸水县八一路
电话：0886－6696958
邮编：673100

泸水县饮食服务公司
地址：怒江州泸水县六库镇穿城路 78 号
电话：0886－3622640
邮编：673100

卓玛餐馆
地址：迪庆州香格里拉县古城电力酒店 1 楼
电话：0887－6887569
邮编：674400

虎跳峡镇唐府饭店
地址：迪庆州香格里拉县中甸虎跳峡景区
电话：0887－8806178
邮编：674400

泉华山庄
地址：迪庆州香格里拉县
电话：0887－8866052
邮编：674400

迪庆新华饭店
地址：迪庆州香格里拉县建塘镇长征路 42 号
电话：0887－8288111　8230938
邮编：674400

庚奔民族酒楼
地址：迪庆州香格里拉县城团结街
电话：0877－8222070
邮编：674400

建塘餐厅
地址：迪庆州香格里拉县环城东路
电话：0877－8227493
邮编：674400

梅里客栈
地址：迪庆州德钦州上雨崩村入口处
电话：0887－8411081
邮编：674500

吉圣园酒家
地址：迪庆州德钦县奔子栏镇街中心
电话：0877－8506375
邮编：674500

大理梅子井酒家
地址：大理州大理市古城人民路 130 号
电话：0872－2671578
邮编：671000

一壶春
地址：大理州大理市古城北门街 22 号
电话：0872－2670394
邮编：671000

海拉里菜馆
地址：大理州大理市绿玉路 52 号
电话：0872－2681096
邮编：671000

竹园小厨
地址：大理州大理市古城护国路 5 号
电话：0872－2664082
邮编：671000

高丽亭酒店
地址：大理州大理市古城护国路 115 号
电话：0872－2665083
邮编：671000

古城清真饭店
地址：大理州大理市古城博爱路 77 号
电话：0872－2677416
邮编：671000

梅子井
地址：大理州大理市古城人民路 138 号
电话：0872－2671578
邮编：671000

天然居
地址：大理州大理市古城南门外文献路
电话：0872－2670050
邮编：671000

杏花村饭店
地址：大理州大理市玉洱路 165 号
电话：0872－2670087
邮编：671000

大理人家
地址：大理州大理市下关沧浪路南段
电话：0872－3103997
邮编：671000

麒翔饭庄
地址：大理州大理市古城玉洱路 195 号
电话：0872－2670949
邮编：671000

唐朝酒吧
地址：大理州大理市护国路 87 号
电话：0872－2661580
邮编：671000

重庆小天鹅火锅食府
地址：大理州大理市下关宾川路 292 号
电话：0872－2310299
邮编：671000

大理嘉逸饮食文化有限公司
地址：大理州大理市下关洱河南路
电话：0872－2181814
邮编：671000

大理古城兰林阁酒店
地址：大理州大理市古城玉洱路 96 号
电话：0872－2666188
邮编：671000

大理琦龙风味庄餐饮有限公司
地址：大理州大理市下关兴盛路
电话：0872－2120355
邮编：671000

大理德鑫园餐饮有限责任公司
地址：大理州大理市下关洱河南路 10 号
电话：0872－2130034
邮编：671000

高丽亭餐饮有限公司
地址：大理州大理市古城洋人街 51 号
电话：13619424303
邮编：671000

大理古城饮食服务有限责任公司
地址：大理州大理市复兴路 314 号

电话：0872－2670226
邮编：671000

大理下关宾馆（集团）有限责任公司云峰酒楼
地址：大理州大理市下关泰安路 48 号
电话：0872－2128627
邮编：671000

彝风园
地址：楚雄州楚雄市灵秀路香蜜郡一期大门旁
电话：0878－3155523
邮编：675000

天和酒楼
地址：楚雄州楚雄市汇东街
电话：0878－3126650
邮编：675000

楚雄聚香轩酒楼
地址：楚雄州楚雄市鹿城镇鹿城西路 84 号
电话：0878－3125244
邮编：675000

楚雄饮食服务公司峨碌餐厅
地址：楚雄州楚雄市鹿城镇中大街 192 号
电话：0878－3122993
邮编：675000

楚雄饮食服务公司
地址：楚雄州楚雄市龙江路 16 号
电话：0878－3125244
邮编：675000

楚雄饮食服务公司醉红颜酒家
地址：楚雄州楚雄市鹿城镇鹿城西路 113 号
电话：0878－3123620
邮编：675000

楚雄天龙酒楼
地址：楚雄州楚雄市鹿城镇鹿城北路 44 号
电话：0878－3121506
邮编：675000

红河州银河大酒店
地址：红河州蒙自市银河路 17 号
电话：0873－3721166
邮编：661400

蒙自雪莲花饮食文化有限公司
地址：红河州蒙自市双河小区
电话：0873－3799088
邮编：661400

蒙自水上人间餐厅
地址：红河州蒙自市红寨乡高家寨 96 号
电话：0873－3645656
邮编：661400

蒙自县政府招待所木樨园餐厅
地址：红河州蒙自市桂林街 8 号
电话：0873－3646097
邮编：661400

红河州天马酒店
地址：红河州蒙自市天马路
电话：0873－3652326　3648458
邮编：661400

蒙自禄玉园餐厅
地址：红河州蒙自市昭忠路
电话：0873－3651577
邮编：661400

蒙自大水车餐厅
地址：红河州蒙自市文澜镇天马路中段
电话：0873－3723066
邮编：661400

蒙自明宇酒楼
地址：红河州蒙自市文澜镇文澜路
电话：0873－3724747
邮编：661400

蒙自观宝大酒店
地址：红河州蒙自市天马西路南侧
电话：0873－3720677
邮编：661400

文山县凯旋饮食有限责任公司
地址：文山州文山县开化镇小龙潭
电话：0876－2134568
邮编：663000

文山县饮食公司
地址：文山州文山县开化镇东风路 106 号
电话：0876－2122898
邮编：663000

文山县中玉酒店有限责任公司
地址：文山州文山县河西路 86 号
电话：0876－2183933
邮编：663000

文山州华联大酒店
地址：文山州文山县开化镇望华路
电话：0876－2122812
邮编：663000

西双版纳凰苑大酒店
地址：西双版纳州景洪市旅游度假区
电话：0691－2152088－6666
邮编：666100

西双版纳州绿洲酒店
地址：西双版纳州景洪市景德路 35 号
电话：0691－2190000
邮编：666100

景洪市饮食服务公司
地址：西双版纳州景洪市南路 3 号
电话：0691－2123404
邮编：666100

景洪饭店
地址：西双版纳州景洪市南路 14 号
电话：0691－2123404
邮编：666100

西双版纳傣园酒店有限公司
地址：西双版纳州景洪市民航路 61 号
电话：0691－2123888－807
邮编：666100

西双版纳谷丰公司版纳酒店
地址：西双版纳州景洪市嘎兰南路 9 号
电话：0691－2132026
邮编：666100

西双版纳州书苑酒楼
地址：西双版纳州景洪市景洪北路 10 号
电话：0691－2130295
邮编：666100

西双版纳金版纳酒店
地址：西双版纳州景洪市旅游度假区内
电话：0691－2124901
邮编：666100

景洪市清华饭店
地址：西双版纳州景洪市嘎兰中路 110 号
电话：0691－2124248
邮编：666100

西双版纳州邮运香广村餐厅
地址：西双版纳州景洪市江北路 26 号
电话：0691－2140588
邮编：666100

西双版纳汉莎餐饮娱乐有限责任公司
地址：西双版纳州景洪市旅游度假区内
电话：0691－2125888
邮编：666100

景洪市佛光园餐厅
地址：西双版纳州景洪市农林南路 4 号
电话：0691－2138608
邮编：666100

玉池椰楼民族歌舞餐厅
地址：西双版纳州景洪市曼景兰村 71 号
电话：0691－2161620
邮编：666100

景洪品茗餐饮服务有限责任公司
地址：西双版纳州景洪市勐泐大道 64 号 2 楼
电话：0691－2123555
邮编：666100

旅游用品

昆明市蜡染工艺美术厂
地址：昆明市五华区虹山东路 157 号
电话：0871－65327114
邮编：650033

昆明市金银首饰厂
地址：昆明市盘龙区正义路
电话：0871－63639719
邮编：650051

艺博云天云南民间手工艺品厂
地址：昆明市吴井路 343 号
电话：0871－66200975
邮编：650011

昆明憨夯民间手工艺品有限公司
地址：昆明市西坝新村 648 号
电话：0871－64126844
邮编：650011

宝贝街民族工艺品有限公司
地址：昆明市木东村
电话：0871－63821116
邮编：650011

云南情工艺品有限公司
地址：昆明市新闻路 714 号
电话：0871－66613926
邮编：650011

个旧市斑锡工艺美术有限公司
地址：昆明市环城北路 221 号
电话：0871－63108296
邮编：650011

云南民族民间工艺品交易市场
地址：昆明市春城路 289 号
电话：0871－67194888
邮编：650011

九龙珠宝城
地址：昆明市宝海路
电话：0871－67169198　67158886
邮编：650011

云南云锡腾升工艺品有限公司
地址：昆明市高新技术开发区昌源中路 49 号
电话：0871－68212315　68211755
邮编：650106

昆明云艺星火工艺厂
地址：昆明市麻园村12号
电话：0871－65348120
邮编：650101

昆明长青民族装潢工艺美术厂
地址：昆明市张官营
电话：0871－65712404　65705372
邮编：650011

昆明市蜡染工艺美术厂
地址：昆明市五华区虹山东路157号
电话：0871－65327114
邮编：650033

昆明市雕刻工艺厂
地址：昆明市五华区虹山东路
电话：0871－65326341
邮编：650033

昆明老木文化艺术品有限公司
地址：昆明市白龙路
电话：0871－67155739
邮编：650011

昆明红土木雕工艺厂
地址：昆明市王家桥云冶路24号
电话：0871－65527668　65647194
邮编：650031

昆明金辉斑铜工艺品有限责任公司
地址：昆明市人民东路111号
电话：0871－65015896
邮编：650051

昆明雄艺雕塑制作有限公司
地址：昆明市
电话：0871－68192999　13033387722
邮编：650011

安宁市小桥街工艺美术社
地址：昆明安宁市大巷口
电话：0871－68695004
邮编：650300

昆明汇景居室布艺有限公司
地址：昆明市人民西路320号
电话：0871－65331570　65331972
邮编：650011

昆明华舟地毯有限公司
地址：昆明市官渡区宝海路
电话：0871－63550234　63553248
邮编：650220

金麒麟珠宝行
地址：昆明市官渡区北京路
电话：0871－63560270
邮编：650220

昆明雄达地毯厂
地址：昆明市茨坝花渔沟
电话：0871－65215093
邮编：650220

云南地矿珠宝有限公司
地址：昆明市东风东路东风巷87号地矿大厦
电话：0871－63188010
邮编：650051

昆明西山梁源泽峰木雕工艺品厂
地址：昆明市西山区马街镇梁源中路153号
电话：0871－68182630
邮编：650106

昆明侨兴雕刻工艺厂
地址：昆明市白龙路46号
电话：0871－63369515
邮编：650051

昆明市信托贸易公司金翠珠宝店
地址：昆明市威远街
电话：0871－63168077
邮编：650032

栲兰乡银饰
地址：昆明市北京路
电话：0871－65845671
邮编：650011

昆明市宜良阳升工艺品厂
地址：昆明市宜良县蓬莱乡
电话：0871－67525535
邮编：652100

师宗县民族工艺厂
地址：曲靖市师宗县丹凤镇东兴街
电话：0874－5752275
邮编：655700

云南江川李家山青铜器工艺制品厂
地址：玉溪市江川县
电话：0877－8334866　8332417
邮编：652600

江川铜工艺制品厂
地址：玉溪市江川县新河嘴
电话：0877－8032888
邮编：652600

通海县民族银饰制品厂
地址：玉溪市通海县通海北街23号
电话：0877－3011428
邮编：652700

腾冲县腾越珠宝城
地址：保山市腾冲县腾越镇天成社区银河小区155号
电话：0875－5131894
邮编：679100

腾冲县工艺美术厂
地址：保山市腾冲县南门街
电话：0875－5131894
邮编：679100

昭通市版纳地毯厂
地址：昭通市昭阳区昭阳路8号
电话：0870－2223781　2221461
邮编：657000

昭通市大山地毯厂
地址：昭通市元宝路
电话：0870－2169461　2168888
邮编：657000

丽江百岁坊银器有限公司
地址：丽江市古城区四方街
电话：0888－5187823
邮编：674100

云南丽江民族民间手工艺品坊
地址：丽江市古城区七一街兴文巷10号
电话：0888－8881521
邮编：674100

中国少数民族工艺品有限公司
地址：丽江市古城区裕康苑小区鹂园2栋
电话：0888－6681468
邮编：674100

丽江市风情商贸有限责任公司
地址：丽江市古城区象山西路
电话：0888－6628958
邮编：674100

云南印象丽江民族工艺礼品厂
地址：丽江市大研镇五一街文治巷138号
电话：0888－5121088
邮编：674100

丽江民族首饰厂
地址：丽江市四方街
电话：0888－5171728
邮编：674100

云南丽江东巴木雕文化有限公司
地址：丽江市宁蒗县
电话：0888－5124453
邮编：674300

思茅区天然矿物工艺品开发公司
地址：普洱市思茅区
电话：0879－2134373
邮编：665000

凤庆县实用民族工艺厂
地址：临沧市凤庆县凤梧路62号
电话：0883－4215118
邮编：675900
网址：www.anyun.gift12345.com

临沧金珠首饰有限责任公司
地址：临沧市南塘街
电话：0883－2135210
邮编：677000

潞西市民族银器厂
地址：德宏州潞西市
电话：0692－2121289
邮编：679300

德钦县民族地毯厂
地址：迪庆州德钦县升平镇西山路
电话：0887－8412633
邮编：674500

德钦县民族银制品厂
地址：迪庆州德钦县升平镇
电话：0887－8413164
邮编：674500

大理南国城民族工艺坊
地址：大理市南国城
电话：0872－6892856
邮编：671000

3.3元素民间工艺坊
地址：大理州大理市下关建设路
电话：0872－6996680
邮编：671000

大理市古滇扎染有限公司
地址：大理州大理市观音塘
电话：0872－2684758
邮编：671000

大理镇周城民族扎染厂
地址：大理州大理市周城
电话：0872－2431088
邮编：671000

剑川县木雕工艺品厂
地址：大理州剑川县东营房
电话：0872－4521158
邮编：672500

剑川县华艺木雕有限公司
地址：大理州剑川县金华镇滇藏南路69号
电话：0872－4521247　4521575　4525588
邮编：671300

鹤庆县新华黑龙潭银产品店
地址：大理州鹤庆县
电话：0872－4139539
邮编：671500

楚雄市雁塔工艺美术部
地址：楚雄州楚雄市新市街 111 号
电话：0878－3132728
邮编：675000

楚雄市楚风民族工艺有限责任公司
地址：楚雄州楚雄市东新路
电话：0878－3020203
邮编：675000

楚雄州彝山旅游产品开发有限公司
地址：楚雄州楚雄市鹿城北路
电话：0878－3121531
邮编：675000

大姚县民族工艺美术品厂
地址：楚雄州大姚县新大街
电话：0878－6222031
邮编：675400

武定县民族工艺饰品厂
地址：楚雄州武定县城中新街
电话：0878－8712034
邮编：651600

个旧市锡工艺美术厂
地址：红河州个旧市金湖南路
电话：0873－2160116
邮编：661000

个旧市金平长和工艺制品有限公司
地址：红河州个旧市金湖西路
电话：0873－2156276
邮编：661000

个旧市锡花工艺美术厂
地址：红河州个旧市金湖西路
电话：0873－2122158
邮编：661000

斑锡工艺美术有限公司
地址：红河州个旧市
电话：0873－2215520
邮编：661000

陶茗轩工艺品有限公司
地址：红河州建水县建中路 111 号
电话：0873－7655292
邮编：654300

建水县工艺美术陶瓷厂
地址：红河州建水县临安镇碗窑村
电话：0873－7652806
邮编：654300

建水县民族首饰有限责任公司
地址：红河州建水县金银北路
电话：0873－7612812
邮编：654300

勐海县民族银饰厂
地址：西双版纳州勐海县象山镇兴园路
电话：0691－5122462
邮编：666200

西双版纳手工艺品开发有限责任公司
地址：西双版纳州景洪市工艺品街
电话：0691－8738215
邮编：666100

云南金版纳翡翠有限公司
地址：西双版纳州景洪市宣慰大道 99 号
电话：0691－8993666
邮编：666100

西双版纳民族工艺黑陶有限公司
地址：西双版纳州景洪市西路 49 号
电话：0691－2126445
邮编：666100

西畴县传统手工刺绣厂
地址：文山州西畴县兴街镇
电话：0876－8114164
邮编：663500

旅游交通

云南旅游商务集团光大旅游汽车有限公司
地址：昆明市广福路大商汇 88 幢 11 楼
电话：0871－67163358
邮编：650500

云南省交通旅游总公司
地址：昆明市盘龙区北京路 58－64 号
电话：0871－63543391
邮编：650011

昆明国旅旅游汽车有限公司
地址：昆明市环城南路 285 号
电话：0871－63555132
邮编：650011

云南南方汽车旅游有限公司
地址：昆明市东风东路 306 号鑫玉苑 A 幢 1 单元 603 号
电话：0871－68033644
邮编：650500

云南昆明交通运输集团有限公司
地址：昆明市五华区西站 16 号
电话：0871－65322242　65326250
邮编：650031

昆明新风情旅游汽车有限公司
地址：昆明市盘龙区东风东路 86 号
电话：400－688－5858　0871－8886152
邮编：650041

昆明中北交通旅游（集团）有限公司
地址：昆明市东风东路 233 号
电话：0871－63382173　63381397
邮编：650228
网址：www.kmzhongbei.com

昆明新星旅游汽车有限责任公司
地址：昆明市穿金路
电话：0871－65613582
邮编：650011

云南省旅游汽车有限公司
地址：昆明市民航路 663 号
电话：0871－67168619　67183357
邮编：650200

云南康辉旅游汽车有限公司
地址：昆明市春城路
电话：0871－63569886
邮编：650011

昆明火车站
地址：昆明市北京路南端
电话：0871－63511534　63162321
邮编：650200

昆明亚大旅游汽车有限公司
地址：昆明市春城路 286 号
电话：0871－67013899
邮编：650200

昆明火车北站
地址：昆明市北京路 913 号
电话：0871－65172522
邮编：650011

昆明巫家坝国际机场
地址：昆明市
电话：0871－67116114　67113231
邮编：650200

昆明长水国际机场
地址：昆明市官渡区大板桥街道长水村与花箐村
电话：0871－96566
邮编：650200

石林兴利达旅游客运有限公司
地址：昆明市石林县
电话：1378898216
邮编：652211

云南曲靖交通集团有限公司旅游客运分公司
地址：曲靖市交通路 189 号
电话：0874－3381826
邮编：655000

云南曲靖市瑞阳旅游客运有限公司
地址：曲靖市麒麟区
电话：0874－3215032
邮编：655000

曲靖火车站
地址：曲靖市建宁西路
电话：0874－6129222　6129958
邮编：655000

宜威市火车站
地址：曲靖宜威市榕城镇
电话：0874－6134210
邮编：655400

玉溪康辉旅游汽车有限公司
地址：玉溪市红塔区珊瑚路 77 号
电话：0877－2029006
邮编：653100

保山交通集团旅游汽车公司
地址：保山市
电话：0875－5181739　5186578　5182298
邮编：678000

保山机场
地址：保山市
电话：0875－2121666　2232266
邮编：678000

腾冲县五洲旅游车队
地址：保山市腾冲县锦程大酒店附楼
电话：0875－5181002　5163000
邮编：679100

昭通火车站
地址：昭通市
电话：0870－2838600　2232258
邮编：657000

昭通机场
地址：昭通市
电话：0870－2226308　2830004
邮编：657000

丽江民航蓝天旅游汽车服务公司
地址：丽江市古城区安通路

电话：13987046858
邮编：674100

云南省旅游汽车公司丽江分公司
地址：丽江市长水路
电话：0888－5182018
邮编：674100

丽江民航蓝天旅游汽车服务中心
地址：丽江市古城区安通路
电话：0888－5168587　5180121
邮编：674100

丽江三义机场
地址：丽江市古城区七河乡
电话：0888－5173081
邮编：674100

普洱彩云之南旅游运输有限公司
地址：普洱市振兴大道148号
电话：0879－2137128　2129966
邮编：665000

思茅机场
地址：普洱市思茅区西郊
电话：0879－2153055
邮编：665000

德宏芒市机场
地址：德宏州潞西市芒市坝
电话：0692－2934651
邮编：678400

迪庆香格里拉机场
地址：迪庆州香格里拉县
电话：0887－8229916
邮编：674400

云南迪庆交通运输集团总公司香格里拉客运公司
地址：迪庆州香格里拉县建塘镇长征路
电话：0887－8222972
邮编：674400

大理安然旅游客运有限责任公司
地址：大理州大理市古城博爱路62号
电话：0872－2662169
邮编：671003

大理金舟旅游客运有限公司
地址：大理州大理市下关建设东路173号
电话：0872－2194569
邮编：671000

大理交通旅游客运有限公司
地址：大理州开发区三茂街
电话：0872－2125949
邮编：671000

大理旅游客运有限公司
地址：大理州建设路
电话：0872－2133008
邮编：671000

云南省旅游汽车公司大理分公司
地址：大理州大理市下关泰安路
电话：0872－2182288
邮编：671000

大理机场
地址：大理州凤仪镇与海东乡交界处
电话：0872－2428915
邮编：671000

云南楚雄康辉旅游汽车有限公司
地址：楚雄州楚雄市鹿城北路105号
电话：0878－3115105
邮编：675000

云南省弥勒市城市公共客运有限公司
地址：红河州弥勒市弥阳镇拖白路19号
电话：0873－6129438
邮编：652300

云南文山交通运输集团公司旅游车分公司
地址：文山州文山市城望华路10号
电话：0876－2140916
邮编：663000

西双版纳吉迈斯旅游汽车有限公司
地址：西双版纳州景洪市勐泐大道勐泐大佛寺A20—21
电话：0691－2718676
邮编：666100

西双版纳州旅游客运汽车有限公司
地址：西双版纳州景洪市民航路
电话：0691－2128190　2128061
邮编：666100

西双版纳机场
地址：西双版纳州景洪市嘎洒乡
电话：0691－2159129　2159053
邮编：666100

西双版纳交通运输集团公司旅游汽车出租分公司
地址：西双版纳州景洪市江北路8号
电话：0691－2211605
邮编：666101

西双版纳吉迈斯旅游汽车有限公司
地址：西双版纳州景洪市勐泐大道
电话：0691－89888705
邮编：666101

西　藏

TIBET

旅游机构

西藏自治区旅游局
地址：拉萨市罗布林卡路3号
电话：0891－6835472
邮编：850001
电子信箱：TTour@ pubic. ls. xz. cn

西藏自治区旅游执法总队
地址：拉萨市罗布林卡路3号
电话：0891－6834193
邮编：850001

拉萨市旅游局
地址：拉萨市江苏路33号
电话：0891－6323632
邮编：850000

拉萨市城关区旅游局
地址：拉萨市八廓南街31号
电话：0891－6324822
邮编：850000

那曲地区旅游局
地址：那曲地区那曲县那曲镇辽宁南路西侧
电话：0896－3822991
邮编：852000

那曲县旅游局
地址：那曲地区那曲县那曲镇文化西路11号
电话：0896－3822027
邮编：852000

昌都地区外事旅游局
地址：昌都地区昌都县昌都西路24号
电话：0895－4821273
邮编：854000

昌都县旅游局
地址：昌都地区昌都县西路24号
电话：0895－4821273
邮编：854000

林芝地区旅游局
地址：林芝地区林芝县八一镇
电话：0894－5883646
邮编：860000

工布江达县旅游局
地址：林芝地区工布江达县
电话：0894－5412366
邮编：850300

山南地区外事旅游局
地址：山南地区乃东县泽当镇湖南路25号
电话：0893－7820259
邮编：856000

乃东县旅游局
地址：山南地区乃东县泽当镇乃东路68号
电话：0893－7834388
邮编：85600

日喀则地区旅游局
地址：日喀则地区日喀则市河南路3号
电话：0892－8822221
邮编：857000

阿里地区外事旅游局
地址：阿里地区噶尔县狮泉河镇狮泉东路17号
电话：0897－2821144
邮编：859000

普兰县旅游局
地址：阿里地区普兰县
邮编：859500

札达县旅游局
地址：阿里地区札达县
邮编：859600

旅行社

西藏旅游总公司
地址：拉萨市北京中路75号
电话：0891－6835277　13908908978
邮编：850001
网址：www. tibet. -travet. com
许可证号：L-XZ-CJ00001

西藏圣地国际旅行社
地址：拉萨市廓东路6号
电话：13908988686
邮编：850000
网址：www. tsedanghotel. com
电子信箱：booking@ tist. cn
许可证号：L－XZ－CJ00002

西藏山南中国国际旅行社
地址：拉萨市民族北路1号
电话：13908932453
邮编：850000
许可证号：L-XZ-CJ00003

西藏林芝香巴拉国际旅游有限公司
地址：林芝地区八一镇厦门路
电话：0891—6321681
邮编：860000
电子信箱：info@ sshambhala－adventure. com
许可证号：L－XZ－CJ00004

饭店

瑞吉度假酒店 ★★★★★
地址：拉萨市江苏路22号
电话：0891－6808888
邮编：850000

拉萨饭店贵宾楼 ★★★★
地址：拉萨市民族路中1号
电话：0891－6832221
邮编：850001

神湖酒店 ★★★★
地址：拉萨市贡布唐路阳城
电话：0891－6301111
邮编：850000

西藏宾馆 ★★★★
地址：拉萨市北京中路196号
电话：0891－6834966
邮编：850000

雅鲁藏布大酒店 ★★★★
地址：拉萨市贡布塘路阳城
电话：0891－6309999
邮编：850000

新鼎大酒店 ★★★★
地址：拉萨市中和国际城内
电话：0891－6808555
邮编：850000

雅汀舍丽酒店 ★★★★
地址：拉萨市金珠西路60号
电话：0891－6936666
邮编：850000

福朋喜莱登酒店 ★★★★
地址：拉萨市林廓东路1巷5号
电话：0891－6348888
邮编：850000

圣瑞斯大酒店 ★★★★
地址：拉萨市金珠西路75号
电话：0891－6806000
邮编：850000

太阳岛大酒店 ★★★★
地址：拉萨市中和国际城内
电话：0891－6871111
邮编：850000

国际大酒店 ★★★★
地址：拉萨市民族南路1号
电话：0891－6832888
邮编：850000

西藏民族饭店 ★★★★
地址：拉萨市扎基路4号
电话：0891－6908999
邮编：850000

西藏拉威国际酒店 ★★★★
地址：拉萨市德吉北路38号
电话：0891－6855888
邮编：850000

林芝宾馆 ★★★★
地址：林芝地区八一镇川藏路
电话：0894－5821300
邮编：850400

林芝大酒店 ★★★★
地址：林芝地区八一镇广州大道
电话：0894－5833333
邮编：850400

西藏泽当饭店 ★★★★
地址：山南地区泽当镇乃东路2号
电话：0893－7825555
邮编：856000

雅砻河大酒店 ★★★★
地址：山南地区泽当镇湖北大道18号
电话：0893－7800383
邮编：856100

日喀则饭店 ★★★★
地址：日喀则市上海中路12号
电话：0892－8800336
邮编：857000

久木亚美饭店 ★★★★
地址：日喀则市年河北路3号
电话：0892－8837000
邮编：857000

国圣宾馆（预备）★★★
地址：拉萨市德吉北路
电话：0891－6808811
邮编：850000

廓尔喀饭店 ★★★
地址：拉萨市林廓南路45号
电话：0891－6272222
邮编：850000

天海宾馆 ★★★
地址：拉萨市天海路6号

电话：0891－6824888
邮编：850000

宝发酒店（预备）★★★
地址：拉萨市红旗西路6号
电话：0891－6712222
邮编：850000

雪莲宾馆 ★★★
地址：拉萨市生态路
电话：0891－6306666
邮编：850000

纳木措宾馆 ★★★
地址：拉萨市团结新村
电话：0891－6302399
邮编：850000

拉萨泽当饭店 ★★★
地址：拉萨市北京中路54号
电话：0891－6820999
邮编：850000

西藏社院大厦 ★★★
地址：拉萨市色拉路40号
电话：0891－6389905
邮编：850000

西藏庄园酒店 ★★★
地址：拉萨市林聚南路21号
电话：0891－6910000
邮编：850000

满斋酒店 ★★★
地址：拉萨市生态路
电话：0891－6367666
邮编：850000

德康酒店 ★★★
地址：拉萨市生态路
电话：0891－6308855
邮编：850000

金蕃宾馆 ★★★
地址：拉萨市林廓东路107号
电话：0891－6222666
邮编：850000

帝人宾馆（预备）★★★
地址：拉萨市雪新村
电话：0891－6278888
邮编：850000

金藏假日酒店 ★★★
地址：拉萨市金珠西路54路
电话：0891－6804888
邮编：850000

金鑫大酒店 ★★★
地址：拉萨市北京中路29号
电话：0891－6302238
邮编：850000

唐卡酒店 ★★★
地址：拉萨市宇拓路38号
电话：0891－6308866
邮编：850000

红山饭店 ★★★
地址：拉萨市北京中路41号
电话：0891－6926080
邮编：850000

凯拉斯酒店（预备）★★★
地址：拉萨市北京东路143号
电话：0891－6306999
邮编：850000

百益大酒店（预备）★★★
地址：拉萨市北京中路46号
电话：0891－6805577
邮编：850000

燃木其大酒店 ★★★
地址：拉萨市小昭寺路24号
电话：0891－6765999
邮编：850000

拉萨河酒店 ★★★
地址：拉萨市中和国际城滨河路
电话：0891－6909999
邮编：850000

明圣大酒店 ★★★
地址：拉萨市曲米路中段
电话：0891－6859699
邮编：850000

生态园大酒店 ★★★
地址：拉萨市仙足岛开发区
电话：0891－6321555
邮编：850000

远丰河北大饭店 ★★★
地址：拉萨市中和国际城滨河路
电话：0891－6806688
邮编：850000

盛缘宾馆 ★★★
地址：拉萨市色拉路
电话：0891－6859699
邮编：850000

昆仑商务酒店 ★★★
地址：拉萨市八一南路
电话：0891－6321555
邮编：850000

福鑫源大酒店 ★★★
地址：拉萨市金珠西路
电话：0891－6905555
邮编：850000

电建宾馆 ★★★
地址：拉萨市夺底路17号
电话：0891－6304777
邮编：850000

藏香溢酒店 ★★★
地址：拉萨市民族北路9号
电话：0891－6807333
邮编：850000

罗林酒店（预备）★★★
地址：拉萨市色拉路
电话：0891－6361888
邮编：850000

拉萨刚坚饭店 ★★★
地址：拉萨市北京中路83号
电话：0891－6305555
邮编：850000

亚宾馆 ★★★
地址：拉萨市北京东路100号
电话：0891－6323496
邮编：850000

赛康大酒店（预备）★★★
地址：拉萨市北京东路25号
电话：0891－6362888
邮编：850000

西藏邮政酒店 ★★★
地址：拉萨市北京中路33号
电话：0891－6241322
邮编：850000

圣江饭店（预备）★★★
地址：拉萨市北京中路44号
电话：0891－6806888
邮编：850000

西藏大厦 ★★★
地址：拉萨市北京中路67号
电话：0891－6816666
邮编：850000

敦固宾馆 ★★★
地址：拉萨市北京中路冲赛康夏莎苏19号
电话：0891－6322555
邮编：850000

香巴拉酒店 ★★★
地址：拉萨市丹杰林路1号
电话：0891－6323888
邮编：850000

西藏边防大厦（预备）★★★
地址：拉萨市德吉北路18号
电话：0891－6809999
邮编：850000

雄巴拉大酒店 ★★★
地址：拉萨市江苏路28号
电话：0891－6338888
邮编：850000

西藏金蕃大酒店（预备）★★★
地址：拉萨市林廓北路12号
电话：0891－6273888
邮编：850000

新气象宾馆 ★★★
地址：拉萨市林廓北路2号
电话：0891－6300300
邮编：850000

喜马拉雅饭店 ★★★
地址：拉萨市林廓东路6号
电话：0891－6321111
邮编：850000

仙足岛假日庄园宾馆 ★★★
地址：拉萨市生态路
电话：0891－6715888
邮编：850000

那曲饭店 ★★★
地址：那曲地区那曲镇色尼东路262号
电话：0896－3821898
邮编：852000

仲青塘拉大酒店 ★★★
地址：那曲地区那曲县超丹中路1号
电话：0896－3828888
邮编：852000

友谊酒店 ★★★
地址：昌都地区那曲县电力公司侧
电话：0895－4846888
邮编：854000

西藏昌都饭店 ★★★
地址：昌都地区昌都县西路22号
电话：0895－4825998
邮编：854000

假日酒店 ★★★
地址：林芝地区林芝县八一镇广东路
电话：0894－5820222
邮编：850400

山水宾馆 ★★★
地址：林芝地区林芝县八一镇工布路
电话：0894－5831850
邮编：850400

风情大酒店（预备）★★★
地址：林芝地区林芝县八一镇福建路
电话：0894－5831699
邮编：850400

圣浓宾馆（预备）★★★
地址：林芝地区林芝县学院路8号
电话：0894－5825618
邮编：850400

贡布大酒店（预备）★★★
地址：林芝地区林芝县八一镇沿河路
电话：0894－5886899
邮编：850400

名人商务宾馆（预备）★★★
地址：林芝地区八一镇八一大街177号
电话：0894－5888889
邮编：850400

南迦巴瓦大酒店（预备）★★★
地址：林芝地区米林县
电话：0894－5458818
邮编：850500

明旺大酒店 ★★★
地址：林芝地区八一镇福建路2号
电话：0894－5888899
邮编：860000

林芝香帕拉酒店 ★★★
地址：林芝地区八一镇奇正路
电话：0894－5835555
邮编：860000

雪鸽宾馆 ★★★
地址：山南地区泽当镇湖北路1号
电话：0893－7827777
邮编：856000

裕砻假日大酒店 ★★★
地址：山南地区泽当镇乃东路30号
电话：0893－7832888
邮编：856000

龙马宾馆 ★★★
地址：山南地区泽当镇萨热路5号
电话：0893－7835388
邮编：857000

矿业宾馆 ★★★
地址：日喀则市珠峰路67号
电话：0892－8822999
邮编：857000

圣康饭店 ★★★
地址：日喀则市山东路106号
电话：0892－8822922
邮编：857000

上海广场大酒店 ★★★
地址：日喀则市珠峰路22号
电话：0892－8824120
邮编：857000

阳孜饭店 ★★★
地址：日喀则市黑龙江路
电话：0892－8839998
邮编：857000

西藏日喀则泰兴宾馆（预备）★★★
地址：日喀则扎德动路4号
电话：0892－8820688
邮编：857000

神湖酒店 ★★★
地址：日喀则市青岛路2号
电话：0892－8839999
邮编：857000

山东大厦 ★★★
地址：日喀则市山东路5号
电话：0892－8826138
邮编：857000

乌孜大酒店 ★★★
地址：日喀则市四川南路中段
电话：0892－8838666
邮编：857000

江孜饭店 ★★★
地址：日喀则地区江孜县江孜镇
电话：0892－8172222
邮编：857400

旅游景区

大昭寺 AAAAA
地址：拉萨市大昭寺
电话：0891－6323129
邮编：850000

罗布林卡 AAAA
地址：拉萨市罗布林卡路21号
电话：0891－6826274
邮编：850000

西藏博物馆 AAAA
地址：拉萨市罗布林卡路19号
电话：0891－6839222
邮编：850000

布达拉宫景区 AAAAA
地址：拉萨市北京中路宫前巷35号
电话：0891－6834362
邮编：850000

拉萨市娘热度假村 AAA
地址：拉萨市北郊娘热乡
邮编：850012

热堆寺卓玛拉康 A
地址：拉萨市曲水县聂当区
邮编：850600

然乌湖 AA
地址：昌都地区八宿县白马镇然乌乡
邮编：854600

查杰玛大殿 AA
地址：昌都地区类乌齐县类乌齐镇
邮编：855600

巴松错旅游区 AAAA
地址：林芝地区工布江达县
电话：0891－6333453
邮编：850000

鲁朗风景区 AAAA
地址：林芝地区林芝县
电话：13308948858
邮编：850400

南伊沟景区 AAAA
地址：林芝地区米林县
电话：13308948858
邮编：850400

雅鲁藏布大峡谷
地址：林芝地区米林县
电话：13618946410　0894－5833361
邮编：850400

桑耶寺 AAAA
地址：山南地区扎囊县
电话：0893－7362267
邮编：850800

扎西伦布寺 AAAA
地址：日喀则地区日喀则市
电话：0892－8822740
邮编：857000

珠穆朗玛峰国家自然保护区 AAAA
地址：日喀则地区定日县白坝乡白坝村
电话：0892－8262060
邮编：858200

餐　馆

朝天骄餐饮有限公司
地址：拉萨市中和国际城西桥
电话：0891－6872458
邮编：850012

雪神宫藏式餐厅
地址：拉萨市城关区北京中路
电话：0891－6825866
邮编：850012

怪牛沙龙餐厅
地址：拉萨市北京东路100号
电话：0891－6336845
邮编：850012

雪域餐厅
地址：拉萨市藏医院路4号
电话：0891－6323687
邮编：850012

圣城餐厅
地址：拉萨市西藏宾馆内
电话：0891－6838710
邮编：850012

西游宫餐厅
地址：拉萨市布达拉宫广场西侧
电话：0891－6325989
邮编：850012

雪人餐厅
地址：拉萨市北京西路
电话：0891－6815755
邮编：850012

西藏拉萨饭店
地址：拉萨市民族路1号
电话：0891－6765238　6534119
邮编：850000

西藏玛吉阿米餐饮有限公司
地址：拉萨市八角街东南角
电话：0891－6328608
邮编：850000

布达拉风情酒吧
地址：拉萨市北京中路127号
电话：0891－6336664
邮编：850000

拉萨石头屋
地址：拉萨市
电话：0891-6321627
邮编：850000

民族风味餐厅
地址：拉萨市北京东路
电话：0891-6323296
邮编：850000

圣地藏式餐厅
地址：拉萨市八廓街大昭寺广场藏医院东侧
电话：0891-6339512
邮编：850000

八廓咖啡厅
地址：拉萨市八廓街大昭寺广场南侧
电话：0891-6347567
邮编：850000

新满斋餐厅
地址：拉萨市八廓街满斋酒店1楼
电话：0891-6329645
邮编：850000

拉萨厨房
地址：拉萨市城关区丹杰林路
电话：0891-6348855
邮编：850000

巴国布衣
地址：拉萨市城关区罗布林卡路18号
电话：0891-6810888
邮编：850000

梦里水乡
地址：拉萨市北京中路199号
电话：0891-6818688
邮编：850000

藏家宴
地址：拉萨市色拉南路团结新村东区75号
电话：0891-6332886
邮编：850000

库玉玛餐吧
地址：拉萨市城关区北京东路
电话：0891-6327558
邮编：850000

拉萨娜玛瑟德餐厅
地址：拉萨市宇拓路30号
电话：0891-6324669
邮编：850000

拉萨驴窝餐厅
地址：拉萨市北京中路10号
电话：0891-6335853
邮编：850000

那曲地区杏花村小小酒家
地址：那曲地区那曲县
电话：0896-3828338
邮编：852000

闽都菜馆
地址：那曲地区那曲县
电话：0896-3828024
邮编：852000

川中帝海味餐厅
地址：那曲地区那曲县
电话：0896-3829861
邮编：852000

那曲地区玉包子店
地址：那曲地区那曲县
电话：0896-3822419
邮编：852000

那曲地区玉包子分店
地址：那曲地区那曲县
电话：0896-3826688
邮编：852000

香辣蟹
地址：那曲地区那曲县
电话：0896-3821320
邮编：852000

泸州饭店
地址：那曲地区那曲县
电话：0896-3821558
邮编：852000

川威羊肉汤
地址：那曲地区那曲县
电话：0896-3891980
邮编：852000

拉萨老鱼庄
地址：那曲地区那曲县
电话：0896-3825599
邮编：852000

百姓人家鱼庄
地址：那曲地区那曲县
电话：0896-3821118
邮编：852000

谭氏食府
地址：那曲地区那曲县
电话：0896-3821770
邮编：852000

老客茶楼
地址：昌都地区昌都县
电话：0895-4830446
邮编：854000

昌都地区金海湾茶楼
地址：昌都地区昌都县
电话：0895-4831163
邮编：854000

昌都地区贵族火锅世界
地址：昌都地区昌都县
电话：0895-4843777
邮编：854000

昌都地区三星火锅城
地址：昌都地区昌都县
电话：0895-4831304
邮编：854000

昌都地区金山城火锅厅
地址：昌都地区昌都县
电话：0895-4826773
邮编：854000

巴蜀风味餐厅
地址：昌都地区昌都县
电话：0895-4842260
邮编：854000

瓦缸山寨饭店
地址：昌都地区昌都县
电话：0895-4831080
邮编：854000

昌都地区银杏子酒楼
地址：昌都地区昌都县
电话：0895-4824787
邮编：854000

林芝地区杜鹃花酒店有限公司
地址：林芝地区林芝县八一镇厦门路
电话：0894-5992588
邮编：850400

巴蜀人家自助火锅
地址：林芝地区林芝县
电话：0894-5826139
邮编：850400

林芝地区迎宾馆餐厅
地址：林芝地区林芝县八一镇珠海路
电话：0894-5822410
邮编：850400

谭家园餐厅
地址：林芝地区林芝县
电话：0894-5885666
邮编：850400

何大妈鲁朗特色石锅
地址：林芝地区林芝县鲁朗镇鲁朗街
电话：0894-5893018
邮编：850400

鲁朗石锅豆花庄
地址：林芝地区林芝县八一镇
电话：0894-5889898
邮编：850400

老地方重庆石锅王
地址：林芝地区林芝县鲁朗镇鲁朗街
电话：0894-5892503
邮编：850400

华府楼
地址：山南地区乃东县
电话：0893-7834999
邮编：856000

芙蓉昌菜馆
地址：山南地区乃东县
电话：0893-7824189
邮编：856000

银城餐厅
地址：山南地区乃东县
电话：0893-7824899
邮编：856000

玉苑饭庄
地址：山南地区乃东县
电话：0893-7821248
邮编：856000

谭府楼
地址：山南地区乃东县
电话：0893-7820087
邮编：856000

拉萨思乡鱼庄山南分店
地址：山南地区乃东县
电话：0893-7824852
邮编：856000

大东海餐饮娱乐城
地址：山南地区乃东县
电话：0893-7824369
邮编：856000

民族村餐厅
地址：日喀则地区日喀则市客运公司院内
电话：0892-8839655
邮编：857000

星月大酒楼
地址：日喀则地区日喀则市城南上海路

电话：0892－8821934
邮编：857000

日喀则金座餐厅
地址：日喀则地区日喀则市格桑拉康 28 号
电话：0892－8821952
邮编：857000

刚坚林卡藏式餐厅
地址：日喀则地区日喀则市珠峰路 9 号
电话：0892－8822282
邮编：857000

乌孜大酒店
地址：日喀则地区日喀则市四川南路中段
电话：0892－8828899
邮编：857000

神湖酒店
地址：日喀则地区日喀则市青岛东路 20 号
电话：0892－8839999
邮编：857000

圣康饭店
地址：日喀则地区日喀则市中心
电话：0892－8830931
邮编：857000

日喀则山东大厦
地址：日喀则地区日喀则市山东路 102 号
电话：0892－8826138
邮编：857000

桑珠孜饭店
地址：日喀则地区日喀则市贡觉林路 2 号
电话：0892－8822252
邮编：857000

日喀则饭店
地址：日喀则地区日喀则市上海中路 12 号
电话：0892－8822525
邮编：857000

宫廷藏式餐厅
地址：日喀则地区日喀则市德庆颇樟路 1 号
电话：0892－8833878
邮编：8570000

小雅餐厅
地址：阿里地区噶尔县
电话：0897－2822455
邮编：859400

塞北小肥羊
地址：阿里地区噶尔县
电话：0897－2826276
邮编：859400

老乡屋分店
地址：阿里地区噶尔县
电话：0897－2824512
邮编：859400

重庆长江龙王火锅城
地址：阿里地区噶尔县
电话：0897－2823191
邮编：859400

清真中郎餐厅
地址：阿里地区噶尔县
电话：0897－2652095
邮编：859400

红灯笼餐厅
地址：阿里地区噶尔县
电话：0897－2823521
邮编：859400

临夏穆斯林餐厅
地址：阿里地区噶尔县
电话：0897－2823440
邮编：859400

旅游用品

西藏民族旅游用品总公司
地址：拉萨市宇拓路 1 号
电话：0891－6323935　6323719
邮编：850012
电子信箱：mzly@163.com

轻纺珠宝城
地址：拉萨市青年路
电话：0891－6336866
邮编：850000

西藏拉萨地毯有限责任公司
地址：拉萨市江苏路 31 号
电话：0891－6328276　6326225
邮编：850012
网址：www.xizzt.com

拉萨市城关区地毯厂
地址：拉萨市色拉路 7 号
电话：0891－6342704　6333691
邮编：850012

中外合资布达拉地毯有限公司
地址：拉萨市北京西路 212 号
电话：0891－6834767　6826459
邮编：850012

西藏雪豹毯业有限公司
地址：拉萨市藏医院路 2 号
电话：0891－6321481
邮编：850012

西藏扎西德勒手工地毯工艺品有限公司
地址：拉萨市北京中路 41 号
电话：0891－6826213
邮编：850012

西藏拉萨雪莲地毯有限总公司
地址：拉萨市吉日路 42 号
电话：0891－6335983　6335980
邮编：850012

西藏拉萨喀瓦坚地毯羊毛工艺有限公司
地址：拉萨市金珠西路
电话：0891－6863250　6863257
邮编：850012

西藏古艺地毯厂
地址：拉萨市色拉路
电话：0891－6331567　6331566
邮编：850012

拉萨民族珠宝店
地址：拉萨市八角街南街
电话：0891－6363645
邮编：850012

西藏腾鑫珠宝商行
地址：拉萨市八角街西街
电话：0891－6347110
邮编：850012

西藏藏饰家族工艺礼品有限公司
地址：拉萨市金珠西路 103 号
电话：0891－6867076
邮编：850000

拉萨佳和工艺品有限公司
地址：拉萨市雪新二村拉鲁桥头河边 3 楼
电话：0891－6784872
邮编：850000

西藏珠峰民族工艺品有限公司
地址：拉萨市民族旅游商城 A 座
电话：0891－6838831
邮编：850000

拉萨市工艺美术厂
地址：拉萨市城关区林廓东路 34 号
电话：0891－6323309
邮编：850012

西藏古艺民族产品开发有限公司
地址：拉萨市娘热乡色拉路 25 号
电话：0891－6331567
邮编：850012

金龙雅丽珠宝城
地址：日喀则地区山东北路
电话：0892－8825963
邮编：857000

旅游交通

西藏圣地旅游汽车公司
地址：拉萨市林廓东路 6 号
电话：0891－6339171　6361023
邮编：850000

西藏博达旅游汽车有限公司
地址：拉萨市民族北路
电话：0891－6694711
邮编：850000

西藏圣源旅游客运有限公司
地址：拉萨市色拉路 25 号
电话：0891－6820838
邮编：850000

西藏圣龙旅游客运有限公司
地址：拉萨市北京中路
电话：0891－6835117
邮编：850000

西藏圣鑫旅游汽车有限公司
地址：拉萨市
电话：0891－6926576
邮编：850000

拉萨火车站
地址：拉萨市堆龙德庆县柳梧乡拉萨河南岸
电话：0891－6756991　6279186
邮编：851400

拉萨贡嘎机场
地址：山南地区贡嘎县甲竹林镇
电话：0891－6216465
邮编：850009

昌都邦达机场
地址：昌都地区
电话：0895－4821004
邮编：845000

陕　　西

SHAANXI

旅游机构

陕西省旅游局
地址：西安市长安北路 15 号
电话：029－85261289
邮编：710061

陕西省旅游环境质量稽查队（陕西省旅游质量监督管理所）
地址：西安市长安北路 15 号
电话：029－85261265
邮编：710061

杨凌示范区旅游局
地址：西安市杨凌示范区新桥北路 1 号
电话：029－87036981
邮编：712100

西安市旅游局
地址：西安市北院门 159 号
电话：029－87295632
邮编：710001

延安市外事旅游局
地址：延安市城内大街 19 号
电话：0911－2317305
邮编：716000

铜川市文物旅游局
地址：铜川市新区正阳路 9 号
电话：0919－3185751
邮编：727031

渭南市外事旅游局
地址：渭南市东风街 83 号
电话：0913－2109527
邮编：714000

咸阳市文物旅游局
地址：咸阳市渭阳中路 6 号
电话：029－33210443
邮编：712000

宝鸡市文物旅游局
地址：宝鸡市中山西路 63 号
电话：0917－3650288
邮编：721004

汉中市文物旅游局
地址：汉中市汉中路 19 号
电话：0916－2214682
邮编：723000

榆林市旅游局
地址：榆林市广榆路口
电话：0912－3283935
邮编：719000

安康市旅游局
地址：安康市育才路 113 号
电话：0915－3202169
邮编：725000

商洛市外事旅游局
地址：商洛市迎宾路 9 号
电话：0914－2313238
邮编：726000

旅行社

西安中国国际旅行社集团有限责任公司
地址：西安市长安北路 48 号
电话：029－85399999
邮编：710061
网址：www. citsxa. com
许可证号：L-SNX-CJ00001

中国康辉西安国际旅行社有限责任公司
地址：西安市含光南路 178 号吉祥大厦
电话：029－85220485
邮编：710065
许可证号：L-SNX-CJ00002

陕西海外旅游有限责任公司
地址：西安市高新区高新一路 16 号创业大厦 2 楼
电话：029－85261425
邮编：710061
网址：www. otcsx. com. cn
许可证号：L-SNX-CJ00003

陕西中国旅行社有限责任公司
地址：西安市东关正街 78 号招商局广场 2 号楼 18 层 A 座
电话：029－82403533
邮编：710048
网址：www. chinatravelice. com. cn
许可证号：L-SNX-CJ00004

西安海外旅游有限责任公司
地址：西安市二环中段 27 号西旅大厦 8F
电话：029－85259759
邮编：710068
网址：www. otc xa. com
许可证号：L-SNX-CJ00005

中国旅行社总社西北有限公司
地址：西安市南二环西段 21 号华融国际 A 座 19 层
电话：029－88407815
邮编：710068
许可证号：L-SNX-CJ00006

西安光大国际旅行社
地址：西安市含光北路 137 号 2 号楼 3 楼
电话：029－88422705
邮编：710068
网址：www. tourshaanxi. com
许可证号：L-SNX-CJ00007

陕西虹阳国际旅行社有限责任公司
地址：西安市高新区沣惠南路 20 号华晶商务广场 A 座 301 室
电话：029－88372382
邮编：710075
许可证号：L-SNX-CJ00008

西安天马国际旅行社
地址：西安市南二环西段 395 号
电话：029－62869802
邮编：710016
许可证号：L-SNX-CJ00009

西安中旅国际旅行社有限责任公司
地址：西安市长安北路 103 号
电话：029－88143856
邮编：710061
网址：www. cts. xian. com
许可证号：L-SNX-CJ00010

西安金桥国际旅行社
地址：西安市西大街安定广场 3-1-53
电话：029－87616633
邮编：710002
网址：www. sxtour. com. cn/xagb-tours
许可证号：L-SNX-CJ00011

陕西友联国际旅行社有限责任公司
地址：西安市南关正街 3 号中行大厦 9 层
电话：029－87819926
邮编：710068
许可证号：L-SNX-CJ00013

西安中信国际旅行社有限责任公司
地址：西安市长安北路 94 号长兴饭店 4 层
电话：029－85222660
邮编：710061
网址：www. citicxa. com
许可证号：L-SNX-CJ00014

西安百仕通国际旅行社有限公司
地址：西安市碑林区长安北路 91 号富城大厦 11704 号
电话：029－87880025
邮编：710061
网址：www. chinabesttour. com
电子信箱：lurong@ chinabesttour. com
许可证号：L－SNX－CJ00015

西安铁道国际旅行社有限责任公司
地址：西安市西五路 1 号西铁国旅办公大楼
电话：029－82131087
邮编：710004
许可证号：L-SNX-CJ00016

陕西中青国际旅行社有限公司
地址：西安市南二环西段 21 号华融国际商务大厦 A 座 6 层 E
电话：029－85256415　82309838
邮编：710061
网址：www. sxcyts. com
许可证号：L-SNX-CJ00017

陕西春之旅国际旅行社有限公司
地址：西安市西五路 16 号
电话：029－87459258
邮编：710003
许可证号：L－SNX－CJ00018

汉中中国国际旅行社
地址：汉中市汉中路 19 号
电话：0916－2511995
邮编：723000
许可证号：L-SNX-CJ00019

安康市铁道国际旅行社
地址：安康市江北大道 53 号
电话：0915－3315032
邮编：725000
许可证号：L-SNX-CJ00020

陕西新世界航空国际旅行社有限责任公司
地址：西安市高新四路 1 号高科广场 A 座 1501 室
电话：029－88361108
邮编：710075
网址：www. sxnw. com
许可证号：L－SNX－CJ00021

西安远大国际旅行社有限责任公司
地址：西安市科技路 37 号海星城市广场 A 座
电话：029－88348005
邮编：710075
许可证号：L－SNX－CJ00022

咸阳国际旅行社有限公司
地址：咸阳市东风路 6 号东熠路大厦 2 楼
电话：0910－33222202
邮编：712000
许可证号：L-SNX-CJ00023

陕西高科国际旅行社有限责任公司
地址：西安市安西街甲字1号景润花园B座1156室
电话：029－82216036
邮编：710054
许可证号：L-SNX-CJ00024

陕西国际旅行社有限责任公司
地址：西安市长安北路14号金兰商务C座308室
电话：029－85214878
邮编：710061
许可证号：L-SNX-CJ00025

西安曲江国际旅行社有限公司
地址：西安市曲江新区广场东路3号
电话：029－85519203
邮编：710061
许可证号：L-SNX-CJ00026

西安兰山国际旅行社有限公司
地址：西安市高新区科技五路3号橡树星座B座2304室
电话：029－89191402
邮编：710065
电子信箱：457445337@qq.com
许可证号：L－SNX－CJ00027

陕西旅游百事通国际旅行社有限公司
地址：西安市高新区唐延路3号旺座国际城1幢5单元
电话：029－89381386
邮编：710075
电子信箱：liuru@517best.com
许可证号：L－SNX－CJ00028

陕西羊老大国际旅行社有限责任公司
地址：榆林市榆阳区长乐路8号
电话：0912－8100999
邮编：719100
电子信箱：heyun2004@126.com
许可证号：L－SNX－CJ00029

陕西青年国际旅行社有限公司
地址：西安市碑林区朱雀大街9号陕西省体育运动学校教学楼3楼
电话：029－87256112
邮编：710068
许可证号：L－SNX－CJ00030

陕西西航国际旅行社有限公司
地址：西安市含光路南段1号怡和国际大厦
电话：029－85330015
邮编：710061
许可证号：L－SNX－CJ00031

西安中北国际旅行社有限公司
地址：西安市长安中路74号
电话：029－85416531
邮编：710061
许可证号：L－SNX－CJ00032

西安乐程国际旅行社有限责任公司
地址：西安市碑林区南二环79号广丰国际大厦10层2号
电话：029－85262406
邮编：710001
许可证号：L－SNX－CJ00033

陕西运通铁道旅游有限责任公司
地址：西安市东五路59号纺织大厦903室
电话：029－87437631　87444466
邮编：710003
许可证号：L－SNX－CJ00034

西安天海国际旅行社有限公司
地址：西安市高新区科技五路3号橡树星座B座2304室
电话：029－89191409
邮编：710065
许可证号：L－SNX－CJ00035

咸阳中华旅行社有限公司
地址：咸阳市人民东路33号
电话：029－33246060
邮编：712000
许可证号：L－SNX－CJ00036

西安美景时光旅行社有限公司
地址：西安市南关正街101室世家星苑1402室
电话：029－87810752
邮编：710003
许可证号：L－SNX－CJ00037

陕西天驹航空旅行社有限公司
地址：西安市雁翔路99号交大科技园天驹大厦
电话：029－87959999
邮编：710054
许可证号：L－SNX－CJ00038

陕西港青旅旅行社有限公司
地址：西安市解放路77号裕朗国际10658室
电话：029－87398739
邮编：710005
许可证号：L－SNX－CJ00039

宝鸡光华旅行社有限责任公司
地址：宝鸡市白云宾馆1楼
电话：0917－3203339
邮编：721000
许可证号：L－SNX－CJ00040

西安幸福国际旅行社有限公司
地址：西安市长安中路100号文化大厦5层
电话：029－85266660
邮编：710061
许可证号：L－SNX－CJ00041

西安春秋国际旅行社有限公司
地址：西安市吉祥路179号雁塔世纪商务大厦四楼
电话：029－88248340　88227815
邮编：710065
许可证号：L－SNX－CJ00042

陕西上海春秋旅行社有限公司
地址：西安市西五路16号
电话：029－87446496
邮编：710068
许可证号：L－SNX－CJ00043

西安东方国际旅行社有限公司
地址：西安市高新区高新1路16号创业大厦5层C座509室
电话：029－88719259
邮编：710075
许可证号：L－SNX－CJ00044

西安凯旋铁道国际旅行社有限责任公司
地址：西安市乐居南路47号秦晋大厦415、417、508室
电话：029－82318817
邮编：710054
许可证号：L－SNX－CJ00045

西安之旅国际旅行社有限责任公司
地址：西安市西五路26号市体育场内少体校大楼2层
电话：029－87447400
邮编：710004
许可证号：L－SNX－CJ00046

陕西文物国际旅行社
地址：西安市兴善寺东街12号
电话：029－5213944
邮编710061
许可证号：L－SNX－CJ00047

饭　店

西安维景（阿房宫）酒店 ★★★★★
地址：西安市东大街158号
电话：029－87691234
邮编：710001

喜来登大酒店 ★★★★★
地址：西安市沣镐路17号
电话：029－84261888
邮编：710077

西安金花大酒店 ★★★★★
地址：西安市长乐西路8号
电话：029－83232981
邮编：710032

西安君楽城堡酒店 ★★★★★
地址：西安环城南路西段12号
电话：029－87608888
邮编：710068

西安索菲特人民大厦 ★★★★★
地址：西安市新城区东新街319号
电话：029－87928888
邮编：710004

西安香格里拉大酒店 ★★★★★
地址：西安市科技路38号乙
电话：029－88758888
邮编：710075

陕西世纪金源大饭店 ★★★★★
地址：西安市新城区建功路91号
电话：029－68608858
邮编：710043

西安天域凯莱大酒店 ★★★★★
地址：西安市雁塔北路15号
电话：029－87868855
邮编：710054

西安建国饭店 ★★★★★
地址：西安市互助路2号
电话：029－82598888
邮编：710048

榆林永昌国际大酒店 ★★★★★
地址：榆林市高新技术产业园朝阳路
电话：0912－8177777
邮编：719000

陕西华山国际酒店 ★★★★
地址：西安市北大街199号
电话：029－62682222
邮编：710003

唐华宾馆 ★★★★
地址：西安市曲江新区雁引路40号
电话：029－87601111
邮编：710061

古都新世界大酒店 ★★★★
地址：西安市莲湖路172号

电话：029－87216868
邮编：710002

西安宾馆 ★★★★
地址：西安市长安北路58号
电话：029－87666666
邮编：710061

西安骊苑大酒店 ★★★★
地址：西安市劳动南路8号
电话：029－84263388
邮编：710068

西安唐城宾馆 ★★★★
地址：西安市含光路229号
电话：029－85209966
邮编：710065

皇城豪门酒店 ★★★★
地址：西安东大街334号
电话：029－87690000
邮编：710001

西安钟楼饭店 ★★★★
地址：西安市南大街110号
电话：029－87600000
邮编：710001

西安东方大酒店 ★★★★
地址：西安市朱雀大街393号
电话：029－87654321
邮编：710061

润天宾馆 ★★★★
地址：西安市阎良区润天大道15号
电话：029－86831188
邮编：710089

陕西高速神州酒店 ★★★★
地址：西安市环城东路9号
电话：029－83233888
邮编：710048

陕西奥罗国际大酒店 ★★★★
地址：西安市南心街30号
电话：029－87672888
邮编：710004

西京国际饭店 ★★★★
地址：西安市西大街241号
电话：029－62678000
邮编：710002

西安天翼新商务酒店 ★★★★
地址：西安市西二环南段281号
电话：029－84680038
邮编：710077

西安美居人民大厦 ★★★★
地址：西安市东新街319号
电话：029－87928888
邮编：710004

西安富凯酒店 ★★★★
地址：西安市南新街27号
电话：029－87483761
邮编：710002

西安志诚丽柏酒店 ★★★★
地址：西安市高新路46号
电话：029－88226699
邮编：710075

万年饭店 ★★★★
地址：西安长乐中路副11号
电话：029－82596666
邮编：710032

陕西中江之旅时代大酒店 ★★★★
地址：西安市未央区文景路18号
电话：029－86281111
邮编：710016

西安皇后大酒店 ★★★★
地址：西安市兴庆路45号
电话：029－83232999
邮编：710048

西安美华金唐国际酒店 ★★★★
地址：西安西大街79号
电话：029－87616666
邮编：710002

唐朝酒店 ★★★★
地址：西安市经济技术开发区凤城三路198号
电话：029－86533399
邮编：710021

西安军安王朝大酒店 ★★★★
地址：西安市大庆路1号
电话：029－88659999
邮编：710082

西安绿地假日酒店 ★★★★
地址：西安市锦业路5号
电话：029－68689999
邮编：710065

陕西海景国际酒店 ★★★★
地址：西安市兴庆北路219号
电话：029－88130000
邮编：710032

西安雁塔国际大酒店 ★★★★
地址：西安市西影路西段
电话：029－68663333
邮编：710054

西安长庆宾馆 ★★★★
地址：西安未央区未央路151号
电话：029－86594000　86595080
邮编：710021

西安长征国际酒店 ★★★★
地址：西安市高新区西部大道1号
电话：029－89188918
邮编：710075

延安高第华苑酒店 ★★★★
地址：延安市宝塔区大桥街6号
电话：0911－7777777
邮编：716000

延安旅游大厦 ★★★★
地址：延安市十字街
电话：0911－2138666
邮编：716000

延安丽森酒店 ★★★★
地址：延安市双拥大道
电话：0911－2999999
邮编：716000

黄陵桥山滨湖国际酒店 ★★★★
地址：延安市黄帝陵西侧
电话：0911－5408888
邮编：727300

正阳国际酒店 ★★★★
地址：铜川市新区正阳路16号
电话：0919－3196666
邮编：727031

光明大酒店 ★★★★
地址：渭南市朝阳大街82号
电话：0913－2125563
邮编：714000

澄城县丰园大酒店 ★★★
地址：渭南市澄城县西六路
电话：0913－6735511
邮编：715200

红螺湾假日酒店 ★★★★
地址：咸阳市渭阳西路中段福园广场西侧
电话：029－33578845
邮编：712000

国贸大酒店 ★★★★
地址：咸阳市渭阳中路
电话：029－33178888
邮编：712000

杨凌国际会展中心 ★★★★
地址：咸阳市杨凌新桥北路1号
电话：029－87036888
邮编：712100

怡和酒店 ★★★★
地址：宝鸡市火炬路10号
电话：0917－3315959/3318868
邮编：721006

高新君悦国际酒店 ★★★★
地址：宝鸡市高新区高新大道69号
电话：0917－3908896
邮编：721013

金江大酒店 ★★★★
地址：汉中市区人民路北段123号
电话：0916－2238588
邮编：723000

汉中邮政大酒店 ★★★★
地址：汉中市天汉大道中段
电话：0916－2118888
邮编：723000

汉中红叶大酒店 ★★★★
地址：汉中市劳动东路33号
电话：0916－2383976
邮编：723000

亚华商务酒店 ★★★★
地址：榆林市神木县东新街南端
电话：0912－8399999
邮编：719300

天峰国际酒店 ★★★★
地址：榆林市神木县中兴街东段
电话：0912－8392733
邮编：719300

五洲国际大饭店 ★★★★
地址：榆林市神木县东兴街北段
电话：0912－8555555
邮编：719300

明江国际酒店 ★★★★
地址：安康市滨江大道3号
电话：0915－8188888
邮编：725000

秦安大酒店 ★★★
地址：西安市临潼区秦陵北路199号
电话：029－83888866
邮编：710600

西安渭水园温泉度假村 ★★★
地址：西安北郊经开区草滩生态产业园
电话：029－86601375
邮编：710018

新疆饭店 ★★★
地址：西安市尚德路红十字会巷3号
电话：029－87681798
邮编：710004

西安巴蜀商务酒店 ★★★
地址：西安市自强西路52号
电话：029－86280168
邮编：710014

祥裕绿园山庄 ★★★
地址：西安市东大街办祥峪沟村
电话：029－85865688
邮编：710001

陕西中心戴斯酒店 ★★★
地址：西安市北大街99号
电话：029－87398800
邮编：710003

德桂园大酒店 ★★★
地址：西安市环城南路90号
电话：029－88403333
邮编：710068

五龙大酒店 ★★★
地址：西安市长安产业园1号
电话：029－85671929
邮编：710119

如春酒店 ★★★
地址：西安市大兴东路88号
电话：029－84418999
邮编：710016

蕾德曼酒店 ★★★
地址：西安市朱雀门里广济街36号
电话：029－87618283
邮编：710002

陕西天龙酒店 ★★★
地址：西安市临潼区人民西路南侧
电话：029－83810899
邮编：710600

陕西唐圣阁快捷酒店 ★★★
地址：西安市莲湖区习武园8号
电话：029－87332632
邮编：710003

西安指南针快捷酒店 ★★★
地址：西安市新民街38号
电话：13571910366　029－87261318
邮编：710004

西安城市酒店 ★★★
地址：西安市南大街70号
电话：029－87219988
邮编：710002

秦都酒店 ★★★
地址：西安市环城西路北段55号
电话：029－88626262
邮编：710082

西安陇海大酒店 ★★★
地址：西安市解放路306号
电话：029－87416090
邮编：710004

止园饭店 ★★★
地址：西安市青年路111号
电话：029－87686888
邮编：710003

西北饭店 ★★★
地址：西安市长安区西长安街52号
电话：029－85678888
邮编：710100

西安华泰宾馆 ★★★
地址：西安市莲湖区环城西路146号
电话：029－88653998
邮编：710082

陕西延炼商务酒店 ★★★
地址：西安市南二环东段3号
电话：029－85235000
邮编：710061

阳光长缨宾馆 ★★★
地址：西安市长缨东路233号
电话：029－82536633
邮编：710032

民航大酒店 ★★★
地址：西安市劳动南路296号
电话：029－82123333
邮编：710018

西安尚德大厦 ★★★
地址：西安市尚德路155号
电话：029－87445566
邮编：710004

鸿业大酒店 ★★★
地址：西安市含光路137号
电话：029－88108888
邮编：710068

西安黄河宾馆 ★★★
地址：西安市新城区幸福北路1号
电话：029－82162411
邮编：710043

文商大厦 ★★★
地址：西安市骡马市30号
电话：029－87255118
邮编：710001

体育宾馆 ★★★
地址：西安市长安北路14号
电话：029－85261343
邮编：710061

凯瑞大厦 ★★★
地址：西安市友谊西路352号
电话：029－88484888
邮编：710068

陕西华浮宫酒店 ★★★
地址：西安市未央区未央湖旅游经济开发区阳光大道
电话：029－86677777
邮编：710021

西安阳光秦大饭店 ★★★
地址：西安市东大街130号
电话：029－87424838
邮编：710001

国宾大酒店 ★★★
地址：西安市环城东路中段1号
电话：029－82403689
邮编：710048

解放饭店 ★★★
地址：西安市解放路181号
电话：029－87698888
邮编：710005

半坡湖度假村 ★★★
地址：西安市咸宁东路产河西岸
电话：029－83389000
邮编：710043

美伦酒店 ★★★
地址：西安市西大街86号
电话：029－87288888
邮编：710002

陕西榴花宾馆 ★★★
地址：西安市环城西路北段288号
电话：029－84699999
邮编：710082

临潼宾馆 ★★★
地址：西安市临潼区东关83号
电话：029－83829008
邮编：710600

陕西未央湖大酒店 ★★★
地址：西安市未央湖旅游开发区阳光大道3号
电话：029－86671111
邮编：710021

美华明阳酒店 ★★★
地址：西安市莲湖路30号
电话：029－87324688
邮编：710003

金陵大酒店 ★★★
地址：西安市泾河工业园泾渭东路
电话：029－86031666
邮编：710200

陕西警苑饭店 ★★★
地址：西安市青年路二巷三号
电话：029－87316390
邮编：710003

西安常宁宫休闲山庄 ★★★
地址：西安市长安区鱼鲍头村甲字1号
电话：029－85679888
邮编：710100

吐哈石油大厦 ★★★
地址：西安市含光南路232号
电话：029－88279888
邮编：710065

西安市临潼勇卿大酒店 ★★★
地址：西安市临潼开发区银桥大道5号
电话：029－83888888
邮编：710600

陕西文苑大酒店 ★★★
地址：西安市社会路8号（钟鼓楼广场）
电话：029－83103000
邮编：710003

万嘉国际商务酒店 ★★★
地址：西安市高新区科技路1号
电话：029－88265666
邮编：710075

陕西飞鹿商务酒店 ★★★
地址：西安市莲湖路323号
电话：029－84035888
邮编：710003

西安美华新荣基酒店 ★★★
地址：西安市莲湖区西二环南段22号
电话：029－88110088
邮编：710077

陕西君山台湾大酒店 ★★★
地址：西安市莲湖路206号（玉祥门内）
电话：029－82199999
邮编：710003

申鹏国际商务酒店 ★★★
地址：西安市东大街 132 号
电话：029－87480288
邮编：710001

教育宾馆 ★★★
地址：西安市莲湖路 103 号
电话：029－82077066
邮编：710003

陕西玉祥酒店 ★★★
地址：西安市莲湖区习武园 39 号
电话：029－84035688
邮编：710003

上林宫酒店 ★★★
地址：西安市长安区滦镇
电话：029－85670016
邮编：710109

建工金华酒店 ★★★
地址：西安市金花北路 16 号
电话：029－84755601
邮编：710032

陕西广电网络大酒店 ★★★
地址：西安市太白南路 363 号
电话：029－62661111
邮编：710068

陕西铁通商务酒店 ★★★
地址：西安市南二环南路西段 98 号
电话：029－82333888
邮编：710065

陕西中祥大厦 ★★★
地址：西安市北大街 444 号
电话：029－87264647
邮编：710003

西安鼎力大酒店 ★★★
地址：西安市西影路 316 号
电话：029－83117799
邮编：710054

西北大酒店 ★★★
地址：西安市东大街 392 号
电话：029－87268288
邮编：710001

西安骊天酒店 ★★★
地址：西安临潼区书院东路 3 号
电话：029－83890209
邮编：710600

陕西吉庆博通商务酒店 ★★★
地址：西安案板街 18 号
电话：029－87207666
邮编：710001

陕西金座大酒店 ★★★
地址：西安雁塔路北段 78 号
电话：029－62287888
邮编：710054

陕西瑛煌酒店 ★★★
地址：西安户县人民路什子
电话：029－8488000
邮编：710300

西安关中饭店 ★★★
地址：西安南新街吉贤巷 10 号
电话：029－87688521
邮编：710004

西安天河酒店 ★★★
地址：西安临潼区北环路 79 号
电话：029－83885118
邮编：710600

陕西省老干部临潼疗养中心 ★★★
地址：西安临潼区健康路 5 号
电话：029－83827662
邮编：710600

西安浙商宾馆 ★★★
地址：西安市长缨西路 369 号
电话：029－82581700
邮编：710032

陕西国际展览中心商务酒店 ★★★
地址：西安市长安北路 14 号
电话：029－85251818
邮编：710061

西安军展大厦 ★★★
地址：西安市西一路 53 号
电话：029－87693138
邮编：710004

西安玉林酒店 ★★★
地址：西安市高陵精河工业园长庆东路泾渭四路
电话：029－62650111
邮编：710201

汤峪湖酒店 ★★★
地址：西安蓝田县汤峪镇汤峪湖森林公园
电话：029－82838001
邮编：710516

延安窑洞宾馆 ★★★
地址：延安市迎宾大道
电话：0911－2219555　2219444
邮编：716000

延安万花山庄 ★★★
地址：延安市宝塔区万花山景区
电话：0911－8250005　8250000
邮编：716000

延安圣通大酒店 ★★★
地址：延安市东关街
电话：0911－2880006
邮编：716000

延安宝塔宾馆 ★★★
地址：延安市迎宾大道中段
电话：0911－2889288　2889200
邮编：716000

延安国胜宾馆 ★★★
地址：延安市迎宾大道中段
电话：0911－2980585
邮编：716000

延安杨家岭石窑宾馆 ★★★
地址：延安市杨家岭
电话：0911－2330836
邮编：716000

延安圣都商务大酒店 ★★★
地址：延安市罗家坪大桥东侧
电话：0911－8220006
邮编：716000

延安家和大酒店 ★★★
地址：延安市区杨家岭
电话：0911－2859282　2859999
邮编：716000

延安九朝酒店 ★★★
地址：延安市迎宾大道中段
电话：0911－8888888
邮编：716000

延安北方商务酒店 ★★★
地址：延安市南十里铺
电话：0911－8075888
邮编：716000

延安悦家宾馆 ★★★
地址：延安市迎宾大道中段
电话：0911－2900111
邮编：716000

延安窑苑假日酒店 ★★★
地址：延安市
电话：0911－8068888
邮编：716000

延安万锦酒店 ★★★
地址：延安市宝塔区姚店镇
电话：0911－8085555
邮编：716000

延安兴和酒店 ★★★
地址：延安市区嘉岭桥南侧
电话：0911－2900888
邮编：716000

延安亚圣大酒店 ★★★
地址：延安市二道街
电话：0911－2666266
邮编：716000

延安君悦凯莱酒店 ★★★
地址：延安市北关正街
电话：0911－8228688
邮编：716000

延安抗大宾馆 ★★★
地址：延安市二道街
电话：0911－2889996
邮编：716000

宏泰假日酒店 ★★★
地址：延安市罗家坪百米大道东段
电话：0911－8201117
邮编：716000

泰德大酒店 ★★★
地址：延安市宝塔区圣地路西沟桥头
电话：0911－2338115
邮编：716000

延安海盛大酒店 ★★★
地址：延安市大桥街西侧
电话：029－8214444
邮编：716000

延川宾馆 ★★★
地址：延安市延川县城中心广场
电话：0911－8119089
邮编：717200

安塞王子商务酒店 ★★★
地址：延安市安塞县城北开发区
电话：0911－8308888
邮编：717400

安塞郡府大酒店 ★★★
地址：延安市安塞县郝家庄小区
电话：0911－6218888
邮编：717400

甘泉宾馆 ★★★
地址：延安市甘泉县城内
电话：0911－4518000
邮编：716100

陕西

宜川电力大厦 ★★★
地址：延安市宜川县城内
电话：0911－4627005　4626688
邮编：716200

宜川宾馆 ★★★
地址：延安市宜川县城内
电话：0911－4627888　4627838
邮编：716200

延安壶口观瀑舫大酒店 ★★★
地址：延安市宜川县壶口景区
电话：0911－4839000
邮编：716200

宜川富润商务酒店 ★★★
地址：延边市宜川县东大街石沟坪
电话：0911－4819999
邮编：716200

新懋酒店 ★★★
地址：铜川市新区长虹北路 6 号
电话：0919－3181868
邮编：727031

耀州宾馆 ★★★
地址：银川市耀州区耀州路中段 10 号
电话：0919－6181233
邮编：727100

铜川饭店 ★★★
地址：铜川市红旗街 25 号
电话：0919－2891005
邮编：727001

银河大酒店 ★★★
地址：铜川市新区咸丰路
电话：0919－3456525
邮编：727031

花园饭店 ★★★
地址：铜川市耀州区北新街 1 号
电话：0919－6285601
邮编：727100

红玫瑰大酒店 ★★★
地址：铜川市红旗街 58 号
电话：0919－2167029
邮编：727000

铜川交通大厦 ★★★
地址：铜川市新区长虹路
电话：0919－3588888
邮编：727031

煤业宾馆 ★★★
地址：铜川市红旗街苗圃路
电话：0919－2104005
邮编：727000

华山金榕宾馆 ★★★
地址：渭南华山玉泉路东段
电话：0913－4369663
邮编：714200

渭河花园饭店 ★★★
地址：渭南市高新区东风街
电话：0913－2108888
邮编：714000

祥龙宾馆 ★★★
地址：渭南市朝阳大街中段
电话：0913－2131888
邮编：714000

华山景苑酒店 ★★★
地址：渭南市华山游客中心
电话：0913－4360201
邮编：714200

莲花山庄 ★★★
地址：渭南华山东山门西侧
电话：0913－4368088
邮编：715400

金穗宾馆 ★★★
地址：渭南华阴市金渤路
电话：0913－4366000
邮编：714200

大荔黄河宾馆 ★★★
地址：渭南市大荔县西环路 32 号
电话：0913－3222746
邮编：715100

兴隆温泉大厦 ★★★
地址：渭南市蒲城县东风路东段
电话：0913－7207777
邮编：715500

盛源大酒店 ★★★
地址：渭南市蒲城县延安路中段
电话：0913－7209931
邮编：715500

蒲城京海国际大酒店 ★★★
地址：渭南市蒲城县老街
电话：0913－7257800
邮编：715500

蒲城宾馆 ★★★
地址：渭南市蒲城县延安路东段 60 号
电话：0913－7207596
邮编：715500

蒲城六合农业生态园 ★★★
地址：渭南市蒲城县翔村镇六合村
电话：0913－7206608
邮编：715500

澄合宾馆 ★★★
地址：渭南市澄城县正街七路口
电话：0913－2298888
邮编：715200

澄城华元大厦 ★★★
地址：渭南市澄城县古徵街西路口
电话：0913－6755888
邮编：715200

澄城新纪元大酒店 ★★★
地址：渭南市澄城县古徵街八路南
电话：0913－6868188
邮编：715200

白水圣都酒店 ★★★
地址：渭南市白水县仓颉路南段
电话：0913－6165801
邮编：715600

洽川宾馆 ★★★
地址：渭南市合阳县金水路南段
电话：0913－5515888
邮编：715300

信合酒店 ★★★
地址：渭南市合阳县解放南路
电话：0913－5556566
邮编：715300

富平天成园生态花园酒店 ★★★
地址：渭南市富平县阎良北塬阎友路东侧
电话：0913－2266768
邮编：711700

富尔大酒店 ★★★
地址：渭南市富平县东新街 118 号
电话：0913－8228508
邮编：711700

富平陶艺村宾馆 ★★★
地址：渭南市富平县乔山路 1 号
电话：0913－8228188
邮编：711700

彩虹宾馆 ★★★
地址：咸阳市彩虹路 1 号
电话：029－33332666
邮编：712000

陕西航空大酒店 ★★★
地址：咸阳市国际机场
电话：029－88797000
邮编：712035

空港商务酒店 ★★★
地址：咸阳市国际机场
电话：029－88798681
邮编：712035

天一酒店 ★★★
地址：咸阳市玉泉西路 5 号
电话：029－33560101
邮编：712000

海航之星宾馆 ★★★
地址：咸阳市机场内
电话：029－86539530
邮编：712035

昭陵饭店 ★★★
地址：咸阳市礼泉县 312 国道旁
电话：029－35633829
邮编：713200

新好望角大酒店 ★★★
地址：咸阳市民生东路火车站
电话：029－33241528
邮编：712000

皇都酒店 ★★★
地址：咸阳市乐育南路
电话：029－33276666
邮编：712000

粤海湾大酒店 ★★★
地址：咸阳市玉泉西路
电话：029－33552233
邮编：712300

咸阳女皇大酒店 ★★★
地址：咸阳市文汇西路 14 号
电话：029－33257888
邮编：712000

铁原宾馆 ★★★
地址：咸阳市新兴北路
电话：029－33784619
邮编：712000

杨凌田园山庄 ★★★
地址：咸阳市杨凌邰城路 1 号
电话：029－87072000
邮编：712100

新天地酒店 ★★★
地址：咸阳市杨凌邰城路中段
电话：029－87071666
邮编：712100

神农度假村 ★★★
地址：咸阳市杨凌神农路

陕西

电话：029－87032000
邮编：712100

玉皇宫大酒店 ★★★
地址：咸阳市杨凌高干渠路中段
电话：029－87093888
邮编：712100

陕财宾馆 ★★★
地址：咸阳市兴平市西城区
电话：029－38313900
邮编：713105

明德亭大酒店 ★★★
地址：咸阳市三原县东四路 201 号
电话：029－32268000
邮编：713800

泾阳花园酒店 ★★★
地址：咸阳市泾阳县泾干大街东段
电话：029－36201888
邮编：713700

咸阳海鑫大酒店 ★★★
地址：咸阳市彬县公刘街 25 号
电话：029－34966666
邮编：713500

淳化甘泉宫大酒店 ★★★
地址：咸阳市淳化县甘泉湖东
电话：029－32779999
邮编：711200

宝鸡国贸大酒店 ★★★
地址：宝鸡市经二路 115 号
电话：0917－3249138
邮编：721000

宝鸡铁苑宾馆 ★★★
地址：宝鸡市大庆路中段
电话：0917－2823888
邮编：721004

宝鸡嘉信商务大厦 ★★★
地址：宝鸡市广元路 10 号
电话：0917－3247788
邮编：721000

宝鸡公爵饭店 ★★★
地址：宝鸡市宝烟路 1 号
电话：0917－3469002
邮编：721000

宝成航空宾馆 ★★★
地址：宝鸡市清姜路 70 号
电话：0917－3629800
邮编：721006

宝鸡西凤大酒店 ★★★
地址：宝鸡市西凤路 6 号
电话：0917－3217621
邮编：721000

西虢宾馆 ★★★
地址：宝鸡市陈仓区虢镇北大街
电话：0917－6212021
邮编：721300

宝鸡天外天大酒店 ★★★
地址：宝鸡市陈仓区虢镇北大街
电话：0917－6215943
邮编：721300

宝鸡怡园宾馆 ★★★
地址：宝鸡市经二路 45 号
电话：0917－2896999
邮编：721000

白云宾馆 ★★★
地址：宝鸡市经二路 12 号
电话：0917－3252648
邮编：721000

凤皇大酒店 ★★★
地址：宝鸡市姜谭路 10 号
电话：0917－3398900
邮编：721008

华润之星宝鸡大酒店 ★★★
地址：宝鸡市中山西路 210 号
电话：0917－3526621
邮编：721001

凤翔西凤大酒店 ★★★
地址：宝鸡市凤翔县雍新路
电话：0917－7280888/7280018
邮编：721401

岐山关中大厦 ★★★
地址：宝鸡市岐山县北大街 12 号
电话：0917－8212666
邮编：722400

关中风情园 ★★★
地址：宝鸡市扶风县县城新区
电话：0917－5218888/5218808
邮编：722200

太白工行度假村 ★★★
地址：宝鸡市眉县汤峪太白山国家森林公园
电话：0917－5711090/5711091
邮编：722305

青园山庄 ★★★
地址：宝鸡市眉县汤峪太白山国家森林公园
电话：0917－5711139
邮编：722305

麟游县金麒麟大酒店 ★★★
地址：宝鸡市麟游县请链路东段
电话：0917－7963658
邮编：721006

凤县尔玛人家酒店 ★★★
地址：宝鸡市凤县双铺镇宝鸡路 008 号
电话：0917－4810333
邮编：721700

石狮大酒店 ★★★
地址：汉中市天汉大道中段
电话：0916－2302700
邮编：723000

三国大酒店 ★★★
地址：汉中市区西环路中段
电话：0916－2619688
邮编：723000

光明大酒店 ★★★
地址：汉中市区兴汉路东段 14 号
电话：0916－2249500
邮编：723000

望江大酒店 ★★★
地址：汉中市南郑县大河坎镇江南路中段
电话：0916－2380808
邮编：723100

福临大酒店 ★★★
地址：汉中市南郑县迎宾大道南段
电话：0916－5307888
邮编：723100

城固燎原商务酒店 ★★★
地址：汉中市城固县张骞路 18 号
电话：0916－7206631
邮编：723200

洋县白云宾馆 ★★★
地址：汉中市洋县文明东路
电话：0916－8301999
邮编：723300

洋县朱鹮大酒店 ★★★
地址：汉中市洋县文明东路
电话：0916－8301888
邮编：723300

西乡鑫隆大酒店 ★★★
地址：汉中市西乡县安居广场
电话：0916－7879899
邮编：723500

西乡裕添新华酒店 ★★★
地址：汉中市西乡金牛路中段
电话：0916－6323666
邮编：723500

勉县万邦大酒店 ★★★
地址：汉中市勉县勉阳镇旧州
电话：0916－3283555
邮编：724200

勉县世都三国大酒店 ★★★
地址：汉中市勉县和平路中段
电话：0916－3236666
邮编：724200

略阳嘉陵宾馆 ★★★
地址：汉中市略阳县南环路嘉陵广场
电话：0916－4825999
邮编：724300

略阳象山宾馆 ★★★
地址：汉中市略阳县城北大街
电话：0916－4869111
邮编：724300

留坝宾馆 ★★★
地址：汉中市留坝县城关镇老街 86 号
电话：0916－3921529
邮编：724100

双维宾馆 ★★★
地址：汉中市佛坪县熊猫大道中段
电话：0916－8916269
邮编：724100

金龙大酒店 ★★★
地址：榆林市西沙常乐路与青山路十字
电话：0912－3831919
邮编：719000

榆林今日潮大酒店 ★★★
地址：榆林市肤施路 163 号
电话：0912－3363328
邮编：719000

榆林海纳度假酒店 ★★★
地址：榆林市肤施路亮馨大厦
电话：0912－3686997
邮编：719000

东洲世纪大酒店 ★★★
地址：榆林市湖宾路 6 号
电话：0912－3233666
邮编：719000

警苑大酒店 ★★★
地址：榆林市新建南路 24 号
电话：0912－3823333
邮编：719000

神木天都大酒店 ★★★
地址：榆林市神木县东兴街
电话：0912－8398201
邮编：719300

神木亚华宾馆 ★★★
地址：榆林市神木县东兴街北街
电话：0912－8368009
邮编：719300

神木红碱淖宾馆 ★★★
地址：榆林市神木县红碱淖
电话：0912－8482209
邮编：719318

锦界宾馆 ★★★
地址：榆林市神木县锦界工业园
电话：0912－2381488
邮编：719319

神朔大酒店 ★★★
地址：榆林市神木县店塔镇
电话：0912－8252555
邮编：719300

东奥大酒店 ★★★
地址：榆林市神木县东兴街北段
电话：0912－8012653
邮编：719300

府谷滨苑酒店 ★★★
地址：榆林市府谷县河滨路大桥头东侧
电话：0912－8800004
邮编：719400

宝龙大酒店 ★★★
地址：榆林市靖边县长庆路中段
电话：0912－4645588
邮编：718500

榆炼大酒店 ★★★
地址：榆林市靖边县城河东
电话：0912－4610668
邮编：718500

定边金龙大酒店 ★★★
地址：榆林市定边县关镇新区广场
电话：0912－4217777
邮编：718600

榆林阳光电力大酒店 ★★★
地址：榆林市定边县新区
电话：0912－4219999
邮编：718600

天宝大酒店 ★★★
地址：榆林市定边县西环路中段
电话：0912－7986001
邮编：718600

绥德心康大酒店 ★★★
地址：榆林市绥德县龙湾开发区北段
电话：0912－5644000
邮编：718000

昌河园酒店 ★★★
地址：榆林市米脂县人民路1号
电话：0912－7910700
邮编：718100

大禹酒店 ★★★
地址：安康市汉滨区大桥路桥西广场
电话：0915－3196666
邮编：725000

民航大酒店 ★★★
地址：安康市汉滨区兴安西路94号
电话：0915－3181888
邮编：725000

翠屏山庄 ★★★
地址：安康市瀛湖镇翠屏山庄
电话：0915－3020116
邮编：725000

九华饭店 ★★★
地址：安康市江北大道中段
电话：0915－2236048
邮编：725000

金苑大厦 ★★★
地址：安康市大桥路2号
电话：0915－3265899
邮编：725000

邮政大酒店 ★★★
地址：安康市金州路59号
电话：0915－3232828
邮编：725000

金州大酒店 ★★★
地址：安康市汉滨区大桥路中段
电话：0915－3230796
邮编：725000

金扬宾馆 ★★★
地址：安康市黄沟路1号
电话：0915－3438666
邮编：725000

石泉江景酒店 ★★★
地址：安康市石泉县火车站进站路口
电话：0914－6615111
邮编：725200

岚皋县大酒店 ★★★
地址：安康市岚皋县城关镇
电话：0915－2529999
邮编：725400

旬阳美华大酒店 ★★★
地址：安康市旬阳县新城祝儿尔慷大道西段
电话：0915－7208008
邮编：725700

旬阳河源大酒店 ★★★
地址：安康市旬阳祝尔康大道北段
电话：0915－7209888
邮编：725600

商洛金叶大酒店 ★★★
地址：商洛市工农路
电话：0914－2325888
邮编：726000

商洛丹鹤大酒店 ★★★
地址：商洛市北新街139号
电话：0914－2108108
邮编：726000

商洛香菊大酒店 ★★★
地址：商洛市北新街中段
电话：0914－2331919
邮编：726000

商南宾馆 ★★★
地址：商洛市长新路中段618号
电话：0914－6323998
邮编：726300

天地仁和酒店 ★★★
地址：商洛市商州区工农路南段
电话：0914－2331118
邮编：726000

君诚商务酒店 ★★★
地址：商洛市州城路与通汇路交汇处
电话：0914－3038822
邮编：726000

乾元宾馆 ★★★
地址：商洛市商州区名人街
电话：0914－2323480
邮编：726000

洛南华悦假日酒店 ★★★
地址：商洛市洛南县城关镇刘尖社区
电话：0914－7665888
邮编：726100

丹凤新世纪酒店 ★★★
地址：商洛市丹凤县城北312国道南边
电话：0914－3378888
邮编：726200

丹江漂流威尼斯酒店 ★★★
地址：商洛市丹凤县江滨北路西段
电话：0914－3389888
邮编：726200

商南县秦东宾馆 ★★★
地址：商洛市商南县长新路
电话：0914－6371468
邮编：726300

商南县海天金丝峡大酒店 ★★★
地址：商洛市商南县长新东路607号
电话：0914－6366666
邮编：726300

山阳丰阳大酒店 ★★★
地址：商洛市山阳县人民广场东侧
电话：0914－8666655
邮编：726400

镇安金源大酒店 ★★★
地址：商洛市镇安县前街178号
电话：0914－5329999
邮编：711500

柞水溶洞游客服务中心 ★★★
地址：商洛市柞水县石瓮镇
电话：0914－4329555
邮编：711400

柞水天韵酒店 ★★★
地址：商洛市柞水县北关党家湾
电话：0914－2086999
邮编：711400

柞水新世纪大酒店 ★★★
地址：商洛市柞水县
电话：0914－2081992
邮编：711400

旅游景区

陕西历史博物馆 AAAA
地址：西安市小寨东路91号
电话：029－85255624
邮编：710061

西安城墙景区 AAAA
地址：西安市南大街2号大南门瓮城内
电话：029－87286373　86366263
邮编：710002

西安秦岭野生动物园 AAAA
地址：西安市长安区滦镇

电话：029－85670040　85670015
邮编：710100
网址：www. xianzoo. com

西安碑林博物馆 AAAA
地址：西安市三学街 15 号
电话：029－87210764　87253331
邮编：710001

大慈恩寺 AAAAA
地址：西安市环塔路 117 号
电话：029－85527958
邮编：710061

大兴善寺 AAA
地址：西安市雁塔区兴善寺街 55 号
电话：029－85227071　15029759603
邮编：710061

西安大唐芙蓉园 AAAAA
地址：西安市曲江新区大雁塔之侧
电话：029－85511888　68660265
邮编：710000

西安曲江海洋馆 AAAA
地址：西安市曲江新区大雁塔旁雁引路东 1 公里
电话：029－85533555　85517318
邮编：710061
网址：www. xianoceanaworld. com

华清池 AAAAA
地址：西安市临潼区华清路 38 号
电话：029－88812003
邮编：710600

秦始皇帝陵博物院 AAAAA
地址：西安市临潼区
电话：029－81399022
邮编：710600

秦陵地宫展览馆 AAA
地址：西安市临潼区秦陵北路中段
电话：029－83887515
邮编：710600

骊山森林公园 AAAA
地址：西安市临潼区花园路 2 号
电话：029－83811254　83812764
邮编：710600

西安市临潼区博物馆 AAA
地址：西安市临潼区东环路 1 号
电话：029－83812071
邮编：710600

鸿门宴博物馆 AAA
地址：西安市临潼区新丰街鸿门堡村
电话：029－83979366　83979818
邮编：710608

西安翠华山旅游风景区 AAAA
地址：西安市长安区太乙宫镇
电话：029－85891750
邮编：710105

广新园民族村 AA
地址：西安市太华北路甲字 18 号
电话：029－85920363
邮编：710061

西安市黑河旅游景区 AAAA
地址：西安市城南 108 国道 61 公里处
电话：029－85102008　85102625
邮编：710003

青龙寺遗址景区 AAA
地址：西安市西影路铁炉庙
电话：029－85521498
邮编：710054

大秦温泉 AAA
地址：西安市三桥天台路 A15 号
电话：029－84521000
邮编：710086
网址：www. dqwqysy. cn

大汉上林苑生态景区 AAA
地址：西安市曲江雁翔路南段 1 号
电话：029－86690905
邮编：710054
网址：www. yasensly. com

灞桥生态湿地公园 AAA
地址：西安市灞桥滨河西路 9 号
电话：029－83323882
邮编：710024
网址：www. baoqiaosd. com

万华山 AAA
地址：西安市长安区滦镇北石槽
电话：029－62280010
邮编：710112

净业寺龙潭戏水景区 AA
地址：西安市长安滦镇沣峪口
电话：029－85921085
邮编：710111

伊利集团西安工业园 AA
地址：西安市临潼新丰工贸小区
电话：029－68022110
邮编：710608

新天地农业科技示范园 AAA
地址：西安市杨凌邰城南路中段西侧
电话：029－87072981　87072985
邮编：712100

杨凌水上运动中心 AA
地址：西安市杨凌示范区滨河路
电话：029－87072806　87072809
邮编：712100

西安半坡博物馆 AAAA
地址：西安市东郊半坡路 155 号
电话：029－83524707　83519249
邮编：710038

西安博物院 AAAA
地址：西安市碑林区友谊西路 76 号
电话：029－85247036
邮编：710001

大唐西市文化景区 AAAA
地址：西安市劳动南路 1 号
电话：029－84387331
邮编：710003

关中民俗艺术博物院 AAAA
地址：西安市长安区五台镇南五台山路 1 号
电话：029－87287642－805
邮编：710100

杨凌农林博览园 AAAA
地址：西安市杨凌国家农业高新技术产业示范区
电话：029－87080666
邮编：712100

沣峪庄园 AAA
地址：西安市长安区滦镇青岗树村
电话：029－85920125
邮编：710100

祥峪森林公园 AAA
地址：西安市长安区祥峪乡祥峪村
电话：029－85865069
邮编：710100

常宁宫 AAA
地址：西安市长安区
电话：029－85679888
邮编：710100

八路军办事处纪念馆 AAA
地址：西安市北新街七贤庄 1 号
电话：029－87390359
邮编：710003

陕西秦阿房宫 AAA
地址：西安市未央区红光路 44 号
电话：029－84368299－8023
邮编：710014

陕西自然博物馆 AAA
地址：西安市长安南路 88 号
电话：029－85331353－1022
邮编：710003

西安广仁寺景区 AAA
地址：西安市莲湖区城墙西北角
电话：029－87341676
邮编：710003

西安阎良航空科技馆 AAA
地址：西安市阎良区蓝天路 88 号
电话：029－81663302
邮编：710087

现代农业示范园区 AAA
地址：西安市杨凌示范区
邮编：712100

石羊农庄 AA
地址：西安市南郊曲江雁翔路 36 号
电话：029－85507321
邮编：710003

西安连珠潭风景区 AA
地址：西安市沣峪口内 16.5 公里处
电话：029－62280010
邮编：710100

西安汉城湖景区 AAAA
地址：西安市北二环与朱宏路西北角
电话：029－86483430
邮编：710018

大雁塔（登塔）AAAAA
地址：西安市环塔路 117 号
电话：029－85535014
邮编：710061

大雁塔北广场 AAAAA
地址：西安市广场东路 3 号
电话：029－85551588
邮编：710061

大明宫国家遗址公园 AAAA
地址：西安市自强东路 585 号
电话：029－81612203
邮编：710015

西安世博园 AAAA
地址：西安市浐灞生态区浐灞大道 1 号
电话：029－83596966
邮编：710024

西安浐灞国家湿地公园 AAAA
地址：西安市浐灞生态区浐灞大道 1 号
电话：029－62815566　62815588

邮编：710003

杨虎城将军陵园 AAA
地址：西安市长安区韦区街道双竹村甲子1号
电话：029－85623067
邮编：710100

汤峪旅游度假区 AAAA
地址：西安市蓝田县汤峪镇
电话：029－84264058
邮编：710500

汤峪温泉大兴汤院遗址公园 AAA
地址：西安市蓝田县汤峪镇
电话：029－82838766
邮编：710516

葛牌苏维埃纪念馆 AA
地址：西安市蓝田县葛牌镇
电话：029－82813144
邮编：710500

蔡文姬纪念馆 AA
地址：西安市蓝田县城北三里镇乡蔡王村
电话：029－82734159
邮编：710500

蓝田猿人遗址 AAA
地址：西安市蓝田县
电话：029－82971807
邮编：710500

水陆庵 AAA
地址：西安市蓝田县水陆庵文物管理所
电话：029－82920741
邮编：710500

辋川溶洞 AA
地址：西安市蓝田县辋川溶洞管理处
电话：029－82821009
邮编：710511

西安市王顺山景区 AAAA
地址：西安市蓝田县蓝桥乡
电话：029－82825070
邮编：710500

伊利集团西安乳业园 AA
地址：西安市蓝田县工业园区文姬路88号
电话：029－82738071
邮编：710500
网址：www. canguan. yili. com

汪峰同志故居 AA
地址：西安市蓝田县九间房街子村
电话：029－82721289
邮编：710500

流峪飞峡 AA
地址：西安市蓝田县九间房
电话：029－82941188
邮编：710504

西安曲江楼观道文化展示区 AAAA
地址：西安市周至县集贤镇楼观道文化展示区
电话：029－68075068
邮编：710404

陕西黑河森林公园 AAA
地址：西安市周至县城南
电话：029－85102008
邮编：710400

草堂寺 AAA
地址：西安市户县草堂镇草堂寺
电话：029－84953437
邮编：710311

太平国家森林公园 AAAA
地址：西安市户县太平峪内
电话：029－84812716
邮编：710300

朱雀国家森林公园 AAA
地址：西安市户县
电话：029－84836422
邮编：710300

重阳宫 AAA
地址：西安市户县祖庵镇
电话：029－84906200
邮编：710300

西安金龙峡风景区 AAA
地址：西安市秦岭北麓将军山西侧
电话：029－84880698
邮编：710300

钟馗故里 AA
地址：西安市户县石井镇
电话：029－84973310
邮编：710300

户县万华山朝阳景区 AAA
地址：西安市户县太平峪
电话：029－81489397
邮编：710300

户县九华山阿姑泉牡丹苑风景区有限公司 AA
地址：西安市户县石井镇阿姑泉村
电话：029－84897574
邮编：710300
网址：www. comelv. com

西安高陵奇石博物馆 AAA
地址：西安市高陵县桑军大道与东西七路交汇处
电话：029－86045427
邮编：710200

延安革命纪念馆 AAAA
地址：延安市宝塔区圣地路1号
电话：0911－8213666
邮编：716000

延安王家坪革命旧址 AAA
地址：延安市宝塔区圣地路
电话：0911－2338384
邮编：716000

延安枣园革命旧址 AAAA
地址：延安市宝塔区枣园镇
电话：0911－2852223
邮编：716000

延安杨家岭革命旧址 AAA
地址：延安市宝塔区北关路
电话：0911－2330511
邮编：716000

延安凤凰山革命旧址 AAA
地址：延安市宝塔区中心街
电话：0911－2112372　2119815
邮编：716000

延安宝塔山旅游区 AAAA
地址：延安市宝塔山
电话：0911－2113735
邮编：716000

延安清凉山景区 AAA
地址：延安市清凉山
电话：0911－2112719
邮编：716000

延安万花山景区 AAA
地址：延安市宝塔区万花乡花园屯村
电话：0911－2882220
邮编：716000

延长翠屏山景区 AAA
地址：延安市延长县城南
邮编：717100

延川县黄河乾坤湾景区 AAA
地址：延安市延川县土岗乡
邮编：717200
网址：www. ycqkw. cn

志丹九吾山国家森林公园 AAA
地址：延安市志丹县永宁镇孙树坪村
电话：14791935968
邮编：717500

吴起中央红军长征胜利纪念园 AAA
地址：延安市吴起县陵园路
邮编：717600

洛川会议纪念馆 AAA
地址：延安市洛川县永乡冯家村
电话：0911－3861545
邮编：727400

洛川黄土国家地质公园 AA
地址：延安市洛川县解放路
电话：0911－3638240
邮编：727400

黄河壶口瀑布风景区 AAAA
地址：延安市宜川县壶口乡
电话：0911－4838030
邮编：716200

蟒头山国家森林公园 AAA
地址：延安市宜川县秋林镇甘草林场
邮编：716200

秋林第二战区长官司令部旧址 AAA
地址：延安市宜川县秋林镇
邮编：716200

黄龙县柏峪神道岭景区 AAA
地址：延安市黄龙县柏峪社区
邮编：715700

黄陵县万安禅院石窟景区 AAA
地址：延安市黄陵县双龙镇峪村
邮编：727300

延安黄帝陵旅游区 AAAAA
地址：延安市黄陵县城北桥山
电话：0911－5212742　5215539
邮编：727300

玉华宫风景区 AAAA
地址：铜川市印台区金锁关镇玉华宫
电话：0919－7586001　7586011
邮编：727015

耀州窑博物馆 AAA
地址：铜川市黄堡镇新宜南路25号
电话：0919－7189413
邮编：727001

药王故里景区 AA
地址：铜川市耀州区孙原镇孙原村
电话：0919－6728800

邮编：727100

药王山景区 AAAA
地址：铜川市耀州区药王山
电话：0919－6581215
邮编：727100

陈炉古镇景区 AAA
地址：铜川市印台区陈炉镇
电话：0919－7482099
邮编：727007

姜女祠景区 AA
地址：铜川市印台区姜女堤
电话：0919－4180033
邮编：727000

周陵现代农业科技园区 AA
地址：铜川市印台区305线7公里处
邮编：727007

铜川市照金－香山景区 AAAA
地址：铜川市耀州区柳林镇田家咀村
邮编：727100

云梦山景区 AA
地址：铜川市宜君县云梦山崾岘村
电话：0919－5286207
邮编：727200

龙山公园景区 AA
地址：铜川市宜君县城南龙山
电话：0919－5286207
邮编：727200

福地湖景区 AAA
地址：铜川市宜君县五里镇榆舍村
电话：0919－5828031
邮编：727200

华山御温泉 AAA
地址：渭南华阴市夫水镇北
电话：0913－4698888
邮编：714200

华山风景名胜区 AAAAA
地址：渭南华阴市玉泉路
电话：0913－4362693　4362691
邮编：714200

汉太史司马迁祠墓 AAAA
地址：渭南韩城市芝川镇
电话：0913－5414335
邮编：715409

渭南韩城市博物馆 AAAA
地址：渭南韩城市金城区学巷45号
电话：0913－5198228　5222097
邮编：715400

渭南韩城党家村 AAA
地址：渭南韩城市西庄镇党家村
电话：0913－5322544　5322873
邮编：715403

渭南普照寺（元代建筑博物馆）AAA
地址：渭南韩城市昝村镇
电话：0913－5353397
邮编：715401

韩城大禹庙 AAA
地址：渭南韩城市新城区西原村
电话：0913－5270387
邮编：715401

少华山国家森林公园 AAAA
地址：渭南市华县莲花寺
电话：0913－4810160
邮编：714100

渭华起义纪念馆 AAA
地址：渭南市华县高塘镇
电话：0913－4914021
邮编：714100

潼关杨震博物馆 AAA
地址：渭南市潼关县
电话：0913－3975577
邮编：714300

杨虎城纪念馆 AA
地址：渭南市蒲城县城内东槐院巷29号
电话：0913－7213772
邮编：715200

林则徐纪念馆 AA
地址：渭南市蒲城县权把巷6号
电话：0913－8362988
邮编：715200

龙首黑峡谷风景旅游区 AA
地址：渭南市蒲城县洛滨镇苏家河
电话：0913－7730208
邮编：715500

仓颉庙 AAA
地址：渭南市白水县
电话：0913－5198228
邮编：715600

白水林皋湖生态旅游区 AA
地址：渭南市白水县林皋镇
电话：0913－6121504
邮编：715600

方山森林公园 AA
地址：渭南市白水县林皋镇
电话：0913－6270119
邮编：715600

洽川景区 AAAA
地址：渭南市合阳县洽川镇
电话：0913－5621158
邮编：715301

福山景区 AAA
地址：渭南市合阳县坊镇灵泉
电话：0913－5625598
邮编：715301

金粟山森林公园 AAA
地址：渭南市富平县富尔大酒店1楼
电话：0913－8219333
邮编：711700

富平陶艺村 AAAA
地址：渭南市富平县乔山路1号
电话：0913－8218869
邮编：711700

杨凌现代农业示范园区创新园 AAAA
地址：咸阳市杨凌示范区杨扶路
电话：029－87097555
邮编：712100

汉阳陵博物馆 AAAA
地址：咸阳市渭城区
电话：029－86030503
邮编：712000

张裕瑞那城堡酒店 AAAA
地址：咸阳市渭城区渭城镇
电话：029－32085258
邮编：712000

咸阳市博物馆 AAA
地址：咸阳市中山街53号
电话：029－33213015　33271193
邮编：712000

安国寺景区 AA
地址：咸阳市渭城区仪凤北街南口
电话：15389678697
邮编：712000

顺陵景区 AA
地址：咸阳市渭城区底张镇龙枣村东
电话：13891498098
邮编：712000

咸阳古渡遗址博物馆 AAA
地址：咸阳市渭阳东路15号
电话：029－33268268
邮编：712000

大秦古桥风情园 AAA
地址：咸阳市秦都区钓台街办王道村
电话：029－33318378
邮编：712000

泾渭茯茶坊 AAA
地址：咸阳市秦都区世纪大道东段北侧
电话：029－33675809
邮编：712000
网址：www. jingweifutea. com

大石头关中民俗旅游度假村 AAA
地址：咸阳市渭城区周陵街办大石头村
电话：15991473102
邮编：712000

茂陵博物馆 AAAA
地址：咸阳兴平市茂陵博物馆
电话：029－38456140
邮编：713100

杨贵妃墓博物馆 AA
地址：咸阳兴平市马嵬镇西
电话：029－38240024
邮编：713100

三原县博物馆 AAA
地址：咸阳市三原县城隍庙
电话：029－32282524
邮编：713800

三原李靖故居 AA
地址：咸阳市三原县鲁桥镇
电话：029－32272719
邮编：713800

于右任纪念馆 AA
地址：咸阳市三原县东环路
电话：029－32255575
邮编：713800

咸阳金源山庄 AAA
地址：咸阳市三原县鲁桥镇东沟坡
电话：029－32482222
邮编：713800

周家大院民俗博物馆 AA
地址：咸阳市三原县鲁桥镇孟店村
电话：13488167822
邮编：713800

安吴青训班纪念馆 AAA
地址：咸阳市泾阳县安吴镇安吴村
电话：13772598008
邮编：713703

泾阳县博物馆 AA
地址：咸阳市泾阳县南环路209号
电话：029－36217096
邮编：713700

郑国渠国家水利风景区 AA
地址：咸阳市泾阳县泾阳宾馆北1楼
电话：029－36228891
邮编：713700

乾陵博物馆 AAAA
地址：咸阳市乾县乾陵城关镇西金村
电话：029－35510353
邮编：713300

咸阳黄土民俗村 AA
地址：咸宁市乾县乾陵镇黄土民俗村
电话：029－35510353
邮编：713300

礼泉县袁家村——关中印象体验地景区 AAAA
地址：咸阳市礼泉县烟霞镇
电话：029－35767888
邮编：713200

昭陵博物馆 AAA
地址：咸阳市礼泉县
电话：029－35767009
邮编：713206

关中印象体验地袁家村 AAA
地址：咸阳市礼泉县烟霞镇袁家村
电话：029－35767888
邮编：713200

黄土地窑洞生态度假庄园 AAA
地址：咸阳市永寿县监军镇等驾坡村
电话：029－88236752
邮编：713400

侍郎湖景区 AAA
地址：咸阳市彬县底店镇
电话：13720707481
邮编：713500

程家川自然风景区 AA
地址：咸阳市彬县香庙镇程家川村
电话：13572788624
邮编：713500

金池革命旧址 AA
地址：咸阳市彬县龙高镇金池村
电话：13572788624
邮编：713500

龟蛇山自然风景区 AA
地址：咸阳市彬县龙高镇
电话：13572788624
邮编：713500

彬县大佛寺石窟博物馆 AAA
地址：咸阳市彬县小帘乡大佛寺村
电话：029－34791330
邮编：713500

昭仁寺景区 AA
地址：咸阳市长武县昭仁镇东街村
电话：029－34202637
邮编：713600

古豳文化博览园 AAA
地址：咸阳市旬邑县
电话：029－34422489
邮编：711300

石门山国家森林公园 AAA
地址：咸阳市旬邑县清塬镇石门关村
电话：13992060736
邮编：711300

马家堡关中特委革命旧址 AAA
地址：咸阳市旬邑县职田镇马家堡村
电话：13572757992
邮编：711301

咸阳市马栏革命旧址景区 AAAA
地址：咸阳市旬邑县马栏镇
电话：029－34422355
邮编：711300

咀头休闲农业体验地 AAA
地址：咸阳市淳化县石桥镇咀头村
电话：13359100555
邮编：711200

甘泉湖旅游景区 AAA
地址：咸阳市淳化县城
电话：13636833302
邮编：711200

爷台山战地主题公园 AA
地址：咸阳市淳化县西新街5号
电话：13609211645
邮编：711200

苏武纪念馆 AA
地址：咸阳市武功县武功镇龙门村
电话：029－37584002
邮编：712209

炎帝陵 AA
地址：宝鸡市清姜路80号
电话：0917－3351311　3356353
邮编：721006

嘉陵江源头风景区 AAA
地址：宝鸡市川陕路20号（管理局）
电话：0917－3314559　3619091
邮编：721006

钓鱼台风景名胜区 AAA
地址：宝鸡市陈仓区天王镇
电话：0917－6780018
邮编：721306

中华礼乐城景区 AAAA
地址：宝鸡市周秦文化产业示范区内
电话：0917－3306766
邮编：721000

大唐秦王陵博物馆 AAA
地址：宝鸡市火炬路
电话：0917－3685109
邮编：72100

天台山——鸡峰山景区 AAA
地址：宝鸡市渭滨区神农镇和石鼓镇
电话：0917－3305809
邮编：721000

古大散关景区 AAA
地址：宝鸡市川陕路19公里
电话：0917－3653727
邮编：721006

宝鸡市中华石鼓园景区 AAAA
地址：宝鸡市渭滨区滨河大道
邮编：721000

吴山风景区 AAA
地址：宝鸡市陈仓区新街镇
邮编：721300

宝鸡市展览馆 AA
地址：宝鸡市
邮编：721000

蒙牛乳业宝鸡分公司 AAA
地址：宝鸡市高新区蒙牛工业园
邮编：721000

通天河国家森林公园 AAAA
地址：宝鸡市凤县唐藏路
邮编：721004
网址：www. tthly. com

宝鸡先秦陵园博物馆 A
地址：宝鸡市凤翔县指挥镇
电话：0917－7585520
邮编：721400

凤翔东湖风景区
地址：宝鸡市凤翔县东湖路
电话：0917－7212948
邮编：721400

灵山风景区 AAA
地址：宝鸡市凤翔县柳林镇
电话：0917－7212930
邮编：721400

陕西岐山周公庙风景名胜区 AAAA
地址：宝鸡市岐山县凤鸣镇
电话：0917－8110117　8110075
邮编：722400

诸葛亮庙博物馆 AA
地址：宝鸡市岐山县五丈原镇
电话：0917－8770149　8770456
邮编：722406

陕西法门寺景区 AAAAA
地址：宝鸡市扶风县法门镇
电话：0917－5258888　5258865
邮编：722201

扶风野河山森林公园 AAA
地址：宝鸡市扶风县南阳镇
电话：0917－5496290
邮编：722200

红河谷森林公园 AAAA
地址：宝鸡市眉县营头镇
电话：400－678－0578　0917－5790019
邮编：722307

红河谷森林公园 AAA
地址：宝鸡市眉县营头镇
电话：0917－5790019
邮编：722300

扶眉战役纪念馆 AAA
地址：宝鸡市眉县常兴镇
电话：0917－5636539
邮编：722300

太白山国家森林公园 AAAA
地址：宝鸡市眉县太白山旅游区
电话：0917－5711682　5711083
邮编：722305

关山草原旅游风景区 AAAA
地址：宝鸡市陇县关山镇
电话：0917－4589819
邮编：721200

龙门洞景区 AAA
地址：宝鸡市陇县新集川镇
电话：0917－4507038
邮编：721200

陕西西武当风景区 AAA
地址：宝鸡市陇县八渡镇高楼村
电话：0917－4667122
邮编：721200

陕西莲花山狩猎场 AA
地址：宝鸡市千阳县
电话：0917－4241015
邮编：721100

千湖国家湿地公园 AA
地址：宝鸡市千阳县城关镇
电话：0917－4245086
邮编：721100

麟游碑亭景区 AAA
地址：宝鸡市麟游县县城
邮编：721500

凤凰湖景区 AAAA
地址：宝鸡市凤县
电话：0917－4764665
邮编：721700

消灾寺景区 AAAA
地址：宝鸡市凤县凤州镇凤州村
电话：0917－4801111
邮编：721700

凤县灵官峡景区 AAA
地址：宝鸡市凤县双石铺镇
电话：0917－4810888
邮编：721700

青峰峡森林公园 AAAA
地址：宝鸡市太白县城以东 12 公里处
电话：0917－4951592　18700730041
邮编：721600

太白青峰峡森林公园 AAA
地址：宝鸡市太白县桃川镇
电话：0917－4951244
邮编：721600

黄柏塬原生态风景区 AAA
地址：宝鸡市太白县黄柏塬乡
电话：0917－4934016
邮编：721600

汉中博物馆 AAA
地址：汉中市汉中东大街
电话：0916－2231536
邮编：723000

石门栈道风景区 AAA
地址：汉中市汉台区河东店镇
电话：0916－2294212
邮编：723000

拜将坛遗址景区 AAA
地址：汉中市汉台区将坛路
电话：0916－2513096
邮编：723000

汉中民俗村 AA
地址：汉中市汉台区宗营镇
电话：0916－2269130
邮编：723000

汉中天台森林公园 AA
地址：汉中市武乡镇
电话：0916－2488341
邮编：723005

汉中黎坪景区 AAAA
地址：汉中市南郑县黎坪镇
电话：0916－8625099
邮编：723100

南郑南湖风景区 AAA
地址：汉中市南郑县
电话：0916－5696739
邮编：723100

汉中张骞纪念馆 AA
地址：汉中市城固县张骞路
电话：0916－7236064
邮编：723200

南沙湖景区 AAA
地址：汉中市城固县城南
电话：0916－8601333
邮编：723200

桔园生态观光园 AAA
地址：汉中市城固县
电话：0916－7429555
邮编：723200

中国朱鹮梨园景区 AAAA
地址：汉中市洋县
电话：0916－8221576　8219567
邮编：723300

朱鹮生态园 AAA
地址：汉中市洋县
电话：0916－8319567
邮编：723300

蔡伦墓（祠）景区 AAA
地址：汉中市洋县城东龙亭镇
电话：0916－8442317
邮编：723300

长青华阳景区 AAAA
地址：汉中市洋县华阳镇
电话：0916－8372587
邮编：723300

五龙洞国家森林公园 AAA
地址：汉中市略阳县城北 48 公里
电话：0916－4856358
邮编：724300

佛坪熊猫谷旅游区 AA
地址：汉中市佛坪县长角坝镇
电话：0916－8992044
邮编：723400

午子山风景名胜区 AAA
地址：汉中市西乡县堰口镇
电话：0916－6371154
邮编：723507

武侯墓景区 AAAA
地址：汉中市勉县定军镇
电话：0916－3316453
邮编：724207

武侯祠博物馆 AAAA
地址：汉中市勉县武侯镇
电话：0916－3298352　3296212
邮编：724200

青木川古镇 AAAA
地址：汉中市宁强县青木川镇
邮编：724400

灵岩寺博物馆 AA
地址：汉中市略阳县城南灵岩寺
电话：0916－4831302
邮编：724300

张良庙一紫柏山景区 AAAA
地址：汉中市留坝县留侯镇
电话：0916－3966003
邮编：724100

留坝县栈道漂流景区 AAA
地址：汉中市留坝县武关驿镇
邮编：724100
网址：www. zgzddyp. com

镇北台景区 AAA
地址：榆林市榆阳区城北
电话：0912－3821359
邮编：719000

红石峡生态公园 AAA
地址：榆林市榆阳区北岳庙村
电话：0912－3257777
邮编：719000

榆阳区黑龙潭景区 AAA
地址：榆林市榆阳区
电话：0912－3461201
邮编：719000

榆林红石峡 AAA
地址：榆林市榆阳区北岳庙村红石峡
电话：0912－3602555
邮编：719000

神木红碱淖 AAAA
地址：榆林市神木县尔林兔镇
电话：0912－8482009
邮编：719318

二郎山景区 AAAA
地址：榆林市神木县二郎山
电话：0912－8333859
邮编：719300

金鸡沙景区 AAA
地址：榆林市靖边县东坑镇金鸡沙村
电话：0912－4629611
邮编：718500

小河会议旧址 AAA
地址：榆林市靖边县河乡小河村
邮编：718500
网址：www. jbxh. jingbian. gov. cn

李自成行宫 AAA
地址：榆林市米脂县行宫路 13 号
电话：0912－6385705
邮编：718199

佳县白云山景区 AAAA
地址：榆林市佳县白云山
电话：13891225619
邮编：719200

香溪洞风景区 AAAA
地址：安康市汉滨区安吉路
电话：0915－3231328　3287906
邮编：725000

双龙溶洞景区 AA
地址：安康市汉滨区双龙镇
电话：0915－3019830
邮编：725000

香溪洞风景区 AAA
地址：安康市香溪路 58 号
电话：0915－3287906
邮编：725000

瀛湖风景区 AAAA
地址：安康市汉滨区瀛湖镇
电话：0915－3012500　3012154
邮编：725000

安康市汉江燕翔洞生态景区 AAAA
地址：安康市石泉县熨斗镇
电话：0915－6320181
邮编：725200

简车湾休闲景区 AAAA
地址：安康市宁陕县简车湾镇
邮编：711600

凤凰山森林公园 AA
地址：安康市汉阴县
电话：0915－3616160
邮编：725100

两合崖景区 AA
地址：安康市汉阴县蒲溪镇
电话：0915－5410840
邮编：725100

中坝大峡谷景区 AAAA
地址：安康市石泉县中坝乡汉江南侧
电话：0915－6315919
邮编：725200

筒车湾风景区 AAA
地址：安康市宁陕县筒车湾镇
电话：0915－6961618　6961666
邮编：711600

秦岭峡谷漂流景区 AAA
地址：安康市宁陕县广货街镇
电话：0915－029－8819100
邮编：711600

紫阳真人宫景区 AA
地址：安康市紫阳县城汉江南岸
电话：0915－4423933
邮编：725300

紫阳擂鼓台景区 AA
地址：安康市紫阳县汉城镇
电话：0915－4427799
邮编：725300

紫阳北五省会馆景区 AA
地址：安康市紫阳县向阳镇
电话：0915－4426580
邮编：725300

紫阳文笔山景区 AAA
地址：安康市紫阳县城关镇
邮编：725300

千层河旅游风景区 AAA
地址：安康市岚皋县四季乡
电话：0915－2522670
邮编：725400

岚河漂流景区 AAA
地址：安康市岚皋县城关镇建设路
电话：0915－2524439
邮编：725400

南宫山国家森林公园 AAAA
地址：安康市岚皋县
电话：0915－2510999　2510005
邮编：725400

千家坪国家森林公园 AAA
地址：安康市平利县八仙镇
电话：0915－8425893
邮编：725500

平利县龙头旅游村 AAA
地址：安康市平利县城关镇龙头村
电话：0915－8425520
邮编：725500

镇坪飞渡峡·黄安坝生态旅游度假区 AAA
地址：安康市镇坪县曙坪镇
邮编：725699
网址：www. cqhab. com

旬阳县红军纪念馆 AAA
地址：安康市旬阳县红军乡红军村
电话：0915－7476001
邮编：725700

商州区牧护关滑雪场 AAA
地址：商洛市商州区牧护关镇秦关村
邮编：726000
网址：www. szqlyj1962@163. com

商南县闯王寨景区 AAA
地址：商洛市商南县富水镇
邮编：726300
网址：www. jsxdjpl. com

商南县老君山风景区 AAA
地址：商洛市商南县巡检镇
电话：0914－7687688
邮编：726100

商洛忨龙湖风景区 A
地址：商洛市洛南县谢湾镇
邮编：726100

金丝峡大峡谷国家森林公园 AAAA
地址：商洛市商南县金丝峡镇
电话：0914－6566888
邮编：726300

丹江漂流景区 AAA
地址：商洛市丹凤县江滨北路西段
电话：0914－3389087
邮编：726200

凤冠山景区 AAA
地址：商洛市丹凤县城北凤冠山
电话：0914－6960808
邮编：726200

金丝峡漂流 AAA
地址：商洛市商南县金丝峡镇小河口
电话：0914－6563777
邮编：726300

天竺山景区 AAAA
地址：商洛市山阳县法官镇僧道关
电话：0914－8888882
邮编：726406

山阳县漫川古镇 AAA
地址：商洛市山阳县漫川镇
邮编：726406
网址：www. shanyanglvyou. net

山阳县月亮洞景区 AAA
地址：商洛市山阳县杨地镇
邮编：726400
网址：www. shanyanglvyou. net

塔云山景区 AAA
地址：商洛市镇安县柴坪镇
电话：18891593333
邮编：711500

镇安县木王国家森林公园 AAA
地址：商洛市镇安县杨泗镇桂林村
邮编：711508

牛背梁景区 AAAA
地址：商洛市柞水县营盘镇
电话：0914－4325350
邮编：711400

九天山风景区 AAA
地址：商洛市柞水县下梁镇明星村
电话：0914－4329666
邮编：711400

柞水溶洞景区 AAAA
地址：商洛市柞水县石翁镇
电话：0914－4329208　13991480688
邮编：711400

柞水县秦楚古道景区 AAA
地址：商洛市柞水县营盘镇秦丰村
邮编：711400
网址：www. zhongnanshanchina. com

餐　馆

贾三灌汤包子馆（总店）
地址：西安市碑林区西羊市回民街北院门93号
电话：029－87257507
邮编：710001

西安老米家大雨泡馍（总店）
地址：西安市碑林区北院门西羊市中段127号
电话：15829789948
邮编：710001

东关吉祥腊汁肉店（吉祥总店）
地址：西安市雁塔区吉祥村31号
电话：029－88218888　13669236639
邮编：710061

老孙家饭庄
地址：西安市东关正街78号
电话：029－82403260
邮编：710003

西安烤鸭店
地址：西安碑林区东大街369号
电话：029－87210089
邮编：710001

西安饮食服务集团公司聚丰园饭店
地址：西安市新城区解放路133号
电话：029－87445054
邮编：710004

西安春发生饭店
地址：西安市碑林区南院门25号
电话：029－8726342487278316
邮编：710001

西安解放路饺子馆
地址：西安市东新街168号
电话：029－87288305　87442132
邮编：710003

大香港鲍翅酒楼
地址：西安市南二环高新路3号（开发区口）
电话：029－88220622　88220623
邮编：710003

德发长酒店
地址：西安市平安市场28号
电话：029－8767665887676520
邮编：710003

曲江春酒家
地址：西安市新城区解放路 216 号
电话：029－87442439
邮编：710003

五一饭店
地址：西安市东大街 351 号
电话：029－87681098
邮编：710001

老童家腊羊肉
地址：西安莲湖区北广济街 162 号
电话：029－87240839
邮编：710003

西安饭庄
地址：西安碑林区东大街 298 号
电话：029－87680769
邮编：710001

樊记腊汁肉店
地址：西安碑林区竹笆市 53 号
电话：029－87273917
邮编：710001

清雅斋饭庄
地址：西安东大街 384 号
电话：029－87218268
邮编：710003

红红酸菜炒米
地址：西安莲湖区北院门 106 号
电话：029－88592068
邮编：710003

同盛祥饭庄
地址：西安市钟鼓楼广场北侧
电话：029－87234179
邮编：710003

德发长饺子馆
地址：西安市钟鼓楼广场北侧
电话：029－87214060　87218187
邮编：710003

西安市干锅居餐饮有限公司
地址：西安市建设西路副
电话：029－85535555
邮编：710061

陕西海岛渔婆餐饮有限责任公司
地址：西安市含光路
电话：029－88168888
邮编：710065

陕西怡华餐饮有限公司
地址：西安市东关正街
电话：029－82483381
邮编：710033

西安京都千味拉面餐饮有限公司
地址：西安市高新路
电话：029－87212288
邮编：710075

西安市新城餐饮有限责任公司
地址：西安市皇城西路
电话：029－87282622
邮编：710003

陕西鼎盛上海人家餐饮有限公司
地址：西安市朱雀路
电话：029－85227777
邮编：710061

竹园春餐饮有限责任公司
地址：西安市和平路
电话：029－87425555
邮编：710003

陕西广食府餐饮有限责任公司
地址：西安市尚德路
电话：029－87437618
邮编：710002

陕西小白鸽餐饮有限公司
地址：西安市长安中路
电话：029－85214244
邮编：710068

西安面辣子酒楼餐饮有限公司
地址：西安市三学街
电话：029－87276888
邮编：710003

西安金汉斯餐饮有限公司
地址：西安市和平路
电话：029－87416363
邮编：710005

西安老成都餐饮有限责任公司
地址：西安市高新路
电话：029－88262323
邮编：710071

西安小六汤包餐饮有限责任公司
地址：西安市桃园北路
电话：029－84200615
邮编：710077

陕西红泥餐饮有限责任公司
地址：西安市友谊西路
电话：029－88498119
邮编：710068

西安顺风肥牛餐饮有限责任公司
地址：西安市朱雀路
电话：029－85254888
邮编：710061

陕西川国成都老菜馆餐饮有限公司
地址：西安市雁塔路北段
电话：029－82236606
邮编：710054

西安市伊明饭庄餐饮有限责任公司
地址：西安市南关正街
电话：029－87805160
邮编：710054

鸭溪白记餐饮有限公司
地址：西安市友谊东路
电话：029－88103806
邮编：710049

陕西蜀老旦餐饮有限公司
地址：西安市东羊市
电话：029－87436928
邮编：710001

陕西竹园村餐饮有限责任公司
地址：西安市长安中路
电话：029－85256586
邮编：710061

西安坊上人清真餐饮有限公司
地址：西安市劳动南路 10 号
电话：029－88489683
邮编：710061

延安食府
地址：延安市宝塔区南关街
电话：0911－2112433
邮编：716000

紫荆花餐饮有限公司
地址：延安市宝塔区解放大厦 2 楼
电话：0911－2122081
邮编：716000

东方红火锅城
地址：延安市宝塔区七里铺
电话：0911－2314339
邮编：716000

延安兰花花饮食有限责任公司
地址：延安市南关街
电话：0911－2132222
邮编：716000

延安雪花酒家有限责任公司
地址：延安市东关百米大道
电话：0911－2213976
邮编：716000

阿瓦山寨
地址：延安市
电话：0911－8218112
邮编：716000

新亚细亚酒楼
地址：延安市百米大道中段
电话：0911－2318899
邮编：716000

老孙家饭庄铜川店
地址：铜川市红旗街
电话：0919－2151956
邮编：727100

铜川市怡馨园酒家
地址：铜川市红旗街光明巷
电话：0919－2182446
邮编：727100

铜川老马家饮食有限责任公司
地址：铜川市红旗街 66 号
电话：0919－2183201
邮编：727100

铜川愚公娱乐美食城
地址：铜川市七一路 79 号
电话：0919－2183888
邮编：727100

铜川帝都酒家
地址：铜川市健康路 18 号
电话：0919－2162366
邮编：727100

铜川新世界美食娱乐有限责任公司
地址：铜川市红旗街 54 号
电话：0919－2395656
邮编：727100

铜川愚公餐饮娱乐有限公司东山阳天然食府
地址：铜川市七一路 79 号
电话：0919－2396838
邮编：727100

铜川天上人间餐饮娱乐有限公司
地址：铜川市大同路 1 号
电话：0919－2159888
邮编：727100

国贸大酒店中餐厅
地址：渭南市东风大街中段 1 号
电话：0913－2062111
邮编：714000

桃园酒家
地址：渭南市前进路中段

电话：0913－2075932　2023484
邮编：71400

小桃园酒家
地址：渭南市东风街中段
电话：0913－2038633　2023464
邮编：714000

真味川菜主题餐厅
地址：渭南市澄城东大街175号
电话：0913－6711444
邮编：71400

渭南百岁食品餐饮有限责任公司
地址：渭南市朝阳路中段
电话：0913－2026637
邮编：714000

渭南市蛐蛐王火锅城
地址：渭南市朝阳路东段
电话：0913－2189678
邮编：714000

渭南市亚辰餐饮有限公司
地址：渭南市东风街71号
电话：0913－2038290
邮编：71400

渭南朝阳餐饮有限责任公司
地址：渭南市朝阳路中段
电话：0913－2031668
邮编：714000

渭南市得月楼饮食有限责任公司海鲜城
地址：渭南市东风街中段
电话：0913－2014489
邮编：71400

渭南市蜀风餐饮有限责任公司
地址：渭南市东风路92号
电话：0913－2011823
邮编：714000

渭南市狮子楼餐饮有限公司
地址：渭南市东风街西段
电话：0913－2037353
邮编：71400

渭南市小肥羊餐饮有限公司
地址：渭南市东风街东段65号
电话：0913－2056238
邮编：714000

渭南市壹品园餐饮有限责任公司
地址：渭南市前进路133号
电话：0913－2135080
邮编：71400

渭南东江情餐饮有限公司
地址：渭南市前进路131号
电话：0913－2059168
邮编：714000

老孙家饭庄咸阳店
地址：咸阳市人民西路46号
电话：029－33161898
邮编：712000

咸阳渭城区888酒楼
地址：咸阳市渭城区人民东路106号
电话：029－33215059
邮编：712000

咸阳阿瓦餐饮文化连锁有限公司
地址：咸阳市人民路云锦宾馆
电话：029－33289339
邮编：712000

西安小六汤包餐饮有限责任公司咸阳彩虹分公司
地址：咸阳市宝泉路1号
电话：029－33211061
邮编：712000

咸阳渭城区蓬莱阁酒家
地址：咸阳市渭城区人民路47号
电话：029－33235451
邮编：712000

咸阳渭城区南洋酒楼
地址：咸阳市北大街44号
电话：029－33212508
邮编：712000

咸阳红玫瑰酒家
地址：咸阳市人民西路49号
电话：029－33575834
邮编：712000

咸阳三秦酒家
地址：咸阳市乐育北路18号
电话：029－33238296
邮编：712000

咸阳糖酒公司城区分公司三峡酒家
地址：咸阳市民生东路54号
电话：029－33234185
邮编：712000

咸阳东方餐饮服务有限公司
地址：咸阳市毕塬路20号
电话：029－33765084
邮编：712000

咸阳弯月亮酒楼
地址：咸阳市玉泉路泉北三巷2号
电话：029－33540720
邮编：712000

咸阳日月潭美食有限公司
地址：咸阳市新纺路北段
电话：029－33541122
邮编：712000

咸阳市回民饮食总店
地址：咸阳市乐育南路19号
电话：029－33211401
邮编：712000

咸阳岭南家乡鹅餐饮有限公司
地址：咸阳市人民西路27号
电话：029－33258188
邮编：712000

咸阳阿庆嫂茶馆
地址：咸阳市彩虹南路5号
电话：029－33364056
邮编：712000

咸阳马兰拉面餐饮有限公司
地址：咸阳市胜利街114号
电话：029－33274213
邮编：712000

咸阳西北人餐饮有限公司
地址：咸阳市沈兴北路1号
电话：029－33570888
邮编：712000

咸阳西蜀餐饮有限责任公司
地址：咸阳市西兰北路51号
电话：029－33546610
邮编：712000

咸阳上海百姓酒家
地址：咸阳市福安路1号
电话：029－33336666
邮编：712000

咸阳秦巴酒家
地址：咸阳市中华南路56号
电话：13700207556
邮编：712000

咸阳翠竹园餐饮有限公司
地址：咸阳市民生西路213号
电话：029－33151091
邮编：712000

咸阳巴蜀馨布衣餐饮有限公司
地址：咸阳市人民西路46号
电话：029－33165666
邮编：712000

咸阳巴蜀餐饮有限公司
地址：咸阳市滨河西路7号
电话：029－33373626
邮编：712000

咸阳蒙古风情园餐饮有限公司
地址：咸阳市金旭大道18号
电话：029－33432222
邮编：712000

宝鸡市向阳餐饮有限责任公司
地址：宝鸡市中山东路189号
电话：0917－3519658
邮编：721001

宝鸡小六汤包餐饮有限责任公司
地址：宝鸡市英达路
电话：0917－3316598
邮编：721000

宝鸡伍德大清花餐饮服务有限责任公司
地址：宝鸡市同盟路1号
电话：0917－2832999
邮编：721000

宝鸡老侯家餐饮有限责任公司
地址：宝鸡市英达路1号
电话：0917－3210059
邮编：721000

宝鸡海底捞餐饮有限责任公司
地址：宝鸡市公园路74号
电话：0917－2860668
邮编：721000

宝鸡红灯笼餐饮有限公司
地址：宝鸡市公园路106号
电话：0917－2866666
邮编：721000

老孙家饭庄餐饮有限公司
地址：宝鸡市体育路46号
电话：0917－3218720
邮编：721000

宝鸡红码头老担美食有限公司
地址：宝鸡市中山路172号
电话：0917－3521170
邮编：721000

宝鸡川王府火锅城
地址：宝鸡市清姜路29号
电话：0917－3624641
邮编：721000

宝鸡水晶宫酒家
地址：宝鸡市新建路西段13号
电话：0917－3220009
邮编：721000

宝鸡醉太白酒家
地址：宝鸡市广元路
电话：0917－3219395
邮编：721000

宝鸡市水产公司小四川酒家
地址：宝鸡市中山东路 253 号
电话：0917－3217153
邮编：721000

宝鸡真味园酒楼
地址：宝鸡市沿河街 1 号
电话：0917－3213522
邮编：721000

宝鸡渭滨百姓酒楼
地址：宝鸡市经二路新民巷 9 号
电话：0917－3214007
邮编：721000

宝鸡金凤凰酒家
地址：宝鸡市中山西路 37 号
电话：0917－3214165
邮编：721000

宝鸡市饮食服务公司
地址：宝鸡市中山东路 179 号
电话：0917－3216774
邮编：721000

宝鸡国贸大酒楼
地址：宝鸡市经一路 4 号
电话：0917－3231359
邮编：721000

宝鸡蝴蝶兰酒楼
地址：宝鸡市中山西路 177 号
电话：0917－3216054
邮编：721000

汉中金江大酒店有限公司
地址：汉中市汉台区人民路
电话：0916－2238588
邮编：723000

汉中市光明餐饮娱乐有限责任公司
地址：汉中市兴汉路 14 号
电话：0916－2249522
邮编：723000

汉中市谭千层毛肚火锅城
地址：汉中市天台路 1 号
电话：0916－2255108
邮编：723000

汉中市汉唐瓦罐酒楼有限责任公司
地址：汉中市汉台区五一路西口
电话：0916－2240299
邮编：723000

汉中市竹园餐饮有限责任公司
地址：汉中市天台路中段
电话：0916－2238468
邮编：723000

汉中市汉台成都酒家
地址：汉中市人民路中段汉江宾馆 2 楼
电话：0916－2253335
邮编：723000

汉中市上海人家酒楼有限责任公司
地址：汉中市汉台区太白路北侧
电话：0916－2226502
邮编：723000

汉中市大观园餐饮娱乐有限公司
地址：汉中市汉台区劳动东路
电话：0916－2240299
邮编：723000

汉中市四季鲜饭店
地址：汉中市北大街 100 号
电话：0916－2212523
邮编：723000

汉中市第一饮食服务公司莲湖餐厅
地址：汉中市北大街莲花池口
电话：0916－2212581
邮编：723000

汉中市汉王府酒楼有限责任公司
地址：汉中市天台路中段
电话：0916－2257228
邮编：723000

汉中市汉台区醉月楼酒店
地址：汉中市司法路 4 号
电话：0916－2216398
邮编：723000

榆林市福华肥牛城餐饮有限责任公司
地址：榆林市西人民路
电话：0912－3860050
邮编：719000

榆林市金海岸餐饮有限责任公司
地址：榆林市榆阳区长乐路 6 号
电话：0912－3891888
邮编：719000

榆林市小蓝鲸餐饮有限责任公司
地址：榆林市新建南路
电话：0912－3823668
邮编：719000

榆林老重庆餐饮有限责任公司菜根香酒楼
地址：榆林市背后建南路 59 号
电话：0912－3231111
邮编：719000

榆林市老重庆餐饮有限责任公司
地址：榆林市新建南路 58 号
电话：0912－3253663
邮编：719000

榆林市饮食服务公司塞上饭庄
地址：榆林市南大街 150 号
电话：0912－3282895
邮编：719000

安康市龚老六食府
地址：安康市巴山东路 66 号
电话：0915－3208882
邮编：725000

安康市紫东阁饭庄
地址：安康市兴安西路 7 号
电话：0915－3203198
邮编：725000

安康市巴山情食府
地址：安康市静宁南路 123 号
电话：0915－3231555
邮编：725000

安康市汉园餐厅
地址：安康市兴安中路
电话：0915－3180889
邮编：725000

陕北食府
地址：安康市汉滨区大桥路
电话：0915－3206778
邮编：725000

乌江鱼火锅店江北分店
地址：安康市汉滨区江北大道 49 号
电话：0915－3317238
邮编：725000

八仙腊肉馆
地址：安康市育才路
电话：0915－3207052
邮编：725000

商洛市椿燕饮食有限责任公司
地址：商洛市人民路 3 号
电话：0914－2312487
邮编：726000

商洛市香菊餐饮娱乐有限责任公司
地址：商洛市北新街 70 号
电话：0914－2331919
邮编：726000

旅游用品

陕西省旅游工艺品总厂
地址：西安市友谊东路
电话：029－87882231
邮编：710054

陕西芳曼工艺品有限公司
地址：西安市未央中路 113 号雅荷花园 C11－122 号
电话：029－86529989
邮编：710016

西安翠宝首饰集团公司
地址：西安市万寿路
电话：029－83282058 83270295
邮编：710003

西安市凤凰刺绣厂
地址：西安市东二路
电话：029－87447689 87451397
邮编：710005

好运珠宝玉器城
地址：西安市临潼区兵马俑公园旁
电话：029－83912898
邮编：710600

西安市锦江刺绣厂
地址：西安市北四府街 88 号
电话：029－87624439 87613526
邮编：710003

陕西省工艺美术品总公司
地址：西安市友谊东路 154 号
电话：029－87881614 87881613
邮编：710054

西安特种工艺美术总厂
地址：西安市环城西路北段 210 号
电话：029－88623128 88624213
邮编：710082

西安鑫鑫工艺制品有限公司
地址：西安市五味什字
电话：029－87216511
邮编：710003

西安市玉石雕刻厂
地址：西安市西一路 79 号
电话：029－87212308 87794433
邮编：710003

西安华夏钱币珠宝行
地址：西安市西二路
电话：029－87543362
邮编：710005

碑林区宝艺阁珠宝玉器店
地址：西安市书院门73号
电话：029－87786581
邮编：710001

西安市进宝斋珠宝工艺商店
地址：西安市三学街28号
电话：029－88506279
邮编：710005

华阁珠宝玉器商店
地址：西安市碑林区书院门4号
电话：029－87259399
邮编：710001

西安和田玉银楼
地址：西安市康复路丹尼尔商城
电话：029－82513386
邮编：710032

西安西北民间工艺品公司
地址：西安市莲湖区劳动北路
电话：029－83552649
邮编：710003

西安万泉工艺品有限责任公司
地址：西安市莲湖区西关正街
电话：029－84332084
邮编：710003

西安伟龙工艺品有限责任公司
地址：西安市碑林区书院门12号2楼
电话：029－88320294
邮编：710001

西安关中皮影王礼品开发有限责任公司
地址：西安市碑林区书院门72号
电话：029－87214915
邮编：710001

蓝田县玉雕工艺厂
地址：西安市蓝田县向阳路
电话：029－82723888
邮编：710500

蓝田县诚德嘉玉雕品有限公司
地址：西安市蓝田县长坪路4号
电话：029－82758408
邮编：710500

蓝田县木器工艺厂
地址：西安市蓝田县长坪路
电话：029－82721464
邮编：710500

郝寨村工艺厂
地址：西安市户县郝寨村
电话：029－84902389
邮编：710300

陕北手工艺品公司
地址：延安市白坪财税大厦
电话：0911－2264608
邮编：716000

西安户县农民画艺术有限公司
地址：西安市户县
电话；029－84836716
邮编：710300

志丹县地毯厂
地址：延安市志丹县城北
电话：0911－6622490
邮编：717500

铜川市工艺雕刻厂
地址：铜川市五一路
电话：0919－2181710
邮编：727100

陕北剪纸艺术社
地址：铜川市印台区政府院
电话：0919－5291687
邮编：727007

蒲城县苏坊工艺厂
地址：渭南市蒲城县苏坊乡
电话：0913－7322043
邮编：715514

蒲城县兴文麦草艺术厂
地址：渭南市蒲城县苏坊镇西街
电话：0913－7322089
邮编：715500

咸阳市工艺美术总公司
地址：咸阳市人民路
电话：029－33213363
邮编：712000

咸阳工艺美术有限责任公司
地址：咸阳市人民东路
电话：029－33213639
邮编：712000

咸阳工艺美术厂
地址：咸阳市中山街107号
电话：029－33212307
邮编：712000

巧手坊民间工艺品公司
地址：咸阳市西兰路30号
电话：029－38128309
邮编：712000

宝鸡天岩民间工艺品有限责任公司
地址：宝鸡市红旗路20号
电话：0917－3660002
邮编：721000

宝鸡民间工艺礼品厂
地址：宝鸡市
电话：0917－3618370
邮编：721000

西府民间工艺品公司
地址：宝鸡市火炬路4号
电话：0917－3616777
邮编：721000

陕西凤翔县老家伙商城
地址：宝鸡市凤翔县东湖路东段
电话：0917－6965570
邮编：721400

宝鸡老字号黄金珠宝有限责任公司
地址：宝鸡市经二路134号新世纪购物中心
电话：0917－3213811
邮编：721300

陕西省凤翔县天泰工艺品厂
地址：宝鸡市凤翔县石家营村
电话：0917－7222568
邮编：721400

西凤民间美术工艺厂
地址：宝鸡市凤翔县东湖路中段
电话：0917－7218518
邮编：721400

陕西扶风秦韵民俗工艺品有限公司
地址：宝鸡市扶风县午井镇
电话：0917－5458832
邮编：722207

西北石雕工艺厂
地址：汉中市汉台区宗营镇
电话：0916－2266268
邮编：723000

榆林市地毯厂
地址：榆林市新建北路
电话：0912－3283966　3283830
邮编：719000

榆林长城地毯厂
地址：榆林市新楼下巷
电话：0912－3282932
邮编：719000

安康市工艺美术厂
地址：安康市安悦街
电话：0915－3212001
邮编：725000

商州区玉器厂
地址：商洛市商州区北新街
电话：0914－2312377
邮编：726000

旅游交通

陕西省旅游汽车公司
地址：西安市长安路北段
电话：029－88231111
邮编：710001

陕西长乐旅游汽车公司
地址：西安市金康路
电话：029－83234426
邮编：710001

西安西旅集团旅游汽车有限公司
地址：西安市雁塔区
电话：029－85396223
邮编：710061

西安旅游集团旅游汽车有限公司
地址：西安市子午大道雁环路
电话：029－85278217
邮编：710003

陕西长安旅游汽车服务有限公司
地址：西安市北二环东段
电话：029－86523746
邮编：710061

西安曲江旅游汽车有限公司
地址：西安市
电话：029－85518632
邮编：710001

西安三鼎旅游汽车公司
地址：西安市莲湖区丰登路21号
电话：029－84296933
邮编：710003

西安市汽车客运总公司旅游汽车分公司
地址：西安市二环南路西段202号
电话：029－88897190
邮编：710075

西安市旅游汽车公司
地址：西安市万寿北路

电话：029－82531559
邮编：710001

西安火车站
地址：西安市新城区环城北路 151 号
电话：029－82131300　82130402
邮编：710000

西安咸阳国际机场
地址：西安市
电话：029－88796997
邮编：710003

延安机场
地址：延安市
电话：0911－2111111　2292310
邮编：716000

延安通达旅游有限公司旅游汽车分公司
地址：延安市中心街
电话：0911－2113331
邮编：716000

延安火车站
地址：延安市
电话：029－96688　95105105
邮编：716000

韩城市旅游汽车运输有限责任公司
地址：渭南市新城区龙门大街
电话：0913－5218608
邮编：714000

榆林市汽车运输总公司旅游出租服务公司
地址：榆林市
电话：0912－3261440
邮编：719000

渭南火车站
地址：渭南市临渭区解放路
电话：0913－2282362
邮编：714000

华阴市华山火车站
地址：渭南华阴市孟塬镇
电话：0913－4382285
邮编：714200

韩城市火车站
地址：渭南韩城市龙门镇
电话：0913－5115020
邮编：715400

咸阳友谊旅游汽车服务公司
地址：咸阳市西兰路 114 号汽车站三楼
电话：029－33246077
邮编：712000

咸阳火车站
地址：咸阳市渭城区
电话：029－33213528
邮编：712000

宝鸡火车站
地址：宝鸡市
电话：0917－3837222　3240739
邮编：721003

汉中西关机场
地址：汉中市汉台区
电话：0916－2234444
邮编：723000

汉中火车站
地址：汉中市汉台区人民路北段
电话：0916－2861166　2863222
邮编：723000

榆林机场
地址：榆林市榆阳区
电话：0912－3861864
邮编：719000

榆林火车站
地址：榆林市
电话：0912－2336092
邮编：719000

神木火车站
地址：榆林市神木县
电话：0912－8339608
邮编：719300

米脂县火车站
地址：榆林市米脂县官庄
电话：0912－6213488
邮编：718100

安康火车站
地址：安康市汉滨区进站路
电话：0915－2222322
邮编：725000

安康五里机场
地址：安康市五里镇
电话：0915－3181111　3212060
邮编：725018

商洛火车站
地址：商洛市沙河子镇
电话：029－96688　95105105
邮编：726000

甘 肃

GANSU

旅游机构

甘肃省旅游局
地址：兰州市农民巷 2 号
电话：0931－8410368
邮编：730000

甘肃省旅游质量监督管理所
地址：兰州市农民巷 2 号
电话：0931－8411208
邮编：730000

兰州市旅游局
地址：兰州市金昌路 75 号
电话：0931－8823731
邮编：730030

嘉峪关市旅游局
地址：嘉峪关市雄关广场国泰大酒店内
电话：0937－6321606
邮编：735100

金昌市旅游局
地址：金昌市市政府 4 楼
电话：0935－8213594
邮编：737100

白银市旅游局
地址：白银市人民路 100 号
电话：0943－8222000
邮编：730900

天水市旅游局
地址：天水市秦城区新华路 1 号
电话：0938－8272566
邮编：741000

武威市旅游局
地址：武威市东大街 118 号
电话：0935－2212921
邮编：733000

酒泉市旅游局
地址：酒泉市市政大厦西 7 楼
电话：0937－2671818
邮编：735000

张掖市旅游局
地址：张掖市南环路 29 号
电话：0936－8233400
邮编：734000

庆阳市旅游局
地址：庆阳市西峰区庆南路 62 号
电话：0934－8210605
邮编：745000

平凉市旅游局
地址：平凉市红旗街 66 号
电话：0933－8210842
邮编：744000

定西市旅游局
地址：定西市安定区中华路 31 号
电话：0932－8222828
邮编：743000

陇南市旅游局
地址：陇南市武都区新世界商务大厦
电话：0939－8214692
邮编：746000

临夏回族自治州旅游局
地址：临夏州临夏市新华街统办楼 5 楼
电话：0930－6911998
邮编：731100

甘南藏族自治州旅游局
地址：甘南州合作市东四路
电话：0941－8219999
邮编：747000

旅 行 社

甘肃丝绸之路国际旅行社有限责任公司
地址：兰州市农民巷 2 号
电话：0931－8736301
邮编：73000
网址：www. silkroadtravel. com
许可证号：L-GS-CJ00001

甘肃省中国旅行社有限公司
地址：兰州市静宁南路 100 号
电话：0931－8439373
邮编：730030
网址：www. gs-cts. com
许可证号：L-GS-CJ00002

甘肃省中国青年旅行社
地址：兰州市白银路 203 号
电话：0931－8466702
邮编：730030
网址：www. gscyts. com
许可证号：L-GS-CJ00003

兰州招商国际旅游公司
地址：兰州市庆阳路 11 号（招商银行大厦西塔 1502 室）
电话：0931－8858234
邮编：730000
许可证号：L-GS-CJ00004

嘉峪关君和国际旅行社有限责任公司
地址：嘉峪关市雄关西路 2 号
电话：0937－6281110
邮编：735100
网址：www. webjhits. com
许可证号：L-GS-CJ00006

甘肃妇女国际旅行社
地址：兰州市城关区皋兰路 100 号
电话：0931－8960888
邮编：730030
网址：www. gswits. com
许可证号：L-GS-CJ00007

甘肃康辉国际旅行社有限责任公司
地址：兰州市小稍门外 280 号昌运大厦 22 层
电话：0931－8812301
邮编：730030
网址：www. gscct. com
许可证号：L-GS-CJ00008

甘肃兰铁国际旅行社有限公司
地址：兰州市和政路 156 号金轮大厦西侧
电话：0931－4925110
邮编：730000
许可证号：L-GS-CJ00009

兰州天涯旅行社
地址：地址：兰州市临夏路 139 号静安大厦
电话：0931－8479957
邮编：730030
电子信箱：majia6555@ yahoo. com. cn
许可证号：L－GS－CJ00010

张掖市金源电力国际旅行社有限公司
地址：张掖市西大街 61 号电力大厦一楼
电话：0936－8210868
邮编：734000
电子信箱：zhangxingfu0168@ 126. com
许可证号：L－GS－CJ00011

甘肃长城国际旅行社有限责任公司
地址：兰州市庆阳路 43 号兴隆大厦 A 座 7A1
电话：0931－8840685
邮编：730030
电子信箱：305417319@ qq. com
许可证号：L－GS－CJ0012

兰州陇上行旅行有限责任公司
地址：兰州市城关区酒泉路 2 号
电话：0931－8888800
邮编：730000
电子信箱：724740@ qq. com
许可证号：L－GS－CJ00013

兰州假日国际旅行社
地址：兰州市城关区民主西路 274 号
电话：13909319650
邮编：730030
许可证号：L－GS－CJ0014

甘肃兰神国际旅行社有限责任公司
地址：兰州市张掖路 137 号民基新城 B 座 2508 室
电话：13609315845
邮编：730030
许可证号：L－GS－CJ0015

甘肃天越国际旅行社有限公司
地址：兰州市城关区定西路 394 号
电话：13369315777
邮编：730030
许可证号：L－GS－CJ0016

甘肃格桑花国际旅行社
地址：兰州市城关区庆阳路 442 号
电话：18993186588
邮编：730030
许可证号：L－GS－CJ0017

甘肃保利国际旅行社有限责任公司
地址：兰州市城关区平凉路 396 号 6A01 室
电话：0931－8848001　8828500
邮编：730030
许可证号：L－GS－CJ00018

兰州龙行天下国际旅行社有限公司
地址：兰州市皋兰路 2 号锦华写字楼 3 楼
电话：0931－8836271　13893236277
邮编：730030
许可证号：L－GS－CJ00019

甘肃乐游天下旅行社有限公司
地址：兰州市城关区大众市场 22 号中信大厦 1008 室
电话：0931－2103551
邮编：730030
许可证号：L－GS－CJ00020

武威华泰国际旅行社有限责任公司
地址：武威市凉州区胜利街 68 号
电话：0935－2259826
邮编：733000
许可证号：L－GS－CJ00021

甘肃河州旅行社有限责任公司
地址：临夏州临夏市红园路 61 号
电话：0930－6228000

邮编：731100
许可证号：L－GS－CJ00022

金昌金龙国际旅行社有限责任公司
地址：金昌市新华西路85号
电话：0935－8329726　8329727
邮编：730030
许可证号：L－GS－CJ00023

甘肃海洋国际旅行社有限责任公
地址：兰州市民主西路12号光源大厦
电话：0931－8732277　13919066880
邮编：730030
许可证号：L－GS－CJ00025

甘肃国泰国际旅行社有限责任公司
地址：兰州市庆阳路488号万盛商务大厦10楼A座
电话：0931－8453510　8459059
邮编：730030
许可证号：L－GS－CJ00026

兰州新时尚国际旅行社有限公司
地址：兰州市城关区皋兰路29号
电话：0931－8830556　13893198111
邮编：730030
许可证号：L－GS－CJ00027

甘肃龙源国际旅行社有限公司
地址：兰州市城关区甘南路476号宏运大厦1211室
电话：0931－8480317　13669320055
邮编：730030
许可证号：L－GS－CJ00028

兰州金色大漠国际旅行社
地址：兰州市城关区庆阳路195号中山大厦13楼
电话：0391－8485855　8485866
邮编：730030
许可证号：L－GS－CJ00029

甘肃田园国际旅行社有限公司
地址：兰州市城关区庆阳路115号澳兰名门墨尔本座2605室
电话：0931－8879876　13993131939
邮编：730030
许可证号：L－GS－CJ00030

酒泉大华国际旅行社有限责任公司
地址：酒泉市小西街2号（肃州宾馆内）
电话：0937－2652296
邮编：735000
许可证号：L－GS－CJ00031

甘肃众信国际旅行社有限公司
地址：兰州市城关区农民巷旅游大厦1号楼
电话：0931－8831122　8833355
邮编：730030
许可证号：L－GS－CJ00032

甘肃省中海国际旅行社有限公司
地址：兰州城关区酒泉路181号物产集团5楼
电话：0931－8465001
邮编：730030
许可证号：L－GS－CJ00033

甘肃电力旅行社
地址：临夏州永靖县刘家峡水电厂
电话：0930－8843410　8843419　8843420
邮编：731600
许可证号：L－GS－CJ00035

甘肃印象国际旅行社有限责任公司
地址：兰州市城关区庆阳路235号双城门广星大厦东区8楼C座
电话：0931－8424111
邮编：730030
许可证号：L－GS－CJ00036

酒泉西部之旅国际旅行社有限责任公司
地址：酒泉市肃州区西大街19号帝豪花苑办公1号楼
电话：0937－6981995　6981266
邮编：735000
许可证号：L－GS－CJ00037

甘肃观天下国际旅行社有限责任公司
地址：兰州市静宁南路100号万佳名苑五楼C座
电话：0931－8459207
邮编：730030
许可证号：L－GS－CJ00038

饭　店

甘肃阳光大酒店 ★★★★★
地址：兰州市庆阳路428号
电话：0931－4608888
邮编：730030

酒泉宾馆 ★★★★★
地址：酒泉市解放路33号
电话：0937－2618000
邮编：735000

平凉广成大酒店 ★★★★★
地址：平凉市崆峒区崆峒镇寨子街
电话：0933－8518888
邮编：744000

飞天大酒店 ★★★★
地址：兰州市天水南路529号
电话：0931－8532888
邮编：730000

西兰国际大酒店 ★★★★
地址：兰州市定西路团结新村39号
电话：0931－8628998
邮编：730000

锦江阳光酒店 ★★★★
地址：兰州市东岗西路589号
电话：0931－8805511
邮编：730000

兰州饭店 ★★★★
地址：兰州市东岗西路486号
电话：0931－8416321
邮编：730000

金轮宾馆 ★★★★
地址：兰州市和政路72号
电话：0931－4921111
邮编：730000

兰州海航空港酒店 ★★★★
地址：兰州市嘉峪关西路399号
电话：0931－8166666
邮编：730020

蓝宝石大酒店 ★★★★
地址：兰州市城关区民主西路37号
电话：0931－8849999
邮编：730000

甘肃天源温泉大酒店 ★★★★
地址：兰州市七里河区安西路100号
电话：0931－2649888
邮编：730050

甘肃长信国际酒店 ★★★★
地址：兰州市七里河区西津西路788号
电话：0931－2558888
邮编：730050

兰州华联宾馆 ★★★★
地址：兰州市天水路1—3号
电话：0931－4992000
邮编：730000

嘉峪关宾馆 ★★★★
地址：嘉峪关市新华北路1号
电话：0937－6226983
邮编：735100

长城宾馆 ★★★★
地址：嘉峪关市建设西路6号
电话：0937－6225288
邮编：735100

酒钢宾馆 ★★★★
地址：嘉峪关市雄关西路2号
电话：0937－6201777
邮编：735100

龙首山庄 ★★★★
地址：金昌市金川西路16号
电话：0935－8611451
邮编：737104

万盛大酒店 ★★★★
地址：白银市万盛路8号
电话：0943－8660420
邮编：730900

白银饭店 ★★★★
地址：白银市白银区红星街269号
电话：0943－8261650
邮编：730900

金色阳光饭店 ★★★★
地址：天水市中华西路仿古步行街19号
电话：0938－8277777
邮编：741000

南苑山庄 ★★★★
地址：天水市秦城区南国寺景区
电话：0938－8622555
邮编：741000

天水市植物园山庄 ★★★★
地址：天水市麦积山植物园
电话：0938－2231025
邮编：741026

华辰大酒店 ★★★★
地址：天水市秦城区岷山路东桥头
电话：0938－8611111
邮编：741000

天水山水苑酒店 ★★★★
地址：天水市麦积区埠南路93号
电话：0938－26529002
邮编：741020

甘肃皇城国际饭店 ★★★★
地址：天水市秦州区成纪大道北侧
电话：0938－8395566
邮编：741000

天水市锦德瑞宾馆 ★★★★
地址：天水市张家川回族自治县滨河西路
电话：0938－7816993
邮编：741500

武威天马宾馆 ★★★★
地址：武威市凉州区西大街41号
电话：0935－2267829
邮编：733000

酒泉世纪大酒店 ★★★★
地址：酒泉市世纪大道53号
电话：0937－2668186
邮编：735000

酒泉东方国际大酒店 ★★★★
地址：酒泉市肃州区仓门街6号
电话：0937－2699999
邮编：735000

酒泉创通商务大酒店 ★★★★
地址：酒泉市新城区莫高路2号
电话：0937－2801111
邮编：735000

玉门裕盛山庄 ★★★★
地址：酒泉玉门市新市区柳河乡
电话：0937－3336555
邮编：735211

敦煌太阳温泉酒店 ★★★★
地址：酒泉敦煌市机场路中段
电话：0937－8868688
邮编：736200

敦煌市金叶宾馆 ★★★★
地址：酒泉敦煌市鸣山路37号
电话：0937－8853338
邮编：736200

敦煌太阳大酒店 ★★★★
地址：酒泉敦煌市沙洲北路5号
电话：0937－8829998
邮编：736200

敦煌宾馆 ★★★★
地址：酒泉敦煌市阳关东路14号
电话：0937－8822008
邮编：736200

敦煌天润国际大酒店 ★★★★
地址：酒泉敦煌市沙州镇鸣山路309号
电话：0937－8818888
邮编：736200

敦煌山庄 ★★★★
地址：酒泉敦煌市敦月路
电话：0937－8882088
邮编：736200

敦煌飞天大酒店 ★★★★
地址：酒泉敦煌市鸣山路2号
电话：0937－8853898
邮编：736200

敦煌莫高大酒店 ★★★★
地址：酒泉敦煌市莫高镇
电话：0937－8868586
邮编：736200

敦煌富国酒店 ★★★★
地址：酒泉敦煌市阳关中路1785号
电话：0937－8818666
邮编：736200

天宇大酒店 ★★★★
地址：酒泉市敦煌市阳关西路1879号
电话：0937－8853333
邮编：736200

瓜洲融金洲海大酒店 ★★★★
地址：酒泉瓜州县瓜州大道162号
电话：0937－5558888
邮编：736100

国风商务大酒店 ★★★★
地址：酒泉市瓜州县瓜州大道160号
电话：0937－5585000
邮编：736100

甘肃祁连山大酒店 ★★★★
地址：张掖市甘州区西二环路
电话：0936－8588886
邮编：734000

华辰国际大酒店 ★★★★
地址：张掖市东大街20号
电话：0936－8277588
邮编：734000

张掖市电力大厦 ★★★★
地址：张掖市西大街246号
电话：0936－8858888
邮编：734000

张掖市天域国际酒店 ★★★★
地址：张掖市甘州区南大街甘泉文化广场
电话：0936－8516666
邮编：734000

张掖市嘉亨大酒店 ★★★★
地址：张掖市县府街延伸段
电话：0936－8363635
邮编：734000

张掖市山丹博兴酒店 ★★★★
地址：张掖市山丹县北大路3号
电话：0936－2808188
邮编：734100

张掖市西至哈志大酒店 ★★★★
地址：张掖市肃南裕固族县西
电话：0936－6129222
邮编：734400

陇上明珠正阳国际酒店 ★★★★
地址：庆阳市西峰区长庆北路
电话：0934－6666666
邮编：745000

庆化大酒店 ★★★★
地址：庆阳市长庆南路
电话：0934－8685207
邮编：745000

嘉馨国际饭店 ★★★★
地址：庆阳市西峰区西大街12号
电话：0934－8885999
邮编：745000

庆城宾馆 ★★★★
地址：庆阳市庆城县南大街
电话：0934－3211000
邮编：745100

平凉华辰大酒店 ★★★★
地址：平凉市崆峒东路9号
电话：0933－8612226
邮编：744000

平凉宾馆 ★★★★
地址：平凉市西大街86号
电话：0933－8253016
邮编：744000

泾川温泉宾馆 ★★★★
地址：平凉市泾川县何家坪温泉开发区
电话：0933－3335326
邮编：744300

灵台宾馆 ★★★★
地址：平凉市灵台县东大街26号
电话：0933－3625418
邮编：744400

陇南饭店 ★★★★
地址：陇南市武都区下教场
电话：0939－8215321
邮编：746000

东润国际大酒店 ★★★★
地址：陇南市武都区莲湖路
电话：0939－8656666
邮编：746000

成县宇丰大酒店 ★★★★
地址：陇南市成县城关镇
电话：0939－3202618
邮编：742500

成州国际大酒店 ★★★★
地址：陇南市成县滨河路
电话：0939－3221460
邮编：742500

礼县秦都大酒店 ★★★★
地址：陇南市礼县城关镇东大街
电话：0939－4488988
邮编：742200

鸿瑞假日酒店 ★★★★
地址：临夏州永靖县刘家峡镇黄河路18号
电话：0930－8833393
邮编：731600

临潭世纪饭店 ★★★★
地址：甘南州临潭县城关镇西大街
电话：0941－3108888
邮编：747500

拉尕山庄 ★★★★
地址：甘南州舟曲县立节乡拉尕村
电话：0941－5126580
邮编：746303

赛日隆大酒店 ★★★★
地址：甘南州玛曲县格萨尔西街
电话：0941－6128888
邮编：747300

拉卜楞民航大酒店 ★★★★
地址：甘南州夏河县人民东街12号
电话：0941－7128888
邮编：747100

兰州金百合宾馆 ★★★
地址：兰州市西津西路496号
电话：0931－2663199
邮编：730050

金城宾馆 ★★★
地址：兰州市天水中路3号
电话：0931－8416638
邮编：730000

西北宾馆 ★★★
地址：兰州市南昌路469号
电话：0931－4815000
邮编：730000

兰州市新胜利宾馆 ★★★
地址：兰州市庆阳路285号
电话：0931－8436480
邮编：730030

新世纪宾馆 ★★★
地址：兰州市火车站东路109－1号

电话：0931－8615888
邮编：730000

东方大酒店 ★★★
地址：兰州市天水路523号
电话：0931－8833555
邮编：730000

中山宾馆 ★★★
地址：兰州市中山路116号
电话：0931－4813098
邮编：730030

紫荆花大酒店 ★★★
地址：兰州市天水南路36号
电话：0931－8792201
邮编：730000

华辰大厦 ★★★
地址：兰州市天水路469号
电话：0931－8726179
邮编：730000

中林宾馆 ★★★
地址：兰州市城关区酒泉路61号
电话：0931－8400936
邮编：730030

华瑞大厦 ★★★
地址：兰州市金昌南路353号
电话：0931－8413841
邮编：730000

泰和美达商务酒店 ★★★
地址：兰州市白银路383号
电话：0931－8101333
邮编：730000

兰州王府饭店 ★★★
地址：兰州市安宁区安宁西路515号
电话：0931－7662666
邮编：730070

华辰宾馆 ★★★
地址：兰州市东岗东路1315号
电话：0931－2165658
邮编：730020

农垦宾馆 ★★★
地址：兰州市平凉路8号
电话：0931－8412878
邮编：730000

昆仑宾馆 ★★★
地址：兰州市南昌路888号
电话：0932－8984720
邮编：730000

瑞达精品商务酒店（迎宾店） ★★★
地址：兰州市城关区天水南路35号
电话：0931－8878111
邮编：730000

人民饭店 ★★★
地址：兰州市张掖路127号
电话：0931－8406626
邮编：730030

职工大厦 ★★★
地址：兰州市东郊巷22号
电话：0931－8858296
邮编：730000

华宇宾馆 ★★★
地址：兰州市南昌路435号
电话：0931－4586118
邮编：730000

海天大酒店 ★★★
地址：兰州市西津东路678号
电话：0931－2602222
邮编：730050

省农发行培训中心 ★★★
地址：兰州市城关区张掖路86号
电话：0931－8445086
邮编：730030

兰州市庆阳大厦 ★★★
地址：兰州市城关区科技街1号
电话：0931－8266221
邮编：730000

兰州市石油科技宾馆 ★★★
地址：兰州市城关区雁儿湾路535号
电话：0931－8686190
邮编：730020

兰州市石油大厦 ★★★
地址：兰州市七里河区滨河中路1号
电话：0931－2614920
邮编：730050

兰州市友谊宾馆 ★★★
地址：兰州市七里河区西津西路16号
电话：0931－2689360
邮编：730050

甘肃西湖培训服务大厦 ★★★
地址：兰州市七里河区西津东路458号
电话：0931－2661520
邮编：730050

虹云宾馆 ★★★
地址：兰州市皋兰县皋兰路7号
电话：0931－8734025
邮编：730000

甘肃兴隆山宾馆 ★★★
地址：兰州市榆中县兴隆山
电话：0931－5251188
邮编：730100

榆中名园休闲娱乐会所 ★★★
地址：兰州市榆中县兴隆山
电话：0931－5251588
邮编：730100

嘉峪关市峪达大酒店 ★★★
地址：嘉峪关市迎宾湖西南侧
电话：0937－6303868
邮编：735100

嘉峪关市泰和大酒店 ★★★
地址：嘉峪关迎宾东路726－1号
电话：0937－6303333
邮编：735100

国泰大酒店 ★★★
地址：嘉峪关市雄关广场
电话：0937－6326699
邮编：735100

青年宾馆 ★★★
地址：嘉峪关市建设西路3号
电话：0937－6201000
邮编：735100

东方宾馆 ★★★
地址：嘉峪关市迎宾西路
电话：0937－6301026
邮编：735100

汇力公寓 ★★★
地址：嘉峪关市新华南路1365号
电话：0937－6202571
邮编：735100

嘉峪关市天东宾馆 ★★★
地址：嘉峪关市迎宾东路
电话：0937－6706889
邮编：735100

林苑大酒店 ★★★
地址：嘉峪关市新华中路32号
电话：0937－6203555
邮编：735100

嘉峪关市王朝大酒 ★★★
地址：嘉峪关市大唐美食街43号
电话：0937－6929555
邮编：735100

嘉峪关市东湖大酒店 ★★★
地址：嘉峪关市迎宾东路1399号
电话：0937－6385588
邮编：735100

金昌名仕汇酒店 ★★★
地址：金昌市金川区长春路16号
电话：0935－8330001
邮编：737100

金昌饭店 ★★★
地址：金昌市新华路84号
电话：0935－8610165
邮编：737100

金川宾馆 ★★★
地址：金昌市北京路35号
电话：0935－8677808
邮编：737100

金昌市永昌大酒店 ★★★
地址：金昌市永昌县南大街5号
电话：0935－7560438
邮编：737100

白银区城通酒店 ★★★
地址：白银市水川路31号
电话：0943－6933333
邮编：730900

平川如意阳光大酒店 ★★★
地址：白银市平川区兴平北路2号
电话：0943－6676888
邮编：730913

白银市百源商贸大酒店 ★★★
地址：白银市平川区长征火车站南
电话：0943－6638999
邮编：730913

靖远县田园大酒店 ★★★
地址：白银市靖远乌兰镇北城区滨河路1号
电话：0943－6258006
邮编：730600

会宁县南苑大酒店 ★★★
地址：白银市会宁县长征南路26号
电话：0943－3228128
邮编：730700

旌御宫 ★★★
地址：白银市景泰县火车站路224号
电话：0943－5532789
邮编：730400

景电宾馆 ★★★
地址：白银市景泰县一条山镇
电话：0943－5539806
邮编：730400

景泰宾馆 ★★★
地址：白银市景泰县 705 路
电话：0943－5533888
邮编：730400

天水宾馆 ★★★
地址：天水市迎宾路 5 号
电话：0938－8615555
邮编：741000

天辰大酒店 ★★★
地址：天水市重新街 1 号
电话：0938－8391830
邮编：741000

金龙大酒店 ★★★
地址：天水市中心广场西侧
电话：0938－8271188
邮编：741000

天河大酒店 ★★★
地址：天水市西河北路
电话：0938－8287666
邮编：741000

东安饭店 ★★★
地址：天水市陇昌路 11 号
电话：0938－2613333
邮编：741000

和平大酒店 ★★★
地址：天水市新华路 7 号
电话：0938－6812200
邮编：741000

华联大酒店 ★★★
地址：天水市秦州区广场北侧
电话：0938－8215501
邮编：741000

凯悦大酒店 ★★★
地址：天水市秦州区民主东路 94 号
电话：0938－8215888
邮编：741000

天水迎宾馆 ★★★
地址：天水市秦州区建设路 88 号
电话：0938－8212921
邮编：741000

麦积东方宾馆 ★★★
地址：天水市麦积区陇昌路 3 号
电话：0938－2721288
邮编：741020

天水饭店 ★★★
地址：天水市秦州区泰山路 18 号
电话：0938－8214056
邮编：741000

天水绿岛大酒店 ★★★
地址：天水市麦积区开发区泉湖路
电话：0938－2728208
邮编：741020

天水蓝琴酒店 ★★★
地址：天水市麦积区渭河南路 32 号
电话：0938－2726999
邮编：741020

天水万利大酒店 ★★★
地址：天水市麦积区埠南路 24 号
电话：0938－2651188
邮编：741020

曦都假日酒店 ★★★
地址：天水市秦州区解放路西段（伏羲城对面）
电话：0938－6834999
邮编：741000

清水温泉度假村 ★★★
地址：天水市清水县暖弯村
电话：0938－7400022
邮编：741415

秦融宾馆 ★★★
地址：天水市秦安县成纪大道
电话：0938－6521669
邮编：741600

甘谷县三和园宾馆 ★★★
地址：天水市甘谷县康庄东路
电话：0938－5629999
邮编：741200

甘谷饭店 ★★★
地址：天水市甘谷县大像山镇东大街 1 号
电话：0938－5636989
邮编：741200

武威紫云阁酒店 ★★★
地址：武威市南大街 36 号
电话：0935－2253900
邮编：733000

武威宾馆 ★★★
地址：武威市凉州区胜利街 7 号
电话：0935－2269000
邮编：733000

荣华宾馆 ★★★
地址：武威市荣华路
电话：0935－6153889
邮编：733000

武威大酒店 ★★★
地址：武威市北关西路 24 号
电话：0935－2218888
邮编：733000

西凉大酒店 ★★★
地址：武威市建设南路 58 号
电话：0935－5965599
邮编：733000

武威商务大酒店 ★★★
地址：武威市凉州区北关中路 167 号
电话：0935－6130666
电话：733000

武威阳光假日大酒店★★★
地址：武威市西关街公园路 19 号
电话：0935－6128888
邮编：733000

古浪玉红大酒店 ★★★
地址：武威市古浪县世纪路
电话：0935－5121622
邮编：733100

天祝华瑞大酒店 ★★★
地址：武威市天祝县华藏寺团结路
电话：0935－3138899
邮编：733200

航天饭店 ★★★
地址：酒泉市仓门街 4 号
电话：0937－2671000
邮编：735000

龙腾宾馆 ★★★
地址：酒泉市东环南路 31 号
电话：0937－2612491
邮编：735000

肃州宾馆 ★★★
地址：酒泉市小西街 2 号
电话：0937－2613988
邮编：735000

酒泉饭店 ★★★
地址：酒泉市南大街 30 号
电话：0937－2671888
邮编：735000

酒泉鹏飞宾馆 ★★★
地址：酒泉市飞天路 33 号
电话：0937－2671948
邮编：735000

酒泉市光明大厦 ★★★
地址：酒泉市肃州区肃州路 2 号
电话：0937－2671556
邮编：735000

酒泉汗王大酒店 ★★★
地址：酒泉市肃州区花园路 5 号
电话：0937－2675222
邮编：735000

格林豪泰酒店 ★★★
地址：酒泉市新城区洪洋广场 8 号
电话：0937－2805678
邮编：735000

华盛商务酒店 ★★★
地址：酒泉市沙洲镇滨河北路 2 号
电话：0937－8851900
邮编：736200

祁连宾馆 ★★★
地址：酒泉玉门市南坪区
电话：0937－3244804
邮编：735200

玉门宾馆 ★★★
地址：酒泉玉门市经济开发区玉苑路 2 号
电话：0937－3361168
邮编：735211

敦煌大酒店 ★★★
地址：酒泉敦煌市阳关中路 16 号
电话：0937－8825818
邮编：736200

敦煌市广源商务大酒店 ★★★
地址：酒泉敦煌市阳光西路 9 号
电话：0937－8852928
邮编：736200

丝路宾馆 ★★★
地址：酒泉敦煌市环城东路 6 号
电话：0937－8823807
邮编：736200

四方宾馆 ★★★
地址：酒泉敦煌市七里镇大庆路口
电话：0937－8856000
邮编：736200

敦煌大厦 ★★★
地址：酒泉敦煌市沙洲南路 15 号
电话：0937－8825008
邮编：736200

阳关大酒店 ★★★
地址：酒泉敦煌市沙洲南路 7 号
电话：0937－8851002
邮编：736200

敦煌饭店 ★★★
地址：酒泉敦煌市鸣山路16号
电话：0937－8822413
邮编：736200

莫高宾馆 ★★★
地址：酒泉敦煌市鸣山路12号
电话：0937－8851777
邮编：736200

敦煌广源大酒店 ★★★
地址：酒泉敦煌市鸣山路24号
电话：0937－8823119
邮编：736200

阳光大酒店 ★★★
地址：敦煌市阳关西路26号
电话：0937－8855044
邮编：736200

九色鹿宾馆 ★★★
地址：酒泉敦煌市阳关西路5号
电话：0937－8853118
邮编：736200

敦煌飞天宾馆 ★★★
地址：酒泉敦煌市鸣山路22号
电话：0937－8852318
邮编：736200

敦煌电力宾馆 ★★★
地址：酒泉敦煌市沙洲北路2号
电话：0937－8852398
邮编：736200

金塔宾馆 ★★★
地址：酒泉市金塔县解放路375号
电话：0937－4410688
邮编：735300

金塔电力宾馆 ★★★
地址：酒泉市金塔县解放路410号
电话：0937－4421086
邮编：735300

瓜州宾馆 ★★★
地址：酒泉市瓜州县县府街77号
电话：0937－5522949
邮编：736100

瓜州县宏金源大酒店 ★★★
地址：酒泉市瓜州县瓜州中路399号
电话：0937－5586144
邮编：736100

瓜州榆林宾馆 ★★★
地址：酒泉市瓜州县府街81号
电话：0937－5515099
邮编：736100

宏金源大酒店 ★★★
地址：酒泉市瓜州县瓜州中路399号
电话：0937－5586144
邮编：736100

阿克塞县政府招待所 ★★★
地址：酒泉市阿克塞县红柳湾镇金山路9号
电话：0937－8322063
邮编：736400

甘州宾馆 ★★★
地址：张掖市南大街11号
电话：0936－8256001
邮编：734000

张掖市金都宾馆 ★★★
地址：张掖市甘州区东大街333号
电话：0936－8245528
邮编：734000

张掖市飞天大酒店 ★★★
地址：张掖市甘州区南大街211号
电话：0936－8250000
邮编：734000

张掖市鸿昊宾馆 ★★★
地址：张掖市甘州区县府街142号
电话：0936－8250529
邮编：734000

张掖市甘州电力宾馆 ★★★
地址：张掖市甘州区北大街59号
电话：0936－8253555
邮编：734000

张掖市金鼎宾馆 ★★★
地址：张掖市甘州区青年东街94号
电话：0936－8252500
邮编：734000

金安宾馆 ★★★
地址：张掖市甘州区金莎苑南口
电话：0936－8859999
邮编：734000

邮电宾馆 ★★★
地址：张掖市甘州区北环路十字
电话：0936－8557888
邮编：734000

金融大酒店 ★★★
地址：张掖市甘州区丹霞东路19号
电话：0936－8685111
邮编：734000

嘉洲大酒店 ★★★
地址：张掖市民乐县南市场中段
电话：0936－4459888
邮编：734500

锦江阳光商务酒店 ★★★
地址：张掖市民乐县解放北路16号
电话：0936－4439818
邮编：734500

临泽县丹霞宾馆 ★★★
地址：张掖市临泽县文化路229号
电话：0936－5531999
邮编：734200

临泽宾馆 ★★★
地址：张掖市临泽县县府街329号
电话：0936－5521028
邮编：734200

高台县天源大酒店 ★★★
地址：张掖市高台县城关镇人民西路32号
电话：0936－6632888
邮编：734300

高台县景毓宾馆 ★★★
地址：张掖市高台县东城河路58号
电话：0936－6631888
邮编：734300

高台宾馆 ★★★
地址：张掖市高台县县府街24号
电话：0936－6621862
邮编：734300

西部宾馆 ★★★
地址：张掖市山丹县甘新北路交通局南侧
电话：0936－2787555
邮编：734100

君悦大酒店 ★★★
地址：张掖市山丹县迎宾东路18号
电话：0936－2811888
邮编：734100

山丹县沁园春大酒店 ★★★
地址：张掖市山丹县甘新北路
电话：13830636866
邮编：734100

肃南县祁丰文殊游客接待中心 ★★★
地址：张掖市肃南县祁丰藏族乡
电话：0936－6164777
邮编：735015

良友旅游宾馆 ★★★
地址：张掖市肃南县红湾寺镇
电话：0936－6123333
邮编：734400

肃南大酒店 ★★★
地址：张掖市肃南县红湾寺镇祁丰路53号
电话：0936－6122111
邮编：734400

庆阳市陇上明珠大酒店 ★★★
地址：庆阳市长庆南路73号
电话：0934－8272829
邮编：745000

环县富来大酒店 ★★★
地址：庆阳市环县翼龙路72号
电话：0934－4460222
邮编：745700

惠农酒店 ★★★
地址：庆阳市环县中环大道南段
电话：0934－4469999
邮编：745700

合水宾馆 ★★★
地址：庆阳合水县蟋东路
电话：0934－5526888
邮编：745400

平凉五味宫酒店 ★★★
地址：平凉市崆峒古镇
电话：0933－8888998
邮编：744000

平凉市正宇宾馆 ★★★
地址：平凉市崆峒区来远路16号
电话：0933－8715678
邮编：744000

平凉天正大酒店 ★★★
地址：平凉市崆峒区玄鹤北路1号
电话：0933－8718600
邮编：744000

陇东明珠宾馆 ★★★
地址：平凉市崆峒东460号
电话：0933－8612588
邮编：744000

平凉新裕商务宾馆 ★★★
地址：平凉市崆峒大道西段新裕花园商业楼2号
电话：0933－8798000
邮编：744000

平凉新都酒店 ★★★
地址：平凉市东大街24号
电话：0933－8211388
邮编：744000

华砚宾馆 ★★★
地址：平凉市华亭县仪洲大道中段
电话：0933－7728908
邮编：744100

金华大厦 ★★★
地址：平凉市华亭县南新街
电话：0933－7731703
邮编：744100

华都商务酒店 ★★★
地址：平凉市华亭县仪州大道西段（陈矿十字）
电话：0933－7706888
邮编：744100

庄浪县紫荆宾馆 ★★★
地址：平凉市庄浪县东路 2 号
电话：0933－6621724
邮编：744000

静宁宾馆 ★★★
地址：平凉市静宁县城关镇中街 85 号
电话：0933－2530601
邮编：743400

定西宾馆 ★★★
地址：定西市安定区中华路 43 号
电话：0932－8284166
邮编：743000

定西凤城大酒店 ★★★
地址：定西市安定区交通路 279 号
电话：0932－8232552
邮编：743000

双星凯悦商务大酒店 ★★★
地址：定西市中华路 64 号
电话：0932－8283599
邮编：743000

通渭温泉宾馆 ★★★
地址：定西市通渭县平襄镇温泉村
电话：0932－5550666
邮编：743300

临洮电力宾馆 ★★★
地址：定西市临洮县北关十字
电话：0932－2236866
邮编：730500

临洮祥瑞大酒店 ★★★
地址：定西市临洮县
电话：0932－2236550
邮编：730500

临洮县政府宾馆 ★★★
地址：定西市临洮县北大街
电话：0932－2246744
邮编：730500

岷县风光大酒店 ★★★
地址：定西市岷县岷阳镇新南街 17 号
电话：0932－7722250
邮编：748400

岷县顺兴和大酒店 ★★★
地址：定西市岷县岷州中路
电话：0932－7733000
邮编：748400

岷县力源商务酒店 ★★★
地址：定西市岷县和平西路 67 号
电话：0932－7733456
邮编：748400

渭源县渭水源大酒店 ★★★
地址：定西市渭源县西一路
电话：0932－4137677
邮编：748200

陇西大酒店 ★★★
地址：定西市陇西县巩昌镇翡翠新城
电话：0932－6601111
邮编：748100

武都锦龙宾馆 ★★★
地址：陇南市武都区城关镇建设南路
电话：0939－8268899
邮编：746010

东诚大酒店 ★★★
地址：陇南市武都区建设路北口
电话：0939－8232238
邮编：746000

金成大厦 ★★★
地址：陇南市成县陇南大道
电话：0939－3202995
邮编：742500

成县金凤凰大酒店 ★★★
地址：陇南市成县新东街 18 号
电话：0939－3228098
邮编：742500

陇南梅园会议中心 ★★★
地址：陇南市康县阳坝镇
电话：0939－5141026
邮编：746511

白水江宾馆 ★★★
地址：陇南市文县城关下河南
电话：0939－5526200
邮编：746400

陇南龙江大酒店 ★★★
地址：陇南市文县碧口镇
电话：0939－5583779
邮编：746412

西和大哥大酒店 ★★★
地址：陇南市西和县汉源镇中山街
电话：0939－6627888
邮编：742100

徽县东方馨宾馆 ★★★
地址：陇南市徽县东街 25 号
电话：0939－7621158
邮编：742300

徽县建徽酒店 ★★★
地址：陇南市徽县建新路 8 号
电话：0939－7532999
邮编：742300

临夏州焕越宾馆 ★★★
地址：临夏州临夏市民主东路 25 号
电话：0930－6232886
邮编：731100

临夏市河海大厦 ★★★
地址：临夏州临夏市红园路 50 号
电话：0930－6235455
邮编：731100

临夏饭店 ★★★
地址：临夏州临夏市红园路 9 号
电话：0930－6233805
邮编：731100

惠达宾馆 ★★★
地址：临夏州临夏市民主西路 1 号汽车西站
电话：0930－6235088
邮编：731100

康乐县憩园宾馆 ★★★
地址：临夏州康乐县新集街 666 号
电话：0930－4466008
邮编：731500

康乐县星海宾馆 ★★★
地址：临夏州康乐县新治街中街 288 号
电话：0930－4488888
邮编：731500

电力宾馆 ★★★
地址：临夏州永靖县川南路 369 号
电话：0930－8821334
邮编：731600

永靖县刘电宾馆 ★★★
地址：临夏州永靖县刘家峡川东路 10 号
电话：0930－8843488
邮编：731600

花溪夏宫假日酒店 ★★★
地址：临夏州和政县松鸣镇吊滩村
电话：0930－5580598
邮编：731200

积石山县庆盛宾馆 ★★★
地址：临夏州积石山县吹麻滩镇振兴街
电话：0930－7721155
邮编：731700

临夏州德盛宾馆 ★★★
地址：临夏州积石山县吹麻滩镇临夏路
电话：0930－7777222
邮编：731700

合作桃源大酒店 ★★★
地址：甘南州合作市当周街
电话：0941－8223366
邮编：747000

香巴拉大酒店 ★★★
地址：甘南州合作市人民街 53 号
电话：0941－8213222
邮编：747000

甘南饭店 ★★★
地址：甘南州合作市人民街 83 号
电话：0941－8212611
邮编：747000

合作市更桑大酒店 ★★★
地址：甘南州合作市西路
电话：0941－8239999
邮编：747000

野林关大酒店 ★★★
地址：甘南州临潭县冶力关镇滨河南路
电话：0941－3271888
邮编：747506

洮林宾馆 ★★★
地址：甘南州临潭县冶力关镇滨河南路
电话：0941－3271800
邮编：747506

卓尼宏宇柳林宾馆 ★★★
地址：甘南州卓尼县柳林镇
电话：0941－3622998
邮编：747600

舟曲龙舟大酒店 ★★★
地址：甘南州舟曲县统办大楼西侧
电话：0941－5128888
邮编：747000

腊子宾馆 ★★★
地址：甘南州迭部县腊子口

电话：0941－5731018
邮编：747400

迭部益民饭店 ★★★
地址：甘南州迭部县兴迭东街146号
电话：0941－5623599
邮编：747400

迭部益民宾馆 ★★★
地址：甘南州迭部县北大街路口
电话：0941－5622319
邮编：747400

碌曲秀隆大酒店 ★★★
地址：甘南州碌曲县勒尔多西路
电话：0941－6666666
邮编：747200

拉卜楞宾馆 ★★★
地址：甘南州夏河县九甲乡来周村
电话：0941－7121849
邮编：747100

夏河县王府饭店 ★★★
地址：甘南州夏河县人民街9号
电话：0941－7121186
邮编：747100

夏河县西羚酒店 ★★★
地址：甘南州夏河县拉卜楞镇人民东街
电话：0941－7125528
邮编：747100

旅游景区

徐家山国家级森林公园 AA
地址：兰州市枣树沟27号
电话：0931－8341482
邮编：730046

兰州水车博览园 AAAA
地址：兰州市城关区雁宁路中立交桥西黄河南岸
电话：0931－8587111
邮编：730050

兰州白塔山公园 AA
地址：兰州市白塔山1号
电话：0931－8360800
邮编：730046

兰州五泉山公园 AAAA
地址：兰州市城关区五泉南路103号
电话：0931－8243247
邮编：730000

兰州仁寿山公园 AA
地址：兰州市安宁区桃林路169号
电话：0931－7666592
邮编：730070

兰州市五一山森林生态旅游区 AAA
地址：兰州市城关区东李家湾261号
电话：0931－8362247
邮编：730046

兰州龙头山森林生态旅游区 AAA
地址：兰州市城关区大砂坪左家湾126号
电话：0931－8373399
邮编：730046

陇萃堂购物景区 AA
地址：兰州市城关区东岗西路640号
电话：0931－8812251
邮编：730000

兰山风景区 AAA
地址：兰州市城关区和平新村79号
电话：0931－8242891
邮编：730030

兰州水车园 AA
地址：兰州市七里河区南滨河中路4号
电话：0931－2612861　2640353
邮编：730050

石佛沟国家森林公园 AA
地址：兰州市七里河区阿甘镇石佛路5号
电话：0931－2660393
邮编：730050

安宁滑雪场 AA
地址：兰州市安宁区大青山
电话：0931－7657118　7669888
邮编：730070

兰州植物园 AAA
地址：兰州市安宁区施家湾苗圃1号
电话：0931－7613550
邮编：730070

渭河源购物景区 AA
地址：兰州市城关区东岗西路
电话：0931－8812256
邮编：730030

永登吐鲁沟森林公园 AAAA
地址：兰州市永登县连城自然保护区
电话：0931－6530015
邮编：730300

永登青龙山森林公园 AA
地址：兰州市永登县城关镇
电话：0931－6422587
邮编：730300

永登星河种植园 AA
地址：兰州市永登县中川镇
电话：0931－6833756　6833756
邮编：730314

兰州猪驮山景区 AA
地址：兰州市永登县苦水镇猪驮山
电话：0931－6784777
邮编：730304

皋兰县西电管理局新农业综合示范园 AA
地址：兰州市皋兰县峪泉镇
邮编：730200

榆中兴隆山自然保护区 AAAA
地址：兰州市榆中县兴隆山
电话：0931－5251081
邮编：730117

兰州石源园林山庄 AAA
地址：兰州市榆中县和平镇和平村
电话：0931－5279988
邮编：730101

榆中金色隆源生态休闲园 AA
地址：兰州市榆中县城关镇叶家庄村南
电话：13919418297
邮编：730110

嘉峪关城市博物馆 AAA
地址：嘉峪关市五一南路1379号
电话：0937－6330550
邮编：735100

嘉峪关文物景区 AAAAA
地址：嘉峪关市关城文物旅游局
电话：0937－6396304　6396110
邮编：735100

嘉峪关市东湖生态旅游景区 AAAA
地址：嘉峪关市东湖生态旅游景区
电话：13321264280
邮编：735100

嘉峪关市紫轩葡萄酒庄园 AAAA
地址：嘉峪关市嘉东工业园区北侧5396号
电话：0937－6393100
邮编：735100

嘉峪关市中华孔雀苑景区 AAAA
地址：嘉峪关市峪泉镇嘉黄公路南侧50米
电话：0937－6266668
邮编：735100

永昌北海子公园 AA
地址：金昌市永昌县北海子公园管理处
电话：13830552819
邮编：737200

靖远法泉寺风景旅游区 AAA
地址：白银市靖远县东湾镇大坝村
电话：0943－6250198
邮编：730600

寿鹿山森林公园 AAA
地址：白银市景泰县寺滩乡障庄村
电话：0943－5600646
邮编：730400

会宁县红军会宁会师旧址 AAAA
地址：白银市会宁县
电话：0943－3633885
邮编：730700

景泰黄河石林风景旅游区 AAAA
地址：白银市景泰县中泉乡龙湾村
电话：0943－5523080
邮编：730400
网址：www.chinahhsl.com

伏羲庙 AAAA
地址：天水市秦州区伏羲路110号
电话：0938－8230242
邮编：741000

南廓寺 AAAA
地址：天水市秦州区南廓寺景区
电话：0938－8623147
邮编：741000

玉泉观 AAAA
地址：天水市秦州区上庵沟
电话：0938－8213957
邮编：741000

天水麦积山风景名胜区 AAAAA
地址：天水市麦积区泉湖路2号
电话：0938－2731407
邮编：741022

天水马跑泉公园 AA
地址：天水市麦积区马跑泉路1号
电话：0938－2711539
邮编：741022

天水龙园 AA
地址：天水市麦积区马跑泉路
电话：0938－2730676
邮编：741020

天水卦台山 AA
地址：天水市麦积区南镇卦台山
电话：0938－2616516
邮编：741029

秦州区李广墓景区 AA
地址：天水市秦州区石马坪村
电话：0938－8214157
邮编：741000

秦州区诸葛军垒景区 AA
地址：天水市秦州区滨河东路龙王沟口
电话：0938－8213924
邮编：741000

麦积区龟凤山 AA
地址：天水市麦积区甘泉镇杨湾村
电话：18794152889
邮编：741023

麦积区崇福寺景区 AA
地址：天水市麦积区麦积镇
电话：13209385059
邮编：741023

麦积区凤凰山景区 AA
地址：天水市麦积区新阳镇
邮编：741023

秦州区炳凌寺景区 AA
地址：天水市秦州区玉泉镇炳凌寺村
电话：0938－8361584
邮编：741000

清水县小华山景区 AA
地址：天水市清水县红堡镇吴湾村
电话：0938－7381000
邮编：741408

清水县三皇谷景区 AA
地址：天水市清水县山门镇白河村
电话：0938－7299000
邮编：741413

清水县赵充国陵园景区 AA
地址：天水市清水县永清路 12 号
电话：0938－7153596
邮编：741400

清水县化石崖景区 AA
地址：天水市清水县陇东乡土寨子村
电话：0938－7151212
邮编：741400

清水温泉度假村 AAA
地址：天水市清水县永清镇温泉开发区
电话：0938－7400666
邮编：741400

秦安县凤山景区 AAA
地址：天水市秦安县
电话：0938－6521733
邮编：741600

泰安县文庙景区 AA
地址：天水市泰安县兴国镇新华街学巷
电话：0938－6529871
邮编：741600

泰安县上关明清一条街景区 AA
地址：天水市泰安县兴国镇明清古建街
电话：13909387217
邮编：741600

甘谷县黑潭寺景区 AA
地址：天水市甘谷县古坡乡古坡村
电话：0938－5825025
邮编：741200

甘谷县蔡家寺景区 AA
地址：天水市甘谷县新兴镇蔡家寺村
电话：0938－5825025
邮编：741200

甘谷县姜维墓景区 AA
地址：天水市甘谷县
电话：0938－5621707
邮编：741200

甘谷县尖山寺森林公园 AA
地址：天水市甘谷县
电话：0938－5622017
邮编：741200

张家川县关山云凤风景区 AA
地址：天水市张家川县人民西路 7 号
电话：0938－7885892
邮编：741500

张家川县宣化拱北 AA
地址：天水市张家川县张川镇查湾村
电话：0938－7884200
邮编：741500

甘谷县大像山 AAAA
地址：天水市甘谷县
电话：0938－3325315
邮编：741200

武山水帘洞景区 AAAA
地址：天水市武山县榆盘乡钟楼村
电话：0938－3421081
邮编：741318

武威神州荒漠野生动物园 AAAA
地址：武威市西大街西环路 80 号
电话：0935－2516381
邮编：733000

武威雷台旅游区 AAAA
地址：武威市北关中路
电话：0935－2215852
邮编：733000

黄羊河休闲农业旅游区 AAA
地址：武威市凉州区黄羊镇新河街 1 号
电话：0935－2608009
邮编：733008

凉州百塔寺 AAA
地址：武威市凉州区武南镇百塔寺
电话：0935－2736599
邮编：733000

武威天梯山石窟 AA
地址：武威市凉州区
电话：13519054171
邮编：733000

武威西郊公园 AA
地址：武威市凉州区西关街公园路 12 号
电话：0935－6111848
邮编：733000

鸠摩罗什寺 AA
地址：武威市凉州区北大街
电话：0935－2255335
邮编：733000

武威天乙生态园 AA
地址：武威市凉州区韩佐乡阳畦二组
电话：13909357978
邮编：733000

凉州植物园 AAA
地址：武威市凉州区
电话：0935－6111848
邮编：733000

民勤红崖山水库 AA
地址：武威市民勤县重兴乡黑山村
电话：0935－4518068
邮编：733300

古浪马路滩生态旅游区 AAA
地址：武威市古浪县马路滩林场
电话：0935－5341818
邮编：733102

古浪战役纪念馆 AA
地址：武威市古浪县古浪镇公园路
电话：0935－5121576
邮编：733100

天祝三峡森林公园 AAA
地址：武威市天祝县
电话：0935－3810001
邮编：733200

武威市沙漠公园 AAAA
地址：武威市清源镇王庄村
电话：0935－2212001　13893559125
邮编：733000

武威文庙（博物馆）AAAA
地址：武威市博物馆
电话：0935－2215849
邮编：733000

酒泉西汉胜迹 AAAA
地址：酒泉市公园路 100 号
电话：0937－2633441　2630858
邮编：735000

酒泉常青苑 AAA
地址：酒泉市酒泉市肃州区新城区肃南路
电话：0937－2664160
邮编：735000

肃州花城湖生态旅游风景区 AA
地址：酒泉市肃州区银达镇花城湖
电话：13993759104
邮编：735000

酒泉大法幢寺 AA
地址：酒泉市肃州区大法幢寺
电话：0937－2623011
邮编：735000

酒泉市富康梦天堂旅游景区 AAAA
地址：酒泉肃州区
邮编：735000

玉门市赤金峡风景区 AAAA
地址：酒泉市玉门市南街三村
电话：13893769166
邮编：735211

玉门"铁人"王进喜纪念馆景区 AAA
地址：酒泉市玉门市赤金镇铁人王进喜纪念馆
电话：0937－3221555
邮编：735200

敦煌三危山 AAA
地址：酒泉市敦煌市沙州镇北大街 5 号
电话：0937－8821173
邮编：736200

敦煌古城 AAA
地址：酒泉市敦煌市
电话：0937－8888003

邮编：736200

敦煌历史博览园 AA
地址：酒泉市敦煌市敦月公路鸣沙山路口
电话：0937－8882555
邮编：736200

敦煌阳关文物旅游景区 AAAA
地址：酒泉敦煌市鸣沙山路36号
电话：0937－8889323
邮编：736200

敦煌雅丹地质公园 AAAA
地址：酒泉敦煌市西北180公里处
电话：0937－8841885
邮编：736200

敦煌鸣沙山月牙泉风景名胜区 AAAA
地址：酒泉敦煌市鸣沙山月牙泉
电话：0937－8882074
邮编：736200

敦煌白马塔景区 A
地址：酒泉敦煌市白马塔村
电话：0937－8896186
邮编：736200

敦煌夜市 AAA
地址：酒泉敦煌市
电话：0937－8881586
邮编：736200

敦煌同舟岛 AAA
地址：酒泉敦煌市
电话：0937－8853342
邮编：736200

敦煌雷音寺景区 AAA
地址：酒泉敦煌市鸣山路鸣沙山下
电话：0937－8883870
邮编：736200

金塔鸳鸯湖风景区 AAA
地址：酒泉市金塔县鸳鸯池水库
电话：0937－4441831
邮编：745300

肃北县人民公园 A
地址：酒泉市肃北县公园路东67号
电话：0937－8122387
邮编：736300

金塔金鼎湖金泽溪风景区 AAA
地址：酒泉市金塔县板滩水库
电话：0937－4551785
邮编：735300

瓜州桥湾城旅游景区 AAA
地址：酒泉市瓜州县河东乡桥湾城
电话：0937－5659137
邮编：736100

阿克塞哈萨克民族风情园 AAA
地址：酒泉市阿克塞县红柳湾镇
电话：0937－8322996
邮编：736400

阿克塞金沙湖景区 AAA
地址：酒泉市阿克塞县团结路42号
电话：13389370504
邮编：736400

苏干湖旅游景区 AA
地址：酒泉市阿克塞县红柳湾镇金山路9号
电话：0937－8321925
邮编：736400

甘州区二坝湖水利风景区 AAA
地址：张掖市甘州区碱滩镇二坝村
电话：0936－5678118
邮编：734000

甘州区大野口水库水利风景 AA
地址：张掖市甘州区花寨乡
电话：0936－8560714
邮编：734016

张掖国家湿地公园 AAAA
地址：张掖市滨河新区
电话：0936－6922184
邮编：734000

张掖大佛寺 AAAA
地址：张掖市民主西街大佛寺巷
电话：0936－8212049
邮编：734000

张掖市甘泉公园 AAA
地址：张掖市甘州区北水桥街
电话：0936－8215158
邮编：734000

张掖市玉水苑景区 AAAA
地址：张掖市滨河新区
邮编：734000

张掖市民乐扁都口景区 AAA
地址：张掖市民乐县
邮编：734500

民乐圣天寺旅游景区 AAA
地址：张掖市民乐县西大街
电话：0936－4428914
邮编：734500

临泽双泉湖旅游区 AA
地址：张掖市临泽县双泉湖垂钓园
电话：0936－5553423
邮编：734200

张掖丹霞地质公园 AAAA
地址：张掖市临泽县倪家营乡
电话：0936－5678888
邮编：734200

张掖市临泽梨园口战役纪念馆 AAA
地址：张掖市临泽县
邮编：734200

临泽香姑寺旅游景区 AAA
地址：张掖市临泽县板桥镇
电话：13309362978
邮编：734207

高台大湖湾景区 AAAA
地址：张掖市高台县宣化镇上庄村
电话：0936－6682580
邮编：734308

高台月牙湖公园 AAA
地址：张掖市高台县县府街31号
电话：0936－6621837
邮编：734300

高台祁连葡萄庄园 AAA
地址：张掖市高台县南华镇
电话：0936－6662720
邮编：734304

中国工农红军西路军纪念馆 AAAA
地址：张掖市高台县城关镇人民东路47号
电话：0936－6622136
邮编：734300

山丹南湖生态植物示范园 AAA
地址：张掖市山丹县南湖
电话：0936－2723342
邮编：734100

山丹焉支农庄 AA
地址：张掖市山丹县
电话：0936－2727009
邮编：734100

焉支山森林公园 AAAA
地址：张掖市山丹县大马营乡中河村
电话：0936－2851037
邮编：743100

山丹艾黎捐赠文物陈列馆 AA
地址：张掖市山丹县文化街3号
电话：0936－2721464
邮编：734100

张掖市山丹大佛寺旅游景区 AAAA
地址：张掖市山丹县
电话：0936－8212049
邮编：734100

肃南马蹄寺风光旅游区 AAAA
地址：张掖市肃南县马蹄寺旅游区
电话：0936－8891610
邮编：734028

祁丰文殊寺石窟群旅游景区 AAAA
地址：张掖市肃南县祁丰藏族乡
电话：0936－6164852　6164555
邮编：734028

肃南裕固风情走廊 AAAA
地址：张掖市肃南县康乐乡
电话：0936－6280039
邮编：734400

庆阳农耕民俗文化村 AA
地址：庆阳市西峰区董志镇
电话：0934－8423474
邮编：745000

庆阳东湖公园 AA
地址：庆阳市西峰区九龙北路1号
电话：0934－8216547
邮编：745000

环县东老爷山景区 AAA
地址：庆阳市环县东老爷山
电话：0934－4583489
邮编：745709

华池双塔森林公园 AA
地址：庆阳市华池县
电话：0934－5121025
邮编：745600

华池南梁纪念馆 AAA
地址：庆阳市华池县南梁乡荔园堡村
电话：0934－5371001
邮编：745614

合水陇东古石刻艺术博物馆 AAA
地址：庆阳市合水县乐蟠西路
电话：0934－5521460　3675155
邮编：745400

合水夏家沟森林公园 AA
地址：庆阳市合水县西华北街126号
电话：0934－5521576
邮编：745400

正宁调令关森林公园 AAA
地址：庆阳市正宁县林业总场中湾林场

电话：0934－6151104
邮编：745307

宁县古豳文化旅游区 AAA
地址：庆阳市宁县县城庙咀坪
邮编：745200

宁县桂花园森林公园 AA
地址：庆阳市宁县九岘乡 20 号
电话：0934－13830492319
邮编：745212

镇原潜夫山森林公园 AA
地址：庆阳市镇原县北山
电话：13884125821
邮编：744500

庆阳周祖陵 AAAA
地址：庆阳市庆城县周祖陵森林公园
电话：0934－3229665　3315729
邮编：745100

平凉崆峒山风景名胜区 AAAAA
地址：平凉市崆峒山管理局
电话：0933－8239533
邮编：744021

平凉市柳湖公园 AAA
地址：平凉市崆峒区公园路 20 号
电话：0933－8212945
邮编：744000

平凉太统森林公园 AAA
地址：平凉市崆峒区
电话：0933－8714244
邮编：744000

崆峒区南山生态公园 AAA
地址：平凉市崆峒区
电话：0933－8493711
邮编：744000

华亭莲华湖景区 AAA
地址：平凉市华亭县西大街
电话：0933－7726560
邮编：744100

华亭双凤山公园 AAA
地址：平凉市华亭县
电话：0933－7722142
邮编：744100

华亭米家沟生态园 AAA
地址：平凉市华亭县
电话：0933－7721136　7795997
邮编：744100

静宁成纪文化城 AAA
地址：平凉市静宁县
电话：0933－2533055
邮编：743400

泾川县田家沟水土保持生态风景区 AAAA
地址：平凉区泾川县
电话：13830316116
邮编：744300

平凉泾川大云寺·王母宫 AAAA
地址：平凉市泾川县城西 1 公里
电话：0933－3321348
邮编：744300

灵台古灵台·荆山森林公园 AAAA
地址：平凉市灵台县荆山路
电话：0933－3621982
邮编：744400

崇信龙泉寺风景名胜区 AAAA
地址：平凉市崇信县城南 1.5 公里
电话：0933－6123479
邮编：744200

庄浪县云崖寺 AAAA
地址：平凉市庄浪县
电话：0933－6913135
邮编：744600

平凉庄浪紫荆山公园 AA
地址：平凉市庄浪县水络镇中心街南巷
电话：0933－6626756
邮编：744600

定西安定区玉湖公园 AA
地址：定西市安定区永定西路 71 号
电话：0932－8261388
邮编：743000

定西安定区西岩山公园 AA
地址：定西市安定区
电话：0932－8226998
邮编：743000

通渭温泉度假区 AAA
地址：定西市通渭县平襄镇温泉村
电话：09325551898
邮编：743300

临洮县三易花卉园景区 AA
地址：定西市临洮县
电话：0932－2872193
邮编：730500

临洮佛归寺 AA
地址：定西市临洮县县城南 3 公里处
电话：13139273601
邮编：730500

临洮西湖公园 AA
地址：定西市临洮县城西南部
电话：18993221318
邮编：730500

定西临洮岳麓山公园 AA
地址：定西市临洮县岳麓山
电话：0932－2242384
邮编：730500

漳县贵清山、遮阳山旅游景区 AAAA
地址：定西市漳县武阳路 75 号
电话：0932－4863231　13909328703
邮编：748300

岷县狼渡湿地草原 AAA
地址：定西市岷县
电话：0932－7731999
邮编：748400

渭源县马铃薯科技示范园区 AA
地址：定西市渭源县
电话：0932－4481955
邮编：748200

渭源首阳山 AAA
地址：定西市渭源县莲峰镇故绩坪村
电话：0932－4133057
邮编：748200

渭源县霸陵桥公园 AA
地址：定西市渭源县清源镇 131 号
电话：0932－4132650
邮编：748200

陇西仁寿山森林公园 AAA
地址：定西市陇西县仁寿山

电话：0932－6614036
邮编：748100

武都朝阳洞风景区 AA
地址：陇南市武都区角弓镇陈家坝村
电话：13993914758
邮编：746013

武都水濂洞 AA
地址：陇南市武都区城关镇店沟村
电话：0939－8231230
邮编：746000

成县杜公祠风景区 AA
地址：陇南市成县
电话：0939－3200633
邮编：742500

武都万象洞 AAAA
地址：陇南武都区汉王镇
电话：0939－8528414
邮编：746041

成县《西峡颂》风景区 AAAA
地址：陇南市成县西峡颂风景区
电话：0939－3292185
邮编：742500

宕昌官鹅沟风景区 AAAA
地址：陇南市宕昌县城关镇官鹅村
电话：0939－6229138
邮编：748500

康县阳坝自然风景区 AAAA
地址：陇南市康县城南阳坝镇
电话：0939－5141088
邮编：741600

陇南市西和晚霞湖景区 AAAA
地址：陇南市西和县姜席镇
邮编：742100

陇南市秦文化博物馆景区 AAAA
地址：陇南市礼县城关镇东新南路开发区秦人广场
邮编：742200

陇南市金徽酒文化生态旅游景区 AAAA
地址：陇南市徽县伏家镇
邮编：742300

临夏红园 AA
地址：临夏回族自治州临夏市红园路 2 号
电话：0930－6214514
邮编：731100

临夏市东郊公园 AA
地址：临夏回族自治州临夏市折桥乡李孟村史家 1 号
电话：0930－6360414
邮编：731100

临夏市枹罕山庄 AAA
地址：临夏州临夏市枹罕镇青寺村
电话：0930－6610291
邮编：731100

临夏县关滩沟 AA
地址：临夏回族自治州临夏县关滩沟关门滩
电话：0930－3258095
邮编：731100

积石民俗村风景区 AA
地址：临夏州积石山县吹麻滩镇
电话：0930－7722923
邮编：731700

永靖黄河三峡风景名胜区 AAAA
地址：临夏回族自治州永靖县刘家峡镇川东路
电话：0930－8836108
邮编：731600

和政松鸣岩风景名胜区 AAAA
地址：临夏回族自治州和政县吊滩乡
电话：0930－5580181
邮编：731200

临夏州古动物化石博物馆 AAAA
地址：临夏回族自治州和政县城东
电话：0930－5524668
邮编：731200

临夏州康乐莲花山景区 AAAA
地址：临夏回族自治州康乐县
邮编：751300

合作市当州草原风景区 AA
地址：甘南藏族自治州合作市
电话：13893948899
邮编：747000

合作米拉日巴佛阁 AA
地址：甘南藏族自治州合作市
电话：0941－8231118
邮编：747000

临潭冶力关风景区 AAAA
地址：甘南藏族自治州临潭县城关城北大街160号
电话：0941－3121471
邮编：747506

卓尼大峪沟景区 AAAA
地址：甘南藏族自治州卓尼县大峪牧场
电话：0941－3622692
邮编：747600

拉尕山 AAAA
地址：甘南藏族自治州舟曲县立节乡
电话：0941－5121580
邮编：746300

舟曲翠峰山风景区 AA
地址：甘南州舟曲县
电话：0941－5123978
邮编：746300

迭部腊子口风景区 AAA
地址：甘南州迭部县
电话：0941－5623683
邮编：747400

甘南州玛曲天下黄河第一弯旅游风景区 AA
地址：甘南藏族自治州玛曲县
电话：0941－6122781
邮编：747300

碌曲则岔石林旅游景区 AA
地址：甘南州碌曲县拉仁关乡则岔村
电话：13909416787
邮编：747200

碌曲郎木寺旅游景区 AA
地址：甘南州碌曲县郎木寺村
电话：13893906887
邮编：747200

夏河桑科草原旅游风景区 AA
地址：甘南藏族自治州夏河县桑科乡人民政府
电话：0941－7121509
邮编：747100

夏河拉卜楞寺 AAAA
地址：甘南藏族自治州夏河县拉卜楞镇
电话：13909419686　0941－7121774
邮编：747300

餐　馆

景扬楼
地址：兰州市城关区武都路323号
电话：0931－8479996
邮编：730030

兰州金鼎牛肉面连锁有限公司清雅居餐饮部
地址：兰州市永昌路93号
电话：0931－8464795
邮编：730030

兰州金鼎牛肉面连锁有限公司鸿宾楼餐饮部
地址：兰州市平凉路242号
电话：0931－8825167
邮编：730030

兰州金鼎餐饮公司兰清阁餐饮部
地址：兰州市酒泉路311号
电话：0931－8445213
邮编：730030

兰州马子禄牛肉面有限责任公司
地址：兰州市城关区张掖路民基新城1902号
电话：0931－8437861
邮编：730030
网址：www. mzlnrm. com

兰州马子禄牛肉面总店
地址：兰州市大众巷86号
电话：0931－8450505
邮编：730030

兰州马子禄牛肉面分店
地址：兰州市东岗东路2614号（东部市场对面）
电话：0931－4672808
邮编：730030

兰州大众小吃部
地址：兰州市城关区
电话：0931－8456306
邮编：730030

西北宾馆
地址：兰州市南昌路469号
电话：0931－8413456
邮编：730030

友谊饭店
地址：兰州市西津西路16号
电话：0931－2689999
邮编：730030

悦宾楼
地址：兰州市城关区酒泉路279号
电话：0931－8465183　8476961
邮编：730030

兰州西津楼饭店
地址：兰州市西津西路232号
电话：0931－2344174
邮编：730030

人民饭店
地址：兰州市张掖路127号
电话：0931－8466711
邮编：730030

兰州德顺楼清真餐饮有限公司
地址：兰州市民主西路205号
电话：0931－8113905
邮编：730030

孔亮火锅
地址：兰州市农民巷179号
电话：0931－8803082
邮编：730030

百家姓土坛子民俗大酒楼
地址：兰州市中山路275号桥门大厦3楼
电话：0931－8446106
邮编：730030

川东鱼庄
地址：兰州市武都路157号
电话：0931－8468518
邮编：730030

巴国布衣
地址：兰州市农民巷6号
电话：0931－8734638
邮编：730030

陶然居
地址：兰州市庆阳路366号润城花园3楼
电话：0931－8431845
邮编：730030

蜀国演义鱼头酒楼
地址：兰州市东岗西路506号
电话：0931－8735909
邮编：730030

长江岳阳楼
地址：兰州市民主西路49号
电话：0931－4637132
邮编：730030

阳光酒楼
地址：兰州市庆阳路428号甘肃阳光大厦
电话：0931－4608888
邮编：730030

潮汕大酒楼
地址：兰州市天水路361号
电话：0931－8889467
邮编：730030

大名食府
地址：兰州市中山路242号
电话：0931－8458808
邮编：730030

竹园村火锅
地址：兰州市滨河东路609号
电话：0931－4603666
邮编：730030

翠花酒楼
地址：兰州市西津西路745号
电话：0931－2581277
邮编：730030

重庆八仙庄风味美食城
地址：兰州市天水北路
电话：0931－8503583
邮编：730030

天天渔港酒店
地址：兰州市张掖路1号
电话：0931－8729298
邮编：730030

千千粗粮王
地址：兰州市永昌路174号

电话：0931－8432038
邮编：730030

民间风味川菜酒楼
地址：兰州市酒泉路127号
电话：0931－4663088
邮编：730030

天津大酒家
地址：兰州市五泉路28号五泉商场1号
电话：0931－8478431
邮编：730030

香满楼
地址：兰州市张掖路大众巷美食街57号
电话：0931－8463019
邮编：730030

东方宫清真火锅城
地址：兰州市张掖路107号基隆大厦五层
电话：0931－8477566
邮编：730030

吐鲁番餐厅
地址：兰州市西津西路582号
电话：0931－2336075
邮编：730030

兰州猎人餐饮娱乐有限公司
地址：兰州市嘉峪关西路68号
电话：0931－8498711
邮编：730030

兰州谭鱼头餐饮有限公司
地址：兰州市嘉峪关西路108－8号
电话：0931－8676555
邮编：730030

甘肃天下粮仓餐饮有限公司
地址：兰州市嘉峪关西路436号
电话：0931－8673101
邮编：730030

兰州怡榭园餐饮有限公司
地址：兰州市嘉峪关东路5号
电话：0931－8656536
邮编：730030

人民商城酒楼
地址：嘉峪关市新华中路10号
电话：0937－6232419
邮编：735100

阳光酒楼
地址：嘉峪关市富强西路11号
电话：0937－6231836
邮编：735100

明星酒楼
地址：嘉峪关市新华南路19号
电话：0937－6228521
邮编：735100

鹿鸣春美食宫
地址：嘉峪关市新华中路42号
电话：0937－6231378
邮编：735100

东方美食娱乐城
地址：嘉峪关市新华中路43号
电话：0937－6717075
邮编：735100

海外城酒楼有限公司
地址：嘉峪关市北路35号
电话：0937－8496360
邮编：735100

福田香大酒家有限公司
地址：嘉峪关市北路24号
电话：0937－8652567
邮编：735100

川粤傻儿鱼头酒楼
地址：嘉峪关市迎宾路
电话：0937－6326419
邮编：735100

松花江酒楼
地址：嘉峪关市富强东路1号
电话：0937－6262082
邮编：735100

金昌清真餐厅
地址：金昌市新华东路
电话：0935－8214980
邮编：737100

白天鹅酒楼
地址：金昌市北京路
电话：0935－8213623
邮编：737100

景阳春餐厅
地址：金昌市北京路
电话：0935－8224660
邮编：737100

金昌市伊甸园餐厅
地址：金昌市建设路
电话：0935－8225396
邮编：737100

武威巴国演义火锅楼有限责任公司
地址：武威市西关中路
电话：0935－6119460
邮编：733000

武威草原明珠餐饮娱乐有限公司
地址：武威市凉州区西大街公园路1号
电话：0935－6121343
邮编：733000

武威市人民饭店迎春餐厅
地址：武威市城关镇西大街198号
电话：0935－2214118
邮编：733000

武威市大众饭店
地址：武威市南关中路63号
电话：0935－6184585
邮编：733000

武威市老杨家清真餐厅
地址：武威市西关街新建路
电话：0935－6111497
邮编：733000

武威市伊宁斋饮食服务有限责任公司
地址：武威市南大街102号
电话：0935－2212566
邮编：733000

武威市饮食服务公司悦宾烧鸭店
地址：武威市城关镇西大街25号
电话：0935－2214569
邮编：733000

酒泉小天鹅餐饮有限责任公司
地址：酒泉市酒泉市东大街79号
电话：0937－2636318
邮编：735000

酒泉豪门餐饮娱乐有限责任公司
地址：酒泉市肃州区晋城路28号
电话：0937－2610818
邮编：735000

酒泉市食乐天餐饮有限责任公司
地址：酒泉市东大街58号
电话：0937－2665948
邮编：735000

酒泉神舟实业公司大中华美食城
地址：酒泉市南大街71号
电话：0937－2661258
邮编：735000

酒泉红太阳餐饮娱乐有限责任公司
地址：酒泉市南大街70号
电话：0937－2614811
邮编：735000

酒泉市东方美食娱乐城
地址：酒泉市东大街25号
电话：0937－2618886
邮编：735000

孙记炒炮
地址：张掖市甘州区西大街
电话：0936－8211608
邮编：734000

张掖地区成都餐饮有限责任公司
地址：张掖市西环路2号
电话：0936－8218894
邮编：734000

张掖市饮食服务公司穆斯林大餐厅
地址：张掖市青年西街67号
电话：0936－8212466
邮编：734000

沁园春酒家
地址：庆阳市
电话：0934－7123913
邮编：745000

红星酒家
地址：庆阳市文化西路
电话：0934－5522525
邮编：745000

马桂芳羊肉馆
地址：庆阳市
电话：0934－4422089
邮编：745000

平凉春华楼饭庄
地址：平凉市崆峒区新民路1号
电话：0933－8212303
邮编：744000

平凉市童家餐饮发展有限责任公司
地址：平凉市崆峒区西大街8号
电话：0933－8215699
邮编：744000

平凉市老土坛子餐饮有限责任公司
地址：平凉市世纪金鼎大厦四楼
电话：0933－5982028
邮编：744000

平凉市红梅餐厅
地址：平凉市崆峒中路111号
电话：0933－8223102
邮编：744000

平凉市小城食府
地址：平凉市解放路28号
电话：0933－8216531
邮编：744000

平凉市鸿宾楼饭店
地址：平凉市平凉市崆峒中路105号
电话：0933-8213996
邮编：744000

平凉市饮食服务公司
地址：平凉市船舱街8号
电话：0933-8212342
邮编：744000

平凉市西来顺第二餐饮楼
地址：平凉市中山街1号
电话：0933-8620701
邮编：744000

大西关马队长牛肉面馆
地址：临夏州临夏市西关路38号
电话：13830111655
邮编：731100

临夏市饮食公司
地址：临夏州临夏市北大街3号
电话：0930-6213651
邮编：731100

临夏市天府酒家
地址：临夏州临夏市崇文路
电话：0930-6216408
邮编：731100

临夏市清真银星餐厅
地址：临夏州临夏市红园路
电话：0930-6216737
邮编：731100

楼外楼餐馆
地址：甘南州合作市八一街
电话：0941-8219728
邮编：747000

香巴拉大酒店
地址：甘南州合作市人民街53号
电话：0941-8213222
邮编：747000

甘南饭店
地址：甘南州合作市人民街83号
电话：0941-8212611
邮编：747000

旅游用品

兰州市城关区华晨艺术坊
地址：兰州市城关区广场南路13号210室
电话：0931-8829201
邮编：730030

甘肃三和雕塑景观艺术有限公司
地址：兰州市庆阳路488号万盛商务大厦5楼C座
电话：0931-8405808
邮编：730030

兰州汉唐韵工艺美术公司
地址：兰州市农民巷8号旅游大厦2号楼
电话：86-0931-8413001
邮编：730030

兰州塞纳河文化传播有限责任公司
地址：兰州市城关区静宁路158号昌运大厦22楼
电话：0931-8839235　8400131
邮编：730000

兰州金城珠宝古玩城
地址：兰州市张掖路
电话：0931-8400311
邮编：730030

兰州秦陇古玩城
地址：兰州市张掖路219号
电话：0931-8472177　8471755
邮编：730030

兰州陇宝斋
地址：兰州市定西南路386号
电话：0931-8623353
邮编：730030

兰州羲黄人生民间艺术品社有限公司
地址：兰州市定西路35号
电话：0931-363640481
邮编：7300300

兰州汉唐韵工艺美术公司
地址：兰州市
电话：0931-8413001
邮编：730030

兰州市卧龙美术工艺品有限公司
地址：兰州市城关区东岗西路613号
电话：0931-2354376
邮编：730030

兰州颜珑工艺制品有限公司
地址：兰州市城关区东岗西路699号
电话：0931-8732510　8732511
邮编：730030

兰州超越工艺制品有限公司
地址：兰州市城关区皋兰路1号（工贸大厦19楼）
电话：0931-8894157
邮编：730030

天堂藏酷民族贸易公司
地址：兰州市城关区永昌路257号
电话：0931-3963852
邮编：730030

兰州天宝工艺美术有限责任公司
地址：兰州市城关区东岗路
电话：0931-3173113
邮编：730030

甘肃龙凤洮砚有限公司
地址：兰州市城关区滨河东路
电话：0931-8857783
邮编：730030

兰州多彩手工艺品公司
地址：兰州市中山路291号
电话：0931-3179261
邮编：730030

嘉峪关西玉工艺品有限责任公司
地址：嘉峪关市
电话：13919476711
邮编：735100

嘉峪关市雄关工艺品厂
地址：嘉峪关市星光工艺品古玩市场11号
电话：0937-6286628
邮编：735100

嘉峪关市酒玉夜光杯工艺美术有限责任公司
地址：嘉峪关市新华中路
电话：0937-6266516　6266586
邮编：735100

白银金属工艺品厂
地址：白银市银光路66号
电话：0943-8311421
邮编：730900

天水景晟轩漆艺有限公司
地址：天水市秦城区长仪路38号
电话：0938-8632366
邮编：741000

天水汉唐麦积山艺术陶瓷有限公司
地址：天水市北道区甘泉镇
电话：0938-2811422
邮编：741000

天水飞天雕漆工艺家具有限责任公司
地址：天水市秦州区东十里铺工业示范区
电话：0938-8386212　8382190　8386213
邮编：741000

甘肃天水黄河漆器工艺有限责任公司
地址：天水市二十里铺
电话：0938-2790298
邮编：741000

天水市龙文珍宝阁
地址：天水市秦州区北园子48号
电话：0938-8224309
邮编：741000

天水慧玉轩夜光杯玉雕工艺坊
地址：天水市甘谷县城关镇
电话：0938-3410916
邮编：741200

武山县杏花村玉器厂
地址：天水市武山县杏花村
电话：0938-4968016
邮编：741300

天水市雕漆工艺编织厂
地址：天水市新华洛
电话：0938-8213334
邮编：741000

天水市地毯厂
地址：天水市建设路
电话：0938-8214364
邮编：741000

天水市丝毯总厂
地址：天水市南明路
电话：0938-8213437
邮编：741000

武威市旅游开发公司
地址：武威市凉州区南关西路12号
电话：0935-2218518
邮编：733000

民勤县地毯厂
地址：武威市民勤县城东关88号
电话：0935-4121339　4121340　4122339
邮编：733300

酒泉市晶玉工艺美术有限责任公司
地址：酒泉市肃州区民意街2号
电话：0937-2612909
邮编：735000

酒泉夜光杯厂（工艺美术厂）
地址：酒泉市民意街2号
电话：0937-2614797　2612909　2614114
邮编：735000

酒泉地区华丽夜光杯工艺美术有限公司
地址：酒泉市

电话：0937－2664346
邮编：735000

酒泉市华玉夜光杯厂
地址：酒泉市解放洛 49 号
电话：0937－2614035
邮编：735000

西峰乡夜光杯厂
地址：酒泉市西峰乡
电话：0937－2607325
邮编：735000

敦煌市工艺美术有限公司
地址：酒泉敦煌市阳关路 14 号
电话：0937－8822596
邮编：736200

敦煌市彩塑厂
地址：酒泉敦煌市沙州镇
电话：0937－8823344
邮编：736200

酒泉美玉夜光杯玉器有限责任公司
地址：酒泉市电信大楼南
电话：0937－2681758
邮编：735000
网址：www. myygb. com

敦煌市莫高工艺厂
地址：酒泉敦煌市鸣山路 22 号
电话：0937－8837070
邮编：736200

敦煌市汇丰和田玉行
地址：酒泉敦煌市商业一条街 2 号
电话：0937－5953988
邮编：736200

庆阳岐黄传播有限公司
地址：庆阳市西峰区东门村锦绣坊巷内 200 米
电话：15294410992
邮编：745000

庆阳民俗工艺品开发中心
地址：庆阳市安定西路 138 号
电话：0934－8632408
邮编：745000

瑞华民间工艺美术公司
地址：庆阳市西峰区
电话：0934－3370862
邮编：745000

庆阳市地毯厂
地址：庆阳市民族北路 68 号
电话：0934－8612948
邮编：745000

庆阳市民间工艺美术品有限责任公司
地址：庆阳市长庆南路 62 号
电话：0934－8214968
邮编：745700

甘肃静宁县玉器厂
地址：平凉市静宁县城关镇北环路
电话：0933－2521480
邮编：743400

平凉市瑞福工艺品制作部
地址：平凉市定北路 4 号
电话：0933－6481218
邮编：744000

甘肃省定西工艺美术地毯厂
地址：定西市安定区中华路
电话：0932－8212504
邮编：743000

甘肃天赐一秀根石艺术有限公司
地址：陇南市徽县城关镇环城路
电话：0939－7521858
邮编：742300

临夏市城关地毯厂
地址：临夏回族自治州临夏市城关乡
电话：0930－6212634
邮编：731100

临夏市西关地毯厂
地址：临夏回族自治州临夏市后河巷 58 号
电话：0930－6312684
邮编：731100

临夏市民族刺绣厂
地址：临夏回族自治州临夏市解放路石桥巷 29 号
电话：0930－6313269
邮编：731100

临夏市民族地毯厂
地址：临夏回族自治州临夏市水泉路 22 号
电话：0930－6313599
邮编：731100

临夏海亚精工工艺品厂
地址：临夏回族自治州临夏市
电话：0930－6381160
邮编：731100

临夏市工艺美术有限责任公司
地址：临夏回族自治州临夏市团结路 9 号
电话：0930－6212363
邮编：731100

临夏彩陶工艺品厂
地址：临夏回族自治州康乐县虎关乡关北村
电话：0930－4523219
邮编：731500

葫芦斋民族艺术文化公司
地址：临夏回族自治州永靖县
电话：0930－8865714
邮编：731601

甘南藏族自治州地毯厂
地址：甘南藏族自治州西山坡
电话：0941－8213535　8231810
邮编：747000

卓尼鼎元艺术品开发有限责任公司
地址：甘南藏族自治州卓尼县
电话：0941－3356091
邮编：747600

旅游交通

甘肃安翔旅游汽车运输有限公司
地址：兰州市农民巷旅游大厦
电话：0931－8833319　8832111
邮编：730000

兰州火车站
地址：兰州市城关区火车站东路
电话：0931－4922222
邮编：730000

兰州火车西站
地址：兰州市七里河区西津西路
电话：0931－2942222
邮编：730050

兰州中川机场
地址：兰州市永登县中川镇
电话：0931－8968760　8168464
邮编：730087

嘉峪关市火车站
地址：嘉峪关市
电话：0937－5972222
邮编：735100

嘉峪关机场
地址：嘉峪关市
电话：0937－6226014　6381114
邮编：735100

金昌机场
地址：金昌市金川区双湾镇
电话：0935－8329333
邮编：737107

金昌火车站
地址：金昌市永昌县
电话：0935－5974222
邮编：737100

白银市火车站
地址：白银市建设东路 168 号
电话：0943－5974022
邮编：730900

天水机场
地址：天水市
电话：0938－2727570
邮编：741000

甘肃省旅游汽车公司天水分公司
地址：天水市迎宾路 5 号
电话：0938－8277788
邮编：741000

武威火车站
地址：武威市城关镇
电话：0935－5929222
邮编：733000

武威火车南站
地址：武威市武南镇
电话：0935－5922222　5929442
邮编：733000

酒泉火车站
地址：酒泉市西洞镇
电话：0937－5925422
邮编：735000

敦煌市旅游出租车行
地址：酒泉敦煌市鸣山路
电话：0937－8827968
邮编：736200

敦煌机场
地址：酒泉敦煌市
电话：0937－8822389　8866133
邮编：736200

敦煌火车站
地址：酒泉市安西县柳园镇
电话：0937－5959522
邮编：736100

张掖机场
地址：张掖市甘州区石岗墩
电话：0936－8889778
邮编：734000

张掖市火车站
地址：张掖市东北 5 公里处

电话：0936－5972222
邮编：734000

山丹县火车站
地址：张掖市山丹县
电话：0936－5975102
邮编：734100

庆阳机场
地址：庆阳市西峰区彭原乡李家寺村
电话：0934－8371629
邮编：745000

平凉火车站
地址：平凉市
电话：0933－5972222
邮编：744000

定西市火车站
地址：定西市安定区城关镇
电话：0932－5977222
邮编：743000

陇西火车站
地址：定西市陇西县文峰镇
电话：0932－5956222　6688218
邮编：748100

青　　海

QINGHAI

旅游机构

青海省旅游局
地址：西宁市黄河路 156 号
电话：0971－6152215　6164008
邮编：810001
电子信箱：zfh@ qhly. gov. cn

青海省旅游质量监督处
地址：西宁市黄河路 156 号
电话：0971－6152523
邮编：810001

西宁市旅游局
地址：西宁市黄河路 9 号
电话：0971－6117696
邮编：810001

大通回族土族自治县旅游局
地址：西宁市大通县桥头镇
电话：0971－2724659
邮编：810100

湟源县旅游局
地址：西宁市湟源县城关镇西大街
电话：0971－2439398
邮编：812100

湟中县旅游局
地址：西宁市湟中县佛光路
电话：0971－2235630
邮编：811600

海东地区旅游管理局
地址：海东地区平安县湟源路 10 号
电话：0972－8616877
邮编：810600

平安县旅游局
地址：海东地区平安县湟源路 10 号
电话：0972－8686694
邮编：810600

乐都县旅游局
地址：海东地区乐都县滨河路 3 号
电话：0972－8622344
邮编：810700

民和回族土族自治县旅游局
地址：海东地区民和县城
电话：0972－8522227
邮编：810800

互助土族自治县旅游局
地址：海东地区互助县威远镇北街
电话：0972－8320019
邮编：810500

循化撒拉族自治县旅游局
地址：海东地区循化县积石镇
电话：0972－8812208
邮编：811100

海北藏族自治州旅游局
地址：海北州海晏县西海镇
电话：0970－8644979
邮编：810200

海晏县旅游局
地址：海北州海晏县和平路 3 号
电话：0970－8631360
邮编：812200

祁连县旅游局
地址：海北州祁连县八宝镇政府大楼
电话：0970－8676879　8676589
邮编：810400

刚察县旅游局
地址：海北州刚察县政府内
电话：0970－8655118
邮编：813200

门源回族自治县旅游局
地址：海北州门源县政府内
电话：0970－8610333
邮编：810300

海南藏族自治州旅游局
地址：海南州共和县恰卜恰镇
电话：0974－8516968
邮编：813000

共和县旅游局
地址：海南州共和县政府内
电话：0974－7570537
邮编：813000

贵德县旅游局
地址：海南州贵德县政府内
电话：0974－8551510
邮编：811700

黄南藏族自治州旅游局
地址：黄南州同仁县夏琼中路 25 号
电话：0973－8728181
邮编：811300

同仁县旅游局
地址：黄南州同仁县政府内
电话：0973－8726212
邮编：811300

尖扎县旅游局
地址：黄南州尖扎县政府内
电话：0973－8732211
邮编：811200

泽库县旅游局
地址：黄南州泽库县
电话：0973－8752592
邮编：811400

河南蒙古族自治县旅游局
地址：黄南州河南县
电话：0973－8761322
邮编：811500

果洛藏族自治州旅游局
地址：果洛州玛沁县大武镇州政府内
电话：0975－8381140
邮编：814000

久治县旅游局
地址：果洛州久治县
电话：0975－8331342
邮编：624700

玉树藏族自治州旅游局
地址：玉树州玉树县结古镇民主路 10 号
电话：0976－8810452
邮编：815000

玉树县旅游局
地址：玉树州玉树县结古镇
电话：0976－8822404
邮编：815000

杂多县旅游局
地址：玉树州杂多县城
电话：0976－8881086
邮编：815300

称多县旅游局
地址：玉树州称多县城
电话：0976－8861086
邮编：815100

治多县旅游局
地址：玉树州治多县城
电话：0976－8891086
邮编：815400

囊谦县旅游局
地址：玉树州囊谦县城
电话：0976－8871086
邮编：815200

曲麻莱县旅游局
地址：玉树州曲麻莱县城
电话：0976－8852246
邮编：815500

海西蒙古族藏族自治州旅游局
地址：海西州德令哈市长江路 11 号
电话：0977－8222015
邮编：817000

格尔木市旅游局
地址：海西州格尔木市昆仑路 160 号
电话：0979－8498299
邮编：816000

旅行社

青海旅游总公司
地址：西宁市西关大街 49 号
电话：0971－8457940
邮编：810000
网址：www. trans-tibet. com
许可证号：L-QH-CJ00001

青海省中国旅行社有限公司
地址：西宁市西关大街 49 号永和大厦 B 座 14 楼
电话：0971－8233650
传真：0971－8212634
电子信箱：marsnoopy@ yeah. net
许可证号：L-QH-CJ00002

青海省西海国际旅行社
地址：西宁市南大街 17 号
电话：0971－8227014
邮编：810000
网址：www. kokonur. cn
许可证号：L-QH-CJ00003

青海省青藏国际旅行社有限公司
地址：西宁市黄河路 23 号国源大厦
电话：0971－6125290
邮编：810000
许可证号：L-QH-CJ00004

青海海外国际旅行社有限公司
地址：西宁市西大街 18 号神力世纪大厦 9 楼
电话：0971－4911503
邮编：810000
网址：www. tibttsilkroad. com
电子信箱：qhcitic@ public. xn. qh. cn
许可证号：L－QH－CJ00005

青海省康辉国际旅行社有限责任公司
地址：西宁市北大街 26 号天桥商务中心 15 层
电话：0971－8245858　8225222
传真：0971－8248588
网址：www. qhcct. com

电子信箱：wildyak@21cn. com
许可证号：L-QH-CJ00006

青海省友谊国际旅行社有限公司
地址：西宁市城中区解放路6号
电话：0971-8251300
传真：0971-8251195
电子信箱：qhsyylxs@hotmail. com
许可证号：L-QH-GN00007

港中旅中国旅行社总社（青海）有限公司
地址：西宁市东关大街96号恒润大厦2楼
电话：0971-5111110
传真：0971-8119391
网址：www. ctsqh. com
许可证号：L-QH-CJ00008

青海省现代国际旅行社有限公司
地址：西宁市解放路2号天桥商务中心7楼
电话：0971-8243629
传真：0971-8237238
网址：www. qhxd. com
电子信箱：qhxd2018@yahoo. cn
许可证号：L-QH-GJ00009

海大世界国际旅行社有限公司
地址：西宁市长江路7号青海湖大厦A座2608室
电话：0971-8229400
传真：0971-8229500
邮编：810000
许可证号：L-QH-GJ00010

青海省中国青年旅行社有限责任公司
地址：西宁市城西区胜利路53号青旅商务大厦6楼
电话：0971-6125888
邮编：810001
许可证号：L-QH-CJ00011

青海铁航国际旅行社有限公司
地址：西宁市城西区五四大街19号气象宾馆
电话：0971-8231272
邮编：810001
电子信箱：408971342@qq. com
许可证号：L-QH-CJ00012

青海海之旅旅行社有限责任公司
地址：西宁市城中区西大街8号青海世贸中心1004号
电话：0971-8226594
邮编：810000
电子信箱：115775407@qq. com
许可证号：L-QH-CJ00013

青海金旅国际商务旅行社有限公司
地址：西宁市城中区西大街43号西楼9-915室
电话：0971-8236266
邮编：810000
地址：L-QH-CJ00014

青海青海湖旅游开发有限公司青海湖国际旅行社
地址：西宁市城中区南关街51号
电话：0971-8236700
邮编：810000
许可证号：L-QH-CJ00015

饭　店

银龙酒店 ★★★★★
地址：西宁市黄河路38号
电话：0971-6114016
邮编：810001

青海宾馆 ★★★★★
地址：西宁市黄河路158号
电话：0971-6148795
邮编：810000

青海省胜利宾馆 ★★★★
地址：西宁市黄河路160号
电话：0971-6144365
邮编：810000

西宁大厦 ★★★★
地址：西宁市建国路61号
电话：0971-8164999
邮编：810006

天年阁饭店 ★★★★
地址：西宁市新宁路16号
电话：0971-6176696
邮编：810008

青海建银宾馆 ★★★★
地址：西宁市西大街55号
电话：0971-8261561
邮编：810000

中发源饭店 ★★★★
地址：西宁市城东区树林巷1号
电话：0971-8179035
邮编：810007

青海假日王朝大酒店 ★★★★
地址：西宁市五四西路48号
电话：0971-6362222
邮编：810008

青海华辰大酒店 ★★★★
地址：西宁市八一中路45号
电话：0971-8868248　8868256
邮编：810007

西宁市伊尔顿国际饭店 ★★★★
地址：西宁市东关大街59号
电话：0971-8160888　8160999
邮编：810000

穆斯林大厦 ★★★★
地址：西宁市城东区七一路9号
电话：0971-8164107
邮编：810007

海悦酒店 ★★★★
地址：西宁市长江路7号
电话：0971-8218888
邮编：810000

西宁城北德宫大酒店 ★★★★
地址：西宁市城北区柴达木路566号
电话：0971-5113888
邮编：810018

青海香巴林卡酒店 ★★★★
地址：西宁市湟中县迎宾路A1号
电话：0971-2233000
邮编：810016

祁连大酒店 ★★★★
地址：海北州祁连县新城区广场东路8号
电话：0970-8683000
邮编：810400

兴海新世纪大厦 ★★★★
地址：海南州兴海县东大街12号
电话：0974-8583777
邮编：813300

玉树宾馆 ★★★★
地址：玉树州玉树市结古镇民主路12号
电话：0976-8822999
邮编：815000

三江源酒店 ★★★★
地址：玉树州玉树市结古镇扎曲南路21号
电话：0976-8829900
邮编：815000

盐湖大酒店 ★★★★
地址：海西市格尔木市黄河中路26号
电话：0979-8436888
邮编：816000

格尔木宾馆 ★★★★
地址：海西州格尔木市昆仑中路43号
电话：0979-8424178
邮编：816000

西宁宾馆 ★★★
地址：西宁市七一路348号
电话：0971-8463333
邮编：810000

豪龙宾馆 ★★★
地址：西宁市建国路17号
电话：0971-8128888
邮编：810007

华德宾馆 ★★★
地址：西宁市祁连路97号
电话：0971-8128333
邮编：810006

夏都宾馆 ★★★
地址：西宁市黄河路154号
电话：0971-6125333
邮编：810001

青垦假日酒店 ★★★
地址：西宁市胜利路50号
电话：0971-6186623
邮编：810001

泰和宾馆 ★★★
地址：西宁市祁连路854号
电话：0971-5501888
邮编：810028

三江源饭店 ★★★
地址：西宁市祁连路292号
电话：0971-8174228
邮编：810008

新时代大厦 ★★★
地址：西宁市黄河路2号
电话：0971-4395188
邮编：810000

西湖宾馆 ★★★
地址：西宁市经济开发区元路15号
电话：0971-8817666
邮编：810001

青海小岛宾馆 ★★★
地址：西宁市五四西路35号
电话：0971-6300194
邮编：810008

西宁鑫海丰宾馆 ★★★
地址：西宁市柴达木路322号
电话：0971-5219718
邮编：810017

夏都青藏大厦 ★★★
地址：西宁市西川南路43号

电话：0971－6331397
邮编：810008

西宁远东大酒店 ★★★
地址：西宁市昆仑东路
电话：0971－8868621
邮编：810007

银胜天驹宾馆 ★★★
地址：西宁祁连路西 407
电话：0971－5500555
邮编：810000

西宁青藏假日饭店 ★★★
地址：西宁市城东区大众街 65 号
电话：0971－7155555
邮编：810007

柴达木宾馆 ★★★
地址：西宁市城北区小桥大街 7 号
电话：0971－5130366
邮编：810003

升源宾馆 ★★★
地址：西宁市共和路 57－23 号
电话：0971－8146133
邮编：810000

青海翔羚商务宾馆 ★★★
地址：西宁市南川西路 48 号
电话：0971－6250892　6250743
邮编：810012

西宁乡趣宾馆 ★★★
地址：西宁市城北区大堡子镇陶北村口
电话：0971－5201251　8486735
邮编：810003

黄河源假日饭店 ★★★
地址：西宁市建国路 26－18 号
电话：0971－8080988
邮编：810000

金澜宾馆 ★★★
地址：西宁市南小街 2 号
电话：0971－8144558
邮编：810000

青海万伦商务宾馆 ★★★
地址：西宁市清华路 18 号
电话：0971－6511679
邮编：810001

湟源新世纪宾馆 ★★★
地址：西宁市湟源县滨河北路
电话：0971－2438888
邮编：812100

湟源海源宾馆 ★★★
地址：西宁市湟源县青藏路 118 号
电话：0971－2431100
邮编：812100

华西宾馆 ★★★
地址：海东地区乐都县碾伯镇西门路 1 号
电话：0972－7411666　7411666
邮编：810700

新世纪宾馆 ★★★
地址：海东地区民和县川口镇川垣新区东源商城 70 号
电话：0972－7518888
邮编：810800

天佑德大酒店 ★★★
地址：海东地区互助县威远镇南街
电话：0972－7310888　7311687
邮编：810500

循化宾馆 ★★★
地址：海东地区循化县迎宾路
电话：0972－8814959
邮编：811100

循化天年阁假日饭店 ★★★
地址：海东地区循化县天池北路 52 号
电话：0972－8816555
邮编：811100

四海商务大厦★★★
地址：海东地区循化县街子镇循同路
电话：0972－8898222
邮编：811100

盘龙曲玛锦绣假日宾馆 ★★★
地址：海东地区化隆县牙什尕镇盘龙曲玛锦绣生态园
电话：0972－8718518
邮编：810903

海北宾馆 ★★★
地址：海北州西海镇银滩路 17 号
电话：0970－8646660
邮编：810200

福兴园假日宾馆 ★★★
地址：海北州海晏县西海镇
电话：0970－8645188
邮编：810200

祁铭大厦★★★
地址：海北州祁连县八宝镇人民路车站对面
电话：0970－8683333
邮编：810400

祁连宾馆 ★★★
地址：海北州祁连县八宝西路 103 号
电话：0970－8675888　0970－8675888
邮编：810400

龙海商务宾馆 ★★★
地址：海北州祁连县新城区广场西路
电话：0970－8686666
邮编：810400

鸟岛宾馆 ★★★
地址：海北州刚察县泉吉乡年乃索麻村
电话：0970－8655012
邮编：812305

浩云宾馆 ★★★
地址：海北州门源县西大街 22 号
电话：0970－8618008
邮编：810300

门源县海北饭店 ★★★
地址：海北州门源县浩门镇
电话：0970－8611658　8612620
邮编：810300

青海湖宾馆 ★★★
地址：海南州青海湖 109 国道 151 公里处
电话：0974－8519688
邮编：813006

黄河大酒店 ★★★
地址：海南州恰卜恰镇青海湖南大街 1 号
电话：0974－8522888　8510622
邮编：813000

海南宾馆 ★★★
地址：海南州共和县恰卜恰镇东风路 9 号
电话：0974－8513284
邮编：813000

元年大酒店 ★★★
地址：海南藏族自治州共和县青海湖南大街 37 号
电话：0974－7518999
邮编：813000

同德县宗日大酒店 ★★★
地址：海南藏族自治州同德县
电话：0974－8593188
邮编：813200

贵德梨都大酒店 ★★★
地址：海南州贵德县河西镇新西街
电话：0974－7550088　7550081
邮编：813000

贵德温泉宾馆 ★★★
地址：海南州贵德县河阴镇迎宾西路 355 号
电话：0974－8553534
邮编：811700

梨花别墅 ★★★
地址：海南州贵德县河西镇
电话：0974－8560801
邮编：811700

兴海县美意商务宾馆 ★★★
地址：海南藏族自治州兴海县东大街
电话：0974－5916777
邮编：813300

同仁云龙酒店 ★★★
地址：黄南州同仁县隆务镇德合隆北路
电话：0973－8726866
邮编：811300

西北牛宾馆 ★★★
地址：玉树州玉树市结古镇西杭路 61 号
电话：0976－8824399
邮编：815000

玉树州政府宾馆 ★★★
地址：玉树州玉树市结古镇民主路 28 号
电话：0976－8828881
邮编：815000

海西宾馆 ★★★
地址：海西州德令哈市
电话：0977－8222781
邮编：817000

金世界宾馆 ★★★
地址：海西州德令哈市格尔木西路 18 号
电话：0977－8216111
邮编：817000

蓝天宾馆 ★★★
地址：海西州德令哈市柴达木东路 18 号
电话：0977－8211222
邮编：817000

格尔木天龙酒店 ★★★
地址：海西州格尔木市八一路 1 号
电话：0979－8462802
邮编：816000

金轮宾馆 ★★★
地址：海西州格尔木市昆仑路 110 号
电话：0979－8423988
邮编：816000

青港宾馆 ★★★
地址：海西州格尔木市江源南路 17 号
电话：0979－8456668
邮编：816000

格尔木大厦 ★★★
地址：海西州格尔木市迎宾路33号
电话：0979－8450968
邮编：816000

水电宾馆 ★★★
地址：海西州格尔木市昆仑路146号
电话：0979－8421788
邮编：816000

翔宇宾馆 ★★★
地址：海西州格尔木市江源路24号
电话：0979－8411999
邮编：816000

华星宾馆 ★★★
地址：海西州格尔木市黄河中路49号
电话：0979－8455555
邮编：816000

金地宾馆 ★★★
地址：海西州格尔木市迎宾路42号
电话：0979－7226000
邮编：816000

格尔木中山宾馆 ★★★
地址：海西州格尔木市中山路46号
电话：13909799688
邮编：816000

珠峰大厦 ★★★
地址：海西州格尔木市八一中路18号
电话：0979－599000 5990001
邮编：816000

黄河宾馆 ★★★
地址：海西州格尔木市江源南路13号
电话：0979－8950222 8950221
邮编：816000

兴青宾馆 ★★★
地址：海西州天峻县新源东路2号
电话：0977－8268708
邮编：817200

旅游景区

西宁市动物园 AAAA
地址：西宁市胜利路72号
电话：0971－6146648
邮编：810001

西宁市青藏高原野生动物园 AAAA
地址：西宁市城西区行知路9号
电话：0971－6146648
邮编：810001

西宁乡趣农耕文化生态园 AAA
地址：西宁市城北区大堡子镇陶北村口
电话：0971－8586659
邮编：810003

青海省博物馆 AAAA
地址：西宁市西关大街新宁广场
电话：0971－6118672
邮编：830000

西宁市人民公园 AAA
地址：西宁市胜利路72号
电话：0971－6146668
邮编：810000

青海藏医药文化博物馆 AAAA
地址：西宁市生物园区经二路36号
电话：0971－5317881
邮编：810000

马步芳公馆景区 AAAA
地址：西宁市为民巷13号
电话：0971－8131080
邮编：810000

西宁东关清真大寺 AAA
地址：西宁市东关大街31号
电话：0971－8177306
邮编：810000

西宁市南山旅游风景区 AAA
地址：西宁市城中区凤凰山路211号
电话：0971－8247315
邮编：810000

北山土楼观旅游景区 AAA
地址：西宁市城北区祁连路西427号
电话：0971－5507110
邮编：810003

青海国际藏毯展览中心 AAA
地址：西宁市城南新区新城大道166号
电话：0971－6511203
邮编：810000

浦宁之珠（高原明珠）AAA
地址：西宁市西山一巷7号
电话：13897119699
邮编：810000

西宁市麒麟湾 AAA
地址：西宁市黄河路29号
电话：13709757700
邮编：810000

大通老爷山风景名胜区 AAAA
地址：西宁市大通县桥头镇建国东路237号
电话：0971－2722131
邮编：810100

大通国家森林公园察汗河景区 AAA
地址：西宁市大通县宝库乡油坊卡村
电话：0971－2846000
邮编：810100

赞普林卡藏文化展览馆 AAA
地址：西宁市湟源县青藏路88号
邮编：812100

青海日月山景区 AAA
地址：西宁市湟源县日月藏族乡
电话：0971－2484382
邮编：812100

湟源丹噶尔古城 AAAA
地址：西宁市湟源县
电话：0971－2439398
邮编：812100

塔尔寺景区 AAAAA
地址：西宁市湟中县鲁沙尔镇
电话：0971－2232103
邮编：811600

青海藏文化馆 AAA
地址：西宁市湟中县
电话：13709723044
邮编：811600

平安峡群寺景区 AAA
地址：海东地区平安县三合镇瓦窑台村
电话：0972－8668041
邮编：810600

乐都县瞿昙寺旅游景区 AA
地址：海东地区乐都县瞿昙镇
电话：18997021138
邮编：810700

乐都柳湾彩陶旅游景区 AAA
地址：海东地区乐都县高庙镇柳湾村
电话：18997021138
邮编：810700

民和县本康滩自然风景区 AAA
地址：海东地区民和县官亭镇
电话：13007733333
邮编：810800

民和县金三川民俗风情游览区 AAA
地址：海东地区民和县官亭镇
电话：13007733333
邮编：810800

民和县七里寺景区 AAA
地址：海东地区民和县古鄯镇七里寺
电话：13007733333
邮编：810800

民和桃花园林乡村休闲度假区 AAA
地址：海东地区民和县川口镇马场垣乡
电话：13007733333
邮编：810800

民和县药泉山旅游景区 AA
地址：海东州民和县古鄯镇山庄村
邮编：810800

民和县松山原始森林风景区 AA
地址：海东地区民和县官亭镇
电话：13007733333
邮编：810800

互助土族故土园旅游区 AAAA
地址：海东地区互助县威远镇北大街1号
电话：0972－8322109
邮编：810500

循化撒拉族绿色家园 AAAA
地址：海东地区循化县积石镇
电话：0972－8812208
邮编：811100

化隆县夏琼寺 AAA
地址：海东地区化隆县查甫乡
电话：13709707865
邮编：810900

青海金银滩景区 AAAA
地址：海北州海晏县西海镇
电话：0970－8643030
邮编：812200

祁连风光旅游景区 AAAA
地址：海北州祁连县八宝镇
电话：0970－8676879
邮编：810400

门源百里油菜花海景区 AAAA
地址：海北州门源县东街
电话：0970－8610333
邮编：810300

青海湖景区 AAAAA
地址：海南州青藏公路距西宁151公里处
电话：0974－6124211
邮编：813000
网址：www.qhhly.cn

共和县龙羊峡景区 AAA
地址：海南州共和县龙羊峡

电话：0974－8516056
邮编：813000

石藏文化旅游景区 AA
地址：海南州同德县
电话：0974－8591544
邮编：813200

贵德高原养生休闲度假区 AAAA
地址：海南州贵德县旅游开发管理委员会
电话：0974－8550939
邮编：811700

贵德黄河奇石苑 AAA
地址：海南州贵德县河西镇格尔加村
电话：0974－8552551
邮编：811700

赛宗寺文化旅游景区 AA
地址：海南州兴海县城西南方向 32 公里
电话：0974－8582868
邮编：813300

热贡国家级历史文化名城旅游区 AAAA
地址：黄南州同仁县
电话：0973－8795001
邮编：811300

拉加寺旅游景区 AAA
地址：果洛州玛沁县
电话：13897109197
邮编：814000

阿尼玛卿雪山旅游景区 AAA
地址：果洛州玛沁县
电话：13897109197
邮编：814000

白扎寺旅游景区 AAA
地址：果洛州班玛县
电话：13897153196
邮编：814300

玛柯河原始森林生态旅游景区 AAA
地址：果洛州班玛县
电话：13897153196
邮编：814300

龙恩寺－德尔文格萨尔文化史诗村 AAA
地址：果洛州甘德县
电话：13909758088
邮编：814100

官仓峡旅游景区 AAA
地址：果洛州甘德县
电话：13909758088
邮编：814100

查朗寺旅游景区 AAA
地址：果洛州达日县
电话：18909751965
邮编：814200

格萨尔林卡旅游景区 AAA
地址：果洛州达日县
电话：18909751965
邮编：814200

狮龙宫殿旅游景区 AAA
地址：果洛州达日县
电话：18909751965
邮编：814200

久治年宝玉则景区 AAAA
地址：果洛州久治县呼日麻乡
电话：0975－8332311
邮编：624700

玛多黄河源旅游区 AAA
地址：果洛州玛多县扎陵湖乡境内
电话：0975－8345916
邮编：813500

东格措纳湖生态旅游区 AAA
地址：果洛州玛多县
电话：13909752199
邮编：813500

星星海生态旅游景区 AAA
地址：果洛州玛多县
电话：13909752199
邮编：813500

玉树新寨嘉那嘛呢景区 AAA
地址：玉树州玉树市结古镇新寨村
电话：0976－8822404
邮编：815000

勒巴沟－文成公主庙景区 AAA
地址：玉树州玉树市巴塘乡老叶村勒巴社
电话：0976－8822404
邮编：815000

玉树当卡寺旅游景区 AAA
地址：玉树州玉树市结古镇代格村
电话：0976－8822404
邮编：815000

玉树隆宝滩旅游景区 AAA
地址：玉树州玉树市结古镇
电话：15209769999
邮编：815000

玉树结古寺旅游景区 AAA
地址：玉树州玉树市结古镇团结路
电话：0976－8822404
邮编：815000

称多县朵朵觉悟神山旅游景区 AAA
地址：玉树州称多县
电话：13309763008
邮编：815100

玉树称多拉布民俗村景区 AAAA
地址：玉树州拉布乡拉司通村
电话：0976－8865198
邮编：815100

称多赛巴寺旅游景区 AA
地址：称多县歇武镇赛巴村
电话：0976－8810099
邮编：815100

治多县贡萨寺文化旅游景区 AAA
地址：玉树州治多县加吉博洛格
电话：0976－8891086
邮编：815400

囊谦县达那河谷生态旅游景区 AAA
地址：玉树州囊谦县
电话：13897566618
邮编：815200

囊谦县尕尔寺大峡谷生态旅游景区 AAA
地址：玉树州囊谦县
电话：13897566618
邮编：815200

格尔木昆仑旅游区 AAAA
地址：海西州格尔木市八一中路 60 号
电话：0979－8498299
邮编：816000

托素湖高原生态旅游景区 AAA
地址：海西州柴达木盆地
电话：0977－8222724
邮编：817000

茶卡盐湖旅游景区 AAA
地址：海西州乌兰县茶卡镇盐湖路 9 号
电话：0977－8240129
邮编：817100

乌兰县金子海风景区 AAA
地址：海西州乌兰县
电话：0977－8241599
邮编：817100

都兰国际狩猎旅游景区 AAA
地址：海西州都兰县和平街 21 号
电话：0977－8232296
邮编：816100

天峻县神湖之源旅游风景区 AAA
地址：海西州天峻县
电话：13897773421
邮编：817200

餐　馆

西马忠饭店
地址：西宁市大什字南大街 22 号
电话：0971－8237188
邮编：810000

马忠食府
地址：西宁市大什字莫家街市场 11－16 号
电话：0971－4920128
邮编：810000

西宁伊香苑餐厅
地址：西宁市城中区长江路木桥
电话：0971－6167149
邮编：810000

西宁沙力美食城（总店）
地址：西宁市北大街 4 号
电话：0971－8215426　8232039
邮编：810000

蒙古大营餐厅
地址：西宁市柴达木路 224 号
电话：0971－5219088
邮编：810000

西宁汇丰楼餐厅
地址：西宁市城东区大众街
电话：0971－8176918　8183627
邮编：810007

马忠餐厅
地址：西宁市莫家街市场 11－16 号
电话：0971－8215426
邮编：810000

西宁城西三升餐厅
地址：西宁市西关大街 92 号
电话：0971－6104762
邮编：810001

青海风味餐馆
地址：西宁市荷花西路 127 号
电话：0971－8878323
邮编：810000

大西门清真餐饮城
地址：西宁市城中区长江路 120 号
电话：0971－8220301
邮编：810000

小圆门餐厅
地址：西宁市东关大街190号
电话：0971－62102282
邮编：810000

高老庄
地址：西宁市民主路7号
电话：0971－8243309
邮编：810000

小圆楼
地址：西宁市共和南路454号
电话：0971－8144455
邮编：810000

姜仔鸭
地址：西宁市五一路1号五一俱乐部
电话：0971－8129666
邮编：810000

西宁陶然居风味饮食有限公司
地址：西宁市七一路294号
电话：0971－8149268
邮编：810000

唐古拉好世界酒楼
地址：西宁市城西区海晏路19号
电话：0971－6300012
邮编：810000

阿瓦山寨
地址：西宁市东大街7号
电话：0971－8225758
邮编：810000

中菜坊
地址：西宁市滨河南路26号
电话：0971－8189288
邮编：810000

红鼎大鲍翅
地址：西宁市滨河南路32号
电话：0971－8455111
邮编：810000

巴利亚巴西烤肉餐厅
地址：西宁市东大街10号
电话：0971－8247936
邮编：810000

苏姬尼玛藏餐风情宫
地址：西宁市黄河路1号
电话：0971－6102282
邮编：810000

芙蓉餐厅
地址：西宁市门源路6号
电话：0971－5123823
邮编：810000

大胡子烤肉美食城
地址：西宁市黄河路7号
电话：0971－3970900
邮编：810000

小西湖菜馆
地址：西宁市城中区南大街22号
电话：0971－8216613
邮编：810000

青藏假日饭店
地址：西宁市城东区大众街33号
电话：0971－7155555
邮编：810000

汇丰楼
地址：西宁市城东区大众街292号
电话：0971－8176918　8183627
邮编：810000

夏都宾馆（清真）餐厅
地址：西宁市城西区黄河路154号
电话：0971－6133582
邮编：810000

祥和聚
地址：西宁市城中区滨河南路82号
电话：0971－8450333
邮编：810000

西宁红满天餐饮有限公司
地址：西宁市西关大街49号
电话：0971－6143718
邮编：810001

天龙东乡手抓清真餐饮城
地址：西宁市城中区街15号
电话：0971－8245488
邮编：810000

鑫源大酒楼
地址：海北藏族自治州海晏县同宝路
电话：0970－8630127
邮编：812200

云天餐饮楼
地址：海北藏族自治州海晏县刚察路
电话：0970－8644788
邮编：812200

新雅餐厅
地址：海北藏族自治州海晏县商业巷
电话：0970－8645118
邮编：812200

裕丰楼食府
地址：海北藏族自治州海晏县同宝路
电话：0970－8630552
邮编：812200

聚贤阁
地址：海北藏族自治州海晏县原子路
电话：0970－8642088
邮编：812200

海晏县金海山川火锅城
地址：海北州海晏县
电话：0970－8646252
邮编：812200

海晏县新雅餐厅
地址：海北州海晏县
电话：0970－8645118
邮编：812200

门源县浩云饭店
地址：海北州门源县西大街22号
电话：0970－8618008
邮编：810300

青海海西宾馆
地址：海西州德令哈市
电话：0977－8222419
邮编：817000

泓盛饭店
地址：海西州德令哈市青新东路
电话：0977－8226558
邮编：817000

源丰酒家
地址：海西州德令哈市青新西路7－2号
电话：0977－8228701
邮编：817000

海西州德令哈红晶餐饮服务有限责任公司
地址：海西州德令哈市人民西路西北角
电话：0977－8227878
邮编：817000

格尔木阿兰餐饮有限责任公司
地址：海西州格尔木市八一中路
电话：0979－8432866　8923477
邮编：816000

清真红叶餐厅
地址：海西州乌兰县东大街6－1号
电话：0977－8247431
邮编：817100

旅游用品

青海工艺美术厂有限责任公司
地址：西宁市建国路29号
电话：0971－8149709
邮编：810002

西宁美都昆仑玉有限公司
地址：西宁市南关街39号
电话：0971－8250289
邮编：810000

青海高原藏羊地毯有限公司
地址：西宁市城南海宁路1号
电话：0971－6516203
邮编：810000

青海青藏人白玉有限公司
地址：西宁市
电话：0971－8219851
邮编：810000

青海省新玉工艺品有限公司
地址：西宁市七一路336号
电话：0971－8459255
邮编：810001

西宁市河湟奇石古玩城
地址：西宁市八一西路76号
电话：0971－8145324
邮编：810000

西藏人家民族工艺品商行
地址：西宁市互助路143号
电话：0971－8185960
邮编：810000

西宁穆斯林地毯厂
地址：西宁市共和南路54号
电话：0971－8177506
邮编：810000

西宁红人实业有限公司
地址：西宁市城中区长江路75号华德大厦15楼
电话：0971－8228010
邮编：810000

西宁柏泰丰艺术品有限公司
地址：西宁市西大街西百宾馆商务区6－604室
电话：0971－8202708
邮编：810001

西宁磐古玉雕厂
地址：西宁市城中区香格里拉路20号
电话：0971－6104317
邮编：810000

西宁玉麒麟民族工艺品有限责任公司
地址：西宁市黄河路20号
电话：0971－6144888－2143
邮编：810000

西宁地毯工艺有限公司
地址：西宁市七一路221号
电话：0971－8246491
邮编：810000

青海藏民族工艺品有限公司
地址：西宁市胜利路41号
电话：0971－6143831
邮编：810000

海南州布绣嘎玛民族工艺品有限责任公司
地址：西宁市建国路29号工美大楼2楼
电话：0971－6105359
邮编：810000

西宁宝光金银首饰实业总公司
地址：西宁市高新经济技术开发区昆仑东路57号
电话：0971－8805395
邮编：810000

青海昆仑山珠宝玉石有限责任公司
地址：西宁市西关大街58号
电话：0971－6121627　6121642
邮编：810000

青海藏羊地毯（集团）有限公司
地址：西宁市经济开发区南川工业园区海宁路1号
电话：0971－5120209　5120212
邮编：810000

西宁市西域阳光工艺品有限公司
地址：西宁市城中区长江路
电话：0971－6112299－804
邮编：810000

青海海源工贸有限责任公司
地址：西宁市八一中路56号
电话：0971－8805214　8805449
邮编：810000

青海工艺美术厂
地址：西宁市建国路33号
电话：0971－8149709　8482906
邮编：810001

西宁城西大地工艺美术社
地址：西宁市南川西路7号
电话：0971－6116683
邮编：810000

西宁市振青工艺美术部
地址：西宁市七一路447号
电话：0971－8236798
邮编：810000

青海东福聚宝工贸有限公司
地址：西宁市长江路53号
电话：0971－8266001　8217396
邮编：810000

青海明轮文化艺术有限公司
地址：西宁市新宁路20号
电话：0971－6307799　6310410
邮编：810000

西宁市昆仑珠宝行
地址：西宁市七一路246号
电话：0971－8173216
邮编：810000

西宁永恒珠宝金行
地址：西宁市南关街
电话：0971－8237821
邮编：810000

石缘玉器店
地址：西宁市南关街
电话：0971－8248706
邮编：810000

青海奥玉工艺品有限公司
地址：西宁市湟源县
电话：0971－6512231
邮编：812100

上新庄地毯厂
地址：西宁市湟中县上新庄乡
电话：0971－2292085　2292090
邮编：811600

青海省土族工艺品厂
地址：海东地区互助土族自治县
电话：0972－8325526
邮编：810500

青海土族刺绣厂
地址：海东地区互助土族自治县威远镇
电话：0972－7310016
邮编：810500

格尔木市祥云珠宝行
地址：海西州格尔木市育红巷
电话：0979－8411213
邮编：816000

格尔木市玉丰有限责任公司
地址：海西州格尔木市昆仑路299号玉丰轩
电话：0979－8913999
邮编：816000

格尔木碧玉堂珠宝店
地址：海西州格尔木市昆仑中路
电话：0979－7211116
邮编：816000

格尔木昆仑玉雕厂
地址：海西州格尔木市盐桥路127号
电话：0979－8463868
邮编：816000

格尔木昆玉工艺制品有限公司
地址：海西州格尔木市中山南路
电话：0979－8453681
邮编：816000

旅游交通

青海晨光旅游出租汽车有限公司
地址：西宁市长江路146号
电话：0971－6138889
邮编：810001

青海福银旅游出租车有限公司
地址：西宁市
电话：0971－4110253
邮编：810001

青海西宁机场
地址：西宁市曹家堡
电话：0971－8133333
邮编：810000

西宁火车站
地址：西宁市城东区建国路
电话：0971－8177777　4115555
邮编：810006

平安县火车站
地址：海东地区平安县
电话：0972－8612245
邮编：810600

乐都县火车站
地址：海东地区乐都县
电话：0972－8623320
邮编：810700

民和县火车站
地址：海东地区民和县
电话：0972－8528126
邮编：810800

玉树巴塘机场
地址：玉树州玉树市巴塘乡
电话：0976－8824666
邮编：815000

德令哈火车站
地址：海西州德令哈市
电话：0977－8201488　7227222
邮编：817006

青海格尔木机场
地址：海西州格尔木市
电话：0979－8444561
邮编：816000

格尔木火车站
地址：海西州格尔木市
电话：0979－7222222
邮编：816000

宁　夏
NINGXIA

旅游机构

宁夏回族自治区旅游局
地址：银川市兴庆区北京东路375号（宁夏旅游大厦）
电话：0951－6728008
邮编：750004

宁夏回族自治区旅游执法总队
地址：银川市兴庆区北京东路375号
电话：0951－6729368
邮编：750004

银川市旅游局
地址：银川市北京中路166号
电话：0951－6889276
邮编：750004

兴庆区文化体育旅游局
地址：银川市兴庆区北京东路467号
电话：0951－6719067
邮编：750004

金凤区文化体育旅游局
地址：银川市金凤区政府1号楼1楼
电话：0951－5018709
邮编：750001

西夏区文化体育旅游局
地址：银川市西夏区北京中路837号
电话：0951－3066811
邮编：750021

灵武市外事旅游侨务局
地址：银川灵武市人民街1号
电话：0951－4020858
邮编：751400

永宁县外事旅游办公室
地址：银川市永宁县政府
电话：0951－8011173
邮编：750100

贺兰县外事旅游侨务局
地址：银川贺兰县政府
电话：0951－8061512
邮编：750200

石嘴山市文化旅游局
地址：石嘴山市大武口区石嘴山博物馆3楼
电话：0952－2688086
邮编：753000

大武口区文化体育旅游局
地址：石嘴山市大武口区朝阳西街25号
电话：0952－2013052
邮编：753000

惠农区旅游局
地址：石嘴山市惠农区政府4楼404室
电话：0952－3020055
邮编：753200

平罗县文化旅游局
地址：石嘴山市平罗县鼓楼西街9号
电话：0952－6012349　6012687
邮编：753400

吴忠市旅游局
地址：吴忠市开元大道行政中心2楼223室
电话：0953－2039389　2039391
邮编：751100

青铜峡市外事旅游局
地址：吴忠青铜峡市小坝东街世纪商厦6楼
电话：0953－3051516
邮编：751600

盐池县文化旅游局
地址：吴忠市盐池县政府
电话：0953－6019077
邮编：751500

同心县外事旅游办公室
地址：吴忠市同心县政府
电话：0953－8038377
邮编：751300

固原市旅游局
地址：固原市行政中心
电话：0954－2088036
邮编：756000

原州区文化体育局
地址：固原市原州区
电话：0954－2031873
邮编：756000

西吉县林业与旅游局
地址：固原市西吉县政府街
电话：0954－3016692
邮编：756200

隆德县旅游局
地址：固原市隆德县人民路
电话：0954－6015948
邮编：756300

泾源县旅游文化局
地址：固原市泾源县龙潭西街
电话：0954－5013755
邮编：756400

彭阳县外事旅游侨务办公室
地址：固原市彭阳县
电话：0954－7012325
邮编：756300

中卫市旅游和商务局
地址：中卫市鼓楼南街东南角
电话：0955－7012620
邮编：755000

中宁县文化旅游局
地址：中卫市中宁县政府
电话：0955－5029926
邮编：751200

海原县文化旅游局
地址：中卫市海原县政府
电话：0955－4011248
邮编：751800

旅行社

宁夏海外旅游有限责任公司
地址：银川市兴庆区民族北街28号
电话：0951－6090576
邮编：750001
网址：www. nxotc. com
许可证号：L-NX-CJ00001

宁夏中国国际旅行社
地址：银川市北京东路375号旅游局2楼
电话：0951－6728662
邮编：750000
网址：www. nxcits. com
许可证号：L-NX-CJ00002

宁夏中国旅行社有限公司
地址：银川市兴庆区新华西街20－1号
电话：00951－4106305
邮编：750001
许可证号：L-NX-CJ00003

宁夏招商国际旅游有限公司
地址：银川市解放西街365号
电话：0951－5031330
邮编：750001
网址：www. CMITNX. com
许可证号：L-NX-CJ00004

宁夏大自然国际旅行社
地址：银川市兴庆区清和北街107号
电话：0951－6027599
邮编：750001
网址：www. nxdzr. com
许可证号：L-NX-CJ00005

宁夏逸飞国际旅行社
地址：银川市新华西街107号
电话：0951－6091488
邮编：750001
网址：www. nxlx. com
电子信箱：yf@ nxlx. com
许可证号：L－NX－GN00006

宁夏航空国际旅行社（有限公司）
地址：银川金凤区黄河路900－3号营业房
电话：0951－5055812
邮编：750011
电子信箱：782723543@ qq. com
许可证号：L－NX－CJ00007

宁夏新文化国际旅行社（有限公司）
地址：银川市民族北街高尔夫商务大厦A座8楼
电话：0951－6199283
邮编：750001
电子信箱：414487848@ qq. com
许可证号：L－NX－CJ00008

中国旅行社总社（宁夏）有限公司
地址：银川市兴庆区湖滨西街147号
电话：0951－5036000
邮编：750001
电子信箱：379944919@ qq. com
许可证号：L－NX－CJ00009

宁夏时尚国际旅行
地址：银川市永康北巷141号银河商务公寓9号楼C单元1102室
电话：0951－6092395　6039992
邮编：750004
许可证号：L－NX－CJ00010

宁夏铁道旅行社有限公司
地址：银川市西夏区街坊路27巷5号
邮编：750021
许可证号：L－NX－CJ00011

宁夏森林旅行社
地址：银川市兴庆区南薰西街326号
电话：0951－4109778
邮编：750001
许可证号：L－NX－CJ00012

宁夏光大旅行社有限公司
地址：银川市银新南路东段262号
电话：0951－5013609　5055831
邮编：750004
许可证号：L－NX－CJ00013

宁夏宝中国际旅行社
地址：银川市湖滨东街银河家园商务公寓9－C－501室
电话：0951－6012850　6012810
邮编：750004
许可证号：L－NX－CJ00014

宁夏飞杨国际旅行社
地址：银川市兴庆区国贸大厦C栋502室
电话：0951－5102563
邮编：750001
许可证号：L－NX－CJ00015

宁夏天桥国际旅行社有限公司
地址：银川市兴庆区解放东街意志巷42号
电话：0951－6015549　6016123
邮编：750001
许可证号：L－NX－CJ00016

宁夏中信国际旅行社（有限公司
地址：银川市兴庆区新华东街290号建发东方公寓A座605号
邮编：750001
许可证号：L－NX－CJ00017

宁夏天豹交通国际旅行社有限公司
地址：银川市清和南街1382号银川汽车站二楼南大厅
电话：0951－6714488　8111807
邮编：750004
许可证号：L－NX－CJ00018

宁夏天乐青年国际旅行社（有限公司）
地址：银川市兴庆区中心巷中房富力城A座2408室
电话：0951－5065179
邮编：750001
许可证号：L－NX－CJ00019

宁夏沪春秋国际旅行社有限公司
地址：银川市兴庆区北京东路562号积翠园2－14号
电话：0951－6083355
邮编：750001
许可证号：L－NX－CJ00020

宁夏春秋国际旅行社有限公司
地址：银川市兴庆区民族北街宝丰银座C栋1240室
电话：0951－8938521
邮编：750001
许可证号：L－NX－CJ00021

宁夏金桥国际旅行社
地址：银川市清和北街95号
电话：0951－6023531　6081536　6072541
邮编：750004
许可证号：L－NX－CJ00022

饭　店

银川悦海宾馆 ★★★★★
地址：银川市金凤区贺兰山路甲1号
电话：0951－5696466　5696888
邮编：750011

西港航空酒店 ★★★★
地址：银川市兴庆区胜利北街87号
电话：0951－4090888
邮编：750001

宁丰宾馆 ★★★★
地址：银川市解放东街6号
电话：0951－6028898
邮编：750001

黄河明珠大酒店 ★★★★
地址：银川市兴庆区丽景街108号
电话：0951－6036666
邮编：750001

同福宾馆 ★★★★
地址：银川市兴庆区新华东街93号
电话：0951－6032678
邮编：750004

盛世花园大酒店 ★★★★
地址：银川市兴庆区玉皇阁北街46号
电话：0951－6037999
邮编：750001

虹桥大酒店 ★★★★
地址：银川市兴庆区解放西街38号
电话：0951－6918888
邮编：750001

太阳神大酒店 ★★★★
地址：银川市兴庆区北京东路123号
电话：0951－7868888
邮编：750001

昊王国际饭店 ★★★★
地址：银川得胜工业园新胜西路北3号
电话：0951－8079456
邮编：750004

海天大酒店 ★★★★
地址：银川市兴庆区解放东街333号
电话：0951－7866666
邮编：750001

海悦建国饭店 ★★★★
地址：银川市南薰东街3号
电话：0951－6080777
邮编：750004

锦湖饭店★★★★
地址：银川市兴庆区民族北街369号
电话：0951－5686588
邮编：750001

森淼假日酒店 ★★★★
地址：银川市南环绕城高速公路植物园出口处向南300米
电话：0951－5667113
邮编：750004

中银大唐酒店 ★★★★
地址：银川灵武市南薰路（西湖公园）
电话：0951－4598888
邮编：750004

贺兰国际饭店 ★★★★
地址：银川市贺兰县桃林北街
电话：0951－7826666
邮编：750200

海华国际饭店 ★★★★
地址：石嘴山市大武口区朝阳东街19号
电话：0952－2829999
邮编：753000

石嘴山星海湖宾馆 ★★★★
地址：石嘴山市大武口区东方广场东侧
电话：0952－2058800
邮编：753000

南沙海大酒店 ★★★★
地址：石嘴山市大武口区世纪大道与自强路交汇处1号
电话：0952－5891188
邮编：753000

吴忠红宝宾馆 ★★★★
地址：吴忠市盛元广场西侧
电话：0953－2035288
邮编：751100

吴忠宾馆★★★★
地址：吴忠市裕民西街5号
电话：0953－6522333
邮编：751100

吴忠盛悦饭店★★★★
地址：吴忠市利通区裕民东街1号
电话：0953－2188888
邮编：751100

青铜峡龙海宾馆 ★★★★
地址：吴忠青铜峡市古峡东街188号
电话：0953－3686882
邮编：751600

盐池福海大酒店 ★★★★
地址：吴忠市盐池县盐林路
电话：0953－6024866
邮编：751500

华祺饭店 ★★★★
地址：固原市原州区政府街7号
电话：0954－2067888
邮编：756000

西吉大饭店 ★★★★
地址：固原市西吉县滨河路永清湖南侧
电话：0954－7611111
邮编：756200

中卫隆城酒店 ★★★★
地址：中卫市鼓楼东街五环广场西侧
电话：0955－7667777
邮编：751700

新华国际大饭店 ★★★★
地址：中卫市沙坡头区迎宾大道西侧广场1号楼
电话：0955－7603252
邮编：755000

黄河金岸花园大酒店 ★★★★
地址：中卫市中央大道与新墩路交汇处西北角
电话：0955－7666768
邮编：751700

沙都大酒店 ★★★★
地址：中卫市清风东路62号
电话：0955－7624888
邮编：751700

中卫逸兴大酒店 ★★★★
地址：中卫市鼓楼北街2号
电话：0954－7017666
邮编：701993

中卫红宝宾馆 ★★★★
地址：中卫市新区鼓楼最南端
电话：0955－7069999
邮编：701993

沙坡头假日酒店 ★★★★
地址：中卫市沙坡头水利枢纽
电话：0955－7689168
邮编：755000

世纪大厦 ★★★
地址：银川市兴庆区玉皇阁北街24号
电话：0951－6080688

宁夏

邮编：750004

大自然宾馆 ★★★
地址：银川市兴庆区清和南街 242 号
电话：0951－6016666
邮编：750001

祥元宾馆 ★★★
地址：银川市兴庆区长城东路 280 号
电话：0951－4915888
邮编：750001

绿洲饭店 ★★★
地址：银川市兴庆区解放西街 33 号
电话：0951－5029777
邮编：750001

铁道宾馆 ★★★
地址：银川市西夏区怀远东路 550 号
电话：0951－3962118
邮编：750001

隆湖宾馆 ★★★
地址：银川市兴庆区民族北街 162 号
电话：0951－6718888
邮编：750001

长相忆宾馆 ★★★
地址：银川市兴庆区玉皇阁北街 120 号
电话：0951－6710668
邮编：750004

沙湖宾馆 ★★★
地址：银川市兴庆区文化西街 58 号
电话：0951－5012128
邮编：750001

满春大酒店 ★★★
地址：银川市兴庆区丽景北街 418 号
电话：0951－3990999
邮编：750001

银泉宾馆 ★★★
地址：银川市兴庆区胜利北街 157 号
电话：0951－4081688
邮编：750001

荣源大酒店 ★★★
地址：银川市兴庆区清和北街 199 号
电话：0951－6045555
邮编：750004

玉皇阁酒店 ★★★
地址：银川市兴庆区玉皇阁北街 8 号
电话：0951－6090666
邮编：750004

昊源宾馆 ★★★
地址：银川市兴庆区中山南街裕民巷 1－11 号
电话：0951－6021286
邮编：750004

长丰宾馆 ★★★
地址：银川市兴庆区长庆燕鸽湖石油基地
电话：0951－6935000
邮编：750006

燕莎大酒店 ★★★
地址：银川兴庆区石油城
电话：0951－6934586
邮编：750006

天奇宾馆 ★★★
地址：银川市兴庆区丽景北街满春家园 1 号楼
电话：0951－6158788
邮编：750001

宝塔宾馆 ★★★
地址：银川市金凤区宁安大街 88 号
电话：0951－5699299
邮编：750011

天豹大酒店 ★★★
地址：银川市兴庆区清和南街 1352 号
电话：0951－7899512
邮编：750001

格林豪泰银川北京路酒店 ★★★
地址：银川市兴庆区北京东路 792 号
电话：0951－5173888
邮编：750001

民航蓝天宾馆 ★★★
地址：银川市民族北街 34 号
电话：0951－6042968
邮编：750004

清源大厦★★★
地址：银川市怀远西路 155 号
电话：0951－3871088
邮编：750004

凯悦年华大酒店 ★★★
地址：银川市丽景北街在水一方 A 区 151 号
电话：0951－5173555
邮编：750004

金润恒通饭店 ★★★
地址：银川市上海东路 841 号
电话：0951－6716666
邮编：750004

金悦华庭酒店 ★★★
地址：银川市新华东街 526 号
电话：0951－5127888
邮编：750004

金汇大酒店 ★★★
地址：银川市兴庆区清和南街 649 号
电话：0951－4082388
邮编：750001

阿依莎穆斯林大饭店 ★★★
地址：银川市金凤区正源南街 70 号
电话：0951－7692111
邮编：750011

横城假日酒店 ★★★
地址：银川市滨河新区黄河横城旅游度假区
电话：0951－4753309
邮编：750004

百吉大酒店 ★★★
地址：银川市兴庆区新华东街 219 号
电话：0951－619999
邮编：750001

东泰阳光商务酒店 ★★★
地址：银川市永宁县宁和北街
电话：0951－8015588
邮编：750100

贺兰银大湖城大酒店 ★★★
地址：银川市贺兰县马家渠 109 国道金街 1 号
电话：0951－8061299
邮编：750200

绿都花园大酒店 ★★★
地址：石嘴山市大武口区文明南路 128 号
电话：0952－2036655
邮编：753000

漠翼大酒店 ★★★
地址：石嘴山市惠农区康乐路 157 号
电话：0952－3316928
邮编：753600

石嘴山圆梦园宾馆 ★★★
地址：石嘴山市河滨工业园区钢铁路西侧
电话：0952－3612696
邮编：753202

青山宾馆 ★★★
地址：石嘴山市大武口区朝阳西街 81 号
电话：0952－2015898
邮编：753000

吴忠怡园大酒店 ★★★
地址：吴忠市利通区南街 90 号
电话：0953－2042895
邮编：751100

锦都饭店★★★
地址：吴忠市黎明街南侧新汽车站对面
电话：0953－3955888
邮编：751100

阳光大厦酒店 ★★★
地址：吴忠市利通区开元大道
电话：0953－2055555
邮编：751100

云顶商务酒店 ★★★
地址：吴忠市吴灵西路 230 号
电话：0953－2256666
邮编：751100

银南宾馆 ★★★
地址：吴忠市利通区朝阳东街 122 号
电话：0953－2128155
邮编：751100

青铜峡宾馆 ★★★
地址：吴忠青铜峡市小坝中心广场南侧
电话：0953－3058888
邮编：751600

盐池宾馆 ★★★
地址：吴忠市盐池县东街 1 号
电话：0953－6012354
邮编：751500

固原古雁山庄 ★★★
地址：固原市北新街
电话：0954－2076899
邮编：756000

固原天净电力宾馆 ★★★
地址：固原市原州区人民街 128 号
电话：0954－2902499
邮编：756000

固原红宝宾馆 ★★★
地址：固原市中山北街 231 号
电话：0954－2066899
邮编：756000

六盘山国际饭店 ★★★
地址：固原市隆德县人民路文化广场
电话：0954－6019888
邮编：756300

固原红阳大酒店 ★★★
地址：固原市彭阳县城西门
电话：0954－7016696
邮编：756500

卓越大酒店 ★★★
地址：中卫市城区东大街
电话：0955－7037999
邮编：755000

中卫宾馆 ★★★
地址：中卫市西大街33号
电话：0955－7012609
邮编：755000

中卫君悦大酒店 ★★★
地址：中卫东大街五环市场对面
电话：0955－7025888
邮编：755000

中卫万瑞大酒店 ★★★
地址：中卫市鼓楼东街三森家俱广场对面
电话：0955－7076888
邮编：755000

中卫宇丰大酒店 ★★★
地址：中卫市文昌北街与长城东街交汇处东南角
电话：0955－7616666
邮编：755000

中卫喜来登大酒店 ★★★
地址：中卫市沙坡头区东大街迎宾大道
电话：0955－7065555
邮编：755000

中卫天马宾馆 ★★★
地址：中卫市迎宾大道13
电话：0955－7069555
邮编：755000

中宁恒达酒店 ★★★
地址：中卫市中宁县新南街
电话：0955－5035666
邮编：755100

沃尔德大酒店 ★★★
地址：中卫市中宁县宁安镇县城北街
电话：0955－5793883
邮编：751200

中宁宾馆★★★
地址：中卫市中宁县城中心广场东侧
电话：0955－5027662
邮编：751200

旅游景区

宁夏科学技术馆 AAAA
地址：银川市人民广场西街
电话：0951－5044300 5085123
邮编：750004

阅海湿地公园 AAA
地址：银川市金凤区上海西路
电话：0951－7863102
邮编：750011

黄河横城国际休闲度假旅游区 AAA
地址：银川市黄河大桥北侧
电话：0951－6140006　4753398
邮编：750004

森淼生态旅游区 AAA
地址：银川市金凤区
电话：0951－5667113
邮编：750011

银川海宝塔寺 AA
地址：银川市北郊
电话：0951－5038045　5038042
邮编：750004

宁夏华夏珍奇艺术城 AA
地址：银川市新市区镇北堡华西村集镇区
电话：0951－2136020
邮编：750021

银川市黄沙古渡原生态旅游区 AAAA
地址：银川市兴庆区月牙湖乡
邮编：750001

宁夏兵沟旅游区 AA
地址：银川市兴庆区月牙湖乡
邮编：750001

宁夏回乡文化园 AAAA
地址：银川市文化西街
电话：0951－6082966
邮编：750004

西夏玉陵 AAAA
地址：银川市平吉堡
电话：0951－2161863
邮编：750001

银川贺兰山滚中口 AA
地址：银川市上海西路
电话：0951－5015142
邮编：750021

银川金水园 AA
地址：银川市灵河镇黄河大桥北
电话：0951－6140132
邮编：751400

宁夏华夏西部影视城 AAAAA
地址：银川市西夏区镇北堡西部影城
电话：0951－2136068　2136088
邮编：750021

苏峪口国家森林公园 AAAA
地址：银川市西贺兰山自然保护区管理局
电话：0951－9682488
邮编：750021

鸣翠湖国家湿地公园 AAAA
地址：银川市兴庆区掌政镇东侧
电话：0951－6121966　6121959
邮编：750001

贺兰山岩画景区 AAAA
地址：银川市西贺兰山东麓
电话：0951－9682488
邮编：750021

长流水旅游区 AA
地址：银川灵武市白土岗乡
电话：0951－6035076　8233918　4021552
邮编：750004

灵武高庙 AA
地址：银川灵武市
邮编：750004

银川市水洞沟旅游区 AAAA
地址：银川灵武市临河镇
邮编：750004

玉泉营葡萄庄园 AAA
地址：银川市永宁县玉泉营玉泉营
电话：0951－3903166
邮编：750100

中国枸杞馆 AAA
地址：银川市贺兰县德胜工业园区德成东路1号
电话：0951－8071777
邮编：750200

宁夏大武口北武当生态旅游区 AA
地址：石嘴山市大武口区
邮编：753000

沙湖生态旅游区 AAAAA
地址：石嘴山市平罗县沙湖旅游区
电话：0952－6685073　6684025
邮编：753402

平罗县玉皇阁景区 AAA
地址：石嘴山市平罗县城北街
电话：0952－6582172
邮编：753400

青铜峡黄河生态园 AA
地址：吴忠青铜峡市
邮编：751600

吴忠市黄河大峡谷·中华黄河坛旅游区 AAAA
地址：吴忠青铜峡市青铜峡镇
电话：0953—3052321
邮编：751600

哈巴湖生态旅游区 AAA
地址：吴忠市盐池县
电话：0953－6012687
邮编：751500

盐池县革命烈士纪念园 AAA
地址：吴忠市盐池县南花马寺国家森林公园内
电话：0953－6020217
邮编：751500

六盘山旅游区 AAAA
地址：固原市
电话：0954－2088036
邮编：756000

固原市博物馆 AAAA
地址：固原市
电话：0954－2088036
邮编：756000

固原须弥山景区 AAAA
地址：固原市原州区石窟管理所
电话：0954－2616587
邮编：756000

火石寨国家地质公园 AAA
地址：固原市西吉县
邮编：756200

中卫腾格里湖湿地 AAA
地址：中卫市
邮编：751700

沙坡头旅游区 AAAAA
地址：中卫市沙坡头区
电话：0953－7681481
邮编：751700
网址：www.chinasafari.com

中卫高庙保安寺 AAA
地址：中卫市城西街
电话：0953－7019573　7021486
邮编：751700

寺口风景旅游区 AAA
地址：中卫市宣和镇南20公里
电话：0955－7639268
邮编：755000

餐　馆

西麦莜面村
地址：银川市兴庆区新华东街

电话：0951－6091800　6191880
邮编：750001

湘临塞上
地址：银川市兴庆区玉皇阁南街30号
电话：0951－6020222
邮编：750001

同丰食府
地址：银川市兴庆区凤凰南街77号
电话：0951－5059766　5034456
邮编：750001

宁夏尊园餐饮有限公司
地址：银川市高新开发区创新园82号
电话：0951－5070222　5062888
邮编：750004

银川贵发祥
地址：银川市兴庆区利群东街164号
电话：0951－6027000　6013078
邮编：750001

广东雪花大酒楼
地址：银川市中山北街12号
电话：0951－6029888　6081777
邮编：750004

黄鹤楼清真饭庄
地址：银川市新华东街55号
电话：0951－6083886
邮编：750004

八大碗汉餐
地址：银川市文化东街
电话：0951－4011278
邮编：750004

银川市沪上人家餐饮有限公司
地址：银川市凤凰南街
电话：0951－4101303
邮编：750001

银川市迎宾楼餐饮有限责任公司
地址：银川市解放西街
电话：0951－6022339
邮编：750001

仙鹤楼老店
地址：银川市中山南街98号
电话：0951－6017542
邮编：750004

麻婆姨骨头美食楼
地址：银川市金凤区金昌路28号
电话：0951－5077233
邮编：750004

水晶缘餐饮有限公司
地址：银川市清和北街172号
电话：0951－7861111
邮编：750004

银川南桥名吃楼
地址：银川市胜利南街南桥东巷
电话：0951－4091911
邮编：750004

银川八角楼餐厅
地址：银川市民族北街
电话：0951－6722031
邮编：750004

银川康华餐厅
地址：银川市湖滨西街293号
电话：0951－5054444
邮编：750004

宁夏东港海逸大酒店
地址：银川市北京东路165号
电话：0951－5035990
邮编：750004

银川市阳光那波里清真西餐连锁有限公司
地址：银川市新华东街195号
电话：0951－6019733
邮编：750004

宁夏老毛手抓总店
地址：银川市凤凰南街
电话：0951－5039588
邮编：750004

沙湖宾馆
地址：银川市文化街22号
电话：0951－5012128
邮编：750004

阳光那波里西餐厅
地址：银川市新华东街93号
电话：0951－6071111　6035111
邮编：750004

香渔王子饭店
地址：银川市兴庆区北京东路355号
电话：0951－6731100
邮编：750004

红子鸽
地址：银川市兴庆区进宁北街2号楼9号
电话：0951－5022788
邮编：750004

全聚德清真饭庄
地址：银川市兴庆区解放东街51号
电话：0951－6083199
邮编：750004

麻辣方程式
地址：银川市进宁北街157号
电话：0951－3823984　8201705
邮编：750004

国强手抓
地址：银川市兴庆区解放西街154号
电话：0951－5036220
邮编：750004

大妈饺子馆
地址：银川市银川解放东街32号
电话：0951－6072378
邮编：850004

大食客
地址：银川市经济开发区新华街
电话：0951－5031148
邮编：750004

鸭棚子靓汤坊
地址：银川市民族北街170号
电话：0951－6738227
邮编：750004

雪花大酒店
地址：银川市兴庆区中山北街24号
电话：0951－6029888
邮编：750004

黄记煌三汁焖锅
地址：银川市清和北街40号
电话：0951－6024878
邮编：750004

纳家羊骨头馆
地址：银川市兴庆区北京东路81号
电话：0951－5036556
邮编：750004

巴山蜀地精品川菜坊
地址：银川市新华东街301号
电话：0951－6191518
邮编：750004

黄河楼
地址：银川市新华东街56号
电话：0951－3064589
邮编：750004

马三特色手抓
地址：银川市灵武市文化路
电话：0951－3941155　8527530
邮编：750004

柏悦酒店
地址：银川市北京东路477号
电话：0951－5186666
邮编：750004

海悦建国饭店
地址：银川市南薰东街3号
电话：0951－6080777
邮编：750004

湘湘菜馆
地址：银川市中山北街216号
电话：0951－6718899
邮编：750004

食神
地址：银川市兴庆区中山北街501号
电话：13995071087
邮编：750004

百旺涮吧
地址：银川市前进街49号
电话：0951－8289739
邮编：750004

新国府煲汤肥牛
地址：银川市湖滨东街25号
电话：0951－6717595　6738599
邮编：750004

东宇民族海鲜酒楼
地址：银川市开发区新昌东路158号
电话：0951－5666777
邮编：750004

石嘴山市饮食服务公司
地址：石嘴山市朝阳西街
电话：0952－2012119
邮编：753200

红玉香手抓肉餐厅
地址：石嘴山市大武口永康北路都市花园
电话：0952－3933298
邮编：753000

吴忠市民族饭庄
地址：吴忠市利通街
电话：0953－2016144
邮编：751100

白宫香辣鱼火锅食府
地址：吴忠市西湖菜市场2楼
电话：0953－2051638
邮编：751100

草原美食城
地址：吴忠市南环西路
电话：0953－2262218
邮编：751100

同越楼饭店
地址：吴忠市利通区裕民西街
电话：0953－2018188
邮编：751100

喜庆楼饮食城
地址：吴忠市小坝镇东大街
电话：0953－3721223
邮编：751100

吴忠福满楼餐厅
地址：吴忠市铝厂三村
电话：0953－3046555
邮编：751100

宁夏民族餐厅
地址：吴忠市临河镇河东机场
电话：0953－6912326
邮编：751100

名都清真餐厅
地址：固原市中山街坊29号
电话：0954－2035440
邮编：756000

固原清真快餐厅
地址：固原市试验区起步区
电话：0954－2036200
邮编：756000

固原永祥饭店
地址：固原市文化街111号
电话：0954－2031218
邮编：756000

固原梅园饭店
地址：固原市城文化街88号
电话：0954－2039788
邮编：756000

中卫市千江月清真餐厅
地址：中卫市城区长城西街
电话：0955－7023373
邮编：755000

天地酒家
地址：中卫市城东环路
电话：0955－7011180
邮编：755000

小天鹅火锅城
地址：中卫市中卫商城
电话：0955－7014751
邮编：755000

长庆紫竹园酒家
地址：中卫市古城乡
电话：0955－5660111
邮编：755000

桃源居
地址：中卫市鼓楼南街
电话：0955－7031616
邮编：755000

旅游用品

银川古玩城
地址：银川市兴庆区
电话：0951－8477254
邮编：750001

银川市兰苑阁
地址：银川市兴庆区新华西街
电话：0951－5050158
邮编：750001

宁夏邑雅阁商贸有限公司
地址：银川市金凤区泰康路
电话：0951－5698329
邮编：750011

银川工艺美术有限责任公司
地址：银川市解放西街33号
电话：0951－6025550
邮编：750004

宁夏古宝斋珍藏品有限责任公司
地址：银川市进宁南街2号
电话：0951－5030824
邮编：750004

银川西夏艺术制品厂
地址：银川市德胜工业园区虹桥北街8号
电话：0951－8988267　5033680
邮编：750200

银川市宝山陶艺工作室
地址：银川市新华西街
电话：0951－5026178
邮编：750004

银川昌达工艺厂
地址：银川市湖滨东街
电话：0951－6738829　6736696
邮编：750004

宁夏工艺美术总公司
地址：银川市民族南街46号
电话：0951－6022869　4083415
邮编：750004

银川珠宝首饰行
地址：银川市利群东街
电话：0951－6024705
邮编：750001

西夏金银首饰商店
地址：银川市解放东街
电话：0951－6024951
邮编：750001

银川梦世界珠宝首饰有限公司
地址：银川市鼓楼南街
电话：0951－6072377　6073857
邮编：750001

宁夏盐池地毯厂
地址：吴忠市盐池县
电话：0953－6011664　8548408
邮编：751500

宁夏中卫市滩羊地毯有限公司
地址：中卫市沙坡头区文昌镇
电话：0953－7026843
邮编：755000

中卫市藏羊地毯有限责任公司
地址：中卫市
电话：0953－7037698
邮编：751700

中宁鸣沙地毯厂
地址：中卫市中宁县
电话：0953－5720207
邮编：751200

中宁华艺地毯厂
地址：中卫市中宁县
电话：0953－5028047
邮编：751200

旅游交通

宁夏外事旅游汽车公司
地址：银川市凤凰北街10号
电话：0951－5044782　5035754
邮编：750001

宁夏友谊旅游汽车有限公司
地址：银川市长城东路218号
电话：13709596770
邮编：750001

宁夏天豹汽车运输有限责任公司旅游分公司
地址：银川市海泽东路268号
电话：0951－6735909
邮编：750004

银川火车站
地址：银川市
电话：0951－3922222
邮编：750000

银川河东机场
地址：银川灵武市临河乡
电话：0951－6912218　96111
邮编：750000

石嘴山火车站
地址：石嘴山市平罗县
电话：0952－6684229
邮编：753401

青铜峡火车站
地址：吴忠青铜峡市青铜坝镇
电话：0951－3927722
邮编：751600

同心县火车站
地址：吴忠市同心县同心镇城关乡
电话：0953－3936212
邮编：751300

固原火车站
地址：固原市原州区城关镇
电话：0954－3927222
邮编：756000

固原六盘山机场
地址：固原市原州区中河乡高坡村
邮编：756000

中卫火车站
地址：中卫市沙坡头区城关镇
电话：0955－7095222
邮编：751700

中卫香山机场
地址：中卫市
电话：0955－7818888　7073229
邮编：751700

中宁县火车站
地址：中卫市中宁县石空镇
电话：0955－77094462
邮编：755103

新　　疆

XINJIANG

旅游机构

新疆维吾尔自治区旅游局
地址：乌鲁木齐市金银路151号
电话：0991－8834325
邮编：830001

新疆旅游质监所（旅游执法总队）
地址：乌鲁木齐市金银路151号（区旅游局）
电话：0991－8886633
邮编：830001

乌鲁木齐市旅游局
地址：乌鲁木齐市金银路216号
电话：0991－4622900
邮编：830063

克拉玛依市旅游局
地址：克拉玛依市准葛尔路95号
电话：0990－8243907
邮编：834000

喀什地区旅游局
地址：喀什地区喀什市解放北路行署院内
电话：0998－2831600
邮编：844000

泽普县旅游局
地址：喀什地区泽普县
电话：0998－8248560
邮编：844800

阿克苏地区旅游局
地址：阿克苏地区阿克苏市西大街3号
电话：0997－2142522
邮编：843000

和田地区旅游局
地址：和田地区和田市塔木巴格西路23号
电话：0903－2517106
邮编：848000

吐鲁番地区旅游局
地址：吐鲁番地区吐鲁番市青年路41号
电话：0995－8524173
邮编：838000

哈密地区旅游局
地址：哈密地区哈密市天山西路2号
电话：0902－2360438
邮编：839000

克孜勒苏柯尔克孜自治州旅游局
地址：阿图什市帕米尔路东一院
电话：0908－4222350
邮编：845350

博尔塔拉蒙古自治州旅游局
地址：博尔塔拉州博乐市顾力木图路136号
电话：0909－2223245
邮编：833400

昌吉回族自治州旅游局
地址：昌吉州昌吉市延安北路10号
电话：0994－2322210
邮编：831100

巴音郭楞蒙古自治州旅游局
地址：巴州库尔勒市巴音东路
电话：0996－2038836
邮编：841000

伊犁哈萨克自治州旅游局
地址：伊犁州伊宁市解放路6号
电话：0999－8034523
邮编：835000

塔城地区旅游局
地址：塔城地区塔城市光明路986号
电话：0901－6238905
邮编：834700

阿勒泰地区旅游局
地址：阿勒泰地区阿勒泰市公园街204号
电话：0906－2128332
邮编：836500

新疆生产建设兵团旅游局
地址：乌鲁木齐市光明路196号
电话：0991－2890530　2896650
邮编：830002

新疆生产建设兵团旅游质量监督管理所
地址：乌鲁木齐市光明路196号
电话：0991－2890944　2314315
邮编：830002

新疆生产建设兵团农一师阿拉尔市旅游局
地址：阿克苏地区阿克苏市政府办公楼
电话：0997－6398580
邮编：843000

新疆生产建设兵团农二师旅游局
地址：巴州库尔勒市人民西路
电话：0996－2022179
邮编：841000

新疆生产建设兵团农三师旅游局
地址：喀什地区喀什市克孜勒都维路440号
电话：0998－2525054
邮编：844000

新疆生产建设兵团农四师旅游局
地址：伊犁州伊宁市解放路219号
电话：0999－8182345
邮编：835000

新疆生产建设兵团农五师旅游局
地址：博尔塔拉州博乐市红星路
电话：0909－7696623
邮编：833400

新疆生产建设兵团农六师五家渠市旅游局
地址：五家渠市
电话：0994－5808761
邮编：831300

新疆生产建设兵团农七师旅游局
地址：伊犁州奎屯市军垦广场1号
电话：0992－3223139
邮编：833200

新疆生产建设兵团农八师石河子市旅游局
地址：石河子市北三路政府楼
电话：0993－2069982
邮编：832001

新疆生产建设兵团农九师旅游局
地址：塔城地区额敏县
电话：0901－3384326
邮编：834601

新疆生产建设兵团农十师旅游局
地址：阿勒泰地区阿勒泰市北屯镇市政府办公楼
电话：0906－3374215
邮编：833200

新疆生产建设兵团农十二师旅游局
地址：乌鲁木齐市北京南路12号
电话：0991－3837094
邮编：830011

新疆生产建设兵团农十三师旅游局
地址：哈密地区哈密市大营房
电话：0902－2566403
邮编：839000

新疆生产建设兵团农十四师旅游局
地址：和田地区和田市屯垦路
电话：0903－2566210
邮编：848000

旅行社

中青旅新疆国际旅行社有限责任公司
地址：乌鲁木齐市文艺路2号宏源大厦3楼
电话：0991－2818451
邮编：830001
网址：www.seexj.com.cn
许可证号：L-XJ-CJ00001

新疆大西部国际旅行社有限责任公司
地址：乌鲁木齐市文艺路2号宏源大厦24楼
电话：0991－2356155
邮编：830000
网址：www.zbxj.com
许可证号：L-XJ-CJ00002

新疆海外国际旅行社有限责任公司
地址：乌鲁木齐市公园北街162号
电话：0991－5854065
邮编：830000
网址：www.otcxj.com
许可证号：L-XJ-CJ00003

港中旅国际新疆旅行社有限责任公司
地址：乌鲁木齐市红旗路91号
电话：0991－2828527
邮编：830002
网址：www.ctixj.com
许可证号：L-XJ-CJ00004

新疆中国国际旅行社有限责任公司
地址：乌鲁木齐市人民路33号瑞达国际大厦16层
电话：0991－2814531
邮编：830002
网址：www.xinjiangtour.com
许可证号：L-XJ-CJ00005

乌鲁木齐铁道国际旅行社有限责任公司
地址：乌鲁木齐市北京南路895号豪威大厦21楼
电话：0991－7923974
邮编：830011
网址：www.xjtd.xdfkc.com
许可证号：L-XB-CJ00006

新疆中国旅行社有限公司
地址：乌鲁木齐市新华南路835号
电话：0991－2861806
邮编：830001
许可证号：L-XJ-CJ00007

新疆中信国际旅行社有限责任公司
地址：乌鲁木齐市光明路119号建设广场5层
电话：0991－8841390
邮编：830002
许可证号：L-XJ-CJ00008

新疆金桥国际旅行社
地址：乌鲁木齐市新华北路47号汇丰小区
电话：0991－2311885

邮编：830002
网址：www. goldenbridgetour. com
许可证号：L-XJ-CJ00009

新疆海峡国际旅行社有限公司
地址：乌鲁木齐市人民路175号兴亚大厦配楼6层
电话：0991－2350001
邮编：830011
网址：www. strait. travel. com
许可证号：L-XJ-CJ00010

新疆吐哈石油国际旅行社有限责任公司
地址：乌鲁木齐市江苏东路9号
电话：0991－6620746
邮编：830011
网址：www. hoteltuha. com
许可证号：L-XJ-CJ00011

新疆同安国际旅行社
地址：克拉玛依市准葛尔路130号
电话：0990－6666332
邮编：834000
许可证号：L－XJ－CJ00012

克拉玛依石油国际旅行社有限责任公司
地址：克拉玛依市准噶尔路130号文化大厦10楼
电话：0990－6862998
邮编：830002
许可证号：L－XJ－CJ00013

新疆西域国际旅行社有限公司
地址：乌鲁木齐市解放北路149号天际大厦4楼
电话：0991－2333531
邮编：830002
网址：www. west-tour. com
许可证号：L-XJ-CJ00014

新疆阿凡提国际旅行社有限公司
地址：乌鲁木齐市新华北路108号
电话：0991－8879773
邮编：830002
电子信箱：hmj0808@163. com
许可证号：L－XJ－CJ00015

新疆玉龙国际旅行社有限责任公司
地址：和田地区和田市迎宾路30号和谐花园2－1－402室
电话：0903－2028183
邮编：848000
电子信箱：zhongshan61@hotmail. com
许可证号：L－XJ－CJ00016

霍尔果斯志辰国际旅行社有限公司
地址：伊犁州霍城县霍尔果斯口岸兰新路
电话：0999－8793066
邮编：835221
电子信箱：zcbmhs888@163. com
许可证号：L－XJ－CJ00017

克拉玛依天联国际旅行社
地址：克拉玛依独山子大庆西路23号
电话：0992－3888222
邮编：833600
电子信箱：wtjd_ zsy@petrochina. com. cn
许可证号：L－XJ－CJ00018

新疆天山中悦国际旅行社（有限责任公司）
地址：昌吉州昌吉乌伊西路106号亚中美居
电话：0994－2528066
邮编：831100
电子信箱：1310434264@qq. com
许可证号：L－XJ－CJ00019

巴州海外国际旅行社有限责任公司
地址：巴州库尔勒市楼兰世家B座503室
电话：0996－2611050
邮编：841000
电子信箱：liuheping1012@hotmail. com
许可证号：L－XJ－CJ00020

新疆民族文化国际旅行社（有限公司）
地址：乌鲁木齐市延安路154号吉利商务基地339室
电话：0991－2305186　2303986
邮编：830002
电子信箱：parida@xjethnictour. com
许可证号：L－XJ－CJ00021

喀什国际旅行社有限责任公司
地址：喀什地区喀什市色满路144号
电话：0998－2983366
邮编：844000
电子信箱：1286378776@qq. com
许可证号：L－XJ－CJ00022

新疆喀什华安国际旅行社有限责任公司
地址：喀什地区喀什市克孜都维路193号
电话：0998－2538887
邮编：844000
许可证号：L－XJ－CJ00023

新疆天山雪莲旅行社有限责任公司
地址：乌鲁木齐市经济开发区广州南路8号
电话：13999993992
邮编：830002
许可证号：L－XJ－CJ00024

克拉玛依市驼峰旅行（社）有限责任公司
地址：克拉玛依市塔河路都市广场78号
电话：0990－6225253
邮编：834000
许可证号：L－XJ－CJ00025

新疆春秋之旅国际旅行社有限公司
地址：乌鲁木齐市天山区新华南路49号双银大厦602室
电话：0991－2830969
邮编：830002
许可证号：L－XJ－CJ00026

博尔塔拉蒙古自治州博洲旅行社
地址：博乐市沿河路9号博尔塔拉宾馆迎宾楼
电话：0909－2329933
邮编：833400
许可证号：L－XJ－CJ00027

新疆大智报业旅行社有限公司
地址：乌鲁木齐市天山区青年路230号
电话：0991－2699668
邮编：830002
许可证号：L－XJ－CJ00028

新疆天山天池国际旅行社有限责任公司
地址：阜康市乌奇公路南天池管委会西侧综合楼
电话：0991－2848488
邮编：831500
许可证号：L－XJ－CJ00029

新疆二道桥国际旅行社有限公司
地址：乌鲁木齐市天山区解放南路589号4号楼408号
电话：0991－8559258　8559300
邮编：830002
许可证号：L－XJ－CJ00030

乌鲁木齐逍遥假期旅行社有限公司
地址：乌鲁木齐市伊宁路89号新丰大厦A905室
邮编：830002
许可证号：L－XJ－CJ00031

新疆广华国际旅行社有限公司
地址：乌鲁木齐市沙依巴克区扬子江路155号三雄大厦1001号
电话：0991－3232833　5802861
邮编：830000
许可证号：L－XJ－CJ00032

新疆康辉大自然国际旅行社有限责任公司
地址：乌鲁木齐市解放北路128号
电话：0991－2326651
邮编：830002
电子信箱：609109135@qq. com
许可证号：L－XB－CJ00001

新疆生产建设兵团中国青年旅行社（有限公司）
地址：乌鲁木齐市青年路北一巷8号
电话：0991－8841666
邮编：830002
电子信箱：btcyts@126. com
许可证号：L－XB－CJ00004

新疆春之旅国际旅行社有限公司
地址：乌鲁木齐市新华北路258号金谷大酒店707室
电话：0991－4551333
邮编：830002
电子信箱：47106392@qq. com
许可证号：L－XB－CJ00005

新疆康乐假期国际旅行社有限公司
地址：乌鲁木齐市北京南路钻石城11号银通大厦1306室
电话：0991－3845876
邮编：830011
电子信箱：798335858@qq. com
许可证号：L－XB－CJ00006

乌鲁木齐同程假期国际旅行社有限公司
地址：乌鲁木齐友好南路390号7层
电话：0991－4501958
邮编：830002
电子信箱：464322207@qq. com
许可证号：L－XB－CJ00007

新疆省心之旅国际旅行社有限公司
地址：乌鲁木齐市长江路25号万鑫大厦17楼
电话：0991－5877515
邮编：830002
电子信箱：1807828318@qq. com
许可证号：L－XB－CJ00008

伊宁市伊犁美国际旅行社有限责任公司
地址：伊犁州伊宁市解放西路望景华庭高层二单元12楼1202室
电话：0999－8168977
邮编：835000
电子信箱：358753192@qq. com
许可证号：L－XB－CJ00009

巴州沙海国际旅行社有限责任公司
地址：巴州库尔勒市建国路文化路交叉口中联尚都1栋1层10室
电话：0996－8822222　8833333
邮编：841000
电子信箱：1243399525@qq. com
许可证号：L－XB－CJ00010

新疆中港旅行社有限公司
地址：乌鲁木齐市友好南路417号天章大厦2011室
邮编：830002

许可证号：L－XB－CJ00011

新疆绿洲寰宇国际旅行社有限责任公司
地址：乌鲁木齐市新华南路145号四层
电话：0991－2334092
邮编：830002
许可证号：L－XB－CJ00012

乌鲁木齐新丝路国际旅行社（有限公司）
地址：乌鲁木齐市友好南路421号天隆大厦9楼B5号
电话：0991－4551595　4551597　6298066
邮编：830002
许可证号：L－XB－CJ00013

新疆恒信国际旅行社有限公司
地址：乌鲁木齐市中山路323号新拓大厦1栋17层A2
电话：0991－2311482
邮编：830002
许可证号：L－XB－CJ00014

新疆中旅假日国际旅行社有限公司
地址：乌鲁木齐市长江路194号
电话：0991－5827109
邮编：830002
许可证号：L－XB－CJ00015

饭　店

新疆尊茂银都酒店 ★★★★★
地址：乌鲁木齐西虹西路179号
电话：0991－4536688
邮编：830000

新疆海德酒店 ★★★★★
地址：乌鲁木齐东风路1号
电话：0991－2322828
邮编：830002

新疆尊茂鸿福大饭店 ★★★★★
地址：乌鲁木齐市五一路160号
电话：0991－5881588
邮编：830000

美丽华酒店 ★★★★★
地址：乌鲁木齐新华北路5号
电话：0991－2937888
邮编：830002

银星大酒店 ★★★★★
地址：乌鲁木齐市奇台路639号
电话：0991－5888888
邮编：830000

华凌大饭店 ★★★★★
地址：乌鲁木齐市西虹东路109号
电话：0991－5188888
邮编：830063

瑞豪国际大酒店 ★★★★★
地址：乌鲁木齐市河南西路89号
电话：0991－7887888
传真：0991－7889666
邮编：830011

南航明珠国际酒店 ★★★★★
地址：乌鲁木齐市友好南路576号
电话：0991－6388888
邮编：830000

喜来登乌鲁木齐酒店 ★★★★★
地址：乌鲁木齐友好北路669号
电话：0991－6999999
邮编：830000

乌鲁木齐西北石油酒店 ★★★★★
地址：乌鲁木齐市新市区北京北路8号
电话：0991－7678801
邮编：830011

新疆南航凯宾斯基饭店 ★★★★★
地址：乌鲁木齐市友好南路576号
电话：0991－6388888
邮编：830000

新疆天缘酒店 ★★★★★
地址：乌鲁木齐市新市区迎宾路1341号
电话：0991－7681505
邮编：830002

玛依塔柯酒店 ★★★★★
地址：克拉玛依市独山子区大庆东路11号
电话：0992－3886818
邮编：834021

吐哈石油大厦 ★★★★★
地址：吐鲁番地区吐鲁番市文化路230号
电话：0995－8666666
邮编：838000

康城建国国际酒店 ★★★★★
地址：巴音州库尔勒市交通东路618号
电话：0996－2088888
邮编：841000

梨城花园酒店 ★★★★★
地址：巴音州库尔勒市滨河路20号
电话：0996－2066666
邮编：841000

新疆环球大酒店 ★★★★
地址：乌鲁木齐市北京南路76号
电话：0991－3330999
邮编：830011

明园新时代大酒店 ★★★★★
地址：乌鲁木齐市友好北路739号
电话：0991－4292888
邮编：830000

新疆火炬大厦 ★★★★
地址：乌鲁木齐市北京南路高新街55号
电话：0991－3836699
邮编：830011

吐哈石油大厦 ★★★★
地址：乌鲁木齐市江苏东路9号
电话：0991－6610066
邮编：830011

屯河华美达酒店 ★★★★
地址：乌鲁木齐市长江路265号
电话：0991－5876688
邮编：830000

新疆鸿鑫酒店 ★★★★
地址：乌鲁木齐市解放北路239号
电话：0991－2301688
邮编：830002

东方王朝酒店 ★★★★
地址：乌鲁木齐市新华南路17号
电话：0991－2335678
邮编：830002

边疆宾馆贵宾楼 ★★★★
地址：乌鲁木齐市延安路32号
电话：0991－2562981
邮编：830001

独山子大酒店 ★★★★
地址：乌鲁木齐市克拉玛依西路700号
电话：0991－5199999
邮编：830091

金海湾度假酒店 ★★★★
地址：乌鲁木齐市大湾北路999号
电话：0991－2570999
邮编：830001

世纪百盛大酒店 ★★★★
地址：乌鲁木齐市新华南路36号
电话：0991－2668888
邮编：830002

福兰德假日酒店 ★★★★
地址：乌鲁木齐市和田二街二号
电话：0991－5596999
邮编：830000

锦泰源商务酒店 ★★★★
地址：乌鲁木齐经济开发区广州街1号
电话：0991－3701188
邮编：830026

海大酒店 ★★★★
地址：乌鲁木齐南湖北路89号
电话：0991－3333333
邮编：830017

塞外江南大饭店 ★★★★
地址：乌鲁木齐市阿勒泰路815号
电话：0991－3610008
邮编：830054

新疆伊力特酒店 ★★★★
地址：乌鲁木齐市沙依巴克区长江路
电话：0991－5888818
邮编：830000

新疆天缘酒店 ★★★★★
地址：乌鲁木齐市新市区迎宾路1341号国际机场内
电话：0991－7611111　7681505
邮编：830011

新疆突玛丽斯大饭店 ★★★★
地址：乌鲁木齐市新华南路618号
电话：0991－8525555　8569666
邮编：830001

新疆大酒店 ★★★★
地址：乌鲁木齐新华北路168号
电话：0991－2818788
邮编：830002

宝石花酒店 ★★★★
地址：克拉玛依市昆仑路36号
电话：0990－　6989566
邮编：834000

正天华夏大酒店 ★★★★
地址：克拉玛依市友谊路甲30号
电话：0990－6989999
邮编：834000

克拉玛依宾馆 ★★★★
地址：克拉玛依市友谊路96号
电话：0990－6883597
邮编：834000

克拉玛依市鸿福准噶尔大饭店 ★★★★
地址：克拉玛依市准噶尔路75号
电话：0990－6989888
邮编：834000

塔西南邦臣酒店 ★★★★
地址：喀什地区喀什市色满路242号
电话：0998－2586888
邮编：844000

喀什天缘国际酒店 ★★★★
地址：喀什地区喀什市人民东路8号
电话：0998－2801111
邮编：844000

泽普县塔里木石油酒店迎宾公寓 ★★★★
地址：喀什地区泽普县奎依巴格镇石油基地
电话：0998－7522208
邮编：844804

阿克苏鸿福金兰大饭店有限责任公司 ★★★★
地址：阿克苏地区阿克苏市东大街32号
电话：0997－2283555
邮编：842200

阿克苏国际大酒店 ★★★★
地址：阿克苏地区阿克苏市温州中路1号
电话：0997－2148666 2148333
邮编：843000

阿克苏地区宾馆贵宾馆 ★★★★
地址：阿克苏地区阿克苏市新华西路9号
电话：0997－2122000
邮编：843000

库车国际酒店 ★★★★
地址：阿克苏地区库车县天山路337号
电话：0997－7310999
邮编：842200

哈密宾馆 ★★★★
地址：哈密地区哈密市迎宾路4号
电话：0902－2233140
邮编：839000

哈密吐哈石油大厦 ★★★★
地址：哈密地区哈密市石油基地迎宾路
电话：0902－2769399
邮编：839009

加格达宾馆 ★★★★
地址：哈密地区哈密市爱国北路8号
电话：0902－2232140
邮编：839000

哈密禾禾商务酒店 ★★★★
地址：哈密地区哈密市天山北路2号
电话：0902－2315566　2323666
邮编：839000

蒲类海大酒店 ★★★★
地址：哈密地区巴里坤哈萨克自治县湖滨路
电话：0902－6820555
邮编：839200

园林宾馆 ★★★★
地址：昌吉州昌吉市宁边东路28号
电话：0994－2368062
邮编：831100

昌吉东升鸿福大饭店 ★★★★
地址：昌吉州昌吉市北京南路51号
电话：0994－2593933
邮编：831100

呼图壁五洋假日酒店 ★★★★
地址：昌吉州呼图壁县西市南路18号
电话：0994－4537777
邮编：831200

塔里木石油宾馆 ★★★★
地址：库尔勒市石化大道
电话：0996－2173170
邮编：841000

银星大酒店 ★★★★
地址：库尔勒市人民东路36号
电话：0996－2028888
邮编：841000

巴州楼兰宾馆 ★★★★
地址：库尔勒市广场路
电话：0996－2022999
邮编：841000

巴音郭楞宾馆 ★★★★
地址：库尔勒市人民东路10号
电话：0996－2230888
邮编：841000

金星大酒店 ★★★★
地址：库尔勒市文化路6号
电话：0996－2613888
邮编：841000

三宝大酒店 ★★★★
地址：巴音州轮台县博斯坦路
电话：0996－4696188
邮编：841600

轮台中亚国际大酒店 ★★★★
地址：巴音州轮台县波斯坦路
电话：0996－4682888
邮编：841600

伊犁将军大酒店 ★★★★
地址：伊犁州伊宁市斯大林街23号
电话：0999－8026666
邮编：835000

伊犁宾馆三号楼 ★★★★
地址：伊犁州伊宁市迎宾路8号
电话：0999－8022429
邮编：835000

伊犁隆鑫大酒店 ★★★★
地址：伊犁州伊宁市斯大林街5巷19号
电话：0999－8096888
邮编：835000

奎屯海德酒店 ★★★★
地址：伊犁州奎屯市团结南路96号
电话：0992－3211919
邮编：833200

东方国际大酒店 ★★★★
地址：伊犁州奎屯市团结南街46－1号
电话：0992－3226368/3228018
邮编：833200

神湖大酒店 ★★★★
地址：阿勒泰地区布尔津县神湖西路
电话：0906－6520808/6529668
邮编：836600

喀纳斯鸿福生态酒店 ★★★★
地址：阿勒泰地区布尔津县神湖中路10号
电话：0906－6525550/6327158
邮编：836600

喀纳斯山庄 ★★★★
地址：阿勒泰地区布尔津县喀纳斯景区
电话：0906－6326777
邮编：836600

城市大酒店 ★★★
地址：乌鲁木齐市红旗路27号
电话：0991－2207666
邮编：830002

博格达宾馆 ★★★
地址：乌鲁木齐市光明路253号
电话：0991－8863910
邮编：830002

富丽华大酒店 ★★★
地址：乌鲁木齐市黄河路1号
电话：0991－7886888
邮编：830000

供销宾馆 ★★★
地址：乌鲁木齐市黑龙江路183号
电话：0991－5570008
邮编：830000

广电网络宾馆 ★★★
地址：乌鲁木齐胜利路302号
电话：0991－2878875
邮编：830049

航空酒店 ★★★
地址：乌鲁木齐市地窝堡国际机场
电话：0991－3804276
邮编：830016

豪斯汀酒店 ★★★
地址：乌鲁木齐市南湖南路西三巷66号
电话：0991－4886518
邮编：830000

华瑞大厦 ★★★
地址：乌鲁木齐市五星南路198号
电话：0991－2659999
邮编：830002

汇源酒店 ★★★
地址：乌鲁木齐市新华南路140号
电话：0991－2934888
邮编：830004

开源酒店 ★★★
地址：乌鲁木齐市河滩北路233号
电话：0991－2200555
邮编：830000

西域阳光大饭店 ★★★
地址：乌鲁木齐市河北东路999号
电话：0991－7806111
邮编：830011

帕尔拉克大饭店 ★★★
地址：乌鲁木齐市团结路601号
电话：86－991－6203000
邮编：830002

新疆组工大厦 ★★★
地址：乌鲁木齐经济技术开发区中亚南路137号
电话：0991－6182090
邮编：830026

新美酒店 ★★★
地址：乌鲁木齐市西北路1085号
电话：0991－4566888
邮编：830000

新疆新闻大厦 ★★★
地址：乌鲁木齐市东环路金银大道200号
电话：0991－8551104
邮编：830002

亚中饭店 ★★★
地址：乌鲁木齐市河滩北路38号
电话：0991－5196666
邮编：830063

益天洋中央商务酒店 ★★★
地址：乌鲁木齐市民主路 177 号
电话：0991－2936336
邮编：830002

翼龙大酒店 ★★★
地址：乌鲁木齐市克拉玛依西路 630 号
电话：0991－8777788
邮编：83000

佳怡庄园 ★★★
地址：乌鲁木齐市米东区八号信箱
电话：0991－3958999
邮编：831400

诺亚方舟烟雨楼 ★★★
地址：乌鲁木齐市米东区古牧地西路
电话：0994－5307988
邮编：831400

益天洋商务酒店 ★★★
地址：乌鲁木齐市民主路 32 号
电话：0991－2823110
邮编：830001

电力宾馆 ★★★
地址：乌鲁木齐市民主路 57 号
电话：0991－2932222
邮编：830002

丝绸之路宾馆 ★★★
地址：乌鲁木齐市延安路 52－1 号
电话：0991－2558899
邮编：830001

友好大酒店 ★★★
地址：乌鲁木齐市友好北路 14 号
电话：0991－4836888
邮编：830000

翼龙大酒店 ★★★
地址：乌鲁木齐市克拉玛依西路 20 号附 1 号
电话：0991－8777780
邮编：830091

金谷大酒店 ★★★
地址：乌鲁木齐市新华北路 80 号
电话：0991－2826788
邮编：830002

国泰大饭店 ★★★
地址：乌鲁木齐市阿勒泰路 15 号
电话：0991－3831188
邮编：830054

寰通酒店 ★★★
地址：乌鲁木齐市炉院街 100 号
电话：0991－5850666
邮编：830000

大陆桥酒店 ★★★
地址：乌鲁木齐市北京路 1 号
电话：0991－7922856
邮编：830011

红楼大酒店 ★★★
地址：乌鲁木齐市新市区河南西路
电话：0991－7925385
邮编：830011

昆仑宾馆 ★★★
地址：乌鲁木齐市友好北路 38 号
电话：0991－4840411
邮编：830000

金疆大厦 ★★★
地址：乌鲁木齐市团结路 305 号
电话：0991－2569933
邮编：830001

新水大酒店 ★★★
地址：乌鲁木齐市于田街 6 号
电话：0991－5891555
邮编：830000

雪莲酒店 ★★★
地址：乌鲁木齐市钱塘江路地 17－2 号
电话：0991－5581112
邮编：830006

新融大厦 ★★★
地址：乌鲁木齐市人民路 20 号
电话：0991－2841166
邮编：830002

温州大酒店 ★★★
地址：乌鲁木齐市黑龙江路 23 号
电话：0991－5833616
邮编：830000

鑫金新宾馆 ★★★
地址：乌鲁木齐市人民路 86 号
电话：0991－2830808
邮编：830002

煤炭宾馆 ★★★
地址：乌鲁木齐市友好南路 98 号
电话：0991－4511933
邮编：830000

融都大厦 ★★★
地址：乌鲁木齐市人民路 118 号
电话：0991－7791188　7792288
邮编：830002

独山子宾馆 ★★★
地址：乌鲁木齐市北京南路 44－3 号
电话：0991－3823777
邮编：830011

方龙酒店 ★★★
地址：乌鲁木齐市西八家户路 17 号
电话：0991－4314381
邮编：830054

光源宾馆 ★★★
地址：乌鲁木齐市北京南路 1 号
电话：0991－4840052
邮编：830001

大得酒店 ★★★
地址：乌鲁木齐市阿勒泰路 41 号
电话：0991－3825533
邮编：830054

新疆华侨宾馆 ★★★
地址：乌鲁木齐市新华南路 51 号
电话：0991－8521888
邮编：830001

西星民族大酒店 ★★★
地址：乌鲁木齐市解放南路 125 号
电话：0991－7773888
邮编：830000

红湖酒店 ★★★
地址：乌鲁木齐市胜利路 14 号
电话：0991－8586699
邮编：830046

骑仕酒店 ★★★
地址：乌鲁木齐市团结路 195 号
电话：0991－2880000
邮编：830002

乌鲁木齐大厦 ★★★
地址：乌鲁木齐市人民路 131 号
电话：0991－5859999
邮编：830002

湘友宾馆 ★★★
地址：乌鲁木齐市火车南站西侧广场 4 号
电话：0991－5856699
邮编：830006

博尔塔拉大酒店 ★★★
地址：乌鲁木齐市长江路 219 号
电话：0991－5571188
邮编：830000

好西部酒店 ★★★
地址：乌鲁木齐市头屯河区八一路
电话：0991－3891406
邮编：830022

新运宾馆 ★★★
地址：乌鲁木齐市扬子江路 198 号
电话：0991－5572181
邮编：830000

西来顺宾馆 ★★★
地址：乌鲁木齐市西北路 63 号
电话：0991－4510277
邮编：830001

新农大厦 ★★★
地址：乌鲁木齐市胜利路 175 号
电话：0991－2866956
邮编：830001

阿克苏宾馆 ★★★
地址：乌鲁木齐市经一路 38 号
电话：0991－5850226
邮编：830000

机场宾馆 ★★★
地址：乌鲁木齐市迎宾路 46 号
电话：0991－3803810
邮编：830016

黄河商务宾馆 ★★★
地址：乌鲁木齐市五一路 199 号
电话：0991－5853760
邮编：830000

景馨苑政法培训中心 ★★★
地址：乌鲁木齐市天津北路 168 号
电话：0991－7811158
邮编：830011

徽商大饭店 ★★★
地址：乌鲁木齐市西环中路 1 号
电话：0991－6133333
邮编：830091

乌鲁木齐市塔西南宾馆 ★★★
地址：乌鲁木齐市哈密路 237 号
电话：0991－7725888
邮编：830091

桃李园大酒店 ★★★
地址：克拉玛依市独山子区大庆东路 28 号
电话：0992－3871617
邮编：833600

陶乐大酒店 ★★★
地址：克拉玛依市光明东路 26 号
电话：0990－6885697
邮编：834000

玛依塔柯宾馆 ★★★
地址：克拉玛依市独山子区大庆路 15 号

电话：0992－3871945
邮编：833600

明珠大酒店 ★★★
地址：克拉玛依市友谊路80号
电话：0990－6858888
邮编：834000

海棠酒店 ★★★
地址：克拉玛依市塔河路58号
电话：0990－6221919
邮编：834000

天阳大酒店 ★★★
地址：克拉玛依市友谊路135号
电话：0990－6988999
邮编：834000

独山子鑫宏源大酒店 ★★★
地址：克拉玛依地区独山子区准南路19号
电话：0990－3866599
邮编：833600

克拉玛依市迎宾馆 ★★★
地址：克拉玛依市西环路39号
电话：0990－6989900
邮编：834000

其尼瓦克宾馆（北楼）★★★
地址：喀什地区喀什市色满路144号
电话：0998－2982103
邮编：844000

温州大厦 ★★★
地址：喀什地区喀什市人民西路17号
电话：0998－2808888
邮编：844000

色满宾馆 ★★★
地址：喀什地区喀什市色满路337号
电话：0998－2582150
邮编：844000

新隆大酒店 ★★★
地址：喀什地区喀什市滨河路
电话：0998－6868688
邮编：844000

蓝天海鲜大酒店 ★★★
地址：喀什地区喀什市西域大道148号
电话：0998－2900999
邮编：844000

新海大酒店 ★★★
地址：喀什地区喀什市团结路278号
电话：0998－2553555
邮编：844000

香都大酒店 ★★★
地址：喀什地区喀什市人民西路34号
电话：0998－2589222
邮编：844000

喀什军分区接待处 ★★★
地址：喀什地区喀什市解放南路200号
电话：0998－2508888
邮编：844000

莎车王后大酒店 ★★★
地址：喀什地区莎车县大十字老城路口
电话：0998－8529999
邮编：844700

叶城乔格里宾馆 ★★★
地址：喀什地区叶城县零公里
电话：0998－7487199
邮编：844900

巴楚银星大酒店 ★★★
地址：喀什地区巴楚县团结路11号
电话：0998－6225666
邮编：843800

阿克苏地区宾馆 ★★★
地址：阿克苏地区阿克苏市新华西路9号
电话：0997－2122000
邮编：843000

阿克苏迎宾馆 ★★★
地址：阿克苏地区阿克苏市小南街1号
电话：0997－2130666
邮编：843000

阿克苏鑫融大酒店 ★★★
地址：阿克苏地区阿克苏市迎宾路18号
电话：0997－2575599
邮编：843000

阿克苏银海大酒店 ★★★
地址：阿克苏地区阿克苏市东大街1号
电话：0997－2131822
邮编：843000

峨眉凯旋大酒店 ★★★
地址：阿克苏地区阿克苏英阿瓦提路10号
电话：0997－2584133
邮编：843000

阿克苏市天福大酒店 ★★★
地址：阿克苏地区阿克苏市解放中路
电话：0997－2525555
邮编：843000

库车饭店 ★★★
地址：阿克苏地区库车县天山路266号
电话：0997－7233156
邮编：832000

库车宾馆 ★★★
地址：阿克苏地区库车县解放北路17号
电话：0997－7122901
邮编：832000

沙雅银鹿大酒店 ★★★
地址：阿克苏地区沙雅县波斯坦东街
电话：0997－8331888
邮编：842200

沙雅银桥大酒店 ★★★
地址：阿克苏地区沙雅县人民北路8号
电话：0997－8332777
邮编：842200

宏瑞宾馆 ★★★
地址：和田地区和田市乌鲁木齐北路16号
电话：0903－2562222
邮编：848000

温州大酒店 ★★★
地址：和田地区和田市乌鲁木齐北路49号
电话：0991－6666666
邮编：848000

和田宾馆 ★★★
地址：和田地区和田市乌鲁木齐南路57号
电话：0903－2513563
邮编：848000

玉都大酒店 ★★★
地址：和田地区和田市团结广场西侧
电话：0903－2022888
邮编：848000

墓士塔格大酒店 ★★★
地址：和田地区和田市北京东路11号
电话：0903－2039992
邮编：848000

丰园大酒店 ★★★
地址：和田地区和田市迎宾路236号
电话：0903－2068222
邮编：848000

玉源大酒店 ★★★
地址：和田地区和田市乌鲁木齐北路171号
电话：0903－2569288
邮编：848000

墓士塔格大酒店 ★★★
地址：和田地区和田市北京东路11号
电话：0903－2027777
邮编：848000

皮山温州大酒店 ★★★
地址：和田地区皮山县固玛北路
电话：0903－6428888
邮编：845150

洛浦宾馆 ★★★
地址：和田地区洛浦县和田路12号
电话：0903－6626762
邮编：848200

建德宾馆 ★★★
地址：和田地区于田县315国道城门
电话：0903－6817222
邮编：848400

于田浙江大酒店 ★★★
地址：和田地区于田县玉城东路56号
电话：0903－6819099
邮编：848400

尼雅公寓 ★★★
地址：和田地区民丰县尼雅接待公寓
电话：0903－6751111
邮编：848500

吐鲁番宾馆 ★★★
地址：吐鲁番地区吐鲁番市青年南路1695号
电话：0995－8568888
邮编：838000

吐鲁番大饭店 ★★★
地址：吐鲁番地区吐鲁番市高昌路422号
电话：0995－8553668
邮编：838000

吐鲁番丝路绿洲宾馆 ★★★
地址：吐鲁番地区吐鲁番市青年路815号
电话：0995－8553388
邮编：838000

坎儿井民俗园坎儿井宾馆 ★★★
地址：吐鲁番地区吐鲁番市新城路新城西门村888号
电话：0995－7685918
邮编：838000

吐鲁番康泰酒店 ★★★
地址：吐鲁番地区吐鲁番市青年南路2388号
电话：0995－6263388
邮编：838000

交河庄园 ★★★
地址：吐鲁番地区吐鲁番市交河大道9号
电话：0995－7685799
邮编：838000

金新宾馆 ★★★
地址：吐鲁番地区吐鲁番市绿洲中路 390 号
电话：0991－2830808
邮编：838000

新财富商务酒店 ★★★
地址：吐鲁番地区吐鲁番市绿洲中路 289 号
电话：0995－8523888
邮编：838000

西州大酒店 ★★★
地址：吐鲁番地区吐鲁番市青年路 882 号
电话：0995－8554058
邮编：838000

火州大酒店 ★★★
地址：吐鲁番地区吐鲁番市东环路南侧水韵广场
电话：0995－8666999
邮编：838000

鸿远酒店 ★★★
地址：吐鲁番地区吐鲁番市旅游文化广场西侧
电话：0995－8578199
邮编：838000

火车站宝城大酒店 ★★★
地址：吐鲁番地区鄯善县火车站解放南路 100 号
电话：0995－8311168
邮编：838201

鄯善 E 家酒店 ★★★
地址：吐鲁番地区鄯善县团结东路 793 号
电话：0995－6287777
邮编：838201

瑞昌大酒店 ★★★
地址：吐鲁番地区鄯善县柳中路 25 号
电话：0995－8396198
邮编：838201

金田大酒店 ★★★
地址：吐鲁番地区鄯善县火车站镇北京路
电话：0995－8312998
邮编：838201

西游酒店 ★★★
地址：吐鲁番地区鄯善县新城东路 2965 号
电话：0995－8367779
邮编：838201

哈密商业宾馆 ★★★
地址：哈密地区哈密市中山北路 51 号
电话：0902－2231766
邮编：839000

哈密鸿德酒店 ★★★
地址：哈密地区哈密市建国北路 107 号
电话：0902－2263866
邮编：839000

哈铁大厦 ★★★
地址：哈密地区哈密市前进东路 3 号
电话：0902－2723510
邮编：839001

电力宾馆 ★★★
地址：哈密地区哈密市爱国北路 18 号
电话：0902－2259581
邮编：839000

伊河酒店 ★★★
地址：哈密地区伊吾县伊吾镇振兴路 339 号
电话：0902－6722625
邮编：839300

克孜勒苏自治州宾馆 ★★★
地址：阿图什市松它克西 3 院
电话：0908－422115
邮编：845350

启动大酒店 ★★★
地址：阿图什市帕米尔路东一院
电话：0908－4221008
邮编：845350

阿拉山口大陆桥酒店 ★★★
地址：阿拉山口艾比湖北路 1 号
电话：0909－6992259
邮编：833418

昌吉东方大酒店 ★★★
地址：昌吉州昌吉市北京北路 122 号
电话：0994－2369966
邮编：831100

长宁大饭店 ★★★
地址：昌吉州昌吉市长宁路 6 号
电话：0994－6586888
邮编：831100

庆源大酒店 ★★★
地址：昌吉州昌吉市长宁路 2 号
电话：0994－8329000
邮编：831100

园林宾馆 ★★★
地址：昌吉州昌吉市宁边东路 28 号
电话：0994－2368062
邮编：811000

卓越大酒店 ★★★
地址：昌吉州昌吉市南公园路 10 号
电话：0994－2343771
邮编：831100

昌吉市华业宾馆 ★★★
地址：昌吉州昌吉市长宁路 19 号
电话：0994－2888866
邮编：831100

天山天池王母大酒店 ★★★
地址：昌吉州阜康市天山景区
电话：0994－3251116
邮编：831500

奇台宾馆 ★★★
地址：昌吉州奇台县东关街一号
电话：0994－7211917
邮编：831800

吉木萨尔县庭州统一宾馆 ★★★
地址：昌吉州吉木萨尔县北庭路
电话：0994－6981000
邮编：831700

吉木萨尔宾馆 ★★★
地址：昌吉州吉木萨尔县北庭路 43 号
电话：0994－6912443
邮编：831700

吉姆萨尔庭州大酒店 ★★★
地址：昌吉州吉木萨尔县北庭南路 48 号
电话：0994－6923425
邮编：831700

凯德酒店 ★★★
地址：巴音州库尔勒市人民东路 13 号
电话：0996－2092288
邮编：841000

神州大酒店 ★★★
地址：巴音州库尔勒市天山西路 31 号
电话：0996－2221222
邮编：841000

新丽华大酒店 ★★★
地址：巴音州库尔勒市交通西路 5 号
电话：0996－2036588
邮编：841000

金丰大酒店 ★★★
地址：巴音州库尔勒市石化大道
电话：0996－2683333
邮编：841000

天鸿酒店 ★★★
地址：巴音州库尔勒市天山东路 22 号
电话：0996－2267111
邮编：841000

金粮酒店 ★★★
地址：巴音州库尔勒市人民东路 41 号
电话：0996－2016818
邮编：841000

金叶大酒店 ★★★
地址：巴音州库尔勒交通西路 6 号
电话：0996－2619888
邮编：841000

博斯腾宾馆 ★★★
地址：巴音州库尔勒市人民西路 92 号
电话：0996－2022007
邮编：841000

和静东归宾馆 ★★★
地址：巴音州和静县阿尔夏特东路 6 号院
电话：0996－5022265
邮编：841300

和静白天鹅宾馆 ★★★
地址：巴音郭楞蒙古自治州和静县巴音布鲁克区
电话：0996－5350369
邮编：841314

巴州巩乃斯林场天保宾馆 ★★★
地址：巴音郭楞蒙古自治州和静县巩乃斯林场
电话：0996－5390992
邮编：841300

和静县兴合酒店 ★★★
地址：巴音郭楞蒙古自治州和静县查汗通古路南路
电话：0996－5012188
邮编：841300

银鹭宾馆 ★★★
地址：巴音郭楞和硕金县沙滩大雁南路
电话：0996－5984266
邮编：841200

新疆工商局金沙滩干部培训中心 ★★★
地址：巴州和硕县金沙滩海燕中路
电话：0996－5984299
邮编：841200

鑫洋大酒店 ★★★
地址：巴音郭楞蒙古自治州和硕金沙滩
电话：0996－5984082
邮编：841200

焉耆回族自治县宾馆 ★★★
地址：巴州焉耆回族自治县解放路 14 号
电话：0996－6010000
邮编：841100

伊犁宾馆 ★★★
地址：伊犁州伊宁市迎宾路8号
电话：0999－8022429
邮编：835000

金物源酒店 ★★★
地址：伊犁州伊宁市飞机场街3号
电话：0999－8236868
邮编：835000

鸿福伊烟大饭店 ★★★
地址：伊犁州伊宁市解放路116号
电话：0999－8234888
邮编：835000

伊宁市安平大酒店 ★★★
地址：伊犁州伊宁市解放西路229－1号
电话：0999－8138138
邮编：835000

塞外江南度假村 ★★★
地址：伊犁州伊宁市环城北路7号
电话：0999－8229666
邮编：835000

伊犁邮电宾馆 ★★★
地址：伊犁州伊宁市解放路162号
电话：0999－8223844
邮编：835000

伊犁温州大酒店 ★★★
地址：伊犁州伊宁市解放路168号
电话：0999－8218888
邮编：835000

金水缘大酒店 ★★★
地址：伊犁州伊宁市解放西路229号
电话：0999－8165555
邮编：835000

和谐大酒店 ★★★
地址：伊犁州伊宁斯大林街82号
电话：0999－8065180
邮编：835000

伊犁阳光桃园酒店 ★★★
地址：伊犁州伊宁市伊犁河路100号
电话：0999－8325300
邮编：835000

友谊宾馆 ★★★
地址：伊犁州伊宁市斯大林街3巷7号
电话：0999－8023901
邮编：835000

伊犁亚细亚酒店 ★★★
地址：伊犁州伊宁市解放路119号
电话：0999－8031800
邮编：835000

伊犁九城大酒店 ★★★
地址：伊犁州伊宁市边境经济合作区北京路498号
电话：0999－8136999
邮编：835000

奎屯大陆桥酒店 ★★★
地址：伊犁州奎屯市团结南路13号
电话：0992－7322361
邮编：8333024

金泽大酒店 ★★★
地址：伊犁州奎屯市团结南路42号
电话：0992－3291188
邮编：833200

奎屯天悦假日酒店 ★★★
地址：伊犁州奎屯市团结南街72号
电话：0992－3212888
邮编：833200

奎屯宾馆 ★★★
地址：伊犁州奎屯市北京西路57号
电话：0992－3210001
邮编：833200

霍尔果斯天润酒店 ★★★
地址：伊犁州霍尔果斯建设路3号
电话：0999－8791999
邮编：835221

霍城龙岭旅游宾馆 ★★★
地址：伊犁州霍城县果子沟
电话：0999－3291083
邮编：835208

赛里木湖酒店 ★★★
地址：伊犁霍城县新荣东路2号
电话：0999－3032768
邮编：835200

霍尔果斯兰州大酒店 ★★★
地址：伊犁州霍尔果斯五欧路
电话：0999－8794000
邮编：835221

巩留县贵宾馆 ★★★
地址：伊犁州巩留县团结路
电话：0999－5629990
邮编：835400

新源县鸿福源大酒店 ★★★
地址：伊犁州新源县恰普河路166号
电话：0999－5256666
邮编：835800

新源县贵宾馆 ★★★
地址：伊犁州新源县卡普河路82号
电话：0999－5024630
邮编：835800

昭苏同乐大酒店 ★★★
地址：伊犁州昭苏县解放街
电话：0999－6030888
邮编：835600

昭苏县宾馆 ★★★
地址：伊犁州昭苏县解放街71号
电话：0999－6027505
邮编：835600

尼勒克唐布拉大酒店 ★★★
地址：伊犁州尼勒克县幸福路文化广场西侧
电话：0999－4622492
邮编：835700

察布查尔宾馆 ★★★
地址：伊犁州察布查尔锡伯自治县庙拜街乌兰巷
电话：0999－3629888
邮编：835300

绿茵亭园 ★★★
地址：伊犁州察布查尔锡伯自治县平原林场119消防训练基地
电话：0999－3857555
邮编：835300

西部大厦 ★★★
地址：塔城地区塔城市文化路
电话：0901－6230288
邮编：834700

鸿福宾馆 ★★★
地址：塔城地区乌苏市北京东路10号
电话：0992－8511333
邮编：833000

乌苏宾馆 ★★★
地址：塔城地区乌苏市乌鲁木齐北路48号
电话：8511070
邮编：833000

塔城额敏宾馆 ★★★
地址：塔城地区额敏县上户路99号
电话：0901－3352188
邮编：834600

德荣酒店 ★★★
地址：塔城地区沙湾县乌鲁木齐东路166号
电话：0993－6058888
邮编：832100

裕民宾馆 ★★★
地址：塔城地区裕民县巴尔鲁克路
电话：0901－6522001
邮编：834800

金桥大酒店 ★★★
地址：阿勒泰地区阿勒泰市文化路2号
电话：0906－2127566
邮编：836500

地区旅游宾馆迎宾楼 ★★★
地址：阿勒泰地区阿勒泰市公园路205号
电话：0906－2123804
邮编：836500

银路大酒店 ★★★
地址：阿勒泰地区阿勒泰市团结路140号
电话：0906－2135555
邮编：836500

九华大酒店 ★★★
地址：阿勒泰地区布尔津县幸福西路8号
电话：0906－6528088
邮编：836600

布尔津华鑫大酒店 ★★★
地址：阿勒泰地区布尔津县神湖西南路
电话：0906－6526918
邮编：836600

布尔津县阳光大酒店 ★★★
地址：阿勒泰地区布尔津县喀纳斯路
电话：0906－6520118
邮编：836600

布尔津商贸大酒店 ★★★
地址：阿勒泰地区布尔津县神湖西路
电话：0906－6510288
邮编：836600

布尔津神仙湾大酒店 ★★★
地址：阿勒泰地区布尔津县神湖中路5号
电话：0906－6528588
邮编：836600

银泰大酒店 ★★★
地址：阿勒泰地区布尔津县喀纳斯路
电话：0906－6528011
邮编：836600

布尔津友谊峰大酒店 ★★★
地址：阿勒泰地区布尔津县友谊峰路
电话：0906－6526111
邮编：836600

布尔津县旅游宾馆 ★★★
地址：阿勒泰地区布尔津县卧龙湾路4号

电话：0906－6520088
邮编：836600

布尔津县昆仑大酒店 ★★★
地址：阿勒泰地区布尔津县友谊峰北路 131 号
电话：0906－6520885
邮编：836600

布尔津县华瑞酒店 ★★★
地址：阿勒泰地区布尔津县城卧龙湾西路
电话：0906－6529678
邮编：836600

富蕴额河源旅游宾馆 ★★★
地址：阿勒泰地区富蕴县迎宾路 103 号
电话：0906－8722274
邮编：836100

富蕴县山河酒店 ★★★
地址：阿勒泰地区富蕴县赛尔江东路 173 号
电话：0906－8723123
邮编：836100

哈巴河旅游宾馆 ★★★
地址：阿勒泰地区哈巴河县文化路 2 号
电话：0906－6622611
邮编：836700

吉木乃县冰川酒店 ★★★
地址：阿勒泰地区吉木乃县光明路 1 号
电话：0906－6186618
邮编：836800

旅游景区

乌鲁木齐水磨沟生态旅游区 AAAA
地址：乌鲁木齐市水磨沟路 46 号
电话：0991－4684055　4684116
邮编：830002

红山公园 AAAA
地址：乌鲁木齐市红山路 2 号
电话：0991－8855671　8848416
邮编：830002

乌鲁木齐红光山景区 AAAA
地址：乌鲁木齐米东南路 2 号
电话：0991－4889165　4626888
邮编：830002

新疆民街 AAAA
地址：乌鲁木齐市龙泉街 349 号
电话：0991－2828688　2841078
邮编：830002

中国彩棉科技园 AAAA
地址：乌鲁木齐市乌昌路 18 号
邮编：830002

乌鲁木齐西山老君庙 AAAA
地址：乌鲁木齐市西山路 104 团团场机关西侧
邮编：830002

乌鲁木齐市雅马里克山旅游风景区 AAA
地址：乌鲁木齐市
电话：0991－4582337
邮编：830002

乌鲁木齐市盐湖生态旅游区 AAAA
地址：乌鲁木齐市达坂城区
电话：0991－5941189　5940150
邮编：830002

盐湖生态旅游区 AAAA
地址：乌鲁木齐市达坂城区盐湖
电话：0991－5941189　5940150
邮编：830063

农十二师九龙生态园 AAAA
地址：乌鲁木齐市沙依巴克区
邮编：830000

乌鲁木齐市六十户乡生态渔村 AA
地址：乌鲁木齐市六十户乡
电话：0991－3946086
邮编：830002

乌鲁木齐卧龙岗庄园 A
地址：乌鲁木齐市
邮编：830002

中科院生地所标本馆 AA
地址：乌鲁木齐北京南路 40 附 3 号
电话：0991－7885484
邮编：830011

乌鲁木齐天牧玫瑰园 AA
地址：乌鲁木齐市南郊水西沟镇
电话：0991－5963728
邮编：830002

乌鲁木齐板房沟科技示范基地 AA
地址：乌鲁木齐市南郊板房沟乡
邮编：830002

乌鲁木齐市雷鸣山庄 A
地址：乌鲁木齐市安宁渠乡
邮编：830002

新疆维吾尔自治区博物馆 AAAA
地址：乌鲁木齐市西北路 581 号
电话：0991－4552826　4534452
邮编：830000

水上乐园 AA
地址：乌鲁木齐市三甬碑
电话：0991－2864877
邮编：830049

乌鲁木齐市植物园 AAA
地址：乌鲁木齐市北京北路 30 号
电话：0991－6626679　6636503
邮编：830011

燕儿窝风景区 AA
地址：乌鲁木齐市燕儿窝路 53 号
电话：0991－2886970　2863593
邮编：830002

乌鲁木齐市天山大峡谷景区 AAAAA
地址：乌鲁木齐县板房沟乡
电话：0991－5922710　5922976
邮编：830002

沙海绿珠海洋世界 AAA
地址：乌鲁木齐市迎宾路 158 号
电话：0991－3730887　3733229
邮编：830002

乌鲁木齐市儿童公园 AAA
地址：乌鲁木齐市友好北路 29 号
电话：0991－4846436　4817201
邮编：830002

乌鲁木齐市人民公园 AAA
地址：乌鲁木齐市公园北街 25 号
电话：0991－5832486
邮编：830002

乌鲁木齐市新疆天山野生动物园 AAAA
地址：乌鲁木齐市达坂城区原天山牧场
电话：0991－591825
邮编：830039

乌鲁木齐市丝绸之路国际度假区 AAAA
地址：乌鲁木齐市
电话：0991－5911111
邮编：830002

乌鲁木齐县苜蓿台生态公园 AAAA
地址：乌鲁木齐市乌鲁木齐县托里乡
电话：0991－4532440
邮编：830063

乌鲁木齐东白杨沟绿野山庄风景区 AAA
地址：乌鲁木齐市乌鲁木齐县板房构乡
电话：0991－4501295　5931588
邮编：830063

乌鲁木齐市银都度假村 AA
地址：乌鲁木齐市乌鲁木齐县水西沟镇
电话：0991－5960266
邮编：830037

克拉玛依河景区 AAAA
地址：克拉玛依市
电话：0990－6258312　6258309
邮编：834000

魔鬼城景区 AAAA
地址：克拉玛依市乌尔禾区
电话：0990－6964709　6969919
邮编：834012

恐龙文化苑 AAA
地址：克拉玛依市乌尔禾区
邮编：834012

白沙滩 AAA
地址：克拉玛依采油二厂以南
邮编：834000

克拉玛依市展览馆 AA
地址：克拉玛依市准格尔路 13 号
电话：0990－6883287
邮编：834000

克拉玛依市雅典娜游泳馆 AA
地址：克拉玛依市迎宾路 69 号
电话：0990－6845898
邮编：834000

克拉玛依市白杨河大峡谷 AA
地址：克拉玛依市
邮编：834000

克拉玛依市大漠高尔夫球场 AA
地址：克拉玛依市迎宾路 30 号
电话：0990－6238236
邮编：834000

新疆生产建设兵团军垦博物馆 AAAA
地址：石河子市北子午路
邮编：832000

驼铃梦坡沙漠生态旅游景区 AAAA
地址：新疆生产建设兵团农八师 150 团
电话：0993－5160988
传真：0993－5161099
邮编：832000

石河子市屯垦第一连 AA
地址：石河子市二十号小区 249 号
电话：0993－2815934
邮编：832002

石河子市巴音山庄 AA
地址：石河子市
电话：0993－6911216
邮编：832116

石河子高新农业技术示范园区 AA
地址：石河子市
电话：0993－2254187
邮编：832011

石河子市北湖旅游风景区 AA
地址：石河子大泉沟玛管理处
电话：0993－5671206
邮编：832042

石河子周恩来纪念碑馆 AA
地址：石河子市周恩来纪念馆管理理处
电话：0993－5671206
电话：0993－2250530
邮编：832011

喀什市艾提尕尔民俗文化旅游区 AAAA
地址：喀什地区喀什市市中心
电话：0998－2823235
邮编：844000

喀什市西山民族风情园 AAA
地址：喀什地区喀什市阿瓦提路
电话：0998－2918868
邮编：844000

喀什市玉素甫·哈斯·哈吉甫墓 AA
地址：喀什地区喀什市体育路
邮编：844000

喀什盘橐城 AA
地址：喀什地区喀什市
邮编：844000

喀什香妃墓 AA
地址：喀什地区喀什市
电话：0998－2822638
邮编：844000

疏附县大众旅游度假村 AA
地址：喀什地区疏附县
邮编：844100

金湖杨国家森林公园 AAAAA
地址：喀什地区泽普县
电话：0998－8248560
邮编：844800

麦盖提县刀郎文化广场 AA
地址：喀什地区麦盖提县
邮编：844600

库木库萨尔乡刀郎农民画创作基地 AA
地址：喀什地区麦盖提县库木库萨尔乡
邮编：844600

喀什岳普湖县达瓦昆沙漠旅游风景区 AAAA
地址：喀什地区岳普湖县
电话：0998－6820202　6820201
邮编：844400

喀什地区红海湾旅游景区 AAAA
地址：喀什地区巴楚县红海乡
电话：0998－6175093
邮编：843800

阿克苏银沙湾旅游度假村 AAA
地址：阿克苏市
电话：0997－2998015
邮编：843000

阿克苏塔里木祥龙湖风景区 AA
地址：阿克苏地区阿克苏市喀拉塔勒镇
邮编：843000

多浪公园 A
地址：阿克苏地区阿克苏市西大街 38 号
邮编：843000

温宿大峡谷 AAA
地址：阿克苏地区温宿县
电话：0997－4537666
邮编：843100

阿克苏天山神木园 AAAA
地址：阿克苏地区温宿县县城 60 公里处
电话：0997－4498058
邮编：843100

温宿县稻香园度假村 A
地址：阿克苏区温宿县
邮编：843100

龟兹绿洲生态园 AAAA
地址：阿克苏地区库车县塔化路东 19 号
电话：0997－7331155　7331199
邮编：842000

库车王府景区 AAAA
地址：阿克苏地区库车县老城林基路街
电话：0997－7210013　7211616
邮编：842000

阿克苏天山神秘大峡谷景区 AAAA
地址：阿克苏地区库车县
电话：0997－6782400
邮编：842000

沙雅县园中园休闲度假村 A
地址：阿克苏区沙雅县古力巴克乡
电话：0997－8331229
邮编：842200

阿凡提多浪部落 AAA
地址：阿克苏地区阿瓦提县洋瓦力克镇
电话：0997－5096316　5096318
邮编：843200

阿克苏地区刀郎部落 AAAA
地址：阿克苏地区阿瓦提县刀郎部落
电话：0997－5251528　5121088
邮编：843200

和田圣树园景区 AAA
地址：和田地区和田市乌鲁木齐南路 89 号
电话：0903－2090004　2090088
邮编：848000

和田乌鲁瓦提风景区 AAAA
地址：和田地区皮山县固玛镇
电话：0903－2090004
邮编：845150

和田核桃王景区 AAA
地址：和田地区墨玉县阿克沙拉依乡
电话：0903－6566616
邮编：848100

吐鲁番葡萄沟游乐园 AAAAA
地址：吐鲁番地区吐鲁番市葡萄乡
电话：0995－8614806　8614688
邮编：838000

吐鲁番坎儿井民俗园 AAAA
地址：吐鲁番地区吐鲁番市新城路 1618 号
电话：0995－7685988
邮编：838000

吐鲁番坎儿井乐园 AAAA
地址：吐鲁番地区吐鲁番市亚尔乡亚尔村
电话：0995－8687802　8687606
邮编：838000

吐鲁番火焰山景区 AAAA
地址：吐鲁番地区吐鲁番市东北
电话：0995－8696018　8696010
邮编：838000

吐鲁番市大漠土艺馆 AAA
地址：吐鲁番地区吐鲁番市胜金
电话：0995－8689066
邮编：838000

吐鲁番沙漠生态旅游风景区 AAA
地址：吐鲁番地区吐鲁番市恰特卡勒乡
电话：0995－8834992　8678718
邮编：838000

吐鲁番地区库木塔格沙漠风景区 AAAA
地址：吐鲁番地区鄯善县城南
电话：0995－8388888　8389782
邮编：838200

鄯善县吐峪沟景区 AAA
地址：吐鲁番地区鄯善县
邮编：838200

哈密天山风景名胜区 AAAA
地址：哈密地区哈密市天山西路 2 号
电话：0902－2266456　6858111
邮编：839000

哈密亚尔丹风景旅游区 AAAA
地址：哈密地区哈密市五堡乡
电话：0902－2250319　6619405
邮编：839000

哈密王府景区 AAAA
地址：哈密地区哈密市环城路 8 号
电话：0902－2389699　2389158
邮编：839000

哈密瓜园 AAA
地址：哈密地区哈密市花园乡
电话：0902－2380456
邮编：839000

哈密金色年华度假村 AAA
地址：哈密地区哈密市牙吾龙开发区
电话：0902－2352698　2235201
邮编：839000

哈密天山之夏狩猎场 AA
地址：哈密地区哈密市广东路 210 号
电话：0902－2255235
邮编：839000

哈密天宝康乐中心 AA
地址：哈密地区哈密市爱国北路 8 号
电话：0902－2261168
邮编：839000

伊吾胡杨林生态园 AAAA
地址：哈密地区伊吾县
邮编：839300

伊吾县伊水园 AAA
地址：哈密地区伊吾县宾河路
电话：0902－6721780
邮编：839300

巴里坤县怪石山旅游度假村 AA
地址：哈密地区巴里坤县
电话：0902－6826677
邮编：839200

巴里坤县古城景区 AAAA
地址：哈密地区巴里坤县城南街榆树巷 5 号
电话：0902－6822025　6822627
邮编：839200

喀拉库勒湖风景区 AA
地址：克孜勒苏柯尔克孜自治州阿克陶县布伦口乡苏巴什村
邮编：845550

阿克陶县克州冰川公园 AAAA
地址：克孜勒苏柯尔克孜自治州阿克陶县奥依塔克镇皮拉力村
电话：0908－2651891
邮编：845550

博州怪石峪旅游风景区 AAAA
地址：博尔塔拉州博乐市
电话：0909－2223292
邮编：833400

博州青格里度假村 A
地址：博尔塔拉州博乐市
电话：0909－6925018
邮编：833400

博州赛里木湖风景区 AAAA
地址：博尔塔拉州博乐市北京路
电话：0909－6281208　6288299
邮编：833400

温泉县博格达尔森林公园 AAA
地址：博尔塔拉州温泉县博格达镇孟克特北街 93 号
电话：0909－8222715
邮编：833500

博格达温泉度假村 AA
地址：博尔塔拉州温泉县博格达镇
电话：0909－8222715
邮编：833500

昌吉市人民公园 AA
地址：昌吉州昌吉市边东路 3 号
电话：0994－2344642
邮编：831100

昌吉黑马科技园 AAA
地址：昌吉州昌吉市佃坝乡二畦坪村
电话：0994－2220666
邮编：831100

青格达湖旅游风景区 AAAA
地址：昌吉州昌吉市五家渠镇
邮编：831100

昌吉州清水泉旅游度假村 A
地址：昌吉州昌吉市硫磺河镇清水泉
电话：0994－2740031
邮编：831114

昌吉市绿野山庄 A
地址：昌吉州昌吉市
邮编：831100

昌吉杜氏旅游度假村 AAAA
地址：昌吉州昌吉市六工镇
电话：0994－2201858　2405088
邮编：831100

阜康天镜神池民俗旅游文化园 AAA
地址：昌吉州阜康市
电话：0994－3253055
邮编：831500

天山天池风景名胜区 AAAAA
地址：昌吉州阜康市三工河乡
电话：0994－3522232　3526582
邮编：831500

瑶池园 AA
地址：昌吉州阜康市
邮编：831500

呼图壁县世纪公园 AAAA
地址：昌吉州呼图壁县乌伊路 14 号
电话：0994－4505211
邮编：831200

呼图壁县公园 A
地址：昌吉州呼图壁县东风大街 129 号
电话：0994－4511661
邮编：831200

昌吉州玛纳斯县黑梁湾山庄 AAA
地址：昌吉州玛纳斯县包家店镇黑梁湾胡家庄村
电话：0994－6331600
邮编：832200

昌吉州玛纳斯县北公园 A
地址：昌吉州玛纳斯县团结北路 221 号
电话：0994－6668254
邮编：832200

阜康市恒泰齐鲁山庄 AAA
地址：昌吉州阜康市三工乡
电话：0994－3253058
邮编：831500

一万泉旅游度假村 AAA
地址：昌吉州奇台县农六师奇台农场哈拉萨依沟
邮编：831800

奇台县江布拉克景区 AAAA
地址：昌吉州奇台县东大街
电话：0994－7210178
邮编：831800

吉木萨尔北庭园 AAA
地址：昌吉州吉木萨尔县
邮编：831700

巴州莲花湖风景旅游区 AAA
地址：巴州库尔勒市塔什店南路
电话：0996－2182288
邮编：841000

巴州相思湖旅游度假区 AAAA
地址：巴州焉耆县四十里城子镇
电话：0996－6362229　6362222
邮编：841000

铁门关景区 AAA
地址：巴州库尔勒市铁门关电厂
电话：0996－2123721
邮编：841000

巴州金海湾疗养培训中心 AA
地址：巴州库尔勒市
邮编：841000

巴音郭楞州轮台县塔里木胡杨林公园 AAAA
地址：巴州轮台县轮南镇
电话：0996－4947756　2122259
邮编：841600

巴州罗布人村寨 AAAA
地址：巴州尉犁县墩阔坦乡
电话：0996－2034896　2034876
邮编：841500

和静县巴音布鲁克景区 AAAA
地址：巴音郭楞蒙古自治州和静县
电话：0996－5022875　5016439
邮编：841300

巴州和硕县金沙滩旅游度假区 AAAA
地址：巴州和硕县
电话：0996－5984118　5984018
邮编：841200

巴州植物芳香科技园 AAA
地址：巴州和硕县曲惠乡
电话：0996－5984667　5984625
邮编：841200

巴州湖阿洪口旅游风景区 AAAA
地址：巴州博湖县阿洪口旅游区
电话：0996－2093031
邮编：841400

博湖县博斯腾湖南岸景区 AAAAA
地址：巴州博湖县团结西路
电话：0996－6625902
邮编：841400

伊犁州伊宁市城市海景 AAA
地址：伊犁州伊宁市汉宾乡
电话：0999－8327588
邮编：835000

阿拉木图亚风情园 AAA
地址：伊犁州伊宁市英也尔乡
邮编：835000

伊宁市伊犁河民族文化旅游村 AA
地址：伊犁州伊宁市新环路伊犁河北岸塔什库勒克乡
邮编：835000

伊犁州托乎拉苏景区 AAAA
地址：伊犁州伊宁县
邮编：835100

伊犁州惠远古城景区 AAAA
地址：伊犁州霍城县
电话：0999－3025892　3031966
邮编：835200

伊犁霍城县可克达拉风情园 AAA
地址：伊犁州霍城县
电话：0999－3207888
邮编：835200

巩留县库尔德宁生态旅游区 AAAA
地址：伊犁州巩留县
电话：0999－5620790　6780225
邮编：835400

巩留县野核桃林景区 AAAA
地址：伊犁州巩留县城东南部
电话：0999－5620790　5620086
邮编：835400

巩留县塔里木云岭山庄 AAAA
地址：伊犁州巩留县
邮编：835400

那拉提胜草原旅游区 AAAAA
地址：伊犁州新源县那拉提镇
电话：0999－5301108
邮编：835800

新源县西域酒文化博物馆 AAA
地址：伊犁州新源县肖尔布拉克镇
电话：0999－5269999　5263619
邮编：835800

科桑溶洞国家森林公园 AAA
地址：伊犁州特克斯县乔拉克铁热克乡
邮编：835500

阿克塔斯避暑山庄 AA
地址：伊犁州尼勒克县乔尔玛
电话：0999－8020055
邮编：835800

伊犁尼勒克次森林度假村 AA
地址：伊犁州尼勒克县
电话：0999－4624898
邮编：835700

伊犁州湿地古杨风景区 AAAA
地址：伊犁州尼勒克县
邮编：835700

察布查尔锡伯自治县锡伯民俗风情园 AAAA
地址：伊犁州察布查尔锡伯县孙扎齐牛录乡
电话：0999－3948889
邮编：835300

察布查尔锡伯自治县清水湖生态旅游度假村 AAA
地址：伊犁州察布查尔锡伯自治县
邮编：835300

伊犁察县吉快旅游度假村 AAA
地址：伊犁州察布查尔锡伯县
邮编：835300

塔城市垂钓公园 A
地址：塔城地区塔城市文化路三水巷
电话：0901－6221419　6267429
邮编：834700

新疆乌苏佛山森林公园 AAA
地址：塔城地区乌苏市和平路 9 号
电话：0992－8501890
邮编：833000

塔城沙湾县温泉旅游区 AAA
地址：塔城地区沙湾县西戈壁镇
电话：0993－6018971　6020529
邮编：832100

沙湾县三道河子林场森林公园 AAA
地址：塔城地区沙湾县三道河子林场
电话：0993－6106266
邮编：832100

沙湾县鹿角湾景区 AAA
地址：塔城地区沙湾县
电话：0993－6018971　6020529
邮编：832100

沙湾县森林公园 A
地址：塔城地区沙湾县三道河子林场
电话：0993－6106266
邮编：832100

塔城地区沙湾县东大塘旅游区 A
地址：塔城地区沙湾县
邮编：832100

裕民县塔斯特风景旅游区 AAA
地址：塔城地区裕民县
电话：0901－6521442
邮编：824800

塔城地区巴尔鲁克旅游风景区 AAAA
地址：塔城地区裕民县
邮编：834800

阿勒泰桦林公园 AAA
地址：阿勒泰市
电话：0906－2153258　2153778
邮编：836500

阿勒泰五指泉景区 AAA
地址：阿勒泰市汗德尕特蒙古族乡
电话：0906－2892308　2815113
邮编：836500

金山森林公园 AAA
地址：阿勒泰市园林路 100 号
电话：0906－2153307
邮编：836500

阿勒泰大小东沟景区 AA
地址：阿勒泰市克郎河上游
邮编：836500

阿勒泰市塘巴湖水上乐园 AA
地址：阿勒泰市红墩乡
邮编：836500

阿勒泰市齐背岭旅游区 AA
地址：阿勒泰市
邮编：835600

阿勒泰地区文物博物馆 AA
地址：阿勒泰市解放路 245 号
电话：0906－2122947
邮编：836500

阿勒泰市金山葡萄风景区 AAA
地址：阿勒泰市团结路 14 号
电话：0906－2125640
邮编：836500

阿勒泰市驼峰景区 AA
地址：阿勒泰市
邮编：836500

阿勒泰市额河奇石古城 A
地址：阿勒泰市
邮编：836500

阿勒泰地区矿产陈列馆 A
地址：阿勒泰市友好路 16 号
邮编：836500

布尔津县阳光沙滩 A
地址：阿勒泰地区布尔津县窝依莫克乡托洪台村
邮编：836600

喀纳斯风景名胜区 AAAAA
地址：阿勒泰地区布尔津县境内
电话：0906－6525586　6524464
邮编：836600

布尔津五彩滩景区 AAAA
地址：阿勒泰地区布尔津县也格孜托别乡
电话：0906－6527792　6528887
邮编：836600

富蕴县可可托海景区 AAAAA
地址：阿勒泰地区富蕴县赛尔江西路
电话：0906－8728089　8728810
邮编：836100

阿勒泰地区福海海滨旅游区 AAA
地址：阿勒泰地区福海县
电话：0906－3472163
邮编：836400

阿勒泰地区乌伦古湖景区 AAAA
地址：阿勒泰地区福海县
电话：0906－3472330　3473065
邮编：836400

阿勒泰地区哈巴河县白桦树景区 AAAA
地址：阿勒泰地区哈巴河县
电话：0906－6627218　6626838
邮编：836700

青河县白桦公园 A
地址：阿勒泰地区青河县
邮编：836200

青河县天林度假村 A
地址：阿勒泰地区青河县
邮编：836200

餐　馆

乌鲁木齐市小肥羊餐饮有限公司
地址：乌鲁木齐市天山区体育馆路 16 号
电话：0991－2620352
邮编：830002

17 号抓饭王（和田街总店）
地址：乌鲁木齐市沙依巴克区和田街 268 号
电话：0991－5890117
邮编：830002

绿茵格西餐厅
地址：乌鲁木齐市建设路 8 号
电话：0991－2846777
邮编：830002

米兰餐厅
地址：乌鲁木齐市天山区新华南路
电话：0991－8529999
邮编：830002

沃尔曼宴会厅
地址：乌鲁木齐市胜利路 436 号
电话：0991－2886136
邮编：830002

米拉吉饭店（总店）
地址：乌鲁木齐市胜利路二巷 31 号
电话：0991－2885522
邮编：830002

大巴扎宴会厅
地址：乌鲁木齐市解放南路 8 号
电话：0991－8555485
邮编：830002

昆仑宾馆餐厅
地址：乌鲁木齐市友好北路
电话：0991－4840411
邮编：830000

友谊宾馆餐厅
地址：乌鲁木齐市南郊棋盘山下
电话：0991－2564222
邮编：830001

新疆饭店餐厅
地址：乌鲁木齐市长江路南口
电话：0991－5852511
邮编：830000

丝绸之路宾馆餐厅
地址：乌鲁木齐市延安路 52 号附 1 号
电话：0991－2558899
邮编：830001

新疆银都酒店餐厅
地址：乌鲁木齐市西北路 39 号
电话：0991－4536688
邮编：830000

明园新时代大酒店餐厅
地址：乌鲁木齐市友好北路 7 号
电话：0991－4818688
邮编：830000

新疆新融大厦餐厅
地址：乌鲁木齐市人民路 20 号
电话：0991－2841166
邮编：830002

新疆伊犁大酒店餐厅
地址：乌鲁木齐市长江路 80 号
电话：0991－5856888
邮编：830000

新疆博格达宾馆餐厅
地址：乌鲁木齐市光明路 10 号
电话：0991－2823910
邮编：830002

新疆汇源酒店餐厅
地址：乌鲁木齐市新华南路 9 号
电话：0991－2305678
邮编：830002

新疆国际博览中心餐饮广场
地址：乌鲁木齐市友好北路
电话：0991－4812869
邮编：830000

潮盛百年餐饮有限公司
地址：乌鲁木齐市扬子江路
电话：0991－4558016
邮编：830002

乌鲁木齐回府家宴餐饮有限公司
地址：乌鲁木齐市体育馆路
电话：0991－2644168
邮编：830002

乌鲁木齐醉爱江湖
地址：乌鲁木齐市扬子江路
电话：0991－4501038
邮编：830002

乌鲁木齐牧羊人手抓肉酒店
地址：乌鲁木齐市体育馆路
电话：0991－2618808
邮编：830000

华都金百万餐饮广场
地址：乌鲁木齐市友好南路
电话：0991－4527899
邮编：830000

新疆沙巴斯巴西烤肉
地址：乌鲁木齐市光明路
电话：0991－8860601
邮编：830000

乌鲁木齐市口福轩饮食有限公司
地址：乌鲁木齐市河南西路
电话：0991－3844499
邮编：830000

五月花餐饮文化连锁有限公司
地址：乌鲁木齐市黄河路 57 号
电话：0991－8249249
邮编：830002

美食家大酒店
地址：乌鲁木齐市克拉玛依东路 68 号
电话：0991－4641380
邮编：830002

全味居
地址：乌鲁木齐市幸福路美食一条街
电话：0991－8827979
邮编：830002

春满楼川菜馆
地址：乌鲁木齐市河滩北路 38 号
电话：0991－4545803
邮编：830002

重庆酒家
地址：乌鲁木齐市南湖路
电话：0991－2821292
邮编：830002

海德酒店格兰西餐厅
地址：乌鲁木齐市东风路 1 号
电话：0991－2322828
邮编：830002

老回民饭庄
地址：乌鲁木齐市西北路 209 号
电话：0991－4816552
邮编：830002

伊斯兰大饭店
地址：乌鲁木齐市中山路 22 号
电话：0991－2811017
邮编：830002

木卡姆宴会厅
地址：乌鲁木齐市解放南路 134 号
电话：0991－2863452
邮编：830002

五月花（清真）
地址：乌鲁木齐市和田街 37 号
电话：0991－8955555
邮编：830002

李桂兰清真餐厅
地址：克拉马依市油建路口
电话：0990－6846786
邮编：834000

香麦西餐厅
地址：克拉马依市红星商业街
电话：0990－6876909　6878528
邮编：834000

川江酒家
地址：克拉马依市安庆路 14 号
电话：0990－3682788
邮编：834000

阿凡提餐厅
地址：克拉马依市通讯路 38 号
电话：0990－6289983
邮编：834000

万家灯火私家菜馆
地址：石河子市服装城
电话：0993－2516999　2302966
邮编：832000

庆丰楼酒店
地址：石河子市西一路 298 号
电话：0993－7520888
邮编：832000

三宫海鲜酒楼
地址：石河子市开发区北子午路 195 号
电话：0993－2619669　2619668
邮编：832000

金狮子清真饭庄
地址：石河子市西环路
电话：0993－2029966
邮编：832000

喀什紫晶饮食有限公司
地址：喀什地区喀什市火车站
电话：0998－2612082
邮编：844000

喀什市小肥羊火锅城
地址：喀什地区喀什市解放南路 86 号
电话：0998－2533331
邮编：844000

喀什市九头鸟餐厅
地址：喀什地区喀什市体育路 13 号
电话：13031285485
邮编：844000

喀什市白金餐饮有限责任公司
地址：喀什地区喀什市帕合塔巴扎南路 51 号
电话：1389916611
邮编：844000

喀什市天南饮食服务有限责任公司酒楼
地址：喀什地区喀什市人民东路 272 号
电话：0998－2824438
邮编：844000

喀什市小天南酒店
地址：喀什地区喀什市人民路 69 号
电话：0998－2827116
邮编：844000

喀什市凯旋门酒店
地址：喀什地区喀什市解放南路 116 号
电话：0998－2533319
邮编：844000

喀什市仕林餐馆
地址：喀什地区喀什市克孜都维
电话：0998－2839063
邮编：844000

喀什市明园餐厅
地址：喀什地区喀什市文化路 35 号
电话：0998－2527007
邮编：844000

阿克苏市天府大酒店
地址：阿克苏地区阿克苏市西大街
电话：0997－2121050
邮编：843000

阿克苏市天南酒楼
地址：阿克苏地区阿克苏市迎宾路 54 号
电话：0997－2525288
邮编：843000

阿克苏食为先餐厅
地址：阿克苏地区阿克苏市北大街
电话：0997－2135958
邮编：843000

和田红星大酒家
地址：和田地区和田市北京西路 11 号
电话：0903－2025896
邮编：848000

老克曼餐厅
地址：和田地区和田市纳瓦格路 9 号
电话：0903－2029744
邮编：848000

赛尔吐格特餐厅
地址：和田地区和田市古江南路 6 号
电话：0903－2029990
邮编：848000

天福宫餐饮广场
地址：吐鲁番地区吐鲁番市老城西路

电话：0995－8527564
邮编：838000

吐鲁番市星海酒家
地址：吐鲁番地区吐鲁番市高昌路
电话：0995－8523852
邮编：838000

吐鲁番市香格里拉酒家
地址：吐鲁番地区吐鲁番市
电话：0995－8533772
邮编：838000

吐鲁番地区丝路餐厅
地址：吐鲁番地区吐鲁番市柏孜克里克路
电话：0995－8510189
邮编：838000

哈密市饮食服务公司民族餐厅
地址：哈密地区哈密市中山北路
电话：0902－2232543
邮编：839000

湘菜馆
地址：哈密地区哈密市胜利路
电话：0902－2236882
邮编：839000

哈密市天山餐厅
地址：哈密地区哈密市天山东路86号
电话：0902－2230145
邮编：839000

哈密市蜀山饮食文化有限责任公司
地址：哈密地区哈密市建国北路
电话：0902－2265278
邮编：839000

哈密市食神餐饮娱乐有限公司
地址：哈密地区哈密市天山北路111号
电话：0902－2362598
邮编：839000

鸿宾楼美食城
地址：博乐市团结路99号
电话：0909－2285559
邮编：833400

昌吉市山峰餐厅
地址：昌吉市北京南路
电话：0994－2565785
邮编：831100

昌吉市三宫海鲜餐饮娱乐有限公司
地址：昌吉市北京南路
电话：13039400840
邮编：831100

红枣园餐厅
地址：库尔勒市团结北路
电话：0996－2028667
邮编：841000

米泉特色餐厅
地址：库尔勒市沙依巴格路
电话：0996－6758112
邮编：841000

伊宁北京餐厅
地址：伊宁市军垦路
电话：0999－8127302
邮编：835000

伊和烤鸭店
地址：伊宁市解放西路城市花园旁
电话：0999－8120686　8121758
邮编：835000

迎春阁酒楼
地址：伊宁市斯大林路二巷南侧
电话：0999－8025918
邮编：835000

山里人家
地址：阿勒泰市金三路二道巷
电话：0906－2131886
邮编：836500

旅游用品

新疆和合玉器有限公司
地址：乌鲁木齐市南湖东路28号
电话：0991－4626588
邮编：830063
网址：www. xjyu. net

乌鲁木齐丝绸之路有限责任公司
地址：乌鲁木齐市北京南路5号
电话：0991－8367875
邮编：830000

新疆意品轩工艺美术公司
地址：乌鲁木齐市新民东街南一巷38号
电话：0991－4615632
邮编：830002

乌鲁木齐市月海轩玉器专卖店
地址：乌鲁木齐市青年路北一巷2号
电话：0991－8830666
邮编：830002

乌鲁木齐老山和田玉有限公司
地址：乌鲁木齐市解放北路73号
电话：0991－8110518
邮编：830002

新疆名家古玩玉器城
地址：乌鲁木齐市幸福路9号
电话：0991－2613577
邮编：830002

新疆华玉城和田玉交易中心
地址：乌鲁木齐市苏州路466号
电话：0991－3690186　3670366
邮编：830011

阿娜古丽民族工艺小刀有限公司
地址：乌鲁木齐市
电话：0991－8683110
邮编：830001

新疆特色民街有限公司
地址：乌鲁木齐市龙泉街中段
电话：0991－2115180
邮编：830002

阿凡提国际贸易有限公司
地址：乌鲁木齐市北京路39号
电话：0991－7828320
邮编：830011

乌鲁木齐市玉龙河玉器有限公司
地址：乌鲁木齐市友好北路
电话：0991－4815105
邮编：830013

新疆百石缘工美有限公司
地址：乌鲁木齐市北京南路22号
电话：0991－3668029
邮编：830011

喀什河和田玉交易中心
地址：乌鲁木齐市新华北路
电话：0991－2029999
邮编：830002

乌鲁木齐市玉缘阁工贸有限责任公司
地址：乌鲁木齐市友好南路103号天隆大厦
电话：0991－2848818
邮编：830002

乌鲁木齐市月海轩玉器专卖店
地址：乌鲁木齐市青年路北一巷2号
电话：0991－8830666
邮编：830002

新疆天山珠宝厂
地址：乌鲁木齐市阿勒泰路
电话：0991－3835880
邮编：830054

新疆瑞玉祥玉石雕刻厂
地址：乌鲁木齐市友好北路
电话：0991－4838751
邮编：830002

乌鲁木齐丝路地毯制造有限公司
地址：乌鲁木齐市奇台路
电话：0991－5813292
邮编：830002

乌鲁木齐市地毯总厂
地址：乌鲁木齐市经二路
电话：0991－5813297
邮编：830002

乌鲁木齐哈玛铜制工艺品有限公司
地址：乌鲁木齐市新华南路
电话：0991－8556325　8556466
邮编：830002

乌鲁木齐市富士特珠宝玉器城
地址：乌鲁木齐市中山路373号
电话：0991－2312888　2827560
邮编：830002

新疆汇华珠宝有限公司
地址：乌鲁木齐市友好北路6号
电话：0991－4843862　13579955655
邮编：830000
网址：www. htyu. net

珍宝斋
地址：乌鲁木齐市友好北路
电话：0991－4832937
邮编：830000

新疆地矿真珍珠宝商城
地址：乌鲁木齐市友好北路
电话：0991－4812270
邮编：830000
网址：www. zhenzhen. cn

冰河玉器行
地址：乌鲁木齐市友好北路
电话：0991－4843806
邮编：830002

三友老玉器专卖店
地址：乌鲁木齐市碾子沟白玉城
电话：0991－4510831
邮编：830002

喀什玉龙珠宝玉雕有限公司
地址：喀什地区喀什市人民西路
电话：0998－2831595
邮编：844000

喀什市新艺工艺美术(集团)有限责任公司
地址：喀什地区喀什市色满路5号
电话：0998－2822700
邮编：844000

喀什古城民族用品有限责任公司
地址：喀什地区喀什市克孜都维路
电话：0998－2554599
邮编：844000

新疆旭新民族手工艺品公司
地址：喀什地区喀什市人民路
电话：0998－2650702
邮编：844000

新疆喀什娜扎尔民族工艺有限公司
地址：喀什地区喀什市
电话：0998－3185247
邮编：844000

喀什国玉城珠宝玉器有限公司
地址：喀什地区喀什市吾斯塘博依路208号
电话：0998－6462666
邮编：844000

和田地区工艺美术有限公司
地址：和田地区和田市塔乃依南路
电话：0903－2022370
邮编：848000
网址：www.njgold.com

和田市玉河玉雕厂
地址：和田地区和田市
电话：0903－2024199
邮编：848000

和田地毯有限责任公司
地址：和田地区和田市
电话：0903－2054025
邮编：848000

新疆和田地区月海轩玉器专卖一部
地址：和田地区和田市塔乃南路4号
电话：0903－2023993
邮编：848000

新疆和田地区月海轩玉器专卖二部
地址：和田地区和田市塔乃南路4号
电话：0903－20222563
邮编：848000

新疆和田市玉器玉雕工艺品厂
地址：和田地区和田市团结路
电话：0903－2024245
邮编：848000

新疆和田市天宝商行
地址：和田地区和田市北京北路
电话：0903－7821608
邮编：848000

富士特珠宝实业有限责任公司
地址：巴音郭楞蒙古自治州库尔勒市人民东路
电话：0996－2011888
邮编：841000

库尔勒中艺石雕有限责任公司
地址：巴音郭楞蒙古自治州库尔勒市314国道东山坡路
电话：0996－2095151
邮编：841000

和硕县地毯厂
地址：巴音郭楞蒙古自治州和硕县清水河南路
电话：0996－5622287
邮编：841200

新疆伊宁市金银首饰厂
地址：伊犁哈萨克自治州伊宁市飞机场街74号
电话：0999－8224035
邮编：835000

旅游交通

新疆新月国际旅客运输有限公司
地址：乌鲁木齐市友好北路（新华北路258号）
电话：0991－4551333
邮编：830002

新疆维吾尔自治区国宾汽车总队
地址：乌鲁木齐市沙依巴克区西环中路461号
电话：0991－4836237
邮编：830000

新疆旅游汽车公司
地址：乌鲁木齐市幸福路62号
电话：0991－7795800　2620669
邮编：830002

新疆国旅车队
地址：乌鲁木齐市
电话：0991－2825794
邮编：830002

新疆中青旅游汽车有限公司
地址：乌鲁木齐市
电话：0991－2301037　2320418
邮编：830002

新疆中旅车队
地址：乌鲁木齐
电话：0991－2861718
邮编：830002

新疆特种旅游汽车公司
地址：乌鲁木齐迎宾北一路四号
电话：0991－4296131
邮编：830002

乌鲁木齐市西飞旅游汽车服务有限公司
地址：乌鲁木齐市西北路
电话：0991－4533483
邮编：830002

乌鲁木齐火车站
地址：乌鲁木齐市
电话：0991－7945222　5813771
邮编：830006

乌鲁木齐地窝堡机场
地址：乌鲁木齐市
电话：0991－3801347　3804224
邮编：830000

新疆旅游出租汽车（集团）有限责任公司
地址：乌鲁木齐市克拉玛依东路
电话：0991－4611640
邮编：830002

新疆丝路神鹰旅游汽车服务有限公司
地址：乌鲁木齐市经济技术开发区中亚大道75号
电话：0991－3812266　3853636
邮编：830002
网址：www.xjslsy.com

新疆国际体育旅行社车队
地址：乌鲁木齐市
电话：0991－3818147
邮编：830002

新疆大草原旅游汽车公司
地址：乌鲁木齐市
电话：0991－5841116
邮编：830002

新疆泰运集团远影国际运输有限责任公司
地址：乌鲁木齐市河滩北路58号华凌二类口岸站
电话：0991－5186667　5183330
邮编：830002

新疆昌运汽车运输有限责任公司乌市旅游客运分公司
地址：乌鲁木齐市北京南路34号
电话：0991－3732032
邮编：830002

乌鲁木齐时代之旅旅游汽车公司
地址：乌鲁木齐市新华北路红山新世纪八楼（红山体育馆南门9号）
电话：0991－8335617
邮编：830002

新疆大西部旅游股份有限公司旅游汽车分公司
地址：乌鲁木齐市河滩北路233号开元酒店配楼220室
电话：0991－4599993　4599992
邮编：830002

新疆西域国际旅行社有限责任公司旅游汽车分公司
地址：乌鲁木齐市
电话：0991－2564176　2564183
邮编：830002

乌鲁木齐市宏光旅游汽车服务有限公司
地址：乌鲁木齐市
电话：0991－4824332
邮编：830002

新疆天悦国际旅游客运有限公司
地址：乌鲁木齐市
电话：0991－3858196　3858182
邮编：830002

新疆众驰旅游汽车有限公司
地址：乌鲁木齐市
电话：0991－4822660　4822020
邮编：830002

乌鲁木齐龙驰旅游汽车运输有限公司
地址：乌鲁木齐市
电话：0991－4851687
邮编：830002

新疆十方旅游汽车公司
地址：乌鲁木要齐市光明路10号博格达宾馆后楼
电话：0991－2328862
邮编：830002

新疆领航者汽车服务有限公司
地址：乌鲁木齐市天津南路224号
电话：0991－7836566
邮编：830002

新疆阿凡提国际旅行社汽车公司
地址：乌鲁木齐市新华北路108号红山新世纪大厦8楼
电话：0991－8879770
邮编：830002

新疆晨之鹰旅游汽车有限责任公司
地址：乌鲁木齐市民主路 65 号和平都会 800 室
电话：0991－2810065
邮编：830002

乌鲁木齐塞外旅游汽车有限公司
地址：乌鲁木齐市迎宾路 46 号
电话：0991－3792916
邮编：830003

新疆西域轻工涉外旅游汽车服务有限责任公司
地址：乌鲁木齐市大湾北路 876 号（原中环路 90 号）
电话：0991－2564176
邮编：830002

郎骏旅游汽车服务有限公司
地址：乌鲁木齐市克拉玛依西路 16 号金阳写字楼 8 楼
电话：0991－4501858
邮编：830002

新疆大自然旅游汽车公司
地址：乌鲁木齐市滨河北路 152 号
电话：0991－4836589
邮编：830002

乌鲁木齐市驰域旅游汽车公司
地址：乌鲁木齐市
电话：0991－3660900
邮编：830002

乌鲁木齐金色大漠旅游汽车公司
地址：乌鲁木齐市杨子江路 52 号
电话：0991－5887997
邮编：830002

石河子火车站
地址：石河子市
电话：0993－7328222
邮编：832027

石河子西部大众旅游汽车出租公司
地址：石河子市
电话：0993－2512178
邮编：832000

新疆通用航空有限责任公司
地址：石河子市西环路
电话：0993－2911974　2020027　2026540
邮编：832000

喀什机场
地址：喀什地区喀什市机场路 473 号
电话：0998－2927119　2980988
邮编：844001

喀什地区旅游汽车公司
地址：喀什地区喀什市
电话：0998－2981381
邮编：844000

喀什火车站
地址：喀什地区喀什市
电话：0998－5637222
邮编：844000

阿克苏火车站
地址：阿克苏地区阿克苏市
电话：0997－6635222
邮编：843000

库车机场
地址：阿克苏地区库车县民航路
电话：0997－7134250　7129390
邮编：842000

阿克苏温宿机场
地址：阿克苏地区温宿县
电话：0997－2123592
邮编：843000

和田火车站
地址：和田地区和田市
电话：0991－95105105
邮编：848000

和田机场
地址：和田地区和田市乌鲁木齐南路 3 号
电话：0903－2026726
邮编：848000

吐鲁番地区旅游汽车公司
地址：吐鲁番地区吐鲁番市
电话：0995－8523217
邮编：838000

吐鲁番火车站
地址：吐鲁番地区吐鲁番市大河沿镇
电话：0995－8641940
邮编：838001

吐鲁番平安旅游汽车有限责任公司
地址：吐鲁番地区吐鲁番市高昌路 167 号
电话：0995－6267887
邮编：838000

哈密机场
地址：哈密地区哈密市
电话：0902－2231354
邮编：839000

哈密火车站
地址：哈密地区哈密市
电话：0902－2722223　7122222
邮编：839000

阿图什火车站
地址：克孜勒苏柯尔克孜自治州阿图什市
电话：0991－95105105
邮编：845350

博乐火车站
地址：博尔塔拉蒙古自治州博乐市
电话：0991－95105105
邮编：833400

博乐阿拉山口机场
地址：博尔塔拉蒙古自治州博乐市
电话：0909－6777777
邮编：833400

新疆昌运汽车运输有限责任公司
地址：昌吉市北京南路 6 号
电话：0994－2343486
邮编：831100

新疆昌吉公共交通集团有限责任公司
地址：昌吉市民生路 1 号
电话：0994－8321111
邮编：831100

库尔勒火车东站
地址：巴音郭楞蒙古自治州库尔勒市
电话：0996－8642222
邮编：841001

库尔勒机场
地址：巴音郭楞蒙古自治州库尔勒市
电话：0996－2364033
邮编：841000

且末机场
地址：巴音郭楞蒙古自治州且末县
电话：0996－7622541
邮编：841000

伊宁机场
地址：伊犁州伊宁市飞机场街 144 号
电话：0999－8222332　8222262
邮编：835000

伊犁伊运旅游汽车运输有限公司
地址：伊犁州伊宁市解放路 271 号伊运集团 3 楼
电话：0999－8190202
邮编：835000

塔城机场
地址：塔城地区塔城市
电话：0901－6225401　6666118
邮编：834700

阿勒泰机场
地址：阿勒泰地区阿勒泰市
电话：0906－2826113
邮编：836500

新疆泰运运输（集团）有限公司阿勒泰地区旅游客运分公司
地址：阿勒泰地区阿勒泰市公园路金山宾馆 3 楼
电话：0906－2122586
邮编：836500

香　港
HONGKONG

香港岛

太平山顶
地址：香港岛西部山顶道 118 号

香港动植物公园
地址：香港岛中西区中环雅宾利道
电话：00852－25300154

孙中山纪念馆
地址：香港岛中西区中环半山卫城道 7 号

香港公园
地址：香港岛中西区中区红棉路

香港会议展览中心
地址：香港岛湾仔区港湾道 26 号
电话：00852－25374591

金紫荆广场
地址：香港岛湾仔区

香港大球场
地址：香港岛湾仔区扫杆埔东院道 55 号

维多利亚港
地址：香港岛与九龙之间的海港

维多利亚公园
地址：香港岛湾仔区铜锣湾兴发街 1 号
电话：00852－28905824

香港电影资料馆
地址：香港岛东区西湾河鲤景道 50 号

香港海防博物馆
地址：香港岛东区筲箕湾东喜道 175 号

鲗鱼涌公园
地址：香港岛东区柏架山下

柴湾公园
地址：香港岛东区柴湾

海洋公园
地址：香港岛南区黄竹坑海洋公园道
电话：00852－39232323　25520291
网址：www. oceanpark. com. hk

浅水湾
地址：香港岛南区深水湾以南

九龙

星光大道
地址：香港九龙尖沙咀海滨长廊

尖沙咀
地址：香港九龙区南端

九广铁路钟楼
地址：香港九龙区尖沙咀

香港太空馆
地址：香港九龙区尖沙咀梳士巴利道 10 号

香港历史博物馆
地址：香港九龙区尖沙咀漆咸道南 100 号

香港科学馆
地址：香港九龙区尖沙咀科学馆道 2 号
电话：00852－27323232

鸭寮街
地址：香港九龙深水埗区钦州街至南昌街之间

西九龙中心
地址：香港九龙深水埗区钦州街 37 号

九龙寨城公园
地址：香港九龙城区

九龙仔公园
地址：香港九龙城区九龙仔延文礼士道 13 号
电话：00852－23367878

红磡观音庙
地址：香港九龙城区红磡差馆里
电话：00852－23634930

黄大仙祠
地址：香港九龙东黄大仙区竹园村
电话：00852－27263087

茶果岭天后庙
地址：香港九龙观塘区茶果岭村

香港历史档案大楼
地址：香港九龙观塘区翠屏道 13 号
电话：00852－21957700

新界

北区公园
地址：香港新界北区粉岭和上水之间

彭氏宗祠
地址：香港新界北区粉岭北便村

龙山寺
地址：香港新界北区粉岭

香港铁路博物馆
地址：香港新界大埔区崇德街 13 号
电话：00852－26533455

文武二帝庙
地址：香港新界大埔区富善街

大埔碗窑窑址
地址：香港新界大埔区碗窑村

铜锣湾
地址：香港沙田区大围

大牛湖
地址：香港新界西贡区井栏树村

吊钟洲海蚀洞
地址：香港新界西贡区吊钟洲岛

香港迪斯尼乐园
地址：香港荃湾区大屿山竹篙湾

三栋屋博物馆
地址：香港荃湾区古屋里 2 号

入境处博物馆
地址：香港新界屯门区青山湾

香港湿地公园
地址：香港新界元朗区天水围

屏山文物径
地址：香港新界元朗区屏山乡

锦田树屋
地址：香港新界元朗区锦田水尾村

中葵涌公园
地址：香港新界葵青区葵涌中央

青衣公园
地址：香港新界葵青区青衣岛青敬路
电话：00852－24350533

青衣东北公园
地址：香港新界葵青区青衣岛担杆山路 10 号

天坛大佛
地址：香港离岛区大屿山宝莲禅寺前广场

南大屿郊野公园
地址：香港新界离岛区大屿山南部

昂坪 360
地址：香港新界离岛区大屿山西南部昂坪

澳　门

MACAU

澳门半岛

青洲山
地址：澳门半岛花地玛堂区

望厦山
地址：澳门半岛花地玛堂区望厦村

新口岸水塘
地址：澳门半岛花地玛堂区

大三巴牌坊
地址：澳门半岛圣安多尼堂区

耶稣会纪念广场
地址：澳门半岛圣安多尼堂区

白鸽巢公园
地址：澳门半岛圣安多尼堂区

妈阁庙
地址：澳门半岛圣安多尼堂区妈阁山

海事博物馆
地址：澳门半岛圣安多尼堂区妈阁庙前地1号
电话：00853－28595481

炮台山
地址：澳门半岛圣安多尼堂区

澳门科学馆
地址：澳门半岛大堂区新口岸填海区孙逸仙大马路

金莲花广场
地址：澳门半岛大堂区新口岸高美士街

关帝庙
地址：澳门半岛大堂区新马路中段

议事亭前地
地址：澳门半岛大堂区新马路北部

澳门旅游塔会展娱乐中心
地址：澳门半岛大堂区南湾新填海区D区域1号地段

葡京娱乐场
地址：澳门半岛大堂区友谊大马路西南端

金沙娱乐场
地址：澳门半岛大堂区

外港客运码头
地址：澳门半岛大堂区

荷兰园大马路
地址：澳门半岛望德堂区荷兰园

卢廉若公园
地址：澳门半岛望德堂区荷兰园

东望洋山
地址：澳门半岛望德堂区

圣老楞佐堂（风顺堂）
地址：澳门半岛风顺堂区

西望洋山
地址：澳门半岛风顺堂区

郑家大屋
地址：澳门半岛风顺堂区妈阁街
电话：0853－2896 8820

岗顶剧院
地址：澳门半岛风顺堂区岗顶前地

澳门离岛

嘉模公园
地址：澳门离岛氹仔岛嘉模前地

嘉模圣母堂
地址：澳门离岛氹仔岛嘉路士米耶马路与嘉模前地交界

澳氹大桥
地址：澳门半岛与氹仔岛之间

澳门友谊大桥
地址：澳门半岛与氹仔岛之间

花城公园
地址：澳门离岛氹仔岛埃武拉街和奥林匹克大马路
电话：0853－3833355

菩堤园
地址：澳门离岛氹仔岛卢廉若马路

大潭山郊野公园
地址：澳门离岛氹仔岛东面

石排湾郊野公园
地址：澳门离岛路环岛西面石排湾大马路

澳门大熊猫馆
地址：澳门路环岛石排湾郊野公园内

土地暨自然博物馆
地址：澳门离岛路环岛石排湾郊野公园内

圣方济各圣堂
地址：澳门离岛路环岛

九澳七苦圣母教堂
地址：澳门离岛路环岛

谭公庙
地址：澳门离岛路环岛十月初五街尾

天后古庙
地址：澳门离岛路环岛

妈祖像
地址：澳门离岛路环岛迭石塘山顶

竹湾公园
地址：澳门离岛路环岛竹湾马路

路氹城

澳门东亚运动会体育馆
地址：澳门路氹城东亚运广场

路氹金光大道－金光综艺馆
地址：澳门路氹城威尼斯人度假村内

台　湾

TAIWAN

台北市

台北"故宫博物院"
地址：台北市士林区外双溪至善路二段 221 号
电话：00886－2－28812021
66103600
网址：www.npm.gov.tw

至善园
地址：台北市士林区故宫博物院旁

阳明山公园（阳明山温泉）
地址：台北市士林区竹子湖路 1－20 号
电话：00886－2－28613601

林语堂故居
地址：台北市士林区仰德大道 2 段 141 号
电话：00886－2－28613003

孙中山纪念馆
地址：台北市仁爱路四段

台湾历史博物馆
地址：台北市中正区南海路 49 号
电话：00886－2－23610270

台北市新公园（二二八和平纪念公园）
地址：台北市中正区凯达格兰大道 3 号

台湾省立博物馆
地址：台北市中正区新公园内

长荣海事博物馆
地址：台北市中正区中山南路 11 号
电话：00886－2－23516699

大安森林公园
地址：台北市大安区新南路 2 段 1 号
电话：00886－2－27003830

大湖公园
地址：台北市内湖区成功路 5 段 31 号
电话：00886－2－25850192

关渡自然公园
地址：台北市北投区关渡路 55 号
电话：00886－2－28587417

北投公园（北投温泉博物馆）
地址：台北市北投区中山路 2 号
电话：00866－2－28939981

琉园水晶博物馆
地址：台北市北投区中央北路 4 段 515 巷 16 号
电话：00886－2－28958861－18

台北探索馆
地址：台北市信义区市府路 1 号
电话：00886－2－27574547

台北市立美术馆
地址：台北市中山区中山北路三段 181 号
电话：00886－2－25957656

袖珍博物馆
地址：台北市中山区建国北路 1 段 96 号
电话：00886－2－25150583

台北当代艺术馆
地址：台北市大同区长安西路 39 号
电话：00886－2－25523721

台北霞海城隍庙
地址：台北市大同区迪化街 1 段 61 号
电话：00886－2－25580346

台北天后宫
地址：台北市万华区成都路 51 号
电话：00886－2－23064468

台北市电影主题公园
地址：台北市万华区武昌街与康定路口

新北市

板桥林家花园
地址：新北市板桥区西门街 9 号
电话：00886－2－29653061－3

接云寺
地址：新北市板桥区西门街 10 号

音乐主题公园
地址：新北市板桥区西门街 10 号

板桥石雕公园
地址：新北市板桥区双十路农村公园旁

先啬宫
地址：新北市三重区五谷王北街 77 号
电话：00886－2－29952345

太璞宫
地址：新北市三重区中正北路

二重疏洪道河滨公园
地址：新北市三重区成功路

二重疏洪道亲水公园
地址：新北市三重区

二重疏洪道荷花公园
地址：新北市三重区环河路

福和宫
地址：新北市中和区庙美街 6 巷 6 号

缅甸街
地址：新北市中和区华新街到忠孝街
电话：00886－2－22482688

南山福德宫
地址：新北市中和区南势角烘炉地

景新公园
地址：新北市中和区景新街

台北圆通寺
地址：新北市中和区圆通路 367 巷 64 号

清穗公园
地址：新北市中和区国光街

保福宫
地址：新北市永和区仁爱路 202 巷 9 弄 2 号

乐华夜市
地址：新北市永和区永平路、永和路、中山路、保平路十八巷、保福路

中正河滨公园
地址：新北市永和区

仁爱公园
地址：新北市永和区仁爱街

新庄武圣庙
地址：新北市新庄区新庄路 340 号

新庄慈祐宫
地址：新北市新庄区新庄路 218 号

新庄文化艺术中心
地址：新北市新庄区中平路 133 号
电话：00886－2－22760182

新庄广福宫
地址：新北市新庄区新庄路 150 号

碧潭风景区
地址：新北市新店区北部
电话：00886－2－29131184

大香山慈音岩
地址：新北市新店区长春路 252 号

新生林场
地址：新北市新店区双峰路

翡翠水库
地址：新北市新店区新乌路三段 43 号
电话：00886－2－26667811

润济宫
地址：新北市新店区双城里安康路三段 306 号
电话：00886－2－22151417

燕子湖
地址：新北市新店区下龟山桥旁
电话：00886－2－29131184

海藏寺
地址：新北市新店区碧潭路 55 号
电话：00886－2－22121750

新店狮头山
地址：新北市新店区中兴路

亲情河滨公园
地址：新北市新店区碧潭大桥下

新店老街
地址：新北市新店区新店街

太平宫
地址：新北市新店区太平路 43 号
电话：00886－2－22110081

台北怀旧博物馆
地址：新北市新店区建国路 164 号
电话：00886－2－29435596

二叭子植物园
地址：新北市新店区双城路

青龙岭登山步道
地址：新北市树林区树林镇保安街二段 45 巷尽头

山佳火车站
地址：新北市树林区中山里山佳街 28 号

莺歌陶瓷老街
地址：新北市莺歌区尖山埔路、重庆街一带

古钟楼
地址：新北市莺歌区文化街

三峡历史文物馆
地址：新北市三峡区中山路 15 号
电话：00886－2－86743994

三峡祖师庙
地址：新北市三峡区长福街 1 号
电话：00886－2－26711031

北插天山自然保留区
地址：新北市三峡区乌来乡

天峰谷
地址：新北市汐止区汐平路二段

大尖山风景区
地址：新北市汐止区

拱北殿
地址：新北市汐止区汐万路三段 88 号

汐止老街
地址：新北市汐止区中正路

石门峡
地址：新北市汐止区

汐平公路
地址：新北市汐止区汐平路一段

淡水老街
地址：新北市淡水区中正路、重建街
电话：00886－2－26221020

红毛城
地址：新北市淡水区中正路 28 巷 1 号
电话：00886－2－26231001

淡水渔人码头
地址：新北市淡水区沙仑里第 2 渔港
电话：00886－2－26221020

淡水缘道观音庙
地址：新北市淡水区安子内 3 号
电话：00886－2－26269242

淡水李氏古厝
地址：新北市淡水区忠寮里

淡水红树林生态保护区
地址：新北市淡水区竹围
电话：00886－2－28082995

淡水关渡大桥
地址：新北市淡水区福德里

淡水沪尾炮台
地址：新北市淡水区中正路 1 段 6 巷 34－1 号
电话：00886－2－26231001

淡水天元宫
地址：新北市淡水区水源里北新路三段 30 号
电话：00886－2－26212759

淡水龙山寺
地址：新北市淡水区清文里中山路 95 巷 22 号
电话：00886－2－26214866

淡水百龄公园
地址：新北市淡水区中正路 40－7 号

鄞山寺
地址：新北市淡水区邓公里公路 15 号
电话：00886－2－26228965

牛轧糖博物馆
地址：新北市土城区自强街 31－1 号
电话：00886－2－22687222

承天禅寺
地址：新北市土城区承天路 96 号
电话：00886－2－22671789

南天母登山步道
地址：新北市土城区南天母路 135 巷

土地公山遗址
地址：新北市土城区大安里

斩龙山遗址
地址：新北市土城区员林里

五谷先帝庙（神农宫）
地址：新北市土城区和平路

芦洲区紫禁城博物馆
地址：新北市芦洲区得胜街 30 号之 1
电话：00886－2－82827504

芦洲涌莲寺
地址：新北市芦洲区得胜街 96 号

芦洲李宅（李友邦将军纪念馆）
地址：新北市芦洲区中正路 243 巷 19 号
电话：00886－2－23892224

新北市立黄金博物馆
地址：新北市瑞芳区金光路 51－1 号
电话：00886－2－2496－2800

鼻头角灯塔
地址：新北市瑞芳区鼻头路

瑞滨滨海风景区
地址：新北市瑞芳区

水湳洞
地址：新北市瑞芳区濂洞里洞顶路

九份小镇
地址：新北市瑞芳区竖崎路、轻便路、基山街

黄金瀑布
地址：新北市瑞芳区

金瓜石东亚第一金都
地址：新北市瑞芳区
电话：00886－2－24972250

九份福山宫
地址：新北市瑞芳区

无耳茶壶山
地址：新北市瑞芳区

风筝博物馆
地址：新北市瑞芳区颂德里坑尾巷 20 号
电话：00886－2－24967709

金字碑古道
地址：新北市瑞芳区

凌云禅寺
地址：新北市五股区观音里凌云路三段 116 号

五股水碓观景公园
地址：新北市五股区水碓九路

观音山
地址：新北市五股区
电话：00886－2－22928888

西云禅寺
地址：新北市五股区成州里西云路 179 巷 3 号

辞修公园
地址：新北市泰山区辞修路

明志书院
地址：新北市泰山区明志路二段 276 号

竹林山观音寺
地址：新北市林口区菁湖里竹林路 325 号
电话：00886－2－26011412

四龙瀑布
地址：新北市深坑区炮子仑道路

陈秋菊古厝
地址：新北市深坑区升高里旺耽路 16 号

石碇老街
地址：新北市石碇区石碇东街、石碇西街

二格森林游乐区
地址：新北市石碇区北宜路四段

石碇佛济寺
地址：新北市石碇区方格头里二格路 9－10 号
电话：00886－2－26651729

坪林南山寺
地址：新北市坪林区渔光里樟空仔路 5 号
电话：00886－2－26656700

坪林茶叶博物馆
地址：新北市坪林区水德里水聳凄坑 19－1 号
电话：00886－2－26656036

横山风景区
地址：新北市三芝区横山里隆山路

三芝福成宫
地址：新北市三芝区埔头里中山路一段 38 号

芝兰社区公园
地址：新北市三芝区

浅水湾
地址：新北市三芝区

大屯山自然公园
地址：新北市三芝区兴华里车埕路 53－2 号

富贵角公园
地址：新北市石门区富基里老梅路

石门洞
地址：新北市石门区尖鹿里

阿里磅瀑布
地址：新北市石门区乾华里

尖山湖纪念碑
地址：新北市石门区石崩山路

八仙海岸（乐园）
地址：新北市八里区下罟里
电话：00886－2－26105200

八里渡船头
地址：新北市八里区渡船头路

挖仔尾红树林保护区
地址：新北市八里区讯塘村
电话：00886－2－26102996

八里廖添丁庙
地址：新北市八里区讯塘村
电话：00886－2－26102131

村福花园休闲农场
地址：新北市八里区渡船头路 9－2 号
电话：00886－2－26101183

十三行博物馆
地址：新北市八里区博物馆路 200 号
电话：00886－2－26191313

八里左岸公园
地址：新北市八里区观海大道

岭脚瀑布
地址：新北市平溪区

河湾度假村
地址：新北市平溪区十分里十分街 273－1 号
电话：00886－2－24958325

十分瀑布
地址：新北市平溪区南山村
电话：00886－2－24958531

十分风景特定区
地址：新北市平溪区南山村南山坪 136 号
电话：00886－2－24958531

眼镜洞瀑布
地址：新北市平溪区

三忠庙
地址：新北市双溪区共和里长安街15号
电话：00886－2－24933327

淡兰古道
地址：新北市双溪区

南天花苑
地址：新北市双溪区新基北街

虎豹潭
地址：新北市双溪区泰平里

蝙蝠山
地址：新北市双溪区共和里中山路41巷

三貂角灯塔
地址：新北市贡寮区福连里马岗街38号
电话：00886－2－24991300

福隆海水浴场
地址：新北市贡寮区福隆里兴隆街40号
电话：00886－2－24992381

龙洞湾公园
地址：新北市贡寮区龙洞
电话：00886－2－24902717

盐寮海滨公园
地址：新北市贡寮区研海街45号
电话：00886－2－24902991

龙门公园
地址：新北市贡寮区福隆里兴隆街100号
电话：00886－2－24991791

龙洞南口海洋公园
地址：新北市贡寮区和美街48号
电话：00886－2－24901000

澳底渔港
地址：新北市贡寮区真理里

金宝山安乐园（邓丽君墓园）
地址：新北市金山区西湖里西势湖18号
电话：00886－2－24985900

狮头山公园
地址：新北市金山区磺港里磺港路

朱铭美术馆
地址：新北市金山区西势湖2号
电话：00886－2－24989940

磺港温泉
地址：新北市金山区磺港里

金山老街
地址：新北市金山区大同里金包里街
电话：00886－2－24985966

翡翠湾
地址：新北市万里区翡翠路1－1号
电话：00886－2－24926565

海王星游艇乐园
地址：新北市万里区野柳里港东路162－17号
电话：00886－2－24921609

野柳海洋世界
地址：新北市万里区野柳里港东路167－3号
电话：00886－2－24921111

野柳地质公园
地址：新北市万里区野柳里港东路
电话：00886－2－24922016

云仙乐园
地址：新北市乌来区乌来里瀑布路1－1号
电话：00886－2－26616009

乌来瀑布
地址：新北市乌来区乌来里瀑布路34号
电话：00886－2－26616355

红河谷
地址：新北市乌来区新乌公路

内洞森林游乐区
地址：新北市乌来区信贤里
电话：00886－2－26617358

基隆市

泰安瀑布
地址：基隆市七堵区泰安路

仙洞岩
地址：基隆市中山区仙洞里

白米瓮炮台
地址：基隆市中山区太白里光华路37巷

筑港殉职纪念碑
地址：基隆市中山区中山三路103巷

基隆港
地址：基隆市中正区

海门天险（二沙湾炮台）
地址：基隆市中正区

和平岛公园（和平岛海角乐园）
地址：基隆市中正区平一路360号
电话：00886－2－24635999

八斗子湾
地址：基隆市中正区和平岛东侧

八斗子滨海公园
地址：基隆市中正区

望幽谷
地址：基隆市中正区北宁路旁

基隆碧砂渔港
地址：基隆市中正区北宁路211号
电话：00886－2－24693606

基隆市原住民文化会馆
地址：基隆市中正区海滨里正滨路116巷75号

狮球岭炮台
地址：基隆市仁爱区

基隆庙口夜市
地址：基隆市仁爱区仁三路和爱四路

阳明海洋文化艺术馆
地址：基隆市仁爱区西街4号
电话：00886－2－24215681

情人湖
地址：基隆市安乐区

大武仑炮台
地址：基隆市安乐区基金一路298巷19号

新山水库
地址：基隆市安乐区武岭街

水头赏鸟区
地址：基隆市安乐区麦金路

基隆公园
地址：基隆市信义区
电话：00886－2－24201122

灵泉禅寺
地址：基隆市信义区六和路1号

杠子寮炮台
地址：基隆市信义区杠子寮段

暖东峡谷
地址：基隆市暖暖区东部

宜兰县

宜兰设治纪念馆
地址：宜兰县宜兰市旧城南路力行3巷3号
电话：00886－3－ 9326664

宜兰运动公园
地址：宜兰县宜兰市中山路一段755号
电话：00886－3－9334034

内埤海湾风景区
地址：宜兰县苏澳镇内埤路
电话：00886－3－ 9973421

白米木屐文化馆
地址：宜兰县苏澳镇永春路

罗东夜市
地址：宜兰县罗东镇民生路、民权路、公园

罗东运动公园
地址：宜兰县罗东镇公正路666号
电话：00886－3－9541217

罗东中山公园
地址：宜兰县罗东镇

震安宫
地址：宜兰县罗东镇

罗东城隍庙
地址：宜兰县罗东镇

无尾港水鸟保护区
地址：宜兰县苏澳镇港边里岭脚路137号
电话：00886－3－9904360

炮台山风景区
地址：宜兰县苏澳镇苏澳湾旁

苏澳冷泉风景区
地址：宜兰县苏澳镇冷泉路6－4号
电话：00886－3－9960645

七星岭步道
地址：宜兰县苏澳镇

武荖坑风景区
地址：宜兰县苏澳镇武荖坑路75号
电话：00886－3－9952852

龟山岛
地址：宜兰县头城镇
电话：00886－3－9780727

乌石港
地址：宜兰县头城镇港口里港口路
电话：00886－3－9782345

草岭古道
地址：宜兰县头城镇大里游客服务中心
电话：00886－3－9780727

头城老街
地址：宜兰县头城镇和平街

头城农场
地址：宜兰县头城镇更新路

大里天公庙
地址：宜兰县头城镇更新路

大溪蜜月湾
地址：宜兰县头城镇合兴里

北关海潮公园
地址：宜兰县头城镇更新里
电话：00886－3－9780727

上新花园休闲游乐区
地址：宜兰县头城镇金盈里14号
电话：00886－3－9882744

五峰旗风景区
地址：宜兰县礁溪乡西方五峰路

林美石磐步道
地址：宜兰县礁溪乡林美村
电话：00886－3－9545114

礁溪温泉
地址：宜兰县礁溪乡

礁溪公园
地址：宜兰县礁溪乡公园路

礁溪剧场
地址：宜兰县礁溪乡公园路

宜兰跑马古道
地址：宜兰县礁溪乡

龙潭湖
地址：宜兰县礁溪乡

吴沙故居
地址：宜兰县礁溪乡北门巷39号
电话：00886－3－9880671

协天庙
地址：宜兰县礁溪乡中山路一段51号
电话：00886－3－9882621

福山植物园
地址：宜兰县员山乡湖北村大湖路134－2号
电话：00886－3－9228900

双连埤景区
地址：宜兰县员山乡湖西村

兰阳溪口水鸟保护区
地址：宜兰县壮围乡

冬山河亲水公园
地址：宜兰县五结乡协和路20－36号

冬山河风景区
地址：宜兰县五结乡五滨路二段201号

冬山三清宫
地址：宜兰县冬山乡得安村三清路123号
电话：00886－3－9515135

香格里拉休闲农场
地址：宜兰县冬山乡大进村梅山路168号

梅花湖
地址：宜兰县冬山乡得安村

中国历代神木园区
地址：宜兰县大同乡太平村100线约12公里处
电话：00886－3－9809606

栖兰森林游乐区
地址：宜兰县大同乡太平村泰雅路四段6号
电话：00886－3－9809606

太平山森林游乐区
地址：宜兰县大同乡太平村太平巷58－1号
电话：00886－3－9545114

明池森林游乐区
地址：宜兰县大同乡英士村
电话：00886－3－9894104

鸠之泽温泉
地址：宜兰县大同乡多望溪

翠峰湖
地址：宜兰县大同乡

鸳鸯湖
地址：宜兰县大同乡

碧侯温泉
地址：宜兰县南澳乡南澳北溪

桃园县

可口可乐博物馆
地址：桃园县桃园市兴邦路46号
电话：00886－3－3648800

文昌公园
地址：桃园县桃园市

虎头山公园
地址：桃园县桃园市

虎头山环保公园
地址：桃园县桃园市东北方

朝阳森林公园
地址：桃园县桃园市

阳明运动公园
地址：桃园县桃园市

玉山公园
地址：桃园县桃园市

桃园市第一河滨公园
地址：桃园县桃园市

景福宫
地址：桃园县桃园市

文昌庙
地址：桃园县桃园市

西庙
地址：桃园县桃园市

大树林桥
地址：桃园县桃园市

黑松饮料博物馆
地址：桃园县中坜市中园路
电话：00886－3－4523101

杨梅贵山公园
地址：桃园县杨梅市
电话：00886－3－4783683

味全埔心牧场
地址：桃园县杨梅市高荣里3号之1
电话：00886－3－4644131

美华国小陀螺展示馆
地址：桃园县大溪镇美华里15邻15号
电话：00886－ 3－3882403

李腾芳古厝
地址：桃园县大溪镇月眉里9邻月眉路15号
电话：00886－3－3322592

永福龙山寺
地址：桃园县大溪镇永福里

大溪老街
地址：桃园县大溪镇和平路、中山路
电话：00886－3－3882201

龙珠湾度假中心
地址：桃园县大溪镇复兴里湳仔沟20－1号
电话：00886－3－3884545

大溪神牛观光区
地址：桃园县大溪镇慈康路
电话：00886－3－3888545

慈湖
地址：桃园县大溪镇福安里
电话：00886－3－3882201

小人国
地址：桃园县龙潭乡高原村横冈下60－2号

石门水库
地址：桃园县龙潭乡

小精灵萤火虫馆
地址：桃园县龟山乡龙寿村大青坑31号
电话：00886－3－3501258

世界警察博物馆
地址：桃园县龟山乡大岗村树人路56号
电话：00886－3－3282321

竹围渔港
地址：桃园县大园乡沙仑村
电话：00886－3－3830993

竹围海水浴场
地址：桃园县大园乡

观音海水浴场
地址：桃园县观音乡观音村

永安海滨公园
地址：桃园县新屋乡

四陵温泉
地址：桃园县复兴乡四陵村

嘎拉贺温泉
地址：桃园县复兴乡华陵村

达观山（拉拉山）自然保护区
地址：桃园县复兴乡华陵村
电话：00886－3－3912761

桃源仙谷
地址：桃园县复兴乡长兴村上高绕8邻5号
电话：00886－3－3822661

宇内溪瀑布群
地址：桃园县复兴乡义盛村

赫威神木群
地址：桃园县复兴乡义盛村

秋山清泉岩观音洞
地址：桃园县复兴乡

复兴桥风景区
地址：桃园县复兴乡中正路

角板山宾馆风景区
地址：桃园县复兴乡中山路

角板山公园
地址：桃园县复兴乡泽仁村

东眼山森林游乐区
地址：桃园县复兴乡霞云村
电话：00886－3－5224163

蝙蝠洞
地址：桃园县复兴乡三民村
电话：00886－3－3825052

新竹县

竹笋公园
地址：新竹县竹北市

中央公园
地址：新竹县竹北市嘉丰南路 118 号

麻园生态公园
地址：新竹县竹北市

竹北莲花寺
地址：新竹县竹北市

枋寮义民庙
地址：新竹县新埔镇下寮里

刘氏古厝
地址：新竹县新埔镇

九龙观光农场
地址：新竹县新埔镇

霁月步道
地址：新竹县新埔镇照门里九芎湖

巨埔有机休闲农场
地址：新竹县新埔镇巨埔里 12 邻 63 号
电话：00886－3－5899523

马武督探索森林
地址：新竹县关西镇锦山里 12 邻 138－3 号
电话：00886－3－5478645

金鸟海族乐园
地址：新竹县关西镇锦山里 126－16 号
电话：00886－3－5478180

六福村主题乐园
地址：新竹县关西镇仁安里拱子沟 60 号
电话：00886－3－5475665

新丰红树林
地址：新竹县新丰乡红毛河出海口附近

狮山藤坪步道
地址：新竹县峨眉乡七星村六寮

观雾森林游乐区
地址：新竹县五峰乡
电话：00886－3－5856005

内湾老街
地址：新竹县横山乡内湾村

北埔膨风茶文物馆
地址：新竹县北埔乡水际村麻布树排 31－1 号
电话：00886－3－5801126

北埔老街
地址：新竹县北埔乡中正路
电话：00886－3－5943926

李栋山
地址：新竹县尖石乡

雪霸公园
地址：新竹县尖石乡
电话：00886－3－7996100

湖口老街
地址：新竹县湖口乡湖口街

新竹市

新竹护城河亲水公园
地址：新竹市东门圆环往文化街方向

竹堑城迎曦门（新竹东城门）
地址：新竹市东区

青草湖
地址：新竹市东区

新竹科学园区
地址：新竹市东区竹村七路
电话：00886－3－5773311

静心湖
地址：新竹市东区新竹科学园区内

新竹火车站
地址：新竹市中华路二段 445 号

南寮渔港
地址：新竹市西北郊

渔港环保公园
地址：新竹市南寮渔港旁

风力活动公园
地址：新竹市北区南寮街

新竹都城隍庙
地址：新竹市北区中山里中山路 75 号
电话：00886－3－5223666

十七公里海岸风景区
地址：新竹市北起南寮南到渔港
电话：00886－3－5216121

苗栗县

猫狸山公园
地址：苗栗县苗栗市大同里

苗栗铁道文物展示馆
地址：苗栗县苗栗市铁路一村 1 号

通霄西滨海洋生态园区
地址：苗栗县通霄镇通西里海滨路 41－1 号
电话：00886－3－7761777

飞牛牧场
地址：苗栗县通霄镇南和里 166 号
电话：00886－3－7782999

火炎山温泉游乐区
地址：苗栗苑里镇石镇里火炎山 1 号
电话：00886－3－7740373

金龙窑
地址：苗栗县西湖乡五湖村 3 邻九份 26 号
电话：00886－3－7911555

明德水库
地址：苗栗县头屋乡明德村

苗栗陶瓷博物馆
地址：苗栗县公馆乡

挑炭古道
地址：苗栗县三义乡双湖村
电话：00886－3－7872369

绿叶方舟
地址：苗栗县三义乡胜兴村绿舟路 1 号
电话：00886－3－875868

香格里拉乐园
地址：苗栗县造桥乡丰湖村 1 邻乳姑山 15－3 号
电话：00886－3－7561369

狮头山
地址：苗栗县三湾乡

胡须梅花园博物馆
地址：苗栗县南庄乡

雪霸公园
地址：苗栗县大湖乡富兴村水尾坪 100 号
电话：00886－3－7996100

台湾淡水鱼博物馆
地址：苗栗县狮潭乡

清安美食街
地址：苗栗县泰安乡清安村

泰安温泉区
地址：苗栗县泰安乡锦水村

台中市

精明一街
地址：台中市西区精明一街 75 号
电话：00886－4－23286345

台湾美术馆
地址：台中市西区五权西路一段 2 号
电话：00886－4－23723552

自然科学博物馆
地址：台中市北区馆前路 1 号
电话：00886－4－3226940

宝觉寺
地址：台中市北区健行路

台中孔庙
地址：台中市北区力行路
电话：00886－4－2332264

台中公园
地址：台中市中区公园路 37－1 号
电话：00886－4－22224174

逢甲夜市
地址：台中市西屯区逢甲路跟福星路交叉口

丰乐雕塑公园
地址：台中市南屯区文心南五路 331 号
电话：00886－4－23865500

麒麟峰温泉
地址：台中市北屯区东山路二段 65 巷 15 号
电话：00886－4－22396969

纸箱王创意园区
地址：台中市北屯区廍子里廍子巷 5－8 号
电话：00886－4－22398868

台中民俗公园
地址：台中市北屯区旅顺路二段 73 号
电话：00886－4－22451310

大坑风景区
地址：台中市北屯区东山路二段

东山乐园
地址：台中市北屯区东山路二段151号之2
电话：00886－4－22391435

亚哥花园
地址：台中市北屯区民政里苎园巷41号
电话：00886－4－22391549

台中港
地址：台中市梧栖区

大甲铁砧山
地址：台中市大甲区成功路
电话：00886－4－26874543

921地震教育园区
地址：台中市雾峰区坑口村中正路46号
电话：00886－4－23390906

月眉育乐世界
地址：台中市后里区安眉路115号

新社古堡花园
地址：台中市新社区协成里协中街65号
电话：00886－4－25825628

大雪山森林游乐区
地址：台中市和平区
电话：00886－4－25150855

梨山风景区
地址：台中市和平区中正路95号
电话：00886－4－25981331

南投县

南投酒厂
地址：南投县南投市军功里东山路82号
电话：00886－4－9234788

猴探井风景区
地址：南投县南投市福山里猴探井街300号
电话：00886－4－92580525

蓝田书院
地址：南投县南投市崇文里文昌街140号
电话：00886－4－92221184

军功绿美桥
地址：南投县南投市绿美桥
电话：00886－4－92222110

碧山岩寺
地址：南投县南投市福兴里彰南路三段1929号
电话：00886－4－92525076

八卦山青山茶园
地址：南投县南投市福山里八卦路与永鸣路

台湾历史文化园区
地址：南投县南投市中兴新村光明里光明一路252号
电话：00886－4－92316881

竹艺博物馆
地址：南投县南投市建国路135号
电话：00886－4－92231191

牛耳石雕公园（牛耳艺术度假村）
地址：南投县埔里镇南村里中山路四段1－1号
电话：00886－4－92912248

佛光寺
地址：南投县埔里镇向善里观音路81号
电话：00886－4－92912230

玉佛寺
地址：南投县埔里镇向善里观音路87号
电话：00886－4－92912155

中台禅寺
地址：南投县埔里镇中台路2号
电话：00886－4－92930215

台一生态教育休闲农园
地址：南投县埔里镇蜈蚣里中山路一段176号
电话：00886－4－92997848

埔里温泉
地址：南投县埔里镇

九九峰自然保留区
地址：南投县草屯镇

登瀛书院
地址：南投县草屯镇新庄里史馆路文昌巷30号
电话：00886－4－92336784

双十吊桥
地址：南投县草屯镇
电话：00886－4－92338161

散花瀑布
地址：南投县草屯镇双冬里

慈德宫
地址：南投县草屯镇山脚里虎山路威虎巷55号
电话：00886－4－92325059

杉林溪森林生态度假园区
地址：南投县竹山镇大鞍里溪山路6号
电话：00886－4－92611217～8

沙东宫地震公园
地址：南投县竹山镇集山路二段1101号

竹山游憩公园
地址：南投县竹山镇公所路

集集铁路文物博物馆
地址：南投县集集镇

集集向日葵休闲花园
地址：南投县集集镇民生路11巷6－1号

明新书院
地址：南投县集集镇东昌巷4号
电话：00886－4－92762374

松柏岭风景区
地址：南投县名间乡名松路二段181号
电话：00886－4－92580525

桂花森林
地址：南投县名间乡埔中村名松路一段503巷13号
电话：00886－4－92583327

溪头森林游乐区
地址：南投县鹿谷乡内湖村森林巷9号
电话：00886－4－92612111

凤凰谷鸟园
地址：南投县鹿谷乡凤凰村仁义路1－9号
电话：00886－4－92753100

麒麟潭
地址：南投县鹿谷乡掘边巷

仙峰日月洞
地址：南投县中寮乡永福村

日月潭风景区
地址：南投县鱼池乡中山路599号
电话：00886－4－92855668

九族文化村
地址：南投县鱼池乡大林村金天巷45号
电话：00886－4－92895361

大竹湖水鸟保护区
地址：南投县鱼池乡

孔明庙
地址：南投县鱼池乡中明村文正巷5－10号
电话：00886－4－92895064

水沙连古道
地址：南投县鱼池乡

文武庙
地址：南投县鱼池乡水社村中正路63号
电话：00886－4－92855122

玄奘寺
地址：南投县鱼池乡日月潭旁

北港溪
地址：南投县国姓乡

九份二山震灾纪念公园
地址：南投县国姓乡南港村长石巷

明善寺
地址：南投县国姓乡福龟村长寿巷47－1号
电话：00886－4－92721151

玉山公园
地址：南投县水里乡中山路一段300号
电话：00886－4－92773121

上安观光果园
地址：南股县水里乡安村巷38－2号
电话：00886－4－92821158

明湖水库
地址：南投县水里乡明潭村

东埔温泉
地址：南投县信义乡

双龙瀑布
地址：南投县信义乡

丰丘葡萄观光果园
地址：南投县信义乡丰丘村敦福路136号
电话：00886－4－92791178

坪濑风景区
地址：南投县信义乡爱国村与自强村之间

泰雅度假村
地址：南投县仁爱乡互助村清风路45号
电话：00886－4－92461313

奥万大森林游乐区
地址：南投县仁爱乡新爱村大安路153号
电话：00886－4－92974511

清境农场
地址：南投县仁爱乡仁和路170号
电话：00886－4－92802748

彰化县

八卦山大佛风景区
地址：彰化县彰化市卦山路 8－1 号
电话：00886－4－92580525

抗日烈士纪念碑公园
地址：彰化县彰化市八卦山

华阳公园
地址：彰化县彰化市

银行山
地址：彰化县彰化市

赖和纪念馆
地址：彰化县彰化市中正路一段 242 号 4 楼

彰化孔子庙
地址：彰化县彰化市孔门路 30 号

郑成功庙
地址：彰化县彰化市中山路二段 41 号

南瑶宫
地址：彰化县彰化市南瑶里南瑶路 43 号

元清观
地址：彰化县彰化市民生路 207 号

开化寺
地址：彰化县彰化市中华路 134 号

南北管音乐戏曲馆
地址：彰化县彰化市仑平里和平七街 66 号
电话：00886－4－7510709

百果山风景区
地址：彰化县员林镇出水里出水巷 12 号

台湾玻璃馆
地址：彰化县鹿港镇工商四路 4 号
电话：00886－4－7811299

鹿港天后宫
地址：彰化县鹿港镇玉顺里中山路 430 号
电话：00886－4－7779899

虎山岩
地址：彰化县花坛乡岩竹村虎山街 1 号

台湾民俗村
地址：彰化县花坛乡湾雅村三芬路 360 号
电话：00886－4－7872029

文德宫
地址：彰化县花坛乡白沙村彰员路 360 号

清水岩寺
地址：彰化县社头乡清水村清水岩路 1 号
电话：00886－4－8732306

田尾公路花园
地址：彰化县田尾乡民生路一段

云林县

太平老街
地址：云林县斗六市圆环至邮局路段

台湾寺庙艺术馆
地址：云林县斗六市大学路三段 310 号
电话：00886－55325191

湖山岩
地址：云林县斗六市湖山里岩山路 48 号

幽情谷
地址：云林县斗六市梅林里

西螺振兴宫
地址：云林县西螺镇广兴里 3 邻 70 号
电话：00886－5－5873265

七崁武术雕塑公园
地址：云林县西螺镇广兴里 70 号

西螺振文书院
地址：云林县西螺镇广福里兴农西路 6 号
电话：00886－5－5862765

延平历史街区
地址：云林县西螺镇延平路与大同街交叉口
电话：00886－5－5861444

福兴宫
地址：云林县西螺镇延平路 180 号
电话：00886－5－5865490

张廖宗祠
地址：云林县西螺镇福兴里福兴路 222 号

西螺镇广福宫
地址：云林县西螺镇广福里 11 邻新街路 32 号
电话：00886－5－5863483

同心公园
地址：云林县虎尾镇中山路底

云林布袋戏馆
地址：云林县虎尾镇林森路一段 498 号

北港朝天宫
地址：云林县北港镇中山路 178 号
电话：00886－5－7832055

北港镇义民庙
地址：云林县北港镇旌义街 20 号
电话：00886－5－7838213

福天宫
地址：云林县莿桐乡兴桐村

林内公园
地址：云林县林内乡公园路
电话：00886－5－ 5892001

湖本生态村
地址：云林县林内乡湖本村三权路

白马寺
地址：云林县林内乡湖本村三权路 297 巷 6 号

石壁风景区
地址：云林县古坑乡草岭村

草岭风景区
地址：云林县古坑乡草岭村

华山风景区
地址：云林县古坑乡华山村
电话：00886－5－ 5336104

古坑荷苞山登山步道
地址：云林县古坑乡华山村

樟湖风景区
地址：云林县古坑乡樟湖村

建德寺地母庙
地址：云林县古坑乡荷苞村
电话：00886－5－5260760

三秀园
地址：云林县大埤乡怡然村怡然路 26 号

三山国王庙
地址：云林县大埤乡大德村新街 20 号
电话：00886－5－ 5912327

永安宫
地址：云林县仑背乡大有村 164 号

奉天宫
地址：云林县仑背乡中山路 280 号

六轻阿妈公园
地址：云林县麦寮乡

台西海园观光区
地址：云林县台西乡

云霄岩瀑布公园
地址：云林县台西乡

台西沿海湿地
地址：云林县台西乡

草药博物馆
地址：云林县东势乡康南路 150 号
电话：00886－5－ 6998388

赐安宫
地址：云林县东势乡东南村四安路 25 号

马鸣山镇安宫
地址：云林县褒忠乡

四湖海清公园
地址：云林县四湖乡三条仑海清路 93 号
电话：00886－5－7721005

包青天祖庙
地址：云林县四湖乡三务仑海清路 93 号
电话：00886－5－7721741

金湖万善爷庙
地址：云林县口湖乡港东村
电话：00886－5－7971320

顺天宫
地址：云林县水林乡蕃薯厝 102 号
电话：00886－5－7841621

塭底国际赏鸟湿地
地址：云林县水林乡北港溪出海口旁
电话：00886－5－5954759

熬峰宫
地址：云林县元长乡北村元中路 70 号

嘉义市

港坪花卉区
地址：嘉义市世贤路一段

北岳殿
地址：嘉义市东区民权路 225 号
电话：00886－5－2782555

嘉义公园
地址：嘉义市东区启明路 273 号

兰潭水库
地址：嘉义市东区小雅路 25 号
电话：00886－5－2294593

交趾陶馆
地址：嘉义市忠孝路 275 号
电话：00886－5－2788225

嘉义铁道艺术村
地址：嘉义市北兴街 37－10 号

嘉义县

水牛公园
地址：嘉义县太保市南新里中山路一段64号
电话：00886-5-2386161

梅岭美术馆
地址：嘉义县朴子市山通路2-9号
电话：00886-5-3795667

布袋渔港
地址：嘉义县布袋镇岑海里中山路3号
电话：00886-5-3472606

广播文物馆
地址：嘉义县民雄乡寮顶村民权路74号
电话：00886-5-2262016

新港奉天宫
地址：嘉义县新港乡大兴村新民路53号
电话：00886-5-3742432

蒜头蔗埕文化园区
地址：嘉义县六脚乡工厂村1号
电话：00886-5-3800735

北回归线天文广场
地址：嘉义县水上乡下寮村鸽溪寮21-25号
电话：00886-5-2864905

中华民俗村
地址：嘉义县中埔乡社口村

吴凤庙
地址：嘉义县中埔乡社口村
电话：00886-5-2531432

奋起湖
地址：嘉义县竹崎乡中和村

茄东风景区
地址：嘉义县竹崎乡光华村大华公路
电话：00886-5-2561541

卧龙谷风景区
地址：嘉义县竹崎乡水社寮

竹崎公园
地址：嘉义县竹崎乡竹崎村中华路
电话：00886-5-2611181

奋太古道
地址：嘉义县竹崎乡奋起湖至太和瑞里

瑞里圆潭生态园区
地址：嘉义县竹崎乡瑞里一号桥

太和风景区
地址：嘉义县梅山乡太和村

瑞峰大峡谷
地址：嘉义县梅山乡瑞峰村与碧湖村交界

梅山公园
地址：嘉义县梅山乡

玉虚宫
地址：嘉义县梅山乡梅东村中山路72号
电话：00886-5-2624135

阿里山风景区
地址：嘉义县番路乡触口村
电话：00886-5-2593900

龙头森林游乐区
地址：嘉义县番路乡公田村

曾文水库
地址：嘉义县大埔乡
电话：00886-5-5753251

坪林风景区
地址：嘉义县大埔乡茄苳村

情人瀑布
地址：嘉义县大埔乡触口村
电话：00886-5-2521310

大埔老街
地址：嘉义县大埔乡

白马亭
地址：嘉义县大埔乡
电话：00886-5-2522285

阿里山森林游乐区
地址：嘉义县阿里山乡中正路59号
电话：00886-5-2679917

丰山风景区
地址：嘉义县阿里山乡丰山村

隙顶风景区
地址：嘉义县阿里山乡

台南市

大天后宫
地址：台南市中西区永福路二段227巷18号
电话：00886-6-2211178

赤崁楼
地址：台南市中西区赤崁里民族路212号
电话：00886-6-2235665

台南孔庙
地址：台南市中西区南门路2号
电话：00886-6-2289013

延平郡王祠
地址：台南市中西区开山路152号
电话：00886-6-2135518

祀典武庙
地址：台南市中西区永福路二段229号
电话：00886-6-2202390

五妃庙
地址：台南市中西区五妃里五妃街201号
电话：00886-6-2145665

台湾天坛天公庙
地址：台南市中西区忠义路二段84巷16号
电话：00886-6-2227983

大南门碑林
地址：台南市中西区圣前里南门路24号

法华寺
地址：台南市中西区法华街100号

竹溪寺
地址：台南市南区体育路87号
电话：00886-6-2154957

台南公园
地址：台南市北区北门路

开元寺
地址：台南市北区北园街89号
电话：00886-6-2375635

花园夜市
地址：台南市北区海安路三段

安平小炮台
地址：台南市安平区西门里安平小段1006-7号

安平乡土馆（安平海山馆）
地址：台南市安平区效忠街52巷7号
电话：00886-6-2267364

安平历史风景区
地址：台南市安平区安平路790号
电话：00886-6- 3901415

安平老街（延平老街）
地址：台南市安平区延平街

台江公园
地址：台南市安平城平路2号
电话：00886-6-3000001

台湾历史博物馆
地址：台南市安南区长和路一段250号

十二佃大神榕
地址：台南市安南区公学路四段54号

虎头埤风景区
地址：台南市新化区中兴路42巷36号
电话：00886-6-5901325

九层岭（金岭）度假休闲园区
地址：台南市新化区礁坑里九层岭49-1号
电话：00886-6-5900125

新化植物园
地址：台南市新化区知义里口埤76号
电话：00886-6-5901063

梅岭风景区
地址：台南市楠西区湾丘里
电话：00886-6-5751616

乌山头水库风景区
地址：台南市官田区
电话：00886-6-6982103

麻豆代天府
地址：台南市麻豆区南势里关帝庙60号
电话：00886-5722133

顽皮世界野生动物园
地址：台南市学甲区三庆里6邻顶州75-25号
电话：00866-6-7810000

南鲲鯓代天府
地址：台南市北门区鲲江里976号
电话：00886-6-7863711

天鹅湖环保水上公园
地址：台南市新营区埤寮里

火山碧云寺
地址：台南市白河区仙草里火山路1号
电话：00886-6-6852811

火山大仙寺
地址：台南市白河区仙草里岩前路1号
电话：00886-6-6831270

关仔岭风景区
地址：台南市白河区关岭里东北边
电话：00886-6-6855102

高雄市

高雄市历史博物馆
地址：高雄市盐埕区中正四路272号

台湾

电话：00886－7－5312560

爱河
地址：高雄市盐埕区中正四路
电话：00886－7－2160668

仁爱公园
地址：高雄市盐埕区

高雄港观光游轮
地址：高雄市盐埕区大勇路路底
电话：00886－7－5212463

寿山风景区
地址：高雄市鼓山区万寿路、长寿路
电话：00886－7－5337095

西子湾风景区
地址：高雄市鼓山区莲海路

高雄市立美术馆
地址：高雄市鼓山区美术馆路 20 号
电话：00886－7－5550331

高雄港
地址：高雄市鼓山区临海二路 62 号
电话：00886－7－5612311

左营莲池潭风景区
地址：高雄市左营区翠华路 1435 号
电话：00886－7－5883242

高雄孔庙（左营）
地址：高雄市左营区莲潭路 400 号

高雄都会公园
地址：高雄市楠梓区德民路 24 号
电话：00886－7－3656103

金狮湖风景区
地址：高雄市三民区金鼎路 114 巷 11－2 号
电话：00886－7－3475317

三凤宫
地址：高雄市三民区河北二路 134 号
电话：00886－7－2713600

科学工艺博物馆
地址：高雄市三民区九如一路 720 号
电话：00886－7－3800089

玫瑰圣母堂
地址：高雄市前金区五福三路 151 号
电话：00886－7－2823860

六合观光夜市
地址：高雄市前金区六合路
电话：00886－7－2872223

忠孝夜市
地址：高雄市苓雅区四维路与青年路间

旗津风景区
地址：高雄市旗津区
电话：00886－7－5712500

高字塔
地址：高雄市旗津区

红毛港文化园区
地址：高雄市小港区南星路 2808 号
电话：00886－7－8711815

凤山中山纪念馆
地址：高雄市凤山区光远路 228 号
电话：00886－7－7462283

清水岩风景区
地址：高雄市林园区清水岩路 214 号

电话：00886－7－6412180

佛光山
地址：高雄市大树区兴田里兴田路 153 号
电话：00886－7－6561921

玄华山文化院
地址：高雄市大树区民生二路 44 号

义大世界
地址：高雄市大树区学城路一段 10 号

观音山风景区
地址：高雄市大社区翠屏路
电话：00886－7－3513309

澄清湖风景区
地址：高雄市鸟松区鸟松里大埤路 32 号
电话：00886－7－7311111

冈山中山公园
地址：高雄市冈山区公园路 1 号

阿公店水库风景区
地址：高雄市燕巢区西燕村工程路 9 号
电话：00886－7－6165641

乌山顶泥火山自然保留区
地址：高雄市燕巢区金山里深水段 183－8 号
电话：00886－7－6161411

养女湖
地址：高雄市燕巢区金山里番田路
电话：00886－7－6161411

田寮月世界
地址：高雄市田寮区崇德里月球路 36 号

大岗山温泉
地址：高雄市田寮区南安村岗安路

大岗山风景区
地址：高雄市阿莲区复安路
电话：00886－7－6311177

明宁靖王墓
地址：高雄市湖内区湖内里
电话：00886－7－6991221

弥陀南寮渔港
地址：高雄市弥陀区南寮里渔港一路 60 号
电话：00886－7－6177063

弥陀滨海游乐区
地址：高雄市弥陀区光和里光和路
电话：00886－7－6191216

漯底山自然公园
地址：高雄市弥陀区漯底里
电话：00886－7－6191216

五龙山凤山寺
地址：高雄市旗山区东昌里南寮巷 37 号
电话：00886－7－6612768

旗山老街
地址：高雄市旗山区中山路
电话：00886－7－6616100

美浓湖
地址：高雄市美浓区民权路
电话：00886－7－6812433

美浓客家文物馆
地址：高雄市美浓区民族路 49－3 号
电话：00886－7－6818338

甲仙化石馆
地址：高雄市甲仙区和安村

电话：00886－7－6753180

白水泉瀑布
地址：高雄市杉林区木梓村
电话：00886－7－6771340

茂林风景区
地址：高雄市茂林区
电话：00886－7－6801488

多纳温泉
地址：高雄市茂林区多纳里
电话：00886－7－6801045

藤枝森林游乐区
地址：高雄市桃源区宝山里藤枝段 78 号
电话：00886－7－6895123

少年溪风景区
地址：高雄市桃源区勤和里

天池
地址：高雄市桃源区南横公路 135 公里处
电话：00886－7－6780006

石洞温泉
地址：高雄市桃源区宝来里
电话：00886－7－6892100

七坑温泉
地址：高雄市桃源区
电话：00886－7－6861132

梅山温泉
地址：高雄市桃源区梅山里
电话：00886－7－6861132

复兴温泉
地址：高雄市桃源区复兴里
电话：00886－7－6861132

世纪大峡谷
地址：高雄市那玛夏区民族村
电话：00886－7－6701001

彩虹大瀑布
地址：高雄市那玛夏区达卡努瓦村
电话：00886－7－6701001

锡安山
地址：高雄市那玛夏区
电话：00886－7－6701218

屏东县

中山公园
地址：屏东县屏东市中华路与公园路交口

慈凤宫
地址：屏东县屏东市光复路 43 号

高屏溪旧铁桥
地址：屏东县屏东市建国路

台湾排湾族雕刻馆
地址：屏东县屏东市大连路 69 号 4 楼
电话：00886－8－7376302

屏东乡土艺术馆
地址：屏东县屏东市田寮巷 26 号
电话：00886－8－7231637

八大森林乐园
地址：屏东县潮州镇潮州路 800 号
电话：00886－8－7896258
网址：www. bada. com. tw

大鹏湾风景区
地址：屏东县东港镇大鹏里大潭路 169 号
电话：00886－8－8338100

东隆宫
地址：屏东县东港镇东隆街 21－1 号
电话：00886－8－8322374

东港风景区
地址：屏东县东港镇

东港渔业文化展示馆
地址：屏东县东港镇新生一路 53 号
电话：00886－8－8311802

垦丁公园
地址：屏东县恒春镇公园路 596 号
电话：00886－8－8861211

社顶自然公园
地址：屏东县恒春镇
电话：00886－8－8861321

猫鼻头公园
地址：屏东县恒春镇
电话：00886－8－8867520

鹅銮鼻公园
地址：屏东县恒春镇鹅銮里鹅銮路 301 号
电话：00886－8－8851101

垦丁海水浴场
地址：屏东县恒春镇垦丁路 451 号
电话：00886－8－8862345

琅峤城门（恒春古城）
地址：屏东县恒春镇

垦丁水世界主题乐园
地址：屏东县恒春镇垦丁路 2 号
电话：00886－8－8862323

南湾游憩区
地址：屏东县恒春镇南湾里南湾路 223 号
电话：00886－8－8892894

砂岛生态保护区
地址：屏东县恒春镇鹅銮里砂岛路 224 号
电话：00886－8－8851204

出火特别景观区
地址：屏东县恒春镇和兴路

龙磐公园
地址：屏东县恒春镇佳鹅公路

龙銮潭
地址：屏东县恒春镇南湾路

万佛寺
地址：屏东县恒春镇屏鹅公路

垦丁小巴里岛
地址：屏东县恒春镇大光路

龙坑生态保护区
地址：屏东县恒春镇浦顶、坑顶村

鲤鱼泥火山
地址：屏东县万丹乡香社村

万丹万惠宫
地址：屏东县万丹乡万新路 160 号
电话：00886－8－7771457

沿山公路风景区
地址：屏东县万峦乡

万金圣母圣殿
地址：屏东县万峦乡万金村万新路 24 号
电话：00886－8－7832005

小琉球岛
地址：屏东县琉球乡本福村中山路 217 号

大福渔港
地址：屏东县琉球乡大福村

美人洞风景区
地址：屏东县琉球乡

乌鬼洞风景区
地址：屏东县琉球乡

蛤板湾风景区
地址：屏东县琉球乡

小琉球海底动物园
地址：屏东县琉球乡
电话：00886－8－8612295

碧云寺
地址：屏东县琉球乡杉福村中正路 158 号

四重溪温泉
地址：屏东县车城乡温泉村

海口沙漠
地址：屏东县车城乡海口村

海洋生物博物馆
地址：屏东县车城乡后湾村后湾路 2 号
电话：00886－8－8825678

车城福安宫
地址：屏东县车城乡福安村福安路 51 号
电话：00886－8－8821345

南仁湖
地址：屏东县满洲乡长乐村

佳乐水风景区
地址：屏东县满洲乡满州村中山路 43 号
电话：00886－8－8801083

港仔大沙漠
地址：屏东县满洲乡港仔路

七孔瀑布群
地址：屏东县满洲乡永靖村

南仁山生态保护区
地址：屏东县满洲乡南仁村

枋山滨海游憩区
地址：屏东县枋山乡中山路三段 61 号

雾台风景区
地址：屏东县雾台乡雾台村神山巷

台湾原住民文化园区
地址：屏东县玛家乡北叶村
电话：00886－8－7991219

凉山瀑布
地址：屏东县玛家乡凉山村

北大武山
地址：屏东县泰武乡
电话：00886－8－7322156

南大武山
地址：屏东县泰武乡

平和比悠玛部落
地址：屏东县泰武乡平和村太和巷

双流森林游乐区
地址：屏东县狮子乡草埔村
电话：00886－8－8701394

狮子乡文物陈列馆
地址：屏东县狮子乡枫林村枫林 2 巷 26－1 号
电话：00886－8－8771129

旭海温泉
地址：屏东县牡丹乡旭海村
电话：00886－8－8831001

牡丹水库
地址：屏东县牡丹乡茄芝路 3－15 号
电话：00886－8－8831352

石门古战场
地址：屏东县牡丹乡
电话：00886－8－8831001

赛嘉航空运动公园
地址：屏东县三地门乡赛嘉村
电话：00886－8－3366179

大津瀑布
地址：屏东县三地门乡

德文风景区
地址：屏东县三地门乡
电话：00886－8－7322156

澎湖县

天后宫
地址：澎湖县马公市长安里正义街 19 号
电话：00886－6－9262819

观音亭
地址：澎湖县马公市中兴里介寿路 7 号

孔庙
地址：澎湖县马公市西文里新生路 104－7 号

澎湖湾海上乐园
地址：澎湖县马公市

虎井屿
地址：澎湖县马公市

风柜
地址：澎湖县马公市风柜里

桶盘屿
地址：澎湖县马公市

马公港
地址：澎湖县马公市临海路 36－1 号
电话：00886－6－9272303

林投公园
地址：澎湖县湖西乡林投村

鸡善屿
地址：澎湖县湖西乡

吉贝屿
地址：澎湖县白沙乡吉贝村 187 号
电话：00886－6－9911311

目斗屿
地址：澎湖县白沙乡

姑婆屿
地址：澎湖县白沙乡

险礁屿
地址：澎湖县白沙乡

员贝屿
地址：澎湖县白沙乡

鸟屿
地址：澎湖县白沙乡鸟屿村

大仓屿
地址：澎湖县白沙乡大仓村

澎湖水族馆
地址：澎湖县白沙乡岐头村 58 号
电话：00886－6－9933006

赤崁码头
地址：澎湖县白沙乡赤崁村

通梁古榕树
地址：澎湖县白沙乡通梁村 149 号

西台古堡
地址：澎湖县西屿乡外垵村

小门屿
地址：澎湖县西屿乡

鲸鱼洞
地址：澎湖县西屿乡小门屿

大义宫
地址：澎湖县西屿乡竹湾村 76 号
电话：00886－6－9981154

七美人冢
地址：澎湖县七美乡南沪港东南方

七美小台湾
地址：澎湖县七美乡东湖村

花莲县

花莲港
地址：花莲县花莲市海岸路 6666 号
电话：00886－3－8325131

北滨公园
地址：花莲县花莲市北滨路

南滨公园
地址：花莲县花莲市南滨路

美仑公园
地址：花莲县花莲市海滨街

美仑山生态公园
地址：花莲县花莲市新兴路与尚志路间

延平王庙
地址：花莲县花莲市国强里丰村 72 号

花莲城隍庙
地址：花莲县花莲市成功路 169 号
电话：00886－3－8328290

慈天宫
地址：花莲县花莲市主信里 12 邻忠孝街 81 号

花莲石雕博物馆
地址：花莲县花莲市文复路 6 号
电话：00886－3－8227121

维纳斯艺廊·花莲港 1－1 仓库美术馆
地址：花莲县花莲市港口路 8 号
电话：00886－3－8226498

慈济文化园区
地址：花莲县花莲市中央路三段 701－707 号
电话：00886－3－8561825

新光兆丰休闲农场
地址：花莲县凤林镇林荣里永福街 20 号
电话：00886－3－8771410

林田山林业文化园区
地址：花莲县凤林镇林荣里林森路 20 号
电话：00886－3－8752100

凤凰梅园
地址：花莲县凤林镇凤义里凤鸣一路 71 号

凤林公路公园
地址：花莲县凤林镇

安通温泉
地址：花莲县玉里镇

赤科山
地址：花莲县玉里镇观音里高寮村
电话：00886－3－8882069

玉泉寺
地址：花莲县玉里镇西边街 70 号

铁份瀑布
地址：花莲县玉里镇铁份社区

花莲东方夏威夷
地址：花莲县秀林乡水源村 1－9 号
电话：00886－3－8570131

太鲁阁公园
地址：花莲县秀林乡

苏花公路南段
地址：花莲县秀林乡

布洛湾游憩区
地址：花莲县秀林乡富世村 232－1 号
电话：00886－3－8612521

九曲洞
地址：花莲县秀林乡天祥路

游信次石雕公园
地址：花莲县秀林乡景美村加湾 6－7 号
电话：00886－3－8269543

靳珩公园
地址：花莲县秀林乡

翡翠谷
地址：花莲县秀林乡铜门村

噶玛兰纪念公园
地址：花莲县新城乡佳里村

光隆宇宙乐园
地址：花莲县新城乡康乐村加湾 1－2 号
电话：00886－3－8268688

新城保安宫
地址：花莲县新城乡嘉加村

七星柴鱼博物馆
地址：花莲县新城乡大汉村七星街 148 号
电话：00886－3－8236100

七星潭
地址：花莲县新城乡北埔村

阿美文化村
地址：花莲县吉安乡海滨路 93－1 号

秀朗休闲兰园
地址：花莲县吉安乡建国路二段 707 号
电话：00886－3－8570057

慈惠堂
地址：花莲县吉安乡胜安村慈惠三街 136 号
电话：00886－3－8531866

腾安宫
地址：花莲县吉安乡北昌村

南华观光花园
地址：花莲县吉安乡南华村 223－26 号
电话：00886－3－8538707

郁金香花园
地址：花莲县吉安乡吉兴二街 330 号

知卡宣森林公园
地址：花莲县吉安乡中正路二段 299 号

莲城莲花公园
地址：花莲县吉安乡南华村南华五街 66 号
电话：00886－3－8532828

鲤鱼潭
地址：花莲县寿丰乡池南村
电话：00886－3－8641691

池南森林游乐区
地址：花莲县寿丰乡池南村林园路 76 号
电话：00886－3－8325141

和南寺
地址：花莲县寿丰乡盐寮村 5 邻 191 号
电话：00886－3－8671001

远雄海洋公园
地址：花莲县寿丰乡盐寮村富德路 189 号
电话：00886－3－8671001

立川渔场
地址：花莲县寿丰乡共和村鱼池路 45 号
电话：00886－3－8651333

红叶温泉
地址：花莲县万荣乡红叶村

七彩湖
地址：花莲县万荣乡

马太鞍湿地生态园区
地址：花莲县光复乡大全村大全街 55 号
电话：00886－3－8701861

丰滨月洞
地址：花莲县丰滨乡港口村石梯坪 35 号
电话：00886－3－8781022

石梯坪
地址：花莲县丰滨乡港口村

富源森林游乐区
地址：花莲县瑞穗乡富源村
电话：00886－3－8325141

舞鹤风景区
地址：花莲县瑞穗乡舞鹤村舞鹤路

秀姑峦溪
地址：花莲县瑞穗乡

瑞穗青莲寺
地址：花莲县瑞穗乡瑞美村仁爱路 109 号
电话：00886－3－8872128

南安瀑布
地址：花莲县卓溪乡卓溪村仁爱路

新康山
地址：花莲县卓溪乡

罗山瀑布
地址：花莲县富里乡卓罗山村

花东纵谷风景区
地址：花莲县富里乡罗山村9邻东湖39号
电话：00886-3-8821725

六十石山
地址：花莲县富里乡竹田村
电话：00886-3-8875306

台东县

鲤鱼山
地址：台东县台东市博爱路

台东海山寺
地址：台东县台东市成功里中正路88号
电话：00886-8-9328355

台东森林公园
地址：台东县台东市中华桥下

卑南文化公园
地址：台东县台东市南王里文化公园路200号
电话：00886-8-9233466

小野柳
地址：台东县台东市富冈街

台湾史前文化博物馆
地址：台东县台东市博物馆路1号
电话：00886-8-9381166

阿美族民俗中心
地址：台东县成功镇信义里新村路25号
电话：00886-8-9841520

三仙台
地址：台东县成功镇三仙里基翚路
电话：00886-8-9850785

石雨伞游憩区
地址：台东县成功镇三仙台

台东县自然史教育馆
地址：台东县成功镇三仙里基翚路16号
电话：00886-8-9851960

台东县海洋生物展览馆
地址：台东县成功镇港边路21号
电话：00886-8-9854702

白守莲河滨公园
地址：台东县成功镇三仙台旁

东部海岸风景区
地址：台东县成功镇信义里新村路25号
电话：00886-8-9841520

成广澳天后宫
地址：台东县成功镇成广路33号
电话：00886-8-9871062

关山亲水公园
地址：台东县关山镇

关山天后宫
地址：台东县关山镇中华路2巷1号
电话：00886-8-9811137

南山寺
地址：台东县关山镇里珑里崁顶46号
电话：00886-8-9811141

八仙洞
地址：台东县长滨乡水母丁1-4号
电话：00886-8-9881418

乌石鼻
地址：台东县长滨乡

池上大波池风景区
地址：台东县池上乡

泰源幽谷
地址：台东县东河乡东河村

东河桥风景区
地址：台东县东河乡东河村

金樽游憩区
地址：台东县东河乡

都兰湾
地址：台东县东河乡

都兰遗址
地址：台东县东河乡都兰村

鹿野高台
地址：台东县鹿野乡高台路46巷
电话：00886-8-9551637

利稻风景区
地址：台东县海端乡

绿岛
地址：台东县绿岛乡

兰屿
地址：台东县兰屿乡

后　记

《中国旅游资讯大全》是一部系统反映我国旅游机构和旅游企业基本信息的大型工具书，收录内容主要包括我国各地区的旅游机构和旅行社、饭店、旅游景区、餐馆、旅游用品、旅游交通等企业的地址、电话和邮政编码等基本信息。自2012年起，本书增加了“地方旅游企业发展综述”栏目，对我国部分地区旅游企业年度发展情况进行系统分析和研究，对读者具有十分重要的参考价值。为了更全面反映我国旅游企业的发展情况，本期增加了“旅游行业发展综述”栏目，登载了5篇有关饭店业的综述文章，以更全面反映我国旅游业状况并增加本书的实用性。

《中国旅游资讯大全》“旅游企业基本资讯”栏目，按照国务院颁布的行政区划顺序依次编排，以利于读者查阅。从本期起开始收录了我国香港、澳门特别行政区及台湾省的旅游景区信息，为广大出境旅游者提供更加全面、翔实的出游参考。

本书的出版既满足了广大读者、旅游者对旅游信息的需求，又为入刊旅游宣传版的旅游机构及旅游企业带来了良好的效益。随着我国旅游业的迅猛发展，旅行社、旅游景区、旅游饭店、旅游交通、旅游餐饮、旅游用品等各方面都有较大的变化，为了能及时有效地反映这些变化，本书每年更新一次。我们衷心希望广大旅游机构和旅游企业积极与我们联系，以便我们及时对本书信息进行补充和修订。

本书在编写过程中，得到了各地区旅游机构和旅游企业的大力支持与帮助，在此一并表示感谢！

我们的联系方式：

中国旅游出版社旅游资讯编辑部

地址：北京市建国门内大街甲9号国家旅游局2号楼713室

电话：010－85166729　85166713

联系人：鲁英委　王　军

传真：010－85166711

邮编：100005

中国旅游出版社

旅游资讯编辑部

2014年12月

责 任 编 辑：王　军　鲁英委　张　旭
责 任 印 制：冯冬青

图书在版编目（CIP）数据
中国旅游资讯大全：2014～2015/中国旅游出版社编. --北京：中国旅游出版社，2014.12
ISBN 978－7－5032－5234－1

Ⅰ.①中…　Ⅱ.①中…　Ⅲ.①旅游业－中国－名录
Ⅳ.①F592.6－62

中国版本图书馆 CIP 数据核字（2015）第 029996 号

书　　名：中国旅游资讯大全 2014～2015
作　　者：中国旅游出版社
出版发行：中国旅游出版社
（北京建国门内大街甲 9 号　邮编：100005）
http：//www.cttp.net.cn　E-mail：cttp@cnta.gov.cn
发行部电话：010－85166503
排　　版：北京旅教文化传播有限公司
经　　销：全国各地新华书店
印　　刷：河北省三河市灵山红旗印刷厂
版　　次：2014 年 12 月第 1 版　2014 年 12 月第 1 次印刷
开　　本：889 毫米×1194 毫米　1/16
印　　张：59.5
彩　　页：72
字　　数：2700 千
定　　价：240.00 元
I S B N　978－7－5032－5234－1